上海抗战与世界反法西斯战争研究丛书

当代学者论淞沪抗战

【上卷】

魏延秋——选编

上海科学技术文献出版社
Shanghai Scientific and Technological Literature Press

“上海抗战与世界反法西斯战争”系列丛书总序

徐　麟

伟大的中国抗日战争，是近代中国人民反对帝国主义侵略并且取得第一次完全胜利的民族解放战争，是开展时间最早、持续时间最长的世界反法西斯战争东方主战场。在这场历经十四年之久的抗日战争中，中国各族各界人民同仇敌忾、共赴国难，经过艰苦卓绝的浴血奋战，以巨大的民族牺牲，打败了穷凶极恶的日本法西斯侵略者，取得了辉煌的胜利。正如习近平总书记所指出的，中国抗日战争“为挽救民族危亡、实现民族独立和人民解放，为争取世界和平的伟大事业，作出了彪炳史册的贡献”。中国抗日战争是在中国共产党倡导的以国共合作为基础的抗日民族统一战线旗帜下进行和取得胜利的。以爱国主义为核心的伟大民族精神是中国抗日战争胜利的决定因素，中国共产党的中流砥柱作用是中国抗日战争胜利的根本保证，全民族抗战是中国抗日战争胜利的重要法宝。

上海抗战是中国抗日战争的重要组成部分。在中国抗日战争与世界反法西斯战争中，作为中国共产党的诞生地，上海这座具有反帝反封建光荣革命传统的英雄城市，发挥了独特的重要作用，作出了重大的历史性贡献。

20世纪三四十年代，上海这座国际性的大都市，已经成为中国与世界各国通商贸易的主要港口，成为中国经济、文化中心和政治、外交副中心。同时，上海又是当时中国最大的军港和守卫长江的大门，具有重要的军事战略地位，因而始终成为日本法西斯军国主义觊觎的一个战略要地。1931年九一八事变后，日本法西斯军国主义进而在上海挑起了一·二八事变，发动了对淞沪地区的武装侵略，驻守上海的十九路军和前来增援的第五军与上海人民一起奋起抵抗，给予日本侵略者以沉重一击，成为中国局部抗战历史进程中承前启后的关键性一役。九一八和一·二八时期的抗日武装斗争和民众抗日救亡运动，在世界上率先举起了反法西斯的旗帜，揭开了中国抗日战争和世界反法西斯战争的序幕。1937年七七事变后仅一个月余，日本法西斯军国主义又把侵略魔爪伸向上海，遭到中国爱国军民的顽强抵抗，形成了以上海为中心的一场气壮山河、震惊中外的八一三淞沪抗战。七七卢沟桥事变和八一三淞沪会战，标志着日本法西斯军国主义全面侵华战争的开始。在中国共产党的积极倡导和推动下，抗日民族统一战线正式形成，揭开了中国全民族全面抗战的序幕，也标志着世界反法西斯的第二次世界大战在亚洲的东方战场正式形成。在八一三淞沪抗战历时一百多天的日日夜夜，中国军队和上海人民以其鲜血和生命，筑成了一座民族自卫的血肉长城，谱写了一曲民族团结、共御外敌的壮丽史诗。上海沦陷后，上海民众在全国人民和全世界爱好和平的各国人民的声援、支持下，面对极其艰辛险恶的环境，仍然以大无畏的英雄气概，坚定不移地继续投身于全民族抗战的洪流，对日伪的法西斯统治进行不屈不挠的斗争。中国共产党始终高举抗日民族统一战线的伟大旗帜，发动民众，团结上海各界人士，从人力、物力、财力等方面支持抗日民主根据地和抗战大后方的斗争，冒着腥风血雨，迎接抗日战争的最后胜利。

两次淞沪抗战及上海民众在十四年中不间断的抗日救亡运动，构成了一幅幅上海抗战英勇悲壮的画卷，也铸就了上海在中国抗日战争和世界反法西斯战争中的重要历史地位：上海不仅是中国对日作战的一个坚强的军事战略重镇，也是中国抗日救亡运动的前期中心和中国抗战文化的发源地；不仅是支援抗战大后方和抗日民主根据地的重要基地，也是世界反战反法西斯人士和中外难民的庇护所，是世界反法西斯舆论战、情报战的东方主要阵地，又是中国联系国际反法西斯阵营的纽带和桥梁。更为重要的是，上海抗日战争凸显了其重要的历史意义：它在外敌入侵、民族危亡的关键时刻，全面地、全方位地弘扬了以爱国主义为核心的民族精神，折射了中华民族有同侵略者血战到底的气概、有在自力更生的基础上光复旧物的决心、有自立于世界民族之林的能力，上海抗日战争在中国抗日战争和世界反法西斯战争历史上树立了一座永不磨灭的丰碑。

2015年是中国抗日战争暨世界反法西斯战争胜利七十周年。在中共上海市委的领导和支持下，上海学术界和理论界经过多年的努力，联合推出了“上海抗战与世界反法西斯战争”系列丛书。这套系列丛书分为三个子系列，一是上海抗日战争史丛书，内中包括上海抗战史通论、一·二八淞沪抗战、八一三淞沪抗战、日军在上海的罪行与统治、上海人民抗日救亡运动、上海郊县抗日武装斗争、上海人民支援新四军与抗日根据地、抗战时期的上海经济、抗战时期的上海文化、上海抗战与国际援助等；二是淞沪抗战史料丛书，选辑和汇集民国时期有关上海抗战的具有代表性的通讯、纪实、回忆录及报告文学等鲜为人知的孤本、藏本影印重版；三是上海抗战与世界反法西斯战争研究丛书，其中包括资料性著作：如记忆中的淞沪抗战、淞沪抗战中文报刊资料选编、淞沪抗战档案史料选编、上海抗战历史文献选编等；专题性著作：如中国共产党与上海抗战、当代学者论淞沪抗战、国外学者论淞沪抗战、一·二八淞沪抗战画史、八一三淞沪抗战画史等；工具性著作：如上海抗战与世界反法西斯战争大事年表、上海抗战与世界反法西斯战争事件人物录等；通论性著作：在上述论著的基础上完成一部通论性著作，即上海抗战与世界反法西斯战争全史。这三个子系列丛书各有千秋、各具特色，在结集出版后，更能起到互相参照、取长补短的作用。可以说，这套系列丛书是上海学术界和理论界研究上海抗日战争和世界反法西斯战争的一项重大的学术成果，是对上海抗日战争史研究的一个重要总结和一次集中展示，也是向中国抗日战争暨世界反法西斯战争胜利七十周年献上的一份厚礼！

“疑今者，察之古；不知来者，视之往”。历史是最好的教科书。《上海抗战与世界反法西斯战争》系列丛书的出版发行，更是为了向社会提供一部能够弘扬时代正能量、培育与践行社会主义核心价值观的好教材。让我们站在新的历史起点上，进一步铭记历史、缅怀先烈、珍视和平、警示未来，为实现中华民族伟大复兴而奋斗，为促进世界的和平和发展作出我们应有的贡献。

2017 年 3 月

前　　言

史学界所关注和研究的淞沪抗战，主要是指1932年1月28日爆发的一·二八淞沪抗战以及1938年8月13日爆发的八一三淞沪抗战。两次淞沪抗战，均发生在20世纪30年代，均发生在淞沪地区，均是为了抗击日本帝国主义的入侵，由中国军队进行的战场对抗和民众的抗日救亡运动交相辉映的反侵略斗争。两次淞沪抗战在全国14年抗战中都占有突出的地位，对推动全国抗战发挥了巨大的作用，对世界反法西斯战争做出了重大贡献。2015年是抗日战争暨世界反法西斯战争胜利70周年，2017年是中国全面抗战爆发80周年，为了配合这两次重大纪念活动，经过近两年的筹划、收集、整理和编撰，这套《当代学者论淞沪抗战》终于出版了。

这套书籍，是上海市哲学社会科学重大课题：上海抗战与世界反法西斯战争研究丛书的一种。本书分为上中下三卷，主要收录了自20世纪80年代以来国内以及部分台湾学者关于淞沪抗战的主要研究文章。上卷主题围绕一·二八淞沪抗战，中卷和下卷主题围绕八一三淞沪抗战。为了更全面客观地反映学界关于两次淞沪抗战的研究成果，在文章的收录上，力求不同内容、不同观点的文章都尽可能囊括进来，尽文章之全，集百家之言，并按照文章发表的时间为序；内容的编排，主要根据每一篇文章内容进行归类整理，分门别类收录。

两次淞沪抗战，是抗日战争史研究中的一个重要课题。此书的出版，目的是对两次淞沪抗战的研究进行一下梳理和整合。期待通过这套书籍的编纂，能够推动淞沪抗战研究的进一步深入，为抗日战争史的研究做出贡献。

编　者

2016年12月于上海

目 录

Contents Contents Contents Contents

民众抗日救亡运动

国际社会与一·二八淞沪抗战

人物研究

日本战争罪行

研究述评

总　　论

从九一八、一·二八到七七、八一三

张振鹍

九一八在中国近代史上是一个重要的日子，它标志着日本军国主义动手用武力征服中国，变中国为其独占的殖民地。这是一场局部的侵华战争，短短几年，到七七、八一三就发展成全面的侵华战争。历史已经证明，有了九一八，就必然会有七七：当日本军国主义制造柳条湖事件、进攻奉天北大营时，它也就向通往卢沟桥的路上迈出了第一步。今天，在纪念九一八事变60周年时，很有必要回顾一下这条路是怎样一步紧接一步走过来的，里面颇有一些教训。

九一八之后不久发生了一·二八，七七之后不久发生了八一三，每一次都是日本在中国北方一地制造事变，随后又在南方的上海挑起衅端。此一历史现象值得注意。这是偶然的巧合呢，还是具有某种深层的含义，蕴含着某种道理？很值得做一点探讨。

分离满蒙：从九一八到一·二八

九一八发生于1931年，6年后的七七前夕，担任满铁总裁的松冈洋右忽然追忆起在“满洲”这块土地上“创业”之不易，他意味深长地说：“满洲之有今日”，乃是“日本朝野倾注心血”“三赌国运”的结果。[①]所谓“三赌国运”，指的是三场战争，即甲午战争、日俄战争及九一八事变开始的战争。就以战争为赌博以求侵入、争夺、占有东三省来说，日本的确经历了这“三赌”。但如果追溯日本社会中向东三

① 转引自吕万和：《简明日本近代史》，天津人民出版社1984年版，第287页。

省扩张的思想渊源，则已是很久远了。幕末时期思想家佐藤信渊的一段话最为典型，他写道："凡经略他邦者，必由其弱而易取处始。今世界万国中，为皇国所易于攻取之地，舍支那国之满洲外无他。……故皇国之征满洲，迟早虽不可知，但其为皇国所有，则属无疑。满洲一得，支那全国之衰微必由此而始。故取鞑靼之后，始可逐次而图朝鲜、支那。"①甲午一战，无非是将这种思想付诸实施的第一次发动，而日俄战争则使这种思想在一定程度上变为现实。

日俄战争以后，开始了日本大力"经营南满"的时期，东三省南部日本势力日益增长。不久发生了两个事件使东三省潜伏的危机进一步加深。第一件是1910年日本吞并朝鲜，多年来日本统治阶级所谓的"满韩问题"中的"韩"归入日本版图，"满"既与朝鲜毗连，唇亡齿寒，其地位突出起来，所受的压力随之大增。②第二件是1915年日本提出独霸中国的二十一条，南满、东蒙是其中的重点，日本必欲囊括这里的全部利权而后快，此一根本目标已昭然若揭。在此前后，日本军部、浪人等两次(1912年、1916年)策动、援助逊清顽固派武装暴乱，进行"满蒙独立运动"，这实际上是阴谋分裂东三省的早期尝试。田中义一内阁上台后，"分离满蒙"作为日本政府的政策正式确定了下来。

关于这个政策的内容实质，重光葵是这样概括的："关于满洲问题，田中大将的方针是：将满洲看作中国的特殊地域，从中国本土分离出来，由日本与当地的实权者张作霖之间来加以解决。因此，田中大将……希望张作霖由于日本的援助，固守住东三省得到事实上的独立。这样张即可与中央分离，同日本建立特殊关系，按照日本的希望解决满洲问题了。"③这个政策制定于1927年，一方面是反对山海关内外中国的统一，使东三省"得到事实上的独立"，一方面要"根本解决满蒙问题"，把东三省置于日本的卵翼之下。此后几年，日本花了很大力气欲使张作霖、张学良父子为己所用，都没有成功，而其军事当局酝酿、准备侵占东三省的计划渐趋成熟，于是以其国运作第三赌：九一八事变由此发生。

日本侵略军铁蹄所至，蹂躏了东三省的土地，也破坏了东三省的政权，东三

---

① 在佐藤信渊的谋划中，"征满洲"是征中国的第一步，而征中国又是"制他邦"的第一步，他又写道："故我国而欲制他邦，必先以并吞支那为始。"转引自汪向荣：《中国的近代化与日本》，湖南人民出版社1987年版，第170、171页。

② 当时载沣的弟弟、清筹办海军大臣载洵就此写道："日人将有大不利于我之举动，危急存亡，间不容发。……窃恐(朝鲜)覆辙之虞，祸在眉睫。"《清宣统朝外交史料》第16卷，第18页。

③ 〔日〕重光葵著：《日本侵华内幕》，齐福霖等译，第20—21页。译文据原书《昭和的动乱》上卷34页，做了改动。

省实际上已被分离出去。这时的重大问题是日本将怎样建立自己的统治。可以设想的统治形式不外三种:一、设定名义上仍属中国而事实上由日本控制的特殊地区,建立完全听命于日本的傀儡政权;二、制造名义上的“独立国”,由日本操纵其内政外交;三、实行吞并,如同朝鲜一样纳入日本版图。第一种主张在日本一些外交官中曾有酝酿,那实际上是前述田中义一分离满蒙的方策。但这种办法此时已不见容于军方,因而没有人敢于公然提出。①第三种主张一度为一部分军人所坚持,但终因风险太大,扞格难行,而未被采纳。结果就是筹建“满洲国”,以此办法分离满蒙,其彻底性与直接吞并相差无几。

但是以割裂中国这块富饶而地位重要的土地建立伪国,并非没有困难。九一八事变及日本的无法无天的侵略行径不但在中华民族中播下了深仇大恨,在国际上也引起一片谴责;东三省问题成为中日矛盾的中心,也成为世界瞩目的中心。日本侵略者为了把世人的注意力从这里引开,决定在英法美等西方列强侵华利害关系最大的上海制造事端,引发新冲突,于是有所谓日本日莲宗和尚在上海遇害的事件,有日侨青年袭击上海三友实业公司总厂事件等,并由此导致了日军在上海点燃战火,这就是一·二八事变。关于这一切,事变的点火人、上海日本公使馆陆军武官辅助官田中隆吉少佐对人直言不讳叙述了来龙去脉:

> 问:田中,社会上说,上海事变的点火的人,就是你呀……
>
> 田中:是的,是我。
>
> 问:一语道破。那么,当时有五个日莲宗的化缘和尚在化缘,而叫人在上海马路上向这些人袭击的,就是你吗?
>
> 田中:是的。是我。
>
> 问:那是怎样的经过呢?
>
> 田中:那是……在前一年的9月18日,发生了满洲事变。到11月中旬,

---

① 九一八时担任日本驻奉天总领事的林久治郎有此主张,并曾向1931年1月就任外相的芳泽谦吉提出。他在遗稿中这样记述了当时的情况:“此时此刻,首先必须做出决定的重大问题是,不管表面如何,实质上已归入我国掌握之中的满洲,究应如何处理,关东军……似乎订有计划,想要拥立宣统废帝,制造一个‘独立国’。……(这)必将成为一个过重的负担,利少弊多,为国家造成无法弥补的损失。倒不如不用独立国的名目,使其在事实上同南京及关内政权绝缘……在我国的援助下实行自治,才最为有利。”“新外相完全同意我的这个意见。”“然而敢于公开出面大声疾呼,反对独立的人,竟然没有出现。”见王也平译《“九一八”事变——奉天总领事林久治郎遗稿》,辽宁教育出版社1982年版,第163—165页。

大体平定下来了。日本人想使满洲独立起来。可是外国方面非常麻烦。于是关东军高级参谋板垣征四郎大佐打了一个电报给我:“外国的目光很讨厌,在上海搞出一些事来!”就是说打来电报,叫把外国的目光引开,使满洲容易独立。这样,就送了二万日元来。……

问:那就是,想个办法,在日本和中国之间引起纠纷,把外国的注意力引到那方面去,而在暗地里使满洲独立起来。……

田中:就是这样。

问:结果,是办成功了。……

田中:是的。于是,在3月1日建立了满洲国。以后关东军的板垣大佐写来非常恳挚的感谢信。……我被称赞了一番。①

诚然,一·二八事变的发生还有其他原因,如日本海军看到陆军在东三省冒险成功,也在上海跃跃欲试,要开辟新的侵华战场以显示自己;日军攻击上海兼可对南京国民政府造成直接威胁②,等等;但最主要的原因是配合在东三省的侵略。正是上海战争激烈进行期间,日本在东三省紧锣密鼓地进行了一系列活动,从指使汉奸宣布与南京政府脱离关系、“东北各区完全独立”,到发表“建国宣言”、建立伪满洲国及溥仪就任“执政”,一气完成,充分说明所谓满洲国乃是日本侵略军既在东三省又在上海制造的血和火中产生的。

日本统治下的伪满的建立,对中国是一个巨大的民族创伤,对日本则是在大陆上分离中国领土的第一个成就。日本军国主义者认为这条路走通了,就决心继续走下去。从此,割裂中国、分而治之,就成为他们一切侵华活动的集中点及其在华建立霸权的基本形式。由此而来的就是中日关系中一个危机接连一个危机。

侵占热河,越过长城

日本侵略者要侵占热河省,这是他们制造九一八事变、阴谋占领关外地区的整体计划的一个组成部分。在其组建伪国的各种方案中,没有一个不是把热河

---

① 复旦大学历史系日本史组编译:《日本帝国主义对外侵略史料选编:1931—1945》,上海人民出版社1975年版,第49—51页。

② 淞沪战争爆发第三天,国民政府就迁往洛阳,可见其所受震动之大。

与奉、吉、黑三省并列，划入伪国的"行政区划"之中。[①]1932年3月"满洲国"成立，伪政府成员名单中还包括了汤玉麟为"参议府副议长兼热河省长"[②]，其含义显然是把热河作为伪满洲国的一省，并企图以高官厚禄把热河省政府主席汤玉麟引诱出去，使日本不战而得热河省。此时日本一面设法拉拢汤玉麟，一面开始筹划直接以军事行动夺取热河。由于东三省各地特别是北部中国人民抗日武装十分活跃，吸引了侵华日军的主力，才使其一时不能分兵用于大规模对热河作战。但它迟早必定进攻热河，可说是尽人皆知。

1933年1月1日夜，日军在山海关挑衅，3日占领临榆县城。这成为日军新的侵略行动的前奏。此后一个月间，日本军事、外交当局接连发表声明，重弹热河省是"满洲国"一部分的老调，宣称关东军决定与"满洲国"军队合作，"肃清"热河省内的中国驻军。2月上旬关东军制定《热河经略计划》，并立即付诸实施。21日侵热行动开始。日军分三路向热河省进犯。3月4日，一支仅百余人的小部队轻而易举地占领省会承德。短短时间内，日军控制了热河省，从此这里也归入了"满洲国"的领域。

但战争并没有就此停止，紧接着战火又从长城以外烧向长城以内，侵略热河之战发展为进逼长城、攻击长城齐口之战，这成为日本侵略势力由关外向关内推移的枢纽。

长城之战开始于3月5日冷口的争夺，很快扩展到各口。可见日军占有热河之日，也就是进攻长城之时。中国守军一反九一八时的不抵抗及热河之战中的无力抵抗，在长城全线进行了英勇顽强抵抗，屡挫敌锋。日军在各口不能得逞，4月初重点侵入滦东地区，战争烽烟延燃至长城以内河北省境。

从攻击长城到进军滦东，表明日军侵华战争的一再升级。然而这个作战的意义不限于军事方面，更重要的是政治方面：这是日本问鼎华北的一个大计划的一部分，其目的在于向中国施加重压，配合在华北内部的一项重大阴谋活动而给予有力推动。

原来日本在军事进攻热河同时，还制定了一项策动华北内变的"谋略"，执行人就是从九一八到一·二八到处制造事端的关东军高级参谋、奉天特务机关长

---

① 参阅〔日〕小林龙夫、岛田俊彦：《现代史资料（7）：满洲事变》，みすず书房1964年版，第228—229、248—256、332—333页等。

② 日本原拟以袁金铠为伪"参议院副院长"，后来（1932年3月6日）确定伪满"最后人事"时，改为以汤玉麟为"参议府副议长"。同上，第395、407—408页。

板垣征四郎少将。①他于2月间到天津秘密设立了拥有幕僚多人的特务机关,在日本参谋本部指挥下,以北平、天津、河北为重点,着手开展策动内变的活动。所谓策动内变,就是在中国内部寻找代理人酿制变乱,以反对蒋介石为号召,在华北制造亲日政权,脱离南京国民政府。他物色的对象包括各种反蒋派及非蒋派,主要是旧军阀、失意政客及民族败类,使用的方法主要是重金收买。他收买到的主要人物是原皖系重要成员张敬尧,此人自称与宋哲元、张作相、方振武、孙殿英、张廷枢等都熟识,因而受到板垣的重视。此时日本入侵华北的基本战略是"谋略为主,作战为副",长城作战应支持、配合板垣的谋略活动,为此双方之间保持着经常联系。4月18日板垣向关东军密报:张敬尧预定21日夜在北平发动政变,宋哲元响应,阻止从北平撤离的中央军;请关东军监视宋哲元部的行动,"如在发动之后彼军队依然在阵地不动,可适当予以炮击威胁之"。②关东军司令官武藤信义得报立即以军事进攻响应。由于其时(19日)恰值日军进驻滦东一事受到天皇责问,武藤不能再在滦东进军(相反却不得不下令军队由那里撤出),便专注于命令第八师团向古北口以南地区发起进攻。21日拂晓攻击开始。23日关东军将南天门激战情况通报板垣,以便他利用此情势加紧活动,并要求他报告21日以来的"施策情况"。③24日板垣致电关东军,对其在古北口进攻为他贯彻施策提供了绝好机会表示感谢,并报告说已与张作相联络成功,张将以滦东的东北军支援北平,于26、27日前在天津、北平共同起事。④28日,日第八师团经过一周激战后占领南天门。30日板垣致电关东军,说该军的"勇敢作战"促使各反蒋派又活跃了起来,张作相、张敬尧、孙殿英、冯占海各部均将发难,宋哲元、沈克、方振武等部队将予响应,石友三将令其部下郑桂林在秦皇岛发难等等。⑤这些相互通讯反映了关东军的作战与板垣的谋略活动在实践中的密切联系。但板垣所预告的21日北平政变(进攻南天门的关东军对此曾寄予殷切明望⑥)及其他反蒋发动一个也没有成为事实,以作战推动谋略的计划一一落空。5月初,关东军与参谋

① 关于板垣此项活动的叙述,参阅〔日〕岛田俊彦、宇野重昭:《太平洋战争之道(3):日中战争(上)》,朝日新闻社1962年版,第19页以下;梁敬錞:《日本侵略华北史述》,台北传记文学出版社1984年版,第11页以下;吴相湘:《第二次中日战争史》(上册),台北综合月刊社1973年版,第123页以下。

② 《现代史资料(7)》,第530页。

③ 《现代史资料(7)》,第533页。

④ 《现代史资料(7)》,第533—534页。

⑤ 《现代史资料(7)》,第536、538页。

⑥ 《现代史资料(7)》,第534页。

本部及陆军省磋商，决定取消“谋略为主，作战为副”的长城、滦东作战案，代以“沿长城作战”，“迫和为主，内变策动为从”的关内作战方案。这时板垣仍不断向关东军报告他策动华北内变的工作续有进展，关东军也一再对他鼓励、督促；他的特务机关5月中旬在唐山(16日石友三部下在此宣布“独立”)、天津、北平等地策划制造了一连串骚扰事件，一时弄得人心惶惶，但足以影响华北大局的内变却毫无眉目。事实上，日本侵略者的那种期望本来就很渺茫，而自5月7日张敬尧在北平东交民巷六国饭店被我爱国志士枪杀①、其手下的主要人员被逮捕后，板垣的谋划就已基本破产。5月21日，他致电关东军参谋长缕述他的谋略活动所碰到的种种困难，等于承认失败。22日，参谋本部致电关东军当局转告板垣结束天津特务机关，策变之事随即收场。此项谋略与作战相结合，成为日对华长城之战的一大特点。

日本侵华谋略由“为主”到“为从”到停止活动的过程，也就是其作战由“为副”到“为主”到主宰一切的过程。自5月初以来，关东军已按照上述关内作战方案加强了在长城沿线的进攻。7日第六师团重入滦东地区，侵占大片土地，进而西渡滦河，占领遵化、唐山等地。古北口方面，第八师团于12日夺取新开岭，次日占领石匣镇，进而略取密云，逼近通州。日军的两路作战都超出长城沿线而进入内地，造成威胁平津的态势，尤其是北平几乎三面被围，已处于日军的炮口下，日本飞机又接连到北平上空示威，更增加了这里的危机感。到5月22日，何应钦主持的军事委员会北平分会决定撤往保定。这时日方抛出迫和条件，很快导致了停战及《塘沽停战协定》的签订。

塘沽协定签字的过程完全是日方将战场上对中国的压迫扩大到会场上。关东军派其参谋副长冈村宁次少将为首席代表，级别低于中方首席代表熊斌中将，已含有使中国屈辱之意。5月31日正式会议开始，冈村提出停战协定文本，声明中方必须在限定时间内决定诺否，不许讨论，不许修改。两小时后协定就这样一字不动地签字了。

---

① 当时邵元冲在5月8日日记中对此事有简要记述：“上午八时，至居仁堂访何敬之，知昨日六国饭店有一名常世古者被暗杀，其人实即张敬尧之化名，彼来平已有十余日，受倭夷之旅使，得款二百万，扰乱平津，同谋者尚有陆宗舆、段鸿业、姚震诸人。张敬尧受任伪第二军团总司令，旬日前，因游说河北省主席于学忠不从，乃有暗杀于学忠之事发现。日内日军积极反攻，牵制我前线各军，尤竭力摧破中央军，彼辈则定于日内在北平暴动，以便衣队数百人，携械冲入军事委员会分会，击杀何敬之，即宣布组织伪政府，仍奉段祺瑞为魁，率称伪临时大总统，并杀害各要人。其计甚险鸷，且收买失业政客军人颇多，时机极迫，今日被狙击，创且甚重追毙，则事变当可稍缓。”《邵元冲日记》，上海人民出版社1990年版，第992页。

《塘沽停战协定》形式上是中日两国特定地区的军事领导人所委派的代表签订的，但其实际效力与两国政府间的协定并无差别。这个协定有两方面的严重含义：第一，它确定了长城一线为日军占领线，等于认可了日本对东北四省的非法占领；第二，它在长城线与中国撤军线之间制造了一个停战区（非武装区），冀东至平北二十余县由此成为日本侵略者染指之地。攻占热河及长城之战是日本帝国主义从东北到华北的过渡，而塘沽协定就是它的这段侵略成果的总结。这个协定的签订标志着从九一八开始的日本对中国的军事进攻告一段落，日本的侵略以新形式进入一个新阶段。

分离华北

塘沽协定的签订也标志着日本分离华北第一幕的结束，这一幕的“谋略”手段没有收到多少成效，而作战的结果则留下了分裂中国的种子。这种子潜藏在因塘沽协定而产生的停战区内，两年半之后日本就得以培植其走狗殷汝耕建立“冀东防共自治政府”，把整个停战区（再加上察哈尔的延庆、龙关、赤城）纳入了这个伪政权的统治之下。

停战区是日本侵华的一个新创造、一种新形式。在这块中国领土上，中国的主权遭受破坏，残缺不全——因为按照塘沽协定，中国军队不得进入停战区，区内维持治安的中国警察机关“不可用刺激日本感情之武装团体”。①另一方面，停战区内由关外侵入的关东军虽然撤走了，但依据《辛丑和约》驻扎唐山、秦皇岛、山海关等地的驻屯军丝毫不受影响，因而停战区内若干重要地点仍留有日军。这个情况再加上日本随时可以很容易从塘沽协定中找到干预的借口，就使停战区成为一个受制于日本的特殊地区。这个地区的南缘（延庆、昌平、顺义、通州、香河、宝坻、宁河一线）紧靠着北平、天津，又使华北这两大都市经常受着被并入停战区的威胁。

日本在蚕食河北省同时，又把利爪伸入了察哈尔。

察哈尔与河北一样，也与热河毗连，因而日军占据热河就成为既入侵河北、又入侵察哈尔的契机。与河北不同的是，察省境内很大一部分是蒙族聚居区，因而这里除了与伪满邻界的问题外，还有一个与分离满蒙相关联的民族问题。日

---

① 中日双方公布《塘沽停战协定》时这项规定没有公开。梁敬錞前引书，第24—25页。

本已把内蒙古东部诸盟纳入伪满的范围，接着就要向其西部扩张，首当其冲的就是察哈尔省(其辖境包括锡林郭勒盟及察哈尔部)。1933年4月底，当长城之战还在进行时，日本已开始利用伪军由热西向察东进犯，抢占军事要地多伦，侵扰沽源、宝昌等地。塘沽协定所定停战线西端为延庆(当时属察哈尔)，这也为日本在这里侵略埋下了伏笔。7月16日，关东军制定《暂行蒙古人指导方针要纲案》，提出要"促进在内蒙古西部树立排斥苏、中两国势力的自治政权"。[①]8月，日本利用其"谋略部队"伪蒙古军李守信部巩固了对多伦的占领，关东军大力加强对多伦的经营，并在那里擅设"察东特别自治区行政长官公署"，以李守信为"行政长官"。从12月起，日伪军又不断向沽源、赤城一带侵扰，还出动飞机轰炸，察东危机愈加深化。1934年10月发生第一次张北事件，日驻张家口特务机关长松井源太郎乘机提出察东划界的要求，想在察东划出一块像河北那样的非武装区。中国不答应，日本就又伺机寻衅。1935年1月，伪满自卫团与宋哲元第二十九军在热河丰宁与察省沽源边境发生冲突，日本强称中国军队"侵犯"了"满洲国"领土，它要"调派兵团彻底肃清属于满洲国"地方的华军[②]，随即出兵分路向沽源县城及独石口进攻。中国退让。2月，中日两军代表在大滩举行会谈，结局是议定中国军队不再"侵入"长城以东地区。从此察哈尔所辖长城线以东出现了一块面积700多平方公里的非武装区。

不久前一位日本学者在一篇"分析1931—37年日本政府对中国军事行动的政策形成过程"的文章中提出一种说法：1934—35年之际"在中日之间形成了一种暂时的小康状态"。其论据是：1934年6月达成"满中通车协定"，7月签订"满中通邮协定"，1935年1月日本外相广田弘毅在议会上发表"强调日华亲善，日本对中国不侵略不威胁的演说"，5月中共同把公使馆升格为大使馆，6月国民政府发出了睦邻敦交令，"加强取缔排日运动"[③]，等等。文章列举了这么些事，却忘记了上面刚叙述的日本那时在察东的种种侵略活动。另外，说到1934年，还不应忘记4月间东京通过天羽英二公然发表的那篇对中国及全世界带有威胁的谈话(天羽声明)；而到了12月，日本外、陆、海三省主管当局又机密地确定在中国要

---

① 〔日〕岛田俊彦、稻叶正夫：《现代史资料(8)：日中战争(一)》，みすず书房1964年版，第447—448页。

② 吴相湘前引书，第175页。

③ 卫藤沈吉：《日本政府对中国军事行动的虚实》，1990年8—9月"近代中国与世界"国际学术讨论会论文。关于所谓"满中通车协定"及"满中通邮协定"，实际情况是：1931年中日会商，实现了山海关内外的通车、通邮，但并没有带"满"字的通车、通邮协定。

造成使“南京政权的政令达不到华北地区那样一种情势”①。1935年1月、3月，关东军接连在大连召开有日本驻中国各地的武官参加的会议，制定了分离华北、利用西南、使中国各地方势力与南京中央政府相抗衡的政策。1934—35年之际日本政府及关东军对中国的方针及真实态度如此，中日关系怎能说得上“小康”？1935年初广田在议会的那篇演说正是在日伪军向察东进攻的隆隆炮声中发表的，这本身就充满了辛酸的讽刺。不过南京政府还是对他的“亲善”姿态作出了真诚的响应，南京、上海的空气一时有所改变，中日两国使馆升格就是在这种气氛中实现的。②但也恰在这时，日本分离华北之箭正将上弦，而到中国的“睦邻敦交令”发表时，那支箭已经射出了。

1935年5月底到6月，日本发起了一个分离华北的大攻势。这个攻势仍是两面进行，一面针对河北省，一面针对察哈尔。前者先发，出面的是日驻屯军参谋长酒井隆及驻北平使馆陆军副武官高桥坦，他们以胡恩溥、白逾桓被暗杀及孙永勤义勇军进入遵化两事为借口，并指责蒋介石执行一面对日表示亲善、一面暗中准备抗日的两重政策，接连向军委会北平分会的何应钦提出种种要求，最后成立了所谓的何梅协定。察哈尔方面日方以第二次张北事件为借口提出交涉，终由关东军特务机关长土肥原贤二出场，逼察省代理主席秦德纯接受其全部要求，成立秦土协定。何梅协定突破了塘沽协定的范围，使日本的干预扩及整个河北省；秦土协定由延庆向西北延长了塘沽协定的中国撤军线，等于在察哈尔设定中国撤军区，并在该省全省范围内给予日本比在河北还要广泛的侵略权益。这两个协定的实质是从军事、政治、国民党党务等各方面削弱南京中央政府在冀察两省的力量，这是日本分离这两省的一种形式，也是从这两省入手分离华北的一个步骤。

与竭力排除中央在华北的势力紧密关联的是精心策划华北自治，这实际是一事的两面。何梅协定、秦土协定之后不久，8月6日日本陆军省即指示在华北的驻屯军要把华北五省变成“不受南京政权政令左右的具有浓厚自治色彩的亲日满地带”。新到天津接任驻屯军司令官的多田骏根据这个指示在9月24日公然宣称：“要从华北清除国民党党部及蒋介石政权，还要借助于威势。……需要

① 《现代史资料(8)》，第22—24页。

② 与中日外交关系升格同时，中英、中美、中德也由公使级升格为大使级外交关系。这主要是由于各国认为国民政府的统治已经稳定，所以纷纷提高与中国外交关系的级别，并非中日关系所独有，在中日关系中没有特别含义。

对华北五省自治联合体进行指导。”[①]10月间发生在香河县的短命“自治”是日本人执导的一次试演，也是一个信号，接着就是以土肥原为主角的大演出。他奉关东军司令官南次郎之命并得到东京参谋本部的同意，于10月再次来华，使命就是策划河北自治及内蒙古独立。他把重点放在宋哲元身上，他活动的高潮是要把那个“华北高度自治方案”强加给宋哲元，结果没有完全达到目的。他设计的作为华北政权机关的“华北共同防赤委员会”未能实现，实际建立的是中国为对日妥协而提出的“冀察政务委员会”；在较小的范围内，他策动殷汝耕于11月2日在通州成立了“冀东防共自治委员会”，一个月后改为“冀东防共自治政府”，这成为日本在关内扶植的第一个汉奸傀儡政权。1936年8月日本政府又提出以华北作为“防共亲日满的特殊地带”为主要着眼点，在那里“完成分治政治”。[②]驻屯军司令官田代皖一郎出面一再促宋反蒋，成立冀察自治政府，与日本实行“经济提携”，但又归于落空。

在察哈尔，在内蒙古，秦土协定刚成立，关东军就于1935年7月25日制定《对内蒙施策要领》[③]，规定在该地区的活动是“首先设法扩大和加强内蒙古的亲日满区域，伴随华北工作的进展，使内蒙古脱离中央而独立”，重点放在多伦和苏尼特右旗（德王故乡），工作进程首先是培植德王、卓特巴札布（伪“察哈尔保安部队”长官）及李守信的实力，并“使三者暗中联合起来，排除汉人势力”，同时向绥远伸展势力，排除那里的各种“排日机关”，“使亲日派抬头”，等等。在扩大“亲日满区域”方面，首先是卓特巴札布的“保安部队”控制了第二十九军根据秦土协定撤出的察哈尔口外蒙族地区，接着又要进驻口外汉民居住区，12月关东军指使李守信伪蒙军向这里发起攻击，相继占领宝昌、沽源、张北各县，从此察省长城以北全部地区悉入日伪掌握，察境蒙区被遮断。在这种形势下，关东军加紧拉拢德王，德王也加速投靠日本，双方的勾结日益加强。1936年1月关东军又制定《对蒙（西北）施策要领》[④]，提出要组织并加强由德王掌权的“内蒙古军政府”，巩固其在察哈尔的统治，并以此为基础向绥远扩充，进而谋求向外蒙古以及青海、新疆、

---

① 转引自江口圭一：《通向卢沟桥事件之路——十五年战争之一窥》，载刘大年主编：《中日学者对谈录——卢沟桥事变五十周年中日学术讨论会文集》，北京出版社1990年版，第92页。

② 《现代史资料(8)》，第366—367、368—369页。（中文译文见《日本帝国主义对外侵略史料选编1931—1945》，第201—204、204—206页。）

③ 《现代史资料(8)》，第492—496页。（中文译文见《日本帝国主义对外侵略史料选编1931—1945》，第168—176页。）

④ 《现代史资料(8)》，第540—546页。

西藏等地伸展。2月，德王等在关东军支持下在苏尼特右旗德王府秘密成立“蒙古军总司令部”，德王自任“总司令”。4月，德王、李守信、卓特巴札布等一起在西珠穆沁右旗索王府秘密召开所谓蒙古大会，日本特务机关长田中久也参加，大会通过“蒙古建国案”，决定成立“蒙古军政府”，德王任总裁。①5月，这个所谓军政府在化德成立，其重要部门都有日本顾问通过“内部指导”加以控制。这实际上是为日本分裂中国服务的傀儡政权，是日本侵略内蒙地区的工具。关东军扶植德王等扩编伪蒙军，8月驱使其骚扰绥东，被绥远省主席傅作义所部击退。11月，关东军利用其“谋略部队”王英伪军向绥东红格尔图大举进犯，遭到惨败；傅作义等军队乘势收复德王蒙伪军盘踞的重要据点百灵庙，日本利用代理人向绥远扩展的阴谋化为泡影。

日本分离华北经过两年策动，造成了冀察两省特殊化及华北危急。但它并没有完全满意，它所设计的华北“自治”或“分治”并未能完全实现，中央政府在华北的势力并不能完全清除。②对日本来说，华北问题还远没有根本解决。它不能听任这个问题长期不解决，于是一种老办法又重新被使用：发动战争。

从七七到八一三：全面侵华战争

九一八以来日本侵华史上有一个值得注意的现象：单年的侵略往往比双年厉害，新的重大侵略的发动往往在单年，而双年则是这些发动的延伸、扩大或巩固。以1931、1933、1935年与1932、1934、1936年相比，可以看到基本情况就是这样。这种情况有的或许多少出于偶然，但整体上似乎反映了某种规律，这就是在不间断的侵略中有张有弛、有起有伏的规律。好比一头野兽，它既要不断地捕捉猎物，又要在每一次捕到之后用一定的时间去咀嚼、消化并寻找下一个目标，这样就必定形成一个个急与缓的周期。这时日本侵华的张弛、起伏大体上两年是一个周期。按照这个规律，1937年应是它发动新侵略的年份，而它果然发动了，这就是七七开始的侵华战争。这可说是日本军国主义在华的四赌国运。

七七之后不久又发生八一三，战争扩及上海。

① 《现代史资料(8)》，第551—554页。

② 继行政院驻平政务整理委员会撤销之后，另一个作为中央派出机构的军委会北平分会在日本压力下虽然也被撤销，但同时南京政府又任命何应钦为行政院驻北平长官，从而仍维持了中央权力在北方的存在。

这就不免使人回想起九一八之后发生一·二八的事。

从日本方面看，八一三很像一·二八的重演。重光葵事后追述道："日本海军陆战队的大山大尉在中国军用机场附近被杀，成了事件之开端，中国军队同日本海军终于发生了冲突，形势同前次上海战争的爆发完全相同。当时甚至有这种风闻：只要陆军在北方制造事件，那么在上海就必定会由海军之手挑起某种事端。"[①]所谓"前次上海战争"，指的就是一·二八淞沪战争，所谓"大山大尉在中国军用机场附近被杀"（这个说法太片面了），就是通常所说的8月9日虹桥机场事件，这很有点像当年的所谓日莲宗和尚遇害事件；所谓"陆军在北方制造事件，那么在上海就必定会由海军之手挑起某种事端"，可谓一语道破了真情。卢沟桥事变后第四天（7月11日），日本参谋本部和军令部签署了一个《关于华北作战之陆海军协定》，里面一面说"力求将作战地域限定于平津地区，在华中、华南原则上不使用武力"，一面又说"但不得已时，应于青岛、上海附近保护侨民"[②]，为在这两地用武留了后路。刚过了五天（16日），驻上海日第三舰队司令官长谷川清在给国内的《对华作战用兵意见书》中就提出："欲置中国于死命，以控制上海和南京最为重要。"8月4日，他请求向上海逐次秘密派遣特别陆战队。8日，他遵照国内指示，为应付事态扩大做好一切准备而重新部署了兵力。9日发生上述虹桥机场事件，10日长谷川清就决定增强海军兵力，命令在佐世保方面待机的部队开来上海（11日到达）。同一天日本内阁会议上，海相米内光政说明了上海方面的情况，希望陆军做好动员准备，陆相杉山元表示同意。12日夜，日本军令部总长伏见宫博恭王向第三舰队司令官发出放手行动的指示。13日，内阁会议决定向上海派遣陆军部队。[③]就在这一天，因日军先开火而在上海挑起了战争。事情很明显，八一三在日本方面完全是以海军为主有预谋有准备地造成的。当时平津已为日军占领，战争重心在华北，战斗正在那里激烈地进行着。在此情况下，任何一处新战场的开辟对华北战场都会起到支持、配合的作用。选择在上海这样一个有多方面重要性的地方，其含义就更加超乎寻常，难怪八一三以后昭和天皇亲自"屡屡催促增兵"[④]。总起来看，九一八和七七都发生在中国北方，前者在东北，

---

① 见前引《日本侵华内幕》，第130页。译文据原书174页做了改动。

② 《日本军国主义侵华资料长编（上）——〈大本营陆军部〉摘译》，日本防卫厅战史室编纂，天津市政协编译委员会译校，四川人民出版社1987年版，第311—312页。

③ 参阅伍宗华等主编：《世界反法西斯战争中国战场史长编（上）》，四川大学出版社1985年版，第239—240页；《日本军国主义侵华资料长编（上）——〈大本营陆军部〉摘译》，第341—342、346—347页。

④ 这是事后他自己说的，见《昭和天皇独白录》，载日本《文艺春秋》1990年12月号，第106页。

后者则进入了华北，一·二八和八一三都是为配合已在北方挑起的战争而在上海开辟新的战场，前者主要是策略上的配合，后者则具有了战略配合的性质。前后对照，可以看到日本侵华战争有一个北起南应的规律，也可看到6年间日本侵华的大深化。

从中国方面看，八一三与一·二八的情况就很不相同了。对于一·二八的日本侵略，中国的抵抗完全是被迫的、被动的，而对于八一三的日本侵略，中国的抵抗则是有预见的、主动的了。七七一个月后，在8月6日的国防会议上，军事委员会委员长蒋介石宣布：基于既定的"举全国力量从事持久消耗战以争取最后胜利"的方针，策定守势作战时期的作战指导原则为：国军一部集中于华北持久抵抗，特别注意山西的天然堡垒，主力则集中华东，攻击上海之敌，力保吴淞要地，巩固首都南京，另以最少限度兵力守备华南各港。①在此以前，担任京沪警备司令官的张治中在7月30日已向蒋介石等提出保卫上海应"先发制敌"之策，他在一道密电中说，当根据各种征候可断定敌将在上海发动无疑时，我军就应"立于主动地位，首先发动，较为有利"。南京接受此策，复电说："应由我先发制敌，但时机应待命令。"②8月11日，南京政府命张治中率领八十七、八十八两师于当晚向预定之围攻线推进，"准备对淞沪围攻"。③12日，张接连电蒋，先报告，"本军从贯彻扫荡淞沪日军之目的，即于本11日晚，以已准备之火车、汽车输送现有军队至上海，置重点于江湾、彭整(浦)的附近，准备对敌猛施攻击，进占敌军根据地而歼灭之"；接着，又请示先发制敌，掌握主动："本军各部队在本日黄昏前可输送展开完毕，可否于明(元)日拂晓开始攻击?"蒋立即复电："希等候命令，并避免小部队之冲突为要。"④由于蒋的这封电报而使得张预定13日拂晓前向日军发动的进攻未能实现，反而成了同天上午日军向华军开火。⑤可见当时的形势已是一触即发。但不论如何，八一三时中国已下定在上海主动抗敌的决心，并做了相应的军事部署，这是一个铁的事实。英勇壮烈的上海抗战坚持三个月之久，与这种主

---

① 转引自蒋永敬：《对日抗战(一)——战争的起因与经过》，载贺允宜等：《中华民国建国史纲》，台北黎明文化事业公司1984年版，第277页。

② 《张治中回忆录(上)》，文史资料出版社1985年版，第117页。张电又见中国第二历史档案馆编：《抗日战争正面战场》，江苏古籍出版社1987年版，第259页。

③ 《抗日战争正面战场》，第263页。

④ 《抗日战争正面战场》，第265页。

⑤ 张治中事后写道："我预定13日拂晓攻击，本想以一个扫荡的态势，乘敌措手不及之时，一举将敌主力击溃，把上海整个一次拿下。但现在失此良机，似乎是太可惜了！"他估计这是因外交团为避免在上海作战而向中国政府提出建议，干扰了他的计划。《张治中回忆录》(上)，第121—122页。

动抗敌的决心是分不开的。

综观从九一八、一·二八到七七、八一三，可以看到那就是日本军国主义阴谋一块块分离中国的六年。他们创造了多种分离的形式，丛本的方式则是使用武力，并且归根结底是凭借着武力，所以军队和军人成为其各种活动的主力和主角。他们对中国的土地时而鲸吞，时而蚕食，一而再，再而三，充满了不灭亡中国不止的野心，几年间就把中国推到了危亡的边缘。这不但激起中国人民同仇敌忾，也逼得一贯忍气吞声的南京国民政府渐渐改变态度：在北方，从九一八时的毫无抵抗变为热河之战中的微弱抵抗、长城之战中的英勇抵抗、绥远抗战中的有效抵抗和七七之后的全力抵抗；在南方，从一·二八时的仓促抵抗发展为八一三时有准备的抵抗；总起来就是从不抵抗到抵抗，从小抵抗到大抵抗，从被迫抵抗到主动抵抗。这反映了敌愈压而中华民族反抗之志愈坚，最后是日本的全面侵华战争引起中华民族的全面抵抗，它的四赌国运终于走向彻底失败。

（本文原载《抗日战争研究》，1992 年第 1 期）

两次淞沪抗战在全国抗战中的地位作用

金立人

20 世纪 30 年代，上海发生了一·二八和八一三两次大规模抵抗日本侵略的战争。两次淞沪抗战在全国抗日战争中占怎样的地位？对中国抗战以至对世界反法西斯战争起什么样的作用？史学界已有不少论述，本文再提一些粗浅意见。

一

一·二八淞沪抗战揭开了中国二十世纪大规模抗击日本侵略者的序幕，在中国抗日战争史上有着重要地位。由于这次抗战的结局是既不能够打胜，也没有打败，不胜不败，基本恢复战前原状，因此，这次淞沪之战的战略地位被看轻了。对日本发动侵沪战争，或认为是服务并服从于东北事变，是侵略东北的策略手段，一个插曲；或认为是日海军与陆军的竞争，重点为了肇事，目标有限；认为国民党政府估计日军要占领南京、控制长江流域是个错误判断。既然日本的战略意图作如是评论，那么作用也必然是有限的。为此，判断日本这次侵沪战争的战略意图是首先要解决的问题。

（一）一·二八时期，日本对上海的侵犯，是第一次向中国本部进攻，是全面侵华的尝试

日本侵犯上海，不能只看作日本为侵占东北，而在上海肇事，转移列强视线。作为侵略中国东北的关东军，是这样做的，制造了杀日本和尚，烧三友毛巾厂的严重事件，挑起事端。但是日本侵华是划分势力范围的，长江以北是日本陆军的势力范围，上海以南以及沿海一带是日本海军的势力范围。日本陆军和海军对外侵略的战略观点，长期存在着分歧，陆军是南守北进论，海军是北守南进论。

不要说关东军指挥不了海军，就是陆军本部也指挥不了海军。

日本发动侵沪战争的意图，可以下列几点说明：

1. 日本出动了历史上最多的兵力攻打上海。一·二八日本侵沪总兵力，既超过甲午战争，也超过1932年3月淞沪停战时在东北的兵力，上海成了日华主战场。

一·二八战端起，日本就出动空前规模的海军力量。30日晨，舰只配置就绪，从上海，吴淞海面，长江口附近，直到镇江、南京，有炮舰3艘，航空母舰3艘，巡洋舰3艘，巡海舰7艘，驱逐舰25艘，共计41艘。海军陆战队增至近9 000人。战端起投入军舰比甲午战争时多38%。陆战队人数已达甲午陆军之半。

陆军，到1932年3月，总兵力为3个师团、1个旅团，并从另外3个师团中抽调的部分精锐部队万余人，共计:77 000余人。而在同一时期，东北3省的总兵力为2个师团，4个旅团和独立守备队6个大队，人数不超过6万人。

日本出动如此规模的兵力，显然是既要占领上海，又要控制长江流域，作征服中国的尝试。

2. 进攻的地域体现其侵略战争的目标。海军开始出动的布局，前沿就放在国民政府首都南京。当1月28日淞沪战争爆发，第2天夜晚就炮轰南京下关，向狮子林炮台和清凉山防地炮击，炮位和工事大多被毁坏。2月中旬，击毁苏州机场，2月26日，大队飞机炸毁笕桥机场。在上海，进攻闸北、吴淞、大场至南翔、嘉定、黄渡、浏河、昆山，地面战争地区越出上海范围。

3. 战争发动者的战略意图。尽管日军统帅部的决策，至今没有发掘出来，但发动侵沪之战的意图，占上海、占南京、占长江三角地带也是可以看到的。海军统帅盐泽幸一少将称上海“一旦发生战事，4小时即可了事”、“12小时底定上海”。第二任统帅野村吉三郎中将说:“在吴淞踏平华军壕沟之日，为时不远，届时即可结束华军之抵抗。”占领上海是明摆着的。陆军2月4日制定《上海方面行动指导纲要》，明确“以不扩大至南京以西为原则”。也就是说长江下游三角地带都是军事行动的区域。占领南京是作战计划里的目标。占领中国的政治、经济中心，迫使国民党政府屈服，是一·二八侵沪战争的意图，也是清楚的。

（二）一·二八淞沪抗战是近代中国第一次卓有成效地抗击侵略者，挫败日本全面侵华的尝试

局势是危急的。日海军要4小时了结军事，12小时底定上海，现都以“狂妄”相讥，可是，日本推迟几天发动战争就会变成现实。1月27日，国民党军政部已

下令宪兵六团接替十九路军防务。宪兵六团不论是否贯彻不与日方发生冲突的命令,在防守北站的战役中,不堪一击是事实。日本占领不了上海是十九路军以及半月后参战的第五军奋力抵抗的结果。

1. 一个月里打败日军四大进攻,始发动者日海军完全失败,上海占不了,南进的战略意图告吹。第一次进攻闸北,企图占北火车站,控制京沪路;第二次打吴淞,第三次打江湾,第四次攻庙行,其间经好多战役。日军是海陆空军配合,每日炮弹、炸弹 2 000 余发,猛烈袭击,地面部队每次以装甲车、坦克作前导,但全告失败。尤其庙行一役,日军出动 2 万兵力猛攻,由于华军的决死之心,英勇抵御,使敌狼奔豕突,死伤 3 千余。到 2 月 28 日的一个月里,日军占不了中方阵地,一个月里,4 次更易主帅。第一任是海军少将,清一色海军部队;第二任统帅是海军中将,陆军派兵参战;第三任统帅是陆军中将,主力部队改为陆军。海军地面部队已丧失作战能力;第四任统帅改为大将,统率 3 个整师团加各师团抽调的精锐。淞沪之战,日军伤亡万余人,等于发动九一八事变之初,东北全境的日兵。最终又在朝鲜义士袭击下,后三任日侵沪统帅一死两伤,其中最后一任统帅白川大将被炸殒命,一切都在日本侵略者意料之外。海军南进、陆军打到南京的计划都受挫,日本侵沪的战略意图完全失败。

2. 迫使日本一无所获而撤兵,这是日本侵华史上第一次出现的结局。一·二八抗战由于《淞沪停战协定》的签订,而以"失败告终"相加。《停战协定》有两大问题,一是中国军队在上海周围划定地区不能进;二是东北被占,东事、沪事不能孤立起来,怎能有《停战协定》。而当时尚有两个未知的问题。一个是中国军队不能进入缓冲地带,日本军队是否撤离;第二个是缓冲地带是否成为英、美、法、意等国插手的"中立区",而丧失上海的主权。前两大问题是存在的,由于日军又调二、三个师团,中国军队没有打赢而转移二线,国民党政府不准备再抵抗而只想求和,请外国人来调停,于是就有以现状为基础的规定:"中国军队,在本协定所涉及区域内之常态恢复未经决定办法以前,留驻其现在地位。"至于后面两个未知的问题,不久就揭晓了。日本这次侵沪之战,没有占任何便宜。近代以降,日本曾先后 5 次出动大规模的军队在中国进行侵略战争,前 4 次:甲午战争,参加八国联军,在中国进行的日俄战争,九一八事变,只要侵略军出动,无不以割地、赔款获得特权而告一段落。而上海之战,日本停战时也叫嚷要赔款,设立中立区,但结果是恢复到战前状态。5 月底,日本陆军全部撤回,海军陆战队人数基本同于战前;在上海挑动事端的人员调离上海。6 月中,中国保安队全部接收一度被日占领地区的治安、防务，英美法意也未敢染指。

日军在占不了上海时，有个企图是歼灭十九路军，称十九路军非政府之军队，并为中日交涉之障碍物，须将其击灭后，交涉方可顺利无阻。结果尽管出动几个师团，也未达到目的。

3. 中国的国际地位得到极大的提高。这方面世界评论赞誉甚多。现就对战争结束与对中国的看法二者举几例：日军司令部发言人称："中国军队抵御之坚勇，出乎意料，日军卒以损失太甚而不前。"①《大陆报》称："中国军队处在极困难环境下，有极良之成绩。业已表示中国军队能若何保卫境土，抵御可怖之新式军器。中国军队善于撤退，未丧其战斗力，仍准备如1月26日在闸北之保卫境土。果若日本认敌人退兵为大胜利，而图继续其军事行动，则华军之撤退，仅为持久战之开始。……胜负之数，正未可知，这也就是日军停战之原因。"②对中国之改观："英伦敦电：战争三日后之荣誉，属诸中国军队，其威力业已成立，较诸一般世人所预料者，更为伟大，定可恢复中国乃能以自卫的国家之威信。"③德国波森日报称："全国对于三十四日激战之反响，以为不论上海不宣而战之结局若何，其直接结果，已使中国站在新纪元之门阈。"④

（三）淞沪抗战是上海地区第一次实现全民抗战，并充分显示全民抗战的威力

在上海奋起抵抗的十九路军，是被国民党政府排挤、压迫，处于危境的一支军队。从它开枪抗日之时起，开始依附于人民；人民从十九路军抗击日本侵略者之时起，也把它看为自己的军队，不仅箪食壶浆，并且生死与共。

十九路军是违抗政府之命起来抗日的。诚然，蒋介石也说过要回击，并紧急划定沿海防卫区，动员军队抗战。但他的判断、部署都是滞后的，是大规模战争开始以后的事。当时谁都不能估计十九路军可以抵抗一个月以上。蒋介石的部署是第二线的，是江南突破后的事。并且如国民政府军参谋本部所说："征调之令朝发，挽留之电夕至"⑤有名无实。政府的阻挠抗战是实在的，行政院在1月23日电上海市长吴铁城，说孙科与汪精卫、蒋介石"佥主我方应以保全上海经济

① 《十九路军血战史》，神州国光社1932年版，第590页。
② 《十九路军血战史》，神州国光社1932年版，第596页。
③ 《十九路军血战史》，神州国光社1932年版，第574页。
④ 《十九路军血战史》，神州国光社1932年版，第593—597页。
⑤ 《九一八事变》，第590页。

中心为前提，对日方要求只有采取和缓态度，应立即召集各界婉为解说，万不能发生冲突”。[①]1月27日，张静江、张浦泉、居觉生、何敬之、叶楚仓、顾孟余等6个国民党中委，先后抵沪，传达中央主旨：应以后缓手段避免冲突。[②]蔡廷锴与张静江争执，公开表示要对来犯之日军迎头痛击，拒绝撤防的旨意。1月27日，军政部参谋部下令由宪兵六团接替十九路军七十八师防务。十九路军延缓办理。不要抵抗的命令是具体的，是一而再，再而三。十九路军抗战违政府之命是实在的。

十九路军是受共产党和人民的影响而奋起抗日的。九一八事变后，上海人民的抗日救亡运动，对推动政府出兵抗日，是一种巨大的动力。苏区红军的革命精神是他们的榜样。依靠人民是他们力量的源泉。当抗战开始之时，十九路军就公开提出：“本总指挥、军长、司令愿与我亲爱之淞沪同胞携手努力，维持必要之治安，作最后有秩序之决斗。”向人民群众提出7点希望，首次提出军民合作的力量。

十九路军自九一八事变后，在赣州宣誓“反对内战，团结抗日”，国民政府从10月起就断其军饷，至一·二八抗战时，已积欠2百余万元。兵士衣不能御寒，食无积粮，工事少钱少物资，军械弹药补充没有经费。这样的军队，不死于敌，也要死于饥寒。而他们能够持续抗战，全靠人民。所有的衣食给养、枪械武器、工事材料，全部由上海和海内外民众提供，海外侨胞捐款达1 068余万元。沪战结束，政府积欠十九路军军饷达600万元。他们用于购买枪械120万元，工事交通材料64万余元，服装费36万元。开战10天内，上海人民赶制棉衣3万套，2月份送去军米7千石。

人民群众组成各种义勇军、救护队，直接出入前线约1万余人，真是男女老少齐动员。中国退职军人抗日义勇军司令68岁，辗转前线的童子军有的不满15岁。共产党领导的反日会战区义勇军和市民义勇军、大学生义勇军等，都曾同十九路军并肩作战，守卫阵地，打击敌人。妇女义勇军战士表现出令敌震惊的坚强。学校、医院、商场、寺庙、教堂设立伤兵医院，几乎担负了全部伤兵的医护工作。

军民之间亲密无间，相互激励，探讨；人民慰问，战地军民联欢，同仇敌忾。

---

① 《九一八——一·二八上海军民抗日运动史料》，第183—184页。

② 《九一八——一·二八上海军民抗日运动史料》，第191页。

军队放手让一些义勇军担负后勤、情报、通讯、战地宣传等重要任务。

宋庆龄、何香凝、中共江苏省委及民族工商业者的代表史量才等组织领导各界各阶层民众投身抗日斗争。工人、学生、店职员，广大市民、妇女、民族工商业者都在抗日斗争中尽自己的责任。一·二八淞沪抗战之所以能够卓有成效地打击侵略者，是全民抗战的力量。这是中国抗日战争史上第一次显示出全民抗战的威力。

（四）为军队抗日的表率，为全面抗战开道

国民党之所以抱不抵抗主义，一个重要因素是恐日病。蒋介石在九一八事变后，多次表示了“抗日国必亡”。这种恐日病是有代表性的，有国民党高级人士说：“对日本，人人都认为不能打，但是人人不敢说不要打。”抗日三日、五日要亡国的观点，相当普遍地存在于国民党军政要员中。人民要抗日、但单是人民抗日，而军队不敢、不想抗日，也是收不到效果的。一·二八淞沪抗战为军队抗战起到表率作用，对全国军队的抗日起极大的推动作用。

国民政府军队第一个违命抵抗的是黑龙江省代主席马占山，一时全国人民掀起援马热潮，但是对国民党军的影响是有限的。因为对国民党军队来说，不仅要解决要不要抗日，还要解决能不能抗日。马占山率部在嫩江桥打了3天，在三间房打了3天，都未能抵御日军的进攻。由于他的抗日规模、时间、收效程度，以及他的一度失节，都使第一位违命抗战的将军的影响受到限制。

十九路军淞沪抗战，由于知名度高，战斗规模大，时间长，地处国际关注的中国最大城市，战绩斐然，成效显著，对全国各路军队产生强烈影响。南京驻军八十七师二六一旅，在十九路军抗战的影响下，出现高级军官集体请愿，强烈要求出征，第五军参战是十九路军抗战后请缨而来。

东北军、西北军都是从淞沪抗战中开始清除恐日病和唯武器论的。东北军将领何柱国在他的山海关防御战的训令中，明显地表述了十九路军对他们的影响。训令说：

> 毋震骇于敌人之物质威力。……去春第十九路军挫敌于淞沪，或问蔡廷锴曰：“何以取打”？蔡答曰：“要打”，又问翁照垣将军曰：“吴淞炮台何以能守”？翁答曰：“要守”。此外毫无有把握之理由。所谓“要打”、“要守”者，决心拼命是也。是精神威力可以克胜物质威力之证也。昔东北军之物质，为全国之冠；而不能统一华北者，乃物质丰富，而无拼命之决心以运用之，徒

以资敌耳。

致胜之要诀，应熟读淞沪对日作战之经验。

再看西北军，在上海抗战时，二十九军军长宋哲元曾派一一一旅副旅长何基沣率一个参观团到淞沪一带参观作战情况，并将参观所得写成书面材料，印发全军研讨，着重说明日军可以打败和能够打败的经验。这就是赫赫有名的长城喜峰口抗战重要的思想准备、政治准备。

一・二八淞沪抗战，以一支孤军、哀兵，在人民的全力支持下，保卫了上海，保卫了南中国。在民族存亡之际，揭开了大规模抗日战争的序幕。

二

（一）八一三进攻上海是日本灭亡中国独霸东亚的步骤

八一三战争是一・二八的重演，是日本海军南进战略的进一步实施。1936年，日本经过二二六政变，建立了天皇制法西斯主义政体后，当年8月通过《基本国策纲要》，明确“在外交与国防密切配合之下，在确保帝国在东西大陆上的地位同时，向南方海洋发展……特别是外南洋（指荷属印尼）方面，谋求我国民族经济的发展”，陆军以对抗苏联在远东所能使用兵力为目标，海军军备应以对抗美国海军，确保西太平洋的制海权，充实足够兵力。①其前提是“日‘满’华紧密合作”。也就是要使中国变成如“满洲国一样的傀儡”中国。日本统帅部每年都有假想敌国作战计划。1936、1937年度作战计划，陆、海军又发生分歧，海军提出必须有对中国华中、长江流域，特别向上海用兵计划。陆军以对抗苏联，控制满洲、华北而反对海军的计划。相持之下不能及时向天皇上奏，最后陆军妥协，以“必要时向上海出兵”而完成上奏。但《基本国策纲要》向南进战略倾斜。海军早在年度作战计划要向上海出兵，以实现南进西太平洋。南进、北进都要灭亡中国，但北进是相对缓慢，而南进战略更为急速。七七事变爆发后一个多月，日本海军就出兵上海，企图占领上海，向华中、长江流域进兵。参谋本部是北进一派陆军人员掌权，他们并不支持海军的行动，但到头来，这些北进派都撤离参谋部。攻打上海是日本急速灭亡中国独霸东亚的重要战略步骤，陆军必须参加进来。

---

① 〔日〕重光葵：《日本侵华内幕》，解放军出版社1987年版，第84页。

八一三是日本帝国主义的主动侵略行动，为了实现其既定目标，上海在一定时期里必定要成为日军进攻的主战场，一·二八时期是如此，八一三时期也是如此。

董必武在1939年8月的《八一三的教训》中指出"日寇的进攻上海为其灭亡整个中国的毫无掩饰的步骤，它想并吞中国独霸东亚的狰狞面貌，又一次在我国人面前在全世界人面前暴露了"。就说明了八一三抗战战略地位的重要及在中国全国抗战中的重大意义。

（二）淞沪抗战是开始实现全国性抗战的标志

日本侵略者要迅速灭亡中国，中国非全国起来抗日就难以抵抗。八一三淞沪抗战开始实现全国性抗战，使日本侵略者速战速决灭亡中国的战略失败。

七七卢沟桥事变的抵抗，是中国持续八年抗战取得伟大胜利的发端。而全国性的抗战则始于八一三淞沪抗战。

七七对日抵抗，没有形成全国性抗战，这是历史所决定的。以1936年夏到七七事变的一年间，困扰着抗日还是不抗日的问题，中国内部充满矛盾：国民党要剿共，消除赤祸，以后国共谈判，商议合作，但到七七事变时，尚未达成协议。国民政府中央与地方实力派的矛盾，1936年夏的两广事变为出师北上抗日，蒋介石阻止，相互到了剑拔弩张的地步；西安事变张杨兵谏，逼蒋抗日。国民党对人民抗日救亡采取镇压政策；1936年11月救国会七君子被捕，到七七事变尚在狱中，就是明证；国民党内部对日妥协还是抗日，犹豫动摇。到七七事变开始抵抗，这些矛盾都没有解决。尤其作为中国政府和北平地方当局，抗战的决心没有下。国民政府自己的公开文件说明：中国政府希望与日本协商，冀图事件之和平解决；7月13日、19日、外交部向日本大使馆口头和书面提议停止军事行动；冀察当局在7月20日左右，接受日本提出的道歉，军队撤离卢沟桥、镇压民众救亡运动三条件。直至7月26日日本最后通牒，要中国军队撤出北平，国民党才下定决心抗日。陈诚指出：全国抗战"所经历的危险和困难，要算'八一三'前后为最严重，从'七七'到'八一三'是抗战的第一个难关。当时全国人心激动到了极点，种种复杂的情绪，反映着各方面的犹豫动摇和苦闷。"①

七七到八一三是国民党政府从没有抗日到准备抗日到下决心抗战的一个大转变的历史阶段，这个转变体现在各方面关系、政策的调整。七七作为一个时期

---

① 《从七七到八一三》，陈诚为八一三2周年纪念日告全国军民书。

来说，是向着全国抗战转变的阶段。

八一三抗战爆发到十一月撤退，在这一历史时期，开始实现全国性抗战，表现在以下几个方面。

1. 国民党政府下决心抗日。8 月 14 日发表《自卫抗战》声明："中国以责任所在，自应尽其能力，以维护其领土主权及维护上述各项条约（指国联盟约，九国公约，非战公约）之尊严。中国决不放弃领土之任何部分，遇有侵略，唯有实行天赋之自卫权以应付之。"①

2. 国共合作形成。七七事变后，中国共产党向国民党提交《中国共产党为公布国共合作宣言》，蒋介石虽承认中共合法地位和陕甘宁边区，但对红军问题未取得一致意见。八一三抗战爆发，从全国抗战需要，8 月 19 日，国民党政府同意共产党改编红军的主张，22 日，国民政府军委公布红军为八路军。9 月 22 日，国民党发表《中国共产党为公布国共合作宣言》。以国共合作为基础的抗日民族统一战线形成。

3. 国民党中央与地方实力派的矛盾在一致抗日的前提下解决。从反蒋抗日、逼蒋抗日，到拥蒋抗日，地方实力派的军队开始调到淞沪前线和其他战场。

4. 国民党政府与人民抗日的矛盾，开始缓解。取缔民众抗日的命令自行取消，释放政治犯和抗日分子，救国会七君子于 7 月 31 日出狱，民众抗日团体相对地有了建立和活动的余地。

正是这几大矛盾的解决，国民党、共产党、中央政府、地方实力派军队、人民在抗日救国的大旗下，一致投入伟大的抗日战争，形成了全国性抗战，这个起点就是八一三淞沪抗战。

当年共产党、国民党也都是这样认定的。董必武在 1939 年 8 月说："我国坚决抵抗日本帝国主义的侵略，虽从七七卢沟桥敌军寻事发端，而实际全国性的抗战是开始于前年八一三的日寇进攻上海。"②国民党军委会政治部部长陈诚说："就抗战的全般过程来说，七七卢沟桥事变，是我最后关头的确定，而八一三则是全面抗战的开始。"③

正是由于全国抗战开始，才能调动 70 个师、7 个旅的兵力，开展中日第一次大会战，正是由于全国集中抗战，国共两党，抗日团体的强大的政治宣传动员，处

① 《八一三抗战史料选编》，上海人民出版社 1986 年版，第 603 页。

② 《上海抗日救亡运动资料选编》（上海市中共党史学会编于 1985 年 4 月），第 14 页。

③ 《上海抗日救亡运动资料选编》（上海市中共党史学会编于 1985 年 4 月），第 223 页。

在全上海全中国人民抗日救亡运动高涨的氛围中，激励了广大官兵的爱国主义精神，保卫祖国的牺牲精神，使这些过去为少数人利益卖命，与人民处在对立地位的雇佣军，变为为祖国独立、民族生存而战斗的英勇战士，才有以低劣武器装备的中国军队同优势装备的日本侵略军，在纵深不到 20 公里的地带搏斗 3 个月，杀伤敌人 4 万余的战绩，挫败日本速战速决、3 个月灭亡中国的战略意图。

（三）八一三抗战改变世界对中国抗战态度以及对世界反法西斯战争的贡献

八一三全国性抗战之前，普遍忧虑国际形势对中国不利。欧洲形势紧张，列强无暇东顾；英国不顾中国对日抗战；苏联为对付欧洲法西斯势力，也无帮助中国的表示；美国多年来对远东外交采取消极方针，没有帮助中国抗日的迹象，而相反以源源物资资助日本。这是许多人在发动全面抗战问题犹豫、徘徊的一个因素。

然而，淞沪抗战起，国际形势为之一变，世界对中国为之改观。除德、意少数国家外，大多数国家与全世界舆论，都同情中国，一致反对日本。英、美两国人民推动政府援助中国抗战，英、美政府的态度向着有利于中国抗战的方面转变，苏联开始从道义上和物资上支援中国抗战。

美国劳工领袖勃劳特在竞选运动演词称：我们的生活不能跟中国的大众分开来。现在中国民众开始有力地来保卫他们自己了，日本帝国主义者在上海防御战中碎了骨胫，这事实，是世界上最光荣的一页。中国民众的抗战现在只是开端，要真正给日帝国主义一个可悲的结果，大半还看我们和其他各国对这斗争的态度。

英国作家尤脱莱的《日本在华的赌博》称：“在 1937 年夏，国外一般的见解都认为中国决不能抵抗日本的武力，抗战简直是发疯，战争一定很快就结束而日本获得全胜。上海的英勇抵抗证明了这一次日本并不能轻易获胜，中国已经兴起了一种精神使它的士兵以必死的英勇与占有无上优势的敌人奋战。只配备步枪和机关枪的军队，却阻遏了拥有最新式武器的日军达 4 月之久，多年来认为中国人是不善战斗和易受恫吓的英国人士也惊异于它士兵的骁勇善战和坚毅不拔了。”

八一三开始的全国抗战在世界反响极大。陶行知在国外的感受：抗战前中国代表演讲，不为人重视，而今日中国代表演讲，听众皆起立致敬，听到中国的名字皆欢呼。

上海抗战对美国的政策产生影响。战前美国对远东消极期待政策，到 9 月尚声明远东政策不变。10 月 5 日，总统罗斯福发表重要演说，对于侵略国痛加斥责，并说明美国虽抱不参加战争之决心，但不能担保不被卷入战争漩涡。听众5万人，热烈欢呼，表示赞成。演词向全国广播。第二天，美国政府正式宣布日本为侵略国。

上海抗战对英国政府的影响。英外相艾登在7月19日还是表示拉拢日本，期待英日关系的改善。11月，在日内瓦公开讲："民主势力实是受中国的保护，他们如此英勇抗战，实在使我们惭愧。"在政策上，"特别跟美国政府，保持着最密切的联系"。

苏联则在八一三抗战一周后，与中国签订《中苏互不侵犯条约》。从11月起，又给予数千万美元贷款，帮助中国获得大批飞机、大炮等武器装备，并派出军事顾问团、航空志愿队到中国，支援中国抗战。

八一三淞沪抗战，开始改变国际对中国的看法，向着有利于中国抗战的方向发展，同时又对太平洋地区反日本法西斯斗争作出了贡献。淞沪抗战沉重打击了日本海军，日海军最积极实行南进战略，以美国为对手，占上海南京而迅速制中国于死地，然后以华南为基地，台湾为跳板，侵略西太平洋各国，进行所谓"大东亚"圣战。可是一开场就把海军可用于地面作战的部队，打到丧失了战斗力，不得不求救于陆军。其南进战略受挫，推迟4年以后，直到1941年9月6日御前会议通过"对美、英、荷开战"。①而淞沪抗战对东亚、南亚各国起了反日的动员作用。菲律宾、越南、印度等弱小民族，自八一三抗战以后，对中国的抗战行动表示了他们最高的热情，他们认为中国抗战，意义不仅是为了中华民族自由解放而战争，同时亦是代表了世界被压迫民族喊出了"民族解放"的最后呼声。尤其印度，以尼赫鲁为主席的国大党掀起了大规模的全印制日援华运动，并要求英国当局速起制日，对付日本对英在远东的威胁。这是对中国抗日的同情，也是对他们自身的动员。

两次淞沪抗战在全国抗战中都占有突出的地位和起着推动全国抗战的巨大作用，对世界反法西斯战争作出了重大的贡献。

（本文原载《上海党史研究》，1995年第4期）

---

① 〔日〕服部卓四郎：《大东亚战争全史》第一册，商务印书馆1984年版，第198页。

从局部抗战到全面抗战：两次淞沪抗战之比较研究

余子道

在中国伟大的抗日民族解放战争中，在淞沪地区先后举行了一·二八抗战和八一三抗战。这两次轰轰烈烈的抗日之役，英勇悲壮，震惊中外，影响深远，在抗日战争史上占有重要地位。一·二八与八一三有着许多相似之处，又各具不同的历史特点。它们之间存在着深刻的历史联系，然而却并不是历史的重演，两者在历史上的地位与作用不可同日而语。本文试图从这两次淞沪抗战的历史背景、南京国民政府的政策、中国共产党的地位和作用、两次战役的战略企图和作战方针、战役发展历程以及淞沪抗战的历史地位等问题，作一比较研究，以求深化对淞沪抗战的认识，进一步揭示蕴含于其中的历史经验，并以中国抗战历史全局的层面来审视它们的意义。

一

一·二八抗战和八一三抗战是长达14年之久的中国人民为反对日本侵略、争取民族解放的伟大民族战争的重要组成部分。两者可以说是在同一战争历史过程中，在同一地区先后发生的两个重大战役和两场民众抗日救亡运动。它们都处在中国民族民主革命新时期的时代背景之下，所不同的是：一·二八发生在中国局部抗战时期，那时，国共内战正在进行，抗日民族统一战线还未出现，国际方面也尚未形成广大的世界反法西斯运动。而八一三则发生在中国由局部抗战转变到全国抗战的时期，这时，以国共合作为基础的抗日民族统一战线已经形成，带有世界性的反法西斯运动已初步展开，因而处在新的战争环境。

从局部战争演变成为全面战争，这是抗日战争也是第二次世界大战发展历程的一个基本特征，一·二八和八一三乃是这一历史特点的一种表现。从一·二八到八一三，反映了日本侵华战争的扩大和深化。

一·二八是紧接着九一八而爆发的，八一三则是紧接着七七而发生。九一八标志着日本帝国主义以武装侵略中国，变中国为其独占殖民地的新阶段的开始，但由于中日两国的特殊国情和当时远东的政治军事格局，战争暂时还限于局部的性质和范围。七七则标志着日本走上了全面侵华战争的道路。对于日本来说，八一三是在新的历史条件下一·二八的重演。一·二八主要是为了配合日军在中国东北的侵略战争和掩护伪满傀儡政权的出台。八一三则是为了与日本在华北的进攻相配合，在上海开辟新战场，钳制中央军并攻占上海、南京，进犯华东，逼迫中国政府订立城下之盟，以实现其速战速决战略。九一八和七七都发生在北方，前者在我国东北，由日本关东军策划和挑起，后者则进入了华北，由日本华北驻屯军策划和挑起。一·二八和八一三都发生在上海，由日本海军首先挑起和发动，以海军为先锋、陆军为主力共同进行。一·二八以日方制造的日僧事件为导火线，八一三则以日本挑起的虹桥机场事件为导火线，其手段如出一辙。总之，一·二八和八一三都是为配合在北方已经发动的战争，而选择在上海这样一个在中国在国际上都具有多方面重要性的地方开辟新的战场。一·二八对于九一八主要在于策略上的配合，而八一三对于七七的配合则具有战略配合的性质，因而，两者引出的结果是大不相同的。

中国抗日战争经过了由局部抗战到全国抗战的发展历程，从基本历程而论，八一三抗战乃是一·二八抗战的继续和发展。但就战争的具体进程而言，一·二八抗战是九一八事变后抗战的继续，八一三抗战则是七七抗战的继续。九一八事变后的抗战首先是由部分东北军爱国官兵发起的，继而发展成为包括一·二八抗战在内的六年局部抗战。七七抗战首先是由原西北军的第二十九军发起的，继而演变成为举国上下长达八年之久的全面抗战。一·二八抗战是由第十九路军抵制南京中央当局的不抵抗指令而毅然发动的，然后由中央军第五军前来参加而共同进行的。八一三抗战的发动则有所不同，它是在中央军京沪警备军奉南京中央当局命令之后，主动地有计划地发动和进行的，然后逐步演变成为由中央军主力和全国各主要军事实力集团的部队参加的一场大规模会战。从九一八到一·二八，从七七到八一三，这一系列历史事变的发展，绝不是偶然的巧合，它表明了日本对华侵略战争的扩大和深入，更反映了中国抗日潮流的不断高涨和抗日民族战争的日益发展。

八一三抗战是在与一·二八抗战不同的历史条件和国内外背景之下发动和进行的:日本的侵略已从局部战争扩大为全面侵华战争;中国的内战业已停止,以国共合作为基础的抗日民族统一战线正式形成;全国各党各派各军各界在抗日御侮的旗帜下联合了起来,汇成了前所未有的全民族的抗日救亡的高潮;国民政府从实行"攘外必先安内"转变到走上对日抗战的道路;抗战动员之广泛、深入都远远超过了一·二八时期。这一切决定了八一三抗战以一·二八所未有过的主动性、全面性和彻底性,出现于抗日民族解放战争的历史舞台。它不是重复旧的历史,恰恰相反,英勇的中国军民,在这次新的战争中,谱写了崭新和光荣的历史一页。

二

淞沪抗战主要包含两个相互联系的组成部分:中国军队进行淞沪战役和人民群众开展抗日救亡运动,而前者则是抗战的主体。无论是一·二八还是八一三,南京国民政府都是淞沪战役的组织者和指挥者,它所采取的方针政策,是同淞沪战役的命运息息相关的。南京政府对这两次战争的政策有着重大的原则区别。前者是在十九路军和上海民众自动抵抗日军进攻,抗战已经爆发,南京政府想不抵抗也不行了,其政策是在"攘外必先安内"的基本政策之下确立起来的;后者的政策则是在团结御侮、抗战到底的基本政策的基础上建立起来的。两者的区别,反映了国民政府对日政策和对内政策的重大变化,对两次淞沪战役产生了至关重要的影响。

一·二八抗战是以陈铭枢、蒋光鼐、蔡廷锴为首的十九路军在团结御侮、一致抗战口号之下的坚决抵抗,上海民众抗日救亡运动,以及南京政府在"一面抵抗、一面交涉"政策之下的有限度的抵抗等诸因素综合作用的基础上发动和进行的。十九路军领导人与南京政府决策者,在一·二八抗战中实际上实行了两种不同的指导方针,对战争的发展起了不同的作用和影响。

爱国将领陈铭枢、蒋光鼐、蔡廷锴掌握着十九路军的领导权,负有卫戍京沪、警备上海的责权,在一定程度和一定地域内得以实行其不同于南京中央当局的方针。他们从维持民族利益、保卫国家独立的立场出发,不同意南京当局对日妥协退让,主张对内团结、一致御侮,对日坚决抵抗,采取以民族自卫战争反对日本侵略的方针。

蒋介石、汪精卫、何应钦等南京当局的决策者们，掌握着淞沪战役的最高领导权和指挥权，他们推行着同十九路军不同的方针和政策。由汪精卫提出、得到蒋介石完全赞同，被国民党中央确定的“一面抵抗、一面交涉”的对日政策，在一·二八战争时开始得到贯彻，成为处理这个事变的指导方针。这一政策与九一八时的“绝对不抵抗”政策有所不同，因为它主张对日本的武装侵略要进行有限度的局部的抵抗，这表现了南京政府对日政策的某些变化。这就是它对淞沪战役的某种程度的赞同和支持，以及调动中央军第五军前来上海参战在政策上之由来。在这一政策之下的抵抗，虽然是有限度的、短暂的和局部性质的，但也是属于为民族自卫的正义的战争事业。然而，“一面抵抗、一面交涉”政策终究是一种具有两面性的政策，就其实质而言，乃是一种消极抵抗、积极谋和、寻求妥协的政策，对日妥协仍是它的灵魂和基轴。在这一政策下的抗战，不可能是坚决和彻底的，也绝不会是持久的；相反，却深深地潜伏着在中途妥协议和，接受城下之盟的危险。

两种不同的指导方针在一·二八抗战中居于不同的地位。虽然十九路军领导人掌握着淞沪战场的指挥权，但在一切重大问题上，他们不得不听命于南京中央当局的决定。因而，由陈、蒋、蔡为代表的团结御侮、坚决抗战的方针，其作用归根到底受制于南京当局，其能实现的范围和程度是有限的。相反，掌握南京中央权力的蒋、汪、何操纵着淞沪战争最高领导权和指挥权，以他们为代表的方针在淞沪抗战中占着统治地位。这就在根本上左右了这次抗战发展的方向及其结局。一·二八实际上是一曲抵抗和妥协的“两重奏”：一方面是十九路军和第五军爱国官兵在民众抗日救亡运动的支持下英勇悲壮地奋战在抗日战场，另一方面是中国外交当局在英、美、法、意等国驻华外交机关的斡旋下，在国际联盟的直接干预下，不断地与日方谋求妥协、抵抗与谋和两方面同时贯穿于一·二八战争之始终，最后以妥协而告终，这是一·二八抗战的一个基本特征。

如果说一·二八是一部抵抗与妥协的“两重奏”，那么八一三则是一部全面抗战的“进行曲”。一·二八以十九路军抵制南京当局的命令，自动奋起抗战为开端，以签订城下之盟的《淞沪停战协定》而告终。八一三以南京政府作出“先发制敌”决策，命令京沪警备军主动进击驻沪日军为开端，以中国军队战败，南京政府不接受妥协、继续坚持抗战而告终。

南京政府对于八一三的政策与一·二八是大有区别的。一·二八时南京政府的抵抗是被动的和消极的，用兵作战是极有限度的，而且准备随时实行妥协停战。八一三时南京政府采取的是团结御侮、抗战到底的态度。南京当局对于淞沪作战是有预见的、主动的和积极的，用兵作战是倾注全力的，虽然并未完全抛弃通过国际干预、调停中日战争的企图，但抗战的倾向自始至终占着主导地位而未曾动摇。

三

一·二八和八一三作为先后发生在同一地区的两次抗日战役，两者之间存在着一些共同的特征。但是，由于客观条件和主观指导的不同，两个战役之间更多的是存在着重大的差异。以下我们对这两次战役的战略企图、作战方针、战役规模、战役过程等问题作一横向比较，以求在军事的层面上对淞沪抗战获得进一步的认识。

两次淞沪战役的规模，大小悬殊。第一次淞沪战役就其规模而言，是一次中小型的战役，第二次淞沪战役则是一场大规模的会战。一·二八时，中方参战的部队有十九路军的三个师、第五军的两个师以及中央军校教导总队和财政部税警总团等部，总计约六个师；日本参战兵力最高时有陆军三个师团(其中一个师团未投入作战)又一个混成旅团，海军一个舰队。八一三时，战役过程较长，中日双方都逐次增兵，作战规模不断扩大。中国方面参战兵力总数达陆军七十五个师、八个旅。财政部税警总团，中央军校教导总队，炮兵，辎重等特种部队，吴淞、江阴、镇江要塞部队，上海保安部队和警察总队，以及空军和海军的主力部队。日本方面参战兵力最高时有陆军九个师团又两个旅团(支队)。伪军三个旅、海军一个舰队，另有两个舰队参加运兵，空军则分属于陆、海军。八一三淞沪会战，中日双方投入兵力之众多，作战规模之巨大，战役过程之持久，不仅远远超过一·二八淞沪战役，而且在八年全面抗战中也只有武汉会战等几个大战役可同它相比，在一百多年的中国近代战争史上也是罕见的。

第一次淞沪战役时，日本方面尚无攻占上海和南京、进犯华东和华中的作战意图，中国方面更无在华东开辟一个战场，吸引日军把主战场转移于长江方面的作战企图。第二次淞沪战役是在中日全面战争的条件下进行的，双方的上述战略意图业已确立，因而这次战役不仅在规模上是空前的。而且其持续时间和发展过程也与一·二八大不相同。第一次淞沪战役从1932年1月28日开始，至同年3月6日十九路军宣布停战而结束,历时39天。第二次淞沪战役从1937年8月13日开始,至同年12月2日江阴要塞陷落而告终,战役时间长达3个月零19天。

两次战役的发展历程也各有不同的特点。前者的发展历程呈现为两个阶段:1月28日至3月1日为敌之进攻和我之防御阶段,3月1日至3月3日为我之退却和敌之追击阶段。在战役进程中,中国军队始终没有一个战役进攻阶段,而日军的追击阶段为时十分短暂;此种特殊情况,是由当时中日双方的政略和战略所决定的。后者的状况则大不相同。八一三淞沪会战呈现为四个阶段:8月13日至22日,中国军队对虹口、杨树浦地区日本驻军进行围攻,此为我之进攻、敌之防御阶段。这种战役进攻阶段是一·二八时未曾有的。从8月23日中国军队开始在吴淞、宝山、罗店、浏河之线抗击登陆日军,至9月16日中国军队退守双草墩、罗店西南、庙行、大场一线为止,是敌我相持阶段,这一阶段,经历了浏河—吴淞沿江阻击战,罗店、月浦、宝山、吴淞、杨行、刘行等地攻防战。从9月17日至11月5日日军在金山卫登陆,为我之全线防守、敌之进攻阶段,发展成为阵地战的高潮,经历了蕴藻浜南北阵地攻防战、大场周围争夺战、苏州河沿岸防御战等等作战。中日双方不断增援,轮番增兵,战役规模日益扩大,作战程度愈来愈高,高度的阵地防御战不但是一·二八时所从未有过,在八年抗战中也是罕见的。从11月5日日本第十军在金山卫登陆,至12月2日江阴要塞失陷,是我之撤退、敌之追击阶段。淞沪会战以中国军队的失败而告终。综观这次会战,其参战兵员数量之众多,战役过程之持久,作战情况之复杂,战斗情景之激烈,在中国的反侵略战争史上可谓屈指可数,堪称抗日战争中一个著名的大战役。

八一三淞沪会战的战略企图和作战目的,也比一·二八淞沪战役广大和复杂得多。根据蒋介石、汪精卫等人的历次讲话和电令,南京政府对于第一次淞沪战役的战略意图和目的,是消极的和有限的,主要可以归结为以下几项:一、使上海局势恢复到一·二八事变以前之原状,即日军退回上海公共租界和虹口越界筑路地段;二、保持上海之闸北以及江湾、吴淞等地区,不受日军侵占;三、争取国际联盟和英、美、法等西方列强的调停,通过外交途径力求达成一个公平的停战协定。一·二八抗战的结果,上述三项目标中,第一、第二两项是实现了,第三项获得的不是一个平等和公正的停战协定,而是丧权辱国的《淞沪停战协定》。

八一三淞沪会战的战略意图和目的,是积极的和广大的,是立足于对日全面抗战的战略目标之上的。南京政府对于这次会战的意图和目的经历了一个逐步发展和形成的过程。南京大本营于1937年8月20日、9月2日、11月16日先后发布《第三战区作战指导计划》《淞沪抗战第二期作战指导计划》和《淞沪抗战第三期作战计划》,蒋介石还发布了其他一系列命令和指示,提出了淞沪会战的战略目标、作战意图和方针。归纳起来,主要有以下几项:一、以先发制敌的方针摧毁日军在上海的根据地,使敌尔后作战在陆上无所凭借;二、击退沿海沿江登陆之敌,保卫经济中心上海,拱卫首都南京;三、扩大沪战吸引日军相当部分主力,以牵制敌在华北的进攻,打乱其作战计划;四、掩护上海和华东沿海诸省的工业和其他事业的内迁;五、使国际上对中国抗战产生良好的观瞻,促使日本与英、美等国之间矛盾加剧,借以造成国际方面干预日本侵华,斡旋中日停战议和之契机。在这些目标和意图中,大部分是符合民族抗战大业的需要的,经过重大努力,也有可能予以实现,有一部分则是错误的。如果说,南京政府对于一·二八的战略意图,在于通过有限度的军事行动和外交方面的努力,求得在一定条件下的对日停战妥协,那么,对于八一三则是把它作为对日全面抗战的绪战,为战胜日本而作出的一个重大战略举措。

南京统帅部提出的八一三抗战的战略目标,有一部分是达到了,有的没有或未能完全实现。从军事上说,这是因为,一方面,日方军力强盛、武器装备精良和正面进攻与两翼迂回相结合战法的成功;另一方面中国军力衰弱、武器装备落后,特别是由于战略和战役指导上的严重失误所导致的。淞沪会战以如此巨大的规模,坚持三个月之久,主要是依靠了优势的兵力、旺盛的士气和人民群众的支持。就南京统帅部和第三战区对战争的指导而言,在作出淞沪会战的决策、从全国调集参战部队和组织指挥一系列作战等等方面,其功不可没。然而,毋庸讳言,在战略战役指导上是有严重失误的:错误地实行战略上的速决战和战役战斗上的持久战,以阵地战为主体的单纯防御,在敌陆海空联合作战之优势得以充分发挥的地带进行旷日持久的消耗战,无胜利把握的主力决战,以及对两翼防御的严重疏忽等等。如果战略战役指导上不犯这些错误,淞沪会战的结局会是另外一种情况,至少中国军队伤亡30万人如此巨大的损失,不是完全不可避免的。

四

中国共产党及其领导的上海革命队伍,是淞沪抗战中最坚定最英勇的抗战力量,成为人民抗日运动中团结的核心,发挥了政治领导的作用。中共在淞沪抗战中始终高举爱国主义的旗帜，为反对日本帝国主义，争取民族独立和人民解放而英勇斗争。在这两次抗战中，由于国共关系、中共自身的状况、上海民众抗日运动的觉悟程度和组织程度等等情况的不同，中国共产党在抗战中的地位和作用是大有区别的。

一·二八抗战时，国共两党处于敌对状态，中共在国统区没有合法地位，国民党对中共及其领导的抗日民主运动采取取缔和镇压的政策，这就严重地限制了中共及其领导的人民革命力量在抗战中的作用和影响。但是，党在上海的组织和广大党员在极端困难的条件下，不畏艰险，冲破重重障碍，发动和组织基本群众投入抗日斗争。

中国共产党从九一八事变起就坚决主张对日抗战。一·二八事变爆发，中共中央立即发出了武装反抗日本帝国主义占领上海的号召；还就上海事变作出决议，主张以武装民众的民族革命战争反对日本的侵略。中共江苏省委根据中央的指示精神，全力以赴地发动和领导上海全市党、团组织，工会和民众反日团体，开展各种形式的抗日救亡斗争。中共在上海组织和领导了上海民众反日救国联合会等一批民众抗日团体，联系和团结为数不少的各阶层民众参加抗日斗争。组织和领导了拥有两千余人的义勇军，奔赴战区协助十九路军等部作战。发动和团结文化界、教育界、新闻界、文艺界，开展抗日宣传，慰劳军队，捐献财物，支援前线。发动和领导了沪西日资工厂数万工人的反日大罢工，给了日本帝国主义以沉重一击。但由于王明“左”倾冒险主义的领导，在一·二八抗战期间实行不少“左”的政策，未能利用当时有利于革命的客观形势，把抗日民主运动推向前进。

中国共产党在八一三抗战中，以崭新的姿态登上了历史舞台，党的抗日民族统一战线政策在淞沪抗战中发挥了巨大的威力，成为整个抗日斗争的指路明灯。这时，第二次国共合作宣告形成，中共在国统区取得了基本的合法地位，党的活动环境大为改观。上海民众抗日救亡运动经过几年来的锤炼，觉悟程度和组织水平也有显著提高。而最重要的是，中国共产党已经纠正了王明“左”倾错误的领导，确立了以毛泽东为核心的党中央的正确领导。中共中央对上海抗日斗争和民众救亡运动作出了一系列正确和及时的指示和部署。中共在上海的组织，在政治上、思想上和组织上实行了新的转变，以坚强有力的姿态投身于领导上海人民的抗日运动。

早在八一三事变前，中国共产党关于建立抗日民族统一战线的主张和“停止内战、一致抗日”的号召，以及在西安事变前后作出的一系列重大政治决策和行动，在上海各界人士和广大民众中，获得了强烈的反响和热烈的拥护。在中共抗日民族统一战线政策的影响和指引下，在上海党组织的积极推动下，上海广大工人、学生、市民、职员、教师，以及文化界、工商界、妇女界、科技界、医护界等等各行各业人士，愈来愈一致要求停止内战、团结抗日。上海文化界救国会、上海妇女救国会、上海各界救国联合会、全国各界救国会等民众救亡团体相继成立。到八一三前夕，上海的各种抗日救亡团体组织已发展到140多个，全市人民在抗日御侮的旗帜下，结成了浩浩荡荡的队伍，为淞沪抗战奠定了广泛的群众基础。

八一三上海军民团结全民抗战，是中国共产党关于抗日战争和抗日民族统一战线的一系列理论、方针、政策的具体实现。7月初，周恩来等赴庐山同蒋介石谈判国共合作时，途经上海，向党在上海的负责同志就抗战形势、党的统一战线政策、上海地下党的工作方针等问题作了重要指示。8月中旬在南京政府召开的国防会议上，中共中央代表周恩来、朱德、叶剑英就抗日战争的战略原则和作战方针提出了重要建议，以后叶剑英又对淞沪抗战有关问题提出了精辟的论断和主张。

在八一三抗战的整个过程中，中国共产党进行了一系列宣传抗战、引导舆论、动员群众、组织群众、支援前线的工作，对民众抗日救亡运动进行了积极有力的领导。10月，中共江苏省委按照中央的指示宣告成立，全面领导上海各方面的地下斗争。在此之前，八路军驻上海办事处已经成立，成为中共在上海对外活动的公开机关。由中共实际领导的国共合作举办的《救亡日报》，也在八一三事变爆发后的十天在上海正式创刊。上海的党组织在淞沪抗战期间，动员了大批的工人、学生、社会青年和知识分子支援前线，发动文化界、教育界、新闻界开展声势浩大的抗日宣传动员活动，对上海各方面上层人士和民族工商界进行了广泛的抗日统战工作，并派出许多干部赴上海周围农村，发动抗日游击战争。

五

一·二八抗战和八一三抗战有着不可磨灭的历史意义，但是两者的历史地位却是很不相同的。它们各自定位于从局部抗战到全面抗战的不同的历史位置之上。

一·二八抗战是局部抗战的重要一役。这次抗战在九一八事变后第一次直接冲破了南京政府的不抵抗政策，在国难当头、民族危亡之际，毅然举起了反侵略的民族自卫战争的旗帜。我国军队和上海人民在全国人民和海外侨胞的支援下，同仇敌忾，给了日本侵略军以迎头痛击。日军被迫四易其帅，三次增兵，伤亡达3 000余人。一·二八抗战是甲午战争和九一八事变以来，中国军民首次对日本侵略军的沉重一击。它表现了中国人民不畏强暴、不怕牺牲，为救亡图存而勇于血战到底的伟大爱国主义精神。淞沪抗战大大地激发了全国人民为民族解放而斗争的觉醒，使团结御侮、一致抗日的呼声深入人心，为后来的抗日民族统一战线的形成和全国抗战的发动开辟了道路。

八一三抗战是全国全面抗战的绪战。这次抗战，在中国共产党倡导的抗日民族统一战线的基础上，全国各党各派各界各军在抗日御侮的旗帜下形成空前的大团结。国民政府以前所未有的抗战积极性，调集70余万部队投入淞沪战场。中国共产党积极发动和领导上海各界民众的抗日救亡运动，人民抗日斗争风起云涌，汇成了空前高涨和壮阔的抗日热潮。淞沪抗战给了气势汹汹的日本侵略军以沉重打击，有力地阻遏了日本军国主义的速战速决战略，在三个月的交战中，击毙击伤日军5万余人。八一三抗战推动了全国的军事、政治、经济转变到对日抗战的轨道，对全国抗战大局的形成起了积极的作用。中国军队在淞沪战场的强韧作战，吸引了20多万日军，从而减轻了华北战场的压力，对全国抗战是一个有力的支持。淞沪抗战为上海和东南沿海地区的工业内迁、物资设备和企事业单位的转移，赢得了时间。中国军民在八一三抗战中浴血奋战，勇于为国捐躯的光荣业绩，极大地振奋了中国人民保卫祖国、捍卫民族独立的爱国主义精神。

八一三抗战虽然最后是以中国军队的战败和撤退而告终，但不应由此而否定这次会战的历史意义。我们充分肯定淞沪抗战的历史意义，是给予当年千千万万奋战在淞沪战场上的广大爱国军民和民众救亡运动以应有的历史地位，而不应当对战略战役指挥上的失误不加分析地予以颂扬。

同样地，一·二八抗战虽然是以中国政府接受城下之盟而告终，但它并未由此而丧失其历史意义；也不应以中国军队的撤退而抹杀其曾经取得的胜利。我们肯定一·二八抗战的意义，是给予当年浴血奋战、为国献身的广大军民的爱国主义业绩以应有的历史地位。与八一三不同的是，一·二八抗战中贯穿着两条不同的指导方针，两者在历史上有着不同的意义和作用，这是不应当被混淆的。

（本文原载《高校理论参考》，1995年第8期）

在两次淞沪抗战中日本人民的反侵华斗争

卞杏英

日本帝国主义选择中国为侵略的目标，实现它早已制定的“大陆政策”。20世纪30年代初期，一方面，欧美各国被经济危机所困，在远东的实力大减，这样来自西方对手的阻力大为减少；另一方面，中国国内正处于军阀混战、民生凋敝之时，国力衰竭，国防空虚。因此在日本看来，此时正是它实施占领满蒙、进而侵略全中国的大好时机。1931年日本挑起九一八事变后，为转移国际视线，向上海发动了侵略战争，即一·二八事变。1937年日本侵略者在占领北平城后立即向上海发动了侵略战争，即八一三事变。中国人民特别是上海人民先后进行了两次反侵略的淞沪抗战。

毛泽东在抗日战争中指出，中国能战胜并消灭日本帝国主义要有三个条件，其中“第三，是日本人民和日本殖民地人民革命运动的兴起”。①中国的抗战是维护世界和平、主持正义的反侵略战争，自然得到爱好和平的世界各国广大人民与各国政府和海外华人华侨的同情和支持，也得到侵略国人民的同情和支持。日本人民在两次淞沪抗战中进行了公开或者隐蔽的反侵华斗争，是对中国抗战的援助，是维护和平，主张正义的具体表现。

一、 在淞沪抗战期间，日本人民反侵华战争的主要表现

1. 日本人民以逃避征兵和参战来反对侵略战争

日本统治者的穷兵黩武政策，不但给中国人民带来了灾难，而且也使日本人

① 《毛泽东选集》第2卷，第513页。

民处于水深火热之中。日本人民采取多种方式逃避征兵，不愿意参加侵略战争。1931年2月10日，正是淞沪抗战开始时期，东京帝国大学学生若干人在大学正屋外开会，这些学生发表演说，散发传单，要求停止帝国主义战争。2月中旬，日本当局向在青岛的日侨征兵800人，结果没有一个人愿意报名参战。有的人为了逃避征兵，甚至自残手足。同月，日本当局又在胶济铁路一带向日侨征兵，许多日侨千方百计地逃避，当地日侨团长因为无法完成征兵任务而切腹自杀。大连的一个日本人为反对征兵而自杀，临死前留下遗书称："余非畏死，蓄欲以牺牲唤起我大和民族，共起反对军阀穷兵黩武之自杀政策，救我邦人。"[①]2月13日，驻守上海浦东的日军中有5名士兵逃跑，他们声称，不愿以自己的身躯作炮灰，去为帝国主义卖命。2月15日，两艘停泊在吴淞口的日本军舰，被日兵反战团体破坏而沉没。2月20日，驻守闸北地区的3 000名陆军中，有600多人不愿意参战，先后哗变，使日军阵地顿时秩序大乱，这些士兵被押解回国。日本军部知道青年情绪不稳，改变征募中年商人入伍。日侨鉴此紊乱状态，纷纷关闭商业，避免征兵。日本民众为避免征兵与参战，纷纷要求改变国籍。9月下旬，在香港，一些日人向香港政府请求入籍。港英政府令其脱离国籍后方可办理。24日晚日本领事在德辅道20号四楼召开会议，令各侨民返国避难。一部分留港日人表示决不离港返国，要求留在香港。这充分表明日本国爱好和平人民对日本政府发动侵华战争的强烈不满与抗议，也表现出日本友善的民众对政府发动战争所引起灾难与不幸的反抗与怨恨。

2. 日本妇女以组织"索夫团"的方式开展斗争

日本许多妇女的丈夫被迫应征入伍，有的伤病残废，有的殒命异国，大多走上了不归之路。因此，许多日本妇女积极参加了反战活动，"索夫团"便是其中之一。长崎、大连等地的日本妇女特意召集一些军人家属，组织妇女"索夫团"，向东京的日本政府当局请愿，要求政府归还她们的丈夫，停止战争，不要再做无谓的牺牲。她们的悲愤之状引起社会各界广泛同情。日本当局虽然假意相劝，说了一大通为国为民的道理，但请愿的妇女并不相信这些鬼话，仍然逗留不肯散去。其时，妇哭儿啼，闻者无不伤心落泪，陆陆续续地加入请愿队伍的妇女人数不断增多。2月份，日军家属及民众千余人又前往陆军省请愿，要求撤回已派出的军队，中止出兵，结束侵略战争。陆相荒木蛮横地拒绝了人民的合理要求。请

---

① 温济泽主编：《九一八和一·二八时期抗日运动史》，中国工人出版社1991年版。

愿家属的要求得不到同情，乃集合妇女千余名，齐赴车站，横卧于铁轨之上，意图阻止军队出发。陆军省丧心病狂，一意孤行，视人民的生命如草芥，竟然下令开车，以致碾死妇女百余名。日本统治者已经撕下伪善的面具，露出其狰狞的嘴脸，更激起人民的愤慨和反抗。

3. 开展反对侵华的宣传活动

1937 年 9 月中、下旬，反战刊物充斥日本全国，如《国民之友》、《和平的战士》等小册子的大量传播。《国民社》惊呼：自从日军在中国的华北、上海两地发动战争后，日本议会数度增加预算，日本人民均感不胜负担之苦，加以东京车站每日载出千万征兵人，老少娇妻沥遍悲愁之泪，致久已蕴积之反战空气乃爆发。其中，日本东京著名律师前明治、大学讲师城森弘氏作《警告军国主义者》一文，指出日本不能对华作战原因。文章认为日本如欲作战，战时金融实感困难。倘再增加赋税，人民必不胜负担而引起革命。该文发表于 8 月 22 日夏威夷《商业报》。日本军阀大为不满，立即将他们逮捕并起诉。日本当局以镇压的手段企图来压制，这只能是徒劳的。

日本青年团发出的反战宣传品，题为《日本青年团对士兵之反战宣传》，大意为：①厌恶流血战争，不愿为军部财阀作牺牲而过地狱生活；②东北事变以来，20 万人牺牲为谁；③使家乡父母妻子过穷苦生活何辜；④战争要有国家思想，改善国民生活，不可为军部财阀作牺牲；⑤中国非吾敌。反战宣传的口号为：①永远和平；②向军部索还生命；[①]反战宣传内容要求青年不为法西斯卖命，要为正义、为和平、为人民的生存而战。

4. 日军中一些正义人士以哗变等方式破坏侵华战争

中国人民的反侵略战争，得到一部分日本士兵的同情，日本士兵用实际行动破坏战争，支持中国的抗战，表现了日本人民的尊严和真正的爱国主义和国际主义精神。1938 年 3 月 10 日上海日军 102、103 两师团的官佐 2 人、士兵 500 余人忽然被日军逮捕，送进监狱，这些官兵是反对战争而遭逮捕的。1938 年 2 月 4 日至 8 日，日军 111 师团由南京开往江北时，有一部士兵拒绝开往前线，发生了骚动，结果有士兵多人被捕。1938 年 2 月 28 日日军一营由日本抵吴淞登岸时，实行反战运动，江湾的日军派兵一营进行弹压。1938 年 3 月 12 日上海日军中发现反战传单，上书“要求回国”“变对华战争为对内战争”等，日本政府密令严查。许

---

① 《申报》，1937 年 12 月 3 日。

多日本士兵因此而自杀，以此行动反对血腥的战争。1938年3月初，神户日军发生哗变，哗变士兵提出了反对进攻中国、打倒天皇等口号，300多名士兵惨遭镇压。1939年3月6日，新龙华日军中有3名士兵同时用手枪自杀，他们是日军中存在的反战厌世情绪的强烈反映。

5. 智取情报，支援反法西斯战争

抗日战争期间，日本各界进步人士，运用各种方式，探刺情报，支援反侵略战争，其中最著名的是“中西功事件”。中西功是日本三重县人，1929年中学毕业后，来到上海，进入日本为培养“中国通”而设立的“东亚同文书院”读书。他在这里，不仅未被培养为日本的侵略工具，反而受中国革命影响，于1934年加入了中国共产主义青年团。1934年中西功经《大阪朝日新闻》记者尾崎秀实介绍到日本设在大连的“南满铁道株式会社”调查部任职。满铁调查部表面上是一个股份有限公司，实际上除经营南满铁路等业务外，它还是一个庞大的情报机构，是日本帝国最高统帅部的智囊库。1938年“满铁”调查部在上海设立事务所，中西功调到该所，并于同年5月转为中共正式党员。他在“满铁”调查部独当一面，领导上海事务所调查室，专门负责搜集中国华中、华南及内地政治、经济、军事情报。他和中共其他情报员潜伏在敌人心脏，生活在狼巢虎穴之中，凭着高度的机智、勇敢和责任心，频频获得日伪重要情报。如日本统治集团内部的政略之争，不同时期对华战略，侵华日军编制、分布；日汪密谈协议及其进展；各地汉奸之间的矛盾与争斗；日本对华经济掠夺情况；日本特务进行暗杀、破坏的策划；日军即将进行的战役战术活动等。这些情报对上海抗战，对中国抗战以及世界反法西斯战争起了重要作用。1941年8月中西功等人搜集到日本在满洲演习情况及部队编制，从演习内容可以看出日本军队准备南进，而不可能北进进攻苏联。这一情报苏联得知后，放心地加强西部防线力量，以准备抵抗德军的侵略。1941年10月，日本特务机关破获“共产国际谍报集团案”，其中主角有佐尔格（公开身份是德国驻日本大使馆新闻专员，大使奥特的亲信和密友）、尾崎秀实（日本首相近卫文麿的秘书）。他们曾收集到日、德的大量绝密情报。因此，此案的破获，使日本高层领导惊恐万状，只得调整主要领导人员，首相近卫被软禁，由战争狂人东条英机上台。日本特务机关围绕此案，穷追不舍，不断扩大侦破范围。由于中西功曾与尾崎秀实在上海有过密切交往，所以形势对中共上海特科和中西功极为不利。上海情报科负责人经过反复考虑，决定让中西功向东去，回到东京。中西功回到东京，打探到尾崎秀实等朋友均已被捕。他经过多方努力，得知日军已在濑户内海集结完毕，准备南进。进攻地点及对象尚未清楚，等待正在进行的日美谈判的结果。日本确定11月30日为谈判的最后日期。带着这些情报，中西功返回了上海，一头扎进“满铁”事务所的资料室，匆匆翻阅近期送到的《编内参考》、《军情通报》等绝密资料。分析综合各种情报，中西功于11月下旬正式向组织报告了自己的判断：谈判最后期限一过，即11月30日后，日本必定进攻美军，并根据海军舰船航速和侵略者的惯用手法，预计进攻日期将在12月7日（西半球的星期日），这个情报经过国民党军统渠道通报美国驻重庆大使。后来事实证明，中西功的判断准确无误，但由于美国对此情报未予重视，终于使驻珍珠港的美军几乎全军覆没。珍珠港事件后，中西功仍一如既往，利用一切机会收集、报告各种情报。1942年6月16日，中西功接到家中打来的电话，说东京来了两位老朋友，请他回去一下。当他风尘仆仆赶回家时，即刻被捕。原来来人是东京警视厅的“特高”，中西功身份暴露后，几天里有20多位中共党员和同情者被捕。中西功智勇双全取情报，为中国抗日战争制定正确的政策方针作出重要的贡献。

二、日本人民反对侵华战争的原因

日本军民反对侵华战争的原因是多方面的。笔者以为主要是：

1. 日本侵略战争加重人民的负担，是日本人民反对侵华战争的根源之一。淞沪抗战打击了日本帝国主义，拖住日本大量军队，迫使其宣告速战速决政策的失败，加深了日本内部矛盾。日军在发动全面侵华战争前，陆相杉山上奏天皇，说“中国事变能在1个月左右解决”。他认为中国是一个不可能统一的分裂弱国，日本只要表示一下态度，中国就会立即屈服。但是就八一三淞沪一役历时3个月，使日本军部不断增加兵力，投入在上海的兵力达到20万人。此役，日本海军、空军、陆军齐出动，共同配合，使用大炮300门，战车200余辆，飞机200余架。日本占领上海每一寸土地，都必须付出很大的代价。此役，日军共伤亡人数达4万余人。日本在华军事开支不断加码，在9月4日日本天皇敕命国会通过追加20亿日元。由于日本发动战争，使日本军需生产替代民用工业生产。商品经济受到严重打击，物价暴涨。八一三淞沪会战后，仅1937年下半年，日本物价提高50%。淞沪战役是日本投入的人力、物力、武器最多、最集中之战。至于经济方面，日方因需大量军费，为此，日本国内发行大量公债，又颁布“临时租税增征法”，向国民征收租税、增加多种临时税，人民负担激增。加之对外贸易衰落，生产过剩,销路呆滞,入超激增,生活难度随之日高,人民失业问题更日趋严重,民众方面莫不怨声载道。[①]因此,就更加剧了日本内部的矛盾。

2. 日本人民将爱国主义与国际主义结合起来,充分反映了他们是有强烈的爱国主义精神。“日本和平同盟”的反战宣传称:“把帝国主义的侵略战争,变成国内革命战争!”“要本着国际主义的精神,和中国兄弟亲密地携手!”“中日两国的弟兄啊! 快联合起来,打倒侵略者与压迫者”;“向真正的自由解放迈进!”反对战争的日本人民与黩武的日本帝国主义者的斗争,得到日本共产党、日本青年团、日本和平同盟等组织的领导。早在8月中旬,日本共产党就发表了给在华日军士兵的号召,号召日本士兵:“为日本帝国主义的失败而斗争,日本帝国主义的失败就是我们日本劳动人民的胜利”“打倒强迫诸君来屠杀中国人民的天皇政府”。[②]

3. 日本官兵在战争中的损失,是人民竭力反对战争和接受反战宣传的又一原因。一·二八事变爆发,日本军队在上海遭到了中国军队的顽强抵抗,受到了沉重的打击,连战连败,伤亡很大,每日死亡人数,少则一二百,多则三四百。在一·二八淞沪抗战中,日本侵略者企图用4天时间占领上海,结果,在国民党第十九路军官兵的爱国热情支配下,奋战一个月,迫使日本坐下来谈判,签订《淞沪停战协定》。在八一三淞沪抗战中,日本侵略者企图用一个月的时间占领上海,结果打了3个月。日军受到重创。加剧了国内的反战情绪。日本人民的反侵华斗争由自发向自觉转变,1940年7月在中国重庆成立了在华日本人民反对战争同盟。提出了协力于中华民族之自卫解放之抗战,反对日本帝国主义战争,联合世界真正和平之各民族以灭绝人类之任何之不幸的纲领。标志着日本人民反侵华战争进入了一个新的阶段。

中国抗日战争胜利已有半个多世纪了,历史是一面镜子,历史是对人们进行教育的最好的教科书。一切霸权主义,战争罪犯都与人民为敌,都没有好下场、好结果的。人民主持正义、爱好和平,不同的国家、不同的社会制度、不同的肤色甚至侵略国的人民都会自动地联合起来,反对战争,捍卫世界和平。上海军民的两次淞沪抗战中的“得道多助”,再次说明了这个真理。

(本文原载《上海党史与党建》,2002年第8期)

---

① 《申报》,1937年10月1日。
② 《申报》,1937年8月15日。

一·二八淞沪抗战

国民政府对日政策

“一面抵抗、一面交涉”政策与淞沪抗战

余子道

从九一八事变至七七事变前，中国曾经在不同地区和不同程度上进行了反对日本侵略的局部抗战。发生在1932年春天的淞沪抗战，是局部抗战中震动中外、可歌可泣的重大一役。淞沪抗战高举起反对日本侵略的爱国主义旗帜，毅然冲破了蒋介石和南京政府的不抵抗政策，为民族抗战的伟大斗争开辟了道路。淞沪抗战给了狂妄不可一世的日本侵略军以迎头痛击，使敌军三次增兵，四易其帅，遭受了自甲午战争以来从未有过的打击。淞沪抗战在国难当头、民族危亡的紧要关头，有力地振奋了中华民族不畏强暴，敢于打败侵略者的伟大精神，强烈地体现了停止内战、一致对外、抗日御侮的历史潮流。这次抗战，中国军队经过近四十天的浴血奋战，最后在敌我两军力量对比悬殊和敌之两翼包抄的战场态势业已出现的情况下，终于被迫退兵。中国政府接受了屈辱的城下之盟——《淞沪停战协定》。

这场伟大的民族战争，从毅然发动和轰轰烈烈地展开，直到最终归于失败，成为中国近代反侵略战争史上一幕风云变幻、悲喜交织的活剧。这延宕起伏的发展历程，从中国方面的战争指导方针而论，实系第十九路军等爱国军队的坚决抗战和南京政府的消极抵抗、积极谋和，两种不同方针之间的相互斗争和影响消长的结果。从总体上说，淞沪抗战始终处于南京政府“攘外必先安内”的基本政策和“一面抵抗、一面交涉”的对日政策之下，而无法摆脱它的制约和束缚。以蒋介石、汪精卫为首的南京政府，在淞沪抗战时采取的是“一面抵抗、一面交涉”，即消极抵抗、积极谋和的政策，它的对日妥协谋和活动，是与淞沪战争同始终的，而贯串于事变的全过程。研究这一期间南京政府的对日谋和活动，有助于剖析“一面抵抗、一面交涉”政策的本质及其历史作用，也可以更清楚地揭示一·二八淞

沪抗战最终招致失败的深刻根源。这对于理解和总结近代中国反侵略战争的历史经验,是很有裨益的。

一、南京政府"一面抵抗、一面交涉"的对日政策

一·二八淞沪战争是日本帝国主义紧接着九一八事变而在上海挑起来的。日本挑起这场战争的战略目标,可以归结为以下三项。一、在上海这个世界著名的都市、南京政府统治的心脏地区、东西方列强利益交错的在华最大基地发动这一场战争,以便转移世界各国和中国的视线,从而掩护日本在我国东北的侵略扩张,配合其建立伪满傀儡政权的活动;二、通过战争手段,在上海市区周围地区扩展一个由日本直接控制的地盘,以扩大其在上海的势力范围;三、以军事侵略保护和扩张经济侵略,使日本自第一次世界大战以来在上海等地急剧膨胀的经济势力,得以巩固和继续发展,以便有利于在尔后压倒英美在华经济势力,实现独占中国的目的。显然,日本发动淞沪之战,是其殖民地化中国的一个严重步骤,它是九一八事变的扩大和延续,是又一个新的更为广泛的扩张行动。

日本对中国得寸进尺的侵略,把中华民族推到生死存亡的危急境地,也成为南京政府对外关系中面临的最严重的问题。如何对待日本的进攻,如何处理抗击外敌与反对国内政敌的关系?从九一八事变以来,这个问题愈来愈尖锐地提到了国民党和南京政府的面前。一·二八事变爆发时,南京国民政府形成了蒋介石与汪精卫合作执政的政治格局,提出了"一面抵抗、一面交涉"的政策。这是这一时期中国政府对日的基本政策。

"一面抵抗、一面交涉"政策的形成,有着十分深刻的国内外形势的背景。它是南京政府推行"攘外必先安内"基本政策的产物,从总的方面说,它是九一八事变以来对日不抵抗政策在新形势下的表现。众所周知,蒋介石自九一八事变以来,顽固地推行着"攘外必先安内"政策。还在九一八事变后不久,他就向全国一再鼓吹"攘外必先安内,统一方能御侮"的论调。说什么:"今日之对外,无论用军事方式解决,或用外交方式解决,皆非先求国内统一,不能为功。盖主战固须先求国内之统一,即主和亦非求国内之统一,决不能言和。是以不能战,固不能言和,而不统一,更不能言和与言战也。"①"攘外必先安内"政策有两个基本点:对内

① 蒋介石:《外交为无形之战争》,《先总统蒋公全集》第1卷,台湾中国文化大学1984年版,第626页。

实行“剿共”和打击各派反蒋势力，以求得所谓“国内统一”，而首要的是消灭共产党和革命根据地；对外实行对日妥协退让的不抵抗政策。这对外政策，蒋介石后来作过这样的说明：“九一八事变发生后，我们国民政府为了清剿共匪，进行建设，对于日本，不惜委曲忍痛，暂维和平。”①即对日本的进攻采取不抵抗政策。

对日不抵抗政策，在其实行的过程中，随着形势的发展，具体内容和限度是有所变化的。从九一八事变到一·二八事变前夕，蒋介石当政的国民政府对日本的进攻采取“完全不抵抗”或称“绝对不抵抗”，同时“依靠国联解决”的政策。蒋介石宣布对东北问题的对策，是“以公理对强权，以和平对野蛮，忍辱含愤，暂取逆来顺受态度，以待国际公法之判决”。②国民政府 1931 年 9 月 22 日发表的《告全国军民书》，正式宣布：“希望全国军队对日军避免冲突。”同月 21 日，蒋介石在南京中山陵园官邸召集中央党政军首长会议，决定对外“镇静忍耐”，“依赖国际联盟公理处断”，作为对日基本方针。同时，会议决定设立特种外交委员会，作为对日外交的决策机构。

国民党内宁粤两方自 1931 年初公开分裂后，在九一八事变爆发之初，迫于内外形势，乃高唱“团结御侮，共赴国难”，谋求双方的和平统一。1931 年 10 下旬，蒋介石、胡汉民、汪精卫在上海会见，宁、粤各方其他要员亦在此前后举行了会谈。上海和平会议时，蒋派和汪派关于对日外交，达成了四项共识：一、外交问题由南京当局统一办理；二、日军来攻，应当抵抗；三、不对日宣战；四、依靠国联。这四项意见的基本格局仍然是对日妥协退让和依赖国联，但由于当时全国抗日呼声的高涨，提出了“日军来攻，应当抵抗”的主张；同时又强调不宣战，即把这种抵抗严格限制在局部的暂时的范围之内。虽然胡汉民并不同意上述政策主张，但蒋介石与汪精卫却是一致主张这个政策的。这是国民党决策层中最早对于“一面抵抗、一面交涉”政策的酝酿。

以戴季陶、宋子文为正副委员长，顾维钧为秘书长的特种外交委员会，经过长时间的研究，于 11 月间向国民党中政会提出《处理时局之根本方针》的报告。虽然“报告”根据两个月来的事实，指出“国联（对日）不能采取任何有力的制裁”，但仍然一味寄希望于对日妥协外交，认为“此次对日交涉，中国在国际上，必得最后胜利”。并就对日政策提出三项意见：“第一，中国无论如何，决不先对日本宣

---

① 蒋介石：《苏俄在中国》，《先总统蒋公全集》第 1 卷，第 349 页。

② 蒋介石：《在南京市党员大会上演词》，《中央日报》（1931 年 9 月 23 日）。

战;第二,须尽力维持各国对我之好感;第三,须尽力顾虑实际利害,但至万不得已时,虽在军事上为民意而牺牲,亦所不恤,惟必须筹划取得真实之牺牲代价。”①这是一个对日不宣战和依赖外国的方针,但已提出在“万不得已时”进行有限度的军事抵抗。这一政策建议,实为后来的“一面抵抗、一面交涉”政策之先声。蒋介石和国民党中政会当时是完全同意外交委员会这一建议的。

“从绝对不抵抗”到“一面抵抗、一面交涉”的正式转换,发生于蒋介石下台到蒋与汪精卫合作上台执政之时。1931年12月15日,蒋介石通电辞职。同月21日,国民党四届一中全会选任林森为国民政府主席,孙科为行政院长。新任国民党中央特种外交委员会委员长伍朝枢向四届一中全会的外交方针报告,继10月上海和平会议之后,进一步说明了抵抗与交涉并行的政策。说对日方针主要点为:“一、竭力从外交方面活动,以防止日本侵略之扩大,如国际联盟、非战公约各国,及太平洋会议各国,均以正义及利害说之。二、日本军队无论向中国何处侵扰,守土军队应实行正当防卫,但政府此时不必宣战。”②这即是一面从外交上进行间接交涉,另一面从军事上进行局部抵抗,但决不对日本进行全面作战的政策。

蒋介石与汪精卫互为利用,共同排斥胡汉民,摒弃孙科政府。宁粤对立,以蒋、胡分裂开始,以蒋、汪联合告终。1932年1月16日至18日,蒋、汪等人在杭州烟霞洞举行秘密会议,达成了蒋、汪联合执政,主持国民政府的内部分赃协议。1月24日,孙科政府被迫宣布辞职。28日,蒋介石在南京主持召开临时中政会,选举汪精卫为行政院院长。29日,又推选蒋介石为军委会常委(3月6日任军委会委员长兼参谋本部参谋总长)。从此,形成了蒋介石为首的,蒋主军、汪主政,蒋汪合作执掌南京政府的局面,开始了全面推行“攘外必先安内”基本政策和“一面抵抗、一面交涉”对日政策的新阶段。

“一面抵抗、一面交涉”政策,是在全国抗日潮流高涨,“不抵抗”政策遭到猛烈抨击,依赖国联又无指望,国民党内部对日方针发生纷争的情况下产生的,是对“绝对不抵抗”政策的修改。1932年2月7日,汪精卫对记者宣称:“对日一面

---

① 特种外交委员会:《处理时局之根本》,罗家伦主编:《革命文献》第36辑,台湾中央文化供应社1968年版,第1228页。

② 《中国国民党中央执行委员会致中央政治会议密函及抄附原案》(1931年12月4日),台湾党史会藏档。

抵抗，一面交涉，系余向所主张，今仍未变。”①他解释这一政策说：现在国民政府“一面抵抗，一面交涉，同时并行。军事上要抵抗，外交上要交涉”；②“政府今后的措置，应严格规定最低限度的标准”，“最低限度以上，我们忍受，即是交涉，最低限度以下，我们拒绝，即是抵抗”，③此种“两面”政策与不抵抗政策，并无实质上的不同，但也略有差别。“两面”政策把“一面抵抗”列为对日政策的一个组成部分，而在此前并未这样提出过。同时，把“一面交涉”置于政策地位，为对日谈判开了方便之门，实际上修改了九一八事变时国民党坚持“间接交涉”而拒绝“直接交涉”的政策。

但是，这里的所谓“抵抗”，并非全国人民要求的彻底和全面的抗日。按照汪精卫的说明，“抵抗”有两种。一种就是“最低限度以下，我们拒绝，即是抵抗”。在这里，“抵抗”实际上是被无限期地拖延下去的。什么是“最低限度”呢？汪精卫从未公开宣布过。他一次在记者招待会上诡称：“此种最低限度，亦殊不便明言。”但后来的事实却作出了明白的回答：在汪的政治字典里，让日本占领东北、分离华北，中国军队不准驻扎上海周围地区，都还远远没有达到“最低限度以下”，也用不着去进行“抵抗”，只要去乞求“交涉”就可以了。这就是南京政府着力鼓吹的所谓“长期抵抗”，实际上却是长时期内不抵抗。另一种是与“交涉”并行的“抵抗”，即所谓“军事上抵抗，外交上交涉”。此种“抵抗”虽然不应一概否定，但就其基本倾向而论，只不过是“交涉”的陪衬品；“抵抗”是为了达成妥协，为实现妥协造成条件，即经过若干抵抗行动，在求得一个不是最坏的条件下与日本停战议和，达成妥协。

“一面抵抗、一面交涉”政策，基本目的在于通过一定程度的抵抗，特别是通过谈判，求得在对南京政府最为有利的条件下与日本达成妥协。它的基调是以抵抗求妥协，以交涉为主，以抵抗为辅。妥协是其灵魂，抵抗是为实现妥协服务的，因而此种抵抗又必然是有限度的和暂时性的。从总体而论，“一面抵抗、一面交涉”政策虽然比“绝对不抵抗”前进了一步，但从根本上说，它依然属于不抵抗政策的范畴，是不抵抗政策在新的条件下的具体表现。南京政府正是以这一政策作为淞沪战争的指导方针的。

---

① 《汪精卫对记者谈话》，北平《晨报》（1932 年 2 月 8 日）。
② 汪精卫：《政府对日方针》（1932 年 2 月 15 日）。《革命文献》第 36 辑，第 1572 页。
③ 《汪精卫在国难会议上的补充报告》，《国闻周报》第 9 卷，第 15 期。

二、南京当局的有限度抵抗和积极谋和

“一面抵抗、一面交涉”政策贯串于一·二八事变的始终。南京政府在这次事变中，除了调动一些部队实行抵抗外，自始至终进行了妥协谋和活动；这与十九路军之间存在着原则分歧。

1932年1月28日晚11时许，日本驻沪海军陆战队向驻防上海闸北的中国第十九路军阵地发动进攻，挑起了第一次淞沪战争。十九路军奋起抗击，淞沪抗战于是揭开了战幕。29日凌晨1时，十九路军向全国各界各军发出抗战通电，宣布了与日本侵略者血战到底的决心。上海抗战一爆发，举国上下群情激奋，要求南京当局出兵抗日的呼声响彻全国。同时，国民党上层对在中国一再退让下，日本仍在华中挑起战争，颇感意外和震惊，深恐日军有攻占上海、威胁南京的企图。在内外双重压力下，在日军的进攻指向其统治之心脏地区的情势下，南京政府终于决定采取有限度的抵抗。蒋介石于同日在《京沪防卫与军政部署》里，提出了“一面预备交涉，一面积极抵抗”的指导方针。这标志着“一面抵抗、一面交涉”政策从此成为处理对日局部战争的基本原则。

在这一方针之下，军事上的抵抗部署是极有限度的。蒋介石对于淞沪战争的军事部署提出了两项方针：“一、十九路军全力守上海，二、前警卫军全力守南京。”①即不调别的部队增援上海，只让十九路军单独在上海作战，就连近在京杭两地的前警卫军(第87、88师)也不予使用于上海。南京当局的“抵抗”是消极的、被动的，然而对日“交涉”却是积极的，主动的。这在蒋介石手订的《对日交涉的原则与方法》中已定下了基调。蒋定下的“一面预备交涉，一面积极抵抗”的原则之中，“交涉”已被列为首要“原则”，蒋对沪战的立场由此可见。对于交涉的“方法”，他规定两项要点：一是依赖国际联盟，“交涉开始前，对国联及九国公约国先与接洽，及至交涉开始时，同时向九国公约国声明”；二是通过非正式外交途径，与日方进行秘密谈判寻求妥协，“对日本先用非正式名义与之接洽，必须得悉其最大限度”。②

国民政府外交部于1月29日发表《对淞沪事变宣言》，虽然向全世界表示：

---

①② 《蒋中正手订对日交涉的原则与方法》，秦孝仪主编：《中华民国重要史料初编——对日抗战时期绪编(一)》，第431页。

“中国当局处此情形，为执行中国主权上应有之权利，不得不采取自卫手段，并对于日本武装军队之攻击，当继续严于抵抗”，但这一宣言的基调，却在祈求英美法各国出面干预。“宣言”请求华盛顿九国公约、凯洛克非战公约等等“签约国家采取有效行动，履行其条约上神圣之义务”①，即希望这些国家出面调停日本对中国的军事进攻。同日，外交部长罗文干通过美国驻南京总领事，提请美国政府设法使中日在沪的敌对军事行动立即停止。中国出席国际联盟会议的代表颜惠庆受南京政府之指示，在同一天举行的国联行政院（理事会）第六次会议上，向国联提出申诉，并联系到东北事件，主张国联章程第十条（关于尊重联盟各国的领土完整和政治独立的条款）和第十五条（关于联盟理事会对有断交之虞的纠纷进行审查的条款）应适用于日本的侵略行动。对此，国联理事会不顾日本的反对，受理了中国的提案。次日，国联行政院第七次会议上，国联秘书长提议组织“国联委员团”赴上海调查中日冲突，30 日决定成立上海调查委员会。对此，中国代表当即表示满意。南京当局对国联干预抱着很大的希望。

在这同时，在南京代表蒋介石、汪精卫主持全盘军政的何应钦，于 29 日和 31 日向全国各省（市）当局和十九路军总部发出指令，宣布对淞沪事变之处理方针：“中央决定方针，一面从事正当防卫，不以尺土寸地授人，一面仍遵用外交方式，要求各国履行其条约上之责任。”什么是“正当防卫”呢？何应钦说，“查正当防卫之定义，为抵抗紧急不正当之侵略行为”。但他却认为在 1 月 29 日下午英美两国领事已出面居间调停，日军已同意停战，从而已不存在“正当防卫”的前提，也就是说中国军队在上海应停止作战，否则“误用正当防卫，转成诱起战争之口实，国际同情亦易随之而失矣”。何的指令还着重强调：“现国联已援用第 15 条，采取较有效之制裁，是外交方面或有转机之望。”要求各地各军“对此次上海冲突，勿涉嚣张，启日寇借口开战之机，失国际同情之利”，②因为“我国目前一切均无准备，战事延长扩大，均非所利”③。

南京当局此方针，乃致力于通过外交途径，寻求与日本妥协。当国民政府西迁洛阳后，外交部长罗文干仍留于南京，特种外交委员会委员宋子文、孔祥熙、顾维钧等，以及外交部次长郭泰祺均居留上海，英、美、法、日等国公使也在上海，蒋汪政府对日妥协谋和活动遂以上海为舞台而展开。上海是国际大都市，世界各

---

① 《国民政府外交部对淞沪事变宣言》（1932 年 1 月 29 日），《中央周报》第 191 期。

② 《何应钦致各省电》（1932 年 1 月 29 日），中国第二历史档案馆藏军委会档。

③ 《何应钦致吴铁城等电》（1932 年 1 月 31 日），中国第二历史档案馆藏军委会档。

国都与这里有着密切的贸易关系。资本主义列强的政治、经济利益在这里盘根错节，关系错综复杂。尤其是英国，向来视上海和长江流域为其“势力范围”。日本在上海挑起战事，引起了英、美等西方列强的严重关注，事变一开始，它们就从外交途径介入了这场战争。英国首相麦克唐纳、外交大臣西门和美国总统胡佛、国务卿史汀生，都纷纷参与其事。西方列强自然是以自身在上海的权益而介入这次事变。中国当局本来期望西方对日本在上海的行动进行制裁，但英、美并不主张用武力制裁，史汀生主张经济制裁，胡佛和西门又都持反对态度。然而，英、美等国却担心日本在上海的扩张，将会损害它们的利益，而战争的延续也会影响各国的贸易和侨民的生命财产。于是，英、美等国乃发起调停上海战事。

1月31日，英、美两国总领事在英国驻沪领事馆约请中日双方代表商讨停战之事，中方出席者为吴铁城（上海市长）、区寿年（第78师师长），日方为盐泽幸一（日本驻沪第一外遣舰队司令）、村井仓松（日本驻沪总领事），英、美两国驻沪军队司令及公共租界工部局总董亦参加会商。中方提出四项条件：“（一）日军除依条约退回原地外，一律撤回兵舰；（二）日军应负战争责任，赔偿损失；（三）英美法各领事保证日军不再发生同样事件；（四）日方向我政府道歉。”①日方拒绝中方条件，却要求中国军队退出闸北二十公里，由英美法各国派兵驻守。双方意见无法接近。英国驻军司令乃提出调停建议：“（一）日军退回租界线内；（二）退出区域由中立各国驻防；（三）中国军队亦同时退至相当距离；（四）事变之解决，待外交交涉。”②日方反对英方建议，声称需“俟向本国政府请示”，才能决定，意在拖延时间，以利于从国内增兵。结果议定三日为期，暂时休战。蒋介石对由英、美居间的调停抱有很大希望，认为：“只要……日寇不提难以忍受之条件，我方即可乘英美干涉之机，与之交涉；不可以各国干涉，而我反出以强硬。”③但是，日本之所以同意休战，只是为了争取时间，增兵再战。2月2日下午，日本驻沪总领事馆通知上海市政府，表示日本政府拒绝接受英美31日提出的调停条件。

在日本拒绝上述调停的同一天，英、美、法、意四国政府开始进行第二次调停。2月2日，美国驻东京大使和驻南京公使受命分别向日、中两国政府提出停止双方敌对行动的建议。提出“双方依照下列条件，立即停止一切暴力行为”：“一、两国勿再有任何敌对行为之行动或准备；二、在上海地区内，中日各将其接

①②③　朱汇森主编：《中华民国史事纪要》（1932年1—6月），台湾中华民国史料研究中心1982年版，第214—215页。

触地区的战斗人员撤退；三、设立中立区域，隔离交锋人员，……由中立国人员警卫该区域内之治安，其办法由领事团订定之；四、两国一经接受此条件后，……由中立观察员或参与员之襄助，立即进行谈判，以解决一切悬案的纠纷。”①英、法、意三国驻南京和东京的使馆，以同样的照会分别送交中国、日本外交机关。对于这一有损中国主权的建议，南京政府因避战求和心切，却认为“颇属正当公道”，由“外交部当即接受”②。2月4日，南京外交部复照英、美、法、意驻华使馆，通告中国政府“对于贵国政府所通知之建议，特行接受”。③这就正式接受并开始了西方四国对淞沪战争的调停。

三、“两面”政策下的妥协谋和活动

淞沪战争爆发后，南京政府被迫从退让转向抵抗，但是它的目标是以战求和，抵抗只是谋求妥协的一种手段。何应钦说得很清楚，抵抗的目的，是“本自卫限度，勿使事态扩大，而期得到各国同情，予暴日以悟境，稍戢凶锋，另图解决和平”④。为此，在十九路军浴血奋战的同时，南京当局继续积极寻求各种途径，谋取停战妥协。这一活动主要是由新成立的国民党中政会外交委员会主其事的，该委员会由蒋作宾、宋子文、孔祥熙、罗文干、顾维钧、戴传贤等人组成，蒋作宾任主席，外委会以上海法租界为基点展开活动，商议外交方针，筹划对日谈判，指导外交部的重要活动。

自英、美、法、意四国2月2日提出四项调停建议后，南京外交部于4日照会四国政府，同意以所提四项作为谈判停战的基础。2月6日，英国驻华海军司令克莱在上海会晤宋子文，表示愿意从中调停，建议“华军撤退至相当界线，退出之区域由第三国军队防守”。⑤日本军队则退回一·二八事变前原防线。克莱这一提议把四国建议具体化了一步，但未同意中国方面要求的日军退出虹口越界筑路地区，保证不再在上海其他地段挑起战端，一并讨论东北问题在内的中日间

---

① 〔美〕威罗贝：《中日纠纷与国联》，商务印书馆1937年中译本，第298—299、299—300页，第1编第14章。

② 《何应钦致何成浚电》(1932年2月1日)，第二历史档案馆藏军委会档。

③ 《外交部接受英美等国提出停战条件之复照》(1932年2月4日)，《中央日报》(1932年2月5日)。

④ 《何应钦致吴敬恒电》(1932年2月12日)，《九一八——一·二八上海军民抗日运动史料》，上海社会科学出版社1986年版，第276页。

⑤ 《外交委员会会议记录》(1932年2月6日)，第二历史档案馆藏外交部档。

"一切悬案"。当天,外交委员会召开会议,讨论四国照会与英海军司令的建议。会议同意接受四国照会中的二、三两项,即中日两军脱离接触,设立中立区由第三国军队驻防;但会议提出必须同时保证一、四两项的实现,即保证此后上海方面一切地段之战斗不再发生,商议解决中日间一切悬案。同日,英国公使蓝浦森在南京访问外交部长罗文干,就英国海军司令克莱调停一事进行会商。罗文干原则上接受英方提出的停止战斗、划和平区域、由第三国军队驻防的建议,并提出了有关停战和中立区的一些具体方案。会后,罗文干会同陈铭枢致电洛阳汪精卫等人,建议接受英国的提议。

2 月 7 日,外交委员会再次讨论四国照会及英国方面的建议,作出了关于上海息争办法的七点决议:"一、双方军队停止一切敌对行为;二、日本军队退入公共租界(不得已时,以日陆战队司令部原驻地点之越界筑路为限);三、中国军队以北四川路为基准,向西撤退二千公尺,中国军队撤退区域内之京沪、淞沪路线及各车站均完全由中国路警照旧维持;四、和平区域之行政及警察等职权应完全由市政府行使;五、和平区域由第三国军队暂时驻扎;六、上条所规定之第三国军队驻扎时间,至中日双方情势缓和时为止,但至久以三个月为限;七、如日军仍从租界内外攻击我军民,第三国军队应即负责制止。"①至于上海事件与东北事件是否坚持一并解决的问题,外委会这次会议的立场有所后退。外交部次长郭泰祺在会前与英国海军司令克莱晤商时,后者提出"若将满洲问题牵入,则解决自属困难,不若……先就如何可以避免(上海)战祸一点加以研究"。2 月 7 日的外委会"认为对彼提议在原则上可以赞同",只是要求"须由中日及其他有关国代表即日开一会议,讨论九一八以来中日间各项问题,以谋整个解决之途径"。②

这时外交部长罗文干、军政部长何应钦等人在南京亦积极开展谋和活动。罗文干与英国公使蓝浦森 2 月 7 日晚再次会商,罗向英使表示接受英海军司令之提议,先求上海停战与日方进行谈判,即不再坚持一并解决东北问题在内的中日间一切悬案。罗随后赴浦口向汪精卫报告,"汪亦主张一面令沪事及早停止,一面仍设法请英美等国令日本对于第四项(即整个谈判解决中日一切悬案)就范"。这后一方面的要求,谁都知道只不过是中国当局说说而已,真正目的是在于求得上海停战。何应钦的态度则更为直截了当:"敬之兄亦认为沪事于军事上

①② 《外交委员会会议记录》(1932 年 2 月 7 日),第二历史档案馆藏外交部档。

有直接调停之必要。”①汪精卫亦亲自出马，于2月7日对记者发表谈话，说“最近英美等国之提议，余认为大体公允，故政府已大体接受”。②

但是，侵略成性又野心勃勃的日本却拒绝了四国建议和英国海军司令的调停。当2月2日四国照会发出后不久，日本政府即作出了如下之答复：一、中国军队须立即完全停止敌对活动，否则日本必须保留其军队之完全行动自由；二、日本认为放弃敌对之行动及准备为不可能；三、日本不反对就于闸北设立中立区一事进行谈判；四、日本政府认为满洲问题与上海事件系截然不相牵连之问题，对于由中立观察员或参与者襄助下解决满洲问题，日本决不能接受。③显然，日本之所以拒绝四国照会，主要在于二个问题上有着它的阴谋目的：一是关于中立区问题，日本企图在淞沪路以西、京沪路以北，嘉定、黄渡一线以东的地区建立其势力范围，不仅不许中国军队在此驻扎，亦不让英美等国插手其间；二是日本侵占东北三省为蓄谋已久之计划，且正在策划成立伪满洲国，决不允许中国将东北问题提出与其讨论，也绝不会同意英美等国和国际联盟干涉东北问题。

事实上，日本政府这时正在调动陆军，图谋扩大上海战事，以达到其既定的侵略扩张目标。2月7日，以野村吉三郎为首的第24混成旅团到达上海。第9师团亦准备向上海输送。2月8日，日本陆军中央部制定了《上海方面军事行动指导要领》，规定它的作战目标是：“第9师团到达上海附近后，首先与各国一起要求中国方面把它的军队撤至一定地区（例如离上海租界及吴淞炮台20公里以外地区或者昆山—青浦—松江线〔含上述地方〕以东地区）之外，如中国方面接受这一要求后，将各国警备区扩大到上述地区。”并规定：“若英、美、法不轻易同意上述要求，则尽量使英、美、法承认我第9师团提出的关于中国军队撤出上海附近的单独要求，然后向中国提出撤退要求。如不答应，则予以打击，将其击退至昆山—青浦—松江线以西，并保障性地占领该线。在此情况下，如有必要，再增加兵力。”④

就在日本陆军中央部制定上述文件的同一天，日本驻华公使重光葵正式拒绝英国的调停。2月8日上午，重光葵会晤英国海军司令克莱，当面拒绝了克莱提出的停战办法及转告的中国政府意见。并宣称中国军队须撤退十五至二十英

---

① 《罗文干就接受英国调停事致顾维钧等电》（1932年2月7日），第二历史档案馆藏外交部档。
② 《汪兆铭就对日政策发表谈话》（1932年2月7日），《国闻周报》，第9卷第7期。
③ 〔美〕威罗贝：《中日纠纷与国联》，商务印书馆1937年中译本，第299—300页。
④ 〔日〕关宽治、岛田俊彦：《满洲事变》，上海译文出版社1983年版，第382—383页。

里，方可谈判停战[①]。日本已把调停的大门关闭，决心发起一场更大规模的进攻，来达到它在谈判桌上不可能实现的要求。可是，蒋汪政府直到这时仍然一厢情愿地竭力谋求与日本立即停战，却不从军事上集中力量进行准备、去击败日军即将发起的新的进攻。2 月 8 日至 9 日，何应钦从南京连发三电，向驻沪外委会委员宋子文、孔祥熙、吴铁城、张群等人提出谋和妥协之主张。他作为代表国民政府在南京主持全盘军事、政治的最高长官，却一再强调“我国对外一切军事，平时毫无准备，……是以此次淞沪事件，弟曾迭电商酌适可而止”。他主张“先谋(上海)军事之结束、停止，俾局势安定，然后再进行中日交涉整个之协商”，即对东北问题置之不顾；并指责驻沪外委会成员“多主张须根据各国通牒第四条，连同东省问题整个解决，以致毫无结果、失此斡旋良机。深为可惜”。当他知道日本陆军增援上海后，致电吴铁城说：“日陆军源源而来，战争若再持久，我方必败无疑”，要求吴“力排众议”，“设法转圜”，与日本寻求妥协。[②]何应钦的“再战必败”与“适可而止”的论调，甚至遭到孔祥熙、吴稚晖的致电驳斥。

何应钦鉴于外交部顾维钧、郭泰祺及外委会一些成员在上海谋和未有成效，英美等国调停亦未被日方接受，乃报请蒋介石同意，派出军政部次长陈仪、陆军步兵学校校长王俊，秘密前往上海，通过日本军部在沪人员，探寻与日本直接谋和之路。王俊于 2 月 12 日与日本第 9 师团参谋长田代皖一郎(后任上海派遣军参谋长)在上海举行密谈。陈仪也在同一天与日本公使馆武官原田熊吉进行了秘密会商，原田对陈仪说：“对上海停战，本愿中日彼此退让，不受英、美干涉。日本军队退回租界，中国军队退至相当地点。日军退出区域，由中国派得力警察维持治安，保护日侨，最好不用第三国军队介于其间。”[③]这个反映日本军方意见的建议，同意日军撤回租界，撤出区域不让英美军队插手，可同意由中国警察管理，都是为蒋介石所乐意接受的。虽然中国军队也必须后撤，但为了停战，也在所不惜了。2 月 13 日，蒋介石在浦镇与何应钦、罗文干等会商上海问题，完全赞同何应钦的意见，蒋提出：上海战事以“能趁此收手，避免再与(日)决战为主”。他针对原田提出的条件，指出：“如日本确无侵占闸北之企图，双方立即停战”，“停战条件，须双方各自撤退至相当地点，中国军队退出地方，由中国警察维持”。[④]要求

---

① 《郭泰祺就日使拒绝英停战办法致罗文干电》(1932 年 2 月 8 日)，第二历史档案馆藏外交部档。

② 《何应钦致吴铁城电》(1932 年 2 月 8—9 日)，第二历史档案馆藏军政部档。

③ 《罗文干致吴铁城电》(1932 年 2 月 13 日)，罗家伦主编：《革命文献》第 36 辑，第 1551 页。

④ 《罗文干等致吴铁城等电》(1932 年 2 月 13 日)，第二历史档案馆藏军委会档。

吴铁城、宋子文等依原先英美暂停办法、陈仪及王俊的建议,"从速进行"停战议和。

但这只是南京当局的一厢情愿,2月14日,日本第9师团抵达上海,战争规模进一步扩大,日本陆军从此成为淞沪侵略战争中的主导力量。日军狂妄嚣张,毫无停战之意。吴铁城在14日致何应钦、罗文干的密电中,指出"昨今日陆军到齐后,日方态度突变强硬",而且"日方似认为我政府无与彼大决裂之准备及决心,故有与我一战决胜而后收束之意图"。吴铁城列举连日与日本有关方面接洽情形,向何应钦等人指明:同日方"直接商洽停战之希望极少"。[①]2月18日上午,中方代表、19军参谋长范志陆与田代皖一郎在上海法租界中日联欢社会商停战议和办法。田代蛮横无理地抛出三项要求和五点声明,并表示此项意见为日本军队司令官所制定,与日本政府之意见完全一致,决无商讨之余地。范表示对这些条件,"中国军队、政府及人民绝难承认"。当晚9时,第9师团长植田谦吉和总领事村井仓松分别向蔡廷锴、吴铁城发出最后通牒,要求十九路军在20日午后5时以前按日方条件撤退完毕,否则日军将"采取自由行动"。至此,何应钦的直接交涉停战的计划,短短几天就告夭折。

四、从"肯特"号会谈到国联大会决议

日军第9师团投入淞沪战场和植田谦吉最后通牒的提出,超越了南京当局所能妥协的限度,迫使它不能不加强抵抗的一面。2月14日,南京军事当局下令组成以张治中为首的第5军,增援淞沪前线。20日至22日,十九路军与第5军并肩战斗,击破敌军"中央突破"计划,取得了庙行之战的重大胜利。在进攻遭受挫败后,日本于23日决定再次增兵,派出第11、41两个师团来沪参战。24日,日本组成上海派遣军。淞沪战争进入了最后决定命运的时刻。第5军的参战,表明南京当局的抵抗态度一度趋于强硬,但这并不意味着它的"两面"政策有了根本改变。2月16日,蒋、汪在浦口举行会议,讨论对日方针,一致决定仍以"一面抵抗、一面交涉"为政府的基本原则。何应钦也声称"抗日剿赤,两难兼顾",表示今后万难调兵增援淞沪。庙行之战以后,南京当局又一次展开了谋和妥协活动。前此,国联于2月19日召开的理事会,接受中国的要求,根据国联章程第十

---

① 《吴铁城致何应钦、罗文干电》(1932年2月14日),第二历史档案馆藏外交部档。

五条第九款，决定把中日之间的纠纷问题移交国联大会受理，并把召开大会的日期定为3月3日。南京当局认为在国联中出现了有利于中国而不利于日本的情势，又鉴于日本大举增兵在即，遂决定再次试图与日本谋和。于是，在2月25日，汪精卫以手令下达淞沪停战条件四项："一、双方须同时撤退；二、日军撤回租界，我军撤至真茹之线；三、撤兵区域由中国警察维持；四、须有第三国有效保证双方各不追击。"汪精卫指出"以上要点经商得军事委员会蒋中正、何应钦、朱培德、陈铭枢诸委员之同意"。①

这时，日本政府乘其军队即将发动新的大规模进攻的有利时机，在外交方面抛出所谓"上海圆桌会议"方案，企图引诱中国当局入其圈套。2月26日，日外务大臣芳泽谦吉致电重光葵和驻日内瓦国联理事会的佐藤尚武，命令他们探求停战谈判，以便促使在上海召开有关各国参加的圆桌会议。28日，驻国联的日本代表机关公布了"芳泽备忘录"，其中提出"日本政府准备同各国协调，为寻求上海事变的解决办法，同各国一起召开圆桌会议"。即企图诱导西方列强与日本一起，逼迫中国参加圆桌会议，接受屈辱条件。"备忘录"并说："日本政府无意在上海设置专管侨民区，只为日本谋求利益。"这就是在西方列强不同意日本在上海的闸北、江湾和吴淞设立专管租界的情况下，日本企图利用圆桌会议，实现扩大公共租界于上述地域的目的。"备忘录"又说，"要使上海发挥国际城市的作用"，其真正含义是要宣布上海为所谓"自由港"。至于"备忘录"说什么日本"向为发展上海作出贡献的英、美、法三国表示敬意，尊重工部局"②，只不过是想掩盖日本与西方列强之间在上海的利害冲突，让英美等国不妨碍它在华的扩张活动。国联理事会曾在29日按日本愿望，提议组织上海圆桌会议。

正是在上述两国当局各自的意图之下，由英国方面的居间联系，产生了"肯特"号上的非正式停战会谈。

2月28日英国驻沪海军司令克莱居间，在英舰"肯特"号上会商休战办法，中国方面代表顾维钧(代表外长罗文干)、黄强(十九路军参谋长)，日本方面代表野村吉三郎(第三舰队司令官)、松冈洋右(日本首相特使)出席。这次谈判中，顾维钧等按照南京当局的旨意，已表示同意中国军队从现有防线后撤二十公里，只是要求日军同时从租界及现有阵地退出。日方虽不反对日军后撤，但坚将中国军

① 《汪兆铭签署之停战条件要点》(1932年2月27日)，第二历史档案馆藏外交部档。
② 《芳泽谦吉备忘录》，见〔日〕关宽治、岛田俊彦：《满洲事变》，第403页。

队先行后撤二十公里，然后再由日军后撤。谈判结果，达成了谅解事项五项："一、双方同时撤退；二、不得提议永久卸除吴淞或狮子林等炮台问题；三、双方之撤退由中日委员会会同中立国视察团监视之；四、撤退区域，照旧由中国官吏治理，并由中国警察维持治安；五、中国军队退至真茹，日本军队退至公共租界及越界筑路地段，俟双方上述撤退完竣后，中国军队退至南翔，日本军队退至舰上。"并议定如双方政府赞同上述谅解事项，则由双方派出正式外交和军事代表，举行正式会议以完成上述协议。"肯特"号会谈的次日，中国方面通知英方，说中国政府对五项谅解已经同意，希望转达日本当局。南京当局此种行动可谓一厢情愿。其实，日本方面这次参加会谈，一方面是为抛出其圆桌会议方案作准备，另一方面是为了缓和世界舆论，以期在 3 月 3 日召开的国联特别大会上占有有利地位。

这时，淞沪前线的军事形势急转直下。3 月 1 日，日军第 11 师团从中国军队左侧背之浏河一带登陆，正面日军也发起大规模进攻。中国军队在腹背受敌的态势下，十九路军总部果断下令全线后撤，移师嘉定—黄渡—太仓一线，淞沪抗战至此基本结束。当中国军队正在后撤第二道防线时，日本方面于 3 月 2 日通过英国海军司令，向中国方面提出四项停战条件，提出召开圆桌会议的要求。日军以为从 2 月 29 日以来军事上获了大胜，乃得寸进尺，以大举进攻为压力，提出新的比 2 月 28 日所提更为苛刻的条件，其四项条件为："一、若华军撤退，日军当于某一定时期内，停止攻击，在休战期间，双方军事当局对于停战之详细办法，加以决定；二、在休战期内，中日双方应开圆桌会议，由中立国代表参加讨论双方军队之撤退，及维持上海现状之办法；三、中国军队撤至相当地点后，日军即撤回淞沪区域，一俟上海情形恢复原状，日军即由淞沪区域撤退；四、双方若某方破坏和约，则其他一方面得采自由行动。"①3 月 3 日，中国外交部次长郭泰祺与英国公使蓝浦森和海军司令克莱会谈，表示中国无法接受日本提出的四项条件，并拒绝圆桌会议的方案。3 月 4 日，外长罗文干在记者招待会上又宣布中国不接受丧权辱国条件，说日本"二日晚向我方提出……之基本条件四项，较之二月二十八日……之五项基本条件，彼此罔不相同"，中国只能"严予拒绝"。

南京政府此时所持的基本条件，为汪精卫 25 日所定四条，与日本当局的争执在于以下几个问题：一是中方要求双方同时撤兵，日方坚持由中方先行撤兵，至于日方撤兵时间则不作限定；二是中方要求日军立即停止战斗，日方却提出在

① 《中央日报》(1932 年 3 月 4 日)。

中国军队撤退后的“某一定时期内,(日军)停止攻击”;三是中方要求双方停战后由第三国方面监视下各自撤军,日军先退回公共租界及越界筑路地段,然后退回兵舰,日方则提出“待上海情形恢复原状”后,日军再由淞沪区域撤退;四是中国方面要求在中国军队撤出区域仍由中国政府负责行政管理和警察事务,日本方面却提出要重新讨论和确定“维持上海现状之办法”;即含有在停战区内今后中国不予驻军、撤毁军事设施和设立日本租界的企图;五是中国完全拒绝日本的召开圆桌会议方案,拒绝讨论停战以外的问题。日本方面提出的各项要求,正如郭泰祺向英使蓝浦森表示的那样,是“有类战胜者向战败者所提出的条款”,无异于要中国递上降表。中国当局出于诸种考虑,自然还不愿意接受上述各项条件。至此,上海的中日谈判再度陷于僵持而告停顿。

五、 上海停战谈判

日军进攻淞沪之战的目标,至 3 月上旬在军事上已经达到了——逼使中国军队退出闸北、江湾、吴淞、浏河地区,所剩下的是通过外交手段从条约上予以确认,于是在 3 月总攻告一段落后,日方注意力的重点就移到了外交方面。这时,日本对华的侵略扩张重点仍然置于我国东北地区,在那里正在忙于组织新成立的“满洲国”傀儡政权,调集军力进攻抗日义勇军,并从经济、文化、社会各个领域扩展与确立殖民统治。在淞沪战场,日军在遭到中国军队的沉重打击后,虽然经过第三次增兵而把中国军队压到第二道防线,但它自己也无力量把进攻扩大于整个华东地区。为此,日本当局在上海的企图达到既定目标后,便转向于收缩战局,结束事态,并把上海方面的陆军主力调往东北。同时,日本在上海的进攻,已引起欧美资本主义国家的不满。上海战争一开始,1 月 30 日,英、美两国驻日大使立即向日本外交大臣芳泽提出警告。2 月 15 日,美国国务卿又对日军利用上海公共租界作战,两次提出抗议。国际联盟多次谴责日军在上海的行动。国联理事会于 2 月 16 日照会日本政府,申明日本通过军事行动在华造成的形势,不能被认为“既成事实”,并提醒日本勿在上海扩大事变,以武力所得之土地,不能享有。英、美、法、意等国驻华外交和军事代表,尤其是英国方面,一再出面居间调停,虽然主要出于保护其在沪权益的目的,但也表示了西方列强对日本行动的不安,反映了它们之间的某一种矛盾,“随着事变的长期化,日本统治阶层开始怀起深刻的危机感。这种危机感首先是在国际关系方面,尤其是担心对英美关系的恶化。”[①]大藏大臣高桥是清当时表示：“我国海外信誉正在急剧下降，目前在海外筹划资金几乎已不可能，这样下去，军费连三个月也维持不了。”[②]日本统治阶层还担心国际联盟把东北事件和上海事件都包含在“中日纠纷”这一范围之内，一并予以解决。因为这会损害在东北的扩张权益。内务大臣牧野伸显不无忧虑地说：“如果我们在上海失败了，则直到现在的满蒙问题也将统统化为乌有。”[③]高桥是清也说：“如果在各国中孤立了，是否连迄今苦心经营的满蒙结果也会丢得一干二净？真是令人不胜担心。”[④]因此，日本当局力求把上海事件与东北事件截然分开，对于前者则尽可能及早“就地解决”。正是在上述背景下，日本当局遂着力谋求通过外交途径，逼迫中国就范，以结束上海事件。

这时，中国政府继续要求国联对上海停战进行干预。3 月 3 日，中国出席国联第二次全体会议的代表颜惠庆向大会提出，日本业已拒绝 2 月 28 日英舰“肯特”号上所议停战建议，继续向中国军队攻击。因此，国联的最迫切任务为按国联盟约第 15 条，建立上海停战秩序。日本代表松平反诬中国之反日运动引起上海战事，诬责中方违反 1 月 29 日的休战办法。对于日本政府为何拒绝 2 月 28 日建议，松平不表示意见，但表示日本已接受国联理事会 2 月 29 日建议，同意召集一个会议，由中日两国及其他有关各国代表组成，商议停战问题。同时，英、美、法等西方列强不愿它们各自在上海的利益受到损害，不愿日本继续增兵扩战，而力求熄灭上海战火。于是，受西方列强主宰的国联遂再次进行干预。国联大会总委员会在 3 月 4 日讨论上海停战问题，根据大会主席的提案草案，在当天下午作出了关于上海停战的决议。这一决议案主要有三项：(1)请中日两国政府立即采取必要步骤，保障切实履行双方军事当局已发的停止敌对行为的命令；(2)各关系国及中日政府应将如何实行前条事项的情形，随时通知大会；(3)中日双方代表应于各关系国军事当局协助之下，谈判停止敌对行为及日军撤退办法，并盼各关系国将谈判情形，随时报告大会。[⑤]3 月 5、7、8 日，国联总委员会又先后召开三次会议，讨论中日停战问题，并于 11 日全体会议上通过了相应的决议。国联并根据 11 日决议成立十九国委员会，专门处理中日问题。国联的这一切行

---

① 〔日〕信夫清三郎：《日本外交史》下册，商务印书馆中译本 1980 年版，第 570 页。

② 〔日〕《木户幸一日记》上卷，东大出版会 1966 年版，第 136 页。

③ 〔日〕《西园寺公和政局》第 2 卷，第 201 页。

④ 〔日〕《西园寺公和政局》第 2 卷，第 206 页。

⑤ 〔美〕威罗贝：《中日纠纷与国联》，商务印书馆 1937 年中译本，第 1 编第 14 章。

动,也促进了日本政府走向停战谈判之路。

由于国内的因素和国际联盟的推动,日本遂决定接受停战谈判。3 月 9 日重光葵通过蓝浦森致函郭泰祺,表示日本当局"准备按照国联大会决议案的规定,与中国当局进行会商,……立即于最早日期,达到一完全停止敌对行为的切实协定,然后讨论并决定日本军队的撤退办法"①,郭泰祺于次日复函重光葵,表示接受谈判意向,宣布"中国政府认为此项谈判已有开始进行之途径"。于是,日本公使重光葵遂于 3 月 14 日约请蓝浦森居间,与郭泰祺在上海举行停战谈判第一次会晤,英、美、法、意四国公使列席。这次会议初步商讨了停战会议的基本原则,共有三项:(1)中国军队暂在现时地位,以待解决时为止;(2)日本军队撤退至租界内及其附近;(3)第三国参加观察。3 月 17 日,日本政府指示重光葵,原则上同意以三条原则进行谈判,但仍坚持中国军队不得在上海驻扎。3 月 19 日,中日停战会议预备会议第一、二次会议在英国上海领事馆举行。郭泰祺和重光葵分别代表两国政府,英使蓝浦森、美使詹森、法使韦理德、意代办齐亚诺出席。第一次会议于上午召开,重议 14 日会议的三条原则并加以确认,下午举行第二次会议,初步交换对撤兵细节的意见。21 日下午,举行第三次会议,议定停战撤兵大纲三项:"(1)中国军队暂时留驻现在防线;(2)日本军队按照一定之程序,撤至 1 月 28 日以前之原防,此项程序将由正式会议规定;(3)由参加会议各第三国代表参与的公共委员会证明第一及第二项之实行。"双方并商定,依据上述三项原则,于 24 日开始进行正式会议。

上海停战谈判从 3 月 24 日正式开始举行,前后举行 15 次正式会议和若干次非正式会议及军事小组委员会会议,经过 40 天的反复争论,在国联的干预和英、美等国代表的居间调停之下,终于达成了五项协议及三项附件。主要内容有:一、中日军队自 5 月 5 日起确定停战;二、中国军队在该协定所涉及区域内之常态恢复未经决定办法前,留驻其现在地位;三、日本军队撤退至战前位置,即公共租界暨虹口越界筑路区域;四、设立由中日双方及英、美、法、意四国推定之委员,组成共同委员会。5 月 5 日,《中日上海停战及日方撤军协定》在上海英国总领事馆正式签字。南京政府终于以接受丧权辱国的停战协定,而结束了这次抗战。

综观一·二八抗战的全过程,完全证明了"一面抵抗、一面交涉"不是一个引导民族抗战走向胜利的政策。它是一个以对日妥协为基点的、具有抵抗和妥协

---

① 《郭泰祺致罗文干电》(1932 年 3 月 9 日),《革命文献》第 36 辑,第 1549 页。

两重性的政策。谋求妥协是其灵魂和归宿。因而在这一政策之下的抵抗，必然是不坚决的和不彻底的，也必然是有限度的和半途而废的。这一政策在战争中的具体表现，则是消极抵抗、积极谋和；它的消极后果，是引导抗战走向中途夭折以至失败之路。一·二八抗战的失败，是这个政策造成的必然结果。

淞沪抗战就其总体而论，是既有其失败面，又有胜利面的。从战争指导上去剖析，这是因为这次抗战中实际上存在着两条不同的指导方针。以十九路军领导集团为代表，实行了团结御侮、坚决抗战的方针，发动和领导了淞沪抗战。蒋介石、汪精卫、何应钦为代表的南京当局，实行的是“一面抵抗、一面交涉”政策，消极抗战，积极谋和，寻求妥协。这两条指导方针之间虽有其一致之处，但分歧和矛盾却是主要的。淞沪抗战的发动以至后来的起伏变化，始终是与上述两种方针之间的矛盾和斗争相联系的。南京当局的方针在国民党内占有统治地位，掌握着政治、军事和外交的实权，终于压倒十九路军的方针，导致了淞沪抗战以接受城下之盟而结束。

一·二八淞沪抗战至今已届六十周年。前事不忘，后事之师。实事求是地说明历史真相，科学地评价历史事实，正确地总结历史经验，是史学工作者的光荣使命，也是海峡两岸关心中华民族命运的每一个同胞的共同责任。淞沪抗战留给后人的正反两个方面的历史经验，在现在以至今后很长的历史时期都将保持其深刻的意义，是每一个炎黄子孙都不应忘记的。

（本文原载《军事历史研究》，1992 年第 1 期）

略论一·二八抗战期间国民党内的和与战之争

张　衡

淞沪抗战是以十九路军为代表的中国军民反抗日军侵略的爱国壮举。在这一重大历史事件中，始终存在着是抵抗、还是妥协这样两种方针的斗争。在民族危亡的严峻关头，国民党内的分化加剧了，要求抵抗的呼声日益高涨。国民党内主张对日妥协的，有代表美英利益的蒋介石，与代表亲日派的汪精卫；主张坚决抵抗的，不仅有国民党左派冯玉祥、李烈钧等，而且还有要求民主宪政的中间派，如孙科为首的国民党留沪中央委员。按照这场争论的发展，大致可以划分为三个阶段。

一

国民党蒋介石政府在九一八事变中采取的不抵抗政策，不仅激起全国人民的爱国运动，而且也加剧了国民党内的意见分歧及派系斗争。1931 年 12 月 15 日，蒋介石被迫辞去国民政府主席以及行政院长的职务，由林森任国民政府主席，孙科任行政院长。12 月 22 日至 29 日，国民党召开了四届一中全会，选举蒋介石、胡汉民、汪精卫为中央政治会议常务委员，从形式上结束了南京、广州两个政府分治，蒋、汪、胡三个中央对立的尴尬局面。正如宋庆龄指出："两方迫于国难民意，不得不暂停同室之戈，进行所谓和平统一。奔走会议，时逾三月，争论之焦点乃为中委之分配与高位之人选，于全国最大多数之农工民众之疾苦利益，竟无一语之讨论，不知独裁之造成，党之堕落。确立国民经济之基础，舍此而言和平统一，纵使进行顺利，各如所愿，其结果亦不过和平分赃，统一作恶而已。”①

国民党四届一中全会以后，蒋介石引退浙江奉化老家，“日以读书写字为生活，报纸久不寓目，亦鲜谈及时事”②；汪精卫称病住进上海医院，请求辞去中央党部常委和中央政治会议常委之职，将一大堆内政外交难题推给孙科内阁处理。孙科曾抱怨道：“几年来债台高筑，罗掘已穷，中央收入每年本有四点五万万元，但除还债项外，能用之款不及一万万元，欲再发公债，则抵押既已净尽……以是影响到外交军事种种问题。”③其中对日外交成为最敏感、最棘手的问题。1932年1月上旬，新任外交部长陈友仁拟定了一份外交计划，其主旨为“消灭战祸，保护主权，并于最短期间务达收复失地之目的”。“关于收复失地方策：一、用外交方式将暴日最近侵华情形诉诸各国代表，用最有力行动以压制之；二、用消极的武力抵抗；三、唤起民众为外交后盾。”④1月9日，孙科等人到上海慰问称病不出的汪精卫，企图寻求对其外交计划的支持，结果吃了闭门羹。在中央政治会议无法召开的情况下，孙科争取冯玉祥等人的支持，在中央政治会议名义下组织“特务委员会”，以应付困难及处置各项政务。除汪、蒋、胡为当然委员外，孙科、陈铭枢、何应钦、于右任、陈友仁、冯玉祥、李济深、李宗仁、朱培德等九人为委员。这样两广势力在特务委员会中占了上风。1月14日，陈友仁在特务委员会上又提出了对日绝交的计划，并解释说：“对日绝交并非对日开战，乃一种引起国际间同情之手段而已。”⑤这一方案虽然未获即时通过，但是特务委员会“大多数委员一般均认为不能再循柔弱，应取断然手段，虽至任何牺牲亦所不惜”⑥。

孙科内阁的对日外交新政策显然不符合暂时下野的蒋介石的心思。1月11日，蒋介石在奉化武岭学校纪念周会议上发表了题为《东北问题与对日方针》的演讲，他说：“以中国国防力量薄弱之故，暴日乃得于二十四小时内侵占之范围及于辽吉两省，若再予绝交宣战之口实，则以我国海陆空军备之不能咄嗟充实，必至沿海各地及长江流域，在三日内悉为敌人所蹂躏，全国政治、军事、交通、金融之脉络悉断，虽欲不屈服而不可得？总理孙先生所谓：‘中国若与日本绝交，日本

---

① 《申报》1931年12月20日，《宋庆龄宣言》。
② 《申报》1932年1月11日，第四版《蒋移住深山中》。
③ 《申报》1932年1月13日，第九版《孙科返京前谈话》。
④ 原件存中国第二历史档案馆。
⑤ 《申报》1932年1月17日，第八版《陈友仁所拟外交方案要点》。
⑥ 《申报》1932年1月16日，第四版《迭经磋商中之对日外交方针》。

十天以内便可以亡中国’。此乃事实如此，并非我总理故为危辞耸听也。”[①]1月13日，蒋介石乘专机从奉化到达杭州，他在发表此行的目的时说：“余若不出，人将谓余不负责；余若出问国事，则必谓独裁复活。进退均无所逃于责备，故余只得以个人国民之地位，尽我对党对国之忠心而已。”[②]“当此内忧外患，余力所能及，必当贯彻赞助当局之初衷，惟熟审政治之环境，以及最近之事实，实鲜余负责之余地，故不得不仍以在野地位，尽个人职责。”[③]

在张继、何应钦等人的斡旋游说下，1月17日，汪精卫到杭州和蒋介石会晤，为了反对孙科内阁的对日抵抗政策，双方握手言和。声称“正虽束身引退，在谤毁丛集之中，铭虽大病未痊，亦深愿追随吾兄一同入京协助哲生等同志，以共支危局”[④]。同时蒋介石召集汪精卫、孙科、何应钦、吴铁城等举行了会谈，其目的是蒋、汪向孙科施加压力，迫使他改变对日政策。蒋介石在发言中露骨地说：“余不入京，则政府必贸然与日本绝交，绝无通盘计划，妄逞一时血气，孤注一掷，国必灭亡。故余不顾一切入京，以助林森主席挽救危机，本我良心，尽可尽天职而已。”[⑤]这一番谈话是蒋急于复出的要害所在。

蒋、汪出山仍然是重弹“先行安内，方可攘外”的老调。在蒋、汪等人主持的中央委员谈话会上，对陈友仁的对日绝交计划，称之为“高调”、“徒博民众之彩声，而于国难毫无裨益，且定以使时局不能善后”[⑥]，要求立即免去陈友仁外交部长的职务。1月27日，国民党中央政治委员会第三〇一次会议作出决议，取消特务委员会，成立外交委员会，指定蒋作宾为主席兼常委，顾孟余、顾维钧、王正廷、罗文干为常委。这样，力主对日强硬方针的两广派被排挤出外交委员会。1月28日，汪精卫上台组阁，孙科改任立法院长，陈友仁被迫辞职，由罗文干接任外交部长。成立还不到一个月的孙科内阁终于在汪精卫、蒋介石的夹攻下倒台，其所拟定的对日绝交计划尚未出台即遭受夭折。

二

一·二八事变爆发前夕，蒋介石、汪精卫出于形势所迫，玩弄两面派手法，曾

---

① 李敖：《蒋介石研究》第三集，第77页、第18页，台湾华文出版社。
②③ 《申报》1932年1月15日，第九版《蒋介石在杭州表谈话》。
④ 《申报》1932年1月18日。
⑤ 《申报》1932年1月18日，第三版《蒋汪会晤结果》。
⑥ 《申报》1932年1月25日，第三版《外长有更迭说》。

在公开场合下说些漂亮话。例如，1 月 25 日，汪精卫在南京中央党部答复各报记者提问时说："对日问题……无论如何困难，决以不丧国土，不辱主权为原则。""如日方竟实施强暴行动，我国当局应抱最大决心，与之周旋。总之，衅自彼开，隐忍当有止境。"①同时，他们却顽固推行妥协退让的方针，竭力阻挠破坏上海军民的抗日救亡活动。1 月 27 日，上海市长吴铁城秉承蒋、汪旨意，以"组织既未遵法定程序，举动又时逾常轨"为由，取消了上海各界抗日会。同日，蒋介石、汪精卫以国民党中政会常委的名义，会同参谋总长朱培德、军政部长何应钦签发了一道电令给宪兵司令谷正伦和京沪卫戍司令陈铭枢："兹为力图避免彼我双方军队发生冲突起见，着派宪兵一团即刻开往上海闸北一带，接替防务。归淞沪警备司令戴戟指挥，以资缓冲，仰即遵照办理具报为要。"②谁知电令下达的第二天，宪兵第六团刚到达上海还未及换防，日本侵略军已迫不及待地挑起战事。蒋介石的如意算盘落了空。

一·二八事变爆发后，汪精卫、蒋介石慌忙将国民政府迁往洛阳。汪精卫等人在 1 月 30 日发表的《国民政府移驻洛阳办公宣言》中表白道："政府为避免战祸计，已不恤一再迁就日本之要求，始则对于民众抗日之言论行动稍涉激烈者，均予禁止，继再晓谕各种民众团体，自动取消抗日名义，以杜绝强邻之借口。"③1 月 31 日，汪精卫在开封联欢社发表讲演，对国民政府暂移洛阳办公的原因进行辩解："政府如果预备屈服于日本暴力之下，为城下之盟，则或者不会离南京；如果预备以最大牺牲，为长期之抵抗，则必然将国民政府移至中原腹地。因为如此，始能团结各种力量，以策应全国。"但这只是一种借口罢了。

三

第十九路军坚决抵抗的正义之举，沉重地打击了日本侵略军，极大地鼓舞了全国军民的抗日意志，在国民党内也获得了广泛的赞同和支持。国民党各地军政要人纷纷发表通电，积极响应第十九路军的抗日行动，要求当局调集各路援军协助第十九路军抗日自卫。其声势之大，人数之多，远远超过九一八事变时的规模。

① 《申报》1932 年 1 月 26 日，第四版《各中委在励志社谈话》。

② 原件存中国第二历史档案馆。

③ 罗家伦主编：《革命文献》第 36 辑。

在各地的声援通电中影响最大的是以孙科为首的国民党留沪中央委员。一·二八事变爆发后，孙科、李宗仁等11名留沪中委即联名致电汪、蒋："日人横暴至此，军民愤激，誓死抵抗，昨夜至今午，战事剧烈。我军士气百倍，迭获胜利。政府此时，当抱宁为玉碎毋为瓦全之决心，以报国家，以谢民众。同人在沪见闻至切，公决应请中央即令近撒各军，抽调劲旅来沪应援，并极力设法接济十九路军军实响糈"①。孙科等人还向全国各团体发出通电，揭露"政府向持消极无抵抗政策，竟犹低首下心，完全承认其要求，以为如此柔顺，即可免祸。岂知日人野心，得寸进尺，久成惯技，我愈示弱，彼愈强横，我愈退缩，彼愈进迫，无抵抗之结果，必召亡国之痛"②。号召"当此国家危急存亡之秋，惟赖吾国全体国民，抱宁为玉碎，不为瓦全之决心，与敌周旋，庶能为国家争人格，为民族谋生存，否则坐而待亡，国家民族必将陷于万劫不复之境。同人等心所谓危，又难缄默，除电请政府及京沪附近军队火速应援外，并恳我全国民众军士，一致猛醒，准备抵抗，同赴国难，是所企祈"③。

1月30日，国民党中常委胡汉民致电十九路军将士："沪案屈服，四百万民众遵受摧残，闻之雪涕。今战事发生、群情益愤。兄等持正不屈，力抗暴日，为民干城，感慰无极。亟盼益励士气，歼彼凶残。军人报国，此盖其时，传檄天下，天下当争起以应。"④

1月31日，国民党留粤中央委员唐绍仪、邓泽如、肖佛成、陈济棠、伍朝枢、邹鲁、白崇禧等26人致电十九路军将士："贵部痛暴日之无理压迫，奋力抗敌，为民族争生存，为国家争人格，迭听捷音，至深钦佩。务望激励将士，坚持到底，同人等誓当竭诚接济，为公等后盾，并请转达各袍泽，共鉴微忱。"⑤同日汇款40万元接济十九路军。

此外，国民党第三路军韩复榘部、第四路军何健部、第九路军鲁涤平部、第二十六路军孙连仲部、第一集团军陈济棠部、第四集团军白崇禧部、黄埔军校革命同志会以及各省市国民党党部等均发表通电，坚决声援十九路军的正义行动，积极请命上前线抗日。甚至在"剿共"前线的国民党将领也加入了声援的行列。鄂豫陕边区清乡区督办徐源泉于2月1日通电说："源泉分属军人，身早许国，雪耻复仇，尤为夙愿。刻为国族挽危亡，为华胄争人格，已淬砺所部、听夕申警，枕戈

① 原件存中国第二历史档案馆。

②③ 《申报》1932年1月30日，第二版《孙科等致各团体电》。

④⑤ 《申报》1932年2月1日，第五版。

待命，誓死为国。”[①]在南昌的30多名“剿赤”将领由朱绍良领衔致电蒋介石：“秉宁为玉碎之旨，凛匹夫有责之怀，一致御侮，百死不辞。”[②]空军将领也通电全国：“东北事变，数月于兹，三省之失地未收，淞沪之残暴继演，公理沦胥，举世愤慨。我空军系国民属望之殷，将士报敌忾同仇之切，为国死难，夙具决心，磨砺枕戈。匪伊朝夕。只以政府负重，冀望和平，以致忍辱迁延，求死不得。兹者领空领土，横被摧残，寇焰益张，国亡无日。秉衡等防空有责，誓抗强梁，妥用集结，以图自卫，海枯石烂，此志不渝，凡我国人，幸垂鉴察。”[③]

四

在举国一致的抵抗声中，抗战图存已成为不可阻挡的历史潮流。蒋介石当然不敢再公开地反对抵抗了。1月30日，蒋介石发表了《告全国将士电》：“东北事变，肇始迄今。中央为避免战祸，保全国脉起见，故不惜忍辱负重，保持和平，期以公理与正义，促倭寇之觉悟。不意我愈忍让，彼愈蛮横，沪案发生，对渠要求，且已茹痛接受，而倭寇仍悍然相逼，一再向我上海防军攻击，轰炸民房，掷弹街衢，同胞惨遭蹂躏，国亡即在目前，凡有血气，宁能再忍。我十九路军将士既起而为忠勇之自卫，我全军革命将士处此国亡种灭，患迫之燃眉之时，皆应为国家争人格，为民族求生存，为革命尽责任，抱宁为玉碎，毋为瓦全之决心，以与此破坏和平，蔑弃信义之暴日相周旋。中正与诸同志久共患难，今身虽在野，犹愿与诸将士誓同生死，尽我天职。特本血诚，先行电告。务各淬砺奋发，敌忾同仇，勿作虚浮之豪气，保持牺牲之精神，枕戈待命，以救危亡，党国幸甚！”[④]

从表面上看，蒋介石似乎已一改妥协退让的方针，决心誓死抵抗了。但蒋真正用意是要三军将士“勿作虚浮之豪气”、“枕戈待命”，以便伺机与日妥协。

一·二八抗战刚开始不久，何应钦即以“我国目前一切均无准备，战事延长扩大，均非所利”[⑤]为借口，下令十九路军“不得任意射击，在前线部队，尤须遵守”[⑥]，“其他民众爱国之行动，亦须周密注意，以防共产党从中利用机会，而图捣

① 《申报》1932年2月4日，第三版。

② 《申报》1932年2月5日，第四版。

③ 《申报》1932年2月6日，第一版。

④⑤⑥ 原件存于中国第二历史档案馆。

乱”[①]。何应钦致电蔡廷锴，规定十九路军航空队“除对日机抵抗外，即对日海军决不抛掷炸弹”[②]。在蒋、汪旨意下，何应钦密电上海市长吴铁城，“设法转圜停战”[③]。何应钦在2月8日致吴铁城并转宋子文、张静江、张群、孔祥熙等人的电报中说：“我国对外一切军事，平时毫无准备，……是以此次淞沪事件，弟曾迭电商酌适可而止，盖期早得收束，为国家多留一分元气也。昨英海军司令在沪会商调解，闻诸同志中多主张须依据各国通牒第五条，连同东省问题整个解决，以致毫无结果，失此斡旋良机，深为可惜。目前沪事交涉，如诸同志坚持强硬并依赖国际或列强之帮助，势必纡缓迁延，牺牲我十九路军净尽而后已，不但丧师，抑且失地，……请兄等商在沪诸中委，从速设法先求停止战争。至于整个问题，则待外交正式之解决，庶不至益加扩大糜烂而不可收拾也。”[④]

蒋、汪、何一面向上海党政要员及十九路军施加压力外，一面派陆军步兵学校校长王俊为代表，前往上海与日方密谈。2月8日，王俊在给何应钦的电报中说：“吴淞为双方之战略上必争之地，闸北为双方攻略上所必夺之区，日方以援兵陆续可到，必夺得吴淞、闸北后交涉方占有优势之地步。我方处不攻不退之际，徒延时日，锐气一消，补救益难。目下全国积极作战既不可能，宜速乘此小战小利之机，图收亡羊补牢之效。万一吴淞、闸北俱失，始仓促而求人，则损失巨矣。此事关系至大，……俊拟设法单独进行，以期无空此行也。”[⑤]10日，王俊在给何应钦的电报中称：“本日会田代少将畅谈三小时，田代对双方撤退及我国派警察维持中间地区治安之问题，无甚反对意，但恐实行困难，盖虑我便衣队暗中扰害之故。又，日在沪陆海军互闹意见，结果胜利必归陆军，我应以陆军为对手，进行自多容易。”[⑥]何应钦即与京沪卫戍司令陈铭枢、外交部长罗文干共同拟定了以下办法：“双方自动撤退，即：日军撤至租界内，我军撤至相当地区。两军撤退之中间设一和平区，由双方共同请中立国酌派小部队暂时驻扎，所有和平区域内之行政、警察，仍由中国照常办理。盖日方以双方撤兵不能避免中国便衣队扰害为虑，则最好有第三国居间，可以免此顾虑，日系双方自动请第三国居间，与受第三国干扰不同，故无失体面。”[⑦]何应钦一面将上述所定办法电告吴铁城、蔡廷锴、王俊等人，要他们遵照所定办法，“迅与日方切实商洽”，一面将部署情况电告蒋介石，“并乞裁示”。

蒋、汪、何之流的妥协活动泄露之后，立即遭到各界人士的强烈反对。其中，

---

①②③④⑤⑥⑦　原件存于中国第二历史档案馆。

国民党在沪中央委员于2月13日发表《请政府当局速定大计》的通电："比闻军事外交当局，有主张沪事局部化，先行解决之意，英使复有我国自动撤兵之劝，而当局认为可商。同人在沪，迭加研讨，心所谓危，敢陈所见。溯自东北边防司令长官张学良，误于不抵抗之谬论，使日寇唾手遂得三省，而军事当局亦慑于日兵声威，辄谓纵倾全国之兵，不足抗日，我与日战，三日可以亡国，同人以为此种心理，不特与总理遗教主义，完全违悖，充其弊，实足以亡党亡国而有余，非彻底扫除，决不足以冲破今日之危局也。"①

"今国民愤日与救国之热情，已达极点，对主张不抵抗者，嫉之尤甚。观于此次沪民之被难而无怨，与其输将助战之勇，即沪上素称持重之报纸，亦咸为激昂之论，即可观真正民意。苟当局犹牢执其妥协屈服之主张，或竟实行撤兵，使日军占沪，长驱而攫取苏杭与首都，将何以维民众之信仰，遏军士之患愤？同人等亦不愿与今日当局同负此责也。"②

"请政府当局迅速定计者：(一)决定彻底抵抗政策，毋再游移，即宣示国人，全力御侮；(二)萃海陆空军力量，固守上海，予十九路军以充分援助；(三)即令北方各军乘机向关外反攻，收复失地；(四)外交方面，提出非日军全部撤退不即交涉，上海问题，当与东三省问题，同时解决。"③

留沪中委的通电，不仅公开批评了"三日可以亡国"的谬论，尖锐地指出妥协屈服必将丧失士气民心的危险，而且针锋相对地提出了四条大政方针，强烈要求政府"毋在游移""全力御侮"。这无疑是对蒋、汪之流妥协活动的愤怒抗议。党国元老吴稚晖也写信指责何应钦："适可而止，人同此心。……但日人之暴横，说不到我等良心，能忍与否？似乎竟使我等虽欲忍妥而不可得。上海突焚三友社开衅，封闭民国报，解散抗日会，要求四条件，唯命是听。下午已满意，晚间即开炮。其为词则欲远撤华里。假令当日十九路军不抵抗，立即远撤，必实际占领闸北，为进一步之要求。其增兵而不肯退兵，必与东三省之作为无以异……故弟于卅电告蒋、汪两先生，已力破我等欲保留元气及实力之迷梦……弟非荒谬者，情势已如此，我等若欲苟安，而人不许我。大难已到，愿贡其狂愚，望先生切商于蒋、汪诸先生，似不能再以习常蹈故之心理对付也。"④何应钦为自己辩解，并推卸责任："旬余以来，党国诸公，仍散居各处，迄未共筹对策，分任艰难，竟将种种重

①②③ 《上海时事新报》1932年2月15日。

④ 李敖：《蒋介石研究》第三集，《吴稚晖先生墨迹》第九篇，台湾华文出版社。

责，粹集钦之一身，长此以往，宁免陨越？钦纵不遑，自惜其为国家前途何？言之不禁泣下。"①为了欺骗舆论，汪精卫说："军事上要抵抗，外交上要交涉，不失领土，不丧主权，在最低限度之下，我们不退让；最低限度之上，我们不唱高调。"②"我们本着一面抵抗，一面交涉，在野不唱高调，在朝不说软话，以沉着的精神，与日本作长期的奋斗！"③在此种局面下，蒋介石很清楚，此刻如不酌派一部分嫡系部队参战，必将严重地影响自己的政治地位和军事领导权。因此，他同意京杭两地驻军的请战要求，但拖延批准发兵的时间。对于各方请援，均以"运输困难"，"既无名义，可以檄调军队，亦无权责，可以指挥军事"为借口而搁置。

2 月 25 日，蒋介石电告十九路军"第二次决战之期约在艳东各日，我军援队非到鱼日不能参加战斗。望于此数日内尽量节省前线兵力……"④。在兵力不足的情况下，2 月 27 日，刚刚赶到上海的国民党第四十七师（师长上官云相）除派两个营在黄渡筑工事外，两个团被蒋介石西调守镇江，一个团西调守南京。戴岳的独立旅虽然已抵达杭州，可是浙江省主席鲁涤平却秉承蒋介石的旨意，不敢调其部赴沪参战。因此，说穿了是蒋介石为了搞政治投机，以此搪塞国内党内的不满和诘难，同时为自己复出造舆论，迫不得已派第五军参战，而第五军与十九路军并肩作战，屡次挫败日军的猛烈攻势，这的确使蒋介石捞到不少政治资本。3 月 2 日，十九路军和第五军终因"后援不继"而后撤。4 天以后，蒋介石却在国民党的四届二中全会期间重新当选为军事委员会委员长。3 月 16 日，国民政府特任蒋介石兼参谋本部参谋总长。

五

淞沪抗战虽然失败，国民党内的战与和之争并未就此完结。在不久后召开的国难会议上，抵抗和妥协的分歧斗争再次激烈展开。

1932 年 4 月，国难会议在洛阳召开。会议通过了"如期结束训政""设立中央民意机关""国民代表大会有预算、决算国债之决议权"等议案。此外，国难会议讨论并通过了《共同御侮原则》，这对于中国政府与日本政府之间停战谈判起到了一定的制约作用。国难会议还通过了《国难会议宣言》，御侮是假，剿共是真。

---

① 原件存中国第二历史档案馆。

②③ 罗家伦主编：《革命文献》第 36 辑。

④ 李敖：《蒋介石研究》第三集，第 81 页，台湾华文出版社。

在宣言发布之后，国难会议接连通过一系列有关“绥靖”的议案。例如《为利绥靖进行，请厉行自治并改造自治办法，以弭灾难而固国本案》《剿共恢复县市，应即实行平均地权制度，以期早日肃清共祸案》《改良军政以利剿匪御侮案》《实行军民分治、发扬司法精神，以立绥靖基本案》《采用思想导善方策，根本救正人心，积极消灭共产党案》《弥共计划急应改善，改剿为抚，藉可以护德服人而节省兵力案》《请政府责成全国各县限期编练保卫团，实行保甲法，以消匪患而助国防案》等等，真可谓无所不用其极。

1932 年 5 月 5 日，国民政府代表与日本政府代表正式签订了丧权辱国的《中日停战协定》。不久，蒋介石在庐山剿共会议上宣布了“攘外必先安内”的政策。这才是蒋介石当时真正的“国策”。

（本文原载《民国档案》，1992 年第 1 期）

南京国民政府对一·二八事变的方针

金再及

1932年的一·二八事变，是南京国民政府（以下简称南京政府）对日方针复杂演变过程中的一个重要环节。剖析南京政府对一·二八事变的方针，对弄清抗战前南京政府对日方针的演变规律及其实质，都将是有益的。

一

日本为什么要发动一·二八事变？它的目的是不是和九一八事变占领东北一样，是为了占领京沪？这是研究一·二八事变必须首先回答的问题。

九一八事变后，日本对华政策走上了武力侵占中国的道路。本来，在用武力还是用政治、经济等和平手段侵占中国的问题上，日本统治集团内代表军阀利益的军部和代表财阀利益的内阁间，存在着不同的主张。九一八事变是日本军部和关东军发动的，内阁一度对此持有异议。即使在军队内部，海军对陆军的行动也"抱有极度消极之态度"①。但是，在军部侵占东北的阴谋得逞后，以武力侵占中国的对华强硬论迅速占了上风。12月13日，主张不扩大事态的若槻内阁倒台，成立了犬养毅政友会内阁。新内阁成立的第二天，犬养发表谈话，称"应与军部协力，积极解决满蒙问题"②，表明内阁决心追随军部之后。陆军的成功，也使海军一扫消极态度而跃跃欲试。1932年1月初，海军甚至计划袭击并占领上海

① 日本参谋本部：《满洲事变机密作战日志》（上），罗家伦主编《革命文献》第34辑，台北1978年版，第1002页。

② 日本防卫厅战史室编：《日本军国主义侵华资料长篇》上（《大本营陆军部》摘译），四川人民出版社1987年版，第208页。

北站附近的排日团体根据地并封锁这一地区[①]。一·二八事变正是在这种情况下发动的。

和九一八事变不同，在一·二八事变中，尽管海军和陆军有各自的打算，但他们相互配合，协同作战，反映了二者对事变根本态度的一致。

由于战前日本在上海驻扎的是海军，因此在最初阶段，发动事变的主角是海军。对于海军发动事变的意图，至今日本有些学者仍沿用当年海军发动事变时的口实，即由于中国的抗日运动，特别是以上海为中心的对日经济绝交运动严重损害了日本的利益，海军是为了保护日本的利益、镇压抗日运动而发动的。这种说法是不符合事实的。

1932 年 1 月 18 日，关东军在上海一手炮制了日本和尚被殴致死事件，21 日，日本外务相对事件提出了 3 条方针：1.上海中日人之冲突，应视为纯粹地方问题，可由上海市长吴铁城与上海日总领事村井直接谈判解决；2.乘此机会，以谋终止上海市区的抗日活动，这是解决沪案的先决条件；3.如日人确有扰乱治安之罪或其他不法活动，应依法惩治[②]。据此，村井向吴铁城提出道歉、惩凶，赔偿损失及医药费，取缔排日运动，解散抗日团体等 4 项要求；同时，对日人焚烧三友实业工厂一事表示遗憾，并声明将缉拿肇事者依法惩办[③]。显然，这个方针是以终止上海抗日运动为主要目的，并没有扩大事态的意图。海军却并不满足于此。26 日，海军当局最高会议决定：如果中国没有诚意解散反日会，海军将在一二天内"出于实力之发动"，并制定具体措施：在驻沪兵力不足时，将派第三舰队赴沪；占领并确保自吴淞至上海间的航路；拘禁在吴淞口外的中国轮船，以示对中国的"膺惩"[④]。次日，海军发表声明，称如果国民政府不肯"反省"，不停止"不法行动"，日本就"不得不采取适当之行动，以保护日侨及拥护既得权"[⑤]。但当 28 日吴铁城复文完全接受日方的 4 项条件，并且连夜查封上海各界抗日救国会办事处、取消所有有"抗日"字样的团体后，早已准备好的日本海军陆战队仍然向闸北发动了进攻。

事实上，对海军来说，重要的是制造事端，同陆军争功。事变前，海军次长左

① 《重光葵外交回忆录》，知识出版社 1982 年版，第 79—80 页。
② 上海《民国日报》1932 年 1 月 23 日。
③ 吴铁城谈话，《时事新报》1932 年 1 月 24 日。
④ 《申报》1932 年 1 月 23 日。
⑤ 《申报》1932 年 1 月 29 日。

近司政三说："陆军在满洲大显了身手，这次在南边轮到海军了。"[①]但是，上海和东北不同：东北原属日本的势力范围，上海则是国际城市；占领上海，势必导致与英、美、法等国的正面冲突，这使海军不能不有所顾忌。从实力讲，九一八事变时，在东北的日军兵力总共约 3 万人，驻守在东北境内的东北边防军约 14 万人；而一·二八事变时，在沪日本海军陆战队仅 1 400 人，驻防上海的中国军队则有 3 万多人，双方力量悬殊。因此，日军不具备向南京政府统治中心的长江以南地区挑起大规模战争的条件。这决定了日军对上海战争战略目标的局限性。蔡廷锴在 1939 年撰写的自传中，曾记载了战前海军向南京政府提出的要求是："十九军撤退 30 公里"，即撤到南翔以西地区[②]，这大体反映了海军对这次战争的具体目标。

但是，出乎日本的意料，海军的进攻，遭到了十九路军的顽强抗击。1 月 29 日，海军被迫向东京提出增援陆军的要求。当时陆军正在积极策划成立伪"满洲国"，为了转移国际视线，也蓄意要在南边制造事端。作为一·二八事变前奏曲的和尚事件正是陆军为达到上述目的而一手炮制的。因此，海军的请求立即得到陆军的积极响应，此后，进攻上海的主力由海军转为陆军。2 月 4 日，陆军制定了上海战争的第一个纲领性文件《上海方面行动指导纲要》，规定这次战争的目的是："与英美协调，指导使上海附近成为不允许中国军驻扎或侵入之地区，并从速谋其解决。"具体地说，就是要迫使中国军队退至苏州东方湖沼地带以东地区，至少也要退至距离上海租界与吴淞炮台外围 20 公里地区，退出区域由列国军队防守。为了把战争局限在一定范围内，《纲要》特别规定：即使在长江上游出现各种抗日活动的情况下，陆军的军事行动，也"以不扩大至南京以西为原则"[③]。在此前后，陆军还一再指令所部："鉴于上海具有国际都市之特异性格"，"不可授予列国责难日军行动之口实，更不得超越任务之范围致事态于扩大"[④]；"务力保持与列国军队之协调"[⑤]。直到战争后期，2 月 23 日日本内阁在决定增派 2 个师团时，仍要求"尽量避免引起中日战争"，"战场尽量限定于上海附近"[⑥]。由上可见，

---

① 关宽治、岛田俊彦：《满洲事变》(《走向太平洋战争的道路》第 2 卷第 1 编)，上海译文出版社 1983 年版，第 375—376 页。

② 《蔡廷锴自传》(上)，黑龙江人民出版社 1982 年版，第 275 页。

③ 《革命文献》第 36 辑，第 1678—1679 页。

④ 《关于上海方面局势之处理及军事行动》，1932 年 2 月 6 日，《革命文献》第 36 辑，第 1683 页。

⑤ 日本陆军参谋总长给第十二师团长之指示，1932 年 2 月 3 日，同上书，第 1680 页。

⑥ 日本参谋本部《满洲事变机密作战日志》中关于淞沪事变记载，同上书，第 1696 页。

在一·二八事变中,尽管日军气势汹汹,但由于客观条件的限制,无论海军还是陆军,都只是要求达到有限的目的;没有也不可能有占领京沪,或是将事态扩大到华中的意图。

但是,南京政府对日本的战略意图却作了错误的判断,认为进攻上海只是日军的"第一目的",其战略目标"不外占领南京,控制长江流域"①;战火将迅速扩展至全国,"中国重要各地亦随时均有重大危险发生"②;"国亡即在目前"③。1月29日,南京政府将首都迁到中原腹地洛阳,仅留何应钦、宋子文等留驻京沪,负责军事、外交等事务。毫无疑问,上述判断对南京政府对事变的方针,具有重要的意义。

二

上海战争爆发时,驻防上海的是十九路军。这是一支有着强烈抗日情绪的爱国部队。它开抵上海时,正值日军进攻黑龙江嫩江之际,蔡廷锴曾上书蒋介石,要求率部去东北支援马占山抗日,蒋批示:"其勇可嘉,其事必败,千万不可行。"④为此,蔡廷锴组织十九路军志愿人员,编成"西南国民义勇军",准备辞去军长职务,以国民资格,率领义勇军去东北抗日。正在这时,一·二八事变爆发,十九路军立即起而迎击。

相当流行的一种说法是:十九路军的抗战是蔡廷锴等违抗南京政府命令的结果。这种说法并不完全符合事实。还在九一八事变后,鉴于日本在中国各处挑衅,南京政府判断日本有可能"以兵力与日侨自由行动,利用各种手段,捣乱长江,破坏我之金融基础,而置首都于兵力威吓之下,希图造成从前江宁条约的形势"⑤。南京政府尤其担心日军会向其统治的心脏地区发动进攻,因而决定,如果日军向上海发动军事进攻,即予回击。9月23日,熊式辉向蒋介石请示:如果日方扩大行动,对淞沪要塞、兵工厂及重要机关进行威胁或袭击时,我陆海军应采

① 蒋介石:《第二期抵抗作战方案》,1932年3月10日,秦孝仪主编:《中华民国重要史料初编——对日抗战时期》(以下简称《初编》)绪编(1),第516页。

② 《外交部致国联及九国公约签字国驻华公使照会》,1932年1月30日,同上书,第434页。

③ 蒋介石:《告全国将士电》,1932年1月30日,同上书,第435页。

④ 《蔡廷锴自传》(上),第268—269页。

⑤ 戴季陶:《特种外交委员会对日政策报告书》,1931年11月,李云汉编:《九一八事变史料》,(台)正中书局1977年版,第325页。

取何种行动？由于这一带已涉及南京政府赖以维持统治的生命线，蒋回答说："应正当防范，如日军越规行动，我军应以武装自卫，可也。"①10 月，蒋又指示："日本军队如果至（上海）华界挑衅，我军警应预定一防御线，集中配备，俟其进攻，即行抵抗。"②因此，和尚事件后，尽管南京政府步步退让，不惜镇压抗日运动，甚至调驻南京的宪兵一团到沪接替十九路军，使"非战斗之宪兵缓冲其间"，以此向日本表示"诚恳之意愿"③，但这是战争爆发前对日军挑衅的方针，目的是为了向日本乞求和平，免使"沪市受暴力夺取"④，并不能由此得出结论：一旦日军向上海进攻，南京政府也主张不抵抗。这一点，吴铁城在战争爆发前作了明确的说明，1 月 23 日，有记者问他，如果日本不顾一切而大举骚扰，将怎么对付？吴回答说："此事中央政府早有命令，如果有人侵入内地领土，决采正当防卫。"⑤蔡廷锴在自传中也提到，一·二八战争爆发前，他在视察时发现，何应钦命令十九路军之"抵抗线"，从地图、地区配备兵力和十九路军之力量看，与他的想法"无大出入"⑥。战争爆发后，1 月 29 日国民党中央政治会议明确指出："对于地方纠纷小事，我方固事让步，但有关主权领土，决不能丝毫让步，对暴力来侵犯时，必须抵抗。"⑦同一天，蒋介石手定对事变的方针是："一面预备交涉，一面积极抵抗"，规定"十九路全力守上海，前警卫军全力守南京"⑧。

根据上述方针，战争爆发的第二天，何应钦即指令十九路军："若日人恃强相欺无理侵犯，应不惜任何牺牲竭力抵抗，以尽守土卫国之天责为要。"⑨2 月 1 日，军事委员会对京沪卫戍作了全面部署："如日以飞机及军舰向南京轰炸或炮击时，则可下令长江各要塞对日军舰即开始射击。现时并应将海军舰队集结于相当地点，以便抗战，同时敷设水雷及障碍物以便制止敌舰之任意活动。又如日以陆军一二师在上海登陆时，应令十九路及前警卫军全部以全力夹击而歼灭之"，

---

① 蒋介石复熊式辉电，1931 年 9 月 23 日，《初编》绪编(1)，第 286 页。

② 蒋介石致张群电，1931 年 10 月 6 日，同上书，第 290 页。

③ 《顾维钧代表对于中国政府在沪案开始时决定和平之说帖》，1932 年 7 月 2 日，《革命文献》第 36 辑，第 1409—1410 页。

④ 孙科致吴铁城电，1932 年 1 月 23 日，《九一八——一·二八上海军民抗日运动史料》，上海社会科学院出版社 1986 年版，第 183 页。

⑤ 《时事新报》1932 年 1 月 24 日。

⑥ 《蔡廷锴自传》(上)，第 269 页。

⑦ 竟迟：《政府迁洛誓与暴日决斗》，《国闻周报》第 9 卷第 7 期。

⑧ 蒋介石手定对日交涉之原则与方法，1932 年 1 月 29 日；蒋介石手定京沪防卫与军政部署，1932 年 1 月 29 日，《初编》绪编(1)，第 431 页。

⑨ 《革命文献》第 36 辑，第 1500 页。

"到达浦口之一旅应设法令其渡江，并调蚌埠四十七师填防浦口可也"①。蒋介石还多次指示空军加入沪战，与陆军协同作战，并规定："如倭以两师以上陆军登陆参战，则我方应另定计划与之正式作战。"②与此同时，军事委员会制订了全国防御计划，将全国划分为4个防卫区，命令各区"除酌留部队绥靖地方外，均应将防区内兵力集结，以便与暴日相周旋"，"并电令川、湘、赣、黔、鄂、陕、豫各省出兵作总预备队"③。可见，尽管事变前南京政府一退再退，但一旦日军超过限度向上海发动军事进攻时，还是主张回击的。

为什么南京政府对一·二八事变的方针和九一八事变会有所不同呢？除了前述对日军战略意图的错误估计外，还有多方面的原因：

首先，上海和东北、热河不同，东北、热河历来是奉系的地盘。东北易帜后，虽然名义上归属于国民政府，但实际上南京政府的势力从未伸入过。从当时各实力派的力量看，经过1929年的蒋桂、蒋冯、蒋唐战争和1930年的中原大战，蒋介石先后打败了桂、冯、唐、阎，极大地削弱了他们的力量，使之暂时无法与蒋抗衡。唯独张学良的东北军在中原大战的关键时刻进入关内，帮助蒋介石取得了中原大战的胜利，并将势力范围重新扩展到平津一带，成为蒋介石最大的潜在对手。因此，东北沦陷后，蒋介石多次声称："东北在九一八以前，仅名义归属于国民政府，而军权政权财权，俨然独立，至少可说非革命势力范围以内之地，不过从前是有名无实，而今则并丧其名"④；"东三省、热河失掉了，自然在号称统一的政府之下失掉，我们应该要负责任，不过我们站在革命的立场说，却没有多大关系"⑤。不仅如此，在蒋介石看来，日本占领东北，削弱了张学良的力量，使"东北军反得因此而完全统一于中央，东北人心，亦彻底认识民族主义的意义，精神上更密切归属于统一的中国之下"⑥。上海则不同，上海是蒋介石的发家地和统治中心，又是南京政府主要财源；同时，上海"地接首都，攻上海即系对于首都加以直接危害与威胁"⑦。向上海进攻，严重威胁到南京政府的根本统治，这是蒋介石不能容忍的。

---

① 何应钦、朱培德致蒋光鼐、蔡廷锴、戴戟电，1932年1月29日，原件存中国第二历史档案馆。

② 蒋介石复陈铭枢电，1932年2月4日，《初编》绪编(1)，第446页。

③ 《军事委员会划分全国为四个防卫区通电》，1932年2月4日，同上书，第438页。

④⑥ 徐道邻(蒋介石)：《敌乎？友乎——中日关系的检讨》，1934年12月，《外交评论》第3卷第11、12期合刊。

⑤ 蒋介石：《剿匪的理论与实际》，1933年4月7日。

⑦ 《国民政府外交部对淞沪事变宣言》，1932年1月29日，《革命文献》第36辑，第1500页。

其次，九一八事变后，全国人民特别是青年学生反对日本侵略和南京政府不抵抗政策的斗争高潮，使南京政府感到，如果继续不抵抗，就无法"树立今后政府在人民间之信仰，维系全国人心"，中国也将"瓦解而亡"①。此外，一·二八事变后，随着民族危机的进一步加深和全国人民抗日反蒋斗争的推进，国民党内部围绕着妥协还是抵抗进一步发生分化。1932 年 1 月 31 日，在上海的国民党中央委员 26 人（主要是粤方委员），成立了中央委员驻沪办事处，公开反对妥协，要求南京政府抗击日本，给十九路军以援助；包括蒋介石嫡系中央军在内的国民党爱国军人，也强烈要求支援十九路军抗日，反对不抵抗政策，他们警告说，如果不准抗日，则部队"众忿难遏"，"维持既形困难，势将全部瓦解单独行动，尔时形势已成，挽救无术"②；即使是南京政府领导集团中亲近英美的一些核心成员如宋子文、孔祥熙等，也程度不同地反对妥协。这些对南京政府对日方针的决策，也具有重大作用。

第三，九一八事变后，南京政府把一切希望寄托于国联，认为只有对日取"逆来顺受态度"③，"忍人之所不能忍"，各国才能"一致倾其同情，主张公道"④。但结果是，英、美、法等国"对我虽勉说公道话，而却很冷淡"。总结这一段的教训，南京政府认为："最大的原因是为中国自己本身不作抵抗之故"，从而得出结论："我们必要抵抗，然后方能引起国际注意。"⑤

此外，上海和东北不同，这里是欧美在华利益集中的地区。据统计，各国在上海的投资占在华总投资额的比重，英国约为 8 成，法国 9 成，意大利 7 成，美国 6 成以上⑥。日本进攻上海，严重地危及了英美等国的利益，使他们对上海事件采取了相对强硬的态度。这对南京政府也有重大影响。

以上几点，既决定了南京政府对日作一定抵抗的必然性以及它妥协的最大限度，又规定了它抵抗的不彻底性和妥协的必然性。当日本态度强硬，超过南京政府妥协的最大限度时，它就以抵抗为主；反之，只要在限度之内，它总是力求妥

---

① 戴季陶：《特种外交委员会对日政策报告书》，1931 年 11 月，《九一八事变史料》，第 326 页。

② 宋希濂：《二六一旅呈国民政府军政部请愿书》，《九一八——一·二八上海军民抗日运动史料》，第 219 页。

③ 蒋介石：《一致奋起共救危亡》，1931 年 9 月 22 日，《九一八事变史料》，第 321—322 页。

④ 蒋介石：《继续奋斗贯彻主张》，1931 年 10 月 26 日，《初编》绪编（1），第 298 页。

⑤ 汪精卫：《悲壮抗敌以求我民族生存》，1932 年 2 月 29 日，《革命文献》第 36 辑，第 1580—1581 页。

⑥ C.F.雷曼：《各国对华投资》，1934 年，转引自信夫清三郎：《日本外交史》下册，商务印书馆 1980 年版，第 569—570 页。

协。在整个一·二八事变中，抵抗与妥协构成了南京政府对日方针的两个方面。因此，尽管不能说十九路军是抗命抗日，但也不能把南京政府的抵抗与十九路军的抵抗等同起来，认为十九路军执行了南京政府一面抵抗、一面交涉的方针。

三

事实上，从事变一开始，在南京政府和十九路军之间就存在着原则的分歧。这个分歧在不同阶段，内容和表现形式虽有所不同，但却贯串于战争的全过程。

一·二八事变爆发前夕，南京政府正再次进行改组。1932年2月21日，蒋介石在杭州与汪精卫达成“另行改组”①政府的协议后，与汪相继到南京。不久，汪精卫接替孙科任行政院长，蒋介石任军事委员会常务委员（后为委员长）。蒋汪到南京后，一改孙科“对日绝交”的方针，决定对日“采取和缓态度”，“万不能发生冲突”②和“忍辱负重”③的方针。25日，南京政府派顾孟余、何应钦到上海，指示市政府“隐忍避免冲突”④，并说服蔡廷锴接受日军提出的撤军要求⑤。十九路军坚决反对上述妥协方针，指出：十九路军“驻地均是我国领土，也不接近日寇地区，要撤退，殊无理由”⑥，主张立足于打。1月23日，十九路军军部紧急会议决定：一旦日军进攻，“决心死守上海”，“剩一兵一卒，也还须抵抗到底，死完为算”⑦。会后即着手作迎击侵略者的准备。

战争爆发后，南京政府被迫从妥协转向抵抗，和十九路军在要不要抵抗问题上暂时取得了一致，但是，分歧并没有消除。在南京政府看来，抵抗只是求和的一种特殊手段，用何应钦的话来说，抵抗就是“本自卫限度，勿使事态扩大，而期得到各国同情，予暴日以悟境，稍戢凶锋，另图解决和平”⑧。为了把抵抗局限于“稍戢凶锋”的范围内，南京政府限令十九路军“非有上官命令，不得任意射击”⑨，

---

① 《蒋作宾日记》，江苏古籍出版社1990年版，第401页。

② 孙科致吴铁城电，1932年1月23日，《九一八——一·二八上海军民抗日运动史料》，第183页。

③ 一周间国内外大事述评，《国闻周报》第9卷第6期。

④ 上海市政府呈国民党中央、行政院电，1932年1月25日，《革命文献》第36辑，第1430—1431页。

⑤⑥ 《蔡廷锴自传》（上），第275页。

⑦ 十九路军军部紧急会议记录，1932年1月23日，《九一八——一·二八上海军民抗日运动史料》，第189—190页。

⑧ 何应钦致吴敬恒密电，1932年2月12日，同上书，第276页。

⑨ 何应钦致吴铁城等电，1932年1月31日，同上书，第271页。

中国飞机“对日海军决不抛掷炸弹”①,以便寻找机会,“另图解决和平”。

南京政府期望的“和平”解决的机会似乎很快就出现了。在十九路军的奋勇抗击下,1月29日下午,日本侵略军全部被赶回租界。同一天,海军在向东京请求派遣援兵的同时,日本驻沪副领事白井康向上海市政府提出停战建议。1月31日,中日双方代表在英国总领事馆举行停战谈判,英国驻华海军司令克莱提出中日双方军队同时后撤,退出区域暂由中立军队驻防的提议②。尔后,美英法意等四国先后提出:停战;两国间此后不再有动员或准备任何敌对行为;双方军队退出彼此接触之地点;设立由中立国军警驻防的中立区;在中立国协助下,两国迅速进行商议以解决一切悬案之争议等5点建议③。其实,日军的停战建议只不过是为了争取时间,等待援兵。而克莱提案和四国方案,其核心都是要在华界设立中立区,也就是要中国军队从战前驻防地区后撤,反映了英美等国企图牺牲中国利益,对日妥协,以维护其在沪利益的立场。蔡廷锴当即指出:日军的停战要求,是一个“阴谋诡计”,目的是“另作进攻企图”。他提出只有在所有驻沪日军全部登舰,退出吴淞口,并担保以后不再来沪;解除便衣队武装;道歉3项条件下,才能停战,否则,十九路军“当拼命抵抗,决不失寸土,任何条件不予接受”④。但是,南京政府认为,四国提案“颇属正当公道”⑤,我国目前一切均无准备,战争延长扩大,均非所利,各国领事既出而调停,应“酌量情形,斟酌接受”⑥。2月4日,南京政府外交部复照英美等国,除将“中立区域”及“中立者”分别改为“和平区域”和“第三国”外,全盘接受四国提案。2月1日,日本海陆外三省会议决定,派以第九师团为基干的陆军部队增援上海。鉴于上海“事态急迫”,先派驻地距上海最近的第二十四混成旅团出发应急。2日,日军重新向十九路军发起进攻。4日,日本政府以强硬的措词答复四国,说日本“完全接受”设立中立区的提议,但对2、5两项则断然拒绝,声称:“日本决不依允外人干涉中日间关于满洲事件解

---

① 何应钦致吴铁城、蒋光鼐、蔡廷锴等电,1932年2月5日,同上书,第273页。

② 吴铁城致罗文干电,1932年1月31日,《初编》绪编(1),第522页。

③ 美国对沪事向中日两国提出五项劝告,1932年2月1日,中国第二历史档案馆:《中国现代政治史资料汇编》(油印本),第2辑第26册。

④ 《申报》1932年1月31日、2月1日。

⑤ 何应钦致何成浚电,1932年2月1日,《九一八——一·二八上海军民抗日运动史料》,第272页。

⑥ 何应钦致吴铁城电,1932年1月31日,《九一八——一·二八上海军民抗日运动史料》,第271页。

决之任何谈判”,“中国正规军与便衣队如仍倔强,则日本不得不保留行动之完全自由”①。由于日本的拒绝,南京政府的这次求和没有结果。

南京政府并没有从第一次求和的失败中吸取教训,继续幻想以妥协求和平。2月7日,以野村吉三郎中将为司令官的第二十四混成旅团到达上海。为了掩护第九师团登陆,日军从8日起向吴淞发动新的进攻。十九路军在吴淞南面的蕴藻浜进行抗击,到15日止,日军几度倾全力进攻,始终未能前进一步。但是,与十九路军在战场上取得胜利的同时,南京政府却加紧了求和活动,和十九路军的分歧也随之进一步加大。分歧集中表现在以下两个问题上:

其一,是以战求和还是抵抗到底。南京政府坚持以战求和。从2月6日起,何应钦迭电上海,“商酌适可而止”,“从速设法先求停止战争”②。13日,蒋介石到浦口,指示:“沪事以十九路军保持十余日来之胜利,能趁此收手,避免再与决战为主”,提出停战的条件是“双方各自撤退至相当地点,中国军队退出地方,由中国警察维持”③,实际接受了2月4日日本照会中提出的条件。在战略方针上,南京政府力主收缩阵地,后撤退让。2月9日,蒋介石在得知第九师团从日本启程的消息后,即指示十九路军“缩短战线,重新布置”④。10日,何应钦以“吴淞炮台既失炮战能力,徒以步兵据守,任日海空军之轰击,殊非得计”为理由,命令十九路军“酌量后退”,具体方案是:“第一步以杨家行、大场、真茹为本抵抗阵地,第二步以浏河、嘉定、南翔为本抵抗阵地”,“吴淞、江湾、天通庵之线则作为前进阵地”⑤。11日,何应钦更加明确地指示:前线配置的兵力“不宜过厚,须将重兵置于后方”⑥。上述方案实际是要十九路军按照日方的要求,放弃吴淞、江湾、天通庵一线阵地,后撤到浏河、南翔一线。对于蒋、何的命令,蒋光鼐指出:“综合各方确报,敌到沪陆军并陆战队共3万人,有必据吴淞或胜仗后始行停战之企图,我虽欲求和,而日寇绝无诚意,为民族生存,国家体面,只有决心一战。”⑦“吴淞炮台被毁,敌以陆海空军全力攻我,明知死守,终必毁陷,但遽然撤退,示弱于人,予敌

① 《申报》1932年2月5日。

② 何应钦致吴铁城等密电,1932年2月8日,《九一八——一·二八上海军民抗日运动史料》,第275页。

③ 罗文干等转报蒋介石对沪事意见致蔡廷锴等电,1932年2月13日,同上书,第278页。

④ 蒋介石致何应钦电,1932年2月9日,原件存中国第二历史档案馆。

⑤ 何应钦致蒋光鼐等电,1932年2月10日,原件存中国第二历史档案馆。

⑥ 何应钦致蒋光鼐等电,1932年2月11日,《革命文献》第36辑,第1669页。

⑦ 蒋光鼐致何应钦等电,1932年2月14日,《革命文献》第36辑,第1671页。

便利,殊属非计。仍拟以一部坚守吴淞、闸北,余配备于胡家庄、大场、真茹、虹桥之线,控置预备队于南翔,敌来与之一决。”①直到22日庙行镇战斗打响后,蒋光鼐、蔡廷锴还向陈铭枢提出:我军“决不宜撤退”,只要“迅调江西陈(诚)、卫(立煌)、谭(道源)各部兼程前来,无论现在前线如何牺牲,亦可达到目的”②。

其二,在谈判方针上,南京政府主张以退让妥协求得停战议和,十九路军则认为对谈判不能抱有不切实际的幻想,主张坚持原则,坚持斗争。南京政府的求和活动在2月上、中旬达到高峰。2月6日,克莱向当时在上海的行政院副院长宋子文提出华军撤退到相当界线,退出之区域,由第三国军队防守的调解新方案③。2月12日,英国公使蓝普森联合美法公使提议:华军应自动先退出上海市所管辖的区域,然后日军可退到公共租界及虹口一带④。在此期间,南京政府先后派陆军步兵学校校长王俊和军政部政务次长陈仪,分别在上海和南京与日方“疏通”,以期“双方同时撤退”⑤。

即使与四国提案相比,克莱和蓝普森的新方案也是个倒退。新方案不仅完全满足了日方的要求,不再把上海事件和东北问题联系起来,不要日本作出今后不再有对华敌对行为的保证,甚至还主张中国单方面撤军,因而遭到了十九路军领导人和在沪国民党中央委员的一致反对。他们反复向南京政府表明以下态度:第一,反对无条件接受新提案,反对妥协。对克莱提案,外交委员会在沪委员认为,只有双方撤军并保证日本不再继续作战以及把上海事件看成是中日整个问题的一部分,而不能单独解决,在此两项原则“有切实保证”的条件下,方能停战言和⑥。他们还指出:蓝普森提案,是一个“抑我就日之案,我方绝无考虑接受之余地”⑦;按此方案,中国“迁让区域纵横须10余英里,实难承认”。因而“均主婉词拒绝”⑧。第二,指出不应对和谈抱有不切实际的幻想。对于蒋介石、何应钦关于立即与日方洽商停战的指示,蒋光鼐回答说:“指示各条,谨遵办理。但敌方狡诈百出,未审能达到否”⑨,委婉地表明了对和谈前途的看法。吴铁城则直截了

---

① 蒋光鼐致何应钦等电,1932年2月11日,同上书,第1668—1669页。

② 陈铭枢致蒋介石电,1932年2月22日,《九一八——一·二八上海军民抗日运动史料》,第285页。

③⑥ 国民政府外交委员会会议记录,1932年2月6日。

④ 顾维钧致罗文干电,1932年2月12日,《革命文献》第36辑,第1537页。

⑤ 何应钦致孙科电,1932年2月16日,原件存中国第二历史档案馆。

⑦ 吴铁城致罗文干电,1932年2月13日,《革命文献》第36辑,第1450—1451页。

⑧ 顾维钧致罗文干电,1932年2月22日,同上书,第1537页。

⑨ 蒋光鼐致何应钦等电,1932年2月13日,《革命文献》第36辑,第1671页。

当地指出:"日方似认为我政府无与彼大决裂之准备及决心,故有与我一战决胜而后收束之意图",因而"直接商洽停战之希望极少",建议南京政府"早定方针,以免贻误"①。第三,强烈要求南京政府决定彻底抵抗政策,并予十九路军以援助。2月9日,孔祥熙复电何应钦说:"此间同人均愿'适可而止',与见相同。无如日方欺我太甚,非我方不愿迁就;且(英)海军司令所提停战办法,亦已为日使拒绝,个中真况,实系如此。"他指出:只有"能战而始可言和","如能云集援兵实力,使(日)不得逞,或可运用外交手腕,有相机下台之办法",并警告说:"现在此间人心,对日均极愤慨,若无相当条件而遇事退让,非唯不能平民愤,且恐起对政府之纠纷"②。2月13日,孙科、孔祥熙等25名国民党在沪中央委员,联名发表公开电,反对南京政府"确信不抵抗之论为天经地义","牢执其妥协屈服之主张",提出抗日御侮的四点意见:一、决定彻底抵抗政策;二、萃集海陆空军力量,固守上海,予十九路军以充分援助;三、即令北方各军向关外反攻,收复失地;四、外交方面,提出非日兵全部撤退不即交涉;上海问题,当与东三省问题同时解决③。

南京政府却认为克莱提案"大体公允",就在克莱提案的第二天,汪精卫发表谈话,表示"大体接受"④。在这一提案被日本拒绝后,南京政府又把责任归咎于上海方面"坚持强硬",主张"连同东省问题整个解决,以致毫无结果,失此斡旋良机"⑤,指令吴铁城"力排众议,照迭电乘我军在优越地位时设法转圜停战,万勿犹豫"⑥,并主张无条件接受蓝普森提案,认为:"吾方最以为虑者,唯恐日人食言,今既有三使参加,将来谅不致有变卦";表示"如三使确可切实保证,我方自可撤退"⑦,也就是同意中国军队首先单方面撤退。

值得注意的是,南京政府的上述求和活动,都是在十九路军取得防御战胜利的情况下进行的。为什么在日军败退的情况下,南京政府却一再妥协求和呢?

首先,南京政府的主要决策者蒋汪等,根本不相信淞沪抗战能取得胜利。早在一·二八事变前夕,蒋介石就鼓吹,以中国国防力之薄弱,日本如果发动进攻,

---

① 吴铁城致罗文干电,1932年2月14日,同上书,第1451—1452页。
② 孔祥熙复何应钦电,1932年2月9日,原件存中国第二历史档案馆。
③ 在沪中央委员请政府当局速定大计通电,1932年2月13日,《革命文献》第36辑,第1568页。
④ 汪兆铭就对日政策发表谈话,1932年2月7日,《国闻周报》第9卷第7期。
⑤ 何应钦致吴铁城等电,1932年2月8日,《九一八——一·二八上海军民抗日运动史料》,第275页。
⑥ 何应钦致吴铁城电,1932年2月9日,《九一八——一·二八上海军民抗日运动史料》,第276页。
⑦ 罗文干致顾维钧电,1932年2月14日,《革命文献》第36辑,第1539页。

沿海各地及长江流域将在“三日内悉为敌人所蹂躏，全国政治、军事、交通、金融之脉络悉断，虽欲不屈服而不可得”①。事变爆发后，特别是在日本内阁决定出兵后，蒋汪等更认定中国必败无疑。他们认为：“我军进攻，无论如何牺牲，亦不能达到任何目的”②；抵抗只是为了“给日本一个深刻的教训”，使之知道“即使中国可以灭亡，但不至不流血而可亡”③；增援是“徒牺牲”，只不过“以道德论，则对十九路军，对东南人民，宁增援而同归失败”④。在他们看来，既然中国必败，则与其败而求和，不如乘胜求和。这一点，坐镇南京贯彻蒋汪意图的何应钦说得更加直截了当：“日陆军源源而来，战争若再持久，我方必败无疑。”⑤因此，“能从外交方式，根据英、美调停，早日得以解决，实为计之上者”；如“坚持强硬”，“势必纡缓迁延”，结果“不但丧师，抑且失地，吴淞、真茹、南翔各地亦必相继断送，而陷我十九路军于无谓之牺牲，良心可悲”⑥。

其次，是为了腾出手来，集中力量消灭共产党和苏区。应当指出，蒋汪的三日亡国论是没有根据的。一·二八事变时，中国国防力量固然薄弱，但日本也没有做好全面战争的准备，对上海的进攻带有试探性和局部性。从兵力看，当时日本常备陆军共17个师团，26万余人⑦，其中，驻中国东北5个师团，驻朝鲜2个师团，先后调上海3个师团，几乎已竭尽全力，并不可能“源源而来”。中国则有100多个师，200万兵力，如有抵抗决心，是有可能在上海一隅制止日军扩大战火的。问题在于，为了消灭共产党和苏区，南京政府宁愿损害国家主权和民族利益，而不愿意把主要力量用于抗日。何应钦明白地承认，当时在江西、湖北两省用于剿共的部队共“30余师，且均较称精良者”，如果对日具有“本决裂之决心”，可以“戢其凶锋”⑧，但“抗日剿赤两难兼顾，如彻底抗日，则必与赤匪妥协而移调剿赤之师以应战，如赤匪仍从进剿，则对日再无彻底进剿之余力”⑨。到战争结束时止，在

① 蒋介石：《东北问题与对日方针》，1932年1月11日，《革命文献》第35辑，第1293页。

② 转自何应钦致蒋光鼐等电，1932年2月13日，《九一八——一·二八上海军民抗日运动史料》，第278页。

③ 汪精卫：《悲壮抗敌以求我民族生存》，1932年2月29日，《革命文献》第36辑，第1580—1581页。

④ 汪兆铭致蒋中正电，1932年2月9日，《初编》绪编(1)，第450页。

⑤ 何应钦致吴铁城等电，1932年2月9日，《九一八——一·二八上海军民抗日运动史料》，第276页。

⑥ 何应钦致吴铁城电，1932年2月6日、8日，同上书，第274、275页。

⑦ 何应钦：《关于日本军备之报告》，1931年11月21日，《革命文献》第35辑，第1255页。

⑧ 何应钦致吴稚晖电，1932年2月12日，《九一八——一·二八上海军民抗日运动史料》，第276页。

⑨ 何应钦致吴铁城电，1932年2月14日，《九一八——一·二八上海军民抗日运动史料》，第280页。

淞沪第一线的兵力，仅十九路军和第五军共 5 个师的兵力。南京政府虽然先后决定调集上官云相、胡宗南、蒋鼎文、陈诚、卫立煌等 5 个师前往上海增援，但由于担心影响“剿共”战场和渡江时日本海军炮击，因此行动迟缓，直到淞沪战争结束，这些部队仍在途中。置阶级私利于民族大义之上，牺牲民族利益以谋取阶级私利，这就是南京政府“一面抵抗，一面交涉”方针的实质。由于日本不仅要实现它的既定目标，更为重要的是，它还要以胜利者的身份实现它的目标，这终于使南京政府的一切妥协求和归于无效。

四

2 月 13 日，从宇品出发的日本陆军主力第九师团 1 万多人在师团长植田谦吉中将的率领下到达上海。上海战争进入一个新的阶段。

第九师团到上海后，日军的态度立即强硬起来。18 日，中日双方军事代表在法租界的中日联欢社会商和平解决上海事件，日方代表提出 3 项要求：中国军队自现在防线向公共租界东西两方各撤退 20 公里以外，吴淞、狮子林两炮台驻军也一律撤退；吴淞、狮子林炮台永久撤去要塞设备；前述撤退区域内，中国军队永久不驻扎，并声明为视察华军撤退，日方可派飞机及军官前往撤退区。当晚 9 点，植田和村井分别向蔡廷锴、吴铁城发出最后通牒，要求十九路军按照上述要求在 20 日午后 5 时以前全部撤退，否则，日军将“不得已采自由行动”①。

日本的上述要求超过了南京政府妥协的极限。按照这个要求，将使南起闸北、北抵吴淞的广大地区置于日本控制之下；日本对吴淞要塞的控制，还意味着中国将失去对长江流域商权的控制。同时，日本陆军到达上海后，摆开了全面进攻上海的态势，也使南京政府深为不安。在上述情况下，南京政府感到“和平无望”②，被迫从一味妥协转向抵抗。正如何应钦所说：现在是“求妥洽而不可得，欲忍辱而不可能，势非积极准备军事彻底抗战，再无交涉妥协之望”③。

在此以前，南京政府虽然一再声言抵抗，但始终没有调集蒋的嫡系部队投入战斗，只是让非嫡系的十九路军在前线抗日。对于南京政府来说，这样做的好处很多：一可以平息全国人民、包括国民党内的爱国人士对不抵抗政策的激烈批评；二

---

① 《革命文献》第 36 辑，第 1493—1494 页。

② 蒋中正致张治中转陈铭枢电，1932 年 2 月 18 日，《初编》绪编(1)，第 456 页。

③ 何应钦致朱培德、熊式辉电，1932 年 2 月 15 日，原件存中国第二历史档案馆。

可以以十九路军的抵抗,作为对日谈判和争取英美等国援助的砝码;三可以火中取栗,借机削弱十九路军的力量。但在日军步步进逼,妥协成为不可能的情况下,南京政府的态度也转为强硬。作为这一变化的一个重大标志,就是嫡系中央军的投入。2 月 14 日,军政部命令新编成的中央军精锐部队第五军(军长张治中)两个师赴沪参加战斗,归十九路军总指挥蒋光鼐指挥;同时,还抽调在江西、河南、安徽等地的第十、第八十三、第一等 5 个师增援上海。16 日,张治中率军师部等人员赶赴南翔,第五军接替了十九路军的左翼阵地。19 日,南京政府外交部发表宣言,斥责日本的要求"危及中国主权及国格",表示"中国地方当局无论其具有何种避免流血之诚意,要绝对不能接受"。"中国在沪驻军,为保卫中国土地计,迫不得已,亦唯有从事自卫,奋斗到底"①。20 日,日军不等最后通牒规定时间到来,下令全线总攻击,中国军队起而迎击。21 日,蒋介石驻南京代替何应钦主持并指挥上海战争。

第五军的投入战斗,无疑对战局起了重大作用。战争爆发后,植田采取了中央突破的战略,以第九师团为主力,全力进攻江湾至庙行镇一带,企图冲破我吴淞、闸北战线之联系。22 日,第五军在十九路军的配合下,取得了庙行镇战役的重大胜利。

尽管南京政府的态度趋向强硬,但这并不意味着对日方针有了根本性的改变。庙行镇战役后,2 月 25 日,汪精卫在商得蒋介石、何应钦的同意后,拟定了淞沪停战的 4 项条件:"一、双方须同时撤退;二、日军撤回租界,我军撤至真茹之线;三、撤兵区域由中国警察维持;四、须有第三国有效保证双方各不追击。"这个条件,基本满足了日方要中国从华界撤军的要求。2 月 28 日,中日双方代表顾维钧、野村在英国旗舰"坎特号"作非正式会晤。这时,日本内阁鉴于上海的形势,已经决定再派遣 2 个师团到上海,其中第十一师团先遣兵团在司令官白川义则大将率领下,已乘舰启程驶向上海,在此情况下,会晤"不特无进展,日方且表示不同意同时撤退"②。南京政府的求和活动再次失败。

2 月 29 日,白川乘坐的"妙高号"旗舰到达长江口。第十一师团的到来,使淞沪地区的敌我力量对比发生重大变化:日本陆军、海军陆战队及由日侨组成的商人义勇队,总数约达 7 万人,尚有军舰几十艘,飞机 130 余架,坦克 50 辆,大炮数百门③;

---

① 《大公报》1932 年 2 月 20 日。

② 《中华民国外交部工作报告》,1932 年 3 月,中央档案馆、中国第二历史档案馆、吉林省社会科学院合编:《九一八事变》,中华书局 1988 年版,第 607 页。

③ 范其务谈话,《申报》1932 年 3 月 3 日。原文日军总数是 8 万人,其中包括尚未到沪的第十四师团约 1 万人。

中国军队仍只有第十九路军和第五军共5个师，人数不满4万人[1]。3月1日，日军对淞沪地区发起了总攻击，同时，用大约1个师的兵力，在20余艘军舰的掩护下，在中国军队左侧背的浏河、杨林口、七丫口强行登陆。中国军队在敌我力量悬殊，腹背均受威胁的形势下，被迫于当晚撤退至第二防线。经过一个多月的谈判后，南京政府在5月5日和日本签订了丧权辱国的《淞沪停战协定》。

《淞沪停战协定》的签订，从根本上来说，并不是南京政府战争失利的结果。对于日本来说，如同本文一开始所指出的，它本来只期望取得有限的目标；从全过程看，战争对日本也并不有利，客观上并不存在进一步扩大战争的可能。对于南京政府来说，它的原定方针，就是在确保其统治中心京沪一带不被占领的前提下，接受日本提出的从华界撤军的要求。《淞沪停战协定》正是上述主客观条件的必然产物。

综上各部分所述，似可得出如下两点结论：

第一，南京政府对一·二八事变的方针，具有抵抗和妥协两重性，是一个过渡性的方针。它不同于九一八时的不抵抗政策：首先，它是以抵抗求妥协，而不是只退让，不抵抗；其次，它的退让妥协有一定的限度，不是像九一八时那样不战而退。因此，把南京政府对一·二八事变的方针和对九一八事变的方针等同起来是不妥的。但它又不同于尔后实行过的积极抵抗的方针，在抵抗和妥协两方面中，妥协是它的灵魂与核心，抵抗则是手段，是为妥协服务的，因而这种抵抗又必然是不坚决的和有限度的。因此，"一面抵抗，一面交涉"的方针，虽然比九一八时有所进步，但从根本上说，仍然属于不抵抗政策的范畴，是不抵抗政策在特定条件下的表现形式。

第二，"一面抵抗，一面交涉"的方针贯穿在一·二八事变全过程中，但是，由于形势的不同，在战争的不同阶段，有时以抵抗为主，有时以妥协为主。决定这一点的因素是多方面的，但其根本点，是日本帝国主义的侵略对以蒋介石为代表的南京政府统治集团的损害程度。当南京政府感到日本的侵略危及其根本统治时，它就以抵抗为主，反之，则以妥协为主。由于客观上当时日本的侵略目标还有限，因而决定了妥协必然成为这一阶段南京政府对日方针的主要方面。

（本文原载《历史研究》，1992年第3期）

---

① 《申报》1932年3月4日。

一·二八事变与国民政府的外交决策

左双文

一·二八事变爆发后，在驻沪的粤系十九路军坚不屈服、奋起抵抗的形势下，国民政府改变此前的不抵抗政策，提出了"一面抵抗，一面交涉"的解决方针，一方面，以一定兵力援助十九路军抗日，但将之限定在一定的、局部的范围，尽力避免使之进一步扩大；与此同时，又积极通过国联及英美等大国的斡旋，争取双方停战和日本撤兵。在停战交涉中，最初力图将上海事件与东北问题一并解决，但由于日本坚决反对，列强不愿强力干涉，中方只得接受"沪事单独解决"的方案。①《上海停战协定》的签订，使国民政府面临的外部危机得以暂时解决，但既存的隐患则远未消除。

一、"一面抵抗，一面交涉"方针的提出

九一八事变后，国难当头，国民党内宁粤分裂的局面难再长期延续，经过反

---

① 关于一·二八事变的史料及研究成果相当丰富，过去多侧重于对蒋介石南京政府不支持、援助十九路军抗日的揭露，近年的研究有所改变，其中较有代表性的著作是周天度、郑则民等著的《中华民国史》第三编第二卷（中华书局，2002 年）的有关部分；杨奎松著的《中国近代通史》第八卷"内战与危机"（江苏人民出版社，2007 年）的有关部分；余子道、张林龙著的《一·二八淞沪抗战》（上海人民出版社，2000 年）对整个事件亦有较好的概述。而据笔者所知，从外交与中外关系角度考察的论文有：吴景平、赵哲：《评美国对九一八事变和一·二八事变的态度》（《抗日战争研究》1993 年第 3 期）；王宇博：《英国与一·二八事变》（《江苏社会科学》1993 年第 6 期）；张北根：《英国在上海一·二八事变中的调停》（《党史研究资料》1997 年第 6 期）；王立诚、吴金彪：《一·二八事变与英国对中日冲突的立场转变》（《安徽史学》2003 年第 6 期）；曹振威：《一·二八事变初期日本政府的外交欺骗》（《军事历史研究》2007 年第 2 期）。但专论国民政府外交应对的文章似尚未见，而近年来蒋介石档案相关部分的陆续出版，为展开这方面的讨论提供了更为有利的条件。

复磋商折冲，粤方仍坚持以去蒋作为宁粤合作的先决条件，无奈之下，1931 年 12 月 15 日，蒋介石宣布下野，返回溪口。29 日，陈友仁出任孙科内阁的外交部长。然而，南京的政局仍在蒋的实际操控之中，没有蒋的合作，改组后的新政府步履艰难，尤其外交、财政一筹莫展，1932 年 1 月初，由于对日交涉不能打破僵局，苦无良策的陈友仁提出对日绝交方案。1 月 10 日，得知此议的蒋介石惊呼："内无准备，遽尔绝交，此大危之事也"，连忙电告何应钦、朱培德、陈果夫等明确反对这一主张："如对日绝交，即不能不对俄复交"，绝交和现时对俄复交皆非善策，"陈友仁提此案，众者不察，且多数赞同绝交，是诚国家最大危机。此时我国地位，若战而不宣，尚犹可言，如绝交，即为宣而不战，则国必危亡。若对俄复交，则列强对我，不但不助，且将反助日本，故在东三省问题未决之前，遽尔对俄复交，则不止断送满蒙，是乃断送全国也。"①

1 月 13 日，已决定回京的蒋介石到杭州，得知孙科等人拟于政治会议之下"另组特别委员会，决定外交财政方策"，并拟以孙科、李文范、陈铭枢、冯玉祥、李宗仁、李济深、陈友仁、何应钦等十余人为委员，陈友仁主张对日经济绝交尤为激烈。蒋介石很不以为然，认为孙科是上了胡汉民的当。②对粤系的活动他非常恼火，22 日他在励志社谈话时表示："外交问题，全在国内自强，故非先统一国内不可。如广东能切实归附中央，则对内对外一切问题，皆可迎刃而解。否则，以广东人而亡国民党，以国民党而亡中国。亡国之罪，应由广东人负之。"③这也反映出，他主张的"攘外必先安内"，这时主要还是针对粤系的分裂，重点还不是在于中共。23 日，得孔祥熙报，日人在上海极力挑衅，下午与汪精卫谈，得出意见是："对日问题，决取缓和态度，先礼后兵方式。"④然而，此后数日，蒋介石迭接上海市长吴铁城报告称，由于日方步步紧逼，粤系的十九路军官兵皆"极激昂"，"极愿不惜牺牲，故随时有发生冲突之虞"；"民情愤激，易生反响，请愿示威，事所难免。"⑤为避免冲突，27 日决定派宪兵第六团开往上海闸北一带接替防务。28 日下午，蒋往访汪精卫，劝任行政院长，"兆铭初不愿任，公与之商定外交方针：一、积极抵抗，二、预备交涉。兆铭始允之。"⑥并基本答应了日方提出的各项条件。但日军

① 《蒋中正"总统"档案：事略稿本》，13，台北"国史馆"2004 年 12 月版，第 25—26 页。
② 《蒋中正"总统"档案：事略稿本》，13，第 33—36 页。
③ 《蒋中正"总统"档案：事略稿本》，13，第 66—67 页。
④ 《蒋中正"总统"档案：事略稿本》，13，第 69 页。
⑤ 《蒋中正"总统"档案：事略稿本》，13，第 82—83 页。
⑥ 《蒋中正"总统"档案：困勉记卷二十一》，1932 年 1 月 28 日条，台北"国史馆"藏。

根本不予理会，在当晚即悍然向中国军队进攻，十九路军奋起抵抗，一·二八事变爆发。

事变爆发的当天，蒋汪合作的新政府刚刚成立，汪精卫任行政院院长，宋子文任副院长，罗文干出任外交部长。①事变爆发后，国民政府立即向日本政府提出严重抗议，国民党中政会决定抵抗暴力②。

1月29日，外交部发表宣言，向外界介绍日本侵略上海的情形，同时表示“中国当局处此情形，为执行中国主权上应有之权利，不得不采取自卫手段；并对于日本武装军队之攻击，当继续严予抵抗”，并以维护《九国公约》、非战公约的名义，呼吁“应请以上签约国家采取有效行动，履行其条约上神圣之义务，勿使人道公理、公法条约，竟为日本暴行所蹂躏破坏无遗。”③并紧急照会国联及《九国公约》签字国驻华公使，要求迅速采取有效手段，制止日本的军事行动。

日军悍然将战火烧向国民党统治的心脏地区，蒋介石等人的反应与几个月前有了较为明显的变化，在获知日军进攻闸北的消息后，于1月29日在日记中记道：“倭寇必欲再侵略我东南乎？我亦唯有与之决一死战而已。”④提出了处理此次事变的原则与方法：一面预备交涉，一面积极抵抗。而交涉的最低限度是不妨碍中国行政与领土完整⑤。并决定，为使政府免受日军炮舰之直接威胁，国民政府先迁往洛阳办公：“倭寇进迫，必更激烈，余决心迁政府于洛阳与之决战，免被城下之盟。”⑥30日晨，蒋介石密电全军各将士，表示对日寇的一意孤行实不能再忍，号召大家“皆应为国家争人格，为民族求生存，为革命尽责任，抱宁为玉碎毋为瓦全之决心，以与此破坏和平蔑弃信义之暴日相周旋”。中正与诸同志久共

---

① 在此前一天，1月27日，国民党中央政治会议决议成立外交委员会，蒋作宾、顾孟余、顾维钧、王正廷、罗文干5人为常委，蒋作宾为主席，委员有陈铭枢、宋子文、邵元冲、张群、伍朝枢、顾孟余、孔祥熙、蒋作宾、程天放、段锡朋、罗家伦、唐有壬、罗文干、顾维钧、王正廷、吴铁城、郭泰祺、戴季陶、陈公博，行政院长、外交部长、参谋总长、军政部长、海军部长均为当然委员[朱汇森主编：《中华民国史事纪要》(1932年1—6月份)，1984年，第160—161页]。外委会的权限为：一、外委会对政治会议负责；二、外委会对外不发表命令；三、外委会决议案交外交部长执行；四、外交重要方针，外委会须提请政治会议决定之。当日多人欲推蒋作宾任外交部长，蒋以病辞，28日乃以罗文干出任(《蒋作宾日记》1月27—28日，江苏古籍出版社，1990年，第404页)。

② 张篷舟：《近五十年中国与日本》，第一卷(1932—1934)，四川人民出版社1985年版，第10页。

③ 《外交部对淞沪事变宣言》，《中华民国重要史料初编——对日抗战时期》绪编(一)，第432页。

④ 《蒋中正“总统”档案：事略稿本》，13，第90页。

⑤ 《蒋委员中正手定对日交涉之原则与方法》，《中华民国重要史料初编——对日抗战时期》绪编(一)，第431页。

⑥ 《蒋中正“总统”档案：困勉记卷二十一》，1932年1月29日条。

患难，今身虽在野，犹愿与诸将士誓同生死，尽我天职”①。张治中后来在回忆录中称，蒋此电一发，人心士气为之一振。同日，国民政府发表《移驻洛阳办公宣言》，指出“夫日本所以继续使用此等暴力政策，且进而愈厉，其用心不过欲威胁我政府，使屈服于丧权辱国条件之下”，但政府绝不会为此等暴力所屈服，“一面督励军警，从事自卫，决不以尺土寸地授人。一面仍运用外交方法，要求各国履行其条约上之责任。”②次日，汪精卫就国民政府暂移洛阳办公在开封发表谈话，解释政府迁往洛阳办公的原因及经过，他说，为了使政府机关自由行使职权，决定将国民政府迁到洛阳办公，这样做的目的是“预备以最大牺牲，为长期之抵抗”，并意识到“此后必入了长期奋斗的境况，断然无疑”③。

但在江西前线“剿共”的熊式辉仍不赞同武力抵抗，他致电蒋介石称：“对日外交，久延不决，致有今日之误。在国民心理，固宜言战，但为利害计，言战危险，甚于言和，论者每唱高调，要皆别具心肠，岂有丝毫为国家观念。一齐众楚，一教众咻，政府实处两难之境。但窃以为筑室道谋，三年不成，决大疑，定大计，但当以国家利害为前提，不顾一切非难。”④熊式辉等人的这类声音，与事变初期蒋的表态虽有差异，但对其后蒋介石了结事变的思路并非毫无影响。

尽管国民政府一再表示要抵抗且有所行动，但并未对日宣战。这样做，既有担心在国力未充、毫无准备之时战事扩大无法收拾的因素，也是为了强调中国的应战完全是出于自卫，并非主动对日挑战，以争取国际机构、国际舆论的同情和支持，并避免被日方利用将责任推给中方。2 月 1 日，外交部即电呈蒋介石，报告中国驻国联代表颜惠庆来电，“力请万勿对日宣战”，理由是：“盖一经对日宣战，不仅无形中破坏将进行之程序，且巩固日方之实际地位，或予日方以机会，正得援引第 16 条，而以自卫为辩护。此间同情我方诸友之意，均以此时宣战大有损于中国之利益，中国显可采取一切正当之手段，以为自卫，而不宣战等语。”⑤因此，国民政府在对外宣传上反复强调中国政府的抵抗纯属自卫。面对日军的不断进攻，国民政府的态度依然是不绝交、不宣战，期待着国际上对日本的制裁，认为对日前在上海的这种状况，“不但中国对日本有正当防卫之权利，各国对于日

① 《蒋中正“总统”档案：事略稿本》，13，第 101—102 页。
② 《国民政府移驻洛阳办公宣言》，《革命文献》第 36 辑，第 8219 页。
③ 汪精卫：《国民政府暂移洛阳办公之原因及经过》，《革命文献》第 36 辑，第 8224、8225 页。
④ 《蒋中正“总统”档案：事略稿本》，13，第 98 页。
⑤ 《蒋中正“总统”档案：事略稿本》，13，第 130—131 页。

本亦有干涉其野蛮举动之义务。中国此时,应联合签约各国以制裁日本,用不着宣战的"①。国民政府一再强调列强在华利益受到日本的威胁,以期各大国在外交上对日本的暴行进行干涉,对日本展开外交攻势。2月15日,汪精卫在徐州发表谈话,公开阐明了政府的对日方针:"一面抵抗,一面交涉,同时并行。军事上要抵抗,外交上要交涉,不失领土,不丧主权;在最低限度之下,我们不退让;最低限度之上,我们不唱高调。这便是我们共赴国难的方法。"②

至此,国民政府处理此次事变的方针基本上确立:一方面做有限的抵抗,不在丧权辱国的条约上签字,不在日本的暴力挟持下屈服,表明中国的态度;另一方面又改变九一八之后不与日本直接交涉的被动做法,不绝对拒绝交涉,而是在抵抗的同时,又尽量争取谈判桌前的机会,借助英、美的调停,以外交交涉的手段,早日停止冲突。认为日本的行动,"是破坏了国际联盟公约、华盛顿九国公约、非战公约的",在外交上有充分的理由,英美也不会坐视不管。③

二、从"解决一切争端"到"局部先决沪案"的退让

交战初期,十九路军全力以赴,而原计划接替十九路军维持闸北治安的宪兵第六团,也被"拨归第十九路指挥,以资策应"④。31日,蒋介石将冯玉祥、朱培德、李济深等提出的"如日本飞机军舰向京轰炸时,则可令长江各要塞,对日军舰开始射击;如日本陆军在上海登陆时,应令第十九路及前警卫军全部,以全力夹击……并将海军舰队集结于相当地点,以便抗战,同时敷设水雷及障碍物以便制止敌舰之任意活动"的建议转电何应钦,"希即照办可也"⑤。

鉴于十九路军在沪是孤军应敌,国内舆论强烈要求国民党中央出兵援沪,中央军一些高级将领也主动请战,1月30日,八十八师师长俞济时即致电蒋介石,"沪案严重。十九路军应战颇获胜利,唯恐不能持久。可否将本师调沪增援乞示"。对此,2月1日,蒋复电称"贵师行动,一听何部长命令,如运沪作战,务希奋勇自强"⑥。已有允派嫡系部队加入作战的考虑。在此之际,中央军校教育长张

---

① 《革命文献》第36辑,第8225页。

②③ 汪精卫:《政府对日方针》,《革命文献》第36辑,第8238页。

④ 《南京国民革命军参谋本部关于淞沪作战经过报告》(1932年第1054号),中央档案馆、中国第二历史档案馆等《日本帝国主义侵华档案资料选编——九一八事变》,中华书局1988年版,第588页。

⑤ 《蒋中正"总统"档案:事略稿本》,13,第109—110页。

⑥ 《蒋委员中正复第八十八师俞济时师长勖勉调沪增援电》,《中华民国重要史料初编——对日抗战时期》绪编(一),第445页。

治中也向蒋介石电请率军校学生增援沪战。

2月4日，蒋介石令朱培德以军事委员会名义通电公布，决定将全国划分为四个防卫区，黄河以南长江以北为第二防卫区，由蒋介石、韩复榘分任正副司令，第三防卫区为“长江以南及浙闽两省，以何应钦为司令长官，陈铭枢副之”。因上海划在第三防卫区，实际上是要何应钦主持此次对日作战，而由于十九路军属陈铭枢的嫡系力量，故令陈铭枢为副。通电同时要求“各司令长官除酌留部队绥靖地方外，均应将防区内兵力集结，以便与暴日相周旋”。①

2月6日，何应钦请示蒋介石，可否以张治中任第五军军长兼八十七师师长，率八十七、八十八两师到沪参战，蒋表示“甚赞成”。8日，蒋同意调山炮一营增援十九路军，“归十九路指挥”。10日，电已推进至南翔的八十八师师长俞济时须绝对服从蒋光鼐总指挥的命令，“并与友军共同进退为要”。②16日，蒋又特意电嘱张治中，“希与十九路军蒋蔡两同志，共同一致，团结奋斗，对于蒋总指挥命令，尤当切实服从，万不可稍有隔膜”。③18日，蒋再电张治中、俞济时，告以第五军以十九路军名义参战，“应生死与共团结奋斗无分彼此荣辱”。15日至19日间，蒋又从各部秘密抽调2 000名徒手兵补充至十九路军。④作战期间武器弹药的补充也尚称可观：补充十九路军步枪1 500支，机关枪130挺，各种火炮73门，枪弹近1 110万发，各种炮弹73 400余颗，手榴弹167 000余颗，补充第五军步枪1 600支，机关枪12挺，各种火炮73门，枪弹近763万发，各种炮弹16 000余颗，手榴弹50 000颗。⑤经蒋介石批准，部分空军也参加了对日作战。只是海军按兵不动，为各方所诟病。

接着军事当局又向“豫、赣等省抽调胡宗南、蒋鼎文、上官云相各师及十四军全部，与戴岳旅等，分道驰援，准备策应”。⑥但由于日军的阻挠及一些地方当局以防务空虚为言，尤其是最高当局目的还是以战求和，这些部队未及时赶到上海，

---

① 《蒋中正“总统”档案：事略稿本》，13，第141页。另，第一防卫区，黄河以北，司令官张学良，徐永昌副之，统率东北军及晋绥各军；第四防卫区，广东广西，司令官陈济棠，白崇禧副之，统率在粤桂之军队；预备区，四川，司令官刘湘，刘文辉副之，令准备5师以上兵力，集中鄂东待令。

② 《中华民国重要史料初编——对日抗战时期》绪编（一），第448—449、451页。

③ 张治中：《张治中回忆录》，中国文史出版社1985年版，第98页。

④ 《中华民国重要史料初编——对日抗战时期》绪编（一），第458—460页。

⑤ 《南京国民革命军参谋本部关于淞沪作战经过报告》（1932年第1054号），《日本帝国主义侵华档案资料选编——九一八事变》，第594页。

⑥ 《南京国民革命军参谋本部关于淞沪作战经过报告》（1932年第1054号），《日本帝国主义侵华档案资料选编——九一八事变》，第589页。

而日军以租界为根据地，援兵不断而来，在沪力战的中国军队面对日军不断的猛烈攻击，不得不于3月2日退防第二线。

在中日军队间战火纷飞之际，由英美法等国驻沪外交、军事官员牵线，双方的外交接触一直未断，国民政府在"一面抵抗"的同时，更迫切、更倾心的是在从事着"一面交涉"的活动。2月1日，美国就沪事向中日两国提出五项劝告："一、中日双方立时停止一切暴力行为及暴力准备。二、中日双方不能动员及动员准备。三、上海中日双方军队接触之地立即撇开。四、撇开之地由友军驻扎。五、停止冲突后由列强居间从事交涉，以解决中日间一切争端。"①其中第五项实际是要求把东北上海问题一并解决，而不仅仅是对上海的冲突就事论事。2月2日，美国公使詹森又会同英法等国使节正式照会中国外交部，通告解决中日冲突的提议四点，其中第四点即含有上述第五点之内容，即接受停战之后，中日双方"即根据非战公约及12月9日国联议决案之精神，在中立国观察者或参与者协助之下，迅速进行商议，以解决一切悬案之争议"②。这个方案，相对来说，对中国较为有利，也正是罗文干、顾维钧等中国外交官员所希望达到的目标，他们认为，如果孤立地只解决中日在上海的冲突，暗含有承认日本占领东北现状之意，因上海与列强利益关系之密切，英美难于坐视不理，主张利用列强关注中日纠纷之际，把东北问题和上海问题视为一个整体，一并解决。因此外交部答复，表示中国愿意接受英美提出的调停意见。③同日，外长罗文干发表谈话，肯定了这种解决方式，称"中国领土主权是整个的，中国领土之完整，曾经历次国际公约之保障，决无在整个国家之领土主权范围以内，东三省与上海问题，可以分别解决之理，况且日本对中国武力政策亦系整个的，其军事行为，即秉此一贯政策而发"④。在上海参与交涉的顾维钧对此提议也表示满意，称其中一并解决的意见"与我辈向来主张颇相符合，弟即电达钧任兄，并电蒋、汪及时接受，以图中日间各问题之总解决。顷闻政府业已照复接受该条件"，但日本对此坚决拒绝，"此间日方并托人疏通，欲就沪案先行解决"。在上海承担交涉任务的部分国民政府外委会成员及上海市政府负责人讨论时，意见也有出入，"此间同人今晨集议，有主张先决沪案

① 《美国就沪事向中日两国提出的五项劝告抄》(1932年2月1日)，《中华民国史档案资料汇编》第5辑，第一编，外交(二)，江苏古籍出版社1994年版，第668页。

② 《美国公使来照》(1932年2月2日)，中国国民党中央党史会编中日外交史料丛编(三)《日军侵犯上海与进攻华北》，台北，1995年，第53—54页。

③ 《外交部答复各国，中国接受提议》，《中央日报》，1932年2月5日第1张第3版。

④ 《罗外长发表重要谈话》，《中央日报》，1932年2月5日。

者。弟力持不可，现得英美各国积极出为调停，正宜乘此时机解决全部悬案，倘局部先决沪案，时机一去，沈案益将棘手。”①但罗、顾等人的意见显然高估了英美等国调停的力量及低估了日本得寸进尺、蛮横贪婪的本性，与日本强盗打交道，战场上得不到的东西，更不可能从谈判桌上获得。

实际上，汪、蒋也颇属意于此一方案，4日，汪赴蚌埠，“主持外交”，蒋告之曰：“此时对日，只要不丧国权，不失国土，日寇不提难以忍受之条件，则我可乘英美干涉之机，与之交涉，万不可以为各国既加干涉，而我即可强硬，致生不利影响，须知各国之真相，尚不可知也。”并令其时刻注意敌军部之意图，“须知其军部往往左右其内阁，不可忽视，以致徒劳。”②5日，蒋介石致电吴铁城、顾维钧，告以：“江申电悉，伟略所见，以英外相训令驻使，向中日双方建议调解办法，依照非战公约及12月9号国联决议之精神，双方即开无条件谈判，由中立国代表参加，以解决一切争端(黑体为引者所加)，我方应即乘此时机，进谋解决。此与弟意正同，请速即进行，勿失时机。”8日并再次对顾维钧等主张“沪案不能单独解决，以免英美冷淡”的意见表示同意。③

但日本方面对双方停火提出了十分苛刻的先决条件，尤其是对“解决全部悬案”的提议完全回绝；2月4日下午，日外相芳泽谦吉发出答复照会，共有四项内容：第一，首先强调“中国军队必须立即而且完全停止挑衅及骚扰行动”，日军才停止战斗行为；“如中国方面(不管是正规军还是便衣队)仍有挑衅或骚扰行动，帝国军队即完全保留采取自由行动的权利”。第二，“鉴于中国方面历来有不信任的行动与目前严重的局势，我方不可能停止军事动员与战斗准备。”第三，对于隔离日中交战双方，在闸北附近设立“中立区”，以及由领事及日军司令参加交涉的提议表示赞同。第四，“对于所谓中日各悬案亦包括满洲问题在内之解释，认为满洲问题与上海事件完全不相关，满洲问题将依去年12月10日国联理事会通过之决议办理，且不接受第三国视察员之襄助以解决满洲各问题，为帝国之既定方针，故本项建议，完全不能接受。”④日军袭扰上海本来就是为要转移视听，又

① 《顾维钧关于英美调停办法及中日双方态度等致张学良密电稿》(1932年2月4日)，《中华民国史档案资料汇编》第五辑，第一编，外交(二)，第672页。

② 《蒋中正“总统”档案：困勉记卷二十一》，1932年2月4日条。

③ 《蒋中正“总统”档案：事略稿本》，13，第144—145页，第164—165页。

④ 《关于上海事件之帝国与英美法间往返公文》，〔日〕外务省编：《满洲事变及上海事件关系公表集》，供应社，1984年，第128—129页。转引自曹振威：《一·二八事变初期日本政府的外交欺骗》，载《军事历史研究》2007年第2期。

岂容将东北问题并入一块讨论?[①]

由于中日双方意见尖锐对立,为保障英国的利益及维护其租界的安全,英国渐次偏向局部解决的方案,试图说服中国方面接受。2 月 7 日,英国海军提督克莱和英使蓝普森到宋子文家中与中方探讨中日之间停战退兵办法,中方有宋子文、顾维钧、郭泰祺、吴铁城、蒋光鼐等在座。顾等仍坚持中日问题应"谋整个解决,不允单独先决沪事"。双方因此又僵持不下,为避免僵局,顾维钧提出待下午讨论后再正式答复。最终中方"为尊重英司令意见,对所提办法原则上可赞成,但同时须即日由中日与其他关系各国代表开会,商议九一八以来中日间所有争端,以谋解决之途径"[②]。但中方这一有所让步的提议被日使重光葵断然拒绝。

与罗、顾等外交人员有所不同,蒋介石、何应钦等因为对中方军事实力的担忧,加上国共冲突正酣、宁粤矛盾仍在发酵,故仍抱持"攘外必先安内"的方针,极不愿意战事扩大,希望赶紧就势收场。尤其是在感到英美并不愿以实力干预之后,这种意愿就更为强烈。何应钦得知英方 7 日的调停毫无结果后,便致电吴铁城、宋子文、孔祥熙、张群等,表示大为不满,称"我国对外一切军事,平时毫无准备,兄等所深悉。是以此次淞沪事件,弟曾迭电商酌,适可而止,盖期早得收束,为国家多留一分元气也。昨英司令在沪会商调解,闻诸同志中多主张须依据各国通牒第五条连同东省问题整个解决,以致毫无结果。失此斡旋良机,深为可惜。目前沪事交涉,如诸同志坚持强硬,并依赖国际或列强之帮助,势必迂缓迁延,牺牲我十九路军净尽而后已,不但丧师,抑且失地",要求吴铁城等人与"在沪诸外委,从速设法,先求停止战事。至于整个问题,则待外交正式之解决,庶不至益加扩大糜烂,而不可收拾也"[③]。与此同时,蒋介石授意何应钦派陆军步兵学校校长王俊利用私人关系与日本武官原田进行直接交涉,以期实现上海的停战。

2 月 11 日晚,蒋抵徐州,大叹国人之不明利害、不理解其苦衷:"今日在车上,

---

① 多年后,《蒋介石秘录》一书的作者、日本传记作家古屋奎二也指出,"一·二八淞沪事变是日本海军在中国的心脏部位所发动的军事行动。这个行动和在东北发生的九一八事变并非没有关联,虽然沈阳和上海之间的距离有 1 400 公里之遥,但实则不能不说是出于同一构想、而且有密切联系的一连串事件。日本军部是以一·二八事变来转移国际间对于东北方面的注视,而趁隙制造出伪满洲国。从这一方面说,一·二八事变是为了侵略东北而故意策划的一种佯动作战"。《蒋介石秘录》第三卷,湖南人民出版社 1988 年版,第 167 页。

② 《顾维钧关于沪案及中日双方停战退兵办法会议情形致张学良密电稿》(1932 年 2 月 7 日),《中华民国史档案资料汇编》第 5 辑,第一编,外交(二),第 674 页。

③ 《何应钦为尽快停战议和致吴铁城孔祥熙等密电》(1932 年 2 月 8 日),《中华民国史档案资料汇编》第 5 辑,第一编,外交(二),第 676—677 页。

终日思虑，对日殊无良法，战则无可战条件，和则国人所反对，如不战不和，任倭寇进迫，则国家人民之被害，日重一日，呜呼，奈何！此时无人敢主张言和，唯凭虚气，一味要战，无智识无程度之国民，是非不分，利害不明，……唯有待亡而已。”①

2月13日，蒋介石到浦口，召何应钦、陈铭枢“商谈沪事”，称近日英美对中日冲突一事表示如时局无进展两国暂不提出新的调停方案，只是驻沪的英美法使“甚愿以个人资格调停”（连以国家的名义都不愿意，又怎能指望得上——引者），法国唯英国马首是瞻，“苏俄对日，似有谅解之意。又据颜代表刘公使电称，各国胁于日威，似难切实助我”；国内，共军“乘机猛攻”，“失意军阀与政客力谋复活”，广东大肆扩军，派人接洽胡汉民拥孙科、陈友仁与中央捣乱，“最可虑者，帷幄之中、肘腋之间更有阴谋异图之人”（此处似指这时在南京中央的冯玉祥、李烈钧等——引者），国家危机至此，刚与他联手不久的“汪兆铭意志薄弱，已抱悲观”，只能靠他自己牺牲一切以支此危局了。故蒋称，“今日根据环境与敌我内容，主张对于沪事取和缓，勿使扩大。”②据此，罗文干、陈铭枢、何应钦联名电上海蒋光鼐、蔡廷锴、吴铁城、宋子文，转达蒋介石的指令：“介公刻到浦镇召弟等指示沪事，以十九路军保持十余日来之胜利，能趁此收手，避免再与决战为主。其办法如下：一、如日本确无侵占闸北之企图，双方立即进行停战办法。二、停战条件须双方各自撤退至相当地点，中国军队退出地方由中国警察维持。请兄等仍斟酌外部前开接受英美调停办法各电及……王俊所述办法，择其于我有利者从速进行。”③随着列强态度及内外局势的变化，主张上海事件局部解决的意见逐渐占了上风。

2月14日，为避免对外交涉政出多门，蒋又亲拟给吴铁城的电报，以汪精卫、蒋介石二人的名义发出，指示对外交委员会的权力加以限制：“外交委员对英美法使提议无论赞成或拒绝，均需征求同意，若径自决定，则无须外部与中政会议矣，兆铭，中正。”④

2月16日，蒋介石在浦口与汪等谈话时，对冯玉祥、孙科等的活动大表不满，

---

① 《蒋中正“总统”档案：困勉记卷二十一》，1932年2月11日条。

② 《蒋中正“总统”档案：事略稿本》，13，第194—197页。

③ 《何应钦等转报蒋介石对沪事意见致蔡廷锴等密电》（1932年2月13日），《中华民国史档案资料汇编》第5辑，第一编，外交（二），第681—682页。

④ 《蒋中正“总统”文物——革命文献（四）中日关系史料》（影印本），台北“国史馆”2002年版，第291页。

说“冯玉祥李烈钧与沪上孙科陈友仁竟至内外联合,反对中央,且冯李假军委会名义,电令各处挑衅,与日军舰战斗,是乃以义和团之旧套为救国办法也,可叹。”商定外交方针,仍以一面交涉,一面抵抗为原则。①这次谈话,据蒋作宾日记,是欲与日本直接交涉:“渡江与蒋、汪等商外交,决定:一面抵抗,不为所屈;一面谋直接谈判之机会。总期于国有利,浮言空论一律贬除。直接谈判之形势,不拘一格。”②

三、淞沪停战实现与各界反应

但中方同意局部解决后,日方却在2月18日提出了一个十分苛刻的停战条件,要求先由中方单方面撤退,由日军监视,取缔抗日运动等,令蒋十分痛愤:“何物倭寇,其不知中国尚有人耳!”告知陈铭枢、汪精卫决继续抵抗。③中方拒绝了日本的条件,之后双方多有激战,中间虽有英使蓝普森等的斡旋,但基本是复述日方条件,为蒋所拒。但蒋的基本意图,还是要“和”,怎样才能实现这一目标呢?2月24日,蒋介石又召集汪精卫、何应钦、李济深、陈铭枢等商议,蒋说:“此次沪战,虽获胜利,但应照原定方针,不放弃交涉,当先示弱与愿和平之意,不可刺激倭寇,而一面则准备抵抗到底,以免外强中干之弊。”意即要示弱,要让日本人占点上风,不能胜得太多了,至于所谓“准备抵抗到底”,更多的还只是一种姿态。这个意见,陈铭枢、李济深“皆反对”,蒋大为不满,“若辈诚亡国而不恤者也,妄以为第十九路军此次在沪作战已得虚荣,有权利可图矣,不可叹乎。”④蒋既是抱着这种心思,自然不会积极向上海增兵,而只可能是“有限抵抗”“有限增援”。这种情况下,日方援兵是源源而来,中方却再无实质性增援,而且战事由最初阶段的街巷之战逐步扩展至较广阔战场,便利日本重武器的运用,十九路军与第五军独力难支,遂于3月2日全线后撤,退出战斗。这样,日方终于可以体面地结束上海的战事,接受国际调停,达成在上海的停战,成功地实现了将国际视线从东北移开、上海问题单独解决的目标。进两步,退半步,确保第一步。因为如果战事继续拖延,对日本人也未必有利。这期间,日本大藏大臣高桥是清就忧虑地说:“我国海外声誉正在急剧下降,目前在海外筹划资金几乎已不可能,这样下去,军

---

① 《蒋中正“总统”档案:困勉记卷二十一》,1932年2月16日条。

② 《蒋作宾日记》1932年2月16日,江苏古籍出版社1990年版,第410页。

③ 《蒋中正“总统”档案:事略稿本》,13,第236—240页。

④ 《蒋中正“总统”档案:困勉记卷二十一》,1932年2月24日条。

费连三个月也维持不了。”而以内务大臣牧野伸显为代表的一些人则担心“如果我们在上海失败了,则直到现在的满蒙问题也将统统化为乌有”①。即在后来谈判进入尾声时,朝鲜志士尹奉吉在虹口公园炸死炸伤数名日本要人,受重伤的日方代表重光葵也力主不要因此再使事态扩大:因“日本面临着满洲的前途问题,对上海事件要适可而止,体面地结束,这对国家前途是完全必要的。”电告国内停战协定要如期订立,决不可因此事故而受影响,“此际倘有疏忽,势将为国家前途招致不可挽回的灾难。”②

3月4日,国联大会通过敦促中日双方一致停战的决议。3月11日,国联大会再次就此通过了一个决议案,大会“公然于演说词中隐然于决议案中指斥日本”,主张“上海立即恢复原状,东省渐次恢复原状”。这既满足了英美尽早解决上海危机的愿望,又表明了不承认日本对东北的非法占领的态度。3月13日,颜惠庆奉政府训令,向大会主席表示接受大会决议案,并作出三点补充,其中第三点是“会员国对违反盟约公约所造成之局面等情,不予承认一节,当然包括傀儡政府在内”③。3月24日,停战谈判正式开始,费时月余,集会15次,经中国代表几经折冲,费尽心力,达成双方正式停战,日军主力于一月内撤离,所有日军退至公共租界及虹口方面之越界筑路,即完全恢复至一·二八以前之状态的协议,使协定避免了包含任何政治内容,但也使上海问题与东北问题完全脱节。

5月5日,协定签字毕,国民政府外交部《关于上海停战会议经过的报告》对此作了较为详尽的说明,大致尚属实情,兹在此摘录一二:“一、此次会议系根据国联大会决议案而产生,范围仅涉停战撤兵,亦为该决议案所明定。所以凡属政治问题,如东北事件责任问题,损害赔偿均未阑入,但并非抛弃,以后自当提出交涉”;“二、在开会之先,日方主张召集圆桌会议,商订上海安全、抗日、抵货问题,并宣传所谓创设自由港、扩充租界及设立缓冲区、中立区及不住兵区域等事,均经我方代表据理力争,节节打破,终经双方呈准政府订立基本原则,以为正式会议讨论之依据。”④蒋介石对结果也表示满意,称“经努力争持,方得此比较公平之解决,此后对于外交,或有进展希望,而雪耻之方针更应确立迅行毋忘也”⑤。6

---

① 转引自余子道、张林龙著:《一·二八淞沪抗战》,第142页。

② 《重光葵外交回忆录》,知识出版社1982年版,第104—105页。

③ 《中华民国外交部工作报告》(1932年3月),《日本帝国主义侵华档案资料选编——“九·一八”事变》,第604—607页。

④ 《中华民国史档案资料汇编》第五辑,第一编,外交(二),第754—755页。

⑤ 《蒋中正“总统”档案:事略稿本》,14,第235页。

日在致各将领电中，蒋也表示了将继续致力于解决东北问题的态度："此次协定成立，实依照国联之决议，关于协定内容，我方所始终坚持者为限于日军撤退，不得附带政治性质之条件，此点已完全办到。……自昨日起日军已依照协定开始撤退，我方亦已开始接收地方矣！惟中日之根本问题全在东北土地之得失与主权之存亡，故我政府仍本向来一贯之方针，以交涉与抵抗并行，期得最后之解决。"①

但外界的观感却相当负面。早在协议签订之前，就有此次中日谈判附有秘密政治条件的传闻，因此协议内容一经公布，人们普遍将此视为中方的妥协，对政府表示不满，上海救国联合会李次山、殷芝龄等甚至将负责此次谈判的外交次长郭泰祺打伤②。国民政府监察院长于右任也"以《上海停战协定》未经立法院通过为理由"，对汪精卫提出弹劾。③5 月 6 日，《申报》以《上海停战协议与东北问题》为题发表时评，称目前政府对上海的处理结果完全为中国外交的失败，"此次停战会议之必无好果，早为国人所共料。"而上海停战会议，使日本做到了"转移世界目光与打开(与东北问题)联锁难关之两点"，"完全为日本外交之大成果"④。为此，国民党中央宣传委员会及郭泰祺、罗文干、汪精卫等人只得纷纷出来反复说明，加以澄清。平心而论，以当时中日双方实力对比的悬殊，《上海停战协定》本身对日方的让步有限，但这暗含了关于东北问题的交涉变得遥遥无期；日本军队在中国的领土上横冲直撞，为所欲为，而丝毫不必涉及赔偿道歉等问题；一·二八以前之状态也并非一个公平、合法的状态，而且，因规定中国军队撤离市区，日军驻地可以种种理由超越原范围，实际上也并未回复至一·二八以前之状态。这是一个贫弱的、内部四分五裂的国家所难于避免的代价。

国民政府就事变所制定的一面抵抗，一面交涉的方针，贯穿了这次事变的始终，并成为一直到全面抗战初期都基本奉行的方针。其后的《塘沽协定》、《何梅协定》中方作出的退让更大，日本军阀毫无节制的对华扩张行为，终于迫使国民政府走上了全面抵抗的道路。

(本文原载《华南师范大学学报》(社会科学版)，2010 年第 1 期)

---

① 《蒋中正"总统"文物——革命文献(四)中日关系史料》(影印本)，第 317 页。

② 《蒋中正"总统"档案：事略稿本》，14，第 231—232 页。

③ 《汪精卫为〈上海停战协定〉不能推翻的辩词》(1932 年 5 月)，《中华民国史档案资料汇编》第五辑，第一编，外交(二)，第 758 页。

④ 《上海停战协议与东北问题》，《申报》1932 年 5 月 6 日第 3 版。

一·二八事变与作战研究

上海一·二八事变起因新探

华永正

日本帝国主义侵略中国，这是历史发展的必然。但是何时、何地、以何种方式挑起多大规模的战争，这其中又有着许多的偶然性。而这种偶然性，又和日本军国主义分子的阴谋活动有着直接的关系。因此只有揭开重大历史事件中这种秘密阴谋活动的内幕，才有可能弄清历史真相，还它以本来的面目。

一九三二年发生的上海一·二八事变，在国内外现代史著作中有着各种各样的记载：

1.“一九三二年一月十八日，日本有五个和尚向中国义勇军的成员挑衅，发生冲突。日本便以此为借口扩大事态。二十日凌晨二时，数十名日本浪人焚烧中国三友实业社工厂，并杀死警察，捣毁商品。二十四日，日本又自焚公使重光葵公馆，诬为中国人所为。”①

2.“一九三二年一月十八日，有五个日本僧人在马玉山路(华界)向中国工人义勇军成员挑衅，和工人义勇军数人发生冲突。日本帝国主义者便借此扩大事态。二十日上午二时，数十名日本浪人，放火焚烧马玉山路的中国三友实业社纺织厂，并冲入附近警亭砍断电话线，杀死中国警员一人，刺伤二人。”②

3.“一九三二年一月十八日，日本驻上海武官田中隆吉，勾结女特务川岛芳子，唆使日本和尚五人在上海马玉山路三友实业社门前，向正在操练的当地义勇军投掷石子，引起冲突。一月二十日晨，田中隆吉又指使上海‘日本青年同志会’六十余名暴徒，袭击并纵火焚烧三友实业社……”③

---

① 黄元起:《中国现代史》(上册)，河南人民出版社，第 833 页。

② 李新:《中国新民主主义革命时期通史》，人民出版社，第 2 卷第 140 页。

③ 龚古广、唐培吉:《中国抗日战争史稿》(上册)，湖北人民出版社，第 37 页。

4. "一九三二年一月十八日，田中隆吉指使女特务川岛芳子(金壁辉)杀死日本莲宗和尚(按：原文如此)然后嫁祸于中国三友实业社的毛巾工厂，说是这家排日工厂干的，于是派日本宪兵大尉重藤千春指挥在上海的日本人青年同志会的暴徒袭击并焚烧这家工厂。"①

5. "一九三二年一月间，田中隆吉雇佣中国流氓枪杀一个日本和尚，又派日本'浪人'袭击'三友实业公司'。然后，日本帝国主义便以此为借口，提出无理要求，并增派海军陆战队进攻上海。"②

6. "驻上海的日本陆军武官田中隆吉少校为使'满洲'建国取得成功，以转移列强的视线为目的，用钱收买流氓无赖，于一月十八日杀死了日本僧侣。"③

7. "一九三一年九一八事变后，日本帝国主义得寸进尺，企图占领上海，作为继续侵略中国的基地。一九三二年一月二十八日夜间，日本侵略军由租界向闸北一带进攻。"④

8. "日军在一九三一年底一九三二年初，未经战斗占领南满锦州地区后，为了扩大占领区和迫使蒋介石政府承认占领中国东北的事实，便在一九三二年一月底进攻上海，而且也和以前在天津、沈阳等地一样，在上海制造挑衅事件。"⑤

应该重新研究这次事变

以上是国内常见的几种记载。这些记载不只是各有偏失，而且也相互矛盾。其中，有的只谈了事情的偶然因素而忽视了幕后的阴谋活动(如1、2)；有的则又只谈阴谋活动而忽略了这起冲突的形成原因和历史背景(如3、4、5)；有的叙述史实不够准确，有的则叙述过分简单，使人摸不到头尾(如7、8)。

上海一·二八事变，是日本侵略者发动侵华战争的一个重要环节和试探，是日本少数军国主义间谍所精心策划和周密组织的阴谋活动，又是帝国分子秘密挑动的一起破坏两国人民传统感情的严重冲突。因此，揭开一·二八事变之谜，彻底弄清事实真相，不仅有助于人们认清帝国主义策动战争、制造冲突的侵略手

① 刘惠吾、刘学熙：《日本帝国主义侵华史略》，华东师范大学出版社，第86页。
② 姜念东：《伪满洲国史》，吉林人民出版社，第81页。
③ 藤原彰：《日本近代史》，商务印书馆，第30页。
④ 《辞海》，第4页。
⑤ 苏联科学院编：《日本现代史纲》，高等教育出版社，第130页。

段和本质，而且也有助于两国人民共同警惕少数阴谋家的暗地活动，巩固中、日人民已建立了的良好关系。

一个时期以来，各有关人士和有关方面都发表或提供了一些战前的文献、回忆录等资料，其中有一部分涉及了上海一·二八事变的内幕。尽管数量很少，但也足够把我们今天的研究推进一步。所以我们说，弄清这次事变的“导火点”和过程，不仅有了必要，而且有了可能。

日本陆军的“赫赫武功”刺激了日本海军

在当时，日本正处在为军事侵略我国而加快法西斯步伐的过程中，陆、海军中的极右派（激进派）竞相发动政变，控制政府，美其名为“改造国家”。

一九三一年，日本关东军悍然发动九一八，在没有遇到猛烈抵抗的情况下，仅用一周左右的时间便占领了辽、吉两省的千里河山和主要城市。这个“赫赫武功”大大刺激了日本海军。海军与陆军的矛盾由来已久，面对着陆军的成功，他们既不服气又不甘心，于是便有了“单独干”的想法。九一八事变的第二天，日本陆军曾经要求海军当局向营口派遣军舰，支援陆军进攻辽宁省政府所在地锦州，以便“拔除祸根”。海军根据自己的打算，拒绝了陆军的要求，甚至把原在营口附近的两艘军舰派给正在我国长江流域和东南沿海执行任务的日本海军第一遣外舰队，准备“单独干”。在海军看来，上海是他的势力范围，在这里干才能显示自己的“神威”，而在“满洲”干，自己只能演配角，这是在为他人做嫁衣！

三个月后，日本新成立的犬养毅内阁完全同意了关东军的侵略计划，并且授予关东军司令官本庄繁以“军事独裁权”，听凭他在我国东北“自由行动”，这就更加助长了陆军的嚣张气焰。陆军更加大胆妄为了，于元月三十一日一鼓作气占领了东北重镇锦州，并向兴城方面推进。仅仅相隔五天，日本陆相荒本贞夫（日本陆军皇道派领袖）便盗用了天皇的名义，发布了表彰陆军“忠烈”的“敕语”，特别强调陆军在嫩江、齐齐哈尔、锦州地区的作战行动是“铲除其祸根，扬皇威于国外”。本来，陆军的行动便足以使海军眼红了，这份“敕语”不啻火上浇油！

据当时的日本驻华公使重光葵后来回忆说：“上海的日本人看到日军在满洲（指我国东北）采取强硬态度，消除了满洲的排日运动，也维护了日本的权益，他也谬认为采用同样的手段在上海也会成功。”[①]这里说的“上海日本人”无疑指的是个别军国主义阴谋分子，而所说的“消除排日运动”也就是制造另一个“满洲事变”的代名词。在这些人的促进下，日本海军果然采取了实际的步骤，在加强第一遣外舰队之后不久，又以巡洋舰两艘、水上飞机母舰一艘、驱逐舰三队和特别陆战队三千人再次加强这支舰队，使其兵力达到日本陆军发动九一八事变时的规模，而且舰队的这种建制已经超过巡弋的需要，除了准备战争之外，没有别的好解释。

三友实业社是早已选好的既定目标

日本战后公布的材料表明，日本海军陆战队进驻上海闸北后，立即根据既定计划展开了阴谋挑衅活动。早在元月十八日的“和尚事件”发生之前，陆战队的柴指挥官便已发电请示海军军务局，着手施行其既定计划，说：“陆战队认为，奇袭北站附近之排日团体根据地，并将其占领，予以封锁，借此消灭排日根据地，则甚好。希望批准此一行动计划。”[②]陆战队所说的“排日根据地”，指的就是三友实业社，这点，罪魁祸首田中隆吉在战后作证时已经作了证实。[③]之所以要选定这里，是因为，“该厂自万宝山案发生后，全体工友激于爱国热忱，自行组织义勇军，按日操练，极为认真，颇为日人所忌恨。而该厂所出之三角牌毛巾，因品质精良，将日人在三友厂邻近之东华纱厂所出之铁锚牌毛巾销路夺去，是以日人对于该厂恨之已久。”[④]

田中隆吉和川岛芳子

在半个多世纪后的今天，已经大体弄清。那次事件是由陆军特务田中隆吉和川岛芳子经过精心策划而后一手挑起的，目的在于促使海军迅速出兵。

田中隆吉当时任日本驻上海公使馆陆军武官辅佐官兼上海特务机关长。他在日本陆军中的诨号是“陆军怪物”或“魔法军人”。这个怪名的由来，是同他的

---

① 《重光葵外交回忆录》，知识出版社，第 78 页。

② 《重光葵外交回忆录》，知识出版社，第 79—80 页。

③ 《日本帝国主义对外侵略史料选编 1931—1945》，上海人民出版社，第 50 页。

④ 《民国日报》，1932 年 1 月 21 日。

间谍生涯分不开的。他毕业于陆军大学之后，便以“中国通”身份进入日本陆军参谋部第二部（情报部），从事谋略间谍的活动。他同派往中国的许多间谍都有直接、间接的关系。由于他善于煽风点火而又诡变无常，因而就获了这样一个诨号。一九二七年，由于田中义一内阁推行侵略外交的需要，他被派往北京公使馆活动，九一八事变前后，陆军为了扩大战火的需要，又把他派到了上海。他一到上海，便要来了宪兵大尉重藤千春做助手，在日本“居留民”中配发武器和开展军事训练，随后又接受关东军高参板垣征四郎的委托，“在上海搞出一些事情来”，“把外国的目光引开”，以便关东军在东北策划成立“满洲国”。

川岛芳子是板垣征四郎和土肥原贤二为他专门派来的女特务助手。她原是清代末年八大世袭亲王之一的肃亲王善耆的第十四女，中国名金壁辉；被日本黑龙会头目川岛浪速收养后，改为川岛芳子。一九三一年十一月间她刚刚完成护送“皇后”婉容到营口的任务后，便又于十二月间赶到了上海。一到那里，便同田中隆吉沆瀣一气，以舞女和其他社会身份作掩护，着手进行阴谋活动。

要用盐泽少将的人头来点火

田中隆吉和川岛芳子都很清楚：上海是日本海军的势力范围，海军不动，陆军再急也无用（陆军的介入是后来的事），因而便决定首先在海军中“点火”。他们策划、收买上海青红帮流氓，刺杀海军第一遣外舰队司令官盐泽幸一少将，以此引起冲突，诱导舰队迅速参战。收买流氓要一大笔钱，而且又很难长时间保密，加之在向“钟纺”上海支店长“借”钱时又不慎走漏了风声，田中隆吉一伙不得不改变原来的计划。

田中根据“七月二十三日行动”①失败的教训，立即改变主意，另外在与海军有密切关系的日莲宗和尚身上打主意。

日莲宗，是十三世纪兴起于日本的一支佛教流派，它的主要教义是宣传中国的《法华经》，认为每天面对旭日高唱“南无妙法莲华经”五字功德十遍，便可以成佛，得到超脱。它的分支很多，到了近世又分为左、右两大翼，左翼主张与中国友好，右翼则主张向外扩张侵略，极右翼则是穷凶极恶，主张以恐怖暗杀活动“改

① 田中隆吉曾经收买青红帮刺杀公使重光葵以引起中、日间的武装冲突。一九三一年七月二十六日，被收买的青红帮流氓在火车站行刺时，误将宋子文秘书唐腴庐刺死，田中隆吉深恐事情败露，乃停止此项计划。

造”政府，推动日本加快法西斯步伐，其代表人物为“血盟团”盟主井上日召和尚。

井上日召原来是在中国从事特务活动的日本浪人，一九二二年回国之后便以宗教教派作掩护，疯狂宣传右翼国家主义；一九二八年在茨城建立护国堂学校，用来感化和诱骗海军青年士兵和附近的农村青年；一九三一年，在他的倡导下成立了恐怖组织“血盟团”，计划以暗杀手段制造政变，使军国主义分子上台。同年十月策划武装政变受挫后，又与海军激进分子勾结起来企图发动武装政变；一九三二年一月，“血盟团”从海军当局弄来武器，决定开展“一人一杀”活动。①然而由于作为政变骨干的海军青年官大部分随舰队调在上海，因而不得不推迟国内行动计划。于是，井上日召便派弟子天崎启升以化缘作名义，到上海与日本海军保持联系，在军中活动。一旦上海事情结束，即刻着手国内的暗杀和政变。

应该说作为特务机关长的田中隆吉，对于海军和日莲宗和尚的关系内幕是非常清楚的。也正因为如此，在刺杀盐泽司令官的秘密泄露之后，他便立即将匕首指向了日莲宗和尚。这样，既可以挑起中日冲突、转移国际视线、拖延海军在国内政变得手，同时又可以使陆军在国际（建立伪国）、国内（建立法西斯政权）问题上的既定计划得以顺利实施，真可谓之一箭数雕！

杀死和尚刺激海军

日莲宗和尚在上海只有三人，出事前几天，重藤千春和川岛芳子曾经几次煽动他们进入华界去念“功德”，为九一八中的日本“英灵”超度。因为几天来日本浪人一直在华界闹事，和尚没有肯贸然行动。到了十六、七日，有了陆战队的壮胆，重藤又派了两名“在乡军人”（即复员军人）化装保护（这个便是“五名日本和尚”的来由），终于仗着胆子闯进了华界。

一月十八日晨九时，天崎一行五人手敲面鼓，有如军鼓当当，迈着整齐的步伐，来到了华界马玉山路，直奔被称为“排日根据地”的三友实业社正门前。当时工人们正在操练（徒手），谁也没有料到他们身后拖了一条一触即发的“导火线”。

据当时的《民国日报》载，有几名“江北小孩”看到这几名奇怪的人物，尾随左右，大叫：“日本和尚！日本和尚！”引来了行人观看。天崎启升盛怒之下抛石子去驱赶“江北小孩”。小孩害怕，躲入工人义勇军操场内，寻求保护。两名“和尚”

① 藤原彰：《日本近现代史》，商务印书馆，第三卷，第35—36页。

的石子打中了工人，于是他们停止操练，前来理论。①争执中，“当时流浪到上海的日本浪人便跑去拔刀相助。”②其实，这里所说的浪人，实际上是重藤千春和川岛芳子操纵的“日本人在华青年同志会”成员，他们埋伏在既定地点，看到时机成熟时便一齐拥到三友实业社门前，乒乒乓乓一阵乱打，然后一哄而散！待到三友工人醒悟过来的时候，日本和尚已是一名重伤两名轻伤，只有那两名假和尚得念幸免！

受了重伤的天崎启升被抬到日本居留民团行政委员河村贞次庭院后不久，便死去。这时候，人愈聚愈多，在重藤一伙的鼓动下，个个气焰嚣张，川岛芳子看看到了时机，便出来叫喊“报仇”。她蛊惑人心说：“凶手被藏起来了，就在三友实业社里，我们要捉凶手去！”于是“青年同志会”的人挺身而出，重藤千春率领着六十余人直奔三友实业社。阴谋分子们这样做的目的很明显，就是要扩大和激化矛盾！

这一伙人“行抵临清路时，有杨树浦捕房夜差‘三道头’（巡警）七六五号华捕周润生（一作田润生）、一一六号华捕朱伍兰经该路，见日人气势汹汹，遂上前劝阻，不意竟触日兵（人）之怒，当将华捕周润生开枪打死。宋伍兰见情势严重，即狂奔东华德路之租界岗亭用电话告捕房，被日本浪人看见，当即用刺刀将指头砍去三指，头负重伤”，“原驻该亭之三〇二九号华捕陈胜徽正拟跑回报告，亦被日人用枪击腹部，伤势极其严重”。“日兵击伤华捕后即赴三友工厂后面……先将篱笆撬开，以整瓶轧司林（汽油）浇向该厂板壁……于是火光熊熊，日人见目的已达，方始散去。”③

在这场纵火暴行中，自始至终都有川岛芳子从中操纵。据一些人回忆，她当时西装领结，下穿带耳马裤加长靴，是一副典型的日本浪人打扮，使人分不清男和女，这大概是为了便于活动，不暴露身份。

日本内阁上了钩

事情到了这一步：双方各有人一死两伤，算是个“平局”，本该息事宁人了，但日本军国主义阴谋分子怕的便是这个结局。田中隆吉为了要给海军介入制造借

①③ 《民国日报》，1932 年 1 月 21 日。

② 《重光葵外交回忆录》，知识出版社，第 81 页。

口，便鼓动河村贞次，于元月二十日下午在沈家湾日本小学里再一次召开了“日本居留民大会”。这次大会，到的人很多，开的时间也长（三个小时），主要的活动是通过以“全体居留民”名义致日本内阁的紧急电文和要求日政府出动陆、海军“保护侨民”的决议。散会后，很多人又手持凶器，列队“示威”，自虬江路沿北四川路向北游行，所到之处尽情捣毁商品、撕毁标语和殴打行人。

一月二十一日，日本政府同时收到了来自海军第一舰队和“全体居留民”的请求出兵的电报，立即召开了内阁与海军的紧急会议。会上决定：调遣吴镇、佐世保基地的能登吕号航空母舰和大井号巡洋舰增援上海；另派驱逐舰四艘搭载陆战士兵以加强登陆战作战的能力。这就是说，日本内阁已经摆开了占领上海的架势。向时，日本驻上海总领事村井仓松得悉内阁决定后，立即趾高气扬，颐指气使地向上海市长吴铁城提出了道歉、惩凶、赔偿、取缔抗日运动及封闭《民国日报》等项无理要求。至于第一遣外舰队司令官盐泽幸一就更加猖狂了，他竟然向报界发表恫吓声明说：如果上海市政府不能圆满答复，日本海军将“采取严厉手段！”

一月二十三日，日本海军增援舰只到达上海。这时，日本在上海的海军已拥有战舰四十艘、作战飞机四十架、铁甲车数十辆、陆战队六千多人。盐泽幸一直言不讳地向记者说：他只要动用一个联队（团），便可以在四个小时之内占领大上海，此时此刻，他当然忘了：为了点燃攻占上海这场战火，阴谋分子们曾经打算用他的脑袋作赌注！

在日本海军的耀武扬威面前，上海市长吴铁城根据蒋介石、汪精卫的指示，答复了村井的一切要求：下令封闭了上海抗日救国总会和七个分会，驱逐工作人员，并且拘捕了三友实业社的无辜工人。吴铁城的一副软骨头姿态，使得村井无话可说，只好当场表示“谅解”。

阴谋分子说：不能叫它息火！

既然面临“息火”的危险，田中隆吉和川岛芳子便又策划了新的阴谋。川岛芳子的养母川岛福子同公使重光葵有点关系，因此川岛芳子称重光为“舅舅”。重光早已预感到了暴风雨将临，便在一月十五日回到外务省请示对策去了。田中隆吉认为，在公使官邸纵火，既可以死灰复燃，又可以把重光葵拉到事变圈子里来，便利用在公使馆工作之便，掩护川岛芳子进入内部纵火。日本公使馆这时已构筑了公事，由海军陆战队守备，外人休想混得进去。川岛芳子正是由田中隆吉提供的方便才混了进去，在中国人的游行队伍经过时用特制的纵火器材放了火，然后又悄悄溜了出来。

在田中隆古一伙的煽动下，村井总领事终于在一月二十六日下午向中国政府悍然提出最后的通牒，强调所谓的"中国人在公使馆放火骚动，引起局势恶化"，限中国政府在四十八小时以内(即在一月二十八日下午之前)答复日本领事要求，否则日本将采取自由行动。

一月二十八日晨，在最后通牒到期之前，吴铁城根据蒋、汪指示再次亲自到日本总领事复牒。完全答复日方要求，并且通报了中国守军防地将由非战斗部队接防的时间，村井表示了"不再扩大"之意。至此，田中隆吉深恐再一次面临"息火"，便指示重藤千春带领着二十几名"青年同志会"会员，冲进了设在虹口北四川路的特别陆战队本部，找到了盐泽司令官"请愿"，大声吵嚷，一定要求陆战队"惩膺支那"，"击走十九路军"。他们怂恿盐泽以舰队司令官的名义，越过政府，单独向中国政府提出哀的美敦书(最后通牒)，提出"保侨"问题，限令中国守军自闸北撤退，否则日本海军将不受政府限制，采取"自由行动"。这个头脑简单的武夫果然照作了，这就是后来盐泽向中国政府提出的成为节外生枝麻烦事的"闸北保侨"问题，事实上那里早已经没有了日本侨民。

中国守军被动应战

一月二十八日，刚好在这一天，汪精卫接手孙科，坐秉行政院大权，在这一天的下午三时，吴铁城按照汪精卫的电话指示，又去日本总领事馆复牒，再次表示"完全接受日方要求"，"撤退十九路军，将该区防务交由非作战部队的宪兵第六团接管。"①

在这次事件中，中国守军十九路军是完全被动的。直到日本海军大批增援舰只到达上海(二十三日)，军长蔡廷锴才自南京匆匆返回上海，于当天召开了一个驻沪营以上主官参加的军事会议。会上，总指挥蒋光鼐、军长蔡廷锴和警备司令戴戟都表示了抵抗侵略者的决心，但也只是一般号召，还未作更多的具体部署。自一月二十四日到二十七日，蔡廷锴曾在苏州、真如(十九路军司令部

① 《文史资料选辑》，文史资料出版社，第37辑，第45页。

所在地)作了部署,但是火已燃眉。二十七日夜,何应钦、朱培德曾经三次发火急电报给蔡廷锴,要求十九路"忍辱求全,避免冲突",并且调宪兵第六团星夜赶到上海北站,限令十九路军必须于二十八日六时以前交代完毕。蒋、蔡本已决定交防,不料当夜十一时三十分(东京时间二十九日零时)日本海军特别陆战队以铁甲车掩护千余人向七十八师第六团第一营的防地进攻;另一路则向第二营守备之横浜路、天通庵路、青云路口各防地进攻,并到处纵火,焚毁商店、民宅。十九路军张君嵩部当即奋起抵抗,击退来犯日军,于是一·二八抗战爆发!

几点校正

挑衅是和尚,还是军人?《日本帝国主义侵华史略》等书中提到:这些和尚是日本军人乔装的。这材料可能来自当时《民国日报》那条"内穿西装,外罩僧衣"的报道。准确的说法,应如前述,是"和尚加在乡军人"。

《民国日报》的报道是否失实?日本总领事曾以"民国日报刊登侮辱海军陆战队消息"提出交涉,迫使该报停刊。经过战后多年来各种资料的核实,应该说该报的报道大体客观,但因当时事件正处于发展中,报道事实有一定的技术困难,因而在个别情节上稍有出入。这并不影响它的历史价值。

田中是否收买了中国兵向陆战队开枪?日本樸本舍三在《妖花川岛芳子》中有这种说法,但不符合事实。日本陆战队来犯,中国守军是奉命还击的。田中的收买很难买得一个营、一个团!从各种材料看来,日本所说的"中国兵"应是"义勇军"之误,但他们不是兵,也没有枪,更不能向陆战队射击。

田中隆吉是否买通了"中国流氓"?有过此事,即一九三一年七月二十三日刺杀重光公使事。但不能将此事与他在一·二八事变中所干的阴谋勾当混为一谈。

田中隆吉的身份如何?有的说他是武官;有的说是大尉;又有人说是少校,应该说,他的正式身份是日本驻上海公使馆的陆军武官辅佐官兼上海特务机关长;军衔,据他自己在战后作证说,当时是"少佐"(少校)。重光葵在回忆录中说他是"大尉",恐有误。

日本青年会是个什么组织?它的全名是"上海日本人在华青年同志会",它与九一八前在沈阳的"日本满洲青年联盟"是同一个性质的右翼国家主义反动组织,与陆军同样有着极为密切的关系。所不同的是,这个组织里掺有不少井上日召和尚的“血盟团”分子,与海军也有一定的联系。“满洲青年联盟”在九一八事变中干尽了坏事,“誉满全球”;这个组织仿效它,在一·二八事变中干的坏事也不少。

(本文原载《安徽省委党校学报》,1987年第1期)

一·二八淞沪抗战述论

马仲廉

一·二八淞沪之战，是日本帝国主义制造九一八事变，侵占中国东北三省之后，在炮制伪满洲国期间所进行的又一次侵略中国的军事行动。在中国的历史上，称一·二八淞沪抗战，又称淞沪战役。本文试图对这次战役的发生、发展和结局作一概括论述，以请教于学者。

一

1932年1月28日，驻上海日军海军陆战队，向驻防上海的中国第十九路军所部发动攻击，中、日两军第一次淞沪战役发生。

日军于此时向淞沪地区发动进攻，是出于何种原因，其目的何在？

在日军发动进攻的第二天，日本政府发表了一个声明，说中国的“排日运动越来越广泛，越来越激烈”。“特别是在上海，抗日总会和其他各种排日团体最为猖狂，尤其最近发生了《民国日报》登载对日本皇室不敬的消息和杀伤日莲宗和尚的事件等等。自此以来，事态日益恶化。由此，帝国驻上海总领事对中国地方当局提出有关取缔排日运动及其他的要求。虽然这些要求都是公正适当的，但中国方面一面迟迟推延答复，一面在上海周围集中军队，采取威吓我方的态度。为此，我国侨民有了极度的危险感”。“此次我国海军在上海方面的行动和已往各国在该地屡次采取的实力行动相同，完全以保护侨民的生命财产及其他我方权益为目的，别无他意”。[①]从这一声明中可以看出，日本政府将其对上海的进攻，

① 复旦大学历史系日本史组编译:《日本帝国主义对外侵略史料选编》，上海人民出版社1975年版，第47、48页。

说成是由中国(特别是上海)的"排日运动"所引起,其目的是为了保护侨民的生命财产及其他权益。这完全是借口与诡辩。事实上,它对上海的进攻,是日本帝国主义侵占中国东北后为掩护炮制伪满洲国而采取的一个重大的军事行动。

日军制造九一八事变,并强占中国东北三省,引起了中国人民强烈反抗及对国民党统治当局所采取的对日不抵抗政策的不满。在中国共产党号召和领导下,全国各地迅速掀起轰轰烈烈的抗日救亡运动。广大学生、工人、商人、市民和爱国人士,纷纷组织各种抗日团体、请愿团、示威团。他们发表宣言,示威,请愿,要求南京政府出兵抗日,组织义勇军,惩办汉奸,抵制日货,对日经济绝交。在这场为挽救中华民族危亡的运动中,上海市确实表现得尤其强烈。这些抗日救亡活动,是一个被侵略国家的人民完全正义的合理的行动。上海人民在救亡运动中表现得更为激烈,也是由于它的政治、经济、文化等各方面的特殊情况所决定的。日本帝国主义以此为借口,是毫无道理的。

日军制造九一八事变,强占中国东北三省,也引起了世界各国政府的强烈反应。其中主要是拥有在华权益的美、英、法、苏等几个大国。美国政府对日本武装侵略中国东北表示"惊讶"、"遗憾和忧虑",并在日军飞机轰炸锦州时对日本提出警告,照会中、日两国政府:"美国政府不能认许任何事实上的情势的合法性,也不拟承认中、日政府或其代理人间所缔订的有损于美国或其在华国民的条约权利——包括关于中华民国的主权、独立或领土及行政完整,或关于通称为门户开放政策的对华国际政策在内的任何条约或协定。"①英、法两国是国际联盟的主要成员国,国联的活动基本上由该两国操纵。事变后的9月22日,国联特别理事会发表声明并作出决议,授权西班牙代表理事会主席勒乐对中、日两国政府发出通知,阻止事态扩大,两国立即撤兵。30日,国联理事会开会作出九项决议,中心内容是要求日本尽速撤兵,中、日两国政府采取各种的必要的方法,避免事件扩大,恢复正常关系。10月24日,国联理事会又作出了要求日本迅速撤兵的协议。12月10日,国联理事会决议指派5人委员团就地考察。苏联作为社会主义国家,九一八事变后,在道义上始终同情和支持中国,同时对日本侵犯苏在中东的权益提出强烈抗议,声明苏联决不允许与帝国主义者合作以损害其他国家的利益。苏联人民极盼中国从速用自己最大的力量来制裁日本在满蒙的阴谋。当然,美、英、法等国政府,基本上是采取了对日妥协和对事态发展持观望的态度,

① 彭明等编:《中国现代史资料选辑》第4册,中国人民大学出版社1989年版,第7页。

并无制止日军侵略的实际行动。而苏联政府除道义上同情中国，为了缓和苏日关系，防止引起苏日冲突，采取了不干涉的中立态度。尽管如此，日本政府仍感到了国际上对它的严重压力。

在上述情况下，日本决定在上海这一敏感的城市制造事端，发动军事进攻，想以军事压力逼迫中国政府承认其占领东北的既成事实，并镇压中国人民的抗日运动和转移国际视听。

美国人戴维·贝尔加米尼《日本天皇的阴谋》一书中，详细地披露了日本为转移国际视听，在上海发动战争的事实。书中记载，日本驻上海总领事馆武官辅助官田中隆吉应关东军参谋板垣征四郎大佐的电召，于1931年10月1日前往沈阳。板垣告诉田中："日本政府屈服于国联的威胁，因此，我们的计划受到了干扰。我们下一步行动要占领哈尔滨（北满首府）使满洲独立。我们已派土肥原大佐去接溥仪（儿皇帝）来。如果我们办成了，国联要大吵一番，东京政府将感到头痛。我要请你在上海搞点事，以转移各国的注意力。当你们引起骚动的时候，我们将拿下满洲。"①1932年1月10日，板垣在东京给上海的田中发了一个电报说："'满洲事变'按预计发展，但中央有人因列强反对仍持怀疑态度，请利用当前中日间紧张局面进行你策划之事变，使列强目光转向上海。"②田中接到板垣的电报后，便开始了利用女特务间谍川岛芳子制造事端，挑起战争的勾当。关于这一点，田中本人在战后完全承认。

笔者认为，日本为占领东北，制造伪满洲国，转移国际视听，是发动上海战争的原因之一。不过，我们绝不能将日军进攻上海看成是板垣与田中个人之间搞的阴谋，也不能看作是日本关东军与上海日本领事馆之间的勾当，更不能认为川岛芳子的活动在挑起事端中起了多大作用。事实上，日本人在上海的挑衅活动在九一八事变后不久便不断发生。诸如，日本人殴打中国工人、市民，撕毁商店广告，击毁商店橱窗等时有发生，不过到一·二八事变前发展到更激烈频繁的程度而已。应该说，日军进攻上海是日本统治当局的决策，这一点，只要看看当时的历史事实就明白了。

板垣由东京给在上海的田中发出那封电报之前，他已经同参谋本部策划了在上海发动战争的准备。在电报发出的第二天，板垣入宫向天皇裕仁禀奏了建

① 〔美〕戴维·贝尔加米尼著：《日本天皇的阴谋》上册，商务印书馆1984年版，第585页。
② 〔美〕戴维·贝尔加米尼著：《日本天皇的阴谋》上册，商务印书馆1984年版，第608页。

立伪满洲国的进展情况。此后,日本海军便不断地向上海增加舰只和海军陆战队。1月21日,又派出了巡洋舰大井号和第十五驱逐队四艘驱逐舰。这些舰只于23日到达上海。24日,航空母舰能登吕号也驶抵上海。26日,天皇裕仁的最高军事会议,在参谋总长闲院宫的主持下,已经训令在上海的海军盐泽司令官"行驶自卫权利"了。

这些就是日本发动上海战争的背景。

二

驻防上海的第十九路军所部,是新近由江西调来的部队,归京沪卫戍司令长官指挥。1931年9月30日,南京政府发表陈铭枢为京沪卫戍总司令兼淞沪警备司令。于是陈调驻防江西赣州地区的第十九路军驻扎京沪为卫戍部队。

第十九路军在江西期间,受到中国共产党和红军的影响,九一八事变后又受到全国人民抗日爱国运动的影响。"中国人不打中国人!""枪口一致对外!"的口号在十九路军广大官兵中深入人心。全军在赣州曾宣誓反对内战,团结抗日。10月24日,蔡廷锴在赣州召集第六十师及第六十一师官兵训话,勉励将士要"与国俱存,与国俱亡,死要死在国亡之前"。11月1日,第六十一师离赣移防京沪时发表《告赣民众书》,表示了对日本侵略的愤慨和抗日的决心,略谓:"际此国难声中,自当敌忾同仇,以御外侮,本师誓效前驱,踏平三岛,饮马东京,以雪国耻。"① 十九路军陆续调防京沪以后,又受到了全国人民及京沪地区抗日救亡运动的直接影响。广大官兵更下定了为中华民族求生存,为中国军人争人格的决心。特别是驻防上海地区的第七十八师所部,看到了日本人在上海的不断挑衅行为,更为义愤。第十九路军调防京沪的时间虽然不长,对全局情况并不了解,但从日人在上海的不断挑衅和日本海军不断增兵上海的活动中,判断日军对上海的进攻不可避免。为此,蔡廷锴曾于1932年1月上中旬两次到南京请示陈铭枢。陈表示了在不得已时抵抗日军进攻的决心。

这时发生了日本僧侣被殴,日人烧毁三友实业社并捣毁商店橱窗等一系列事件。

---

① 中国社会科学院近代史研究所中华民国史研究室编:《中华民国史资料丛稿·大事记》第17辑,中华书局1989年版,第191、197页。

1932年1月18日，日本僧侣5人经过引翔港地方，行至马玉山路三友实业社附近时，遭到中国一些工人的殴打。20日晨，日本“上海青年同志会”32名会员携带武器、木棍、酒精和煤油等物品，放火焚烧三友实业社。当日下午，1 000余日人开会，决议电请日本政府派陆海军压制中国人民排日运动，会后游行示威，大呼口号，沿街挑衅，将市内十余家商店橱窗打碎。21日，上海各大报均显著登载了日人放火烧毁三友实业社的新闻。《民国日报》的标题中有“日浪人藉陆战队掩护”字样。22日下午，日本驻上海海军陆战队借口与事实不符，向该报提出无理要求：主笔到陆战队提出公文陈谢，揭载半张大地位之谢罪文，保证嗣后不再发生此种事件，罢免直接责任记者职位，并限23日上午5时前答复。该报对于日军的无理要求未予理睬，而只对新闻报道予以“更正”。但是在当日下午，日侨1 000余人又集会，攻击《民国日报》。《民国日报》被迫接受公共租界工部局的劝告而停刊。

日人的挑衅和日海军的增援，使上海呈现了一片紧张气氛。十九路军总指挥蒋光鼐、军长蔡廷锴和淞沪警备司令戴戟（12月下旬代替陈铭枢任此职）于23日在龙华警备司令部召开了驻上海部队营以上军官紧急会议，决定死守上海。会后于当日下午7时发出密令，命令各部，“严加戒备，如日本军队确实向我驻地部队攻击时，应以全力扑灭之”。①命令决定第七十八师之一五六旅担任京沪铁道以北至吴淞、宝山之线，扼要占领阵地，该师之一五五旅担任京沪铁道线（含铁道）以南至虹桥、漕河泾之线（南市、龙华之团即在原地）扼要占领阵地。吴淞要塞司令率原有部队固守该要塞。位于丹阳之第六十师第一一九旅第三团，限于24日到南翔附近待命，第六十、六十一师为总预备队。会后，将总指挥部移至真茹。24日，蔡廷锴又到苏州召集第六十师高级将领举行紧急会议，传达了23日所发密令，并进一步作了战备动员。

嗣后，蒋光鼐、蔡廷锴、戴戟发表了《告淞沪民众书》，其内容除叙述九一八事变以来，日本的侵略行为和近日上海日人挑衅并派大批军舰来沪作发动战争的准备情况外，表示决心：“宁为玉碎而荣死，不为瓦全而偷生。本总指挥、军长、司令愿与我亲爱之淞沪同胞，携手努力，维持必要之治安，作最后有秩序之决斗，决不使日兵在中国土地及淞沪万国具瞻之范围扰及我安居，损及我一草一木。”②

---

① 中国科学院历史研究所第三所南京史料整理处选辑：《中国现代政治史资料汇编》第2辑第29册。（未刊稿，无页码，下同）。

② 《中国现代政治史资料汇编》第2辑第29册。

对于日人挑衅及日本方面所提出的种种无理要求，上海市政府遵照南京政府的指示，采取了妥协退让的态度。1月20日下午3时，上海市长吴铁城派市政府秘书俞鸿钧，就日人烧毁三友实业社事，前往日本领事馆提出口头抗议。日本总领事村井苍松表示遗憾，并允严纠凶犯。21日上午10时，村井到市政府对吴铁城市长当面又表示了前述态度，但同时对日本僧人被殴伤事提出书面抗议，并提出四项要求：一、市长对总领事道歉；二、逮捕肇事者；三、赔偿医疗费用及抚慰金；四、取缔排日活动，解散上海抗日救国会及各种抗日团体。如不给予满意答复，则海军司令官采取相当手段，以保护日本帝国之权利利益。25日下午，日本领事村井到上海市府催促答复所提要求。26日，村井再次到市府提出限48小时内答复的最后通牒。上海市府被迫于27日下令取消各界抗日救国会。但在当日，村井又口头通知吴铁城，要求下令将凡有抗日字样的团体一律解散，限于28日下午6时以前得到满意的答复，否则将采取必要手段，以实现其要求。28日下午4时45分，吴铁城答复日本总领事，表示完全接受四项要求。但在吴答复接受四项要求的两小时后，公共租界工部局即下达了戒严令，通告各国驻上海军队司令官对各自警备区域加强防备。下午8时30分，日海军第一遣外舰队司令官盐泽幸一发表声明："目前上海不论租界内外，人心动摇，不稳的局势日益恶化。工部局公布了戒严令。各国军队正在严加警戒。帝国海军因担心有多数日侨居住的闸北一带的治安，特决定配备兵力负责维持。本司令官切望中国方面尽快撤除配备在闸北方面的中国军队的敌对设施。"①声明发表后，日军即开始了所谓的自由行动——对上海中国驻军十九路军所部的进攻。

三

1932年1月28日23时30分，驻上海日军向闸北布防的中国第十九路军所部发动进攻，守军奋起抵抗。淞沪战役从此展开。

所谓淞沪，是指长江口南岸的吴淞与上海市区及其相联结的一片平原水网地带。它东临大海，北靠长江。在市区内有吴淞江（苏州河）穿过注入黄浦江，将市区切为南北两部分，西边即是太仓、昆山、青浦及苏州、吴江、常熟等水网地带。市内黄浦江西岸，吴淞江南北有外国租界。各帝国主义国家在租界内有常驻的

① 日本政府参谋本部编：《满洲事变作战经过概要》第1卷，中华书局译稿，第135页。

军队。其海军舰只不受任何限制地在黄浦江及长江内游弋。日军进攻淞沪地区时,租界地可作为其根据地和进攻出发地,游弋于黄浦江和长江的舰只可对陆上部队以炮火直接支援。由日本国内增援的部队可在吴淞以西的长江各口岸登陆,对在市内防御作战的中国部队实施战略迂回,威胁防守部队的翼侧和后方。其飞机可由停泊在黄浦江和长江上的航空母舰起飞支援地面部队作战。

在这样的地形条件下,守军必须有足够的陆军兵力在市区与吴淞及其以西长江沿岸布防,在空军与海军的协同下,一方面在市街作战,一方面实施抗登陆作战,而这些是第十九路军所不能担负的。

当时在淞沪地区中,中日两军的实力如下。

日军:海军第一遣外舰队,拥有战舰 17 艘;第二十四驱逐队,舰 4 艘;第十五驱逐队,舰 4 艘;第一水雷战队,舰 12 艘;航空母舰能登吕号,飞机 6 架。海军上海陆战队 3 个支队,1 500 余人,连同其他各舰陆战队,共约 3 000 余人。

中国军队:第十九路军,辖第六十、六十一、七十八师,共计 3.3 万余人。在淞沪地区布防的仅第七十八师两个旅和吴淞要塞守备部队及北站宪兵营。

战役展开以后,日本海军上海陆战队,在鲛岛大佐指挥下,分为中央、北部、虹口、西部、东部 5 个警备队,向十九路军闸北防线展开攻击。十九路军第七十八师一五六旅所部奋起抵抗。战至 29 日拂晓前,守军打退了日军多次冲击,阵地屹立不动。天亮后,日军在飞机支援下攻占北站守军阵地。当日下午,守军又将北站夺回,并将日军驱逐至北四川路以东,靶子路以南。日军的第一次攻击失败。

日军初次攻击失败后,于 29 日晚通过英、美等国驻沪领事,向十九路军提出停战要求,提出只要中国方面不攻击,日军即不采取攻势。可是,30 日日军继续攻击,又经英、美领事调停,并经双方谈判,约定停战 3 日。

在停战期间,日本海军省派驱逐舰 4 艘、巡洋舰 3 艘、航空母舰 2 艘、载海军陆战队数千,陆续抵上海。十九路军也在此时调整部署,将驻镇江以东地区的第六十师调到南翔、真茹一带,并将第六十一师也调运来沪。原在上海的第七十八师全部进入前线,加强防御。

2 月 3 日早晨,日军再次向闸北发动进攻,守军坚守阵地,顽强战斗,连续激战 3 昼夜,至 2 月 5 日下午 4 时,日军遭受严重伤亡后,停止了攻击,退回原阵地。但高桥炮台被日军炮火完全破坏。

由于日军向闸北进攻的失败,日军决定将新增援的和原在上海的海军组成第三舰队，调野村吉三郎海军中将为司令官，代替原指挥官盐泽，并调植松炼磨少将为海军陆战队指挥官。同时，日本陆军中央部派陆军第九师团和混成第二十四旅团增援上海作战。

日军上海陆战队，为掩护陆军混成第二十四旅团登陆，于 2 月 7 日上午分两路向吴淞进攻。停泊在浦东、川沙、白龙港一带日军舰只 10 余艘和浦江中杨树浦停泊的驱逐舰数艘，也先后驶向吴淞参加战斗。日军混成第二十四旅团于当日下午 6 时前在吴淞铁路码头登陆，集结在徐家宅附近。

8 日拂晓，日军混成第二十四旅团分 3 路，在飞机、舰炮支援下，向张华浜、蕴藻浜、吴淞镇等处进攻，在中国守军顽强抵抗下未逞。至下午 8 时许，进攻日军分别退至引翔港、杨树浦、狄思威路转为防御。

12 日上午，日军混成第二十四旅团为在蕴藻浜北岸夺取进攻吴淞的支撑点，以一个大队占领沈家宅，并以工兵中队在永安纱厂附近架桥，当即被守军击退。当日夜间，日军利用夜暗架桥成功。13 日拂晓，日军在烟幕弹掩护下强渡蕴藻浜，在曹家桥附近突破守军防线。十九路军调第六十师一二二旅增援，将渡河日军包围。被围日军在救援部队接应下拼力突围，但只有少数日兵突出，大部被十九路军消灭。

18 日前，增援日军第九师团陆续到达上海。18 日下午，第九师团师团长植田谦吉中将向十九路军与上海市长发出最后通牒，被十九路军所拒绝。此时，张治中指挥的第五军到达淞沪参战。蒋光鼐任命张为左翼军指挥官，接替江湾北端经庙行镇，沿蕴藻浜至吴淞西端之线的十九路军防务，以蔡廷锴为右翼军指挥官，指挥十九路军担负由南市、龙华、北新泾、真茹至闸北、江湾之线地段的防御。

20 日，日军第九师团和混成第二十四旅团对淞沪地区中国守军发动总攻，除以一部兵力监视吴淞炮台外，主力攻击庙行、江湾一线第五军和第十九路军阵地，企图将守军消灭在吴淞江以北地区。双方激战至 26 日，日军的总攻失败。

日本陆军中央部鉴于第九师团在上海的失败，下令组成上海派遣军司令部，以白川义则大将为司令官，增调第十一、十四两个师团到上海参战。2 月 29 日，第十一师团的一部乘舰到达长江口。白川于当日下达了总攻淞沪的作战命令：以第九师团夺取张家桥、夏马湾一线；第十一师团在七丫口附近登陆，然后袭击浏河镇，并准备向大场、真茹进攻，海军第三舰队及海军飞机配合陆军作战。

3 月 1 日晨开始，日军对淞沪地区中国守军发起全线攻击。守军仍沉着应战，但因抽调部分兵力驰援浏河方面作战，正面防守兵力薄弱，战线不断被日军突破。由七丫口登陆的日军第十一师团击退此处少数守军后，向浏河镇攻击，并攻占浏河。中国守军第五军急派二一六旅前往截击。

由于大批日军在七丫口登陆，并占领浏河后继续前进。中国守军侧后方受到严重威胁，又得不到重兵增援，不得已，蒋光鼐于 3 月 1 日下午命令部队向黄渡、方泰镇、嘉定、太仓之线撤退。

日军于 3 月 2 日上午实施追击，至 3 月 3 日，占领了浏河镇、嘉定、南翔、真茹，并在该线集结，停止了追击行动，同时发表了停战声明。3 月 6 日，中国第十九路军也发表了停战布告。至此，淞沪战役宣告结束。

在整个战役期间，上海人民积极支援和参加作战。全国人民和海外侨胞也积极声援和支援十九路军作战，给前线作战的广大官兵以巨大鼓舞。

此次战役，中国军队伤亡官兵 1.3 万余人，日军伤亡，据日方公布的数字为 3 000 余人。此外，中国人民群众伤亡和失踪共计 2.1 万余人。

四

第十九路军在全国人民支援下，在上海人民直接参加与支援下，对日军坚持了一个多月的作战，迫使日军三易主帅，不断增兵，取得了辉煌战绩，获得了全国人民和世界各国人民的称赞。然而，战争的结局，则是以该军的后退而告终。而且，南京政府还与日本帝国主义签订了丧权辱国的《上海停战协定》。这是蒋介石和中国政府当局采取的误国政策的结果。

九一八事变后，在蒋介石"攘外必先安内"的误国政策下，命令东北军不抵抗，使东北三省迅速沦陷。当日军不断增兵上海和日人频繁挑衅，十九路军备战的紧张形势下，蒋介石和南京政府当局最担心的是上海发生战争。1 月 23 日下午，时任行政院长的孙科与蒋介石、汪精卫在南京开紧急会议，讨论对日方案，事后给上海市长吴铁城发出特急电说："佥主我方应以保全上海经济中心为前提，对日方要求只有采取和缓态度，应即召集各界婉为解说，万不能发生冲突，致使沪市受暴力夺取。"①战役爆发的前 4 天，蒋介石指使前浙江省主席张静江劝说十九路军退出上海，避免与日军冲突，被蔡廷锴严词拒绝。1 月 27 日夜，军政部长

---

① 中央档案馆、中国第二历史档案馆、吉林省社会科学院合编：《九一八事变》，中华书局 1988 年版，第 531 页。

何应钦向十九路军连发3次急电,“着该军忍辱求全,避免冲突,万勿妄动,以免妨碍国防大计”。[①]接着又命令宪兵第六团于1月28日赶到上海,接替闸北第十九路军七十八师的防务。接防未成,日军即于当日夜发动了进攻。

战争爆发以后,29日南京中央政治会议决议迁都洛阳,并设立军事委员会,指定蒋介石、冯玉祥、何应钦等为常委。当日,中国政府外交部发表宣言说:“为执行中国主权上应有之权利,不得不采取自卫手段,并对于日本武装军队之攻击,当继续严予抵抗。”[②]30日,中国政府发表迁都洛阳宣言称:“政府为完全自由行驶职权,不受暴力胁迫起见,决定迁都洛阳办公。”[③]当日,蒋介石通电全国将士,“抱玉碎之决心,与暴日相周旋”,并称:“今身虽在野,犹愿与诸将士誓同生死,尽我天职。”[④]蒋介石和政府当局决定的原则是,“一面预备交涉,一面积极抵抗”。所谓一面预备交涉,是依靠国联,所谓积极抵抗,当时确定以第十九路军守上海,以第八十七师和第八十八师守南京。这样的决定与措施,与九一八事变后的不抵抗政策有所不同,可是,南京政府当局是设法依靠国际干涉,尽快停止上海战争。所以,“积极抵抗”则变成了积极求和。1月31日,何应钦电蒋光鼐、蔡廷锴和吴铁城,要求接受各国领事调停,并命令第十九路军“严守纪律与秩序,非有上官命令,不得任意射击,在前线部队尤需遵守”。[⑤]2月1日,英、美、法、德、意等国向中、日两国提出5项劝告:一、中日双方立时停止一切暴烈行为及暴烈准备;二、中日双方不能动员及动员准备;三、上海中日双方军队接触之地立即撤开;四、撤开之地由友军驻扎;五、停止冲突后,由列强居间从事交涉,以解决中日间一切争端。根据非战公约及国联行政院12月9日决议,双方不得有预先要求或其他保留之条件,并由列强列席或参加交涉。对于英、美等国的劝告,中国政府立即表示完全同意。日本则一方面提出更高的要求,一方面再次向闸北发动了新的进攻。

第十九路军在上海孤军奋战,中国政府不但不调兵增援,反而下令不准海军、空军配合十九路军作战,密令各舰队不攻击日舰,应守镇静。2月3日,日海军舰炮轰击吴淞各地。国民党海军驻上海舰队奉令不准还击。2月5日,何应钦

① 中国人民政治协商会议全国委员会文史资料研究委员会编:《文史资料选辑》第37辑,中华书局1963年版,第45页。

② 《中华民国资料丛稿·大事记》第18辑,中华书局1989年版,第22页。

③④ 《中华民国资料丛稿·大事记》第18辑,中华书局1989年版,第24页。

⑤ 《中国现代政治史资料汇编》第2辑第29册。

以特急电令蒋光鼐、蔡廷锴，原配属十九路军之航空队“除对日机加以抵抗外，即对日海军决不抛掷炸弹”。[①]8日，何应钦又以“火急”电致上海市长吴铁城和在上海的国民党中央委员们，提出“适可而止”，从速设法停止战争。电报中说：“此次淞沪事件，弟曾迭电商酌适可而止，盖期早得收束，为国家多留一分元气也。昨英海军司令在沪会商调解，闻诸同志中多主张须依据各国通牒第五条，连同东省问题整个解决，以致毫无结果，失此斡旋良机，深为可惜……。请兄等商在沪外委，从速设法，先求停止战争，至于整个问题，则待外交正式之解决，庶不致益加扩大糜烂而不可收拾也。”[②]12日，何应钦又严令十九路军，“南市守军不得有挑战行为，如日兵舰或军队未向我攻击时，不许发弹射击，避免南市糜烂为要”。[③]接着何应钦按照蒋介石的指示，派陆军步兵学校校长王俊和军政部政务次长陈仪到上海向日军乞和。13日夜，何电十九路军：“蒋公之意，我军进攻，无论如何牺牲终难达到目的，已派陈次长与日武官原田及第九师团参谋长田代少将接洽，先谈双方停止射击若干时间，为办理调停余地，然后进一步商谈如何撤退等问题。”[④]紧接着在当日夜何又以“限30分钟到”的急电，致蒋光鼐、蔡廷锴、吴铁城、宋子文：“介公刻到浦镇，召弟等指示，沪事以十九路军保持十余日来之胜利，能趁此收手，避免再与决战为主，其办法如下：一、如日本确无侵占闸北之企图，双方立即进行停战办法；二、停战条件须双方各自撤退至相当地点，中国军队退出地方由中国警察维持。请兄等仍斟酌外部前开接受英、美调停办法各电及陈公侠兄所言王俊所述办法，择其于我有利者，从速进行。”[⑤]陈仪、王俊到上海向日军求和，举行谈判，但日军坚持中国军队必须先撤退的条件，而和议破裂。

南京政府对十九路军在作战中消耗的武器弹药和医药器材，一概不予补给。所需平射炮和高射炮以对付日军的坦克和飞机，十九路军一再请领，军政部始终未发一炮一弹。在淞沪战役期间，政府还停发十九路军的军饷。海内外同胞捐赠给十九路军的款项约700万元，被军政部作为军饷分发。

在国民党当局不予派兵增援，日军不断增兵和在侧后登陆迂回，无兵救援的情况下，十九路军只有被迫撤退。正如十九路军于3月2日向全国各界发出的退守待援电文中所说：“我军抵抗暴日，苦战月余，以敌军械之犀利，运输之敏捷，赖我民众援助，士兵忠勇，肉搏奋战，伤亡枕藉，犹能展挫敌锋。日寇猝增两师，

---

①②③⑤ 《中国现代政治史资料汇编》第2辑第29册。
④ 《文史资料选辑》第37辑，中华书局1963年版，第48页。

而我以后援不继。自2月11日起，我军日有重大伤亡，以致力于正面战线，而日寇以数师之众，自浏河方面登陆，我无兵增援，侧面后方，均受危险，不得已于3月1日夜将全军撤退至第二道防线，从事抵御。本军决本弹尽卒尽之旨，不与暴日共戴一天。”①

国民党当局所以对淞沪抗战采取消极、甚至制止的态度，其根本原因就是贯彻“攘外必先安内”的误国政策。当时任第八十七师二十六旅旅长的宋希濂代表全旅官兵于1月30日面见何应钦，请求开往上海参战。何应钦说：“十九路军不听命令，叫他们撤离上海，他们不撤，反而同日军打起来了，破坏中央的整个政策（按即对外妥协，对内用兵，对人民压迫的政策），弄得中央很难处理，你们还来要求开往上海参战吗？这是不行的。”②破坏中央的什么政策？挑明了，就是“攘外必先安内”的政策。1月23日，上海局势紧张，蒋介石、汪精卫和孙科在南京开紧急会议。蒋、汪主张“先行安内，方可攘外”，并批评陈友仁等对日绝交的主张。③2月14日，何应钦致电吴铁城称：“回顾国力，除财政问题外，抗日剿赤两难兼顾”，“两者只能出于一途，万难并进也。”④当在广东的国民党中委们质问参谋次长黄慕松，为什么不调兵支援十九路军时，黄说，上峰的决定是“沪战在外交上应视为局部问题，不能扩大，在军事上‘剿赤’部队不能调用。如果挖肉补疮，将招致沦亡大祸”。⑤何应钦和黄慕松在这里表露得十分清楚明白。这都说明了国民党当局的“攘外必先安内”的误国政策，是淞沪战役失败的根本原因。

五

第十九路军撤退到第二道防线，日军占领了浏河、嘉定、南翔、真茹后，停止了追击行动，发表了停战声明。日军为什么不乘胜扩大战果，继续向十九路军攻击，而结束作战行动呢？按照日军于3月3日发表的停战声明说：“现在中国军已退至帝国陆军当初要求的距离以外，帝国臣民的安全保障和上海租界的和平，从此可望恢复。因此，本司令决定只要中国军队不采取敌对行动，我军将暂时原

---

①② 《文史资料选辑》第37辑，中华书局1963年版，第9—10页。
③ 《中华民国史资料丛稿·大事记》第18辑，中华书局1989年版，第17页。
④ 《中华民国史资料丛稿·大事记》第18辑，中华书局1989年版，第41页。
⑤ 《文史资料选辑》第37辑，中华书局1963年版，第28、47页。

地不动,停止战斗行动。”[①]时任日本驻华公使的重光葵说,是他“费了半天时间,才说服白川大将,发出了停战令”。他所以劝说白川发停战令的原因是,他认为“既然日本军驱逐了中国军,便可恢复上海治安,决心必须立即停战,遂前往司令部向白川大将商洽”。[②]而事实上,日军所以在此时发出停战令,是因为其炮制的伪满洲国已经筹备就绪,并决定在3月9日正式宣布成立。同时,国际联盟关于日本侵华的会议,定于3月3日11时(上海时间3月4日4时)于日内瓦召开。日本认为在国联开会前停止作战,并发表停战声明为上策。至于停战以后,如何在军事胜利的基础上取得更大的成果,则是同中国政府当局进一步谈判的事了。

中、日双方的和谈,在战役展开以后,就在英、美、法、德、意等国驻华使节的斡旋下开始了,但在战争正在激烈进行,日军为作战目的尚未达到的情况下,是不能达成协议的。中、日双方代表正式接触是从2月28日开始的。在列强驻华使节斡旋和国联干预下,双方经过多次谈判,于5月5日正式签订了《上海停战协定》。

这是一个丧权辱国的协定。它使各帝国主义国家,尤其是日本帝国主义在上海的权益更加扩大。例如第一条,“关于停战情形遇有疑问发生时由与会友邦代表查明之。”表面上看,这条好像对中日双方不偏不倚,可须知这是在中国的土地上实行的停战,停战发生疑问时,中国方面竟然无权调查,无权参与处理。其第二条更为明显地有损于国家主权,实际上规定了由苏州、昆山至上海的地区内中国无权驻兵。所谓“所涉及区域之常态恢复未经决定办法以前”,是什么样的“常态”什么样的“办法”,都是很难明确其含义的;什么时候才能决定出恢复常态的办法,也是没有时间限制的。另外,除协定正文外,还有中国政府取缔抗日,十九路军换防和浦东、苏州河南中国不得驻兵等三条所谓谅解。这样,中国最大的工商业城市,变成一个不设防的城市,而日本反而能在市内驻兵,能以此为基地向中国内地进兵。这真可谓是我们中华民族的又一奇耻大辱!

停战协定的签订,标志着淞沪战役的正式结束。日本帝国主义发动对上海的侵略战争,企图达到镇压中国人民抗日救国运动的目的是永远也达不到的。淞沪战役,使中国人民进一步觉醒,认清了日本帝国主义企图变中国为其独占殖民地的野心,也更加认清了蒋介石国民党妥协退让的政策,因而更加激发了全国

---

① 《满洲事变作战经过概要》第1卷,中华书局译稿,第175页。

② 重光葵著:《日本侵华内幕》(中译本),解放军出版社1987年版,第47页。

人民的爱国热情。抗日民主运动一浪一浪汹涌澎湃地展开。如果说，日本帝国主义发动对上海进攻的另一目的是企图转移国际视听，在东北组织为其服务的傀儡政府，则应该说是达到了。就在3月初，十九路军后撤，中日双方根据国联决议进行停战谈判的紧张时刻，伪"满洲国"于3月9日宣布成立。

美国著名作家和新闻记者埃德加·斯诺，目睹了淞沪战役的全过程。后来，他在所著《复始之旅》一书中说："然而，上海一·二八之战对中国人民的思想产生了永久的不可逆转的影响。它使中国许许多多年轻人相信，如果全国团结一致进行爱国斗争，中国就是不可战胜的。只要有正直、无私的人来领导，经过良好的训练和充足的装备，中国军队也同样能够很好地为自由而战。这一'发现'振奋了人们正在消失的斗志，最终造成了一种政治气候，迫使蒋介石不得不与他的'最凶恶的头号敌人'妥协，共同抗日。主要是这一事实，而不是这场战斗的表面结果，将使亚洲的历史发生决定性的改变。"①

（本文原载《抗日战争研究》，1992年第1期）

① 埃德加·斯诺著：《斯诺文集》第一卷《复始之旅》，新华出版社1984年版，第120—121页。

一·二八淞沪抗战及其意义

张　铨

“是国家柱石，是民族先锋，气吞倭寇，神勇远征全世界。为正义牺牲，为和平奋斗，血溅沪野，忠魂长绕大江南。”①这是六十年前追悼淞沪抗日将士的一副挽联，也是对一·二八淞沪抗战的一首赞歌。六十年后，我们回顾这段历史，不仅有助于我们了解抗日战争的发展进程，还有助于我们认识中国人民的爱国主义传统和伟大的民族凝聚力，对社会主义精神文明建设也是颇有意义的。为此，本文就一·二八淞沪抗战及其意义进行论述和探讨。

(一)

一九三一年九一八事变以后，日本帝国主义者鲸吞了我国整个东北四省区，国际视线集中到东北。日本帝国主义者为了分散国际视线，决心继九一八事变之后，再在为国际所注目的上海制造一场战争，以冲淡各国对其侵占东北的注意。另一方面，日本帝国主义者以为在上海采取军事行动，既可“威胁我政府，使屈服于丧权辱国条件之下”②；又可使西方各国承认它在东北入侵的既成事实；更因为日本帝国主义者在轻而易举的占领了我国东北以后，进一步增强了它推行大陆政策的侵略野心，在上海发动一场战争，有利于它推行大陆政策。日本帝国主义者发动一·二八战争时，错误地估计了中国人民和爱国军人抗敌御侮的能力，只片面地看到以蒋介石为代表的大地主、大资产阶级一味忍让和不抵抗的政

① 《申报》1932年6月1日。

② 《国府发表迁都洛阳宣言》，《申报》1932年1月31日。

策，因此他们敢于扬言“四小时内占领上海”。[1]正是在这样的历史背景下，日本帝国主义者继九一八事变之后，又在上海不断地兴风作浪，制造事端，以寻机挑起战争。

为了达到上述目的，关东军高级参谋板垣征四郎大佐曾授意日本驻沪武官田中隆吉，要他“在上海搞出一些事来”[2]，并送来两万日元的活动经费。于是，名赫一时的日本女特务川岛芳子就在上海制造“日本和尚事件”，田中隆吉则制造焚烧三友实业社工厂事件，互为呼应，狼狈为奸，在上海炮制发动战争的借口。

与此同时，日本帝国主义者加速对上海发动侵略战争的军事部署。一·二八战争前夕，日本在沪集结航空母舰、巡洋舰、驱逐舰等三十余艘，飞机五十架，装甲车十余辆，陆战队约六千余名，在乡军人三千余名，统归在沪的日本第一遣外舰队司令、海军少将盐泽指挥。另外，自九一八事变后，日本驻沪司令部所藏枪械可供三千人之用。时日本在沪侨民有二万五千五百余人，可供随时调遣。

当时上海的中国驻军是十九路军翁照垣旅。这支军队因陈铭枢促进宁粤妥协，陈被任命为京沪卫戍司令长官，于 1931 年 10 月，方由赣州“剿共”前线调戍京沪地区。时蒋光鼐任十九路军总指挥，蔡廷锴任 19 军军长，戴戟任淞沪警备司令。

由于南京国民政府执行不抵抗政策，十九路军进驻上海以后，当局未向该军提供任何敌情，全靠该军自己收集情报和分析判断，因此该军迟至 1 月 15 日才开始应战部署。但是，“当时国人方痛心疾首‘九一八’之不抵抗，人人都想和日人一拼死活。所谓‘与其束手待毙，何如一战以求生’。这是全国人民的一致要求”。[3]而上海各阶层人民的强烈抗日运动更深深地鼓舞了这支爱国军队。当十九路军首脑部门判断日军行将要在上海发动战争时，1 月 23 日，十九路军在蒋光鼐、蔡廷锴、戴戟主持下，及时果断地在龙华召开了营级以上军官紧急军事会议，作出了卫国守土的决定，讨论了抗击日军的计划，并密令全军对来犯日军“应以全力扑灭之”。[4]同时，以陈铭枢、蒋光鼐、蔡廷锴、戴戟名义刊发《告十九路军全体官兵

---

① 《申报》1932 年 5 月 28 日。

② 上海社会科学院历史研究所编：《“九一八”——“一·二八”上海军民抗日运动史料》，上海社会科学院出版社 1986 年版，第 425 页。

③ 华白编：《一·二八淞沪抗战》，上海大成出版公司 1948 年版，第 3 页。

④ 《“九一八”——“一·二八”上海军民抗日运动史料》，第 192 页。

同志书》,号召“不抵抗无以为人,不抵抗无以救国,认清此次与仇日拼命,迥非寻常之作战可比,意义丰富,价值无上”。全军“自高级官长至火夫,若存一丝一毫畏葸怯顾之心,不仅是我们革命生命之自杀,将杀尽灿烂历史的威风,杀尽中华民族残灯欲灭的生命,子子孙孙千秋万岁,都要骂我们为欺世盗名、亡国灭种不中用的东西!”①正是十九路军这种爱国御侮精神,为九一八以来的屈辱历史划了一个顿号,谱写了一·二八淞沪抗战的壮丽史诗!

日本帝国主义者在发动一·二八战争之前,曾向租界当局声明,“日军如取必要行动时,决于24小时前通知”。1932年1月28日清晨,“日方已经正式通知租界当局”,②并以租界为侵略基地。公共租界立即据此下令于当日下午4时宣布戒严,并有英军出动布防。法租界也同时加强了戒备。午后,日军驻沪陆战队队部附近“警戒更加严重”,“有进攻模样”③。这一切引起了上海市政府和淞沪警备司令部的密切注意。晚11点25分,日本驻沪领事馆递交日本第一遣外舰队司令官致上海市市长和上海市公安局长函,宣称目下上海租界内外人心动摇,形势不稳,各国军队亦已严密戒备。“帝国海军鉴于多数邦人住居闸北一带,为维持治安计,欲以兵力配备该处,以负保安之责。本司令官希望中国方面应将闸北方面所有中国军队及其敌对设施从速撤退”。④

此前,1月28日下午4时,日机即飞往闸北上空示威。当晚11时半,日本第一遣外舰队司令官盐泽指挥陆战队和便衣队数千人,在装甲车掩护下,由天通庵分三路进攻闸北,动用了野炮、曲射炮等火器。首先向我国警察开始攻击,继则攻击十九路军部队。日军在侵入天通庵路、虬江路中国守军阵地的同时,纵火焚烧各商店,用手榴弹从屋顶掷下,气焰极为嚣张,“侈言十二小时可以底定上海”⑤。十九路军守军立即予敌以层层包围,击毁其铁甲车6辆;继之,展开勇猛冲杀,毙伤敌人甚众,并夺取日装甲车3辆,缴获战利品颇多,使日军“大惊失色”,⑥“深恐我军反攻,日将全军覆没”。⑦

29日4时许,日机在细雨迷蒙中在闸北上空滥肆轰炸,民房纷纷起火,商务

---

① 《“一·二八”的一些纪念品》,淞沪警备司令部编,1933年版。
② 中央档案馆等编:《九·一八事变》(档案资料选编),中华书局1988年版,第535页。
③ 中央档案馆等编:《九·一八事变》(档案资料选编),中华书局1988年版,第536页。
④ 《九一八事变》(档案资料选编),第536、537页。
⑤ 《九一八事变》(档案资料选编),第588页。
⑥ 《一·二八淞沪抗战》,第8页。
⑦ 俞济时:《一·二八淞沪抗日作战经过》,(台湾)《中外杂志》第37卷第2期。

印书馆、东方图书馆、北火车站相继中弹燃烧,火焰冲天,光照数十里,我同胞生命财产、国家文化宝藏,俱遭浩劫。全国人民对日军残暴肆虐,益加愤慨。闸北一役经一昼夜之激战,共毙伤敌军千余,俘获其装甲车五辆。“此次闸北巷战之胜利,关系全盘战局至为重大,不仅我军士气为之大振,且认识所谓‘皇军’之真面目。”①

29日晚,英美领事出面调停,中日双方接受停战三日。双方均利用这一交战间隙,进行增援补充,调整军事部署。十九路军60师主力于29日集中南翔,61师由京赶赴黄渡、南翔,分别进入防区。30日,日本增调第26舰队驱逐舰四艘,载各种大炮、炸弹抵浦江。日本精锐的海军特别陆战队七千名全数调沪。同时,中日双方仍有小规模交战。2月3日上午,日军分三路向闸北总攻,均被十九路军击退。10时,日舰轰击吴淞。4日上午,日军增援部队陆续到达,发动淞沪战争第一次总攻,战火蔓延到江湾、吴淞一线。其中八字桥、江湾阵地,自晨至暮,激战不已,与敌三度肉搏,毙伤日军五百余名,毁敌装甲车二辆,使敌不支而退。2月5日,日机频频入侵吴淞上空,当日9时,中国空军与日机在真如上空空战,击落敌机两架,使中国守军士气为之鼓舞。但当时中国战机续航能力至多不逾三小时,飞机数量又不及日军十分之一,以后虽偶有出击,终难以与敌空军抗衡。地面战争,至5日已持续一周有余,日军连连败北,4日发动的总攻击,也被彻底粉碎。至此一·二八淞沪抗战的第一个回合结束。盐泽被撤职调回本国。

因日军在淞沪战争中节节溃败,日本内阁乃决议将上海及以南的中国沿海所有日海军组成第三舰队,以便统一调遣,同时改派野村吉三郎中将为司令,取代盐泽。野村执掌侵犯上海指挥权以后,日本在沪陆海空军已达万人以上。他调整了侵略上海的作战计划,把交战重点置于吴淞江湾方面。2月7日,日陆海空三军集中火力主攻吴淞,并限24小时内攻克。同时,向江湾、八字桥、闸北发动助攻。经一昼夜血战均未奏效。2月8日拂晓,日军再度向吴淞发起攻击,先后冲锋达十余次,均遭十九路军击退。且7、8两日,日军在蕴藻浜北岸亦遭重创。此为沪战以来我军首次大捷。

9日至11日,日军屡受重创,野村却狂妄地对西方记者说:“日军渡过蕴藻浜之日,即为日军行动终止之时。”又说“日军在吴淞踏平华军壕沟之日,为时不远。

① 俞济时:《一·二八淞沪抗日作战经过》。

请诸军拭目相观，届时即可结束华东之抵抗。”①但是，经过中国守军几度血战，野村的作战计划也遭全部破产。淞沪抗战中的第二个回合至此又告段落。不久，野村与盐泽同样命运，因入侵不力被调令回国。

2月8日，正值淞沪抗战首次大捷之际，军事委员会常委蒋介石将87(师长张治中兼)、88(师长俞济时)两师及王庵之税警团，与陆军军官学校教导总队等编为第五军，由张治中任军长，对外与十九军统一用十九路军名义，并接受十九路军统一指挥。14日前后分别进入淞沪作战防区。

日军在沪作战再次不利消息传到东京以后，日内阁又作决定，调派日精锐部队第9师团及第12师团之一个混成旅团(即久留米混成旅团)压向上海，并任植田谦吉中将为司令，于14日先后在沪登陆。这时英、美、法、意四国公使抵沪从事和平活动，植田利用这一时机在沪重新调整军事部署。但双方交战没有停息。18日，四国公使所进行之和议宣告破裂。植田谦吉即蛮横地向十九路军发出哀的美敦书，竟限中国守军在自己国土上于20日17时前，自租界起各撤退20公里。十九路军于次日严词拒绝这一荒谬要求。

20日晨起，在植田指挥下，日精锐部队第9师团及久留米混成旅团，在飞机、舰炮立体作战支援下，向淞沪铁路全线，重点指向江湾镇及北庙行镇以南的88师右翼阵地，对闸北、江湾、吴淞三方面发起全力疯狂进攻达三昼夜。尤以22日庙行镇战役，战事激烈为淞沪战役中最大的一次会战。自是日凌晨3时起，日军六千余人续攻八字桥，另以万余人猛攻江湾，以行牵制。其主力三万余众攻击庙行一线，企图中央突破。结果交战双方反复肉搏，历20小时之久，“由于我官兵咸抱与国土共存亡之决心，奋勇迎战”②，终将日军击溃。此战总计毙伤敌第9师团及久留米混成旅团之精锐三四千人。中国守军亦付出极大牺牲。交战之激烈，为开战以来所仅见。日军依其海空之优势，“每于败退之际，辄滥施轰炸与燃烧，疯狂暴虐，无以复加”。尤其自20日起，敌机三、四十架，连续轰炸达36个小时之久，乃至江湾镇、庙行镇“附近民房多被炸毁，战地满目疮痍，军民尸体遍地，甚至腐臭四溢，沟渠皆赤”③。日本帝国主义者在淞沪战争中犯下了滔天罪行。

23日，植田因在沪督战，连攻三昼夜均不得逞，乃急电东京请求增兵。日本内阁再度为淞沪战争举行会议，决定再派两个师团援军，由曾任关东军司令官的

---

① 蒋光鼐、蔡廷锴、戴戟：《十九路军淞沪抗战回忆》，《文史资料选辑》第37辑，中华书局1963年版。
② 《中华民国史事纪要》(初稿)1932年2月22日条，(台湾)中华民国史料研究中心印行。
③ 《中华民国史事纪要》(初稿)1932年2月25日条。

白川义则大将为海外派遣司令官，以陆军大将菱刈隆为陆军总指挥，率领以驻屯于日本国内善通寺的第11师团和宇都宫的第14师团编成“上海派遣军”增援。至此，淞沪抗战中的第三个回合即告段落。

菱刈隆于27日随11师团到达上海，白川义则随14师团于28日抵沪。29日，国联调查团到达东京，再次斡旋频繁，和议之声再起，但无结果。白川至沪后，再度调整军事部署，一方面派出主力仍压向我淞沪铁路，继续组织正面战场总攻击；一面以11师团迂回中国守军侧后，由浏河登陆，形成对十九路军大包围态势，以压迫十九路军退出淞沪防线。

29日，日本驻沪总领事村井仓松，借口我利用铁路运兵，致函上海市长吴铁城，以轰炸沪杭、京沪两铁路相威胁。同时，于是日拂晓，在淞沪开始新的一轮总攻击，吴淞口外日舰，首先与我吴淞炮台炮战，继之，中央地区、八字桥、杨家楼下、竹围墩、庙行一线，均展开激烈战斗。日军在各交火点虽付出很大代价，但均未能得手。3月1日，日军继续在闸北、八字桥、南市、竹围墩、庙行、纪家桥、吴淞等线发起总攻，并以日机狂轰滥炸，炮火之猛烈为前所未见。与此同时，在是日晨，日军在浏河江面，以飞机八十余架凌空护航，用战舰二十余艘，汽艇百余只，满载日军第11师团官兵万余人在七丫口、六滨口一带强行登陆。上午7时许，日军先后登岸。因敌我兵力悬殊，寡不敌众，杨林口、七丫口等中国驻军无力固守，日军则乘势进攻浏河。与此同时，淞沪铁路方面之日军亦陆续增加，全力突击，中国守军部分阵地先后遭到突破。日军增援兵力源源到沪，将有五个师团之众。而十九路军则无增援兵力可调，战争态势明显对中国守军不利，若继续固守原防，徒遭牺牲，于事无补。十九路军总指挥蒋光鼐乃于是日21时许下达全军总撤退命令，至2日凌晨4时许，各军主力均已脱离原战场，在拂晓前进入新阵地，转入第二防线。至此，一·二八淞沪抗战大规模战斗宣告结束。淞沪一役，“十九路军，虽为战略上关系，不能不退第二防线，然日方罄其全国之精华，以与我十九路军作战，亦未得多大之胜利，其伎俩亦可测而知矣。”①这一评断应该说是公正的。

一·二八淞沪抗战是发生于抗战初期的一场局部地区的抗日战争。就日本帝国主义者来说，这时它还不具备占领上海的条件，只是一场“佯动战争”，借此来巩固它对我国东北四省区的占领；也是为了他们进一步推行“大陆政策”打一

---

① 《申报》1932年3月4日。

次前哨战，作一次试探性的进攻。同时，也是对南京国民政府进一步使用军事威胁手段，以迫使其对日本帝国主义屈服。就中国方面来说，蒋介石及其国民政府，依然推行它的“攘外必先安内”的反动政策，对日本帝国主义侵略依旧没有摆脱“不抵抗”主义。中国各阶级的民族抗日统一战线尚未形成。全面抗战时期尚未到来，因此。十九路军英勇抗战的作用也只能在有限程度内发挥。就国际条件来看，英、美、法等国对中日之间的日益激化的军事冲突仍处于调停地位，且偏重于日本。在这样历史条件下，一·二八淞沪抗战的结局，不仅在军事上被迫转入第二防线，在政治上，也几经周折，多次谈判，于 5 月 5 日在英、美、法、意四国公使见证下，由中国政府与日本侵略者签订了愚民误国、屈服强权的“中日上海停战及日方撤军协定”，并有附件三号。一·二八淞沪抗战至此方画一句号。

(二)

一·二八淞沪抗战，是九一八以来中日双方野战军的抗衡与较量，是抗战初期中国军队“最典型之抗日战役，亦为中日两国有史以来最具规模之陆上战役”①。自 1 月 28 日开战，至 3 月 2 日十九路军转入第二防线，前后历时三十四天，双方交战四大回合。其间约分闸北、吴淞、八字桥、纪家桥、庙行、浏河六大战役。中国战儿“冲锋肉搏不下数十次之多”②，仅 19 军与第 5 军参战部队死伤官兵即达一四一〇四名。③一·二八淞沪抗战是壮烈的。它的意义也是应该充分肯定的。一·二八淞沪抗战的意义可以概括为下列三个方面：

第一，它为五年以后的中国全面抗战奠定了坚实的精神基础，转变了国际人士对中国抗日形势的观感，看到了东亚这一睡狮已经觉醒，标志着中华民族卫国御侮的民族精神大激扬。

这一战役，从人数上讲，日军从开始作战时的数千人“增至十万之众，我军则始终不满四万人”④。在人数上是敌众我寡。从参战的兵种与装备上来讲，日军动用了海陆空三军，投入作战飞机近四百架，动用了航空母舰、巡洋舰、驱逐舰、水雷舰等大小舰只数十艘，陆军装备有坦克、装甲车、各种战炮、机枪等高杀伤力

① 俞济时：《一·二八淞沪抗日作战经过》。

②③ 《南京国民革命军参谋本部关于淞沪作战经过报告》(1932 年，第 1054 号)，《九·一八事变》(档案史料选编)，第 595 页。

④ 华白编：《一·二八淞沪抗战》，第 32 页。

的火器。而十九路军仅恃步枪、手榴弹和少数大炮、机关枪。日本侵略军凭借他的海陆空优势，开战之初就以为“三小时内可以占我闸北”，①“十二小时可以底定上海”。②但是，一经交锋，日军却是屡战屡败，不得不在一·二八淞沪战役中三易其作战主帅，不断增援其精锐之师。这一战局的出现，大大改变了世人对“皇军”的认识，在国际上“倭寇声誉则一落千丈”③。

对中国来说，通过这一战役大大树立了中国抗日军人的军威。当时《字林西报》说：“中国第十九路军，一月以来，力拒日军，论其事实，有可称焉。该军服装不完，器械不备，其中又以童稚之年为众。以如此之军，与日军相抗，倘以他人遇之，五礼拜以前，久已退走不前，而该军坚持不屈之精神，未尝一动毫发。”“旦夕之间，其声名闻于全世界。第十九路军，即使军实不充，凡百缺乏，而有一物则独不缺，此物为何？即自古以来为士卒所必备，为军中之所最重之勇气是也。上海外人初不悉十九路军为何如军人，今既见其勇往之概，乐为主义而死，使人不得不起敬重之心。即如本礼拜三，该军疾退之时，其中仍有力守，不肯即去，必欲弹尽杀敌而死者。”④美国人为了推崇十九路军抗击暴日的精神，特将十九路军使用的战笠送陈美国博物院中，以歌颂中国抗日军人的军威。

十九路军在淞沪战役中所显示的爱国军人的军威，不仅令西人钦佩，就是日人亦不得不承认。当时《泰晤士报》说：“日军司令部发言人报称，中国军队抵御之坚勇，出乎意料。”东京《时事新报》说：日本“政府军部以及国民，对于中国军之实力，以及市街战之情形，似尚嫌无切实之认识，或者尚有明治二十七、八年战役之记忆及满洲野战之经验，以为上海敌军可以指日扫荡。至于我军之精锐，固不待言，然十九路军决非龙旗辫发之可比。”⑤

十九路军在淞沪战役中所表现的英勇不屈、顽强御侮的气概，当然更受到国人的赞扬。宋庆龄当时在答记者问中说：“人类唯有从奋斗中求生存，革命者尤当只问是非，不顾目前利害。十九路军明知众寡悬殊、器械财力均不如人，而能不顾一切，以血肉为中国争一线之生机，使世界知中国尚有不可侮之军队与民气，不特为军人之模范，实为革命之武力与反帝国主义之先锋。”⑥

---

① 《申报》1932年3月4日。

② 《南京国民革命军参谋本部关于淞沪作战经过报告》。

③ 蔡大治：《军事哲学与指挥艺术》，（台湾）《中外杂志》第36卷第6期，1981年12月版。

④ 引自华白编：《一·二八淞沪抗战》，第31页。

⑤ 引自华白编：《一·二八淞沪抗战》，第33页。

⑥ 杨旭声编著：《宋庆龄与孙中山》，（台湾）群伦出版社1987年版，第11、12页。

上述所引史料，足以说明一·二八淞沪抗战树立了中国抗日军人的军威，并在国际、国内产生了重大的影响。

一·二八淞沪抗战还激发了爱国军人和人民反内战的激情与行动。当时十九路军士兵们说："从前的仗火完全是自家杀自家，这回方是真正打仗，我们很高兴干的。"①淞沪抗战还使国人认识到，"民国以来，无岁不战。争城以战，杀人盈城，争地以战，杀人盈野。将士之死于锋镝者，何可胜纪？损失之巨，荼毒之惨，诚令人不忍回思。然而此二十年来诸战役，除北伐为有意义之战争，参加北伐之死难将士为有价值之牺牲外，余皆为虎作伥，为个人作工具，助军阀作鹰犬，其死盖尘埃之不若。此次淞沪之战，则为维护正义，争取我民族生存自由之光荣战争，沪战殉国将士之死，亦为光荣之死，伟大之死！以此一战，而一部分军人乃亦从而憬然觉悟，表示再不参加内战；以此一战，而多数忧国之士乃亦休于内战之决不容再有，从而发起废止内战之运动。故此战有若一声洪钟，敲破我民族二十年来酣于内战之心理，其影响我民族前途，至巨至深，此则诸忠烈将士之丰功伟绩长镌于吾人心版，永永不可磨灭者。"②

正是基于上述三方面作用的考察，可以认为一·二八淞沪抗战的意义首先就在于它为后来的中国全面抗战奠定了坚实的精神基础，转变了国际人士对中国抗日形势的观感，因而它标志着中华民族爱国御侮精神的大激扬。

第二，一·二八淞沪抗战，显示了中华民族的巨大凝聚力，而且这种凝聚力愈是在困难时刻，其内聚力也愈强。

日本帝国主义者发动一·二八战争，给中国人民再一次带来了人为的灾难："驻沪日军凭借租界突攻我军，战事历三十四日，飞机重炮，暴行所至，生灵涂炭，庐舍为墟，约计损失已在十六万万以上。闸北、江湾、吴淞、大场等处均属一片瓦砾，复兴实属无期。"而"日本军阀逞其暴力，两国并未撤使绝交，遽使轰击，已开国际未有之例，重炮飞机于非战斗员之平民，非防御物之建筑加以残害焚毁，更属违背国际战争法规。"③战争期间，居民、商号、工厂、学校、公团、寺庵、政府机关等均遭受严重损失，总计约十六亿元财产，中国军队伤亡约在一万四千人以上，牺牲了数万无辜居民，有五六十万人无家可归，因战争而失业的工人在二十四万人以上。我国出版界的巨擘商务印书馆、东南图书馆之最的东方图书馆所藏的

---

① 郑伯奇：《前线一瞥》，《文艺新闻》（战时特刊）（9），1932，12、13、14 合刊。

② 《申报》1932 年 5 月 28 日。

③ 上海市商会第三届委员会决议案（1932 年 6 月 23 日）《九·一八事变》（档案资料选编），第 638 页。

大量珍贵图书等,都在一·二八战争中被日本帝国主义者炸毁。这场战争给中国人民带来了极大的痛苦和灾难,进一步激励了中华民族抗日御侮的巨大民族凝聚力。

淞沪抗战,十九路军在当时的历史条件下,能抵御装备精良、人数超过自己一倍有余的日本侵略军的进攻,并血战了三十四天,这固然是十九路军发扬了爱国主义决死斗争的结果,也是上海各界人民、全国同胞、海外华侨全力支援的结果,是民族凝聚力转化为抵抗侵略的战斗力结果。一·二八战争爆发后,31日,中国共产党领导的上海民众反日救国联合会举行市民大会,议决自即日起实行总同盟罢工。2月1日,中共中央发表《中国共产党关于上海事件的斗争纲领》,号召民众罢工、罢课、罢操、罢岗,争取民族独立解放。上海各阶层人民全部行动起来了。当时民众和童子军组织的救护队,风起云涌,不可胜记。男女老幼,不顾生死,出入于枪林弹雨之中,抢救受伤官兵和难民。在宋庆龄、何香凝主持下,短短数天之中,由中国红十字会所编成的后方医院即达43处,世界红十字会所编成的后方医院有6处,其他团体编成的后方医院达23处。至于物质慰劳,更是争先恐后,开战不及二日,各界馈赠的慰劳品已堆积如山。1月31日,《申报》、《新闻报》均刊登报道:"近据司令部消息,谓各方慰劳品大多食品,固然军中所需,但各界多类同,殊嫌过剩。目下军中所最需要者,即运输汽车、汽油、机器脚踏车、跑鞋及药品等,尚望热心同胞,尽量捐助。"并建议同胞少捐现金,因为"目下士气极盛,早置生命于度外,何论金钱也"。消息一刊出,"不到半天,上海全市大大小小的车辆,不论汽车、脚踏车、机器脚踏车、运输车等交通工具,几完全捐空,一齐向军中输送。"①又如,1月30日,宋庆龄、何香凝到前线慰问十九路军,见官兵因军需供应无着落,寒冬还穿单夹衣在前线作战,十分心痛。她们回沪后立即发动捐制棉衣运动,仅在五天内就送往前线三万套全新棉装。同时,鉴于十九路军在前线经常与日军短兵相接,急需大量手榴弹,上海市总工会即动员募集资金,赶制几万只"土炸弹"送往前线,如此等等。

为了配合十九路军抗击日本帝国主义,上海工、青、妇各界纷纷募集捐款,征剿各种军用物资供给前方,工商界则大力筹款、运送军米,文化教育界等知名人士,纷纷奔赴前线慰劳,梅兰芳在京为十九路军伤兵义演三日,工人、学生、市民、退职军人,还成立随营学生军、义勇军、退职军人义勇军、市民义勇军、消防队、救

① 华白编:《一·二八淞沪抗战》,第35页。

护队等等，赶赴前方和战区进行服务或直接参战。侨居菲列滨、爪哇、泗水、美国、加拿大、阿根廷、法国、意大利等华侨，慷慨解囊，大力援助十九路军在沪抗日。所以，陈铭枢将军曾说："上海孤军抗战能维持到三十天，固然是因为士兵的勇敢，而尤其重要的原因，却是民众的实力与经济上的援助。"①

由上述可见，一·二八淞沪抗战的意义不仅是中日双方军事力量的直接抗衡，而且是人心向背的比试，是中华民族巨大凝聚力在世界人民面前一次强有力的展示。

第三，一·二八淞沪抗战，虽然不可能转变南京国民政府对日本帝国主义的不抵抗政策，但迫于形势，南京政府在抗日态度上是向前迈开了一步。这为后来的第二次国共合作和全面抗战的到来展现了希望。

一·二八战争爆发的第三天，即1月30日，南京国民政府即宣言迁洛阳办公。宣言说："兹者政府为完全自由行使职权，不受暴力威胁起见，已决定移驻洛阳办公。"②蒋介石则在他的1月29日日记中写道："余决心迁移政府，与日本长期作战，将来结果不良，必归罪于余一人。然而两害相权，当取其轻。政府倘不迁移，随时受威胁，将来必作城下之盟。此害之大，远非余一人获罪之可比。"③

蒋介石在当时作如此表白，这首先是因为"自十九路军首举抵抗以来，迭奏大捷。军民气壮，向之不抵抗主义，我国上下，殆已一致憬悟不足恃"④。另一方面，由于一·二八开战，国民党军政界要人也纷纷通电要求抗日，仅据《申报》所载统计，自1月28日至2月28日，各地军政要人公诸于报端的声援十九路军，要求抗日的通电即达42件，他们呼吁"国难当前，御侮为觅，举国之内，应一致奋起，抗御暴日"⑤。正是在这样形势下，上述蒋介石的表白也多少反映了一点蒋介石抗日思想的发展轨迹。

基于上述情况，1月29日，国民党政府军事委员会常务委员蒋介石手订对日交涉之原则与方法，及京沪防卫与政军部署计划，确定"一面预备交涉，一面积极抵抗"之方针。⑥30日，南京国民政府宣言迁移洛阳办公。2月1日，蒋介石在徐

---

① 华白编：《一·二八淞沪抗战》，第35页。

②③ 引自朱汇森主编：《中华民国史事纪要》(初稿)1932年1—6月册，(台湾)中华民国史料研究中心印行，1984年版，第205页。

④ 《上海市总工会致国府电》，《申报》1932年2月6日。

⑤ 前国民革命军26军军长周凤岐致全国通电，《申报》1932年2月3日。

⑥ 朱汇森主编：《中华民国史事纪要》(初稿)1932年1—6月册，第182页。

州召开军事会议，商讨“长期性、全面性的抗日作战计划”①，决定将全国划分为四个防卫区域和一个预备区，确定各大防卫区及预备区的正副司令及统属部队。并决定淞沪战线“除由第三防卫区负责外，并动员第二防卫区兵力为后继部队，同时计划第一防卫区部队向东三省挺进，牵制日军，使其不能有在上海扩大侵略的余裕”②。2月4日，军事委员会根据徐州会议精神，通电划分全国为四个防卫区，并要求“各司令长官除酌留部队绥靖地方外，均应将防区内兵力集结，以便与暴日相周旋”③。7日，国民政府因“现当国难方殷，凡属公务人员，允宜尝胆卧薪，厉行艰苦”④，训令直辖各机关，自2月份起，从简任一级至普通雇员，均仅发维持生活费，并要各地方政府机关，亦仿照办理，“以节公帑”。8日，当淞沪抗战进入高潮之际，日军精锐之师陆续增援上海，蒋介石立即组第五军，由张治中任军长，限2月13日前集结于上海市郊待命，以增强十九路军抗击日军的能力。在一·二八抗战期间，国民政府“特由各处驻防部队抽选曾训练之老兵五千余名，分给十九路军及第五军补充空缺，以充实力，其不足者更陆续招募新兵，以便训练补充。而先后补充十九路军之枪弹达一千零六十万余发，手枪弹四十九万八千余发，各种炮弹七万三千四百余颗，手榴弹十六万七千余枚，及步枪千五百支，机关枪一百三十架，各种火炮七十三门。补充第五军者枪弹七百六十余万发，手榴弹五万枚，及步枪一千六百支，机关枪十三挺”⑤。如此等等。

上述史料说明，一·二八战争发生后，蒋介石和国民党政府虽然在继续执行“不抵抗”和“攘外必先安内”等逆历史潮流而动的反动政策，并签订了遭受全国人民谴责的上海停战协定。但由于日本帝国主义出兵上海直接威胁了国民党统治的心脏地区，再加以全国军民抗日行动的推动，和国民党军政要人呼吁抗日，这就迫使了蒋介石及其南京政国民党府也要相应作出一些抗日的准备部署和一些实际行动。尽管他迈出的抗日步伐是极其缓慢与艰难的，但无疑这是在抗日的态度上向前迈进了一步。在我们探讨一·二八淞沪抗战的意义时，对于此点似也不应忽视。

总之，一·二八淞沪抗战是壮烈的，这一战役以签订上海停战协定而告结

---

① 朱汇森主编：《中华民国史事纪要》（初稿）1932年1—6月册，第182页。
② 朱汇森主编：《中华民国史事纪要》（初稿）1932年1—6月册，第221页。
③ 朱汇森主编：《中华民国史事纪要》（初稿）1932年1—6月册，第234页。
④ 朱汇森主编：《中华民国史事纪要》（初稿）1932年1—6月册，第145页。
⑤ 《九·一八事变》（档案资料选编），第593、594页。

束,从当时的历史条件来分析,应属意料之中,它遭到人民的谴责和唾骂也是理所当然。对淞沪抗战的意义,我们却不能因此而加以抹煞,而对它在抗日战争史上的地位应予以足够的评估。对在淞沪战役中为国捐躯的将士们,我们应表示深深的敬意,并引以为中华民族的骄傲。

(本文原载《史林》,1992年第1期)

日本发动上海一·二八淞沪战争的原因

张北根

1932年初，日本帝国主义制造一·二八事变，发动了侵略中国上海的战争，遭到中国军队的英勇反击。这场战争是中华民族反对日本侵略的自卫战争，史称一·二八淞沪抗战。日本挑起这场战争，有着多方面的原因。

打击上海的抗日活动

一·二八事变的爆发，有着深刻的政治背景。“其远因为东北事件。盖国民哀东北之沦亡，起而作杯葛运动，以经济绝交促暴日军阀之觉悟，弱小民族之心理，亦可悲矣。上海为中国之最大商埠，我国经济之重心地也，杯葛运动一足以号召全国，再则足以制岛国人民之死命。”①“故日人处心积虑，欲谋取缔我排日运动者久矣。”②

1931年7月万宝山事件发生后，日本帝国主义在朝鲜迫害华侨，中国民众对此不胜愤慨。为反抗日本帝国主义的罪恶行径，7月13日上海各界群众召开反日援侨大会，成立反日援侨委员会，揭开了上海反日和抵制日货运动的序幕。九一八事变后，上海开展了轰轰烈烈的抗日运动，沉重打击了日本在上海的贸易。1930年上海每月平均进口总额的29%来自日本商品，而1931年12月降到3%。中国沿海和长江一带的日本航运业遭到很大打击，其中“日清轮船公司”的轮船全部停航。就主要行业而言，计有125家日本人经营的工厂，从1931年10月开

① 蔡廷锴、蒋光鼐、戴戟：《淞沪战斗详报》，上海中华书局1933年版，第7页。

② 战地新闻社编印：《十九路军抗日战史》，战地新闻社1932年3月再版，第1页。

始不得不缩短开工时间或全部停工。到11月底,80%的工厂关闭,12月底达到90%。“这样一来,上海的日本商人从1931年7月到1932年3月底,遭受损失的总额据说高达4 124 000日元。”①

上海是日本对华经济侵略的最大据点,20世纪30年代初,成为日本在华最大的贸易、航运及制造业中心。商贸方面,日本三菱、三井等商业垄断企业,大都在上海设有经营机构,日本商号遍及上海商业部门中。航运方面,日本在上海港占有10个码头,仅次于英国而占第二位。上海是日本在华纺织工业的中心基地,仅日资纺织厂就有30家。上海的抗日活动使日本政府、侨民、日本驻华外交机构和日本驻上海的海军陆战队极度恐慌。1931年10月5日,日本政府召开内阁会议,就中国中部及南部的“排日运动”商讨对策。“结果决定由外务省向国民政府提出强硬之警告,至派舰问题,由外相与海相主持之。”②日本驻华公使重光葵奉政府训令于10月11日向国民政府提出抗议,称中国政府实施排日教育,默许排日运动,“特别是在最近敌视日本技术并实行报复的排日异常盛行之中部及南部,排日暴动时有大爆发之可能”,并威胁说,如中国政府采取袖手旁观的态度,“中日两国间将有最不幸之重大结果发生”。③

“上海的日本人看到日军在满洲采取强硬态度,消除了满洲的排日运动,也维护了日本的利益,他们认为采用同样的手段在上海也会成功。”④九一八事变后,于10月11日、10月27日、11月1日、12月6日连续在沪召开侨民大会,通过宣言和决议,以强硬的措辞声称要惩罚“暴戾”的中国。日侨并多次寻衅闹事,如殴打华人,枪击岗警,撕毁标语,打碎商店玻璃。1932年1月9日,上海《民国日报》在报道8日朝鲜人李泰昌在东京樱田门外狙击天皇的事件时,使用了“不幸只炸副车”的词句。⑤日侨认为这是一起严重的“不敬”报道事件,要求日本驻沪总领事村井仓松向上海市长吴铁城提出抗议。12日,村井向吴铁城提出抗议,要求更正、道歉、处罚责任者,并保证以后不再发生类似事件。

“上海也有陆海军的骨干或青年军官组成的团体在活动,这些人与极端强硬派沟通起来好像要发动什么事端,正在频繁地活动。”⑥由于1931年12月组成的

① 〔日〕关宽治、岛田俊彦:《满洲事变》,王振锁等译,上海译文出版社1983年版,第365—366页。
② 社论:《反来严重抗议——暴日对东南十数省进攻之先兆》,《民国日报》1931年10月6日。
③ 《异哉日反向我抗议》,《民国日报》1931年10月6日。
④⑥ 天津市政协编译委员会编译:《重光葵外交回忆录》,知识出版社1982年版,第78页。
⑤ 〔日〕关宽治、岛田俊彦:《满洲事变》,王振锁等译,上海译文出版社1983年版,第367页。

日本犬养新内阁一再声明对中国要采取强硬的积极对策,这"对于上海的日本人有如火上浇油"。①

日本海军陆战队进驻上海闸北后,选中三友实业社作为挑衅目标。在"日僧事件"(见后)前夕,日本海军军务局同意了陆战队柴指挥官的计划,即"奇袭北站附近之排日团体根据地,并将其占领,予以封锁,借此消灭排日根据地"。②三友实业社之所以被日军选为挑衅目标,是因为"该厂自去年万宝山案发生,及日本侵占东三省之事后,全体工会激于爱国热忱,自行组织义勇军,按日操练,极为认真,颇为日人所嫉恨。而该厂所出的三角牌毛巾,因品质精良,将日人在三友厂邻近之东华纱厂所出之铁锚牌毛巾销路均被三角牌所夺去,是以日人对于该厂恨之已久"③。"于是,看到了这种情况的日本军部,乃反而抓住了恶化的对日感情,以'保护侨民'为借口,在上海制造一次骚动,好把倾注在东北方面的国际视线转移到上海来。"④

转移国际社会对其侵略中国东北和策划成立伪满洲国的视线

日本侵略者在中国东南沿海长江口附近的淞沪地区发动这场战争,直接目的是为了转移国际社会对其侵略中国东北和策划成立伪满洲国的视线。

日本发动侵略中国东北的九一八事变,在国际上引起了强烈的反响。国联理事会作出3次决议,要求日本撤军,绝大多数会员国对中国表示同情。美国不是国联成员,但对国际事务有重大影响力,当日本侵占锦州后,国务卿史汀生发表"不承认主义"的照会,对日本施加压力。日本在国际社会中陷于孤立,引起了日本政府和军部的不安,因此急欲在中国其他地方制造事端,以便转移国际社会对其侵略中国东北的关注。

日本帝国主义占领中国东北后,以何种形式来统治这块殖民地,是日本必须立即决定的问题。九一八事变发生后4天,即9月22日,日本关东军参谋部就制定了《满蒙问题解决方案》,领土包括东北四省及蒙古,确定建立以末代皇帝溥仪

---

① 天津市政协编译委员会编译:《重光葵外交回忆录》,知识出版社1982年版,第78页。
② 天津市政协编译委员会编译:《重光葵外交回忆录》,知识出版社1982年版,第79—80页。
③ 《在引翔港焚烧三友工厂》,《民国日报》1932年1月21日。
④ 日本产经新闻古屋奎二:《蒋总统秘录》第8册,台北中央日报社1976年译印,第134页。

为元首,受日本操纵的新政权。根据这个方案,关东军一手准备将溥仪挟持到东北,一手在东北各省拼凑伪政权,并阴谋在上海挑起事端。日本驻上海领事馆武官辅助官兼上海特务机关长田中隆吉应关东军参谋长板垣征四郎大佐的电召,10 月 1 日前往沈阳。板垣告诉田中:"我们下一步的行动要占领哈尔滨,使满洲独立。我们已派土肥原大佐去接溥仪来。如果我们办成了,国联要大吵一番,东京政府要感到头痛。我要请你在上海搞点事,以转移各国的注意力,当你们引起骚动的时候,我们将拿下满洲。"田中表示保证完成任务,并说,"正在训练一个极好的间谍,能在上海收买中国的闹事者,来发动这场假战争。"①田中所说的间谍就是川岛芳子。②板垣从关东军的特务经费中提取 2 万日元的现款交给田中使用。由天皇裕仁的文官党羽木户辛一、近卫文麿、牧野显声等人组成的"十一人俱乐部"也参与策划了一·二八事变。该组织主张日本在完成对中国东北的征服前,需要有一个"思考间歇"期,以便应付好国内外的许多问题。在此时期,日本需要在上海制造一场"假战争"。九一八事变后不久,近卫在"十一人俱乐部"会议上通报说:"关东军准备在上海搞一个转移视线的行动,这样可给国联一个满足它要促成和平的愿望的机会,从而'给国联留些面子'。"③

国联决定组成调查团派往中国和日本作实地调查。1932 年 1 月,调查团正式成立。日本乃计划在国联调查团赴中国东北前,扶植伪满洲国成立,迫使国联承认既成事实。1 月 4 日,关东军司令本庄繁同幕僚拟订出具体方案,决定派板垣回国汇报。该方案决定"满洲国"最迟在 3 月上旬,即国联调查团到达东北之前成立。板垣得到天皇裕仁的破格接见,并留在东京协助制订"假战争"的作战计划。与此同时,日本陆军省、海军省和外务省于 1 月 6 日根据参谋本部的意图,共同制定出与关东军方案基本一致的《中国问题处理纲要》,其中规定东北从中国主权下分离出来成为一个"国家",其政治、经济、国防、交通、通讯等受日本的控制,由日本人参与该"国家"中央和地方的行政。10 日,板垣和参谋本部安排好了发动"假战争"的准备。板垣在东京致电在上海的田中:"'满洲事变'按预计发展,但中央有人因列强反对仍持怀疑态度,请利用当前中日间紧张局面进行你

① 〔美〕戴维·贝尔加米尼:《日本天皇的阴谋》,上册,商务印书馆 1984 年版,第 585 页。

② 原名金盛辉,清肃清王善耆之女,自幼为日本大陆浪人川岛浪所收养,女扮男装,充当日本帝国主义间谍,抗战胜利后被处决。

③ 〔美〕戴维·贝尔加米尼:《日本天皇的阴谋》,上册,商务印书馆 1984 年版,第 579 页。

策划之事变,使列强目光转向上海。"①田中接电后,将2万日元的特务经费交给川岛芳子,让她具体策划事件。13日,板垣携带《中国问题处理纲要》返回沈阳。于是,关东军加紧了在东北建立伪满洲国的活动。

上海是西方列强在华投资集中、商业利益丰厚的地方。列强在这里的经济、政治关系错综复杂。上海如果爆发战事,将引起国际社会的高度关注,特别是与上海关系十分密切、对国际事务有重大影响力的英、美、法等国,必将介入其中,这样日本就可以乘国际视线转向上海之机,在中国东北放胆侵略,扶持傀儡政权出台。

一·二八事变的"近因完全为暴日军阀蚕吞中国之动作。日僧事件及抵货运动不过如中村失踪及满铁被毁,为其同一自然之道火线耳"。②

"日僧事件"是由田中隆吉和川岛芳子精心策划的,目的在于促使海军迅速出兵。

田中后来承认:"上海有一个叫做三友实业公司的毛巾工厂。这个公司是非常共产主义的、排日的,是排日的根据地。就托她(指川岛芳子——引者)'巧妙地利用这个公司的名义来杀死日莲宗的化缘和尚'。"③

日莲宗是13世纪兴起于日本的一支佛教流派,近世分为左、右两翼。上海日莲宗山妙法寺和尚天崎启升是日本日莲宗极右翼代表人物、海军特务、"血盟团"盟主井上日召的弟子。"血盟团"主张搞恐怖暗杀活动,发动政变"改造"政府,推动日本法西斯化的进程,为此同海军激进分子相勾结,企图发动武装政变。由于作为政变骨干的海军青年军官大部分随舰队调往上海,因而不得不推迟国内行动计划,井上日召遂派天崎启升以化缘为名,到上海与日本海军继续保持联系,一旦上海事情结束,即刻着手国内政变。田中隆吉欲"牺牲"与日本海军关系密切的天崎启升,借以激起海军的愤怒,挑起日中冲突,达到既转移国际视线,又镇压上海抗日活动的一箭双雕的目的。

在田中隆吉的助手宪兵大尉重藤千春的煽动下,1932年1月18日,日莲宗山妙法寺和尚天崎启升、水上秀雄和佛教徒后藤芳平、黑岩浅次郎、藤村国吉5人举行宗教仪式的寒中修行,途经杨树浦马玉山路三友实业社时,故意寻衅闹事。④这

---

① 〔美〕戴维·贝尔加米尼:《日本天皇的阴谋》,上册,商务印书馆1984年版,第585页。

② 蔡廷锴、蒋光鼐、戴戟:《淞沪战斗详报》,上海中华书局1933年版,第7—8页。

③ 《日本帝国主义对外侵略史选编(1931—1945)》,第50页。

④ 天津市政协编译委员会编译:《重光葵外交回忆录》,知识出版社1982年版,第81页。

些浪人实际上是重藤千春和川岛芳子操纵的上海“日本人在华青年同志会”成员，他们埋伏在既定地点，待时机成熟时出击，结果日僧3人被殴伤，水上秀雄伤重身亡。

19日，日本驻上海总领事村井仓松就“日僧事件”向上海市政府提出口头抗议，要求缉凶，并保留其他要求条件。

20日凌晨2时40分，重藤千春在田中隆吉的指使下，指挥上海“日本人在华青年同志会”的32名暴徒，携带枪械、刺刀等武器和硝磺、煤油等引火物，潜赴三友实业社工厂，纵火焚烧毛巾工场厂房，并打死公共租界华捕1人，打伤2人。田中深信“这样一来，日华之间必然引起冲突”。[①]当日下午1时，在田中隆吉的煽动下，约1千余名日侨以“日僧事件”为借口，在公共租界蓬路日侨俱乐部召开第四次侨民大会，嗣后赴日本驻上海领事馆及海军陆战队请愿，“吁请帝国陆海军立即增兵，并要求驻上海的帝国官府(总领事及海军陆战队)采取强硬手段。”[②]陆战队指挥官鲛岛具重海军大佐向狂热的日侨保证：“为在万一的情况下保护侨民的生命财产和行使自卫权，我们将决心采取果断措施。而且现有兵力不足，随时准备增兵。”[③]散会后，日侨在虬江路、虹口路和北四川路一带闹事，殴打行人，撕毁标语，捣毁商店多家。

田中隆吉眼看着暴动化的状况而暗自高兴，加紧工作，一方面向日本公使馆及“支那派遣军”游说出兵的重要性，一方面进行侧面活动，以手枪胁迫“三井物产”的上海分公司负责人致电东京三井财阀负责人团琢磨，请其主张出动日军。“盖出于三井财阀的派兵要求，是可以促使日本政府拿出决心的一张王牌。”[④]

21日上午，村井仓松见上海市长吴铁城，就日人纵火、击杀华捕事件表示遗憾，声明将缉拿焚烧三友实业社的日本浪人，同时递交关于“日僧事件”的书面抗议，并提出4项要求：“(一)市长须对总领事表示道歉之意；(二)加害者之搜查、逮捕、处罚，应迅即切实实行；(三)对于被害者五名须予以医药费及抚慰金；(四)关于排侮日之非法越轨行动，一概予以取缔，尔其应将上海各界抗日救国会以及各种抗日团体及时解散之。”吴铁城口头答复说，“第二项关于伤害之处分，中国律有明文，自当依法办理，一、三两项亦可考虑，惟第四项事关民众运动，其

---

① 《日本帝国主义对外侵略史选编(1931—1945)》，第50页。

② 〔日〕参谋部：《满洲事变作战经过概要》，第1卷，中华书局1981年版，第134页。

③ 〔日〕关宽治、岛田俊彦：《满洲事变》，王振锁等译，上海译文出版社1983年版，第369页。

④ 日本产经新闻古屋奎二：《蒋总统秘录》第8册，台北中央日报社1976年译印，第139—140页。

在法律以内者，无权取缔，如有非法行动自当依法制裁。”村井态度坚决，对于第四项尤为坚持，声称“若不接受将采取自由行动”①。日第一遣外舰队司令盐泽幸一少将同日在上海各日报发表声明，称：“上海市长对于日本提出要求，若非予以满意答复，并将要求各项立即实行，则海军司令官决采相当手段，以保护日本帝国之权利。”②鲛岛具重表示，“如日领事要求我解散抗日团体等条件无圆满答复，即派兵占领南市、闸北及高昌庙之兵工厂”。③日本外务部举行会议，结果“决定要乘此机会，消灭我国内以抗日为目的的一切抗日团体为先决条件”，命令村井要求中国当局道歉、赔偿、惩凶，并保证不会再有抗日运动。④

日本海军陆战队极力给中日之间紧张的局势火上浇油，22 日派人持函前往上海《民国日报》社，就该报 21 日为三友实业社事件刊登的《日浪人借陆战队掩护，昨日在沪肆意横行》一文，指为故意破坏日本陆战队名誉，要求：“（一）主笔来队提出公文陈谢；（二）揭载半张大的谢罪文；（三）保证将来不再发生此种事情；（四）罢免直接责任记者”，限 23 日午后 5 时答复，并威胁道：“若不承认，莫怪之。”⑤23 日下午 3 时，日侨 1 500 余人又在蓬路日侨俱乐部召开大会。日陆战队派军车一辆载运 30 余名日军，在途中各车站警戒。俱乐部门口张贴《每日新闻》、《日日新闻》两日文报刊，对《民国日报》颇多指摘。与会者大多数主张日军自由行动，结果一致请村井向上海市政府严重交涉。在日方的压迫下，租界工部局劝告该报停刊，结果《民国日报》27 日被迫关门。

为进一步扩大事态，23 日田中隆吉和川岛芳子策划在日本驻华公使重光葵在上海的官邸放火，以制造借口。23、24 两日，日大队军舰及海军陆战队士兵陆续抵达上海，形势更趋紧张。24 日，村井以海军实力为后盾，向吴铁城提出：“如果在相当时期之内得不到满意答复，则保留采取必要行动之权。”⑥

25 日，村井谒见吴铁城，询问就“日僧事件”提出的抗议何日可得到答复，并说日侨态度愤激，若不从速解决，如有意外发生，应由上海市政府负责。27 日，村井向上海市政府发出最后通牒，对所提 4 项要求，限 24 小时以内（28 日下午 6 时前）答复，否则，日本海军陆战队将采取其所认为必要的手段，以实现其要求。同

① 《日本帝国主义侵华档案资料选编·九一八事变》，第 529—530、531、529 页。
② 《国新社 22 日东京电》，《民国日报》1932 年 1 月 23 日。
③ 《日本帝国主义侵华档案资料选编·九一八事变》，第 531 页。
④ 华振中、朱伯康合编：《十九路军抗日血战史》，神州国光社 1947 年版，第 72—73 页。
⑤ 《日海军陆战队突向本报提出四项要求》，《民国日报》1932 年 1 月 23 日。
⑥ 日本产经新闻古屋奎二：《蒋总统秘录》第 8 册，台北中央日报社 1976 年译印，第 142 页。

时,为防备中方不接受要求,盐泽下达了有关行使武力的命令。在日方的压力下,上海市长吴铁城28日下午1时45分复文村井,表示全盘接受其4项要求。村井对此表示满意。

但日海军当局发动战争的决心早就下定,战争已不可避免。

日海军与陆军争功

日本轻易地占领了"满洲"一事,进一步煽动了日海军侵略中国的野心,特别是日本陆军在"满洲"的"辉煌"成功,及其取得的庞大临时军费,深深地刺激了经常与陆军对立的日本海军,使得海军也企图在"属于它的势力范围以内"的上海伺机蠢动。同时,上海当时的紧张局势,更加刺激了日本海军的这种野心。①日本海军则因为要与其在东三省占领我国土地,屠杀我国民众的陆军争功,"更欲使上海事变扩大,进图占领闸北引翔吴淞各区,以作日本的租界地"。②"对海军来说,上海发生事端确实是天赐良机,它试图利用这一机会粉碎第十九路军,以威武赫赫之名炫耀帝国海军的存在。"③

日本政府让海军在上海放手行动。海军决定了武力解决上海事件的方针和增兵上海。1月22日,日本政府开会,"决定立取适切手段,由大角海相处里之";④"如中国政府不解散各处抗日团体,及取缔各处抗日活动,即将采用平时封锁办法,将沿海口及长江各埠封锁。"⑤"此外,重光葵特别为了此事觐见日皇,考虑上海局势,决议以应付上海事件之紧急计划悉听海相支持,并商定一切事端,悉由驻华日舰队司令盐泽及驻沪日海军官负责解决。"⑥

25日,日本海军省首脑与外务部首脑联合举行会议,"协议如中国方面不表示诚意,不实行日本之要求,决以实力务期要求之贯彻,并协议万一时的具体方策。"26日,海军省召开最高级会议,"决定在一二日中发挥实力,其方法如下:(一)驻沪兵力如不足,可遣第二舰队;(二)就地保护留沪日侨;(三)自吴淞至上

① 日本历史学研究会编:《太平洋战争史》,第一卷《九·一八事变》,金锋等译,商务印书馆1959年版,第173页。

② 华振中、朱伯康合编:《十九路军抗日血战史》,神州国光社1947年版,第71页。

③ 〔日〕关宽治、岛田俊彦:《满洲事变》,王振锁等译,上海译文出版社1983年版,第376页。

④ 《日联社22日东京电》,《民国日报》1932年1月23日。

⑤ 《日本帝国主义侵华档案资料选编·九一八事变》,第529页。

⑥ 华振中、朱伯康合编:《十九路军抗日血战史》,神州国光社1947年版,第65页。

海航路由日海军保护;(四)在吴淞口外拘留一切华籍轮船;(五)加派军舰到南京汉口广州汕头厦门等埠,并使浪人同时暴动。”①26日,海军次官左近司政三中将对陆军炮兵监烟俊六中将表示:“陆军在满洲大显了身手,这次在南边轮到海军了。”“陆战队并非昔日之陆战队,有两千人,有野炮和装甲车,没问题。”②

日海军的战争准备得到了天皇裕仁的许可和批准。26日,裕仁的最高军事会议在参谋总长闲院宫的主持下,训令在上海的盐泽“行使自卫权利”。③

27日,日海军省发表声明,称:“至于上海事件,国民政府对于日本妥当之要求,毫无诚意不肯承认,据最近情报,并以正式军队与日本为敌。日本海军深望中国停止此种行为,如国民政府不加反省,立即制止不法行为,日本为自卫计,必采取适当措施,以保护日侨及维护既得权益,以期万无遗憾。”④

为发动战争,日海军大量增兵上海。1931年10月,海军陆战队在上海有908人,停泊日舰5艘。“日僧事件”发生后,1932年1月21日由日本吴军港向上海开出巡洋舰“大井号”和第十五驱逐队(驱逐舰4艘),运载第一特别海军陆战队457人和大批军火,23、24日分批抵达上海。24日,由旅顺出发的日航空母舰“能登吕”号也驶抵上海。26日,日本从佐世保军港急调第一水雷战队(巡洋舰旗舰“夕张号”率第二十二、二十三、三十驱逐队,共有12艘驱逐舰),运载佐世保镇守府第二特别海军陆战队468人,28日午后抵沪。26日,又由佐世保加调战斗机6架援沪。至此,日本在上海共集结了24艘军舰,20余架飞机,1 833名海军陆战队队员及三四千名武装日侨。

28日,日海军省下令航空母舰“加贺号”、“凤翔号”,巡洋舰“那珂号”、“由良号”、“阿武隈号”及水雷舰4艘开赴上海。

日海军陈兵上海,发动淞沪战争的决心下定。在25日召开的由各国驻沪武官组成的租界防备委员会会议上,陆战队指挥官鲛岛说,当日本不得不采取行动时,可由盐泽幸一少将预先向租界工部局要求发出戒严令。⑤28日上午7时30分,盐泽照会各国驻沪武官,称中国对日本的要求无满意答复,日军将于次日晨有所行动。租界防备委员会9时30分开会,决定下午4时发布戒严令,并划定各

---

① 华振中、朱伯康合编:《十九路军抗日血战史》,神州国光社1947年版,第73页。
② 〔日〕关宽治、岛田俊彦:《满洲事变》,王振锁等译,上海译文出版社1983年版,第375—376页。
③ 〔美〕戴维·贝尔加米尼:《日本天皇的阴谋》,上册,商务印书馆1984年版,第612页。
④ 〔台〕《抗日战史一·二八淞沪作战》,国防部史政编译局1970年版,第6页。
⑤ 〔日〕关宽治、岛田俊彦:《满洲事变》,王振锁等译,上海译文出版社1983年版,第373页。

国警戒区域，其中规定日军负责苏州河以北，北江西路以东，东至杨树浦，沿淞沪铁路一带地区防卫。盐泽当日下午对《纽约时报》特派员阿本德说，今天即使中国接受日本的最后通牒，日本也要为维护闸北的秩序和那里的6 000名侨民而派遣陆战队。“陆军必须保卫我们在满洲的权益。上海没有陆军，所以海军在上海就必须负起同样的任务。”①晚9时，日本陆战队士兵以虹口、杨树浦为作战根据地，积极进行战斗部署。

战争如箭在弦，蓄势待发。

（本文原载《北京科技大学学报》（人文社会科学版），1997年第6期）

① 〔日〕关宽治、岛田俊彦：《满洲事变》，王振锁等译，上海译文出版社1983年版，第375页。

一·二八事变中的中国海军

马骏杰

一、事变爆发时中国海军的实力状况及其原因

事变爆发时，驻扎上海高昌庙的中国海军是国民党中央海军第一舰队，司令是陈季良，海军总务司司长、代理常务次长李世甲也参与舰队行动的策划。当时，中央海军共编为第一舰队、第二舰队、练习舰队、鱼雷游击队、测量队和巡防队等5个部分，拥有舰艇50艘，约4万吨。其中第一舰队拥有舰艇13艘，包括巡洋舰3艘，小型炮舰10艘，总吨位不足2万吨。而参与进攻上海的日本海军在事变前夕就有舰艇23艘，其中包括航空母舰1艘、巡洋舰2艘、驱逐舰16艘以及其他辅助舰只，还有舰载机10余架。事变爆发后日本海军进一步增强在淞沪地区的力量。1月30日，有驱逐舰4艘到达黄浦江，31日，又有航空母舰"加贺"号、"凤翔"号载第一航空队飞机30余架到沪，同时到达的还有3艘巡洋舰。仅这2艘航空母舰的吨位之和就有1.9万吨，相当于中央海军第一舰队所有舰艇的吨位，可见此时中日双方海军的实力差距已相当悬殊。

在中日甲午战争时中国海军尚能够与日本海军进行一场大规模的海战，那么30余年后中国海军为什么会如此落后于人呢？回顾中国海军发展的历史可以看到，原因是多方面的，其中从战略角度来看最主要的原因是各派军阀的狭隘利益导致的内战战略。

自从辛亥革命以来，各派军阀势力无不把夺占地盘乃至实现全国统一作为最终的目标加以追求，这就不可避免地带来了连年的军阀混战。持续的内战使各派军阀反对外敌入侵的意识变得非常淡漠，造成中国海防颓废，海军失去发展的机会。同时，各派军阀相互厮杀的战场在陆而不在海。虽然海军也参加了军

阀混战,但各派军阀都没有把海军作为主要的作战军种,谁也舍不得投入更多的财力来建设海军,致使海军为了生存不得不游弋于各派军阀之间,发展极为缓慢。南京政府成立后,表面上实现了全国的统一,但随之而来的是新军阀的混战。这时的蒋介石集团仍然把巩固自己的统治,实现真正的全国统一作为国民政府的战略目标,派生出来的则是"攘外必先安内"的政策。与旧军阀的混战一样,蒋介石集团仍然没有把主要精力放在抵御外部侵略上,战争同样不需要有强大的海军作为支持。这是海军建设不能长足发展的根本原因之一。

南京政府成立之初,海军当局就从海防建设的角度出发大声呼吁:"我们若是再不讲究海军,不但已失的地,没有实行收还的日期,还恐怕以后不断绝地断送尽在后头,结果非把整个的国土断送完了不止。"①1928 年 12 月,海军提出了具体的建设方案:"(一)海军自辛亥以来,因缺乏经费之故,教育几至完全停顿,兹拟定最低限度先从培育训练员兵入手,计须建设军官学校及士兵练营,所费约需一百五十万元。(二)吾国海岸线绵长,港湾分歧,外有外人越境侵权之患,内有海盗遵海剽劫之警。如不添造新舰,加厚军实,则现有舰队不独出海之力量薄弱,抑且深感其不敷分配。兹拟以最低限度,请添造驱逐舰四艘,约需一千二百万元;潜水艇二艘,约需六百万元;巡洋舰三艘,约需三千万元;飞机母舰一艘,约需二千万元。合之建设校营,所用统计仅共六千九百五十万元。按月摊付,每月不及二百九十万元,为数甚微,似尚不难筹付。在国家月仅支出纤细款目,在海军则日积月累,足资稍事建设,而海防收益,必非浅鲜。以上各节,因关国防重要,且为海军建设上必不可缓之计划,尚能就国税收入项下指定的款,拨充海军建设之用,则上述最低限度之建设事宜即可进行。"②然而,在 1929 年 1 月举行的全国编遣会议上,上述提案没有获得通过,这使得掌管海军具体事务的第二舰队司令兼海军署署长陈绍宽和第一舰队司令陈季良感到意外和失望,他们双双提出辞职,以示抗议。鉴于这种情况,蒋介石等人为稳定局面,不得不对发展海军作出某些承诺。1929 年 1 月 27 日,蒋介石在参加"永绥"舰下水庆典时说:"今天永绥军舰下水,是海军在五个月内建设了一千五百吨的表现。如此推演下去,在最近期间,我们可建成很大的海军。去年在咸宁军舰下水的时候,我们曾讲要在十五年以内,有建设六百(应为'六十'——引者)万吨的希望,照此样看来,我们

---

① 《世界上有不要海军的国家么?》,《陈绍宽文集》,海潮出版社 1994 年版,第 3 页。

② 《海军署署长第二舰队司令陈绍宽条陈扩充海军呈文》,《海军期刊》第 1 卷,第 7 期。

在五年以内，或者即可完成，与世界上列强的海军相抗，巩固我们的国防。”①这些承诺使陈绍宽和陈季良最终打消了辞职的念头，但他们建设海军的信心始终没有真正树立起来。

然而，蒋介石的承诺仅仅是口头上的，几年以后，他又是另一副腔调，1931年3月19日他在对航空班第一期学生训话时说：“中国想要对抗帝国主义者，充实国防自卫，使得中华民族完全独立。若是用海军，造大兵舰至少要有几千万(元)。建造海军几条兵舰，我们全国全年的收入还不够开支，而且建造出来的海军，仍旧是不够与任何帝国主义者斗争……所以用海军陆军去求国防的独立与自卫，至少需二十年以后……”②实际上，蒋介石在夸下建造“六十万吨”海军舰艇的海口以后，也并没有把海军作为主要的军种来发展。从国民政府对海军的资金投入上可以明显看到这一点。当时，国民政府每月拨归海军的经费不过50万元，占国民政府军费总额的5%。这点经费在海军的扩展时期显然是杯水车薪。3年后事变发生时中央海军的舰艇总吨位也不过4万吨，与“六十万吨”的目标相差甚远，并且大多是小型炮舰，只能分驻各沿江沿海口岸供缉私拿盗之用。即便是这样，国民政府还是经常拖欠海军的经费。特别是事变发生之后，为了限制海军的行动，拖欠的数额越来越大，甚至出现了对解决海军经费财政部和军政部相互推诿的现象。

总而言之，在一·二八事变前后，中国海军战斗力低下，与实力强大的日本海军不能同日而语。海军建设的特点是投入大、周期长，从舰艇的购、造到人才的培养，再到军港的建设，需要一个漫长的过程。正因为海军建设的艰难和海军面临的现状，海军当局在如何运用海军力量上不得不本着自己的原则，他们把全面战争与局部冲突区别开来，分别对待。这一点从事变发生之初陈季良和李世甲所作出的决定中即可看出，他们认为：“如果全面抗战，政府当有命令；如果局部冲突，要慎重考虑，不宜轻举妄动。”③也就是说，全面抗战爆发，海军应执行政府的命令，在关键时刻，也可不惜一切代价投入战斗。这一点，在1937年全面抗战爆发后得到了证实。在长江抗战中，海军以弱小的力量战斗到最后。但如果是局部战争，则应该保存实力，以免影响整个海防大局。我们可以认定，海军的不抵抗行为是在严重困难的情况下，海军当局考虑到海防建设的大局，考虑到自

① 《申报》，1929年1月28日。

② 《海军署署长第二舰队司令陈绍宽条陈扩充海军呈文》，《海军期刊》第1卷，第7期。

③ 李世甲：《“一·二八事变”中的海军》，《中华民国海军史料》，海洋出版社1987年版，第971页。

身的生存不得已而为之。

二、蒋介石政府的不抵抗政策对海军的影响

海军要在一·二八事变中保持静观的态度以维护海防建设大局和自身的利益,仅仅根据自己的想法是不行的,还必须有一个更加有力的依据作为行动的准则,才能达到目的,蒋介石的不抵抗政策恰恰为海军提供了这样一个依据。

九一八事变以后,蒋介石等人的不抵抗政策逐渐占了上风。

一·二八事变发生前夕,蒋介石、汪精卫在全国人民的抗日激情迫使下,曾不得不作出“无论如何困难,决以不丧国土,不辱主权”①的表态。事变发生之初,蒋介石还宣称:“我十九路军将士既起而为忠勇之自卫,我全军革命将士处此国亡种灭,患迫之燃眉之时,皆应为国家争人格,为民族求生存,为革命尽责任,抱宁为玉碎,毋为瓦全之决心,以与此破坏和平,蔑弃信义之暴日相周旋。”②然而不久,蒋介石等人就开始实施他的不抵抗政策。他将国民政府迁往洛阳后,指示负责南京方面事务的军政部长何应钦给十九路军将领发布指示:“唯我国目前一切均无准备,战事延长扩大均非所利。”“望蒋总指挥、蔡军长、戴司令通令所部严守纪律与秩序,非有上官命令不得任意射击,在前线部队尤须遵守。”③2 月 5 日又致电蒋光鼐等:“除日机加以抵抗外,即对日海军决不抛掷炸弹。”④2 月 13 日,京沪卫戍司令长官陈铭枢又向十九路军转达了蒋介石的旨意:“我军进攻无论如何牺牲,亦不能达到任何目的,在全般计划未定以前,仍取攻势防御为要。”⑤同一天,何应钦也转达了蒋介石的旨意:“以十九路军保持十余日之胜利,能趁此收手,避免再与决战为主。”⑥这与事变发生之初“慷慨激昂”的态度完全是两个调子。蒋介石等人在事变前后坚持了“先行安内,方可攘外”的方针。

依据这一方针,在事变爆发之时,陈季良与李世甲进行了紧急磋商,决定在政府指令到达之前静观事态变化。2 月中旬,十九路军要取用上海海军仓库内储

① 《申报》,1932 年 1 月 26 日。

② 秦孝仪主编:《先总统蒋公思想言论总集》,第 37 卷(别录),《为一·二八事变告全国将士电》,台北 1984 年版。

③ 《中华民国史档案资料汇编》第 5 辑,第 1 编,外交(二),江苏古籍出版社 1994 年版,第 668 页。

④ 《中华民国史档案资料汇编》第 5 辑,第 1 编,外交(二),江苏古籍出版社 1994 年版,第 673 页。

⑤ 《中华民国史档案资料汇编》第 5 辑,第 1 编,军事(五),江苏古籍出版社 1994 年版,第 496 页。

⑥ 《中华民国史档案资料汇编》第 5 辑,第 1 编,外交(二),江苏古籍出版社 1994 年版,第 682 页。

存的大炮、弹药和钢板用于抗敌，陈季良鉴于没有接到政府抗敌的指示，借口向上峰请示，拒绝了他们的要求，引起上海各方人士的不满。对此，海军部长陈绍宽强调："海军购置军械军火历经呈报有案，有无高射炮暨钢板可以拨借，早在政府鉴察之中。即使有之，亦不得私相授受。"①实际上是在向人们表明，对待抗战海军必须服从政府的命令。

1932年6月1日，陈绍宽在海军部成立3周年纪念会上发表开会词时明确承认："在国难期间，本部发号施令，所采应付的方针，一面是政府之意旨，一面是不但为本军打算，尤其是为了国家打算，为了民众打算，为了地方打算。"②6月18日，他在回答记者提问时进一步指出："海军非畏暴日，实因未奉命令，不能妄动。"③7日，他在反驳高友唐弹劾海军时又强调："中日未经实行正式宣战，海军非奉政府命令，安敢擅自行动。"④这充分说明海军在政府旨意面前没有越雷池一步。笔者考察了海军部在1932年1月至3月的重要工作，结果发现，海军部从1月至3月共发布重要工作50项，其中没有一项与抗战有关，相反却有13项是"剿赤"的内容，这进一步说明当时海军的工作重点在"安内"，而不在"攘外"。

相比之下，十九路军在蔡廷锴和蒋光鼐等将领的率领下，不顾蒋介石的不抵抗政策，奋起抗击，给日寇以沉重打击。

同样的政策何以在陆军和海军中产生了不同的结果？毋庸讳言，十九路军在事变中表现出了强烈的民族自尊心和坚定的抗敌决心，这种精神动力不是国民党军队内部所有的将领都具有的，海军在事变中没有表现出这样的抗敌决心。诚然，这是海陆军将领面对战争在意志方面的差别，但是，我们还必须注意到一个不可忽视的客观因素，那就是陆海军的军种差别和作战方式的不同。就淞沪抗战中的陆战而言，作战地域相对广阔，部队的防御和进攻有一定的纵深，攻守均有余地。在当时来说，有前方和后方之分，我方军队在陆地上能够得到广大民众在人员和物资上的支援，完全可以脱离政府的支持而独立作战。在这种情况下，即使我方武器装备处于劣势，也不会立即陷入失败；即使作战暂时失利，也可转入持久抗战。这无疑对十九路军官兵的心理产生了重要影响。

海军的情况与陆军大不相同。海军是一个特殊的军种，它技术性强，对物质的依赖性大。它需要有一定数量和质量的舰船及武器装备；需要有经过专门训

---

①④ 《呈请究办高友唐案》，《海军杂志》第4卷，第12期。
② 《在海军部成立三周年纪念会上的开会词》，《陈绍宽文集》，第88页。
③ 《对记者谈话》，《陈绍宽文集》，第94页。

练的各种技术人才;需要有充足的粮、煤、油等物资的供应和保障;需要有设施较完备的基地作为依托。如果没有这些物质上的有力保障,海军就无法生存和发展,就谈不上有较强的战斗力,这就决定了海军对政府的依赖性较之陆军要大得多,不可能脱离政府而单独地进行作战。就淞沪抗战而言,海军舰艇的速率和淞沪的地理环境决定了海军的作战方式只能是海上决战或坚守港口,不可能与日寇进行海上游击战。在得不到政府和民众物质支持的情况下,中日双方海军的实力就决定了海上决战或坚守港口的结果必然是中国海军第一舰队的全军覆没。

也就是说,对于陆军的抗战并不意味着失败,但对于海军的抗战就一定意味着毁灭,而第一舰队的毁灭对中国海防建设的长远发展是极为不利的,陈绍宽在战后反复表明过这样的态度,这正是蒋介石不抵抗政策对海陆军产生不同影响的原因所在。

三、 海军不抵抗行为产生的影响

海军在事变中的不抵抗行为,对淞沪战场上的敌我形势并没有产生关键性的影响,但却引发了国民政府内部的派系斗争和社会上对海军的强烈不满情绪。

从社会上的反应来看,广大民众对海军的指责是出于对国家和民族危亡的焦虑,出于对不抵抗政策的愤慨,表现了强烈的爱国主义精神,是完全可以理解的。发表于上海《生活》杂志上的一篇题为《国难期中的海军当局》的读者来信,就代表了民众的这种情绪。这封来信,列举了海军几项“罪责”:第一,“当沪战初发生时,我们的舰长即得到部长的密令,大意谓‘日军司令盐泽来函,谓此次日军所采行动,完全自卫,并非两国交战,为维持友谊起见,如中国海军不攻日舰,则日舰亦不攻击中国军舰,惟日舰如被攻时,则日舰为自卫计,必还击等语,我军此后应确守镇静态度……’据说此函乃我们次长李世甲斡旋之力,次日我们又得舰长命令,谓日舰即炮攻狮子山或南京城市,亦与我军无干,除日舰炮击我舰时,方准还击,同时高昌庙各舰员兵亦奉到相似命令”;第二,“野村来沪,李世甲更与其来往得殷勤,时常同坐汽车往各处战壕参观”;第三,“十九路军借大炮,借铁板(退却用),均被拒绝”;第四,“日运输舰装载日兵军火等项,搁浅白龙港至二三日之久,海军当局明知之,亦代守秘密”;第五,“甚至本季士兵应发之毛织榔亦仍向三菱公司定制”;第六,“李世甲曾经手向日方购械制船(购新炮每以废炮油新搪塞,配件亦零落不全,全军敢怒不敢言),个人大有好处”。信中最后指出,“我们更希望国人了解,我国现时海军之实力实等于零,新建设之民生、民权、逸仙等舰,都是小炮舰,即正在建设之平海、宁海,亦不过是较大之炮舰,我们鉴于此次因缺乏强大之海军,使日军长驱直入,我们应合力来建设新的海军。最近许多人主张废除海军,实属大谬,我们应请此种近视眼的人们,注意侨胞所受之痛苦啊!”[①]尽管写信的人对海军的真实情况并不是十分的了解[②],但信中所饱含的是对不抵抗主义者的愤慨,所期望的是中国能有一支强大海军抵御外族的侵略。实际上它代表了大多数国人在国难中的愿望和心情。

从国民政府内部的反应来看,海军的不抵抗行为引发了新一轮的派系斗争。丁默村、高友唐等人对海军的指责和弹劾就是这次派系斗争的表现。

1932 年 4 月,国民政府在洛阳召开了国难会议,以图解决民族危机。会上,国民政府军事委员会委员丁默村等人,提出了《彻底改造海军并整饬海防以抗暴日》的提案。案中指出:“海军各舰早成废物”,而海军将舰艇“视作钢饭碗,甚至贩土运盐投机自肥”,“于国家民族久已不生关系,除鸣礼炮外,另无其他效用”。有鉴于此提出了“八项改造方案”。[③]1932 年 6、7 月间,国民政府监察院监察委员高友唐提出《弹劾海军部长陈绍宽案》,并在济南向新闻记者发表谈话,对海军进行猛烈抨击。[④]无论是丁默村的“八项改造方案”,还是高友唐的“弹劾陈绍宽案”,都渗透着他们对“闽系”海军的忌恨,因为历史原因海军上层军官多为闽系出身。

第一,从时间上看,他们对海军的指责已经超出一·二八事变的范围,实际上包括了南京政府成立以后到事变前的整个时期。在高友唐的弹劾案中,指责的重点并不是海军在事变中的表现,对于海军与盐泽“订立条件”和拒绝借武器装备给十九路军,只不过是“实太令人下不去”,而对“坐视海盗猖獗,未闻海军有剿除计划”,则是“可耻殊甚”。在丁默村等人的指责中,对海军在事变中的表现

---

① 《国难期中的海军当局》,《生活》第 7 卷,第 16 期,1932 年 4 月 23 日出版。

② 信中所列举的几项“罪责”中,仅有 2 件事情是确实的,一是海军和盐泽订立条件;二是拒绝借大炮钢板给十九路军。李世甲后来明确承认了这两个事实。他说:“是日(1932 年 1 月 28 日)上午,陈季良接到日本海军第一舰队(实际上是日本海军第一外遣舰队——引者)少将司令官盐泽的信,意谓:日本海军陆战队与上海中国驻军发生冲突,纯系地方性质,希望双方海军维持友好,幸勿误会。”“二月中旬,十九路军和上海各社团要取用上海海军仓库内储存的大炮、弹药和钢板,陈季良借口向上峰请示,拒绝了他们的要求。”(李世甲:《“一·二八事变”中的海军》,《中华民国海军史料》,第 971—972 页。)其他各项还没有充分的证据证实其是否存在。

③ 见《再驳丁默村等人提案》,《陈绍宽文集》,第 83—84 页。

④ 《呈请究办高友唐案》,《海军杂志》第 4 卷,第 12 期。

更是只字不提，这充分说明海军在事变中的表现，只不过是丁默村、高友唐等人掀起派系斗争的借口而已。

第二，从内容上看，他们的指责不仅包括海军在一·二八事变中的表现，而且还包括海军的编制体制、人员的素质以及武器装备等各个方面。特别是人员的素质，是指责的重点。在他们看来，海军的高级人员"贻害国家"，中下级人员在"技术和道德"方面还需受"相当"的训练。高友唐甚至认为，海军还在干着人们最为痛恨的事情，那就是"在福建种鸦片，仗势欺压人民"。如果这些"罪状"成立的话，海军无疑会被置于死地。

第三，从目的上看，他们的指责不是从巩固海防建设出发，而是单纯的要消除"闽系"海军。丁默村指出，在派往英美学习的海军人员中，"现有海军人员绝对无被派资格，又被派人员之省籍亦须特别注意，不可又蹈以前被某一地方人把持垄断、贻害国家之覆辙"。很明显，"现有海军人员"中，绝大多数都是福建人，显然"某一地方"指的就是福建省。高友唐说得更加明确，"于院长常谓，何苦以全国人民血汗、金钱，保持福建人饭碗。因现在之海军已成世袭罔替之福建人之天下也"，因而"主张将海军根本取消"，以便彻底铲除"闽系"海军。为了达到这一目的，他们不惜削弱国家的海防建设，竟提出"将舰售与商家作商船"，"以二百支小艇防守海口"的主张。由此可见，丁默村、高友唐等人对海军的指责，完全是国民党内部派系斗争的结果。

"闽系"控制海军有其复杂的历史原因，历史上也曾为此展开过激烈的派系斗争。1920 年就发生过山东人温树德、广东人陈策等联络非闽籍官兵，用武力夺取"海圻"等舰，驱逐闽籍官兵 1 100 余人的事件。然而，"闽系"人员又占据了海军内部的重要位置，但"闽系"的反对派也从没有消失过。自从"闽系"海军成为国民党中央海军后，"闽系"海军将领陈绍宽等人和蒋介石都明白，这支海军始终没有成为蒋介石的嫡系海军。一·二八事变以前，蒋介石为了牵制"闽系"海军，就开始酝酿建立自己的嫡系海军。事变后，他授意欧阳格首先在江阴设立一所能够培养自己嫡系海军人员的学校，为建立嫡系海军打下基础。为了不引起其他派系海军的反对，蒋介石把这所学校叫做"电雷学校"。在这个时候，丁默村、高友唐等人敢于对"闽系"海军进行猛烈的抨击，实际上正是迎合了蒋介石对"闽系"海军的牵制策略。这与国人对海军在事变中的不抵抗行为的谴责，是完全不同的两回事。

四、 海军对责难的态度

对于来自各界的责难，陈绍宽等人有清醒的认识，他们认真分析了形势，针对不同的情况，采取了相应的策略和方法。

对于国人出于爱国之心进行的责难，海军深感无奈和愧疚，1932 年 2 月，陈绍宽向汪精卫表示："目下国难方殷，江海防务弥形吃紧，外间颇有不察真相，以海军无抵抗之能力或加责备，不知海军实力之强弱与国家经济状况实有连带关系。""横遭指谪，实属痛心。""事势危逼，挹注术穷，惭疚难安。"①然而，他出于对海军名誉和国人情绪的考虑，没有以海军的名义公开进行辩解，而是采取了默认的态度，仅让李世甲以个人的名义作些解释。1932 年 4 月，李世甲给《生活》写去一封题为《关于〈国难期中的海军当局〉的来函》信，对发表于《生活》上的谴责信，进行了答复。信中除了拒绝借大炮、钢板一事外，均进行了一一解释。信中说："第函中所叙各种事实，关系世甲人格，不得不为声辩。按原文所云日军司令盐泽来函，由世甲斡旋一节，查盐泽为日本遣外舰队司令官，以世甲所处地位，平时对外交际虽有照例往来，并无特别交谊，自九一八事变发生，即未与之谋面。所指由世甲斡旋，来函之事，全属子虚。且世甲在部所有函牍均经寓目，何以未见盐泽来函。""按原文又云，世甲与野村在沪同往各处参观战壕一节，查野村从前亦系日本遣外舰队司令官，世甲当时在舰长任内，仅有一次与之周旋，纯为国际联络，此后未尝晤及，况两军对垒之际，无论何国战区范围以内，岂容敌人窥探？稍有常识者当知绝对不成事实，此节可不辩而自明。按原文又云，本季士兵应发毛织榔仍向三菱公司定制等语，查毛织榔却由三井公司定制，但在数年以前，而原文指为三菱公司，举此一端，可见其皆属误会。盖我军颁给士兵毛织榔，向来冬季发出，夏季缴回，洗净收库，用时再发，本季所发之件，实系从前缴存，并非新近订购。""按原文又云，世甲经手向日方购械制船，每以废炮油新搪塞等语，查我军近年虽向日方购炮计前后四次，为数不外十余尊，现已装配各新舰，均称适用。且当时订购系由最高长官主裁，世甲仅在与闻之列，兼以历次派有少校以上之官员前赴日兵工厂跟同试验发射，并检点配件完全，始行接收，尚须由经理处核明付款手续，一切异常慎重。倘该炮果为废物，宁有大众同负责任，甘受世甲一人

① 《请拨海军经费》,《陈绍宽文集》,第 77 页。

欺蒙之理?”“至向日厂制舰,亦在两年以前,现在尚未完工,将来自有公评,一时无须置辩。”①李世甲的解释可谓耐心和诚恳。

对于丁默村、高友唐等人的指责和弹劾,陈绍宽等人深知其用意,因而非常愤慨,进行了坚决的反击。特别是从报上看到由于丁默村提案的影响,立法院负责人声称,20 年度预算案内海军临时费 1 100 万元拨归军政部,用于扩充航空建设的消息后,更是义愤填膺。陈绍宽两次电致汪精卫,对丁默村等人的“八项改造方案”逐一进行了驳斥。最后他指出,“该会员等之提案非为国防前途建设之大计,实欲借端诬蔑,肆其挑拨伎俩,将海军扑灭殆尽,以逞其政治之野心。”“如该会员所云属实,应请政府严治海军之罪;如属不实,亦请政府严治该丁默村等之罪,以昭国法而平公愤。”②

不久,高友唐等人提出了《弹劾海军部长陈绍宽案》,并在济南发表谈话,与丁默村等人遥相呼应,制造铲除“闽系”海军的气氛。陈绍宽等人同样针锋相对,进行了严厉的驳斥,并于 7 月 12 日以海军部的名义将《究办高友唐案》呈送行政院,实施反弹劾,其中一针见血地指出:“该委员捏词诬蔑,毫无证据,军誉所关,全军袍泽深为愤激。”“该员所言全属伪造,以如此重要之言论,竟栽诬及本机关之长官,除诬蔑本军外,其中尚有侮辱政府,离间感情之种种论调,其居心尤不可测。”因此,“呈请钧院赐予转呈,依法究办。”③

海军与丁默村、高友唐等人的指责与反指责、弹劾与反弹劾的斗争,在一·二八事变后闹得沸沸扬扬,它反映了国民党内部的派系斗争,也从一个侧面揭示了在国民党政府下海军和海防建设不能长足发展的根本原因。由于海军在一·二八事变中执行了国民党蒋介石政府的不抵抗政策,而丁默村、高友唐等人的指责和弹劾,迎合了蒋介石牵制“闽系”海军的策略,因而蒋介石在两者之间不能倾向于任何一方,始终保持了缄默的态度。最终,国民政府采取了“冷处理”的办法,使事情不了了之。

总之,海军在一·二八事变中的不抵抗行为,是在长期积累下来的战力严重不足的情况下,是在国民党蒋介石政府采取的高压政策下不得已而为之,不应受到过多的责备。

(本文原载《抗日战争研究》,2003 年第 1 期)

---

① 《关于〈国难期中的海军当局〉的来函》,《生活》第 7 卷,第 18 期,1932 年 5 月 7 日出版。
② 《再驳丁默村等人提案》,《陈绍宽文集》,第 83—85 页。
③ 《呈请究办高友唐案》,《海军杂志》第 4 卷,第 12 期。

一·二八事变停战原因浅析

孟庆梓

1932年初，日本侵略者在上海蓄意制造了所谓的“和尚事件”，并以此为借口，于1月28日发动了对中国军队的进攻，一·二八事变正式爆发。面对日军的疯狂进攻，上海军民团结一致，打退了敌人一次又一次的进攻。3月14日，中日双方停止军事行动，并在5月5日签订了《上海停战协定》，一·二八事变结束。在当今史学界，有关一·二八事变的论文颇多，然而其中关于该事变停战原因的分析却鲜有详述，因而这个问题便颇有研究的必要。浅析如下：

一、日本方面发动事变的目的已经达到，是其能够停战的主要原因

1931年，日本关东军悍然发动九一八事变，在4个多月的时间里，相继占领了东三省大部分地区。日本的武装侵略，激起了中国人民的强烈反抗，也引起了其他帝国主义列强的不满。英、法、美对日本侵略东北原是纵容的，其目的是鼓动日本对抗苏联，甚至北上进攻苏联。但日本占领东北后就停止北上，努力巩固其在东北的既得利益，建立伪“满洲国”。这不能不引起英、法、美各国对其自身在东北权益的关注。在这种背景下，日本政府决定在上海制造事端，挑起军事冲突，企图转移国际视线，并以此分散列强对东北的注意力，以便它能在东北放肆地侵占和掠夺，把它一手策划的“满洲国”建立起来。据当时日本驻中国使馆派驻上海的武官田中隆吉证词称：“日本人想使满洲独立起来。可是外国方面非常麻烦。于是关东军高级参谋板垣征四郎大佐打了一个电报给我：‘外国的目光很讨厌，在上海搞出一些事情来！’就是说打来电报，叫把外国的目光引开，使满洲

容易独立。"①这便暴露了日本侵略上海而意在东北的真实阴谋。同时,由于上海是国民党统治下的经济、政治、贸易中心,并且国民党政府所在地南京近在咫尺。因此,日本也企图以武装进攻上海、直接威胁南京政府承认其侵占东三省的"既成事实"和压制中国人民的抗日运动。

当然,在东北事件中,日本政府看透了国民党政府的软弱可欺,也幻想能够不费多大力气就占领上海,在中国南方打开缺口,建立侵占中国长江流域和内地的新的侵略基地。

总的说来,当时日本尚未做好全面侵华的准备,其国策重心仍是在中国东北,它发动一·二八事变的主要目的是转移国际视线,并迫使国民党政府承认其占领东三省的"既成事实"。因而到 1932 年 3 月初,由于中国军队已经撤出上海,而且随后不久,伪"满洲国"也在东北宣布成立。这样,日本发动一·二八事变的目标已基本实现,因而无意继续扩大战争,同意停战。

二、 战争中日军受到沉重打击,停战势在必然

一·二八事变爆发后,驻守上海的国民党第十九路军总指挥蒋光鼐和军长蔡廷锴激于民族义愤,并受全国人民抗日运动的影响,毅然率部奋起抵抗。第五军军长张治中在征得蒋介石同意以后,也率部从南京开到上海作战。

一·二八抗战之初,淞沪地区十九路军与敌海军陆战队在数量上相比,十九路军优于日军;但在装备上却远远落后于日军,并且日军尚有数十艘军舰支援。以至日本侵略军第一任司令官盐泽幸一刚一开战便狂妄叫嚣:"上海一旦发生战争,四小时即可了事。"②然而事实却远远超出了他的所料。

在淞沪抗战的一系列战斗中,中国军队人人抱定了必死的决心,"为卫国保种而抵抗,虽牺牲至一卒一弹决不退缩。"③他们用自己的血肉之躯打退了敌军一次又一次的进攻,使日军付出了沉重的代价。在蕴藻浜之战中,十九路军一部利用夜袭包围了日军宿营地。日军突围数次未果,于是双方展开肉搏战。经过一番苦战,除少数日军突围被救援部队收容撤退外,其余大部分被十九路军消灭。

---

① 复旦大学历史系日本史组编译.日本帝国主义对外侵略史料选编[M].上海:人民出版社,1975.49.

② 温济泽.九一八和一·二八时期抗日运动史[M].北京:中国工人出版社,1991.215—240.

③ 马仲廉."九·一八"到"七·七"[M].北京:中国青年出版社,1985.56—87.

这次战斗,“日军伤亡二千余人,我军伤亡人数三四百人。”[①]在庙行血战中,日军混成二十四旅陷入中国军队的包围之中,随后,增援之敌和被围之敌内外协同与我军展开激烈战斗。经过血战之后,一部分日军突围溃退,一小部分被我军歼灭。“据日方自称,这次战斗伤亡八百余人。我军也伤亡官兵一千余人。”[②]这两次战斗沉重打击了日本侵略者的嚣张气焰,也打乱了日军的预定战略部署。

十九路军在兵力数量、装备质量差于日军的条件下,依靠广大民众的积极支援,“坚持抗战一个多月,杀伤侵略军1万多人,打得日军三易主帅而不能有所推进。”[③]严峻的战局客观上表明,日军尚未做好全面侵华准备的情况下,在上海即遭到如此损失,因而停战也属迫不得已。

三、英、美等列强对日态度日益强硬,使日本政府不得不慎重考虑

九一八事变中,全世界爱好和平的人们是同声谴责日本侵略的。但是,美、英、法等帝国主义国家却从企盼日本进攻苏联的角度出发,对日采取了怂恿的态度,只是当日本的侵略危及他们在华利益时才会加以限制。

一·二八事变爆发后,由于日本的侵略直接威胁到英美等列强的在华权益。因而他们对日矛盾日益尖锐,对日态度也逐渐转硬。

早在淞沪抗战之初,英法美等列强就曾因自身权益受损而要求中日双方停战。当时日军因伤亡惨重,暂时无力继续发动进攻,需要等待援兵。我军也需休整和重新部署。于是双方同意暂时休战三日。然而这只是战争的刚刚开始,日本的侵略目标远未达到,日军便迫不及待地撕毁协议,重新发动了新的进攻。虽然这次停战的尝试以失败而告终,但是英美等列强并未放弃“调停”的努力。不久,英、法、美三国驻日公使在东京再次向芳泽外相提出共同警告,要求中日双方停止武装冲突,中日两军撤出上海,设立中立区,并敦促中日双方通过谈判解决两国间存在的一切纠纷。对于这次停战建议,“日本政府还是几乎无意接受”,因为“三国建议以日中对等为原则,各打五十大板,在‘存在于两国间的一切纠纷’中,当然认为连满洲问题也包括在内。”[④]而这恰恰正是击中了日本政府神经的最

①② 温济泽.九一八和一·二八时期抗日运动史[M].北京:中国工人出版社,1991.215—240.
③ 王桧林.中国现代史上册[M].北京:北京师范大学出版社,1991.304.
④ 关宽治、岛田俊彦.满洲事变[M].上海:上海译文出版社,1983.395.

敏感部分。这是与其借发动一·二八事变以实现占领东三省的目的相抵触的。所以,这次停战建议再次遭到了日本“几乎全面的拒绝”①。

调停的再次失败,使得英美等列强对停战的态度愈来愈强硬。英国驻中国舰队司令官克利曾当面质问日军司令官盐泽:“为了中国军队的面子,在其撤出闸北的同时,难道日本军队也就不能撤出一些占领地区吗?”②

为了能尽快迫使日本同意停战,在直接警告日本政府的同时,英法等列强还通过受其操纵的国联对日不断施压。早在一·二八事变爆发之初,国联就不顾日本的反对,受理了中国关于日本侵华问题新的申诉提案,并决定成立上海调查委员会。战争过程中,国联更是多次进行呼吁,希望日本自重。此外,还在理事会会议上接受中国要求,决定把中日之间的纠纷问题移交国际联盟总会受理,并把召开的日期定在了1932年3月3日。这样围绕一·二八事变,国联的对日态度日益严峻。

正当英、法、美等国及国联的态度日益强硬的同时,日本政府的态度却随着战局的变化而出现了新的转化。由于日军的不断增兵和疯狂进攻,孤立无援的十九路军被迫开始退却。到1933年3月3日,中国军队已经退至远离上海的第三道防线,日军进驻上海。同时,日本在东北策划扶植溥仪建立伪“满洲国”的工作也已准备就绪。正是在这种背景下,为了暂时不激怒英美等其他列强,以确保它在东北的既得利益,因而日军终于在3月3日发表了停战声明,宣布停止追击行动。第二天,日本政府正式接受了国联关于中日双方停战的决议。

英美等列强的施压不是日本宣布停战的决定因素,但因为当时日本的势力尚未达到与欧美诸强联合抗衡的程度。所以,英美等国的干涉对于日本的停战还是具有一定影响的。

四、停战是国民党“一边抵抗,一边交涉”方针的题中应有之义

自九一八事变开始,以蒋介石为首的国民党政府是一贯对日妥协退让的。

一·二八事变爆发后,十九路军在全国人民抗日热潮的推动下,违抗南京国民党中央政府的意志,奋起抵抗日军的侵略,拉开了淞沪抗战的序幕。与此同

---

①② 关宽治、岛田俊彦.满洲事变[M].上海:上海译文出版社,1983.395.

时，以宋庆龄、何香凝、蒋光鼐、蔡廷锴、张治中等为代表的越来越多的国民党爱国人士和军政要人也纷纷要求当局坚决抗日。在这种情况下，蒋汪之流迫于形势提出了“一边抵抗，一边交涉”的方针。然而，这并未改变其事实上的妥协投降态度。其鼓吹这种方针的实质是阻挠破坏抗战，随时准备妥协。蒋汪的这种态度在淞沪会战的过程中得到了充分体现。

抗战开始后，十九路军在上海孤军奋战。国民党政府不但不调兵遣将增援，反而下令不准海军、空军配合十九路军作战，密令各舰队：“此次行动，并非交战，如中国海军不攻击日舰，日舰亦不攻击中国军舰，以维友谊”；因此，“凡我舰队，应守镇静”①。军政部长何应钦以特急电令蒋光鼐、蔡廷锴原配属十九路军之航空队“除对日机加以抵抗外，即对日海军决不抛掷炸弹！”②在淞沪会战中，除经蒋介石同意派出第五军参战外，国民党政府再未派任何部队增援。同时，军政部还“以克扣军饷的手段压制十九路军，从一九三一年十月至一九三二年五月，欠发军饷达六百万元之多”③。直至停战前的紧急关头，蒋介石仍然拒绝派兵增援，反而让何应钦通令各部队：“非得军政部命令而自由行动者，虽意出爱国，亦受抗命处分。”④正是由于蒋汪等的一味阻挠和破坏，最终导致了十九路军和第五军终因“后援不继”而被迫撤退。

国民党政府在军事上阻挠和破坏十九路军对日作战；在政治上则采取依靠国联和英美等国调停的妥协政策，积极进行对日交涉。当英美等国以把上海变成国际共管的中立区为条件而要求中日双方停战时，国民党政府竟立即欣然接受。只是由于日本的反对，这种交易才未能实现。在一·二八事变过程中，蒋介石、汪精卫等人在密商之后，曾由何应钦密电上海市长吴铁城，要他探寻英美的态度，希望英美“设法转圜停战”⑤。此外，何应钦又致电吴铁城并转宋子文、张静江、张群、孔祥熙等人：“请兄等商在沪诸外委，从速先求停止战争。”⑥与此同时，何应钦还派陆军步兵学校校长王俊为代表，前往上海与日方秘密商谈停战事宜，但因日军坚持中国军队必须先撤退的条件而和议破裂。

可见，国民党政府自一·二八事变开始便无抗战决心，其“一边抵抗，一边交涉”方针的实质仍是妥协投降。所以，在日军宣布停战和国联通过停战协议后，

---

①② 马仲廉.“九·一八”到“七·七”[M].北京：中国青年出版社，1985.56—87.

③⑤⑥ 温济泽.九一八和一·二八时期抗日运动史[M].北京：中国工人出版社，1991.215—240.

④ 蒋光鼐、蔡廷锴、戴戟.十九路军淞沪抗战回忆[A].中国人民政治协商会议全国委员会文史资料委员会编.文史资料选辑第37辑[C].北京：文史资料出版社，1980.12.

国民党政府便立即表示同意，并开始了与日军的停战谈判。

综上所析，一·二八事变之所以能够停战，是由中日两国政府当时的政策尤其是以日本政府的政策决定的，而国联的外部调停则进一步促成了这一行动的实现。国民党政府"一边抵抗，一边交涉"的方针也决定了其在停战议和中的屈辱地位。一个丧权辱国的新条约——《上海停战协定》便在这样的背景下"应运而生"了。

（本文原载《邢台学院学报》，2003 年第 3 期）

一·二八事变初期日本政府的外交欺骗

曹振威

19世纪末至20世纪初，日本帝国主义对中国发动了多次武装侵略，并强占大片领土，使中国的国家主权和人民生命财产受到极大损害。值得注意的是，日本帝国主义为了掩盖其侵略面目，每次发动侵略战争的时候，总会通过外交手段，对中国和世界舆论发动一场外交欺骗。发生在75年之前的一·二八事变，也是中日两国政府在政治外交上的一次重要较量。上海是当时远东著名的商业大都市，西方列强在那里有很重要的利益。日本敢于在上海挑起事端，是出于整个对华战略的需要。数月以前，日本通过九一八事变，以武力侵占中国东北三省之后，遭到世界上主持正义的国家和人民的谴责。于是，日本陆军当局决定在上海这个国际大都市制造一些事端，以引起西方列强的注意，缓和国际社会对东北占领区的关注。为了实现这个阴谋计划，日本军政当局互相配合，首先在外交上实施欺骗。这种欺骗手段，在一·二八事变爆发之初表现得尤为明显。

在纪念一·二八抗战75周年的时候，我们对日本政府这种无耻的外交手段加以揭露批判，可以使人们更进一步认清日本军国主义的本质。

一、在上海挑起事端是既定方针

1932年1月在上海爆发的一·二八事变，是由日本精心策划的一个阴谋活动。大量事实已经证明，日本策动这场阴谋的主要目的，是要转移国际联盟和世界舆论的视线，掩护日本关东军在中国东北的侵略罪行，便于伪满洲国这个傀儡政权的出台。

1931年9月18日，日本关东军一手策划了沈阳事变之后，立即向东北各地发起武装进攻,在不到一周时间内,先后侵占了辽宁、吉林二省大部分城市。然后又北攻黑龙江,南犯辽西,企图夺取通向关内的战略要地锦州,以把整个东北收入自己的囊中。至1932年1月3日锦州失陷,日军在三个多月时间里占领了东北三省的主要城市和交通要道。但日本当局十分清楚,自己在东北的占领还只是初步取得了成果:为数众多的小城镇和广大农村尚未占领,而东北义勇军的武装抗日运动已经迅速兴起,对日军形成了威胁;中国各地兴起的声势浩大的抗日救亡运动,更使日本当局感到震惊。此时的国际局势也对日本不利。中国政府在事变爆发以后马上向国际联盟申诉,国联虽未采取制裁日本的有力措施,但多数理事国都表示出对中国的同情,这使日本感到不安。

当日军向东北各地发起猛烈进攻的时候,在当地组建伪政权的活动也在加速进行。此时,关东军内部已经不满足于半年前日本参谋本部要求在东北地区建立亲日政权的决定,而希望建立一个独立的国家。日本满洲青年联盟理事长金井章次炮制了一份《东北自由国建设纲领》,关东军亦拟定了《满洲自由国设立方案大纲》上报东京当局请求批准实施①。关东军将校土肥原贤二、板垣征四郎、石原莞尔等几经商议,确定了具体行动计划,并决定诱使前清末代皇帝溥仪担任这个政府的首脑。11月间,土肥原秘密去天津,把溥仪带到旅顺,正式谋划"满洲国"的"建国事宜"。

12月初,国联理事会通过关于中日纠纷的第三次决议案,决定由国联组织一个调查团,前来中国和日本作实地调查。为争取主动,日本当局计划在调查团到达东北以前,造成"满洲国"已经成立的既成事实。为此,日本关东军加快了炮制傀儡政权的步伐。与此同时,日本当局亦指示设在上海的特务机关,要他们在上海制造事端,挑起引发中日新冲突的事变,以转移中国和世界各国的注意力,掩护伪满傀儡政权顺利出台。

日本当局之所以选中上海为制造事变的目标城市,是因为上海具有其他地方不具备的条件:首先,上海是中国最大的商业都市与全国经济中心,如把上海搞乱,将使中国政府的财政经济陷于困境而忙于应付,势必分散关注东北问题的注意力。其次,上海是远东著名的国际都市,西方列强在那里有重要的利益,各种政治与经济关系又异常复杂,一旦出现战乱,势必吸引国际社会的高度关注,

---

① 《满蒙自由国设立方案大纲》(1931年11月),载中央档案馆等合编:《日本帝国主义侵华档案资料选编·九一八事变》,中华书局1988年版,第376—384页。

日本可利用这一有利时机，一面在上海问题上与列强作周旋，一面可以在中国东北放手大干。第三，日本在上海有发动事变的实力。上海有日本的租界，日本海军可以在长江和黄浦江上自由行动，海军陆战队具有相当的战斗力，当地大批日本工厂和金融机构可作经济上的支撑，人数众多的“居留民”可成为寻衅闹事的基干力量。第四，九一八事变爆发后，上海掀起了持续高涨的抗日浪潮，抗日民众与日本在沪人员的冲突和纠纷时有发生。这些矛盾冲突，有利于日本特工寻找借口，制造事端。

直接策划在上海挑起事端的是日本关东军高级参谋板垣征四郎。他于1931年10月初致电日本驻华公使馆陆军武官辅助官、上海特务机关长田中隆吉，对他说：“我们下一步行动要占领哈尔滨，使满洲独立。我们已派土肥原大佐去接溥仪来。如果我们办成了，国联要大吵一番，东京政府将感到头痛。我要你在上海搞点事，以转移各国的注意力。当你们引起骚动的时候，我们将拿下满洲。”①田中隆吉向板垣保证，能执行好这个任务，于是关东军给他送来一大笔活动经费，以便具体策划。

1932年1月4日，日本关东军司令官本庄繁召集有关将校讨论，拟定了一份“满蒙独立”计划，由板垣征四郎直送东京。日本陆军、海军、外务三省根据板垣的报告，制定了《中国问题处理方针纲要》，决定在中国东北建立一个脱离中国的伪政权。板垣得到消息，即于1月10日从东京致电正在上海活动的田中隆吉：“‘满洲事变’按预定计划发展，但中央有人因列强反对仍持怀疑态度，请利用当前中日间紧张局面进行你策划之事变，使列强目光转向上海。”②田中接电后，当即在同月18日制造了日僧事件和三友实业社事件，最后终于引发了震惊中外的上海一·二八事变。

日本战败后，田中隆吉曾在远东国际军事法庭审判战犯时出庭作证，交代了执行上述阴谋计划的经过情况。他坦率承认，自己是上海事变的“点火人”，袭击日莲宗化缘和尚的暴行也是自己策划的③。

除关东军之外，日本东京核心领导层实际上也参与了上海事变的策划。据美国记者戴维·贝尔加尼根据战后获悉的秘密资料，发现当年东京的“十一人俱

---

① 〔美〕戴维·贝尔加尼：《日本天皇的阴谋》（中译本）上册，商务印书馆1984年版，第585页。

② 〔美〕戴维·贝尔加尼：《日本天皇的阴谋》（中译本）上册，商务印书馆1984年版，第608页。

③ 〔日〕《装甲车和小河网——上海事变真相》，东京广播电台第12频道报道部编：《证言·我的昭和史》第1卷，东京1969年版，第172页。

乐部”也参与策划了上海事变，而且这个组织与关东军特务机关就这个计划有过密谋。这个“十一人俱乐部”由日本天皇裕仁身边的高级文官所结成，以木户幸一、近卫文麿、牧野显声和原田雄熊等人为核心，经常为裕仁出谋划策，并受到裕仁的宠信。这些人主张在完成对东北的占领以前，日本要有一个“思考间歇”时期，以便应付好国内、国际的各种问题。经过一番研究，他们拟定了三大对策，亦被称为“三重阴谋”。其一是“美元骗局”，通过大规模的侵吞公款的投机买卖，给日本企业界一笔大贿赂，以换取他们的支持。其二是“假战争”，主要是“在上海搞一个转移视线的行动，这样可给国联一个满足它要促成和平的愿望的机会，从而给国联留些面子”。其三是“政变威胁”，主要是吓唬政府内的温和派，使他们对满洲问题不敢吭声①。其中第二项由近卫文麿首先提出的所谓“转移视线的行动”，最后直接导致一・二八事变的爆发。

对于日本军政当局所策划的这场阴谋，日本已有不少论著予以揭露和批评。信夫清三郎在《日本外交史》中对一・二八事变作了这样评述：“上海事变是为了把各国注意力从满洲转移到上海，以完成对满洲的侵略而发动的一种策略。由于事变的爆发，世界的关心转向各国权益交错的上海，关东军乘此时机一步步推进了满洲建国的计划。”②古屋奎二在对蒋介石进行长时间采访并参阅大量资料之后，在所写的著作中对上海事变这样评价：“一・二八淞沪事变是日本海军在中国的心脏部位所发动的军事行动，这个行动，和在东北发生的九一八事变并非没有关联，虽然沈阳和上海之间的距离有 1 400 公里之遥，但实质不能不说是出于同一构想，而且有密切联系的一连串事件。日本军部是以一・二八事变来转移国际间对于东北方面的注视，而乘机制造出伪满洲国。就这一方面来说，可见一・二八乃是为了侵略东北而故意策划的一种‘佯动作战’。”③

二、发表颠倒是非的政府声明

日本军政当局为了转移国际社会对满洲问题的关注，迫切需要在上海策划一场新的事变，同时，也十分害怕上海事变发生后，一旦与满洲事变牵涉到一起，更增加满洲问题的复杂性。于是，从上海事变策动之初即开始进行外交欺骗。

① 〔美〕戴维・贝尔加尼：《日本天皇的阴谋》（中译本）上册，商务印书馆 1984 年版，第 578—580 页。

② 〔日〕信夫清三郎：《日本外交史》（中译本）下册，商务印书馆 1984 年版，第 571 页。

③ 〔日〕古屋奎二：《蒋总统秘录》（中译本）第 8 册，台湾中央日报社 1975 年版，第 133—134 页。

其具体方法是，首先把引发事变的责任全部推给中国，然后尽力把东北的“满洲问题”和上海事变截然分开，坚持所谓“就地解决”主义①。

日本要在上海制造事变，是以挑起一连串事件为先导的。其目的是通过这些挑衅活动，引发中日之间的冲突，煽起国民对中国的仇恨，为出兵上海，发动战争制造借口。早在九一八事变爆发不久，上海的日本“居留民”即开始寻衅闹事，制造事端。他们举行大规模集会，要求日本政府“断然膺惩暴戾的中国”②，“消灭中国抗日救国运动，帝国政府应用积极手段”③。

进入1932年之后，日本在沪势力的挑衅活动明显升级，直接制造了《民国日报》事件。1932年《民国日报》刊登了一则朝鲜义士于1月8日袭击日本天皇，但未造成伤亡的消息。日本方面即在这则消息上大做文章，认为是对日本天皇的“大不敬”，向上海市长提出了抗议，要求更正道歉，处罚负责者并保证今后各报不再有此种“不逊”行为与言论。上海市长吴铁城害怕日方借机扩大事端，作了息事宁人的处理，但日方仍不罢休。后以报道日本暴徒焚烧三友实业社的新闻“违反事实”，破坏日本海军陆战队的“名誉”，由日本第一遣外舰队司令官盐泽幸一具名，提出书面抗议，并附加“报社主笔到日本陆战队提出公文陈谢”，“在报上刊出半张大的谢罪书”等四个条件。在政府的压力下，报社委屈退让，对日方进行道歉，但日方得寸进尺，拒绝道歉，要求封闭《民国日报》。报社被迫于1月26日停刊④。

与此同时，日本上海特务机关长田中隆吉还策划了刺杀日莲宗和尚的“日僧事件”和焚烧三友实业社事件。这一连串的事件导致上海日本势力的反华、仇华情绪迅速高涨。在1月21日上海日本居留民大会执行委员会的会议上，发出了一片战争喧嚣声，主张要对中国“采取断然处置”，声称“吾人敢以民众之实力，对此穷凶极恶之抗日会，掩护此会之市政府，及暴戾之民国日报社，出以断然行动，在所不惜”⑤。

日本驻华外交机关一面对在沪日本势力的反华活动百般庇护，同时还向中国政府施加压力。日本驻沪总领事一再向上海市政府提出抗议，先是要求缉拿

① 〔日〕黑羽清隆：《上海事变录》，《历史学研究》第376号，第42—43页。

② 《张群致国民政府电》(1931年11月2日)，《日本帝国主义侵华档案资料选编·九一八事变》，中华书局1988年版，第517页。

③ 陈觉编：《九一八后国难痛史》上册，辽宁教育出版社1991年版，第345页。

④ 张篷舟主编：《近五十年中国与日本》第1卷，四川人民出版社1985年版，第8页。

⑤ 陈觉编：《九一八后国难痛史》上册，辽宁教育出版社1991年版，第390—391页。

杀害日本和尚的凶手，接着又一口咬定凶手是三友实业社的工人，并向中国当局提出道歉、处罚、赔偿、取缔抗日活动和抗日团体等四项无礼要求①。对于被警方查实的日人纵火焚烧三友工厂案，仅口头表示遗憾。日本驻沪海军也表示出异常强硬的态度。1月22日，盐泽司令官发表一个"声明"：上海市长如对日领事所提的四项要求不作"满意答复"，日本海军就要采取"适当手段"②。这表明日本海军将公开介入上海的中日纷争。

盐泽的声明只是日本海军将要发起行动的一个讯号，此时日本海军正在进行紧张的军事准备。原先日本常驻上海的军舰只有一、二艘，陆战队官兵六、七百名。此时集中到上海的日本军舰有10艘，另外还有14艘驻在长江各港口；海军陆战队员也增加到3 500余名③。当时上海市政府也已发现日本海军正迅速向上海集结兵力。1月22日，上海市政府向行政院报告："现有巡洋舰一只，驱逐舰四只开沪，每舰载战机二十只，联合舰队四只，准予25日抵沪"；"又今晨西报载，日本驻华舰队司令于昨晚发出哀的美敦书，要求市府立即履行要求条件，否则将取必要的行动。现已有大批日舰开沪云云。"④此后每天都有日军增兵的报告。1月28日，上海市政府向行政院报告："日领所提要求条件，限于本日六时前圆满答复，昨经电呈在案。本日日舰进口至十二艘之多，陆战队又纷纷开赴闸北华租交界之处，加紧为作战之准备。"⑤上海警备司令戴戟对日军的动态更清楚，他于同一天向行政院发出了多份敌情报告。上午的报告称："今晨起日陆战队在其驻地附近江湾路、窦乐路及横浜路一带配备警戒，配有炮二门，机关枪八挺，并有武装机器脚踏车十余辆，均配备手提机枪，停止路旁，形势极其严重。顷又有日舰八艘到沪，内四艘已入口，四艘泊三夹水。"下午的报告称："(一)日陆战队部附近午后警戒更加严重，配备铁甲车五辆、炮二尊、摩托车三十余辆，每辆机枪一挺，有进攻模样。(二)本日共进口日巡洋舰一、驱逐舰十二。……(三)午后续有陆战队六百登陆。"晚上的报告称："顷日海军舰队司令盐泽致函市政府及公安

---

① 王辅：《日本侵华战争》第1册，辽宁人民出版社1990年版，第149页。

② 张篷舟主编：《近五十年中国与日本》第1卷，四川人民出版社1985年版，第7页。

③ 关于一·二八开战前夕日本海军在沪兵力有不同说法，日本参谋本部《满洲事变机密作战日志》的记载为3 500人，因该记录可信度较高，故采用此说。

④ 《上海市政府致行政院电》(1932年1月22日)，《日本帝国主义侵华档案资料选编·九一八事变》，中华书局1988年版，第525页。

⑤ 《上海市政府致行政院电》(1932年1月22日)，《日本帝国主义侵华档案资料选编·九一八事变》，中华书局1988年版，第535页。

局，略谓闸北方面日侨甚多，指我军警有敌对行为，要求我军即行退出，等语。除令商吴市长筹议应付，并饬军警妥为戒备外，似此无礼要求，应如何驳斥或处置之处，敬祈迅赐电示祇遵。”①戴戟关于如何处置的请示电报刚刚发出，日军即开始向闸北的中国驻军发起攻击。负责当地警备的中国军队守土有责，当然不会轻易退让，上海事变终于爆发。

对于这场由日本方面一手挑起的军事冲突，日本外交当局当然心知肚明。但为了实施早已拟定的阴谋计划，仍不顾国际信义，于 1 月 29 日发表了一份颠倒黑白的政府声明。

“声明”共开列了五点内容，其中最主要的内容是强调这次事变的发生，是由中国的排日运动所引起。“声明”一开始即宣称：“帝国政府在去年 10 月 9 日的备忘录中曾向国民政府指出：在中国各地猖狂的排日运动，是作为贯彻国家政策的手段而行使的一种非武装的敌对行为，它在组织上和实际上都是在同国民政府的职能很难分清的国民党党部的直接领导下进行的。帝国政府要求国民政府不仅应制止党部及其所领导的各种排日团体的活动，并且要取缔其他的排日活动，为保护日本人的生命财产和利益采取必要和有效的措施。其后，曾屡次向中国中央及地方当局反复说明上述要求，并提醒深加注意。”讲完日本的基本立场之后，笔锋立即转到中国方面：“然而，国民政府没有接受帝国政府上述要求的诚意，甚至认为中国官民对帝国及其臣民的不法行为是爱国心的表现，反而采取鼓励的态度。因此，排日运动越来越广泛，越来越激烈。”②

仅从上述“声明”的字面上看，好像日本方面显得冠冕堂皇，而中国政府纵容民众排日，导致两国关系恶化，责任全在中国一方。当时两国关系恶化的真相究竟如何？这是一个首先需要弄清的问题。日本政府的声明完全回避日本对中国东北进行武装侵略这一重大事实，而一味强调中国民众对日本的不满情绪，这就完全颠倒了是非。在日本军队侵占中国大片领土，数千万东北人民的生命财产受到重大损失的时候，难道中国人民连表示一下不满的情感都不可以吗？按照日本政府的逻辑，在日本对中国东北进行军事入侵之际，中国民众应当继续保持对日友好的心态，体谅日本的“诚意”。因此，日本政府在声明中作这样的陈述，完全是荒唐的强盗理论，同时也是公然对国际舆论的欺骗。

---

① 《上海警备司令戴戟致行政院电》(1932 年 1 月 28 日)，《日本帝国主义侵华档案资料选编·九一八事变》，中华书局 1988 年版，第 535—537 页。

② 〔日〕外务省编：《日本外交年表和主要文书(1840—1945)》下卷，1969 年再版本，第 195 页。

不仅如此，日本“声明”对发生上海事变的叙述，也完全采用了“贼喊捉贼”的伎俩。“声明”称：“特别在上海，抗日总会和其他各种排日团体最为猖狂，尤其是近日发生了《民国日报》登载对日本皇室不敬的消息和杀伤日莲宗和尚的事件等等。自此以来，事态日趋恶化。”①“声明”所列举的两个事件，日本政府认为是中方引发上海事变的直接原因，实际上恰恰证明这是日方事先策划的阴谋。《民国日报》刊载朝鲜人对日本天皇行刺的消息，完全是一种正常的业务行为，日本方面却大做文章，最后甚至通过外交威胁的手段迫使该报停刊。其强行霸道的行为，早已超越国际交往的惯例，成为中日关系恶化的祸根。

所谓“杀伤日莲宗和尚的事件”，那更是日本特务机关炮制的一个“杰作”。实际情况是：1 月 18 日，日本特务机关长田中隆吉与其助手川岛芳子唆使日莲宗和尚天崎启升等 5 人以“寒中修行”为借口，去三友实业社工厂门口活动，敲钟打鼓，四处窥探，还向厂内投掷石块。这一起明显的挑衅行为，引起了该厂工人义勇军注意，出来查询。天崎启升等 5 人匆忙逃窜，在赵家宅附近被工人拦住盘问。此时被川岛芳子事先雇用的打手化装成工人模样，混入义勇军中，对日本和尚大打出手，还用石块猛砸，造成一人死亡。这是一起典型的嫁祸于中国工人的阴谋事件。日本战败后田中隆吉坦白供认这是自己干的：“一个人被杀，两个人受伤。于是我想，这时候的确可以搞出点名堂来。”于是进一步借题发挥，扩大事态。“当时上海有个日本青年同志会，就叫刚刚到上海来的宪兵大尉重藤千春指挥这个团体，袭击了这个抗日色彩很浓的三友实业公司。我深信，这样一来，日华之间必然引起冲突。果然，以后日华之间的空气非常紧张。……形势逐渐恶化，到了 1 月 28 日晚上，陆战队和十九路军发生了冲突。”②这段供述已把日本当局的阴谋和盘托出，日本政府“声明”的虚伪性也就彻底暴露无遗。

值得注意的是，这份“声明”的最后还表示了不准备扩大事态的态度：“此次我国海军在上海方面的行动，和以往各国在该地屡次采取的实力行动相同，完全以保护侨民的生命财产及其他我方权益为目的，别无他意。”“我方对上海地区没有任何政治野心，自不待言”③。这一态度使日本“十一人俱乐部”关于发动一场“假战争”的谋略得到证实。当时近卫文麿等人设想在上海发动一场事变之目的是要转移国际视线。既然是“假战争”，那就是做个样子而已，不必作充分的军事

---

①③ 〔日〕外务省编：《日本外交年表和主要文书(1840—1945)》下卷，1969 年再版本，第 196 页。

② 〔日〕《装甲车和小河网——上海事变真相》，东京广播电台第 12 频道报道部编：《证言·我的昭和史》第 1 卷，东京 1969 年版，第 175 页。

准备,因此依靠海军的力量就可以了。这就更进一步证明,一·二八事变的爆发是日本精心策划的一个阴谋事件。

三、在各国调停时继续进行欺骗

上海不仅是中国的经济中心,也是西方列强,特别是英国在华利益的中心,英国向来视上海和长江流域为其势力范围。著名的上海公共租界和法租界,更是外国在华势力的集中地区。日本在上海挑起战争,必然会引起西方各国的严重关注。日本也预料到西方列强必然会出面干预,于是准备了一套虚与委蛇的对应策略。

事变爆发后,日本在政府声明中特别强调:"此次派兵,不过因为比起英、美、法等国在上海的驻军来,我方驻在该地的陆战队人数较少,为适应事态变化而有所增加而已。我方当然坚持同各国协调的方针,派在当地的帝国官员正与有关各国的领事、公共租界工部局以及各国驻军保持密切联系。"①这段话实际上是向西方列强打招呼,告诉他们不要紧张,不会影响到他们的利益。

这样的表面文章当然无法消除西方列强的疑虑。在上海有特殊利益的英国政府首先做出反应,认为日本的"冒险政策远远超出了我们迄今为止所估计的那样"。英国外交大臣西蒙于1月29日致函麦克唐纳首相:"我在思想上已不怀疑日本正在推行一个野心勃勃的计划,如同他们在满洲一样。"英国驻华公使兰普森在致英国外交部的电报中也强调:"上海事件正在迅速由一场中日冲突转变为一桩直接关系到其他列强利益,特别是我们自己和美国……的事件";"战斗被视为对西方财产、生命和利益的一个主要威胁。"②

对英国政府来说,上海事变使自己的权益受到严重威胁,于是一改九一八事变时奉行的消极政策,采用主动加入、积极调停的方针。1月29日,英国驻日大使会见日本外务大臣,要求日本政府对日军进攻上海闸北一事作出解释,并表明政府的立场:"英国不可能默认将(上海)国际租界作为从事进攻的基地";"英国强烈抗议日军已严重危及外国生命财产的行动,并要求日本政府采取有效步骤,加强对那些军队的控制。"③同日,英国驻沪总领事也奉令向日本驻沪总领事提出

① 〔日〕外务省编:《日本外交年表和主要文书(1840—1945)》下卷,1969年再版本,第196页。
②③ 转引自王宇博:《英国与一·二八事变》,《江苏社会科学》1993年6月号。

抗议。另外，英国还作出向上海增派兵力的决定。为得到美国的支持，英国主动向美国通报行动方案，希望采取一致行动。美国虽非国联会员国，但在一切重要问题上都能与英国行动一致，这次也是一样。

在西方列强中，英国最早参与调停上海战事。1月29日，英国驻华公使代表与中国外交部长罗文干就上海战事交换意见，并表示愿会同国际联盟设法调停。同一天蒋介石也确定了对日交涉的几条原则，其主要内容是："必须在国联与九国公约国家的干预下进行交涉"；"交涉必须定一最后防线与最大限度，此限度至少要不妨碍行政与领土完整，即不损害九国公约之精神与不丧失国权也"[①]。中国首先向国联提出申诉，要求干预日本在上海的侵略行动。国联理事会不顾日本反对，受理了中国的提案，后又决定派遣调查组赴上海调查。这一决定使中国抱有希望，但结果是没有下文。

英美等国没等国联讨论决定，即率先调停上海战事。1月29日晚上，经英、美两国调停，日军接受暂时停战的提议，上海出现第一次休战。日军之所以接受停战，是因为经过十余小时巷战，受到中国军队猛烈抗击，伤亡惨重，无力继续进攻，需要暂时停火，等待援兵。1月31日，在英、美两国努力下，中日双方在上海英国领事馆举行首次正式谈判。中方代表为上海市长吴铁城和十九路军师长区寿年，日方代表为第一遣外舰队司令盐泽幸一与驻沪总领事村井仓松。中方提出了"日军依条约退回原地"、"赔偿损失"等四项要求，日方亦提出中国军队后撤20公里，原驻地设中立区的主张。英国当局提出三项调停建议："一、日军退回租界线内；二、退出区域由中立各国军队驻防；三、事变之解决，待外交交涉。"[②]对此建议，日方表示反对，以"向本国政府请示"为由进行推托。最后达成暂时休战3天的协议。日军之所以同意暂时休战，并非出于迅速解决事变的愿望，而是采用缓兵之计，等待援军的到来。

此后，法国和意大利也加入了调停行列。2月2日，英、美、法等国分别向日本和中国提出外交照会，希望在四项条件之下实现停战："一、两国间此后不再有动员或准备任何敌对行为；二、在上海的中日作战人员，退出彼此接触之地点；三、设立中立区，分离双方作战人员，以保护公共租界；该区域由中立国军警驻防，具体办法由领事团拟定；四、两国一经接受该项条件后，不再提出要求或保

---

① 《蒋中正手订对日交涉之原则与方法》，《中华民国重要史料初编——对日抗战时期》绪编(一)，台湾中央文物供应社1984年版，第431页。

② 《中华民国史事纪要》(1932年1—6月)，第214页。

留,即根据非战公约及 12 月 10 日国联议案之精神,在中立国观察员或参与者协助下,迅速进行商议,以解决一切悬案之争议。"①这一方案基本上与 1 月 31 日英国的调停建议相似,但增加了两点新提议:一是在上海设置"中立区",由中立国军队驻防;二是按照国联 12 月 10 日的议案协商解决两国纷争。

这一方案尽管对中国不利,但蒋介石、汪精卫等人为了尽快解决在上海的冲突,仍对此方案表示"感兴趣"。认为这一提案"颇属正当公道",系外交上一大发展,决定予以接受②,只是希望将"中立区"改称为"和平区"。2 月 4 日,中国政府外交部复照英、美等国,宣布"对于贵国政府所通知之提议,特行接受"③。

日本政府对于英、美等国的提案却完全是另一种态度。2 月 4 日下午,日本外相芳泽谦吉发出答复照会,表明了日本的立场。日本的复照共有四项内容:第一,首先强调"中国军队必须立即而且完全停止挑衅及骚扰行动",日军才停止战斗行为;"如中国方面(不管是正规军还是便衣队)仍有挑衅或骚扰行动,帝国军队即完全保留采取自由行动的权利"。第二,"鉴于中国方面历来有不信任的行动与目前严重的局势,我方不可能停止军事动员与战斗准备。"第三,对于隔离日中交战双方,在闸北附近设立"中立区",以及由领事及日军司令参加交涉的提议表示赞同。第四,"对于所谓中日各悬案亦包括满洲问题在内之解释,认为满洲问题与上海事件完全不相关,满洲问题将依去年 12 月 10 日国联理事会通过之决议办理,且不接受第三国视察员之襄助以解决满洲各问题,为帝国之既定方针,故本项建议,完全不能接受。"④

从日本的复照可以看出,对于解决上海事变问题,日本已经表示出强硬的态度。首先在军事行动上不肯让步,坚持要中方先停火,并且要停止非军事人员的"骚扰活动"。对于设立"中立区"的提案,实际上把目前由中方控制的地域作为国际共管区域。这一规定对西方列强有利,对日本无害,所以没有反对。对于按照国联议案解决争议的提案,实际上是要把上海问题与东北问题合并解决。日本一开始就把东北问题作为禁区,要与上海问题截然分开,因此表示出强烈反对的态度。这样的答复,实际上是完全拒绝了这个调停方案。

---

① 《关于上海事件之帝国与英美法间往返公文》,〔日〕外务省编:《满洲事变及上海事件关系公表集》,供应社 1984 年版,第 127—128 页。

② 《何应钦致何成浚电》(1932 年 2 月 3 日),《历史档案》1984 年第 4 期。

③ 《外交部接受英美等国提出停战条件之复照》(1932 年 2 月 4 日),《中央日报》1932 年 2 月 5 日。

④ 《关于上海事件之帝国与英美法间往返公文》,〔日〕外务省编:《满洲事变及上海事件关系公表集》,供应社 1984 年版,第 128—129 页。

同1月29日的日本政府声明相比，日本的态度已明显趋于强硬。日本态度迅速转变的根本原因，在于上海事变的形势没有按照日本预定的方向发展。1月28日晚上，日本海军陆战队发动攻击之后，遭到中国军队的强烈抵抗，损失惨重，面子丢失。为了挽回脸面，日本海军决定增兵加压，夺取战场上的主动权，而不是在不利形势下轻易停战议和。

日本遣外舰队司令盐泽幸一是一个狂妄的军国主义者，上海事变开战之初，他曾夸下海口，要在4个小时内攻下闸北。十九路军的顽强抗击迫使日军在十几小时内不能前进一步，最后只得被迫同意休战3天，向东京紧急求援。日本海军中央部在事变发生前的如意算盘是想仿效陆军，在上海也取得丰硕战果，不料事与愿违。接到上海首战失利的报告后，匆忙派遣以二艘航空母舰为首的大批舰艇前往增援，以为临时补救。2月2日，日本海军中央部决定将上海附近的舰队与新增舰船合编组成第三舰队，由海军中将野村吉三郎任司令，统一指挥对上海的进攻。与此同时，日本海军当局又要求陆军派兵参战。早在事变爆发前夕，日本陆军曾考虑向上海派遣部队，但遭到海军的拒绝。此时遭到败绩之后，海军才不得不向陆军求援。1月31日，海军大臣在内阁会议上提出："上海附近情况不容乐观，必要时希望陆军增援。"①

2月1日，日本陆军、海军、外务三大臣经过会商，决定派遣陆军赴上海参战。翌日内阁正式作出派兵决定，陆军参谋本部与海军军令部亦达成《关于上海方面陆海军联合作战指导协定》。根据上述派兵决定，日本陆军第九师团开始紧急动员，第十二师团亦临时组成混成旅团。2月4日，参谋总长载仁亲自发布作战命令，并于次日得到天皇的批准。在准备对上海发动大规模军事侵略的情况下，日本外交当然也一反常态，不愿接受调停，以等待新一轮军事进攻之后再寻找更为有利的和谈时机。

从日本政府在一·二八事变初期的欺诈外交中，人们可以进一步看清日本军国主义者不遵守国际信义，不讲外交道德的狡诈手段和邪恶本质。

（本文原载《军事历史研究》，2007年第2期）

① 〔日〕防卫厅防卫研究所战史室：《大本营陆军部》(一)，朝云新闻社1967年版，第329页。

一·二八淞沪抗战后的声讨海军风波

苏小东

1932年1月28日，日军突袭上海，驻防淞沪地区的中国陆军第十九路军奋起抗击，苦战月余，为保卫上海而伤亡官兵万余人。相反，中国海军尤其是其驻京沪地区的部队却始终置身事外，袖手旁观，与十九路军的英勇抗战形成了鲜明对比。自1931年日军发动九一八事变占领中国东北后，全国人民抗日救亡的呼声即日趋高涨，并迫切希望军队以武力反抗暴日的侵略。淞沪抗战虽然未能取得最后的胜利，但十九路军(包括后来参战的第五军)广大官兵所表现出的抗日爱国热情和英勇牺牲精神，使要求抗日救亡的全国人民受到了极大的鼓舞。同时，中国海军在沪战中隔岸观火的表现也引起了国人的强烈不满，以致淞沪战事的硝烟尚未散尽，国内各界声讨海军的风波即骤然而起，并最终发展到由政府监察委员出面弹劾海军。特别值得注意的是，各界人士不仅对海军在沪战期间的表现大张挞伐，而且还对中国海军的现状作了全面评说，进而提出了中国应建立一支什么样的海军以及在国家财力有限的情况下还有无必要重点建设海军等重大问题。事实上，这场风波已对日后的中国海军建设产生了一定的影响，但学术界对此迄今尚无全面系统的研究。

鉴于声讨海军最集中亦最具代表性的文献为《彻底改造海军并整饬海防以抗暴日案》《弹劾海军案》两个提案及《国难期中的海军当局》一文，而海军当局的辩驳亦主要针对此“两案一文”，本文即以由此展开的控辩为研究重点，在力求再现这场风波全貌的同时，对其中的是非曲直作一初步考察。

一、 声讨海军风波的缘起

1932 年 1 月中旬，刚刚升任南京国民政府海军部长的陈绍宽赴上海参加海军江南造船所开辟第三船坞动工典礼及新炮艇安放龙骨典礼。1 月 27 日晚，陈在沪公干结束后乘夜车返回南京，于次日晨到部办公。就在他离开上海的第二天，即 1 月 28 日深夜，日本驻沪海军陆战队突然向闸北中国驻军阵地发起猛烈进攻，在上海挑起了进一步侵略中国的一·二八事变。

实际上，在陈绍宽离开上海前，上海的局势就已十分紧张。早自他抵沪之时起，日本军方经过精心策划，即开始在上海蓄意制造事端进行挑衅。与此同时，日本海军为武装进攻上海作了积极准备，除九一八事变后陆续驶抵上海的军舰外，自 1 月 21 日起又大量增兵上海，先后从国内和旅顺调来 19 艘军舰和两个特别陆战大队，兵力集结迅速增至军舰 23 艘、飞机 40 余架及陆战队 1 800 余人。面对日军的疯狂挑衅和武力威胁，驻防淞沪地区并深受上海抗日救亡运动影响的中国第十九路军忍无可忍，决心随时准备抗击日本侵略军的进攻。1 月 23 日，十九路军召开驻上海部队营长以上干部紧急军事会议，决定死守上海，并确定了防御部署以及一切必要的应变措施。随后，即由京沪卫戍司令长官陈铭枢、十九路军总指挥蒋光鼐、军长蔡廷锴、淞沪警备司令戴戟联名发表《告十九路军全体官兵书》，又由蒋、蔡、戴联名发表《告淞沪民众书》，表明誓死保卫上海的决心，并号召军民合作共同抗日。日军大兵压境且步步进逼，十九路军将士决心守土御侮，双方剑拔弩张，一场侵略与反侵略的淞沪之战已是一触即发。中国驻沪海军虽然始终没有表态，但也并非无动于衷，如 1 月 23 日他们获悉日本海军增兵上海的情报后，即及时向淞沪警备司令戴戟作了通报，谓有 6 艘日本军舰将于当晚开到上海，“到后就到市府交涉，若交涉无结果，他们就决定自由行动”①。这至少说明海军也已意识到了事态的严重性。问题是当时陈绍宽就在上海，对日趋紧张的局势应该十分清楚，对可能发生的严重事变理应有所预见，但不知为什么，他在离开上海时并未对驻沪海军部队作出如何应付事变的部署，以致海军丝毫未作抵御日军进攻的思想和物质准备。

---

① 中国第二历史档案馆：《第十九路军军部紧急会议记录》(1932 年 1 月 23 日)，《中华民国史档案资料汇编》，第 5 辑第 1 编：军事，江苏古籍出版社 1991 年版，第 470 页。

日军侵犯上海最初完全是由海军发动和实施的，后因其进攻闸北连连受挫，才不得不先后从国内调派陆军 3 个师团及 1 个混成旅由海军护运至上海增援，海军亦随之转为配合陆军作战。中国方面的抗战部队只有陆军，即十九路军，以及后来参战的第五军。淞沪抗战历时 33 天，中国军队尤其是十九路军官兵不畏强敌，以劣势装备顽强抵御优势装备的日本陆海军的联合进攻，阵地多次失而复得，接连挫败日军对闸北、吴淞、庙行、江湾的强攻，直至日本援军在侧背登陆占领浏河，才于 3 月 1 日被迫退守嘉定、太仓一线，淞沪战事随即亦告结束。沪战期间，十九路军奋勇抗日的决心与行动得到了全国人民以及海外爱国侨胞的大力支持，尤其是上海各界群众，纷纷组织义勇军、敢死队、情报队、救护队、担架队、通信队、运输队等，以各种形式参加和支持前线作战，由此激发了全民族抗日救亡爱国热情的空前高涨。

然而，国人在为十九路军的英勇抗战而感到振奋的同时，却又不禁要问：中国海军哪里去了？为什么十九路军能够奋起抗日，甚至连上海的广大民众都能参加和支援抗战，而驻沪海军居然袖手旁观？如果说十九路军是在其防地遭到日军进攻的情况下才被迫奋起反击，那么，在沪战期间，中国海军设在吴淞炮台之海岸巡防处也毁于日军炮火，而且海军部为躲避战火下令将上海海军飞机处的飞机全部迁至杭州笕桥机场后，又被追踪而至的日机炸毁 2 架，其余飞机再迁杭州西湖，却始终无意还击。在国人看来，日军向中国开战已成事实，而中国“海军不独未开一炮，且避匿无踪；更未于海防、江防布置水雷，以致日舰长驱直驶，如入无人之境，环球万国无此怪事。外报评论讥吾国海军为收藏家，闻者羞之。国家每月耗费巨款，供给海军饷糈，国难当前，竟不御侮，百思不解。”①

战后不久，中国海军避不参战的“真相”即逐渐大白于天下。先是在 4 月 7 日至 11 日的洛阳国难会议上，会员丁默村等人鉴于海军无力对外御侮及其在沪战中的畏敌表现，特提出《彻底改造海军并整饬海防以抗暴日案》，其内容于闭会的第二天即被报纸披露出来，并很快成为社会舆论的焦点。4 月 23 日，《生活》周刊发表何煌基于 3 月 17 日写就的《国难期中的海军当局》一文（以下简称“何文”），作者以海军中人之语气揭露出海军当局平时和战时的诸多鲜为人知的“内幕”，为外界抨击海军提供了颇具杀伤力的重磅“炸弹”。5 月 23 日，国民政府监

---

① 《监察院呈国民政府文·提劾海军部部长陈绍宽次长李世甲不思御敌种烟自肥案》（1932 年 6 月 10 日），《监察院公报》第 15 期，监察院 1933 年 7 月编印，第 52 页。

察委员高友唐、邵鸿基、周利生、王平政4人联名提出《弹劾海军案》，列数海军种种"罪状"，要求将海军主官交付军法会审治罪。按规定，弹劾案在未送交惩戒机关办理之前不得对外界公布，不料高友唐在接见记者时竟将弹劾海军一事披露出来，其内容遂于7月9日率先由上海《申报》公之于世。由政府的监察委员公开弹劾国家海军，似乎进一步"证实"了此前所有对海军的指责均属确有其事，一时间舆论大哗，北平、天津、上海、武汉等地大小各报争先报道，评论文章连篇累牍，"国人稍留心海军者，莫不眦裂发指，痛恨海军"①。声讨海军的风波至此达到高潮。但需要指出的是，当人们以极度失望和强烈不满的情绪声讨海军时，其言论已无法做到完全理智，所指海军各种"罪状"间或亦有以捕风捉影、道听途说为依据，至于说些违背海军常识的话更是在所难免。这也给海军方面提供了反击的口实。

面对社会舆论的声讨，海军当局也随之迅速作出反应。他们不但认为海军无过，反而感到受了无端的伤害。陈绍宽即曾表示，海军在"国难期中，不独物质上感了许多缺乏，即精神上也受了不可言状的痛苦"。所谓精神上的痛苦，既来自国人的广泛责难，更指"外间无知识之人众不明真相"而对海军"妄加指摘"②。对于前者，陈绍宽表示可以理解，并曾公开对记者说："沪变后国人对海军之督责，纯出爱国热情，至深感惭。"③但对于后者，即上述"两案一文"，海军当局的反应却十分强烈，不仅公开逐条辩驳，而且多次呈请中央究办提案人。惟其如此区别对待，实亦丝毫不能改变海军已成众矢之的之处境，因为出面指控海军者在很大程度上反映的正是国人的情绪和呼声。

二、 对海军战时表现的责难

声讨海军之风波是由海军未参加淞沪抗战所引发，而追索其中的真相遂成为社会各界首先关注的焦点。最先公开责难海军的丁默村等人在关于整顿海军的提案中指出，中国海军早已腐败不堪，无力亦不敢抗击日寇，并将攻击的矛头

---

① 何煌基并非作者的真实姓名，他在附函中表示："鄙人真姓名未便奉告，如有事下询，请在贵刊书数字相召，当即走访。"《生活》周刊编辑部在编者按中说："何君这封信所言如数家珍，非局内人莫办。"见《生活》第7卷第16期(1932年4月23日)。

② 《监察委员高友唐等弹劾海军全案・玄附识》，《海事》第6卷第7期(1933年1月)，第52页。按：附识者"玄"即李玄楼，常以"玄"、"玄楼"为笔名发表评论海军的文章。

③ 《陈绍宽对记者谈话》，《申报》1932年6月19日。

直指“海军高级负责人员”。他们虽列举了海军的诸多“罪状”,但大多属于海军平时建设中存在的“问题”,尚难构成对海军畏缩避战的直接指控。如果说丁等因尚不了解海军应对淞沪战事的内情,仅以其表现论罪的话,那么不久后公开发表的何文恰可填补这项空白,其揭露出的种种“内幕”为指控海军畏战提供了相当具体的证据。据这位“知情人”披露:

当沪战初发生时,我们的舰长即得到部长的密令,大意谓:“准日军司令盐泽来函,谓此次日军所采行动,完全自卫,并非两国交战,为维持友谊起见,如中国海军不攻日舰,则日舰亦不攻击中国军舰,惟日舰如被攻击时,则日舰为自卫计,必还击等语。我军此后应确守镇静态度……”据说,此函乃我们次长李世甲斡旋之力。次日我们又得到舰长命令,谓日舰即炮攻狮子山或南京城市,亦与我军无干,除日舰炮击我舰时,方准还击。同时高昌庙各舰员兵亦奉到相似命令。我们员兵俱悲愤不胜,但以舰长命令,只得容忍。及野村来沪,李世甲更与其来往得殷勤,时常同坐汽车往各处战壕参观。在两军血战中,此种举动,是否创闻,让大家来批评罢。

不仅如此,“此后十九路军借大炮、借铁板(退却用),均被拒绝。尤可痛心者,日运输舰装载日兵军火等项,搁浅白龙港至二三日之久,海军当局明知之,亦代守秘密(我们当时不知)!”①由“海军中人”揭露海军“内幕”,且有诸多非局内人可知的细节,在局外各界人士看来其可信度自然极高。后来高友唐等人弹劾海军,即完全采信了何文提供的证据。如《弹劾海军案》在历数沪战中海军当局之“罪状”时称:

当沪事发生之始,该部长陈绍宽密令各舰队,略谓:准日海军司令来函,此次行动,并非交战,如中国海军不攻日舰,日舰亦不攻击中国军舰,以维持友谊等情。凡我舰队,应守镇静态度云云。厥后日海军在下关开炮,该舰队司令公然秉承部长意旨,下紧急命令各舰队云:日海军炮击狮子山炮台及京市,与我海军无干,非日军舰击我舰,不准还击等语。同时,驻上海高昌庙舰队亦奉到上项命令。海军各员兵稍有血气者,无不悲愤。十九路军曾向海军部借大炮,借铁板,均被陈绍宽拒绝。日军运输舰搁浅于白龙港三日之久,我海军如当时前往轰击,必可捕获多数军火,陈绍宽接得报告,置之不理。所谓维持友谊者如此。以上各节,皆极骇人听闻,由该部次长李世甲事先与盐泽秘密斡旋接洽。当十九路军血战时,李世甲竟与日军司令野村同坐汽车参观各处战壕,万目睽睽,毫无忌惮,人所

① 何煌基:《国难期中的海军当局》,《生活》第7卷第16期,第236页。

共知。其行为直与通敌汉奸无异，按之军法，陈绍宽、李世甲即处以死刑，已属咎有应得[①]。与何文相比，《弹劾海军案》除表述语序和措辞略有变化，其主要内容基本相同。

针对何文和《弹劾海军案》的指控，海军当局立即展开全面反击，尤其是被视为“罪魁祸首”的海军部总务司司长兼代常务次长李世甲，先后致函《生活》周刊和发表《申辩书》逐条予以辩驳。作为受攻击的主要当事人，李世甲的第一项“罪名”就是“与日军司令盐泽斡旋”达成中日海军互不攻击协议，其中“日军司令盐泽”是指日本海军第一遣外舰队司令官盐泽幸一少将，沪战初期的上海日军总指挥。李世甲辩称，他与盐泽“平时对外交际虽有照例往来，并无特别交谊，自九一八事变发生，即未与之谋面。所指由世甲斡旋来函之事，全属子虚”，证据是他“在部所有函牍均经寓目”，其中并无盐泽来函。他质问道：“此事行于何日何地，并为何人所见，均未叙明，其为伪造，毫无疑义。如此重大事件，岂可信口造谣，故入人罪。”海军部则又从另外一个角度加以反驳说：“查国际之条约，须经政府许可，不能由任何机关私行签订，稍具常识者亦能知之。所谓本军与盐泽订立条约之说，不审何所据而云然。”

然而，无论是李世甲还是海军部，他们在驳斥上述指控时都有意隐瞒了对其不利的事实真相。据李时隔多年以后回忆，一·二八事变前夕，他随陈绍宽因公到上海，1 月 27 日晚陈返回南京，他则继续留沪公干。1 月 28 日夜上海事变爆发，他与驻节沪南高昌庙的海军部政务次长兼第一舰队司令陈季良立即研究了时局，一致认为：如果全面抗战，政府当有命令，海军一定遵从；如果是局部冲突，那就要慎重考虑。在他们看来，海军在上海有江南造船所、军械库、飞机制造厂、医院、测量局、海岸巡防处、引水传习所、电台等众多单位，一旦在战火中遭到破坏，恐怕若干年也恢复不起来，因此“不宜轻举妄动”。29 日上午，陈季良接到盐泽来函，“意谓：今晨（应为 28 日深夜——作者注）日本海军陆战队与上海中国驻军发生冲突，纯系地方性质，希望尽速解决，日方决不愿意扩大。至日中双方海军，仍望维持友好关系，幸勿误会等语。”李世甲说：“陈绍宽于二十八日到部，同样也接到盐泽和驻南京日本海军武官营沼大佐的信各一封，内容略同上述。”而上述盐泽来函内容，恰又与何文和《弹劾海军案》中提到的盐泽来函内容大致相

---

① 《监察委员高友唐等弹劾海军全案·玄附识》，《海事》第 6 卷第 7 期（1933 年 1 月），第 52—53 页。按：附识者“玄”即李玄楼，常以“玄”、“玄楼”为笔名发表评论海军的文章。

同，可见此项指控并非空穴来风，而是确有其事。不过，此事是由日方主动，来函时间又是在事变的第二天上午，似无需也来不及由李世甲斡旋。

盐泽来函虽与李世甲无关，但他在上海确曾与日方有过斡旋。此事起因于2月初的一天，一艘日本商船闯进高昌庙江防警戒线，中国海军哨兵开枪拦击，毙其船长福田。日军指挥官盐泽随即向中国海军驻沪第一舰队司令部发来强硬照会，要求惩凶、道歉、赔偿并保证以后不再发生类似事件，限24小时以内答复。当时中日军队在上海已处于战争状态，日本船只擅闯中国海军警戒线，哨兵开枪拦截本属正当防卫，但陈季良和李世甲认为"我海军在上海只有几艘在修的舰艇和警卫队一营(实只两连)，没有力量和敌人作战"，故决定妥协。因李世甲与日本海军界接触较多，遂由其出面与驻上海的日本海军武官北岗大佐秘密会晤，表示完全接受日方提出的条件，中方只要求"日方应尊重我方的戒严令，嗣后日方船只如需通过我方防区，应事先知照"。陈季良根据这一协商结果，在限期内复照结案。这是一·二八事变期间中国海军在上海与日方发生接触的唯一事件①。此事很难做到密不透风，而外界又不可能详知内情，于是李世甲的此次斡旋与盐泽来函或许就这样被人们联系在一起了。

指控李世甲沪战期间的另一项重大"罪名"是"与野村在沪同往各处战壕参观"。野村即沪战爆发后日本海军新编成之第三舰队的司令长官野村吉三郎中将，后接替盐泽为上海日军总指挥。李世甲说他过去在舰长任内曾与野村有过数次周旋，"纯为国际联络，此后未尝晤及"，因此断然否认曾与其在沪同车参观战壕。他指出："日前淞沪之役，南京与上海交通断绝，其时李世甲在部工作，众目共睹，岂能掩饰；且当两军对垒之际，无论何国战区范围以内，岂容敌窥探，稍有常识者，均知为必无之事。高友唐等乃摭拾道听途说之谰言，笔之于书，实于神圣尊严之监察委员身份有玷。"②此说不无道理，其中尤以李世甲当时身处何地最能说明问题，因为澄清这项指控的关键就在于他与野村是否有在沪见面的机会。野村于2月2日新补日本海军第三舰队司令长官，5日率"出云"舰从日本出发，8日到达上海③。而李世甲后来回忆，他是2月1日乘英国"太古"商轮离沪

---

① 以上均见：李世甲《我在旧海军亲历记(续)》，《福建文史资料》第8辑，第16—18页。

② 参见：《李世甲关于"国难期中的海军当局"的来函》，《生活》第7卷第18期；《李世甲发表申辩书》，《海事》第6卷第7期。

③ 日本防卫厅防卫研究所战史室、天津市政协编译委员会译：《日本海军在中国作战》，中华书局1991年版，第121页。

返回南京的，同时又说他曾参与处理发生在2月初的江南造船所哨兵拦击日本商船事件[①]。两个时间前后矛盾，很可能是他记忆有误，但误差不会很大，故基本上可以认定他在野村8日到达上海之前就已回南京了。换言之，时人或许对李的申辩仍有怀疑，但事实上他的确没有机会也不大可能与野村在沪同车参观战壕。

还有些指控在海军当局看来是不值一驳的。即如"日军运输舰搁浅于白龙港"一事，李世甲说海军从未接到过此类报告，"此等消息，究竟是否确实"，因为事实证明沪战期间的传言多不可信。本来辩驳至此已足以说明问题，但他接着又说："即令本部当日得有上项报告，在正式对日宣战以前，海军舰队能否进行海上实施捕获，想高友唐等读律有素，当不致昧于解释。"战争实际已经爆发（尽管是局部的战争），海军当局却仍拘泥于是否正式宣战而自缚手脚，对此即便"读律有素"者能够理解，国人也绝不会谅解。再如发生于2月1日夜的炮击南京事件，李世甲说当时"海军以外，计有要塞及空军与陆军，共同自卫首都，镇静应变。万一驻军未奉中央命令，妄自措置，全京糜烂，谁司其咎？乃独于海军方面加以攻讦，斟情酌理，岂得谓平？"[②]诚然，南京不比上海，海军也不是十九路军。国民政府虽已迁往洛阳，但唯恐战争继续扩大，故没有下令还击，日舰旋亦停止炮击。陈绍宽在日舰炮击时曾向军政部长何应钦请示海军应如何措置，得到的答复是"听候命令"[③]。海军部据此传令驻宁各舰不准还击，在当时的特殊情况下，自是无可厚非。一些抗日情绪强烈的官兵对此难以理解，甚至因此误解其中的含义，无疑也是可能的。

关于十九路军借大炮、钢板一节，李世甲和海军部均表示，海军历年经费支绌，购置维艰，且海军购置军械军火历经呈报有案，有无高射炮暨钢板可以拨借，早在政府鉴察之中。即使有之，亦不得私相授受，遑论其无。也就是说，他们并不否认有十九路军借大炮、钢板一事，但说海军没有大炮、钢板是假，有亦不借才是真。火炮是舰上的主要武器，钢板则是造舰和修舰的必备材料，无论经费如何紧张都会有或多或少的储备。因此，2月中旬十九路军和上海各社团向上海海军军械库借用大炮、弹药和钢板时，陈季良并未说库中没有，而是告以须向上峰请示才能拨借，倘他们径向海军部取得提单，也可照拨。实际上等于拒绝了他们的

---

① 李世甲：《我在旧海军亲历记（续）》，《福建文史资料》第8辑，第17页。
② 李世甲：《我在旧海军亲历记（续）》，《福建文史资料》第8辑。
③ 李世甲：《我在旧海军亲历记（续）》，《福建文史资料》第8辑，第18页。

要求,从而引起当时上海各界的不满。

综上所述,何文和《弹劾海军案》所指海军在沪战中的"罪状"或有失实之处,海军当局的辩驳亦因空泛甚至有意掩盖某些真相而显得苍白无力。海军当局对未参加淞沪抗战最为理直气壮的解释是"未奉中央命令"。李世甲在《申辩书》中明确表示:"海军向唯中央之命是听,不敢轻举妄用,致负挑衅之责。且我国对日,应一致采取沉静态度,争最后之胜利。全军袍泽,素明大义,初不待祸患当前,始以镇静态度告诫。"[①]海军应听命于中央固然不错,但说海军主动参战即是"挑衅"则大谬,因为是日军侵略中国上海,是他们挑起了战争。尤其值得注意的是,海军当局始终没有制订出必要的作战预案,倘若中央下达抗战命令,海军又将如何参战?实际上,海军当局早已表明其基本立场,亦即"我国对日应一致采取沉静态度",而这显然与当时国民政府采取的一面抵抗、一面交涉的方针尚有一定的距离。

海军当局对淞沪抗战持消极态度,也是基于对包括海军在内的中日两国军事实力相差悬殊的认识,认为应避免在毫无获胜希望的抗战中遭受无谓的重大损失。但在国人看来,国难当头之际,海军稍有民族气节,即便是未奉中央命令和实力弱小而不能公开参战,至少其驻沪部队亦应积极设法暗中参加和援助抗战。正如何文所指出的那样,"以我们所知,暗中可以援助之办法尚多(此种办法或尚有用,暂不宣布),十九路军以水雷炸敌旗舰即是一法,难道陈绍宽竟想不到么?"不是想不到,海军连大炮和钢板都没有借给抗战的十九路军,说明海军当局根本就不主张以武力反抗日军的侵略。李世甲已经承认,海军当局确曾向所属部队下达过"应守镇静态度"的命令,沪战中始终置身事外也是事实,事后陈绍宽还为此感到很"欣慰"。他在当年 6 月 1 日海军部成立三周年纪念大会上致辞时说:"在国难期间,本部号令施行,所操应付的方针,一面是政府的意旨,一面是不但为本军打算,尤其是为国家打算,为民众打算。现在难关是如此渡过了,我们觉得良心上总很对得住地方人民。假使那时我们漫无计划,单逞一时之愤,或是本部方针不能始终准定,说不定今日国家情形就不是这样。我们知道上海南市及南京未遭敌人的蹂躏,就是本军能遵行政府的命令、未曾妄动的结果,这也是本军为国家、为民众打算的结果。不然日本兵如此强暴,高昌庙何以未有一

---

① 李世甲:《我在旧海军亲历记(续)》,《福建文史资料》第 8 辑。

弹?”[①]也就是说,海军没有参加淞沪抗战的结果是保住了上海南市、南京乃至整个国家,不但无罪,反而有功。但历史评价的标准应该是统一的,如果说海军避战有功,那么十九路军奋起抗战的意义何在? 对此,历史早有公论。

三、 对海军平时表现的抨击

国人因对沪战中海军的无所作为极为不满,由此又联系到海军平时的表现,战时退缩不前,平时必是腐败不堪,这是合乎逻辑的推断。于是,有关海军腐败的问题也成了舆论关注的焦点,而且不论是内部的披露还是外界的传闻,都会让国人深信不疑。高友唐即以此为依据,公开指斥海军“平日之腐败,直说不胜说”[②]。海军当局当然不能接受这样的指控,陈绍宽愤而质对:“我们自身一问我们腐败在什么地方? 可问全军我们腐败在什么地方? 请问高友唐我们腐败在什么地方? 不能说出事实,随口乱说,真是可恨!”[③]其实指控者已明确指出海军腐败在什么地方,至于是否属实,则另当别论。

声讨海军腐败,李世甲仍是重点攻击的目标。何文揭露李世甲平日即媚日、亲日,并列举了两个事例:一是“本季士兵应发之毛织榔,亦仍向三菱公司定制,非媚日何至如是”;二是“李世甲曾经手向日方购械制船(购新炮每以废炮油新搪塞,配件亦零落不全,全军敢怒不敢言),个人大有好处”,以是感恩日人。针对第一个问题,李世甲答辩说:毛织榔本由三井[④]公司定制,且在数年以前,“盖我军颁给士兵毛织榔,向来冬季发出,夏季缴回,洗净收库,用时再发。本季所发之件,实系从前缴存,并非新近订购。若谓与日方订购物品即可指为媚日,然则当中日战事未发生以前,我政府机关向该国所购之件,其数量较我军何止倍蓰,皆得谓之为媚日乎?”仅仅因为曾向日本公司订购过军需品就视为媚日行为,的确过于牵强,高友唐等或许也感到于理不通,故未将其列为弹劾海军的“罪状”之一。

但对何文揭露的第二个问题,因有涉嫌贪污受贿的内容,《弹劾海军案》完全予以采用,并据此提出指控:“李世甲曾向日本制船购炮,浮报价值,又以旧炮油

---

① 《监察委员高友唐等弹劾海军全案·玄附识》,《海事》第6卷第7期(1933年1月),第52—53页。

② 《李世甲发表申辩书》,《海事》第6卷第7期。

③ 陈绍宽:《在海军部纪念周的讲演词》(1932年7月11日),高晓星:《陈绍宽文集》,海潮出版社1994年版,第98页。

④ 原文如此,指控与答辩方各执一词。

新，混充新炮，滥支经费，凡海部服务人员，皆敢怒而不敢言。”①海军购炮，主要是用于装备新建造之舰艇。查自南京国民政府成立以迄 1932 年，中央海军先后在江南造船所建成“咸宁”、“永绥”、“民权”、“民生”4 艘炮舰及“逸仙”号轻巡洋舰，另在日本播磨造船厂订造了“宁海”号巡洋舰。李世甲之所以会因海军在日订造“宁海”舰而受到指控，显然与他当时的海军部总务司司长兼该舰监造官身份不无关系。但他剖辩说：“我国向日本订造宁海军舰，先经政府核准，始得遵令进行。当时订立合同，财政、海军当局皆在场签字，并已呈请查核，所有造价，概由财部按期拨汇，岂容浮报价值。舰成归国时，复经专员验收，内容函件不容稍差分寸。”至于在国内建造的 5 艘军舰，“虽向外国购炮，前后计有四次，为数不外十余尊，现已装配各该舰，均称适用；且当时订购系由最高长官主裁，世甲仅在与闻之列，兼以历次派有中、少校官员郑耀枢、陈兆俊、任光海、萨师俊、程嵋贤、王致光等六人前往承造之兵工厂，协同试验发射，并检点配件完全，始行接收，毫厘未容稍有差异，何况旧炮混新。至付款手续，概由经理处负责审核，办理一切异常慎重。倘该炮果为废物，宁有大众同负责任，甘受世甲一人欺蒙之理！所云浮冒滥支各节，如能交出确证，世甲甘受法律判裁，否则名誉所关，安得肆行损坏！”②

丁默村等人在有关整顿海军的提案中也痛斥海军“腐败”，“贩土运盐，投机自肥”即为一例，惟在此“罪名”下并无证据。在《弹劾海军案》中，此项“罪名”又被明确为“劫夺两淮盐税，保护私运烟土”，但同样也没有指明此事究竟发生于何时何地。其实，上述指控并非无根之谈，但都是北京政府海军所为。就历史渊源而言，南京政府海军完全是从北京政府海军转化而来，国人将两者等同视之亦不足为怪。但南京政府海军当局不甘代人受过，乃提出质问：“劫夺两淮盐税、保护私运烟土”等语，不知根据何年何代之传说。

但是，并不是所有关于海军陆战队种植、私运鸦片的指控都能推到北京政府时代。《弹劾海军案》同时还指称：“海军陆战队第一旅金振中在闽省福安、宁德、福鼎、霞浦、长乐、连江等县，令该陆战队种烟，所有收获由陈绍宽、李世甲瓜分，饱入私囊。海军陆战队不能荷戈卫国，而令其登陆种烟，又何怪大敌当前以避匿为当然，以媚敌为能事！”③此项指控虽不完全准确，却也事出有因，而且矛头所指

---

① 《监察院呈国民政府文·提劾海军部部长陈绍宽次长李世甲不思御敌种烟自肥案》(1932 年 6 月 10 日)，《监察院公报》第 15 期，监察院 1933 年 7 月编印，第 52 页。

② 李世甲：《我在旧海军亲历记(续)》，《福建文史资料》第 8 辑。

③ 《监察院呈国民政府文·提劾海军部部长陈绍宽次长李世甲不思御敌种烟自肥案》(1932 年 6 月 10 日)，《监察院公报》第 15 期，监察院 1933 年 7 月编印，第 53 页。

正是当时驻在福建的海军陆战队，金振中即为陆战队第一独立旅旅长。但李世甲认为，“闽省军队系统不一，向极复杂，良莠不齐”，言下之意种鸦片之事或是其他部队所为亦未可知，“自不能不分泾渭”，将其算到海军陆战队头上。他否认此项指控的证据是：“本军对于所属厉行烟禁，曾经三令五申，文告俱在，尽可覆按。且该旅长金振中驻在地不在福安等县，前以规复长乐失地办理不善，早已奉令撤职。如高友唐等所言，本部果有令其种烟分肥之事，方包庇之不遑，何至遽予严厉处分，其诬蔑之点，固不待辩而自明。”①但问题是，有了禁令并不等于在贯彻实施中都能做到令行禁止，金振中恰恰就是一例。1931 年 12 月 20 日，福建长乐县北区各乡农民因反对金振中派所部下乡勒种烟苗、征收烟苗税而举行暴动，并攻占长乐县城②。海军部闻讯后，先后调派陆战队及舰艇等大批兵力，围剿数月才将暴动镇压下去，并于 1932 年 3 月将金振中撤职。当时，监察委员邵鸿基、王平政、郑螺生等曾分别提案要求调查福建陆海军勒种烟苗实情。旋经福建省政府禁烟委员会派调查员查复，海军陆战队第一独立旅在福宁闽海两属各县防地内违法种烟属实，除详细呈文外，并附有烟苗照片、布告及催款通知书等。邵鸿基、郑螺生据此于 6 月 30 日再次弹劾海军，要求将有关人员交付惩戒③。

海军长期以来一直为世人所诟病的派系之争，此时也被作为腐败问题而受到指责。丁默村等人在其提案中即指出海军已被“某一地方人把持垄断”，“不啻视作钢饭碗”，尽管没有明说究竟是何地方之人，但谁都知道实际指的是福建人。《弹劾海军案》则直截了当地诘问：“以全国人民脂膏，为福建系世袭专利海军之供养，天下不平之事孰有过于此者？”④

海军中闽人独多的问题由来已久。平心而论，福建作为中国海军的发祥之地，福建人因地利之便而领风气之先，加之互相推荐、援引，纷纷投效海军，确曾为发展中国海军事业作出了贡献。但另一方面，海军中闽人独多且居主导地位，加之“闽生拙于国语，社交上皆谈乡音，自为风气”，亦俨然自成地域集团，势必给非闽籍官兵造成一种无形的压力⑤。自晚清以迄民国，海军中闽系与非闽系的矛盾时有所闻，早已引起国人的关注。尽管闽籍官兵从不承认海军中存在排斥非

①④ 陈绍宽：《再驳丁默村等人提案》，《陈绍宽文集》第 82 页；《李世甲发表申辩书》，《海事》第 6 卷第 7 期。

② 苏小东：《中华民国海军史事日志》，九州图书出版社 1999 年版，第 472 页。

③ 《监察院呈国民政府文·提劾福建军官张贞陈国辉何显祖金振中凭借武力强迫种烟案》（1932 年 6 月 30 日），《监察院公报》第 15 期（1933 年 7 月），第 85—91 页。

⑤ 林献炘：《中国海军职业何以闽人独多》，张侠等：《清末海军史料》，海洋出版社 1982 年版，第 605 页。

闽籍官兵的问题，却也无法否认由于其人多势众而致非闽籍官兵为海军中之弱势群体这一客观事实。而国家海军打上"闽系"的烙印，以致人称"海军为福建人之天下"，这对海军建设无疑会产生相当不利的影响。

李世甲认为，"闽人之于海军，原有历史关系"，"若此且谓海军为福建系世袭专利"，是"不识大体之言"①。陈绍宽为证明所谓"海军为福建人之天下"是不值一驳的"笑话"，又从全国海军的概念出发，质问高友唐等人："东北和广东二方面海军是哪一省人呢？东北和广东的许多军舰是不是海军呢？这福建人饭碗和福建人的天下由何说起？"②这样的质问显然是有意偷换概念。广东海军和东北海军当然是中国海军，但严格说来又都属于地方性海军，与中央政府海军有着根本的区别。而中央政府海军即为国家海军，其地位非地方海军可比，故陈绍宽之质问"东北和广东二方面海军是哪一省人"不能反证"闽人独多"的国家海军不是"福建人之天下"。

福建人成为海军的主体，海军反过来又以福建为其势力范围。在军阀割据时期，海军就在福建参与争夺地盘，一度控制了沿海十多个县市，并包揽了当地军政、民政、财政等所有事务。南京国民政府建立后，海军总司令杨树庄被任命为福建省政府主席，仍兼任海军总司令(后改兼海军部长)，此外还有多名海军军官进入省政。之所以还会出现海军介入地方政权的奇怪现象，就是因为这是海军当初归顺国民革命军的一个重要交换条件。高友唐在抨击海军时曾有"陆战队不在舰上，而在福建种鸦片"一语，海军部及陈绍宽便讥讽其无知识，谓"各国海军陆战队平时均不驻扎舰上，该委员于海军情形、世界状况茫若罔睹，故有此怪诞之言论"③。高友唐确实说了外行话，但这并不等于海军陆战队驻在陆上就无可指责了，其中还有一个驻在陆上何处的问题。海军将仅有的两个陆战队独立旅长期全数派驻福建，与其所应承担的使命并不相符，即便没有种鸦片，也是极不正常的。

总之，上述指控海军腐败的各项"罪名"多无实据，却又事出有因，故海军当局的申辩和反驳虽不遗余力，仍无法洗清其腐败的嫌疑。

---

① 李世甲：《我在旧海军亲历记(续)》，《福建文史资料》第8辑。

② 陈绍宽：《在海军部纪念周的讲演词》(1932年7月11日)，高晓星：《陈绍宽文集》，海潮出版社1994年版，第99页。

③ 《李世甲发表申辩书》，《海事》第6卷第7期。

四、结　　语

在国人看来，国难当头既不能御侮，平时建设又腐败落后，这样的海军已完全失去了存在的价值。丁默村等人认为：中国海军“于国家民族久已不生关系，除鸣礼炮外，别无其他效用”。“国家极优容海军，而海军则太负国家，为国家前途计，不容再事姑息”。他们主张取消现有海军，然后另起炉灶建设新的海军①。高友唐等人也认为：“国家年糜千万巨款，养此纸糊海军何用?”因此“主张将海军根本取消，将舰售与商家作商船。因海军年费百余万，等于无海军，何若腾出此数，再加以售舰所得，可购潜水艇二百只。要知中国海军原不希望去打人，以二百只小艇防守海口，较胜于无用军舰多多”②。立法院负责人甚至建议，将现年度预算内海军临时经费 1 100 万元拨归军政部为扩充航空建设之用。

海军存废事关国防大局，国人因极度失望而有废除海军之情绪性主张，固不足为据。但如何评估现有海军，中国应该并能够建设一支什么样的海军，实已成为迫切需要解决的问题。而要解决这个问题，主要取决于政府的意志和态度。

在报载丁默村等人提案的当天和第二天，海军部曾接连两次电请政府究办，“以正全国之言论，而杜中外之骇疑”。但当国难会议秘书处将丁等的提案函送行政院时，行政院并未提出任何处理意见，而是奉院长汪精卫谕于 5 月 7 日将提案转交海军部了事。同日，陈绍宽即愤而呈辞海军部长，谓自一·二八事变以来，海军“因未奉中央命令，不敢自由行动，外间不察，责难交至，而智识阶级亦复不按事实，妄肆诋诽，甚且任意诬蔑，以遂其政治作用之毒计。目下沪案业经签约。海军舰艇陈旧，断难巩固国防，事变之来，御侮无力，与其束手受谤，不如即日引退，以让贤能，藉杜悠悠之口”。5 月 13 日，陈又致函汪精卫，再驳丁默村等人提案，并强烈要求行政院出面主持查究，藉明真相。“如该会员所云属实，应请政府严治海军之罪；如属不实，亦请政府严治丁默村等之罪，以昭国法而平公愤。”但行政院依然既未核实查办，亦未公开表态。

7 月 9 日上海《申报》登载高友唐向记者发表关于弹劾海军的谈话后，海军部

---

① 陈绍宽：《再驳丁默村等人提案》，《陈绍宽文集》，第 82 页。

② 《监察院呈国民政府文·提劾海军部部长陈绍宽次长李世甲不思御敌种烟自肥案》(1932 年 6 月 10 日)，《监察院公报》第 15 期，监察院 1933 年 7 月编印，第 52 页。

于7月12日即向行政院提出《呈请究办高友唐案》，并请转呈中央究办。海军部在呈文中指出，高友唐之谈话不仅“捕风捉影，妄肆攻击”海军，而且其谈话本身就是违法行为。“按本年六月二十五日国民政府公布之修正弹劾法第十条内载，监察院人员对于任何弹劾案，在未经移付惩戒机关前，不得对外宣泄等语，盖以保院制之尊严，防请托之流弊。该委员躬任监察重责，自应切实遵守，乃竟不知自检，擅先宣泄要案，不特毁本军之名誉，抑且弁髦命令，蔑视院章。”因此，理应究办高友唐“破坏军誉、摇惑人心、淆乱院章、干犯功令”等罪。行政院经议决，将海军部的《呈请究办高友唐案》函送中央执行委员会办理，结果从此也没了下文①。

对弹劾海军者，政府同样也没有作出明确的交代。高友唐等人提出《弹劾海军案》后，先经监察委员刘三、乐景涛、高一涵审核，认为“于法允当”，再由院长于右任签署意见，即正式送交政府“鉴核施行”。政府则将对陈绍宽的弹劾委托行政院调查，另将对李世甲的弹劾交中央公务员惩戒委员会依法办理。但行政院并未对陈绍宽进行调查。中央公务员惩戒委员会虽将对李世甲的弹劾案送达海军部，要求李本人限期申辩，但海军部认为该弹劾案未按公务员惩戒法第十条规定移送证据，而军官是否应归公务员惩戒委员会惩戒亦待考虑，遂将原件呈交行政院核办，最后由代理行政院长宋子文与最高法院院长居正商洽收回，此项弹劾亦就此告寝。这样的结果似乎早在人们的预料之中，有人指出，历来凡被弹劾，无论古今，均当有“查办”字样，今于陈则但云“调查”，是“查”而不必“办”也；于李则但云“办理”，是“办”而不必“查”也。“似此暗无天日，耳充目蔽，复何安内攘外之足云，复何整理内政之足云。政府姑息养奸，故陈绍宽敢于呈请政府究办高友唐于前，而李世甲更公然发表申辩书于后，海军前途，从此不堪问闻矣。”②

本来，所有对海军的指控和海军当局的辩驳均为各自一面之词，尚需调查核实后方能得出最后的结论。因此，政府理应认真处理此事，以给国人和海军一个交代。但政府的态度却颇为暧昧，既未就此发表任何评论，亦不想深究此事以澄清事实。究其原因，似有两方面考虑：一是声讨海军的风波是由海军未参加淞沪抗战所引发，而政府又确实未曾命令海军参战，若在普遍责难海军的群情激愤中

---

① 《监委高友唐之感慨》，《申报》1932年7月9日；陈绍宽：《在海军部纪念周的讲演词》，《陈绍宽文集》，第98页；海军部：《呈请究办高友唐案》，《海军杂志》第5卷第1期。

② 李世甲：《我在旧海军亲历记(续)》，《福建文史资料》第8辑。

核查事实真相，很可能会转移社会舆论的声讨目标而使政府引火烧身；二是海军本身确有其短，政府对海军亦多有不满，却又不能弃之不用，而认真核查的结果很可能是各方都不满意，倒不如草草敷衍过去。但这样一来，声讨海军的风波虽有平息之时，海军在国人心目中的地位却从此一落千丈。

（本文原载《军事历史研究》，2008年第3期）

一·二八淞沪抗战后国民政府善后工作述论

王小平

一·二八淞沪抗战后，中日双方签订了《淞沪停战协定》及其附件。按照停战协定的规定，日军分期分批撤出了上海，国民政府接管了战区。嗣后，党政当局为了复兴淞沪战区，展开善后工作。本文拟以党政当局如何接管淞沪战区，以及如何开展善后工作作一论述。①

一、淞沪战区的接管

1932年1月28日晚，日本陆战队以天通庵车站为据点，突袭闸北中国驻军。原定换防的十九路军抱着"尺地寸草，不能放弃"的决心，立即还击日军。淞沪抗战正式开始。

淞沪抗战爆发后，十九路军与日军在吴淞、江湾、闸北进行过五次激烈的战斗。②在战斗中，由于十九路军顽强抵抗，日军不得不四易司令官，调动海陆空各部十万人以上，进攻十九路军。3月1日，日军从浏河登陆，意欲从背后袭击十九路军。3月2日，十九路军为防止后路受到日军攻击，从淞沪前线退至嘉定、昆山第二道防线。从3月3、4日起，十九路军与日军对峙于浏河、浮桥、茜泾、新塘

① 目前，学术界关于一·二八淞沪抗战的研究成果，主要有余子道、张林龙：《一·二八淞沪抗战》（上海人民出版社2000年11月版），卞杏英、杨元华等：《上海抗战与国际援助》（上海人民出版社2000年6月版），等等。此外，还有些论文如张北根：《日本发动上海"一·二八"淞沪战争的原因》（《北京科技大学学报》1997年6月），任东来、刘华：《中日〈淞沪停战协定〉中的英美因素》（《江海学刊》2011年1月），余子道：《淞沪会战若干问题的再探讨》（《军事历史研究》2012年第4期）。这些专著和论文很少对一·二八淞沪抗战的善后，进行深入探讨。

② 米星如：《上海血战之回顾》，《时事月报》第6卷第4期，时事月报社1932年4月1日，第186页。

市、黄渡、安亭之间，再没有出现大的冲突。①此后，中日双方围绕停战撤兵问题展开交涉。

从3月25日起，前后大会召开15次，召开军事小组会议17次②，其间还召开过联盟会议以及非正式会议，多次陷于停顿或决裂。5月5日，在英美等国公使的斡旋下，中日双方在停战协定英文本上签字。因中日文副本文字解释上有分歧，中日双方直到5月16日才在停战协定上正式签字。③

5月5日，在停战协定签订时，日方当场宣布次日开始撤兵。5月6日，行政院选派殷汝耕、温应星、郭德华、韩德勤、朱锡百为上海撤兵区域接管委员会委员，负责接管战区，办理接管事务。接管区域为上海的吴淞区、江湾区、殷行区、引翔区、闸北区、彭浦区、真如区，以及江苏省的宝山县、嘉定县、太仓县，面积为3 297方里。④

5月6日，日军开始撤退。同日，共同委员会成立，负责监督日军撤退。5月9日，接管委员会开始接管，接管了太仓县的浏河镇、嘉定县以及嘉定县的南翔镇。5月10日，接管了宝山县的罗定镇。5月17日下午，接管了宝山县的大场镇。⑤

5月19日早晨，接收江湾。共同委员会监视撤兵，英法美代表各带一名下级军官先到江湾文治学院，与温应星、原田商量接收驻兵住房的办法。上午9时，日守备队长赤泽等人到场，在江湾文治学院广场前，日方拿出引继书三份。赤泽与五区所长戴鸿恩签字，引继书声明"淞沪路江湾镇铁道西一切公家物件均交还完毕"。⑥之后，赤泽率领日军一中队撤退，接管委员会派警察接防。19日晚7时，接收庙行。

20日，接管委员会议决23日上午接收真如，下午2时接收闸北。并定21日早晨派员去闸北未收复区视察。21日，真如镇的日军未通知接管委员会，自行撤退，保卫团进驻，车站仍未撤走。21日早晨，接管委员会同市政府有关各局视察铁道以北闸北区域，还视察了公安、公用等机关，以便接收。22日8时，接管委员会派员同市政府各局赴真如视察。23日，接管委员会派接收员同市政府各局及

---

① 罗时实:《上海事件之扩大》,第198页。
② 殷汝耕:《淞沪战区之接管》,《时事月报》第7卷合订本,时事月报社1932年12月重订,第1页。
③ 《上海停战协定签字》,《外交评论》第1卷第1期,外交评论社1932年6月,第4页。
④ 殷汝耕:《淞沪战区之接管》,《时事月报》第7卷合订本,第71页。
⑤ 《上海日军撤退我方接管各地》,《外交评论》第1卷第1期,第7页。
⑥ 《淞沪已完全接收》,《国闻周报》第9卷第21期,国闻周报社1932年5月30日,第6页。

暨南大学代表，在真如镇商谈接收手续。共同委员会英、美、意军事代表与温应星、原田，十时半到，同第九师留驻日队长接洽，签订引继书，日军由暨南大学操场向沪撤退。各员接收后回沪。下午2时，共同委员会到闸北，与植淞商谈，由黄明与森可久签订引继书。森可久率日军及铁甲车开走，闸北全部收回。

24日8时，接管委员会派员同行政教育等机关代表赴吴淞视察，吴淞镇遭破坏最大，文化机关完全被毁灭。24日正午，接管委员会接收狮子林、杨行。

25日早晨，接管委员会分别接收吴淞镇、宝山炮台、炮台湾营房、三官塘火药库等处。12时，中日双方签字。签字时，英、美、意共同委员在场监视。吴淞炮台已破败不堪，南台小炮十一尊、北台大炮九尊，均被毁坏，弹药库、营房也被毁坏。战后没有被毁坏的六尊炮，被日军运走。到25日，除日军暂住区域外，所有失地已完全接收。日军撤退，25日告一段落，暂住区内定6月2日撤尽。25日，日军有1 000余人离沪。①

5月28日，接管委员会在日军暂住的A、B、C、D四区②，派警察接防，恢复了警察管理权。5月底，陆军陆续撤退。只有少数海军陆战队仍留驻在A区的华丰纱厂和C区的公大纱厂。沙泾港以西淞沪铁路以东公共租界以北一带驻留的日军，依照协定规定，应于四星期内(6月2日为满期)退入四暂住区域。日军却拖延不撤，接收陷入停顿。接管委员会、共同委员会、国民政府委员分别向日方委员及海军当局交涉，催促撤兵。直到6月17日，接管委员会才接管沙泾港以西。

D区的撤兵问题，日军仍在拖延，几经交涉，7月6日，日军先将A区内华丰纱厂的陆战队撤退。D区内的驻军仍不撤退。接管委员会针对这种情况，提议由共同委员会来集议解决。日方知已不能拖延，于7月17日撤退D区的驻军。接管委员会派警察接管了所有撤兵区域。③7月24日，接管委员会结束了接管工作，并计划月底编制出接管总报告书。④接管工作结束之后，日军在丰田、公大纱厂仍驻有军队。⑤这两个纱厂后来成为日军发动八一三侵沪战争的军事据点。

---

① 《淞沪已完全接收》，《国闻周报》第9卷第21期，第6、7页。

② 赵立明：《上海停战撤兵会议之经过》，《新亚细亚》第4卷第3期，新亚细亚月刊社1932年7月1日，第100页。

③ 殷汝耕：《淞沪战区之接管》，《时事月报》第7卷合订本，第72页。

④ 《战区接管会明日结束》，《中央日报》，1933年7月23日，第3版。

⑤ 《日本海陆军行动》，《申报》，1932年11月22日，第14版。

二、 战后的淞沪战区

淞沪抗战开始后，日军在街道巷战中无所进展且损失惨重，不得不依仗其空军优势进行狂轰滥炸，致使吴淞、江湾、闸北等地的经济、文化、交通等重要设施被摧毁殆尽。战后的淞沪战区残垣断壁，工潮汹涌，急待重建，主要表现在以下几个方面：

第一，民房变成废墟，民众死伤严重。淞沪抗战爆发后，日军为了打击十九路军，出动飞机在江湾、闸北、吴淞等地进行轰炸，致使这些地方的民房在战火中化为废墟。“江湾全镇遭日机乱掷炸弹，延烧房屋甚多，青田为之变色，火烧二日方熄，毁屋千间，所有市政精华、居民财物均成灰烬，所受损失，甚难计数。”①“宝山路上一片瓦砾，华厦都成为烬余。”②此外，民众的死伤也非常严重，在日军侵占区域，直接受损失的有 180 618 户共 814 084 人，占全市人口的一半。在直接受损失的人中，死亡的有 6 080 人，受伤的有 2 000 人，失踪的有 10 400 人。③房屋被毁以及民众死伤的增加，导致居无定所、鳏寡孤独、身体病残等无生活能力者不断增加，社会上需要抚养的人口比例增加，从而成为战后制约经济复兴的社会问题。

第二，工商业、交通设施遭受严重的破坏。上海是全国工商业最为集中的地区。30 年代初，工商业不仅门类齐全，而且具有市场竞争能力。交通率先进入海、陆、空立体交通时代，成为全国重要的交通枢纽。淞沪抗战爆发后，战区的工厂企业均遭受严重的破坏。被日军占据区域内有工厂 597 家，占全市工厂的四分之一，其中受损失的工厂超过一半。④新兴国货工厂多数被毁，其中著名的永和实业工厂、南华橡胶厂均被炸毁。⑤商业也遭受了同样的破坏。据市社会局统计：各区内的商号受损失的总数达 5 719 家，直接和间接损失达 48 502 508.32 元，人

---

① 上海市档案馆编:《日本帝国主义侵略上海罪行史料汇编》(上编)，上海人民出版社 1997 年版，第 28 页。

② 《宝山路的今昔》,《申报》,1934 年 2 月 19 日，第 16 版。

③ 冼尘:《日本轰炸上海吴淞受的损失》,《民众周刊》第 5 卷第 4 期，山东省立民众教育馆 1933 年 1 月 31 日，第 7 页。

④ 吴醒亚:《淞沪抗日战争与上海的产业》,《新中华》第 1 卷第 2 期，新中华杂志社 1933 年 1 月 25 日，第 27 页。

⑤ 上海市档案馆编:《日本帝国主义侵略上海罪行史料汇编》(上编)，第 31 页。

事损害尚未计算在内。①

此外,交通设施及公用事业被炸毁的情况也十分严重。1月29日,日机第一次向北火车站投掷炸弹。上午9时,北站机房顶部中弹,机房被炸毁。下午1时,北站货栈中弹起火,延烧到其他货栈。下午2时半,车站管理局屋顶被炸,大火向下延烧。车场内两辆列车着弹,车内军火被引爆,整个车站陷入一片火海中。大火从下午2时一直延烧到10时,尚未熄灭。②北火车站全部被炸毁。沪宁路与淞沪路的建筑被炸毁。真如车站也被炸毁,吴淞小站也遭破坏。③此外,京沪铁路及淞沪支线各站均受到不同程度的损害。这些铁路沿线的桥梁、轨道、机车被炸、被毁的现象也很严重。

公用事业是指水电、电气、电话、长途汽车等。在淞沪抗战中,公用事业也未能幸免。被日军侵占区内公用事业的损失达10 742 025元,其中包括水电损失1 023 000元,电气损失150 000元,电话损失253 800元,长途汽车损失126 225元。被日军侵占区以外的公用事业损失达610 000元,其中电气损失430 000元,自来水损失180 000元。④

战争对上海工商业、交通等设施的破坏,不仅减缓了上海的现代化进程,而且沉重地打击了中国的民族企业,使上海工商业很难在短时间内恢复元气。

第三,文化教育事业被破坏殆尽。闸北、江湾、吴淞一带是上海教育文化事业最繁荣的地方,也是战争破坏最严重的地方。首先,日军炸毁出版社、图书馆等文化设施,泯灭民族文化。集编译、印刷、发行于一体的商务印书馆,被日机投弹炸毁。在厂址一带的堆书间、纸栈间、装书间、排字间、铅印部都被烧毁,印刷机器也被烧毁,总计损失在500万元以上。在商务印书馆被炸的第二天,东方图书馆被日本浪人纵火烧毁。东方图书馆藏书不下数百万册,有中外名著60余万册,有中国最古的南北宋版本图书100余种,有未刻的重要名著善本2万余册。元明清的精刻书本,"重要者不可胜计","西洋书籍亦备置极多",全部毁于战火。⑤

其次,日军摧毁教育机构,践踏文化教育事业。在被日军侵占区域内,停顿

---

① 吴醒亚:《淞沪抗日战争与上海的产业》,《新中华》第1卷第2期,第27页。

② 《北车站被日机轰炸》,《申报》,1932年1月30日,第2版。

③ 意之:《在日军残暴之下的上海》,《平旦周报》第3、4期,第17页。

④ 《沪变损失初计》,《申报》,1932年3月20日,第2版。

⑤ 意之:《在日军残暴之下的上海》,《平旦周报》第3、4期,第18页。

的学校有大学及专门学校10所,中学31所,小学192所;失学的学生39 735人,占全市学生总数四分之一。辍业的教职员有3 107人,占全市教职员三分之一。被轰炸或驻军的学校有大学及专门学校10所,中学17所,小学49所,被轰炸的资产13 682 390元,占全市学校资产的三分之一。①在被破坏的学校中,高等学校尤为严重。持志学院的图书馆、仪器、房屋均被烧毁。其余遭到烧毁和炸毁的学校还有暨南大学、同济大学、中国公学、大夏大学。②

淞沪战争使上海文化教育事业遭受空前的破坏,其文化的精神上的损失是无法弥补的,物质上的损失也非短时间内恢复过来,“闸北一区恐十年中尤难恢复”。③

第四,难民激增,工潮汹涌。战争造成了大批的难民和失业工人。1932年2月4日,据公共租界工部局统计,虹口及闸北避难人数已有57 539人,“而日来陆续逃难者仍络绎不绝,恐今明日后之人数将仍有激增”④。随着战事延长,租界内的难民越聚越多。虽然战区难民救济会等团体遣送一部分出境,但难民寄宿各所,仍拥挤不堪。⑤此外,流落街头、远逃他乡的难民难以数计。

战争发生后,闸北、江湾、吴淞均变为战事区域,公共租界、法租界、南市、浦东等地的工厂也因战争的影响,全部停工。各地的失业工人大幅度增加。战争结束后,各地产业凋敝,货物销路较战前减少50%以上,银根奇紧。银行、钱庄不轻易借贷资金,大部分工厂通过减少生产或裁员减薪来开工。工人迫于生活压力,要求增加工资,保障生活。厂方不能满足工人的要求,产生了劳资纠纷。战后的劳资纠纷此起彼伏,如招商局裁员纠纷、英美烟厂工人怠工、南洋烟公司工人怠工、闸北丝厂工潮、上海电力工潮、沪报工人大罢工,等等。⑥

越来越多的难民和失业工人,不仅有助于各种罢工、怠工运动,还加深了劳资双方的矛盾,严重地威胁着上海地区的治安。市政府感觉到了这种潜在的危险,“若不设法救济,影响地方治安甚巨”。⑦

---

① 《沪变损失初计》,《申报》,1932年3月20日,第2版。

② 上海市档案馆编:《日本帝国主义侵略上海罪行史料汇编》(上编),第34、35页。

③ 《战后闸北一瞥》,《申报》,1932年2月13日,第1版。

④ 《公共租界内避难人统计》,《申报》,1932年2月4日,第4版。

⑤ 《战区难民救济会消息》,《申报》,1932年2月14日,第5版。

⑥ 《上海工潮的惨剧》,《平旦周报》第32期,平旦周报社1932年,第14页。

⑦ 《市政府积极救济失业工人》,《申报》,1932年3月10日,第1版。

三、淞沪战区的善后

淞沪战事结束后，上海交通瘫痪，市面萧条，文化教育事业遭受重创，失业工人、难民激增，劳资纠纷严重。为了筹谋战区善后事宜，1932 年 5 月 23 日，市政府组建了上海市战区善后委员会。善后委员会的主要人员皆来自市政府及市属各局。[①]因此，战区善后工作是由市政府及市属各局共同完成的。由于战区复兴工作浩繁，市政府鉴于财力有限，先抚养生息，后开展建设工作。市政府及市属各局主要从以下几方面展开善后工作。

第一，救济难民、失业工人。淞沪战争发生后，为了接收各处的难民，市政府组建了上海战区难民临时救济会，并动员商会、同业公会、地方协会以及红十字会筹集资金，建立难民收容所。上海市民地方维持会救济股，借南京路望平街口大陆商场二三楼收容难民。凡是战区脱险无依靠的民众，均可自投该处求容，食宿等皆由该会救济股供给。[②]与此同时，上海市战区善后委员会在闸北民立路设立战区临时借本处，并在江湾、吴淞、真如、彭浦、殷行、引翔等六个乡区设立分区，办理各项借款事项。借款对象为房屋毁于战火而无力重建的贫民、小工业受战火损失无法维持者以及灾区内的贫民。[③]市政府通过建立难民收容所、借款等救济措施，暂时解决了一部分难民的生活问题。

随着战事的展开，难民不断增加，各难民收容所人满为患。在这种情况下，上海战区难民临时救济会决定遣散外籍难民，“而上海既无亲属又无恒产与无恒业者，尽数遣归原籍”。[④]其他机关纷纷参与到遣送难民的行列，如社会局与泰昌、老公茂、协兴、瑞生祥等各局商定遣送难民办法。各公司每日开往之轮班，均要预先留出两艘船，供运输难民。[⑤]上海市民维持会拨款遣送难民。无锡同乡会雇用协兴、招商两艘轮船遣送难民。世界红十字会免费遣送难民。[⑥]

除了上述活动之外，市政府还救济失业工人。沪战以后，物价高昂，失业工人生活难以维持。各厂工人向社会局请求救济，“但政府力量有限，虽有一二办

---

① 《进行战区善后》，《申报》，1932 年 5 月 20 日，第 4 版。
② 《难民可自投大陆商场》，《申报》，1932 年 2 月 11 日，第 6 版。
③ 《上海战区开始贫民借本》，《银行周报》第 16 卷第 45 号，银行周报社 1932 年 11 月 22 日，第 5 页。
④⑤ 《战区临时救济会消息》，《申报》，1932 年 2 月 20 日，第 5 版。
⑥ 《无锡难民遣送回籍》，《申报》，1932 年 2 月 14 日，第 5 版。

法，亦无补于事。"[①]因此，社会、公安两局联合各公益团体，组织战区失业工人救济会，为失业工人介绍工作及发米救济。[②]战区善后委员会也拨款三万元，交由市社会局设法救济战区失业工人。[③]此外，失业工人救济会遣送愿意回原籍的失业工人。如 1932 年 4 月 10 日，失业工人救济会遣送第一批失业工人回原籍。[④]鉴于工潮此起彼伏，社会局积极调解劳资双方，如 1932 年 9 月 29 日，社会局解决了制烛业工潮的善后。[⑤]

第二，整理战区，救济工商业。战争结束后，吴淞、江湾等区断壁残垣，瓦砾满路。市中心区的各条道路破败不堪。市工务局从 1932 年 5 月 16 日起，开始清理马路、填平战壕、拆除防御物等工作，并修补沟渠、修理房屋。[⑥]市卫生局除派员进行河水消毒、掩埋尸体外，临时雇用 160 名工人清除垃圾，还抽派医务人员前往闸北，免费注射防疫针。[⑦]市公用局除恢复附属机关外，依次恢复公用设施，如沪太长途汽车公司除遗失的车辆外，其余均加以修理，恢复行车。[⑧]

战区的工商业遭受极大损失，不在战区内的工商业，受其间接影响也不小。停战协定未签字之时，战区工商业界就开展自救。1932 年 4 月 1 日，各业开市。4 月 6 日，工商业各界围绕着如何救济工商业进行讨论，最后决定成立上海工商业协济会。[⑨]4 月 28 日，上海工商业协济会成立，其目的是恢复商店工厂营业，调解债权债务纠纷。[⑩]6 月 5 日，工商业各界开会，议决成立灾区工商业复兴委员会。[⑪]鉴于"善后委员会之计谋规划，又全属于公共事业"[⑫]，"徒见文告空言之虚夸，终未有实事求是之救济"[⑬]，灾区工商业复兴委员会致函银钱各公会请求贷借，并呈请国民政府豁免灾区捐税，还呈请市政府豁免地方税捐。但只有银业公

---

① 《社会局与职业界商救济失业工人办法》，《申报》，1932 年 3 月 18 日，第 6 版。
② 《市社会局二十年度工作报告》，《申报》，1932 年 10 月 19 日，第 11 版。
③ 《平民工厂筹委会昨晨开会讨论进行》，《申报》，1933 年 12 月 6 日，第 11 版。
④ 《失业工人救济会今日开始遣送介绍》，《申报》，1932 年 4 月 10 日，第 1 版。
⑤ 《社会局昨解决制烛业工潮》，《申报》，1932 年 9 月 30 日，第 14 版。
⑥ 《淞沪撤兵后清理战区之回顾》，《上海市工务局业务报告》第 9、10 期合刊，1931 年 7 月至 1932 年 6 月，第 38 页。
⑦ 《沪战区善后会昨开第二次委员会》，《申报》，1932 年 5 月 27 日，第 9 版。
⑧ 《本市战后市政设施(再续)》，《申报》，1933 年 7 月 27 日，第 14 版。
⑨ 《各界昨日讨论救济工商业》，《申报》，1932 年 4 月 7 日，第 4 版。
⑩ 《王晓籁谈工商业救济办法》，《申报》，1932 年 6 月 6 日，第 14 版。
⑪ 《上海市灾区工商业复兴委员会宣言》，《申报》，1932 年 6 月 11 日，第 7 版。
⑫ 《工商复兴会请国府发救济券三万万》，《申报》，1932 年 6 月 23 日，第 10 版。
⑬ 《灾区工商复兴会请国府豁免灾区捐税》，《申报》，1932 年 6 月 14 日，第 10 版。

会答应在可能范围内予以借贷。[①]最后，灾区工商业复兴会呈请行政院发救济券。[②]在求救无望之下，灾区工商复兴会呈请市政府明令减低房租，以救济工商业。[③]嗣后，工商界认为"欲谋繁荣市面，须先减低房租"[④]，掀起减租运动。1934年1月，各团体举行减低房租运动大会，组织了上海市减免房租运动委员会。[⑤]这一组织成立后，各区闻风响应，组织了不下500余处分支会。此后，减租运动日益扩大起来。参加减租团体的人，除中国人外，外侨也积极参加。工商业界掀起的减租运动，已成为一个社会问题。面对减租运动，市政府以此事关系民生，特提交市参议会讨论。市参议会召集有关各团体征询意见，但未有下文。市商会表示"本会对于减租运动，仍一秉昔日之主张，是以嗣后不再参加何种会议，亦不再派代表出席"[⑥]。因此，减低房租委员会不满市政部门的敷衍态度，派代表赴南京请愿。减租运动"呼吁数载，迄无具体办法"。[⑦]直到1936年2月间，内政、财政、实业三部在南京举行联席会议，决定房租不得超过地价建筑费合计年利20%。[⑧]

减租运动挽救不了市面的江河日下，"市面萧条，日甚一日"。[⑨]在这种情况之下，市地方协会等团体派杜月笙等代表赴财政部请求拨款。[⑩]财政部鉴于上海市面萧条，要求各银行尽量给工商业放款。[⑪]中央等三银行奉令办理贷款。银钱两业得到中央等银行调剂后，劝告会员对于工商业尽量放款。到1935年12月，工商业各界均可稳度年关。[⑫]经过财政部的救济，"市况日佳，社会金融亦趋活泼"。[⑬]

1937年八一三抗日战争爆发后，银钱业以战事剧烈为借口，另觅安全地带营业。工商业因资金缺乏，无法营业，"停闭者愈多"。[⑭]

---

① 《钱业公会函复灾区复兴会》，《申报》，1932年6月28日，第15版。
② 《灾区复兴委员会再请发救济券》，《申报》，1932年7月25日，第9版。
③ 《灾区工商复兴会请禁房主勒索小租》，《申报》，1932年7月4日，第14版。
④ 《市减租会定十七日向市政府请愿》，《申报》，1935年10月15日，第10版。
⑤ 《各团体减租运动昨开代表大会》，《申报》，1934年1月17日，第10版。
⑥ 《市商会复市联会函表示减租主张》，《申报》，1934年1月27日，第10版。
⑦⑧ 《房客协会呈请明定租金标准》，《申报》，1937年1月14日，第15版。
⑨ 《各区减租联会通告分支会加紧工作》，《申报》，1935年12月9日，第11版。
⑩ 《救济市面萧条　孔部长允尽力维持》，《申报》，1935年2月13日，第13版。
⑪ 《财政部接受商会等陈请　令各银行尽力放款》，《申报》，1935年12月9日，第11版。
⑫ 《今日为银行年度结账　收解更繁各业稳渡》，《申报》，1935年12月31日，第9版。
⑬ 《工商业贷款委员会已部令停止贷款》，《申报》，1936年10月23日，第9版。
⑭ 《维持上海治安之两大问题》，《申报》，1937年8月17日，第4版。

第三，复兴文化教育事业。沪战爆发时，恰逢各学校将近上课的日子（按照1931年度学校校历的规定，2月1日是各学校第二学期的开始）。有的学校为了补足上学期学生为东北沦亡而罢课所缺的课程，已提前开学。多数学校的教职员相继到校，学生准备入学。沪变发生后，各校的学生、老师纷纷退转内地。①不论战区或非战区，一切教育都陷于停顿。②受战争的影响，市政府的收入一落千丈，市教育局的每月办公经费也由十万二千五百元跌至二万元。③为了维持各学校的正常运转，市政府降低了老师的工资。如规定各校在展缓开学期中，中学校长一律发40元生活费。其他教职员，一律留职停薪。小学校长原俸在40元以上者，发40元生活费，不满40元者，发给原俸。其他教职员，一律留职停薪。④在这种情况下，有能力的学校另租房屋办学，如劳动大学、中国公学等10余校。没能力的学校只好暂行停闭。⑤

停战协定签字后，市教育局筹备恢复战区学校。鉴于市政府的财政收入状况，中等学校派代表赴南京请愿，请求教育部救济。市教育界救国联合会也呈请教育部救济淞沪战区学校。与此同时，市政府咨请国民政府淞沪战区善后委员会拨款救济。淞沪战区善后委员会拨25万元，交上海市战区善后委员会支配。⑥1932年9月24日，上海市战区善后委员会开会议决，给中等学校拨第一批救济费4万元。⑦10月7日，中等学校因四万元不够分配，派代表赴市政府请愿，要求市政府拨款增至10万元。⑧经过多次交涉，1933年7月11日，市教育局给中等学校发放了第二批救济款。⑨

市政府除救济中等学校外，还积极推行识字运动。1935年4月1日，市政府成立识字教育委员会，实施强迫识字教育。为了推行识字教育，市政府强迫7岁以上、40岁以下不识字的民众接受识字教育，并动员政府人员分赴各区督察。警察局负责执行惩罚旷课学生，惩罚方法是“先令具结，次予罚金，再罚劳役”。⑩

为了保证各区识字运动的切实推行，市政府除举行识字教育宣传周外，设置

① 《一·二八后的上海教育事业（一）》，《申报》，1932年5月10日，第9版。
② 《一·二八后的上海教育事业（七）》，《申报》，1932年5月19日，第8版。
③④⑤ 《一·二八后的上海教育事业（六）》，《申报》，1932年5月18日，第11版。
⑥ 《本市战区善后费二十七万元决定支配办法》，《申报》，1932年9月25日，第14版。
⑦ 《市战区善后会通过救济费支配办法》，《申报》，1932年9月24日，第16版。
⑧ 《战区被灾中等学校代表赴市府请愿》，《申报》，1932年10月7日，第9版。
⑨ 《第二批战区被灾中校救济费》，《申报》，1933年7月5日，第18版。
⑩ 《本市职教会联络警局推行识教》，《申报》，1937年5月11日，第13版。

江湾、沪南为实验区，把全市划分为22个区，并在每区设立一调查委员会负责调查失学民众。①

识字教育运动从开始到1937年3月，市政府举办了五届。五届所办学校总数为978所，入学学生总数为257 571人。此外，由市党部督办及其他私人所设立的学校约有1 000多所，入学人数约有87 000余人。鉴于识字教育办理较有成绩，市政府准备举办第六届识字教育，计划开办83所学校222个班。②八一三战争中断了这项计划。战争结束后，这项计划悄无声息。

继识字教育之后，市政府又推行了义务教育。1935年8月16日，市政府成立义务教育委员会。③8月20日，市教育局核定1935年的教育经费18万余元，实施义务教育。义务教育办理一年后，市教育局总结了义务教育实施的情况，入学儿童数为14 000人以上，其中包括短期小学校及短期小学班7 166人，推广初级小学350人，扩充原有学级2 150人，厉行二部制2 800人，巡回教育150人，以及扩充原有学级儿童数。④

为了继续推行义务教育，市社会局还把全市划分为若干区域，颁布了《上海市分区施行义务育强迫入学办法》，强迫学龄儿童入学。《办法》规定，凡已达入学年龄的儿童，应入学而不入学者，应对其家长或保护人予以书面劝告，令其儿童入学。经劝告后，仍不遵行者，榜示姓名。榜示姓名劝告后仍不遵行者，“得于示警限满五日内处以半元以上二元以下之罚锾，并限令其入学”。“无力缴纳罚锾者，得易科服役，仍限令其入学”。⑤罚锾及拘禁由校长、主任报请当地警察分局所执行。罚锾应于学期终由校长、主任会同警察分局所造册连同罚款报解社会局储存，用于扩充义务教育。

八一三抗战开始前，义务教育全由政府办理，无私人出资兴办。八一三战争结束后，义务教育因经费来源断绝，维持困难。除少数短期小学开学外，其余学校均停顿。义务教育学校因经济困难，经常向其他学校借用校舍，“其经常开支，亦不能不向学生酌收费用，以资挹注”。⑥与战前不收任何费用、供给学习用品的义务教育相比较，战后的义务教育发生了质的变化。

---

① 《本市识字教育委会订定识字学校入学办法》，《申报》，1935年4月17日，第13版。
② 《吴市长演讲上海市的识字教育运动(二)》，《申报》，1937年3月25日，第12版。
③ 《本市义教委会成立》，《申报》，1935年9月5日，第16版。
④ 《上海市一年来实施义教报告(二)》，《申报》，1936年8月5日，第16版。
⑤ 《本市分区施行义教强迫入学办法》，《申报》，1937年7月27日，第16版。
⑥ 崇淦：《抗战中之上海学校教育(续)》，《申报》，1939年1月23日，第10版。

第四,举办社会福利事业。市政府把1935年定为社会建设年,组织了平民福利事业管理委员会,兴办平民福利事业。平民福利事业管理委员会的主要任务是,建筑3 000间平民住所。①1935年7、8月,市政府选择其美路、大木桥、普善路、中山路修建平民新村。同年11月,各平民新村竣工。

在这4个平民新村内,市政府修建了甲种、乙种平民住宅区。甲种住宅区供中级市民居住,其建筑物为砖瓦平房;乙种住宅区供劳动阶级市民居住,其建筑物为棚屋。每个村都有男女宿舍、公共厕所、洗衣处、平民小学、运动场,并配备路灯以及消防等设施。②

1935年12月16日,平民新村开始登记租户。③17日,市政府发出招租通告,并公布了平民新村管理细则。④通告规定了房屋出租价格,“甲种住宅月租三元,乙种月租四元,宿舍每床一位月租一元”。⑤还规定了承租人的资格“凡职业阶级月薪在三十元以上者,即不得承租平民新村房屋居住”。⑥上述规定出台后,各村的承租人踊跃报名登记。1936年1月,各住户先后迁入。⑦2月,市政府统计了四个平民新村的迁入户,中山路已迁入75户,普善路已迁入53户,其美路已迁入70户,大木桥路已迁入118户。⑧之后,越来越多的平民要求市政府修建平民新村。平民新村难以满足平民的需求,市长吴铁城不得不承认“现在平民新村只建筑了四处,仅能解决全市草棚十分之一,不够的还很多”。⑨尽管平民新村不能满足平民的需求,但对于居住草棚的居民来说,这是改善居住生活的唯一希望。

截至1937年7月,市政府共建筑了斜土路、交通路、全家庵路、其美路、大木桥、普善路、中山路等七处平民新村,建筑房屋1 848间。⑩一个月之后,战争中止了这一平民福利事业的继续进行。

市政府在积极开展善后工作的同时,还开展了大上海建设。大上海建设计划的最初设想来自孙中山的《建国方略》。孙中山在此书中明确提出改造上海商港,“上海现在虽已成为全中国最大之商港,然苟长此不变,则无以适合于将来为

---

① 《平民福利事业管理委员会今日成立》,《申报》,1935年4月17日,第12版。
②⑧ 《各平民新村定期开幕》,《申报》,1936年2月13日,第14版。
③ 《租赁平民新村后日开始登记》,《申报》,1935年12月14日,第12版。
④ 《平民新村管理细则公布》,《申报》,1935年12月18日,第14版。
⑤ 《上海市政府新建平民村招租通告》,《申报》,1935年12月17日,第2版。
⑥ 《平民新村即竣工　规定承租人限制》,《申报》,1935年12月9日,第11版。
⑦ 《平民新村次第竣工　承租人登记踊跃》,《申报》,1936年2月13日,第14版。
⑨ 吴铁城:《上海市的回顾与展望》,《申报》,1937年7月7日,第11版。
⑩ 《市府十周年纪念会启幕》,《申报》,1937年7月8日,第13版。

世界商港之需用与要求……”①此后，上海市历届市长，为实现大上海计划，不遗余力。1927 年 7 月，黄郛担任上海市长后，发起大上海建设计划。同年 9 月，张定璠任上海市长，继续执行大上海建设计划，但没有实质性的进展。1929 年 4 月，张群任上海市长后，除整理改造旧市区外，划定市中心区域，努力促进大上海建设计划的实现。同年 8 月，市政府设立上海市中心区域建设委员会。该委员会负责市中心建设等事项。②

1932 年 1 月，吴铁城继任上海市长后，大力推进大上海建设计划。因此，市中心建设工程进展很快。1933 年 10 月，市政府大楼落成。市政部门（土地局、卫生局、社会局、教育局和工务局）于 12 月搬进市府大楼两侧的新房。③1934 年 10 月，图书馆和博物馆开工。这两项工程于 1936 年 1 月落成。④1935 年 9 月，市体育场竣工，全场包括运动场、体育馆和游泳池。⑤虬江码头也是新建设的一部分，1936 年 6 月 20 日举行奠基礼。全部工程分为三期进行，第一期工程于 1937 年夏完竣，6 月 12 日正式开业。⑥

1935 年 10 月 10 日至 20 日，新建的运动场召开第六届全国运动大会，“市中心区车水马龙，盛极一时”。⑦1937 年 7 月 7 日，市政府举行十周年纪念会，在市中心区举办了空前的文献、市政、手工艺品、机制工业、工业安全、防空、卫生等七大展览会，并邀请全市明星进行各种游艺表演。⑧

1937 年 7 月，上海市完成的建筑分为三类：1.行政官署的建筑，有市中心区政府及各局所办公房屋；2.文化教育事业的建筑，有运动场、体育场、游泳池、图书馆、博物馆、动物园、植物园，以及市立各学校新建的房屋；3.公众安全及卫生方面的建筑，有市立医院、卫生试验所、卫生事务所、市立传染病医院、市立第一公墓、各区菜场、吴淞公园、文庙公园等。⑨

虽有一·二八的浩劫，但上海市秩序并未因此而紊乱，建设计划没有因此而停顿。经过市政府的努力建设，不仅战区已恢复旧观，而且大上海建设计划也在

① 孙中山著，林家有整理：《建国方略》，中华书局 2011 年版，第 112 页。

② 《大上海核心的完成》，《上海通志馆期刊》第 1 卷第 4 期，文海出版社 1934 年 2 月，第 1165—1168 页。

③ 《大上海核心的完成》，《上海通志馆期刊》第 1 卷第 4 期，第 1177 页。

④⑥ 琳琅：《战前之上海市建设（二）》，《申报》，1939 年 4 月 24 日，第 15 版。

⑤ 琳琅：《战前之上海市建设（一）》，《申报》，1939 年 4 月 17 日，第 13 版。

⑦ 宣南：《大上海十年纪略》，《申报》，1939 年 1 月 6 日，第 9 版。

⑧ 《市府十周年纪念今晨行开幕典礼》，《申报》，1937 年 7 月 7 日，第 13 版。

⑨ 《市府十周年纪念会启幕》，《申报》，1937 年 7 月 8 日，第 13 版。

五年之内迅速完成，“其规划之宏伟，建筑之壮丽，允称全国冠，综计各项建设费达二千万元”。①

四、结　语

一·二八战争，不仅摧残了上海市工商业的生产秩序，而且破坏了文化教育事业的原有生态环境。更为严重的是，由战争引发的工潮等社会问题，严重地威胁着上海社会的稳定。为了解决上述问题，上海市政部门克服困难，采取各种措施展开善后：首先，通过建立难民收容所、贷款等措施救济失业工人、难民；其次，用银行贷款、减低房租来救济工商业；再次，通过拨款救济中等学校，并推行识字运动和义务教育，复兴文化教育事业；最后，举办社会福利事业，修建平民新村，解决平民的住房问题。市政府在进行战区善后的同时，开展了大上海建设。至1937年7月，市政府举行十周年纪念会时，行政官署的建筑、文件教育事业的建筑、公众安全及卫生方面的建筑已次第落成，“各项建设均已斐然可观”②，但这种“沪市繁荣的黄金时代”③好景不长。时隔一月，日本军队进攻上海，闸北、吴淞、市中心区、江湾等处再次沦为战区。八一三的炮火，不仅使“此灿烂之市中心区域，不转瞬而沦为瓦砾之场”④，而且“又把平民新村里的居民，赶到草棚中去了”。⑤

（本文原载《民国档案》，2014年第2期）

① 《全市精华悉遭浩劫》，《申报》，1937年9月16日，第8版。

②④ 琳琅：《战前之上海市建设（一）》，《申报》，1939年4月17日，第13版。

③ 一·二八事变至八一三事变期间，上海市政建设呈现欣欣向荣的局面，《吴铁城回忆录》一书把它称为“沪市繁荣的黄金时代”。（见《吴铁城回忆录》，三民书局1993年版，第9、206页）

⑤ 《鸽笼式的住所》，《申报》，1946年10月21日，第6版。

一·二八淞沪抗战中英勇牺牲的国军将士

洪小夏

一、绪　　论

中国抗日战争的前奏是1931年的九一八事变。但日军占领东北轻而易举，没有受到像样的抵抗。一·二八淞沪抗战则是中国军人沉重打击日本侵略军的首战。戍守淞沪的第十九路军遭到日军挑衅，未接上峰命令即决定奋起抵抗；蒋介石给予支持，亲自指挥，并派出嫡系中央军第五军增援上海，和曾经反蒋的粤军第十九路军并肩作战；上海民众、全国人民、海外侨胞一致支持，军民同心，同仇敌忾；等等，都是当时罕见的现象。这次淞沪作战，日军的进攻屡遭挫折，被迫三换主将，四次增兵。中国军队给予日军沉重的打击，但在该役中，浴血奋战的中国军人也付出了重大的代价，伤亡惨重。国军将士的英勇牺牲，为淞沪抗战和民族独立作出了不可磨灭的贡献，堪称彪炳千秋，光耀中华，他们不愧是中国抗战的脊梁。但过去中国大陆学界和政界很少从这个视角去研究和宣传他们，使他们长期默默无闻。笔者对此进行了初步的研究，依据黄埔军校1934年为纪念建校10周年，内部编纂，至1936年内部印刷的《中央陆军军官学校史稿》，以及该书的1949年增补版(包括了大陆时期全部23期学员名录)《黄埔军校史稿》共12卷影印本，以及档案数据、战史数据、亲历者的回忆资料等其他材料，分门别类进行统计计算，为这个群体建立一个大致的轮廓。本文主要目的是梳理出一·二八淞沪抗战国军将士伤亡概况、典型战例和成建制部队全部阵亡的殉国群体的情况，以供后人缅怀和景仰，并可供纪念馆布展参考。

二、一·二八淞沪作战概况及中日双方参战兵力

日军侵占东北,制造了"满洲国"之后,受到国际舆论的普遍指责;为了转移视线,决定在上海这个国际化大都市挑起事端。[①]因此于1932年1月18日,制造了日本"僧人"在三友实业社附近被殴打事件。然后于20日凌晨指使日本浪人冲进上海三友实业社纵火焚烧,打死打伤中国巡警。并于20日下午聚集在沪日本侨民4 000余人集会抗议。20日下午,上海市长吴铁城派市政府秘书长俞鸿钧为代表,向日本驻沪总领事馆提出口头抗议。21日上午,日本驻上海总领事村井苍松回访上海市政府,一边对中国三友实业社被砸事件等表示道歉;一边对日本僧人被殴事件,提出书面反抗议;并提出四项要求:市长道歉;惩办凶犯;赔偿损失;取缔抗日活动、解散一切抗日团体。同时日本驻上海的海军司令官盐泽幸一在报刊发表书面声明,威胁上海市政府从速作出圆满答复并且付诸实现,否则,决心采取认为适当的手段。同时日本开始向上海增兵。上海市政府秘书长俞鸿钧奉命于22日下午向日本领事馆提出正式书面抗议,也针锋相对提出四点要求:日本总领事向市长道歉;惩办凶犯;赔偿损失;保证今后不再发生同类事件。双方针锋相对,进行政治战、外交战、宣传战。中国政府秉持对日"一边交涉,一边抵抗",尽量推迟中日大战爆发时间的原则,决定忍辱负重,作出让步。1月28日下午,上海市政府通知日本总领事,中方接受日本所提条件,并且已经兑现。日本总领事村井表示满意。但日本海军司令官盐泽则以闸北区日本侨民较多为借口,进一步提出要中国军队撤离闸北的无理要求。当天夜晚11时,盐泽向第十九路军和上海市政府提出书面要求;并且不等中方回答,就于夜11:30,从天通庵车站等地出发,以铁甲车为前导,兵分三路,进攻闸北。淞沪战事由此爆发。

在1月28日战役爆发之时,驻沪日军为:海军陆战队6 000余人(九一八事变前,在沪日本海军陆战队仅有600余人,后逐次增兵至6个大队,每个大队约1 000人,开战时达到此数),另有在乡军人(由日本侨民组成的武装)3 000余名,合计1万人左右;装甲车10余辆,大小口径火炮数十门。以虹口靶子场日本海

---

① 据参与制造事端的当事人、日本驻上海公使馆时任陆军武官辅助官的日中隆吉的交代。参见《装甲车和小河网——上海事变的真相》,日本东京广播电台第十二频道报导部编:《证言·我的昭和史》,第一卷,1969年。转引自复旦大学历史系日本史组编译:《日本帝国主义对外侵略史料选编》(上海人民出版社1957年版),第49—51页。

军陆战队司令部为核心，在虹口区及越界筑路地区各要点构筑了各种各样的掩体工事，储存了大量械弹、军需品，做好了作战准备。

日本海军舰艇，在淞沪方面原有第一外遣舰队司令盐泽幸一海军少将指挥的军舰 20 余艘。1 月 18 日“日僧事件”后，陆续增兵。1 月 23 日，由其本土海军佐世保港开来二等驱逐舰 4 艘，由巡洋舰“大井”号统率，停泊于杨树浦之黄浦江面。1 月 24 日，由旅顺港开来航空母舰“能登吕”号，停泊于吴淞口外。各军舰分泊于杨树浦至吴淞镇之间的黄浦江上，将沿江地区置于其舰炮火力控制之下。

1 月 28 日夜，海军陆战队进攻闸北。29 日晨，日本飞机出动，炸毁了位于宝山路的商务印书馆、东方图书馆等文化设施和上海北站。但激战一昼夜，因为守军英勇反击，用手榴弹炸毁日军装甲车多辆，使日军攻势顿挫。英美出面调停，30 日决定停战 3 日。国民政府宣布从南京迁都洛阳，表示了坚决抵抗的态度。1 月下旬(28 日)至 2 月上旬(7 日)，为淞沪作战第一阶段，日军指挥官是海军第一外遣舰队司令官盐泽幸一海军少将。

1 月 28 日，日本由佐世保港增调 12 艘驱逐舰，由巡洋舰“夕张”号统率，并搭载海军特别陆战队数百人，驶往上海。1 月 30 日下午，又增援驱逐舰 4 艘，由巡洋舰“龙田号”率领又搭载海军陆战队 3 000 余人；31 日晨，又有航空母舰 2 艘“加贺”号和“凤翔”号，还有巡洋舰 3 艘和水雷舰 4 艘，随载海军陆战队 4 000 人，抵达上海。加上增援的这 7 000 余人，在沪日本海军陆战队共达 1.3 万余人。日本 2 月上旬决定将上海及长江以南的所有海军，统编为第三舰队，派野村吉三郎海军中将为司令官，统一指挥海军舰艇和海军陆战队进攻淞沪。在野村未到之前，仍由盐泽代行指挥。

2 月 8 日野村抵达后，接替盐泽指挥，将进攻重点由闸北改为吴淞口，发动新的攻势；此时装甲车也由最初的 10 余辆增至 40 余辆。但至 2 月中旬，日军攻势受挫于蕴藻浜一线。2 月上旬(8 日)至中旬(15 日)，为淞沪作战第二阶段，日方指挥官是第三舰队司令野村吉三郎海军中将。

此时日本内阁决定再从国内调精锐部队陆军第九师团(原驻金泽)全部和第十二师团一部(第二十四混合旅团，原驻久留米，旅团长下元熊弥)共 2 万余人，由第九师团长植田谦吉取代野村吉三郎，统一指挥上海战役。2 月中旬陆军援兵抵达，随即展开攻势；重点进攻上海北部的庙行、江湾一线。至下旬，仍旧遭到惨败。2 月中旬(16 日)至下旬(27 日)，为淞沪作战第三阶段，也是最为惨烈的阶段。日方指挥官是第九师团长野村吉三郎陆军中将。

2月下旬，日本内阁再次增调第十一、十四师团到沪参战(战役后期还增调了第十六师团，但3月9日才抵沪。后来在3月中下旬，日军还增调了第八师团，进攻沪西青浦、嘉定、太仓等苏南各地)；改派陆军大将白川义则，以日本海外派遣军司令官的名义，统一指挥上海战事。从2月下旬(28日)至3月下旬淞沪实际停战，为淞沪作战第四阶段，日方指挥官是日本海外派遣军司令官白川义则陆军大将。中国军队3月1日深夜撤往沪西和苏南，经英美斡旋，日方3月3日下午宣布“停火”；但日军仍在进攻，中国军队仍在防御作战；经国联调停，3月下旬中日正式进行停战谈判，5月5日签署《淞沪停战协议》。

日本空军战前在沪原有轰炸机、驱逐机、侦察机等各型飞机共约50架，主力集中于引翔港机场，6架停于“能登吕”号航空母舰上，不时派遣飞机飞入上海上空实施侦察。开战后，飞机全天候出动助战。第三阶段开始，参战飞机增加至100余架。日本陆海空军最终抵达淞沪参战的总兵力约10万余人。

中国军队，驻守上海的是粤军第十九路军，隶属于京沪卫戍总司令陈铭枢(陈于1931年9月任该职)。第十九路军总指挥为蒋光鼐，蔡廷锴任第十九路军副总指挥兼第十九军军长。该军下辖第六十、六十一、七十八共3个师，总兵力3万余人。[①]开战前只有第七十八师(下辖第一五五、一五六两个旅)驻扎在上海一带；此外还有吴淞要塞守备队、宪兵第六团(该团是应日军的“要求”，拟取代第十九路军接防闸北，于1月28日晚由南京调来、抵达真茹的。恰逢日军挑衅开战，便奉令参加淞沪作战)和上海市警察大队之第六、七两个大队(开战后还有其他警察参战)，协助该师防守。第六十师和六十一师，分驻南京、镇江、常州、丹阳一带。面对日军的不断挑衅，第十九路军忍无可忍；1月23日召开营以上军官会议，决定抵抗，并开始调兵遣将；当晚向所属各部队下达准备作战的密令。次日向国民政府汇报。南京政府表示支持。开战之后，蒋介石发表抵抗文告，并将第八十七和八十八师编为第五军，迅速接防南京一线；让第十九军的两个师全部集中于上海一线，参加第二阶段作战。2月上旬，随着日军不断增兵上海，蒋介石也增调中央军校教导总队和炮兵一部，统由第五军指挥，直接开进上海，于2月上旬和中旬分别抵沪，统由第十九路军指挥(第五军对外号称也是第十九路军)，参加淞沪第二阶段后期及之后的作战。此时第十九路军部署：以第十九军3个师

---

① 邓世汉(时任京沪卫戍公署中校机要参谋)：《京沪卫戍公署见闻》，收入全国政协文史资料研究委员会该书编审组编：《从九一八到七七事变》(北京：中国文史出版社1987年版)，第222页。

配属第八十八师独立旅为右翼军，防守上海市区从南市、龙华、北新泾、真茹、闸北至江湾一线；以第五军2个师加教导总队和吴淞要塞守备队等为左翼军，防守上海北郊江湾以北的大场、庙行、杨行、刘行、吴淞、宝山、月浦以至海边。中国军队参战总兵力共6万余人，少于日军。①

三、中国军人在一·二八淞沪抗战中牺牲惨重

1932年一·二八淞沪抗战，国民革命军第五军奉命增援原驻守淞沪的第十九路军。第五军下辖第八十七、八十八师和黄埔军校教导总队及独立炮兵第一团山炮营。军长张治中原任黄埔军校教育长；第八十七、八十八师均由原国民政府警卫军改编而成，各级军官均出身于黄埔军校，堪称国民革命军中央军中"嫡系的嫡系"部队。该军成军仓促，兵力仅两个师，在淞沪作战中又负责防守日本精锐部队陆军主力进攻的方向，故伤亡很大。据统计，该役第五军共阵亡军官81人、士兵1 533人，合计官兵阵亡1 614人（出处同下表）。1936年出版的《黄埔军校史稿》有较为详细全面的伤、亡、失踪资料。详见表1。

表1　第五军一·二八淞沪作战人员伤亡失踪数目调查统计表(2月14日—3月3日)②

	军官			士兵			合计	参考
	受伤	阵亡	失踪	受伤	阵亡	失踪		
八十七师	99	23	14	1 258	452	235	2 081	
八十八师	141	57	12	1 557	1 034	318	3 119	
教导总队	2	1	0	82	47	46	178	
合　计	242	81	26	2 897	1 533	599	5 378	

而1933年第八十八师在杭州修建的"陆军第八十八师淞沪战役阵亡将士纪念碑"，则提供了另一组数字：该师阵亡军官66人、士兵1 054人，官兵合计阵亡

① 本节除另注外，主要参考"国防部"史政局编：《抗日战史·一·二八淞沪作战》(台北："国防部"史政局编印，1966年初版，1980年再版)，第1—11页；第十九路军参谋处：《第十九路军关于淞沪抗日作战纪要》(1932年4月)，收入中国第二历史档案编：《中华民国史档案数据集编·第五辑第一编·军事(五)》(南京：江苏古籍出版社1994年版)，第547—577页；郭汝瑰、黄玉章主编：《中国抗日战争正面战场作战记》(南京：江苏人民出版社2002年版)，第159—184页。

② 《中央陆军军官学校史稿》第五篇第九章第一节第七目《追悼国殇》后之《第五军抗日战役人员伤亡失踪统计表》(2月14日—3月3日)，《黄埔军校史稿》第6卷(北京：档案出版社1989年版)，第395—396页。

1 120 人，另外负伤军官 146 人。[①]比表 1 该师军官阵亡 57 人、士兵阵亡 1 034 人的数字，多军官 9 人、士兵 20 人；军官负伤也比 141 人多 5 人。无论如何，第五军参加一·二八淞沪战役仅十余天，阵亡 1 614 人，人员损失总数高达 5 378 人，足见该役之惨烈和该军作战之英勇。加上最早在淞沪作战的第十九路军阵亡 2 403 人、总损失将近 8 000 人；整个一·二八淞沪作战，中国军队损失总数高达 1.25 万至 1.33 万余人。详见表 2。

表 2　一·二八淞沪作战国军伤亡统计表(1932 年 5 月)[②]

	阵亡			负伤			失踪[③]			合计
	军官	士兵	小计	军官	士兵	小计	军官	士兵	小计	
第十九路军	119	2 284	2 403	402	5 060	5 462	0	131	131	7 996
第七十八师	46	1 170	1 216	114	1 965	2 079			0	3 295
第六〇师	29	350	379	92	275	367			0	746
第六十一师	44	764	808	195	2 802	2 997		131	131	3 936
补充第一团			0	1	18	19			0	19
第五军	80	1 486	1 566	240	1 915	2 381	26	553	579	4 300
第八十七师	23	452	475	99	358	457	14	235	249	1 181
第八十八师	57	1 034	1 091	141	1 557	1 698	12	318	330	3 119
军校教导总队	1	47	48	2	82	84			0	132
宪兵第一团		8	8					46	46	54
电雷大队		26	26			0			0	26
义勇军三大队		16	16		2	2			0	18
合　计	200	3 867	4 067	644	7 059	7 703	26	730	756	12 526

① 据《陆军第八十八师淞沪战役阵亡将士纪念碑》碑文，杭州西湖，1933 年立，该碑基座刻有该师该役全部阵亡将士的姓名、籍贯；还参见《第八十八师阵亡军官简历表》；负伤者见《第八十八师负伤军官简历表》。转引自俞济时：《"一·二八"淞沪抗日战役经纬回忆》(台北：国防部史政编译局 1981 年版)，插页部分第 34 页，正文第 77、85 页。此数字和《黄埔军校史稿》的统计资料(表 1)及下文国防部史政局所编资料(表 2)均有差异。据说是一些原来辨认不清的人后来被辨认出来，以及伤重死亡的，因此死亡人数增加了；还有战后部队派人到上海各医院调查清理，查到一些原来被漏报的人员名单，补充上报，并收入 1932 年出版的《第五军一·二八淞沪战役画册》。如军官伤亡人数有少许出入的情况是正常的，一般战后经过调查核实，更为准确。不过表 1 中第八十七师的负伤人数高于下面表 2 的统计数过多，原因不明，也许是对负伤程度的统计标准作了调整。

② 《抗日战史·一·二八淞沪作战》，第四篇第二章第五节插表第一，第 53 页之前。原表仅有各师及独立单位伤亡、失踪官兵数及合计数，各部队小计及总计数为笔者计算。宪兵第一团似应为宪兵第六团。

③ 据说，当时该役失踪官兵即为无名烈士，即尸体模糊无法辨认者均列为失联。参见俞济时：《"一·二八"淞沪抗日战役经纬回忆》，第 52—56 页。

据说这还是不完全统计。还有配属第十九路军作战的第八十八师独立旅共3个团;第八十七师独立旅(由税警总团改称),战役末期参战;空军第六、七两个中队,从南京飞来参战;作战初期的员警两个大队、宪兵一个连等;均未列入伤亡统计。①

四、一·二八淞沪作战的典型战例及殉国集体

一·二八淞沪作战,涌现了许多国军将士奋勇作战的英雄事迹。例如,在该役中出现了成建制部队全部阵亡的现象,笔者称之为殉国群体,这一现象在以往战争史上是非常罕见的,后来在八一三淞沪抗战得到发扬光大。这是国军将士英勇抗日的缩影和典范。下面列举几个作战特别英勇的战例和殉国群体。

(1) 第十九军六十一师一二一旅2月21日江湾守备战。先是该旅第二团坚守江湾阵地,2月21日抗击日军久留米旅团主力三四千人在20余辆坦克掩护下的猛攻,激战竟日,至黄昏,第二团歼敌1 000余人,自己"亦伤亡殆尽"②。所幸该旅第三团派出一个营及时增援,才稳定了江湾阵地;第三团该营继续与日军激战至当日夜22时许,日军撤退;第三团该营也伤亡惨重,遂将阵地移交给该旅第一团接防。笔者推测,第六十一师在江湾一地,2月21日一天作战,几乎损失了一个半团、即将近半个师的兵力。战后统计,第六十一师是第十九路军各部中伤亡最多的一个师,占全军伤亡的半数。

(2) 第五军八十八师等2月22日庙行守备战。2月22日,日军头天进攻江湾受挫。本日以数千人续攻八字桥,以久留米旅团猛攻江湾以为牵制;以第九师团主力约2万人,配合飞机数十架次、大炮20余门、坦克30余辆,改攻庙行。守军第八十八师两旅四团兵力,防守江湾北至蕴藻浜南岸的广大防区,兵力单薄。该师右地区庙行镇以南第二六四旅五二七团第三营防守的麦家宅阵地,遭受日军大炮及飞机轮番轰炸,工事全毁,血肉横飞,全营官兵死伤过半,营长陈振新阵亡(继任第三营营长吕义灏,随后在麦家宅反击战中也阵亡。一个营一天阵亡两位营长,可见战斗之惨烈),部分阵地被日军突破。八十八师师长俞济时命二六四旅旅长钱伦体、五二七团团长施觉民率师预备队出击,夺回麦家宅阵地。师预

① 参见俞济时:《"一·二八"淞沪抗日战役经纬回忆》,第53页。

② 第十九路军参谋处:《第十九路军关于淞沪抗日作战纪要》(1932年4月),第564页。

备队仅由师工兵营两个连和师特务营编成。钱旅长、施团长率队出击。不久，钱伦体旅长负重伤，陈普民副旅长亦负伤，工兵营营长唐循、工兵营第三连连长施汝德阵亡，特务营营长楼月负伤，出击官兵损失过半。此时八十八师副师长李延年率军预备队八十七师二五九旅五一八团主力及时赶到，与日军激战于麦家宅阵地西侧，才算是稳住了阵地。第十九路军指挥部得知庙行危急，便命守军以攻为守，全线出击，粉碎日军的攻势，方可缓解庙行的危机。第六十、六十一、七十八和八十七师，均奉命向当面之敌出击；第八十八师也不顾疲劳，奋勇出击，配合友军，终于消减了进攻的敌军。只剩麦家宅附近还有小股敌军约两个连。第八十八师俞济时师长命第二五九旅孙元良旅长，率该旅五一八团及二六四旅第五二八团，将其包围，于次日将之消灭。该日第八十八师在友军配合下，歼敌三四千人；不仅挫败日军企图中央突破的攻势，而且动摇了日军的军心。在沪侨民始知中国军队的厉害，人心惶惶，准备撤离上海。但第八十八师在庙行、麦家宅战斗中也伤亡惨重：旅长负伤2名，团长负伤1名，营长伤亡11名，①连排长伤亡90余名，士兵伤亡2 000余人。事后蒋介石致电第五军军长张治中、第八十八师师长俞济时，高度评价庙行战斗："自经二月二十二日庙行镇一役，我国我军声誉在国际上顿增十倍。连日各国舆论莫不称颂我军精勇无敌。而倭寇军誉则一落千丈也。"②

(3) 教导总队第一营第一连3月1日杨林口、七丫口守备战。3月1日晨，日军新增援的第十一师团主力渡过浏河，进攻中国守军之侧背。至上午7时，日军登陆已达1万余人，中国守军仅教导总队第一营和冯庸的义勇军100余人，③兵力过于单薄。故浮桥镇、茜泾营等要点相继失守。教导总队第一营第一连把守的杨林口、七丫口阵地也被日军包围。该连官兵毫无惧色，坚忍奋战，毙敌甚多，直到弹尽援绝，全部阵亡。第五军军长张治中，急令第八十七师第二六一旅，乘汽车火速增援浏河渡口。可惜汽车仅有11辆，运力有限，该旅至下午，才运了一个团(五二一团)抵达目的地。该团前锋营，与守备浏河渡口的教导总队第一营余部会合，激战至夜，仍坚守浏河茜泾营一带渡口。3月1日夜，第十九路军总指挥蒋

① 军官伤亡数字参见俞济时:《"一·二八"淞沪抗日战役经纬回忆》，插页照片，第12—15页。

② 《蒋中正致张治中军长、俞济时师长之有宥酉电》(1932年2月26日)，收入秦孝仪主编:《中华民国重要史料初编——对日抗战时期·绪编(一)》(台北:中国国民党中央委员会党史委员会编印，1981)，第463页。

③ 宋希濂:《鹰犬将军——宋希濂自述》(北京:中国文史出版社1986年版)，第73—75页。

光鼐下达撤退令。各部队遵令派出掩护部队，交替掩护，秩序井然，向嘉定、太仓等第二线阵地撤退。经英美等各国斡旋，日军宣布自3月3日起暂时停战。①

五、一·二八淞沪作战的伤亡军官

一·二八淞沪作战中，军官阵亡200名，负伤644名，失踪26名，合计军官损失870余名(另士兵阵亡约3 900人，负伤7 000余名)。可谓伤亡惨重，反映参战将士斗志高昂，勇于牺牲，不惧伤亡。以第五军为例，在最激烈的2月20—22日的庙行、麦家宅战斗中，第八十八师工兵营营长唐循上校阵亡，特务营营长楼月少校负伤；二六二旅五二三团团长冯圣法上校负伤，第一营营长杨英介少校、营附袁振声少校，第二营营附杨秉时少校均负伤；五二四团团附吴冲云负伤，第一营营长徐旭少校负重伤，送医院途中不治而亡，营附卢志豪少校阵亡；二六四旅旅长钱伦体少将负重伤，副旅长陈普民上校亦负伤；五二七团第一营营长周嘉彬中校，第二营营长廖龄奇中校、营附金式祁少校均负伤，第三营前、后两任营长陈振新少校和吕义灏少校均阵亡；五二八团第一营营长方引之中校、第三营营长关渊中校均负伤；八十七师二五九旅五一八团第二营营长李志鹏少校负伤。在3月3日最后的娄塘、朱家桥阻击战中，第八十七师二五九旅五一七团第一营营长朱耀章少校，冲入敌阵，毙敌多名，最后身中7弹，死在敌军阵营中；和朱营长同时冲入敌阵、壮烈殉国的，还有第三连连附蔡策元上尉、通讯连准尉周梦熊。②其精神真可谓惊天地、泣鬼神。

(本文原载"淞沪抗战纪念馆改扩建及淞沪战史研讨会"
《会议手册》，2014年8月)

① 本节除另注外，主要参考《抗日战史·一·二八淞沪作战》，第15—26、53—66页；第十九路军参谋处：《第十九路军关于淞沪抗日作战纪要》(1932年4月)，第547—577页。孙元良：《亿万光年中的一瞬——孙元良回忆录(1904—1949)》(自印本，1972年初版，2002年第5版)，第117—137页。

② 参见孙元良：《亿万光年中的一瞬——孙元良回忆录》，第136页。

一·二八淞沪抗战：中华民族觉醒的先声

唐培吉

一、一·二八淞沪抗战的爆发

1932 年 1 月 10 日，关东军高级参谋板垣征四郎打电话给日本驻沪领事馆武官田中隆吉少佐，要他“在上海搞一些事变来”，并给了 2 万元的活动经费。1 月 18 日，田中隆吉指使特务川岛芳子制造了“日僧被殴事件”，借此制造事端。1 月 20 日，日军焚烧了三友实业社毛巾厂。是日下午，日人又举行示威游行，一时秩序大乱。①1 月 21 日上午，日本驻沪总领事村井仓松向中国政府提出殴打日僧的书面抗议，并提出种种无理要求。与此同时，日本政府以“保护侨民”为借口，陆续调遣大量军舰军队来沪。②从上述 10 天的种种事实，充分证明日本各方面配合得是多么密切协调，围绕一个目的就是步步逼近发动侵略上海的战争。

1 月 27 日，日本领事向上海市政府发出最后通牒，对提出的无理要求限 24 小时内给予圆满答复。上海市政府奉中央政府之命采取妥协，立即查封各界抗日救国会及其办事处共 5 处。③下午 1 时 45 分，上海市长吴铁城答复日本领事，所提要求全部答应。④下午 3 时，国民政府电令第十九路军从闸北撤防。晚 11 时，日本舰队司令盐泽幸一竟致函上海市长，勒令中国军队立即退出闸北，并拆除防御工事。在上海市长还未答复之前，即于 11 时 30 分发动进攻闸北。23 时

---

① 民国日报[N].1932-1-21.

② 申报[N].1932-1-24.25.27.28，1932-1-31.

③ 市府令公安、社会两局取消抗日会[N].申报.1932-1-28.公安、社会两局奉命封闭抗日会[N].申报.1932-1-29.

④ 中国国民党中央委员会党史委员会编印.中华民国重要史料初编(一)[M].台北，1981.

30 分，日军由鲛岛大尉指挥，首先向中国军队发起进攻，侵沪阴谋终于实现，一·二八淞沪抗战爆发。

二、国民政府军奋起抵抗

当时，蒋介石、汪精卫等人对日本侵略采取不抵抗主义，但是广大人民坚决要求抗日，政府军中不少官兵亦有御侮卫国的爱国精神，驻防淞沪的第十九路军就是这样一支部队。他们判断日军侵略上海已不可避免，决意违抗中央，积极准备应战。

1 月 28 日至 2 月 13 日为淞沪抗战第一阶段。战事爆发第二天，第十九路军向全国发出抗日通电："为救国保种而抵抗，虽牺牲至一人一弹，绝不退缩。"①第十九路军在淞沪抗战中英勇杀敌，得到全国人民的支持，同时亦激励着国民革命军中的爱国将领。张治中将军就向上请缨，第 87 师 261 旅连以上官兵亦联合请战。这时刚刚再次上台的蒋介石，看到全国军民高涨的抗日情绪，为维护其统治，表示同意，随即将散驻在京沪、京杭两线上的第 87 师、88 师合编为第五军，由张治中率领参战。于是，不仅有所谓杂牌军抗日作战，而且有蒋介石嫡系中央军参加抗日，确是九一八事变以来的新气象。2 月 14 日至 27 日为淞沪抗战的第二阶段，其特点是第十九路军和第五军全力抵抗日军的侵犯。日军增调了第 9 师团实力大增而自恃稳操胜券，于 2 月 18 日发出"全面撤军"的所谓最后通牒，国军则以炮轰作回答。②2 月 20 日，日军发动规模更大的第三次总攻。经过一整天恶战，终于全歼敌军，坚守了阵地。日本政府为了挽救战局，决定三易其帅，由前陆军大臣白川义则大将为司令，再调 3 个师团和 200 多架飞机，兵力增至 10 万；而中方仅 4 万余人，且经过一个月战斗，人员武器损耗很大，又没有得到南京政府任何补给，敌强我弱的态势更加严重。2 月 28 日起开始了淞沪抗战的第三阶段。日军一面向正面防线全面进攻，一面又以几十艘军舰装载大量机动兵力，窥测防守阵地的薄弱环节，伺机突破。为了阻止敌军进攻，中方不得不把仅有兵力调到正面防线作战。总指挥蒋光鼐曾请求何应钦速派 2 个师增援未果，致使长江沿线无兵可防备。3 月 1 日，日军第 11 师团乘机在浏河强行登陆，第十九路军

---

① 第十九路军为日军犯境通电[A].上海中共党史学会编.上海抗日救亡运动资料选编[C].上海，1985.

② 日将植田致蔡廷锴军长通牒，中国第二档案馆.

和第五军不得已于3月1日晚全军退守第二道防线，同时向全国通电，公告抵抗日军苦战月余的情况和不得已撤退的苦衷，最后表示：将在第二道防线从事抵御，“本军决本弹尽卒尽之旨，不与暴日共戴一天”。①

淞沪抗战一月余，第十九路军和第五军伤亡、失踪者达14 801人，其中军官919人，士兵13 882人。日军伤亡据日陆军省公布为3 184人。②第十九路军和第五军的将士们捍卫祖国领土主权完整，公然违抗国民政府，毅然决然抗击日军侵略，确是大义凛然。他们在敌强我弱、实力悬殊的态势下，如此英勇奋战、视死如归的民族气节，令人敬佩！

三、 人民义勇军风起云涌

一·二八淞沪抗战爆发后，各界义勇军踊跃请战。中共江苏省委即派宣传部长杨尚昆向上海民众反日救国联合会发出指示：立即成立义勇军委员会，分工发动群众，建立义勇军，以闸北、沪西、普陀、浦东四区的工厂为主，其中沪西民反义勇军为中坚。1月31日，民反义勇军总部即在闸北前线设立前方办事处，与第十九路军很快建立了联系。从此民反义勇军积极参加战地服务，成为支前最得力的一支队伍，他们的支援对十九路军起了很大的鼓舞作用。上海市民联合会的义勇军亦没有落后。一·二八淞沪抗战爆发后，上海市民联合会义勇军委员会立即召开会议，决定派出代表赴十九路军军部请战。2月1日，上海市民义勇军200余人成立第一大队由王屏南律师任大队长，开赴大场集训；27日即奉调开往宝山与十九路军18名战士共守县城。3月1日下午，日军向宝山县城发动猛烈轰炸。市民义勇军只有214人，6支步枪，400颗手榴弹，在强敌压境下，毫无惧色，坚守阵地。经过一个多小时的激战，敌人始终没能上岸，最后不得不掉转船头退去，制造了令人难以置信的奇迹！③复旦大学青年义勇军亦不甘示弱。淞沪抗战一打响，他们就开赴前线，刷标语、出简报、做演讲，对前来支援的市民和支援的物品进行编号，维持战地的交通与秩序。青年义勇军后又担负了保卫指挥部的任务，还根据群众的举报，对敌探嫌疑对象进行审查等。

---

① 申报(晨刊)[N].1932-3-1.

② 华振中、朱伯康.十九路军抗日血战史[M].上海：神州国光社，1947.

③ 方知达.一·二八淞沪抗战和上海市民义勇军[A].上海文史资料选辑[C].上海：上海人民出版社，1984.47.

人民义勇军的风起云涌，正是中华民族觉醒的象征。但是蒋介石害怕人民武装起来会威胁其统治，竟然密令禁止人民义勇军的成立。①这使刚刚蓬勃发展起来的人民义勇军转而夭折，大大破坏和压制了人民的抗日行动。这些被迫解散的义勇军，由于经历了一·二八的洗礼，绝大多数成为后来抗日战争中的积极分子。

四、工农商学政同仇敌忾

一·二八淞沪抗战成了向上海全体市民发出的紧急动员令，全市各界人士都自觉行动起来，通过各种渠道支援战争，掀起空前的抗日救亡怒潮。

第一，道义和舆论上的声援。中国共产党于2月2日和26日发出斗争纲领、决议，号召全市“罢工、罢市、罢课、罢岗”，“驱逐日本及一切帝国主义武装海陆空军出境”。②上海总工会于1月30日和31日相继致电国民政府，发表抗日宣言，表示愿率领全沪80万工友，“誓死拥护”抗战，共作十九路军的“后盾”。③上海市一百多个同业公会于1月29日致电国民政府，要求“增援各部劲旅以保国土”。上海各大学教授成立了抗日救国会，于2月1日发表了声援十九路军的通电。④国民党在上海的中央委员两次致电国民党中央，请求速定“彻底抵抗政策”。⑤国民党上海市党部也电请中央“增援沪军，速图反攻”。⑥此外，各地军政要人声援十九路军的通电也有40多起，营造了极大的宣传舆论声势，促使全市民众激奋抗日，无人敢言乞降救和。

第二，各界人士的抗日斗争。最突出的是上海工人罢工和上海商界罢市。1月30日，上海各厂工人举行代表大会，成立上海工人总同盟罢工委员会，号召全市工人总同盟罢工。其中沪西17家日商纱厂4万多工人在中共江苏省委领导下，一直坚持罢工到4月。上海市商会、银行业公会、钱业公会等于1月29日发表联合启事：决定“于29日起停市三天，以表哀痛”。2月1日，它们又发公告，决定继续罢市。上海市民联合会发出的通知中更坚决表示：“非至日兵全数被逐，

---

① 国民政府主席蒋中正密令(1932年12月1日)，中国第二档案馆.

② 中共中央宣传部编印.中共党史教学参考资料[M].

③ 申报[N].1932-2-1.

④ 申报[N].1932-2-2.

⑤ 申报[N].1932-2-15.

⑥ 申报[N].1932-3-4.

决不开市。”上海罢市乃全面推开。上海人民的抗日斗争渗透到各个方面，不仅破坏着日军作战，而且使日本资本家叫苦不迭，深感中国人民抗日斗争的巨大威力。

第三，募捐和慰劳活动。从1月到3月，上海和全国各地展开了大规模的募捐活动。海外各方侨胞也均慷慨解囊，如美国侨胞捐款达170余万元。据不完全统计，第十九路军和第五军合计收到捐款1 073 994 522元。①与此同时，上海和全国各地开展了大规模慰劳活动。由妇女救国大同盟等单位发起成立“妇女界慰劳将士会”，在最短时间内赶制了几千件棉背心给抗日将士御寒。宋庆龄女士于2月2日亲赴吴淞前线视察和慰问，表扬吴淞将士“守吴淞之功极伟，而尤望继续奋斗，不使我国寸土入于敌之手”。②3月10日，何香凝女士亲抵常熟东塘第五军军部进行慰问，并书写旗帜“以血和泪换取我民族生存”和“国破山河在，光荣血永留”，分别送给第87师和第88师将士。③

第四，救护与济难活动。中国红十字会、上海医务及妇女界纷纷组织救护队和伤兵医院。中央大学医学院院长颜福庆亲自担任中国红十字会后方医院第一、第四院院长，普济平民医院院长郑起凤自费组织救护队，奔赴前线。④何香凝女士举办救济国难书画展，义卖收款2万余元创办“国难战士救护队”。⑤宋庆龄女士不仅筹划许多伤兵医院和救护队的建立，并亲自在交通大学创立“国民伤兵医院”。⑥短短一个月，竟创办了各种伤兵医院72所。⑦与此同时，还开展了救济难民活动。单上海战区难民临时救济会就设立了19个收容所，还有各宗教团体、慈善机构和各地会馆亦相继设立了收容所，共有82个，收容了43 350人。⑧在这几十天内，政府既不出钱亦不支持，全靠全市人民的努力，创办了50多个救护队、70多间伤兵医院和80多所难民收容所，如果不是工农商学政各界同胞同仇敌忾，是无论如何都办不到的，这就是民族觉醒的伟大力量！

五、 人民抗战的悲壮前奏

在敌强我弱悬殊的态势下，悲壮的淞沪抗战终于失败了。5月5日，中日双

①③ 淞沪抗日画卷[M].生活书店，1932.
② 吴淞战地视察访问翁旅长记[N].申报，1932-2-13.
④ 申报[N].1932-2-3.
⑤ 时报[N].1932-1-22.
⑥ 在国民伤兵医院答记者问[A].宋庆龄选集[C].人民出版社，1966.
⑦ 华振中、朱伯康.十九路军抗日血战史[M].上海：神州国光社，1937：448-455.
⑧ 华振中、朱伯康.十九路军抗日血战史[M].上海：神州国光社，1937：457-464.

方签订了《中日上海停战及日方撤军协定》和附件，协定规定中国军队不得驻在上海，而日本军队却可驻在公共租界的虹口和原中国政府管辖的闸北、江湾、引翔、吴淞四处，严重侵害了中国的领土和主权。[①]这一辱国协定的签订，遭到了上海和全国人民的反对和谴责，亦进一步激发了中华民族的觉醒。

一·二八淞沪抗战虽然失败了，但在中国现代史上写下了光辉的一页。首先是开了中国军队正式抵抗日本侵略的先河。淞沪抗战先由第十九路军违抗政府命令，奋起抵抗日军的侵略，接着在张治中将军主动请缨下，又组织中央军第五军参加作战，并在上海和全国人民的积极支援下，基本上捍卫了上海的领土和主权，这是十分可贵的，亦是有其历史意义的。其次是打击了日本侵略者嚣张的气焰，增强了中国军民抵抗日本侵略的信心。日军在发动一·二八事变前，曾狂妄地叫嚣“四小时解决问题、三天解决上海”，结果是面对仅仅几万中国军队，三增其兵、三易其帅，打了三十多天，也没有占领上海。而第十九路军和第五军在敌我悬殊的态势下，毫无惧色，英勇抗击，大大地鼓舞了中国人民抵抗日本侵略的信心和决心，吹响了中华民族解放战争的号角，掀起了抗日救亡运动第一次高潮，成为中华民族觉醒的先声。

（本文原载《上海党史与党建》，2015年第4期）

---

① 国民政府外交部档案.中国第二历史档案馆.

民众抗日救亡运动

海外华侨与淞沪抗战

沈立新

海外华侨在淞沪抗战中曾作出过很大贡献，但其事迹少为人知，且迄今尚无专文论述。为此，本文拟就这一问题作一简略论述。

一

如同辛亥革命、北伐战争等历次革命运动一样，在淞沪抗战中，广大海外儿女，纷纷自备川资回国从戎，亲临前线杀敌卫国，为中华民族的解放事业作出贡献。当时在美国哥伦比亚大学就读的留学生，就有50人在1932年2月初急电回国，请求准其回国从戎[①]。此外，还有不少华侨在当地侨团和救亡组织的帮助下，零散归国参加抗战。

淞沪抗战爆发后，就在全国各地纷纷组织义勇军，要求奔赴前线，杀敌卫国的时候，一支由北伐军旧部吴越等人组织的华侨抗日救国义勇军（以下简称华侨义勇军），以日寇"进逼沪渎，京沪道上，布满杀机，神京震动，国已不国，捐躯报国，正此其时"[②]的爱国热情，也来到了上海。

这支华侨义勇军，总数约200人，都是由九一八事变后陆续从海外归来的华侨组成的。他们早在1931年11月间抵达南京后，就曾要求政府给予改编训练，但由于种种原因，未能如愿，直至一·二八事变后，始被集中训练。同年2月3日，这支队伍开赴上海，设总部于南市大吉路91号，并向全国通电表示他们以身

---

① 《新闻报》，民国二十一年二月六日。

② 《申报》，民国二十一年二月二日。

卫国的决心:“越等九死余生,何所眷恋,终朝饮泣,但痛祖国之沦亡耳。爰誓续前盟,共赴国难,勒马悬崖,挽狂澜于既倒,挥戈盘箭,挑落日于黄昏。小不丧军人之人格,大不失中华之尺地,战死而已,他无所愿,惟奋臂挡车,实深望海内外侨胞之助。”①字里行间,闪烁着炽热的爱国主义光辉。

华侨义勇军于战火纷飞的2月12日开赴南翔一带,16日正式投入战斗。他们大部分担负着诸如抢救伤兵,挖掘战壕,运送弹药等战勤工作。

当时随十九路军一起上前线的各类义勇军、义勇团、敢死队、志愿军、救护队等尽管人数不多,但名称却繁杂,总共有60多支,华侨义勇军只是其中的一支。由于义勇军参战不久,就发生了3月2日晚上十九路军全军撤退至第二道防线的事,以致有关义勇军人员的编制、归属、给养等许多有待解决的问题也就戛然中止,使已经参战的各支义勇军,自始至终未能组成一支统一的战斗队伍,妨碍了他们充分发挥其应有的作用。尽管如此,华侨义勇军在淞沪抗战中还是发挥了很好的战斗作用,建立了很大的功劳。这可从下述的一段史料中得到说明:“华侨义勇军与上海市民义勇军,是各种义勇军中之成绩最佳、最勇敢、最有勋功者。尤其是华侨义勇军,在火线上共同作战,在后方不断地挖掘战壕,所受的苦痛亦最多,不过没有特殊的人替他们宣传,社会上不很知道罢了。”②

许多华侨志士在淞沪抗战中忠勇可嘉,奋勇杀敌,甚至为此献出了生命,其中旅美华侨、飞行员黄毓荃的感人事迹就是一例。

黄毓荃,1905年生于美国加州的玛利斯委,排行第六。他在“舍航空无以救国”的思想影响下,于1924年进芝加哥三民飞行学校学习,由其兄黄毓沛担任飞行教练。1926年随其兄回广东,在空军中服役;旋被派往苏联陆军第二航空学校深造,毕业后回国。1930年任军政部航空第六队副队长。1932年2月5日,在上海和日寇的空战中,沉着应战,凌厉杀敌。由于敌众我寡,不幸机毁人亡,英勇牺牲时,年仅27岁。③据说他是中国空军在空战中以身殉国的第一人。他的英雄伟名,永垂青史!

广大华侨回国参战,不仅增添了祖国的抗战能力,而且他们这种为民族存亡奋斗而献身的精神,也鼓舞和激励了国内广大同胞参加抗战的意志和决心。

---

① 《申报》,民国二十一年二月二日。

② 朱伯康、华振中:《十九路军抗日血战史》,第380—381页,神州国光社民国三十六年版。

③ 刘伯骥:《美国华侨史续编》,第712页脚注,台湾黎明文化事业股份有限公司1971年版。

二

在淞沪抗战中，海外华侨的另一重大贡献是募捐筹款，以金钱和实物支援十九路军抗击日寇。这些募捐筹款活动，大致有以下几个特点：

第一，募捐速度快而及时，款额大而集中。

当1月28日夜战斗打响后，2月2日十九路军便收到了第一笔华侨捐款。2月4日这一天，又收到了印尼的爪哇、菲律宾的小吕宋、美国的旧金山等地的汇款，共计大洋六万三千余元，又银一千二百余两。以后，华侨捐款“更加络绎不绝，无日没有款到”①。从战事爆发到华侨捐款的到达，其间不过相隔三四天时间，足见广大侨胞报效祖国之心切，爱国之情深。

不仅华侨捐款速度之快惊人，而且数额也很可观。新加坡华侨“不到两月，集款竟达百万以上”②，菲律宾华侨的捐款，数字也很大，从报纸上公布的捐款数字得知，有一次在一天之内就收到了银三千两和现金二万七千多元；③仅在2月5日一天内就汇回国内银二万两，交十九路军蔡廷锴军长慰劳前线将士，并打电报热烈赞扬和鼓励十九路军将士奋勇杀敌，争取更大的光荣！④

第二，募捐形式多种多样，情绪热烈。

淞沪抗战的捷报传来，旅美侨胞即以祖国传统的民族形式表示庆贺，其中之一便是以舞龙灯进行劝募。旧金山、芝加哥等地的“唐人街上之灯龙，竞作大蹈步之舞，而中国锣鼓声、呼喊声，震耳欲聋”⑤，可见情绪之热烈，情景之动人！此外，他们还利用十九路军赠送的抗日纪念章来劝募。十九路军以抗日纪念章八枚，以及蒋光鼐、蔡廷锴、戴戟三人的合影相片一张赠送堪萨斯市的华侨来感谢他们对淞沪抗战所作的贡献。该市侨胞们收到上述礼物以后，认为自己侨居海外，不能亲临前线操戈卫国，唯有竭力募捐助战，方能克尽国民一分子之责。经反复商量后，决定将其中的一枚纪念章连同相片赠给该埠出力最大、捐款最多的杨菊坡医生，以作他热心为国、慷慨捐输的纪念。其余七枚纪念章则以每枚

① 《十九路军抗日血战史》，第470页。
② 关楚璞主编：《星洲十年》，第977页。
③ 《新闻报》民国二十一年二月十八日。
④ 《申报》民国二十一年二月六日。
⑤ 《十九路军抗日血战史》，第471页。

美金十元为起点进行劝募，结果共得募款近 120 美元，连同其他捐款一并汇给十九路军。①

在整个华侨社会中，争相抗日救国蔚然成风，捐款助饷牵动着每个人的心，甚至连小学生也自觉投身这一活动。马尼拉市中山学校的校长就曾在一报告中表彰该校小学生的这种爱国热情。他说：在"'一·二八'时，各位小朋友能够节省零用，日蓄一仙，汇寄上海慰劳十九路军，此种爱国精神，令人钦佩。"②许多生活在社会底层的小贩，爱国之情也决不后人，"亦将一日或数日所得汗血之资，送交筹服会"。③

旅美华侨在上海战事期间，爱国热情特别高涨。"日贼凶横，薄海同愤，请戮力抵抗，万勿退却，同人等愿为后盾。"④像这样的电报，在纽约唐人街几乎天天都有，或以个人或以团体的名义拍发给十九路军，表示他们誓作抗日后盾的决心。如果说在淞沪抗战中，广大华侨都身体力行"有钱出钱，有力出力"的原则的话，那么旅美华侨则冲破了这个界限。许多年迈体弱、患病或者失业的侨胞，平时的生计已经相当困难，为了捐款抗日，"亦不惜以家具质之，所得之资悉数提作捐款。"⑤这是多么感人的爱国热情！

国民党元老黄兴之女公子黄澄华，不惜出售自己的首饰，将所得之资，全部捐献给祖国抗日之用，并且表示"倘外侮日亟，余将回国服务，虽死不辞"⑥。

为了使捐款早日送到十九路军手中，在急不可耐的情况下，"有少数人甚至请他们在广东省的亲戚将捐款送往上海。"⑦十九路军将士的碧血飞溅处，绽开出海外华侨仁浆义粟的报国之花，其可歌可泣者，很难一一尽述。

第三，华侨社会中知名人士的表率作用。

如果说一·二八战事的消息扣动了全体海外华侨的心弦纷纷捐款助战的话，那么这是与许多侨团组织的首领和知名人士的表率作用分不开的。他们不但自己带头捐献巨款，而且利用他们的地位和影响，积极动员和组织广大侨胞开展抗日捐献活动。

---

① 《华侨周报》第三十三期，第 47—48 页。
② 蔡廷锴：《蔡廷锴自传》，黑龙江人民出版社 1982 年版，第 428 页。
③ 《星洲十年》，第 977 页。
④ 《十九路军抗日血战史》，第 496 页。
⑤ 同上书，第 471 页。
⑥ 同上书，第 472 页。
⑦ 邝治中：《纽约唐人街——劳工和政治，1930—1950 年》，上海译文出版社 1982 年版，第 107 页。

陈嘉庚先生深为十九路军全体将士浴血奋战的精神所感动，积极奔走，一再筹募巨款汇往上海。新加坡的另一华侨巨商林义顺先生，当一・二八战事发生时，适在上海养疴，翌日他紧急行动起来，一连向新加坡发出十多份电报，动员各埠华侨奋起救国，侨众接电后闻风而动，“一呼百应，效力甚巨。”①

由李清泉先生任主席的菲律宾华侨国难后援会，在二月份就先后汇给十九路军十五万、十万元两笔巨款。此外，李先生还倡议“各商家永久抽捐，店员按月抽薪十分之一”，②支援抗日。

淞沪抗战发生后，胡文虎先生不待救灾会成立，即托和丰银行电汇国币一万元，由上海申报馆转中国红十字会，作为沪难救伤之用。二月下旬，胡先生又鉴于上海战斗激烈，伤兵太多，又捐赠一万元。其时何香凝先生正在沪组织救护队，因经费困难而致函胡先生求援。胡先生得函后即汇去一万元，以济燃眉之急。由于胡先生对淞沪抗战作出了很大的贡献，蔡廷锴将军特为之题词表彰：“永安堂主人胡文虎君，热心救国，仁术济人……本军在沪抗日，胡君援助最力，急难同仇，令人感奋。”③

第四，广大华侨不仅捐献现金，而且捐献作战物资。

“故其身虽寄诸异国，而其心实日夜驰骋于汉土也”④，可以说这是华侨能够将自己节衣缩食的辛苦所得，慷慨捐助的真正原因。他们认为，只有祖国蒸蒸日上，国富民强，在国际社会上有了一席之地，自己在海外才能扬眉吐气，免受帝国主义的凌辱虐待。因此，他们对于用什么方式，最能有效地支援十九路军抗日，他们就竭力去做。

旅居加拿大温尼伯市的华侨，为了使前方将士更加有效地杀伤敌人和保护自己，购买了一千具铁胄寄回南京交蔡廷锴将军。这一消息在美洲不胫而走，各埠华侨争相仿效，结果又购买了一万五千具铁胄寄回国内去。⑤

马尼拉华侨在淞沪抗战中，不但“捐助军饷，为数甚巨”，而且根据十九路军军事上的需要，由马尼拉粤侨出入口帮工界联合会和马尼拉粤侨工商联合会联合捐赠了“载重汽车两辆，送与十九路军供运输之用”⑥。

---

① 《淞沪血战经过》，第 34 页。
② 《申报》，民国二十一年二月十六日。
③ 《南洋情报》，第一卷第八期封底。
④ 《飞报》第 153 期，第 1 页，民国二十一年四月二十五日。
⑤ 《华侨周报》，第 16 期，第 49—60 页。
⑥ 《蔡廷锴自传》，第 427 页。

广大华侨所捐赠的一忝一株、一箪一瓢，不管其数量多少，都凝聚着海外儿女对祖国母亲赤诚的爱。他们在淞沪抗战中所作出的贡献永远不会随着岁月的流逝而被湮没。

三

在淞沪抗战中华侨的有力支援和十九路军将士的浴血奋战是互为影响、互相鼓励、互相促进的。

当淞沪战役告捷的消息传到海外时，一方面广大侨胞喜不自禁，备受鼓舞，诸如"遥听捷音、欣慰莫名"、"请坚持到底"、"决不后退"、"誓为后盾"、"款将续汇"等电报如雪片般飞向国内；另一方面，十九路军将士也从海外华侨的支援中吸取无穷无尽的力量。当陈嘉庚先生将巨款汇往上海时，"全军听到这个消息，都受到极大的鼓舞。"①在"迭接各界同胞函电或予精神之鼓舞，或予物质上之补助"后，蔡廷锴将军曾代表十九路军登报公开鸣谢，表示"敝军将士誓以最后一滴之血，洒在黄浦江头，以副我爱国同胞之期望"②。

尽管水天远隔，广大侨胞和十九路军的心却是紧紧连在一起的。巴拿马华侨在发出了"请要求蒋、蔡两将军继续作战，自当尽力筹饷"的电文后，立即接到了他们的回电："日大举增援，胁我撤防，已严拒。沪军气奋，当不负侨胞期望。"③像这样一来一往的电报，均说明了海外华侨对十九路军一洗四个月来政府忍辱含垢的淞沪抗战，寄以多么大的期望，而十九路军也确实没有辜负侨胞这一片深情厚谊，创下了血战累月，屡摧强敌的光荣战史，在中华民族反抗异族侵略、救亡图存的史册上谱写了新的篇章。

在淞沪抗战中，海外华侨的捐款，尽管由于各种原因很难作出比较精确的统计，但其贡献和作用无疑是很大的。当时的南京政府不但不给十九路军及时派出增援部队，而且借口国难严重、税收减少和财政窘迫，先是克扣军需粮饷，最后是停止发饷，以至"十九路军自 1931 年 10 月起，从未领到应得军饷分文"④。在这种情况下，海外华侨源源不断的捐款犹如雪中送炭，是非常难能可贵的。如果

---

① 陈碧笙、杨国祯：《陈嘉庚传》，福建人民出版社 1981 年版，第 44 页。
② 《新闻报》，民国二十一年二月十六日。
③ 《申报》，民国二十一年二月二十日。
④ 蒋光鼐等：《十九路军淞沪抗战回忆》，载《文史资料选辑》第三十七辑，第 12 页。

没有全国人民和海外华侨的有力支援，十九路军这支悬沪孤军要血战兼旬是不能想象的。正如蔡廷锴将军所说，在海内外人民知道十九路军在上海发动抗战后，有的写信，有的打电报，有的寄钱，也有的寄衣物、食品等慰劳我们。人民群众对于我军的热烈支援，鼓舞和激励了前线官兵舍身抗敌的决心和勇气，这是我军之所以能以少胜多、以劣势装备抵御全副现代化军队的关键所在。①

淞沪抗战的历史再次表明，海外华侨在侨居地受到的待遇是与祖国的国际地位密切相关的。广大华侨在淞沪抗战中所作的贡献和努力，是把捍卫民族独立自由、期望祖国繁荣富强和改善自身处境密切结合在一起的。这就是华侨在历次革命运动中绵绵不尽报效祖国的原因。

广大华侨通过对淞沪抗战的支援，不但增强了自身的团结，而且在整个华侨社会中产生了极其深远的影响。在淞沪抗战中，广大华侨所作出的贡献是华侨抗日救国乐章中的序曲部分，从而为九一八以来海外华侨第二次爱国主义高潮②的形成，起了开路先锋的作用。

（本文原载《学术月刊》，1985 年第 9 期）

---

① 蒋光鼐等:《十九路军淞沪抗战回忆》，载《文史资料选辑》第三十七辑，第 11 页。

② 据国内一些华侨史史学工作者认为，近代以来，在海外华侨中曾先后出现过三次爱国主义高潮：第一次是在辛亥革命中，第二次是在抗日战争期间，第三次是在解放战争时期和新中国成立前后。

一·二八战火与上海金融界的变革

姜　伟

日本帝国主义在占领东北之后，为了转移国际视线，迫使南京国民政府承认东北的既成事实，蓄意在我国的工商业金融中心上海挑起战火。1932年1月28日夜，日军进攻闸北，当即遭到我守军的奋勇抵抗，双方激战至3月3日停火，史称一·二八事变。这一事变对上海金融界产生了巨大的冲击，南京政府与上海金融界被迫采取种种应变措施以渡劫难，冲击由此转变为动力，推动着我国的金融变革。引人注目的是，新式银行和旧式钱庄因经营机制不同，应变能力和方式不同，从而在优胜劣汰的竞争规律下，表现出不同的兴衰沉浮命运。显然，研究这一冲击应变过程，将有助于认识我国金融现代化的轨迹，总结其经验教训。

一

一·二八战火使上海人民遭受前所未有的惨重损失。日寇在30多天里，用飞机重炮狂轰滥炸，战区受害住户18万户，死伤失踪者1.8万人，工厂商店及居民的直接间接损失14.836亿元，①相当于当年全国岁入5.59亿元的两倍半多。全市大小商店御侮停市63天，间接损失更难以估量。

一·二八战火同样对上海金融业造成灾难性后果，整个信用体系面临崩溃的危机。战前，上海金融界已处于风雨飘摇之中。1931年是我国天灾人祸交织之年，5月间长江淮河发生百年一遇的大水灾，灾区遍及7省32万平方公里土地，灾民4千多万，财产损失15亿元以上；九一八事变则使资源富饶、经济发达

① 《社会局等发表被灾区域损失估计》，《工商半月刊》第四卷4、5期合刊，1932年5月。

的东三省沦于日本之手，三千万东北人民的灾难不言而喻，关内各地也遭受极大的经济损失。拿金融业来说，东北"所欠内地各埠账款，不能如期偿还，于津沪两地金融界，损失尤大"；①内地封存大量日货，这批日货或在华商手中，或押在各地钱庄，造成"1亿元资金的呆搁"；②政局动荡，蒋介石于12月15日下台，产生短命的孙科政府。1932年新年伊始，孙科贸然宣布公债本息偿还延期6个月，吓得上海证券交易所紧急闭市以防债市崩盘，但仍引发了市民挤兑纸币的风潮，钱庄也把纸币全部抛出，对挤兑风潮推波助澜。银行公会召开紧急会议，为寻求解救之道忙得焦头烂额。一·二八战火就爆发在这种危急时刻！虽说银行钱庄因大多地处租界之内，财产未受炮火直接摧残，但都面临资金周转不灵的问题，钱庄的处境尤为艰险。1月28日是农历辛未年的腊月22，距年关只差8天，而年关是我国旧式商业的总结账期，是钱庄的总清账期。钱庄有一陋习，必须在年关收回一年来所有的放款，编就红账，以便股东决定来年是否继续营业，故而年关成为钱庄的生死存亡日。就在这收款还账最紧之时，战火造成收款中断，还款依旧，致使钱庄大多数入不敷出，破产厄运临头。

需要研究的是，战火等天灾人祸是造成金融危机的根本原因吗？否！我们认为，天灾人祸只是造成金融危机的外部原因，其内部原因即根本原因乃是深深植根于金融体制自身的重大缺陷，可以说，只要体制上的重大缺陷存在，即使没有上述天灾人祸，其他国际国内经济、政治、军事上的突发事件，同样会引发金融危机，1935年的白银风潮即是明证。当时，我国金融体系的缺陷甚多，其中三大弊端为害尤烈。

1. 货币体系紊乱庞杂。商品经济的发展，需要币值稳定、发行统一有序和一元本位的货币体系。我国却存在着银两银元复本位；银两又有虚实之分；通货以金银货币为中心，又并行着大量的纸币；纸币五花八门，由众多外资银行、国有银行和私营银行自行发行等等。多种交换媒体的存在，使得金融机构必须时刻做好多重储备，承担多重风险，还需虚掷人力、财力于账目计算、货币兑换上，极大地削弱了本已微薄的资金运用能力。货币体系的支离破碎，还使得国家几乎无货币政策可言，政府不能为实现经济增长、稳定物价、充分就业等经济目标，灵活适时地运用各种政策工具来调控资本市场，完全陷入无所作为的软弱状态之中。

2. 金融体制不健全。全国没有系统的金融法规来规范金融机构的活动，没

①② 《中国银行二十年度营业报告》。

有真正意义上的中央银行、中央储备银行或联合准备库来监督金融机构的运作，来办理再贴现再押款业务，以服务于行庄的融资要求。现存的金融机构普遍资本小，资力弱。1932年时上海28家大银行平均资本350.5万两，28家小银行平均资本67.6万两，72家汇划钱庄平均资本21.2万两，[①]而英资汇丰银行一家的存款就有9.316亿元，相当于146家中国银行存款总额的42.6%。此外，钱庄资本极小，且信用过度扩张，加上以信用放款为主，极易发生倒账风潮。据《金融业调查》统计，62家汇划钱庄平均营运资金291万两，而放款额却高达254.68万两，占营运资金的87.5%，准备率只有12.5%。与此相比，28家大银行的同期放款额占营运资金的55.9%，资金安全性远高于钱庄。[②]金融界还存在着中国金融资本与外国在华金融资本之间的对立，银行与钱庄之间的利益冲突，银行与银行间、钱庄与钱庄间的争斗，使短视的金融家们无视整个金融系统休戚相关的这一行业特征，继续拉帮结派、勾心斗角。

3. 证券市场畸形发展。健康的证券市场是商品经济发展的要求，它有优化资源配置，推动消费资金转化为生产资本等积极功能。对金融机构来讲，证券投资也是重要业务之一，不仅可从证券买卖中获利，而且可将证券作为第二线的准备金，增强自身的应变能力。然而，旧上海的证券市场畸形繁荣。南京政府建立后，承继了北洋政府的庞大内外债务，又为打内战花费巨额战费，历年财政入不敷出，全靠发行公债弥补赤字。国府财政部用大折扣、高利率推销债券，从1927年到31年，发行债券数达10亿元，实际收入仅有5.38亿元，政府债务负担沉重，早已潜伏债信破产的危机。此外，政府债券的交易完全压倒了企业股票的交易；发债券筹集的资金基本用于军政费用，甚少投资实业；官商勾结操纵债市，内幕交易屡见不鲜，造成债市狂涨暴跌。原本有助于金融机构投资多样化和融资应变的证券市场，反成了引发金融风潮的源头之一，巨大的系统性风险，远非金融机构自身所能规避。

上述三大弊端，在以往众多的金融风潮中早已暴露无遗，金融界尤其是银行界身受其害，迫切要求改革。客观地说，南京政府断断续续地采取了一些改革措施，重要的有1931年3月颁布《银行法》，想将钱庄纳入银行系统，推动全部行庄改革管理体制，加快现代化进程。该法规定：凡营业收受存款及放款、票据贴现、

---

① 《上海钱庄史料》，第270页。

② 据《上海钱庄史料》第270页数据计算。

汇兑押汇等业务之一者为银行,或视同银行;金融有限公司资本最少50万元,无限公司资本至少20万元;须出具投资人财产证明书和将实收额的20%的现金保证金缴存中央银行;每营业年度终应造具营业报告书呈报财政部,财政部有权检查银行的营业和财产状况等。然而,《银行法》遭到守旧的钱庄业的强烈反对,最终被迫暂停实施。钱庄故步自封,坚持合伙形式,经营状况秘不示人,过度扩张信用,漠视现金准备,完全依靠隔日付现制临时在金融市场上拆借头寸来维持周转。所幸的是,银行界普遍拥护这一法案,并按该法规范自己的经营活动,如将纸币发行数和准备金额定期向公众公布;实行纸币十足准备,其中现金准备6成,保证准备4成,接受社会各界检查;年度营业报告公布于众等等,从而增强了自身的应变能力和信誉。其时,金融改革之所以步履缓慢、收效甚微,究其主要原因,首先是钱庄和外资银行的阻挠。钱庄操纵着银两银元兑换,既可从中稳获手续费,又可凭此兴风作浪,牟取暴利,故而反对币制统一等改革。外资银行通过进出口大条银,直接把持着我国的资金市场。两者互相勾结,占据着上海金融界的主导地位,阻挠金融改革。其次是南京政府忙于打内战,对于经济建设及相关的制度改革态度消极,措施不力,也缺乏足够的资力和公信度。整个事态表明,金融危机出自金融体制的弊端,出路也就在改革之中。然而,改革作为革故鼎新的过程,其代价、痛苦易于为人们觉察,其必要性、紧迫性却不易为人所知,尤其不易被旧体制的既得利益者所接受。只有到了求生的非常时期,改革先驱显示无比活力,守旧势力饱受打击之时,改革的步伐才能加快。一·二八战火客观上起到了推动改革、打击守旧势力的作用。

二

一·二八战火爆发后,无论是银行还是钱庄,其燃眉之急是应付提兑风潮,眼见单枪匹马无力抵御狂风恶浪,联合自然成为共识。银行公会钱业公会借停业御侮6天之机,召开联席会议,决定采取两大措施应急。一是银行业钱庄业各自加强内部合作,分别组织起联合准备委员会和财产特别保管委员会,以厚集现金,拆放头寸给周转不灵的行庄。26家大银行将各行之货物押单、租界内中心地产及伦敦市场的有价证券三种财产交会保管,总价值在7 000万两以上。70家汇划钱庄每家至少出20万两,共集中现银1 583万两。二是银钱业之间加强合作。两业之票据一律加盖“此票只准同业汇划”字样,停止支取现金,以防现金流溢外埠及外国人之手。钱庄对于银行所发纸币，一律照旧收用，中央、中国、交通等大银行则拆放巨款给钱庄。虽经如此安排，中国垦业银行还是在《申报》上刊登广告，宣布为便利各界兑换本行纸币，特委托本埠 29 家钱庄、各埠的上海银行等，一矣开市，“随时十足兑换”，流露出对提兑风潮的担忧心态。

1931 年 2 月 4 日开市后，出乎各界意料之外，未曾出现任何提兑风潮。据报界报导，银行对“存户取款，并无限制，以是秩序甚为良好。各银行因平时准备充足，根基非常稳固，故应付裕如。各银行钞票，照常通用，毫无问题”。“虽有少数外国银行须以现洋进出，但无碍大局，银行收解之数，超过提解之数，足证社会经济状况之一斑，与人民努力巩固金融之心理也。”①显然，合作的成效立竿见影，提兑风潮悄然释之。

就两大措施而言，联合准备是开拓之举，同业汇划则具有消极性、负效应，银行、钱庄依靠的重点不一，优劣之别迅速显现出来。

联合准备是早经实践证明行之有效、欧美各国普遍实施的科学管理措施。我国金融界除盐业、金城、大陆、中南四行为了共同发行纸币成立了四行联合准备库外，一直未能普遍实施，其主要原因是金融界内部的拉帮结派，缺少公平竞争和利益相关的意识。是战火这种外部压力扫除了联合的障碍。3 月 15 日，银行公会正式成立了联合准备委员会，各会员银行将房地产、货物押单和国外有价证券等财产缴存委员会为担保，按财产估价 7 折领取可在市面流通代替现金的公单 4 成，可作纸币保证准备的公库证 2 成，可作拆息抵押品的抵押证 4 成。这样，联合准备不仅加强了银行间的共存互助关系，而且把房地产等死财产变成了活资金，开拓了再贴现、再押款业务，短期内可改善信用紧缩时期现金流通不足的状况，长期发展下去，可提高资金使用效率，缓解我国资金不足的难题。此举是银行迈向管理现代化的重要一步。

与银行相比，钱庄业务过于单一，主要从事银两银元拆兑和票据交换、两地汇划、信用放款，故只能走紧缩信贷之路，依赖停止庄票付现的同业汇划制来维持周转。此举确实拯救了钱庄，但也严重打击了经营进出口贸易的洋行洋商。庄票一向充当中资批发商和外资进出口商之间的交换媒介，钱庄不允庄票兑现使得外商进退两难：如卖货给中资商人，收到的庄票不能兑现，要承担金融风险；如货不卖，兵险保费及堆栈费极高，资金又搁浅。外商批评钱庄实行同业汇划是

① 《申报》1932 年 2 月 5 日。

搞利己主义政策，将严重损害自身信誉，失去在金融业中的地位。①平心而论，钱庄实行同业汇划确实把风险强行转嫁到了外行外商身上，不过，外行外商是咎由自取，它们一贯排斥我国银行界，用拆票方式扶植钱庄，强化钱庄的种种弊端，阻挠我国金融现代化。吃了苦头之后，它们转而与我国银行界合作，使钱庄失去了一重要盟友，加速了没落。

就在此背景下，银行公会趁热打铁，着手筹建自己的票据交换所，直接进行银行间的收存业务。1933 年 1 月 10 日，银行票据交换所正式成立，钱业公会不但失去了银行作清算拨划之用的大宗存款，而且失去了清算中心的地位。此事，可视为银行压倒钱庄占据金融界主导地位的标志之一。

三

畸形繁荣的债市本是北洋政府培育的一个毒瘤，南京政府非但不思根除，反而变本加厉，使之滋生得不可收拾。对此，金融界有识之士不断提出批评，张嘉璈在中国银行 1930 年度和 1931 年度的营业报告书中都指出："公债代表一种制造之信用，其所得资金，若不用于生产之途，徒增消费之膨胀，物价上腾贵。"面对工商实业的衰颓，社会经济之崩溃，"挽救之道，不外全国上下一致排除不生产的信用膨胀，节减一切不必要的消费，银行对于生产事业之信用，勿为过度之紧缩，人民对于辛勤所得之金钱。勿为不生产藏储。"②

九一八事变的爆发，东北的关、盐、统税全部丧失，仅关、盐两税每年损失 5 千多万元，占全国岁入的十分之一。因之，债券行情持续暴跌，上海 5 种重要债券，如以 9 月 1 日平均价格与票、面价格之比为指数 100 的话，9 月 24 日跌为 76.8，1932 年 1 月 25 日跌为 51.5。在不到 4 个月的时间内，债券落价一半，银行的债券资产在账面上也就损失一半，以至两家小银行倒闭，几家银行和钱庄陷入困境。债市危机不仅威胁金融机构的生存，也威胁南京政府的生存，迫使其出面进行整顿。孙科政府于 1932 年 1 月 12 日宣布延期 6 个月偿还债券本息，遭到上海银行公会为首的全国各种商业团体的强烈反对，被迫于 17 日宣布原议作废。紧接着一·二八战火爆发，进一步给债市以致命打击，上海的进出口贸易、金融工

---

① 参见《上海钱庄史料》，"字林西报制造舆论反对汇划停止付现"，第 220 页。
② 《中国银业二十年度营业报告》。

商各业全部瘫痪，而长江海关的收入几占全国海关收入的一半，仅2月份，"因暴日侵沪，关税惨跌，超过所减债券基金之数（即860万元）"[①]，使债券无法还本付息终成定局。

如前所述，债券市场要想整理成功，固然需要金融界作出让步，同意减息延期，关键还在于南京政府改弦更张，停止滥发公债。其时财政部长宋子文对此有清醒的认识，并采取了相应的措施。他首先对中央财政实行紧缩，行政机关的费用只发原预算的3成，所有公务人员一律大幅减薪，以示牺牲救国的精神。然后于2月18日在上海同50多位金融巨头会谈，接受了他们提出的三个条件，即：国家财政完全公开，制定预算并严格遵守；政府今后不得为内战及政费之用，再向商业团体举债；政府今后不得再变更所定公债条例，并作出了4年内不再发行新公债的口头承诺，终于与金融资本家们达成了整理公债的协议。刚刚复职的蒋介石立足未稳，只得接受该方案。2月24日，南京政府正式公布《关于变更债券还本付息条例》，使财政部每年可节省近1亿元的偿债费用，这对1932年全年财政收入只有5.59亿元的政府是至关重要的。

债市整理的成功具有积极意义。第一，债市开始向良性方向转型，推动社会游资从政府债券流向企业股票，降低了企业的融资成本，有利于国民经济的发展，也有助于金融机构的投资安全。第二，以江浙财团为核心的资产阶级显示与加强了自己的经济政治力量，通过与宋子文的联盟，一段时间中有效地扼制了蒋介石的"剿共"内战政策。1932年5月，上海市商会、银行业公会、钱业公会和全国商会组织了废止内战大同盟，并通过决议，宣布会员行庄今后决不借贷一文给政府打内战。[②]6月，当蒋介石想重发公债筹集内战军费时，宋子文依靠江浙财团的支持，以辞职方式加以抵制，终使蒋的计谋流产。宋氏颇为自得地说："自1932年2月起，至1933年2月，收支完全适合，开民国22年以来未有之新纪元。"[③]

当然，公债市场的良性发展只是昙花一现，江浙财团也好，宋子文也好，都无力阻挡蒋介石的倒行逆施。宋子文在1933年10月因抵制蒋介石重发公债无效而辞职，孔祥熙接任财长后滥发公债，最终造成1936年第二次政府债信破产事件。

---

① "财宋公布2月份海关收支数"，《申报》1932年3月9日。

② "废止内战运动"，《银行周报》1952年5月31日。

③ "全国经济委员会成立"，《国闻周报》1933年9月29日。

四

1932年春，上海金融界的又一异常现象是厘价不断下跌。4、5月份本是茧丝茶市登场之时，因内地习用银元，商人纷纷捆现购货，厘价见涨。虽说自20年代后半期起，纸币信誉日坚，流通区域逐步推广内地，削弱了银元需求量，使厘价起伏减缓，以1931年平均行市为例，3月份为0.723 629，4月份为0.727 663，5月份为0.729 508，逐月上涨。而自1932年3月下旬起，洋厘行市一路滑落，4月27日竟跌进7钱大关，为0.699 5。5月上旬因钱业恢复庄票兑现，厘价回升到0.709，但月底又跌至0.697 625。此后更是越发不可收拾，到11月为止，厘价始终在银元熔解点0.711 564之下，①最低时为0.683 75。

厘价持续跌落反映了银元的供过于求。其基本原因，一是长江流域大灾之后经济萧条，银元过剩而涌向上海，1931年流去7 000多万元，1932年上半年又流去5 446万元。另一是一·二八战火持续，交通阻隔，百业停顿，资金需求减弱。此外，原定1月31日的总结算期先是延到2月底，后又延到5月底，严重损害了钱庄的业务，钱庄无法收回对工商各业的信用放款，只能紧缩放款，厚积现金。

厘价低落为废两改元提供了大好时机。工商实业家们要求废两改元的呼声早已不绝于耳，尤其是在南京政府建立后。1928年3月，著名的经济学家马寅初率先提出《统一国币应先实行废两用元案》，6月召开的全国经济会议进行了专案讨论，决定“亟应速为设计，以期早日实现”。但几年过去了，事情并无进展，察其原因，除了钱庄和外资银行阻挠外，还有两点。一是民间社会对政府的不信任。由于国内政局动荡，内战频仍，当权者总想用通货膨胀政策弥补财政赤字和搜刮民脂民膏，铸造劣质银元即是手段之一，造成民间社会坚持实银两这种称量货币来保护自身利益。二是本位币的银平价定位问题。银元长期超值流通，最高时达到0.768，且兑银率上下波动剧烈，给本位币定价带来诸多困难，无论定高或定低，都会造成社会动荡。1930年中原大战之后，国内军阀混战基本结束，南京政府巩固了统治，此时又借抗日御侮，进一步提高了公信度。而厘价跌落银元熔解点之下，顺利地扫除了银元定价的障碍。宋子文敏锐地抓住了废两改元的时机，

---

① 袁像国币实际平价为0.721 344 6规元两，扣除铸造费用，熔解点为0.711 564，参见《中国近代货币金融史简编》。

从1932年7月起，与上海银行界要人商讨实施计划。外资银行闻讯后由代表致函财政部，荒谬地提出，须待10年或20年后才能实行废两改元。钱业公会也唱起同一腔调，原则上同意废两改元，但望“假以时日，不应操之过急”。但钱业公会也明白，废两改元势不可挡，遂在8月9日发表敬告国人书，向政府提出三条建议：1.统一铸币权，本位币成色与重量按币制条例覆实鼓铸，尤须召集各业团体组织委员会，实行监理或化验，登报公告，以昭大信。2.两元折价适当，召集各业持平商议，不能畸重畸轻。3.统一纸币发行权，特设专库，其准备金依照法令，至少须有现金6成。[①]这三条建议合情合理，符合实业界的整体利益，得到各界的肯定，废两改元也就水到渠成了。1933年3月3日，立法院正式通过《银本位币铸造条例》和《银两银本位币换算计算法》。财政部随即下令，从3月10日起，上海首先实行废两改元，1银元值0.715规元两，“凡公私款项及一切交易，按此定率用银元收付，不得再用银两。”上海顺利推行后，全国于4月6日普遍实施，至此，单一的银本位制度在全国建立起来。

废两改元对我国社会经济有三点积极影响：

一、废除了经历千余年的银两制这一落后的称量货币制度，有史以来第一次统一了全国的币制，有利于商品经济的发展，也为进一步推行币制改革打下了坚实基础。

二、以国币代替民币，增强了政府对社会经济的调控力量，有利于动员和利用资金发展国民经济，符合经济现代化的发展方向。

三、打击了靠两元兑换牟利的钱庄和以进出口大条银控制金融市场的外资银行的势力，增强了民族银行的地位和作用，有利于我国现代金融业的进步。

综上所述，一·二八战火给上海金融界带来巨大灾难，同时又造成迫使金融改革的压力。在南京政府和工商实业界的共同努力下，初步进行了三项重大的金融改革。银行业在其中扮演了动力角色，在完善自身的科学管理中获得了发展，从1932年到1937年，全国新开银行63家，只倒闭了7家。而钱庄业因循守旧，故步自封，无力应付时代的挑战，只能落个被淘汰的命运，1931年上海有76家汇划钱庄，到1937年时只剩46家。银行、钱庄命运的强烈反差，个中的经验教训是很值得人们深思的。

（本文原载《南京师大学报》（社会科学版），1995年第3期）

---

① “钱业公会为废两改元问题发表敬告国人书”，《上海钱庄史料》第228页。

中国共产党与十九路军在淞沪抗战中的合作

殷启翠

淞沪抗战中，中国共产党与十九路军的合作，对十九路军走上联共、抗日、反蒋的道路具有不可或缺的作用与影响。研究这一关系及其历史发展，是国共关系史研究的一个重要侧面，具有重要的历史意义和现实意义。

1932 年 1 月 28 日夜，日本帝国主义发起对上海的进攻，制造了一·二八事变。十九路军总指挥蒋光鼐、军长蔡廷锴激于民族义愤，并受全国人民抗日运动的影响，违背蒋介石的命令，毅然率部奋起抵抗，一·二八淞沪抗战从此爆发。第二天，蒋光鼐、蔡廷锴等十九路军将领联名发表抗日通电，宣称"正当防卫，捍患守土，是其天职，尺土寸草，不能放弃。为救国保种而抵抗，虽牺牲至一人一弹，绝不退缩"，"此心此志，质天日而昭世界"。

淞沪抗战爆发后，中国共产党发出了抗日救国的号召。党的基层组织尤其是上海党组织和广大党员做了大量的具体工作，积极配合十九路军抗战，对十九路军政治态度的转变起了重要作用。

一·二八事变爆发后，中共临时中央先后发表了《关于上海事件的斗争纲领》《中央关于"一·二八"事变的决议》等文件，向全党指出：上海战争明显的带有民族革命战争的意义，因此我们党的任务是积极地加入这一战争。中共中央提出当时上海党组织的中心任务是：1）召开各群众团体的反日代表大会，通过反日斗争纲领，公开领导当时正在开展的反日斗争；2）通过义勇军的组织形式，把民众武装起来，尤其是武装工人群众；3）开展争取十九路军士兵的工作。要求各级党部大规模地组织慰劳队、看护队、运输队、交通队等上前线支援十九路军抗战。与此同时，中央还提出了动员群众进行反日斗争的三个主要口号，即"罢工罢课罢操罢岗，反对日本帝国主义的侵略"，"民众自动武装起来，驱逐日本帝国主义的海陆空军出境”,“民众自动武装起来,反对投降帝国主义、出卖民族利益的国民党政府”。

中共江苏省委根据上述指示精神,全力以赴地领导上海市的党、团、工会和民众反日团体,展开了多种形式的抗日救国运动,为十九路军抗战提供了有力的支援。正如蔡廷锴所回忆的:“淞沪抗战爆发后,中国共产党在上海的地下组织,通过工会、学生会及其他群众组织,展开了对十九路军的热烈支前工作。他们策动各界人民组织义勇军、敢死队、情报队、救护队、担架队、通信队、运输队等等。有的在前线配合作战,有的担任后方勤务的任务,对作战、供应各方面,起了积极有效的作用。”

早在一·二八事变前夕,中共江苏省委在沪西反日罢工工人、闸北失业工人和一部分学生、知识分子中建立了“民反”义勇军。“民反”是“上海民众反日救国联合会”的简称,是中国共产党领导的抗日团体。“民反”义勇军在新闸路设立总部,在闸北、沪西、沪东、浦东等区设立分部。在总部设立的义勇军委员会,由“民反”党团和中共中央军委直接领导。战争爆发后,设立“民反”义勇军前方办事处,直接与十九路军接洽,接受各种紧急任务。据统计,在一·二八抗战期间,上海各界义勇军和各地来沪义勇军总人数达 5 000 人以上。

上海“民反”义勇军编成救护、担架、运输、募捐、慰劳等队,从各个方面支援十九路军抗战。救护队和担架队约有 200 多人到战区参加救护活动,运输队、施工队成为十九路军前线指挥部得力的助手。“民反”义勇军经常与十九路军军官取得联系,凡十九路军有什么运输和施工任务,“民反”义勇军就及时组织力量去完成。“民反”义勇军还及时地向闸北前线的官兵们运送粮食、蔬菜、食油以及枪支弹药。留在后方的“民反”义勇军组成了募捐队到工厂、学校、平民村进行劳军募捐,再由慰劳队送往前线。

“民反”义勇军宣传队除了向各界民众开展抗日救国宣传以外,特别注意做军队工作。义勇军总部曾派出不少大学生去前线慰问十九路军,他们向十九路军官兵宣传抗日救国的形势,代表全市人民向战斗在前线的勇士们致敬,还散发“民反”机关报——《反日民众》等宣传品,介绍上海各界人民以实际行动支援十九路军抗战的动人情景。

与此同时,中国共产党还号召上海全市各业工人举行总同盟罢工,以反对日本帝国主义进攻上海。当时担任中央职工部长的刘少奇同志亲自去沪西日商纱厂发动群众,把沪西日商纱厂工人取消月赏的经济斗争转变为反对日本帝国主义占领上海的政治斗争。中共江苏省委也要求全市各级党组织发动各抗日团体和群众组织声援沪西日商纱厂工人的反日斗争。

在前线与日军浴血奋战的十九路军官兵也深深感到上海工人反日斗争意义重大，从民众捐助的慰劳金中提取部分款项资助沪西工人克服生活上的困难。在各界的大力支持下，沪西日商纱厂工人的反日大罢工一直坚持到停战时尚未结束。这对前线爱国官兵是一个有力的支援与鼓舞，并在政治上和经济上沉重地打击了日本帝国主义。

淞沪抗战坚持了一个多月，日军每次发动进攻都告失败，使日军夺取上海的计划受挫。十九路军也伤亡惨重，曾多次函电请援，国民党政府却置之不理。3月初，日军再次发动总攻，十九路军无力支持，只得退到第二、三道防线。蒋介石重新上台，即与日谈判，5月5日，中日签订《淞沪停战协定》，十九路军撤出淞沪地区，淞沪抗战最后失败。十九路军的淞沪抗战，在中国人民反对日本侵略的斗争中建立了功勋，受到了全国人民的热烈赞扬，而蒋介石却因十九路军积极抗日而大为不满，当面痛责蔡廷锴不服从命令之过，更以“剿共军事告急”为名，欲将十九路军三个师分别派往皖、鄂、赣地区参加内战。由于社会各界爱国人士组织代表团赴京请愿挽留十九路军，蔡廷锴、蒋光鼐据理力争，蒋介石才取消原议，将十九路军全军调到闽南，继续剿共。

如果说九一八事变使蔡廷锴等十九路军将领“开始认识连年内战，枪口不能对外是造成日本帝国主义想灭亡我国的主要原因，决心从此不再反共，主张一致对外”的话，那么，淞沪抗战时期及其后南京政府的所作所为，则使十九路军将领进一步看清了蒋介石投降卖国、消灭异己的真面目，成为他们从拥蒋反共到抗日反蒋的转折点。而淞沪抗战中，中共与十九路军的合作，则为十九路军后来走上联共、抗日、反蒋的道路奠定了基础。

淞沪抗战虽然已过去多年，但中国共产党与十九路军在反对日本帝国主义侵略的斗争中的合作，却给人以深刻启迪：中华民族的各种政治势力，只有进步，才能团结；只有团结，才能救国。而团结与进步的基础，则是爱国主义。爱国主义永远是凝聚中华民族的精神支柱。在历史的昨天，爱国主义表现在为中华民族的生存、独立而奋斗；今天，则是为中华民族的统一和富强而贡献力量。

（本文原载《黑龙江教育学院学报》，2001年第3期）

一·二八淞沪抗战与爱国主义

唐莲英

爱国主义是中华民族精神的核心，是千百年来指引中华民族不屈不挠、前仆后继抗击外来侵略的伟大旗帜和不竭精神动力。1932 年和 1937 年爆发的一·二八和八一三两次淞沪抗战，虽然在军事上均以中国军队的失败而告终，但中国军民在两次抗战中所表现出来的为捍卫民族独立而奋起抗争的悲壮之举，就是伟大爱国主义精神的生动写照。笔者从三个方面对一·二八淞沪抗战中的爱国主义进行初步探讨，以纪念伟大的抗日战争胜利 60 周年。

一、中国军队冲破阻力，浴血奋战，在爱国主义的伟大旗帜下，绘织了中国抗战的悲壮历史图景

1927 年 4 月，日本军国主义头目田中义一上台后，赤裸裸推行"欲征服中国，必先征服满蒙，欲征服世界，则必先征服中国"的大陆政策，侵占我国东北的意图日益具体化。1931 年 9 月 18 日，日本关东军向我大举进攻。面对这一突发事件，蒋介石政府的态度仍然坚持"攘外必先安内"的基本政策，"信任国联之公理处断"，"严格命令全国军队对日军避免冲突，对于国民亦一致告诫，务必持严肃镇静之态度。"①蒋介石的投降主义进一步助长了日本的侵华气焰。1932 年 1 月 28 日，日本海军终于在上海挑起了一·二八战争。

（一）十九路军决意抵抗，浴血奋战

早在一·二八战争爆发之前，当时驻守上海即将换防的十九路军即从日方

① 《新闻报》，1931 年 9 月 24 日。

的挑衅和频繁活动中，判断日军进攻上海已不可避免，并积极进行应战部署。1月23日，十九路军在龙华警备司令部召开紧急军事会议，军长蔡廷锴、总指挥蒋光鼐以及淞沪警备司令戴戟在会上慷慨激昂地指出：对于日本人这几天在上海的挑衅，已“实在忍不下去”，决心“尽我辈军人守土御侮的天职，与倭奴决一死战”。他们说“天下兴亡，匹夫有责，成败何足计，生死何足论”，在“国家的生死存亡的关头”，“我们军人只有根据着自己的人格、责任、职守、声誉，来死力抵抗”。他们明知从物质上说，仍远不如日本，“但我们有这种决死的精神，就是全部牺牲亦在所不计，我们的死，可唤醒国魂，我们的血，可寒敌胆，一定可得到最后的胜利。”①会议随即发出第一条命令，命令各部“严密戒备，如日本军队确实向我驻地攻击时，应以全力歼灭之”。

针对蒋介石政府一味地隐忍，甚至命令十九路军换防以避免与日本冲突的态度。十九路军仍坚决请战。后来蔡廷锴虽被迫接受军令准备换防，但仍于1月28日和蒋光鼐、戴戟联合发表《告淞沪民众书》，表示十九路军“宁为玉碎而荣死，不为瓦全而偷生”，“绝不使日兵在中国土地及淞沪万里俱瞻之范围扰及我安居，损及我一草一木”，并首次提出了“中国抗日军民合作胜利万岁”的口号②。

一·二八淞沪抗战历时36天，日方共投入9万兵力，是日军侵华以来投入兵力量多的一役，当时十九路军仅2.25万人，半个月后第五军加入，总共也只有4.13万人。其武器装备更不能与日军相比，但就是这支弱小的军队，在强烈的爱国主义精神的感召之下，“本捍卫之天职，自卫之正义”，虽“洞胸断首”也在所不惜，誓与敌人血战到底的信念，在一个多月的时间里卓有成效地抗击了日军侵略者，沉重地打击了侵华日军的嚣张气焰，并迫使日军三易主帅，四次增兵，仍然没有达到在上海消灭中国抗战部队的作战目标。一·二八淞沪抗战是在国难当头，民族危亡之际，中国军队冲破蒋介石政府的不抵抗政策，在爱国主义伟大旗帜下谱写的一曲奋勇抗击外来侵略的悲壮战歌。

（二）张治中主动请缨，第五军驰援上海作战

十九路军的英勇抗战，赢得了全国人民的尊重和支持，全国各界人民纷纷通电，要求国民党政府援助十九路军，但蒋介石仍然是一味地妥协退让。他一方面继续命令十九路军不要抵抗，甚至不给军火，不给军饷，不给军服，不给援兵，另一方面还派人单独向日军乞降，这种行径也引起了国民党内爱国将领的不满。

①② 淞沪警备司令部：《1月23日本部紧急决议》，《“一·二八”的一些纪念品》，1933年版。

其中最典型的就是爱国将领张治中。

1932年2月13日，蒋介石从洛阳到浦口，张治中亲去迎接。他在向蒋介石陈述利害的同时，明确提出："我们中央的部队必须参加淞沪战斗才好，如果现在没有别的人可以去，我愿意去。"①蒋介石迫于当时对己十分不利的形势，被迫同意张治中组建第五军参战。

2月16日，张治中率第五军抵达南翔。他在告第五军全体将士书中指出，本军此次奉命来沪，协同十九路军作战……治中个人，誓与我军将士共患难同生死！深望我全体将士，人报必死之心，以救国家，以救民族，假如日军犹有一兵一卒留我国内，我们的责任即未完成；反之，我们如尚有一兵一卒，必与敌人拼命到底！"他号召全军将士冲向前去，记着，最后的胜利，终属于我们最后的努力者！"②为表示抗日的决心，张治中去上海前还写了一封遗书，表示誓死为祖国而战的决心。到达上海后，即与十九路军并肩战斗，成为一·二八淞沪抗战的主要兵力。

二、上海民众毁家纾难、同仇敌忾，在爱国主义的伟大旗帜下，谱写了中华民族万众一心、团结御侮的惊天战歌

一·二八淞沪抗战开始以后，十九路军将士固然上下一心，决心抗敌，然而，始终坚持投降媚敌的蒋介石政府不仅不予支持，而且断其军饷武器供给，必欲置之死地而后快。古云：兵马未动，粮草先行，面对强敌又时值寒冬腊月，十九路军如果没有基本的生存条件和作战的物资保证，要坚持抗战是绝无可能的。面对这种严酷的状况，英雄的上海人民以前所未有的热情，全力支持十九路军坚持抗战。

（一）全力支援前线

上海人民支援抗战，第一件事是全力解决十九路军的军需供给。1932年1月30日，上海市商会发布公告，号召上海民众"毁家纾难，各就其力之所及或筹现金慰劳，或集物品馈送，期振作前敌将士之气，且表吾人敌忾之忱"③。宋庆龄、

---

① 《九一八——一·二八上海军民抗日运动史料》，上海社会科学院出版社1986年版，第441页。

② 《九一八——一·二八上海军民抗日运动史料》，上海社会科学院出版社1986年版，第219—221页。

③ 《九一八——一·二八上海军民抗日运动史料》，上海社会科学院出版社1986年版，第328页。

何香凝在发表宣言、号召抗日的同时，亲赴前线慰问抗战将士，当她们目睹前线战士在数九寒天仍穿单衣坚守阵地时，一面愤怒谴责国民党蒋介石的投降主义，一面通过《申报》发布“前线将士缺少棉衣”的消息，号召上海各界民众，为前方将士捐制棉衣。上海各界民众闻风而动，10 天不到，3 万多件棉衣、棉背心就送到了前线将士手中。

1 月 31 日，上海各团体救国联合会成立。该会力主“武力抵抗日本侵略是我国唯一之出路”，要求把武力抵抗定为“全国遵循之国是”，并严正宣告：“凡能武力抵抗者，父事之，师事之，在所不惜；凡卖国投降者，则仇视之，敌视之，亦不敢辞。”①为了实现武力抵抗的救国主张，各团体救国联合会全力以赴，为抵御外侮奔走呼号，上海地方维持会会长、《申报》总经理史量才慷慨激昂地说，我虽年近花甲，但立誓生不作亡国奴，死不作亡国鬼，仍愿奋勇向前，抗战救国。由于各团体联合会的努力工作，在国内外产生了积极影响。上海民众捐款捐物，支援前线的积极性大为高涨。几天后，上海民众支援的物品已能基本满足前线需要，2 月 6 日，十九路军登报鸣谢：“敝军各物品现在已经充足。”②当上海民众得知十九路军缺乏军械、军饷的严重情况后，上海市民地方维持会当即发出募集救国捐启示。启示说：“彼军人既舍弃身家死守一隅，以保全国，吾民众何可不闻风兴起，各竭绵力，以答孤忠。”号召“军民必须合作，兴旺端在匹夫”。“告同胞正名救国与寻常募款不同，与子同忾其慷慨解囊相助。”③上海各界民众慷慨解囊，热情捐助，少只几个铜板，多至数千数万，均力所能及、解囊相助。全国人民及世界各地侨胞也纷纷汇来款项。十九路军在抗战期间衣食、军饷、机械补给，全部是由民众供给的。

此外，上海人民还利用战斗间隙到前线慰劳抗战将士，深表对十九路军抗战的崇敬之意。民众的支持，提高了广大将士对这场抗战的认识，鼓舞了他们的爱国斗志，更英勇地投入了战斗。

（二）组织抗日义勇军

九一八事变以后，中国共产党为反对日本侵略，曾号召“武装工农学生”，而对亡国灭种的危机和国民党政府的不抵抗政策，学生界以及各界群众激于爱国义愤，纷纷要求参加抗战，于是许多抗日义勇军开始建立。一·二八淞沪抗战期

---

① 《申报》，1932 年 5 月 6 日。

② 《九一八——一·二八上海军民抗日运动史料》，上海社会科学院出版社 1986 年版，第 344 页。

③ 《九一八——一·二八上海军民抗日运动史料》，上海社会科学院出版社 1986 年版，第 331 页。

间，上海的民众义勇军约有20支以上，其中著名的有工人反日会义勇军、战区难民义勇军、复旦大学义勇军、市民职联会义勇军、冯庸大学义勇军和华侨义勇军等。这些义勇军或由中国共产党领导、或归十九路军指挥。在淞沪抗战期间，这些义勇军或直接加入战斗，以血肉与日本军队拼斗，或编成救护、担架、运输、募捐、宣传、慰劳等小队，从各个方面支援十九路军抗战。

（三）开展抗日总同盟罢工

在上海民众和十九路军一起，奋勇抗击日本侵略的同时，上海工人阶级在中共江苏省委的发动和组织下，开展抗日总同盟罢工，以配合前线，狠狠打击日本侵略者。

1月30日，上海工会联合会在东新桥召开上海各业工人代表大会，号召全市各业工人举行总同盟罢工，以反对日本帝国主义进攻中国及占领上海。2月6日，上海各业工人成立反日救国联合会，号召各厂工人成立日货检查队，没收日货，封锁对日一切供给，截断对日水电供给，动员各业工人坚决拒绝为日军服务。

在举行反日总同盟罢工的号召下，上海各行各业工人的反日大罢工，在全市迅速展开。其中以沪西日资纱厂的反日大罢工为时最长，规模最大，影响最广。

正因为是抗日罢工，罢工工人的行动，都围绕着“抗日”进行，这就更加振奋了上海人民的抗日斗志。上海民众反日救国联合会的团体会员“左联”、“社联”、“剧联”、“教联”等“八大联”以及上海反帝大同盟等，都纷纷行动起来支援罢工斗争，他们或作抗日演讲，或教唱抗日歌曲，或撰写抗日檄文，宣传鼓动抗日，不仅给参加罢工的工人群众以巨大鼓舞，而且进一步振奋了上海民众的抗日情绪。

上海人民对淞沪抗战的全力支援，是淞沪抗战的一个特点，也是淞沪抗战能在武器装备和兵力等方面均占优势的日军进攻下能坚持一月有余并给侵沪日军以沉重打击的重要原因。

三、中国共产党旗帜鲜明，坚决抗日，在爱国主义的伟大旗帜下，始终坚持组织、支持和领导上海人民开展抗日救国运动

大革命失败后，国民党反动派的白色恐怖和连年“围剿”，迫使中国共产党及其领导的工农红军，从事于国内革命战争。但中国共产党一刻也没有忘记由于日本侵略所造成的空前严重的民族危机。始终高举爱国主义大旗，号召人民为

民族独立和人民解放而斗争。党在一·二八淞沪抗战中的作用,主要表现在以下三个方面:

(一)发表宣言,号召武装反抗日本帝国主义进攻上海

早在九一八日本侵略中国的事变发生之后,中国共产党就坚决主张对日作战。号召"全中国工农兵士劳苦民众必须在反对第二次世界大战,推翻帝国主义统治,争取中国民族解放的利益之下实行坚决的斗争,一致反对日本强暴占领东三省"①。

一·二八事变爆发前夕,中共中央已预见到日本发动侵沪战争迫在眉睫,于是于1月27日相继发出《中央紧急通知》和《告全国民众书》,明确指出日本帝国主义"现在又想占领上海"②,指示"党应该动员无产阶级与一切劳苦群众给敌人的进攻以致命的打击",号召上海工人阶级"实行总同盟罢工,反对日本帝国主义占领上海"③。

(二)主张建立武装的工农兵革命军事委员会,领导抗日民族战争

一·二八淞沪抗战开始以后,中共中央先后发表了《关于上海事件的斗争纲领》《中共中央致上海反帝大同盟党团的一封信》、《中共中央为上海事变给各地党部的一封信》、《中共中央关于一·二八事变的决议》等重要文件。向全党指出:上海事变"完全是日本帝国主义瓜分中国计划的有机部分",上海反日战争"很明显的带有民族革命战争的意义。因此党的任务,不是抵制这一战争,而是积极地加入这一战争"。为此,中国共产党提出了多项政治主张,以成立革命军事委员会领导这一抗日民族战争。

(三)组织发动、领导人民群众的抗日斗争

为了支援十九路军的英勇抗战,中共中央明确指示上海党组织应"积极地加入这一战争"。并明确了上海党组织的三项任务:一、召开各群众团体的反日代表大会,通过反日斗争纲领,公开领导当时正在开展的反日斗争;二、通过义勇军的组织形式,把民众武装起来,尤其是武装工人群众;三、开展争取十九路军士兵的工作,各级党组织要大规模组织慰劳队、看护队、运输队、交通队等上前线支援

---

① 《九一八——一·二八上海军民抗日运动史料》,上海社会科学院出版社1986年版,第9页。

② 中央档案馆:《中共中央为武装包围中国革命告全国民众书》,中共中央文件选集第8册,中共中央党校出版社1991年版,第94页。

③ 中央档案馆:《中共中央紧急通知》,中共中央文件选集第8册,中共中央党校出版社1991年版,第90页。

十九路军抗战等。

中共江苏省委和中共中央职工部根据党中央的指示精神,不顾党组织仍处于地下斗争的困难环境,在上海工人、青年学生和左翼文化界三个层面,全力以赴地领导上海市的党、团、工会和民众反日团体,深入发动群众和组织群众,开展各种形式的抗日救国活动,党以上海民众反日救国联合会为公开号召的团体,号召所有的党员、团员以及党的各个秘密的、半公开的团体的成员都投入工作;党还在日商纱厂和许多涉及有关日本军事行动需要的工厂、企业,发动罢工以及拒运、拒修斗争,组织反日义勇军,直接上前线;积极开展支援十九路军的工作。在文化方面,开展既有规模、又相当深入的抗日宣传,所有这些活动对支援十九路军抗战,都发挥了重要作用。正是由于中国共产党的领导,才实现了上海全市人民万众一心,团结抗日的空前壮举。

爱国主义是对祖国最纯洁、最高尚,最神圣的感情。一·二八淞沪抗战,就是在外族入侵,中国军民冲破国民党政府的不抵抗政策,以民族自卫战争为中华民族求生存,为伟大祖国守疆土的英勇战斗。它在抗日战争史上第一次展现了全民抗战的强大威力,显示了中华民族的巨大凝聚力。正是由于爱国主义伟大旗帜的指引,中国军队才演绎了"以血肉之躯,与敌重兵利器相激荡,卒能连挫凶锋,屹然不动"的悲壮图景;正是由于爱国主义伟大旗帜的指引,上海民众才谱写了"莫不同仇敌忾、万众一心、团结御侮、全力支援前线抗敌"的伟大战歌。

爱国主义是一个历史范畴,在不同的历史阶段具有不同的内涵,但它作为一种精神支柱,今天仍是动员、鼓舞我们为实现中华民族伟大复兴而奋斗的一面旗帜。现在,全国人民正在以胡锦涛为总书记的党中央领导下为全面建设小康社会,实现四个现代化,把我国建设成为富强民主文明的社会主义国家而进行新的伟大长征,继承和弘扬爱国主义的光荣传统,我们就能把方方面面的力量积聚起来,就能把全国人民的思想和行动统一到"三个代表"重要思想和十六大精神上来,就能把智慧和力量凝聚到实现新时期伟大历史使命上来,这是我们的事业取得成功的重要保证。

(本文原载《上海市社会主义学院学报》,2005 年第 5 期)

《申报》与一·二八事变

徐 煜 向开斌

1932年1月28日，在继九一八事变之后，日本发动了对上海的侵略，一·二八事变爆发。《申报》作为当时中国民族资产阶级报业的代表和发行量最大的民间报纸，在事变期间，始终站在爱国和正义立场上，通过时评等方式揭露日本发动事变的侵略野心，积极声援十九路军和第五军抗战，大力支持上海民众的抗日救国运动，积极为抗日斗争建言献策，鼓舞抗战斗志，反对妥协退让，在维护国家利益和民族尊严、唤起民族新觉醒等方面发挥了重要作用，在中国近代新闻史上写下了光辉的一页。

一、 揭露日本发动一·二八事变的侵略野心

一·二八事变爆发后，《申报》除了报道战况外，还大量发表评论揭露日本帝国主义发动一·二八事变的野心图谋。1月29日，《申报》率先报道了日军向我军发动进攻的消息，并发表《上海日军实力发动》的时评，指出"我国人民向为爱和平之人民"，今"日方逼我接受其条件之后，仍作军事上之发动，既不稍念中日之友谊，复不瞻顾国联与美之关怀注意，悍然施展暴力，我国至此，万难再忍，自不能不起而作正当之防卫"。对于一·二八事变，《申报》认为这是日本"有计划之袭击"，"为一整个有计划有步骤的行动"，"是九一八事变发生以后，日本步步进逼，天津、青岛、福建事件的继续"，"是日本帝国主义对我积极侵略的整个计划之实行"。①日本的目的"在于必造成太平洋上之惨剧，掀起全世界恐怖之黑潮"，

① 《上海之恐怖》，《申报》1932年1月30日。

“在于破坏上海之金融重心，以实现其侵略政策，彼盖深知我旧历年关，为各业结束之期，无论胜负，一经扰乱，则人心必慌，慌则提存挤现，一齐拥起，金融即可破产，上海金融一倒，则沿沪杭京沪之金融一齐牵动，其意更比侵占东三省土地为更阴险，为祸亦更巨大”。①对于日本发动一·二八事变的原因，《申报》认为“不是偶然的，它是由于整个世界的不景气及其本身特殊的严重危机所激成，先天的浅薄与后天的亏损，是日本帝国主义者生相特别凶残的重要原因。因处于日暮穷途的恐慌悲境，所以加紧对弱小民族的侵凌与掠夺，以企图延长其残喘”②。2月10日，《申报》又发表《日井上藏相突遭暗杀感言——日本往那里去》的时评，进一步指出日本发动一·二八事变的原因和企图是“为着想打破其严重而且深刻的不景气，并延续挽救其已陷于没落悲境的命运，日本的财阀及其爪牙——军阀决然更加紧其对于弱小民族之掠夺，采取强硬的炮舰政策，由缓和的经济侵略进而为直接的武力压迫”。《申报》同时也指出，南京国民政府的“不抵抗”政策，助长了日本侵略者的气焰，使其有恃无恐地在上海发动一·二八事变。“东北二十余万大军，在张学良不抵抗命令下，望风引退，使东北半壁河山不崇朝而尽变颜色，这种事实不仅使日本的财阀军阀们拍掌欢呼，庆幸其目的之达到，抑更趾高气扬，得意忘形，视中国如无人之境，所以这次敢于大胆的又在上海揭开战幕。”③

随着战事的进展和中日谈判的开始，《申报》又将目光转向揭露日本在谈判中的野心图谋上。

2月18日，日军司令官植田谦吉分别向上海市市长吴铁城和十九路军总指挥蔡廷锴提交措辞大致相同的哀的美敦书，提出六项无理条件，要求十九路军于20日17时以前，后撤至公共租界20公里以外。对此通牒，《申报》予以严厉的驳斥，指出其“含有十分阴险的作用，它不仅是对我国内行了离间计策，以破坏我国内的一致团结，而且对于国际也表示了日军并未与中国军队作战，而仅为与中国的十九路军局部冲突，作为地方事件以蒙蔽国际人士的耳目”。《申报》要求国人重视通牒的实质，“对于这种无理的要求，绝无考虑的余地，我们唯有以一致的团结，贯彻守土自卫的初衷，以热血答复植田的通牒”。④

由于十九路军和第五军的英勇抵抗，日本侵略者在付出了惨重代价后仍没

① 《爱护金融》，《申报》1932年2月7日。
② 《从上海恐怖到远东和平》，《申报》1932年2月5日。
③ 《日井上藏相突遭暗杀感言——日本往那里去》，《申报》1932年2月10日。
④ 《答植田谦吉之通牒》，《申报》1932年2月19日。

有达到其目的。为了以谈判掩护其大规模增兵以发动全线进攻和缓和世界舆论对日本的压力，至少争取在3月3日召开的国联大会上占据有利地位，2月28日，日本参加了由英国远东舰队司令克莱调停的中日双方非正式谈判，双方商定停战办法五项。对此，《申报》于3月1日发表《和平果有望乎》的评论，指出"今日不仅我国人一致希望和平，世界人士莫不希望和平，即使日本之大多数平民，亦无不希望和平。所不顾和平并且竭全力以破坏和平者，则唯日本之贪婪暴戾之军阀，及一般为虎作伥之政客耳"，并以"自战祸爆发迄今，和平运动既已数起，然而每一次之和平运动，恰为日人缓兵之手段，恰为日军等待援军改变战略重新布置准备之骗术，每一次和平运动提起之后，日军必大举进攻"①的事实，对此次和平运动提出怀疑。事情发展果如《申报》所料，日本在3月1日就发动了对中国军队的第三次总攻，自吴淞至庙行、江湾、八字桥直到闸北进行全线激战，彻底撕毁了其假和谈的面目。

《申报》对一·二八事变爆发原因的分析，对日本帝国主义野心图谋的揭露，使日本帝国主义的侵略面目暴露无遗。《申报》的分析评论对广大民众了解事实真相，树立正确的认识起了重要的作用。

二、动员民众抗击日本的侵略

一·二八事变发生后，《申报》充分发挥其舆论号角的作用，积极动员民众起来反抗日本帝国主义的侵略，支援十九路军的抗日斗争。日本帝国主义的侵略首先遭到了中国驻上海十九路军的抵抗。《申报》对十九路军不畏强暴、英勇抵抗日本侵略的行动给予了高度赞扬。1月31日，《申报》在其时评中称赞："十九路军已经在战绩上证明他们自己是国民的军队，中华民国之希望"，十九路军的抗战"不但给了日本帝国主义一意料之外的严重打击，而且给了全民族一种绝大的新希望"，号召"全国的军队起来，踏着十九路军的血迹，造成国民的武力，收复已失国土，将一个可怜的弱国变为一个令人敬爱的大国"。②

同一天，《申报》发表《敬告国民》的评论，指出："上海之战不是上海之战，而是全民族之战"，全体国民应"放弃以往之旁观态度而断然下一奋勇参战之决

① 《和平果有望乎》，《申报》1932年3月1日。

② 《国民的军队》，《申报》1932年1月31日。

心”。为此，它提出了国民可以做应该做而且是必须做的四件事：“认定十九路军是国民的军队，对他负起完全责任来，供给他军械、药品、粮食及一切物质上之需要，并督促当地军队负起保国卫民的责任，以为十九路军后盾；年轻力强的国民加入十九路军或与十九路军有同样精神的军队，在作战上学作战，以立全国皆兵全民保国之初基；国民该立刻发表一计划，对阵亡将士家属负起责任来，使前线将士可以毫无后顾之忧的去应战，有钱的人，现在该是用钱的时候了，无钱的人，少吃一口饭也就把这件大事做成功了，一面还要督促政府改善并厉行阵亡将士家属抚恤条例；我们对于战地避难来之人民应以亲人看待，使他们觉得是到了自己家里一样，若坐视他们流落无依，便是我们未尽国民之责。”①第二天，《申报》又发《我国惟一之生路》的时评，指出：在“正义与强暴的战争”面前，“横在我们眼前的只有一个字——‘战’，我们应当为争取国家的人格，为争取我们民族的生存自由，一致对日作自卫之战”，号召“为维护世界和平，为维护公理与正义，大中华民族应决然奋起与强暴之恶魔作拼死命之搏战”，“全国将士应认清卫国保种之天职，全国动员以必死之决心，冲锋陷阵，步踏敌人之血迹，拼死一战；全国青年应亟投身行伍，学习军事知识，作武装同胞的后备生力军，效命沙场，流血卫国，拼死一战；全国工业应努力工作增加生产，充实国家战时一切必需的粮食与用品，准备与暴敌作持久之血战；全国国民，应各尽其力，各尽其能，毁家纾难，维持后方秩序，抱国存与存，国亡与亡之决心，与暴敌作坚决之殊死战”，提出“宁为玉碎，不为瓦全。我全民族现在只有以革命的民族武力，答复日帝国主义者的暴力，并以此取我民族的生存出路”。②

《申报》深刻地认识到日本帝国主义的侵略是中华民族面临的最大威胁，告诫国人“在今日急迫情势下，我国人民都应一致认定我们当前唯一之敌人为日本帝国主义者”，全国人民“应以一致之坚决意志，一致之整齐步伐，集四万万人为一人，与我们当前之敌人，拼死血战，一切党派都应放弃其政见与党或派之利益，集合于反日帝国主义争取民族自由之革命旗帜下来，此时绝不容各持己见，各怀鬼胎，以互相牵制，终至于误国，并以亡国”。③它希望全国人民和各党派以民族利益为重，停止内部党争，避免亡国的惨剧，指出：在“关系我整个民族之生存”的战争面前，只有“任何人都应以革命的大众武力，反抗日本帝国主义的暴力，才能挽

---

① 《敬告国民》，《申报》1932 年 1 月 31 日。

② 《我国惟一之生路》，《申报》1932 年 2 月 1 日。

③ 《国民必须注意三事》，《申报》1932 年 2 月 2 日。

救我民族的灭亡，才能争取我民族的生存自由，忍耐与退让，即是坐待宰割，而分崩离析，不能协力对外，尤为自速灭亡”。①

十九路军的抗战得到全国人民的热烈拥护和支持，全国民众纷纷起来捐献物资，派人慰问，各地义勇军也随军参战或担负起后勤保障工作。《申报》对全国人民的爱国热情给予了高度的称赞，多次报道民众热烈支持十九路军抗日的事迹。此外，《申报》还直接刊载十九路军的物资所需和困难，发动各界群众募集物资，为救国而捐献，仅现金一项就筹集军饷达 90 多万元。②

针对当时国内一部分人将解决事变的希望寄托于英美列强的错误思想，《申报》提醒人们放弃对英美列强调停的幻想，指出唯抗战自救才是解决问题的根本途径。由于日本在上海挑起事端，破坏和平的行动，威胁了英美等国在华的权益。在一·二八事变爆发前，英美等国政府及由英法控制、美国支持的国联都积极居中调停，以避免上海局势的恶化。《申报》对列强和国联的行动都给予了大量的报道。但与南京国民政府严重依赖国联和列强调停的态度不同，《申报》清楚地看到“列强终日彷徨，期所以挽救此狂澜，然筹划自身生死问题之不暇，又安能望其在国联会中解决中日问题?”③一·二八事变爆发后，《申报》及时地揭露日本的野心图谋，阐述事实真相，以防止日本利用其惯用伎俩在国际社会混淆视听，制造不利于中国的舆论。同时也“希望世界各国基于公理及正义之立场，对日帝国主义者之举动作公正之发言”，并对中国人民反抗强暴争取光明的正义事业“予以巨大之助力”。④但战争开始后，无论英美还是国联都没有采取实际行动来制止日本的野蛮暴行，反而袒护日本，在租界划分防区时，将苏州河以北、江西路以东，东至杨树浦，沿淞沪铁道线一带这一日军与中国军队极易发生冲突的地带交给日本军队警备，在战争过程中又放弃公共租界长期以来的中立原则，使日军凭借公共租界，作为进攻中国军队的根据地。对于列强的这种行为，《申报》提出了严厉的批评和抗议。国联虽然受理了南京国民政府的申诉，也通过了几次决议，但日本政府“置之不理”，使其成为一纸空文，不具备任何强制约束力。《申报》对于国联“冷眼旁观，迁延敷衍，委曲求全，不敢说一句硬话”的态度提出批评，指出“国联不足恃”，“国联诸政治家太无胆量，不敢试行裁制，转以自困”，告

① 《国人应知此战之关系重大》，《申报》1932 年 2 月 4 日。
② 马光仁主编:《上海新闻史(1850—1949)》，复旦大学出版社 1996 年版，第 736 页。
③ 《本届国联行政会之面面观》，《申报》1932 年 1 月 25 日。
④ 《国民必须注意三事》，《申报》1932 年 2 月 2 日。

诫国人"唯有自助,以自力求生存者,乃能生存,亦能博得他人之同情"。①在美国国务卿史汀生发表美国政府反对日本政府破坏"门户开放"政策的讲话后,南京国民政府内外有一部分人将解决中日问题的药方寄托于美国的干涉上,《申报》仍保持清醒的认识,指出:"在国际政局未有变动之前,吾人犹处于孤军奋斗之艰境,除竭尽全力,拼命苦斗,以谋打破当前之难关而外,绝无他道,亦绝无他幸存之理。"②

三、 为抗日救国运动建言献策

《申报》在一·二八事变期间,积极为抗日救国建言献策,提出了许多有针对性和具有远见的主张。这表现在《申报》深刻认识到日本帝国主义的侵华野心以及由此引起的中日两国必将出现长期战略对立局面,并为此在财政、外交、政治、教育等方面提出了许多持久抗争之良策。

1932年2月15日,《申报》发表《如何与日军作持久之抗争》的时评,指出:"日军为欲发挥其帝国主义对外掠夺之野心,并取太平洋上之霸权,其处心积虑以谋我,自甲午以来如一朝。去年九一八祸变及此次上海事变,特不过其野心之具体暴露与行动之开端。故中日两国之对立,今后必日益尖锐。假使日民主势力不能抬头,则中日两国之对立,且必为时极长。"③并指出"此次上海事变,即或肯于国联调停之下,勉强解决,而最大关键之东北问题以及今后日军对我各种各样之冲突,终无停止。换言之,中日间仍必作持久之对立。在此对立之情势下,中国如欲争取民族之生存自由,则非做持久抗争之准备不可"。④为此,《申报》提出六条准备持久抗争的方法:"举国上下竭诚悔祸,精诚团结,和衷共济;节衣缩食,刻苦奋斗,人具卧薪尝胆之精神,且抱牺牲个人利益以求民族利益之决心;发展内地交通,利用失业群众及军队,建设内地各处之汽车路,如西北诸干线及粤汉等线,并筑路与苏联之土西铁路相接,使与欧洲大陆通;集中人力与财力,开发内地及各边陲,发展小范围之工业;救济农业,维持农村经济;武装民众,使人民得有足以自卫之武力。"⑤

在财政方面,《申报》严厉批评了当时政府的财政弊端,提出了许多适应持久

---

① 《抵抗与同情》,《申报》1932年2月19日。

② 《读史烃生致波拉函(2)》,《申报》1932年2月29日。

③④⑤ 《如何与日军作持久之抗争》,《申报》1932年2月8日。

抗战的具有建设性的主张。由于国内长期内战，又刚经历了1931年大水，国家民穷财尽，凋敝不堪，南京国民政府内外有一部分人以“我国今已民穷财尽，百不如人，而又适逢大水之后，江南江北荒凉一片，绝无法再负担与日军持久抗争之军费”、“我国家财政无办法”为借口，主张“暂时忍辱负重”。对此，《申报》认为这是“懦夫之论”，并批评“政治当局历次假编遣裁兵善后赈灾之名，发行公债，搜刮民财，以扩充其实力，早已不足以取信于人民”的行为，指出“我国财政，未始遂无办法，徒以过去有财无政。既无预算亦无决算，公私迄不分明，更借口财政困迫，多方榨取于民，杀鹅取蛋亦所不惜。一面既竭人民之血汗以用之于军备军费与助长内乱，而另一面复不予人民以生产之机会。民贫则国安得不贫？国民经济枯竭，国家财政固安得不破产？故我国非患无财特患无政，而将财用之于不生产背乎经济原则之途。”①鉴于“我国今日的严重情势下，非竭尽全力，持久抗争，决不足以遏止落晖返照之日军暴行”，因此“我国今日亟应发行御侮公债，以供应抗暴御侮必不可少之军费”，并建议“发行公债二万万元，能专为御侮，作一通盘久远供应之整个计划，决不移作他用”，“由我人民职业团体主持，慎重保管，公允支配”，断言根据“上海祸变爆发以来，各方面捐输之热烈”，“深信我国人民绝不惜竭尽全力以共赴国难”。②

紧接着，《申报》又以日本在明治维新期间“攘夷（御侮）”与“开国（建设）”二者并重，得以收维新大效的事实，指出“处于今日强权横行公理不彰之时代，一民族而外不能御侮、内不能建设者，此民族必亡！或受一时情感之冲动，赌国脉民命以抗御强暴，而不能作持久之计划、准备之奋斗者，此民族亦必亡！惟能以坚固之团结，拼死以抗外敌之侵凌，而又有久远建国之计划者，夫然后此民族乃能争取生存自由，寖以臻于兴盛”。所以我国“今日为御暴日计，固亟应发行御侮公债二万万元。而为持久奋斗，新生我民族，奠定我国基，则又亟应发行兴国公债以开发内地”。《申报》进一步指出“我国处于今日情势之下，非开发内地，发展农村经济，仍不足以持久，而以我国之地大物博，即开发数省，亦已足抗暴日而有余地”。《申报》建议“发行兴国公债二万万元，专用于开发西北与西南，绝对不准移作内战之用，由人民团体组织委员会监督政府，公共设计支配。聘用外国专门人材，利用其技术，积极努力于：便利交通；复兴农业增加生产；筹设基本工业；扶植内地现已濒于破产之企业。最低限度使衣食均能自给”。同时《申报》还号召“东

①② 《募集御侮公债》，《申报》1932年2月15日。

南富庶区域中才智之士，今后亟应往内地去，输财尽力，集中力量以开发内地。”①

在外交方面，《申报》在抨击国民政府外交政策的基础上，进一步提出了整治外交的一些做法。由于蒋介石在一·二八事变伊始就确定了“一面预备交涉，一面积极抵抗”的“原则”，未下与日本侵略者做拼死一战的决心，所以在军事、外交上都处于被动不利的地位。针对当时国民政府外交上“立于孤悬地位，且有日趋于暗淡失败”的情况，《申报》严厉批评南京国民政府的外交政策，指出“吾国历年来之外交当局，好大喜功，不务实际，对内则藉种种夸大之宣传，以欺骗国民，对外则调遣私人扶植己势。举凡一切毫无党派臭味，具有经验锻炼之人才，皆排弃不用，而与己派有关系者，则无论为科学家军事家均可卫国家之使命，充折冲之重任，甚至年轻浮嚣之留学生亦可掌使馆，列席国际，丑态百出，贻笑大方，以如斯之人才，而欲责其在外交上挽救我民族国家之危亡，其可得乎？”②不仅如此，南京国民政府的外交还出现“一年以来，驻外使馆馆员大都出缺未补，每由普通馆员兼充代办”、“驻外使馆馆员都因生活费无着，有断炊之虞，甚至邮电费，亦无筹措”的局面，针对“使馆与祖国消息隔绝，致令馆员与侨胞终日彷徨，而日本正努力于违反事实之宣传”的形势，《申报》要求政府当局“一须从速派遣富有经验之外交官，切实整顿驻外使馆之行政；二须速筹经费，充作驻外使馆沟通消息之资，并为外交上一切正当之用，务使驻外使馆之神经，由麻木而渐进于灵敏，应付之手段，亦自缓怠而趋于活泼。”③

在政治方面，针对国民党政治上的专制和无能，《申报》也大胆地进行了揭露，并提出“取消一党专制，公开政权”的主张，以适应抗战救国的需要。《申报》指出：“在形式上精神上国民党殆已不能承认为一整个之政党，然而实为几种角逐于政治舞台上之势力，特以迫于外患，故在目前尚未敢公然明争，所谓团结，所谓共赴国难，亦正如放烟幕弹，使人民被笼罩于五里雾中，暂时蔽塞其耳目耳。”④“国民党主政六年，于我国家我人民曾有何政绩？不过徒存留若干宣言决议案纸上之材料耳！”“六年来人民予国民党以充分之机会，举国脉民命皆操诸国民党，甚至负荷一切不应负之义务，而国民在任何国家中应享最小限度之权利，都被剥夺，亦竭力忍受，我人民可谓毫无负于国民党；然而国民党则已失其报国之机

① 《募集兴国公债》，《申报》1932年2月16日。

②③ 《军事战与外交战》，《申报》1932年2月17日。

④ 《正告二中全会(2)》，《申报》1932年3月5日。

会”，[①]已经辜负了人民对它的希望。对其他媒体关于“国民党已无力单独救国，亟应取消一党专制，公开政权”的时论，《申报》深表支持，要求国民党“自动停止训政，实行宪政，公开政治，使人民得参与政治与共赴国难的机会”，“吾人为国民党计，今日之事，但有两途：一为御侮卫国，以救国自救；一为公开政权，俾人民得自起救国”。[②]

在国民党三届二中全会闭幕后，《申报》在3月4日发表《评二中全会(1)》的时评，逐条批判全会的七点宣言，指出“际此国难日亟，明知一党之力不能打破难局，则亟应自动取消一党之‘狄克维多’，予全国人民以参政之机会，予人民以充分之自由，共赴国难。政治庶有新生气象，脱徒藉所谓国民会议国难会议等以敷衍人民，适见其心劳日拙耳”。[③]第二天，《申报》又在《评二中全会(2)》的时评中逐条批驳汪精卫在二中全会闭幕上的发言，并告诫：“我国民今日只愿全国团结一致对外，只愿有良好政府，真心与我国民合作，抗侮救国，故今后不论政府之当局如何，苟真能顺从民意，与人民切实合作，勿以精诚团结等之空言搪塞我人民者，必为人民所拥护，反之，而阳以服从民意为言，阴实拒绝人民之公意，则必为人民所反对。”[④]

最后，《申报》还提出了“刷新”教育以“御外侮”的主张。《申报》认为从九一八事变到现在的一·二八事变，“为甲午以来第二次大挫折”，国人在“承受此次大挫折之余，当可知我国今仍百不如人。欲谋挽救危亡，一切都应力自振刷，从新开头”，“对于立国之本——教育，则尤应顺应当前情势之要求，予以彻底之刷新”。指出当前教育要求和教育目的应为“解放我民族，解放个人”，也即“对外抗御外侮，对内澄清政治以求我民族之独立与我人民之解脱”。鉴于青年学生骄恣奢靡，意志薄弱，颓唐衰弱，个人主义和不团结的情况，《申报》要求教育界对青年实施“严格之训练，矫正往日因循奢靡之恶习，导其入于刻苦奋斗之正途”。提出“男生禁着西服，女生提倡布衣，养成其刻苦耐劳实践奋斗之精神，着重训练青年，锻炼身体，养成健全之青年以养成健全之民族，着力培养青年为民族为群众而牺牲之伟大精神，养成其不苟取之人格，养成青年学生集团生活之习惯”。[⑤]

《申报》在一·二八事变期间，积极地为抗日斗争建言献策，提出许多有针对性和远见的主张。这一方面使广大民众提高了认识；另一方面也对南京国民政

---

①②④ 《正告二中全会(2)》，《申报》1932年3月5日。

③ 《正告二中全会(1)》，《申报》1932年3月4日。

⑤ 《救亡与训练青年》，《申报》1932年3月28日。

府的政策产生了一定影响。但南京国民政府顽固地奉行其“一面抵抗、一面交涉”的政策，不顾全国军民的抗日要求，终于接受了城下之盟，于5月5日批准签订了《淞沪停战协定》。《申报》的建言献策，也没有发挥起所应有的作用，这是《申报》的不幸，更是中华民族的悲哀。

四、小　结

《申报》在一·二八期间，始终站在爱国和正义的立场上，充分发挥自己作为民众喉舌的作用，一面对日本帝国主义的野心图谋予以深刻揭露，动员民众起来反抗日本的侵略；另一面又抨击南京国民政府的妥协退让政策，以国家民族利益为出发点，为争取中华民族的生存自由建言献策，表现出了强烈的民族意识、爱国精神和正义感，在中华民族抗战史上留下了自己光辉的一页。

《申报》在强敌入侵、内部政治黑暗腐败的情形下，积极宣传抗日救国，要求爱国民主，是有其深刻原因的。

首先，《申报》是中国民族资产阶级报业的代表，其表现反映了民族资产阶级的特征。毛泽东在分析民族资产阶级的特征时指出：“处在帝国主义时代的殖民地半殖民地的民族资产阶级，在一定时期和一定程度上，保持着反对外国帝国主义和反对本国官僚军阀政府的革命性。”①《申报》同其他许多民族资产阶级工商业一样，在帝国主义和四大家族压迫下，发展遇到了严重困难，特别是九一八事变后，日本帝国主义把侵略势力由东北向华北华东扩张，上海的民族工商业处于生死的关头，这更激起了他们的抗战救国热情。

其次，进步爱国人士的影响，也是《申报》有如此表现的重要原因。九一八事变后蒋介石对日本采取“不抵抗”政策，对内则集结大批军事力量继续“剿匪”，加紧白色恐怖，许多民主进步人士都惨遭杀戮。《申报》老板史量才在这期间与宋庆龄、蔡元培、陶行知、黄炎培、戈公振、艾思奇等进步爱国人士交往甚密，经常一起讨论救国大计。1931年12月20日，《申报》顶住压力率先发表了宋庆龄声讨蒋介石独裁专制的檄文《国民党不再是一个革命集团》。而黄炎培、陶行知、戈公振等则是通过直接参与《申报》的管理等日常工作来发挥自己的作用，当时陶行知任总管理处顾问，黄炎培、戈公振分任设计部正副主任。正是这些民主进步人

① 马光仁主编：《上海新闻史(1850—1949)》，第733页。

士的参与给《申报》带来了活力,使其言论态度更加鲜明,政治时事评论更加达到“传达公正舆论,诉说民众痛苦”的效果。

再次,《申报》的表现是其在九一八事变后自身进行改革的结果。史量才强调要加强对“时评”的改革力度,要为战乱不息、经济衰败、民不聊生的国家大声疾呼,要唤醒民众,要指陈时弊。换言之,要尽报人天职:监督政府,启迪民智。《申报》在《申报60年纪念年宣言》中表示:“以积极之行动,努力于本报之改进,努力于应负之责任,不徘徊,不畏缩,尽我绵薄,期有以自救,是为本报同仁深自体念后最大之决心”来“肩荷此社会先驱,推动时代之重责”,“使社会进入合理常轨”,“使我民族臻于兴盛与繁荣”。[①]《申报》在一·二八事变中的表现,即是这一办报方针的宣示。

(本文原载《民国档案》,2006年第3期)

① 《申报60年纪念宣言》,《申报》1931年9月1日。

略论华侨对一·二八淞沪抗战的贡献

张永汀

海外华侨在中国抗日战争全面爆发前就掀起了各种形式的抗日活动，充分体现了华侨的爱国精神，反映了中华民族强大的民族凝聚力，为中国人民的抗日战争做出了重要贡献。但是，目前，国内外学者在研究华侨对抗日战争的贡献时，主要集中于对整个抗日战争进行整体的研究，而对中国抗日战争各个时期华侨支持中国人民的抗日行动研究较少或较为零碎。本文试就海外华侨在一·二八淞沪抗战时期精神上积极鼓励十九路军抗战，捐款捐物支持祖国抗日军民，开展国民外交和各种抵制日货的活动作一个论述，以纪念他们对中国人民抗日事业做出的贡献。

一、 在精神上鼓励十九路军抗战，呼吁国民政府增援十九路军

1932年1月，日本帝国主义为了转移国际视线，掩饰建立伪“满洲国”的行径，同时也用以试探英、美等国的反映，迫使中国政府承认东北的既成事实，日方发动了侵略上海的一·二八事变。当时驻守上海的第十九路军在蔡廷锴、蒋光鼐将军的指挥下，奋勇杀敌，一洗九一八事变后国民政府妥协退让带来的耻辱，广大华侨“遥听捷音，欣慰莫名”。越南堤岸华侨报纸《群报》发出号外，用特大号标题《蔡廷锴大胜日军》报道淞沪抗战的消息，并在报社门前燃放爆竹。《大陆报》在报道中说：“旅美华侨七万人各尽其力，为祖国国难之后。”①各地华侨纷纷

① 温济泽：《九一八和一·二八时期抗日运动史》，中国工人出版社1991年版，第281、140页。

拍电慰问十九路军，一封封声援函件如雪片般飞往国内。菲律宾华人打电报给蔡廷锴，称赞十九路军“杀敌致果，震动全球，淞沪之战，开民国以来未有之光荣。”①菲律宾华侨救国联合会打电报给蔡廷锴将军，请求他不惜任何代价保卫上海，旅菲华侨将为此提供道义和财政上的支持。巴拿马中华商会致电国内，“要求蒋、蔡两将军继续作战，自当尽力筹饷。”②在加拿大的蒙特利尔和渥太华等其他城市，亦有一些华侨团体向蔡廷锴和上海商会发出了声援电。在美国，纽约唐人街几乎天天有个人和团体发电报支持坚守上海的中国军队。美洲一位侨领欣慰地说：十九路军“在淞沪抗日，血战月余，其一种为国家民族奋斗之精神，确为我全国同胞所敬仰。”③美洲华侨为表彰十九路军抗日业绩，特赠送一块金匾给蔡廷锴，上面铭刻“精神救国”四个大字。中国致公党在淞沪抗战爆发后亦“即尽力勉励侨胞，捐款输将，并鼓励沪上党员投身行伍，所贯彻国土保护之本旨。”④

与此同时，许多侨团发电要求国民政府火速增援十九路军，并对日军宣战。美洲华侨抗日救国后援会总会主席谭光中致电国民党政府“倭寇吞满，据榆侵热，蚕食我国，不尽不止，望即尊重民决，集中人才，全国动员，决死抵抗，毋畏敌苟安，负亡国重罪，倘奋起抗战，全国民众，当实力相援。”⑤美国芝加哥中华会馆在致电国民政府的电文中，即称：“第十九路军抗贼救国，中外同钦”，请求立即对日宣战。檀香山召开全体华侨大会，讨论抗日救亡，决定致电吁请国民政府“力拒倭人要求条件，保存抗日爱国团体，挽留孙科、陈友仁复职，与日绝交，合作救国。”⑥

二、 捐款捐物，在经济上支援十九路军抗战

在全力声援国内抗战的同时，海外侨胞迅速从财力、物力上给予十九路军以切实的支持。2 月 2 日，距淞沪抗战爆发只不过短短的几天，十九路军便收到了第一笔华侨捐款，第二天，又接到菲律宾侨商汇来的第一批慰劳费 1.7 万元。2 月 4 日，荷印爪哇、菲律宾小吕宋、美国旧金山等地的华侨捐款陆续到达，共计

---

① 《华侨踊跃输将》，《申报》1932 年 2 月 6 日。

② 《巴拿马华侨请继续抗战》，《申报》1932 年 2 月 20 日。

③ 曾瑞炎：《华侨与抗日战争》，四川大学出版社 1988 年版，第 15 页。

④⑥ 黄小坚、赵红英、丛月芬：《海外侨胞与抗日战争》，北京出版社 1995 年版，第 87 页。

⑤ 《美洲华侨一致抗日》，《南洋情报》第 1 卷第 7 期，1933 年 3 月 1 日。转引自裴耀鼎：《华侨与抗日战争》，《杭州师范学院学报》，1996 年第 1 期。

大洋 6.3 万余元，又银 1 200 余两。此后，华侨捐款“更加络绎不绝，无日没有款到。”①华侨对十九路军的适时援助，不仅极大鼓舞了广大抗日将士的斗志，而且也反映了侨胞报效祖国之心切，爱国之情深。

在新马地区，华侨立即组会捐献，支持十九路军上海抗战。2 月初，新加坡成立了以李俊承为主席的“救济上海伤兵难民筹赈委员会”，下设宣传股，演讲队，劝募队等单位。各华侨创办的学校、教师都参加该会的募捐活动。不及两个月，筹款即达叻币 40 万元，约值当时国币 100 万元。②

在菲律宾，李清泉领导的华侨国难后援会在 2 月份先后捐款 10 万元和 15 万元，支持淞沪抗战。华侨联合杂货商会于 2 月 5 日将银 2 万两汇与上海，交十九路军蔡廷锴将军。由于侨界踊跃捐输，“斯役，菲岛捐金，为南洋群岛冠。”③

在大洋彼岸，美国华侨支持上海抗战的运动也非常热烈。全美几乎所有侨团，商号和个人莫不热烈捐献，争先恐后。据《第十九路军总指挥部收入抗日慰劳金报告书》所列捐款清单，在 1932 年 2—3 月间，美国大陆捐款额为 45 万美元加上檀香山华人捐出的 5 万多美元，共达 50 余万美元，是其收入捐款总数的约五分之一。④加拿大华侨集资捐款活动也非常热烈。加拿大华侨在 2 月初就捐运价值约美金 10 万元的生银 10 吨。维多利亚抗日联合会为十九路军募捐 2 万元。⑤

古巴、越南、印尼、意大利、澳洲、法国等地华侨也纷纷汇款捐助抗战。据统计，从 1932 年 2—7 月，世界各地华侨汇交十九路军的慰劳金折合大洋 417.9 万元，其中美国大陆 174.5 万余元，檀香山 23.7 万元，加拿大 17.8 万余元，古巴 12.5 万元，墨西哥 4 万余元，美洲华侨共捐 232.6 万余元，约占慰劳金总金额的 58%。⑥实际上海外侨胞对一·二八之役的捐款数额远远不止于此。由于国民政府并不支持十九路军的抗日义举，许多华侨捐款被无理扣留，真正到达十九路军的款项并不多。

此外，广大华侨还通过向国内无偿捐献大批战需物资和飞机、汽车、衣服、药品等方式，支援祖国抗战。美国加拿大华侨曾分别购买 15 000 具和 11 000 具钢盔，运回国内送给十九路军。越南华侨抗日救国赈济总会和南圻华侨总会等机

---

① 曾瑞炎：《华侨与抗日战争》，四川大学出版社 1988 年版，第 15 页。
② 黄小坚、赵红英、丛月芬：《海外侨胞与抗日战争》，北京出版社 1995 年版，第 88 页。
③ 黄小坚、赵红英、丛月芬：《海外侨胞与抗日战争》，北京出版社 1995 年版，第 89 页。
④⑤⑥ 黄小坚、赵红英、丛月芬：《海外侨胞与抗日战争》，北京出版社 1995 年版，第 91 页。

构，发动侨胞筹集了40余箱的衣服、药品，分别寄给十九路军和上海救济总会。旧金山华侨妇女组织针织团体，赶制绒衣，寄赠十九路军官兵御寒。更为壮观的是海外侨胞的航空募捐。在一·二八抗战期间，中国航空建设协会，发起捐献飞机运动，号召全球华侨献机救国。这年11月7日，沪战著名将领翁照垣到马尼拉访问。在8日晚的宴会上，他向全会的呼吁："航空救国是一条生路，请为航空协会帮忙，俾航空救国得以实现。"①呼吁一提出，便立即得到菲华社会热烈响应，一个捐款购机活动席卷全菲。至1933年1月初，菲律宾各地华侨以组织航空建设分会35处，共捐得机款约合国币300万元，购飞机15架，名为"菲律宾华侨飞机队"送给十九路军。②美国华侨捐赠飞机数架给淞沪抗战爱国军队，并派人架机杀敌。马尼拉粤侨出入口帮工界联合会和马尼拉粤侨工商联合会捐赠两辆载重汽车。③

在轰轰烈烈的捐献活动中，许多著名侨领和华商不仅身体力行捐献巨款，而且利用他们的社会影响，积极动员和组织广大侨胞开展募捐活动。菲律宾华侨国难后援会会长李清泉，在沪战发生时，"斥资首倡汇助国军"并倡议"各商家永久抽捐，店员按月抽薪十分之一"④支持上海抗日将士。陈嘉庚向华侨筹募巨款汇往上海，支持十九路军抗战。"全军听到这个消息，都受到极大的鼓舞。"⑤

三、华侨对淞沪抗战的另一重要贡献——返国参战

淞沪抗日战争爆发后，日本的中国留学生纷纷集至中国驻日公使馆，要求回国，仅在2月7日，就有约200名留学生，搭乘由横滨出帆的法国船回国。在新加坡，同德书报社开设救伤训练班，造就救伤人才回国服务，参加受训者达200余人。缅甸华侨发起组织华侨义勇军及救护队，有39人参加，经严格训练后回国参加战斗。旅美华侨吴炳权等，在美国航空学校学习飞行技术，学成后回国参加十九路军作战。

淞沪抗战刚刚打响，一支由252名华侨组成的抗日救国义勇军开赴上海，编为华侨义勇军第一总队，吴越为总队长，设总部于西门大吉路91号。他们分别

① 冯子平：《海的春秋》，商务印书馆1993年版，第172页。
② 黄小坚、赵红英、丛月芬：《海外侨胞与抗日战争》，北京出版社1995年版，第93页。
③ 《蔡廷锴自传》，黑龙江人民出版社1982年版，第427页。
④ 《菲侨一再输巨款》，《申报》1932年2月26日。
⑤ 陈碧笙、杨国桢：《陈嘉庚传》，福建人民出版社1981年版，第44页。

来自马来西亚、菲律宾、荷印、缅甸和日本等地。华侨义勇军被编入十九路军第六十一师，战斗在闸北、江湾和吴淞一带。华侨义勇军在淞沪抗战中发挥了很好的战斗作用，建立了卓越的战绩。据载，"华侨义勇军在上海市民义勇军，是各种义勇军之成绩最佳，最勇敢，最有功勋者。尤其是华侨义勇军，在火线上共同作战，在后方不断地挖掘战壕，所受的苦痛亦最多……"①华侨义勇军以英勇的抗日行动实践了自己的誓言。期间，国民政府侨务委员会电慰华侨义勇军，并鼓励其"努力奋斗，杀贼救国，以副海外侨胞之望。"②

在淞沪抗战中，许多华侨奋勇杀敌，献出了自己宝贵的生命。旅日华侨徐香进参加淞沪战斗，在为前线押送作战物资时，途遇敌机空袭，因坚持不离职守，被炸身亡；旅日华侨翁鸿兴在九・一八事件后偕弟一同回国参加华侨义勇队，在役中不幸染疾而终；同属在役中病亡的华侨还有叶公正。上述三人的家属均曾由十九路军六十一师予以从优抚恤。

广大华侨回国参战，不仅增添了祖国的抗战能力，而且他们这种为民族存亡奋斗而献身的精神，也鼓舞和激励了国内广大同胞参加抗战的意志和决心。

四、华侨积极开展"国民外交"活动，争取国际友人对中国抗战的同情和支持

由于华侨长期与侨居地人民生活、学习、劳动在一起，彼此了解，互相帮助，结成了深厚的友谊，华侨与侨居地各方面人士建立了广泛的联系，这种广泛的国际联系也是华侨的一种优势。在抗战中发挥了重要作用。淞沪战争期间，华侨抗日团体采用散发传单和小册子，创办刊物，进行街头演出和演讲，举办图片展览揭示中国人民的抗日斗争与保卫世界和平的关系，呼吁各国人民支援中国抗战，保卫世界和平。

在开展国民外交活动中，各地华侨代表还广泛地走访政治家、商人、学者、教会领袖等社会名流，希望他们主持正义，发挥社会影响，动员本国人民或推动本国政府援助中国抗战。淞沪抗战期间，各地华侨进行的国民外交活动，揭露了日本的侵略行为，赢得了各国人民对中国人民正义之战的同情和各方面的支持。

---

① 曾瑞炎：《华侨与抗日战争》，四川大学出版社1988年版，第19页。

② 《侨务会电慰义勇军》，《申报》1932年2月21日。

五、抵制日货运动是海外华侨援助国内抗战的另一重要内容

1932 年 5 月，美国旧金山中华总商会为贯彻抵制日货，特制一种铜牌，以每具一元分售给华商，让华商悬挂商店门前，使之有别于日商。为了防止日货改装冒充国货，更好地识别、采购和推销国货，这年 10 月，荷印巴城中华总商会组织实业考察团，回国考察并与上海工商界联系寄来国货样品，在当地举办国货样品展览，号召华侨不用、不卖和不买日货。①在泗水，对于那些抗拒、抵制日货运动的商家，当地的义和会馆、和合会馆等华侨团体还派人予以惩罚。南洋各地华侨抵制日货斗争，坚持不懈，使日本对南洋的贸易锐减。从 1931 年至 1932 年 11 月，日本对南洋各国贸易额下降情况为：对菲律宾 238 万日元降至 89.3 万日元，暹罗（泰国）从 40.3 万日元降至 28.9 万日元，荷属东印度从 564.9 万日元降至 303.7 万日元，马来西亚从 187.1 万日元降到 87.4 万日元。②显然，这部分是华侨抵制运动的结果。不过华侨打击日货进口的同时，自己也遭受很大的损失，尤应指出华侨抵制日货斗争是在三十年代初的经济危机的情况下进行的，由此，亦足见华侨抗日救国热情的难能可贵。

与抵制日货运动开展的同时，华侨还开展了不合作运动，就是断绝与日本人的一切关系往来，不为侵略者服务，不生产物质供给侵略者，这是抵制日货运动的另一种形式。各国华侨以经济绝交为目标而开展的抵制日货，不合作和不供给运动，削弱了日本的经济力量和侵略力量，给日本侵略者以很大的打击。

华侨对淞沪抗战的支援有力地支持了十九路军的抗日壮举。正是有感于广大华侨的无私支援，十九路军在撤离上海后特意制作纪念章数千枚分赠美洲等地的侨众，蒋光鼐、蒋廷锴和戴戟等三人还将其合影照片亲自签名盖章后分赠海外各地侨团，并联函致谢。华侨在一·二八淞沪抗战时期对十九路军的各个方面的援助，充分体现了海外华侨的爱国精神，反映了中华民族的强大的凝聚力，为中国人民的抗日事业作出了重大贡献，永远值得我们纪念。

（本文原载《和田师范专科学校学报》（汉文综合版），2006 年第 3 期）

---

① 黄小坚、赵红英、丛月芬：《海外侨胞与抗日战争》，北京出版社 1995 年版，第 94 页。

② 温济泽：《九一八和一·二八时期抗日运动史》，中国工人出版社 1991 年版，第 140 页。

传媒动员与一·二八淞沪抗战

——以上海广播电台为个案的考察

汪 英

在近现代中国抵抗外敌侵略的百年历史中，社会动员是集聚中华民族物力、财力、人力资源和凝聚民族精气，形成强大民族抵抗力的有效途径。本文以上海一·二八淞沪抗战中上海广播电台①的传媒动员为个案，尝试进行动态性的社会史考察，力图对广播动员的首次出现、动员的方式和效果作一深描，探讨新式传播媒介在上海如何成为抗日的宣传利器。

一、广播传媒动员的兴起与影响

一·二八抗战时期在上海乃至于全国首次出现了广播电台进行宣传抗日、募捐救济的动员方式。以上海广播电台为引领者，其他民营电台相继跟随，播报战况和时事新闻，支援十九路军抗战，出现了战时特有的一道景观。它改变了报刊社会动员的方式，形成即时动员听众的历史场景，又下启1937年八一三抗战广播的再次动员。它的出现与20世纪30年代初上海特殊的社会环境有关。在九一八事变后国家的政策动员和组织动员空间外，民众社会积极主动发挥作用，社会群体的组织动员呈现出扩大态势，抗日救亡行动和社会舆论日益增长，形成

① 此处及文中出现的上海广播电台，成立于1929年12月23日，由上海亚美无线电股份有限公司创办，创办人是苏氏三兄弟苏祖修、苏祖国、苏祖圭，当时电台的呼号为XGAH，1932年底改为XHHS，一直到1937年底暂停为止。抗战胜利后1946年与麟记合用一个频率，改称亚美麟记电台继续营业。到1952年电台公私合营，改为上海联合广播电台，1954年底其中私股全部由上海人民广播电台收购。上海广播电台是我国民营电台历史最长久的电台。“亚美”名字来自英文“爱好者之家”Amateur's Home的前三个字母AMA的谐音，所以上海广播电台成立不久后也有称之亚美电台的。

了一股社会潮流。上海作为我国经济文化中心和政治副中心，同时还是我国新闻和义赈活动的中心，这种中心地位与全国各地都发生广泛而密切的联系。社会资源丰厚，即新生阶级力量相对集中，社会团体组织众多，知识分子队伍壮大且与报刊传媒关系紧密，因此能够形成抗日的集体行动，成气候的抗日宣传和舆论表达。九一八事变后，上海成为支持东北抗日和救济同胞的重要场地。上海各团体组织发动了支援马占山军队和救济东北同胞的动员，利用公众场合、报刊传播和社会资源网络关系的各种社会空间宣传和支持抗日。这些行为体现出了民众普遍的抗日热情和民族救亡意识，以及集体抗日行为背后储藏的强大社会力量和资源。它既给南京国民政府造成了巨大压力，也向日本帝国主义展示了中华民族的斗志和气势①。这些正在成长的社会因素，为民营广播电台加入抗日宣传和救亡活动的全民行动提供了有利的条件和环境。

一·二八抗战打响时，上海广播电台最早报道了战争消息，这是上海民营广播电台登上战时政治舞台的肇始。广播战况新闻播报迅速超过了报刊速度。广播不需报刊出报的程序，也不需报童传递过程，更不依赖交通及工具。当时日机轰炸，交通线路严重毁坏，汽车停开，铁路运输中断，报纸传递受阻，传送战争消息跟不上社会需要。在本市传送也要延搁，运送外地则要耽搁几天时间。广播借助电子媒介技术，超越时空，能够达到播报战况与作战现场几近同步的效果；它的传递呈放射状面向远距离的多个听众的空间穿越，及时、快捷、便利的传播特点，吸引了战时民众，引起社会广泛的注意力。听众自此依赖广播，获悉十九路军抗战的消息，满足战时需要②。

一·二八战争强烈刺激了上海这座大都市，电台广播应急而成长成为最有针对性的社会武器之一。日军引爆一·二八战争运用了空中轰炸式的闪电战，对战前无防空准备和措施的城市和居民杀伤力极大，对无空袭心理准备的社会民众刺激度非常高。战争爆发后，上海广播电台最早报道消息，抢得了先机。从唯一一座播送战争消息的电台，引领了沪地其他 7 座华商广播电台，凌云、大中华、李树德堂、中西广播电台随后纷纷加入报道行列③。以致战时开播的国华、亚

① 资料来自《淞沪和战纪事》，作者和出版年月不详，从作者的表述中可得知写作时间当在 1932 年 5 月之后，1932 年年内。根据作者行文和观点，采用了《申报》和其他大报的新闻报道，资料可信，所以本文加以引用。

② 苏祖国主编：《无线电问答汇刊》，1932 年 4 月 5 日第 7 期，亚美无线电公司编印。

③ 苏祖国主编：《无线电问答汇刊》，1932 年 1 月 10 日第 1 期，亚美无线电公司编印。

声、鹤鸣、快乐、东方、大声也相继跟进①。由此在上海形成了众多电台规模性播报战况的新兴方式。广播即时性新闻播报变为战争恐怖气氛下的安抚剂，通过声音刺激听众的神经中枢，在即时、及时的战况播报声援十九路军对日作战的同时也直接介入大众社会心理需要。

电台广播在抗战最紧张的状态时，采取全天候滚动式新闻播报，几乎与战争进展同步的密集性信息发布，发挥时间密度优势刺激听众听觉，提高社会关心度，扩大动员的影响面。与报纸战况报道的技术方式不同，战时报纸主要靠号外，以上海广播电台为代表跟随抗战需要及时调整节目时间和内容，进行全天候滚动式新闻播报。为及早播出和听众及时收听到十九路军的消息，上海广播电台调整了全天播音时间，每天提早至晨 7 点播音（见表一）；尽管这时的播音是在敌机盘旋下，机毁人亡的风险随时发生，电台也没有放弃播音。紧随其后的大中华、李树德堂两座民营电台也全天播报新闻（见表二）。广播滚动式播报从晨 7 点准点发送十九路军战况消息，到晚间 9 点（如李树德堂台）每天十几小时连续播送，到 3 月底持续 2 个多月，成为战时民营电台集中、持续辐射及影响受众的主要态势。

上海广播(XGAH)无线电台播音时间 **表一**

时　间	节　目	备　注
上午 7:00 起	时局消息	星期日照常
9:30 起	新闻报告	星期日停止
下午 1:00 起	名人演讲	星期日停止
3:30 起	常识演讲	星期六举行
4:00 起	无线电常识问答	星期一五举行
4:00 起	儿童节目	星期二四举行
4:30 起	新闻报告	星期日照常
8:30 起	时局消息	星期日照常
每日重要新闻由 XGY，XGBL 及 XGKH 转播		

注：资料来源：《无线电问答汇刊》1932 年 2 月 20 日第 4 期。

XGY、XGBL、XGKW 分别是浙江省广播电台、苏州百灵广播电台和上海国

① 苏祖国主编：《无线电问答汇刊》，1932 年 2 月 20 日第 4 期，亚美无线电公司编印。

华广播电台。本表的时间应在一·二八事变爆发后至1932年2月20日之前。

上海大中华(XGNE)李树德堂广播电台(XRLE)节目时间　　表二

大中华		
时　间	节　目	备　注
上午10:00	最近重要新闻	每日
下午2:30起	最近重要新闻	每日
6:30起	最近重要新闻	每日
9:00起	最近重要新闻	每日
李树德堂		
上午8:00起	最近重要新闻	每日
下午9:00起	最近重要新闻	每日

资料来源:《无线电问答汇刊》1932年2月20日第4期。
注:本表的时间应在一·二八事变爆发后至1932年2月20日之前。

民营电台报道新闻在战时影响力逐步扩大,成为一·二八抗战中十九路军前线抗战后方"声援"的特殊场景。战前及战时,上海均无官方电台广播,因此民营电台承担了新闻报道的重任。从2月初上海广播电台、新新、凌云、大中华、李树德堂、国华、亚声、鹤鸣、快乐、东方、大声电台,还与中央电台、浙江省电台、苏州百灵、苏州国华电台一起进行联合播音,扩大了新闻传播的空间范围。民营电台广播社会影响力的扩大,也招来南京国民政府官方发言人的广播讲话。时国民政府派沪政治要员汪精卫、宋子文都通过大中华电台广播发布消息①。总之,在战时形成了以上海为中心的一条新闻信息通道,也成为民众及时获悉抗战信息的重要渠道。30年代研究上海新闻史的胡道静曾高度评价上海的电台,"上海事变中,广播事业曾显其报道的伟大功能"②。电台的战况消息传递成为沟通社会民众的极为有效的路径之一。

传媒动员与社会动员的其他形式的不同还在于,它凭借信息传播影响受众,发布为受众所需要的信息,建立媒体与受众之间的互动关系。广播——收音机之间的连线,造就了民众成为一个受广播信息影响甚至支配的听众大众。一·

① 《申报》1932年4月5日。
② 胡道静:《上海广播无线电的发展》,载上海通社编:《上海研究资料续集》,上海书店1992年版,第717页。

二八抗战间，收听上海广播电台的听众不仅来自本埠及郊县，还有距沪附近江浙两省一带的市镇，如无锡、常熟、苏州、南通、海门、平湖、绍兴、嘉兴、嘉禾、南得等几百公里范围的许多听众。他们中既有教员、学生，也有海员及工人，以个人或集体名义写信给电台，抒发收听战况的感想①。

上海广播电台以听众需要为先导，听众则通过各种方式收听电台消息，对十九路军的战况播报做出积极回应，二者之间形成了良好的互动关系。上海广播电台为了能够继续播报战况，不久搬迁了电台，建立临时电台。为便于收听，电台加大电力至100瓦特，加长波长达328公尺，改装最新式的真空管调幅，以致传播的空间更广、声音效果更清晰②。因此它的播音不仅本埠的听众、周边江浙一带市镇的听众也能清楚地收听到。从家庭到公共场所聚集在收音机前的听众从几人到数以千计。这些听众从上海广播电台新闻播报中了解十九路军的前线作战情况，为十九路军或欢呼或担忧，从广播到收音机成为连接十九路军和广大民众共同抗日的一条重要桥梁和情感通道。听众以第一时间了解战争进展，从而对自身的环境得以估计、预测，消除了各种谣言在社会上的弥漫，舒缓了民众紧张心理，稳定了社会秩序。因此这些听众喜爱听上海广播电台的节目，他们或以个人或代表全体向电台写信表示由衷的赞扬、感谢和鼓励③。

战时广播的信息动员不仅限于有收音机的家庭、学校、图书馆等私人住宅和公众场所的各种空间中的听众，以收音机为媒介，听众把听到的新闻消息传递给更多的受众，影响了更多的间接听众。电台播音员（当时叫报告员）苏祖圭播报新闻时，有意放缓播音语速，便于听众记录成文。有的听众把记录成文的新闻再借以人际传播或印刷文字传递给更多关心战局的民众。松江县一个小学，把记录的新闻摘要写在校门首，常熟的民众图书馆把每天的消息油印成单张纸片散发出去。电子传播媒介带动人际传播和印刷传播，信息传递方式互用，增加的间接听众就更多了④。

广播的新闻播送不同于报纸，它不受听众年龄、性别和文化的限制，无形中会增加受众的影响面。广播尤其可以借助鲜活生动的语言，抑扬顿挫的语调和画龙点睛的评述，传递出更多的信息。它更可以透过声音传递出广播员甚至是电台的立场、情感、知识、信念等，在情感上达到沟通、交流、理解和共鸣。上海广

①③④ 苏祖国主编：《无线电问答汇刊》，1932年4月5日、20日第7、8期，亚美无线电公司编印。

② 苏祖国主编：《中国无线电》，1933年10月5日第1卷第19期，亚美无线电公司编印。

播电台为了使不同层次、不同年龄的听众都能够明白广播传递的信息含义，播音时对内容进行适当的讲解，甚至加上按语，增加新闻报告的重量。电台对新闻中出现“城下之盟”的解释，“而且那一段新闻其着重全在这四个字”，这样妇女儿童都能够听懂明白；新闻有时“反复说明之后所加的按语真令听者惊心动魄（在文言称为警句），好像一部《三国志》，金圣叹先生加了批语，益觉如生龙活虎般生色不少的了。”听众对上海广播电台的这种播音极为倾心，赞美有加①。

广播与听众之间良性关系的建立体现了传媒动员的深度。广播新闻播报提供客观、真实、最近的新闻信息，在于减少听众对事件的不确定性。上海广播电台的新闻报道，以提供准确的新闻消息，对不经证实的消息，绝不作为“真”消息传播的准则，坚持了新闻客观、准确的准则。十九路军抗战一个月，敌人兵力增至10万，而我方援军迟迟不到，十九路军和民众渴望军队增援，这时南京国民政府派汪精卫到上海，于2月27日发布了“上海已开到援军甚多”的消息，而事实上并无援军，引起了社会舆论喧哗，于是宋子文又发出“增援反攻，克复浏河，白川阵亡”的假消息，不知就里的民众一时庆贺与狂欢声大作。此时上海广播电台播出此消息尚未证实的消息，被有人诬陷为受日方贿赂，电台有“嘴”难辨，但依旧坚持日军将领白川义则阵亡没有证实的态度和立场，在巨大的社会压力面前坚守了战况报道的客观真实性②，赢得了听众的口碑。因此浙江省内各县的听众表达了对它“实深钦佩”、“深深依赖”的感情③。

二、 募捐和救济的物质动员

十九路军的抗战，在无必备的军需物资和生活用品的条件下能够抵御住优势装备、兵力两倍于我军的日本陆海军的联合进攻，在于全国社会各界和海外华侨的积极支援和声援。正如前文所述，从国内民众到海外各国华侨同胞积极行动支援十九路军，各社会团体组织则积极动员社会的各种物力、财力和人力，支援十九路军的前线抗战。在上海，上海广播电台在战争爆发后不久，就播出了十

① 苏祖国主编：《无线电问答汇刊》，1932年4月20日第8期，亚美无线电公司编印。

② 资料来自《淞沪和战纪事》，作者和出版年月不详，从作者的表述中可得知写作时间当在1932年5月之后，1932年年内。关于日军司令官白川义则的死亡时间，先是被朝鲜志士尹奉吉在今虹口公园投掷的炸弹炸伤，1932年5月26日死于医院。

③ 苏祖国主编：《无线电问答汇刊》，1932年4月5日第7期，亚美无线电公司编印。

九路军抗战的艰苦条件的消息，并代表民营广播电台首先捐助了100元。其后根据战时解救受难同胞的生活问题，在广播里动员广大听众慷慨解囊，解救同胞。电台创办人之一的苏祖国还配合宋庆龄、何香凝发起了募捐活动①。

上海广播电台上述行为是把播音活动纳入抗战的状态之中，成为抗战的一个有力网络组织中心，连接听众与十九路军共同抗战的爱国心。电台发挥了广播的优势，把募捐救济活动开展得有声有色。首先，募捐动员用真情实感的播音触动听众。播音根据具体内容，有时"宣讲声嘶力竭"，有时播音说的话"很是愤慨"，有时言论则"沉痛无比"②。这种带有强烈情感的播报，感染了听众。所以募捐动员得到听众的积极响应，捐款捐物的听众当中有中小学生、教师、商人、职员、工人、妇女儿童；其次，上海广播电台不断变换动员的形式，特意把真人真事编排成节目，感染听众的爱国心。电台编排了"颜料店伙计之妻捐助附条"的节目，讲述了一位女士拿出私蓄大洋100元作捐助的感人故事，用以鼓动听众多捐款捐物；再次，上海广播电台鼓励听众多次捐助，一名小学生每晨上学前都要听新闻，曾两次捐出自己的冬衣；海门工人祝三省在3月4日晚间听到我军收复失地的佳音后，与同厂工人第3次捐款。最后，电台所属公司——亚美公司对听众捐款捐物的姓名和数目，广播每日要播送嘉奖，还在《时事新报》上另行登报，借助媒体多方宣扬听众的热心和各方的支持，不忘张扬听众的爱国心，募捐救济动员既有钱物收获又有精神鼓励③。

广播与听众之间对于十九路军捐款、捐物出现了良好的互动。对上海广播电台的募捐救济动员开展，听众也作出了积极回应。"爱广播募集，赖听众之热助，有朝播音而午已物备款集者矣。"④据笔者统计，截至5月19日亚美公司共收到听众捐款大洋四万多元⑤，收到听众的捐物数以万计，有将士们和受难同胞御寒的大衣、衣服、被褥、被单、鞋子，还有急需的米票、食物甚至书籍等等。还有一些听众则把钱物寄给有关机构。电台的救助节目建立了听众与十九路军及受难

① 上海市机电一局民建支部、工商联工作组：《苏祖国与亚美公司》，载中国人民政治协商会议上海市委员会文史资料工作委员会编：《上海文史资料选辑》第55辑，第250页。

② 苏祖国主编：《无线电问答汇刊》，1932年4月5日第7期，亚美无线电公司编印。

③ 苏祖国主编：《无线电问答汇刊》，1932年2月20日第4期，亚美无线电公司编印。

④ 殷讷：《上海广播无线电台之经过》，苏祖国主编：《中国无线电》，1933年10月10日第1卷第19期，亚美无线电公司编印。

⑤ 笔者根据苏祖国主编：《无线电问答汇刊》，1932年3月5日、20日，4月5日、20日，5月5日、20日，6月5日，第5期、第6期、第7期、第8期、第9期、第10期、第11期"亚美无线电公司经募听众捐助银钱物品记录"的数目统计。

同胞之间的一条互动通道。

通过募捐、救济动员播报，把听众的社会资源转换成抗日的资源，也成为前敌将士们的坚固后盾。还在抗战中的十九路军总指挥蒋光鼐、军长蔡廷锴和淞沪警备司令戴戟特意向上海广播电台表达了诚挚情感，抒发了十九路官兵对民众包括电台支援背后共同的民族御侮精神："亚美无线电公司上海广播电台惠鉴：中华民国二十一年一月廿八日倭寇犯上海，光鼐等率十九路军本守土卫国之义，御之于吴淞、闸北，父老兄弟诸姑姊妹与庀糇粮，输财物，所以厚军实，抚战士者，无不至民族御侮精神于以发皇。磋乎，斩将搴旗已挫封豕长蛇之气，节衣缩食深知仁人志士之心。谨识数言，永铭高谊。"①

三、 爱国精神资源的动员

民众战时集体记忆是爱国精神资源的存储器，存储和激活存储器中的资源是广播电台在战时和战后两项重要的举动。

首先，广播电台作为听众和间接听众战争的声音媒介，信息发布成为战争记忆存储的资源、战争中的声音符号。这场由日本帝国主义发起的侵略战争，给上海这座大都市的重创，带给民众的原初记忆是复杂的、多重的。既存有对战争的恐怖记忆，也有民众集体国耻感的屈辱记忆，还有十九路军顽强抗日光辉形象、民众积极支持及援助的爱国记忆，以及对国民政府妥协的悲愤记忆。以上海广播电台为代表的民营电台播音是战时听众获悉十九路军战况和时局消息最快捷的媒介，也是进入听众听觉的声音媒介——传输声音到听众神经中枢的大脑中，刻录在听众的战争记忆里、形成难以抹去的痕迹。电台在战争爆发后重新编排了原有的节目及时间，设置了危难时以抗战救国为主题的节目。从这张特约节目表(见表三)分析，在抗战最关键时期即 1932 年 2 月，有关抗战最紧密的节目内容最多，占据 3 个月节目量的 66%以上；节目内容集中在"救济难民"、"国际情形"和"国难及武备"，其中"国难及武备"节目占据了节目总量的 56%以上，其他的内容不排除也是出于与战争有关的，比如像卫生医药节目。电台播音时间几乎为抗战占满，播音时间较前提 2 个半小时，从早 7 时起首播，每日播报时间十几小时，而停播娱乐节目达 2 个月时间。这些播音时间贯穿战争的全过程，构成

① 苏祖国主编：《中国无线电》，1933 年 10 月 10 日第 1 卷第 19 期，亚美无线电公司编印。

了听众对十九路军战况、时局发展态势的等待及获悉消息的时间，体现了战时听众日常生活中极其重要、极其敏感、极其关切的时间和事情，它已经成战时听众战争记忆的一部分。

1932 年 1—3 月特约节目及娱乐内容分析 表三

演讲														
年份	月份	救济难民	国难及武备	国际情形	体育运动	政治法律	提倡国货	教育	职业教育	卫生医药	社会教育	航空	工业科学	总计
二十一年	正月				1				1				1	3
	二月	3	13	3							1		1	21
	三月		5	1					1	2				9
总计		3	18	4					2	2	1	0	2	32

娱乐											
年份	月份	越曲	滑稽	申曲	评剧	评话	弹词	滩苏	歌唱音乐	昆腔	总计
二十一年	正月										0
	二月										0
	三月										0
总计											0

资料来源：改绘自苏祖国主编：《中国无线电》1933 年 10 月 5 日第 1 卷第 19 期第 921 页，《上海广播电台之经过》中的表格。

一·二八战争结束后激活民众的集体记忆，调动爱国主义情怀，就是挽救民族危亡的精神和力量。以上海广播电台为代表的民营电台坚守战时民众抗日的态度和立场，借助广播挖掘深藏在民众记忆中的事件激活爱国主义。一·二八作为抗日、“勿忘国耻”的一个特殊日期，是锁定和打开民众集体记忆的一把钥匙。战后电台导演一·二八抗战一周年纪念播音活动来集中体现了广播媒体的爱国举动。

上海广播电台在一·二八抗战的一周年同期，节目内容和编排上（见表四）有很大变动，社会教育节目（取其广义）明显增多，“提倡国货”从无到有，且增加 5 次之多，说明电台广播在提倡使用国货抵抗日货；与娱乐节目相较，二者比例相差 2 倍之多，节目坚持了教育民众、娱乐节目为辅助的主调。

1933 年 1—3 月特约节目及娱乐内容分析　　　　表四

演讲														
年份	月份	救济难民	国难及武备	国际情形	体育运动	政治法律	提倡国货	教育	职业教育	卫生医药	社会教育	航空	工业科学	总计
二十二年	正月		3				5	6			5	6	8	33
	二月	1	1			1		1			2		1	7
	三月	1							1	1	1		3	7
总计		2	4	0	0	1	5	7	1	1	8	6	12	47

娱乐											
年份	月份	越曲	滑稽	申曲	评剧	评话	弹词	滩苏	歌唱音乐	昆腔	总计
二十二年	正月					5	3	1			9
	二月							4	1		5
	三月										0
总计		0	0	0	0	5	3	5	1		14

资料来源：改绘自苏祖国主编：《中国无线电》1933 年 10 月 5 日第 1 卷第 19 期第 921 页，《上海广播电台之经过》中的表格。

在一·二八一周年纪念播音活动，则表现出对节目的创新。上海各界举行了各种形式的一·二八一周年纪念活动，其中报纸和电台广播也开展了媒体上的纪念活动。在一周年纪念活动中，上海广播电台举行了最具声色的节目纪念活动。这场纪念活动首先播音时间长，从 26 日至 31 日 6 天时间，播音集中；其次，节目有创新。苏祖国、苏祖修、苏祖圭三兄弟自编自导精心创作了广播剧——《恐怖的回忆》，这是我国第一出广播剧；再次，社会名人演讲。邀请戴戟、吴铁城、陶百川、王晓籁、杜月笙和苏祖修作航空救国演讲；又次，配合音乐渲染。电台经理苏祖修亲自作了《哭周年》的配乐演讲。播音中制作了机枪声、炮声、军乐声和警钟声等多种乐声，隆重渲染了播音节目；最后，“勿忘国耻”播音主题。上述四种形式都是围绕这个主题播放的。其中《恐怖的回忆》最为听众记忆深刻，它以战时 300 多万市民亲身经历或见闻过的故事为情节，勾起了劫后余生者惨痛的回忆。配以音乐渲染恐怖，敲响警钟。听众玉听完后发出"呜呼！一·二八周年，转瞬已过，国难犹是，国民犹是，国人脑中留存之惨影，亦复随阵亡将士、被难同胞而长逝乎"的感慨，对广播剧的感染力溢于言表①。广播剧播出后，立即得到社会共鸣，听众要求重播，上海广播电台为此采取联合上海其他电台同时播送的措施，广为传播，扩大社会影响②。

对听众的记忆资源的存储和调动是以上海广播电台为代表的民营广播电台在一·二八危难时和之后社会动员的重要内容。通过激活民众的集体记忆，打开民众当下和今后抗日的爱国情怀，因此这种动员成为抗战动员的深层次也极具影响力的动员。曾广泛动员社会各界为十九路军捐助的宋庆龄认为，一·二八抗战使中国人在精神上获得了胜利③。上海广播电台播音通过节目制作调动了回忆，延续了民众抗日救亡集体记忆。进一步说，借助广播这种声音媒介，长鸣"勿忘国耻"的警钟，升华了民众的情感，积聚了社会救亡力量，弘扬了爱国主义的主旋律。

民族救亡是百年来中国最重大、最迫切也最能激起中华民族全力以赴的时代命题，社会组织及力量只有在解决这个重大命题的过程中才能够最大限度地发挥能量。上海广播电台在民族危亡时刻，以自身的爱国主义选择，调动了民众的爱国热情，发动了社会的人力资源，为十九路军抗战提供了物质援助和精神鼓励；首创新文艺形式的广播剧节目，激活听众"勿忘国耻"的集体记忆，是一次生动而富有成效的传媒动员。它揭示了大众传播媒介——广播，释放出的能量也能在民族救亡的关键时刻整合社会资源、发挥巨大的社会效应。

（本文原载《军事历史研究》，2007 年第 3 期）

---

① 玉：《听一·二八纪念播音纪详》，载上海市档案局、北京广播学院、上海市广播电视局合编：《旧中国的上海广播事业》，档案出版社 1985 年版，第 101—104 页。

② 苏祖国主编：《中国无线电》，1933 年 2 月 5 日第 1 卷第 3 期，亚美无线电公司编印，第 97 页。

③ 宋庆龄：《宋庆龄选集》上卷，人民出版社 1992 年版，第 88 页。

地方精英与上海抗战

——以一·二八事变期间的上海市民地方维持会为例

白华山

20世纪30年代，上海政治舞台上出现四大有势力的资产阶级团体，时称“四大金刚”。上海资产阶级凡对政府有所陈言和主张，“每由四团体或五团体联名（四团体为上海市商会、地方协会、银行公会、钱业公会，五团体再增一航业公会）”①。其中上海市地方协会，其前身为上海市民地方维持会，是以上海金融工商界领袖人物为主组成的一个地方精英组织，是当时上海极有权威的民间组织。②最近20多年来，随着抗日战争研究的深入，上海市民地方维持会在一·二八事变期间的抗日救亡活动逐渐得到史学界的关注。③学术界一般把上海市民地方维持会看作是一个资产阶级团体，但在其会员构成上却众说纷纭，④对于上海

① 江苏省社会科学院：《恽逸群文集》，江苏人民出版社1986年版，第213页。

② 关于上海市地方协会的研究，可参阅拙作：《史量才与上海市地方协会》，《学术月刊》2002年第1期；《杜月笙与上海市地方协会》，《上海师范大学学报》2003年第2期。

③ 论著较多，比较有代表性的有王金铻：《中国现代资产阶级民主运动史》，吉林文史出版社1985年版；余子道：《抵抗与妥协的两重奏——“一·二八”淞沪抗战》，广西师大出版社1994年版；中共上海市委党史研究室编：《上海抗日救亡史》，上海社会科学院出版社1995年版；陈丽凤、毛黎娟等：《上海抗日救亡运动》，上海人民出版社2000年版，等等。

④ 一说认为是由金融工商界人士组成，见萧小红：《抗战前后中共路线的转变与上海城市的社会团体》，《史林》2005年第1期，第97—108页；一说认为是由工商界和文化教育界上层人士组成，见马荫良：《一·二八抗战中的地方维持会与史量才》，中国人民政治协商会议上海市委员会文史资料工作委员会编：《抗日风云录》（《上海文史资料选辑》第50辑）（上），上海人民出版社1985年版，第211页；一说认为是由资产阶级及知识界爱国人士组成，见姜逸峰等：《旧中国民族资产阶级》，江苏古籍出版社1990年版，第441页；一说认为是由上海各行各业的领袖人物组成，见刘惠吾主编：《上海近代史》（下），华东师范大学出版社1987年版，第260页；熊月之主编：《上海通史·民国政治卷》，上海人民出版社1999年版，第284页；唐振常主编：《上海史》，上海人民出版社1989年版，第703页；一说认为是工商界、实业界和地方社会人士组成，见余子道：《抵抗与妥协的两重奏——“一·二八”淞沪抗战》，广西师大出版社1994年版，第138页。

市民地方维持会在淞沪抗战中的作用的评价也不一致。①本文拟以上海市民地方维持会的报告书为基本材料，结合当时的报刊资料、当事人的日记和忆述文章等，对上海市民地方维持会的会员构成及在一·二八事变期间的活动进行论析，进而对其与当时政府的关系作一简要探讨。

一、 上海市民地方维持会的成立及其会员构成

上海市民地方维持会是由“壬申俱乐部”发展而来的。为应付财政危机，1932 年 1 月，孙科政府决定暂时挪用公债还本付息基金以敷军政费用。②消息传出后，立即遭到上海金融工商界的一致反对。1 月 13 日，由史量才召集，沪上各银行家、实业家以及部分文化教育界人士在哈同路(今铜仁路)史量才寓所集会，抗议南京政府挪用公债基金，他们决定成立一“永久之会”来反对政府的予取予夺。③14 日晚上，他们又在巨籁达路 657 号刘吉生家(今巨鹿路中国作家协会上海分会所在地)集议，决议把此“永久之会”定名为“壬申俱乐部”(1932 年为农历壬申年)，并通过组织大纲，同时决定推派张嘉璈、秦润卿、李馥荪、王晓籁、史量才、杜月笙、张啸林等 7 人为代表与南京政府代表谈判。④18 日，在刘吉生家里，他们选出了“壬申俱乐部”理事，史量才为理事长，李馥荪、杜月笙任副理事长，钱新之、王晓籁、虞洽卿、张公权等为理事。⑤从此，“壬申俱乐部”频频集会，讨论国事。从 1 月 13 日起到一·二八事变爆发，“壬申俱乐部”共开过 4 次会议，他们邀约市长吴铁城、淞沪警备司令部司令戴戟等市政要人参加，对取缔抗日救国会等紧要时事进行磋商，寻求对策。⑥

---

① 很多论著认为地方维持会在支援抗战、稳定后方方面做出重要贡献，有的论著甚至认为地方维持会是“领导上海人民抗日的力量”之一，见中共上海市委党史研究室编：《上海抗日救亡史》，上海社会科学院出版社 1995 年版，第 126 页；但也有部分文章认为地方维持会在战时主要是“以互卫自卫为主”，见黎照寰：《上海地方协会的回忆》，上海市政协文史资料委员会编：《上海文史资料存稿汇编》第 3 册，上海古籍出版社 2001 年版，第 149 页。

② 关于停付公债本息风潮，可参阅王晶：《1932 年的公债风潮：国民政府与上海金融界关系述评》，《档案与史学》2000 年第 3 期。

③ 《黄炎培日记》，1932 年 1 月 13 日，原件存中国社会科学院近代史研究所。

④ 《黄炎培日记》，1932 年 1 月 14 日；吴景平主编：《上海金融业与国民政府关系研究(1927—1937)》，上海财经大学出版社 2002 年版，第 149—150 页。

⑤ 《黄炎培日记》，1932 年 1 月 18 日。

⑥ 中国人民政治协商会议上海市委员会文史资料工作委员会编：《抗日风云录》(《上海文史资料选辑》第 50 辑)(上)，上海人民出版社 1985 年版，第 212 页。

1月28日，淞沪抗战爆发。同日，“壬申俱乐部”在威海卫路（今威海路）43号公馀俱乐部聚会，与市长吴铁城共商沪局。[①]30日晚，壬申俱乐部同人在刘鸿生企业银行大楼开会，决定设立金融、外交、给养、救济四组。[②]1月31日下午，“壬申俱乐部”在企业银行集会，决定正名为“上海地方维持会”，并推起草员9人起草会章，是为地方维持会第一次大会。[③]

1月31日晚，地方维持会在企业银行大楼开第二次大会，当时出席者共32人，一致推史量才为会长，王晓籁为副会长，虞洽卿、张啸林、杜月笙、刘鸿生、钱新之、林康侯、徐新六、朱吟江、秦润卿等九人为理事，陈光甫、胡孟嘉、徐寄庼、张嘉璈、黄炎培、穆藕初等21人为会员，设事务所于圣母院路二号旧梵王宫（今瑞金一路小学），后迁至巨籁达路敦丰里（今卢湾区妇产科医院）。[④]2月1日，上海地方维持会决议改名为上海市民地方维持会，设立秘书处，以黄炎培为秘书长，“就市民地位，从事于慰劳将士、救济难民、调剂金融、维持商业及其他必要工作，以地方秩序恢复之日为止。”[⑤]上海市民地方维持会会章规定，“本会设会长一人、副会长二人、理事十五人，由会员推举之。”该会设立之初，仅设副会长一人、理事9人，但随着战事的逐渐展开，会务活动繁忙起来，人手不够。在2月19日地方维持会大会上，由会长史量才提名，增选杜月笙为副会长，增补张嘉璈、胡孟嘉、唐寿民、穆藕初、朱子桥、胡筠秋、郭顺等7人为理事，这样，理事共增加到15人。会员增加也比较快，成立大会时，会员仅有32人，至举行闭会典礼时，会员已经发展到94人。根据有关资料，上海市民地方维持会的人员构成情况如下：

上海市民地方维持会会员籍贯、社会任职一览表（以1932年为准）

姓　名	籍　　贯	主要任职	姓　名	籍　　贯	主要任职
史量才	江苏溧阳	申报馆总经理、上海日报公会会长	贝淞荪	江苏吴县	中国银行副行长
王晓籁	浙江嵊县	上海市商会主席、中央造币厂副厂长	裴云卿	浙江上虞	同春钱庄经理

① 《黄炎培日记》，1932年1月18日。

② 2月2日，地方维持会召开大会，决定改外交组为交际组，给养组为慰劳组。“大会记录节要”，《上海市民地方维持会报告书》（1932年），原件存上海图书馆。

③ “大会记录节要”，《上海市民地方维持会报告书》（1932年）。

④ 中国人民政治协商会议上海市委员会文史资料工作委员会编：《抗日风云录》（《上海文史资料选辑》第50辑）（上），上海人民出版社1985年版，第212页。

⑤ “上海市民地方维持会简章”，《上海市民地方维持会报告书》（1932年）。

（续表）

姓　名	籍　　贯	主要任职	姓　名	籍　　贯	主要任职
杜月笙	江苏上海	中汇银行董事长、法租界总商会主席委员、法租界公董局董事	叶扶霄	江苏吴县	大陆银行经理
虞洽卿	浙江镇海	三北轮埠公司总经理、上海证券物品交易所理事长	刘吉生	浙江定海	中国企业银行常务董事
张啸林	浙江杭县	法租界总商会会长、法租界公董局董事	张慰如	江苏上海	上海华商证券交易所理事长
秦润卿	浙江鄞县	福源钱庄经理、上海钱业公会主席	荣宗敬	江苏无锡	申新纺织厂及福新面粉厂总理
林康侯	江苏上海	中央银行监事、全国商会联合会主席委员	聂潞生	湖南衡山	怀丰纺织新局董事兼总经理
朱吟江	江苏嘉定	嘉定银行董事长、通和银行董事长	何德奎	浙江金华	公共租界工部局会办
刘鸿生	浙江定海	大中华火柴公司总经理、中国企业银行董事长、中华码头公司经理、上海水泥公司经理、章华毛麻纺织公司经理	冯炳南	广东高要	大振航业股份有限公司董事长
徐新六	浙江杭县	浙江兴业银行总经理	邹秉文	江苏吴县	上海商品检验局局长
钱新之	浙江吴兴	四行储蓄会经理	袁履登	浙江鄞县	上海宁绍商轮公司总经理
胡孟嘉	浙江鄞县	交通银行总经理兼上海分行经理、上海银行公会主席委员	颜福庆	江苏上海	国立中央大学医学院院长、上海中国红十字会总医院院长
张嘉璈	江苏宝山	中国银行经理	陆伯鸿	江苏上海	和兴实业公司、闸北水电公司、内地自来水公司、和兴码头堆栈经理
胡筠秋	安徽绩溪	华比银行华经理	赉延芳	浙江镇海	浙江兴业银行董事兼地产部经理、上海房地产业同业公会主任委员
穆藕初	江苏上海	上海华商纱厂交易所理事长	朱博泉	贵州贵筑	上海绸业银行董事
唐寿民	江苏镇江	中央银行理事兼业务局总经理	郭　乐	广东香山	永安百货公司经理

（续表）

姓　名	籍　　贯	主要任职	姓　名	籍　　贯	主要任职
郭　顺	广东中山	永安纺织公司董事兼经理	查良钊	浙江海宁	长江水灾赈灾委员会常务委员兼灾区工作组总干事
朱子桥	浙江绍兴	国民政府赈务委员会委员	汪伯奇	安徽婺源	上海新闻报馆经理
黄炎培	江苏川沙	申报馆设计部长	沈梦莲	江苏奉贤	浦东商业储蓄银行监察人、松江电气公司董事
陶乐勤	江苏嘉定	公共租界纳税华人会秘书	沈籁清	浙江绍兴	大陆银行副经理
郭秉文	江苏江浦	实业部工商访问局长、华美协进社主任	冯幼伟	广东番禺	新华信托储蓄银行董事长
徐寄庼	浙江永嘉	浙江兴业银行常务董事、上海市商会执行委员	王伯元	浙江慈溪	中国垦业银行常务董事兼总行经理
李馥荪	浙江绍兴	浙江实业银行总经理	张絅伯	浙江宁波	明华商业储蓄银行总理
杨志雄	江苏上海	吴淞商船学校校长	齐云青	河北高阳	中国农工银行总经理
胡筠庵	安徽绩溪	中国棉业贸易公司经理	卢涧泉	浙江桐乡	交通银行董事长
胡筠庄	安徽绩溪	德华银行华经理	孙衡甫	浙江慈溪	四明商业储蓄银行总经理
胡筠籁	安徽绩溪	胡筠记证券号股东兼经理及经纪人	陈　行	浙江绍兴	中央银行理事兼副总裁
孙仲立	安徽寿县	中孚银行总经理	楼恂如	浙江鄞县	敦余泰记钱庄经理、中华劝工银行经理、钱业公会执行委员
胡笔江	江苏江都	中南银行总经理	周宗良	浙江宁波	周宗记颜料号经理
陈蔗青	湖南湘乡	盐业银行经理	顾馨一	江苏上海	上海立大面粉公司及申大面粉公司经理、上海市商会执行委员
俞佐庭	浙江镇海	恒巽钱庄经理	方液仙	浙江镇海	中国化学工业社经理
陈光甫	江苏镇江	上海商业储蓄银行总经理	俞凤韶	浙江德清	上海轮船招商总局营业科科长
吴蕴斋	江苏镇江	金城银行经理	徐静仁	安徽当涂	福利民铁矿公司总经理

（续表）

姓　名	籍　　贯	主要任职	姓　名	籍　　贯	主要任职
姚慕莲	浙江嘉兴	上海女子商业储蓄银行、商办上海内地自来水公司董事长	李祖夔	浙江定海	华安商业储蓄银行常务董事
王彬彦	江苏武进	闸北保卫团团长、闸北慈善团、闸北救火联合会主任	何尚平	福建闽侯	（曾任）中国驻法国总领事、里昂中法大学校长
俞叶封	浙江钱塘	上海杭州饭庄经理	金芝轩	浙江镇海	四达公司、四达工业厂经理
闻兰亭	江苏武进	上海市商会执行委员、上海证券物品交易所理事	李应生	广东	中汇银行监察
陈松源	浙江鄞县	振和染织厂经理	尤菊荪	江苏无锡	安利洋行机器棉花部华经理、进顺烟叶公司股东兼经理
林义顺	广东澄海	国民政府赈灾委员会委员	刘伟军	广东	国民政府军事参议院参议
张翼枢	湖南醴陵	法国哈瓦斯通讯社远东分社经理	应子云	浙江鄞县	泰利洋行任职
褚慧僧	浙江嘉兴	上海法科学院院长	窦耀庭		窦耀记店主、中国营业公司华经理
潘序伦	江苏宜兴	主计处主计官兼会计局局长	徐采丞		成生花厂经理
徐永祚	浙江海宁	会计师	梁士纯		全国青年协会干事
庞京周	江苏吴江	上海医师公会副会长、同德医学校校长	钱志翔		江南银行经理
牛惠生	江苏上海	在上海执行医师职务	杨习贤		天隆花纱号经理、隆茂纺织公司经理
汤斐予	江西泰和	（曾任）北京政府善后会议副议长、临时参议院副议长等职	陈伯权		广昌商业公司经理、源利工程公司经理
陈立廷	山东福山	上海青年会总干事	蒋云逵		不详

（主要资料来源：《海上名人传》编辑部编：《海上名人传》，上海文明书局，1930年；上海通志馆编：《上海市年鉴》（民国二十四年），“名人录”；樊荫南编：《当代中国四千名人录》，香港：波文书局1936年版；中国征信所编：《上海工商人名录》，1936年；许晚成编：《上海人名录》，上海龙文书店1941年版；徐友春主编：《民国人物大辞典》，河北人民出版社1991年版；金普森、孙善根主编：《宁波帮大辞典》，宁波出版社2001年版。）

从上表来看,上海市民地方维持会的会员构成有 3 个特点:

第一,以金融、工商界人士为主体。在有资料的 93 位会员中,在金融实业界任职的有 69 位,约占 74%,其中在金融业任职(包括兼职)的有 44 位,占会员总数的 1/2 弱,他们中的大部分是中国、中央、交通、“北四行”、“南三行”等沪上各大银行的经理、理事长或理事,张嘉璈、钱新之、秦润卿、陈光甫、李馥荪、胡笔江、胡孟嘉、徐新六等江浙金融集团的实力人物,均是上海市民地方维持会的成员,他们中有 9 人担任理事,在地方维持会的决策与行动中起到了十分重要的作用。在工商界任职的会员,几乎全是沪上工商实业界的头面人物,虞洽卿、荣宗敬、刘鸿生、穆藕初、郭乐、郭顺、顾馨一、方液仙等人物,其影响不囿于上海一隅,在全国也是屈指可数的经济实业巨子。应当看到,有一些会员,虽然主要任职不在金融工商领域,但在经济领域却有着诸多投资,如会长史量才,不仅握有《申报》、《新闻报》的大部分股权,而且还是中南银行的常务董事和大股东,并投资民生纱厂、五洲药房、中华书局等实业,在金融、实业、舆论三界有着相当大的影响,会长之职,实是众望所归;青帮头目杜月笙,以走私鸦片、开设赌场起家,1927 年后也开始涉足金融工商活动,创立中汇银行,担任大达轮船公司等 30 余家金融工商企业的董、理事长,俨然社会名流。从地域上来看,会员绝大多数是江浙籍,广东、江西、山东等客籍会员为数甚少。可以看得出,江浙财团构成了上海市民地方维持会的主干。澳大利亚学者马丁认为,上海市民地方维持会是一个以资本家为主的地方精英组织,①从上述分析来看,这一论断是比较恰当的。

第二,会员来自社会各界,且几乎全是社会的中坚人物。如前所述,金融、工商界人士构成了上海市民地方维持会的主干,但这并不能掩盖会员构成的广泛性。从上表可以看出,除金融、工商界外,会员还来自新闻、教育、法律、会计、卫生、慈善等社会各个领域各个层次,并且几乎都是各行各业的知名人物,如任总秘书的黄炎培,是中国职业教育的开创者之一,在当时教育界有着举足轻重的地位;潘序伦、徐永祚是当时企业或团体争相邀揽的知名会计师,为审核账务的公认权威;颜福庆、庞京周、牛惠生等人是闻名沪上的医学权威;朱庆澜(子桥)是名震一时的慈善家;褚慧僧是上海著名的法学家。值得一提的是,市民地方维持会还掌握着当时上海乃至全国最大的舆论工具,那就是由史量才和汪伯奇分别任

① 〔澳大利亚〕马丁:《青帮和国民党政权:杜月笙对上海政治的作用(1927—1937)》,《上海研究论丛》第 9 辑,上海人民出版社 1993 年版,第 133 页。

董事长的《申报》和《新闻报》,这就为地方维持会和后来的上海市地方协会进行比较广泛的社会动员提供了可能。此外,王晓籁、杜月笙、虞洽卿、陶乐勤、何德奎等会员还在公共租界工部局、法租界公董局、纳税华人会担任着重要职务,这样上海市民地方维持会的势力就延伸到华洋两界,而杜月笙、张啸林两位青帮大亨的入会,无疑又使维持会得到上海帮会势力的有力支持。因此,可以说,上海市民地方维持会是一个很有能力、极具政治能量的社会组织。

第三,与上海市商会、银行公会、钱业公会等三大团体有很大的交叉。上海市商会、银行公会、钱业公会是20世纪30年代上海政治经济生活中很有势力的三大团体。上海市商会是各同业公会和各商店、工厂、公司推派代表组成的,银行公会和钱业公会是银行业、钱庄业的同业组织,而地方维持会的很多成员本身既是各金融实业的领导决策者,同时又是各同业公会的代表。这样,很多会员就兼有上海市民地方维持会会员、上海市商会会员、银行公会或钱业公会会员等多重会员身份。会员一身数兼,对于四团体协调合作、共同开展活动是大有助益的。

总之,上海市民地方维持会是在日本入侵造成上海市政府权威"暂时缺位"的背景下,①由上海金融、工商、文化等社会各界的地方精英组成的一个民间团体,由于它拥有着强大的经济实力,掌握着影响广泛的舆论工具,并且得到帮会势力的支持,因此,在接下来的淞沪抗战中日益显示出它的能力与影响来。

二、 上海市民地方维持会支援前线、稳定后方的活动

淞沪抗战爆发后,上海市民地方维持会围绕着其发起宗旨,承担起支援前线将士、稳定后方秩序的全面任务,它发动市民为前线军队捐款捐物,救济不断增加的战区难民,同时,采取各种措施,稳定金融和工商业,"尽可能维持上海华界的基本经济活动"。②具体来说,其活动又可分为以下诸端:

(一) 迭电政府,为前线军队乞援

淞沪战事爆发后,南京国民党最高当局继续采取不抵抗政策,幻想通过英美等国从中斡旋,达到与日本妥协的目的,因此对十九路军抗战不仅不予以支持,反而处处梗阻,极力破坏。国民党当局为求妥协而故意陷十九路军于孤军奋战

---

①② 〔澳大利亚〕布赖恩·马丁著,周育民等译:《上海青帮》,上海三联书店2002年版,第163页。

的险恶用心，引起上海社会各界的强烈反对。2月4日，史量才、虞洽卿、秦润卿、杜月笙、黄炎培等上海市民地方维持会会员联名致电南京国民政府，通电谓："十九路军连日血战，各公团迭电请援，迄未见复，全市惶恐，究竟政府通令各军抵抗以后，对于悬沪孤军有何援应方法？上海三百万市民几濒于绝境，无上海即无全国，置十九路军而不援，岂特弃我三百万市民。试问全国失此经济中心，今后将何以自立？"①对国民政府妥协退让行为的愤懑、痛恨、失望之情溢于言表。

在社会各界的强大压力下，蒋介石于2月上旬同意由张治中率领第五军支援淞沪抗战。但是，这并不意味着国民党政府放弃了淞沪作战"适可而止"的方针，相反，它依然幻想通过外交途径促使日军停止战争，不仅不给十九路军以实际的支援，反而借口国难严重停发该军军饷。另一方面，日军却向上海大力增兵，至2月25日，侵沪日军达到57 000多人，超过了侵占东北三省的总兵力，敌我悬殊造成中国军队伤亡惨重，在战场上处于十分不利的地位。在此危急时刻，2月26日，地方维持会又致电南京国民政府军事委员会及军政部长何应钦："连日沪战剧烈，为开战以来所仅有。前线诸军，浴血苦斗，而敌军继续而来，深知政府早经筹划增调援师，同人鉴于情势急迫，敬恳准予赶速抽调，星夜赴援，多一兵增进一分力量，早一刻免失一分土地，死生成败，在此关头。临电不胜盼切！"②但国民党政府却置之不理，拒发援兵。28日夜，地方维持会又发出"十万火急"电，电文称："十九路诸军，苦战逾月。顷敌人一面以大军压迫前方，一面从浏河杨林口登陆。孤军死守，万难支撑。地方民众，叠电乞援。第五军虽到，众寡强弱，仍见悬殊。现危险已达最后时期，京沪线东段一失，全路震动。诸公即不为第十九路军第五军计，其如大局何？敢蘸血泪，为最后陈请，盼飞电示复！"③但仍得不到国民党政府的任何积极回应。

因援军不继，众寡悬殊，3月2日，中国军队被迫撤离淞沪。冰冷的事实让地方维持会会员哀伤不已，他们对政府的失望达到极点。3月3日的《申报》发表时评，果敢地指出："倘若今后政府仍不能下最后之决心，以民意为依归，则政府自弃于人民，断不为人民所拥护，断无久存之可能。"④

---

① 《地方维持会为十九路军乞援》，《申报》1932年2月5日；中国第二历史档案馆编：《中华民国史档案资料汇编》第5辑第1编，政治(4)，上海古籍出版社1994年版，第390页。

② 中国第二历史档案馆编：《中华民国史档案资料汇编》第5辑第1编，政治(4)，上海古籍出版社1994年版，第391页。

③ "文牍辑要"，《上海市民地方维持会报告书》(1932年)。

④ 《如何创造更伟大之历史》，《申报》1932年3月3日。

(二) 慰劳将士、救护伤兵

慰劳将士主要由慰劳组负责,该组成立于1月30日,最初称给养组,2月2日改为现名,由王晓籁、杜月笙、林康侯、穆藕初、张啸林、张子廉等11人负责。慰劳组的第一次慰劳是在1月30日,张啸林、穆藕初、许克诚、张子廉偕同医师庞京周及看护30余人,乘坐满载绍酒、牛肉等慰劳品的四辆卡车和装满救护药品的三辆卡车,前往真如十九路军总部进行慰劳。当了解到十九路军每日最缺者为白米三百石及若干咸菜时,地方维持会立即决议承担七千石军米的供给,并由穆藕初出面联系,由上海临时救济会具体办理此事。①从2月2日至2月24日,地方维持会共送到前线7 010石军米。②此后,上海市民地方维持会就积极与十九路军联络,了解军需,并通过《申报》等各种途径发动社会各界捐助。如《申报》刊出消息:目下十九路军"所需者即运货汽车、汽油、机器脚踏车、跑鞋及药品等",半天后,"上海全市大大小小车辆几乎完全捐空,齐向军中输送"。③《申报》登出《前方将士无以御寒》的消息后,5天内,市民就捐助全新棉衣裤3万多套送往前线,而当时十九路军三个师总人数不过2.9万余人。总之,不论是食品、衣被等生活必备品还是水泥、钢筋、沙袋、通信器材等军事用品,只要上海市民地方维持会说"抗战需要",上海市民就罄其所有尽力捐输,以致地方维持会经常无处可放捐献品,不得不借助报纸电台发表如下声明:"昨天本报(或电台)说十九路军需要××……,以各界同胞捐赠数量太多,早已超过实际需要,该会亦无地方代为保管,请大家从现在起不要再捐了。"④上海市民地方维持会用汽车把市民捐献的这些军需品和慰劳品运往前线,据当时报载:"在真如见运货汽车,相望于道,镇上狭隘之街市,几全为此类慰劳车所拥挤,各种物品如脚踏车、机器脚踏车、橡皮手套、粽子等,均堆积如山。"⑤

上海市民的捐款热情也很高。2月1日,一位不具名的读者给申报馆送来支票一万元,并附信一封,内称:"当此国难之际,宁受生命财产牺牲,虽死足荣。"⑥

---

① "慰劳组",《上海市民地方维持会报告书》(1932年)。

② 上海社会科学院历史研究所编:《九一八——一·二八上海军民抗日运动史料》,上海社会科学院出版社1986年版,第335页。

③ 张世福主编:《宋庆龄与中国抗日战争》,上海社会科学院出版社1996年版,第268页。

④ 章君谷:《杜月笙传》(第3册),台北传记文学出版社1973年版,第21页。

⑤ 苏高中电讯社编:《沪案真相二编》,苏州小说林书社1932年3月版,第34页。

⑥ 中国人民政治协商会议上海市委员会文史资料工作委员会编:《抗日风云录》(《上海文史资料选辑》第50辑)(上),第214页。

此后，市民的捐款源源而来，至2月8日，上海市民地方维持会救济组收到高达五万元的捐款，其中2 000元为外籍人士所捐。①2月10日，史量才在其寓所召开理事会，十九路军军长蔡廷锴、秘书长徐名鸿应邀参加，会上一致认为日本可能会增兵，我军必须作好长期作战的准备，上海市民也必须坚持长期支援。理事会决议：募集救国捐，输财纾难，正名救国，以示与寻常募款不同。②会后，黄炎培起草了《上海市民地方维持会募集救国捐启》，在《申报》刊出后，又制成传单散发给市民。当时上海市民纷纷捐款，至5月31日地方维持会救济组登报停止接收捐款捐物止，在短短的3个月时间里，地方维持会共募得救国捐27.6万余元。③但此后市民的捐款热情仍然不减，据地方维持会经济组收付股统计，自2月17日起至12月6日止，地方维持会共收到救国捐计银九十三万一千六百十八圆五角六分，这些钱款“半数拨作抗敌将士慰劳费，半数拨作受灾民众救济费”。④市民源源不断的捐款，对于停发军饷达8个月之久的十九路军来说，无疑是一种有力的支援。

此外，上海市民地方维持会还与银行公会等团体合作，共同支援前线。2月初当第十九路军前方将士亟待接济之际，上海银行公会出面商请中央、中国、交通三行垫借款10万元，转交第十九路军。事后宋子文借口“该项垫款本部事前并未接洽，又无支出方案，无从拨还”。地方维持会就同上海银行公会数度向财政部交涉，以理力争，迫使宋子文最终同意与中中交三行另订借款协定，以资了结。⑤

救护伤兵是地方维持会的另一重任。当时，由于国民政府拒发援军，加上敌我双方兵力悬殊，中国军队伤亡比较严重，至战事结束，伤员达9 700余人，其中十九路军伤员达6 300余人。⑥救护、照料伤兵非军队所能完全胜任，这一任务就落在上海市民地方维持会等上海社会各界的身上。由中国银行、孔祥熙、杜月笙、倪葆春、丁梦星等实业和社会人士捐资，地方维持会共创办临时伤兵医院7所⑦，由颜福庆、牛惠生、庞京周等著名医师主持医务工作，收治伤病的官兵。

---

① 华振中、朱伯康合编：《十九路军抗日血战史》，神州国光社1947年版，第474页。

② 中国人民政治协商会议上海市委员会文史资料工作委员会编：《抗日风云录》(《上海文史资料选辑》第50辑)(上)，第216页。

③ 上海社会科学院历史研究所编：《九一八——一·二八上海军民抗日运动史料》，第332页。

④ “办理救国捐会计经过情形”，《上海市民地方维持会报告书》(1932年)。

⑤ 吴景平、王晶：《“九·一八”事变——“一·二八”事变期间的上海银行公会》，《近代史研究》2002年第3期，第121—145页。

⑥ 中共上海市委党史研究室编：《上海抗日救亡史》，上海社会科学院出版社1995年版，第138页。

⑦ 上海社会科学院历史研究所编：《九一八——一·二八上海军民抗日运动史料》，第360—363页。

2月19日,地方维持会委托上海市临时救济会组织了伤兵慰问教育团,负责去各伤兵医院进行慰问、代写家信、赠阅书报等工作,颇受伤兵欢迎。3月25日,在黄炎培、江问渔的协助下,地方维持会救济组主任胡筠秋、胡筠庄、萬延芳等人,"为纪念一·二八抗敌将士之光荣历史起见",办一·二八抗敌残废院,收容参战伤残人员,"以慰忠勇将士"。①此外,地方维持会还大力资助宋庆龄、红十字会等社会团体或个人创办的伤兵医院,慰劳受伤官兵。为补充军队兵源的不足,上海市民地方维持会还号召国民参加十九路军,造成全民皆兵、全民保国的基础。②

(三) 救济难民

淞沪战争最直接的后果之一是造成上海数十万市民流离失所,无家可归,沦为难民。上海市民地方维持会救济组,则"专为救济难民食品及衣被而设"。③该组下设总务、供应、会计、运输、调查、卫生、遣送等7股④,后因战火中难民失踪颇多,又添设登记股,"专备难民家属来所报告,以便代为寻觅失踪者之下落"。⑤当时,救济组的救助难民工作主要有以下几个方面:

第一,与其他社会团体和租界通力合作,共同救助难民。淞沪战起,随着难民逐渐增多,难民收容所也急剧增加,一时间,竟多达200多所。⑥这些收容所都是临时仓促组成,设备、物资、医疗等等方面,不敷需求,并且各自为政,纠纷不断,自然,"力既分散,收效自微"。⑦于是,救济组就根据一西人顾问提议,不再专门设立收容所,其主要力量用在源源不断地为各收容所补充医务人员、提供食品、日用品和医疗器械等方面。⑧如2月6日,救济组与战区难民临时救济会洽商,最后商定两会分工合作,救济组出经费和食品,由战区难民临时救济会在闸北、虹口等"轰战区域"和宝山、太仓、昆山、青浦、嘉定等县设立难民收容所。⑨2月13日,救济组又拨款五千元函送战区难民临时救济会,专门用于遣送避居租

---

① 《一·二八抗敌残废院》,《申报》1932年3月25日。

② 中国人民政治协商会议上海市委员会文史资料工作委员会编:《抗日风云录》(《上海文史资料选辑》第50辑)(上),第219—220页。

③ 《市民维持会亟待捐款》,《申报》1932年2月23日。

④ "本组系统表",《上海市民地方维持会救济组工作报告》(1932年)。

⑤ 《维持会工作报告》,《申报》1932年2月10日。

⑥ 中国人民政治协商会议上海市委员会文史资料工作委员会编:《抗日风云录》(《上海文史资料选辑》第50辑)(上),第221页。

⑦ 《敬告办理救济战地难民机关》,《申报》1932年2月13日。

⑧ "救济组工作记略",《上海市民地方维持会报告书》(1932年)。

⑨ 《维持会救济会分工合作》,《申报》1932年2月7日。

界的难民。[①]为改变全市难民收容所各自为政的局面，3 月 24 日，地方维持会又召集仁济堂、市民联合会等团体及其所办难民收容所，成立难民收容所联合会，以协调全市难民收容所的行动。[②]可以说，地方维持会救济组已经成为全市收容所的居中策应机关。[③]

此外，救济组还积极与租界合作。2 月 16 日，救济组与公共租界工部局就难民卫生达成分工合作协议。[④]在营救被日军逮捕的难民方面，租界当局也予以配合，令警务处尽力加以营救。[⑤]

第二，积极利用宣传媒介，动员市民救助难民。救济难民工作复杂庞大，仅靠一个或几个社会团体是不够的，所以救济组积极运用宣传媒介尤其是《申报》来动员各界群众参与难民救济工作，收到事半功倍之效。淞沪战争爆发之时，正值严冬，寒风凛冽，大雪飘飞，难民大多只身逃出，衣被无着，救济组立即在《申报》等报刊登出此消息，希望市民“推己饥己溺之怀，慷慨捐资财以及旧衣破絮，多多益善”。[⑥]市民立即响应，三天内募集棉衣、棉被各一万余条。[⑦]2 月 9 日，《申报》登出地方维持会租借的难民救济医院——小沙渡路劳工医院缺乏医药用具的消息后，在沪的中西大医药机构纷纷捐献。随着战事的展开，难民逐日增多，维持会深感“供应方面有增无减，不免捉襟见肘”，遂借《申报》布告市民：“所望各界人士源源资助，使救济工作不致中断，亦后方之要务也。”[⑧]之后，市民捐款源源而来，至 2 月 24 日，会计组收到捐款达 15 万元。[⑨]

第三，遣送难民。淞沪战役后期，尤其是庙行战役后，战事日烈，伤兵难民剧增，导致各难民收容所人满为患，而后方医院也因伤兵过剩难以收容生病的难民。在这种情况下，“人数既多，供应綦难，且长此麇集，终将束手无以应付”，“故宜分别遣送内地，使各谋生路，以减少上海之危机”。[⑩]于是，一方面与其他慈善机

---

① 《维持会拨款遣送难民》，《申报》1932 年 2 月 14 日。

② 《难民收容所联合会成立》，《申报》1932 年 3 月 25 日。

③ “救济组工作记略”，《上海市民地方维持会报告书》(1932 年)。

④ 《地方维持会注意难民卫生》，《申报》1932 年 2 月 16 日。

⑤ 《市民地方维持会救济工作》，《申报》1932 年 2 月 17 日。

⑥ 《万五千人饥寒待拯》，《申报》1932 年 2 月 7 日。

⑦ 中国人民政治协商会议上海市委员会文史资料工作委员会编：《抗日风云录》(《上海文史资料选辑》第 50 辑)(上)，第 221 页。

⑧ 《市民维持会亟待捐款》，《申报》1932 年 2 月 23 日。

⑨ 《王淑贞为难民烹饪》，《申报》1932 年 2 月 25 日。

⑩ 《敬告办理救济战地难民机关》，《申报》1932 年 2 月 13 日。

关合办难民收容所11处，努力救济难民，[1]另一方面，从2月下旬起，地方维持会救济组遣送股由正副主任杨志雄、杨管北向轮船招商局租借轮船，开始大规模地遣送难民回原籍。前后凡四次，遣送难民二万人左右，[2]这就大大减轻了战时上海沉重的难民压力，对稳定上海后方秩序具有非凡的意义。

第四，加强难民的职业指导。救济组认为，各处收容所内因战失业之难民，“民生堪虞，尤有介绍安插使维生活之必要”。[3]于是，该组专门设立职业指导股，并征得中华职业教育社附设的中华职业指导所的同意，由该所派员在职业指导股进行职业指导及训练介绍之工作，由江问渔、潘仰尧主持其事，于3月20日开始办公。[4]职业指导股一方面派人到各工厂“接洽需要熟练工人事宜”，以使各收容所收容的失业熟练工人得有职业，另一方面创办贩卖部，由该股贷款给无业的难民让其从事小买卖，并创办工艺部，由该股指导难民从事小工艺制作。此外，在一些场合，该会还大力向各界呼吁，希望各界雇用人员及工人时，“多多乐用难民”。[5]加强难民的职业指导，让难民获得一定的谋生手段，对稳定当时上海的社会秩序和战后市民生活重建，其意义是不言而喻的。

（四）调剂金融、稳定工商业

澳大利亚学者纳拉莫尔认为，虞洽卿、刘鸿生等上海最有影响的资本家集结起来组成上海市民地方维持会，是因为“他们都有一个援助十九路军和尽可能地使上海拥有一个照常进行商业活动的环境的愿望”，换言之，他们积极响应史量才的倡议是“出于对保护经济的关心，因为这与他们利害攸关”。[6]因此，稳定金融和工商业不仅关系到当时的市民生活，还关系到上海市民地方维持会成员的切身利益。

当时银币和纸币并行，市民经过历次内战的教训，认为纸币不可靠，对中央、中国、交通银行的纸币尤其不信任，他们都纷纷把纸币兑换成银币，以致出现挤兑现象，闹得人心惶惶。从1月30日起，上海银钱两业宣布罢市，停止营业，公共租界内的钱庄均不兑换五元以上的纸币，洋元兑换极低。[7]这种情况下，史量才在地方维持会理事会上倡议，南北八家银行（指的是“北四行”和“南四行”[8]）带头

---

①②③④ “救济组工作记略”，《上海市民地方维持会报告书》（1932年）。

⑤ 《地方维持会办理难民职业指导》，《申报》1932年3月21日。

⑥ 〔澳大利亚〕T.纳拉莫尔：《国民党与报界：〈申报〉个案研究（1927—1934）》，《国外中国近代史研究》第23辑，中国社会科学出版社1993年版，第93页。

⑦ 《林康侯谈金融恐慌》，《申报》1932年2月1日。

⑧ “北四行”和“南四行”是当时上海两个主要的私营银行集团，“北四行”指的是中南、金城、大陆、盐业银行，它们发行的是中南银行的纸币；“南四行”指的是浙江兴业、浙江实业、上海银行和四明银行，它们发行的是浙江兴业和四明银行的纸币。

做好兑现工作，得到一致赞同。[①]中央、中国、交通三家国有银行也起而响应，决定无限制地兑换纸币。[②]地方维持会副会长、市商会会长王晓籁则召集烟兑杂货业同业公会理事，一致决定不得拒收纸币，并不得压价，使纸币和银圆等价通用。尽管当时各银行已因战事而停业，但烟兑业却可以将每日收得的纸币到银行换取银圆、银角。[③]在上海市民地方维持会的帮助下，3 月 15 日，上海银行公会组织了"银行联合准备委员会"，筹集资金以帮助金融界渡过难关。[④]经过上海市民地方维持会等地方团体的努力，挤兑之风逐渐平息。

米、棉、煤三项是与上海市民生活息息相关的必需品。抗战开始后，米店、煤炭店、棉布店曾停业几天，市民生活受到一定影响。2 月 2 日，史量才指使人在"本埠新闻"专栏发布了"本埠民食无虞，存米足支二月"的头条消息，以稳定人心。2 月 3 日，米、棉、煤三业开市，地方维持会与市商会、米业等同业公会讨论，决定开业后照原价开售，不得涨价，并保证货源不断。[⑤]此外，地方维持会还向各同业公会许诺，准其向银行贷款，到各地购买原料，以保证工厂的照常开工。[⑥]可以说，这些措施实施后，上海的市民生活得以安定，他们不仅不想逃离上海，还更加积极地响应地方维持会的号召，投入慰劳与救济工作。

(五) 联络军、政、民三方，协调行动

在南京政府消极抗战的影响下，上海市政府基本上放弃了援助前线的任务，因此，协调各方面的抗日意志、统一行动，就成为上海市民地方维持会等社会团体的重任。当时，杜月笙、钱新之等人与政界要人宋子文、孔祥熙、吴铁城等过从甚密，地方维持会遇有急事需要政府通融或周旋时，多由他们出马。每周，史量才都要和杜月笙等人晤谈一次，以了解政府的抗日动向。为联络其他各界人士抗日，地方维持会总秘书黄炎培参加了由各抗日团体联合组成的抗日救国联合会，被推为常务理事。为了解军队所需，地方维持会积极与十九路军联系。1932 年 3 月，在抗日舆论的压力下，蒋介石不得不派张治中率第五军支援十九路军，上海地方维持会就派黄炎培等人与张治中联络。此外，史量才、黄炎培等人还经常与宋庆龄、杨杏佛等国民党左派进步人士定期联系，交换情况，共商对策，对民众联合抗日、军民共同抗日局面的出现起了重要作用。

---

①②③⑤⑥ 中国人民政治协商会议上海市委员会文史资料工作委员会编：《抗日风云录》(《上海文史资料选辑》第 50 辑)(上)，第 222 页。

④ Brian. G.Martin: The Shanghai Green Gang, university of California press 1996, p.152.

(六) 其他活动

除了慰劳将士、救济难民、稳定金融工商业等战时必要活动外,"为纠正国际间视听及唤起民众共同御侮起见",上海市民地方维持会还设立交际组,宣传国难,揭露日军侵沪真相;为救济被日本纱厂解雇的工人,地方维持会还与其他团体联合成立了"上海市失业工人救济会",并提供给失业工人600石米来糊口;为了研究当时复杂的国际关系,维持会还聘请顾维钧等人成立外交研究委员会。

总的来说,上海市民地方维持会在战争期间承担起全面的行政、财政和援军的任务,[①]为十九路军以弱势兵力屡屡打败装备精良的敌人作出了重要贡献,在当时产生了比较大的影响。战事结束后,十九路军军长蔡廷锴曾动情地说:"回想上海抗日战事之时,赖地方维持会诸君努力,实在感激!"[②]国联调查团来上海时,美国代表麦考益曾不解地问市商会代表王晓籁:"据人谈,中国政府无统治全国能力,但此次事变,华人领袖办理救济难民事宜,收效甚广,并闻有市民维持会等组织,此种良好成绩,抑由人民主动,抑经政府指导发生?"[③]从中不难看出,地方维持会通过支援前线、稳定后方已经在当时获得崇高的威望和实际的权威,以致时人称之为"上海最有权力的机关","虽然不是法团,但其实际力量则超越一切"。[④]

三、结　论

一·二八淞沪战争的爆发,打断了上海市政府的正常工作,市政府暂时停止了行政权力的行使。对于这一点,市政府公务局长沈怡在其回忆文章中曾谈道:"在战争进行期间,市政府各局已无事可做,但为配合军事,须紧急处理的事情却着实不少——当时铁老(指的是市长吴铁城——引者)和俞秘书长日以继夜地忙着对外,内部的事务由各局少数几个人分负责任,人数不多,但办事效率颇高。"[⑤]而战事爆发后,社会局长麦朝枢则以"时局严重应付困难"于1月31日提出辞职,并令各科赶办结束,以便移交,[⑥]3月13日,市长吴铁城又向国民政府提出辞

① 〔澳大利亚〕布赖恩·马丁著,周育民等译:《上海青帮》,上海三联书店2002年版,第163页。
② "大会讲谈录要",《上海市民地方维持会报告书》(1932年)。
③ 《国联调查团今晨分道入京》,《申报》1932年3月26日。
④ 新中国编译社编纂:《中国内幕》第5集,新中国报社1941年版,第60页。
⑤ 沈怡:《铁老在上海》,《吴铁城回忆录》,台北三民书局1971年印行,第204页。
⑥ 《社会局长麦朝枢辞职》,《申报》1932年2月2日。

职。[①]尽管这些辞职都没有获准，但由此可以看出，上海市政府并没有完全担负起一个政府在战时应当承担的职能。市政府权威的缺位及其由此造成的统治真空，却被上海市民地方维持会等社会团体所填补。他们通过慰劳将士、救护伤兵难民、稳定金融和工商业等活动，既支援了前线作战，又稳定了后方秩序，在此过程中，他们以市民和民间团体的身份履行了政府的部分职能。对此，市长吴铁城在地方维持会闭会礼上毫不讳言："当时政府毫无准备，贵会出而辅助，俾军事得有月余之持久，而难民之救济，将士之慰劳，更见条理井然，成效显著，使社会之活动力，各得充分发挥，其成效之宏速，比政府所作为者尤大。"[②]在闭会礼上，穆藕初也说，"本来此次非常祸变，所有办理之事，大都应由政府所当办理者，本会勉为应付，亦以吴市长主张官民合作，有以促成之。"[③]

从形式上看，市长吴铁城称此次支援淞沪抗战采用的是"官民合作"的形式，但实际上，地方政府虚弱不堪，在大多数场合不得不依赖地方维持会等社会团体的力量。如在救济工人失业问题上，市政府"曾再三讨论救济办法，但无计所出"，[④]2 月 19 日，上海市社会局致函上海市民地方维持会救济组，要求该组拨米六百石以援助沪西纱厂失业工人，该组以前曾声明"凡失业工人，概难兼顾，且非分内之事"，但念该局声明"此举系暂举，以后不再援例请求"，地方维持会才勉强同意。[⑤]从市党部来看，经过九一八事变后的权威危机和内部分裂，市党部往昔领导民众运动的风光不再，它虽然"感于战时救护伤兵难民之重要，并战地情报交通之紧急"，但"心有余而力不足"，无力领导各团体从事上述工作，只得派全体工作人员加入中国红十字会、上海市民地方维持会、战地难民临时救济会等社会团体。[⑥]

可以说，九一八事变以来，在抗日救亡运动的冲击下，国民党中央和地方政权的权威衰落和统治危机，为上海工商界参与地方治理提供了契机和比较宽裕的空间。[⑦]

另一方面，也应当看到，上海市民地方维持会在战时的活动，固然是"出于他

---

① 《吴市长辞职》，《申报》1932 年 3 月 13 日。

②③ 《市民地方维持会昨日举行闭会礼》，《申报》1932 年 6 月 4 日。

④ 《市政府积极救济失业工人》，《申报》1932 年 3 月 10 日。

⑤ 《市民维持会亟待捐款》，《申报》1932 年 2 月 23 日。

⑥ 上海市通志馆编：《上海市年鉴》(民国二十五年)，E，第 14—15 页。原文写作"上海地方协会"，系失误。

⑦ 关于这一问题的具体探讨，参阅拙作《试论九一八事变后上海的党政危机及其影响》(待刊)。

们对上海经济的关心，因为这与他们利害攸关”，①但也与上海市民意识的觉醒和地方自治的传统有关。上海是一个典型的移民城市，居民来自五湖四海，但是随着移民居住条件、工作和生活环境的稳定，随着上海政治和经济地位的抬升，移民逐渐对移居地产生认同感，进而超越乡土认同和迁入地认同之间的巨大鸿沟，产生一种新的身份感。民族主义运动的兴起，则强化了市民“上海人”的意识和身份感，使得他们逐渐超越狭隘的私人和团体的利益，把自身的命运与整个城市的发展与进步联系起来；上海地方自治运动的开展，则培育了市民的政治参与意识和社会主体意识，“市民自治”的理念已经深深地烙印于上海市民的集体记忆中。可以说，市民上海身份的集体认同与地方自治传统的历史惯性，是上海市民地方维持会成功进行战时动员的关键所在，也是在政府缺位后的战争环境中上海社会正常运转的动力所在。

（本文原载《史林》，2007 年第 4 期）

① 〔澳大利亚〕T.纳拉莫尔：《国民党与报界：〈申报〉个案研究（1927—1934）》，《国外中国近代史研究》第 23 辑，中国社会科学出版社 1993 年版，第 93 页。

一·二八淞沪抗战中的义勇军

邓一帆

义勇军抗日斗争是,一·二八淞沪抗战的一个重要组成部分。在这场典型的以弱抗强、以寡敌众的战争中,一支支由民众自发组成的义勇军纷纷拿起武器积极投入到对日作战和各种战地、后方服务中,为保卫上海发挥了积极作用,成为支持中国守军坚守阵地三十多天,并以劣胜优多次击败日军的重要力量。本文根据现有资料对一·二八事变中的义勇军进行整理和分析,希望能借此文抛砖引玉,挖掘出更多的史料,使这段尘封的历史得以补充和完善,让年轻的一代了解并永远铭记那段峥嵘的抗战岁月。

一、义勇军的概况

九一八事变后,人民群众的抗日斗争如火如荼,各种抗日团体纷纷成立,富有光荣反帝爱国传统的上海人民更是走在全国民众抗日运动的前列,以学生义勇军为先导,上海民众义勇军在全市各界普遍地组织起来。一·二八淞沪抗战爆发后,上海各界义勇军和全国各地援沪义勇军活跃在淞沪战场和上海地区,配合和支持爱国抗日军队前线作战,为淞沪抗战做出特殊而巨大的贡献。

事变的当天,上海市政府曾发给南京行政院一份密电:"现在本市各种义勇军,风起云涌。如中华民国退职军人抗日救国义勇军、中国国民精忠义勇军、中华民国抗日救国敢死队、灾民义勇团、国民奋进会……有退伍军人组织者,有系市民及工人所组织者,纷呈本府备案,或请保护前来。"

据初步统计,在一·二八淞沪抗战中共有义勇军六十余支,近二万余人。

义勇军一览表

	名称	人数	领导者	组成
1	上海民众反日救国联合会义勇军	3 000 余人	季苏	沪西反日罢工工人、闸北失业工人和一部分学生、知识分子,由中共江苏省委直接领导
2	中华民国退职军人救国义勇军	1 000 余人	仇鸾燮	国民党军队一些退职的爱国军人
3	复旦大学学生义勇军	100 余人	林继庸	学生
4	上海市民联合会救国义勇军(共 25 区)	每区约百人	王屏南 王肇成	在职店员、职员、城市贫民、工商业者、自由职业者,也有个别归国华侨青年
5	市民义勇军先锋大队(两批)	400 余人	王志祥	上海市民
6	市民义勇军第一大队	240 余人	王屏南	上海市民
7	冯庸大学义勇军	126 人	冯庸	教师、学生
8	上海法政院学生义勇军	8 人	麻乃绶	学生
9	十九路军随营学生义勇军	第一大队 199 人,第二大队 224 人,第三大队 176 人,军官研究班 55 人	彭培亮 王屏南 戴天人	4 月 10 日～5 月 18 日改编上海大学义勇军为第一大队,以彭培亮任中校大队长;上海市民义勇军改编为十九路军随营学生义勇军第二大队,以王屏南任中校大队长;改编南京中国抗日救国义勇军铁血军为第三大队,以戴天人任中校大队长。改编援沪讨日义勇军为军官研究班
10	上海各大学义勇军	500 余人	代表温广彝、于璞今、顾传冈、参谋连丕烈	学生
11	仰光华侨青年团救国义勇队	65 人		缅甸华侨

（续表）

	名　称	人　数	领导者	组　成
12	勃生、渺咯合组华侨义勇军	54 人		缅甸华侨
13	华侨抗日救国义勇军	252 人	吴　越	北伐军旧部，分别来自马来西亚、菲律宾、泰国、缅甸、越南和日本等地
14	上海邮工童子军团	100 余人	朱学范	上海邮政系统内十八岁以上者
15	水木业义勇军	500 人	张世发	上海水木业青年工人和个体劳动者
16	上海市商会社会童子军团	200 余人	叶春年 卢绪章	大部分是商店店员和学徒
17	上海花纱业义勇军			上海花纱业界人士
18	上海童子军战地服务团	600 余人	汪　刚	市理事会教练班、慕尔堂、邮务工会、光华、青年会、金荣、静安、友声、金庭、少年会、宁波、沪江、爱国等童子军及服务员
19	湖南青年铁血救国团	20 余人	胡　彬	
20	沪东民众便衣队	300 余人	孙华山	
21	上海中学联青年义勇军			
22	招商职工义勇军	队员卞长儒、胡茂枕等 12 人	俞仙亭	招商职工
23	上海市民抗日决死队三大队	1 500 人		上海市民
24	淞沪抗日义勇军	3 000 余人	王亚樵	工人、学生、市民
25	救国决死军	1 000 余人	余立奎	由淞沪抗日义勇军改编而成
26	驱日前线敢死队		倪　权	
27	南京中央大学学生铁血军团	56 人	徐挽澜	
28	四川省抗日救国义勇军敢死队成都第一队	27 人	陈潜夫	军界人士、青年学生和工人

（续表）

	名　称	人　数	领导者	组　成
29	西南在野军人抗日救国北上敢死队			在野军人
30	中国青年反日救国团援沪讨日义勇军	40 余人	罗春霖	
31	讨日援沪义勇军			
32	中国青年反日救国援沪讨日义勇军第二大队	60 余人	冯君怀	
33	中国青年反日救国援沪讨日义勇军第三大队	83 人	兰　斌	
34	上海市总工会义勇军消防救护	300 余人	朱学范	从邮务、卷烟、酱业、牙刷业等各行业义勇中抽调出来的
35	国民救国会义勇军（国民救国军）	5 000 余人	朱子桥 张子廉 褚慧僧 顾九如	
36	苏北大刀队			苏北民众
37	南京路商界联合会义勇军			
38	南京中国抗日救国义勇军铁血军	125 人	戴天人	
39	上海救国义勇军第一中队	40 余人	王　秉	
40	上海救国义勇军第三大队	91 人		
41	救国军先锋队		刘慕苏	
42	铁血救国军		朱　琳	
43	救国义勇军	500 余人		
44	义勇工兵队	300 余人	严啸候	
45	泰兴县救国义勇军第一大队	20 余人	董笑天	地方警察

（续表）

	名　　称	人　　数	领导者	组　　成
46	中国青年铁血抗日团	16人	骆　骏	
47	奋勇先锋队		蒋玉枕 吴坤山 张志刚	
48	中国国民救国军第一军第一师		孙　炎	
49	上海义勇团		朱为珍 黄建平	
50	国民救国志愿军	200人	张　煊	
51	天津骷髅团	80余人		
52	救国义勇军励志社	300人		
53	四川开江青年讨日义勇军	60余人		
54	上海市国术馆大刀队		唐　豪	上海市国术馆馆员
55	日厂退职同志赴东北抗日救国敢死队			日厂退职同志
56	中国国民精忠义勇军			
57	中华民国抗日救国敢死队			
58	灾民义勇团			
59	国民奋进会			
60	上海青年自愿决死抗日救国团	55人	叶　斌 章少麟	

二、义勇军的主要活动

义勇军在一·二八淞沪抗战中发挥了多方面的作用，他们有的在战壕中奋勇作战，有的在前线抢救伤员，担负警戒、情报等重要工作，有的在后方开展支前和群众宣传鼓动的活动，这些民众自发组成的准军事武装与十九路军和第五军结成真正的血肉长城，以前所未有的团结和坚强在战场及后方各尽其力，从各个方面支持了抗战。

(一) 战地勤务工作

大部分义勇军几乎承包了所有的战地勤务工作，有力地配合正面作战，如为部队挖战壕、筑工事，在后勤运输线上运送食品、弹药，负责通信联络、传递文件，在前后线间抢救伤员、收容救济难民，以及一些重要场所的警卫、管理工作等等，其中做出卓越成绩的义勇军有：

上海民众反日救国联合会义勇军。这支在淞沪抗战的炮火中诞生的义勇军由中共江苏省委直接领导，共有近 3 000 余人，编成救护、担架、运输、募捐、宣传、慰劳等队，来回穿梭于前线与后方之间救护、运送伤兵，帮助挖战壕、修筑工事，慰劳抗日将士，宣传抗日救国，①被十九路军队誉为"真正的义勇军骨干"。左翼作家楼适夷曾回忆："2 月中旬，闸北八字桥炮火还没隐熄，臂上佩着民反红十字章的民反救护队，就已出生入死地在血淋淋的战场中抢救负伤的将士。"为方便随时接受各种紧急任务，民反义勇军将前方办事处设在十九路军前线指挥部隔壁。有次，前方修筑工事急需大批麻袋，民反义勇军前方办事处立刻去后方发动民众筹集，不到一天时间，一辆辆卡车就满载着麻袋运到前线，解决了前方部队的燃眉之急；民反义勇军还经常及时完成向闸北前线的官兵们运送弹药和主副食品的任务，"对作战、供应各方面，起了积极有效的作用"②。

华侨抗日救国义勇军。这支华侨义勇军是九一八事变后陆续从海外归来准备参加对日作战的北伐军旧部，一·二八事变爆发后，国民政府将他们集中训练，并编入十九路军六十一师。2 月 1 日，华侨义勇军发表通电表示："小不丧军人之人格，大不失中华之尺土，战死而已。"③3 日开赴上海，16 日正式投入战斗，主要在闸北、江湾和吴淞从事抢救伤兵、挖掘战壕、运送弹药等战勤工作，有史料记载："华侨义勇军与上海市民义勇军是各种义勇军中成绩最佳、最勇敢、最有功勋者。尤其是华侨义勇军，在火线上共同作战，在后方不断挖战壕，所受的痛苦亦最多。"④

上海市童子军战地服务团。淞沪抗战爆发三天后，上海市童子军理事会便组织起战地服务团，截至 3 月 10 日，共办收容所 13 所、地方维持会托管收容所 3 所、收容难民万余人、遣送难民三批共计 1.5 万余人、警卫伤兵医院五处；服务团

① 陈丽凤、毛黎娟等：《上海抗日救亡运动》，上海人民出版社 2000 年 12 月版，第 135—139 页。
② 蒋光鼐、蔡廷锴、戴乾：《十九路军淞沪抗战回忆》，《武汉文史资料》2007 年第 7 期。
③ 《申报》1932 年 2 月 2 日。
④ 曾瑞炎：《华侨与抗日战争》，四川大学出版社 1988 年版。

先后组织三批团员奔赴苏州、松江、正义、昆山、无锡、南翔、真茹、句容、南京以及沪宁沪杭路一带,从事筑路、监工、架桥、侦察、运输、招待、通讯等工作,还架通了昆山至常熟的电线①;还有部分团员主要担负收容救济难民、募捐、代收代运慰劳品,以及一些重要场所的警卫、管理工作,十九路军车辆的进出也因他们而得到有序管理。服务团还挑选善于驾驶技能的 12 人,组织"前方传讯队",为真茹总指挥部交通处传递重要公文。战地服务团在一·二八战役中的卓越贡献受到国内各界广泛称颂,童子军事业创始人,英国陆军中将贝登堡也亲自写信给予嘉奖慰劳。

上海市商会社会童子军团。1927 年 11 月成立,战争爆发后,该团迅速集合队伍,组成救护队、担架队和后方服务队,抢救难民,救护伤兵,代收、运支前物资,仅 1 月 29 日晚至 1 月 30 日在闸北、虹口、江湾、杨树浦一带就救出难民数千人,该团的罗云祥、鲍正武、毛征祥、应文达四名团员,在前往战区救护难民的途中不幸被日军劫持杀害,开中国童子军牺牲之首例。②军团"愤暴日之残酷,敬国军之忠勇"积极组织前线担架队赴一线抢救伤员,并奉 78 师令,沿京沪路收容该师伤兵 1 500 名,③未编入担架队的团员则组成运输大队,每日把物资从市区押运至前线,返程时接回前线下来的伤员。战役结束后,十九路军总指挥部赠予军团"纪律严明"大旗一面,每队员奖章 1 枚,童子军团不畏生死,广泛参与各种战地及后方服务的服务精神和牺牲精神受到世人的肯定和嘉许。

上海邮工童子军团。邮工童子军战地服务团于一·二八当天成立,在战地救护、输送难民、传递军情、投送密件等方面做了大量工作。当时的战地服务快报,曾这样报道邮工童子军的活动:"童子军瞿××带着机要公函投送吴淞翁照垣将军,骑车行至张华浜附近,日兵瞥见,用枪射击车后轮,瞿伏身疾驰,泥溅身脸,幸未伤身,完成了使命。有外国记者目睹,著文赞扬。"邮工义勇军还把数辆绿色邮车改漆为白色间有红十字标记的救护车,开赴战场抢救伤兵。3 月 3 日,担任通讯和救护工作的童子军陆春华、陈祖德、潘家吉在从嘉定绕道南翔往上海联络的途中被日军杀害。邮工童子军的英勇事迹受到十九路军军长蔡廷锴将军的赞誉,蔡将军称他们为"铁军"!

除上述几支义勇军外,还有如上海花纱业义勇军昼夜不息地配合十九路军

① 《一·二八后的上海教育事业》,《申报》1932 年 5 月 9 日。

② 中共上海市委党史资料征集委员会:《上海市商会社会童子军团与绿营联谊社简史》,1992 年 6 月。

③ 《市童军请拨款劳伤兵》,《申报》1932 年 3 月 20 日。

防守周家渡火药库 30 多天①；招商职工义勇军勇赴炮火连天的前方一线担任救护任务；上海市总工会义勇会消防救护队穿梭在硝烟迷漫的闸北战地开展消防救护工作；苏北大刀队手持大刀冒着生命危险在长江南岸守备并到青阳港第二线参加防御工事工作；上海救国义勇军第三大队赴闸北天通庵路任掘战壕，堆炮垒，树木柱，张电网等工作……诸如此类的义勇军抗日义举数不胜数，他们与部队官兵团结一心，出生入死，服务战场，为支持前方作战和救助战区难民作出了巨大贡献。

（二）参加前线的对日作战

在十九路军的统一指挥和部署下，小部分义勇军直接参加了前线的对日作战，这些没有经过正规军事训练的民众武装力量，在国家、民族面临生死存亡的紧急关头，毅然奋起抵抗，与正规军一起在闸北、吴淞、庙行、宝山、浏河等各个战场上出生入死，并肩作战，顶住了兵力数量占优势，装备更是先进得多的日军陆、海、空军的多次疯狂进攻，迫使日军数次增兵，屡易主帅，死伤逾万，给日本侵略者以深重打击。其中表现出色的义勇军有：

上海市民义勇军第一大队。2 月 1 日，由律师王屏南率领的上海市民义勇军第一大队成立，2 月 20 日，市民义勇军按旅部命令，接替军事地位重要、宝山—浏河防线的第二线枢纽，嘉定城的防务。2 月 27 日，市民义勇军又奉命开赴宝山前沿阵地，接防后，义勇军日夜修筑工事，布岗设哨。3 月 1 日，日军以战舰、飞机、大炮猛攻宝山，当时宝山阵地只有 18 名正规军，214 名市民义勇军，64 支步枪、12 000 发子弹、400 颗手榴弹、9 颗地雷和一些大刀和梭镖，面对数量和武器装备都优于己方几十倍的日寇，义勇军没有退缩，他们下定为国献身的决心，坚守阵地，与敌激战一个多小时，使敌军始终不能前进一步②。战后，翁照垣对王屏南说："宝山若非你部坚守，倘若日寇登陆成功，我旅腹背受敌，必被包围撤不出来，后果不堪设想。"充分的肯定了市民义勇军坚守宝山的功绩。4 月 26 日，这支义勇军改编为"十九路军随营学生义勇军"第二大队。淞沪停战后，6 月 10 日，在无锡举行十九路军随营义勇军毕业典礼，随营学生义勇军解散。

中华民国退职军人救国义勇军。1 月 28 日当晚，退职军人救国义勇军 200 余人分成 10 个组在闸北协助十九路军抗击日军的进攻，他们仅有 60 余支枪，多

---

① 华振中：《十九路军抗日血战史》。

② 中国人民政治协商会议上海市委员会文史资料工作委员会编：《抗日风云录》，上海人民出版社出版，第 171 页。

数人徒手与敌搏斗，以伤亡4人的代价在天通庵毙敌20余人，并缴获枪支40余支。[①]2月1日，退职军人义勇军第六师在中兴路成立，68岁的仇鸾燮任司令，当天，1 000余名官兵就开赴闸北前线协同十九路军对日作战，[②]使坚守闸北的十九路军如虎添翼。

水木业义勇军。九一八事变后成立，2月5日编入第六十师一二〇旅第五团随军作战，2月10日得到枪械后获准进入前线作战，他们先在宝山路、西宝兴路一带与日军对垒，2月15日，协助一二〇旅第六团防守天通庵路，24日又随同第六团调到江湾参战，与第六团并肩作战，进攻体育会路持志大学内日军，屡挫敌锋。水木业义勇军还参加了庙行之战，随同第六十师支援八十八师，对日军采取大包围，围攻敌军，使敌军受重创。[③]

冯庸义勇军。一·二八淞沪抗战爆发后，冯庸当即带领126名学生义勇军，编为3个中队，南下上海配合十九路军抗战。2月13日抵达上海后，配合我守军警戒浏河前线，在阻击日军在浏河附近登陆战役中，与中央军校教导总队并肩战斗，直至前线我军向后方转移，才随军撤出阵地。尤其值得一提的是，冯庸义勇军中16名由女学生组成的“女子抗日义勇军”，她们被时人誉为“抗日花木兰”、“现代花木兰”，一时间广为传颂。[④]

王亚樵与救国决死军。淞沪战役爆发后，“民国第一侠”王亚樵利用自己的社会影响，组建了淞沪抗日义勇军，开赴太仓战场，配合十九路军作战，淞沪抗日义勇军后改名为救国决死军。决死军选拔精干人员组成敢死队协助十九路军侦察、爆破，并袭击日本司令部，有力地牵制日寇前方兵力，在敢死队的打击下，日军司令部被迫撤至侵沪主力舰“出云号”兵舰。2月29日，日本陆军大将白川义则奉命亲临上海吴淞口，在“出云”舰上坐镇指挥，王亚樵得知这一情报后，从敢死队中挑选了熟识水性的士兵潜入水中，在“出云”号的底部安装炸弹，严重震伤了“出云”号，大大挫败了日军的士气。王亚樵还把自己的斧头帮组织起来，以“铁血锄奸团”名义暗杀敌寇汉奸，跟随他多年的司机王阿毛，受王亚樵之命锄杀日寇汉奸，在所驾车辆被日军强行征用时驾车冲下黄浦江，和车上的几十名日军及武器同归于尽。淞沪停战后，日寇在虹口公园举行“淞沪战争胜利祝捷大会”，

---

① 《申报》1932年1月30日。

② 《申报》1932年2月1日。

③ 《时事新报》1932年4月1日。

④ 张恺新：《抗战中的冯庸与冯庸大学》，《中国近现代史及史料研究》。

王亚樵派部众配合朝鲜义士潜入园内，引爆炸弹，炸死了日军侵华最高司令官白川义则大将。

除此以外，还有沪东民众便衣队在2月1日江湾路附近痛击正由江湾向翔港方面溃退日军百余人，击毙日兵3人。2月21日，南京中央大学义勇团奋勇击退敌军向潘家宅的进攻。国民救国会义勇军在闸北太阳庙、引翔港、宝山路一带与日军激战数次，颇占优胜。[①]南京中国抗日救国义勇军铁血军参加了保卫吴淞的战斗，在潘家宅战斗中不幸战死4人。四川省抗日救国义勇军敢死队编入十九路军一五六旅在上海昆山前线加入作战等等。这些义勇军作为活跃在淞沪前线的抗日有生力量，有力地打击了日军，在淞沪抗战中立下不可磨灭的历史功绩。

(三) 开展抗日宣传活动

义勇军开展各种形式的抗日宣传活动，激发民众的觉醒，动员民众支援抗战。复旦学生义勇军是上海青年学生义勇军中一支最活跃的队伍，在闸北保卫战中，他们背着一顶写有十九路军四个大字的铜鼓大笠帽，到北站、天通庵一带群众集中地段做宣传，召开战区市民大会宣传抗日救国的道理，散发学生们自己采访、编印的《战地快报》，介绍十九路军的英雄事迹，并在苏州河以北对着租界刷出“为和平而战”“为正义而战”等大幅外文标语；后又与中国公学、法政学院等校的学生义勇军一起，从真茹出发，沿沪宁线北上。他们每到一地，就召开群众大会，并自编自演抗日剧，如《铁与血》《小白龙》等，鼓励当地农民投身到抗日救亡斗争中去，深受农民们的欢迎。[②]市民义勇军转移至松江后，一面整理队伍，一面开展抗日宣传。他们以游行、集会、演讲等形式，揭露日本侵略军的罪恶，动员民众抵制日货，支持抗战。“民反”义勇军还针对十九路军多是广东人说粤语的特点，特别挑选了义勇军中暨南大学的广东籍学生组成宣传队，赴前线慰问官兵，宣传抗日救国的形式，鼓舞官兵们为国杀敌的勇气和信心。这些活动对支持十九路军抗战发挥了重要作用。

(四) 发动民众进行支前活动

义勇军积极募集钱款、物资，输送至前线。童子军理事会战地服务团为解决十九路军粮食、燃料不足的问题和维持10余万灾民日常生活，派童子军出外募捐，并在沪各大报纸刊登哀启，恳请各界人士解囊相助。留在后方的“民反”义勇

---

① 《时事新报》1932年1月31日。

② 中国人民政治协商会议上海市委员会文史资料工作委员会:《抗战风云录》，上海人民出版社1985年版，第188—194页。

军组成100多个募捐队，以举行小型报告会、化装演讲、表演短剧等形式，向广大群众进行反日救国的宣传和募捐。上海人民、各地民众和海外华侨把支持前线视作为自己爱祖国、爱家乡的光荣职责，纷纷热烈响应捐献的号召，竭尽所能，有钱出钱，有物捐物。义勇军与上海各团体抗日救国联合会在淞沪抗战期间共募捐到现金1 000多万元，还有大量的食品、日用品、药用品、通讯器材、交通工具、军用物资等等，十九路军的军饷开支和衣食供给也全部来自于民众的捐助。[①]蒋光鼐在1962年《在上海各界纪念一·二八三十周年大会上的讲话》曾感叹道："这回战争上所表现的力量是民众的；所以，如有光荣可言，亦是民众的光荣。惟民众的力量才是伟大的、真实的力量。离开了民众，我们便失去了内在的生命和存在的价值。"

三、义勇军的特点

（一）人员的广泛性

突破了行业界限，几乎包括了所有行业，如学生、工人、店职员、商人、难民、自由职业者、农民、在野军人等等；突破了地域界限，上海本地的约占一半，另一半外地来沪的义勇军来自广州、南京、北平、天津、无锡、吴县、泰兴、沈阳、四川、湖南等全国各地，还有从海外归来的华侨义勇军；突破了年龄界限，有年逾花甲的六十八岁的义勇军司令，也有稚气未脱的十五岁童子军；突破了党派界限，有中共领导的民众反日义勇军，有以国民党退职的爱国军人为主的中华民国退职军人救国义勇军和其他党派、组织的义勇军；超越了阶级界限，有社会名流、政界要人、人力苦工，甚至还有被认为没有家国观念的地痞流氓。这些来自不同党派、民族、地域、宗教、年龄、阶层和行业的义勇军空前团结在一起，共同反抗日本侵略者，在中国抗战史上第一次展示了全民抗战的巨大威力，为全民族抗战奠定了基础。

（二）组织的自发性

沪战爆发后，上海各界义勇军和各地来沪义勇军纷纷前往十九路军总部请缨杀敌，要求随军参战，或要求给予战地勤务和后方支前任务。为统一管理、指挥和协调各义勇军，十九路军军长蔡廷锴特意指定第七十八师秘书徐名鸿专门

① 余子道：《抵抗与妥协的两重奏——"一·二八"淞沪抗战》，广西师范大学出版社1994年版。

负责这方面的工作，并任命总部高级参谋华振中为义勇军总指挥，七十八师一五六旅旅长翁照垣兼副总指挥；其中中华民国退职军人救国义勇军、南京中央大学铁血军团、冯庸义勇军、上海青年自愿决死抗日救国团原是准备开赴东北三省对日作战收复失地；华侨义勇军 1931 年 11 月抵南京后，就要求政府予以改编，但没有如愿，直到一·二八爆发后才被集中训练。

这些都表明义勇军并没有明显的政党或组织进行事先组织和统一发动，是民众面对战争威胁，为求民族生存而自发组织起来。但也正因为这些义勇军没有统一的组织和领导，不能形成整体的抗战力量，以至于在十九路军撤离上海后，义勇军人员的编制、归属、给养等许多问题就凸显出来，很多义勇军不得不解散。

(三) 抗战的坚决性

在长达三十多天的作战过程中，各义勇军为保家救国，与十九路军和第五军箪食壶浆、生死与共，表现出百折不挠、前赴后继，为民族自卫而献身的崇高爱国主义精神和英勇无畏的斗争精神，即使妇女义勇军战士也表现出令敌人震惊的坚强，她们在学校、医院、商场、寺庙、教堂设立的伤兵医院里担负伤兵的医护工作，在抗日斗争中尽自己的责任。①蒋光鼐对此曾作高度评价："上海工人、学生、妇女纷纷成立抗日义勇军、战地服务团和救护队，他们深入前线，出生入死，协同部队作战，使淞沪抗战成为一个轰轰烈烈的群众抗日运动，十九路军才能以劣势装备，抗击着装备有现代化武器的日本侵略军达一个月零二天之久，给日本侵略者以打击。"

四、 义勇军参战的重要意义

(一) 唤起了中华民族的新觉醒

在一·二八淞沪抗战中，参战义勇军来源之广泛，规模之巨大，热情之高涨，为前面历次战役所未有过的，他们的行为为全国抗日军民做出了表率，振奋了各路抗日力量的斗志，进一步鼓舞了中国人民的反日爱国热情；一·二八军民团结一致联合抗战所焕发出来的强大力量，使中国人民更清醒地认识到停止内争，共御外侮的重要性，申报所说的："此战有若一声洪钟，敲破我民族二十年来酣于内战之心理，影响我民族之前途，至巨至深。"②

---

① 朱伯康、华振中编著：《十九路军抗日血战史》，1932 年版，第 468 页。

② 《追悼沪战殉国将士》，《申报》1932 年 5 月 28 日。

此后的中国就如美国著名作家和新闻记者埃德加·斯诺在目击一·二八事变的报道中写道的“中国终于被某种东西震醒了!”那样,全国人民反日爱国运动出现了新的高潮,各地青年学生纷纷涌向南京,向国民党中央和国民政府请愿示威,要求政府出兵抗日,各地爱国群众所组织的义勇军更如雨后春笋般地涌现出来,长城内外,大江南北,到处燃起抗日烽火,抗日救亡运动彼伏此起,不断高涨,汇成了空前高涨和壮阔的抗日热潮。

(二) 给日本侵略者以沉重打击

日本海军统帅盐泽幸一少将刚一开战便狂妄叫嚣上海“一旦发生战事,4小时即可了事”①,日军第二任统帅野村吉三郎中将曾说:“在吴淞踏平华军壕沟之日,为时不远,届时即可结束华东之抵抗。”但最终作为弱国的中国,居然通过血战重创了优势的日军,粉碎了日军侵占中国上海的企图,日本历史学研究会编的《太平洋战争史》认为:“在淞沪战役中日本所以失败,是因为中国人民的抵抗”,这是日本侵华史上第一次出现这样的结局。对此,日本统治阶层感到深刻的危机,藏相高桥说:“我国海外信誉正在急剧下降,目前在海外筹划资金几乎已不可能,这样下去,军费连三个月也维持不了,而且国内形势也真是令人不寒而栗。”

“军事上的失败使军部丧失信心,这就使得它此后暂时放弃了侵略中国本部的念头而专心从事经营‘满洲’和华北。”②这次战役打乱了日军的侵略部署,推迟了日本军国主义全面侵华战争的爆发,使中国赢得了宝贵的时间用于发展国防与战备,为迎接全面抗战的到来打下了基础。

(三) 赢得了国际舆论的广泛同情和普遍钦佩

在一·二八淞沪抗战之前,强权理念和殖民主义传统让英、法、美、德等国在中日冲突上袒护日本,认为中国屈服于日本,更符合他们的在华利益,但淞沪抗战中国军民所表现出的团结御侮、血战到底的强烈爱国主义精神,一扫中国自清末以来“东亚病夫”、“一盘散沙”的屈辱形象,为中国赢得了国际社会的同情和支持,扩大了中国抗战在国际上的影响。在一·二八抗战中美英各国对中国抱同情、支持的态度,驻沪各国武官纷纷前往十九路军驻地慰问支持,各国媒体也争先赞誉中国军民抗日的英勇事迹,德国波森日报称:“全国对于34日激战之反响,以为不论上海不宣而战之结局若何,其直接结果,已使中国站在新纪元之门阈。”③

---

① 温济泽:《九一八和一·二八时期抗日运动史》,北京:中国工人出版社1991年版。

② 日本历史学研究会编,金锋等译:《太平洋战争史》第一卷,商务印书馆1962年版。

③ 《十九路军血战史》,神州国光社1932年版。

（四）为抗日民族统一战线的建立奠定了基础

斯诺目睹了淞沪战役的全过程后，在所著《复始之旅》一书中写道："上海一·二八之战对中国人民的思想产生了永久的不可逆转的影响。它使中国许许多多青年人相信，如果全国团结一致进行爱国斗争，中国就是不可战胜的。"

民众义勇军的参战，使一·二八淞沪战役具有了浓重的人民抗战的色彩。从这场战役开始，中国人民抗击日本侵略者的组织状况发生了根本变化，即不再是个别仁人志士的匹夫之勇，也不再是部分民众或少数军队的局部抵抗，一致抗日的呼声深入人心，全国上下各党派、各阶级、阶层、团体、海内外华侨及华人后裔齐集在抗日救国的旗帜下，他们自觉地把个人命运与祖国的命运连在一起，以爱国赤子之心投入到这场艰苦卓绝的反侵略斗争中，筑成全民抗日的万里长城，为这场民族解放战争最后的胜利做出了积极而伟大的贡献。

五、结　束　语

一·二八淞沪抗战是中国军民在爱国主义旗帜下团结一致、齐心协力抵抗日本帝国主义侵略的正义之战。在民族危亡的紧急时刻，各阶层和各行业民众自发地组成义勇军，为维护民族尊严和国家领土的完整进行了顽强的抗争，在他们身上所彰显出的不屈不挠、团结奋战的民族精神和爱国主义精神，不仅贯穿中国 14 年抗战的始终，是中国取得抗日战争伟大胜利的精神力量，更是今天凝聚中华民族的精神支柱，对当今社会发展和时代进步有着重要的现实意义。

团结统一是中华民族精神的重要内容，也是爱国主义精神最基本的要求，早日完成祖国统一、实现中华民族的伟大复兴是时代赋予我们的主要任务，代表了中华民族的根本利益，反映了中华民族前进和发展的历史要求。在日本的右翼势力和军国主义依然猖獗的今天，我们要以史为鉴，居安思危，秉承抗日义勇军的遗志，高举爱国主义伟大旗帜，团结一致，积极应对和妥善处理国际国内各种挑战，为实现民族独立、国家统一、社会进步而奋斗。

（本文原载"淞沪抗战纪念馆陈列改造暨淞沪抗战史学术研讨会"论文集，2014 年 6 月）

试论一·二八淞沪抗战周年祭活动

程　皓

近代，上海在中国有着特殊的政治、经济、军事和文化地位，是包括日本在内的诸列强侵华的重要跳板和基地。九一八事变后，日本帝国主义为了转移国际上对其占领中国东北地区的注意，迫使中国政府屈服，蓄意在上海挑起战端，“部署了以上海为中心的压制抗日运动和军事侵略的阴谋”[1]。1932 年 1 月 28 日夜，日本海军陆战队对驻扎在上海的中国军队发起攻击，第十九路军全体官兵在总指挥蒋光鼐、军长蔡廷锴率领下，在只有第五军两个师增援的情况下，抱持“一卒一弹犹存，则暴日绝不得逞”[2]的信念，奋起抵抗，毙敌三千余，自身亦阵亡两千余，此即震惊中外的一·二八淞沪抗战。由于第十九路军“具大无畏之精神，抗御器械精良之劲敌，以孤军死守淞沪”，因此“为中外人士所叙敬”。[3]次年初，即一·二八淞沪抗战一周年之际，全国各界人士发起周年祭活动，鞭挞蒋介石集团的不抵抗政策，表达对全体参战官兵抵御外侮、保家卫国的无比敬意和对阵亡英烈的沉痛哀思，并揭露日本帝国主义的侵略行径，这对于凝聚全国抗日救亡力量，团结海内外同胞一致抗日，起到了重要作用。

一、一·二八淞沪抗战周年祭活动的历史背景

进入 1933 年 1 月，即一·二八淞沪抗战爆发一周年之际，日本帝国主义在

---

① 蒋光鼐、蔡廷锴、戴乾：《十九路军淞沪抗战回忆》，《武汉文史资料》2007 年第 7 期，第 11 页。

② 《十九路军将领通电》，《中华周报》1932 年第 17 期，第 10 页。

③ 《震动全世界之十九路军》，《中央周刊》1932 年总第 217 期，第 21 页。

华的侵略触角不断延伸。年初，日军侵占中国山海关，“从此门户洞开”①，复又追加在伪满洲国的预算，收编东北伪军为地方警备队，分驻黑龙江各县，以致时人哀叹道：“东北被日军占领竟至一年有余，至今无丝毫收回的可能。”②日军为尽速夺取中国华北，觊觎长城沿线的热河省，该省政府主席汤玉麟长期以来“除口头仍唱抵抗之调外，亦未见有何布置”③，他虽然表示“矢志守土，藉尽天职”④，实际上却苟且偷安、消极防御，为不久之后热河省的沦陷埋下了伏笔。在西方，1933年是经济大萧条最严重的一年，纳粹党头目希特勒亦是在此时就任德国总理，开始实行法西斯独裁统治，美、英、法三国则对此实行绥靖政策，这无疑更加助长了日本在东方特别是对中国的侵略气焰。而此时，蒋介石集团面对严峻的国内、国际环境，仍然厉行“攘外必先安内”的反动政策，欲“先剿灭赤匪而绝抗日后顾之忧”⑤，其御用机关仍在“极力为其主人掩饰不抵抗主义，进即与十九路军争功”，并将援军迟迟未到归咎于“共产党处处牵掣”⑥。蒋介石本人更是于1月27日由首都南京启程赴江西“匪区”，亲自指挥“剿匪”，把消灭中国共产党领导的中国工农红军作为头等要务。

二、一·二八事变周年祭活动的主要形式

一·二八淞沪抗战周年祭活动主要有三种形式：一是民众集会；二是发表文章；三是修建纪念设施。

（一）民众集会

上海作为当时中国最大的城市和一·二八淞沪抗战的爆发地，周年祭集会活动规模最大，最受时人瞩目。1933年1月28日当天，上海各地举行了多场集会活动，为配合活动顺利进行，本市“各商店公司，一律休业悬半旗，各马路标语，触目皆是……各影剧院游乐场，大都临时暂停娱乐，各机关虽照常办公，但均悬半旗，自市商会、市民联合会，通告节食一餐”⑦。上午，上海各界人士在西小门少

---

① 如水：《山海关失矣》，《社会新闻》1933年第2卷第5期，第1页。

② 包华国：《满洲问题的回顾与前瞻》，《前途》1933年第1卷第2期，第1页。

③ 《寇热河形势紧张，汤玉麟毫无办法》，《社会新闻》1932年第1卷第30期，总第588页。

④ 《汤玉麟氏致词》，《中央周刊》1933年总第247期，第8页。

⑤ 《蒋委员长赴赣剿匪》，《大中国周报》1933年第1卷第4期，第9页。

⑥ 孚：《纠正蓝衣社对一·二八的反宣传》，《力行月刊》1933年第1卷第2期，第53页。

⑦ 《全市各界昨召开纪念会，悲悼一·二八血战烈士》，《申报》1933年1月29日。

年宣讲团举行纪念大会，到会代表有上海警备司令戴戟、上海市长吴铁城（陈克成代），国民党上海市党部、上海市商会、公安局、社会局、工务局、财政局、公用局、教育局、总工会、各团体救国联合会、市教育会、地方法院、高二分院、江海关、律师公会、国民革命军第八十八师等代表，以及轮船木业、海员、针织、卷烟、水电等工会代表，绸缎、南货、烛光等同业公会代表，各级党部、各学校代表，共计五百余人，可谓涵盖方方面面，在现场负责接待来宾的国民党上海市党部秘书长姜怀素“大有山阴道上，应接不暇之势”①。据报载，当天上海少年宣讲团的大门口高悬写有“上海市各界代表举行淞沪抗日纪念大会”字样的白布横幅，台上高悬孙中山先生遗像、青天白日旗和青天白日满地红旗，抗日标语、口号随处可见，整个集会现场虽然“车水马龙”②却又“悲壮苍凉”③。十时，纪念大会正式开始，由童行白、邢琬、吴铁城（陈克成代）、戴戟、王晓籁、黄造雄、朱学范七人担任主席，全体代表在司仪导引下，高唱由孙中山先生训词的国民党党歌暨中华民国代国歌，向国民党党旗、中华民国国旗及孙中山先生遗像行礼，并恭读孙中山先生遗嘱，为抗日殉难将士默哀三分钟。随后，童行白向大会作报告，戴戟、王晓籁、黄造雄、朱学范四人分别发表演说。与会代表还讨论通过了“一致抗日、收复失地”等各项提案。直到正午十二时，与会代表“始呼口号散会”④。同日上午，上海淞沪警备司令部、上海市民联合会、京沪沪杭甬铁路特别党部、全国电报局、闵行民众教育馆、上海律师公会也分别组织相关集会，以纪念一·二八淞沪抗战爆发一周年。淞沪警备司令部追悼殉难将士大会召开之时，第八十八师师长孙元良正身在无锡，除特意举行阅兵仪式以示纪念外，还专门令该师参谋处给大会发来电文：“师长今在锡阅兵训话，并为本师及友军淞沪抗日阵亡将士静默十分钟志哀。”⑤

南京在当时是中华民国首都，党政军各界的一举一动无不带有风向标意义。1933年1月28日上午9时，“在国民大剧院举行纪念淞沪抗日周年纪念大会，到会党政各机关各学校团体代表百余人”⑥。大会主席、南京特别市党部执行委员兼常委张元良作报告，抗日会代表倪光和、南京特别市党部委员兼书记长彭尔康等分别上台演讲，场面十分热烈。大会还通过了十项议案，其主旨在于表达誓死抗日、收复失地之决心，并呼吁国民政府严惩汉奸，奖励抗日将士家属。

---

①② 章章：《一·二八纪念大会别纪》，《上海周报》1933年第1卷第10期，总第186页。

③④⑤ 《全市各界昨召开纪念会，悲悼一·二八血战烈士》，《申报》1933年1月29日。

⑥ 《各地召开纪念会》，《申报》1933年1月29日。

北平在此时虽不再是全国的政治中心，但作为金、元、明、清以及民初故都，亦是行政院院辖市，仍备受中外人士关注。1933 年 1 月 28 日，北平社会各界人士五百余人举行集会活动，纪念一·二八淞沪抗战爆发一周年，《北平新报》社长萧训被推举为大会主席。开会伊始，全体与会人员起立，为淞沪抗战阵亡将士静默五分钟。

广州是华南最大的城市，纪念一·二八淞沪抗战一周年集会活动选址在中山纪念堂。十九路军军长蔡廷锴、桂系名将白崇禧到会并发表演讲。

此外，漳州和济南各界民众也在当天举行了隆重的纪念一·二八淞沪抗战一周年集会活动，场面"空前热烈"①。

（二）发表文章

一·二八淞沪抗战一周年之际，许多报刊大量刊登与一·二八相关的文章。有的甚至推出纪念专号，如《中华周报》第 61 号共刊文 16 篇，撰文者除本刊记者外，上起张治中、宋希濂等军政要员，下至普通官兵或知识分子。总体看，这一时期发表的一系列相关文章，大体分为三类：一是叙事体的回忆性文字，二是议论文体裁的时评，三是夹叙夹议、重在抒发感情的诗歌。

回忆性文字，因皆是战争亲历者所追记，故颇具说服性。如丘东平《一·二八抗日战争的回忆》（载《东方杂志》1933 年第 30 卷第 3 期）、方之恺《淞沪抗日战事纪略》（载《尚志周刊》1933 年第 2 卷第 12、13 期合刊）、张风《十九路军淞沪抗日的清算》（载《社会主义月刊》1933 年第 1 卷第 12 期）、杨行健《"一·二八"的炮声》（载《尚志周刊》1933 年第 2 卷第 12、13 期合刊）、秦元杲《一·二八被难的一片断》（载苏州《振华女学校刊》1933 年号）等。

时评，因具有舆论导向性，故最受时人关注。如蒋光鼐《淞沪抗日战争之意义》（载《新中华》1933 年第 1 卷第 2 期）、张治中《淞沪抗日战争与今后抗日的准备》（载《新中华》1933 年第 1 卷第 2 期）、重闻《"一·二八"一年祭》（载《南华评论》1933 年第 4 卷第 1 期）、玄庄《淞沪抗日阵亡将士的周年祭》（载《时代青年》1933 年第 17、18 期合刊）、胡讷生《纪念一·二八》（载《南华评论》1933 年第 4 卷第 2 期）、阮盾《淞沪抗日战役中之上海民众运动》（载《进展月刊》1933 年第 2 卷第 3、4 期合刊）、程杰《一·二八对中国民族的影响》（载《尚志周刊》1933 年第 2 卷第 12、13 期合刊）、黄豪《由五四到一·二八之民族文化运动》（载《前途杂志》

① 《各地召开纪念会》，《申报》1933 年 1 月 29 日。

1933年第1卷第5期)、孚(单字笔名)《纠正蓝衣社对一·二八的反宣传》(载《力行月刊》1933年第1卷第2、3期合刊)、侯本常《上海抗日战争国人应有之认识》(载《并州学院月刊》1933年第1卷第5期)、应的《中国将被瓜分乎?》(载《自由言论》1933年第1卷第1期)等。

诗词,大都文字典雅,朗朗上口,更能引起读者的共鸣,故一经刊发,往往传颂一时。如屠凝冰《"一·二八"周年祭》(载《流露月刊》1933年第3卷第1期)、烟桥《周年祭》(载《珊瑚》1933年第2卷第3期)、梁雪清《一·二八后一日》(载《文华》1933年第44期,诗配图)、造(单字笔名)的《纪念"一·二八"并国难歌》(载《自由言论》1933年第1卷第1期)等。

(三)修建纪念设施

1933年春,为纪念一·二八淞沪抗战一周年,上海淞沪警备司令部决定在龙华司令部西侧设立一·二八纪念堂,并向社会各界"征集纪念品,不厌广博"[①]。纪念堂于同年8月10日落成。纪念堂有一纪念碑,以上海警备司令戴戟的名义发布,其文曰:

堂以一·二八名,纪念淞沪抗日之战也。日本自明季以来,为寇海疆,史不绝书。逮甲午挫衅,我遂一蹶不振。民国二十年秋九月十八日,沈阳变起,辽吉黑亡。不两周年,而热河失,而滦榆陷,内外胡骑纵横矣。一·二八之役,即沈变之后四阅月,舆情敌忾,决若江河,明耻争存,人孰肯后?先是十九路军移卫畿辅,戟受命危难,警备淞沪,叶键鞭弭,惟期效死。是役也,闸北吴淞江湾庙行大场,血战三十有四日。赖先总理威灵,全民族决心,以齿报齿,以目还目。若衡以近代战争,国力殊不逮,然肝脑涂地,牺牲过当者,非无故也。回首经年,痛定思痛。堂之东偏,盖战时与蒋蔡诸君子决策处也。爰就简陋,略加丹垩,搜集当时殉国者之统计,与作战图籍,陈之一室,以备观瞻。夫九一八之不忘,然后一·二八之战可纪。一·二八之不忘,然后九一八之痛弥深。敢志沉哀,勉尽一息于庙,貌昭忠观,威为继者,尚待来叶于无穷期。中华民国二十二年夏六月,淞沪警备司令旌德戴戟。[②]

---

① 《一·二八纪念堂保管规则》,《军政公报》1933年第164号,第2页。

② 汉奇:《一·二八纪念堂》,《十日谈》1933年第2期,第4页。

淞沪警备司令部对外公布:"每年一月二十八日、三月四日、五月三日、五月九日、九月十八日各开放一日,其时间为上午九时至下午四时。"①

一·二八纪念堂的落成,在当时的上海引起巨大轰动,它"正像冰水一杯"②浇在那些依旧醉生梦死、得过且过的人头上,让他们警醒。

三、一·二八事变周年祭活动的主要意义

作为周年祭活动,其目的无非是纪念往者,激励来者。一·二八淞沪抗战周年祭活动亦不例外,它在当时具有极为重要的意义。

(一)驳斥了蒋介石集团为不抵抗政策所做的辩词

一·二八淞沪抗战期间,蒋介石集团一再向十九路军下达趁机收手、避免决战之类的不抵抗指示。而战事结束后一段时间里,面对广大民众对十九路军奋起抵抗行为的交口称赞,蒋介石集团脸上似乎挂不住了,其操纵的反动机关遂颠倒黑白,声称十九路军之所以奋勇抗战是出自"政府命令",以此来欺骗民众,混淆视听,为其不抵抗政策做辩解。1933 年初,在纪念一·二八淞沪抗战爆发一周年之际,一些怀有良知的知识分子以笔为武器,揭露蒋介石集团上述丑恶行径。

以《力行月刊》刊登的时评《纠正蓝衣社对一·二八的反宣传》为例,此文作者先是运用人人皆懂的基本逻辑推理,指出:"十九路军奋勇抗日如果真是出于政府的命令,则此种政府诚值得我全国民众信赖和拥护。反之若军事独裁者底御用机关不但没有下令十九路军慷慨御敌,甚且设法把十九路军调离淞沪地而归南京参谋部长朱培德和军政部长何应钦所调派的宪兵第六团接防上海闸北一带防地,对日屈服而阻十九路军保卫国土。像此种畏日如虎怯于对外的政府当局,我们全国的民众真能加以信赖和拥护么?"③继而援引十九路军军官翁照垣所著《淞沪血战回忆录》中提到的一·二八当天下午接获"换防命令"一事,并罗列密电原文,令蒋介石反动集团对"奋起抗日"的部队"加以碍阻"④的丑恶行径无处遁形!作者满怀义愤地痛斥道:"我们读史常怀疑历史上真有秦桧这种卖国忌

---

① 《一·二八纪念堂保管规则》,《军政公报》1933 年第 164 号,第 2 页。
② 汉奇:《一·二八纪念堂》,《十日谈》1933 年第 2 期,第 4 页。
③ 孚:《纠正蓝衣社对一·二八的反宣传》,《力行月刊》1933 年第 1 卷第 2 期,第 53 页。
④ 孚:《纠正蓝衣社对一·二八的反宣传》,《力行月刊》1933 年第 1 卷第 2 期,第 54 页。

才，把民族和国家的生存供其个人禄位牺牲的奸人，及至亲自见到军事独裁者此种卖国行为，才恍然于天地间无奇不有，居然真有此种丧心病狂的凉血动物腼然人世！”①不唯如此，作者还针对蓝衣社反动分子鼓吹的所谓《淞沪停战协定》签署后“战区已无一日兵卒矣，国何尝辱，权又何曾丧乎”的无耻言论，质问道：“我们真不知道他们心目中认什么才是丧权辱国！……其可痛心的事诚无过于此！”②短短的一篇时评，如同照妖镜，照出了“不抵抗政策”的原形，无疑教育了广大民众。

再如侯本常《上海抗日战争国人应有之认识》，分析了近代以来国人由“惧外”到“媚外”再到“勾外”的心理变化过程，痛斥蒋介石集团“有众数十万，不敢言对外，不敢言抗敌，甚至不敢主张法律上所付与正当防卫五权，宁非咄咄怪事？”③一个对外奴颜婢膝的无能政府，暴露在社会大众眼前。

（二）肯定了广大爱国官兵的历史贡献

一·二八淞沪抗战的主体力量是第十九路军，周恩来曾经指出：十九路军对中国人民做过两件大好事④，其中之一便在上海进行淞沪抗战。正如十九路军总指挥蒋光鼐所说的：“卫国保土乃是军人天职。强兵压境，怎能不奋起自卫？这仗一定要打，而且已经打起来了，无法收手！”⑤这铿锵有力的誓言，向世人昭示着十九路军全体官兵誓与日寇共存亡的决心。

在1933年1月28日上海纪念集会现场，与蒋光鼐、蔡廷锴并肩作战的上海警备司令戴戟，因抗战守土有功，受到“千人共仰”，“到会代表，群起致敬，好事者流，竟有前进一步，以睹丰采为快”⑥，这无疑是广大民众对其指挥部属进行淞沪抗战的充分肯定。而戴戟本人虽功在国家，却不居功自傲，而是在“群众起立时”“即微躬而礼，不失军人本色”⑦，受到当时报章的称赞。在北平纪念集会现场，上台演讲者则“皆称赞十九路军之爱国精神”。⑧

当时，中国军队在兵员素质和武器装备上均与日军相差悬殊，然而中国第十九路军和第五军的爱国官兵却能够克服种种困难，面对强敌，奋起抵抗，不能不说是一个壮举。蒋光鼐在《淞沪抗日战争之意义》一文中提到：淞沪抗日一役，中

---

①② 孚：《纠正蓝衣社对一·二八的反宣传》，《力行月刊》1933年第1卷第2期，第56页。

③ 侯本常：《上海抗日战争国人应有之认识》，《并州学院月刊》1933年第1卷第5期，第17页。

④ 王顺生、杨大纬：《福建事变——1933年福建人民政府始末》，福建人民出版社1983年版，第166页。

⑤ 蒋建国：《父亲蒋光鼐在淞沪抗战中》，《团结》2005年第5期，第38页。

⑥⑦ 章章：《一·二八纪念大会别纪》，《上海周报》1933年第1卷第10期。

⑧ 《各地召开纪念会》，《申报》1933年1月29日。

国军队“设备简陋，器械窳旧”，与日本这样的军事强国相比，虽然“无胜利可言”，但“犹有敢于强烈抵抗，而且为有力之抵抗者，使凶寇之雄图，受一当头棒击，席卷东南幻梦，惘惘而逝”。①当然，这些成绩的取得主要归功于十九路军广大爱国官兵的浴血奋战。胡讷生《纪念“一·二八”》一文也持此种看法：“一·二八，上海之役，十九路军与第五军的英勇的官兵，一扫别此一切卑怯的对外心理，奋不顾身地与暴日周旋于沙场，以敌之兵力十倍于我，兼以兵器之精良，海空军之协助，日有租界为其护身符。形势之优良，百千倍于我，然而十九路军与第五军终能以不顾成败利钝，与之鏖战三旬余，迨援尽而后退。十九路军与第五军这种英勇奋斗的精神，不但足以作国内一班懦夫闻而奋起，即国际间亦因一·二八抗日所表现的精神，一改过去藐视中国的态度。”②他高度评价了十九路军和第五军参战官兵进行的一·二八淞沪抗战在中国近代史上地位，认为这是“民国成立以来第一次有意义的战争的新纪元”，近二十余年来的战争，除北伐战争带有革命意义外，其余的均是“军阀间为个人争夺权力而战的”，“只有一·二八之后，是为民族之独立与自由而战的，被牺牲的烈士所洒的血，是为民族争光荣而洒的，全国人民豢养着的军队，只有这一次始尽了他们军人应尽的责任”。③造的诗歌《纪念“一·二八”并国难歌》则盛赞十九路军和第五军阵亡将士为国捐躯的伟大精神：“谁为神等守自由，抗日烈士用无俦；粉身碎骨都不惜，忠魂长伴大江流。”④

重闻的时评《“一·二八”一年祭》比较了九一八和一·二八，认为二者“所表现给我们的意义和遗留给我们的情绪，却是绝不相同的。……九一八的夜是耻辱的，退让的，卑怯的，放弃三省的；一·二八之夜，却是光荣的，抵抗的，英勇的，保存淞沪的！”作者对十九路军将士英勇的抗日行为给予了高度评价：“由一·二八，知道我们的国军是伟大的，英勇的，能抵抗暴日的，只要我们决心抵抗。淞沪之战，我们以为数较少的十九路军与第五军抵抗比我们多几倍的日军；我们以伤亡殆尽疲惫不堪的国军，抵抗陆续增加补充十足的日军，我们以粗劣的军械和鲜红的血肉，抵抗日军凶猛的大炮飞机炸弹毒气。……然而我们却能抵抗一月零三日之久，结果，我们没有失去国土一寸一尺。”⑤诚如

---

① 蒋光鼐：《淞沪抗日战争之意义》，《新中华》1933 年第 1 卷第 2 期，第 7 页。

②③ 胡讷生：《纪念“一·二八”》，《南华评论》1933 年第 4 卷第 2 期，第 6 页。

④ 造：《纪念“一·二八”并国难歌》，《自由言论》1933 年第 1 卷第 1 期，第 2 页。

⑤ 重闻：《“一·二八”一年祭》，《南华评论》1933 年第 4 卷第 1 期，第 1 页。

此言，正是十九路军将士的奋勇抗战，打破了日军“上海一旦发生战争，四小时即可了事”①的狂妄计划。

（三）揭露了日本帝国主义的侵略行径

日本帝国主义发动一·二八事变，不仅是为了转移国际间对其炮制伪满洲国的注意力，“更是一个蓄谋已久的重要战略目标，是推行军国主义的必然结果”②。以当时的报刊为例，在一·二八淞沪抗战爆发一周年之际刊载的许多文章，淋漓尽致地揭露了日本帝国主义的侵略行径。

汉奇的《一·二八纪念堂》，引用权威部门的相关统计数据，罗列出“沪战损失”、“阵亡将士”、“负伤官兵”等“三项统计”③。在这里，日本侵略者的每一笔血债，都有案可稽，无法抵赖！

《闸北建筑物被毁之一斑》，采取照片配文字的形式，向民众介绍了闸北所遭受的损失④，场景触目惊心，令阅读此文的读者心中的激愤之情难以平复。

《一·二八被难的一片断》一文的作者秦元杲，当时只是一名初中二年级学生，尽管她非常侥幸地“在匆促的时间内，很快的离了这危险的故乡”，但“一路上所受的困难，真不可再想了”，因为这些都是“万恶的战争”造成的。⑤后人可从中了解到，战争对普通民众特别是青少年的心灵伤害之深。

屠凝冰创作的诗歌《“一·二八”周年祭》，用极为哀伤的笔调描绘了日寇铁蹄蹂躏下的祖国大地，控诉了日寇的侵略罪行：“一·二八！世界竟有这样的一日，长枪，大炮，飞机，炸弹，暴露了人性罪恶的残酷。繁华的都市，已成不堪追忆的日昨，坍圮的废墟，尚留着火光的焦灼！咳，被人蹂躏着的——我的祖国哟！破碎！永远的耻辱！”⑥

重闻的时评《“一·二八”一年祭》指出：“由一·二八，证明了日军侵华的野心是无止境的。日军侵占了东三省，更想侵占淞沪，占了淞沪，一样地想侵占江浙，侵占闽粤，侵占两湖，侵占华北，……总而言之，是想侵占我们整个的中华民国中的每一块国土。”⑦文章针对日寇咄咄逼人的侵略势头，警告国人：“现在榆关失陷，热河告急，华北可危，与一·二八异其空间而同其性质的危急的日子又到了。这是第一次一·二八的周年，同也是第二次一·二八的前夜！”⑧

① 温济泽：《九一八和一·二八时期抗日运动史》，中国工人出版社1991年版，第215页。
② 王一峰：《浅析一·二八淞沪抗战起因及特点》，《中国纪念馆研究》2013年第2辑，第244页。
③ 汉奇：《一·二八纪念堂》，《十日谈》1933年第2期，第4页。
④ 《闸北建筑物被毁之一斑》，《建筑月刊》1933年第1卷第3期，第5页。
⑤ 秦元杲：《一·二八被难的一片断》，苏州《振华女学校刊》1933年号，第39页。
⑥ 屠凝冰：《“一·二八”周年祭》，《流露周刊》1933年第3卷第1期，第26页。
⑦⑧ 重闻：《“一·二八”一年祭》，《南华评论》1933年第4卷第1期，第1页。

（四）激发起全民族团结一致共御外侮的抗日激情

《诗》云："兄弟阋于墙，外御其侮。"①一·二八淞沪抗战爆发一周年之际，华北正处于危急之中。当时一·二八周年祭活动的举行，无疑更加激发起全国民众无分民族、阶级、党派，同仇敌忾，共御日寇，因为面对暴虐的侵略者，"除全国民众一致团结抗日以外"再没有"自存之道"。②

正如重闻的时评《"一·二八"一年祭》所指出的："由一·二八，启示了我们在危难中的民族只有抵抗才能生存。东三省以不抵抗而亡，淞沪以抵抗而存，这是一个很显然的分野，也就是今后我们民族所要决定的两条前路。……由一·二八，教训我们只有对日抵抗才能唤起士兵及民众们的民族精神，只有抵抗才能使整个的中国民众兴奋地走上共赴国难的大道。"③屠凝冰的诗歌《"一·二八"周年祭》也大声疾呼："醒来吧！这睡着了的民族！……枪炮不会屈服的中华民族；……抱着热血为祖国复仇的男子，你们的精神不死，不死，不死，……中华！中华！沉迷的鼾睡应已觉醒！"④造的《纪念"一·二八"并国难歌》用朗朗上口的七言诗的形式，告诫那些尚对所谓"国际公理"保有幻想的人，指望所谓"国际联盟"来调停，无异于与虎谋皮："而今莫向外人求，国际联盟等赘疣。亿兆健儿犹未死，操戈共起保神州。"在作者看来，当此"邻邦狼虎横行"之际，蒋介石集团仍在"剿共"，无异于"豆萁兄弟自燃"，唯有"四亿同胞猛醒，携手前进"，才能"保中华干净土"，"同保国家仇"。⑤

应的时评《中国将被瓜分乎？》在谴责日军暴行的同时，从反面"感谢"。因为日本的侵略给了中国人一个警示，作者引用日本早稻田大学教授三森孝木的话指出："中国不改造，必至瓜分。"⑥这里说的改造，除了改造中国的政治、经济等制度，当然也包括改造中国人的精神层面的东西，其中之一便是树立国家、民族意识，面对外敌，以民族大义为重，这正是之前中国人所长期缺乏的。

在上海一·二八淞沪抗战一周年纪念大会上，上海市临时参议会参议长王晓籁在演讲中针对时下部分人只知"恩而救国"和"写而救国"的做法提出批评，号召大家"做而救国"⑦，纪念大会期间，当地民众万人空巷，"路人相将耳语曰，此

---

① 周振甫：《诗经》卷四《小雅·棠棣》，中华书局，2002年，第235页。
② 蒋光鼐：《淞沪抗日战争之意义》，《新中华》1933年第1卷第2期，第8页。
③ 重闻：《一·二八一年祭》，《南华评论》1933年第4卷第1期，第1页。
④ 屠凝冰：《一·二八周年祭》，《流露周刊》1933年第3卷第1期，第26页。
⑤ 造：《纪念一·二八并国难歌》，《自由言论》1933年第1卷第1期，第2页。
⑥ 应：《中国将被瓜分乎？》，《自由言论》1933年第1卷第1期，第2页。
⑦ 章章：《一·二八纪念大会别纪》，《上海周报》1933年第1卷第10期。

我淞沪抗日光荣之纪念会也”①,民族自豪感油然而生,这是一种发自肺腑的民族自尊和民族自信!

在北平和广州举行的一·二八淞沪抗战一周年纪念大会,也都沉浸在抗战到底的声浪中:北平纪念大会当场通过决议,“表示恢复失土之决心”②;在广州发表演讲的第十九路军军长蔡廷锴则呼吁“今唯武力足以救国”,并表示“十九路军准备奋战到底,不剩一弹而后已”,桂系名将白崇禧“亦力主抵抗”。③值得注意的是,广州的纪念会场选在中山纪念堂,这是纪念孙中山先生革命业绩的神圣场所,孙中山先生为争取民族独立和民众幸福,毕生奔走革命,临终仍告诫同志们要“唤起民众,及联合世界上以平等待我之民族共同奋斗”,这种精神与当时团结抗日的时代大潮完全契合。

而上海一·二八纪念堂每逢一月二十八日、三月四日、五月三日、五月九日、九月十八日各开放一日,这些日期的选择亦用心良苦,寓意深刻:一·二八、九一八作为日本帝国主义侵华的重要标志性节点自不待言;“三月四日”指 1933 年 3 月 4 日,日军越过古北口,侵占热河省省会承德;“五月三日”指 1928 年 5 月 3 日,日军在济南残杀中国外交官蔡公时等,并屠杀中国官民一万七千余人,造成“济南惨案”;“五月九日”,指 1915 年 5 月 9 日,袁世凯为急于称帝,接受日本提出的《二十一条》中的十二条内容,时称“五九国耻”。选择以上敏感日期作为纪念堂开放日,无非是为了警示中国人民勿忘国耻、团结御侮。

总之,一·二八淞沪抗战周年祭活动,是在华北门户洞开、中华民族面临深重危机的背景下进行的。广大爱国官兵面对外敌入侵,高举爱国主义旗帜,以民族自卫战争反对日本帝国主义的侵略战争,因而赢得了全国民众的敬仰。无论是民众集会、发表文章,还是设立纪念设施,都是周年祭活动的重要组成部分。这些周年祭活动,不仅鞭挞了蒋介石集团的不抵抗政策,肯定了十九路军广大爱国官兵的历史贡献,还揭露了日本帝国主义的侵略行径,激发了全民族团结一致、共御外侮的抗日激情,具有重要的历史意义。古人云:“往者不可谏,来者犹可追。”虽然一·二八淞沪抗战早已成为历史,但后人仍可从记载一·二八淞沪抗战周年祭活动的史料中感受到民众觉醒、众志成城的伟大时代脉动。

（本文原载“淞沪抗战纪念馆陈列改造暨
淞沪抗战史学术研讨会”论文集,2014 年 6 月）

---

① 章章:《一·二八纪念大会别纪》,《上海周报》1933 年第 1 卷第 10 期。

②③ 《各地召开纪念会》,《申报》1933 年 1 月 29 日。

论中国共产党对一·二八淞沪抗战的贡献

邓一帆

一·二八淞沪抗战是中国从局部抗战走向全国抗战过程中承前启后的一次重大战役，也是近代中国第一次卓有成效地抗击日本侵略者的伟大壮举。在这次战役中，中国共产党力主抗日，坚持抗日斗争，全力以赴地发动和领导上海全市党、团组织、工会和民众反日团体，开展各种形式的抗日救亡斗争，点燃了全民族抗战的火焰，在抗战史上写下了光辉的一页。

一、最早、最坚定地举起抗日民族战争的旗帜

早在九一八事变时，中国共产党就坚决主张对日作战，中共满洲省委和中共中央先后发表了《为日本帝国主义武装占领满洲宣言》及《中国共产党为日本帝国主义强暴占领东三省事件宣言》，号召工农兵群众立即武装起来，驱逐日本侵略者，以争取民族解放。一·二八事变爆发前夕，中共临时中央预见到日本发动侵沪战争迫在眉睫，于1月27日发出《中央紧急通知》，指示发动"总同盟罢工反对日本帝国主义占领上海"；同日还发出《中共中央为武装保卫中国革命告全国民众书》，指出"日本帝国主义占领东北三省后……现在又想占领上海"，"动员民众自动武装保卫上海"①。

淞沪抗战爆发后，中国共产党始终高举抗日救亡的大旗，在一个多月的时间里先后发表了近10余篇宣言、通知、纲领、决议等，揭露了日本帝国主义武装侵略中国的罪恶事实，号召全国人民一致奋起，反对日本帝国主义的侵略：1月31

① 《中共中央文件选集》第8册，中共中央党校出版社1991年版，第90页。

日，中共中央发表《中国共产党中央为上海事变第二次宣言》，提出“检查没收日货”、“反对日本帝国主义的进攻”、“夺取敌人的武装，保卫上海的劳苦群众与革命组织”、“要求立即撤退日本的海陆空军”①等主张；2 月 2 日，中共中央发表《中国共产党关于上海事件的斗争纲领》，号召“总同盟罢工，反对日本帝国主义占领上海！”“罢工、罢课、罢操、罢岗，反对日本帝国主义与一切帝国主义！”“民众自动武装起来，驱逐日本帝国主义的海陆空军出境”；2 月 11 日，发表《中共中央致上海反帝大同盟党团的一封信》，指出“上海现在正在日本强盗直接炮火之下”，号召“向极广大的群众进行公开的宣传鼓动及组织工作，组织各种各样的公开的宣传队、讲演队、募捐队、纠察队、义勇军突击队等，……去吸引更广大群众加大反帝同盟与参加反日、反帝、反国民党运动。”②2 月 15 日，中共中央又发表了《中共中央为上海事变给各地党部的信》，指出：“在反帝与反国民党的旗帜之下，宣传民众，组织民众与武装民众，这仍旧是我们党目前的中心任务。”③2 月 23 日，共青团中央发表《为上海事变致各地团部的信》，特别提出要“立即进行对青年义勇军的政治军事训练，派到前方与抗日的士兵结合，帮助抗日的兵士作战，救护和慰劳抗日的伤兵。”2 月 26 日，中共中央作出《关于“一・二八”事变的决议》，主张“追击日军到租界内，消灭日军的根据地，坚决反对退却、停战、把上海交给任何帝国主义……组织民众的义勇军与游击队，保护自己的革命组织。”④

中共临时中央明确提出当时上海党组织的 3 项中心任务：(一)召开各群众团体的反日代表大会，通过反日斗争纲领，公开领导当时正在开展的反日斗争；(二)除了扩大反日群众组织外，必须立即通过义勇军的组织形式，把民众武装起来，尤其是武装工人群众；(三)开展争取十九路军士兵的工作，各级党组织要大规模地组织慰劳队、看护队、运输队、交通队等上前线支援十九路军抗战等⑤。号召全党加紧组织、领导、武装群众，开展打倒日本帝国主义与一切帝国主义及投降帝国主义与压迫劳苦群众的一切反革命派别的运动，进行民族的革命战争。中国共产党的抗日主张，顺应了广大民众的意愿，指导和推动了民众抗日救亡运动的蓬勃发展，有力地支援了部队抗战，成为十九路军抗日的坚强后盾。十九路

---

① 《中国共产党抗日文件选编》，北京：中央档案出版社 1994 年版，第 17 页、18 页。
② 《九一八——一・二八上海军民抗日运动史料》，上海社会科学院历史研究所编，第 261 页，第 264 页。
③ 《第二次中日战争纪事》，档案出版社 1988 年版，第 36 页。
④ 《九一八——一・二八上海军民抗日运动史料》，上海社会科学院历史研究所编，第 266 页、268 页。
⑤ 《中共中央文件选集》(1932—1933 年)，第 85—88 页。

军军长蔡廷锴将军后来说：十九路军的淞沪抗战，是与“中国共产党的政治号召和影响分不开的”。①

二、领导上海工人开展反日罢工斗争

淞沪抗战爆发后，中共江苏省委通过上海工会联合会于1月30日召开了上海各业工人代表大会，号召全市工人自31日起举行总同盟罢工，反对日本帝国主义进攻中国及占领上海，并成立了上海工人抗日总同盟罢工委员会；会后，总同盟罢工的布告立刻贴满了上海的大街小巷。2月6日，在中共中央职工部长刘少奇的领导下，上海各业工人召开了第二次上海各业工人代表大会，会议讨论了当前上海的局势和面临的任务，宣布成立上海各业工人反日救国联合会，并以代表会的名义，发出了宣言、决议和通电，确立了反对日本帝国主义、争取中国民族的完全独立与解放、增进工人本身利益的宗旨，提出：“成立日货检查队，没收日货”、“组织慰劳队、运输队参加前线工作”、“继续和扩大总同盟罢工”、“断绝日本军队及日本机关、资本家的水电供给及一切粮食的供给”②，号召上海各业工人站在反对日本帝国主义侵略中国的最前线；决议还要求汽车、电车、码头等运输部门的工人坚持拒绝为日军服务。两次工人代表大会后，中国共产党派出一批党、团员骨干深入到各工厂、码头发动群众，落实总同盟罢工的决定，上海各行各业工人的反日大罢工在全市迅速展开。2月2日，在日商轮上的中国船工全部离船，一律罢工，迫使日轮全部停航，日军用重金雇用其他船只和车辆进行运输，也遭到中国船工、司机的严词拒绝；船厂工人联合成立了反对修理日舰委员会，迫使厂方宣布：在中日争端未解决前，不再修理日本军舰；马迪汽车修理厂工人拒绝修理日方车辆，举行罢工，并集体去十九路军后方办事处，义务为十九路军修车。

上海工人反日总同盟大罢工中规模最大、时间最长、影响最广的是沪西17家日资纱厂近4万名工人的反日大罢工。1932年1月起，全市日商纱厂一律取消月赏(每月的奖金)，由此引发了沪西日厂工人大罢工，淞沪抗战爆发后，中共党组织先后建立了沪西日商纱厂罢工委员和各日纱厂罢委会，及时将沪西日商纱厂工人反对日本资本家取消月赏的经济斗争，转变为以支援十九路军抗战，反

① 蔡廷锴：《回忆十九路军在闽反蒋失败经过》，《文史资料选辑》(59)，第77页。

② 中共上海市委党史研究室：《中国共产党上海史(1920—1949)》，上海人民出版社1999年版，第690页。

对日本帝国主义武装侵略为中心的政治斗争，明确提出“上海工人为求自己的生存和生命保障，为求中国民族的独立与自由”而罢工，打出了鲜明的抗日旗帜。刘少奇经常深入沪西地区指导罢工斗争，他指出“应该抓住这个难得的机会，对工人进行一次政治训练，让工人群众经受一次锻炼，也是给日本帝国主义一次沉重的打击”①。中央还派出富有工人运动经验的张浩、罗登贤等人具体指导工人的斗争，组织人员到工人聚居地开办识字班、教唱革命歌曲。在各级党组织的宣传教育下，罢工工人反日情绪高涨，他们组成工人纠察队和宣传队，自动维持罢工秩序，并大张旗鼓地进行反日宣传活动。由于工人的斗争的目标是反抗日本帝国主义者，是爱国的、合法的行为，因此得到了社会各界的同情和支持。为了解决罢工工人的经济困难，社会各界纷纷捐款捐物支援反日罢工：宋庆龄在得知工人罢工后，吃饭、住房都存在严重困难时，变卖了个人财产，筹集了 2 万余元捐助给沪西区罢委会，表达她对工人们爱国行为的支持和敬意；在前线与日军浴血奋战的十九路军官兵也深感上海工人反日罢工斗争意义重大，于是从民众捐助的慰问金中取出部分款项资助沪西工人克服生活上的困难。在各界的大力支持下，沪西日商纱厂工人的反日大罢工一直坚持到停战时尚未结束。3 月 1 日，十九路军被迫撤出市区后，由于受到中外反动势力的联合打压，坚持近 3 个月的沪西反日大罢工最终失败，但这次罢工给日本纱厂以沉重打击，对淞沪抗战和全市反日斗争起了有力的支援和推动作用，在政治和经济上沉重地打击了日本帝国主义。

据当时日本商务官调查的统计，从 1 月 28 日至 4 月 10 日，上海各行各业工人的大罢工，使日商的工厂、商店、银行等损失高达“9 100 万两”②，日本商人的经济活动几乎全部停止。这次大罢工不仅是淞沪抗战期间，除武装斗争外，给日本帝国主义予以沉重打击的另一条重要战线，更展现了上海工人阶级强烈的爱国主义思想、高度的阶级觉悟和民族解放的使命感，显示出工人阶级的强大力量，对尔后的工人运动，有着积极而重大的影响。

三、组建义勇军活跃在抗战第一线

在中国共产党的号召和影响下，上海各行各业形成组建义勇军的热潮，许多

---

① 张琼：《刘少奇同志在上海革命活动片断》，《党史资料丛刊》，1980 年第 2 辑。

② 《淞沪御日大画史》，第 21 页。

义勇军以共产党员、共青团员和党领导的左翼团体成员为骨干,这些群众性准军事武装活跃在淞沪战场上,配合和支持前线部队进行抗战。民众反日救国义勇军是其中人数最多、表现最活跃的一支队伍,这支义勇军由中共中央军委和民反会党团直接领导,共有约 3 000 余人,成员主要为沪西抗日罢工工人、闸北失业工人以及一部分青年学生、知识分子、城市贫民。民众反日救国义勇军内设共产党党团,季苏任义勇军党团书记,中央军委还委派曾在苏联学习军事技术的孙小保担任军事指导员。义勇军总部设在新闸路,闸北、沪西、沪东、浦东四区分设义勇军办事处,并在战区闸北中兴路宝兴坊太阳庙设立"民反义勇军前方办事处",与十九路军太阳庙前线指挥部仅一墙之隔,方便与十九路军直接联络、接受各种紧急任务。

民反义勇军的主要任务是深入战区抢救伤兵和难民、帮助十九路军挖战壕、递送情报、修筑工事、运输枪支弹药和食物等军需品,还负责把上海各界人民捐给十九路军的食品、医药用品等不断送往前线。民反义勇军下设救护、宣传、交通、募捐、运输、慰劳等队,在前沿阵地帮助十九路军从事各种战地勤务,来回穿梭于前线和后方之间,从各个方面支援抗战。救护队和担架队约有 200 多人,他们邀请与中共关系密切的进步医生来训练救护队员包扎抢救知识,然后将救护队派往战区,冒着枪林弹雨,在前线抢救伤员;运输队、施工队是十九路军前线指挥部得力的助手,凡十九路军有什么运输和施工任务,民反义勇军就及时组织力量去完成,基本上都能迅速完成军队下达的任务;民反义勇军宣传队除了向各界民众开展抗日救国宣传以外,还特别注意做军队工作,向十九路军官兵宣传抗日救国的形势,代表全市人民向战斗在前线的勇士们致敬;留在后方的民反义勇军组成了募捐队到工厂、学校、社区进行募捐,再由慰劳队送往前线。民反义勇军英勇顽强、不怕牺牲的精神和卓有成效的工作,在民众中享有崇高的声誉,得到了军队和社会的一致赞扬。十九路军的将领蔡廷锴、蒋光鼐和戴戟后来回忆说:"淞沪抗战爆发后,中国共产党在上海的地下组织,通过工会、学生会及其他群众组织,展开了对十九路军的热烈支前工作。他们策动各界人民组织义勇军、敢死队、情报队、救护队、担架队、通信队、运输队等等。有的在前线配合作战,有的担任后方勤务的任务,对作战、供应各方面,起了积极有效的作用。"①

① 蔡廷锴、蒋光鼐、戴戟:《十九路军淞沪抗战回忆》,《文史资料选辑》第 37 辑,第 10 页。

四、推动文化界开展抗日救亡斗争

上海是全国抗战文化的策源地和发祥地，中国共产党始终站在民族解放斗争的最前列，引领着上海抗战文化的斗争方向。2月3日，也就是一·二八事变爆发后的第六天，中国共产党负责上海文化界方面工作的领导人冯雪峰与鲁迅、茅盾、叶圣陶、郁达夫、丁玲、陈望道、胡愈之、胡秋原等43位文化名人联名发表了控诉日本发动侵略战争罪行的《上海文化界告全世界书》；2月7日，冯雪峰与鲁迅、茅盾、胡愈之、叶圣陶等129位作家联名发表《为抗议日军进攻上海屠杀民众宣言》；8日，冯雪峰再度与叶圣陶、巴金、郁达夫、田汉、夏丏尊等100余名全市有名望的著作家、思想家一起发起组织了上海著作者抗日会，建立起上海文化界爱国人士的抗日统一战线组织；为了加强中国共产党对著作者抗日会的领导，冯雪峰派35名党团员、左翼作家参加了这一组织，包括周扬、丁玲、谢冰莹、袁殊等人，这批年轻的充满活力的党团员和左翼作家，成为著作者抗日会的核心。

著作者抗日会成立后即发表了《致全世界著作者及文化团体书》，向全国民众和各国文化界揭露了日军侵略上海的罪行，号召大家为反对日本帝国主义侵略而团结一致，与日本帝国主义作一决死的战斗。著作者抗日会的主要任务包括：同上海各民众抗日团体联系，联合行动，支援十九路军；搜集有关战争的情报和抗日资料，译成外文向国际宣传，以争取世界各国人民对中国抗日的同情和支持；开展募捐活动等等。著作者抗日会的成员利用各种媒体和方式开展了大量形式多样、既有规模，又相当深入的抗日宣传活动，在鼓舞抗战军队士气和动员民众抗日援战方面，发挥了积极的作用：新闻特刊《烽火》在一·二八期间专门发行战时新闻，报道十九路军英勇抗战的事迹；邹韬奋主编的《生活》周刊大量刊登中国共产党团结抗日的主张，在社会上引起巨大反响，成为全国著名的抗日救国刊物；许多剧作家还纷纷深入抗战前线进行战地采访，写出了一批激动人心的战地报道和报告文学；著作者抗日会的成员还创作出大批以表现爱国主义和抗日救亡为主题的话剧、电影、歌曲、动画片、新闻纪录片，向国内外揭露日本帝国主义的侵略罪行。

在中国共产党领导下，上海抗战文化历经血与火的考验，成为反对日本军国主义斗争的锐利武器，在提升民族精神和民族凝聚力，推动军民团结抗敌、揭露和声讨日伪罪行、争取世界各国人民的支持等各方面发挥了重要的历史作用，上海遂成为全国抗战文化的强大中心。

五、组织学生开展抗日救国活动

一·二八淞沪抗战爆发后,上海各大中学学生在各校共产党员、共青团员和左翼团体成员的推动下和上海人民一起,冒着敌人的炮火,迅速掀起了支援十九路军抗战的热潮:在共产党地下党和共青团组织的领导下,同济大学医科学生吴仁三、张在青、彭哲、陶樵乐、戴儒馨等与中德医院医护人员一起组织红十字第六救护队奔赴前线,许多学生参加了学生义勇军,与十九路军并肩战斗①;暨南大学的广东籍学生(多数为党、团员)参加了上海民众反日救国联合会的士兵工作组,到前线用粤语向十九路军官兵做宣传鼓动工作;各校的党团组织率领留校的学生,组织募捐队,募款支援抗战和救济失业工人,交通大学党支部还筹款为沪西工人提供膳食,设立工人夜校,对工人进行抗日救国的宣传。

在抗日救国运动中,青年学生逐步提高了自己的觉悟,开始积极寻求抗日救国的道路。一个参加过抗日义勇军的学生后来回忆说:“许多学生在蒋介石断送一·二八抗战胜利、坚持对外投降、对内剿共的事实面前,认识到在国民党反动统治下,军队也不能救国。要挽救民族危亡,要使国家强盛,只有找共产党。1932年下半年起,我和许多有革命要求的进步学生,纷纷参加了党领导的反帝大同盟、社会科学者联盟、左翼作家联盟、教育工作者联盟。在党的领导下,积极参加抗日反蒋的斗争,我们在斗争中经受了考验,先后参加中国共产主义青年团,走上革命的道路。”②这是一·二八抗日运动取得的重大成就和收获。

六、结　束　语

在一·二八淞沪抗战中,由于当时国共两党处于敌对状态,国民党对中共及其领导的抗日救亡运动采取了取缔和镇压的政策,中共临时中央也正处于王明“左”倾冒险主义的错误领导下,这在一定程度上限制了中国共产党及其领导的革命队伍在抗战中的作用和影响,但中国共产党对抗战的态度自始至终都是非

---

① 《上海学生运动大事记(1919—1949)》,共青团上海市委、青年运动史研究室编,1985年,第152页。

② 《“一·二八”抗战中的复旦大学随军学生义勇军》,曾宪猷著:《“九·一八”和“一·二八”上海军民抗日运动史料》,第179—480页。

常坚决的，中国共产党的基层组织尤其是上海党组织和广大党员在极端困难的条件下，冲破重重障碍，发动和组织群众投入抗日斗争，初步显示了中国共产党及其领导的上海人民革命力量在抗日民族战争中的巨大作用，使这场战争最终演变成为一场声势浩大的军民联合反对日本侵略的民族自卫战，为唤起民族觉醒和推动上海人民的抗日救国运动做出了积极贡献。在尔后的反对日本帝国主义，争取民族独立和人民解放的英勇斗争中，中国共产党始终以鲜明的抗战态度和坚定的抗战意志成为支撑中华民族抗战希望和信念的中流砥柱，开启了中华民族走向伟大复兴的壮阔历程！

（《海峡两岸一·二八淞沪抗战史研讨会》入选论文，
2016 年 1 月 28 日）

国际社会与一·二八淞沪抗战

评美国对九一八事变和一·二八事变的态度

——兼析“史汀生主义”的提出及局限性

吴景平　赵　哲

众所周知，在1941年12月太平洋战争爆发前的整整10年里，美国政府对日本侵华采取了可称之为“史汀生主义”的立场，即：既不承认日本侵华行径及其后果的合法性，又不采取果断有效的措施从根本上制止侵略。这是包含了某些积极因素的消极立场。史汀生主义是1931年九一八事变后提出的，在一·二八事变后又加以某些补充。分析美国政府对九一八事变和一·二八事变的态度，有助于我们理解史汀生主义产生的原因、它的局限性和带来的后果，也有助于深入研究九一八事变后错综复杂的远东国际关系。

一

1931年九一八事变发生之初，美国政府一度认为，这不过是以往中日间小规模摩擦的重演，很快就会平息下去的。在9月19日的新闻发布会上，美国国务卿史汀生(H.L.Stimson)称：根据新闻媒介的报道和国务院收到的电报，这次事件显然是在沈阳的日本政府的代表未能控制住日本士兵而引起的，它不是中日两国政府间的冲突，只是下级人员之间的纠纷，因而并不涉及凯洛格公约和其他任何国际公约。有一位记者当场提醒史汀生：政府之间的冲突，通常起因于那些微不足道的小事。对此，史汀生表示：它(指沈阳事件)或许会发展成为涉及凯洛格公约或其他国际公约的冲突，但可以肯定，目前它还不是一国政府针对另一国政府的战争行动；国务院正关注事态的发展，然而从已得到的消息来看，没有任何足以表明已违反凯洛格公约的证据。①据此,美国政府当然不需要采取任何措施。

史汀生对九一八事变性质的乐观估计,很快就被日本军队在东北的扩张行动否定了。继9月19日晨占领沈阳后,日军又迅速侵占了东北三省的数十个城市。这方面的报告使美国当局颇为吃惊。9月21日,国际联盟秘书长德鲁蒙(E.Drummond)曾通过美国驻瑞士公使韦尔森(H.R.Wilson)了解史汀生对九一八事变的看法。次日,史汀生便电告德鲁蒙:显然,在经过充分准备之后,日本军队已朝着预定的战略目标,开始了广泛的扩张行动;美国国务院正关注着那里事态的发展,关注着是否出现涉及九国公约和凯洛格公约的事件和局势。②看来,史汀生对事态的严重性已有所觉察,三天前的乐观情绪已不复存在。就在当天,史汀生在向日本驻美大使出渊胜次提交的一份备忘录中,表达了美国政府对满洲事态的关注,提到了九国公约和凯洛格公约的适应性问题;并且明确指出:日本应为缓解局势承担大部分责任,因为日本军队占领并在事实上控制了南满地区。但备忘录又称:业已发生的事件并不是出于日本政府的意愿,希望日本政府和中国政府下达的停火令能够制止冲突,不再诉诸武力。③显然,美国对日军在中国东北的扩张行动已感到不安和不满,但寄希望于日本政府采取"明智"的立场,控制住在华日军。因此,美国当局竭力避免公开"刺激"日本政府。在9月22日国务院新闻发布会上,曾有记者提到对九一八事变应援引华盛顿公约和凯洛格公约的问题。但美国国务院发言人明确表示,美国采取"不介入的态度"。④

九一八事变爆发时,美国正深陷于世界性经济危机中。除了国内的经济与社会难题外,美国政府还面临着许多棘手的问题,例如:德国的战争赔款,原协约国欠美国的战债,与英国在关税、市场和货币等方面的矛盾,中美洲和南美洲的反美情绪,等等。这些正是胡佛(H.C.Hoover)政府最为关注的。至于正在形成中的战争策源地(特别是在远东),则完全没有顾及。因此,美国当局最初认为九一八事变只是无足轻重的局部摩擦,尔后又持"不介入"的态度,都不是偶然的。这既是在自顾不暇的情况下对远东局势一厢情愿的幻想,又是过高估计由国联

---

① 《美国对外关系文件》(Foreign Relations of the United States, Diplomatic Papers),1931年第3卷,第15—16页。凯洛格公约即非战公约,1928年8月在巴黎签署,亦称巴黎公约。

② 《美国对外关系文件》,1931年第3卷,第26页。

③ 《美国对外关系文件》,日本·1931—1941年第1卷,第7—8页。

④ 《美国对外关系文件》,1931年第3卷,第31页。

盟约、九国公约、凯洛格公约即非战公约构成的现有国际秩序的作用而导致的短视。

但是，南京国民政府却对美国积极介入中日冲突，持有极高的期望值。九一八事变发生后，南京政府在军事上采取不抵抗政策。在外交上，则诉诸国际联盟，要求根据国联盟约制止日军的侵略行径，并希望美国出面干涉。南京政府认为，美国虽然不是国联成员，但却是九国公约和非战公约的发起者，在华有重大经济利益，是“门户开放”政策的倡行者，决不至于对日本侵华坐视不顾。1931年9月19日，顾维钧曾在北平向美国公使詹森(N.T.Johnson)探询：美国能否根据九国公约和非战公约，召集有关国家讨论日军占领沈阳的行动。[①]9月20日，出席国联行政院会议的中国代表施肇基向美国驻日内瓦领事吉伯特(P.B.Gilbert)表示：中国认为，根据九国公约和非战公约所采取的行动，要比国联所能采取的行动更好一些，因为日本会利用其贸易地位影响欧洲国家；如果华盛顿当局能够采取行动的话，中国宁可不诉诸国联。[②]当然，顾维钧和施肇基都只是以个人名义向美方提出上述要求的。

1931年9月21日，中国驻美公使馆代办容揆代表南京政府照会美国国务院：“由于美国、中国和日本都是凯洛格公约的签字国，由于美国是该公约中神圣原则的首倡者；鉴于日本军队此次突然无故发动攻击并占领了中国一些城市，显然已经违背该公约；因此，美国政府应加以严重关注。中国政府紧急要求美国政府采取步骤，以维护远东和平，使和平解决国际纠纷的原则得到尊重。”[③]这是九一八事变发生后，南京政府首次向美国正式提出的要求。此外，中方向国联提出的各项呼吁，均以书面形式照知美国政府。

9月24日，史汀生电请詹森答复中国政府：“美国政府和人民十分不安地关注着过去几天里在满洲发生的事件。美国人民真诚地希望，在国际关系中应奉行和平的原则和手段。美国作为签字国之一的现存公约规定，在解决国与国之间争端时不得使用武力。因此，美国政府认为必须向中日两国政府表明：他们应使其军队停止任何进一步的冲突，根据国际法和国际协定的要求分别部署其部队，在解决他们的纠纷时，应避免采取可能损害和平的行动。”[④]同一天，美国将内

① 詹森致国务卿电(9月19日)，《美国对外关系文件》，1931年第3卷，第12页。

② 吉伯特致国务卿电(9月20日)，《美国对外关系文件》，1931年第3卷，第19页。

③ 《美国对外关系文件》，1931年第3卷，第24页。

④ 《美国对外关系文件》，1931年第3卷，第58页。

容完全相同的一份照会交与日本，以示公允。

美国政府的照会表面上看貌似公允，但实际上并没有指出九一八事变中究竟哪一方是侵略者，哪一方是被侵略者，尽管美方对此并非毫无所知，它同国联的立场最初是一致的。9月22日，国联行政院主席白里安(A.Briand)曾向中日双方提出：1.从速请求中、日两国政府停止一切行动，足使现在局势愈加严重或足以害及本问题和平之解决者；2.商同中日代表觅得适当办法，俾两国将各本国军队速予撤退，同时不妨碍各本国人民之治安，及其所有财产之保护。[①]

另一方面，对国联要求美国在解决中日冲突方面进行合作的呼吁，美国政府最初也持消极的态度。九一八事变发生后，国联两个主要成员英国和法国经过磋商后，曾拟出一个初步方案，即：呼吁中日双方同时撤兵，向冲突地区派出中立国观察员；在此基础上促成中日双方直接谈判。9月22日，英国驻美大使馆把上述方案照知美国国务院，称英法两国驻东京与北平的武官都将作为中立观察员前往东北，希美国予以合作。9月23日，国联秘书长德鲁蒙又表示，希望美国政府派代表列席国联行政院讨论中日冲突的会议。但美国对上述要求都未立即答复。9月30日国联行政院通过包括日本撤军、中国负责保护日侨生命财产安全等9项决议后，美国才决定派遣驻哈尔滨总领事汉森(G.C.Hanson)和国务院远东官员塞利伯瑞(L.E.Salibury)作为观察员前往南满地区。10月5日，史汀生在给德鲁蒙的复电中仍称：美国将努力支持国联所采取的措施，但美国将通过其在国外的代表独立地行动。[②]这实际上拒绝了派代表出席国联会议。显然，在解决九一八事变方面，美国起初并不打算同国联及英法等国进行合作。也就是说，美国当局尚不愿介入中日冲突。

二

美国公使詹森当时在北平关注事态的发展，他较清楚地看出了西方消极立场的危险后果。他曾于10月7日致电史汀生，主张美国应向日本政府施加压力，采取切实步骤以恢复中国对满洲的控制和行政主权。他指出：如果听任事态发展，“我敢断定，将在中国出现更严重的后果”。[③]

---

① 《中华民国政府外交部工作报告》(1931年9月)，《九一八事变》，中华书局1988年版，第422页。

② 《美国对外关系文件》，1931年第3卷，第117页。

③ 《美国对外关系文件》，1931年第3卷，第37页。

詹森公使的担心很快就成为事实。就在詹森发出上述电报的第二天，1931年10月8日日本飞机对锦州进行了轰炸扫射。这是九一八事变发生之后日军可能向关内进犯的第一个重大征兆。此后，美国政府对九一八事变的态度开始有所变化，即一方面与国联进行合作，另一方面向日本示以较强硬的态度。

美国政府获悉日机轰炸锦州的消息后，立即向国联表示，可以派代表列席国联行政院的有关会议。10月13日国联行政院以13票对1票(日本投反对票)通过了美国代表列席会议的决议。它标志着美国政府将在解决中日冲突问题上同国联进行合作。

美国当局也开始向日本方面表示较强硬的态度。10月10日，史汀生向日本大使出渊表示了对东北一系列事态发展的关注。10月12日，史汀生向出渊指出：日军的行动可能影响到世界的安全，并使美国采取相应的行动；美国考虑让吉伯特列席国联行政院会议，以此表示美国并不是同日本而是同世界其他国家站在一起。①10月24日，国联行政院通过决议，要求日本从即日起开始撤兵，于11月16日以前撤退完毕；要求中国切实保护在华日侨；俟撤兵完成后，中日两国开始交涉；设立调解机构解决中日纠纷。10月26日日方代表提出，只有在解决中日间悬案之后，日本才能撤兵。日方的这一要求遭到国联行政院主席白里安的否决。11月3日，史汀生通过驻日使馆照会日本政府：美国政府支持国联行政院9月30日和10月24日通过的决议，希望日本政府能遵守这些决议，不要为撤兵提出先决条件。②

然而，国联行政院的决议和美国的表态，都没能制止日本进一步扩大侵略。从11月初起，日军向齐齐哈尔发起进攻，并于11月19日攻占该市。国联行政院要求日本于11月16日撤兵完毕的决议，遭到了彻底的践踏。这引起了美国的不安。在得悉日军攻占齐齐哈尔的消息后，史汀生立即召见出渊大使，指责日本在满洲的北部、在远离南满铁路几百英里的地方发动军事行动，占领齐齐哈尔。史汀生明确表示："我只能认为，日本军队破坏了凯洛格公约和九国公约的条款。"他并指出，自九一八事变以来的两个月里，美国与日本进行过多次会谈，美国保留在适当的时候公布这些会谈文件的权利，即便这样做会引起美国公众对日本的强烈反感。③这是九一八事变发生后，美国政府第一次向日方指出日本违

---

① 《美国对外关系文件》，日本·1931—1941年第1卷，第23页。
② 《美国对外关系文件》，日本·1931—1941年第1卷，第35页。
③ 《美国对外关系文件》，日本·1931—1941年第1卷，第45页。

反了凯洛格公约和九国公约，反映了美国的态度有了较强硬的转变。

美国的数度交涉也没能使日本的侵略扩张有所收敛。1931年12月起，大批日军开始向锦州方面集结，并不断向中国挑衅。在锦州和辽西一带进行观察的美国驻华使馆武官，接连向美国政府报告锦州所面临的危急局势。于是，史汀生又数次召见了出渊大使，表明美方的观点。12月10日，史汀生向出渊指出：如果日本军以向锦州周围的中国军队发动进攻，美国将不容争辩地将其视作侵略行为。①12月23日，史汀生再度向出渊表示：如果日军进攻锦州，美国将认为日本方面在发动侵略。在近4个月的时间里，他一直保持着极大的耐心，但由于事态已经十分严重，他必须向日本政府和出渊大使本人阐明美国对整个事态的看法。②

应当指出，自1931年10月日本轰炸锦州之后，美国对九一八事变的发展有了较多的关注，开始同国联合作，并向日本表示了较强硬的态度。这表明，以史汀生为代表的美国政府的某些人士，已开始意识到日本在中国东北的军事行动有可能继续扩张，并引起严重后果。但是，美国与国联的合作以及向日本进行的交涉，都还是十分有限的。尤其在公开场合，美国仍尽量避免对日本进行直接的批评指责。

1932年1月3日，日军侵占了锦州。尽管美国政府对此有所思想准备，但仍感到十分震惊，认为必须有新的表态。

1月5日，史汀生在华盛顿分别约见了英、法驻美大使，向他们提出：由于日本占领了锦州，美国将分别照会日本和中国政府，希望英、法政府也采取相应的步骤。1月7日，史汀生通过驻日本大使福布斯(W.R.Forbes)和驻南京总领事贝克(W.R.Peck)，分别照会日本和中国政府：

> 中华民国政府于1931年9月18日以前在南满所有的行政权的最后残余，业已随同锦州附近的军事行动而遭受摧毁。美国政府仍继续信任近经国际联盟理事会授权的中立委员团底工作，定会帮助最后解决中日间现存的困难。但鉴于目前的局势及在此局势下美国本身的权利与责任，美国政府认为它有义务照会日本帝国政府及中华民国政府，美国政府不能认许任何事实上的情势的合法性，也不拟承认中日政府或其代理人间所缔订的有

① 《美国对外关系文件》，日本·1931—1941年第1卷，第59页。

② 《美国对外关系文件》，日本·1931—1941年第1卷，第60—61页。

损于美国或其在华国民的条约权利——包括关于中华民国的主权、独立或领土及行政完整,或关于通称为门户开放政策的对华国际政策在内——的任何一条约或协定;也不拟承认用违反1928年8月27日中日美均为缔约国的巴黎公约之条款与义务的方法而获致的任何局势、条约或协定。①

这份照会,就是后来被称为"史汀生主义"的最初表述形式。它代表了九一八事变后相当长的一个时期里,美国对中日冲突所持的基本立场。

史汀生主义的提出,是美日在华利益发生冲突的产物,反映了美国对日本在华进行军事扩张的极大不安。按照史汀生本人的说法,他是在仿效1915年日本向中国提出"二十一条"时,美国政府对中日两国的照会和声明。应当指出,史汀生提出上述照会时,日本在中国军事扩张的规模及引起的国际反响,都超过1915年日本提出"二十一条"时的情况。1932年1月8日,美国方面便公布了史汀生的照会。这也是九一八事变以来,美国政府公开发表的措辞最强烈的声明。

史汀生主义最鲜明的特征,就是"不承认主义",即不承认日本在华侵略扩张行径及其后果的合法性。作出这种"不承认"评判的依据,一是美国的在华权益,二是有关的国际公约,即1922年华盛顿会议的九国公约,以及1928年在巴黎签署的非战公约。这种双重的或二元的评判依据,并不能有机地统一起来。事实上,第一个依据即美国在华的权益,是决定美国对待中日冲突所持立场的最根本因素。

史汀生发出上述照会后,英国和法国政府并没有采取史汀生所希望的相应措施。同英法的纯粹消极观望态度相比,史汀生主义的公开提出仍有一定的积极作用,它一度使中国朝野颇受鼓舞,使日本当局感到不安。但是,史汀生主义最主要的局限,在于它仅仅停留在口头上与书面形式上,并不打算付诸积极果断的实际行动,从根本上制止侵略行为。1932年1月7日,中国驻美公使颜惠庆收到上述照会的副本时,曾向史汀生提出:由于国联的努力已经失败,希望知道美国下一步准备做些什么。史汀生当即表示,他并不认为国联已经失败,国联正在致力成立一个中立委员会,目前美国除了等待和观察之外,无法预计将会采取什么步骤。②同一天,史汀生向日本大使出渊表示:1.美国同日本在满洲的利益没有

① 《中美关系资料汇编》第一辑,世界知识出版社1957年版,第476页。
② 《美国对外关系文件》,日本·1931—1941年第1卷,第9—10页。

任何冲突；2.美国并不打算妨碍中日之间今后达成任何谅解，只要这些谅解不损害美国在中国的权利并且不违背凯洛格公约。①这番态度极为软弱的说明，大大削弱了“不承认”照会的积极作用。几天之后，日本政府向美方表示将“尊重”满洲的门户开放政策，美国当局也就心安理得地坐视中国局势进一步发展了。

当然，随着以后日本在华加紧侵略扩张，史汀生主义的内容也有了些新的补充，但其基本特征和局限性并没有改变。

三

1932年一·二八事变的爆发，使美国政府对待中日冲突的态度遇到了新的考验。

一·二八事变发生初始，美国政府首先考虑尽量避免同日本发生直接对峙。1月29日，詹森公使从北平急电上海美国总领事克宁翰（E.S.Cunningham），指示应避免采取会使美国卷入冲突的措施，并要求克宁翰劝说上海租界当局不要采取可能与日方对峙的步骤。②1月30日，史汀生也电请克宁翰转告在上海的美军司令官：美国政府希望尽可能通过理智的方式，避免美国军队与日本军队之间的冲突；应采取极大的克制态度，尽一切努力调解美国军队与别国军队之间可能发生的纠纷。③同日，史汀生又指示詹森和克宁翰：应尽量避免上海公共租界卷入中日之间的冲突；在与各国使节和中日官方代表会谈时，应表明美国在目前危机中将持公正的立场，我们将一方面保护美国人民的合法权利，另一方面将致力帮助冲突的各方尽快达成谅解。④

一·二八事变发生后，国联行政院设想向上海派出一个调查委员会，并希望美方派出代表参加。但美国政府以不是国联成员为由拒绝了。结果只是由英、法、德、意、挪、西等国的在华外交官组成了调查团。

美国政府希望以“公正”、“中立”的谨慎态度，来避免同日本发生直接冲突，希望事态不要扩大、尽早平息。但是，日本对上海这一远东最大国际都市发动的军事进攻，毕竟对西方各国在华权益，对以国联盟约、九国公约、非战公约等形成

---

① 《美国对外关系文件》，日本·1931—1941年第1卷，第8页。
② 《美国对外关系文件》，1932年第3卷，第97页。
③ 《美国对外关系文件》，1932年第3卷，第118—119页。
④ 《美国对外关系文件》，1932年第3卷，第120—121页。

的新的国际秩序，构成了较九一八事变更严重、更直接的威胁。对此，美国政府也不能熟视无睹，因而在事变发生后不久便迅速采取了一些措施。

美国首先向日本方面表示强烈不满。1月29日，史汀生通过驻日大使福布斯照会日本政府，指责日本军队进攻上海的中国居民区、商业区，“这极大地破坏了整个上海的和平，妨碍了这个通商口岸的商业活动，严重威胁着公共租界的安全”，要求日方立即停止在上海使用武力。①1月30日，史汀生在召见日本大使出渊时指出，日本在上海的军事行动，已经引起了“爆炸性”的局势，美国政府认为其责任在日本方面，并要求日方不得利用租界作为进攻中国军队的基地。②

美国政府还迅速向上海增派兵力。1月31日，美国海军亚洲区舰队的旗舰——巡洋舰“豪斯顿”号，以及6艘驱逐舰，从马尼拉美军基地调往上海。次日，又从马尼拉调遣1 400名士兵前往上海。这样，在上海的美军人数达到了2 800名。美方声称，这一行动不是威胁任何一方，而只是预防性措施，旨在保护上海地区美国公民的生命安全与合法利益，履行美国在上海、长江沿岸城市乃至中国其他地方的责任。③这是九一八事变爆发时未曾有过的措施。看来，上海地区燃起的战火，使美国政府感到坐卧不安了。

当然，美国增兵上海，绝不是准备站在中国一边，帮助中国军队抵御日本侵略。美国固然不能坐视日本在上海地区的军事扩张，听凭在华权益受到威胁；但美国政府准备采取的实际措施，只是想积极促成中日之间的停战谈判，使西方国家有重要利益的上海及长江流域免于战火。因此，在1月29日，美国驻上海总领事克宁翰和英国总领事白利南(J.F.Brenan)便出面调停，使中日双方达成暂时停火三天的口头协议。经与英、法、意驻华使节协商后，2月2日，美国驻南京总领事向中国方面提出书面照会，包括下列5条：1.中日双方停止一切冲突行动；2.双方不得为进一步的敌对行动作任何动员或准备；3.中日军队撤出目前在上海接触的各个地区；4.在中日军队之间设中立区域以保护公共租界，由中立国人员任该区域警备，各领事馆官员决定有关安排；5.在中立国代表的观察或参与下，为解决两国间的一切纠纷而谈判。④当天，南京国民政府还从英、法、意方面收到了相同内容的照会。美国驻日大使福布斯则向日本政府递交了上述照会。

---

① 《美国对外关系文件》，日本·1931—1941年第1卷，第165页。

② 《美国对外关系文件》，日本·1931—1941年第1卷，第167页。

③ 《美国对外关系文件》，日本·1931—1941年第1卷，第169页。

④ 《美国对外关系文件》，1932年第3卷，第168页。

南京国民政府除了进行有限制的、不宣战的军事抵抗之外,“交涉”是其解决一·二八事变的方针的重要组成部分。“交涉”即采用外交方式,但不再是撇开日本、单独诉诸国联,而是寄望于美、英等国的介入之下,与日本进行停战谈判。因此,对美、英等国的照会迅速作出了积极反应。2月2日夜里,外交部长罗文干便复照美方,表示接受停战谈判的建议,但提出把原照会中的“中立区域”改为“和平区域”、“中立国”改为“第三国”。①2月3日,罗文干再次照会美方,希望有关大国的代表不仅“观察”而且应“参与”中日谈判。②总的来看,南京政府完全接受了美、英等国提出的停战条件。

日本方面起初企图凭借军事优势直接压垮中国方面,拒绝了美、英的停战谈判建议。从2月初起,日本向中方大举进攻,将侵沪兵力增至10余万人。2月中旬,美、英曾试图再次调停中日冲突。在克宁翰、白利南的安排下,国民政府军政部次长陈仪、陆军步兵学校校长王俊在上海同日本领事进行和谈接洽,但因日方态度十分强硬,谈判无从继续。

美国不愿意直接卷入中日之间的军事冲突,这是毫无疑问的。但美国政府却对日本在华的肆意军事扩张深感不安,认为九国公约和非战公约正面临重大考验,美国在华权益受到严重威胁,对华政策正遇到挑战。尽管美国还不准备直接采取实际行动来制止日本的军事扩张,但却不得不作出新的强硬表态。于是,史汀生在1932年2月23日致美国参议院外交委员会主席波拉(W.E.Bolah)的信中谈道:

> 近时在中国发生的事件,特别是由满洲开始而延展到上海的战斗,不但不能指出对上述条约(指九国公约和非战公约——引者)加以修改的适宜性,相反的,更使人确信,忠实遵守条约中条款对于所有关心远东的国家是有极大的重要性的。在这里且不用究问争端的根源,或对于不幸而被牵入的两个国家分派其过失之大小,因为不管原因或责任如何,显然,不容置疑,一个在任何情况之下都不能与这两个条约的义务相调和的局势已经发展了,如果这两项条约曾被忠实地遵守着,这样的一个局势便不可能出现。……我们看不出有何理由放弃这些条约所包含的开明原则。我们相信这些条约如

① 《美国对外关系文件》,1932年第3卷,第187页。

② 《美国对外关系文件》,1932年第3卷,第193页。

果被忠实遵守着，现在的局势便可能已经避免了。我们没有得到任何证据可以指明恰当地遵守条约会妨碍这些条约的签字国及其人民在华正当权利之充分保障。

本年1月7日，本政府依照总统的训令，正式照会日本和中国，本政府不能承认任何影响我们政府及人民在华权利的任何局势，或任何该两国所订立的违反此等条约条款的条约或协定。如果世界其他各国政府能作一个类似的决定，并采取一个类似的立场，则不啻对这种行动加以法律上的否认，这样，我们相信，必将有效地阻止了此后以压力或破坏条约的方法所获得的任何名义或权利之合法性；而且这样，一如过去历史所昭示，最后必将使中国被剥夺的权利及名义得以回复。①

1932年2月24日，美国政府公布了史汀生的这封信。并将它转给了国联秘书长、中日两国政府及英法等国政府。该信不仅重申了1月7日“不承认”照会中的主要观点，而且作了进一步阐释。信中最重要的观点，一是明确指出了中国局势恶化的原因，在于未能“忠实地遵守”九国公约和非战公约；二是呼吁其他国家作出与美国“类似的决定”、采取“类似的立场”。该信没有点名指责日本，但攻击锋芒明显指向日本的侵华行径。2月25日，史汀生向英国驻美大使林德赛(R. C.Lindsay)谈起该信的主旨时指出：尽管美国同中日两国都有着友好关系，但他不能无视如下事实，即在目前的冲突中，总的来看日本的立场是错误的，根据驻华公使詹森的报告，日本开始宣称要重新考虑九国公约的合法性，并要求在中国的五个城市设中立区，如果其他大国对这种论调不予以反驳，中国就会出现义和团那样的反抗，美国、英国和其他外国人在华的安全就会受到威胁。史汀生并且表示，国联行政院或国联大会完全可在其报告中提出制裁日本，例如禁运，这种制裁并不会导致战争，但对日本这样的国家十分有效；他在1月7日的照会和致波拉参议员的信中，实际上已经提出应对日本进行制裁。②可见，史汀生致波拉信的发表，实际上是史汀生主义中积极因素的发展，表明一·二八事变爆发后美国对日本侵略扩张的危害性已有进一步的认识。

即便如此，美国仍主要寄希望于其他大国对中日冲突公开发表声明，对日本

① 《中美关系资料汇编》第一辑，第479页。
② 《美国对外关系文件》，1932年第3卷，第440—442页。

造成压力,迫使日本停止在华军事扩张。美国当局并不考虑率先采取任何积极的实际行动,只是准备促成大国介入下的中日停战谈判。

四

从1932年2月底起,中日在上海地区的军事冲突出现了和平解决的转机。由于遭到中国军队的顽强抵抗,日军虽一再增兵、付出重大伤亡,仍未获得明显优势。另外,国际舆论对日本的压力却越来越大。要从上海着手对中国进行长期并且必然演变成全面的战争,日本当时还没有作好各方面的准备。因此,在美、英方面的调停下,中日代表在上海会晤。由于日方坚持中国军队必须首先后撤20公里,不同意双方同时停火撤兵,会晤未取得进展。但是,这次会晤本身标志着日本方面(特别是军方)的态度起了微妙变化。

2月29日,国联行政院通过决议,要求在上海召集有中日双方及有关列强的代表参加的停战会议,恢复上海和平。①这是一·二八事变后,国联作出的第一个要求中日双方在大国代表参与下进行停战谈判的决议,体现了区分上海问题和东北问题、先行解决上海问题的原则。

在国联行政院通过上述决议的当天,美国驻瑞士公使韦尔森即向国联秘书长德鲁蒙表示:美国政府很高兴置身于恢复和平的努力,将指示在上海的代表同其他大国的代表进行合作。②3月1日,出席国联会议的日本代表佐藤宣布接受国联的建议。但是,日军却于3月2日和3日接连在上海向中国军队猛烈进攻。美国认为这表明日本缺乏和平解决上海问题的诚意。3月3日,史汀生向日本大使出渊严厉指责日方一面宣称接受国联决议、一面继续扩大军事行动的做法。他指出:在上海的美国公民以往一直非常安全,自从1月29日日军到达上海并与中国军队交战后,情况就完全不同了。在这种情况下,美国代表不能出席在上海召开的会议。③同日,史汀生还电告詹森和克宁翰,美国暂时不要参加上海会议,因为不能使这一会议达成对中国不公正或强化日本侵略的结果。④

由于国联对上海停战谈判相继作出了新的决议,美国政府又决定予以合作。

---

① 《中华民国外交部报告》(1932年3月4日),《九一八事变》,第601—602页。
② 《美国对外关系文件》,日本·1931—1941年第1卷,第204页。
③ 《美国对外关系文件》,日本·1931—1941年第1卷,第206页。
④ 《美国对外关系文件》,日本·1931—1941年第1卷,第208页。

3月4日,国联大会通过决议案,重申国联行政院2月29日的决议,要求中日双方在上海实现切实停火,并在列强代表的协助下进行谈判,制订停火及日本撤军的办法。3月11日,国联大会再次通过决议,宣布"凡用违反联合会盟约之方法,所取得之地位条约及协定,联合会会员均不能承认之";重申3月4日通过的关于在上海切实停战及日军撤退的决议;决定成立以国联大会主席为首的十九国委员会,专门负责解决上海问题,并至迟在5月1日前向大会提出第一次报告书。①在美国政府看来,国联在中日冲突问题上已逐渐采取同美国相近的积极立场。因此,史汀生除了指示詹森和克宁翰参加上海会谈外,还于3月12日致电德鲁蒙,对国联大会采取的行动表示赞赏和支持。

中日上海停战谈判,是在美、英、法、意驻华使节的直接介入和参与下进行的。其中,美国公使詹森和英国公使蓝普森(M. W. Lampson)所起的作用尤为突出。

3月14日,在詹森、蓝普森等人的居间调停下,中国外交部次长郭泰祺和日本驻华公使重光葵开始了预备性会谈。重光葵要求把1月28日上海市长吴铁城关于制止排日运动的允诺,作为开始谈判的先决条件,遭到郭的拒绝。詹森则提出,这只能作为中方主动提出的行动,不能作为停战谈判的先决条件。当天双方议定下列草案:1.在达成进一步的解决之前,中国军队留驻其现在的位置;2.日本军队撤退至公共租界和虹口的越界筑路,一如1月28日事变之前。但考虑到待容纳的日军人数,有若干部队可暂时驻扎于上述区域的毗邻地带;3.成立包括中立国成员的共同委员会,以监督双方撤军。草案还规定,停战谈判中不得提出其他原则性问题;如根据上述3点达成协定,中方将自行实施1月28日承诺的各点。②上述3条后来成为正式达成的停战协定的主要内容。

3月19日,郭泰祺和重光葵再次会晤,詹森、蓝普森、法国公使韦礼德(H.A. Wilden)、意大利使馆代办齐亚诺(G.Ciano di Cortellazzo)出席了会谈。会谈对5天前议定的草案作了补充:对中国军队留驻地区、部分日本军队暂时驻扎地区所产生的疑问,由参加共同委员会的大国代表查明之;共同委员会将协助安排撤退的日本军队和接管的中国警察间的移交事宜;共同委员会设12名委员,中日两国政府及美、英、法、意驻华使团各派文武官员代表各1人;委员可任用必要数量

---

① 《中华民国外交部报告》(1932年3月),《九一八事变》,第604—606页。

② 詹森致国务卿电(1932年3月15日),《美国对外关系文件》1932年第3卷,第584—585页。

的助手;所有关于程序的事项将由该委员会决定;委员会的决定以过半数为通过;委员会主席有投决定票之权,主席由友邦代表委员中选举产生。①这些补充内容突出体现了美英等大国的代表在一·二八事变的善后问题上,将起到决定性的作用。这些内容后来被列为正式协定的附件。

美国政府十分关心中日谈判的结果,力图在会谈过程中施加影响。

美国国务院在中日正式会谈前夕拟订了一份秘密文件,具体列出了美方应力图使中日双方各自作出的承诺和让步。根据该文件,中方应作出下列承诺:1.在上海特别市范围内(包括公共租界和法租界),凡属于中国司法管辖的任何人,如以暴力或可能发展为暴力的方式进行反日或其他排外活动,便将受到起诉;2.如现行中国法律,尚不足以阻止用暴力或可能发展为暴力的方式进行的反日或其他排外活动,中国政府将立即颁布适用于上述区域的补充性法规;3.将指示中国司法当局严格施行有关法规;4.在上海特别市范围内,不得有官方参与或支持的反日、排外活动;5.上海特别市的管理,将完全转至以市长为首的中国行政当局职责权限之内;6.任何中国军队不得进入上海特别市范围之内,但在某种紧急情况之下和有限期间,经上海领事团多数成员同意,上海市市长可以允许一定数量的中国军队进入上海地区。

中国作出上述承诺之后,日本方面应承诺:1.日本军队立即撤出上海地区,但若干日军可留在公共租界和越界筑路地区,对上海其他外国军队守卫租界进行合作;2.自 1932 年 1 月 28 日之后日军占领的中国地区,将立即交还有关中国当局;3.自 1932 年 1 月 28 日之后日军占领的公共租界和越界筑路及设施,将立即交还公共租界当局。②

总之,在中日停战谈判正式举行之前,美国设想的结局是:上海将成为中立化的特殊地区,中日两国将不可能在上海发生新的军事冲突,美英等西方大国的利益将不会再受到威胁。上述各条的拟订,表明美国政府想以积极的态度参与上海停战谈判,而不仅仅是消极的旁观者。

1932 年 3 月 24 日起,中日停战会谈在上海英国总领事馆正式举行。中方代表为郭泰祺、戴戟、黄强,日方代表为植田谦吉、重光葵、岛田繁太郎、田代皖一郎。各大国代表詹森、蓝普森、韦礼德、齐亚诺(由使馆秘书代)出席了各次会谈。

① 詹森致国务卿电(3 月 19 日),《美国对外关系文件》1932 年第 3 卷,第 610 页。

② 代理国务卿卡尔致詹森电(1932 年 3 月 19 日),《美国对外关系文件》1932 年第 3 卷,第 607—608 页。

在约一个月的会谈期间,中日代表之间歧见纷起,差距很大。中方主张依据国联的各有关决议,以会谈前议定草案中的三点为基础,特别坚持停战协定必须明确规定日本撤军的期限。日方则节外生枝,提出与停战撤军无关系的政治问题,试图对以后中国军队的行动严加限制,并要以恢复常态、保障日侨安全为撤退条件,不肯接受对日军撤退期限的明确规定。会谈曾数度濒于破裂。

美国政府对于上海停战会谈的情况十分关注。每次谈判结束后,詹森便将具体情况电告美国国务院。另一方面,美国国务院又多次指示詹森对会谈应持的态度。美国政府最关心的是避免会谈破裂,力争尽早达成协定。3 月 31 日,美国国务院就中日双方的分歧电告詹森:最重要的问题,是立即达成上海停战协定,以缓解上海的紧张局势;电文并对相应条款文字的修订提出了意见,要求詹森同蓝普森一起,在谈判中发挥"个人作用",去影响中日双方的代表,接受合理、现实的建议。①以后,美国国务院还多次把对停战协定具体条款的意见电告詹森。

在上海,美国政府主要通过詹森对停战谈判的进程施加影响。詹森除了直接参加中日各次会谈外,还分别与中日代表进行私下磋商,居间斡旋,力图消弭双方的分歧。他更多的是先同蓝普森协商,然后对中日间的意见分歧提出修正方案。往往出现这样的情况:会谈过程中,蓝普森提出意见,詹森即表示支持;反之亦然。另外,四大国代表就中日停战会谈向国联十九国委员会提出的报告,也是由詹森和蓝普森先行协商,再听取法、意方面的意见。

国联则根据美、英、法、意四国代表的报告,进一步通过了有关的决议。4 月 19 日,国联十九国委员会提出了上海停战协定的草案,并于 4 月 30 日在国联大会获得通过。

1932 年 5 月 5 日,中日代表签署了《上海停战及日方撤军协定》。②协定规定,自即日起上海地区停战生效,日军应在 1 个星期内开始撤退,于 4 星期内撤退完毕;对中国军队的留驻范围作了严格限定,并主要由美、英、法、意的代表来监督中日军队的撤退。毫无疑问,对中国而言,这是个丧权辱国的协定。但在美国看来,这个停战协定的签署使上海租界避免了战灾,阻止了日本在长江下游地区的军事扩张。美国公使詹森以见证人之一的身份在协定上署名。美国驻上海总领事克宁翰又被选为监督中日撤兵的共同委员会的主席。

---

① 《美国对外关系文件》,1932 年第 3 卷,第 653—654 页。

② 详见《中外旧约章汇编》第 3 册,三联书店 1962 年版,第 884—886 页。

上海停战和日本撤兵,确实与美国的"不承认"主义和积极介入有关;也与国联较为果断地作出相应决议,以及美国同国联的较密切的合作,有着一定的联系。

这似乎是史汀生主义的胜利。

但是,如果比照九一八事变后东北局势的恶化,如果联系上海停战协定签署后若干年里日本对中国日甚一日的侵略扩张,我们就会得出不同的结论。

史汀生主义所昭示的,是维护第一次世界大战结束后逐步确立起来的远东国际秩序,这种国际秩序的基本原则体现在九国公约和非战公约之中。九一八事变和一·二八事变的具体导因和实际状况固然有所不同,但东北和上海都属于中国领土。日本入侵东北和进犯上海都违反了国际法的基本准则,都是对九国公约和非战公约原则赤裸裸的践踏,同时又都违背了国联盟约的规定,这是世人有目共睹的。而由国联提出、美国大力支持和参与的解决一·二八事变的方案,割裂了东北问题与上海问题的关系,实际上只求与列强权益密切相关的上海问题的先行解决。这种做法,显然将列强在华权益置于国际公约的原则和权威之上了。从全局和长远的观点看,单凭"不承认"的照会和国联的决议,即使再加上一纸协定,并不能改变日本侵占中国领土的现状,也无法遏制日本独占中国的野心和进一步的侵略行径。事实上,就在上海停战谈判酝酿期间日本一手炮制的伪"满洲国"便正式出笼了。而在侵沪日军撤出浏河、嘉定、南翔、罗店等上海近郊地区的同时,东北的日军已推进到山海关附近地区了。在以后的几年里,中国的领土主权屡遭侵犯,九国公约和非战公约的原则一次又一次地被践踏,美国和其他西方国家的在华权益受到更严重的威胁。

无论是史汀生主义还是整个的美国远东政策,正一步步地走入日益狭窄的死胡同。这就是研究美国对九一八事变和一·二八事变的态度所得出的基本结论。

(本文原载《抗日战争研究》,1993年第3期)

英国与一·二八事变

王宇博

一

第一次世界大战结束后，帝国主义国家之间的争斗和角逐首先在远东和太平洋地区展开，使远东问题在现代国际政治中居突出位置，而中国问题则为其核心。英国"是唯一在远东拥有较大利益的欧洲国家"①。然而，大战严重地削弱了英国，加速了其衰落的历史进程。这迫使英国政府将对外政策的基调从不断扩张转向维持现状，避战求和，维持既得利益。在这种指导思想下，英国远东政策的主要目标是努力维护华盛顿体系所确立的远东现状，维持和发展在此的利益和势力。在中国，面对咄咄逼人的日本，英国在华推行的政策是针对日本的防御政策，以防日、限日和避免与日本发生冲突为主要内容。

1931 年 9 月 18 日，日本关东军在中国东北制造了震惊中外的九一八事变，并不断扩大事态。对于日本的侵略行径，英国作出的反映是冷淡的，它认为："由于英国在满洲……的利益明显少于(英国)与日本保持坦诚关系的益处，因此，它(东北问题)是(英在华政策的)次要内容。"②而且，"如果我们激怒了日本，我们的利益就要遭到特别严重的损失。"③所以，"我们卷入纠纷是不明智的。"④另外，由于英国在华利益主要分布在长城以南地区，特别是在长江中下游流域，而在东北

① M.H.Bailey, "Britain and world Affairs in the Twentieth Century", London, 1971, p.54.

② Rohan Burler, "Documents on British Foreign Policy, 1919—1939", Second Series Vol.IX, London, No.21.

③ Rohan Burler, "Documents on British Foreign Policy, 1919—1939", Second Series Vol.IX, London, No.120.

④ Roger Louis, "British Strategy in the Far East, 1919—1939", Oxford, 1971, p.180.

的利益是微不足道的,因而,日本的侵略未对英国在华利益构成严重威胁和压力。在这种情况下,英国以帝国主义的目光来审视中日之争。前驻日大使蒂利写道:“日本视满洲对自己的重要性就像英国看待爱尔兰或埃及一样。”“日本深深感到它无法把过剩人口送到澳大利亚、加拿大或加利福尼亚。因此,对日本在满洲的行为还是不过多批评为好。”①外交部远东问题顾问普拉特声称:“满洲置于日本的保护下比受中国军阀(张学良)的蹂躏更好。……它(日本)的行为不同于……一般的侵略举动。”②在英国,特别是政界和舆论界,亲日势力强大。这些人在看待中日冲突时,不是区分谁是侵略者,谁是被侵略者,而是认为中国贫困虚弱,而日本国势坚挺。因此,弱肉强食,天经地义。

虽然,英国也考虑过要“限制日本的过分要求,”但是,英国对事变持消极和不过问的态度,而且,处处偏袒日本,亲日倾向明显。它希望这场风波能在有限的范围内自行平息,不至于影响远东现状,以致损害英在华利益。这是对日本侵略行径的姑息,客观上起了放纵日本的作用。然而,日本为了转移国际上对其强占中国东北的视线,并取得进攻中国内地的新基地,达到迫使国民党南京政府屈服的目的,于 1932 年初,不断在上海寻衅破坏,制造事端,日本“浪人”到处为非作歹。1 月 28 日,日本借所谓“日本和尚事件”,在上海闸北,分兵三路,向中国军队发起进攻。我第十九路军在总指挥蒋光鼐和军长蔡廷锴的指挥下,奋起抵抗。一·二八事变(又称“上海事变”)爆发。

二

上海不仅是中国的经济中心,也是西方、特别是英国在华利益的中心。以 1929 年为例,英国在华企业投资为 197 961 800 英镑,其中 151 527 500 英镑集中在上海。另外,在上海,还住有 4 000 英国侨民。③日本在本不属于其势力范围的上海的侵略活动“将改变长江流域的全部形势”,并首先直接威胁到英在华利益,这使英国大为震惊。英国政府已明确意识到日本的“冒险政策远远超出了我们迄今为止所估计的那样”④。1 月 29 日,外交大臣西蒙致信首相麦克唐纳:“我在

---

① Roger Louis, “British Strategy in the Far East, 1919—1939”, Oxford, 1971, p.175.

② Rohan Burler, “Documents on British Foreign Policy, 1919—1939”, Second Series Vol.IX, London, No.216.

③ 雷麦:《外人在华投资》,商务印书馆 1962 年版,第 304 页;A.Clayton, “The British As A Supperpower, 1919—1939”, Macmillan, 1986, p.254.

④ C.Thorne, “The Limits of Foreign Policy: The West. The League and The Far Eastern Crisis of 1931—1933”, London, 1972, p.238.

思想上已不怀疑日本正在推行一个野心勃勃的计划，如同它们在满洲一样。而且，它将说，海军的激进分子在上海失去了控制，就像陆军在满洲失去了控制。"① 就连素以强烈亲日而著称的驻日大使林德利也对日本外相说："作为日本的一位老朋友，我已对整个形势感到惊讶。"② 2 月 1 日，普拉特预测："如果日本继续未受到抑制，英国将被迫从远东全部撤出。"③在英国，舆论界对日本的指责也达到高峰。另外，尽管日本先后出动的陆海空总兵力超过了在占领中国东北时的兵力一倍以上，但由于第十九路军英勇顽强的抵抗，日本折兵损将，日军原定计划被彻底粉碎。在上海，一方面第十九路军虽未得到政府的增援，但得到了全国各界民众的支持和声援，士气高昂；另一方面，日本不断向上海派遣军队，以图挽回败局。战场上的僵持局面使战事大有扩大和恶化的趋势，这对外国在华利益极为不利。2 月 4 日，驻华公使兰普森致电西蒙："上海事变正迅速由一场中日冲突转变为一桩直接关系到其他列强利益，特别是我们自己和美国……的事件。"④此时此刻，"战斗被视为对西方财产、生命和利益构成的一个主要威胁。"⑤

根据上述情况，为了使英国在沪利益免受威胁和破坏，英国改变了前一阶段在日本侵略东北时奉行的消极政策，采取了较前强硬的方针和一系列积极主动的措施，其既定政策是："(a)中日停止敌对，(b)敦促日军撤离，(c)促成战争的最终结束，(d)在上海地区恢复和平状态。"⑥表现在：

一、英国对一·二八事变作出了迅速反应。1 月 29 日，西蒙以较强硬的口吻训令林德利会见日本外相，要求日本政府对日军进攻闸北一事作出解释，还要林德利"强调……英国政府的严重关切"，"英国不可能默认将国际租界作为从事进攻的基地，……英国强烈抗议日军已严重危及外国生命财产的行动，并要求日

① Rohan Burler, "Documents on British Foreign Policy, 1919—1939", Second Series Vol.IX, London, No.153.

② Rohan Burler, "Documents on British Foreign Policy, 1919—1939", Second Series Vol.IX, London, No.155.

③ Rohan Burler, "Documents on British Foreign Policy, 1919—1939", Second Series Vol.IX, London, No.238.

④ Rohan Burler, "Documents on British Foreign Policy, 1919—1939", Second Series Vol.IX, London, No.307.

⑤ C.Thorne, "The Limits of Foreign Policy: The West. The League and The Far Eastern Crisis of 1931—1933", London, 1972, p.225.

⑥ Rohan Burler, "Documents on British Foreign Policy, 1919—1939", Second Series Vol.X, London, No.51.

本政府采取有效步骤,加强对那些军队的控制。"①同一天,英国驻沪总领事布伦南也向日本领事发出了抗议照会。

1月31日上午,英国内阁召开紧急会议,作出了"为了保护其侨民和外国社团的生命财产免受极为严重的威胁,派遣增援部队前往上海"②。从1月30日开始,就已有英国陆海军陆续到达上海。2月5日,英国皇家海军中国分舰队旗舰"肯特"号抵沪,海军中将H.凯利统领所有驻沪英陆海军。在上海,英国提出在国际租界地以外地区建立中立区,再三反对日本向上海派遣增援部队,阻止日本援军利用国际租界作为登陆据点。英国还拒绝了日本提出在中国各通商口岸城市周围建立非军事区的建议。

二、尽管对美国抱有种种疑虑,但是,英国明确地意识到"目前最重要的是尽可能与美国协调一致",因为,英国认为仅凭英国的一国之力无法阻挡日本在远东的扩张,只有与美国合作,才有可能遏制日本。西蒙"希望在支持道义的原则上,获得与美国的合作"③。英美合作的前提是双方在上海有着"同样的目的",即,为了使各自在沪生命财产免受破坏,主张"停止上海的战争"。④虽然,双方在许多重大问题上有着严重分歧,诸如东北危机与上海事变之间的关系问题等等,但英国总是尽量不公开双方的不一致。一·二八事变爆发伊始,英国一度因曾在事变前多次拒绝与美国合作,而对英美在上海问题上合作成功与否感到渺茫和悲观。然而,美国的积极反应使合作告成。英国在采取行动前,基本上都主动通报美国,并邀请美国采取同步或联合行动。美国也基本上能积极响应英国。3月1日,在日本的策划下,伪满洲国成立。对于日本这种违反国联盟约和九国公约的行为,英国决定接受美国提出的"不承认主义"。3月11日,根据西蒙的建议,国联特别会议通过正式决议,重申了盟约第十条,即尊重成员国的领土完整和政治独立以及和平解决争端的原则。⑤英国的这一举动不仅有助于"继续密切英美间现存的合作"⑥,而且,对日本也是一个打击。

---

① Rohan Burler, "Documents on British Foreign Policy, 1919—1939", Second Series Vol.IX, London, No.154.

② Rohan Burler, "Documents on British Foreign Policy, 1919—1939", Second Series Vol.IX, London, No.208.

③④ Rohan Burler, "Documents on British Foreign Policy, 1919—1939", Second Series Vol.X, London, No.9.

⑤ F.S.Norsthedge, "The League of Nations-Its Life and Time, 1920—1946", Leicester University. 1986, p.157.

⑥ Rohan Burler, "Documents on British Foreign Policy, 1919—1939", Second Series Vol.X, London, No.19.

三、在中日之间积极进行斡旋和调停。1月29日,布伦南已与美国总领事一起在中日间开始了调停活动,但一直未能奏效。于是,英国决定派遣兰普森去上海全力开展调停活动。2月12日,西蒙对美国国务卿史汀生说:“我们要有一位最适合的人在场,他(指兰普森)是一位非常好的中国事务问题专家。”①次日,兰普森抵沪。他极尽纵横捭阖之能事,周旋于中日之间。起初,日军对于以英美为首的列强所进行的调停工作持蛮横的态度。2月21日,兰普森向西蒙详细电告了调停工作经过,承认调停失败,并把失败归咎于日本对调停工作的“毫无诚意和对中国的野心”②。3月初,第十九路军停火并撤退。英国又抓紧时机进行调停。经过两个月充满曲折的谈判,终于促成中日在5月5日达成《淞沪停战协定》。7月17日,驻沪日军“已根据停战协定,完成了撤退”③。长江中下游的紧张气氛终得缓和。

三

一·二八事变的平息是多方面因素促成的。英国主动和积极的干预是其中重要因素之一。英国利用舆论、国联和与美国的合作,通过调停等外交手段,给日本造成了相当大的压力,使日本开始对时局产生了危机感。日本内政大臣牧野伸显说:“如果我们在上海失败了,则直到现在的满蒙问题也将统统化为乌有。”高桥藏相说:“如果在各国中孤立了,是否连迄今苦心经营的满蒙结果也会丢得一干二净?真是令人不胜担心。”④

对于英国而言,调停的成功和《淞沪停战协定》的签订无疑是一次值得弹冠相庆的外交胜利。有些学者把一·二八事变爆发后英国对日政策称为“标志着英国政策对日态度的一个转折点”⑤。其实,这种提法大为言过其实。纵观1月28日至5月5日,从英国的言行中,可清楚看出,英国的政策不仅保持着第一次

---

① Rohan Burler, “Documents on British Foreign Policy, 1919—1939”, Second Series Vol.IX, London, No.423.

② Rohan Burler, “Documents on British Foreign Policy, 1919—1939”, Second Series Vol.IX, London, No.536.

③ Rohan Burler, “Documents on British Foreign Policy, 1919—1939”, Second Series Vol.X, London, No.536.

④ 〔日〕信夫清三郎:《日本外交史》下册,商务印书馆1980年版,第570页。

⑤ Ian Nish, “Angle-Japanese Alienation, 1919—1952”, Cambridge University. 1982, p.16.

世界大战以来的要点，即，关心和维护英国的物质利益，而且保留了九一八至一・二八期间的主要内容，如努力避免与日本发生冲突。帝国主义的立场和殖民主义的观点仍是此时英国对日政策或远东政策的基点。一・二八事变刚一爆发，英国首先关心的是在沪英国利益和侨民是否安全。许多英国官员偏袒日本，敌视中国，对 1927 年中国的反英运动耿耿于怀，认为，九一八以来得到政府支持的中国的抵制日货运动使日本在经济贸易上受到沉重打击，因而，招惹来了日本的"报复行为"。他们还把一・二八期间日本的侵略行径类比为 1927 年英国镇压中国反英运动，强调其"合理性"和"正义性"①。布伦兰在 2 月 9 日写道："日本的胜利……将会把中国军队赶出上海。另外，进一步的战斗会在距租界地有一段安全距离的地方发生，……我对拯救中国没有兴趣。"②外交部远东事务副次官威利斯利甚至认为："日本的行动会有助于敦促中国对外国人权益的尊重。"③2 月 17 日，西蒙在内阁会议上说："从租界地的安全角度来看，很明显，最好是日本获胜，而不是中国。"④英国对日本的不满是一个帝国主义国家对另一个帝国主义国家不遵守瓜分规则，把触角伸进别人的势力范围而产生的"愤怒"，1 月 31 日，英国《观察家报》写道："我们原谅日本在满洲的行动，但是……任意进攻所有的国际利益都汇合在那里的上海，则是另一个问题。"

英国对张牙舞爪的日本心存恐惧，顾虑重重。一・二八事变爆发后，这种情况尤为明显。林德利对东京的战争气氛感到害怕，说他自己"如生活在疯人院中一样"，⑤担心西方的干涉可能使孤立的日本实行"国际共产主义"。英国外交部认为："西方越与日本对抗，它胡作非为的危险性就越大。"这种恐惧心理主要表现为：一方面，英国对日本的扩张感到不安。2 月 1 日，普拉特在一份外交部备忘录中写道："只有武力才能遏制日本。最终，我们将面临在与日本交战或从远东撤出之间进行选择。"⑥由于英国在远东军事力量薄弱，"在远东，我们仅有少量的

---

① Rohan Burler, "Documents on British Foraign Poliay, 1919—1939", Second Series Vol.IX, London, No.120.

② Rohan Burler, "Documents on British Foreign Policy, 1919—1939", Second Series Vol.IX, London, No.390.

③ Rohan Burler, "Documents on British Foreign Policy, 1919—1939", Second Series Vol.IX, London, No.239.

④ C.Thorne, "The Limits of Foreign Policy: The West. The League and The Far Eastern Crisis of 1931—1933", London, 1972, p.262.

⑤ Ian Nish, "Anti-Japanese Alienation, 1919—1952", Cambridge University. 1982, p.16.

⑥ Rohan Burler, "Documents on British Foreign Policy, 1919—1939", Second Series Vol.IX, London, No.319.

海军力量，……不具备防御条件。”①因此，“英国深深地关切着英国国民在上海的利益。”②财政大臣张伯伦在2月20日担心地写道：“如果我们与日本陷入真正的争吵，它会为了试图把我们赶出黄浦江，将我们的船只一艘接一艘地从水面吹走。”③3月11日，林德利说：“如果我们与日本纠缠，它会没有限制地损害我们在远东的利益。”④另一方面。英国害怕日本退出国联。日本的侵略行为遭到国际舆论的强烈谴责。在国联，“日本代表可以说一直坐在被告席上经历着苦战恶斗。”⑤于是，日本扬言要退出国联。英国驻国联代表塞西尔认为这是日本对舆论指责和制裁问题进行的恫吓性威胁。然而，这引起了英国的不安。因为，如果日本退出国联，将使英国不仅在国际政治舞台上失去一个同盟者，而且，还意味着日本将不再受诸如《九国公约》《凯洛格非战公约》《国联盟约》等国际条约的约束，这将危及到远东华盛顿体系的稳定。因此，英国一面告诫日本：“日本要退出国联……的想法被认为是愚蠢的”⑥，一面在国联压中国及中小国家的反日呼声，反对国联行政院讨论上海问题，以减轻对日本的压力和刺激。在国联，英国外交官、国联秘书长德拉蒙德“几乎与日本人一模一样，而且，为了使中国屈服，(他)持续不断地对中国施加压力，……甚至连他最友好的朋友都为他极度担忧”⑦。

上述因素对英国的对日政策产生了直接影响，具体体现为：英国只急于平息上海的战争，以稳定局势。3月2日，普拉特提醒英国应注意不要“陷入比我们估计要深的水中，而感到遗憾”，认为“只要日本停止敌对，就不会再有特殊危险了”⑧。虽然，英国也承认一·二八是九一八的继续和发展，但它反对把两个地区的问题联系起来一并解决。从主观动机而言，英国出于殖民主义的立场，认为日

---

① C.Thorne, “The Limits of Foreign Policy: The West. The League and The Far Eastern Crisis of 1931—1933”, London, 1972, p.266.

② Rohan Burler, “Documents on British Foreign Policy, 1919—1939”, Second Series Vol.IX, London, No.238.

③ C.Thorne, “The Limits of Foreign Policy: The West. The League and The Far Eastern Crisis of 1931—1933”, London, 1972, p.262.

④ Rohan Burler, “Documents on British Foreign Policy, 1919—1939”, Second Series Vol.X, London, No.78.

⑤ 猪木正道：《吉田茂传》，上海译文出版社1984年版，第103页。

⑥ Rohan Burler, “Documents on British Foreign Policy, 1919—1939”, Second Series Vol.IX, London, No.483.

⑦ C.Thorne, “The Limits of Foreign Policy: The West. The League and The Far Eastern Crisis of 1931—1933”, London, 1972, p.286.

⑧ Rohan Burler, “Documents on British Foraign Poliay, 1919—1939”, Second Series Vol.IX, London, No.554.

本使东北的经济走上了繁荣，而中国却要破坏这种繁荣。因此，九一八以后日本在东北的行动是“合法的”、“正义的”。而在上海，日本是想要控制全中国。如果不加以限制，英国在华利益就要受到毁灭性打击；如果日本在远东占了优势，英国的工商业将处于不利的境地。从客观现实来看，日本对东北的占领和控制已成既成事实，难以改变，何况东北与英国的直接利益甚少。而在与英国利益至关重要的上海，中日抗争正在进行，鹿死谁手尚不明朗，英国的经济利益和侨民生命一直处在战火的威胁下。因而，英国主张将上海问题与东北问题分开处理，将上海问题放在首位，①担心“如果把满洲（问题）放在第一位。结果势必使日本在对待上海问题的态度上也强硬起来”。②英国外交当局认为将两地联系起来处理是“不明智的”，林德利警告道：这会造成“两落空的结果”③。对于东北问题，英国是漠不关心的，只打算把它交给李顿调查团去处理，甚至一度企图想通过“接受满洲的溥仪来换取上海的和平”，以牺牲中国东北来保障它在上海利益的安全。英国此举正中日本下怀。④

再者，英国始终反对制裁日本，阻挠国联对日采取强硬政策，以免激怒日本和卷入纠纷。一·二八事变爆发后，制裁问题再次提出。当时，对于日本来说，以英美为首而联合起来的经济制裁有可能使日本经济濒于崩溃，迫使它停止对华侵略。可是，威利斯利在 2 月 1 日写道：“我们远东政策的成功和我们经济利益的繁荣在很大程度上有赖于日本的好感。……与日本对抗，除了严重损失外，只会一无所获……。如果禁运（即经济制裁）政策失败，其结果势必是外交关系的公开破裂，这会足以证明对我们的远东利益是灾难性的。”⑤在公开场合下，英国强调制裁必须是首先要包括美国在内的联合行动。可是，2 月 9 日，当美国准备对日本进行经济制裁和撤回驻日大使，并要求英国予以合作时，英国则使用诸如“这几乎不会产生任何效果”之类的外交辞令回绝了美国。这无疑助长了日本的气焰。

---

① Rohan Burler, “Documents on British Foreign Policy, 1919—1939”, Second Series Vol.IX, London, No.634.

② Rohan Burler, “Documents on British Foreign Policy, 1919—1939”, Second Series Vol.IX, London, No.458.

③ Rohan Burler, “Documents on British Foreign Policy, 1919—1939”, Second Series Vol.IX, London, No.469.

④ 〔日〕信夫清三郎：《日本外交史》下册，商务印书馆 1980 年版，第 571 页。

⑤ Rohan Burler, “Documents on British Foreign Policy, 1919—1939”, Second Series Vol.IX, London, No.620.

英国在华对日政策在一·二八事变前后是有区别的。从全局上看,英国始终在表面上表现出“不偏不倚”、“公正、中立”的姿态,在行动上,“不惜一切代价避免卷入纠纷”。但从局部而言,在上海地区,英国的政策趋向于积极和主动。

在九一八事变至《淞沪停战协定》签订这一段时期中,英国对日奉行着以防御为主的政策。然而,一·二八事变爆发前,它表现为消极防御性,其后,则为积极防御性。造成这一转变的主要原因是出于对英国在华利益的考虑。普拉特在1月31日曾对英国在远东的处境作过这样的分析:“如果我们与日本对抗……英国在远东的利益会是十分令人担忧的……。如果我们袖手旁观,任凭日本没有阻碍地在中国为所欲为,英国的贸易利益会因日本的狂妄和中国的憎恨而遭受到严重损害。日本居统治和优势地位、并可能蔑视英国的远东将不是有利于英国贸易和工业发展的地区。”①因此,英国既定政策的基本方针是:“致力于在远东建立一个新的更稳定的国际关系体系。为了在这一时刻到来时发挥我们的作用,我们应保持我们的地位。不允许我们的权益以及我们已建立起的位置受到违约行为的损坏。”②执行这一方针政策的唯一方法是由英国出面,单就上海问题进行“和平调解”。3月中旬,当中日谈判已如履薄冰般进行时,“英国政府的态度是尽一切代价,继续执行和解政策。”③

这一时期,英国在中国的唯一目的是尽可能通过外交途径遏制日本在华东地区的扩张,防止英国在华利益受到破坏。而对于中国的主权和中国人民的利益,英国却漠然视之,甚至时常以此作为与日本进行讨价还价的筹码。《淞沪停战协定》就是这种政策的产物。对于中国,这个协定是丧权辱国的。可是,在中国政府无意抗战的情况下,英国的这种政策在客观上在遏制日本对上海的侵略及缓和因日本入侵而在华东地区出现的紧张气氛方面,它起了虽非关键但却重要的作用。这对羽毛尚未丰满的日本侵略者来说,可谓是一大警告。塞西尔事后感慨地说:如果英国在九一八事变以后就采取这种政策,以后的事就不会发生了。

(本文原载《江苏社会科学》,1993年第6期)

① Rohan Burler, “Documents on British Foreign Policy, 1919—1939”, Second Series Vol.IX, London, No.216.

② Rohan Burler, “Documents on British Foreign Policy, 1919—1939”, Second Series Vol.IX, London, No.534.

③ Rohan Burler, “Documents on British Foreign Policy, 1919—1939”, Second Series Vol.X, London, No.78.

一·二八事变后国际联盟的调处活动评析

刘建武

从一·二八事变爆发到中日淞沪停战协定签字,国际联盟在解决中日冲突中曾起过重要的作用,并为举世所瞩目。这是研究一·二八事变不可忽略的一个重要方面。

一、国联行政院的调处与上海战火的停止

九一八事变后,日本侵占我国东北,不仅严重破坏了中国领土主权的完整,也损害了英美等国的在华利益,破坏了远东均势。美国对日本侵占东北采取"不承认主义"态度,国际社会也普遍谴责。日本为了转移视线,减少其在制造伪满洲国时来自国际上的压力,进一步试探国联及英美等国在"中日问题"上的态度,并迫使南京政府完全屈服,日本军国主义决定在中国经济政治中心和英美利益最为重要的上海燃起战火。

就在上海局势一触即发的危急关头,国联行政院第66届理事会议①,于1932年1月25日在日内瓦召开。参加会议的各国代表均把注意力集中于远东,中国政府也把解决上海危机的希望寄托于各国的干预。会议一开始,中国驻国联首席代表颜惠庆就报告了日军在上海的新暴行,指出"华南亦岌岌可危矣",要求行政院采取有力措施制止日本的侵略。②会议主席(法国代表)保罗·彭古指出:由于日益严重的上海情势,行政院要求中日两国代表速请本国政府,采取各

① 国联行政院理事会由包括中国和日本在内的14个理事国组成。

② 罗家伦主编:《革命文献》第39辑,台北,1966年出版,第2435页。

种方法，制止上海危机。[①]

上海是西方列强在中国的经济中心，它集中了英国在华投资的约80%，美国的约60%，法国的约90%，意大利的约70%。[②]日军在上海的不断挑衅引起列强的关注。美国政府[③]警告说："日方在租界内之军事行动，毫无理由，殊难予以宽恕。"[④]它同英国政府接洽，准备共同采取强硬态度。各国驻沪的领事也纷纷表示，如果日方不停止暴行，"将请各国军舰军队共同合作，以对付外来之横暴"。[⑤]

可是，列强各国的严重警告，对日本军国主义者都无济于事，日本仍按照其既定的侵略计划，于1月28日晚发动了对上海的大规模军事进攻。事变爆发后，国民政府在组织有限军事抵抗的同时，把解决事变的希望主要寄托于国联及列强各国的"主持公道"，于29日紧急照会美、英、法、意、比等九国公约签字国，强调：日本对上海的进攻，除违反国联盟约及非战公约外，对华盛顿九国公约更是直接的践踏。为了防止事态的进一步扩大和履行九国公约的神圣义务，敦请九国公约各签字国"速采有效之手段，严正制止日本在中国领土内之一切军事行动，以及违反该公约之一切其他行动，稗使公约之尊严，与远东之和平，均得维持"。[⑥]同一天，国民政府还照会国联秘书长德鲁蒙，请求国联按其盟约，除在九一八事变后已被引用的第11条外，再引用盟约的第10条和第15条[⑦]来处理"中日纠纷"，以便"采取一切适当及必要之行动"。[⑧]

应中国政府的请求，国联行政院于29日举行的第6次会议上讨论了中国的提案。在会上，日本代表佐藤坚决反对引用盟约新条款，声称日军的行动完全是出于"自卫"。对此，行政院主席保罗·彭古明确表示："国联两会员国政府间之困难，其解决之方，不应违反国际义务，尤不应违反盟约第十条各会员国相互尊重领土完整及政治独立之义务。""违背上述义务而求解决之办法，予以赞同，必

---

① 《一周国内外大事述评》，《国闻周报》第9卷第6期。

② 参见军事科学院军事历史研究部著：《中国抗日战争史》上卷，解放军出版社1991年版，第220页。

③ 美国虽然没有加入国际联盟，但实际上对国联的行动一直存在着重大的影响。

④⑤ 《引起国际纠纷之上海日人骚动》，《国闻周报》第9卷第6期。

⑥ 《国民政府外交部为日军进犯上海致九国公约各签字国照会》(1932年1月29日)，南京《中央日报》，1932年1月31日。

⑦ 国联盟约第10条规定：各会员国负有荐重并保持其他会员国之领土完整及政治独立之责任，以防御外来之侵犯。如遇此侵犯，或有此种侵犯之任何威胁或危险之虑时，行政院应寻求履行此义务之方法。盟约第15条第9款规定：应争议双方之任何一方请求，行政院须将争议移送国联大会处理，大会亦应受理。惟此项请求，应于送交行政院后14日内提出。

⑧ 〔美〕韦罗贝编、薛寿衡等译：《中日纠纷与国联》，商务印书馆1937年版，第194页。

不可能。”[①]他不点名地谴责了日本破坏国联盟约的侵略行径。但国联行政院最后不分侵略者与被侵略者，同时向中日双方发出紧急呼吁，要求两国政府采取“避免作危及生命与造成一不可挽救情势之进一步举动”。[②]在30日举行的第7次会议上，行政院通过了国联秘书长所提出的解决中日争端的具体办法，即由英、美、法、意、德、西、挪七国驻沪领事联合组成一个共同委员会(即领事调查团)，就上海事变的原因及最新的发展情况及时向国联报告，以供行政院采取进一步行动时参考。

对于国联和西方列强来说，上海和东北是不一样的，因为英、美等国与上海有着巨大的利益关系，日军在上海的大规模进攻，严重威胁着西方列强的在华利益。因此英美等国对日本采取了较九一八事变时远为强硬的态度。为了向日本施加压力，1月30日，英国命令取消远东军队的返回令，使驻沪英军人数达到2 800名，黄浦江中的英国军舰终日升火，处于战备状态。同一天，美国驻马尼拉的亚细亚舰队开赴上海。31日，美国海军又派两艘驱逐舰分别抵达南京和芜湖。随后，法国和意大利也采取了同样行动，向日本炫示自己在远东的军事实力。

然而，英、美等国增兵上海，并不是有意支持中国军队对日军的抵抗，而是要日本尽快回到谈判桌上来，促成中日两国停战，避免在西方列强有重大利益的上海及长江流域燃起更大的战火。在列强增兵上海的同时，各国驻沪领事人员的斡旋活动也在加紧进行。美国驻上海总领事克宁翰和英国驻沪总领事伯瑞南，于1月31日约请中日双方代表在英国领事馆商讨避免战祸办法。他们提议：日军让出越界筑路线及附近地带，由英美军队暂行代为维持秩序，以待解决；中国军队亦稍向后撤，以免冲突。对此，日本总领事村井以“护侨”为由，予以回绝。最后在英美的斡旋下，中日双方达成了暂时停火3天的口头协议。[③]

2月1日，美国国务卿史汀生与英国首相麦克唐纳在越洋电话中商得了上海停战办法。第二天，英、美、法、意4国遂联合向中日双方提出立即停止战争的5项建议，其主要内容是：1.中日双方立即停止各种冲突行动；2.双方此后不得再为进一步的敌对行动作任何的动员或准备；3.双方军队退出彼此接触之地区；4.在中日军队之间设立中立区域，以保护公共租界，并由中立国军警驻防，具体办法

---

① 《中日纠纷与国联》，第195页。

② 《日军攻沪国际震动》，《国闻周报》第9卷第7期。

③ 中国社会科学院近代史所中华民国史研究室编：《中华民国史资料丛稿——大事记》，第18辑，中华书局1989年版，第26页。

由各国领事共同拟定;5.中日双方应在中立国代表的观察与参与下,立即无条件地开始停战谈判,以解决现存之各项纠纷。①

一·二八事变后,中国政府奉行的是所谓"交涉与抵抗并行"的两面政策。1月29日,蒋介石手定的对外政策便是:"一面预备交涉,一面积极抵抗。"②所以,国民政府一方面表示,"我们决定不签字于丧权辱国的条件,同时决定对日本的侵略行为,要予以抵抗";另一方面又表示,"我们并不主张对日绝交",也"不主张对日宣战","中国此时应联合签约各国,以制裁日本"③,即所谓"运用外交方法,要求各国履行其条约上之责任"。④事实上,中国政府组织的军事抵抗是有限的,是把解决事变的希望主要寄托于英美等国及国际联盟的调解。因此,国民政府对英美等国于2月2日提出的上述5项"和平提议"立即表示欢迎。2月4日,国民政府公开表示:除将"中立区域"及"中立国"字样改为"和平区域"及"第三国",并"热望各友邦与其以观察者之资格,不若以参与者之资格,参与将来之商议"外,完全接受"提议",并"严格遵行"。⑤上海市长吴铁城说:英美等国"所提出之五项办法,为沈案(即九一八事变)发生以来,我国所希望而不得者"。前任外长顾维钧也认为,"四国提议正予我国解决本问题之绝好机会"。⑥这说明,中国政府希望利用西方列强的干预,把上海问题与东北问题联系起来一并解决。国民政府外交委员会在讨论列强"调停"问题时,强调"东三省问题实国难之始,而非国难之终,故须决定方针求整个解决","此刻亟应乘此机会谋整个之解决,如认本问题成为局部化,则调停各国将于上海事件有相当之结束时,必借此下台"。⑦外交部当即将此意电告日内瓦中国代表团,要求他们"竭力主张中日事件为整个问题,东省事件与沪案绝无分开之理"。⑧

而日本政府对于英美等国的5项建议,一方面表示对上海并无领土野心,亦无侵害他国权益之意,不反对在闸北设立中立区的谈判,另一方面又声称,为了

---

① 《英美等国为"调停"日本侵沪事致国民政府外交部照会》(1932年2月2日),国民政府外交部档案。

② 秦孝仪主编:《中华民国重要史料初编——对日抗战时期》绪编(一),1981年台北出版,第431页。

③ 《汪兆铭谈南京国民政府迁洛之原因及经过》(1932年1月31日),《国闻周报》第9卷第7期。

④ 《国民政府就日本入侵上海国民政府移驻洛阳办公发表宣言》(1932年1月30日),《国闻周报》第9卷第7期。

⑤ 《国民政府外交部接受英美等国提出停战条件之复照》(1932年2月4日),南京《中央日报》,1932年2月5日。

⑥⑦ 《外交委员会讨论关于英国"调停"的会议记录》,1932年2月6日。

⑧ 《中华民国外交部工作报告》(1932年2月份),中央档案馆等编:《日本帝国主义侵华档案资料选编——九一八事变》,中华书局1988年版,第600页。

"自卫","日本政府必须保留其军队行动之完全自由",要求日本"放弃敌对之行动或准备,为不可能",并强调上海问题与东北问题为两事,国联的调处只能限于上海,而不能涉及东北。①更为严重的是,日方还节外生枝地提议在上海、汉口、天津、广州、青岛各大通商口岸划一个宽 15 至 20 英里的不驻兵区。②同时,日本继续增兵上海,兵力达到 10 万人,并破坏与第十九路军达成的停战 3 天的协议,再次向闸北发动新的攻势,还在东北占领了东省特区——哈尔滨。

中国代表因国联行政院调处的软弱无力及盟约第 15 条第 9 款的时间限制,于 2 月 12 日致函国联秘书长,要求行政院将中国提诉的案件移交国联大会处理。这时参加国联的各小国的代表也纷纷谴责国联的软弱无能,要求采取更为积极的行动。同时,驻沪的领事调查团亦迭次向国联报告日军的种种新暴行,并强调:"采取攻势,完全在于日方。"③但日本拒绝了英美等国提出的停战谈判建议,致使上海战火愈燃愈大。鉴于形势的发展日趋严重,国联行政院不得不进一步采取强硬态度。2 月 16 日,行政院的 12 个理事国(中、日两国除外)向日本政府发出了紧急警告书,指出:日本作为国联盟约、九国公约及非战公约的签字国,本应恪守其一切义务与责任。但是,日本未能充分运用条约所规定的解决方法,对数月以来的事件负有"特殊责任";而"中国自冲突发生于其领土之初,即将其案情,提交国联会处理,并允接受国联会和平解决之建议,此同人不得不承认之者";它警告日本,"侵犯国联任何会员国领土完整,及变更其政治独立者,国联会员皆不能认为合法有效"。④这个警告书是自九一八事变后国联第一次对日本侵略中国的公开谴责,表明国联与日本的矛盾进一步加深。

日本对抗 12 国的紧急警告书。日本驻国联代表佐藤当即表示"绝对不能承认",并在 19 日行政院举行的第 12 次会议上声称:中国完全是一个"无组织、无政府的国家",国联盟约不能适用于这样的国家,所以国联要求日本由上海撤兵,"即使日本放弃其一切权利、利益之防护,日本绝对不能同意"。⑤为了与国联对抗,侵沪日军司令植田谦吉及驻沪日本总领事村井仓松于 18 日分别向第十九路军军长蔡廷锴和上海市市长吴铁城发出最后通牒,提出中国军队于 20 日下午 6

---

① 《中日纠纷与国联》,第 299 页。

② 《国民政府外交部长罗文干对于日本侵略上海发表谈话》(1932 年 2 月 8 日),《国闻周报》第 9 卷第 7 期。

③ 《中日纠纷与国联》,第 305 页。

④ 《革命文献》第 39 辑,第 2450—2451 页。

⑤ 《革命文献》第 39 辑,第 2456—2457 页。

时以前在日本飞机的侦察下自第一线向公共租界东西各撤退20公里，并永久废除吴淞炮台及其他军事设施等6项无理条件，声称：如不实行，“日本将对贵军不得已采取自由行动，其结果所生一切责任，应由贵军负之”。[①]中国代表颜惠庆当即将日本所发最后通牒一事告知国联，“敬请行政院依据盟约所赋予之权力，立即考虑并实行保障之方法”。[②]对此，行政院主席只得恳求日方延长最后通牒的时限，以便双方重开谈判来解决纠纷。为了缓和日方造成的紧张气氛，英法代表还向日本表示：12国的紧急警告书“并非对日本之一种判决”。[③]但日本代表对国联的劝告毫不理会，于23日正式照会行政院，颠倒是非、强词夺理地把中国说成“侵略者”，日本反成了所谓的“受害者”，是迫不得已在中国行使“合法之自卫权”；指责国联“不明真相”地把责任归罪于日本，认为12国的紧急警告书“完全为无稽之谈”，此警告书“应向中国之侵略军队提出，并须含有若干具体计划……方能收效”。[④]

自日军发动对上海的侵略后，十九路军在全国人民的支持下，进行了英勇顽强的抵抗，使日军死伤达万余人，仍无法实现其迅速占领上海的野心。于是，日本一面决定再调两个师团迅速“解决上海事件”，一面派松冈洋右到沪，企图联络各国领事同日本一起向中国提出在上海周围划设缓冲区的要求，以便日本“体面”下台。

2月28日，在英国东方舰队司令克莱的斡旋下，日本代表野村吉三郎、松冈洋右等在英国旗舰坎特号上，同中国代表黄强、顾维钧等进行了非正式会晤，并达成了和谈的5项要点：1.双方同时撤退；2.不要求在吴淞或狮子林炮台永久不设军备；3.中日合组委员会，由中立国观察员参加，监视双方撤兵；4.撤退区域仍由中国当局行使职权，并由中国警察执行警务；5.华军撤至真茹，日军撤至租界及越界筑路，然后华军撤至南翔，日军撤到舰上。[⑤]对于这个停战办法，中国政府于第二天即声明接受，而日方为了最后获得在谈判桌上的有利地位，不顾上述协议，继续增派援军，复向中国军队发起全面进攻。

为了尽快结束上海战争，推动中日和谈的进行，国联行政院于29日举行第

---

① 张蓬舟主编：《近五十年中国与日本》第1卷，四川人民出版社1985年版，第289页。

②③ 《中日纠纷与国联》，第311页。

④ 《中日纠纷与国联》，第320页。

⑤ 《国民政府外交部为日军在浏河等地发动总攻宣言》(1932年3月2日)，南京《中央日报》，1932年3月4日。

14次会议，保罗·彭古提议在上海立即召集由中日双方及各国代表组成的“和平会议”，并制定了进行和谈的纲领，其主要内容为：“（一）日本无政治或领土之企图，无意在上海设立日本租界，或增进其独享之利益；（二）中国出席会议，基于公共租界及法租界安全完整之必须保持，于商订办法之下，稗此等区域及其居民免受危险。”[①]国联行政院制定的这个和谈纲领对恢复中国的领土主权只字未提，其根本目的在于“立刻恢复上海和平”及列强在华利益免受威胁。但由于这个和谈纲领限制日本的侵略，中国政府遂表示接受。日本由于这时已达到了掩护伪满洲国成立的目的，也想趁机结束旷日持久的战争，所以，日本政府也以“希望维持并巩固上海之国际性质”，同意在沪举行圆桌会议。[②]但日本为了进一步争得谈判有利地位，于3月1日又发动了全线进攻，并在浏河登陆。同一天，日本还正式宣布伪满洲国成立。而十九路军终因后援不继，被迫于3月1日撤退至黄渡、方泰、嘉定、太仓之第二道防线，2日撤至真茹一线。3日日军进占上海以西嘉定、南翔一带。日军得手后，于3月3日，即国联大会开会之日宣布停战。

这样，持续月余的淞沪战事渐趋缓和。国联行政院第66届理事会调处上海事变的活动也宣告结束。根据中国代表的提议，行政院按照盟约第15条的规定将中日纠纷转交国联大会继续调处。

二、国联特别大会的召开与上海停战撤兵决议的通过

中国为了更有效地通过国联之手制止日本的侵略，于2月12日就正式请求行政院将中日纠纷移交国联大会处理。日本代表虽坚决反对，但被行政院12理事国一致决定将中日纠纷提交国联大会讨论，并确定在3月3日召开大会。

随着日军在华侵略的不断扩大，美国政府深为不安。2月23日，美国国务卿史汀生以给参议院外交委员会主席波拉信的形式，申述了维护中国门户开放政策及九国公约、非战公约的重要性，表示美国政府“不能承认任何影响我们政府及人民在华权利的任何局势，或任何该两国所订立的违反此等条约条款的条约或协定”。他希望，“世界其他各国政府能作一个类似的决定”，在法律上否认“以压力或破坏条约的方法所获得的任何名义或权利之合法性……使中国被剥夺的

① 《国民政府外交部“白皮书”》第30号，1933年9月出版。

② 《革命文献》第39辑，第2475页。

权利及名义得以恢复”。[①]随即,美国政府将这封信转交给国联秘书长、中日两国政府及英法等国。这封信不点名地指出日本负有侵略中国和破坏条约的责任,并要求国联及英法等国采取与美国相同的立场。同时,美国政府还决定派代表出席即将召开的讨论中日问题的国联特别大会,希望促成中日双方的停战谈判,早日结束上海战争。当时,美国虽非国联成员,但由于它自身的强大实力和在国际事务中举足轻重的地位,对国联的行动一直有着极为重要的影响。

3月3日,约50个国家的代表参加的国联大会在日内瓦召开,美国出席日内瓦军缩会议的全体代表也列席了会议。大会开始后,中国代表颜惠庆以沉痛的心情首先向会议报告了九一八事变以来,日军在华疯狂侵略,破坏国联调解,混淆国际视听的严重事实,以及中国政府接受国联调解的努力经过。颜惠庆“请求大会就力量所及,先行阻止在华之一切敌对行动,并促侵略军队撤退;次再在行政院决议及盟约精神之范围内,觅求和平解决整个中日争议之方法”。[②]日本代表松平恒雄一方面表示,此次会议的召集没有什么意义,并把日军对上海的侵犯归咎于中国“抵制日货”、“虐待日侨”等。同时,松平说:如果日本所控制区域内的日侨及公共租界的“危险解除”,日军即可停止战争并撤退。他拒绝会议讨论满洲问题。[③]

3月4日,大会主席希孟(比利时外长)提出关于上海停战与举行和谈的议案:中日两国政府令军事当局颁布停战令,立即为有效之实行;建议中日双方代表,经各关系国家海陆军代表之协助,应即进行会商使决定停战,并商洽日军撤退办法。[④]对此议案,日本代表松平却提出了先决条件,他说:“维持治安及秩序,暨保护日侨生命财产,为实行撤兵前吾人所必须坚持之条件。”[⑤]日方的这个撤军条件,引起了与会者的不满,大会遂通过决议,要求日本在上海无条件撤军,否决了日方提出的撤军条件。这是国联对日的又一次强硬态度。

国联大会从3月5日至8日对九一八事变后“中日冲突”进行了三次公开讨论。各弱小国家代表纷纷谴责日本的侵略行径,给中国以同情和支持。他们对日本破坏国联盟约、九国公约和非战公约,公然侵犯中国领土主权的行径进行了

① 《中美关系资料汇编》第1辑,世界知识出版社1957年版,第479页。
② 《中日纠纷与国联》,第257页。
③ 陈觉:《“九一八”后国难痛史》下册,辽宁教育出版社1991年版,第1338页。
④ 《国联的生死关头》,《国闻周报》第9卷第10期。
⑤ 《中日纠纷与国联》,第322页。

谴责。如哥伦比亚代表指出:任何国家无权占领他国领土,不得用军事侵占来胁迫被侵略国家接受直接交涉,不得以"保侨"为名而派兵侵入他国,要求大会于必要时宣布谁是侵略者。墨西哥代表强调:凡侵犯他国主权者,决不应宽恕,对一切侵略和干涉行为必须制止。乌拉圭代表说:不能以其他会员国组织未臻完善为借口,而侵犯其权,请求国联主持正义,以维护弱小国家的利益,否则各小国家的代表何必参加国联!他们还批评国联在调处中日纷争过程中软弱和偏袒日本,希望国联采取切实行动,制裁侵略者。巴拿马代表指责行政院关于九一八事变的巴黎决议违反了盟约精神,因为盟约并无承认迁就侵略的既成现状的原则。挪威代表声明:国联的责任不应只是向当事国提出建议,如果任何一方不接受或不尊重它的建议,则应按盟约的规定采取实际行动。芬兰代表希望大会不要再做一个消极的观望者,而应尽其所能,以求解决。海地代表建议大会应扫清一切对于中国的"狡猾歧视",诸如"无组织的国家"等诬蔑不实之词。这些发言,使日本在国际上孤立,道义上受到公正谴责。大会一致通过(中日两国未参加票决)决议,重申了国际联盟的有关规定,再次强调各会员国领土完整,政治独立的原则,重申"彼此间所有一切争执,以和平手续解决之义务";"如由任何一方用武力压迫,借以觅取中日争执之解决,实与盟约精神相违背",其"所得之地位条约及协定,联合会会员均不能承认"。决议还重申了 3 月 4 日大会通过的无条件停战撤兵决议,同时指出:"联合会会员在上海租界有特殊利益之国家……于必要时通力合作,以维持撤兵区域之治安";决定成立以大会主席希孟为首的 19 国委员会①,代表大会处理中日纠纷,监督并报告九一八事变以来国联历次决议的执行情况,以实现"停止战争及缔结协定,使上海战争切实停止,并规定日军撤退各事项"。②这个决议认为,不论是"上海问题"还是"满洲问题"都适用于盟约第 15 条。它虽然没有明确规定日军撤退的日期,但要求 5 月 1 日大会再行集会前必须提出第一次工作报告。如果日本对这个决议案,还是像过去那样拒绝执行,并继续战争的话,那么,就意味着盟约第 16 条(即实行经济制裁)的自然生效。显然,这是国联对日本所施加的新压力。

对于这个决议,中国代表颜惠庆于 3 月 13 日奉国民政府之命,通知国联大

---

① 19 国委员会亦称 19 人委员会,由国联行政院除中日双方以外的其他 12 个理事国的代表及 7 个小国的代表联合组成。

② 《中华民国外交部工作报告》(1932 年 3 月),《日本帝国主义侵华档案资料选编——九一八事变》,第 604—606 页。

会主席表示接受,并对中国所“坚持之一切原则”均已列入决议“表示感谢”。同时,他对这个决议又作了3点解释性说明:“(一)在军事压迫下不得解决一节,即先撤兵而后交涉;(二)全体会员国有将纠纷提交和平解决之义务,是卸除中国对事态之责任;(三)会员国对违反盟约所造成之局面等情,不予承认一节,当然包括傀儡政府在内。”①13日日本陆军省发表宣言,对这个决议一方面表示“决不接受”,同时又表示愿意停战,进行谈判。②

这样,国联调处中日冲突的中心便从日内瓦转移到了上海的停战谈判桌上。

三、上海会谈与《淞沪停战协定》的签字

国联大会休会后,19国特别委员会同驻沪之英、美、法、意等国外交人员联络,讨论上海停战及撤兵等问题。

3月9日日本公使通过英国公使转告中国方面:日本“准备依据三月四日国联会议决议案条文,与中国当局开始谈判”。③中国则通过美国公使答复日方:中国准备与日本谈判,但谈判必须坚持以下两条原则:1.此项谈判仅限于有关停战及日军完全撤退之事件;2.撤退不得附带任何条件。对此,日本代表重光葵表示,对“无条件字样……鄙人碍难照办”。④可见,双方虽同意举行会谈,但对会谈的企望却相去甚远。

通过英国公使蓝普森等的积极斡旋,3月14日,中国代表外交部次长郭泰祺与日本驻华公使重光葵举行了第一次非正式性会谈。日本代表提出以“取缔抵制日货及排日活动”为停战谈判的先决条件,并提出禁止中国军队进驻撤兵区域。中国代表指出,按照国联大会的决议,此次谈判只能讨论有关停战及日军撤退问题,不得附有任何政治条件,否则就丧失了会谈的基础。这样,谈判刚一开始便陷入僵局。

为了推动上海会谈的进行,3月17日,19国委员会在日内瓦举行第一次公开会议,讨论上海停战问题。会议主席希孟强调:上海停战谈判应当完全遵守国联大会的决议,不得提出任何政治条件。法国代表彭古也强调说:“抗日运动及

---

① 《日本帝国主义侵华档案资料选编——九一八事变》,第607页。
② 《国联决案力量如何》,《国闻周报》第9卷第11期。
③ 《中华民国重要史料初编——对日抗战时期》绪编(一),第533页。
④ 《中华民国重要史料初编——对日抗战时期》绪编(一),第534页。

抵制日货问题，不能与停战条件混为一谈。”①在这次会议上，19 国委员会还指出：上海事件与满洲事件系同一问题，改善中日关系的前提在于这两个事件的解决，而不能将两者分开办理，要求中日两国政府对上海及满洲的目前形势提出正式报告，供委员会参考。②这样，国联以较强硬的态度拒绝了日方的无理要求，从而推动了上海会谈的进行。

通过国联的压力和英国公使的居间调停，中日双方代表经过反复磋商，于 3 月 21 日在英国驻沪领事馆就停战撤兵问题达成了 3 项原则性意见，以作为双方正式会谈的基础，这 3 项原则是：1.中国军队在达成进一步解决之前，暂留原防；2.日本军队由现时占领区撤退至公共租界及越界筑路，恢复一·二八事变前之原状；3.成立由中立国人员参加组成的共同委员会，以监视日军的撤退。③

然而，日方这时又在撤兵区域内的治安、驻扎区域及毗连地区的划分等问题上大作文章，提出：1.日军的撤退决不能受外国的掣肘，而须奉天皇之命自动撤退，其地点在上海吴淞一带；2.关于撤退区域之警备，除中国警察外，尚须派日本警察或国际军；3.应先订“临时性质的停战协定”，然后为实现永久和平再开圆桌会议；4.停战协定达成后日军的撤退，仅为停战表示，只有获得永久的和平保证后，日军才撤回国内。④为谋求列强支持，以达到在上海的永久驻兵权，日方还节外生枝地提议由各国共同驻兵，在租界周围设立缓冲区域，组织国际警察共同管理上海，后经中国代表的据理力争，双方商定对于上海租界附近日军撤退区域内的治安维护问题，“由中国自动宣言，调遣特别保安队来沪，在日军撤退区域内服务”。关于驻兵区域问题，考虑到撤退时待容纳的日军人数，有若干部队可暂时留驻于公共租界及虹口越界筑路的毗连地方。⑤

3 月 24 日，中日第一次正式停战会议在上海英国总领馆举行。参加会谈的中国代表是外交部次长郭泰祺、淞沪警备司令戴戟与第十九路军参谋长黄强。日方代表为第九师团师团长植田谦吉、驻华公使重光葵、第三舰队参谋长岛田繁太郎及上海派遣军参谋长田代皖一郎。英国公使蓝普森、美国公使詹森、法国公使韦礼德、意大利使馆代办齐亚诺也参加了会谈。

---

① 《世界重视远东问题》，《国闻周报》第 9 卷第 12 期。

② 《“九一八”后国难痛史》下册，第 1352 页。

③ 《近五十年中国与日本》(1932—1982)第 1 卷，第 27 页。

④ 《停战会议终无结果》，天津《大公报》1932 年 3 月 31 日。

⑤ 《中华民国外交部工作报告》(1932 年 4 月)，《日本帝国主义侵华档案资料选编——九一八事变》，第 628 页。

谈判是以国联大会决议为依据，以会前双方外交代表非正式会谈达成的停战撤军三原则为基础而进行的。不料，在首次会谈一开始，日本代表便不顾会前双方达成的三原则及会谈程序，提出以含有政治性质及许多与停战撤军无关之事项的所谓“停止中日间、敌对行为的协定草案”，作为谈判的基础。这个提议遭到中国代表的坚决反对后，日方旋又提出要求中国取缔便衣队问题，经中方代表前后辩驳 7 小时之久，并以取缔日本浪人相对抗，日方才撤回不议。随后，双方又就日军撤退时间、暂驻之毗连地点、用飞机侦察撤退情形等问题展开了激烈争辩。通过英美等国公使的居间斡旋，日方同意在 4 周之内完成第一步撤退，即由战区撤至暂驻之毗连地点。但是，日方代表坚决反对明定日军完成最后撤退的期限，并坚持以所谓保护日人生命财产及恢复地方常态为最后撤退的先决条件。中国代表以日方所提条件纯属政治性质，完全违背了国联决议及 21 日会前达成的三原则，表示毫无讨论余地。在这种情况下，英美公使提出折中方案，希望日军在 6 个月内撤退完毕，待期满后视地方情形如何再议。中国方面表示：此提议与国联决议精神不相符合，因而不能接受。会谈遂陷入僵局，并几至破裂。到 4 月 9 日，双方先后举行了 14 次公开会谈，因双方意见严重分歧，会谈走进了死胡同。中国方面决定将双方争执提诉国联 19 国委员会，请求裁决。①

4 月 10 日，中国方面将日方破坏上海会谈的情况电告国联，请求国联根据盟约精神及大会之决议案，敦促日本开诚谈判，并确定日军的最后撤退日期，以便会谈早日达成协议。15 日，颜惠庆向国联特委会递交照会，提出如下建议：1.停战后一切战争须停止，且确定日军撤退程序；2.准备在上海开圆桌会谈；3.日军完全撤退须有定期，作为停战条件之一，不能接受任何情形之拘束。②

根据中国代表的请求，19 国委员会 4 月 16 日在日内瓦举行会议，讨论日军从上海的撤退时间问题。会上，各小国代表对中日问题迟迟不能解决和国联措施的不力表示不满，主张日军应尽快从中国撤退，批评“十九国委员会既未能规定上海日军撤兵日期，则无异承认日本占领行为”。经过反复磋商，19 日会谈一致通过决议：要求日军必须在最近期间内完全撤退，授权在沪的各国共同委员会有权规定恢复常态及日军撤退日期；以上决定必须切实遵行，不得提出任何拘束条件；在日军未于近期内完全从上海撤退以前，国联大会不能认为其决议案已被

---

① 会谈经过情形见《中华民国外交部副部长郭泰祺关于“一·二八”中日停战谈判会议情形报告》(1932 年 3 月 24 日—4 月 7 日)，《日本帝国主义侵华档案资料选编——九一八事变》，第 609—627 页。

② 《“九一八”后国难痛史》下册，第 1354 页。

履行。[①]对于这个决议案，日本代表坚决反对，称国联自身违反了3月4日大会决议精神，要求19国委员会进行反省。[②]这就使国联与日本陷入了正面冲突的境地。

在这种情况下，19国委员会为了缓和同日方的矛盾，在上海和日内瓦同时展开频繁交涉，以促使中日双方取得基本一致。4月30日国联重开全体大会，通过了19国委员会拟定的上海停战决议案。该决议案共计14点，其主要内容除重申国联3月4日及11日大会决议案外，强调日本必须履行将其军队撤至公共租界及虹口越界筑路区域，一如1月28日以前原状，并进一步"在最近之将来"从上海完全撤退，否则不能认为国联决议已被遵行。决议案还规定了共同委员会监督协定履行的职权范围等事项。中国方面"鉴于国联决议案将对方层层缚住，故虽无固定日期，亦无妨碍"，遂表示接受。[③]日本方面虽然以对引用盟约第15条持保留态度而投了弃权票，但声明并不反对该项决议，愿以不投票自行拘束。[④]这样，中日双方都作了部分妥协。

国联大会结束后，上海会谈进展甚速。5月5日，《中日上海停战及日方撤军协定》(即淞沪停战协定)由中日双方代表在上海签署，英、美、法、意4国公使作为见证人也在协定上签了字。协定规定：从5月5日起，双方军队应"在上海周围，停止一切及各种战斗行为"，日军应在1星期内开始撤退，4星期内撤退完毕，恢复1932年1月28日事变以前之原状；但鉴于须待容纳之日本军队人数，有若干部队可暂时驻扎于上述区域之毗连地点，由英、美、法、意4国代表同中日双方代表组成共同委员会，协助布置撤退之日本军队与接管之中国警察间的移交事宜。协定还有3个附件[⑤]，附件一规定了中国军队驻扎之具体地点，附件二规定了日本军队暂驻及可使用之地区，附件三规定了共同委员会的组成及权力等项事宜。在《淞沪停战协定》公布的同时，5月5日还以英文发表了中国方面的3点声明：1.对于中国军队留驻其现在地位一点，声明"双方了解，本协定内，对于中国军队在其领土内之调动，并不含有任何永久之限制"；2.对于"日本军队撤退"一点，声明"日军暂驻区域内之市政行政权，包括警察权在内，仍由中国当局行使之。日军之暂用该项地点，于上海市政府之工作，不得有任何妨害"；3.对于"中国

①② 《一周间国内外大事述评》，《国闻周报》第9卷第16期。

③ 参见《民国档案》1991年第2期，第21页。

④ 《"九一八"后国难痛史》下册，第1359页。

⑤ 协定全文详见《近五十年中国与日本》第1卷，第295—298页。

警察立即接管”一点，声明由中国“自动设置特别警察队”，接收日军撤退时的移交事宜，以维持邻近上海租界之撤兵区域内的治安与秩序。[①]《淞沪停战协定》除正文及上述声明外，还盛传有3项重要谅解：一是中国方面同意取缔抗日运动；二是第十九路军换防，调离上海；三是中国同意在浦东和苏州河南部以及龙华对岸之若干地点不驻扎中国军队。这3项谅解虽无正式文字记载，郭泰祺也曾代表官方予以否认，但这些后来却都变成了事实。

《淞沪停战协定》的签字，标志着国联调处一·二八事变的结束。从表面上来看，上海的停战实现了，这似乎是国联调解工作的胜利，实则不然。日本军国主义对中国的侵略及对国际和平的威胁，不仅没有因此而解除，反而随着时间的推移变得越来越严重了。

国联调解一·二八事变的目的在于维护国联盟约的尊严和第一次世界大战后确立起来的远东国际秩序。由于日本对上海的进攻对美国及英法等大国操纵的国联各主要会员国在长江流域的利益造成了严重威胁，并破坏了远东均势，于是，国联此时的对日态度比九一八事变时有了明显变化，采取了一些较为强硬的措施，在一定程度上谴责和牵制了日军的侵略行动，使日本在国际上处于空前孤立的不利地位。这在客观上对中国军民在上海的抗战起到了配合作用。但是国联在调处一·二八事变的过程中，虽然也认识到上海问题与东北问题是密切相关的统一整体，实际调处时却割裂了上海问题与东北问题的连带关系。早在事变之初，中国代表就请求国联把上海问题与东北问题联系起来考虑，强调上海与东北均为中国领土，反对把两者割裂开来，随后又多次提请国联注意日本在东北的动向。而国联因各大国在东北没有直接利益关系，对中国要求反应冷淡，任凭日本在东北扩大侵略而不愿采取有力措施。当日本一手扶持的伪满洲国宣告成立时，部分会员国代表提出东三省问题较之上海问题更为重要，希望引起大会重视。国联却以不使问题“愈趋复杂”为借口予以回绝。李顿调查团抵达上海后，中国希望其给日方正在东北的活动施加压力，但调查团却以未奉训令从事此项工作为遁词予以搪塞。可以说，国联的这些举动正中了日本的下怀，因为日本发动一·二八事变的目的就是为了转移人们对东北问题的视线，以加强它在那里的统治。等到国联调查团到达东北的时候，摆在其面前的已是被日方精心安排好的局面，到头来受害的虽然是中国，但后来的历史证明，这也给国联的地位和

---

① 《中华民国重要史料初编——对日抗战时期》绪编(一)，第542—543页。

前途造成了致命的打击。因为日本侵略者不仅仅要占领东北,而且要吞并全中国,并进而称霸世界。九一八事变后对东北的侵占只不过是它发动珍珠港事变和向英美开战的前奏而已。国联也终因无法制止日本法西斯的侵略而威信扫地,从此便一蹶不振,形同解体。

回顾国际联盟调处一·二八事变这段历史,不论对于国联来说,还是对中国来说,都留下了深刻的教训。当国联盟约及九国公约、非战公约遭到日本法西斯肆意践踏的时候,国联首先考虑的并不是如何制裁侵略者,以维护世界和平和国际秩序,而是以维护英美等大国的在华利益为基本出发点的,从而把列强各国的在华利益置于世界和平的大局和国际公约的权威之上。历史证明,这种目光短浅的利己政策,只能是放纵侵略,并最终把战火引到自己头上来,从而造成无法挽回的局势。对于中国来说,面对日本的侵略,利用日军侵华所形成的与英美等国的矛盾,通过国联的力量进行干涉,这无疑是必要的。但历史也同样证明,不是首先依靠本国军民的力量来抵御外侮,而是把国家的命运寄托在大国和大国集团的干涉上,是极其危险的,因为到头来受害的首先是自己,这就是我们研究国联调处一·二八事变所得到的一点启示。

(本文原载《抗日战争研究》,1994 年第 3 期)

一·二八事变与英国对中日冲突的立场转变

王立诚　吴金彪

关于英国在上海一·二八事变中的调停，以往学术界有两种似乎不同的评价。一种意见认为英国对日实行的是绥靖政策，“对日本的无理要求作出让步，以求苟安于一时”①；另一种意见则认为英国对日采取的是“被动和温和的遏制政策”②。然而，这两种评价所基于的研究方法却颇为一致，即以英国要维护它在中国尤其在上海的巨大利益为出发点，分析英国与中日两国的利益关系。只是前者认为英国因缺乏制日的实力，便以中国的主权做交易，无视世界安全的大局；后者则认为英国试图限制或阻止日本侵入其势力范围，因此其遏制政策是以往列强间争夺势力范围斗争的延续。但问题是，这种单纯的利益分析法有很大的局限性，因为它忽视了国家政策制定过程中观念对利益的建构机制。须知一个国家对其利益的考虑，不仅在于衡量利益的大小和有无实力来维护，更在于以何种观念和准则来赋予其利益以意义，从而形成作为政策出发点的立场。因此，“绥靖论”的缺陷在于套用了分析英国在欧洲推行的绥靖政策的概念和形式，忽视了英国在华殖民主义的特殊观念背景；而“遏制论”则忽视了英国在对华问题上的观念变化，未能解释英国政策背后在适用何种规范上的内在矛盾。有鉴于此，本文主要运用《英国外交文件》中的史料，探讨英国在调停一·二八事变过程中自身立场的微妙转变，及其背后传统殖民主义观念与现代国际关系准则的交织与冲突，以便对英国政策的内涵、效应和发展趋势作出较准确的评估。

---

① 张北根：《英国在上海一·二八事变中的调停》，《党史研究资料》1997年第6期。

② 王宇博：《对远东危机时期英国对日政策的若干评价的评价》，《史学月刊》1993年第6期。

一、英国在事变前的立场

九一八事变后，英国对日本在中国东北的侵略一直持消极旁观的立场，这在很大程度上导致了主要由它操纵的国联无法有效地制止日本的侵略行为。正如英国驻国联代表塞西尔所承认的，尽管国联理事会在 1931 年 10 月通过了要求日本撤军的决议，“但它没有产生效果的原因至少可能是，在告诉日本人必须在下次理事会会议之前撤出满洲之后，我们在贯彻这个建议上毫无作为”①。即便美国在 1932 年 1 月 7 日向中日两国发出了“不承认主义”的照会，对日本的行径表示了公开的反对②，英国也拒绝应美国的要求作同样的表示。

以往的研究通常把英国的这种立场归因于它在中国东北没有很大利益，故可事不关己。但事实上，既然美国当时在华利益的地理分布格局与英国基本一致，英美立场的差异便使得不能仅从利益分布的角度，而更应从英美在对待这一事件上所持国际关系原则的不同来解释英国的立场。

首先，美国的“不承认主义”是基于第一次世界大战后美国所宣扬的“威尔逊主义”，主张门户开放和建立集体安全的国际机制。但英国对此却缺乏认同。虽然英国也赞同门户开放并加入了《国联盟约》《九国公约》和《非战公约》，但其对外政策的基本理念仍是传统的均势外交，仍把划分势力范围的强权政治作为外交政策的核心。因此，在英国看来，美国的“不承认主义”只是“试图逃避责任而又不让所谓的理想主义者难堪”的空话③。虽然有些英国外交官如驻华公使蓝普森提醒说，在这个事件上，“我们战后组织的整个结构似乎面临了危险……如果国联机器和凯洛格公约如今不起作用，我想它们以及它们的所有发起人都会遭受一大挫折，其程度很难估计”④，但英国政府的主流意见却是，东北历来是日本的势力范围，英国不应多加干预，甚至认为，“日本在满洲的特殊地位使她构成了当地权力角逐的一分子，因此，她的行为不同于一国的军队侵入另一国边界的通

---

① R.Butler ed., Documents on British foreign policy, 1919—1939(以下简称 DBFP), II, Vol.9, London, her majesty's stationery office, 1965, p.367.

② 美国国务院编、张玮瑛等译:《美国外交文件(日本,1931—1941 年)选译》,中国社会科学出版社 1998 年版,第 30—31 页。

③ R.Butler ed., DBFP, II, Vol.9, London, her majesty's stationery office, 1965, p.160.

④ C.Thorne, The limits of foreign policy: The West, the League and the Far Eastern Crisis of 1931—1933, London, 1972, p.144.

常侵略案例,毋宁说类似于过去 20 年在中国猖獗的内战,而这不幸超出了国联的权力范围。"①何况,日本一再宣称实行门户开放,英国因此"就纯粹的英国利益而言,可令人满意地报告,不管怎样至少在目前,日本政府亟于公平地对待我们"②。

其次并更重要的是,作为列强在华殖民体系的开创者,英国在对华问题上比美国有更根深蒂固的殖民主义情结,这使得它对日本的行径有潜在的认同感。虽然英国在中国大革命的冲击下于 1926 年 12 月宣布了对华"新政策",开始与中国的民族主义寻求妥协,并在 1931 年 6 月 5 日与国民政府草签了撤废治外法权的协议③,但英国内部对中国的民族主义仍怀有强烈的敌视情绪,不甘心放弃在华特权,尤其是上海的英侨一直向政府施压,阻挠协议的批准④。而九一八事变不仅给了英国搁置协议的良机,而且被英人认为是对中国民族主义的打击,"将对英国的在华利益产生有利的影响"⑤。1932 年 1 月 19 日,顾维钧向蓝普森谈及,人们认为英国政府有意消极对待满洲问题,甚至也许和日本有什么谅解。后者坦言:"确实,中国人近年来对外国人一直采取的刺激政策,不可避免地在公众对待中国的问题上造成大量的误会——甚至可以说是恶感,在英国如今所说的对日本在满洲的态度大多是由此造成的。"他还就中英修约问题表示,"当重提此事的时机到来时,中国人将发现,我们会采取比迄今更为强硬的立场"⑥。事实上,为了对付国民政府要在 1932 年 1 月 1 日取消治外法权的通告,英国还正在与日本筹划列强对华的共同行动⑦。

对于中国各地因日本侵略而激起的抗议和抵制日货运动,英国也毫不同情。在上海公共租界,英人控制的租界当局竭力压制抗议运动,英方并向国民政府要求控制抗日组织的"非法行为",认为这些行为"不但没有道理,而且是非法的和

---

① DBFP, II, Vol.9, London, her majesty's stationery office, 1965, p.265.

② C.Thorne, The limits of foreign policy: The West, the League and the Far Eastern Crisis of 1931—1933, London, 1972, p.156.

③ DBFP, II, Vol.9, London, her majesty's stationery office, 1965, pp.546—555.

④ Edmund S.K.Fung, The diplomacy of imperial retreat, Britain's south China policy, Hong Kong, Oxford university press, 1991, p.235.

⑤ C.Thorne, The limits of foreign policy: The West, the League and the Far Eastern Crisis of 1931—1933, London, 1972, p.143.

⑥ DBFP, II, Vol.9, London, her majesty's stationery office, 1965, p.165.

⑦ DBFP, II, Vol.9, London, her majesty's stationery office, 1965, p.169.

令人讨厌的"①。

因此,当1932年1月18日上海发生包括2名僧人在内的5名日人被袭事件,日本趁机扩大侵略,派军登陆上海,并向中方提出道歉、赔偿、取缔抗日组织等无理要求时,英国最初认为这是中国人搞抵制运动、无视列强的条约权利惹的祸。1月27日,塞西尔在国联找到中国代表,"力迫他向日本人赔偿",并宣称:"在这件事上中国人明显是错的,得放聪明些纠正过来。"②

相比之下,美国对事件表示了不同意见。国务卿史汀生在1月25日提出,"日本政府的目的如今是制订一条国际法的新准则,即只要有抵制运动便有权采取武力性质的反措施"。他认为这是一条错误的准则,并且抵制运动是中国目前唯一拥有的武器,不应予以剥夺。为阻止战争爆发,他认为应向中国表明各国对事态并非无动于衷,因此建议与英国一起,正式而明确地告诉日本人不要派兵进入租界,并增加英美在上海的军力③。

然而英国却把美国的看法斥为"荒诞无稽"。英国外交部的远东顾问普拉特指出,"日本在寻求我们的支持,采取共同措施防止中国破坏条约,而我们在试图不引起中国敌意地与日本合作"。英国应建议与美国一起敦促中国政府接受日本的要求,取缔抵制运动。在派兵问题上,既然英国在1927年曾大举派兵上海,"我们1927年之案与日本1932年之案间的区别是如此细微,以至于不该鼓励美国人采取他们的第一项措施,或在任何这类步骤中加入他们"④。

总之,在一·二八事变前,殖民主义传统和强权理念主导了英国对远东的安全构想,使之对中日冲突的基本立场是袒日的,认为一种中国屈服于日本的"和平"更符合英国的利益。

但是,当上海市长吴铁城在1月28日下午6时全部接受了日方最后通牒的要求后,战争却在当天子夜爆发了。

二、 英国的立场转变

英国在上海有巨大的利益,战争在上海的爆发使英国不能不出手干预。但

① H.Goto-Shibata, Japan and Britain in Shanghai, 1925—1931, London, MacMillan press Ltd., 1995, p.136.

② DBFP, II, Vol.9, London, her majesty's stationery office, 1965, pp.189—190.

③ DBFP, II, Vol.9, pp.171—172.

④ DBFP, II, Vol.9, pp.183—185.

是，利益本身并不能决定英国进行怎样的干预，因为为了维护其利益，英国可以在两种相反的立场间选择：或是支持日本，助纣为虐，迫使中国屈服；或是声援中国，遏制日本的侵略野心。这种选择在很大程度上取决于它以怎样的国际关系准则来规范其利益。事实上，英国的立场徘徊于两者之间，在事变爆发后，2月16日"12国呼吁"和3月11日国联大会决议间呈现了三个阶段的曲折转变。

日本显然希望英国持前者的立场，并依此设计了发动事变的过程：1月28日下午4时，因日本最后通牒的时限临近，上海公共租界工部局宣布戒严，由此启动了列强驻军"协防委员会"的协防方案，日军便进入了方案中划给它的虹口地区，接着在子夜从那里向驻守闸北的中国军队发起了攻击①。这样，日本就将它的战争行为置于列强协防租界的掩护之下，并向英国宣称其行动"与其他列强在各条约口岸为保护其国民的生命财产所采取的行动无异"，是"驻沪外国司令协调行动的一部分"，以图得到英国的支持②。从英国自身看，其殖民主义观念也使日本有实现这一意图的可能性。事实上，事变发生后，英国驻沪总领事布伦南便向外交部报告说，"为租界的安全和英国在那里的巨大利益计"，英国必须希望日本取胜③。上海的英侨也一直在宣扬"日本人在为我们'火中取栗'"④。

然而，英国在事变发生后便向日本提出了抗议，并与美法意三国一同提出了"停战5点建议"，显示了不愿与日本同流合污的立场。这是由于它在怀疑日本有更大野心的忧虑下⑤，有两项原则性的考虑。

其一是租界的"中立"原则。英国注意到，租界的协防方案本是防范中国各派系军队在租界外作战或进攻租界而制定的，"日本人成功地将协防方案的存在为其所用"，把防卫变成了进攻⑥。这将使租界再次成为中国民族主义的攻击目标，使英国先前与中国的所有协调努力都付之东流，其结果租界将或是被日本吞噬，或是被中国取缔。因此，英国必须向日本抗议，"不能允许把租界作为一种进

① 《关于中日冲突之报告》，《上海公共租界工部局年报》，1932年，第8—11页。
② DBFP, II, Vol.9, p.276.
③ DBFP, II, Vol.9, p.421.
④ C.Thorne, The limits of foreign policy, p.216.
⑤ DBFP, II, Vol.9, p.217.
⑥ DBFP, II, Vol.9, p.403.

攻基地"[1],以表明租界不卷入冲突的"中立",维护租界原有的身份。

其二在法理上,日本的行动超出了"报复"的范畴,违反了"非战"原则。英国认为,虽然国际法允许日本对中国的抵制运动作出报复,但这种报复只能是对等层面的,日本悍然动武,便违反了它自己也参加的《非战公约》[2]。日本这样做显示了它的蛮横,在上海这个国际舆论关注的地区,英国很难予以支持。

因此,英国对事变的最初反应,呈现出从早先的"错在中方"转向"错在日方"的迹象,现代国际关系准则开始影响它的立场。但尽管如此,英国强调"此时匆忙宣布谁对谁错是不慎重的"[3]。它在上海的巨大利益使它希望尽快结束战争,不管谁对谁错。于是,在日本拒绝了四国建议后,英国便先后通过其远东舰队司令凯莱和公使蓝普森在沪上作私下调停,试图以诱使"中国军队自动撤退来换取日本承诺撤退事变后派出的军队,回到原来的防线",从而建立一个"中立区"来结束战争[4]。这样的方案对中国实际上是屈辱性的,表明英国的殖民主义观念仍在作祟。

然而即便是这样的调停,在上海日军得到增援后,也因日方态度转为强硬而进行不下去。这使得英国怀疑日本对和平的诚意。2 月 18 日,日军发出了限期中方撤军的最后通牒,蓝普森评论说,"他们以其最后通牒中的专横语调,将中国人置于没有一个自尊的国家可有望接受的境地"[5]。同时,增援日军在租界码头登陆,不仅导致中国政府不断对英抗议,租界的"中立"也因此受到公众的质疑。对此,租界当局只得宣称,其"中立"是基于相关国家的默认和同意,"其应负协力禁阻任何一国武装军队破坏该中立区之责者,乃为各该国,而非为工部局"[6]。这便突显了英国和日本在维护和破坏租界"中立"上的责任,使两者的矛盾尖锐起来。而日本外务省发言人又在 2 月 8 日发布了一个要仿《辛丑条约》中的天津成案,订立国际协议,规定中国在上海、汉口、天津、广州、青岛五大口岸周围和东三省不得驻兵的设想,"欲以国际利益耸动各国"[7]。但这种"迎合列强心理"的手段[8],不但

---

① DBFP, II, Vol.9, p.247.

② DBFP, II, Vol.9, pp.234—236.

③ DBFP, II, Vol.9, p.287.

④ DBFP, II, Vol.9, p.433.

⑤ DBFP, II, Vol.9, p.553.

⑥ 《本局总裁对于公共租界与列强之关系所提意见书译文》,《上海公共租界工部局公报》第 3 期第 9 册,1932 年 3 月 2 日,第 86 页。

⑦ 《中央日报》1932 年 2 月 9 日。

⑧ 《申报》1932 年 2 月 9 日。

遭到国民政府的愤怒驳斥,也使英国意识到这样的计划对第一次世界大战后远东国际规则的改变。蓝普森指出,日本的提议是要"列强回到对华军事专政的政策,连同相应地必须增加我们在远东的军事负担"①。

于是,英国虽然不愿应美国的要求公开谴责日本,但也觉得需要以某种方式表明它的态度。这种方式便是国联理事会于 2 月 16 日通过了除中日两国外的 12 个理事国对中日的呼吁书。此呼吁书的文本实际上由英国制订,有些理事国对文本中涉及国联盟约第 10 款,即维护成员国领土完整、政治独立的一段曾认为"包含某种威胁",但在英国的压力下仍予以采纳,只是删去了对日本的直接点名②。通过这份呼吁书,英国初步表达了要用反对侵略的现代国际关系准则来对待中日冲突的立场。

尽管如此,殖民主义观念此时仍使上海的英侨积极地向英国政府游说,要求利用中日冲突的机会,为租界向中国政府索取更多的特权,"尤其是诸如越界筑路、在界外地区设警,以及改组公共租界地区法院的问题"③。因此,英国在 2 月 28 日得知中日已在凯莱的旗舰上达成停战办法的共识后,便应日本"为保障上海外侨未来安全"的提议④,在 2 月 29 日的国联理事会会议上请国联主席保罗·庞柯(Paul Boncour)出面发出一份倡议,要求召开由中日和英美法意四国共同参加的圆桌会议,谈判结束上海战事的各项事宜⑤。

但是,日本非但没有停战,反而大举增兵,终于迫使中国军队在 3 月 1 日退至远离上海市区的第二道防线。英国于是发现自己落入了日本的圈套。蓝普森指出,日本的意图原来是在武力占领上海周围地区后,通过召开圆桌会议,"在我们的协助和支持下,迫使中方接受上海地区的非军事化和在那里扩大外国控制和外国特权的要求,以图获得一块更大的地方,使日本的利益在那里免受抵制运动、中国的捐税以及其他形式的中方干预"⑥。因此英国不再对召开这样的圆桌会议感兴趣,并且向上海英侨表示,它和美国一样,"拒绝利用日本侵略对中国目前造成的困难来为公共租界获得进一步的特权"⑦。同时,鉴于国联应中国的要

① DBFP, II, Vol.9, p.431.
② DBFP, II, Vol.9, p.507.
③ DBFP, II, Vol.9, p.23.
④ DBFP, II, Vol.9, p.643.
⑤ DBFP, II, Vol.9, pp.666—667.
⑥ DBFP, II, Vol.9, p.42.
⑦ DBFP, II, Vol.9, p.54.

求召开特别大会，英国认为“国联可以明确表示日本的行为是应受谴责的”，作为介于对日本威胁采取制裁和仅重申国联盟约原则之间的折中办法，“动员世界舆论是国联最强有力的武器”①。

3月4日，国联大会通过决议，要求中日在上海停战和在大国协助下举行停战谈判，中国以谈判只涉及日本撤军、不涉及政治条件为前提接受了决议②。在随后的会议上，许多中小国家发言谴责了日本的侵略，英国外相西蒙也在3月7日的发言中强调，必须遵守国联盟约和非战公约，不能承认违反其原则而形成的条约或协议。这样，英国明确表明了要用集体安全机制遏制日本侵略野心的立场。国联大会于3月11日最后通过决议，其中关于原则的阐述便根据了英国方面按西蒙讲话提交的草案③。而英国随后按此决议调停中日谈判，最终促成了5月5日淞沪停战协定的签订。

三、 英国转变立场的效应

与事变前相比，英国对于中日冲突的立场在一·二八事变后短短一个多月中便发生了微妙的转变。“上海的事件使英国公众中对日本人行事的潜在同情削弱了，但并未消除”④。相应地，中英之间的共识增加了，虽然还只是初步的。以往有关英国政策的研究忽视这种转变的意义，只关注英国怎样权衡远东的均势，但事实上，英国对均势的考虑在很大程度上是与其立场的转变相关联的，尤其是在涉及均势的重构问题上。

首先是中国在这种均势中的地位。九一八事变后，英国把国民政府的不抵抗和内部纷争作为其袒日政策的重要依据，正如西蒙所谓：“对中国——别完全依赖别人：做你该做的事，不要寻求转嫁到(国联盟约)第16款上。”⑤而一·二八事变后以十九路军为主的中国军队的坚决抵抗，不仅沉重打击了日军的嚣张气焰，也令英国以新的立场重新考虑其均势构想。曾鄙视中国的普拉德便指出：“中国军队在上海作出的坚决而令人出乎意料的抵抗标志了远东一个新时代的

① DBFP, II, Vol.9, p.60.
② DBFP, II, Vol.9, p.61.
③ DBFP, II, Vol.9, pp.103—104.
④ C.Thorne, The limits of foreign policy, p.225.
⑤ C.Thorne, The limits of foreign policy, p.189.

开端。”在他看来，“日本人已激起了一股仇恨的拼命精神，他们无法轻易克服”。当日本陷入中国的反抗而无法自拔时，“国联在英国领导下帮助日本摆脱困境和帮助建立一个更新更稳定的远东国际关系体系的机会便出现了”①。因此，英国转向对中国的有限声援，是基于它对中国在远东均势中潜在能力的重新估计，而这种新的立场，又促使英国重新考虑远东均势的结构，把中国作为一个重要的平衡因素纳入这种新的结构。

其次对英国更重要的是它与美国的合作。一·二八事变爆发后，英国便担心它在日本和美国之间“处于在两个凳子间坐空的严重危险中”②。既然日本已自行其是，不把英国的利益放在眼里，英国就需要与美国合作来使日本就范，因为美国是当时唯一能在经济上对日本施压的国家，“日本人怕美国胜过怕我们”③。而要得到美国的合作，就必须迎合美国的“不承认主义”主张，但过去的经验又令英国担心，“美国政府总是在我们同意给予支持后便退缩了，留下我们来收拾残局”④。因此，英国的均势战略便摇摆在对美合作的患得患失之间。然而随着对美合作的需要日益迫切，英国在立场上就不得不向美国靠拢。正是由于美国的反对，英国在调停中没有提出要中国取缔抵制运动的主张⑤；美国也反对压迫中国撤军，使英国不得不放弃这一设想⑥。虽然英国一直规避美方共同谴责日本的提议⑦，但最终，国联的 3 月 11 日决议，将国联成员国与美国“不承认主义”照会中所持立场“如此协和地一致起来”，令美国大表赞赏，从而强化了英美“两国政府以同样的建设性合作精神继续其努力”的愿望⑧。由此可见，英国的立场转变，其实构成了其逐渐形成的联美制日均势构想的前提条件。

作为国联的领袖，英国转变立场的直接效应，是在欧美主流国际社会否定了日本侵华的合法性。国际社会开始将反侵略的集体安全机制适用于中日冲突，但当时的这种机制是很不健全的，无论是英国还是美国，都不想把对日制裁作为贯彻集体安全的手段。因此这种集体安全表现出仅停留在道义宣示上的尴尬，

① DBFP, II, Vol.9, pp.567—569.
② DBFP, II, Vol.9, p.215.
③ DBFP, II, Vol.9, p.283.
④ DBFP, II, Vol.9, p.291.
⑤ DBFP, II, Vol.9, p.354.
⑥ DBFP, II, Vol.9, p.425.
⑦ DBFP, II, Vol.9, p.423.
⑧ DBFP, II, Vol.10, p.107.

正如西蒙所表示的:“与其让国联宣布它的原则,即便它无法使之被遵守,也比因毫无意义的妥协而抛弃那些原则好得多。”[①]英美想做的只是调停,而在日本的以强凌弱下,这种调停的结果正如淞沪停战协定所显示的,仍意味着中国承受屈辱。因此,称其“绥靖”或“温和的遏制”,只是从现实利益角度对同一种现象的消极或积极的评价。但是从国际机制的形成过程来看,这种道义的宣示却有着重要的意义。因为集体安全与均势外交在机制上的不同之处就在于,后者只看实力,不论是非,而前者首先得确定谁是侵略者,然后由国际社会全体来对付它[②]。因此,对日本的侵略者判定,便为集体安全机制的启动提供了前提,即使它还不能很好运作,也会使日本因受到孤立而增加其随后行动的代价,并为中国开启国际援助之门。

就中英关系而言,英国转变立场的效应,是英国再次肯定了早先“新政策”的基本理念,从而使中英关系内部减少了殖民主义与民族主义冲突的成分,增加了以现代国际关系准则协调的成分。围绕一·二八事变展开的英日矛盾与早先列强争夺势力范围斗争的不同之处在于,此时英日间除了势力范围的冲突外,还有对华不同政策理念的冲突。日本的侵略行径令人回想起英国早年一贯采用的“炮舰政策”,但“随着中国民族意识的崛起和一种支配国际关系的新道德观念在欧洲与之平行地兴盛,炮舰政策便逐渐变得不但无效,而且危险”。于是英国“新政策”的一个基本理念,是将原来的“压服”换为“商量”,“商量意味着在一个平等和互惠的基础上协调关系”。然而,这种新理念在华遇到了传统殖民主义观念的有力抵制,而日本在事变过程中对英一再以利相诱,提出诸如“五口非军事化”等设想,以及上海英侨要求趁机攫取更多特权的鼓噪,都使“英国政府必须决定其未来对华政策是一种商量的政策还是一种压服的政策”[③]。因此,英国政府最终所持的立场,显示了它对华不愿回到武力压制政策的决心,是对其内部殖民主义主张的克制。虽然英国并未放弃殖民主义和在华特权,但这种“新政策”的再次肯定,有助于中英两国按照现代国际关系准则来寻求共识,为中英在抗日问题上逐渐走向合作减少了障碍,因而是近代中英关系长期的转型过程中一个值得注意的转折点。

(本文原载《安徽史学》,2003 年第 6 期)

---

① C.Thorne, The limits of foreign policy, p.213.

② 〔美〕小约瑟夫·奈著、张小明译:《理解国际冲突:理论与历史》,上海人民出版社 2002 年版,第 129 页。

③ DBFP, II, Vol.10, p.88.

中日《淞沪停战协定》中的英美因素

任东来　刘　华

近代以来，上海逐步发展成西方在华利益最集中的国际大都会。上海的任何重大事件都会受到列强的密切关注，甚至会引发一系列的连锁反应。1932 年 1 月 28 日，日本对上海的进攻史称一·二八事变(以下简称"上海事变")是一个典型的例子。

日本的侵略直接危及英美等国在上海的利益。在表示愤怒的同时，英美两国[①]也主动斡旋，力图促成上海停火。在比较全面地收集中外相关文献的基础上，本文将梳理和分析中日谈判过程，突出中国、日本和英美三方的互动关系，揭示英美两国在解决上海事变中的作用和影响。

一、 上海事变之初的《四国提案》

事变爆发的第二天，美国政府便迅速作出反应。1 月 29 日，美国国务卿史汀生照会日本政府，指责日本军队进攻，妨碍上海商业活动，严重威胁了公共租界的安全，极大地破坏了上海的和平，要求日本立即停止在上海使用武力。[②]31 日，美国驻日大使福布斯也向日本外相芳泽提出严重警告："日本陆战队的攻击切断了上海的商业往来并危及公共租界的安全，美国政府对此种事态的发展不能置

---

① 法国和意大利代表尽管也参与了调停和谈判，但基本上只是起一个见证人的作用。至于国际联盟(以下均简称国联)，虽然在调解上海事变中也发挥了一定作用，主要还是受到英国和美国对国联处理国际事务的直接或间接的影响。

② "the Secretary of State in the Ambassador In Japan (Forbes)" (Washington January 29, 1932) U.S.Department of State, Papers Relating to the Foreign Relations of the United States Japan, 1931—1941, Vol.1(此后简称 FRUS, Japan), Washington 1943, pp.165—167.

之不理,日本政府必须阻止上述造成生命财产损失的行动。"①

与此同时,从更为广泛的利益出发,英国表达了自己的忧虑和不满。它认为自己在中国的利益与其在大洋洲和印度的地位休戚相关,日本对上海的攻击就是挑战其在上述地区的利益。29 日,英国指示其驻日大使林德利照会芳泽,明确表示近期日本在上海的行动侵犯了英国臣民的生命与财产安全,要求日本政府立即解释日军在上海的军事行动,并采取切实行动尽快恢复上海的正常秩序。② 31 日,英国外务部远东顾问普拉特在备忘录中分析道:上海与中国东北截然不同。他认为,日本进攻上海迈出了控制全中国最为关键的一步,如果英国再作壁上观,最终将陷入要么同日本人作战,要么从远东撤退的两难境地。而从远东的撤退,可能就是从印度撤退的序幕。③英国驻国际联盟代表塞西尔则进一步把上海事变与九一八事变联系起来,认为如果允许日本在中国东北建立"第二个埃及",将沉重打击国际联盟在欧亚的权威;而日本对西方的这种胜利将会加剧印度国内的动荡局面。④鉴于问题的严重性,英国政府急忙派外交大臣西蒙亲自到日内瓦主持英国代表团在国联的工作。可见,相对于九一八事变,英美两国的外交姿态均有了积极的表现。

在分别向日本提交抗议照会的同时,英美还向上海增派军队,显示武力。1 月 30 日,英国政府取消了远东军队的返回令,黄浦江中的英国军舰也整日生火,处于高度戒备状态;同日,美国的亚洲舰队开赴上海,次日另有两艘军舰抵达南京和芜湖。⑤31 日唐宁街和白宫不约而同地分别发表声明,表示将继续向上海派兵。⑥英美两国的这一姿态,一改九一八事变以来的绥靖态度,试图通过炫耀武力向日本施以高压,迫使它回到谈判桌前。

除了抗议照会和武力示威外,英美两国还指示其驻华官员直接进行外交调

---

① 转引自俞辛淳:《唇枪舌剑:九·一八事变时期的中日外交》,广西师范大学出版社 1997 年版,第 130 页。

② "Sir John Simon to Sir F.Lindley"(Foreign Office January 29, 1932), Trotter Ann British Documents on Foreign Affairs, Reports and Papers From the Foreign Office Confidential Print Part II Form the First to the Second War Series E, Asia 1914—1939(以下均简称 BDFA) Vol.40. China January 1932-July 1932, University Publications of America 1992, p.47.

③ Louis William Roger, British Strategy in the Far East 1919—1939, Oxford University Press 1971, pp.187—188.

④ Christopher Throne, the Limits of Foreign Policy: the West, the League and the Far Eastern Crisis of 1931—1933, G.P.Putnam's Sons, New York, 1973, p.231.

⑤ 李新总编:《中华民国史》第三编第二卷(上),中华书局 2002 年版,第 73 页。

⑥ Throne Christopher, the Limits of Foreign Policy, p.211.

解，与中国一起寻求和平解决中日争端的途径。事变的第二天，英国驻沪总领事布伦南和美国驻沪总领事克宁翰联合向中日交战双方提出停战建议，促使两国军队同意在当晚8点停止战斗，并在3日内停止攻击。但是，停火协议很快遭到破坏。①在这种情况下，英美政府决定直接调停中日冲突。根据史汀生的回忆，2月1日，美国从日本驻美大使处获悉，日本外相已经向列强驻日大使表示，日本不反对通过各方谈判结束这场冲突。在征得总统胡佛同意后，史汀生立即起草了停止冲突的五点建议，作为各国调解的基础。英法意三国对此表示支持，先后向中日两国提出了内容相同的五点建议，即所谓的《四国提案》②：

（1）中日双方立即停止一切暴力行为；

（2）中日双方不得再为加剧冲突作动员或动员准备；

（3）中日交战部队应从上海各交战地点后撤；

（4）建立中立区，隔离冲突双方，以保护公共租界；中立区治安由中立各国负责；中立区守卫计划由各国驻沪领事团安排；

（5）接受上述条款后，中日双方应立即进行谈判；在各中立国观察员或参与国的帮助下，双方应根据巴黎公约的精神及国联12月10日的决议，解决“中日间一切未解决的争端”，但不得有任何预先要求或其他保留条件。

客观地讲，这项方案是比较公正的，特别是其中调解“中日间一切未解决的冲突”这一点，很符合中国政府的想法。九一八事变以来，南京政府一直希望借助于西方的参与来解决东北问题，无奈列强对此热情不高。现在，既然英美等国主动表示要调解这一纠纷，南京政府当然非常欢迎。中方遂即照会各国政府，除改动个别字词③外，表示其余全部接受。同时指出，鉴于上海事件关系到《九国公约》的尊严和各国在华利益，希望各国“与其以观察者之资格，不若以参与者之资格，参加将来之商议”④。

---

① 依据日本方面的说法，是中国军队于30日凌晨违约后重新开炮破坏了该协定（参见关宽治、岛田俊彦：《满洲事变》，上海译文出版社1983年版，第394页）；据中方资料显示，日方在停战后屡屡用来复枪、机枪和大炮甚至是飞机对中方阵地进行挑衅，中方对日方的不守信约忍无可忍，士兵们遂全线出击，各处均有冲突，但后来都告停息，战线也没有多大变动。参见《申报》1932年2月3日。

② Stimson, Henry L., The Far Eastern Crisis Recollections and Observation Howard Fertig, New York, 1974, pp.146—148.

③ 即将“中立区”改为“和平区”，“中立国”改为“第三国”。2月4日，上海市商会向国民党中央提出根本上讲上海的公共租界是中立地带，而今新设立“中立区”，有借助停战来扩大公共租界的危险；上海事变中欧美列强没有阻止日军把公共租界用作军事行动，故不能把列强称为纯粹的中立国，因此“中立区、中立国”两词应予以纠正。这种考虑被南京政府采纳。参见俞辛淳：《唇枪舌剑：九·一八事变时期的中日外交》，广西师范大学出版社1997年版，第196页。

④ “外交部复英美诸国驻华公使照会”（1932年2月4日），参见罗家伦主编：《革命文献》第36辑，中国国民党党史料编纂委员会1984年版，第1506页。

与中国想“一并解决”不同，日本则坚持就事论事。日本外相芳泽强调，上海问题和满洲问题是两回事，无论列强还是国联，它们的调处都只能涉及上海而不能触及满洲。[①]显然，日本担心一旦把东北问题同上海事件纠缠在一起，将波及它在东北新获得的权益。比起芳泽的态度，日本军方的立场则要强硬得多。当时正值日军用兵之初，踌躇满志，决意消灭在上海的中国十九路军，扩大并巩固日军在东北取得的权益。为此，日本军方坚决反对《四国提案》的第五点，并于2月4日在闸北、吴淞等地发动了第一次总攻。

在不可能同时解决中日间一切冲突的情况下，列强只好退而求次之。为了上海租界的安全，英国率先提出了单独解决上海事件的设想。2月6日，在得知日军已经大量增援上海的消息后，外交大臣西蒙立即电告美国国务卿史汀生，希望把停战建议的第五点改为只限于上海而不涉及东北三省。同日，英国东方舰队司令凯利拜访中国行政院副院长宋子文，也希望先解决上海问题。

在立足于妥协的基调下，加上上海“各界领袖都以沪市受害太巨，主张将沪案先行解决”[②]，南京政府接受了英国的建议，要求相关人员先求解决上海事件。至此，与上海事变有密切联系的东北问题被暂时搁置一旁了。这一做法虽然不尽如人意，却有利于集中力量处理上海事变，恢复上海的和平。

二、“上海事变”中期英美两国的干预和调停

为了加强日军的进攻，2月5日日本向上海增兵约一万人，并更换了作战不利的前线司令官(由第三遣外舰队司令野村吉三郎接替盐泽幸一)。战争可能进一步激化的态势令英美两国的驻华使节坐卧不安。12日，英国驻华公使兰普逊和美国驻华公使约翰逊从南京来到上海，分别代表各自政府参与中日停战谈判，开始了长达三个多月的外交斡旋，直到签署停战协定。当日，两国公使建议中国军队先撤出上海市所管辖的区域，然后日军再撤至九一八事变前在上海的位置。这一方案明显偏袒了日本，因而遭到中方的拒绝。[③]

---

① “Sir F.Lindley to Sir John Simon”(Tokyo, February 11, 1932). BDFA. Vol.11, Japan, January 1932—July 1932, University Publications of America 1992, p.215.

② 《九・一八事变后顾维钧等致张学良密电选》(下),《民国档案》1985年第2期,第18页。

③ “Sir M.Lampson to Sir R.Vansittart”(Shanghai, February 12, 1932), BDFA. Vol.40, China, p.87.

13 日，中国外交部次长郭泰祺告诉兰普逊，原则上中方同意先主动撤军，但问题是撤退的距离，以及由谁来担保日方撤军和日军不占领中方撤出的区域。①英美公使就此问题拜访日本驻华公使重光葵，后者自恃日本陆军第 24 混成旅团（由日本陆军第 12 师团部分军队组成）已经到达上海，态度非常强硬，表示中日谈判的前提是中国军队必须先撤出吴淞和闸北，否则和平难以实现。

同日，日军第 9 师团自日本到达上海并在租界登陆，英美等国驻沪总领事立即向日本驻沪总领事村井仓松提出强烈抗议。此时，英美既担心日本的登陆会侵害它们在上海的权益，又害怕日军对上海的侵略会引起中国人激烈的排外行动。这种双重忧虑从史汀生 15 日对日本的抗议照会中可见一斑："对日本的行动，不仅美国政府不能承认，而且中国方面也有可能以此为借口对租界进行报复性攻击，出现危及美国人生命财产的事情。"②

鉴于英美等列强在上海的巨大利益，日本认识到在上海问题上不让列强插手是不可能的。一方面，它反复强调尊重列强的利益，愿意通过谈判解决上海冲突；另一方面，为了保证有关谈判中的有利地位，日本又认定必须打败中国军队，取得军事上的优势。于是，日本海军采纳了前线司令官野村提出的"不即不离"的策略，认为在取得决定性胜利之前，对英美倡导的停战谈判采取不即不离的方针，以等待军事上的有利时机。

日本的拖延战术以及积极备战的姿态，促使英国会同其他国联成员国推动国联行政院对日本采取强硬的立场。16 日，中日两国以外的国联理事会理事国向日本递交了一份紧急警告书，表示不承认它通过武力侵略其他成员国所造成的领土变更，并将根据国联章程把中日纠纷交给 3 月 3 日国联大会处理。

与此同时，上海新的大战一触即发。日本远东陆军总司令植田谦吉率领第 9 师团已经到达上海，并接替野村出任侵沪日军总司令。中国方面新组建的张治中第五军也从南京赶到了上海，准备大战一场。为了避免爆发更大的战火，18 日英国驻华公使兰普逊邀请中日代表到英国驻沪领事馆会晤。会谈中，日方坚持要中方将吴淞、闸北军队后撤 20 公里，中方代表立即拒绝了这一蛮横的要求，会谈不欢而散。③20 日凌晨，植田下达了总攻击令，日本海陆空三军向吴淞、江湾和

---

① "Sir M.Lampson to Sir R.Vansittart"(Shanghai, February 12, 1932), BDFA. Vol.40, China, p.88.

② 转引自俞辛淳：《唇枪舌剑：九·一八事变时期的中日外交》，广西师范大学出版社 1997 年版，第 133 页。

③ 上海社会科学院历史研究所编：《九·一八、一·二八上海军民抗日运动史料》，上海社会科学院出版社 1986 年版，第 224 页。

闸北大举进攻。

日本的猖狂和对国际社会的蔑视引起美国政府的强烈反应。2月23日，借给国会参议院外交委员会主席博拉写公开信的机会，美国国务卿史汀生对日本以及国际社会发出了措辞激烈的警告。在信中，史汀生一方面敦促国联及列强接受美国提出的“不承认原则”，采取与美国相同的立场；另一方面，多次强调“门户开放”政策的重要性，不点名地批评了日本破坏国际公约的做法。史汀生警告说，一旦《九国公约》受到蔑视，美国将重新考虑在华盛顿会议上承担的军事义务。①次日，史汀生指示驻沪总领事克宁翰，要求他立即把此信内容透露给新闻界，并把同样内容的信函转交给东京。②“博拉信件”的发表不仅使“不承认原则”又向前迈进了一步，而且为即将召开的国联大会提供了批评日本的基调。

“博拉信件”的披露影响重大。一些日本人认为这是美国的一种挑衅行为，并开始谈论日美战争的可能性，有人甚至认为“上海事变”是另一场世界大战的导火线。③无论如何，对日本人来讲，“博拉信件”构成了一种现实的外交压力。更重要的是，在中国军队的顽强抵抗下，日本在上海的总攻于23日失败。在这种情况下，日本政府希望能够赶在3月3日国联大会召开之前，召开一个有英美等国参加的“圆桌会议”求得上海问题的局部解决，避免在国联会议上的被动。26日日本宣布了这一计划。英国很快表示，召开圆桌会议可以，但前提是必须立即实现停火；美国则反应冷淡，对圆桌会议不置可否。

在英国东方舰队司令凯利的撮合下，28日中国外交代表顾维钧同日本首相的私人代表松冈洋右及日本驻沪海军司令野村到英方旗舰“肯特”号上会晤。中日双方很快达成了五点共识④，并商定如果中日两国政府批准这一共识，双方外

---

① Throne Christopher the Limits of Foreign Policy, pp.211—212.这里的军事义务是指《英美法意日五国关于限制海军军备条约》(又称《五国海军条约》)中的规定。此处史汀生的意思是，如果日本违反九国公约，美国将考虑放弃不在菲律宾、关岛、萨摩亚和阿留申群岛修建海军基地和新的要塞的承诺。该协定全文参见王绳祖、何春超、吴世民编选:《国际关系史资料选编(17世纪中叶—1945)》(修订本)，法律出版社1988年版，第569—574页。

② “the Secretary of State to the Consul General at Shanghai(Cunningham)”(Washington, February 26, 1932, 2P.M). FRUS, Japan, pp.83—87.

③ U.S. Department of State, Foreign Relations of the United States Diplomatic Papers, 1932, Vol.3, the Far East(此后简称 FRUS, the Far East), Washington, 1948, pp.457—458.

④ (1)双方同时撤军；(2)日本不再要求吴淞或狮子林炮台永久不设军备；(3)中日合组委员会，邀第三国视察员参加监视双方撤兵；(4)撤退区域由中国继续行使警察行政权；(5)中国军队撤至真如，日本军队退至1月28日原防后，中国军队退至南翔，日本军队退回舰上。参见“顾维钧为与日本商定停战问题五点致王树翰等密电稿”(1932年3月1日)，中国第二历史档案馆编:《中华民国史档案资料汇编》，第五辑第一编《外交》(2)，江苏古籍出版社1994年版，第693页。

交、军事代表将立即举行正式会谈并签订协议。日本只是把会谈当做一个幌子，目的是为了缓和英美两国的压力，至于会谈的结果它并不在乎。因此，日军的攻势在会谈后并没有减弱，其增援部队还在陆续到达。29日，日本前陆相、陆军大将白川义则当日即代替植田为新的侵沪司令官，率领第11、14师团抵达上海。为避免事态扩大，日本政府希望日军能够迅速取得有限的胜利，挽回脸面后体面地退出战争。[①]在白川义则临行前，日本天皇嘱咐他："事态是很严重的，你务必早日完成出兵的目的，然后，毫不拖延地把部队撤回来。"[②]

3月1日，日军开始新一轮的总攻击。在优势日军面前，中国军队不得不撤到第二道防线。就在日军的隆隆炮声中，日本扶持的清末废帝溥仪在长春宣布建立伪"满洲国"。日本政府采取见好就收的策略，争取在3月3日国联大会召开之前宣布停战，因此，参谋本部在中国军队撤退后向白川发出了停战指示。白川却不愿就此罢手，在3日清晨再次发起新的全面进攻，企图一举歼灭中国军队，把战火烧向中国腹地。但日本驻华公使重光葵坚持认为，进攻的"目的既已达到，日本马上停战，这是挽救日本的国际地位所绝对必要的"[③]。在说服海军方面的野村之后，3日早晨他以驻华公使馆的名义发表了停战宣言。随后，他会同松冈向白川陈明利害，迫使白川当日下午签署了停战命令。

三、中、日、英、美之间的外交战

虽然已经发布了停战命令，但日本军方并不甘心就此收手。在发表停战宣言后，日方依旧增兵上海，中方亦采取了相应行动。[④]眼看冲突再起，英美等国在推动国联在3月4日决议[⑤]的基础上，11日再次通过一项决议，重申国联的有关

① Throne Christopher, the Limits of Foreign Policy, p.205.

② 《重光葵外交回忆录》，天津市政协编译委员会译，知识出版社1982年版，第88页。

③ 《重光葵外交回忆录》，天津市政协编译委员会译，知识出版社1982年版，第88—89页。

④ 根据中方报告，3月8日，日军数千人在浏河登陆；9日早晨又有两千日军进犯陆渡桥，并有侵入太仓之意；10日，日军一万七千人开往上海。中方相应行动有，9日，第四十七师开抵常熟；10日，第四军军长张发奎率军由全州出发前往上海。参见韩信夫：《一·二八淞沪抗战大事记》，《民国档案》1985年第2期，第119页。

⑤ 3月4日，国联大会主席希孟就上海停战与举行和谈提出议案："中日两国政府令军事当局颁布停战令，立即为有效之实行；建议中日双方代表，经各关系国家海陆军代表之协助，应即进行会商使决定停战，并商洽日军撤退办法（参见《国联的生死关头》，《国闻周报》第9卷第10期，1932年）。"但日方又提出了履行此案的先决条件："维持治安及秩序，暨保护日侨生命则产，为实行撤兵前吾人所必须坚持之条件（参见韦罗贝的《中日纠纷与国联》，商务印书馆1937年版，第322页）。"日方的这个撤兵条件引起了与会者的极大不满，大会遂通过决议，要求日本在上海无条件撤军，否决了日方提出的撤军条件。

规定，强调了各会员国领土完整、政治独立的原则，并决定成立以大会主席希孟（时任比利时外长）为首的十九国委员会专门处理上海停战问题。这一举措对日本来说是个沉重的外交打击，它不得不考虑在上海问题上继续纠缠下去的后果。鉴于“满洲国”已经建立，于是在西方列强的干预下，日本就坡下驴，回到了谈判桌前。

日本接受停战谈判，与当时的国内外局势也有着内在的联系。首先，中日兵力对比决定日本不可能再把战争继续下去。中国军队虽然后撤，但主力尚存，日本却无力再扩展攻势。日本常备陆军的 17 个师团，其中 5 个师团用于我国东北，2 个师团用于朝鲜，3 个半师团用于上海，其余驻在国内，能够增援上海的兵力非常有限。[①]其次，3 月 1 日“满洲国”宣布成立，中国军队被迫撤出上海城区，日本作战目标已经基本实现。再次，英美等国的调停和干预构成了相当大的压力。从战争一开始，英美两国就密切关注上海局势，强烈要求中日两国停战和谈，使日本朝野普遍产生了一种深深的危机感。日本藏相高桥曾说：“我国海外信誉正在急剧下降，目前在海外筹划资金几乎已不可能，这样下去，军费连三个月都维持不了。”[②]内务省大臣牧野伸显也认为，“如果我国在上海失败了，则直到现在的满蒙问题也将统统化为乌有”[③]。

在英美公使的积极斡旋下，14 日，重光葵与郭泰祺于上海英国领事馆举行了第一次非正式会谈。几经周折，双方达成了以下三项停战撤军原则：(1)中国军队留驻当前地区，直到新的协定签订为止；(2)日本军队撤至公共租界和虹口越界筑路地段，即 1932 年 1 月 28 日以前的原地，鉴于日军人数太多，某些军队暂驻上述地区是可以理解的；(3)由中立国组成的联合委员会证明双方的撤军。[④]这三项原则极为重要，它确立了以后双方正式谈判的原则和基础。此后不久，在英美代表的参与下，中日双方开始了谈判桌上的拉锯战。

24 日，中日双方在上海英国领事馆举行了正式停战会议。中方首席代表为郭泰祺，日方首席代表为日军第 9 师团长植田谦吉，英美等国公使和其他驻华人员则以观察员身份列席会议。对中方而言，会谈的核心就是要确定日军撤退的具体时间和区域，恢复战前原状。只要这两个问题得到了妥善解决，那么谈判就

---

① 余子道、张林龙：《一·二八淞沪抗战》，上海人民出版社 2000 年版，第 141 页。

②③ 转引自信夫清三郎：《日本外交史》(下册)(中译本)，商务印书馆 1980 年版，第 570 页。

④ “the Minister In China(Johnson) to the Secretary of State”(Shanghai March 15, 1932, 10A.M). FRUS, the Far East, pp.584—585.

取得了较圆满的成功。从谈判过程来看，这两个问题构成了中日分歧的核心，成为谈判进展缓慢的症结。

25日，在讨论停战协定草案第三条"日军撤退时间和撤退程序问题"时，植田提出的日军"分两步、两个区域"撤退的方案，明显违背了日方此前在非正式会谈中的承诺，遭到中方的坚决反对。[①]在会谈中，中国方面打算先确定日本撤军的时间表，再决定其撤退的区域；但日本却试图要中国先承认其占领区域，再决定撤军的时间。为此，双方争论不休。

29日，在讨论日军撤退期限问题时，中方表示，"若日方不允明列期限，则本会将无法进展"。植田蛮横地宣称："时间与地点乃连带问题，在未议定地点以前，自不能单独议定时限"，具体撤退时间"须视情形而定"。对此，郭泰祺进行了严厉反驳。他表示，中方同意日军暂驻和分步撤退是考虑到日军人数过多，短期难以撤完，就中方而言，日军根本没有驻扎的必要，应立即撤尽。谈判中，日本陆军主张维持目前的状况，不准中国军队染指日军占领区，但中方代表针锋相对，表示"如果日本不缩短小迄今为止的占领地区，就不停战"[②]。英美代表认为，如果将来中国军队不能进驻的区域只是上海租界及其他重要地区，不会对日军构成威胁。因此他们支持中方的观点，并声称日本要维持目前的占领区是不可能的。

30日，会谈继续讨论日军撤退区域问题。日方提出以闸北、江湾、引翔和吴淞四处的部分地区为撤退地点，另外要求在京沪、沪杭铁路交叉处驻兵。中方坚决反对日方的驻兵要求，同时建议日军以江湾跑马厅以东、杨树浦以外、闸北区铁路以东、蕴藻浜以南及铁路以东等地为撤退地点。日方却以"由军事观之，该处不足应我方之需要"为由拒绝。为促使日方就撤退地点一事达成谅解，英国代表提出，请日方"再于吴淞周围划一界线，俾勿切断淞沪铁路线"，并自作主张地认为，若日方允诺这一点，"铁路以东之一切侧线，棚厂及码头，日军均可用之"[③]。英方的"好意"，既遭到中方的拒绝，又没有得到日方的认可。到31日止，中日谈判只剩下日军撤退时限和暂驻区域这两个核心问题。

老问题尚未得到解决，日方又挑起了新争端。4月4日下午会议刚开始，植田突然要求中方说明中国军队在苏州河以南的驻防情况，郭泰祺表示该处军队

① 中央档案馆编：《日本帝国主义侵华档案资料选编·九·一八事变》，第612—613页。

② 《重光葵外交回忆录》，天津市政协编译委员会译，知识出版社1982年版，第97页。

③ 《一·二八战役中日停战谈判记录》(上)，《民国档案》1991年第1期，第16—17页。

并未参战,不在本会讨论之列。双方遂发生激烈争执。兰普逊解释说第一条中"Cease all and every form of hostile act"已有完全停战的意思,但重光葵坚持认为在军事上有必要说明。[①]7 日上午,植田在会上重提中国军队驻防这一问题。郭泰祺当即予以驳斥:"中国在其领土内驻军不容他国过问"并表示这一问题涉及原则,且南京政府的训令从未提过苏州河以南的地区,不能再讨论。[②]由于中方拒绝让步,日方又不接受英美代表的调解,这个问题被暂时搁置。

实际上,早在 4 月 1 日,就日方坚持要求中方说明中国军队在黄浦江以东布防这个问题,英美两国公使已与日本公使重光葵进行了接触,明确表示英美两国对日本的这种要求感到惊奇,因为这部分中国军队因地理位置不可能与日军发生冲突,更不会对日军的安全构成威胁。他们希望重光葵能够说服日方放弃这种要求。[③]从谈判中的表现来看,至少日方当时没有考虑英美方面的态度。

日方在撤退时间和撤退区域问题上的无理纠缠和在非交火地区中国军队驻防问题上的滋事,加上英美代表不尽如人意的调解,促使中国政府转向求助国联。13 日,郭泰祺以公文形式通告日本公使馆,指出停战会议因日方坚持无理要求陷入停顿,中国政府决定将会谈情况送达国联,由国联裁决。在国联方面未有消息之前,上海停战会议实际已经告停。

应中国政府要求,16 日,国联十九国委员会召开会议讨论中日上海停战争执案。该委员会经过三天的秘密讨论,于 19 日通过了决议草案 14 条。中方对该草案表示赞同,日本外相芳泽认为十九国委员会无权审议和决定停战条件,并坚决反对该草案第 11 条将日军撤退时间的决定权委托给各友邦之外的第三国。但此时重光葵和日本外务部国联事务局长泽田审时度势,认为上海问题的解决应该从日本对外关系的全局来考虑,此时与国联保持一致,符合日本的全局利益。[④]日本外务省和军部也意识到在上海问题上拖延过久对日本并非益事,将影响到列强对"满洲国"的承认,主张就 19 日决议作出一些让步,尽快结束上海谈判。中日谈判遂出现一线转折的希望。

此时,英国外交人员再次活跃起来。为了推动中日谈判进程,英国提出了著

---

① 《一·二八战役中日停战谈判记录》(上),《民国档案》1991 年第 1 期,第 26—27 页。

② 《一·二八战役中日停战谈判记录》(下),《民国档案》1991 年第 2 期,第 14—16 页。

③ "the Minister In China(Johnson) to the Secretary of State"(Shanghai, April 12, 1932). FRUS, the Far East, p.659.

④ 俞辛淳:《唇枪舌剑:九·一八事变时期的中日外交》,广西师范大学出版社 1997 年版,第 153 页。

名的“兰普逊折中案”[1]。22日，英国驻华公使兰普逊离开上海回到南京，他拜访了外交部长罗文干、军事委员会委员长蒋介石和行政院长汪精卫等人，主张将国联19日决议草案第11条中有关日军的撤退部分修改为“共同委员会将依据其决定，用它认为最好的方式监视本协定（指中日停战协定）第一、二、三条款的实行，同时被授权关注对以上所提条款的任何忽略”[2]。他非常希望南京方面作出让步，以便日本接受该方案。

在研究了国内外形势后，南京政府认为上海事件不宜久拖，况且该方案明确规定日军必须撤退并恢复到1月28日以前的原状，并指明日军一日未撤，国联3月4日和11日决议就一日未贯彻；该方案还排除了有关战后上海地位的规定，并导致日本方面竭力主张的上海圆桌会议方案胎死腹中。这些都对中国有利，中方遂决定接受兰普逊折中案。另一方面，该方案允许日军暂驻于毗连地带，还未规定日军撤入租界和越界筑路地带的时间，因此国联决议案的效力大大弱化，仍然无权决定日军撤退时间，一旦日军不按时撤退，仅“有促令其注意之权”[3]，这显然对日本有利。由于“兰普逊折中案”对中日双方来讲各有所获，因此在28日的上海停战会议非正式会议上顺利通过。

30日，国联大会第五次会议就修改后的十九国委员会决议草案进行投票，日本代表弃权，最后大会一致通过了该决议案。该决议案明确强调国联允许日本将其军队撤退到公共租界以及越界筑路地段，以恢复1932年1月28日以前的状态；但并没有明确规定日军的撤退期限，只是说“日军此种撤退，应于最短期内行之”，如果日军不按时撤退，国联“有促令其注意之权”。至此，日军撤退区域和撤退时间这两个耗时最久、争议最大的问题得到了折中解决。

中日双方接受兰普逊折中案，为最终签署停战协定铺平了道路。尽管29日日本在沪军政要人在虹口公园庆祝天长节[4]，有数人被朝鲜独立党员尹奉吉炸伤，其中白川义则等两人先后死亡。日本外相芳泽还是立即向重光葵发出指示，

---

① 这里所说的“兰普逊折中案”是笔者为方便表达而提出的，指的是4月25日兰普逊在南京会晤蒋介石等人时就国联十九国委员会19日决议草案第11条所提出的一项折中办法，并不是一个完整的解决方案。

② “the Minister In Switzerland(Wilson) to the Acting Secretary of State”(Geneva, April 26, 1932, 9P.M) FRUS, the Far East, p.725.

③ 中国第二历史档案馆编：《中华民国史档案资料汇编》，第五辑第一编《外交》(2)，江苏古籍出版社1994年版，第758页。

④ 天长节是日本天皇诞生纪念日，1873年以太政官布告的形式规定为天皇纪念日。

表示此事与停战会议无关，要其尽快结束上海谈判，但仍坚持中国军队不得驻扎在苏州河以南及浦东地区。为促使中日两国尽快签署停战协定，兰普逊派遣英国军事代表桑布尔于5月2日会同中日代表开会，中日双方通过以下方式达成协议：中国方面口头声明在龙华西线以北的浦东地区没有中国军队，将来也无意向该地区派遣军队，但为了维持治安，中国保留派遣军队的权利；日方也不再提苏州河以南及浦东的中国驻军问题。[①]至此，有关苏州河以南中国驻军的问题得到了解决，停战协定全部内容业已谈妥。5月5日，在各国代表的见证下，郭泰祺和重光葵分别代表各自政府签署了停战协定[②]。

四、结　束　语

毫无疑问，上海事件是1930年代初远东国际关系中的一件大事，它引起了西方列强的广泛关注。这种效应是由各国在远东，特别是在上海利益关系的复杂性决定的。正是利用这种复杂性所引起的广泛关注，日本政府成功地把这场由军国主义者发动的冒险战争转变为建立"满洲国"的烟幕弹和扩大在沪利益的利器。日本阴谋的得逞，与南京政府没有认识到"上海事变"的特殊性，以及中、日、英美三方之间复杂的利益关系不无联系。

上海事变发生后，基于不同的诉求，中日两国都希望英美列强介入。南京政府自始至终认为日本是要以上海为突破口，夺取长江流域，进而占领全国，因此命令沿长江层层设防，而没有在上海部署更多的兵力。事变之初，南京政府制定的"一边抵抗，一边交涉"的策略，实际上向英美发出了参与调解的信号。应该说，中国的策略是有效的。

上海事变爆发后不久，日本军国主义势力欢呼雀跃，积极推动扩大对华战争，而且日本军方已做好对华全面战争的打算，参谋本部认为，一旦对中国出兵，则必须考虑到战火烧到整个中国的可能性，并拟定了三种情况下的派兵计划。[③]但是，中国十九路军顽强的抵抗，中国政府严正的抗战宣言，英美列强激烈的抗

① 转引自李新总编：《中华民国史》第三编第二卷（上），第92页。

② 中国第二历史档案馆编：《中华民国史档案资料汇编》，第五辑第一编《外交》(2)，江苏古籍出版社1994年版，第751—754页。

③ 参见日本防卫厅战史室编纂，天津市政协编译委员会译校：《日本军国主义侵华资料长编》，四川人民出版社1987年版，第215—216页。

议和干预，让日本政府预感到时局出现了与九一八事变时不一样的情形。日本政府不得不谨慎起来，进而决定在上海打一场局部战争，一方面掩护“满洲国”的成立，另一方面试图扩大日本在上海的政治、经济和军事权益，但前者是主要的，后者只是日本妄图捞取的额外成果。

为达到上述目的，日本政府采取了“不即不离”的策略。“不即不离”作为日本政府处理上海事变时贯穿始终的指导方针，其目的就是让中国和英美都陷入无休止的停战谈判，为刚刚成立的“满洲国”赢得巩固时间。基于这种特殊目的，在与列强的关系上，日本当局始终比较节制，并尽量把交战地点限制在上海地区，这一点可以从2月4日日本陆海军的《上海方面军事行动指导纲要》[①]中得知。尽管日本对停战谈判缺乏诚意，但却需要它继续进行。这正是中日数次交涉都没能成功的直接原因。

英美两国积极介入上海事变的态度，与九一八事变时的漠不关心形成鲜明对比，主要有两方面的原因。一是虽然日本侵占中国东北在一定程度上损害了英美在华权益，但东北毕竟不能和上海相提并论。多年来，中国东北一直是日本的势力范围，英美两国在那里没有太多实质性的权益。上海则不同，它不仅是中国首要的商业城市，而且是各国商业云集的国际港口，是世界上少有的五、六个最大商港之一，各国都把占据上海看做是在中国的象征。日本对上海的大举进攻，对西方列强来讲犹如当头一棒，他们终于意识到如果再不采取强硬措施，极有可能重蹈九一八事变时的覆辙。如果华盛顿会议以来建立的远东安全格局被打破，日本将英美势力从远东逐步排挤出去的日子也就为期不远了。二是担心日军的大举进攻会激起中国人强烈的排外情绪，他们需要同日本人一起压制中国人的反抗。

纵观“上海事件”前后的远东国际关系，英美列强的调解还受到其他国际国内形势的制约。英国方面，一是国内经济危机的影响，二是正忙于协调法德裁减军备无暇东顾，三是在远东的防卫日趋空虚。英国希望通过谈判来解决英日之间的矛盾，不愿采取强硬措施激怒日本。英国外交部常务次长范西塔特认为，国联必须等到危险降低之后才能就“上海事件”指责日本，“在这个时刻，我们必须拒绝与美国一起对日本进行极严厉的指责”[②]。英国只希望通过和平谈判，恢复

① 俞辛淳：《唇枪舌剑：九·一八事变时期的中日外交》，广西师范大学出版社1997年版，第188页。

② Throne Christopher, the Limits of Foreign Policy, p.254.

上海的既存秩序，特别是当兰普逊在上海表现出高超的谈判技巧后，这种愿望更加强烈。

与此相对照，美国当时的远东政策受制于国内严重的孤立主义思潮。由于第一次世界大战和世界性经济大危机的影响，孤立主义于1930年代初在美国历史上进入全盛期。美国人的注意力普遍转向与自己切身利益密切相关的国内事务，对美国以外的事务兴趣索然。尽管国务卿史汀生在处理“上海事变”时态度比较强硬，但多数美国人反对实质性介入其中。

基于以上原因，英美两国对上海事变的态度也表现出两面性。一方面，它们指责和抗议日本在上海的战争行为，拒不承认日本以战争手段来改变上海格局的做法和后果，甚至表示要对日本进行经济制裁；另一方面，它们又向日本寻求妥协，企图以牺牲中国的部分利益来换取日本在上海的停战和撤兵。源于这种两面性，它们的调解不可避免地产生两方面的影响。一方面，由于英美列强的抗议和调解，“上海事变”最终得以和平解决，既推迟了中日全面战争的到来，为中国备战赢得宝贵的时间，又打击了日本军国主义者的嚣张气焰，部分地捍卫了一战后建立起来的华盛顿体系，暂时维持了远东的局部和平。通过调解，英美两国给了日本一个教训，即尽管它们在上海事变前对日本的行为表示了相当的“宽容”，但这绝不是说这种“宽容”是无限的或无条件的。①另一方面，尽管此时日本还不具备全面进犯中国的实力，但“上海事变”作为九一八事变的延续和重要组成部分，是日本侵略狂潮的先声，是二战前日本军事实力的初步展示。更为重要的是，日本军国主义者在从九一八事变到上海事变这一系列的冒险活动中壮了胆。英美调停只是暂时遏制了日本军国主义的侵略进程，却未能彻底遏制它的侵略势头。

（本文原载《江海学刊》，2011年第1期）

① 武寅：《从协调外交到自主外交》，中国社会科学出版社1995年版，第151页。

一·二八事变与上海"自由市"计划始末

张智慧

九一八事变后仅仅四个月,日本又在上海发动了一·二八事变。对此,多数论著认为,这是日本为了转移国际上对日军侵略中国东北的关注;也有部分学者认为,是上海的抗日运动使日本经济遭受了沉重打击后需要出兵保护其在华的经济利益。然而,笔者通过查阅日本亚洲历史资料中心近来公布的档案资料,以及与《工部局董事会会议录》《申报》等资料的比对后发现,日本政府与上海公共租界相互利用,企图把上海设置成"自由市",才是导致一·二八事变爆发的深层原因。

一、 上海公共租界的统治危机及对策方案

(一) 穷途末路的公共租界

20 世纪 20 年代后期,中国政府要求收回租界的呼声渐高。上海在经历了五卅运动后,"上海是中国人的上海"这一思想得到广泛传播;各界民众通过罢市、罢工、罢课等形式与租界当局展开了不懈的斗争,使当时的上海租界陷入了深刻的统治危机之中。租界当局不仅要面对中国声势汹涌的反帝运动,还要面对北伐时汉口、九江等租界已被收回,缺口已被打开的巨大压力①。1927 年 7 月,国民政府上海特别市的建立,形成了华界和租界分庭抗礼的局面,对于租界当局来说更是雪上加霜。1929 年,国民党中央宣传部又编印了《收回租界运动》的小册子,使上海的租界当局如同末日来临。

---

① 郑祖安:《百年上海城》,学林出版社 1999 年版,第 178 页。

然而,在上海拥有巨大利益的英、美、法、意、日等国侨民并不甘心手中特权的丧失,想尽办法试图解决租界的危机。为了寻求租界继续存在的合理依据,工部局在1929年11月28日召开的董事会议上,一致通过了邀请资深法官费唐来沪考察租界制度的决议。费唐长期在南非联邦工作,曾经"负责英国政府和爱尔兰自由邦之间条约的谈判工作,也负责过英—布战争结束后与南非联邦的签约工作",董事会一致认为"聘用费唐法官来协助工部局就上海未来地位问题提出建设性的建议,这对整个社会都是有益的"。①从1930年1月至1931年6月,费唐陆续发表了四大卷长达百万字的《研究上海公共租界情形报告书》。其基本思想就是强调有必要也有可能延续租界制度,至少在几十年"过渡期"内租界不能交还中国,竭力为公共租界存在的合理、合法性寻找依据。值得注意的是,一·二八事变后,日本政府在推进上海"自由市"计划时曾多次提及费唐报告。

就在费唐报告出台后不久,九一八事变爆发。事变之后,工部局董事会会议频频对上海未来地位问题加以讨论。并且有建议提出,"目前正是董事会可以作出努力,召开一次由中国政府和各主要的、与此事有关系的西方国家参加会议的良好时机"②,拟利用中国国内的危机形势来达到巩固上海租界地位的目的。

1931年11月19日,由于宁粤矛盾,十九路军进驻上海。对此,工部局更是大肆渲染租界的危机处境。11月30日,工部局董事会召开特别会议,总董麦克诺登在会上向诸董事汇报了27日他召集各国驻沪防军司令而召开的非正式会议的内容。③据麦克诺登所言,参加27日会议的有工部局总裁费信惇、上海公共租界协防区首席司令佛黎明、美国海军陆战队胡克、日本帝国海军登陆特遣队司令柴山、法国驻沪防军司令麦凯、上海公共租界万国商团司令汤姆斯、英国驻沪防军副旅长彭尼等。在会议上,麦克诺登向各国驻沪防军司令解释了工部局的立场,"并就因中国东北目前局势的结果,万一租界及其附近地带发生或将发生严重的动乱,工部局究竟应采取何种行动,展开讨论"。麦克诺登向与会者说明了工部局的目的,就是"维护公共租界内的法律和秩序,如果可能的话,维持沪西地区直到铁路线为止的法律和秩序"。对此,各国驻沪防军司令都表示愿意全力支持。特别值得注意的是,麦克诺登在会议上还提出了"建立一个中立地带"的建议,指出"万一出现

① 《1929年11月28日工部局董事会会议》,见上海市档案馆:《工部局董事会会议录》第24册,上海古籍出版社2001年版,第585页。

②③ 《1931年11月30日工部局董事会特别会议》,见上海市档案馆:《工部局董事会会议录》第25册,第495页。

严重的动乱，沪西越界筑路地区的范围，不足以有效地保证公共租界居民的生命财产安全”。对于麦克诺登的提议，各国驻沪防军司令认为尽管他们愿意跟各该国领事进行磋商，但鉴于该建议牵涉到政策问题，表示他们无权在会上加以讨论。

总董麦克诺登在汇报完 27 日会议的内容之后，宣称，“一项全面的协防计划已经制订，一旦工部局宣布租界处于紧急状态，该项协防计划立即付诸实施”。并提醒诸董事，对“所获知的本日会议的消息，对外千万保密”。由此可见，一·二八事变之前，工部局就已对将来可能发生的紧张局势做了充分准备。不仅对各国的驻沪防军司令所应承担责任的防区作出明确规定，而且还提出了在出现严重动乱之前，“建立一个中立地带”的建议。

(二) 关于上海租界未来地位问题的提议和方案

早在 1927 年北伐军入驻上海之际，驻中国的美国公使和驻汉口的美国总领事就依照美国政府的训令，分别向张作霖、蒋介石、孙传芳三方提出了美国国务卿关于上海中立的通牒文。①通牒文指出，美国政府对目前中国的内乱给上海租界内美国利益所带来的影响颇感忧虑。现在的公共租界不仅其枝叶已延伸至中国全土，而且已经成为全世界商业网的一个基本中心，所以，无论是从中国人还是外国人的利益出发，维护公共租界的秩序都是极度必要的。美国政府建议要把上海的公共租界排除在武力交战的区域之外，以给予美国人及其他外国人充分的保障。通牒文最后指出，有关公共租界未来地位的问题，美国政府已做好了与中国进一步交涉的准备。对于美国政府的这一提议，中国官方的态度比较强硬，国民政府代表陈友仁就明确表示，不光是美国，对于任何国家的有关上海中立的建议，国民政府都将视之为内政干涉。并指出，国民政府统管上海之时，有充分的实力和诚意保障美国人及其他外国人的生命财产，所以没有在上海设置中立地带的必要。此外，孙传芳方面也表示，在上海会对所有外国人的生命财产负有保护责任，不需要特别设置中立地带。1927 年，美国政府关于上海中立的建议因遭到中国官方的反对而搁浅。

除了美国政府的建议外，上海租界内的许多外侨团体也不甘示弱，制定了各种计划和方案，比较有代表性的如 1925 年 10 月制定的《上海纳税人协会会员私案》②、

---

① 《米国ノ上海中立提议》，见日本外务省外交史料馆：《分割 2 各国都市关系雑件/上海ノ部》，Ref. B04121012400(アジア歴史资料センター)。

② 《在上海米人间ニ成リタル考案》，见日本外务省外交史料馆：《分割 2 各国都市关系雑件/上海ノ部》，Ref.B04121012400(アジア歴史资料センター)。

1930年2月制定的《上海美国人提案》[①]等。其中，《上海纳税人协会会员私案》主张要建立一个囊括淞沪、苏州、杭州在内的“大上海国”，具体内容包括：大上海国作为中国的附属国，每年有向中国纳税的义务；其行政机关包括国家元首（中国人）、行政长官（外国人）、元老院（由议长和中外同数的议员组成）；新国家内撤销治外法权，建立属于新国家管辖的法院等等。《上海美国人提案》则主张建立“上海自由港”，提案的主要内容包括：上海自由港政府遵循中国钦定的宪章，除关税、邮务及缔结条约权利之外，享有地方自治政府的特权；总督由国际联盟任命，公共租界代表（4名内中国人1名）、法租界代表（2名）及上海市政府代表的选定则和中国政府协商后决定；区域包括大上海市、公共租界、法租界及周边20英里的中立地带；自由港及周边中立地带的中立性由中国、列强和自由港之间缔结的国际条约来保障；自由港领域内各国永久放弃治外法权，自由港政府依照宪章规定，对区域内的所有人和物拥有管辖权；总督为维护自由港及中立地带的治安和防御外敌应组建必要的军队等等。

以上论及的提议和方案中，虽然出现了“上海中立地带”“大上海国”“上海自由港”等不同的名称，但这些名称和而后成为议论焦点的“上海自由市”一样，其实质都是要使上海脱离中国主权的管理，从而把上海变成维护列强既得利益的“自由王国”。可以说，日本政府就是利用了上海公共租界的统治危机和上海外国侨民极力谋求改变上海现状的动态，悍然发动了一·二八事变。

二、日本外务省对上海“自由市”计划的积极推进

（一）从“调停的中立地带案”到“永久的中立地带案”

一·二八事变爆发之前，日本政府就曾秘密制定过“中国五港中立案”[②]。当时，国民政府和列强之间正在就撤销治外法权问题反复交涉；作为撤销诸外国治外法权的条件，日本提出了把上海、天津、汉口、广东、青岛设定为自治都市的提案。事变爆发后，日本政府首先就此提案与美国政府进行了通报，当时美国各大报纸[③]都对此作了相关报道。其中，2月9日的《纽约时报》认为，“日本的提案是

---

① 《在上海米人间ニ成リタル考案》，见日本外务省外交史料馆：《分割2各国都市关系雑件/上海ノ部》，Ref.B04121012400（アジア歴史资料センター）。

② 《在华日本纺绩同业会会长船津辰一郎书简》，见日本外务省外交史料馆：《分割2各国都市关系雑件/上海ノ部》，Ref.B04121012400（アジア歴史资料センター）。

③ 《上海事件を外纸は何う観る》，见日本外务省外交史料馆：《国际事情》（320），Ref.B02030472700（アジア歴史资料センター）。

要把中国变为其保护国,可谓是一大时代错误"。2月10日的《华尔街日报》批判道:"世上还有此旁若无人之举吗?"对于日本政府为何在事变之初首先要提议"中国五港中立案",其与上海"自由市"计划又有何关联等问题还有待于今后的进一步探讨和研究。不过从目前公布的档案资料中可知,日本政府在事变之初提议"中国五港中立案"的同时,已开始把焦点聚集于上海"自由市"的推进上。

1932年2月2日,驻东京的英、法、美三国大使拜访日本外相芳泽谦吉,针对上海的事变提出了五项提议。①日本政府对第四项"为隔离两国的战斗人员而设置中立地带"的提议倍感兴趣。而三国大使的提议其实是出于早日结束战争的考虑,其建立中立地带的提议具有调停之性质。但日本外务省在决策中却有意地把这一提议变成了永久中立的提案。

在接到三国大使的提议后,日本外务省就设置中立地带问题与日本驻中国公使重光葵进行了磋商。2月6日,在上海的重光葵于回函中向日本外务省提出了关于设置中立地带的意见。②重光葵指出:"虽然中立地带主要指闸北地区方面,但在当地的各国交涉中是有伸缩余地的。在与各国交涉中,应该制定把整个上海的周围地区设置成中立地带的方案。作为实施的具体步骤:首先,在和英美等领事团、工部局充分协商的基础上,强行要求中国军队撤退到租界境界线20英里以外;此目标实现后,在中国军队的撤退区域设置中立地带,中立地带若仅局限于闸北附近,已与现实不相符合,而设置中立地带又是各国共同之目的,应考虑到租界全体的利益。中立地带的警卫应由工部局警察承担,或者和中国公安局共同承担。此想法和费唐报告的旨趣相符,同时也是在沪各国居留民所共同希望的。"重光葵关于在上海设置中立地带的建议成为了日本外务省处理上海问题的基本方针。

2月10日,在日本枢密院会议上,外相芳泽在汇报完"上海事件"的经过后,接受了富井顾问官的提问。③富井问道:"昨天的报纸报道了日本政府的中立地带案,该案和调停案所指的地带案有所不同,欲要设置永久的中立地带。中国自不必说,美国也认为该案是分割中国的开端而加以反对,果有此事吗?"芳泽答道:

---

① 《上海事件ニ关スル报告》,见日本国立公文书馆:《枢密院会议笔记·一、上海事件ニ关スル报告昭和七年二月十日》,Ref.B03033731800(アジア歴史资料センター)。

② 《中立地带ニ关スル重光公使ノ意见》,见日本外务省外交史料馆:《日支事件ニ关スル交涉経过(联盟及对米关系)第七卷19》,Ref.B02030402300(アジア歴史资料センター)。

③ 《上海事件ニ关スル报告》,见日本国立公文书馆:《枢密院会议笔记·一、上海事件ニ关スル报告昭和七年二月十日》,Ref.A03033731800(アジア歴史资料センター)。

“本官原本考虑的是在日中两军之间设立中立地带，使其退却到一定的距离。而后却变成了设置永久的中立地带。”富井接着问道：“是要设置大规模的中立地带吗？”芳泽答道：“关于你所询问的永久的局外中立地带设置案，实际上正在考虑之中，还未向外国政府发表日本政府的想法，只是通告了当地的我国代表而已。”从以上两者的问答中可以看出，一・二八事变爆发后，日本政府有意地把调停性质的中立案变成了永久的中立地带案。

（二）对各种“自由市”方案的比较和探讨

在上海设置“永久中立地带”的基本方针确立后，日本外务省指示[①]道：“上海圆桌会议能否召开还未明确，但我方要预先制定有关上海未来地位的大纲案，并展示给各国，以此对中国保有贷主之地位。”日本外务省在制定上海“自由市”方案的过程中，首先对上海各外侨团体及个人制定的诸多上海“自由市”方案进行了详细比较和分析。这些提案包括：《上海纳税人协会会员私案》（1925 年 10 月）、《上海美国人提案》（1930 年 2 月）、《上海外人有志者提案》（1932 年 3 月下旬）、《法国人 Dauxion de Ruppe 案》（1932 年 2 月下旬）、《大谷光瑞师案》（1932 年 4 月中旬）等等。

关于上海“自由市”的各种方案，大多不为世人所知，只有 1932 年 3 月下旬制定的《上海外人有志者提案》被当时的媒体公布于众，日本的各大报纸如《东京日日新闻》和《大阪每日新闻》都对该提案作了详细报道。[②]两大报纸都提到，此案是日、英、美、法、意等十多国有力团体中所选出的二十人委员会，经过十多次的研究而制定的，并指出该案已经提交到国际联盟。根据两大报纸的报道，上海自由市计划的概要包括：“（一）本行政团体与支那政府协力，并向支那政府交纳租税。（二）本行政团体设立的目的是避免上海地区遭受军阀的侵略、设置独立的法院、确立区域内的财政经济基础。（三）利用支那人及外国人组成的军警来防卫上列区域，而不是雇佣军队。”

对于上海外侨团体及个人所制定的几种上海“自由市”方案，日本外务省制定了八项评价标准，并对诸方案进行了具体分析和比较。[③]值得注意的是，在围绕

① 《上海都市計画》，见日本外务省外交史料馆：《分割 2 各国都市关系雑件/上海ノ部》，Ref. B04121012400（アジア歴史资料センター）。

② 《利伯维尔建设》，载《东京日日新闻》，1932-04-10；《列国实业团体の上海利伯维尔案》，载《大阪每日新闻》，1932-04-11。

③ 《各種上海自由都市計画案ノ比较》，见日本外务省外交史料馆：《分割 2 各国都市关系雑件/上海ノ部》，Ref.B04121012400（アジア歴史资料センター）。

每项标准所作具体比较之后，都进行了归纳和总结，凸显了日本外务省在制定上海“自由市”方案上的观点和立场。第一项“与中国领土权的关系”，日本外务省认为“自由都市的设定，应该在列强和中国缔结的条约基础上，中国制定国内法规即宪章，或者把宪章作为条约的附属书，中国制定相同内容的国内法来予以保障”；第二项“与国际联盟的关系”，认为“把上海自由都市置于联盟的监督之下，虽然不是必不可缺的，但是如果借助国际联盟的权威容易让中国让步的话，可以在某种形式上承认联盟的监督权及保护权”；第三项“区域划分”，认为“虽然自由都市的管辖区域限于公共租界、法租界和大上海市，但为了自由都市的安全保障，应该在其周围设置保护中立地带”；第四项“警备问题”，认为“如果足以证明自由都市的治安能力值得信赖的话，作为终极之措施，同意放弃列国的驻兵及派兵权也是不得已的”；第五项“中立性质问题”，认为“对自由都市的安全威胁和保护地带的中立侵害，多源于中国的排外运动。此种情况下，列国以及成为排外对象的一国及数国，应该先谋求国际联盟的承认，之后在其委任之下采取自卫之手段”；第六项“立法及行政机关”问题，认为“有必要在三区域的行政机关之间设立某种形式的联络机关，严格意义上来讲并不是由立法机关来充当，而是应该设立由三行政机关代表所组成的委员会”；第七项“立法机关及治外法权问题”，认为“虽然撤销治外法权问题是颇为重要之事件，必须要慎重考虑。上海自由都市一旦成立，也没有必要一直反对撤销治外法权”；第八项“维持治安的武装警察军备等”问题，认为“为了保障自由都市的安全，理论上讲自由都市不应该拥有自己的军队，但是如此一来会出现无力阻挡中国军队进攻的缺陷，为了弥补该缺陷，应该在保证自由都市及保护地带的中立，以及在国际联盟的权威下派遣国际军队或一国军队”。

虽然目前公布的档案资料并未发现日本外务省制定的上海“自由市”最终方案，但从以上的论述中不难看出，一·二八事变后，日本外务省不仅确立了设置“永久中立地带”的基本方针，还积极参考各种“自由市”方案，秘密推进日本政府主导的上海“自由市”计划。另外，从档案资料中也可以看到，日本政府还希望通过召开“上海圆桌会议”来实现“自由市”计划。但鉴于中日停战还未实现之前，此种提议必然会遭到中国及英、美、法等国的反对，日本政府并未大张旗鼓地推进上海“自由市”计划。

（三）关于召开“圆桌会议”的交涉

1932 年 5 月 5 日，随着中日停战协定的签订，日本谋求建立上海“自由市”的计划主要以谋求召开“上海圆桌会议”的形式表现出来，即日本希望通过召开“圆桌会议”与各国商讨上海“自由市”问题。

5月13日，日本外相芳泽谦吉召见英、美、法、意四国代表，提出了有关上海的善后问题。[①]在对四国特别是英国在签署停战协定交涉中的帮助表示感谢后，芳泽提到“现在吾人最关心的是维护上海及其附近永久和平之问题，其是涉及公共租界、法租界的各国共同之问题，特别是日、英、美、法、意五国最具利害关系。鉴于以往的经验，上海租界经常受到中国内乱之威胁，在日本断然撤兵之际，特别感到有恢复上海和平的必要，所以应速召开圆桌会议解决此问题”。作为召开会议的理由和根据，芳泽不仅提到了2月29日国联理事会所作的关于停战协定签订后召开“圆桌会议”的决议，而且提出中国的现实形势即广东派的反蒋活动、长江沿岸共产党军队的“跋扈”都使召开“圆桌会议”刻不容缓。而作为召开会议的具体步骤，芳泽提出了与英、美、法、意四国先在东京召开预备会议，来商讨上海问题的建议；并且提出，预备会议不邀请中国参加，等到五国之间大纲确立之后再与中国交涉。

然而，就在芳泽召见四国代表两天后的5月15日，日本国内法西斯军人和民间法西斯团体联合发动流血政变，首相犬养毅被杀。5月26日，退役海军大将斋藤实出任首相，并且身兼外相一职。斋藤内阁期间，对于一·二八事变的善后处理问题基本上沿用了前外相芳泽的外交政策和方针。在英、美、法、意四国代表就前外相芳泽提出的建议而请示本国政府之际，日本外务省对四国可能会提出的疑问作了周密推测。日本外务省认为，在根本问题上，四国可能会以日军还没有完全撤退、中日间的关系还很紧张等理由，提出召开会议的时机还未成熟的意见；而在枝节问题上，四国可能会提出召开预备会议不应排除中国、预备会议的召开地点定在东京欠妥等意见。

根据日本外务省公开的秘密外交档案，对于英、美、法、意四国在答复中可能提出的疑问和意见，日本外务省制定了颇为严密的答复预案。[②]其主要内容包括八个方面：(一)强调本次“圆桌会议”的召开是根据2月29日国际联盟理事会决议所定的。(二)强调根据2月29日国际联盟理事会的决议，各国有推进“圆桌

---

① 《上海圆桌会议ニ关スル件》，见日本外务省外交史料馆：《分割3各国都市关系雑件/上海ノ部》，Ref.B04121012500(アジア歴史资料センター)。

② 《外务大臣応酬振》，见日本外务省外交史料馆：《分割3各国都市关系雑件/上海ノ部》，Ref.B04121012500(アジア歴史资料センター)。

会议”召开的义务。(三)停战协定签订后，广东派的反蒋运动明显，加上长江沿岸及福建省等地共产党“活动猖獗”，上海未来的形势不容乐观。(四)日方已决定陆军全部撤回，近期内会预期完成。随着停战协定的签订和日军的撤回，中日间的关系也将有所缓和。(五)不同意满洲问题与上海问题共议，满洲问题与上海问题是全然两个问题，而且2月29日国际联盟理事会决议明确提出，“圆桌会议”仅以恢复上海地区的和平为目的。(六)日本政府提出预备会议排除中国及召开地点定在东京的主张，是出于对圆桌会议成效的考虑，和各友好国家有进一步商讨的余地。(七)1924年上海发生的卢永祥、齐燮元两将军交战之时，外交团于同年12月22日向北京外交部提出永久转移军阀争夺的目标，即江南制造厂和龙华弹药厂，使上海附近避免卷入战争的建议。对此，北京外交部于1925年1月17日命令把江南制造厂改造为普通工厂；同时，1月15日的执政命令宣布永久禁止在上海及吴淞驻屯军队。(八)维护上海地区的永久和平是各国的夙愿，如果列国间充分努力，1925年上海附近的孙传芳、张宗昌两军的对峙、1927年广东军的北上引起的动乱，以及这次十九路军的骚扰都可以避免，如果列国重复1925年过失的话，唯恐中外人士几十年来苦心经营的国际都市将会消失。以上八项内容，是日本外务省精心制定的答复预案。其目的就是强调上海的危机形势，说服各国，顺利实现“圆桌会议”的召开，从而推进上海“自由市”的设置。

(四) 公共租界与日本的里应外合

日本之所以敢在上海制造事端，致使事变爆发，与上海各外国团体特别是公共租界当局的大力支持是分不开的。事变爆发后，公共租界当局更是与日本里应外合。事变后，上海市市长吴铁城曾向工部局提出抗议，认为“工部局听任公共租界被用做进攻中国部队的军事行动根据地”。对此，工部局于1932年2月6日召开董事会特别会议，商讨如何答复上海市长提出抗议的事宜。会上，工部局总裁费信惇指出：“工部局作为一个团体不能对那些能够共同保证租界中立的强国之一的侵犯公共租界的行为担负责任。日本作为这些强国之一，像其他有关的主要强国一样，对维持公共租界的完整感兴趣；任何强国的可以被解释为破坏这种中立地位的行为，其责任应由各该强国担负，而不是由上海公共租界工部局担负。”[①]工部局对于日军利用公共租界进攻中国部队明显采取了纵容的态度。

---

① 《1932年2月6日　工部局董事会特别会议》，见上海市档案馆：《工部局董事会会议录》，第25册，第505页。

公共租界与日本里应外合的关系，还可以从租界当局对事变爆发原因的认识中得到证实。

1932年4月13日，工部局总董麦克诺登在上海公共租界纳税外人会举行的年会上作总结报告，认为特区法院袒护抗日运动是导致上海中日之战爆发的主要原因，号召列强要鉴往知来，细密注意上海地位问题；并在报告末尾提出了在上海建立国际法庭等具体主张和建议。对于麦克诺登的报告，驻上海的日本总领事村井仓松称其为"透彻之意见"，而4月14日的《申报》则发表"时评"加以严厉抨击。"时评"指出："麦氏之着眼点，不在于中日之战争问题，亦不在于特区法院问题，而在于所谓'上海问题'。比日以来，所谓'大上海'、'上海自由市'之呼声甚嚣尘上，麦氏之主张在上海组织国际法庭或其即为所谓'上海自由市'之先声耶。"①"时评"道破了麦克诺登报告的宗旨所在。麦克诺登作为上海公共租界的代表，其报告中的主张无疑证实了公共租界与日本政府在推进"自由市"计划上是一拍即合的。

此外，特别值得注意的是，1932年5月13日，就在日本外相芳泽在东京召见英、美、法、意四国代表，密商召开"圆桌会议"以解决上海问题之时，上海的英国侨民也于同一天在上海召开英侨协会，并通过了促进"圆桌会议"召开的决议。决议指出："兹因有数种事件，影响上海幸福与良好之政府，而为近今冲突与争端之原因，尤其是特区法庭、界外筑路之管理权，及武装兵队驻于上海及上海周围区域，本董事会之意，苟非上述悬案同时解决，则近今上海之中日争案，不能得永久满意之解决。故董事会决议，由本国领事与外交代表申请，由列强及中国尽速召集圆桌会议，解决影响上海幸福与良好政府之各悬案，上海工部局与法公董局，亦得派代表出席该会议。"②英侨协会决定将该决议案送至上海外商各商会，以谋求全体商会的赞成之后，再经由各国外交机关转交各国政府。同时，英侨协会还决议要召集纳税外人特别会，来敦促工部局推进"圆桌会议"的召开。

由此可见，日本在上海制造事端，不仅有公共租界工部局的支持，也有上海各外侨团体，特别是英国侨民的后援。日本佛教中最大的宗派之一——净土真宗东本愿寺派法主大谷光瑞就曾在事变后直言不讳地谈到，是上海的英侨团体积极要求日本制造事端，来实现上海"自由市"计划。③正是由于公共租界及外侨

① 《注意公共租界纳税外人会麦氏之报告》，载《申报》，1932-04-14。

② 《英侨协会公然主开圆桌会议》，载《申报》，1932-05-20。

③ 《自由都市建设について上海を語る》，载《大阪每日新闻》，1932-02-01。

团体的大力支持，日本才可以肆无忌惮地在上海制造事端和推进“自由市”计划。

三、“自由市”计划受挫的背后

日本政府和上海公共租界所推进的“自由市”计划，最终并没有成功。究其原因，一方面在于上海各界民众以及国民政府的反对，另一方面也与美、英、法等国政府的态度密切相关。

（一）中国的反对

1932年4月10日，《上海外人有志者提案》被日本《东京日日新闻》公布。消息传到上海，上海各界掀起了反对“自由市”的声浪。4月11日，中国青年救国会、各业工会联合会、中华民族自决会、中国学生救国会等团体联合发表声明，号召“凡我同胞，务须一致奋起，反对设置自由市”。同日，上海爱文义路九路商界联合会也发表宣言，指出“上海区域有设立自由市之传说，倘系确实，非特违背民意，抑且有害我国主权行政领土之完整。此项消息，无论系日方要求，或系汉奸主张，凡签此条约或赞成此举者，本会除誓死反对绝不承认外并以对付国贼之手段对付之，并以全力与之周旋，虽至任何牺牲，亦所不惜，谨此宣言”①。4月12日，上海公共租界纳税华人会也发表宣言，认为“自由市之主张，直为侵略者之迷梦”②。

针对5月13日召开的英侨协会，上海各团体救国会联合发表了反对“圆桌会议”、纠正英侨协会建议的宣言。③该宣言指出：“有英人胡特海者，以英侨协会名誉，致各国商会一函，意欲怂恿各国政府，召集圆桌会议，解决上海今后之地位，其不顾国际公约，竟与日本同一狂暴，本会对于此种宣传，认为中英友谊最大之遗憾。”该宣言痛斥英侨协会积极推进“圆桌会议”的主张与日本同出一辙，逐条驳斥了英侨协会决议中提到的特区法庭、界外筑路之管理权、驻上海及上海周围区域的武装军队等是影响上海和平诸因素之观点，并且表明了上海各团体救国会的态度：（一）“圆桌会议”之历史意义，为宗主国对殖民地而设者，此种名词有辱及我国家之独立，吾人断不能忍辱。（二）上海事件与东省事件，系中日间之整个问题，绝不能单独解决，且如何解决，吾人在法理上所信任者，只有国联盟约及九国公约不知其他。（三）上海为中国领土，反对任何人或任何国有变更我原

---

① 《反对设利伯维尔》，载《申报》，1932-04-11。

② 《纳税华人会发表重要宣言》，载《申报》，1932-04-13。

③ 《各团体救国会反对圆桌会议》，载《申报》，1932-05-24。

有行政组织行政方式者之任何企图，以侵犯我主权，尤其反对企图产生所谓自由市之“圆桌会议”。上海各团体救国会还在宣言的末尾表示：“即使沦上海为荒废之墟，亦断不使所谓自由市出现。海枯石烂，此志不渝。”由此可见，上海各界团体的坚决反对成为“自由市”计划破产的重要原因。

与此同时，国民政府所代表的官方态度也不容忽视。据3月6日出版的《申报》报道，有记者采访顾维钧，并向其询问是否国民政府派其为上海“圆桌会议”代表，顾维钧答道：“至圆桌会议，系日本方面之主张，中国方面从未赞成，且所云圆桌会议，究将讨论何种问题，亦未说明，则会议性质，既未明了，中国更难赞成，故代表出席一层，根本上更说不到矣。至上海问题，果有会商必要，自应与东三省问题一并讨论解决。”①此后，国民政府外交部次长郭泰祺也对“圆桌会议”和“自由市”问题回答了记者采访，指出：“圆桌会议如能将中日整个问题完全解决，则吾国方面自当力促其成，若欲将东省与上海问题划为两途个别解决，则不特全国民众均将反对，即中央当局亦决不致盲然附和也。至上海自由市之谬说，完全系少数外商资本家散放之空气，绝对无置信之价值，政府当局决计置之不理。”②由此可见，国民政府坚持上海问题和东北问题同时解决的态度，并以此作为参加“圆桌会议”的必要条件；同时，也明确否认了上海“自由市”之说。

（二）美、英、法等国的态度

对于日本政府和上海公共租界积极推进的上海“自由市”问题，美国政府的反对态度是明确的。当《上海外人有志者提案》被公布后，《东京日日新闻》就对此评价道：“自由市的提案是非常理想的，担心的是以九国公约为后盾的美国的反对。”③另外，上海公共租界纳税华人会在其发表的宣言中指出：“美国之反对，吾国人士实认为合法合理之举也”④，对美国反对“自由市”的立场加以肯定。从中日的媒体报道中，不难看出美国政府对上海“自由市”计划的反对态度。

而对于停战协定签订后成为焦点的上海“圆桌会议”召开问题，除美国之外，英、法等国也没有对此作出积极回应。1932年5月26日，英国下议院的工党议员庄思，对于日本提议的上海“圆桌会议”问题向外相提出了质疑。⑤庄思提到：为

---

① 《顾维钧之谈话》，载《申报》，1932-03-06。

② 《郭泰祺谈圆桌会议趋势》，载《申报》，1932-06-04。

③ 《案としては理想的気悬りな米国の舆论》，载《东京日日新闻》，1932-04-10。

④ 《纳税华人会发表重要宣言》，载《申报》，1932-04-13。

⑤ 《英下院の上海圆桌会议问题》，见日本外务省外交史料馆：《分割3各国都市关系雑件/上海ノ部》，Ref.B04121012500（アジア歴史资料センター）。

了与各关系国讨论上海"圆桌会议"的议案,英国政府在与日本政府交涉中做了哪些声明?是否制定了让中国政府参加会议的提案?如果中国政府拒绝参加会议,英国政府是否也保证不参加会议?等等。对此,外务次官艾登答复道:"虽然对此并没有做明确的商议,但是最近日本外务大臣召见驻东京的某某国大使,提议要依照2月29日联盟理事会的决议召开上海圆桌会议。当然中国不参加是不可能召开此会的,而且会议的议题也没有明确审议。"可见英国政府认为中国参加是会议召开的必要条件。5月28日,美国国务卿和英国外相之间电话商讨了上海"圆桌会议"问题[①],并取得了共识。决定以中国政府的参加为条件,接受日本的"圆桌会议"建议。对于召开地点,两人都希望在上海召开。而且,两人都认为上海"圆桌会议"的召开还为时尚早。

7月2日,日本驻华公使馆参事官矢野真向日本外相斋藤实汇报了与法国公使、美国公使就"圆桌会议"进行商谈的情况。[②]法国公使表示,没有中国参加的"圆桌会议"是毫无意义的。对此,日方指出:"不应该只因中国不赞成一事,而有阻会议的召开吧?"法国公使回答说:"当然,召开圆桌会议是基于联盟的决议,但是该决议不能不让人感到,当时日内瓦的相关人士对中国形势并非有充分的认识,而且决议的最大目的是促进停战。"法国公使表示,"虽然本人充分认识到召开圆桌会议的必要性,但是感到时机并不成熟"。此外,美国公使表示,从1860年起美国就与上海联系较深,这一点和英国并没有区别。但现在对于上海的美国人来讲并没有特别值得忧虑之事,"抵制外货""法院"等问题上也没有让美国人为难之事。虽然上海的美国人在土地方面有广泛的利害关系,但是美国的对中国政策不会为这些利害关系所左右。所以,美国对于上海问题,既没有可向中国要求的方案,"界外筑路"问题也没有急速采取措施的必要。以上英、法等国政府的消极态度,特别是美国政府的反对,无疑也成为上海"自由市"计划受挫的重要因素。

需要指出的是,虽然因上海民众、国民党政府的反对以及英、法、美等国的消极和反对态度使日本政府和上海公共租界积极推进的上海"自由市"计划没有实现,但其影响深远。一·二八事变后,中日矛盾上升为中国的主要矛盾,客观上

---

① 《在英斎藤代理大使より斎藤外务大臣宛电报》,见日本外务省外交史料馆:《分割3各国都市关系雑件/上海ノ部》,Ref.B04121012500(アジア歴史资料センター)。

② 《在中华民国日本公使馆大使馆参事官矢野真より斎藤外务大臣宛电报》,见日本外务省外交史料馆:《分割4各国都市关系雑件/上海ノ部》,Ref.B04121012600(アジア歴史资料センター)。

转移了中国对收回上海租界的关注，使租界延长了寿命；而日本的“远东宪兵”威力则得到了上海公共租界的承认，事变后日本在公共租界中的地位不断上升。然而，日本与上海公共租界的关系并不等于日本与英、美等国国家之间的关系。面对 20 世纪 30 年代初日本在中国的侵略和扩张，美国积极利用华盛顿体系来抑制日本的野心。美国对日本建议成立“自由市”的反对态度，无疑使九一八事变后日美两国之间的关系更加恶化。一·二八事变后，日本于翌年退出国际联盟，进一步加深了国际孤立，并开始滑向了战争的深渊。

（本文原载《学术月刊》，2011 年第 8 期）

英美列强与一·二八事变

余子道

英、美、法西方列强和由英、法主导的国际联盟，几乎全过程地介入了一·二八事变，对于这一事变的演变进程及其结局给予了十分重要的影响。日本军国主义先后制造九一八事变和一·二八事变，是对美国主导的亚太华盛顿体系的猛烈冲击。它向列强表明，日本已决心推倒由华盛顿体系所确立的东方世界秩序，背弃门户开放、机会均等的原则，把中国变为它独占的殖民地。从九一八到一·二八，向全世界发出了日本要用武力重新瓜分世界的信号，但这个历史性的信号却并未被当时西方政治家和执政当局所认识。在一·二八事变过程中，日本、中国与英美法列强这几个方面，依据各自的立场和政策，在政治和外交战线展开了激烈的博弈，对于日本的公然挑战华盛顿体系的行动，英美法列强没有作出强有力的反应，基本上在维护自己的在华既得利益的基点之上，以无可奈何的态度默认了日本的侵略，在上海停战谈判中又对日本作出了有损于中国主权的妥协，以求得这场战争的结束。

一、日本挑战华盛顿体系

在二十世纪初期，尤其是在第一次世界大战期间，日本乘西方列强倾注全力于欧洲战争之际，急剧地对中国进行侵略和扩张，力图超越列强在华势力，使自己居于支配和独霸的地位。日本一方面从政治、军事等各领域加紧影响和操纵北京政府当局，逼迫袁世凯政府接受灭亡中国的“二十一条”，出兵侵占中国山东半岛，诱迫段祺瑞政府签订旨在从军事上操纵中国的“中日军事协定”；另一方面，则大肆扩大在华投资，着力开办工厂企业和海上航运，扩占金融和商贸市场，排斥和打击英美法列强的在华权益。这一切必然导致日本与英美法等列强之间争夺中国的矛盾趋于尖锐。随着欧洲大战的结束，美日之间的矛盾更为激化，英日关系也在恶化。于是，在1919年召开的巴黎和会确立了规定战后西方世界秩序的“凡尔赛体系”之后，在美国的倡导下，一个确立战后东方世界秩序的国际会议便应运而生。

1921年11月12日至1922年2月6日，在美国首都华盛顿举行了由美、英、法、日、中、意、葡、荷、比等九个国家政府代表参加的国际多边会议。会议在名义上的议题，为限制各国海军军备、处理远东和太平洋地区的大战遗留问题，实质上的中心问题是美英法列强与日本争霸远东、特别是争霸中国，也是双方争夺太平洋海上霸权的问题，是一次重新分割大战之后亚洲和太平洋地区殖民地与势力范围的会议。经过将近3个月的反复争吵和较量，这次会议达成三项多边国际条约，从而构建了“华盛顿体系”的基本准则和框架。美、英、法、日签订了《四国公约》，确立了共同支配远东殖民地统治的协议。美、英、法、日、意签订了《五国公约》，规定5国之间各自的海军力量（主力舰吨位）所占的份额比例，为5∶5∶1.75∶3∶1.75。这次会议最重要的国际条约，是美、英、法、日、中、意、葡、荷、比等9国签订了《九国间关于中国事件应适用各原则及政策的条约》（简称《九国公约》）。美国倡导的所谓在中国实行“门户开放”“机会均等”的原则第一次被国际社会所接受，并具体化为一个国际条约，成为华盛顿体系的基轴。这是第一次世界大战结束后，继巴黎和会确立凡尔赛体系之后，确立战后国际秩序的又一个标志。毫无疑问，美国是华盛顿会议的最大赢家，会议基本上按照美国的意愿确定了列强在中国以及亚太地区的地位。日本在此前一个时期独霸中国的势头由此结束，各个帝国主义国家在华权益的某种均势得到恢复。正如毛泽东在全国抗战开始前夕指出的，“第一次世界大战曾经在一个时期内给了日本帝国主义以独霸中国的机会……一九二二年美国召集的华盛顿九国会议签订了一个公约，又使中国回复到几个帝国主义国家共同支配的局面。”①

然而，华盛顿体系的原则及其所确立的中国和亚太地区的政治军事格局，是与以独霸中国、称霸东亚为国策的日本互不相容的。日本虽迫于国力不足与西方列强相抗衡，但是它在侵略和扩张野心的驱动下，处心积虑、等待时机向华盛

① 毛泽东：《论反对日本帝国主义的策略》，《毛泽东选集》四卷合订本，人民出版社1964年版，第137—138页。

顿体系发起挑战却是不可避免的。华盛顿体系虽然暂时缓和了帝国主义国家之间在东方的矛盾,在一段时间内维持了亚太地区的均势,但它们争夺霸权的矛盾却是不可能从根本上消除的。日本凭借其在中国经历长期营造而建立的实力基础和有利地位,以及在西太平洋的海军优势,一俟时机的到来,必将发动对中国的武装侵略,挑战华盛顿体系。

事实上,华盛顿体系只维持了十多年时间。在这期间日本频频在东亚挑起事端,对中国进行接二连三的侵略扩张,肆无忌惮地向华盛顿体系所确立的列强在中国的均势地位发起挑战,日本蓄意制造的九一八事变和一·二八事变则终于成为华盛顿体系崩溃的开始。日本挑起九一八事变,侵占中国东北地区,标志着它要以武装侵略变中国为其独占的殖民地,尽管当时西方那些目光短浅的当权者对此并未洞察。紧接着由日本挑起的一·二八事变,矛头所向直指列强在华权益最为集中的东方国际大都市上海,妄图改变历来由英美西方大国占主导地位的上海的国际关系格局,明目张胆地挑战华盛顿体系。但是,从九一八到一·二八西方列强的反应表明,它们既没有实力,也没有清醒的认识和正确的政策来维护这一体系。

二、 美国的“不承认主义”和英法的绥靖政策

面对日本军国主义对中国的武装进攻,在东亚挑起战争,威胁现存国际秩序的严重形势,国际社会,尤其是华盛顿体系的创导者美国和国际联盟的主导者英国和法国对此采取什么态度和政策,无疑是至关重要的。因为这不仅关系中国的独立和领土主权的完整,而且也关乎东亚的和平和安定,同时也极大地影响着日本对外政策的走向。或者是囿于列强的自身利益和为保护在华既得权益的需要,对日本的侵略采取姑息纵容的绥靖态度和策略,用满足侵略者某种要求和牺牲被侵略者权益的办法应对挑战,谋求妥协。或者是洞察大局、顺应时势,对日本帝国主义的侵略扩张进行准确清醒的战略判断,组成制约法西斯侵略的有力的国际机制与力量组合。这是摆在国际社会面前的无可回避的选择。然而,历史表明,美英法列强在九一八、一·二八以及尔后相当一个时期里,采取的不是后者而是前者的政策,即所谓“绥靖主义”。

九一八事变爆发后,南京国民政府企图依赖西方列强和国际联盟的干预和调解,迫使日本撤兵停战,但这种指望一再落空。西方列强和国际联盟软弱无

力，毫无作为，甚至纵容侵略、袒护日本。当时，欧洲政界弥漫着对法西斯势力的绥靖主义，美国则沉浸于孤立主义和和平主义的迷梦，西方大国都陷于自1929年以来资本主义世界的经济大萧条的危机之中，竭力企求在东方与日本达成妥协，而避免与之对抗和冲突。当然，英美法列强在中国拥有诸多权益，中国又是一个大国，其局势的变动会对世界产生不可低估的影响，而日本在中国的侵略扩张又严重地削弱了西方列强在中国的地位和损害了它们在华的权益。这就必然引起西方列强的干预和抵制，随着日本侵华规模的步步扩大，西方列强的反应也随之一步步趋向强硬。正是在上述背景之下，英美法列强逐步介入了一·二八事变。

在一·二八事变前夕，当日本侵略军攻占辽宁锦州、侵占东北全境之际，美国率先作出抵制日本武力侵略中国的反应。1932年1月7日，美国政府正式向中、日两国政府发出同一内容的照会，这就是所谓美国的"不承认主义"声明。这一照会声明："美国政府认为有责任告知日本帝国政府和中国政府，它不能认可任何事实现状的合法性；也无意承认中、日两国政府或其代理人之间缔结的可能有损害美国或其公民的在华权益的任何条约和协定，包括涉及中华民国的主权、独立或领土及行政完整，或通称为门户开放政策的这一有关中国的国际政策在内的条约和协定；也无意承认因违背中、日、美均为缔结国的1928年8月27日《巴黎公约》的条款和义务而导致的任何形势、条约和协定。"①这个照会发出的次日，美国国务院又发表一个补充声明：一、美国无意争夺日本在满洲的权利；二、不拟干涉中国和日本将来可能达成的解决事件的协议，唯此项协议不得损害美国在华利益。显然，"不承认主义"的主要着眼点是在维护美国在华权益，但同时它也明确地向世界表明：美国反对日本用武力手段损害中国主权、破坏中国领土和行政完整，不承认日本的侵略所得。"不承认主义"声明提出的中、日两国政府不得缔结任何违反华盛顿体系的条约的警告，实际上是有利于中国的，因为这既是对中国政府的一种支持——如果它抵抗日本，也是一种制约——如果它出卖领土主权。这一声明可谓这一时期美国对华政策的集中体现，美国政府正是在这一政策之轨道上介入一·二八事变。

"不承认主义"声明在中、日两国得到的回应是截然不同的。中国政府在1932年1月12日复照美国政府，表示欢迎美国政府的声明，并明确保证说："来

---

① 南京《中央日报》1932年1月9日。

照所称条约或协定,中国政府本着主权独立及领土行政完整之原则,绝无订立之意。"[①]日本政府则与此相反,于同月16日复照美国政府,以毫不示弱地,甚至带着几分冷嘲热讽的态度,回击美国的政策宣示。日本政府复照公然倒打一耙,说因为"现实中国之不安及分裂之状态",使华盛顿条约(九国公约)"在实际上或将改变其(在中国)之适用,盖此项条约之适用,必须顾及现存之事实状况"。日本还污蔑中国领土和行政本来就不完整,来反驳美国维护中国领土主权和行政完整的主张,企图从根本上否定九国公约的有效性。日本借口"中国全境不安",致使门户开放政策的实行"其效果因之大减",而"日政府将尽力维持满洲门户开放政策"。[②]如此等等,完全没有消极的辩解和妥协的许诺,却处处表现出向华盛顿体系的明确挑战。

美国的"不承认主义"声明尽管还只是一种政策宣示,美方也并未采取干预日本侵华的实际行动,但在当时却是西方列强对日本作出的最为强硬的反应。与此相比,英法的态度显得更为软弱。美国国务卿史汀生发出"不承认主义"声明之前,曾把照会内容告知英、法和其他一些国家,希望英法两国能仿效美国采取行动,三国联合起来对日本施加外交压力。但英国却拒绝了美国的要求。1932年1月10日,英国政府公开宣布对美国的答复,说英国支持有利于满洲国际贸易并由《九国公约》所确保的门户开放政策,但既然日本政府已声明将尊重机会均等原则和开户开放政策,英国认为没有必要再向日本提出一个正式照会。英国是国际联盟的主导者,也是在中国拥有头等权益的西方大国,但是这个老牌帝国在欧洲大战后国力衰退,应对日本在东方的挑战明显地力不从心,又十分担心中国反帝民族解放运动的勃兴撼动其在华权益的基础,又幻想以消极退让缓和与日本之间的关系,来维护自身在中国和东亚的利益。事实上,英国及其主导的国际联盟自九一八事变以来一直采取了对日绥靖妥协的政策,如英国外交大臣约翰·西蒙在议会下院宣称的:英国政府对日本只能采取"友善与协调的方法"。[③]英国外交部远东司顾问麦基洛普针对史汀生声明指出,如果英国跟随美国之后行动,将对英日关系造成危险,他认为,史汀生照会涉及九国公约第一款有关外国在华权利的问题,但如果没有证据证明日本不打算尊重九国公约的尊重

① 上海《申报》1932年1月14日。
② 上海《时报》1932年1月17日。
③ 方连庆:《国际关系史》(现代卷),北京大学出版社2004年版,第194页。

中国主权和门户开放原则,就不应对日本提出警告。①日本侵略军早已席卷中国东北三省大地,英国外交当局竟然认为"对日本提出警告""没有证据",这是绥靖主义派的荒唐逻辑。事实上,到一·二八事变爆发前英国主导的国际联盟处理中日纠纷已为时近四个月,英国和国联一味采取袒护日本的态度,从未作出对于日本侵华的客观公正的评判和任何对侵略行为的干预和制裁举措。

三、从对日抗议到介入调停

日军在中国东北的大举进攻未受到中国军队的有力抗击,又得到西方列强的纵容姑息,于是又悍然发动了对上海的进攻,制造了震惊中外的一·二八事变。上海在中国和东亚的政治、经济和国际关系诸多方面占有独特的重要地位。它不仅是中国的经济中心和金融中心,是全国最大的工业基地和内外贸易港口,而且也是列强在华利益最为集中的地方。当时,英国在华投资的七成以上、美国的约六成半、意大利的七成,都集中于上海一地。②英国在上海的直接企业投资达7亿3 740万美元,约占其在华投资总数的76.5%。③居留于上海的外国侨民,当时总数也达10万人以上。显然,上海事变对西方世界发生的影响决非沈阳事变可同日而语。英美法列强的在华核心利益和最重要势力范围受到战争的威胁,日本在上海的挑战使他们产生了现实的危机感,这就不能不引起它们在九一八事变时未曾有过的强烈反应,而对日态度一时间也趋于强硬起来。于是,西方列强以维护自身权益为基点,以《九国公约》等国际条约为武器,以军事力量为后盾,从政治和外交战线一步步介入了一·二八事变。

西方大国在上海拥有头等权益的英国率先作出反应。一·二八事变爆发的次日,英国政府以日军对上海闸北居民区进行大规模轰炸为由,向日方提出严重抗议,同时提请美国政府采取同样的行动;美方随即向日方表示,对日本"造成的这种爆炸形势",美国政府"不能坐视不管"。1月30日,英国外交当局再次向日本提出口头声明,反对日本利用上海租界进行战争。31日,英国首相召开有外交大臣、财政大臣和海军大臣参加的会议,讨论上海局势和向上海派遣海军舰队的

---

① 赫克特:《英国于1932年1月7日斯汀生照会》,《太平洋历史评论》,1969年5月,第130—140页。
② 信夫清三郎编:《日本外交史》(中译本)下册,商务印书馆1980年版,第569—570页。
③ 雷麦:《外人在华投资》(中译本),商务印书馆1959年版,第72页(表11)。

问题。[①]同日，美国总统也召开了有海军长官和国务卿参加的军事会议，决定向上海派遣舰队。[②]当天，史汀生通知美国驻日大使福勃斯，美海军部已下令驻菲律宾马尼拉的美国亚洲舰队司令泰勒上将率舰赴上海。在这一期间，法国也从海上向上海增兵。2 月 4 日，英国远东海军司令克莱乘“肯特”号旗舰到上海。美国海军驱逐舰 7 艘和运输舰“兆蒙”号载兵员 1 000 余人也抵达上海港。意大利远东舰队司令卡哈格利于同日率巡洋舰“特利德”号和驱逐舰“易斯多洛”号，从罗马出发驶赴上海。[③]至 2 月 5 日，英国在上海的海陆军总兵力已达 6 600 人，美国 6 200 人，法国 3 400 人，入港兵舰 17 艘。[④]

英美等国在上海事变之初就直接介入了战争的调停。中国政府于 1 月 29 日发表了《外交部对淞沪事变宣言》，并向国际联盟提出申诉，次日中国政府向中、日两国以外的《九国公约》签字国和国际联盟发出照会，除了将日本在上海的侵略行径通报各国外，该照会强调指出：自九一八以来日本的行为“违反国际公法、凯洛格非战公约及国联盟约，并蔑视国联行政院迭次决议，而对华盛顿九国公约，尤属直接侵犯”，要求国联会员国和有关条约签字国政府，“本其在该公约上的神圣职责，采取有效之手段，严正制止日本在中国领土内之一切军事行动，以及违反该公约之一切其他行为”[⑤]。然而，对于英美列强而言，处理上海事变的目的，首要的是最大限度地维护它们在上海的权益，同时也力图遏制日本在沪势力的扩张。为此，它们首先想做到的是把战火停息下来，然后促成中日双方进行和平谈判。1 月 29 日，中日双方在英、美驻上海总领事的斡旋下，达成暂停战火 3 天的口头协议，于当天下午 20 时开始实行。这是英美两国正式调停上海战事的开端。

英国最早主动向中国外交当局表示了调停中日上海战事的意愿。1 月 29 日，英驻华公使代表应歌兰在南京向中国外交部长罗文干提出，如中国愿意与日本接洽和谈，则英国可设法请国联方面考虑。以蒋介石为首的南京国民政府，在沪战一开始在军事上进行迫不得已的有限抵抗的同时，就积极探寻议和停战之路。在应歌兰与罗文干谈话的同日，蒋介石就在内部拟定的《对日交涉之原则与

---

① 《英国外交政策文件》，第 2 辑，第 9 卷，1960 年版，第 257 页。

② 《英国外交政策文件》，第 2 辑，第 9 卷，1960 年版，第 253 页。

③ 中国第二历史档案馆整编：《中华民国史料长篇》，第 31 卷，第 202 页。

④ 日本外务省编：《日本外交文书·满洲事变》，第 2 卷，第 1 册，第 96 页。

⑤ 《外交部至国联及九国公约签字国驻华公使照会》，中国国民党中央党史会编：《革命文献》，第 36 辑，总第 8169 页。

方法》中确定：一、对日交涉必须在各国和九国公约国家的干预下进行。“交涉开始以前，与国联与九国公约国先与接洽，及至交涉开始时，同时向九国公约国申明”。二、先向日本进行私下接触和试探，然后考虑外交上的正式交涉。“对日本先用非正式名义与之接洽，必须得悉其最大限度”。三、交涉和平的底线为“不妨碍领土与行政完整”。“交涉必须定一最后防线与最大限度，此限度至少要不妨碍行政与领土完整，即不损害九国公约之精神与不丧失国权也”。①中国政府对于上海事变的外交交涉就是按照上述原则进行的，这就为英美列强和国联的调停提供了广阔的空间。

于是，英美法列强积极展开外交斡旋，多次进行调停活动。英国政府的直接目标，主要有4项：“一、中日两军停止敌对；二、敦促日军撤离（战区）；三、促成战争的最终结束；四、在上海地区恢复和平状态。”②1月31日，英美两国驻上海总领事约请中日双方代表，在上海英国领事馆商讨停战问题。中方参加者有吴铁城、区寿年，日方有盐泽幸一、村井仓松，另有公共租界工部局总董事麦克方登等人。这次是中日上海开战以来，由英美外交当局居间的首次正式谈判。双方在会上唇枪舌剑，进行激烈交锋，因日方坚持蛮横要求而无结果。英国上海驻军司令在会上提出上海停战三项建议，会后在2月2日被日方正式拒绝。

接着，美国政府于2月2日向中、日两国政府递交了《大国关于停止冲突的建议》的照会。其中内容如下：“(1)中日双方停止一切武力行动；(2)双方不再进行任何敌对行动的动员和准备；(3)双方战斗人员退出彼此作战地点；(4)设立中立区域，分离双方军队，以保护公共租界，中立区由中立国军队驻防，由各领事官员决定此项安排；(5)在上述条件被接受的基础上，劝告双方本着《巴黎公约》和12月9日国联决议的精神，不事先提出要求或保留，在中立国代表的观察或参与下，就解决两国间一切冲突问题进行谈判。”③这一照会由美国驻华大使詹森和驻日大使勃鲁斯于同日分别向中、日两国政府发出，同时美国也向英、法、意三国提交了上述照会，并获得三国的响应。2月3日，英、法、意三国政府以同样内容的照会提交中、日两国政府。这就开始了西方列强对上海事变的第二次调停。美

---

① 《蒋中正手订对日交涉之原则与方法》，秦孝仪主编：《中华民国重要史料初编——对日抗战时期绪编(一)》，台湾中央文物供应社1981年版，第431页。

② 转引王宇博：《英国与一·二八事变》，《江苏社会科学》，1993年6月。

③ 《美国驻华公使詹森致外交部照会》(1932年2月2日)，中国国民党中央党史会编：《革命文献》，第35辑，第1054页。

国政府这一调停方案，比之上月 31 日英方代表在中日谈判中提出的三项建议大都是一致的，所不同的主要是正式提出了在上海设中立区，特别是提出中日停止敌对行动不限于上海地区，以及主张为解决中日两国间一切冲突问题进行谈判。2 月 4 日，中国外交部复照美、英、法、意四国政府，宣布接受其提出的上述调停方案，并声称："国民政府热望各友邦与其以观察者之资格，不若以参与者之资格参加将来之商议。"①蒋介石与汪精卫在同日于洛阳商议对日外交，蒋明确其要旨在于"只要不丧国权，不失寸土，日寇不提难以忍受之条件，则我方即可乘英美干涉之机，与之交涉，不可以各国干涉而我反强硬，致生不利影响"，②表现了按英美等国调停的条件迅即进行谈判的意图。相反，日本政府外务大臣芳泽谦吉在 2 月 4 日下午的复照中，除了对设立上海"中立区"一项表示基本接受外，对其他四项尤其是第五项一概予以拒绝。

美英法意四国调停建议遭到日本拒绝不久，英国军方随即直接介入了调停活动。2 月 6 日，英国远东海军令司克莱在上海会晤中国政府外交委员会宋子文，提出了上海停战谈判的新建议。2 月 9 日克莱在旗舰"肯特"号上与日本第三舰队司令野村吉三郎会见，就停战条件问题进行交谈。这是西方列强所作的第三次调停。克莱的调停方案比之此前的美国五项建议，除了提出日军退回一·二八事变前原防线、中国军队退至相当界线，退出的区域由第三国军队驻守等项以外，最大的不同是不再提出这一谈判一并讨论东北问题在内的中日间"一切悬案"的要求。显然，这是英国对日本作出的一项重大妥协，也表现了它与美国之间在这方面的一个重大分歧。同日，英国公使蓝浦森在南京往访外交部长罗文干，就英海军司令克莱方案进行会商。罗在原则上同意接受克莱提案。2 月 7 日，南京外交委员会再次讨论四国照会和克莱提案，作出了"上海息争办法"七点决议。③其中实际上放弃了将上海事变与东北事变一并谈判解决的要求，接受英国提出的先就上海停战与日方谈判的建议。然而，尽管中国方面后退了一步，但日本侵略者却无意接受国际调停。这时，日本军部正在调派第二十四旅团和第九师团前来上海参战，陆军参谋本部已制定《上海方面军事行动指导要领》，以期在战场上取得重大进展，以实现其既定的侵略目标。2 月 8 日上午，日本驻华公

① 《外交部接受英美等国提出停战条件之复照》（1932 年 2 月 4 日），南京《中央日报》，1932 年 2 月 5 日。

② 《蒋介石日记》，1932 年 2 月 4 日，斯坦福大学胡佛研究所《1932 年蒋介石日记摘要复印件》。

③ 《外交委员会会议记录》，1932 年 2 月 7 日，第二历史档案馆藏国民政府外交部档案。

使重光葵会见克莱，当面拒绝了英方的停战方案及其转告的中国政府意见，但又声称在中国军队后撤 15—20 英里后，可谈判停战，企图在战场上给予中国军队以决定性打击后再与之谈判。

四、国联上海停战决议和《淞沪停战协定》的签订

随着日本向淞沪不断增兵和中国第五军紧随十九路军坚持淞沪抗战，从 2 月中旬至下旬，沪战规模日益扩大，进一步引起国际社会的强烈反响。2 月 16 日，英国通过国际联盟理事会向日本政府提出呼吁，要求日本在上海事件上注意九国公约和非战公约，并公开承认了史汀生的“不承认主义”，向日本施加压力。同日，国联理事会十二个成员国(中日两国不含)向日本政府提出紧急照会，促其注意国联盟约第十条之内的应负的责任，并且声明对于日本现在在中国造成的形势，不能认为是“既成事实”。该照会提醒日本：“美国曾经抗议，谓以武力所得之土地，不能享有。”①19 日召开的国联理事会接受中国代表的要求，决定把中国纠纷问题提交国联大会受理。

日军虽一再增兵，却遭到中国军队的沉重打击。2 月 22 日前后的庙行战役中，中国军队获得一次大胜，而国际舆论对日本的压力也越来越大。日本本来并无在上海进行长期战争的准备，也无力量在华东扩大战争。藏相高桥是清在内阁会议上不无忧虑地说：“本国之海外信用正急剧减低中，是以此际欲在海外获取资金事几不可得，而军费又难以继续三个月之久，国内形势令人不寒而栗。”②于是，日本一方面在 2 月下旬又增派第十一和十四师团赴上海，另一方面加紧外交活动，以求得一个体面的下场。与此同时，中国政府看到了在国联出现了有利于中国的形势，又取得了庙行战役的胜利，蒋介石、汪精卫遂力图乘势收兵，停战谋和。2 月 25 日汪精卫在蒋介石、何应钦等人同意下，以手令向外交部下达停战谈判的四项条件：“一、双方应同时撤退；二、日军撤回租界，我军撤出真如之线；三、撤兵区域由中国警察维持；四、应有第三国有效保证双方各不追击。”③

于是，英国方面再度展开斡旋。2 月 27 日，克莱向野村吉三郎提议中日双方代表举行非正式会议。28 日中方代表顾维钧和黄强、日方代表野村吉三郎和松

---

① 《中华民国重要史料初编——对日抗战时期绪编(一)》，第 388 页。

② 《木户幸一日记》，上卷，东京大学出版会 1966 年版，第 136 页。

③ 《汪兆铭签署之停战条件要点》(1932 年 2 月 25 日)，第二历史档案馆藏国民政府外交部档案。

冈洋右在英舰“肯特”号上进行了非正式停战谈判。克莱在会谈中提出调停上海战事五项条件：“一、双方同时撤退；二、不得提议永久卸除吴淞或狮子林炮台问题；三、双方之撤退由中日委员会会同中立国观察员监视之；四、撤退区域照旧由中国官吏治理，并由中国警察维持治安；五、中国军队退至真如，日本军队退至越界筑路地段。俟双方上述撤退完竣，中国军队退至南翔，日本军队退回舰上。”①这次调停条件与此前蒋介石、汪精卫内定的四项底线大致相同，所以中方同意接受；但日方因其十一、十四两个师团登陆在即，准备发起一次新的进攻，遂以不同意“同时撤退”为由，拒绝了克莱的调停方案。

“肯特”号会谈的积极作用，在于导致国联理事会为上海停战撤兵采取进一步行动。由白川义则统率的日本上海派遣军第十一师团等部 3 月 1 日在江苏浏河长江南岸登陆，与第九师团构成对中国军队左、右两翼迂回合围之势。当日晚上，十九路军总部下令所部后撤至黄渡、方泰和嘉定、太仓之线。这时，日本政府和军部鉴于日军进攻的目标已达，而国联即将召开全体大会讨论上海停战问题，乃命令上海派遣军停止大规模战斗，白川义则于 3 月 3 日下午发布停战令。此前几天，国联理事会正为上海停战问题进行频繁的活动。2 月 29 日，国联理事会召开第 14 次会议，理事会主席彭古提出一项调停上海战事的计划，主张在上海召开一个由中国、日本以及在上海有租界的西方列强代表参加的国际会议，依据国联所提出之原则，恢复和平状态。英、法、意、德、西班牙各国均表同意，中国代表极表欢迎。日本政府虽然在这次会议上口头表示有条件地接受彭古计划，却利用淞沪战局对其有利的时机，于 3 月 2 日通过克莱向中国政府提出四项停战条件，其中要求中国军队先行撤退，日军才在某一时期停止进攻等无理条件。特别是提出要召开“上海圆桌会议”讨论决定上海的地位和管治问题。②中方对此予以拒绝。3 月 3 日外交部次长郭泰祺与蓝浦森、克莱谈话，表示中国无法接受日方四项条件，也拒绝召开上海圆桌会议的提议。至此，由英国海军主导的非正式停战谈判陷于僵局。

国联在英法等国主导和美国的支持下，成为促成上海停战谈判的主要推手。3 月 3 日，国联第二次全体会议召开讨论中日问题的特别大会。同日上午国联总委员会讨论通过了大会主席团所拟的上海停战决议草案，下午举行的第三次全

---

① 《中华民国外交部工作报告》(1932 年 3 月)，中央档案馆等编：《日本帝国主义侵华档案资料选编·九一八事变》，中华书局 1988 年版，第 608 页。

② 南京《中央日报》1932 年 3 月 4 日。

体大会一致通过了该项决议:“一、大会于申述理事会2月29日所决议之提议,并声明不妨害提议中所包含之其他方法之后,申请中日政府立即采取必要之方法,使两方军事当局所发停战之命令变成有效;二、请求在上海有特别利益关系之列强,以前办法实行之状态报告大会;三、劝告中日代表以上述列强陆军、海军、民事当局之协助,开始磋商订立办法,此项办法须确立战事之停止,并规定日军之撤退。”①国联总委员会在3月5日至8日连续召开第二至第五次会议,讨论起草国联关于处理中日纠纷的决议草案,并在11日的第六次会议上予以通过。随后成立了国联特别委员会(十九国委员会),负责调查观察上海停战撤兵情况,监督国联决议的实行。

英美等西方列强和国际联盟的调停和干预,是促使日本政府走上停战谈判之路的国际因素,而中、日双方出于各自自身的状况和政策,也绝无可能把上海之战推向继续和扩大。于是,停战谈判和撤兵的政治外交斗争,继战场上的交锋而上升到主要地位,西方列强不仅介入了这当中的全过程,而且发挥了十分重要的作用。3月9日和10日,由英国公使蓝浦森居间,重光葵和郭泰祺互致照会,表示两国政府同意举行谈判。3月14日,由蓝浦森邀约,郭泰祺与重光葵在上海举行首次非正式会谈。3月19日至21日,双方举行停战会议预备会议,基本上按照中方提出的意见,大致确认了停战和撤军的三项原则:“一、中国军队暂时留驻现在防线;二、日本军队按照一定的程序撤至1月28日以前之原防,此项程序将由正式会议规定;三、由参加会议各第三国代表参与的共同委员会证明第一项及第二项之实行。”②

中日上海停战会议第一次正式会议3月24日上午在英国驻上海总领事馆举行。中国方面首席代表为外交部次长郭泰祺,军事代表为淞沪警备司令戴戟、十九路军参谋长黄强。日本方面首席代表为第九师团师团长植田谦吉、驻华公使重光葵,军事代表为上海派遣军参谋长田代皖一郎、第三舰队参谋长岛田繁太郎。第三方面出席者为英国驻华公使蓝浦森、美国驻华公使詹森、法国驻华公使韦礼德、意大利驻华公使馆代办齐亚诺,以及英、美、法、意四国驻华武官。有西方四大列强直接参与的上海停战谈判,从3月24日开始到4月28日止,先后举行正式会议14次,另由军事小组委员会进行停战撤军的事务性谈判,历时近40

① 《中华民国外交部工作报告》(1932年3月),第二历史档案馆藏国民政府外交部档案。

② 上海《申报》1932年3月22日。

天。由于日方的蛮横无理，出尔反尔，企图从谈判桌上夺取更多权益，以致会谈历经谈判、僵持、调解、再谈判的曲折过程，期间数次几近破裂。中日双方围绕着这一谈判的性质与范围、日军撤兵的地域和完成时间、中国军队的驻留地域、停战撤军的监督与认定、双方军队撤出地区的治权和管理等等问题，展开了反复的辩驳。4 月 10 日，中国政府将日军撤兵期限和条件问题的争端，再次诉诸国联。经英、法等国的同意，国联在同月 16 日起召开十九国委员会会议，讨论中日上海撤军争执案，19 日该委员会通过了《应付上海时局的议案》草案，共 14 条。①此项草案遭到日本政府的拒绝，但在蓝浦森等的斡旋折冲下，提出了一个折中方案，蓝浦森修正案的关键是不再坚持日本撤军的最后期限，以及由共同委员会对此作出决定的规定，并允许日军得“暂驻”于租界地域以外的若干“毗连地带”，这是对日方作出的一种妥协。26 日，重光葵向蓝浦森表示接受经此修改的国联决议草案。中国外交部也声明：“我方意见对英使折中方案，虽对日兵尚无（规定）明确的撤退日期而不满，唯以尚不涉及政治范围，故勉强加以接受。”②28 日，国联十九国委员会审议关于中日上海停战的决议草案。30 日，国联重新召开全体大会，通过了十九国委员会拟定的上海停战与日本撤军的决议，表决时，日本代表弃权，其他各国代表均表赞成。

1932 年 5 月 5 日，在英国驻上海领事馆举行中日停战会议第 15 次全体会议。作为最后一次全会，它的任务是要宣读和通过停战协定文本及其附件，并完成签字程序。“协定”的正式名称是《中日上海停战及日方撤军协定》，共有五条，规定“自中华民国二十一年五月五日起确定停战”；“中国军队在本协定所涉及区域内之常态恢复，未经决定办法以前，留驻其现在地位”；“日本军队撤退至公共租界暨虹口方面的越界筑路，……有若干部队，可暂时驻扎于上述区域之毗连地方”；“为证明双方之撤退起见，设立共同委员会”。③三个附件分别规定了中国军队驻留的现在地位的具体地域界限、日军暂驻的毗连地区的具体位置，以及共同委员会的组成及其权限。在英国驻上海总领事白克朋于会上宣读协定全文及附件过程中，中方代表张似旭先后宣读了中国政府声明书两件，其中特别宣布“本协定内，对于中国军队在其领土内之调动，并不含有任何永久的限制”。④当天下

① 威罗贝著：《中日纠纷与国联》，商务印书馆 1937 年中译版，第 331 页。

② 上海《申报》1932 年 4 月 28 日。

③ 《中日上海停战及日方撤军协定》，第二历史档案馆藏国民政府外交部档案。

④ 《中华民国重要史料初编——对日抗战时期绪编（一）》，第 539—543 页。

午,有关各方代表全部签字完毕。这里需要特别指出的是,在这一协定上签字的除了中、日双方的正式代表以外,英国公使蓝浦森、美国公使詹森、法国公使韦理德、意国代办齐亚诺也都签了字,而且在 2 天后成立的共同委员会的 12 名成员中,上述 4 国各占 2 个委员名额。这些也从一个侧面说明在一·二八事变的终结过程中西方列强的重要作用。

(《海峡两岸一·二八淞沪抗战史研讨会》入选论文,
2016 年 1 月 28 日)

人物研究

张治中与两次淞沪抗战

彭红英

伟大的抗日战争，是在抗日民族统一战线的旗帜下，国共两党同各民主党派、各阶级阶层爱国人士联合进行的神圣的民族解放战争，谱演了一曲曲威武悲壮的正气歌。张治中将军参与和指挥了 1932 年一·二八和 1937 年八一三两次英勇的淞沪抗战，表现出这位忠诚的国民党人对中华民族的爱和对民族敌人的恨。张治中的爱国主义精神永远值得我们纪念和学习。

一

张治中（1890—1969）字文白，安徽巢县人，出身贫寒家庭，少年立志救国救民。辛亥革命后参加上海学生军，未久即成为保定陆军军官学校的高才生。1917 年投奔广州，参加护法，此后一心追随孙中山先生致力于国民革命。国共合作后，始终不渝地坚持孙中山先生的三大政策，真诚维护国共两党的合作。十年内战期间，他回避同中共作战，在军官学校任教。但是，当中华民族遭到外敌入侵，处于民族危急关头，他却毫不犹豫地主动请战，亲赴疆场，保卫祖国神圣领土。

1931 年九一八事变后，由于国民党军队的不抵抗，日军迅速侵占沈阳，进攻吉林、黑龙江，民族危亡愈加严重，其间的两件事情对张治中震动很大。一是在这年 11 月，上海的大学生，联合江、浙、平、津一带数千名大学生，到南京国民政府请愿要求北上抗日。蒋介石命张治中主持处理此事。在军政当局中有一派主张对学生镇压，而张治中力主安抚，当有人称张“又是一位不抵抗将军”时，他拍案而起，愤愤地说：“我就是不抵抗，但我的不抵抗，对象不同。青年就如同自己的儿女……”①后来张将军回忆说：“他们的那种秩序、态度，尤其是纯洁的热情，给我的感动实在太大了。”②第二件事是国民党元老何香凝对他的激励。九一八事变以后，何香凝对国民党军队的不抵抗极为不满，就给正任军校教育长的张治中寄送一女褂子，并附诗曰：

> 枉自称男儿，甘受倭奴气。不战送河山，万世同羞耻。我济妇女们，愿往沙场死。将我巾帼装，换你征衣去。

何香凝嘱他将此物此诗转黄埔学生的将领。张治中对廖师母的爱国热情和民族义愤，极为敬佩。

局势的严峻，国人的激愤，使这位国民党陆军军官学校教育长再也难以安心执教，急待奔赴疆场。

日军九一八事变在我东北得手后，又在上海制造事端，寻机发起新的进攻。1月28日日军分三路进攻闸北，驻守上海的国民党第十九路军在总指挥蒋光鼐、军长蔡廷锴的指挥下奋起抵抗，一·二八事变由此爆发。十九路军奋起抗战。张治中为十九路军首竖抗日之旗而喜悦和钦佩，也为十九路军孤军奋战难以持久而忧虑，他当即向还握有军权的蒋介石自荐：“我们中央的部队必须参加淞沪战斗才好，如果现在没有别的人可以去，我愿去。”③得到蒋的允许后，张将军当即搁置军校教务，迅将散驻京沪、京杭两线的第八十七、八十八两师和军校的教导队总队、独立炮兵团等合编成第五军，亲任军长，率部参加淞沪战役。

张将军于2月16日由南京出发。出发前夜，这位42岁的热血军人，心情激动不已。他想到，这是一次反强暴的民族战争，也是自己平生第一次对民族大敌作战，必须以誓死的决心，为保卫祖国而战，他在榻上辗转难眠，于鸡鸣之前早早起床，端坐案前，庄严写了一封遗书：现在正是国家民族危急存亡之秋，治中身为军人，理应亲赴战场，荷戈奋战，保卫我神圣领土，但求马革裹尸，不愿忍辱偷生。如不幸牺牲，望能以热血头颅唤起全民抗战，前仆后继，坚持战斗，抗击强权，卫我国土，特立此遗书，表示百折不回之决心。④

---

① 《张治中回忆录》，中国文史出版社1985年版，第78页。
② 《张治中回忆录》，中国文史出版社1985年版，第79—80页。
③ 《张治中回忆录》，中国文史出版社1985年版，第97页。
④ 余湛邦：《抗日战争中的张治中将军》，《团结报》1984年8月11日。

在部队出征的时候，张将军还将何香凝寄给他的女褂和诗传示全军将士，士气为之大振。从2月16日至3月5日共20天中，张治中率领的第五军配合十九路军进行了庙行、浏河、葛隆镇等战斗，有力地遏制了日军进攻势头。此次淞沪抗战，在上海人民的支援下，第十九路军和第五军以总计四万多人的兵力，抗击了已调动十万余日军的连续进攻，至2月底一直坚守阵地。日军三易主帅，伤亡近万人，仍无法正面突破，后来日军采取侧翼伸展战线的方法，加之我军得不到增援，遂被迫撤离第一道防线。张军长率部在常熟、白茆、石牌一线加紧构筑第二乃至第三道防线，将士们作好持久抗战打算，誓与敌人殊死战斗。但是，日军得势后于3月3日发出停战声明，3月24日国民党当局与日方开始谈判，战事沉寂下来。5月5日，中日双方签订《淞沪停战协定》，使日军获得了长期在上海驻军的权利，中国军队反而无权在上海及其周围驻守设防。

此间，驻守常熟一线的张治中及其将士们，心情极为复杂和沉重。在这次抗战中，上海人民万余人死于战火，数十万人无家可归，商务印书馆、东方图书馆藏集的文化典籍葬于火海。第五军在抗敌中牺牲数千人，军官百余人，其结果却是使外敌侵占我大上海的合法化。

5月中旬，蒋介石命"第五军复员"，张治中率部陆续返回南京。张治中将军后来回忆说，他就是带着"一个无比伤感的心情悠悠地回到首都"南京的。①他在5月28日追悼此次抗日阵亡将士大会上所致的悼词中表示："此仇未报，衷肠若煎。誓将北指，长驱出关，收我疆土，扫荡凶残，执彼渠魁，槛车系还，一樽清酒，再告重泉……"②

一·二八淞沪抗战虽然没有驱敌于国门之外，但它与九一八的不抵抗、引敌深入的情况却不相同。它粉碎了敌酋扬言"一旦发生战事，四小时即可了事"③的神话，给骄横的侵略者以沉重打击，显示了中国人民抗击日军侵略者的决心和力量。张治中将军统率的第五军与蒋光鼐、蔡廷锴统率的十九路军积极、主动抗击日军侵略的民族大义，为国人世代传颂。

二

一·二八战役之后。张治中将军一本素志，回中央军校再操教育旧业。但

① 《张治中回忆录》，中国文史出版社1985年版，第109页。

② 《张治中回忆录》，中国文史出版社1985年版，第110页。

③ 李振民、赵保真：《中国抗日战争史纲》，西北大学出版社1992年版，第35页。

是,他一时一刻也没忘记日本亡我之心不死。认为必须加紧准备再战,粉碎日本帝国主义的狼子野心。1936 年 2 月,张将军被任命为京沪警备司令长官,立即开始秘密筹划随时都可能爆发的第二次淞沪抗战。

1937 年七七卢沟桥事变之后,日军于 8 月上旬在上海制造事端,挑起战争,以图“三个月内灭亡中国”。但是张治中将军对事变早有筹划,及早提出“先发制敌”方案,并得到了最高当局的允准。所以,在上海八一三事变前夕,即 8 月 12 日,张将军就统率国军占领了上海预定阵地。在中日对垒一触即发之际,上海居民清早开门看见遍地都是国军,真如神兵天降一般,无不惊喜交集。按照张治中的原定计划,准备于 8 月 13 日拂晓开始主动攻击。以扫荡的态势,乘敌措手不及之时,以数万之众之优势对万余人之外敌,一举将敌主力击溃,拿下上海。但是由于国民党最高当局仍期待“外国友邦”的最后“调停”,命令“不得进攻”,这就耽误了两天战机,而给敌人一个从容部署的机会。史界常说八一三抗战,实则是 8 月 14 日午后三时战役才开始。张治中在回忆录中说:八一三战役,实际上 8 月 13 日并未开始,不过是两军对垒,前哨上有些接触。正式的开始是在 8 月 14 日。①

8 月 14 日,张治中率部发起对日军的猛烈进攻。国民党军兵分三路对日军所占的据点进行了激烈的争夺,很快把日军压缩到公共租界一带,取得重大战果。与此同时,张将军向国人发表谈话,称:“本军所部全体将士,与暴日誓不共戴天,五年以来,无日不申儆军中,以渝雪耻,收复失地为己任。我十万健儿血肉,即为保卫国土之城!决以当年喋血淞沪、长城之精神,扫荡敌军出境,不达保我领土主权之目的,誓不终止。”②全国人民对张将军的抗日决心深为感动,并寄以深切希望。国民政府于同日也发表声明,宣告中国决不放弃领土之任何部分,“遇有侵略,惟有实行天赋之自卫权以应之”③。8 月 15 日蒋介石下达总动员令,并就任陆海空军大元帅,对全国抗战战区作了部署。全国抗战局面正在形成。

淞沪八一三抗战进行得十分壮烈,涌现了许多可歌可泣的英雄业绩。如在华德路与敌人巷战全营三百余名官兵全部葬身火海的英雄集体;为反击敌人登陆的罗店战役中整连、整营壮烈牺牲的英雄们;守卫宝山的全营五百余官兵全部壮烈殉国的事迹,等等。他们以自己的血肉证明了他们的统帅张治中将军向全

---

① 《张治中回忆录》,中国文史出版社 1985 年版,第 122 页。

② 《八·一三淞沪抗战》,中国文史出版社 1987 年版,第 21 页。

③ 上海史料丛刊:《八·一三抗战史料选编》,第 603 页。

国人民许下的诺言，他们以自己的头颅向世人公告我们中华民族有同敌人血战到底的气概。作为指挥长官的张治中，不顾年近半百，身体虚弱，身先士卒地投入这场血与火的壮烈斗争。自 8 月 14 日战役发起始，他没有吃过一餐正式的饭，睡过一个囫囵觉，眼睛熬红了，喉咙喊哑了，一直处于极度紧张的亢奋状态。他经常冒着敌机的轰炸和炮火的轰击，不顾个人安危，步行或自行车来往各阵地，亲临前沿指挥。

9 月 10 日以后，日军实力大增，兵力达到十万人以上，装备重炮达三百多门，战车二百余辆，飞机三百余架，船只七十余艘，敌我在武器装备方面差距过大，战役更加残酷，敌人以飞机、重炮、坦克发起攻击，我军以血肉之躯进行抵抗。往往一个阵地在二十四小时内要经过十几次争夺，中国军队伤亡很大，整营整连的牺牲，营连排长因伤亡每天都要更换多次，战局的发展对国民党军队愈来愈加不利，被迫逐步转入守势。

张治中将军在近 40 天的苦战中，体力几乎消耗殆尽，加之与蒋介石在军事指挥和人际关系方面多有矛盾发生，精神十分苦闷，因之，“为减除对统帅部的烦闷和预防与友军摩擦”①，他向蒋介石提出辞呈。9 月 21 日，国民党军委发布命令，由蒋介石亲兼(江浙一带)第三战区司令长官，顾祝同副之。22 日，张的辞呈得到批准，调任大本营管理部长，后又担任湖南省主席。张治中“带着一个困乏的身体和一种落寞的心情”②，离开了淞沪战场。

11 月 15 日日军从杭州湾登陆，由西线迂回中国守军的后防。9 日攻陷松江，日军对上海实行包抄，中国守军为避免腹背受敌，下令全线撤退。日军遂占领上海，第二次淞沪战役结束。

此次淞沪会战，历时 3 个多月，日军动用海陆空军近 30 万人，中国先后调动兵力 70 万余人，是一次规模宏大、斗争残酷的罕见战役。在这次抗战中，中国军队以伤亡 20 余万人的热血绘制了中华民族不畏强暴的壮烈画卷，充分显示了中国人民的高昂斗志。

八一三抗战促进了国共合作的实现和实施。从七七到八一三以及以后的一段时期里，“日本侵略者的大举进攻和全国人民民族义愤的高涨，使得国民党政府政策的重点还放在反对日本侵略者身上，这样就比较顺利地形成了全国军民

---

① 《八·一三淞沪抗战》，中国文史出版社 1987 年版，第 32 页。
② 《八·一三淞沪抗战》，中国文史出版社 1987 年版，第 33 页。

抗日战争的高潮，一时出现了生气蓬勃的新气象”①。8月22日中共领导的工农红军改编为国民革命军第八路军；9月22日和23日，国民党中央通讯社发表《中共中央为公布国共合作宣言》，蒋介石发表《对中国共产党宣言的谈话》，标志国共两党抗日民族统一战线正式形成；10月12日，中国南方八省的红军游击队改编为国民革命军陆军新编第四军。中国人民的团结，预示着中国人民经过持久抗战一定能够夺得最后的胜利。

三

张治中先生参加和指挥一·二八和八一三淞沪抗战的业绩，中国人民不会忘记。我们从张将军的业绩中，也更加认识了这位国民党著名将领，学习他许多优秀的品质。

第一，热爱祖国，报效祖国。世人常说张治中是“和平将军”是指作为国民党的将领，在国共十年内战期间从不与中国共产党的军队打仗。邓颖超曾指出：“在第二次国内革命战争时期，文白先生是一位没有同共产党打过仗的国民党军人。”②这确实是难能可贵的。但是，“和平将军”并非只讲和平。作为军校出身并献身军事的爱国将领，早在辛亥革命、北伐战争时期就身经百战，出生入死；在疆场战马上渡过几十个春秋。当日本帝国主义灭亡中国，中华民族到了最危险的时候，他又主动请缨，奔赴战场，为祖国而战，我们可以从中看出张将军所抱的一个主旨，就是一切为了祖国的尊严、繁荣和富强。他曾给他的子侄们说过自己的成长过程：“四书五经给了我一个做人的规范，还有许多忧国忧民的进步书籍让我认清了自己的历史使命，这个历史使命就是要努力使我们中国富强！”“要立志，立一个为国家为民族的大志。”③他可以为国家为民族抛头颅洒热血，而却不愿把枪口对准自己的同胞。这种热爱祖国、报效祖国，以民族大义为重的高尚品德，正是我们应该继承和发扬的。

第二，追求真理，追求光明。张将军参加指挥的一·二八和八一三两次淞沪抗战，就其个人而言，可以说都是有善始而无善终。第一次请缨参加一·二八抗战，后因最高当局与日本签订《淞沪停战协定》，张治中“带着一个无比伤感的心

---

① 《毛泽东选集》第三卷，人民出版社1991年版，第1037页。

② 《张治中回忆录》序，第1页。

③ 张一伟：《纪念伯父张治中诞辰100周年》，《石油大学学报》社科版，1991年第1期。

情”悠悠地离开战场;第二次筹划和参加八一三抗战,他为“减除对统帅部的烦闷和预防与友军的摩擦”,为不使日军从中造谣和离间,决定辞职,结果在战事还没结束又是“带着一个困乏的身体和一种落寂的心情”离开战场,国民党最高当局的某些瞎指挥,蒋介石不告而削弱其军事指挥权限,以及无缘无故的责难和同僚之间的小动作,他都从抗战大局出发,忍辱负重,不予计较。但是,张治中将军的忍辱负重,顾全大局,并不是对某一个人的忠诚,而是对祖国的忠诚,对孙中山“三民主义”的忠诚,对国民革命事业的忠诚。因此,他能从自己的实践中,去发现真理,修正失误,追求光明。他从一·二八、八一三两次抗战中,已感觉到自己救国之志一再受挫的原因在于他与最高当局的一些政见的不合。作为一名军人,他在1937年10月赴湖南担任政职时,心情是复杂的。后来,他回忆当时的心情:“我知道我离开战地是一天天远了,仅仅几个月的时间,我的岗位从最前方移到大后方,我的责任从军事转到政治……”①。继之后来,张治中在中共问题上与蒋介石等的分歧越来越大。一直到深深感到国民党当局“军事败坏”、“政治腐化”、“财政、经济已濒于崩溃之境”。最后,他终于“当机立断,毅然表示与中共推诚合作”②。在新中国成立的时候,他与毛泽东谈话说:“过去这一段的政权是我们负责的,今已失败,成为过去了,我这个人也应成为过去了。”毛泽东笑答:“过去的阶段从你发表声明,等于过了年三十,今后还应从年初一做起!”③从此,张治中又开始了新的历程。他以自己的行动和业绩证明了,他是忠诚的爱国者,他也是中国共产党的诤友。

(本文原载《石油大学学报》(社会科学版),1996年第3期)

① 《张治中回忆录》,中国文史出版社1985年版,第138页。
② 《张治中回忆录》,中国文史出版社1985年版,第851页。
③ 《张治中回忆录》,中国文史出版社1985年版,第852页。

一·二八抗战中的史量才与上海地方维持会

刘　椿

一

一·二八淞沪抗战时期，上海工商界和文化教育界爱国人士组织"上海市民地方维持会"，推举《申报》董事长史量才为会长，该会积极支援前线、稳定后方，为抗战作出很大的贡献。

1932年九一八事变后，史量才主持的《申报》旗帜鲜明地提出"应当维护国家维护民族，而作自卫之背城"。宋庆龄和史量才每周晤谈，交换情报，互商对策，并对《申报》时评提出许多建议，宣传抗日救国。

1932年1月初，日本开始制造挑衅事件，准备向上海发动进攻。在此紧张情况下，1月14日史量才邀集工商文化界二十余人，在哈同路(现铜仁路)寓所讨论国事，商议对策。第二次会议邀约上海市长吴铁城参加，在华山路范园钱新之寓所举行。第三次会议邀约上海警备司令戴戟参加，在巨鹿路刘吉生寓所(现作家协会上海分会)举行。三次会议决定一旦战事爆发，就在上海成立有关组织，稳定上海支援抗战。

1月28日淞沪抗战爆发，31日史量才与各界人士在四川路中国企业银行集会，宣告组织上海市民地方维持会。出席者32人，推史量才为会长，王晓籁为副会长，虞洽卿、张啸林、杜月笙等9人为理事，陈光甫、黄炎培、穆藕初等21人为会员。会上史量才慷慨陈词："我年近花甲，自幼深惧列强瓜分中国，立誓生不作亡国奴，死不作亡国鬼。现在日军已向淞沪侵略，十九路军已奋起抗战，吾人伸头一刀，缩头一刀，如果畏缩退避，恐仍不能保得生命财产，不如奋勇向前，抗战救国。世界上不战而亡国的人叫做亡国奴,虽战而败,但屡败屡战,而仍不免失地的人,叫做义人。义人之国叫做义国,义气长留天地,谁能亡它?谁能奴它?欧战时,比利时不是一度亡了吗?但世界上绝无一人称比利时的人为亡国奴。比利时人拼了死命,保持国格,最后终于翻身。”会议决定上海市民地方维持会的宗旨是:慰劳军队、救护难民、调剂金融、维持商业、联络军民。为此,会议决定成立以黄炎培为秘书长的秘书处,下设慰劳、救济、金融(附商业)、交际四股;股下设组办理资助社会人士和集团所办的伤兵医院及难民收容所,负责调查、规划、供应等等工作。会后,史量才即不到申报馆办公,全力主持该会会务,并且先后与蒋光鼐、蔡廷锴、张治中、戴戟、翁照垣、徐名鸿等十九路军将领晤谈,讨论上海市民地方维持会支援抗战有关事务。

二

抗战开始,上海各界人民就自发开展了规模巨大的捐献运动,各界各业爱国人士包括工人、学生、工商业者、居民,无论男女老幼都万众一心,聚集到各报馆、机关和群众团体门前,踊跃参加,爱国热情之高,实为上海历史上所未有。日军速战速决策略失败后就从本土增兵来沪,抗战局势日益严峻。为此,史量才在其寓所召开理事会,邀约蔡廷锴、徐名鸿等十九路军将领共商对策,他们一致认为必须作好坚持长期抗战的准备,因此,上海市民也必须做好坚持长期支援抗战的准备。上海市民地方维持会理事会建议:募集救国捐,输财纾难,并将本会全体会员名单公开登载报纸以昭信实。秘书长黄炎培在《申报》刊发《上海市民地方维持会募集救国捐启》,号召上海人民有力出力、有钱出钱支援前线。信刊载后,连续多天有读者用“爱国者”、“一个市民”、“不具名”等等名义前来捐款,为抗日尽力,一位陈姓读者曾将1万元支票并附信送到申报馆,信上言到“我四万万的同胞们,扬眉吐气,此其时矣。……誓抱玉碎之心,毋为亡国之奴。当此国难之际,宁受生命财产牺牲,虽死足荣”。

上海市民地方维持会还组织市民募集食品、日用品、衣被、棉衣、交通工具、通信器材、水泥、沙石、钢筋、沙袋、汽油、煤油等物资,源源不绝送往前线。每逢战地传出需要物资的消息,上海市民地方维持会在极短时间内,就收集捐献物资到指定地点。例如,《申报》曾刊出因制造防毒面罩,需要空铁皮香烟筒的广告,上海市民很快搜罗九万余只送往前线。又有一次,前线卡车、自行车被敌机炸毁极多，亟需补充，各企业立即捐献运货卡车，市民捐献自行车。

期间，宋庆龄、何香凝等率团到前线慰劳，正逢天降大雪，而官兵只穿单夹衣作战。她们返回后即告上海市民维持会，组织劝募寒衣。《申报》于是刊发标题为《前方将士无以御寒，后方民众何以救济》的报道，不到五天上海市民维持会就收到旧丝棉背心、绒线衫裤、棉被等 2 000 余件，全新棉衣裤 3 万多套。具体负责组织收集寒衣的上海市商会不得不设立第二、第三办事处接待捐助人群，以便尽快将征集物品运往前线。

在救护伤病官兵方面，上海市民维持会全力资助各社会团体兴办救护队及伤兵医院达 80 余所，收伤病官兵 7 000 余人。上海市民维持会经常调查各方面医院的情况，科学分配医疗物品，协调医疗机构工作。该会供应交通工具及驾驶人员，昼夜不绝将伤病官兵和难民送至后方，并设定救治程序；救护队出入枪林弹雨之中抢救出的伤员，首先在真如设医疗所抢救，然后重者送国民伤兵医院，轻者送其他医院。医院中的伤员经常说："过去打内战，死了算了，没有人民来慰问。现在和过去大大不同了，慰问的人如潮涌而来，慰劳品堆积如山，我们深感对外抗战的光荣，更觉内战的可耻。"伤病员神志稍清，即问医护人员"前线打胜吗？"医护人员答以"打胜了"，然后安然睡去。有的重伤员听了"胜利"二字后，即闭目而逝，英勇悲壮，令人感动。有的伤员还没有完全治愈，即要求出院返前线作战，有的甚至偷偷出院奔赴前线。

三

上海市民地方维持会的救济股分设总务、调查、供应、运输、卫生五个组。战争爆发后，红十字会、红卍字会、蓝十字会、同仁辅元堂、新普育堂等慈善团体立即在庙宇、学校、教堂、男女青年会等处办收容所。日军飞机轰炸后，难民急剧增多，上海市民地方维持会设 200 多所收容所，接纳 5 万多难民。因为收容所都是临时组成，设备、物资、医疗等方面有极大的困难，并且各自为政，经常产生纠纷。于是，上海地方维持会救济股就负责调查登记，联络安排，妥善分配的任务。先后利用空地建棚屋 80 余所，调配医务人员 300 余人、青年教师 400 余人，并不断供应食品、日用品和医疗药品。当天气严寒大雪纷飞之时，该会就发出第四号通告："难民缺乏棉衣、被褥，人民多送一被，多救一命。"市民立即响应，3 天之内募集棉衣、棉被各 1 万余件。

四

上海地方维持会在稳定上海金融和工商业方面做出了贡献。其时银圆和纸币通用，但经过历次内战的教训，市民都将纸币兑成银圆以便保值。市民特别不信任中央银行、中国银行、交通银行发行的纸币，因此发生挤兑情况，造成市民紧张不安。另外，遍布上海各里弄的烟兑杂货商店，一旦拒收纸币，立即人心惶惶。怎样使国营和私营银行无限制兑付纸币和烟兑杂货店铺接受纸币，成为稳定后方金融的关键问题。那时上海私营银行有南四行、北四行两个金融集团。北四行是中南、金城、大陆、盐业，发行中南银行纸币，南四行是浙江兴业、浙江实业、上海银行、四明银行，发行浙江兴业和四明银行纸币。史量才在理事会上倡议南北八家银行先带头做好兑现工作，获得大家一致赞同。中央、中国、交通三个国营银行，也决定无限制兑换纸币，以维持金融稳定。于是理事、上海闻人王晓籁召集烟兑杂货业同业公会理事，一致决定不得拒收纸币，使纸币和银圆等价通用。其时银行已因战事而停业，但烟兑业所收得的纸币可于每天上午 9 时至 11 时，下午 1 时至 3 时到银行换取银圆、银角。上海银钱业后来决议于 2 月 3 日起照常开业，因系戒严时期，营业时间定为上午 9 时至下午 3 时，对于所有存款也不加限制地支付，市民向银行提取存款的大大减少，私营银行也不再向国营银行提取存款。

在稳定上海工商业，保证生产及市民生活必需的米、煤、棉布等物质供应方面，上海市民地方维持会也做了大量的基础性工作。抗战开始时，遍布全市粮食店、煤炭店、棉布店曾停业几天，直接影响市民日常生活的安定。在上海地方维持会协调下，市商会、同业公会等一致决定：2 月 3 日起就全部开业，开业后不得涨价，均照原定价格发售，同时保证连续不断地供应物质。而同业公会可向银行贷款，到常州、无锡、松江、青浦等地购买大米，调运华北煤炭、棉花等物质到沪。因此，上海市民不但不想逃离上海，而且更加热烈响应地方维持会的号召，为慰劳与救济工作，昼夜努力。

五

地方维持会交际股在联络军、政、民，收集上海外侨及国际间的反映，互通情报商讨对策方面做了大量的工作。交际股由杜月笙、钱新之、刘鸿生负责，钱新之通日语，刘鸿生通英语，每夜集合交换信息。每周和史量才、王晓籁、黄炎培在史宅晤谈一次。当日军企图在短时期内占领上海的计划受挫，不得不从国内连续调兵换将时，宋庆龄、杨杏佛估计到日本大部队不可能在黄浦江码头登陆，也不可能在淞沪一带驻扎，乃绘制苏浙两省长江和东海沿岸地图，晒成蓝图多份，由史量才、杜月笙(杜月笙于2月下旬被增选为副会长)两人在深夜面交吴铁城，转送蒋介石。

战后，国际联盟派李顿调查团来沪时，史量才以上海日报公会会长名义宴请李顿调查团，并邀请各国驻沪领事，唯独不邀日本领事，以示抗议。同时，地方维持会提出报告，从一·二八前的日军挑衅，突然袭击，到飞机大炮轰炸后方和淞沪地区造成的损失，列举事实和数字揭露事实真相，谴责日军暴行。对于和谈提出三项条件即:(1)反对成立上海自由市;(2)日军必须撤到一·二八前原地;(3)中国主权国驻兵国境，是国际法定权利。

在此时期，地方维持会多次批评国民党政府的不抵抗政策和不支援上海军事，蒋介石迫不得已，派张治中率第五军支援十九路军。1932年3月底，国民党为了应付上海和全国舆论，召开所谓“国难会议”，选定的会员以上海市民地方维持会会员为最多。会员集会讨论，认为如果能够在会议上争取更多的民主权利，大家参加，否则拒绝。但主持会议的汪精卫强硬表示“以讨论御侮、救灾、绥靖为范围”，拒绝了他们的要求。马相伯、史量才等66人联名发表声明，谢绝赴会。从此地方维持会与国民党政府政见相左。

《淞沪停战协定》签订后，地方维持会救济股即登报宣布自5月20日起停止接收捐款捐物，5月23日结束。5月24日上海成立战区善后委员会，吴铁城任会长，虞洽卿、史量才任副会长。史量才将地方维持会捐款30万元拨给该会，其余仍送十九路军应用。10月，国民政府行政院成立上海临时市参议会，聘史量才任议长，王晓籁、杜月笙任副议长。同月，上海市民地方维持会结束，改名上海市地方协会，仍为民间组织，史量才任会长，杜月笙、钱新之任副会长，在1937年八一三抗战中继续发挥作用。

(本文原载《钟山风雨》，2005年第4期)

日本战争罪行

日本的“文化侵略”与中国出版业的命运
——以商务印书馆为例

郭太风

晚清至20世纪30年代初，商务印书馆一直是我国文化出版事业的重镇。商务版品位高、销量大，出版业绩在同行中处于一骑绝尘的地位。商务的机器设备和印刷技术国内一流，达到世界先进水平。商务又是学界精英会聚之所，青年才俊产生之地。1932年起，商务印书馆屡屡遭受日军摧残，产业荡然无存，人才寥寥无几。商务印书馆的中衰，是日本帝国主义“文化侵略”的一个典例，也是近代中国出版业由盛转衰的一个缩影。本文侧重于论述商务遭受的劫难和后果。

一

九一八事变后，日本帝国主义在上海发动一·二八事变，扩大对华侵略。摧毁商务印书馆总部和东方图书馆，是日军用战争手段犯下“文化侵略”罪行的典例。

1932年1月28日深夜，日本海军陆战队2 300余人向上海闸北发动全面进攻。1月29日凌晨4时40分，日本轰炸机从能登吕号航空母舰起飞，狂轰滥炸持续了10多个小时，闸北地区陷入一片火海。上午10时许，日机向宝山路上的商务印书馆总馆厂投掷6枚炸弹，炸毁印刷所、制造总厂、栈房以及尚公小学。

时任编译所所长的何炳松记叙了商务馆总部被毁的惨状：“第一弹中印刷所，第二弹中栈房，当即爆裂发火。……火起后日机复继续掷弹，于是全厂皆火，浓烟弥漫天空。又因总厂纸类堆积甚多，延烧更易。厂中各种印刷机器全部烧毁。焚余纸灰飞达十数里外。是日下午3时许全厂尽毁,唯火势至5时许犹未全熄。"①

2月1日晨8时许,商务印书馆总厂对马路的东方图书馆也被日军战火殃及,火势炽盛,纸灰飞扬,10里开外的法租界也飘落下焦黄的《辞源》《廿四史》等书籍的残页。②大火燃烧至傍晚时分,巍峨挺拔的东方图书馆5层大厦被烧成一个空架子,设在楼内的编译所也荡然无存。

据商务印书馆的调查报告书所述,宝山路上4个印刷所,计有长房两大排,3层大厦、4层大厦各1幢,以及栈房,连同机器均焚毁一空,"藏版部系3层巨厦,被焚后所藏铜、锌、铅熔成流质溢出墙外,凝成片块。其他如储电房、自来水塔、木工部、出版科、寄售股等房屋无不烧成瓦砾之场。其残留者仅机器修理部、浇版部及病房数处而已。至于总厂以外之东方图书馆、编译所及其附设之杂志社、函授学校、尚公小学,以及厂外书栈房等,均仅余断壁颓垣与纸灰、瓦砾。"③

日军蓄意毁灭商务印书馆总馆厂,给我国文化出版事业造成重大损失。1897年商务印书馆创办于上海。从晚清起,历经民国全过程,商务印书馆一直是我国出版界最大的企业,对我国文化教育事业的发展起了极为重要的推动作用。商务印书馆最初设在江西路北京路南首德昌里末弄3号,1902年在河南路福州路口建立发行所,两年后在宝山路东段大兴土木,占地80余亩,以总厂和编译所为核心,形成总部宏大格局。商务印书馆被毁前出版大部头丛书50余部,每部多者一、二千种书,少者也有数百种。编印工具书200余种,以及各种版本的教科书。20世纪20年代初,馆属涵芬楼藏书20余万册。1924年建成东方图书馆,到1931年底藏书50.02万册。

商务印书馆从成立之初到被日军摧毁的36年间,一直是我国中小学教材的主要提供者。晚清废科举、办新学之际出版《最新教科书》,民国甫经成立出版《共和国教科书》,国语运动兴起不久推出《新法教科书》,学制改革时编印《新学科教科书》,北伐大革命后出版《新时代教科书》,此后根据教育部颁布的课程标准出版《基本教科书》。各阶段出版的教材无不与时俱进,风行全国。此外,商务印书馆提供的其他文化教育用品约占全国总量的75%。

校勘印行我国古籍名著是商务印书馆的又一业绩,出版《四部丛刊》《续古逸

① 何炳松:《商务印书馆被毁纪略》,载《东方杂志》第29卷第4号。

② 《淞沪御日血战大画史》,文华美术图书公司1932年版。

③ 《商务印书馆被毁纪略》。

丛书》《道藏》《百衲本二十四史》等，皆享有盛誉。古典艺术方面则整理出版了《石渠宝鉴》《宋人画册》《宋拓淳化阁帖》，均印制精美。译介西学也领风气之先，大部头翻译丛书有《汉译世界名著》《现代教育名著》。商务版自然科学和社会科学的丛书包罗了各学科所有主要领域，特大型的《万有文库》则汇集了其中的精华。著名的工具书有《辞源》《教育大辞书》《学生字典》，以及人名、地名、动物、植物、矿物、医农等辞书，适用于我国学术界和各类学子。《东方杂志》《学生杂志》《自然界》《教育杂志》《妇女杂志》《儿童杂志》和《英语杂志》等刊物兼顾学术性和知识性，发行量数以万计。到 1930 年底，商务印书馆的出版物已达 8 000 余种、1.8 万余册。

商务印书馆有各类机器 1 200 余台，印刷机的种类和质量在远东首屈一指，滚动机、胶版机、米利机、铝班机、大号自动装订机和自动切书机应有尽有，还有世界第二大的照相机。至于各种铅字、铜模、制版、油墨、胶棍、机械，以及教育用品如仪器、标本、文具等都能自行制造，并供给各地。

东方图书馆藏书丰富，不少是善本精品，尤以经史子集四部各书、方志和中外报刊 3 大类最为珍贵。就四部而言，有经部 354 种 2 973 册，史部 1 117 种 1.182 万册，子部 1 000 种 9 555 册，集部 1 274 种 1.073 5 万册。就版本而言，有宋版 129 种 2 514 册，元版 179 种 3 124 册，明版 1 449 种 1.583 3 万册，清版 1 388 种 3 037 册，抄本 1 460 种 7 712 册，批校本 288 种 2 126 册，以及稿本 71 种 354 册，杂本 31 种 383 册。各版本书合计 3 745 种 3.508 3 万册。以上版本书除了 5 000 余册在北伐军兴之际寄存于租界内金城银行库之外，其余尽毁于日军炮火。同时遭殃的还有未及整理的 4 000 余册版本书。馆内还藏有 22 省方志 2 641 种 2.568 2 万册。其中各省省志齐全，府、厅、州、县志 1 753 种，占国内应有数 2 081 种的 84%。中外杂志报章的收集也较为齐备，有些是国内仅有的。收藏珍贵图表、照片 5 000 余种，“内有罗马教皇梵蒂冈宫所藏唐王之太后、王后、王太子，及其司礼监太监皈依天主教上教皇书的影片，及中国古画十余轴……此外如德英美诸国所出地质地图、人体解剖图、西洋历史地图，以及本馆出版各种古画、油画及照片之原底，尤为不可胜数。”①

商务印书馆开办的东方图书馆既是远东著名的图书馆，又是我国图书管理人才的培训基地。1928 年起，东方图书馆举办图书馆学讲习所，培训学员 200 余

① 《商务印书馆被毁纪略》。

名，服务于国内各大学和地方图书馆。①

商务印书馆对我国近现代文化发展所起的作用是无可取代的。有研究者指出，五四新文化运动以后中国新文学中心从北京迁到上海，同商务印书馆的欣欣向荣是密切相关的，“正是商务印书馆的文化组织作用，20 年代上海开始吸引越来越多的新文学人士的注意，使之成为中国新文学人士活动的中心。”②从更深层次看，上海不但是新文学的中心，也是新文化的中心。19 世纪末开始上海就已经是我国近现代文化中心，这同商务印书馆的文化出版业绩是互为因果的。

商务印书馆总馆厂被炸成废墟，东方图书馆被焚毁一空，中国文化出版基地化为灰烬。国内外人士对日军灭绝文化的暴行异常震惊愤怒。国民党中央委员孙科、孔祥熙，上海市市长吴铁城等高级官员通电全国，强烈谴责日军摧毁我文化教育机关重镇，呼吁我国同胞和世界友好人士一致奋起，共救危难。第十九路军军长蔡廷锴向军内外发表讲话，对日军蓄意毁灭我国文化的野蛮行径表示极为愤慨。南京蔡元培领衔的学者代表中央研究院、中央大学等学术文化教育机构电致国际联合会国际文化合作委员会，转请国联行政院迅速采取有效措施，制止此类破坏文化事业和人类进步的残暴行径。上海各大学联合会、中国著作者会、律师公会、市商会，北平著名学人胡适、蒋梦麟等，以及在沪英美传教士等百余外籍人士均发表通电或宣言，谴责日军炸毁商务印书馆和东方图书馆的惨无人道之举，中外报刊也一再对此深表痛愤。

今天，闸北宝山路有一块石碑，刻着“东方图书馆旧址”，提醒人们这里曾发生过日军毁灭我国文化重镇的惨剧。

二

商务印书馆总馆厂和东方图书馆被毁后，总经理王云五怀着民族义愤，颇有激情地表述了复馆的决心：“日本帝国主义认为商务印书馆是中国人自办比较有点规模的企业，觉得有些讨厌，便首先把它炸毁。我认为一打便倒，便不会翻身，这是极大的耻辱，所以要把它扶起来。日本帝国主义认为商务印书馆出版的图书杂志多有提倡民族主义和反对帝国主义的，也觉得讨厌，便趁势一火把它烧

① 庄俞：《三十五年来之商务印书馆》，载《最近三十五年来之中国教育》，商务印书馆 1931 年版。

② 杨扬：《商务印书馆与二十年代新文学中心的南迁》，载《转折时期的文学思想——茅盾早期文学思想研究》，华东师范大学出版社 1996 年版。

尽。我认为一烧便不能复兴，也是莫大的耻辱。”[①]

一·二八事变中，商务印书馆总馆厂遭受的直接经济损失达到 1 633 万余元。[②]其时，商务印书馆可动用的资金仅 200 万余元，而欠下的债务达 500 万余元，因而被迫于 1932 年 3 月 16 日宣布暂时停业，解雇总馆厂全体职工。幸而商务印书馆在香港、北平的两家工厂尚能利用，尽量扩大生产规模，重点印行中小学教科书和赢利较大的图书，各地分支馆则汇交近半年的收入，作为复兴总馆之用。

由于一·二八战役留下了严重的后患，商务印书馆董事会决定不再利用闸北宝山路 80 余亩地皮。其背景情形有如下述。十九路军坚持一个多月的抵抗，于 3 月初奉命退出上海。5 月 5 日，国民政府与日方签订了《淞沪停战协定》。据该协定附件，日军在吴淞、江湾、闸北大部分华界地区具有暂时驻兵权，中国军队只能驻扎在安亭——浒浦口以西地区，在淞沪地区没有驻兵权。[③]在日军继续占领上海华界大部分地区的严峻形势下，商务印书馆不但不能在宝山路旧址重建总馆厂，而且在上海华界任何地点都不可能冒风险再兴建大型馆厂。

1932 年 7 月 14 日商务印书馆在上海各大报刊登复业启事：“敝馆既感国人策励之诚，又觉自身负责之重，爰于创巨痛深之下，决定于本年 8 月 1 日先恢复上海发行所之业务，一面在上海筹设小规模之制版工厂，借以继续其 36 年来贡献我国文化教育之使命。”[④]

8 月 1 日复业那天，王云五提出“为国难而牺牲，为文化而奋斗”的口号，并将这 12 个字写成大幅标语，悬挂于河南路（福州路口，今上海科技书店）发行所内，激励同人奋发图强。工人们在宝山路总厂废墟中挖掘出破残的机器，尽可能拼装整修，并在修复的机器上钉上黑底金字铜牌，上书“商务印书馆股份有限公司国难后修复”，以示不忘国耻。

商务印书馆总馆厂原有职工 3 700 余人，复业后仅聘用 1 378 人，其中 1 309 人是原职工，未被复聘者近 2 400 人。商务印书馆 1932 年的营业额仅及往年同期的三分之一，从以往年年盈利变为亏损 347 万元。商务总馆一度主要靠各地分支馆支撑，但分支馆也不景气。一·二八事变后，日本加紧对我国的侵略步

① 王云五为《东方杂志》第 29 卷第 4 期撰写的卷头语。
② 《本馆四十年大事记》，载《同舟》第 4 卷第 12 期。
③ 唐振常主编：《上海史》，上海人民出版社 1989 年版，第 711 页。
④ 《申报》，1932 年 7 月 14 日。

伐,使商务印书馆在各地的营业受到严重影响。在东北,吉林、黑龙江两支馆无法维持,被迫裁撤,沈阳分馆的营业额不及以前的十分之二。其他地区的情况也不妙。常德、贵阳、新加坡3家分馆及大同、运城等支馆因严重亏损而关闭,尚存的分支馆售书量普遍下降。

商务总馆复业后,成立总管理处,陆续在上海开办了制版厂、印刷厂、平板厂3家小型工厂,[①]1934年在香港北角建成新厂房。商务全体职工以国家民族利益为重,识大体,顾大局,埋头苦干。过去机器一天开动8小时,现在24小时不停地运转。过去三、四个人操作一台机器,现在两人操作一台。截至1933年底,"商务印书馆现有的机器仅及从前百分之五六十,工人亦不及从前之半,而生产能力却当从前之两倍半。"[②]通过再版被毁图书,大量编印教科书,继续出版《万有文库》,推出新的大型丛书《小学生文库》《中国文化史丛书》《大学丛书》等,商务印书馆在出版业方面迅速恢复发展,1934年至1936年出版新书1.202 4万种,约占全国新书出版量一半。

但日军暴行造成的损失是无法弥补的。为了避免再遭日军破坏,商务印书馆决定不再大力发展印刷业,用外包的方式解决本馆生产能力不足的问题。商务印书馆从创办之日起,印刷技术一直处于国内领先地位。商务总厂积极引进国外先进设备,及时消化技术,发明创新。商务职工自行设计制造的各种印刷机,以及铜模、铅字、仪器、标本、模型,曾在国际博览会上屡屡获奖。数十年来,通过出售机器设备和人才流动,商务的印刷技术传到其他书局和印刷厂,为我国印刷业的发展作出了巨大的贡献。一·二八事变后,商务印书馆被迫放弃了在这一领域的发展,将大量印刷业务交给技术水平较低的小厂家承包,我国印刷业的发展速度和技术质量因此受到不少影响。

藏书和人才的损失也是永久性的。一·二八事变前,商务印书馆的藏书,有如不择细流的大海,汇集了各学科的典籍和精品。商务印书馆的编译工作,也就处在中西文化交汇之处,泛起的学术浪花分外亮丽。商务印书馆的文化学术品位,犹如一个强力磁场,吸引着各类人才前来一展身手。商务印书馆编译机构之庞大,在国内当数第一,在世界上也是极为罕见的,全盛时期高水平的专职编译人员达到300人以上,不仅有一流的出版家,还有许多优秀的教育家、文学家、史

① 《商务印书馆大事记要》,载《商务印书馆九十五年》,商务印书馆1993年版。
② 王云五:《十年来中国出版界》,载中国文化建设协会1937年编印的《十年来的中国》。

学家和自然科学各领域里的佼佼者。大量商务出版物都是自撰自编自译的。东方图书馆被日军战火焚毁后，著名专家学者纷纷离开商务印书馆，编译人员仅剩10人。从此以后，编译人员只审外稿，不再撰写稿件。

三

1937年卢沟桥事变发生后，刚恢复了些元气的商务印书馆再度遭受劫难。北平的商务印刷厂即京华书局很快与上海总馆失去了联系。接着八一三战役在上海打响，商务印书馆上层被迫分为两部分，王云五为首的总管理处离开上海，统筹抗战后方的业务，张元济为首的董事会留守上海租界内，维持上海等地的业务。商务印书馆在上海华界的机器，除少量运入租界外，大多随总管理处运抵长沙。不久，日军向华中地区大举进兵，部分机器又迁往重庆。长沙失守之际，未及运出的机器设备焚毁殆尽。抗战前期4年里，商务出版中心转移到香港，王云五也在香港以总经理名义统驭内地后方各分支机构。在内地，商务印书馆只能依靠设在四川重庆和江西赣县的两家后方小厂印刷教科书，供附近省区学校使用。大学用书、工具书、抗战读物和其他书籍，大多在香港编辑出版，然后间道输入内地。运输途中时常受到日军破坏，损失惨重。

1941年12月珍珠港事变后不久日军攻陷香港，商务印书馆的“影写版车间、纸栈房及油墨间中弹燃烧，房屋全毁，物资全部化为灰烬”。“12月25日日军占领香港后，工厂、分馆、西环栈房全被查封。财产损失极为严重，机器被运走120余台，铜模几十箱，铅字无算，栈房数百万册书籍和纸张一无遗存。”①商务印书馆在香港尚剩的全部资产被日军占用，机器被拆解后，有的并入中华和大东的工厂，有的运往广州，有的运往日本。失去香港分馆厂，商务印书馆的家底已所剩无几。

香港沦陷后，商务印书馆总管理处主要人物迁往重庆，设立驻渝办事处。在此之前，商务印书馆在重庆的资产已经受到日军毁灭性打击。1939年5月3日和4日两天内，日军飞机猛烈轰炸重庆，商务重庆分馆和货栈房均中弹烧毁，留下一片瓦砾。待雾季空袭减少后，重庆分馆在白象街原址修建简易平房，恢复

① 汪家熔：《论商务印书馆史及其他——汪家熔出版史料研究文集》，中国书籍出版社1998年版，第148页。

营业。

太平洋战争爆发后，商务总管理处驻渝办事处和编审部只能暂且在简陋的重庆分馆后院办公，工作条件十分艰苦。姚南忆叙道："编审部设在一间统房里，除过道外，连接着七、八张桌子，编辑们就在这里工作。"①王云五在自述中也刻画了当时的艰苦情景：总经理的工作室，"就分馆书栈房中以木版隔一小室，占地仅一方丈"，戏称为"方丈之地"。②其时，重庆分馆仅有13万元法币的现款，尚不足应付重庆分馆厂1个月的开销，商务总管理处驻渝办事处的境况极为窘迫。

在抗战后期4年中，承担商务后方排印任务的是重庆、赣县两家工厂和临时开办的成都分厂，机器设备的质量和数量都远远不及原沪港两地的工厂。

八年抗战时期，商务印书馆所遭受的损失是极其惨重的。34处分支馆和各地工厂被日军轰炸、查封，机器设备大部分被毁坏或被日军占用，大量图书被日军没收，仅太平洋战争爆发后的几天里，上海和香港两地被没收的商务藏书就多达1 520万册。

值得一提的是，商务印书馆在国难时期艰苦奋斗，克服重重困难，坚持出版有学术价值和现实意义的书籍。1937年至1945年，商务版重要读物有《公民教育丛书》《比较教育丛书》《景印元明善本丛书》《战时读物》《民众基本丛书》《战时常识丛书》《战时经济丛书》《抗战丛书》《抗战小丛书》《中山大字典一字长编》《中学文库》《王云五新词典》《国语新词典》，以及《中国文化史丛书》《大学丛书》等有关书籍。③商务印书馆在日军炮火下迭经变故，仍保持国内出版第一的地位，坚持为抗战事业作出不懈的努力。

但是，经历了日军在一·二八事变中的狂轰滥炸，尤其是8年全面侵华战争时期不间断的摧残，商务印书馆的资产和设备所剩无几，在抗战后的几年里处于难以维持的境地。商务事业继续发展后劲不足，无可奈何地走向衰败。

四

八一三战役期间，上海大量企业和文化教育机构迁往大后方，坚持抗战事

① 姚楠：《回忆张天泽博士》，载《商务印书馆九十五年》。

② 王云五：《岫庐八十自述》，台湾商务印书馆1967年版，第329页。

③ 徐有守：《王云五先生与商务印书馆——述介王著〈商务印书馆与新教育年谱〉一书》，载台湾《东方杂志》第7卷第1期。

业。国内著名的5大出版单位商务印书馆、中华书局、世界书局、大东书局和开明书店则一分为二，出版重心转移到重庆或香港，在上海租界地区留下部分人员和设备，继续从事出版工作，但很难正常开展业务。

商务印书馆将上海华界的部分机器转入公共租界，在静安寺路（今南京西路）租借房屋作为临时工场，留沪编审人员也迁往静安寺附近的楼房办公，原来打算借“交通便利之故，统辖沦陷区馆、厂”，①实际上沦陷区的分支馆资产大多被日伪占用。商务总管理处驻沪办事处非但对沦陷区分支馆的遭遇无可奈何，而且自身难保。“孤岛”时期，留沪人员修订《辞源》，编辑《丛书集成》，还组织编写了《文天祥传》、《史可法传》、《岳飞传》、《戚继光传》，但在日伪的封锁和骚扰下，商务印书馆上海办事处工作环境很艰苦，营业很不景气，新的出版物为数寥寥，主要靠印行中小学教科书勉强维持，以至“1941年4月，公司无法维持，突然拉铁门，大解雇”②。

1941年12月8日，在日本海军袭击美国太平洋舰队的同一天，驻沪日军全面占领上海公共租界，留守在租界的中国出版业均遭受严酷打击。上海租界结束“孤岛”时期，商务驻沪办事处与重庆总管理处办事处失去联系。

在上海沦陷期间，商务驻沪办事处的大节还是值得肯定的。日军占领上海租界后，许多企业，包括多数出版机构，迫于压力向敌伪组织申请注册，但商务印书馆董事会在张元济主持下始终未变更资本，也未变更注册。

12月19日，日方借口商务、中华、世界、大东、开明5家书局在重庆设有机构，宣布先行重点检查，规定凡是重庆国民政府允许发行的教科书、涉及反日反满和宣传抗日的书籍一概没收。当天，日本宪兵队到各书局实施检查。日本宪兵思想顽固僵化，而且大多文化程度不高，只要看到“苏联”、“日本”、“国难”等词汇，不论具体内容是什么，就一律抄没。③商务等5大书局被日军抄没的图书大多是教科书，其中小学教科书1 517.828万册，中学教科书146.481 7万册。“孤岛”时期，在日方压力下此类教科书已经删除了抗日内容。事后，日方的秘密报告也承认查抄过于严厉：“这些均有旧国民政府编定或指定，新国民政府成立后重新编纂，国府（指汪伪政府）重新编纂过程中，删除了原来的所谓的排日的文字、文

① 王寿南：《王云五先生年谱初稿》，台湾商务印书馆1987年版，第476页。

② 金云锋：《我和商务印书馆》，载《商务印书馆九十五年》。

③ 曹冰严：《抗日战争期间日本帝国主义在上海统制中国出版事业的企图和暴行》，载张静庐：《中国出版史料补编》，第401页。

章,改为希求中日提携的措辞。”这份秘密报告还提到,经日方研究鉴定,真正的抗日书籍只有 3 398 册,“占极少的比例”,教科书之外的“其他部类”251.748 8 万册,“为医学书、工业书、辞典、日本书的译本,均胡乱投放在同一仓库,计划将其中一部分化为纸浆。”①几天之内,5 大书局共被抄没 1 916 万余册书,最终归还的仅 23 万余册。

商务印书馆的图书损失最为惨重,在上海一地就被没收 462 万册。商务版的大量出版物都印有“国难”两字,因此几乎所有图书都被日本宪兵认定为抗日排日的读物。1932 年一·二八战役中,商务印书馆出版部的出版记录卡片全部被毁,致使复业后重印书的印次无法同以前的印次衔接,于是用“国难后第一次”重新开始记录印次,在“一·二八后重印的书版权页上都印有‘国难后第几次’字样”,因而全部遭殃。②

1941 年 12 月 25 日,日本驻沪陆军报道部下令查封有排日嫌疑的书局和书店。第二天,商务、中华、开明、良友、世界、兄弟、光明、大东 8 家书局被查封。各书局财物几乎被席卷一空,大量机器设备和印刷材料、纸张、墨水都被日军“征用”,各书局开办的工厂完全停工,一年之内基本上无法生产,也无从营业。商务等 5 大书局留在上海的编译机构、书店以及 4 家印刷厂和 10 余处仓库被封。即使未被日方列为敌产的资产也被长期占用。商务印书馆在静安寺戈登路的工厂和高恩路的仓库遭查封,机械和各类器具被征用,计有印刷机 34 台,照片制版机 4 台,切割机 5 台,铸字机 5 台及附属器械 1 套,压书机 4 台,制本机 2 台,铅字 50 余吨,以及铜板和各种各样的印刷材料不计其数。商务印书馆在上海华界的资产则在 1937 年年底已陷入敌手,主要有在杨树浦路的厂房和仓库,在闸北宝山路的大片工厂用地。日军疯狂的掠夺,使商务印书馆“在上海的印刷出版陷于瘫痪”。③

中华书局印刷厂设在澳门路 469 号,1942 年 3 月 20 日被日方列为新敌产,变成军管工厂,改属永宁公司,日方的华中印书局被指定为其委托经营者。后来日方“新敌产委员会”经过调研,认为这家印刷厂不宜列为敌产,而应该重新确认为中华书局财产。但华中印书局仍然将这家工厂挂在永宁公司名下,不愿交还,

① 《小川爱次郎给日公使的报告》(1942 年 3 月),载《日本帝国主义侵略上海罪行史料汇编》上册,第 658—659 页。

② 汪家熔:《论商务印书馆史及其他——汪家熔出版史料研究文集》,中国书籍出版社 1998 年版,第 149 页。

③ 张人凤:《为国难而牺牲,为文化而奋斗——抗日时期的商务印书馆》,载《东方文化》1997 年第 3 期。

即使汪伪政府出面要求归还也无济于事。

大连湾路的世界书局总厂在八一三战役期间就被日军侵占，作为兵营。从1938起被日商华中印书局占用。这家工厂机器设备品种齐全，质地优良，在当时被称为“中国三大工厂之一”。世界书局的藏书也屡遭劫难，仅1938年11月，被日军劫运到日本的图书就达600万余册。[①]1942年初再遭浩劫，世界书局在沪资产荡然无存。

日方在查封和占用上海出版业资产的同时，全面控制上海的出版业务，力图逼迫5大书局部分留沪人员就范，按日方的思想统制政策行事。1942年2月27日，日本驻华公使田尻在百乐门官邸召集5大书局留沪代表谈话，出席人员为商务印书馆经理鲍庆林、襄理周某，中华书局经理吴叔同，世界书局经理陆高谊，大东书局经理蒋息令，开明书局经理章锡琛，以及书业同业公会秘书曹某。田尻提出讨论日本使馆策划的“中国联合出版股份有限公司章程”和“计划大纲”，还谈及出版发行伪政府主持的“国家审定教科书”等问题。各书局代表则要求日方首先“发还”被“军管”和“征用”的工厂设备。

日方摧残中国文化出版事业的同时，又逼迫5大出版业遵循日方意图复业，其野蛮行径和“思想战”的险恶用心，在上海总力报国会[②]顾问小川爱次郎的秘密报告《日方援助中国出版界恢复的当务之急》[③]中也得到部分反映。他在这份1942年3月撰写的秘密报告中承认，上海许多学校和新闻出版等文化机构都“陷入痛苦之中”，不少与重庆政府有联系的文化人早已离开了上海。留在上海的“这些文化人不顾我方的方针，国府的期待，人人无精打采，对政治极其消极，毫不关心，与国府有联系的也有很多纷纷离去”。日军占领区的“精神食粮极度匮乏”。

小川爱次郎认为，要改变日方越来越不得人心的状况，必须施行有效的以华制华的方略，强化思想控制，“最普遍且最具效果的手段就是发行图书，恢复自大东亚战以来功能完全停止的中国方面的出版事业”。“中国联合出版公司”出版的宗旨是“为调整思想、沟通中日两国文化而合作”，日方要“负起良种的正确选

---

① 任建树主编:《现代上海大事记》，上海人民出版社1996年版，第726—727页。

② 上海总力报国会成立于1941年12月29日，系太平洋战争爆发后响应日本政府“大东亚战争”而成立的日侨组织。该会会则称:“本会的目的是团结上海侨民，确立总力战体制，为完成大东亚战争而尽犬马之劳。”参见《上海总力会会则》，载上海市档案馆编:《日本帝国主义侵略上海罪行史料汇编》上册，上海人民出版社2000年版，第682页。

③ 《日方援助中国出版界恢复的当务之急》译文，载《日本帝国主义侵略上海罪行史料汇编》上册，第652—663页。

择和正确耕耘的示范作用”，要“汇集一流的学者、作家参加编辑”。

但他也意识到，在上海乃至整个日军占领区，中国的一流文化人所剩寥寥无几，要汇集相当数量的人才参加编辑工作是“非常困难”的，而且上海商务等5大书局，“自支那事变及大东亚战后，丧失了土地，机械被征用，库存图书被没收，遭受了致命的打击，至今尚未痊愈。”因此，他主张一方面在中国增加日本著作的发行量，另一方面设法尽快把日方各部门占用的工厂器材酌情“发还”给5大书局，利用“中国联合出版公司”的名义，加紧出版伪“国定本教科书”。

后来，经过日本驻汪伪大使重光葵和伪“教育部”批准，日方归还了5大书局的部分机器设备，其交换条件是必须印制发行伪“国定本教科书”。

由日本兴亚院华中联络部出面，诱逼5大书局的少数人物，要他们以商务印书馆、中华书局、世界书局、大东书局和开明书店的名义联名发起，并联合沪上部分华商书店和日商书店，组合成“中国出版配给会社”。

1942年6月26日，在兴亚院华中联络部主持下，凑合成了“中国出版配给公司筹备委员会”，其成员有中方商务印书馆等8家民营书局书店，加上上海书业公会以及汪伪宣传部办的中央书报社，日方东京弘文堂、东京三省堂、上海日本书店，以及日方控股兼有中方股份的三通书局、华中印书局。

商务等5大书局在沪机构对成立“中配”筹委会一事虚与委蛇，内定的方略是“以拖为拒，筹而不办”①。加入“中配”筹委会的部分中方企业代表曾想方设法使该机构无法行使思想统制，向汪伪“宣传部”提出检查出版物是政府职权范围内的事，各书局作为商业机构不宜超越本身职能。

汪伪出于维护自身利益，暂且把“中配”的登记申请表搁在一边。但根据日本大使馆的意见，“中配”筹委会设置了“教科书临时总配给处”。②1943年5月“中配”筹委会结束，6月1日成立“中国联合出版公司”，薛觉民任发行人，日本使馆翻译周云祥任总务秘书。

“中国联合出版公司”以5大书局在沪机构为主体，因而别称“五联”，吸收了其他几家书局的一些股份，没有日方资本。但“五联”出版发行量最大的是伪“国定版”教科书，还出版过汪精卫言论集多种，以及日军教材等。日伪设立了伪中央书报发行所上

① 曹冰严：《抗日战争时期日本帝国主义在上海统治中国出版事业的企图和暴行》。

② 汪家熔：《论商务印书馆史及其他——汪家熔出版史料研究文集》，中国书籍出版社1998年版，第151页。

海分所，硬性规定各伪机构、团体分层次购阅此类书籍。[①]从“中配”筹委会到“五联”，反映出日方绞尽脑汁，力图利用中国民营出版企业来统治文化出版，强化思想统治。

在日伪重重压力下，商务印书馆的工作几乎停顿，连编辑出版计划也没有了，“馆中虽照常办公，但亦无公可办”，这样苦苦维持到1944年11月，周建人、沈百英、赵景源、黄维荣、张越瑞、沐绍良提交了辞职书。[②]

抗战胜利后，“五联”被民国政府的“中国文化服务社”接收，其性质从中可见一斑。应该强调的是，商务、中华、世界、大东、开明5家书局的总部和主要负责人基本上都在抗战大后方。“五联”成立后，不少职工进行抵制，有些编译人员退出了有关书局的在沪机构。参加“五联”活动的人员其实不具备代表5大书局的资格。国民党当局在处理“五联”问题时留有余地，如对商务印书馆“因涉及人商务驻沪经理鲍庆林已去世，不了了之”[③]。

抗战胜利后，上海商务印书馆的出版业务处于停顿状态。一则因为战后恢复阶段，政治、经费、人事等问题错综复杂，解决需要时日。二则王云五于1945年8月下旬在重庆拟定的《驻沪办事处办事大纲》对上海方面限制甚严，“印刷以教科书工具书及后方出版的繁销书为主”，“杂书以每周重印渝版繁销者二三种为原则，本年内沪处不印新稿”，并规定“集合在职全部编辑人员完成增订词源工作，而以补充8年来流行之名词为主”[④]。显然，王云五惟恐上海方面出书不当，触犯政府当局，以免继“五联事件”之后引发新的矛盾。但客观上，这一编辑方针束缚了编辑手脚，成为商务印书馆出版事业在此后几年落后于同行的一个因数。商务印书馆不景气的另一个原因是商务最高层在政治上分道扬镳。王云五于1946年5月辞职去南京当官，推荐朱经农继任商务总经理。朱经农到1947年9月才接任，1948年11月辞职。在朱经农任职期间，国统区人民反独裁、反内战的声浪日趋高涨，馆内上下倾向人民革命的气氛日渐浓厚，商务董事长在董事陈叔通等人的协助下，顺应时代潮流，接受共产党的领导和帮助。

商务印书馆度过一段极为艰难困苦的时期，上海解放后再次开拓新局面，1952年商务印书馆出版部迁往北京。

（本文原载《史林》，2004年第6期）

---

① 张铨、庄志龄、陈正卿：《日军在上海的罪行与统治》，上海人民出版社2000年版，第421页。

② 杨荫深：《在商务印书馆的十八年》，载《商务印书馆九十五年》。

③ 王云五：《商务印书馆与新教育年谱》，台湾商务印书馆1973年版，第765页。

④ 《驻沪办事处办事大纲》全文，见《岫庐自撰年谱稿》，《王云五先生年谱初稿》，第467—470页。

日本侵华对中国现代化建设的破坏

——以上海闸北为例

蔡　亮　苏智良

1927年南京国民政府成立后，在内战不断、战乱不息的情况下，仍在一定程度上致力于经济建设。因此在到1937年的十年里，全国经济保持着较快的增长速度，东部的城市化也取得了不小进步。然而，对华觊觎已久的日本，不容中国有片刻发展之余裕。在一·二八、八一三事变中，上海两次惨遭日军炮火蹂躏，尤其是闸北，两次淞沪之役均为中日两国鏖战前线，数十年的建设成果顿时化为乌有，所受创伤之重为全市之最，八一三后境内建筑更是十不存九。除上海外，东部其他城市也因日军的轰炸而遭受重创，大量工商业单位被破坏，在随后的占领期间，日军又进行了疯狂的掠夺，使得中国现代化的进程被迫中断。本文拟以闸北为例，从战前与战后的巨变来探讨日本侵略对中国现代化建设的破坏。

一、1900—1937年的闸北现代化建设

闸北位于上海北部，其地名与苏州河（旧称吴淞江）上的两座石闸①息息相关。苏州河系上海与苏、锡等地往来便道，来往船只一直较多，于是"自吴淞江通

① 清康熙十四年（1675年），人们在今福建路附近的江面上建一闸，此闸后来被称为"老闸"。后因老闸圮坏，雍正十三年（1735年）人们又在距老闸以西三里之处的吴淞江金家湾（今乌镇路桥西侧，大统路附近）再建一座新闸。该闸建设历时两年，于乾隆二年（1737年）始告竣工被称为"新闸"。闸北得名即因境域在新闸以北，最初被称为"新闸北"。光绪年间，"闸北"始成为人们的习称，代替了原来的"新闸北"。参见花扬：《闸北的由来及其兴起·灾难·重振》，《闸北文史资料》第四辑，第28页；祝鹏：《上海市沿革地理》，学林出版社1989年版，第200页。

行小轮，于是新闸、老闸之间，亦见起色”。[①]不过，1900年之前，除苏州河北岸一带有些市集外，闸北基本上属于未开发的“处女地”。然而上海开埠租界发展不可避免地对闸北“荒僻冷落，人迹罕至”[②]的原始面貌产生冲击。上海开埠后，整个城市便以租界(尤其是原英租界部分)为发展源，并沿黄浦江北上，呈纵、横两面拓展。因此，闸北的发展实质上也与上海城市范围向北拓展关系密切。

租界自建立之初便不断进行扩张，到1900年时，闸北东、西两面与租界毗邻，南面隔苏州河也与租界相望，因此实际上三面被租界包围，随时有被侵吞之虞。为了不使闸北被租界侵吞，1900年4月，粤商陈绍昌等联合地方绅商，筹集股款，向两江总督刘坤一申请，“拟于新闸浜北二十七保十一图(今铁路上海新客站南)地方建造桥梁，兴筑沿河马路，承办一切事宜”。[③]在得到允许后，他们便在闸北自辟商埠，创办了“闸北工程总局”。之后，闸北在行政沿革上虽屡有变动，但均未对其城市化建设造成太大影响。

交通近代化是上海城市近代化的前导，[④]时人谓“市面与交通有密切之关系”。[⑤]自闸北工程总局始，开辟道路成了建设闸北的首要任务。首先修筑的是东部的南北干道——宝山路，接着又修筑了西部南北走向的干道——新大桥路和新闸桥路。后来，为了将这几条干道连接起来，人们又先后在新大桥路与新闸桥路之间修筑了海昌路，在新闸桥路和宝山路之间修筑了南、北川虹路，在宝山路和北四川路之间修筑了宝兴路。[⑥]这样经过十年左右的努力，闸北道路的系统脉络已基本形成。民国之后，主要是沿宝山路的两侧，修建了宝昌路、中州路、虬江路、宝源路、交通路等马路。这些马路的修筑不但加强了闸北内部区域的交通联系，还基本解决了其内外交通问题。

闸北的吴淞铁路虽开了中国铁路建设之先河，但发展却历经坎坷，[⑦]直到

---

①⑤　姚公鹤著、恽树珏校:《上海闲话》，商务印书馆1933年版，第37页。

②　郑祖安:《近代闸北的兴衰》，《上海研究论丛》，上海社会科学院出版1989年版，第108页。

③　冯梅椿:《全国首创的地方自治闸北市》，钟修身、张丽丽主编:《上海文史资料选辑(闸北卷)·峥嵘闸北》，上海市政协文史资料编辑部2004年第1期，第4、5页。

④　张仲礼主编:《近代上海城市研究》，上海人民出版社1990年版，第173页。

⑥　郑祖安:《近代闸北的兴衰》，《上海研究论丛》(2)，第105页。

⑦　这条铁路即淞沪铁路。1866年，英国公使向清政府提议，希望能允许在淞沪之间修筑一条铁路。虽然清政府并未批准该提议，但英商怡和洋行却擅自组织吴淞铁路道路公司，进行修筑。工程从1874年12月开始，到1876年6月30日第一期(苏州河北岸——江湾徐家花园)工程竣工，7月3日正式通车营业。但铁路的修筑一开始便遭到当地乡绅与民众的反对，而清政府更是因为涉及主权问题，一直与英国进行交涉。8月3日，火车在运行时又不慎轧死一名士兵模样的人。这样一来，“乡民人恐，遂于10月24日在南京议明买断(由清政府花费银28.5万两买断)，惟火车由英商铁路公司驶行一年”。参见王继杰:《淞沪铁路通车》，信之、潇明主编:《旧上海社会百态》，上海人民出版社1991年版，第2页；上海通社编:《上海研究资料》(上)，上海书店1984年版，第317页。

1898年10月才重新步入正轨。1903年，它并入沪宁铁路，并另建新站，取名淞沪车站。1908年底沪宁铁路全线通车，次年7月又在宝山路、界路（今天目东路）西北侧筑沪宁线新上海站。开站伊始，日到发车10对，运送旅客1 000多人次。1916年后日接送旅客更达近万人次。[①]随着旅客的增加，商店、旅馆、饭店、银行也如雨后春笋般地在车站周围不断出现。到1930年，有较大商店86家，其中服务业38家、粮食业11家、鞋帽业11家、家品业7家、烟糖业4家、副食品业9家、百货业2家、饮食业2家，初步形成了"买、带、捎"的消费习俗，而该地区本身也位列闸北四大街市之首。[②]

除铁路交通外，1920年太仓籍旅沪人士洪伯言、项惠卿等兴办全国首条商办长途客运线，随着锡沪公路的竣工，锡沪长途汽车公司等公路运输公司也应运而生。[③]这些公路交通和铁路交通一起奠定了闸北作为上海"北大门"的交通枢纽地位。

工厂和商店星罗棋布地分布在一条条公路和铁路的周围。甲午战争后，列强取得了在华投资设厂的特权，开始对华进行大规模的资本输出。而经过几十年的努力，中国的民族资本主义也获得了一定程度的发展。因此，闸北的兴起可谓"正逢其时"。相较于老城厢的南市，闸北如同一张白纸，空地较多，地价便宜，兼有苏州河的水运及沪宁、淞沪铁路的陆运之便，大量资本得以迅速进入闸北，不数年间许多工厂已在闸北的大地上拔地而起了。闸北的工业以轻工业为主，主要有缫丝厂、布厂、碾米厂、制革厂、印刷厂、风琴制造厂、肥皂公司、面粉公司等，多分布在宝山路、新大桥路、新闸桥路、虬江路、新民路、宝通路等处。[④]

大量工厂的出现必然对水电的供应有所要求。1911年9月，为抵制外商势力的渗透，经两江总督张人骏批准，由上海著名绅商李平书、蔡伯浩等人筹办的闸北水电公司竣工。它的营业范围南至租界，北达江湾，东至沙径港路，西达潭子湾一带，每日最高供水量30万加仑，供应人口10万，电灯500盏，自此解决了闸北工业、企业、居民和附近区域的水电供应。[⑤]硬件设施得到了改善，加之外部

① 参见长弓：《上海北火车站追记》，钟修身、张丽丽主编：《上海文史资料选辑（闸北卷）·峥嵘闸北》，第55、56页。

② 文兵：《沪北商业中心纪实》，钟修身、张丽丽主编：《上海文史资料选辑（闸北卷）·峥嵘闸北》，第27页。

③ 参见宋峙、张兆熊：《闸北陆上交通史话》，钟修身、张丽丽主编：《上海文史资料选辑（闸北卷）·峥嵘闸北》，第51页。

④ 郑祖安：《近代闸北的兴衰》，《上海研究论丛》(2)，第106页。

⑤ 冯梅椿：《全国首创的地方自治闸北市》，钟修身、张丽丽主编：《上海文史资料选辑（闸北卷）·峥嵘闸北》，第7页。

环境对经济发展的有利因素，闸北的民族资本发展极其迅速，被人誉为“华界工厂发源之大本营”。据统计，到30年代初，闸北有较大工厂256家，为全市的45.23%。行业分布于缫丝、化工、制药、印刷、粮油加工、机器制造、玻璃和搪瓷等20多个领域。①

在工业发展的同时，闸北的商业也获得了长足的进步。1930年代初，闸北已成为上海华界商业的中心之一。当时，新闸路桥以北一带，日到米船超过百艘，沿街米行、米店接近百家，是上海著名米业北市场所在地。大统路开设各类商店多达50余家，成为闸北四大街市之一，有“闸北南京路”之称。此外，光复路的竹木行，新民路的皮草市场，宝山路一带的饮食服务业等均是全市闻名的。②

在众多实业中，最著名、影响最大的除上述的闸北水电公司外，便是商务印书馆了。商务印书馆始创于1897年，原址设在江西路德昌里，后随着其业务的不断扩大，1904年在宝山路东侧购地八十余亩，兴建了总务所、印刷所、编译所等等。1924年，厂方又修建了号称“东亚闻名文化宝库”、“亚洲第一图书馆”的东方图书馆③。当时，商务印书馆名副其实地是上海乃至全国重要文化教育事业单位和最大出版印刷企业。④馆内“各种设备向极完善。其印刷机器之应有尽有，在远东尤无其匹。机器重要者有滚筒机、胶版机、米利机、铝版机、大号自动装订机、自动切书机、世界大号照相机等，总数达一千二百多架之多”。⑤商务印书馆机器的种类和质量在远东也首屈一指，印刷技术则一直处于国内领先地位，还自行制造各种铅字、铜模、制版、油墨、胶棍、机械以及仪器、标本、文具等教育用品，其提供各地的文化教育用品约占全国总量的75%。⑥此外，商务版的中小学教科书是中国当时中小学教材的主要提供者。从晚清兴办新学到南京国民政府颁布新课程标准，商务版教材均是一再革新，不断再版，风行全国。据统计，从1902年到1930年，商务版的教科书、词典工具书、中外名著、古籍及自办期刊8 039种，18 708册⑦，出版量居全国之首。

---

① 上海市闸北区志编纂委员会编：《闸北区志》，上海社会科学院出版社1998年版，第3页。

② 参见《闸北区志》，第3页；郑祖安：《近代闸北的兴衰》，《上海研究论丛》(2)，第106、107页；钟修身、张丽丽主编：《上海文史资料选辑(闸北卷)·峥嵘闸北》，第10—35页。

③ 《闸北区志》，第1248页。

④ 参见商务印书馆善后办事处编：《上海商务印书馆被毁记》，商务印书馆1932年版，第4页；《闸北区志》，第1240页。

⑤ 《上海商务印书馆被毁记》，第6页。

⑥ 《上海商务印书馆被毁记》，第5页。

⑦ 《闸北区志》，第1240页。

随着民族资本工商业的兴起，闸北各项社会事业也获得了相应的发展，并成为上海华界近代文化中心之一。据统计，截至 1931 年，闸北共办过小学 160 余所，中学 40 余所，各类职业教育学校 20 余所和高等学校 10 余所。[①]其中著名的有爱国女学、南洋女子师范学校、市北公学（后改市北中学）、中国体操学校和上海大学等。除学校外，闸北先后有编辑、出版、发行单位 74 家，出版报刊 25 种，图书馆 6 座。有可容纳 3 000 名观众的林记更新舞台等大小剧场、电影院 11 座。此外，境内卫生、体育和社会福利事业也有所发展。一些慈善团体施诊、施药、施米、施粥、施棺，还创办时疫医院，救治贫民，相继建立了公、私立医院 40 所。[②]

概括闸北发展的轨迹是交通先行，随之带动工商业兴起，最后是社会事业的勃兴。当时，人们将闸北及与其几乎同时兴起的虹口并称“沪北”。[③]

二、 日军对闸北的破坏

两次淞沪抗战，闸北均首当其冲，战争对闸北的破坏严重，使其三十年之建设成果毁于一旦。

1932 年 1 月 29 日，日机在发动侵略事变的第二天便对闸北进行狂轰滥炸，并以商务印书馆暗藏十九路军为由，将其炸毁。据《申报》记载：

至（上午）十一时许，商务印书馆总厂竟亦着弹，适落天井内，当即爆烈，继即发火，而当时厂内各工人早已走避。至救火车因在战事区域内，无从施救，乃只得任其延烧。一时火光烛天，照及全市，尤以纸类堆积，延烧更易。片刻间，编辑部即遭波及，所装备之各种印刷机器，全部烧坏，焚余纸灰，飞达数里以外，即本馆左右，均有拾得，可见当时火势之一斑。[④]

这场大火直烧到当日下午五时尚未完全熄灭，而商务总厂房屋在下午三时便已全部倒塌。大火使商务“三十余年来致力我国文化事业之基础尽付一炬，物资上精神上之损失均极重大”。[⑤]

商务总厂被炸毁后，中国各界在强烈谴责日本这一野蛮行径的同时，对商务总厂的被毁，无不痛心不已。然而，一波未平，一波又起。2 月 1 日，坐落在商务

---

①② 《闸北区志》，第 3 页。

③ 李天纲：《人文上海——市民的空间》，上海教育出版社 2004 年版，第 156 页。

④ 《申报》1932 年 1 月 30 日。

⑤ 《上海商务印书馆被毁记》，第 9 页。

总厂对面的东方图书馆突然起火，[①]大火直至下午二时始被扑灭，其馆藏的大量珍贵图书及中外杂志报章等均被付之一炬。[②]

东方图书馆的前身是涵芬楼，其馆藏的大量珍贵图书是张元济耗费二十多年光阴悉心搜集而得。到1920年代初，“(涵芬楼)所储书籍达数十万册，不当自祕(秘)。乃决议别建书楼，移此藏之，以原备编辑参考之书籍并供社会公众阅览”。[③]1924年，由商务印书馆出资十一万余两，在其总厂对面的宝山路建了一座五层的钢骨水泥大厦，取名东方图书馆。[④]截至1931年，馆中有普通中文书26.8万余册，外国文书东、西文合计8万余册，图表照片5 000余种。另有古籍四部善本约3 745种，35 083册。[⑤]全国22省地方志2 641种，25 682册，其中元本2种，明本139种。全国府厅州县志1 753种，占总数2 081种的84%。馆藏的中外杂志报章不但种类齐全，很多如荷兰的《通报》、英国的《学报》、德国的《李比希化学杂志》(初版)等均为难得一见的孤本。[⑥]

当时正值中日双方在闸北酣斗之时，未及对商务总厂的损失进行调查，直到三月上旬，调查工作才告完成。

总厂中第一、第二两印刷所为两层楼，长屋两大排，中有机器数百架，为本馆主要印刷部分，均与房屋同归于尽。第三印刷所为三层大厦，系墨色石印部分，英文排版部分亦在其中，均焚毁无余。第四印刷所为四层大厦，二、三两层置彩印精印机器数十架，上层为全公司总务处所在地，下层为营业部所在地，均付一炬。其他如标本模型制造部、制油墨部，以及三层大厦置有装切机器数十架之装切部等亦无不全毁。

又书籍及纸张等栈房之大厦及所存书籍纸张均焚毁一空，纸灰深可没膝。仪器文具等栈房亦如之。藏版部系三层巨厦，被焚后所藏铜锌铅等版均熔成流

---

① 东方图书馆被焚的说法历来莫衷一是，“有谓原于日本‘浪人’之纵火，有谓原于总厂余烬之延烧”。1932年2月2日《大公报》报道：“东方图书馆今日(一日)又起火，据该馆人员谈，系日人收买无赖纵火。”1932年2月2日《申报》报道：“该馆附近有煤炭店，因日前总厂被焚之余火未熄，至今晨(一日)七时左右，煤炭店忽然起火，无法灌救，以致延及东方图书馆……”但无论哪种说法，东方图书馆的被焚，日军都有不可推卸之责任。参见东方图书馆复兴委员会：《东方图书馆纪略》，1933年发行，第7、11页。

② 不包括事先寄存于金城银行的5 000余册善本。

③ 东方图书馆编：《东方图书馆概况》，1926年3月发行，第3页。

④ 《东方图书馆纪略》，第1页。

⑤ 这其中包括寄存于金城银行的5 000余册善本，但未包括原扬州何氏所藏的4万余册善本。参见《东方图书馆纪略》，第6页。

⑥ 《东方图书馆纪略》，第2—6页。

质,溢出墙外,凝成片块。他如储电房、自来水塔、木工部、出版科、寄售股等房屋无不烧成瓦砾之场。其残留者仅机器修理部、烧版部及疗病房数处而已。

至于总厂以外之东方图书馆、编译所及其附设之各杂志社函授学社、尚公小学,以及厂外书栈房等,均仅余断壁颓垣与纸灰瓦砾。①

商务总厂的经济损失共达 1 633 万银元。②这场浩劫不仅使商务总厂元气大伤,对中国的文化出版事业也造成了巨大冲击。战前商务的印刷技术领先全国,但经过这场浩劫,它只得将大量印刷业务交给技术水平较低的小厂家承包。东方图书馆被焚前,从事编译工作的专家曾达 300 人,之后仅剩十名负责审理外稿的编译人员。③

一·二八期间,日军在闸北暴虐 28 天,给闸北造成了极大的损失。包括商务印书馆在内,境内共有 103 条里弄街坊、数万间房屋被毁;④商号损失 4 204 家,3 347.704 189 万元;工厂损失 841 家(其中丝业工厂数从 77 家降至 27 家,下降了 64%),⑤5 199.096 932 万元;住户损失 3 777.802 012 万元;房产损失 576.009 840 万元;学校损失 206.846 550 万元;公团损失 126.882 602 万元;寺庵损失 14.530 000 万元;人员伤亡中,死亡者 876 人,受伤者 469 人,失踪者 720 人,其他 17 963 人。当时全市共损失 1.946 063 628 1 亿元,闸北一地的损失即达 1.324 887 212 5 亿元,占了 68.08%。⑥

闸北虽遭受了重创,但并未就此衰败下去。《淞沪停战协定》签订后,闸北立刻开始了复兴工作。同年 5 月 21 日,铁路即恢复通车,许多被毁的工商企业、医院、学校等也相继重新建设。到 1936 年,闸北已登记工厂 574 家,占全市 1 687 家工厂的 34.02%。八一三前夕,境内有大小公、私立医院 39 所。⑦

然而在八一三中,经济刚有起色的闸北再次成了日军的主要进攻目标。日军不但利用大炮集中轰击,还派出大批飞机对战略要地进行重点轰炸。从市中心的高处望去,可见闸北整日浓烟遮日,火光冲天,触目惊心。北火车站在日本飞机的反复轰炸下,"到处是累累的战痕,(月台)已经被炸成一堆残缺的砖土,像

---

① 《上海商务印书馆被毁记》,第 31、32 页。

② 《上海商务印书馆被毁记》,第 36 页。但另有统计为 2 033.050 4 万银元,参见《闸北区志》,第 1247 页。

③ 参见郭太风:《日本帝国主义摧残上海文教新闻事业罪行述评》,《上海纪念抗日战争胜利 60 周年研讨会论文集》,上海人民出版社 2005 年版,第 239 页。

④⑦ 《闸北区志》,第 4 页。

⑤ 闸北区地方志编撰委员会办公室藏:《闸北区志资料长编·大事记》。

⑥ 《闸北区志》,第 1272 页。

一个被毁了的大坟墓"。①10月末，日军又对四行仓库周边的蒙古路、满洲路(今晋元路)、国庆路、乌镇路、大统路、新疆路及新民路(今天目中路)一带残存的民房，实行"焦土政策"。经过这次毁坏，从泥城桥一侧向西、向北望去，可一直看到苏州河叉袋角(今长寿路桥周边)，真可谓"赤地千里"。同时，日军又向虬江路、宝山路、永兴路及鸿兴路等地区再次投下大批燃烧弹，烈火熊熊彻夜不熄，使闸北又整整"大火三日"。②据统计，八一三期间，日军共向闸北发起进攻136次，炮轰48次，飞机轰炸98次。③经过80余日的狂轰滥炸，"闸北已成一片焦土，其破坏景状，几不能以笔墨描写，炮弹与炸弹破坏之遗迹，到处皆是，举目四瞩，如地震后之景状"。④全区95%以上的建筑物变成了废墟，除一处"三层楼"⑤外，几乎找不到完好如初的建筑。⑥日军占领闸北后，还派出各小分队在街上挨户搜索、纵火焚烧，打开一座座空屋，置入易燃的化学品，点火烧房，导致闸北到处都有熊熊大火。有时人谓："日兵三五成群的来往，撬开房屋的门，入内抢劫。……火焰从乌镇路桥一直伸入闸北的内腹，形成一条四五里长的火墙。……火光照着已经烧毁的房屋，看来有如死人的枯骨。"⑦11月，日军占领上海后，旋即组织"清扫班"，每天强迫大批民工将闸北等地物资运回日本，仅钢材就超过10万吨。⑧一·二八中遭受重创的闸北丝业，八一三中再遭灭顶性打击，35家工厂中竟被炸毁31家，损失率高达90%，丝车损失6 060部，金额达1亿余元。⑨

战前，闸北的繁华地带主要集中在东北、西南两处。一·二八期间，东北部受到重创，八一三期间日军又集中对西南部进行轰炸，⑩这就使闸北三十年的建

---

① 周鸣钢:《大上海废墟》，朱作同、梅益主编:《上海一日》(第三部·第三辑)，民国丛书第三编第93辑，据华美出版公司1938年版影印，第106页。

② 参见夕阳:《"八·一三"日军在闸北罪行纪实》，钟修身、张丽丽主编:《上海文史资料选辑(闸北卷)·峥嵘闸北》，第201、202页。

③⑨ 闸北区地方志编撰委员会办公室藏:《闸北区志资料长编·大事记》。

④ 《申报》1937年10月30日。

⑤ "三层楼"位于恒丰路、裕通路西侧，建于1930年，共43幢，系当时闸北西南部唯一的三层高建筑，标志性强，建成后附近居民即称之为"三层楼"，而附近也逐渐成为当时闸北的一个繁荣地段。八一三期间，闸北全区建筑均遭不同程度的毁坏，唯有"二层楼"完好无损，后难民在周围废墟上搭建棚屋，"三层楼"于是成了附近一带地域的习称地名，一直延续至今。参见钱以平编:《上海市闸北区地名志》，百家出版社1989年版，第64页。

⑥ 《闸北区志》，第5页。

⑦ 王智意:《闸北在燃烧》，朱作同、梅益主编:《上海一日》(第三部·第三辑)，民国丛书第三编第93辑，第77、78页。

⑧ 《闸北区志》，第31页。

⑩ 参见《上海市闸北区地名志》，第289—298页。

设成就荡然无存。而战争又导致居民的大量逃亡，到 1938 年初，境内居民竟仅余 120 户，580 余口。[①]1938 年 1 月 30 日是农历春节，闸北却是“景象沉寂悲凄，恍若死城”[②]。

三、现代化进程的中断及闸北的沉沦

八一三期间，日军在闸北施虐长达 80 天之久，战争的破坏使之元气丧失殆尽。日军占领闸北后，拉起了很多铁丝网，将 1 300 余亩的土地划为军用地，禁止居民进入。[③]这些措施对本已遭灭顶性打击的闸北经济而言，不啻是雪上加霜。

战争使闸北全境几乎变成一片废墟，而居民又十不存九，这使得当时的日伪当局连税收都成问题。因此，1938 年后浦东[④]伪市政公署为博取日人欢心，以图地位巩固，也有所谓恢复闸北繁荣的计划。但一则恢复计划所需经费浩大，而伪市政公署根本是捉襟见肘；二来他们缺乏长久的周详计划，仅是搭盖了一些供灾民居住的小棚而已。当时的《文汇报》即指出这是“缘木求鱼，决难实现”。[⑤]要说该计划的唯一成效便是吸引了因“抗战初起遭逢变乱，家室被摧毁于炮火，流离露宿风栖，备受艰辛”[⑥]的居民及很多像苏北人这样的“贫苦不堪之辈”[⑦]来沪的移民纷纷迁入。

与苏南、浙江和广东等地的人来闸北进行投资所不同，对这些人而言，闸北是他们苟延残喘的藏身之窟。他们纷纷迁入的结果是使闸北涌现出大量的棚户区。大统路在 1930 年代以前是闸北四大街市之一，素有“闸北南京路”之美称，在兵燹之下成了一片废墟，之后更成了著名的棚户区。其他如番瓜弄等棚户区也均是在这一时期涌现的。战前闸北的大部分街道两侧是三层的新式石库门里弄住宅，[⑧]1927 年时全区已有里坊弄 590 条[⑨]。而在两次淞沪抗战后，有 388 条

---

①⑦ 《文汇报》1938 年 6 月 26 日。

② 《文汇报》1938 年 1 月 31 日。

③ 《闸北区志》，第 5 页。

④ 伪“上海市大道政府”及后来的“淞沪督办公署”，皆以南市、闸北、沪西等处交通不便，而将办公地点设于浦东。参见《文汇报》1938 年 4 月 14 日。

⑤ 《文汇报》1938 年 5 月 2 日。

⑥ 上海市档案馆馆藏档案：Q109-1-14600。

⑧ 薛理勇：《上海滩地名掌故》，同济大学出版社 1994 年版，第 364、365 页。

⑨ 《上海市闸北区地名志》，第 77 页。

里坊弄被毁(其中有部分毁后重建再被毁),①与之相伴随的却是大量棚户的出现。1946年,市参议会将因抗战而未能实现的大上海计划提上了议事日程,并将繁华闸北作为大上海之初步计划案。②该计划拟订将浙江北路西藏北路以西、苏州河新疆路以北、京沪铁路以南一带共1.685平方千米为闸北西区,该地区原则上被定为现代化之住宅区域,内分七个邻里单位,所有道路及地段之布置均按照既定计划实行。③参议会同时还规定,“该地区为棚屋禁建区域,嗣后不准搭建棚屋以期顺利推进各项建设”。④而实际上,该地区因战争“繁华屋舍,尽成废墟,大部分土地、经界亦多湮灭。胜利后,所有权人无法管业使用,迭起纠纷。棚户占据日盛,取缔发生困难”。经调查,整个闸北西区有草棚7 930间,瓦棚7 045间,双层棚屋1 970间,而钢骨水泥结构的楼房三层的有两宅,四层仅一宅而已。一方面,大量棚户的存在给拆迁带来了相当大的困难,仅仅是棚屋的拆迁补偿费便估算了很久;另一方面,内战烽火燃起后,全国经济陷入崩溃边缘,国民党政府根本无力将该计划付诸实施。因此,该计划直到1948年10月末依旧停留在书面上。

与之相对照的是,闸北的棚户蔓延速度极快。到新中国成立前夕,闸北约6平方千米的范围内,成了随处可见棚屋、草屋、船房及“滚地龙”的贫民窟。据统计,全区100户以上聚居的棚户集中点共120余处,居民约7万户,23万余人,⑤其西部地区的棚户比例更大,达73.7%。⑥另一方面,当时闸北共有工厂42家,其中1930年以前所建的有13家,但多一蹶不振;1938年以后新建的有29家,但其中小作坊、小工场便有23家,全区可称得上有规模的企业仅7家。⑦战时40余所中、小学校被炸毁。到抗战胜利后全区仅剩中学6所(全市121所,占4.9%),小学43所(全市786所,占5.5%)。⑧

昔日“华界自治的典范”成了经济的“下只角”,日军的炮火一方面使闸北的工商企业除小部分内迁或迁往租界外,几乎全部遭毁灭,幸存下来的也被他们组

① 参见《上海市闸北区地名志》,第289—298页。
② 上海市档案馆馆藏档案:Q109-1-660。
③ 上海市档案馆馆藏档案:Q1-11-641。
④ 上海市档案馆馆藏档案:Q109-1-653。
⑤ 《上海市闸北区地名志》,第78页。
⑥ 上海市档案馆馆藏档案:A4-2-170。
⑦ 《上海市工商业概况》,1948年。
⑧ 《闸北文史资料》,第七辑,第41页。

织的清扫班掳掠一空;另一方面,战争不但破坏了支撑闸北经济发展的外部环境,又使居民流离失所,无家可归者达十数万之巨,大量人才、资金流入租界,这些恰恰是支撑闸北发展的“软件”。日本的侵华战争不但中断了闸北的现代化建设,还直接导致了该地区的长期沉沦,以致有人讥讽其是一个“光有躯体”的“赤膊区”。[①]进入90年代,随着上海城市改造的加速,闸北“棚户王国”的面貌已有所改变。现在,闸北又经历了十多年的高速发展,但日本侵略而制造、涌现出来的棚户至今仍能看到。甚至因为此,闸北在上海“木桶型”经济发展模式中被认为是一根短木条,不但自身的经济发展水平落后于全市平均,还阻碍了全市经济的腾飞。

(本文原载《民国档案》,2006年第4期)

① 方中圆:《闸北有北》,《文汇报》1998年9月3日。

研 究 述 评

一·二八淞沪抗战研究综述

魏延秋

一·二八淞沪抗战是抗日战争期间中国军队沉重打击日本侵略军的首战，是中国局部抗战史上的第一座里程碑，在中华民族战争史上留下了光辉的一页，具有极高的研究价值。梳理综述关于这一课题的研究现状，有助于推动研究的深入。

一、关于国民政府对日政策问题

曾一直有学者认为，十九路军抗战是蔡廷锴等违抗南京政府不抵抗命令的结果。随着研究的深入，一些学者提出了不同的意见，对国民政府在淞沪抗战中的积极表现在辩证分析的基础上给予了肯定。①学界从不同角度对此问题进行了较为深入细致的研究和探讨。

有学者从对九一八事变与一·二八事变时南京政府方针的比较分析出发，指出：保护自身利益、对日战略意图的错误估计以及国际社会、人民呼声等多种因素，最终形成了南京政府在一·二八事变中妥协和对抗相交织的态度与政策。②有学者从这一期间南京政府的对日谋和活动出发，认为淞沪抗战始终处于南京政府“攘外必先安内”的基本政策和“一面抵抗、一面交涉”的对日政策之下，

① 其中较有代表性的著作有：周天度、郑则民.中华民国史：第三编第二卷[M].中华书局，2002年.杨奎松.中国近代通史：第八卷[M].南京：江苏人民出版社，2007.余子道，张林龙.一·二八淞沪抗战[M].上海：上海人民出版社，2000.代表性的文章有：杨卫敏.国民政府与一·二八淞沪抗战[J].近代史研究，1990(4).左双文.一·二八事变与国民政府的外交政策[J].华南师范大学学报，2010(1).

② 陈积敏、张同侠.论“一·二八”事变期间国民政府对日政策——兼与九一八事变对日政策比较分析[J].宜宾学院学报，2009(9).

受此制约和束缚，这也是一·二八淞沪抗战最终遭致失败的深刻根源。①有学者把一·二八事变作为南京国民政府对日方针复杂演变过程中的一个重要环节来剖析，以此弄清抗战前南京政府对日方针的演变规律及实质。②也有学者认为，国民党内部派系斗争，导致在对日政策问题上始终存在抵抗还是妥协这两种方针的斗争。而随着以蒋介石为首的势力占据上风地位后，表面上作出誓死抵抗的方针，实际上真正用意仍然是伺机与日妥协。因此，当十九路军奋战时候，蒋汪等向十九路军施压，并向日本密探妥协。也正是他们这种局部抵抗的方针，决定了一·二八最终失败的命运。③

二、关于一·二八抗战中的作战研究

（一）关于战役起因。综合学者观点，日本挑起这场战争，主要是基于以下三个方面的原因：首先，是转移国际社会的视听，即掩护对其侵略中国东北和策划成立伪满洲国的侵略行为，持此观点的学者较多。④其次，从政治背景看，主要是为了打击上海的抗日活动，九一八事变后的抗日运动沉重打击了日本在上海的贸易，之后民众反日活动在上海也此起彼伏，这直接危害了日本在上海的利益。⑤再次，淞沪抗战也是日本海军与陆军争功的产物，这成为日方海军挑起淞沪战争的一个重要内部因素。⑥

（二）伤亡数字。有学者梳理了一·二八抗战中国军队的人员损失典型战例、殉国群体和伤亡官兵情况⑦。关于伤亡，学界存在不同观点。有学者统计，中国军队伤亡官兵 1.3 万余人，日本伤亡 3 000 余人，中国人民群众伤亡和失踪共计 2.1 万人。⑧有学者考证，日军死伤 3 184 人，我军伤亡 14 801 人，平民伤亡可

---

① 余子道："一面抵抗、一面交涉"政策与淞沪抗战[J].军事历史研究，1992(1).

② 金再及.南京国民政府对一·二八事变的方针[J].历史研究，1992(3).

③ 张衡.略论一·二八抗战期间国民党内的和与战之争[J].民国档案，1992(1).

④ 张铨.一·二八淞沪抗战及其意义[J].史林，1992(1).孟庆梓.一·二八事变停战原因浅析.邢台学院学报，2003(3).余子道.抵抗与妥协的两重奏——一·二八淞沪抗战[M].广西师范大学出版社，1994.159.

⑤⑧ 马仲廉.一·二八淞沪抗战述论[J].抗日战争研究，1992(1).

⑥ 张北根.日本发动上海"一·二八"淞沪战争的原因[J].北京科技大学学报(人文社会科学版)，1997(6).

⑦ 洪小夏.一·二八淞沪抗战中英勇牺牲的国军将士[C].上海：淞沪抗战纪念馆扩建暨淞沪抗战史研讨会论文集，2014(8).

能达1—2万人。[①]也有学者统计,中国军队伤亡1.41万人,占参战部队总人数的25.1%。日军伤亡3 100余人,中国军方则估计在1.2—1.3万人[②]。

(三)海军部队未参战问题。有学者对战后的声讨海军风波进行了全面再现,同时指出,海军方面要求对所有指控查明真相,而当时的国民政府无意主持公道,实际上就是放弃了整建海军以备抗日的努力,最终使海军在国防中的地位和声誉遭到重创。[③]也有学者认为不能把海军不抵抗的原因归咎于海军内部少数人的"媚日"与"卖国"。海军的不抵抗行为,是在长期积累下来的战力严重不足的情况下,在国民党蒋介石政府采取的高压政策下不得已而为之,不应受到过多的责备。[④]

(四)一·二八淞沪抗战的重要意义。综合学界归纳:一是鼓舞了中华民族卫国御侮的民族精神,加速了中华民族的政治觉醒,中国的政治环境由此发生了转折,大大树立了中国抗日军人的军威,在国际国内都产生了重大影响。[⑤]二是打击了日本军队,这不仅是十九路军决死斗争的结果,也是上海各界人民、全国同胞、海外华侨全力支援的结果,是民族凝聚力转化为抵抗侵略的战斗力的结果。三是此役迫使南京国民政府在抗日态度上向前迈开了一步,为后来的第二次国共合作和全面抗战取得胜利奠定了坚实的精神基础。[⑥]

三、关于一·二八淞沪抗战相关领域的研究

(一)抗日救亡运动。一·二八抗战动员了社会各界的参与,一是海外华侨的支持,捐款捐物支持祖国抗日军民,开展国民外交和各种抵制日货活动,[⑦]而且还组成华侨义勇军,回国参战杀敌[⑧]。二是以地方精英为主要组成成员的上海市民维持会在一·二八淞沪抗战时期成功地进行战时动员,发挥了支援前线战士、稳定后方秩序的重要作用。[⑨]三是上海童子军,作为一支奇特的队伍,广泛参与各

---

①⑤ 金道林,马淑培.略论一·二八上海事变[J].商丘职业技术学院学报,2008(4).

② 朱华.两次淞沪抗战军事得失之比较[J].上海党史研究,1995(S1).

③ 苏小东.一·二八淞沪抗战后的声讨海军风波[J].军事历史研究,2008(3).

④ 马俊杰.一·二八事变中的中国海军[J].抗日战争研究,2003(1).

⑥ 张铨.一·二八淞沪抗战及其意义[J].史林,1992(1).

⑦ 张永汀.略论华侨对"一·二八"淞沪抗战的贡献[J].和田师范专科学校学报,2006(3).

⑧ 沈立新.海外华侨与淞沪抗战[J].学术月刊,1985(9).

⑨ 白华山.地方精英与上海抗战——以一·二八事变期间的上海市民地方维持会为例[J].史林,2007(4).

种阵地及后方服务。[①]此外，一些学者把关注点放在了新式传播媒介对战争所发挥的积极作用上。其中，《申报》在维护国家利益和民族尊严、唤起民族新觉醒等方面发挥了重要作用，[②]而以上海广播电台为代表的民营电台，发动媒体动员开创战况新闻播报，形成了与听众互动关系的动员方式，启动物质动员和精神动员，呈现了支援抗战、弘扬抗日救亡时代主题的动员效果，展示了广播动员整合社会资源的效应。[③]

（二）国际社会与一·二八事变。这方面的研究首要的关注点是国际联盟的作用问题。[④]一·二八事变爆发后到中日淞沪停战协定签字前这段时间，国际联盟在解决中日冲突中曾起过重要作用，最终因无法制止日本的侵略而一蹶不振，形同解体。其次是美国对一·二八事变的态度。[⑤]一·二八事变后，美国仍不愿意直接卷入中日之间的军事冲突，但又怕在华权益受到威胁，因此对日侵华采取了“史汀生主义”的立场，既不承认日本侵华行径及其后果的合法性，又不采取果断有效的措施从根本上制止侵略，这其中既有积极因素，但也有消极作用，美国只能自食其果。作为老牌殖民地国家的英国对事变的态度变化，也是研究的一个重点。研究者指出，一·二八事变发生后，英国为防止在华利益受到破坏，相比九一八时期更趋积极主动，[⑥]在一·二八事变的平息过程中发挥了重要作用。也有学者认为英国在对事件处理上运用国际关系准则来规范其利益，其中包含着传统殖民主义观念与现代国际关系准则的交织与冲突。[⑦]

（三）淞沪抗战的人物研究。蔡廷锴、蒋光鼐是一·二八淞沪抗战中的主要人物，研究主要围绕着二人在指挥十九路军参战实践展开。以宋庆龄、何香凝为代表的国民党革命派在支持一·二八淞沪抗战中做出了巨大贡献；[⑧]有学者对史量才领导上海地方维持会在一·二八抗战中发挥的巨大贡献进行了专门的分析阐述。[⑨]此

---

① 孙玉芹，张露红.上海童子军与一·二八抗战[J].兰台世界，2010(4).

② 徐煜、向开斌.《申报》与一·二八事变[J].民国档案，2006(3).

③ 汪英.传媒动员与一·二八淞沪抗战——以上海广播电台为个案的考察[J].军事历史研究，2007(3).

④ 刘建武.一·二八事变后国际联盟的调处活动评析[J].抗日战争研究，1994(3).

⑤ 吴景平，赵哲.评美国对九·一八事变和一·二八事变的态度——兼析“史汀生主义”的提出及局限性[J].抗日战争研究，1993(3).

⑥ 王宇博.英国与一·二八事变[J].江苏社会科学，1993(6).

⑦ 王立诚，吴金彪.一·二八事变与英国对中日冲突的立场冲突[J].安徽史学，2003(6).

⑧ 仇晓瑜.再忆宋庆龄——纪念“一·二八”淞沪抗战80周年[J].传奇.传记文学选刊，2012(1).

⑨ 刘椿.一·二八抗战中的史量才[J].钟山风雨，2005(4).

外,学者指出陈铭枢在淞沪抗战中实际起了主持、领导和组织的作用。[①]

四、关于一·二八与八一三比较研究

19世纪30年代发生的两次淞沪抗战都是中国抗日战争史中具有独特地位的重要课题。

有学者从军事得失方面对两场战役进行了比较分析。[②]指出两场战役虽然有着基本相同的国际背景,但国内政治背景迥然不同;两次淞沪抗战的军事力量对比也有一定差别,虽然八一三抗战从主观条件来说相对优越,但战绩却逊色于一·二八抗战,作战部队的伤亡率及敌我双方的伤亡比也高于一·二八,两次战役不可同日而语。

有学者专门就两次淞沪抗战在全国抗战中的地位作用进行了详尽的比较。认为,一·二八淞沪抗战是第一次日本向中国本部的进攻,是全面侵华的尝试,是近代中国第一次卓有成效地抗击侵略者,也是上海地区第一次实现全民抗战,并充分显示全民抗战的威力。而八一三进攻上海是日本灭亡中国独霸东亚的步骤,是开始实现全国性抗战的标志,改变世界对中国抗战态度。两者在历史上的地位和作用有共同点也有各自差异性。[③]

在对两场战争进行对比的同时,有学者涉及了中国共产党在两次抗战中作用的发挥情况。一·二八时期,由于共产党的非合法地位和国民党的反民主镇压政策,严重限制了中共及其领导的人民革命力量在抗战中的作用和影响。而至八一三抗战时期,中国共产党以崭新的姿态登上了历史舞台,发挥了巨大威力,成为整个抗日战争的引领。

(本文原载《上海党史与党建》,2015年第6期)

① 陈海春.广西名将陈铭枢与淞沪抗战[J].人物春秋,2006(3).
② 汤梓军.一·二八和八·一三淞沪抗战比较研究[J].深圳大学学报,2005(5).
③ 余子道.从局部抗战到全面抗战:两次淞沪抗战之比较研究[J].上海党史研究,1995(12).

一·二八淞沪抗战研究的若干思考
——以大陆研究成果为考察对象

张　云

1932年发生的一·二八淞沪抗战，已经过去了整整84年。84年来，有关这场战争的研究，仅以时间为跨度的纵向层面分析，呈现出了两头闹猛、中间清淡这样一种马鞍形的发展过程。一·二八淞沪抗战爆发至结束后的这几年中间，大量纪实性作品纷纷涌现，大批战场情节见诸报端。但从1933年长城抗战、1935年华北事变、1937年七七事变及八一三淞沪抗战期间和其后乃至文化大革命前后的漫长岁月里，大陆有关一·二八淞沪抗战的题材几乎极少有人问津，更谈不上研究了。直到1978年十一届三中全会之后到现在，对一·二八淞沪抗战的研究，即从学术层面分析，无论在量的方面还是质的方面，都有了一个实质性的改变和提升。其成果之丰厚，的确令人瞩目。特别是借去年中国抗日战争暨世界反法西斯战争胜利70周年的东风，更使一·二八淞沪抗战的研究上了一个新的层次。结合以往的研究状况，笔者将一·二八淞沪抗战的研究成果，做一些必要的分析和思考，以抛砖引玉，就教于海峡两岸诸位学界同行。

一、一·二八淞沪抗战的研究史料需要进一步发掘

从目前已经出版发行的一·二八淞沪抗战的研究成果看，文献档案史料方面占着相当大的比例，主要有以下几种类型较为突出：

一是战争爆发期间及战争结束后的几年里所出版的以纪实性作品为主的文献史料，有些已成孤本，近年来出版界给予了影印或再版。比如朱伯康、华振中编辑的《十九路军抗日血战史料》、曹聚仁等编辑的《十九路军画史》的出版。特

别是2015年由余子道先生任主编、上海科学技术文献出版社影印出版的淞沪抗战史料丛书12辑[①]，除八一三淞沪抗战之外均为一·二八淞沪抗战的研究史料，其中第一辑为何天言编辑的《上海抗日血战史》；第二辑为南强编辑部编辑的《上海事变与报告文学》；第三辑为上海市民地方维持会编辑的《上海市民地方维持会报告书》；第四辑为张励编辑的《十九路军六十一师百廿一旅淞沪抗日战记》；第五辑为沃秋仲子编辑的《淞沪御侮记》、民声出版社编辑的《挥戈录：上海战事记载》及抗日急进会编辑的《十九路军血战抗日之真相》；第七辑为佚名著《沪难与日本》、《淞沪和战纪事》；第八辑为李尊庸编辑的《战地摄影》、赵寒星编辑的《庙行镇战记》、佚名的《淞沪抗日战役第五军战斗要报》、商务印书馆编辑的《商务印书馆通讯录国难特刊》；第九辑为高慎行编辑的《十九路军血战全史》、佚名著《一·二八两路创痕》、淞沪警备司令部编辑的《一·二八的一些纪念品》；第十一辑为杨纪著《沪战实录》（包括一·二八之役与八一三之役）、李剑翁编辑的《上海抗日血战记》、詹宝光著《淞沪抗战之血痕》等，共9辑19本。

二是报刊文献史料。1986年，由上海社会科学出版社出版发行、上海市社会科学院历史研究所编纂的《"九一八"到"一·二八"——上海军民抗日运动史料》，辑录了《申报》《上海时事新报》《民国日报》《申报月刊》《新闻报》《国闻周报》等报刊在一·二八期间的有关报道及时评，同时也辑录了相关文献档案资料。1991年，由中国工人出版社出版发行的温济泽主编的《九一八和一·二八时期抗日运动史》，也涉及了不少报纸杂志及部分档案关于一·二八淞沪抗战的史料。

三是档案史料。除上述史料选编中涉及部分一·二八淞沪抗战档案史料外，还有1994年上海古籍出版社出版的由第二历史档案馆编辑的《中华民国史档案资料汇编》第5辑中涉及一·二八淞沪抗战的有关资料；2015年上海人民出版社出版的由上海市档案馆编纂的《日本侵略上海史料汇编》（上、中、下）三册，其中上册第一章"日本发动一·二八淞沪战争及战争暴行"中，披露不少有关档案资料。另外，2010年由中共党史出版社出版、中共上海市委党史研究室编著的《上海市抗战时期人口伤亡和财产损失》（该书已经重新修改，即将出版）以及2015年由中共党史出版社出版，上海市宝山区委党史研究室、宝山区档案局

① 这套淞沪抗战史料丛书为余子道主持的上海市哲学社会科学重大课题委托项目：《上海抗战与世界反法西斯战争研究》系列丛书的一种。

(馆)、宝山区地方志办公室编著的《上海市宝山区抗日战争时期人口伤亡和财产损失》等都有相关档案史料披露。特别是1984年发表在《历史档案》第4期，由第二历史档案馆编纂的《"一·二八"淞沪抗战史料选》，这是至今为止唯一以一·二八淞沪抗战为题材的档案史料选编。

从上述文献档案史料的状况看，已经重新整理出版的，还只是一部分，或者说只是有限的一部分，许多史料仍然有很大的发掘空间。例如战争爆发期间及战争结束后的几年里所出版的以纪实性作品为主的文献史料，以上海图书馆馆藏为主，以影印出版的形式已经出版了19本。2015年11月中旬，笔者与余子道先生、邓一帆研究员一同赴金陵，在南京图书馆又找到了十多本相关书籍，同时也在北京国家图书馆及海外文献中寻找到相关书籍近十本，包括：由民族教育出版社1932年出版的《淞沪御日战史》，南京书店出版社出版的由金轮海著的《一·二八纪念故事》以及《一·二八血战日记》《淞沪御日血战大画史》《一·二八淞沪抗战》《一·二八之夜——上海抗日血战故事集》《张军长对官长训话——第五军淞沪抗日作战经过总讲评》《淞沪御日战史续编》《淞沪抗日阵亡将士追悼会》《战地摄影》《淞沪血战回忆录》《淞沪血战经过》《淞沪抗日画史》《淞沪抗日战事纪略》《淞沪抗日见闻录》《上海撤兵区域接管实录》《一·二八事变京沪铁路车务纪要》《十九路军抗战史》(第一集)《十九路军杀贼记》《十九路军血战抗日之真相》《淞沪抗日战役高级将领摄影集》《沪战纪实》《淞沪御日战史》《淞沪战事琐闻》《淞沪抗战详报》等25本。当然重庆及成都图书馆等馆藏图书还不包含在内。例如档案史料，仅第二历史档案馆的馆藏史料，被封存的仍然是"数量巨大"。而报刊资料的摘录及有关文献的摘录，就显得更加单薄了。特别是包括当年许多的外文文献档案资料，全国各地报刊及其外文报纸杂志，更处于挂一漏万的状况。能否让这批史料填补一·二八淞沪抗战研究的某些空白，这应该是学界一个共同的期盼。

据此，笔者认为目前学界应该切切实实地集中力量，加强协调、合作，搜集、整理历史资料，旨在进一步提升一·二八淞沪抗战的研究水平，奠定更为扎实的研究基础。以余子道先生为首席专家的课题组，正在做这方面的工作：一是准备与南京图书馆合作，继续编纂《淞沪抗战史料丛书》之二；二是与第二历史档案馆合作，着手编纂《淞沪抗战的档案史料》(上中下三册)，其中上册为一·二八淞沪抗战，中下册为八一三淞沪抗战；三是编纂《一·二八淞沪抗战画史》和《八一三淞沪抗战画史》；四是编纂《记忆中的淞沪抗战》(上中下三册)；五是编纂《上海抗战与世界反法西斯战争大事年表》。实际上，我们非常希望得到港台学者的联手，得到国外学者包括日本、欧美及俄国学者的帮助，这是一·二八淞沪抗战的研究史料得以进一步发掘的最为重要的途径之一。

二、一·二八淞沪抗战的研究内容需要进一步梳理

一·二八淞沪抗战的研究成果十分可观，研究内容也非常丰厚，因此需要作进一步的梳理。如果说研究史料主要集中在前头，那么研究的成果则主要集中在后头，中间的研究成果则只是凤毛麟角。

笔者对研究成果做一些分析和比较，除档案文献史料外，则以著作和论文为主。有关著作，按照时间顺序排列，主要有：1957 年由通俗读物出版社出版的由宋嘉霈著《一·二八淞沪战争：革命历史故事》；1960 年人民出版社出版的由集木著《"一·二八"抗战中上海人民的斗争》；1991 年由中国工人出版社出版的温济泽著：《九一八和一·二八时期抗日运动史》，同年由广东人民出版社出版的由政协广东省文史资料研究委员会编著的《淞沪烽火：十九路军"一·二八"淞沪抗战纪实》；同年由政协上海市宝山区委员会文史资料委员会编著的《纪念"一·二八"淞沪抗战 60 周年专辑》；1994 年由广西师范大学出版社出版的余子道著《抵抗与妥协的两重奏："一·二八"淞沪抗战》；2000 年由上海人民出版社出版的唐培吉、朱敏彦任主编的《上海抗战史研究丛书》十卷本中，余子道先生著《一·二八淞沪抗战》；2002 年由上海社会科学院出版社出版廖大伟著：《侵华日军的自白：来自"一·二八"、"八·一三"淞沪战争》；2011 年由吉林人民出版社出版孙建筠著：《威震黄浦江畔高奏抗日壮歌：一·二八淞沪抗战》；2015 年由长城出版社出版沈铁著：《孤军捍淞沪：一·二八淞沪抗战影像全纪录》等。其中最全面、最系统和最有影响的是余子道先生发表于 1994 年由广西师范大学出版社出版《抵抗与妥协的两重奏："一·二八"淞沪抗战》，该书列入全国八五规划《抗日战争·军事类》课题之一，是一·二八淞沪抗战研究领域一部带有权威性的专著。

有关论文，也主要发表于 1978 年之后。以余子道先生为首席专家的课题组，正在编纂《当代学者论淞沪抗战》上中下三册，上册即为"一·二八淞沪抗战"，收录了 40 余篇论文。其标题分为：一、一·二八与八一三淞沪抗战比较研究；二、国民政府对日政策；三、一·二八事变与作战研究；四、民众抗日救亡运动；五、国际社会与一·二八淞沪抗战；六、人物研究；七、日本战争罪行；八、学术研究

述评等八个方面。这是一部收集当代学者关于一·二八淞沪抗战研究论文较为集中的文集。有关研究综述,可参考魏延秋《一·二八淞沪抗战研究综述》①。

笔者将现已发表的关于一·二八淞沪抗战研究论著的内容作一简要梳理,并从以下三方面加以概括:一是一·二八淞沪抗战的历史定位;二是一·二八淞沪抗战的历史过程;三是一·二八淞沪抗战相关领域的研究。

关于一·二八淞沪抗战的历史定位

有学者指出:"一·二八淞沪抗战虽然失败了,但在中国现代史上写下了光辉的一页。"这场战争"开了中国军队正式抵抗日本侵略的先河","打击了日本侵略者嚣张的气焰","大大地鼓舞了中国人民抵抗日本侵略的信心和决心,吹响了中华民族解放战争的号角,掀起了抗日救亡运动第一次高潮,成为中华民族觉醒的先声。"②也有学者指出,一·二八淞沪抗战的历史意义在于:"它在外敌入侵、民族危亡的重要关头,高举起爱国主义的旗帜,冲破国民党政府的不抵抗政策,以反侵略的民族自卫战争反对日本帝国主义的侵略战争,给了日本侵略者以沉重一击,为武装反对日本侵略树立了一面光辉的旗帜。"认为这是"一场气壮山河的民族自卫战争",在抗日救亡斗争史上树起了一座永不磨灭的丰碑。指出:"一·二八抗战是在日本军国主义走上以武力进攻、殖民化中国道路之初,打响的一场反侵略之战,也是在日本法西斯走上新的世界战争之初打响的一场反法西斯之战","提高了中国的国际地位"。认为"一·二八抗战是一场反对日本侵略的民族自卫战争,也是一场波澜壮阔的民众抗日救亡运动。"认为"一·二八淞沪抗战悲壮激烈,显示了中华儿女不畏强暴、不怕牺牲、献身为国的英雄气概。"认为"一·二八抗战是中日甲午战争以来,中国军队第一次以六七个正规师的军力,用相当大的战役作战,集中地给了日本侵略军以沉重一击。"同时指出,如果说,九一八抗战是中国 14 年抗战的起点,那么,一·二八抗战则是把最初已揭开的局部抗战,推进到一个新的阶段和扩大到一个新的范围,在更为完全的意义上揭开了中国抗日战争的序幕。③是"中国局部抗战中承上启下的重大一役"④。

---

① 魏延秋:《一·二八淞沪抗战研究综述》,《上海党史与党建》,2015 年第 6 期。

② 唐培吉:《一·二八淞沪抗战:中华民族觉醒的先声》,《上海党史与党建》,2015 年第 4 期。

③ 余子道执笔、上海淞沪抗战纪念馆:《抗日救亡斗争史上一座永不磨灭的丰碑——纪念"一·二八"淞沪抗战 83 周年》,《解放日报》2015 年 1 月 28 日。

④ 余子道、张林龙著:《一·二八淞沪抗战》,上海人民出版社 2000 年版,第 202—205 页。

关于一·二八淞沪抗战的战争真相

起因。笔者将其归纳为七个方面的原因。一是“矛盾转移说”。认为“九一八事变及日本的无法无天的侵略行径不但在中华民族中播下了深仇大恨,在国际上也引起一片谴责;东三省问题成为中日矛盾的中心,也成为世界瞩目的中心。日本侵略者为了把世人的注意力从这里引开,决定在英法美等西方列强侵华利害关系最大的上海制造事端,引发新冲突”;二是海军发动说。认为是“日本海军看到陆军在东三省冒险成功,也在上海跃跃欲试”;要开辟新的侵华战场以显示自己;三是“威胁说”。认为日军攻击上海兼可对南京国民政府造成直接威胁①,并加大力度压制包括上海在内的抗日救亡运动;四是“配合说”。认为“最主要的原因是配合在东三省的侵略”②;五是“利益说”。认为日本侵略者“为了进一步获取在上海这个中国经济中心、国际性大都市的利益,又在上海进行挑衅”③。六是“阴谋说”。认为“一·二八事变,是日本侵略者发动侵华战争的一个重要环节和试探,是日本少数军国主义间谍所精心策划和周密组织的阴谋活动,又是帝国分子秘密挑动的一起破坏两国人民传统感情的严重冲突”④。七是“自由市”计划说。所谓“自由市”,即日本政府与上海公共租界相互利用,企图把上海设置成”自由市”。有学者认为,这“才是导致一·二八事变爆发的深层原因”⑤。

规模及发展阶段。有学者认为:一·二八淞沪抗战的规模,“它是一次中小型的战役”。战争的发展为两个阶段:“1 月 28 日至 3 月 1 日为敌之进攻和我之防御阶段;3 月 1 日至 3 月 3 日为我之退却和敌之追击阶段。”指出在战役进程中,“中国军队始终没有一个战役进攻阶段,而日军的追击阶段为时十分短暂”⑥。也有学者认为,一·二八淞沪抗战历时 33 天,“战争主要分为三个阶段:从 1 月 28 日战斗打响至 2 月 7 日为第一阶段;自 2 月 8 日至 23 日为第二阶段;自 24 日起至 3 月 3 日为第三阶段。”⑦

参战与伤亡人数。对此,学界存在不同意见。关于参战人数,有学者认为参

---

① 淞沪战争爆发第三天,国民政府就迁往洛阳,可见其所受震动之大。
② 张振鹍:《从九一八、一·二八到七七、八一三》,《抗日战争研究》,1992 年第 1 期。
③ 余子道、张林龙著:《一·二八淞沪抗战》,上海人民出版社 2000 年版,第 1 页。
④ 华永正:《上海“一·二八”事变起因新探》,《安徽省委党校学报》,1987 年第 1 期。
⑤ 张智慧:《“一·二八事变”与上海“自由市”计划始末》,《学术月刊》,2011 年第 8 期。
⑥ 余子道、张林龙著:《一·二八淞沪抗战》,上海人民出版社 2000 年版,第 2 页。
⑦ 中共上海市委党史研究室编:《上海抗战图史》,上海人民出版社 2015 年版,第 16 页。

战日军达7.7万余人，中方参战人数约4.2万余人①。也有学者认为中方参战总兵力最多时为5万，日军共约7万，号称10万②。关于伤亡人数，有学者认为，一·二八抗战中，中国军队伤亡1.41万人，占参战部队总人数的25.1%。日军伤亡，其官方报告是3 100余人，中国军方则估计在1.2至1.3万人。据前者，双方的伤亡比是4.77∶1。据后者，则接近1∶1。③有学者认为，中国军队伤亡官兵1.3万余人，日军伤亡数为3 000余人④。也有学者指出，上海事变中，日军死伤共3 184人。十九路军和第五军共伤亡1.480 1万人，中国军队大约伤亡总数的65%在十九路军，35%在第五军⑤。

战争的基本特征。有学者认为，一·二八抗战实际上是一曲抵抗和妥协的“两重奏”：“一方面是十九路军和第五军爱国官兵在民众抗日救亡运动的支持下英勇悲壮地奋战在抗日战场，另一方面是中国外交当局在英、美、法、意等国驻华外交机关的斡旋下，在国际联盟的直接干预下，不断地与日方谋求妥协，抵抗与谋和两方面同时贯穿于一·二八战争之始终，最后以妥协而告终，这是一·二八抗战的一个基本特征。”⑥

南京政府的战略意图和战争的结果。有学者认为，南京国民政府其战略目的主要有以下几项：一是促使上海局势恢复到一·二八事变以前之原状，即日军退回上海公共租界和虹口越界筑路地段；二是保持上海的闸北以及江湾、吴淞等地区不受日军侵占；三是争取国际联盟和英、美、法等西方列强的调停，通过外交途径力求达成一个公平的停战协定。但一·二八淞沪抗战的结果上述第一、第二项是实现了，但第三项获得的不是一个平等和公正的停战协定，而是丧权辱国的《淞沪停战协定》，最后遭到失败⑦。

关于一·二八淞沪抗战相关领域的研究

民众抗日救亡运动。有学者指出：“一·二八抗战是一场反对日本侵略的民族自卫战争，也是一场波澜壮阔的民众抗日救亡运动。上海民众抗日救亡运动

---

① 金道林，马淑培：《略论一·二八上海事变》，《商丘职业技术学院学报》，2008年第4期。

② 余子道、张林龙著：《一·二八淞沪抗战》，上海人民出版社2000年版，第79、104页。

③ 朱华：《两次淞沪抗战军事得失之比较》，《上海党史研究》，1995年第4期。

④ 马仲廉：《一·二八淞沪抗战述论》，《抗日战争研究》，1992年第1期。

⑤ 洪小夏：《一·二八淞沪抗战中英勇牺牲的国军将士》，“淞沪抗战纪念馆改扩建及淞沪战史研讨会”《会议手册》，2014年8月。

⑥ 余子道：《从局部抗战到全面抗战：两次淞沪抗战之比较研究》，《高校理论参考》，1995年第8期。

⑦ 余子道、张林龙著：《一·二八淞沪抗战》，上海人民出版社2000年版，第4页。

是十九路军和第五军淞沪抗战的先导，又是与两军的抗日作战紧密相配合，共同推进而贯彻始终的。”①有的学者条分缕析，凸显上海人民对一·二八淞沪抗战的有力支持。其中包括：上海工人阶级、“上海民众反日会”、上海工商界、上海文教界、上海妇女界等支援中国军队抗日的种种义举②。有的学者则指出：面对一·二八战火，上海各界踊跃支援抗战：爱国人士誓为坚强后盾，社会各界声援抗战，各路义勇军奔赴前线，募捐、劳军、救护、济难③，“抗日救亡活动一浪紧接一浪，民众协力军队，后方支援前线，民心高涨，悲壮激昂，其影响遍及于全国，远达于海外”④。对于侨胞的支持和声援，有学者认为，一·二八淞沪抗战爆发后，广大华侨不仅捐献额大而集中的现金，而且还捐献重要的作战物资，特别是组织华侨义勇军，开赴南翔一带，正式投入战斗。“他们大部分担负着诸如抢救伤兵，挖掘战壕，运送弹药等战勤工作。”在淞沪抗战中忠勇可嘉，奋勇杀敌，“发挥了很好的战斗作用，建立了很大的功劳。”⑤有学者指出：华侨在一·二八淞沪抗战时期“对十九路军的各个方面的援助，充分体现了海外华侨的爱国精神，反映了中华民族的强大的凝聚力，为中国人民的抗日事业作出了重大贡献，永远值得我们纪念。”⑥

日军战争暴行。不少学者以档案资料为依据，揭露日军的法西斯战争暴行，指出：一·二八淞沪战争期间，战区平民失踪伤亡共计16万户⑦，人数为129 710⑧；战争损失据当时国民党上海市社会局统计，直接损失为164 089 763.90元⑨，间接损失为30 516 658.91元，合计损失194 606 362.81元。仅一·二八淞沪抗战主要战区——宝山区在一·二八淞沪战争期间，直接伤亡为2 046人，间接伤亡为65人，难民数量为3 433人。财产损失为27 411 378元⑩。有学者列举日军

①④ 余子道执笔、上海淞沪抗战纪念馆：《抗日救亡斗争史上一座永不磨灭的丰碑——纪念“一·二八”淞沪抗战83周年》，《解放日报》(2015年1月28日)。

② 张铨、庄志玲、陈正卿著：《日军在上海的罪行与统治》，上海人民出版社2015年版，第104—129页。

③ 中共上海市委党史研究室编：《上海抗战图史》，上海人民出版社2015年版，第44—60页。

⑤ 沈立新：《海外华侨与淞沪抗战》，《学术月刊》，1985年第9期。

⑥ 张永汀：《略论华侨对“一·二八”淞沪抗战的贡献》，《和田师范专科学校学报》(汉文综合版)，2006年第3期。

⑦ 上海市档案馆编：《日本侵略上海史料汇编》上册，上海人民出版社2015年版，第154页。

⑧ 中共上海市委党史研究室编：《上海市抗战时期人口伤亡和财产损失》，中共党史出版社2010年版，第22页。

⑨ 即当时使用的法币。

⑩ 上海市宝山区委党史研究室、宝山区档案局(馆)、宝山区地方志办公室编：《上海市宝山区抗日战争时期人口伤亡和财产损失》，中共党史出版社2015年版，第18、25页。

一·二八淞沪战役前后的3个多月里，在上海制造了无数有悖人性的累累血腥暴行，包括“狂轰滥炸，人类文明惨遭劫难”、“商务图书馆及东方图书馆被毁”、“日军炮火下的学校”、“轰炸工厂企业及路电设施”、“炸毁民房、炸死炸伤无辜平民”、“烧杀抢掠，无恶不作”、“火烧工厂学校”、“劫掠公私财物，强买强卖”、“奸淫侮辱妇女”等，指出这种种暴行“仅仅是日军整个罪恶行动的冰山之一角而已”①。揭露日军的侵略暴行，是近年来一·二八淞沪抗战研究中的一个亮点。

相关人物研究。对一·二八淞沪抗战中相关人物的研究，是深化战争研究的一个重要环节。学界对此研究，主要着力于三个层次：一是直接参战和谋划指挥者，包括陈铭枢、蔡廷锴、蒋光鼐、张治中等。学术界对他们基本上持肯定态度。有学者认为：“上海之战使十九路军的领导人成为英雄，十九路军拥有足够的爱国精神、充分的思想准备和出色的战斗力。”②有学者指出：爱国将领陈铭枢、蒋光鼐、蔡廷锴掌握着十九路军的领导权，“他们从维持民族利益、保卫国家独立的立场出发，不同意南京当局对日妥协退让，主张对内团结、一致御侮，对日坚决抵抗，采取以民族自卫战争反对日本侵略的方针。”③二是社会名人，包括宋庆龄、何香凝、史量才等。学界对他们充满敬佩之情，尤其对于民众抗日救亡运动，有学者认为“宋庆龄、何香凝，中共江苏省委及民族工商业者的代表史量才等组织领导各界各阶层民众投身抗日斗争。”④认为以宋庆龄、何香凝为代表且具有共产国际背景的国民党革命派在支持一·二八淞沪抗战中做出了巨大贡献⑤；有学者对史量才领导上海地方维持会在一·二八抗战中发挥的巨大贡献进行了专门的分析阐述⑥，给予充分肯定。三是南京国民政府的政策制定者和领导者，如蒋介石、汪精卫、何应钦等。有学者认为：“蒋介石、汪精卫、何应钦等南京当局的决策者们，掌握着淞沪战役的最高领导权和指挥权”，指出：“由汪精卫提出、得到蒋介石完全赞同，被国民党中央确定的‘一面抵抗、一面交涉’的对日政策，在一·二八战争时开始得到贯彻，成为处理这个事变的指导方针。这就在根本上左右了这次抗战发展的方向及其结局。”⑦

国际社会与一·二八淞沪抗战。学术界主要对国际联盟、英国、美国及公共

① 张铨、庄志玲、陈正卿著：《日军在上海的罪行与统治》，上海人民出版社2015年版，第11—27页。
② 金道林，马淑培：《略论一·二八上海事变》，《商丘职业技术学院学报》，2008年第4期。
③⑦ 余子道：《从局部抗战到全面抗战：两次淞沪抗战之比较研究》，《高校理论参考》，1995年第8期。
④ 金立人：《两次淞沪抗战在全国抗战中的地位作用》，《上海党史研究》，1995年第4期。
⑤ 仇晓瑜：《再忆宋庆龄——纪念“一·二八”淞沪抗战80周年》，《传奇·传记文学选刊》，2012年第1期。
⑥ 刘椿：《一·二八抗战中的史量才》，《钟山风雨》，2005年第4期。

租界等立场和态度进行研究。关于国际联盟。有学者指出,“从一·二八事变爆发到中日淞沪停战协定签字,国际联盟在解决中日冲突中曾起过重要的作用,并为举世所瞩目。这是研究一·二八事变不可忽略的一个重要方面。”①但“最终因无法制止日本的侵略而一蹶不振,形同解体。”②关于英国。有学者认为,一·二八事变发生后,英国为防止在华利益受到破坏,相比九一八时期更趋积极主动,在一·二八事变的平息过程中发挥了重要作用。同时强调:“英国在中国的唯一目的是尽可能通过外交途径遏制日本在华东地区的扩张,防止英国在华利益受到破坏。而对于中国的主权和中国人民的利益,英国却漠然视之,甚至时常以此作为与日本进行讨价还价的筹码。《淞沪停战协定》就是这种政策的产物。”③也有学者认为英国在对事件处理上运用国际关系准则来规范其利益,其中包含着传统殖民主义观念与现代国际关系准则的交织与冲突④。关于美国。有学者认为一·二八事变后,美国仍不愿意直接卷入中日之间的军事冲突,但又怕在华权益受到威胁,因此对日侵华采取了“史汀生主义”的立场,既不承认日本侵华行径及其后果的合法性,又不采取果断有效的措施从根本上制止侵略,这其中既有积极因素,但也有消极作用,美国只能自食其果⑤。

空军迎战、海军避战。有学者指出,中国空军在一·二八淞沪抗战中共有“三次空战”:2 月 5 日淞沪攻击战;22 日苏州遭遇战;26 日杭州防卫战。“这三次空战开了民国时期空军对外反击侵略的先河。”同时指出:“与空军的英勇抗击不同,作为当时国民党武装力量一部分的海军在整个战争期间却按兵不动。”“海军的怯战自保遭到国内舆论的强烈谴责。”⑥有学者对战后大规模的声讨海军风波进行评述,指出,海军方面要求对所有指控查明真相,而当时的国民政府无意主持公道,实际上就是放弃了整建海军以备抗日的努力,最终使海军在国防中的地位和声誉遭到重创。⑦也有学者认为不能把海军不抵抗的原因归咎于海军内部少数人的“媚日”与“卖国”。海军的不抵抗行为,是在长期积累下来的战力严重不

---

① 刘建武:《一·二八事变后国际联盟的调处活动评析》,《抗日战争研究》,1994 年第 3 期。

② 魏延秋:《一·二八淞沪抗战研究综述》,《上海党史与党建》,2015 年第 6 期。

③ 王宇博:《英国与一·二八事变》,《江苏社会科学》,1993 年第 6 期。

④ 王立诚、吴金彪:《一·二八事变与英国对中日冲突的立场冲突》,《安徽史学》,2003 年第 6 期。

⑤ 吴景平、赵哲:《评美国对九·一八事变和一·二八事变的态度——兼析“史汀生主义”的提出及局限性》,《抗日战争研究》,1993 年第 3 期。

⑥ 中共上海市委党史研究室编:《上海抗战图史》,上海人民出版社 2015 年版,第 37—38 页。

⑦ 苏小东:《一·二八淞沪抗战后的声讨海军风波》,《军事历史研究》,2008 年第 3 期。

足的情况下，在国民党蒋介石政府采取的高压政策下不得已而为之，不应受到过多的责备①。

一·二八与八一三比较研究。两次淞沪抗战包括战争的性质、交战的对手和战场的选择等虽然具有许多相似之处，但毕竟时过境迁，因而具有许多不同之处。学界的研究着重于国民政府的政治立场及其战略指导，并主要围绕以下一些问题展开：一是历史背景不同。有学者认为："一·二八抗战时，中国处于严重的内战分裂状态。"所能动员的战争资源相当有限。而"八一三抗战时，国内政治局势已有质的不同。不仅国共合作已成定局，而且历来严重困扰国民政府的地方实力派，此时也多基于民族大义，交出了大量军队的指挥权。几乎所有的中间派、自由派人士，都真心实意拥护国民党、蒋介石对抗战的领导。"②也有学者指出："一·二八发生在中国局部抗战时期，那时，国共内战正在进行，抗日民族统一战线还未出现，国际方面也尚未形成广大的世界反法西斯运动。而八一三则发生在中国由局部抗战转变到全国抗战的时期，这时，以国共合作为基础的抗日民族统一战线已经形成，带有世界性的反法西斯运动已初步展开，因而处在新的战争环境。"二是战争指导不同。有学者从军事层面上对两次淞沪抗战的战略企图、作战方针、战役规模、战役过程作了全方位分析，阐述了两者的不同之处③。也有学者认为，一·二八抗战完全属于战略上无准备之仗；八一三抗战是中国的有准备之仗。"整个八一三抗战期间，中国统帅部的歼敌决心相当坚定，表现出了破釜沉舟的气魄，既不计较牺牲，也不顾忌租界，只求取得战争的胜利。这与一·二八抗战消极、被动的指导方针，适成鲜明对比。"④三是军事得失不同。两次淞沪抗战中国军队投入的兵力具有较大的差别，特别是八一三抗战从主、客观条件而言，都相对优越，但战绩却逊色于一·二八抗战，有学者从中国军队伤亡率为例，认为一·二八抗战中，中国军队的伤亡率为25.1%，而八一三抗战中，中国军队的伤亡率为42.8%，两者有较大的差距⑤。四是战争定位不同。有学者就两次淞沪抗战在全国抗战中的地位作用进行了详尽的比较。认为，一·二八淞沪抗战是近代中国第一次卓有成效地抗击侵略者，也是上海地区第一次实现全民抗战，并充分显示全民抗战的威力。而八一三抗战是开始实现全国性抗战的

---

① 马俊杰：《一·二八事变中的中国海军》，《抗日战争研究》，2003年第1期。

② 金立人：《两次淞沪抗战在全国抗战中的地位作用》，《上海党史研究》，1995年第4期。

③ 余子道：《从局部抗战到全面抗战：两次淞沪抗战之比较研究》，《高校理论参考》，1995年第8期。

④⑤ 朱华：《两次淞沪抗战军事得失之比较》，《上海党史研究》，1995年第4期。

标志，改变世界对中国抗战态度。两者在历史上的地位和作用有共同点也有各自差异性。并言简意赅地指出："如果说：一·二八是一部抵抗与妥协的'两重奏'，那么八一三则是一部全面抗战的'进行曲'①"。

在对两场战争进行对比的同时，有学者涉及了中国共产党在两次抗战中作用的发挥。认为一·二八时期，由于共产党的非合法地位和国民党的反民主镇压政策，严重限制了中共及其领导的人民革命力量在抗战中的作用和影响。而至八一三抗战时期，中国共产党以崭新的姿态登上了历史舞台，发挥了巨大威力，成为整个抗日战争的引领②。

三、一·二八淞沪抗战的研究视野需要进一步拓展

对于上述研究成果的梳理，我们不难发现一·二八淞沪抗战研究中的某些不足，也就是说存在一些所谓的难点和热点。笔者将其归纳为操作性层面和学理性层面两大部分：

一是操作性层面。主要是文献资料、档案资料、报刊资料（包括大量的外文资料）应当做全面的分析，有序开展收集、整理工作。这方面特别强调四个"需要"，即：领导需要重视、经费需要保障、力量需要整合，而最为关键的，需要一支专心致志、持之以恒、克难攻关的专业工作者队伍。

二是学理性层面。主要是研究的理念和思维的角度，特别是对某些所谓的棘手问题，包括：对蒋介石及其南京国民政府在一·二八淞沪抗战中地位和作用的评价问题；对中国共产党在一·二八淞沪抗战中地位和作用的评价问题等，能不能对诸如此类的问题进行实事求是的分析和客观公允的评价，是能不能进一步拓展一·二八淞沪抗战的研究视野，进一步推动一·二八淞沪抗战研究向更深、更高层次发展的关键之所在。

研究历史，离不开尊重历史事实，离不开维护历史尊严，这是历史学家的一种史德，一种责任、一种抱负，更是历史学家的现实诉求和当代胸襟。因此，以实事求是的分析和客观公允的评价为遵循，不能不说是进一步推动一·二八淞沪抗战研究向更深、更高层次发展的前提条件。

---

① 余子道：《从局部抗战到全面抗战：两次淞沪抗战之比较研究》，《高校理论参考》，1995年第8期。

② 魏延秋：《一·二八淞沪抗战研究综述》，《上海党史与党建》，2015年第6期。

笔者仅就上述两个"棘手问题",作如下一些分析与评判,意在遵循历史研究准则的实事求是和客观公允。同时,也意在表达对历史研究的现实诉求和当代胸襟。

关于对蒋介石及其南京国民政府在一·二八淞沪抗战中地位和作用的评价问题。实际上,十一届三中全会以来大陆学界的历史观已经发生了重要的转折,坚持历史唯物主义和辩证唯物主义的立场、观点和方法,已经形成了共识,坚持对历史事件、历史人物进行实事求是的分析和评价,更得到了普及和提升。对九一八事变时,国民政府采取的"不抵抗政策",不是彻底否认,而是进行分析,并探讨其原因,给予客观公允的历史解释。有学者认为,国民政府采取"不抵抗政策",其原因一是希望英美出面干涉,故把东北事件委诸国联。二是对日本政府抱有幻想。因为日本政府宣称采取"不扩大(事态)"的政策。这给国民政府造成一种假象,认为可以借日本政府压迫日本军方撤兵①。这样的分析,笔者认为是客观的实事求是的。这样一分析,也就不可能将"不抵抗"政策等同于"卖国"政策了。

一·二八淞沪抗战前后,国民政府采取的是"一面抵抗,一面交涉"的方针,笔者认为这是对"不抵抗"政策的一个转变和进步。但其实质性原因是蒋介石在九一八事变后继续坚持"攘外必先安内,统一方能御侮"②的对内反共政策的结果。反共的既定方针,不得不使他对外政策陷入进退两难的困境。但由于日本一意诉诸武力,1 月 29 日凌晨,国民党中央政治会议召开全体会议,作出两项重要决定:一是迁都洛阳以示"长期抵抗";二是组织军事委员会,任命蒋介石、冯玉祥、张学良、阎锡山、李宗仁等为委员,领导全国抗日。实际上,蒋介石及其国民政府也曾从河南、江西等地调遣"剿共"军队开赴上海。3 月上旬,国民党四届二中全会发表宣言,宣布"今日之急,首曰御侮",并在秘密通过的《施政方针案》中规定:"全国军队以国防为主目的,剿匪为副目的"③。这表明,由于日军大规模攻打上海,国民政府的"攘外必先安内"政策在一定程度上受到了冲击。特别是蒋介石及其国民政府对十九路军还是给予了道义上和物资上的支持,尽管是有限的和不自觉的,并同意派遣第五军赴沪参战,这说明其态度是积极的,"抗战"是其主流,因而不能简单地将"一面抵抗,一面交涉"政策说成是对十九路军抗战的

---

① 杨卫敏:《国民政府与一·二八淞沪抗战》,《近代史研究》,1990 年第 4 期。

② 蒋介石:《外交为无形之战争》,《蒋总统集》第 1 册,第 557 页,台湾"国防研究院"印行,1963 年。

③ 荣孟源主编:《中国国民党历次代表大会及中央全会资料》,下册,第 153 页。

破坏。国民党麾下的第十九路军及第五军誓死与日本侵略者血战到底的英勇气概和爱国主义精神受到了时人的高度评价，更得到了历史的充分褒扬。国民政府是一·二八淞沪抗战的最高统帅部，蒋介石则是一·二八淞沪抗战的最高统帅，平心而论，其重要作用和历史地位，也是抹杀不了的。

5月5日签订的《淞沪停战协定》，对中国而言，不能不说是一个丧权辱国的协定。但就签订协定这一事件本身来说，笔者认为：这既是一件别无选择的无奈之举，因而需要总结历史的教训，但也无需过多地追究历史的责任。因为，这是弱国外交的必然结果。当时国联也好，美国、英国也好，都认为中国与日本相比，无论军事力量、经济基础和政治组织力等方方面面都不如日本，根本无法与日本抗衡。因此认为这一协定的签订，是淞沪战事的最佳结局。况且，上海和江南地区因而也获得了五年多的相对平静的时光，这正是一个历史事件多面性存在和多元性影响的反映。

至于一·二八淞沪抗战失败的原因，台湾史书往往强调客观原因，如交通不便、共军牵制等因素造成援军行动迟缓等。其实主要是由于蒋介石仍对日本抱有幻想，希望通过"交涉"解决中日争端。正如有的学者认为："正是他优柔寡断心存二意，才导致'援军不济'，贻误战机；而在3月上旬各路援军抵沪后，如能当机立断，会同十九路军、第五军几十万人马一起反攻，以众敌寡，获胜还是可能的，岂能屈辱而订立协定？"①这种分析应该是符合历史实际的。

关于对中国共产党在一·二八淞沪抗战中地位和作用的评价问题。对此也应该坚持实事求是的分析。笔者查阅了1931年九一八事变到1932年5月5日中日在上海签订淞沪停战协定之间近八个月时间里，中共临时中央、中共江苏省委、中华苏维埃共和国临时中央政府等共发表近20篇宣言、通电、决议、通知、指示、纲领、告同胞书、告十九路军官兵书等，并对其主要内容及其特点作了梳理和分析，认为主要有以下几个方面：

一、以大量确凿的事实揭露了日本的国情和侵略中国的目的及其杀害中国人民的罪恶事实，提出全党的中心任务是开展组织发动群众的反帝国主义运动，号召全国人民一致奋起，反对日本帝国主义的侵略、反对日本占领东三省、反对日本侵略上海；提出对日宣战方略，把抗日作为中国共产党一项神圣而坚定的主旨。

---

① 杨卫敏：《国民政府与一·二八淞沪抗战》，《近代史研究》，1990年第4期。

二、把抗日与拥护苏联结合起来，提出武装保卫苏联的口号；

三、把抗日和反蒋、反军阀结合起来，提出反对国民政府的妥协的外交政策、反对国民党“出卖上海”、要把十九路军将领与士兵区分开来等口号；

四、最主要的，是把抗日的主张和行动结合起来。

1. 12月6日，在中共江苏省委的组织领导下，上海民众反日救国会成立，省委宣传部长杨尚昆任中共该会党团书记。

2. 上海市总工会集合各工会义勇军，由朱学范率领开赴前线，协同十九路军作战。

3. 上海赤色工会出版《上海工人》《罢工小报》《工人生活》《青工生活》等刊物，以指导工人群众抗日斗争。

4. 鲁迅、茅盾、郁达夫、何丹仁(冯雪峰)、胡愈之、陈望道等人联名发表《上海文化界告世界书》《为日军进攻上海屠杀民众宣言》等，抗议日本帝国主义进攻上海。

5. 上海著作者抗日会成立，戈公振为主席，陈望道为秘书长，成员有丁玲、郑伯奇、王亚南、叶圣陶等。

6. 宋庆龄以国际反帝大同盟名誉主席的名义向高尔基及全世界的进步人士和文化人士发出呼吁，请求他们给中国抗日战争以援助。反帝大同盟总部也发表宣言，谴责日本的侵略罪行。

7. 宋庆龄、何香凝在交通大学内设立国民伤兵医院，可容伤兵五六百人。

8. 宋庆龄与爱因斯坦、罗曼·罗兰、高尔基等联名发表告世界人民书，定于8月1日在日内瓦召开国际反战大会。中共江苏省委决定将上海民众反日救国联合会同上海反帝大同盟党团合并。洪灵菲任上海反帝大同盟党团书记、刘英任党团组织委员、吴驰湘任宣传委员。

9. 组织飞行集会，如8月1日，上海各区委根据中共江苏省委指示，组织群众举行飞行集会纪念八一国际反帝国主义战争日。沪东区委今晨组织宣传队在杨树浦一带散发传单，进行宣传鼓动。晚7时，又组织600余群众在工厂集中区集会，会后举行游行，高呼“罢工示威纪念八一”、“武装拥护苏联”、“反对帝国主义、国民党的四次‘围剿’”等口号。

10. 宋庆龄等发起的中国民权保障同盟正式成立，会上选举宋庆龄为主席，蔡元培为副主席，杨杏佛为总干事。它的任务是：废除法西斯统治，争取释放政治犯；要求给予政治犯以法律的辩护及其他援助；争取公民有出版、言论、集会、结社自由。总部设立在上海。史沫特莱负责对外宣传工作，她把中国民权保障同盟宣言译成外文寄往国外发表，扩大了它在国际上的影响。

由此笔者认为，中国共产党与一·二八淞沪抗战不是没有关系，而是很有关系；不是一般的关系，而是特殊的关系。中国共产党在一·二八淞沪抗战中是高举抗敌御侮旗帜的坚定旗手，是抗日救亡运动的核心领导，是反对妥协、支持十九路军和第五军抗日的坚强后盾，更不是那种破坏一·二八淞沪抗战的反动势力。但由于一·二八淞沪抗战时，国共两党处于敌对状态，中共在国统区没有合法地位，国民党对中共及其领导的抗日民主运动采取取缔和镇压的政策，这就严重地限制了中共及其领导的人民革命力量在抗战中的作用和影响。尤其是当时中共在"左"倾教条主义错误指导下，提出"武装保卫苏联"、"把十九路军将领与士兵区分开来"等不切合实际的和"左"倾口号，开展"飞行集会"等盲动活动，严重削弱了在抗日救亡运动中的作用和影响。这是值得引以为戒的沉痛的历史教训！然而，应该看到的是，中共在上海的组织和广大党员在极端险恶的环境下，依然奋不顾身，冲破重重障碍，发动和组织民众开展轰轰烈烈的抗日救亡运动，其特殊贡献和历史地位也是不可抹杀的！

基于此，笔者认为：当年的国共两党，虽然处于誓不两立的内战环境之中，但面对日本帝国主义的野蛮侵略，两党以各自的力量和各自的方式，投身于民族解放战争的烽火岁月。这种状况，在一定程度上为实现第二次国共合作，开辟抗日民族统一战线，共铸抗战胜利、民族复兴的大业奠定了必要的政治基础。国共两党对一·二八淞沪抗战所作出的历史性贡献，理应给予全面分析和充分肯定！

（《海峡两岸一·二八淞沪抗战史研讨会》入选论文，
2016 年 1 月 28 日）

上海抗战与世界反法西斯战争研究丛书

当代学者论淞沪抗战

【中卷】

魏延秋——选编

上海科学技术文献出版社
Shanghai Scientific and Technological Literature Press

目 录

Contents Contents Contents Contents

八一三淞沪抗战(上)

淞沪会战中的中日战略

会战过程与参战部队研究

中国共产党与八一三淞沪抗战

抗日救亡运动

难民工作研究

八一三淞沪抗战(上)

淞沪会战中的中日战略

试论八一三淞沪战役的几个问题

胡辛人

一九三七年七月七日"卢沟桥事变"，揭开了抗日战争的序幕，同年八月十三日，又爆发了淞沪战役，这是中国军队抵抗日本侵略军进犯上海的首次重大战役。投入这次战役的部队，日军约三十万人①，我国军队约八十万人②。百万军队鏖战三月，在我国人民反对帝国主义侵略的民族革命战争史上展现了光辉的一页。在纪念抗日战争五十周年的前后，上海等地发表了许多纪念文章，其中有些关于这一战役的记叙、回忆、论述，引起抗日战争史研究者的兴趣。多年来，出于各种原因，对八一三战役的胜败、意义、经验教训等，在评论上差异颇大。如有人认为，我军如此惨败，丧师失地，还有什么意义可谈？也有人确信，不论胜败如何，它在抗日战争史上具有不容忽视的重要意义；又有人着重宣扬我军士气高昂、英勇顽强、浴血奋战、万世流芳等。而对战争的决策、指挥等方面影响战役结局的错误，却没有很好阐述，以致损害了吸取历史教训的必要性。为了维护历史的尊严，澄清若干不合史实的观点，笔者本着实事求是精神，坚持历史唯物主义和辩证法基本观点，作为与同好者探讨的引玉之砖。

---

① 八一三战役开始后，日军五次增兵。参战部队有第 3、6、9、11、13、101、102、105、106、107、110、114、116 等师团，共 14 个师团、28 万人。加上海军陆战队、特种兵和台湾、东北的伪军，共约 30 万人。

② 参加八一三战役的中国军队数目，未见正式统计，有说 71 个师或 47 个师，共 70 或 80 万人。比较一致的说法，计有张治中指挥的中央军第 9、21 两个集团军；陈诚指挥的左翼军第 15、19 两个集团军；张发奎指挥的右翼军第 8、10 两个集团军；共 54 个师(见 1987 年 5 月解放军出版社出版的《白崇禧回忆录》第 110 页)。每师以一万二千人计，共约 65 万人。加上独立旅、教导总队、保安团队、炮兵、海空军等，共约 80 万人，大体相近。

（一） 从胜与败说起

八一三战役历时三月，大小战斗百余次，互有进退、得失，但综观战役的结局，胜负谁属呢？一说这是个不成问题的问题，另一说有必要认真探讨，进行再认识。本文就从此说起吧！

评定一个战役胜败的主要依据，应该是：有没有完成预定的战役意图和作战计划。为实现某一战役意图和作战计划，必有一个或长或短的进行若干次战斗的过程。战役的胜败，取决于这些战斗胜败的综合积累程度，一次或几次战斗失利或得手，对战役的胜败有程度不同的影响，但并非全战役之胜败。在整个战役过程中，虽遭几次战斗失利，如能取得较妥的战斗胜利，或经多次战斗失利，但能打好一两次对战役全局具有决定意义的胜仗，最终实现了战役意图和作战计划，则谓之战役之胜；反之，在整个战役过程中，虽然打了几次胜仗，而败仗打得较多，损失惨重，丧失主动，陷于危境，最终实现不了预定的战役意图和作战计划，则谓之败。

南京统帅部对八一三战役的意图和作战计划是什么呢？至今尚未查阅到明确、完整的文字记载，但从有关记录、指令、训示、兵力部署、作战命令等资料里，不难得到一定程度的答复。综合了实战记录，若干当事将领们的回忆、谈论，更足印证。容我冒昧概括为：仓促应战，硬攻死守，以战谋和，保全京沪。

开战之初，驻上海的日军共约万人（战役打响后，日军才逐次增兵），占据虹口附近一隅。南京统帅部调十余师兵力，分三路云集上海地区。八月十四日，蒋介石下令总攻击，企图先声夺人，一举攻占虹口日军司令部、汇山码头等沿江各点，阻止敌援军登陆。可是，我攻击部队陷敌陆、海、空军火力网，伤亡重大，虽经反复争夺，终未奏效。尔后的罗店拉锯战、吴淞争夺战、宝山坚守战等，都以我军全营牺牲、整团殉难，若干军、师伤亡过半而告终。九月初，我军被迫停止总攻击，三战区下达了第二期作战指导要旨："战区以保持经济中心，巩固首都，而行持久抗战之目的，就地包围敌人之态势，运转优势兵力，截断各登陆敌之联系，限止其发展……"①十七日，蒋介石下令全线退守北站、江湾、庙行、罗店西南迄浏河之线，作攻势防御，由此转入阵地战，仍不惜重大牺牲硬拼死打，投入大量兵力于

① 《抗日风云录》下册，上海人民出版社1985年版，第46页。

大场之战，为恢复蕴藻浜南岸阵地而行全线反攻，力图从战场上取得有利态势来显示威力，促使国联、九国公约会议对日施加压力，以求停战言和，保全京沪。结果，胡宗南等部几个军伤亡过半或损失殆尽而受挫，敌乘机侵占大场阵地，致闸北、江湾等地我军数面受敌，被迫向苏州河南撤退。

十月下旬，蒋介石接受白崇禧①等建议，拟将部队撤退到吴福线（苏州至福山），利用既设国防工事，作长期固守之计。随后蒋又变了卦，十一月一日，他命令部队在上海战场再坚持两个星期，以争取国际援助。十一月五日，日军以三个师进攻杭州湾金山卫等处登陆，长驱直入，远距离迂回，形成战略包围。八日，战区被迫下令转移。蒋介石下令的一条训示是："……此次上海阵地转移，我们已移至沪战最后一线，大家应抱定牺牲的决心，誓死固守，与上海共存亡。"②但部队撤退秩序紊乱，损失奇重。

综上所述，八一三战役的胜负属谁，可一目了然。若推论南京统帅部对八一三战役的预定意图和作战计划，在上海打三个月，为了争取时间掩护战略展开，以便于首都迁移，那只是没有根据和不切实际的设想，也无法解释为何既设国防工事的吴福线、锡澄线不守，以致日军跟踪追击，长驱直入，直达金陵城下，首都被迫放弃。

当然，日军发动的侵略战争是反动的，其近似迷梦的"速战速决"、"三个月征服中国"等战略图谋，必破无疑，在指挥和战术等方面也犯了许多错误，损兵折将数万，资财消耗很大等。这些，都是导致日本侵略中国的战争最终必然失败的致命因素。但不能据此否认日军是这次战役的获胜者。我军虽然打输了，但并不影响这次战役对扩大、深化、坚持抗战的重大意义。"失败乃成功之母"，研究其失败的教训也是有益的。

（二） 战役意义何在？

这次战役无疑是失败了。但它对全国继续抗战、扩大深化抗日战争，直到取得抗战最后胜利，是具有重要历史意义的。

一、继七七卢沟桥事变，这次战役扩大了全国性的抗日战争。这是中华民族

① 白崇禧时任国民党军副参谋总长。

② 《白崇禧回忆录》，解放军出版社 1987 年版，第 114 页。

革命历史上从昏暗趋向光明的一大转折，是百多年来帝国列强侵略中国以来的中国人民奋起反抗的空前壮举，一扫长期屈辱苟安的晦气，大伸民族正气，正义的民族革命战争之火，照亮了中国各族人民谋求独立、自由、解放的道路，开创了兴起全国抗日战争的大局，奠定了继续坚持抗战的基石。

二、给日本侵略军迎头痛击，大杀日寇多年来侵华的狂妄、骄横气焰。日寇被迫五次增兵，几度撤将换马，每日耗资二千万日元，损兵折将五万，①受到了非付出重大代价绝不可能轻占中国土地的惩戒，开始迫使其陷入长期作战的困境。从而暴露出小国之短，发扬我大国之长，激起日本国内多方面的矛盾。

三、激起了全国军民奋起抗战救亡的热潮。各阶层人民纷纷组建抗日救亡团体，有钱出钱，有力出力，支援抗战，蔚然成风。上海及其周围地区各界人民，在共产党和各抗日民主党派、团体的发动下，群策群力，从政治、经济、文化、物资、后勤等方面，在前线和后方直接支援了作战部队，大大鼓舞了士气，改善了军民关系，促进了抗日民族统一战线的发展，提高了各界人民的团体合作，有利于对抗日救国的认识，缓和了国内各方面的矛盾，形成了群众性的打倒汉奸的热潮。

四、提高了抗日军民的斗志和争取胜利的信心。经此一战，人民相信国民党军队和广大官兵是热爱国家、忠于抗日、勇于作战的，是有相当战斗力的。南京政府一旦实行了停止内战、团结抗战的方针，就显现出这种深厚的力量。如姚子青营长与宝山阵地共存亡，八百壮士坚守四行仓库等英雄事迹，都增强了“中国不会亡”的信念，大兴了民族浩然正气，激发抗日斗志，鼓舞了胜利信心。

五、抗战兴起，迅速改变了中国长期受欺凌屈辱的地位。国际舆论由鄙视中国当局的不抵抗主义，转为尊敬、同情中国人民抗日。苏联等国家真诚地援助中国抗战，英、美等国家为了维护其在华利益，也赞同中国抗日。上海的一些国际人士，耳闻目睹中国军队奋勇作战，都赞扬打得好，希望我军得胜。因为中国的抗日战争是正义之战，是世界反法西斯侵略战争的一部分，对维护世界和平有积极意义。

六、这次战役是失败了，但从中可以吸取教训，探索争取抗战最后胜利的因素。“吃一堑，长一智”，在这次战役中暴露的政治、军事等方面失误，致命伤和惨

---

① 据日本华中方面军公布的统计是：日本陆军战死九千七百人，伤二万九千八百余人，海军死伤一千二百人，共死伤四万〇七百余人。战后日本防卫厅调查统计为：战死一万〇二百余人，伤三万一千二百余人，共四万一千四百余人。据有关材料估计，在八一三战役中，日军伤亡超过此数，共约五万人。

痛的教训,可为智者思、贤者谋、愚者戒。共产党的预见和坦然忠告、建议,由此引起了当时人们的重视,对尔后的对日作战是极有参考价值的。

(三) 沉痛的经验教训

空前规模的八一三战役,发生在一个历史转折时刻,内外情况错综复杂而多变,必然会影响战役的全过程,左右着战役的进展。故战役失败的经验教训,较一般战役严重而深刻。现综合这次战役的来龙去脉,前因后果,只从政治、军事两方面加以阐述。

先从政治方面看:

一、方针已转,隔阂犹存

南京政府长期坚持"攘外必先安内"的政治方针,导致十年"剿共"内战,镇压抗日救亡运动,对日寇侵略采取不抵抗主义,辱国退让、妥协,不惜丧权失地,直到一九三六年十二月"西安事变",蒋介石才被迫同意,停止内战,团结抗日。这是一次具有历史意义的大转变,利于抗日,值得称道。可是,国民党对中国共产党提出的实行全民抗战的主张、政策,如成立统一战线的政府、开放党禁,允许人民的言论、出版、集会和武装抗日的自由,严厉镇压汉奸等要求,则置若罔闻。所以,八一三之战虽开始了全国性的抗战,但只限于政府和军队的抗战,又没有坚持长期抗战的思想准备,也就是片面抗战,没有也不可能发动全民的抗战。大敌当前,抗战开始,而南京政府尚未完全开放党禁,大部分政治犯仍囚禁狱中;对准备下山集中参加抗日的南方红军游击队(后编为新四军),仍伺机加速予以剿灭;全国团结的局面虽有所好转,但远未达到应变的程度,政府、军队和人民之间、官兵之间的关系,仍处于隔离而非团结的状态。这样,就难以发挥民族革命战争特有的优势和深厚的潜力。

二、没有动员,缺乏教育

抗战爆发前后,人民的抗日救亡的浪潮遍布全国,千万爱国官兵急盼开赴前线,杀敌报国。但国民党和政府没有开展抗日救国的宣传教育,更没有大张旗鼓地进行抗日总动员。共产党和抗日进步人士发动的抗日宣传教育和一二·九运动,还遭到国民党的阻挠、取缔。

在抗战前,南京政府对其军队只有"剿共"的思想灌输,没有抗日救国的宣传教育。临战前只有开赴前线的作战命令,杀敌报国与阵地共存亡等简单口号,许多官兵英勇作战、拼搏杀敌，是出于民族意识和爱国热情，或以执行上级命令为军人天职。这些，显非实施抗战动员和教育的结果。千万殉国将士，多有赴死决心，少有得胜信念，正是缺乏动员、教育的一个明证。

三、战而不宣，邦交未断

抗战爆发后，中国和日本交战，但双方均未正式宣战，仍保持外交关系。日本是侵略国，对中国一直采取战而不宣，想以战为手段，通过外交途径，迫使南京政府俯首就范，以便于实现其鲸吞中国的图谋。八一三战役打响后，双方百万大军交战，而南京政府却不宣战、不绝交，只能说明其抗战出于被迫，仍处于动摇不定的应战状态，尚未放弃对日谋和的意图，没有坚持抗战到底的决心。在战役过程中，出现了德国驻华大使陶德曼进行东方慕尼黑的活动，蒋介石幻想九国公约会议出面干涉、调停，并非出自偶然。这些，既不利于坚定军民的抗日斗志和决心，又使军事上为此遭受了严重损失。

四、姑息养奸，国贼横行

以汪精卫、何应钦、黄郛等为首的亲日派，在国民党、政府军队中仍居要位，凭其权势和影响，大放厥词，散布破坏团结抗战、动摇军心民气的悲观论调，力求对日妥协媾和，潜伏的间谍、特务，则出卖重要国防军事机密，战区的汉奸活动猖獗，为日军作侦察、向导，放信号指示轰炸目标。在上海先施公司召开极机密的高级军事会议，敌机突然临空，会场落弹被炸。各地汉奸肆意破坏、骚乱，使抗战遭受挫折和损失。汉奸国贼横行，上行下效，皆源于国民党政府姑息养奸。

在军事方面的教训是：

一、战备迟缓，仓促应战

日本早有征服中国的计划和准备，九一八事变后，由东北而华北，步步蚕食中国，是人所皆知的。但南京政府恋于“剿共”内战，对日军侵略无意作战，以致不可能有真正的对日备战，南京政府于一九三四年着手整编军队，整顿陆军，集训将校军官；充实装备，采精兵主义，实行征兵制度；在战略要点建筑国防工事，实行国民军训；加强军需工业，整建交通、通讯等。遗憾的是，这些战备措施的主要目的仍在于“剿共”。直到一九三七年八月初，南京大本营对日作战指导原则的第四条规定：“政治，全力贯彻攘外必先安内之主张，先肃清国内之动乱，绥靖地方，安抚边疆，使内部安定方可一致攘外。”①当然，在战备的某些方面，具有一

① 《白崇禧回忆录》，第103页。

定程度的对日作战之意。如宁、沪、杭地区构筑了从苏州到福山、从无锡到江阴等国防骨干工事(实践中弃而未用,则是另一回事)。临战前的战备,因受“淞沪协定”的制约①,连吴淞炮台也不得武装,实际处于门户洞开、国不设防的困境。

从南京国防会议的决定中我们可以看出②:八月十一日,张治中、张发奎等亦奉命率部由京沪、沪杭路沿线向上海推进,是在缺乏准备的情况下仓促投入战斗的。

二、反客为主,自陷被动

抗战开始,强敌进攻,侵我国土,我处于防御地位,战略战术理应发挥打防御战的有利条件,以逸待劳,避强击弱,机动作战。可是,战争开始,我军却实施扫荡日军据点的战法,企图出敌不意,夜间奇袭,迅速摧毁虹口日军据点,阻止日军登陆增援。这样,日军反客为主,防守强固据点,凭借海空军优势炮火的配合,实施机动反击。经十天苦战,虽互有进退,但我付出重大伤亡的代价,扫荡日军据点的作战仍遭挫败,战局陷于被动。由此可见,在作战指挥上犯了盲目轻敌,“先战而后求胜”,鲁莽灭裂等大忌,显然不符合“攻虚击弱”、“攻其不备,出其不意”等用奇兵制胜的原则。

是的,群众盛赞部队作战英勇顽强,并希望大快人心的捷报,这是民族感情和求战杀敌的强烈反映,将帅的慎重谋算,讲究战略战术,是不容与此混淆的。为获一时振奋人心之效而轻敌贸然作战,是极不明智的。“将不可愠而致战”(孙子语),亦当不可喜而致战。否则,必自食其果。

三、单纯防御,丧师失地

首战失利后,我军转入了阵地防御。防御战既有被动、消极的单纯阵地防御,又有主动、积极的机动阵地防御的原则区别。南京统帅部采取单纯消极的阵地防御,置主力于淞沪正面,在纵深不足二十公里的狭窄地区内,为争夺某些据点和阵地与日军反复拼搏,浴血奋战,形成与强敌打硬仗,拼消耗,造成数倍甚至十多倍于敌的伤亡,仍不能守住阵地的结局。

---

① “淞沪协定”,亦称“上海停战协定”。1932 年 1 月 28 日,日军进攻上海,驻防上海的第十九路军(约三万人)奋起抗战,但南京政府坚持不抵抗主义,和日本谈判,于五月五日签订了这一屈辱的协定,划上海为非武装区,中国不得在上海至苏州、昆山一带驻军,而日本则可在上海地区驻扎军队。

② 八月七日,在南京国防会议上决定全面抗战。十一日,令京沪警备司令张治中率领驻扎在京沪路上的 87、88 师和独立第二旅等部,向上海预定围攻线推进;令苏浙边区司令张发奎率沪杭线上的 57 师向浦东推进,55 师及独立 20 旅调向上海南郊。同时,决定将主力向华东集中,令罗卓英 18 军的四个师改调上海;位于商丘的第 6 师和位于徐州的胡宗南第一军两个师,以及 51、58 等师均输送上海。

主动、积极、机动的阵地防御，就应当用部分兵力于正面，依托工事防守，逐次阻滞、消耗敌军，而大部分兵力应当有计划有步骤地后撤，造成纵深宽广的战场，分散敌军兵力，便于寻求战机，攻虚击弱，主要采取反突击战法，歼击阵前之敌。另将主力兵团用于侧翼，对进攻之敌采迂回、包围、设伏、截击等战法，集中绝对优势兵力，在野战中迅速求歼其一部（不是击退或对峙），而后转移兵力寻机再战。在八一三战役的同时，华北的八路军一一五师，于九月二十五日，经数小时战斗，歼敌一个旅于运动之中，获平型关大捷，即为一例。另外，还可使用若干兵力于敌之侧后，进行游击作战，捣敌后方，破敌交通运输，断其补给供应。只有采取这种积极、机动的防御战略战术，才符合“保存自己，消灭敌人”军事上的第一要义。利用天时、地利、人和的优势，扬长避短，独立自主，机动灵活地掌握战机，以较小的代价歼灭进攻之敌，不奢求“一鸣惊人”的大胜，力求视小胜为大胜，定可延长防御守土的时日。可惜，南京统帅部竟采取了单纯的阵地防御。

中国军队非不能战，但囿于单纯阵地防御，置英雄难得用武之地而丧师失地，可谓“将帅无能，累死三军”。姚子青营长与宝山共存亡；罗店守军与罗店同成焦土；吴淞守军一团，在敌舰二十余艘的八十门重炮轰击下，未见敌踪就损失殆尽；在争夺蕴藻浜战斗中，两个师的六名旅长三亡二伤，六个团损失殆尽；在逆袭反攻中，两个军伤亡过半；大场失守，影响全局，守军师长朱耀华自杀。几万名献身的将士①，都是可歌可泣，令人钦佩的民族英雄。但如实施积极、机动的防御战法，定可大大减少伤亡，而殉国者的鲜血，定能换取日寇更多的头颅，十倍百倍增加其价值，英烈们也会含笑于九泉的。

四、幻想外援，贻误戎机

十月二十五日，大场失守，闸北、江湾方面的我内线守军受敌威胁，翌日，乃向苏州河南岸江桥镇、小南翔之线撤退。这时，应按白崇禧的建议，令部队主动向吴福线（苏州至福山）转移，作长期固守之计。但蒋介石于十一月一日仍下令上海战场再就地坚持两个星期，幻想十一月三日举行的九国公约会议来处理中日战争问题，不惜以军机做交易的筹码。而日本则根本无视九国公约会议。于十一月五日晨，以三个师团在杭州湾北岸金山卫等处登陆，对我军进行战略迂回

---

① 在八一三战役中，国民党军队和伤亡数，从未有过正式统计。据当年一些国民党军事将领的粗略估计，约为二十万人左右。其依据是上海撤退时，许多师仅剩下二、三、四千人不等（原各师多者一万几千人，少者六、七千人）。在作战过程中，有些师已作过几次补充。按白崇禧的说法：“……淞沪抗战牺牲三十万部队……”（见《白崇禧回忆录》第114页）。如说牺牲是指伤和亡，似近实际。

包围，迅速占领淞江、青浦、平望、昆山，与另一部从长江白茆口登陆之敌配合，十九日占领常熟，突破了吴福线。从八日开始，我军仓促撤退，军心动摇、秩序大乱，遍地散兵，夺路争逃，兵败如山倒。吴福线未守，锡澄线不攻自破，既有的国防工事形同虚设，日军长驱直入，逼近南京。

由于蒋介石贻误戎机，不仅酿成了八一三战役出人预料的惨败结局，而且丧失了据守吴福线、锡澄线的战机，造成大军溃退，无法按计划实施抵抗敌军的危局，以致首都南京于十二月十三日陷落，人们无不为此痛心疾首。

（本文原载《上海市新四军暨华中抗日根据地历史研究会年会纪念特刊》，1987 年）

从华北事变到八一三中日双方政策的演变

梁星亮

华北事变到八一三，是抗日战争的过渡阶段，亦即由局部抗战到全面抗战的过渡。其间，日本帝国主义的侵华政策发生了一系列变化，从华北五省“自治”失败到准备发动全面侵华战争，从“不扩大”方针到完成全面侵华战争的发动。与此同时，国民党政府的对日政策也发生了重大的变化，从九一八后的“不抵抗”政策到初步转变为对日态度的比较强硬，从卢沟桥事变爆发后的“不屈服，不扩大”方针，幻想局部解决，到“实行自卫，抵抗暴力”，最终走上抗战的道路。是什么原因使中日两国的政策发生了变化？它在抗日战争中有什么作用？研究这些问题，对于认识中国14年抗日战争全局的发展，无疑有着重要的意义。

一

日本帝国主义侵略中国由来已久。1931年九一八事变后，日本侵占了中国东北全境，并推出了伪“满洲国”傀儡政权，从此，“开始了企图变中国为日本殖民地的阶段”①。但是，日本并不满足于占领东北，于1933年侵占热河，打开了进攻华北的大门。1935年，又先后挑起“察东事件”、“河北事件”、“张北事件”，制造了华北事变，侵略的重心放在华北，使中日民族矛盾更加尖锐化。

日本侵略华北，主要采取“政治谋略”的方针，即实行所谓华北五省“自治”。1935年4月，日本关东军司令南次郎与华北驻屯军司令梅津美治郎商定，在华北

---

① 毛泽东：《论反对日本帝国主义的策略》，《毛泽东选集》第1卷，人民出版社1966年横排版，第129页。

地区制造“自治政权”，使华北五省“脱离南京政府”，成为日本控制下的“特殊区域”①。这个计划经日本参谋本部批准，并由土肥原贤二具体执行。1936 年 1 月，日本政府发出了《第一次处理华北纲要》，正式把“分离”华北作为“国策”，“先求逐步完成冀察两省及平津两市的自治，而使其他三省自然地带与之合流”②。同时，日本政府决定增加华北驻屯军，并改轮换制为永驻制，从而大大加强了日军在华北的应变能力。

不久，日本国内发生了二二六政变。随后，组成了以法西斯分子广田弘毅为首的新内阁。广田内阁愈益推行“准战时体制”，扮演了加快华北“自治”的角色。

1936 年 8 月 7 日，日本五相会议通过《国策基准》后，又制定了《帝国的外交方针》，提出对中国的重点在于：“首先使华北迅速成为防共、亲日、满的特殊地区，并且一面获得国防资源，扩充交通设备，一面使整个中国反对苏联，依靠日本。”③8 月 1 日广田内阁在《对中国实施的策略》和《第二次处理华北纲要》中，提出了华北“分治”的具体步骤：“全力以赴地进行冀察两省明朗化工作和分治的完成”，“在预期的华北五省独立宣言发表之后，就对它进行军事占领”④。

从以上我们可以看到，日本策动华北“分治”的目标是：政治上在华北“制造自治政权”，即制造第二个“满洲国”；经济上掠夺华北的各种战略物资，以支持其扩大侵华战争，军事上以此打开进攻中国内地的大门。为此，日本经过颇费心机的一段周折之后，首先推出了以殷汝耕为首的伪“冀东防共自治政府”和以宋哲元为首的“冀察政务委员会”。前者是完全听命于日本的汉奸傀儡组织，成为日本策动华北“分治”的急先锋，后者虽然是蒋介石对日妥协政策的产物，但它和殷汝耕汉奸政权有着本质的不同，它既不愿完全受南京政府的控制，更不愿完全受日本的操纵，它“独立支撑，不为强寇与汉奸之环迫而丧所守”⑤，“丧权辱国之事，决不去做”⑥。在日本的压力之下，宋哲元的对日态度逐渐强硬，并开始倾向南京政府，致日本分离华北的阴谋未能得逞。

但是，日本并不因此而罢休，1936 年下半年开始，对华北由“政治谋略”改变为军事行动。从 1936 年 6 月到 1937 年初，华北日军连续制造了三次“丰台事

① 《中国近代对外关系史资料选辑》(下)，第 1 分册，上海人民出版社 1975 年版，第 283—284 页。

② 《中国近代对外关系史资料选辑》(下)，第 1 分册，上海人民出版社 1975 年版，第 288—289 页。

③ 《日本帝国主义对外侵略史料选编》，上海人民出版社 1975 年版，第 199 页。

④ 《日本外交年表和主要文书》(下)，文书部分，第 347—348 页。

⑤ 《毛泽东书信选集》，人民出版社 1985 年版，第 40 页。

⑥ 《抗战前华北政局史料》，第 767 页。

件”。11月初，日本又策动伪蒙军侵犯绥远，压迫南京政府和冀察当局。但南京政府在军事上采取积极反击的措施，命令傅作义部奋起抵抗，傅部鏖战数月，攻克红格尔图，收复百灵庙，开创了“全国抗战之先声”①。这时，日本政府看到中国方面军事上已有准备，而日本方面发动大规模侵华战争准备尚不充分，加之“西安事变”爆发，中国人民抗日的声浪日甚一日，使日本武力征服华北的计划难以得逞。

与此同时，日本还加紧对华北的经济掠夺，逼迫宋哲元答应建筑(天)津石(家庄)铁路、开采龙烟煤矿、修改海关税则、开辟航空路线、收购华北棉花、输出长芦余盐等。对此，宋哲元“虚与应付”，能敷衍的就敷衍，能推诿的就推诿，最后无可奈何，便借故离开北平，到山东乐陵老家扫墓去了。

日本在华北策划的五省“自治”，既遭到中国人民的反对，也遭到中国政府的拒绝，日本政府不得不承认“华北工作”的失败。1937年1月，日本政府决定“不进行谋求华北分治，或者能扰乱中国内政的工作”。

日本对中国的步步侵略，由东北侵入华北，由“鲸吞”变为“蚕食”，使中国主权和国家经济受到很大的损害，也严重威胁到国民党政府在华北的统治地位，加剧了中日矛盾。同时，国内的政治形势和阶级关系也发生了新的变化，迫使蒋介石国民党政府不得不重新调整对日政策。1935年11月国民党“五大”以后，国民党政府的对日政策开始显露出某些变化的“端倪”。1936年7月，在国民党五届二中全会上，蒋介石公开声明：对日外交的最低限度，“是保持领土主权之完整”。“假如有人强迫我们签订承认伪满洲国等损害领土主权的协定，就是我们不能容忍的时候，就是我们最后牺牲的时候。”②在同年9月到12月的中日谈判中，国民党政府外交部长张群针对日方提出的华北五省“自治”、在中国全境进行中日“经济合作”、中国政府聘请日本政府顾问等五项要求，与之针锋相对，不仅提出五项反要求，而且拒绝日方拟定的“谈判记录”和“备忘录”，使长达4个月的谈判不欢而散。与此同时，蒋介石密令军政部筹划对日军事，聘请外国顾问，加速兴建一切军事设施。命令处于华北前线的宋哲元、阎锡山、韩复榘等必须听命于中央，不可单独对日作出让步。不仅如此，国民党政府从1935年底起，开始了大规模的国防建设，迄七七事变前，先后有淞沪、吴福、锡澄、乍平嘉、乍澉甬、宁镇、豫

① 转引自薄一波：《在纪念傅作义将军诞辰90周年座谈会上的讲话》，1985年6月28日《人民日报》。

② 《国闻周报》，第13卷第28期。

东、豫北、沧保德石、娘子关亘雁门关等阵地工事竣工，有南京、镇江、江阴、宁波、虎门、马尾、厦门、南通、连云港等要塞区建筑完毕①。

蒋介石对日政策的转变，中共中央和毛泽东曾给予肯定，指出“蒋氏政策之开始若干的转变……实为近可喜之现象”②，“南京当局亦有转向抗日趋势”③。“西安事变”的和平解决和国民党五届三中全会的召开，国民党政府被迫放弃了“攘外必先安内”的国策，确定了“对外维护领土主权，对内进行和平统一”的方针，初步完成了对日“不抵抗”政策向抗日方面的转变。

日本华北“自治”失败后，随之而来的是国内新的经济危机。1937 年 1 月 23 日，广田内阁辞职。2 月 2 日，林铣十郎组成新内阁。林铣内阁为了摆脱经济危机的困境，接受了“稳健派”石原莞尔的意见，决定对华政策“以互荣为目的，将主要力量投入经济和文化工作中”。4 月 17 日，林铣内阁会议制定了所谓“经济外交”的“新政策”，对南京政府“致力于文化工作和经济工作”；对华北“主要把力量倾注于以华北民众为对象的经济工作上”。他们极力拉拢蒋介石、宋哲元，表示要改变过去对中国的态度，协助中国的统一与复兴。还派出“经济考察团”来华，以示对中日“经济提携”的诚意。日本这种所谓“缓和”中日关系的伎俩，不过是“战争前夜日本侵略政策的战术上的必要”④。对此，以陆相杉山元为首的“强硬派”及其日本上层人士因急于“对华一击”，对内阁的“新政策”均表示反对。在“强硬派”的压力之下，上台不到 4 个月的林铣内阁于 5 月 31 日宣布总辞职，日本的“新政策”宣告破产。

日本华北“自治”的失败，中国国内和平的实现，使日本政府感到对华政策已别无他途，只有孤注一掷，诉诸于战争。1937 年 6 月 4 日，近卫文麿组成新内阁，近卫一上台，就致力于“开始新的战争”，“国内不稳势力之高涨，罢工之狂澜，亦需发动国外举国之战争，以期平靖”⑤。6 月 9 日，关东军参谋长东条英机进言新阁：“从准备对苏作战的观点来观察目前中国的形势”，“如为我武力所许，首先对

---

① 转引自陈谦平:《试论抗战前国民党政府的国防建设》,《南京大学学报》1987 年第 1 期,第 26—27 页。

② 《毛泽东书信选集》,人民出版社 1985 年版,第 49—50 页。

③ 《毛泽东书信选集》,人民出版社 1985 年版,第 82 页。

④ 毛泽东:《中国共产党在抗日时期的任务》,《毛泽东选集》第 1 卷,人民出版社 1966 年横排版,第 236 页。

⑤ 转引自徐矛:《卢沟桥事变的沉思》,1987 年 7 月 7 日《解放日报》。

南京政府加以一击，除去我背后的威胁，此最为上策。”[①]日本教育总监香月清司在对东北、华北进行了一个半月的“视察”后向日本内阁报告：华北形势相当紧迫。因此，向中国增强兵力很有必要。东京上层人士也希望近卫内阁打开日中关系“一年比一年险恶”的局面。近卫内阁采纳了这些建议。近卫内阁认定此时正是发动对华战争的好时机：国际上，苏联忙于肃军，英国和德国的对立日益加剧，美国埋头于国内复兴，都无暇顾及远东局势。中国国内抗日民族统一战线还未正式形成，冀察当局“中央化”正在进行，对之施加重压，短期内就可以把中国的抗日力量压下去。于是，日本政府加大马力开动全面侵华的机器，充实华北的军事力量。从6月底开始日军不分昼夜地在卢沟桥附近进行军事“演习”，卢沟桥已成为矛盾的焦点和中日的前沿阵地了。“在充满危险气氛的环境里”，“如果不发生任何不祥的事件，那将是一种奇迹”[②]。

二

在日本上下一片“对华一击”的喧嚣声中，终于导致了“卢沟桥事变”的爆发。事变初起，中国宋哲元部吉星文团奋起抵抗，日军受挫。日本鉴于事变前未做好充分的军事准备，要立即发动大规模战争，尚有许多困难。驻华北总兵力仅五、六千人的日军，不足以对付驻当地数以10万计的中国军队；调兵遣将，亦需一定的时间。于是，日军乃用缓兵之计，假意要求同冀察当局谈判。冀察当局为了和平解决事端，作出了让步，于1937年7月9日、11日先后同日军达成了“三项口头协议”和《卢沟桥事件现地协定》。这些协议，日军并未履行，不时向中国守军防区射击。

卢沟桥事变的消息传到东京后，日本朝野一片哗然。围绕着如何处理这一事变，日本统治集团内部争论不休。以陆相杉山元为首的“强硬派”认为对华只需以小兵力给予威胁，即可使中国政府屈服，主张立即把事变扩大为全面侵华战争，“扩大和巩固我在华势力”。以参谋本部作战部部长石原莞尔为首的“稳健派”却认为“以我现有兵力能否胜任像现在这样的战争，是个疑问”[③]。主张“不扩大”，而应借此机会逼迫南京政府承认“满洲国”，“以实现日中提携并逐步进到东

---

① 《日本帝国主义对外侵略史料选编》，上海人民出版社1975年版，第288页。

② 〔日〕今井武夫：《支那事变的回想》，第8页。

③ 〔日〕《支那事变战争指导史》，第8页。

亚联盟的方向”①。这两种意见，虽在对华战争上采取的手段有所不同，但共同的目标都是要“扩大和巩固在华势力”，或者“实现日中提携”。“不扩大”方针不过是掩盖其军事进攻和欺骗国际舆论的烟幕弹，把中国变为日本的附属国才是真正的目的。两者互为补充，互相为用。正如石原莞尔所说：“不扩大只是政治希望。但华北正在战斗，一般就要考虑到动员的必要。”②其用心昭然若揭。历史事实证明，日本正是两手并用，双管齐下，完成了对平津的占领，达到它全面侵华的战略目的。1937 年 7 月 11 日，《现地协定》的墨迹未干，日本政府“突然改变方针，决定向华北出兵，甚至发出了动员的密令”③。并向全世界播发了由天皇亲自裁决的《派兵华北的声明》，宣布“为了维持东亚和平”，日本政府“下了重大的决心”，“决定采取必要的措施，立即增兵华北”④。同日，日本将“卢沟桥事件”改称为“华北事变”。华北驻屯军电告参加中日谈判的日方代表今井武夫：“当地交涉已没有进行的必要，如果已达协定，也予以撕毁。”⑤但是，日本为了掩盖其侵略行径，又假称：“为使今后局势不再扩大，不抛弃和平谈判的愿望，希望中国方面的迅速反省而使事态圆满解决。”⑥

实际上，日本并未实行所谓“不扩大”方针，而是进入“举国一致”的战争状态。1937 年 7 月 11 日后，日本迅速从东北、朝鲜和国内源源调来重兵，运往华北前线，至 16 日，已达 10 万以上。17 日，五相会议又决定动员 40 万日军增援华北。同时，在丰台设立了以香月清司为司令官的最高司令部，指挥华北作战。

这时，日本也看到了宋哲元的弱点，利用宋哲元一时妥协退让、“局部解决”的幻想，依然玩弄“和平”的伎俩，再次要求同冀察当局谈判。在日军的压力之下，7 月 19 日，张自忠代表冀察当局在《现地停战协定》第三项的《细目协定》上签字。签订协定之日，正是日军大举进攻之时。7 月 19 日晚，日军突然以密集的火力向宛平城发动攻击。从 7 月 20 日起，驻华北的日军按预定计划，分三路向天津地区进攻，基本上完成了对天津的军事包围。

日本大举侵华，引起了国民党蒋介石极大的震动。蒋介石深感“北平若变成沈阳，南京又何尝不可变成北平”⑦，他的统治就无法维持下去了，这是蒋介石所

---

① 《卢沟桥事变与平津抗战》，第 21 页。
② 〔日〕《现代史资料》(9)，第 306 页。
③ 《今井武夫回忆录》，上海译文出版社 1976 年版，第 41 页。
④⑥ 《卢沟桥事变与平津抗战》，第 35 页。
⑤ 《今井武夫回忆录》，上海译文出版社 1976 年版，第 39 页。
⑦ 《卢沟桥事变与平津抗战》，第 83 页。

不能容忍的。因此,国民党政府对29军的抗战表示支持。蒋介石多次致电华北当局宋哲元等,表明他“宁为玉碎,不为瓦全,以保持我国家与个人之人格”的决心。同时,电令孙连仲、刘峙部、庞炳勋部、万福麟部迅速向保定、石家庄地区推进。1937年7月17日,在日军大量增兵华北、平津战云密布的局势之下,蒋介石在庐山发表谈话,明确提出了解决“卢沟桥事变”的四个条件,初步确定了准备抗战的方针,这不能不说是南京政府多年来“在对外问题上第一次正确的宣言”①。

但是,日本的“不扩大”方针,又迷惑了蒋介石,他感到虽然日本要把北平、南京变成沈阳,但终究还未变成现实,就是说,日本还没有侵犯到蒋介石集团的根本利益。因而,蒋介石并未下定进行全面抗战的决心,仍把“卢沟桥事变”作为一个地方事件,“希望和平的外交方法”,求得就地解决。他要冀察当局与日本继续谈判。7月23日,当宋哲元电告《现地停战协定》“细目协定”已签订时,蒋介石复电称:“中央愿予以批准。”在国民党统治集团内部,围绕是“战”是“和”,也是意见分歧,莫衷一是。何应钦等反对抗战,张群向蒋介石进言,提出所谓“和必乱,战必败,败而后和,和而后安”的“十四字真言”。同时,蒋介石还试图通过“第三国”出面干涉,而平息战争。他先后同英、美、德等国驻华使节会晤,希望他们协助中国,制止日本的侵略行为。美、英大使曾向日本发出照会,劝其“勿扩大华北纠纷”,日本均置之不理。无奈,国民党政府外交部便亲自出面,以备忘录的形式向日本提出,希望双方约定时间,同时停止军事行动,将军队撤回原驻地点,并声明中国政府愿按国际公法和国际条件接受斡旋,以和平方法谋得事变解决。这些日本政府仍不予理睬,迫使蒋介石的“和平”愿望成为泡影。

以宋哲元为首的冀察当局,虽有秦德纯、冯治安等“始终主战”,但宋哲元在华北的一切,均听从蒋介石的命令②。宋哲元是一个具有抗日心的爱国将领,但他对“卢沟桥事变”的严重性缺乏必要的认识。同时,他既恐战争扩大而丢掉自己多年经营的地盘和军事实力,又恐不抗日遭受国人唾骂,对日态度存在着极大的矛盾心理。他一面主张“不接受日方提出的任何条件”,一面又主张“对日交涉本和平原则进行”。但在国民党政府还未下决心抗战的情况下,在平津一派妥协气氛的影响下,在日军的劝诱下,宋哲元还是走向妥协退让的道路。

日本的“不扩大”方针,使蒋介石、宋哲元大上其当,蒋介石、宋哲元的和平妥

---

① 毛泽东:《反对日本进攻的方针、办法和前途》,《毛泽东选集》第2卷,人民出版社1966年横排版,第316页。

② 李云汉:《宋哲元与七七抗战》,台湾传记文学出版社。

协，则延缓了中国抗战发动，使日军利用中日谈判的间隙，在平津地区迅速地展开兵力，完成了进攻平津的各种准备。1937 年 7 月 28 日，日军向平津地区发起总攻，第 29 军仓促应战，伤亡惨重。7 月 29 日、30 日，平津相继陷敌。

平津陷落，使蒋介石感到中日矛盾已“无局部解决之可能”。7 月 31 日，蒋介石发表《告抗日全军将士书》，宣告：“现在既然和平绝望，只有抗战到底，举国一致，不惜牺牲，来和倭寇死拼，以驱逐倭寇，复兴民族。”①这时，蒋介石的“和平”幻想终于破灭了，也结束了国民党政府“战”与“和”之间的犹豫和动摇。

三

在日本侵华战争的战略决策上，十分重视上海、南京的作战。当它攻占平津后，一面在华北地区展开大规模进攻，一面在上海挑起战争，企图攻占南京，“使南京政府醒悟”，“从解决局部事件进而扩大到全面调整日中关系”②。

早在 1936 年 8 月，日本制定的《1937 年度用兵计划》就决定，以 3 个师团占领上海附近，以两个师团从杭州湾登陆，从太湖南面前进，两军策应向南京作战，“以实现占领和确保上海、杭州、南京三角地带”③。日本陆军攻陷平津后，海军鹰派亦跃跃欲试，制定了海军对华作战计划，海相米内光政建议内阁，向上海紧急派遣所需兵力。1937 年 8 月 4 日，日本海军第 3 舰队司令长官长谷川清继 7 月 16 日要求海军部派遣兵力在上海登陆后，又建议日本政府向上海地区增加特别陆战队，“武力打开日中关系的现状”。日本内阁批准了这个报告，8 月 8 日，日本参谋部下达兵力部署的命令。随后，大批日军运抵上海。

在对上海进行大规模军事进攻之前，日本仍重演故伎，一面施展“和平”伎俩，一面暗作军事准备。1937 年 8 月 4 日、5 日，日本先后发出了《全面调整日华国交要纲》和《日华停战条件》。接着，又派原日本驻华总领事船津一郎来华，与南京政府谈判，即所谓“船津工作”，企图诱使国民党政府就范，以便早日结束中日战争。但是，国民党蒋介石此时正在决心发动全国抗战，无心与之周旋，对日本提出的种种条件置之不理。船津在上海、南京活动数月，虽与国民党政府有关人士密晤，均未奏效，只好怏怏而归。

---

① 张其昀：《党史概要》第 3 册，第 1151 页。

② 《华北治安战》(上)，天津人民出版社 1982 年版，第 83 页。

③ 《卢沟桥事变与平津抗战》，第 4 页。

然而，就在“船津工作”正在进行的时候，1937 年 8 月 9 日，日军在上海制造了“虹桥事件”。8 月 13 日，日军又大举向闸北、虹口、江湾地区发动进攻，即八一三事变。8 月 15 日，日本海军航空兵从九州基地起飞，轰炸了国民党政府首都——南京。

日本进攻上海，由侵占平津一跃发展成为全面侵华战争，严重地威胁到国民党的统治中心，对四大家族的经济命脉以致命打击，也损害了英美帝国主义在中国的利益。既加深了蒋日矛盾，也与英美的政治利益和经济利益发生了直接的冲突。面对如此严重的局势，国民党蒋介石已无回旋的余地了。为了保住上海、南京，为了保住自己的统治地位，在全国人民的抗日怒潮的冲击下，他们不得不最后下定对日抗战的决心。1937 年 8 月 14 日，国民党政府发表了《自卫抗战声明》，宣告：“中国为日本无止境的侵略所逼迫，兹已不得不实行自卫抵抗暴力。”并称：“中国绝不放弃领土之任何部分，遇有侵略，唯有实行天赋之自卫权以应之。”①八一三事变爆发即日，国民党政府特任张治中为京沪警备司令，全面指挥上海战事，并急令第 18 军陈诚部、第 1 军胡宗南部及广东、云南、四川、湖南等地的大批部队加速向上海运动。8 月 15 日，蒋介石亲任陆海空军大元帅，下达总动员令。将全国划分为 5 个战区。8 月 20 日，国民党政府军委会颁布全国的作计划，以“主力集中华东，攻击上海之敌，力保淞沪要地，巩固首都”②。接着，又调来陆、海、空军 70 余万进入淞沪地区，展开了一场举世瞩目的大战。

八一三后，日本政府立即走上战时体制，全面应付侵华战争。1937 年 8 月 15 日，日本内阁会议通过了《帝国政府声明》，宣称：“为了促使南京政府觉醒，于今不得不采取果断之措施。”③并把“华北事变”改称为“中国事变”。同日本军部奏天皇“敕命”任命退役的陆军上将松井石根为司令，组成“上海派遣军”，率领第 3、第 11 师团等部开赴上海。8 月 17 日，日本内阁决定：“放弃以前所采取的不扩大方针，筹划战时形势下所需要的各种准备与对策。”④至此，日本帝国主义终于完成了全面侵华战争的发动。

---

① 《八一三史料选编》(上海史资料丛书)，上海人民出版社 1985 年版，第 600—603 页。
② 薛光前：《八年对日抗战中之国民政府》，第 65 页。
③ 《中国事变陆军作战史》第 1 卷第 2 分册，中华书局 1981 年版，第 5 页。
④ 《卢沟桥事变与平津抗战》，第 79 页。

四

综上所述，可以看出日本从华北事变到八一三侵华政策和国民党政府对策的变化。从这些变化中，我们可以得出以下两点认识：

（一）日本帝国主义灭亡中国蓄谋已久，它的侵华阴谋经历了一个曲折的发展过程。虽然日本灭亡中国的总政策并未改变，但由于其统治集团内部和中国内部的种种矛盾，以及国际形势的变化，使他们侵华的具体政策呈现出不断变化的不稳定性，在不同的时期又表现出不同的特点。1931 年的九一八事变，日本吞并东北，推出了伪“满洲国”，为其全面侵华作准备。华北事变后，日本变“吞并”为“蚕食”，在华北地区推行“分离”政策，制造了伪“冀东防共自治政府”，增派华北驻屯军，企图使华北逐步脱离南京政府的统治，变华北为第二个伪“满洲国”。华北“分离”政策失败后，便诉诸武力，终于导致了“卢沟桥事变”的爆发。这时，日本的武力进攻和“不扩大”方针两手并用，欺骗了蒋介石和宋哲元，侵占了北平、天津，加速了日本侵华的步伐。八一三事变后，日本以“迅速解决中国事变”为原则，软硬兼施，但由于中国政府和军民的坚决抵抗，使日本未能达到战略进攻初期的目的，不得不“放弃不扩大方针”，宣布进入全面战争体制，最终完成了全面侵华战争的发动。

（二）上海抗战，标志着国民党政府开始把政策的重点放在抗日方面来，走上了抗日的道路，由此而导致了全面抗战局面的形成。国民党政府对日抗战经历了由妥协退让、犹豫动摇、准备抗战到决心抗战的艰苦曲折的转变过程。问题的关键在于，它的政策重点转变后，是否能团结全国人民，迅速掀起抗日高潮。人民抗日力量的崛起固然是全面抗战形成的重要方面，但是，仅有人民自发的抗战，没有执政党实行抗战，人民的抗日救亡运动就会大起大落，即使暂时出现了高潮，执政党可以凭借其政治、军事权力予以取缔，甚至镇压。九一八事变到“华北事变”前后，全面抗战局面始终未能形成的事实就是证明。因为人民是在执政党，即国民党的领导下，全国的人力、物力、财力、武力都掌握在国民党手中，一旦国民党改变了它的内外政策，对全面抗战局面的形成，无疑会产生重大的影响。诚然，国民党内外政策的改变，是在全国人民抗日浪潮的冲击下和中国共产党的推动下才作出的。日本大举侵略的威胁，使国民党看到了团结抗日的必要，感到需要人民的支持和共产党的帮助。因而，八一三事变后，国民党一方面比较积极对日作战，一方面承认共产党的合法地位，最终建立起以国共合作为基础的抗日民族统一战线。同时，国民党也开放党禁，初步刷新政治，放松了人民抗日运动的压制。从此，中华民族团结一致，共同抗日的局面形成了。

（本文原载《西北大学学报》（哲学社会科学版），1988年第4期）

论八一三上海抗战效应

孟彭兴

九一八事变爆发，外敌入境，国难当头。中国共产党为挽救国家和民族的危亡，在反对蒋介石国民党军事进攻的同时，举起了抗日救亡旗帜，坚持不懈地为发动和领导全民族抗战，作出了杰出的历史贡献。中华民族在经过一场对国家前途的忧虑和思考、徘徊和斗争之后，终于完成了对日抗战思想的伟大历史性转变，从而开创了以国共两党再次合作为基础的抗日民族统一战线的新局面，把中国的抗日民族战争推进到一个雄伟壮丽的全面抗战新阶段，1937 年的上海八一三抗日自卫反击战，即是中国这一雄伟壮丽的全面抗战新阶段的重要标志之一。

开创近百年来全民族团结御侮先声
确立中国抗战在国际上的威望

毛泽东指出，“抗战的发动与坚持，离开国民党是不能设想的”①。由于中国共产党的努力和推动，在停止内战、团结抗日的民族统一战线旗帜下，国民党政府不得不暂时改变其攘外必先安内的反动方针，逐步被逼上了抗日的轨道，从而形成一个全民族的抗日气势。

七七卢沟桥事变爆发，是日本帝国主义全面侵华战争计划的开始，而蒋介石还在动摇犹豫，举棋不定，一面表示要准备“应战”，一面又表示“在和平根本绝望之前一秒钟”，“还是希望由和平的外交方法，求得卢事的解决”②。然而上海八一

---

① 毛泽东:《论新阶段》。

② 蒋介石:《在庐山第二次谈话会上的讲演》,1973 年 7 月 17 日。

三抗敌自卫战争的开始，则在实践上标志着中国人民在共同对敌的民族意识支配下的奋起。当时的中国人民都感觉到，“如果我们不实行自卫，我们不加抵抗”，“就要变成日本的殖民地”和“亡国奴”了；“世界上将不复有我们中华民族的国家”①。面对日本帝国主义疯狂的军事侵略，“只有二条路可循，不是抗战图存，便是投降卖国”②。富有爱国主义传统的中华民族，在紧急关头抉择了“与其听任敌人蚕食而亡国，毋宁奋起抗战以图存”③的全民族全面抗日的道路。

8月6日，国民政府邀请中共谈判代表周恩来、朱德、叶剑英参加国防会议。国民党内部，一些原来存有深刻矛盾的军事派系集团，亦因外患当头，暂时捐弃前嫌，集合在抗日旗帜下，共赴国难。桂系军阀白崇禧接到蒋介石电报后，他说：“众人皆反对我入京，唯恐中央对我不利”。但他马上意识到“于今抗日时机成熟，正是吾人报效国家之时。如果自己不到南京……则往昔揭示之抗日口号乃是自欺欺人，必将为国民所唾弃”④。李宗仁劝说四川刘湘、云南龙云要“先国难而后私仇”，积极动员辖地之人力物力支持抗日。⑤时经西安事变和平解决，国共第二次合作抗战条件已经成熟，抗日民族统一战线正在逐渐形成，于是始有南京最高国防会议之召开，共同商讨抗战战略和计划。蒋介石也采取一些相应措施，发挥诸地方实力派的积极性。各派根据会议精神，先后将军队整编，接受以蒋介石为大元帅的最高统帅部编制和指挥，陆续开赴抗战前沿。由于淞沪御侮战争的开展，国共两党正在进行的马拉松式的谈判获得了神速进展。全国军民在沪战中激发出来的抗日热情，迫使蒋介石不得不同意在承认中国工农红军及其游击队的独立性原则下，改编为国民革命军第八路军和新四军。接着，又承认了中国共产党的合法地位。这一形势的出现又使蒋介石不得不暂时收敛其独裁统治，进行一些适当改革，修改了与革命和民主为敌的《危害民国紧急治罪法》等不利抗战的政治措施，制订了《战时军律》及《惩治汉奸条例》等利于抗战的律令。救国会七君子以及包括共产党人在内的部分政治犯的获释，这一切都促进了国内各党各派各界爱国人士，海外侨胞参加的更加广泛的全民族团结御侮新局面的形成。中国共产党认为，这一局面“使长期受外敌压迫的民族抬起头来了，分裂的国家政权统一起来了，对立的党派携手合作了，互相斗争的军队变成统一的国民革命军了，国家政治制度走向民主化了，穷苦的民众大批地起来参加民族解

---

① 董必武：《八一三的教训》，载《新华日报》1939年8月11日。

②③⑤ 《李宗仁回忆录》。

④ 《白崇禧回忆录》。

放运动了”①。毛泽东指出，这一新局面的形成“确实已经发动了百年以来未曾有过的全国范围的对外抗战”②，它为中国抗日持久战的战略实施奠定了基础。

在某些外国人的心目中，中国的国防力量相当薄弱，“决不能抵抗日本的武力，抗战简直是发疯”③。然而，中国“抵抗日本的精神，从1937年开始时使全世界为之振奋，得到了广泛的同情”④。国际观瞻为之一新。八一三上海抗战期间，英国伦敦一则通电认为，上海的这次抗日大会战“已造成中国堪称军事国家之荣誉”，“对于整个中国均有极大之影响”⑤。《泰晤士报》10月28日的社论更指出，中国军队在上海“脱颖而出，此为近世中之第一次”，“上海十周血战，将有一日证明中国已安置从来未有之兵力基础”。法国巴黎《人道报》则向全世界宣告：“许多年以来我们英勇的中国同志所不倦地呼吁的民族精神，统一精神，在这迷途的侵略者之前，突然像一道现代的新万里长城似地耸立了起来。”⑥《共和报》也宣称：“观于战况之烈，足见日本获胜之望尚属渺茫。”⑦可见，上海八一三淞沪大血战确实赢得了国际上的普遍同情和支持，即使日本的盟友德、意，也不敢公然袒护日本而取相当中立态度。由此中国国际威望的提高，使苏、美、英等大国的决策层不得不重新考虑世界反法西斯阵线的国际格局，形成一种“遏制日本扩张的最佳途径是使东京的军队在中国被牵制住”⑧的新思维。

挫败日本“速战速决”的战略
奠定中国“持久抗战”的基础

日本帝国主义凭借其工业优势和军事实力，十分趾高气扬，根本不把中国人民放在眼里。当时日本“海军认为上海及华中的扬子江流域应为对华作战之重心，陆军不赞成，以为中国不是日本的对手，解决中国，只要动用驻在华北的少数部队便可优为之”⑨。因此，以速战速决为全面侵华战略指导的《昭和十二年度对

① 《中共扩大的六届六中全会政治决议案》。
② 毛泽东：《国共合作成立后的迫切任务》。
③ 〔英〕尤脱荣：《日本在华的赌博》。
④ 〔美〕费正清：《伟大的中国革命(1800—1985)》。
⑤ 《白崇禧回忆录》。
⑥ 《救亡日报》1937年10月13日。
⑦ 《申报》1937年8月16日。
⑧ 〔美〕迈克尔·谢勒：《二十世纪的美国与中国》。
⑨ 吴相湘：《第二次中日战争史》上册，第392页所引，重光葵：《昭和之动乱》。

华作战计划》，正在做着“在扬子江下游地区作战时，以约三个师团在扬子江下游的白茆口登陆，另以二个师团为基干的一个军在杭州湾的乍浦附近登陆，同向南京进攻，占领上海、南京、杭州的三角地带”①，从而以“三个月解决中国事变”的美梦。

八一三上海保卫战，激战三个月之久，毙伤敌兵 4 万余，彻底粉碎了日本皇军不可战胜的神话。此役完全出乎日本军事当局意料之外，迫使日军大本营不得不变更原作战计划，多次增兵换将。

在这场会战中，受到鼓舞的中国军队，无论是中央军还是从四川、广西、云南、湖南、广东等地赶来参战的地方军，都消除了以往保存实力的旧观念，表现出“不惜任何牺牲，予以坚韧作战”的决心和献身精神，用血肉之躯保卫每一寸国土，迫使踏上淞沪土地的日本侵略军犹如进入“血肉磨坊”。入侵之敌被“粘住在上海”，“陷于苦战”，“受到重大损失”，“每日推进不足一英里”，并且展开反复拉锯战。上海战局使日本最高军事当局不得不“将主作战自华北转移上海方面”②，这对打乱日本帝国主义全面侵华战争的部署，延缓日军在华推进速度具有十分重要的意义。毛泽东说：“没有正面主力军的英勇抗战，便无从顺利地开展敌人后方的游击战争。”③上海抗战减轻了日军对中国北部战场的压力，确保抗日战略要点山西的巩固；同时也为八路军深入敌军侧翼作战和开辟抗日第二战场，进行敌后游击战争创造了有利条件。

国民党军队在上海正面战场上与侵华日军血战三月，就国防战略论，它争取到了较为充裕的时间，使中国的抗日民族战争得以较顺利地完成向战时体制的过渡。

以蒋介石为首的国民党政府在日本侵华后一方面坚持“攘外必先安内”的反动方针，另一方面抱着和平幻想，屡以依赖英美德等列强之外交调停为根本，丧失了国防上从平时体制向临战体制及时转轨的有利时机，使日本帝国主义的侵略得以步步深入，导致国家和民族濒临危亡之险境。八一三战端一开，蒋介石发表抗战声明，表示“中国决不放弃领土之任何部分”，陷侵沪日军主力于泥潭之中，使其三个月内灭亡中国的狂言成了全世界的笑柄。同时，上海抗战，又为中国的政治、经济、军事、科学、文化等方面的西移内迁，赢得了较为充分的时间，这

① 齐福霖译：《中国事变陆军作战史》第 1 卷，第 2 分册。
② 《抗日战争时期国民党战场史料选编》(一)，第 271 页。
③ 毛泽东：《八路军军政杂志发刊词》。

对日后长期抗战创造了重要条件。

蔡锷曾经指出，“我国数年之内，若与他邦以兵戎相见，与其为孤注一掷之举，不如据险以守，节节为防，以全（我）军而老敌师为主，俟其深入无继乃一举歼除之。”①蒋百里则在1922年指出：面对我邻近富于侵略性国家的制胜唯一方法，“即是事事与之相反，彼利速战，我恃之以久，使其疲弊；彼之武力中心在第一线，我侪则置之第二线，使其一时有力无处用”。1937年，他又多次建议采用“拖”的战略拖垮日本。②毛泽东更以马克思主义的战争观分析了抗日战争为什么是持久战的问题。他指出：“中日战争不是任何别的战争，乃是半殖民地半封建的中国和帝国主义的日本之间在二十世纪三十年代进行的一个决死的战争。”“日本在中国抗战的消耗下，它的经济行将崩溃；在无数战争的消磨中，它的士气行将颓靡。中国方面，则抗战的潜伏力一天一天地奔腾高涨，大批的革命民众不断地倾注到前线去，为自由而战争。”“长期而又广大的抗日战争，是军事、政治、经济、文化各方面犬牙交错的战争，这是战争史上的奇观，中华民族的壮举，惊天动地的伟业。”毛泽东又说，“抗日战争是整个处于内线作战的地位，但主力军和游击队的关系，则是主力军在内线，游击队在外线。战略上：内线作战的正规军是后退的，外线作战的游击队则将广泛地向敌人后方前进。”③尽管八一三以后国民党政府中不少人仍存在着和平幻想，企望会再次出现一·二八式的结局，然而上海之战终于使他们看清形势，使国民党军事当局的决策者能与上述的军事战略思想相吻合，把国家的重心西移，建立大后方抗战基地。美国费正清教授是这样描写当时情形的：“很多学生迁往长江上游的西南地区，教职员们跟他们在一块儿。从北京来的清华大学、北京大学和从天津来的南开大学，在昆明成立了西南联合大学。同时，燕京大学和其他基督教院校则集合在成都的华西协和大学。这时候国家资源委员会已经在后方开办了一些矿山和工厂，下游许多工厂也拆卸下来，陆续搬到后方内地。知识分子和政府公务员以极高的爱国热情，忍受背井离乡之苦，学会在内地过着比较艰苦的生活，放弃沿海城市生活的各种方便。”④在资源委员会的主持下，当时除上海150余家工厂，其中包括机器、熟练技术工人和重要物资外，同时内迁的还有山西、河南、山东、天津等处的部分工矿企业，以

① 《蔡松坡先生选集》第63页，台北文星书店版。

② 王冉之：《蒋百里将军与其军事思想》第7章。

③ 毛泽东：《论持久战》。

④ 〔美〕费正清：《伟大的中国革命（1800—1985）》第225页，国际文化出版公司1989年版。

及科学文化机构。此外,上海之战又为战时军队总动员,训练、整编和部署,为日后的几次大会战创造了条件。

激扬民气,鼓舞斗志,推动全国,抗日救亡

自九一八日本帝国主义发动侵华战争以来,抱有和平幻想的蒋介石集团力避冲突,采取"不绝交、不宣战、不讲和、不订约"的"四不"方针,指望依靠国联制裁日本的对华侵略。其结果使日本帝国主义者得以攻城略地,入侵南下,长驱直入,如入无人之境,更助长了日军轻侮中国,自视不可战胜的嚣张气焰。不愿沦为奴隶的中国军民,对此悲愤填膺,奔走呼号,"请息内争,共抗外敌",要求国民党政府担负起抗日救国责任,准备长期抗战。

空前规模的八一三上海战役,乃是蒋介石国民党政府宣称的"政府当尽力负责挽救今后之危局",实行"保卫领土主权与人民之责"言论的实施。蒋介石关于"战端一开,那就是地无分南北,年无分老幼,无论何人皆有守土抗战之责任","全国国民也必须严肃沉着准备自卫","明了局势,效忠国家"的抗日言论,为各种爱国力量的抗日救亡活动的进一步高涨,提供了一个较为有利、有理的政治环境。

八一三抗战的枪声振奋了中华民族精神。为了保卫上海,无论政府军还是地方军的官兵,在爱国守土精神的感召下,与日本强敌殊死英勇作战,杀敌献身事迹可歌可泣,通过新闻媒介大量传扬。在抗战的鼓舞下,上海工人、学生、市民、文化界、工商界、宗教界,甚至家庭妇女及少年儿童们都被动员组织起来,配合士兵抗战。据不完全统计,当时全市如雨后春笋般产生的抗日救亡团体有140多个。中共上海地下党的重建,更为上海抗日救亡民众运动的兴起立下了汗马功劳。在中共党的宣传发动组织下,上海的工人以"兴奋、愉快、紧张的心情"迎接着全面抗战的到来,秉承着光荣的革命传统,积极帮助政府和军队进行保卫大上海斗争。所有日本工厂的中国工人莫不异口同声要求脱离工厂,表示"不给日寇做工"。在中国工厂的男女工人,"镇静自如地极力协助爱国的军队进行抗战,把工厂变成抗战的堡垒,把工房变成前方医院,把自己的床铺让给受伤的战士们休养。"公交运输工人自动开出车辆,"昼夜不息的来往前后方"。电业工人坚持供电,确保军用电网与电话电报的畅通。①还有不少工人身临前沿阵地,"辛苦地

① 刘长胜:《上海工人与抗战》,《真理》1949年第19期。

在开战壕筑工事”，组织“慰劳队救护队在枪林弹雨之中出入”①。也有一部分工人怀着爱国热情踊跃参加到国民党组织的抗日别动队。文化知识界纷纷组成演剧队、歌咏队、服务队，开赴前线，深入里弄街头，以文艺、诗歌、美术以及各种训练班等形式，宣传抗日救亡，动员民众。

上海人民的爱国救亡热潮的兴起，坚定了在抗日前线御侮官兵的决心和信心，有力地配合了军事上的持久作战，又极大地鼓舞和激励了全国城乡军民的抗日斗志，使广大人民群众看到了自己的力量，看到了中华民族反侵略抗战必将取得最后胜利的希望之光。同时，也唤起了留居海外的爱国侨胞的抗日热情，他们组织了各种抗日团体，向世界各国人民宣传中国抗战的意义，争取国际上爱好和平有正义感人士的支持。此外，他们还纷纷以财力、物力、人力支援祖国的神圣抗战。由此而生的一场更广泛更深入的全民族抗日救亡运动的热潮，在全国范围内正方兴未艾。

上海战场的开辟，从军事上看，它吸引了侵华日军强大的主力，拦阻了日军快速推进合围的战略，有利于中国兵员的调动和部署，对国民党正面战场的协调和八路军挺进敌后战场及外线作战的展开，创造了有利条件。八一三战役结束，国民党军队西撤后，上海的抗日斗争烽焰并未止熄，而是更向纵深发展。中共上海地下党在政治上、思想上、组织上和斗争的艺术上都经受了很大的锻炼和提高。在斗争中不仅取得了反侵略战争的经验，而且取得了与国民党合作、与各民主党派、民族资产阶级、各界爱国人士建立统一战线、合作共事的经验，同时也取得了放手发动群众，密切联系群众，秘密工作与公开工作相结合的经验。通过抗日救亡的群众工作，党的政治影响和组织领导作用扩大了，巩固了群众的抗日斗争情绪，有力地支援了内地的抗日斗争。不少干部、青年人和文化人陆续投奔抗日圣地延安和其他解放区，大批难民加入了新四军。1938 年下半年至 1939 年初，上海派出两批代表团去皖南新四军军部慰问，又组织了为新四军筹款募集寒衣、药品的运动。一部分人组成郊县游击队，进行武装抗日，还有些骨干在“阴蔽精干，长期埋伏，积蓄力量，以待时机”的方针指导下，潜伏于市郊各县的农村，配合全国抗战，使盘踞在上海沦陷区的日本侵略者始终处在潜在的敌对环境的包围之中。

---

① 许涤新:《上海工人运动的特点及其任务》,《新华日报》1939 年 5 月 1 日。

揭开东方反法西斯战场的帷幕 增强西方同盟国抗击必胜信心

正当世界范围内法西斯战云密布，西方国家的决策者们方向莫辨，徘徊于绥靖主义歧途中时，东方的中华民族已经完成了对日抗战的思想转变，集合在抗日民族统一战线大旗之下，揭开了东方反法西斯战争的帷幕。具有世界战略意义的东方战场的前哨阵地——上海战场出现，其意义是不言而喻的。

从根本上说，在日本军事侵略集团中，无论是，“北进”与“南进”二种观点，对中国的入侵都不是其最终的战略目标。日本的帝国主义欲望是要求重新划分世界殖民地势力范围，征服中国仅是它“征服亚洲及统治世界之前奏”。侵华元凶板垣征四郎说过，“满蒙是在美、俄、中的作战上都有最大的关系”①。日本关东军参谋长东条英机在 1937 年 6 月 9 日的《关东军关于对苏对华战略的意见书》中，更露骨的提出“以准备对苏作战的观点来观察目前中国的形势，我们相信：如为我武力所许，首先对南京政权加以一击，除去我背后的威胁，此最为上策”②。日后以海军为主的“南进”派不顾一切地发动太平洋战争，侵掠东南亚地区各国也说明了这一点。日本为达此目的，妄想以速决战来解决中国问题，然后凭借中国的资源和人力物力执行其全球计划，完成与德、意法西斯会师中东的夙愿。

1937 年，日本陆军 24 个师团，以 21 个师团投入了侵华战争，占其总兵力的 88%。③上海战场开辟后，连续三个月的胶着状态的激战，吸引了日本 9 个常备役师团和 5 个预备役师团，以及特种兵、海军陆战队和奉调南下参战的伪军在内，不下 30 万人。这一庞大的战争场景，引起了当时作为世界对抗法西斯的核心国家苏、美、英的注目。美国总统和国务院相继发表演说和声明，要求“爱好和平的国家必须齐心协力，反对那些正在造成国际无政府状态和不稳定局势的破坏条约的行为”④。抨击日本在华行动是违反 1922 年 2 月 6 日的九国公约的，摆出了要准备对日本侵略采取集体制裁的态势。英国政府与美国“采取共同行动维护

① 板垣征四郎：《从军事上所见到的满蒙》，《现代史料》（七）第 139 页。
② 复旦大学历史系编译：《日本帝国主义对外侵略史料选编（1931—1945）》，第 231 页。
③ 《大本营陆军部》第 3 卷，附表之二。
④ 《美国对外关系文件集》（1938—1939），波士顿版，第 154 页。

和平事业的声明”[①]相呼应，态度日趋明朗，影响了其他一些国家。苏联在八一三抗战爆发后，即同中国签订了互不侵犯条约，随即又从财政上、军事上、物质上给中国极大援助。国际上对中国抗日的态度变化，不仅是道义上的支持，更是由于中国的抗日战争在世界反法西斯战争格局中的重要地位和作用所决定的。随着时间的推移和国际形势的变化，这一地位和作用越来越被人们所认识。

英、美各国的前期认识是它们在华有着相当的利益，特别是在三十年代的上海，更是其利益集中地。美国在华投资的65%，英国在华投资的70%都集中在上海。因此它们不得不对日本的排斥列强行为和企图独占中国深为担忧。苏联则因日本力图强占中国后使之变成“北进”的基地，因而产生“共同敌人”的意识，以希望中国能在远东起到阻遏日本的堡垒作用。

欧洲战场由于1939年德国法西斯入侵波兰而逐步形成。接着1941年苏德战争和太平洋战争相继爆发，第二次世界大战全面铺开。至此，西方的首脑们才真正理解到中国抗战对世界反法西斯斗争的积极意义。以1942年为例，日本陆军扩充到58个师团，其中37个师团陷于中国战场，占总兵力的64%；余者15个师团用于太平洋战场，占总兵力的26%。是年，希特勒德国外长里宾特罗甫召见日本驻德大使大岛，要求日方进攻锡兰、马达加斯加等地以配合德国进军高加索和中东。这一军事情报引起了英国首相丘吉尔的严重焦虑。丘吉尔迫切希望东方战场上的中国能坚决把日军拖住。他说，如果中国一崩溃，至少会使15个师团的日军，甚至20个师团腾出手来，给西线造成强大压力。美国总统罗斯福也说过，假如没有中国，假如中国被打垮了，他对儿子小罗斯福说，你想一想，会有多少师团的日本兵可以因此而调到其他方面来作战。他们可以马上打下澳洲，打下印度，并且可以一直冲向中东，和德国配合起来，举行一次大规模夹击，在近东会师，把俄国完全隔离起来，吞并埃及，切断地中海的一切交通线。[②]斯大林从“武装保卫苏联”观点出发，同样希望中国牵制住日军兵力，以免苏联在战争中腹背受敌。他指示驻华军事总顾问说：“崔可夫同志，您的任务，我们驻华全体人员的任务就是要紧紧束缚日本侵略者的手脚。只有当日本侵略者的手脚被捆住的时候，我们才能在德国侵略者一旦进攻我们的时候避免，两线作战……”[③]。崔可夫也承认中国军队牵制了日本，并在苏联最艰苦的战争年代里，日本没有能够进

---

① 《1937年国际事务概览》，牛津1938年版，卷1，第267页。

② 《上海市中共党史学会年会论文集(1988年5月)》，第217页。

③ 〔苏〕崔可夫：《在华使命——一个军事顾问的笔记》。

攻苏联的客观事实。斯大林正是在掌握了日军深陷中国战场，确实无力北进的情报之后，才敢于下定决心从东部抽调回39个师、21个海军步兵旅等共计54万2千多人的兵力，包括各种火炮5千余门，坦克3千3百多辆，实施具有决定性意义的莫斯科保卫战。

可见，八一三上海抗日战场的开辟，首先打响了世界反法西斯战争的第一枪，在政治上思想上和物质上以及国际影响上奠定了中国全民族全面抗日战争的基础。八一三会战对中日双方的战略都产生了重大影响，并为中国正面战场和敌后战场在持久战中所进行的16万5千余次的大小战斗，歼敌133万创造了条件。日本军方承认："当时最不希望的向上海方面的出兵也不得已而出兵了，在这方面也没有给敌以重大的打击，而且兵力逐渐被吸住，战力被消耗，走上了战区扩大投入兵力增加的艰难的路程。"重光葵在《昭和的动乱》中是这样总结日本侵华战略的失败的，他说："中日战争从南到北，是一步一步被中国军队拖着走"的。八一三上海抗战，在其中起了重要的历史作用，并对世界民主阵线反法西斯战争的胜利作出了巨大的贡献。

（本文原载《史林》，1990年第2期）

略论八一三抗战时中国军事十大失误

王关兴

1937年8月13日，日本帝国主义在上海发动了大规模的军事进攻，中国军队与日本侵略军展开了三个月之久的大会战。这次战役不仅打破了日本"速战速决"、"三个月灭亡中国"的迷梦，中国军民毙伤日军六万余人，充分反映了中华民族同仇敌忾，不怕牺牲，顽强战斗的革命精神，从而激发了全国人民的抗战热情，增强了夺取抗战胜利的信心，有利于全国总动员，为沿海工业的内迁赢得了时间，并扩大了中国抗敌的国际影响。

八一三抗战，中国军队出动了七十三个师，共七十万人，分左、中、右三翼迎战。日本先后投入兵力十二个师团，约二十余万人马。从兵力对比看，中国军队处于绝对优势，但为什么最后中国还是战败了呢？我以为国民党在军事上失误的地方颇多，是一大原因。

从1937年8月13日日本发动进攻起至11月11日夜上海失陷止，其间经历过三个阶段：8月13日至22日为第一阶段。中国军队主力向日军出击，实现"对于侵入淞沪之敌，应迅速将其扫荡，以确保京、沪政治、经济重心"[①]的战争目标，计划趁日方援军未到之际，全歼在沪日军（约一万五千人），然后再对付来援之敌。战场集中在虹口、杨树浦市区一带日军阵地。8月14日，中国军队反击，15日，日军纷纷败退，16日，中国空军再次轰炸日军据点公大纱厂和虹口地区。陆军八十七、八十八师从左右两翼收缩对日军的包围圈。浦东日军在中国军队攻击下放弃了三菱、太仓、日清等公司的仓库与码头。八十八师扫清了日军前沿阵地，向虹口日海军陆战队司令部猛攻，日军凭借由钢筋水泥建成的防御工事顽

---

① 《国民革命战史第三部——抗日御侮》第4卷，台北黎明文化事业公司印行，第14页。

抗。日军所占汇山码头一带，高厦林立，易守难攻，中国军队的攻势难以奏效，战斗呈胶着状态。19 日，由西安调沪的宋希濂三十六师投入战斗，一度攻入汇山码头，但遇日军反扑，并死守据点待援，中国军队两路攻击都受阻，未能按时实现第一阶段的战略计划，造成以后军事上的被动。

8 月 23 日至 10 月 25 日为第二阶段。8 月 23 日日本上海派遣军司令官松井石根大将率敌第三、十一师团和第六、十三师团一部，在张华浜、川沙强行登陆，企图侧翼包抄上海外围，陷中国守军于绝境。他以一个旅团的兵力，猛攻罗店，中国驻军死守，敌我双方层层包围，屡进屡退，战争空前激烈，呈现拉锯状态，双方短兵相接，近战肉搏，反复冲，伤亡惨重。由于日军在罗店受阻，9 月 5 日，敌改攻宝山县城，驻守宝山的十八军 583 团三营，在营长姚子青率领下，全营五百官兵与敌激战两昼夜，全部壮烈殉国。9 月 10 日以后，日军兵力增至十万以上，中国军队全线退守北站、江湾、庙行、罗店、双草墩第二道防线。9 月 30 日晨，日军开始总攻击，主力指向高桥、刘行正面，突入中国防区三公里，战事遂以大场为中心，双方在蕴藻浜两岸展开激战。10 月 15 日，中国新增援的第 21 集团军主力分兵三路反击，敌军以海陆空联防作战阻止，中国攻击军三万余众大部壮烈牺牲。25 日大场失守。

10 月 25 日至 11 月 12 日为第三阶段。大场失守后，使闸北、江湾、庙行中国守军侧背受到威胁，守军主力撤至苏州河以南阵地。战场又从市区以北外围转入市区。11 月 5 日，日本第十军从杭州湾登陆，9 日攻占松江，中国守军为避免腹背受敌，下令全线撤退，日军于 11 月 11 日夜占领上海，淞沪会战结束。

回顾八一三淞沪会战的全过程，我以为中国方面在军事上有十大失误：

第一、“不设防城市”带来了恶果。上海是我国政治、经济、文化的中心，又是国民政府首都南京的门户。中国政府虽然预见到日军迟早要进攻上海，所以自 1935 年冬以后，就任命张治中将军主持修筑了吴江到福山，无锡到江阴、乍浦到嘉兴三道国防工事，到七七事变前已经完工。可是扎了篱笆，忘了赶贼，日本侵略军早已在上海驻扎。根据 1932 年 5 月 5 日中日双方签订的屈辱的《淞沪停战协定》及其附件的规定，日军可以留驻上海市区，而中国军队却不能在上海及其邻近四周驻守、设防。因而，八一三事变前，日军能够长期经营在上海的军事设施，而中国军事当局只能在上海远郊“打迂迴战”，谈不上在上海市区修筑必要的军事据点。八一三上海战事爆发，8 月 15 日张治中将军的司令部还设在苏州。所以八一三抗战中，中国军事的被动，渊源于《淞沪停战协定》的签订，是国民党政府作茧自缚的恶果。

第二、由于中国军队在上海无法设防，海军未能及时在长江、黄浦江布雷，使日本海军畅行无阻，对上海沿海、沿江中国军队的作战威胁极大。日军凭借其海军优势，配合陆地作战。例如 9 月 5 日，日军攻罗店未成，为沟通其长江沿岸阵地，把三十余艘军舰集中在吴淞口，用排炮猛烈轰击中国军队阵地，策应其陆军夺取宝山县城。

第三、战争初期，中国没有配置绝对优势兵力，围攻歼灭虹口、杨树浦之敌。战争爆发后，由于日本军方对上海战事的意见不一致，其在上海的兵力仅一万五千人左右。当时，中国第三战区的兵力部署为：围攻虹口、杨树浦之敌的仅三个师强一点的兵力；长江南岸守备区配置三个师；长江北岸守备区配备一个师；杭州湾北岸守备区四个师强；浙东守备区五个师又四个旅。诚然，配置必要兵力在上海外围防御日军增援是必要的，但是兵力配置过于分散，用于第一阶段主攻方向的兵力太少。当时虹口、杨树浦的日军是中国军队进攻的主要目标，但用于该地的仅三个师，约三万余人的兵力，仅是当地日军的二倍，在人数上只是相对优势，可是日军装备精良(日军一个师团约为官兵一万二千人，步骑枪约九千五百余枝，轻重机枪六百余挺，各式火炮一百零八门，战车二十四辆。中国方面每师官兵不上一万一千人，步骑枪三千八百余枝，轻重机枪二百二十八挺，各式火炮及迫击炮仅四十六门，掷弹筒二百四十三枚，重武器缺少)，中日军队火力相差极大，日方且有海空军配合作战，如把这些因素统算在内，中国军队并无优势可言。所以中国军队从 14 日起进攻，苦战到 22 日，未能达到在日本援军抵沪前全歼虹口、杨树浦日军的目的。如果能适时抽调除杭州湾以外的驻军增援，集中五倍甚至七倍的绝对优势兵力于主攻方向，则可达到全歼日军与速战速决的目的，这样可使尔后日军登陆困难，对中国军队以后作战有利。

第四、敌情不明，攻击目标选择不当，战术应变能力差。知己知彼，百战不殆，这是军事上最起码的常识。战争初期，中国军队对设在虹口的日海军陆战队司令部的工事设施状况一无所知，8 月 15 日对此目标发动强攻，失败。但是国民党统帅部并没有从中吸取教训；又于 8 月 16、17 日接连下令发动攻击，均因日军构筑工事之强固而失败。8 月 20 日，中国军队又进攻汇山码头，虽已攻抵目标，但由于敌情不明，日军增援部队已到达张华浜、吴淞、浏河口，威胁中国军队侧背，前功尽弃。当初战失利，情况了解后，理应及时改变战术与攻击目标，放弃硬攻敌核心阵地，采用穿插敌人纵深，尽先摧毁其薄弱环节与附属设施，孤立其核心阵地，然后再增强攻击火力，待机破之，可是，中国军队不仅战术上没有实现这种转变，相反，继续多次"硬攻"，消耗了时间，贻误了战机。

第五、预备队和后继兵团使用不当。预备队与后继兵团的使用是否得当，涉及能否掌握战争主动权的问题，但它的使用，往往和指挥当局的战线指导思想有关。由于中国军队采用的是处处设防的消极防御的战略方针，因而影响了机动兵力的正确使用，后继兵团经常用于填补空隙，或用于增强正面防御阵地，阻止敌军进攻上，而没有作主动出击敌军薄弱环节或侧翼敌后之用。例 10 月 18 日，第二十一集团军(4 个师)从后方调来前线，当时日军正以全力向蕴藻浜实行突破作战，若以二十一集团军去进攻广福或大场东北敌之薄弱阵地，则日军侧背受到威胁，不但可以减轻日军正面攻击的压力，甚至可以歼其一部，达到"围魏救赵"的目的。但是，中国统帅部并没有这样做，相反，把二十一集团军的主力分成三路，在蕴藻浜前线大举反攻，结果正碰在敌人的刀刃上，伤亡三万余众而未能阻止日军突破，中国军队被迫撤至苏州河两岸阵地。

第六、八一三抗战中中国军队最大的失策，是在战略战术上采取单纯防御，以分散的兵力，扼守点和线。当时敌强我弱，敌利于速决战，中国军队利于持久战。在日军陆、海、空军的联合攻击下，中国军队不可能在市区附近阵地坚持下去。抗击日军应及时向吴福线等既设阵地转移，"以空间换取时间，达成消耗战之目的"①。迫使日军拉长战线，分散兵力，然后再寻机歼敌。然而蒋介石主张"我军所到阵地，必须屹立如山，无论伤亡损失至何种程度，均勿后退一步"②。在 8 月 27 日蒋介石致冯玉祥电文中称："如敌来犯，虽战至一兵一卒，不许撤退。"在这种思想的支配下，中国军队在罗店、宝山、大场、蕴藻浜诸战斗中，打的都是死守硬拼的阵地战、消耗战、击溃战。李宗仁将军回忆说：这些战斗，"简直是以我们的血肉之躯来填入敌人的火海，每小时的死伤辄以千计，牺牲的壮烈，在中华民族抵御外侮的历史上，鲜有前例。"中国军队的作战是英勇的，但由于指挥上的失误，始终处于被动挨打的地位，而日军却充分利用了中国军事上的弱点，发挥其海、陆、空军联合作战的有利条件，大量消耗了中国军队的有生力量；大场、蕴藻浜之役，白崇禧曾主张以运动战代阵地战，保存自生力量，与日军周旋作战，待机破敌。李宗仁也电蒋：不要争一日之长短，应把军队撤到有利地带，诱敌深入，

---

① 《李宗仁回忆录》下册，第 701 页。

② 蒋介石：《1937 年 8 月 8 日于首都的一次谈话》。

消耗日军。然而蒋介石反对，败局无法挽回。

第七、指挥系统混乱，后勤工作失调，军事设施质量差。这一点连国民党撰修的战史中也承认："上级过分干涉下级职责者，数见不鲜。"例张发奎将军说：归他指挥的部队，彼此都不认识，他确定知道的只有一排人。8 月 18 日，他突然发现，前方一连炮兵不知去向，一查才知道是蒋介石下令调到侧翼阵地去了。一个军事委员会委员长，越过七级下属机构，调动一个连队，可见，蒋介石军事的专擅独行，指挥之混乱。第三战区副司令长官顾祝同，每天早晚要与蒋介石通电话，由蒋直接指挥调动部队作战，顾祝同仅仅起传令兵的作用。

上海抗战中，除一批爱国官兵英勇杀敌，冯玉祥、张治中等高级将领亲临前线指挥外，其余各级将领不常赴前线，对战略无具体实施计划，对下级无详细指示，各部队之统帅及联络无详密规划，造成指挥机制运转不灵。

10 月 25 日，国防会议根据当时战局的不利情况，决定将部队撤离上海。第二天，蒋介石下令执行，不少部队依命令正在有计划撤退。但到 11 月 1 日，蒋介石又在南翔军事会议上推翻前议，重新下令停止撤退，要已撤退的重返阵地，正在撤的停止退兵，未撤的不准再退。蒋介石这一出尔反尔的行径，造成前线部队的极大混乱，对以后的抗战带来无法挽回的影响。

上海附近的国防工事，是由国防部承包给上海商人修筑的。在承包过程中，不法资本家勾结贪官污吏，偷工减料，三百多个机枪阵地，大部分内部积水，水深三尺，臭气冲天，蚊蝇聚生，无法使用。能勉强使用的只占三分之一，这严重影响了中国守军的防卫能力。从表面上看，吴福线野战工事虽然依限完成，但相应的交通设施没有配套，国民政府曾拨款八十万元令江苏省构筑，直到 10 月上旬还一路未筑。又令江苏省征集木排加强江阴封锁线，该省复电以无法办理了事。11 月 20 日，蒋介石致顾祝同等的电文中也承认："吴福线既设工事无图可按，开门无钥、无人指示，嗣后锡澄线及其他阵地在相当时期应指派部队预为发掘，派人看守，预先配备工事图发给师以上司令部使用，亦令地方政府预置柴水盐等物。"但为时已晚，已无法挽回败局。

由于后勤工作失调，对兵站的设立，粮秣运输，事前均无充分准备，前线将士甚至几天几夜不得一饱。8 月 31 日宋子文致蒋介石电中说："我军前线混乱已极，兵士有数日未得一饱者"，"士兵虽勇，馁腹恐无法撑持"。与此同时，前方伤兵缺医少药，没有救护队、担架队、包扎所。阵亡官兵身上没有番号，姓名无法查考，战士牺牲无人埋葬。这种处境与待遇，使人寒心，严重影响部队战斗力的发挥。

第八、"政略"损害了"战略"。国民政府在八一三抗战中,把取胜的希望寄托在英美苏等大国出面干涉之上。当局提出以所谓"战略促进政略"的策略,也就是说"打"是为了"促"国际大国干涉。蒋介石曾对汪精卫说过:在北方抗日,国际上不太注意,在上海打仗,因为上海是国际市场,容易引起国际注意①。9月12日、24日蒋介石夫妇先后对外发表谈话,表示"中国为美国而战,美国不应中立"②。蒋介石政府还对苏联抱有希望,说只要打三个月,"苏联一定出兵,战争就可解决"③,并要求九国公约会议时对日采取"惩戒行动"④。

鉴于以上的指导思想,蒋介石把八一三抗战的战略部署完全服从于"大国干涉"的"政略"。上海战场的攻守、进退、战停不是依据战役战斗的需要,而是依大国的脸色行事。8月中旬,英美法德意五国大使向中日双方提出划上海为"中立区"的建议,蒋介石以为这是"福音",立即于8月18日下令中国军队停火,这就损伤了中国军队进攻的锐气,而使当时处于劣势的日军获得喘息待援的时机。10月16日,蒋介石收到出席九国公约会议通知,为了增加出席会议的"政治资本",蒋介石下令陈诚在前线全力组织进攻,可是乐极生悲,力不从心,结果全线失利,不久,中国军队退到苏州河沿岸。10月25日,国防会议决定中国守军逐步撤离上海,但当蒋介石获悉11月3日召开九国公约会议,于是不顾全局,11月1日下令停止撤退。要前线将士"作更大努力,在上海战场再坚持一个时期,至少两个星期,以便在国际上获得有利同情和支持"⑤。幻想依此来换取会议"对日本采取一种如年前国际联盟对意侵阿比西尼亚一样的惩戒行动"⑥。可是,蒋介石并没有如愿,他只是做了一场"守株待兔"式的噩梦,九国并没有"惩戒日本",而上海战场的形势却日益险恶,他的"政略"严重损害了中国战场的"战略"。这一点,连当时在淞沪地区指挥作战的第三战区前敌总指挥、左翼总众司令陈诚也承认:"这项战略受政略影响极大,乃是国家不幸。"⑦

第九、国防设施重京沪,而轻沪杭,招至全局失利。战争之初,军委会制定的第三战区作战指挥要领是:"对于侵入淞沪之敌,应迅速将其扫荡,以确保京、沪

① 《文史资料选辑》第17辑,第54页。
② 《中国现代政治思想史》,第399页。
③ 《毛泽东选集》合订本,第432页。
④⑥ 程思远:《政坛回忆》,第111页。
⑤ 宋希濂:《南京守城亲历记》,《文史资料选辑》第12辑。
⑦ 陈诚:《沪战的经过与教训》。

政治、经济重心。同时对于浙江沿海敌可能登陆之地区，迅速构成据点式之阵地，阻止敌人登陆，或乘机歼灭之。”①这个战略构想应该说是正确的，而战争初期也是执行了的。国民党军事当局派第八集团军守备杭州湾北岸，以防日军登陆。但随着正面战斗吃紧，军事统帅部置上述决定于不顾，部队都被抽走，只剩下六十三师之两营又一连②，警备着这漫长的海岸，兵力极其单薄。

日本为了尽快结束上海战事，10 月 12 日，参谋本部决定：“以第十军在杭州湾北岸登陆，以利于上海派遣军完成任务。”③11 月 5 日拂晓，日本第十军（辖第六、十八、一一四师团及国琦支队）在强大火力的配合下，于乍浦东北之全公亭、金山湾、漕泾等处登陆。第三战区急由奉贤、闵行等地调三师部队增援，但为时已晚，日军分路直扑松江，对上海守军实行迂回包抄，切断了沪杭线退路。与此同时，苏州河方面日军，加紧向右岸攻击，以示策应，至此，中国守军完全陷于腹背受敌境地。

第十、撤离被动，贻误战机。日军在金山湾登陆，意图已十分明显，按理中国守军应及时转移，主动退到吴江至福山线，凭借已修建的工事，抵御日军。但是，统帅部即以三个师的少量兵力迎战登陆之敌，计划拔除金山湾敌人据点，扭转战局。可是兵力少，火力弱，无法实现战争意图。日军于 9 日侵占松江。在这种不利形势下，始下令几十万大军向吴福线全线转移，这样，整整被耽误了四天时间。同时，事前未作撤退计划，而由沪西至青浦、南翔往昆山一带只有一条公路可走，中国守军在日军飞机、坦克、快速部队的追击下，仓促撤退，损失惨重。据当时参加掩护部队转移的六十七师师长黄维回忆：“在撤退途中、目睹漫山遍野的退却部队，自相践踏，混乱不堪。”用巨资修筑的“苏嘉国防线”，竟然废弃不用，几十万军队从工事顶端匆匆而走，无法组织起第二线的抵抗，真可谓兵败如山倒，暴露了国民党军事制度的腐败。

八一三淞沪抗战的失败，原因是多方面的。当时日本是一个帝国主义的强国，中国是个半殖民地半封建的弱国，敌强我弱的这一特点，决定了中国抗战的长期性、持久性、艰苦性，不可能在短期内获得速胜。但是在战争初期，如果能执行正确的政治路线与军事战略，那么至少可以减少损失，增加敌人的困难，更多地消耗敌人的力量，为中国创造转弱为强，转败为胜的条件。

---

① 《国民革命战史第三部——抗日御侮》第 4 卷，台北黎明文化事业公司印行，第 12 页。

② 张秉钧著：《中国现代历次重要战役之研究——抗日战役述评》。

③ 《中国事变陆军作战史》第 1 卷，第 26 册，第 82 页。

国民党政府在八一三抗战中军事上的种种失策，绝非偶然，是它执行政府包办抗战，不让人民参战，在军队内部缺乏军事民主的片面抗战路线的具体表现。淞沪战争时期，上海各界人民在中国共产党的领导和发动下，曾冲破国民党当局的种种限制，有力地支援了前方将士的抗战，使战局得以维持三个月之久。但是由于蒋介石惧怕群众，设置了种种人为障碍，阻止上海人民的参战活动，致使军力和民力无法更好结合，筑成军民联防的坚固长城。而在军事部署上，所以一误再误，也与国民党军队内部缺乏军事民主有关，许多事情都由不了解实况的人决定，了解战况的官兵无发言权，军队内部派系林立，互不配合。八一三抗战中，在军事上的种种弊端，皆源出于片面抗战路线这个病根，这是中国抗战应得出的历史教训。

（本文原载《军事历史研究》，1990 年第 3 期）

淞沪战役的战略问题

黄道炫

1937年8月13日开始的淞沪战役，是抗战初期中日双方以上海为中心进行的一场总兵力达百万人的大会战。这一战役揭开了中国全面抗战的帷幕，对抗战的进行发展有着相当重大的影响。近年来，随着史学界对这一战役研究的不断深入，出现了一些不同意见，特别是有关战役战略问题，见仁见智，分歧较大。一种意见认为，中国统帅部通过发动淞沪战役，将日军主力由华北吸引到华东，使日军原定由北向南进攻方向改为由东向西沿长江仰攻，解除了日军沿平汉线南下武汉，将中国东西部一分为二的威胁，中国军队由此得以沿长江节节抵抗，从容退入既定的西南根据地，赢得时间，实现持久抗战。①另一种意见对此持否定态度，他们认为，中国统帅部在淞沪战役中，目标不明确，准备欠充分，既没有改变日军进攻方向的既定战略，也未能真正改变日军的进攻方向，由于战略失误导致的巨大牺牲，严重挫伤了中国军队继续抗战的能力，战略失分远高于得分。②两种不同意见的讨论，从不同角度加深了人们对这一战役的认识，但由于讨论多局限于战役本身进行，对战略制定的背景、过程及战略发展的阶段性研究不够，有些观点和结论存在着忽视战争艰巨性、复杂性、全局性，忽视战争本身趋势的缺失。本文愿从战前准备、战场态势、战役设想及战略发展几个方面，对这一问题再作探讨。

---

① 参见蒋纬国:《抗日御侮》第1卷，台北黎明文化事业公司1978年版；吴相湘:《中国对日的总体战略》，香港《明报月刊》，第27期。

② 参见王树荫:《评国民党开辟淞沪战场之得失》，《教学与研究》，1987年第1期；余子道:《论抗战初期正面战场作战重心之转移》，《抗日战争研究》，1992年第3期。

一、国民政府的战前准备与初期战略

淞沪战役发动时，日本侵略军在华北已对中国军队展开了猛烈进攻，华北战场我军处境艰难。在这种情况下，中国统帅部决定主动开辟新战场，在上海地区对日军发动攻势作战。这一决定和国民政府的战前准备及总体战略思想、战略计划有着密切关系。

国民政府的对日军事准备充分注意到华北前线及沿海地带作为战争前沿的重要地位，将其列为战略首要之区，同时出于对当时中日两国军事力量悬殊对比及华北特殊政治态势的考虑，对后方防线也十分重视。蒋介石认为，川黔一带作为理想的抗战根据地，至关重要，而九省通衢之地武汉，东控长江，西扼川黔门户，更为一战略要冲。早在 1933 年 2 月，他就指示："长江沿岸各要塞……必须构筑防御工事"①，计划以武汉为中心，"在苏皖鄂赣各省江岸，分散布置潜伏炮兵……此种潜伏炮兵阵地，构筑至易，须多设处所，以便战时可常常变换，出敌不意，乃能收要击之效。"②1934 年，根据国防计划，中国开始在武汉、南京、上海等地构筑大规模防御工事。1936 年初，蒋介石致电陈诚，指示："武汉要塞工程应从速着手进行，昼夜赶筑，务限本年四月底完成。"③他还告诫程潜等人，对"东西梁山、马当、湖口、田家镇各要塞，希派员切实调查设计，以便第二期工事修筑时，亦可加入在内"④。"对于长江中游，及上游，均筹建游动炮阵地，以期节节防守。"⑤蒋介石对以武汉为中心的长江防线的重视，在下面一段话中表露无遗："现在我们就中国政治、经济、文化各方面来讲：中国的精华——国家生命的根基是在长江流域……所以我们现在要救亡复兴，当以稳定四川统一长江以巩固国本为第一要着。"⑥确实，当时国民政府军政统一可资依赖的几个省份也正是沿长江一线展开。以长江作为战略中心，制订沿长江节节抵抗的国防计划，是较为明智的选择。

---

① 秦孝仪主编：《中华民国重要史料初编·对日抗战时期·绪编》(一)，中国国民党中央委员会党史委员会编印，1981 年版，第 295 页。

②③ 《中华民国重要史料初编·对日抗战时期·绪编》(一)，第 301 页。

④ 《中华民国重要史料初编·对日抗战时期·绪编》(一)，第 302 页。

⑤ 《中华民国重要史料初编·对日抗战时期·绪编》(一)，第 365 页。

⑥ 蒋介石：《四川治乱为国家兴亡的关键》，《先总统蒋公思想言论总集》第 13 卷，中国国民党中央委员会党史委员会编印，第 471—480 页。

就蒋介石的一贯军事思想言，他向以武汉、川黔、秦晋为战略要地。早在1917年，孙中山南下护法开府广州时，蒋介石提出北伐战略，即以武汉为中心，四川、秦晋为必争之地。1921年，他致书陈炯明讨论北伐战略时，再次强调："以后关于全局战略……以时间论，则对蜀当先对吴，以地势论，则先当图蜀而后可以统一长江……若为根本解决中国计，尤当以西北为根据。四川为西北与西南之重心，更不可不急图之。"①1926年北伐时，他即采取正面主攻武汉、控扼长江，西南稳住四川、西北联合陕冯（冯玉祥）、晋阎（阎锡山）的策略，获得很大成功。当然，中日战争和当年形势已完全不同，对立焦点主要在华北和沿海地带。但由于敌强我弱的总态势，初期在华北、沿海进行的战争必然要向腹地延伸，尽早建设抗日根据地，建立巩固的抗日大后方至关重要。因此，以长江、武汉为龙头，绥靖秦晋，抚和滇桂，控制川黔仍具非同寻常的意义。对这一点，蒋介石曾谈道："到川以后，我才觉得我们抗日之战，一定有办法。因为对外作战，首先要有后方根据地，如果没有像四川那样地大物博人力众庶的区域作基础，那我们对抗暴日，只能如'一·二八'时候将中枢退至洛阳为止，而政府所在地，仍不能算作安全。所以自民国二十一年至二十四年入川剿匪为止，那时候是仍无对日抗战的把握……到了二十四年进入四川，这才真正找到了可以持久抗战的后方。"②1935年7月，他明确提出："对日应以长江以南与平汉线以西地区为主要阵地，以洛阳、襄阳、荆州、宜昌、常德为最后阵线，而以四川、贵州、陕西三省为核心，以甘肃、云南为后方。"③同年，他亲自主持开办峨嵋军事训练班，在重庆设立国民政府军委会委员长重庆行营，相机处理军政要务，抗战大后方基础逐渐奠定。

由于蒋介石对日战略构想中予长江流域及川、黔、陕以重要地位，对上海、南京、武汉长江一线作了特别部署，因此，对这一带作战抱有较大胜算。抗战爆发后，中国统帅部主动出击上海之敌，和这一点密切相关。

二、 战略初期的战场态势

中国统帅部决定在上海地区发动进攻并扩大战场时，华北地区我军战况明显不利。

---

① 蒋介石：《致陈炯明纵论全局战略书》，《先总统蒋公思想言论总集》第36卷，第56页。

② 蒋介石：《国府迁渝与抗战前途》，《先总统蒋公思想言论总集》第14卷，第653页。

③ 张其昀：《中华民国史纲》第4卷，台北中华文化出版事业委员会1954年版，第211页。

根据国民政府事先的判断，战事爆发后，日军“主战场以华北为中心，并以有力之一部，沿平绥路西进，及由山东半岛、海州等处登陆，截断我南北联络线，策应其主力军之作战，以囊括我华北全部，同时一部由扬子江口和杭州湾上陆，以掠夺我资源，威胁我首都”①。针对日军进攻方向，战争初起时，中国统帅部在华北投入了全国60%以上兵力，采取重点部署、立体防御方针，力保山东、山西平汉线两翼，在平汉线正面与日军周旋。8月20日，国民政府军事委员会颁布《国军作战指导计划》，强调在平汉路正面与日军相持，实施柔性攻击，晋鲁两个侧面则利用山地固守，对正面日军构成犄角之势。应该说，在日军汹汹而来的战争初期，中国统帅部对日军攻击方向的判断是准确的，力守晋鲁，在战场侧面争取主动，避免在平汉路正面实施日军期望的主力决战，这一战略构想及战略展布也颇具眼光。

但是，华北战况对中国方面却十分不利。7月底，平、津相继失陷。8月下旬，南口、张家口、宣化也落入敌手，晋北门户洞开。9、10月份，在日军强大攻势下，平汉线中国守军大面积溃退，保定、石家庄不守，山西方面也全线吃紧，太原成为危城。山东韩复榘在日军压力下，消极避战，蒋介石寄予厚望的鲁北守军，没有对平汉线日军构成任何威胁。中国统帅部的华北战略几乎全面落空。

华北战场失利，原因复杂。就日本方面看，华北是日军主攻地区，志在必得，作战准备充分。8月初，日军确定的作战目标是：“首先向保定、沧州一线前进。主决战方面定为沿平汉线地区。决战时间预定在9月下旬或10月上旬。”②9月，再次确定：“在保定—沧州一线的附近努力围歼进入该线及其附近的中国军队，为此，在平汉线地区为主决战方面，预定决战时间大概为10月上旬。”③冀、鲁、豫一带平原坦荡，交通便利，便于日军机械化部队协同展开，日军企图在此扬己之长，打击中国军队主力，屈服中国抗战意志，因此投入近20万兵力，对中国守军形成巨大压力。

就中国自身言，除实力不足及指挥失误造成的一些失利因素外，还存在着一些特殊的客观原因。华北地方实力派宋哲元、阎锡山、韩复榘等与中央政府长期处于半独立状态，双方貌合神离，明争暗斗，中央在山西、河北、山东、察、绥等省难以插足，地方实力派之间也矛盾重重，相互拆台。日本人认为“中国实力派之

---

① 《民国档案》，1987年第4期。

② 《中国事变陆军作战史》第1卷第1分册，中华书局1979年版，第216页。

③ 《中国事变陆军作战史》第1卷第2分册，第41页。

大部采个人或小集团之繁荣主义，缺乏为国为民的观念，因此就形成独霸一方，独裁私兵的状况。"①由于这些地方正处于华北抗战最前线，对抗战部署造成了很大的不利影响。

首先，是国防工事的修筑。晋、鲁、察等省由于半独立于中央政府，事权不一，国防工事建筑严重滞后。直到战争爆发前夕的1937年初，国民政府方得"派员前往标定阵地，稍候方能呈出总需数目再行决定协拨数目"②。七七事变前夕，冀察、晋绥、山东一带国防工事匆忙完工，由于多系临时赶筑，质量普遍不过关，实战中作用很小。如南口之战，由于事先没有构筑坚固防御设施，守军赶到后，"临时构筑，亦复不易，我阵地守兵，仅可堆石为垒，聊作遮蔽而已"③。直到七七事变爆发后，宋哲元仍"对沧保线工事不主张构筑，主张以四师兵力由天津冲山海关。前中央所发工事费五十万元，以廿五万给刘汝明，筑察省工事，至河北则主攻不主守"④。这就严重延误了河北防御工事的修筑。

其次，中央和地方实力派之间的矛盾，使华北友军协调十分困难。事变爆发后，宋哲元仍要求从河南北调的中央军从冀南"稍为后退"⑤，不愿中央军势力伸展到平津。主持察省军政的刘汝明对省外军队入察也疑虑重重，南口战役中，使奔赴南口前线增援的陕西部队"作不须有之停留者，达二十四小时之久"⑥。韩复榘直到抗战爆发后，仍拒绝中央军进入其势力范围，以图保存实力，与日军谋求局部妥协。在战场瞬息万变，机会稍纵即逝情况下，中国为此自己丧失了许多作战先机，这对华北战事的消极影响难以估量。当时负责华北前线指挥事宜的委员长石家庄行营主任徐永昌诉苦说："队伍太杂，能战者甚少，情形殊难描写。"⑦这反映了当时的实情。

交通问题也是华北作战的一大不利因素。由于战前中央军仅限驻于江苏、安徽、河南黄河以南一带，战事爆发后，向华北大规模调兵成为一大难题。中国部队装备落后，机动能力差，迅速增兵十分困难，所以在南口等战役中，屡犯逐次增兵的兵家大忌，失去一举击退敌人的机会。

华北的这些不利情况，使中国统帅部面临战略选择的难题。如何将战争向

---

①② 《中华民国重要史料初编·对日抗战时期·绪编》(三)，第362页。

③⑥ 《第七集团军傅作义部南口会战迄太原守城历次战斗详报》，南京中国第二历史档案馆藏。

④ 《卢沟桥事变后国民政府军事机关长官会报第一至第十五次会议记录》，《民国档案》，1987年第2期。

⑤ 《中国民国重要史料初编·对日抗战时期·第二编》(二)，第65—66页。

⑦ 《徐永昌日记》，第4册，台北中央研究院1990年版，第129页。

有利于己方方向引导，既避免在华北实施主力决战，又消弭日军南下武汉危险于无形①，成为关系战争持久的关键。华北战场的失利，凸显了在中国战力相对较强地带开辟新战场，以争取作战主动的必要性。

三、淞沪作战的有利条件及初期计划

上海地区自一·二八淞沪抗战后，即被划定为中国军队非驻扎区。日军在上海屯兵上千人，中国海防门户大开，宁沪间又近在咫尺，首都安全受到很大威胁。华北事变后，日军虽暂无上海作战计划，但从军事战略角度说，上海日军无疑是置于中国心脏地带的定时炸弹。从日军作战计划看，虽欲避免在华北、华东两线作战，但也未排除时机成熟在沪作战的可能。1936 年，日军制定的作战计划曾考虑以两个军的兵力，“策应向南京作战，以实现占领和确保上海、杭州、南京三角地带”②。七七事变后，日本军部再次要求：“要确保上海及青岛使其成为作战基地”，并计划“对上海、青岛方面再派两个师团”③。7 月底，海军省又要求：“对华全面作战和保护青岛及上海，也应完成必要的准备。”④可见，上海始终是日本计划中的重点。当时日本第三舰队司令长官长谷川即主张对华发动全面战争，认为：“华中作战应以必要的兵力确保上海和攻击南京”，“为华中作战应派遣陆军的五个师团。”⑤9 月初，日军下达的作战目标是：“方面军在现在正进行的河北省中部会战中，给敌人以决定性的打击后，即乘敌人的劣势迅速进入山西省内，河南北部，山东省内追击敌人，并且伺机指向徐州方面作战，占据战略上，特别是政略上的要点，挫伤南京政府的抗战意志。”⑥如果日军这一目标实现，东起徐、海，西至豫、晋，对中国东南部构成扇形压力，中国沿长江一线失去凭恃，日军可从多方面出击，腰斩长江，切断中国东西通路。因此，先发制敌，避免被动挨打，已成中国抗战当务之急。

经过慎重抉择，中国统帅部决定在上海出击，这包含了多重考虑。首先，以

① 从事后材料看，当时日军没有南下武汉的计划，但从战略角度言，严防日军南下侵夺武汉，确为战略必需。

② 《中国事变陆军作战史》第 1 卷第 1 分册，第 93 页。

③ 《中国事变陆军作战史》第 1 卷第 1 分册，第 168 页。

④ 《中国事变陆军作战史》第 1 卷第 1 分册，第 204 页。

⑤ 《中国事变陆军作战史》第 1 卷第 1 分册，第 169 页。

⑥ 《中国事变陆军作战史》第 1 卷第 1 分册，第 59 页。

上海为出击点，可占先机之利。由于上海在战略上的突出地位，国民政府对上海始终采高度戒备，在宁沪间重点构置了吴福、锡澄、乍嘉等数道防线。到1937年初，政府用于江浙阵地建设经费达497 200元，占全国实发总经费的69.3%①，远高于华北等地。在江海防方面，整理顺序为“先求巩固长江下游之江防，其次渐及粤、闽、苏、鲁诸海岸”②，将重点放在宁沪一带。1936年2月，军事委员会在苏州设置京沪警备区，张治中任负责长官，辖第八十七、第八十八等精锐师，积极对日备战。同时，长江一带还集中了大部分经过整编的中央正规军，部队精干，事权统一，作战效能远较华北充分。

其次，从全局战略说，在上海发动主攻，还可吸引华北敌军兵力，迟滞敌人在华北的进攻。以华东攻势支援劣势中的华北战场。时任作战部部长的黄绍竑认为：“‘八一三’事变的发生，是出乎日本意料之外的，亦可以说日本是被动的，而我国是主动的。最高统帅的决策，是要以主动的姿态，先把上海的敌军根据地摧毁，然后再主动的向华北作战，即使不能把敌人根据地铲除，亦须吸引其兵力到这方面，以搅乱其既定的计划。”③蒋介石自己也曾总结说：“我们这次为什么要在上海作战呢？就是要打破敌人的战略，使他们不能再按照原定计划，集中兵力侵略我们华北。”④上海成为中国初期抗战战略中的一颗重要棋子。

第三，上海的地理位置及地形也促使中国军队对日军发动进攻。上海地处宁沪杭三角区，其安全与南京息息相关，对中国政治、经济影响甚大。在此作战，清除驻沪日军的肘腋之患，对安定东南、拱卫南京，有着重要意义。淞沪地区地形狭窄，沟渠纵横，中国军队通过构筑密集工事防守，有利于实行消耗战术，稳固防守。而日军在这一狭窄地带内，机动化能力及立体作战能力均难充分发挥。这种地形上的不利因素，战前日本人已有注意，认为淞沪一带“构筑了坚固的阵地网，因此考虑到作战规模将会扩大时限定在这一狭小地区，对我（日军）战略态势显然不利”⑤。当然，上海地形对中国方面也存在一些不利因素，在无法有效阻止敌人从海上登陆的情况下，淞沪地区凸出地形容易被敌人从两翼突破，切断后

① 《中华民国重要史料初编·对日抗战时期·绪编》（三），第361—363页。

② 《中华民国重要史料初编·对日抗战时期·绪编》（三），第363—364页。

③ 《黄绍竑回忆录》，广西人民出版社1991年版，第339页。

④ 蒋介石：《抗战检讨与必胜要诀》，《蒋委员长训词选辑》第2册，第554页。

⑤ 《中国事变陆军作战史》第1卷第2分册，第93页。

路,招致夹击,另外在经济命脉所在地开辟战场也有犯忌之嫌。不过,当时中国大陆除东北、华北外,只有上海驻有较大规模日军,我军可以主动出击,开辟战场。事实上,中国统帅部要开辟新战场,舍上海外,别无选择。

第四,从政略上考虑,就国际关系而言,上海是国际都会,在此作战易于引起各国干预与同情,对争取国际舆论帮助有一定意义。从国内舆论看,虽然中国已确定对日持久作战方针,但抗战初期要求打一场大仗、硬仗,一战以显声威的呼声也很强烈。阎锡山就曾建议:“最好在敌傲慢之下,第一次须求得胜利,以正世界视听,尔后再将军队疏散,实行持久战。”①蒋介石本人也希望以一场胜仗震慑日本军方,迫使其放弃全面侵华方针。这种情绪反映在中国统帅部制定的作战计划中,即强调:“长江下游地区之国军,于开战之初,应首先用全力占领上海,无论如何,必须扑灭在上海地区之敌军,以为全部作战之核心,尔后直接沿江海岸阻止敌之登陆,并对登陆成功之敌,决行攻击而歼灭之。不得已时,逐次后退占领预设阵地,最需确保乍浦—嘉兴—无锡—江阴之线,以巩固首都。”②“该战区应以扫荡上海敌军根据地,以达成巩固首都及经济策源地,为作战指导之基本原则。”③利用上海地区我军优势,力争速胜以扭转战局,应是中国统帅部期许的最佳战况。

综上所述,中国统帅部开辟淞沪战场的意图是多方面的,其直接目标主要有两个:一是解除宁沪地区敌军威胁,利用上海及长江方面优势歼灭敌军取得速胜;二是支援华北战场,以上海之长补华北之短。同时,中国统帅部对持久作战也有一定准备。由于战争的复杂性,艰巨性,实际战局发展并不完全合乎中国统帅部的预定计划,战争进行过程中,中国统帅部根据战况发展,适时调整、深化其总体战略。在一举击敌,取得速胜的希望破灭后,转而调动、利用中国东南地区相对充足的战力,逐渐扩大淞沪战役规模,将其发展为主战场,以求在总体战略上争得主动。1938年底,初期抗战告一段落后,蒋介石曾总结说:“在去年平津失陷的时候,我们不能将全国所有的部队调到华北去与敌人争一城一池的得失,而要将我们主力部队,作机动的使用,节节抵抗,逐步消耗敌人,一定先要引诱他到长江流域来……孙子兵法上又说:‘凡先处于战地而待敌者逸,后处战地而趋战者劳,故善战者致人而不致于人。’我们能诱敌深入,处处地方我军是先处战地以

① 《民国档案》,1987年第2期。
② 《民国档案》,1987年第4期。
③ 《民国档案》,1987年第1期。

待敌，敌人处处地方是后处战地而趋，在我们完全是以逸待劳，步步致敌，而不为敌人所致。”[①]蒋介石在此揭示的淞沪战役总体战略，就是在会战中逐渐形成、发展的。

四、 淞沪战役的战略发展

8月中旬，由于日军持续向上海增兵，加上中国进攻部队指挥失当，进攻不力，武器装备也远逊日军，全歼上海日军计划告吹。在此情况下，将淞沪战场定位在何种规模上，成为摆在中国统帅部面前的一大难题。当时日军坚持华北大规模作战计划，对华东取应付方针，淞沪战场继续进行、发展的主动权握在中国手中。据陈诚回忆：淞沪战事爆发后，他于8月18日与熊式辉衔蒋介石命赴上海考察战事。“返京后，领袖询问视察情形。陈云：‘敌对南口，在所必攻，同时亦为我所必守，是则华北战事扩大已无可避免。敌如在华北得势，必将利用其快速装备沿平汉路南下直趋武汉，于我不利。不如扩大淞沪战事以牵制之。’领袖遂云：‘一定打。’陈又云：‘若打，须向上海增兵。’遂发表陈为第十五集团军总司令，并增调部队赴沪参战，而整个中日战争亦即由此揭开。”[②]陈诚所云日军沿平汉线直趋武汉，将中国东西一分为二的危险，也正是蒋介石的一大心病：武汉、长江一直被蒋视为抗战心腹地带，武汉过早失陷，节节抵抗战略即难以实施。所以淞沪战役期间，他与徐永昌谈话时，曾透露这一担心：“蒋先生以为敌如越黄河南下，斯真不了。”[③]陈诚当时的议论可说正中蒋的下怀。

关于蒋、陈谈话后淞沪战场的发展及地位，史学界存在不同看法。一种意见认为：淞沪战场直到10月份前一直居次要地位，日军大量增兵上海后，其与华北战场地位才发生变化。[④]根据是8月20日南京统帅部发布的《战争指导方案》明确宣称：“主战场之正面在第一战区，主战场之侧面在第二战区。”[⑤]这两个战区均位于华北，而且中日双方在淞沪战场的兵力配置也直到10月份才全面超过华

① 蒋介石：《第一次南岳军事会议开会训词》，《蒋委员长训词选辑》第3册，第454—455页。

②⑤ 《民国档案》，1987年第1期。

③ 《徐永昌日记》第4册，第148—149页。

④ 马仲廉：《论淞沪战役》，《军事史林》，1989年第3期；余子道：《论抗战时期正面战场作战重心之转移》，《抗日战争研究》，1992年第3期。

北。另一种观点则认为，淞沪战场在8月下旬即逐渐发展为主战场①，理由主要是8月20日国民政府军事委员会颁布的作战指导方针有如下说法："国军一部集中华北，重叠配备，多线设防，特注意固守平绥东段要地，最后确保山西、山东，力求争取时间，牵制消耗敌人。以主力集中华东，迅速扫荡淞沪敌海军根据地，阻止后续敌人之登陆，或乘机扑灭之。"②这里，华东被确定为主力出击点，华北则担负牵制消耗任务。

关于这一问题，应具体加以分析。从当时情况看，8、9月份，国民政府以华北为主战场是对客观事实的承认，是必然的。战争态势由交战双方构成，在初期中国被动应战的情况下，主战场的选定不可能以中国的意志为转移。由于日军陈重兵于华北，摆出重点进攻华北的态势，华北战场理所当然成为中国防御的要点。另一方面，国民政府确定在华东集中、出动中国军队主力，反映了中国统帅部对华东战场的高度重视，并且暗含着将华东战场发展为主战场的可能。

中国统帅部对"主战场"和"主力"的不同提法，准确反映了其实际决策。以华北为主战场是对当时战争客观态势的承认，而在华东集中出动主力则包含着力争主动，打破现有战争格局的意图。从此后实际战争进程看，也是如此。蒋、陈谈话后，8月21日，中国正式组成以陈诚为总司令的第十五集团军投入战场，下辖第十八军、第三十九军、第七十四军，均系国军中的精锐部队，其中第十八军及七十四军部分部队由华北战场南调。这样，淞沪战场的中国部队已达15个师以上，且均系中央精锐部队。和华北以地方杂牌部队为主存在很大差异。实际上，此后中国部队虽是节节增兵，但在最前线与日军直接接触部队始终保持在15—20个师左右，淞沪战场的规模到这时已初步形成。所以，9月1日，《大公报》即指出："南北两个战场，我们的看法，一向是北重于南，看现在的情形发展，却南北并重了。"

由于中国军队的巨大压力，日军于8月23日被迫向上海增援个师团，到8月底，日军投入淞沪战场兵力达5万人。中国军队虽未实现彻底打击日军的初衷，但却使其陷入了两面作战的境地。应该说，淞沪战场的开辟扩大，是中国军队主

---

① 王树荫：《论国民党开辟淞沪战场之得失》，《教学与研究》，1987年第1期；马振犊：《开辟淞沪战场有无"引敌南下"战略意图?》，《抗日战争研究》，1994年第2期。

② 蒋纬国：《抗日御侮》第3卷，黎明文化事业公司1978年版，第101页。另外，据原始档案揭示，8月12日，蒋介石主持国防最高会议确定的作战指导原则是："国军一部集中华中持久抵抗，特别注意之天然堡垒，国军主力集中华东，攻击上海之敌，力保吴淞要地，巩固首都；另以最少限度兵力守备华南各港。"（国民政府军事委员会档案，中国第二历史档案馆藏，转引自严如平、郑则民：《蒋介石传稿》，中华书局1992年版，第314页。）

动求战和保持压力的结果，而且，中国的持续增兵，一步步将淞沪战场推到了主战场的地位。

8月下旬开始，中国增援部队即源源不断地开赴上海、江浙一带。川、黔两省部队8月底、9月初动员出发，“沿湘黔公路徒步行进，到湖南辰溪，乘木船至常德，再换轮船经洞庭湖抵达长沙”①。到上海前线时已是10月初。广西部队从8月下旬出动，9月中开抵徐州、海州一带布防，后又增援上海。在当时情况下，交通不便，通讯困难，部队机动性差，增调部队涉及问题很多，所以虽然到9月底、10月初，淞沪全线部队才全面超过华北战场，达70个师左右，中央军的3/5投入战场，但在此之前，川、黔、桂、鄂、湘、赣等省部队已先后开始出动，淞沪战场从决策出动主力到发展为主战场，大致经历了一个月的时间。在当时情况下，战争指导不可能一蹴而就。

日军9月中旬投入淞沪战场兵力已达10万人，从9月下旬，继续大规模增兵。10月5日，“决定从华北调用兵力，把主作战转移到上海方面”②。此后日军调集各方部队近4个师团，其中两个师团直接由华北战场调来，投入淞沪战场总兵力共达9个多师团20余万人，超过了华北战场兵力。这样，淞沪战场无可置疑地成为中日双方的主战场。

在军事上积极进取、力争主动的同时，中国统帅部加紧部署西迁，贯彻持久作战的总体战略。7月底，国民政府即开始西迁准备。8月10日，行政院组织上海工厂迁移监督委员会，12日，上海工厂迁移委员会正式成立。到年底，上海地区共迁出民营工厂146家，技术工人两千多人。此外，政府机关、文化事业单位也开始西迁。淞沪战事爆发后不久，南京各级机关的“实际人员和办事机构都已开始分散，有些撤向汉口，有的撤向湖南和广西”③。中国历史上一次规模最大的民族大迁徙由此开始。在这一过程中，武汉作为西迁的关键枢纽，充分体现了中国统帅部以它作为战略重心的远见。11月中旬，淞沪战事基本结束后，蒋介石曾谈到，淞沪和太原战况不利，原非意外，而是为了我方所预期的，“军事上最要之点，不但胜利要有预定计划，即挫折亦要有预定的打算”④。从顺利组织西迁这一事实看，蒋此一说法当非虚言。

① 向廷瑞：《洒尽热血，为国争光》，《八一三淞沪抗战》，中国文史出版社1987年版，第333—334页。
② 《中国事变陆军作战史》第1卷第2分册，第22页。
③ 《何廉回忆录》，中国文史出版社1988年版，第208页。
④ 蒋介石：《国府迁渝与抗战前途》，《先总统蒋公思想言论总集》第14册，第653页。

和中国相比，日军投入上海战场基本是被动的，直到10月份大量增兵时情况仍未见好转。日本战史记载："在10月上旬这一阶段，上海派遣军还正在苦战中，打开战局还不能逆料，所以作战成果还没有充分的把握。"①由于在上海消耗过大，华北顿显空虚，以致太原会战时，日军感到："几乎没有余力为太原作战增加兵力。"②参加淞沪战役全过程的第八十八师师长孙元良回忆说："上海敌我主力三个月的激战，使在华北的敌军不能任意行动，造成我华北有利的形势，尤其是使山西的国军有准备的余裕，结果在山西的敌军始终不能西越雷池一步，关中保持完整(西南大方后得在安定中厚蓄潜力)，这实为战略上最大的成功。"③日军努力争取主动，寄希望于在淞沪地区与中国军队主力决战，达到消灭中国军队主力，屈服中国抗战意志的目的。由于蒋介石在会战最后阶段未能当机立断，及时撤出战场，造成中国军队一些不应有的损失。但日军消灭中国军队主力的企图未获成功。此后，日军客观上陷入两面作战境地。为协调南北双方，相互呼应，攻占南京后，日军不得不回头打通津浦线，使南北联成一气，解除西进部队的侧面威胁。李宗仁说："京沪战事一旦结束，津浦线必然是敌人攻击的次一目标……因敌人在京沪线得手之后，必定要打通津浦线以清除右侧面的威胁，然后才可西进。"④台儿庄战役就是抓住日军急于打通两翼、单兵突进的机会，一举击敌取得成功的。日军的这一行动方向无疑为中国调整部署，由东南逐渐西撤提供了宝贵时间。

淞沪会战是中国抗战史上一个空前壮烈的大战役，整个战役，中国军队伤亡18万多人，毙伤敌军6万多人。它有力地消耗了日军的有生力量，迟滞了日军进攻的步伐，中国也为此付出了损失大批精锐部队的惨重代价。中国最高统帅部在战役指挥中，审时度势，适时确定我军的总体战略方针，对战役发展及整个中日战争进程产生了积极的影响。夸张地估计中国统帅部的先见之明，认为其一开始就有诱敌改变进攻方向的分兵战略，稍失严谨；而看不到中国统帅部战前的充分准备，低估其在总体战略上的良苦用心，似乎也有欠客观。

(本文原载《抗日战争研究》，1995年第2期)

① 《中国事变陆军作战史》第1卷第2分册，第85页。
② 《中国事变陆军作战史》第1卷第2分册，第72页。
③ 《孙元良回忆录》，台北世界出版社1974年版，第208页。
④ 《李宗仁回忆录》下册，广西政协文史资料委员会1980年版，第707页。

抗日战争初期中国和日本的战略与淞沪会战

程 晓

淞沪会战是抗日战争初期第一次大的战役，对于中日两国战略的实施及其变化产生了重要的影响。本文依据有关史实，探讨中日双方在抗战初期的战略与淞沪会战的关系。

一、抗战初期日本的战略是：在一定的范围内，以强大的兵力打击中国，速战速决，迫使中国屈服；中国实行的是以空间换取时间，积小胜为大胜的持久消耗战略

1937年7月7日卢沟桥事变后，中日两国都力争主动，使战况向有利于自己的方向发展。

长期以来，日本一直把侵略中国定为其“国策”。特别是从30年代开始，日本几乎每年都制定对华作战计划。这些计划虽各不相同，但基本思想都是迅速打击中国，迫使中国屈服，同时力避全面战争。七七事变后，骄狂的日本军方认为，中国绝不会有抗战的决心和意志，战争可以在短时间内结束。日本陆相杉山元在给天皇的报告中声称，两个月内可以结束战争①。7月11日，日本政府决定向华北派兵。日本陆海军在作战计划中决定，以平津地区为主要作战地区，在其他地方尽可能不大规模使用兵力②。作战目的则定为“覆灭排日抗日的根源的中央政府”，并要求在三四个月内争取结束战争③。

---

① 井上清：《昭和五十年》，天津人民出版社1979年版，第62页。

② 《中国事变陆军作战史》第1卷第1分册，中华书局1979年版，第15页。

③ 井上清：《天皇战争责任》，商务印书馆1983年版，第86页。

日本根据以往的经验认为，在给中国沉重打击后，就能“使南京政府在失败感下不得已屈服”，“并由此造成结束战争的机会”。对于华北的战斗是否会引起中日间全面战争的问题，日军认为，“日华间的一般形势，已表现出全面战争状态；但实际战区还是到日军给予冲击的地方为止。因此，非但不因我军进入石家庄、沧州一线，而诱敌向全面战争扩大；相反可以期望由此一击而避免全面战争。而且，以国内外形势看，给予中国军队一击的时机，必须迅速实现”①。

由上可见，七七事变后，日本认为中国不堪一击，决无全面长期抗战的决心和意志，以为通过局部化的战争，速战速决即可达到其侵华目的。于是日本确定对华战争的战略是：在一定的范围内，以强大的兵力打击中国，速战速决，迫使中国屈服。实施这种战略的行动就是进行华北会战。日军企图在石家庄、德县一线与中国军队决战，消灭中国军队，防止局势走向扩大或进入胶着状态，同时要“极力避免对华中及华南使用兵力”②。

自30年代以来，中日民族矛盾日益尖锐，中国广大人民群众的抗日呼声日益高涨。国民政府认识到中日一战已不可避免，尽管进行得很缓慢，但毕竟已经在政治、财经、外交、军事等方面开始进行战争准备，对在战争中应采取的战略也曾有过考虑。总的来说，就是执行持久抗战的战略③。但是对于如何执行这一战略，国民政府并未做充分的研究。七七事变后，国民政府一方面要求华北地方当局坚定抗战立场，与日本周旋，争取时间；一方面加紧进行各方面的战争准备工作。

为了确定抗日战争的方针大计，国民政府8月6日在南京召开了有各方面代表参加的国防会议，决定了“举全国力量从事消耗战以争取最后胜利”的国防方针④。国民政府对抗日战争的总构想是充分利用本国地域广阔、人口众多的优势，实行以空间换取时间，积小胜为大胜的持久消耗战略。国民政府决定，战争守势时期的任务是力保要地，消耗并疲惫敌人，粉碎日本局部化和速战速决的企图。

① 《中国事变陆军作战史》第1卷第1分册，第210、212页。
② 《中国事变陆军作战史》第1卷第1分册，第177—178页。
③ 参见张其昀：《党史概要》第2册，(台湾)中央改造委员会文物供应社1951年版，第912—913页。
④ 蒋永敬编：《中国现代史论集》第9辑，第46页。

二、中国期望一举歼灭驻沪日军，确保政治经济要地，扩大影响。日本放弃不扩大方针，作战地域由华北发展到华东

战争初起之时，中国并没有打算在上海与日军作战，而是准备在华北与日军对抗。但是，驻沪日军日夜演习，频繁调动海军，不断挑起事端，形势十分紧张。7 月 30 日，负责京沪国防区的张治中向最高统帅部建议：如果已确认日军将在上海发动进攻，我方应先发制人。这个建议得到蒋介石同意①。8 月 3 日，蒋介石把上海的军事指挥权统交张治中。8 月 9 日发生了大山事件后，上海局势处于一触即发的状态。日本向中国提出了撤退保安队、拆除工事的要求。同时，国民政府获悉，日本海军舰队正在来沪途中。8 月 11 日，日本从国内派遣的部分舰船和陆战队到达上海。种种迹象表明，驻沪日军已不甘寂寞，意在上海寻衅。国民政府决定扫荡在沪日军。8 月 11 日晚，统帅部命令张治中率第八十七师、第八十八师向预定之围攻线推进，同时调集兵力，加强上海部队。12 日晨，张治中部进入上海。13 日，中日军队在上海发生战斗。当晚，统帅部命令张治中部 14 日拂晓进攻，空军出动轰炸，海军封锁江阴，同时命令正在由武汉向石家庄运送的罗卓英部(第十八军)转向苏州运送。14 日，中国陆、空军向在上海的日军发起进攻，上海战事全面展开。

中国统帅部希望能将上海日军一举扫荡。考虑到驻沪日军的工事坚固，统帅部在上海战事开始前还调派炮兵加强张治中部，并于 8 月 13 日晨下令将为准备华北战斗而调至北方的空军主力部队转移京沪，以加强空中力量。战斗开始后，蒋电令张“一鼓作气歼灭敌军”，并要求陆空军加强协作，以“达铲除倭寇之目的”，且认为“旷日持久极不利也”②。副参谋总长白崇禧也认为，上海作战应“务在敌人陆军未到以前解决之”③。这都说明，中国统帅部在淞沪作战的最初目的是希望一鼓作气歼灭上海日军，以确保政经要地，扩大影响，并利于在日军再次进攻时进行防御。

尽管中国军队在淞沪会战初期取得了一些胜利，却未达把日军赶下黄浦江

---

① 《张治中回忆录》上册，文史资料出版社 1985 年版，第 117 页。

② (台湾)《近代中国》第 32 期，第 62—63 页。

③ 《历史档案》1985 年第 2 期，第 49—50 页。

的目的。日军利用坚固工事及优势的炮火支援顽强抵抗，固守待援。战斗很快就处于胶着状态。8月18日，陈诚奉命赴沪视察后回到南京。他根据战争的总态势和上海战斗的情况，向蒋介石建议："敌如在华北得手，必将利用其快速部队沿平汉路直趋武汉。武汉一旦失守，则中国将东西纵断为二。故不如扩大淞沪战事，诱敌至东战场，可实施民国25年所原订的持久消耗战略。"①鉴于击破日本局部化战略的需要，在华北平原与日军作战于中国军队不利，淞沪战事实际已经开始，上海是中国经济中心及国际关注的地区等多方面的因素，蒋介石决定调集主力部队在上海与日军进行大规模作战。于是国民政府迅速作出决定，把上海作为一个重要的战场。在这种方针指导下，国民政府制定了全面的战略实施计划。8月20日，军委会颁布了《作战指导计划》，决定中国军队"以一部集中华北，重叠配备，多线设防，特注意固守平绥路东段要地，最后确保山西、山东，力求争取时间。牵制消耗敌人。以主力集中华东，迅速扫荡浙沪敌海军根据地，阻止后续敌军之登陆，或乘机歼灭之"②。中国力图以这种战略布局来迎击日本速战速决和集中优势兵力于一地打击中国抗战力量的战略。

日本对于中国上海的地位一直有充分的认识。但是将上海作为战争中一个主要作战地区，是有一个逐渐变化过程的。

七七事变后，虽然日方在上海方面采取了许多战争准备措施，但是日本军方从整体战略考虑，并无在华东与中国军队大规模作战的计划。由于日本海军强烈要求在上海派遣陆军，于是日军参谋本部决定在"情况恶化"时，至少派遣两个师团。日本海军军令部对此并不满足，极力要求在上海发动战争。然而，日军参谋本部在7月底8月初仍把击败平津地区的中国军队作为日军在华作战的主要作战方针，对上海方面持"除非万不得已，不派遣陆军部队"，如果上海发生战斗只由海军担任的态度③。但是，日军在华北并未顺利达到目的，而上海局势又日趋紧张。于是东京希望在上海行动，破坏中国的经济中心，威胁南京，以利华北的战事。大山事件后，日本内阁会议正式决定向上海派遣陆军。15日，东京下令派遣"上海派遣军"，以松井石根为司令官。日本政府发表声明，表示要对中国采取"断然措施"。随后，日本内阁决定放弃不扩大方针。8月23日，日本上海派遣

---

① 转引自蒋永敬：《现代史料论集》，（台湾）商务印书馆1978年版，第74页。

② 胡璞玉主编：《抗日战争史》之《全战争经过概要》（三），（台湾）国防部史政编译局1968年版，第255页。

③ 《中国事变陆军作战史》第1卷第1分册，第210—212页。

军在吴淞、川沙等地登陆,向吴淞、罗店、浏河一线进攻。中日展开激烈的战斗。

由于在南北两方都发生了战斗,日军原定的作战计划必须改动。经过讨论,8 月 21 日陆海军达成一致意见,认为总的策略是通过作战使中国丧失抵抗意志,痛感坚持抗战之不利,造成和平局面。为此,要速占上海附近的机场,消灭中国空军,反复空袭中国的工业、经济中心及重要军事设施,占领上海,使其丧失经济中心的机能;同时,在华北对中国军队予以打击,使其丧失抗日的自信心,以达速战速决目的。

三、日军把主作战区域由华北转移上海。中国军队在初步达到作战目的的情况下没有主动转移,淞沪会战以中国失败告终

淞沪会战开始后,此时尽管形成了两个战场,但日军的主作战方向仍然是华北,期望在华北一战使中国屈服。8 月 24 日,日本内阁决定向华北增派 4 个师团。日本军方期望通过华北会战获得一个大的胜利,迅速结束战局,以免陷入持久战争。

就在日军准备与中国在华北决战的时候,中国却把战争的重心放在了淞沪。日本上海派遣军遭到中国军队的猛烈攻击,陷于苦战之中,渐感不支。在沪日军向东京要求增援部队,认为若要在淞沪方面给中国军队以大的打击,最少需要 5 个师团的兵力。东京研究后,并没有同意立刻向上海增兵的要求。然而,上海日军处境困难,一再要求援军。9 月 6 日,日本海军军令部总长直接上告天皇,要求迅速向上海增兵。于是日本参谋本部决定增兵上海,9 月 11 日下令派遣 4 个师团到上海。这样,日军在中国南北两战场双管齐下的态势完全形成。

在南北两面打击、迅速结束战斗的方针指导下,日军参谋本部 9 月 20 日决定,在 10 月上旬以前,在华北、上海两方面发动进攻,务必沉重打击中国,造成中国屈服的形势。但是上海日军进展困难,到 9 月底,日军在上海的伤亡人数已超过了华北。日军意识到,如果不将主战场转到上海,要达到占领上海的目的将是很困难的。并且中国已将中日冲突诉诸国联,展开了外交攻势,上海成为国际注目的地方,如果在上海持久下去对日本非常不利。所以,尽管日军认为当时最有利的战法是在山东作战,但还是决定把主作战区域转移到上海,从华北抽调兵力,以迅速占领上海。10 月 9 日,日军决定组成新的兵团在杭州湾北部登陆,击破上海的中国主力军队,切断上海和周围的联系,迫使中国屈服,结束战争。

淞沪方面的中国军队在罗店、宝山失陷后，9 月 17 日全线退守北站、江湾、庙行一线，转入阵地防御作战。第三战区的作战目的仍然是保卫上海、巩固首都。国民政府军事委员会要求淞沪部队以优势兵力断绝日军之联系，限制其发展，准备各个击破；如果不得已，则退守后方既设阵地，等待支援部队。中国基本上还是在执行其原定的策略，只是将“扫荡日军”改为在沪与日军持久。按照军委会的意图，大量中国部队投入淞沪战场，以数量上的优势与日军顽强战斗。上海方面的战斗极为激烈残酷，日军每前进一步都要付出沉重的代价。尽管日本上海派遣军得到了增援，但直到 10 月下旬，日军仍不能取得战场的优势和预期的效果。

但是，淞沪血战也使中国军队遭受了极大的损失。中国在上海投入了当时可以抽调的几乎全部兵力，伤亡巨大，防线在渐渐后撤，已渐感难以支持。这时，淞沪会战在一定程度上达到了扩大战争区域、转移工业、扩大影响、争取时间的目的，因此，应该考虑适时结束会战。副参谋总长白崇禧、军委会作战组组长刘斐等人都提议上海战斗适可而止，应及时向吴福线既设阵地转移。在此之前，在上海前线作战的张发奎和张治中也曾向军委会建议，在适当的时候向苏嘉、吴福线转移①。蒋介石本来已同意了转移的意见，并下达了向吴福线转移的命令，但是他马上又听信了外交部的意见，幻想九国公约签字国会议能制裁日本，为增大影响，命令上海的部队坚守到布鲁塞尔会议开幕。10 月底，日军突破了苏州河防线。前线指挥官陈诚、张发奎等再次建议及时撤退，军委会仍不同意。于是，中国军队没有在战场形势不利的情况下及时作主动的、有计划的转移，而是继续死守上海，寄希望于布鲁塞尔会议。这是中国在淞沪会战中极大的失策，带来了极其严重的后果。11 月 5 日，日本第十军在杭州湾登陆成功。上海的中国军队腹背受敌，被迫后撤，淞沪战场全线告急。11 月 12 日上海陷落。中国军队曾计划在吴福线阵地再行抵抗，但由于撤退时毫无计划和秩序，既设阵地又无准备，加上日军紧紧追击，这一计划也告失败。淞沪会战以中国的失败而告结束。

四、结　　论

淞沪会战是抗日战争初期一次大的战役，战争初起之时，中日双方都没有准备在淞沪展开大规模的作战。随着中日战争的发展，双方为了争取主动，淞沪会

① 张发奎:《八·一三淞沪会战回忆》,(台湾)《传记文学》第 184 号,第 60 页。

战才逐步演成双方战略实施中的关键性战役，对中日双方都产生了重要的影响。

在日本方面，战争最初的一段时间，其军事战略是通过局部地区的战争，沉重打击中国军队，迫使中国政府迅速投降，概括地说就是局部化的速战速决。这种战略思想是建立在对自己估计过高、对中国估计过低的错误认识基础上的，因而就不可避免地带有冒险性和投机性，就注定是行不通的。日本在其总体战略上从未重视过中国。它是以苏联、美国、英国为其称霸亚洲的假想敌国的，而认为中国不堪一击。七七事变后，日本先是认为中国软弱无能，只要日本派兵，中国必定投降。当中国奋起抗战后，它又认为只要给中国沉重打击，中国就会听从日本的安排。所以，日本先是企图在华北与中国决战，后又放弃不扩大方针，在上海与中国激战，使淞沪方面也成为其侵华的主要战场。然而，日军占领淞沪并没有达其速战速决，使中国政府屈服的目的。由此可以看到。从七七事变到淞沪会战，日本的局部化和速战速决战略，被迫一步步地改变和放弃，战争长期化已成定局，战争初期日本的战略意图遭到失败。这是日本陷入中国泥潭的开始。应当指出的是，战争初期日本的局部化意图，决非不想大规模侵华，而是以为通过局部化战争，就可以达到使中国屈服的目的。

在中国方面，其抗日战略是以空间换取时间、积小胜为大胜的持久消耗战略。战争是在中国各方面的准备都很不充分的情况下爆发的。中国对于如何贯彻其战略并无定算。在淞沪战事初起时，中国只是想一举歼灭上海日军，以利日后的战斗；但当日本迅速增兵后，中国马上将上海作战的目的与实施其既定战略联系起来，把淞沪会战作为打乱日军的作战计划、掩护工业和人员内迁、争取国际支持的手段。这样，针对日本的局部化和速战速决战略，中国同时在华北和上海两个方向与日本作战，使战争地域扩大，尽量全面化，不让日军集中兵力于一个方面。只有打破日军的战略意图，才能真正发挥中国地域广阔、人口众多的优势，因此进行淞沪会战是必要的。淞沪会战成为中国在战争初期实施战略的关键性战役，这次会战使战争的全面化和持久化成为必然的趋势。但是，国民政府在战争初期的战略部署中存在依赖国际力量、轻敌等错误想法。在淞沪会战中，国民政府较多地考虑了上海是国际观瞻所在这个因素，企图用这次战役引起国际的注意，共同制裁日本，而没有在不利的形势下，积极地主动地转移，致使淞沪会战失败，并造成许多不应有的损失，尤其是淞沪失陷后，战局对中国非常不利。

（本文原载《中共党史研究》，1995 年第 6 期）

论中日双方在淞沪战役中的战略

褚家渊

淞沪战役是中国抗日战争中的一次重大战役，关于它的著述颇多，但从战略角度加以探讨的文章似不多。本文拟就中日双方战略作些探讨，以使国人对这一战役有更进一步的认识。

一、 蒋介石的“总战略”与在淞沪战役中的战略

蒋介石在整个抗日战争时期的“总战略”是建立在“以空间换时间”的“原则”基础上的。由于他在对日作战心理上存在一种自卑感，并且对国民党军队战斗力劣于日本军队甚为担忧，因此甚至在抗日战争前就拟定了将来撤入边远的西南大后方的战略：“哪怕我们失去了全中国 18 个省中的 15 个……”他在 1935 年 8 月这样对集会的政府官员们说，“只要四川、贵州、云南三省控制在我们手里，我们就可以打败任何敌人，收复失地。”①

蒋介石的战略思想是以这样的认识为基础的：中国的经济和社会仍处在前现代化、前工业化阶段。所以，无论多少城市和工厂落入敌人手里，这个民族的抵抗运动还是能够继续下去的。如果侵略军推进到广阔无边的大后方，他们的补给就会跟不上，就会变得筋疲力尽。

蒋介石认为，日军会比较容易地夺取华北和华东的中心城市，并且沿着公路干线与铁路迅速向前推进。然而，由于中国西部山高路险，交通不便，如在那些

① 吴相湘：《1935—1945 年中日战争中国采用的总战略及若干大战役》，台北综合月刊社 1973 年版，第 48 页。

山峦的背后，隐藏中国守军，日军的推进至此便会举步维艰。

根据“总战略”，为了延长撤退时间，抗战前，在张治中主持下，国民党聘请德国工程师精心设计，修筑了吴江到福山、无锡到江阴两道防线。据国民党将军宋希濂回忆：“这两条线是既设阵地，轻重机关枪掩体，星罗棋布，全是钢筋水泥做的，还有许多半永久性的工事。这是国民党军事委员会于 1934 年至 1936 年约两年半时间内，派了 36 师、58 师、87 师、88 师等 4 个师和几个工兵团构筑的。”①

此外，早在 1932 年蒋介石就已经构想，一旦发生对日战争，便在四川建设国家工业并移都重庆，等等。可见，蒋介石对日本侵略是有一定准备的。

不可否认，从长远看，蒋介石“以空间换时间”的持久战略，正像他预期的那样，取得了很大成功。但是，在丧失“空间”换取“时间”的漫长过程中，中华民族为此付出了巨大的牺牲。

然而纵观 8 年抗日战争史，蒋介石并没有一直坚持“总战略”方针，而是在个别战役上对日军坚决抵抗，淞沪战役就是一例。

那么，对淞沪战役，蒋介石为什么没有执行他制订的“总战略”呢？原因有以下 5 点：

（一）上海是世界上最大的国际性都市之一，是美、英、法等帝国主义国家利益所在地，也是以江浙财团为支柱的蒋介石国民政府利益所在，蒋介石对它绝不会像对东三省那样轻易放弃。

（二）在国民党战略家们看来，上海比华北广阔的原野更适合对日军作战，因为密集的市区可以抵消日军坦克、大炮和后勤能力方面的优势。

（三）进行淞沪战役，可以分散日军对华北的注意力，使那里的中国军队能够加强他们的防御，尤其是在战略上重要的山西省。

（四）如果坚守了上海，中国公众舆论就有可能像 1932 年一·二八淞沪抗战那样，全心支持国民政府，又一次兴起大规模的全民抗战。

（五）淞沪战役，战场距外国侨民住区仅一箭之遥，这就会势必引起西方列强对中国的关注和同情，产生国际影响。

由于蒋介石对淞沪战役的战略方针早已胸有成竹，因此，1937 年 8 月 9 日虹桥军用机场事件发生后，他不顾 1932 年《淞沪停战协定》关于上海不准中国驻军的规定，于 8 月 11 日下令将张治中指挥的用德式装备的、有德国顾问的 3 个精锐

① 宋希濂：《南京守城战役亲历记》，载《文史资料选辑》第 12 辑，中华书局 1961 年版，第 14 页。

师预先调入虹口建立阵地，这样，中国军队在八一三之前比日军先占据了战略有利阵地。

在历时3个月的淞沪战役中中国战略大体如下：

（一）中国使用的是防御战略，防御目标是保卫上海、南京这样的政治、经济重地。国民党军委会制订的第三战区战略方针明确指出："对于侵入淞沪之敌，应迅速将其扫荡，以确保京、沪政治、经济重心。同时对于浙江沿海敌可能登陆之地区，迅速构成据点式之阵地，阻止敌人登陆，或乘机歼灭之。"①

（二）中国战略的防御从总体上讲是一种单纯消极的防御。虽然战役初期，中国军队利用敌人兵力少的机会，也曾作过主动出击，给日军以一定杀伤。例如，当时任527团团长的张柏亭回忆："8月14日，第264旅黄梅兴部向日本海军司令部发起进攻。攻击部队由爱国女校方面，自左翼旋回压迫敌军，逐次前进。至晌午时分，我英勇的攻击部队已接近敌海军司令部，敌兵遗尸遍地，大部分退入司令部，一部分沿北四川路南窜，……"②

可是，日军增兵后，虽中国军队英勇奋战，但该战略的消极防御缺陷却明显暴露，中方处于战略被动地位。日本上海派遣军于8月22日深夜起，在吴淞、川沙强行登陆。中国增援部队第15集团军陈诚所部进行阻击，在宝山、月浦、罗店、浏河一线，发生激战。守备宝山的第98师第583团第3营，在营长姚子青率领下，与敌搏斗两天，均为国捐躯。9月17日，中国部队退守北站、江湾、庙行、罗店、浏河一带。

可见，单纯消极的防御战略，等到不能保守阵地时，只得节节退却。

（三）中国采取的战术是错误的"人海防御战术"。八一三之前，蒋介石就视上海地区为主战场。八一三事变后，他密令全国各路国民党军队云集上海。国民党投入淞沪战役兵力达70个师（合6个集团军，即第8、9、10、15、19、21集团军）、250架飞机、40艘舰艇，总兵力超过70万人。兵力总数已远远超过日本投入的最高兵力数。

然而，由于战略保守，尽管许多国民党官兵充满爱国热忱，英勇作战，但战术上丝毫不能发挥优势兵力的作用，不能利用优势兵力对敌人实行进攻性的运动，并在运动中消灭敌人有生力量；相反，只能以血肉之躯与进攻的敌人硬拼，在阵地上消耗自己的实力，作无谓的牺牲。李宗仁回忆道："淞沪之战，简直是以我们

① 《国民革命战史第三部——抗日御侮》第4卷，台北黎明文化事业公司印行，第12页。
② 张柏亭：《八一三淞沪战役亲历记》，载台北《浦东》第39期。

的血肉之躯来填入敌人的火海。每小时的死伤辄以千计,牺牲的壮烈,在中华民族抵御外侮的历史上,鲜有前例。"

(四)消极保守的防御战略,必然导致出现防御阵地的缺口。虽然军委会制订的第三战区战略方针有"对于浙江沿海敌可能登陆之地区,迅速构成据点式之阵地,阻止敌人登陆"的明文规定,但是,随着战役向纵深发展,"人海防御战术"也显得兵力不足,被抽调兵力后的阵地即成为防御薄弱的缺口。杭州湾北岸在战役初期由张发奎指挥的第8集团军守备严密,但到战役中期,正面战斗吃紧,"第8集团军多数被抽走,杭州湾北岸只剩下第63师之两营又一连,警备这漫长的海岸线。"①1937年11月5日清晨,日军就在杭州湾北岸这缺口登陆,使中国军队腹背受敌。

(五)从战略方针的指导思想上看,没有发动上海广大人民保卫上海,只是单纯依靠政府和军队包办淞沪抗战。八一三后,上海和全国各地人民以各种方式支援淞沪抗战,连海外爱国华侨也大力支援祖国抗战。遗憾的是国民政府没有把潜藏在上海人民中的伟力组织起来,形成反对日本侵略的强大战斗力。与此同时,蒋介石总寄希望于英、美、法等西方列强制裁日本,调停中日战争,因而积极推动九国会议的召开。但是,1937年11月3日,九国会议在布鲁塞尔召开,根本没有解决任何问题。参加布鲁塞尔会议的中国首席代表顾维钧事后评论说:"为应付远东局势而举行的这次会议,一开始就表现出它主要不是一个向中国提供有效援助或解决中日冲突的工具,而是一个为英、法提供摆脱困境的方法",这是一次"流产的国际会议。"②

总之,淞沪战役的中方战略(以下简称"淞沪战略"),是不同于"总战略"的一种单纯消极防御战略。并且,它与"总战略"在一定条件下可以相互转化。淞沪抗战3个月是"总战略"向"淞沪战略"的转化;日军在杭州湾登陆后,中国守军腹背受敌,九国会议又毫无结果,1937年11月8日,蒋介石下令全线撤退,"淞沪战略"又转化为"总战略"。

二、日本在淞沪战役中的战略

与蒋介石不同,日本却没有预先构想的"总战略",而且战略战术多变。

---

① 张秉钧:《中国现代历次重要战役之研究——抗日战役评述》,台湾"国防部"史政编译局出版,第135页。

② 《顾维钧回忆录》第2卷,中华书局1985年版,第693、696页。

日本在淞沪战役中的战略如下：

（一）绝大多数的日本政府官员和军人，无视九一八事变后中国抗日救亡运动兴起的重大意义，低估中国军民反对日本入侵的巨大能力。他们对九一八事变后轻而易举夺取中国东北、蚕食华北的情景记忆犹新，因而极端轻蔑中国军队。当然，制订淞沪战役前期战略方针的参谋本部作战部部长石原莞尔少将也不例外。

（二）日本参谋本部于1937年7月29日决定："作战方针：击溃平津地区的中国军队"的同时，"根据情况，以一部分兵力，在青岛及上海附近作战。"[①]这是日本军部最早决定在上海发动侵略战争的计划。

可是，上述"作战方针"并没有具体规定淞沪战役的战略方针。直至八一三事变后3天，即8月16日，由石原莞尔制订的《上海派遣军作战要点案》，才规定了："我军以一个精锐的兵团在浏河镇一带登陆，派主力在吴淞方面登陆，击破阻击之敌以后，占领上海及该地北方的重要阵线"；"指导要点：1.我军大体上以第11师的主力在浏河镇一带登陆，以第三师及军直属部队主力在吴淞一带登陆，歼灭上海周围之敌。在吴淞一带登陆时，希望得到海军陆战队的掩护。2.随着歼灭战的进展，如情况需要，机动地攻击黄浦江上游方面，切断沪杭铁路……"[②]

不难看出，根据淞沪战役日方计划，日本上海派遣军由2个师团组成（实际派出时欠天谷支队，即不足2个师团）。偌大的上海，日本竟派2个师团来占领它，岂非荒诞可笑？不！这是历史事实。"中国通"松井石根（日本上海派遣军司令官）在出发前曾向参谋本部提出至少应派遣5个师团攻上海，被参谋本部以"1万2千名关东军征服了20万张学良军队一事为例"给予驳回。

与此同时，日本在华北战场上的部队众多，有：关东军第1混成旅团、第11混成旅团、朝鲜军第20师团、第5、6、10、14、16、108、109师团等等。

由此可见，八一三事变时日本的战略很明朗，它视华北战场为主战场，淞沪战场为次战场，极度蔑视淞沪中国军队。

（三）1937年8月23日清晨，日本上海派遣军第3、11师团（欠天谷支队）约3万5千人在海军的运送和掩护下，分别在吴淞南部海岸和长江川沙河口登陆，展开战略进攻。中国军队利用碉堡工事进行阻击，给敌军以大量杀伤。第3师团的登陆部队未下船便遭到打击，该师团饭田支队上岸不久，支队长就被击毙。第11师

① 〔日〕《日中战争》(2)，载《现代史资料》(9)，1964年版，第25页。

② 〔日〕《日中战争》(2)，载《现代史资料》(9)，1964年版，第208页。

团的天谷支队 3 400 人 9 月 1 日登陆，10 天以后仅余 900 人。在进攻上海的作战中，第 3 师团、第 11 师团原有兵力几乎全部死伤，部队编制由替补人员维持下去。

日本在上海出师不利，不得不一再增兵。9 月 7 日，军部下令将在台湾的守备队编成一个支队驰援上海。11 日，增派日本国内第 9、第 13、第 101 师团和几支炮兵部队、空军部队到上海。

上述表明，战役前期，日本军国主义出于狂妄，派兵不足，因而采用了愚蠢的伤亡极大的"逐次增兵"战术。

（四）至 10 月中旬，尽管松井石根率领 5 个日本师团进攻上海，但怎么也突不破上海的巷战阵地，进展异常缓慢。客观分析其原因，最主要是中国军民的英勇抵抗，此外还有密集的市区建筑对日军重武器有抵消作用；同时西方列强的租界日军当时不敢冒犯等。

（五）上海派遣军的缓慢进展，使日本军部深感失望，代替石原莞尔少将出任作战部长的下村定奉命拟定新的战略方针。10 月 12 日，新的战略方针拟定："以第 10 军在杭州湾北岸登陆，以利于上海派遣军完成任务。"[①]第 10 军由第 6、8、114 师团及国崎支队组成，兵力约 6 万 5 千人。新的战略方针还规定，从华北抽调第 16 师团（2 万人）于 11 月 13 日在中国军队后方的白茆口（上海溯长江 75 公里）登陆。新战略的特点是用侧背迂回战术，前后夹击中国军队。11 月 5 日第 10 军在杭州湾北岸登陆，淞沪战场形势顿时急转直下……

因此，直至淞沪战役后期，日本用于淞沪战场的兵力达 2 个军、9 个师团，淞沪战场才成为日本作战的主战场。

然而，日本改变战略方针，采用新的战略战术后，中国方面却仍然维持原有的消极保守防御战略，也没有新的战术，因此致使淞沪抗战功败垂成。

淞沪抗战尽管失败了，但其重大意义不可低估。日本陆相杉山元曾对天皇吹牛说，只要 3 个月就可以结束侵华战争，但日军数个师团被阻于上海一隅就达 3 个月之久。淞沪抗战打乱了日本战略部署，给日军以严重杀伤。中国守军不怕牺牲、顽强战斗的精神，激发了全国人民的抗日热情，增强了抗战胜利的信心，从而有利于全国总动员，为沿海工业的内迁赢得了时间。

（本文原载《社会科学》，1995 年第 7 期）

① 日本防卫厅防卫研究所战史室编：《中国事变陆军作战史》第 1 卷第 2 分册，第 82 页。

日本侵华既定战略进攻方向考察

徐　勇

海峡两岸所讨论的侵华战争初期日军进攻方向，是指日军在战略进攻阶段，如何通向其进攻顶点，即攻占武汉的基本路线。过去在讨论中，忽略对日本战略方向意图的考察，本文拟综合考察其历年计划方案，缕析其基本线索。

一

武汉素称“九州通衢”，为我国中部水陆交通枢纽和最发达工商业城市。控制了武汉，即意味着控制了中国大陆腹心要地。武汉所具的特殊战略价值，早就引起了日本战略家的高度重视。1887年2月，日本参谋本部要员小川又次大佐炮制《清国征讨方略》，要求在对华全面战争中，派出一支战略大军协同海军，利用长江通道攻占武汉并设立战略集团司令部，以达到“据长江”的“持久之计”。这大概是日军统帅部最早的最为完整一份攻占武汉方案。①

其后日本以经济军事等多种手段，将此战略构想付诸实施。19世纪末，日本沿长江上溯，掠得大冶铁矿及萍乡煤矿等多处利权。1905年8月，日本内阁会议决定：“确实扶植帝国在汉口方面之利权，并对清国将来之发展做好准备。”②1911年中国爆发辛亥革命，日本乘机向武汉地区派驻军舰和地面部队，于同年底组成“中清派遣军”（后称驻汉口守备队），首任司令官是尾野实信少将，下属司令部一个，步兵2—3个大队，另附机关枪队等③。该部队成为插入中国中部腹心地区的

① 〔日〕小川又次：《清国征讨方略》，载《抗日战争研究》1995年第1期。
② 〔日〕《帝国陆军编制总览》，芙蓉书房昭和六十二年版，第49页。
③ 〔日〕《帝国陆军编制总览》，芙蓉书房昭和六十二年版，第270页。

一柄匕首。

第一次世界大战期间，日本侵入山东地区，提出了旨在全面控制中国的“廿一条”，作战问题随之纳入陆军计划日程。1918 年，日本对 1907 年制定的《国防方针》作了第一次修改，在原定攻势国防方针的基础上，要求作好对多国同时作战与持久作战的准备，同时还修订了《用兵纲领》和年度作战计划等方案，提出了大规模侵华作战构想，其要点是：

待时机成熟，要从近海四个方向进攻中国：第一是满蒙地区，中心范围在满洲南部；第二是华北地区，范围包括平、津以及从青岛到济南的山东半岛；第三是华东地区，包括长江三角洲及杭州湾等地；第四是福建以南地区。也就是这次修改，规定要进攻中国腹心要地武汉，办法是以海、陆军部队与汉口的守备队相互呼应，“沿长江逐次跃进”攻占汉口。①

5 年后，日本的《国防方针》又作了第二次修改。这次修改过的《国防方针》，明确对汉口的进攻方向：“以（华北）军沿京汉线南下，与沿扬子江西进的（华东）军相互策应，在汉口附近作战。”②

华盛顿会议后，日本在东方的扩张势头受到一定遏制，1922 年 5 月日本被迫将驻汉口守备队撤编，但它仍然十分重视武汉的战略地位。1925 年日本组成大型军事调查团，乘军舰对自上海至武汉的长江各要点进行了大规模侦察，调查团由参谋本部作战课长畑俊六大佐为团长，成员包括海陆军各分营作战、情报要塞、船舶等方面官员，活动时间长达一个月。正是这位畑俊六，13 年后官升大将，出任华中派遣军司令官，直接指挥了进攻武汉之战。

在这次大型侦察活动基础上，日本制定了 1926 年度作战计划。该计划规定中国为首要作战对象，对华作战使用 16 个师团，约为总兵力的 50%；进攻方向分东北、华北、华东与福建等 4 个方面。其中对武汉的进攻明确规定从华东上海开始，作战部队统属上海方面的战略集团，兵力暂定以 1 个军 3 个师团为骨干。③该计划是 20 年代日本最重要的一份策案，为后来历年计划案的蓝本。

1931 年九一八事变至 1937 年全面战争爆发之前，日本对关内地区各作战方向规定最为详尽的方案是 1935 年度作战计划。该计划对于长江一线的作战同样十分重视，强调“不仅对于上海，还有南京、汉口、长沙、重庆等处亦需派出舰艇

---

① 〔日〕《战史丛书・大本营陆军部》(1)，朝云新闻社昭和四十九年版，第 223 页。

② 《战史丛书・大本营陆军部》(1)，第 260 页。

③ 《战史丛书・大本营陆军部》(1)，第 301 页。

对该方向之用兵作战应特别予以关注”。其步骤是:陆军第九军(以3个师团为骨干)在海军协同之下,在扬子江下游地区登陆,占领上海及其附近地区,其后“根据情况令华北方面军沿京汉线南下与之呼应,沿长江对汉口作战”①。

通过对上述各时期日本作战方案的综合考察,可以得出关于日本对武汉进攻方向的结论如下:武汉是日军对华作战构想中的进攻远点,长江为其深入并分割大陆内地的基本通道,溯长江西进武汉为日军既定的战略主攻方向。日本确定了上述以武汉为控制中国的“大局要冲”的战略。由此看来,何应钦、蒋纬国等国民政府要员所论证的日本“原订由北向南之战略”即其“进攻轴线”并不存在,而大多数台湾学者所赞同或沿用的说法:“就原定计划而言,(日本)决不能将其兵力用在长江流域……”,更背离了史实。

那么,日本为什么会确定溯江西上以攻取“大局要冲”武汉的战略呢?这是由中日双方的力量对比及地理环境等条件决定的。日本本土及其殖民地,大体沿西太平洋岛链构成北南带状态势。与此相对应,其进攻目标分布于东北、华北、华东及华南等中国各地区。因此,日本的侵华作战必须跨海西进,从根本上决定了日本的战略进攻方向。

跨海西进,由水路入侵中国腹地,从交通方式和海军力量的对比看,都能较大地发挥日本的军事优势。中国是以自然经济为主体的半封建农业国,日本是实现了资本主义工业化的海洋国家。自1895年甲午战败之后,中国海上力量一蹶不振,完全失去了制海权,包括长江三角洲等滨海防线,直接裸露在日本军舰炮口之下。日军侵入中国大陆之后,同样重视发挥水路作战优势。从水陆运输成本方面比较,水上运输运力大而成本低,除了没有水道的地区之外,尽可能利用水路并借助水上力量作战,对日本来说是合乎逻辑的选择。以华北战场为例,1937年9月,日本曾部署在该地区进行大规模的“主作战”,中心目标指向石家庄等地主攻,以第一军3个师团沿平汉线南下,另以第二军所属2个师团沿子牙河与滏阳河溯流而上,指向石家庄南部地区。据日军战史统计,子牙河上日本运输船只最多时达1 345只。②众所周知,华北地区平坦开阔,河流较少,不利于大规模航运而有利于地面机械化部队运行。人们意想不到的是,日本在这样的地区竟充分有效地利用了滩多水浅的普通河道子牙河,日军对水道的重视及其技术

① 《战史丛书·大本营陆军部》(1),第368—369页。

② 《战史丛书·大本营陆军部》(1),第481页。

力量的娴熟强大，这是一个明证！

在武汉和长江方向作战问题上，人们注意到了日军的机械化部队可以通行于平原陆地而会受阻于水道，却忽略其拥有军舰摩托艇等水面先进装备和利用水道的长处。现代军事力量应包括陆、海、空多个层次，把眼界拘束于陆界之内，这自然要对沿平汉线南下与溯长江西进的战略价值作出错误评估。请看这几种说法：

首先，以何应钦的说法为代表："日军将其原可由北平南下汉口最有利的作战线，改采由上海西向汉口最不利的作战线。"①这里的最有利与最不利的比较，完全忽略了日本作为海洋强国的基本优势。

其次，蒋纬国及其他论者强调：日本若自北向南进攻武汉，"则将使我位于平汉和粤汉铁路以东之主力，与后方基地隔离，陷反正面和背海作战之极不利态势"。②此论值得商榷："背水"或"背海"概念，从战术角度而言，应有一定的距离限制，自武汉无论以东或是以南至海，均有上千公里大陆，地域如此宽大，不乏回旋余地，还能称之为"背"么？古来"背水"之说，例如韩信"背水"作战是在河边列阵，倘所"背"之所漫无边界，那么中国在华北抗战，不也可以说是日军逼中国"背"渤海或黄河之水作战么？

再有论者引征古代游牧民族南下战例，证明日军机械化部队沿平汉线南下为最佳选择。此例实不足取，游牧民族或居塞北，或处关外，有力量时拥骑南征，当以自北而南为必然方向。而日本是东方岛国，不跨海西向，怎能把主要力量挪到中国北边来呢？日本固然是攻占了中国东北，可用东北为南进战略基地，但东北毕竟不是日本本土，东北既可为日本所利用，亦可对其牵制。日本屯驻东北的关东军，兵力只增无减，始终是其海外最大的战略集团之一，这种屯驻本身就是被牵制的表现。至于日军要征服人口密度更大，抗战力量更强的华北，以其作为战略基地，又谈何容易。

通观15年侵华战争全程，日本先后占领中国近海的东北、华北、华东及华南等近海战略地区，乃以其海上力量作为后盾；而其深入大陆武汉地区，则以长江干流为依托。与此对照，日本对大陆南北交通干线的进攻与控制，相形见绌。1944年为挽救面临崩溃的战争全局，日本曾拼凑全力进行大陆交通线作战，一度

① 何应钦：《何序》，载《抗日御侮》(1)，(台北)黎明文化出版公司1978年版，第5页。

② 蒋纬国：《抗日战争指导》，远流出版公司1989年版，第429页。

贯穿了平汉、粤汉等线，但得而复失，该线仍处于瘫痪或半瘫痪状态。故日本的侵华战略，概言之就是江海战略，以其水上力量联络或支撑其各个战场；而中国则利用复杂而广阔的陆地进行持久周旋。江海战略与大陆战略的对抗，正是日中之间旷日持久的战争特点之一，也是日军制定溯长江攻武汉战略的必然性所在。

二

跨海西进，沿长江攻打武汉，是日本的既定战略。但日本的全面攻势发动之后，却迟迟未能实施对于武汉的既定攻势。其凶锋首指华北，继向上海，再攻徐州。于是日本总体上的跨海西进，与为逐次达成作战目标而忽北忽南的战役方向交织在一起，构成了在关内大陆战场上扑朔迷离的多向的作战行动。但这并不说明日本放弃了既定战略。这种受其形势判断和作战目标以及速决企图所制约的战役性的方向变化，不能与总体的战略进攻方向混为一谈。

日本侵华战争的最高目的是征服中国。但它严重低估中国的抗战意识和能力，认为只要“对中国予一击，就能打开局面”①，甚至认为只需要三个月时间就可以征服中国。基于这种错误判断，日军当局企求速战速胜，幻想不用付出太大代价就能获得最后胜利，这直接影响到日军进攻方向等重大战略问题的抉择。华北方面军在七七事变后曾提出所谓“双重目标战略”，要求将战争重心放在华北，首先打击第二十九军，继而打击北上的中央军主力，企图在1938年初实现迫中国政府投降的目的。驻上海舰队司令官长谷川清则提出“单一目标”战略，要求“欲制中国之死命，以制上海、南京为最要”②，即要求集中兵力于华东中国的政治经济心脏地区一战而胜。

日本最高统治集团实际推行的为陆军方案。1937年7月底，击败第二十九军，攻占北平天津两大要地后，日军在华北全面展开，实施在河北中部地区对中国军队“决战”。但战局未按日军愿望发展，中国举国奋战，华北、华东各地的战争形势，迫使日军数度改变其作战计划。首先，日军集中主力，编组华北方面军进行的华北作战，其战略任务规定为：除确保已占领的平津地区，还要“以挫败敌

---

① 〔日〕《战史丛书·中国事变陆军作战》(1)，朝云新闻社，第135页。

② 〔日〕《现代史资料》(9)，美铃书房，第17—18、186页。

之战斗意志，获取结束战局的时机为目的，迅速击灭河北中部之敌”①。9 月 2 日，日本内阁会议决定将“华北事变”改称“中国事变”。总之，日军统帅部最初的考虑是“以华北为重点”，“准备在 10 月底前后积极地将事变加以解决”②。

但战局的发展打破了日军上述愿望。八一三事变后，中国调更多的主力部队投入沪战，予日军以重创。9 月，日军在该方向伤亡为华北方向的二倍，日军惊呼该方向陷入“苦战”，要求尽快“打开上海方面的悲惨战况”③。

日军统帅部于 10 月 12 日决定将“主作战”从华北转至上海方面，编成华中方面军，规定其任务：“应与海军协力，以顿挫敌之战争意志，取得结束战争局势之契机为目的，扫灭上海附近之敌。”④由华东日军接替了原拟在华北实现的结束战争的战略任务。

在上海、南京战败后，中国政府仍然坚持抗战，而华东、华北日军为扩张战果曾进入山东，于 1938 年 3 月在台儿庄作战失败。日本针对集结于徐州方面的大量中国军队，调集 7 个师团，企图在徐州来一次“准决战”，一举歼灭中国军队主力，使中国丧失抵抗力量。按日军的形势判断，中国政府没有投降，可能是所受打击不够，只是“末梢出血”，于是决定再刺“心脏”，并认为“心脏”就在徐州。而徐州作战结果更使日军严重失望。

至此，日军企求速决而忽北忽南，狼奔豕突，但耗时一年，终于发现速胜企图完全破灭，战争遥遥无期，不得不重新思考占领武汉的既定战略目标。既然日本早已把攻占武汉作为战略远点，为什么没有从一开始就直接进攻武汉呢？主要的原因在于日本在速决战方针指导下，企图尽快抓住中国军队主力决战，一举摧毁中国抗战意志与力量，“河北决战”、“徐州准决战”，都包含了日军的这种企图。这种军事上的投机未能成功，日本只能又回到既定的战略进攻方向上来，武汉作战就成了关键。6 月，近卫首相智囊团“昭和研究会”炮制了《关于处理中国事变的根本办法》，强调：“攻下汉口是绝对必要的……对于国民政府来说，就意味着丧失了湖南、湖北的粮仓地带和中国内地唯一的大经济中心，不但会造成该政府自给的困难，并且会减弱现在唯一的大量武器的输入通道——粤汉路的军事、经济价值。这样一来，即使该政府逃到四川或云南，以保持余命，但在这种山岳地

① 《战史丛书·大本营陆军部》(1)，第 473 页。

② 《战史丛书·陆军军备战》，第 190 页。

③ 《战史丛书·中国事变陆军作战》(1)，第 297 页。

④ 《战史丛书·大本营陆军部》(1)，第 493 页。

带，也无法发挥比一个地方政权更大的作用了吧。”①6 月 18 日召开的御前会议决定在本年实施武汉之战。6 月 24 日召开的五相会议强调：“应将国力集中指向于直接解决中国事变，以大致在本年内达成战争目的为前提。”当然，鉴于一年来的作战体会，日方对此并不乐观。素称强硬派的军事课长田中新一强调，武汉之战对于全局获胜是“唯一的同时不妨说是最后的机会了”②。

按日军统帅部命令，华北方面军只以部分兵力进攻郑州作为战略配合，整个对武汉行动由华中(东)派遣军担伍。6 月 18 日统帅部明令：“华中派遣军司令官于扬子江及淮河正面，逐次占领前方地区为尔后作战做好准备。”③8 月 22 日，日军按既定方向实施作战。华中(东)派遣军分北、南两路向西攻击前进。北路由华中派遣军第二军所属 4 个师团又 1 个重炮兵旅团等部，沿淮河向西进击，其任务是突破大别山防线进攻平汉线信阳等地，尔后南下进攻武汉；南路由派遣军第十一军共 5 个师团又 1 个重炮兵旅团及相当于小型师团的波田重一中将所率台湾军支队，沿长江西进直指武汉；派遣军直辖第十五、第十七、第十八、第二十二及第一一六师团与航空兵团等部也曾部署或直接投入长江方向作战。沿淮河方向前进的第二军的集结线和补给线共有 3 条：一是由津浦线经蚌埠南下庐州(合肥)，二是经由海路进长江在安庆登陆北上，三是在浦口登陆向西北进击。④就是说，北路集团第二军，也需要部分甚至大部地以长江为依托。

通过对上述实战考察，可以发现：沿长江西进武汉，既是日本多年的计划方案，更是实战的事实。有的论者认为，日本攻占南京之后北上徐州，徐州战后再攻武汉，那么对武汉的进攻方向即为“南下”方式，并借以论证国民政府的应战方略。这种论述过多强调了徐州同武汉之间的北南方位，而没有具体分析日军进攻武汉的实战路线，是值得商榷的。

或问，难道日本方面完全没有提出过以沿平汉线南下为主攻方向的建议吗？这种建议当然是有的，但多提出于南京之战与武汉会战之间。例如华北方面军曾主动请战于“攻略汉口”，“沿京汉线牵制中国军队并南下”⑤。当时担任参谋本部作战部长的桥本群也回忆说：“作为汉口作战方法有沿京汉线南下和沿扬子

① 《日本帝国主义对外侵略史料选编》，上海人民出版社 1983 年版，第 266 页。

② 《战史丛书·大本营陆军部》(1)，第 548 页。

③⑤ 《战史丛书·大本营陆军部》(1)，第 544 页。

④ 〔日〕井本熊男：《中国事变之作战日志录》，芙蓉书房昭和五十三年版，第 240 页。

江溯江而上两种办法。”①但南下方案终因其“不利”而未被采用，因为华北占领区本身“治安混乱”，华北日军集团只能以一部攻击郑州，“以佯动牵制敌军”②。可知，由华北南下之计虽曾提出过，但它未能取代自20年代以来多个方案所确认的溯长江西上方案，或因实际情况未能施行。

日本战史申述得十分清楚：“唯有制霸长江，才是攻略汉口之捷径。”③由进攻上海而进入长江，由用兵长江而夺取武汉，由夺取武汉而控制中国腹地，最后争取战争胜利，为日本侵华战略的基本思路。

三

既然溯长江西上武汉为日本既定战略，沿平汉线南下案实际上是不成立的，当然也就谈不上改变日军作战方向问题。不过，笔者认为，不管日军有无南下案，中国一方都要按照自己的思路去分析日军的进攻方向，以采取相应对策，因此，关于中国国民政府是否转移日军进攻方向的讨论，对于深入认识中国国民政府的应战方略，还是有意义的。

揆诸史实，蒋介石固然担心并分析过日本的南下方案，但更多的证据显示，蒋介石与国民政府的基本判断是，日本将以上海南京和长江为主攻方向，并作出了相应的防御部署。

1934年蒋介石所发表论证中日关系的重要文章《敌乎？友乎？》，已经估计到日本将“能占领中国若干交通便利的都市与重要的海港”④。1935年国民政府明确以大西南为抗战基地：“对倭应以长江以南与平汉路以西地区为主要线，以洛阳、襄樊、荆宜、常德为最后之线，而以川黔陕三省为中心，甘滇为后方。”⑤当年划出三道防卫区域，1936年划出四大战区，规定全国预定战场有北正面、晋绥侧面、东正面南海岸及警备区等几个方面。东正面以江苏区所属京沪阵地及浙江区沪杭阵地为主防卫阵地。1937年上半年，江苏、浙江、山东等各区第一期国防工事基本完成，其中又以京沪杭地区的吴福线、锡澄线等国防工事规模最大，质量较

① 《桥本群中将回想问答录》，见《现代史资料》(9)，〔日〕美铃书房1984年版，第342页。

② 《战史丛书·大本营陆军部》(1)，第544页。

③ 《战史丛书·中国方面海军作战》(2)，第16页。

④ 何应钦：《八年抗战与台湾光复》附录，台北黎明文化事业公司1983年版。

⑤ 张其昀：《中国国民党党史概要》第2册，台北1979年版，第747页。

好。武汉外围国防工事自1935年夏动工，北起武胜关，南到城陵矶，东至长江北岸田家镇，断续建设近两年。对长江要塞江阴、镇江、南京、安庆、马当、九江田家镇及武汉等处工事进行了整建，有的还装置了从德国进口的要塞重炮。可见，京沪杭地区及长江一线为国防工事建设的重点。

配合上述军事部署，国民政府在经济布局方面也有相应的安排。1935年国民党“五大”通过《请兴筑滇省通江通海通缅铁道以应国防需要而辟经济泉源案》，指出：“中日战祸一触即发之际，沿江沿海随时有被封锁之虞。”①同年国民政府资源委员会拟定三年重工业建设计划，于1936、1937年两年度分别拨款1 000万元、2 000万元作为重工业建设费用，先后设立中央钢铁厂以及四川油矿等大型厂矿二十余家，均分布于湖南、湖北、江西、云南、四川与青海等内地。上述军事与经济方面的实际部署，若不是依据对日本主攻长江的认识判断，是难以让人理解的。一些批评论者认为国民政府在上海长江方向没有明确的抗战动机，缺乏说服力。

蒋介石与国民政府明确判断日军将以长江为主攻方向，这在当时并不算太高深的预测，甚至可以说是战略界明眼人的共识。例如，著名军事学家蒋百里，早在20年代初期，就已经发现日本军界对长江三角洲地区异常关注。1932年一·二八战事爆发，蒋百里就提出过要多造汽艇充实水上力量，以便于在该方向同日本对抗。②1935年8月20日，蒋介石聘请的德籍总顾问法肯豪森向蒋提出一份《关于应付时局对策之建议》，强调对日作战的战备方向：“对敌正面有重大意义者，首推长江。敌苟能控制中国最重要之中心点直至武汉一带，则中国之防力已失一最重要之根据，即范围广大是也，于是直至内地，中国截分为二。”法肯豪森预测日本对关内的全面进攻将兵分三路：第一路攻击河北至郑州方向；第二路攻击山东与徐州方向；第三路“进出长江，攻击首都，沿江向上进至武汉”，并认为该路为日军兵员最多之路。③后来的战局发展与法肯豪森的预测大致吻合。而法肯豪森的诸多建议，包括以四川为根据地，强化长江防线等，亦为蒋所接受并加以实施。1937年七七事变之后，曾任过北伐军事总顾问的加伦将军，也曾自苏联向蒋传送建议，要蒋注意两大战略方向：“沪为京之门户，关系国际，平绥西达

---

① 罗家伦：《革命文献》，第75辑。

② 陶菊隐：《蒋百里传》，中华书局1985年版，第163页。

③ 《民国档案》1991年第2期，第24—27页。

五原，威胁中苏交通，应注意。”①在上述诸多讨论分析的影响之下，蒋介石明确判定日军攻击首都南京溯江西上为其主攻方向并作出应战部署是完全可能的。

那么，关于国民政府的应战方略，即以上述判断日军将主攻南京长江方向而做出抵抗，应该给予什么样的评价呢？对于当时的华北和华东两大方向战略价值又如何评估呢？批评的观点认为在上海大规模抵抗是失误，应改于华北作更大规模抗战，因为淞沪战场不具备“转换全局”的意义，故应以华北为重心。笔者认为，所谓转换全局，也就是发生具有战略意义的转折性变化，它必须具备力量对比与相应的时空条件。而在当时，华北地区与淞沪地区都直接临敌，没有足够的可以抵消日本冲击力量的空间，所以都不具备在大战初期就可以“转换全局”的条件。后来的实践证明，由蒋百里率先提出的以“三阳”（洛阳、襄阳、衡阳）一线为国防线，是比较实际的。

对于长江方向特别是上海的战略价值绝不能低估。可以毫无夸张地说，上海是日本对华扩张必争之地。上海位于长江出海口，首都南京门户，也是当时东方最大城市和经济金融中心。从东亚战略地理角度观察，上海居于大陆海岸线中端，与日本九州岛、冲绳及台湾殖民地隔海相望，处于这一弧形岛链的焦点位置，故上海是中国沿海举足轻重的战略要点。故此，中国在上海和长江一线作坚决抗战，是完全应该的，必然的。当时任国民政府大本营参谋部作战组长的刘斐总结说：“上海一战，对于整个抗日战争不仅是必要的，而且有很大的价值。首先，上海抗战激发了全国人民的斗志，有利于全国总动员；其次，上海是一个国际市场，上海抗战可以扩大帝国主义国家间的矛盾；第三，上海是国际观瞻所在，在这里进行坚强的作战，可以正国际间对中国的视听；第四，打乱了敌人的作战计划，争取了主动；第五，上海是我国工商业中心，群众觉悟程度高，群众运动的影响可以振奋全国；第六，可掩护沿海各省工业物资向远后方撤退。”②

笔者认为，在全面战争业已爆发的形势下，日本攻上海入长江之举，不是有无问题，而是早迟问题。如果没有淞沪方面长达三个月的坚决抗战，让日本主动选择时机实施既定计划，沿长江深入，中国必将面临更大的战略被动。这是评估国民政府应战方略是否正确的不可忽略的基本点。

中国军队在长江与淞沪地区所作一年多的顽强抗战，打破了日本的速决企

① 秦孝仪：《中华民国重要史料初编——对日抗战时期·第三编战时外交》(2)，第 338 页。

② 刘斐：《抗战初期的南京保卫战》，《文史资料选辑》第 12 辑，第 2—3 页。

图，打乱了日军的作战部署，更挫败了日军沿长江西进的既定战略。百万日军被迫扩散于旷野巨川之间，进退维谷。完全可以说，两军胜负的天平，是在长江水道面前显示出了最后结论。

（本文原载《抗日战争研究》，1996 年第 3 期）

论中国正面战场初期的战略作战方向问题

余子道

中日战争初期，中国正面战场的战略作战主要方向和作战重心，经历了由华北转变至华东的演变过程。以淞沪会战的全面展开为标志，改变了以华北战场为主要战场的战略格局。正面战场战略作战的主要方向，在此后的一个时期内转到了华东，华东战场由此上升为主要战场。这是一个带有战略全局意义的重大变化。这一变化是在什么背景之下发生的，又是经过怎样的作战过程而形成的？它对中国抗日战争的进程产生了什么影响和作用？如何评价中国统帅机关在这一重大变化中战略指导之成败得失？长期以来，海内外史学界中对这些问题存有颇多歧见，至今仍是众说纷纭。尤其是在台海两岸的中国史学界中，对这一史事甚至持有截然相反的论断。吴相湘教授的名著《第二次中日战争史》和蒋纬国将军主编的《抗日御侮》等论著，与中国社会科学院李新、陈铁健教授主编的《从内战到抗战》等论著，其中有关篇章似可被认为反映上述两种不同见解的代表作。笔者近几年先后于上海的《军事历史研究》和北京的《抗日战争研究》著文，就这一史事的研究略抒己见，以求教于海内外方家；而赞同者和商榷者的文章亦多颇有新意。本文拟在前几年讨论的基础上作进一步的论析，以期有助于研究的深入。

一、 中国统帅部开战之初确定的战略作战方向

中国国民政府在中日战争开战之初，把战略作战的主要方向和战略防御重心置于华北，而把华东和华南沿海一带作为战略作战的钳制方向和次要战场，这是抗战当初军事战略和作战部署的重要决策。这一战略部署，既立足于对日本

侵华战争战略企图和战略态势的全面估量，也是抗战开始前后南京军事当局关于抗日作战既定构想的具体体现。

日本全面侵华战争首先是在华北发动的。卢沟桥事变的爆发，是日本觊觎华北的必然结果；而在中日战争的整个历史进程中，它无可替代地成为日本全面侵华战争的起点。日本自发动九一八事变，侵占东北地区，炮制伪满傀儡政权以后，其侵略矛头遂集中指向华北和内蒙。《塘沽协定》《秦土协定》的签订和《何梅协定》的成立，为夺占华北和内蒙打开了大门。对于日本的战略利益而言，占领华北和内蒙，既可巩固其在伪满的统治，又可为尔后北攻苏联、南取长江南北奠定强大的战略基地，因此志在必得。日本的这个战略构想早在卢沟桥事变前已经确立。日本参谋本部于1936年5月根据其国土狭小、人口不多、资源贫乏、兵员不富而难以支持长期战争的特点，以及要力求避免国际干涉和准备对苏作战的考虑，在《帝国军队用兵纲领要旨》中提出“制敌先机，采取攻势，谋求速战速决”的战略方针。陆军省部制定的《昭和十二年(1937年)度对华北作战计划》，对作战方向和兵力部署作了如下规定：“在对华作战时，除过去(计划)的两个军(五个师团)外，根据情况再增加三个师团，必要时还可能在华北五省进行作战”；“对华中方面原来计划以第九军(三个师团)占领上海附近，但是这方面的中国军队增加了兵力，构筑了坚固的阵地网，……因此，计划调新编第十军(二个师团)从杭州湾登陆，从太湖南面前进，两军策应向南京作战，以实现占领和确保上海、杭州、南京三角地带”；“对华南作战计划，仍按去年度计划大致为一个师团的用兵计划”①。这一计划虽然对于华东京沪杭地区的作战置于重要地位，但是其用兵重点和战略作战的主要方向显然是置于华北地区。

日军在卢沟桥事变后倾注主力于华北战场，以此作为战略突击的重点，其直接目标为夺取华北，作为尔后南攻北进的战略枢纽。为配合华北主战场的作战，日军也积极准备在上海、青岛等地进行牵制性作战。1937年7月29日，日本参谋本部制定的《对华作战计划大纲》规定：“(一)以中国驻屯军进行作战，在平津地区、特别是在以上作战地区，对中国军队尽量加以沉重打击。(二)在情况不得已时，对青岛和上海附近进行作战。”②并且要求中国驻屯军必须“占领平津地区，并策划持久占领”，“作战地区大概限定于保定、独流镇一线以北。”“根据情况，以

① 转引中国人民解放军军事科学院：《中国人民解放军战史》，第2卷《抗日战争》，军事科学出版社1987年版，第16—17页。

② 〔日〕《现代史资料》(9)，《日中战争》(2)，第25页。

一部分兵力在青岛、上海附近作战。”①

同年8月初，日军占领平津后，其作战计划略有改动，但以华北为主、华东为辅的战略计划并无改变。8月5日，日本参谋本部决定：“帝国务须迅速对河北省内中国军队以及中国的空军主力给予打击，随后占领华北要地，以期根本解决华北问题”；“在（华北）会战期间；对青（岛）、沪等地侨民的保护由海军担任；除非情况万不得已，不派遣陆军部队”②。同月7日，日本参谋本部修正第二期作战计划，决定在保定、沧州地区与中国军队主力进行会战，时间预计在9月下旬或10月上旬，作战界线大体确定在石家庄、德州一线以北③。

在日本陆军准备向华北发动大举进攻之时，日本海军也在上海跃跃欲试，然而陆军当局则并未同意立即出兵上海，而在日本军部的作战计划中，上海也并未视为对华作战的主要方向。8月4日，驻上海的日海军第三舰队司令长官长谷川清向东京海军当局要求向上海逐次派遣特别陆战队，海军“军令部答称：今宜慎重，视形势发展再作考虑”④。同月9日，日本驻沪海军陆战队挑起上海虹桥机场事件。次日，日本内阁会议决定陆军出兵上海，陆军当局决定调遣2个师团进攻上海。8月15日，日军以两个师团编组上海派遣军，其任务是“与海军协力扫灭上海附近之敌，占领上海及其北面地区要线”⑤。但是，日军战略进攻的重点依然指向华北，并未因进攻上海而转移方向。8月31日，日本编成华北方面军，下辖8个师团、1个旅团和关东军4个旅团，以及临时航空兵团，使用于向华北腹地的进攻。为了集中兵力于河北、察哈尔境内进行作战，日本参谋本部还同时取消了原定以1个军的兵力进攻青岛和山东半岛的计划。这时，上海派遣军已陆续在淞沪地区登陆与中国军队作战，然而，当时其总兵力还不及华北方面军的五分之一。显然，以全盘战略态势而言，华北是日军战略进攻的主要方向。

中国军事当局对于日军的华北为主，华东、华南为辅的侵华军事战略部署是有明确认识的。在中日全面战争爆发前制订的1936年和1937年度《国防计划大纲草案》中，已明确判断一旦大战揭开，日军的战略重点必将指向华北，淞沪地区亦将成为一个重要的作战方向，并分别提出相应的作战方案。七七事变揭开

---

① 日本参谋本部：《中国事变陆军作战史》中译本，第1卷第1分册，中华书局1979年版，第201—202、211页。

② 《中国事变陆军作战史》，第1卷第1分册，第201—202页。

③ 《中国事变陆军作战史》，第1卷第1分册，第47页。

④ 日本防卫厅战史室：《大本营陆军部》，中文摘译本（上册），四川人民出版社1987年版，第364页。

⑤ 《大本营陆军部》，中文摘译本（上册），第344页。

全国抗战的战幕后，国民政府军政部于7月下旬起草抗日军事战略方案，经8月间南京国防会议讨论确定。8月20日，国民政府大本营颁发《国军战争指导方案》和《国军作战指导计划》，对全国抗战的战略方针、作战计划、战区划分和军力部署从总体上作出了全面的规定和部署。这两个文件对日军战略企图和作战方向的判断基本上是符合实际的，认为日军将在或极有可能在以下五个方向发动全面进攻：一、平汉线北段平津至保定、正定一带；二、平绥线东段晋察绥边沿地区；三、京沪、沪杭两线和长江下游京沪杭地区；四、胶济线东段青岛、历城一带；五、陇海线最东段海州至徐州一带。至于闽粤沿海方向，日军将以海空军进行骚扰，而陆军登陆作战则暂无可能。

南京大本营进而认定，日军将以主力使用于华北地区之作战，指出："敌国为使现在平津一带敌军之作战便利起见，将以有力之一部先进占平绥各要点（张家口、南口等处）。尔后或深入山西，以威胁我第一战区之侧背，或转进于正定、保定方面，以直接协力于其在平津部队之攻击。"①并且，十分强调平绥沿线和山西地区的战略地位的重要性，指出"平线路为第二战区（晋察绥）之生命线，亦中苏联络之生命线，更为我国军旋回作战之能实施与否之中枢线"②，第二战区则为"华北唯一之屏障，务须永久固守，以为国军尔后进出之轴心"③。据此，南京大本营确认：全国对日作战的"主战场之正面在第一战区（河北、山东北部、河南北部）。主战场之侧背在第二战区（山西、察哈尔、绥远）。"④

国民政府统帅机关关于战略计划、作战方向和主要战场等问题的上述决策，并非像有的论著所认为的那样只不过是"一纸空文"，相反却是在战争过程中的一个时期内得到了贯彻和实施。这可以从军事力量的部署、武器装备的配置和战场态势等几个方面得到论证。南京军事当局为保证华北主战场作战的必要兵力，决定将全国第一线兵力的一半调集于河北方面。当时，代表蒋介石主持全国军事常务的军政部长何应钦8月7日在南京国防会议上《关于中央之军事准备》的报告中陈述："全国军队列入抗战序列者，第一线约一百个师，预备军约八十个师，……使用于河北者，共约五十个师，正源源向沧州、保定、石家庄一带集中。"⑤

---

①②③　国民政府大本营《国军作战指导计划》（1937年8月20日），中国第二历史档案馆编《抗日战争正面战场》（上卷），江苏古籍出版社1987年版，第3—4页。

④　国民政府大本营《国军作战指导方案》（1937年8月20日），《抗日战争正面战场》（上卷），第12页。

⑤　何应钦：《关于中央之军事准备》（1937年8月7日），《抗日战争正面战场》（上卷），第261页。

同时决定空军主力亦集中使用于华北。“中央空军，亦已全部准备出动，并已与闫（锡山）主任商定，以太原为根据地。”①关于武器弹药的配置也体现了华北为主的方针，军政部将存储的可供全军6个月之用的弹药，“依作战之要求，分设弹药总库若干及分库若干，约计在长江及黄河以北囤积三分之二，江南囤积三分之一”②。中国军事当局在平汉和津浦北段，平绥线东段和晋东北地区部署了大量部队，至8月下旬调集的主力有第一、第二、第六、第七、第十四等集团军和第八路军、第十三军等部。南京军事当局准备在平汉北段集中主力一部，近迫当面之敌，实行柔性攻击。在平绥线以南口为旋回之轴，固守南口、万全之线，向赤城、沽源之线发动攻势，并厚积兵力确保晋东北。对山东半岛则力求缩小对青岛的围攻线。在这同时，淞沪战役也已经开始，但在战役起始时使用的兵力不多，还不及华北战场的十分之一。上述情况说明，当时中国军队战略作战的主要方向是在华北战场，淞沪之战是处在战略的次要方向上，作为牵制性作战而登上抗战舞台的。

二、战略作战主要方向转变之枢纽——淞沪会战

从八一三淞沪抗战开始，中国正面战场出现了两个战场：华北战场（当时称北战场）和以淞沪地区为中心的华东战场（当时称东战场）；而在开始一个阶段，北战场是战略作战的重心和主战场，东战场则处于战略的次要方向上。虽然淞沪作战有着其自身的重大战略任务，但就其与北战场的关系而言，当时还处在战略上牵制性作战的地位。当然，随着全国战局的演变，中国军队的战略作战主要方向和主战场，逐步由北战场转移到东战场，而淞沪会战则是这一战略转变的枢纽。

淞沪会战为什么会导致中国军队战略作战主要方向的改变？又是怎样造成战略重心之转移的？中国统帅机关在发起淞沪之战以前或在开战之初，是否出于“高瞻远瞩”的“战略谋算”而预先设定了引诱日军改变战略进攻的主要方向，转换战略作战重心的战略计划？对这些问题，在海内外史学界中，见仁见智，颇有歧见。笔者认为，中国统帅机关主动发起淞沪之战，虽然含有吸引日军部分主力于华东、以牵制日军在华北进攻的企图，但主要的是鉴于上海在国际国内的重

---

①② 何应钦：《关于中央之军事准备》（1937年8月7日），《抗日战争正面战场》（上卷），第261页。

要地位和长江下游京沪杭三角地区战略地位的重要。淞沪之战开战之初，南京统帅机关并无将全国战略作战重心由华北转移华东的决策和计划。淞沪战场后来成为全国主战场，是由战役进程中诸种因素作用下战局演变的结果；也正是在这个进程中，淞沪会战在实际上成为对日战略作战主要方向变换的枢纽。

国民政府当局对于上海和京沪杭三角地区在政治、经济、对外关系等各方面具有的重要地位，历来是极为重视的。对于它在军事上尤其是在对外战争上的重要性也有明确的认识。从1935年以来，南京军事当局在上海——南京战役方向上作了一些国防军事准备。1936年2月，南京军委会任命张治中为京沪区军事负责长官，统一主持该地区国防工程的建设和对日作战的筹划。到1937年初，先后修筑了吴福线（吴县至福山）、锡澄线（无锡至江阴）、乍平嘉（乍浦经平湖至嘉善）三道国防工事，并于淞沪外围各要点建筑围攻工事。国民政府参谋本部制定的《民国二十六年国防作战计划》中，判断一旦大战发生，日军将把进攻的重点置于华北，同时指出："长江下游太湖附近之地区，为我国最重要之经济工业中心及首都所在地。敌今在上海已构成相当根据地，将以有力之部队在本方面登陆，协同海军而进攻，期挫折我国抵抗之意志。"①针对日军可能的进攻行动，参谋本部在制定的作战方针和指导要领中，预定在华北平汉北段等地与日军会战外，并规定：在"长江下游地区之国军，于开战之初，应首先用全力占领上海，无论如何，必须扑灭在上海之敌军，以为全部作战之核心，尔后直接沿江海岸阻止敌之上陆，并对登陆成功之敌，决行攻击而歼灭之。不得已时，逐次后退占领预设阵地，最后须确保乍浦—嘉兴—无锡—江阴之线，以巩固首都。对杭州湾、江阴之江面，实行封锁，阻断敌舰之侵入。"② 由此可见，在七七事变之前，南京军事当局已预设了一旦中日开战后在上海先发制敌的构想和行动方案。

日本发动全面侵华战争之后，中国统帅机关对上海和长江三角洲方面军事和作战问题的处置，是与战前的上述方针和预案一脉相承的。七七事变后，上海的战争气氛日盛一日。当日军大举增兵华北，平津危在旦夕之际，南京当局从各方面的情况判断：日军将会在上海制造事端、挑起战火，淞沪之战势所必至。7月底，南京军事当局确定了对上海日海军陆战队的处置计划、对汉口日租界的扫荡计划、长江中下游各要塞的阻塞及对日舰的扫荡计划，以争取先机，歼击上海及长江的日军。张治中鉴于上海战火一触即发而敌军主力尚未到达之态势，于7

①② 国民政府参谋本部《民国二十六年度国防作战计划》，《民国档案》1987年第4期。

月30日向蒋介石、何应钦等人提出中国军队“宜立于主动地位，首先发动”的建议，蒋复电表示同意说：“应由我先发制敌，但时机应待命令。”①8月9日，日军驻沪海军陆战队挑起上海虹桥机场事件，引发沪战的导火线。11日晚，南京统帅部向张治中等发出“决心围攻上海”的命令②。8月13日，八一三淞沪会战终于揭开战幕。

中国统帅机关主动发起淞沪之战，其战略企图是什么呢？从政治上说，京沪杭地区是国民政府的心脏区域和政治中心之所在。上海—南京一带为一整体，敌军如攻占上海，将对南京构成严重威胁。正如南京大本营在八一三战争开始前后指出的，“敌国为牵制我国兵力之转用及从政略上威胁我国军根据地起见，将以一部攻我淞沪，窥视我首都。”③显然，发起淞沪之战的一个重要企图是为了保卫政治中心和“国军根据地”。从国际关系而言，上海是一个国际大都市，世界列强各种政治、军事、经济势力在这里盘根错节，形成错综复杂的关系。在这里举行会战，势必引起国际社会的严重关注和列强各国的插手干预。上海的得失为“中外观瞻所系”④。无可否认，以淞沪之战促使美英法苏等大国出面干预中日战争，促成国际社会进行和平调停，实现所谓“以战略促政略”，这也是蒋介石的战略意图的一个重要方面。从经济上说，上海是中国最重要的经济中心、工业基地和最大的国际贸易港口，也是南京政府最主要的财政和税收的来源地，对这个被南京当局视为“经济策源地”的上海，是决不能轻易放弃而要力图保护的。总之，淞沪之战的战略企图不单纯是在军事上，而是蕴含有广泛的多方面的内容和目的。否则，南京军事当局绝不可能在这里投入如此众多的兵力，进行如此巨大规模的会战。

从军事战略的层面而言，中国统帅机关对于淞沪之战的战略和战役企图和目的曾有过三次原则性的规定。战役前期提出了“以扫荡上海敌军根据地，并粉碎在沿江沿海登陆取包围行动之敌，以达成巩固首都及经济策源地，作为作战指导之基本原则”⑤。在战役中期，规定以“保持经济重心，巩固首都”，对登陆之敌

---

① 《张治中回忆录》(上册)，文史资料出版社1985年版，第117页。

② 《上海作战日记》(1937年8月11日)，国民政府军令部战史会档，《抗日战争正面战场》(上卷)，第263页。

③ 《国军作战指导计划》(1937年8月20日)，《抗日战争正面战场》(上卷)，第4页。

④ 陈诚：《八年抗战经过概要》，第9页。

⑤ 国民政府大本营《第三战区作战指导计划》(1937年8月20日)，《抗日战争正面战场》(上卷)，第6页。

“限制其发展”，“打破其包围企图”，加以“各个击破”为作战目的①。战役后期，又提出以“打破敌由杭州湾方面包围我军之企图，并巩固首都”为作战目的。这说明，进行淞沪战役的直接的战略战役企图，主要是着眼于保卫上海和京沪杭地区这个重大战略利益。

当然，中国统帅机关并未将东战场和北战场当成是互不相关的作战。以淞沪之战来吸引日军相当部分主力部队于东战场，以牵制日军在华北的进攻，这无疑是发起淞沪战役的一个重要战略意图。在战役发动前后一个时期内，南京统帅部一方面以华北战场为用兵和作战的主战场，另一方面则企图通过在上海开辟第二战场吸引日军，分散日军在华北的主力，以利于减轻华北中国军队所受压力，延缓敌之攻势，并得以集积兵力、调整部署，进行抗击。蒋介石在淞沪战役结束后不久召开的开封军事会议上，曾对上述战略意图作过说明：“我们此次为什么要在上海作战呢？就是要打破敌人的战略，使他们不能按照预定计划，集中兵力侵略我们华北。”②淞沪会战期间担任大本营第一部（作战部）部长的黄绍竑，在抗战结束后发表的回忆录中，谈到蒋介石关于这次会战的决策时，也证实了这一事实。他说道：“八一三”事变爆发，“最高统帅的决策，是要以主动的姿态，先把上海敌军根据地摧毁，然后再主动的向华北作战，即使不能将敌人根据地铲除，亦须吸引其兵力到这方面，以扰乱其既定计划。”③

在淞沪会战期间，蒋介石是否作出过以这次会战迫使日军改变其战略作战方向，从“由北向南”改为“由东向西”？沪战一开始，蒋氏是否已经作出将全国主战场由华北转移华东的决策？中国台湾和大陆的一部分抗战史学者有一种见解，认为八一三战争一开始，蒋氏就决定把中国军队主力调集华东战场，进行淞沪会战，并以此诱使日军改变了作战方向。也就是说，中国军队战略作战的主要方向从华北到华东的主动转变，日军战略进攻的主要方向从“由北而南”到“由东向西”的被动改变，是蒋氏“高瞻远瞩”的“战略谋算”实施的结果④。笔者以为，上

---

① 国民政府大本营《淞沪抗战第二期作战指导计划》（1937年9月6日），《抗日战争正面战场》（上卷），第300页。

② 蒋介石：《抗战检讨与必胜要诀》（1938年1月11日），《中华民国重要史料初编·对日抗战时期》，（二）《作战经过》，第1册，国民党中央党史会1981年版，第65页。

③ 黄绍竑：《五十回忆》，中册，台湾龙文出版社1989年版，第403页。

④ 参见蒋纬国：《八年抗战是怎样打胜的》，《中华民国重要史料初编·对日抗战时期》，（二）《作战经过》，第1册，第546页。吴相湘：《中国对日的总体战略》，香港《明报月刊》，第27期。虞奇：《抗日战争简史》，上册，台湾黎明文化公司1977年版，第135页。马振犊：《开辟淞沪战场有无“引敌南下”战略意图？》，《抗日战争研究》，1994年第2期。

述结论近乎理想化的推测，并无史实根据。事实上，当时蒋氏虽有扩大沪战、牵制日军在华北进攻的战略意图，但并未作出过所谓诱使日军改变作战方向的决策；沪战开始时也并无把全国主战场转到华东的明确方针。淞沪之战进程中，在战争双方和其他诸因素互相作用之下，中国统帅机关不断调整部署，调集大量兵力逐渐扩大沪战规模，将其推到了主战场的地位。因而，以淞沪战场作为全国主战场的战略部署，是会战过程中逐步形成的，而非为事先所设定。

三、战略作战主要方向和作战重心之转移

中国军队战略作战主要方向和作战重心由华北转移华东，是在中日两军交战之中在各种因素的作用下逐步演变的结果。这一过程是与淞沪会战的发展进程同步的。中国统帅部把淞沪战场作为全国主战场的作战指导思想，也是在淞沪会战过程中逐步形成的。海内外有些学者却认为蒋介石有先见之明，早在沪战开始时已预先设定了这个战略性转变。持这种意见的论者，大都举出陈诚1937年8月20日向蒋介石的建议和同日南京军委会发出的关于作战方针的命令作为立论的依据。然而，在笔者看来，这两件史料都难以证明其结论是正确可信的。

八一三抗战爆发后，蒋介石于8月18日派陈诚和熊式辉赴上海视察战局。陈、熊于20日返回南京向蒋作汇报。熊认为上海之战不宜打下去。陈主张扩大沪战，向蒋建议说："敌对南口在所必攻，同时亦为我所必守，是则华北战事扩大已无可避免，故敌如在华北得势，必将利用其快速装备沿平汉路南下直扑武汉，于我不利，不如扩大沪事以牵制之。"蒋对此表示："一定打！"陈又说："若打，须向上海增兵。"①蒋随即调任陈诚为第十五集团军总司令，率部增援淞沪。吴相湘、李云汉诸教授和马振犊等学者都以陈诚的上述忆述材料为依据，认为蒋氏接受陈诚建议，就已作出全国军队主力集中华东，把淞沪战场作为全国主战场，借以诱使日军改变作战方向的决策。

然而，笔者以为把蒋氏接受陈诚建议说成是已经作出上述决策，未必是妥当的。显然，陈诚建议的基本精神在于：日军如在华北得势，必将沿平汉线南下直攻武汉，针对这个对中国极具危险的战局可能发展趋势，中国应当"扩大沪事以

① 《陈诚私人回忆资料》，军事委员会战史会档，中国第二历史档案馆藏。

牵制之"。这一建议并未提出要把全国军队主力调集到淞沪地区,也未提出要把淞沪战场提升为全国主战场的地位,而是主张"扩大"淞沪战役的规模,以"牵制"日军在华北的进攻。众所周知,以一般军事原则而论,战略全局中的"牵制"方向和牵制性作战,是与主要作战方向和主力作战相对而言。陈诚的建议,对于淞沪战场的地位与作用是用"牵制"来表述,显然是以华北战场为主战场作为前提的。以当时陈诚的主张而言,淞沪战场对于华北战场的关系,还是处于"牵制"的地位,更何况当时日本华北方面军尚未组建,华北战场大规模战争正在酝酿。蒋介石接受陈诚建议,确立了扩大沪战,以牵制日军在华北进攻的作战指导思想;但是从陈诚的建议中,无论怎样也看不到有全国军队主力集中华东、把淞沪战场作为全国主战场的主张。至于说,后来全国军队主力集中于淞沪,这里成为全国作战重心,那是在诸种因素交互作用下战局演变的结果,这与蒋氏接受陈诚建议有相当关系,但不能说蒋、陈在8月20日就已作出了这样的决策。

在吴相湘教授的《第二次中日战争史》①、蒋纬国将军主编的《抗日御侮》②、虞奇先生的《抗日战争简史》③等著作中,在中国内地的一些论著中④,都说到南京军委会在1937年8月20日发布一个关于作战方针的命令,并以此作为立论的一大根据,用来佐证南京统帅机关当时已作出了全军主力集中华东、以淞沪为全国主战场的决策。据说这一命令规定的作战指导方针是:"国军一部集中华北,持久抵抗,特别注意确保山西之天然堡垒;国军主力集中华东,攻击上海之敌,力保淞沪要地,巩固首都,另以最少限兵力守备华南各港口。"

但是,引用上述作战方针的所有论著都没有说明这一材料的原始出处;至今为止,台海两岸也无任何一家档案机关披露过这一材料。笔者以为,事实上,军委会并无发布过上述关于作战方针的命令。上述所谓作战方针的一段文字的最早出处,乃是何应钦的《八年抗战》一书。何应钦在1946年4月发表《八年抗战之经过》一书,其中并无关于作战指导方针的内容。1955年9月,何应钦在台湾将此书加以增补,增写了"战争之指导方针"的章节,更改书名为《八年抗战》重新出版。何应钦在此书中对战略防御时期的战略指导方针作了回顾,表述为:"力

① 吴相湘:《第二次中日战争史》,上册,台湾综合月刊社1973年版,第388页。

② 蒋纬国主编:《抗日御侮》,第3卷,台湾黎明文化公司1978年版,第101页。

③ 虞奇:《抗日战争简史》,上册,第135页。

④ 马振犊:《开辟淞沪战场有无"引敌南下"战略意图?》。黄道炫:《淞沪战役的战略问题》,《抗日战争研究》,1995年第2期。

保要地，消耗疲惫敌人，粉碎敌速战速决之企图。以国军一部集中华北，于平绥、平汉、津浦沿线各要点，重叠配备，多线设防，逐次抵抗，特别注意确保山西之天然堡垒；国军主力集中华东，攻击上海之敌，力保淞沪要地，掩护首都。迨民国二十六年末南京战后，以有力一部转用徐州方面，诱敌主力于津浦线，以分散敌兵力，并争取时间，俾国军主力在武汉外围积极整备，恢复战力，利用鄱阳湖、大别山地及长江两岸丘陵湖沼，持久防御，摧毁敌攻势之余力，奠定长期作战之基础。”①其中部分内容后来被一些抗战史论著反复引述并被说成为1937年8月发布的作战方针。但从何应钦的上述著作可以断定，他所说的战略方针，其实是他在抗战结束十年后对武汉会战前战局态势和用兵状况所作的一种回顾、概括和总结。在何应钦的书中绝未说过1937年8月发布了上述作战方针。

中国第二历史档案馆公布的国民政府大本营1937年8月20日以蒋介石名义发布的关于全国战略计划、作战方针和第三战区作战计划的正式命令，都明白无疑地规定全国主战场在华北，这是无可否认的。有的学者以为，大本营和军委会在同一天各自发布了命令，前者规定了“主战场在华北”，后者则规定“国军主力集中华东”。面对这不能自圆其说的矛盾现象，有的学者却解释说：“中国统帅部对‘主战场’和‘主力’的不同提法，准确反映了其实际决策。以华北为主战场是对当时战争客观态势的承认，而在华东集中出动主力则包含着力争主动，打破现有战争格局的意图。”②笔者认为，这一说法难以成立，因为在理论上把“主战场”与集中“主力”的战场说成是两回事，是不科学的；在史实上也是不真实的，因为所谓的军委会的作战方针命令实际上并不存在。

事实上，淞沪战役在开始时对于中日双方都是属于牵制性作战，它从规模较小的战役发展成为一场大规模会战，是一个相对较长的过程，中国军事当局的战役企图也有一个逐步发展的过程。有的论著断定，中国最高军事当局一开始、甚至是在八一三事变前就决定要在上海打一场大规模会战。蒋纬国将军在一篇专论中说道：蒋介石在8月7日作出了“集中主力于华东，对上海之敌采取攻势，以迫使日军转变其作战线为沿长江自东向西”的决策后，“自8月13日起，国军在空军支援之下，先后投入七十个师及七个旅猛攻淞沪之敌”，全国主战场就“由华

---

① 何应钦：《日军侵华八年抗战史》（《八年抗战》之再版），台湾国防部史政局1982年版，第13页。

② 黄道炫：《淞沪战役的战略问题》，《抗日战争研究》，1995年第2期。

北移到华中"①。美国齐锡生教授也认为,"中国政府在1937年'八一三'前夕,集结了数十万军队,其中包括由德国军事顾问团协助训练的所有精锐,全数投入淞沪战场。"②然而,根据各方面确凿的史料可以断定,上述论述是与历史事实不相符的。

蒋介石最初批准的淞沪作战计划的规模不大。八一三之战开始,张治中直接指挥参加上海围攻作战的部队,只有第八十七、八十八2个师(第三十六师尚在津浦线上),2个多炮兵团;另在南翔、浏河、浒浦等地和龙华、虹桥、吴淞以及上海市区华界担任警戒的,也只有1个师、2个旅及上海警察总队和保安总团,张治中使用这些部队发起了上海围攻战。这就是淞沪之战起始阶段的规模。

战局的发展是敌我双方统帅机关的主观指导和与战争相关的客观因素相互作用的结果,并不以某一决策者的主观意志为转移。随着日本对华战争的急剧扩大,中国抗战潮流的日益高涨,国共两党新的合作的形成,南京统帅部对全国全盘战局的作战构想的发展,淞沪战场的地位也被不断提升。

淞沪战场发展成为全国主战场,大体上经历了三个波段,这一历程也就是战略作战主要方向转变的过程。第一个波段是在8月下旬至9月初。上海围攻战展开后并未达到预定目标而陷入胶着状态。8月18日前后,获悉日本陆军2—3个师团增援上海。18日蒋介石决定正在浦口至苏州间待命的第十八军进入淞沪战场。20日,蒋氏接受陈诚的扩大沪战以牵制华北日军进攻的建议。次日,蒋介石任命陈诚以第三战区前敌总指挥兼第十五集团军总司令。稍前张治中统率的京沪警备军改编为第九集团军,继续围攻上海市区之敌;张发奎统率的苏浙边区部队改编为第八集团军,守备杭州湾北岸,扫荡浦东之敌。8月23日起,日军2个师团在川沙口至吴淞间登陆,第十五集团军在上海东北郊长江沿岸展开阻击战。至此,战局已从虹口、杨树浦扩大到吴淞、宝山、罗店一带,真正演变为"淞沪"战役。至8月底,中国参战部队已增加到了3个集团军及若干独立师,空军、炮兵和海军主力也都投入京沪杭地区。一场大战役的局面已初步出现。

淞沪战役的第二次大规模增兵是在9月中旬前后,这可说是战役扩大的第二个波段。日本军部鉴于前次以2个师团增援淞沪后战局进展不大,遂决定再次调派3个师团、1个旅团和空军1个团前来上海。这些部队在9月中旬起分批

① 蒋纬国:《八年抗战胜于开战之先》,《蒋委员长如何战胜日本》,第19页。

② 齐锡生:《抗战中的军事》,丘宏达主编:《抗战胜利的代价》,台湾联经出版公司1986年版,第7页。

在上海一带登陆。至9月20日前后，日军除在上海附近海面和长江的海军部队外，在上海附近集结有5个师团、另有15个大队，共约12万人的地面部队，拥有战车200余辆、飞机200余架、火炮300余门。从日军方面来看，已拥有相当数量的地面部队和各兵种协同作战的条件，举行大规模会战的条件已趋成熟。

中国军队在上海北郊对登陆之敌血战两旬上下，虽阻滞了日军攻势，然而并未击破敌之进攻，被迫转入阵地防御。9月12日，第九集团军退守北站—江湾—庙行—顾家宅之线；17日，第十五集团军退守双草墩—罗店西南—庙行—大场之线。面对日益恶化的淞沪战局，蒋介石和南京当局出于政治上、经济上和国际外交战略上的需要，力求保住上海和长江三角洲地区，只有选择进一步扩大沪战、同日军举行大规模会战之一途。9月21日，南京统帅部改组第三战区领率机关，由蒋介石自兼战区司令长官，顾祝同和陈诚分别继任副司令长官和前敌总指挥。参战部队组成左翼、中央、右翼3个方面军，总兵力约为50余个师、5个炮兵团。

淞沪战役继续扩大的第三波段是在10月间。自9月17日起，中日两军在北站—庙行—刘行—罗店西南—浏河之线，进行互相争夺之阵地战。日军由北向南突击，实施中央突破。中国军队步步为营，英勇抗击。日军击破蕴藻浜防线后，攻势直指江湾、大场。10月25日大场陷落。中国军队左翼和中央两大集团于10月底退守苏州河南岸。10月会战是一场规模巨大的会战。在这期间，双方继续增兵，战役规模进一步扩大。10月上旬日军兵力已增至近20万人。中国方面，第二十一集团军、第十一军团、第二十三集团军、第二十五军团等部队也于这期间进入淞沪战场。至10月底、11月初，中国军队的兵力增加到73个师上下。中国军队战略作战主要方向遂终于移到华东。

日军统帅机关在10月间对上海战局作出新的判断，认为“由于中国的主力在华中方面，我方虽在上海投入五个师团，但战况迄无进展，难望达到政府声明所示的目的。”[①]为尽快解决上海战事，逼迫中国政府就范，乃决定组建新的兵团，在杭州湾北岸实行登陆，与从上海北面南下的上海派遣军进行两翼迂回，围歼中国军队，攻占上海。日本参谋本部“决定将主作战由华北移至华中。……将在中国东北待命之第十八师团及华北方面军之第六、第十六师团及国内之第一一四师团，后备步兵两个联队，均准备使用于上海方面。”[②]

---

① 《大本营陆军部》，中文摘译本上卷，第375页。

② 蒋纬国主编：《抗日御侮》，第3卷，第137页。

10月20日，日本参谋本部以“临参命”第119号下达组成第十军登陆杭州湾北岸进攻上海的命令。第十军由从华北战场抽调而来的第六师团、第十六师团、第五师团国崎支队、兵站部队和军直属部队，由从中国东北转用的第十八师团和由日本国内动员的第一一四师团等部队组成，预定在10月底、11月初实施登陆。“这样，华中方面兵力为两个军的九个师团，华北方面为两个军的七个师团。主战场显然转移到华中，敌我的主力形成对峙。”①由此可见，随着淞沪战局的逐步扩大，中日双方逐次、轮番增兵，至1937年10月间，敌我两军战略作战的主要方向和战略重心终于从华北转到华东。

四、战略作战主要方向转移的得失

怎样评价战略作战主要方向和战略重心由华北移到华东对中国抗战的得失，这是一个至今仍然存在重大分歧的历史问题，值得研究抗日战史的同行学者们继续探讨。开辟淞沪战场为全国主战场，从军事战略层面而论，这一选择对中国军队是否有利？全国军队主力集中华东作战，这对于华北抗日军事的利弊和影响如何？淞沪战场成为主战场的结果，是不是真正把日军战略进攻的主要方向改变为由东向西，从而构成了中国持久抗战的有利态势？“以战略促政略”的策略方针之成败得失又是怎样？凡此等等问题都需要加以深入的研讨。

开辟淞沪战场，把战略重心置于华东，对中国军队作战是否有利？有不少论者对此倍加赞赏，誉之为战略指导上的“高超杰作”。他们认为，“以我（军）装备关系，不能在华北平原行决战，因此……以主力毅然使用于淞沪方面”，因为“就全国地形言，如当时在黄河流域与敌作战，殊不若在长江流域，利用湖泊山地，较为有利也”②“在淞沪开辟华东战场，因有一·二八抗战经验，河流纵横、湖沼密布、地形复杂的江南，对日本机械化部队的运动不便，而且有国防工事的构筑”③，更利于中国军队的作战。但是，持相反见解的学者却以为：“就军事地理而言，国民政府把军队主力投入淞沪地区与日军决战，更是失策。”④

---

① 《大本营陆军部》，中文摘译本上卷，第376页。

② 陈诚：《八年抗战经过概要》，第9页。

③ 刘凤翰：《陆军与初期抗战》，《抗战胜利四十周年论文集》，上册，台湾黎明文化公司1986年版，第89页。

④ 李新、陈铁健主编：《从内战到抗战》，上海人民出版社1995年版，第206页。

当然，对这方面利弊得失的分析需要从两方面而论。在江南作战，在兵力集结、交通运输、后勤供应、海空军支援等等各方面，比之在华北作战较为有利得多。当时国民政府统率的精锐部队大都分布在黄河、长江以南；江南地区军事装备和军队供应的补给较为便利和更有保障；西南、华南的兵员、物力对前线的支援，华东较之华北要便捷得多，这些都是不可否认的。尤其是对于南京中央当局的作战指挥关系而论，华东地区比之地方实力派各自为政的华北地区是大有区别的。

但是，上海地处中国东南沿海，并不居于中国内地的战略枢纽地带，因而以淞沪地区为主战场在战略上难以起到转换全局的作用。从这个意义上说，它是不能同具于东北地区与中原、华中、西北地区之间的战略枢纽地带华北地区相提并论的。因此，把全国主力投入淞沪地区，在战略方向上并无击中要害，并非为有利。正如当时任八路军参谋长的叶剑英在淞沪会战开始后向南京统帅部明确指出的，“我(军)之重点在上海，虽胜利亦不能转移全战局，如在平绥线置重点，则可转移全战局而破坏敌人整个计划。”①

淞沪地区濒临东海，向内是一片地势平坦、河网交错的狭小地带。上海市区又长期驻有日军，占有海空军绝对优势的日军，便于在此内外策应下实施登陆，又可收陆海空军联合作战之效，中国军队在这里作战极为不利。上海左边濒临长江东端，右边紧靠杭州湾，形成一个“凸”形边境，对于几乎没有海军、海防和强大炮兵的中国军队，日军有凸形边境可资利用，极利于从上海的左右两翼实施登陆，进行战略迂回包围。以此而论，把主战场置于淞沪地区是很不适宜的。至于说日军机械化部队在江南河湖江汉地区运动不便，然江南地区公路交通网大大优于华北地区，而河湖江汉又便于日军水上汽艇部队快速运动，从这方面看，也不能认为东战场比北战场为有利。更不用说，上海是中国最大的港口，又有长江航道直通内地，最便利于拥有强大海军的日本从国内增援，这与华北腹地是不可同日而语的。因此，无论在战略上还是战役战术上，以淞沪地区为主战场都是失策的。

那么，淞沪主战场的开辟对于华北战场中国军队作战的影响和作用又是怎样呢？本来，华北地理形势对中国军队有利，领域辽阔的华北战场便于耗散敌军

---

① 《何应钦筹划军事有关会议的记录和文件》，中国第二历史档案馆藏，国民政府军令部战史会档案。

主力，实行各个击破。山西全境、冀察西部、热冀边境，都是山地，极有利于扬我之长而击敌之短。华北有着极为广阔的山地和平原，只要实行正确的军事政治政策和战略战术，是有可能阻滞敌军攻势，使其深陷泥潭而不敢贸然南下的。如果中国统帅机关能充分认识华北战场的重要意义，主动地利用华北广阔领域和有利地势，将主战场置于华北，并凭借黄河天险阻敌南下，是可能在华北消耗更多日军、保守更大地域和争取正面战略防御更长的时间。

开辟淞沪战场，调集重兵于华东，虽然使日军不得不转用兵力，减轻了华北战场中国军队的压力，但是这只是战略重点转移给华北战场带来的影响的一个侧面。从另一方面看，由于原定使用于华北的大量主力部队转用于淞沪战场，以致华北第一线兵力不足，平汉、津浦两线北正面防线空虚，亦给山西战局带来严重的负面影响。正如当年曾参与指挥淞沪会战的德国驻华军事顾问团在战后的总结中指出的，“战争的重点本是置于华北，也就是在该地，最高军事当局原来打算发动一次决定性的大攻势。如果采取此项方针，就应该避免将最好的部队投入上海战场达数月之久，而且大量地在此消耗。”①由于兵力不足，作战指导方针的失误和部队素质不良，华北正面防御难以维系，侧翼反击和进攻更无由实行。对于关系华北战局的关键之战——南口、张垣之战，未能投入重兵夺取胜利。南口防御兵力严重不足，平西山地又未囤积机动兵力，以致正面防御无力，右翼门户洞开。8月下旬，与淞沪战场大战掀起第一波段高峰的同时，日军先后攻占战略要地南口和张家口。接着，日军在北宁、平绥两路，平、津、张以南以西300公里正面完成战略展开，造成全面进击华北的态势。9月间，正当淞沪战场第二次大规模增兵之际，华北日军突破同蒲路和平汉路，河北、山西两省战略走廊洞开，华北战场的中央战线宣告瓦解。这一过程是同中国统帅机关把战略重点由华北逐步转到华东的过程同时发生的。直到10月20日，日本参谋本部决定组建第十军时，才下令从华北抽调2个师团和1个旅团转用于华东战场，这时，中国军队在华北战略枢纽的山西已遭到严重失败，河北全境大部陷于敌手。

中国统帅机关把战略重心转到华东，是否改变了日军战略作战的方向，造成中国持久抗战的有利态势？有的论者认为：淞沪会战迫使敌人将“由北而南”历史上攻略全国的有利的作战方向（如元军对南宋、清军对明朝），改变为“由东向西”的不利的仰攻态势，使中国掌握了战争的主动权，得以从容地部署持久抗战

① 德国驻华军事顾问团《关于上海战役的报告》，傅宝真译，德国军事档案局。

的格局。蒋纬国将军在《抗日御侮》的绪论中写道：蒋介石“在野战战略指导上，当战争爆发之初，即诱导日军作战指向错误方向：八一三于淞沪集中国军精锐，采取攻势，迫使日军追随国军行动，改变其作战线由北向南方向为由东向西方向。因此中国获得换取时间之空间，……在大后方建立持久抵抗战力。”①然而，证之于当时战局的实际状况，这一结论是难以成立的。

从长达三个月的淞沪会战的作战情况考察，笔者认为，当时南京统帅部并无从淞沪地区通过主动的作战行动来“引敌西进”的迹象和意图，相反倒是表现了步步为营、节节抵抗，“阻敌西进”的强烈意图。这可从战局发展的以下基本状况获得佐证：中国军队在上海东北郊不惜任何代价，用阵地战对抗日军西进和北上；当大场陷落、淞沪战场左翼阵线完全崩溃时，中国军队仍不主动西撤，而依然要死守苏州河南岸；当日军在上海右翼杭州湾北岸大举登陆以后，仍未当即决策西撤，而是调动部队阻击敌军西进；在长江航道，当沪战开始时就调集大量船只和沙石，自沉江阴航道，旨在堵塞航行，阻止日舰西进江阴以上，等等。这一切无不说明南京当局的企图全在于“阻敌西进”。如果蒋介石当时就有明确的引诱日军改变作战方向为“由东向西”，使敌溯长江西攻，那么，中国军队上述一系列作战行动是不可思议的了。

淞沪会战的结果，也并未把日军的战略作战方向改变为从上海和长江口西向武汉仰攻。日军从上海西向攻下南京后，前锋即止于安庆以东。这时，日军在中国战场上两大战略集团的态势是：长江以南的华中方面军占领了上海、杭州、南京、芜湖这四点之间的地区；黄河以北的华北方面军占领了包头、太原、安阳、德州四点之间的地区，前出至西自包头以东、东至济南以北黄河右岸。日军下一步的战略企图并非“由东向西”直攻武汉，而是要打通同蒲、津浦西线，攻夺临汾、徐州两地，控制徐州、开封、郑州、洛阳这个在战略上最富机动的地区。然后，或南下武汉，夺取华中；或西窥潼关，进击西北。正是在这个战略企图下，日军在1938年2、3月间发起晋南之战，攻占临汾；同时于津浦线，南北对进，并发起鲁南战役。5月间又进行徐州会战，攻占徐州和开封。

徐州会战后，日军统帅机关遂准备夺取武汉。沿陇海线西进的日军和沿平汉线南下的日军，企图在攻占郑州、洛阳后，南下武胜关直攻武汉，会同沿长江西进的日军夺取武汉。中国军事当局下令炸开花园口附近黄河大堤，中牟、尉氏以

① 蒋纬国：《〈抗日御侮〉绪论》，《抗日御侮》第1卷，第3页。

东尽成泽国。日军前进路线被阻，由陇海路西进夺占郑州、洛阳，以及由平汉路南取武汉的企图，均无法实现。从平汉线南下的日军，因兵力不足，又受华北游击战争的牵制，亦无力南下。日军乃不得不改变作战轴线，决以主力溯长江两面西上进攻武汉，一部越大别山区向南助攻。上述战局演变过程说明，日军最终选择的进攻武汉的作战路线，并不是由于中国开辟淞沪战场为主战场，主动诱敌所造成的。

有的论者断定，要避免日军主力沿平汉线南下直攻武汉，把中国纵切为东西两半局面的出现，就必须开辟淞沪战场为主战场，引诱日军主力到华东。然而笔者却认为，如果中国以足够的主力部队使用于华北，控制平绥、同蒲、正太诸线，掌握冀、察、晋、绥四省之枢纽，这对保卫中原和武汉比以主力集中淞沪更为有利。这样既可撼平津日军之背，又可屏障山西；山西是中原腹地的天然屏障，确保山西可对日军沿平汉线南下作战构成侧翼的严重威胁。日军在未占领山西以前，是不敢贸然南下，直取武汉的。中国统帅部以大量兵力集中淞沪，既削弱了华北抗日战力，又未保住京沪杭地区；而上海、南京失守，长江门户洞开，对武汉和华中腹地，犹如户破堂危、唇亡齿寒，威胁极大。这不能被视为是战略上的成功。

对开辟淞沪战场为主战场的必要性和正确性持肯定态度的学者，大都认为蒋介石的这个战略决策，是与以四川和西南后方为总基地、进行持久抗战的战略构想直接相联的；甚至断定：集中全军主力举行淞沪会战，是实施上述战略构想的必经步骤和必要前提。吴相湘教授写道：由于淞沪会战，“蒋委员长诱使日军主攻方向由‘自北南下’改变为‘自东西上’的战略终于成功，中国从此……一切可按 1935 年 7 月(持久抗战)计划了”①。李云汉教授也认为：“就原定计划而言，(日本)决不能将其兵力用在长江流域，如今却调集十个师团以上的兵力到了长江流域，而使中国初步达到持久战略的目的。”②黄道炫先生持同样的观点，说：“由于蒋介石对日战略构想中予长江流域及川、黔、陕以重要地位，……抗战爆发后，中国统帅部主动出击上海之敌，和这一点密切相关。”③

诚然，蒋介石在 1935 年作出过以四川为中心的西南为持久抗战的后方根据地的构想，但是这一构想是不是已在淞沪战役期间付诸实施，举行这次会战又在

① 吴相湘：《中国对日总体战略及若干重要会战》，《八年对日抗战中的国民政府》，第 65—66 页。
② 李云汉：《对日抗战的持久战略》，《中国论坛》，第 6 卷第 7 期。
③ 黄道炫：《淞沪战役的战略问题》，《抗日战争研究》，1995 年第 2 期。

多大程度上与上述构想有着联系，这是一个尚待探究的问题，前述论著并无确实的历史事实足以佐证这两者之间的“密切联系”，而只是作了一种理想化的推测。以笔者之见，以四川为中心的西南为持久抗战总后方的战略构想，与淞沪战场为全国主战场的战略举措两者之间并无必然联系，蒋介石决定主动发起淞沪之战时，也未必已经把向西南内陆退兵、实行持久抗战作为当即实施的行动方针。

从军事战略而言，向西南退兵、诱敌深入、“以空间换时间”，以实行持久抗战的战略方针，是与集中全国主力于沿海地区的淞沪战场，进行一场长达三个月的战役持久作战的大规模军事行动相矛盾的。对于这种基本的军事原则，蒋介石是不可能不了解的。向来为蒋介石所推崇的军事学家蒋百里将军是主张以西南诸省为抗日后方基地的代表人物，早在抗战前论述对日战略方针时，就撰文指出：对于“近邻富于侵略性的国家(指日本)”，“我们……制胜的唯一方法：就是事事与之相反，就是他利于速战，我则用持久之方法来使他疲弊。他的武力中心放在第一线，我们则放在第二线，而且在腹地内深深地藏着，使他一时有力无用处。”①在八一三战争开始后，蒋百里向蒋介石提出的关于对日作战方针的建议中，也明确主张，在“沪宁方面，敌人不利于使用大部陆军，我方应取速决主义，不宜多控制预备队于后方，使敌能得以少数兵力，牵制我大部兵力。”②在这位主张“以空间换时间”、以西南为抗日后方总基地的战略家的论述和建议中，人们可以看到：要实行上述持久战略的构想，就不应在淞沪地区打一场持久的大规模的战役。

蒋介石反其道而行之，正说明在他发起淞沪之战时，尚未真正下决心实施其1935年作出的前述战略构想，而是为政治上、国际关系上、经济上以及军事上的诸种因素的左右，另有所图。

从中国抗战的战争发展进程来看，蒋介石和中国统帅机关是在上海、太原和南京失守以后，真正审察中日战争已发展成为不可逆转的长期化，同时也认识到由于日军攻占我国东部沿海地区以及长江和黄河下游地区，敌我双方已形成东西向对峙的战略态势。在太原、上海陷落后，中日战争的“战火扩展得非常迅速，而且是漫无际限”，“此时，中国方面为谋长期抗战，必须有盱衡全局的战略部署。”③11月13日，蒋介石在日记中写道：“抗战最后地区与基本战线，将在粤汉、

---

① 《蒋百里先生全集》第4辑，台湾传记文学出版社1971年版，第152—159页。

② 蒋百里：《对日战局判断》，《蒋百里先生全集》第1辑，第7页。

③ 〔日〕古屋奎二编著：《蒋总统秘录》，第11册，台湾《中央日报》社中译本，1978年再版，第24页。

平汉两铁路以西。”[①]11 月 19 日，国民政府决定迁都重庆。根据这个战略形势，中国统帅机关乃决定向华中腹地和西南后方退兵，构建立足西南、守备中南、东西向防御的持久抗战的战略格局。武汉会战恰成为转变到这个新的战略格局的枢纽。

（本文原载《军事历史研究》，1999 年第 1 期）

① 〔日〕古屋奎二编著：《蒋总统秘录》，第 11 册，台湾《中央日报》社中译本，1978 年再版，第 35 页。

从七七事变到淞沪抗战时期中国外交政策浅论

胡德坤　费泉蕙

从七七事变到淞沪抗战时期的中国外交，是战时中国外交的重要组成部分，也是战时中国外交内容最丰富、最复杂、最具特色的一部分。这一时期的中国外交主流是抗战外交，是建立在抵抗基础之上的，是抗战的重要组成部分。在这种前提之下来考察中国外交，得出的结论是：避战求和、以战求和、以战求援都是抗战外交的形式。

一

从七七事变到淞沪抗战时期是中国抗日战略的酝酿、制定和实施时期，为战略服务的外交也经历了以和备战到以战求和，再到以战求援的过程。

七七事变爆发到平津失陷期间，中国政府实施了以和备战外交。七七事变前，中国国内政局已发生重大变化，以西安事变为枢纽，国共两党结束了内战，携手抗战，开始了第二次合作。但由于中国政府长期实施“攘外必先安内”政策，严重影响了对日备战，导致卢沟桥事件爆发后仓促应对，不得不利用外交手段斡旋，尽可能推迟应战时间，加紧备战。另一方面，中国政府对卢沟桥事件究竟是局部冲突，还是全面战争的开端一时判断不清。因为自伪满洲国成立以来，日本以关东军为后盾不断向关内扩张，多次挑起事端，大多以中国政府的妥协退让而告终。出于以上考虑，中国政府在卢沟桥事件之初，将其视为局部性地方冲突事件，认为只要日本此次行动仅限于进一步加强其在华北的战略地位，而不是在华北炮制第二个伪满洲国、危及中国领土主权完整，也可以“作较大之让步”①。因此,中国政府决定二十九军“固守勿退”②,并调兵北上,加强华北军事实力,以防不测;同时,展开外交攻势,“立谋和平解决”③,以避免全面战争爆发,从而确立了以和备战方针。

卢沟桥事件发生后,中国政府立即向日本大使馆提出口头抗议。7月10日,又正式提出书面抗议,指出日军此次行动“显系实行预定挑衅之计划,尤极不法”,中国军队为避免事态扩大,已极力容忍,希望以外交方式和平解决,要求肇事日军立即撤回原防,恢复事变前的状态④。中国政府的这一正当要求遭到日本的粗暴拒绝。七七事变一爆发,日本法西斯欣喜若狂,认为这是解决中国问题“千载难逢的良机”⑤。据日本陆军省《业务日志》记载,近卫首相和日本内阁都认为,这是建立“举国一致”对华战争体制,解决“多年的对华悬案”的良机⑥。因此,日本政府迅速作出决定,于7月10日发表《派兵华北的声明》,声称“政府在本日内阁会议上下了重大决心,决定采取必要的措施,立即增兵华北”。“为使今后局势不再扩大,不抛弃和平谈判的愿望”⑦。日本政府的声明一是借此进行全面侵华的战争动员,二是借“不扩大”、“不抛弃和平谈判”掩饰其军事行动,让中国政府心存和平幻想。同时,在对华外交上,力图撇开中央政府,直接与华北地方政府交涉,并反对中国中央军北上,以便以最小的代价占领华北。按照日本政府的方针,7月11日晚,日本驻北平特务机关长松井太久郎与驻北平中国第二十九军副军长秦德纯签订了《卢沟桥事件现地协议》,要求中日两国军队同时撤离卢沟桥。12日,日本新任中国驻屯军司令官香月清司中将到达天津,下令“做好适应全面对华作战的准备”⑧,表明日本全面侵华战争已不可避免,而《卢沟桥事件现地协议》便成了掩饰日本全面侵华的烟幕弹。

面对日本全面侵华战争的临近,中国政府从两个方面展开了外交活动:一是

---

① 卢沟桥事变前后的中国外交关系[A].中日外交史料丛编:四[Z].台北:中华民国外交问题研究会,1966.第409页。

② 秦孝仪.作战经过:二[A].中华民国重要史料初编:第二编[Z].台北:中国国民党中央委员会党史委员会,1981.第32页。

③ 中国国民党中央党史委员会.卢沟桥事变史料:上[Z].革命文献,第106辑.第247页。

④ 中国国民党中央党史委员会.卢沟桥事变史料:上[Z].革命文献,第106辑.第247—249页。

⑤ 〔日〕现代史资料:12[A].日中战争:4[Z].东京:美铃书房,1993.第424页。

⑥ 日本防卫厅防卫研究所战史室.战史丛书:86[A].中国事变陆军作战:1[Z].东京:朝云新闻社,1975.第197页。

⑦ 日本外务省.文书[A].日本外交年表及主要文书:下册[Z].东京:原书房,1976.第366页。

⑧ 日本防卫厅防卫研究所战史室.战史丛书:86[A].中国事变陆军作战:1[Z].东京:朝云新闻社,1975.第178页。

直接对日交涉，二是请求西方大国调解。对日外交方面，中国政府力求通过中央级交涉，谋求和平解决。7 月 12 日，中国外交部长王宠惠会晤日本驻华使馆参事日高时指出，“两国军队之冲突，为国与国间之冲突，决非单纯地方问题”，要求两国政府直接交涉，反对日方绕开中国政府直接与地方当局交涉，遭到日高拒绝。此后，日方不仅一再拒绝中方的正当要求，而且还指责中方反对与地方当局交涉是“毫无和平交涉之诚意”，要求中国“迅速反省”①。7 月 17 日，日本驻华使馆照会中国政府，“立即停止一切挑衅的言论和行动，不得妨碍现地两国继续进行的解决事变的交涉”，并限于 7 月 19 日回答②。7 月 19 日，中国外交部在对日备忘录中再次重申中央交涉的和平解决诚意。7 月 20 日，王宠惠再次约见日高指出，“任何国家之外交，无不由中央政府主持办理。……中国政府固无时不准备与日本政府交涉”，“只需有一线和平希望，中国决不放弃其依据外交途径，从事和平解决之努力”③。但日高不予理睬。此时，中国政府确实对避战求和还抱有幻想，7 月 20 日，蒋介石从庐山一回到南京就指出，之所以“注重于日本撤兵的交涉问题，盖犹豫华北事变，或许还有和平解决的一线希望”④。尽管中国政府一再对日表示诚意，无奈日本完全不领情，导致中日交涉毫无进展。

这一时期中国也对英美德展开了积极的外交。由于中国是一个由列强共同支配的半殖民地国家，日本侵华必然损害其他国家的在华利益，也必然会加深日本同西方大国的矛盾，因此，中国政府企图利用这一矛盾寻求西方大国的支持，调解中日关系。七七事变爆发后，英国虽愿意调解，但要求与美国采取联合行动，不愿单独对日。美国则不愿过早同日本对抗，采取回避政策。7 月 16 日，美国国务卿赫尔发表声明，不分是非曲直，竟要求中日“双方自我克制”，“通过和平谈判与协商”解决争端⑤。这一声明将美国绥靖政策的本质暴露无遗，日本看准了美英的软弱态度，更加有恃无恐地扩大侵华战争。蒋介石预感到形势紧迫，于 7 月 20 日匆匆赶回南京，接连会见美英等国大使，强调日本全面侵华战争迫在眉

---

① 中国国民党中央党史委员会.卢沟桥事变史料：上[Z].革命文献，第 106 辑.第 252—253 页。

② 日本防卫厅防卫研究所战史室.战史丛书：86[A].中国事变陆军作战：1[Z].东京：朝云新闻社，1975.第 199 页。

③ 中国国民党中央党史委员会.卢沟桥事变史料：上[Z].革命文献，第 106 辑.第 273 页。

④ 张其钧.中华民国史纲：四[M].台北：1957.第 12 页。

⑤ 李巨廉，王斯德.第二次世界大战起源历史文献资料集(1937.7—1939.8)[Z].上海：华东师范大学出版社，1985.第 3 页。

睫,“日军之意最初不过欲解决华北独立化问题,以后恐将要求解决全部问题”。“现在局势只有各关系国尤其美、英二国之合作,可挽危机”,“迟恐不及”①。对此,英国立即做出了反应,张伯伦首相表示,愿意与美国合作,采取联合行动共同对日,但美国坚持不愿采取“完全一致的干预行动”②。对此,中国政府深感失望。8月23日,蒋介石在致美国总统罗斯福的信中写道:“我确实非常失望,美国竟然不与英国合作,来努力防止中日冲突,而这一冲突通过英美合作本来是能够得以转变的。”③宋美龄更是“十分怨恨”地表示:“美国在中国正从事生死存亡奋斗的道路上,竟过分地放下许多绊脚石。”④中国政府在谋求美英调解的同时,也在积极动员德国出面调停。早在1936年,德日两国出于争夺世界霸权的共同需要,签订了反共产国际协定,形成了东西方战争策源地。但在中国问题上德日两国存在矛盾,德国不希望日本独霸中国,因而在七七事变后德国愿意调停中日关系。中国政府认为,在西方大国中,德国是唯一同日本保持着密切关系的国家,希望德国居间调停,实现中日和解。7月27日,蒋介石接见德国驻华大使陶德曼时指出:“此次事件决非局部问题”,如果日本继续扩大战争,中国必将“以全国力量与之宣战”,希望德国“趁此机会对日本进友谊之忠告,……使其态度趋于和缓”⑤。陶德曼欣然同意进行斡旋,但遭到日本断然拒绝,无能为力。

日本正是看清了中国避战求和心切,看穿了美英的软弱无能,也洞悉了德国的暧昧立场,因而敢于肆无忌惮地扩大战争。7月25、26日,日本援兵一抵达华北,便制造了廊坊事件和广安门事件,29日攻占北平、天津。同日,日本外相广田宣布:在中日冲突中拒绝任何外国的干预,从而宣告了中国政府以和备战外交的终结。

从卢沟桥事件到平津陷落,中国政府开展的以和备战外交,其结果有得有失、有利有弊。从积极面来看,一是透过外交努力多少能推迟中日全面战争的时

---

① 中国国民党中央党史委员会.卢沟桥事变史料:上[Z].革命文献,第106辑.第350页。

② 〔美〕罗伯特·达莱克.罗斯福与美国对外政策(1932—1945):上[M].北京:商务印书馆,1984.第212—213页。

③ BORG, Doroth. The United States and the Far Eastern Crisis of 1933—1938[M]. Harvard University Press, 1964. p.309.

④ 鲍家麟.列强对中国抗战的态度(1937—1939),对日抗战:上[A].中国近现代论集:第26编[Z].台北:台湾商务印书馆,1986.第470页。

⑤ 中国国民党中央党史委员会.卢沟桥事变史料:上[Z].革命文献,第106辑.第357页。

间，以进行抗战准备；二是在国际上树立了中国是和平受害者的形象，有利于揭露日本的侵略行径，在国际上孤立日本。从消极面来看，一是模糊了各国对中日冲突走向的判断，认为此次冲突会像以往那样只是中日局部冲突的延续，日本占领平津后会止步，而“中国人在表示一番抵抗之后就会接受强者一方的要求而了事”①。因而，大多数认为不会扩大为全面战争；二是谋和心切使各国对中国的抗战决心和能力产生怀疑，认为中国人抵抗不过是摆摆样子，“没有谁相信中国准备与日本进行战争”②。其结果是助长了西方大国对日本的绥靖政策；三是压制了国人的抗战热情，不利于组织和发动全民族抗战。由此可见，这一时期的以和备战外交是利弊参半，得失相当。

二

从平津失陷到上海八一三抗战前后，中国外交进入了以战求和时期。平津失陷表明中日之战已不避免，避战求和此路不通。在这种形势下，中国是战是和，何去何从，必须迅速作出抉择。于是，围绕着和战问题，执政的国民党内展开激烈的争论。以汪精卫为首的主和派鼓吹“战必大败，‘和’未必大乱”，公然鼓吹亡国论；以孙科为代表的主战派则认为“‘和’必大乱，战未必大败”。7 月 29 日，孙科发表对记者的谈话指出，日本的阴谋旨在“分化中国，逐步并吞”，中国“必须以全面抗战答复”日本的侵略行径，方有和平可言。在外交上，弱国更须广泛觅友，“决不能因怕得罪人，而不敢觅取友邦，自陷孤立”，他认为，英美难恃，“中国唯一可找之朋友为苏联”③。面对和战之争，蒋介石于 8 月 7 日在庐山召开了最高国防会议和国防联席会议，对和战作最后抉择。蒋介石在会上指出，日本的目的“就是要中国的国际地位扫地，以达到他为所欲为的野心”。中日冲突“如果以为局部的解决，就可以永久平安无事，是绝不可能，绝对做不到的”，中日冲突必须以全面抗战才能解决。以抵抗求生存，这一点蒋介石已经有了深刻的认识，但他同时又认为，“英美在道义上、精神上，对我们可以有相当的帮助，物质上我们

---

① 〔英〕华尔脱斯.国际联盟史：下卷[M].北京：商务印书馆，1964.第 312 页。

② IRVING S.Fridman. British Relations With China：1931—1939[M]. New York：The Haddon Craftsmen. Tnc.1940. p.92.

③ 中国全面抗战大事记：第 1 辑[Z].华美晚报，1937.第 51—52 页。

不能作一定始终靠得住的打算"①。国防会议最终确立了全面抗战,以战图存的方针和持久消耗战略②,但同时又决定,"在未正式宣战之前,与彼交涉仍不轻弃和平"③。表明中国政府已抛弃避战求和政策,确定了以战求和政策。这一时期的中国外交正是在以战求和政策指导下进行的。

日本占领平津后,一改过去拒绝与中国政府直接交涉的政策,主动上门要求与中国中央政府直接交涉。8月2日,日本首相近卫召集陆、海、外三相会议,决定任命前日本驻上海总领事船津辰一郎为代表与中方谈判。8月6日,日本陆、海、外三省制定了《日中邦交全面调整纲要》,要求中国今后不再将承认(伪)满洲国作为问题,日中签订停战协定,中国取消抗日运动等。8月7日,日本陆、海、外三省会议商定了《日中停战条件》,主要是:将平津周围地区划为非武装地带,建立亲日政权;解决日中间悬而未决的其他问题等。以上条件,要促使中方提出④。日方虽制定出以上谈判方针和停战条件,但并非是真的进行谈判,而是摆出谈判的架势,以外交手段达到以下目的:一、用协定巩固已占领的平津地区,使其合法化,再建立亲日政权,将华北变成第二个伪满洲国;二、施放烟幕弹,以有利于采取新的军事行动,正如外相广田在8月7日给川越的电报中所指出的,从日本国内派往中国的3个师团预计在20日集中完毕,在此之前,无论如何需要同中国谈判⑤。可见,日本谈判是假,扩大战争是真。

中日双方出于战略需要,于8月初在上海进行秘密接触,日方代表为驻华大使川越茂,中方代表为外交部亚洲司司长高宗武。8月7日,川越抵沪秘密会见了蒋介石,探询与中方谈判的可能性。8月9日,高宗武在上海与川越举行秘密谈判,日方提出了极为苛刻的谈判条件,致使中方无法接受。同日,上海发生大山事件,战争的乌云迅速在上海上空聚集。中国政府已预感到上海之战不可避免。驻日大使许世英认为,日本历来"口号与手段,莫不相反","所谓不扩大者,盖为对内欺君民,对外欺国际之口号","本月中旬以后彼必大举攻我"⑥。为防止日本突然袭击上海,中国政府紧急增兵布防,加强上海防务。与此同时,积极开展外交活动,以求和平解决大山事件。在上海,大山事件一发生,上海市长俞鸿

---

①③ 抗战爆发后南京国民政府国防联席会议记录[J].民国档案,1996,(1)。

② 吴相湘.第二次中日战争史:上[M].台北:台北综合月刊社,1973.第273页。

④ 日本外务省.文书[A].日本外交年表及主要文书:下册[Z].东京:原书房,1976.第367—369页。

⑤ 日本防卫厅防卫研究所战史室.战史丛书:86[A].中国事变陆军作战:1[Z].东京:朝云新闻社,1975.第248页。

⑥ 古屋奎二.蒋总统秘录:第11辑[Z].台北:中央日报社,1977.第42页。

钧立即与日本驻上海总领事冈本进行多次会商，建议以外交手段和平解决，但冈本却认为大山事件是“对皇军重大侮辱”，反而要求中国保安队后撤[①]。在南京，中国外交部与日本大使日高也进行了紧急磋商，日方虽表面上同意“就地解决虹桥事件”，但却大举调兵遣将，显然是将谈判作为掩护扩大侵华战争的烟幕弹。中国外交部还向西方各国驻沪使节通报情况，请求列国出面与日交涉。8月12日，由多国代表组成的淞沪停战协定共同委员会就虹桥事件举行会议，日方代表不仅不承认大山事件是日方的挑衅行为，反而诬陷中方“违反停战协定”，致使会议不了了之。8月13日，日军在上海挑起了战火，中国军队展开反击。8月14日，中国政府发布抗战自卫宣言，表明了中华民族抗战到底的决心。8月15日，日本政府发表声明，宣称为了“惩罚”中国军队，将采取“断然措施”[②]。同日，日本参谋本部下令组建“上海派遣军”，迅速投入上海作战。至此，以七七事变为开端的中日局部战争便发展成为中日全面战争，中国以战求和外交也走到了尽头。

从总体上看，这一时期的中国外交是值得肯定的。这是因为：第一，它是建立在对日抗战的基础之上的。从平津陷落到淞沪抗战爆发，是中国对日政策由和向战转变的时期，在这一前提下展开的中国对日外交，立场坚定，旗帜鲜明，态度强硬，体现了中华民族团结抗战的决心。在对日交涉中，有人多次进言蒋介石，劝其对日让步，蒋介石同意对日交涉，但指示“不可变更应战之原议”[③]。大山事件发生后，国民政府主席林森明确表示，中国已到了“不是单纯讲理可伸张正义的时期，我们必须有了自卫自存的力量表现，然后才能实现提携共存的希望”[④]。可见，中国政府对日外交是抗战外交，维护了中国主权与尊严。第二，以战求和外交在世界上树立了中国良好的国际形象。以战求和外交虽未达到和的目的，但在世人面前却展现出中国不屈不挠的决心与信心。七七事变以来，西方人士“往往从一开始就认定……中国的抵抗无济于事。他们认为日本终究是要占领中国的，那么向中国提供援助又有何用”[⑤]。正在欧洲巡访的孔祥熙十分清楚西方国家对中国避战政策的不满，他说：“华北事变，中外震惊，近则敌势越涨，

---

① 卢沟桥事变前后的中国外交关系[A].中日外交史料丛编：四[Z].台北：中华民国外交问题研究会，1966.第268页。

② 日本外务省.文书[A].日本外交年表及主要文书：下册[Z].东京：原书房，1976.第370页。

③ 台北中央研究院近代史研究所.王世杰日记[Z].台北：东大图书有限公司，1995.第413页。

④ 中国国民党中央党史委员会.卢沟桥事变史料：上[Z].革命文献，第106辑.第296—297页。

⑤ 中国社会科学院近代史研究所.顾维钧回忆录：第2分册[Z].北京：中华书局，1985.第678页。

我气益沮，国际间向表同情于我者，亦将对我失望，至为痛心。”[①]要改变这种不利的局面，就要放弃求和备战的方针，确立以战求和方针。上海是国际大都市，与西方大国均有切身利益关系，日本在上海挑衅，中国若坚决应战，则可起到“正世界视听”、“动列强观感”的效果，树立起中国抗战的形象，以赢得列国的支持；在迎战大同时，通过外交谋和，以赢得国际社会和国际舆论的同情。事实上，中国以战求和的外交也确实起到了这种作用，“到 1937 年底，国际形势清楚地表明，日本的国际地位开始下降，相反，中国的国际地位正在提高”[②]。

三

淞沪抗战时期，中国实施了以战求援外交。

从平津作战到淞沪会战，中国政府的求和希望彻底破灭。中华民族要生存，只有一条路可走：抗战图存，背水一战。但中国是一个受西方列强共同支配的弱国，同日本相比，敌强我弱，实力悬殊。因此，中国要赢得战争的胜利，外援是不可缺少的。于是，以战求援便成为淞沪抗战时期中国外交的主题。

中国求援的重点无疑是西方大国，其中，美英法等国是中国寄予希望最大的国家。自七七事变始，中国政府便派出孔祥熙使团访问欧美诸国，寻求实质性援助，经过艰苦的游说，终于与英法美等国签订了一系列信用贷款、购买武器和军用物资的协议。从协定看，西方大国似乎愿意援助中国，但在实际行动上却口是心非。特别是中国抗战全面展开后，亟须国际援助，西方大国均不愿因援助中国而得罪日本，实际是起到了纵容日本法西斯侵略的作用。

在分别向西方大国求援无果后，中国将求援重点转向了重要的国际组织，希望西方大国依托国际组织制裁日本，援助中国。淞沪抗战的枪声打响后，中国政府向国联递交了照会，揭露日本扩大侵华战争的行为。9 月 12 日，中国出席国联大会代表顾维钧向国联提交申诉书，要求国联宣布日本是侵略者，并安排对华贷款和一般财政援助问题。此后，顾维钧多次在国联大会和远东咨询委员会上，慷慨陈词，深刻指出，日本扩大侵华战争，不仅是要征服和统治中国，而且要把欧美势力从亚洲驱逐出去，从而打破远东秩序，“把世界投入一个充满屠杀与毁灭恐

---

① 中国第二历史档案馆.中华民国史档案资料汇编，第 5 辑第 2 编军事：二[Z].南京：江苏古籍出版社，1998.第 148 页。

② 费正清.剑桥中华民国史：第 2 部[M].上海：上海人民出版社，1992.第 570 页。

怖的混乱局面”。他强烈要求国联“公开谴责这种对国际法、对盟约义务和对正义与原则的公然破坏”,并要求“能够在现实范围之内,尽量给予这个受到公然侵略的中国以最大的道义支持和物质援助”①。尽管国联多数成员国对中国的处境表示同情,但英法控制下的国联却依然袒护日本,甚至不敢宣布日本是侵略者。尽管如此,国联远东咨询委员会提议国联给中国以道义上的支持,各成员国给中国以援助,也算是对中国的一点安慰。

英法深知,解决远东问题离不开美国,但美国又未加入国联,为了将美国推上远东与日本对抗的第一线,他们极力推动召开九国公约国会议。中国在对国联失望之后,又将求援外交重点转向九国公约国会议。11 月 3 日,九国公约国会议在布鲁塞尔召开,中、美、英、法、苏等十九国代表与会。果然,会议正像所预料的那样,英法美三国代表互相推诿,谁也不愿充当会议主角。11 月 13 日,中国代表顾维钧在会上恳请各国在道义上、经济上对日本施加压力,给中国以援助。对中国的正当要求,只有苏联代表明确表示支持,英法美三国代表则担心支持中国会刺激日本,均采取回避态度,对中国的呼吁不予理睬,致使会议在空泛清议后便草草收场。正如美国驻日大使格鲁 1937 年 10 月 9 日的日记中所预料的那样:“九国会议又能取得什么成果?强迫交战双方议和,然后被断然拒绝?试行经济制裁吗,然后得到像阿比西尼亚问题时那样的可耻失败?或者是仅满足于道义谴责,打一场大雷,而效果只等于在日本下一场小冰雹!”②尽管中国政府事先已预料到会议的结果,但仍对布鲁塞尔会议大失所望,正如顾维钧在回忆录中所云,中国“是非常失望的,主要不是会议本身不能有任何作为,而是由于在远东有巨大利益的大国不愿采取任何有效措施来抑制日本,这不仅是为了中国的利益,也是为了他们自己和世界和平事业的利益本应采取的”③。

向苏联求援是这一时期中国外交又一重要方面。自蒋介石建立南京国民政府后,实施反苏反共政策,恶化了中苏关系。1931 年九一八事变后,在西方大国都不敢指责日本侵略、中国欲诉无门时,只有苏联出于国际正义和自身安全,捐弃前嫌,旗帜鲜明地谴责日本侵略,同情和支持中国抗战,促进了中苏关系的改善,促成了中苏复交。七七事变爆发后,日本大举进攻迫在眉睫,中华民族面临生死存亡的关键时刻,国际社会中,英法美等西方大国仍旧态度暧昧,而苏联则

---

① 董霖.顾维钧与中国外交[M].台北:台北传记文学出版社,1978.

② 〔美〕约瑟夫·C.格鲁.使日十年[M].北京:商务印书馆,1983.第 224 页。

③ 中国社会科学院近代史研究所.顾维钧回忆录:第 2 分册[Z].北京:中华书局,1985.第 696 页。

一如既往地支持中国。这种形势促使中国政府将外援希望寄托于苏联身上，从而更加重视中苏关系。蒋介石审时度势，认为中国仅靠自身的力量难以战胜日本，必须借助苏联，如果苏联能陈重兵于远东，则会对日本侵华起到牵制与威慑作用；如果苏联能参加对日作战，则“将赢得对日作战的彻底胜利”①。七七事变爆发后的第2天，即7月8日，蒋介石紧急召见孙科、王宠惠，指出，“卢事若立即扩大，则非全面抗战不可”，而要支撑一场全面战争，关键的因素是“苏联的军械供应及互助协定等问题”②。他当即派孙科和王宠惠到上海与苏联驻华大使鲍格莫洛夫商谈，要求两国签订互助协议。鲍氏则认为，在中日战争已经爆发之际，签订此类条约“无异自招日本的进攻”，因此，苏联只同意缔结互不侵犯条约。孙科强调指出，两国若签订互助条约，“当可阻止敌人再度深入”③。然而，世界上任何一个国家的外交政策都是以本国的国家利益为根本出发点的，苏联也不例外。苏联也不愿冒着直接同日本冲突的危险，同中国订立互助条约。苏联对中国的支持是限定在不同日本发生冲突的框架之内的。基于这种考虑，苏联只同意缔结互不侵犯条约，无论中国政府如何请求，苏联终是寸步不让，中苏交涉陷于停顿。淞沪会战打响后，军火供应成为当务之急，而西方大国却作壁上观，万般无奈的中国政府加快了向苏联求援的步伐。为了打破僵局，中国提出先从商务入手单独解决苏联对华军火供应问题，又遭苏联拒绝。苏联坚持“提供军事物资务必以首先签订互不侵犯条约为先决条件”④。但同时又表示，即使未签订互不侵犯条约，苏联也会援助中国。苏联的积极态度，使中国政府转向现实主义态度，重新审视对苏外交目标，因为“在三十年代，互不侵犯意味着积极的外交关系。它意味着除了直接战争外积极的政治、经济、外交和军事上的合作”⑤。即使订立互不侵犯条约对中国也是十分有利的。有鉴于此，中国政府同意接受苏联的提议。8月21日，中苏签订互不侵犯条约，中国也就能迅速地从苏联获得巨额贷款用以购置苏联的军火物资。据统计，苏联先后三次对华贷款总数达2.5亿美元之多，大量军火物资从苏联源源运到中国战场，这对正在浴血奋战的中国军民，无异于雪中送炭。

---

① 〔美〕高沃龙.对手与盟友[M].北京：社会科学文献出版社，1992.第9页。

② 孙科.中苏关系[M].北京：中华书局，1996.第16页。

③ 孙科.中苏关系[M].北京：中华书局，1996.第17页。

④ 陶文钊等.中国抗日战争时期对外关系[M].北京：中共党史出版社，1995.第72页。

⑤ 〔美〕高沃龙.对手与盟友[M].北京：社会科学文献出版社，1992.第153页。

从总体上看，淞沪抗战时期的中国外交是成功的外交，其一，求援外交是以坚决抵抗为前提、为后盾的，在国际上树起了中华民族同仇敌忾、英勇抗击日本法西斯的旗帜，扩大了中国的国际影响，提高了中国的国际地位；其二，向西方求援虽未成功，但广泛宣传了中国抗战的意义，揭露了日本法西斯的侵略行径，引起了世界各国人民及国际舆论的同情与支持；其三，中苏互不侵犯条约的签订，使中国能从苏联获得实质性的援助，极大地鼓舞了中国军民的斗志，大灭了日本的威风。同时，还增加了中国对西方大国外交的筹码。

四

从七七事变到淞沪抗战是日本侵华战争和中国抗日战争的全面展开时期，日本在远东的侵略与德、意在欧、非的扩张相呼应，使局部战争升级，将人类逼近到第二次世界大战全面爆发的前夜。日本的全面侵华战争表明，法西斯的侵略已经成为世界各国人民的主要威胁，制止法西斯的侵略也就成为世界各国的共同任务。在这种背景下，中国的抗战不仅是中国的大事，也是世界的大事。在这种形势下展开最活跃时期的中国外交史，其经验与教训值得研究与总结。

从七七事变到淞沪抗战时期的中国外交同九一八事变时期的中国外交相比，有着本质的区别，具有鲜明的特点：其一，基点不同。九一八事变时中国政府实施了不抵抗主义，中国外交是建立在不抵抗基点上的，只能妥协退让、失地求和，结果被侵略者所欺，被西方大国所弃，使同情者失望，使国人愤慨，导致外交活动处处碰壁，无所作为。从七七事变到淞沪抗战时期的中国外交则是建立在坚决抵抗基点上的，以战求和、以战求援，令西方大国刮目相看，使苏联鼎力相助，使国人振奋，使侵略者胆寒，外交成就斐然。其二，方针不同。九一八事变时的中国外交方针是依赖国联、依赖西方大国，当西方大国和国联对日本侵华实行绥靖政策、袒护日本时，中国只能望“洋”兴叹，无可奈何，外交毫无成就。七七事变后，中国外交方针是争取一切可以争取的国家支持，当西方大国不愿因援助中国而得罪日本时，中国却得到了苏联的大力支持，这是外交上的重大胜利。其三，性质不同。九一八事变后的中国外交是求和外交，其本质是妥协外交，蒋介石集团为了维护国民党政权，不惜出卖东北三省领土来换取同日本的和平，这种外交就是投降外交。七七事变后的中国外交虽然也有求和目的，但其本质是抗战外交，求和是以维护领土和主权不受损害为前提的，主要是作为抗战总战略中的一种策略手段使用的，所以，不为日本恐吓要挟所动。随着日本侵略的扩大，中国外交的重心必然会从求和转向求援。淞沪会战打响后，蒋介石不惜进行“一生中最大、最有争议的赌博”——奋起抗战①，中国外交便成了名副其实的抗战外交。由此观之，七七事变到淞沪抗战时期的中国外交最鲜明的特点就是为抗战服务，是抗战外交。

同九一八事变时相比，七七事变到淞沪抗战时期的中国外交是成功的外交，其主要原因是：第一，中日民族矛盾上升为主要矛盾。自九一八事变始，中日民族矛盾激化。日本发动九一八事变的目的是为了占领东三省，对蒋介石来说，未动摇其统治根本。蒋介石认为，奉系军阀控制下的东北处于半独立状态，名义上服从南京中央政府领导，实际上是自行其是。因此，日本占领东三省尚未威胁到蒋介石的有效统治，致使蒋介石实行不抵抗主义，外交上妥协退让。从七七事变到淞沪抗战，表明日本是要吞并全中国，这就从根本上威胁到蒋介石的统治，中日民族矛盾上升为主要矛盾，如果继续实行不抵抗主义，一方面其统治会被日本推翻，另一方面也会被全国人民的抗日怒潮冲垮，权衡利弊，为了蒋家王朝的统治，蒋介石只能走抗战之路，外交上对日本实行强硬方针。第二，国共合作，全民族团结抗战局面的形成。九一八事变时，国共两党内战正酣，蒋介石集团为国民党一党私利，不顾民族利益，实施“攘外必先安内”的反动政策，将“剿共”作为首要目标，对日本侵略却步步退让。这种倒行逆施的行为不仅遭到中国共产党和进步人士的反对，而且也激起了国民党内抗战派的不满，导致了西安事变的爆发。这种形势促使蒋介石改变“攘外必先安内”的政策，走上了联共抗日之路。中国政局的这一重大变化，成为国民党政府七七事变后迅速确立抗战方针和抗战外交的基础。第三，一定程度的备战是实施抗战外交的后盾。自民国建立以来，中国长期军阀混战，后又经历十年内战，国防建设近乎乌有。九一八事变时，蒋介石实行不抵抗政策的客观原因之一，就是没有抗战的军事准备。蒋介石在为不抵抗政策辩解时宣称，中国“枪不如人，教育训练不如人，机器不如人，工厂不如人，拿什么和日本人打仗呢？若抵抗日本，顶多三天就亡国了”②。蒋介石以“一切不如日本”来推卸不抵抗主义的罪责是不行的，但多年无国防建设对蒋介石的决策也是有影响的。九一八事变的炮声震醒了中华民族，使国民政府开始

① 费正清.剑桥中华民国史：第2部[M].上海：上海人民出版社，1992.第602页。

② 冯玉祥.我所认识的蒋介石[M].哈尔滨：黑龙江人民出版社，1980.第30页。

将国防建设提上了日程。1937 年 4 月，军政部部长陈诚在一次演讲中指出，“民国 25(1936)年一年的(国防)建设成就超过了民国 21(1932)年至 24(1935)年间的(国防)建设工作，而这四年的(国防)建设成果又相当于民国以来二十年的总和”①。这表明七七事变前，中国的国防建设已有一定的成效，为蒋介石确立抗战方针和抗战外交提供了军事后盾。第四，放弃对西方大国的幻想，广寻盟友于世界。九一八事变后，中国将遏制日本侵略的希望寄托于西方大国，西方大国虽对日本独霸中国的行为不满，但没有一个国家愿意为支持中国而得罪日本，均对日实行绥靖政策，使中国大失所望。七七事变后，面对日本发动全面侵华战争，西方大国故伎重演，依然绥靖日本，中国吸取了九一八事变后依赖西方大国外交失败的沉痛教训，不再对西方大国抱有幻想，而是在立足于抵抗的基础上广泛寻求国际支持，一方面获得了苏联的宝贵援助，另一方面在国际上揭露日本侵略行径、宣传中国奋起抵抗的不屈精神，赢得了世界各国的广泛同情。中国始终相信，中国抗战不仅是为了本国的领土与主权，也是为了世界各国的利益而战，西方大国也迟早要站在中国一边，这种判断也是中国毅然实施抗战外交的重要因素。

从七七事变到淞沪抗战时期的中国外交，给我们留下了宝贵的历史经验。首先，中国抗战外交改变了“弱国无外交”的传统观念，开创了弱国成功外交的先例。的确，国弱言轻，自近代以来积弱积贫的中国在国际上只能任凭列强摆布，真正是“弱国无外交”。七七事变后，中华民族的空前觉醒，民族凝聚力的空前提升，使贫弱的中国敢于抵抗东方霸主日本的侵略，这是中国反抗外来侵略的历史上没有过的事情，成功的抗战外交也是中国近代外交史上没有过的事情。这一成功的外交经验不仅为新中国所继承和发扬，而且也为发展中国家提供了借鉴。其次，一国外交不能建立在依赖他国的基础上。国际关系是讲究利益和利害关系的，国家利益是一国外交的最高准则。应该说中国抗战与西方大国利益有着高度的一致性，西方大国理应坚决支持中国，但西方大国谁也不愿因支持中国而过早地同日本对抗，致使对西方大国的外交不能奏效。苏联能慷慨解囊援助中国，首先是为了利用中国挡住日本这股祸水，以解远东之忧，使中国外交易于达到目的。这一时期中国外交之所以成功，是因为它是建立在本国独立抗战的基础上的，所以，当西方大国依然绥靖日本时，中国外交未重蹈九一八事变后外交

① 吴相湘.第二次中日战争史:上[M].台北:台北综合月刊社,1973.第 345 页。

的覆辙。再次，一国外交必须建立在自立自主的基础上。近代以来，积贫积弱的中国在外交上无所作为，只能利用列强之间的矛盾来达到自己的目的，是为“以夷制夷”外交。这种外交从利用列强的矛盾角度看无疑是正确的，往往也能收到一定的成效。但如果将希望寄托于以夷制夷外交，则难以完成外交使命。从七七事变到淞沪抗战时期中国外交来看，尽管日本侵华严重损害了西方大国的利益，西方大国同日本的矛盾日趋尖锐，对中国深表同情，但远未达到援华制日的程度，因而，没有一个国家旗帜鲜明地援助中国。正是因为七七事变后中国外交是将以夷制夷作为一种外交手段来使用的，才不致失望、被动。最后，避免因社会制度的不同而影响外交。自十月革命成功、社会主义苏联诞生后，国际关系中因社会制度、意识形态的不同，而经常出现新的矛盾和对抗，使国际关系变得更加错综复杂。出于反苏反共的本性，蒋介石南京政府自建立之日起，就一直对苏联采取敌视政策，中苏关系十分低迷。九一八事变后，蒋介石政府将遏制日本的希望寄托于西方大国，其结果则是大失所望，反而是社会主义苏联坚决站在中国一边，谴责日本的侵略。七七事变爆发后，当西方大国依然绥靖日本时，又是苏联毅然站在中国一边，全力援助中国。事实教育了蒋介石政府，为了国家利益，蒋介石政府终于超越了不同社会制度、不同意识形态的障碍，同苏联签订了互不侵犯条约，接受了苏联的援助。第二次世界大战全面爆发后，美英等西方大国同苏联捐弃前嫌，结成反法西斯统一战线，团结对敌，终于取得了反法西斯战争的伟大胜利。这一重要的历史经验，对战后国际关系中如何正确处理不同社会制度国家间的关系，具有重要的借鉴作用，至今仍具有重要的现实意义。

上述可见，从七七事变到淞沪抗战时期的中国外交，经过艰苦的努力，最终完成了由以和备战向以战求和，再向以战求援的重大转变，其中不乏失误和曲折，但从整体考察，这一时期的中国外交是抗战外交，它符合中华民族的根本利益，对夺取抗日战争的最后胜利，功不可没。前事不忘，后事之师。我们重温这段外交史，总结历史的经验，对于今天中国作为主权国家开展独立外交，仍具有重要的借鉴与启示作用。

（本文原载《武汉大学学报》，2003 年第 6 期）

论中国军队淞沪会战的战略意图

刘贵福

关于中国军队淞沪会战的战略，目前史学界有不同的观点。一种观点认为，从开战之初，甚至开战之前，中方就有改变日军作战轴心，即改日军南下为西上的战略意图。一种观点是否认中方有这种企图。①本文结合淞沪战略的战场实践，在前人研究的基础上，对这一问题作进一步的探讨。

一、会战前：制敌机先，拱卫首都

主动开辟淞沪战场的思想，最早见于张治中将军。京沪地濒大海，为日本侵华之重要通道。一·二八事变的教训，使南京国民政府非常重视这一地区。自1935年起，国民政府投入巨资修筑工事，建成上海至杭州、吴江至福山、无锡至澄江的国防线。1936年，国民政府制定《国防计划大纲草案》，划分国防区，京沪区即是其一，并由张治中出任京沪区军事负责长官。张治中在中央军官学校成立

① 最早提出中国军队进行淞沪会战有改变敌人进攻路线之战略意图的是台湾学者。近十年来，在大陆也有研究者持这一观点，如马振犊《开辟淞沪战场有无"引敌南下"的战略意图》，张振鹍《淞沪抗战：中国的主动进攻与日军主要作战方向的改变》，马振犊《平心静论八一三》，分别见《抗日战争研究》1994年第3期、1996年第3期、2001年第1期。持反对意见的论文主要有余子道《论抗战初期正面战场作战重心之转移》、《淞沪战役的战略企图和作战方针论析》，徐勇《日本侵华既定战略进攻方向考察》，分别见《抗日战争研究》1992年第3期、1994年第2期、1996年第3期。也有论者提出，"夸张地估计中国统帅部的先见之明，认为其一开始就有诱敌改变进攻方向的分兵战略，稍失严谨，而看不到中国统帅部战前的充分准备，低估其在总体战略上的良苦用心，似乎也欠客观。"见黄道炫《淞沪战役的战略问题》，《抗日战争研究》1995年第2期。还有论者结合蒋介石的日记作具体的研究，也不赞成蒋介石一开始就有改变日军进攻路线的战略的观点。见杨天石《蒋介石与1937年的淞沪、南京之战》，《中国社会科学院学术委员会集刊》第1集，社会科学文献出版社，2005。

秘密高级教官室，专门设计制定防御计划。在此期间，张治中根据日军在上海的活动，提出“在事变之初，必先以充分兵力进驻淞沪，向敌猛攻，予以重创，至少亦须保持我与租界交通，取攻势防御”的意见。①

1937 年 2 月，南京政府制定《民国二十六年度作战计划（甲）》，根据敌将在华北发动侵略的判断，制定了在华北地区与敌作战的各项作战要领，并提出要阻敌沿海登陆。对于上海，作战计划判断：“敌今在上海已构成相当根据地，将以有力之部队，在本方面登陆，协同海军进攻，期挫折我国抵抗之意志。”因此，作战计划提出：“长江下游地区之国军，于开战之初，应首先用全力占领上海，无论如何，必须扑灭在上海之敌军，以为全部作战之核心。尔后直接沿江海岸阻止敌之上陆，并对登陆成功之敌，决行攻击而歼灭之。不得已时，逐次后退占领预阵地，最后须确保乍浦—嘉兴—无锡—江阴之线，以拱卫首都。”②这是中方抗战在淞沪地区作战的构想。

卢沟桥事变后，张治中出任淞沪警备司令，于 7 月 30 日再次提出“先发制敌”的建议，并提出主动击敌的条件。他说：“我在北方作战，固不宜破坏上海，自损资源，然若敌方有左列征候之一，如：(1)敌决派陆军师团来沪，已开始登轮输送时；(2)敌派航空母舰来沪时；(3)敌在长江舰队来沪集合时；(4)敌在沪提出无理要求，甚至限期答复，即断定敌发动无疑。则因我主力远在苏、常以西，输送展开在必须时，且上海保安团抵抗力薄，诸种关系，似宜立于主动地位，首先发动，较为有利。”③这一建议，得到南京政府的同意。同日，在“卢沟桥事件第二十次会报”会议上，中国具体制定了对上海日陆战队之应付计划；对汉口日租界之扫荡计划；长江上下游各要塞之阻塞及对日舰之扫荡计划等④。不过，中国方面当时还没有把上海当成主战场，或以上海作战来引敌南下的战略意图。因为 8 月 7 日，蒋介石召开国防会议，何应钦报告军事准备情形，提出第一期拟动员 100 万人投入作战，其中，冀、鲁、豫方面约 60 万人，热、察、绥方面约 15 万人，闽粤方面约 15 万人，江浙方面约 10 万人⑤。

---

① 张治中：《揭开八一三淞沪抗战的战幕》，《八一三淞沪抗战——原国民党将领抗日战争亲历记》，中国文史出版社 1987 年版，第 15 页。

② 《民国二十六年度作战计划（甲）》，《民国档案》1987 年第 4 期，第 40、43 页。

③ 张治中：《揭开八一三淞沪抗战的战幕》，前揭书，第 18 页。

④ 《卢沟桥事变第二十次会报》（1937 年 7 月 30 日下午 9 时），中国第二历史档案馆编：《中华民国史档案资料汇编》第 5 辑第 2 编，“军事”(2)，江苏古籍出版社 1998 年版，第 45、46 页。

⑤ 《王世杰日记》，1937 年 8 月 7 日，台北中研院近代史研究所 1990 年版。

8月9日，虹桥机场事件发生。8月11日下午，在有中共代表参加的谈话会上，何应钦向与会代表报告了上海方面日军要求中国保安队撤除军事设备和3 000日本陆战队上岸的无理要求。会议显然讨论了上海开战问题。中共代表周恩来提出："主战场在华北方面，不可因一部问题而牵及局部之发动，局部之持久，以争取全部作战准备。他方面如上海，敌有武装威胁之可能……惟主战场仍在华北，其局部扰乱，不过分散我兵力。"朱德也认为华北地区为主战场，他说："第一第二战区为主战区，兵力已有相当多，但仍需准备兵力于该两战区，因敌必不以大兵在他方策动也。故在江长上海(原文如此——引者注)但先制以各个击破敌人，以各方面之胜利而巩固主战场之胜利。"①从记载看，当时对主战场的认识并无分歧。这可从8月20日的大本营作战方案对主战场的认识中得到证明。

其实，中方在上海先发制敌也有不得已的成分。卢沟桥事变后的形势，迫使国民党在此用兵。7月16日，日军以上海长江方面为警备区域的第三舰队司令长官向海军司令部报告："如果局限战域，则有利于敌方兵力之集中，深恐将使我方作战困难……为制中国于死命，须以控制上海，南京为要着。"②7月27日，日方突然撤退长江中下游之日侨③，8月9日，挑起虹口事件，8月11日，驻佐世保部队到沪，8月10日，米内海相提出派遣日军到沪，协同海军保护在华日侨，甚至提出有占领南京的必要。这一建议获得陆相杉山元的同意。8月13日，日海军陆战队在虹口、杨树浦一带构筑阵地，抢占有利据点，积极备战。④在军事上，我方的要点也就是敌人的要点。在日本战略中，长江一直是其深入并分割中国大陆内地的基本通道，溯长江西进中国腹地到武汉是日军既定的战略主攻方向⑤。日军在上海的活动，给中国政治经济中心的京沪地区造成极大威胁。一·二八事变殷鉴未远。从这个意义上说，不存在引敌到上海的问题。中方在战前，就判断日军将以长江为其一进攻方向。因此，主动攻击的目的只是制敌先机。甲案的"无论如何，必须扑灭在上海之敌军，以为全部作战之核心"⑥，就是要打破日本的

① 《8月11日下午4点谈话会》，《中华民国史档案资料汇编》第5辑第2编，"军事"(2)，第73、74页。

② 引自古屋奎二：《蒋介石秘录》(四)，湖南人民出版社1988年版，第24页。

③ 参见顾高地《我所知道的八一三战役片断》，《抗日风云录》(上)，上海人民出版社1985年版，第84页。

④ 日驻上海的部队原海军陆战队3 200人，新登陆3 000人，在乡军人3 600人，包括军舰上可动员者共计12 000余人。见《蒋介石秘录》(四)，第26页。

⑤ 徐勇：《日本侵华既定战略进攻方向考察》，《抗日战争研究》1996年第3期，第141页。

⑥ 《民国二十六年度作战计划(甲)》，《民国档案》1987年第4期，第43页。

长江战略，并非要把日军引到长江流域，甚至在中国腹心地区作战。德国顾问法肯豪森在8月29日呈蒋介石的报告说："敌之目标，为驱逐我军，远离沪上，截断我与政治、财政、经济策源中心之联络。且我方与上海之联络，军事上亦有莫大意义。""故长期抗战，宜永久依托上海。"①当时参与中方军事秘密的德国顾问在一份写给德国总司令部的报告中写道："一旦日本控制上海之中国人口的重要部分(特别是作战物资)以及军事上占领其咽喉地区，并以此为基地，就有可能准备其贯彻分割长江河谷之野心。故中国最高当局也早已下定应付的决心与基础，倘若华北的局势继续恶化的话(拖住日军)，日军在上海就有被清除的机会。"②

因此，开辟淞沪战场，得到了当时国共两党将领的赞成。张治中极力主张，指挥上海抗战的另一主帅张发奎也认为："战争初期，我军以巩固首都及保有经济策源地上海之目的，迅速围歼上海市区之敌，并打破其沿海登陆企图，允属至当。"③

二、会战初期：牵制日军，配合华北，造成全面战争

据唯真在《抗战初期南京保卫战》一文记载，七七事变后，蒋介石发表庐山谈话，决定抗战。旋即在南京组织大本营……当时大本营作战组的某些负责人，提出我们的战略应该是针对日本企图使战争局部化的阴谋，应尽量使战争全面化；针对敌人速战速决的战略方针，利用我地大物博、人口众多的有利条件，实行以空间换时间、积小胜为大胜的持久消耗战略。这些意见，在大本营得到许多人同意，就成为当时指导抗日战争的基本战略思想。④黄绍竑后来回忆也说："八一三事变的发生，是出乎日本意料之外的，亦可说日军是被动的，而我国是主动的。最高统帅的决策，是要以主动的姿态，先把上海的敌军根据地摧毁，然后再主动的向华北作战，即使不能把敌人根据地铲除，亦须吸引其兵力到这方面，以搅乱其既定的计划。"⑤唯真和黄当时都参与机密，这个回忆应当可靠。另根据陈诚回忆，他在8月20日也提出了扩大淞沪战场的规模，牵制华北日军的意见。8月15

① 《德籍总顾问法肯豪森呈蒋委员长报告》(1937年8月29日)，秦孝仪主编：《中华民国重要史料初编——对日抗战时期》第2编，"作战经过"(2)，台北，中国国民党中央委员会党史委员会1982年版，第181页。

② 《德国赴华顾问关于"八一三"战役呈德国陆军总司令部报告(上)》，《民国档案》1998年第3期，第37、38页。

③ 张发奎：《抗日战争回忆录》，《广东文史资料》第55辑，广东人民出版社1988年版，第17页。

④ 唯真：《抗战初期的南京保卫战》，《文史资料选辑》第12辑，中华书局1960年版，第2页。

⑤ 《黄绍竑回忆录》，广西人民出版社1991年版，第339页。

日，正在庐山办理第三期训练的陈诚，被蒋介石召入南京，策定抗战计划与战斗序列。19日，陈诚赴沪视察，20日返南京。他根据8月初日军进攻南口，华北战事扩大的情况，向蒋介石提出："敌对南口，在所必攻，同时亦为我所必守，是则华北战事扩大已无可避免。敌如在华北得势，必将利用其快速装备沿平汉路南下直赴武汉，于我不利。不如扩大沪战事以牵制之。"①蒋介石对此同意。这样一来，淞沪作战就有了进一层的意义。

8月13日，蒋介石就在日记中写道："对倭作战，应以战术补武器之不足，以战略弥武力之缺点，使敌处处陷于被动。"②至于对上海战略的具体思考，蒋介石在淞沪会战后的1938年1月11日曾做过如下描述："我们此次为什么要在上海作战呢？就是要打破敌人的战略，使他们不能按照既定的计划集中兵力侵略我们的华北。"不过，蒋所说的也不是像后来人所说的那样要改敌人南下进攻为西上，因为蒋当时根本没有判断日军南下。蒋在同一讲演中说"至于敌人的作战计划如何呢？他预定的作战计划，就是想以少数的兵力，在最短的时间一举而消灭我们的军队，迫使中国屈服，然后回转头来，应付世界大战。所以他预定的作战目标，就是想占据永定河到察绥一带的防线。在这条阵线以北，坚筑对俄阵地，积极向西伯利亚采取攻势。后来我们发动全面长期抗战，使他后退不能，固守亦不可得，就不得不被动的伸展到黄河北岸。现在他愈陷愈深了。"③同年底，蒋介石在南岳军事会议上，再一次总结淞沪会战，他说："去年平津失陷的时候，我们不能将全国所有的部队调到华北去与敌人争一城一地的得失，而要将我们主力部队，做机动的使用，节节抵抗，逐步消耗敌人，一定先要引诱他到长江流域来。"④蒋所说的不能将全国所有的部队调到华北去与敌人争一城一地的得失，其实也是要通过上海打破日本的华北战略。关于蒋介石所说的引敌到长江流域，也并非完全是事后诸葛。但值得注意的问题是，引敌到淞沪作为一个战略思考，是在9月底才提出的。⑤从大本营、陈诚、蒋介石的战略思考，可以得出这样的结论，即在淞沪战役的初期，中方的战略，主要是要打破日军华北战略，牵制日军，

---

① 《陈诚私人回忆资料1935—1944年》(上)，《民国档案》1987年第1期，第14页。

② 《蒋介石秘录》(四)，第28页。

③ 《蒋委员长对抗战检讨与必胜要诀训词(上)》，秦孝仪主编《中华民国重要史料初编——对日抗战时期》第2编，"作战经过"(1)，台北，中国国民党中央委员会党史委员会1982年版，第64、65页。

④ 《蒋委员长第一次南岳军事会议训词》(1938年11月25日)，《中华民国重要史料初编——对日抗战时期》第2编，"作战经过"(1)，第128页。

⑤ 参看杨天石：《蒋介石与1937年的淞沪、南京之战》。

策应华北作战。

8月20日大本营颁发的作战方案是上述战略思想的具体化。这一方案，以华北为主战场，决定"对北正面(平津)为限制敌军之自由转移兵力于平绥路，及使我第二战区在平绥路方面作战之便利起见，应即派有力之一部(约两军)，近迫当面之敌，实行柔性攻击，同时抽调在平汉路北端部队(机动性大而富于游击战之经验者)约三师(能多更好)，归第二战区长官指挥，向怀来、万全之线以北转进。对东北正面(山东半岛)极力缩小青岛之围攻线，使敌军尔后展布困难，可能时则以有力之一部袭取而占领之"。第二战区"为华北唯一之屏障，务须永久固守，以为国军尔后进出之轴心。平绥路为第二战区之生命线，亦为中苏联络之生命线，更为我国军旋回作战之能实施与否之中枢线，应以南口附近为旋回之轴，以万全、张北、康保等地方为外翼，要固守南口、万全，国军作战方有生机，要攻略张北、赤城、沽源，国军方能展布。如南口、赤城、沽源之线，始终为国军保有，则平津方面之敌，绝不敢冒险南下，故本战区之作战为，第一步，以该战区现有之兵力，最低限度，必须固守南口、万全之战(疑为线——引者注)，以俟第一战区转移兵力之到达。第二步，第一战区转移兵力到达后，向赤城、沽源之线转移攻势。第三步，依战况推移，对于山西东北方面，厚积兵力，以期永久固守。"①从这一决策看，中方在日本侵华的主要方面主要立足于守。坚守平绥路上重点地区，并攻略察北为平绥线之掩护。

而对上海方面，第三战区的任务则为："迅将目下侵入淞沪之敌，陆海军及空军陆上基地，扫荡扑灭，以准备敌军再来时之应时(疑为'对'或'战'——引者注)，同时对于浙江沿海敌可登陆之地区，迅速构成据点式阵地，阻止敌人登陆，或乘机歼灭之。"②按照这一方针，第三战区组成淞沪围攻区、长江南岸守备区、浙东守备区，一方面围攻淞沪之敌，一方面警惕敌在沿海登陆。从这一布置看，上海地区立足于攻，但中方的战略此时是北重于南，以南方之攻，策应北方之守，也没有改日军进攻路线的意图。

三、 会战中期：南北易势，敌我胶着，中方欲引敌在南方为主战场

战争具有不确定性。实现计划于战争较之实现计划于别的事业，有着更多

---

① 中国第二历史档案馆编：《抗日战争正面战场》(上)，江苏古籍出版社1987年版，第4、5页。

② 《抗日战争正面战场》(上)，第12页。

的困难。中国淞沪战略构想在战场实践中也受到了主客观因素的制约。在战役之初，中国军队没有完成扫荡上海日军任务。中国军队虽一度掌握战场的主动，但从8月14日到22日，在日军增援部队到达上海前，没有将在上海的日军消灭。其原因从主观上说，中国军队挺进上海后，未能及时攻击，使攻击失去突然性，且在进攻中数次停止攻势，予敌以准备时间。同时，还存在指挥不当的问题，“不能彻底集中兵力，形成重点，及步炮没有协同动作”，以致“我军以五师之众，对数千的敌陆战队实行攻击，竟未能奏功”①。从客观上说，日军火力猛烈，堡垒坚固，以及上海作战受到外国势力制约等都影响了初期的进攻战。

8月23日，日本援军到达上海，并登陆成功。敌登陆成功后，主力猛扑罗店，进窥嘉定。中国军队一面继续围攻虹口、杨树浦之敌，一面调动军队，将敌阻于罗店一带。敌在罗店不能进展，又转向吴淞附近及虬江码头强行登陆，中国军队及时赶到反攻，但因敌火力猛烈，未能消灭登陆敌人。至此，淞沪战线由市内扩展到市外。8月28日、9月1日，罗店、吴淞两地先后失陷。蒋介石8月28日日记中写到，“近日战局渐转劣势，人心动摇。此次战事本无幸胜之理，惟冀能得持久耳。”②9月6日，日军攻陷宝山，沿江敌人连成一线，并以主力沿宝刘公路向杨行突进。9月11日占领杨行，并向刘行猛攻。

日军登陆成功，使中国军队原定之迅速扫荡上海日军的计划落空。淞沪抗战历时两旬后，淞沪前线指挥官张发奎和张治中向最高统帅部建议：“对上海会战可能适时运用兵力之最高点，作有效而精密的计算，若超过这个限度仍不能挽回战局以制压敌人时，则我们的战略，似应转变为持久消耗战，并先以十个师预行占领苏、嘉、吴、福之既设国防工事，作为第二抵抗线。”③9月6日，军事委员会下达《淞沪抗战第二期指导计划》，提出：“一、本战区为保持经济重心，巩固首都，并有利于全局之持久作战起见，务就现已形成之包围态势，对于上海及各处上陆之敌，运用优势兵力断绝其联系，限制其发展，并努力围攻由狮子林及川沙方面上陆之敌，打破其包围企图，而收各个击破之效。二、如各个围攻之目的不能达到，则依状况逐次于后方占领阵地，采取攻势防御，乘其海陆火力不能协调之际，发扬我之精神与物质威力，一举而击破之。三、于万不得已时，则退守后方既设

---

① 《陈诚私人回忆资料(1935—1944年)》(上)，第18页。

② 《蒋介石秘录》(四)，第30页。

③ 张发奎：《抗日战争回忆录》，前揭书，第7页。

阵地，作韧性之抵抗，以待后方军队到达，再行决战，期护（获）得最后胜利。”①这与张发奎、张治中的思路及战前作战计划的甲案是一致的。蒋介石也重视吴福、锡澄国防线，9月1日，他致电张发奎，要其9月20日前完成吴福、沪杭线上的步兵掩体、交通壕、障碍物、阵地交通路等。9月3、10日又连电顾祝同、张治中、冯玉祥等，限期迅速完成吴福、锡澄、沪杭国防线的步兵掩体、交通壕、障碍物、阵地交通路。②

9月6日的作战方案实际是战前1937年国防计划甲案和8月20日方针的继续。但此后全国抗战局势出现新情况，上海战场地位日益重要，导致中国军队未能及时撤退。从全国战局看，8月底张家口、南口相继失陷，中国方面在华北争取战略主动的关键几步皆未达成。同时，日军在上海迅速登陆，中国原计划的扫荡上海日军的方案也没有实现。8月30日，何应钦分析军事形势时说：“自南口、张家口失守，我在北正面有利之态势已失”。“沪战胶着，双方无限制增兵。我为确保江南腹心地，又不能不以精锐部队与敌周旋。因之我战略重点，无形中已转移于江南。此时北正面只有采取守势作战，逐次抵抗，与敌持久，以待川桂军集中完毕，或沪战告一结束，方可策划北正面攻势。”从这一分析看，由于华北失利，中国抗战主战场无形中发生变化，上海军事的发展已不是策应华北的问题，而成为抗日的主战场了。至此，南北主次已经易位。何应钦提出中国方面此后的作战要领是：“上海方面，暂时以阵地战之手段与敌持久，俟敌兵力疲惫，仍（乃）相进攻，以期可以转用兵力。”“晋绥方面，以主力固守雁门既设阵地，一部固守绥东，逐次抵抗，并多采游击战以扰敌之侧背。”“河北正面，以仓保、德石两线阵地为凭藉，与敌持久抗战，待川桂军集中完毕，或江南兵力可以转用时，再策划攻势。”③

不过，从上海战局看，虽自8月23日后日军逐渐增兵，但至9月10日，日军到沪兵力只有10万人，受到优势的中国军队的打击，及江河障碍，进展艰难，“出现苦战局面”，“战况陷于胶着状态”④。9月初，上海战况“较为沉寂”，冯玉祥即有“淞沪方面战事已经稳定了”的说法⑤。

---

① 《抗日战争正面战场》（上），第300页。

② 《抗日战争正面战场》（上），第298、304、308页。

③ 《8月30日下午8时会报》，《中华民国史档案资料汇编》第5辑第2编，“军事”（2），第77、78页。

④ 见崛场一雄：《日本对华战争指导史》，军事科学出版社1988年版，第75、76页。

⑤ 见张发奎：《抗日战争回忆录》，前揭书，第7页。另据张治中：《揭开八一三淞沪抗战的战幕》一文所记，“自9月12日至23日，第9集团军正面，敌我无多大接触”。前揭书，第30页。

随着日军攻势的进展,9月17日,中国军队根据第二期作战计划调整部署,全线退守北站、江湾、庙行、罗店西南、朝王庙、双草墩迄于运河一线,转入阵地战。中方全部攻击停止。21日中国军队调整部署,改编为右翼、中央、左翼三个作战军,由张发奎、朱绍良、陈诚分别担任总司令。

淞沪战场中日胶着,中国方面此时欲全部消灭上海日军已经成为不可能。但日军大量到沪,为淞沪战场的发展提出了一个新的可能。据杨天石先生使用蒋介石日记的研究,由于9月11日日军占领大同,导致中苏交通线被截断,而28日河北沧州失陷,使另一条经过新疆、甘肃、陕西连接陇海铁路的中苏交通线受到威胁。因此蒋介石为掩护中苏交通线,决定引日本到南方战场作战。27日,蒋介石决定四项抗敌策略:"一、引其在南方战场为主战场;二、击其一点;三、持久;四、(沿太行山脉侧面阵地)由晋出击。"①引敌到南方作战,是淞沪战略的新发展,是中国方面根据淞沪战场乃至全国战场演变的一个新决策。

四、 会战后期:政略影响战略,中国军队失去有利撤退时机

9月中旬以后,日援军到沪已近20万人。战况对中国渐趋不利。在日军的猛攻下,中国军队左翼阵地,相继失陷,且无力恢复,全线处于被动挨打局面,不得不向蕴藻浜南岸、广福、施相公庙、浏河之线转移。9月30日,日军又集中主力,沿沪太公路南下,向蕴藻浜进犯,企图占领大场,威胁中国军队侧背,达到其占领上海的目的。10月初,日军决定将主作战方向转向上海。②在日援军大量到沪的情况下,中方正确的战略应是及时调整部署,按既定方针,控制苏福、锡澄国防线,作持久抗战。但此时国际形势演变,严重影响了国民党的淞沪战略,蒋介

---

① 《困勉记》,转引自杨天石:《蒋介石与1937年的淞沪、南京之战》。杨文还论道:"当时,中苏之间的枪械、弹药有两条运输线。一条是经外蒙古、内蒙古、山西大同至内地,一条经新疆、甘肃、山西,连接陇海路。9月11日,大同失陷,蒋介石极为震痛,在日记中激烈地批评第二战区司令长官阎锡山,指责他未能守住大同阵地,使苏俄运械交通更为困难,其罪甚于宋哲元之失平津,可痛之至!26日,蒋介石得悉平汉线中国军队溃退,河北沧州不守,估计日军将进攻河南郑州,中俄之间的第二条联络线有可能截断,决定加强上海战场,吸引日军主力。"另据《徐永昌日记》记载,10月16日,蒋约其谈军事,蒋认为"敌如越黄河南下,斯真不了。"(见《徐永昌日记》第4册,台北,中研院近代史研究所1991年版,第148页)这一记载曾被一些论者引用来证明蒋早有引敌南下之意图。从现在资料来判断,这是蒋在9月底后的思想,尚不能说是蒋在上海开战时就有的意图。

② 日本防卫厅防卫研究所战史室:《中国事变陆军作战史》第1卷第2分册,齐福霖译,中华书局1981年版,第82、83、84页。

石作出了死守上海的决策。

蒋介石是个军人政治家。在蒋的思想中,苦撑待变,等待国际形势变化,是其抗日战略的重要组成部分。京沪地区是国民党长期经营的政治经济中心,国际观瞻所系,开辟淞沪战场本身就有政治意义。在8月14日《自卫抗战声明》中,国民党就明确指出中国抗战的世界意义,呼吁友邦支持中国。在卢沟桥事变之后,蒋介石频频活动,呼吁国际社会,特别是英美对日本进行干涉。作为弱国抗击强大的侵略国家,争取外援,乃为必要正当之举,无可厚非。关键是如何处理政治与军事的关系。随着9月中旬以后国际上谴责日本的呼声兴起,国民党将政略的考虑放到战略之上,使中国军队未能及时撤退,导致了军事上的重大失利。

9月19日,国联大会,接受中国申述。27日,国联决议谴责日机滥炸。10月5日,美国总统罗斯福在芝加哥发表"隔离演说",将侵略行动喻为传染病之蔓延,呼吁为防护国际社会之健康,应加以隔离。以此为契机,西方国家对日本制裁论兴起。10月6日,国联决议召开九国公约会议。国际形势有利于中国抗战。蒋介石认为,"此皆于我精神助力甚大,唯以军事局势不能转入主动地位可虑耳"①。所以蒋特别注重用军事上的胜利来配合外交上的努力。

还在9月11日日军攻陷杨行时,14日陈诚到刘行指挥。他认为,要长期抗战,须转移阵地,逐次抵抗,但蒋介石为取得国际同情与认识,尚欲死守刘行②。结果,在付出巨大牺牲后中国军队不得不后退。

10月7日,日军由蕴藻浜北岸猛攻南岸中国守军之侧背,企图一举突破南岸阵地,占领大场。中国军队在蕴藻浜之兵力为八、十六、五十七师,因战斗激烈,八师兵力伤亡殆尽,左翼之黑大黄宅附近阵地被突破,以第一军及第八军与二十六师、二十军陆续增援仍不能阻敌攻势。10月15日,第二十一集团军到达上海③,19日全线出击,以四十八、六十一军、九十八师为三路进攻军,防守各师亦编成一至三个突击队,向敌反击,经三日激战,未恢复失去阵地,原阵地亦无法维持,中国又调集十九、十八、二十六、三十三师至大场方面,同时将第三、五十三师

---

① 蒋介石1937年10月7日记,引自《蒋介石秘录》(四),第49页。

② 《陈诚私人回忆资料(1935—1944年)》(上),第15页。

③ 据李宗仁回忆,二十一集团军到达上海时,李宗仁曾向蒋介石建议,将其与其他增援部队调至苏嘉国防线既设阵地,凭险固守。然后将沪上之久战之师调回南京整补,再相机向国防线增援,被蒋介石拒绝。结果二十一集团军参加大场决战,原有旅长6人,数日之内,三死二伤。见李宗仁口述,唐德刚撰写:《李宗仁回忆录》(下),华东师范大学出版社1995年版,第507、509页。

加入，将左翼之十一、十四师及在太仓整理的十五师调来，才得维持战局。但数日后又感危险。24 日退守大场、走马塘。26 日大场失陷。敌对闸北、江湾及庙行一线的中国军队形成包围，中国军队不得不向苏州河南、江桥镇、小南翔之线撤退。当中国军队在大场走马塘撤退前后，适值九国公约开会。中国为争取国际同情，原拟在该线死守，后因被迫后退，无法维持，始转移苏州河。①

整个 10 月的战斗是淞沪抗战最惨烈的阶段。在大场作阵地死守，违背了既定作战方针，是完全将政略放在战略之上，因政略而牺牲战略。在大场失守后，中国军队如能迅速撤退，淞沪抗战仍不为全面失败。②但在 11 月 4 日，日军在金山咀登陆，对中国军队迂回包围的情况下，蒋介石仍下令陈诚再坚持三天。结果，当 8 日下令退却时，前方已溃不成军，大军仓皇后撤，加以敌机日夜轰炸，秩序大乱，数十万大军竟越过钢筋水泥之国防线而不能驻足。11 日，上海沦入敌手。

中国方面寄希望于九国公约会议国家能以实际手段制裁日本，所以过分地考虑政略。对此参加过淞沪战役的宋瑞珂说："故不惜以战略迁就政略，一面于十月二十二日特派顾维钧为出席九国会议代表，一面加紧增强阵地战，冀于战场上取得有利之态势，以为外交之声援，于是倾注全力于大场之阵地战。"③陈诚在总结淞沪抗战时，也把"政略影响战略"列为重要失败原因④。

中国军队在初期的扫荡上海日军、保卫经济中心、拱卫首都的战略虽未达到，却在支持华北中国军队抗战和吸引日军使南方为主战场方面起了重大作用。日军为进行淞沪会战，被迫放弃了青岛登陆，一方面从国内调集精锐到淞沪作战，一方面，从华北抽调两个多师团到淞沪战场，到忻口会战时，因日本华北方面

① 《陈诚私人回忆资料(1935—1944 年)》(上)，第 16 页。

② 李宗仁认为："当我方败征已见时，蒋先生应即采纳白副总参谋长的建议，作有计划的撤退，实行节节抵抗，则我虽退不败，敌虽胜不武，以空间换时间，达成消耗战的目的。"见《李宗仁回忆录》(下)，第 513 页。指挥十四师上海抗战的郭汝瑰也说："如敌在攻占大场时，就有计划地撤退，必不致数十万大军一溃千里。"见郭汝瑰：《第十四师杀敌见闻》，《八一三淞沪抗战——原国民党将领抗日战争亲历记》，第 252 页。

陈诚认为："此次淞沪作战，当敌主力已被我诱至于该方面，同时我军损失亦极大，增援已穷，以致反攻无效的关头，就应转移新阵地，再图歼灭。这种勉力支持，待部队溃乱、战线动摇时，才实行被迫撤退，因此不能为整齐而有计划的退却，是很失策的……"见《陈诚私人回忆资料(1935—1944 年)》(上)，第 18 页。

刘斐在淞沪战役一结束就提出："上海会战后期没有贯彻持久消耗战略精神，没有适时调整战线保存部队有生力量，不应该在敌海陆空军便于协同作战的长江三角洲胶着太久，且依靠九国公约，把战略作了政略的牺牲品，致自陷于被动。"见唯真《抗战初期的南京保卫战》，第 5 页。

③ 宋瑞珂：《八一三淞沪抗战纪实》，《抗日风云录》(下)，第 65 页。

④ 《陈诚私人回忆资料(1935—1944 年)》(上)，第 17 页。

军将两个多师团转用于上海方面，缺乏增援之力，尽最大的努力，才勉强由各方面拼凑 4 个步兵大队用以支援。在河北，日军在攻占石家庄后，“拟推进到黄河一线，因向华中转用兵力，方面军制止了这一行动。”①10 月 20 日，日本决定增派第十军及其他配属兵力到上海，10 月 30 日，又以十六师团编入上海派遣军系列。至此，日军在中国战场数量比例发生变化，“华中方面为二个军 9 个师团，华北方面为二个军 7 个师团，显然主作战已移到华中。”②日本的这一战略转变，完全是中国淞沪抗战所致。法肯豪森在 1938 年 3 月 17 日说：“在淞沪方面，当中日战争开始时，日军最初本不愿做主力战，但因中国重兵死力相拼，故敌不得不以主力对付。”③由于日军两路分兵，其原计划将主力集中华北，对华一击，迅速结束战争的企图彻底失败。日军初期战略，也出现了错误，如毛泽东在《论持久战》中所论，日军“没有主攻方向”，“没有战略协同”④。

最后，回到文章开始提出的问题。从淞沪战役战略看，国民党的淞沪战略有多重目的，前后侧重点又多有变化。首先是欲消灭上海日军，保卫政治经济中心，然后是配合华北战场，造成全面战争。继而因南北易势，中国方面欲引敌到南方为主战场。最后，因政略影响战略，中国军队失去有利撤退时机。从整个淞沪战役的战略谋划和战场实践看，中方并无改变敌人作战轴心，即改敌由南下为西上的战略意图。

（本文原载《“1930 年代的中国”国际学术研讨会论文集》（下卷），2005 年 8 月）

① 崛场一雄：《日本对华战争指导史》，第 115 页。
② 《中国事变陆军作战史》第 1 卷第 2 分册，第 88 页。
③ 《德国军事顾问法肯豪森演讲纪要》（上），《民国档案》2005 年第 1 期，第 36 页。
④ 《毛泽东选集》第 2 卷，人民出版社 1991 年版，第 505 页。

抗战时期统帅权与指挥权之问题

——以淞沪会战为例

林桶法

一、前　　言

有关最高指挥官与前线指挥官的战争责任问题，蒋介石在会战中的角色，赞同者歌颂蒋的领导地位，批评者则认为其常干涉前方战场，对战争的领导，大多数以成败论英雄，赢得胜利就是指挥得当，输的就是指挥无方；蒋具参谋长性格，对军事颇有几分自信，又掌握全盘资料，基于领导的权责，蒋对于战场每都指挥，抗战时期 22 次会战为例，蒋确实在战事发生期间，几乎每天都有重要的指示，大约可以分为几类：其一，将情报告知当地指挥官；其二，战略与战术的指导、并详细指示如何部署、如何作战；其三，如何准备工事；其四，部队最后如何撤退或转进等。

蒋的直接指挥前线作战早已司空见惯，连中央嫡系将领也颇有微词，徐永昌在日记中提到："午后会报，文伯、为章颇论此次第五战区作战，委员长径以手令指挥汤恩伯频频，结果徒多失机而已。"①有关最高指挥官与前线指挥官之间的责任问题，徐更直接说：

委员长每好亲拟电，亲书信或亲自电话细碎指示，往一团一营如何位置等均为详及，各司令长官或部队长既不敢违背，亦乐于奉行，致责任有所诿谢【卸】。②

但也有将领指责统帅部的其他高级将领，丁治盘认为最高统帅部"只绞领袖

① 《徐永昌日记》，册 5(台北：中央研究院近代史研究所 1991 年版)，页 356。

② 《徐永昌日记》，册 7，页 332。

一人之脑力，他人只在唯唯诺诺，屡进屡退之列，对战场实情尚多隔阂。”①

关于最高指挥官与前线指挥官的战事责任问题，可能必须作更细的讨论，蒋的直接指示或提供作战情报也不一定全无贡献，而且身为最高统帅较能全盘掌握战局，并进行有效的调防，对于前线的战事亦有帮助。

自卢沟桥事变后，全国对日的态度趋于一致，对日本已不再采取“不抵抗”政策，只是被动应战还是“先发制敌”、战争的地区与时机等问题；蒋介石的对日大战略——“以空间争取时间”、“持久战略”等也获得多数人的认同，但在会战中的战略与战术则有不同的意见，有关淞沪战役，许多学者关注“轴线转移说”②。本文则以统帅权与指挥权作为讨论重点。

二、淞沪战役前后中央与地方对日抗战的态度

淞沪战役的起止时间是1937年的8月13日到11月12日。8月13日，日军集结驻沪陆军及海军陆战队约万余人，向上海地区保安队进攻，张治中主动迎击，揭开淞沪战役序幕。③作战地区广及京沪杭一带，这个地区位居中国东沿海地区之中央，长江下游之南岸，华北大平原之南缘，东南丘陵地带之北缘，具重要的战略地位，此外，上海自清季以来，不论在国际、在海运或对中国内河航行上极为重要。国军选择在上海主动先发制敌亦有多重考虑，首先，是以上海为出击点，可占先机之利。其次，从全局战略言，在上海发动主攻，还可吸引华北敌军兵力，迟滞敌人在华北的进攻。第三，上海的地理位置及地形也促使中国军队对日发动进攻。第四，从政略上的考虑，就国际关系言，上海是国际都会，在此作战易引起国际的干预与同情，对于争取国际舆论帮助有一定意义。④

淞沪会战开战前，受制于1932年“淞沪停战协议”，上海市区内仅驻淞沪警

---

① 《丁治磐日记》，册2（台北：中央研究院近史所1992年版），页90—91。

② 余子道：《论抗战初期正面战场作战重心之转移——与台湾学者讨论发动淞沪会战的战略意图问题》（《抗日战争研究》，1992年第3期）；吴相湘：《第二次中日战争史》（台北：综合月刊社1973年版）；李君山：《为政略殉——论抗战初期京沪地区作战》（台北：国立台湾大学出版委员会，1992年）；马振犊：《关于淞沪战场有无“引敌南下”战略意图》（《抗日战争研究》，1994年第2期）；彭孟兴：《蒋介石上海抗战决策研究》（《军事历史研究》，1994年第7期）；黄道炫：《淞沪战役的战略问题》（《抗日战争研究》，1995年第2期）；姜良芹：《从淞沪到南京：蒋介石政战略选择之失误及其转向》（《南京大学学报（哲学·人文科学·社会科学）》，2011年第1期）等。

③ 何智霖编：《陈诚先生回忆录——抗日战争》（上）（台北：国史馆2004年版），页52。

④ 黄道法：《淞沪战役的战略问题》（《抗日战争研究》，1995年第2期），页52—54。

备司令杨虎所指挥之上海市保安总团(团长吉章简)、上海市警察总队及上海市保卫团(团长姜怀素)等部队,兵力单薄。1937 年 8 月 14 日,国府发表《自卫抗战声明》。同时,军事委员会以京沪警备部队改编为第 9 集团军,张治中任总司令,辖 3 个师 1 个旅及上海警察总队、江苏保安团等部,担负反击虹口及杨树浦之敌任务;苏浙边区部队改编为第 8 集团军,张发奎任总司令,守备杭州湾北岸,并扫荡浦东之敌。

8 月 15 日,国府军事委会委员长蒋介石下达全国总动员令,将淞沪地区划为第三战区,任命冯玉祥、顾祝同为正副司令长官,以保有经济策源地、迅速围歼上海附近之敌、打破日军在沿海沿江登陆之企图、阻止后续敌军之登陆等任务,①参战部队约 50 余师,近七十万人。

淞沪会战开战之初,国军在上海的兵力计有第三十六师(宋希濂)、第八十七师(王敬久)、第八十八师(孙元良)、独立第二十旅、淞沪警备总团等部队,多为中央嫡系部队,装备精良。其后蒋介石先后命驻蚌埠之第五十六师等部队开赴上海参与作战,援军愈来愈多,但也使国军陷于日本的炮火中。

淞沪战役初期(8 月 13 日至 9 月 17 日)战斗序列如下:司令长官蒋介石(兼)、副司令长官顾祝同、右翼军总司令张发奎,辖第八集团军(张兼)、第十集团军(刘建绪),中央军总司令朱绍良,辖第九集团军(朱兼)、第二十一集团军(廖磊),左翼军总司令陈诚,辖第十九集团军(薛岳)、第十五集团军(罗卓英)及直辖部队九个师。②9 月之后的战斗序列稍有改变,包括:第八集团军(张发奎)辖第二十八军(二个师)及第五十五师等;第九集团军(张治中),辖右翼军(孙元良)、左翼军(王敬久)等;第十五集团军(陈诚),辖右翼军(胡宗南)、左翼军(刘和鼎)、中央军(罗卓英)等。③其实整个战役兵力包括:淞沪地区:指挥官第九集团军总司令张治中,辖第三十六师、第五十六师、第八十七师、第八十八师、第九十八师、独立第二十旅、淞沪警备部队、上海市保安总团、上海市警察总队、上海市保卫团及炮兵四个团等;长江南岸守备区:指挥官第五十四军军长霍揆彰(10 月就任),辖第十一师、第十四师、第六十七师、炮兵第十六团;长江北岸守备区:指挥官第一一一师师长常恩多;杭州湾北岸守备区:指挥官第八集团军总司令张发奎,辖第六十一师、第六十二师、第五十五师、第五十七师、独立第四十五旅、炮兵第二团;浙

---

① 《淞沪会战》,页 32,档案管理局,《国军档案》,档号 0026/152.2/3813。

② 李宗仁:《李宗仁回忆录》,下册(台北:永连清出版社 1986 年版),页 672。

③ 《淞沪会战》,页 241,档案管理局,《国军档案》,档号 0026/152.2/3813。

东守备区:指挥官第十集团军总司令刘建绪(10月就任),辖第十六师、第六十三师、第十九师、第五十二师、新编第三十四师、独立第三十七旅、暂编第十一旅、暂编第十二旅、暂编第十三旅等部队。①这些还不包括后来的援军。淞沪战役相关的负责将领甚多,包括顾祝同、张治中、张发奎、陈诚、宋希濂、王敬久、孙元良、朱绍良、廖磊、白崇禧、胡宗南等人,有嫡系及非嫡系将领,在淞沪战役期间的态度值得关注。

蒋介石与上海的渊源极深,长期以来亦关注上海的战略价值,卢沟桥事变后即要求参谋本部拟办《扫荡上海日军据点计划》,该计划由罗泽间起稿,计划出敌不意,夜间奇袭,迅速占领虹口等地区各日军据点,及占领沿江要点,阻止日军登陆增援,目的是先声夺人,取得初战胜利。

虽然李宗仁认为蒋介石决定在淞沪与日军对战的动机为:可能是意气用事、可能是他对国际局势判断的错误、由于蒋不知兵等因素。②但此为李宗仁的后观之见,国府对上海始终保持高度的警戒,从全盘的战略言,在上海发动主攻,可吸引华北的日军,因此当时时任作战部长的黄绍竑也认为:"八一三事变的发生,是出乎日本意料之外,亦可说日本是被动的,而我国是主动。"③蒋也强调在上海作战是要打破日本的战略,使他们不能按计划集中兵力攻击华北。④陈诚亦提及:"现在我之方针在持久战,若能多持久,敌方崩溃即为我之胜利,故国际上现虽因国联开会关系,但终究视我力量为何,倘我获最后之胜利,则国际之态度,亦必转变也。"⑤这些都可看出淞沪战役绝非出于意气用事。

陈诚在1937年8月7日电呈蒋"战时机构指挥战略等问题贡陈所见"提到:"职以为只有抱积极战之目的,全面战之方针,始可得万一之和平。"⑥其他的将领如张发奎也同意开辟第二战场,发动进攻把侵华日军分割开来,⑦而且也认为防御战应主动否则牺牲更大;张治中的态度更为主动积极。张治中主张在上海应该先发制敌,张迭次向南京方面提出主动攻击建议,7月30日,电曰:

---

① 国防部史政编译局编印:《抗日战史》(淞沪会战)(台北:国防部史政编译局1982年版),页9—12。

② 李宗仁:《李宗仁回忆录》,下册,页678。

③ 黄绍竑:《黄绍竑回忆录》(广西:广西人民出版社1991年版),页339。

④ 《蒋委员长对抗战检讨与必胜要诀训词(上)》(1938年1月11日),秦孝仪主编,《中华民国重要史料初编——对日抗战时期》,第二编作战经过(一)(台北:中国国民党中央党史委员会1981年版),页65。

⑤ "九月十四日",《淞沪战役阵中日记(一)》,《陈诚副总统文物》,国史馆藏,典藏号008-010204-00001-013。

⑥ 国史馆:《陈诚先生书信集——与蒋中正先生往来函电》(上)(台北:国史馆2007年版),页288。

⑦ 张发奎口述:《蒋介石与我——张发奎上将回忆录》(香港:香港文化艺术出版社2008年版),页234。

> 我在北方作战，固不宜破坏上海，自捐资源，然若敌方有下列征候之一，如：(一)敌决派陆军师团来沪，已开始登轮输送时；(二)敌派航空母舰来沪时；(三)敌在长江舰队来沪集合时；(四)敌在沪提出无理要求，甚至限期答复，即断定敌发动无疑。则因我主力军远在苏、常以西，输送展开在在需时，且上海保安团抵抗力薄，诸种关条，似宜立于主动地位，首先发动，较为有利。①

对于张治中的建议，南京方面虽同意先发制敌，但也要求应等待命令才可进攻。

8 月 7 日，蒋召开国防党政联席会议，地方各重要军事领袖阎锡山、白崇禧、余汉谋、刘湘等均与会，会议决议积极备战并抗战，惟一面仍令外交部长相机交涉，此时，蒋仍未将上海地区视为主战场。

8 月 11 日下午，军政长官讨论战况，中国共产党的朱德、周恩来、叶剑英亦与会。周恩来提到："中央方针系全局布置，加紧华北抗战，委座决心甚为正确"，"主战场在华北方面，不可因一部问题而率及局部之发动、局部之持久，以争取全部作战之准备"；"上海敌有武装威胁之可能"，"惟主战场仍在华北，其南部扰乱不过分散我兵力"。朱德说："第一、第二战区为主战区，兵力已有相当多，但仍须准备兵力于该两战区，因敌必不以大兵在他方策动也。故在长江上海占先制，以各个击破敌人，以各方面之胜利，而巩固主战场之胜利。"叶剑英认为："在上海虽胜利不能转移全战局，如在平绥线置重点则可转移全战局，而破坏敌人整个计划。"②从谈话内容，可知当时许多人的战略重心仍置于华北，发动上海攻势仍是为了"先发制敌"。

不论基于何种想法，中央与地方决定发动淞沪战役的态度上大抵一致，差别在于地方指挥官较从军事上考量，而蒋及中央则必须考虑到国际的因素；但在战略上则有许多的分歧。

三、 攻打日本的时机

有关淞沪会战并非一直处于战争状况，而是打打停停，蒋与地方特别是张治

① 张治中：《张治中回忆录》，上册，页 117。

② "军政机关长官谈话会记录"(1937 年 8 月 11 日)，中国第二历史档案馆编：《抗日战争正面战场》，上卷，页 306—312。

中间为何时攻打、何时撤退等有不同的意见。分几波作说明，第一波是8月13至14日，张治中主张要主攻，蒋认为时机不对。蒋虽决心围攻上海，但仍顾虑外交，以为若主动开衅，难以对国际交代，故尚未确定上海开战日期。8月12日正午，张治中部署就绪后，即电蒋请示，可否于13日拂晓前开始攻击。蒋傍晚急复电曰："希等候命令，并须避免小部队之冲突为要。"①

国军仍抱持"敌来攻就还击，敌不来攻就做工事"。在八字桥附近，双方冲突扩大，日军射击在八字桥做工之国军，继用小炮射击，中方乃以迫击炮还击。张治中严切谕知前线"除非敌军进攻，不许开枪"②。张发奎认为是由中方主动发动八一三军事行动，但蒋在8月13日当天，并未下达开战命令，张治中本来定于8月13日拂晓以前，对虹口杨树浦敌根据地攻击，突然奉到南京电话告知不得进攻，张一再争取已完成攻击准备，仍不得其果。其原因可能与上海外交团为避免在上海作战，建议国府改上海为不设防城市——自由口岸，国府不免犹豫有关。③

直到13日夜间，军事委员会始下达命令，14日拂晓开始攻击虹口、杨树浦，并令空军出动协同陆军作战、海军部封锁江阴江面。④中央认为必须考虑国际的观感，张则认为："这样耽搁了两天，却给了敌人一个从容部署的机会。"⑤

8月14日上午，中国空军开始向黄浦江日舰轰炸，张治中于下午3时下达总攻命令，4时国军炮兵开始集中射击，步兵攻击前进。然日没未久，蒋急令："今晚不可进攻，另候后命。"⑥攻击行动又停止。蒋为何下令停战？或与开战后之列强态度有关；14日中国空军有二弹落于英法租界，引起列强不满。⑦蒋介石提到："第二大队有二机弹钩被敌击坏，故有二弹落于英法租界各一颗，因之英、法、美国大不满意，责难备至，对沪战有干涉之势。"⑧这次国军攻击的时机与停战的时

① "蒋介石复张治中密电稿"(1937年8月12日)，中国第二历史档案馆编：《抗日战争正面战场》(南京：凤凰出版社2005年版)，页341。

② "张治中致蒋中正何应钦电"(1937年8月13日)，《卢沟御侮(二)》，特交文电，《蒋中正总统文物》，国史馆藏，典藏号002-090105-00002-470。

③ 张治中：《张治中回忆录》，上册，页121。

④ 国防部史政编译局编，《抗日战史——淞沪会战(一)》，页16。

⑤ 张治中：《张治中回忆录》，上册，页122。

⑥ "蒋中正电令杨虎、张治中，今晚不可进攻，另候后命"(1937年8月14日)，《筹笔——抗战时期(三)》，《蒋中正总统文物》，国史馆藏，典藏号002-010300-00003-008。

⑦ 《对美关系(二)》，《特交文电》，《蒋中正总统文物》，国史馆藏，典藏号002-090103-00003-115。

⑧ 《蒋介石日记》，1937年8月14日。

机都与国际因素有关。程思远对此批评:“如此前线指挥部队径受命于最高统帅的指挥节制,实不能把握时机,争取机动,有违将在外君命有所不受之戒。”①

第二波的攻击行动 8 月 16 日至 19 日,对虹口、杨树浦的攻击,中央希望趁日军援军登陆以前奏功的必要,16 日下午 5 时张治中召集各师长到南翔司令部指示方针,下达攻击命令,17 日拂晓继续开始全线总攻击,18 日又奉到暂停进攻的命令。这是八一三战役爆发以来第三次的停攻命令。②19 日,国军又恢复攻击。

此时中央之所以再度发动攻击,一方面是外交上获得英国的谅解,再一方面是情报显示日本军方内部有歧见。蒋在日记上记到:

> 本日沪战颇有进展,南口阵地已固,此心略安。对英提案运用其能实现,使倭得转圜离沪,以恢复我经济策源地,以今日战况,或有退却可能也。判断情报,倭寇陆海军意见分歧,政府内部不一致,已陷于进退维谷之势也。③

蒋极重视国际方面的反应,在作战时特别指示张治中:“在沪抗战国际视听所在,我军官兵对于纪律与行动应严格保守,且对欧美人士与我国民众更须殷勤礼遇,勿稍失态,此于我国军誉与战局胜负影响甚大,甚望通令全体官兵一体遵照勿违。”④

第三方面接受陈诚、张治中、张发奎等的建议,张治中与张发奎也知道打败日军非易事,因此向中央建议如果国军援军达到最高点仍不能击退日军即撤退。陈诚到沪战发生后到淞沪考察,评估日军在华北得手,必将利用其快速部队,沿平汉路南犯,直趋武汉;如武汉不守,则中国战场纵断为二,于国府大为不利。不如扩大淞沪战事,诱敌至淞沪作战,以达成 1936 年所预定之战略。⑤蒋接受陈的建议向上海增兵,并发表陈为第三战区前敌总指挥兼第十五集团军总司令,并增调部队,赴沪参战。但陈诚认为之所以未能成功是因为:“可惜因时间太匆促,不

---

① 程思远:《我所知道的白崇禧——在淞沪会战中》,《学术论坛》,1988 年第 2 期,页 101。

② 张治中:《张治中回忆录》,上册,页 125。

③ 《蒋介石日记》,1937 年 8 月 20 日。

④ “致张治中:在淞沪抗战我军应严守纪律与行动,勿影响军誉与战局。”1937 年 8 月 15 日,《蒋中正总统文物》,国史馆藏,典藏号 002-020300-00009-023。

⑤ 何智霖编:《陈诚先生回忆录——抗日战争》,页 53。

及充分准备即开始进攻，致不能成功。"①

8月下旬后日军全面进攻，国军处于防守，战事自9月后对国军不利，国军除前敌指挥官外，副参谋总长白崇禧经常亲冒火线督战，蒋也率领高级将领亲赴前线鼓舞士气，然仍不敌日军的强大火力，第二十一集团军，原有旅长六人，数日内三死二伤，国军撤退问题已是必须严肃面对的课题。9月14日，陈诚往刘行视察，见形势岌岌可危，建议相机转移阵地，保存实力，以便步步为营，节节抵抗。②

蒋介石也深知撤退只是时机问题，9月23日，陈诚建议调整第一线部队，以达持久战之目的，蒋表示原则甚妥，并开始研究"撤退时机之缓急"。24日晚间，陈诚至南翔，召集前线各军事主官开会，询问多方状况，表示"现在我之目的为持久战，若损失太大，则难达持久之目的，故以步步为营之办法，决定部队不再向前增加"，上海前线部队自动后撤，以达逐步抵抗之目的。③淞沪前线国军转移阵地，并在闸北留一团死守，发生感动中外"八百壮士"的壮举。④但也遭来不必要牺牲的批评。

蒋介石与白崇禧在淞沪战役中有一些不同的看法，首先，8月12日在南京召开国防最高会议及党政联席会议，会前，白以军事委员会副参谋总长的身份建议设立大本营以资统筹，蒋则认为中日未经宣战，不必另立名目。战略上，白崇禧认为淞沪战场夹在黄浦江与长江间，港湾河道，犬牙交错，敌人以陆海空联合作战，极易发挥威力，而我则因交通阻滞，集中费时，在这里反攻不易得手，为持久战打算，最好选择有利地带，进行攻势防御较为有利。蒋也以已经将日本侵华提九国公约讨论，不宜主动攻势为由否决。⑤

此外，对于撤退的时机，蒋白意见亦不一致，白崇禧几次进出巡视，深知国军与日军实力悬殊，于11月初建议蒋下令撤退，蒋坚持不允，张发奎认为："从整个战略上着眼，敌人强渡苏州河后，退却已是无可疑义而不能再迟延的事。"前线官兵苦撑数日，实在疲惫不堪，白再度献言撤退，蒋仍不允。⑥

11月5日，日军登陆杭州湾，包抄国军侧背，战况危急。蒋命令第三战区代

---

① "陈诚至谭祥家书"，1937年9月27日，《陈诚副总统文物》，国史典藏，典藏号008-010201-00007-005。

② 何智霖编：《陈诚先生回忆录——抗日战争》，页54。

③ 《淞沪战役阵中日记(一)》，1937年9月16、23日。《陈诚副总统文物》，国史馆藏，典藏号008-010204-00001-021。

④ 张柏亭：《八一三淞沪会战回忆》，《传记文学》，第41卷第2期(1982年8月)，页22。

⑤ 程思远：《我所知道的白崇禧——在淞沪会战中》《学术论坛》，1988年第2期，页100。

⑥ 李宗仁：《李宗仁回忆录》，下册，页674。

理司令长官顾祝同让精锐的第八十八师单独留守，此举一是为了拖延日军进攻速度，二是为了向国际社会表明中国在抵抗日本侵略战争上的坚决态度，因 11 月 6 日九国公约签字国在比利时首都召开会议，希望以此赢得国际社会的支持。令再支持三日。8 日，蒋下令撤退，但此时部队已乱，命令无法下达，全军溃退。日军冲入第一军胡宗南司令部，官兵死伤甚果；薛岳第二十九集团军总部亦被冲入，前线指挥官已无法掌握部队，蒋于 11 月 9 日再下令分两路，一向杭州，一向南京全线撤退。国军撤退过晚，无法有秩序撤退至既设之国防线，之前花费相当资源的国防工事悉数放弃，日军顺利兵临南京城下，淞沪会战，随之结束。①

李宗仁对此不满，指出：

当时我军参战五十余师，战斗兵员在六十万左右，约全国兵力的百分之六十。当时淞沪战场离苏嘉铁路第一道国防线尚有百余华里。投入战场人数既多，然而上海是十里洋场，四面平旷，无险可守，日军陆海空三军的火力可尽量发挥，我军等于陷入一座大熔铁炉，任其焦炼。敌方炮火之猛，猛到我炮兵白日无法发炮，而夜间又无法寻找目标，只是盲目轰击。所以淞沪之战，简直是以我们的血肉之躯来填入敌人的火海。每小时的死伤辄以千计，牺牲的壮烈，在中华民族抵御外来的历史上，鲜有前例。②

齐锡生教授也提到：此战役之最后失败，其责任并非战略之错误，乃是执行上的偏差。设若国军能提早两周脱离战场，从容撤退以保存实力，则此战役将是抗战史上最辉煌的胜利。可惜统帅部未能充分掌握战场变化，一心指望敌人防线崩溃，待敌人大量援军登陆，并直接威胁国军侧翼防线时才仓皇撤退，已无法挽回全线溃败的结局。③

淞沪会战结束次年，1938 年 2 月 2 日，蒋回顾到：

去年最大之失着，为美总统发表芝加哥演说，召集九国会议时，不即退

---

① 蒋难下令撤退，仍担心撤退对国际之影响，记曰："苏州河南岸以兵力用尽不能不令撤退，但并非为金山登陆之故所牵动耳。惟借此战略关系，使敌知我非为力尽而退，不敢穷追与再攻，是于将来之战局有利，然而九国公的会议之影响必甚大也。"《蒋介石日记》，1937 年 11 月 7 日。

② 李宗仁：《李宗仁回忆录》，下册，页 673。

③ 齐锡生：《抗战中的军事》，许倬云、丘宏达编：《抗战胜利的代价》（台北：联经出版社 1986 年版）。

兵于苏嘉阵地，而于筋疲力尽之际，反再增兵坚持，竟使以后一败涂地，无可收拾。若于此时自动撤退，则敌必至原有驻兵区域嘉昆为止，而我实力得以保存，随时可予敌反击也。①

蒋亦承认淞沪前线过晚撤退之事实与错误。但当时的观察家金仲华在《南北战场的新形式》一文中提到："上海我军的撤退，原是一个预定的必然步骤，不过这次由于敌人在金山卫登陆，使我们不能不把撤退的步骤提早实行，但我们的撤退还是非常有秩序的。"②这点王纪元在《坚定我们必胜的自信心》中转述英文《大美晚报》记者以"战略的杰作"来说明沪西的撤退。③

四、淞沪战役中的指挥问题

淞沪战役之前即战役期间，蒋对上海的布防进行指示及思考，如下表：④

时　间	重要指示及日记内容
7月30日	指示教导团：应集中江南岸，其江北岸任务应即另派部队担任。
7月31日	京沪路阵地两翼与后方重要交通路，应拨款赶筑，中央与苏省可分任半数。
8月3日	电上海市长、警备司令、公安局长：明令上海军事行动与一切准备，以及各组便衣队等，皆归张治中集中统一负责办理。
8月5日	电张治中：委杜月笙为京沪警备司令部总参议，负责联络、统制上海便衣队。
8月11日	此必装载其陆军来沪，其运侨回国乃宣传也，余应下令封锁吴淞口港。
8月12日	致蒋鼎文：西即令第三十六师提先开上海，限14日到达目的地。
8月13日	致张治中：对日军兵营与其司令部之攻击等准备皆须详加研讨。
8月13日	令空军于明(14)日出动，协同陆军作战。令海军部封锁江阴江面。
8月13日	致张治中：对于倭寇兵营及司令部之攻击，及其建筑物之破坏与进攻路线、障碍之扫除、巷战之准备，皆须详加研讨，精益求精，不可徒凭一时之愤兴，以致临时挫折，或不能如期达成目的之气馁，又需准备猛攻不落实时如何处置，以备万一。

① 叶健青编：《蒋中正总统档案——事略稿本》，第41册(台北：国史馆2010年版)，页127—128。

② 金仲华：《南北战场的新形式》《抵抗》，第26号，上海，1937年11月13日。

③ 王纪元：《坚定我们必胜的自信心》《抵抗》，第26号，上海，1937年11月13日。

④ 综合《中华民国重要史料初编——对日抗战时期》第二编作战经过，页161、177、178、179、191、203；《困勉记》，页571。彭明：《中国现代史资料选辑》册5(北京：人民出版社1949年版)页316、页318等资料。《蒋中正总统文物》，国史馆藏，典藏号002-020300-00009-001。

（续表）

时　间	重要指示及日记内容
8 月 14 日	应另空军分驻京、杭、扬，并准备夜间作战，而各机关应准备夜间办公。
8 月 14 日	致张治中：日军集中于北四川路及迪思威路，望我军注意。
8 月 15 日	蒋电令，将开到顺德一带之战事星夜调回上海，战车防御炮亦调两连回沪。
8 月 15 日	致张治中：在沪抗战我军应严守纪律与行动，勿影响军誉与战局。
8 月 15 日	致张治中：我军攻击前进阵地工事应重加修正，始能进退自如。
8 月 16 日	致张治中：第三十六师，加入第八十七师方面，预定明拂晓全线总攻击，一举歼灭敌军，占领虹口为要。
8 月 16 日	致黄绍竑：第三、第十一、第十四三个师团出动地点以上海为主。
8 月 16 日	令速运第八十七、八十八两师迫击炮等各种炮弹前往接济。
8 月 17 日	令谕周至柔：我陆空军在上海协同作战。
8 月 18 日	致钱大钧：对上海张司令及第八十七师、八十八师各师长以下之官兵，应致电慰劳，以示体恤怀念。连日苦战不惜牺牲一切，壮烈堪嘉，殊不愧为我总理革命之信徒，兹特派陈次长、熊主任来沪慰劳，望各官长对于各士兵未出战时之体力精神应于特别保养，务使多加安息，饮食多备滋养物料，以增我战斗实力，对阵亡各官兵姓名，希即详报，以便抚恤，而资昭忠。
8 月 18 日	致浙江省政府主席朱家骅等：抽调最精壮的士兵五千至沪。
8 月 18 日	令谕黄绍竑：浦东不对应严防敌陆军由黄浦江面登陆。
8 月 20 日	令谕江阴区江防司令欧阳格：令归海军陈绍宽统一指挥。
8 月 21 日	令谕张发奎：金山卫有日军水兵登陆侦察，务派部队严密防范。
8 月 22 日	指示交通部长俞飞鹏：据悉敌海军要切断上海陆海电线，应切实注意准备一切。
8 月 22 日	令谕张治中：闻敌人司令部在百老汇大厦七楼。
8 月 23 日	令：速调龙华、松江部队向沪西集中。
8 月 27 日	致顾祝同、张发奎：张华浜敌人至今尚不能击退，则敌必于该处有一个师团之登陆，明后日敌必大部登陆，向我军进攻，故我军在张华浜与蕴藻浜一带，务须配备重兵，以防不测。
8 月 27 日	电话顾祝同、陈诚、张发奎等：对张华浜与川沙镇上陆之敌，应做整个歼灭计划，不可再作局部各个计划，否则必为敌军各个击破。吴福线此时不必留兵，51D、58D 皆应另先到张华浜线布置。
8 月 28 日	致广州绥靖公署主任余汉谋：勿忘于 9 月 8 日前集中京沪路。
8 月 28 日	令谕张发奎：敌企图在浦东登陆请严令各部防范。
8 月 28 日	令谕顾祝同：阮肇昌师最好仍备为沪西与沪北两方总预备队。

（续表）

时　间	重要指示及日记内容
8月31日	令谕黄绍竑：镇江等处江防与阻塞从速限期完成。
8月31日	令谕黄绍竑：吴福与澄锡、沪杭各线阵地之编成应指定部队限期完成。
9月3日	致张发奎：敌军在浦东登陆，我军除留一团致两团兵力，在浦东、白鹤港、川沙、南汇一带重振分驻，化整为零，乘机向敌阵不时袭击扰乱，作为便衣别动之用。
9月5日	致张发奎：第十六师到达龙华闵行之线时应构筑前进阵地。
9月6日	令谕钱大钧：指示军队移防。
9月7日	电张发奎：速在各口岸多设铁丝网，使敌船不得近岸及扫射歼灭。
9月9日	致顾祝同：上海市及其沿江之防御工事，应速指定部队负责布置。
9月15日	至第八师师长陶时岳：第八师及调京沪路，其移防可先派第四师接防。
9月16日	致刘建绪：十九师应即令集沪杭路。
9月26日	致张发奎：杭州到上海各河流，凡可通小火船之处，急应准备防治办法，勿使其装甲小火船冲入我阵地带。
9月28日	令谕钱大钧：第五十二师现驻何处，应另调沪西一带参战。
9月29日	令谕钱大钧：第五十师，令开京沪线。
9月30日	致顾祝同等：通令上海最前线各官兵，必须练戴防毒面具，每日以连戴两小时，逐日增加时间，能连戴至二十四小时为度。
10月25日	致张发奎：敌必于近期内进攻浦东，务希不分昼夜严密防范，夜间尤为重要。
11月2日	令第九十三师全部速调京沪线。

蒋对于会战极为关心，为正确掌握真实的战报，一再三令五申要求各战区翔实呈报，蒋汇整后提供当地指挥官参酌。指挥并调度各方部队增援，这些都无可厚非，但有时过细的指导实无此必要，如戴防毒面具的训练、部队应如何移防等。

其次的问题是调动指挥系统，第十八军（罗卓英）本归张治中指挥，后来转归第十五集团军陈诚指挥，统帅部并未通知张治中，引起张的不满。8月18日，蒋下令任命陈诚为第三战区前敌总指挥，引来张治中不满："陈辞修资格太浅，怎能指挥我！"冯玉祥虽是两人直属上司，但无法调和两人摩擦。9月21日，冯玉祥调至华北第六战区司令官，蒋兼任第三战区长官，顾祝同为副司令长官，陈诚为前敌总指挥。9月23日，张治中调任国民政府军事委员会管理部部长，左翼军分成两部分，左翼军由陈诚指挥，下辖陈诚兼领的第十五集团军与薛岳率领的第十九集团军，中央军由朱绍良指挥，还兼第九集团军总司令，张发奎认为："阵前易帅绝非良策，因为新的主帅对战场形势不甚熟悉，此外阵前易帅会影响士气。"①其实有关此一人事调动，也非完全是蒋的主意，早在9月初，张治中对于淞沪的战局颇为自责，对白崇禧提出引咎自责，陈诚于9月4日提供个人的意见，②蒋在9月15日，曾考虑第三战区高级指挥官之更动，认为阵前换将并不适宜，故未实施，但仍撤换张治中由朱绍良接中央兵团总司令。③

此问题到10月又发生。10月底当上海局势最险峻时，朱绍良被任命为甘肃省省主席，张发奎接任中央军总司令兼第九集团军总司令，此时薛岳接替陈诚为左翼军总司令，陈诚为前敌总指挥，这又再度犯了阵前易帅的缺失，张甚至认为自己是代罪羔羊。

蒋的最大问题是喜欢直接调动地方部队，张发奎提到蒋曾针对炮兵阵地的问题，认为这样的部署是错的，应该转移，甚至想干涉炮兵连的调配，后来被调到其他地方，这个层级连中央军总司令都极少干涉，更何况是军事委员会的委员长。④

然而指挥方面亦出现一些问题，首先，淞沪战役初期，未能彻底集中兵力形成重点，围攻上海之时用三个师，显有不足；其次，攻击地点选择不当，丧失主动，最先将重点指向的阵地最坚强部——日海军部及虹口公园一带核心阵地，不仅均告失败，且折损惨重，8月20日虽转移主攻，指向汇山码头，因第三十六师不待第九十八师到达率先发起攻击，后继无力，得而复失。⑤8月23日，蒋闻日军在狮子林川沙镇登陆，曰："此张治中之布置与指挥，犹如儿戏之故也。"⑥8月31日，蒋又提到："自上周攻入杨浦唐山路一带各师，自动撤至张华浜，相隔数日，而张治中司令尚无报告，彼为司令，乃浮薄无识，以战事为儿戏，可痛之至。"⑦之后蒋在日记中直接检讨指挥官指挥不当，如9月13日第十八军阵形动摇，认为是：

---

① 张发奎口述：《蒋介石与我——张发奎上将回忆录》，页244。

② 何智霖编：《陈诚先生书信集——与蒋中正先生往来函电》(上)，页290。

③ 郝柏村：《郝柏村解读蒋公八年抗战日记》(上)(台北：天下文化2013年版)，页149。

④ 张发奎口述：《蒋介石与我——张发奎上将回忆录》，页246。冯玉祥，《我所认识的蒋介石》(香港：七十年代杂志1975年版)，页60。

⑤ 国防部史政编译局：《国民革命建军史》第三部：八年抗战与战乱(二)(台北：国防部史政编译局1993年版)，页840—845。

⑥ 《蒋介石日记》，1937年8月23日。

⑦ 《蒋介石日记》，1937年8月31日。

“此由前方指挥，不得其人，故指向后退呼。”①其三，各地攻守之间的问题及后期作战转移的问题，如日本突破国军蕴藻浜沿岸国军第九、第二十一集团军之转移攻势无成果，且损失极大，此时增援已穷，国军如能主动转移，以策后图，当不至于损失如此巨大。11 月 5 日，蒋闻日军在金山卫登陆，曰：“此司令张发奎换防疏忽之过也，可叹。”②其四，军种协同作战、部队机动迟滞等，也是长期以来国军作战的另一问题。③这些都不是何时进攻、调动将领等中央的责任，因此在谈统帅权与指挥权的问题，不能只从地方的立场着眼。

五、结　论

淞沪会战中，日本侵略者 4 次增兵，先后投入海军陆战队和陆军部队 14 个半师团兵力，共约 28 万人，运用军舰三四十艘，飞机 400 余架，战车三四百辆，并宣称 1 个月内占领上海。国军投入上海的总兵力约 70 余万人，牺牲非常惨重，胡宗南的部队几乎损失参半。参加淞沪会战的中国军队广大官兵同仇敌忾，以劣势装备和血肉之躯，冒着敌人的现代化装备和陆海空联合作战的强烈炮火，前仆后继，奋力拼搏，击伤日军 4 万多人，坚守上海达三个月之久，粉碎日本速战速决、吞并中国的野心梦想，同时，中国军民在上海的英勇抗战也大大提高了中国军队在国际上的威望，其功绩不可磨灭。

淞沪战役到底是日军主动或国军主动，值得讨论，但此时中央与地方的立场颇为一致，都希望“先发制敌”以待国际局势转变及日本内部变化。但由于不断投入大量援军，战争规模也随之扩大，国军的损失甚大。在这场战役中也再度凸显蒋领导的风格，与长期以来统帅权与指挥权的问题。攻击或部队撤退的时机到底要以中央全盘的考虑还是尊重地方的决定？战略战术地方指挥权的自主性为何？此外，重要将领的人事调动与地方军队的调动等问题，当然中央对地方军事行动仍有一定程度的帮助，如海陆空军的协调作战，又如情报的提供，其他军援等地方都须仰赖中央的协助。

从淞沪会战研究中的省思方面，近十年来研究新文化史者增多，研究军政历史者逐渐锐减，原因之一，即是无法突破过去研究的框架，许多问题各说各话，或

① 《蒋介石日记》，1937 年 9 月 13 日。
② 《蒋介石日记》，1937 年 11 月 15 日。
③ 《淞沪会战》（四），页 161，档案管理局，《国军档案》，档号 0026/152.2/3813。

留于流水账的叙述，士官兵的伤亡人数，常有夸大，不能全面掌握史料或过度依赖单一史料的问题极为严重。由于战事的成败因素，除敌方的因素之外，战略、战术、指挥及平时士官兵的训练、后勤补给等都有关系。陈诚已针对该战役进行得失之检讨，[①]然学者还可作更细的讨论，战争的过程，最高统帅与前线指挥官发生争执，不应把它做无限的扩大，毕竟作为最高的领袖由于获得的情报较为多元，着重全面的作战规划，地方的战区司令则较熟悉当地的地形与地物，较清楚当地敌军的状况，最高统帅与战区司令如能密切配合，将有利于战斗的进行，然由于长期以来蒋介石的领导风格，使战地指挥官成为战争的被支配者，战斗成败责任到底应归咎那一方，也是相当值得讨论的课题；此外，受限于个人的立场亦有所偏，如何利用档案，跳脱传统战争史的思维，提出新的研究面向，是研究抗战史者共同努力的方向。

（本文原载“淞沪抗战纪念馆改扩建暨淞沪抗战战史研讨会”《会议手册》，2014 年 8 月）

① 何智霖编：《陈诚先生回忆录——抗日战争》，页 64—67。

会战过程与参战部队研究

八一三淞沪战役经过及其意义

苏智良

八一三淞沪战役，是抗日战争时期中国正面战场的第一次大会战，①始于1937年8月13日，迄于12月1日。在这110天时间里，中国军队在全国人民的支持下，汇集于长江以南，钱塘江以北，江阴、无锡，吴兴以东地区，与日本侵略军展开了殊死的搏斗。探讨淞沪战役的爆发原因、经过、双方的战略得失，以及对中日战争的影响，是史学工作者的一个重要任务。

一

1937年8月13日，淞沪战役爆发。这场开始时仅五万人不到的战斗，以后演至百万大军的决战，它的发生及其展开，都不是偶然的。日军在《昭和十二年度对华作战计划》中指出："在扬子江下游地区作战时，以约三个师团在扬子江下游的白茆口登陆，另以二个师团为基干的一个军在杭州湾的乍浦附近登陆，同向南京进攻，占领上海、南京、杭州的三角地带。"②为此，日军在上海构筑工事，囤积军需，扩大海军陆战队规模，频繁演习，积极准备战争。

七七事变后，日本采取"速战速决"战略，准备在三个月内逼迫中国政府投降。7月11日，日本内阁决定大举入侵华北，同时，参谋本部制定《日军华中作战的陆海空军行动计划》。日本海军军令部指出："当前的重点在于迅速确保上海。这样可以取得防止各国的干涉，破坏经济中枢，实施大规模的对要地的空袭，打

① 本文使用了中国第二历史档案馆、上海市档案馆所藏的部分档案，特此致谢。

② 日本防卫厅防卫研究所战史室：《中国事变陆军作战史》，齐福霖译，中华书局1981年版，第1卷，第2分册（下称《作战史》）。

击中国方面的士气的效果。”[①]所以在7月底平津沦陷而中国政府没有屈服时，一向倡导从南方侵略中国的日本海军就积极图谋在上海开辟战场。[②]

7月初，正在台湾海面演习的日第三舰队，得到卢沟桥事变发生的消息后，即赶返上海。28日，汉口日侨以及部分陆战队士兵到达上海，当晚，东京命令第三舰队司令长谷川清“保护”日本在华中、华南的权益。8月8日，有172辆日本军车到沪，当天，长谷川清向东京请示：如上海战起，当先占领中国飞机场，并拟在公大纱厂附近修建永久飞机场。8月9日，日军制造了虹桥机场事件。当天下午，日海军陆战队中尉大山勇夫与一等兵斋藤要藏驾车直冲虹桥机场，被守卫机场的中国保安队开枪击毙。事件发生后，日本加快战争的步伐，陆战队进入了既设阵地。8月12日，日本内阁决定增派上海派遣军来沪。

1935年，国民政府在人民抗日救亡的强烈呼声下，着手整理东南海防。开始在吴县至福山、无锡与江阴间修筑防御线，在上海市郊营造堡垒、掩体。1936年，张治中在南京陆军军官学校设立“高级教官室”，对京沪地区的兵力部署等事项进行研究，以后该室扩建为“军校野营办事处”。曾组织京沪沿线部队营长以上军官，到上海侦察日军据点。还举行过一场有五个师参加的秘密对抗演习。

卢沟桥事变以后，国民党曾有意在华北应战，但举棋不定，直到8月初，上海形势日益紧张，日军全面进攻迫在眉睫，国民党才被迫应战。淞沪战役期间，蒋介石承认：“此次抗战，实被迫而应战，……如我再不抗战，则国民党精神亦必日趋于消沉，民族生机毁灭无余矣。”[③]在淞沪地区作战，对中国军队较为有利。当时驻扎京沪沿线的88、87师等均为国民党精锐部队，一旦开战就能迅速投入使用。京沪杭地区交通发达，积存了不少战略物资，华军在此应战，能得到当地充足的人力、物力支援，进可阻敌登陆，退可锁扼长江、沿海，逐次抵挡，进行长期抗战。而且，在国民党政府看来，华北决战对英美的影响远不如淞沪之战。1937年英国在华投资共12.5亿元，其中9亿元在上海，占72%[④]；1932年初，美国在华

---

① 日本防卫厅防卫研究所战史室：《中国事变陆军作战史》，齐福霖译，中华书局1981年版，第1卷，第2分册。

② 在侵华路线上，日本陆军和海军意见相背，重光葵在《昭和の动乱》中说：“对于中国的作战计划，自从1932年第一次上海战役以来，海军认为上海及华中的扬子江流域应为对华作战的重点。陆军省不赞成，以为中国不是日本的对手；解决中国只要动用驻在华北的少数部队便可，……卢沟桥事变发生后，中日战争从北到南是一步一步被中国军拖着走，陆军不肯把主力一气用出来。”

③ 转引自古屋奎二：《蒋总统秘录》，台北中央日报社1977年版，第11册。

④ 《真理报》1937年9月3日。

资产的 64.9%也在上海①。蒋介石期望在上海与日军交战后,英美在华的绝大部分利益直接处于日军的炮火之下,逼迫英美或居间调停,或武力干涉。

国民党政府决定在京沪一带抗击日军,并作了一些战前准备。8 月 7 日,国民党政府召开国防会议,决定“抗战到底”,命令 87、88 师在苏州、无锡一带集结。11 日,国民党军事委员会命令张治中率领这两个师向淞沪挺进,海军将江阴以下长江中的航标全部破除,并在江阴江面筑成阻塞线。13 日晨,张治中下达了对虹口一带的警戒令。同时,中国空军主力也南下作战。

二

中日双方都十分重视上海的战略价值,都为占据这个地区做了不少准备,因此,都投入相当数量的兵力,在淞沪展开了一场大战。

8 月 13 日上午 9 时 15 分,一支日军便衣队窜入横浜路上海保安队防地,在保安队鸣枪警告后,平射还击。下午 4 时,日军向八字桥等地的中国守军发起进攻,中国军队奋起抵抗,八一三战役正式开始。

8 月 13 日至 22 日,为中国军队进攻阶段。当时,淞沪华军已编成第 9 集团军,总兵力 40 000 以上。日本在沪兵力总计 14 000 人,配有坦克和大炮,以及 31 艘军舰和几十架飞机。中国在人数和准备方面占有优势,处于主动和有利的位置。②13

① 《美国在华经济势力全见》,东京 1940 年版,第 132 页。

② 是役之初,中国方面基本上处于主动地位,理由一、战前,张治中认为须以迅雷不及掩耳之势先发制人,摧毁敌阵。这战略设想,曾得到蒋介石的同意(余湛邦《抗日战争时期的张治中将军》)。8 月 11 日晚,军委会命令:“张司令官治中率 88、87 师于今晚向预定之围攻线挺进,准备对淞沪围攻。”表明中国军队的进攻是按原计划进行的。二、8 月 13 日前华军已作好攻击的准备,《第九集团军淞沪会战在虹桥、虹口、杨树浦、江湾等地战斗经过》记载:“8 月 13 日拂晓前,我对虹口、杨树浦之敌之根据地攻击之部队,均已展开完毕,但奉令不得进攻。”停止进攻的理由据王平《抗战八年》一书称:“因为外交上的理由,才延期到 8 月 13 日展开正式行动,进入租界地区。”(台北,文海出版社 1966 年版)三、8 月 12 日张发奎给蒋介石、何应钦的电报称:“文白兄方面,似已决心主动。”当天何应钦在来电上亲笔批示:“可,已令不待保安队即开松江(至少一旅),归张文白指导共同作战。”(《淞沪会战张文奎发电》)四、1937 年 9 月 19 日,中国共产党的《新中华报》曾发表社论指出:“当上海战争发动之后,南京政府已经表现了全面抵抗的决心,在军事上有着相当的准备,所以开始采取进攻方针,给敌一个措手不及,这种表现,是我们万分拥护的。”(《上海战争的现势》)五、从日军方面看似无充分的准备,虹桥机场事件发生后,日海军军令部责令第三舰队,“慎重行事”,攻击开始的时间也须在动员后的二十天,“因此当前要尽可能不使事态迅速恶化”。(《作战史》)上海派遣军是在 8 月 16 日开始动员的而且所组之上海派遣军属临时派遣,不是正规的作战军,也没有战斗序列(日军的战斗序列,是战时或事变时按天皇的命令组编的作战军)。其他理由如华军事先设置江阴阻塞线等,见正文。

日晚，军委会发布命令："第9集团军明天拂晓开始攻击虹口之敌"①，集团军司令张治中随即下达攻击令：在空军掩护下明日拂晓攻击虹口公园、日海军司令部，歼灭敌人。从8月14日起，中国军队向日军发起全面攻击，逐渐缩小包围圈，但是对日海军陆战队司令部的攻击，因缺乏重武器而未能奏效。18日，由新赶到的36师居中攻击汇山码头，以分割虹口和杨树浦之敌而歼灭之。但日军凭坚固工事死守，此计划又未实现。

根据战局扩大的趋势，双方调整了部署。8月19日，国民党军委会任命陈诚为淞沪前线前敌总指挥。次日，划全国为五大战区，京沪杭为第三战区，由冯玉祥出任司令长官。军委会颁布战争指导方针为："国军之运用，以达成持久战之基本主旨。""以主力集中华东，迅速扫荡淞沪敌海军根据地，阻止后续敌军之登陆，我乘机歼灭之。"②第三战区制订淞沪战役第一期作战计划，方针为："巩固首都，保有经济策源地，迅速围歼上海市附近之敌人，并打破其沿海沿江登陆之企图。"③日本方面，8月15日以第3、11师团组成上海派遣军，8月22日深夜到达吴淞口，在飞机、舰炮的掩护下，从吴淞口到张华浜一带大举登陆，至此战役进入第二阶段，战斗重心由闸北、虹口移至月浦、罗店、吴淞、宝山一带，战线也从开始时的10公里延长至50公里左右。双方展开了登陆与反登陆的激烈战斗。

这时，长江南岸守备部队编为第15集团军，由陈诚指挥，反击在吴淞登陆的上海派遣军。登陆日军偷袭罗店成功，华军第18军与日第11师团在罗店展开激烈的争夺战。双方相持于月浦、罗店、蕴藻浜一线，日军统帅部不断增派援军。9月6日，宝山落入敌手。当天，冯玉祥他调，蒋介石兼任第三战区司令长官，颁布淞沪战役第二期作战计划，将华军分为左翼、中央和右翼三个作战军。时中国空军因损失较重而停止白天飞行，日军完全控制了制空权。11日，华军退守浏河、蕴藻浜、庙行、江湾至北站一线，战役进入第三阶段。

其时日军重点指向罗店南方，守军伤亡惨重，23日曹王庙阵地被敌突破，25日华军撤至浏河、曹王庙、顾家镇、江家宅一线。至9月下旬，中国参战部队有35个师，总计40万人。日本陆军为19万人，加上海军总兵力超过20万人，还有300门大炮，50余艘军舰、200辆坦克和300架飞机助攻。进入10月后，华军退守蕴藻浜南岸即陈家行、广福、施相公庙、浏河一线，如果此时撤退，防守苏州河

---

① 转引自蒋纬国：《国民革命战史》，第3部：《抗日御侮》，第5册，黎明文化事业公司1978年版。

② 蒋纬国：《抗日御侮》，第3册，台湾黎明文化事业出版公司1978年版。

③ 《第三战区各期作战计划指导方案》，中国第二历史档案馆藏。

沿岸和吴福线，华军就可节节抵抗，且能避免过多伤亡。最高统帅部却认为九国公约会议召开在即，要求再坚持两个星期。“虽一兵一卒必与倭寇在原阵地拼死到底，决不容有后退一步之余地。”①10 月 18 日，统帅部又下达全线反攻令。21 日全线反击开始，当夜小有进展，但第二天日军在海空炮火支援下反扑，双方相持到 23 日，十个团的攻击军几乎全部覆没，日军于 25 日攻陷大场。次日华军退守苏州河右岸江桥至南翔一线，仅留 88 师一部在闸北四行仓库孤军奋战至 30 日，始撤入公共租界。在这一阶段中，华军以阵地战的形式苦守 40 余天，吸引了六个师团日军，并为战略转移争取了时间，但由于战术呆板，主力损失过重，已难以为继，从此战役进入第四阶段。

11 月 5 日拂晓，日第 10 军在柳川平助指挥下，从金山卫、全公亭登陆，直驱松江。7 日，日军统帅部将第 10 军和上海派遣军编组为华中方面军，松井石根任司令官，企图东西夹攻，聚歼中国军队。此时，或撤或守，中国统帅部仍举棋不定，直到 8 日才下达第三期作战计划。9 日，日军攻陷松江，蒋介石才允许命令部队撤退，这时华军上下失去联络，各部抢先撤后，陷入极度紊乱状态。11 月 10 日，日军攻击南市，第二天南市失守，至此，除租界以外的上海市区全部沦陷。同一天，青浦、白鹤巷一线阵地也被放弃。13 日晚上，第三战区司令部颁布防守吴福线的作战命令。14 日，日军第 16 师团在白茆口登陆，淞沪日军总数达 30 万人。时华军各部队均无斗志，伺机后逃。19 日，吴福线也告不守。左翼作战军退至锡澄线，在此无法立足，又向南京西郊转移。右翼作战军布防于南浔、青镇、海宁一线和吴兴、长兴之间。18 日，敌军攻陷嘉兴、平望后，兵分两路，一路北攻宜兴，配合太湖北岸日军，合攻镇江；一路西向广德、宣城。20 日，国民党政府正式宣布迁都重庆。12 月 1 日，江阴也落入敌手。淞沪战役遂告结束。

三

八一三淞沪战役，从战略的角度看，日本方面并未获得全胜，中国方面也没全败。淞沪战役基本实现了中国的“空间换取时间、逐次消耗敌人”的战略意图，挫败了日本帝国主义迅速灭亡中国的阴谋。

---

① 转引自《十八军司令部淞沪会战阵中日记罗店十日战记》，中国第二历史档案馆藏。

沪战打响后，中国军队按原定计划攻击日军，并调动各地军队向淞沪挺进。8月20日，第三战区制定第一期作战计划，在淞沪地区敌寡我众的情况下，该计划作为短期指导方针仍不失为妥当的。当敌军大举登陆之后，第三战区制订第二期作战计划，为战役作了三种准备：击退登陆敌军，保卫淞沪；如难以达到，则后退到敌舰射程之外，乘敌军海陆空不能协同之际，歼灭敌军；如再失利则退守后方阵地，待后援部队到达后决战。①该计划在敌我力量变化之时，能适时后退，层层阻击，既能减少伤亡，又可利于歼敌。但是这份计划对可能出现的更为恶劣的状况估计不足，因而没有在后方国防线作切实的抵抗准备。在8、9月的战役中，中国方面调集大军顽强杀敌，消耗日军的有生力量。但是，最高统帅部抱有投机心理，一味死守上海，没有按预定计划逐次后撤，致使作战被动，遭受了本可避免的重大损失。尽管如此，淞沪战役仍基本实现了争取时间、消耗敌人的战略目的。

八一三淞沪战役迫使日本逼迫中国迅速屈服的政略没有成功。日本攻击淞沪的政治企图在于：占领上海，兵临南京，以逼迫中国政府订立城下之盟。在八一三事变的第二天，中国政府发表《国民政府自卫抗战声明书》，宣称："中国为日本无止境之侵略所逼迫，兹已不得不实行自卫，抵抗暴力"，"决不放弃领土之任何部分。"②中国军民的顽强抵抗，使日军在淞沪战线迟迟没有进展，日本内阁在不得已的情况下，于10月1日策定和谈诱降与军事进攻并行的国策。中国政府内虽有人怀有二心，但在中国共产党和全中国人民，包括国民党爱国将领的反对投降、抗日到底主张的压力下，也没有与日本妥协。11月11日，上海失守后，蒋介石在《告全国民众书》中表示："一息尚存，唯有捐糜顶踵，期以贯彻抗战到底之主旨，求得国家与民族最后之胜利"，"万无中途屈服之理"③。所以，日本虽然攻城略地，但迫使中国投降议和的政略并没有实现。

淞沪战役使得日军"速战速决"的战略一开始便遭受挫折。战役初期，日军企图以有限的兵力消灭华军，8月15日召开的日本内阁会议上，决定9月3日前后召集临时会议，"开幕时间视情况而定"④，言下之意，最多三个星期即可解决沪战。但中国军民的奋勇抵抗，使得日军的攻势毫无进展，日军不得不修改战略。9月4日，陆军省、参谋本部和军司令部均认为10月可以结束淞沪战局，作战兵

① 《第三战区各期作战计划指导方案》，中国第二历史档案馆藏。

②③ 转引自《中国全面抗战大事记》，美商华美出版公司1938年版。

④ 《作战史》，第1卷，第2分册。

力为五个师团。但中国军民的努力再一次使日军的梦想破灭。以后虽然相继在金山卫和白茆口登陆成功，但没有完成对中国军队的包围聚歼，其“速决”战略因而再次落空。

淞沪战役客观上改变了日军进攻中国的路线。①日军侵华以华北为主线，由北而南取大包围的态势，这显然对中国是极不利的。淞沪战役，中国集中兵力与日本海军作战，迫使日军统帅部向上海增加兵力。8月21日，华北日军为9个师团，淞沪日军为2个师团，日军的作战重心仍在华北。到9月20日，上海日军增至5个师团，19万人；华北日军降为8个师团，37万人。日军的战略由华北独重改为“在华北与上海两方面发动攻击，务必给予重大打击，造成使敌人屈服的形势。”②9月5日，日军统帅部决定从华北调用兵力，“把主作战转移到上海方面”，由于第10军的组成，上海日军达到9个整师团，而华北降为7个师团。从此，日军的重心从华北移到“华中”。③

淞沪战役客观上使日军被迫从海岸线向内陆推进。这样，中国政府和军队避免了可能出现的被大包围的局面；而日军在沿长江西进时，势必分散兵力，减弱进攻速度，中国军队伺机组织了台儿庄战役；日军重兵用于淞沪，也减轻了华北、山西战场的压力，客观上为八路军迅速展开于敌后，建立各个抗日根据地创造了有利条件。日军后来曾承认：“当时最不希望的向上海方面的出兵也不得已而出兵了，在这方面也没有给敌以重大打击，而且兵力逐渐被吸引住，战力被消耗，走上了战区扩大，投入兵力增加的艰难的路程。”④周恩来也曾指出：日寇侵华“中心的一环，仍在压迫我军迅速退过黄河，拿着华北，好做文章。上海原是其牵制方面，次作战线，谁知沪战中的损失出乎敌人意料之外。”⑤

---

① 有人认为，在淞沪战役前，国民党政府已有意吸引日军南下，以改变日军的侵华路线，香港何家骅教授指出：陈诚曾说卢事发生后，蒋从庐山回京，要熊式辉、陈诚沿京沪交通线观察，考察若与日军开战能守多久，以后，蒋介石说：“这一仗要打起来，南京、上海都不能守，我之所以要打，是因为我在日本读书的老师，如今都身担大任，日本人对中国战略、战史的研究，有时比中国人还深刻，现在我们与日本人打仗，不怕从南方打，也不怕从北方打，最担心的是日本人由汉中，入四川，这就是当年忽必烈亡南宋的战略，如果日本人到西南，从云南、贵州、两广一抄，我们即使保有南京、上海，这个仗也打不下去。现在，唯一的办法是在上海作战，引导他沿江西上，届时他就败了。”（《中华民国建国史讨论集》第4册，第9页。）蒋纬国则多次说蒋介石胸有成竹布置淞沪战役。作者认为，目前尚无第一手史料说明淞沪战役爆发前国民党政府已有意改变日本的侵华路线，但该役事实上起到了这样的作用。

②④ 《作战史》，第1卷，第2分册。

③ 加登川幸太郎：《中国と日本陸軍》，东京，圭文会1918年版。

⑤ 周恩来：《目前抗战危机与坚持华北抗战的任务》，载《周恩来选集》，人民出版社1981年版。

淞沪战役沉重打击了日本侵略军。①在该役中，日军前后派遣了 8 支增援部队，总兵力达 30 多万人。在该役中，我国军民共打死打伤日军 6 万多人②，击毁击伤敌机 200 多架(包括南京、杭州等地击落数)，炸沉炸伤敌舰 10 余艘，击毁坦克、装甲车数十辆，取得了不少的战果。中国军民有效地阻击了装备精良的日本侵略军的进攻，给踏上侵华道路的日军以当头一棒。9 月 10 日，到上海视察的日军军官报告：华军的“抵抗实在顽强，无论是被炮击还是被包围绝不后退”；“中国居民对敌人有极其强烈的敌忾心”，日军“陷于严重的苦战中”③。在中国军民的打击下，日军劳师靡兵，士气低落，第 58 联队的一名士兵在日记中写道：10 月 5 日，月浦宿营，我军人马之尸体到处皆是，诚为悲惨；又闻 8 月在吴淞登陆之名古屋联队大部被歼，岐阜联队亦遭同样命运，令人惊骇。④日军遭受了自 1904 年日俄战争以来的第一次重大损失，该战役也成为鸦片战争以来，我国反侵略战争中用兵最多、规模较大、成绩较著的一次战役。

四

八一三淞沪抗战，中国方面丧师失地，但也是有所得的。

日军大举进攻中国后，在全国人民抗日救国高潮的促进下，国民党在淞沪战

---

① 八一三战役中的日军数量，有说 20 万，有说 30 万；有说 12 个师团也有说 14 个师团，下面作一简略的考证。一、7 月 15 日，据统计在沪日海军陆战队员约 3 100——3 200 人，日侨中在乡军人为 3 600 人。8 月 11 日，日海军援兵到沪，登陆的是陆战队 5 000 人，步兵一个大队 2 100 人总计陆上兵力为 14 000 人。二、八一三事变后，日军共遣援军八次。三、此外第 3 舰队曾多次派陆战队在浦东、虹口等处登陆。日本参谋本部派出第七次援军后，在 9 月 20 日指出：在沪日本陆军为 19 万人(《作战史》)，那么加在沪海军，总兵力超过 20 万人。10 月 20 日又增派第 10 军(除 6、8、114 师团，还有野战重炮兵第 6 旅团、独立山炮兵第 2 联队，2 个后备兵团及军部队等)和第 16 师团，人数约 10 万人。两者相加已超过 39 万人，伪军尚不计在内。

② 关于日军的伤亡记载不一，有人认为超过 10 万人，有人认为 6 万人，有人认为 5 万人。日陆军省当时公布为 4 万人。本文认为日军伤亡 6 万多人。依据如下：参加是役的日本陆军 9 个师团主要分三批登陆。据第 9 师团参谋部于 1938 年 1 月所撰的：该师团自 9 月 27 日登陆，到 11 月 11 日伤亡 12 360 人，第一次登陆的 3、11 师团最初两周伤亡即达 4 080 人(《作战史》)，在以后 70 多天的战斗中，始终作为第一线兵团，日军供认，这两师团官兵几乎全部伤亡，与第 9 师团同时登陆的 101 师团也一直作为第一线兵团，13 师团多作第二线兵团，两师合计损失不会少于 12 000 人。第 10 军登陆后虽没受重挫，但遇少量阻击。日海军陆战队的开战到 10 月 26 日，与华军主力激战，加上海军的损失，不会少于 1 万人。陆军除 9 个师团外，还有不少独立的步兵、炮兵联队和战车大队等，其损失亦不在少数。综上数项，虽然难以确定日军伤亡的精确数字，但总损失 6 万多人，当是可信的。

③ 《作战史》，第 1 卷，第 2 分册。

④ 转引自《十六军团罗卓英部淞沪会战阵中日记》，中国第二历史档案馆藏。

役期间,与中国共产党正式实行第二次合作。早在1936年,毛泽东就指出:中国战胜日本侵略的第一条件是中国抗日统一战线的完成。①以后又说:假如没有国民党政策的转变,要建立抗日民族统一战线是不可能的。②八一三战役则促进了这种条件、这种转变的成熟和到来。从1937年2月开始,中共代表与国民党就国共重新合作多次进行谈判,由于国民党坚持"先安内后攘外",进展不大。八一三战役爆发后,国共第二次合作的进程大大加快。8月22日,国民党军事委员会宣布红军改编为国民革命军第八路军,朱德、彭德怀为正副总指挥。9月6日,陕甘宁苏维埃政府正式改称陕甘宁边区政府,由于淞沪战争的紧迫,加上中国共产党对国民党的批评、推动和督促,9月22日,国民党中央通讯社发表《中国共产党为国共合作宣言》。次日,蒋介石发表承认共产党合法地位的谈话。10月2日,根据两党谈判协议,南方的红军游击队改编为国民革命军新编陆军第四军。淞沪战役的展开,对国共第二次合作起了一种微妙的推动作用,正如周恩来所说的:"要不是'八一三'打响了,就不会允许我们建立八路军总指挥部和十八集团军总司令部的组织。朱总司令和我同叶剑英参谋长到南京,开始蒋介石还没有决定给八路军的名义,但是到上海打响了,他从庐山跑过来,觉得这是全面战争了,才发表了八路军的番号,要我们的军队去打仗。"③以国共合作为基础的抗日民族统一战线的正式形成,宣告了国民党"攘外必先安内"政策的彻底失败,从此中国民族解放战争进入了一个新的时期。

淞沪战役开始后,国民党政府对淞沪战局盲目乐观,除了部分各地兵工厂内迁川湘外,对工矿企业、文化单位和政府机关的搬迁工作并没有积极进行。直到战局有变,国民党政府才有所行动。到10月中旬,已在武汉建立军事指挥和政府行政系统以及外交事务机构,武汉成为事实上的首都。内迁过程中,意义最为深远的是上海部分工厂的内迁。早在抗战爆发前,社会舆论就建议:"可于战争未爆发前,须依原料生产、货物销路情况将各种新式工厂,分移于各省。"④在上海各界人士的呼吁下,8月12日,国民党组织上海工厂迁移监督委员会,22日起,上海民营工厂开始内迁,到沦陷前共迁出民营厂148家,工人2100多名,机器物资1240吨。内迁厂中,机器业厂家约占上海内迁厂的一半,它们成为后方民族

---

① 毛泽东:《论持久战》。
② 毛泽东:《论新阶段》。
③ 周恩来:《论统一战线》,载《周恩来选集》。
④ 刘百川:《国防工业建设实施》,1937年版。

工业的主力军,成为后方军用、民用工业产品的主要制造者,①从而大大促进了西南内地民族工业的发展。重庆机器业战前仅十余家,且多以修理为主,当上海内迁厂来到后,很快发生变化,到 1940 年增至 122 家。②上海迁往陕西的利用五金厂则对陕甘宁边区的工业发展和根据地建设,发挥了重要的推动作用。由于上海军民在淞沪奋战三个月,赢得了时间,才争取了这次有组织的战略大转移,它对于保存中华民族的文化传统、争取中国抗日战争的胜利,具有重要意义。

淞沪战役提高了中国的国际地位和声望,鼓舞了全国人民抗日的信心和勇气,并提供了深刻的经验教训。在从 8 月 13 日起的 110 天里,中国军队在上海人民的支援下,云集淞沪与日本侵略军展开了殊死的搏斗。前后参战的总兵力为 70 万人。③参战的陆军是中国陆军总量的三分之一,④中国海、空军几乎全部投入了战斗。淞沪战役在事实上废除了《淞沪停战协定》,结束了国民党自七七以来徘徊观望的局面,成为国民党对日政策变化的转折点。

战前,外人对于中国是否有力量抵抗日本的入侵颇有疑虑,淞沪一战使国际舆论大为改观,伦敦《泰晤士报》10 月 28 日社论指出:“中外人士认为不能支持一周的阵地,而他们竟防守至十周之久,这就将使中国各地发生极大的精神影响。本报对这次在上海作战中国军队的英勇智谋,表示最大敬意。”⑤世界各国人民和友好人士,通过淞沪抗战,看到了中国的抗战形势,了解了中国战胜日本帝国主义的强大武器——抗日民族统一战线,从中得出这场正义战争必然胜利的结论,因此,中国的抗日战争得到了国际社会更多的支援。

淞沪战役极大鼓舞了全中国人民抗击日本侵略者的信心和勇气,体现了全

---

① 据统计,当时上海内迁厂为主的后方民营厂每月可制手榴弹三十万枚,各式炸弹引信七万枚,飞机炸弹六千余枚,机枪零件千套,大小圆锹三十万把,大小十字镐二十余万把,地雷引信千余个。(谭熙鸿主编:《十年来之中国经济》,上海中华书局 1948 年版)

② 《经济动员》,第 3 卷,第 9 期。《经济周报》,第 4 卷第 2 期。

③ 关于该役华军数量说法各异,一说 50 余师,一说 71 师,又有说 85 个师。据本文作者考证应为 72 师。参战人数有认为 75 万人,有认为 90 万人,本文认为华军总兵力为 70 万人。参战部队编制不一,有 1930 年师、1932 年陆军师、1933 年“剿匪师”、1935 年教导师、1935 年整理师、1936 年调整师六种。8 个旅每旅 5 000 人,计 4 万人。教导总队、税警总团均为师的编制(其中税警总团在战役中编为第 8 军。)上海保安总团有 2 个团,江苏保安团也有 2 个团参战,此外还有上海警察总队、保安团、浙江保安团等,炮兵达 6 个团以上,总兵力在 70 万人左右。

④ 抗战前,国民党中央所掌握的陆军总兵力为步兵 182 个师,独立步兵旅 46 个旅,骑兵 9 个师和 6 个独立旅,炮兵 4 个旅又 20 个独立团,计 170 万人。预定使用于中日第一线作战的最大兵力为步兵 80 个师又 9 个独立旅,骑兵 9 个师,炮兵 2 个旅又 16 个独立团。(何应钦:《对五届三中全会军事报告》)。

⑤ 转引自何应钦:《八年抗战与台湾光复》,黎明文化事业公司 1981 年版。

国上下共赴国难的爱国精神，这是地方部队与中央军在抗战期间的第一次大规模并肩作战，为以后的台儿庄、武汉战役等开了先河。在淞沪战役中，中国军民所表现出来的为民族生存抛头颅洒热血的英勇精神为世人传颂，与阵地共存亡的宝山守军姚子青营、坚守闸北最后阵地的四行孤军、宁死不受侮的阎海文、沈崇海烈士等等，成为当时青少年的楷模，许多青年从中汲取爱国主义精神，奔赴抗击日本侵略者的最前线。

淞沪战役在我国军事发展史上留下了具有历史意义的记录：中国方面第一次大规模使用飞机作战，第一次动用了坦克；在整体上虽仍处于线式战术阶段，但华军初次运用了大纵深的面式防御战术。以后一些国民党将领吸取淞沪战役消极防御的教训，采取运动战、阵地战和游击战相结合的战略方针，收到了很好的效果，台儿庄战役即为一例。①从这个意义上说，没有八一三战役，就没有台儿庄战役，就不可能有武汉保卫战的成果；如果没有这三个战役，就不会很快出现中日双方战略对峙的态势。

尽管八一三淞沪战役最后失利了，但它在中国抗日战争史上具有重要的地位。美国著名军事评论家卡尔逊在考察了这次战役后曾说：淞沪战役已足以证明两点，“一，中国已下决心为她的独立而战，而且中国军队确有作战的能力；二，日本的军队在日俄战争中，被世人视为可怕的军队，经中国一打，降到了第三等的地位。”②这是较为客观的评价。

（本文原载《档案与历史》，1985 年第 1 期）

① 徐州会战前，周恩来在武汉，向白崇禧提出毛泽东的阵地战与运动战相结合的战略战术，白崇禧在徐州协助李宗仁指挥时，采用了这一战略方针，因而取得了台儿庄战役的胜利。（程思远：《政坛回忆》，广西人民出版社 1983 年版）。

② 《Twin Stars of China》，转引自韬奋：《经历》，生活·读书·新知三联书店 1978 年版。

淞沪会战述评

李炳红

淞沪会战(又称八一三上海抗战),是抗日战争战略防御阶段,国民政府军与日本法西斯侵略军进行的一场规模空前的重大战役,是一场捍卫中华民族尊严的正义战争。这次会战从1937年8月13日至11月12日,历时三个月,中日双方共投入百余万精锐部队(其中,中方70多万人,日方约30万人),其战役规模之大、消耗之巨是中日战争史上所仅见的。淞沪会战虽以国民政府的失败而告终,但自此以后,日军不得不改变其主作战线,从而陷入在中国长期作战的泥潭,它是国民政府实现"以空间换取时间"作持久消耗战,以致最终战胜日本侵略者的历史性的重大转折点,它在中国抗日战争史上占有极其重要的地位。以往由于诸种原因,对这次会战研究探讨不够,本文试对它仅作如下探讨。

一

1937年7月7日,日本帝国主义为达到占领中国独霸亚洲的目的,悍然发动了蓄谋已久的全面侵华战争。从此,中国历史进入到一个新的历史时期——抗日民族解放战争时期。在抗日战争初期,正面战场是抗日的主要战场,淞沪会战只是其中的一个花环。

上海位于长江下游三角洲,境内物产丰富,工商业发达,是我国最大的经济、金融中心和贸易港口,她集中了中国近代工业的56%,因而也可以说是我国的"经济首都",是世界东方的金融贸易中心,因此,也是日本长期以来侵略的重要目标。

七七事变爆发后,由于英美等西方列强对日本法西斯的侵华战争采取了纵容姑息政策，从而助长了日本侵略者的嚣张气焰。7月底。日本法西斯采取了“速战速决”的战略方针，企图通过一场最小规模的战争达到使中国屈服的目的。8月5日，日参谋本部在《形势判断》中认为中日已处于全面战争状态，因而“日军一再增兵，投入数万军队于石家庄、德州一线”①，发动河北中部会战，“迅速对中国军队，特别是中央军的空军，给予沉重打击，使南京政府在失败感下不得已而屈服，并由此造成结束战局的机会”②，但由于“中国军队采取了退避战术，未能取得结束战争的局势”③。

日本在向华北派兵扩大战争的同时，也在积极准备出兵上海。早在一·二八事变后，日本政府利用在上海驻兵的特权，大力加强驻沪的军事设施，专设日本驻沪海军陆战队司令部。日军在1936年6月制定的1937年“对华作战计划”中，就决定在进攻华北的同时，以一部分兵力用于上海。7月16日，驻沪的日本海军第三舰队司令官长谷川清向日本海军军部报告，“如果局限战域，则有利于敌方兵力之集中，深恐将使我方作战困难。……为制中国于死命，须以控制上海、南京为最要着”④，因此他建议，应派遣5个师团进行华中作战，确保攻占上海和南京。7月28日，日本政府鉴于全面战争，便下令立即撤退长江沿岸的29 230名日本侨民。8月8日，长谷川清根据中央统帅部“为应付事态扩大做好一切准备”的指示，对第三舰队兵力重新部署，将主力集中于华中，做好开战的一切准备。至此，日军已完成华中作战的部署，只待时机了。制造事端、寻找战争借口，是日本帝国主义的一贯伎俩。恰好此时，上海发生了大山事件。8月9日18时30分左右，日本驻沪海军特别陆战队西部派遣队队长大山勇友海军中尉率一名士兵驱车闯入虹桥机场侦察，被我保安人员击毙。大山事件一发生，立即被日本侵略者所利用成为向上海出兵的借口。

对于日本法西斯的侵略野心，国民政府早就有所防备。1935年，张治中将军奉命密修京沪区抗战工事，设中央军校野营办事处于苏州留园为其指导机构。1936年2月国民政府划全国为六大国防区，任命张治中为京沪区警备总司令，负责组织策划上海的抗日工作。到开战时，淞沪、苏福、锡澄等阵地，预定构筑掩体500座，完成471座。这一切都要在种种困难情况下秘密完成。为怕被敌方侦

① 《今井武夫回忆录》，第65页。

② 《战史丛书86·中国事变陆军作战》，第231—232页。

③ 《日本军国主义侵华资料长编》上，第374页。

④ 〔日〕古屋奎二：《蒋总统秘录》第11册，第39页。

知，更不能不用巧妙的手段来工作。为此，张治中还秘密设计扩充上海保安总团。7月中旬，当第2师补充旅到达苏州后，他令其一团化装为上海保安队，入驻虹桥、龙华两飞机场，加强警戒；一团化装宪兵，开驻淞江。在8月7日的国防会议和高级将领联席会议上。蒋介石说“目前中国之情况，乃是生死存亡的最后的关头”①，与会将领表示了抗战决心。蒋介石决心实施持久消耗战略。因此决定“以国军一部对华北之敌持久，确保山西，集中主力于华东，讨上海之敌采取攻势，以迫使日军转变其作战线为沿长江自东向西”②。

8月9日大山事件发生后，日本海军当局一面请求陆军立即出兵上海，一面秘密指示驻沪海军：“事态之解决，终究只能依靠武力。然而陆军派兵需要相当时日，在陆军援兵到达前，要回避开战。”③10日，长谷川清向中国方面提出的“撤退上海保安队、撤除防御工事”的无理要求遭到严词拒绝。于是命令海军第三舰队留待佐世保待命的舰只向上海进发；同日，海相和陆相就向上海派遣陆军问题达成了协议。其实早在订立1937年度对华作战计划时，海军即要求将“出兵上海”加入陆军计划内，认为“在日华冲突的情况下，仅以出兵华北是不充分的，在上海也必须出兵”，陆军考虑到对华侵略必须取得海军支持，答应“在情况不得已的场合，陆军必须出兵”④。12日，陆军省和参谋本部决定先向上海派遣第11师团(欠一部)和第3师团的作战方案。是日夜，日本首、陆、海、外四相会议。在海相的要求下，其他三相均表示出兵。13日上午9时，在召开的内阁会议上，正式确认了向上海派兵的方针。到8月13日，敌舰卅余艘，集黄浦江及吴淞口。日军以设在虹口的陆战队本部为中心，构筑阵地约80多处，其兵力为原有3 200人，又新登陆3 000余人，以及在乡军人3 600人，此外包括在舰上可能动员的部队，合计约为12 000人，各种口径火炮30余门，坦克、装甲车各20余辆。

面对日军的挑衅和无理要求，8月12日，国民党中央临时常委会决定，设置国防最高会议，由蒋介石担任海陆空军大元帅。国军为贯彻扫荡淞沪日军之目的，11日晚，由已准备之火车、汽车输送现有军队至上海。于12日清早就占领了上海预定阵地，海军以漂雷封锁长江口及黄浦江水道，长江舰队主力向江阴附近集中，空军主力也由华北方面转用于上海方面。至8月13日，将淞沪警备司令

---

① 《中华民族的抗日战争》，第71页。
② 《中华民国重要史料初编——对日抗战时期》作战经过(一)，第545页。
③ 秦郁颜：《日中战争史》，第229页。
④ 《石原莞尔之悲剧》，第109页。

部所属之部队编为第9集团军，辖3师1旅、上海警察总队及江苏保安团等部队，并推进至上海市区外围，至此淞沪方面战云弥漫，中日大战一触即发。8月13日10时30分左右，中日军队首先在商务印书馆附近交战，终于爆发了八一三上海抗战。

二

历时三个月的淞沪会战，是抗战初期抵抗最坚决、最持久、战绩最显著的一次大会战。为了叙述方便起见，根据作战的时间和我敌攻守情况的转换，将整个会战大致分成两个阶段，8月13日—9月10为第一阶段，即围攻阶段；9月11日—11月12日为第二阶段，即防御和退却阶段。

第一阶段，中国军队“以扫荡上海敌根据地为目的，不惜任何牺牲，实行攻势作战”①，其特点是中国军队“以保卫政经要地及诱致消耗敌人之目的，以优势兵力迅速围歼上海市之敌，使其尔后增援登陆困难，如敌登陆成功，则集中重兵以打击，迫其追随我军行动”②；日军则“企图以小数兵力，在其优势海空军支援之下，予国军打击，而解决战局”③达到“保护侨民”的目的。

8月13日，守军第87师占领沪江大学，第88师占领持志大学、五洲公墓、八字桥和宝山桥等要点，次日完成对驻沪日军的围攻准备。8月14日，外交部发表《自卫抗战声明书》指出：“中国之领土主权，已横受日本之侵略”，“中国决不放弃领土之任何部分，遇有侵略，唯有实行天赋之自卫权以应之”④。同日，日本海军航空队开始越海轰炸，中国空军奋起应战，瞬间与敌在沪市上空展开空战，给对方以损失。我空军还轰炸了汇山码头与大公纱厂及敌陆战队司令部，敌“出云”旗舰亦被炸伤。14、15日，国军大举围攻，但因日军海空军优势且工事坚固，非国军火力所能摧毁，国军损失惨重，未能成功。16、17日继续攻击，亦遭失败。8月20日，第9集团军发起第4次攻击，重点指向汇山码头，经过一昼夜激战，虽获进展，且一度迫近汇山码头，然敌借其既设之坚固工事顽强抵抗，以待其国内之增援。23日，来自日本本土的援军第3、第11师团，由松井石根大将指挥在川沙、狮子林、宝山等处同时登陆，向宝山、罗店、浏河一线推进。从8月24日起，

---

① 《中华民国重要史料初编——对日抗战时期》作战经过(二)，第226页。

②③ 《抗日御侮》第五卷，第12页。

④ 《抗日御侮》第二卷，第94页。

第15集团军加入发起反攻，由于"敌阵地构筑之迅速、铁丝网之坚固、海军之炮击、空军之轰炸，与我战术上之错误"①，至28日未能奏效，以致罗店、吴淞两地先后于8月29日及9月1日失陷。在罗店战斗中，我军虽数度反攻，均未奏效，其战斗之激烈，有"血肉磨坊"之称。及至9月初，日军续有增援。我军遂被迫处于被动地位。战斗乃更为艰苦。9月7日，宝山失陷。由于日军"配有战车及重炮兵，加以沿海作战，日军海空军均占优势，火力猛烈，国军伤亡甚大"②，激战至9月10日，各部伤亡惨重，虽经调补，仍感不支，战区乃重新调整部署，改取守势，双方对峙于吴淞—江湾—洋泾概略之线。

第二阶段，其特点是中日双方大批援兵到达，中国军队由于对登陆之敌，未收各个击破之效，"则依状况逐次后退于敌舰炮射程外之既设阵地，施行韧强抵抗"③；当日军发现国军主力集结上海附近时，出于速战速决，威逼南京，达到媾和之目的，下决心将主力从华北转到淞沪，想把上海作战变为"具有积极意义的挫伤敌之战斗意志，获得结束战局的最好机会"④。

由于日军援兵逐渐到达，至9月10日，其兵力达10万人以上。9月11日，国军渐向预筑防线撤退。至17日，全线撤守北站—江湾—庙行镇—朝王庙—罗店西南—双草墩之间，继续与日军对峙。双方展开激烈争夺，陷入苦战状态。9月21日，国军调整战斗部署，改编为右翼、中央、左翼三个作战军，任命张发奎、朱绍良、陈诚分别担任总司令。9月23日，日本大本营新任作战部部长下村定少将认为，中国军精锐主力已集中上海，在求决战心切之下，乃将主作战由华北移到华中。（日本将中国区分为华北、华中、华南；上海方面日本称为华中。）于是将华北方面的第6师团、第5师团之冈崎支队、第16师团和在中国东北的第18师团，统统转用于上海方面，日本在国内动员的部队也派往上海。及至9月30日，上海日军已达20万人以上。9月30日拂晓，日军突破万桥、严桥、陆桥等处阵地。10月初，敌又移主力，沿沪太公路南下，向蕴藻浜进犯，企图占大场。10月7日，日军开始总攻击，强渡蕴藻浜，向大场镇猛攻。中国军队将之遏阻了十天以上。18日，第21集团军到达，发动了"寄希望于挽回战局的总反攻"⑤。经过四天激烈战斗，虽获得若干进展，但缺乏空军、炮兵支援，不能扩张战果，日军又猛

---

① 《抗日战争正面战场》，第378页。

②③ 《抗日御侮》第五卷，第16页。

④ 《中国事变陆军作战史》第一卷第二分册，第842页。

⑤ 〔日〕古屋奎二：《蒋总统秘录》第11册，第51页。

烈反击，使攻势终告失败，乃于23日撤下攻击部队，26日大场失陷。中国军队放弃上海北郊，撤退到苏州河南岸，形势日渐不利，至11月5日，双方对峙于浏河镇—罗店西方—苏州河左岸至南站一线。

由于上海方面作战处于胶着状态，日统帅部10月9日决定在杭州湾北岸进行登陆作战。10月20日下达第10军的战斗序列令，由第6、第18、第114师团组成，由柳川平助中将为司令官。第10军在海军、空军火力掩护下，于11月5日拂晓，利用浓雾在杭州湾北岸的全公亭、金山卫、金山嘴等处登陆，以打击国军侧背。11月7日，日军将上海派遣军和第10军编成华中方面军，由松井石根大将统帅。11月8日，日军渡过黄浦江，向淞江进攻。至此，“国军在上海市周边地区作战之大军侧背受严重威胁”①。我军因腹部受胁，又缺少精锐之生力军可资使用，战区乃于11月9日下令向吴福线撤退。11月12日，国军放弃南市，上海市区沦陷，淞沪会战结束。

三

淞沪会战虽未取得胜利，但它做到了英勇作战在前，放弃土地于后，它毕竟是带着不愧进行过世界历史性的伟大斗争的光荣而失败的，因此，淞沪会战的功绩是不可磨灭的，其成绩是显著的。

从军事方面来看，淞沪会战是国民政府实现“以空间换取时间”作持久消耗战略的历史性的重大转折点，它迫使日军改变了认为较理想的作战线，也就是说将日军由北向南的有利作战线改为由东向西的不利作战线；牵制了华北战场的日军，使日军感到“几乎没有余力为太原作战增加兵力。”②有力地配合了华北战场的持久作战，粉碎了日军“速战速决”、“三个月灭亡中国”的狂妄计划；在客观上有力地掩护了八路军、新四军的战略展开和保障了敌后战场的开辟。卢沟桥事变以后，日军凭借武器装备的精良及兵力上的优势，企图在河北中部与中国军队决战，以达到短期内打败中国军队，消除其抵抗能力，迫使国民政府屈服。他们过高地估计了自己的军事力量，过低地估计了中国军队和人民的抵抗能力，因此在战略上强调“速战速决”。其战略意图是“以其主力沿平汉铁路，并以有力之

① 《抗日御侮》第五卷，第17页。
② 《中国事变陆军作战史》第一卷第二分册，第72页。

一部沿津浦铁路南下，相极以一部沿奥汉铁路北上，以牵制我东南区之兵力，并迅速会师武汉，迫使中国军主力向东南旋转，背海决战”①。如果日军实现这一战略意图，那么，谁也无法预料中日战争的结局如何。国民政府为了扼制日军，迫其就范，一方面“使一部分兵力用于华北方面迟滞敌军”②，采取退避战术，致使日军未能取得结束战争的局势；另一方面将主力集中于长江方面，来积极行动，对上海日根据地不惜任何牺牲，实行攻势作战，“以迫诱敌人将主力转用于淞沪地区，使作战重心由华北转移至华东”③。上海的枪炮声，加快了日本帝国主义侵略的步伐。8月15日，天皇给派遣军指出：“迅速勘定敌军，向中外宣传皇军之威武”④。由于国军在淞沪集中了如此庞大的精锐兵力，迫使日军不能“置华中中国军主力于不顾”⑤。因为他们认为如能一举将之歼灭，即可能迫我降和，提前结束对中国之战争。于是先后从本土、台湾、东北、华北7次增兵于上海，共达30万人。至此，华中方面的日军已达两个军九个师团，比华北方面多二个师团，显然主作战已转移到华中。为了增加阵地攻击威力，采取了一切手段，从华北调去攻城重炮兵两个大队、坦克一个大队、独立轻装甲车三个中队等，并把准备用于华北会战的弹药调往上海，由此可见在上海附近进行决战的意图，从而将以“保护侨民”之目的变为以“击灭上海附近之中国军”为目的的战争。中国军民用自己的血肉与敌顽强拼杀，使日本法西斯侵略者陷入中国战场持久战的泥潭，无法自拔。日军“不悟此正是中国持久消耗战的布局，中国从此稳立于不败之地”⑥，日军一步步地被中国拖着走，解决事变的希望一天天地变成企望和无望。

从政治方向来看，中国军队的英勇奋战，彻底粉碎了日本侵略者“十天结束淞沪战役”、“三个月内灭亡中国”的迷梦，有力地打击了日本法西斯的侵略气焰，鼓舞了全国人民抗战的信心，淞沪会战促进了国家的真正统一，掩护了国家转入战时体制，“工农兵学商，一起来救亡”正是这种全民族的觉醒和奋起，凝结成了陷敌于灭顶之灾的强大力量，为进行战争动员和战略大转移赢得了时间，“三军之英勇杀敌，国民之热烈支援军队作战，军民合作，不惜牺牲的表现，为中国有史

---

① 《中华民国建国史讨论集》第4册，第11—12页。
② 《抗日御侮》第四卷，第3页。
③ 《中华民国重要史料初编——对日抗战时期》作战经过(一)，第559页。
④ 《石原莞尔之悲剧》，第388页。
⑤ 《日本军国主义侵华资料长编》上，第375页。
⑥ 《八年对日抗战之国民政府》，第92页。

以来抵御外侮所罕见”①。由于上海是国际观瞻瞩目之所在,这里发生的任何战斗都可能引起一次牵涉到外国人或外国财产的事件,笼罩上海的炮火和硝烟引起了世界的注意,从而扩大了帝国主义之间的矛盾,轰动了国际视听。英国《泰晤士报》10 月 28 日社论说:“华军十周之英勇抵抗,已足造成中国堪称军事国家之荣誉……一般所认为不能保持一日之阵地,彼等竟能守至十周之久,此种奇迹,自属难能可贵”②;《新闻纪事报》同日社论也称“华军在沪抵抗日军攻击之战绩。实为历史中最英勇光荣之一页”③。正如驻沪外国武官所说:“看了上海的战争,各国对于中国的军队,思想上简直起了革命,说中国的步兵和机枪从虽无充分的空军和炮战的协助,然而他们的特殊抗战毅力,却着实可惊。”④

从经济方面来看,日军以 9 个师团约 30 万人、300 门大炮、200 架飞机,70 余艘军舰进攻上海,最后以 6 万人的代价才占领上海。由此可见,淞沪会战极大地消耗了日本法西斯的战争资财,从日军企图“从解决局部事件进而扩大到全面调整中日关系”⑤中就可以看出,日本的国力无法承担发动全面侵华战争的严重后果。八一三事变使日本侵华战争的规模日趋扩大,它是日本陆海军联合作战的开始。由于侵略战争的不断升级,日本当局不得不逐渐增加兵力和战争资材,这对日本来说不能不是一个巨大的人力和物力的消耗,到 11 月份,随着军费的无限制的剧增,激起通货膨胀和物价上涨,出现了经济危机的征兆。在淞沪会战中,中国虽损失惨重,痛失政经要地,但日军“因淞沪会战,丧失了夺取武汉与截断我东南地区之人力物力约一年的有利时间”⑥,有利于中国把长江下游的人员和物资,尤其是工厂、技术人员和国家机关、学校撤退到西南“从事整备建设”。在会战中,上海的 1 279 家工厂虽只迁出 146 家,仅占其 11.4%,但它却起了首始作用,为武汉会战时工业大规模拆迁提供了宝贵的经验教训,也为后来的转移攻势奠定了基础⑦。迁出上海的工厂历经艰险,辗转西迁,完成了中国有近代工业以来的第一次由上海到内地的大迁移。这不仅保护了国家工业经济,而且更有助于西南和西北的建设与发展,有利于坚持持久抗战。

---

① 《抗日御侮》第二卷,第 72 页。

② 何应钦:《日军略华八年抗战史》,第 44 页。

③ 《抗战八年》,第 27 页。

④ 《字林西报》1937 年 9 月 15 日。

⑤ 《华北治安战》上,第 32—33 页。

⑥ 《中华民国重要史料初编——对日抗战时期》作战经过(一),第 549 页。

⑦ 〔日〕古屋奎二:《蒋总统秘录》第 11 册,第 63 页。

淞沪会战取得如此成绩的原因是多方面的。

第一，国民政府的积极备战和广大官兵从民族大义出发，不计名利、不怕牺牲的英勇战斗，尽人皆知。战争的胜负，决定于人心向背以及时空和准备。从北伐到七七事变间的十年，是国民政府时从事国家经济建设的"黄金十年"。其中最显著的成绩是铁路、公路、航空、邮政等建设的进步，在行政、司法、金融诸方面均有改革。正如日本前首相阿部信行所说："中国有三件事不可轻予看过，即整理财政、整理军备与新生活运动。"①然而遗憾的是历史留给我们的时间太少了，为进一步巩固国防所要做的一切没有全部完成。也许有的人会问，你对此间蒋介石所采取的妥协退让、不抵抗政策作何解释？是的，蒋介石下定抗战决心是经过"一波三折"的。听其言，观其行，多少带有被迫性。但蒋介石也深知"倾巢之下无完卵"，因而他的抗战也是自看的、有准备的。长达 8 年的全面抗战完全出于被迫、没有准备，也是难以想象的。对于这点我就不一一枚举了。在淞沪会战中，我国正面战场的军队"发挥他们高度的爱国主义精神"，"它们每一分每一秒为国牺牲奋斗"②。正如毛泽东同志所说："前线的军队不论陆军、空军和地方部队，都进行了英勇的抗战，表现出了中华民族的英雄气概。"③敌人虽以精良武器向我猛攻。但我军在敌如此猛烈的射击下，以血肉之躯，筑成壕堑，仍是钢铁一般的坚强，就连日本侵略者也不得不承认，"在上海战役中，中国军队的抗战意志和战斗力，推翻了三宅坂（陆军省）的一向的判断。……中国的步兵虽在日军毫不留情的炮击与轰炸之下，仍坚守阵地，绝不后退。"④他们为了防守一块阵地，与敌人反复肉搏拼连，最后仅留 4 人，以 1 人携连长之部，余 3 人仍能坚守待援。又一处惟余连长 1 人，卒以工作器具击毙侵入阵地之敌军官长；⑤姚子青营守宝山，"一营士，只遗三"；谢晋元八百壮士一曲《中国不会亡》的壮歌等等，都是广大官兵浴血奋战的生动写照。像这样可歌可泣的事迹，在淞沪会战中是难以胜数的，正是这些成千上万的中华民族的优秀儿女浴血奋战，才取得如此大的成绩。历史是公正的，它不会忘记那些爱国的军队和将士，不会忘记爱国的仁人志士对祖国和民族所做的贡献，历史将永远记得他们！

---

① 《抗日御侮》第一卷，第 137 页。
② 《团结报》1984 年 9 月 1 日。
③ 《毛泽东选集》(袖珍本)，第 324 页。
④ 〔日〕古屋奎二：《蒋总统秘录》第 11 册，第 53 页。
⑤ 《蒋介石研究》第 3 册，第 194 页。

第二,中国共产党的真诚合作和人民群众的大力支援。在淞沪会战中,中国共产党和她所领导的军队起了先锋队和壮气军的作用。在上海的救亡运动中,在公开、半公开与秘密工作,合法与非合法工作,上层统一战线与广大民众的工作,政治动员、宣传和组织等方面,中共开展了广泛、深入细致的工作。例如八一三期间影响最大的上海文化界救亡协会,就是在中共领导下,经过西安事变后较长时间的酝酿而建立起来的文化艺术界的统一战线组织。八一三事变爆发后,由于中共的努力和全国人民的压力与推动,实现了第二次国共合作,使全国人民团结在抗日的旗帜下。8月份,中共成立了八路军驻沪办事处,负责统战和宣传工作。8月25日,毛泽东发表《为动员一切力量争取抗战胜利而斗争》一文,号召全国人民奋起救亡。9月25日,中共中央发布《告日本海陆空军宣言》,指出中日两国士兵应联合起来,反对共同的敌人——日本法西斯军阀。八路军、新四军纷纷开赴前线和敌后,配合正面战场,从而有力地推动和领导了全国人民的抗日救亡运动。八一三事变爆发后,在中共领导下,上海地区掀起了声势浩大的抗日救亡运动,使反帝爱国民主运动进入到一个新阶段。八一三救亡运动是十分广泛、非常深入的,广大人民群众表现出高度的爱国主义觉悟。"抗日则生,不抗日则死,抗日救亡,已成为每个同胞的神圣天职"①。他们不仅提出了"要求抗日",而且提出了"怎样抗日"的问题。上海人民以各种方法积极支援前线,上海的妇女、文化、工人、教育、职业、学生等各界都先后成立了"救亡协会",发动、组织了各界民众开展声势浩大的抗日救亡活动,如演讲、募捐、慰劳、集会、清查日货、救济难民、支援前线和救护伤兵等,"凡部队所需要的,无论食物或是防御用品如麻袋、沙包、铁丝网等,都是无条件贡献",最感人的是18岁少女杨惠敏孤身将国旗送到八百壮士的阵地上,"这种爱国热诚无形中鼓舞士气不少"②。海外华侨为支援淞沪会战,踊跃捐资达330余万元,其中最为突出的是8月14日在新加坡成立的以陈嘉庚为主席的南洋地区第一个有各界人士参加的统一的华侨救亡团体——马来亚、新加坡华侨筹赈祖国伤兵难民大会委员会(简称新加坡筹赈会)。有许多华侨毁家纾难,输财出力,和祖国人民并肩奋斗,从而增进了华侨对祖国的联系,加强了海内外中华民族间的团结,有利于打击日本侵略者。

第三,国际上正义力量的支持和援助。抗日战争既是一场伟大的民族战争,

---

① 《为抗日救国告全体同胞书》。

② 《白崇禧回忆录》,第117页。

同时也是世界反法西斯战争的一部分。历时三个月的淞沪会战,引起了全世界人民对日本法西斯的强烈愤慨,他们通过各种渠道给中国抗战以热诚的声援。苏联政府和人民首先表明了支持中国人民的抗战立场。8月20日与中国订立了《中苏互不侵犯条约》,谴责日本法西斯挑起的侵略战争,并给中国以物资援助。英美法等国人民也对中国人民的抗战以真挚的同情和支持。10月17日,伦敦万余人举行示威大会,声援中国八一三抗战;10月13日,美国劳动联合会议决定扩大抵制日货运动。11月5日,美国劳工领袖白劳德发表演说,声称援助中国就是保卫美国。最值得钦佩的是,日本共产党也再三向日本人民呼吁"不送一兵一卒到中国去"。世界各被压迫民族和国家也热烈赞助中国抗战。9月25日,印度国民大会举行全印中国纪念日,各地举行示威游行及民众大会,通过反对日本暴行决议案。朝鲜民族革命党上海特别组织也筹集捐款慰劳中国抗战将士。东方弱小民族联盟沪支社也发表告日本士兵书,号召日本士兵停止对中国作战。这一切都给上海抗战以政治上、精神上和物质上的帮助,有力地支援和配合了中国人民的抗战事业。

第四,日本侵略者的失误。日本法西斯军阀迷恋着从前日清、日俄战争、满洲事变所取得的胜利,他们深信这次战争也会像从前那样顺利,然而"卢沟桥事变以后,屹立在日本侵略者面前的,不是皇帝和军阀,而是具有高度觉悟的四亿中华民族的广大群众"①。日本侵略者认为,中国是"一盘散沙","以为中国不值一打",而定出所谓"速决"计划,"少出点兵力,企图吓溃我们","及至不行,就逐渐增兵"②。殊不知,逐次增兵,乃是兵家大忌,"他们显示了一种几乎使人不能相信的愚鲁",先后七次增兵上海。"被迫若不得不改交战略,不时改变它的目标,增加它的困难"③。兵力增至30万,苦战三个月,方占领上海。从实质上来看,日军虽占领了上海,但这却是它速决战略的彻底破产。日军"像拿破仑在西班牙那样,在中国陷入泥沼"④,在战略上完全陷入不能自拔的地步。不论任何一次新的战役的胜利,都不能改变战略上逐渐陷入泥沼的趋势。另从战争性质来说,日军是非正义的侵略战争,失道寡助;中国是正义的反侵略战争,得道多助。中国军队占天时地利之便,日军则不适应地理环境气候之变化,以致"各部队内霍乱流

① 〔日〕井上清:《昭和十五年》,第62—63页。
② 《毛泽东选集》(袖珍本),第472页。
③ 《西行漫记》,第429页。
④ 博伊尔:《通敌内幕》,第71页。

行患者增多”，加之战斗频繁，伤亡重大，日军士气因之不振，从而影响了日军的战斗力。

四

日本法西斯发动全面侵华战争，抱着一口吞下中国的野心：日本的工业水平、军事装备远居中国之上；日本法西斯又带有封建军事性和野蛮性。这一切，决定了战争必然是残酷的。在空前规模和残酷的交战中，要制止和粉碎侵略者，人民就得付出巨大的代价。是役国军死伤失踪近 30 万人、军舰 25 艘、飞机 87 架，全市各类物质总损失达 30 亿元左右。上海的沦陷无疑是中国抗战中的一大挫折，其原因是多方面的："我们是装备不全、教育不够的一种弱国军队，即敌人是已有几十年准备，而且是处心积虑来侵略我们的一种现代化装备的军队"①。科学技术落后于日本，这是上海沦陷的基本原因，但从主观上说，具体表现在以下几个方面。

第一，面对日本的侵略，国民政府一方面"有比较积极的抗战"②，但另一方面，推行一条单纯由政府和军队包办的、不准别的政治集团和人民群众参加的、统治民众的片面抗战的错误路线，"仍旧反对广大民众参加的人民战争，仍旧限制人民自动团结起来进行抗日和民主活动"③。"从政府机构、军队制度、民众政策等项政策，大体上还是十年来那一套没有变化"④。再者，战略是达成政略目的的一种手段，但在战争时期，就应以战略为主，不能因政略而影响战略。"这次战略受政略的影响极大，乃是国家的不幸"⑤。当大场失守后，淞沪会战至此，我军已成强弩之末，亟应后撤，可是蒋委员长认为能把上海牢守几个月，西方列强可能出来斡旋，战事亦可乘此收场。如一·二八淞沪之战一般⑥，幻想即将于 11 月 2 日在布鲁塞尔召开的《九国公约》公议会出面干涉，因而一误再误，最后虽经白崇禧进言，方于 11 月 9 日下达撤退命令，然而此时"部队已陷入极度紊乱状态，各级司令部亦已很困难掌握其部队了，因而演成了最后一幕原可避而终不能避

① 《日本军国主义侵华资料长编》上，第 360 页。

② 《张治中回忆录》，第 253 页。

③ 《毛泽东选集》(袖珍本)，第 938 页。

④ 《毛泽东选集》(袖珍本)，第 337 页。

⑤ 陈诚：《1938 年 2 月 28 日在武昌的讲演》。

⑥ 《李宗仁回忆录》，第 588 页。

免的大悲剧”[1]，致使“大军数十万竟越过钢筋水泥所建的苏嘉国防阵地，而不能停足”。“敌人跟踪追击，不出数周，便自东、西南面进迫京，将南京合围”[2]，导致首都沦陷。这都是蒋介石以固守上海的错误政略带来的严重后果，对抗战的影响极坏，造成极大的损失。

第二，从战略战术上来看，战术被动，协同较差，展开不够，攻击重点选择不当，没有适时退却。在淞沪会战中，“我军最大的失策是战略战术上采取单纯防御，以分散兵力，扼守点和线，始终处于被动挨打的地位”[3]，虽然处处防守，而处处的力量都感觉薄弱，“倘使战区最初减少各守备区之兵力，集中兵力于围攻区，使优势达五倍以上，则可能击灭当地日军”[4]。但是因敌情不明，攻击重点选择不当，以致虽曾一度攻入汇山码头，但“敌凭借坚固工事进行抵抗，等待国内援军”[5]，致使不能扩张战果，未收预期效果。再者，战略的主动地位，自然以战略的进攻战为较能掌握和发挥，持久消耗战略，应尽量减少损伤。当战略运用已达吸引日军主力于淞沪方面时，战略上应适时退却，这种退却是退而不败，是“以空间换取时间，达成消耗战的目的”[6]。正如张发奎所说：“对上海会战可能适时运用兵力之最高点作有效而精密计算，若超过这个限度仍不能挽回战局以制敌人时，则我们的战略，似应转变为持久消耗战，并先以约十个师的兵力预行占领苏嘉、苏福之既设国防工事作为第二抵抗线。”[7]从中国整个正面战场来看，只有这样才能更有效地打击日军，发挥淞沪战场的战略作用。然而淞沪会战并非如此，蒋介石意气用事，甚至溃败之兆已显，他还要一守再守，终至造成重大损失。

第三，国军素质低劣，各级指挥官军事素质低下，军事组织陈旧落后，指挥机构职责不清。我国军队“编制复杂，武器种类和制式不一，装备器材缺乏，官兵训练不精，兵员的数量虽多，素质薄弱，不合现代军队的要求”[8]。国民党军队派系林立，一些高级将领因循守旧、腐化无能，不能指挥大兵团作战，前方打仗的军队，指挥权限不一，指挥级数多，以致命令报告转达迟滞，军队增调迟缓，往往延

---

① 《蒋介石研究》第 3 册，第 192 页。
② 《李宗仁回忆录》，第 490 页。
③ 上海《文史资料选辑》1980 年第 4 期。
④ 《抗日御侮》第五卷，第 86 页。
⑤ 《日本军国主义侵华资料长编》上，第 252 页。
⑥ 《李宗仁回忆录》，第 493 页。
⑦ 《蒋介石研究》第 3 册，第 191 页。
⑧ 吴相湘：《第二次中日战争史》，第 325 页。

误战机。在淞沪会战中的每一次主要行动，蒋介石总是“亲自设计和指挥”，“在一切战争中，他简直和一位直接的指挥官无别”①，各级指挥官形同虚设。例如，8月13日，蒋介石命令“在上海围攻期间，上海附近军队的指挥权归第9集团军”②，但部队的调动均由蒋介石直接下命令，罗卓英的18军调归陈诚指挥，张治中竟一点也不知；在冯玉祥任第三战区总司令时，“成立副司令长官部，负实际指挥第9及第15两集团军作战的责任”，“副长官部实际上系直接秉承蒋公的指挥”，所以“冯玉祥的长官部乃形同虚设”③；更有甚者，蒋先生竟“隔着司令长官、总司令、军长、师长、多少级的直辖长官，把一连炮兵随便调走了”④，下属根本不知。蒋介石这种完全不尊重组织系统、任意专权的作风，就是淞沪会战遭受重大损失的原因之一。

第四，准备不周。工事坚固程度和运用不够，军事后勤工作极差极落后。由于中日战争突起，备战仓促。到开战时，淞沪、锡澄、苏福等阵地，由于承包给一个姓黄的商人修造，因偷工减料，工事极不坚固，以致“三百几十个机关枪阵地，能用的还不到三分之一”⑤，而且阵地中都是水，士兵“泡在水里作战一星期以上，并不算稀罕，以致很多士兵两脚麻痹，不能行动”⑥。且在围攻期间，事前“部队多未进入国防工事位置，对工事之利用，因未演练娴熟，而未能发挥其效果”⑦。上海抗战原计划是节节抵抗，故有既设阵地如吴福线、锡澄线、苏嘉线等，后“因敌人掌握制空权，行军不易，不能按原计划实施，复以命令下达仓促，部队准备不周”⑧，对“如何利用国防工事，缺乏准备，仓促转进之间，对预筑之国防工事未能有效利用”⑨。由于军事后勤工作极不完善，通信、交通、运输、军用器材等都没有充分的准备，以致前方的官兵打得十分困苦，“实在说起来，前头的队伍，连官带兵有一多半是饿得不能打仗”⑩，“火线上饿死的士兵比战死的还多”⑪。特别是伤兵的境况更悲惨，“前方的伤兵没有医药、没有包扎所，更没有担架队”，“离开

① 《蒋介石研究》第3册，第137页。
② 《抗日御侮》第五卷，第20页。
③ 《蒋介石研究》第3册，第128页。
④⑤ 魏宏远：《中国现代史资料选编》第4册，第22页。
⑥ 〔日〕古屋奎二：《蒋总统秘录》第11册，第53页。
⑦ 《何上将抗战期间军事报告》上册，第69页。
⑧ 《白崇禧回忆录》，第111页。
⑨ 魏宏远：《中国现代史资料选编》第4册，第23页。
⑩ 《我的抗战生活》，第16页。
⑪ 《蒋介石研究》第3册，第189页。

了前线的伤兵，多半是自己爬出来，死了的无人葬埋”，“受了重伤的，运到医院，伤口上长了蛆，全都臭了”①。各级指挥官把伤病兵看成累赘，例如，罗店退下来之伤兵苦无救护，横卧马路两旁，为状至惨②。国民党军队这种状况，不仅影响了本身的士气和战斗力，而且在民众和中外舆论上造成了极不好的影响。

（本文原载《晋中师范学报》，1989年第1期）

① 《何上将抗战期间军事报告》上册，第69页。
② 《淞沪会战叶肇文电》。

论淞沪会战中国民党地方系部队的对日参战

庄民生

抗战时期的国民党地方系部队，是指蒋介石中央嫡系部队以外的控制一方的地方军事集团。在国民党中央军队中，又可分为中央嫡系和中央旁系。中央旁系是由那些已失去地盘、被中央收编的地方派系军队组成，亦属地方系部队行列。在淞沪会战期间，国民党地方系部队广大将士同仇敌忾，积极参战，奋勇杀敌，写下了可歌可泣的壮烈篇章。本文仅就地方系部队的对日参战及其作用和原因等问题作一初步探讨。

一

揭开全面抗战序幕的淞沪会战，是一场以国民党蒋介石嫡系部队为主力，地方系部队协同作战，抗击日本侵略军的壮烈之战。参加这次会战的各路地方系部队，主要是南方地区（含西南诸省）的地方军事集团。1931 年九一八事变发生后，部分地方军事集团中颇有影响的上层将领及国民党要员其爱国心有所萌发，在全国抗日反蒋高潮中，一方面，他们当中的绝大多数并未放弃反共、反人民的反动立场；另一方面，民族矛盾的激化又使他们不愿因内战而放弃抗日，在中日民族矛盾不断上升、国内阶级关系发生新的变动情况下，他们的政治态度和抗日行动也发生了不同程度的变化。原西北军将领冯玉祥利用其在西北军中的影响及他个人在国民党中的声望，坚决要求抗日。他致力于领导察哈尔抗日同盟军由几千人迅速扩大到 10 余万人。同盟军失败后，冯玉祥将军以“救民安有息肩日，革命方为绝顶人”的诗句自勉自励。1935 年华北频频告急，冯玉祥致电蒋介石，呼吁“立即准备发动抗日军事，不抗日必亡，要不亡只有抗日”，“急速充实陆空军备”,“设立救灾部”以苏民困。又在国民党五届三中全会上提出了“促进救国大计”案,要求国民党把抗日救国主张付诸行动。与此同时,北方的东北军中部分爱国将领自九一八以后,也揭起了抗敌旗帜,主动进行抗击日本侵略者的斗争。在南方,1932 年 1 月 28 日,福建蒋光鼐、蔡廷锴等 19 路军将领在上海率部抗战。接着,又联合广东李济深等发动了“福建事变”,宣布反蒋抗日,并要求同中国共产党合作。广西李宗仁、白崇禧的反蒋抗日活动也极为活跃。1933 年李宗仁发表了《焦土抗战论》,主张中国与其听任日寇吞食而亡国,毋宁奋起全部抗战以图存,利用我国民众土广、山川险阻等优越条件,实行“坚壁清野”,与敌作长期消耗战。华北事变后,李宗仁会同宋哲元、刘湘等为停止内战,联合抗日同东北军张学良联络。继又联合广东陈济棠于 1936 年 6 月发动两广事变,将所部改称“抗日救国军”,宣布出兵湖南,北上抗日。同年 12 月,西安事变爆发,李宗仁、白崇禧同力主和平解决的四川刘湘积极酝酿抗日联共。不久,双方在桂林与中共代表直接会晤,签订了反蒋抗日联共的“川、桂、红协定”。七七事变寇深祸亟,李宗仁在广西组建 4 个军共 40 个团,改编为 3 个集团军,不久,廖磊、李品仙两集团军依次北上入湘,开赴抗日前线。8 月 13 日上海抗战爆发后,廖磊的第 21 集团军投入了淞沪战场。与此同时,四川省主席刘湘将出川抗战的部队改编为 22、23 两个集团军。9 月初,22 集团军由北路川陕大道出发,赴晋东北抗日;23 集团军在刘湘亲率下,出川鄂大道奔赴平汉铁路前线,时派出第 25、144、145 师以及驻贵州之杨森 20 军增援淞沪战场。广东、湖南、湖北、福建、贵州、安徽、浙江、云南、河南的一部分地方系部队,以及部分东北军、西北军旧部亦在国民党当局调动下,先后赶赴淞沪参战。

淞沪会战自 8 月 13 日开始,各路地方系部队为共赴国难,尽心尽责,表现十分突出,大致有以下几个特点:

一是有一批作风顽强、治军有方的地方系高级将领亲临指挥。桂系“小诸葛”白崇禧作为国民政府军事委员会副参谋长参与了淞沪战役高层决策。他多次冒着战火亲临阵前察看战情,协助蒋介石谋划并提出不少很好的建议。“铁军英雄”张发奎时出任淞沪战区第 8 集团军总司令,负责上海右翼方面守备。他是一位足智多谋的粤系将领,曾参与指挥过上海一·二八抗战,1937 年春又负责构筑苏、浙边境自乍浦—嘉善—西塘镇之线的国防工事,对苏浙沪战场颇熟。副总司令黄琪翔是张发奎在北伐时期的“黄金搭档”。时黄从德国归来即赴上海协助张在龙华、青浦、嘉定一线与日军作战。此外,还有一批在军界中颇负盛名的老将参战，如刘兴、廖磊、刘建绪、吴奇伟、杨森、刘和鼎等。淞沪战争初起，冯玉祥将军曾被任命为第3战区司令长官(9月21日以后由蒋介石自兼)，战前，京沪一带曾盛传冯将是指挥北方军事的最理想人物，但事后大相径庭。对于国民党当局这一南辕北辙的决定，冯乃献身于国难，写下遗嘱7条留给家中，决意承担守备淞沪之责。在近一个月的任职期间，冯玉祥将军以其职业军人的特有素质，常不避艰险，奔走前沿为部属排忧解难：给养方面，采用以煮饼为主，耐久适用；精神教育方面，颁发了《对日本作战特别方法》；作战方面，提出对日军阵地破坏办法，以及给各指挥官其他一些临时措施和指示。在冯的带领下，中国军队对上海天通庵、日本海军陆战队司令部及滩屋造酒厂日本驻军进攻，并包围江湾路及杨树浦敌人前方阵地，将日军赶到黄浦江边狭长地区。

二是参战热情高，士气极为旺盛。不管是边远省区部队或中央旁系，也不管是高级将领或士兵，均表现出从未有过的抗日热情。过去，川黔两省军阀只知内争、不为国事，割地为王，闭关自守。这次，在民族精神感召下，能舍弃防区、远离故土，奔赴抗日前线。一贯拥蒋反共最坚决的杨森在淞沪前线赋诗云："满天烽火遥相望，切齿倭奴势正张，指点三军杀敌处，刀光如雪月如霜"①。他不顾血本，亲率所部20军战斗在大场、蕴藻浜一带主战场。黔军102师柏辉章部在赴沪途中抗日御侮气氛十分热烈，该师官兵大多数是贵州人，其中有一部分少数民族，官兵忠实勇敢，富有民族感，在长途徒步行军中翻山越岭毫无怨言。

三是放弃各自为战，害怕被侵吞的陋习与戒心。由于历史形成的拥兵自重、以邻为壑的陋习犹存，地方系部队在作战中往往只为自己打算，不能协同作战，甚至互相掣肘，而在淞沪会战中却能主动配合，相互支援。如国民党军嫡系胡宗南部驻真如国际无线电台某部遭敌围攻，湖南第19师李觉部主动出击，人人奋勇，个个争先，以排山倒海之势向围攻日军猛烈冲击，使敌慌忙溃逃。此种战例，在过去是不可能发生在地方系部队的。在会战中"杂牌"往往以团营为单位被散编于中央嫡系军，这种做法在过去必会遭到抵制，而在淞沪会战中能顾全大局，不计得失。黔军102师奉命进至苏州河南岸，胡宗南命该师两个团分别拨归其第1军、第8军指挥，待命渡过苏州河各就位置。该部官兵纵有被分割瓦解的疑虑，仍能夜暗偷渡，一举突击过河，分别到达指定位置，收复丢失阵地，解除了胡宗南17军团侧翼的威胁。

---

① 马宣伟、温贤美：《川军出川抗战纪事》，第31页，四川省社会科学院出版社。

四是誓死效命沙场先后为国捐躯者，不仅有一般士卒和中下层官兵，而且有不少高级将领。淞沪战役是8年抗战牺牲最大、战斗最激烈的一次保卫战。广大国民党军将士“宁为战死鬼，不作亡国奴”，为抗战捐躯者无数，其阵亡人数之多，比例之高，为抗日战争历次战役所罕见。据有关资料载①，当时地方系部队高级将领以身殉国的，有在会战中第一个战死的师级将领第8师师长朱耀华（湘系），他在激烈的大场保卫战中不甘受俘，举枪自裁；有在淞江城郊狙击战中壮烈献身的东北军将领67军军长吴克仁；有在会战后期因广德陷落深感自责，以死报国的川军第145师师长饶国华。此外，少将旅长阵亡者，有10月下旬反攻中之第170师庞汉桢（桂系）、第171师秦霖（桂系）、第90师宫惠民（粤系），以及敌金山卫登陆后在吴兴阻敌之172师夏国璋（桂系）。

二

朱德指出：“这时期（抗战时期）中曾有相当数量在前线的国民党军队及地方系军队对敌人进攻做过积极的抵抗。”②在淞沪会战中的国民党军队以血肉之躯坚守上海3个月，粉碎了日本军国主义者速战速胜，吞并中国的迷梦，这同地方系部队参战的作用是分不开的。

首先，密切配合主力，于侧背牵制日军，迫敌陷于苦战作出了重大贡献。上海是我国最重要的经济、金融中心和最大的国际贸易港口。按照日本统帅部的构想，迅速占领上海，“使其丧失经济中心的机能”，“切断其对外联系”，“能使中国军队及国民丧失战斗意志”③，迫使中国政府尽快屈膝投降。故日军从总攻平津开始，便部署在上海的作战，以期速战速胜。大战爆发前夕，敌我战略态势对国民党军颇为不利：日军在上海已有经营多年的驻兵据点，虹口地区构筑了坚固的工事，是海军陆战队司令部所在地；四川北路天通庵车站附近，已形成钢骨水泥要塞，筑有两道防线，进可攻，退可守。相反，中国军队兵力空虚，由于一·二八事变后《淞沪停战协定》的限制，中国军队不能在上海市区及周围驻防。而蒋介石平时只顾“安内”，缺乏“攘外”准备，当敌人发动全面进攻时，临急动员，各项备战工作尚未就绪，被迫仓促应战。淞沪抗战爆发后，国民党当局为加强华东地

① 参见党德信、杨玉文：《抗日战争国民党阵亡将领录》，解放军出版社1987年版。

② 朱德：《论解放区战场》，第4页。

③ 日本防卫厅防卫研究所战史室：《中国事变陆军作战史》第1卷，第2分册，第18页。

区具体的军事指挥，划京沪杭及浙江全省为第3战区，下达了淞沪方面军队的战斗序列：以张治中为左翼军总司令，率驻京沪沿线的国民党军嫡系向上海市区推进，并在虹口和杨树浦对敌发动进攻；以张发奎为右翼军总司令，率驻沪杭沿线的地方系部队（皖军为主）强袭浦东，负责警备杭州湾北岸，防止日军由海上登陆。同时又急从全国调兵遣将，总计兵力约70余师。

根据战区命令，张发奎迅率所部57师阮肇昌部（皖军），45独立旅张銮基部向上海浦东及南郊进发；命55师李崧山部（皖军）移往上海方面，使其适时策应左翼主力军的作战；以56师刘尚志师推进至松江附近，控制为集团军之总预备队；以刘建绪之第10集团军（湘军为主）由衢州向杭州推进，作为右翼军的第二线兵团，并将右翼军总司令部设于上海奉贤南桥坐中指挥。8月14日，按照战区制订的“以主力集中华东，迅速扫荡淞沪敌海军根据地，阻止后继敌军之登陆，或乘机歼灭之”[①]的作战方针，国民党军主力张治中部在虹口、杨树浦一带猛烈攻击日军，压迫敌军于黄浦江左岸狭窄地区。由于在浦西作战受阻，16日，日军以军舰数艘掩护，改从浦东登陆，以求在中国军队侧翼寻找突破口。我右翼军57师阮肇昌部迅速进入阵地，遏制日军进攻，与敌遭遇于三菱、三井、耶松码头。敌舰10余艘以巨炮掩护其登陆日军进击，我浦东守军奋起反击，双方步兵展开白刃战，日军不能越雷池一步。当晚，张发奎迅速调集部队向敌反攻，日军死亡枕藉，不能立足，敌第3舰队旗舰“出云号”尾部又被击伤，乃被迫放弃进扰浦东的企图。8月下旬，敌大批增援部队将国民党军左翼主阵地逼退到第一道防线之后，浦东因隔一个租界又一条黄浦江，敌鞭长莫及，成为日军侧背的严重威胁。张发奎部在浦东灵活机动地打击日军，9月6日，大批日军在虬江码头登陆，57师阮肇昌部迅速增援左翼，将登岸之敌包围于码头栈房之内。与此同时，布防于浦东竹林内的炮兵队亦策应左翼作战。该炮队仅有6门“卜福斯”山炮，正对着虹口日军司令部，并钳制黄浦江面上敌舰及其后方部队的行动。这支有“神炮”之称的炮队命中率极高，它利用海底电线在黄浦江对岸设置一个秘密观察所及时校正弹着点，即使在夜间也能正确射击。待到每天黄昏和夜间，便不时袭击浦东对岸敌人码头、货栈及虹口日军司令部，并不断打击黄浦江面的日舰，使敌终日惶惶。为拔除浦东炮队，日军曾采取种种侦察手段，不间断出动飞机搜寻，并不时派出小股日军进扰浦东。16日，日舰在联合轰击烂泥渡和陆家嘴之后，以汽艇载

① 蒋纬国：《国民革命战史第3部——抗日御侮》第5卷，第14页，台北出版。

日军驶南洋坟山诸码头登陆，结果均被严阵以待的浦东守军击退。

在淞沪会战中，张发奎部行动迅速果断，部署得当灵活，作战勇敢顽强，不仅不失时机地在敌侧背以炮击牵制日军，当日军进扰浦东时，又能有力地将其击退，保障了国民党军主力侧翼的安全，其功不可没。如果不能遏制日军由浦东登陆之企图，则日军可在沿江地带取得一个立足点，然后向闸北、沪东的国民党军后路兜袭，甚至可利用浦东突破口扩大战果，设法迂回至上海南郊，切断沪杭铁路，使上海地区的中国军队腹背受敌，其后果不堪设想。日人今井武夫后来在他的《回忆录》中说："抗战中的中国军队很善于作战，长期使战线胶着在上海四周，不易打开战局。"会战初期，日军有 2 个师团陷于苦战，进展十分缓慢，是同浦东守军的作用分不开的，这就为我方赢得了宝贵的时间，国民党从各战区抽调来沪的部队，得以源源进至战区前线，并按指定地点实行战略展开，从而为淞沪会战持久抵抗 3 个月之久创造了条件。

其次，全力以赴投入主战场，敢与强敌拼杀，打击了日本侵略者的气焰。淞沪会战打响后，蒋介石曾想以攻势来消灭上海地区的日本海军陆战队，但蒋的作战指导恰恰违背了这一作战构想，他幻想上海地区的血战能换来西方国家尽速介入战争以制止日本侵略。从 8 月 14 日至 23 日曾 3 次下令国民党军停止进攻，结果贻误战机，给日军造成了增援的机会。23 日凌晨，日上海派遣军在司令官松井石根率领下，由川沙口①狮子林、炮台湾等处同时登陆，然后分 3 路攻击，一路攻浏河，一路取宝山，一路袭罗店。国民党军在沿江吴淞、罗店、宝山、月浦、浏河一带重点防守，抗登陆之敌的战斗遂全面展开：在吴淞方面，守备该处的国民党军 61 师杨步飞部（19 路军旧部）因部队新到，地形不熟，在敌强大火力袭击下无法阻敌，吴淞陷落。适从浙江调来的第 6 师周岩部即前往阻敌，与日军在同济大学内逐楼逐室争夺；在狮子林方面，滇系将领王甲本率 98 师一部与敌后续登陆部队主力反复格斗近 4 个小时，尸体布满战壕，官兵全部捐躯；在浏河口，参加抗登陆日军的地方系部队先后有第 4 军吴奇伟部（粤军），第 26 师刘雨卿部（JAI 军）和独立第 34 旅罗启疆部（黔军），日军多次强行攻击，3 支部队轮番阻敌，坚守了近一个月；在罗店，争夺更为激烈，双方屡进屡退，中国军队在敌人重炮、飞机的攻击下，整营、整连牺牲，援军仍源源冲上，形成敌我包围、反包围，犬牙交错。第 32 师王修身部（原西北军旧部）等地方系部队积极配合中央嫡系军几度逆袭，

① 浦东另有川沙县，这里系指宝山县境之川沙口，又称小川沙。

血战2周余。

9月18日后,会战进入相持阶段。21日蒋介石自兼第3战区司令长官,调整战区指挥系统。国民党军右翼依托上海租界,在江湾、刘(行)罗(店)公路、蕴藻浜、大场地区,及至南翔等地顽强抵抗阻止敌进,日军取侧翼迂回战术,迫使国民党军数度变换阵地。在这场被日军惊呼为"血肉磨坊"的会战中,各路地方系部队被一师一师的投入战场,"以血肉筑的长城,来抗拒敌人的犀利的火器"①。

地方系参战部队因经费拮据,官兵大多穿草鞋,官长打伞,士兵戴斗笠。在有现代化武器装备的日军面前,于作战极为不利。然而,在会战中,"杂牌"官兵的作战表现令人刮目相看。第26师刘雨卿部(川军)在大场保卫战中,以川造步枪"及锋而试",抱定"有敌无我、有我无敌"的决心,与日军苦战7昼夜,有的营长用战友尸体堆成的掩体作战,该师两个旅的指挥部均被炮火所毁,指挥所官兵绝大部分殉职。第4军吴奇伟部(粤军)在严宅、殷家宅之沪太公路一线阻敌时,所部504团团长宫惠民"率兵一连,白刃逆袭",敌为之胆寒。当刘行被敌突破后,该军在第2塘、马陆镇、西岗间设阵御敌,剧战竟日,阵地失而复得多次,"敌尸山积",得到上海报界和苏联驻沪领事的赞扬。在地方系部队中,湖南参战兵力较多,表现也非常突出,如第73军王东原部奉命接替陈诚第15集团军之刘行阵地,王军长连夜督导官兵构筑工事,建造防御"地网",扩大防御纵深,在日军以坦克伴随反复猛冲下,该部沉着应战,拼死阻击,同王修身师(西北军旧部)一起与敌"顶牛",死死缠住日军。湘军第8师陶峙岳部在蕴藻浜阻击强渡日军,敌势在必得,该师志在死守,以其极为落后的枪支在蕴藻浜坚守21个日日夜夜,至撤下阵地,该师仅剩下700余人,至为壮烈。而当前线兵员严重短缺的时候,湖南能及时派出大批警卫保安团队补充前方,该省保安团队素质颇佳,团营长大多是何键嫡系35军旧部,连排长均在湖南陆军干部学校接受过严格的军事训练。

在地方部队中,最为引人注目的是以"钢军"自居的广西第21集团军廖磊部。该部军容整齐,官兵皆头戴钢盔,一身黄式制服。自九一八以后,李宗仁、白崇禧在广西实行"寓兵于团"政策,采用征兵制,大办民团,同时向德国大量购买新式武器和装备。故至抗战前夕,广西军队可谓"器械到、卒服匀"。军下各师采用"乙种师"编制,由原来的每师3个团,扩编为每师两个旅4个团,每团约1 500人。第21集团军下辖第7、48军共6个师。9月15日,该集团军先头部队至洛

① 张发奎:《英勇战士、血肉长城》,原载香港《大成》杂志1976年第9期。

阳桥前线，立即投入战斗。时正值敌我双方在大场与南翔一线展开铁与血的野战。廖命先头部队“必须坚守阵地，若无命令，有敢擅自脱离阵地的，无论任何官兵，只有拿头来见我”。命令下达后，该部官兵众志成城，与敌“寸土不让，尺地必争”。至 21 日，战区决定实施大规模反突击。当晚，以广西 21 集团军为主力，在徐行、广福前线分 3 路反攻，敌以猛烈炮火轰炸并施放烟幕，反攻部队付出了重大代价但未获进展。25 日开始，日机连续 3 天出动 172 架，向大场这块仅 2 000 米长的地区投弹 2 526 枚，疯狂倾注钢铁。在双方反复厮杀中，敌我阵亡官兵混在一起血流成渠，广西 21 集团军原有旅长 6 人，数日作战，3 死 2 伤。据有人回忆，“上海战场结束，桂系 48 军全军 4 万 5 千人，差不多 2 万人牺牲”①。八桂子弟以破釜沉舟之决心血战沙场，足以永彪史册。

由于国民党军努力作战，也由于各路地方系部队的顽强抵抗，大挫日军锐气，使会战足足延长 3 个月之久，较之一・二八抗战的时间多了一倍。在兵力动员上，日军先后增兵 7 次，在国内仅留近卫及第 7 两个常设师团。据日本自己统计，此役伤亡人数达 6 万余人，战舰、飞机等精良武器也有相当重大损失，狠狠打击了日本侵略者的气焰。

再次，地方系广大官兵的抗战决心和爱国行动，推动了国民党抗战初期的对日抵抗行动。从卢沟桥事变到武汉失守，国民党当局曾组织过相当数量的对日抵抗行动。参战的地方系部队，除韩复榘等少数逃将外，大多表现不俗。初在保卫平津、南口等战斗中，地方系部队能自发抵抗，出现了像佟麟阁、赵登禹等将军为国捐躯的悲壮一幕。但终因部队没有统一指挥，不能协同作战而一触即溃。迨淞沪烽火燃起，国民党组织指挥有所改进，地方系部队也大规模对日参战，上至集团军司令、军长、师长，下至普通士兵，甚至勤杂人员，在整连整营官兵牺牲面前，未被战争的残酷所吓倒，表现出抗日的坚定性和崇高的民族精神。而且在这种民族精神鼓舞下，在战术配合、局部反攻上均有了改观。本来，日本军国主义者之所以敢于发动侵华战争，是视中国民众为散沙，视中国军队为草芥。而淞沪战争乍开，全体中国士兵，都视日本侵略者为打击目标，毫不犹豫地贡献自己的一切。此种精神，正如 11 月 28 日伦敦路透社电云：“目前虽华军大部分犹训练未足，武装未齐备，并因无力量购置雨衣，犹携雨伞(指川军)与俱，虽此犹能抵抗现代化武装……此种精神将在各处发生影响。”对此，国民党当局是有充分估

① 张义纯：《国家民族之新生命》。

计的，上海战场撤退时，蒋介石曾致电国民党各省市党部、政府要人云："抱定破釜沉舟之决心，确立信念，再接再厉，建壕堑于亿万众血肉之上，树堡垒于全民族心态之中。"并表示"中正许身与国，必与我全体将士同胞共安危、同生死、竭尽职责，以求得民族光荣之胜利"①。上述训示，且不管蒋出于何种目的和动机，乃客观反映了他对会战中国民党军爱国热忱的肯定和继续抵抗的信心。在以后，国民党当局认真组织了像台儿庄战役、武汉保卫战等一些比较成功的对日抵抗行动。而台儿庄战役的胜利，则是抗战初期国民党片面抗战路线在军事上所能达到的高峰。

三

淞沪会战中，地方系部队对日参战其规模之大，参加人数之多，是中日全面开战以来空前的，它反映了国民党内各实力派对待抗日战争的态度。他们中的绝大多数一改内战反共政策而实行抗战，从根本上说是国内政治形势和阶级关系发生新变化的结果。

其一，抗日救亡运动在全国已成为不可抗拒潮流，是地方系部队踊跃参战的主要原因。从九一八到华北事变，全国人民掀起了汹涌澎湃的抗日救亡浪潮。这一运动，参加阶层广泛，无论工人、农民、学生、城市小资产阶级以及民族资产阶级都投身之中，甚至国民党和国民党军队也发生了分化。华北事变后，"资产阶级甚至军阀都遇到了存亡的问题，在他们及其政党内部逐渐地发生了改变政治态度的过程"②。国民党的主战将领和地方实力派对蒋的"攘外必先安内"方针日益不满。面对这一势不可挡的巨大洪流，1935 年，国民党蒋介石政府不得不表示抗日。1936 年 12 月，驻绥远的晋系傅作义部向大举进犯绥远的蒙伪匪军奋起反击，国民党当局对绥远抗战采取了比较积极的态度。西安事变发生后，蒋介石接受了张学良、杨虎城关于停止内战、联共抗日等 6 项主张。1937 年 2 月 15 日，国民党召开五届三中全会，确定了对外维持领土主权、对内实行和平统一的方针，在对日问题上表示"如果让步超出了限度，只有出于抗战之一途"。初步完成了国民党从对日不抵抗政策向抗日方面的转变。全面抗战爆发后，蒋介石对抗

① 《中华民国重要史料初编——对日抗战时期》第 2 编，作战经过(三)，第 212—213 页。

② 《毛泽东选集》合订本，第 244 页。

日表现了一定程度的积极性，在淞沪战争中，他破天荒地把最精锐的嫡系部队约40万人投入战斗。由于国民党当局采取了较为努力的抗日态度，“这样就比较顺利地形成了全国军民抗日战争的高潮，一时出现了生气蓬勃的新气象”①。正是在这种大背景下，各地方实力派将领顺乎潮流，在国破家亡的紧要关头，走上抗日道路，出现了派兵对日参战的热潮。

其二，中国共产党统一战线工作的促进和推动。中国共产党在民族危亡时刻，围绕着“停止内战、一致抗日”这一根本点，提出并执行了抗日民族统一战线政策，努力促成了抗日民族统一战线的形成。在战略上，有明确的《持久战》方针，这同国民党当局在七七后正式确定中国对日总体战略“持久消耗战”的精神是一致的。值得提出的是李宗仁在1936年提出的“焦土抗战”以及七七事变后曾多次发表的文章和演讲同我党的战略思想基本相吻合。这就使我党同他们有了共同抗日的思想理论基础。从抗日行动看，中国共产党有忘我的牺牲精神。七七和八一三战争爆发后，中共以实际行动证明自己是全力抗战之师，八路军115师的平型关大捷，打破了“皇军不可战胜”的神话，也为友军树立了光辉的榜样。此外，中共对地方实力派的争取工作也十分踏实。为团结抗日，中共自九一八以来，加强同各地方实力派的联络，包括冯玉祥、张学良、傅作义、李宗仁、刘湘、龙云等地方实力派将领。毛泽东指示刘少奇领导的北方局，要他们千万注意，统一战线应以各派军队为第一位。到西安事变时，中共已与多数地方实力派建立了合作关系。在南方，1934年夏，中共将参加抗日同盟军的著名共产党人宣侠父等人至广西做李宗仁等的上层统战工作；1935年，派张曙时从上海到重庆做川军的统战工作；两广事变爆发后，中共中央又派出红军大学政治组织科长云广英赴广西商讨合作抗日问题；1937年5月，我党再派出张云逸去广西就双方合作抗日问题进行详细商讨，彼此达成进一步谅解。七七事变后，南京政府危在旦夕，蒋在南京召开国防会议，各路抗日首领包括中共代表均出席会议。期间，中共代表周恩来、朱德、叶剑英与白崇禧、龙云、刘湘等人会晤，共商出兵抗日大计，促成了国共合作与举国抗战的局面。以上事实说明，中国共产党提出的抗日民族统一战线政策和对地方实力派的争取工作，是促使地方系部队积极参加淞沪会战的重要因素。

其三，蒋介石吞并异己势力和“一石二鸟”政策的逼迫。以抗日为号召，调动

---

① 《毛泽东选集》合订本，第1037页。

和逼迫各地方实力派是蒋介石的预定计谋。他将地方系部队调到抗日前线，既是以抵御日本侵略，保护自己利益为根本目的，又有吞并异己势力之企图，二者是合二而一的。以四川为例，抗战爆发前，刘湘在四川统治权问题上同蒋介石的矛盾日益加深，蒋的势力借追击长征中红军之机，不断向四川扩张。西安事变时，刘湘准备调集军队包围蒋介石重庆行营和蒋介石在成都开办的军事学校，何应钦也派人到成都想联合刘湘共同反蒋，可是还没来得及发动，西事变就和平解决了。接着，蒋介石正大举进攻陕西杨虎城部队，为自卫计，川军在重庆一带布防，阻止蒋军进犯。但是，刘湘的一切活动，都瞒不过蒋的耳目，他蓄意要吃掉刘湘。1937 年 6 月，蒋介石提出要缩编四川军队，又提出军民分治，刘湘主军，由国民党中央派人任四川省主席。蒋介石的侵吞异己势力和无限度的要求与刘湘有限度的附蒋产生了不可调和的矛盾。到了抗战全面爆发，蒋介石有了借口，调四川军队出省抗战，刘湘无法抗拒，为了怕被蒋介石分化互介，带病亲自率领主力部队到抗日前线，不久就病死在汉口。全面抗战爆发后，蒋介石对地方系将领亦处处提防，事事躬亲，不予信用。1937 年 7 月，卢事爆发，蒋电邀李宗仁、白崇禧入京共商抗日大计，要白崇禧当一个有职无权的副参谋长，调李宗仁远离南京，到徐州就任第 5 战区司令长官之职，此情形与北伐战争时对李白所采用的分离政策同出一辙。八一三以后，冯玉祥虽是第 3 战区司令长官，却处处受顾祝同、陈诚的牵制。而白崇禧在军事会议上提出，上海附近港湾、河道纵横交错，敌有海空优势，我缺乏水陆交通工具，集中兵力需要时间，与敌进行阵地战对我不利。他建议上海会战适可而止，但蒋介石未予采纳。到 9 月 21 日蒋索性免去战区司令官冯玉祥的职务，自兼该职。以上种种事实表明，消灭日本侵略者固然是蒋介石的根本目标，而以抗日为号召，调动、指挥各实力派，也是蒋介石的预定计谋，他发动的抗日战争，从另一面来说，也是对异己势力的一种逼迫手段。

（本文原载《军事历史研究》，1996 年第 1 期）

中国空军奋战保卫祖国

吴相湘

飞机的制造，是 20 世纪初最新产品，对人类交通工具与战争武器都是非常重大的改变与进展。1943 年 5 月，美国的《哥白尼逝世四百年全美纪念会》，在纽约市隆重褒扬“现代具革命性贡献的世界伟人”十人。1903 年冬，首先制造飞机的莱特兄弟暨福特、杜威，以及中国的晏阳初就位列接受褒扬的十大伟人之中①。

当 1903 年冬，莱特兄弟制造飞机成功的新闻刊布时，美国华侨冯如，字九如（1883—1912 年），也正在努力研究飞机的制造；这一消息给予冯如很深刻启迪，在众多书刊资料中，冯如决定即以莱特式双翼飞机作自己飞机的主要参考蓝本，进行工作。1909 年 9 月，冯如经过两年的艰苦努力，终于制造成功中国第一架可以载人飞行的动力飞机，1910 年 3 月，得友人集股美金 5 875 元，成立广东制造飞机公司，经过六次研制不成的挫折，仍努力不懈。1911 年 1 月，冯如第七次进行试制成功。在美国西岸旧金山当地进行飞行表演，时速 78 公里，符合国际飞行协会优等标准，孙逸仙先生与许多华侨亲临参观，美国报纸也多有刊布赞扬。冯如婉谢美国公司的邀请，决定“成一绝艺以归飨祖国”，将公司改组为广东飞行器公司，以“壮国体，挽利权”为经营宗旨，明文定于公司章程。同年 3 月 12 日，冯如等携带自制的飞机一架到达香港，不接受满清两广总督的邀请，清吏乃对其加以监视，指其为革命党人。冯如不畏威胁，在广州燕塘临时厂房，约半年时间，制造了一架构造性能有若干改进提高的飞机。

辛亥革命成功后，1912 年 8 月 25 日上午，冯如在广州燕塘大操场进行飞行表演。这是中国人驾驶自己制作的飞机，在中国领空首次飞行。起飞后翱翔空

① 参见拙著《晏阳初传》，（台北：时报出版公司 1981 年版），第 428—430 页。

中，全场观众掌声雷动，不停欢呼。不幸，在准备做下一组飞行动作时，双手拉操纵杆用力过猛，飞机头高尾低，失去平衡而坠落。冯如头胸股各部均受重伤，送往医院急救，终于不治。冯如的献身精神，唤起国内各界人士对祖国航空事业的关心与支持。①

早在冯如于美国西岸飞行表演以前，孙逸仙先生即已密切注意美国及欧洲各国发展飞机情况，深感这是进行国民革命工作的最新军事武器。当其军事顾问荷马李将军（Homer Lee）于哈泼周报发表《飞机在战争中的用途》一文，孙逸仙先生详细读后，1910 年 11 月 7 日，自马来西亚槟榔屿寄信给荷马李表示：结合日俄（1904—1905 年）经验，指出飞机可作侦察手段以外，还可以使用飞机或飞船作摄影，准确判断敌情。日俄两军在中国沈阳会战中（1905 年），俄军没有使用气球进行侦查，错误判断日军数量占优势，不敢进攻，以致丧失战机，导致失败。②

1911 年，同盟会会员李绮庵按孙逸仙先生指示到波士顿参观美国第一次飞行比赛后，更进一步认定，中国革命必须掌握飞机才有打败满人的希望。因向孙逸仙先生建议：在美国设立公司，招股十万美元，购置飞机，聘请美国技师，培养革命飞行人才。孙逸仙先生非常赞成，即另拨十万美元增加这一方面经费。芝加哥同盟会会员梅乔林请筹饷局拨款立即进行。是年 5 月，孙逸仙先生寄信李绮庵进一步指出：殷切希望海外华侨组建飞机队，为革命出力。

梅乔林得款后购置飞机二架及聘请美国技师运往中国，到达上海时已在辛亥革命成功以后。由于美国技师长于机械却没有飞行经验，以致这二架飞机不能起飞。③

孙逸仙先生就任中华民国临时大总统后，特在南京卫戍司令部设立飞行营，并设计双翼飞机邮票准备发行，号召全国民众支持国家航空发展。只以不久即宣告辞职退位，这一愿望没有能够实践。

1920 年，孙逸仙先生在广州就任大元帅，深感编练空军之迫切需要，特成立航空局，直属大元帅府，下辖飞机两队，一有水上飞机二架，一有陆机二架，队员共计十余人，以参加轰炸作战为目的。

---

① 高晓星、时平编著：《民国空军的航迹》，（北京：海潮出版社 1992 年 12 月版），北京印逾第 1—15 页。

② 《国父全集通电（三）》，第 138—139 页，又荷马李将军遗体安葬台北，参见拙选《近代史事纪要》，第三册，第 147 页。

③ 《梅乔林传》（革命人物志、中国国民党党史编纂委员会刊，台北刊行）。1958 年，吴相湘在台中党史会拜谒梅氏长谈。《民国空军的航迹》，第 15—17 页。

1921年，孙逸仙先生致电廖仲恺拟定“国防计划大纲”，在全部63个项目中，有关发展航空事业的占9项，包括发展航空建设计划，举行全国总动员大演习计划，全国空、海、陆军队国防攻守战术大演习；向欧美各国订制多种海、陆、空新式兵器；如潜水艇、航空机、坦克炮车、军用飞艇、飞球等，作为充实中国精锐兵器与仿制兵器需要。并有飞机场的建设、飞机制造、航空人才培养、空军建设标准、战术等以及欧美日本各国远东远征空军与中国国防的关系等。

1923年，孙逸仙先生手书“航空救国”四个大字于报刊；又在黄埔军校设立航空课、建立军事飞行学校。同年7月，孙逸仙先生与夫人宋庆龄女士在广州支持第一号飞机试飞，并在飞机前摄影留念。①

北伐成功前后空军的建立

1926年7月，国民革命军总司令蒋中正誓师北伐，改航空军为航空处，隶属国民革命军总司令部，有飞机三架。翌年，飞机稍有增加。1928年11月，航空处改为航空署，所属改名航空队，扩充队数，至是空军部队之编组，渐具规模。

1929年，设立航空班，附属于中央陆军军官学校；航空队又扩充，并设立南京及武昌南湖两修理工厂。1931年，航空班划归航空署，改为军政部航空学校，又于南昌设立空军指挥部并筹设航空器材库，至是，航空教育、指挥之机关及仓库均已具备。1932年购置德国制容克驱逐机，乃组织航空第8队。8月，航空署改隶军事委员会，航空学校改名中央航空学校，将原有航空队组编为四队。可说：当年1月28日，日军侵扰上海战役发生，中国首次对外作战的经验促使空军更新组织与发展。

1933年春，日军侵占热河省以后，华北形势益急。国军各种部队均开始改组，以适应新的国防需要。航空署因于1934年改为航空委员会，扩编航空队至八队，创设保险伞制造所。并于中央大学、交通大学、武汉大学增设航空工程学系。1935年，增编空军至十四队，南京、上海、南昌、洛阳分别设立航空总站。1936年后，接收广东省空军部队，全国空军部队扩编为9个大队分辖31个中队。1937年初，划全国为六个空军区，分掌指挥训练之责，撤销航空教导总队，开办航空器材制造厂，创设无线电修造厂。至是中国空军部队实力逐渐充实，所在地面

① 空军总司令部情报署编印：《空军抗日战史》，第一册，1950年11月20日，周至柔序，台北刊行。

设备、人才培养、油弹存储、器材补充均有进步。

满清末年，新建陆军成立，各省先后亦编练新军。民国建立，逐步形成各省军阀割据局面，即海军也有福建系、青岛系、东北系的派系观念作祟。国民政府建立空军前后，若干省区亦多自购飞机。蒋介石委员长为长期建立中央统一空军特设航空委员，自兼委员长，蒋夫人宋美龄女士担任秘书长，周至柔为主任处理日常事务。当美国陈纳德应聘来华工作，是接受航委员秘书长蒋夫人宋美龄女士之指挥，不使大权旁落。

1935年，中央空军部队已成立十四个中队。翌年，乃创拟国防空军作战计划。自接受广东省飞机编并中央，兵力扩大，遂根据军事委员会作战方针，制成第二次计划，其后又经两次修正，至是年冬乃告确定。1937年春，更制成肃清上海、汉口及长江日本军舰势力之各计划，且有袭击日本本土九州、四国等地计划。①

集中使用作持久战

1937年七七事变发生，日军不断增兵华北，空军为协同冀北陆军之作战，是年7月中，制定对北平天津袭击计划。乃至于我空军比较日本居劣势，若以协助陆军作战，则不敷分配各方面军，故以集中使用，奇袭敌空军根据地，逐渐消减敌空军之兵力而作持久战，间接协助陆军取胜为目的。

当时，空军部队对华北前线各要地：石家庄、大名、济南三地，分别配驻驱逐机、侦察机等若干队；新乡则驻有重轰炸机队二队及驱逐机队，济宁配驻轻轰炸机三队。南京、南昌、广州三地分配驱逐机队，为各要地防空部队。另外三队侦察机划归陆军总司令部直接指挥。各地机场准备每机五次量之油弹。

日军继续进犯，北平、天津沦陷后，北平至包头铁路间，国民原籍长城险要作战。8月25日，南口失守，两日后，张家口亦陷敌。

同时，日军籍其海军及输送优势，向淞沪方面增兵不已。8月9日，上海虹桥飞机场事件发生以前，国军即早于7月9日起随时按预定作战计划注意监视日军行动，并增兵京沪铁道线各要地。京沪区警备司令官张治中于7月30日电呈蒋委员长建议似宜立于主动地位，首先发动，较为有利。张发奎上蒋委员长电对

① 《空军抗日战史》，第一册，第6—9页。

此予以支持。8月13日，中日两军在淞沪战斗开始，国军实行攻势作战。

8月12日，中国空军鉴于上海情势紧张，而日本空军根据地未定，中国空军实占优势，乃决心以全力轰炸上海日本租界内军事据点及上海日本舰船，驱逐队主力则防卫首都南京。8月13日14时，航空委员会奉命发布作战命令第一号，分令驻华北地区机队于8月14日移驻杭州笕桥、广德、嘉兴、苏州、南京等地。嗣以淞沪战争已爆发，遂不待全部机队准备完毕，即于8月14日拂晓2时发布第二号命令，向上海敌舰及日本租界根据地轰炸。

绪战报捷：二比零记录

8月14日晨7时，中国空军五架，自笕桥出发飞上海轰炸日军军械库公大纱厂，在日军高射机枪射击中对正目标俯卫投弹，当即起火，浓烟冲天。我机完成任务后安全飞返笕桥。

是日晨8时40分，我空军第二大队副大队长孙桐岗率机21架携带炸弹，自广德出发，分往上海轰炸日本公大飞机场及一切设施，与吴淞口日本兵舰，大多命中目标。我机队采用中队成队飞行，无敌机攻击，只有高射炮火密集射击。各机先后飞返广德。

9时20分，第五大队长丁纪徐率领轰炸机八架，自扬州出发，沿长江至上海轰炸日舰，安全返航。下午2时20分，第24队队长刘粹刚率机3架，自扬州沿长江飞往上海，轰炸日军司令部及兵营。敌机7架隐于云层，向我机奇袭，我机1架被击中，机损人伤。稍后，我25队轰炸机3架，轰炸上海虹口日军司令部及兵营，均安全返航。①

是日下午，孙桐岗又率领轻轰炸机21架，分两队自广德出发飞往上海公大纱厂以西，招商局码头以东地区、公大纱厂、潍山码头及司令部。敌高射炮火射击猛烈。同时，我机九架分别自杭州起飞前往上海轰炸敌司令部，并掩护友机作战。我机分别俯冲投弹，均经爆发，命中约百分之九十以上。

第四大队于8月14日自周家口起飞，27架飞机赴笕桥。下午4时，第一、三两群飞机甫抵笕桥即有紧急警报，遂紧急着陆加油陆续起飞。加油未竣，已见敌重轰炸机6架从不同方向进入机场上空，向机场中修理厂投弹。适遇大队长高

① 《空军抗日战史》，第一册，第15—28页。

志航及另一机尾随攻击，立被击中起火坠落于半山附近。第21队队长李桂丹及队员柳哲生、王文骅共同击落敌机1架。我军其他各机对敌机迎击或尾随攻击，敌机两架受重伤，我机4架轻伤，另一架以汽油不济至机场停车坠落场外失事。

是日下午6时半，敌机9架来袭广德机场投弹一次，均落场边，即向杭州方向退走，我机一架曾与周旋，晚九时安全降落广德。

谨按第四大队是当时中国空军的主力驱逐机大队，下辖三中队，每队9架，合计27架。是日甫抵笕桥仓促应击敌机，即旗开得胜，绪战告捷，以二比零的记录荣耀国家，并引起欧美各国空军注意，更使日本军阀震惊。因为当时中国空军还远不过五年历史，从来没有空战经验，就有如此良好表现，这是中国男儿在五年前，即1932年一·二八淞沪战争时，日本飞机自由飞翔中国军阵地前后，只有30几架中国军机，完全处于被动情景大不相同。因此，1940年，国民政府特宣布:8月14日定为空军节。

8月15日，中国空军分八批陆续出动，轰炸淞沪日军陆战队及兵舰。日军为报复在杭州上空的惨败，乃于次日即8月15日早7时20分，日本鹿屋航空队自台北起飞袭击南昌机场。时中国机队已奉命自南昌飞往南京警卫，日机到这时只向机场棚库投弹。而木更津航队攻击机20架，来袭南京大校场及明故宫机场，自航空母舰起飞轰炸机16架、攻击机29架先后袭击轰炸笕桥、乔司、绍兴、嘉兴各机场。中国空军第四大队飞机21架升空迎战，高志航率赖名汤又首先击落敌机1架，当他与另一敌机战斗时，臂部被敌击伤回场降落。分队长乐以琴连续击落敌机4架:中队长立桂丹率队员先后击落敌机2架;赖名汤于落地加油后率队员再升空击落敌机1架;毛瀛初中队长率机7架起飞，击落敌机2架。中国战报共击落敌机13架，战后日本战史承认损失轰炸机2架、攻击机8架、飞行员20人。

同日下午2时，敌机来袭南京，我空军升空迎战，高射炮亦对敌机猛射。空军第三大队第17队队长黄泮扬率机5架自句容起飞，分队长秦家柱及陈有维各率3架或5架自南京升空迎战。黄泮扬率队至南京上空，适值敌机四架成菱形在大校场投弹轰炸。即向在后之敌机扫射，敌机即起火落于大校场之东方。我机另对发现第二次来炸之敌机，即首先向敌机后下方攻击，敌机一架即起火燃烧坠落南京之东南。其后敌机经我机痛击溃散逃走，我机分头追击，在句容附近又击落敌机1架。中国战报共击落敌机5架，日本方面承认被击落4架，损失官兵30人，另有6架受伤。

这是南京首次遭到日本海军航空兵的攻击；机场飞机库及一些飞机被炸毁，军人及市民均有伤亡，生命财产损失重大。

翌日，中国空军继续出动轰炸上海敌军营房阵地等，在句容上空与敌鹿屋航空队激战55分钟，至少敌机3架被击落。敌木更津航空队来袭苏州，被我机击落1架。

敌利用在台湾基地远越海洋来袭，初计一举击破中国空军，并威胁首都南京，而达其侵略占领之迷梦；然而估计中国空军兵力太轻，为我空军奠定奋战精神与能力，绪战三日内，其海军自诩"虎之子"的第一联合航空队38架96式陆上攻击机竟损失18架，使日军首脑极感震惊。

8月17日，中国空军继续出击，配合地面部队作战。第5大队第25中队副队长董明德率驱逐机攻击敌陆战队司令部。飞行员阎海文战机被高射炮弹击中，被迫跳伞降落，因风向关系被吹至敌军阵地附近，当敌军前来包围狂叫缴械投降，阎海文从容拔出自卫手枪，击毙前面敌兵5人后，自杀而死。

阎海文，辽宁省人，出发前誓言"要打回老家去，为同胞复仇"。今壮烈成仁，敌军亦极为敬佩，日本海军在上海郊外大场特为阎海文建墓，墓碑上书"支那空军勇士之墓"。9月1日，日本大阪"每日新闻"刊载其上海特派员木村毅报道，曾感叹"中国已非昔日之支那"。10月，在东京新宿区举行"中国空军勇士阎海文之友展览会"，陈列阎海文烈士的飞行服、降落伞、手枪等遗物，参观人数络绎不绝。①

8月19日，敌机首次夜袭南京，轰炸中央军校及参谋本部等。

当日，敌军电讯侦破人员破译了中国空军的部分密码，掌握中国各部队主要动态，中国空军从此陷于被动。加以中国空军只有轻轰炸机，缺乏重轰炸机，出动时甚至是单机侦察机，载弹量小，威力有限。加以敌防空火力较强，中国空军轰炸时命中率不高；故淞沪战争初期，未能给予敌人以致命打击，敌人船舰为躲避轰炸，移泊第三国舰船附近，中国空军攻击时也多顾及而增加难度。

8月20日，中国陆海空军大元帅蒋中正下达"国军战争指导方案及战斗计

---

① 《空军抗日战史》，第一册，第29—50页。是书第50页只记载阎海文机失踪。但当时上海报纸如《救亡日报》刊载"悼同学阎海文"(赵铭网)。上海文学家赵景深曾作一大鼓词题名"阎海文"宣扬其英勇成仁："消息传到日本去，大阪纷纷上新闻，本村毅说起中国已非昔比。阎将军壮烈牺牲，一场大战，惊天动地激鬼神。正气浩浩垂宇宙，壮士英名振乾坤。"引录自郑振铎等著，《飞将军抗战记》(战时出版社出版，中国国民党史编纂委员会藏本、影印)。《民国空军的航迹》，第261页。

划”，内容为全盘战略指导及指挥系统表，其中规定空军任务：“应集中主力协同陆军，先歼灭淞沪之敌”（以敌舰及炮兵为主要目标）。是日，空军轰炸上海江湾敌军指挥部及浏河、虹口等地敌舰。

8月21日，中国空军成立派遣支队执行夜袭任务，自各队中调熟悉夜航技术飞行员组成，每夜至少必须出动3架，均为单一轰炸机出击。8月底，又扩大队数，进行夜袭，以乔司、笕桥为基地，至8月22日，开始首次夜袭敌军行动。至11月12日开始撤离①。8月29日，敌军进占我罗店后，至9月17日，我国军全线撤退至上海北站、江湾、庙行、双草墩之线，原计扫荡上海敌军计划，至此乃告失败。9月初，敌既占有登陆之据点，其空军亦于上海崇明岛等处新筑根据地，飞机逐次增多，使用于上海方面水陆飞机及华北正面之陆军机，各约200架。我空军作战则为争夺上海制空权，阻止敌后续部队之增援及制压敌之海军。敌空军主力仍被牵制于京沪方面，互相轰炸；惟敌新式驱逐机（九六式）日增，性能较中国机为优。中国以无重工业、无自行制造补充飞机之能力，长期消耗，飞机日形减少。不得不依持久战之旨趣，请求保全持续抗战力量，上海之制海制空权遂不能确保；甚至在某一时期几无日间活动之余地，遂趋向于夜间袭击。但夜间长途袭击，因设备不周，练习太少，乃为中国空军至冒险之举动。然而9月间几全恃夜袭以奏奇效，尤以“九一八”又值中秋节，中国空军调动几乎所有能够出动的作战飞机，攻击淞沪地区的日军阵地及黄浦江上日舰，日军堆放于汇山码头及杨树浦码头及仓库的军用品损失约700万元。敌为报复，9月19日至25日，日本海军第一、二、三及二十二航空战队，先后对南京进行11次大规模轰炸，共使用飞机289架次，投弹32.3吨。中国飞机均起飞迎战，先后击落敌机九架，中国飞机亦有损失。南京公私房屋及军民生命损失重大，江阴江面中国海军最先进巡洋舰“平海”、“宁海”均被炸沉。

9月26日，空袭南京之敌机一架被我击伤后被迫降落江苏太仓县境，驾驶员山下七郎（第十三航空战斗机第二分队大尉分队长）被俘。他是唯一被中国军俘获的日本海军“四大天王”中一人。后因在关押期间搜集中国军事情报及组织越狱罪行被判处死刑。

自8月14日至9月下旬，中国空军将士英勇奋战悲壮牺牲，无负国民热望，已趋极点，然而实力亦消减大部矣。至于小规模之夜袭，几无间断，予敌精神上

---

① 《空军抗日战史》，第一册，第64—102页。

损失甚大。

9月中旬，广东、山西方面亟盼空军之协助，南京明知空军兵力不能分割，为顾全军民士气计，遂组驻粤空军指挥部，及北正面军支队司令部各率一大队以协助晋、粤两方面之防空与战斗。尤以北正面支队飞机较旧而仍冒死奋战与敌机搏击，牺牲壮烈。

9月下旬，飞机数量日少，人员伤亡日众，敌机不断增加，战场日渐扩大，空军渐入艰难境况，但仍夜袭上海敌军，敌机也不断袭南京轰炸。①

刘粹刚、高志航、乐以琴、梁添成不幸阵亡

10月6日早敌机袭南京后，下午2时再度前来。我国空军第五大队大队长刘粹刚率机12架又起飞迎战，双方缠斗四五次，敌机一架被击落于水西门外田野，南京民众翘首仰望，不禁鼓掌欢呼，其后敌机仍按日来袭。10月12日，敌机来袭，刘粹刚仍领队升空迎战，双方缠斗紧张，一敌机企图偷袭刘粹刚，情势至险。刘急中生智，以熟练技术及超人胆略，猛转机首朝前来偷袭敌机猛射，敌机顿时受伤，坠落于水佐巷五号杨宅。当时报纸誉刘粹刚为“中国的红武士”。

在是日上午空战时，我第四大队大队长高志航率四机迎战，击毁敌机一架坠落江阴江中。下午敌我空战时，高志航又击落敌机一架。

后来，航空委员会秘书长蒋宋美龄女士特撰一《中国在空袭下》文刊布美国Forum杂志报道：10月12日下午，敌机来袭击南京时，她照常出外观察空袭，并细看中国的防御设施。文中提醒世人：“中国的空军成立不到五岁，而且其中有几年是对于此种新式的武器缺乏经验而浪费了的。”“因此当侵略临头时，我们还没有充分的防空设备，不得不向美国等处订购大批用品，并且希望能尽速运到。我们早知道日本将给我们些什么，但我们即使在最悲观的时候，也万万想不到美国……”

此处原文为此，意即指美国当时舆论还未形成援华声调，却继续供应日本订购的武器及汽油等军用物资。

此文继续按时记述空战观察：“几架日本的驱逐机仍被我们的战斗机围困着。”其他的飞机“六架被我们的驱逐机冲散了”、“一架中国的‘鹰’还在追逐一架

① 《空军抗日战史》，第一册，第130—206页。《民国空军的航迹》，第265—268页。

日本的单翼机，他们盘旋回翔……猛烈的高射炮火对那些正在逃走的轰炸机放射着。那只单翼的敌机似乎在半空中停住了。他已被击中了。我们的'鹰'又疾飞回来攻击他。他停止了一会儿，于是就头朝下直落下来了，火焰冲了出来，这架将毁灭的敌机向着本城南门附近的一个人烟稠密的区域落下去。"

"3点20分，现在空中已寂然无声。此次空袭，历时约40分钟。我仍照例去勘察损害并统计得失。我驱车往日机坠落地方去……坠落在附近的一所房子里，因而发生了一阵火焰。"①

这是蒋宋美龄女士根据亲眼观察的空战情形而作的记录，就是刘粹刚的战绩。

当时，淞沪及山西战场双方陆战正是紧急关头，中国空军仍以新旧式参合战机分别在两方面协同陆军袭敌。10月26日刘粹刚奉命率领新霍克机四架飞太原助战，下午1时半抵达洛阳后，原空军第二十八队分队长雷炎均(美国华侨参加空军)领航。只以雷机是旧霍克机速度较慢，刘率各机稍后起飞，至太谷大雨，续向北飞，不见太原，已入敌阵地被敌射击乃折回，仍不见太原。时已下午7时半，天气又极恶劣，竟误撞高平县城西南角魁星楼，以致机毁人亡。另一机迫降，机伤人无恙，另一机飞行员跳伞坠落，机毁人安。第五大队至是已无可用飞机。空军前敌总指挥周至柔深感遗憾："太行在望，壮士不返。"②

11月为空军极沉静之时期，旧机损失殆尽，筹购新机补充，11月5日，始有苏联制造轻轰炸机自兰州陆续东飞；驱逐机自11月12日始由兰州陆续东飞，然性能与旧有飞机不和，必须相当时间之练习，始克作战。此际淞沪我陆军以血战之余，不得已全线撤退，而空军在当时情况之下竟无能为力。且不幸11月21日，高志航率领第四大队新接收苏联制造驱逐机从兰州飞至周家口待命时，敌机10架突出现在周家口上空并发动攻击。高志航赶往飞机跃入机舱，启动发动机准备起飞时，一炸弹落在其座机旁爆炸，高志航与军械长当即壮烈牺牲。

高志航是中国杰出飞行员之一，在抗战初空战中屡建战功，今不幸殉难是中国空军一大损失。

12月3日，敌机25架空袭南京。中国空军第二十一中队长董明德、副中队长乐以琴分驾两机与苏联志愿航空队一同升空拦截敌机，这是一场敌我力量对

---

① 杨凌霄编：《空军战斗实录》，群力书社出版，民国27年(1938)5月刊，第65—71页。

② 《空军抗战史》，第一册，第274—276页。

比悬殊的空战。乐以琴灵活战斗，由于敌机太多，乐以琴机中弹负伤。乐以琴被迫跳伞，为不使敌机当活靶射击，乐以琴暂未开伞，让身体直线下落，正待开伞时已坠及地面，年仅22岁空军英雄为捍卫祖国领空献出了宝贵的生命。①

在11月至12月上旬，南京保卫战中，中国空军与苏联志愿队击落敌机20架，并对侵犯南京的敌军实施多次袭击，发挥了一定作用。

1939年6月，敌机大批空袭中国战时首都重庆五次。6月11日敌机第六次轰炸重庆，中国空军第四大队15架苏联制驱逐机起飞迎战。第二十三中队分队长梁添成座机被击中，坠落于洛阳附近。至此，被称为中国空军“四大天王”的飞将刘粹刚、高志航、乐以琴、梁添成全部为国捐躯。

（本文原载台北中华军史学会编：《中华军史学会会刊》，第2期，1997年5月出版）

① 《民国空军的航迹》，第308页。

论淞沪会战期间制空权的丧失及其影响

端龙云

一、 淞沪会战期间中方制空权的丧失情况分析

1937年8月13日至11月11日，淞沪会战共历时约3个月。以9月10日敌上海公大基地投入使用为分界点，淞沪会战期间空中战场大致分为两个阶段，第一阶段，从1937年8月14日第1次空中交战至1937年9月10日日方航空队使用公大基地，此为制空权逐渐向日方易手的阶段；第二阶段从1937年9月10日到11月11日淞沪会战失败，是制空权逐步丧失到完全丧失阶段。从以下数据可以看出，中方的飞机损失是惊人的，淞沪会战中，中方投入的空军兵力为"190架，后增加到222架"①，到1937年8月30日，中国空军战斗部队飞机现数共有145架，而至10月25日，中方空军战斗部队飞机现数为71架，至11月11日，仅有飞机31架，其中驻地在杭州、南京的飞机只有第6大队的6架飞机。中方的飞机几乎消耗殆尽，如第2大队还剩1架，第3大队还剩2架，驻汉口的四个大队共有飞机不过9架，拱卫京杭的飞机还剩6架，作为一支独立的部队已经丧失了应有的战斗力。

从敌机在我境内所损失轻重轰炸机来分析，日本的轻重轰炸机在8月份损失55架，九月份损失27架，10月份损失10架，而11月份仅损失4架。被中方空军击落或者炸毁的日方飞机，8月份为61架，9月份为48架，10月份为19架，11月份仅为1架。敌人轰炸机被击落数量急剧下降，反映了制空权的演化，即从中方转入日方。从敌机在我境内损失情况可看出，敌机被我空军击落者在8月

① 姚峻：《中国航空史》，大象出版社1998年版，第91页。

份半个月中就损失了61架,9月、10月、11月被击落的数量急剧下降,同样反映了制空权的易手,到9月、10月份,我空军主要采用夜间轰炸敌机或者只拦截敌轰炸机来消耗敌人空中力量,对于敌人的战斗机即予回避。如在空军10月16日的战斗要报中记载:"十四点二十分,敌机十二架来袭我。驱逐机四架闻报起飞,因多寡悬殊,未与敌接战。敌轰炸机潜入大校场投弹数枚。"而同日稍晚,"十六点十五分,敌机五架自东台方向来袭,判断为敌之轰炸机。我即起飞,赴津浦线截击。"①从战报中可看出,我空军采用规避敌人驱逐机、只拦截轰炸机的做法来减少损失,同样反映了制空权的丧失。

二、 淞沪会战期间中方失去制空权对会战的影响

(一) 未能有效支援地面部队

在淞沪会战中,空军对地面部队的支援是有限的,未能有效地和陆军在淞沪战场上协同作战。首先,对于地面部队的进攻难以有效支援。如在8月20日,第36师虽一度进攻到了汇山码头,但是因为敌人用钢筋水泥的楼房作为据点,部队无法立足。在关键的时机,空军没有能协助陆军摧毁敌人的坚固工事,"我军因无空军掩护,炮兵又少,攻坚非常困难。"②并且对黄浦江上的军舰没有造成一定的威胁,使日方军舰成了移动的炮兵阵地。第十九集团军第二军第九师炮兵营见习官金柏源这样描述空军轰炸敌舰的场景:"当时我们空军处于绝对劣势,入夜我们出动一架飞机去轰炸敌舰,敌军的几十架探照灯齐明,紧紧盯着我机,在高空中像是几十只手电筒照射一只蚊子,挨高射炮密集的射击,真是有去无回。"反之,日方航空队却能有效驰援地面部队,如10月17日,吉住第9师团长给三竝司令官写信,对其航空队轰击陈家行效果满意,"由于贵军的协力,而能确实占领陈家行坚阵,谨表谢意。"

其次,对于日方的援军不能阻止。日方为了增援部队顺利登陆,陆海军达成了现地协定,其中第5点讲道:"海军尽力扫灭敌航空兵力,妨害敌陆军兵力的集中。特别在22日下午,以航空兵力反复轰击宝山县、吴淞炮台、吴淞镇、黄浦江

① 中国第二历史档案馆:《抗日战争正面战场(下)》,凤凰出版传媒集团凤凰出版社2005年版,第2046、2107、2127—2128、2087、1968、1969页。

② 白崇禧:《回忆八一三淞沪抗战》,见中国人民政治协商会议全国委员会文史资料研究委员会:《八一三淞沪抗战》,中国文史出版社1987年版,第3页。

口右岸地区。”[①]8 月 23 日，增援之敌在川沙口登陆成功，援敌源源不断投入战斗。对于 11 月 5 日，日军第六师团、第十八师团在金山卫的登陆，空军更是未能有效阻止。

再次，在打击后勤方面，敌人的运输船只，在军舰的掩护下，自由航行。相反，淞沪会战后期我方制空权全被日方控制，以致兵站补给线和苏州河的水运，苏沪公路和苏沪铁路的陆运，都陷入瘫痪状态。

张治中总结：“后来，大战展开，除陆军外，又没有有力的空军配合。在开战前，委员长问我‘有没有把握？’我的答复是：‘一定要有空军和炮兵的配合。’而自开战以后，因为缺乏这些条件，以至未能达到占领全沪的目的。”“我空军虽奋勇轰炸，惜为数量所限，终未能收成效。”

（二）地面部队行动极大受限并受沉重打击

制空权丧失对地面部队影响是非常显著的。一方面地面部队行动极大受限。第九集团军第九十八师第二九四旅旅长方靖说，8 月 16 日，敌机数架从早到晚对我不断轮番轰炸扫射，因制空权在敌手，致使我军部队日间行动大受限制，只能在黄昏后开始活动。税警总团司令部参谋郑殿起回忆，因为我空军处于劣势，白天敌机不断在战场上空轰炸扫射，发现地面上有炊烟处即行轰炸，所以不论军民白天都不敢生火做饭。第八集团军总司令张发奎也说，制空权也完全掌握在敌人手里，敌人的飞机一天到晚翱翔在阵地的上空。我们的部队没有立体作战的经验，……我们部队的行动白昼大受限制，一切部署的调整和兵力的转用都在夜晚，这更使指挥与时间上蒙受很大的影响。飞机一批一批地不断，白天部队不敢行动，忙于构筑掩蔽部，更无法做好进攻准备。

另一方面，地面部队遭受过多无谓的牺牲。上海附近地形，在无制空权的情况下，对中方作战部队是极其不利的，水面炮舰的炮击、空中的轰炸、地面的攻击，遭受到的是立体打击，损失是惊人的。“到八月下旬日陆军登陆时，天空一色日机，青天白日飞机一架也不见了。”“在日军舰的炮火下，伤亡惨重，往往一个部队，不到几天就伤亡殆尽的换下来。我亲眼看见教导总队那个团，整整齐齐的上去，下来时，只剩下几副伙食担子。”[②]第八军军长兼税警总团总团长黄杰认为：

---

① 日本防卫厅防卫研究所战史室，天津市政协编译委员会译：《日本海军在中国作战》，中华书局 1991 年版，第 270、230 页。

② 史说：《八一三淞沪战役记略》，见中国人民政治协商会议全国委员会文史资料研究委员会：《八一三淞沪抗战》，中国文史出版社 1987 年版，第 96 页。

“作战地区系沼泽地带，河流纵横，工事构筑、阵地守备均极艰难，而敌人利用空军轰炸，舰炮支援，兵力运用灵活，火力发扬炽烈。”黄杰多次谈到敌机的助战，如“十月四日，自拂晓开始，敌机穿梭向我第八军阵地猛烈轰炸。”在谈到税警总团协助第三十六师争夺刘家宅战役中，“六时十五分，敌再以强大空军支援地面作战，向税警总团第五团阵地猛烈攻击，该团奋勇抗拒，团长丘之纪上校于激战中饮弹阵亡，官兵亦伤亡过半。”①日本方面也认为在对地面部队空袭中，使中方阵地、密集部队及军用汽车群等受到极大的损失。

李宗仁在回忆中说：“战场上人数既多，又无险可守。敌海、陆、空三军的火力可以尽量发挥，我军等于陷入一座大熔铁炉，任其焦炼。……所以淞沪之战，简直是以我们的血肉之躯来填入敌人的火海。每小时的死伤辄以千计，牺牲的壮烈，在中华民族抵御外侮的历史上，鲜有先例。”②

（三）导致地面部队战场信息闭塞

制空权的丧失容易导致地面部队信息缺乏，从而使指挥迟钝，部队反应滞后，被动挨打。第九集团军第三十六师师长宋希濂说：“敌人掌握了制空权，日夜轮番对我轰炸。即使白天有一两个人在路上行走，敌机都要进行低飞扫射。其战况之激烈、严酷，可见一斑。”部队与部队之间的联系往往很是困难。中方通讯人员往来递送公文，也为了避敌机袭击，要一段一段地递送，很费时间。张治中决定亲到前线去，一面稳定军心，一面设法挽救目前的危局。但他一出门就碰到敌机不断地在上空来往轰炸扫射。本来坐小汽车去，敌机临头，就下车隐蔽；敌机转头，马上前进。但走不多远，敌机来往太多，小汽车不能再坐了。更主要的是中方侦察机不能自由的进行侦查，对于战场的情况变化不能了解，如在 11 月 5 日，日军第六师团、第十八师团在金山卫的“各自奇袭登陆”③中，中方竟然不能事先发觉。相反，敌人掌握了制空权，“集中海陆飞机百余架，每晨在我阵地上扫射和投弹，……敌机除每日成群在我阵地上空活动外，还以三架为一批，终日轮流不断地在上海——苏州间来往侦查。”④

---

① 黄杰：《蕴藻浜、苏州河战斗》，见中国人民政治协商会议全国委员会文史资料研究委员会：《八一三淞沪抗战》，中国文史出版社 1987 年版，第 192—193 页。

② 李宗仁口述，唐德刚整理：《李宗仁回首话当年》，湖北人民出版社 1981 年版，第 198—199 页。

③ 日本防卫厅防卫研究所战史室，齐福霖译，宋绍柏校：《中国事变陆军作战史》（第一卷第二分册），中华书局 1981 年版，第 96 页。

④ 蓝香山：《桂军参战见闻》，见中国人民政治协商会议全国委员会文史资料研究委员会：《八一三淞沪抗战》，中国文史出版社 1987 年版，第 318 页。

总之，南京国民政府战前准备得不足，航空建造体系的缺乏，造成在淞沪会战期间中方空军损失得不到及时的补充，制空权很快丧失，给会战带来了极其严重的影响，是导致淞沪会战失败的主要原因。

（本文原载《湖南工业职业技术学院学报》，2011年第6期）

税警总团与八一三淞沪抗战

王一峰

八一三淞沪抗战爆发后，全国从中央到地方部队，各派、各系、各路武装力量都云集在淞沪战场，谱写了一曲规模空前、激昂悲壮、抗日救亡的光辉篇章。税警总团在淞沪抗战期间是一支特殊的部队，从1930年成立到1937年淞沪抗战后消亡，在历史上是短暂的，但其不惧强敌、英勇作战、血洒疆场，体现出中国军人保家卫国的抗战精神，为民族的抗战胜利做出了巨大贡献，留下了辉煌战绩。

一、 税警总团是一支特殊部队

税警总团原为时任财政部长的宋子文创办的一支用于盐务缉私的非正规部队。1932年，在财政部长宋子文的倡导下，把旧有的盐务缉私队伍改编为税警总团，直属财政部，并由宋子文亲自任命各级高级军官。成立初期，在队伍的构架上就区别于一般的军事单位，下属单位和部门齐全，有医院、修械所、迫击炮营、炮兵营、通信营、辎重营等单位，并设有八大处，参谋处、副官处、军需处、军械处、军法处、军医处、顾问处、政训处，后两处是一般军事单位没有的部门。同时，税警总团还建立有直辖的特务连、工兵连、通信连、迫击炮连、重机枪连、卫生队等部门。因直属于财政部管理，在武器装备方面全部采用进口，精良程度非一般军事部队可比，配置有美式、德式、法式和捷克式轻重武器，并配备火炮、高射机枪和小型战车等装备。①人员招募方面也区别于一般军事部队，要求具有一定的文化程度和技能，在新兵训练和培训期间便于沟通和熟练掌握新技术，同时引进了

① 《莫雄回忆录》，广东人民出版社1991年版，第78—83页。

一批留洋回国军官，利用所学进行科学合理的军事化训练和教导。因此，税警总团发展初期，在财政部宋子文的支持下，拥有得天独厚的资源，各方面的发展都优于其他部队，是一支极具战斗力的准军事单位。

八一三淞沪抗战之前，是税警总团的鼎盛时期。兵源的不断扩充和壮大，直至总团下辖共有 6 个团，兵力达到 3 万人，相当于两个加强步兵师人员编制。另外，税警总团极其注重现代化建设和管理，训练采用德式操典，特设海州洪门军官教导队，召训各团尉级军官，并聘请德国军官多人任顾问，分赴各团实施严格军事训练和教导。特别是第 4 团当时集中在南城营房整训，除一般战斗训练、体能素质和夜间教育课程外，团长孙立人还注重各级官兵射击技能训练，规定每天每人要做瞄准，握枪把、扣扳机等小动作、反复练习，且随时检查。经过练习，第 4 团官兵多次在总团各类射击比赛中荣获团体和个人等多项冠军。夏天，团长还亲自将部队带到海边露营，实施游泳训练，并举行海上游泳比赛，不到 3 个月，全团官兵包括伙夫，都成了熟悉水性的游泳能手。此外，思想教育方面，税警总团也与其他军事部队不同，如对于在严格的军事训练中借机逃跑者，其他部队抓到逃兵就非打即杀，而税警总团并不以此法来惩办逃兵，他们一方面在营房四周布置铁丝网加以防范，并以责任与荣誉等训话去感化本人；另一方面再令其穿上前后印有“逃兵”二字的特制背心，负责打扫营房区内清洁，及面对镜子站着自省，因此久而久之，逃亡士兵日渐减少。①

税警总团在参加 1937 年八一三淞沪抗战前，也曾以第 5 军第 87 师“独立旅”的名义参加了 1932 年第一次淞沪抗战，战中成绩突出，英勇作战，誓死抵抗，几次牵制住日军进攻而受到当时舆论的高度评价，并在“淞沪停战协议”签订以后撤出上海。在海州整训期间，因剿灭盐枭保一方平安得到嘉奖，但也引起一些高层对于这支武装力量的关注。上海抗战爆发前，由财政部宋子文控制的税警总团，被划归中央军事委员会控制，黄杰被任命为总团长。这一转变不但确立了税警总团正规军事单位的地位，也改变了税警总团的命运。

淞沪抗战爆发以后，税警总团奉令由江苏海州前往上海第二次参加淞沪抗战，并将总团划分为两个支队，何绍周为第一支队司令官，下辖第 1、2、3 团，王公亮为第二支队司令官，下辖第 4、5、6 团。主要战斗集中在 10 月至 11 月期间，阻击蕴藻浜沿岸与苏州河南岸日军，直到日军再次在杭州湾登陆后，使我军

① 俞大维：《中国军魂——孙立人将军永思录》，台湾学生书局 1992 年版，第 159 页。

腹背受敌，又担负起掩护大军转进作战等任务。税警总团凭借旺盛的士气和过硬的军事技术，以及精良的武器装备，在淞沪战场上奋勇作战，前仆后继，抗击着侵华日军的每一次进攻。税警总团在此作战期间曾被分割使用，增援各个危在旦夕的中国守军部队，也被联合作战使用，阻敌于阵前，使得日军伤亡惨重，闻风丧胆。

二、蕴藻浜沿岸阻击战斗

淞沪抗战第一阶段市区围攻战与沿江反登陆阻击战失利后，日军第二次增兵。日军第101师团于9月22日在上海登陆，第9师团在27日赶到，第13师团也在10月1日到达上海，兵力增加了一倍。日军计划以4个师团发动进攻，1个师团作为预备队，由南向北展开攻势，集中兵力，实施中央突破，速战速决。具体为第3、第9、第101师团在陈家行、吴淞以西之塘桥附近两地之间发起进攻，突破蕴藻浜防线，夺取大场，一举消灭沪北中国军队主力，第11师团进入蕴藻浜与走马塘之间的地带，掩护主力侧背，并与主力同时向南攻击前进。上述各部夺取大场后，直取苏州河，第13师团作为预备。

中国军队也制定了淞沪抗战第二期作战指导计划，陆续从全国各地抽调部队，继续抗击日军的进攻。兵力部署转为南北从潘泾河到杨泾河，东西从蕴藻浜到走马塘沿线，加强了工事构筑。淞沪会战逐渐进入了大规模阵地战的高潮。

长江三角洲地域系沼泽地带，河流纵横，构筑工事，阵地守备均极其艰难，而日军利用空军轰炸，舰炮支援，调兵灵活，火力交叉配合炽烈等优势，向中国军队发动攻击。

9月27日，第三战区长官司令部电令税警总团黄杰总团长："着该总团于南翔站下车后，以一团进驻彭浦大场间，另一团进驻大场附近及其以西北地区，其余集结北新泾附近地区，到达指定地点后，归中央军朱总司令绍良指挥。"①"28日上午十时许，税警总团一部到达南翔车站，上空发现敌侦察机两架，并以机枪扫射，投弹数枚，经该部机枪及高射炮射击逸去，我团略有损伤。"②这和老兵彭司湘回忆口述是相吻合的，"部队9月20日接到命令开赴上海战场。25日晚上整

① 税警总团报中央军第九集团军指挥部电文。《抗日战争正面战场》，中国第二历史档案馆编，第392页。

② 《淞沪防御战斗》，第三战区长官司令部编制：《抗战纪实》，中国第二历史档案馆馆藏，档案号：2819-53。

队出发。26日到达海州附近的新浦车站。27日凌晨，火车到达苏州外跨塘的一个小车站，火车走走停停，白天为了躲避日军飞机轰炸，晚上再上火车前行。28日凌晨，到达了南翔，下车以后隐蔽在村庄里。上海那里的村庄，多半都是小树，竹林子多。大概在早上六七点的时候，看到一架日本人的轰炸机飞过来，士兵们神情警惕，怒火中烧，好多连排长都用机枪打飞机。当时，敌飞机扔下一枚炸弹，有几个士兵受了伤，但飞机也让我们用高射机枪打了下来，落在嘉定县。"①

10月1日，税警总团奉命接防第87师阵地，第一支队下辖第1、2、3团增援到第一线，以团为单位分割使用，归第9集团军指挥。日军主力部队第9师团猛攻第一支队蕴藻浜沿线刘行太平桥、顾家宅阵地，双方伤亡惨重，但终无法突破税警总团阵地。日军第3师团前来增援，猛攻税警总团左翼友军，防守之陈家行至黑大黄宅之阵地被突破，一部日军渡过蕴藻浜。税警总团处于三面受敌、孤军苦战之险境。2日晨4时，日军利用大炮、飞机轰击，配合战车部队，由北南犯，攻击第9集团军蕴藻浜陈家行至塘桥站间设立的阵地，企图强行突破切断京沪铁路，孤立我军由大场镇至江湾的守军。日军经过几次增兵，第一线已展开6个师团，攻击重点指向刘行附近，企图实施中央突破。中国军队与日军虽经激烈战斗，终因敌军炮火轰击猛烈，致使刘行太平桥、万桥之线阵地全被摧毁，乃移守塘桥站、陈家行沿蕴藻浜南岸，经广福、施相公庙之线阵地。日军转以主力企图渡过蕴藻浜进攻大场。"午后9时，令税警总团第二支队的第4、第5两团，增援第24师。恢复第24师被敌人突破的三处阵地，重创日军，经一夜激战，伤亡甚重，伤亡官兵四分之一。3日，日军主力连续向南发动攻势，固守严家宅、曹家宅两地的税警总团第一支队官兵死伤惨重。军部即调动部队，配合以炮火，多次发动逆袭。于午后2时，再度争夺严家宅和曹家宅两处阵地。敌复以火炮集中轰击，再度反扑，与税警总团展开白刃肉搏，税警总团虽拼死抵抗，但在严家宅的守军，伤亡甚重，阵地失守。其税警第6团又奉命支援第1军阵地，团长钟宝胜负伤，全团伤亡三分之一。"②(此处没有加引号，建议根据文件意思对原表达进行适当调整，使读者读起来更清楚一些。)

10月4日拂晓，敌机在我守军上空盘旋及对税警总团阵地猛烈轰炸，我军伤

---

① 上海淞沪抗战纪念馆编:《口述淞沪抗战》(一)，上海：上海人民出版社2007年版，第131页。彭司湘，原税警总团第二团中尉军医。

② 《蕴藻浜战斗》，第三战区长官司令部编制:《抗战纪实》，中国第二历史档案馆馆藏，档案号：2819-61。

亡甚大。塘桥站至陈家行以北地区之敌,系日军第 9 师团,在戴宅附近为敌第 35 联队。上午 9 点开始,敌军地面部队由东、北、西三面向塘桥站桥头堡形成包围攻击。中国守军坚强支撑,税警总团与敌军连续激战长达 10 个小时,与敌数次肉搏,伤亡惨重。5 日,日军对塘桥站东西六房一带炮击猛烈,似有在此渡河企图,广福至施相公庙之线,敌我双方激战多日。[①]日军第 3、第 9 师团连续向蕴藻浜地区进攻,企图占领蕴藻浜南岸,为总攻做准备。中国军队多次组织突击队,利用夜间或日军炮火间隙,向突入蕴藻浜南岸之敌逆袭,对日军造成重大伤亡,使其不能在南岸顺利建立桥头阵地。

10 月 6 日,敌军以飞机与炮火作掩护,强渡占领了蕴藻浜南岸石驳岸,又积极妄图扩大突破口。我军迅速组织力量扑灭该敌,并以胡宗南为总指挥兼左翼队长,指挥第 1 军、第 16 师、第 32 师,黄杰为副总指挥,兼右翼队长,指挥第 8 师、第 61 师、税警总团,在左翼军总司令陈诚的指挥下,向蕴藻浜南岸之敌军扫荡。经战几日,敌军虽受重创,然挟其优越飞机及炮火,复以节节进逼,我军为打破日军向蕴藻浜南侵企图,恢复刘行、罗店阵地之目的,先行强固现阵地,并令第 5 路军前来增援。

日军深知陈诚所指挥的多为我军之精锐部队,而陈诚所守的这一地段,在地理位置为咽喉重地,日军集结大部分的登陆部队力量,向陈诚所部发动进攻,逐步突破一个又一个据点,并向西先后渡过潘泾、狄泾与杨泾;又向南渡了酸浦河,直指蕴藻浜南岸。6 日上午,第 8 师正面胡家堰(不含)南桥亭宅(含)之线,石驳岸墙门头间被敌突破,请求税警总团增援。第二支队司令官王公亮电令第 5 团向北推进,接守西六房、石驳岸墙门头之线,并令第 4 团亦向北推进至西塘桥。第 5 团在敌机炮轰击之下前进,于午后 8 时,将突入蕴藻浜南岸之敌消灭。第 4 团第 2、3 两营,于午后 6 时到达西塘桥,第 1 营因增援途中迷失方向,到达第 16 师右翼谈家头附近,正逢日军猛攻第 16 师右翼,情况紧急,第 1 营应该师所请,遂加入战斗,损伤很大。是晚,第 4 团第 2、3 两营奉令到达丁家桥附近、顿悟寺南岸。第九集团军长官部电令税警总团派兵两团至马桥宅西六房附近,策应第 61 师、第 8 师之正面。[②]

---

① 《蕴藻浜战斗》,第三战区长官司令部编制:《抗战纪实》,中国第二历史档案馆馆藏,档案号:2819-63。

② 《蕴藻浜战斗》,第三战区长官司令部编制:《抗战纪实》,中国第二历史档案馆馆藏,档案号:2819-64。

税警总团在蕴藻浜沿线阵地作战期间一直被分割使用，充当“救火部队”，哪里危急去增援哪里，但也在流动作战中造成了惨重的伤亡。自日军占据有利形势以来，积极向蕴藻浜沿线活动，企图突破我蕴藻浜南岸阵地。税警第1团奉黄杰令将担任北新泾镇至新闸桥构筑阵地之任务，交由第18师援部署，即开往大场附近集结。第2团以主力占领马桥宅、坝石桥宅之预备阵地，以一部向严家宅、李宅、三房宅、孙家宅、黑大黄宅一带搜索。7日，西六房方面之敌，仍然猛攻第5团阵地，伤亡甚重，下午4时，石驳岸附近被敌突破四五百公尺，而黑大黄宅及桥亭宅又先后告急，第4团第3营前往增援，才得以收复该处阵地。8日，税警总团第4、5团因伤亡较重，上午8时，将丁家桥以东阵地，交第1师第1团接替，以西阵地，交第78师232旅接替，该4、5两团各剩一营之兵力，分别撤至杨木桥林家木桥宅整理，调集大场附近集结之第1团，以1营暂归第61师使用，余部在第2团之右翼占领陈家宅、俞家宅、朱家宅之线。日军因攻击黑大黄宅作战中久攻不克，并施放催泪及毒瓦斯，税警第4团因伤亡过大东撤，以该处不失，关系全局甚大，乃商同税警总团第一支队司令派在西塘桥之税警第2团之一营向曹家宅、小吴宅前进以期恢复黑大黄宅。但此时，敌军已越过黑大黄宅南进，该营遂停止於曹家宅附近，退据海家宅。10日，税警总团第2团反攻曹家宅未得手。是晚，第6团由大场西之侯家库向葛家牌楼里湖宅推进，策应该第2团。11日拂晓，防守季宅第2团营长雍文麟阵亡，官兵亦伤亡过半，季宅陷落。①

据老兵彭司湘口述：“在蕴藻浜的阵地上，你争我夺，双方伤亡很大。晴天时候，日本鬼子的飞机来轰炸，我们阵地几乎被炸飞。其中一次，二营一个机枪排的官兵，全都牺牲了。炮声刚落，鬼子部队就是一阵冲锋，到了这时候，大家都准备好了刺刀，咬紧牙关，只听到一片喊杀声和枪声。一直坚持到黄昏的时候，大概是5点钟，第15、19师的部队冲上来增援我们，把阵地又给恢复了。而到了11日这一天，又打了整整一天，我们的老副营长也牺牲了。蕴澡浜战线上部队伤亡很大，包括我们湖南衡山的肖国汉、周机，还有一个浏阳的刘菊甫，都牺牲了。”②

中国军队在蕴藻浜南北的大规模反击战遭到失利后，淞沪战局急转直下。日军在空军和炮火的协同下，连续突破中国军队防线，向走马塘南北之线疾进。

---

① 《蕴藻浜战斗》，第三战区长官司令部编制：《抗战纪实》，中国第二历史档案馆馆藏，档案号：2819-65。

② 上海淞沪抗战纪念馆编：《口述淞沪抗战》(一)，第131页。

日军第11师团从刘行南下，对大场防御的中国守军左翼实施进攻。担任主攻部队的日军第9师团和第3师团，对大场阵地的右侧发动新的轮番攻势。日军第101师团则从泗塘河两岸和新市区一带，向庙行、江湾进击，对中国军队的右翼阵地发动攻势。10月18日，前来增援的中国军队第5路军4个师编成第21集团军，以廖磊为该集团军总司令，属中央军总司令朱绍良指挥，展开于塘桥站以西至陈家行、蕴藻浜沿岸的阻击。第三战区长官司令部即令中央军以6个团、左翼军以4个团编成攻击军，统归左翼军总司令陈诚指挥。21日，由陈家行南北地区，面对日军转移攻势，我军防守失利，经过4天的激烈战斗，受敌军强烈的逆袭，我军陷于大场，迫使部队向苏州河南岸转进。

三、苏州河南岸阻击战斗

10月27日午，第三战区长官司令部电令朱总司令绍良，第1军与税警总团，应迅速沿苏州河南岸，构筑上海西站、北新泾、姚家渡间阵地，并由军团长（1937年9月30日，任命胡宗南为第17军团军团长兼第1军军长）胡宗南统一指挥。① 第88师（欠一团）占领梵王渡至丰田纱厂，税警总团丰田纱厂至北新泾镇（不含），第1军附第61师北新泾镇至姚家渡之线主阵地。税警总团因在防守蕴藻浜之防线伤亡过大，每个支队由原来三个团并编为两个团，以第2团并入第1团，第6团并入第4、5团，第3团奉令归还建制，已到达虹桥西南地区，并令进至大小里为总预备队。蕴藻浜沿岸阻击失利及大场沦陷后，何绍周、王公亮两个支队司令官由于指挥作战不利而被免职，第4团团长孙立人提升为第二支队司令官，另调第2师旅长赵公武为第一支队司令官。黄杰直接指挥第一支队。②

10月31日，日军企图以田上旅团、石井旅团、应森旅团等各抽一大队会同中岛工兵大队共约2 000余人，组成敢死队，拟架桥偷渡苏州河，限3日内占领苏州河南岸之周家桥及北新泾中国守军防线。当日晨6时，周家桥、姜家宅等处，被敌开始攻击，炮声震耳，弹落如雨，其工事半数被毁坏，炮声过后，敌军于周家桥镇施放烟幕架桥掩护步兵400余人施行强渡，敌军数十人在空军炮火烟幕掩护

---

① 胡宗南：《抗日战争正面战场》，中国第二历史档案馆编，第377页；中国第二历史档案馆馆藏，档案号：2819-78。

② 《苏州河战斗》，第三战区长官司令部编制：《抗战纪实》，中国第二历史档案馆馆藏，档案号：2819-117。

下突至南岸，经过该处守军税警第 4 团第 3 营以机枪火力制压敌军强渡部队，未能得逞，毙敌 200 余人，获步枪 16 支，先期渡过南岸的数十名日军，在黄昏前全部歼灭。午后 6 时，我军炮兵对周家桥渡河日军敢死队射击。敌军以钢丝、帆布为桥，经我炮击，破坏其一部分。至晚 11 时，敌由刘家宅偷渡，以该处地形不利，失陷一部。同日午前 10 时，敌企图由我左翼姜家宅、金家宅偷渡，均被我第 1 团击退。①日军这天以猛烈的火力掩护强行渡河，并不断增援，与税警总团守军数度肉搏，逐屋争夺，杀得尸横遍野，血流成河，为达到刘家宅一带强渡目的，吸引佯攻周家桥守军之精锐部队。

10 月 31 日，顾祝同致电军政部长何应钦报告当日战况：一、闸北我军一团，本日下午已完成撤退，到达梵王渡附近。二、本晨敌炮击我丰田纱厂及其以西阵地，以步兵分别在周家桥镇、陈家渡、张家宅附近强渡苏州河，我税警总团与之激战，因地形隐蔽，除姜家宅外，余两处均被渡过百余，经包围歼灭，截至现时止，周家桥镇南岸仍有数十名，负隅顽抗。由陈家渡南渡之敌，亦被我军包围中。……②

11 月 1 日晨 2 时半，税警总团第 5 团反攻刘家宅阵地，未能得手。3 时，第 3 团受命在拂晓前将该处敌军歼灭，经过两团反攻至上午 9 时半，仅逼退该处敌军退据近苏州河红房屋内，第 5 团伤亡极重，团长丘之纪负伤，黄杰即令第 3 团必须占领刘家宅(不含)以西薛家库(不含)以东之阵地。至午后 4 时，敌军又强渡过约二连增援，此时第 36 师 215 团到达曹家宅，遂将第 1 团蔡家宅至薛家库之阵地交由该团接防，而令第 1 团在薛家库以东至曹家宅以西之线占领斜交阵地，协助第 3 团及第 36 师之 216 团对刘家宅之敌攻击。增援刘家宅桥头堡附近的日军，被税警团围攻后，又数次增援，该团抵抗不支，令第 36 师派兵一旅前往共同反攻，日军死伤惨重，退据河岸顽抗，我军继续攻击。③

11 月 2 日晨 1 时半，税警总团奉命以第 3 团第二营向刘家宅攻击前进，协助第 36 师之战斗，并令第 3 团暂归第二支队司令官孙立人指挥。8 时，第 5 团团长丘之纪阵亡(距北新泾不远，刘家宅之西)，以该团已失重心，即令第 4 团接防该团，第 5 团由劳声寰团副指挥，后撤整理。第 4 团刘家宅及造币厂前两处，发现

---

① 《苏州河战斗》，第三战区长官司令部编制：《抗战纪实》，中国第二历史档案馆馆藏，档案号：2819-122。

② 中国第二历史档案馆编：《抗日战争正面战场》(上册)，南京：江苏古籍出版社 1986 年版，第 247 页。

③ 《苏州河战斗》，第三战区长官司令部编制：《抗战纪实》，中国第二历史档案馆馆藏，档案号：2819-124。

敌军正架设浮桥,并退据河岸顽抗。午后,刘家宅以西无名洋房内又发现敌军二三十人盘踞高楼固守,我军第36师向其攻击。3日,晨五时,税警总团接防部队未能按时接防,第二支队司令官孙立人在第一线受重伤,司令部事务暂由第二师参谋处朱致一处长处理,其所兼第4团团长职务由该团第3营营长张在平暂代。①

此时,税警总团兵力损失太大,一线官兵伤亡殆尽,已无力再战,其阵地全部移交给第36师接管,总团撤至徐家汇附近休整。据老兵陈怀礼口述:"税警总团政训处的任务就是收集战场信息。会经常和抗敌后援会妇女大队一起去医院看望伤兵,摆龙门阵。期间会听到许多官兵在战场上与日寇英勇搏斗的事迹和战役的进展情况。有时奉令也要到第一线的团、营指挥所去慰问和了解战斗情况,一是代表总团下去慰问和鼓励一下士气,二是要掌握一些情报,可供总团长官们参考。总团所有部队战斗始终在第一线,官兵们表现的都十分英勇。11月2日,第5团团长丘之纪为了夺回刘家宅阵地,亲自率部与敌人展开近战,逐屋逐宅与敌人搏杀,战斗空前激烈,英勇顽强,在激战中丘团长不幸中弹,英勇牺牲。并令税警四团团长孙立人,率部夺回阵地。苏州河战斗中,在各团全力配合下打死打伤日军不计其数,尤其孙立人防守周家桥附近,日军集中强大火力的支援下,疯狂向孙部进攻,孙立人亲临前线督战指挥,不幸身负重伤,被迫离开战场。"②

11月4日,日军第10军在杭州湾金山卫一线登陆。据报:敌军在沪作战截至本日止,死伤已达四五万人,敌军在6次增援外,再增弘前第8师团及宇都宫之第14师团之一部及台湾军混成旅来沪。③淞沪地区的中国军队腹背受敌,态势进一步恶化。鉴于税警总团损失严重,7日,战区司令部命令总团逐次撤退至昆山以东的青阳港附近整理。9日,总团在西撤过程中接到右翼作战军总司令张发奎的命令,迅速开到青浦,协同其他部队阻击日军第6师团前进。税警总团随即占领阵地后,但左右两翼阻击部队却未到达,日军即从总团防线两侧绕过西进,顿时使得总团陷于孤立。晚9时,张发奎总司令紧急令税警总团迅速脱离战斗后撤,至昆山以南的茜港建立阵地。黄杰令税警总团展开向日军发动佯攻,其他

---

① 《苏州河战斗》,第三战区长官司令部编制:《抗战纪实》,中国第二历史档案馆馆藏,档案号:2819-127。

② 上海淞沪抗战纪念馆编:《口述淞沪抗战》(一),第65页。陈怀礼,原税警总团政训处少尉。

③ 《苏州河战斗》,第三战区长官司令部编制:《抗战纪实》,中国第二历史档案馆馆藏,档案号:2819-128。

部队则迅速逐次脱离战场，开赴茜港。税警总团利用自己最后残余的力量，前后一共三次掩护了大部队的后撤，最后和第87、88、36、18等师交互掩护，于12月1日撤到镇江。此后，奉第三战区副司令长官命令，总团于12月3日全部渡过长江，担任江北沿岸警戒。1938年初又调到安徽阜阳一带整补，正式决定将税警总团残余部队整编到陆军第8军40师。

四、 税警总团参加淞沪抗战的历史功绩

在以淞沪为核心的长江三角洲地区进行的淞沪会战，是中国抗战史上规模最大、时间最持久、影响最深远的一次重大战役。这次战役揭开了全面抗战的序幕，是中国由局部抗战转向全面抗战的历史转折点，在国际反法西斯斗争和中国抗日战争史上都有着极其重要的地位。抗日战争使中国人民空前团结起来，使中华民族焕发出巨大的凝聚力和旺盛生命力。全国各地在以爱国主义为核心的民族精神的感召下，各派系、各武装力量从四面八方云集淞沪战场，共同抗日御侮，共赴国难，谱写了一曲可歌可泣、慷慨悲壮的光辉篇章。这是自鸦片战争以来，中国近代反侵略战争史上从未出现过的团结一致的政治军事局面，标志着中华民族新的觉醒。

税警总团在中华民族危亡的紧要关头，投身于伟大的抗日战争，成为全民抗战中一支不可或缺的重要力量。税警总团在淞沪地区前后两个月的战斗中付出了巨大的牺牲，从蕴藻浜沿线战斗6个团编制，到苏州河南岸战斗整编为4个团，再到撤出淞沪战场又担负掩护大军转进作战等任务，最后所剩无几余部被编入第40师。在伤亡如此巨大的情况下，仍然能够以大局为重，服从统一部署和调遣，保持旺盛的战斗力，勇于担负和完成上级指挥机构赋予的战斗任务，表现出税警总团是一支服从大局、纪律严明、英勇顽强、不怕牺牲的部队，堪称一支“精锐之师”。

税警总团在各项待遇丰厚的前提下，官兵们仍能参加两次淞沪抗战，投身于抗日战争的第一线，并未临阵退缩以保存实力，展现出中国军人在民族危亡时刻忠勇为国、勇于献身的精神。正如老兵彭司湘所说：“官兵们在各项待遇丰厚的前提下，全体将士仍能上阵杀敌，士气高涨，同仇敌忾，是与国家共存亡之决心。高喊着：‘抗战到底，保家卫国。’其中一位同乡名叫肖国汉，团长批准他有一个月的婚假，让他回家结婚，结果他跑去和团长说：‘为了上海抗战，我不回去了。’那

时全体官兵就像他一样，下定决心，不把日本鬼子赶出去，决不罢休。”①

这支特殊的部队，正因为有着严明的纪律和强烈的保家卫国思想，才能在战场上表现得如此英勇善战、前赴后继。将士们浴血奋战，英勇杀敌，战绩卓著，他们与其他中国军队一起挫败了日军以中央突破、速战速决的战略意图，迫使侵华日军在华北战场上转攻为守，分散和牵制了日军在其他地区的军事行动，打乱了日军侵华的全盘计划，也粉碎了日本军国主义三个月内灭亡中国的迷梦。侵华日军曾在其挫败之地立碑为：“遇华军最激烈抵抗于此”以纪念其伤亡最严重之战。②标志着日军不可战胜的神话和企图亡我中华野心的破灭。

税警总团在八一三淞沪抗战中，创造了不可磨灭的赫赫功绩，谱写了抗战史上光辉而悲壮的一页，必将永载史册。

（本文原载《军事历史研究》，2014 年第 1 期）

① 上海淞沪抗战纪念馆编：《口述淞沪抗战》(一)，第 131 页。

② 俞大维：《中国军魂——孙立人将军永思录》，第 201 页。

淞沪会战守势时期作战之研究

滕昕云

抗日战争淞沪会战，历经3个月的鏖战，主要分为围攻时期（8月14日至8月22日）、反登陆时期（8月23日至9月11日）、守势时期（9月11日至11月5日）以及转进时期。其间国军投入约七十个师的庞大兵力，日军亦动员达三十万人之众，这些部队最主要系在守势时期投入于淞沪战场上。本文即在探讨，淞沪会战守势时期所发生的战斗的特性，及其对于国军统帅部在战略决策上的影响。

一、 淞沪会战守势时期

1937年9月6日，国军第三战区以宝山城遭日军攻占，将吴淞/张华浜、罗店/川沙口两个滩头堡合而为一，而左翼作战军对罗店之围攻亦未奏功，遂颁布第二期作战计指导，下令各部队转移至浏河镇—罗店—蕴藻浜—江湾—洋泾一线固守，至此淞沪国军反登陆作战阶段结束，而开始了守势时期作战。

淞沪会战守势作战时期，从9月11日至10月26日，日军占领大场，迫使我中央作战军向苏州河右岸转移为止。这一段时期，国军坚持在一条连续的战线上，承受日军猛烈的攻势，其中虽然数度向后移动调整，但一直到上海总撤退时为止，国军始终维持着这一条长约五十公里的连续的完整防线，和日军进行惨烈的“阵地战”。①国军的战斗序列区分为左翼作战军（陈诚）、中央作战军（张治中，后为朱绍良）、右翼作战军（张发奎）。这个时期的淞沪会战，表现出了一次世界

① 黎东方：《细说抗战》，台北：远流出版社1995年版，第74页。

大战堑壕战的特色。

由于战场形势的局限性,(北起长江,南至苏州河、黄浦江)使得双方机动的空间受限,于是一条连续战线得以形成。连续战线的意义不仅是一条将战场区隔为敌我所控制与活动之地区的接触线,在军事上而言,连续战线即表示一切迂回与包围的空间将因此而丧失,攻击的一方被迫只能采取正面突破的战法。淞沪会战战场形势恰如一个小型的一次大战西线。日军攻势的进行被迫放弃其追随德国军事思想而来的机动性迂回包围战法,而必须采用代价最高昂的正面攻击。于是"防御是战争较强形式"的明训得以在上海实现。[①]日军虽然拥有较现代化的装备与战术,但是在面对线性防御的优势时,还是只能服从于这个原则。从9月11日至10月20日这一段时间中,日军的攻势只向前推进了五公里而已。[②]

在这种正面的攻击施行上,日军有其一贯的标准程序。攻击概分为三个阶段进行:[③]

第一阶段:先以飞机集中轰炸,破坏我工事,并袭击我后方,继以炮兵以及海军舰炮向我阵地轰击。

第二阶段:以战车掩护步兵开始进攻,炮兵延伸射程,飞机亦临空阻我后续部队增援。

第三阶段:在战车支持步兵达成突破后,突入兵力将向左右席卷,以造成我方战线的动摇。此时后续部队随即投入,速构工事进行巩固。

这一套战法还是和一次大战时的战术相似:"炮兵征服、步兵占领",利用大规模的炮兵射击为步兵的攻击前导;战车的作用在于带领步兵突破坚强设防的战线;甚至炮兵的观测仍是以一次大战的办法用高空系留气球行之。只不过日军实施的规模相较欧战西线者是要小了许多。在这种一次大战色彩浓厚的战场上,国军的军事体系、观念以及较逊的武器装备正可以有相当的表现,因为在这种战争中,其战术要求是以固定状况与计划为依据的静态线性防御为主要的战法,因此国军部队可以坚守阵地达到相当的时间。甚至根据国军在淞沪战场上的表现并结合后来西班牙内战的经验,英国军事评论家李德哈特上尉(Capt. H.

---

① "防御是战争的较强形式"为克劳塞维茨《战争论》中的论述,其原文为"在战争遂行中,防御是较攻击为强的形式。"见 Carl von Clausewitz, Vome Kriege, p.139.

② 黎东方:《细说抗战》,台北:远流出版社1995年版,第92页。

③ 顾祝同:《墨三九十自述》,台北:"国防部"史政编译局1981年版,第171页。

B.Liddell Hart)在二次世界大战爆发前还撰文直陈，在防御的优势下，即使是一支装备窳劣的部队亦能击退优势之敌。①

虽然整个作战的形式是以一次大战堑壕战为主，不过在淞沪战场上还是表现出了现代战争的若干特性。这是第一次，空中武力的优势对于战场上的控制产生了如此可观的效果，致使缺乏空优的一方在地面上的活动受到严重的限制。许多论述提及日军飞机在战场上空对我部队妨碍甚大。日军飞机对于战场上我军的活动只要一经发现，立即对我发动攻击。无论是大部队运动或者是前线阵地上野战厨房的炊烟，都难逃其摧毁。于是我军的一切活动只能限制在夜间实施。白天一到，日军飞机飞临战场上空，我军的活动就必须沉寂下来。这种滋味尔后将为二次大战中后期北非以及西线上的德军所品尝，面对着联军空权压倒性的数、质上的双重优势，德军在白天的活动几乎完全停顿。不过由于现在淞沪会战已经转为阵地战形式，是属于静态的线性防御，我军在这种状况下，除了前线上的官兵生活受到困扰外(由于只能晚上开伙，白天吃不到任何东西)，对我军作战上尚不致产生绝对致命的影响。国军亦常利用夜间对于日军阵地发动小规模之夜袭，也都获有相当之战果。②日机对于我军的影响虽然严重，但是其战术运用似乎并无一定的明确计划与目标。除了战术对地密切支持外，日机的行动较为类似临机猎杀的出击，也就是像老鹰一般盘旋在上空，只要一发现有利目标，即俯冲攻击。日军空中武力未能对我实施战场阻绝，有计划有系统地对我一切通往战场的铁路公路运输进行攻击，彻底将我军送往淞沪战场的人员物资予以断绝，就像二次大战时联军在诺曼底的战略作为一样。果真如此，国军的战斗当更艰苦。③

二、 国军成功坚守原因

淞沪国军在守势时期能够在装备与训练悬殊的状况下，尤能坚守阵地长达月余，数度成功击退日本上海派遣军的攻势，主要得归功于以下几点原因：

---

① Len Deighton,《闪击战——自希特勒之崛起至敦刻尔克撤退》，台北："国防部"史政编译局1981年版，第141页。

② 郭汝槐:《第十四师杀敌见闻》，《原国民党将领抗战亲历记:淞沪会战》，北京:中国文史出版社，第248页。

③ 蒋纬国:《抗日御侮第五部》，台北:黎明文化出版有限公司1978年版，第92页。

（一）为战场上兵力的密度大

淞沪国军在长达五十公里的战场正面上，投入了近五十个师的兵力于第一线上，平均一个师所担负的防御正面有的还不到一公里。因此使得部队在如此狭小的正面上展开，势必要采取纵深配备，否则战场将过度拥挤。于是，国军即可以利用大密度的防御兵力以及纵深的布置而使得防御的效能倍增。日军在上海的兵力至 11 月上旬止，一共六个师团暨若干支队、支援单位等十余万人，日军在攻击时采用重点式攻击，亦即在一有限正面上集中兵力进行突破，因此可以抵消全盘态势上数量因素的不利。加以其火力支持精准、各种战术运用技巧纯熟，因此给予国军极大之压力。不过国军因为数量的优势，仍能在这种"阵地战"中坚守阵地，当然伤亡十分惨重。日军攻击能够达成突破之处，常常是国军防线上兵团之接合部，如对蕴藻浜南岸的攻击即是。①两部之接合处乃为军事作战中一贯的弱点所在。于是日军得以利用集中重点的攻击突穿我军之脆弱部。

（二）国军部队战力为抗战中最高峰时期

淞沪会战是抗日战争中第一次大规模会战。国军统帅部调派大批部队赶往参战。因此所有的部队虽然编装不一、战力不尽相同，不过由于第一次上前线，实力均相当完整。当时蒋介石的嫡系中央军大部均投入在淞沪战场，这些部队无论就指挥官素质，装备、训练和作战、协同以及补给等各方面都较地方部队为强，因此可以说是国军在抗战中所曾集结过最强大有力的大兵团，各部队战力亦可以说是抗战期间的最高阶段。②这是淞沪会战守势时期国军得以坚守战线的主因之一。之后随着抗战的进程持续下去，由于国军整补系统的严重不足，各师战力每况愈下，人员编装之缺额无法统统补足，于是各师转战越久，实力越残破。抗战中后期，亦有一师员额仅为满编之一半者，其战力当可想而知了。不过在抗战爆发后，国军许多制度体系尚能运作有效，因此国军在沪战力可以说是抗战全期中最高的。战场上纵使有大量的伤亡，不过因为运输与补给制度此时尚称健全，各师实力虽无法完全恢复，亦能达到原本之八至九成。

（三）野战部队补充制度之适宜

当时对于部队的补充，国军采取了补充有战斗经验的旧单位而不调换新单

① "国防部"史政编译局编：《国民革命建军史第三部（上）》，台北："国防部"史政编译局，第 831—832 页。

② 陈忠龙、胡龙海：《略论"八一三淞沪会战"战略指导上的得失》，黄玉章主编：《是藉反法西斯战争中的中国战场》，北京：国防大学出版社 1989 年 9 月版，第 301 页。

位上战场的措施。也就是说，除了极端必要的情形下才将前线的部队撤回后方整补，则尽量让有战斗经验的单位留在火线上，而将新兵拨补入老兵的行列之中。这个意见据说是陈诚所提，亦有说是德国顾问的想法。①于是各省的保安团队或者是若干战力不足的新到师，均将之分割配属给前线上的第一线部队。这个作法无疑是正确的。战斗经验的获得是要付出血汗等严苛的代价。一个新到达的师被投入战线上，在甫抵达战场对战场环境一切陌生的情形下，常常会招致重大伤亡而战斗效能有限。最好的办法是将新兵拨补入老兵的行列中，让有战斗经验的人员指导初上战场者在战场上的一切战斗技巧与求生本领，使一支战斗经验丰富的部队达到足额，恢复其战力。日后在二次大战苏联战场上，德军即饱尝缺乏具有战斗经验部队之苦。希特勒迷信数量，将大量新编成的单位送上战场上填补空隙，以制造师级部队数量增加的假象，却不将长久停留在战场上的久战单位补足。于是新到的师在缺乏战斗经验、对战场环境不熟悉的状况下通常立即招致重大的牺牲，而极端有价值的老单位亦因严重缺额而无法发挥其效能，亦因此而逐渐消耗殆尽。整个东线的德军即在如此的恶性循环下导致战力急剧减弱！淞沪会战国军能够始终坚持在一线上，该补充制度应是一大功臣。

三、“堑壕战”对统帅部在淞沪用兵之影响

关于淞沪会战后期，国军统帅部常有论述论及国军统帅部为何在淞沪战场投入如此庞大数量的部队，在一狭小的战场上坚持如此之久。固然统帅部执意在上海坚守，而不采用将部队撤至后方另组战线持久抵抗的较明智作法，遂决定源源不断投入国军中的主力于淞沪战场。但是在“阵地战”“消耗战”等战争形态的遂行下，国军大量师级部队的投入亦是有其不得不然的客观形势。

淞沪会战我军坚守阵地达一个月，虽然屡次击退日军，但是蒙受极大之伤亡。在这种“阵地战”战争中，双方均体验到了一次大战各参战国所面临的状况。“阵地战”(der Stellungkrieg; Trench Warfare；我方常用语为“堑壕战”)的另一个同义词就是“消耗战”。当面对着“防御是战争较强形式”所形成的僵局时，攻

① 说是陈诚所提的是刘劲持的说法，见《淞沪警备司令部见闻》，《原国民党将领抗战亲历记：淞沪会战》，第49页。而在熊新民的文章中，则指称为德国顾问的建议，见熊新民：《杨树浦与江湾抗战》，《原国民党将领抗战亲历记：淞沪会战》，第82页。不过，熊文中记载为“法国顾问”，但是当时国军中并无法国顾问，应是德国顾问之误。

击的一方常常在无计可施的情形下，只能用大量的火力企图毁灭敌人的阵地、杀伤敌人的人员，以削弱敌人的战力。在这种情形下，物质与人命的消耗将超出指挥当局的计算。日军并未预料到淞沪的战事会演变成阵地战，因此并无相应的措施。战事发展到十月份时，上海战场的日军发现他们的弹药存量已经严重不足。炮兵一天的用量被限制在0.2个标准基数量，使得第一线师团无法充分得到炮兵火力支持。①这是因为在“阵地战”中炮兵弹药的消耗要较一般野战还要大，使得作战中的弹药需求量超出标准计算配额。

对于我方而言，“消耗战”的效应同样严重地影响了国军的作战。由于我军的战力一般而言较日军为逊，于是如欲维持一条连续不断的战线，势必要求在该线配置较一般状况为多的有力部队才得固守。加以日军现代化武器精良，运用技术熟练，杀伤力大，造成我军的伤亡超出预估之范围。于是为了在如此的状况下继续固守战线，维持一贯的兵力密度与战力，则必须不断投入新锐部队至战线上，以填补因长期消耗而可能产生的弱点和空隙，否则淞沪战线将不可能坚守长达十周之久的时间。淞沪会战期间，国军统帅部持续不断将各地赶到的新单位逐次送上前线，即是为了应付“阵地战”与“消耗战”的效应的因应措施。由于初步坚守的成功，为了继续维持已经建立起来的防线，却不得不投入更多的兵力在其中。在这种情形下，讲求持久抵抗以消耗敌人的我军在上海被迫同样陷入“消耗战”之中而无法抽身，再加上日军现代化武器的惊人威力，国军因而招致惨重的伤亡。这种对于“阵地战”所产生的严重消耗，国军与日军同样始料所未及。

另一方面，日军由于动用的部队本来就比较少，且系属于攻击的一方，同时其装备与训练精良，而国军所能发挥的火力有限，因此其伤亡数字相较之下并不似国军一样高，不过其伤亡比例在日军指挥高层眼中却又是另外一层意义。由于他们所面对者为其一贯不放在眼里的中国军队，而战事在进行近三个月却未能有决定性的进展，在这种情形之下，如此的伤亡是日军所绝对无法忍受的事实。鉴于淞沪战场上的惨重杀戮，日军便谑称上海战场为“血肉磨坊”！总结在淞沪会战期间双方伤亡的人数，国军为30万3 500人；日军则是伤3万1 257人，阵亡9 115人。不过据孙元良将军的估计，国军伤亡人数在18万上下。这一数字更有蒋介石的谈话以为支持。在1938年3月8日对将校研究班的学员讲话

① 日本防卫厅防卫研修所战史室编：《日军对华作战纪要：从卢沟桥事变到南京战役初期陆军作战(一)》，台北：“国防部”史政编译局1987年版，第544页。

中，蒋即提及“我们在上海牺牲十九万人！”即使算这个数字是正确的，却也已经足以让我们吃不消了！

四、小　　结

国军在淞沪会战后期和日军展开惨烈又消耗重大的阵地战形势的战争，诚然表现出了“防御是战争较强的形式”这个定律，但是在现代化武器与火力之下，国军蒙受了重大的伤亡，的的确确是实现了“以血肉筑长城”的悲壮豪情。日本帝国陆军面对我军所构成的连续战线，在数度突破未果，且亦招致惨重伤亡的情况下，淞沪会战俨然成为一个严重的军事僵局。日军已然深陷泥淖，当初日军大本营所预期的速战速决、“一击”的战略构想，遂为淞沪国军所彻底打破。

（本文原载“淞沪抗战纪念馆陈列改造暨淞沪抗战史学术研讨会”论文集，2014 年 6 月）

论杭州湾北岸和太湖南走廊之对日作战

余子道

一、 日军的迂回战略和第10军进攻杭州湾北岸

淞沪会战开始后，日本政府和军部为了迅速击败中国军队，夺占上海和长江三角洲地区，除了出动原先在中国东南海上活动的海军第3舰队和常驻上海的海军特别陆战队等部队以外，于1937年8月15日组成了以松井石根为司令官的上海派遣军，对上海发动全面进攻。同月下旬，松井石根指挥第11师团和第3师团分别在上海市区以北的宝山川沙口和吴淞登陆，这是日本第一次大规模增兵淞沪战场。自9月3日起，日军天谷支队、重藤支队等3支各相当于旅团规模的部队，又在宝山、吴淞等地登陆。接着，从9月上旬到10月初，日本又从国内派出第101、第9、第13等3个师团和重炮兵1个旅团，分别在吴淞和黄浦江西岸的张华浜、杨树浦、虬江口等地登陆。这是日本第二次大规模增兵淞沪战场。至10月上旬，日军已在上海市区北面、长江终端南岸、黄浦江西面的淞沪主战场上，集结了第3、第9、第11、第13、第101师团等5个师团，又15个步兵大队和重炮兵1个旅团，以及其他特种部队，另有海军第3舰队，仅地面部队总兵力已达12万人以上。日军以长江和黄浦江沿岸登陆场为基地，由北而南向中国军队阵地连连发动进攻，企图首先攻占上海苏州河以北地区。

然而，日军的进攻遭到了中国军民的强有力抗击。八一三事变后，在中国共产党的抗日民族统一战线方针政策的指引和影响下，第二次国共合作正式形成。以蒋介石为首的国民政府终于确立了举全国之力实行对日抗战的国策，走上了联共抗日的道路，全国各党派各界民众在抗日御侮、共赴国难的旗帜下，一致奋起，汇成了空前的抗日救亡斗争的高潮。南京最高统帅机关毅然发起淞沪之战，

为保卫大上海、保卫首都南京、守卫长江三角洲，不断调集重兵举行规模巨大的淞沪会战。自八一三开战到 9、10 月间的近 2 个月时间里，约有 60 个师上下的部队和海空军的全部主力前来淞沪参战。中国军队士气高昂，英勇奋战，前赴后继，寸土必争，进行节节抗击。其规模之巨大、战斗之激烈，在中国反侵略战争史上极为罕见，形成了空前英勇的壮举。日军尽管付出了惨重的伤亡代价，但进展极为缓慢，直到 10 月上旬，日军的攻势仍被中国军队阻压在沪太公路以东、蕴藻浜南北一带，长江和黄浦江沿岸这一狭小地区。

日本军部对于淞沪之战僵持不决万分焦虑，乃决定采取新的大规模增兵行动。东京参谋本部认为，华北战场的进攻发展甚快，而"上海方面战斗则处于胶着状态"；华北方面军在 9 月下旬至 10 月上旬已攻占保定、石家庄、沧州、德州等地，而上海派遣军却对一条不大的蕴藻浜和一个小镇大场久攻不克。如果"上海方面就那样让它下去，(那就)无法取得结束战局的结果"。因此，参谋本部确认："为了打开这种局面，有必要采取新的措施。"①日本最高当局为了迅速逼迫中国政府屈服、尽快结束"中国事变"，为了准备应对当年冬季可能爆发的日苏军事冲突，也为了在即将召开的九国公约国家布鲁塞尔会议上立于有利地位，以及配合正在策动的通过德国政府为中介对中国政府的诱降活动，乃策定组建新的主力兵团，投入华东战场。

日军这次大规模登陆的战场，北岸与此前上海派遣军选择在淞沪战场的左翼、长江南岸宝山一带登陆不同，而是在淞沪战场右翼的杭州湾北岸。这里是一个十分重要的战略地带，不仅在地理上利于日军实行大规模登陆，而且从这里突破守军阵线，既可与上海派遣军相呼，迂回淞沪战场，又可截断沪杭铁路和苏嘉铁道，打通太湖南走廊，进出苏浙皖边境，从西、南两方面对南京实行战略迂回。

从 10 月上旬开始，日本参谋本部即着手为第三次大规模增兵淞沪，登陆杭州湾北岸进行准备。首先是组建新的与上海派遣军平行的兵团。10 月 4 日，参谋本部发出"临命"第 555 号命令，指令在中国东北待机的第 18 师团，为准备在杭州湾方面登陆进行演习。10 月 5 日，参谋本部指令华北方面军：在石家庄附近会战结束后，以约为 2 个师团兵力集结于平津地区，准备转用于其他战场。这时

---

① 日本防卫厅防卫研究所战史室编：《中国事变陆军作战史》，中译本，第 1 卷第 2 分册，中华书局 1981 年版，第 88 页。

参谋本部已内定抽调在华北战场的第6、第16师团转用于华东战场。10月23日,又命令华北方面军以1个师团的兵力在平津地区集结,准备使用于其他方面。同时,在10月10日前后,参谋本部从东京派出铃木中佐等人至上海,会同上海派遣军的少将田尻、参谋芳村等人,秘密地在金山卫一带进行详细的实地侦察。

10月20日,日本参谋本部发出"临参命"第119号命令,正式下达组建第10军,在杭州湾北岸登陆,会同上海派遣军攻略上海的命令。其中规定:"一、向上海方面增派第10军及必要的配属兵力。二、第10军司令官应与海军协力,在杭州湾北岸登陆,以利于上海派遣军司令官完成任务。三、上海派遣军司令官继续执行现行任务,并应援助第10军登陆。"①命令"特任柳平助为第10军司令官、田边盛武为参谋长"。该军下辖第6师团、第18师团、第114师团和国崎支队(相当于1个旅团),以及独立山炮兵第二联队、野战重炮兵第6旅团,第1、第2后备步兵团等部队。为配合第10军在杭州湾北岸的作战,10月30日,参谋本部又以"临参命"第134号令,调第16师团编入上海派遣军序列,准备在江苏常熟附近长江南岸的白茆口登陆。

为统一指挥上海派遣军和第10军,日本军部决定将所有在华东、华中作战的地面部队及其所属航空部队,合编为华中方面军。10月30日,以"亲补"令任命松井石根为方面军司令官兼上海派遣军司令官。11月7日,即杭州湾北岸登陆战开始第三天,参谋本部又以"临参命"第138号命令,正式编成华中方面军,下辖上海派遣军和第10军两大作战集团。除由松井石根任司令官外,参谋本部调派原该部第3部部长冢田攻任参谋长,原参谋本部第1部作战课课长武藤章为副参谋长。海军方面,日本海军军令部于10月20日编成第4舰队,由丰田副武为司令长官,与在上海和华东沿海作战的第3舰队联合编组为中国方面舰队,由长谷川清任司令长官。海军军令部还决定以第4舰队担任连云港以南中国海上作战,并协助第10军实施登陆杭州湾之战。

日本参谋本部在发出了关于组建第10军的命令后,立即与海军军令部制订了陆海军协同作战协定,于10月20日向上海派遣军、第10军和中国方面舰队发出了有关指令。同日,参谋本部制订了《第十军作战要领方案》。关于作战方针,

---

① 日本防卫厅防卫研究所战史室编:《大本营陆军部》,中文摘译本,上卷,四川人民出版社1987年版,第375页。

“方案”规定：“(第10)军应协同海军在杭州湾北岸登陆，并尽快向上海市西南方地区前进，与上海派遣军共同扫灭上海周围之敌。”①

日本统帅机关孤注一掷派出第10军，视此为打开久拖不决的上海战局的一个决定性行动。参谋次长多田骏在与第10军参谋长田边盛武的谈话中，特别强调出动该军的战略意义及其与日本天皇的关系，说明其重要性非同一般。多田骏明确表示了“中央对该军的期待和该军的性质”，向田边盛武指出：出动第10军“是为了打开目前的时局，在上海附近夺取一个大的战果，乃是迫切而绝对必要的”，要求该军“在全世界注视的战场上发扬我军武威”②。多田骏还强调了第10军地位的特殊性，说它虽然是与上海派遣军处于相互密切协同的地位，但却是由统帅机关直接指挥的一支独立的军团：即使尔后两军合组为华中方面军，第10军“在很大程度上……仍具有属于天皇直接统率之性质”③。作为日本侵华的又一个主力兵团，第10军是奉日本天皇裕仁这个侵华武装力量的最高统帅的命令，走上这条血腥的自掘坟墓之路的。

这时，淞沪战场上以大场为中心的苏州河以北会战正处于高潮，日本参谋本部万分焦急，要求第10军迅速出动，但由于部队集结未成，武器装备和给养的运输尚需时日，以及海洋与气候等因素，登陆时间一再被拖延。直至10月25日，才最后决定从11月5日起，发动杭州湾北岸登陆作战。

第10军登陆的地域选定在金山卫、全公亭一带。这是日本参谋本部和上海派遣军经过多次周密的侦查，确认这一地带具备适宜于大兵团登陆的各项基本条件，符合从右翼迂回淞沪战场，又可西向进击南京的作战需要而做出的选择。从军事、地理、交通等诸方面条件而言，首先，这一带金山卫、白沙湾等地具有可供大兵团登陆的地形条件。当时南京军委会情报机关曾派出“战地调查勘测组”作过侦察，认为“金山卫硬滩地带居多，港湾水深，乃明清两朝严防倭寇入侵之重点设防区域”④，从地理和历史两方面指出这里是日军最可能登陆之处。其次，这

① 日本防卫厅防卫研究所战史室编：《大本营陆军部》，中文摘译本，上卷，四川人民出版社1987年版，第378页。

② 日本防卫厅防卫研究所战史室编：《中国事变陆军作战史》，中译本，第1卷第2分册，中华书局1981年版，第91页。

③ 日本防卫厅防卫研究所战史室编：《中国事变陆军作战史》，中译本，第1卷第2分册，中华书局1981年版，第92页。

④ 文强：《戴笠领导的抗日别动队和反间谍斗争》，全国政协文史资料委员会编：《八一三淞沪抗战——原国民党将领亲历记》，中国文史出版社1987年版，第73—74页。

一地带上陆后的重兵集团便于向纵深推进，实施战役展开。这里既有通向上海、杭州、苏州的公路，又有控制沪杭铁路中段，进击苏嘉铁路南段，以及北上切断沪宁铁路之便利。第三，极有利于实施日军惯用的"两翼迂回"战略。从这里登陆的日军，东北方向可包抄上海市区西南边缘，合围淞沪战场；西向可沿太湖西南地区前出苏浙皖边境，从西南方面迂回南京，与上海派遣军共同进攻南京。第四，杭州湾北岸是淞沪会战中国军队防线的最薄弱的环节，而且又一直被南京统帅机关所忽视，疏于防范。从这里实施登陆，可收攻其弱点、攻其不备之效，而稳操胜券。

日军第10军的第一梯队为第6师团主力和第18师团。这两支部队于11月2日分别在日本八口浦和五岛出发，由第4舰队输送，至朝鲜济州岛附近海面集结。然后经浙江舟山群岛东面之马鞍群岛海面，在4日晚进入杭州湾大小金山海域，当夜在金山卫和漕泾海面换乘登陆船艇。5日凌晨至拂晓，日军舰炮和航空兵率先开火，连续轰击达4小时之久，揭开了进攻杭州湾之战的罪恶的第一幕。凌晨4时许，当中国军民还蒙在鼓里之时，日军的大规模登陆行动开始了。上陆部队分乘150余艘船只，编列为3个登陆船队，在金山卫至全公亭一带东西近20公里的沿岸地带实行登陆。日军分别从3个登陆点上岸。第一登陆点在江苏金山县金山卫城以东之金山嘴、戚家墩海滩一带，第6师团主力和国崎支队在这里上陆。第二登陆点在江浙交界处浙江平湖之全公亭、白沙湾、裴家弄沿海一线，以第18师团主力为登陆部队。第三登陆点在金山与奉贤两县交界处的奉贤漴缺和金山塔港沿海一带，第18师团一部在此登陆。

11月5日6时许，大批日军陆续登岸。6时半左右，日军全线登陆，分兵三路向内陆推进。右路为第18师团主力一部，从漕泾越亭林、叶榭，经奉贤直指黄浦江南岸，攻击矛头指向闵行。中路为第6师团主力，由金山卫北上，经张堰、松隐，直指黄浦江米市渡。其企图是渡江夺占松江和青浦。左路为第18师团主力，由全公亭直攻金山城关(朱泾)，攻击矛头指向枫泾和嘉善、嘉兴。

第10军的第二梯队为第114师团，因为海上运输船队的不足，登陆场的拥挤不堪，通向内陆的道路泥泞不畅，以及后勤供应的困难等原因，这支部队到了11月9日才开始在全公亭和白沙湾一带登陆，至10日和11日其步兵、工兵之大部分上陆完毕。然后，从2日开始，114师团把进攻方向指向平湖城和嘉兴。差不多同时，从华北战场调来的第16师团和此前已在淞沪战场的重藤支队，也在11月13日由海军舰队输送下，从江苏常熟附近长江南岸白茆口一带登陆，向支塘、常熟、福山进攻，企图协同沿京沪铁道西进的上海派遣军主力，围歼正在西撤的中国左翼作战军。

二、 杭州湾北岸阻击战

淞沪战场的中国军队为击退日本第 10 军的入侵，挽救右翼战线的危局，保卫杭嘉湖地区和太湖南走廊，奋起进行杭州湾北岸地区和太湖南走廊阻击战，此役始于 1937 年 11 月 5 日金山卫、全公亭、白沙湾一带海湾沿岸抗登陆战斗，终于同年 11 月 29 日最后保卫长兴之战。这场阻击战是在毫无准备的情势下，完全被动地仓促而起的消极防御作战，是中国军队在部队数量、装备和火力等各方面处于绝对劣势，完全没有海空军配合的条件下展开的一场恶战，也是在淞沪战场我军阵线已呈现全面瓦解，大规模退却势所必至的背景下进行的殊死之战。然而，尽管战局如此险恶，敌我双方力量对比又如此悬殊，第三战区右翼作战集团和杭州湾前线广大官兵，以及地方保安团队和警察人员，依然无所畏惧，奋力抗击，以高昂的抗日爱国精神誓死阻击登陆的日本侵略军。

(一) 金山、平湖、奉贤沿岸阻击战

这场战斗是由在杭州湾北岸最前沿驻守的少量部队首先打响的。11 月 5 日凌晨，第 62 师的留守部队和第 63 师一部以及地方警察队，炮兵第 2 团第 2 营一部，分别在自己的驻守之地发现在海滩登陆进犯的日军，乃奋起抗击，各自为战，揭开了杭州湾之战的序幕。日军登陆战的第一个目标，是在杭州湾北岸，黄浦江以南，金山卫东西海岸地带开辟一个登陆场，以便楔入内陆向纵深地带推进，实现其战役展开。同日上午，日军第 6 师团、国崎支队、第十八师团分别在金山嘴，戚家墩、全公亭、白沙湾、漴缺、塔港等地上陆，在西起平湖全公亭、中经金山金山卫、东至奉贤漴缺这一东西向沿岸地带，开辟了一个登陆场。当日，第 18 师团主力在侵占金丝娘桥、全公亭、衙前、新仓等地后，把攻势指向朱泾，其另一部从漕泾向亭林、叶榭进袭；第 6 师团主力和国崎支队由金山卫北上，直攻张堰和松隐。日军按照东京参谋本部颁定的“不给敌人应付的时间，在登陆点附近不整顿态势，一举向黄浦江北岸”进攻的行动方针，一路向北突进。至 11 月 5 日晚，日军主力窜犯至朱泾、松隐、亭林之战。6 日上午，日军占领张堰和广陈，午后进占黄浦江米市渡。7 日又攻占朱泾。由奉贤柘林向内陆进犯的日军，于 8 日占领南桥镇。

日军挟其兵力和火力上的绝对优势掌控了制空权，又占着突然进攻的有利态势，中国军队完全无力组织起任何具有规模的抗击战。杭州湾北岸近100公里的海滩门户洞开，上陆之敌蜂拥而上，如入无人之境，向北推进的速度之快，出乎其预料。但是，在敌军重兵压境的危急时刻，驻守在前沿的少量军警，本着守土有责、有敌无我的英勇气概，誓死抗击登陆之敌，大无畏地揭开了神圣的战幕。几乎在5日早晨同时首先打响的，是平湖白沙湾东司城和裴家弄海月庵战斗、奉贤漴缺战斗、漕泾塔港战斗、平湖全公亭炮兵战斗、金丝娘桥战斗、陆家埭和金山卫城战斗。接着，中国守军又进行了叶榭和亭林战斗、松隐战斗、朱泾战斗。这些战斗规模很小，各自分散作战，每次为时很短，在占有压倒优势的敌军打击下，很快都归于失败。参战军警大都壮烈牺牲，为国献躯。他们宁可玉碎，不为瓦全，尽管不能阻挡敌军进攻，但也给了敌人一些杀伤，而更大的意义在于以自己的英勇行动唤起杭嘉湖地区广大军民奋起保卫国土，打击日本侵略者。

（二）松江保卫战

在杭州湾北岸阻击战的前哨战正在展开之时，第3战区总部陆续作出了抗击日军登陆的初步作战部署，主要有以下几项：第63师和第62师一部从平湖乍浦和奉贤南桥两个方向，对金山卫地区登陆之敌进行左右夹击；以守备浦东的独立第45旅向杭州湾方向攻击前进；以集结于青浦的第62师余部进占松江；以集结于青浦白鹤港附近的第67军2个师，速经松江向金山方向前进，阻击日军北上；以第61师占领闵行，警戒黄浦江之左岸；命令原拟由河南新乡开往苏州河南岸的第79师，中途在嘉兴下车，开往平湖广陈镇，增援新棣、新仓之线；第10师由青浦南下金山、松隐；第11预备师开往嘉兴。

这时，淞沪战场的全盘态势发生了重大变化，日军基本上占领了上海市区（租界除外）和嘉定、南翔以东，苏州河以北的地区。中国军队的作战形成为相互联系又相对独立的两个战场，大体上以苏州河南北为界，原中央作战集团的战域已不再存在。据此，南京最高统帅部在1937年11月4日决定调整第三战区指挥系统，撤销中央作战集团的建制，将淞沪战场部队编组为两个作战集团。左翼作战集团以陈诚为总司令，下辖3个集团军：第15集团军，总司令由陈诚兼任，副总司令罗卓英；第19集团军，总司令薛岳；第21集团军，总司令廖磊；总计兵力30个师左右。左翼集团以苏州河以北、长江以南、太湖以东以北、京沪铁路南北地区为作战地域。右翼作战集团以张发奎为总司令，下辖3个集团军：第8集团军，总司令张发奎兼，副总司令黄琪翔；第9集团军总司令张发奎兼；第10集团军总司令刘建绪；总计兵力为21个师又7个旅上下。右翼作战集团的作战地域为杭州湾南北两岸、苏州河以南、太湖东南、沪杭铁路南北地区。

第8集团军于是紧急组织部队力图构成黄浦江防线，以阻击北上日军越过黄浦江、截断沪杭线，与上海派遣军合围中国军队。11月6日晚，第8集团军副总司令黄琪翔到松江进行部署，下令第79师、第11预备师、第67军、第26师、第61师等部，在新棣镇、孙家角、闵行之线，固守各渡口，拒止日军渡江。可是，从7日深夜开始，日军由得胜港以西各渡口抢渡黄浦江，其一部进至松江城西南的李塔涯。

这时，日军进攻的主要目标为松江和嘉兴，11月7日，柳川平助作出以下部署：以即将在海岸登陆的"第114师团及军直辖部队在金山附近集结；第6师团以一部占领平望镇、主力在松江东北地区集结；第18师团一并指挥左侧支队（按：该支队主力为第35旅团）夺取枫泾镇，准备向嘉兴前进"①。于是，从11月8日开始，第6师团一部和国崎支队向松江发起进攻，第18师团也对枫泾发起进攻。

松江保卫战于是在十分危急的形势下打响。松江与嘉兴为沪浙咽喉，如日军攻占松江和嘉兴，就切断了中国军队在太湖以南的通道，日军就打开了进犯杭州、苏州和苏浙皖边境的门户。当时，驻守松江的只有川军郭汝栋的第43军残部和松江专区和县的保安队，形势岌岌可危。11月6日晚，黄琪翔在松江向松江专区行政专员兼保安司令王公屿面交手令："着该保安司令协同43军郭军长汝栋、67军吴军长克仁死守松江县城三日，违者军法严惩。"这时，日军已抵黄浦江米市渡，离松江城只有十多华里。郭汝栋部分兵防守县城四城门。吴克仁所部67军原为东北军，甫由河南新乡南调，到达青浦后当即增援松江，于6日晚到达。

吴克仁命令第107师（师长金奎壁）出新东门向南阻击北犯之敌，重点指向米市渡；第108师（师长张文清）守卫城防及至李塔汇沿江一线，阻止敌军的进攻。7日一早，日军猛攻松江城。107师在米字渡痛击来犯之敌；吴克仁亲临战线，率领官兵打退了进攻西门的日军。午后，日军增援部队赶到，发起更猛烈的攻势，城南战况最烈。吴克仁又亲上战场指挥，士兵们在南门外一次又一次地与敌军反复搏斗。第43军与专区保安队也一起投入血战。8日，日军攻势更为凌

① 日本防卫厅防卫研究所战史室编：《中国事变陆军作战史》，中译本，第1卷第2分册，中华书局1981年版，第97页。

厉，直扑松江城下。108 师在城西拼死阻击，在李塔汇一带敌我血战竟日，阵地三失三复，但在敌人的猛烈炮击和连续冲锋下终于不守。激战中，东北军官兵们奋勇异常，白刃冲杀，许多营、连官兵都战死疆场。

8 日傍晚，日军逼近松江西门，吴克仁下令向青浦撤退。这时，松江城之东、南、西三座城门都被日军封锁，仅剩北门尚可通行。吴克仁让郭汝栋率部先撤，他带领 107 师等部，在一片火花和枪炮声中，从北门撤出血战了三天的松江古城。9 日凌晨，松江陷于日军铁蹄之下。沪杭铁道逐被截断。

（三）枫泾和嘉善保卫战

在日军第 6 师团和国崎支队进攻松江的同时，第 18 师团也向枫泾和嘉善发起进攻。中国军队迎战于沪杭中段一带，进行了英勇悲壮的枫泾和嘉善保卫战。

枫泾是沪杭线上的一个镇，位居松江与嘉善之间，东距嘉善 11 公里，为嘉善、嘉兴之门户。日军第 18 师团主力在 11 月 6 日进入亭林镇附近后，为尔后进攻嘉兴，即派出其"左侧支队"即步兵第 35 旅团和野炮兵第 12 联队主力，前出枫泾镇东西，准备进攻该镇。11 月 8 日，第 18 师团和左侧支队发动攻击枫泾之战。第 3 战区和第 10 集团军为保障乍平嘉线和苏嘉线的安全，乃下令抽调部队守卫枫泾、嘉善和嘉兴。11 月 7 日，第 10 集团军命令第 11 预备师（师长胡达）置主力于嘉善外围、枫泾地区的潮泥滩、石堰、南叶荡之即设阵地，并以 1 个团驻守枫泾镇。同时，原驻嘉定的第 109 师（师长赵毅）奉令调至嘉善，其 1 个团调枫泾驻防。11 月 8 日，原驻浙东的第 128 师（师长顾家齐）从宁波车运至嘉善，其一部分驻枫泾。同日，暂编第 13 旅 1 个团由江西玉山开抵嘉兴。

北旺泾前哨战揭开枫泾阻击战的序幕。8 日下午，日军 2 000 余人，由金山经新棣向枫泾进攻。在枫泾东南的北旺泾守卫的预 11 师警戒连，当即开火阻击，毙敌 30 余人。但因三面受敌，弹尽援绝，而全部壮烈牺牲。同日晚，日军在北旺泾得手后，紧接着以优势兵力向守卫枫泾的预 11 师第 11 团阵地进攻。该团彻夜血战，团长张纬负伤，团副方学苏接替指挥，坚持至次日上午，全团伤亡大半，方学苏也英勇阵亡。

接着，第 109 师等进行陈登桥战斗。9 月上午，109 师 654 团从嘉善赶到枫泾，与 11 师 11 团余部在枫泾镇北端对进犯之敌展开阻击。同时，654 团一部在枫泾镇以西、铁路以南地带，也与敌军进行激战。当日午前，日军攻占枫泾镇。入夜，战局趋于恶化。团长黎荫棠中弹负伤，团副王达之继续指挥战斗。日军企图从两翼包围，654 团向西南方向且战且退，东至沿枫泾镇铁道、右至陈登桥侧面一带，双方展开一场犬牙交错之恶战。至此，枫泾阻击战结束，战局转向嘉善县城。

嘉善阻击战由128师南昱桥战斗揭开战幕。11月10日凌晨，128师主力到达嘉善城，该师以第382旅764团前出西油车浜、陆家浜、包家浜一带国防工事据守。这时，109师654团从枫泾方面后退而来，代理团长负伤，2个营长一死一伤，连以下官兵伤亡过半。128师764团眼看友军危殆，欲挺前增援，无奈敌军战机低飞轰炸扫射，前进途中4华里多的开阔地带完全被敌军火力封锁而无法通过。上午11时，654团残部撤过764团防地，日军衔尾追击，764团当即奋起拦击。官兵们面对2个联队的强敌，镇定沉重，端枪上刀，用近战以避开敌军飞机、火炮的优势，以血肉之躯作悲壮的拼搏，给了疯狂进犯的敌人以迎头痛击。382旅旅长谭文烈又调第二梯队763团前来接战。激战至下午18时，我军阵地依旧岿然屹立。敌军伤亡惨重，攻势顿挫。

11月11日，交战的重点移至陆家浜一带。这日凌晨，从江西上饶赶来的暂编第13旅的1个团(团长欧阳烈)到达嘉善，集结于县城西南。接着，128师后续部队768团和109师653团也开抵嘉善。这天拂晓前，在县城铁路和公路正面开始激战。4时左右，日军突破763团防线，沿铁路攻击前进到达陆家浜。据守陆家浜至南桥一线的767团顽强反击。敌军以空军和火炮摧毁了我方大部分阵地工事。暴露在田野上的官兵们，不怕牺牲，寸土必争，反复冲锋，与敌展开肉搏。鏖战至下午15时，767团阵线呈现动摇，师部下令师直属排投入战斗，随即又调13旅1个营参战。战斗至黄昏后，遂将敌军驱逐于陆家浜以东地带。

两天多的战斗，一直以右翼为正面而展开，陆家浜一带成为作战的重点。日军在正面战线的进攻受阻后，遂改向从左翼进行迂回。11月11日上午，小股敌人向128师阵地左翼西塘方向迂回，作侦察性进攻，当被击退。12日上午，敌军2 000余人向128师左翼南祥符荡进窥，从西塘镇以南地带偷渡河港，窜犯嘉善西北长生塘、中欢坎一带。109师主力一部当即实行阻击。同时，陆家浜正面之敌，在12日继续增兵进攻，并向左翼延伸迂回。同日上午10日，日军攻至县城北门外，战局危急。128师调动最后之预备队1个团，奋力逆击。109师650团甫到嘉善也立即投入战斗，协同阻敌。战至日暮，虽将敌军击退至朱家库附近，挽回了颓势，但参战部队已伤亡过半。而由于敌向左翼迂回包抄，原来东向构建的纵深防线，被迫变为向东向北两面，从而造成面广兵少，防御更趋薄弱。

11月13日至14日，战局急剧恶化。13日凌晨，日军猛攻城北128师师部，经2小时血战，将敌击退，然我军伤亡亦大。上午11时左右，128师763团阵地被突破，日军从县城东北进击。764团2个营分别被围，伤亡惨重。而765团与千余敌人反复冲杀，兵员已尽，至此从火车站至北门外3华里已无兵防守。在县城西北方面，109师2个团也与敌军激战竟日。入夜，在朱家库附近塘桥镇一带，展开了一场空前激烈的争夺战，阵地得而复失，2个团的军官大都阵亡。

14日凌晨3时半，日军向128师764团阵地进攻。上午近6时，位于北面的128师与109师之结合部换防，由甫行到达的第62师368团(团长钟筱新)接替欧阳列团，敌军乘机猛攻，不足2个小时，防线被敌突破，虽然2团官兵奋力反击，但终未成功。同日上午10时，长生塘附近109师2个团陷于重围，敌我短兵相接，又展开了一场血战。守军伤亡殆尽，不少官兵投水殉国。至此，整个战场的阵线崩溃，已经无力继续进行抗击了。顾家齐与赵毅联名上书第10集团军总司令刘建绪："请速派大军以挽危局，职等身边仅余卫士数人。"刘建绪下令撤出战斗。14日下午17时至19时，109师和128师先后撤至嘉兴七星桥。其时，嘉善城已陷敌军。嘉善保卫战至此告终。此役中国军队参战部队共15 500余人，日军投入兵力约10 000人。中国方面阵亡官兵近5 800余人，负伤官兵近2 900人。枫泾和嘉善阻击战历时7昼夜，延缓了日军对苏嘉线和乍平嘉线的进攻，牵制了北上迂回中国从太湖东南西撤大军的敌第18师团主力，并给该敌以沉重打击。

三、乍平嘉线的撤守和太湖南走廊阻击战

正当中国右翼作战军为保卫松江、枫泾、嘉善等地，阻击由杭州湾北上的日军对杭沪线和太湖南走廊的进攻，而展开一场英勇悲壮的血战之时，淞沪会战的总体形势却正在发生重大的变化，中国淞沪参战部队的全局性的大规模撤退行动正在发生。淞沪会战进至1937年11月8日前后，日军第10军攻占了金山、松江、前锋直指嘉善、嘉兴和青浦、昆山，上海派遣军从苏州河一线南下，直指莘庄、七宝、黄渡、安亭。南北两路日军，在淀山湖以东围歼中国军队的态势已经开始呈现。中国军队从淞沪战场全线撤退已是刻不容缓，再也无法犹豫拖延了。本来，从淞沪前线把主力部队后撤至苏南和苏浙边境既设国防线，诱敌深入，在比较于我有利的地理环境对敌作战，是早在10月大场战役时就该作出的战略决

策，但是蒋介石出于国际国内各方面因素的考虑，一再未下决心而遭到延误。直到日军登陆金山卫，蒋介石获悉后即以电话征询陈诚如何处理，陈回答道："急宜缩短阵线，苏州河部队应速转进武进一带之国防线。"蒋先是同意"准照此议办理"，但旋即又下令陈"再支持三日"①。这是因为，《九国公约》有关国家布鲁塞尔会议将于11月3日揭开帷幕，蒋介石依然想在淞沪战场再坚持几天，以有利争取会议有一个好的结果。到了11月7、8日，战局急剧恶化。蒋介石和南京最高统帅部有鉴于形势的严峻，遂最终定下决心，命令第3战区当即实行全线后撤。11月8日晚，蒋介石批准顾祝同、陈诚关于开始组织实施向后方既设国防线转移的决定。当日，第3战区司令长官部策定新的《作战计划》，规定新的作战方针："战区以巩固首都之目的，先期向平嘉、吴福线既设阵地转移，以节约并保持战力，拒止敌人，待后续兵团到达，再以广德为中心，于钱塘江左岸方面转移攻势。"②9日凌晨开始，左翼和右翼两大作战集团共60个师上下的大军，从北起长江南岸的江苏太仓、浏河一带，南至乍(浦)平(湖)嘉(兴)线以东地区，自东向西展开了一场大规模的西撤行动。

第3战区的全军转移计划，设定的新的部署方案是：以左翼作战集团沿京沪线南北西撤吴(县)福(山)线既设国防阵地，以右翼作战集团沿沪杭线从太湖东南地区西撤至乍(浦)平(湖)嘉(兴)线既设国防阵地，左右两大集团由苏(州)嘉(兴)线相互联结，把日军"拒止"于常熟—苏州—嘉兴、嘉善—平湖—乍浦之线以东；同时，抽调一部分主力，后移于锡(无锡)澄(江阴)国防线上，预作抗击西进敌军的准备。③

顾祝同在大规模撤退已经开始后，于11月10日和13日先后发出作战行动命令，规定左右两大作战集团转移和新阵地的具体部署。关于右翼作战集团，上述命令规定："右翼作战军应坚固占领乍平嘉本阵地，拒止敌军前进。"④其时，以张发奎为总司令的右翼集团，辖有第8、第10两个集团军，共有9个师又5个旅，以及直属预备部队5个师。根据第3战区关于转移的指令，其中第35师从沪西转移至平望，第62师西撤苏州转至嘉兴，第39师和第90师由唯亭、正仪转移嘉

① 陈诚：《陈诚回忆录——抗日战争》，东方出版社2010年版，第42页。

② 张秉钧：《中国现代历次重要战役之研究——抗日战役述评(淞沪会战—四)》，台北台湾国防部史政编译局印，1978年版，第138页。

③④ 第18军，第16军团及第15、19集团军：《关于东战场沪常及苏皖转进诸战役的战斗详报》，第二历史档案馆藏，国民政府军令部战史会档(25)-3228。

兴和盛泽，第 19 师、第 16 师经苏嘉线转至嘉兴，第 107 师和 108 师集结青浦转进松江，第 545 旅集结苏州，再向嘉兴方向推进，第 6 师待昆山阵地撤出后，亦向嘉兴集结，而预备第 11 师、第 128 师和第 109 师则于此前已开赴嘉善和枫泾一线。显然，第 3 战区司令部的作战企图，是以嘉兴为中心，集中右翼集团全部主力，防守乍平嘉国防线，阻击自杭州湾北上和西进的日军第 18 师团和 114 师团的进攻。

张发奎在 9 日凌晨下令，右翼作战集团在沪西苏州河南岸的军队撤出阵地，向青浦、白鹤港一带转移；同时命令沪杭线守军保卫松江、枫泾、嘉善等要地。可是，这一大规模撤退在事先毫无准备，南京统帅部和第 3 战区司令部迟迟未下决心，丧失了有利时机，在南北两路日军即将合围之际仓促下令，以致形成了全局的被动局面，不可避免地出现了一场大溃退。这时正在争先恐后西撤的部队已处于失控状态，秩序混乱，道路拥挤，桥梁损毁，指挥系统陷于瘫痪，加之敌军运动快速，空中袭击猛烈，以致许多部队都未能按照第 3 战区和右翼集团总司令部的指令进入阵地，有的甚至在中途改变了方向。于是，原先计划中的以嘉兴为中心的一场规模较大的阻击战，就无法组织起来了。

11 月 11 日，日军第 10 军命令第 6 师团继续由松江前出青浦，向昆山方向追击；第 18 师团在攻下嘉善以后，会同第 114 师团向嘉兴进攻。14 日和 15 日，第 18 师团和第 6 师团分别攻占嘉善和昆山。同时，日军为截断苏嘉铁路，切断中国左、右两大作战集团之间的联系，乃有第 6 师团和国崎支队分别派出一部兵力，进攻位居太湖东岸、苏嘉线中段的平望镇。第 6 师团一部 10 日自松江附近出发，依靠汽船等工具由水上机动，于 14 日占领了平望镇。国崎支队主力在 14 日前后亦自松江向平望开进，于 16 日占领该镇。青浦、嘉善、昆山、平望等要点的几乎同时失陷，造成右翼作战军主力无法向以嘉兴为中心的乍平嘉线集中，而不得不向吴县方向转移。顾祝同还在 13 日深夜下令，指令右翼作战军主力(9 个师又 1 个旅)由吴县方面沿苏嘉线向嘉兴方面增援，可是时机已迟，转移未毕，日军已攻占了嘉善和平望。同月 17 日，日军又攻占了太湖东南岸的南浔镇。至此，嘉兴已经三面受敌，中国军队从沪杭线和苏嘉线转用兵力已无可能，再也无力阻击日军在太湖南走廊的进攻了。

日军华中方面军总司令松井石根在 11 月 14 日发布攻占嘉兴、苏州的命令：“一、方面军决定占领常熟、苏州、嘉兴一线，准备尔后的作战。二、上海派遣军应占领福山、常熟、苏州一线，以约 2 个师团在昆山、太仓附近集结。三、第十军须占领平望、嘉兴、海盐一线。”①从14日开始，“第十八师团和第一一四师团逐渐集结兵力，做进攻嘉兴的准备。”②11月15日，日军进至王江泾、新塍，嘉兴已陷入被半包围态势。同日，张发奎在濮院指挥作战。第10集团军调第170师（师长徐啓明）作为主力，守卫嘉兴城，第62师、第45旅等部也参加战斗。在苏嘉线、沪杭线两个方面阻击日军，南官荡至七昱桥一带双方激烈交战。敌军凭借炮兵火力的强势，又利用早已准备的汽艇等水上工具，穿插突进，实行“超越追击”战术，运动快速。17日，由嘉善西进之敌已达七星桥、塘汇一线。18日，日军114师团侵占平湖城厢。当日，日军“第十八师团及第一一四师团的主力在重炮兵部队抵达后，从……早晨开始进攻嘉兴”③。上午，日军迫近嘉兴城厢，守军在东栅口、菱塘桥、秋泾桥等处，进行了顽强的阻击。下午15时，敌一部攻入城内，170师李团撤出阵地，向濮院退却。19日，日军分别从沪杭线、苏嘉线和平嘉线进入嘉兴，嘉兴沦陷。同日，从平望进占南浔的敌军进犯乌镇。20日，海盐陷于敌手。23日，敌军沿杭善公路进攻桐乡，县城陷落。同日乍浦亦告陷落。第10集团军主力向杭州方向退却，在钱塘江两岸布防。日军第18师团和第114师团以少量兵力监视杭州方向，主力则沿太湖南走廊西进。

上海派遣军和第10军在北南两线几乎同时突破吴福线、苏嘉线和乍平嘉线，在11月20日前后攻占了北自长江南岸的福山、常熟，中经苏州、吴县、平望，南至嘉兴、平湖和杭州湾北岸的乍浦、海盐等地，中国左、右两大作战集团沿着太湖北走廊和南走廊向无锡、常州、镇江和苏浙皖边境的吴兴、长兴、宜兴和泗安、广德等地后撤。日军在淞沪战场的得势，大大地激起军国主义政府和军部侵略扩张野心的进一步膨胀。日本当局利令智昏，以为中国经济中心上海已落入自己的手中，中国首都南京也已随手可得，只要攻占南京，蒋介石政府就不可能不屈服，势必接受城下之盟，从而达到结束“中国事变”、征服中国的目的。

松井石根和柳川平助这两个侵略成性、狂妄不可一世的军国主义将领，是推行日本上述战略企图的急先锋，在侵华战争的某些行动步伐和具体目标上，他们甚至比东京军部走得更快更远。在攻占常熟、苏州、嘉兴的前后，正是这两个日

① 日本防卫厅防卫研究所战史室编：《中国事变陆军作战史》，中译本，第1卷第2分册，中华书局1981年版，第98—99页。

② 松井石根：《阵中日记》（1937年8月15日—1938年2月28日），中译本，《南京大屠杀史料集》，第8册，江苏人民出版社，凤凰出版社2005年版，第128页。

③ 松井石根：《阵中日记》（1937年8月15日—1938年2月28日），中译本，《南京大屠杀史料集》，第8册，江苏人民出版社，凤凰出版社2005年版，第132页。

军在华东战场的最高指挥官，率先提出进攻南京的作战计划，而且在东京参谋本部尚未作出正式决定之前，就行动了起来，实行“先斩后奏”。松井石根早在就任上海派遣军司令官之初，就在8月16日向陆军大臣、海军大臣、军令部长和参谋总长提出日本“军应该以迅速进攻南京为目的，……必须一举推翻南京政府”的政策主张。以后在九、十月多次向东京军部强烈要求增兵上海，建议“用派遣军的主力部队，从江南地区的太湖两侧地区及南京东面和南面，以包围之势攻打南京。再用一部分兵力占领杭州”①，而且反复强调：“现在的战略要点归根到底就是攻打南京，并推翻南京政府。”②

其时，东京军部出于各方面的考虑，尚未作出攻占南京的决策。直到第10军发起杭州湾登陆战之时，日本参谋本部11月7日以“临参命”第138号发布的组编华中方面军的命令中，规定上海派遣军和第10军的任务是“与海军协作挫败敌军战斗意志，为寻找结束战争的际遇而歼灭上海附近的敌人”③。并且在同日以“临命”第600号规定了作战地域的“制令线”：“华中方面军的作战区域大体是苏州—嘉兴一线以东地区。”④但是，无论是松井石根，或是柳川平助，对于上述规定都极为不满，而且将其置于不顾。事实上，第10军一部11月17日进攻平望以西、太湖南岸的南浔镇，已经越过了苏嘉“制令线”。两天后的19日晨，柳川平助在金山发出“丁集作命甲第31号”命令，下令全军“要不失时机地追击敌军至南京”⑤。次日，松井石根以华中方面军司令官下达了“新的命令”：“方面军在保住苏州、嘉兴一带的基础上，计划占领无锡和湖州一带。”⑥显然，其企图是从太湖南北两个地带进攻和包抄南京。松井石根又在22日向参谋本部提出，建议“于12月中旬以后开始攻打南京”。虽然，松井石根、柳川平助与参谋本部一部分首脑在作战的具体目标和行动步伐上存有歧见，但从根本上说，两者在侵华目标和战略方针方面是一致的。所以，尽管东京参谋本部在11月20日早晨还发

① 松井石根：《阵中日记》(1937年8月15日—1938年2月28日)，中译本，《南京大屠杀史料集》，第8册，江苏人民出版社，凤凰出版社2005年版，第63页。

② 松井石根：《阵中日记》(1937年8月15日—1938年2月28日)，中译本，《南京大屠杀史料集》，第8册，江苏人民出版社，凤凰出版社2005年版，第104页。

③④ 日本参谋本部：《临参命第138号》(1937年11月7日)，《大本营陆军部》，中文摘译本，上卷，第376页。

⑤ 日本防卫厅防卫研究所战史室编：《中国事变陆军作战史》，中译本，第1卷第2分册，中华书局1981年版，第119页。

⑥ 松井石根：《阵中日记》(1937年8月15日—1938年2月28日)，中译本，《南京大屠杀史料集》，第8册，江苏人民出版社，凤凰出版社2005年版，第132页。

电华中方面军参谋长，指出第 10 军“经湖州向南京全力阻击”的行动，被认为已超越了原先规定的苏嘉“制令线”，而在 25 日却下令撤销了这条限制令。松井石根在日记中不无得意地记下了这一命令：“今天，参谋本部来了电报。解除了对方面军在苏州—嘉兴一线作战的限制。”①

于是，一场以攻占南京为目标的战争行动揭开战幕。在太湖南走廊，日本第 10 军首先发动了对吴兴（湖州）、长兴的进攻，企图打开通向金陵的苏浙皖边境的门户，从南面和西面对南京实行战役迂回，与沿京沪线和长江西进的上海派遣军和海军第 3 舰队，共同合围南京。华中方面军在 11 月 24 日颁发的《第二期作战计划大纲》，除了正式确定以“方面军与中国方面舰队协同，迅速攻克南京”为“作战方针”外，还具体规定了进攻南京的 3 条路线：“方面军以一部自扬子江左岸及芜湖方面进至南京背后，其主力自丹阳以东之京沪铁路—丹阳—句容方面，以及湖州—宜兴—溧水方面相呼应，于南京要塞外，歼灭敌之野战军。攻克南京。”②第 10 军在这时以攻占吴兴和长兴为作战重点，而以第 114 师团和国崎支队先行进攻吴兴。114 师团于 18 日下午以主力进入枫泾，另一部进入平湖。此后，师团经枫泾—嘉兴公路和平湖—嘉兴公路，日夜兼程快速前进。19 日，进抵嘉兴及其东北方地区。但按照军（部）的命令，应持续向南京追击，于是 20 日重又进击，经平望镇及南浔镇首先猛扑湖州（吴兴）。

这时，中国右翼集团的刘建绪第 10 集团军主力已后撤杭州及钱塘江两岸，太湖南岸吴兴、长兴一带防务由新从陇海线东段南调的广西部队第七军担任。该军原在江苏海州、连云港一带担负海岸守卫，军长周祖晃，辖第 170 师（师长徐启明）、第 171 师（师长杨昌俊）、第 172 师师长（程树芬）等 3 个师，其中 171 师已于 10 月中旬调往淞沪前线蕴藻浜、陈家行参战。杭州湾形势危殆之际，南京统帅部下令第 7 军的 2 个师急调吴兴，阻击沿太湖南岸西进的日军，掩护从淞沪前线向苏浙皖边境转移的部队退却。11 月 17 日至 19 日，170 师和 172 师经长途跋涉到达吴兴、长兴。19 日，蒋介石电令周祖晃，着第七军向吴兴推进，所遗长兴、宜兴间太湖之警备，由刘湘第 23 集团所部接替。同日，蒋介石又电令刘建绪：“兹着右翼作战军总司令张发奎来前方指挥，在张总司令未到以前，第 7 军暂归

① 松井石根：《阵中日记》（1937 年 8 月 15 日—1938 年 2 月 28 日），中译本，《南京大屠杀史料集》，第 8 册，江苏人民出版社，凤凰出版社 2005 年版，第 136 页。

② 日本华中方面军：《第二期作战计划大纲》（1937 年 11 月 24 日），《南京大屠杀史料集》，第 11 册，《日本军方文件》，第 20—22 页。

刘(建绪)总司令指挥，右翼作战军必须死守马牧港、崇镇、青镇、南浔镇之线。”①刘建绪当即指令第7军夺取青镇、南浔镇之线。

11月20日，张发奎到吴兴，部署第7军在吴兴东西地区的阻击战。此前，周祖晃、徐啓明、程树芬等经研究，“决定作纵深配备之计划”：以170师为右翼，沿浔吴公路占领南浔为第一线；派主力各一部，分别据守升山市和吴兴城为第二、第三线；另以一部兵力在吴兴后方李家巷丘陵地带为第四线。172师为左翼，据守太湖南侧山林地带为第一线；以主力各一部，在太湖南侧山林地带分别与升山市和吴兴城相联结为第二、第三线；以一部兵力在太湖南侧与李家巷之间为阵地作第四线。18日，日军国崎支队进犯南浔附近。20日拂晓，日军在空军和炮兵配合下，向南浔发动进攻。经整日激战，至傍晚守军不支，边打边退，转移到升山市之线。南浔镇乃陷于敌手。21日蒋介石向第3战区以及各个集团军总司令等高级将领发出急电，强调指出：“第三战区现在阵线，右翼临平、吴兴之线，为国军主力之后方，左翼锡澄之线，为我首都及长江之屏障，有良好地形，坚固阵地，可资扼守。此两方如辅车之相依，苟缺其一，均足倾陷我军整个之阵线，关系重大”，要求前方官兵务必“继续努力，无论如何困难，必须确保现有阵地，及适时予敌以打击”②。尽管蒋介石对前方的期望十分殷切，可是吴兴的战局却在急剧恶化。

22日，日军114师团猛攻升山市之线守军阵地，敌军在数量和火力上都占有绝对优势，守军拼死阻击，仍难挡敌之攻势，在激战中旅长夏国璋阵亡。170师乃转移至吴兴城之线。24日，战斗更趋激烈，敌我双方为攻守吴兴城展开了生死搏斗。在前线亲临指挥的徐啓明师长回忆当时的战况道：这天，“敌复以陆、空、炮、坦克向太湖南侧山林地带及吴兴城之线猛攻，敌机往来穿梭轰炸我左翼山林地带，程(树芬)师强敌压迫，向左后方吴兴城侧三角地带转移，我右翼部队徐(啓明)师漆道澂旅急速集结守吴兴城。……敌……集中向吴兴城猛攻，我与周军长即在吴兴城后背高山上督战指挥。旋接漆道澂旅长电话报告：我守军及外围部队损失甚巨，战斗激烈，请增援。”③可是，这时第7军已无兵增援了，170师无奈

---

① 张秉钧：《中国现代历次重要战役之研究——抗日战役述评(淞沪会战一四)》，台北台湾国防部史政编译局印，1978年版，第149页。

② 《蒋介石致刘湘等密电》(1937年11月21日)，第二历史档案馆编：《抗日战争正面战场》，上册，江苏古籍出版社1986年版，第334页。

③ 徐啓明：《桂军第七军掩护淞沪大撤退作战回忆》，全国政协文史资料委员会编：《文史资料存稿选编》(抗日作战，上册)，中国文史出版社2006年版，第550页。

只得于24日夜放弃吴兴城，172师也同时被敌压迫后移，退守李家巷丘陵地带。

吴兴陷落，第7军伤亡惨重，日军又跟踪追击而至，25日对长兴发动进攻。周祖晃与徐、程两师长会商，鉴于兵力用尽，无力阻敌前进，乃决定由军部电告南京统帅部，请火速派兵增援。其时川军已有3个师到达浙皖边境泗安，离李家巷约四五十里，前来增援应属适时，但统帅部并未明确答复。在此紧急关头，周祖晃乃亲向川军直接求援，但川军却以尚未集结完毕为辞，不予支援。170师和172师在增援无望又伤亡近半的危境之中，面对占绝对优势之敌，被迫于27日弃守长兴城，转移李家巷丘陵地带，作最后一次的拼搏。

11月29日，又一场血战到来了。徐啓明回忆道："29日拂晓，敌出动飞机多架，沿公路两侧作穿梭侦察轰炸，嗣炮火亦开始向李家巷前后炮击。亦见步兵亦分波次附坦克出动，向我阵地前进。我急传令用预备队增援出击冲锋，士兵冒死蚁集，爬上战车用手榴弹集中轰击，毁敌战车2辆，我军伤亡甚众，敌势亦稍杀，其余战车后退停止，不敢前进。我与程师长在丘陵高地督战，目睹此战况激烈非常，不禁举手大声呼喊冲杀，以壮士气。此时我军死伤狼藉，仍死守阵地。乃至下午2时，敌似增援，强力压迫程师左翼，用飞机及炮火轰炸我阵地后方，以七八辆战车直冲中央阵地，并用小部队向我右翼高地攻击，作包围势。因此中央被突破，两翼被包围，已无预备队可用，遂全线动摇，不支溃退。"①第7军于29日下午向泗安、孝丰方向撤退，吴兴、长兴阻击战遂告结束。

南浔、吴兴、长兴之战，从11月19日至29日历时十昼夜，作战纵深达八九十里，阻滞了日军的快速前进，掩护了淞沪后撤大军向苏浙皖边境的转移。第7军7个团浴血奋战，英勇拼杀，可歌可泣，全军伤亡大半，为神圣的抗战事业做出了重大牺牲，虽战败而士气未馁。此战乃淞沪会战最后阶段中的重要战役之一，也是杭州湾北岸和太湖南走廊阻击战之最后一战。

四、对淞沪战局的影响及其历史教训

日本第10军以11万余兵力登陆杭州湾北岸，袭占浙江杭嘉湖地区和江苏松江地区，对于淞沪会战以及整个江南抗日战局造成了重大的影响。这是全面

① 徐啓明：《桂军第七军掩护淞沪大撤退作战回忆》，全国政协文史资料委员会编：《文史资料存稿选编》(抗日作战，上册)，中国文史出版社2006年版，第551页。

抗战战略防御阶段的一个重大事件，影响广泛而深远。它迅速改变了淞沪战场上中日两军的力量对比，导致当时中日战争的主战场由华北转到华中。它造成了日军从左右两翼对淞沪战场中国主力部队实行迂回合围的态势。它使日军打通太湖南走廊，协同由太湖北走廊西进的上海派遣军合围南京。其影响分别而言，可归结为以下几点。一、中日战争的作战重心由华北转移至华中。第 10 军以 3 个师团和 1 个旅团的兵力投入华东地区，同时，日军第十六师团在江苏常熟附近的长江白茆口登陆，由此淞沪战场新增了 4 个师团又 1 个旅团，连同此前已参战的上海派遣军 5 个师团余的兵力，总兵力达 9 个半师团多，超过了其时华北战场日军的总兵力。正如日本官方战史所说："这样，华中方面兵力为两个军的九个师团，华北方面为两个军的七个师团。主战场显然转移至华中，敌我的主力形成对峙。"①这是第 10 军参战直接造成的一大影响。二、日本华中方面军"两翼迂回"作战方针得以实现，淞沪战场的战局急剧恶化。第 10 军登陆杭州湾北岸，与上海派遣军左右两翼合围淞沪之势的出现，直接导致了中国军队不得不迅速从淞沪战场进行全线大撤退。三、沪杭铁路和苏嘉铁路的被切断，松江、青浦、枫泾、平望等地的陷落，造成了第 10 军在战略上的主动地位，中国右翼集团丧失了从沪西转用兵力，依托乍平嘉国防线组织以嘉兴为中心的新的战役的时机和条件。四、太湖南走廊被第 10 军打通，致使通向南京的苏浙皖边境门户洞开，中国首都由此陷于敌军的战略迂回之中。可以说，抗日战局上的上述重大变化，无不与日本第 10 军登陆杭州湾北岸有着密切和直接的关系。

淞沪战局的这个大变动的出现，应当承认这是由于当时敌我双方军事力量对比悬殊所造成的结果。杭州湾地区，中国既无海军又无空军，地面部队只留守若干营级以下的单位，更无坚强的沿岸防御阵地，基本上是一个毫无防守实力的前线地带，被强敌一攻即破，亦不足为奇。而淞沪主战场这时已面临危殆、继而全线溃退的形势，更造成杭州湾北岸守军进退失据，无法取胜。然而，就中国军队的战略战役指导而言，其失误不少亦无可否认，无疑是一个惨痛的历史教训。

首先，就淞沪地区整个国防军事部署和布局而论，南京军事当局主要的着眼点是置于以沪宁铁路为基轴的上海、南京战役方向以及长江水道的防卫，为此而构建了吴福线和澄锡线两道国防工事，修建了江阴、江宁要塞炮台阵地。重视这一战略作战正面无疑是正确的，但忽略了上海左右两个翼侧，特别是杭州湾北岸

① 日本防卫厅防卫研究所战史室编：《大本营陆军部》，中文摘译本，上册，第 376 页。

这个重要的右翼，则不能不说是个不小的失误。从总体而言，杭州湾北岸并未构建起一个完备的防御体系，有的只是若干处零星的防御工事。尤其是对金山卫及其左右地区未被纳入设防重点，也是失之于偏颇。1933 年时，南京陆军大学学员到金山卫进行野外战术实习和调查，误认为这里水浅涂深，大小船只靠岸困难，向内又是水网地带，河港纵横遍布，登陆后活动困难，就被排除在设防视线之外。1935 年南京"警卫执行部"主任唐生智，曾带领参谋人员到金山卫进行实地观察。"他们视察后，也认为(这里)登陆不利，就未筑工事，不设防，反认为乍浦重要，选筑乍浦至嘉兴线据点工事。"因此，(淞沪)警备司令部也未在这一带设监视哨或瞭望哨。这是事先犯下的错误。①

第二，国防工事的构建和布局深受单纯防御的战略思想和作战方针的影响，比较适宜于进行阵地战，不宜于运动战；适宜于战役战斗的消耗战，而不适于实行歼灭战。柘林、乍浦、澉浦等第一线据点之间，乍平嘉线和苏嘉线各据点之间互不联系，各自孤立地分兵把守，一旦开战势必形成单纯的一个个据点的阵地作战，与在火力上占绝对优势的敌军拼消耗。战场的布局上，只是持有限的兵力分置于各个据点分兵把守，等着敌军来攻，而完全未作在一定条件下集中优势兵力，对敌实行战役战斗上的进攻战和歼灭战的准备和事先的计划部署。

第三，蒋介石和南京统帅机关在八一三开战后，对日军登陆方面的判断有所失误，认为日军不会在杭州湾北岸大举登陆。虽然蒋介石等人也在一定程度上意识到日军有可能在杭州湾北岸登陆，但更为主导的认识，却是根据一·二八淞沪抗战的经验和八一三开展后日军多次在上海左翼长江南岸登陆的现实，以为日军大规模登陆一般必会选择在长江终段。乃至"敌人在罗店、吴淞登陆，突破大场阵线后，又认为不会有第二次登陆，要登陆也必在长江方面"②。

对于日军偷袭金山卫东西地区、迂回淞沪右翼的企图和动态，南京军事当局并非一无所知。早在 8 月 1 日，张发奎以"特急"密电向蒋介石、何应钦、程潜报告："日舰炮击(南汇)泥城"、"日机飞川沙低空侦察"、"日舰五艘在金山海面探照，……向乍浦方向移动"、"平湖全公亭方面，到日舰一艘，夜深移动"等情，并判断日军"似于杭州湾有所企图"③。8 月 11 日，张发奎向蒋介石报称，当日"发现杭州湾出口洋面停泊敌舰约廿艘，……并有敌舰三艘，先后驶泊金山卫，用探照

---

①② 文强：《戴笠领导的抗日别动队和反间谍斗争》，全国政协文史资料委员会编：《八一三淞沪抗战——原国民党将领亲历记》，中国文史出版社 1987 年版，第 53 页。

③ 《张发奎致蒋介石、何应钦密电》(1937 年 8 月 1 日)，《抗日战争正面战场》上册，第 249 页。

灯向乍浦一带探视”，他据此“判断敌有以海空军扰乱我沿海及杭州湾企图”①，希望引起最高统帅部的重视。蒋介石对于日军如以重兵进攻杭州湾北岸，会选择在金山卫地区登陆，是有认识的。他在9月20日致张发奎的密电中指出，“敌若使用强大部队企图登陆，则由杭州湾北岸亘柘林以南登陆，可截断沪杭联络”，因而登陆点的选择应在这一带无疑②。但蒋介石一直倾注全力于正面战线和长江沿岸，对于日军登陆杭州湾北岸的现实可能性和危险性却被严重地忽视了。10月22日，顾祝同向何应钦发出情报：“闻敌将有三师团来沪增援，其先头部队宥（二十六）日可抵沪。”③此电虽未断定在何处登陆，但作为统帅部理应作出正确判断而采取相应措施，可是这一重要情报却并未引起重视。以致至10月底、11月初，不仅未能增强杭州湾北岸的兵力部署，相反却从浦东和金山卫地区抽调一部分兵力转为他用。而对日军的登陆行动，直到第10军先头部队上陆时，还一直蒙在鼓里而不知大战已经降临。蒋介石后来在第一次南岳军事会议上特别以自责的口气总结教训说：“上海开战以后，我忠勇将士在淞沪阵地正与敌人以绝大打击的时候，敌人以计不得逞，遂乘虚在杭州湾金山卫登陆。这是由我们对侧背的疏忽，且太轻视敌军，所以将该方向布防部队，全部抽调到正面来，以致整个计划，受了打击，国家受了很大的损失。这是我统帅应负最大的责任！实在对不起国家！”④

第四，杭州湾北岸守备兵力过于弱小，沪杭交通线上未保持战略预备部队，这是兵力部署上的严重失策。八一三开战后，从海宁、海盐、平湖、金山至奉贤，东西100公里左右的沿海地带，只部署了步兵1个师、1个独立旅、1个团，另有炮兵1个营。第62师的4个团及配属之炮兵第2团第2营，驻守于自澉浦、海盐、乍浦、全公亭至金山卫之线和平湖城。独立第45旅守卫海宁硖石和嘉兴。第55师之1个团，部署于奉贤南桥及其周围地区。以后驻防部队不时调动，兵力却有减无增。至日军登陆战打响前夕，杭州湾从澉浦到乍浦只留驻了第63师的主力，从全公亭、金山卫至柘林一线兵力更少，只有第62师的二、三个留守连；炮兵3个连又分散于金山卫、乍浦等地，以致敌军来袭时，完全组织不起有效的

---

① 《张发奎致蒋介石密电》（1937年8月11日），《抗日战争正面战场》上册，第254页。

② 《蒋介石致张发奎密电》（1937年9月20日），《抗日战争正面战场》上册，第274页。

③ 《顾祝同致何应钦快邮代电》（1937年10月22日），《抗日战争正面战场》上册，第283页。

④ 蒋介石：《第一次南岳军事会议训词（四）》（1938年11月28日），秦孝仪主编：《总统蒋公思想言论总集》，第15卷，台北中国国民党中央党史委员会印，1984年版，第545页。

抗击。

而且，在沪杭铁道和乍平嘉国防线一带又未保持必要的机动兵力，缺乏战略预备力量以应对敌军的突然进攻。日本第 10 军向内陆推进时，黄浦江、沪杭线一带防务形同虚设，几乎无任何主力部队可资运用。第 3 战区临时调用从陇海路东段赶来参加沪战的东北军第 67 军和广西部队第 7 军，投入该方面作战，长途跋涉，仓促上阵，难以奏效。敌第 6 师团攻占松江，直下青浦，拊沪西苏州河阵线中国军队之侧背，并遮断我右翼集团向平嘉线转移的通道；敌第 18 师团又击破仓促上阵的中国守军，攻占嘉善、嘉兴。缺乏机动兵力，毫无战场布置，完全丧失战场主动权，导致杭嘉湖防线的出乎寻常的迅速瓦解，这不能不说是一个惨痛的教训。

（本文原载“淞沪抗战纪念馆改扩建暨淞沪抗战史研讨会”《会议手册》，2014 年 8 月）

中国共产党与八一三淞沪抗战

论中国共产党在八一三上海抗战中的作用

孟彭兴

八一三上海抗战是中国近代史上有组织的一次规模空前的民族反侵略自卫战争。在抗战中，我军民发扬爱国主义大无畏精神，同仇敌忾，重创入侵之敌，挫败了日本军阀“三个月灭亡中国”的狂妄计划，为我国进入抗日持久战略阶段赢得了时间。

这场国力上敌强我弱的战争，在军事上之所以能维持如此之久，除国民党吸取教训，动员了近80万兵力投入纵深不足20公里的淞沪战场，同装备精良的30万日军进行“血肉磨坊”式苦战外，还与共产党坚持全面抗战路线，在政治上领导和组织声势浩大的群众性抗日救亡活动，在人力、物力、财力，以及在精神上对抗日将士的支持与鼓舞是分不开的。

(一)

1935年冬，中共中央政治局在陕北瓦窑堡召开扩大会，确定了抗日民族统一战线的策略路线，为全民族进入全面抗战奠定了理论基础。翌年春，中央派冯雪峰来沪向上海各界抗日救国组织的领袖传达了中共的统战政策，并负责甄别、整顿遭受严重破坏的地下党。

1937年1月，冯雪峰代表中共上海临时工作委员会赴延安向中央汇报上海情况，2月10日，中共中央致电国民党，提出停止一切内战，集中国力，一致对外，保障言论集会，释放一切政治犯等五项国策；并声明如果国民党能确定此国策，则我党可以保证在全国范围内停止推翻国民政府的武装暴动方针，工农政府改名为中华民国特区政府，红军改名为国民革命军，接受中央政府与军事委员会的指导，在特区政府内实施普选的彻底民主制度，停止没收地主土地政策，坚决执行抗日民族统一战线的共同纲领。中共的上述决策，适时地根据形势和阶级关系的变化，巧妙地把原则的坚定性与策略的灵活性结合起来，实行了暂时的妥协和积极的让步，以争取停止内战，团结抗日。这一政策上的调整和转变，解除了国民党的所谓“后顾之忧”，无疑地动摇了蒋介石攘外必先安内方针的基础，使其党内抗日主战派势力得以伸张。不久，国民党五届三中全会即通过了改武装“剿共”为“和平统一”共产党的方针。

在国共两党关系逐步趋向缓和的形势下，周恩来率领中共代表团到杭州与蒋介石谈判。为在政治上形成民主的团结对敌的抗日气氛，中共中央就上海救国会沈钧儒等七领袖被捕入狱事件发表宣言，要求国民党方面立即释放包括七君子在内的全部政治犯，立即彻底修改《维持治安紧急治罪法》，引起社会的极大反响。是年5月，中共中央决定委派刘晓赴沪，接手临时工作委员会，负责恢复、重建上海地下党组织，准备迎接新形势下的抗日救亡高潮到来。中央要求上海地下党总的精神是：围绕坚持抗战这一总的任务，放手发动和组织群众，克服“左”的关门主义倾向，充分开展抗日民族统一战线工作，扩大合法的具有广泛群众性的抗日救亡活动。

七七事变后，中共方面通电全国号召实行全民族全面抗战，并指示刘晓等暂组三人团主持上海党工作。同时，国共两党谈判亦有实质性进展。针对全国人民热烈的抗日情绪和方兴未艾的爱国救亡形势，中共方面就进一步在各地推进救亡运动，发出了一系列指示。要求一切地方工作应以争取抗战的胜利为最基本原则，各地党的组织应普遍组织合法统一的人民参战团体，或使已普遍存在的合法组织转变为这类性质的团体，积极参加这些团体的组织和活动，并扩大其内部的民主，使之更加群众化。党中央明确要求共产党员应该实际上成为各地救亡运动与救亡组织的发起者、宣传者和组织者，并且要敢于公开批评国民党统制与包办政策的错误，尽一切可能地公开宣传党对于保证抗战胜利的具体主张和办法，动员全国人民环绕在我党主张与口号的周围。

党中央对上海地下党的工作是十分关心的。当确定刘晓负责上海方面的工作后，即安排他参加延安召开的白区代表会议。这次会议在刘少奇、彭真主持下，讨论了在白区开展党和群众工作的转变问题，要求克服主观主义和形式主义，肃清关门主义和冒险主义，把党的工作和群众工作分开，把统战工作和救亡运动推向前进。对上海特别指出今后斗争和形式要采取多样化，要为非党人士所接受，而且还要保护好抗日民族统一战线的主要领导人物，不能让他们担任过于突出的任务。张闻天特地告诫刘晓，到上海后要警惕王明"左"倾机会主义路线的残余，要学会做群众工作，使群众工作群众化，要使群众运动自然而然地形成。刘少奇要刘晓吸取北方局地下工作的经验教训。在刘晓临离延安时，毛泽东亲自指示他既要开展群众工作，又要注意隐蔽精干，积蓄力量，长期打算，注意具体情况具体分析，并针对上海群众运动波动很大的状况，要他注意开展工作不在乎追求参加群众的数量多少，而要稳扎稳打，逐步提高。在西安周恩来向刘晓指出了上海工作对全国革命的意义，要他在上海建立一个巩固的党组织。

七七事变爆发日，恰是周恩来率谈判代表团赴庐山道经上海。在贵州路中国饭店，他找中共上海办事处负责人潘汉年和中共上海地下党负责人刘晓谈了一个下午。周恩来对上海工作指示的主要精神是：①日本全面侵略中国已不可避免，不久在上海和北平都会发生事件。形势会急剧变化，要在思想上作足够准备；②尽管局势会有改变，但国民党反共本质是不会改变的。群众抗日情绪高涨，它不得不放宽政策，必须依靠群众力量揭露国民党反动本质，把抗战变成真正的抗战；③职工运动、学生运动、妇女运动等都要围绕坚持抗战这个总任务放手发动群众，组织群众，要充分开展抗日民族统一战线的工作。要以文化界为基础，搞好上层进步人士的统战工作，要充分利用上层的合法关系，广泛联系群众，建立群众组织，扩大我党政策的影响，开展既是合法的，又是群众性的抗日活动；④放手搞群众工作不能离开隐蔽原则，要注意保存和积蓄革命力量，要注意把公开工作和秘密工作结合起来；⑤党的组织可以发展，但不能操之过急，要弄清楚党员的政治历史情况、阶级觉悟、政治品质等。周恩来指示说："地下党可以利用'八办'，但不能依靠'八办'，不要和'八办'经常地、公开地联系。两方面负责人商量工作，一定要经过很好的准备才能见面。"他还就上层人士的统战问题，专门给潘汉年作了具体指示。翌日，周恩来等又以看戏为名，在黄金大戏院的一间办公室会见了一些上层民主人士和搞统战工作的干部。

中共中央领导对上海形势的估计和对上海工作的重视关心，使上海的群众性抗日救亡活动蓬勃开展起来。

(二)

自党中央提出建立抗日民族统一战线之后，曾经遭受白色恐怖严重破坏而留存下来的，处于分散状态的上海地下党员和革命积极分子大为振奋，纷纷从各方面积极开展抗日救亡工作，使上海各界救亡组织如雨后春笋般地破土而出。接着，在支持一二九运动的基础上，各类分散的救亡团体汇合起来，组成了上海各界救国联合会，掀起了上海抗日救亡的又一次新的高潮。

其时，国民党当局尚未放弃先安内后攘外之方针，不仅与共产党有着严重对立情绪，而且对国内人民抗日热情和群众性救亡团体继续采取敌视压制办法，故坚持抗日，反对妥协，坚持民主，反对独裁的救国会运动自然处于秘密和非法状态中。该会虽与过去党的外围组织显著不同，但还是以一些革命积极分子和进步人士占绝大多数；运动目标是“反蒋抗日”和“逼蒋抗日”，舆论上抨击国民党当局颇为激烈，工作中仍在不同程度残存着王明“左”倾路线影响，表现在斗争方式上，搞“飞行集会”，上街游行示威活动多，深入基层群众宣传动员和做艰苦的组织工作少。全国性救国会成立后，沈钧儒、章乃器把宣言和纲领交给市长吴铁城，试图取得合法地位，被吴诬蔑为是“少数野心家操纵的反动的东西”，还在全市大、中校长座谈会上扬言取缔该会和逮捕负责人①。国民党中宣部亦称救国会是共产党“利用文化团体及知识分子，在救国的口号掩护下，作卷土重来之计”，目的是“反对中央，颠覆政府”②，威胁要对甘受利用者给予严厉制裁。不久，就颁布了《危害民国紧急治罪法》，开始迫害爱国人士，致有救国会七君子被捕入狱事件之发生。

1936 年底，党的抗日民族统一战线政策促成了中外震动的西安事变和平解决，使中国抗战前途出现新的转机。党中央审时度势，抓住国共两党关系解冻和上海群众救亡热潮高涨的契机，派员重建了上海地下党，使之增强凝聚力，在团结和领导上海人民参加抗日救亡的斗争中起着坚强的战斗堡垒作用。

当八一三隆隆的炮声加速了国共两党谈判进程之时，中国抗日战争的基本格局，统一战线和全面抗战，终于被逼出来了。然而，诚如众所周知的事实，国民党是很不放心让中共和民众起来抗日的。它对联共抗日始终持矛盾之心态，并非真心实意，而是违心地加入到合作抗战的阵营中来的。1937 年 8 月 13 日《立报》一则消息载：“本市（上海）党政机关诚恐团体众多，组织散漫，并为祛除流弊，集中力量，发挥抗敌效率起见，拟定统一救亡工作，以性质相同的团体，合并组

---

① 陆诒：《抗日前夕的救国会》，《抗日风云录》（上册），第 195 页。

② 国民党中宣部：《告国人书》（1936 年）。

织;不良团体,决予断然取缔。"片面抗战,压制群众救亡热情的言论亦屡见国民党党政要人之谈话与文稿。正如《抗战》三日刊中抨击的那样,"伤兵医院拒绝民众慰劳;前线救护工作,拒绝民众参加;难民教育宁可没有,却不愿意民众去教育;前线的运输、担架、掩埋、掘壕沟等等民众可以做的事情,都不叫民众去做,而情愿让军事当局忍受困难"。"这个形势反映到抗战的前途,会变成纯粹军备武器的赌胜负"①。

除《抗战》三日刊外,当时云集上海的救亡刊物如《救亡日报》《抵抗》三日刊、《战时联合旬刊》《救亡情报》《中华公论》《国民周刊》《新学识》半月刊、《内地通讯》《民族公论》《文献》《文化战线》《光明杂志》《战时妇女》《世界知识》《时论丛刊》《民族呼声》等,经常刊登宣传中共抗日民族统一战线政策和一些爱国进步人士的主张,还刊登揭露日军暴行,介绍有关前方将士战地生活,前线战况和后方群众支援抗敌斗争的真情实况。抗日救亡舆论宣传,对扫除弥漫的悲观消极情绪,振奋抗战精神,教育人民,鼓舞军队作战士气,打击侵略者,树立抗战必胜信心,确实起过巨大作用。另一方面,我党利用舆论宣传阵地,针对国民党片面抗战态度,进行有力的揭露和抨击。如钱亦石在《战时联合旬刊》(第一期)撰文指出:实行持久的抗日战争,绝不是单纯的军事问题;要集中全国的人力,就必须在政治上实行总动员,必须实行政治上的民主,保障民众的各种自由。潘汉年认为,作为政府官方党部,只能对群众的抗日救亡运动从旁指导协助,绝对不可以简单的由上而下的包办为满足,否则就必然会脱离真正的、广大的群众。②钱俊瑞更指出,那种认为用单纯的军事力量便能战胜日军的观点,显然是极其片面的和错误的,其实质与在官方流行的"恐日病"如出一辙。从而他呼吁政府除动员军队实施军事抗战外,还必须把大部分的力量集中到政治的、民众的发动工作上去。③恽逸群在批驳政府对国际干涉、调停所存的幻想时指出,如不断然对日宣战和断交,必然会给国内亲日派留下伺隙而动之机,对外方面的后果是在客观上使列强援助了侵略国,为迁就侵略国而牺牲我们自己。④不少团体发表声明,报刊刊载文章,要求政府对日断交宣战。总之,上海地下党按照中央的决策,积极努力扩大抗日民族统一战线,还在上海文化界救亡协会中成立了国际宣传委员会。主其事的是胡愈之,成员有人民外交学会、天下月刊社、世界知识社、中国评论周

① 《抗战》三月刊,第9号,1937年9月16日出版。

②③ 《抵抗》三日刊,第10号,第3页。

④ 《战时联合旬刊》,第4期,第118—119页。

报社、大陆报、大美晚报等，王炳南、金仲华、全增嘏、房福安、郑森禹等都参加编撰广播工作，宣传中国抗战，评论战局及外交路线、方针，深得国内外的好评。同时设立的一个秘密通讯社，由恽逸群、邵宗汉等负责，主要报道和宣传中共政策和八路军战况以及左派社团的抗战活动，每天的油印稿均由专人负责分送各有关方面，在争取国际同情和海外侨胞以及国内上层社会和知识分子中做了不少工作。

诚然，国民党方面始终没有放弃它的包办抗战政策。为了统制上海的救亡群众运动，市党部曾授意上海地方协会、上海总工会、华人纳税会、市民联合会等组成援助抗敌将士委员会。不久，又发动筹建上海市各界抗敌后援会，由王晓籁、杜月笙等十七人负责筹备工作。成立时形同政府机构，而国民党骨干分子控制各部门的实际权力，市执委三常委潘公展、童行白、陶百川都在该会占据重要职位，并规定“所有合法团体皆应加入本会一致行动，不得再有任何其他救国性质的团体和单位行动”①。中共上海地下党采取灵活对策，建议各救亡群众组织以团体会员资格在组织上加入抗敌后援会，但在活动上仍保持独立自主权，并在本团体的群众基础上，更放手发动，使它转变为人民参战团体。在中共的努力和统一战线的威力感召下，国民党也不得不在实际上作出让步，一部分抗日救国的积极分子和社会爱国名流被邀加入，沈钧儒也应邀参加主席团工作，七君子中的其余六人也参加该会设计委员会，一部分中共党员也进入各个具体领导和工作部门。而其基层团体中的绝大部分领导权基本上仍然为我党所掌握，终使国民党包办抗日、限制中共和统一群众运动的企图胎死腹中。

上海地下党为确保统一战线政策在沪得以贯彻实现，除了进一步广泛发动基础民众，并坚持“有理、有利、有节”、既联合又斗争的正确策略，把媾和之心不死的国民党约束在抗日统一战线阵营内。此外，又充分利用国共合作后争得的合法权利，大力开展上层人士的工作。如当时通过卓有声望的教育家陶行知等开辟了教育界的局面，通过何香凝、宋庆龄、史良、胡子婴、许广平、沈兹九等团结了一大批女同胞作为前线抗战的后援，还请出了俞鸿钧、杜月笙、杨虎等的夫人，动员了如浙江兴业银行的总经理徐寄顾、新华银行总经理孙瑞瑛等具有政治、经济实力的人参加救亡工作；爱国实业家竺梅先也在“有钱出钱，有力出力”号召影响下，为抗战救国捐献了可购一架飞机的巨资，又筹款办伤兵医院、支持难民救

① 《中共上海党史大事记 1919—1949》，1937 年 7 月 22 日条。

济等工作。新新公司的肖宗俊、世界书局的陆高谊、立信会计事务所的李文杰等都与当时我党“职委”负责人王纪华保持着联系。党的统战政策把一大批民主党派、社会著名人士、高级知识分子和民族资产阶级以及一些重要经济部门的中上层职员团结在自己的周围,并以原来“文委”系统中的“左联”、“社联”等“八大联”、赤色工会诸革命组织为骨干力量,以抗日救国会运动为基础,日益把上海人民的抗日救亡运动又推向一个新的高潮。其重要标志之一是上海文化界救亡协会的成立。该会由国共两党共同发起,也有无党派爱国人士参加,设组织、宣传、总务、经济四部。国民党方面选派周寒梅、吴汉分别担任经济、总务二部部长,我党派钱俊瑞、张志让分任组织、宣传二部部长。其机关报《救亡日报》也由国共合作出版,郭沫若是社长,主编是夏衍,另一主编是国民党派的樊仲云,充分体现出国共合作为基础的抗日民族统一战线性质。然而对群众运动的领导权及其对下属基层团体的工作,则牢牢为我党所掌握。在处理一些摩擦事件中,则采取上层谈判方式予以解决。其他如上海职业界救亡协会,国民党派了汪曼云等人参加,我方以沙千里兼任宣传部长,黄逸峰任组织部副部长,执掌实际权力,王纪华是社会服务部部长。各部工作人员均多有中共党员和进步人士担任。著名的沪西国民战时服务团,还请来红军干部任教,在训练班讲解“敌进我退,敌驻我扰,敌疲我打,敌退我追”的游击方针,以后又组建了一支由我们出人、国民党出钱和枪的游击大队,开赴松江、青浦一带进行抗日活动。

(三)

上海地下党在中共中央关于开展白区城市斗争的工作方针和基本路线指导下,从思想上、组织上以及斗争方式方法上克服了王明错误路线的影响,结合上海地区的具体条件和斗争特点,制定了既反对关门主义,又不采取冒险主义;既放手发动群众,又注意积蓄力量的大胆而慎重的斗争策略,开展群众化、社会化和合法化的抗日救亡斗争。

八一三抗战爆发,更激发了上海人民的抗日热情,社会各界一时各种抗日救亡团体风起云涌。然而,从总体来看,这些勃兴的救亡组织尚处于盲目幼稚状态,“缺乏组织性与表现混乱,特别是还没有能把广大基本群众组织与动员起来”。鉴于这一状况,上海地下党提出:“在保卫上海的共同目标下切实与当局及各党派合作,把上海广大市民,特别是基本群众迅速组织与动员起来,争取抗战胜利，从这一斗争中来加强党的主观力量与扩大党在群众中的政治影响与组织领导。”①并要求党员根据这一中心任务展开自己的工作，积极为群众导向。

随着上海抗战形势的不断变化和群众运动逐步深入，上海地下党及时注意群众的情绪，运用统一战线形式组织群众，把公开与合法的斗争结合起来，摈弃以往那种把积极分子搜罗在一起的做法，争取让自己周围的积极分子有计划地分散到无组织群众中去，以开展组织工作。并根据中央洛川会议精神，认真分析上海战争形势，指出9月份上海战争会更加向外扩大与更加残酷，因为日本帝国主义会不顾一切地以最大力量向上海及附近各县作更猛烈的进攻，以迅速达到其预定目标，而国民党虽具有抗战决心，但和平幻想没有完全断绝。因此，必须迅速发动广大民众参加抗战，巩固原有群众团体，并在其中发展党的组织，建立党的坚强领导，以成为全面抗战的核心。10月份，上海地下党更明确提出，在配合整个抗战的任务下，号召武装民众保卫上海，“把许多团体汇合统一起来，把群众情绪更进一步的提高”，在这基础上建立一些军事的或半军事性的组织，“向政府要求武装，要求军训，要求到前线去配合作战，要利用一切可能的机会与前方军队发生关系，在他们帮助之下，实际的进行武装民众工作”，并提出利用一切关系，组织前线服务工作团和开展郊县武装抗日游击战。②

上海地区群众性抗日怒涛在上海地下党的领导下汹涌澎湃地迅速推向高潮。继上海文化界救亡协会召集所属各团体会员商讨慰问前线抗战将士办法，决定大规模组织各方面群众赴前线开展慰问活动之后，上海慈善团体联合救灾会也立即行动起来，统筹办理战区难民的收容、救济工作。一些救亡协会纷纷筹组演剧队、战时服务团，举办各种政治、宣传、救护、侦察训练班，还有的深入里弄、街头演讲、演出，进行募捐、募集物资，编写壁报、举行画展、出版各种抗战救亡书刊报纸，或直接奔赴前线帮助军队开掘战壕，修筑防御工事，运输给养弹药，施行战地救护和劳军等支援抗日将士活动。

中共上海地下党工人运动委员会和群众运动委员会的建立，是我党领导上海抗日救亡群众运动的组织保证。中共上海办事处在此期间也改为八路军驻上海办事处，公开宣传党的抗日主张和抗日民族统一战线政策，大力开展对各界上层人物的统战工作。共产党员们在党的指导鼓舞下，自觉地在各界、各行各业、

① 《上海地下党八月份工作总结与九月份工作中心(一九三七年)》。

② 《上海地下党对于九月份工作的检查与目前工作的指示(一九三七年)》。

失业失学难民以及家庭妇女中深入群众，发动组织群众，开展多种形式的救亡活动，全力支援上海抗战。

我党在上海文化界救亡协会中的作用尤为突出。在文化界救亡协会的领导层以及组织、宣传两个职能部门，均有我党骨干力量或为我直接掌握。影响颇巨的该会机关报《救亡日报》，也成为我党指导上海、推动上海抗日救亡斗争的宣传阵地。如由郭沫若起草的“告国际友人书”，向全世界揭露了日本军阀的侵华暴行，显示了“我们要和日本军部抗战到底”的决心①，“告市民书”中，号召上海全体市民不要恐慌，丢掉幻想，反对妥协，“坚定地忍受痛苦”，“贡献出我们所有的力量来支持这次战争”②。据 8 月 27 日的《救亡日报》统计，该会有团体会员 73 个，拥有会员 500 余众，江苏省委成立后，文化系统设的第一个党支部就是文化支部，具体联系人是沙文汉和孙冶方。文化界救亡协会成了“当时上海群众救亡运动的中心”③，对于推动全国的抗日救亡形势起了很大作用。

在职业界救亡协会的宣传、组织、社会服务三个部中，主要领导权也都由我党所掌握，并建立了以雍文涛、袁清伟、王明扬、王纪华 4 人的党团，后来虽有人员变动，但党的组织始终保存着，接受中共上海地下党“职委”直接领导。当时职委由顾准、雍文涛、陆志仁组成。江苏省委对上海职协工作也很重视，“每次都有上级党代表参加党团会议作具体指导，研究布置工作”④，王纪华还单线接受“八办”刘少文的领导。上海的店职员约有二十七、八万。这一阶层“从文化上看比工人强，从社会经验来说比学生多，从社会联系来说也比较广泛”。然而“从政治上讲比产业工人的斗争性差，和学生比，则较保守。但是他们接受政治教育比较多”⑤。根据这样的特点，我党采取联谊会、补习夜校等多种形式，发展党的力量，带领群众开展公开合法的活动。参加“职协”的如“华联”、“银联”、“保险”、“海关”、“工华”、“蚁社”、“益友社”、“职妇”、“慈联会”、“精武体育会”等 30 多个救亡团体都有着相当的群众基础。

我党在教育界不仅改变了以前关门主义倾向，且“改变了组织形式”⑥，教联和中国青年反帝大同盟结合在一起，以党员及其基本成员为骨干，同陶行知合

---

① 《救亡日报》，1937 年 8 月 24、25 日。
② 《救亡日报》，1937 年 9 月 7 日。
③ 《党史资料丛刊》，1981 年第 1 辑。
④ 《党史资料丛刊》，1981 年第 2 辑。
⑤ 《陆志仁 1981 年 3 月回忆抗战时期“职委”的工作》。
⑥ 《刘季平 1979 年 8 月回忆上海教育界救亡工作》。

作，成立国难教育社，深入工厂、学校、农村开展抗日救亡工作，吸收了不少教师、学生、工人和农民参加，并从中发展了好些新党员，成为一个党的力量比较坚实、群众基础比较雄厚、救亡活动比较深入扎实的救亡团体，与生活教育社、上海工学团、晨更工学团等都有密切联系。大场的上海工学团和北新泾的晨更工学团是我党领导上海市郊抗日救亡斗争的两个重要据点。上海会战开始后，我党通过多种渠道组织战地服务团，该工学团师生和农友是一支深入抗日军队中的骨干力量。其他如"小教同仁进修会"，也是我党领导下的左翼团体，公开宣传我党抗日民族统一战线政策，针对教育界存在的"停办学校，共赴国难"和"读书救国论"两种错误倾向，我党提出了抗战教育的方针和在方法上进行集体主义的自我教育的口号，并派遣王洞若、张宗麟、杨东莼等进入上海战时普及教育服务团，以推动战时普及教育。

八一三上海抗战期间，中日民族矛盾上升为主要矛盾，上海地下党由于坚决贯彻党中央的正确策略，积极努力地在民众中进行深入的爱国主义教育，号召广大民众有钱出钱、有力出力，为保卫国家抗战到底。因此，上海地区的群众性抗日救亡运动逐步走上正确轨道，抗日团体与支援抗战的工作也日趋统一与系统化，从"偏于空喊开始走向实际"。大街小巷，救亡歌声不绝于耳，街头巷尾，劝募队动员献金，募集军鞋、手套、棉背心，药品食品和日用品，儿童搞宣传，98 岁的马相伯在为组织救亡协会四出奔忙，70 余岁老太还为抗日将士缝制军衣，一个年仅 8 岁的稚童捐献了 9 两 5 钱的银器一套，僧侣、神父、牧师，甚至连舞女们都动员起来了；家庭妇女、失业失学妇女也都争着参加到有着 22 个妇女团体阵容的中国妇女慰劳自卫抗战将士总会上海分会；工界按地区、按产业系统或以工厂、企业为单位组织起来的战时服务组织或救亡团体则更多。一个沪西国民战时服务团在最多时就有 3 000 多人，还建立了以谭宝莲总干事为书记的党团支部，直接在刘长胜指导下进行工作。

上海战端一开，横遭兵燹之难民剧增，无家无食的情景十分凄惨。国民党派在上海慈善团体联合救灾会的工作人员相继遁离。中共则通过社会进步人士如赵朴初等的关系，以管理员、教师和难民身份，安插一批党员和积极分子领导救济收容工作，前后在公共租界设收容所 176 个，在法租界设 20 所，在南市设 130 余所，约收容难民 50 万人次。并在难胞中抓紧时机对他们进行抗战和阶级方面的集中教育，激发他们的阶级觉悟和爱国热情，在难民积极分子中发展党的组织，并提出"移民垦荒"，生产自救，鼓励他们以实际行动积极投入武装抗日的斗争中去。正如后来许多经历过的同志回顾的那样:"在收容所里,除了挂国民党的国旗外,其余的一切活动都是在共产党的领导下进行的,可以说是一个'小解放区'。"①

此外,上海地下党还根据中央关于在长江三角洲,如何在水网地区开展游击战争的指示,先后动员了一批青年工人、职员、学生和难民到市郊进行武装抗日。江苏省委还成立了以沙文汉、林枫为正副书记的外县工作委员会,专门抓郊县的武装斗争。张爱萍负责办了三四期军训班,每期有十几个人,以加强京沪杭一带的抗日游击战争。上海会战结束后,江苏省委在《关于上海陷落后上海党的任务的决议》中提出,在新的形势下,除"继续巩固和发扬群众抗日斗争情绪,发动与组织群众的反日斗争"外,还要加强"反日的游击活动",以争取最后"恢复上海"。在上海地下党的部署下,"返乡运动"广泛开展起来,大批工人、学生、难民等奔赴延安,投向新四军和潜入郊县,继续开展敌后抗日斗争。

综上所述,中共上海地下党在党中央的正确领导下,努力贯彻以国共合作为基础的抗日民族统一战线政策,有力地领导和推动了上海人民的抗日救亡运动,以配合军事上的抗战,从而使八一三的上海出现了军民全面抗战的崭新局面,并使上海群众斗争具有下列三个特点:一是具有相当的广泛性。投身于救亡热潮的不仅有文化界、知识界、工商界等社会高层次的开明爱国人士,而且还有职业界、劳动界、舞女界的社会中下层以及宗教界人士,最大限度地把文化人、企业家、商人、工人、农民、店职员、教师、学生、家庭妇女、儿童、神职人员等都发动起来了;二是采取各种各样的形式进行抗日救亡活动,如歌咏、讲演、壁报书刊、举办画展、义卖义演,救死扶伤、难民救济,实施战时教育,收集制作军衣军用品,前线劳军,支前运输,检举汉奸等等;三是由众多的团体和组织把人们凝聚在一起,如战地服务团、战时普及教育服务团、救护队、慰劳队、运输队、募捐队、演剧队、歌咏队、宣传队等和举办各种类型的抗战意识教育和战时技术知识训练班。他们不分党派,只要是抗日的军队都给予全心全意的支持。因此,保卫大上海达三个月之久,完成了中国向抗日持久战的战略转变。

(本文原载《史林》,1991年第1期)

① 赵朴初:《抗战初期上海的难民工作》,《抗日风云录》(下),第149页。

八一三时期中共上海地下党领导的抗日救亡运动

张义渔

继七七卢沟桥事变之后，1937年8月13日，日本帝国主义在上海发动侵华战争。在中国军队英勇抗击的同时，处在前沿的上海人民在中共上海地下党组织的领导下，掀起了空前大规模的抗日救亡运动。八一三抗战打击了日本帝国主义企图“速战速决”的战略部署，否定了“亡国论”者的悲观看法，尤其是对夺取抗战的最后胜利产生深刻的影响。中共上海地下党组织在此建立了丰功伟绩。

一、特　　点

（一）高举抗日大旗，号召把抗战进行到底

全面抗战爆发后，国民政府也投入了抗战，改变了九一八、一·二八时期所推行的“攘外必先安内”的方针，派了几十万军队在淞沪战场上抵御日军侵略。但是抗日对国民党最高当局来说，并非所愿。可以这样说，自抗战第一天起，它就表现出动摇、妥协和举棋不定。因此，在当时出现了令人费解的事情：八一三战争已进行了两个月，中国政府对日本仍然不宣布绝交和宣战，中国驻日本的外交使节还留在东京；日本的货物还是源源不断地输入，在中国“照常营业”。

中国共产党的抗日态度和国民党截然不同。七七事变的第二天，中共中央即发表《中国共产党为日军进攻卢沟桥通电》，指出“只有全民族实行抗战，才是我们的出路！我们要求立刻给进攻的日军以坚决的反攻，并立刻准备应付新的大事变。全国上下应该立刻放弃任何与日寇和平苟安的希望与估计。”中共上海地下党组织根据党中央的决定，即通过上海的抗日救亡团体——文化界救亡协

会发表《告市民书》，明确指出："我们唯一的一条生路便只有抗战。"①针对国民政府对日本不宣而战、不绝交的做法，中共上海地下党组织爱国进步人士著文批判，由共产党人夏衍、阿英任正副主编的《救亡日报》发表的文章说："我们和日本绝交、宣战的目的是要'表示我们这次抗战，真正要战到我们土地上没有一个侵略的人而后已，我们决不会中途妥协'。"又指出："那些坚持反对绝交、宣战的人是少数汉奸，在等待抗战终止的一天，需要他们的膝骨，作为同敌人'屈膝谈判之用'。"②这实际上是批评国民政府那些亲日官僚政党，他们不愿和日本绝交、宣战的真正目的是为将来投降日本帝国主义，充当汉奸留后路。

在抗日时期，抗日是最好的动员，谁是真抗日，谁是假抗日，谁是坚决彻底抗日，谁是妥协动摇，举棋不定，上海人民是看得十分清楚的。正是这样，中国共产党在上海人民中的威望越来越高，中共上海地下党组织也就越来越能团结和率领上海广大人民群众坚持抗战到最后胜利。

（二）广泛发动和组织群众，反对片面抗战，反对限制群众抗日救亡活动

八一三抗战期间，国民党虽然也抗战了，但它主张的是片面抗战。片面抗战就是不要人民群众参加的单纯政府抗战。正如毛泽东所说："不要人民群众参加的单纯政府的片面抗战是一定要失败的。因为它不是完全的民族革命战争，因为它不是群众战争。"③国民党在上海的达官要人积极执行这条片面抗战路线。他们成立上海市抗敌后援会，固然有着支援抗战的一面，但是另一目的就是为了限制群众性抗日救亡运动。它明确规定这个组织为全市抗敌救国团体之最高组织，成立其他的救亡团体都需向它登记，定期报告工作状况；如向群众募捐，需得国民党市政府准许等等。凡不履行这些规定，就要给以处置。上海市市长俞鸿钧在《告市民书》中公开地要求抗日的市民，"措施宜审慎，勿畏事，勿生事"，④"要在国民党中央和领袖指导下，统一意志，整齐步骤"⑤。这样做的结果是，上海人民的抗日救亡活动实际上受限制，要展开就有阻力。例如伤兵医院奉令拒绝民众慰劳；前线救护工作，也拒绝民众参加；难民教育宁可没有；前线的运输、担架、掩埋、掘壕沟等民众可以做的事情，都不叫民众去做。

中共上海地下党组织根据1937年8月中共中央政治局决议的精神，明确提

---

① 《救亡日报》1937年9月7日。

② 《救亡日报》1937年10月16日。

③ 《毛泽东选集》，人民出版社1966年版，第377页。

④⑤ 《八一三抗战史料选编》，上海人民出版社1986年版，第333—334页。

出："我们需要的是全面的全民抗战。""必须发动整个民族的力量，才能持久，才能把握最后的胜利。"①中共上海地下党组织千方百计突破国民党的禁锢，广泛地发动和组织群众。不仅发动广大的工人、职员、知识分子、青年学生、妇女界、工商界，而且把里弄居民中的老人、儿童，以至佛教、天主教、基督教等宗教界人士也都动员和组织了起来。

为了有效地开展抗日救亡活动，在1936年成立的救国会基础上又成立了文化界、职业界、学生界、工界等各界的救亡协会。妇女界还成立中国妇女抗敌后援会(后改名为中国妇女慰问自卫抗战将士会上海分会)。在各救亡协会之下，根据需要分别设立若干团体，如文化界救亡协会下面有戏剧界救亡协会以及十几个演剧团、孩子剧团等；职业界救亡协会下面有银联、华联等；妇女界下面有上海劳动妇女战地服务团等。中共上海地下党组织在这些救亡团体中都设立党团，由党团领导这些团体开展活动。经常开展的活动有演讲、歌咏、戏剧、播音、出版、新闻、散发传单、张贴标语等等。这些活动曾普及全市范围，深入到里弄、工厂、学校等基层，还向全世界做宣传。文化界救亡协会有30多个宣传队，2 000名宣传队员；职业界救亡协会有50个宣传队。

战争期间，中共上海地下党组织通过各救亡团体成立不少战地服务队、救护队、慰劳队、募捐队、运输队等，为前线服务。

中共上海地下党组织经过一系列工作，尽力把群众"组织起来，形成一个天衣无缝的民族堡垒"②。克服了种种困难，使整个上海充满了抗日热情，到处能见到和听到抗日的实事和吼声，有效地支援了抗日，也为以后的抗日和革命斗争打下了基础。

(三) 团结一切爱国力量，全力支援抗日战争

是团结一切可以团结的力量进行斗争，还是实行关门主义孤立地抗日？这在中共党内曾经出现过严重分歧。1932年一·二八淞沪抗战的时候，以王明为首的中共领导人错误地推行关门主义，把一切中间人士都视作异己分子，甚至将长期和中国共产党合作的宋庆龄也视为"最危险的敌人"③。这种"左"倾错误使中共上海地下党组织遭受极大破坏，幸存下来的部分党组织和党员也和党中央失去联系，结果孤立了自己。

---

①② 《救亡日报》1937年9月7日。

③ 《中央关于争取革命在一省与数省首先胜利的决议》，1932年1月9日。

八一三时期,情况就完全不同。共产党倡导的抗日民族统一战线日益深入人心。1937年7月,中共向国民党提交《中国共产党中央委员会为公布国共合作宣言》。中共上海地下党组织积极贯彻中央这一精神,明确表示:“今日全国人民不论男女老少,不论贫富贵贱,已经立下最大的决心,愿意团结”,“为捍卫国家而牺牲到底”①。1937年9月,一直支持中国共产党建立抗日民族统一战线的宋庆龄也著文表示:国共两党团结合作,共同抗日,“唯有这样才能使中华民国走上独立解放的胜利途径。”②有着广泛群众基础的救亡协会也都采取了统一战线形式,在其领导成员中不仅有共产党和进步人士,也有国民党员。职业界、学生界等救亡协会也大致如此。但领导权都由中共掌握着。同时,中共上海地下党组织还通过黄炎培、姚惠泉等爱国进步人士和代表上海民族资产阶级利益的上海地方协会沟通关系。地方协会也为各救亡团体提供活动经费和方便。

中共上海地下党组织在和国民党合作中,坚持独立自主原则,实行又团结又斗争,以斗争求团结的方针。国民政府对抗战表现出动摇和妥协的倾向时,中共上海地下党组织立即进行揭露和批评,以免影响群众的抗日情绪和斗志。1937年11月,蒋介石丧失胜利信心欲向日本乞和的时候,《救亡日报》编辑部及时组织文章,以蒋介石先前发表的那些表面文章来批评蒋介石自己。文章说:“蒋委员长说得很明了,我国此次抗战,其要旨在于始终保持我军战斗力,而尽量消耗敌人的力量,使我军达到持久抵抗之目的。”“我们要记住这句话,……敌人的力量终要消灭在我们这个伟大的抗战之中的。”③这种“以子之矛攻子之盾”的做法,使国民党陷入窘境,难以反驳,从而对它公开投降日本帝国主义的企图有所制约。

(四)利用各种形式开展合法斗争

在全面抗战爆发以前,中共上海地下党组织几乎一直处在地下,只能开展非法斗争。随着第二次国共合作逐步实行,中共上海地下党组织尽量利用机会,进行合法斗争。例如国民党控制的抗敌后援会,要求上海各抗日救亡团体参加。中共上海地下党组织考虑统战关系,立即表示同意,让各抗日救亡协会以团体会员名义加入抗敌后援会。文化界、职业界等各救亡协会加入抗敌后援会之后,既保持政治上的独立自主,又充分利用合法机会,开展大规模的抗日活动,不受国

① 《救亡日报》1937年9月7日。
② 宋庆龄:《国共统一运动感言》,1937年2月26日。
③ 《救亡日报》1937年11月10日。

民党政府的约束。在九一八6周年这天，中共上海地下党组织通过文化界救亡协会下属的40余个团体组织宣传队约3 000人分赴街头宣传。在双十节和鲁迅逝世一周年纪念日等为各方面人士所公认的特定日期，又开展了大规模的宣传、纪念活动。11月初英国驻军当局为被日军流弹炸死的英国士兵举行葬礼，中共上海地下党组织通过各救亡团体及难民收容所出动了3 000多人参加。在送殡途中，一路高呼抗日口号，高唱救亡歌曲，把送殡活动变成一次声势浩大的宣传和示威游行。国民党和租界当局虽然不满，但又没有理由反对，这种合法斗争在当时经常出现。中共上海地下党组织在国共合作、抗日无罪的形势下，就是这样抓住时机大张旗鼓地开展各种群众活动的。

（五）爱国主义与无产阶级国际主义相结合

九一八时中国共产党是积极投入抗日救亡斗争的。但当时党中央领导人王明却鼓吹抗战是为了保卫苏联。这种口号有其合理的一面，中国军民浴血抗战牵制了日本相当一部分侵略军侵苏，但是这种口号是不顾国情、脱离群众的。

到八一三时期，中国共产党改变了上述主张，明确提出为动员一切力量争取抗战胜利而斗争。“在不丧失领土主权的范围内，和一切反对日本侵略主义的国家订立反侵略的同盟及抗日的军事互助协定。”“拥护国际和平阵线，反对德日意侵略阵线。”①把爱国主义和无产阶级国际主义结合起来，把上海军民的抗战和世界反法西斯战争联系起来，和世界人民的切身利益联系起来。当时中共上海地下党组织领导的救亡团体所进行的大量的国际宣传，就体现了这样的精神。例如：由郭沫若起草的一份告国际友人书中明确提出要求“全世界爱好和平的朋友和国际兄弟们一起携手为保卫全世界文化而战，为保卫全人类的福祉而战”。②宋庆龄也在上海的对外宣传中多次强调：“中国不仅是为它自己而战斗，并且也为了全人类而战斗。”“我们的抗战是为抵抗法西斯主义和军国主义。而这一切也是你们的敌人。”③

以上五个特点相互之间是密切联系的。首先，高举抗日大旗，实行全面抗战，在民族矛盾已上升为主要矛盾的严峻形势下，乃是各阶级广大爱国民众的迫切要求。中共上海地下党组织高举抗日大旗号召把抗战进行到底，是顺应时代要求、正确领导救亡运动的前提。其次，中共上海地下党组织广泛地发动群众，

---

① 《毛泽东选集》，人民出版社1966年版，第343页。

② 《救亡日报》1937年8月24、25日。

③ 《宋庆龄选集》上卷，人民出版社1992年版，第203页。

反对片面抗战，这是贯彻坚决抗战，反对妥协方针根本性的措施。因为有了群众作为后盾，不仅有利于抗日民族统一战线的建立，而且能够使之日臻巩固，不断发展。而团结一切爱国力量，全力支援抗战，能促使抗日民族统一战的建立、发展。各方面上层人士投入抗日救亡运动后，也更有利于发动群众，更有利于进行合法斗争。而合法斗争的展开就能促进抗日救亡运动更广泛和深入地开展。再次，在领导救亡运动中，实行了爱国主义和国际主义相合，必然会使世界上一切进步力量和中国人民在反法西斯侵略战争中相互支持。

二、作用和意义

(一) 有效地支援了前线，鼓舞了前线官兵的士气

八一三战争一爆发，前线迫切需要解决作战中的众多实际问题。大量粮食、枪械、弹药等等需要供给，可是因运输不足而无法及时送上，前线伤兵救护因伤兵医院不足难以治疗；前线需挖掘战壕，可是缺乏足够劳力；前线官兵阵亡后，无人进行掩埋；那些被敌人收买的刺探我军情报的汉奸需要惩治、铲除；因战争而产生的大批难民需要安置等等。这些问题如不解决就会直接影响前线官兵的作战情绪。这些问题，正如前面所讲到的，由中共上海地下党组织领导的各救亡团体解决了。法商电车公司工人直接奔赴前线，帮助前线官兵挖掘战壕。工厂工人和人力车工人，开着卡车和拉着人力车为前线输送慰劳品、武器、粮食、军衣，并输回伤兵等。陆军八十七师中就有一支由工人、店员、学生、文化工作者参加的部队担任警备除奸任务，侦查汉奸窃取情报活动，并给以处置。中共上海地下党组织还派遣战事服务队在军队中服务，慰问前线士兵和支援后方群众；向他们宣传抗日重要意义，增进军民合作。这些都积极大地鼓舞了部队的士气。当年参加八一三战争的国民党爱国军官史说说，他亲睹上海市民支援前线的多种活动，常常为此"感动得热泪盈眶"①。坚守蕴藻浜的第八师师长陶峙岳说："我们和其他战线一样，得到不少男女爱国青年热情支持。他们补部队后勤不足，不顾生命危险为部队送茶送饭送食品，为部队救护和抬送伤员，为部队输送弹药。他们同仇敌忾、不辞辛劳，日夜出入于炮火纷飞的战场，给官兵增添了杀敌的勇气。"②

---

① 《八一三淞沪抗战》，中国文史出版社 1987 年版，第 104 页。

② 《八一三淞沪抗战》，中国文史出版社 1987 年版，第 287 页。

法国《人道报》主编古久里到上海看到这种情况，非常感动地说："许多年以来我们英勇的中国同志所不倦地呼吁的民族精神，统一精神，在这远途侵略者之前，突然像一道现代的新万里长城似的耸立起来。"①

八一三战争打了3个月。究其原因，固然和国民党爱国将士奋勇杀敌有关，但是，中共上海地下党组织领导上海人民积极支援也是起了极大的作用。没有这样的支援，对前线官兵士气的鼓舞，要打得这样长久，英勇是不可能的。

（二）为以后上海地区的抗战走向胜利奠定了基础

八一三战争结束后，中国军队撤出上海，而中共上海地下党组织依然担负着领导和依靠上海人民把抗战进行到底的任务，并不因为军队撤走而停止抗日救亡运动。中共上海地下党组织八一三时期贯彻中共中央的决议，发动和组织群众所建立起来"鱼水"般的党群关系，也就成为以后开展抗日救亡运动的群众基础；所建立的抗日民族统一战线也能够在原来的基础上得到发展和壮大。八一三时期，中共上海地下党组织的工作经验也直接可用以指导以后的抗日救亡斗争。历史也证实了这点。八一三时期后，中共上海地下党组织再也没有出现过如王明"左"倾机会主义路线的错误，而是越来越趋成熟、强大。在贯彻中共中央白区工作十六字方针，开展支援新四军、救济和教育难民；开展工人运动、职员运动、学生运动等抗日救亡运动都取得了辉煌的成绩。无疑这些成绩的取得都和八一三时期所奠定的认识基础、工作基础密切有关。

（三）为促进世界反法西斯统一战线作出了贡献

全世界人民逐步把中国人民的抗日斗争，看做是世界反法西斯战争一部分，援助中国人民的抗战大业。

1931年的九一八事变和1932年一·二八事变是全世界最早的反法西斯侵略战争，全世界人民都为之震动。但是，当时的共产国际和世界人民对反法西斯还缺乏经验。1935年8月，共产国际七大召开，号召世界人民反对法西斯发动的侵略战争，建立国际反法西斯统一战线。八一三事变，日本法西斯对中国发动全面侵略战争，其规模更大地超过九一八事变和一·二八事变。而中共上海地下党组织根据共产国际七大决议，中共中央《八一宣言》、瓦窑堡会议和毛泽东《论反对日本帝国主义的策略》报告的精神，成功地发动群众，建立抗日民族统一战线，有力地抗击日帝侵略，而且积极开展对外宣传。这样，就鼓舞了世界人民的

---

① 《救亡日报》1937年10月13日。

反法西斯斗志，丰富了建立世界反法西斯统一战线的经验，使他们认识了中国人民的抗战是世界反法西斯战争的一部分。美国劳工领袖勃劳德说："现在中国遭受日本法西斯的进攻，这种进攻是和德、意入侵西班牙是同样性质的。援助我们中国兄弟们和姊妹们，同时我们就能够为全世界的和平尽力，能够加速法西斯的好战政府的溃灭……"①世界著名学者美国教育家杜威、科学家爱因斯坦、英国著名哲学家罗素、法国著名作家罗曼·罗兰联名发表宣言，吁请各国人民反对日本侵略和援助中国。英、美、法、印、朝等国进步人士也纷纷采取各种形式来援助中国抗战。

三、原　　因

八一三时期，中共上海地下党组织领导抗日救亡运动成绩斐然，取得这些成绩的主要原因是：

首先，是由于中共中央的正确领导。

1935年遵义会议后，中共中央在组织上已经结束了王明"左"倾机会主义的领导，在全党范围内确立了以毛泽东为核心的第一代中央领导集体。1935年、1936年，中共中央通过各种途径，并且派专人把决议和毛泽东《论反对日本帝国主义的策略》报告等传到了上海，为中共上海地下党组织领导人和宋庆龄、何香凝等革命爱国人士所拥护和接受。1937年，中共中央派刘晓负责上海党的工作，在他离开延安前，毛泽东曾对刘晓作了指示，十分强调群众工作。事后，刘晓深有感慨地说："我领会毛泽东这次谈话的总的精神是要求我们既要开展群众工作，又注意隐蔽精干，积蓄力量，长期打算，注意具体情况，具体分析。那时，毛泽东虽然没有提到地下工作的十六字方针，但实际上十六字方针的基本思想已经形成了。"②张闻天也特别提醒刘晓："到上海后要警惕'左'倾机会主义路线的残余。不要去搞什么关门主义。"③周恩来在西安、上海见到刘晓时也多次作指示，强调"要充分开展抗日民族统一战线工作，以文化界为基础，搞好上层进步人士的统战工作。要充分利用上层的合法关系，联系广泛的群众，建立群众组织。开展既是合法也是群众性的抗日活动"。至于如何正确认识国民党，周恩来指出：

---

① 《救亡日报》1937年11月5日。

② 刘晓：《上海地下党恢复和重建前后》，载《党史资料丛刊》，上海人民出版社1979年版，第34页。

③ 刘晓：《上海地下党恢复和重建前后》，载《党史资料丛刊》，上海人民出版社1979年版，第33页。

“国民党反共的本质是不会改变的，但抗战是合法的，群众抗日情绪是高涨的，国民党的政策不得不放宽被迫采取敷衍群众的办法。要依靠群众的力量揭露国民党的反动本质，把抗战变成真正的抗战。”①因此，八一三时期，中共上海地下党组织的一系列重大措施，都是结合上海实际贯彻党中央方针、政策的结果。

其次，是中共上海地下党组织不断探索、研究，提高认识，自觉地拥护和贯彻党的方针的结果。

如前所述，王明“左”倾机会主义曾使中共上海地下党组织遭到严重破坏。1934年，中共上海地下党组织保存下来的部分组织和力量都和党中央失掉了联系。正如坚持战斗在这一艰难环境中，并长期担任中共上海地下党组织领导工作的王尧山所说，他们深感“失掉党中央的领导，真是痛苦。党的方针、政策是什么不知道”②。当1935年8月季米特洛夫在共产国际第七次代表大会上所作的报告和决议传来时，特别是冯雪峰、刘晓先后从延安到达上海带来党中央的指示时，中共上海地下党组织立即组织学习，深深感到党中央的精神说到他们的心坎上，自觉地要求以实际行动来落实党中央的最新的战略部署。到八一三抗战时期，中共上海地下党在政治上更趋成熟，在主观上已积累了一套新的适合在国民党统治区和敌占区情况的斗争策略和方式方法。长期担任中共上海地下党组织领导工作的张承宗以切身体验说道：“这个时期是上海地下斗争的巨大转变。”③

第三，救国会运动成功的经验，广泛地发动群众和建立的统一战线，为八一三时期抗日救亡运动打下良好的基础。

（本文原载《上海党史研究》，1995年第4期）

---

① 刘晓：《上海地下党恢复和重建前后》，载《党史资料丛刊》，上海人民出版社1979年版，第40页。

② 王尧山：《关于上海地下党重建的经过》，载《党史资料丛刊》第一辑，上海人民出版社1979年版，第52页。

③ 张承宗：《红艳千般——往事回忆及其他》，学林出版社1990年版，第103页。

八一三淞沪抗战时期的抗日民族统一战线
——以上海市各界抗敌后援会、上海文化界救亡协会为例

冯绍霆

有相当长的一段时期里，讲到八一三淞沪抗战时期的抗日救亡运动，人们只说救亡协会。这些由共产党员在其中起骨干作用的救亡团体，为唤起民众投入伟大的民族解放战争，起了不可磨灭的作用，应该受到重视。但上海市各界抗敌后援会，在一段时期内几乎没有提及。

20世纪80年代中期起，有专家学者或撰文或编辑史料，回顾分析了上海市各界抗敌后援会、上海文化界救亡协会等救亡团体的情况，这一时期众多的救亡团体，是极为广泛的抗日救亡运动的统一战线组织。在这些团体中，上海市各界抗敌后援会"被法定为全市抗日救亡团体的'最高组织'"，上海文化界救亡协会则是最有影响的团体。这里所谓"法定"，当然是指国民党当局所定。公认的中共党史权威著作《中国共产党历史》说："1937年7月，上海一批社会名流成立上海抗敌后援会，蔡元培等组织了上海文化界救亡协会。9月，沙千里等组织了上海职业界救亡协会。这些抗日团体在淞沪抗战中发挥了重要作用。"①可见，八一三时期上海众多的救亡团体，已经成为研究者关注的问题。

众所周知，上海市各界抗敌后援会、救亡协会活动的这段时间，也正是第二次国共合作、抗日民族统一战线形成之时。笔者拟对党的抗日民族统一战线在这些救亡团体中的影响，以及相互关系试作论述。

---

① 中共中央党史研究室：《中国共产党历史》，北京：中共党史出版社2002年版，第593页。

一

上海市各界抗敌后援会的成立，显然与国民党的推动有关。

七七事变爆发，全国上下响彻抗日救亡的呼声。7月14日，上海的地方协会、市总工会、市妇女会、纳税华人会、第一特区市民联合会等百余团体，在上海市商会召开上海各团体援助抗敌将士联合会第一次联席会议，筹备组织全市性的抗敌后援团体。7月22日，上海500余团体集会上海市商会，正式成立了上海市各界抗敌后援会。会议通过的《组织纲要》规定，它"以本中央既定方针作抗敌后援，共谋国土完整、复兴民族为宗旨"①。这次成立大会推选了王晓籁、杜月笙等121人为委员，周雍、吴开先等25人为监察委员。与会者通过了致蒋介石通电，宣示了上海市人民的抗日决心。还决议"本会既经成立，所有本市合法团体皆应加入本会一致行动，不得再有任何其他救国性质团体单独行动"②。

7月23日，该会举行常务委员会议。推选王晓籁、杜月笙、钱新之、潘公展、张寿铺、童行白、黄炎培、柯干臣、陆京士9人为主席团，推陶百川为秘书长，决议组织筹募、供应、宣传、交通、技术、防护、救济、粮食、救护等各种委员会。

从后援会成立之初领导层的构成来看，大体上由三部分人组成。一是国民党党政官员，如潘公展、童行白、陶百川、黄伯樵、沈怡；一是商界以及社会名流，如王晓籁、杜月笙、钱新之、张寿铺、黄炎培、顾馨一、吴蕴斋、许晓初、周祥生、许冠群等等；还有一些专家学者，如颜福庆等，黄伯樵、沈怡等人作为技术型官员，也具有专家的身份。

这些人中，最引人注目的无疑是杜月笙。这不光是由于他的复杂经历，更由于他是后援会的核心人物。上海资产阶级最重要的团体之一，与上海市商会齐名的地方协会，会长就是杜月笙。当然，站在杜月笙背后的是国民党。国民党上海市党部的潘公展、童行白都是九人主席团的成员，市党部的另一员重要人物陶百川则是主席团的秘书长。9月24日，后援会成立了组织委员会，"专司本市一切救国后援团体之登记、指导及训练事宜"，根据国民政府军事委员会第六部制订的《各地抗敌后援会组织及工作纲要》规定，各地后援会"应由当地之党政军当

①② 《新闻报》1937年7月23日。

局召集发起之。民众之自动组织者应得当地党政军之许可”,“应接受当地最高党政军当局之指导”。即便是对于杜月笙之类曾经为国民党出过大力的人,国民党仍然在背后监视着他们。

从上述情况看,完全可以说后援会出面的人物是杜月笙,背后控制却是国民党。问题在于,此时国共合作的局面已经形成,共产党的抗日民族统一战线的主张也被越来越多的人所熟悉,它们不可能不对这个团体产生影响。

尽管后援会的国民党色彩非常强烈,尽管它的决策层中没有共产党员或左翼人士,但还有少量共产党员参加其中,有一部分甚至掌握在共产党员或左翼人士之手,当然可以说就是一种统一战线的形式。即在共产党团结抗日战线政策的影响下,后援会吸纳了一批共产党员和左翼人士,而共产党人和左翼人士也乐意参加这个带有强烈官办色彩的民间组织,并在其中开展工作。

二

从上海市各界抗敌后援会的日常工作,如各委员会名称所示,包括筹募救国捐和救国公债、供应军需品、救济难民、救护伤兵、宣传抗战、组织交通运输支援前线等工作内容相当广泛。

筹募委员会7月28日议决,即日开始募捐救国捐,当天就有人捐款,多者如怡和洋行同人会捐200元,少者则捐一角二角的。杜月笙说,他曾检查8月中旬三天的募捐情况,发现捐款在5元以下的占70%以上。他由此而生的感想是:“于以见资力薄弱之社会大众,热心爱国有足多者。”①其他救亡工作同样激起了上海人民的爱国心。

在宣传工作和设计工作中,共产党人和左翼人士则发挥了一定的作用。

据该会的宣传委员会称,他们的宣传分对内和对外两种。对内宣传,首先利用上海各家广播电台,举行时事报告,劝募救国捐和救国公债,征集慰劳品,播放抗战歌曲,邀请名人演讲。从8月10日开始,包括杜月笙在内的数十位上海知名人士,每天4人轮流在上海、华美、大中华、中西等电台上演讲。

此外,还组织了8支歌咏队在电台上播出。为了在里弄、收容所等地方宣

① 上海市档案馆,上海市各界抗敌后援会:《杜月笙筹募工作概论》,北京:档案出版社1990年版,第515页。

传，另外组织了60支歌咏队。为了配合歌咏队的宣传，又组织起大批演讲队，先演讲歌词，再演唱歌曲。同时，派出了先锋演剧队、漫画宣传队、国民救亡歌咏宣传团等奔赴内地宣传抗战。

对外宣传主要有三方面的工作。一是自8月22日招待外报记者之后，该会联络外交部和京沪警备司令部的驻沪办事处，会同国际宣传部交际股，每天下午4—6时假座国际饭店14楼绿厅，供给外报消息。二是以英、日、法、德、俄、韩和世界语开展播音宣传。三是编撰宣传手册，内容涉及日军在中国的暴行，中国抗战的意义等。

除了日常工作，上海市各界抗敌后援会还组织了一些特别的运动，包括发动精神国防运动、对日经济绝交运动和保卫大上海运动。

后援会从事的各种活动，以它的主旨而论，都是有利于抗战的，都是有利于动员人民起来抗战的。以实际上产生的效果而论，这些活动确实发动了上海市民，而且应该说是相当广泛的。就参加这些活动的人而论，同样也是广泛的，其中包括了从国民党到共产党的各种政治力量。因此，从后援会活动来看，同样可以视为党的抗日民族统一战线影响之下取得的成果。

的确，上海市各界抗敌后援会是在国民党主持下成立起来的，它的领导层中不乏国民党市党部的重要成员，执行国民党的政策无疑是坚决的。同时也要看到，在抗敌后援会里出头露面的，主要是一批上海的名流，或者后来被称为社会贤达的一部分人士，而且他们极其活跃。也就是说，后援会毕竟不等于国民党本身。还要注意到，即使是国民党也不是铁板一块。当时抗战烽火刚刚燃起，全国人民同仇敌忾，民气正旺。上海正处在战场边缘，淞沪抗战鏖战正急，环境极其特殊。此时的国民党会注意防范可能危及其统治的群众运动的兴起，却还不会公然站到它的对立面去。在这种情况下，党的统一战线政策是更容易见到效果的。

值得注意的是，八路军初战平型关取得胜利之后，潘汉年以八路军驻沪代表名义致函杜月笙，要求捐助防毒面具。经主席团会议讨论，上海市各界抗敌后援会同意捐助刚从荷兰运到的1 000只面具。而且，潘的信是10月28日发出，后援会的相关手续31日已经办妥，绝无半点拖泥带水。

可见八一三淞沪抗战时期，共产党对后援会相当友好，后援会对共产党也很热情。一个参加者众多的抗日救亡团体，它可能有先天或者后天的不足，但是那些人起来投入救亡运动，应该予以肯定的。

三

要了解上海文化界救亡协会，就要从它的成立说起。

按照胡愈之的说法，国民党在上海建立各界抗敌后援会之后，为了篡夺上海人民自己组织起来的文化界救国会的领导权，他们又搞起了一个上海文化界救亡协会，并在报上登出通知，准备在7月28日召开成立大会，要求文化界人士前去参加。本来，上海文化界爱国人士已经组织了救国会，国民党以文化界救亡协会来代替救国会，无非是想控制文化界的抗日救亡运动。胡愈之等人认为，为了团结抗战，为了发展抗日民族统一战线，文化界救国会成员还是要参加进去，争取在内部进行合法的抗日救亡活动的权利①。

7月29日的报纸刊载了上海文化界救亡协会于28日成立的消息，到会文化界人士500余人，会议主席团由沈田莘、黄造雄、舒新城、诸青来、周剑云、胡愈之、傅东华、沈兹九、周寒梅、顾执中、张志让、孙基祖等组成。这次大会通过的提案包括：1.电呈蒋介石乘胜收复失地；2.参加上海市各界抗敌后援会；3.请示后援会立即召开市民大会发扬民气；4.切实抵制劣货；5.联合各界切实制裁汉奸；6.请求中央宣传部鼓励爱国言论；7.组织国际宣传委员会扩大对外宣传；8.策动文化界扩大救国宣传；9.协助政府加强缉私；10.出版会报。在这次会上当选的理事有蔡孑民、潘公展、刘湛恩、胡愈之、钱俊瑞等人②。

虽然文化界救亡协会对于救国会来说，应该算是另起的炉灶，却并不影响许多原救国会成员在其中积极工作，并使文化界救亡协会成为八一三抗战时期上海影响最大的救亡团体。这种格局，也不影响抗日民族统一战线的发展。或者毋宁说，正是各方面都在按照抗日民族统一战线的原则协调彼此关系，才会出现这样的结果。

其中的关键，当是共产党员和左翼人士在其中发挥了作用。从一些事情的结果看，国共双方显然合作多于对抗。

以出版《救亡日报》为例。这是7月28日成立大会的决议中规定要实行的。然而，它一直到8月24日才正式出版，这可能与国民党方面的拖延有关，也可能

① 《胡愈之文集》第6卷，《我的回忆》，北京：三联书店，第364—365页。

② 《申报》1937年7月29日，第3张，第10版。

与国共双方有一些相关问题需要磋商有关。根据周恩来的指示，这是一张国共合作的报纸，文化界统一战线的报纸①。要创办这样一张报纸，确实有许多事情需要协商。这样的协商，不可能在短时间内达成协议。主要的商谈，大概由郭沫若、夏衍出面同潘公展交涉，双方协议由郭沫若当社长，夏衍任中共指派的总编辑，暨南大学教授樊仲云任国民党指派的总编辑，还成立了一个双方同意的编委会，委员30人，有共产党的王任叔、胡愈之、夏衍、钱亦石，国民党的曾虚白、樊仲云，无党派的巴金，发行人是国民党的周寒梅。在文化界救亡协会里还设立了一个会报委员会，由潘公展、潘汉年、胡愈之、叶灵凤、汪馥泉等5人组成，作为《救亡日报》的领导机构。潘汉年为了把报社的领导权掌握在共产党手中，提出既然双方都已推举了郭沫若任社长，那么有关报社其他工作人员应由社长决定，潘公展同意了。

无须多加说明，既然救亡协会是由国民党提议组织成立的，共产党要通过这个团体开展一些工作，势必会受到一些牵制。为了摆脱牵制，进步文化界人士采取组织文化界各专业救亡团体的办法，以团体会员名义加人文化界救亡协会和各界抗敌后援会，同时又保持各团体的独立性，于是相继成立了戏剧界、游艺界、漫画界、编辑人等各种救亡协会，共产党员和左派人士在这些协会中都占据领导地位，开展了颇有成效的各种救亡活动。

但是后援会和救亡协会这两个著名的救亡团体之间，并非简单的只是接受登记者与登记者之间的关系。从双方从事的活动看，有不少是共同参与的，从组织机构看，至少在宣传机构中，两者呈现你中有我，我中有你的关系。当然，后援会还有自己的筹募、救济、救护、慰劳等近10个专门委员会，独立开展相应的救亡工作。文化界救亡协会也有自己的救济、训练、里弄组织、救护慰劳等委员会从事自己的救亡工作。从名称中就可以看出，两个团体的不少专门委员会所从事的工作性质，有些甚至可以说是相互对应的，这些对应机构的业务相同，却各行其道，并无上下隶属关系。总体看，两个团体的工作有合作进行的，也有分别进行的。

所以，上海文化界救亡协会是一种特殊形态的统一战线。由国民党出面组织这个团体，共产党人和左翼人士参加，并且承担了许多具体工作，为上海的抗日救亡运动作出了积极的贡献。

① 于友：《胡愈之传》，北京：新华出版社1993年版，第189—190页。

四

应该承认，整个八一三淞沪抗战期间，上海地区的抗日民族统一战线呈现一种比较特殊的情况。这主要是指，虽然在上海的各个政党、各个阶层都投入了抗日救亡运动，但是共产党人在其中并没有掌握主导权，更不要说领导权。共产党员是凭着对党的事业的忠诚，在努力贯彻党的抗日民族统一战线政策，以自己的言论和行动，积极地影响和引导周围的人们团结起来，投入抗日救亡运动的大潮中去。这种情况是由主客观多方面因素造成的。

从客观方面讲，七七事变以来，长期被压抑的反对日本帝国主义侵略的怒火恰如火山喷发，整个中华大地到处涌动着抗日救亡的热潮，上海也不例外；而且，国共开始实现第二次合作。这些都为贯彻党的抗日民族统一战线的主张创造了条件。上海作为国民党统治的中心城市，从 1927 年国民党开始成为统治者以来，在力所能及的范围之内，他们所大力推行的党治不会一无效果。从那时起一直到 1937 年的 10 年间，他们以“三民主义”的名义所散布的理论、观念产生了相当影响。他们的新闻检查、书报检查，在封杀了反对者声音的同时，更为自己声音的传播打开了通路。大量的社会团体，已经按照国民党的意愿而被改造。上海资产阶级的总商会，被改组成上海市商会，一些有着国民党背景的人进入了市商会的领导层。众多的同业公会、同乡会都要向国民党控制的政府登记，接受市党部的监督，华界当然是他们的天下，租界里他们的势力也已经极大地渗透。10 年中，国民党不但屠杀共产党员，连持不同政见的史量才、杨杏佛都难逃毒手。虽说开始了国共合作，还是很难想象国民党会对不久前还被称作“共匪”的共产党宽宏大量。

上海是资产阶级最为集中的城市，是资产阶级势力最大、发挥影响最大的城市。他们组织了许多同业公会，平时联系较多，紧急状态之下组织的效能更易得到发挥。而且，他们在一·二八淞沪抗战时期就组织起上海地方维持会，支援十九路军抗战，经受过考验，积累了相当的经验。加上他们有钱、有物资，这些优势是其他社会集团所难以企及的。

更要看到，正是上海资产阶级在 1927 年倒向了蒋介石为首的国民党，才使国民党在更大范围内站住了脚跟。其后，上海资产阶级虽然与蒋介石、国民党有矛盾、有斗争，也对国民党相当失望，但是远没有达到分道扬镳的地步。10 年前，是对工人运动兴起的天然恐惧，才使他们倒向国民党。10 年后，这种趋势没有发生根本性的变化,在国民党与共产党之间作选择,他们几乎是出于本能,会选择跟随国民党。

上海广大市民与其他地方的人民一样,有着强烈的爱国热情,有着光荣的反帝传统。因此,抗战开始之际,当有着国民党背景的上海市各界抗敌后援会成立,并且大规模地开展各项活动之后,上海人民以极大的热情投入进去。

从主观方面,必须看到存在着一些不利于贯彻抗日民族统一战线的因素。

党的统一战线政策并非形成于一日之间,它的贯彻也需要时日。1935 年 12 月中共中央举行瓦窑堡会议,会议通过的《中央关于目前政治形势与党的任务决议》指出,党的策略是发动、团结与组织全中国全民族一切革命力量去反对当前主要敌人——日本帝国主义与蒋介石。时隔一个月,1936 年 1 月 29 日,毛泽东与王稼祥宣布:倘蒋能真正抗日,中华苏维埃政府当然可以在抗日战线和他携手,首次提出联蒋抗日。之后,9 月 1 日,中共中央书记处向党内发布《关于逼蒋抗日问题的指示》指出"我们的总方针应是逼蒋抗日"①。西安事变的和平解决,则在粉碎了亲日派和日本帝国主义阴谋的同时,促进了中国共产党这一方针的实现。

党的方针政策重大转变有一个过程,新方针被党内外所认识更非易事。在党号召建立最广泛的抗日民族统一战线之时,文艺界的一些党员却纷争不休,互相指责,而且把矛头指向了最坚决最热烈拥护统一战线政策的鲁迅。这对党的事业、对抗日救亡运动都是不利的。再者,党所领导的群众,相对而言较为薄弱。

上海地下党在总结 1937 年 8 月份的工作时指出:"党在部分的工作中是获得了相当成绩的,这表现在某些地方狭隘赤色集团已转变成为包含较广泛群众或成为能代表某一部分全体群众的统一战线组织。"②在救国会的旗帜下,聚集了一批爱国者。上海妇女界救国会率先于 1935 年 12 月 21 日建立,此后文化界、职业界、学生、工人中的救国会相继成立,并形成了统一团体——上海各界救国联合会。救国会中,公开出面的是宋庆龄、沈钧儒、章乃器、邹韬奋等知名爱国人士,担负实际工作的干事会和基层组织并不公开。不少共产党员参加救国会各项活动,当然以胡愈之为主要代表,成为其中的骨干力量。

利用聚餐会这种形式大概是救国会的主要活动方式。章乃器在《我和救国会》里说过,救国会会员主要的活动是聚餐会,这种形式优点是灵活,缺点则是松

---

① 中共中央党史研究室:《关于逼蒋抗日问题的指示》,《六大以来》(上),北京:人民出版社 1980 年版,第778 页。

② 上海社会科学院历史研究所:《上海地下党八月份工作总结与九月份工作中心(摘录)》,《"八一三"抗战史料选编》,上海人民出版社,第 341 页。

散。作为一个群众性的爱国团体，救国会并没有严密的组织，也没有专门的办公机构和办事人员，一切活动主要靠全体会员的爱国热情和自觉行动。1936年5月1日至6月1日，全国各界救国联合会在上海召开，成立了全国性的组织。参加这3次大会的有地下党员，有两广、十九路军、冯玉祥等反蒋实力派的代表，民族资产阶级和真正中间派则很少，会议宣言、口号都比较"左"。此时潘汉年和胡愈之都已经到了香港，看到这个情况，潘汉年说服了在香港的邹韬奋、陶行知，由胡愈之帮助起草了一份《为抗日救亡告全国同胞书》，与《八一宣言》调子相近，以中间派口气说话，主张国民党要停止内战，共产党要废除苏维埃和工农红军，团结民族资产阶级。这个文件得到邹韬奋和陶行知的同意，两人都签了名。然后由邹韬奋带到上海，约请沈钧儒、章乃器签名。但是，章乃器嫌文件过右，坚决主张修改，甚至连题目也改为《团结御侮的几个基本条件与最低要求》，虽然还保留了和《八一宣言》相同的一些论点，但失去了中间派的特色。松散的团体，人数不多且不固定，思想也不完全一致，依靠这样一支力量，去与组织相对完备的国民党、上海资产阶级争夺统一战线的领导权，非不为也，是不能也。

到了文化界救亡协会成立之后，上述情况有了较大的改观，而要想在短时期内根本改变这种状况，恐怕仍是难以办到的。

"上海市党政当局，在群众救亡洪流与日本蛮横无理的进攻激荡下，对于救亡运动是没有如前的那样限制，而且也参加了这一运动，进行了一部分初步抗战工作。但这里还是有限度的，还不敢大胆地去与各党各派合作，去发展与组织上海市民中的广大基本群众，许多工作还停留在官办的形态，与极狭小的范围，甚至在某些地方还企图限制其他党派实际工作的开展。""因此，当前党的基本任务是在保卫上海的共同目标下切实与当局及各党各派合作，把上海广大市民，特别是基本群众迅速组织与动员起来，争取抗战胜利，从这一斗争中来加强党的主观力量与扩大党在群众中的政治影响与组织领导。"①

从当时上海地下党组织的这个评价，可以认为，党的抗日民族统一战线在八一三时期的上海得到了成功的贯彻。

（本文原载《上海市社会主义学院学报》，2005年第5期）

---

① 上海社会科学院历史研究所：《上海地下党八月份工作总结与九月份工作中心（摘录）》，《"八一三"抗战史料选编》，上海人民出版社，第340—341页。

中共上海难民工作初探
——八一三淞沪抗战爆发后

翟　彦

全面抗战爆发后，千百万中国人为了免受日寇铁蹄的践踏，辗转流徙，奔向暂时安全地带，沦为难民。其人数之众、规模之大，可谓史无前例，它由此成为难民研究中的重点。自20世纪80年代以来，学术界关于难民的救济、遣送方面取得了不少研究成果，在这中间，上海的难民研究尤为瞩目。可遗憾的是，有关研究只局限于论述南京国民政府难民收容、救济、遣散工作和相关政策的颁布执行，甚至有人把战时上海难民工作成绩全部归功于国民党和南京国民政府；除此之外，对社会慈善团体难民活动的研究也屡见不鲜。但独不见对曾被当时的中共中央赞誉为成功的创举的中共上海难民工作的全面论述。笔者通过挖掘当时的报刊、史料，以及散见于一些著作中的资料，认为淞沪抗战爆发后中共的上海难民工作有自己鲜明的特点，不容忽视。本文将对中共的难民救济、宣传、教育工作作一个较为详细的评述，以期引起学术界对中共上海难民工作研究的重视。

一、 上海难民的数量、构成

八一三淞沪抗战爆发后，上海公共租界和法租界为避免卷入战乱，当即宣布"中立"。受到日军摧残的沪北战区内广大市民无家可归，沦为难民，他们不得不暂时避往安全地带。"凡住居闸北区域内与闸北毗邻各处之人，即纷纷向苏州河以南逃避。"①仅八一三这一天，就有"6万难民涌入租界"②。"故北区经昨日之彻

① 《战时状态下闸北巡礼》，《申报》，1937-8-13。

② 陶菊隐：《孤岛见闻——抗战时期的上海》，上海人民出版社1979年版，第3页。

底移动，剩余人口确属寥寥无几矣。”[①]据不完全统计，战争发生后一个月内，上海附近聚集的难民“多达130万”[②]。涌入租界的中国难民，高峰时达“70万以上”，租界内原有人口“约100万”[③]，到9月中旬很快增加到了“近300万”[④]。随着战区的不断扩大，上海与外界的联系日趋减弱，粮食、衣服、医药、燃料等基本物资供应紧缺，救济工作形势越发严峻起来。为了缓解上海各方面压力，难民被分批遣送返回原籍，上海难民人数不断地变化。“据中国红十字会上海国际委员会1937年12月1日的报告，全市仍有难民25万，其中工人占50%、农民占46%、小本经营者占1%、无一定职业者3%。”[⑤]一时间，几十万难民成为孤岛时期的特殊群体。

二、上海主要难民救济机构

国民党非常时期救济委员会上海分会是上海主要的政府救济机构。该委员会成立于西安事变前，由上海市社会局、上海市地方协会、上海慈善团体联合救灾会、中国红十字会、上海基督教会青年会、各旅沪同乡团体等组成，以“纯以慈善普济为宗旨，办理非常时期的一切救济事宜”[⑥]为宗旨。自8月13日起，在之后一周的时间里，救济委员会就收容难民人数达4万余。

救济委员会上海分会于11月20日结束工作，济难业务委托上海慈善团体联合济难会(慈联会)接办。慈联会成立于西安事变后，其下属有上海佛教净业社、中国济生会、中国红十字会、上海骏化慈善堂、上海孤儿院等救济团体。慈联会的成立，一方面起到将民间分散的救济组织初步联合起来，另一方面起到把上海救济界的上层人物组织起来的作用，是上海难民救济社会团体中最大的一个。八一三淞沪抗战后，慈联会设立救济战区难民委员会，统筹办理难民的收容、遣送等工作。同时，其他各慈善团体还于8月15日联合成立了国际第一、第二难民收容所。整个淞沪抗战期间，慈联会设立了50个临时收容所，名称都是就地

---

① 《战时状态下闸北巡礼》，《申报》，1937-8-13。
② 王春英：《抗日战争时期难民收容所的设立及其特点》，《抗日战争研究》2004年第3期。
③ 郑祖安：《八一三事变中的租界与难民》，《史林》2002年第4期。
④ 陶菊隐：《孤岛见闻——抗战时期的上海》，上海人民出版社1979年版，第4页。
⑤ 《后方工作简报》，《申报》，1937-12-12。
⑥ 孙艳魁：《试论抗战时期国民政府的难民救济工作》，《抗日战争研究》1993年第1期。

取名,如金城收容所(金城大戏院)、正大收容所(正大银行)、明德收容所(明德坊)等。[①]一些中小学校、电影院、银行、钱庄、旅馆、同乡会、饭店、酒楼因战事关系暂时关门,都成了临时收容所。非战区内的一些学校、庙宇、游艺场所等也被辟为难民收容所。

在上海的国际救济组织也积极参加救济活动。其中,以法国天主教神父、华洋义赈会会长、震旦大学教授,被誉为"中国难民之友"的饶家驹发起组织的国际救济会最有成绩。该会成立于1937年8月13日,先后在法租界设立6个难民收容所收容难民。11月9日成立南市难民区,面积约为老城厢的三分之一。[②]各救济所成立后,救济收容难民工作就如火如荼地开展起来。各救济机构组织救护队护送难民到收容所,并提供基本的给养、医疗、教育等服务。

三、中共的上海难民工作及其评价

(一)成立难委,加强上层统战工作。人是最重要的生产力要素和战斗力要素,很多国家都把难民当做一种战争资源和有生力量。中国充足的人力资源对进行和坚持民族反侵略斗争,有着不可忽视的作用。因此,有识之士都很重视难民工作。"多救济一个难民即为民族多充实一份力量;能减少敌人蹂躏一个同胞,即为建国多保持一份元气。"[③]如何看待数以千万计的难民,这直接关系到难民救济工作的方针。上海地下党一开始就十分重视难民工作,早在8月13日当天70万难民涌入租界时,时任上海地下党负责人刘晓和时任中共江浙省委军委书记的张爱萍就指出:"难胞大多数是工人农民,是党的基本群众,他们中间蕴藏着巨大的革命力量,要把难民安置、教育和疏散工作,与武装民众,开辟敌后农村武装游击战的任务结合起来。"[④]1937年11月上旬,刚刚重建的中共江苏省委成立以后,就紧急部署上海沦陷后的难民工作,指出,"应以最大力量加紧难民工作,不仅对难民应予深刻的民族教育,而且应在难民中发展党的组织,训练一批干部","在饥寒交迫的几十万被难同胞,他们由于实际生活所增长起来的极度抗日情绪和对国民党的不满,我们根据他们不同的阶层,不同的要求,教育他们,组

① 孙艳魁:《试论抗战时期国民政府的难民救济工作》,《抗日战争研究》1993年第1期。

② 《各同乡会及各团体扩大救济战区难民》,《申报》,1937(5)。

③ 《中国共产党上海史(1920—1949)》,上海人民出版社1999年版,第1034页。

④ 《中国共产党上海史(1920—1949)》,上海人民出版社1999年版,第1035页。

织他们，并且争取他们里面的优秀分子到抗日团体和党里来，这是目前重心工作之一，这是抗日主力必争之一”①。

12月，省委成立难民工作委员会（以下简称难委），决定将在慈联会和国际第一、第二收容所工作的30名党员的组织关系划归难委统一领导，以加强难委的职能和领导力量；并把党组建的原上海别动队第三大队返回市区的一部分党员、骨干力量充实难民工作。这样，上海慈联会的五十余所难民收容所和上海国际第一、第二难民收容所成为党的特殊群众工作阵地。难委成立后按照省委的指示，进一步确定了工作任务，指出难民收容有很强的临时性和被动性，是过渡性组织，不适宜长期隐蔽工作，应抓紧时间，集中进行难民抗日教育和阶级教育，激发难胞的抗日爱国热情和阶级觉悟。在进步工作人员和难胞中发展党员，建立和扩大党的组织。要做好思想教育和组织准备工作，通过难民自然流动和有计划遣送的公开合法形式，向皖南新四军、敌后抗日游击区、工厂、农村等各条战线输送有生力量。

刚刚成立后难委要顺利地开展工作，就必须争取上海慈联会、国际救济会、租界当局和社会上层的支持，就有必要加强上层统战工作。1938年2月，难委成立党团，由公开身份为慈联会收容股干事的朱启銮任书记，同为干事的焦明、周克为委员，负责上层统战工作，他们与股长赵朴初密切配合，推动难民在抗日战争中发挥作用。赵朴初是“星二”、“星四”上层聚餐会的参加者，对党的抗日民族统一战线号召由衷拥护，他在安排各收容所负责人时都请焦明推荐人选。因此，收容所的正、副所长90%都是共产党员，这样就为难委领导慈联会50个收容所的工作，贯彻党的难民工作决策，创造了有利的条件。②难委党团通过赵朴初、黄定慧等爱国进步人士的帮助，争取主持慈联会日常工作的佛教界爱国领袖黄涵之、关炯之，上海国际救济会发起者饶家驹等国际国内慈善界友好人士的支持；还通过“星二”聚餐会核心人士工部局华人教育处长陈鹤琴、沪江大学校长刘湛恩等各界爱国人士的关系，与教育界、工商实业界人士、工部局华员俱乐部、法公董局华人联谊会中上层职员建立了广泛的联系，使一切合法活动都能够公开的进行，也有了经济、物质上的保证，为难委开展工作创造了有利条件。

（二）积极有效地开展难民教育、宣传工作。难委工作重点是加强难民抗日

---

① 《中国共产党上海史（1920—1949）》，上海人民出版社1999年版，第1037页。

② 《中国共产党上海史（1920—1949）》，上海人民出版社1999年版，第1038页。

救亡的政治教育。朱启銮以慈联会收容股教育组长的身份，与陈鹤琴、刘湛恩多次商讨难民教育，于1938年初成立了慈联会难民教育委员会，全面负责和督促各难民收容所的教育工作。按照江苏省委“应根据难民不同阶层，不同的要求，教育他们，组织他们，争取他们中的优秀分子到抗日团体和党里来”的指示精神，难委要求各难民收容所的难民教育以文化知识教育与抗日思想教育、阶级教育三者相结合，以激发难胞抗日爱国热情和阶级觉悟，壮大抗日力量，发展中共的党组织。由于各所的负责人基本都由共产党员担任，使各难民收容所贯彻党的难民文化教育与思想政治、阶级教育相结合的工作方针有了组织保证。各难民收容所根据男女老幼不同的特点和要求，以及按难民的不同文化程度，组织识字班和文化班，基本做到收容所里人人参加学习，实现了中共的政治宣传教育面向全体群众的要求。

在宣传的内容上，难教工作人员结合全国抗战形式的发展、上海的政治环境以及难胞的悲惨遭遇，自己动手编写教材，有针对性地宣传中共的全面抗战、持久抗战路线，克服群众厌战情绪，宣传八路军、新四军的英勇战绩。增强难胞抗战必胜的信心。各难民所的儿童识字班统一使用难民教育委员会编写的教材，第一课就是《我是中国人》；难民所的妇女班中学《难民的话》，每当难胞读到“家也烧了，东西当得当光、卖的卖光，几天尝不到饭的味道”，她们就联想到自己的遭遇，忍不住声泪俱下。①深入浅出的课文内容和通俗易懂的说理，激发了难胞对日本侵略者的仇恨和抗日到底的爱国激情。结合文化教育，各难民收容所还广泛组织难民参加各种形式的抗日宣传活动，形成抗日救亡的强烈气氛。各所的抗日宣传形式是丰富多彩的，有群众性的歌咏活动；有适合青年难胞的抗日话剧排练表演；有适合中老年难胞的故事会、小茶馆说书等活动。还有组织难胞诉苦、在重大抗日纪念日召开时事座谈会、报告讲演会，请知名人士、进步人士来做讲演。各种丰富多彩的抗日救亡活动收到了可喜的效果，一时间“参加新四军，打日本鬼子去”成为青年们热烈讨论的话题。②

在普及难民教育的同时，难委还积极创造条件，贯彻省委“选择一批精干分子予以训练”的指示，有重点的创建抗大式的集训基地。中共在慈联会的正大收容所就集中组织青壮年难民进行军事、救护等训练，很快就发现了一批骨干，输

① 《中国共产党上海史(1920—1949)》，上海人民出版社1999年版，第1039页。
② 《中国共产党上海史(1920—1949)》，上海人民出版社1999年版，第1043页。

送到新四军中。举办青年短训班，集中 2 个月的突击培训由各难民所选送来的 200 名青年积极分子，为动员难民参加皖南新四军做骨干准备。1938 年，根据新四军军部要求上海党输送通讯技术人才的指示，慈联会教育组开办了两期无线电培训班，先后 38 名学员在中共的安排下，奔赴新四军的各条机要战线。此外，创办了二所集中培养优秀青少年的抗大式学校。一所是创办于 1938 年 3 月的工华难童收容所，另一所是创办于 1939 年 12 月的慈联职业中学。难委十分重视这两个青少年培训基地，工华所和慈联职业中学建立联合党支部，由难委书记直接领导。在办学指导思想上，贯彻以政治思想教育为中心。在课程设置上打破常规，开展马列主义教育。一大批优秀的青少年在这两所特殊的教育基地接受了党的思想熏陶，走上了革命的道路。

党在难民收容所开展的政治教育是面向全体群众的，其中也包括难民收容所的工作人员。参加难民教育和生产行政管理人员有数百人，他们除了部分是慈联会的进步人士之外，大部分是各界救亡协会动员来的青年教师、学生、工人、职员，还有来自社会的失学青年，他们都是抱着为抗日救亡出力的愿望来到这里工作，都是些有文化、有理想的优秀青年。难委以各种方式积极的培养、教育他们，争取他们中的先进分子加入党组织。

（三）中共难民工作的意义。持续两年的难民教育，提高了难民群众的思想觉悟和爱国热情，涌现了一大批积极分子，为中共党组织的壮大创造了条件。中共党员人数迅速壮大，在一年半的时间内，难委从初建时的 30 名党员发展壮大到 390 余人。到 1938 年底在 21 个难民收容所建立了党支部，一个党总支；到 1939 年 10 月前，又在 5 个所建立党小组，在难民群众中形成了党的坚强领导核心。难委坚持政治思想教育与文化宣传教育工作相结合，普及教育与突击重点培养相结合的工作方针，使传统的收容、遣送难民的慈善救济场所变成了热火朝天的抗日政治大学校，为培养、动员、输送抗日有生力量，打下了思想基础和组织基础。

按照省委"成熟一批输送一批"的指示精神和以人力物力支援新四军的要求，难委 3 次向皖南新四军输送了约 1 200 余名青年，其中有党员 80 余名；先后抽调党员、骨干四五十人，奔赴浦东、青浦、嘉定和苏太常，苏北通如启海各地，开展抗日武装斗争；向上海市郊和苏南、苏中抗日游击区输送了近 2 000 余人。1938 年起，上海各业生产陆续恢复，工厂复工、招工。难委根据省委的指示，有计划的动员了近 50 名党员和一批积极分子进工厂做工，在工委、职委的领导下，开辟工厂企业阵地。1939 年下半年后,难民开始回乡,难委工作逐渐收缩。在回乡运动中,难委根据省委指示,派出近 50 名党员分别到宝山、吴淞等城乡结合地区①坚持长期隐蔽的点线联络。中共的难民工作阵地为党的条条战线培养和输送了一大批优秀干部和新生力量,留下了广泛而深远的影响。

中共难民工作是在抗日民族统一战线的大背景下,充分利用上海客观条件,发挥自身的力量,对难民进行抗日的宣传教育,吸收优秀难民进入党组织、新四军以及中共领导的各条战线上。上海的难民工作之所以能成为"成功的创举",与中共江苏省委审时度势,对难民工作的成功部署和艰辛的努力密不可分,与难委的坚强有效领导密不可分。同时上海难民具有自身的特点,先进的工人阶级数量庞大,这些条件共同促成了上海中共难民工作的成功。

(本文原载《绥化学院学报》,2009 年第 2 期)

① 《中国共产党上海史(1920—1949)》,上海人民出版社 1999 年版。

八一三事变后中共在上海的难民工作

李晓兰　黄亦君

淞沪会战爆发后，上海及近郊的居民大量涌入租界成为"难民"，大批乡村中的自耕农、小地主、城市中的小商人以及没落的小资产阶级，因生产机构基本停业，实际上亦已堕入难民境遇。公共租界和法租界难民人数一度高达 70 万人以上，仅闸北和虹口区避至租界者即超过 20 万人，各收容所人满为患，后至者露宿街头，难民处于饥饿、寒冷、疾病甚至死亡的威胁之下，惨不忍睹。解决难民问题，成为影响时局的迫切要求。中共上海地下党（江苏省委领导下）适应时局需要，积极开展难民工作。

一、 制定应对方略

上海沦陷后，中共处于一种新的、更加恶劣的工作环境之中。千百万群众在日本帝国主义侵略下遭受屠杀、饥饿、流浪的痛苦，激起了他们的民族仇恨与抗日情绪，但恐惧、失望、悲观同样也浮现在每个人心头；日本正在试图把上海及其附近地区经营为侵略中国的军事、经济、政治根据地。如何组织队伍庞大、流离失所的难民展开抗日救亡斗争和自救？中共上海地下党制定应对方略，指出新环境下的基本方针是"继续巩固与发扬群众抗日斗争情绪，发动与组织群众的日常反日斗争"。通过开展工作，"扩大、加强、严密群众组织与党的基础，充分准备力量与全国抗战配合，争取最后摧毁日本帝国主义的统治，恢复上海"。具体而言，其一，有计划地在群众中继续进行抗日宣传鼓动与经常的深入民族教育。通过深入到基本群众中去，在党影响的群众组织中培养大批积极分子，使他们成为其中的宣传教育者。其二，在组织群众的方法与方式上，应立即执行适合于环境的转变。其三,积极领导群众的日常反日斗争,在这些斗争中提高群众情绪来教育与组织群众。其四,把党的组织基础放到生产部门中去,要以最大力量在生产部门中特别是工人中建立与巩固党的堡垒。当时,群众最为集中、包含各阶层民众的难民收容所成为中共实施计划、开展工作的重要基地,“以最大力量加紧难民工作,不仅对难民应予以深刻的民族教育,而且应在难民中发展党的组织,训练一批干部,经过难民来建立上海四周农村中的组织”。在此方针指导下,中共选派优秀干部深入难民收容所开展工作。

二、 成立难民工作委员会

数十万难民涌入租界,生活困难,秩序混乱,情绪低落。为加强对难民工作的领导,中共江苏省委成立了难民工作委员会,简称“难委会”,朱启銮任党组书记,费浩、陈茹、钱伯森、汤镛、周克等先后担任书记,负责具体工作指导;焦明、周致远、顾德欢、丁瑜等参加“难委”工作。当时,上海公开的难民救济机构,大致分为三个系统:一为国民党上海市党部组建的“非常时期难民救济委员会”,随着国民党军队的西撤,机构主要领导人都逃往大后方,这一救济组织名存实亡;二为“上海国际难民救济协会”,规模较小,收容难民数量有限;三为“上海慈善团体联合救灾会救济战区难民委员会”,简称“慈联会”或“仁济善堂”,是当时上海规模最大的难民救济机关,曾在上海公共租界、边界以及法租界陆续办有60多个收容所,先后收容难民达到六、七十万人次。“慈联会”组织较为完备,下设总务、给养、收容、财务(或会计)、医务、遣送六股,其中收容股最为主要,负责各收容所的日常管理工作。收容股设有教育、生产两个小组。教育组主要对收容所的难民进行抗日救亡教育,成人扫盲教育和成人政治理论教育,以及儿童小学文化教育。生产组主要组织难民进行生产自救,生产的品种很多,如织麻袋、糊纸盒、编袜子、搓草绳、缝纫、做儿童玩具,以及对开工的工厂进行来料加工等。难委会通过慈联会开展工作,派骨干深入各股日常工作的运作之中,确保了难民收容所的组织领导工作。

三、 成立党组织

在难民中培育积极分子、成立党组织是中共的指导方针之一。党员在收容所做了大量工作,开展思想教育,提高难民的爱国救亡意识,在难民中培养了一批积极分子，各收容所以此为依托，先后成立了党组织，对于难民工作的长期开展和工作的延伸起到了重要作用。1938 年下半年，随着战事逐渐西移，“孤岛”畸形繁荣，戏院、饭店、银行等逐步恢复营业，租界当局不允许难民所再占领下去，难民或被遣散、输送，或陆续返回原来的工厂或郊区农村，收容所逐渐缩小，难委会的工作范围、内容和重点开始转移，注重开展地方抗日运动、从事地方武装斗争。难委会领导下成立的这些党组织不断向上海近郊及难民回归的周边地方输送党员，向上海复业的工厂输送骨干，在工厂中建立起党的堡垒。地方党的工作依靠收容所中发展的党员逐步开展起来，不仅把上海近郊的群众发动和组织起来，开辟了郊区各县党的工作，回到邻郊各县和苏南等地的党员还领导了地方抗日武装斗争，成为革命斗争的中坚力量。

四、 开展文化教育

难民普遍文化素质不高，通过文化教育对难民进行抗日鼓动和深入的民族教育，提高救亡认识，是难民工作的重要环节之一。教育的内容主要是宣传抗日道理，教唱抗日歌曲，识字，传授战时常识和救亡技术等，有成人班、妇女班、儿童班。慈联会专门组织编订了一些战时教育课本，包括战时儿童初级课本，即《中国人》《东洋兵》《男人和女人》《中国飞机》《小孩救国》；战时妇女课本，前三课与战时儿童初级课本相同，另增《可恶的日本兵》《难民》；战时壮丁读本，包括《难民的话》《智勇双全的左昆之》《同舟共济》《避飞机》《锯了腿的伤兵》。以发生在身边的抗战英雄事迹和日军残暴行径为教育题材，培育难民的民族意识和爱国情感。因抗战特殊时期，师资力量有限，难民数量庞大，在难民中开展的文化教育曾实行特殊的小先生制度，即先教一批儿童，给他们讲解革命道理，然后由这批儿童担任小先生，再去教难民，以此普及战时常识和文字教育。收容所中难童相当多，为此专门开办了“工华收容所”，从难童中挑选一批较为优秀者有针对性地开展文化教育工作，所办教育有一至六年级小学、一年级中学、无线电训练班等，经费由国际救济会教育组负责。

五、 输送难民参加新四军

1938 年夏秋之间，新四军与中共江苏省委联系，要求动员青年参军抗战，输送人员到皖南补充部队、培训干部。经江苏省委、省军委领导研究后，决定主要在失业工人和难民中进行动员，设法先集中一批，以后分批送往皖南新四军军部。难民中青壮年较多，他们具有不同程度的革命性，加强对他们的教育十分重要。难委会通过长期深入细致的思想文化教育、革命意识培育等争取动员工作，组织其中的积极分子参加新四军。难委会利用慈联会的合法名义，以动员难民去江西开荒、生产自救为借口，第一批动员和组织了六七百人，其中绝大部分是基本群众，仅党员就有四十人左右，少数为试图寻找安定生活环境而回到后方的群众。到达新四军军部所在地云岭后，共计四百多人。这部分人，有的被分配到教导大队学习，有的直接分配到战斗部队参加抗战，其中一些技术人员，根据其专长，被分配到电信、机要、修械等部门工作。其后又输送了两批，每批约二三百人，前后共计输送到新四军中参加革命的难民不下一二千人，对新四军领导的江南抗战起到重要作用，被誉为“上海地下党的成功的壮举”。

八一三事变后中共在上海开展的难民工作，使得漫无组织的人群得到有效的组织教育，难民群众不仅没有白白消耗物力，反而通过生产自救变为提供物力；不仅不妨碍军事反而通过参军参战有助于军事。中共有效的民族教育和抗日救亡鼓动，使得许多难民投入抗战救国运动，有力地支援了抗战。

（本文原载《兰台世界》，2009 年第 5 期）

抗日救亡运动

八一三抗战中的上海人民

郭豫明　董家骏　胡世芸

一

从1931年的九一八事变起，日本帝国主义便明目张胆地开始了以灭亡中国为目的的侵略战争。

1937年日寇再次扩大对中国的侵略。7月7日挑起了卢沟桥事变，8月13日又以虹桥事件为借口，进攻上海。这样，日寇一面从华北平原、一面从华东地区大举进攻中国内地，以便实现使中国沦为其殖民地的野心。中华民族的生存，面临着空前严重的威胁。

敌人的枪炮声，震惊了千千万万的中国人民，唤起了他们的民族觉醒。在卢沟桥，中国守军违背国民党当局的意志，奋起抵抗。在上海，中国军队也英勇战斗，于是揭开了民族解放战争的新局面，全国性的抗战从此开始了。

八一三抗战爆发以后，全上海人民发扬了一·二八抗日的传统，并以新的姿态投入抵抗日本帝国主义的斗争。敌人的兽行，激起人民的无比愤恨；共同的灾难，使大家都团结到争取民族自由独立的旗帜下来。从工人到资本家、从学生到摊贩、从文化界到宗教界、从妇女到儿童，一致行动起来捍卫上海。正是由于中国军队的浴血奋战，上海人民的全力支援，党及时组织群众开展抗日救亡运动，才能使上海的抗战坚持三个月之久(8月13日—11月12日)粉碎了日寇速战速决的企图；并且给予敌人以沉重的打击，日寇为了夺取上海，不得不付出重大的代价。

上海人民在这场抗击敌人的斗争中，再一次表现出他们对祖国的无限忠诚，特别是在党教导下的上海工人阶级的伟大行动，更说明了他们不愧为民族解放运动中的先锋。

上海工人阶级及其他各阶层人民与日寇作斗争的英勇事迹是可歌可泣的，它为中国民族解放运动史留下了光荣的一页。

二

具有优秀革命传统的上海工人阶级，自从九一八事变发生以后，无时不关怀着祖国人民的命运。在一·二八上海抗战期间，工人阶级也和全市人民一道，为保卫上海立下了不朽的功勋。

在一二·九运动的影响下，上海的救亡运动又呈现出新的气象，各界人民纷纷成立救亡团体，工人阶级更是踊跃，但是由于国民党的敌视和摧残，工人阶级始终难以单独形成组织，他们便参加到其他救亡团体里去，主要的是职业界救国会，妇女界救国会以及国难教育社等。尽管如此，有的行业的工人还是积极筹备成立自己的救亡团体，1936 年 11 月 15 日，上海邮政局的工人发起了组织邮工救亡同志会，贴出一张激动人心的通知，通知中首先指出中华民族已经到了危急存亡的最后关头，每个中国青年应该英勇地去担负起保卫祖国的神圣任务。

八一三抗战刚爆发，原在日本资本家工厂中做工的工人，一听到祖国抗战的枪声，谁不欢天喜地，摩拳擦掌，兴奋异常，并且不顾失业与饥饿的威胁，毅然决然地离开了敌厂，不愿再在敌厂多逗留一分钟。据 9 月 2 日的时报报道，仅沪西一隅，从日纱厂退出的失业工人便达 6—7 万人。从工人阶级身上，便可看到我们民族的伟大气节。

工人阶级的高尚品质也反映在其他行动上。杨树浦路韬朋路日商所办的公大第二纱厂，约有一千多工人被驻厂日军所扣留，日寇并以野蛮手段强迫他们悬挂太阳旗符号运送军火以及挖掘战壕等防御工事，遭到工人群众的坚决反对，他们决不愿为敌人所利用。

退出了敌厂的工人同志，马上投到抗日救亡的洪流中。有的跑到各种救亡团体工作，有的跑到前线当服务员，有的跑到工人武装别动队中去，满腔热情地为抗战服务。

救亡运动的热潮迅速席卷了整个上海工人阶级。很多工人宣传队出动了，永安三厂、鸿章纱厂等厂的工人把自己平时从极度贫苦的生活中省吃省穿积累下来的工钱，购买油印机，编印了许许多多宣传品，出发到各处宣传、募捐，不管日晒雨淋，毫不退缩。

以上海邮政工人组成的职业界救亡协会的邮务组也出版宣传抗日的壁报，当画着绿色群雁作为报头的邮工壁报贴到各局墙壁时，给了 3 000 邮工以极大的振奋，诚如创刊号开场白所说的一样，“如像嘹亮的雁声，划破了长空，带给人们清醒的感觉。”而且举办三次演讲会，帮助工人们对时局的了解，受到邮工同志的热烈欢迎，邮务工会这时也出版了三期大众先锋周刊。中华书局等在业职工，组织了沪西青年救亡团，参加各种宣传募捐工作。

已为资本家剥削得十分贫困的工人群众，也非常踊跃地捐献金钱，支援抗战。上海法商电车电灯自来水公司的机务部工人，曾经募集 100 多元，慰问前线战士，在国民党政府发行救国公债时，车务部工人也热烈认购，总数达 400 元以上。黄包车业的工人还准备从互助会中的 18 万基金中提出 10 万元购买公债(后因上海即告沦陷，没有实现)。即使是经济上更为困难的失业工人，由于爱国心的驱使，他们还是尽力捐献。这种行动与自私自利的资产者比较起来，他们该是多么令人敬佩。

工人阶级还积极主动从事其他各项救亡工作。在战争爆发后的第三天(8 月 15 日)汽车工人便发起慰劳前线战士运动，10 月 10 日又发动劝募背心运动。邮政工人也成立了邮工战时服务团，慰劳伤兵，代伤兵写信寄信，救护难胞。上海法商电车电灯自来水公司的机务部工人也组织了一个星期服务团，有 300 多工友参加，每逢星期天等工厂放假的日子，便去帮助我军做各种防御工作，深深感动了前线战士。其他工厂的工人还赶做棉背心、征收慰劳品，支援军队作战。印刷业的工人，还开办救护训练班，成立救护队，奔赴战地服务。

10 月 19 日，南市组织了车夫救亡协会，动员工人帮助军队搬运辎重、建筑工事、担任向导等工作，由于前线运输的需要，黄包车同业工会发放车辆 800 部送往前方，随车前往工作的有 500 名工人，后来只有 200 名左右的工人回到上海重操旧业，其余 300 名工人便随军西撤，去为祖国的抗战事业服务。同样地，在英商所办的中国公共汽车公司工人，为了满足前线的需要，有七八位司机同志便一起投进军队，献身于抗日救国工作。

由 10 位女工(多数是纱工)组成的上海劳动妇女战地服务团，在女作家胡兰畦的领导下，活跃在东战线上，她们担负了不少的任务：开展宣传鼓动唤起民众的工作；侦察汉奸的活动；慰勉战士、救护伤兵、纠察军队的风纪；查考地方公务人员工作实况，并进入农村进行妇女工作。好多女工也勇敢地跑到前线，为抗战事业做了种种有益的事情。

上海工人阶级为了使这个中国工人阶级的故乡免受敌人的蹂躏，不但全力以赴，做好各项支援前线的工作，而且还直接参加作战，打击日寇。

工人们的坚强斗志终于冲破了各种困难，在纱厂救亡协会的动员下，三天之内便有500名工人拿起武器上前线杀敌。黄包车业的工人也组织了车夫义勇军，所有300多名会员一起参加军训，后因国民党政府的破坏，被迫解散，未能实现工人杀敌的心愿。可是广大工人群众报仇雪恨的决心，并没有因此而有所减退，不少同志后来离开了自己的家庭，抛弃了自己的工作，投身到游击队的战斗行列中去。

在后方，工人群众也和日寇的走狗——汉奸展开无情的斗争。有一天，黄浦江潮水高涨，并泛滥到马路上来，一只渡船从浦东驶到罗斯福码头(即现在十六铺大达码头)靠岸，船上走出来一位衣冠整齐的民族败类，神气得连黄红汉奸符号也忘记取下来，被正在谋福轮上做工的工人发现了，便赶紧上去两位工友，抓住他，狠狠地揍了一顿，且把他像渣滓一样丢到马路上的潮水里去。由此可以看到工人阶级对敌斗争的坚决态度，他们和敌人是誓不两立的。

正当工人阶级竭尽全力挽救上海的时候，一些资本家却利用这个机会，以停工、解雇、裁员、减薪等各种办法进攻无产阶级。外国资本家表现得更为可恶，英商开办的中国公共汽车公司为了补足战争的损失与节省开支，便不顾工人生活而施行残酷的 lag off 制度，路线上需要多少人便用多少人，余下不管。资产阶级的这种进攻，迫使上海职工不得不在抗战的同时，给予应有的还击。通过斗争来加强自身的力量，并团结资产阶级一道抗日。

上海工人阶级就是这样地把抗战的事业看作自己的切身事业，奋不顾身地为它工作着，英勇地站到斗争的前列。无数事实令人信服地表明，他们是中华民族的好儿女，是争取民族自由解放运动中的中坚力量。

三

八一三战争爆发后，全上海人民也都英勇地站起来保卫上海开展救亡运动。当时各界救亡团体犹如雨后春笋，纷纷成立。上海各界抗敌后援会就包括了工、农、学、商、文化、妇女等各方面的许多救亡团体。“有钱者出钱，有力者出力”的号角响彻了各个角落。捐款、募集慰劳品、慰问前线战士、救治伤兵、收容难民、扩大救亡宣传等爱国抗敌运动轰轰烈烈地展开了。

(一) 文化艺术界

文化艺术界在救亡运动中发挥了他们的特长,他们除了一般的救亡工作外,更以多种形式唤起与鼓舞群众的斗志。

爱国的文化战士创办了不少宣传抗战救亡的报纸杂志。如郭沫若、茅盾、巴金、柯灵、金仲华、邹韬奋、郑振铎、胡愈之等等爱国人士在八一三战争爆发后,即筹备组成编辑委员会,于8月19日出版了《抗战》(三日刊)。作为抗日民族统一战线上海市文化界救亡协会的机关报——《救亡日报》也于8月24日问世了。此外还有《团结周报》《大众呼声》等等。这些报纸杂志给予人们健康的精神食粮,使抗日救亡的道理家喻户晓。

剧作者洪深、田汉等加紧创作抗战剧本,供给演员们组织的救亡演剧队分赴各处演出,使他们通过歌唱表演等对前方战士与伤兵进行慰劳,鼓舞抗敌情绪,对后方民众进行抗战救亡的宣传并灌输战时常识。当时演出的“放下你的鞭子”“保卫大上海”“捉汉奸”等等都是受到大众欢迎的宣传剧。

国民救亡歌咏团忙着传播激励人心的歌曲,爱国作曲家冼星海、贺绿汀、田汉等不断地创作着能够提高民众抗战情绪的雄壮歌曲,使救亡的歌声响彻四面八方。

画家们也组织了漫画救亡协会,他们以生动的漫画扩大宣传,许多宣传画在农村中起着很大的教育作用,“抗战画报”也应时出版了。

(二) 青年学生

年青一代是抗敌救亡运动中的生力军,随着抗战的爆发,他们也组织起来活动在各个场所。

职业青年组织了后方服务团,更有一些热血青年发起组织青年抗敌同盟会。

留日学生纷纷回国共赴国难,上海留日同学救亡会开展了一万双布鞋运动,他们同时在街头募款,支援前线;并出版了“大众壁报”宣传教育民众。

上海学生界救亡协会组织了大中学生,扩大救亡工作。他们不但征募物品,慰劳伤兵,救济难民,并展开教育民众,组织民众的活动,深入各处的童子军战地服务团还在前线救护伤兵,他们出没在火线上毫无畏惧,英勇的行为鼓动了士兵,教育了民众。

(三) 妇女界

上海妇女也不甘示弱,踊跃投入抗日救亡运动。我们从当时妇女界组织与活动情况即能了然。

她们的组织有中国妇女慰劳自卫抗战将士会上海分会，上海妇女战时服务团，家庭妇女战时服务团，上海劳动妇女战地服务团等等，甚至于上海舞女也组织了救亡协会，劝募救国基金。

妇女界鉴于全面抗战已开始，8 月 19 日即发起献金运动，募集金银饰物，以无用之饰品，供献给国家成有用之资，她们的目标为 2 000 万元，以此充作救国基金。妇女们还在后方为战士们缝制寒衣、布鞋，募集物品等，并且上前线救治伤兵慰劳将士。

战区农村妇女同样地不辞劳苦为战士缝制布鞋，人人都愿为前线献出一分力量。

(四) 小商贩

小商贩等也深明大义，爱国热忱高涨，如沪西山海关路小菜场摊贩陈舜文等 10 余人，捐济千余斤咸鱼给难民佐膳。而日寇前往接洽购买时却严词加以拒绝。

(五) 资本家与华侨

在"有钱者出钱"的号召下，上海爱国商人与华侨也能急难输财，捐款救国的颇为不少。纱业巨商吴瑞元单独捐款 15 万元，边瑞馨也独捐 3 万余元。菲律宾一位华侨资本家闻上海事变后，立即汇款捐献。上海各银行也分认救国捐 30 万元，救济捐 12 万元，商务印书馆与中华书局资方也认救国捐 2.5 万元。

(六) 宗教界

抗日救亡，人人有责。上海的僧人教徒也一齐投入爱国运动。

僧人们积极参加救护训练班，受训后组织救护队，赴闸北等战地救护伤兵与受伤民众，并参加上海各慈善团体联合救灾会赴各战区救护难民。

上海爱国的天主教徒筹资 10 万，设立难民收容所于震旦大学大操场内，也为救亡运动做了一件有意义的事情。

（本文原载《学术月刊》，1958 年第 8 期）

八一三期间上海的救亡报刊

吴景平

1937年八一三淞沪抗战爆发后，随着救亡运动的广泛深入地开展，涌现了大量的救亡报刊。这些救亡报刊的主办者有文化、新闻界的爱国人士，也有救亡团体。这些刊物成为上海救亡运动的重要舆论阵地。

一、 救亡报刊的概况

《呐喊》周刊，以茅盾为编辑，巴金为发行人。上海战争爆发后，原来的文学社、中流社、文季社、译文社等四家已无法继续从事正常的出版发行业务，因此合办了这份救亡文学周刊。《呐喊》于8月22日创刊，出版两期后，9月5日改名为《烽火》周刊，到11月7日，共出版了十期。该刊以诗、短论、杂感、小说、速写、报告、信札、回忆录等文学形式，进行着“和民族独立自由的神圣战争紧紧地配合起来的文化工作”①。主要撰稿人有巴金、茅盾、胡风、王统照、艾芜、刘白羽、靳以、萧乾等人。

9月1日，由《世界知识》《妇女生活》《中华公论》《国民周刊》四家刊物合办的《战时联合旬刊》创刊，编辑为金仲华、沈兹九、郑振铎、钱亦石、张仲实、张志让、王志华、王纪元、谢六逸、杜佐周。到10月1日出版了第四期，尔后各杂志又独立出版发行。《战时联合旬刊》其他撰稿人还有王任叔、潘汉年、叶秋、罗琼、王统照、罗叔章、史良、萨空了等人。

《文化战线》旬刊，9月1日创刊，由“上海编辑人协会”主办，施复亮、艾思奇、

① 《创刊献词》，《呐喊》创刊号，1937年8月22日。

金则人、宋易、周木斋、姜君辰、陶亢德为编委会，钱俊瑞、孙冶方、钱亦石等都在该刊上发表过文章。到11月上海沦陷，该刊共出版了八期。《战时妇女》旬刊，创刊于9月5日，胡兰畦、蒋逸霄、梁光、歌三、王汝琪、郁风为编委会。该刊实际上是上海妇女慰劳自卫抗敌将士分会的机关刊物。由于《妇女生活》在8月1日出至五卷第二期后停刊，《战时妇女》成为当时上海妇女运动唯一的救亡刊物，对妇女救亡运动起了重要指导作用。到11月，该刊共出版了十期。

《战线》五日刊，9月13日创刊，编委会由章汉夫、夏征农、艾思奇、章乃器、王达夫、刘惠之、吴敏、陈楚云组成。主要撰稿人还有郭沫若、史良、许涤新、石西民、李公朴、恽逸群等。第二次国共合作正式形成后，八路军在晋北出击日本军队，获得重大战果，章汉夫曾在《战线》第四号上发表《国民统一及晋北屡捷》一文，指出国共合作与晋北大捷不是偶然的，是在"抗日第一的原则下，达到了国共的合作。而全国同胞这几年来奔走呼号的民族统一战线，终于实现。事实证明了内战不应再继续，证明抗日红军(现改国民革命军)是个可宝贵的力量"。11月7日，该刊出至第十一期。

《抗战半月刊》，9月15日创刊，这是当时影响较大的文摘类刊物，其主旨是"选辑各杂志和日报晚刊的精华，以供众览，聊为救亡工作加添一点力量，使得救亡的理论和文艺普遍散播于群众之间"①。该刊创刊号从《抗战》三日刊、《呐喊》《救亡日报》《国讯》《七月》等20来份报刊上选辑了四十位作者的作品，其中有巴金、茅盾、郭沫若、胡愈之、曹聚仁、黄炎培、王芸生、冯玉祥、艾芜、张天翼、傅东华、萧军、萧红、阿英、欧阳山、沈起文等人。11月，该刊出至第三期。

《救亡周刊》，10月10日创刊，这是上海职业界救亡协会的机关刊物，刊名系沈钧孺先生所题。沙千里先生在该刊发表过多篇文章，职协的其他领导人王文清、许德良、黄逸峰也多次撰文。该刊还刊载过职协的宣言、告职业界同人书等文件，对职业界后阶段的救亡活动起了重要的指导作用。该刊到十一月出至第五期。

《救亡漫画》五日刊，于9月20日创刊，由上海漫画界救亡协会主办。八一三的炮火使上海几家主要的漫画刊物停刊后，漫画家们一度不得不以"游击形式"作战，即义务地为各救亡刊物绘制抗战漫画，并组织漫画宣传队到民众中去。《救亡漫画》创刊后，以此为中心，大量地产生了许多有力的作品，其中有蔡若虹、

① 《发刊词》，《抗战半月刊》，第一、二期合刊，1937年9月15日。

叶浅予、鲁少飞、汪子美、华君武、丁聪、江栋良、张乐平等人。他们用画笔为武器，以有力俏皮的画幅，撕破了日本侵略者的兽行和假面。该刊以画为主，辅之以短诗和杂文。到八一三后期，该刊还发表过赖少其、李桦等人的木刻作品。从第七号起，发行《救亡漫画》的南京、汉口、香港版。11月10日上海沦陷前夕，该刊出至第十一号。上海美术界其他救亡画刊还有良友图书公司出版的《战时画报》、新生周刊社出版的《抗日画报》、生活书店出版的《抗敌画报》等。

此外，《光明》杂志战时号外版、《非常情报》《战时教育》《战时大学》《民族呼声》《战时文摘》等刊物在救亡运动中的影响都较大。

在上海八一三期间众多的报刊中，"七君子"之一、著名救亡运动领袖邹韬奋主编的《抗战》三日刊，以及上海文化界救亡协会的机关报《救亡日报》，始终站在抗日救亡运动的舆论阵地的最前列，起的影响和作用也最大。

二、 高举全面抗战旗帜的《抗战》三日刊

8月13日，日本军队大举进攻上海，邹韬奋由南京赶回上海，经过几昼夜紧张地筹备，8月19日，《抗战》三日刊在淞沪抗战的炮火中诞生了。《抗战》三日刊每逢3、6、9日出版，至11月23日在上海出版了二十九号。因受上海租界当局的干扰，自第七号起(1937年9月9日)一度改名为《抵抗》三日刊。邹韬奋既是该刊的编辑人，又以"韬奋"、"韬"、"编者"、"记者"、"落霞"的署名撰写了大量的评论文章和答读者问。其他主要撰稿人有金仲华、潘汉年、胡愈之、钱俊瑞、杜重远、张仲实、张志让、章乃器等人。《抗战》三日刊在第一号中宣布：本刊的任务，要对直接间接和抗战有关的国内和国际的形势，作有系统的分析和报道，是要反映大众在抗战期间的迫切要求。

《抗战》三日刊把动员广大民众投入救亡运动，作为进行全民抗战的重要问题。邹韬奋在该刊第一号发表的社评中指出：要保障军事胜利，必须对"政治准备太落后于军事的行动"的状况，"实有迅速补救的必要"①。《抗战》三日刊登载了多篇文章来阐述动员民众的重要性，如潘汉年的《政治动员的基础》《群众动员的基本问题》、李公朴的《全民动员告国人书》、王任叔的《军政与民众》等等。这些文章都强调指出：要取得抗战的最终胜利，单有政府与军队的抗战是不行的，

① 邹韬奋：《政治准备的补救》，《抗战》三日刊第一号，1937年8月19日。

必须广泛地动员民众投入抗日救亡运动，才能弥补中国军事等方面的不足，才能击破日本侵略军“速战速决”的战争迷梦。《抗战》三日刊十分注意发动各界的民众，刊载过艾思奇的《文化在抗战中》、胡绳的《战争时期的文化界》、张仲持的《知识分子当前的责任》、胡子婴的《怎样动员全国妇女》、章乃器的《怎样开展弄堂组织》等文章，对抗战的全民性及各界民众在抗日救亡运动中的重要地位，作了充分的阐述。

《抗战》三日刊多次发表文章批评国民党政府限制民众运动的态度。沙千里在《民众组织的前提》一文中指出：虽然“组织民众”、“动员民众”的呼号已经响彻云霄，震耳欲聋，但是仍然存在着“民众运动的混乱，民众组织的散漫”，主要原因在于当局对民众救亡运动的种种“防止”、“统制”①，从而揭露了国民党当局对待抗日民众运动的“叶公好龙”式的态度及其危害。邹韬奋在《防家贼与民众运动》中指出：“我们要注重的民众运动不可以挂了一块招牌为已足，必须开展真正的民众运动”，“我们都要把少数人的利益抛开，大家的心目中只有整个民族的利益，这样才能达到精诚团结一致对外的目的”②，因而在实质上剖析了片面抗战路线的阶级根源，是在全面抗战中固执国民党一家一己的私利。

《抗战》自创刊后，始终注意揭露抗战阵营中的民族失败主义，抨击在抗战爆发后时常抬头的妥协投降的逆流。八一三日本军队大举进攻上海后，国民党营垒中的亲日投降派不时散布“战则必败”的妥协投降论调。随着国民党军队在华北及淞沪战场的失利，这种逆流便甚嚣尘上。《抗战》三日刊与其他救亡报刊一起，组织了多篇文章，对散布妥协投降论调的民族投降主义发动了“围歼战”。《抗战》第一号发表了邹韬奋写的随笔《战的反面》，尖锐地指出：“‘和平’的本身，谁也不反对，但是丧权辱国甚至亡国灭种的‘和平’，却是我们所极端反对的”，“余下的唯一有希望的途径是整个民族的坚决抗战！”该刊接连发表了张天翼的《真假汉奸》、孙冶方的《从汉奸谈到乡村工作》、长江的《严重的汉奸问题》、梁士纯的《辟妥协心理》等文章，剖析了民族投降主义的种种表现。该刊还发表了胡愈之撰写的《谨防疫病》，指出：妥协是一种疫苗，六年以来，已经散布在我们民族的血液中间，在经过一度的军事失败之后，便要乘机活跃。③从而揭示了民族投降主义的历史根源。10 月 26 日，上海的中国军队退出江湾和闸北，撤到第二道防

① 《抵抗》三日刊，第七号，1937 年 9 月 9 日。
② 《抵抗》三日刊，第十七号，1937 年 10 月 13 日。
③ 《抵抗》三日刊，第十五号，1937 年 10 月 6 日。

线继续抵抗敌人。第二日，上海一时妥协投降的谣言四起。对此，11 月 3 日该刊发表了潘汉年的《加强我们的团结》一文，故意引用了蒋介石在庐山讲的“中途妥协，就是灭亡”和陈诚说过的“中途言和者……是亡国灭种的罪人”等一些话，还击国民党营垒中妥协投降的逆流。上海沦陷后出版的该刊第二十七号，还发表了胡愈之写的《〈寻求与国与团结民众〉质疑》一文，指名对汪精卫散布的投降主义的论调予以痛斥。

《抗战》三日刊还对坚持全面抗战路线的中国共产党及其领导下的武装力量，加以充分的报道和赞扬。《抗战》多次载文，指出中国共产党和八路军是领导中国人民挽救民族危亡的中坚力量，多次报道中国共产党和八路军在华北敌后英雄作战、组织并武装民众进行敌后游击战的业绩。9 月 22 日中央通讯社发布了《中国共产党为公布国共合作宣言》后，9 月 26 日该刊便刊载了宋庆龄的重要文章《国共统一运动感言》，同时，邹韬奋在《全国团结的重要表现》这篇时评中，指出中共的宣言所表示的宗旨是“团结御侮”、“共赴国难”，这个报道“是全国爱国的同胞们所一致拥护的”，而以第二次国共合作为标志的全国一致团结，“是保障抗战胜利的最重要的一个条件，是日本帝国主义的一个重大的打击！”[①]同一期还提到了八路军在晋北平型关伏击日军板垣师团一部、获得重大胜利的战况。第十三号、第十六号的《抵抗》又指出平型关大捷是八路军进入晋北开展游击战的胜利，尔后出版的该刊还报了八路军继续发动和武装民众，深入敌后开展游击战的消息。

当时，在国民党统治区的许多立志献身民族解放事业的热血青年，把中共中央所在的延安看做是中国人民解放事业的希望，因此常有青年来信询问如何奔赴延安，并要该刊向中国共产党有关方面转达他们的要求。为了满足青年们的进步愿望，该刊在第二十号发表了八路军驻（南）京办事处关于抗日军政大学的来信，还刊登了陕北公学校长成仿吾九月五日签发的《陕北公学招生简章》，第二十五号又刊登了八路军驻（南）京办事处关于陕北公学的来信，介绍了延安和陕北公学的情况和赴延安的具体办法。邹韬奋为此还专门写了时评，热情鼓励青年学生不怕艰苦、前往陕北求学的“强烈的情绪”[②]。

《抗战》三日刊十分注重迅速地报道情况，评论战局的进展，使民众能及时明

① 参见《抵抗》三日刊，第十二号，1937 年 6 月 26 日。

② 《抵抗》三日刊，第二十五号，1937 年 11 月 9 日。

确抗战的实际情况，从而树立长期抗战、投身救亡运动的决心。《抗战》第一号第一篇社评，便是邹韬奋写的《上海抗战的重要意义》，指出“这抗战的最重要的意义，是在事实上表现中国的确能够抵抗侵略”，“巩固了中华民族的自信心，这和民族解放的光明前途有着很密切的关系”，《抗战》每月有金仲华撰写的“战局一览”，以简要明了的文字概述和评论淞沪战场和华北战场各阶段的局势。

《抗战》三日刊虽然每期篇幅不长，但仍然注意把严肃的抗日救亡主题内容与通俗、活泼的形式相结合。每期刊载的评论、通讯，并没有什么长篇宏论，但是言简意赅，具有鲜明的战斗性。该刊还多次发表爱国将领冯玉祥的诗作，如《攻克敌旅司令部》《吴淞口大战》《八百好同胞》等；沈钧儒先生也在《抗战》上发表过《敌与友》《十月十六日闻炮声不能成寐》等诗，女诗人关露也发表过《重建起自由的城堡》。此外，漫画家蔡若虹还多次为《抗战》作画，以犀利的画笔，刺向日本侵略者及抗日阵营中的妥协投降派。

上海失陷后，《抗战》刊载文章指出，中国在军事方面由于“是军队的单独的抗战，而不是全民抗战；是政府的单独抗战，而不是民族抗战”，基本上失败了；但是在民众已经唤起、各党派合作已建立的条件下，在政治、军事、国际关系方面都有着使中国抗战取得最后胜利的因素。因此，中国并没失败，中国的抗战进入了新的阶段。①同样，《抗战》三日刊在上海坚持出版到第二十九号(11 月 23 日)后，迁到汉口出版发行。一个月后，于 12 月 23 日在汉口出版了第三十号，继续高举全面抗战的旗帜，为中华民族的独立解放而战。

三、“团结御侮、共赴国难”的历史见证——《救亡日报》

《救亡日报》创刊于 1937 年 8 月 24 日，由上海文化界救亡协会主办，郭沫若为社长，编委会由文化、新闻界知名人士巴金、王芸生、王任叔、阿英、汪馥泉、邵宗汉、金仲华、茅盾、长江、柯灵、胡仲持、胡愈之、陈子展、郭沫若、夏丏尊、夏衍、章乃器、张天翼、邹韬奋、傅东华、曾虚白、叶灵凤、鲁少飞、樊仲云、郑伯奇、郑振铎、钱亦石、谢六逸、萨空了、顾执中等组成。《救亡日报》除了 9 月 1 日至 5 日停刊外，到 11 月 22 日共出版发行了八十五号。该报指出：要使“战争能够胜利，国家能从危亡中得到复兴，一方面固有赖于前方英雄之将士，但他方面亦需要后方

① 参见钱俊瑞：《抗战进入新阶段》，《抵抗》三日刊，第二十七号，1937 年 11 月 16 日。

民众能持以坚持，为其后援，这是所谓全民抗战之义。”[①]作为八一三期间救亡刊物中唯一的日报，《救亡日报》在动员、宣传、组织群众投入救亡运动方面发挥了重大作用。

《救亡日报》坚持及时而详细地报道、评述战况，认为这是发动民众的前提之一。《救亡日报》创刊时，正值日本“上海派遣军”开始在吴淞、石洞口、川沙口大举登陆，中日军队展开了激战。该报从第一号到第八号(9 月 6 日)每日都在第一版以大字号标题醒目报道战况。该报的“战局一览”栏专门报道淞沪、华北和其他地区战局的进展。9 月 13 日发表了《淞沪抗战一月记》，使读者对八一三以来的战况有总的认识，并发表了胡愈之撰写的社论《上海抗战的一个月》，指出：上海抗战的一个月“在全部中华民族抗战史中，这不过是一页而已”，但是，“读了这一页，已经使我们增添了千百倍勇气和不可动摇的自信”。日本军队在淞沪战争中投入了陆、海、空军，并有多种技术兵种配合作战，使用了飞机、坦克、装甲车、大炮及毒气弹等较先进的武器。为了适应战事的需要，《救亡日报》从创刊号起便设“国防常识”专栏(九月下旬改为“军事常识”)，介绍防空、防毒常识和现代化战争中的常用战略战术，这些战时常识的介绍，对扫除民众当中的战争恐惧论、悲观论和盲目乐观论，起了较大的作用。

《救亡日报》坚持团结抗日，反对分裂倒退。第二次国共合作正式形成之际，9 月 25 日，《救亡日报》在“救亡文件”栏发表了《中国共产党宣言》，次日在第三版发表了蒋介石对中共宣言的谈话，并在第一版头条发表了宋庆龄《关于国共统一运动的感言》；9 月 27 日，发表了何香凝给廖承志(廖当时在延安)的电文：国共团结抗战，对于汝父十三年改组国民党，执行三大政策之主张实现，为之安慰。汝须努力奋斗御敌，勉为政府抗敌后援，以竟汝父遗志。同日发表了共产党员王任叔的文章《读中国共产党宣言志感》，指出第二次国共合作的形成“这不能不说是中国历史上划时代的一件事”，并提出，要进行抗日救亡必须坚持贯彻实行孙中山先生的三大政策。

《救亡日报》经常报道八路军作战和延安的情况。八路军在晋北平型关伏击日军后，全国士气为之大振，但是上海各报报道不详。9 月 30 日《救亡日报》在第一版发表特讯《第八路军平型关大捷记详》，较详细地报道了战况，指出“北方战局为之一变”，还刊载了朱德的相片以及他在 7 月 14 日写的誓言：“我们誓率全

---

① 《发刊词》，《救亡日报》1937 年 8 月 24 日。

体红军，联合友军，即日开赴前线，与日寇决一死战！复我河山，保我民族，保全国家是我天职！”此外，还发表过通讯《今日的朱彭》、柳湜写的特稿《从太原归来——山西的新作风》、李公朴的《怎样挽回华北危局》。上海沦陷后，《救亡日报》仍然刊登了彭德怀的文章《战略与战术》《论游击战争》、通讯《延安的公审法庭》《陕北生活一断片》《八路军在晋武装民兵》《青年人向往的陕北公学》等。这些报道和文章，使广大民众看到中国共产党及其领导的武装力量，是全心全意为拯救民族的危亡而战斗的，增强了人们与日本侵略者继续战斗的决心与信心。

《救亡日报》注重向读者介绍围绕中国抗战的外交动态和国际形势，每日第一版有“世界一日”栏，第三版有“时事分析”专栏，经常刊登颇有见地的评论。

《救亡日报》反映了第二次国共合作初期，两党求同存异、共同奋斗的情况。一方面如前所述，该报大量报道和高度评价了共产党及八路军为挽救民族危亡所作的努力和取得的战绩，另一方面也及时报道了国民党军队在华北和淞沪战场的抗战，多次刊载蒋介石的抗战言论以及其他国民党将领在这一时期的抗战事迹和演说，如张治中、宋希濂、张发奎、陈诚、孙元良、罗卓英等。谢晋元、姚子青、郝梦龄等人的英雄业绩，也有多次生动的报道。宋庆龄、何香凝、柳亚子、邹韬奋、郭沫若等著名进步人士的抗战言论也得到充分的反映。以八路军驻沪办事处主任潘汉年为代表的不少共产党员常在《救亡日报》上发表文章，宣传中国共产党的全面抗战路线及行动纲领，以潘公展为代表的国民党上海当局也在该报多次发表抗日言论。因此，《救亡日报》也可说是国共两党曾经“团结御侮、共赴国难”的历史见证。

《救亡日报》不仅经常报道文化界救亡协会的活动并宣传其救亡主张，而且广泛地反映了整个上海地区救亡运动的情况。该报每日在“救亡短讯”、“救运速写”栏里报道各团体和广大市民的救亡活动，在“救亡文件”栏里时常发表各团体的救亡主张。9月14日，该报还刊登了中华台湾革命大同盟总部的《告台湾同胞书》，表明了在祖国危亡的时刻，台湾同胞与祖国人民共同抗敌的坚强决心。因此，可以说《救亡日报》是上海八一三救亡运动的历史记载。

随着中国军队撤出上海，各救亡报刊在租界出版发行日益困难。11月12日上海失陷，日军司令官松井宣称如果需要，日军将在华界乃至公共租界采取“自由处置”。尔后，日军代表和日本驻沪总领事向公共租界、法租界提出，必须取缔租界内之“反日机关及言行”。这样，在租界当局的“劝说”下，上海各救亡报刊不得不停止出版。

八一三期间上海的救亡报刊虽然只存在3个月,但在中国新闻史上留下了光辉的一页。它从一个方面体现了中国人民具有抵御外来侵略的英勇斗争精神和高度的爱国主义热情,证明了中国共产党提出的全面抗战路线和行动纲领,是领导中国人民抗战胜利的政治保证。重新打开这些报刊,仍可感到抗日救亡运动中表现出来的广大人民的力量,这种力量正是以后抗日战争能在艰苦的环境下得以坚持、并且取得最终胜利的重要条件。

(本文原载《上海师范大学学报》(哲学社会科学版),1985年第2期)

试析上海八一三抗日救亡运动的历史特点

郑灿辉　吴景平

一、 反帝爱国民主运动的新阶段

1937年七七事变后,日本帝国主义向中国发动了全面的武装入侵。8月13日,日本军队向上海进攻,国民党当局调动了70万军队,进行了淞沪抗战。11月12日,上海沦陷。这段时期,上海地区掀起了声势浩大的抗日救亡运动,其最基本的历史特点,就是无论在救亡运动的广度上还是深度上,都达到了一个新的历史阶段。

八一三救亡运动是十分广泛的。"一切民族压迫都势必引起广大群众的反抗,而被压迫民族的一切反抗趋势,都是民族起义。"①当时除了少数民族败类外,各个阶级、各个阶层的人们都行动起来,为抗日救亡贡献自己的一分力量。文化知识界在动员组织民众投入救亡运动方面发挥了重大作用。广大工人行动起来,拒绝到日资工厂和被日军占领的码头上工。不少工人到前线担任修筑工事、救护伤兵、运输军需品等工作。宗教界、慈善界在难民救济等方面做了大量工作。资产阶级的代表人物发表了较明确的抗日主张。上海市商会主席王晓籁于8月12日发表广播讲话,他说:"现在真到了最后关头了",呼吁市民"全力保卫上海"。②这与1932年一·二八抗战前夕,王晓籁到十九路军阵地,要求"顾全大局,不要冲突"的态度相比,有了极大的转变。不少资本家在财力物力上作了一定贡献。纱业资本家邵声涛、吴瑞元曾分别购买救国捐5万元和15万元。绸缎业同

---

① 《列宁全集》第23卷,第55页。

② 《新闻报》,1937年8月14日。

业公会在七七事变后便通过征集国防捐的办法，提出绸缎按匹征收国防捐，洋货每匹 2 分，国货每匹 1 分，真丝品 5 厘。①上海市商会成立救国公债商界劝募总队，提出了“商店以就资本额承购百分之五，公债款项承购百分之十为标准”的方案。②广大海外侨胞从财力上支援这场抗战。爱国侨商胡文虎兄弟在八一三期间也购买救国公债 50 万元，并捐助了许多药品。

当时，开展救亡活动的范围也是非常广的。虽然上海租界以外的地区已是炮火纷飞，但各民众团体的抗日救亡活动并不仅限于公共租界和法租界里。文化界组织的战地服务团就曾到达郊区的浦东、大场、罗店等地，在火线上从事救亡宣传和服务工作。著名的妇女运动领袖胡兰畦曾率领以纺织女工为主要成员的劳动妇女战地服务团，到罗卓英将军的部队工作。女作家谢冰莹组织了妇女战地服务团赶到上海前线，在炮火中勇敢地支援中国军队作战。

八一三救亡运动又是非常深入的。首先，广大民众已经走上了组织起来进行抗日救亡的途径。上海原先的团体，如市商会、总工会、妇女会、农会、市民联合会、市地方协会，在声援抗战将士、募捐、慰劳、难民救济、维持战时社会秩序等方面，发挥了较大的作用。7 月 22 日，以上述团体为主，组织成立了上海市各界抗敌后援会，由钱新之、黄任之、颜福庆、洪深、傅东华、胡厥文、刘湛恩等各界著名人士 150 人组成执行委员和监察委员。后来，郭沫若、沈钧儒、邹韬奋、史良等人也参加了抗敌后援会的工作。八一三淞沪战事爆发前后，上海的妇女、文化、工人、教育、职业、学生等各界也先后成立了救亡协会，在发动组织各阶层民众投入抗日救亡运动方面，发挥了重大的作用。甚至家庭妇女、少年儿童也成立了“战时服务团”，为前方将士做力所能及的工作。一些外省市在上海的人员也成立了救亡团体，如“四川旅沪同乡救亡会”、“平津同学南下救亡团”等。而文化界、妇女界、职业界等救亡协会则是上海数以百计的救亡团体的骨干力量。

在八一三救亡运动中，不仅提出了“要求抗日”，而且提出了“怎样抗日”的问题，这是运动深入的又一标志。不少团体冲破国民党当局的限制，纷纷发表声明、宣言，进行演讲，要求国民党当局实行对日绝交、宣战，并给人民充分的组织起来进行抗日救亡活动的政治权利和民主权利，要求解决民众的生计问题。不少救亡团体还对国内外重大问题发表了看法。9 月下旬第二次国共合作正式形

---

① 《新闻报》，1932 年 7 月 18 日。

② 《申报》，1937 年 9 月 3 日。

成和八路军在晋北平型关获得大捷后，各团体都表示拥护第二次国共合作的形成，欢呼八路军抗战的初步胜利。对9月到10月上旬的国联大会和10月份的九国公约会议，各团体都发表了看法，要求国民党政府坚持抗日的外交方针政策。资产阶级的代表人物还对美国的所谓"不干涉主义"表示不满，认为是"将抵抗侵略者与实施侵略者，等量齐观"，从而提出"我国同胞亦应憬悟抗战救亡，惟懒自力"①。

八一三期间，人民群众在救亡运动中，表现出高度的爱国主义觉悟，广大民众御侮卫国的热情空前高涨，非常关心中国军队抗战的情况，每日报纸的战况号外总是很快被抢购一空。当时，的确做到了有钱出钱，有力出力，不少人节衣缩食，踊跃募助救国捐、购买救国公债。不少民众争先恐后地到救亡团体和抗敌后援会报名，要求上前线从事战地服务，不少人还献出了自己的生命。当时许多民众虽然"他们的房子都给烧了，他们家里的人都离散了，然而他们却毫不沮丧"，"他们的职业已经丢了，他们的肚子天天有饿起来的危险，甚至已经饿起来了，然而他们满不管这些，只伸着双手向政府当局和抗敌后援机关，不要求钱，不要求饭，而只要求工作做"，"给我们工作罢，让我们去砍死敌人罢"②。这充分体现了在亡国灭种的民族危机面前，中国人民御侮救亡的坚定决心和牺牲精神。

二、 宋庆龄等救亡运动领袖和文化知识界起了重要作用

八一三救亡运动中，在宋庆龄、何香凝、邹韬奋、沙千里等社会进步人士和原救国会领袖的带动下，上海的文化知识界在组织民众、动员宣传民众投入救亡运动方面，起到了十分重要的作用。

(一) 发起筹建各界救亡团体。七七事变后，为了动员和组织更广泛的人民群众投入救亡运动，根据党的指示，文化知识界决定在原先各界救国会的基础上成立新的救亡团体。宋庆龄、何香凝倡导，并联合妇女界救亡运动知名人士沈兹九、陆礼华、胡子婴、罗叔章等人，于7月22日成立了中国妇女抗敌后援会(8月初改称中国妇女慰劳将士总会上海分会)，到9月底该会有团体会员20来个，如妇女运动促进会、中华妇女互助会、上海妇女战时服务团、中华职业妇女会、妇女革新会，其成员来自上海妇女各阶层。从国民党要员的夫人、职业妇女、女工、学

① 上海市商会主席王晓籁就罗斯福总统命令禁运武器装备到中日两国发表谈话，见《申报》1937年9月23日。

② 钱俊瑞：《写给要求救亡工作的朋友们》，《抗战》三日刊，第5号，第9页，1937年9月3日。

生到家庭妇女等。7月28日，上海市文化界救亡协会成立，蔡元培、宋庆龄、胡愈之、茅盾、巴金、于伶、钱俊瑞等83人被推选为理事。文化界救亡协会是党领导下的文化艺术界的统一战线组织，是上海八一三期间影响最大的救亡团体，其中虽然有潘公展、陶百川等国民党分子和一些与国民党有关的人参加，但百分之九十以上的成员是党领导的文化艺术工作者和原救国会领导下的爱国青年。妇慰分会和文协的成立，标志着上海广大民众开始走上组织起来进行救亡运动的阶段。此后，上海工界、教育界、职业界和学生、体育、医药、海员、力车夫、书画界的救亡协会和团体也陆续建立。文化知识界在这些救亡团体的筹建中发挥了重要作用。

（二）发动和组织民众投入救亡活动。八一三期间，以文化、职业、妇女界救亡团体为骨干的众多的救亡团体，发动、组织了各界民众开展了声势浩大的抗日救亡活动，如演讲、募捐、慰劳、集会、清查日货、救济难民、支援前线、救护伤兵等。在九一八六周年纪念日这天，文化界救亡协会发动了40余个团体，两千多人，冲破了国民党当局规定的纪念仪式的束缚，走上街头，到伤兵医院、难民收容所、里弄等处散发传单、张贴标语，进行抗日救亡的演讲，在市民中引起了极大的反响。十月十日，职业界救亡协会又发动了五十多个宣传队上街，当天发壁报二百余份，散发张贴传单标语五万五千余份，尤其在外滩张贴了许多用英语书写的标语，引起了在沪外国人士的注意。11月2日，即九国公约会议在布鲁塞尔开幕的前一天，上海的文化、职业、妇女、教育、工人、学生、青年等界发动了113个团体，900多个宣传队共4 700多人，举行了"保卫大上海"扩大宣传活动。文化界救亡协会还举办过多期干部训练班，为上海各救亡团体和内地救亡运动培训骨干力量，并经常召集教育、妇女、职业、学生各界救亡团体工作人员联席会议，协调各团体之间的活动，使之汇成抗日救亡的洪流。职协、妇慰分会也多次举办战时常识训练班，培训了大批具有防空、防毒、抢险、救护等知识的人才，直接为抵抗日军侵略作出贡献。文化知识界在这方面的重要作用，是其他阶层所不能起到的。

（三）提出救亡运动的正确主张，引导运动广泛深入地开展。八月下旬，文化界救亡协会发表了宣传大纲，提出了"动员民众、组织民众"、"予全国民众以组织自由的权利"、"准许人民言论、出版、集会、结社等自由，释放政治犯"等一系列具体主张，①把救亡运动提到了民族解放与政治改革相结合的高度。此后，文化界

① 《救亡日报》，1937年8月25日。

救亡协会还针对民众组织、纪念九一八、国内外形势、保卫大上海等问题，多次发表了宣传讨论纲要，指导民众正确认清局势，把救亡运动推向新的阶段。八一三前后，宋庆龄发表了一系列文章和讲话。在 9 月 24 日发表的《国共合作运动感言》和 11 月发表的《关于国共合作的声明》中，宋庆龄重申孙中山的联俄、联共、扶助农工的三大政策，指出如果没有劳动阶级的热烈支持与合作，就不可能顺利地实现完成国民革命的使命，她认为："共产党是一个代表工农劳动阶级利益的政党"①，提出国共合作抗日是使中国"走上独立解放的胜利途径"②。她还发表文章，指出"中国是不可征服的"③，中国人民的无穷勇气定将粉碎日本的侵略，中国将像社会主义的苏联那样，取得反法西斯侵略和国内反封建的胜利，一定有一个"光荣希望的灿烂远景"，即"从封建主义下解放的国家，以及自由建立在民主与和平上面的改善的新生活"④。宋庆龄这些文章和讲话，给了民众极大的鼓舞，起了重大作用。

（四）充分发挥救亡报刊的战斗舆论作用，这是文化知识界在八一三救亡运动中作用的突出表现。8 月 19 日，邹韬奋主编的《抗战》三日刊创刊，这是八一三战事爆发后出现的第一个救亡刊物。邹韬奋除了每期都亲自撰写社评外，还邀请了潘汉年、钱俊瑞、柳湜、胡绳、金仲华、杜重远、胡愈之，李公朴等共产党员和文化知识界人士经常为该刊写稿。以郭沫若为社长、夏衍为总编辑的《救亡日报》是文化界救亡协会的机关报。该报及时报道战况，宣传救亡主张，广泛报道各界救亡运动的情况。此外，还有章汉夫、艾思奇等人主编的《战线》，金仲华、钱亦石、郑振铎、沈兹九等主编的《战时联合旬刊》，唐瑜、丁聪主编的《民族呼声》，职业界救亡协会的《救亡周刊》，胡兰畦、郁风等主编的《战时妇女》，丁聪、王敦庆、华君武、蔡若虹等主办的《救亡漫画》等。这些刊物始终以抗日救亡为主题，大多数文章或作品极力主张加强全民族的坚强团结来进行持久抗战，要求开放民众运动和言论自由，反对国民党的片面抗战路线和压制民众运动的政策，痛击妥协投降的阴谋，在教育民众、动员民众投入抗日救亡运动方面，起了很大的作用。

八一三期间，为什么文化知识界能在组织民众、宣传动员民众方面起到如此重大的作用呢？

首先，这是上海地区革命文化运动和进步民主运动历史发展的必然结果。

---

① 宋庆龄：《为新中国奋斗》，第 109 页。

② 《抵抗》三日刊，第 20 号，第 3 页。

③④ 宋庆龄：《两个"十月"》，《抵抗》三日刊，第 24 号，第 5 页。

在30年代前期,以“左联”为代表的革命文化团体曾英勇地迎击了国民党反动派的“文化围剿”。宋庆龄、蔡元培、鲁迅、杨杏佛等人组织的中国民权保障同盟,也为反对国民党的法西斯统治,营救革命力量进行过艰苦的斗争。1935年底开始,上海又爆发了以救国会为主的抗日救国民主运动,并形成了以宋庆龄、何香凝、蔡元培、沈钧儒、陶行知、邹韬奋、章乃器、沙千里、李公朴、史良、沈兹九等人为核心的、以救国会为主要组织形式的文化知识界抗日救亡运动的骨干力量。上海地区八一三抗日救亡运动正是上述革命文化运动和进步民主运动,在全面抗战爆发这一新的历史条件下的继续和发展。

其次,宋庆龄、何香凝、邹韬奋等救亡运动领袖和上海文化知识界进步人士,在上海群众中有较扎实的基础,较高的威望,并在斗争中逐步与民众建立了密切的联系。1932年一·二八淞沪抗战期间,宋庆龄、何香凝在慰劳抗战将士、救护伤兵等方面做了大量工作,给上海人民留下了深刻印象。通过《生活》周刊、《大众生活》和生活书店,邹韬奋名字也为上海人民,特别是广大进步青年所熟知了。在革命文化运动中,殷夫、柔石等左联五烈士曾献出了他们的生命。杨杏佛、史量才也以他们的鲜血殉了反抗国民党法西斯专制主义的斗争。1935年,中国民族危机开始严重之时,杜重远因《新生》周刊案而入狱。1936年底,“七君子”为救亡运动而陷身囹圄。随后,宋庆龄等人为抗议国民党对日妥协、对内镇压爱国救亡运动的反动政策而掀起了营救“七君子”运动。在长期的斗争中,宋庆龄、何香凝和“七君子”等救亡运动领袖和文化知识界中的进步人士的那种忧国忧民而为民请命,追求真理而锲而不舍的高风亮节,在上海民众中树立了较高的威望。

再次,中国共产党对上海文化界做了长期的工作。在30年代前期的左翼文化运动中,地下党在文化界的组织——文委(当时隶属中共中央宣传部),便发挥了领导作用,在党组织遭到严重破坏时,文委仍保存了较多的党员和党的基层组织。1936年党中央派冯雪峰、潘汉年到上海,又是首先与文化知识界的进步人士联系,向他们转达了党中央关于建立抗日民族统一战线的方针和政策。潘汉年还与沈钧儒、邹韬奋、陶行知、章乃器等拟定了《我们对于团结御侮的最低要求》这一历史性文件。[①]在共同的斗争中,中国共产党与文化知识界人士建立了心心相印、共同战斗的亲密关系。1936年9月,毛泽东还分别致函宋庆龄、蔡元培、沈钧儒、邹韬奋、陶行知、章乃器等人,高度评价他们在抗日救亡运动中的坚定立场

① 参见章乃器:《我和救国会》,《救国会》(中华民国史资料丛稿),第438页。

和重大作用，希望他们为促进第二次国共合作的形成，广泛团结文化知识界和其他各界人士，形成抗日救亡运动的新局面作出贡献。在八一三时期，上海的党组织又是以文化知识界为基础开展建立各阶层各界的救亡运动统一战线的。所以，文化知识界在八一三期间能够正确贯彻中国共产党关于抗日救亡的方针政策，在组织民众、宣传动员民众方面发挥了重大作用。

三、 国民党当局对八一三救亡运动的态度与作用

在整个抗日战争时期，国民党当局执行了一条片面抗战的路线，处心积虑地限制和削弱人民抗日革命力量的发展。但是，“在分析任何一个社会问题时，马克思主义理论的绝对要求，就是要把问题提到一定的历史范围之内”，①“马克思辩证法要求对每一个特殊的历史情况进行具体的分析”。②我们必须历史地，具体地分析国民党当局对上海八一三救亡运动的态度及作用。

卢沟桥事变后，7 月 17 日蒋介石在庐山谈话中提出了四点立场作为“外交最低限度”，并说：“如果战端一开，就是地无分南北，年无分老幼，无论何人，皆有守土抗战之责任，皆应抱定牺牲一切决心。”③8 月 14 日，国民党政府发表声明：“中国之领土主权，已横受日本之侵略，《国联盟约》《九国公约》《非战公约》，已被日本所破坏无余”，“中国决不放弃领土之任何部分，遇有侵略，唯有实行天赋之自卫权以应之”④。从外交上来看，国民党政府把上述立场多次向国联及英、美等国申诉，表示如果日本不恢复卢沟桥事变以前的状态，中国决不与日本谈判。从军事上看，国民党第二十九军对日本大举进犯平津地区实行了坚决抵抗，蒋介石还调遣中央军北上，企图阻止日军的进一步侵犯，在淞沪战场上，首先命令张治中所部向进犯的日本海军陆战队反击，并陆续调遣了 70 余万军队投入抗战。所以，我们必须承认，八一三前后国民党政府已经转向抗日，并在军事上对日实行了抵抗，特别淞沪抗战一役，蒋介石当局是力图打一个胜仗的。这是九一八事变以来国民党政府对日态度的重大转变。这是因为日本帝国主义对华北特别是对上海的侵略，严重地损害了以蒋介石为代表的英美派大地主大

① 列宁：《论民族自决权》，《列宁选集》第二卷，第 512 页。
② 列宁：《论尤尼乌斯的小册子》，《列宁选集》第二卷，第 857 页。
③ 《大公报》，1937 年 7 月 20 日。
④ 《中国近代对外关系史资料选辑（1848—1949）》上卷，第二分册，第 13—14 页。

资产阶级的利益，危及了国民党政府的统治，同时，中国共产党为促使国民党转向抗日，建立抗日民族统一战线所做的大量工作，广大民众抗日的要求，特别是1935年华北危机加剧以来的抗日救亡运动怒潮，也是促使国民党当局转向抗日的重要原因。

国民党当局转向抗日，这对八一三救亡运动广泛、深入地开展，提供了较有利的政治条件。

首先，从事抗日救亡运动不再有罪了。在上海八一三期间，人们公开地以讲演、广播、文章、漫画等形式，直接打出抗日救亡的旗号，而至少不必担心《新生》"周刊事件"和"七君子之狱"的重演了，这是各阶级、各阶层的民众都能够公开出来从事救亡活动的客观原因之一。

第二，国民党当局发表了一些抗日的言论和主张，这在一定程度上发扬了民气。7月29日，蒋介石为日军全面进攻平津地区发表演说："处此祖国之存亡关头，……惟望全国民众，沉着谨慎，各尽其职，共存为国牺牲之决心。"同日，孙科在上海接见记者时表示："今日唯一出路，为全面抗战"；"必须使全国抗敌民气能充分发扬，庶国力充分巩固，争得最后之胜利"。从上海来看，上海市长俞鸿钧、市党部的潘公展、警备司令杨虎、警察局局长蔡劲军等，都多次发表了一些抗日言论，这是1932年一·二八抗战以来所未曾有过的。不可否认，这是利于民众的动员的。

第三，国民党当局颁布了一系列有利于抗战的法令与条例。8月24日公布的《战时军律》及《施行条律》，规定对无故弃守要地、临阵退却、降敌通敌者处以极刑；8月31日颁布《食粮资敌治罪暂行条例》，规定对以食粮及其代用品资助日军者，均课以重刑。9月4日，又公布修正了的《危害民国紧急治罪法》，在这个本来专门对付共产党和爱国民主运动的法律中，较多地增加了惩处汉奸通敌者的内容。此外，8月底南京政府处决黄秋岳父子等多名汉奸，华北战场上弃守要镇的李服膺、刘汝明分别被枪决和撤职。这类法令的颁布与执行，也鼓舞了民众投入救亡运动。

第四，国民党当局在上海地区一下子投入几十万大军，必然要利用上海民众的人力、物力、财力，同时，当时又主要处在上海公共租界与法租界这种特殊环境中，为了利于国际舆论同情中国抗战，国民党当局在上海地区不得不采取一些有别于其他地方的措施，对民众运动进行了一定的让步，例如允许一些救亡团体备案登记后，可合法地从事活动，《抗战》三日刊、《救亡日报》《救亡周刊》《战时妇女》《战线》《民族呼声》《战时教育》等刊物也准予登记公开出版发行。国民党当局也出面组织或派人参加了一些救亡活动。八一三之前,国民党上海市党部、社会局会同一些民间团体发起成立了各界抗敌后援会,要求各救亡团体均成为其成员,潘公展等人还担任了市文化界、教育界、职业界等救亡协会中的职务,这也有利于民众救亡活动能在合法的形式下开展,减少一些麻烦,并得到一些经费和物质条件的资助。国民党当局还出面搞了一些活动,从 9 月 1 日起开始发行五亿元救国公债,就是以上海地区为主的。上海国民党当局还搞了些募捐、慰劳、演讲、对日经济绝交、纪念九一八六周年等运动,这些在客观上有利于救亡运动的广泛深入地开展。

必须指出,国民党当局惧怕中国共产党为代表的进步力量和广大民众的革命力量在抗日救亡运动中的发展会危及其统治,因此从根本上对民众救亡运动实行了包办与统制的政策。八一三前不久,国民党当局曾在南京会见了出狱不久的救国会领袖沈钧儒、邹韬奋等人,就要求他们解散救国会,或者直接接受国民党的领导。他的这个控制民众救亡团体的企图,遭到了沈钧儒等人坚决拒绝。国民党上海市当局也曾想通过各界抗敌后援会来阻止其他救亡团体的广泛建立与活动,但在民众的要求与斗争下,不得不承认一些团体的成立,可是规定各团体一律不得使用"抗敌后授会"的名称,要向各界抗敌后援会登记,得到市党部、社会局的批准备案,方得为"合法",并且拖到 10 月份才公布了第一批准予登记备案的团体的名单,还对一些团体"不予登记备案"①。国民党上海当局在八一三前后一直对民众发表抗日主张的言论和开展救亡活动进行种种限制。7 月底,潘公展在文化界救亡协会首次理事会上,就鼓吹"绝对的信仰领袖和政府",说什么"倘到此危急时刻,以不懂军事的普通民众,还在怀疑和发议论,贻害国家一定不浅","须知在举国坚决抗战之下,思想是不能自由的……所以希望文化界诸先生要大彻大悟,放弃个人思想自由主义,统一全民族的精神"②。几天后,潘公展又在游艺界救亡协会的全体会员大会上,诬蔑广大民众提出的抗日救亡主张是"不懂军事,不懂进退",是"责备政府、怀疑政府",甚至危言耸听地说:如果不"信仰政府,埋头准备",那么"大则乱国策,小则乱人心,其祸害所及,尚不可设想"③。八一三战事起后,在中国共产党全面抗战路线及具体行动纲领的鼓舞下,上海各

---

① 《申报》,1937 年 10 月 12 日。
② 《新闻报》,1937 年 8 月 1 日。
③ 《新闻报》,1937 年 8 月 4 日。

界民众抗日救亡的呼声更为高涨，一些救亡团体直接到前线及伤兵医院，向国民党官兵进行慰劳并且宣传救亡主张；还进一步提出开放言论、集社、出版等权利，要求国民党当局改善民生、改革政治。这表明救亡运动进一步深入了，对此，国民党当局十分害怕。国民党上海市党部在九一八六周年之际，发动了所谓“精神国防运动”，鼓吹“一个主义、一个政府、一个领袖”的专制主义。①9月下旬，陈诚在对《救亡日报》记者谈战局时，提出：“对倭作战的精神总动员，当为全体文化界共同遵守最高原则。在此最高原则下，一切便当集中精力，照此进行，不可各有各的说法，或始终抱持怀疑的态度。”至于“慰劳捐款，一律解交政府，集中中央”，“不宜对各部队径从解送”②，限制广大民众与抗战将士的接触。这一时期，国民党当局也未能认真解决民众的生计问题。上海工厂毁于战火的有二千余家，大批工人失业。③从机器业来看约有百分之九十以上的工人失业，④丝业各厂在八一三前夕便“因什分八九厂地设在闸北及虹口一带，所属女工受时局影响，每日到厂工作者减少，所以各丝厂相率停工”⑤。广大失业工人多次向国民党上海市社会局请愿，要求解决失业，但始终未能得到有效的解决。此外，当时在难民救济、物价飞涨、劳资矛盾等问题上，国民党当局都未能有根本性的解决。这些都妨碍了民众的进一步发动与组织。国民党当局迟迟不对日本绝交、宣战，幻想依赖国际调停、干涉来制止日军的入侵，这又给妥协投降逆流有机可乘，严重挫伤了群众救亡运动中的积极性。

总之，我们在评价国民党当局对待上海八一三救亡运动的态度及其作用时，既要看到对日本侵华问题上，国民党当局已从九一八以来的妥协退让转向了比较坚决的抵抗，在对民众救亡运动方面由公开镇压转变到作出一定的让步和开放，因而在客观上有利于这场运动的广泛深入地进行。又必须看到，国民党当局执行的片面抗战路线和对民众运动的包办统制政策，又使八一三救亡运动在广度、深度上都带有局限性，还没有达到抗战后期和解放战争时期国民党统治区爱国民主运动的阶段。这是民族矛盾上升为主要矛盾，而阶级利益的对立和斗争依然存在的这一复杂的社会历史条件下的上海这一特定地区的反映。这就更增

① 参见《救亡日报》，1937年9月20日。

② 参见《救亡日报》，1937年9月25日。

③ 《大公报》，1937年11月9日。

④ 《上海民族机器工业》（下册），第803页。

⑤ 《新闻报》，1937年8月3日。

加了中国共产党对这场救亡运动进行领导的迫切性和艰巨性。

四、 中国共产党对八一三救亡运动的领导与推动

上海地区八一三抗日救亡运动之所以能够在广度、深度上达到新的历史阶段，这同中国共产党的政治领导与组织推动作用是分不开的。

七七事变之后，中国共产党便对如何挽救民族危亡、开展抗日救亡运动，及时地提出了一系列主张。八一三战事爆发后不久，中共中央在陕北洛川召开扩大会议，指出争取抗战胜利的关键是实行中国共产党的全面抗战路线，并且通过了抗日救国十大纲领，其基本点就是从维护人民的利益出发，动员一切力量，在各个方面展开坚决全面的抗战，而动员和组织广大民众投入抗日救亡的斗争，则是一切行动的前提。同时，中国共产党对如何在各地开展救亡运动作了许多指示，其中有 7 月 15 日发出的《关于组织统一战线扩大救亡运动给各地党部的指示》，8 月 12 日的《关于抗战中地方工作的原则指示》，10 月 17 日的《关于开展全国救亡运动的指示草案》等。党中央指出，各地党组织应普遍组织合法的抗日救亡的统一战线的人民团体，并积极参加某些普遍存在的官办团体、合法团体的组织和活动，并扩大其内部的民主，使之更加群众化，并且明确要求共产党员应实际上成为各地救亡运动与救亡组织之发起人，宣传者组织者，①要“公开批评国民党统制与包办政策的错误”②，“应该到处公开提出党对于保证抗战胜利的具体主张与办法，批评其他党派的不彻底与不坚决，以动员全国人民，环绕在我党主张与口号的周围”③。这充分表明党对群众救亡运动的指导，从政治路线到策略方针上都已完全克服了“左”倾路线的干扰，为上海地区抗日救亡运动的开展指明了正确的方向。

七七事变爆发之际，周恩来赴庐山与国民党谈判途中经过上海，与上海地区党的负责人潘汉年、刘晓进行了谈话，对上海地区的抗日救亡运动作了具体指示：要依靠群众的力量揭露国民党的反动本质，把抗战变成真正的抗战；充分开展抗日民族统一战线的工作，以文化界为基础，搞好上层进步人士的统战工作，要充分利用上层的合法关系，广泛地联系群众，建立群众组织，开展既是合法也

---

① 《六大以来》，人民出版社 1980 年版，第 846 页。
② 《六大以来》，人民出版社 1980 年版，第 886 页。
③ 《六大以来》，人民出版社 1980 年版，第 866 页。

是群众性的抗日活动。①同时，周恩来还具体布置了开展上层统一战线的工作的指示。这充分体现了党中央对上海抗日救亡运动的关怀与重视。

1935年12月的瓦窑堡会议后，党中央曾先后派了冯雪峰、潘汉年、刘晓到上海，领导地下组织的恢复与重建工作，并进行上层统一战线工作和群众救亡运动的领导。到了八一三期间，上海地区一方面成立了以潘汉年为主任的八路军办事处(原为中共办事处)，另一方面，上海地下党成立了群众工作委员会，分别联系工人、职员、文化、学生、妇女等系统和各界救亡团体的党组织加强对救亡运动的领导。不久，以刘晓为书记的中共江苏省委正式成立，并按不同产业、不同系统设立了工、职、学、军、难(难民工作)等党的工作委员会，领导上海地区广大民众坚持开展救亡运动。

当时，党对各界救亡团体的工作是非常出色的。八一三期间影响最大的上海文化界救亡协会，就是在我党的领导下，经过西安事变后较长时间的酝酿而建立起来的文化艺术界的统一战线组织，共产党员钱俊瑞、钱亦石、夏衍、阿英、于伶等参加了这个团体的酝酿建立，并担任了理事。钱俊瑞担任组织部长，在组织开展多方面的救亡活动上，起了重大作用。根据周恩来的指示，潘汉年、夏衍参加了《救亡日报》的筹备工作，由郭沫若任社长，夏衍为总编辑，在宣传中国共产党的救亡主张、动员民众投入救亡运动方面，作出了杰出贡献。为了进一步扩大救亡活动的范围，党组织决定由郭沫若出面，成立了战地服务团，由钱亦石、杜国庠、袁文彬等率领到张发奎的第八集团军和陈诚的部队中进行战地宣传工作。夏衍、于伶还筹备组织了12个救亡演剧队，赴前线和内地，参加抗日宣传工作。上海市职业界救亡协会是八一三期间群众基础较扎实的救亡团体，共产党员王文清、袁清渭、黄逸峰、石志昂、许德良、茅丽瑛等担任了职协的常务理事。在职协中还成立了党团(即党组)，直接受江苏省委领导，并与八路军办事处保持联系。上海的党组织还十分重视难民救济工作，曾派了许幸之、许晴、刘平若、朱启銮等同志到上海慈善团体联合救灾会下属的难民救济机构去工作，在上海国际救济会附属的难民收容所中也建立了党的组织。这样，党把难民救济工作与宣传抗日救亡主张、保护隐蔽革命同志、积蓄与发展革命力量有机地结合起来了。

党对八一三救亡运动的领导的一个重要方面，就是批评、抵制国民党当局的

---

① 参见刘晓:《上海地下党恢复和重建前后》,《党史资料丛刊》第一辑，第40页，上海人民出版社1979年版。

片面抗战路线。钱亦石在一篇文章中指出:“实行持久战,绝不是单纯的军事问题”,“要集中全国的人力,就必须在政治上总动员,如组织民众,保障民众的各种自由,释放政治犯”①,揭露国民党当局宣称要“持久抗战”而又不敢发动民众的政策。潘汉年进一步提出:“官方党部只能从旁指导、协助,绝对不可以简单的由上而下的包办为满足”,其结果则是“脱离广大群众”,“不可能在广大群众中起领导作用”②。钱俊瑞在一篇文章中尖锐地指出,那种认为“用单纯的军事力量”,便能战胜侵略者的观点,实质上同“恐日病”如出一辙,他呼吁必须“把大部分的力量集中到政治的民众的工作上去”③。国民党当局在八一三战幕揭开一个多月后,仍然不敢首先正式向日本宣战,断绝外交关系,寄希望于国际干涉、调停,来换得所谓的和平。对此,共产党员恽逸群在《战时联合旬刊》编辑部举办的“我们应否对日宣战”的时事集体讨论中,明确地回答,“这是毫无疑义的一百二十万分应该的事”,他针对国民党当局依赖国际干涉的幻想,指出:“国联宣布日本为侵略国,早在四、五年以前,但四、五年以来既不能制止日本疯狂的侵略,也并不能使其他国家对日本有何行动”,国民党政府迟迟不对日宣战、断交,其后果“对内是使亲日派留下‘伺隙而动’的机会,对外是使列强在客观上援助侵略国,为迁就侵略国而牺牲我们!”④恽逸群的文章深刻地揭露了暗藏在抗日阵营内的妥协投降的逆流,指出了国民党的片面抗战路线的恶果,当时反响很大,一时间,许多报刊和团体纷纷发表文章,声明,批评国民党当局对日抗战的不彻底,呼吁立即对日绝交和宣战。

总之,八一三期间中国共产党在上海地区的救亡运动中,在公开、半公开与秘密工作,合法与非法工作,上层统一战线与广大民众的工作,政治动员、宣传和组织等关系方面,做到了既相区别,又有机配合,为这场救亡运动能广泛、深入地开展,起到了政治上的领导与组织上的推动作用。这些,为党进一步领导开展沦陷区和国民党统治区的救亡民主运动,提供了宝贵的经验。

(本文原载《上海师范大学学报》(哲学社会科学版),1986年第1期)

① 《战时联合旬刊》第一期,第9—10页。
② 《群众动员的基本问题》,《抵抗》第10号,第3页。
③ 《抗战》三日刊第3号,第3页。
④ 《战时联合旬刊》第四期,第118—119页。

上海客籍团体的抗日救国活动

郭绪印

九一八事变后及一·二八、八一三两次淞沪抗战期间，参加抗日救国运动的社会阶层、民众团体十分广泛。上海的客帮各团体①，如各旅沪会馆、公所、同乡会②，也大都投入了救国运动。仅据报端所见，参加抗日救国活动者达数十个之多。

(一) 客籍同乡抗日团体的成立及其集会、通电

九一八事变后，南京国民政府推行不抵抗政策，日本帝国主义的侵略势力在中国东北迅速扩张，民族危机震撼华夏。上海这个国内现代化程度最高的城市，民众的政治反应也最灵敏。上海又是个典型的移民城市，外来人口占多数，各地在上海的会馆、公所、同乡会为数众多，这些同乡团体使各地乡土文化与上海文化汇合。面临民族危机，他们以传统的祖先崇拜、乡土观念与在上海接触的现代经济、政治意识相结合，所凝聚起来的保家卫国意识，既敏锐又强烈。九一八后，旅沪各同乡团体的代表即于 9 月 25 日在宁波同乡会集会，举行抗日救国联席会，提出十项抗日救国议案，"确定对日经济绝交方针"③。30 日，又借宁波同乡会举行第二次代表大会，各同乡团体代表到会数百人，公推郑文同(绍兴)、董心琴(宁波)、郑正秋(潮州)、李振亚(安徽)、曹志幼(徽宁)为主席团，报告开会宗旨

①② 通常称"旅沪"的会馆、公所、同乡会，大都是定居于沪的移民团体，"旅沪"名称不科学但系习惯用语，客帮原指客籍商业行帮，这里泛指各同乡团体。

③ 《各同乡会开联席会》，《民国日报》1931 年 9 月 26 日。

后，即讨论各项提案，通过十项决议①，其中要项为："变更本会组织名称为旅沪各地同乡团体抗日救国会"；"致南京、北平、广州三要电"；"请中央通令各省市民众团体加紧军事训练以作准备"；"电请中央恢复民众运动，对于各地民众抗日救国运动及其组织，尤予以保障"；"请中央明令对日绝交"等。

以上决议显示出上海各同乡团体武装抗日的决心，要求南京国民政府通令各省市民众团体进行军训具有武装民众的愿望，尤其是电请南京当局恢复和保障各地民众抗日救国运动。这是寄希望于民众起来抗日救国，这种民众观念，有重要的政治意义。这是把爱国运动和民主运动相结合的提议，这一主张实际上是和国民党当局的专制独裁压制民众运动相对抗的。

该大会发表的宣言，宣布该会使命为："一、唤起有权者速拨在任及在野，非战至尽达目的不止；二、唤起有力者，踊跃参加义勇军，受紧急训练，备久战以困敌；三、唤起有智者，努力国内外之宣传工作，揭发其逐步征服之野心，以策同胞，而警友邦，打破其欲为东亚主人之迷梦；四、唤起有资者，慷慨捐纳救国金，以增加抗日的实力，而免为犹太富翁之续；五、唤起有志者，实行对日经济绝交，永远不与合作永远不买仇货。"②这篇宣言不仅代表了旅沪各同乡团体的抗日救国主张，而且也反映了全市全国人民的共同呼声。

这一阶段，旅沪各同乡团体纷纷成立抗日救国团体，并集会发表通电、宣言，其中社会影响大者如下：

旅沪的东北同乡首先深切感到家乡沦落到日本侵略者的铁蹄下，陷入无家可归的痛苦。9月24日，东北旅沪各界反日筹备会发出宣言，指出：九一八事变不是东北局部事件，而是中国整个存亡的问题。③9月26日，又在四川路青年会成立东北旅沪各界同乡抗日会，200余代表到会，推陈愚公、金鼎铭为主要负责人，通电"反对政府静候国联处置，应立即宣战；反对政府所谓无抵抗主义及秘密外交"④，组织了"募捐特别委员会"⑤。

9月30日，旅沪东北同乡抗日救国会第二次集会"拟定对日方针，条阵国府"，组织宣传队，在学校就近宣传，并举行抗日救国的演讲等活动。⑥10月18

①② 《旅沪各同乡团体组织抗日救国会》，《民国日报》1931年10月1日。
③ 《申报》1931年9月25日。
④⑤ 《申报》1931年9月27日。
⑥ 《申报》1931年10月1日。

日,该会第三次开全体大会,发表大会宣言,拟定赴东北唤起群众坚决抗日。①

10月10日,闽南旅沪各团体抗日救国会在泉漳会馆成立,到会16个团体、47位代表,推各团体一人为主要负责人。该会向多方通电呼吁救国,"电海军界:切实准备固定国防,发扬民族之精神。""电闽省府及地方长官:对各该地抗日救国运动,不得取缔。""电全国国民本毁家纾难之意将财产十分之一捐作对日宣战及国防之用。""电促开和平统一会","电张学良不得就地对日交涉,并电国府。"呼吁"旅沪各同乡商帮自即日起,对日经济绝交,并断绝一切关系"②。

11月中旬,闽南旅沪同乡会抗日救国会通电旅外闽南侨胞:"奋斗须有事实,不宜徒托空言,富者辅资,贫者助力。"③11月15日,又致电国民党党政军最高机关,坚决要求当局支援黑龙江马占山部的抗日战争,电文称:"援黑正以救亡,弃黑不啻卖国,勿自坏万里长城,为亲者所痛,仇者所快也。"④

以上闽南旅沪同乡会抗日救国会的电文,数量多、涉及面广、言辞激进,反映出该团体在抗日救国运动中的激进态度。

旅沪粤帮团体包括潮州、广肇、惠州等会馆、同乡会,在抗日救国运动中的表现也很突出:

上海潮州旅沪同乡会为全市抗日救国会的发起者之一,在各同乡团体中一直起带头作用。旅沪惠州同乡会于9月24日致广州政府电,要求"即日息争,一致御侮";致国民党中央电要求政府"准备实力御敌";电全国同胞,倡议"厚集一切资力,作政府之后盾"⑤。10月3日,上海广肇公所、潮州会馆电南京和广州国民政府,电称:"存亡危急,国将不国,务望化除成见,息争对外。"⑥10月19日,旅沪粤民联合救国会发表促进宁粤和平谈判会议宣言,呼吁"全国同胞合力要求敦促,俾宁粤和平,一致抗日"⑦。

浙江籍旅沪同乡团体在抗日救国运动中首先积极活动者为宁波旅沪同乡会,其次为绍兴旅沪同乡会。1931年9月22日,宁波旅沪同乡会分别致电南京

---

① 《申报》1931年10月19日。

② 《民国日报》1931年10月12日。

③④ 《"九·一八"——"一·二八"上海军民抗日运动史料》,上海社会科学院出版社1986年版,第127页。(以下引此书,不重复注出版社与出版时间)。

⑤ 《"九·一八"——"一·二八"上海军民抗日运动史料》,第116页。

⑥ 同上,第121页。

⑦ 同上,第124页。

国民政府、北平张学良、广东政府，提出“速息内争，共御外侮”之主张。①同日，绍兴旅沪同乡会分别致电蒋介石、张学良、行政院、外交部：呼吁共御外侮。② 11 月 20 日，上海的宁波轮船茶房工会致蒋介石电，要求蒋：“克日命驾北上，统领大军，援救黑恒。”③12 月 26 日，浙江旅沪同乡国民救国促成会成立，宣言严厉声明：“政府既失捍卫之能，国民应辟自救之路。”④可见该会的政治认识比浙江旅沪团体在一两个月前有所变化。以前要求当局息内争，共同御侮，以及要求蒋介石统兵支援马占山，而这次宣言中却表示对政府丧失了信任，呼吁国民辟自救之路，反映了相当多的民众团体对政局的看法。

安徽旅沪同乡团体一再表示了对抗日救国运动的态度。10 月 11 日，上海安徽籍学生在蒲柏路（今太仓路）安徽同乡会召开抗日救国会成立大会，到会者百余人，雷可南为主席，讨论了简章，选举丁相灸、雷可南、王述樵、俞崇志、朱剑农、潘莹侯、孔昭、关玉楼、葛召棠等 21 人为干事。大会议决：“（1）通电全国一致御侮；（2）电促和平统一；（3）发表宣言；（4）向各校征求皖籍同学自由参加俾扩大抗日工作。”⑤11 月 24 日，徽宁旅沪同乡会致蒋介石电：“务乞统领大军，克日命驾，收复失地，肃清倭虏。”⑥12 月 4 日，安徽旅沪同乡会致电国民党中央指出：“政府至今未发一兵，坐视独伸大义之马将军，孤军失援，陷落黑省，夫不抵抗主义，已促腾笑万国，乃竟有划锦州为中立区，天津为共管区之消息，令人骇绝。”⑦可见其反对国民党当局的不抵抗政策是十分激烈的。

此外，四川旅沪同乡会、江西旅沪同乡会、河北旅沪同乡会等客籍来沪的同乡团体，也都表现出抗日救国的积极态度。

上述旅沪同乡团体的抗日救国通电或宣言中比较一致的内容有以下两点：第一，“速息内争，共御外侮”。当时的内争主要指宁粤之争，但广义上也包括停止内战一致抗日；第二，要求当局支援马占山，抨击当局的不抵抗政策。

（二）客籍各同乡团体积极投入“援马”运动

九一八事变后，张学良虽然执行了蒋介石的不抵抗政策，但又念念不忘收复

①② 《申报》1931 年 9 月 23 日。
③ 《“九・一八”——“一・二八”上海军民抗日运动史料》，第 128 页。
④ 同上，第 138 页。
⑤ 《民国日报》1931 年 10 月 12 日。
⑥ 《“九・一八”——“一・二八”上海军民抗日运动史料》，第 130 页。
⑦ 同上，第 134 页。

自己家乡东北地区的失地，于10月10日任命当时驻守黑河的警备司令、第三混成旅长马占山为黑龙江省主席兼军事总指挥。马占山不顾蒋介石的不抵抗政策，率领黑龙江守军英勇抗日，在江桥大战中连战告捷，沉重打击了日军的嚣张气焰，延缓了日军侵略的步伐，极大鼓舞了全国人民，尤其是东北各族人民抗日救国的意志，揭开了东北军民长期抗击日本侵略者的序幕。然而，马占山部在军火、粮饷等方面十分困难。当时全国各界人民从物质、精神两方面掀起了支援马占山的热潮，一时间"援马"成为抗日救国运动的一个重要组成部分。

在这场"援马"运动中，四川旅沪同乡会于11月15日致电马占山"慰勉抗敌"，17日又致电，电称："异军突起，力宁危疆，迭挫强贼，愧死怕死之军人。"并汇款1千元。①18日，广帮杂粮业慎守堂致马占山电："略备壶浆之敬，伏望将帅三军，光复归物。"汇款3千元。②19日上海广帮果业联益堂致马占山电称："愿尽除丑虏，还我汉族之河山，剪灭强奴，永洗国民之耻辱。"汇款4千元。③同日，潮州旅沪同乡会向广大旅沪同乡发出了《劝告同乡捐款援助马将军紧急传单》。这一传单中将东北的形势和马占山部急需支援的原因表达得较明确，指出：马部"器窳兵孤，援绝缺饷……浴血抵御尤能挫败敌军，保我疆土"。而南京政府和北方当局，手握重兵，"竟以数十万方里之地让敌"，"马将军及黑省健儿誓死抵抗，我辈岂可袖手旁观，饷糈不足，则英雄无用武之地"，该会特"分向旅沪同乡劝捐"，"集有成数，即可陆续交中国银行电汇黑省"，"现由本会垫汇五百元济急，将此办法登报周知。一面印发募款传单3千张，分送各委员，转送各同乡劝募。"④潮州旅沪同乡会还于发布传单的次日(20日)致电马占山，赞扬马部抗日救国的英雄事迹，电称："公以孤军抗暴日，杀敌致果，举国同钦……谨先电汇哈中国银行大洋5百元犒师济急，筹有成数，当再续汇。"⑤12月7日，该同乡会又致电马占山，并电汇大洋5百元。⑥

粤籍同乡团体中除潮州旅沪同乡会积极募捐援马外，又有广肇公学中学部，于11月18日汇款1千元；以粤籍潮州帮为主体的上海典当业公会，于12月初汇款2千元；广肇公学师生又于12月初汇款1千元。

---

①② 《申报》1931年11月18日。

③ 同上，1931年11月19日。

④ 潮州旅沪同乡会：《劝告同乡捐款援助马将军紧急传单》(1931年11月19日)，上海市图书馆藏。

⑤ 《潮州旅沪同乡会致马占山电》(1931年11月20日)，上海市图书馆藏。

⑥ 同上，1931年12月7日。

九一八事变后，上海宁波帮企业家项松茂发起五洲药厂全体员工捐款一天工资，援助马占山部抗日救国。上海宁波帮要人虞洽卿、秦润卿、乌崖琴、金润庠等人列名上海公团，汇款援助马占山部，并致电马占山部鼓励其“奋勇杀敌，为国家争回人格，为民族唤起忠魂……愿继续奋斗，作最后胜利”①。

以上各同乡团体强烈的“援民”抗日态度，出自于国与家结为一体的观念，他们思想感情上认为“援马”保卫东北即保卫国家，即保卫祖先传下的业绩及桑梓庐墓，因而十分积极主动。

（三） 一·二八和八一三期间客籍同乡团体大力支前和济难

一·二八淞沪抗战爆发后，上海众多客籍同乡团体，与上海各界民众爱国团体共同开展了支援前线和救济难民的工作。

潮州旅沪同乡会于1932年1月30日下午2时，“由常委翁子光、周崧生、史质民等召集紧急会议，组织国难委员会，分科办事，并向各商家捐款数千元，议决先办白米一百石，咸菜二十缸，并派出干事多人，带往慰劳军士”②。此后，国难委员会改称救国委员会（简称救委会），为19路军和第5军接济饷糈，慰劳将士，救护伤兵，同时救济难民。

潮州旅沪同乡会救委会还分别致函19路军和第5军后方办事处，要求办事处“随时指示需要的物品，以便购送”③。力求支前捐款工作切合前线实际需求，充分发挥捐献物品的效用，其捐献支前工作的周到、细致可见一斑.

在一·二八淞沪抗战中，日本侵略者以制空优势对我军民轰炸扫射，我军以血肉之躯相对抗。潮州旅沪同乡会救委会为此致函上海各救国团体，提议共同捐款购置飞机以增强我军作战能力。④3天后，又致函上海各团体救国联合会，期望各团体齐心全力共同捐款购机。

潮州旅沪同乡会救委会为争取协助海内外各潮州同乡团体办理救国捐献工作，于2月下旬，特以该救委会11位委员署名，其中有史质民、萧德宣、周崧生、张勖唐、翁子光等，致函海内外各潮州团体，函称：“伏念吾潮各埠侨胞，见

① 《申报》1931年11月16日。
② 《潮州旅沪同乡会办米百石》，《申报》1932年2月1日。
③ 《潮州旅沪同乡会特刊救国号》，逸新印务公司1932年3月出版之《公函》及各类表格部分。
④ 潮州旅沪同乡会救委会：《函各团体请提倡捐款购飞机以增战斗力》（1932年2月5日）。

义勇为，早已闻风奋起，唯与战地海天遥隔，应如何接济赞助，真相究有未明，用特专函奉达。倘有个人或团体，热心捐款犒赏前敌将士慰劳伤兵及救济难民者，本会耳目最近，可代负责办理。”①随后又分别致电南洋华侨各潮州同乡团体，②汕头市商会、旅（香）港潮州同乡会及香港潮州八邑会馆等。③此后，海内外潮州会馆、侨商团体，纷纷将支援上海抗战的捐助委托潮州旅沪同乡会救委会协助办理。可见，潮州旅沪同乡会救国委员会不仅在上海积极从事救国的捐献工作，还想方设法扩大募捐的范围，协助海内外潮帮团体进行捐献工作。

一·二八淞沪抗战爆发后，上海的宁波帮同乡团体领袖人物虞洽卿、秦润卿、刘鸿生等发起成立了“上海地方维持会”，维持商业秩序、调剂金融、救济难民④，反映了宁波帮在上海工商、金融界中为各客帮之首的地位与作用。该会发起了征集被褥、募捐、运输粮食支援前线等工作，各宁波同乡团体均踊跃参加。

1932 年 2 月 1 日，宁波旅沪同乡会《征集犒劳将士物品启事》登报。⑤2 月 24 日，宁波旅沪同乡会进一步募捐支前和救济难民，呼吁同乡中有资产者“救国尽责时在今日，毁家纾难，勿落人后”⑥以后，宁波旅沪同乡会募集到巨额款项及草鞋、洋烛、衣物、药品、食品等，陆续送往抗日前线。

上海安徽帮的徽宁会馆在一·二八淞沪抗战期间，积极捐献国币 1 000 元慰劳 19 路军，捐献国币 3 000 元输助红十字会伤兵医院，另捐国币 1 000 元救济难民。⑦

一·二八抗战期间，19 路军高级将领、淞沪警备司令戴戟（字孝悃），安徽旌德人，徽宁会馆以 19 路军高级将领中有自己的同乡而自豪，特于捐献慰劳 19 路军的 1 000 元同时，还致函戴戟⑧表达同乡情谊与慰劳 19 路军相结合。

旅沪同乡团体在一·二八和八一三抗战中，设立伤兵医院救护伤兵、难民收容所救济难民，成为其抗日救国运动中重要的活动。

宁波帮同乡团体和宁波帮工商业者个人，曾出资设立多家伤兵医院，其中在康脑脱路（今康定路）55 号设立“中国红十字会第 34 号伤兵医院”，该院救治受伤

① 《潮州旅沪同乡会特刊救国号》之《公函》，逸新印务公司 1932 年 3 月出版。

②③ 同上，之电文。

④⑤ 《申报》1932 年 2 月 1 日。

⑥ 《申报》1932 年 2 月 24 日。

⑦ 《救济伤兵难民案，函许俊人先生》，《上海徽宁会馆特刊》，南洋印刷所 1932 年 6 月 30 日付印。

⑧ 《慰劳 19 路军案：函戴孝悃司令》，同上。

官兵 177 人。[①]宁波帮企业家和社会名流刘鸿生、史量才在西藏路 545 号设“中国红十字会第 4 号伤兵医院”，救护受伤官兵 97 人。[②]宁波帮企业家方液仙在槟榔路(今安远路)150 号中国化学工业社内自设“中国红十字会第 26 号伤兵医院”，救护受伤官兵 103 人。[③]

上海潮州同乡团体推荐、保送潮州籍医生给中国红十字会派往有关伤兵医院，并考虑到受伤官兵多为粤籍，语言不通，除由该会派通潮语者前往服务外，致函广肇公所，请其派出通广东语者“前往各收容伤兵医院服务”[④]。

一·二八和八一三两次淞沪抗战期间，上海泉漳会馆(后改名为泉漳同乡会)也大力从事救伤兵工作。尤其是八一三抗战开始后，该会馆向抗日部队送上了提前备好的慰劳品。该会馆组织学生及同乡青年成立救护队，雇车开往战地，进行救护工作，轻伤员经治疗、包扎后，大都重回前线参加战斗。[⑤]

一·二八与八一三抗战期间，战区近百万难民无家可归，他们吃饭、住宿等问题困难极大。当时，上海各慈善团体以及中共地下党领导的各团体除了支援前线救护伤兵外，救济难民工作成为十分繁重的任务。旅沪各同乡团体在救济难民工作中，成为一支巨大的社会力量，起到了良好的作用。

泉漳会馆为救济难民，在法租界租屋收容同乡难民，作临时避难处。“并成立泉漳同乡救济会，仅三数日收容达五百多人，日给一餐干饭，两顿稀粥，均用黄豆作配料。其中也有非战区逃出者，会馆一视同仁，不加甄别。”经数月后，“包船送各遭难同乡回籍谋生”[⑥]。

宁波同乡会于 1932 年 2 月 1 日在《申报》上刊登《收容闸北被难同乡妇孺启事》，在四明公所内设立了难民收容所，仅一·二八期间即收容难民 1 000 多人。后又在新桥路建立“祇园法会难民妇孺收容所”收容各籍难民 700 多人，并设临时医院，为难民治病。组织航班遣送同乡难民 4 万多人返乡谋生。八一三期间，该同乡会“在沪设难民收容所 14 处，在宁波设一处”[⑦]；“租用轮船 4 艘行驶沪甬

---

①② 上海社科院历史所编：《“九一八”——“一·二八”上海军民抗日运动史料》，上海社会科学院出版社 1986 年版，第 360—361 页。

③ 同上，第 361 页。

④ 《潮州旅沪同乡会特刊救国号》之《公函》，逸新印务公司 1932 年 3 月出版。

⑤ 黄则盘：《上海泉漳会馆沿革及抗战时期的活动》，《泉州文史资料》第 13 辑，第 65—66 页。

⑥ 同上，第 66 页。

⑦ 《宁波旅沪同乡会会务报告》(1937 年 1 月至 1945 年 10 月)下卷，第 17—19 页，上海市档案馆馆藏。

免费遣送同乡20余万人回籍”[1];“募集救济经费,同乡踊跃应募”[2]。在组织救援团体方面,宁波帮领袖人物虞洽卿为首筹组了“上海难民救济协会”,募集近千万元款项,救济了40余万难民。[3]

1935年5月在沪成立的绍兴旅沪同乡会,于八一三抗战中组织救护队,“抢救闸北同乡出险,达2 000余人”[4]。后因战事扩大,同乡难民增多,该同乡会组成“遣送难民回乡委员会”,假老北门大街颜料业同业公会为办事处,计办理遣送同乡回籍达3 000余人。此后南京政府西迁,下令在沪各同乡会停止活动,同乡会于是在1937年12月停止工作。但由于当时旅沪绍兴同乡亟待援救,绍兴同乡会只得以地下工作方式为同乡服务。1938年5月,发起以“龙山聚餐会”名义保持同乡会联系,使会务继续开展。后改名“绍兴聚餐会”,后再改名“蕺社聚餐会”[5]。1939年1月,上海各界成立“难民救济协会”,绍兴同乡会即以“蕺社”名义参加工作。[6]

四川旅沪同乡会为便于同乡乘车返乡起见,凡有自费回川者,向该会登记缴费后,即由该会向两路管理局订包车辆,“并悬插遣送旗帜”,8月29日晨该会“已将第一批登记人数,全送上车”[7]。

海门被灾民众后援会8月29日决议雇民船30只,专送难民回籍,并推定郁警宇等切实负责办理护照登记遣送各项手续,并假关桥洞庭山弄通海旅馆为联合办事处。海门旅沪同乡会于8月底连日遣送同乡难民回籍。[8]

“苏州旅沪同乡会除在新闸路大通路平江公所内设立收容所,尽量收容外,连日并雇船只遣送难民回籍。”[9]

无锡江阴旅沪同乡联合救济会于8月29日“又遣送第11批难民700人分乘民船六艘,由薛鹤群率领回锡。”[10]

镇江丹阳金坛溧阳扬中五县同乡会,29日召开常务委员会会议,“议决:(一)继续登记五县被难同乡;(二)积极分批办理遣送回籍;(三)寻觅相当安全地点,盖搭席棚,临时收容难民,待车遣送。”该会第一批遣送2 000余人,第二批不日即

---

①② 《宁波旅沪同乡会会务报告》(1937年1月至1945年10月)下卷,第17—19页,上海市档案馆馆藏。

③ 《宁波帮企业家的崛起》,浙江人民出版社1989年版,第253页。

④⑤⑦ 《绍兴旅沪同乡会在抗战中的活动》,上海市档案馆藏。

⑥ 为效法和纪念明末绍兴大儒刘蕺山的重气节而取名。

⑧⑨⑩ 《立报》1937年8月30日。

将遣送。①

宜兴旅沪同乡会在上海山西路128号办理宜兴难民登记。“第一批难民500余人,已经遣送回籍。第二批遣送日期近日决定。”②

“徽宁旅沪同乡会,收容难民1 500人,现决先遣返1 000人,凭登记证换领乘车证,至南站转杭州,再行转道返乡。”③

常熟旅沪同乡临时救济会,商讨了遣送难民回籍办法,“并推定人员负责筹措经费,接洽返乡船只,办理通行证,难民登记及符号等”。8月30日下午将续有一批约200人于老闸桥集合,由该会备船遣送返籍。④

上述各同乡团体在一·二八、八一三期间收容、救济、遣返难民的工作,就某一同乡团体来说是局部的工作,而就全市各客籍同乡团体普遍投入这一工作来说,是一项规模庞大的需花费巨大人力物力的伟大的工作,解决了重大的社会问题。

综上全文三部分所述,上海的各客籍同乡团体在一·二八、八一三抗日救国运动中的爱国表现有以下三个特点:

一、以同乡关系为纽带集结同乡人员投入救国运动;以同乡之间团结互助的传统与抗日救国精神相结合,形成巨大的社会力量,特别在收容、救济、遣返难民方面,这种社会互助力量解决了近百万难民的疏散工作。

二、祖先崇拜、热爱桑梓是上海各移民团体普遍的文化心态,是道德观念上的“美德”,面临国破家亡的危机,这种文化心态与道德观念,形成同乡团体与个人巨大的奉献精神。支前捐款、设伤兵医院、收容救济与遣返难民等活动,所付出的巨额款项,大部分由同乡团体中之工商业者承担,有的实业家捐献了家中全部金银饰物、器皿,有的实业家专为供应前线而开设了一所饼干厂,如此奉献精神蔚然成风。

三、这些同乡团体的抗日救国通电、宣言中,一致反对蒋介石的“不抵抗政策”,要求当局“停止内争,一致对外”,这与各同乡团体的切身利害相关,这些政治主张或意向,是符合历史潮流的。

(本文原载《上海党史研究》,1995年第4期)

①②③④ 《立报》1937年8月30日。

抗日救亡运动中的上海宗教界

罗伟虹

在上海人民的抗日救亡运动中，宗教界是一支活跃的力量。上海各大宗教领袖，广大信教群众在大敌当前、民族危机之时，发扬爱国主义传统，积极投身于抗日救亡运动，为抗战胜利贡献了自己的力量。

一、 宗教领袖的爱国义举

本世纪上半叶，随着上海城市的发展，佛、道、伊、天、基各大宗教也日益兴旺，上海实际上已成为我国宗教的中心，各宗教领袖云集上海，他们在信教群众和国人中有相当高的感望和号召力。抗战爆发，不少宗教领袖投入救亡运动，利用自己在国内外的声望，宣传抗日，组织募捐。他们不顾年老体弱，不畏威逼利诱，表现了大无畏的英雄气概。

爱国老人马相伯是一位虔诚的天主教徒，曾当过耶稣会的神父，后来脱离了耶稣会，致力于外交、实业、文化、教育等社会事业，是一位极富民族自尊心和正义感的天主教徒。1931 年九一八事变时，马相伯已是九二高龄的老人了，但他深感国难深重，救国有责，不顾年高力衰，发表了许多演说，写了不少文章，号召团结抗日、反对内战。他在 1931 年 10 月 23 日发表了《日祸敬告国人书》，提出国人应“自赎自救”、“立息内争，共御外侮”。针对国民党的不抵抗主义，又写了《泣告青年书》，号召青年“以赴京请愿之精神，从事于农村去唤起民众。以跋涉长途复赴黑援马之决心，从事于组织民众”①。他多次在报上发表救国谈话，反对国民政

① 《马相伯先生国难言论集》，转引自《复旦大学志》第一卷，第 237 页。

府的不抵抗主义，主张以武力进行抗战。

马相伯还曾发起组织“中国民治促进会”、“江苏国难会”、“不忍人会”、“中国国难救济会”等组织，主张人民自治，抵制日货，并为抗日义勇军募捐，还举行书法义卖，集款援助抗日军队。1935年12月，上海文化界人士组织救国会，以后又组织全国各界救国会，由于马相伯的社会地位和救国热情，一切通电、文件均由马相伯领衔，被公认为救国领袖。由于马相伯积极参加抗日救亡运动，在共产党领导的抗日民族统一战线中起了重要作用，得到了党中央很高评价，称他为“国家之光，人类之瑞”①。他于1939年11月4日逝世，毛泽东、朱德、彭德怀等联名电唁其家属说：“老人星黯，薄海同悲，遗憾尚多，倭寇未殄，后死有责，誓复国仇，在天之灵，庶几稍慰。”②

圆瑛法师是我国佛教界的高僧大德，自1929年起，连任七届中国佛教会会长。1931年九一八事变爆发，大师眼见祖国大好河山被日寇肢解，义愤填膺，即以中国佛教界领袖身份通告全国佛教徒启建护国道场，同时代表中国佛教会致书日本佛教界，谴日本军国主义的侵略罪行，要求日本佛教徒本着佛陀的大无畏精神，和中国人民一道，共同反对日本帝国主义，并写下了著名的忧国忧民的对联：“出世犹垂忧国泪，居山恒作感时诗。”

1937年，圆瑛法师正在江西庐山讲经之际，忽闻七七卢沟桥事变的消息，便立即返沪，召开中国佛教会常务理事紧急会议，号召全国佛教徒参加抗日救国。会上一致通过成立中国佛教会灾区救护团的决议，并公推圆瑛法师为团长。八一三战事爆发，上海驻军奋起抗击，圆瑛法师在送僧侣救护队奔赴前线时，要求每一队员都以大无畏、大无我、大慈悲的三大精神做好配合抗战的救护工作。他说，这个三大精神，乃是大乘佛教救世学说的原则，“无畏”就是无所畏惧，不怕脏，不怕累，不怕难，不怕死，奋不顾身地投入到出生入死的抗日救亡中去；“无我”就是忘却身家之我见，置自身生死于度外去救护人；“慈悲”就是救苦救难。他又对弟子们说，菩萨慈悲不能一任强暴欺凌迫害，不能坐视弱小无罪横遭杀戮，不能眼看着无数生命在残酷敌机下被摧残，尤其不忍听那“不为抗击日寇而负伤在沙场上断臂折足的哀呼残号”，所以挺身而出，惩一儆百，诫少以救众，负起抵抗侵略的救亡工作，抢救伤员到后方医治等等，这真是“大悲大勇的菩

① 《新华日报》，1939年4月7日。
② 《新华日报》，1939年11月10日。

萨行”。

鉴于当时救护队、佛教医院和各地收容所经济发生困难，圆瑛法师亲率弟子明暘于1937年10月和1939年初夏，赴南洋筹集经费，先后到达新加坡、吉隆坡、槟榔屿、马六甲等地，请求组织当地的华侨筹款救国委员会，并在这些地区利用讲经之机，宣传筹款救国的大义，发动“一元钱救国运动”，得到广大侨胞的热忱捐助，总计募得10余万元，供医院、收容所专用。

圆瑛法师的爱国义举引起了日本军国主义者的注意，他们先是请大师出任“中日佛教会会长”，遭到拒绝后，便凶相毕露。1939年农历九月初一，正当法师在圆明讲堂礼佛时，日本宪兵数十人闯入讲堂，以抗日分子的罪名，将圆瑛法师及弟子明暘逮捕，驰往日本宪兵司令部受刑审讯，后又解往南京日本宪兵总司令部，每天深夜对他们严刑审讯，大师在敌人的严刑拷打下从容陈辩，“一心念佛，平静如常”，并以绝食与之斗争，坚持了民族气节。由于大师在国内外的影响，日军未敢轻易加害，只得释放了大师师徒两人。

八一三事变后，上海伊斯兰教达浦生教长得知日本帝国主义者在中东各国展开颠倒是非的反华宣传，致使一些国家对我国抗日战争误解时，焦急万分，决定利用参加埃及王子结婚盛典、中近东各国元首云集开罗之际，赴埃及向他们揭露日军侵华真相，进行抗日宣传。他于1938年1月到达埃及。当埃及国王接见他时，他说：“我整个中华民族上下一致，同心同德，众志成城，共赴国难，威存玉碎之心，不为瓦全。”还特别强调：“中国的回教徒也如非回教徒一样的热爱祖国，抗御暴敌，不愿为日寇之奴隶。”①埃及国王当即表示支持中国抗战。在世界伊斯兰教大会上，达浦生教长又向15万与会者介绍了日军侵华罪行和中国穆斯林的抗战事迹。他在埃及的乡村小屋中，花了3个月时间，用阿拉伯文写出《告全世界回教同胞书》，印发给各伊斯兰教国家，还在埃及《金字塔报》上全文发表，不久又被译成印度文，在中东地区造成广泛影响，赢得了全世界穆斯林的同情和支持。后来达浦生教长又不辞劳苦，赴印度作抗日宣。他在国外奔波8个多月，带着伊斯兰教世界为中国抗战而捐献的几十万元经费回国，继续从事抗日宣传和抗日救亡工作。

上海基督教领袖在抗日战争中积极和社会各界爱国人士一起，组织各种座谈会和社团，研究抗日救国问题。如1936年5月吴耀宗先生参加了由宋庆龄、

---

① 《新华日报》，1938年10月3日。

何香凝、马相伯、邹韬奋等人组织的“全国救国联合会”,并担任执行委员。邓裕志女士和沈滋九、史良、胡子婴等共同发起了“上海妇女界救国会”。上海沦为“孤岛”后,仍留在上海的基督教领袖吴耀宗、刘湛恩、陈鹤琴、江文汉等人,继续坚持抗日救亡工作。1938 年,宋庆龄在香港建立保卫中国同盟,同年冬天,吴耀宗、吴大琨和国际友人耿丽淑等组成“保盟”上海分会,筹集与运送医药物资支援新四军。吴耀宗、刘湛恩等人还发起并参加了在中共地下组织领导下由教育、文化、工商、金融等各界人士参加的“星二聚餐会”,每星期二在八仙桥青年会聚餐,分析国内外形势,交流抗日活动经验。其中特别要提到的是沪江大学校长、江苏浸会联会主席刘湛恩博士。刘先生曾获美国哥伦比亚大学哲学博士学位,1928 年出任沪江大学校长。1931 年东三省沦陷后,他就经常对在沪的国际友人宣传抗日,并邀请冯玉祥、邹韬奋等进步学者到沪江大学演讲,以激励师生的爱国热情。1935 年一二·九运动时,他与沈钧儒、邹韬奋等 283 人联合发表《上海文化界救国运动宣言》,八一三事变后,他被推举为“上海各界人民救亡协会”理事,“中国基督教难民救济委员会”主席,并兼任“上海各大学抗日联合会”的工作,从事唤起民众、支援前线、救济难民、安置流亡学生的活动,上海沦为“孤岛”后,形势险恶,救亡协会许多负责人纷纷去内地,刘湛恩不顾个人安危,利用自己“中国基督教难民救济委员会”主席和“中国国际红十字会”副会长的身份,不遗余力地救济难胞。当时伪政权想收买他,要他出任伪教育部长,被他断然拒绝,从此不断受到恫吓威胁,特务在他家院内扔手榴弹甚至送有毒水果,企图暗害他。有人劝他撤离上海,他说:“我放不下沪江大学的工作,放不下抗日工作,为此,我上十字架也在所不辞。”1938 年 4 月 7 日晨,在他离家正准备乘车去学校时,日军特务和汉奸帮会雇佣 3 名凶手用达姆弹向其射击,刘湛恩当场牺牲,年仅 42 岁。刘的殉难震撼了中外人士,3 000 多人参加了他的葬礼,《文汇报》和英文《大美晚报》都发表了纪念他的文章,赞扬刘湛恩的大无畏爱国精神。

二、 群众性救亡运动的开展

抗战期间,中国共产党提出团结抗日的方针,为建立抗日民族统一战线所进行的不懈努力,深得全国人民拥护。广大宗教信仰者和全国人民一起,积极投入到抗日救亡运动中,他们深知,团结抗日是最正确的救国方针,奋起抗战是唯一的救国道路。在宗教界的抗日活动中,有一些带有宗教色彩的活动,如基督教各教堂发动信徒“为国祈祷”，佛教界在朝暮课诵中祝愿“国界安宁兵革销，风调雨顺民安乐”，穆斯林群众在每周聚礼时祈祷，祝愿前方将士作战获胜，以表达他们的爱国愿望。但更多的是以实际行动投入抗日，表现出“国家兴亡，匹夫有责”的气概。从上海宗教界的活动来看，主要做了以下几方面的工作：

1. 宣传抗日、发动群众

日军侵华，激起了中国人民的无比愤慨，上海宗教界和全市人民一起，积极宣传抗日，向各界人士揭露日军暴行，发起抵制日货运动，组织义卖市场，动员群众有钱出钱、有力出力，掀起了群众性抗日救亡高潮。

1932 年一・二八日军侵略上海，不少市民惨遭屠杀，针对当时国内外某些主张对日姑息妥协的舆论，上海一群爱国的基督徒和牧师成立了“上海基督徒救国会”，编印《东三省事件与上海事件真相》小册子，免费分送，揭露日本军国主义的侵略暴行。全国基督教协进会、基督教青年会、女青年会等团体及一些基督教刊物都发表《告全国基督徒书》这类文章，激励教徒抗日。

基督教青年会全国协会干事刘良模先生，先后在四川路青年会和八仙桥青年会办起了两个民众歌咏会，教唱抗日歌曲，参加者免付任何费用，唯一的条件是要再去教别人唱歌。歌咏会从不到 80 人发展到 300 多人，抗日救亡歌曲传遍上海。1934 年夏，他们在南市公共体育场举行了民众歌咏大会，爱国青年不顾当局层层阻挠，涌至会场，刘良模站在高凳上亲自指挥。“起来，不愿作奴隶的人们……”歌声响彻云霄，群情沸腾，连国民党当局派来的许多警察也跟着唱起来了，这个万人歌咏大会成为上海人民抗战史中的精彩一页。上海沦陷后，刘良模率领青年会军人服务歌咏队到金华，推广抗日救国歌曲的工作。1939 年，周恩来到金华，特意去看望了歌咏队成员，并接见了刘良模先生，鼓励他说：“你在上海和金华推广抗日救国歌曲的工作，做得很好，要继续下去。”①使他受到极大的鼓舞。

1937 年 8 月 31 日，基督教上海各教会团体负责人陈文渊、江长川等 20 人联名用英文发表《为中日战争告普世基督徒书》，利用宗教的国际条件，向国际友人进行宣传，呼吁各国支持中国抗战。青年会动员青年开展国际通讯运动。1938 年圣诞节发动学生写了 1 500 多封信给美国总统罗斯福，呼吁制裁日寇侵略，维护和平。趁世界基督教青年大会在荷兰召开之机，将反映中国青年动态的照片汇编成册，并把 2 000 本图册分送给各国代表。中国基督徒的爱国态度赢得了国

① 刘良模：《统一战线和基督教》，载《统战工作史料选集》，第四卷，上海市委统战部编。

际基督教界对我国抗战的同情和支持，美国成立了援助远东学生捐款委员会，至1938年已募集2万美元汇至中国。英国各教会联席会议决议，在中国抗战期间，加强在华教会医院建设，伦敦各教会宣布抵制日货。坎特伯雷大主教发表专门声明谴责日本侵略，有些在华传教士或公开宣布支持中国抗战，或捐赠款项，或投身伤兵及难民的服务工作，有位女传教士还申请加入中国国籍，以示声援。上海伊斯兰教界十几座清真寺的教长们，利用每星期五的“主麻日”，向教胞宣讲教义的同时，积极宣传抗日，要求教胞有钱出钱，有力出力，共赴国难，保卫祖国。穆斯林中的教育界人士，还在回民学校的周会上作抗战的时事报告，用大量事实揭露日寇侵华罪行，提高学生的抗日爱国觉悟。

2. 救济难民、救治伤兵

八一三战事爆发，闸北、虹口一带毁于炮火，大批难民涌向市中心，露宿街头，各教都发扬了慈悲博爱精神，积极组织人力物力，救济难民。基督教成立了“基督教非常时期服务委员会”，推动难民救援工作，各教堂腾出空屋，成立了10处收容所，安置了4 000难民。上海青年会办了6处收容所，安置难民1万2千余人，教徒们在经济上支持，捐款2万余元，学生虽财力有限，也多次举行义卖，向工商界劝募商品，收入全部捐赠给难民。一些女信徒捐金银首饰，许多教堂发动女信徒缝制棉衣，供抗日军队御寒。著名教育家、基督教徒陈鹤琴等人，为不使难民儿童荒废学业，发起组织街童教育会。女青年会开办了“失业女子训练所”。青年会倡导“返乡生产运动”，协助难民解决出路。上海基督教第九难民收容所，经常上街劝募，将所得款项分送其他难民区，《申报》就此以“难民救难民”为题，赞扬了这种可贵精神。

沪战中，穆斯林还推派代表携慰问品前往前线和医院去慰问战士和伤员。伊斯兰教在教长哈德成、达浦生领导下，也建立了4所回教难民所，克服种种困难，为教胞筹募粮食、衣被及生活用品，他们四处奔波，在伊斯兰教上层人士中推销救国公债，帮助穆斯林难民搞生产自救。

抗战期间，佛教在其教义积极救世思想影响下，举办了不少公益慈善事业。1937年8月，上海慈善团体联合救济会(简称慈联会)成立，会址设立在仁济堂。当时任中国佛教会主任秘书的赵朴初居士当选为慈联会常务委员，驻会负责救济工作。八一三战事爆发，慈联会组织10辆卡车送难胞，并设立了十几个临时收容所安置难民。由于战事紧张，国民党又撒手不管，上海佛教界通过商议，决定在慈联会下设立救济战区难民委员会，以屈映光为主任，黄涵之为副主任，下设收容、给养、总务、遣送、医务 5 股。赵朴初任收容股主任，在他们的努力下，先后设立了 50 多个收容所，收容难民 50 万人次，除供给衣食医药外，还进行救亡教育，动员青壮年参加抗战，成为当时救难的一支重要力量。佛教居士、上海名绅祝兰舫先生，得知从前方下来的 300 多位伤兵无处收容时，当即把他在牛庄路的一所住宅无条件让出，“上海佛教医院”在战火中诞生，这一善举得到社会各界人士的赞扬和支持，各界聘医务人员，捐助药品和医疗器材等。短短两天，佛教医院就初具规模，300 多位负伤官兵经治疗陆续恢复健康，重新走向抗日战场。

当前方大量伤兵涌来，各教都积极发动医务人员进行救治，上海青年会安排了许多工作人员在 5 处伤兵医院服务，上海一些教会医院及著名医生如刁信德等都去参加救治伤兵的工作。由于伤兵多，医疗用品一时紧张，一些教会医院的护士想出代用品或勤洗伤口勤换药，以促进疗效。八一三后的第二天，虽时值暑假，天主教震旦大学的学生闻讯纷纷赶回学校，医学院学生在已改为临时医院的大礼堂内，跟中国教授一起抢救伤兵，他们为伤兵包扎伤口，取出子弹碎片，做截肢手术。其他学生主动做辅助性工作，如维持秩序、抬担架等等。抗战初期，震旦共收容伤员 1 400 人。

3. 奔赴前线、英勇作战

宗教信仰者向以慈悲为怀，但在敌人进攻面前也敢于拿起武器，英勇作战。不少穆斯林青年弃笔从戎，参加了抗日武装队伍，也有许多人辗转设法参加八路军和新四军。有的在抗日烽火中献出了宝贵的生命，如回族青年飞行员哈荣鑫，在与日寇机群交战中为国捐躯。日晖港清真寺教长韩礼堂的学生韩统宝，利用在多伦路日本宪兵司令部当门卫收发信的身份，抄录了大量敌军情报，后夹不幸被敌人发觉而遇难。基督教青年会全国协会于 1937 年冬成立了军人服务委员会，吸收了一批志愿为国效命的青年出入于前线后方，为伤兵喂食、换衣、读报、写信，工作很活跃。中国基督教全国总会组织了“基督教将士服务协会”，以“奉献自己，服务困苦的义胞和英勇卫国的将士”为口号，奔走于晋、豫、川、湘诸省的战区，照料被遣留下来的伤兵员。

卢沟桥事变后，上海佛教界即组织成立僧侣救护队，有 100 多名青年和尚报名参加。沪战爆发，上海僧侣救护队即开赴吴淞前线，以出家人出生入死的精神，舍己救人的慈愿，冒着敌人的枪炮抢救伤员，他们往返于浏河、大场、昆山之间，不分昼夜地工作。在战火中，有的光荣献出宝贵的生命，有的被炮弹炸伤，终身残疾。据上海慈联会 1938 年报告书载：上海僧侣救护队在淞沪战争中，共救护伤兵及租界难民 8 273 人，他们被中外报纸称誉为“英勇僧侣”、“战神之敌”。

1937 年冬，上海除租界外全部沦陷，战场上、废墟里，尸骸遍地，无人掩埋。中国佛教会在上海又组织僧侣掩埋队，玉佛寺、法藏寺许多寺庙的僧侣和香工都踊跃参加，每天 4 辆汽车开出，大家抬的抬，埋的埋，短短 3 个月时间，共掩埋尸体 1 万多具。

在抗日救亡运动中，上海宗教界人士中的爱国主义思想得到发扬光大，改变了国人对宗教界的印象，战争教育了宗教界人士，也改变了他们。在旧中国，由于反动阶级的控制利用，宗教教义向信徒宣传的是一套超阶级超现实超国家的观念，引导信徒不问世事，脱离红尘，并宣扬无原则的容忍、博爱，模糊了不少信徒的认识。以至抗日战争初期，有些人还对敌人抱有幻想，如基督教青年会领袖吴耀宗先生，曾是一位活跃的唯爱主义者，他参加了由欧美和平主义者和基督教徒所组成的“唯爱社”，并当选为中国唯爱社主席，他曾在文章中写道：“我们绝对不参加一切战争，因为我们信战争永远不能解决问题。”他翻译了《甘地自传》，提倡非武力思想，认为“爱是建设理想社会的一动力”。但是，日本的侵略打破了吴耀宗等人的幻想，尤其在一·二八事变中，吴耀宗携家避难，目睹侵略者的暴行，思想有了很大转变，他认识到“唯其爱，所以对于一切压迫人的制度和剥削人的阶级都要反对”，如果“姑息容忍，那只是伪善，只是助纣为虐，何有于唯爱？”① 1937 年 2 月，他辞去中国唯爱社主席之职，终于从一个非武力主义者转变为积极的抗日者和人民民主革命的拥护者。

抗日战争的炮火唤醒了宗教界人士，他们抛弃了宗教教义中消极说教，吸收其积极部分，勇敢地投入战斗行列。上海佛教僧侣救护队的队员们，以出生入死的精神，舍己救人的慈愿，再加上出家人的无牵无挂，置生死于度外，积极奔赴前线。基督教的信教群众，也把侵略者看成恶人和魔鬼，勇敢与之斗争，“即使钉在十字架上，也不肯离开抗日救亡一线。”（刘湛恩语）宗教信仰与爱国决心紧密结合，表现出大智大勇、无畏无惧的献身精神。

在抗日救亡运动中，上海宗教界人士用自己的行动，写下了爱国主义的光辉篇章，他们和全市人民一起，在战争中得到教育，又赢得了抗日战争的伟大胜利。

（本文原载《上海党史研究》，1995 年第 1 期）

① 吴耀宗：《唯爱与革命》，《唯爱》第九期。

时代的号角，民众的向导
——上海抗战进步文化运动浅析

谢黎萍

上海自近代以来，一直是中国重要的文化都市之一。抗日战争期间，中国共产党领导及其影响下的上海进步文化力量，配合党在不同时期的方针政策，利用文化自身的特点和魅力，依托上海浓郁而深厚的文化环境和设施，冲破来自各种反动势力的残酷镇压和阴谋破坏，开展了丰富多彩且行之有效的抗日活动，发挥了极其重要且难以替代的作用。

一、进步文化力量的聚集、成熟，预示着革命文化运动将以文化军队的姿态，成为上海抗战中一支不可替代的生力军

进步文化运动能够在上海抗战中淋漓尽致地凸显文化独特的社会功用，首先得益于一支庞大而成熟的进步文化力量。

大革命失败后一批曾经战斗在文化战线上的共产党员和进步人士，如潘汉年、钱杏村、蒋光慈、李一氓、阳翰笙、郑伯奇、鲁迅、郭沫若、成仿吾、夏衍、李初梨、冯乃超、彭康、朱镜我、王学文等，先后从全国各地和国外来到上海。至30年代初形成左翼文化运动高潮，涌现了左联、社联、剧联、美联等大批的进步文化团体，以及与之相适应的大量进步刊物，其中光左联就有机关刊物《萌芽月刊》《拓荒者》等10余种，进步文化运动呈现出前所未有的兴旺之势，奠定了上海进步文化力量的坚实基础。

但由于当时党内左倾错误路线的指导，左翼文化运动在充分体现其革命性、进步性的同时，也不可避免地带上了左倾思潮的烙印，以至无论在活动形式还是

在队伍结构上都表现出严重的幼稚性和狭隘性。面对革命形势的低落,依然采取飞行集会、散发传单等过于暴露和激进的行动,把许多可以联合的力量,摒弃在携手共进的大门之外,限制了自身力量壮大。

九一八事变,日军入侵东北,民族矛盾呈上升趋势。客观形势的变化,促使进步文化界重新审视现实。1932 年 11 月,中共中央主要负责人之一张闻天以“歌特”之名发表《文艺战线上的关门主义》一文,对左翼文化界表现出的关门主义倾向提出批评。以此为转折,左翼文化运动逐步摆脱宗派主义的束缚,并将进步文化的触角引向更加广泛的文化领域。左翼文化人的作品开始投向曾被称之为中间派的报刊,左翼文化报刊也开始发表来自所谓中间派人物的文章。一向被认为进步文化力量薄弱环节的电影界也增加了以夏衍、阿英、王尘无、石凌鹤、司徒慧敏为核心的党的进步力量,并以此推动了进步音乐的发展。一二・九运动的兴起,以及中共瓦窑堡会议确立的抗日民族统一战线方针,进一步使文化界克服门户之见,迅速形成以挽救民族国家危亡为己任的团结之势。以文化界救国会成立为标志,上海进步文化力量以崭新的姿态迈向上海抗日的舞台,并在这场长达八年的反侵略战争中,成为上海人民抗日救亡史上独树一帜的华彩篇章。

二、舆论的导向性,使革命文化成为宣传党的抗日主张,坚持抗战,反对投降,抵制敌伪反动宣传的有效手段

一・二八淞沪抗战爆发后,进步文化界以其高度的社会责任感,自觉与抗日救亡相结合。由此直至 1945 年抗战胜利,进步文化工作者始终为抗击日寇而呐喊,为民族解放而鼓劲,用文化所具有的宣传舆论功效,在政治上给人以正确的引导,消除人们心中的疑虑,明辨是非,坚持抗战立场,坚定必胜信心。

(一)反对不抵抗,号召人民共同投身抗日救亡

一・二八后,针对国民政府在大敌压境的危急关头仍固守攘外必先安内的政策,进步文化界在上海地下党的领导影响下,利用各种舆论工具,展开了宣传中国共产党抗日主张,驳斥国民党主和妥协论调的攻势,动员人民起来支援抗战。

1932 年 2 月 3 日,以鲁迅为首的上海文化界率先发表《上海文化界告世界书》,抗议日本帝国主义对上海的侵略,呼吁全世界进步力量支援中国人民的反侵略斗争。7 日,由进步作家组成的著作者抗日会发表《中国著作者为抗议日军进攻上海屠杀民众宣言》,大声疾呼被日帝蹂躏的“中国经济文化之中心的上海,

已变成了血肉模糊的地狱!”号召“全国民众应该组织抗日代表会议,动员全国民众,指挥全国民众,与日本帝国主义作一场死的战争!”①随之,进步舆论阵地全线出击,《生活周刊》《文艺新闻》《人民周刊》等纷纷以战时临时特刊的形式,大量发表左翼作家、新闻工作者来自前线的战地报道、劳军通讯。这些文章热情讴歌了19路军官兵英勇杀敌的爱国主义精神,鼓舞群众踊跃支援19路军抗战,并用19路军可歌可泣的业绩,以事实击碎日本帝国主义速战速决灭亡中国的迷梦和国民政府战则亡的投降主义论调。与此同时,进步文化工作者还以最快的速度,编辑出版了《上海事变与报告文学》《上海战时画刊》《上海战影》等一批书籍,拍摄了《上海抗战血战史》《19路军血战抗日——上海战地写真》《暴日祸沪记》等影片。总之,进步文化工作者在一·二八抗战期间,以宣传抗日、打击国民党不抵抗政策为宗旨,在上海人民心中奏响了一曲团结一致为救亡、军民同心共御敌的嘹亮凯歌。

进步文化运动在上海抗战第一役中显现了非凡的作用,而抗日的烽火也培育着进步文化力量,使其日渐成为人们关注抗战的焦点。一·二八抗战结束后,以《生活》周刊、《新生》周刊、《大众生活》周刊为核心的进步刊物,为众多上海民众,尤其是富有民族正义感的人们争相传阅。《生活》周刊销量最多时达15万份,《新生》周刊也达10万之余。受上海市民青睐的戏剧、电影,在进步文化工作者的不懈努力下,也涌现了大量爱国主义题材的作品。如大型话剧《怒吼吧!中国》,新歌剧《扬子江风暴》,独幕剧《到前线去》《放下你的鞭子》以及《大路》《桃李劫》《风云儿女》等优秀影片,吸引了无数观众。

一些进步电影插曲,像《大路歌》《开路先锋歌》《义勇军进行曲》《毕业歌》等在群众中广为传唱。于此前后汇集在上海的进步词曲作者聂耳、任光、吕骥、安娥、冼星海、孙慎、麦新、孟波等,创作出《救国军歌》《热血》《大刀进行曲》《牺牲已到最后关头》《保卫马德里》等一大批富有强烈时代气息、充溢爱国激情的优秀抗日歌曲,并很快在社会上广为流传,成为这一时期群众抒发心中爱国热情的主要手段。

(二)结成广泛的抗日民族统一战线,坚持全面抗战,反对片面抗战

全面抗战爆发后,上海的进步文化工作者响应中国共产党关于全国人民、军队和政府团结起来,筑成民族统一战线的坚固长城,抵抗日本侵略的号召。在上海地下党的领导下,冲破国民党包办抗战的企图,承担了宣传党的抗日民族统一战线思想,坚持全面抗战,反对片面抗战的历史使命。

---

① 《“九一八”——“一·二八”上海军民抗日运动史料》,上海社会科学院出版社1986年版。

七七事变爆发不久，上海戏剧工作者立即构思、创作、排演了《保卫卢沟桥》一剧，表现了中国士兵的英勇抗战和各阶层人民投身抗战的热情。与此同时，《救亡日报》《救亡周刊》《救亡漫画》《抵抗》《前线》《烽火》《文化战线》《民族呼声》等大量抗日救亡报刊在八一三的战火中应运而生，并成为中国共产党抗日主张的重要传播者。《中国共产党为公布国共合作宣言》《抗日救国十大纲领》、毛泽东的《反对日本进攻的方针、方法和前途》、彭德怀的《战略与战术》《论游击战争》等文献，都通过这一窗口传达给了人民群众。围绕这些文献的精神实质，上海进步文化工作者还对党的全面抗战路线作了深入的阐述，不仅使人们认识了全面抗战的必要性和取得抗战胜利的途径，同时进一步认识到只有中国共产党倡导的抗日民族统一战线政策和全面抗战路线，才是中国抗战、上海抗战胜利的根本保证。而国民党宣扬的政府军队抗战的片面抗战路线，将把中国抗战引入歧途。

由于国民党坚持片面抗战路线，共产党领导的抗日活动的消息常常遭到官方舆论工具的封锁。于是，宣传共产党及其领导下的军队的抗战事迹，报道自延安的消息，成为这一时期进步文化工作者的又一工作重心。在上海的进步报刊上，人们读到了《今日的朱德》《初入延安的印象》《毛泽东访问记》《陕北生活的一断片》《朱德、彭德怀率领之第八路军报捷》《第八路军之平型关大捷纪详》《敌人眼中八路军的威力》等大量文章，共产党抵抗侵略的坚强决心和八路军抗日的英勇精神，无不激励着每一颗正直的爱国之心，也彻底推翻了原先对共产党的不实宣传。更广泛的群众以对八一三抗战的积极支援，直接投身了抗日的滚滚洪流。

（三）利用“孤岛”特殊环境，建立持久抗战信念，坚定必胜信心

随着国民党军队西撤，上海华界全部沦入敌手。面对低落的民气，进步文化界在中共江苏省委的领导下，利用“孤岛”上英、法等国外新闻机构不受限制的特殊条件，以“洋商报”的形式，冲破日军的新闻检查制度，打破了“孤岛”的沉寂局面。从 1938 年 1 月开始，一批由党领导和受党影响的进步报刊，如《每日译报》《译报周刊》《华美晚报》《华美周报》《文汇报》《导报》《导报增刊》《大英晚报》《循环报》《上海周报》等均挂上洋商的招牌而相继问世，架起了“孤岛”上海与全国抗战之间沟通的桥梁。更重要的是，为宣传中国共产党的政治主张，报道八路军、新四军的战斗业绩，提供了公开合法的阵地。在这里刊登的毛泽东的《论持久战》和中共中央扩大的六届六中全会的《告全国同胞书》，揭穿了日本“速战速决”的狂言，透析了中国抗战必胜的基础，使上海民众在抗战相持阶段的难耐中和“孤岛”环境的压抑中，看到走向胜利的道路。此外，由美国记者斯诺夫妇分别采写的《在日军后方的八路军》《东战场上的新四军》，史沫特莱撰写的长篇报告《中国红军行进》、英国记者勃鲁斯采写的《新四军印象记》《新四军教导营和服务团》，以及中国作家所著《中国的八路军》《新四军战绩纪实》，包括著名诗人郭小川寄自延安三五九旅的诗作《热河曲》，则从不同侧面，客观形象地反映了中国共产党爱国爱民的政治立场，对抗日形势卓有远见的判断，以及党领导的八路军、新四军高昂的抗日斗志和辉煌的战斗业绩。

与报刊竞相生辉的是进步出版物的大量涌现。毛泽东所著《抗日方法与前途》、毛泽东、朱德、彭德怀合著《八路军怎样作战》、周恩来著《抗战政治工作的纲领》、张闻天著《北方游击战争的战略》等，都在上海出版了单行本，其中最引人注目的是斯诺亲赴延安采访写成的《西行漫记》一书的出版和第一套 20 卷本《鲁迅全集》的面世。前者第一次以一个西方记者的眼光，详尽而真实地向世界描绘了中国红军二万五千里长征和苏区人民的生活，后者则体现了中华民族一种不屈的战斗精神。这一切都给生活在黑暗中的上海市民以莫大的精神鼓舞，同时使进步文化力量更加增强了以文化投身对敌斗争的信心和勇气。

仿效“洋商报”的成功范例，进步戏剧界也通过职业剧社的方式，重新组织起来。在他们努力下，反映战时生活的《女子公寓》《花溅泪》《夜上海》等时事剧和借古讽今的《明末遗恨》《梁红玉》等历史剧，相继与上海市民见面。迫于“孤岛”的特殊环境，这些作品虽然没有直露的抗战内容，但其中所蕴含的积极主题则不言而喻。

有赖于党领导下的进步文化工作者不畏艰险的斗争和适时顺时的工作方针，“孤岛”进步文化活动虽然不如八一三时期气势恢宏，却也蓬蓬勃勃。正是由于进步文化活跃的表现，营造了“孤岛”不“孤”的局面，从而使得广大民众的抗日情绪在经历了短暂的低落后，又重新振作起来，并且在愈加险恶的环境里，始终不曾丧失坚持抗战的信心和决心。

（四）针锋相对，批判妥协论调，荡涤汉奸文化

早在八一三抗战期间，当日军在南北两面对上海形成包围之势时，上海曾出现了“英、美、法即将出来调停，日军将不再进攻南京”的谣言，一时间在部分军队与群众中造成了一定程度的动摇和混乱。为此，《救亡日报》在谣言出现的第二天，于头版刊出“主和者就是汉奸！”“战则存！ 和则亡！”“坚持抗战！ 反对分裂！ 反对妥协！”①的大幅标题，并发表了潘汉年《坚持民族的信心》和胡愈之《肃清失败主义心理》

① 《救亡日报》1937 年 10 月 28 日。

等一组文章，澄清了人们的思想意识，驱散了甚嚣尘上的不抵抗迷雾。特别是上述3条口号，很快在群众中流传开来，成为群众表达抗战决心的最简洁、最流畅的语言。

孤岛时期，日军在中国战场加紧武装侵略的同时，也加剧了对上海文化阵地的侵蚀。在电影领域，日军以“中日文化提携”为名，将光明影片公司摄制的影片《茶花女》偷偷运往日本放映，企图以此拉拢利诱文化力量，掩盖侵略真相，麻痹人们抗日斗志，瓦解群众抗日情绪。在新闻舆论界，日军则通过其控制的舆论工具，竭力散布投降共存论调。对此，进步文化界以清醒的立场，立即予以反击。针对所谓《茶花女》事件，51名文艺界人士和新闻工作者联名发表《敬告上海电影界书》，严正要求电影从业人员誓不与日伪合作。《每日译报》专门发表《关于〈茶花女〉东渡》的短评和社论《上海电影界应有的认识》，要求人们必须对日本的对华电影政策保持警惕，禁绝与侵略者、汉奸及一切可疑人物交接。提醒孤岛电影界“不要直接或间接地做民族的罪人”①。对于日伪散布的投降论调，特别是汪精卫的卖国投降行径和个别文化人的变节行为，进步新闻界口诛笔伐，表现出很强的战斗力。《异哉汪精卫》《汪精卫切腹》《汪自走死路》《出卖民族的汪兆铭》等一系列文章，一针见血地指出汪精卫的行为完全是自绝于人民，汪精卫言论的实质是“反抗抗战”②，鲜明犀利的观点，淋漓透彻的分析，使汉奸投降卖国的本质昭然若揭，为世人所不齿。

太平洋战争爆发后，日伪沆瀣一气，联手查封了所有进步报刊，且变本加厉地打出其所谓“和平文化”、“大东亚共荣圈”等招牌，黄色书刊、反动电影、汉奸剧团、卖国报纸竞相出笼，充斥一时。

尽管客观形势和周围环境已变得十分险恶，但进步文化始终不忘其抗敌使命，以顽强和智慧，硬是在一片混沌之中，营造出一方净土。进步报刊不让出版，抗日文章不给发表，就与苏联在华文化机构合作，出版翻译性杂志《时代》《苏联文艺》，翻译介绍苏联社会主义的新兴作品，以此抵挡汉奸文化的全面侵袭。与此同时，进步文化工作者通过各自的社会关系或党组织安排的关系，在一些纯商业性杂志乃至敌伪刊物中，建立起迂回曲折宣传抗战的阵地。共产党员恽逸群在任汪伪《新中国报》编辑时，以隐晦婉转的笔调，撰写了20余篇批驳投降论调的专论。共产党员关露在其负责编辑的《女声》杂志上，每期都为党员作家和进步文化人留下一半的篇幅，供他们发表文章。

---

① 《每日译报》1938年12月1日。

② 《导报》1938年11月24、25日。

进步戏剧界则通过上演艺术性较强的《家》《春》《秋》《风雪夜归人》等剧目，用艺术的严肃性和高尚感去陶冶人们的心灵，去荡涤汉奸文艺的污泥浊水。

上海进步文化界与日伪在舆论战线的交锋和在文化阵地上的争夺始终没有停止过。这中间进步文化界凭借对时代特征和社会环境的准确把握，以对文化自身特点的充分利用，为上海的抗日和反汉奸活动作出了独特贡献，使上海人民无论在怎样的恶劣环境下，都能感受到一种正义的力量，看到一线胜利的曙光。

三、进步文化广泛的社会性，教育和影响了一代人，使其成为党动员群众，组织群众投身抗战的有力武器

进步文化在充分发挥其舆论导向作用的同时，也凭借其对社会的广泛影响，显现出独特的凝聚力。无论是面向社会的文化组织，还是遍及工人、学生、职员、妇女各界的群众性文化活动，均在娱乐中予人以思想的启迪，爱国激情的感染。无数革命青年，包括众多有识之士、社会名流，因受进步文化的影响，毅然走上抗日的疆场。相当一部分处于踌躇乃至麻木中的群众，也在进步文化的熏陶下，自觉不自觉地走进了抗日救亡的行列。上海的进步文化运动在抗战期间，名副其实地成为团结群众、组织群众、发展积蓄抗日力量的有力武器。

（一）以群众喜闻乐见的文化活动样式，切实有效地把群众组织起来，壮大抗日力量

文化活动于社会之中，往往是最具号召力和吸引力的。正因如此，由进步文化工作者创办的抗战文化社团，以及深入各界群众的基层文化活动、文化教育事业，始终是上海地下党组织群众投身抗战的重要阵地。无论是适应八一三战时需要成立的国民救亡歌咏协会、战时演剧队、战地服务团、孩子剧团，还是进入孤岛后根据新的环境开展的文艺通讯运动，所举办的社会科学讲习所、现代知识讲座，都以其立足广大群众喜好的内容和形式，又具有公开合法的地位，吸引着众多青年、成为动员组织进步青年投身抗战的理想场所。

孤岛时期的文艺通讯运动，是一场由进步文化工作者倡导的抗战文艺大众化运动。党通过撰写战时文艺通讯的方式，把大量分散在工人、职员、学生、家庭妇女、小学教师等社会各界的文艺青年组织起来，进而又以业务交流的形式，开展理论学习，在学习中获得教育，提高觉悟。而“社会科学讲习所”和“现代知识讲座”，则是党领导下的进步文化工作者开办的又一种传播革命思想，培养抗日

骨干的形式。来自各抗日团体的积极分子在这里聆听党员学者、进步专家的讲课，学习马克思主义理论和各种社会科学知识。从这两所学校毕业的学生，有的成了抗日运动的领导力量，有的则直接走向抗战的第一线，成为上海支援游击战争，支援抗日武装的骨干力量。

在进步文化运动影响下，由专业进步文化工作者参与开展的遍及工、商、学、妇各界的群众性文艺活动，尤以群众性的话剧活动最为活跃。各界群众自己组织的话剧队，以上演短小精悍，贴近各自行业生活的剧目为主，在演出方法上既坚持本系统、本单位的内部演出，也在党组织安排下，通过联合的形式，利用职业剧团星期日休息的空闲，公开登报卖票进行演出，被称为“星期小剧场”。它与职业进步演剧团体的“大剧场”演出交相辉映，相得益彰。

群众性的文化教育事业的主要形式是工人夜校、读书会、读报小组、学术讲座、时事报告会以及社会科学讲座等，主要手段是寓抗日宣传于普通的职业、文化学习之中。有相当多的群众正是通过参加工人夜校的学习以及各种讲座读书读报活动而最终走进了抗日救亡的行列。

总之，上海进步文化工作者以文化自身魅力吸引团结群众，通过深入基层，以文化为媒介，教育组织群众，在“孤岛”恶劣的政治环境中取得了很好的效果，成为壮大抗日民族统一战线，增强抗日群众基础的重要纽带。

（二）以文化为媒介，团结一切可以联合的力量，壮大进步文化力量，为抗战服务

上海进步文化界十分重视依托文化媒介开展上层统战工作，一来调动上层人士的抗日热情，二来以他们的声望，保证进步文化在各种社会环境中得以持续不断。这里既有文化界本身的著名人士，也有各行各业的有识之士。有不少人一旦与进步文化结缘，便始终如一，即使面对敌人的利诱、威胁，仍然义无反顾，强烈的民族正义感令人起敬。

众所周知，成立于1937年7月28日的上海文化界救亡协会，是各救亡团体中吸纳会员最多的一个。在文协的旗帜下，无论是新闻、出版阵地上的编辑、记者、撰稿人员，还是戏剧活动中的编剧、导演、演员及剧务，无论过去在艺术上持何种观点，属哪种流派，在政治上持何见解，只要愿意为抗战服务，均可以参加进来。文协成了文化界权威人士和社会知名人士汇集的大家庭。

全面抗战爆发后，在田汉、欧阳予倩、姜椿芳等党的文化工作者的帮助下，成立了由周信芳、高百岁、金素琴、金素雯、葛次江、吕君樵等20余位京剧界著名人士参加的上海戏剧界救亡协会，并且在以后长达4年的演出活动中，始终以民族利益为第一前提，上演了大量富有积极进步意义的新编剧目和传统剧目。其中以《徽钦二帝》《明末遗恨》影响最大，这两部反映中华民族历史上亡国惨痛教训的戏，对身陷日军包围中的孤岛人民是一种极大的鞭策。

此外，成立于1938年7月，在孤岛进步戏剧运动中充当第一主角的上海剧艺社，之所以能以那么多优秀的剧目在观众中产生重大的影响，很关键的一点就是上海剧艺社聚集了一批具有很高艺术修养，又有属不同风格、不同观点的优秀编导人员。像朱端钧、黄佐临、李健吾、顾仲彝、陈西禾、石华父、杨绛、吴纫之、吴强等，他们在孤岛特殊的环境中，凭着深厚的艺术功底，发挥了戏剧独特的战斗作用。而上海剧艺社，创造立足“孤岛”不衰的奇迹，根本一条是挂上了“中法联谊会”的招牌。这块招牌的获得，主要是依靠中法联谊会中几位华籍董事的帮助，从而取得在租界公开合法的演出地位。同样，孤岛群众性业余戏剧活动能如前所述形成蓬勃之势，根本一条也是其背后的社会统战工作。组织这些活动的总机构——上海戏剧交谊社，得益于社会热心人士的帮助，在工部局办理了登记手续，从而不仅使演出取得了合法性，也减少了审查剧目的麻烦，同时又在一定程度上防止了汉奸对业余演出活动的破坏。

可以说，文化统战工作很大程度上保证了上海抗日文化活动的开展，而进步文化活动的红红火火，又促进了文化统战工作的顺利进行。两者互为因果，相辅相成。就像上海的进步文化在抗日的烽火中壮大，又成为上海抗战一支重要力量，是抗战时期上海进步文化运动的又一显著特色。

综上所述，上海进步文化界的抗日活动，是上海抗战史上一个独特的景观。尤其是八一三时期和孤岛时期，进步文化以其得天独厚的优势，成为党领导抗日救亡运动的突破口和冲破日伪严密封锁，彻底改变“孤岛”沉寂局面的先锋。无论是作为党的舆论工具，还是作为党动员群众、组织群众的有效手段，特别是对最广大的无组织群众潜移默化的影响和感召，进步文化起到了或许是其他方法所难以替代的作用。围绕抗日主题而开展的上海进步文化活动，还走出上海，走向了全国，影响波及神州大地，在人员力量和行动方式诸方面对日后武汉、重庆、桂林等地抗日文化活动的兴旺，产生了不可低估的影响。上海的抗日文化活动以它的成熟、卓越及其深远的影响，成为中国抗战史上，尤其是城市抗战运动的灿烂一笔。

（本文原载《上海党史研究》，1995年第1期）

1937年中国红十字会淞沪抗战救护简论

池子华

1937年8月13日，沪战爆发，中日双方在淞沪地区展开鏖战，上海这座中国最大的都会，很快被硝烟炮火所笼罩。

上海为中国红十字会总会所在地。按照红十字会章程及1936年6月30日立法院通过的《中华民国红十字会管理条例》，总会理应设在首都（南京），但由于诸种原因，一直没有“例行故事”。所以，沪战爆发后，总会便直接担负起救护职责。

一

沪战爆发时，总会不似中国红十字会救护委员会华北分会那样于七七事变后始“仓促间筹划布置”①，而是从容应对，有条不紊地展开救护工作。这主要得益于战前的精心准备。

自七七事变后，沪地风云日紧，处于临战状态。中国红十字会除扩大救护训练积极准备外，于7月20日联络上海市商会、地方协会、医师公会、中华医学会、药业公会、医事教育机关及其他与救护有关的团体，在上海市救护事业协进会基础上，重组“中国红十字会上海市救护委员会”，举颜福庆为主任委员，许冠群、徐乃礼为副主任委员，俞松药等为委员，内设总务、医务两组，下设事务、医院、材料、救护、文书、纪录、会计、庶务、运输、情报、交际、稽查、慰劳、掩埋等十四课，以

① 庞京周：《抗战中救护事业底一个断面》，中国红十字会总会：《中国红十字会历史资料选编》，南京大学出版社1993年版，第351页。

王揆生、杨怀僧、郭琦元、朱仰高、朱恒璧、徐世纶、吴利国、叶植生、张子道、汪民视等为各主任干事,“设办公处于总会内,在红十字会旗帜下集中力量,统一组织,依照日内瓦条例编练救护人员”①。这种救护资源的大整合,为淞沪抗战救护准备了条件。7月27日,总会又在新闸路会所召开全体理监事联席会议,决定正式加入“上海市各界抗敌后援会”、“上海慈善团体联合救灾会”②等团体,与各团体精诚合作。这样红十字会的救护工作,很大一部分便融注于慈联会等社团的救助行动中,以收规模效应。

由于战前准备充分,大战来临时中国红十字会便可以从容应对。8月13日,中国红十字会上海市救护委员会在中德医院集合救护训练班毕业人员进行编队,“编队方法,为第一批就各人住址相近,编入某地防护队,共需六队,每队十人,举队长一人;第二批编入红十字会救护队,约编十队,每队十人;第三批预备队,所有未编入前两批者,悉数编入”③。编队已定,立即行动,遂行救护任务。

二

淞沪抗战从8月13日开始,至11月13日结束,历经三个月,其间几乎无日不战,虹口、杨树浦、狮子林、川沙口、罗店、北新泾……都有著名战例,搏战激烈,伤亡惨重。中国红十字会全力以赴,竭力施救。在整个淞沪抗战中,“由本会联合上海市救护委员会,组织救护队十队,急救队十二队,救护医院二十四所,征集救护汽车九十八辆,另特约公私医院十六所及国际委员会所设之医院,分布淞沪前线及上海租界,协同一致,执行救护、输送、医疗等作业,并于接近前线之交通孔道,设置伤兵分发站,为受伤军民办理登记、更换绷带,然后分批指送医院收容”④。具体情形分述如下:

(一) 救护队、急救队工作情况

从8月13日至20日,在短短的一周时间内,先后成立救护队6队,按照《中央救护大纲》加以缩编,每队队员56人,择其“干练者”,由红十字会委任为各该

① 《中华民国红十字会总会三年来总报告》,中国第二历史档案馆档案,全宗号476,卷号3198;《救护事业会扩大组织》,《申报》1937年7月21日。

② 《各界积极准备救护训练工作——红十字会》,《申报》1937年7月21日。

③ 《救护组织已有头绪》,《申报》1937年8月13日。

④ 《中华民国红十字会编宣股》,《中华民国红十字会战时工作概况》(1942年内部印行),第3页。

队队长。各业救护团体纷请参加救护，除煤业公会单独组织救护队一队队员有百余人外，其余经红十字会审查编为急救队6队，每队16人，“以期统一事权，藉取分工合作之效”①。救护、急救队分布江湾、大场、闸北、浦东一带，互相策应，“颇能应付”。8月25日后，战线逐渐扩大至吴淞、罗店等处，原编救护、急救队不敷调遣，乃续编救护队4队、急救队6队，先后出发前方，协助工作。组织情况如下表②：

序　号	队　长	驻　地	队　员
第一救护队	陈荣长	昆山	30人
第二救护队	田仓本	青安公路	
第三救护队	王金魁		34人
第四救护队	俞卓初	公共租界	28人
第五救护队	刘士林	太仓	48人
第六救护队	韩一雷	浦东	39人
第七救护队	叶　露	南市	54人
第八救护队	徐　伟	南市	53人
第九救护队	翟绍伟	浦东	74人
第十救护队	蒋方九	浦东	76人
第一急救队	张丹卿	顾家宅	16人
第二急救队	谢葆生	郊外	64人
第三急救队	雷树德	大场	16人
第四急救队	蔡香荪		
第五急救队	褚一峰	华界	18人
第六急救队	何惠钧	公共租界	31人
第七急救队	汪政卿	法租界	19人
第八急救队	刘星耀	红十字会	16人
第九急救队	陈培德	法租界	40人
第十急救队	郑连坤	曹家渡	16人
第十一急救队	蒋传源	公共租界	40人
第十二急救队	李从善	法租界	16人

① 《中华民国红十字会总会工作概况报告》，上海市档案馆馆藏，档号Q0-12-611。
② 《国难时期红十字会工作概况》，《中华民国红十字会会刊》第16期（1999年2月出刊）。

由上表可见，救护、急救队人员数量并不是等量划一的，而驻地也会因战地转移而屡有变更，以至于上海周围“九十余公里外均有我队员分布其间”。尽管各队队员有增有减，驻地也时有变换，但“不论距离远近，昼伏夜行，风餐露宿，不畏艰险，奔走于枪林弹雨之中，不惜任何牺牲，均能密切合作”，着实难能可贵。据统计，经救护、急救队所救伤兵总计39 000余人。在此过程中，有张克己、张秀芳、谢志贤、刘中武等30余位救护人员惨遭日军杀害[①]，这是日军对日内瓦公约的肆意践踏。

（二）救护医院开办情形

当淞沪军情日趋急迫，战事爆发危在旦夕之际，总会即着手组织救护医院，以便及时收治伤兵。八一三战端既开，第一至七及第二十救护医院即次第开办，随后第八至十三及第十八救护医院相继成立。至8月底，已有15处救护医院投入救护。9月以后，战线扩大，战事趋烈，伤兵日增，已有救护医院不敷收容，又相继开办9所医院，其中有总会直接办理负担全部经费者，有与其他机关或团体联合开办由总会承担部分经费者，有经费独立而医院本身隶属于总会者。现将救护医院列表如下[②]：

院　名	床　位	开办天数	院　名	床　位	开办天数
第一救护医院	448	129天	第十二救护医院	130	94天
第二救护医院	325	96天	第十三救护医院	224	153天
第三救护医院	508	244天	第十四救护医院	103	73天
第四救护医院	339	43天	第十七救护医院	436	43天
第五救护医院	249	291天	第十八救护医院	129	113天
第六救护医院	222	38天	第十九救护医院	195	140天
第七救护医院	215	64天	第二十救护医院	117	117天
第八救护医院	285	157天	第廿一救护医院	100	66天
第九救护医院	205	92天	第廿三救护医院	540	159人
第十救护医院	109	29天	第廿四救护医院	140	107人
第十一救护医院	210	35天			

① 《中华民国红十字会总会三年来总报告》，中国第二历史档案馆档案，全宗号476，卷号3198；《救护事业会扩大组织》，《申报》1937年7月21日。

② 《中华民国红十字会总会工作概况报告》，上海市档案馆馆藏，档号Q0-12-611。

上述救护医院，规模不一，开办时间有长有短，而于收治伤兵，则不遗余力。

救护医院之外，还有“特约医院”参与红会救护工作。当战事初起之时，救护医院未及全部开办，为求尽量收容伤兵计，总会与上海原有医院洽商兼收伤兵，由红十字会按收容伤兵人数给予津贴（每名每日药品伙食费 5 角）。与红十字会合作的“特约医院”，计 16 所，如下表①：

院　名	床　位	开办天数	院　名	床　位	开办天数
人和医院	36	34 天	同德产科医院	23	34 天
大德医院	35	28 天	东南医院	100	16 天
大华医院	20	33 天	红十字会第一医院	259	216 天
太和医院	71	34 天	红十字会第三医院	140	169 天
中德医院	60	17 天	惠旅医院	54	34 天
生生医院	38	34 天	劳工医院	52	34 天
永川医院	61	40 天	宝隆医院	216	241 天
同德医院	48	36 天	铁路医院	40	91 天

特约医院床位共千余张，对于伤兵之收容，不无助力。随着救护医院的次第开办，床位日增。为便于管理起见，自 9 月 10 日起，除少数几个特约外，其余一律结束，将所收伤兵转送各救护医院治疗。

除上述红会所属救护医院 24 处、特约医院 16 处外，还有一些社团或私立医院，组织、经费完全独立，但仍与红十字会合作，“对于伤兵之收容及遣送悉由本会负责”。从 1937 年 8 月 14 日至 1938 年 4 月 30 日，综计由上述各医院收治伤兵伤民凡 19 539 名②。

（三）伤兵分发站工作情形

由于战事扩大，军事碰撞加剧，伤兵运沪日有数百名，多时近千名，而上海各救护医院床位最多时仅 5 000 余张，势不能全部收容，所以自 8 月 22 日起在第六救护医院内设立伤兵分发站一所，自前线救回伤兵视伤势轻重分别处理，重者送入医院，轻者暂留分发站，等候火车、船只转送后方。9 月 20 日第六救护医院结束，伤兵分发站改设于枫林桥外交大楼，此处可容伤兵千名，内设站长 1 人，医师

① 《中华民国红十字会总会工作概况报告》，《中国红十字会月刊》，1940 年，第 30 页。

② 《中华民国红十字会总会工作概况报告》，上海市档案馆馆藏，档号 Q0-12-611。

2 人,护士 10 余人,司理伤兵换药包扎事宜,另由上海市商会童子军团部派童子军一队,驻站维持秩序及料理伤兵登记、转送后方诸事。第六救护医院附设之伤兵分发站自 8 月 20 日至 9 月 20 日共收容分发伤兵 2 267 名,外交大楼分发站自 9 月 21 日起至 11 月 8 日止共收容分发伤兵 17 940 人①。

在淞沪抗战救护中,昆山伤兵分发站的工作也是值得注意的。在淞沪抗战之始,中国红十字会上海市救护委员会即在昆山设立第一伤兵医院,旋因该院部分被日机炸毁,出于安全考虑,10 月 21 日将伤兵转移到苏州诊治,而令第一救护队由嘉定调昆山接办伤兵医院。救护队长雷树德率同队员缜密观察之后,认为该地不宜设立伤兵医院,应依照枫林桥外交大楼伤兵分发站办法,"伤兵到站后立即换药给食,其重伤者设法用军政部卫生船舶运往后方医院,轻伤者则由军委会野战救护处分送苏州等地"②。

昆山为伤兵集散地之一,因舟车缺乏,转送困难,加以前线伤兵源源而来,分发站人满为患,只好另觅兴学路某住宅两座为临时收容处所。不幸的是,该处遭日机轰炸,造成多名伤兵死亡,不得已乃将民立女中童军营帐 12 顶架于青阳港畔,加以伪装以避袭击,"该队全部人员在此种状况之下继续努力工作,其勇敢毅力实属难能可贵。迨后前方战士奉令西移而敌人踪迹亦逐渐迫近,该队人员仍镇静处理,将轻伤者分别用舟车运苏,能步行者则步行至苏,而重伤者搬运至帐内或河畔遮蔽处候船运送",直到 11 月 13 日完成分发任务始奉命撤退,途中"一部分人员路遇敌机轰炸,以致失散九名,迄今存亡莫卜"。昆山伤兵分发站自 10 月 26 日开办,至 11 月 13 日结束,在短短不足 20 天时间里,分发伤兵计达 3 200 余名③。工作紧张情形,不难想见。

11 月 13 日,上海沦陷,后方交通顿告断绝,留沪伤兵势成孤悬,安危可虑,中国红十字会遂将救护工作的重点转移到疏散伤兵上来(疏散伤兵的工作实际上在上海陷落前即已开始)。当时上海轮船,由外商经营者尚可航行浙江温州、台州,红十字会"遂冒万分艰危,于十一月二十七日派员分批护运伤兵由台州入浙,分两路疏散,一路由台州转宁波,一路由台州经百官转萧山,急转浙赣路各军医医院收容。并分拨人员驻金华、衢州,照料接运,亘至十二月间,留沪伤兵悉皆顺

① 《中华民国红十字会总会三年来总报告》,中国第二历史档案馆档案,全宗号 476,卷号 3198;《救护事业会扩大组织》,《申报》1937 年 7 月 21 日。

② 《中华民国红十字会总会工作概况报告》,《中国红十字会月刊》,1940 年,第 30 页。

③ 《中华民国红十字会总会工作概况报告》,上海市档案馆馆藏,档号 Q0-12-611。

利遣归内地，未入敌手，至可庆幸”[①]。据红会资料统计，上海沦陷前后经红会疏散安置的伤兵：杭州 5 750 名，松江 264 名，苏州 405 名，嘉兴 659 名，吴兴 321 名，无锡 67 名，香港 91 名，宁波 5 607 名，温州 291 名，其他 1 603 名，伤愈归队 895 名，残废院 158 名，综计 16 111 名[②]。

上海被日军占领后，淞沪抗战告一段落，而救护工作仍在进行之中。在整个淞沪抗战救护中，中国红十字会虽然遇到重重困难，《中华民国红十字会总会三年来总报告》称："根据数月工作之实际情形所认为困难而不能使救护工作顺利进行者：(一)工具尚感不敷；(二)租界门禁无定阻碍交通；(三)日机轰炸只能昼伏夜行；(四)医院床位有限，有输送无从之时；(五)车辆缺乏，征集维艰，调遣为难；(六)军部卫生队时感不足不能与救护队联系输送。以上弊端均足使受伤将士多尝痛苦增加死亡。"[③]但仍然取得可观成效："综计自二十六年(1937 年)八月十四日至二十七年(1938 年)四月三十日完全结束止，由上海市各医院收容兵民一万九千五百三十九名，由伤兵分发站运送后方各地者计七千一百二十八名，由前线直接运送后方各地者一万七千七百二十二名，合计先后救运受伤兵民凡四万四千三百八十九名。"[④]

三

值得注意的是，在淞沪抗战救护中，中国红十字会一反常态，借助《申报》等大众传媒，广事宣传、鼓动，连篇累牍报告救护详情，呼吁社会各界捐款捐物，量力接济，支持红十字会的救援行动。从这一时期《申报》这一最能反映红十字会动向的媒介，无法确知红十字会的动态，报道是零星的、非连续的，这种情况不免引起人们的质疑甚至非议，为此，中国红十字会发布启事，谓"本会综理全国救护，负有重大使命，迩来夙夜布置，紧张万分，尤以沪战，当前各路救伤，急如星火，一切办理经过，他日自有详报。乃各界人士感于爱国热忱，纷纷来会探询前线状况、伤亡数字及本会工作详情，本当掬诚相告，然格于军部约束，未便率尔宣

---

① 《中华民国红十字会编宣股》，《中华民国红十字会战时工作概况》(1942 年内部印行)，第 3 页。

②③ 《中华民国红十字会总会三年来总报告》，中国第二历史档案馆档案，全宗号 476，卷号 3198；《救护事业会扩大组织》，《申报》1937 年 7 月 21 日。

④ 胡兰生：《中华民国红十字会历史与工作概述》，中国红十字会总会：《中国红十字会历史资料选编》，南京大学出版社 1993 年版，第 505 页。

扬，唯有埋头做去，暂安缄默，至因此引起各方之怀疑与责难，目前亦无可置辩，事后自可明瞭，有识之士，谅能鉴原”①。红十字会固然有其难处，可以理解，但也因此造成救护工作的困难重重，无法取得社会各界最大限度的支持，这与一·二八抗战救护中红十字会所需一呼可集情形不可以道理计。就是说，红十字会的做法并非无可挑剔，就连总会秘书长庞京周也认为救护工作“毁誉参半”②，而亟思有所补救了。

尽管中国红十字会于淞沪战时的救护工作存有不尽如人意之处，但作为慈善救护团体，积极采取救护行动，并取得可观的成效，亦可谓恪尽职守。应该说，淞沪抗战救护，在中国红十字运动史上，留下了光彩的一页。

（本文原载《徐州师范大学学报》，2003年第4期）

① 《中国红十字会总会启事》，《申报》1937年8月20日。

② 《秘书长庞京周发副会长杜月笙、刘鸿生暨各理事电报》（1937年10月3日），贵州省档案馆馆藏《红十字会档案》。转引自张建俅：《抗战时期战地救护体系的建构及其运作——以中国红十字会救护总队为中心的探讨》，《台湾中央研究院近代史研究所集刊》，2001年第12期。

八一三时期的上海银行公会

张天政

1937年8月至11月通常称为八一三时期，这正处于中华民族伟大的抗日战争的初期阶段。该时期上海银行公会的决策及领导层情况发生一定变化。1937年9月下旬，上海银行公会主席陈光甫因故请假，公会决定由常委吴蕴斋、潘久芬轮流主持会议，但部分常委、执委未在沪，公会只能采取全体银行业会议、执委与常委联席会议等形式召集会议，商讨会务。对于卢沟桥抗战及淞沪抗战，上海银行公会也十分关注，并带领、组织会员行予以积极支持。但作为全国最有影响力的银行业同业团体，在此攸关国家前途、民族命运的时刻，上海银行公会到底关注哪些主要问题？为支持全民族抗战及促使上海金融由平时体制转入战时体制，为稳定上海金融市场、支援抗战做出哪些积极而重大的努力？同时作为同业组织上海银行公会又是如何维护会员行及非会员行利益的？学界研究颇为不足。本文主要依据档案史料及其他资料拟做出较为具体而系统的回答，以冀推进近代上海金融史及抗日战争史研究①。

一

战前上海银行公会的活动的主要特点是，设法促进银行业务的发展，对政府

---

① 本文探讨的内容仅见如下论著稍有涉及：吴景平等著：《抗战时期的上海经济》，上海人民出版社2001年版；林美莉著：《抗战时期上海银行公会的活动》（2001年“上海金融的现代化与国际化学术讨论会”提交论文）；《抗战时期的货币战争》（台北，1996）；戴建兵著：《金钱与战争——抗战时期的货币》，广西师大出版社1995年版；刘志英博士论文：《近代上海华商证券市场研究》（2002），及部分英、日文论著等等。上述研究多侧重于对某一金融法规或问题的简析，但对该时期上海银行公会研究极为薄弱。

制订金融法规提出质疑或建议，在政府政策或国内政局变化危及同业利益时，也表现出一定的不合作姿态等。由于日本全面侵华战争的爆发，上海银行业及上海银行公会所面临的问题与战前明显不同。抗战初期上海银行公会的活动均与战时金融体制的确立有关，而且在战时或每遇外敌入侵，按照通例均须限制提存，紧缩通货。上海金融业 20 世纪三四十年代所做出的 3 次限制资金流动的决定，均属因外来战事被迫采取的稳定金融措施①。在七七事变爆发后，上海银行业遇到日本侵华以来最严重的提存风潮，存款额明显下降。据统计，从 7 月 10 日至 8 月 12 日，储户提存为数甚巨，以上海商业储蓄银行与浙江兴业银行为例，前者提存约 2 500万元，占该行存款总额的 16%以上；后者提存约 1 700 万元，占该行存款总额的 17%以上②。随着局势的紧张，各银行不仅纷纷迅速对外紧缩信用，而且急需统一的限制提存办法，以保护金融机构。而作为充分体现银行业利益的同业组织，上海银行公会及其决策层在此紧要关头，对稳定沪市金融市场做出及时反应。

八一三事变当天，应上海银行公会要求，为妥定应付办法，国民政府财政部批准上海银行业暂行停业两天，与上海金融关系密切的各埠银行业，也一律休业两日③。在决定并获准停业两天的同时，上海银行公会立即草拟并决定上海金融业如何紧缩通货及开展业务办法。当日，上海银行公会致函在会、不在会银行指出，在此战时条件下，本会为巩固金融起见，议定同业暂行办法 4 条，“相应分别通告，即希查照办理”。该暂行办法规定：1.各行庄所有客户往来透支，除同业外于 13 日起一律暂时停止加欠。实行后如有继续存入者，准予照数支用。2.各行庄所有未到期之各种定期存款，自 13 日起不得通融提取，如需做抵押者至多以 1 000元为限，在 2 000 元以内的定期存款，至多以对折作押。3.各行庄所有各种活期存款，一律以同业汇划付给；如需取法币，其存款在 1 000 元以下者，按日至多可取 200 元；其在 1 000 元至 2 500 元者，按月至多允提二成；其在 2 500 元至 5 000元者，每户按月取数不超过 500 元；其在 5 000 元以上者，按月可取一成。如有续存或新开户者，以分别存入之原币随时照数给付。如工厂发给工资须用

---

① 具体如一·二八、太平洋战争爆发后日军进占公共租界及本次限制提存。其中，据所见档案史料，八一三时期该会实施限制提存与其他两次上海银行公会组织的限制提存在主动性、限制幅度及实施范围、意义乃至性质等方面明显不同。

② 汤心仪：《上海之金融市场》，王季深等编：《战时上海经济》第 1 辑，中国科学公司 1945 年印，第 3 页。

③ 《财政部为颁行非常时期安定金融办法致各方函》(1937 年 8 月 13 日)，中国第二历史档案馆编：《中华民国史档案资料汇编》第 5 辑，第 2 编，财政经济(四)，江苏古籍出版社 1997 年版，第 439—440 页。

法币另行商办。4.各行庄之同业汇划轧账头寸，照交换所向奉办理。该函最后强调，以上4条为非常时期暂行办法，“业经财部核准，一俟时局平靖，当由本会随时呈请取消①”。这不仅可视为上海银行公会为同业所制订的临时性营业规则，更表明上海银行公会实际已开始对稳定战时上海金融进一步发挥作用。同时，上海银行公会还制订同业内部业务办法，涉及同业汇划及内汇限制等问题②。

国民政府财政部在批准上海银行公会所提出4条暂行办法的同时，为切实限制提存计，派钱兆和等19人前往各行检查全部账目，调查上海银行业资负状况、逐日收付情形及库存等以备核对。上海银行公会为落实暂行办法，于当日转函在会各银行，要求奉此相应分别查照，至希予以配合③。上海银行公会决定遵行该项措施，为后来实行限制提存做好了准备。

上海银行公会公布《同业暂行办法》后，一些会员行立即纷纷为该办法之补充、完善陈述意见。浙江兴业银行回复，显然旨在加强限制提存，保护金融机构④。永大银行则认为，所议定非常时期暂行办法，虽呈奉财部核准照办，但事实上有可商榷之处⑤。永大的建议，旨在如何应付提存，并保护金融机关。国华银行复函也提出该办法有5点可补充之处⑥。各会员行对《同业暂行办法》所提意见，均成为上海银行公会不久参与战时银行业营业规则制订、补充的重要参考信息。

上海银行公会考虑到外地银行公会获悉事变发生，但不明上海银行业营业情形，会影响各地银行业务，便致电称：各地银行公会，现奉财政部令银钱同业，于8月13、14日放假两日⑦。次日，汉口银行公会回电该月14日起放假两日⑧。

---

① 《全体银钱业紧急会议》(1937年8月13日)，上海市档案馆藏上海银行公会档案，档案号S173-1-710。《上海银行业同业暂行办法》，上海市档案馆藏上海银行公会，档案号S173-1-96。

② 《全体银钱业紧急会议》(1937年8月13日)，上海市档案馆藏上海银行公会档案，档案号S173-1-71。

③ 《上海银行公会为转财政部关于查资负状况、逐日收付情形、全体账目及库存情形令致在会银行函》(1937年8月13日)，上海市档案馆藏上海银行公会档案，档案号S173-1-441。抗战时期如寿进文等研究者认为《非常时期安定金融办法》颁行前，财政部未派员轧账，据此事实看来并非如时人所言。

④ 《浙江兴业银行致上海银行公会函》(1937年8月13日)，上海市档案馆藏上海银行公会档案，档案号S173-1-282。

⑤ 《永大银行致上海银行公会函》(1937年8月13日)，上海市档案馆藏上海银行公会档案，档案号S173-1282。

⑥ 《国华银行为13日暂行办法致上海银行公会函》(1937年8月14日)，上海市档案馆藏上海银行公会档案，档案号S173-1-282。

⑦ 《上海银行公会为报告沪银钱业奉令放假致各地银行公会电》(1937年8月13日)，上海市档案馆藏上海银行公会档案，档案号S173-1-96。《天津银行公会为停业问询上海银行公会电》(1937年8月13日)，上海市档案馆藏上海银行公会档案，档案号S173-1-960。

⑧ 《汉口银行公会致上海银行公会电》(1937年8月14日)，上海市档案馆藏上海银行公会档案，档案号S173-1-96。

青岛银行公会电称,“业复电悉,本市银行遵令于本日放假一日,至星期一开业,届时如何办法,请尽量详细急电示”①。未接上海银行公会停业通告,天津银行公会也来电询问上海银行公会,8 月 13 日至 14 日停业是否确实?并要求尽快回复②。在涉及银行业前途及金融市场稳定与否之紧要时刻,急需上海银行公会发挥组织、协调作用。

两天停业结束,1937 年 8 月 15 日,鉴于上海战况激烈,事实上无法营业,上海银钱业两会联席会议议决,暂时休业,待局势稍定随时开业,除通告外,由上海银行公会呈请财政部核准备案③。当日,财政部训令上海银行公会主席陈光甫及钱业公会主席绍燕山:为顾全存户生活必需款项支付起见,“应即转知各行庄迅择安全地点,设立临时办事处,早日营业,是为至要”④。显然,上海银行公会决定停业,并实行暂行办法,不仅对上海也对外地银行业营业秩序产生直接影响。

上海银行公会一面设法维持沪市及外地同业内部营业秩序,一面准备遵行国民政府颁布的安定金融法规。1937 年 8 月 15 日,财政部次长徐堪与中国银行董事长宋子文,在上海紧急召集当地银钱界领袖人物,筹商安定金融办法。最终在通观各方面情况,参酌上海银行公会所陈 4 条暂行办法基础上⑤,制订《非常时期安定金融办法》7 条,并于当日以财政部名义公布,16 日开始施行。该办法规定,自 8 月 16 日起,银行、钱庄各种活期存款,如需向原存银行、钱庄支取者,每户只能照其存款余额,每星期提取 500,但每存户每星期至多以提取法币 150 元为期;而 8 月 16 日起,凡以法币支付银行、钱庄续存或开立新户者,得随时照数支取法币,不加限制;定期存款未到期者不能通融提取,到期后如不欲转定期者,须转为活期存款,并以原银行、钱庄为限,照本办法第一条规定为限;定期存款未到期前,如存户商经银行、钱庄同意承做抵押者,每存户至多以法币 1 000 元为

---

① 《青岛银行公会为收到停业两日电文回复上海银行公会电》(1937 年 8 月 14 日),上海市档案馆藏上海银行公会档案,档案号 S173-1-96。

② 《天津银行公会为停业问询上海银行公会电》(1937 年 8 月 13 日),上海市档案馆藏上海银行公会档案,档案号 S173-1-96。

③ 《上海银行公会为暂时休业呈财政部文》(1937 年 8 月 15 日),上海市档案馆藏上海银行公会档案,档案号 S173-1-96;《新闻报》1937 年 8 月 16 日。

④ 《财政部令》(沪钱字第 30 号)(1937 年 8 月 15 日),上海市档案馆藏上海银行公会档案,档案号 S173-1-96。

⑤ 《全体银钱业紧急会议》(1937 年 8 月 15 日),上海市档案馆藏上海银行公会档案,档案号 S173-171。

限，其在 2 000 元以内之存款，得以对折作押，但以一次为限；工厂、公司、商店及机关之存款，如发付工资或与军事有关须用法币者，得另行商办；同业或客户汇款，一律以法币收付之。最后一条声明，本办法于军事结束时废止①。国民政府财政部当时制定并实行《非常时期安定金融办法》的目的，是在以限制提存来巩固银行信用，并防止资金的逃避②；亦在于以此鼓励存款来维持法币的正常流通，稳定市面③；更在顾及民众生计之前提下，以制止存户无限制提存而使头寸得以周转，以最终保护上海金融机构；同时防止客户将存款转存外商银行或购买外汇④。《非常时期安定金融办法》的制定，也体现了上海金融业的利益。上海银行公会随即组织会员行遵行该项办法。同时，该安定金融办法的实施，势必影响上海银行业同业之间及与工商企业的业务往来。为便利资金周转、调剂市面起见，上海银行公会会同钱业公会提出补充办法 4 条，获财政部批准。该办法内容为：1.银钱同业所出本票，一律加盖同业汇划戳记。此项票据只准在上海同业汇划，不付法币及转购外汇；2.存户所开银钱业当年 8 月 12 日以前所出本票与支票，亦视为同业汇划票据；3.银行钱庄各种活期存款，除遵照部定办法支付法币外，其在商业上往来之需要，所有余额得以同业汇划付给之；4.凡有续存或新开存户者，银行钱庄应注明法币汇划，取时仍分别以法币或汇划支付之⑤。仅限于在沪市执行的上述 4 项补充办法的制定，有益于缓解上海市面筹码供给之不足，减轻工商业务往来资金紧张的压力，也利于维护银行信用。

如前所述，如果说上海银行公会所拟同业暂行办法 4 条及补充办法 4 项，先后为财政部参酌、采纳，对该部制订非常时期金融政策法规产生重要影响的话，那么，这在一定意义上不仅充分表明，上海银行公会在尽力实现银行业同业组织"草拟关于金融业法规建议于政府"之宗旨，履行代表同业利益维护金融市场稳定的职能，更为战时金融制度的建设做出一定贡献。安定金融办法及补充办法公布后，外地银行公会却多未接到。8 月 16 日，汉口银行公会致电浙江兴业银行

---

① 中国第二历史档案馆编：《中华民国史档案资料汇编》第 5 辑，第 2 编，财政经济（三），江苏古籍出版社 1997 年版，第 1 页。

② 寿进文著：《战时中国的银行业》，1944 年印，第 80 页。

③ 吴景平等著：《抗战时期的上海经济》，上海人民出版社 2001 年版，第 213 页。

④ 郭家麟等编：《十年来中国金融史略》，中央银行经济研究处 1943 年编印，第 99 页。

⑤ 《上海市规定非常时期安定金融办法补充办法四项》(1937 年 8 月 16 日)，中国第二历史档案馆藏国民政府财政部档案，档案号三(2)855。转印自中国第二历史档案馆等合编：《中华民国金融法规档案资料选编》，档案出版社 1989 年版，第 627—628 页。

转上海银行公会，询问星期一沪各行是否开业，应付办法是否商定，要求迅即电复[①]。当日，上海银行公会还收到青岛银行公会两份急电。第一份称未收到部令，第二天早晨开业，可能有提存风潮，要求急电应付办法[②]。第二份电文表示，遵照部定7条办法议决明日开业，但“务乞贵会员银行对于同业间之汇划，照常收解，以免全国金融之停滞”[③]，并予答复。显然，青岛银行公会还未悉上海银行业已实行补充办法4条。为17日上海等地银行能够开业，经上海银行公会于16日专文呈请财政部获准定期开业后，上海银行公会除于当日联合钱业公会致函各行庄外，还致电外地银行公会通告17日开业。

这里需要说明的是，《非常时期安定金融办法》是面向包括上海在内的全国制订的，但在上海执行最早，且最初基本得以施行。上海银行业于8月17日一律复业，提存势头有所减缓，有益于保护金融机构[④]。据记载，非常时期安定金融办法实行后，一时要求提取存款者，虽然仍纷至沓来，但因已定有限额，且同业间调剂也定有办法，有可喘息之机，故同业能应付自如[⑤]。就该办法之执行程度而言，最重要的第一条得以落实。第二至五条也得以全部执行[⑥]。补充办法实行中有所变化。这在当时均曾收到相当实效，促使各业情形较为稳定。这可归因于上海银行公会切实组织、监督执行安定金融办法。如1937年8月间，财政部令上海银行公会转函各行庄填写逐日收付法币表：为审核各行庄逐日收付款项是否符合规定，特制订银行法币收付表式以供填报；在上海地方应于每日午后5时前，送财政部钱币司驻沪办事处查收。至各地分支行，可送交当地中中交农四行联合办事处，望一体遵照。上海银行公会决定，奉此由会员行相应查照[⑦]。这有

① 《汉口银行公会致上海银行公会电》(1937年8月16日)，上海市档案馆藏上海银行公会档案，档案号S173-1-96。上海银行公会与外地银行公会的联系，不仅表现在该时期，在孤岛时期联系也较多，但因篇幅及时段限制，本文难以展开论及。

② 《中国银行总管理处转青岛银行公会密电》(1937年8月15日)，上海市档案馆藏上海银行公会档案，档案号S173-1-96。

③ 《青岛银行公会来急密电》(1937年8月16日)，上海市档案馆藏上海银行公会档案，档案号S173-1-96。

④ Frank M, TAMAGNA, “BANKING AND FINANCE IN CHINA”, Internatinal secretary at Institute of pacific relations publications office, New York, 1942. p.286.

⑤ 朱博泉:《战时上海金融市场》(上)，《银行周报》，第23卷第11期(1939年3月21日)。

⑥ 汤心仪:《上海之金融市场》，王季深等编:《战时上海经济》第1辑，中国科学公司1945年印，第9页。

⑦ 《上海银行公会为转财政部令各行庄填写逐日收付法币表致在会各行庄函》(1937年8月19日)，上海市档案馆藏上海银行公会档案，档案号S173-1-441。

益于推动有效地实施限制提存办法。

但上海工商纷纷表示不满，这又使银行公会承受着巨大的社会压力。当时安定金融补充办法第一条规定，存户所开银钱业当年 8 月 12 日以前所出本票与支票，视为同业汇划票据。会员银行对于客户要求交付隔日(二十期)支票，多数予以拒绝，只准以同业汇划使用，而不予兑现。但上海市五金业公会即为此向银行公会提出交涉。该会在函中称，国难严重，商市浮动，若再将商号支票拒收，辗转之间其纷扰情形不堪设想。如果嫌退票手续麻烦拒绝收受，而持票人又无从兑现，岂不等于废纸，实在大大违背安定金融、社会之旨。该会甚至威胁道：如果因此情形而造成市面波动，谁负责任？务希"即日转饬贵会会员银行，照常收理。否则，敝会为维持业务流通金融起见，只得呈请市商会及各上级机关请示办法，事关紧要诸希核复"①。五金业同业公会显然试图为其同业提现而活动、斡旋，这也是当时工商企业要求提现意见之反映。虽然遇到压力，上海银行公会并未予以正面答复，但对此后其他工商业的提现要求仍予拒绝，待核实后仅允许以汇划支付②。

当时，一些同业组织或工商企业因不适应战时金融体制而要求提现，另一些同业公会则提出进一步的解决方案。上海银行公会遵行安定金融办法及补充 4 项办法后，"本市一般商店行号，感于法币之支出限额，市面筹码顿觉不敷流通，于商业颇多影响"。于是，时人曾主张发行战时流通券，以资流通市面维护商业。而沪市绸缎业公会则采纳该会沈济恩、吴星槎两委员建议，认为政府为统一币制计未便采纳，但商业界为市面灵活流通，可联合同业团体呈请商会发行上海战时商用票，并可呈部核准施行。为此，该会还致函上海市商会，提出上述要求。绸缎业公会的主张，则反映了沪市工商业之意见。而上海市商会显然对大局未获明确认识，反而赞成上述主张，并致函银行公会提出 7 条建议：1.发行商用票，纯属上海商界为应付战时市面法币筹码不足流通，由本商会拟具详密办法，呈请财政部核准后，并由本会会同银钱业联合准备库负责发行。2.商用票暂分为 1 元、5 元、10 元票 3 种。3.商用票领用之商店、行号，必需备具可靠的保证品、汇票据及确有价值之商品；商请银钱业联合准备库同意后，双方订立领用契约，并在票

① 《上海市五金业同业公会致银行公会函》(1937 年 8 月 19 日)，上海市档案馆藏上海银行公会档案，档案号 S173-1-282。

② 《上海银行公会为转江西裕民银行汇款不付现钞理山复华盖建筑事务所函》(1937 年 10 月 30 日)，上海市档案馆藏上海银行公会档案，档案号 S173-1-282。

上加盖暗记，才可领用。4.商用票在市面上流通，不论久暂并无利息(按：以上3，4两项倒置，原文如此)。5.此项商用券，限于在上海一处市面上流通，与法币同样价值十足通用。6.领用行号6个月内应备具领用同数之商用票或法币，向发行机关调回保证品。7.此项商用票不得向发行机关请求兑换法币或其他辅币，但在市面上流通互相交换，不受此限制。上海市商会转述道，以上所列仅就其大体而言，至于详细方案有待缜密研究。上海市商会还强调，安定金融办法7条及补充办法4项，虽有长期实行的必要性，但该公会所拟之商用票办法，也是为补救本市商业，对于补救沪市筹码，安定后方金融不无见地。除呈请财政部、上海市政府核定外，市商会明确要求上海银行公会考虑该项建议①。上海银行公会主席陈光甫阅览后，未立即作出答复。

但上海银行公会的喉舌——《银行周报》则尖锐地指出，此议破坏战时金融有余，回复到平时金融则不足。无论如何，目前不能发行流通券作为彻底开放付款限制的手段。因为战时根本就不容许彻底开放付款限制。"忘记了通货膨胀对物价的影响，而主张发行流通券，尤其是万万不可"②。这显然是对类似绸缎业公会的意见提出批评。这一回答更符合战时金融的旨意。约两周后，绸缎业公会等关于发行商用票及流通券建议未获财政部核准③。

上海银行公会在组织实施限制提存的同时，也根据财政部批令适当放开提现，即组织会员行执行办法时也有例外。如政府机关发付工资或与军事有关者，在300元以下小额存户，缴纳国税，购买救国公债，美侨离境等均可提现④；内地汇款后以汇划处理；对于补充办法不准购买外汇，个别会员行未能执行⑤。

另外，限制提存也间接影响到社会下层民众生活。限制提存虽考虑到民众生计，允许每周提取500，但远远不够。为躲避战争，加上居民房屋财产多有被毁损失，被迫沦为难民，纷纷涌入两租界。八一三事变后两周内，难民遍地，露宿街头⑥。因生活没有着落，为维持生计难民多将剩余财物典去换取现款。而限制提

---

① 《上海市商会为绸缎业公会主张沪市发行商用票致银行公会函》(1937年8月23日)，上海市档案馆藏上海银行公会档案，档案号S173-1-282。

② 章乃器：《论战时金融》，《银行周报》第21卷第36期，1937年9月14日，第4页。

③ 《申报》1937年9月8日，第六版；《申报》1937年9月9日，第6版。

④ 《上海银行公会为转税收须以法币收付令致各会员行函》(1937年8月19日)；《上海银行公会为转财政部允美侨提现令致各会员行函》(1937年8月31日)，上海市档案馆藏上海银行公会档案，档案号S173-1-441。

⑤ 汤心仪：《上海之金融市场》，王季深编：《战时上海经济》第1辑，中国科学公司1945年印，第89页。

⑥ 陈存仁著：《抗战时代生活史》，上海人民出版社2001年版，第7页。

存不仅造成典商无法应付，且影响难民生计甚巨，更对租界内社会安定影响较大[①]。于是，典当业公会先后致函上海市商会及财政部提出交涉，获准由各行庄对各典当行申请支取款项，通融办理。这成为国民政府开始实行先紧缩通货并适当放开之金融政策的一种表现[②]。上海银行公会接市商会、财政部函电后，决定转行各会员行查照办理。在当时现金周转困难的情况下，上海银行公会组织各会员行向典当业接济辅币及1元法币，使其提取存款免予限制，“庶几资金有所挹注”[③]，从而既可维持典当业之营业及银行信用，也有益于难民及一般民众生计。

另外，就上海华商银行业的法币周转而言，抗战之初尚有内地汇款及贴放之款稍得接济。但后来外埠汇款等均以汇划支付，筹码补给来源断绝。再者，上海银行业的资金周转主要来自四行。当时虽可申请中中交农各行当局核准照付，然仍需由申请银行自行筹措支付法币，结果往往窘于应付。为此，民孚银行等10家不在会银行致函上海银行公会，请求设法以汇划调换法币。希“据情转函中、中、交银行，嗣后凡经该行核准各户，应请三行照申请额准予以同业汇划调换法币，俾资周转，以利商民，并可杜外间贴现市价上落之紊乱”[④]。随后，上海银行公会为此事专函中、中、交三行称，自沪战以来，同业汇划票据不能换取法币，而支取法币又有数额限制，“现请三行照申请额，准予以同业汇划调换法币，俾资周转以利商民，并可杜外间贴现市价上落之紊乱”[⑤]。这成为上海银行公会自抗战爆发以来一直也在为非会员行利益而奔忙的明证，更成为该会对整个上海金融业负有高度责任感的表现之一。

上海银行公会为此所作的努力，也表明其在战时不仅代表会员行且代表非会员银行的利益，更注重促使战时金融市场的稳定。这在客观上也有助于上海社会的安定。据记载，年底各业人心渐趋安定。进而言之，如果说作为同业组

---

① 《上海市商会为典当业提现致上海银行公会函》(1937年8月23日)，上海市档案馆藏上海银行公会档案，档案号S173-1-282。

② 适当放开的表现较多，如前所述对机关、税收可提现，小额存款在300元以下者可提现即属其表现。

③ 《上海银行公会为转财政部准典当业提现令及商会函致各会员行》(1937年9月3日)，上海市档案馆藏上海银行公会档案，档案号S173-1-441。

④ 《民孚银行等十银行为计划调换法币事致上海银行公会函》(1937年11月30日)，上海市档案馆藏上海银行公会档案，档案号S173-1-305。

⑤ 《上海银行公会为转民孚、统原、人亚、光华、建华、淳叙、人中、人来、亚洲、江海等银行函致中中交三行》(1937年12月)，上海市档案馆藏上海银行公会档案，档案号S173-1-305。后来该项交涉未成，半年后该十行又致函来上海银行公会做说服工作，认为各行均有资金支细情事，希望各行坚持限制提存。

织,1927 年至 1936 年上海银行公会已具有维护沪市金融秩序的职责,那么,八一三时期的上海银行公会负责稳定金融市场的职能则大大加强。

二

1935 年以前,上海银行公会很少从决策及与外商银行公会联络方面,考虑限制外汇供应问题。法币改革后,南京国民政府实质上废除银本位,采用外汇汇兑本位,从此中国货币的稳定性即反映在法币汇率的稳定上。而直到抗战前夕,国民政府一直在设法维持法币最初的汇兑比价。上海银行公会及其兼营外汇会员行为此也发挥着不可缺少的作用。抗战初期,沪市外汇市场又成为上海银行公会关注的重要方面。卢沟桥事变爆发后,随着日甚一日的提存风潮,上海市场对外汇需求也激增。上海银行公会部分会员行面临较大压力。为此,国民政府仍采取无限制供应外汇的政策。为减轻来自外汇市场的压力,南京当局又与汇丰等上海外商银行达成"绅士"协定①,旨在控制外汇供应,减少压力,使外汇市价的变动不至于对中央银行所维持的比价造成严重影响。

另外,为稳定上海金融市场起见,中国银行业一改与上海外商银行素无业务往来的局面,由中国官办银行,如中央、中国等银行与英商汇丰、麦加利、美商花旗等外商银行,互开同业往来户名,以开展业务往来②。于是,外商银行即逐渐成为中国银行业依靠得以稳定包括外汇市场在内的上海金融市场不可或缺之重要力量。

与此同时,在各界呼吁下,上海银行公会对限制外汇供应也给予极大的关注。针对一月来提存风潮及竞购外汇,对上海金融机构造成冲击等严重后果,及社会各界的强烈反应,1937 年 8 月 9 日,上海市商会致函上海银行公会称,日来风声鹤唳,草木皆兵,商业停顿,势甚严重,望设法补救。因此事关系重大,即日饼干、糖果、罐头、面包业同业公会特函请贵会迅即拟定办法,呈候政府"统制外汇,以作釜底抽薪之计",以资挽救。"否则不待人击,而自致崩溃。瞻念前途危险,不堪设想"③。这引起上海银行公会的注意。

---

① 杨格:《中国战时之财政金融阵线》,《财政评论》第 3 卷第 3 期,1940 年 3 月。

② 《银行周报》第 21 卷第 42 期,1937 年 10 月 26 日。

③ 《上海市商会为饼干糖果罐头面包业同业公会要求融资致上海银行公会函》(1937 年 8 月 9 日),上海市档案馆藏上海银行公会档案,档案号 S173-1-273。

八一三沪战爆发,上海银行公会已先行制定同业暂行办法4条,表明其考虑到通过限制提存,设法减轻兼营外汇会员银行压力。为配合限制提存新办法实行,必须减少外汇供应量。鉴于一月来提存之严峻形势,1937年8月15日,上海银行公会致函洋商银行公会,告知"敝会会员银行于本月十六日停业一天,本市市面全赖各方面维持一切"。并提出请求对方协助办法3项:1.拒绝新开中国存户及中国老存户增加存款。2.所有银行客户提取外汇应予以限制,中国存户外汇更应注意。3.所有投机性质外汇概予拒绝。并请该会通告各会员银行查照办理①。银行公会显然旨在设法防止存户任意搬动存款,并保证非常时期安定金融办法的切实执行,以最终保护金融机构,减轻上海银行公会兼营外汇银行供应外汇的压力。上海银行公会该项要求,虽可能对外商银行业务造成损失,但时隔两日,洋商银行公会仍复函上海银行公会称,"敝会业将贵会所开三项办法集会讨论,认为可以遵办以资互助"。"以后如有指示,当本此宗旨办理"②。洋商银行公会显然愿意予以配合。而1937年8月16日上海银行公会开始组织遵行的《非常时期安定金融办法》中,实际上即具有通过限制提存等,以配合减少外汇供应数额之意义。上海银行公会组织遵行该办法后,市面筹码收缩,迫使已购外汇者,不得不转为售出,换取法币。"故虽无外汇管理之名,已收外汇管理之实"③。

无独有偶,不久,上海银行公会拟定并经部核准的补充办法之第一条即明确规定,银钱业所出本票,一律加盖同业汇划戳记,此项票据只准在上海同业汇划,不付法币及转购外汇。该规定不仅有益于缓解上海市面筹码供给之不足,减少业务往来资金紧张的压力,也有减轻外汇供应压力之意。再者,安定金融办法施行后,为审核各行庄逐日收付款项是否符合规定,接财政部令后,1937年8月19日,银行公会决定,上海银行公会会员行及其各地分支行,填写逐日收付法币表④。这应该视为非常严格限制提存的监管措施,客观上也有助于减轻外汇供应

① 《上海银行公会致洋商银行公会函》(1937年8月15日),上海市档案馆藏上海银行公会档案,档案号S173-1-96, p.98; Arthur N. Young, "China's Wartime Finance and Inflation, 1937—1945", Cambridge, Massachusetts, 1965. p.194.

② 《洋商银行公会复上海银行公会函》(1937年8月17日),上海市档案馆藏上海银行公会档案,档案号S173-1-96。《Chairman of Shanghai Foreign Exchange Banker's Association wrote to the letter of Shanghai Bankers' Associatiot》, 17th August 1937.

③ 《财政部钱币司撰抗战三年来之货币管理稿》(1940年3月),中国第二历史档案馆编:《中华民国史档案资料汇编》,第5辑,第2编,财政经济,(四),江苏古籍出版社1997年版,第483页。

④ 《上海银行公会为转财政部令各行庄填写逐日收付法币表致在会各行庄函》(1937年8月19日),上海市档案馆藏上海银行公会档案,档案号S173-1-441。

压力。该项措施实行至12月初已有成效,上海银行公会宣布不再编制该报告表呈部审核①。

另外,同业汇划原为自1890年以来上海钱业的清算制度之一,规定当日汇划隔日方能取现。1932年一·二八事变时期,曾取消隔日收现,只准同业汇划②。仿照该办法,《非常时期安定金融办法》之补充办法也规定,汇划票据只准同业转账,不得付现。这对于工商业需要本无严重影响,但上海一部分外商银行,时常不愿收受汇划票据。而一般进口洋商,因其不能转购外汇,渐存歧视;更有缺少法币头寸者,为便于使用起见,往往愿以汇划票据百元作现款九十八九元调换,即开汇划掉现贴水之端。这逐渐致使"已臻杌陧不安之金融市场,复益以藉汇划贴现为工具,操纵捣乱,自更风波时起矣"③。同业汇划本为便利会员行业务之手段,但在实行过程中却逐渐带来这样的严重问题④。上海银行公会对此较为关注,并考虑进一步协调与外商银行业的关系。同业汇划办法实行大约一周后,社会上纷纷传说上海银行公会决定,以后该会会员银行与洋商银行公会会员银行间所有现有及将来之一切电汇成交,应指明付现,所有汇划办法不适用于外汇交易"。1937年8月21日,洋商银行公会紧急致函上海银行公会,询问社会传闻之该项决议是否属实?请即答复⑤。当日,上海银行公会复函给予肯定答复。⑥这是为防止同业汇划用于竞购外汇。但此事对相关会员行而言也未敢确定,因事关外汇手续,时有向上海银行公会问讯者。两日后上海银行公会又致函各会员行称,"本会确经议决,所有本会会员行与外商银行公会会员行间一切现有及将来之电汇成交,均需指明付现。其办法由交汇银行在票据上标明'付现'字样,所有汇划办法不能适用于外汇交易。"⑦上海银行公会该项决定,显然亦旨

---

① 《汇兑》,《银行周报》第21卷第48期,1937年12月7日。

② 中国人民银行上海市分行编:《上海钱庄史料》,上海人民出版社1960年版,第276页。

③ 董文中辑:《中国战时经济特辑续编》,中外出版社1941年版,第337页。

④ 1937年8月26日,中国农工银行上海分行为存户个人使用同业汇划致函上海银行公会,讲道:"近来个人存户亦多有以商业上需要为言,要求付给汇划。并谓已由银行通融办理者,条文上既无限于商号之明文,而揆诸事实个人存户,亦未能谓为绝对无商业上之需要。然就条文本意严格论之,拟有未合。"该行最后询问道:"应否由贵会加以解释明定,以资划一,查酌示复。"这在后来逐渐形成汇划多法币少的状况,对金融的稳定造成潜在的威胁。

⑤ 《洋商银行公会致上海银行公会函》(1937年8月21日),上海市档案馆藏上海银行公会档案,档案号S173-1-96。

⑥ 《上海银行公会为转与洋商银行公会往来函致在会不在会银行函》(1937年8月23日),上海市档案馆藏上海银行公会档案,档案号S173-1-96。

⑦ 《上海银行公会为转与洋商银行公会往来函致在会不在会银行函》(1937年8月23日),上海市档案馆藏上海银行公会档案,档案号S173-1-441。

在预防汇划贴现，尽可能与外商银行联合稳定法币汇价。

此后为安定上海金融市场，上海银行公会与洋商银行公会的协商往来不断增多。8月26日，洋商银行公会又致函上海银行公会，表示值此紧急关头，中外各银行业务繁忙，为谋电汇手续便捷起见，拟将所有8月份电汇应于8月30日（星期一）成交，而将8月31日期支票、本票付给售户。为此，则交割手续须预先完竣，以便8月31日不至于延误准时发电。请求上海银行公会允准①。两日后，上海银行公会函复洋商银行公会同意此项办法，“并照饬敝会会员行查照办理”②。

此外，1937年9月间，同业往来仍以汇划支付。但上海各行庄所开8月13日以前尚未付清的本票，多数是客户用来向洋商银行赎取押汇使用。据统计，银行业总数约50余万元，钱业约33万元③。钱业公会已予同意，洋商银行商恳请银行公会准许也均以划头支付。鉴于此，上海银行公会议决，定于本月9日起，凡洋商银行持有该项本票向各银行收取者，请一律以划头支付，并致函各银行“查照办理”④。

上海银行公会如此决定，显然亦旨在防止汇划贴水付现，并联合外商银行业稳定外汇市场。同时，上海银行公会还对外汇市场表示极大的担忧，《银行周报》刊载的数篇主张统制外汇的文章即是明证⑤。八一三时期，上海外汇供应适量，汇价平稳，外汇市场较为稳定⑥。据统计，1937年8月至年底，外汇汇率始终稳定于一先令二便士半的汇价⑦。虽说这与国民政府采取无限制供应外汇的政策有关，但与前者的方式有所不同，上海银行公会前瞻性地主张设法控制外汇供应量，不仅组织会员行严格执行《非常时期安定金融办法》及补充办法等政策措施，更及时采取与洋商银行公会及其会员行联合协作策略，有效防止法币任意搬动，以保护金融机构。该会在辅助管理外汇供应方面所做出的诸多努力功不可没。

---

①② 《洋商银行公会致上海银行公会函》(1937年8月26日)，上海市档案馆藏上海银行公会档案，档案号S173-1-96。

③ 《全体银行业会议议决案》(1937年9月7日)，上海市档案馆藏上海银行公会档案，档案号S173-1-71。

④ 《上海银行公会为未支洋商银行八一三以前本票致各在会银行函》(1937年9月8日)，出处同上，档案号S173-1-441。

⑤ 姚庆三著：《我对于战时金融之意见》，《银行周报》第21卷第38期，1937年9月28日；章植著：《财政部安定金融办法之检讨》，《银行周报》第21卷第43期，1937年11月2日。

⑥ 《汇兑》，《银行周报》第21卷第46期，1937年11月23日。

⑦ 施建生：《抗战三年来的我国外汇政策》，《东方杂志》第37期第14号，1940年7月15日，第15页。

三

如果说上海银行公会遵行国民政府金融政策，设法稳定外汇市场，均是在对全民族抗战从经济方面做出重大贡献，那么，其组织劝募、经收救国公债则是又一表现。自上海银行公会成立伊始，就逐渐成为历次公债承购、整理的中介机构，发挥着不可或缺的作用。据所见资料，1921 年 1 月，组织承购交通部八厘短期购车公债，可视为银行公会参与公债经募之始。1927 年至 1936 年期间，上海银行公会参与组织募集各种公债达数十种之多，既设法维护债信并予国民政府财政以极大支持，亦使银行业从中获得利润。七七事变后，以公债方式筹集国防经费势在必行。八一三沪战爆发，在上海市各界抗敌后援会的倡议下，为鼓励人民集中财力充实救国费用，1937 年 8 月下旬，国民政府制订《救国公债条例》，决定发行救国公债，拟分 1937 年 9 月 1 日，1938 年 4 月 30 日两期发行。计划发行总额 5 亿元的实足债票。年息 4 厘，自 1938 年起，每年 8 月底一次付给；自 1941 年起，每年抽签还本一次，分 30 年还清。债款归还由国库税收项下担保①。1937 年 8 月 23 日，救国公债劝募委员会成立，总会设在上海，国内外设有分会。会长宋子文，副会长陈立夫，常务委员宋庆龄、孙科等 27 人②。关于经募机关，为中、中、交、农四行与上海、中南等 20 多家会员银行及其各地分支机构，乃至福源、同余等钱庄负责债款收解等③。

而此时上海银行公会则对抗战持积极态度，数次致电参加声援，也支持募集国防经费。为组织上海银行业认购救国公债，上海银行公会主要做了如下工作。其一为劝募、经收事宜起见，明确有关制度。1937 年 8 月 30 日，为募集、经收救国公债，上海银行公会召开专门会议。主席陈光甫首先强调发行救国公债之必要性；随后邀请潘序伦将经收机关填写收据规则、经收机关收解公债办法、收受物品抵缴债款办法逐项宣读解释。到会代表认为收受生金银及其制成品存在问题，即感到经收银行手续繁琐，较为困难，建议先交由可靠银楼估价，出正式收据

---

① 《申报》1937 年 8 月 27 日第 2 版，个别数据与后颁布不同；《救国公债条例》(1937 年 10 月 15 日)，中国第二历史档案馆编：《中华民国史档案资料汇编》第 5 辑第 2 编，财政经济，(二)，江苏古籍出版社 1997 年版，第 454 页。据记载，宋子文后称救国公债后主要用于政府一般经费等，《申报》1937 年 9 月 7 日。

② 吴景平著：《宋子文政治生涯编年》，福建人民出版社 1998 年版，第 326 页。

③ 《救国公债劝募委员会各经收机关收解债款规则》(1937 年 9 月 5 日)，中国第二历史档案馆编：《中华民国史档案资料汇编》第 5 辑第 2 编，财政经济，(二)，江苏古籍出版社 1997 年版，第 479 页。

后再行收受。几经讨论，最后商定先请劝募总会统筹适当办法后再议①。

1937年9月7日，上海银行公会再次召开全体银行业会议商讨劝募救国公债事宜，陈光甫又动员道，此“事关救国大计，必赖群策群力始克有济”。他认为，这次募集救国公债，是供长期抗战之用，银行业应必须全力以赴。虽然各商业银行之困难毋庸讳言，认购额以资本10%计，如此巨额款项一时可能不易凑集，但可分期缴款，至缴足认数为止。这样既可使各银行有回旋余地，而对于长期抗战亦不致有负面影响②。上海银行公会显然旨在动员各银行积极认购公债。

救国公债劝募总会成立后，所有商界方面由市商会组织劝募总队，其下由各同业公会成立分队。1937年9月3日，经上海银行公会召集全体银行业会议议决，成立银行业分队。除分队长、副队长、队员人选，依照规定分别由本会主席、常务委员、各执行委员分别充任外，并推定林秘书长为干事长，另设总务组、劝募组、计核组等机构。当日，函报市商会转陈劝募总会并通知分队各职员，积极开展劝募工作③。这样，上海银行公会实际成为沪市银行业认购救国公债的劝募机关。

其二，组织会员行认购救国公债。关于认募数额及办法，当时全国银行资本总数约为3.8亿元，劝募总会令上海银行业就资本金额担任10%。但商会所定办法为5%④。鉴于规定不一致，难于操作的状况，银行公会几经磋商，但未能确定。商界总队募集法第8条规定，即公司行号应就资本总额承购5%⑤，就公积金总承购5%⑥。1937年9月7日，银行公会考虑到各银行公积金多寡不等，颇难平均计算，复以此次战事关系，损失纂钜，营业有出无进，一时不易提出。于是决定“现为双方兼顾起见，拟单就资本额计算，并提高其承购成分，改为百分之十，彼此挹注比较，就规定办法认购，其总数有增无减”⑦。

在准备工作中，会员行仍存在下列疑问：即各银行已认救国捐与救国公债同

---

① 《(第三届)第二十八次执行委员会议决案》(1937年8月30日)，上海市档案馆藏上海银行公会档案，档案号S173-1-71。

②④⑦ 《全体银行业会议议决案》(1937年9月7日)，上海市档案馆藏上海银行公会档案，档案号S173-1-71。

③ 《全体银行业会议议决案》(1937年9月3日)，S173-1-71;《上海银行公会为救国公债银行业劝募分队成立致各会员行函》(1937年9月6日)，上海市档案馆藏上海银行公会档案，档案号S173-1-441。中国农民银行认购400万元，《申报》1937年9月7日，第6版。

⑤ 《申报》1937年9月2日，第5版。

⑥ 《全体银行业会议议决案》(1937年9月3日)，上海市档案馆藏上海银行公会档案，档案号S173-1-71。

一性质,将来是否可凭收据调换救国公债?救国公债能否与其他公债作为市场筹码,如储蓄保证之类,以利周转,其缴款时可否用汇划票据?银行业可否以各该总行所在地认购,分支行不再担任,既可划一也便计算[①]?后由陈光甫向劝募总会询明答复如下:1.已认救国捐收据将来可调换救国公债;救国捐一项,要求于9月10日结束,所经募30万元,尚有少数还未缴纳,务请于结束前送会以符原定额。2.救国公债原则上可以作为流通筹码;但因本分队所认尚无确数,故未便公开。3.银行业限在各该总行所在地认购,分支行可不再担任。4.同人所认之款,应就地分割认缴[②]。

如上所述,上海银行公会开始就与劝募总会商定,沪银行业仅在各该总行所在地认购救国公债,分支行可不再担任。但后来陕西、湖南等省及广州、重庆、汉口、青岛各劝募分会,则多向上海银行业在该地分支行摊派公债,且态度较为强硬。这给当地分支及总行造成很大压力[③]。最早为湖南、陕西劝募分会向沪在当地分支行摊认。如,湖南劝募分会即要中国、交通、农民、上海、大陆、金城、农商、聚兴诚银行在湖南各行认购5万元。而在湖南各行婉拒后,该分会以各行在湘营业若不认购,影响劝募工作进展为由,催各分支行认购。紧急之下,1937年10月下旬,沪在湘各行致电上海银行公会及各总行,寻求解决办法,建议总行方面于付交债款总额内如数扣除,由湘各行分购,则债款收入不减,各行支出不增,而当地也不致发生误会,各行亦可应付当地分会,"请向劝募总会洽商"[④]。与此同时,在鄂各分支行也面临催缴的压力。救国公债湖北省劝募分会称,政府为救亡图存发行救国公债,意义重大。现在陕湘等省各银行均能于总行在救国公债总会认购额数以外,又向各该地分会承受公债,爱国热忱值得称赞。该分会要求在鄂各银行之分支行,在本省承募债款1 200万元之外,援照陕湘等省成例,一律应仍认购公债,"相应函请查照办理,迅予见复"。上海银行公会面对各地分支行及会员行的一筹莫展,一面将此情况通告各会员行知晓,征询各行意见;并认为曾

① 《全体银行业会议议决案》(1937年9月3日),上海市档案馆藏上海银行公会档案,档案号S173-1-71。

② 《全体银行业会议议决案》(1937年9月7日),上海市档案馆藏上海银行公会档案,档案号S173-1-71。

③ 《关于劝募救国公债、本会汇总的各银行职员认购总数表以及各银行填报职员薪金表和关于职员认购缴款的来函》(1937年9月11日),上海市档案馆藏上海银行公会档案,档案号S173-1-325。

④ 《上海银行公会照抄湘八行来电》(1937年10月27日),上海市档案馆藏上海银行公会档案,档案号S173-1-441。

议决归各总行所在地认购，其分支行不再另认，并接有总会通知，分转敝会及各行洽照在案。湖北省分会亦曾接有总会同样通告。现究应如何应付？请迅即提出意见[①]。

同时，上海银行公会又向劝募总会求援，劝募总会回复道：此"显与原定办法不符，请迅电该分会制止，并祈见复。除电复湖北省分会仍照原定办法以昭划一外，相应函复，即希查照"。上海银行公会接此函后，迅即致函湖北劝募分会，希照总会电令办理[②]。

经上海银行公会的斡旋，从而摆脱各地劝募分会的纠缠。上海银行公会为会员行外地分支行免购公债，与各地劝募分会的交涉，成为当时救国公债劝募过程中摊派与反摊派斗争的反映。银行业为救国认购公债本为责无旁贷。但当时已有明确之认购规定，银行业资金周转也较为困难。上海银行公会最后促成各地分支行免认，不仅益于保护同业利益，更有助于稳定各地金融市场。这是颇有长远眼光的。至于上海银行公会会员行认购公债数额，据统计，1937 年 10 月 12 日，44 家银行认购数为 8 582 000 元；至 11 月 2 日，银行业分队已认购 9 245 106.3 元；已缴法币 5 083 800 元[③]。12 月 31 日止，认购 2 097 万余元，已缴 1 280 多万元[④]。另据记载，该债自劝募以来至 9 月初，钱业公会组织会员庄共认购 1 912 000元[⑤]。1937 年 12 月 3 日，劝募总会致电各地劝募分会，声称救国公债已经认足，令各地停止募集。[⑥]上海银行公会会员行后来缴足所认数额，完成救国公债认募任务。

---

① 《上海银行公会为救国公债湖北劝募分会令分支行认购致各会员行函》(1937 年 10 月 26 日)，上海市档案馆藏上海银行公会档案，档案号 S173-1-441。

② 《上海银行公会为劝募总会为救国公债由总行所在地认购外分支行不再另认事来函至汉口银行公会函》(1937 年 11 月 3 日)，上海市档案馆藏上海银行公会档案，档案号 S173-1-441。

③ 《救国公债上海市商界劝募总队致银行业分队》,《关于劝募救国公债，本会成立劝募分队和报告本业各银行认购缴款总数以及有关总分支行认购、存款或利息提成购债，未到期储蓄存款购债等问题，本会与市商会、救国公债劝募委员会等的来往文书》(1937 年 9 月—11 月)，上海市档案馆藏上海银行公会档案，档案号 S173-1-324。

④ 《救国公债上海市商界劝募总队函》(1938 年 4 月 15 日)，上海市档案馆藏上海银行公会档案，档案号 S173-1-324。

⑤ 陈钟颖：《救国公债之发行与募集》,《中行月刊》第 15 卷第 2.3 期合刊(1937 年 8—9 月份)，第 20 页。至 10 月初，上海各界共认募 1.9 亿元。上海市档案馆编：《上海各界抗敌后援会》，第 515 页。转自熊月之主编，杨国强张培德本卷主编，张培德、廖人伟等著：《上海通史》第 7 卷，民国政治，上海人民出版社 1999 年版，第 350 页。至 1937 年底，包括官办银行在内的上海银行业已认购公债数额约 7 000 余万元。

⑥ 《财政部关于停募救国公债电》(1937 年 12 月 3 日)，中国第二历史档案馆编：《中华民国史档案资料汇编》第 5 辑第 2 编，财政经济，(二)，江苏古籍出版社 1997 年版，第 484 页。

其三，组织银行业职员认购救国公债。从银行职员薪俸、薪水额中劝募债券，国民政府时期最早始于1928年初的江海关二五库券。此后发行公债，时有向银行职员摊认若干数额。至救国公债发行，对于银行业同人薪金认购公债，上海银行公会起初曾有疑问，即市商会第9条所定职员提薪认购，是否按月进行？但此项购数，因劝募总会已在各地遍设分会，可由各行就地分缴，不必在沪汇总，以免缴重①。后核实同人认购救国公债暂以一月为期，下月是否照认容再议②。但据所见材料，会员行同人至10月仍认购公债。至1937年11月2日，会员行、银行公会及附属组织职员已缴救国公债数目（含银行周报社，联合准备会）达482 747.35元；同人储金达2 139.8元③。

与战前政府发行公债的历史背景不同，救国公债的发行正值民族危亡之际，同限制提存的目的一样，节省民众及公司、团体的开支，聚集包括沪市金融业在内的资金，为国筹措抗敌经费亦势在必行。上海银行公会为动员及组织募集救国公债做出诸多努力，并协调沪在各地分支行的认募应对，保证了上海金融业募集救国公债的顺利进行，从而带领会员行及银行业同人为募集国防经费做出较大贡献。

四

八一三时期的上海银行公会对上海证券市场的变化，也颇为关注。七七事变的爆发，导致上海华商证券市场的起伏大波。各债市价不定，一日多变，不时暴跌或狂涨。但对该月上海银行公会会员行公债交割，上海华商证券交易所有确实保证，均如期备现收货。至八一三战事前，国民政府及上海证券交易所先后采取维持债市政策、措施，促使上海证券市场逐渐趋于稳定。但至1937年8月11日，因战云密布，上海华商证券交易所奉令停业。八一三沪战致使局势急剧变化，上海人心浮动，金融停滞，战区及外埠委托人或失所流离，或难以联系。而上海华商证券交易所虽告停业，但公债交割仍在进行。按照上海华商证券交易所

① 《全体银行业会议议决案》(1937年9月3日)上海市档案馆藏上海银行公会档案，档案号S173-1-71。

② 《全体银行业会议议决案》(1937年9月7日)上海市档案馆藏上海银行公会档案，档案号S173-1-71。

③ 《各银行已缴救国公债储金数目单》，上海市档案馆藏上海银行公会档案，档案号S173-1-324。

规定，上海银行公会各会员银行所做8月份公债，应于8月30日交割，但届时并未如期办理。各会员行万分焦急。当时各会员行此项交易，多系买进7月份，卖出8月份。本为套利营业，并非投机买空卖空。而上海华商证券交易所对8月份交易却既未责令买方收货，又未别筹办法。十余日后，对上海银行公会会员行8月份交易如何办法，亦无只字通知，坐令失契约之时效，有丧商场信用之嫌。因仍无从交割，根据会员行的要求，上海银行公会于9月11日致函上海华商证券交易所，要求该所负起责任，即日办理交割，并做出答复①。

约十多日后，上海华商证券交易所仍未予答复，但却由经纪人公会在报纸上登载公告，宣称关于8月份交易，奉财部令准照8月13日记账价格掉期至9月，并拟定办法3项：1.按月息一分掉期一个月，照收佣金更换成单。2.自愿了结得向交易所划账。3.一律照收本特证据金。上海华商证券交易所宣布实行掉期交易，各会员知悉后深为诧异，认为该公告违反各方协议。早在沪战发生之初，因8月份公债交易交割困难，财政部召集相关方面讨论办法，会员行体谅上海华商证券交易所因故不能履行契约，几方商定由交易所具文呈部请求延期交割，待局势稍定再行办理收缴。因此各会员行认为，现“该所公告延期交割已一变。而为掉期既大背讨论时原议，且查所定办法尤属只顾片面利益，不符事实法理”，绝对不能接受。为讨回公道起见，各会员行函致上海银行公会，要求公会函请财政部，迅赐将该所原定处理8月期交易办法予以纠正，或恢复原议，一律延期交割，或结价了结，令该所遵办②。

会员行当时在上海华商证券交易所公债交易额达一亿三四千万元之巨，若一时无法解决，显然会致使该笔资金长久呆滞不能利用，在当时资金周转困难情形下，对金融业务影响较大。上海银行公会接函后，为解决8月份公债交易交割问题，立即于当日召开全体银行业会议，陈光甫因病未能到会，由与会代表推选李馥荪为临时主席，组织讨论如何解决8月份公债交割事宜。上海银行公会各代表讨论十行来函后均认为：1.证交所公告办法有欠公正，“有因缘为利之嫌疑”。对于8月公债交易，不外延期交割与结价了结两种选择，掉期一节万难照办。如结价了结则按照8月12日记账价格，并加算8月30日至结价日之利息，问题即

---

① 《上海银行公会为证券交割致上海华商证券交易所函》(1937年9月11日)，上海市档案馆藏上海银行公会档案，档案号S173-1-321。

② 《中交农大陆等十会员行为证券交割致上海银行公会函》(1937年9月21日)上海市档案馆藏上海银行公会档案，档案号S173-1-321。

可解决。否则，即应依照原意，一律延期至认为可以交割时再行交割。所有买方应贴卖方按月一分之利息，自8月份交割日起，自实行交割前一日止，在交割日一并算清。原成单继续有效，不必另办手续。如买卖双方有自愿轧账了结者，即照报载该所经纪人公会所定第二条办法办理。上海银行公会召集的此次全体银行业会议议决，"由会根据上述草拟呈财政部底稿，推定提议者十行会同上海银行签核阅定，再行缮发"①。

次日，上海华商证券交易所函复上海银行公会，强调8月份公债交易掉期至9月份，系奉财政部令准办理，已经公告市场周知，现除据情呈请财政部核办外，特先奉复，即希查照②。上海银行公会接到该函后，对上海华商证交所答复颇为不满，仍认为该所买卖交易既未能顾及契约信用，掉期至9月间，因长期抗战，必然会再请变更，这反而会招致办理繁琐无谓之手续；再者，交易所收取佣金，原为业务应得，现仅一笔交易，却收取买卖双方无数次数之佣金。该所只需每月调换成单计算利息，却不负其他任何责任，每月收取优厚佣金实为不当所得。另外，8月交易数额巨大，该所平时所收本特证未知如何处理，今再向买卖双方收取巨额本特证据金，又未能顾全契约信用，在长时期内，有无保障管理办法仍是疑问。鉴于此，上海银行公会仍决定向财政部交涉。1937年9月下旬，上海银行公会呈文财政部，首先强调该所公告办法，有唯利是图之嫌，不加纠正有欠公允。同时认为此事解决办法，为结价了结或延期交割。如结价了结，则按照8月12日记账价格，并加算自8月30日至结交日之利息，一切不成问题。否则，8月期交易即应遵照当初财政部召集各关系方面讨论时原议，一律延期交割。至于认为可以交割时再行交割，所有买方应贴于卖方按月一分之利息，自8月交割日起至实行交割前一日止，在交割日一并算给。原成单继续有效，不必另办手续。如买卖双方有自愿轧账了结者，即照报载经纪人公会所定办法第二条办法办理。上海银行公会认为，延期交割办法仍系暂时性质，究应如何统筹解决，相信财政部会高瞻远瞩，早筹良策，察酌施行③。

接到上海银行公会来函的同时，财政部也收到华商证券交易所主张实行掉

① 《全体银行业会议议决案》(1937年9月21日)，上海市档案馆藏上海银行公会档案，档案号S173-1-71。

② 《上海华商证券交易所回复上海银行公会函》(1937年9月22日)，上海市档案馆藏上海银行公会档案，档案号S173-1-321。

③ 《上海银行公会呈财政部文》(1937年9月25日)，上海市档案馆藏上海银行公会档案，档案号S173-1-321。

期交易之呈文。为促使上海华商证券交易所履行契约免除纠纷起见，财政部很快答复上海银行公会，“已批令该所将掉期至九月份全部交易”，如期办理交割，仰即知照①。当日，上海银行公会即转函全体商业银行、四行、邮汇局，望相应查照②。这样从大局出发，上海银行公会做出让步决定，并说服会员行遵行。

但正当各会员行与上海华商证券交易所联系办理之际，该所与经纪人公会又认为，因各经纪人与战区及外埠委托人失去联系，困难较多，无法遵部令办理。掉期交易遂又停顿。之后，由银行公会提议官商银行各推代表3人，与上海华商证券交易所及经纪人代表各3人会商办法，该所派理事尹韵笙等，经纪人推朱达君等为代表，由秘书长林康侯在银行公会召开会议磋商解决。最后，银行公会代表体谅对方困难，再次做出让步，将各银行应交之额约9 000万元左右，照部定限价收回，而其余四五千万元，延期至次年2月1日交割；并商定所有延期交割利息计算方法。为答复财政部训令及寻求最终解决起见，上海华商证券交易所致函财政部，将上述情形详呈财政部裁夺③。不久，财政部批准“公债延期交割”，并接到批准的延期利息计算方案。各方面均无异议，认为可以照此办理④。但此事当时并未及时解决⑤。尽管如此，上海银行公会还是尽到自己的职责。

概言之，如上所述，就八一三时期上海银行公会所发挥的作用而言，则与上海市商会、钱业公会不同。本文上述多处曾提到上海市商会及上海钱业公会，长期以来上海市商会主要管理银行公会等同业组织，无法直接管理银行业。若管理包括银行业在内的金融业，必须通过银行公会在内的金融业同业组织。因而上海市商会具有领导工商业即组织、转达、督促各业执行等作用。钱庄业在1935年大恐慌后，与银行业之间的力量对比已发生重大变化，实力大为削弱，因而钱业公会之地位也日渐衰微。据记载，钱业公会虽参与相关活动，但抗战初期钱业公会很少涉及有对建立上海战时金融体制颇有影响的举措，仅为追随上海银行

---

① 《财政部令》(1937年9月28日)，上海市档案馆藏上海银行公会档案，档案号S173-1-321。

② 《上海银行公会为转财政部批致全体银行、四行、邮汇》(1937年9月28日)，上海市档案馆藏上海银行公会档案，档案号S173-1-321。

③ 《上海华商证券交易所呈财政部文》(1937年10月29日)，上海市档案馆藏上海银行公会档案，档案号S173-1-321。

④ 该批文还并批准所报利息方案。《申报》，1937年11月17日，第六版。

⑤ 拖至1938年2月，财政部致电上海银行公会称，现沪市环境办理期货交易困难，为结束悬案，免除纠纷起见，准照上海华商证券交易所请，以上年八月十三日记账价格，连同九六公债结价了结。电仰该公会转行各银行知照。接电后银行公会议决，分转该电致各银行。

公会之后①。如果说作为金融业主体的上海银行业及其同业组织上海银行公会已具有特殊地位，国民政府及财政部依靠银行业推行其金融政策之理念已经形成，以及上海银行公会与国民政府财政部直接联系处理金融事务已成格局的话，那么，这些均赋予上海银行公会在促使沪市金融由平时体制转入战时体制方面以无可替代的组织、督促执行，密切关注及稳定上海金融市场之使命。抗战初期，日本企图通过速战速决摧毁中国包括货币金融体系在内的经济命脉，还曾在沪推销伪币。对此，上海银行公会在考虑如何反对敌方破坏我金融，稳定金融市场及逐步促使沪市金融由平时体制转入战时体制。所谓战时金融体制主要内涵是，设法集中全国财力物力增强抗敌力量，具体包括限制提存，管理货币，保护金融机构，稳定汇价维持货币信用，限制私人消费以充实国防经费，发行战时公债等内容。

综上所述，如果说战前的上海银行公会主要在银行制度建设、维护债信、促进银行业务开展等方面尽其职责的话，那么，其在八一三时期的上述活动，则标志着太平洋战争爆发前的上海银行公会，在确立及巩固上海战时金融体制，在法币管理及辅助外汇管理，及与国民政府紧密合作等方面，以及从政治意义上维持国民政府在上海的影响方面发挥前所未有作用的开始。而上述八一三时期上海银行公会关注的主要问题以及为此所付出的重大努力，虽然反映出其有在商言商的一面，但更大意义上的是，这不仅表明上海银行公会在维护包括不在会银行在内的同业利益，保护金融机构，也说明在国家危亡之际，上海银行公会不但为反对日本侵略筹措国防经费，更为设法确立、巩固上海战时金融体制，辅助安定沪市外汇市场，进而为该时期上海金融市场的稳定做出重大贡献。换言之，八一三时期上海银行公会的活动已表明，上海银行公会在战时已具有与国民政府及其他团体配合协作，参与战时金融政策、法规的制订及组织实施，确立及巩固沪市战时金融体制，稳定金融市场，安定社会秩序，配合进行反对日本金融货币侵略的斗争，坚定沪市民众抗日信念等主要职能。

（本文原载《抗日战争研究》，2004 年第 2 期）

① 《钱业公会议事录》（1937 年 7 月—11 月），上海市档案馆藏上海钱业公会档案，档案号 S174-1-9。

《字林西报》等外报笔下的八一三淞沪抗战

魏宏运

《申报》是近代上海也是近代中国影响最大的中文报纸。八一三淞沪抗战爆发后，该报及时翻译、选登上海外籍人士所办的英语报刊关于战争的报道和论述，丰富了信息的来源，使不懂外文的人们也能了解外人的立场和观点。

上海《字林西报》（North China Daily News）是英人在上海出版的最有影响的报纸，曾发表过大量干预中国内政的言论，为外国侵华行径辩护，打压中国人民反侵略反封建的斗争。1937 年八一三淞沪抗战开始后，该报一改过去的立场，盛赞中国人民的英勇抗战，遣责日军的暴行。现摘录该报及其他几份外报部分评语于后。

一、盛赞中国举国一致抗战

八一三淞沪抗战是我国全面抗战的开端，引起全世界注目。战事进行三个星期时，《字林西报》发表社论，称赞中国人觉醒了，认为中国人在改变自己的国家，献身于完全正义的事业，已提高了中国在世界上的地位。其文既是事实也是评判，写道："无论数星期前中国之地位若何，而中国今日已团结一致，此非仅仅为矫揉造作之热诚，实为确切重大之因素，而团结华军之抵御力，在新时代中，中国从未若今日之一心一德者也。华军上自司令，下至士卒，皆坚决抗敌……中国男女平民之尽劳于国家奋斗，此在中国，亦属创见。"①

① 《〈字林西报〉社论，崇阳我抗战精神》，《申报》第二张，1937 年 9 月 4 日。

二、盛赞华军英勇无比

罗店争夺战的激烈为淞沪战争中所仅有，中日双方均派出精锐部队参战，形成拉锯战，反复厮杀。中国方面由陈诚总司令、罗卓英军长指挥。敌从小川沙及石洞口一带登陆，纠同汉奸组织司令部，以优势兵力，采取昼战远战。华军利于夜战近战，士气之旺盛，实未曾有。罗卓英中秋时曾写诗一首："战火漫天战马腾，江波海浪涌层层，健儿争饮倭儿血，争挽酋头笑月明。"①表明抗战必操胜算。英国著名学者铁尔特曼著有《远东渐近》《未受检查之远东》等书，为罗店战争所感动，于9月11日夜亲临罗店、吴淞两地近距离观察华军阵线，对华军的英勇作战给予极高评价。其描述极有价值："守卫邻近上海长四十哩罗店淞沪区战线之华军，遭遇机械化武力极重大之集合，而利用之者，复为以悍战闻名之日军，然仍不屈不挠，应付裕如，其英武与纪律，诚值得受最高之赞誉者也……华军之炮力，苟能与日军相埒，则此扼守战线重要地点之战士，必能有更伟大之战绩。"②9月21日《大美晚报》刊登美国著名记者之文，称："自一·二八中国第19路军及第5路军所属之两旅对日英勇抗战后，中国士兵始为人民敬佩，中国士兵作战之勇猛、奋不顾身，实由痛恨日本军阀所使然，世界各国人士对之莫不同声称颂。中国民众因日本不断侵略，亦觉悟建设统一国家之必要。今中国已告统一矣，全国共有二百万大兵，准备对日抗战到底，许多外国观察家佥认为日本军备虽较雄厚，惟目前战争中，最后之胜利，终必属诸中国。同时中国人士深知苟不欲使祖国沦为日本之殖民地，则抗战殆为不可或免之事实，故近数年来，中国已积极从事准备，各项运动如新生活运动等，皆使中国人民之爱国热忱，为之激发。全国不论老少，均决定不问其代价若何，决不对日本有所屈服。日本此次起衅，就物质方面言，中国虽尚未达到准备完美之境，然就心理上言之，则每个爱国人民，均已充分准备。目前全国政见，业已捐除，全国人民，均一致愿在蒋委员长领导之下，与日本拼死作战，中国士兵，已第一次知悉人民之身心均为彼等之后盾也"③。这里，作者深刻分析了抗日烽火已成燎原之势、越烧越旺的深层原因，赞扬中国人民同仇敌忾、英勇奋战的决心，为人类文明增添了光芒。

---

① 《战地中秋》，《申报》(二)，1937年9月24日。

② 《外人视察淞沪前线，赞美我军战斗力》，《申报》(二)，1937年9月13日。

③ 《美名记者评近代我国士兵》，《申报》第二张，1937年9月22日。

三、感赞红十字会志愿服务者

在激烈战争中,救死扶伤是最紧迫的要事。鉴于一·二八淞沪抗战时,因救护人员太少,影响了作战力量,这次战争爆发后,上海各界组成救护会。救护会成立时,中国红十字会总会朱振新、分会蒋茂锋、职业教育社姚惠泉、地方协会徐采丞、救护委员会王揆生和警察局代表原克武均出席。上海妇女新运促进会举办防护救护训练班,四马路青年会救济组与红十字会合作组织救护训练班及担架班。中国红十字会在南翔、无锡设立伤兵医院6处。太和医院也设立了伤兵医院。马相伯、林广侯、张翔、中国银行宋汉章等均出资相助。各慈善机构纷纷赶赴战场,贡献自己的力量。英人访员铁尔特曼曾赴罗店前线观察,称“中国红十字会志愿服务者之勇武尽职,亦至堪钦佩”。有一观察员曾参加过第一次欧战,“对于红十字会职员与志愿工作者之冒险拯救伤兵,办事不辞劳瘁,称美不置。”铁尔特曼对救护者的活动进行了具体的描述,是很感动人的。他写道:“余曾附乘一红十字会救伤车,助同自战地里载回重伤者三十人,熄灯驶于为炮弹所毁之途中,状至可怖,沿途见改制粗劣之救伤车与军需车,因黑夜驶于仄道,不能辨明地位,而倾倒于道旁沟中者,共有二十余辆之多。余等之车,在某地点亦险遭覆辙。余等在途,因见日飞机翱翔近处,曾两次停驶,至日飞机是否将误认余等车中载有子弹,而掷弹毙此受伤甚重奄奄一息之战士三十人,不得而知。第因华军战线后交通不广,军需车与救伤车确易相混,职是之故,在白昼约八十分钟可达之路程,竟延至近五个小时之久。余等抵沪时,东方已白,乃急将伤者送入医院。”铁尔特曼特别记录了一件事:“余至阵线之夜,异常黑暗,余坐于一堆物上,出啤酒一瓶饮之。初以为所坐者,乃米包也,十五分钟后,方察觉乃尸体约三十具。在阵线附近,虽欲擦一火柴,亦为士兵所不喜,盖彼等饱有经验,知日兵一见火光,即能开炮直击也。”像这样具体细致的报道,在我国战地记者的记述中是少有的。①

四、赞华军有秩序地退出上海

八一三淞沪抗战从1937年8月13日开始,11月12日中国军队向西撤退,

① 《外人观察淞沪前线,赞美我军战斗力》,《申报》(一),1937年9月13日。

历时3个月。一般情况下，失败的撤退是很混乱的，而上海的撤退是有序的。《字林西报》根据外人目击者讲，“华军由沪西退走，全无惊乱之象，彼等整队委弃苏州河一带及铁路西面之防所，此举显出主将之命令，适在星期二晚，大炮怒鸣，炸弹如雨，落于极司非而路附近华军阵地之前，实行共约四千人，列队徐徐向虹桥西进，其中伤者无多。彼等自移沪西作战后，即与英兵为邻，今称驻新阵地，仍不忘悽然与英兵作别。有华兵队长一员，曾与英军官一员结识为友，濒行，觅得其人，而与握手为别，继乃于大衣之下，摸出酒四瓶，赠英军官曰：请分饮贵队诸人，俾作友谊之纪念。监视退走之诸军官，直至全数兵士咸向西发，始尾随队伍而去。”①

五、 痛斥广田演说

日本外相广田弘毅是侵华急先锋，从1933年担任外相起就制定出侵华的政策和行动，此时又大放厥词。9月6日《字林西报》刊登题为《局部的解决》之短评，谓“广田之演说，以上海目前之危机，归咎于中国政府拒绝服从日本之力谋成立局部解决。此种似是而非之辩论，虽可使彼想象以为接受日本之主张可以免去甚大之损失与夫痛苦者之胸中发生反响，然不能欺骗世界也。日本之求区域或局部解决也，不特与其庄严表示认南京政府为中国中央政府之志愿相反，且使中国陷入难关，不得不屈服日本，任令零碎割占中国土地，而对于此种手段之结局，毫不能获有保障。假使中央政府屈服日本之条件，而将因卢沟桥发生之争案作局部解决，则众必责其所发抵抗任何继续侵略中国土地之质言，乃属虚伪”。这里断言局部解决之危害。广田诡称中国政府实行极恶的排日运动，该社评以嘲弄的语气说：“不幸其所挝之鼓，鼓上裂一巨洞，致不能发出动听之声，要知中国排日情感之最有效力的散播者，即为日本黩武主义之本身，与夫依附时并失时狂悖宣布黩武主义之意志之善于辞令的日本发言人也。”②

六、 痛斥日机轰炸平民

日本依靠其空军优势，到处肆虐，狂轰滥炸，学校、医院、市场、铁路、车站、公

① 《外人目击者谈我军退出沪西情形》，《申报》旬刊，1937年11月11日。

② 《〈字林西报〉痛斥广田演说》，《申报》(一)，1937年9月7日。

路，凡有人群聚集的地区，都遭到袭击。1922 年至 1923 年海牙公约第 22 条规定，“志在威吓平民，或摧毁非军事性质的私人产业，或伤害非战斗员之天空轰炸，一律禁止”。第 20 条第 2 节“禁止轰击不逼近阵地军队作战区域之城镇、村庄、房屋或一切建筑”。1932 年军缩会总委员会通过“天空攻击平民，应绝对禁止”。而日本目无国际法，肆意妄为，1937 年七七中日战争开始，即轰炸南开大学和陇海铁路。八一三战争发生后，全国各地都有日军血淋淋的残暴罪行。在其轰炸上海南站和南京、广州后，世界舆论相继予以谴责，伦敦各晚报登载目睹广州被日机轰炸所发的报告，以大标题写道“从来未有可怖的天空袭击”，“平民骇极狂奔、尸横遍地”，“死于最凶狠天空袭击者数千人，日机扫射平民”，“广州突袭之浩劫”，“日本摧毁广州”。《自由党明星报》称：“吾人所习见之日本人狞笑，实仅死神之假面具而已。彼日本飞机轰炸南京、广州之行为，实乃野蛮之尤。”《每日电讯报》评论：“日本军队以重轰炸机袭击都市之举，绝非空中战争，实乃空中屠杀，此实有背于战时公法之精神与文字。”纽约、伦敦《孟却斯德指导报》等指斥，“日军的残杀行为实为近代史上最凶恶的丑行，使文明战争中的一切立法，荡然无存”。国联咨询会用紧急程序通过决议，“谴责日军轰炸中国并未设有防御工事各城市”。中国无辜平民惨遭炸毙，多数妇孺亦在其列，全世界人士莫不愤激而加以唾弃。《自由党新闻纪事报》发起的伦敦市民大会，10 月 6 日在亚尔塔大厦举行，与会百余人，主席坎特白里大主教、1932 年国联会满洲调查团主席李顿勋爵、伦敦市议会主席反对派工党领袖马利逊及中国南开大学教授张彭春，均同坐主席台并相继发表演说。大会通过决议，对日本轰炸中国平民暴行，表示愤慨。①《泰晤士报》以《空前之野蛮行为》为题，对日本恫吓轰炸中国首都作出强烈的抨击：“此种恫吓在未经挑衅未经宣战之战事中，欲将一大城毁灭，已使全世界骇然，而明了在中国进展之野心。”②

在上海，《字林西报》9 月 23 日刊登 Robert L.Stewrt 文章，严厉指责中国无防城镇中成千成万之非战斗员、难民、医院、职员、妇女儿童之惨遭杀害，指出任何人聆听“日本官立无线电台之短波播音，即可知今日日本的一切，厥为报告轰炸惨举之如何得利，而以使人厌闻之详情铺张之”，日军之“脑筋全同于森林中之野兽”。《大美晚报》称：“日飞机之轰炸南京、广州也，实违反吾人所视为文明的

---

① 《伦敦举行市民大会，大主教谴责日本暴行》，《申报》(三)，1937 年 10 月 7 日。

② 《英美舆论痛斥日军野蛮行为》，《申报》(一)，1937 年 9 月 23 日。

一切规则，彼等故意攻击人烟稠密之居民区域，致令多数无辜平民丧失生命。就日人在上海、南京、广州等处之行动观之，彼等今日顾然以摧毁非战斗员之生命与财产为其真正军事目的，人道二字兹姑舍而不论，然此种残酷的杀人战略，不仅无效果可言，且将获得与其心愿相反之结果。”①《字林西报》1937 年 9 月 21 日发表社论称：“假令战争继续延长，日军仍奋力从事欲使中国屈服之工作，而该问题终可设法解决，则近如痴人之说梦。”②

七、 斥日本为一暴戾错乱偏促之侵略者

8 月 30 日日机轰炸南站，日本首相近卫文麿宣告世界，谓日本须将中国击至屈膝不再有作战之精神而后已，且请全世界于日本作施政行动时旁立以观。《字林西报》立即作出回应，指出日军“违反人道之狂乱罪行，则不能不加以笔诛者也。……近卫决不能自欺欺人，以为能以此种恐怖主义之手段，击败一大国，使之屈膝。历史与心理告知吾人，全国团结一致，抵御外敌，出于蛮力不负责的恶言所激起，而不为其所慑，则无论为华人与否，具此精神，决不能压服也。……任意屠杀平民，有何效果可言乎，徒使华人益信日本最后之目的，乃在将中国人民降为奴隶。……在华外人，皆承认此次战争之根本原因，乃在日本以其国家之天良委诸武力之侵略”。该报还抨击英国外相艾登以日本经济困难来解释日本的侵华，“不能因经济之故强夺他人之产业”③。

9 月 15 日的《第一幕》社论中讲，在世人的眼中，“皆觉日本为一暴戾昏乱偏促之侵略者”，日本虽未对中国宣战，“而复在沿海与内地各处，肆其威虐……各港口除青岛外，亦为日海军所封锁，故南至虎门炮台起，北至张家口止，已成燎原之势，上海不过为此浩劫之一部分而已”④。

八、 重温淞沪抗战的意义

八一三淞沪抗战在第二次世界大战中占有重要之一席。《字林西报》公正客

① 《西报论调一致，痛斥敌机轰炸平民》，《申报》(一)，1937 年 9 月 24 日。
② 《敌欲我屈膝，正如痴人说梦》，《申报》(一)，1937 年 9 月 22 日。
③ 《〈字林西报〉痛论日机轰炸南站暴行》，《申报》(三)，1937 年 8 月 31 日。
④ 《〈字林西报〉论沪战似将延长》，《申报》第二张(六)，1937 年 9 月 16 日。

观地报道传播了这次战争的实况，既有宏观的论断，又有微观细节的叙述，使国际社会重新认识了日本侵略者野蛮残酷的罪行和中国人民争取生活的坚毅性。以往日本宣传家所惯用的名言：中国不是一个国家，只是一个地理名词。有时有意无意中，可以听到欧洲人一种同情的论调：中国太可怜了，一个这样大的国家，只有一个没有希望的未来。在卢沟桥事变以前，一般欧洲人的看法，中国只有一个注定了的命运①。

随着时间的推移，中日两国人民对淞沪抗战似乎已经淡忘，但历史资料常存，提醒人们不要忘记历史。特别是日本一部分人士，将战争贩子视为他们的英雄，年年朝拜，他们能从思想和行动中学到什么呢？只能说明军国主义思想阴魂不散，这是国际社会应该警惕的。从这一角度来看，重温八一三淞沪抗战是有现实意义的。

（本文原载《民国档案》，2012 年第 4 期）

① 列山：《欧洲人眼中的中国》，《申报》第三版，1938 年 3 月 2 日。

淞沪会战前后的《泰晤士报》

陈淑荣　李朱平

1937 年 8 月 13 日，日军进攻上海，中国军民的淞沪抗战随之开始。中国军民浴血苦战，粉碎了日本"三个月灭亡中国"的狂妄计划，也为赢得国际舆论支持包括英国报界的支持创造了条件。淞沪抗战时期和之后《泰晤士报》对日本侵略和中国抗日的态度与之前的卢沟桥事变时期相比有了明显变化，这种变化影响了英国政府的对华和对日政策。

一、 卢沟桥事变爆发后的《泰晤士报》

1937 年 7 月 7 日卢沟桥事变爆发，日本对中国华北地区的武装侵略开始。由于事发突然，再加上日本宣传机器干扰，卢沟桥事变爆发后，《泰晤士报》在最初对事变原因的判断是中国军队的失误，说中国军队误把日军演习当成真正的军事进攻，导致了卢沟桥事变发生。①在另一篇社论中，《泰晤士报》将卢沟桥事变起因归结为日本低级军官和士兵的鲁莽。

由于英国在华利益主要集中在中国长江流域，因此这一时期的日军侵略还没有造成对英国在华利益的直接威胁，《泰晤士报》观点比较温和，一些文章只是告诫日本应避免采取进一步的军事行动，对日本发动卢沟桥事变侵略中国的罪恶行径没有什么认识。同时对于中日之间可能爆发的大规模战争，《泰晤士报》评论员说："日军或许可以取胜，但是永远无法征服。在华北的胜利可能仅仅意味着繁重的财政和兵役负担，而且也不会提升日本在这一地区的影响，只会使日

① "Fighting Near Peking", The Times[N], 1937-7-9(15).

本陷入到大规模经济抵制活动的浪潮中。”①因此这时的《泰晤士报》对日本发动卢沟桥事变，侵略中国基本上是采取了一种事不关己的比较漠然态度。

二、《泰晤士报》对八一三事变和淞沪会战的反应

1937年日军进攻上海，八一三事变爆发，对英国震动很大。据统计，截止到1937年，英国在上海直接投资达到1亿8千万英镑，相当于其在华投资的72%。所以面对日本侵略，《泰晤士报》态度趋于强硬，警告日本：“现在要让日本了解它在东亚的自由行动绝对不能包括肆意破坏英国利益。”②同时《泰晤士报》也在密切关注着上海地区局势的发展。

8月14日，中国国民政府发表《自卫抗战声明书》，中国军队张治中部对日军在沪据点开始总攻，中国空军也到上海协同作战。中国军队统帅部认为上海是国际大都市，有外国租界，在这里开战极有可能引起大国势力干涉和调停，进而挫败日军侵略野心，这对弱小的中国来说是极有利的。于是先后调集了70个精锐陆军师共75万人投入淞沪会战，日军也先后三次增兵，投入的总兵力达20万人。淞沪会战持续了三个月，到11月12日，上海沦陷。中国军队伤亡达25万人，但粉碎了日本三个月灭亡中国的妄想，为全面的持久抗战奠定了基础。中国的抗战受到海外媒体的高度评价。《泰晤士报》11月28日社论称：“中方伤亡固极惨重，但十周之英勇抵抗，已足造成中国堪称军事国家之荣誉……上海一隅之抵抗，对于整个中国均有极大之影响。”③

淞沪会战涌现出无数可歌可泣的英勇事迹，《泰晤士报》也予以广泛关注，如八百壮士浴血据守四行仓库。524团团副谢晋元率领该团主力400余人(对外称800人)据守四行仓库，与日军周旋3昼夜，击毙敌人百余名，而阵地岿然不动。八百壮士孤军奋战的英勇事迹轰动中外，极大地振奋了中国民心，也赢得国际舆论的称颂。《泰晤士报》发表文章称：“中国军队守卫上海76日之后，尚有死守四行仓库的八百孤军，困于强敌，力持不屈，其英勇之气概，使人敬佩之至……淞沪会战期间，全中国上下凝聚出一个共识，即为了抵抗日本侵略，即使战斗到一兵

---

① “The Far East in Arms”, The Times[N], 1937-7-14(15).

② I.S.Friedman, British Relations with China 1931—1939[M], New York: International Secretariat, Institute of Pacific Relations, 1940.

③ 文闻:《我所亲历的淞沪会战》,中国文史出版社2005年版。

一枪也绝不终止抗战。"《泰晤士报》对淞沪抗战中的中国军民大加赞扬，如10月28日的《泰晤士报》社论称："上海抗战不仅目前而且将来也会对全中国起着鼓舞士气的作用。"①

但也有人在《泰晤士报》上发表文章，怀疑中国政府独立抗战的可能性，认为中国政府需要依赖国际社会特别是英国才能坚持抗战。说"没有人会郑重相信中国政府期望着与日本进行战争"②。"虽然在短时间内中国会爆发极大的爱国热情，但是虚弱的中国迎战日本，很难希望获得军事胜利，而由此带来的中国商业和财政上的损失却是巨大的。中国要对付日本必须依靠国际社会特别是英国的力量。""即使日本对英国在中国公民生命和财产的军事进攻，也不能有效阻挡英国自己作为调停者的角色。"③

三、淞沪会战结束后的《泰晤士报》

日军占领上海后，向英国提出由日本控制上海及整个沦陷区海关的要求。同时日军不断向长江流域推进，在英国利益集中的华南地区肆意侵略。《泰晤士报》对日本的态度开始越来越不耐烦。如针对长江流域行驶的英国商船和军舰多次遭到日军袭击，造成多人伤亡的事件，《泰晤士报》愤怒指责袭击是日本故意为之，也是为了把包括英国在内的外国船只从长江流域驱逐出去的明证。④

面对日军的疯狂侵略，中国军民不仅没有投降，仍顽强抗战的态度，逐渐使《泰晤士报》对中国政府的评价发生了变化。该报不仅表示了对中国在艰苦条件下坚持抗战的钦佩，更提出了对英国政府屡屡拒绝中国请求援助要求的批评，指出英国应该对中国进行有效的、实际的援助。如《泰晤士报》洞悉到英国援助中国，就是维护英在远东利益，就是维护包括印度在内的整个英联邦利益；就是在削弱日本，削弱日德两个法西斯国家可能形成的对英国的危险。1938年5月21日《泰晤士报》发文指出："一个明确的援助中国打败日本的措施……是一种姿态，它将实际改善英国在中国和印度的前途，也将大大削弱柏林—东京这一轴心

---

① 转引自：吴东之：《中国外交史　中华民国时期1911—1949年》，河南人民出版社1990年版。

②③ I.S.Friedman, British Relations with China 1931—1939[M], New York: International Secretariat, Institute of Pacific Relations, 1940.

④ Bradford A. Lee, British and Sino-Japanese War 1937—1939, A Study in the Dilemmas of British Decline[M], Standford, Calif: Standford University Press, 1973.

的作用。”

1938年10月，日军占领广州，切断了香港与大陆间联系，使在港英人面临灭顶之灾，《泰晤士报》强烈要求政府援华制日。11月3日，该报引用日本驻意大利大使的话说，英国在中国的领导地位已结束，日本治下的中国将是第二个“满洲”等，建议英国政府对日施加压力。①

内外重压下的英国政府不得不迈出了援华制日的第一步。英国政府宣布向中国贷款修筑援华物资重要通道滇缅路，接着宣布对华提供500万外汇平准基金以稳定中国币制，同时准备联合美国共同对日本实行经济制裁，英国政府的对华和对日政策开始发生了变化。

（本文原载《北京档案》，2012年第6期）

① I.S.Friedman, British Relations with China 1931—1939[M], New York: International Secretariat, Institute of Pacific Relations, 1940.

抗日救国　慷慨解囊

——1938 年港澳同胞八一三献金运动

彭建新

1937 年七七事变后，日本全面侵华和中国全国抗战爆发。具有爱国主义光荣传统的港澳同胞，为中华民族的主权独立和领土完整，积极开展抗日救亡运动。他们有钱出钱，有力出力，以各种方式支持祖国神圣的抗战。1938 年 8 月 13 日前后，全国各地掀起了上海八一三抗战一周年纪念活动，武汉首先发起八一三献金救国运动，香港、澳门同胞积极响应，开展了声势浩大的八一三献金运动，筹集巨款支援祖国的抗战事业。

1938 年 7 月 7 日，为支援祖国抗战，在香港华商总会(1952 年更名为香港中华总商会)领导下，香港各界同胞开展了卖花筹款活动。全港 247 个团体认购了 30 万朵花，募集到国币 5 万元。香港《工商日报》社代募筹款，“日晨至暮，各色人等，前往捐款，络绎不绝，平日冷静的报馆，一变而为踵接肩摩、人头拥挤的所在。情况虽没有武汉献金台畔那样如火如荼，可歌可泣，不过形形色色也可见民气昂激的一般(斑)。小贩、苦力，挤得满身臭汗，争着向前，献出了他们仅有几角的节余；太太小姐，请人伴了，冒暑而来，捐出了她们良心上认为必捐的数目”。七七卖花筹款共筹得国币近 10 万元，突破香港有史以来卖花成绩纪录。7 月 15 日，广东各界纪念八一三献金运动筹备委员会成立，推举国民党第四战区第十二集团军总司令余汉谋为会长，广东省政府主席吴铁城、广州市市长曾养甫为副会长，积极推动广东八一三献金运动。

受全港卖花筹款成绩的鼓舞，以及国内特别是广东八一三献金运动筹备活动的影响，香港各界随即拟定八一三献金运动计划，推定香港华商总会领导发动这次献金运动。

最早开展献金运动的是广联商会。8月1日，广联商会召开会议，决定在4日向行内各客栈派给捐册、收条和献金箱等，鼓励客栈同业努力自动献纳，决定此后每三天收集一次各客栈献金，核计公布。会上，与会的旅业同仁当即捐献5 000元(本文未注明币种的均为港币)。散会后平安旅店立即电话通知认捐国币100元。7日，广联商会全体监察委员林培生、李景秋、朱少华、林赐明、李椿生分赴各客栈检查三天来的献金成绩，据统计，是日结算各号献金数目共1 000多元，连同以前各号店认捐的数目共6 000多元。

八一三献金运动自广联商会首先倡行后，洋务工会、华商总会、鹤山商会、普益商会、嘉属商会、中山侨商会、机器工会、九龙各界筹赈会、基督教联会、学生赈济会等全港各社团随即先后决定举办献金运动。8月2日，全港各界赈济华南难民联合会(该会由香港基督教女青年会、香港妇女兵灾筹赈会、香港妇女新生活运动会、中国妇女慰劳会香港分会、香港华商总会等社团发起，于1938年3月成立)举行第八次全体大会，出席大会的钟声慈善社、南风学艺研究社、香港小型足球协进会、中华厂商联合会、儿童保育会、学生赈济会、洋服群研工会、广联商会、义安公社、中华艺术协进会、香港华商总会、惠阳商会、女青年会、洋务工会、诚公工务社、印刷业公会、中国妇女慰劳会香港分会、戏院职工会、妇女兵灾筹赈会等社团代表出席。会议议决由全港各界赈济华南难民联合会督办八一三献金运动，订定办法，通告全体会员暨全港同胞，一致踊跃献金。会议决定："一、现因时间仓促，若由本会主办，一切手续，恐筹备不易，故定名为'督办'，即督促各团体自行办理。二、以若干华商银行代收献金，负责收集侨胞呈献金饰财物。三、各银行收集金银财物后，按日将成绩抄报本会，以便登报表扬，藉昭公允。四、本会收到成绩报告后，按日交由各报馆刊登，以资征信。五、本运动结束后，由本会汇编成绩呈报中央，献金财物则由原经收银行自行划汇。"8日，全港各界救济华南难民联合会常务干事在儿童保育会开会，商定香港同胞献金办法：凡呈献一元以下之零款，由献呈者自动投入献金箱，一元以上者则开立收据，而所开收据，取用三联根法，捐者取其一，银行保存其一，其一则交该会；凡呈献首饰戒指金牌等物，由银行以信封封存，金银鼎等由银行点存。

8月10日，由全港各界赈济华南难民联合会主持的八一三献金运动正式开始。是日晨，中国、盐业、广东省、交通、华侨、中南、金城、永安、上海商业、国货、广西、东亚等10多家华商银行，将八一三献金箱陈放在行内当众处。献金箱由全港各界赈济华南难民联合会定制，上书"全港各界赈济华南难民会八一三献金运动箱”，并加锁及封条，各银行派定职员，专责接收献金及发放收条。香港华商总会在该会四楼图书馆设立献金台，场内正中，悬一大白布横额，上书“献金救国”四字。华商总会门前，则书有大幅白布横额，上书“献金台设于本会四楼”。大新、先施、永安、中华、瑞兴等香港五大百货公司，均设有献金台或献金箱。永安公司献金台设于楼下，中华公司则每层楼设箱一个。瑞兴公司的献金台由老板古瑞庭亲自布置，装饰得璀璨辉煌。该公司还发动全体职员献薪三天，复得各厂家行商热心报效，纷纷将商品送往该公司单独陈列，照原价发售，由12日起一连三天，得款悉数捐出。

10日是香港献金运动第一天，香港同胞踊跃献金。军器商会、永发印务公司分别捐献国币1 000元。华人机器会制备献金箱百余个及收据等，分发各会友，定11日开始献金，18日下午在会内当众开箱结算。西环菜栏工友决定将11日至13日三天佣金悉数献出。

13日是献金运动的“正日”。许多社团纷纷召开纪念八一三大会。基督教女青年会假座麦当奴道圣保罗女校大礼堂举行纪念大会。香港仔、鸭俐洲两地群众联合组织八一三献金运动团，除努力捐献外，还举行游艺晚会，演出抗日救亡剧目，以唤起民众。香港学生赈济会假座加路连山孔圣堂举行全港学生歌咏比赛，以纪念八一三，并即席举行献金。华商总会也开会纪念八一三，到会的大多数是名商巨贾。会议气氛热烈，与会者高呼“献金救国”“竭力图存”“中华民国万岁”等口号。但献金景况颇为惨淡。除广联商会主席林培生、名医李炳森等若干人慷慨捐献外，其他捐献者寥寥。在香港青年会献金台边挂有一幅很显眼的标语：“同胞们，起来吧，犹太人就是最好的借鉴，献金献金，不要迟疑了！”

香港八一三献金运动原定由8月10日起至8月13日止。广东各界纪念八一三献金运动筹备委员会以香港方面粤籍名流殷富众多，为使他们踊跃献金救国起见，特派该会常务委员、爱国实业家蔡昌等人赴港宣传鼓动香港同胞踊跃捐献。13日，香港各界赈济华南难民联合会决定将献金运动延期至19日。

14日是献金运动之第五日。是日，适逢星期天，银行休息，许多公司下午才开门营业。但民众前往各献金台献金者，仍踊跃异常，川流不息。

在香港献金运动中，小贩尤其热诚，开展了大规模的义卖运动。据香港《大公报》报道，小贩义卖运动起源于九龙深水埗区12名果贩。他们择定一天，标明本日售出的水果连本带利，移作献金。这一义举得到广大市民的热烈响应，竟有捐至几十元至几百元而不取一只水果的。因这12名小贩的精诚感召，和该区全体商民的热烈赞助，在几天内便筹得巨额款项。为了义卖，许多水果店和水果摊都休业，写明“义卖救国，停业三天”，而把店中及摊上的水果都搬到义卖场所去。深水埗区果贩的义举，很快得到该区鲜鱼贩响应，然后全港各区各业小贩相继景从，一时间，义卖运动风起云涌，“全香港九龙都轰动了，一切小贩，都发起了。一切商店，都争着买义标，许多工厂职工，赛着出捐款”。“不几天而传遍了全香港、全九龙，轰动了一切职工与住户”。小贩义卖多规定一连三天，但一区之内各业小贩先后分别举行，“此起彼伏，如火如荼，献金救国之热气充塞乎全港”。而义卖货物的价格，比平时虽无提高，亦不稍低廉，且义卖办法规定，顾客付款，投诸封固的铁罐中，概不找赎。“但民众深明大义，毫无吝惜，其爱国热情，于此可见矣”，“流血汗，擎喉咙，赔血本，数天膊赤喊救神州”，就是香港小贩义卖之真实写照。其中有一摆卖香烟的老妇，在其烟摊上贴着一大条红纸，上书“聊表寸心，捐助毫券伍大圆”。有一小贩在其货摊上横着一条白布，上书“力不从心，谨捐毫券拾大圆”。爱国活动家陶行知对香港小贩义卖运动深为感动，作诗纪其事：“南海有义卖，高风可崇拜。跟着苦人学，中华万万岁。”

歌女也知亡国恨。香港塘西歌姬爱国不甘后人，她们将 13、14 日两晚陪唱所得，共计国币 5 000 多元全部献出。为了多献金，她们派人分布各酒厅，兜接生意。其中，献金最多者为知名歌女花影恨，个人收入国币 500 余元，其他最少者亦有两三百元国币。性工作者也争着捐献。中环两妓女楚环、丽荷竞赛捐款，楚环捐出国币 1 117.6 元，丽荷捐出国币 1 111.1 元，对比起来，丽荷少了 6.5 元，为了这一点，丽荷竟至哭了起来。

八一三献金运动也使梳头妇动员起来了。鸭巴甸街梳头妇坐在街边，在墙上也贴着“梳头义捐三天”，襟上挂着红条“义务梳头员”，连续三天将每日所获款项悉数捐出。卖花的女郎，穿着白衣，胸前挂着装满鲜花的箩筐去兜售，她们也要来帮助祖国抗日。全港耶稣教友亦举行献金，教徒献金非常踊跃。

19 日，献金运动结束。是日下午，各大银行和五大百货公司停止接纳献金，香港各界赈济华南难民联合会推派代表到各银行监视开箱，据中国、盐业、华侨、永安、交通、广东省、东亚、广西等 11 家银行的统计，共得港币 15 151.4 元，国币 2 116.01元，毫券 542.93 元，金银首饰无数。首先发起献金的广联商会，30 多家会员共捐献 1.2 万多元。华商总会代收各界献金约 30 万元国币。深水埗区菜贩义卖得款 1.4 万元。据统计，香港八一三献金运动，经过各界的努力，集腋成裘，裹沙成塔，共筹集到 100 多万元。

在八一三献金运动中，共产党员起了积极的推动作用。在九龙深水埗市场小贩自发开展义卖时，深水埗总统纺织厂的几名女共产党员趁机组织了义买运动。她们要求厂方将每月从工人工资中克扣的所谓爱国公债费交出来，用作义买，厂方被迫答应。于是，她们组织工友，打着旗子标语，以巡游方式把钱送到义卖场去。大行树胶厂、棉艺纺织厂、南针电筒厂等九龙几个较大的工厂，在共产党员的发动下，也纷纷开展义买运动。仅大行树胶厂就向义卖场前后三次义买，共捐出 3 000 多元。共产党员还发动一批青年在义卖场做宣传工作，维持秩序，鼓动小贩把义卖运动延长下去。深水埗瓜菜小贩的义卖运动延长至 13 天，其他各行业也跟着延长，义卖运动持续了 1 个多月，全港没有一个市场不进行义卖。共产党员还动员了黑社会组织，“通过了禁令，不准任何扒手流氓在义卖场捣乱，动员了 18 个著名的流氓头目把守义卖场的钱库”，“动员了童子军来维持秩序，动员了几个青年团体来宣传，到一些工厂里教巡行时唱的歌”，还动员各厂之间进行义买竞赛，如大行树胶厂与南针电筒厂前后竞赛 3 次，动员了工人与资本家之间的竞赛，如棉艺纺织厂全体工人捐多少，资本家就要独资捐多少。在两个树胶厂中，因共产党员积极号召献金，成为“全厂拥护的领袖，甚至资本家也要请他喝酒”。由于共产党员的推动，香港的八一三献金运动逐渐发展成为轰动中外的大规模救亡运动，取得了献金百万的成绩。中共广东省委书记张文彬在《关于广东工作的综合报告》中指出：在香港的献金奖状中印有朱德的相片。朱德成为“四大领袖之一，为华侨所欢迎”，毛泽东、朱德的相片在许多学校中公开悬挂，党的刊物成为抗战分子和左翼分子大量翻印的“宝贝”，香港的群众公开喊出“无产阶级领导富人献金救国”的口号。

澳门同胞爱国不甘后人，争相献金。澳门八一三献金运动，由澳门各界救灾会发起。在八一三到来之前，澳门各界救灾会就制定了推行八一三献金运动办法：在澳门中华总商会内设立献金台，另在全澳设流动献金箱 5 个；定于 13 日和 14 日上午 10 时至下午 8 时为献金时间；制作献金封筒 1.2 万个，将全澳分为五个区，每区派一队工作人员，预先将献金封筒分发给各团体、行商、学校、酒楼、茶室等，请他们届时携献金封筒，将捐款齐集到澳门中华总商会。

8 月 13 日，在澳门中华总商会二楼设立的献金台，人头涌涌，共募集毫券 9 139.9 元，国币 6 969.47 元，双毫 1 357.4 元，铜仙 8 800 枚，金银首饰估价 1 110 多元国币，还有港币、葡币若干，全日捐款共折合国币 1.5 万多元。14 日，共收得毫券 6 652.85 元，国币 627.86 元，双毫 855.36 元，葡币 102.05 元，铜仙 13 782

枚,首饰估价约 100 元国币,全日捐款共折合国币 7 000 多元。为使澳门同胞仍有机会献金,澳门各界救灾会决定将献金运动展期延至 15 日。

13 日至 15 日,澳门各界救灾会一连三天在澳门中华总商会举行献金,共募集国币 3 万多元。16 日、17 日,仍有市民到澳门中华总商会献金。其中,岐关车路公司捐出国币 89.35 元,有一老妇当众将金耳环及金牙献出,情形感人。

(本文原载《党史文汇》,2013 年第 11 期)

八一三抗战期间的上海金融业

吴景平

长期以来，史学界对于1937年淞沪会战的研究，侧重于军事领域，包括国民政府的军事决策、部署以及战事的推进。本文以当时金融市场的波动为背景，着重围绕《非常时期安定金融办法》的制定实施，以及中中交农四行联合贴现机构的成立与运作，梳理上海金融业与国民政府之间的互动关系，以冀拓展关于八一三抗战的研究领域。

一

1937年卢沟桥事变发生后，上海金融领域的稳定亦受到较大的影响。当时负安定金融之执掌的行政部门为财政部，而财政部部长孔祥熙正在欧洲访问，蒋介石便指示财政部政务次长徐堪赴上海，与时任中国银行董事长的宋子文商议如何维持金融稳定。徐堪在上海期间，把金融市场情况及时报告蒋介石和财政部，其中首要的便是外汇出售情况。自1937年7月7日卢沟桥事变发生后，大量存户纷纷从银行提款，用以向中央、中国、交通三行购买外汇，资金逃逸的数目十分可观。如7月15日，三行共售出英金65 000镑，美金25万元；[①]7月17日三行出售出英金21万镑，美金25 000元。[②]据统计，从1937年7月10日至8月12日止，政府各银行售出的外汇计达750万镑之巨，而在上海战争爆发前的一星期

① 财政部政务次长徐堪致常务次长邹琳电（1937年7月15日），国史馆：蒋中正总统文物档案，档号002080109000001003002a。

② 财政部政务次长徐堪致常务次长邹琳电（1937年7月15日），国史馆：蒋中正总统文物档案，档号002080109000001003003a。

内售出的外汇，即在 150 万镑左右。[①]外汇的出售数，直接反映了法币的提存取现情况。同样从 7 月 10 日到 8 月 12 日止，就存户向银行提存而言，上海商业储蓄银行约被提存 2 500 万元，占存款总额 70%以上。而提存之风尤以 8 月上旬为最烈，当时银行应付提存，实在是一项艰巨痛苦的工作。[②]自 1935 年实施法币政策之后，法币脱离了银本位，其币值在相当程度上是通过法币的汇率来体现的，市场对外币的需求状况，直接反映了法币乃至整个金融市场的稳定情况。

1937 年八一三事变发生的当天，应上海银钱业的要求，国民政府财政部就允准上海银钱业暂行停业两天，并通告各地："各省财政厅长，财政特派员并转银钱业工会均览：兹以沪市时局严重，交通阻滞，银钱业收支深感不便，影响金融流通，经迭命准上海银钱业工会转知各行庄，自即日起，暂行休假二日；并以各埠与沪埠金融关系密切，可一律办理，业经电知在案现在。现在由部妥定办法，务使银钱业不因交通阻滞而稍感困难，于休假期满，即行开市；仍希转知各业共体时艰，静候处理，勿稍惊恐为要。"[③]两天休业期满，8 月 15 日是星期日，按理次日即 8 月 16 日即须开业。上海银钱业以战事日益激烈，无法正常营业，遂在 15 日上午 9 时召集两业紧急会议，认为上海"战事正剧，租界在外滩后马路一带，形势亦万分严重，明日究应如何办理，此为先决问题，特提请讨论"。复议决呈请财政部允准继续休业。

另外，在如何维持战时金融，上海银钱业与国民政府的代表方保持着密切的沟通协商。在 8 月 12 日深夜，上海银行工会和钱业工会便召集全体会员行庄紧急会议，议定了《维持金融暂行办法》五条，当即征得财政部政务次长徐堪的同意；并于 8 月 13 日凌晨派代表面商宋子文后，改为以下四条：

(1) 各行庄所有客户往来透支，除同业外，于十三日起一律暂行停止加欠，自实行后如有继续存入者，准予照数支用。

(2) 各行庄所有未到期之各种定期存款，自十三日起不得通融提取；如需做抵押者，至多以一千元为度，在二千以内之定期存款，至多以对折作押；其已到期之存款本息除转存者外，如提取时悉照第三条活期存款办法办理。

(3) 各行庄所有各种活期存款一律以同业汇划付给，如需取法币，其存款在一千元以下者，按月至多得取二百元；其在一千元至二仟伍佰元者，按月至多得取二成；其在二仟五百元至五仟元者，每户按月取数不得过伍佰元；其在五仟元

---

① 朱斯煌主编：《国民经济史》，银行学会编印，1948 年版，第 129 页。

② 汤心仪、朱斯煌、潘吟阁等编撰：《战时上海经济》第一辑，立达图书公司发行，1945 年版，第 3 页。

③ 《文汇年刊》1939 年刊。

以上者，按月得取一成；如有续存或新开户者，以分别存入之原币随时照数给付；如工厂发给工资须用法币，得另行商办。

（4）各行庄之同业汇划轧账头寸，照交换所章办理。①

如前所述，自从卢沟桥事变爆发以来，上海金融市场已经感受到客户以种种理由要求透支以及存户要求提存的压力，如果不加明确限定，那么一旦中日战事在上海全面开打，大部分银行钱庄均将难以应付。所以上海银钱业工会紧急做出的上述规定的前三项，分别对于客户往来透支、定期存款和活期存款的处理，做出了严格的限定，防止大量资金被抽出外逃，以冀减少市场压力。至于同业之间的“汇划”即票据结账，仍按照上海票据交换所以往的规定。上海银钱业工会全体会议通过了上述办法，打算即日起由工会通告实行，并分电各地工会知照。但就在此时收到了财政部关于停业两天、“由部妥定办法”维持金融的电令，上述暂行办法没有立即公告。

徐堪和宋子文本来就在考虑拟定发布稳定全国金融的方法，于是“参酌”上海银钱业工会通过的四项方法文稿，“定有《非常时期安定金融办法》七条，通令全国各行庄自开业日期遵照办理”。8月15日以财政部公布的《非常时期安定金融办法》内容如下：

（1）自八月十六日起，银行钱庄各种活期存款，如须向原存银行钱庄支取者，每户只能照其存款余额，每星期提取百分之五，但每户每星期至多以提取法币一百五十元为限。

（2）自八月十六日起，凡以法币交付银行钱庄续存或开立新户者，得随时照数支取法币，不加限制。

（3）定期存款未到期者，不得通融提取，到期后，如不欲转定期者，须转作活期存款，但以原银行钱庄为限，并照本办法第一条之规定办理。

（4）定期存款未到期前，如存户商经银行钱庄同意，承做抵押者，每存户至多以一千元为限；其在二千元以内之存款，得以对折作押，但以一次为限。

（5）工厂公司商店及机关之存款，如发付工资或与军事有关须用法币者，得另行商办。

（6）同业或客户汇款，一律以法币收付之。

---

① “全体银钱业紧急会议”（1937年8月13日上午8时），上海市档案馆藏上海银行商业同业公会档案，档号S171-1-71。

(7) 本办法于军事结束时停止。①

该办法的施行，是国民政府统治地区的金融政策开始由平时转向战时的重要标志。财政部方面对于《非常时期安定金融办法》的主旨，有着内部的诠释，认为"一读即可知其用意，今简言之即为节制不必要之消耗，防止资金之外溢，保持金融之稳定，胥在乎是。盖在战时既不容拥巨资者之逃避盖藏，而一般无益之消耗，亦应力求节省，以期保存血脉，充实国力。若仍照平时不加限制，各商业银行钱庄势必多数倒闭"②。如果对比上海银钱业工会拟定的《维持金融暂行办法》和财政部公布的《非常时期安定金融办法》，就可以看出，上海银行业工会的各主要内容，均为财政部当局采纳，只是以更明确具体的规定推向全国。财政部与上海银钱业工会无论就对市场风险的担忧还是在防范措施的考虑，都是高度一致的。

《非常时期安定金融办法》颁布后，财政部为监督各银行营业，审核各行庄逐日收付款项是否完全符合规定起见，特制定银行法币收付表，令由银钱业工会转知上海各行庄，从 8 月 18 日起，上海地方一律于每日午后五时前，直接送财政部钱币司驻沪办事处查收；各地分支行，直接送当地中、中、交、农四行联合办事处查收。③这一做法一直持续到 1937 年 2 月。

上海银钱业工会对于财政部《非常时期安定金融办法》，曾"决议通告各行庄遵照办理"④。但是，与全国其他地方不同，上海金融市场流通的头寸有汇划(票据)和划头(法币)之分，《非常时期安定金融办法》只是提到了对于法币提存取现的限制，"而汇划尚未解决"。为此，8 月 15 日上海银钱业工会在紧急会议时，担心"一经开业，各种工商业为周转起见，及存户或有搬移汇划头寸，各行亦须预为匡计。际此非常时期，自应团结互助，渡此难关"。上海为全国金融枢纽，各地工商业全赖上海方面调剂，长期以来上海金融同业之间、金融业与工商业之间已有十分密切的关系，《非常时期安定金融办法》的有关规定在稳定市场的同时，无疑也会对上海金融业与工商业的资金周转产生迟滞和阻碍作用。为便利上海同业

---

① 雷春、禾章编：《中国战时经济志》，沈云龙主编：《近代中国史料丛刊三编》，文海出版社，第 197 辑，第 2—3 页。

② 财政部政务次长徐堪致常务次长邹琳电(1937 年 8 月 23 日)，国史馆：蒋中正总统文物档案，档号 002080109000001003005a。

③ 《财政部致上海市银钱业工会函》(1937 年 8 月 16 日)，上海市档案馆藏上海银行商业同业公会档案，档号 S173-1-306。

④ "全体银钱业紧急会议"(1937 年 8 月 15 日上午 9 时)，上海市档案馆藏上海银行商业同业公会档案，档号 S171-1-71。

之间以及上海与各地同业间的往来，提出了关于实施《非常时期安定金融办法》的补充办法四项，于16日获得财政部批准公布：

（1）银钱业所出本票，一律加盖同业汇划戳记，此项票据只准在上海同业汇划，不付法币及转购外汇；

（2）存户所开银钱同业当年8月12日以前所出本票与支票，亦视为同业汇划票据；

（3）银行钱庄各种活期存款，除遵照部定办法支付法币外，其在商业上往来之需要，所有余额得以同业汇划付给之；

（4）凡有续存或新开户者，银行钱庄应注明法币汇划，取时仍分别以法币或汇划支付之。[①]

上海银钱业上述补充办法的目的，是要在实施《非常时期安定金融办法》之后，以汇划票据弥补世面金融筹码供应的不足，缓解上海市面商业资金紧张的局面。此后，经财政当局的允准，在汉口、广州、西安、济南、长沙、重庆等城市也实行了大体相同的办法，可见当时对于上海银钱业的重视，以及对上海银钱业在全国金融同业中主导地位的认可。

但是，财政部虽然同意上海银钱业的补充办法，却命令上海银钱业工会交出自1932年一·二八淞沪抗战之后设立的联合准备库和票据交换所："所拟补充办法四条，在此非常时期，姑准照办；但为保持金融正规，并维护正常业务起见，应将该两公会所组之联合准备及票据交换所，由部委托中、中、交三行确实管理，以杜流弊而奠金融。"[②]另外，财政部根据实际情况于8月中下旬对限制提存的规定做了适当调整，如对于交付税款，经四行审核证明，可以无限制支取法币；存款额在300元以下者，不受5%的限制；定期存款到期时，其利息按活期存款办法支取。[③]又如，对于《非常时期安定金融办法》中第五条，即工厂、公司、商店及机关之存款为发付工资需用法币者，财政部同意可由各有关单位的负责人具备申请书，开明请求付款的数目、请款理由、用途及详细支配方法，署名盖章后，送中中交农四行审核签准，得向原存款行庄依通常手续支取款项。[④]在执行《非常时期安定金融办法》过程中，上海与其他地区视具体情况而略有变动，但是《办法》的基本原则并没有改变。

---

① 中国第二历史档案馆等编:《中华民国金融法规档案资料选编》上册，档案出版社1990年版，第627—628页。

②③④ 《文汇年刊》1939年刊。

为了应对财政部的限定，上海金融业实行了同业内部的短期拆放。1937年8月18日，上海市银行业联合准备委员会通过了同业汇划拆放暂行办法12条，规定各会员银行及非会员银行，均可在不超过该银行实收资本及公积金之总数的额度内，并提供担保品，可向该委员会申请拆放，拆放期限不超过10日。①到21日止，向该会拆借汇划款项的银行便达20家，拆款总额计6 028 300元，各行缴存该会拆款担保品共计8 094 148元。②这样，那些头寸最紧缺的银行得以暂时缓解面临的困境。

尽管有财政部的《非常时期安定金融办法》和上海金融业的补充办法，上海各华商行庄仍面临存户纷纷提取存款的压力。以上海商业储蓄银行为例，1937年6月其存款总额为20 194万元，10月8日减至14 400万元，12月底进一步下降到12 921万元，半年时间里存款竟减少了40%。③事实上，不仅对上海商业储蓄银行，而且对上海整个金融界，这都是1931年九一八事变以来最严重的提存风潮。另外，当时全国各地汇往上海的款项较多，《非常时期安定金融办法》规定以法币支付而无明确限制，这实际上也影响到上海金融的稳定。于是，上海各银行商定，尽可能以汇划支付。

二

七七事变之后，国民政府便考虑在各政府银行之上，成立临时性的金融管理机构："迄'七七'事变后数日，委座以战时金融措施关系重要，不容稍有疏忽错误，面饬本席迅组金融委员会，负执行国策之责。当由委座亲定委员名单，并由本席请以宋董事长为委员长。"④当时宋孔关系颇不融洽，宋子文曾致电蒋介石推却出任该临时金融管理机构的负责人："特急。南京蒋委员长钧鉴：世电奉悉。特密。弟前函所陈，并无坚持贯彻主张之意，更无虚饰推却之心。惟金融主管属

---

① 沈雷春、陈禾章编：《中国战时经济志》，沈云龙主编：《近代中国史料丛刊三编》，文海出版社，第197辑，第2页。

② 上海市银行业同业公会联合准备委员会致上海市银行业同业公会函（1937年8月23日），上海市档案馆藏上海银行商业同业公会档案，档号S173-1-96。

③ 吴经砚：《上海商业储蓄银行历史概述》，引自《陈光甫与上海银行》，中国文史出版社1991年版，第27页。

④ "徐堪谈四联总处成立的经过"（1945年8月23日），重庆市档案馆、重庆市人民银行金融研究所合编：《四联总处史料》（上），档案出版社1993年版，第66页。

于财部，弟只可从旁协助，实觉不便指挥，此责更无从负起。弟之个性为最肯负责之人，质直言之，当邀曲谅。”①宋子文虽然没有按照蒋介石的意愿，在孔祥熙出国期间出面主持安定金融的政府机构，但出面在各政府银行之间进行协调，至7月29日，财政部颁令中中交农四行在上海组织贴现放款委员会，共同办理同业贴现业务。财政部并拟订了贴放办法草案，在正式公布之前征求上海金融界的意见。上海银行公会即在执行委员和常务委员的联席会议上，对草案逐条讨论，认为“最重要而必须修改者，如商业票据贴现期限、放款期限，均应照原定办法放宽；又如公债押款，现走照市价七折，自经限价以后，已不致跌入七十元以内，则抵押折扣亦应放长，似以照市价九折为宜；尚有押品之中，应加入存厂原料一种，惟为工厂尚在继续生产之际，自不能移至指定仓库存储，不妨由该会派员驻厂管理”②。这些意见由银行公会负责人吴蕴斋出面，与四行贴现放款委员会接洽，分别予以修正。

1937年8月9日，四行联合贴放委员会正式挂牌运营，核办对上海金融同业的贴现与放款事宜。当时每日由四行代表商定贴现率和放款利率后，再由中央银行挂牌公布：凡经审定通过的贴放款额，由中中交农四行大体按照35%、35%、20%和10%的比例承担。放款的利息，则就放款期间的平均利率计算。中央银行逐日把贴放款项收付报告表分送中国、交通、农民三银行，以资接洽。③至10月下旬，接受各方申请放款总额为2 500万元，实际放款余额1 500万元，内贴放现款占10%，抵押放款占90%，贴现率为周息8厘，放款仍为每千元日息3角。④财政部还令中中交农四行在上海联合设立审核委员会，办理对特别支取款项的审核，并制定特别支款申请书，由需要申请支款的公司行号填写，且由存款行庄提供证明后，再送交四行审核委员会审核。⑤

但这只是四行在贴现、放款和审核支款等普通业务中的合作与协调，还不是一个新的金融机构的成立。旋即八一三淞沪抗战爆发后，根据财政部的命令，在

---

① 宋子文致蒋介石(1937年8月1日)，国史馆：蒋中正总统文物档案—特交档案—金融(一)，档号002-080109-001-003-012a。

② 上海银行工会第26次执行委员会暨第22次常务委员会决议案(1937年8月3日下午5时)，上海市档案馆藏上海银行商业同业公会档案，档号S171-1-71。

③ 贴放委员会致中国农民银行函，上海市档案馆藏上海市银行档案，档号Q61-1-240；另参见《中国银行史》(1912—1949)，中国金融出版社1995年版，第441页。

④ 《银行周报》，第21卷42期，1937年10月26日。

⑤ 财政部令上海市银行钱业同业公会(1937年8月20日)，上海市档案馆藏档，档号S173-1-96。

联合贴放委员会外，设立中中交农四行联合办事处，于 8 月 16 日在上海法租界正式办公。四行联合办事处最初由宋子文负责主持，“每日开会一次或数次不等”，“凡财政部决定之措施，如安定金融办法等等，均由本总处赞襄及执行”①。当年 10 月底财政部长孔祥熙回国后，由孔主持四联办事处事务。国民政府设立四行联合办事处，旨在避免各家政府银行之间的歧义，以实行统一管理和指挥，进而对各行的资金进行统筹分配，以应对因战事而导致的金融紧急情况。但是，之所以选择在上海设立四行联合贴放委员会和联合办事处，除了稳定上海金融业和金融市场外，还企图进一步强化上海在调剂内地金融方面的中心作用。在国内其他重要城市设立的四行联合办事分处和联合贴放分会，均受上海节制。

8 月 18 日，国民政府以上海银钱业同业汇划方法，不适用于内地都市，为安定内地各都市金融，并维持其市面流通，特由财政部致函中、中、交、农四行，先就设有分支行的重要都市各设联合办事处。8 月 26 日，为调剂内地金融，谋求内地生产事业的发展，复令四行在各重要都市设立贴放委员会。②同时政府制定并颁布了《贴放委员会办理贴放办法》十四条，及《贴放委员会办事细则》。为配合国民政府金融、经济重心的战略转移，8 月 26 日，财政部又通令颁布了《中、中、交、农四行内地联合贴放办法》及《办理内地贴放细则》。其中贴放办法第三条乙项规定“转抵押，各金融机关就其原有押款之押品，合于第四条所列者，得请求为转抵押”；第七条规定“转抵押款项不得超过原抵押余额”。所以，此项贴放办法，半为商业抵押放款，而另外因有转抵押的规定，实际上已具有中央银行调剂金融的功能。③对于贴现率及放款利率，由贴放委员会逐日决定，后由中央银行挂牌公布。放款之利息则就放款期间之平均利率计算之。至于贴放款项之收付，中央银行例有逐日收付报告表分送中国、交通、农民三银行，以资接洽。④这样，四行联合贴放委员会成为市场信用伸缩的中枢，全国金融市场组织机构得到改善和加强，政府对金融的控制能力也相应增强，国家银行领导金融，调剂工商的实力也随之增强。

---

① 重庆市档案馆、重庆市人民银行金融研究所合编：《四联总处史料》(上)，档案出版社 1993 年版，第 66 页。

② 沈雷春编：《中国金融年鉴》，沈云龙主编：《近代中国史料丛刊续辑》，文海出版社，第 613 辑，第 30 页。

③ 汤心仪、朱斯煌、潘吟阁等编撰：《战时上海经济》第一辑，立达图书公司发行，1945 年 10 月初版，第 6—7 页。

④ 《贴放委员会函》，上海市档案馆档案，全宗号 Q61，目录号 1，顺序号 240，第 126 页。

在八一三战事期间，除了四行联合贴放委员会对上海银钱业提供资金融通方面的帮助之外，四行各自也致力维持上海金融市场。1937年8月13日战事爆发之初，根据财政部命令，中中交农四行均休业2天。根据财政部的指示，8月17日中中交农四行均由上海外滩迁至较为安全的法租界开业。其中，中国银行的总管理处迁至霞飞路上海分行的办事处楼上办公，交通银行的总行亦移至霞飞路所租房屋办公。9月21日，交通银行总行改组为总管理处，同时成立上海分行。①尽管财政部9月25日密令在上海的中中交农四行中枢机构迁往南京，但实际上这些中枢机构仍在上海租界。

在八一三战事期间，除了四行联合贴放委员会对上海银钱业提供资金融通方面的帮助之外，中中交农四行也直接支持各商业银行的运作，根据银钱业公会的布置，各成员行庄在战事爆发伊始的停业期间，便就开业后所需法币头寸进行匡算，不敷之处即向四行接洽办理。②四行另曾向上海银行业联合准备委员会提供透支额度1 000万元，便于该会向同业拆放。中国与交通这两家银行还多次共同出面，向其他同业提供抵押放款。如中交两行曾向大陆银行提供金公债押款100万元，比例为中国银行七成、交通银行三成；中交两行向金城银行合放金债票押款150万元，向上海女子商业储蓄银行合放房地产押款60万元；向通和银行合放资产押款100万元；向亚洲银行合放20万元，等等。③中国银行和交通银行还分别向上海银钱业提供过押款、信用放款和透支。如中国银行向新华银行、上海商业储蓄银行以及上海市银行放款；交通银行向大陆银行、金城银行、东莱银行、中国农工银行放款。这些贷放活动，对于维护战事爆发初期上海金融业的稳定功不可没，也体现了八一三抗战期间国民政府财金当局与上海金融业之间的积极互动关系。

（本文原载“淞沪抗战纪念馆陈列改造暨淞沪
抗战史学术研讨会”论文集，2014年6月）

① 交通银行总行、中国第二历史档案馆合编：《交通银行史料》，第一卷上册，中国金融出版社1995年版，第98—99页。

② “全体银钱业紧急会议”(1937年8月16日上午10时)，上海市档案馆藏上海银行商业同业公会档案，档号S171-1-71。

③ 《交通银行史料》，第一卷上册，第629页。

报刊视野下的八一三淞沪抗战

——以申城报刊为考察对象

张　云

伴随着八一三淞沪抗战的隆隆炮声，申城报刊以其独特的风格和得天独厚的地理位置，在舆论宣传的阵地上，高举抗日救亡运动的大旗，进行了英勇的抗争，发挥了重要的作用。在这一时段中间，申城报刊及其相关出版物，从各个不同的角度，围绕这场战争而发表的大量抗日救亡篇章，其内容丰富多彩，归纳起来主要包括：伸张中国人民团结御侮的正义立场；树立日必败我必胜的坚定信念；讴歌中国军队英勇抗敌的斗争精神；凸显上海抗日救亡运动的空前高涨等，既记录了申城报刊自身的斗争经历及其政治立场，也作为八一三淞沪抗战的一个重要组成部分而载入史册。本文以此为考察对象，对其进行梳理，在归纳、总结的基础上做些分析，以抛砖引玉，就教于海峡两岸的各位方家。

一、伸张中国人民团结御侮的正义立场

1937 年七七卢沟桥事变和八一三淞沪抗战的爆发，揭开了中国全民族抗战的悲壮序幕。全国上下同仇敌忾，国共两党实现第二次国共合作，结成抗日民族统一战线，在"国民革命抗敌御侮之旗帜下，共同奋斗"①，申城报刊对此用较多的篇幅加以宣传，以伸张中国人民团结御侮的正义立场和抗战决心。

首先，申城报刊及有关出版物突出宣传蒋介石及其南京国民政府的立场和态度。蒋介石 1937 年 7 月 17 日在庐山谈话会上的讲话，是蒋介石本人及其南京

① 《文汇年刊》，上海文汇有限公司 1939 年版，第 37 页。

国民政府表明抗战的正义立场和抗战决心的标志性文本。蒋介石强调:“中国民族本是酷爱和平,国民政府的外交政策,向来主张对内求生存,对外求共存。”因此,在过去数年中,中国政府“不惜委屈忍痛,对外保持和平,即是此理。”当然,蒋介石认为:“我们希望和平而不求苟安,准备应战而决不求战。”“如果战端一开,那就是地无分南北,年无分老幼,无论何人,皆有守土抗战之责任,皆应抱定牺牲一切之决心。”蒋介石明确表示:“我们既是一个弱国,如果临到最后关头,便只有拼全民族的生命,以求国家生存,那时节再不容许中途妥协。须知中途妥协的条件,便是整个投降,整个灭亡的条件。最后关头一到,我们只有牺牲到底,抗战到底,唯有‘牺牲到底’的决心,才能博得最后的胜利。”[①]同年9月23日,蒋介石在《为中共宣言发表谈话》中,再次强调:“中国立国原则,为总理创制之三民主义,此为无可动摇无可移易者。中国民族既已一致觉醒,绝对团结,自必坚守不偏不倚之国策,集中整个民族之力量,自卫自助,以抗暴敌,挽救危亡。”坚决表示:“中国不但为保障国家民族之生存而抗战,亦为保障世界和平与国际信义而奋斗。”[②]立场之坚定、态度之坚决,也可略见一斑。

其次,申城报刊及有关出版物对国军参战将领包括中共抗日将领的抗战言论也给予及时反映。1937年8月15日,《申报》全文刊登了时任京沪警备区司令的张治中将军发表的抗战通电。张治中指出:“十三日下午,暴日侵沪,舰队突以重炮轰击闸北,继以步兵越界,袭我保安总团防地”,“治中奉命统帅所部,星驰援应”。在此背景下,“保卫我先祖列宗筚路蓝缕辛苦经营之国土,争取我四万五千万黄炎华胄之生存,誓不与倭奴共载一天”。他坚信:“今日之事为甲午以来四五十年之最后清算,彼曲我直,彼怯我壮,彼为发挥野心之侵略,我为决死求生之自卫,无论暴敌如何披狂,最终胜利,必属于我。”最后,张治中坚定地表示:“尊奉最高统帅蒋委员长之昭示,以百折不回抗战到底之决心,求得最后光荣之胜利,撄甲陈词,不胜激越。”[③]8月25日,中共将领、八路军总、副指挥发表就职通电,向世人宣告:“日寇进攻,民族危急,敝军请缨杀敌,义无反顾,兹幸坚决抵抗,众志成城。”并恳切地表示:“德[④]等愿竭至诚,拥护蒋委员长,追随全国友军之后,效命

① 《文汇年刊》,上海文汇有限公司1939年版,第34—36页。

② 《文汇年刊》,上海文汇有限公司1939年版,第36—37页。

③ 《申报》1937年8月15日。

④ 即国民革命军第八路军总指挥朱德。

疆场，誓灭日寇，收复失地，为中国之独立自由幸福而奋斗到底。”[①]表明了中共与八路军坚定的抗日立场。此条信息一经公布，沪上就有人响应，指出：“中国共产党及其领导的红军，更于此时发布决定今后和国民党团结抗日，服从中央，听命最高领袖，为三民主义而奋斗，这又是中国的‘共’给予日本人的一根当头棒。”[②]10月下旬，在四行孤军与敌激战之际，谢晋元团长致电八十八师师长孙元良，表示：“窃职以牺牲的决心，谨遵钧座意旨，奋斗到底，在未完成达到任务前，决不轻易牺牲，成功成仁，熟记之矣，决不有负钧座意旨，偷安一时，误国误民，负钧座付托之重。”为此，“既抱必死决心，现除达成任务外，一切思念皆无。”[③]此条消息发出后，许多市民自觉行动起来支援四行孤军的抗战，在社会上产生了很大的反响。

第三，申城报刊及有关出版物对各民主党派及知名人士的抗战态度和立场，则给予充分和广泛的报道。1937年9月下旬，当宋庆龄听到中国共产党共赴国难宣言和中国国民党蒋介石团结御侮的谈话，异常兴奋。《抗战三日刊》[④]及时发表了宋庆龄的感言：为中国这两个兄弟党“言归于好，从新携着手，为中国民族的独立解放而斗争”而感动[⑤]；在同一个刊物不同刊号上，还刊登了郭沫若的《我们为什么抗战》[⑥]、邹韬奋的《上海抗战的重要意义》[⑦]、矛盾的《展开我们的文艺战线》[⑧]、沈钧儒的《决念》[⑨]、李公朴的《统一战线下的民众运动》[⑩]、沙千里的《职业青年组织起来》[⑪]、史良的《妇女在抗战中的任务》[⑫]、章乃器的《抗战以后》[⑬]、金仲

① 《立报》1937年9月29日。

② 梁寒操：《苏联革命二十周年纪念的一个感想》，载《苏联革命与中国抗战》，上海三联书店1937年版，第18—19页。

③ 《立报》1937年10月31日。

④ 《抗战三日刊》于1937年8月19日在上海创刊，出版1至6号之后，因“主张团结、民主、进步，抗战到底”，而受到上海租界当局的干扰，自1937年9月9日第7号改名《抵抗三日刊》，1937年11月9日上海沦陷，出至13日第26号为止。

⑤ 宋庆龄：《国共统一运动感言》(1937年9月26日)，《抗战》三日刊第12号，1937年9月26日。

⑥ 《抗战三日刊》第2号，1937年8月23日。

⑦ 《抗战三日刊》第1号，1937年8月19日。

⑧ 《救亡日报》1937年9月13日。

⑨ 《抗战三日刊》第18号，1937年10月16日。

⑩ 《抗战三日刊》第19号，1937年10月19日。

⑪ 《救亡日报》1937年9月12日。

⑫ 《救亡日报》1937年10月30日。

⑬ 《救亡日报》1937年8月25日。

华的《关于绝交宣战的几点认识》[①]等。八一三淞沪抗战爆发后，不少知名人士就告诫和警示国人，必须将每一个中国人"置之死地而后生"，必须通过不屈不挠的军事抗争，以牙还牙，才能死里求生，这最后的命运必须要掌握在中国人自己的手中："我们可将自信告诉给人民：说明在我们抵抗疯狂法西斯的黑暗道路上，正闪烁着改善生活的希望！假使我们没有这种自信，我们就有愧领导的职守，就不能责备人民大众不肯来踊跃跟从我们。让我们把这种光荣希望的灿烂远景，广播给全国远远的各隅！"[②]他们指出："上海的炮声应该是一个信号。这一次全中国的人真的团结成一个整体了。我们把个人的一切全交出，来维护这个'整体'的生存。这个'整体'是一定会生存的。'整体'的存在也就是我们个人的存在。我们为着我们民族的生存虽至粉身碎骨，我们也不会灭亡，因为我们还活在我们民族的生命里。"[③]

在淞沪抗战落下帷幕之际，1937 年 11 月，即农历十月，一大批知名人士汇集上海，庆祝苏维埃社会主义共和联盟(简称苏联)十月革命二十周年纪念，纷纷对抗战政治、军事局势发表议论，并把这些言论汇集册。"这一本小册子，搜集了中国文化界人士纪念十月革命二十周年的三十余篇文字"[④]，集中而鲜明地体现了各民主党派领袖和知名人士坚定的抗战立场："只有抗战到底，才能取得最后的胜利，成了我们全民族的共同认识。"[⑤]其拳拳赤心与慷慨论说，极大地促进和提升了中国人民投身于反侵略战争的共同认知，在当时产生了积极而重大的社会影响，具有一定的代表性意义。

二、 树立日必败我必胜的坚定信念

围绕淞沪抗战这一主题，申城报刊及相关出版物把树立日必败我必胜的坚定信念，作为舆论宣传的主旨。为达此目的，它们从以下三个方面进行了不懈的努力和卓有成效的工作。

一是对"唯武器论"和"亡国论"进行口诛笔伐，以正国人视听。八一三淞沪

---

① 《救亡日报》1937 年 10 月 6 日。

② 宋庆龄：《两个"十月"》，《苏联革命与中国抗战》，上海三联书店 1937 年版，第 7—8 页。

③ 巴金：《一点感想》，《呐喊(刊号)》，1937 年 8 月 25 日。

④ 胡愈之：《苏联革命与中国抗战・序》，上海三联书店 1937 年版，第 1—2 页。

⑤ 关露：《从抗日战争说到十月革命二十周年纪念》，《苏联革命与中国抗战》，上海三联书店 1937 年版，第 148 页。

抗战爆发后，国内曾经弥漫着民族失败主义论调，一些人被日本侵略军先进的武器装备和长驱直入的侵略势头所吓倒，认为中国万不可以对抗日本，鼓吹起诸如“唯物器论”、“亡国论”、“中国不堪一击论”、“保境安民论”等陈词滥调，广泛散播。申城报刊及相关出版物载文，对此进行了严厉批驳。有的文章分析说：这种论调对抗日战争来说，具有十分消极的作用，严重危害了正在开始的全民族抗战热潮。“不管他们的动机是善意的还是恶意的，事实上都要‘长别人志气，灭自己威风’；毁灭了民族的自信力，而使敌人可以长驱直入，灭亡我全国！——他们在客观上都是在替敌人效忠，是没有疑义的。”①“正是因为把敌人的力量估计得太大，正是因为我们当局一开始就在不抵抗主义之下放弃了东三省，使敌人的投机行动得着意外的收获，日本法西斯蒂军阀才会有飞扬跋扈、气焰万丈的疯狂。”②有的文章还把那些宣扬“唯武器论”和“亡国论”的人称为“理论误国”者，鲜明地指出：“为了抗战的最后胜利，我们要反对一切有害抗战国策的执行的理论和行动。”③不少文章用摆事实讲道理的方法，客观地从分析中国的政治、经济、军事乃至精神等因素的实际情况出发，来判断日本帝国主义侵华企图必将破产，得出中国必然胜利的结论：“在物质上中国是一个弱国。因为假如不是物质力量薄弱，根本就没有被侵略的可能。但是在精神上，中国却并不是一个弱国。在精神上道德上，中国民族和全世界爱和平、爱正义的人民，是连带一致的。因此争取抗战胜利的唯一方法，自然也只有动员全世界一切精神道德势力，使成为一种物质的力量。”④“只要我们能够把广大的民众，尤其是工农大众组织起来，武装起来，以全民族的力量与日本帝国主义决一死战，最后的胜利一定属于我们。”⑤有的文章以八一三淞沪抗战为例，十分自信地说：“日本帝国主义在上海的挑衅，已经引起了我们英勇奋发的抗战，这抗战的最重要的意义，是在事实上表现中国的确能够抵抗侵略。”⑥有力地批驳了“唯武器论”和“亡国论”，增强了抗战胜利的信心。

二是对日军的侵略暴行进行揭露和鞭挞，激发全民族团结御侮的斗志。申城报刊不少随军记者利用身处战场的特点，对日军在战争期间的暴行，采取就地取材方法，予以及时披露。日本侵略军铁蹄所到之处，无一不遭遇烧杀奸淫抢掠

① 章乃器：《抗日必胜论》，上海杂志公司 1938 年版，第 2 页。
② 章乃器：《抗日必胜论》，上海杂志公司 1938 年版，第 16 页。
③ 汉夫：《学习一个重要教训》，《苏联革命与中国抗战》，上海三联书店 1937 年版，第 150—151 页。
④ 胡愈之：《忆北方的友人》，《苏联革命与中国抗战》，上海三联书店 1937 年版，第 128 页。
⑤ 施复亮：《俄国的革命与中国的抗战》，《苏联革命与中国抗战》，上海三联书店 1937 年版，第 148 页。
⑥ 邹韬奋：《上海抗战的重要意义》，《抗战三日刊》第 1 号，1937 年 8 月 19 日。

之噩梦。现将《救亡日报》①、《立报》等记者所见所闻现场之惨状的报道摘录几段,以作佐证:

“日兵在聚康酱园里放了二枪(不像一般的步枪),里面就冒烟了,一会儿,火已冒穿了屋顶,一直烧到中午的时候,从周家嘴路起到元芳路一带房子都烧光啦!”②

“带着愤怒的心情,我迎着奔逃的群众向东走,一路血迹遍地,腥臭扑鼻。先施公司的人行道上横着两具残缺的艳装少女的尸体,英华街口有一个报贩横倒在一位西人的尸体上。”③

“昨日(8 月 28 日)二时许,敌机十二架,在南站附近共投炸弹八枚,该站站屋(台)、天桥及水塔、车房当被炸毁,同时在站候车离沪难民均罹于难,死伤六、七百人。死者倒卧于地,伤者转侧呼号,残肢头颅,触目皆是,血流成渠,泥土尽赤,景象之惨,无以复加。”④

“城里(指宝山)有一位姓王的小学教员死得最惨,他的两目先被日人挖去,后来被日本人用火烧死了。”

“老夫妇还有一个儿子和一个儿媳妇,据老妇人说,他的儿子在日人未占领宝山之前几天就跑出去了,媳妇是被日本人奸……”⑤

“闸北击毁了!南市大火了!村庄扫荡了!住在上海和浦东的市民,财产被毁灭了!生命也牺牲了!”

“报上天天的消息:浦东的大火,闸北的投弹,北新泾的炸弹,千篇一律是不幸的消息!”⑥

与此同时,申城报刊还对难民所受的灾难、民族经济遭受破坏和掠夺,特别是文化教育机关遭受摧残等都有专人采访、具体报道。多行不义必自毙!强有力的揭露,更激发了中国人民民族反抗的斗志,增强了争取胜利的责任感和自信力。正如宋庆龄指出的那样:“日本法西斯的侵略及其难以想象的野蛮和残酷,在我们领土上造成了扰乱和无穷的恐怖。我们一定能够制服这些我们文化和进

① 1937 年 8 月 24 日在上海创刊,社长郭沫若,总编辑夏衍。是上海文化界救亡协会的机关报,文化界统一战线的报纸,后迁广州,再迁桂林出版。1941 年初国民党发动包围袭击新四军的“皖南事变”后的 2 月 28 日停刊。

②③ 《救亡日报》1937 年 8 月 24 日。

④ 《立报》1937 年 8 月 29 日。

⑤ 《救亡日报》1937 年 9 月 21 日。

⑥ 《倭寇残暴行为的写真》,战争丛书社 1937 年版,第 33—34 页。

步的破坏者。我们将以火样熊熊的勇气，来抵抗他们破坏的现代化的机械。在反抗他们腐败的武士道的战争中，我们将高擎起我们自己新生的火炬。我们将不再是自己国内封建的奴隶，也不再是这法西斯侵略者的奴隶。”①

三是对世界各国的声援进行及时报道，坚信得道多助、失道寡助的真谛。申城报刊在八一三淞沪抗战期间，以大量篇幅，分析了国际形势和世界各国政府的立场和态度，及时报道世界各国人民的声援和支持，进一步坚定了国人抗战的决心，增强了打败侵略者的胜利信心。八一三淞沪抗战爆发后创办的《抗战三日刊》在第1号上就刊登《国际间一致反对侵略者》的时评，指出：“各国的主张正义的报纸，一致指斥日本军阀的凶狠与野心”，“美国、法国与苏联这几个重要国家的报纸，对于日本的侵略行为，都加以最有力的抨击”。②沪上舆论普遍认为，这场中国反对日本帝国主义的军事抗争，绝对不是孤立的，“凡太平洋有政治、经济利益关系的诸民主国家如英、美、法等，都是太平洋集体安全的维护者。……我们不能忽视英、美、法国家在现阶段上的‘扬汤止沸’的作用。太平洋上集体安全的基石——中国，和太平洋上集体安全的支柱——苏联，必须通过了广泛的集体安全的机构，才能迅速地消灭人类的公敌——日本帝国主义者。”③所以，中国抗战必须联合苏联，联合英美，如此，中国的最终胜利与日本的最终灭亡是必然的。实际上，“为反对黩武主义的侵略而斗争，这不是一个国家，一个民族的事，而是全人类的事。所以我们断不是孤独的。因为我们不是孤独的，所以我们也一定会得到最后的胜利”。

作为中华民族全面抗战的一个主要的历史性标志，八一三淞沪抗战引起了全世界的极大关注，获得了普遍的同情和支援，也应了“得道多助、失道寡助”的箴言。

三、讴歌中国军队英勇抗敌的斗争精神

人们对于八一三淞沪抗战的历史进程，特别是对于中国军队在战争期间英勇杀敌的壮烈场景和战斗精神，最先就是通过申城报刊及相关出版物所发表的各种文字资料获悉的。这些报道及文字资料，讴歌了中国军队英勇抗敌的斗争

① 宋庆龄：《两个“十月”》，《苏联革命与中国抗战》，上海三联书店1937年版，第6—7页。

② 《抗战三日刊》第1号，1937年8月19日。

③ 张仲实：《苏联的对外政策》，《苏联革命与中国抗战》，上海三联书店1937年版，第113页。

精神，因其内容的客观深刻，且具体生动，因而取得了广泛的受众面。

对淞沪抗战历史进程描述最为系统的是《文汇年刊》①，该刊对这场战役的爆发、战争的扩大与蔓延、战线转移和上海沦陷、战争的总结和回顾，都有较为系统和全面的叙述和分析。其中包括：闸北与沪东的前哨战，战线外延后的战局，罗店、宝山争夺战，第一道防线的防御战，蕴藻浜激战和大场失守，苏州河沿岸的战争，日军金山卫登陆，南市防御战和上海失守及淞沪会战的总结等，是梳理淞沪抗战历史过程、研究淞沪抗战成败得失历史经验教训和探讨淞沪抗战历史规律的一份不可多得的重要资料。

在八一三淞沪抗战期间，申城报刊大多以新闻报道的形式，在反映战场局势的同时，着力地宣扬了中国军队不畏强暴、英勇抗敌的壮烈场景，讴歌了抗日将士万众一心、众志成城，为了国家和民族的生死存亡而视死如归、顽强战斗的精神风貌。

早在八一三淞沪抗战爆发的第二天，1937 年 8 月 14 日，《立报》②发表了来自战地记者的报道，内称："剑拔弩张之上海中日局势，自昨日上午九时十五分起，因日军向我挑衅，战事遂作。"具体经过是："日陆战队铁甲车三辆，当时掩护兵士一排，约五六十人，由宝山路商务印书馆旧厂址与横浜桥间道路，过淞沪铁路，向宝山路我军阵地进犯，并先向我军开枪射击。经我方发觉，为自卫计，立用机关枪扫射，敌以兵力不支，分两路溃退。"当日下午，日军"积极增援，二次向我八字桥与江湾路进犯，用钢炮向我轰击"，"五时半，我军于敌密集炮火下，奋勇冲锋，敌不支溃退，我军遂占领八字桥。"③一针见血地将淞沪战役爆发之际的时空、起因及初战结果昭告于天下。

申城报刊对中国将士义无反顾、有我无敌战斗精神的报道，既具体细腻，又生动形象，极富真切感，给人感染力。

8 月 22 日，《立报》记者连日在上海战地采访了好多位中下级军官和士兵，还采访了"一个高级长官"，深感"中华民族的生存战争展开以来，我神勇的国军，以

① 即为 1938 年 1 月 25 日在上海创刊的《文汇报》的年刊形式，《文汇年刊》以 150 余万字的篇幅，刊载了 1937—1938 年抗战大事记。在上海"孤岛"刚一面世，即被日军视为罪证而封杀。所以说该书既是创刊号，亦是终刊号。

② 1935 年 9 月 20 日在上海创刊。此报以宣传抗日救国、提倡民主政治、反映群众呼声受到读者欢迎。最高日销量曾达 20 万份，创当时全国报纸发行新纪录。1937 年 11 月 25 日，因日军侵占上海，被迫停刊。1945 年 10 月在上海复刊，1949 年 4 月 30 日停刊。

③ 《立报》1937 年 8 月 14 日。

鲜血奋斗，有进无退”，“士气亢奋，人人抱必死之心”。有个山东籍士兵说“反正活三十岁是死，活一百岁也是死，早死迟死一样，现在死是为国家死，为打日本死，死得多有面子?”那个“高级长官”则明确表示：“中国不抗战是再没有希望了。我们是为生而求死，要死才能生！要有个人之死，才能求国家之生，民族之生！”①何等慷慨激昂！

国军空军驱逐第五大队第二十五中队少尉飞行员阎海文，8月17日奉命驾机轰炸上海虹口日本海军“陆战队司令部”及该部阵地，阎机作为僚机随队从扬州机场起飞出战。战斗中，被日军高射炮密集射击后，跳伞降落，不幸坠入敌军阵地，被敌军包围。“阎即出手枪毙敌数人，至最后一粒子弹，向太阳穴自击殉国。”“此壮烈牺牲的史实，日本各报均以大字刊载”，9月7日，《立报》对此报道的同时，还引用了日本方面的材料，指出8月31日《大阪每日新闻》“亦详载此事，对此勇士，深致钦佩意”。②

黄埔军校第一期步科毕业生蔡炳炎，时任国军第十八军六十七师二十一旅少将旅长。8月24日，蔡炳炎率部星夜赶往罗店，构筑工事，以狙击敌十一师团多田骏所部。是夜，敌人前来偷袭。蔡旅长严令部队埋伏，“不许动，不许作声，等他们接近到约莫五十公尺的时候，他们就把二十多个手榴弹一齐向敌投掷了去，接着又是几次排枪，随后就端起步枪挺着雪亮亮的刺刀向敌人猛冲了去。结果那两排的敌人，除了少数窜走外，无一生还”。25日，前来增援的日军，进行疯狂反扑，蔡部伤亡惨重。蔡发布“本旅将士誓与阵地共存亡，前进者生，后退者死”的命令，并身先士卒，率部与敌反复冲杀，不幸身中数弹，壮烈殉国。《救亡日报》以“蔡炳炎将军血战罗店殉国记”篇名对此作了报道，并深切地写道：在战略上占有重要地位的罗店，“牺牲了无数的爱国志士与民族英雄，他们是用他们的头颅和热血，去阻止倭寇的前进，以换取我们国家的独立和民族的生存。”“我们勇毅而仁厚的蔡旅长，他就是这群伟大的先烈里面一位，而且是我们国军高级长官中最先牺牲的一员。”最后感慨万分地评价蔡旅长“为国家求生存的牺牲，为人类求和平的牺牲，是多么值得崇拜而景仰的哟！”③

姚子青营和四行孤军的英雄事迹，更是申城报刊进行专题报道的两个热点。姚子青是黄埔军校第六期毕业生，时任国军第十八军九十八师二九二旅五八三

① 《立报》1937年8月22日。

② 《立报》1937年9月7日。

③ 《救亡日报》1937年10月23日。

团第三营中校营长，1937年8月下旬，姚子青率全营抵达宝山县城。“宝山县城悬立海滨，抗守甚难，惟敌军为沟通其沿海阵地，必出全力以争。”9月5日，日军“集中海陆空军炮火，向我宝山县城攻犯，我城内驻军一营，咸抱与城皆亡之决心忠勇抗战，相持至二日之久，初以内外失却联络后援告绝，卒以敌军源源增援，破城而入，我守城将士自营长以下，全部殉难，于7日与城皆亡”，并高度评价“姚子青营宝山殉城”是“抗战之激烈与牺牲之悲壮，实为沪战开始以来最伟大之一幕，亦且我民族解放战争上最光荣之一页”。①“我们凡被敌人玷污了的地方，战士们都用鲜血去洗荡！我们宝山英勇的孤军殉城，我们南口壮烈的整团同葬！我们整个不屈服的赤手民众，怒吼着和敌人的枪口对抗！我们喊：不做亡国奴的人们起来！”②为我们的民族存亡而斗争。史称“八百壮士”的四行孤军，即是由黄埔军校第四期毕业生谢晋元团长率领的国军第七十二军八十八师第二六二旅五十二团主力。10月27日，谢晋元率部进驻位于苏州河北岸的四行仓库，申城报刊记载称，“虽处烟火笼罩敌兵四伏之危境中，不但抗战情绪万分热烈，而意态亦至从容。”壮士们“准备流最后一滴血，作最后牺牲”。谢团在此与敌激战四天四夜，“他们这种英勇悲壮的作战精神和业绩，可与宝山姚营先后媲美，已引起全市民众关怀，也已使举世震惊，深切同情，将在我抗战史上，留着不灭不朽的最壮烈光荣的一页。”③

总之，报道八一三淞沪抗战的历史过程、褒扬抗战将士的大无畏英勇气概和为国捐躯的精神风貌，成为申城报刊舆论宣传的又一个重点。

四、凸显上海抗日救亡运动的空前高涨

作为中华民族抗日战争暨世界反法西斯主义战争中一场伟大的带有里程碑意义的反侵略作战，八一三淞沪战役除国军在前线浴血奋战外，还包括中国人民在内的世界各国人民的支援和参战，特别是身历其境的上海人民的抗日救亡运动，构成了整个战役进程中的不可忽视的另一个场景。申城报刊也以其身临其境的独特优势，予以宣传报道，屡屡凸显上海抗日救亡运动的空前高涨，为淞沪

---

① 《立报》1937年9月10日。

② 安娥：《邻舍的交响——中国与苏联》，《苏联革命与中国抗战》，上海三联书店1937年版，第137—138页。

③ 《立报》1937年10月29日。

抗战擂鼓助威。从报道的内容来看，主要集中在以下三个方面：

第一，救亡团体纷纷涌现。上海是全国抗日救亡运动的重要发祥地，而抗日救亡团体的纷纷涌现，则是其中的主要标志。八一三淞沪抗战爆发的当天，《立报》就发表战时服务团成立的消息："近闻浦东雁社组成战时服务团，分救护、宣传、募集三部，他们的组织，简单而坚强，浦东各界青年闻讯，纷纷踊跃参加，立刻成为一个庞大的救亡团体，个个准备为国牺牲，情绪非常热烈。"①次日又报道："本市所有救护团体，昨已实行全体出动，……并于当天下午三时，全体出发至战地服务。"②第三天，又报道："沪童军战时服务团昨总动员，开始工作，除救护外，今日将分十一组出发，征集慰劳品。"③其他报刊也不甘落后。7月28日，在上海各界民众抗日救亡团体中最为活跃、最有影响的上海市文化界救亡协会召开成立大会，除《立报》之外，《申报》等报刊都作了报道。该团体于8月3日召开第二次常务理事会，并发表对时局的宣言。次日，《申报》给予全文刊登。号召："全国父老兄弟姐妹们，大家站起来吧，让我们拿起我们的枪支，扛起我们的锄头，肩起我们的斧头，提起我们的笔杆，向我们民族敌人搏击。"④刚刚成立才三天的《救亡日报》，8月26日，报道了上海教育界救亡协会的成立，并介绍了一部分教授组成的上海教育界战时服务团，该团"以服务后方协助战时为宗旨"，下设总务、组织、交际、宣传、救济、慰劳、劝募、设计等八部，"不遗余力"地开展抗日救亡工作。⑤据有关学者根据申城报刊资料的统计，从七七事变到八一三淞沪抗战结束，上海民众抗日救亡团体包括工界救亡协会、青年救国服务团、沪西印刷界同人战时服务团、中医药界救护团、飞轮救国团、国民救亡歌咏协会、童子军战时服务团、江淮旅沪同乡救亡协会、四川旅沪同乡会战时服务团、职业界救亡协会、煤业救护队救护委员会、社会工作者战时服务团、文化界救亡协会、美术界救亡宣传团、上海话剧界救亡协会、教育界救亡协会、教育界战时服务团、中国妇女慰劳自卫抗战将士会上海分会、上海妇女战时服务团、合作界救亡协会、游艺界救亡协会、战时摄影服务团、洪兴协会战时工作委员会、纱厂工友救亡协会、学生战时服务团、印刷界战时服务团、中华妇女国防会、沪西国民战时服务团、沪南青年救亡团等180

① 《立报》1937年8月13日。
② 《立报》1937年8月14日。
③ 《立报》1937年8月15日。
④ 《申报》1937年8月4日。
⑤ 《救亡日报》1937年8月26日。

个,遍及社会各界,联系和组织了千千万万民族,其"数量之多、范围之广、统计面之大,都是上海人民运动中前所未有的"。①

第二,战地服务形式多样。根据申城报刊记载,抗日救亡运动中的战地服务可涉及方方面面,形式是谓多样。一是直接参战。如战地救护队,"每晚有二辆卡车出发到前线去救护伤兵,二十多个队员分着两队在炮火下工作,他们到过罗店、市中心,救过不少伤兵。""这两天,他们的工作地点是顾家宅、唐桥、大场,那边打得很凶,炮火的猛烈,几乎使他们难以逼近前线。"②如战时掩埋队,"到前线去的掩埋队,每次出发,总是有四辆卡车分头到各阵地,他们去过的是大场、江湾一带,由火线上拖回去的战死的士兵,都一一的放在棺材里运回来。有时尸体太多了,就由他们在当地掘坑埋在土里。"③除此而外,申城报刊还报道了外埠战地服务团来沪服务的情景:"无锡青年战地服务团,以国军杀敌,殊著劳绩,昨特派代表潘一尘来沪慰劳。"④"香港战时服务团一行五十人,业已首途北来,今明日可抵沪,到达后即将分赴吴淞、浦东、闸北、虹口、罗店、浏河、宝山、太仓等前线担任战地救护工作。"⑤二是以各种实物及钱币慰劳抗日将士。如上海文化界救亡协会等百余团体"将慰劳品面包、药品、纱布、衬衫、毛巾、短裤、水果等,送市商会转交前方"。又如"中国妇女慰劳自卫抗战将士会上海分会主席何香凝昨派慰劳组组长黄定慧女士等,携带慰劳品谒见京沪警备司令张治中,请转致前方忠勇抗敌将士,以示慰劳"。再如"沪煤业公会,昨以国币一千元慰劳前线将士,并电京沪警备司令张治中,请继续努力,尽歼丑虏,重整山河"。⑥三是发动救国募捐,慷慨输金。如"棉布业公会,组织救国捐筹募委员会,决议筹募十万元,业向各同行分别劝募,闻已认定者有六万元以上"。又如"绸缎业公会,认定第一期救国捐十万元,受银钱业休业影响,故将已收得之四万元,尽先缴呈,并致电蒋委员长,其中二万元,拟充慰劳空军将士,及抚恤阵亡者之用"。再如"本市第一特区市民联合会,昨函各界抗敌会筹募委员会,建议即日订定办法,协同有关团体,开征房东救国捐,或由房东照房租数额代为缴纳,将来即以救国捐收据,充作房租。如此,则

---

① 余子道、张云著:《八一三淞沪抗战》,上海人民出版社2000年版,第276页。

② 《救亡日报》1937年10月9日。

③ 《救亡日报》1937年9月23日。

④ 《立报》1937年8月15日。

⑤ 《立报》1937年8月30日。

⑥ 《立报》1937年10月22日。

巨款立集,必能发挥抗敌后援之宏效”。①“现在国难当前,人民发起救国捐,为政府后盾,个人团体,捐助十万、数十万,络绎不绝,足见爱国热忱,达于沸点。”②

第三,难民工作有声有色。八一三淞沪抗战爆发后,无论在公共租界或法租界或华界的马路上,都挤满了来自各地的逃难者,形成了一支数千万的难民大军。申城报刊对难民队伍及难民工作的报道,反映了沪上难民问题的严重性和难民工作的有声有色。这方面包括的内容有:一是反映难民问题的严重性。据《救亡日报》8 月 26 日报道:仅闸北及虹口区居民,“在炮火下避至租界者,总数在 20 万人以上,各收容所顿患人满,后至者竟露宿街头,尝遍非人生活,惨不忍睹。”③10 月初,《立报》记载,当时上海难民不下 130 万人,进入租界最高峰时总数多达 70 万人以上。成千上万的难民生活无着,忍饥挨饿,因冻饿而死的每天达 100 多人。同时,由于租界当局宣布紧急戒严,华界与租界交界处铁门紧锁,大批难民被阻于苏州河以北的战区。光复路至光复西路,以及真如、南翔、虹桥等地,难民密集,翘首望援。④因此,“战区难民的处置,已形成一个最严重的问题。同时难民问题亦已成为民众组织问题中最先急待解决的核心问题。”⑤二是宣传有关规定及注意事项。1937 年 9 月 7 日,国民政府颁布《非常时期救济难民办法大纲》,该大纲对难民工作的各级组织、工作职责、经费来源、奖惩办法等方面作了规定,申城各大媒体都作了相应报道。10 月 20 日,《救亡日报》专栏发表署名文章,提出“办理救济难民应注意的几点”,认为:一、“因为难民是敌人暴行中的牺牲者,在抗战目标上是站在同一战线上的”,因此“办理救济的人,应该寄予同情,不应该把难民当做乞丐,而任性呼叱他们”。二、“难民是一体的国民,办理者应该公正。”三、“救济难民虽不是慈善事业,可是其意义比慈善事业更重大,办理的人必须注意到廉洁与节俭。”四、“因为救济难民是战时的后方工作,并且救济的最大意义是在动员〔难民站〕在一条线上,所以对于难民的日常生活必须于可能范围内设法竭力改善。”⑥三是及时介绍难民工作的情况,包括难民的收容与移植,难民收容所的概括与活动,即难民的管理与服务,实施难民教育,开展难民救亡活动,以及有关机构和组织如上海市救济委员会、各地同乡会、上海国际救济

① 《申报》1937 年 8 月 23 日。
② 《申报》1937 年 8 月 14 日。
③ 《救亡日报》1937 年 8 月 26 日。
④ 转引自余子道、张云著:《八一三淞沪抗战》,上海人民出版社 2000 年版,第 301 页。
⑤ 《救亡日报》1937 年 10 月 12 日。
⑥ 《救亡日报》1937 年 10 月 20 日。

会等难民工作的情况及总结难民工作的经验，等等，申城报刊都有反映。

综上所述，淞沪抗战期间广泛而深入的抗日救亡运动，与浴血奋斗的战场博弈交相辉映，在淞沪抗战的史册上写下了不朽的光辉篇章。为弘扬八一三淞沪抗战所凸显的团结抗敌的民族精神和伟大的爱国主义优良传统，申城报刊及其相关出版物功不可没。

（本文原载《军事历史研究》，2015年第2期）

上海：全国抗战文化的策源地和发祥地

余子道　张　云

上海抗战文化是"五四"以来中国新文化的承继，更是在中国共产党领导下，由左联创导的革命文化运动的直接转型和发展，而在尔后以国共合作为基础的抗日民族统一战线的旗帜下，进一步广泛地团结各界一切抗日爱国的文化力量。上海在近代以来铸成了深厚的先进文化底蕴，造就了一支拥有相当实力的文化新军，特别是由于中国共产党的正确领导，诞生于民族解放战争熏陶下的上海抗战文化，历史地被逐步推向了全国抗战文化的前列和中心地位。

中国抗战文化是中国人民为民族独立和解放而斗争的一条不可或缺的重要战线，也是世界反法西斯文化中的重要组成部分。作为中国抗战文化的一个重要组成部分，上海抗战文化以其独特的地域文化底蕴，在抗日救亡运动中历经血与火的考验，英勇奋战，异军突起，作出了特殊的贡献，在上海乃至中国抗战史册上留下了光辉一页。

上海抗战文化为全国提供经验和样板

上海抗战文化的兴起和投入抗日救亡运动，是在中国共产党的组织、领导和推动下进行的。从九一八事变直至迎接抗战最后胜利的 14 年时间里，中国共产党始终站在民族解放斗争的最前列，直接引领上海抗战文化的斗争方向。

为领导上海的革命文化运动，特别是为领导上海的抗战文化斗争，中国共产党设立了专门的文化领导机构。20 世纪 20 年代末，中国共产党在上海成立文化工作委员会，直属中共中央宣传部领导，由潘汉年任书记。20 世纪 30 年代，在"文委"的组织下成立了中国左翼文化界总同盟，负责具体领导各左翼文化联盟的活动。1935 年 8 月，“文委”重新组建，周扬任书记，胡乔木任“文总”党团书记。全面抗战爆发后，“文委”仍负责上海抗战文化的领导，但直接出面的是八路军驻上海办事处。中共江苏省委重建之后，上海抗战文化斗争归其下设的文化工作委员会领导，直到抗战的最后胜利。

上海抗战文化是“五四”以来中国新文化的承继，更是在中国共产党领导下，由左联创导的革命文化运动的直接转型和发展，而在尔后以国共合作为基础的抗日民族统一战线的旗帜下，进一步广泛地团结各界一切抗日爱国的文化力量，汇成了一支史无前例的、浩浩荡荡的抗日文化大军。由于上海在全国政治、经济、文化、军事和对外关系等各个方面占有独特的重要地位，上海在近代以来铸成了深厚的先进文化底蕴，造就了一支拥有相当实力的文化新军，特别是由于中国共产党的正确领导，诞生于民族解放战争熏陶下的上海抗战文化，历史地被逐步推向了全国抗战文化的前列和中心地位。

上海是全国抗战文化的策源地和发祥地，在全面抗战爆发前后一个时期又一度成为全国抗战文化的强大中心，为全国抗战文化的形成和发展起了先导作用。上海文化界的抗日救亡斗争由来已久，大规模的抗日活动从九一八事变以后就开始了。1931 年 9 月，在上海成立不久的左联发表《告国际无产阶级及劳动民众的文化组织书》，抗议日本的侵略暴行，呼吁革命人民奋起抗日。同年 12 月，上海文化界知名人士夏丏尊、周建人、傅东华、叶绍钧、丁玲、郁达夫等 20 余人集会，发起组织上海文化界反帝抗日联盟，这是“团结全国文化界，作为反帝抗日之文化运动及联络国际的反帝组织”。一·二八淞沪抗战爆发后，鲁迅、茅盾、叶绍钧、郁达夫、丁玲、胡愈之、陈望道、冯雪峰、周扬、田汉、夏衍、阳翰笙等 43 人，于 1932 年 2 月 3 日联合发表《上海文化界告全世界书》，谴责日本帝国主义的侵略行径。此后，上海抗战文化初试锋芒，一大批脍炙人口的小说、话剧、电影、歌曲，在抗日救亡的火热斗争中产生。

一二·九运动以后，随着全国抗日救亡运动新高潮的到来，上海抗战文化运动又走在了全国的最前列。1935 年 12 月 12 日，即一二·九运动发生的第三天，上海文化界马相伯、沈钧儒、陶行知、邹韬奋、章乃器、李公朴、沙千里、王造时、郑振铎、史良等 283 人联合发表《上海文化界救国运动宣言》，宣言指出：“在这生死存亡间不容发的关头、负着指导社会使命的文化界再也不能苟安偷生而应当立刻奋起，站在民众的前面而领导救国运动。”同月 27 日，上海文化界救国会宣告成立，并发表《上海文化界第二次救国宣言》，推选马相伯、沈钧儒、邹韬奋、陶行知、艾思奇等35人为执行委员。以文化界救国宣言的发表与文化界救国会的成立为标志，上海文化界把抗日救亡运动作为自己的中心任务，完成了革命文化历史角色的转型与替代，上海也由此成了中国抗战文化的发祥地。七七事变和八一三抗战兴起后，全国抗日爱国文化力量云集上海，在全面抗战的大局之下，各派各界的文化队伍携手合作，团结战斗。1937年7月28日，上海文化界救亡协会正式成立。文协成立后，团体会员发展到73个，个人会员达到250多人，成员总数5 000人以上，成为上海文化界救亡团体的大本营。在文协的组织下，上海发动和汇成了声势浩大、波澜壮阔的抗战文化运动，其影响所及，遍于全国，并且与全国各地的文化界保持密切的联系，上海遂成为全国抗战文化的强大中心。

上海抗战文化为全国提供了经验和样板，是全国文化抗战的引领者。从上海文化界救国会到上海文化界救亡协会，上海在全国率先组成了联系和团结文化领域一切主要力量的文化界抗日统一战线。八一三抗战期间，国共两党在上海的文化战线形成联合作战的阵势，原先的左翼文化战线与其他各个抗日党派团体的文化力量，在“抗日御侮，共赴国难”的使命下，联合起来并肩战斗。上海文化各界不仅以鲜明的民族抗战精神呼喊文化界的团结合作，而且以实际行动建立了文化统一战线的各种组织，发动和进行了大规模的持续的抗战文化和宣传活动。上海文化各界坚持面向人民大众，与最广大的人民群众相结合的方向，并且在斗争实践中创造了许多成功的方法和形式。广大文化人冲破“亭子间”和文艺的“象牙塔”，把民众喜闻乐见的文化作品提供于社会，使文化从少数文化人的手中解放出来，使之成为人民大众的抗战利器，从而使文化有机地与抗战融为一体。上海抗战文化在这方面也为全国抗战文化的发展提供了极有价值的经验。

上海抗战文化力量具有强劲的辐射力和延伸性，成为推动许多地方抗战文化事业的生力军和领军人物。从八一三抗战到上海沦为“孤岛”前后，大批的上海文化人和文化团体，由盛极一时的上海抗日文化战场陆续转移到抗战大后方和抗日民主根据地，把抗战文化从特大城市的上海撒播到祖国的东西南北。他们当中，郭沫若、茅盾、阳翰笙、田汉、冯乃超、胡风等人，先后转移到了武汉、重庆等地。丁玲、周扬、艾思奇、冼星海、沙汀、贺绿汀、吕骥、袁牧之、吴印咸、光未然、陈波儿等人，进入了延安和华北抗日根据地。丘东平、任光、夏征农、钱杏邨等人，进入了新四军和华中抗日根据地。这是上海抗战文化的一次大规模转移，也是抗战文化新阵地的开拓。上海文化人以战斗的姿态与当地的抗战文化相结合,谱写了各地抗战文化的光辉篇章。

全面抗战时期的上海抗战文化

抗战文化顺应争取民族独立和解放的时代大潮,呼应了广大民众反对侵略、保卫祖国的强烈愿望,从一开始就具有强大的生命力。随着抗日战争新高潮的到来,中国抗战由局部抗战转变为全面抗战,上海抗战文化的新时期也随之到来。

抗战报刊纷纷涌现,构筑起强大的抗日舆论阵地。因“七君子”事件而刚刚出狱回到上海的邹韬奋,1937 年 8 月 19 日创办了《抗战》三日刊。同月 25 日,由茅盾主编的《呐喊》周刊创刊。随之,又有胡风主编的取名《七月》的文学旬刊出版。他们把宣传和推动神圣的民族革命战争作为自己的光荣使命。据统计,至淞沪会战结束,上海出版的救亡刊物达 53 种之多。其中,上海文化界救亡协会的机关报《救亡日报》,是国共合作创办的一份大型抗日报纸。《救亡日报》实际上是以共产党人为政治领导核心的,它旗帜鲜明地坚持宣传党的抗日民族统一战线政策、全面抗战路线和持久战的战略方针,在抗日军民中产生了广泛的影响。此外,上海原有的一些影响广泛的报纸,如《大公报》《申报》等,也都大大地加强了关于抗战的宣传报道,努力营造同仇敌忾、抗日救亡的舆论。

戏剧、电影界在全面抗战的隆隆炮声中挺身而出,在上海戏剧界救亡协会、上海话剧界救亡协会、中国电影界救亡协会等团体的组织下,一致奋起战斗。戏剧作家一马当先,由夏衍等人集体创作了反映爱国军队抗击日本侵略者的 3 幕话剧《保卫卢沟桥》;于伶创作了《皇军的伟绩》《省一粒子弹》《我们打冲锋》和《以身许国》4 部独幕剧;朔风的《壮烈的牺牲》、李一的《姚子青将军及其部下》等,直接表现了淞沪抗战中军民英勇杀敌、献身为国的悲壮情景;石凌鹤的《再上前线》、夏衍的《咱们要反攻》等,则讴歌了中国军人舍身成仁、保家卫国的英勇气概。上海话剧协会先后成立 13 支救亡演剧队,动员和组织上海演剧界的基本力量,分赴华北、西南、中南、西北等各地区,长途跋涉开展抗日宣传。袁牧之、宋之的、陈波儿、崔嵬、贺绿汀等组成战地移动演剧队,奔赴抗日前线演出。陈白尘、沈浮、白杨等 30 余人组成影人剧团,演出救亡话剧。

音乐和歌咏活动是上海抗战文化阵线中特别引人注目的重要一翼。早在全面抗战的序幕行将揭开之际,1935 年在上海首映的电影《风云儿女》中,由聂耳谱曲、田汉作词的主题歌《义勇军进行曲》，“以奔放豪迈的热情，高亢激昂的旋律和群众喜闻乐见的形式”，随着影片的情节唱出了民族的危亡、唱出了全民族抗战的悲壮、唱出了民族独立和解放的最强音。此外，《大刀进行曲》《松花江上》《抗战的一天来到了》《保卫华北》等歌曲，传唱于烽火连天的中华大地，成为动员和教育人民、鼓舞军民斗志、打击敌人的强有力武器。

美术和漫画界拿起笔作刀枪，踊跃投身于文化抗战行列。上海漫画界救亡会派出叶浅予、张乐平、特伟、胡考等漫画家参加的漫画宣传队，冒着日机的轰炸进行抗战宣传。他们在南京举办了“抗战漫画展”，参观者达数万人之多。上海文化界救亡协会动员 50 多个会员团体，组成 100 多个宣传队，共 2 000 多人，携带《告民众书》及连环画等宣传品，分赴伤兵医院、难民收容所和居民区，进行抗日宣传；并且同上海各界抗敌后援会等几十个团体共同发动了“保卫大上海”的宣传运动。

在上海抗战血与火的洗礼下，诗歌从文质彬彬的诗人那里走向人民大众，成为文化抗战队伍中的一支轻骑兵。由中国诗歌会改组而成的“中国诗人协会”在发表的宣言中，诗人们发出“我们是诗人也是战士，我们的笔杆就是枪杆”的誓言。抗战初期，上海发表各类新诗约 200 多首，其中中长篇诗作 20 多首，作品数量创下了空前纪录。文学界是上海抗战文化阵线中一支强大的主力军。八一三以前，上海的主要文学刊物有王统照主编的《文学》、靳以主编的《文丛》、黎烈文主编的《中流》、黄源主编的《译文》等。淞沪抗战开始不久，四刊联合出版了由茅盾主编的《呐喊》文学周刊（后改名为《烽火》），茅盾在发刊启事中说，作家们要“为我前方忠勇之将士，后方义愤之群众，奋其秃笔，呐喊助威”。这些作品都在浴血奋战的军民中产生了积极作用和广泛影响。

孤岛与沦陷时期抗战文化依然保持声势

上海抗战文化运动在淞沪抗战结束后，先后进入“孤岛”时期和全面沦陷时期。这时，抗战文化所处的政治和社会环境完全发生变化，原先的抗战文化队伍，主要力量向大后方和敌后根据地转移，一部分坚持在上海继续战斗。在“孤岛”阶段，爱国的文化工作者利用租界的特殊环境，使抗日文化宣传仍能保持相当强劲的气势。在全面沦陷阶段，抗战文化犹如地火潜行，在极为艰险的环境下巧妙曲折地继续战斗。

新形势下，中国共产党根据上海所处的新环境，及时提出策略方针的转变，迅速改变大规模抗日运动的斗争模式，由集中转向分散，由公开转向半公开或隐蔽。提出要采取各种斗争艺术，“注入抗日反汉奸的内容”，利用租界尚未被日军占领的特殊环境，壮大发展力量，重建进步文化阵地，开创了“盛极一时的孤岛文化”。1941 年太平洋战争爆发后，上海全面沦陷。根据上海出现的新形势，中国共产党再次调整斗争策略，强调“严格执行长期埋伏、积蓄力量，等待时机的工作方针”，对上海抗战文化给予明确指导，使其在内容和形式上，贯彻“灰色化”、“大众化”和经营管理“事业化”的方针，在政治上和经济上争得立足和生存地位的同时，隐晦曲折地、不屈不挠地开展着抗日救国的斗争，既积蓄了力量，又发展了自己，并以新的战斗姿态迎接抗日战争的最后胜利。

“孤岛”阶段抗日文化斗争中，上海爱国新闻界担当了主力军的角色。中共上海党组织和爱国人士，利用租界和日军不检查外商报刊的特殊情况，以外商名义在租界内创办了一批爱国报刊，进行抗日宣传，产生了广泛的影响和作用。先后出版的有《译报》《每日译报》《华美周报》《文汇报》《导报》《大英夜报》《循环报》《中美日报》等，《申报》和《新闻报》后来也加入了这个行列。至 1939 年 4 月，上海租界内的这种以宣传抗日为主旨的被称为“洋旗报”的报纸达 17 种之多，其他还有 20 多种期刊丛刊。这些报刊尽管各自的政治背景和倾向不一，但抗日爱国的基本立场是一致的，共同组成了颇为强劲的抗日舆论阵势。戏剧以新编历史剧和“孤岛”现实剧的题材和样式，曲折地呼唤人们发扬民族精神，坚持抗战立场。

上海全面沦陷时期，面对空前险恶的环境，抗日爱国文化工作者没有停止活动而放弃战斗，他们变换了活动方式和表现手法，选择适宜的题材，隐晦曲折地进行战斗。有的则打入敌伪文化机关团体内部，利用合法的外衣开展特殊手段的战斗。倾向鲜明的抗日宣传，虽然被隐晦的喻义或曲笔所替代，但弘扬爱国和民族气节，伸张正义与和平，对沦陷区社会现实的丑陋、黑暗进行揭露与批判，对侵略者和卖国者的控诉和谴责，依然是这个时期上海进步文化的主题。黑夜走到尽头，黎明也就到来了。

上海成为世界了解中国抗战的窗口

上海抗战文化运动是与国际上反法西斯力量和一切进步的文化运动息息相

关、互为支援的。上海是中国近代以来中西文化交汇的中心，也是连接全中国、连接中国与世界的桥梁和纽带。抗战期间，申城中外报刊等舆论战线，以其身临其境的独特优势，对两次淞沪抗战和上海抗日救亡运动作了及时报道和大力宣传，让全中国和全世界了解上海的抗战，并通过了解上海的抗战，进一步了解中国的抗战、了解中国军民同仇敌忾、万众一心，誓与侵略者血战到底的坚强决心，引起全中国和全世界的极大关注。同时，申城报刊以大量篇幅，分析了国际形势和世界各国政府的立场和态度，及时报道全国民众、海外侨胞和世界各国人民的声援和支持。沪上舆论普遍认为，这场中国反对日本帝国主义的战争，绝对不是孤立的，强调"中国抗战必须联合苏联，联合英美，如此，中国的最终胜利与日本的最终灭亡是必然的"。这些都进一步坚定了国人抗战的决心，增强了打败侵略者的胜利信心。

上海是中国共产党的诞生地，也是中国抗战文化的中心。在中国共产党的组织、领导和推动下，上海抗日救亡运动与淞沪抗战的丰功伟业交相辉映，完整书写了上海在民族解放斗争史上的光辉篇章。作为上海抗日救亡运动和上海反法西斯运动最重要的一个组成部分，上海抗战文化作为反对日本军国主义斗争的锐利武器，配合抗日的政治斗争和军事斗争，在提升民族精神和民族凝聚力，推动军民团结抗敌，揭露和声讨日伪罪行，争取世界各国人民的支持等各方面发挥了重要的历史作用。上海抗战文化功不可没！

（本文原载《解放日报》，2015 年 5 月 9 日）

难民工作研究

八一三事变中的租界与中国难民

郑祖安

近代中国内战外患，烽火不绝。自民国以后，以军阀之间的混战、日本侵略中国为最经常和严酷，连中国第一大城市上海也不能幸免。相反，因其是内外要冲、繁华之都，更成了争战要地。但不同的是，上海有着全国最大的外国租界，即外国人在华最重要的基地，它们由外国人统治、管理，在中国内战和中日战争中具有“中立”的地位。因此，当战火来临和包围之时，却能在一定地域中和一定程度上阻隔战争、游离战争。这一情况使发生在上海的任何战争在态势上就比较特别，也使租界在战争进行时不免产生了一些奇妙的作用，本文涉及的对中国难民的保护作用便是其中之一。

战争造成了大批家破人亡、流离失所的难民，他们为求生存、安全，不得不离开住地，流向别处。租界既然是可以阻隔战争、游离战争的特别区域，难民自然要源源不绝地涌向那里。面对中国难民潮的巨大冲击，租界当局采用了既纳也挡的办法，即既接纳了相当多的难民群，也将大量的难民群阻挡于外，这就造成了中国难民悲欢不同的两种境况。

不过将上述两者进行比较的话，客观上前者还是属于主流，亦即租界对无数中国难民起到了相当程度上的保护作用。也因此，当现今在更全面地研究租界历史及其对近代上海和近代中国发展的关系时，还得重视它作为一个特别的地区，曾在非常特殊的历史状况中，产生过不容否认的极大意义。

一、 隔离障碍：铁丝网、铁栅门和砖墙来历

自 1845 年第一个英租界建立起，到 1899 年英、美租界合并成的公共租界界

域大扩张、1914 年法租界以扩大警权为名实现的地盘大扩充，两租界虽然均和华界明确划分了分界线，但双方却都未在交界处设立边界分隔线，而仅在若干重要的地方，树立了刻有有关文字的界石。

但这一种办法，在 20 世纪 20 年代发生了变化。

1924 年江苏督军齐燮元和浙江督军卢永祥，为了扩大各自的势力范围和争夺财富之城上海，挑起了“江浙战争”。两军在上海外围大举兴兵，炮声隆隆，硝烟滚滚，战地难民大批向上海避来。上海两租界当局立即感到了战乱的威胁，于是在租界边线打木桩、扎铁丝，并派出军队和万国商团驻扎各处，从而形成了一道“铁丝网”防护线。

到 1927 年，北伐军节节挺进，北上途中相继收回了汉口、九江的英租界。继挥师东向，直逼长江下游。江浙和上海一带又进入了大动乱中，难民又一轮来到上海，特别是向租界中涌来。3 月，北伐军赶走旧军阀，攻克上海华界，7 月，上海“特别市”市政府成立。在这快速发展的形势中，上海租界作为外国列强在中国最紧要的营盘，虽然不至于如汉口、九江的租界那样会被收回，但是，从新政府到广大民众发出的“上海是中国人的上海”、“收回租界”的呼声日响一日，反帝浪潮势不可遏，租界当局从心理到防护，都感到了严重的威胁，开始在界线周围的路口、桥上先后造起了牢固的、永久性的铁栅门。因为它们是建在界线的租界内侧，更主要的是，经历前述的战乱，租界已不可否认地被认为是可以避离战争的安全之地，而租界虽然打起了铁门，却仍是对外开放的，并不影响人们的进出来往，因此，两租界这一举动，最终都得到了实现。

公共租界和法租界逐步建造起来的铁栅门，其分布的位置大致如下：

公共租界铁栅门位置

吴淞路、靶子路(今吴淞路、武进路)口
北四川路、靶子路(今四川北路、武进路)口
北江西路、靶子路(今江西北路、武进路)口
北河南路、宝山路(今河南北路、宝山路)口
北山西路、界路(今山西北路、天目东路)口
克能海路、界路(今康乐路、天目东路)口
北浙江路、界路(今浙江北路、天目东路)口
爱而近路、北浙江路(今安庆路、浙江北路)口

海宁路、甘肃路(今海宁路、甘肃路)口

热河路、新疆路(今热河路、新疆路)口

开封路、北西藏路(今开封路、西藏北路)口

阿拉白司脱路、北西藏路(今曲阜路、西藏北路)口

新垃圾桥(今西藏路桥)堍

乌镇路桥堍

新闸路桥堍

新大桥(今恒丰路桥)桥堍

法租界铁栅门位置

法兰西外滩、方浜路(今中山东二路、东门路)口

小东门路、法华民国路(今方浜东路、人民路)口

闵行路、法华民国路(今真如路、人民路)口

福建路、法华民国路(今枫泾路、人民路)口

太古路、法华民国路(今高桥路、人民路)口

舟山路、法华民国路(今龙潭路、人民路)口

台湾路、法华民国路(今黄代路、人民路)口

新开河、法华民国路口(今新开河南路、新开河北路与人民路交界处)

老永安街、法华民国路(今永安路、人民路)口

天主堂街、法华民国路(今四川南路、人民路)口

兴圣街、法华民国路(今永胜路、人民路)口

吉祥街、法华民国路(今江西南路、人民路)口

紫来街、法华民国路(今紫金路、人民路)口

老北门大街、法华民国路(今河南南路、人民路)口

典当街、法华民国路(今金门路、人民路)口

麦底安路、法华民国路(今山东南路、人民路)口

磨坊街、法华民国路(今盛泽路、人民路)口

郑家木桥街、法华民国路(今福建南路、人民路)口

新桥街、宁波路、法华民国路(今浙江南路、淮海东路、人民路)口

自来火行东街、法华民国路(今永寿路、人民路)口

八里桥路、法华民国路(今云南南路、人民路)口

皮少耐路、法华民国路(今寿宁路、人民路)口

华盛路、法华民国路(今会稽路、人民路)口

敏体尼荫路、麋鹿路(今西藏南路、方浜西路)口

白尔路、蓝维蔼路(今自忠路、西藏南路)口

辣斐德路、蓝维蔼路(今复兴中路、西藏南路)口

安纳金路、蓝维蔼路(今东台路、肇周路)口

茄勒路、蓝维蔼路(今吉安路、肇周路)口

平济利路、蓝维蔼路(今济南路、肇周路)口

劳神父路、蓝维蔼路(今合肥路、肇周路)口

康悌路、蓝维蔼路(今建国东路、肇周路)口

杜神父路、蓝维蔼路(今永年路、肇周路)口

徐家汇路、蓝维蔼路(今徐家汇路、肇周路)口

法租界从东面的十六铺向西，再向南直到斜桥，在长距离中布置了多达36处的铁栅门。但到徐家汇路东头却停住了，未在南面边界线再继续向西筑门，这是因为：当时紧贴徐家汇路南，有一条“肇家浜”与徐家汇路平行，向西一直伸展到法租界的西端徐家汇，正好可作天然屏障。不过这条肇家浜到30年代也发生了变化，使法租界当局不得不再大兴土木。

这就是自1926年外通黄浦的陆家浜被填没改建成陆家浜路后，肇家浜的外潮来水顿时失去，于是水位大大降低，尤其是东段河道加快淤塞。30年代中期，华界市政府不得不将斜桥至日晖港一段河道先行填没，改成道路。但这样一来，这一段法、华交界地，就解除了原先的水流阻隔，变成了可以直来直去之地。到1937年八一三事变爆发后，法租界为去除从南边而来的麻烦，竟狠下决心，雇佣大批小工，从斜桥至日晖港筑起一道厚实砖墙。这道墙长达近4华里，仅在几个要道路口和桥上开了铁栅门，供进出的需要。如同以前的河流一样，法租界将这道砖墙当作了永久性的防护屏障。

当法租界大兴土木的时候，随着中日战争的日益激烈，北边公共租界的防卫情况也在发生极大的变化。以前公共租界的西面是以北西藏路为防线的，故20年代修建的铁门，在1932年一·二八战争主要拉锯于闸北、虹口、杨树浦一带时，尚可发挥相当的作用。但这次战争规模空前，凶焰弥天，难民如滚滚大潮涌向租界，公共租界的西面防御线不得不向西大举推展。按理，这一防御线应延至公共租界的西界，即1899年确定的小沙渡向南至静安寺一线，但这一线已为人

口和建筑均已密集的市区包围，于是租界当局就乘机向中国政府实际已完全无力控制的前越界筑路区推进，最终将其定在紧靠华界环城大道中山路的沪杭铁路里侧。租界派出英军、美军、意大利军，从新垃圾桥南堍，沿苏州河南岸一直向西，直达远方的苏州河沪杭铁路桥，然后向南沿铁路线东侧和凯旋路，越极司菲尔路（今万航渡路）、白利南路（今长宁路）、大西路（今延安西路）、法华镇路、安和寺路（今新华路）等，直至虹桥路。在这一线打桩密置铁丝网，各路口下掘地壕，上堆沙袋，配备机枪钢炮，驻军和巡捕日夜分班把守，严密戒备。

其时北边的虹口、杨树浦早已为日本势力所占据，公共租界当局实际已无法控制和管理那一大片地区。但在中部、西部、南部，公共租界和法租界分别建造了如上述的铁丝网、铁栅门和砖墙，还可以凭借河流、铁路线等固定的分隔物，这样就建立了自 1845 年以来长期没有的较为正规的租、华两界分界线。有意思的是，这是在战争和动乱的特别环境和原因中生成的，而且是以防御线为形式和标志的界线。

二、 两次难民大潮

1937 年的中日战争中，公共租界和法租界前后经历了两次难民潮的冲击。

第一次是在八一三事变爆发后。实际早在事变发生的前夕，当上海黑云压城，战争随时会一触即发时，租界外的人们，特别是日人盘踞的虹口地区的人们，难忘 1932 年一・二八事变的惨痛教训，已有人开始向南边公共租界和法租界迁移。到八一三的炮声一响，虹口、闸北成了中、日军队恶战之区，于是虹口、闸北、杨树浦一带的中外居民，能走的，无论贫富，便大批大批地涌向苏州河南两租界地。“外白渡桥”是沪东虹口、杨树浦过苏州河向南的最近通道，整个大桥以及外滩大道上，人流滚滚，有人曾生动地记录下当时的猛烈状况：“途中搬运箱笼之车辆，自早至夜，未尝停止。”①“白渡桥上的人，拥挤得如钱塘江的怒潮，奔腾澎湃地在寻求出路。那时，地上婴儿的哭声，行走迟缓的老弱的男女，被压在地下的呼救音，呼儿唤女的悲啼音……这一切的声音，震动天地，惨澈心脾。又因人心慌乱，亟望逃出战区，所以人如蜂拥……难民为了要逃生，衣箱也抛了，被褥也丢

① 《申报》，1937 年 8 月 14 日。

了,满路尽是遗弃物,把宽阔的马路,弄得隘狭难走了。”①

虹口、杨树浦的大部分地区本就属于公共租界的范围,故苏州河东面的桥梁通道,对虹口、杨树浦来的难民,是必须开放的。但界路和北西藏路一线,面向华界,当8月13日战争一爆发,公共租界当局便将所有的铁门对外关闭。这样,闸北地区的大部分难民要进入租界,就无法像虹口、杨树浦的难民那样可以直接通过,而必须从北西藏路向西过苏州河进入。如果在新闸桥、新大桥上不易通过的话,还可从新垃圾桥西至新大桥之间的河岸上,设法摆渡至南岸,进入租界。

南边的法租界情况又有所不同。战争进行时,日军派出飞机轰炸南市,同时中、日飞机也在空中交战。因此南市虽然不是战区,但属炸弹飞临的危险之地,南市的部分居民便大多向近旁的法租界流来。不过,南市毕竟还没有直接发生战争,境况不一样,其难民流向法租界的势头,与虹口、闸北、杨树浦一带涌向公共租界的大潮相比,此时要小得多。

公共租界和法租界的铁门自8月13日起关闭管制,每天晚上10时至第二天早晨5时还实行宵禁。实际上在此前后,没有也很难做到整日的绝对封闭。如公共租界的难民先时可以用渡河的方法,迂回进入界内;法租界起先采用上下午各开两次的办法,如8月14日上午10时半,在法租界与南市交接的各个要口,铁栅门上的小铁门(边门)都打开,让行人通过。到下午3时,又将东新桥街、八里桥街等处的大铁门也打开,让往来的行人、车辆通过。以后两租界都采用严格掌握,但仍是适度开门的方法,其中法租界的开放度较公共租界为大,除将一些主要地方的铁门关闭外,其余地方的边门常开。而当两租界内的无数难民收容所、慈善机构等到界外去接收大批难民进租界时,两租界的当局是都让他们的车辆、人员顺利进出铁门的。

第二次难民潮是10月至11月间。在日本海、陆军事力量的猛烈进攻下,大场于10月26日失守。大场一失,东线闸北、江湾的中国守军势必要被日军围歼,于是只得撤向江桥、南翔一线。日军乘胜大举挺进。江桥、南翔以东,特别是闸北、江湾、大场、真如一带战区的难民恐慌到极点,便沿着沪杭铁路线滚滚南下,想通过公共租界的西部防御线,投入租界。

11月4日晚,日军在南部杭州湾金山卫登陆,并迅速扑向松江,上海南部受到包围。10日,日军在浦东登陆,猛攻南市,南市及远至徐家汇的华界随时有被

---

① 朱作同等编:《上海一日》第二部,上海华美出版公司1938年版,第15、16页。

日军占领的可能,这一带的居民已毫无安全可言,于是以汹涌之潮涌向相邻的法租界。

然而这一次两租界的情况和当局对难民的态度,与上一次相比,已有改变。就公共租界来说,因西面的防御线远移到了沪杭铁路线,原越界筑路区西部地域尚有一些空地,因此租界的这一警戒线,有时也接纳一部分沿铁路线急下的中国难民,让他们避入到租界里。但公共租界的中区、法租界内,经上一次延续达两个多月的难民潮的冲击,界内所有的难民收容所已人满为患,大量的新难民已到了流落、遍布各处街头的地步。两租界当局出于接待能力以及最重要的租界自身安全计,宣布暂时关闭对外交通。法租界因直接面对南市,最为严重,在11月10日发出关闭铁门的通告,通告作如是说:"……如遇南市一带飞机轰炸或战争发生之时,界内居民务希居家勿出。在衔接华界边境之各区域内,暂时禁止交通,仰各界注意为要。"①

大批大批的难民于是便被铁门挡在了界外,其时头顶时有日机飞掠轰炸,有家不能归,财产不随身(为进租界,不能随带行李,否则进不了铁门),饥寒交迫(时天气已转冷),一幕幕凄惨、悲伤的苦难便出现在阴冷的、无情的铁门边,以下就是这一段历史的一些片断:

……难民比前更多,箱笼被褥,木器家具,千车万担,绵延数里,呼号啼哭,惨不可言。②

民国路上塞满了三四天没有滴水进口的奄奄待毙的男女老幼。那几天又下着雨,就只在雨中淋。法租界的铁门关得铁紧,法国兵和安南兵守卫着门里的铁丝网,不许难民越雷池一步。③

铁门突然的开了,饥饿的人们,不,已经失去了人类意识的疯狂了的饥饿之群,如黄河决口向着租界里潮涌而来,他们忘记了已有三天没有饮食,凭他们疲惫不堪了的躯壳,冲!冲!向着租界里冲!残忍的木棍在"人"的手中使劲地挥动,在另一种人类的头脑上沉重地打着打着,不绝地打着!脑壳碎了,鲜血在流!前面的人跌下地去了,后面的,那里顾到,尽是在他的身

① 《申报》,1937年11月11日。
② 朱作同等编:《上海一日》第二部,第31页。
③ 张一望编:《沦陷前后的上海》,汉口群力书店1938年版,第51页。

上踏过去，踏过去：冲！冲！向着租界里冲！①

（铁门里）几个气势汹汹的巡捕把守住，非要有通行证才可进去……天空中出现了一架日机……于是起了个重大的纷乱和骚动，后面的人尽力向前拥。男的叫，女的哭，夹杂着被挤倒在地上的孩子被践踏的惨叫声。但是，他们继续互相拥挤，谁也不能从这堆人群里，救出那被挤倒的孩子。假如蹲下来，就有遭到同那孩子一样的命运。②

有一家前门在民国路，后门在法租界的烟纸店的主人，看不过店门外的同胞的那种惨状，开前门放进了一些人，法租界当局要按人处罚他一百元。结果，他牺牲了那铺子。③

有一家茶叶店的主人，因为有三千元的现钞留在南市店里，待去拿了要回进租界，已经来不及。他饿了三天，出十块钱买不到一杯水。最后出了几百块钱才由一家法租界的居民，把他用绳索吊上楼。回进租界，他已经半死了。④

三、 租界关闭铁门的无奈

公共租界和法租界的铁门、铁网和砖墙，隔离了租、华两界的交通，阻挡、排斥了大批的中国华界难民，如上述所举的一些情况，深刻地反映了当时的铁门是如何狰狞、冷酷，在它们的阻隔下，华界难民经历了饥、寒、风、雨、挤、压、病、死等的煎熬，受到了流浪与炮火中如在地狱一般难以忍受的苦难和无限伤痛。

被阻隔在铁门、铁网和砖墙外的难民自然是十分值得同情的，对那些举起木棍、皮鞭驱逐难民的租界巡捕也深应痛恨，然而，全面地看，两租界在最严重的时候将所有的铁门基本上都紧闭，强行堵住难民的进入，却也是在非常时期一种无可奈何的选择。以下我们得将目光从铁门外移向铁门内，对两租界的内部进行审察。

当八一三的炮火一响，中、日军队在华界的闸北和宝山，公共租界的东区即虹口、杨树浦一带恶战时，公共租界工部局立即宣布："本局迫不得已，只能顾及事实，而注重于维持所能切实控制区域内之安宁与秩序，并遵守严格之中立。"⑤

---

① 《申报》，1937年11月14日。

② 朱作同等编：《上海一日》第二部，第37页。

③④ 张一望编：《沦陷前后的上海》，第52页。

⑤ 《上海公共租界工部局年报（1937年）》，第24页。

法租界也采取了同样的立场。“中立”者，就是两租界不参与中、日双方的战争行动，同时也要求双方不准将战火延及两租界地区。在“中立”的前提下，起先两租界都能做到：1.容许和接纳因战争而生成的双方难民（实际主要是中国难民）进入界内；2.容许双方界外非军事的机关、学校、企业、团体等转移、设立于界内；3.在解除武装的条件下，容许和接纳双方的败兵、散兵进入界内。

正是在这样的原则下，当第一次难民大潮涌来时，大批的中国难民得以源源不断地进入到两租界内，据 8 月底的报纸报道，涌入公共租界和法租界的中国难民，高峰时曾达到 70 万人左右。[①]这些难民或投亲靠友，或借宿旅馆客栈，或租赁余屋空房。许多无依无靠、无财无业的难民则被中外慈善机构、宗教团体、同乡会和其他社会组织等建立的各种难民收容所收容。这些收容所利用界内的游乐场、学校、寺观、会馆公所及其他各种公共场所、闲置空地，广泛开辟场地，以安置更多的难民。两租界当局在这方面也是尽力地予以鼓励和帮助的，因这有利于解决界内的难民问题。以下是工部局卫生处对界内收容所和所收难民数的一些统计[②]：

难民收容所及收容难民数统计

时　间	收容所数量	收容难民数
8.30	105	52 106
9.10	116	61 835
9.23	121	61 896
10.17	125	56 196
11.4	132	71 452

然而，尽管有亲朋好友的帮助，有旅馆客栈、余屋空房可借宿暂居，有上百的收容所有可能会接纳，但是几十万的庞大难民之数，实在是太大了。1937 年，公共租界的人口约为 122 万人，但北区和东区已不受工部局控制，因此如扣除两区的人口，中区、西区及越界筑路区的人口约为 50 万人，加上法租界的总人口 48 万左右，共为近 100 万人[③]。100 万左右的人口要接待 70 万以上的外来者，那么就是每 1 人要接待 0.7 个难民的比例，这是两租界的居民人口及现有建筑和环境

① 《立报》，1937 年 8 月 31 日。实际数字可能还要超过此数。

② 录自有关日期的《申报》。

③ 邹依仁：《旧上海人口变迁的研究》，上海人民出版社 1980 年版，附表；罗志如：《统计表中的上海》，国立中央研究院社会科学研究所集刊第四号，1932 年，第 37、38 页。

所难以承受的。这样终于到了各收容所和整个租界区人满为患的地步。难民们,主要是那部分无财无业、无依无靠的人,在各难民收容所无力和无法解决的情况下,便只能流落街头、食宿街头。于是,在铁门外出现极度悲惨苦难场面的时候,在铁门之内的街头巷尾,也出现了另一种无限艰难困苦的辛酸场景。以下是当时有关这一场景的一些记载:

> 在法租界大马路(今金陵东路)两旁商店门前露宿者,亦不下数百余人,大都狼狈不堪,饥寒交迫,厥状殊惨。日来仅赖一二热心人士,购买大饼馒头,前往散放,聊以充饥,此外并无其他给养。①
>
> 法租界各处里弄中,每晚露宿难民,颇为拥挤,且连日阴雨,各难民如落汤鸡一般,易染疾病……②
>
> 无数的生命,他们是盲目地塞进租界里来了,他们没有带得在战区里的财产,……他们想保障他们的生命而丧失了所有的财产,然而不知道丧失了财产后的生命也是没有保障的。房租在二房东的算盘下吓得他们吐出舌头来……要发现招租的红纸条,几乎要看花了眼睛。于是,马路边的人行道上,弄堂的过街楼下,都做了他们“暂避风雨”之所。③
>
> 从战争的恐怖中救到公共租界和法租界的七十多万难民,处在饥饿、寒冷、疾病的死亡线的威胁之下。
>
> 你无论走到什么地方,你随处都可以碰见这些战争的牺牲者。男人、妇女、儿童聚集停车处或商店橱窗的前面,……有些人坐在行人道的边上,蜷曲着,身上背着一个蓝布包,或者一卷席……这是他们所有的一切。④

因难民成千上万、持续不断地从外涌来,公共租界和法租界内还出现了各种各样的实际问题。

首先,是粮食、食品和燃料供应发生了困难。租界原先的物资储存应该说还是比较充足的,因此不至于很快出现断粮、断食品、断燃料的情况。但由于战争在上海周围进行,租界与外界的联系大受阻碍。物资补充的来源在缩小,难民却

---

① 《申报》,1937 年 11 月 16 日。
② 《申报》,1937 年 11 月 19 日。
③ 《申报》,1937 年 11 月 18 日。
④ 《沦亡区域同胞的惨状》第一辑,上海抗战编辑社,1938 年。

在成倍成倍地增长。进少出多，租界内的粮食、食品、燃料的价格便自然要上涨了。米商、食品商、煤商为牟取厚利，又借机囤积居奇，关门停业，更引起了物价的飞腾暴涨、市面的混乱。如米商经常观望不动，营业者少，即使开门的，对每人仅限购 1 元之米。到 10 月时，租界的粮食供应已出现危机，工部局和公董局不得不分别紧急向安南西贡大批购米运沪。

至于副食品，租界内肉类、鱼类有相当的冷藏储存，最困难的是新鲜蔬菜的供应。八一三战争爆发后，江湾、罗店、浏河、大场等地陆续都成战场，这些地方对租界供给越来越减少。随着战争的深入，沪西、浦东的供应也大受阻碍，于是只能靠农夫零零落落的私运贩入。新鲜蔬菜是居民每天都要消费的副食品，不能长久储存，还有燃料方面，随着天气的逐步转寒，需求量在加大，这些都是比较棘手的问题。

其次，是衣被、日用品的缺乏。来自战区的难民大多是只身逃出，一无所有，或只带有一些随身物品。而从南市来的大批难民在通过法租界铁门时，要受到巡捕的监视，肩挑车载的庞大行李不准通过，否则你就进不了租界。这样，来到租界里的难民，特别是收容所的难民和蜷缩于街头弄里的难民们，极其缺少衣被和日用品。自 9 月夏天一过，天气渐渐转凉，缺衣少被的难民日子越来越难过，饥寒交迫，导致许多人染病，有些被冻死。各个难民收容所全靠社会各界捐献维持，常见收容所经常在报上呼吁各界人士慷慨给予捐助钱物，但捐献显然远跟不上实际的需要。至于街头弄里的难民得不到如收容所那样的正规帮助，只能靠各方零星的施舍和自己想办法，例如要自己做点饭，从锅柴到碗筷都得想法去借讨，其艰难的境况是可以想象的。

第三，威胁最大的是疫病的流行。战争爆发后，各医院人满为患。源源涌入的难民，普遍难得到医疗的保障。拥挤、混乱、饮水不洁、营养不良、缺医少药、小病得不到控制，众多的原因使难民集中地的卫生大成问题，从而在两租界内引发了一些疫病的流行。最严重的是霍乱和痢疾的发生。据公共租界卫生处和法租界卫生处在 9 月 15 日发表的第三次报告，公共租界患霍乱的人数为 258 人，法租界患霍乱的人数达 384 人①。从 8 月 30 日到 9 月 28 日，仅公共租界各医院中收治的霍乱病者就有 791 人，到 9 月 28 日，其中已死亡 148 人，另怀疑患上霍乱病

① 《申报》，1937 年 9 月 17 日。

症的人也达1 118人。①公共租界内还有一所专门的隔离医院，死亡人数则更多。自9月10日至19日的10天中，因患霍乱和痢疾而死的共为277人。②上海霍乱的严重，使香港当局将上海定为“时疫口岸”，凡从上海前往香港的，都必须先在上海其专门指定的地方进行身体检查，在取得合格许可证后，方能进入香港。

公共租界和法租界为了控制界内疫病的流行，都采取了一些积极的办法。工部局曾对虹口、杨树浦来的战区难民过苏州河时，实施了检疫；③又专门建立了一座隔离医院，收治传染病人。两租界的卫生处并派出医生到各难民收容所指导卫生办法，特别是还很认真地在一些地方设点和派人、派车，上街免费为居民和难民接种霍乱预防针和牛痘预防针等。

第四，治安问题越来越严重。大量难民涌入，又是战乱高潮时期，人员高度混杂、社会状况空前复杂。且不说战争双方在租界内频繁活动、互相对抗，这一期间，因乱世动荡、饥寒交迫等各种原因，铤而走险、偷抢害命等犯罪案件猛增。两界内盗匪充斥，恶势力横行，从室内到街上，杀人越货的重案也时有发生。为防止宵小之徒的扰乱和意外事故的多发，公共租界一再将宵禁时间提前，最早曾提前到从傍晚6时就开始(至凌晨5时)。④凡在此戒严时间，有逗留在外者，巡捕随时可以将其扣留。为了加强管理，两租界还都不断增加警务力量，这增加了行政开支，但仍难控制混乱局面。

如前所述，租界当局最“注重于维持所能切实控制区域内之安宁与秩序”，但上述各主要问题，直接和严重地威胁到了两租界的基本环境。为了要保持“安宁与秩序”，当第二次难民潮来到后，在上海国际红十字会征得中、日方同意，于9日在民国路和方浜路之间的旧城北部，开辟了“南市难民区”⑤后，租界当局便于10日正式宣布关闭全部铁门，封锁了租、华两界的交通，于是就把成千上万处于水深火热中的中国难民排斥在铁门外了。

不过，尽管租界当局宣布关闭全部铁门，但实际上却并未严格地做到完全断

---

① 《申报》，1937年9月30日。

② 《申报》，1937年9月21日。

③ 《申报》，1937年9月10日。

④ 《申报》，1937年9月23日。

⑤ 由于战区扩大，越来越多的难民向租界涌来，使租界不堪承受。为了解决这些难民的生存问题，法国天主教神甫饶家驹倡议在南市旧城内划出一个区域，建立专门的难民区。于是由中国红十字会出面发起，在征得中、日双方同意后，于11月9日正式成立。但这个难民区因处于华界内，且地小人多，并不能容纳所有的难民，他们的人身安全和生活仍没有保障，因此大量难民耽留于民国路上，候机仍想进入租界。

绝租、华两界的往来,这一方面是由于铁门外前推后拥、呼天抢地的难民大潮势难抵挡,另一方面,面对陷于苦难境地、惨不忍睹的难民群,作为中立者的西方人还是具有一定的人道主义精神的(尽管有一些巡捕在难民冲击时也会挥舞皮鞭、木棍)。因此,即使在宣布关闭的情况下,有些时候,仍会短时间的打开铁门,让一部分难民进入,或者虽然不打开铁门,但为铁门的内外两边提供一定的方便。

法租界10日宣布暂时关闭铁门、封锁内外交通的当日,难民如潮涌入老北门铁门,法租界警务处加派巡捕、包探于铁门内外,"竭力维持秩序,使难民均摩肩接踵鱼贯而行",但对"携有箱笼包裹者,则禁其进入租界,形迹可疑者,施以检查"①。11日,日机从早到晚对华界狂轰滥炸,南市非难民区的中国人为避轰炸,成千上万地向北面租界涌来。民国路上法租界各铁门前数万难民麇集,"妇孺童稚,啼饥号寒,凄绝尘寰"②。在此非常特别的情况下,法租界当局将老北门暂时打开,让一部分难民进入(只进不出)。同时又打开南阳桥铁门,让租界内有事要去华界的难民出去(只出不进),两相单向流动,不致内外冲突。当时的报纸和不久出版的专书也有其他的有关铁门开放的报道和记载:

> 又有难民从东自来火街铁门上,越入租界约四五百人。③
>
> 十一日那天,南阳桥铁门只开放了一次,立刻大批难民进了租界。但不到五分钟,铁门依然闭上。④
>
> 现该队(指世界红十字会救护队)又于外滩一带,运出难民一千八百余人,送至安全地带。并于法华交界处,商得法工部局之援助,开放铁门一小时。⑤

因当时处于战争的极度混乱时期,这些报道和记载也许不是非常的精确和全面,但是或由于有些铁门固守不易,或因飞机呼啸、炮声隆隆,难民生死就在一刹那,有些地方的守卫者(或者也请示过上级)不免动了恻隐之心,而违背规定临时打开一会儿铁门,这是完全可能的。

12日以后,法租界铁门似对外关紧,不过,并不禁止界内向界外的难民输送最需要的食品。其时从各方奔逃而来被挡在法租界铁门外的数万难民,饥寒交

---

① 《申报》,1937年11月10日。

②③⑤ 《申报》,1937年11月12日。

④ 张一望编:《沦陷前后的上海》,第46页。

迫，许多人已二、三日露宿于外，甚至没有一丝进食。两租界内的国际和上海的各种团体、机构，以及具有爱心的个人，购置了大批的大饼、馒头、面包等送至各铁门口。铁门不能开，这些食品便由守卫的中、法巡捕代向铁门外的难民抛送。但是，离铁门远的难民，很难接到食品，于是各团体与个人又与沿民国路上的商店、住家相商，借他们的上层窗口或阳台，甚至到屋顶向远离铁门的难民抛送，"光饼（即大饼）与馒头等，纷纷如雨滴而下，且送食物者此去彼来，故历久不绝。"[①]对此，法租界当局和巡捕并不干预，而是给予支持的。

与此同时，南市难民区的几万难民同样也食品匮乏，情势十分严重。由上海国际救济会和其他慈善团体、个人捐献的大批食品，从租界要送出时，在铁门处交给世界和平会的专门职员，由他们转给难民区。在这方面，法租界当局给予了更大的方便，能让他们通过铁门直接搬移到难民区。

在血腥恶战中面对陷于绝境中的中国难民，租界当局和西方人确是具有一定的人道主义精神的。法租界如是，处于北边的公共租界同样也有相当表现。在八一三战争史上，上海租界救援中国难民最为被称颂的一个事件，就发生在公共租界的西线。10 月 26 日大场失守，中国守军撤向江桥、南翔一线后，10 月 27 日，闸北、江湾、彭浦、真如、大场一带以前没有走掉的居民，特别是各村落的农民，顿失所依，如滚滚之潮逃向苏州河之南。这些居民且多老弱病残、妇女儿童。他们在惊逃到沪杭铁路桥北端时，已是疲惫不堪，举步维艰："大多数难民在走到铁桥北端都似乎要昏倒，但仍挣扎着很费力的一步步跨过铁桥的枕木。老妇和孩子们的步子是不够枕木的距离的，于是跌的跌，爬的爬，叫的叫，哭的哭，那真可是极尽了人间的惨相。"其时上有日机的轰炸，后有日军的追击，前面是公共租界的铁网和铁门，难民真的落入了无路可走的绝境。就在这一时刻，守卫在桥南的英国军队和租界中西巡捕，毅然向前伸出了救助之手，一个身在现场的中国人，记录下了他亲眼目睹的动人场景：

"他们（指英军士兵）卷起袖管，用那粗壮多毛的手臂，从桥的彼端一次次的一手抱着一两个正在骇得哭的孩子，一手扶着或抱着龙钟的老妇或无力行走的妇人们走过桥来；一担担代难民们把衣被或食米挑过桥来；他们流着汗，一次一次，我在那边的两小时中他们始终是那么像对自己的家人般真

---

① 《申报》，1937 年 11 月 16 日。

诚地对难民们援手。我亲眼看见难民们对他们感激得落下泪来，我亲耳听见难民们由衷地诉说的感谢话……”①

从苏州河北涌来的难民实在太多，于是公共租界当局开放铁门数次，对要进者，“经驻军略施盘问，即予放行”②。又派出救护车，将被流弹击伤的人送往租界医院和安全地方。对租界内救济和慈善团体前来救援的车辆和人员，尽量给予帮助和方便。

10月27日公共租界英国驻军和租界巡捕奋不顾身地救助中国难民，及让难民避入租界的高尚品格，在上海广为传扬，各界市民对此深为感动和感谢。上海市各界抗敌后援会、上海市地方协会、上海市商会等众多团体纷纷致函英国驻沪防守司令，表示深切谢意。上海市市长俞鸿钧也特地代表全市市民，向近二、三日内见义勇为助救涌入公共租界的中国难民，并对受伤者作“初步襄治”的英、美、意驻军，表示“深切之感忱”③。

四、结　语

一线之隔：一边是天堂，一边是地狱。地狱里的人们饥寒交迫，嗷嗷待哺，天天幻想着天堂。④

在枪林弹雨、大敌进逼，每个人的生命都随时可能被摧折的血腥形势中，中国难民如潮涌向两租界，他们把租界看作“安全区”，把租界比作“天堂”。尽管进了租界也有衣食住行等种种问题，也有不能预知的何种前途，但当时难民最真实的感觉和最巨大的愿望是：“到租界上去，最近又最安全”；“冲进租界的人觉得很侥幸”；“走进天堂和地狱的关口，我们轻松地透了口气”⑤。因为在苏州河南的租界区，不会受到日机、日炮的狂轰滥炸（除偶然的因素外），不会受到法西斯军队的烧杀抢掠；至少，在这一大片的区域内，因避离了敌人和他们的暴行，生命就有可能得到相当的保障。而这一在战争中人们最基本的要求，对进入租界中的绝

① 《申报》，1937年10月28日。
② 《申报》，1937年10月29日。
③ 《申报》，1937年10月30日。
④ 《申报》，1937年11月14日。
⑤ 朱作同等编：《上海一日》第二部，第31页。

大多数人来说最终确实是达到了，因此，租界在当时被称作为“天堂”，并不为过。

从租界一面来说，自八一三事变爆发起，其铁门基本是打开的，也即是对外开放的。仅至11月中旬，因局势变得格外严峻，租界内已人满为患，才不得不基本封闭铁门。但随着南市的很快陷落，华界城区已不再属战区，于是两租界铁门陆陆续续先后打开，旧有的交通仍恢复原样，难民们重返故里。这样，从总的来说，在战争期间，两租界铁门开放的日子为近3个月(8.13—11.9)，闭门日为仅10天。开大于闭。

在这期间，两租界共容纳了70万以上的中国难民，更深刻地说，因租界在中日战争特殊的“中立”地位，还因有着租界内难以计数的中外团体和个人的真诚无私的不断帮助，这70万以上的中国难民得以受到保护，基本上避免了生命的危险。这是不容否认的历史事实。

对于公共租界和法租界在八一三战争中极其特殊的作用，及对中国难民的特别帮助，在当时得到了充分的肯定和高度颂扬，如11月11日《大公报》中的时论作如下说：“在这次淞沪战事中，各租界当局及友邦人士给予我们的同情及援助已甚多，这是我们感念不忘的，最著者，如闸北退却之时，北区数万难民麇集在白利南路(今长宁路)上，敌机在作惨无人道的扫杀，公共租界则开放铁门，尽数收容到租界里来。最近沪西南市数十万难民都向法租界涌，租界当局也量予放行。法国教会人士更倡议创设南市难民区，拯救数十万生灵。这都是值得大书特书的人道与友情。”现今，当我们重新全面认识、研究租界的时候，对它们在上海特定的历史时期发挥过的作用和作出的贡献，是不应忽视和忘记的。

(本文原载《史林》，2002年第4期)

从《申报》看同乡组织在淞沪抗战中的难民救助

高红霞

八一三淞沪抗战期间，上海同乡组织的作用是值得称道的，他们主要在声援抗战、劳军、劝募国债、捐款、收容遣送难民方面作出很大贡献，这已为许多论著所涉及。本文主要依据《申报》在这一时间的报道，辅之以一部分同乡团体的档案资料，集中对战争期间上海同乡组织围绕难民救助、遣送和劝募公债所展开的一些活动作一考察与评述。

八一三淞沪抗战爆发后，仅 8 月 13 日这一天，涌入租界的难民就有六万余人。[①]直接暴露在炮火下的闸北、虹口、杨树浦、南市和近郊一带居民避至租界总数在“二十万以上，各收容所顿患人满，后至者竟露宿街头”[②]。随着战区向江浙蔓延，江浙难民也大量涌入上海，最高峰时达七十万。[③]收容难民和随之而来的安置、遣送成为当时最严重、最紧迫和棘手的问题。战事尚未展开前，8 月 9 日，国民政府成立“上海市救济委员会”，由社会局会同上海地方协会、上海慈善团体、宗教团体、红十字会和各同乡组织，着手进行运送难民和开设收容所。10 月，又颁布《非常时期救济难民办法大纲》，随着战事展开，全市难民收容、遣送主要分属上海市救济委员会、国际救济组织、慈联会和各同乡组织四个系统进行，全市收容所最多时达一百三十二处。[④]其中同乡组织纯属民间团体，尽管有政府的号召和引导，其救济和遣散难民行动纯属自愿，救济经费也全靠自集，显示了非常

---

① 陆大公：《八一三淞沪战役中我的经历》，《上海文史资料存稿汇编》(3)，上海古籍出版社，第 51 页。

② 《救亡日报》1937 年 8 月 26 日。

③ 《立报》1937 年 8 月 31 日。

④ 《救亡日报》1937 年 8 月 24 日。

时期民间组织的社会互助作用。

一

以1937年8月1日至12月14日的《申报》为参考依据，按同乡组织在《申报》上出现的频度和刊登信息的内容进行排比归纳，同乡组织在这一阶段主要的活动是围绕战前的准备、难民的安置和遣散、劝募公债、收集互通沦陷家乡的信息、号召抵制日货等。其中难民安置和遣散及劝募公债占绝大比例。

同乡团体的难民救助工作在战争尚未开始前已经起步。从1937年8月8日至13日战事发生，此为准备阶段。在这一阶段，同乡组织召开会议，商讨战事发生后的救助难民和运送救治伤病员等报道便不断见著于《申报》。8日，《申报》比较详细报道了安徽同乡会在同孚路召开近十个县同乡会联席会议，到会人数"数十人"，商讨成立战时服务委员会等事宜。①随后，河南同乡会、宁波同乡会、湖南同乡会、四川同乡会、湖社、浦东同乡会等都相继召开会议，讨论抗敌后援事宜。②12日，《申报》记载："本市各山庄、各会馆、各同乡会，为救济非常时期之难民收容给养，及伤民治疗起见，特将所有房屋让出，俾协助其他救济团体、办理难民收容所等用，并尽量捐款、以资大量救济，并同时对于非常时期之掩埋工作人员，亦已开始准备。"③宁波同乡会、浦东同乡会和湖社成为"救护组织之训练场所"④。

从战争爆发后到上海沦陷为第二阶段。从8月16日开始到9月11日前，相当多的同乡组织在《申报》上刊登启事和广告，提示同乡到指定地点集合，雇汽车或轮船回乡。同时也倡议募集经费，组织同籍难民回乡。或者是告知同乡到乡同乡会安排的收容所避难。根据时间顺序，这些同乡团体有：绍兴七县旅沪同乡会、湖社、广东旅沪同乡会、无锡旅沪同乡会、宁波旅沪同乡会、镇江丹阳金坛溧阳场中五县旅沪同乡会、杨属旅沪同乡会、山东会馆、余姚旅沪同乡会、常州旅沪同乡会、温州旅沪同乡会、洞庭东山旅沪同乡会、浦东旅沪同乡会、海盐旅沪同乡会、通如崇海启旅沪同乡会、海宁同乡救济会、宝山同乡会、慈谿旅沪同乡会、云南旅沪同乡会、泉漳会馆、宜兴旅沪同乡会、福建旅沪同乡会、平江公所、湖北旅

---

① 《申报》1937年8月9日。
② 《申报》1937年8月10日、11日、12日。
③ 《申报》1937年8月12日。
④ 《申报》1937年8月13日。

沪同乡会、江西旅沪难民遣送委员会等。①这些告示绝大多数刊登在广告栏，对其内容进行细分可归为三类：一类是呼吁捐款赠物救济难民、筹措掩埋棺木经费。战争爆发后，这类告示就比较多，不少同乡会在广告栏反复刊出；一类是提示同籍难民到指定地点登记或汇集，组织回乡之旅；一类是通知同籍难民可以到同乡会所设收容所避难。为了集中力量，协调各项工作，1937 年 8 月 29 日，各旅沪同乡会成立联合办事处，通过章程并推定负责人。联合办事处设立总务组、遣送组和交际组，常务干事由广东、浦东、河北、四川、全浙、宁波、湖州、常州、通州、崇启海同乡会担任。总务组干事由诸暨、绍兴两同乡会担任。遣送组干事由温州、潮州两同乡会担任。交际组干事由嘉定、松江两同乡会担任。办事处就设在浦东同乡会内。②二楼便是上海市救济会。

9 月 11 日，蒋介石给上海市商界劝募总队队长王晓籁拍发希望努力劝募的电报，以此为界，劝募的告示和消息明显增加。对于劝募一事早在 8 月 10 日便有报道上海市商界救国公债劝募总队成立，经该会议决，各同乡会应在 11 日前成立劝募公债分队。此后各同乡组织的活动除收容和遣送难民和劳军外，最重要的便是募捐和劝募公债。在蒋介石拍发电报后，劝募总队专门开会商定具体劝募方法，议定“凡公司于发给股息红利时，应搭发公债”。商界各行业及成员则“就资本公积职员薪资及股息红利提成购买”③。10 月 27 日，上海市商界劝募总队认购公债第一次成绩揭晓，劝募单位皆为行业团体，却不是以同乡团体为单位的，而是以行业组织为单位。除了因为各行业同业公会作为分队也统属于商界劝募总队外，同乡会的行业色彩较浓也是重要原因。反映了上世纪三十年代，同乡会与行业组织的丝丝关联。

11 月中旬上海沦陷后，进入第三阶段。松江、洞庭东山、宁波等一些旅沪同乡会登报宣布结束难民遣送。更多的同乡会从这时开始在《申报》上刊登劝募公债广告。一些沦陷区的旅沪同乡会则在报上征求桑梓信息。其中浦东同乡会情况有些特殊。从 10 月中旬开始，由于浦东战事吃紧，前期被同乡会遣送回籍的浦东难民又大批涌向浦西。于是，当其他同乡会的收容遣送工作基本沉寂时，浦东同乡会却开始了更为艰难的难民收容和安置工作。因此浦东同乡会的难民收容和遣散数量遥遥领先，仅次于宁波同乡会和湖社。

---

① 《申报》1937 年 8 月 16 日至 9 月 2 日。
② 《本市各旅沪同乡会成立联合办事处》，《立报》1937 年 8 月 30 日。
③ 《申报》1937 年 8 月 11 日，《申报》1937 年 9 月 10 日、12 日。

二

民国时期，上海的同乡组织，存在着会馆与同乡会同时并存现象，而且许多活动又与同业公会有着很大关联。旅沪人士都有会馆或同乡会，各会馆和同乡会都参加了收容和遣散难民的行动。个别会馆正是在抗日救亡运动中改名为同乡会，有些客帮也是在救亡运动中成立了同乡会。其中比较活跃的同乡组织主要有：金庭会馆、徽宁会馆、山东会馆、泉漳会馆、潮州旅沪同乡会、宁波旅沪同乡会、湖社、福建旅沪同乡会、浦东同乡会、苏北同乡会、广东旅沪同乡会、绍兴旅沪同乡会等。相对而言，淞沪抗战期间同乡会利用《申报》作为沟通信息的频度较高，其显示的活动能量也比会馆大，因此比会馆公所的影响也显得大。

第二次淞沪抗战期间各同乡组织收容、救助、遣散难民情况①

同乡组织名称	收容所数量	收容（人）	医治（人）	遣送（人）	办事处	其　他
宁波同乡会	14	24 858	2 517	20 万余		接济 40 余万
浦东同乡会	12	3 696		近万人	浦东大厦	
丹阳同乡会				24 185		
河南同乡会				1 600		
湖社				1 万余		
绍兴旅沪同乡会				2 千余	老北门懿德里 3 号	
四川旅沪同乡会	1	500				
徽宁旅沪同乡会		1 500			同孚路 142 弄 6 号	
无锡旅沪同乡会	3	5 000 余				
无锡江阴旅沪同乡联合救济会				2 400		
泉漳会馆	在法租界屋			600 余		
金庭会馆						雇 8 艘巨船遣送

① 根据上海档案馆会馆公所档案、熊月之主编：《上海通史》(第 9 卷)、郭绪印主编：《老上海的同乡团体》及《"八一三"史料选编》《申报》等资料汇集而成。

（续表）

同乡组织名称	收容所数量	收容（人）	医治（人）	遣送（人）	办事处	其 他
广东旅沪同乡会				800 余		
福建旅沪同乡会		165	22 人	千余人		
苏州旅沪同乡会					平江公所	
宜兴旅沪同乡会					山西路 128 号	
温州旅沪同乡会					四马路石路新普庆里 14 号	

上表所显示数字并不精确，但仍可反映出一些基本情况。

对第二次淞沪抗战时期难民救助、安置和遣送数字，目前许多论著只有阶段性的和局部的统计，没有总体的数量。主要原因是缺乏对于材料来源和材料本身的考订。单就政府机构的统计资料而言，就有民国政府和工部局两方面，另有见著于各慈善团体、同乡组织、行业组织的文件和回忆。他们在不同时段、依据上海不同区域的统计数字是有很大出入的。比如难民收容所数量，我们通常所提的数字只是市民救济会统属的数字，而同期还有同乡团体、租界当局等，这中间还存在着交叉性，如泉漳会馆在法租界租屋，设置收容所。但无论是工部局和当时的报纸都表达了这样一个事实，收容所在短短三个多月时间里变动是很大的。首先开办时间不一、管理的情况不同，因各种因素而结束的时间也不同，所以在不同时段的统计会有出入在所难免。另有一些没有留下具体数字但在《申报》上登出安置或遣送难民通告的同乡会，如：温州旅沪同乡会、宜兴旅沪同乡会、苏州旅沪同乡会、洞庭东山旅沪同乡会、通如崇海启旅沪同乡会、河南旅沪同乡会、常熟旅沪同乡会、镇江五属旅沪同乡会、绍兴七县旅沪同乡会、广东旅沪同乡会、杨属旅沪同乡会、山东会馆、余姚旅沪同乡会、常州旅沪同乡会、云南旅沪同乡会、湖北旅沪同乡会、江西旅沪同乡会、潮州旅沪同乡会、山东旅沪同乡会等。从中似可看出，其中好些我们曾经以为上世纪四十年代中期才成立的同乡会，此时已经存在。①

又如，对于劝募活动，绝大多数同乡团体都在《申报》上刊登了认购救国公债

① 郭绪印主编：《老上海的同乡团体》一书中，镇属五县、常熟、安徽、江西、河南、四川、云南、福建、宜兴等同乡会都在 1945 年以后成立，疑是抗战胜利后国民政府要求重新登记的时间。

的启事，一些不常出现的会馆如兴安会馆，也刊出了劝募公债的数量。[①]但商界劝募总队第一次劝募数字揭晓是以行业和商号为单位。[②]

图表数字和《申报》报道所显示的另一个现象是，在救济安置和遣送难民活动中，同乡会参与的数量比会馆公所要多得多。同时从《申报》这一时期报道同乡组织的活动看，同乡会无论在数量和出现的频度方面，也大大超过了会馆公所，因此同乡会显示的活动能量和作用显然要大。这种现象确实从一个角度说明了民国时期同乡会蓬勃发展的状况。同乡会容纳了比会馆多得多的阶层，在上海这样一个移民城市显然更受欢迎。又由于淞沪抗战爆发，牵涉的面很大，尤其是难民救助活动，以及受到救助的难民包含各个阶层，一下子要面对各行各业的战争受难者，不仅仅是商人，危难时期他乡客地，职业、阶层等已显得不太重要，同乡会有更大的适应性和凝聚力。其中不少旅沪移民还因抗战兴起，面对危难的局势更加团结起来。四川同乡会的情况很具有代表性。当时四川在沪移民有“二万人左右”[③]，其中以学界人士占多数。但四川同乡会却由川籍商人所掌握，其他阶层并不活跃参与。自抗战爆发后，各界四川同乡凝聚力非常强，连以往不大接近同乡会的四川籍学生也与之密切了联络，担负起了一些实际工作。8月11日，战争开始之前，四川同乡会就在《申报》上登出消息，定于14日召开同乡会监理事会议，讨论组织抗敌后援会。战事爆发后，在抗敌后援会下成立了一个战时服务团，设总务、组织、训练三组。各组干事多半由四川旅沪学生担任。服务范围包括救护、交通、义勇、谍报四个方面，其中以救护工作最为出色。配备卡车两辆，服务员四十余人，每日上前线两次。同乡会出现的频度高还有一个因素是一些同乡会进行活动的场所就是同乡会馆。如湖南旅沪同乡会就常假湖南会馆开会。平江公所、江宁六县公所、燕丰会馆等都作为同乡会或难民安置所。[④]会馆在这时与同乡会在应付战争，救助难民时几乎合而为一。例如泉漳会馆在抗战中改成同乡会。广东同乡会、苏北同乡会等正是在抗战中成立的。不过，从上海档案馆会馆公所、同业团体的档案中仍能找到他们相当多的捐助难民和遣散难民记录，但似乎这些都没有在媒体上公开。如金庭会馆曾“雇定巨船八艘由

① 《申报》1937年9月24日。
② 《申报》1937年10月27日。
③ 《救亡日报》1937年9月9日。
④ 《申报》1937年8月9日、17日，9月15日。

水道护送回乡”①,另外泉漳会馆、兴安会馆等均有救助同乡、遣散同乡的举动。同乡会与会馆比较,其职能确有相异之处,但在济助同乡这一点上仍然是相同的。

图表还显示,宁波、绍兴、无锡、湖州等江浙籍同乡团体在收容,尤其是遣散难民方面数量最大。这主要由于当时的上海江浙籍移民数量原本就多的缘故。淞沪抗战前后,浦东同乡会显得比其他同乡会更活跃。主要因为浦东的地理位置和浦东同乡会中的头面人物在上海社会中的独特地位。就浦东的地理位置而言,它与当时的上海市隔江相望,战争爆发前后它的难民安置遣送更显艰巨。战争尚未爆发,大批浦东人渡江回乡避难,9月底,在绝大多数同乡会收容和遣散基本告一段落时,浦东同乡会却开始了又一轮的难民收容。淞沪抗战是从浦西打响的,战争开始之初,浦东各处尚属安全,于是旅沪浦东同乡相率返回故乡,浦东同乡会做了大量组织运输工作,将大批同乡送往浦东。10月初,日军增援部队源源而来,浦东田园被毁,衣食难得,浦东人又向浦西逃难。浦东同乡会又开始收容难民,再设收容所。上海沦陷前几天中,浦东同乡会仍在设法安置渡江而来的难民。②浦东同乡会显得活跃的另一个重要原因在于,同乡组织一般都统属于“上海市各界抗敌后援会”,或者是后来的“上海市救济委员会”,这两组织的主要主持人是杜月笙,并将办事处设在了浦东同乡会会址。

三

在南京国民政府统治的绝大多数时间,同乡团体基本上是一种在政府部门登记的合法民间组织,有着一定的自治空间。但淞沪抗战时期,同乡团体的抗日救助活动很大程度上是在国民政府的统制之下,基本上纳入了国民政府的战时救助体制。一方面无论从经费和人力,同乡团体的救济难民、劝募公债活动很大程度上出于志愿,因为首先此类活动与同乡组织的基本职能是相适应的,其次是出于抗日救国的爱国热情。另一方面,国民政府的组织、引导也起了很大推动作用,至少使救助活动显得更有序化。尤其淞沪抗战后期,随着战局的日趋紧张,在劝募、遣散等方面,政府对同乡团体的控制力也比以往任何时期更强。同乡团

① 上海档案馆 Q117-23-4a。
② 《申报》1937年11月8日。

体基本上也默认、或者说服从这样的统制。

同乡团体的救助活动尽管主要是一种自募经费的志愿行动，但从一开始基本上是被纳入上海市救济会的范畴。而上海市救济会是上海社会局直接控制下的组织。民国上海市政府一方面基于战事爆发前已经显露的难民潮流，战前就开始号召并组织社会力量参与行动。在华北战事激烈、上海战事尚未爆发之前，上海市社会局就"令知各慈善公益团体共同进行准备救济事宜"①，要求分别组织"救亡协会"或"战时服务团"，另一方面也"诚恐团体众多，组织散漫"，须"集中力量，发挥抗敌效率"，因此要"统一组织"，"不良团体，决予断然取缔"②。要求所有民间团体包括同乡组织"应一律向上海市各界抗敌后援会登记"③。但"经费由参加之各机关团体担任之"④。民国上海市政府希望通过志愿与组织相结合的方式，达到掌握、控制的目的。

8 月 9 日，上海市社会局为统筹非常时期救济事业，成立上海市救济委员会，潘公展出面主持。初在仁济善堂设立办公处，后迁移至浦东同乡会二楼。工作人员达一百多名，可想而知是一个有相当规模的组织机构。9 日开始，《申报》几乎每天都有各同乡会召集会议成立抗敌服务团之类组织，商讨救援事宜的报道。显然，各同乡团体是按照救济委员会规定的步骤进行着抗战救援工作。10 月 1 日，"上海市救济委员会"改组成"非常时期难民救济委员会上海市分会"，这是一个由上海市社会局会同上海戒严司令部、京沪、沪杭甬两路局，上海航政局及所属有关各局，并联合上海市地方协会、市商会和旅沪同乡团体组成的一个共同体。⑤政府领导的色彩更浓，它重申"各同乡团体各慈善团体所办救济工作，均将报告该分会考核并指导监督办理"⑥。

如果说对难民安置和济助遣散等事宜，基本上属于志愿行动的话，劝募公债则有很大的强制性。随着战争的爆发和持续，为筹集战争经费，国民政府发行救国公债。9 月，救国公债上海市市民劝募总队成立后，市政府便要求各旅沪同乡团体"务于本月十一日前，赶速组成分队"，并要将分队长姓名上报总队。11 日报

① 《救亡日报》1937 年 9 月 16 日。
② 《立报》1937 年 8 月 13 日。
③ 《立报》1937 年 9 月 1 日。
④ 《立报》1937 年 7 月 23 日。
⑤ 《抗战与救济事业》，商务印书馆 1938 年版，第 47 页。
⑥ 《申报》1937 年 10 月 1 日。

道已有四分之一同乡会成立分队。[①]在蒋介石给王晓籁拍发努力劝募的电报后，同乡团体的商业组织作了一些强制性的规定，即“就公司资本、职员薪金及股息红利提成认购公债”，双十国庆节，有些同乡会甚至上门劝募。[②]《申报》上同乡团体登报要求同乡认购公债的广告内容明显多于安置、遣散难民的内容。

综上所述，在八一三淞沪抗战期间，同乡团体在安置难民、遣散难民和认购救国公债方面作出了贡献，显示了同乡团体济助同乡的一贯职能。同时，政府对于同乡团体的统制也表达得尤其充分。这一时期同乡会与会馆公所同时并存，但同乡会的影响大大超过了会馆公所，其中既有各自组织制度作用因素，也有时局因素和各自接触媒介的频度所然。

（本文原载《上海纪念抗日战争胜利60周年研讨会论文集》，2005年8月）

① 《申报》1937年9月10日。
② 《申报》1937年10月11日。

八一三抗战期间上海难民的社会救济与遣送

刘金如　李圣菊

八一三事变爆发后，日寇迅速闯入上海，烧杀抢掠，无恶不作，无数上海人民无家可归，沦为难民。上海各慈善团体、各旅沪同乡会及其他社会组织纷纷召开紧急会议，设立机构暂时收容难民，开展了大规模的难民救济与遣送工作。由于史料的限制，学术界对这一问题的研究成果尚不多见，木文试图对此做一探讨，以求教学术界同仁。

一、难民及难民收容概况

八一三事变爆发后，上海公共租界和法租界为避免战乱，当即宣布"中立"；国民党上海市政府也由江湾新市区迁回枫林桥旧址办公。战区内，工人、农民、小手工业者等无家可归，沦为难民，不得不扶老携幼，避往"安全地带"。据《申报》记载：其时，"凡住居闸北区域内与闸北昆邻各处之人，即纷纷向苏州河以南逃避。"①仅八一三这一天，就有 6 万难民涌入租界②。"故北区经昨日之彻底移动，剩余人口确属寥寥无几矣。"③据不完全统计，战争发生后，上海附近聚集的难民多达 130 万④。涌入租界的中国难民，高峰时达 70 万以上，而租界内原有人口约 100 万⑤，到 9 月中旬，租界总人口甚至增加到 300 万左右⑥。因租界内人满

①③ 《战时状态下闸北巡礼》，《申报》1937 年 8 月 13 日第 10 版。

② 陶菊隐：《孤岛见闻——抗战时期的上海》，上海人民出版社 1979 年版，第 3 页。

④ 转引自王春英：《抗战时期难民收容所的设立及其特点》，《抗日战争研究》2004 年第 3 期。

⑤ 郑祖安：《八一三事变中的租界与中国难民》，《史林》2002 年第 4 期。

⑥ 陶菊隐：《孤岛见闻——抗战时期的上海》，上海人民出版社 1979 年版，第 4 页。

为患，众多难民只能流落街头巷尾，或就地坐卧露宿，情形极为悲惨。针对这种情况，上海各慈善团体、各旅沪同乡会及其他社会组织立即召开紧急会议，成立机构，开展难民救济工作。

当时，上海市救济会是最具影响力的难民救济机构，它由上海市社会局、上海慈善团体联合救灾会、中国红十字会、世界红卍字会、上海华洋义振会、中国华洋义振救济总会等共同组成，“纯以慈善普济为宗旨，办理非常时期的一切救济事宜。”①其成员之一上海慈善团体联合救灾会还特设“救灾战区难民委员会”，专门负责难民救济工作。同时，各慈善团体还于 8 月 15 日联合组织了国际救济会，办理救济事宜。上海地方协会也成立了专门的难民遣送委员会，主持办理输送南市和闸北的难民离开上海返回原籍。

据统计，成立于抗日战争爆发前的各旅沪同乡会约有 65 个②。八一三事变爆发后，各旅沪同乡会如宁波旅沪同乡会，于战争爆发当天即召开常务委员会，讨论组建特种委员会。江阴旅沪同乡会早在 8 月 8 日即成立江阴旅沪同乡救灾会，通过会章，选举执行委员，后与无锡旅沪同乡会及圣善会合办收容所，收容难民并遣送回乡。安徽同乡会也成立了战时救济委员会，救济同乡难民。还有一些同乡会联合成立救济机构开展难民工作，如镇江、月阳、金坛、溧阳、扬中五县旅沪同乡会联合组织救济委员会。宝山、嘉定、太仓三县旅沪同乡会于战争爆发前一天就举行联席会议，成立太嘉宝三县难民救灾会；战争爆发后，又联合组成三县灾民联合会救济上海难民。广东旅沪同乡会、广肇公所、粤侨工商业联合会联合成立广东旅沪同乡救济难民委员会等等。另外，某些教会组织及海内外爱国人士也联合组织了难民救济机构，如上海市回教会于 8 月 12 日成立了上海市回教会灾民救济会，而国际联合遣送难民委员会就是由海内外众多知名人士发起组织的，以遣送中国难民回内地为其要务。

各救济机构成立后，救济收容难民的工作就如火如荼地开展起来。非战区内的若干学校、庙宇、游艺场所等被辟为临时的难民收容所。各救济机构组织救护队护送难民到收容所，并提供基本的给养、医疗、教育等服务。宁波旅沪同乡会募捐 167 989.7 元，在“沪设难民收容所 14 处，在宁波设 1 处”③。福建旅沪同

① 《市救济委员会办理救济难民情行(上)》，《申报》1937 年 9 月 20 日第 5 版。

② 郭绪印：《老上海的同乡会团体》，文汇出版社 2003 年版，第 48 页。

③ 《宁波旅沪同乡会会务报告》下卷，第 17—19 页，转引自郭绪印：《老上海的同乡会团体》，第 68 页。

乡救济委员会募款18 870.71元，将165名同胞送入上海难民救济协会收容①。据《申报》所载上海市救济会之调查，至9月20日，由该会设立兼供给粮食的收容所就达59处，其他机关办理而由该会供应粮食的收容所有12处，其他机关办理兼供给粮食的收容所达39处，开办后办理不善而中止的以及尚在筹备中的收容所亦有30余所，所以最多时达140余所②。到11月4日，仅租界内就设立了收容所132处，收容难民71 452人③。另外，从8月12日战事爆发的前一天到9月底上海市救济会改组，市救济会收容难民最多时达8.4万余人，上海其他救济机关团体及同乡会收容难民最多时达20.65万余人④。海关档案资料记载，南市难民区设有收容所130余所，收容难民7万多人。据分析，八一三战争期间，数字时有增减，但这一数据可能为最高数⑤。

二、 难民遣送回籍之概况

随着战区的不断扩大，上海与外界的联系日趋减少，粮食、衣服、医药、燃料等基本物资供应紧缺，而难民人数却与日俱增，难民的救济工作形势越发严峻。为了缓解上海各方面压力，保护人民的生命安全，各组织纷纷设法将难民分批遣送返回原籍。从八一三事变爆发到11月中旬上海沦陷，这短短的3个月时间内，上海难民的遣送工作大致可以分为三个阶段：

第一阶段：八一三事变爆发到月底。这一时期内，各慈善团体、各旅沪同乡会及其他社会组织四处奔波，筹措资金，租借汽车轮船等，初步开展难民的遣送工作。

由于难民大批涌入租界，租界当局设立了许多临时收容所，一面号召各界人士捐助寒衣粮食，一面把山东、苏北、浙江等近地难民分批遣送回籍。上海市救济会的遣送组自设立之日起，就为遣送各地难民回籍做出了重要贡献。据报载，该组于8月20日上午即送出第一批难民至松江一带⑥。此后两天又送979名难

① 《福建旅沪同乡救济委员会工作报告》，转引自郭绪印：《老上海的同乡会团体》，第68页。

② 《市救济委员会办理救济难民情形(上)》，《申报》1937年9月20日第5版。

③ 《租界内收容所卫生状况》，《申报》1937年11月4日第8版。

④ 《市救济会结束前工作》，《申报》夕刊，1937年10月2日第2版。

⑤ 中国人民政治协商会议上海市委员会文史资料工作委员会编：《抗日风云录》下卷，上海人民出版社1985年版，第177页。

⑥ 《各同乡会及各团体扩大救济战区难民》，《申报》1937年8月21日第6版。

民至苏州、杭州、嘉兴、松江等地[①]。截至8月29日,该组共遣送难民两万余人回乡[②]。各旅沪同乡会对遣送同乡回籍的工作也是不遗余力。江阴旅沪同乡会早在8月18日就率领难民2 300人回乡[③]。至8月28日,江阴无锡联合收容所共送出8批难民达万人[④],随后8月30日又送出了第12批难民,达2 400人[⑤]。宁波旅沪同乡会截至8月26日止,共遣送同乡3.6万余人回籍[⑥]。镇江、丹阳、金坛、溧阳、扬中等五县同乡会于8月26日送出第一批难民1 500人后,第二天登记要求遣送回籍的难民就超过6 000人,可见难民之众[⑦]。据绍兴七县旅沪同乡会统计,这一时期,发给回乡难民的船票多达7 000余张[⑧]。截至8月底,湖社办理遣送同乡难民回籍达12次之多,共1万余人。浦东、广东、宜兴、江苏、常熟、海宁、泉漳、定海、绍兴、海门等旅沪同乡会也纷纷开始遣送同乡难民回籍,其中广东旅沪同乡救济难民委员会募款212 300元,遣送被难同乡16批,共达万人;洞庭东山旅沪同乡会募款5 000元,分9次遣送难民3 000余人[⑨]。上海战区难民救济委员会经由轮船、火车及小船遣送苏州、杭州、湖州、无锡等地的乡民,多达3.5万余人次。据《申报》统计,这一时期,仅由南站离开上海返回原籍的难民不下30万人[⑩]。

第二阶段:9月间。这一阶段,随着日军侵略势力的扩张,上海更多地区成为战区,难民人数不断增加,各慈善团体、同乡会等组织也加快了难民遣送工作步伐。

据《申报》记载,截至9月6日,靖江旅沪同乡会办理登记、遣送回籍的同乡难民约2 000人[⑪],常州旅沪同乡会从水陆两路遣送难民超过7 000人[⑫]。到9月20日,江阴无锡联合收容所雇用轮船遣送难民回乡达3.4万余人[⑬]。镇江、丹阳等五县同乡会截至9月27日,共遣送难民26次之多,约2万余人[⑭]。宁波旅沪

① 《各同乡会遣送难民回籍》,《申报》1937年8月22日第2版。
② 《后方工作简报》,《申报》1937年8月29日第5版。
③ 《各同乡会及各团体扩大救济战区难民》,《申报》1937年8月21日第6版。
④⑦⑧ 《各界努力进行救济难民遣送回籍》,《申报》夕刊,1937年8月28日第2版。
⑤⑩ 《各团体遣送难民回籍》,《申报》1937年8月31日第5版。
⑥ 《后方工作简报》,《申报》夕刊,1937年8月26日第2版。
⑨ 转引自郭绪印:《老上海的同乡会团体》,第68页。
⑪ 《遣送难民简报》,《申报》1937年9月6日第2版
⑫ 《各同乡会继续遣送难民》,《申报》夕刊,1937年9月4日第2版。
⑬ 《救济一斑》,《申报》夕刊,1937年9月20日第2版。
⑭ 《本埠难民减少》,《申报》夕刊,1937年9月27日第2版。

同乡会遣送难民的工作极为尽力，仅9月4日一天用卡车运载回籍同乡就达2 000人[①]。至9月底，该同乡会除两收容所内还收容1 800余人外，其余全部送回，共达80 200人，加上临时申请回籍的难民，共运送15万以上[②]。另外，台州、吴江、慈溪等同乡会也租借大卡车、轮船等多次遣送同乡难民回籍。

这一时期，更多的慈善团体及社会组织开始了遣送难民回乡的工作。上海市救济会9月5日一天就分三批送出难民5 400多人回苏州、无锡、嘉兴等地[③]。上海慈善团体联合救灾会救济战区难民委员会遣送组9月中旬共遣送难民约3 500多人回籍，并安排工作人员随行护送。上海中国济生会至9月15日也已分次遣送难民1 700余人回籍[④]。据上海市救济会调查报告，自战事爆发的前一天至9月底，该会共遣送难民达7万多人。除此以外，上海其他机关团体及各同乡会共遣送难民达19.32万余人[⑤]。至此，上海各救济机构共遣送难民26万余人。

第三阶段：10月初至11月中旬上海沦陷。这一时期涌现了一批新的机构，开始从事难民遣送工作，而大部分的同乡会及慈善团体在将难民送回原籍后即宣告结束遣送工作。

10月1日，上海市救济会改组为非常时期难民救济委员会上海分会，其内部组织和成员基本保持不变，继续开展难民救济工作。这一时期，一批新机构成立，如“收容资遣湘侨委员会”于10月2日成立，设有收容所及办事处，帮助湖南同乡回籍。四川旅沪同乡会也于10月初开始登记遣送被难同乡回籍。10月上旬，江宁六县公所救济难民委员会共送出五批难民达1 000多人回籍[⑥]。潮州旅沪同乡会也已遣送三批难民回汕头[⑦]，河南旅沪同乡会自10月起陆续遣返难民1 600余人[⑧]。之后，这些同乡会仍继续从事难民的遣送工作。而大部分同乡会在将同乡遣送回籍完毕后即陆续结束工作，如福建旅沪同乡会、洞庭东山旅沪同乡会等。10月28日，宁波同乡会也送出了最后一批同乡难民1 000多人，自此即宣告结束同乡难民的遣送工作。而自沪战爆发以来，由该会出资送回原籍的

---

① 《各同乡会继续遣送难民》，《申报》夕刊，1937年9月4日第2版。
② 《本埠难民减少》，《申报》夕刊，1937年9月27日第2版。
③ 《遣送难民简报》，《申报》1937年9月6日第2版。
④ 《救济一斑》，《申报》夕刊，1937年9月20日第2版。
⑤ 《市救济会结束前工作》，《申报》夕刊，1937年10月2日第2版。
⑥ 《江宁六县公所救济难民委员会》，《申报》1937年10月9日第2版。
⑦ 《潮州旅沪同乡会第四次遣送同乡》，《申报》1937年10月11日第2版。
⑧ 转引自郭绪印：《老上海的同乡会团体》，第68页。

难民多达 16 万人[①]。

三、 难民遣送工作面临的困难及解决办法

在炮火中要安全顺利地将数十万难民送回原籍，其困难是可想而知的。各慈善团体、同乡会等，竭尽全力克服困难，帮助难民返乡。

遣送工作中首先遇到的是交通问题。由于战争还在进行，不仅交通运输工具严重缺乏，而且许多路段遭到破坏，单靠数以百十万计的难民携儿带女、肩挑手提步行回籍，是完全不可能的。因此，交通问题就成为难民回籍的第一大难题。对此，各慈善团体、同乡会负责人多方联系，请求交通机关予以便利，得到了上海市社会局和有关交通部门的大力支持。上海社会局局长、市救济会主席潘公展于 8 月 22 日分电各方，请求分拨车辆与船只用于遣送难民[②]。之后，上海航政局应交通部之令，联合上海市各团体成立了"上海市内河船舶管理委员会"，统筹办理内河运输，以便利难民的遣送工作。宁波旅沪同乡会会长虞洽卿则设法雇请外国轮船，行驶沪甬，专供运送同乡难民之用。据《申报》报道，"凡籍隶浙江省各县，或可转道归邻近及各省之难民，由三北宁绍公司派船或另租，每日开放两艘，遣送内地安全地带，分别转道各归原籍。"[③]自 8 月 15 日至 9 月 17 日，往返 20 次之多[④]。上海难民遣送委员会之船舶调度组征集民间小轮承担运输任务，但由于运载量有限，每航次不过三、五百人，委员会便派人与太古、怡和两洋行协商派船行驶中通线运送难民。每航次约 1 500 人，两个多月内，估计从上海运往苏北的难民有数十万之众[⑤]。广东旅沪同乡会也派员和太古、怡和轮船公司接洽，包租轮船分批遣送同乡，先后送出 16 批同胞回乡[⑥]。

难民回乡除了交通问题外，途中敌机对输送难民的车辆及船只等，时加轰炸或扫射，给难民生命安全造成了严重威胁。据统计，截至 10 月 12 日止，租界市民中流弹而死者达 2 057 人，伤者 2 955 人[⑦]。租界内的伤亡人数尚且如此惊人，更不用说租界外了。仅从上海市救济会的一次报告中，我们就可以看到日军之

---

① 《甬籍难民今日最后遣送》，《申报》夕刊，1937 年 10 月 28 日第 2 版。

② 《各同乡会遣送难民回籍》，《申报》1937 年 8 月 22 日第 2 版。

③⑦ 《各同乡会及各团体扩大救济战区难民》，《申报》1937 年 8 月 21 日第 6 版。

④⑥ 宋钻友：《抗战时期上海会馆、同乡组织的难民工作初探》，《上海党史与党建》1995 年第 1 期。

⑤ 中国人民政治协商会议上海市委员会文史资料工作委员会编：《抗日风云录》下卷，第 184 页。

残暴:“8月12日,由上海开往江苏之汽车7辆,经南翔时,被敌机投弹轰炸,死伤难民56人;同月28日,难民集中南火车站,准备登车出发时,被敌机投弹轰炸,死伤400余人;9月5日,在北新泾野鸡七敦,有小火轮拖带拖船输送难民至苏州嘉兴二处,敌机以机枪扫射,死伤六七十人;同月13日,仍该处,由小火轮及民船遣送难民,又遭敌机轰炸,死伤又达400余人。尚有自助离沪及未经该会登记的难民遭到敌机轰炸扫射未计算在内,暴敌之残酷,可见一斑。”①

对于日本帝国主义的这种极度丧失人性的行为,各慈善团体、同乡会、红十字会等组织一方面纷纷提出强烈抗议,另一方面派遣送员随行护送难民,有的还发放钱物等。如《申报》报道红卍字会遣送难民之情形,“(难民)先在盆汤弄集合,每人发给馒头十枚,并派救护队员随船护送到苏,闻俟抵苏后,如各难民中有乡里较远者,仍由苏该会酌给钱文,俾便安然旋里。”②

遣送难民最感困难的还是资金问题。将数十万难民遣送回籍,需要大量的资金,为此,各慈善团体、同乡会奔走呼吁,多方筹措,保证了最低限度的难民遣送经费。当时遣送经费来源主要有以下几个方面:

一是各慈善团体、同乡会调拨自身经费,或号召会员积极捐款等用以遣送难民。如云南旅沪学会发出紧急通告,取出部分基金,以做资遣费用③。宁波同乡会捐款16 798.7元,浦东同乡会捐款24 083.49元,福建同乡救济委员会捐18 870.71元等④。

二是中央政府或地方政府拨款。根据《非常时期救济难民办法大纲》规定,非常时期难民救济委员会总会“除得呈准动用中央救灾准备金外,亦得呈请中央拨发专款或募捐”,而各省及院辖市、县市“分支会经费由地方政府就原由救济机关及善团之基金暨经临各费及地方救灾准备金,统筹支配,亦得募捐”⑤。9月初,中央振务委员会拨款上海市慈善团体联合救灾会10万元⑥。各省府也拨款援助上海难民的遣送工作,如湖南省政府于9月9日拨款1万元救济上海难民等⑦。

---

① 《市救济委员会办理救济难民之情形(下)》,《申报》1937年9月22日第5版。
② 《各界努力进行救济难民遣送回籍》,《申报》夕刊,1937年8月28日第2版。
③ 《遣送难民简报》,《申报》1937年9月6日第2版。
④ 宋钻友:《抗战时期上海会馆、同乡组织的难民工作初探》,《上海党史与党建》1995年第1期。
⑤ 《政院昨通过救济难民办法》,《申报》1937年9月8日第2版。
⑥ 《振委会允拨十万救济难民》,《申报》1937年9月6日第6版。
⑦ 《湘省府拨款救济在沪难民》,《申报》1937年9月9日第2版。

三是社会团体、个人的热心捐助。上海工商界、教育界、文艺界、宗教界等各界人士纷纷慷慨解囊，出钱出力，捐献衣物。如爱国实业家竺梅先把历年积存的银杯、银盾、银器具、银制轮船模型等上百件银器装满一卡车，送给了宁波同乡会[①]。著名京剧表演艺术家梅兰芳也为救济难民筹募资金。据《申报》报道，国际联合遣送难民委员会自成立之初至 9 月 6 日，募集资金约 11.66 万余元[②]。9 月 26 至 30 日，上海市救济会通过播音募款共计 13 600 余元[③]。上海妇女还通过捐献首饰及其他募捐、义卖活动筹措资金，用作救济难民之用。

四是海外华侨、国际友人的爱心支援。据《申报》报道，德国旅沪侨商 8 月 27 日和 9 月 11 日分别捐献 17 000 余元和 24 089 元致上海市市长转为救济难民之用[④]，1937 年 8 月，美洲地区规模最大的华侨抗日救国组织旅美华侨统一义捐救国总会成立，直属分会有 47 个，遍及美国、墨西哥、中南美洲 300 多处大小市镇。华侨们通过临时献金、专项捐款等形式筹集的战时捐款总额达 3 800 万美元以上[⑤]。

四、 难民遣送回籍后的安置

上海战区难民被遣送回籍后，生计问题亟待解决，否则就如《申报》中所说："若不谋其生路，强者铤而走险，弱者沦为乞丐。"[⑥]这样将会导致严重的社会问题。为此，依据《非常时期救济难民办法大纲》，各省结合当地的实际情况，根据难民的不同情况采取不同的安置办法。

对那些无工作能力的老弱病残，由当地收容所收容照料。当时，各救济机关积极与当地接洽，使难民回乡后被妥善照料。上海市救济会主席潘公展电请浙江省转令各县，对从上海回乡的难民予以收容。各同乡会则提前派员在当地寻找适当地点设立收容所，使难民回乡后能及时安顿。难民中的许多老年人被送入养老院休养，学龄儿童及有志青年则分别插入相当学校借读，或施以临时

---

① 《抗日风云录》上卷，第 309 页。

② 《国际遣送难民会盼望捐款殷切》，《申报》1937 年 9 月 17 日第 6 版。

③ 《救济会播音募款结果》，《申报》1937 年 9 月 30 日第 6 版。

④ 《旅沪德商捐款救济难民》，《申报》1937 年 8 月 27 日第 5 版；《德商又捐款救济难民》，《申报》1937 年 9 月 12 日第 5 版。

⑤ 刘大年、白介夫：《中国复兴枢纽——抗日战争的八年》，北京出版社 1997 年版，第 88 页。

⑥ 《救济难民问题》，《申报》1937 年 9 月 10 日第 5 版。

教育。

对有工作能力的，考虑到人数的多少、工作类别及当时环境，妥为分配。难民回乡后，有的被派往所属乡镇协助生产或运输事业，有的在各地防卫组织以及其他团体内，被安排适当工作。有条件的地区还召集殷富绅商，筹资集款，开设贫民工厂，为回乡难民开辟各种就业渠道。各地还积极组织生产自救，开展乡村建设工作，成立了战区难民移植协会，将战区难民移植到乡村开垦荒地①。为了实施战时后方农业政策，增加生产，支援抗战，移难民于荒地从事农业生产成为难民安置工作的一个重要方面。难民回籍后参加生产赖以自存，促进了后方经济的发展，为抗战提供了一定的物质保障。

对适合兵役年龄的青壮年，则送服兵役，支援抗战。各地组织了一大批青少年参加各种救亡团体，鼓励难民积极抗日，还有计划地动员并分批输送青壮年到游击区开展敌后工作。其中，以“移民垦荒”的名义，向皖南输送参加新四军的青壮年就不下一两千人②。这些青壮年参与战地服务、宣传教育和组织准备工作等，为抗战提供了有生力量。

综上所述，八一三战事爆发后，上海市百余万难民流离失所，生活无着，生命财产安全受到严重威胁。在这种情况下，上海各慈善团体、各旅沪同乡会及其他社会团体，采取多种方式、多种途径，克服重重困难，将大部分难民遣送回乡，并采取种种措施予以适当安排，对保护人民的生命安全、保存抗战力量，做出了一定的贡献。

（本文原载《安徽史学》，2008 年第 4 期）

① 《国际会今日讨论难民垦殖》，《申报》1937 年 11 月 4 日第 7 版。
② 《抗日风云录》下卷，第 29 页。

论八一三抗战期间上海难民救济

张宏森

根据1951年联合国难民事务高级专员办事处章程规定，难民系指一切“由于种族、宗教、民族，加入某一社团或政见不同等原因，不能获得原籍国保护，或原无国籍，现在原寓居国之外，不能或不愿回原寓居国者”①。这里的定义是联合国为解决当时二战所遗留下的难民问题而界定的。对于中国抗日时期所出现的难民，显然更适合“强制人口迁移的一种社会现象。主要由于天灾、战祸、种族压迫、民族压迫、宗教压迫、政治迫害、阶级剥削、国界变更，以及其他种种原因，使得大批人口被迫离开家园，辗转流徙，沦落他乡，过着艰苦的生活”②。

一、民间团体的难民救济

在长达三个月的八一三抗战中，大量民众在日军的炮火下沦为难民，流离失所，其状惨不可言。租界在初期成为很多难民避难之地，仅8月13日这一天，涌入租界的难民就有6万余人。到8月27日，据公共租界工部局之调查，界内有难民收容所93处之多，其规模之大小不一，收容难民达十万人以上。③随着战事的不断扩大，难民越来越多，更多人开始选择逃离上海。据统计，自沪战起后，以迄十月底止之离沪遄返内地之人，总达37万1 270名。④这一时期，中日双方在南方的主战场是上海地区，因此对上海的难民进行救济主要是收容和遣送回籍。

---

① 《简明不列颠百科全书》(第6册)，中国大百科全书出版社1986年版，第195页。

② 刘铮主编:《人口学辞典》，人民出版社1988年版，第379页。

③ 1937年8—11月《申报》(8月27日夕刊第2版)。

④ 1937年8—11月《申报》(12月14日第5版)。

战争伊始，难民救济工作很大程度由各种社会团体所承担。其中最大的一个社会团体是“上海慈善团体联合救灾会”（简称慈联会）。慈联会成立于西安事变后，其下属的有上海佛教净业社、中国济生会、中国红十字会、上海骏化慈善堂、上海孤儿院等救济团体。慈联会的成立，一方面将民间分散的救济人员初步联合起来，另一方面也把上海救济界的上层人物组织起来。为扩大救济战区难民起见，慈联会决定设立救济战区难民委员会，统筹办理难民的收容、遣送等工作。整个八一三抗战期间，慈联会设立了几十个临时收容所，都是就地取名，如金城收容所（金城大戏院）、正大收容所（正大银行）、明德收容所（明德坊）等。一些中小学校、电影院、银行、钱庄、旅馆、同乡会、饭店、酒楼因战事关系暂时关门，都成了临时收容所。①

同乡会是当时社会各界救济难民的一股重要力量。它是旅居外地人士的同籍组织，救济方式主要是组织同乡难民返回原籍。当时的上海有很多的同乡会组织，其中以周边地区最多，如宁波旅沪同乡会、无锡同乡会、江阴旅沪同乡会等；同时也存在外省的同乡会组织，如粤同乡会、云南同乡会等。自战争爆发，宁波旅沪同乡会在民国路四明公所成立第一收容所，在平济利路定海会馆成立第二收容所，开始办理收容同乡难民。常州同乡会所举办之难民收容所，“每日到会人数，均有数百人之多，虽经设法陆续遣送，会所隙地，常难以容纳”②。由于难民人数很多，因此在收容的同时，难民的遣送事宜也在积极进行。宁波旅沪同乡会到10月底“由该会出资遣回原籍难民，满十六万人”③。江阴旅沪同乡会仅在8月份先后遣送回籍者已达1万2 000人。可见同乡会在难民救济中的重要作用。

面对日益严重的难民问题，在沪的国际救济组织也积极参加救济活动。这其中，以法国天主教神父、华洋义赈会会长、震旦大学教授，被誉为“中国难民之友”的饶家驹发起组织的国际救济会最有成绩。该会成立于8月13日，先后在法租界设立6个难民收容所收容难民。随着战争规模的日渐扩大，饶家驹又提出设立南市难民区的建议。南市难民区11月9日成立，该区在老城厢的北部，以方浜路、民国路为界，形成一个半月形地带，面积约为老城厢的三分之一。④南

① 《20世纪上海文史资料文库》（第9卷），上海书店出版社1999年版，第286页。
② 1937年8—11月《申报》（8月21日第6版）。
③ 1937年8—11月《申报》（10月28日夕刊第2版）。
④ 《20世纪上海文史资料文库》（第9卷），上海书店出版社1999年版，第309页。

市难民区的管理，是由以绕家驹为首的由外籍人员组成的管理委员会负责。从难民区成立，至11月11日中国在南市的守军奉命撤退，为期不到3天。上海沦陷后，南市难民区在收容救济难民上发挥了重要作用。

其他方面，上海基督教联合会在此期间组织了非常时期委员会，自行筹措经费，到9月初，设立收容所十处，收容难民达四千余人。①考虑到天气寒冷，难民给养问题日益严重，中华全国基督教协进会救济委员会发起了"全国基督教分文救济运动"，通过筹款帮助难民渡过难关。针对难民中有许多产妇急需就医，8月份，一些热心人士及医师，在戈登路一〇八五号生活小学地址，设立上海市难民产妇医院，义务提供免费服务。此外，海外华侨还踊跃捐款来帮助难民，从7月至10月四个月中，仅国民政府行政院收到的此项捐款，数额达到了国币458万7 800余元。②上海民间也积极参与到捐款中来，据《申报》记载，上海市救济委员会一日收到捐款如下："纸业同业公会捐汽油费一千〇六十元，橡胶制品业同业公会一千五百元。……南阳初中二年级生胡希强、希恕兄弟赠脚踏车各一辆。"③可见各界人士热心程度之高。

二、 政府的难民救济工作

战争初期，上海市主要的政府救济机构是上海市救济委员会。该委员会成立于八一三事变前，由上海市社会局、上海市地方协会、上海慈善团体联合救灾会，中国红十字会、上海基督教会青年会、各旅沪同乡团体等组成，办理非常时期一切救济事宜。这个委员会表面上是由多个民间团体组成，但领导权由政府掌握。其主要的救济方式依然是收容和遣送。自战争爆发，在一周的时间里，救济委员会就收容难民人数达4万余。

当时南京国民政府负责全国赈灾事务的是成立于1928年的振务委员会，这不是一个战时难民救济机构，不能适应新形势，因此迫切需要设立一个真正的战时救济机构。同时，当时的难民救济政策也存在诸多弊端，单纯的收容和遣送显然只能解决一时的燃眉之急，一方面收容所的能力有限，即使遣送回籍也不能从根本上解决难民的生存问题。正如《申报》所评论的："此种无计划的遣散，结果

---

① 1937年8—11月《申报》(9月5日第2版)。

② 1937年11月《中央日报》(11月1日第3版)。

③ 1937年8—11月《申报》(8月22日第3版)。

不过是甲地少一批难民与乙地多一批难民而已。对于难民这个严重问题，根本就依然没有解决。而且目前的抗战，绝不是一个局部局地的事，今日甲地可以成为战区，明日乙地又何尝不能成为战区，然则又将乙地遣散于丙地了。这样转辗迁移，结果只见难民日益增加，后方愈益纷扰而已。”①

随着难民问题日渐严峻，国民政府开始制订实施战时难民救济政策。第一个重大措施是由行政院于 1937 年 9 月 7 日颁布了《非常时期救济难民办法大纲》，并依此设立了非常时期难民救济委员会，总会设于南京，“由行政院、内政部、军政部、财政部、实业部、交通部、铁道部、卫生署、振务委员会各指派高级职员一人为委员，以行政院所派之委员为主任委员。”②依此大纲，10 月 1 日上海市救济委员会改为非常时期难民救济委员会上海分会。机构内增加了上海戒严司令部、京沪杭甬两路局、上海航政局暨府属有关各局，继续办理难民收容和遣送工作。新机构增加了交通部门，有助于加强难民的遣送。第二个措施就是着眼于长期抗战实施新措施。《非常时期救济难民办法大纲》对难民的安置作了如下规定：③无工作能力者于指定地点收容，或劝令私人设法收容；有工作能力者，参考其人数将之派往所属乡镇协助生产事业；适合当兵并且志愿者，将其纳入军队；对于失学的难童，安排进相关学校或施以临时教育。

显然国民政府考虑到对难民要采取相应不同的方法，以使难民能够自食其力，政府压力得以减轻。在这些方针的指导下，八一三抗战后期开始出现一些新的救济措施。1937 年 11 月 6 日，战区难民移植协会筹备委员会召开第一届常务会议，决定要向农民银行借款，并移送一批难民至高淳溧阳两县，从事垦殖。慈联会也开始设立专门收容壮丁的收容所，以便加以训练并参与到各种实际工作。

11 月 13 日，为期三个月的八一三抗战以国民政府的失败结束。上海失陷后，市政府西迁，非常时期难民救济委员会上海分会随即将救济工作交由慈联会接办，慈联会随之易名为“上海慈善团体联合救灾会难民救济分会”。

三、小　　结

难民问题在抗战中是一个重要的社会问题，它关系到社会的稳定和抗战的

① 1937 年 8—11 月《申报》(9 月 10 日第 5 版)。
② 秦孝仪主编：《革命文献》，第 96 辑，台北中央文物供应社 1983 年版，第 456 页。
③ 1937 年 8—11 月《申报》(9 月 8 日第 2 版)。

前景。八一三抗战期间，民间社会团体和国民政府在救济难民上付出了很大努力。但是对双方而言，他们的方法显得很片面，长时间只是考虑到解决当前所面临的困境，而没有想到之后的状况。当然，国民政府很快就意识到这个问题，因此，后期制定实施了一系列新的措施，包括：帮助难民自力更生、吸收难民入伍以及给难童提供教育等。但是，由于受当时客观环境的限制，同时受限于时间，并没有大规模地推行。总体上，这个时期的难民救济以收容和遣送为主。作为抗日战争中第一个重大的战役，八一三为后来的抗战提供了很多经验和教训。

（原载《湘潮》，2008 年第 4 期）

上海抗战与世界反法西斯战争研究丛书

当代学者论淞沪抗战

【下卷】

魏延秋——选编

上海科学技术文献出版社
Shanghai Scientific and Technological Literature Press

目 录

Contents Contents Contents Contents

人物研究

检讨与评价

日本战争暴行

研究述评

人物研究

八一三淞沪抗战中的八百壮士和谢晋元

罗义俊

"宁愿死，不退让；
宁愿死，不投降！
中国不会亡，中国不会亡，
你看那民族英雄谢团长！
同胞们快起来，快快上战场，
拿八百壮士做榜样！"

抗战初期，这首《歌八百壮士》的歌声，曾似浪涛滚滚的江水，倾注和激励着炎黄子孙的抗日热情，讴歌着在敌寇丛围中浴血抗战坚守上海闸北四行仓库的八百壮士，传颂着顽强不屈的八一三抗战英雄谢晋元。

谢晋元，字中民，1905年4月26日①生于广东蕉岭县同福乡尖坑村。父亲是小贩，母亲是渔家女儿。谢氏为人恬静忠厚，刚毅果敢，爱读书，好下棋，喜书法，广州中山大学预科肄业。1925年12月，他受孙中山革命精神的感召，弃文从武，考进黄埔军官学校第四期，初入步兵科，后入政治科。1926年10月毕业，即参加北伐。九一八事变后，日本帝国主义得寸进尺，侵华气焰甚嚣尘上，谢晋元同全国人民一样，愤恨难遏，发眦欲裂，对友人说："国家养士何为乎？吾跻身为军人，曷不一显身手！"并表示，要以岳飞、文天祥为榜样，"临大节而不辱，处危难

① 1945年10月26日《正言报》载《四行孤军公祭谢故团长特刊·谢晋元将军事略》云："生于民国纪元前七年四月廿六日。"1945年11月24日《陆军第七十一军"八·一三"淞沪抗战阵亡将士公祭特刊》亦云："生于(民国)纪元前七年四月二十六日。"《中华民国史资料丛稿·人物传记》第十辑《谢晋元》一文云生于"28日"误;笔者尝参与焉，故志。

能自若”①。这时,他任国民革命军第四路军八十八师司令部中校参谋。第四路军即参加1932年一·二八淞沪抗战之第五军,原编制为八十七、八十八两师,1933年成立三十六师,改番号为第四路军(1937年9月,改为七十一军);军长张治中(1937年8月13日被南京政府特任京沪警备司令,警备京沪之战),八十七师师长王敬久,八十八师师长孙元良,三十六师师长宋希濂。第四路军有抗日传统,当时正警备在京沪线上,待命杀敌。谢晋元决意以身许国,把妻女送到广东原籍安置。临别,他对妻子凌维诚说:“半壁河山,日遭蚕食。这亡国灭种的大祸,是由他人发动的,但国家子孙的命运还要靠我们自己来掌握。为国杀敌,是革命军人的素志。职责所在,为国当不能顾家。”②毅然辞别妻儿,奔赴抗日前哨上海战场。至七七事变爆发,第四路军处于临战态势,谢晋元作了为国献身的思想准备,在家信中表示:“愿以此七尺之躯,报效国家。”③

1937年8月,日本帝国主义把侵略魔爪伸至上海,11日,大队日舰抵沪,中有巡洋舰四、驱逐舰七,并载来大批陆战队及军火,都在杨树浦码头登陆,剑拔弩张。是夜,中国军队第八十八师奉令星夜秘密开赴上海真如集中,然后分部进入防地(八十七师、三十六师同时开至闸北、江湾一带布防)。这时谢晋元任二六二旅旅部中校参谋主任。13日晨九时一刻,淞沪抗战爆发,二六二旅直捣敌阵,攻占闸北敌人重要据点八字桥。谢晋元参与此战,殊称有力。后二六二旅第五二四团团副黄永准负重伤出缺,谢晋元补任团副,与团长韩宪元(后在南京雨花台战役牺牲)奉命转攻为防,共同率部坚守闸北北站轴心阵地达两个多月,使敌未能越雷池一步④。

10月26日,日军突破大场防线,闸北、江湾后路即被切断,在战略上无可再守,中国军队不得不忍痛后退。当夜9时,闸北发生空前大火,浓烟弥漫,火光烛天。10时,在火光浓烟中,五十万抗日大军奉令从闸北、江湾、浏河向西撤退,至次日晨4时,撤退完毕;由五二四团掩护撤退。11时,师长孙元良命令谢晋元率该团第一营杨瑞符部留守闸北四行储蓄会仓库⑤,继续断后。四行仓库为六层大

---

① 胡哲民:《悼谢团长晋元》,《会声》月刊第2卷第4期。

② 凌维诚:《怀悼晋元六周年纪念》,凌藏件。又见《抗战英雄传记》,国民图书出版社1943年版。

③ 何君实:《校史中的一页——谢晋元团长哀荣在陪都》,《会声》月刊第2卷第4期。

④ 孙元良:《记谢晋元团长》(1941年5月1日)。

⑤ 此是俗称,正式名称应为四行准备库,是上海之盐业、金城、中南、大陆四银行联合组织四行储蓄会的共同联合准备金库,系仿照1913年美国联邦准备银行之制度所建立。四行储蓄会成立于1923年,由吴鼎昌联合上述四行所创办,总会设于上海,北平、天津、汉口设有分会仓库。

楼，地在西藏路（今西藏北路）新垃圾桥北堍，一面临苏州河，时已三面临敌，且第一营实员仅四百一十一人[1]，但谢晋元临危受命，毫无惧色，仅要求多留弹药，随即会同营长杨瑞符率部穿过猛烈的炮火，向南推移。至次日晨前2时，全部转入四行仓库。然后，侦察地形，迅速布置阵地，构筑工事，准备死守。

《新闻报》记者闻讯赶去采访，谢晋元对记者说："以身许国是我军人应有的天职。"语气极为坚决，并为记者签名题字："余一枪一弹，决与倭寇周旋到底。"杨瑞符也题字："剩一兵一卒，誓为中华民族求生存。"谢、杨两人送记者到大楼门口，记者惜别说："此一别，毕生将无会期矣。"两人微笑，答："获此机会，可谓死得其所矣！"视死如归。

这天晨6时，日军开始推进，遭到在蒙古路附近警戒的五二四团一排兵的迎头痛击。7时半，日军已将太阳旗插上北站大楼，但还未敢轻进，先用大炮乱轰一阵，然后到处放火，实行所谓"威力搜索"。到下午2时许，日军推进到苏州河边，开始大举进扑四行仓库，一面猛袭，一面放火烧仓库四周的房屋，企图逼迫谢晋元所率的孤军退出。谢晋元率部同仇敌忾，沉着应战，一面堵门迎击，一面到屋顶去投迫击炮弹、手榴弹，枪声爆炸声四起，日军纷纷应声而倒。在烈焰笼罩中，前后激战三小时，日军在苏州河边丢下了六十余具尸体。自此日军改取包围态势。

谢晋元所据的四行仓库大楼系钢骨水泥，足以坚守，此时，孤军弹药尚充分，足资杀敌，唯给养已断绝。因此下午六时许，谢、杨上书上海市市长俞鸿钧，向全市人民呼吁："请接济糖、盐各五百镑，光饼五万枚，则我全营忠勇将士可与敌死拼一周而无憾。"[2]仓库四周敌军所放的烈火自27日上午8时一直烧到28日晨，沿北西藏路一带之南北公益里、华通坊、更新舞台，以及西面的乌镇路等民房，悉遭焚毁。28日拂晓，一小股敌军在新垃圾桥畔打旗语，召集兵众，攻击四行。一战士身缚手榴弹，突然从六楼窗口纵身跃入敌群，与敌同归于尽。敌军又企图把火油浇入大楼，未得逞。这天，敌军连续发动四次进攻，还出动飞机、汽艇，都被击退。29日，日军出动两辆坦克，掩护二百步兵推进，结果车毁人伤。30日，又多次出动飞机、坦克，也被击退。在炮火氛围、敌兵四伏的险境中，谢晋元所率的孤军士气高涨，雄踞危楼，巍然屹立。上海人民深为振奋，外籍人士也深受感动，

---

① 孙元良：《记谢晋元团长》，云所辖为"四百五十二人"，然《谢晋元谈孤军杀寇经过》（汉口《扫荡报》1937年11月1日）云"实为四一一名，撤退时为三七七人，其中十余名殉难。"当以谢氏亲述为是。

② 孙元良：《记谢晋元团长》。

称誉孤军为“八百壮士”、“八百勇士”。

自27日孤军请求接济的呼吁传开后，中国共产党领导的职业界救亡协会、文化界救亡协会、海关华员战时服务团及各社会团体、广大居民，接济慰劳者终日络绎不绝，有的用卡车输送，有的随身携带，隔河投掷。爱文义路（今北京西路）东段、白克路（今凤阳路）、北京路（今北京东路）、贵州路、牯岭路、长沙路等马路的多数居民自动绝食一天，挨户募集，有的难民收容所也绝食一天或半天，以接济孤军。苏州河河南各马路口，接济孤军的面包、光饼、糖果、水果、牛奶、盐、火柴、香烟、罐头等食品堆积如山。

为了表示全市人民的崇高敬意，28日晨前，上海市商会派女童子军杨惠敏冒险夜潜四行仓库，向孤军赠献新制国旗一面，5时敲过，国旗飘扬在六层大楼上，与西首某建筑物上的日军太阳旗屹然对立，聚观的群众脱帽肃立，欢呼雷动，6时许，谢晋元又亲手击毙两名偷攀大楼的日兵，观众无不拍手欢呼。

驻防苏州河南岸的英军也深表敬佩，赠送面包，并关心孤军安全。他们见谢晋元所率孤军困守绝境，就将垃圾桥堍铁丝网全部开放，并多次托人婉劝谢晋元，表示：只要解除武装，准许进入租界；愿意保护孤军安全撤退。谢晋元含笑谢绝，斩钉截铁地说：“我们的魂，可以离开我们的身，枪不能离开我们的手！没有命令，死也不退！”孤军将士并以英语对英兵说：“我等愿死于中国国土之内，不愿入租界以偷生。”①多次表示宁死不退，决意作最后的光荣牺牲。

中外人士的慰问、关心和支持，进一步激励了孤军的抗日斗志，坚定了壮士的殉国决心。28日深夜，数名孤军秘密潜出仓库，匍匐奔至西藏路河滨，投出一束遗嘱，请求分别送递妻儿家属，表示要“与地俱亡”。29日，某团体得谢晋元一函，略谓：“军人以服从为天职，卫国保土，职责所在，洒最后一滴血，必与倭寇索取相当代价，余一枪一弹，亦必与敌周旋到底。”②谢氏又与师长、副师长（冯圣法）各一信，申言：奋斗到底，决心殉国，始终不作片刻偷生之计③。

“八百壮士”浴血四行的事迹，可歌可泣，迅速传遍国内外。全国人民为之感奋，国际舆论也广泛同情，齐声赞扬。当时的四行仓库主人钱新之对记者发表感想，表示：“我军如此之壮烈行为，大足为我闸北光荣战史之最后一页，格外生色，

① 《八百英雄抗敌记》，上海救亡出版社1937年版。

② 上海《新闻报》1937年10月30日。

③ 《扫荡报》1937年10月31日。

敞仓库亦为之增辉不少，即因而毁灭仓库，决无顾恤。”[①]29日，廖仲恺夫人何香凝发函慰问，全文如下：“谢团长并转亲爱的八百勇士们：我在报上看见你们英勇豪壮的气概，使我感动得流泪。但是等我跑到桥边却又不能通过，只有静穆地向对岸致礼，遥寄我满腔虔诚亲爱之忱。你们每一个人，都已充满了孙总理和廖党代表的革命精神、牺牲精神，不论是成功或成仁，都可以俯仰无愧了。殉国的将士将因为你们而愈伟大，前线的将士将因为你们而愈英勇，全国同胞将因为你们而愈加团结，国际人士也将因为你们而愈能主张正义了。我已设法送给你们些救伤品和食品，聊表心意，盼望你们奋战苦斗，牺牲到底。专此致抗敌敬礼！”[②]当时有一外籍友人，投函上海《泰晤士报》，热烈赞扬孤军“为中国战士争光荣，为中国主权求保全，为民族生存而奋斗，是为人道而战，为文明而战，为和平而战。全世界的青年人均知此八百壮士为盖世的英雄，诗人、作家、艺术家亦均知孤军壮举为他们吟咏歌颂兴感的泉源，而持干戈以保卫疆土的将士们更知道八百壮士是他们最好的模范”[③]。

上海租界当局怕孤军抗敌危及租界安全，电请中华民国国民政府下令孤军撤退。一些群众团体也认为孤军已完成掩护任务不必再作牺牲，如中华妇女运动同盟代表妇女界电宋美龄，转意蒋介石速即下令撤退以保全八百爱国将士之生命，俾为长期抗战之用。30日夜9时，谢晋元接到淞沪警备司令杨虎会同师长孙元良转达的蒋介石的撤退密令，这时孤军已减员为三百七十七人。31日晨前2时，谢晋元率部在敌机枪扫射声中穿行两小时，全部退入租界。最后撤离阵地的，是谢晋元。路透社记者往访时，谢晋元以极悲痛的音调答称：“我们实在不愿意离开我们的阵地。但是，接到了命令，我们不能不遵守。”[④]

谢晋元率部坚守四行，浴血苦战四昼夜，计杀敌二百余，伤敌无数，孤军伤亡三十余，其中殉国者十余。“八百壮士”为全面抗战作出了贡献，受到通令嘉奖，各将士特授荣誉勋章，都晋升一级，谢晋元晋升为上校团长。

谢晋元本想通过租界归队沪西，不料一入租界就被租界当局收缴枪械，被羁禁在沪西星嘉坡路（今余姚路）40号对面占地数十亩的空地上，称孤军营。孤军营住房十分简陋，四周高架铁丝网，大门口由租界万国商团派武装看守。

---

① 凌维诚藏件。
② 上海《新闻报》1937年10月30日。
③ 《谢晋元团长忠勇事迹》，《会声》月刊第2卷，第4期。
④ 上海《申报》1937年10月31日。

11月12日，南市陷落，上海公共租界和法租界变成日占领军包围中的“孤岛”。日本侵略者气焰凶横，胁要租界当局取缔中国共产党及一切抗日机关团体、分子在界内活动，禁止一切反日宣传，引渡由闸北南市退入租界的中国军官与士兵，并派遣汉奸进入租界猖狂活动。孤军处境更加险恶。谢晋元困守孤营，并未颓丧消极，改易素志，他作诗自励：

“勇取杀敌八百兵，千无聊赖诗以鸣。谁怜爱国千行泪，说到倭奴气不平。”

他“对国家民族，一本忠诚”①，每日清晨，率孤军举行精神升旗、早操、唱国歌，做砥砺身心发扬正气的讲演，教育孤军不要忘掉爱国军人的人格和国格，说：“在上海租界上，我们的言行，必须使友邦从我们身上看出军人之气概，从此认识中国之真精神。”②他手订教育、体育、生产各项计划，团结孤军，励精图治，开展文体活动，自办伙食及肥皂、线袜等工场，先后将生产所得数千元捐赠国家。他又随时以“含辛茹苦，以待光明来临”③，勉督部属积极训练，锻炼体格，学习技能，以备将来为国所用。他自己更是刻苦奋励，手不释卷，潜修英文、法文，勤学不止。他还经常发表文告，宣传抗战必胜，激励孤岛同胞。上海人民十分敬仰孤军的坚节情操，许多社团、学校不断冲破障碍，组织人员到孤军营参观访问，捐款慰劳。

1938年8月，孤军为纪念八一一出师和八一三抗战双重周年，不顾工部局的多方阻挠和要挟，终于在8月11日晨6时，孤军营把国旗飘扬在孤岛上空以示纪念。但工部局并不甘心，下午3时，派万国商团英格兰队包围孤军营房，意大利队在营后胶州公园、胶州路一带散开警戒，白俄队冲营门，劫夺旗杆国旗。谢晋元得报即令第三连死守营门，第四连保卫国旗，第一连看守瞭望台，第二连在操场散开。双方搏斗激烈，孤军终因手无寸铁，被白俄队冲入，夺去旗帜，四名壮士殉旗，百余壮士负伤。谢晋元下令绝食抗议。第二天，工部局将谢晋元等十余军官幽禁在外滩中央银行，全体孤军继续绝食。

孤军的斗争，得到了上海和全国人民的有力声援。8月13日，汉口的中国共产党机关刊物《群众》周刊撰文，“向羁留在沪坚持奋斗的八百壮士致诚挚慰问之意”④。上海纳税华人会、市商会及各群众团体，也纷纷向工部局抗议和交涉。在群情激愤的情况下，租界当局被迫让步，郑重归还国旗，抚恤死难人员，送谢晋元

---

① 朱雯:《谢晋元日记抄》，正言出版社1945年版。

② 《抗敌英雄传记》。

③ 重庆《时事新报》1945年5月8日。

④ 《群众》周刊。

等回孤军营。孤军对工部局的斗争取得胜利。

与此同时,敌伪企图威胁利诱谢晋元,遭到严词拒绝,又企图劫持和引渡谢晋元到日军据地虹口,也未得逞。到 1939 年 9 月,租界亦岌岌可危,形势日趋恶化,谢晋元准备随时殉国,预立遗嘱,寄给父母。说"大丈夫光明而生,亦必光明磊落而死。男对死生之义,求仁得仁、泰山鸿毛之旨熟虑过了"。"人生必有一死,此时此境而死,实人生之快事也。"①

果然,敌伪企图威胁利诱不成,便由汪伪收买了谢内部的几个无耻之徒②,于 1941 年 4 月 24 日上早操之机故意迟到,见操练队伍已跑远,其中一叛徒突然拔出匕首,朝谢晋元头胸猛戳,其余三人也帮同凶殴。谢晋元猝不及防,遂被刺仆地,因伤势严重,当场死于非命,年仅 37 岁。

谢晋元遇害,上海人民深为震惊。4 月 25 日,举行棺殓仪式,前往吊唁者达三十万人。重庆也举行隆重吊唁活动。5 月 8 日,谢晋元被追赠陆军少将。

人民没有忘记这位八一三抗战英雄。新中国成立后,上海市人民政府褒扬谢晋元"参加抗日,为国捐躯"③。1983 年,把他的灵柩从胶州路移到虹桥万国公墓,4 月 15 日上午举行了谢晋元新墓建成仪式。

（本文原载《历史教学》,1984 年第 9 期）

---

① 1939 年 9 月 18 日家信,凌维诚藏件。

② 四个叛徒系谢部上等兵,郝鼎诚、张文清、张国顺、尤耀亮。

③ 上海市人民政府 1949 年 10 月 14 日秘四字第五八九号指令,转引自《上海市人民政府房地产管理处通知》房业字第 2347 号,1949 年 10 月 27 日,凌维诚藏件。

论八一三淞沪抗战期间蒋介石的战略指导

孟彭兴　黄新田

七七卢沟桥事变，掀起了一股巨大的抗日救亡热潮。7月11日至8月12日间，国民党南京统帅部召集了33次军事汇报会，专门研讨对日本作战方针。期间，还邀请中共方面代表周恩来、朱德、叶剑英等参加了南京最高国防会议，就对日抗战最高战略诸问题，在思想上及军事上进行协调。针对日本帝国主义不断升级扩大侵略中国的疯狂战争行为，蒋介石表示，我们已临到这极度悲惨的境地。这在世界上稍有人格的民族，都无法忍受的，“只有拼民族的生命，求我们最后的胜利”。他在接见记者时的答问中又说，“政府当尽力负责挽救今后之危局”，“发动整个之计划，领导全国一致奋斗，为捍卫国家而牺牲到底”。在向华北增兵的同时，他积极在上海附近集结精锐军队，筹划与侵沪日军举行一场大规模的会战。而蒋介石在八一三上海会战期间的战略指导，是他整个对日抗战中宏观战略指导的起点和组成部分。

服从“政略”的战略指导

陈诚在一次会上检讨淞沪会战时曾这样说过：“这次战略受政略的影响很大，乃是国家的不幸。”①他认为蒋介石组织淞沪会战的基本指导思想是“战略服从政略”，隐晦地道出了问题的实质。一般地说来，政略是政治家在进行战争决心时所必须考虑的问题。如进行战争是否正当，是否适合时机以及战争是否已经到了无可避免的地步等。在一般的规律下，某个国家为收回或保卫某种利权，

① 陈诚：《一九三八年二月二十八日在武昌的讲演》。

为维护国家最大权益，保卫国家的独立，领土的完整等理由，都可以决定进行战争。九一八以来，日本帝国主义变本加厉地对中国实行侵略，把战争强加到中国人民头上，中华民族奋起团结御侮，保家卫国，这是完全正义的事业。而蒋介石于此却一直采取忍让妥协方针，委以政略，则主要是出于对自己在中国的统治地位和以蒋氏集团为代表的阶级利益不受损害的考虑。

在这种思想指导下，蒋介石的言行及其表里始终存在着十分矛盾与不一致性。九一八事变以来的事实已充分证实了这一点；七七事变以后的事实仍然说明了这一点。在日军不断扩大战火，向中国腹地不断推进之时，蒋介石一面发表态度强硬的谈话，匆忙组织抵抗，一面千方百计谋求国联和九国公约会议出面干预以及陶德曼的调停，甚至明修栈道，暗渡陈仓，与日本有关人士接触，显然是随时准备屈服妥协的。

卢沟桥事变爆发后，国内军民抗日热情相当高涨。李宗仁回顾当时的形势说：如果国民党“中央此次仍无心抗战，而欲采取投降一途，则不特全国军民不能同意，恐怕蒋先生的嫡系部队也将自动实行抗战”①。蒋介石自己也意识到，如果抗战再不实现，他的政府将会被舆论的浪潮冲倒，“中国会发生革命”②。时局的发展，实际上已触及抗战与否将直接关系到国民党政府的存亡和蒋介石的统治地位是否能继续维持的问题。因此，蒋介石不得不暂变其“攘外必先安内”之反动方针，举起联共抗日旗帜。蒋介石在他的日记中写道：“此次抗战实被迫而应战。”③

蒋介石基于他的阶级立场，其心态是“日本因蓄谋侵略，整军经武准备有素”，“较我国远为优越”④，国民政府只在名义上是统一，实际上如一盘散沙，不过是一个由各地大小军阀凑合成的联合体，自己仅是其中一个代表英美利益的新军阀首领，要领导抗日无疑将会面临主观上和客观上的重重矛盾和障碍。然而作为国民党新军阀首领，又使他不得不考虑如何保存本阶级本集团的最大政治、经济利益以及赖以作为支柱的军事实力。故而在此前提之下，蒋介石自然而然地作出了打维护国家民族利益旗号，行保本阶级集团利益之实际的决策，并相应制定了服从这一原则的对日实行持久消耗战的抗战战略方针。

---

① 《李宗仁回忆录》(下)，第689页。
② 《德国外交政策文件》(1918—1945年)(四)第一卷。
③ 《蒋总统秘录》第十一册。
④ 《抗日战争时期国民党战场史料选编》，第5页。

国民党政府决定在淞沪地区与日军举行会战，充分体现出蒋介石"战略服从政略"的基本原则。因为从军事角度来看，动员近百万军队在纵深不足20公里的淞沪地区对日作战是很不利的。但是，蒋介石仍以"主力毅然使用于淞沪方面"，且下令"不惜任何牺牲予以强韧作战"①，抵御日军对上海的进攻，其中原因就不难理解。正是上海地区的特殊情况，完全符合蒋介石贯彻他的"战略服从政略"的基本条件。

第一，日军侵略中国的战争，总体战略是采取以华北为主、华东为辅的方针。战争初期的战略态势是敌主动进攻，我被动防御。华北战场应作抗日之重点加强配置。在南京进行的研讨国防问题的谈话会上，中共代表曾经明确指出，为维持战略持久作战，在战术上应采取攻势作战，在部署上不宜实行正面消极防御和一线配置，应将精兵主力放在敌之侧后，由阵地战转为平原与山地之扩大运动战。并且建议在正规战之外，采用游击战术挟制敌人，使其不能以大量的兵力来守防后方。然而，蒋介石没有这么做。他给华北增兵只是做做样子，他根本不想在华北摆开战场与日军接战。华北战场的部队几乎全是无纵深配置的一线防御，亦绝少主动出击。只要一点被攻，往往会出现全线崩溃的局面。在日本方面，日军统帅部于1937年7月29日制定了"击溃平津地区的军队"，"根据情况，以一部分兵力，在青岛及上海附近作战"的方针，自参谋本部发给日军部队《上海派遣军作战要点》《上海及南京附近军用地志概说》《上海市资源调查》等文件及参考材料以作准备，强调首先"在平津地区给中国军队以沉重打击，在情况不得已时，对青岛及上海附近进行作战"②。同年8月7日，修正过的第二期作战计划中还决定"在保定、沧州附近与中国军队主力会战，时间估计在九月下旬或十月上旬"③。为此日本方面在华北投入了8个师团又5个旅团的强大兵力，沿津浦、平汉、平绥铁路攻击前进；而在上海地区，直至八一三会战爆发，日军人数尚在一万人左右。察其目的有二：其一是牵制住华东方面的中国军队，以利于华北战场上之胜券稳操，其二是借打击中国最大政治经济中心城市上海，威胁国民党政府之首都南京，逼迫蒋介石就范，在政治上屈服妥协，充当日本独占中国殖民地的代理人。

面对日军在华北和华东的军事与政治意图，蒋介石的意见是：与其在华北平

① 《抗日战争时期国民党战场史料选编》(下)，第7页。
② 《中国现代史料选译》(三)，第589页。
③ 《中国事变陆军作战史》第一卷第二分册，第47页。

原同日军决战，还不如在长江流域利用湖沼山地较有利。他基本上放弃了在华北利用平西、晋察山地天然屏障，采用积极防御方针，与日军周旋，确保南口、张家口，威胁平汉线之敌侧背，使其南下主力经受牵制，黄河以北平汉路沿线部队亦可一面作阵地抗战，一面主动从侧面运动转进，造成我方相对有利的战争态势，决定将抗日主战场移放在上海淞沪地区。曾任该战场前敌总指挥的陈诚一语破的：开辟上海战场，不仅可以达到避开"敌挟其优势军备，图以'速战速决'之战略，行连续不断之攻击，以歼灭我野战军之意图，且能在'保持我之主力'前提下，'阻止敌之攻势，消耗敌人'"①。

第二，上海据有之重要地位——中国的缩影和锁钥。开埠以来，上海逐渐形成为一个举世瞩目的国际性都市，是中国举足轻重的要冲和内外贸辐地。濒江临海，控南北交通，扼长江咽喉的地理位置，又赋予上海十分重要的战略地位。因此，早年列强蜂至，划地租界，创办洋行，建厂设店与经营公用事业，更使上海成为帝国主义国家在华利益的集中地。就国内而言，国民党政府赖以生存的经济支柱，江浙财团的主要实力以及蒋、宋、孔、陈四大家族的财产也大部分聚集在这里；官僚资本和民族资本经营的中国近代工商企业的主体亦主要集中在这里。这就使上海具有贾宝玉颈项的"通灵宝玉"效应。蒋介石拒绝中共方面提出的把华北作为主要战略方向，"华北抗战能持久，日寇将无法实现其全部阴谋"②的合理建议，选择了上海作为中日会战的第一个接触点。蒋介石这一决策，其目的之一：在政治上可以捞取抗日资本，在国内外树立一个"抗战统帅"和"伟大领袖"的形象，又达到他演成江浙财团利益保护神的企图；其目的之二：通过沪战，在军事上改变日军沿平汉线俯攻南下为溯长江仰攻西上之趋势，阻止日军遮断平汉线及将中国作东西纵向切割；其目的之三：会战上海，拱卫南京，制造国际影响的轰动效应，引起英美列强关注，引发国际干预，配合其和平解决中日矛盾之幻想。当然，也不乏保存国民党军事实力等因素在内。故蒋介石一再声称："在上海和敌人用全力火拼一番，不特转变西人一向轻华之心，且可能引起欧美国家居间调停，甚或武装干涉。"③及至会战结束后，他还颇为得意地说："如果我们在去年卢沟桥事件发生，敌人占我平津的时候"，"拿我们全部军队使用在平津一带，与敌

---

① 《抗日战争时期国民党战场史料选编》，国民党研究资料丛书第一册，浙江省中国国民党历史研究组（筹）编印，第7页。

② 《周恩来选集》（上册），第84页。

③ 《李宗仁回忆录》（下册），第900页。

人争一日之短长，那我们主力或早就被敌人消灭，中华民国也许早就有灭亡的危险”①。陈诚也认为：“相持三月以上，使我长江下游工厂物资得以内运，国际观感亦为之一新，所获策略上之成效尤伟。”②

实施总体战略方针的起点

1935年，蒋介石着手准备国防战略总体方针。早在1932年他在谈到御侮问题时认为，“强国之国防重边疆，取攻势，弱国之国防重核心，取守势”。从他的“战略服从政略”原则出发，蒋介石提出了“战时以努力经营长江流域，掌握陇海铁路为第一要旨”的构想。随着他的势力向蜀、黔诸省推进，又提出“对日应以长江以南与平汉铁路以西地区为主要阵线，以洛阳、襄阳、荆州、宜昌、常德为最后阵线，而以四川、贵州、陕西三省为核心，甘肃、云南为后方”的国防战略思想。1935年春夏之际，他亲临滇、黔、陕诸省视察，决定以“四川黔陕为核心，甘滇为后方”③。是年8月11日，他在峨眉山训练团演讲时说：“我国本部十八省哪怕失了十五个省，只要川黔滇三省能够巩固无恙，一定可以战胜任何强敌，恢复一切失地，复兴国家，完成革命。”④从而他设想一个“一面呼吁和平，期求集体安全，一面整备国防，充实军备，至和平绝望时期举全国力量从事持久消耗战，争取最后胜利”⑤的应变方案。至1937年8月的南京国防会议，蒋介石正式公开了他的开展“全面抗战，采取持久消耗战略”的基本战略方针，并在《告抗战全军将士书》中宣告对日军事战略是：“倭寇要求速战速决，我们就要求持久消耗战。”⑥并策定了战略防御中“国军一部集中华北持久抵抗，特注意山西之天然堡垒，国军主力集中华东，攻击上海之敌，力保吴淞上海要地，巩固首都”⑦的作战指导原则。

根据上述原则，蒋介石把上海作为实施他的御侮总体战略计划及作战指导原则的起点。国民党政府的战备工作，实质上一直体现着这一思想：一方面筹建以四川为中心的后方基地，一方面加强以京沪为重点的防卫。在国防体系工程

① 《抗日战争时期国民党战场史料选编》，第276页。
② 《抗日战争时期国民党战场史料选编》，第7页。
③ 张其昀：《中华民国史纲》(四)。
④ 《峨眉山训练集》，第16页。
⑤ 吴相湘：《中国对日总体战略及若干重要会战》；《八年对日抗战中之国民政府》，第54页。
⑥ 蒋介石：《敌人战略政略的实况和我军抗战获胜的要道》，《蒋总统集》，第971页。
⑦ 《抗日战争时期国民党战场史料选编》，第270页。

计划构想的指导下，国民党政府着重整顿了京、沪地区的防务，并以“首都为中心，逐次向国境线推进”①。从宁、镇、澄的强化，到苏嘉、锡澄、吴福、淞沪诸防御带的构筑以及淞沪外围的龙华、徐家汇、虹桥、北新泾、真如、暨南新村、闸北东站、江湾、庙行、大场等各要点工事的设立都由此而兴。进而蒋介石任命张发奎为苏浙边区司令，张治中为京沪警备司令，准备在沪杭地区实行抗战；军事后勤方面，增强了京沪路军事运输、通讯等设备，新筑苏嘉公路及必要的公路设施；确立江防“先求巩固长江下游江防，其次渐及闽、粤、苏、鲁诸海岸”②的方针。卢沟桥事变爆发，对日抗战势不可免，接着又有虹桥机场事件之发生，更使蒋介石感觉战争迫在眉睫。但据一·二八时的《淞沪停战协定》的规定，国民党政府不能在上海驻军，只允许保持少数治安部队。为此，蒋介石决心迅速调整京、沪之兵力部署，密令张发奎、张治中等诸将领率部进入预定的围攻日军上海据点阵地。与此同时，长江下游海军力量得到补充加强，破除了自江阴至长江口的所有航标，阻塞航道。于是以上海为抗日国防总体战略实施起点的战备任务终于布置就绪了。

指导会战的具体方略

整个的八一三淞沪会战大致分成三个阶段。

第一阶段：自战争爆发至9月中旬。8月13日上午，由于日军向我闸北保安部队发动进攻，我军奋起反击，使八一三抗战正式爆发。以蒋介石为首的最高统帅部发出第三战区第一期作战要旨是：“对于入侵淞沪之敌，应迅速将其扫荡，以确保京、沪政治、经济重心。同时对于浦江沿海之敌可能登陆之地区，迅速构成据点之阵地、阻止敌人登陆，或乘机歼灭之。”③据此，集结在预定围攻线待命之国民党抗日军队迅速形成攻势作战态势。8月14日，国民党政府正式对日宣战，待命各军把敌海军陆战队司令部、公大纱厂、汇山码头诸目标作为主要攻击对象发起猛攻，但未取得预期的先声夺人之效果。原因有二：其一是军事上缺乏战术协同作战经验。各军兵种之间，如空军同陆军，步兵同炮兵、战车间不能很好发挥协同配合作战，一般火器难于在市街战中展开，致使敌军蓄谋侵略所兴建之坚固

①② 《何应钦部长对五届三中全会军事报告》(1937年2月)，《中华民国重要史料初编——对日抗战时期》(一)，第354页。

③ 《国民革命战史(第三部)——抗日御侮》第四卷，第12页。

设施不能迅速摧毁；其二是内在原因，即深受“政略”的牵制与干扰造成军事上的被动局面。先时，张治中所部在已完成作战准备的同时，即向蒋介石请示“可否于明日拂晓前开始攻击”①，意欲取奇袭战术给闸北方面“还没有什么防御工事，兵力配备也没有什么展开”②，战备尚未就绪之日军以突然打击，实现预定之《扫荡上海日军据点计划》。如是则我方序战告捷，顺势“就完全控制了黄浦江与上海，日军只能活动于长江上了”③。然而蒋介石仍寄望于驻沪各国外交当局的出面调停，使“虹桥机场事件”纠纷能不动干戈而平息下去，借此达成制止日军发动全面侵华战争之目的。因此他仍然举棋犹豫，还抱着“希望和平，保持礼貌”的妥协态度，电谕张治中“等候命令，并须避免小部队之冲突为要”④，导致战机失却。相反这倒给了日军“一个从容部署”的机会，我抗日部队“眼看着日军构筑它的防御工事”⑤而不能有所行动。14 日，蒋介石虽下达总攻击命令，旋复电称“今晚不可进攻，另候后命”⑥。以后战战停停，朝令夕改，直至 18 日后才定下决心“扩大淞沪战事”，实施“原定的持久消耗战略”。这一贻误战机的后果，直接导致了国民党军队在淞沪会战中，一开始就变主动为被动，犯了兵家之大忌。然后 8 月 16 日至 22 日期间，日军从国内增援的两个师团相继到达上海，使战争形势为之大变。接着，日军企图以一个精锐的兵团在浏河镇一带登陆，另遣主力在吴淞方面登陆，在击破我方阻击之后，占领上海及该地北方重要作战线，从侧翼包围来解决上海战事。于是日军原来的守势亦由此转入攻势。战争形势的改变，迫使蒋介石变更部署，转向把防御日军登陆作为主要任务，以吴淞、宝山、月浦、罗店、浏河一线为守防重点，并且加紧动员，增调各地待命之国民党军队驰援沪战。上海的会战亦因敌我双方作战部署的变化导致整个战局发生突变，战线外延，战斗中心从市街转向长江口岸。随着日军 8 月 23 日清晨在小川沙、狮子林、宝山等登陆点的得手，罗店、浏河之线吃紧，国民党抗日将士虽作英勇艰苦之抗击，终难奏克肤之功。吴淞、宝山要隘相继丢失后，我之防御体系实告解体，抗日之国民党军队不得不作全线后撤。

第二阶段：9 月中旬至 10 月下旬。从第一期战争的战斗实况来看，国民党军队虽多次发动攻击，使日军屡屡受挫，但在总体上始终未能跳出单纯防御之窠臼，因而战斗形势每况愈下，终于不得不步步为营，节节退却。蒋介石基于“我如

---

①④⑤ 《中国现代政治史资料汇编》第三辑，第 31 册。

②③ 《抗战中的中国军事》，时事问题研究会编。

⑥ 《张治中回忆录》。

在沪持久作战，将会引起国际的干涉”①的思想，并不理会前线战斗实效和一些将领避免用密集兵力与日军在淞沪作持久拼死战斗的建议，一面下达停止执行总攻击命令，一面又颁发以死守阵地为要旨的第二阶段作战指导方案，要求全军“行持久抗战之目的，就境包围敌人之态势，运转优势兵力，截断各登陆敌之联系，限制其发展，并围攻狮子林及小川沙方面已登陆之敌，以打破其包围我军之企图，收各个击破之效果”；如不能达此目的，“则依状况逐次后退至敌舰炮射程外，以决战之目的占领阵地，乘敌海陆军火力不能协调之际，发扬我精神与物质之威力，一举将其击破之”②。并再次调整部署，亲自兼任第三战区司令长官，坐镇昆山督战。国民党军队移至北站、江湾、庙行、罗店西南、朝王庙、双草墩直至浏河计25公里一线继续阻击日军。日本方面自沿江各点登陆成功后继续增兵，形成海陆空强大阵容，与我抗日部队在北站、刘行、施相公庙、浏河一带展开激烈阵地战。国民党军队亦一再增援，中央精锐嫡系部队投入五分之三，名将云集。然至10月初在日军现代化装备强大攻势下，虽同日军展开一寸土地一寸血的英勇苦战，迄无成效，再度被迫转移阵地。此战之烈，被喻为“血肉磨坊”。中日双方伤亡之惨重，为有史以来所罕见。中国方面主力各师都补充过四五次，后方诸省的保安队也整团整团地补充上来。战场上，下级官兵伤亡达三分之二，旅团长伤亡也达半数，师长亦有殉国者。因此，当国联于10月6日通过决议，建议召开九国公约会议讨论中日争端之时，国民党军队败象已露端倪。然而蒋介石在接受九国公约会议通知书后仍兴奋异常，不惜以战略迁就政略，冀于战场的有利态势为外交之声援，强烈要求前线将士“在上海战场，再坚持一个时期，至少两个星期，以便在国际上获得有利同情和支持”③。在蒋介石的坚持下，国民党军队各路将士10月19日又向日军发起全线猛攻。当时正值日军以主力向我第二阵地带发起总攻，于是双方在蕴藻浜、大场等地针锋相对，演成大规模遭遇战。

第三阶段：10月下旬至11月上旬。由于罗店、大场、蕴藻浜等战略要地的失陷，整个上海战局震动。为避免全军覆没，排除侧背威胁，国民党军队主力被迫作战略转移，退守苏州河南岸、虹桥、南翔一线，仅留少数兵力于苏州河北岸数个要点拒敌。日军的进攻重心亦随即推向苏州河沿岸，同时企图以突破南翔达到威胁广福防线。10月29日，日军开始向苏州河南岸发起猛攻。鉴于“淞沪会战

① 程思远：《政坛回忆》，广西人民出版社1983年版，第105页。

② 宋瑜珂：《八一三淞沪抗战纪实》，《抗日风云录》（下），第45页。

③ 《南京守城亲历记》，载《文史资料选辑》第12辑。

至此，我军已成强弩之末”[①]形势，李宗仁曾作过“亟应后撤”之建议。可是蒋介石相反在南翔召开军事会议，仍顽固坚持死守的阵地防御战术，严饬“有敢擅自撤退的，军法从事”。当敌我双方在苏州河沿岸展开激烈战斗时，抵抗部队阵脚已乱。白崇禧不得不告诉蒋介石“前线指挥官已无法掌握部队”，已到“不叫撤退也不行了”[②]的地步。适逢此时，日军于 11 月 5 日在杭州湾北岸偷袭登陆成功，接着顺势长驱而入，威胁上海前线战局，使国民党抗战部队陷入腹背受敌的内线作战的危险境地。又蒋介石寄予厚望的九国公约会议，于 11 月 6 日通过《关于中日冲突事件之决议案》，仅对中国表示道义上的援助，使他依赖列强外交、军事干涉制止日本侵华的幻想破灭。精神支柱的彻底崩溃，迫使蒋介石仓促颁发第三期作战要旨。“以打破敌之包围企图，而巩固南京之目的，京沪方面利用既设阵地，节约兵力，除抽调一部转用于沪杭线方面拒止敌人，同时抽调一部巩固南京，待后续兵团到达后，以广德为中心，转移攻势，压迫敌人于钱塘江而歼之”[③]的作战方案，成为大转移的撤退动员令。“因为事实上前线已‘溃’了”[④]。于是，在淞沪会战部队一向杭州，一向南京，分两路全线撤退。沪杭方面且战且退，节节西撤。由沪西经青浦、南翔、昆山北撤的国民党军队，沿途只有一条公路可走。战斗未甫，接获撤离战斗命令又迟，毫无计划，准备不足，已呈混乱状态，加上屡遭日机沿途追袭轰炸扫射，各部队拥挤不堪，上下首尾不能相顾，使撤退变成了一次大逃亡。12 日，日军占领整个上海，淞沪会战遂告结束。

结　束　语

八一三上海会战作为一场抵御日军扩大对华侵略的战争，在军事上无疑是失败了。然而对蒋介石来说，他的以上海战役为起点，拖着敌人由东向西走，以“用空间换取时间”来实施其对持久的消耗的战略指导方针却是成功的。

蒋介石在他阶级属性与阶级本能的制约下，始终存在“匪未肃清绝对不言抗日”的阴暗心理，在“安内”与“攘外”两者之间的选择上，一直把消除所谓的“心腹之患”的“安内”方针置于政策的首要地位，态度可谓相当的坚决，只是由于日本帝国主义强烈的对华扩张野心导致战争车轮的巨大惯性，再三扩大侵华范围，又

---

① 《李宗仁回忆录》(下)，第 695—696 页。

②④ 《李宗仁回忆录》(下)，第 695 页。

③ 《抗日风云录》(下)，第 80 页。

采取要“推翻中国现中央政府，使蒋介石垮台”的方针，加深了与蒋介石为首的国民党政府的矛盾，以及中国共产党及时采取一系列正确政策和全国人民，包括国民党内一部分明智人士抗日救国的巨大热忱，才迫使他不得不走上抗日道路。可是，蒋介石在抗日行动上始终是畏首畏尾和摇摆不定，显得很不坚决。从南京国防会议策定对日实行持久消耗战略到他对八一三淞沪抗战的战略指导实践，可以明显看出蒋介石对日抗战的不自觉性、不坚定性和对西方美英帝国主义的依赖性。

蒋介石在国民党“五大”会上的一次讲话中说过，“苟国际演变不断绝我国家生存与民族复兴之路，吾人应以整个的国家与民族之利害为主要对象，一切枝节问题，当可以最大之忍耐，复以不侵犯主权限度，谋各友邦之政治协调”，“和平未到完全绝望时期，决不放弃和平，牺牲未到最后关头，亦不轻言牺牲”，即反映出他在对日抗战问题上的妥协、拖延、等待、动摇思想。及至万不得已必须对日进行战争之时，则尽一切可能，甚至牺牲大片国土和民众，来维护自己的政治、经济、军事实力，换取等候英美诸大国干预、参战的时间。这就是他“对日实行持久消耗战略”的实质所在。

因此，蒋介石的对日实行持久消耗战略指导方针，实际上是一个在政治上抵抗与妥协共存的，在军事上单纯防御的，在作战原则上以实行阵地战为主的，在战争动员路线上是片面的，在指导战争过程中是节节退让的战略总体方针。这就使日后国民党抗日正面战场以及国共合作为主的抗日民族统一战线的前途蕴涵着深刻的危机。

（本文原载《史林》，1992 年第 2 期）

一·二八到八一三蒋介石对日态度变化之客观原因

吴珍美

从一·二八事变到八一三事变，蒋介石对日态度发生了质的变化，由妥协退让转变为抗日。同样是淞沪抗战，为什么蒋介石采取了截然不同的态度？本文拟就这一问题进行剖析。

一、日本的步步进逼，民族矛盾上升为主要矛盾

日本制造九一八事变是其全面侵华的开始。以后又步步紧逼，占东北，犯上海，侵华北，这一切，正如当时任日本外交官的重光葵承认的那样，“已形成不把日中冲突引向全面战争誓不罢休的形势”。而且日本“军部已准备占领中国的具体措施，想使中国迅速‘满洲化’，并使军部势力能控制整个中国”①。

日本的步步进逼，使蒋介石感到日本对华野心永远满足不了，中日爆发全面战争已不可避免。他在华北事变后曾说，“日本的要求到现在为止，是没有止境的……要是日本只要求满洲，要求华北，在我的责任上是可以与日本相提携的；不过，日本的要求到现在为止，并没有限度”②。由此蒋介石开始改变对日态度，由妥协改为防御进而抗日。1935 年 11 月 19 日，蒋介石在国民党第五次全国代表大会上作了对外关系的报告，指出：“溯自‘九一八’事变发生已还，连续不断的上海事件、华北事件接踵而来”，中国“已经长期间国难”；故“吾人应以整个的国

① 重光葵：《日本侵华内幕》，解放军出版社，第 113 页。

② 雷鸣：《汪精卫先生传》，政治月刊出版社 1944 年版，第 311 页。

家与民族之利害为主要对象。一切枝节问题当为最大之忍耐，复以不侵犯主权为限度，……否则即当听命党国下最后之决心”①。七七事变后，蒋介石下了最后之决心，即电令宋哲元部就地抵抗，做好决战之准备。同时，电促军政部长何应钦筹划全面抗战事宜。又命令26路军总指挥孙连仲、17军军长高桂滋、46军军长庞炳勋、56军军长万福麟等，率部立即向保定、石家庄一带集中，以支援29军对日作战，预防战争进一步扩大。7月17日，蒋介石在庐山发表谈话，说：“政府对于卢沟桥事件，已确定始终一贯的方针和立场。我们知道全国应战以后之局势，就只有牺牲到底，无丝毫侥幸求免之理。如果战端一开，那就地无分南北，人无分老幼，无论何人皆有守土抗战之责任。”②八一三抗战前夕，国民党已在上海构筑了三道钢筋水泥之国防作战线。

二、国民党内部的压力

本来，国民党内部派系林立，加之蒋介石专横跋扈、排斥异己，由此形成了一股有一定实力的反蒋势力。这股反蒋势力，一直对蒋介石排斥异己不满，于1931年5月27日在广州召开了非常会议，遂另行成立了国民政府，与蒋介石的南京政府分庭抗礼。九一八事变的发生，致使蒋介石处于内外交困的境地。蒋介石认为，日本侵华是国民党分裂所致。他在1931年9月19日的日记中这样写道：“倭寇果乘粤逆叛变、内部分裂之时，而来侵略我东(三)省矣！”③为了摆脱困境，他主动与反对派的粤方求和，并故作姿态地表示：“弟(蒋介石)当国三年，过去是非曲直，愿一人承之，唯愿诸同志以党国危亡在即，各自反省，相见以诚，勿使外间以为中山党徒只顾内争，不恤国难。”④然而，粤方与宁方分裂的目的是逼蒋下野。因而，蒋介石此举并未打动粤方。相反，蒋介石本人却为粤方逼他辞职提供了条件。蒋介石与粤方求和的本意，并不是团结抗日，共御外侮，而是借机拉拢粤方，共同剿共。另外，向日本提出抗议时，语气可以加重。蒋介石在九一八事变发生之日，就已经确立了既定方针，即不抵抗主义。这一卖国政策是不得人心的，因而激起了全国人民的强烈愤慨，粤方乘机猛烈地抨击蒋介石的不抵抗主

① 《东方杂志》32卷24号，第108页。
② 《蒋介石秘录》，广西人民出版社，第147页。
③ 《蒋介石秘录》，广西人民出版社，第334页。
④ 《蒋介石秘录》，广西人民出版社，第344页。

义，以此逼迫蒋介石下野。粤方在 1931 年 11 月 18 日召开的第四次全国代表大会上，进一步谴责不抵抗主义，并提出若要宁粤合作，蒋介石必须下野。蒋介石在反对派的逼宫下，不得不于 12 月 15 日发表下野通电，谓："胡汉民等同志微日(5 日)通电，且有中正必须下野，解除兵权，始赴京出席等语。是必欲中正解职于先，和平统一方得实现"，"再四思维，惟有恳请中央准予辞去国民政府主席等本兼各职。"①

另外，在国难当头之际，"国民党军政人员和地方实力派中一些有民族正义感和爱国之情的人士，憬悟于亡国之可怕与民意之不可侮而开始了新的转变"②，积极投身于抗日活动的浪潮之中。他们一面敦促蒋介石抗日，纷纷致电蒋介石，要求抗日，以救危亡。爱国将领冯玉祥多次致电蒋介石及南京国民党，力主抗日，并晓以不抵抗之危害。他说："国事至此，惨过于印度，耻甚于高丽，姑不急谋补救，来日大难，实有不忍言及者。"③蒋光鼐、蔡廷锴等一些高级将领分别致电蒋介石，要求抗战到底。李宗仁、白崇禧向以反蒋坚决著称，此时一再表示"如中央真抗日，广西当竭诚拥护"④。国民党中央委员冯玉祥、李烈钧等 22 人还联名向国民党四届六中全会提出救亡大计案。与此同时，爱国将领"蹶然揭出正义之旗"⑤，率部抗日。淞沪十九路军、东北抗日义勇军、察哈尔民众抗日同盟军等不顾南京政府的阻挠和破坏，奋起抗敌。李济深、陈铭枢、蒋光鼐、蔡廷锴等公然放弃国民党旗号，发动福建事变，逼蒋抗日。

所有这一切，对国民党蒋介石继续对日妥协退让，推行"攘外必先安内"的反动国策是一个有力的打击，对停止内战，团结御侮起了积极的推动作用。蒋介石在各方的影响和压力下，不得不开始调整对日政策。第二次下野的余悸还没有消除，蒋介石仍然怕如果他一意孤行，国民党内部的潜在对手再次借题发挥，逼他下野。1936 年 1 月 22 日，国民党决定与日方就全面调整日中关系进行谈判。在一次谈话中蒋介石声称，今后不再签订丧失主权的条约。他说："政府虽然努力保持和平，要和日本解决一切纠纷，但决不签订断送主权的条约。如果和平交涉不能成功，最后当然只有一战，政治方面正在努力准备最后的牺牲。"⑥这之后，

---

① 中国人民大学中共党史系编：《中国国民党历史教学参考资料》第 2 册，第 453 页。

②⑤ 《中国共产党致中国国民党书》1936 年 8 月 25 日，见中国人民大学党史系编《中共党史参考资料》。

③ 《第二次中日战争纪事》，档案出版社，第 78 页。

④ 见《李宗仁回忆录》。

⑥ 《外交评论》6 卷 4 期，第 24 页。转摘季鸿生等著《中国国民党史纲》，第 149 页。

国民党没有再与日本签订丧权辱国的条约。当然，此时的蒋介石还没有完全下决心武力抗日，仍幻想和平解决中日冲突。他在1936年10月8日接见日使川樾茂时表露了这个意思。他说："中日一切问题应根据绝对平等互尊领土主权与行政完整原则，由外交途径，在和平友善空气中，从长协商。"①为了逼蒋下决心抗日，张学良、杨虎城发动了西安事变。西安事变的发生不是偶然的，它是国民党爱国志士促蒋抗日活动发展的必然结果。由于西安事变的目的是劝蒋抗日，顺乎民心舆情，故得到了国内各派政治力量的支持，在合力的作用下，蒋介石终于接受联共抗日的条件，决定武力抗日。此后，国民党对日态度变得强硬起来，并积极准备全面抗战。八一三淞沪抗战爆发的第二天，国民政府便发表《国民政府自卫抗战声明书》，声明"中国决不放弃领土之任何部分，遇有侵略，唯有实行天赋之自卫权以应之"②。至此中日战争全面爆发。

三、 对国联干涉幻想的破灭

对于日本制造九一八事件，蒋介石认为，是日本人在"试验国际间有无正义"③。他还认为："倭寇之目的敌，实在美俄；如其果与我国大规模正式开战，则其无的放矢，虽胜必败。""观倭今日之骄横，其有欲与世界各国为敌。彼不自量力，必欲以其为亚洲之主宰，而效法美国门罗主义，不问其地与时之能否，如此倒行逆施，殆自取灭亡耳！"④基于这种认识，蒋介石将制裁日本的希望寄托在国联身上，希冀国联出面干涉，阻止日本侵华行为。而他则可以全力剿共，这样便能同时解决"内忧"外患。正因为如此，事变后的翌日，蒋介石便命其部下通告国联，要求国联为谋使日军退出而采取最适当的措施。9月21日，蒋介石又召集党政军要人会商，其间他指示："余主张以日本侵占东(三)省事实先行提出国际联盟与签约非战公约诸国，此时唯有诉诸公理"⑤，同日，国民政府正式向国联提出申诉，指出："中国为国际联合会会员之一，……认为国联殊有依据第十一条所赋予之权力，阻止危害各国间的和平，并恢复事变前原状，决定中国应得赔偿之件

① 《第二次中日战争纪事》，档案出版社，第94页。
② 《第二次中日战争纪事》，档案出版社，第112页。
③ 《蒋介石秘录》，广西人民出版社，第340页。
④ 《蒋介石秘录》，广西人民出版社，第388页。
⑤ 《蒋介石秘录》，广西人民出版社，第335页。

质与数额。”[①]为了安抚国民相信国联，蒋介石于22日在南京市全体国民党党员抗日救国大会上发表题为《国存与存、国亡与亡》的演说，呼吁“国民此刻必须上下一致，先以公理对强权，以和平对野蛮，忍痛含愤，暂取逆来顺受态度，以待国际公理之判决”[②]。23日，国民政府又发表《告全国国民书》，略谓，日军入侵东北，关系我国存亡，“政府现时既以此次案件诉之于国联行政院，以待公理之解决，故已严格命令全国军队对日军避免冲突，对于国民亦一致告诫，务必维持严肃镇静之态度”，全国同胞应团结一致，信任政府。[③]10月12日蒋介石在国民政府纪念周报告对日问题时再次强调，日军虽在东北不断扩大侵略，我国仍要镇静持重，拥护公理以抗御强权。“我们更应相信国际有公约，人类有公道。”[④]

蒋介石在中日冲突初始再三声明，由国联制裁日本，其目的有二：其一，对英、美、法等大国施加压力。蒋介石对日侵华不抵抗，声称诉之于国联解决，而国联是由英、法等国控制，这些国家在华都有权益，如果日本侵华得逞，他们的在华利益势必受到威胁，甚至遭到损害。这些国家为了本国的利益，无疑会干预的。其二，为蒋介石本人不抵抗罪名开脱。不抵抗主义是蒋介石对日侵华的既定方针，目的是为了全力剿共。然而，蒋介石清楚不抵抗主义无疑要引起国人的极大愤慨，他将成为千古罪人，故而抬出国联，让国人理解他的不抵抗是在维护公理以抗御强权，等待国际公理之判决。

蒋介石对国联抱以厚望，那么国联对日本侵华持何种态度呢？国联对中日冲突表现得比较冷漠，在国民政府的请求下，国联作出决议，要求日本从中国撤兵。不可否认，国联的决议有一定的积极作用，它表明日本的行为是侵略行为，是非法的，使日本当局一度感到不安。但国联仅仅局限于口头上，这对于侵略野心膨胀的日本来说，显得软弱无力，日本根本不予理睬。

当然，国联不会坐视日本继续在华军事扩张，也付诸了一些行动。一·二八事变后，国联派调查团到上海、东北等地进行调查，但是，调查的结论却是国联共管东三省，设立“自治政府”。在英、美、法等国的斡旋下，中日签订《上海停战协定》。很明显，国联的干预是为了不使日本独占在华权益，各帝国主义利益均沾。什么公理、公约，一切都要围绕着一个主题，维护英、美、法等国的利益。蒋介石

---

① 《蒋介石秘录》，广西人民出版社，第336页。
② 《第二次中日战争纪事》，档案出版社，第24页。
③ 《第二次中日战争纪事》，档案出版社，第24—25页。
④ 《第二次中日战争纪事》，档案出版社，第27页。

对国联的请求，得到的只能是丧失主权的门户开放、中立区，只有抗日才能不再受辱。蒋介石也意识到了这一点。他在1933年5月22日致陈济棠电中表露了对国联的不满，说到，“列强所谓助我者，仅予日本以一骂，而日本必即还我以一刀。立国不能倚赖他人，全仗自己努力。”①1934年12月，蒋介石又在《外交评论》上发表《敌乎？友乎？》中谓：“对于日本，以为国联会加以制裁、各国会起而作有力之干涉，但未见事实。”②显然，蒋介石已对国联不再抱幻想。此后，蒋介石虽然不放弃剿共，但也开始做抗日的准备。1937年7月27日，蒋介石接见德、意、法三国大使，郑重声明中国为自卫生存而战。

四、害怕引起民众革命

九一八事变后，蒋介石认为“此次日本暴行，可为下列两点之试验：(一)试验国际间有无正义。……(二)试验我国是否能全国一致，发挥爱国精神，以御外患。”他说：“日本敢于公然侵略，实在已视我国民如无物，深可痛心。此次严重之国难中，我国民是否能全体一致，举国一心，发挥真正之爱国精神，以救国难，亦为一重大之试验。”③既然蒋介石意识到此次日本制造事变是试探我国民是否有爱国精神，那么在举国上下群情激愤，纷纷投入抗日救亡运动之时，作为蒋介石来说，不仅应给予大力支持，而且应领导这场共御外患的抗日。可是，蒋介石所谓的爱国，只要求国民的爱国与政府保持一致。正因为如此，当各阶层民众的抗日救亡运动接连不断，全国反日情绪日益高涨的时候，蒋介石却十分恐慌，他唯恐触怒日寇，使事态进一步扩大，从而影响他谋求和平解决中日冲突。另外，蒋介石还认为这些运动大部分是由共产党煽动、领导的。于是，他一面扬言“侈言抗日者，杀勿赦”④；一面命令军警进行镇压。蒋介石以为恫吓、镇压便可以压制抗日救亡运动，继续执行他的妥协退让政策。然而，群众性的救亡运动不仅没有被镇压下去，相反越来越高涨，真可谓“野火烧不尽，春风吹又生”。各地救亡运动风起云涌，席卷全国的一二·九运动，将抗日救亡运动推向了高潮。抗日救亡运动已是大势所趋，人心所向，成为不可阻挡的潮流。蒋介石在这种强大的压力

① 《蒋介石秘录》，广西人民出版社，第405页。
② 《蒋介石秘录》，广西人民出版社，第424页。
③ 《蒋介石秘录》，广西人民出版社，第340—341页。
④ 《第二次中日战争纪事》，档案出版社，第50页。

下，再也不敢冒天下之大不韪，否则他将被反蒋浪潮所吞噬。害怕引起反蒋革命，是蒋介石不敢在对日外交上走得太远的重要原因之一。这一点在蒋介石于1937年11月5日与德国驻华大使陶德曼商谈中日谈判条件时表露出来，针对日本提出的诱降条件，蒋介石拒绝接受，说："假如我同意那些要求，中国政府会被舆论浪潮冲倒的。中国会发生革命。""那么唯一的结果就是共产党将会在中国占优势。"①

五、 中国共产党对蒋介石的促动

由于民族危机的进一步严重，国民党政权大部分已被蒋介石亲英美派所控制，蒋介石军队的大多数有抗日要求，国民党南京政府已出现了转向抗日的趋势。在这种情况下，为了协调中国共产党的行动，为了进一步推动和促进国民党政府的转变，有利于以国共合作为基础的抗日民族统一战线的实现，1936年2月开始，中共中央的抗日民族统一战线的策略方针，发生了重要的改变。

1936年二三月间，中共中央通过多种渠道得悉蒋介石系陈果夫、陈立夫等主张联共抗日，孙科、于右任、张群、冯玉祥等都主张联俄联共，蒋介石也有与红军妥协反日的倾向后，开始改变"抗日反蒋"口号。中共中央在1936年9月8日给朱德、张国焘的电报中说："中国最大的敌人是日本帝国主义，抗日反蒋并提是错误的。我们从2月起开始改变此口号。"②1936年4月9日，毛泽东、彭德怀在东征过程中电告张闻天：我们的旗帜是，在停止内战的旗帜下，实行一致抗日。"目前不应发讨蒋令"，"中心口号在停止内战"。又说，"在这口号之外同时发布主张内战的讨蒋令，在今天是不适当的。"③在红军抗日先锋队东征过程中，受到国民党蒋介石和阎锡山军队的阻拦，为了保存国力，停止内战，一致抗日，红军于4月底撤回陕北，5月5日发表了《红军要求南京政府停战议和一致抗日》的通电，公开放弃反蒋口号，采取"逼蒋抗日"方针。9月1日，中共中央向党内发出了《中央关于逼蒋抗日问题的指示》，提出"我们的总方针是逼蒋抗日"，表示抗日与反蒋并提的口号已不适应形势的发展。"逼蒋抗日"方针虽然承认"国民党中央军全部或其大部有参加抗日的可能"，但"在逼蒋抗日的方针下，并不放弃同各派反蒋

---

① 《第二次中日战争纪事》，档案出版社，第127页。
②③ 转引自《党史通讯》1987年第7期，第12—13页。

军阀进行抗日的联合”，而且强调“我们愈能组织南京以外各派军阀走向抗日，我们愈能实现这一方针”。指示还提出中国共产党“是全国各党各派(蒋介石国民党也在内)抗日统一战线的组织者和领导者”①。12 月 1 日，毛泽东又致信蒋介石，诚恳地告诫他：“寇深祸亟”，必须“当机立断”，“化敌为友，共同抗日”，如果“徘徊歧途，将国为之毁，身为之奴，失通国之人心，遭千秋之辱骂”②。这就明确地提出了，只有顺应抗日救国的历史要求和广大人民的强烈愿望，实现国共合作、共同抗日，才是救国的唯一出路。

由此可见，蒋介石由对日妥协逐渐转向抗日，是由多种客观因素促成的。分析这些原因对全面认识蒋介石和中国抗战的时代背景有着重要意义。

(本文原载《上海师范大学学报》，1996 年第 1 期)

① 《六大以来》(上)，第 778—779 页。
② 《毛泽东书信选集》，第 88—89 页。

八一三抗战中冯玉祥的见闻和建议

郭绪印

八一三抗战前期即9月17日之前，冯玉祥任第三战区司令长官，在此之后被调到第六战区任司令长官，上海抗战由蒋介石亲自指挥。在冯玉祥任第三战区司令长官期间，有职无权，实际上是蒋介石直接指挥。冯玉祥事后曾在《日记》中写道："三战区为人家直属部队，我曾作一月无言之司令长官。曾忆蒋先生电话谓：大哥可不客气指挥他们。我谓我有二事可做：一、死，二、作歪诗。此语实血泪所呕成，有思想者当能鉴及之。"①又据冯玉祥当年的警卫副官冯纪法回忆说："冯先生受领了任务便带着参谋人员赴前线视察，指挥各军作战行动。但是第三战区所属部队多是蒋的嫡系，他们唯蒋之命是从，而对冯先生只是客客气气，热情接待，虚应事故，所以冯先生不过是一个空头的'司令长官'而已。"②冯玉祥初任第三战区司令长官时，意气风发，决心在这一战役中贡献自己的一切，认为能直接指挥抗日战争是实现自己抗日救国愿望的良机。出发前他曾写了一份遗嘱交给家里人，其中关照家属："不论到什么时候，我的子孙决不能同日本鬼子妥协。我有几间房子，都交给李德全就完了。"③但当他到前线发现自己的指挥权被架空，处于有职无权的窘境中，深感壮志难酬，满腔愤懑。他虽然牢骚满腹，但并未消极沉沦。由于各部队直接听命于蒋介石，各部的位置都不向他报告，冯就主动派人去联系，深入了解战地情况，积极向蒋介石提供了一系列建议。

---

① 《冯玉祥日记》(1937年12月4日)第5册，江苏古籍出版社1992年版，第297页。蒋、冯于1928年曾结拜为兄弟，故蒋称冯为大哥。

② 《随从参谋冯纪法回忆：在冯玉祥将军身边15年》，陕西人民出版社1989年版，第99页。

③ 冯玉祥：《我的抗战生活》，黑龙江人民出版社1987年版，第8页。(以下凡引证该书内容不再重复注版本)

冯玉祥在八一三抗战中的所见所闻，有着具体、详细的记载，他致蒋介石一系列建议的函、电，大部保存在《蒋冯书简》中，都是后人研究八一三抗战史的重要参考资料，兹将冯玉祥当时的主要见闻及建议的一部分分别阐述如下。

一、冯玉祥战地见闻

冯玉祥到苏州张治中的司令部稍停留，刚离开该司令部，该司令部即遭敌机轰炸。冯听说苏州车站附近有一茶馆，茶馆老板在其茶楼底下设无线电台给日军通情报，他的儿子恰被日机炸死，他老婆骂他“没良心，不能得好报应”，夫妇俩打起来，被他老婆告发了。苏州这样的间谍“不止二、三十起”。

有一天晚上，蒋介石坐汽车到苏州，在一个旅馆里停了一下，不到十分钟就上火车返回南京。“火车刚开，敌人的飞机来了，把旅馆马上炸平。可见敌人的间谍在苏州是如何之多。”①“日本的间谍布置到各处。有一天夜间十一点多钟，敌人的飞机来到昆山附近，马上就有人放红灯，一个一个地起来，当然敌人轰炸很容易。”②

冯玉祥以上所见所闻，说明当时日本侵略者在苏州布置了大批间谍，而中方反谍措施不力。

冯玉祥说：当时“我们的队伍每天一师一师地、两师两师地加入前线，有的一师人加上之后，三个钟头就死了一半，有的支持了五个钟头，就死了三分之二。有许多人说，这个战场就是个大洪炉，填进去就熔化了”③。

“空军比着日本的数目相差很远，可是我们忠勇无比的空军将士们，也把日本鬼子打得不轻。……可怜哪！我们前线的官兵，被敌人的飞机用机关枪扫射得抬不起头来，而我们的飞机又被敌人毁坏了十分之九，全面抗战，哪里不要飞机呢！”④

“到今天，我们痛定思痛，觉得太危险了，自己不能制造飞机，简直就如同徒手跟猛虎搏斗一样。……飞机能自己造，汽车能自己造，而且能多造，当然没人敢欺侮我们。”⑤

冯玉祥的这些话，反映出他所看到的当时战场上我军英勇作战，牺牲很大。

---

① 冯玉祥：《我的抗战生活》，第12页。

② 冯玉祥：《我的抗战生活》，第14页。

③④⑤ 冯玉祥：《我的抗战生活》，第13页。

敌人掌握制空权,我们的空军作战虽英勇但飞机数量太少,“而且被敌人击毁了十分之九”。冯玉祥认为发展工业、机器制造业,是国防的基础。

冯玉祥看到苏州到上海的公路上运兵十分拥挤,无人指挥交通,“挤在那里过不去,差五分钟都不得了,何况是几个钟头呢。……彼此在那里对峙,谁也不让谁,敌人的飞机来了,很厉害地轰炸,就这样死的人很多”。

冯玉祥于9月7日夜间从安亭赴昆山与陈诚会晤,8日又抵安亭,与白崇禧、顾祝同、张治中及黄琪翔相晤,了解到“各部士气旺盛,我国官兵人人抱必死之决心为国牺牲,矢志不渝”①。

在如此大规模战役中,伤病救护未能安排好。冯在日记中回忆,受重伤士兵无人及时包扎,运到医院,伤口上已生了蛆。医务人员及药品都不够,担架太少,运不下来。冯说:“有一次,有个伤兵到了医院门口,大哭大骂,哭骂完了就死了。那是因为他路上流血太多,没有水喝,没有人照顾,他觉得还不如死在前方好。又有一次,几个受伤的连长,运到南京火车站,也是大声地骂起来,说:你们把我枪决了好了!这都是流血太多,没有包扎,太痛苦的缘故。”地方上父老绅士们、各界同胞,到伤兵医院送钱送礼物慰问伤兵,但特务们不许人们前去慰问。

前线队伍吃饭问题没有解决好,一烧饭,敌机看到哪里冒烟或夜间看到火光就到哪里轰炸扫射。冯看到如此情况,心中难过地说:“实在说起来,前头的队伍,连官带兵,有一多半是饿得不能打仗,并不是敌人多么厉害。”

拉炮的骡子和驮机枪的骡马,骨瘦如柴,拉不动炮,驮不动机枪,“它走路都走不动!为什么这个样子?因为炮兵直属军政部,军长、师长、旅长都管不着,而军政部又有那么多的事,他怎么照顾得了呢?”②

冯玉祥亲眼看到中国军队英勇抗战的场面,很受感动,他后来写了几首白话诗,歌颂八一三抗战中将士们英勇抗战的精神。但同时他也看到了由于当局政治腐败导致军事混乱的情形,例如:“蒋介石都是发命令给后方勤务司令部,火车一到,军队就上车。沿路各车站都说前头什么都有,一站复一站,实在说起来,到了前方车站,什么都没有。”③军队调动方面更为混乱,有时哪一支部队调到前方,不仅不向身为司令长官的冯玉祥报告,甚至连在前线指挥作战的司令官也不知

---

① 冯玉祥:《呈蒋委员长青电》1937年9月9日,《冯蒋书简》,第36页。

② 冯玉祥:《我的抗战生活》,第16—17页。

③ 冯玉祥:《我所认识的蒋介石》,黑龙江人民出版社1980年版,第69—70页。

道。张发奎对冯玉祥说:归他指挥的军队,彼此都不认识,他熟悉的只有一个排。8月18日,张发奎问冯玉祥,前头一连炮队不知哪里去了,是否冯下令调走了?冯回答说:“不知道。”“查来查去才知道是蒋介石越过战区司令长官、总司令、军、师、旅长等许多直辖长官,把一连炮兵随便调走了。这样怎能不造成混乱。”①

冯玉祥过去统率西北军时,一向善于教官兵修筑作战工事,但这次战役中无权过问前线工事。当他得知有些机枪阵地,不仅里面有三尺多深的水,而且机关枪放不进去,“这是包给一个黄姓的奸商造的,三百几十个机关枪阵地,能用的不到三分之一。”②冯对此非常气愤。

以上情况是当时冯玉祥的一部分见闻记录。冯看到了这一战役中的一系列问题,但同时他对许多官兵的英勇作战以及壮烈牺牲的爱国精神十分赞扬。此后他在多处演讲宣传抗战时,常常列举八一三抗战中阎海文、姚子青等烈士的英勇事迹,并写了《八百好同胞》《廖宝财》《吴淞口大战》等诗歌,热情歌颂八一三抗日的英雄人物和动人事迹。③

冯针对战地的见闻,提出了一系列建议。

二、 冯玉祥的一些建议

八一三抗战至11月5日日军从杭州湾金山卫登陆,对国军形成迂回包围切断后路的形势,迫使中国军队急速后撤,由于撤退时无合理安排,步骤混乱,损失惨重。蒋介石在统一指挥这一战役时,对敌人可能从杭州湾金山卫登陆未作必要的防御准备,金山卫守卫力量薄弱,使敌人有隙可乘。这一问题早在8月间冯玉祥即向蒋介石转达了张发奎的报告,冯本人也提供了建议。

8月28日,冯致电向蒋介石报告:根据张发奎报告得知“敌舰敌机,不时在浦东及杭州湾沿海一带肆意轰炸,企图登陆”④。并报告“敌舰集结黄浦江,炮口指向浦东,似有特殊企图”。冯转报了张发奎电文中所说的:“本区兵力不敷,迭经电呈,……虞防线过广,部署容有未周,倘一隅疏防,牵动全局,职虽粉身碎骨,仍难偿贻误之罪。迫切陈词,务祈统筹核办示遵为祝祷。”冯要求蒋“增厚兵力”,

---

① 冯玉祥:《我所认识的蒋介石》,第69—70页。

② 冯玉祥:《我所认识的蒋介石》,第70—71页。

③ 《冯玉祥诗选》,四川人民出版社1982年版,第84、85—87、82—83页。

④ 冯玉祥:《呈蒋委员长俭机电》1937年8月28日,《冯蒋书简》,第30页。

“以固国防”①。次日，蒋复冯密电称：“沪杭兵力正筹调中。”②但实际上蒋却忽视了在杭州湾应增强防备兵力，以致日军后来恰从此处登陆。

冯玉祥不仅关心淞沪战场上的情况，而且考虑到前方和后方的联系，重视苏州、无锡一带的情况。苏州、无锡一带作为淞沪战场的第二线，同时也是邻近前线的后方，冯认为这一带是否安定直接关系到淞沪战役。9月6日，冯致蒋电报告数项事宜：电称：其一，“据报匪首王凤仪者已受日本人之委任，将在太湖发动，断我公路交通。为防患未然计，在此重要地点，须有兵力一营附设小汽船十只，来回游击，方资震慑。”其二，“现在淞沪作战，后方治安机关重要，而苏锡等县，汉奸颇多，或割电线，或偷消息，时常有之。亟应设戒严司令，带有相当军队，驻守其间，以便函查拿而维地方。”其三，“查前方汉奸极多，为害甚大，非严拿不能肃清……”③冯建议发动民众清查、举报日本间谍。同时，冯根据多年战场经验，认为必须了解敌情，知己知彼，主张派出侦察人员深入敌后活动，以便了解敌情。但蒋对冯的这些建议未置可否。

冯针对战地实情，就亟待解决的问题提出建议。各师编制指出应改进者有四点：(甲)应添坑道队；(乙)应添电雷大队；(丙)每师增重迫击炮一团；(丁)每师的山炮、平射炮、陆炮应较旧有数加倍添置。冯在每项建议之中都说明了具体理由，并提供了具体解决办法。④

针对前线部队白天烧饭冒烟，夜间烧饭有火光都会引来敌机轰炸的问题，冯建议发动民众准备大量干粮等熟食品运抵前线解决军食，并建议在吴淞方面修工事，准备对敌节节抵抗。冯对每一建议一一详加说明理由。⑤

冯针对战地实情建议：“每师工兵应编成一团，……二营为雷电队，坑道掘成，地雷及时下好，攻则可以破敌之坚固工事，守则可以远出，设下各种埋伏，毁坏敌之坦克，无论攻防，均能使敌受极大之打击。其次每师应有重迫击炮一团，威力极大，而费用极小，因其弹道弯曲，口径甚大，毁敌之阵地，为极好之利器。”⑥冯的这些建议十分可贵，这是他凭数十年指挥战争的实战经验并结合淞沪战场上的实际情况提出来的。

---

① 冯玉祥：《呈蒋委员长俭机电》1937年8月28日。

② 《致蒋委员长复艳电》1937年8月29日，《冯蒋书简》，第30页。

③ 冯玉祥：《呈蒋委员长鱼电》1937年9月6日，《冯蒋书简》，第34页。

④⑤ 冯玉祥：《呈蒋委员长青电》1937年9月9日，《冯蒋书简》，第37页。

⑥ 冯玉祥：《呈蒋委员长虞电》1937年9月7日，《冯蒋书简》，第35页。

冯玉祥主张抗战中要发动民众，这是切合中国国情的抗战主张。冯虽然置身于国民最高将领之列，但他重视人民群众的力量，主张发动民众抗日，这与蒋介石的片面抗战有所不同。早在8月29日，冯致电蒋介石，电称："现当对敌抗战，非唤醒民众不可。要唤醒民众，……可编印宣传文字，内容愈浅显简明愈好，输以民族意识，使其深切了解抗日有何利处，与不抗日有何害处。"冯认为当群众深切了解到抗日的道理之后，"便生信仰，有了信仰，即生力量。此力量即是真正救国之大力量也"①。冯又将亲手编写的向民众宣传抗日救国的传单《救国问答十条》电呈蒋介石。这十条问答，文字通俗，道理明确，容易为民众接受。②蒋在复电中称冯的建议："所陈各节甚当，已令饬各有关机关，参酌情形，负责进行办理。"③但实际上蒋对冯的建议是有选择的采纳，而对于发动民众一类的建议是束之高阁的。

9月7日，冯又向蒋提出："惟用兵必得人民之助，而人们平昔多受指导于地方贤士大夫。公署组织简单，拟略延聘地方英贤为顾问、参议、咨议等各数人借资襄辅，同济战争。"④冯在这里所说的地方贤士大夫、地方英贤，主要指地方上的爱国知识分子、爱国绅士，他们比公署中的国民党官僚们能够体察民情，了解基层社会的实际，将他们掺入公署中对抗日救国有一定的积极作用。

冯在苏州指挥部期间，曾撰写《国民必读》，印刷一万份，"对于日军之暴行揭发详尽"，属于发动民众抗日的宣传材料。冯要求蒋饬令南京政府军委会"重印三五万份，发给前方将士及后方各省民众……以为唤起民众之利器也"。冯认为广泛发动民众，"则抗战前途无形中必增伟大之力量"⑤。冯玉祥从中原大战惨败之后，失去了兵权，转变为民主爱国人士，曾在山西峪道河和山东泰山调查过工人和贫困农民的生活，和中共党人交往，也读了些马克思主义的书，他的上述认识，并非偶然。

冯在任第三战区司令长官期间，派人考察了常州、无锡、苏州一带的伤兵医院，提出了十项改善伤兵医院的建议，主要内容都是很具体而且切实可行，如能照他这些意见行事，伤兵救护工作必然大为改观。冯认为伤兵工作做好，"亦是

---

①② 冯玉祥：《呈蒋委员长艳电》1937年8月29日，《冯蒋书简》，第30页。

③ 《蒋委员长复东申电》1937年9月1日，《冯蒋书简》，第32页。

④ 冯玉祥：《呈蒋委员长阳午机电》1937年9月7日，《冯蒋书简》，第36页。

⑤ 冯玉祥：《呈蒋委员长删亥机电》1937年9月15日，《冯蒋书简》，第38—39页。

鼓舞士气之道也”①。冯是位基督将军，积极救护伤兵，不仅是“人道主义”的要求，而且对于调动广大官兵抗日救国的积极性有重要意义。

八一三战役，从地理位置上，有利于敌方海、空军优势，在敌强我弱的形势下，应遵循战略持久战、战役速决战的原则，应在给予敌相当杀伤后，及时有计划地退却，配合以运动战、游击战等多种形式，灵活机动地打击敌人，应在节节抵抗中使敌方受到重大损失。然而蒋介石采取的是消极防御，单纯阵地战；冯玉祥在这方面，也缺乏明确的认识，但他比较了解战地实情，提出了一些正确的建议，对于总结这一战役，研究历史，有一定的参考价值。

（本文原载上海淞沪抗战纪念馆编：《纪念抗日战争胜利 55 周年暨八一三淞沪抗战专题研讨会论文集》，2000 年）

① 冯玉祥：《呈蒋委员长江巳机电》1937 年 9 月 15 日，《冯蒋书简》，第 38—39 页。

宋庆龄与八一三淞沪抗战

傅绍昌

坚信“中国是不可征服的”

日本侵略者继发动七七事变之后，又于8月13日在上海燃起战火。中国军队激于民族义愤奋起抵抗，在黄浦江畔与日军展开了一场惊心动魄的大血战，在中国抗战史上写下了可歌可泣、威武雄壮的篇章。

但是，全面抗战爆发后，在“中华民族像一个人样地站起来反抗日本侵略者”的同时①，“亡国论”、“失败论”等悲观论调也在国内流传开来。汪精卫集团公开鼓吹“战必败，和未必大乱”，主张对日妥协投降。蒋介石集团虽由不抵抗主义转变为对日作战，但又认为中国太弱，抵抗不了日本，执行“战而后和”方针，幻想在上海打一下，以引起国际干涉调停，取得“体面”的和平。同时，广大民众虽有不当亡国奴、驱逐侵略者于国门之外的强烈愿望，但不少人对抗战必胜缺乏科学的认识，在日军的野蛮屠杀下，怀有“恐日”情绪。

针对上述情况，宋庆龄于1937年8月发表了《中国是不可征服的》一文②，明确指出，现在国内流传着的所谓“中国太弱，抵抗不了日本”等说法，是“不真实的看法”。事实是，作为中国最大力量的人民大众“已经觉醒起来了”，他们不仅“准备为卫国保家淌尽最后的一滴血”，而且“打起游击战来，将成为一种不可征服的力量，在这种力量面前，日本军阀只能发抖”。基于对人民群众伟大力量的深刻认识，宋庆龄坚信，“中国不但能够抵抗日本的任何侵略，并且能够而且必须准备

① 《宋庆龄选集》上卷，人民出版社1992年版，第201页。

② 《宋庆龄选集》上卷，人民出版社1992年版，第192—198页。

收复失地。"这些论述,既有力地抨击了"亡国论"、"失败论"等悲观论调,极大地激发了人民大众的抗战热情,同时也阐明了一个很重要的思想,即认为游击战争是坚持长期抗战,最终打败日本侵略者的重要因素。这就是说,在宋庆龄看来,抗日游击战争不只是战术问题,同时也是战略问题。这个观点提得如此之早,是十分难能可贵的。

为了消除"恐日"情绪,进一步从精神上武装人民大众,使他们树立敢于斗争、敢于胜利的思想,宋庆龄在文章中,还引用来自日本的统计资料,从它的经济潜力和社会结构等方面详尽地分析了日本的国力,指出:在经济上,"日本是一个弱国",它的一个致命弱点在于"缺乏原料";在政治上,日本最大的弱点之一就是"农村社会的不安定已经表面化"。显然,日本的社会经济结构"不够坚实",而战争"将使日本已很脆弱的社会经济结构面临新的困难,更加捉襟见肘"。总之,日本的经济和社会结构是"不能支持一场对中国人民的长期战争的",因而其失败是必然的。

与日本相反,中国不仅土地广大,资源富有,人口众多,而更为重要的是"中国人民大众已经觉醒起来了"。因而,"即使中国不得不单独与日本作战,也不会打败的。但是中国是不会孤立的,因为中国拥有全世界的同情"。

宋庆龄通过对日本经济和社会结构的分析,并与中国相比较,从而提出了"日本的武力已不过成为一只纸老虎"的光辉论断。日本帝国主义是纸老虎这个论断,在当时起到了振聋发聩的巨大作用,不仅极大地激励了浴血淞沪的广大军民的抗日斗志,也给全国人民带来了战胜日本侵略者的希望和勇气。

发动和团结上海妇女界支援抗战

宋庆龄一贯重视妇女在民族解放事业中的重大作用,认为妇女"事事应当站在男子同一战线上努力"①。为此全面抗战爆发后,她立即与何香凝酝酿建立上海妇女界抗日团体,最大限度地发动和团结广大妇女投身于抗战洪流。7 月 22 日,中国妇女抗敌后援会(简称"后援会")在何香凝寓所召开成立大会。大会推选宋庆龄为理事,何香凝为主席理事,罗叔章、陆礼华、胡兰畦、沈兹九、王立明等 21 人为常务理事,一些国民党军政官员和著名人士的夫人如宋霭龄、于凤至、孙

---

① 《宋庆龄选集》上卷,人民出版社 1992 年版,第 39 页。

科夫人陈淑英、蔡元培夫人周养浩等也都担任理事。23日,“后援会”发表告全国妇女书,指出:“现在已是我们民族争生存的最后关头,只有全国一致团结抗敌,才是我们唯一的出路。”号召一切不愿做亡国奴的姐妹们快快起来抗战,“有力的出力,有钱的出钱,能上战场的去上战场,能救护慰劳的就出来做救护慰劳的工作。”①“告全国妇女书”,为抗战时期的妇女运动指明了方向,对动员广大妇女积极投入抗日救亡运动具有重大的意义。

“后援会”的成立,标志着以宋庆龄、何香凝为首的上海妇女界抗日救亡运动统一战线的形成。为了使妇女抗日救亡运动的规模进一步扩大,最大限度地团结妇女界一切抗日力量,7月24日,何香凝建议宋美龄在南京成立抗敌后援会。8月1日,中国妇女慰劳自卫抗战将士总会在南京成立,宋美龄任主席。次日,该会分电各省市从速成立分会,并与总会取得联系。为了取得公开活动的合法地位,有利于抗日救亡运动的进行,上海“后援会”于8月4日改称中国妇女慰劳自卫抗战将士总会上海分会(简称“妇慰上海分会”),从属于南京妇慰总会,并向上海市各界抗战后援会登记备案,仍由何香凝任主席,俞鸿钧和杜月笙的夫人担任副主席,宋庆龄、宋霭龄也仍为理事。这样,原来持不同政见、势如水火的宋氏三姐妹为了共赴国难这个共同目标走到了一起,成为团结抗战的象征。

“妇慰上海分会”在宋庆龄与何香凝的领导下,最大限度地团结了妇女界一切抗日力量。到9月份,已有团体会员22个,其中包括国民党市党部方面的妇女团体。各妇女团体还在浦东大厦设立联合办事处,积极开展救亡工作,有力地支援了八一三抗战。

在宋庆龄的直接指导下,迅速开办了护士训练班,在两个月中就有两千名女工、家庭妇女、女学生和童子军经过培训成了临时护士。这支庞大的妇女救护队,不仅在各伤兵医院辛勤工作,而且还走上了火线,执行战地救护任务,冒着枪林弹雨,出生入死地在抗日前线,为救死扶伤不分昼夜地工作着,有的还献出了年轻的生命。

为了支援前线,“妇慰上海分会”开展了轰轰烈烈的劳军运动。宋庆龄、何香凝率先委派代表携带大批慰问品前往战区和伤兵医院慰问。在她们的感召下,广大爱国妇女有钱的出钱,有力的出力,踊跃支前劳军。许多妇女不仅捐输财物,而且成立了志愿队,将伤兵从前线抬回来,予以精心护理。前线需要急救包、

① 《申报》1937年7月24日。

背心、手套等,“妇慰上海分会”立即号召妇女们飞针走线日夜制作。从白发苍苍的老太太到天真烂漫的小姑娘都行动起来,开展缝纫服务。仅中华女子职业补习中学内组织的“缝纫服务团”,在10多天时间里,就做好上千件棉背心。一时间,棉背心、手套、急救包、慰问袋和军鞋等,源源不断地输送到抗日前线。这种亲人般的关怀,使广大将士和伤员受到极大鼓舞。他们含着热泪说:“守土是我们军人的责任”,为了抗日救国“死了也很光荣的”①。

为了呼吁上海人民行动起来为抗战出钱出力,宋庆龄还不辞辛劳地到处作抗日演讲。有一次,她到上海南洋女子中学演讲,生动地向师生们介绍当时的抗日形势;明确指出中华民族是不会灭亡的,最后的胜利一定属于我们;号召妇女们要爱国、爱人民,为中国的抗战贡献出一分力量。宋庆龄精彩的演讲给广大师生以莫大的教育和巨大的力量。在她的鼓舞下,师生们四处奔走,在校内外积极开展募捐活动。几天之内,在南洋女中校长所居住的西康路一带的居民就缝制了一千多件丝棉背心,送给战斗在前线的抗日将士。

1937年卢沟桥事变,特别是八一三淞沪抗战爆发后,国民政府军政开支骤增,因而于8月份决定发行救国公债5亿元。8月24日,救国公债劝募总会正式成立,宋子文任会长。宋庆龄认为此举是抗战需要,符合人民的根本利益,决定予以支持,同意担任该机构的常委,并与何香凝一起通过她们领导的“妇慰上海分会”,积极动员上海各界妇女开展献金运动,目标为2千万元。9月5日是上海妇女首次献金的日子。这一天,各妇女救亡团体的代表,纷纷来到南京路上的上海女子银行,踊跃献金购买救国公债。几天时间,仅“妇慰上海分会”常委就认购了2.3万元。广大普通老少妇女,甚至孩子们也都群起认购,你一元我两元,涓滴汇成巨流,到10月初就完成了女界认购救国公债的既定目标,有力地支援了神圣的抗战事业。

此外,宋庆龄还和八路军驻上海办事处主任潘汉年保持密切联系,当得知八路军挺进敌后和开入山西抗日的消息后,心情十分激动,立即与何香凝一起帮助“八办”向上海各界募集了大批物资,支援八路军。

总之,在宋庆龄、何香凝的组织和领导下,上海妇女界同仇敌忾,团结一致,积极投身于空前壮烈的八一三抗战,为保卫大上海展现了巾帼风采,发挥了“半边天”的作用。

---

① 《抗战》三日刊,第1号,1937年8月19日。

积极参加和支持“文协”的救亡活动

全面抗战爆发后，中共驻上海办事处主任潘汉年（1937年9月接任八路军驻上海办事处主任）和上海地下党组织主要负责人刘晓等，根据周恩来关于“要充分开展抗日民族统一战线的工作，以文化界为基础，搞好上层进步人士的统战工作”的指示精神①，决定将原有的救国会及其所属文化界各团体，扩大改组为救亡协会。1937年7月28日，上海文化界救亡协会（简称“文协”）正式成立，宋庆龄、潘汉年、蔡元培、胡愈之、潘公展、张志让等83人被推选为理事。这里有共产党员、国民党党部成员和中间人士，因而“文协”是以共产党人为核心的国共合作统一战线团体。

宋庆龄清楚地了解“文协”的背景，把它作为新时期她与共产党合作抗日的一块阵地。为此，她在领导妇女抗战救国的同时，还积极参加和支持“文协”的救亡活动。

八一三抗战爆发不久，即9月9日，宋庆龄和蔡元培、胡适等文化教育界人士联名向西方各国文化科学界发出呼吁，揭露日本侵略者野蛮屠杀中国无辜难民的罪行。同月18日，“妇慰上海分会”与文化界救亡团体等，联合举行纪念九一八六周年的宣传活动。10月16日，宋庆龄在华安大厦（今金门饭店）出席“文协”召开的外国记者招待会，发表了重要的讲话。为了支前劳军，10月下旬，“文协”发起募集20万双手套支援抗日将士的运动，宋庆龄、何香凝领导的“妇慰上海分会”率先响应，保证了这项任务的胜利完成。不仅如此，宋庆龄还亲自进行募集活动，把她募集到的490余元款项交给“文协”救护组。救护组组织慰劳队、救护队赴前线时，宋庆龄又自己出钱雇两辆卡车接送伤兵，并且不顾个人安危，冒着枪林弹雨亲赴前线慰问抗战将士，极大地鼓舞了广大官兵的作战士气。11月2日，即《九国公约》签字国会议在布鲁塞尔召开的前一天，上海113个救亡团体，冒着风雨出动938个宣传队，其中以“妇慰上海分会”为核心的妇女界就出动了600多人，组成100余个宣传队，深入街头巷尾，进行抗日救亡宣传，对广大市民增强民族意识，振奋抗战精神，产生了很大的影响。

为了更好地进行抗战的宣传动员工作，“文协”于8月24日创办了机关报

---

① 刘晓：《上海地下党恢复和重建前后》，《党史资料丛刊》1979年第1期。

《救亡日报》,郭沫若任社长,夏衍为总编辑。该报始终坚持党的抗日民族统一战线正确立场,是一份具有重要影响的著名报纸。宋庆龄十分关心《救亡日报》的编辑和出版工作,曾在上面发表多篇极为重要、影响巨大的文章和谈话。如9月24日,她在该报第一版发表《国共合作之感言》,热烈欢呼她多年来为之效力和盼望的第二次国共合作正式形成。26日发表答《救亡日报》记者问,指出"国共两党实现和平团结一致对外,是实现孙总理弥留时和平奋斗救中国重要遗嘱的开始"。10月3日,发表《致英国工党来华调查日本侵略的代表团的信》,揭露日本的侵华罪行,呼吁英国支持中国抗战。这些宣传中国抗战、呼吁各国人民支援中国的谈话和文章,几乎世界各国主要报纸以及上海外文报刊,均以显著地位和相当篇幅刊载,收到良好的效果,从而大大增强了《救亡日报》的社会影响力。

大力开展国际宣传

宋庆龄认为中国的抗战不是孤立的,它是世界反法西斯战争的重要组成部分。因此,打败日本侵略者,诚然主要依靠中国人民自己的力量,同时也要联合世界上以平等待我之民族,建立国际反日阵营,取得他们对中国抗战的同情和支援。基于这样的认识,她在八一三抗战中大力开展国际宣传,呼吁国际援助,先后发表了大量的函电、演说和文章。如1937年8月在纽约《论坛与世纪》上发表《中国是不可征服的》一文;9月特地写了《致英国工党书》;10月来到美商R.C.A广播电台,用英语向美国人民发表了题为《中国走向民主的途中》的演说;等等。这些函电、演说和文章,主要阐明了如下内容:

1. 详细揭露日军侵华暴行。七七事变和八一三事变发生后,宋庆龄就向世界人民揭露日军在中国各地的暴虐行径。她在《致英国工党书》中指出:"日本帝国主义者还不以奴役东三省和华北的中国人民以及他们的经济剥削为满足;他们更深思熟虑的进而破坏中国的文化,并使中国的人民降为愚昧无知的奴隶。"又说:"过去两个月来,你们当已看到日本侵略者在中国的蹂躏和屠杀",无辜的难民都成了他们"发泄狂暴的目标"。随后,又在《告英国民众书》中,进一步向英国人民揭露了日本的滔天罪行。她无比愤慨地指出:"敌人用尽了一切现代的武器,用尽了一切凶残恐怖的手段,把我们的土地沉浸在无辜人民之血海中。城乡各地,所过成墟;青年同胞,断肢裂腹。炸弹横飞,妇孺遂成残废聋哑。成千成万的兵士,肝脑涂地。"在日寇蹂躏的地区,还有成百万的人民"流离失所,困顿饥饿以死"。总之,"灾祸之烈,实较欧战为尤酷"。宋庆龄从血淋淋的事实中,得出这样的结论:日本侵略者"把国际的法律和道德践踏净尽",他们是"法西斯魔鬼"、"国际恶棍",带给中国人民的灾难,"真正像欧洲中世纪时代那回大瘟疫一样"①。

2. 积极宣传中国人民英勇抗战的真实情况。抗战伊始,宋庆龄就满怀激情地指出:"中华民族像一个人样地站起来反抗日本侵略者了。在中国全部历史中,我们从未见过精神、行动和意志这样的团结一致。"②八一三上海抗战爆发后,她又说道:"中国人民以武的决心和血肉之躯,抵抗侵略者的巨舰、大炮、飞机和机械化部队。"并向世界人民宣告:"中国人都准备以最后的牺牲来保卫祖国","日本军阀必定在我们的领土上遭遇灭亡。"③当八路军开入山西抗日,取得平型关大捷后,宋庆龄更是兴奋不已,她在向美国人民的广播演说中,热情洋溢地赞颂道:过去的红军即现在的八路军,"正加入作战",第一次与敌军接触,"就获得压倒一切的胜利"。这次事实表明,"我们全国的团结统一,已发生伟大的力量,如堡垒一样坚固,给予侵略者以迎头的痛击。"她坚信:"四万万五千万的中华民族是必然不会灭亡的。地球上没有一个力量可能消灭她。"④

3. 深刻阐明中国抗战的国际意义。面对日本法西斯的疯狂侵华,英、美等国的领导人都采取"中立"和"不干涉"政策,即实行纵虎为患的"绥靖主义",根本不认识和不承认中国抗战的世界意义。宋庆龄高瞻远瞩,从日本侵略一开始就注意到这个问题。她在《致英国工党书》中,尖锐地谴责国联和英、美等国对日本侵华始终采取"袖手旁观"的错误态度,认为"这种态度大大地鼓励了而且在客观上还帮助了日本强盗对中国进一步的侵略"。同时,明确指出:"日本法西斯主义者和黩武主义者以及他们惨杀的和非人道的破坏方法,不仅威胁中国的独立;他们对于所有民主国家以及人类的和平与自由,也同样是威胁。"所以日本侵略者不仅是中国人民的敌人,也是世界人民的共同敌人。由此,宋庆龄提出中国抗战"确乎有着国际的意义"的光辉论断,并向全世界郑重宣告:"中国不仅单为了她自己而抗战,并且也为了全人类。"⑤"也为了全人类"这个精辟的论点,不仅深刻

①⑤ 《宋庆龄选集》上卷,人民出版社 1992 年版,第 201 页。
② 《宋庆龄选集》上卷,人民出版社 1992 年版,第 220 页。
③ 《宋庆龄选集》上卷,人民出版社 1992 年版,第 212 页。
④ 《宋庆龄选集》上卷,人民出版社 1992 年版,第 210—211 页。

地揭示了中国抗战伟大的国际意义，同时也是对英、美等西方国家的“绥靖主义”的有力抨击。

4. 强烈呼吁国际社会声援中国抗战。宋庆龄认为中国抗战既然也是为了全人类而战，那么，中国人民就有得到世界人民支援的权利。她在《致英国工党书》中指出：“我们的抗战是反抗压迫者、法西斯主义和黩武主义，而这一切也是你们的敌人。从这共同的基点上，我们有着呼吁你们援助和支持的权利。”因此明确表示：希望英国工党在一切行动的场合上，“竭力支持中华民族壮烈的抗战，以反抗残暴的破坏文化的野蛮主义。”①1937 年 10 月 14 日，宋庆龄致电美国总工会，吁请进行抵制日货活动，并阻止美国军火运往日本。同月 20 日，她在《中国走向民主的途中》一文中，特别强调日本法西斯不仅是中国人民的敌人，也是“威胁全世界文明的公敌”②。而中国的抗战，“不单是为了我们自己，也是为了一切仍旧爱护自由民主的人们。”③为此，她向美国人民大声疾呼，要求他们不仅要在道义上谴责日本法西斯的侵略暴行，而且要从物质上帮助我们，特别是要“源源不断地输送军械军火来充实我们的军队。我们要有强有力的军队来抵御强有力的敌人。”④

宋庆龄在呼吁国际援助时，还运用唯物辩证法阐明了一个极为重要的观点，即国际援助是相互的、双向的。她明确指出：“目前日本的威胁，虽仅加于中国，但谁能保证到了某种时候，这种奇特的态度不会从行动上危害其他民族呢？”⑤所以，“在今天来帮助我们抗日，维持世界和平，用抵制、制裁与封锁等办法来惩罚法西斯侵略者——这便是避免明天的世界大战。”⑥这就是说，世界人民帮助中国，也就是帮助他们自己；中国人民不仅接受帮助，也帮助提供帮助的国家和人民。

为了更好地宣传中国抗战，争取国际声援，宋庆龄还与何香凝积极联络在沪的各国妇女领袖，筹备一次中外妇女联席会议。1937 年 10 月 28 日下午，上海妇女界在国际饭店举行在沪外国妇女招待会，出席的中外妇女约 300 人，其中外籍妇女 76 人。宋庆龄、何香凝因病未能到会，由廖梦醒代表她俩作演讲。廖梦醒在演讲中，愤怒揭露了日本帝国主义丧心病狂地残杀和蹂躏中国人民的滔天罪

① 《宋庆龄选集》上卷，人民出版社 1992 年版，第 203—204 页。
②⑤ 《宋庆龄选集》上卷，人民出版社 1992 年版，第 209 页。
③④ 《宋庆龄选集》上卷，人民出版社 1992 年版，第 212 页。
⑥ 《宋庆龄选集》上卷，人民出版社 1992 年版，第 219 页。

行，要求到会的各国妇女领袖“向你们的朋友和贵国人民，申诉被侵略的中国的真相，使他们不再为日本所广播的一切虚伪而含恶意的宣传所蒙蔽”。并坚决表示中国人民“愿誓死抗敌至于流尽最后一滴血”。她还阐发了宋庆龄关于日本侵华与威胁世界的关系的思想，明确指出：“日本的野心，是在征服全亚洲后伸张它的统治至于欧美，……可见日本的威胁，并不限于中国而已。这威胁是及于全世界的。”因而大声疾呼各国爱好正义、和平和人道的人联合起来，尽最大力量“制止这个疯人——日本军阀”，“把这个疯人关在公理牢笼，使它不能再肆意暴虐”①。这个讲演产生了轰动效应，金发碧眼的西洋妇女们争相发言，对中国的抗战表示同情、钦佩和支持，并愿加紧对华援助。会议最后以到会各国妇女代表和妇女团体的名义致电国联妇女和平会会长丁曼女士：“在上海中国、美国及欧洲各国妇女团体，为着正义人道，吁请布鲁塞尔各国代表以切实的办法，维持条约的尊严。”②这次会议的召开和电文的发表，在国际上产生了重大影响。

宋庆龄在八一三抗战期间，高瞻远瞩、殚思竭虑地向国际社会大力宣传中国抗战的正义性和国际意义，在世界各国引起很大反响。当时，伦敦市民曾纷纷到日本大使馆前举行示威活动，抗议日本侵略中国。世界文化科学界著名人士杜威、爱因斯坦、罗素、罗曼·罗兰等联名发表宣言，吁请各国人民抵制日货，全力援助中国。上海俄文《每日新闻》社致函宋庆龄，表示：“在反抗日本帝国主义的斗争中相携相助。”③总之，世界各国人民，通过宋庆龄国际宣传这个窗口，看到了中国人民同日本侵略者血战到底的坚强决心和英雄气概，认识到中国抗战对保卫世界和平、民主、正义事业的伟大意义，从而对中国抗战给予深切的同情和热情的声援。

八一三淞沪抗战，相持达三个月之久，毙、伤侵略者5万余人，彻底粉碎了日本“三月亡华”的迷梦。但终因敌我装备悬殊和后方军事上指挥不当，顽强抵抗的中国驻军才被迫撤退。1937年11月12日，上海沦陷，租界成为日军包围中的“孤岛”，环境日趋险恶。为了宋庆龄的安全，毛泽东、周恩来两次打电报建议和催促宋庆龄速离上海去香港。12月23日，宋庆龄登上了一艘法国邮轮离开上海前往香港。此后，她利用香港独特的地理位置和政治环境，开辟了一条没有硝烟

---

① 《八一三抗战史料选编》，上海人民出版社1986年版，第270—271页。

② 《妇女生活》5卷4期，1937年11月。

③ 《宋庆龄在上海》，学林出版社1990年版，第105页。

的特殊战线——国际宣传，进一步呼吁世界人民声援中国，为夺取中国抗日战争和世界反法西斯战争的胜利而呕心沥血，不懈奋斗！

（本文原载《学术月刊》，2001年第3期）

蒋介石与1937年的淞沪、南京之战

杨天石

1937年的淞沪之战是中国抗日战争史上规模最大、作战最烈的一次战争，时间长达三个月，日方动员兵力约25万人，中方动员兵力约75万人，其后的南京之战实际上是它的尾声。两次战争时间相连，地区相连，可以看作是一次大战役的两个不同阶段。

蒋介石决定拒和、应战

九一八事变后，蒋介石长期对日本采取妥协退让政策。卢沟桥事变后，蒋介石摸不清日方底细，方针难定，当日日记云："彼将乘我准备未完之时，逼我屈服乎？抑将与宋哲元为难乎？迫使华北独立乎？我之应战此其时乎？然此时倭实无与我开战之利也。"①次日，他一面派遣中央军北上，支持第29军军长宋哲元部"守土抗战"，同时电复北平市长秦德纯等，"应先具必战与牺牲之决心，及继续准备，积极不懈，而后可以不丧主权之原则与之交涉"②。

当时，中日两国国力、军力相差悬殊，因此，在国民政府内外，都有一部分人积极主和，或者设法推迟大战时间。在国民政府内部，以军事委员会常务委员徐永昌为代表。他认为，中日空军力量之比尚不足一比三，抗战准备至少尚需六个月。7月14日，徐永昌致函军政部部长何应钦，主张"和平仍须努力求之"③。15

① 《困勉记》(稿本)，《蒋中正总统档案》，台北"国史馆"藏。该稿本据蒋介石日记摘录，词句与日记原本小有不同。

② 《总统蒋公大事长编初稿》卷4(上)，台北，1978年版，总第1120页。

③ 《徐永昌日记》，1937年7月14日。"中央研究院"近代史研究所，台北，1991年版。

日，徐致电阎锡山，“请为和平运动”①。18日，又托人转告外交部长王宠惠，“在能容忍的情势下，总向和平途径为上计”②。何应钦同意徐永昌的意见，建议徐向时在庐山的蒋介石陈述③。21日，徐永昌致函蒋介石称：“对日如能容忍，总以努力容忍为是。盖大战一开，无论有无第三国加入，最好的结果是两败俱伤，但其后日本系工业国，容易恢复，我则反是，实有分崩不可收拾之危险。”④24日，他又向蒋介石建言，“勿忘忍是一件很难挨的事”⑤。

在知识阶层中，北京大学校长蒋孟麟和教授胡适等都主张“忍痛求和”，认为“与其战败而求和，不如于大战发生前为之”⑥。为此，胡适两次面见蒋介石。7月30日，他向蒋提出，“外交路线不可断”。8月6日，胡适要求在大战之前作一次最大的和平努力。他在面交蒋介石的书面建议中提出：1.近卫内阁可以与谈，机会不可失；2.日本财政有基本困难，有和平希望；3.国家今日之雏形，实建筑在新式中央军力之上，不可轻易毁坏。将来国家解体，更无和平希望。⑦胡适希望经过努力，能在中日间维持50年的和平。

和战是攸关国家命运、前途的大计，蒋介石不能没有矛盾。7月12日，蒋介石与汪精卫商谈，声称“倭寇关东军已到天津，内阁宣言动员”，“势必扩大，不能避战矣！”⑧当晚，蒋介石决定在永定河与沧保线作持久战，同时严令制止与日方的妥协行为。16日，蒋介石邀集各界人士158人在庐山举行谈话会，讨论“应战宣言”。该《宣言》空前坚决地声称：“如果战端一开，就是地无分南北，年无分老幼，无论何人，皆有守土抗战之责任。”⑨但是，对于这份宣言应否发表，何时发表，众议不一，蒋介石自己也犹豫不定。16日日记云：“此宣言发表，其影响究为利为害？”⑩17日日记云：“倭寇使用不战而屈之惯技暴露无遗，我必以战而不屈之决心待之，或可制彼凶暴，消弭战祸乎？且我表示决心之文书，似已到其时矣！”19日，蒋介石决定排除阻力，公开发表“应战宣言”。日记云：“人人以为可危，阻不

① 《徐永昌日记》，1937年7月16日。

② 《徐永昌日记》，1937年7月18日。

③ 《徐永昌日记》，1937年7月19日。

④ 《徐永昌日记》，1937年7月20日。本函所述，徐已在19日的会上作过口头陈说。

⑤ 《徐永昌日记》，1937年7月24日。

⑥ 《王世杰日记》（手稿本），1937年8月3日，“中央研究院”近代史研究所，台北，1990年版。

⑦ 《抗日战争初期胡适的卖国罪证》（胡适日记摘录），《近代史资料》1955年第2期。此日日记后来近代史研究所民国史研究室编辑《胡适的日记》时失收。

⑧⑩ 《困勉记》。

⑨ 《对卢沟桥事件之严正表示》，《总统蒋公大事长编初稿》卷四（上），总第1131页。

欲发，我则以为转危为安，独在此举，但当一意应战，核发战斗序列，不当再作回旋之想矣。”为了减少这份《宣言》的冲击力，他将之改称为“谈话”。

庐山谈话的措辞空前激烈，但是，蒋介石并没有下决心关闭“和平解决”的大门，所以同时表示：“在和平根本绝望之前一秒钟，我们还是希望由和平的外交方法，求得卢事的解决。”此后，随着日本军事行动的扩展，蒋介石的抗战决心逐渐坚决。27日，日军全面进攻北平附近的通州等地，蒋介石日记云：“遭必不能免之战祸，当一意作战，勿再作避战之想。”“预备应战与决战之责任，愿由余一身负之。毋愧领袖。”28日，日本政府下令长江沿岸近三万日本侨民撤离，显示出异乎寻常的迹象。同日，第29军军长佟麟阁在防守北平南郊战斗中阵亡，中国军队撤出北平。次日凌晨，天津守军主动进攻当地日军，日军调兵增援，中国军队因伤亡严重，于30日撤离天津。中国北方两个最大的城市的丧失使蒋介石感觉到，再不抗战，必将招致全国反对。8月4日日记云：“平津既陷，人民荼毒至此，虽欲不战，亦不可得，否则国内必起分崩之祸。与其国内分崩，不如抗倭作战。”蒋介石认为：中国方面虽多弱点，例如组织不健全，准备未完全等，在此情况下抗战，存在很大危险，但日本“外表横暴”，而“内部虚弱”，“以理度之，不难制胜”，“为我民族之人格计，苟能振起民族精神，未始不可转危为安，因祸得福也”。7日，蒋介石召开国防会议，会上，何应钦报告军事准备情形，提出第一期拟动员100万人投入作战，其中，冀、鲁、豫方面约60万人，热、察、绥方面约15万人，闽粤方面约15万人，江浙方面约10万人，可见，当时尚未将上海地区视为主战场。何陈述的困难有财政开支扩大，枪械、子弹勉强可供六个月之需，防御工事未完成，空军机械不足等。蒋介石在谈话中对胡适主张颇有讥刺，参谋总长程潜甚至指责胡适为“汉奸”。会议决定“积极抗战与备战”①。通过此次会议，抗战遂被正式确定为国策。

当时，蒋介石估计中日战争将是一场“持久”战，战期大约一年。他决定“以战术补正武器之不足，以战略补正战术之缺点，使倭敌处处陷于被动地位”，从而争取战争的胜利②。8月13日，淞沪之战爆发。

中国军队力图“先发制人”，但缺乏重武器，攻坚战未能取胜

上海处于东海之滨，距当时的中国首都南京不过300公里。1932年5月的

① 《王世杰日记》，1937年8月7日。“中央研究院”近代史研究所，台北，1990年版。

② 《困勉记》，1937年8月13日。

中日《淞沪停战协定》规定，中国在上海只能由“保安队”维持秩序，而日军则可在上海公共租界及吴淞、江湾、闸北等地驻兵，建立据点。为防止日军自上海入侵，南京国民政府根据德国军事顾问法肯豪森(Alexander von Falkenhausen)等人的建议，于1934年起密令修筑上海周边工事，在吴县、常熟等地，利用阳澄湖、淀山湖构筑主阵地——吴福(苏州—福山)线，在江阴、无锡之间构筑后方阵地——锡澄线，同时在乍浦与嘉兴之间兴建乍嘉线，以与吴福线相连①。其后，又在龙华、徐家汇、江湾、大场等地构筑包围攻击阵地，并且拟有《扫荡上海日军据点计划》②。卢沟桥事变发生后，蒋介石为加强上海防务，接受何应钦推荐，任命张治中上将为京沪警备司令。张受命后，即命所部化装为保安队入驻上海虹桥机场等处。7月30日，张治中向南京国民政府提出，一旦上海情况异常，“似宜立于主动地位，首先发动”。蒋介石同意张治中的设想，复电称：“应由我先发制敌，但时机应待命令。”③

日本海军积极主张向华中地区扩张。7月16日，日本海军第三舰队司令长谷川清中将向日本海军军令部报告：局限战将有利于中国兵力集中，造成日方作战困难，“为制中国于死命，须以控制上海、南京为要着”④。8月7日，米内海军大臣建议杉山元陆军大臣向内阁提出，为保护青岛和上海日侨，应迅速准备派遣陆军赴华⑤。次日，长谷川清得到指示，为因应事态扩大，实施新的兵力部署。9日，上海日本海军特别陆战队西部派遣队长大山勇夫中尉携带士兵斋藤要藏，以汽车冲入虹桥机场，开枪射击中国保安队，中国保安队当即还击，将大山等二人击毙⑥。日军乘机在上海集中兵舰，以陆战队登陆，要求中国方面撤退保安队，拆除防御工事。海军中央部通知第三舰队称，除武力外，别无解决办法，将在陆军动员之后20天开始攻击。10日，日本内阁会议同意派遣陆军。长谷川清命在佐世保待命的舰队开赴上海。12日，陆军省决定动员30万兵力分赴上海与青岛。

---

① 黄德馨：《京沪国防工事的设想、构筑和作用》，《八一三淞沪抗战》，中国文史出版社1987年版，第40—41页。参见 Liang His-huey; Alexander uon Fallcenhausen(1934—1938), Bernd Martin; Die Deutsche Beraterschaft in China 1927—1938, Dusseldorf 1981, Droste Verlag, pp.141—142。

② 《八一三淞沪抗战》，中国文史出版社1987年版，第40页。

③ 张治中：《揭开八一三淞沪抗战的序幕》，《八一三淞沪抗战》，中国文史出版社1987年版，第17页。参见余湛邦：《张治中——张治中机要秘书的回忆》，吉林文史出版社1992年版，第27页。

④ 《蒋介石秘录》第4卷，湖南人民出版社1988年版，第24页。

⑤ 日本防卫厅防卫研究所战史室：《中国事变陆军作战史》第1卷第2分册，中华书局1981年版，第1页。

⑥ 《中央日报》1937年8月10日。

保安队是上海地区仅有的中国部队。蒋介石认为，撤退保安队，上海将与北平一样，为日军占领，决定拒绝日方要求，同时下令准备作战。11 日，蒋介石得悉日舰集中沪滨，决定封锁吴淞口。同日，命张治中将所属 87 师师长王敬久部、88 师师长孙元良部两师自苏州等地推进至上海围攻线，准备扫荡在吴淞和上海的日军，拔除其据点①。当时，日本在上海的海军特别陆战队总兵力不超过 5 000 人②。12 日，国民党中常会秘密决定，自本日起，全国进入战时状态③。何应钦在会上表示："和平已经绝望"，"如果他稍有动作，就要打他，否则，等他兵力集中，更困难了。"④

张治中原定于 13 日拂晓前开始攻击，但蒋介石因英、美、法、意四国驻华使节等方面正在调停，要张"等候命令，并须避免小部队之冲突"⑤。同日上午 9 时 15 分，日本陆战队水兵冲出租界，射击守卫横滨路东宝兴路段的中国保安队，中国军队还击⑥。10 点半，商务印书馆附近的中国军队与日军发生小冲突⑦。同日黄昏，八字桥附近日军炮击中国军队，中国军队以迫击炮还击⑧。日军并以坦克掩护步兵攻击 87 师阵地，日舰连续炮击上海市中心⑨。14 日拂晓，张治中奉蒋介石令，发起总攻。同日，中国空军出动，轰炸日第三舰队旗舰及在虹口的海军陆战队本部。淞沪之战爆发，意味着中国在华北之外，又开辟了第二战场，名副其实地进入"全面抗战"。很快，淞沪战场就成了中国对日作战的主战场。

战争初起，中国方面以优势兵力进攻日军在沪各据点，双方在上海虹口、杨树浦等处进行巷战。15—18 日之间，中国军队进展至闸北、虹口、杨树浦之线。20 日夜，推进至汇山码头，将日军压迫至黄浦江左岸狭隘地区，同时包围日海军陆战队司令部等据点。但是，日军在上海的据点大都以钢筋、水泥建成，异常坚固。8 月 17 日，张治中向蒋介石报告说："最初目的原求遇隙突入，不在攻坚，但因每一通路，皆为敌军坚固障碍物阻塞，并以战车为活动堡垒，终至不得不对各点目标施行强攻。"这种攻坚战，中国军队必须配备相应的重武器。张治中报告

---

① 《上海作战日记》，《抗日战争正面战场》，江苏古籍出版社 1987 年版，第 263 页。

② 当时日本在上海的兵力说法不一，此据《中国事变陆军作战史》第 1 卷第 2 分册，第 4 页。

③ 《王世杰日记》，1937 年 8 月 12 日。

④ 《中常会第 50 次会议速记录》，1937 年 8 月 12 日。台北中国国民党党史馆藏。

⑤ 《抗日战争正面战场》，第 265 页。

⑥⑦ 《抗日战争正面战场》，第 335 页。

⑧ 《抗日战争正面战场》，第 335—336 页。参见《日军对华作战纪要》。

⑨ 《抗日战争正面战场》，第 336 页。

说:“本日我炮兵射击甚为进步,命中颇佳,但因目标坚固,未得预期成果。如对日司令部一带各目标命中甚多,因无烧夷弹,终不能毁坏。”[①]仅有的三门榴弹炮,一门因射击激烈,膛线受损;一门膛炸;一门不能射击。这种情况,自然无法克敌制胜。

中国军队当时是否完全缺乏攻坚武器呢?并非。关键在于何应钦没有想到,蒋介石也没有想到。11月20日,蒋介石检讨说:“绪战第一星期,不能用全力消灭沪上敌军。何部长未将所有巷战之攻击武器发给使用,待余想到,催发战车与平射炮,已过其时,敌之正式敌军,已在虬江码头与吴淞登陆矣。敬之(指何应钦——笔者)误事误国,亦余想到太迟之过也。”[②]

蒋介石对张治中的指挥不满意。8月20日,庐山军官训练团教育长陈诚向蒋介石提出,华北战事扩大已无可避免,敌如在华北得势,必将利用其快速装备南下直扑武汉,于我不利,不如扩大沪事以牵制之[③]。同日,军事委员会决定将主力集中华东,迅速扫荡淞沪日本海陆军根据地,阻止或乘机消灭后续日军。军事委员会同时决定,将江苏南部及浙江划为第三战区,蒋介石兼任司令长官,顾祝同为副司令长官,陈诚为前敌总司令。张治中被任命为淞沪围攻区第九集团军总司令,张发奎被任命为杭州湾北岸守备区第八集团军总司令,守卫上海左翼浦东。这些举措,说明蒋介石开始重视上海战场,但是,蒋当时还没有在上海长期作战的思想准备,对这次战争的艰难与严酷也还缺乏认识。当日日记云:“沪战颇有进展,倭军恐慌万分,其国内陆海军意见分歧,政府内部不能一致,已陷于进退维谷之势,英提议调解,可运用之,使倭得转圜离沪,以恢复我经济策源地乎?”[④]次日,日本拒绝英国调停,蒋介石感到事态严重,“忧心倍增”[⑤]。22日,蒋介石下令成立第15集团军,以陈诚为总司令,守卫上海右翼长江江岸。

日本陆、海、空军协同,中国军队反登陆战失利

日军在上海的兵力有限,要持续进攻,必须通过海上的远距离运输,将军队源源不断地送到中国战场。中国海军的军力本极有限,舰艇在战争开始时或被

① 《抗日战争正面战场》,第342页。
② 《省克记》原稿。该稿摘自蒋介石日记,台北“国史馆”藏。
③ 《陈诚私人回忆资料》,《民国档案》1987年第1期。
④⑤ 《困勉记》。

炸沉，或奉令自沉长江，封锁航道，已经没有和日舰进行海上作战的能力；空军能作战的飞机不过180余架，不足以从空中遏制日本运兵舰艇的航行①。中国军队所能进行的只有反登陆，在海岸及相关纵深据点布置军队阻遏日军，但是中国方面又未予以足够重视，守卫江岸、海岸的兵力都很薄弱。

8月13日夜，日本内阁会议决定出兵。15日，日本政府发表声明，“为讨伐中国之暴戾，以促使南京政府之反省，如今已到了不得不采取断然措施之地步。”②同日，日本政府下令，以松井石根大将为司令官，率领第3、第11师团组成上海派遣军，协助海军，扫荡、歼灭上海附近的中国军队，占领上海。17日，日本阁议决定：“放弃以往所采取之不扩大方针，采取战时态势上所需要之各种准备对策。”③22日，日本上海派遣军司令松井石根率第3、第11师团到达上海东南的马鞍群岛。23日，日军第11师团在30余艘军舰密集炮火的掩护下，于长江南岸川沙口强行登陆，占领川沙镇，第三师团在吴淞铁路码头登陆，进攻上海北部的吴淞、宝山等地。据中国方面第九集团军司令部作战科长史说回忆：“在23日拂晓以后，日空军开始猛烈轰炸，使我援军不能接近，日海军也以猛烈炮火支援日军登陆。我沿长江岸守备的第56师和沿黄浦江口守备的上海市保安总团，兵力薄弱，日陆军登陆成功。”④

日军登陆后，中国方面力图阻止敌人向纵深发展。张治中在敌机猛炸下骑自行车赶赴前线，一面任命王敬久师长为淞沪前敌指挥官，指挥部队固守原阵地，一面抽调第11师彭善在部、第98师夏楚中部北上，拒止登陆之敌。双方在罗店等地激战。中国军队向日军发动数次猛攻，虽有进展，但均未奏效。28日，守卫罗店的中国军队伤亡过半，日军第11师团占领罗店。31日，日军第3师团攻占吴淞镇。9月1日，日军精锐部队久留米第12师团等3个师团到达上海，实力大增，向中国军队发动全线攻击。9月5日，日军以优势兵力及战车、炮舰、飞机联合进攻，中国第18军第98师姚子青营奋力抗战，激战至第二日，全营官兵壮烈牺牲⑤。蕴藻浜沿河之战，“双方死亡俱奇重，浜水皆赤，所谓流血成河，显系实在景况。”⑥据陈诚报告，该部自8月22日参战，至9月7日，仅第11、第14、第

---

① 《王世杰日记》，1937年10月12日。

② 林石江译：《从卢沟桥事变到南京战役》，“国防部”史政编译局，台北，1987年，第373页。

③ 《从卢沟桥事变到南京战役》，第374页。

④ 《八一三淞沪抗战》，第95页。

⑤ 《抗日战争正面战场》，第354页。

⑥ 《王世杰日记》，1937年9月6日。

67、第98、第56五个师即伤亡官兵9 039名,第6师吴淞一役,即伤亡过半。“大部受敌飞机、大炮轰炸,人枪并毁。”其36团第二连,守卫火药库,“死守不退,致全部轰埋土中。”①

由于江岸地形有利于日本陆海空军协同作战,日军又源源增援,中国军队为减少损失,只能主动退守。参谋史说后来回忆说:“日军在长江沿岸及黄浦江沿岸继续登陆,与我军一个点一个点地争夺,往往日军白昼占去,夜间我又夺回。”“在日军舰炮火下,伤亡惨重,往往一个部队,不到几天就伤亡殆尽地换下来了。我亲眼看见教导总队那个团,整整齐齐地上去,下来时,只剩下几付伙食担子。”②9月10日,第15集团军右翼阵地被突破。11日,第9集团军奉命向北站、江湾等地转移。

反登陆战争失利,日军后续部队源源增加。9月11日,自青岛调来的日军天谷支队进入月浦镇。12日,由华北方面军转调的后备步兵10个大队陆续抵达上海战场。14日,自台湾调来的重藤支队登陆。中国军队的处境越来越困难了。

为维护中苏交通线,蒋介石决定吸引日军改变主战场;为配合外交斗争,蒋介石决定坚守上海

9月11日以后,中国军队转入顽强的守卫战。

作为淞沪战场的最高统帅,蒋介石最先感到了中国军队的不利态势。8月28日,罗店失陷,蒋介石日记云:“近日战局,渐转劣势,人心乃动摇矣。”31日,吴淞失守,蒋介石再次在日记中表示:“我军转入被动地位矣。”在这一形势下,蒋介石不得不重新思考,仗将如何打下去。9月2日日记云:“敌之战略,其弱点乃以支战场为主战场,其战争全在消极,且立于被动地位,故我之战略,应尽其全力贯注一点,使彼愈进愈穷,进退维谷,不难旷日持久,以达我持久抗战之目的。”这则日记说明,尽管上海战场形势不利,但蒋介石决定“全力贯注一点”,在上海长期拖住日军。其后,副参谋总长白崇禧、作战组长刘斐等向蒋提出,淞沪会战应“适可而止”,部队应及时向吴福线国防工事转移。蒋介石一度接受这一意见,下令执行,但第二天又决定收回命令③。同月14日蒋介石日记云:“我今集中兵力,在

① 《抗日战争正面战场》,第356页。

② 《八一三淞沪抗战》,第96页。

③ 刘斐:《抗战初期的南京保卫战》,全国政协编:《文史资料选辑》第12辑,第3—4页。

上海决战乎？抑纵深配备，以为长期抗战乎？”两种方案，前者意味着在上海和日军决出胜负，后者意味着向吴福线转移。这则日记，说明蒋对自己的战略决定有过犹豫。但是，这一时期，蒋从全国各地抽调的部队正陆续到达淞沪战场，因此，蒋仍然决定长期坚守上海。其日记云：“各部虽死伤大半，然不支撑到底，何以慑服倭寇？”①16、17日，日军发动总攻击，中方阵地动摇，前线指挥官向蒋要求撤退，蒋严令死守，并亲往昆山督师②。21日，蒋介石调整部署，将中国军队分为右翼、中央、左翼三个作战军。右翼军以张发奎为总司令，下辖第8、第10两个集团军；中央军以朱绍良代替张治中为总司令，下辖第9集团军；左翼军总司令陈诚，下辖第15、第19两个集团军。

当时，中苏之间的枪械、弹药有两条运输线。一条是经外蒙古、内蒙古、山西大同至内地，一条经新疆、甘肃、山西，连接陇海路。9月11日，大同失陷，蒋介石极为震痛，在日记中激烈地批评第二战区司令长官阎锡山，指责他未能守住大同阵地，“使苏俄运械交通更为困难，其罪甚于宋哲元之失平津，可痛之至！”③26日，蒋介石得悉平汉线中国军队溃退，河北沧州不守，估计日军将进攻河南郑州，中俄之间的第二条联络线有可能截断，决定加强上海战场，吸引日军主力。27日，蒋介石决定四项抗敌策略：“一、引其在南方战场为主战场；二、击其一点；三、持久；四、（沿太行山脉侧面阵地）由晋出击。”④10月8日，蒋介石决定调骁勇善战的桂军加入上海战场。10月15日日记云：“相持半年，迟至明年三月，倭国若无内乱，必有外患，须忍之。”17日，蒋介石到苏州督师。次日，中国军队在上海战场发动总反攻。

蒋介石之所以决定坚守上海，一是听从他的德国军事顾问法肯豪森的意见。上海战争爆发不久，法肯豪森就向他提出，上海是与世界联系的通道，必须长期保持⑤。二是为了减轻华北战场的压力，维护中苏交通线。三是为了配合外交斗争，争取对即将召开的《九国公约》会议有较好的影响。《九国公约》签署于1922年2月，其签字国为美、英、日、法、意、比、荷、葡、中等九国。该条约表示尊重中国之主权与独立暨领土与行政之完整，强调各国在华机会均等与中国的门户开

①④ 《困勉记》。

② 《王世杰日记》1937年9月21日。此际李宗仁也曾劝蒋“淞沪不设防三角地带不宜死守；为避免不必要的牺牲，我军在沪作战应适可而止。”见《李宗仁回忆录》（下），政协广西壮族自治区文史资料研究委员会，1980年版，第692—693页。

③ 《困勉记》，1937年9月14日。

⑤ 《德国驻华军事顾问团工作纪要》，台湾“国防部史政局”，1969年版，第70页。

放。卢沟桥事变后，南京国民政府即向国联申诉，要求“谴责日本是侵略者”。国联没有采纳中国的要求，提议召开《九国公约》签字国会议讨论。10月16日，比利时向有关19国发出邀请，初定同月30日在布鲁塞尔召开会议。蒋介石希望通过该次会议，“使各国怒敌而作经济制裁，并促使美、英允俄参战”[①]。因此，蒋希望在该会召开之前，上海战场能有较好的战绩，至少，要能坚守上海。据唐生智回忆，蒋介石曾向他表示：“上海这一仗，要打给外国人看看。”[②]同月22日，蒋介石通电全军将士，说明九国公约会议即将举行，全体将士“尤当特别努力，加倍奋励”，“于此时机表示我精神力量，以增加国际地位与友邦同情”[③]。为此，蒋介石向全国各地普遍调兵。24日，蒋致电云南省主席龙云，询问滇军出发各部到达何处，要龙命令该军“兼程急进，望能于九国公约会议之初到沪参战”，急图在会前有所表现的企图跃然欲出[④]。

日本政府采取对应措施，不断从华北、东北及国内向上海战场增兵。10月1日，日首相近卫、陆相杉山、海相米内、外相广田会议，通过《中日战争处理纲要》，决定发动10月攻势，扩大华北和华中战局，将中国军队分别驱逐至河北省及原上海停战协定规定区域以外，迫使南京政府议和，结束战争。此后，上海战场日军参战兵力超过华北，达9个师团，20万人以上。17日，日本陆军省限令上海作战部队在《九国公约》签字国会前攻克闸北、南翔、嘉定一带[⑤]。

双方既在国际政治舞台上较量，战场上的拼杀自然更加激烈。10月21日，广西增援部队第21集团军军长廖磊率部到沪，向蕴藻浜沿河之敌发起全线反攻。桂军作战勇敢，但武器落后，缺乏与现代化武装的日军的作战经验，未能挽救危局。22日蒋介石日记云：“满拟以桂军加入战线，为持久之计，不料反因桂军挫败，而退至走马塘之线，战局顿形动摇，殊所失望。”[⑥]次日，桂军因伤亡过大，撤至京沪铁路以南地区整理[⑦]。其他部队也伤亡惨重，第33师打到官兵仅剩十分之一，师长负伤，旅长失踪[⑧]。25日，中央军第78军第18师师长朱耀华部防地为日军突破，朱军放弃位于上海西北的战略要地大场。至此，蒋介石才觉得

---

①⑥ 《困勉记》。

② 《南京保卫战》，第4页。

③ 《中华民国重要史料初编》第二编，《作战经过》(一)，台北，1981年版，第55页。

④ 《蒋委员长致龙云十月敬电》，《革命文献·淞沪会战与南京撤守》，《蒋中正总统档案》，台北藏。

⑤ 《抗日战争正面战场》，第281页。

⑦ 《陈诚致蒋介石密电》，《抗日战争正面战场》，第372页。

⑧ 《顾祝同致何应钦密电》，《抗日战争正面战场》，第373—374页。

“不能不变换阵地”，决定命中国军队作有限度的撤退，转移至苏州河南岸。但是为了给世人留下仍在坚守苏州河北岸的印象，他决定在闸北“留一团死守，以感动中外人心”①。27日夜，第88师第524团团副谢晋元奉命率部留守闸北四行仓库，演出了800壮士(实只400人)孤军抗敌的悲壮一幕。31日，该团退入上海公共租界，坚持至1941年12月18日。

蒋介石认识到，中国的对日战争只能是持久战、消耗战，但是，他提出的战略原则却是防守战。8月18日，他发表《告抗战将士第二书》，主张“敌攻我守，待其气衰力竭，我即乘胜出击。”“要固守阵地，坚忍不退，以深沟高垒厚壁，粉碎敌人进攻。”②9月13日，蒋介石手拟《告各战区全军将士文》，再次强调固守，“虽至最后之一兵一弹，亦必在阵中抗战到底”③。10月28日，他在松江召开军事会议，仍然表示：“要严密纵深配备，强固阵地工事”，“要不怕阵地毁灭，不怕牺牲一切”，“我们已移至沪战最后一线，大家应抱定牺牲的决心，抵死固守，誓与上海共存亡。”④

要杀敌卫国，自然需要强调牺牲精神，但敌人拥有海空优势，配备重武器，呆板的防守战必然带来巨大的伤亡，最终也难以守住阵地。当时，日方有各种飞机1 500架，而中国仅有战斗机、轰炸机300架⑤。8月24日，张治中致蒋介石、何应钦密电云：“连日敌机甚为活跃，全日在各处轰炸，毫无间断，我军日间几无活动余地，威胁甚大。”⑥白崇禧也表示：“无制空权，仗无法打。我官兵日间因飞机不能动，夜间因探照灯亦不能动。长期抵抗，须另有打算。”⑦淞沪之战，中国军队士气旺盛，英勇抗敌，但蒋介石单纯防御，将几十万精锐密集于长江南岸狭长地区内，层层设防，硬打死拼，大量消耗中国军队的有生力量，是很愚蠢的作战方法。第二年，蒋介石回顾淞沪战，就曾自我检讨，认为自己没有在九国公约会议之前，及早退兵于吴福线、乍嘉线阵地，“而于筋疲力尽时，反再增兵坚持，竟使一败涂地，不可收拾”，“此余太坚强之过也”⑧。

---

① 《困勉记》。
② 《总统蒋公大事长编初稿》卷4(上)，总第1148页。
③ 《总统蒋公大事长编初稿》卷4(上)，总第1167页。
④ 《总统蒋公大事长编初稿》卷4(上)，总第1179页。
⑤ 《蒋介石秘录》第4卷，湖南人民出版社1988年版，第28页。
⑥ 《抗日战争正面战场》，第294页。
⑦ 《徐永昌日记》，1937年11月12日。
⑧ 《困勉记》，1938年2月2日。

“坚强”是好事，但不顾条件，“坚强”太过，没有任何灵活性，就是执拗了。

蒋介石的大失误，忽视杭州湾防务

日军最初制订的作战计划是：在上海西北的白茆口和西南的杭州湾登陆，占有上海、南京、杭州三角地带。为此，日军早就对杭州湾实施侦察，收集地志资料①。金山卫水深，可停舰艇，又有利于登陆的沙滩，明代倭寇扰浙时，即在此登陆。8月20日，蒋介石得报，金山卫有日本水兵登陆侦察，指令“严防”②。10月18日，军事委员会第一部作战组情报提出，日军有在杭州湾登陆企图，但估计登陆部队最多一个师，不会对上海战局有什么影响③。倒是张发奎有警觉，亲到当地巡察，并配置了兵力：以第63师担任乍浦、澉浦防务，以第62师担任全公亭、金山嘴防务。10月26日，中央军撤到苏州河南岸后，浦东防务紧张，张发奎遂将第62师主力调防浦东，当地仅余该师少数兵员，实力空虚④。

11月5日，日军第10军司令官柳川平助以三个半师团的兵力，在舰炮掩护下，于杭州湾北岸的金山卫登陆。中国军队因兵力悬殊，无法阻挡。中国统帅部急令已调浦东第62师的主力回兵，会同新到枫泾的第79师合力反击，并令从河南调来、新到青浦的第67军向松江推进。蒋介石希望借此稳住阵地。6日，蒋介石日记云：“如我军能站稳现有阵地，三日以后当无危险矣。”⑤但是，由于天雨泥泞，加上日机轰炸，中国部队行动缓，日军后续部队源源登陆。第67军从河南调来，尚未集中即遭敌各个击破。8日，松江失陷，这样，退守苏州河南岸的中国军队侧背受敌，有被围歼危险。

日军在金山卫登陆，上海战场中国军队的侧背受到严重威胁，有可能陷入包围，使退却无路，全军覆没。有鉴于此，白崇禧再次向蒋介石提议，中国军队向吴福线后撤。11月7日，朱绍良、何应钦等也提出，“已到不能不后撤之时会”⑥。蒋介石权衡利害，这才认识到保存有生力量的重要性，日记云：“保持战斗力以图持久抗战，与消失战斗力以维持一时体面相较，则当以前者为重。”同日，蒋下令

① 《从卢沟桥事变到南京战役》，第554—555页。

②⑤ 《困勉记》。

③ 《抗日战争正面战场》，第282页。

④ 《第三战区沪会战经过概要》，《抗日战争正面战场》，第381页。

⑥ 《徐永昌日记》，1937年11月7日。

中国军队自上海苏州河南岸撤退①。但是,他仍然担心此举会对《九国公约》会议造成不良影响,痛苦地写道:"借此战略关系而撤退,使敌知我非为力尽而退,则不敢穷追与再攻,是于将来之战局有利,然于九国公约会议之影响,其不良必甚大,使此心苦痛不已。"②

忽视杭州湾北岸防务是重大的战略错误。后来蒋介石总结说:"由大场撤退至苏州河南岸以后,以张发奎为指挥官,使金山卫、乍浦一带,负责无人,不注重侧背之重要,只注意浦东之兵力不足,调金山、乍浦大部移防浦东,乃使敌军得乘虚而入,此余战略最大之失败也。"③

一个优秀的军事家必须既善于组织进攻,又善于组织撤退。蒋介石下令在苏州河南岸撤退后,中国军队争相夺路,秩序混乱,作战能力丧失殆尽。郭汝瑰后来说:"淞沪战役我始终在第一线,深知三个月硬顶硬拼,伤亡虽大,士气并不低落,战斗纪律良好,只要撤下来稍事整理补充,即可再战。唯有大溃退,数日之间精锐丧尽,军纪荡然。如在敌攻占大场时,就有计划地撤退,必不致数十万大军一溃千里。"④11 月 11 日,中国军队撤出上海南市,上海市长发表告市民书,沉痛宣告上海沦陷。

据日方统计,至 11 月 8 日止,日军在上海战场阵亡 9 115 名,负伤 31 257 名,合计 40 672 名⑤。但是,中国方面损失更大。据何应钦 11 月 5 日报告,淞沪战场中国军队死伤 187 200 人,约为日军的 4 倍半⑥。更加严重的是,溃退后的军队虽然仍有庞大数量,但缺乏武器、弹药、粮食,士气低落,丧失斗志,不经整顿,已经很难再次投入战斗了。

南京:守乎? 弃乎?

日军攻占上海后,军方出现两种意见,一种认为军队已经非常疲劳,必须休整;一种意见认为,军队虽然疲劳,但仍应攻占南京。11 月 7 日,日军编组华中方面军,以松井石根兼任司令官,规定以苏州、嘉兴连接线为"统制线",在此以东作

① 《徐永昌日记》,1937 年 11 月 6 日。
② 《困勉记》。
③ 《省克记》,1937 年 11 月 20 日。
④ 《八一三淞沪抗战》,第 252 页。
⑤ 《从卢沟桥事变到南京战役》,第 555 页。
⑥ 《徐永昌日记》,1937 年 11 月 5 日。

战。但是,第二天,日军就兵分两路,一路以上海派遣军为主力,沿沪宁铁路线西进,一路以第10军和国崎支队为主力,沿太湖南岸向湖州集结。13日,日军一部在常熟白茆口登陆,声势更盛。15日,第10军幕僚会议认为,中国军队已处于溃散状态,如果把握战机,断然实施追击,20天即可占领南京。华中方面军赞同占领南京的意见,认为"现在敌军的抵抗,各阵地均极微弱",如不继续进攻,"不仅错失战机,且令敌军恢复其士气,造成重整其军备的结果,恐难于彻底挫折其战斗意志"①。

日军自太湖南北同时西进,威胁南京。11月13日,蒋介石决计迁都,长期抗战。日记云:"抗倭之最后地区与基本线乃在粤汉、平汉两路以西,而抗倭之最大困难,乃在最后五分钟,此时应决心迁都于重庆,以实施长期抗战之计,且可不受敌军威胁,以打破敌人迫订城下之盟之妄念。"②但是,南京是战是守,意见不一。高级将领中普遍反对"固守"。有人明确表示,不应在南京作没有"军略价值之牺牲",白崇禧主张改取游击战,刘斐主张适当抵抗之后主动撤退,只作象征性防守③。蒋介石一时也拿不定主意。11月17日日记云:"南京应固守乎?放弃乎?殊令人踌躇难决。"④不过,蒋介石和唐生智都认为,南京为首都所在,总理陵墓所在,不可不作重大牺牲。蒋并表示,愿自负死守之责。将领们认为统帅不宜守城,时在病中的唐生智遂自动请缨⑤。19日,蒋介石任命唐生智为南京卫戍司令长官,刘兴中将为副司令长官,负责守卫南京,时间为三个月至一年⑥。不过,蒋介石也确知南京难守。11月27日,蒋介石巡视南京城防工事,叹惜道:"南京孤城不能守,然不能不守也。"⑦这声叹惜,正是蒋内心矛盾的表现。

淞沪之战打响后,主和之议一直未歇。9月8日,蒋介石日记云:"时至今日,只有抗战到底之一法。主和派应竭力制止之。"⑧次日日记云:"除牺牲到底外,再无其他出路。主和之见,乃书生误国之尤者,试思此时尚能议和乎!"⑨及至淞沪战败,主和之议再盛。司法院院长居正原来坚决反对和议,力主逮捕胡适,此时转而力主向日方求和,并称:"如无人敢签字,彼愿为之!"⑩11月21日,蒋介石处理南京战守事毕,慨叹道:"文人老朽,以军事失利,皆倡和议,而高级将领,亦

---

① 《从卢沟桥事变到南京作战》,第601页。
②④⑦⑧⑨ 《困勉记》。
③ 《王世杰日记》,1937年11月19日;刘斐:《抗战初期的南京保卫战》,《南京保卫战》,第8—9页。
⑤ 《王世杰日记》,1937年11月19日;参见唐生智:《卫戍南京之经过》,《南京保卫战》,第3—4页。
⑥ 《徐永昌日记》,1937年11月6日。
⑩ 《王世杰日记》,1937年11月21日。

有丧胆落魄而望和者。呜呼！若辈竟无革命精神若此，究不知其昔日倡言抗战之为何也。”①

为了守卫南京，中国统帅部的第三期作战计划规定：京沪线方面，以最小限之兵力，利用既设工事，节节抵抗，同时抽调兵力，以一部转入沪杭线，抵御向太湖南岸进军的日军，一部增强南京防御能力。计划称，在后续援军到达时，将以皖南的广德为中心，与敌决战，在钱塘江附近歼灭日军②。当时，中国军队已退至第一道国防线——吴福线，但是，这道被誉为中国兴登堡防线的国防工程却“无图可按，无钥开门，无人指示”③。19日，日军进占苏州。俗话云：“兵败如山倒”。吴福线不守，中国军队主力继续向锡澄线及太湖西南的安吉（属浙江）、宁国（属安徽）等地溃退，蒋介石原来以为“有良好地形，坚固阵地，可资扼守”的锡澄线同样没有发挥作用。11月20日，蒋介石调集第23集团军川军刘湘部五个师、两个独立旅，由四川赶到皖南广德、浙西北的泗安、长兴一线。不过，川军作战能力很差，纪律很坏，“闻敌即走”，并未发挥多大作用④。11月23日，蒋介石到常州，召集前方将领训话，局势也并无改变。11月25日，无锡失守。26日，位于太湖南岸的吴兴失陷。蒋介石得悉撤退秩序不良，日记云：“竟不分步骤，全线尽撤，绝无规律，痛心盍极！”⑤29日，日军侵占宜兴。30日，日军攻陷广德，从东南、西南两个方面对南京形成包围之势。12月1日，江防要塞江阴失守。同日，日方下达“华中方面军司令官应与海军联合进攻中国首都南京”的皇命，日军分三路进攻南京。

蒋介石反对与日本议和，但不反对国际调停。早在日军金山卫登陆之际，德国大使陶德曼即受日方委托，向蒋转达日方媾和条件。蒋介石认为，这些条件“仍以防共协定为主”，“乃严词拒绝之”⑥。24日，蒋介石曾经寄以希望的九国公约会议闭会，没有取得任何积极性成果。12月2日，蒋介石为行“缓兵计”，再次会见陶德曼，表示愿以日方所提条件为谈判基础，但要求先停战后谈判。6日，蒋介石得悉句容危急，决定离开南京，日记云：“敌以德大使所提调停办法，不能迫我屈服，乃已决绝乎！”⑦7日，蒋介石飞离南京。日记云：“对倭政策，唯有抗战到

①⑤⑥⑦ 《困勉记》。
② 《淞沪作战第三期作战计划》，《抗日战争正面战场》，第331页。
③ 《抗日战争正面战场》，第333—334页。
④ 《徐永昌日记》，1937年12月3日。

底，余个人亦只有硬撑到底。”[①]到庐山后，蒋介石即研究、制订全国总动员计划，准备在“全国被敌占领”的最坏情况下仍然坚持奋斗[②]。

南京的防御工事分“外围阵地”与以城墙为主要依托的“复廓阵地”两种。12月5日，日军进攻“外围阵地”。8日，汤山失守，唐生智下令中国军队进入“复廓阵地”。9日，日军逼近南京城墙，两军在光华门、雨花台、紫金山、中山门等处激战，光华门几度被突破。松井石根限令唐生智在10日午前交出南京城，遭到唐的坚决拒绝。12月11日，松井石根下令总攻。

淞沪战后，中国军队消耗过大，蒋介石百方拼凑，守城兵力仅得12个师，约12万人，而且士气极端低落，其中新补士兵约3万人，未受训练，匆促上阵，官兵间尚不相识。这种情况，本已不能再用守卫战、阵地战一类的作战形式。蒋介石之所以坚守南京，一是如上述，南京轻易失守，攸关体面；二是对苏联出兵有所期待。

当时在国际列强中，苏联是唯一表示愿积极支持中国的国家。8月21日，中国与苏联签订久议未决的互不侵犯条约，苏方允诺中国可不以现款购买苏联军火。9月1日，蒋介石就在国防最高会议上预言，苏联终将加入对日战争[③]。28日，苏联驻华大使鲍格莫洛夫奉召返国，曾和中国外交部长王宠惠谈及苏联参战的必要条件[④]。10月22日，蒋致电时在莫斯科的中国军事代表团团长杨杰，询问如《九国公约》签字国会议失败，中国决心军事抵抗到底，苏俄是否有参战之决心与其日期。11月10日，苏联党和国家重要领导人伏罗希洛夫元帅在宴别中国代表张冲时，要张归国转告：在中国抗战到达生死关头时，苏俄当出兵，决不坐视。30日，蒋介石致电伏罗希洛夫及斯大林表示感谢，电称：“中国今为民族生存与国际义务已竭尽其最后、最大之力量矣，且已至不得已退守南京，惟待友邦苏俄实力之应援，甚望先生当机立断，仗义兴师。”[⑤]当时，蒋介石将苏联出兵看成挽救危局的唯一希望。12月5日，斯大林、伏罗希洛夫回电称，必须在九国公约签字国或其中大部分国家同意“共同应付日本侵略时”，苏联才可以出兵，同时还必

---

① 《困勉记》。

② 蒋介石1937年12月9日日记云：“此次抗战即使全国被敌占领只可视为革命第二期一时之失败而不能视为国家被敌征服更不能视为灭亡，当动员全国精神力自图之。”见《困勉记》。

③ 《王世杰日记》，1937年9月1日。

④ 《王世杰日记》，1937年9月28日。

⑤ 《蒋委员长致廷黻、杨杰（请伏元帅转斯大林先生）电》，《革命文献·对苏外交》，《蒋中正总统档案》。

须经过最高苏维埃会议批准，该会议将在个半月或两个月后举行①。此电与杨杰、张冲的报告不同，蒋介石内心感到苏俄“出兵已绝望”②，但他仍然再次致电斯大林，表示“尚望贵国苏维埃能予中国以实力援助”③。不仅如此，他还继续以之鼓舞身边的高级将领，声称“候之两个月，必有变动”④。12 月 6 日，蒋致电第五战区司令长官李宗仁及阎锡山称：“南京决守城抗战，图挽战局。一月以后，国际形势必大变，中国必可转危为安。”⑤这里所说的“国际形势必大变”，仍指苏联出兵。12 月 11 日，蒋已经指示唐生智等，“如情势不能久持时，可相机撤退，以图整理而期反攻”⑥。但第二天却又改变主意，致电唐生智等称：“经此激战后，若敌不敢猛攻，则只要我城中无恙，我军仍以在京持久坚守为要。当不惜任何牺牲，以提高我国家与军队之地位与声誉，亦唯我革命转败为胜唯一之枢纽。”蒋指示：“如能多守一日，即民族多加一层光彩。如能再守半月以上，则内外形势必一大变，而我野战军亦可如期来应，不患敌军之合围矣！”⑦不难看出，蒋所说的“内外形势必一大变”的“外”，仍然包含苏联出兵在内。“苏俄无望而又不能绝望”⑧，这正是蒋介石当时的无奈心理。

苏联与中国同受日本侵略威胁，因此，支持中国抗战。但是，苏联更担心德国入侵，日苏之间的矛盾又尚未发展到必须干戈相见地步，苏联自然不可能轻易在远东有所动作。

12 月 12 日，日军继续猛攻，中华门、中山门、雨花门、光华门等多处城门被突破，南京卫戍司令长官部决定大部突围，一部渡江撤退。但是，由于情况混乱，撤退命令无法正常下达。除少数部队突围外，大部分军队拥至长江边，形成极度混乱的局面。挹江门外，“被踏死者堆积如山”⑨。“仅有之少数船舶，至此人人争渡，任意鸣枪。船至中流被岸上未渡部队以枪击毁，沉没者有之，装运过重沉没

① 《斯大林、伏罗希洛夫致蒋委员长十二月电》，《革命文献・对苏外交》，《蒋中正总统档案》。原电无日期，此据《徐永昌日记》考订。

② 《困勉记》，1937 年 12 月 5 日。

③ 《中华民国重要史料初编》，第三编（二），第 340 页。

④ 《徐永昌日记》，1937 年 12 月 6 日。

⑤ 《蒋委员长致李宗仁、阎锡山等电》，《革命文献・淞沪会战与南京撤守》，《蒋中正总统档案》。

⑥ 《南京保卫战战斗详报》，《抗日战争正面战场》，第 413 页。

⑦ 《蒋委员长致唐生智、刘兴、罗卓英电》，《革命文献・淞沪会战与南京撤守》，《蒋中正总统档案》。

⑧ 《爱记》（稿本），1937 年 12 月 9 日。该稿从蒋介石日记中摘出，台北“国史馆”藏。

⑨ 《宪兵司令部战斗详报》，《抗日战争正面战场》，第 433 页。

者亦有之。”[①]12 月 13 日，日军攻陷南京，旋即开始惨绝人寰的大屠杀。

在淞沪战败之后，南京失陷有其必然性。但是，突围与撤退时的严重混乱及其损失仍然是可以避免的。

在极端困难的状况下坚持抗战国策

首都失陷，常常和国家沦亡相联系，在中国历史上是很少有的现象。一时间，日军骄横气焰达于极点，中国政府、中国军队、蒋介石个人都处于极端困难的境地。怎么办？中国的路应该怎样走下去？

12 月 15 日，蒋介石召集高级干部会议讨论，会议情况是：“主和、主战，意见杂出，而主和者尤多。”[②]国防最高会议副主席汪精卫本来对抗战就信心不足，这时更加缺乏信心。次日，他向蒋介石提出，“想以第三者出而组织，以为掩护”[③]。显然，汪企图抛弃抗战国策，在国民政府之外另树一帜。行政院副院长孔祥熙这时也从“倾向和议”发展为“主和至力”[④]。18 日，蒋介石日记云：“近日各方人士，皆以为军事失败，非速求和不可，几乎众口一词。”[⑤]当时，陶德曼的调停还在继续，蒋介石担心日方有可能提出比较“和缓”的条件，诱使中国内部发生争执与动摇。26 日，蒋介石得悉日方提出的新议和条件，发现较前“苛刻”，心头为之一安，决心“置之不理”[⑥]。27 日，蒋介石召集国防最高会议常务会议讨论，主和意见仍占多数，监察院院长于右任甚至当面批评蒋介石“优柔”[⑦]。会上，蒋介石坚持拒和。28 日，蒋与汪精卫、孔祥熙及军事委员会秘书长张群谈话，声称“国民党革命精神与三民主义，只有为中国求自由与平等，而不能降服于敌人，订立不堪忍受之条件，以增加国家、民族永远之束缚。”[⑧]次日，再与于右任、居正谈话，表示“抗战方略，不可变更。此种大难大节所关之事，必须以主义与本党立场为前提。今日最危之点，在停战言和耳！”[⑨]蒋介石认为，与日本议和，外战可停而内战必起，

① 《陆军第七十八军南京会战详报》，《抗日战争正面战场》，第 424—425 页。
② 《困勉记》，1937 年 12 月 15 日。
③ 《困勉记》，1937 年 12 月 16 日。
④ 《王世杰日记》，1937 年 12 月 2 日、27 日。
⑤ 《困勉记》，1937 年 12 月 18 日。
⑥ 《困勉记》，1937 年 12 月 26 日。
⑦ 《困勉记》，1937 年 12 月 27 日。
⑧ 《困勉记》，1937 年 12 月 28 日。
⑨ 《困勉记》，1937 年 12 月 29 日。

国家定将出现大乱局面。1938 年 1 月 2 日，蒋介石下定破釜沉舟的决心："与其屈服而亡，不如战败而亡。"[①]他决定拒绝德国方面的斡旋，坚持既定的抗战国策。

从 1937 年 8 月 13 日至 12 月 13 日，蒋介石在长江三角洲地区指挥抗战四个月，战略、战术呆板，对国际力量共同制裁存有不切实际的幻想和期待，未能及时组织战略撤退，造成中国军队空前巨大的损失。但是，淞沪、南京之战显示了中国军队、中国政府、中国人民的坚强不屈的精神，打击了日本的侵略气焰和在短时期内速胜的美梦。此后，日本侵略者在中国广大战场上就愈陷愈深，终致不能自拔。

从战争学习战争。淞沪和南京之战期间，蒋介石和部分国民党高级将领认识到，中国对日抗战是持久战，必须以空间换时间，必须懂得保存自己的有生力量，而不能在局部地区拼消耗；必须懂得运用阵地战、守卫战以外的其他作战形式。11 月 7 日，蒋介石日记云："此时应令各战区发动游击战，使敌所占领各地不能安定，且分散其兵力，使之防不胜防也。"[②]12 月 1 日日记云："抗倭制胜之道，在时间上作长期抗战，以消耗敌力；在空间上谋国际之干涉，又使敌军在广大区域，留驻多数兵力，欲罢不能，进退维谷，此我之基本主张，万不可稍有动摇。"[③]同月 16 日，南京失守后的第三日，蒋介石发表《告全国国民书》称："中国持久抗战，其最后决胜之中心，不但不在南京，抑且不在各大都市，而实寄于全国之乡村与广大强固之民心；我全国同胞诚能晓然于敌人之鲸吞无可幸免，父告其子，兄勉其弟，人人敌忾，步步设防，则四千万方里国土以内，到处皆可造成有形、无形之坚强堡垒，以制敌之死命。"[④]这些都说明，通过挫折和失败，蒋介石和国民党人的战略思想有了长进。在此后的抗战中，国民党贯彻了"以空间换时间"的战略，但是却未能与人民结合，走的还是单纯依靠正规军事武装的"片面抗战"路线。

（本文原载《学术探索》，2005 年第 3 期）

---

①②③ 《困勉记》。

④ 《总统蒋公大事长编初稿》卷 4(上)，总第 1200 页。

从《蒋介石日记》看淞沪抗战的一个问题

刘贵福　朱晋平

关于淞沪抗战战略，史学界有不同的观点。一种观点认为，从开战之初，甚至开战之前，中方就有改变日军作战轴心，即改日军南下为西上的战略意图；一种观点是否认中方有这种企图。其间，也有的学者取折中态度。意见歧出，关键原因是第一手资料不足，而只能对现有史料作不同的解读。今年（指2008年，编者注），保存在美国斯坦福大学的《蒋介石日记》又进一步公布，为探讨这一问题，提供了继续深化的客观条件。

一

从蒋氏日记看，卢沟桥事变后，蒋介石关注的重点在华北，他对日军的挑衅采取了积极应对的态度。卢沟桥事变的第三天，蒋介石就思考“乘此次冲突之机，对倭可否进一步要求其撤退丰台之倭兵或取消冀东组织”，“积极运兵北进备战”，“准备动员，不避战争”①。7月10日，蒋介石在日记中写道：“动员六师北运增援，如我不积极准备，示以决心，则不能和平解决也。”7月12日，蒋介石决定“在永定河和沧、保线持久战”，“中央军集中保定”。蒋介石此时已经判断日本侵华“势必扩大”，“不能避战矣”②。不过，蒋介石认为日军此时仍在采取“不战而屈之惯技”，而他则采用“战而不屈之决心待之”③。此蒋介石对日本侵华的整体判

① 《蒋介石日记》1937年7月9日（美国斯坦福大学胡佛研究院所藏，以下不再注出）。

② 《蒋介石日记》1937年7月12日。

③ 《蒋介石日记》1937年7月17日。

断是日本"志在华北局部而不敢扩大","战争最多限于局部"①。19日,蒋介石决心发表庐山谈话,"再不做倭寇回旋之想,一意应战矣"②。7月26日,针对日方步步紧逼,蒋介石进一步认识到战争的不可避免,他虽不愿宣战,但抗战决心已经下定。"遭必不能免之战祸,当一意作战,勿再作避战之想矣。"③当日军大举进攻北平后,蒋介石进一步判断:"大战再不能免。"④

8月7日,在蒋介石的日记中出现了他对长江流域关注的记录。他针对7月27日驻汉口日本海军和侨民撤退,在当天的日记中写道:"敌放弃汉口,是其对长江有避免作战之意乎?"⑤他在8日进一步坚定了这一判断,他说:"汉口倭军之果然撤退,其长江各埠海军亦撤退,是表示其不在长江之意多,而集中以后再进攻之意少也。"⑥早在抗战前,中国方面就已酝酿在日本发动侵华战争的前提下,主动在上海进攻,消灭上海日军,保卫经济重心,捍卫首都,并将这一思想写入1937年2月南京政府制定《民国二十六年度作战计划》中。⑦卢沟桥事变后,张治中出任淞沪警备司令,并于7月30日提出"主动进攻,先发制敌"的建议,并提出主动击敌的四个条件。⑧同日召开的"卢沟桥事件第20次会报",商定了对上海日陆战队之应付计划;对汉口日租界之扫荡计划;长江下游各要塞之阻塞及对日舰之扫荡计划。⑨在蒋介石8月4日日记中有"应先取攻势之利害"的记录,说明蒋介石此时对进攻上海日军问题,还未作出最终决策。

促使蒋介石下最后决心的是日本大量援军到沪。蒋在8月11日日记中写道:"下午闻倭舰队集中沪市,且有八大运输舰到沪,预料其必载陆军来沪,故决心封锁长江口。"日援军到沪引起蒋介石的警觉。可以说,封锁长江口是实施上海战略的一个开始。8月13日上午,日海军陆战队向中国军队发动佯攻。8月14日,中国军队向日军发动进攻,全面抗战由是爆发。

---

① 《蒋介石日记》1937年7月20日。

② 《蒋介石日记》1937年7月19日。

③ 《蒋介石日记》1937年7月26日。

④ 《蒋介石日记》1937年7月27日。

⑤ 《蒋介石日记》1937年8月7日。

⑥ 《蒋介石日记》1937年8月8日。

⑦ 张治中:《揭开八一三淞沪抗战的战幕》,《八一三淞沪抗战》,中国文史出版社1987年版;"民国二十六年度作战计划"(甲),《民国档案》1987年第4期。

⑧ 张治中:《揭开八一三淞沪抗战的战幕》,第13页。

⑨ 《卢沟桥事变第二十次会报·1937年7月30日下午9时》,中国第二历史档案馆编:《中华民国史档案资料汇编》第五辑第二编《军事》(二),江苏古籍出版社1987年版,第45—46页。

主动发起进攻是战前战略方针的具体实施。这一方针就是迅速消灭上海日军，保卫上海经济重心和捍卫首都，从蒋的日记也可以证明这一点。8月14日，中国空军出动轰炸上海日军，因有两架飞机弹钩被击坏，故有两弹落入英法租界，导致英法美诸国不满，责难备至，对沪战有干涉之意。对此，蒋介石在日记中写道："唯望神圣保佑中华，使沪战能急胜也。"①可见，蒋介石在这一时期并不愿在上海长期作战，也无引敌到沪的目的。不唯如此，蒋介石还想利用外交手段收回上海。他在20日日记中写道："本日沪战颇有进展，南口阵地已固，此心略安。对英提案运动其能实现，使倭得转圜离沪，以恢复我经济策源地，以今日战况或有可能也。判断情报，倭陆海空军意见分歧，政府内部不一，已蹈于进退维谷之势也。"②

8月20日，大本营颁发作战方案。这一方案，以华北为主战场，决定"对北正面(平津)为限制敌军之自由转移兵力于平绥路，及使我第二战区在平绥路方面作战之便利起见，应即派有力之一部(约两军)，近迫当面之敌，实行柔性攻击，同时抽调在平汉路北端之部队(机动性大而富于游击战之经验者)约三师(能多更好)，归第二战区长官指挥，向怀来、万全之线以北转进。对东北正面(山东半岛)极力缩小青岛之围攻线，使敌军尔后展布困难，可能时则以有力之一部袭取而占领之"。第二战区"为华北唯一之屏障，务须永久固守，以为国军尔后进出之轴心。平绥线为第二战区之生命线，亦为中苏联络之生命线，更为我国军旋回作战之能实施与否之中枢线，应以南口附近为旋回之轴，以万全、张北、康保等地方为外翼，要固守南口、万全，国军作战方有生机，要攻略张江、赤城、沽源，国军方能展布，如南口、赤城、沽源之线，始终为国军保有，则平津方面之敌，绝不敢冒险南下，故本战区之作战为，第一步，以该战区现有之兵力，最低限度，必须固守南口、万全之战('战'疑为'线'——引者注)，以俟第一战区转移兵力之到达。第二步，第一战区转移兵力到达后，向赤城、沽源之线转移攻势。第三步，依战况推移，对于山西东北方面，厚积兵力，以期永久固守。"从这一决策看，中方在日本侵华的主要方向是立足于守。坚守平绥路上重点地区，并攻略察北为平绥线之掩护。

上海方面第三战区，任务为"迅速将目下侵入淞沪之敌陆海军及空军陆上基地，扫荡扑灭，以准备敌军再来时之应战，同时对于浙江沿海敌可登陆之地区，迅

---

① 《蒋介石日记》1937年8月14日。
② 《蒋介石日记》1937年8月20日。

速构成据点式阵地，阻止敌人登陆，或乘机歼灭之。”①按照这一方针，第三战区组成淞沪围攻区，江南岸守备区，浙东守备区，一方面围攻淞沪之敌，一方面警惕沿海敌登陆。上海显然立足于攻。可以这样说，中方的战略是北重于南，以南部之攻，策应北方之守，没有变改日军南下为西上之意图。

蒋介石后来对此说得很清楚。1938 年 1 月 11 日，淞沪会战结束不久，蒋介石总结说：“我们此次为什么要在上海作战呢？就是要打破敌人的战略，使他们不能按照既定的计划集中兵力侵略我们的华北。”②不过，蒋介石所说的打破敌人华北计划也不是像后来研究者所说的那样要改日军南下为西上，因为蒋介石当时根本没有判断日军南下。蒋介石在同一总结中明确地讲道：“至于敌人的作战计划如何呢？他预定的作战计划，就是想以少数的兵力，在最短的时间一举击而消灭我们的军队，迫使中国屈服，然后回转头来，应付世界大战。所以他预定的作战目标，就是想占据永定到察绥一带的防线。在这条线以北，坚筑对俄阵地，积极向西伯利亚采取攻势。后来我们发动全面长期抗战，使他后退不能，固守亦不可得，就不得不被动地伸展到黄河北岸。现在他愈陷愈深了。”③蒋介石日记更可说明这一点。淞沪会战期间，蒋介石在 1937 年 9 月 29 日日记中写道：“注意：一、英不愿俄参加远东战事乎；二、引敌深入黄河以南，使英俄着急，不得不参加远东战事。”可见，蒋介石非但没有改变敌人南下的意图，而且还曾有过主动引敌南下的思考。

二

战争具有不确定性。实现计划于战争较之实现计划于别的事业，有着更多的困难。尽管作了长时间的准备，但受制于主客观因素，中国在上海的战略预想并未达成。战役之初，中国军队虽一度掌握战场主动，但从 8 月 14 日到 8 月 22 日，在日军增援部队到达前，却没有将在上海的日军消灭。从主观上说，中国军队挺进上海后，未能及时攻击，使攻击失去突然性，且在进攻中数次停止攻势，予敌以准备时间。而中国军队又存在指挥不当的问题，“不能彻底集中兵力，形成

---

① 中国第二历史档案馆：《抗日战争正面战场》（上），江苏古籍出版社 1987 年版，第 12 页。

② 蒋介石：《蒋委员长对抗战检讨与必胜要诀训词》（上），秦孝仪主编：《中华民国重要史料初编——对日抗战时期》第二编《作战经过》（一），中国国民党中央委员会党史委员会编印，1981 年，第 65 页。

③ 蒋介石：《蒋委员长对抗战检讨与必胜要诀训词》（上），秦孝仪主编：《中华民国重要史料初编——对日抗战时期》第二编《作战经过》（一），中国国民党中央委员会党史委员会编印，1981 年，第 64—65 页。

重点，及步炮兵没有协同动作”，以致“我军以五师之众，对数千的敌陆战队实行攻击，竟未能奏功”①。从客观上说，日军火力猛烈，堡垒坚固，以及上海作战受到外国势力制约等都影响了初期的进攻战。

8月23日，日本援军到达上海，并登陆成功。敌登陆成功后，主力猛扑罗店，进窥嘉定。中国军队一方面继续围攻虹口、杨树浦之敌，一方面调动军队，将敌阻于罗店一带。敌在罗店不能进展，又转向吴淞附近及虬江码头强行登陆，中国军队及时赶到反攻，但因敌火力猛烈，未能消灭登陆敌人。至此，淞沪战线由市内扩展到市外。8月28日、9月1日，罗店、吴淞两地先后失陷。蒋介石为之感慨道：“近日战局渐转劣势，人心动摇。此次战事本无幸免之理，唯冀能持久耳。”②9月6日，日军攻陷宝山，沿江敌人连成一线，并以主力沿宝刘公路向杨行突进。9月11日占领杨行，并向刘行猛攻。杨行失守，蒋介石认为“实为上海战局成败之枢纽”③。

日军登陆成功，使中国军队原定之迅速扫荡上海日军的计划落空。淞沪抗战历时两旬后，淞沪前线指挥官张发奎和张治中向最高统帅部建议：“对上海会战可能适时运用兵力之最高点，作有效而精密的计算，若超过这个限度仍不能挽回战局以制压敌人时，则我们的战略，似应转变为持久消耗战，并先以十个师预行占领苏、嘉、吴、福之既设国防工事，作为第二抵抗线。”④蒋介石在9月2日日记中写道：“本月对上海战线之调整与缩短，决定方针。”⑤但蒋介石认为“吴淞失陷，战况渐处被动，然而前方士气甚旺，不愿撤至第二线也”；他还判断“沪战尚可持久，敌虽再增三个师团亦无能为力也”⑥。蒋介石对河北战场形势也很乐观，他认为：“河北敌军进展甚迟，其力甚弱，只要我努力固守，敌必师老顿挫也。”⑦9月6日，军事委员会下达《淞沪抗战第二期指导计划》，提出“一、本战区为保持经济重心，巩固首都，并有利于全局之持久作战起见，务就现已形成之包围态势，对于上海及各处上陆之敌，运用优势兵力断绝其联系，限制其发展，并努力围攻由狮子林及川沙方面上陆之敌，打破其包围企图，而收各个击破之效。二、如各个击破之目的不能达到，则依状况逐次于后方占领阵地，采取攻势防御，乘其海陆火力不能协调之际，发扬我之精神与物质威力，一举而击破之。三、于万不得已时，

① 《陈诚私人回忆资料》(上)，《民国档案》1987年第1期，第18页。
② 日本《产经新闻》社：《蒋介石秘录》(四)，湖南人民出版社1988年版，第30页。
③ 《蒋介石日记》1937年9月12日。
④ 张发奎：《抗日战争回忆录》，《广东文史资料》第55辑，广东人民出版社1986年版，第7页。
⑤ 《蒋介石日记》1937年9月2日。
⑥⑦ 《蒋介石日记》1937年9月4日。

则退守后方既设阵地，作韧性之抵抗，以待后方军队到达，再行决战，期护（获）得最后胜利。”①

9月6日的作战方案实际是战前国防计划甲案和战争之初8月20日方针的继续，但此后全国抗战局势出现新情况，上海战场地位日益重要。从全国战局看，8月底，张家口、南口相继失陷，中国方面在华北争取战略主动的关键几步皆未达成。同时，日军在上海迅速登陆，使国民党原计划的扫荡上海日军的方案也无法实现。8月30日，何应钦分析军事形势时说：“自南口、张家口失守，我在北正面有利之态势已失”，“沪战胶着，双方无限制增兵。我为确保江南腹心地，又不能不以精锐部队与敌周旋。因之我战略重点，无形中已转移于江南。此时北正面只有采取守势作战，逐次抵抗，与敌持久，以待川桂军集中完毕，或沪战告一结束，方可策划北正面攻势。”②从何应钦的分析看，由于华北失利，中国抗战主战场无形中发生变化，上海军事的发展已不是策应华北的问题了，而成为抗日的主战场了。如何应钦所说“上海方面，暂时以阵地战之手段与敌持久，候敌兵力疲惫，仍（乃）相进攻，以期可以转用兵力。”③在晋绥是固守，在河北是待川桂军集中完毕，或江南兵力可转用时再策划进攻。至此，南北主次已经易位。

淞沪战场中日胶着，中国方面欲全部消灭上海日军已经不可能。上海抗战面临新的选择。是按战前的预案后撤、进行持久抗战，还是继续守卫上海呢？蒋介石没有马上下定决心。9月11日，日军占大同，晋北重镇失陷。14日，蒋介石在日记中写道：“注意：一、大同失陷，阎之罪恶甚于宋之平津……可痛之至，对于苏俄之运货交通更生困难矣。二、集中主力在上海决战乎？抑纵深配备，长期抵抗乎？”④这说明，在华北失利的情况下，蒋介石对继续守卫上海，还是后退预设国防线、节节抵抗之策，尚未下最后决断。9月15日，蒋介石决定调整上海第三战区高级指挥官，并提出注意真如、南翔、嘉定、浏河间之永久工事和纵深配备之集团军群。⑤9月16日，罗店、刘行阵线为日军突破。同日，蒋介石在日记中写道：“上海之得失不关最后之成败，不必拘泥于此也。”9月17日，中国军队根据第二期作战计划调整部署，全线退守北站、江湾、庙行、罗店西南、朝王庙、双草墩迄于

① 《淞沪抗战第二期指导计划·1937年9月6日》，《抗日战争正面战场》（上），第300页。

② 《国民政府国防部史政局及战史会档案·8月30日下午8时会报》，中国第二历史档案馆编：《中华民国史档案资料汇编》第五辑第二编《军事》（二），江苏古籍出版社1997年版，第77页。

③ 《蒋介石日记》1937年9月14日，第78页。

④ 《蒋介石日记》1937年9月14日。

⑤ 《蒋介石日记》1937年9月15日。

运河一线，转入阵地战。中方全部攻击停止。21日，中国军队调整部署，改编为右翼、中央、左翼三个作战军，由张发奎、朱绍良、陈诚分别担任总司令。

这一时期，蒋介石一度倾向后退进行逐步抵抗。他在日记中写道："敌增援部队既到，第四军与六十六军损伤奇重，不如乘敌被我击退之时设法后移，加强后方兵力，但仍留相当兵力在原阵地牵制，以玩弄日寇，故决撤至刘罗线本阵地，以达逐步抵抗之目的。"①但此后南北战局变化和国际形势的发展，又使蒋介石倾向坚守上海。9月25日，蒋介石在日记中写道："注意：一、保定似已经失陷；二、敌威胁我迁都；三、敌拟进占郑州，以截断我中俄第二联络线。"9月26日，在蒋介石的日记中又出现这样的记录，"注意：一、美国外交渐有转机；二、对英运用……四、苏俄之交涉；五、平汉线溃败，沧州亦已不守，北正面只可守沿太行山脉侧面阵地矣……"但蒋介石对这一局面却不是非常忧虑，"对北正面战事虽不利，但余心无甚虑，系以主战场在上海也"②。蒋介石之所以如此，一方面因北方战局已无可挽回，另一方面因为他正酝酿利用中国军队主力集中上海的机会，充分利用上海战场的价值，通过上海抗战进而影响全局。27日，蒋介石决定四项对敌战略："一、引其在南方战场为主战场；二、击其一点；三、持久；四、(沿太行山脉侧面阵地)由晋出击。"蒋并推断："下月战争方能决定久暂或胜负。"③引敌到南方作战，是淞沪战略的新发展，是蒋介石根据当时淞沪战场乃至全国战场和国际局势演变的一个新决策。但引敌到上海作战，并不是像后人说的那样，想引敌人沿江西上，进行持久战争，而是要坚守上海，因为蒋认为："相持半年，迟至明年三月，倭国若无内乱，必有外患，须忍之。"④

三

9月中旬以后，日援军到沪已近20万人。战况对中国渐趋不利。在日军的猛攻下，中国军队左翼阵地相继失陷，且无力恢复，全线处于被动挨打局面，不得不向蕴藻浜南岸、广福、施相公庙、浏河之线转移。9月30日，日军又集中主力沿沪太公路南下，向蕴藻浜进犯，企图占领大场，威胁中国军队侧背，达到其占领上

---

① 《蒋介石日记》1937年9月24日。
② 《蒋介石日记》1937年9月26日。
③ 《蒋介石日记》1937年9月27日。
④ 《蒋介石日记》1937年10月15日。

海的目的。10月初，日军决定将主作战方向转向上海。[1]在日援军大量到沪的情况下，中方的正确战略应是及时调整部署，控制苏福、锡澄国防线，作持久抗战。但此时国际形势演变，严重影响了国民党的淞沪战略，蒋介石进一步作出了死守上海的决策。

蒋介石是个军人政治家。在蒋的思想中，苦撑待变，等待国际形势变化，是其抗日战略的重要组成部分，因京沪地区是国民党长期经营的政治经济中心，国际观瞻所系，开辟淞沪战场本身就有政治意义。在卢沟桥事变之后，蒋介石频频活动，呼吁国际社会特别是英美对日本进行干涉。弱国抗击强大的侵略国家，争取外援，联合与国，乃为必要正当之举，无可厚非。关键是如何处理政治与军事的关系。随着9月中旬以后，国际上谴责日本的呼声兴起，国民党将政略的考虑放到战略之上，最终导致了军事上的重大失利。

9月19日，国联大会接受中国申述。27日，国联决议谴责日机滥炸。10月5日，美国总统罗斯福在芝加哥发表《隔离演说》，将侵略行动喻为传染病之蔓延，呼吁为防护国际社会之健康，应加以隔离。以此为契机，西方国家对日本制裁论兴起。10月6日，国联决议召开九国公约会议。国际形势有利于中国抗战。蒋介石认为，“本日美国总统宣言与国联决议，皆于我精神助力甚大，唯以军事局势不能转入主动地位为虑耳”[2]。10月8日，蒋介石“决调桂军加入沪战，不能放弃上海”[3]，10月11日，再次决心“沪战仍应决战到底”[4]。国民党寄希望于九国公约会议国家能以实际手段制裁日本，所以过分地考虑政略，如参加淞沪战役的宋瑞珂所说，“故不惜以战略迁就政略，一面派顾维钧为出席九国公约会议代表，一面加强阵地战，冀于战场上取得有利之态势，以为外交声援，于是倾注全力于大场之阵地战”[5]。国民党淞沪战场最高指挥官之一的陈诚在总结淞沪抗战失败原因时，把“政略影响战略”列为首位。[6]

还在9月11日日军攻陷杨行时，14日陈诚到刘行指挥。他认为，要长期抗

---

① 日本防卫厅防卫研究所战史室：《中国事变陆军作战史》（“中华民国史资料丛稿”译稿）第1卷第2分册，齐福霖译，宋绍柏校，中华书局1981年版，第82、83、84页。

② 《蒋介石日记》1937年10月7日。

③ 《蒋介石日记》1937年10月8日。

④ 《蒋介石日记》1937年10月11日。

⑤ 宋瑞珂：《八一三淞沪抗战纪实》，政协上海文史资料委员会编：《抗日风云录》（下），上海人民出版社1985年版，第65页。

⑥ 《陈诚私人回忆资料》（上），《民国档案》1987年第1期，第17页。

战,须转移阵地,逐次抵抗,但蒋介石为取得国际同情与认识,尚欲死守刘行。①结果,在付出巨大牺牲后不得不后退。整个10月的战斗是淞沪抗战最惨烈的阶段。10月7日,日军由蕴藻浜北岸猛攻南岸中国守军之侧背,企图一举突破南岸阵地,占领大场。当时,中国军队在蕴藻浜之兵力为8师、16师、57师,因战斗激烈,8师兵力伤亡殆尽,左翼之黑大黄宅附近阵地被突破,以第1军及第8军与26师、20军陆续增援仍不能阻敌攻势。10月15日,第21集团军到达上海,19日全线出击,以48军、61军、98师为三路进攻军,防守各师亦编成一至三个突击队,向敌反击,经三日激战,亦未恢复失去阵地,原阵地亦无法维持,中国又调集19师、18师、26师、33师至大场方面,同时将第3、53师加入,将左翼之11师、14师及在太仓整理的15师调来,才得维持战局。但数日后又感危险。24日逐次退守大场、走马塘。26日大场失陷。敌对闸北、江湾及庙行一线的中国军队形成包围,中国军队不得不向苏州河南、江桥镇、小南翔之线撤退。当中国军队在大场、走马塘撤退前后,适值九国公约开会。中国为争取国际同情,原拟在该线死守,后因被迫后退,无法维持,始转移苏州河。②

在大场作阵地死守,是国民党将政略放在战略之上,因政略而牺牲战略。在大场失守后,中国军队如能迅速撤退,淞沪抗战仍不致全面失败。但在11月4日,日军在金山卫登陆,对中国军队迂回包围的情况下,蒋介石仍下令陈诚再坚持三天。结果,当8日下令退却时,前方已溃不成军,大军仓皇后撤,加以敌机日夜轰炸,人马践踏,秩序大乱,数十万大军竟越过钢筋水泥之国防线而不能驻足。11日,上海沦入敌手。

从上述讨论看,《蒋介石日记》所提供的资料,也难以证明和支持淞沪战略从一开始就有改变日军作战轴心,即改日军南下为西上这一战略意图的观点。相反,我们可以进一步证明这样的判断:中方淞沪战略有多重目的,前后侧重点又有所变化。首先是欲消灭上海日军,保卫政治经济中心,然后是配合华北战场,继而因南北易势,上海战场地位上升,蒋介石又有引敌到南方为主战场的思想。最后,政略影响战略,导致中国军队失去有利的撤退时机。

(本文原载《中国图书评论》,2008年第1期)

---

① 《陈诚私人回忆资料》(上),《民国档案》1987年第1期,第15页。

② 《陈诚私人回忆资料》(上),《民国档案》1987年第1期,第16页。

从淞沪到南京：蒋介石政战略选择之失误及其转向

姜良芹

从淞沪抗战爆发到南京保卫战结束，在这短短的4个月时间内，蒋介石及国民政府对日政战略的选择实质上奠定了之后中国抗战的走向。近年来，学界大多认为淞沪抗战粉碎了日军速战速决阴谋，标志着国民政府决计全面抗战，使战局形成持久态势，由此，国民政府战时体制初步确立。①也有学者认为淞沪抗战与南京保卫战时间、空间相连，可以看作是一次大战役的两个不同阶段。②然而，4个月时间里，蒋介石经历了怎样的心路历程？如何作出政战略抉择？这些抉择又为何导致如此的结果？既有研究对这一系列关键问题似乎关注不够。笔者以为，军事的逻辑不能代替历史的事实，仅就战争论战争恐难窥历史之真面目。因此，本文拟通过对蒋介石日记、相关未刊档案等第一手资料的梳理，略陈管见，以就教于方家。笔者认为，从淞沪到南京，蒋介石的战略选择主要服从于国民政府的外交政略需求，即寄希望国际干预、大国介入中日军事冲突。战略服从政略的结果，进一步加剧了战略实施的代价：淞沪抗战虽迟滞了日军短期速胜的作战计划，却也大量消耗了中国军力，并暴露了中国军队的弱点；此后日军采取歼灭战围击南京，致使中国军民死伤惨重。南京失陷后，蒋介石痛定思痛，始坚定了立

---

① 这方面的著作较具代表性的有：忻平的《1937：深重的灾难与历史的转折》（上海：上海人民出版社，1999年），张宪文等的《中华民国史》第二卷（南京：南京大学出版社，2006年），王建朗、曾景忠的《中国近代通史》第九卷（南京：江苏人民出版社，2007年）。有关的论文有：王建朗的《卢沟桥事件后国民政府的战和抉择》（《近代史研究》1998年第5期），刘维开的《战端一起，绝不妥协：蒋中正委员长之和战立场》（《近代中国》总第163期，2005年12月），吴景平的《蒋介石与抗战初期国民党的对日和战态度——以名人日记为中心的比较研究》（《抗日战争研究》2010年第2期）等。

② 杨天石：《蒋介石与1937年的淞沪、南京之战》，《学术探索》2005年第3期。

足自身实施长期抗战的决心。

一、淞沪抗战："打给外国人看"

卢沟桥事变和淞沪之战爆发后，蒋介石及国民政府一改之前的对日妥协退让政策，决计全面抗战，学界对此多有阐述。但是，我们不能不看到，在此后的淞沪抗战和南京保卫战中，蒋介石、国民政府的各项对日作战决策，却无不体现了其寄希望国际干预、大国介入的期望，从而影响了中日战争的进程和走向。蒋介石决定坚守上海，除考虑到上海地位的重要性外，主要是为了配合外交斗争的需要。这一时期蒋介石在各种场合呼吁对日本进行国际制裁的必要性，强调这与国际和平密切相关。蒋此时的政战策略是"以战争为建设向导，以军事为外交后盾"①。8月14日国防最高会议决定"一不宣战，只说自卫；二不迁移政府。"②

面对日军的挑衅，负责守卫的第九集团军总司令张治中原定于13日拂晓前发起攻击，以期先发制人，但蒋介石因英、美、法、意等国驻华使节正在调停③，要求张"等候命令并须避免小部队之冲突"④。直至日军的进攻导致中国守军"行动势难延展"之时，蒋介石才发出"明拂晓攻击"的命令。⑤即便如此，何应钦在14日致上海市长俞鸿钧的密电中仍强调，现虽"决对敌根据地实施扫荡"，"惟外交谈判及与各国领事之周旋，仍请兄相机应付"⑥。

战争初始，中国守军以优势兵力进攻日军在沪各据点，屡屡突破日军阵地，蒋介石似乎看到了军事胜利的希望。"本日沪战颇有进展"，"上海倭寇恐慌万分"，"（日本）陆海军意见分歧，政府内部不一致，已陷于进退维谷势"，"以今日战况，敌或有退却可能也"，特别是"英提议沪上倭寇全部撤退，大可注意"，"其能实现，使倭得转圜离沪，以恢复我经济策源地"。但日本拒绝了英国

---

① 《蒋介石日记》，1937年8月14日，斯坦福大学胡佛研究所藏手稿影印件。

② 《张嘉傲日记》，1937年8月14日，斯坦福大学胡佛研究所藏手稿本。

③ 蒋介石在日记中曾记述到"见五国大使说明中国态度"（《蒋介石日记》，1937年8月13日）。

④ 《张治中致蒋介石何应钦密电》（1937年8月12日）、《蒋介石复张治中密电稿》（1937年8月13日），中国第二历史档案馆编《抗日战争正面战场》（上），南京：凤凰出版社2005年版，第340—341页。

⑤ 《张治中致蒋介石何应钦密电》（1937年8月13日）、《上海作战日记》（1937年8月13日），中国第二历史档案馆编《抗日战争正面战场》（上），第409—411页。

⑥ 《何应钦致俞鸿钧密电》（1937年8月14日），中国第二历史档案馆编《抗日战争正面战场》（上），第412页。

调停，令蒋介石“忧心倍增”。于是，蒋反复分析列强的立场“开战以来外交形势当有利于我者为多”，“除意国袒倭与美国态度不定外，余皆可与我以同情”；“美国态度恶劣，而且变为毫无骨骼之国。此其现任总统罗斯福应任其咎也”；“德国无甚偏袒，意国亦不敢明目助倭”；“英大使许格森被倭机击伤引起英国怨愤，现时或无事实表现，但预料其于将来中倭战争之胜负所关甚大”①。希冀大国介入之情溢于言表。但远水难救近火，为了牵制日本，在没有消除对苏联戒备心的情况下，蒋介石于 8 月 19 日毅然决定与苏联签订《中苏互不侵犯条约》，“促其加入战争”。尽管蒋介石认为，“中苏不侵犯条约签订发表当于现局利多害少”，“倭德意等‘法息使’国对中苏协定多现惶惧之态而未敢极端反对”，但为避免国际社会对其联苏政策产生误解，他还是亲自召见英国大使“说明理由”，并电告正在德国访问的孔祥熙向德国政府进行解释。②此后，国民政府在于 8 月 30 日和 9 月 10 日向国际联盟提交的声明书中，除继续呼吁国际调停中日冲突，并特别表明如下两点：中国“维护和平的方针”不变；中国的抵抗是“不得不进行自卫”③。

在淞沪前线，日军后续部队源源而至，至 9 月中旬已达 10 万余人。9 月 1 日至 7 日，吴淞、宝山相继失守，至 17 日，中国军队“伤亡奇重”，全线撤守北站—江湾—庙行—朝王庙—罗店西南—双草墩之间④。副参谋总长白崇禧、作战组长刘斐等向蒋介石提出，淞沪会战应“适可而止”，部队应保存实力，及时向吴福线国防工事转移。蒋面临着两难选择：“集中兵力在上海决战乎？抑纵深配备长期抗战乎？”各部虽已“死伤大半”，“若不支撑到底，何以摄（慑）服倭寇完成使命？”⑤蒋的决定是坚守上海，而这与他强调“外交与战线并重”更是不无关系，唯有坚守，才有国际调停的可能。

1937 年 10 月 6 日，国联决议召开《九国公约》签字国会议讨论中日冲突问题。16 日，比利时向有关 19 国发出邀请，初定 10 月 30 日在布鲁塞尔召开会议。蒋介石得知这一消息非常高兴，“解决中倭问题，唯有引起国际注意与各国干涉，今九国公约会议已有召集确期，国联盟约亦有较好之决议，此乃抗战

① 《蒋介石日记》，1937 年 8 月 16—31 日。

② 详见《蒋介石日记》，1937 年 8 月 19、21、31 日。

③ 《我国向国联提出第一次声明书全文》，《中央日报》1937 年 9 月 11 日。

④ 《第二战区淞沪会战经过概要》（1937 年 8—12 月），中国第二历史档案馆编《抗日战争正面战场》（上），第 451 页。

⑤ 《蒋介石日记》，1937 年 9 月 10—14 日。

牺牲之效果也。”①蒋希望通过该次会议“使各国怒敌作经济制裁，及使英美允俄参战”②。他还为此致电时在意大利负责军购的蒋百里，“对于意国商务与价目，请照前电范围由公全权商订，但须意国在九国会议中助我，至少亦要求其不助日本为要。”③

蒋介石不仅要坚守上海，而且希望在布鲁塞尔会议召开之际，淞沪战场能有较好的战绩。10 月 22 日，蒋通电全军将士，说明九国公约会议即将举行，全体将士“尤当特别努力，加倍奋励”，“于此时机表示我精神力量，以增加国际地位与友邦同情”④。为此，蒋介石在全国各地普遍调兵赴沪参战，“调 93 师”、“调 15 或 11 师到新泾”、“催滇军速进”、“催运刘多荃师与吴克仁师”⑤。在致龙云电中，蒋言辞急切。“滇军出发各部现到何处？务请力催兼程急进，能望于九国公约会议之初到沪参战。约何日可集中长沙？卢军长何日来京？请详复。”⑥急图军事方面在会前能有所表现。然而，淞沪战况非蒋所能掌控，各部伤亡极为惨重。蒋介石不得不决定转移阵地，但为了给世人留下仍在坚守苏州河北岸的印象，“闸北仍令派留一团”。“我军残留一团兵力于闸北，以示死守，感动中外心理甚大”⑦。11 月初，随着日军第 10 军在金山卫的登陆和日军进攻的不断加强，蒋介石开始考虑“沪战转移计划”，他认识到“保持战斗力持久抗战与消失战斗力维持一时体面相较，当以前者为重”，却又顾虑“沪战阵地转移与九国公约会议之影响”，“使此心犹豫不决也”⑧。蒋同时还转电苏俄，“我军上海撤退，乃为受金山卫敌人登陆侧背动摇之故；但撤退安全并无损失，以后持久抵抗，绝无问题。无论何时，决不与日言和”⑨，以促苏俄下定参战之决心。

此前中西学界的研究中，多强调蒋之坚持淞沪全力抵抗，有试图把中日战争

---

① 《本月反省录》，《蒋介石日记》，1937 年 10 月 31 日。

②⑤ 《蒋介石日记》，1937 年 10 月 23 日。

③ 《蒋介石致蒋百里电》（1937 年 10 月 29 日），蒋档，筹笔——抗战时期（六），卷宗号：002000000199A，典藏号：002-010300-00006-078。

④ 《蒋委员长致各战区司令长官各集团军总司令等并转全体将士勉团结奋斗争取最后胜利电》（1937 年 10 月 22 日），秦孝仪主编《中华民国重要史料初编——对日抗战时期》第二编《作战经过》（一），台北：中国国民党中央委员会党史委员会，1981 年，第 55 页。

⑥ 《蒋介石致龙云电》（1937 年 10 月 24 日），蒋档，革命文献——淞沪会战与南京撤守，卷宗号：002000000363A，典藏号：002-020300-009-134。

⑦ 《蒋介石日记》，1937 年 10 月 25、27 日。

⑧ 《蒋介石日记》，1937 年 11 月 7、8 日。

⑨ 《蒋介石致杨杰电》（1937 年 11 月 10 日），蒋档，革命文献——淞沪会战与南京撤守，卷宗号：002000000363A，典藏号：002-020300-009-144。

的主战场从华北转移到上海，诱使日军逐渐采取自东向西的主作战线，使国军持久战略更易达成之意。蒋纬国的研究更认为此时蒋介石已确定了“以空间换取时间、消耗敌人之持久战略”的全盘战略构想。诚然，日军主力从长江下游向西进攻，使中国政府赢得了在川、陕、湘、滇、黔大后方持久战准备的时间，但这绝非蒋介石在淞沪抗战时即已策划的结果。蒋所思虑的重点，在以淞沪之顽强抵抗唤起国际社会对中日战争的关注进而干预，以早日结束战事。战略服从政略的结果是，淞沪抗战在战术上多次错失良机、尽显被动之态势。如当日军于 10 月上旬突过蕴藻浜之时，中国军队侧背感受威胁之初，即应断然退守新泾河西岸，嘉定、南翔、苏州河右岸之线，如此不但可减少损失，且可凭借既筑阵地为较长时间之持久；当日军 11 月 5 日于金山卫登陆之时，战区即应向吴福线阵地转移，不但可减少损失甚至可利用该线既设工事，迟滞日军，甚至可予日军以较大打击。而直到不得已时，始向吴福线仓促撤退，损失重大。

淞沪抗战，中国军队士气旺盛，作战英勇。但蒋介石单纯防御，将几十万精锐之师密集于长江南岸狭长地区内，死拼硬打，特别是要“打给外国人看”①，不仅大量消耗了中国军队的有生力量，也将国军主力完全暴露。该项战略虽迟滞了日军“速战速决”战略意图的实现，但从另一方面看，也因此改变了日军的战略策略，开始着手歼灭国军之有生抵抗力量。日军攻占上海后“华中方面军试图在昆山附近地区围捕、歼灭敌军主力，但结果成了一场击溃战，只歼灭和捕捉了部分敌军”②。这时日本军方出现两种意见，一种意见认为军队已经非常疲劳，必须休整；另一种意见则认为，军队虽然疲劳，但仍应向南京追击。11 月 15 日夜，日第 10 军司令官柳川平助召开幕僚会议，研究占领上海后日军的战略，认为日军在太湖以东地区的作战并不彻底，“湖东战役未达预期目的”，未能歼灭中国军队主力，但造成了中国军队的重大损失与溃退，“如果抓住这个变动着的战机一举断然进行追击，据判断有二十天的时间可以占领南京。”③华中方面军也赞同这一意见，其 25 日给东京的报告在谈到“对有关上海方面中国军的观察”时说，“判断自开战以来出现于此一方面的敌军总兵力八(十)三个师，其中消耗约一半，现在可

① 唐生智《卫戍南京之经过》，马振犊等编《南京保卫战》，张宪文主编《南京大屠杀史料集》第 2 册，南京：江苏人民出版社 2005 年版，第 343 页。

② 《向南京追击的问题》，王卫星等编《日本军方文件》，张宪文主编《南京大屠杀史料集》第 11 册，南京：江苏人民出版社 2006 年版，第 210 页。

③ 〔日〕日本防卫厅防卫研究所战史室编《中国事变陆军作战史》第 1 卷第 2 分册《中华民国史资料丛稿·译稿》，北京：中华书局 1981 年版，第 107 页。

活动的是约四十万名。而且缺乏武器、弹药、粮食的情形严重，尤其随其败战，士气之低落达到极点，似乎完全丧失斗志。政府内部的争执激烈化，且决定放弃南京。今后，日本军如迅速作战进攻至南京，即可在短期间内，使中国军主力崩溃"①。日军这一战略策略的转变，使中国军队在此后的南京保卫战中不断陷于被动。

二、 首都南京：民众疏散不力

七七事变爆发后，鉴于日军有扩大战争范围的种种迹象，国民政府也加快了抗战准备的步伐。军政部从 1937 年 7 月 11 日起连续召开会报会议，讨论、制定对日作战部署。②出于中日战争一旦全面爆发，战区内大量无辜居民将为战争所累考虑，政府机关和民众的疏散也是政府当局不能回避的一个问题，因此，疏散计划的制订快速提上日程。国民政府统帅部于 7 月 27 日的会报会议上，专门就落实蒋介石关于首都"各院部会实施动员演习及准备迁地办公"的手令进行会商，决定"万不得已时，则迁移他处办公（如衡阳），凡须永久保存之重要文件，先行迁地保管。至各机关之实行迁移，则须候命实施。"③

平津地区被日军占领后，国民党高层一致认识到中日两国间的全面冲突已经迫近，一场大战不可避免。7 月 29 日，统帅部又从军事角度出发，讨论有关沿江各重镇居民之疏散，其中特别会商了首都南京的人口疏散计划。会议强调"南京市百万余人口，战时甚感不便"，提出"可先将妇孺迁移他处"，这样做"虽不免使人民稍有恐慌，但终究必归实现，故可着手办理"；对于机关职员眷属，"尤宜先秘密移动"，以免妨害公务。④该项计划中透出国民政府准备疏散南京普通民众的端倪及其倾向性。但此后军政部考虑到此事关系重大，认为"应由军委会召集各院部会开秘密会商讨"，候方案拟订妥善，并交蒋介石核示后，再逐渐实施。⑤从后

---

① 《南京攻击作战》，台湾"国防部"史政编译局编译《日军对华作战纪要：初期陆军作战（一）·从卢沟桥事变到南京战役》，台北"国防部"史政编译局，1987 年，第 603—604 页。

② 中国第二历史档案馆编《抗日战争正面战场》（上），第 234—286 页。

③ 《卢沟桥事件第十七次会报》（1937 年 7 月 27 日），中国第二历史档案馆编《抗日战争正面战场》（上），第 264 页。

④ 《卢沟桥事件第十七次会报》（1937 年 7 月 29 日），中国第二历史档案馆编《抗日战争正面战场》（上），第 267 页。

⑤ 《何应钦致刘光密电稿》（1937 年 7 月 30 日），中国第二历史档案馆编《抗日战争正面战场》（上），第 466 页。

来实际施行情况看，出于稳固民心、防止恐慌、稳定社会秩序的考虑，疏散计划并未优先考虑市民，而只是优先疏散了机关职员眷属。8月初，军政部通知在宁公务人员将家眷送离南京，以解除其后顾之忧。①

政府机关职员眷属的疏散行动，使一些市民觉得战争已经迫近，开始逃离南京。蒋介石显然也感觉到了民心不定所带来的问题，“最近要公务人员送眷属回籍，社会上的秩序已乱起来了，交通站上都是挤得水泄不通。……这种态度与战时战事上，是无利而有害的。”②为防止民心不安，南京地方当局采取了一些应对措施，如针对宪兵及警察机关屡次接到有关散布流言、扰乱安宁的报告，“当局发布命令严加追查，并发表谈话要求市民采取平静态度，勿轻信谣言”。为维持车站和码头秩序，首都新运会于8月9日“要求宪兵和警察等17个机关代表集会，决议向车站和码头增派巡警和宪兵，由铁道、交通两部及警士训练所派出劳动服务队，全国新运会和首都新运会也派出人员”，多方共同协助维持。南京地方当局的上述措施，使市民的逃离多少有所缓和。魏特琳8月11日的日记中写道，“今天早上南京似乎比较安静，人们又恢复了日常生活。”③

但是，南京所受到的战争威胁却日益严重。从8月15日起，日军即对南京展开了政略轰炸，“为谋求挫折中国政府及民众的持久性斗志，于适当时机对中国的政治、经济或战略性要冲，断然重复进行空中奇袭”④，欲从心理上瓦解中国的民心士气。南京几乎每个晴天都要遭受日机三次以上的空袭或空袭威胁。对此，日方谍报人员多有记述，“日前夜间空袭时，炸弹落在太平路引起火

① 胡适在1937年8月2日的日记中写道“外间人说：军政部有口头命令，令公务人员把家眷送走。于是大家纷纷搬家了。”（中国社会科学院近代史研究所中华民国史研究室编《胡适的日记》（下），北京：中华书局，1985年，第579页）金陵女子文理学院美籍教授魏特琳8月2日日记中也有记述“据说，昨天官员们已接到通知，要把他们的家眷转移到城外。”（张连红等编译《魏特琳日记》，张宪文主编《南京大屠杀史料集》第14册，南京：江苏人民出版社，2006年，第6页）时任江苏省政府委员兼教育厅长的周佛海也在8月2日到厅“分别通知各职员送眷回籍”，他自己则在8月6日将家眷送上去湖南的船（蔡德金编注《周佛海日记》（上），北京：中国社会科学出版社，1986年，第12—14页）。时任行政院政务处长的何廉在回忆录中曾提到“日机开始轰炸南京时，我的家属已离京。”（朱佑慈等译《何廉回忆录》，北京：中国文史出版社，1988年，第132页）从上述时人日记推测，1937年8月初军政部曾非正式地命令机关职员将眷属疏散。

② 《国防联席会议记录》（1937年8月7日），中国第二历史档案馆编《抗日战争正面战场》（上），第296页。

③ 张连红等编译：《魏特琳日记》，张宪文主编：《南京大屠杀史料集》第14册，第7页。

④ 《战争指导纲要案》（1937年9月13日），台湾“国防部”史政编译局编译《日军对华作战纪要：初期陆军作战（一）·从卢沟桥事变到南京战役》，第493页。

灾，约死亡百人，立法院也落了炸弹，由此引起很多人逃离南京”[①]；“26日半夜到午前4点空袭时投到市外的炸弹造成很多市民伤亡。”[②]蒋介石9月25日日记中也写道，“敌军连日反复猛炸南京，毫无损于军事设备。惟人民生命财产多受伤害，市场凄惨。”

然而，自全面抗战爆发以后，蒋介石及国民政府表现出坚决抗战的高调姿态[③]及此后的举措和宣传，却都给民众留下了坚守南京、坚持抗战的印象。

南京防空方面，国民政府在战前即做了周密准备，如制订了《扩充首都防空警报配置办法》、颁布了《防空法》等，“要员住宅、旅馆等均设有地下室”[④]。各机关和民房几乎全部涂上了黑色或灰色，并“随时进行防空和防火训练”[⑤]。日机来袭后，蒋介石致函周至柔，“今晚起应防倭空军对首都之夜袭”，令其做好空军的应对；电令马超俊，“南京市各马路及要口附近相隔二三里之距离各点，必须多设平民与行人避难所，其计划、地点、构造法，皆希呈报；并于此十日内，壮丁全体动员构筑避难所”为要。[⑥]蒋并进一步指示，“现值抗战期中，敌机不时来袭，各该长官均负有维护地方治安，保障民众安全之职责”，上述避难所之设置“即便闻警趋避，尤属费省易举，安定人心关系甚大”[⑦]。就媒体对于日机空袭的新闻报道，蒋介石也有所指示，“国内报纸登载敌机空袭新闻关系重要，亟应规定发布标准”，尤以“引起国际同情”为宜。[⑧]在政府防空机构组织配合下，南京市民很快克服了

---

① 《驻沪冈本总领事致驻北平森岛参事官电》(1937年9月7日，合第596号)，中央档案馆、中国第二历史档案馆、吉林省社会科学院合编《日本帝国主义侵华档案资料选编·南京大屠杀》，北京：中华书局1995年版，第9页。

② 《驻沪冈本总领事致驻北平森岛参事官电》(1937年9月15日，合第641号)，中央档案馆、中国第二历史档案馆、吉林省社会科学院合编《日本帝国主义侵华档案资料选编·南京大屠杀》，北京：中华书局1995年版，第10页。

③ 8月14日，国民政府在南京发表《自卫抗战声明书》：“中国为日本无止境之侵略所逼迫，兹已不得不实行自卫，抵抗暴力！”15日，蒋介石以陆海空总司令名义下达全国总动员令，号召全国奋起一致抗日(《中央日报》1937年8月15、16日)。

④ 《驻沪冈本总领事致广田外务大臣函》(1937年10月27日，机密第2144号)，中央档案馆、中国第二历史档案馆、吉林省社会科学院合编《日本帝国主义侵华档案资料选编·南京大屠杀》，第14页。

⑤ 《日本驻华大使川越致驻北京参事官森岛电》(1937年8月12日，合第532号)，中央档案馆、中国第二历史档案馆、吉林省社会科学院合编《日本帝国主义侵华档案资料选编·南京大屠杀》，第3页。

⑥ 《蒋介石致周至柔函》(1937年8月16日)、《蒋介石致马超俊电》(1937年9月1日)，蒋档，革命文献——淞沪会战与南京撤守，卷宗号：002000000363A，典藏号：002-020300-009-013，002-020300-009-068。

⑦ 《蒋介石关于防空的密电》(1937年9月7日)，经盛鸿等编《战前的南京与日机的空袭》，张宪文主编《南京大屠杀史料集》第1册，第348页。

⑧ 《蒋介石关于防空的密电》(1937年10月)，经盛鸿等编《战前的南京与日机的空袭》，张宪文主编《南京大屠杀史料集》第1册，第399—400页。

恐慌的情绪，防空经验逐渐丰富，对随后日军的疲劳轰炸能逐步适应。日方也不得不承认，“对于我机空袭，敌情报、灯火管制系统、探照灯照射等，均有相当之训练。”[①]在上海失守的当日，《中央日报》发表社论《告京市民众》，文中称对于南京地方，政府“已设立了南京卫戍司令长官，统帅文武机关及全市民众作守土自卫的打算。这个给我们全市人民以莫大的安慰与兴奋”，“抗战已到了这个关头，国力的支持全靠民力作后盾”，“是我们民众报国的最好机会”。“现在，全首都的市民应该把自己感觉到的责任和如何尽责的办法，做出一个榜样来，给全国人民看看。”[②]此后《大公报》《申报》等也相继报道了蒋介石、唐生智等表示坚守南京抗战到底的言论。受此安慰，南京市面又恢复了往日的繁荣，蒋介石10月10日的日记中曾有如下的记载，“下午与妻同乘车视察市中，户户挂旗庆祝，为之一慰。”

在坚守的表象之下，面对日军的步步紧逼，对于如何安置和保护在宁市民，蒋介石和国民政府等并没有一个详细的计划，其责任存在严重缺失。

上海失陷后，如果坚持抗战，迁都已迫在眉睫。其实，早在8月29日，蒋介石即曾考虑迁都之事，当日日记中记下，“如迁都则应在重庆，大本营则在洛阳，行政院则在衡阳。”11月8日中国军队撤离苏州河南岸后，迁都已成为国民政府不得不面对的一个大问题，蒋在日记中更是多有记述。[③]蒋认为，“国府迁渝”“实为内政外交转移之一关键”，“甲、为长期抵抗之计；乙、不受敌军威胁以打破敌人讨城下之盟之妄念”；并强调要注意“迁都命令发表后之敌态如何”[④]。蒋此时的关注点是迁都对中日战局的影响。国民政府为稳定民心，对于迁都的准备工作是秘密进行的，迁移过程也显得极其仓促。据当年随行西迁的国民政府文官处书记官丁绍兰回忆，“离宁之日，一般员工都是行色匆匆，没有思想准备”，“精神状态很紧张”[⑤]。17日凌晨，国民政府主席林森乘满载中央政府官员及眷属、物资的主席专轮“永绥”号军舰悄悄起碇西上。辞行时，林森嘱咐冯玉祥等送行人员“坚守秘密”[⑥]。11月

① 《木更津海军航空队昭和12年8月22日南京攻击战斗概报》，王卫星编《日本军方文件与官兵日记》，张宪文主编《南京大屠杀史料集》第32册，南京：江苏人民出版社2007年版，第262页。

② 《中央日报》1937年11月12日。

③ 如：注意“大本营地点”；注意“政府与大本营地点”；“与林主席商迁都问题”；“决定迁都日期”、“决心迁都于重庆”；“本日以国府迁川与大局筹策为多”；“电重庆准备政府地址”（《蒋介石日记》，11月9—16日）。

④ 《蒋介石日记》，1937年11月20、14日。

⑤ 丁绍兰《国民政府两次迁都的片段回忆》，中国人民政治协商会议江苏省委员会文史资料研究委员会编《抗战纪事》，南京：江苏古籍出版社1987年版，第56页。

⑥ 中国第二历史档案馆编《冯玉祥日记》第5册，南京：江苏古籍出版社1992年版，第269页。

20 日，国民政府正式公布迁都重庆。在西迁过程中，首先考虑的是政府大量档案文件和相关物资及公务人员的输送，为保证国民政府各部门的安全迁移，国民政府所统制的全市交通工具包括 600 辆汽车和 220 余只民船都用在了军事和国民政府西迁上，[①]使 11 月中旬颁布的迁移妇孺办法中“予以种种交通上的便利”[②]仅停留在口头上。“国府西迁后，各项交通器材随之俱行。”[③]11 月 26 日马超俊市长曾专电交通部，希望“西迁各船抵达后，即续回迁送难民。”[④]但以当时的交通状况，至南京沦陷前，这些船只根本无望返回。因此，尽管江边“人山人海”、车站“人多如鲫”[⑤]，但真正有能力离开南京的普通市民为数很少。为了躲避战火，许多市民盲目地东躲西藏。“城北的百姓往城南搬，城南的百姓往玄武湖搬。玄武湖的百姓往乡下搬，乡下的百姓往城里搬。搬来移去，好像他们离开原来地方就可以得到无上安全保障似的。”[⑥]

直到 12 月 7 日，蒋介石才离开南京。作为最高领导人，他可以说是一直坚持到了最后关头。但从另一方面来看，蒋迟迟不离京，对民众也造成了一定的心理暗示，使他们认为留在首都将是安全的。自淞沪抗战爆发以后，“各地难民纷纷来京，每日千数百人不等”[⑦]。有调查显示，南京人口在 1937 年 6 月时超过 100 万，8、9 月份曾急剧减少，到 11 月初又回升到 50 万以上。[⑧]蒋介石在 12 月 4 日的日记中写道，“本星期留驻南京，不仅于军事布置能强勉完成，而且于军心民心亦有裨益。应迁移之物品皆能如数运完，南京幸免兵乱。若早十日离京，则败局更不堪问矣。”事实上，蒋对自己离京后南京民众可能遭受的战祸，也是非常担忧的，撤离当日，蒋在日记中记道：“人民受战祸之痛苦，使之流离失所，生死莫卜……惨目伤心，无逾于此。”在日军攻占南京前夕，滞留于南京的总人数约高达 53.5—63.5 万。[⑨]

---

① 《驻华大使川越致广田外务大臣函》(1937 年 11 月 1 日，上大普通第 37 号)，中央档案馆、中国第二历史档案馆、吉林省社会科学院合编《日本帝国主义侵华档案资料选编 · 南京大屠杀》，第 17 页。

② 《接近战区地域迁移妇孺办法》，《中央日报》1937 年 11 月 14 日。

③ 《南京卫戍军战斗详报》，马振犊等编《南京保卫战》，张宪文主编《南京大屠杀史料集》第 2 册，南京：江苏人民出版社 2005 年版，第 146 页。

④ 《马市长关怀难民》，《中央日报》1937 年 11 月 26 日。

⑤ 中国第二历史档案馆编《冯玉祥日记》第 5 册，第 278 页。

⑥ 《我们钢铁般的国都》，《时事半月刊》第 1 卷第 3 期。

⑦ 《世界红卍字会南京分会民国 26 年至 34 年慈业工作报告书节录》(1945 年)，孙宅巍编《遇难者的尸体掩埋》，张宪文主编《南京大屠杀史料集》第 5 册，南京：江苏人民出版社 2005 年版，第 74 页。

⑧ 《西方人士的调查与统计》，姜良芹等编《前期人口伤亡和财产损失调查》，张宪文主编《南京大屠杀史料集》第 15 册，南京：江苏人民出版社 2006 年版，第 48 页。

⑨ 参见张连红《南京大屠杀前夕南京人口的变化》，《民国档案》2004 年第 3 期。

三、南京保卫战：明知不可为而为之

南京保卫战历来被视为“明知其不可为而为之”，然此乃学界从中日双方军力对比而得出的结论。笔者认为，蒋介石决定守卫首都南京，更多考量的是外交政略。1937年9月初，面对日军由守势转为强大攻势的战况，国民政府开始考虑首都防御问题，但受累于力保上海的战略，南京外围的防线修筑其实极不完善。日军占领上海后，自太湖南北同时西进，威胁南京。原先在淞沪战场以重兵阻遏日军的战略部署，不得不做重大调整，战线被迫向内地纵深转移。当时，中国军队已退至首都第一道外围防线吴福线，但该国防工程却“无图可按，无钥开门，无人指示”①，主力被迫继续向锡澄线撤退。蒋介石非常清楚，“锡澄线如失陷则敌在长江即可长驱直入更无顾忌矣”，故23日晚亲“到常州召集锡澄线各军长训话，精神必为之一振，阵地当能稳定也”。然而，事与愿违，“有良好地形，坚固阵地，可资扼守”的锡澄线同样没有发挥作用。不仅如此，中国军队撤退途中“彼此纷杂零乱”，“一般将领颓丧太甚，士气不振，抢劫日多”，日军“看破我军之弱点，所以敢放肆无忌，视若无人矣”②。

为打破日军迫订城下之盟的战略构想，国民政府做了两手准备。一是于11月20日正式公布迁移政府于重庆，以示持久抗战。二是紧急制订南京守卫计划。但是，南京是守是弃，国民政府内部意见并不一致，多数将领主张放弃，蒋介石一时也拿不定主意。他注意到，“敌以意德共同防共之盟对于苏俄与英国有所牵制，故得对华任意侵略，为所欲为。”11月17日，“本日为南京固守与放弃问题踌躇再四”③。考虑再三，蒋还是决定坚守，“期以3个月乃至1年”④。24日，蒋介石正式任命病中的唐生智为南京卫戍司令长官；同时，为了加强南京的防守力量，从正向浙、皖、赣边区转移的第三战区部队中留下9个师，并从武汉调来第七战区部队中的2个师，加上留在南京的守备部队，总计兵力约15个师、10余万人。

从蒋介石11月下旬的调兵遣将不难看出他对南京保卫战还是抱有一定的

---

① 《蒋介石致顾祝同密电稿》(1937年11月20日)，中国第二历史档案馆编《抗日战争正面战场》(上)，第407页。

② 《蒋介石日记》，1937年11月23、20、27日。

③ 《蒋介石日记》，1937年11月14、17日。日、德、意三国轴心于1937年11月6日成立。

④ 《徐永昌日记》(手稿本)(1937年11月16日)，台北：中研院近代史研究所，1991年影印。

幻想的，至少他希望能像淞沪抗战那样坚持数月，以待国际形势发生有利于中国的转变。但接下来十多天的战事发展却使蒋的幻想几成泡影。蒋12月6日的日记作了这样的分析："敌军用奇袭与包抄战术"，而中方却"士气不振"、"兵力薄弱"，"本日敌攻句容与醇(淳)化镇，见我士气与兵力，彼已熟视无睹矣"。由此可见，蒋介石最终仍决定固守南京，绝非纯出于军事角度，除了如有学者已揭示的，作为首都的南京，若不战而退，有失体面①，以及蒋介石对自己花十年之功一手缔造的首都充满了难以割舍的感情②。此外，更多的还是出于外交的需要，蒋介石始终没有放弃寻求国际干预中日冲突的努力。

作出固守南京决策之时，布鲁塞尔会议尚在进行中，蒋指示参加《九国公约》会议的中国代表顾维钧竭尽全力，要求顾"以坦白告英美法俄代表，以我国之实力如此，若会议无坚决制裁之表示，决无效力"③。此后在得到"九国公约会议已消极无结果"、"九国公约会议无形停顿"的消息后，蒋又安慰自己"静而后能安"、"安而后能虑"。及至11月24日，蒋得知"英美问我需要"、"美已允借款"，他写道，正所谓"虑而后能得"，"国际形势转佳而战局日坏"，"吴兴失陷战局不受影响"，"欲挽此颓势以冀转败为胜也"④。

与此同时，国民政府开始通过其他渠道探索中日"和平"的可能性。早在淞沪会战呈胶着状态时，为了尽快结束战事，也为了对抗即将召开的布鲁塞尔会议，日本一改过去反对第三国干预、坚持中日两国直接交涉的态度，于10月下旬表示"特别欢迎"与日本有友好条约关系的德国出面斡旋。11月5日，德国驻华大使陶德曼接受日本政府委托，向蒋介石提出了日本的七项和平条件，被蒋介石"严词拒绝"⑤。但11月中旬后，随着布鲁塞尔会议上传来的消息越来越不利于中国，蒋介石的态度有所改变，在"接德大使转达敌国要求言和之报"后，"特约其

---

① 参见孙宅巍《论南京保卫战的决策及其结局》，《南京社会科学》2000年第4期。唐生智在讨论弃守南京的会议中也曾慷慨激昂地提出"南京是我国首都，为国际观瞻所系，又是孙总理陵墓所在，如果放弃南京，将何以对总理在天之灵？"(唯真《抗战初期的南京保卫战》，马振犊等编《南京保卫战》，张宪文主编《南京大屠杀史料集》第2册，第245页)

② 11月26日日记云，"上午谒陵与将士公墓，不知何日再得谒见矣"。12月1日又记道，本日"巡视城内，突现荒凉与零乱之状。如余早日离京，不知南京作何景象。"

③ 顾维钧：《顾维钧回忆录》第4册，中国社会科学院近代史研究所译，北京：中华书局1985年版，第815页。

④ 《蒋介石日记》，1937年11月15、17、22—24日。

⑤ 蒋介石于当天的日记中曾记述到"本日与德大使会晤"，"故托德国传达媾和条件，试探防共协定，为余严词拒绝"，"外交方针以第三者加入谈判为目的"。

来京面谈。为缓兵计，亦不得不如此耳”。①12 月 2 日下午，蒋介石会见陶德曼，表示中国已经准备接受德国调停。在陶德曼证实了“日本最初的条件虽然只是几条基本原则，但是原则一直没有变化”之后，他提出了中国的四项和谈基本原则。蒋并补充说，日本政府必须对前期谈判、特别是和平条件保密，否则他本人地位不保，被迫下野，中国政权就会落到亲苏派手里。②这天的日记中他记道，“联俄本为威胁倭寇，如倭果有觉悟则几(已)矣。”

蒋介石对苏联援华确曾有所期待。当时在国际社会中，苏联是唯一表示愿积极支持中国的国家。从 11 月下旬起，特别是布鲁塞尔会议宣布无限期休会后，蒋颇为关注苏俄对中国的态度，11 月 24 日日记中提醒自己苏俄曾有“待我生死关头必出兵攻倭之诺言”；26 日、28 日、29 日连发三电给时在莫斯科担任联络工作的外交部次长杨杰，令其尽速向苏求援：尽管国民政府绝不与日媾和，“至不得已时当固守南京，决不放弃长期抗战之主旨”，“但南京防御工事殊嫌属弱，恐难久持，未知友邦究能何日出兵，十日内能否实现，盼立复。”③29 日，蒋还直接致电斯大林和伏洛希洛夫请求苏俄派兵。④28 日蒋接见杨杰特使张冲后，对苏俄出兵援助充满期待，当日日记写道，“俄机已到，尚可图挽战局”。在 30 日致龙云函中亦称，“最近期间俄必出兵助我，国际形势亦将大变，此乃确有把握也。望兄力促永衡(汉)率部兼程赴京增援，公私皆感。中仍在京策划一切，军心以固。”⑤直到 12 月 5 日，“接史大林复电，与杨张所报者完全相反”，蒋介石才对“苏俄出兵已绝望”，而“德国调停似亦无望”，“国际形势渐陷于不利状态”，“决定离京赴赣”，“收拾残部，重整旗鼓，再造时代之计划”⑥。然而，蒋在同日致第五战区司令长官李宗仁及阎锡山的电报中却声称“南京决守城抗战，图挽战局。一月以后，国际形势必大变，中国当可转危为安。”⑦

---

① 《蒋介石日记》，1937 年 11 月 29、30 日。

② 《蒋介石日记》，1937 年 12 月 2 日；Hans Rotfels/Fritz T. Eberstein u. a.(Hrsg.) Akten zur deut auswdrtigen Politik 1918—1945, Serie D(1937—1941), Bd.1, No.528, Der Deutsche Botschafter in Nanking an das Auswartige Amt, den 3.Dezember 1937，转引自陈仁霞《陶德曼调停新论》，《历史研究》2003 年第 6 期，第 111 页。

③ 《蒋介石致杨杰电》(1937 年 11 月 26、28、29 日)，蒋档，筹笔——抗战时期(七)，卷宗号：002000000200A，典藏号：002-010300-00007-036、002-010300-00007-038、002-010300-00007-040。

④ 蒋当日写道“致史伏电”(《蒋介石日记》，1937 年 11 月 29 日)。

⑤ 《蒋介石致龙云函》(1937 年 11 月 30 日)，蒋档，筹笔——抗战时期(一)，卷宗号：002000000200A，典藏号：002-010300-00007-042。

⑥ 《蒋介石日记》，1937 年 12 月 5、6 日。

⑦ 《蒋介石致李宗仁、阎锡山等电》(1937 年 12 月 6 日)，蒋档，革命文献——淞沪会战与南京撤守，卷宗号：002000000363A，典藏号：002-020300-009-150。

舌滥杀无辜。①

1939年4月27日，南京维新政府“大民会”总部组织部长王鸿恩的讲话中，也道出了日军的这一政略：“南京市人口在事变以前，即党政府的全盛时代，计有人口一百零七万之多，及至事变后，人口骤减至十七万之数，相差几达九十万。此中原因，固然是一部分的民众受了蒋介石的恶意宣传，相率逃避，而其中的一部分则因误会或种种不可避免的关系而罹难散失与牺牲。……后来日本军队进城了，因为肃清残敌又杀死了好几万人，而中间最悲惨的一件事，就是一般无辜的善良民众，因为当时没有显明的识别，日本军队不能认识他们，听说也死亡了几万人。”②

四、 蒋介石抗日政战略之转向

综上所述，从淞沪抗战到南京沦陷4个月的时间里，蒋介石与国民政府在政战略选择方面存在严重失误。蒋之考虑在于引起国际注意。他认为，凡与中国有政、经关系的列强，为了保持其本身利益，必然援助中国制裁甚至抵抗日本。故此，中国只要能在上海作英勇抵抗，打破日军速决战略企图，必可促进国际变化，觅得盟友。这一时期，他首重英美，同时也不排除联苏之可能。蒋之失误在于，虽然联合强国以制日是必要措施，他却本末倒置，过分依赖国际社会，以求尽快解决中日争端。由于期待国际干预和幻想“和平调停”中日军事冲突，蒋介石、国民政府的军事战略主要是为其外交政略服务的，因此蒋介石对于上海到南京之防守和军事部署准备和应变能力均不足。上海虽守三个月，但由于是内线作战，无外线的支持，使得国军精锐部队丧失殆尽，直至1937年11月上海沦陷前，蒋介石尚无组织南京战役的计划。上海失陷后，国军撤退过程中，秩序混乱，溃不成军，从而使日军坚定了进击南京的战略决策，仓促组织的南京保卫战根本无力阻挡日军迅速占领首都南京并歼灭中国有生抵抗力量的战略目标。“敌人跟踪追击，不出数周，便自东、西两面进迫京畿，将南京合围。”③

---

① “联队明日即16日以全力对难民区的败残兵进行彻底扫荡”(《步七作命甲第111号》，王卫星编：《日本军方文件与官兵日记》，张宪文主编：《南京大屠杀史料集》第32册，第124页)。

② 《日伪大民会总部组织部长王鸿恩在上海(朝日新闻)座谈会讲话节录》(1939年4月27日)，中央档案馆、中国第二历史档案馆、吉林省社科院合编：《日本帝国主义侵华档案资料选编·南京大屠杀》，第1084—1085页。

③ 《李宗仁回忆录》下册，南宁：政协广西壮族自治区委员会文史资料研究委员会，1980年内部发行，第695—696页。

国民政府在淞沪战争爆发之初虽有疏散南京市民的打算，但出于稳定民心的需要，又考虑到南京是中国的首都，“国际观瞻所系”，迟迟没有做出周密的计划。为应付日机空袭，蒋介石与国民政府虽然也做了许多卓有成效的准备工作和民众工作，如避难所的设置等①，然而，随着战火临近南京，国民政府仓促西迁，来不及疏散市民及其财产，致使大批市民滞留南京，留下严重的居民安全隐患。

防守南京原本已无精锐部队，以唐生智为总指挥，更是用人不当。而蒋介石作为国民政府的最高决策者，明知南京难以坚守，依然幻想据此图挽战局，等待国际形势的改变，致使十万国军滞留城内。日军占领南京后，除在城内外扫荡败残兵外，并于 12 月 14 日开始在安全区内有系统地搜寻中国士兵。②“为了削弱我们的人力与兵源，不惜违反人道和国际法，来进行集体屠杀。”③蒋介石及国民政府上述政战略选择的失误，不仅契合了日军歼灭战的战略企图，也间接扩大了日军南京暴行中遇难者的规模。应该说，当时无论是政府还是民众，都没有考虑到日军占领南京后会进行施暴，甚至“许多本地居民在日军进城后曾由衷地表示宽慰，因为显然结束了战争状况的紧张与随时发生空袭的恐怖”。④对于南京保卫战的失利，唐生智事后也自认其咎，“窃职等奉令卫戍南京，既不能为持久之守备，又不克为从容之撤退，以致失我首都，丧我士卒。”⑤

笔者在此想重点指出的是，在意识到南京保卫战必败和国际干预落空后，蒋介石痛定思痛，方开始着手建立长期抗战的战略。蒋在 12 月 6 日的日记中曾感慨“十年生聚，十年教训”，并开始预定“三年组织，三年准备”。9 日复在日记中写道：“静思时局与前途”，“除抗战到底外，别无他道”，预备制订“全国总动员计划”。11 日日记中，蒋记下已在进行“南京失陷后政局变迁之影响与预测”和“持久抗战时期变化之预测”，认为通过“强化政府”、“团结内部”等措施，必能“使敌

---

① 就连日军也不得不承认南京“挹江山及富贵山地下工事相当不错，防空观念较日本强”（《上海派遣军参谋西原一策大佐作战日志》，1937 年 12 月 26 日，王卫星编：《日本军方文件与官兵日记》，张宪文主编：《南京大屠杀史料集》第 32 册，第 112 页）。

② 王卫星编：《日本军方文件与官兵日记》，张宪文主编：《南京大屠杀史料集》第 32 册，第 237 页。

③ 钮先铭著、张生编注：《佛门避难记》，南京：南京师范大学出版社 2005 年版，第 70 页。

④ 〔美〕贝德士：《南京一瞥》（1937 年 12 月 15 日），章开沅编译：《美国传教士的日记与书信》，张宪文主编：《南京大屠杀史料集》第 4 册，南京：江苏人民出版社 2005 年版，第 1 页。

⑤ 《军事委员会侍从室第一处主任钱大钧汇转南京卫戍司令长官唐生智副司令长官罗卓英、刘兴呈蒋委员长为卫戍南京未能持久守备自请处分报告》（1937 年 12 月 24 日），秦孝仪主编：《中华民国重要史料初编——对日抗战时期》第二编《作战经过》（二），台北：中国国民党中央委员会党史委员会，1981 年，第 223 页。

疲困”和引起“国际干涉”,他“准备三年苦斗”。同时,蒋对其过分依赖国际介入解决中日争端的期望也进行了反思,“军政时期应以军事为本位”,“英美人士一见失败则责难与讥评齐至,而且乘机取利。国不能自立则无论何国皆成敌人也。”(12 月 17 日)“政治与外交皆应自两面着手,不可只知其一也。”(12 月 18 日)国民党高层其他成员此时也有着与蒋同样的考量,据王世杰 12 月 15 日和 20 日日记记载,“罗志希来函谓,战事可失败,立场不可放弃。与予素日之见解同。”“白崇禧自桂北来已四月,从不发言,今日在国防最高会议席上慷慨陈词,力主抗战到底,不可再以和议二字萦绕脑中。居觉生及于右任则请蒋先生出任大元帅之名。”①可以说,这时蒋介石和国民政府对自淞沪抗战至南京保卫战期间政府政略与战略的反思则是促成蒋下决心转变战略、准备长期抗战的重要原因。换言之,没有淞沪抗战至南京保卫战的一系列军事失利和国际干预希望的破灭,蒋就不可能下定立足自身、实施长期抗战的决心。

对于持久抗战之利弊,蒋介石在南京沦陷后方有较深入的思考,这在日记中记录颇详:“此后敌人前进愈难而我军应之较易,必使敌人再进一线,使之更陷于穷境。则国际变化如何固不可期待,而倭寇弱点必暴露更甚,敌军兵力亦不胜布置,不仅使之进退维谷,而且使之疲于奔命”,“持久抗战到底,我固危殆而敌亦消灭矣”。(1937 年 12 月 18 日)作战方略当“以广大之空间土地求得时间持久之胜利,积各路小胜而成全局大胜”。(1938 年 3 月 5 日)台儿庄之役中,蒋介石运筹帷幄,身体力行,“考略鲁南战略应生发展运动战,固守运河南岸,阻止敌军侵徐,勿使我军丧失战斗力,以求持久,争取最后胜利也。”(4 月 24 日)其时,孙连仲部守内线,汤恩伯、王仲廉等部打外线,歼灭日军 11 000 余人,打得非常漂亮。及至日军挥师西进之际,蒋注意到,“敌已抽调东北对俄之兵力增援关内,晋绥察省敌皆已增兵,平汉与胶济两路亦已增兵,此其为大举南侵之准备也。敌如大举攻汉,或粤汉并洛潼先陷或粤先陷,皆应有一准备”,并确定战略,“有利则固守进攻,否则避战保持实力与敌作持久战”(6 月 8 日)。他还观察到“敌军后方空虚”,在兵力部署方面,决定“对其后方应增加兵力,袭击要地”(6 月 7 日),确立了敌后游击战的战略战术。就战略实施情况看,武汉会战纯为外线作战,打了 4 个多月,“然我军仍照原定计划阻止敌军于国防工事线之外”,“约计敌军九月间之死伤必在十万人上下,……我军伤亡反较敌军为轻,大体言之,消耗战之目的成功

---

① 《王世杰日记》(手稿本)第一册,台北:中央研究院近代史研究所,1990 年印行。

矣”(9月30日)。1938年10月日军在广东登陆后,蒋感于“此时武汉地位已失重要性,如勉强保持则最后必失,不如决心自动放弃,保存若干力量,以为持久抗战与最后胜利之基业”,“故决心放弃并发表宣言,通告中外,以示决心”(10月20日)。

持久抗战之国策一旦确定,蒋介石对国际形势之运用,亦强调立足自身、促中国于主动地位,不再唯国际社会之态度马首是瞻。在这一时期的日记中,蒋写道:“不患国际形势不生变化,而患我国无持久抗战之决心。”(1938年1月10日)就国际形势而言,“美总统解决远东整个问题之志含蓄不能过久,当于此一二年内必有行动”,但“倭寇决不允第三国干涉远东与中国之事”,因此要“使倭知中国必非武力所能制服”(2月1日)。对苏俄外交,蒋亦不再急于求成,他一方面对苏俄声明“无论其对倭战与不战,中国必与苏俄始终一致”(8月3日);另一方面也体认到,“中国今日之地位重要,对俄倭二方实有举足轻重之势”(8月11日)。因此,在得知苏俄暂时不打算与中国签署互助协定、并无意“攻倭以待倭之来攻”的消息时,蒋非但不觉失望,反而认为“不与任何国缔结军事协定,是于吾基本政策极有助益,是时代强勉中国以独立自由与自力更生也。”(8月24日)他还勉励自己,“立国全靠自己奋斗,无论何友皆不可存有希冀之心。”(9月4日)对于日方的“和平”谈判,蒋介石也由之前的犹豫不决转为态度强硬,“与德大使言明,如倭再提苛刻原则,则拒绝转达”(1月16日)。在日本宣布“不以国民政府作交涉对手”并开始在南京扶植傀儡政权后,蒋更是一笑置之,“倭寇已急谋打退堂鼓之法,其急欲造成唐绍仪为南京之傀儡者,亦其无法中之一法也。”(1月23日)在1938年4月1日国民党临时全国代表大会选举蒋介石为国民党总裁后,他充满自信,“对总裁责任应当仁不辞,……实与抗战增加实力不少,而且确定中心无异与敌精神与其策略上一大打击也。”(4月1日)“倭寇军阀不倒,决无和平可言,惟有中国持久抗战,不与言和,乃可使倭阀失败,中国独立,方有和平之道也。”(9月9日)

1938年1月,蒋介石在汉口指示,“以四川为持久抗战后方,如武汉失守,即以四川为最后根据地。北固陕西,南控滇、黔、桂诸省,而将重兵扼守平汉、粤汉两铁路以西;再置相当兵力于浙、闽、赣诸省,稳扎稳打,以消耗敌人。同时促进国际变化,以求盟友。如此则日本一定多行不义必自毙。”在此后的对日作战中,“以空间换时间”的政战略得到了贯彻和实施,1945年,中国的长期抗战终于取得了最后的胜利。

(本文原载《南京大学学报》,2011年第1期)

蒋介石与淞沪会战

余子道

八一三淞沪会战是中国全面抗战和世界反法西斯战争的第一个重大战役。这场规模巨大、震惊中外的大战役，自始至终是在南京国民政府领导下进行的。蒋介石作为国民政府对日抗战的最高统帅，是淞沪会战的最高决策者、组织者和指挥者。他全面地、自始至终地、直接地介入了淞沪会战，对这场会战的影响之重大和深刻，是中国抗战阵营中没有其他任何一个人所能企及的。显然，“蒋介石与淞沪会战”是淞沪抗战史研究中至关重要和不可或缺的一个课题。半个世纪多以来，海内外史学界对此进行种种探索和研究，史料的发掘和整理、论著的撰述和出版，成果迭出。但是，毋庸讳言，由于诸种因素，特别是现实政治和意识形态的影响，这一研究真正走上科学和理性之路却显得格外艰难和漫长。时至今日，在不少问题上，诸如：蒋介石为什么要主动发起淞沪之战，他的战略企图又是什么？蒋介石在战略、战役指挥上的得失如何？就淞沪会战的全局而言，对蒋介石的功过是非如何评价？如此等等，仍然存在歧见。为此，治史者理应秉持尊重历史、遵循科学的精神，坚持实事求是的原则，继续进行探讨和研究。

一、举行淞沪会战具有多方面战略企图

蒋介石在七七事变前的1935年至1936年间，已大体上确立了在淞沪地区进行对日战役的战略构想。他认为，在中日全面战争之初，由于日本在中国大陆拥有关东军和华北驻屯军，在朝鲜半岛又有日本驻朝军，在北方占有绝对优势，因而在开战后必将以华北为进攻重点，首先达到攻略华北五省、切断中苏联系的目的。在华中，由于上海和南京在全国政治、军事、经济和中外关系上的独特的

重要地位，日本也绝不可避免地会发动进攻，企图进占沪宁杭地区。为分散敌在华北之攻势，开辟第二战场，我方应在日本发动全面战争之初，在上海实行“先发制敌”，主动发起淞沪战役，以争取战略上的主动。1936年，经蒋介石审定的，国民政府军委会参谋本部制定的《民国二十六年度国防作战计划》，对于淞沪和江浙一带的作战规定了明确的方针：“长江下游地区之国军，于开战之初，应先用全力占领上海，无论如何必须扑灭在上海之敌军，以为全部作战之核心。尔后直接沿长江、海岸阻敌之上陆，并对登陆成功之敌，决心攻击而歼灭之。”①

1936年10月4日，根据蒋介石的指令，负责统筹上海、南京地区国防战备和对日作战准备事宜的张治中，在致蒋的密电中提出，一旦上海形势突变，中国军队应主动进攻驻沪日军的主张：“在事变之初，（我军）必先以充分兵力进驻淞沪，向敌猛攻，予以重创，至少亦须保持我与租界交通，取攻势防御。”②张治中的这一作战指导思想，当即获得蒋介石的首肯。后者随即下令张治中为扫荡日本驻沪海军陆战队，预作筹划和准备。据时任京沪警备司令部作战科长史说的回忆：“蒋介石亲下手谕给张治中，如战事发生，我军应先扫荡这些据点及在虹口、杨树浦的日海军陆战队，使它无法策应登陆的日军。张治中命我拟制扫荡计划。我的主要设想是陆空军配合强袭，张批准了，特报给蒋。”③

如果说，在七七事变前，蒋介石关于在上海实行“先发制敌”、主动发起淞沪之战的谋划还属于战略构想，那么，七七事变之后不久，蒋遂最后决定并作出了发起淞沪战役的决策，并当即下令实施。这是日本发动全面侵华战争和中国出现全国抗战的局势所促成的，也是蒋介石对日抗战的战略构想的继续和发展。1936年12月西安事变的和平解决，成为全国政局转变的枢纽，从此延续十年之久的内战基本结束，国内和平局面终于来临。国共两党各自开始实行从国内阶级战争向抗日民族战争的转变。蒋介石在实际上放弃了以往的“攘外必先安内”的政策，改变为“对内和平统一”、“对外抗日御侮”，走上联共抗日之路。在军事战略方面，从1937年初起，把全国军事重点和国防部署的基本方向转到准备对日作战。

日本军队挑起“卢沟桥”事变和对华北的进攻，造成中日关系和国内局势的

---

① 国民政府参谋本部：《民国二十六年国防作战计划》（甲案），中国第二历史档案馆藏，参谋本部档。

② 张治中：《揭开八一三淞沪抗战的战幕》，全国政协文史资料委员会《八一三淞沪抗战》编审组编：《八一三淞沪抗战》，中国文史出版社1987年版，第15页。

③ 史说：《八一三淞沪抗战纪略》，《八一三淞沪抗战》，第87页。

重大变化。蒋介石在1937年7月17日在庐山发表准备抗战的谈话和19日发表公开声明,它的根本意义是向中外宣示了中国政府的抗战方针。蒋在当天的日记中写道:"我表示决心之文书,似已到时间!"①19日又写道:"再不作倭寇回旋之想,一意应战矣。"②毛泽东在当时即指出蒋谈话的重要意义:"这个谈话,确定了准备抗战的方针,为国民党多年以来在对外问题上的第一次正确的宣言。"③尽管当时蒋介石一度仍企求把"卢沟桥"事变作为地方性的局部事件予以解决,并试图在外交途径打开局面,但其战略和政策的基点已决然地置于动员全国力量对日抗战。事实上,从七七事变到八一三事变前后,蒋介石和南京政府正在把全国军事、政治、经济和外交转移到战时的轨道,逐步确立起全国对日抗战的体制。

蒋介石发起淞沪之战的决策,就是在上述全局背景之下产生的。1937年7月30日,张治中综合当时各方面情况和历年观察所得,再次向蒋介石提出在上海实行"先发制敌"的建议,后者同意这一主张,复电指出:"应由我先发制敌,但时机应待命令。"④同年8月7日,蒋介石在南京召开国防会议,除中央军将领何应钦、钱大钧、周至柔、朱绍良等人,参谋总长程潜、海军部长陈绍宽、外交部长王宠惠,以及汪精卫、张群、叶楚伧、张继、陈立夫、蒋作宾、王世杰等人外,白崇禧、冯玉祥、阎锡山、刘湘、秦德纯、何健、何成濬、余汉谋等地方实力派主要将领也都前来与会。中共中央派周恩来、朱德、叶剑英出席会议。这次会议决定了积极备战和实行抗战的基本政策,讨论决定了抗日军事战略方针,确定以"持久消耗战略"为对日作战的"最高战略"即基本战略。会议期间,除了讨论和确定华北作战的方针和部署外,也对上海和淞沪地区的对日作战问题进行商议。这次会议前后,以蒋介石为首的国民政府大本营制定了《国军作战指导计划》《第三战区作战指导计划》等总体性作战方案。8月8日,蒋介石在南京励志社讲话,指出对日大战"即将爆发,此项战争系全面的战争,……关系我们国家前途是非常重大。"⑤

---

① 《蒋介石日记》(手稿本),1937年7月17日。转引杨天石:《寻找真实的蒋介石》,上册,山西人民出版社2008年版,第221页。以下凡是引用蒋介石日记未注明其他出处者均为转引杨书。

② 《蒋介石日记》(手稿本),1937年7月19日。见《寻找真实的蒋介石》,第221页。

③ 毛泽东:《反对日本进攻的方针、办法和前途》,《毛泽东选集》(四卷合订本),人民出版社1964年版,第330页。

④ 《张治中回忆录》,上册,文史资料出版社1985年版,第117页。

⑤ 蒋介石:《告抗战全体将士》(1937年8月8日),蒋总统言论汇编编辑委员会编:《蒋总统言论汇编》,《演讲》(抗战时期一),第17—21页。

8月9日，上海发生虹桥机场事件，上海战事已呈现一触即发之势。蒋介石于是在11日下令张治中率京沪警备军进军上海，发动对驻沪日军的围攻战。由此可见，蒋介石最后作出发起淞沪之战的决策，是在庐山谈话至南京国防会议这一期间。

主动发起淞沪之战，在华东开辟第二战场，这是蒋介石在对日抗战道路上所作出的一个非同寻常的重大决策。蒋作出这一决策的意图是什么？有何战略企图？治史者又是应当如何解读这一决策呢？长期以来，有一种观点认为，蒋介石开辟淞沪战场，有诱导日军把其主力集中于华东战场长江下游地区的中心意图，以达到改变侵华日军战略作战方向从"由北向南"为"由东向西"的目的。从早先蒋纬国将军等人的论著，到最近张铸勋和何世同两位将军发表于台北《中华战略学刊》的专题论文，都对上述结论有详尽的论析。何世同将军论述蒋介石发起八一三淞沪战役的目的和意图写道："国府又为何不在'卢沟桥'事变爆发、举国愤慨之时宣布对日抗战，而要拖延一个月的时间呢？而既决定对日抗战，为何不在日本挑起事端的平津之线发起反击，而要在首都南京的大门口（上海）另辟战场呢？笔者以'兵学研究者'的思维认为，原因就在'作战线'问题之上。"他认为蒋发动沪战的企图就在于要"设计一条对我有利、对敌不利之'作战线'，并能'诱使'敌人'不知不觉'坠入"，从而使日军作战线"由北而南"转变为"由东向西"。①笔者认为，从蒋纬国到何世同诸位的上述这个论断其实是不能成立的。

蒋介石发动和进行淞沪之战的目的和意图是多方面的，是"多位一体"的，其决策基于军事、政治、经济和外交战略诸方面的因素。首先是军事战略上的企图，是为了以淞沪之战牵制日军在华北战场的进攻，分散敌之军力，吸引敌军部分主力于东战场，以迟滞敌军的攻势，利于逐步实施"持久消耗"战略。正如《蒋介石与现代中国》一书所说，"他（蒋）在上海求战的主要目标是，尽可能吸引更多敌军离开华北，阻断日军向武汉前进，使苏联对华供应线畅通。"②蒋介石在淞沪会战结束后不久召开的开封军事会议上，曾对这一战略意图作过肯定的说明："我们此次为什么要在上海作战呢？就是要打破敌人的战略，使他们不能按照预定计划，集中兵力侵略我们华北。"③八一三战事初起时，奉蒋之命赴上海前线考

---

① 何世同：《从野战观点看八年抗战国军是怎么打赢的？》，台北《中华战略学刊》，2013年夏季刊，第238—240页。

② 〔美〕陶涵：《蒋介石与现代中国》，林添贵译，中信出版社2013年版，第136、137页。

③ 蒋介石：《抗战检讨与必胜要诀》，秦孝仪主编：《中华民国重要史料初编·对日抗战时期（二）》，国民党中央党史会1981年版，第65页。

察的军政部次长陈诚，在向蒋的当面陈述中亦确证了这一战略意图，陈诚当时面报蒋介石说："敌对南口，在所必攻；同时亦为我所必守。是则华北战事扩大已无可避免。敌如在华北得势，必将利用其快速装备，沿平汉路南下，直赴武汉，于我不利，不如扩大沪战以牵制之。"①陈诚的"扩大沪战以牵制之"的建议，主要着眼点在于以上海之战牵制日军在华北的进攻，分散其兵力，击破其首先侵占华北之企图。这与蒋的意图相一致，当即获得首肯。此外，淞沪会战期间担任南京大本营第一部(作战部)部长的黄绍竑，于战后记述当时蒋介石的战略企图说："最高统帅(指蒋介石)的决策，是要以主动的姿态，先把上海敌军根据地摧毁，然后再主动地向华北作战，即使不能将敌人根据地铲除，亦须吸引其兵力到这方面，以扰乱其既定计划。"②

蒋介石开辟淞沪战场的上述意图，在其日记中也有过明确的陈述。在八一三战争开始的当天，蒋介石在日记中写了以下一段话："对倭作战，应以战术补武器之不足，以战略弥武力之缺点，使敌人处于被动地位。"从这里可以判断，在蒋当时谋算中，发起沪战是其采取的一个"战略"举措，旨在全局上弥补武力之所缺，打破敌在华北的企图，使其处于被动地位。1938年5月5日，他又在《杂录》中说："敌军战略本以黄河北岸为限，如不能逼其过河，则不能打破其战略。果尔，则其固守北岸之兵力绰绰有余，是其先侵华北之毒计乃得完成，此于我最大之不利。我欲打破其安占华北之战略，一则逼其军队不得不用于江南。二则欲其军队分略黄河南岸，使其兵力不敷分配，更不能使其集中兵力安驻华北。中倭之战必先打破其侵占华北之政策，而后乃可毁灭其侵略全华之野心。"③从这里，可以清楚地了解蒋在军事战略上的意图，这在当时应是发动沪战最主要的着眼点，但似乎不应被认为是唯一的出发点，因为蒋的目的是包含有多种因素的。

二是为了保护上海地区的经济政治利益。上海是国民政府统治下的全国最大最重要的大都市。是全国经济和金融中心之所在，是中国对外通商贸易最重要的港口，也是全国民用和军需工业的主要基地。正如陈诚所说，"中国的财富精华集于江南，而以上海为之总汇。毁灭了上海，可使中国经济崩溃。"④在这

① 《陈诚私人回忆资料》，中国第二历史档案馆编：《民国档案》，1987年第1期。

② 黄绍竑：《五十回忆》，中册，台湾龙文出版社1989年版，第403页。

③ 《蒋介石日记》(手稿本)，1938年末，《寻找真实的蒋介石》，第245页。

④ 《陈诚回忆录——抗日战争》，东方出版社2010年版，第47页。

里，国民政府拥有的广大利益需要保护，而不会轻言放弃。对此，经蒋介石审定的于8月20日颁发的《第三战区作战指导计划》中作出明确的表述："该战区以扫荡上海敌军根据地，并粉碎在沿江沿海登陆取包围行动之敌，以达成巩固首都及经济策源地，为作战指导之基本原则。"①这里所说的"经济策源地"指的就是上海。蒋本人对于上海经济策源地始终十分重视。沪战开始后，在8月20日的日记里，蒋特别提到，在上海要通过战争和外交手段，"以恢复我经济策源地"。②

三是为了捍卫首都南京和守卫长江。上海地处京沪杭长江三角洲地区之东沿，上海—南京战略战役地带是对日作战的一个不可分割的整体，而南京则是当时中国的政治中心，上海又是从海上进入长江的大门。"京沪近在咫尺，有如唇齿相依，上海不保，唇亡齿寒，国都亦将无法支持。"③要保卫首都、守卫长江，上海一战势所必需。事实上，南京参谋本部1935年以来历年的国防作战计划中，无一例外地把此项作战企图列为一条既定任务，而为蒋介石所核准。八一三战争打响时，蒋介石以大本营名义发布的《第三战区作战指导计划》，把"巩固首都"列为东战场作战的主要目标之一，是以"训令"的形式对这一战略企图的正式确认。④

四是以淞沪之战推进外交战略的实施。争取国际社会的干预，扩大西方大国与日本之间的矛盾以孤立、制裁日本，或借以营造和平调停的契机。这就是所谓"以战略促政略"的意图。上海是个面向世界的国际大都市，世界列强在这里有着错综复杂的利害关系，形成各国在华权益矛盾的焦点。国际社会一向以上海的动向作为观察各国对华关系的一个信号台。一向对国际社会特别是西方列强制裁日本抱有期待的蒋介石有鉴于此，深知如果上海中日开战，将会直接损害英、美、法等西方大国在华权益，必将震惊西方世界。由此可能导致国联和美、英等国插手干预；即使日本不接受干预，也可借此扩大日本与英美之间的矛盾，使中国在国际上立于有利地位，广征友国，孤立日本。正如美国学者陶涵指出的"对外国介入（中日战端）保持希望，正是他（蒋）决定坚守上海的背后因素"。⑤当

① 国民政府大本营训令第四号：《第三战区作战指导计划》，第二历史档案馆编：《抗日战争正面战场》（上册），江苏古籍出版社1987年版，第6页。

② 《蒋介石日记》（手稿本），1937年8月20日，《寻找真实的蒋介石》，第226页。

③ 《陈诚回忆录——抗日战争》，第47页。

④ 《第三战区作战指导计划》，《抗日战争正面战场》（上册），第6页。

⑤ 〔美〕陶涵：《蒋介石与现代中国》，林添贵译，中信出版社2013年版，第136、137页。

时蒋介石在国民党高层小范围内说过,“上海这一仗,是要打给外国人看看”①,“在北方打仗,国际上是不大注意的;上海是一个国际市场,在上海打仗,就容易引起国际注意”②,这可以说是他的此种战略意图的一种表述。

总而言之,蒋介石主动发起淞沪之战,有吸引和调动日军主力于东战场,牵制日军在北战场的攻势之战略企图,但并不存在改变日军作战线“由北向南”为“由东向西”的主观意图。同时,蒋的战略企图也不单单是在军事战略方面,而是包括政治、经济、外交等诸方面的意图。而且,其战略意图和作战目的随着形势的变化有一个逐步发展的过程,其正误得失不应一概而论,而是需要加以分析。

二、 淞沪会战的最高决策者、组织者和指挥者

淞沪会战是在中国共产党创导的抗日民族统一战线的旗帜下,以国共两党的合作为基础,以国民政府统率的武装力量为基本力量,有上海各界民众广泛动员参加的一场大规模的抗日战役。这一会战是九一八、一·二八和七七事变以来国内和国际上诸种因素演变的结果,是中国人民反对日本军国主义侵略的一个重大行动。由当时的历史条件所决定,这场会战是由国民政府所主导的,由国民党军事力量担任作战任务的。蒋介石作为国民政府和国民党军队的主要领导人,在这场会战中处于最高领导者的地位。而且,由于他长期担任南京政府军事委员会委员长之职,始终牢牢地把国民党和政府的军权掌控在自己手里,成为全军的最高统帅和独一无二的最高指挥者,更不用说在淞沪会战中期起,他还自兼第三战区司令长官。他的行事习惯和指挥作风,又使得他除了作为统帅的地位与作用外,在某种程度上还发挥着参谋总长和前敌总指挥等角色的作为。毫无疑问,蒋介石对于淞沪会战的影响是广泛、深入和及于全过程的,是名实相符的淞沪会战的最高决策者、组织者和指挥者。

在这里,首先应当历史地肯定,蒋介石自西安事变到七七事变前后终于下定决心实行基本政策的转变,抛弃“攘外必先安内”,走上联共抗日的道路。这一转变为发动和进行淞沪会战奠定了政治和军事上的基础,而举行淞沪之战又是这一转变的枢纽和重要标志。蒋介石这一重大历史性转变,是顺应历史前进方向

① 唐生智:《一九三一至一九四九年概括回忆的几件事》,全国政协文史资料委员会编:《文史资料选辑》第15辑,第48页。

② 龙云:《抗战前后我的几点回忆》,《文史资料选辑》第17辑,第54页。

和民族利益之壮举，是以民族大义为重的正确选择和决断。正如胡绳主编的《中国共产党的七十年》一书所正确指出的，“国民党最高领导人承认第二次国共合作，实行抗日战争，是对国家民族立了一大功。国民党当时是执政党，拥有两百万军队。国民党当时的政策转变，对抗日战争的全面展开有着重要的意义。”①发动淞沪之战，从一定的意义而言，正是国民党当时政策转变的产物，也是这一转变的重要标志；应当说，这是蒋介石为民族抗战作出的一大贡献。

蒋介石定下了举行淞沪之战的决策。七七事变后，日军在华北大举进攻的严峻形势之下，国民党和国民政府高层中虽然主张抗战的倾向正在成为主流，但是，依然有不少人徘徊于和战之间，害怕战争扩大，幻想求得和平解决；少数如汪精卫之流则仍然坚持对内反共、对日妥协退让。然而，蒋介石却决心主动发起淞沪之战，在华东开辟第二战场。这是全面抗战初始阶段国民政府作出的一个具有全局意义的重大决策。蒋在其中无疑起了决定性的作用。可以毫不夸张地说，当时在国民党高层中，除了蒋介石一人以外，没有任何一人具有如此胆识并且拥有足够的权威，能够作出这个决策。而且，也只有以蒋介石当时的地位作出这个决策，遂使像汪精卫这样居于高位的主和派，也难以逆转抗战大局。

蒋介石自始至终领导、组织和指挥了淞沪会战。当时，蒋的抗战态度是比较积极和努力的，他以极大的决心和力量组织、指挥这场大规模战役。他主持制定了淞沪会战的全盘作战计划，包括《第三战区作战指导计划》(1937 年 8 月 20 日)、《第三战区第二期作战指导计划》(1937 年 9 月 6 日)和《第三战区第三期作战计划》(1937 年 11 月 16 日)等。他檄调中央军的基本部队和空军、海军、炮兵的主力投入淞沪战场。作为蒋的军事实力基础的中央军，除了卫立煌和汤恩伯两部以及其余 2 个师当时在华北战场作战外，都先后悉数参加淞沪作战，其中第一、第三、第九、第十一、第十四、第三十六、第五十一、第五十八、第六十、第六十一、第六十七、第七十八、第八十七、第八十八、第九十八师，及中央军校教导总队、中央税警总团(后称第八军)等各部总数近 20 个师，都为中央军的精锐之师，无不在蒋的点檄之下挺进淞沪对日作战。黄埔系高级将领，如顾祝同、陈诚、张治中、朱绍良、胡宗南、黄杰、俞济时、孙元良、宋希濂、王敬久、王耀武、李树森、霍揆彰、夏楚中、李延年、李玉堂、李铁军、李文、陈沛、彭善、桂永清、周至柔等人，都在蒋的指令之下率部云集淞沪战场。正如陈诚回忆所说“淞沪会战，一打就是三

① 胡绳主编：《中国共产党的七十年》，中共党史出版社 1991 年版，第 148 页。

个月，开头使用的兵力都是中央的精锐，使国人对于政府抗战的决心，再无可以置疑之余地。”①

蒋介石调集了为数可观的地方实力派部队和地方军队参加淞沪会战，总数达60余个师。这其中主要的有湖南部队11个师，四川部队10个师，广东部队7个师，广西部队6个师，东北军6个师，西北军2个师，贵州部队3个师，湖北部队2个师。全国地方军事集团，除了阎锡山晋绥军、宋哲元西北军和西北马家军未有部队参战淞沪，几乎都派调了部队。各路地方部队与中央军并肩战斗，生死与共，这是民国以来从未有过的举国一致抗击外敌入侵的民族抗战的宏伟局面。显然，这是在中国共产党抗日民族统一战线方针政策引导下，国共两党共同努力的结果，是各个地方实力派以民族大义为重，走上团结抗战之路的结果；但不可否认，这也是与蒋介石自西安事变以来，主动、积极地调整改善与冯玉祥、李宗仁、白崇禧、刘湘、何健、龙云、余汉谋、何成浚等地方实力派之间的关系分不开的。

蒋介石在淞沪抗战时与中共方面的关系比较好，这对民族抗战大业有利。在沪战高潮期间，9月22日，国民党中央社向全国公布了《中共中央为公布国共合作宣言》，第二天蒋介石发表了承认中共合法地位的谈话。此前的8月22日，蒋介石颁发了特派朱德、彭德怀为第八路军正副总指挥的命令。此后的10月12日，蒋介石又颁布了改编南方各省红军游击部队为新编第四军的命令。这些举措对于正在大规模扩展的淞沪之战有着积极的影响。对于民众抗日运动，虽然仍有限制，但也采取了一定程度的开放态度，允许有相当的自由。尽管蒋的反共本性和反共立场未变，但对内政策上的变化，对于民众抗日救亡运动的发展是有积极作用的。在这一背景下，当时以上海为中心的沪宁杭地区，国共两党形成了某种合作抗战的局面。

三、决策和指挥失误导致战局的严重后果

蒋介石对淞沪会战的影响具有两重性的特征，呈现为两种不同的后果。其决策和指挥的正确方面，对战局的影响是正面的，产生了积极的成果，而其错误方面对战局以负面的影响，导致了消极的后果。治史者理应全面地审视这两个方面，予以实事求是的评析，而不应以偏概全。

---

① 《陈诚回忆录——抗日战争》，第47页。

淞沪会战被蒋介石称为中国全面抗战即八年抗战中的“绪战”，在其心目中其意义非同一般。淞沪会战在抗日战争历史进程中具有独特的地位和作用，是其他各次重要战役难以与之相提并论的。这次会战规模巨大，双方参战兵员总数达百万以上，陆海空三军同时登上战争舞台，具有上个世纪三四十年代世界级大战役的基本特点。淞沪会战在上海这样一个国际大都市及其周边地区进行，由此而来的政治上、经济上、国际关系上错综复杂的情势，是八年抗战历次战役中所仅见的。中国军队在整个会战中经历了战役进攻、战役相持、战役防守和战役退却，呈现了一个极为曲折复杂的过程。期间长达四五十天的大规模阵地战，是在整个抗日战史上绝无仅有的，而全战役持续一百余日之久也为八年抗战中所罕见。淞沪会战战场辽阔，运用的武器和交战程度具备近代化水准，重要的战斗不下数百次，全战役经历上海市区的攻围战，长江沿岸抗登陆作战、获泾至杨泾防卫战、蕴藻浜沿岸阻击战、蕴藻浜与走马塘中间地带阵地战、苏州河南岸阻击战、杭州湾北岸阻击战，以及太湖南北走廊退却战等主要作战过程。可以说，所有这些作战，无不是在蒋介石的指挥下进行的，而在前线负责指挥的顾祝同、陈诚、张治中、朱绍良、张发奎、薛岳、罗卓英以及各个集团军司令等将领，对一切重要问题的决定与处置也都无不例外地取决于蒋介石。

蒋介石和南京最高统帅部关于这次会战的战略方案、作战方针和作战计划、作战部署和指挥，作为这场会战的主观指导因素，是与战争的诸种客观因素互为作用，贯穿于会战之始终的。“战争的胜负，主要地决定于作战双方的军事、政治、经济、自然诸条件，……然而不仅如此，还决定于作战双方主观指导的能力。”①淞沪会战的成败得失，首先取决于中日双方互相矛盾对立着的一切客观条件，同时也取决于中日两军的主观指导。中国军队在会战中最后以失败而终，导致这一结局的出现，是需要从客观条件和主观指导的两个方面进行分析的。论者不应该离开客观的历史条件和历史提供的现实可能性去评论战争的胜负与领导者的责任，同时，也不应该撇开战争指导的正确或错误，去评析战争的成败得失。“军事家不能超过物质条件许可的范围外企图战争的胜利，然而军事家可以而且必须在物质条件许可的范围内争取战争的胜利。”②历史地看，蒋介石对于淞沪会战的领导和指挥，有其正确的方面，但又有严重失误，这两方面的任何一面，

①② 毛泽东：《中国革命战争的战略问题》，《毛泽东选集》(四卷合订本)，人民出版社 1964 年版，第 175 页。

都对战争的进程和结局给以深刻的影响。如果说，在当时敌我双方力量对比条件下，中国军队最终难以守住上海和南京，这有其必然性，但是如果蒋介石和中国统帅机关不犯战争指导上的严重错误，那么，中国军队多打胜仗、少受损失，是完全有可能的，而且淞沪会战的进程和结局也会是另一种局面。

那么蒋介石和南京最高统帅机关的失误是在哪里呢？就军事战略和作战方针层面而言，主要有以下几个问题。首先是采取单纯防御战略的错误，单纯防御又叫消极防御，又称专守防御。蒋介石指挥淞沪会战在总体上说完全没有积极防御即攻势防御的作战指导思想，在他的消极防御战略下，中国几十万大军被牢牢地困死在分散的广阔阵地上，死守在战壕里，摆着被动挨打的架势，旷日持久地与敌军拼消耗，争寸土之长短得失。这就使自己丧失了战场上的主动权，根本无法集中兵力，主动调动敌军、创造战机，在一个个具体战役中集中绝对优势兵力，举行战役战斗上的外线速决的进攻战。蒋在战役的全过程中从未这样做过，这似乎可以说是他的一大失策。积极防御实施的关键，是在战略上的防御、内线和持久中，实行战役战斗上的外线、速决的进攻战。可惜蒋介石不懂此中之道。正如毛泽东指出的，在战略防御之下，“如果战役和战斗方针也同样是‘内线的持久的防御战’，例如抗战初起时期之所为，……那就决然达不到战略目的，达不到总的持久战，而将为敌人所击败。”①

采取阵地战的作战方针是另一个严重错误。淞沪战场中日两军的武器装备、部队素质和火力对比，加之日军掌握着绝对的制空权和炮兵与舰炮的压倒性优势，以及地理条件等诸种要素，客观的规定着阵地战对于中国军队来说基本上是不合适的。然而蒋介石却由于其军事思想的陈旧落后和脱离实际，也由于其单纯防御的战略思想使然，以及以战场作战直接配合外交斗争的需要，却置敌我双方的基本条件于不顾，一味强调要实行深沟高垒、阵地对抗、步步为营、死守硬拼的阵地战。8 月 18 日，蒋发表《告抗战将士第二书》，号召“要固守阵地，坚忍不退，以深沟高垒厚壁，粉碎敌人进攻。”②9 月 13 日，蒋发布《告各战区全军将士书》，再次强调阵地固守战，“虽至最后之一兵一弹，亦必在阵中抗战到底”③。10 月 28 日，他在松江召开的军事会议上，仍然要求前线部队“要严密纵深配备，强

① 毛泽东：《论持久战》，《毛泽东选集》(四卷合订本)，第 475 页。
② 秦孝仪主编：《总统蒋公大事长编初稿》，第 4 卷(上)，总第 1148 页。
③ 秦孝仪主编：《总统蒋公大事长编初稿》，第 4 卷(上)，总第 1167 页。

固阵地工事”,“要不怕阵地毁灭,不怕牺牲一切”①。蒋介石不顾一切地把阵地战当做贯彻始终的战法,而且把此种战法与为国献身的牺牲精神混为一谈,是既不高明也极为有害的。

从淞沪战场的实际进程而论,八一三之后最初十天的市区攻围战,采取城市街道攻坚战法,还可以说是别无选择,但此战法未达到攻占敌人核心阵地之目的,也已显示阵地战一般而言并非适合中国军队。8月下旬至9月上旬,中国军队在长江南岸宝山、吴淞、罗店的抗登陆作战,揭开了淞沪会战大规模阵地战的序幕,但并未击退登陆之敌。9月中旬至10月,从荻泾、潘泾到杨泾之间的东西向抗击战,形成这次会战前期的阵地战高潮。中国军队兵力不断增加,但依然分兵把守,填补兵力消耗而造成的阵地空缺,不惜代价地与敌军反复争夺阵地。中国军队尽管英勇奋战,不怕牺牲,但在敌军绝对优势的火力和重武器的攻击之下,虽付出惨重损失,且未能击退西进南下之敌。10月间,以大场为中心的空前规模的激战,发展为阵地战的最高潮。中国军队中央集团军和左翼集团以40余个师的兵力,投入蕴藻浜走马塘中间地带的不足20平方公里的阵地,兵力密度之大为中外战史上所罕见。几十万士兵在日军优势火力下备受摧残,平均每日伤亡不下5千人。10月底至11月上旬,中国军队主力退守沪西苏州河南岸,与日军夹江而阵,在一派平坦的沿河南岸实行阵地固守,最后阵地又被突破。对于阵地战的失策,陈诚在晚年有过总结,说“精神虽说胜过物质,可是血肉筑成的长城,事实上是抵御不了无情的炮弹的。……‘人海战术’是残酷的,淞沪会战,我军虽未尝有意使用此战术,但其结果却与使用此种战术者没有多大区别。这是我们应有反省的勇气的。”②

实行战役战斗上的持久战和消耗战是又一个失误。蒋介石和南京统帅机关本来确定的对日作战的总战略为“持久消耗”,这无疑是正确的。然而,战场作战的具体方针,必须从实际状况出发,采取与基本战略相反的方针,即实行战役战斗的速决战和歼灭战。但蒋介石却无视一般的作战规律,往往被战场上的一时一地的态势所左右,特别是一味寄希望于英美法西方大国出手干预中日战端,制裁日本,又等待苏联出兵攻日,从而以战场作战行动配合外交斗争上的具体需要,而一再延误战机。正是在他的此种作战思想的影响下,淞沪会战演变成为一

---

① 秦孝仪主编:《总统蒋公大事长编初稿》,第4卷(上),总第1179页。
② 《陈诚回忆录——抗日战争》,第45—46页。

场旷日持久的战役战斗上的持久战和消耗战局面。在这期间，从 9 月中旬，中国军队抗登陆作战失利，10 月下旬，大场失守与苏州河以北防线崩溃，到 11 月初，日军第十军金山卫登陆，在前方指挥的高级将领陈诚、张发奎等人，南京统帅部的高层幕僚白崇禧、刘斐等人以及桂系首领李宗仁，都曾向蒋提出建议，要求适时调整战线，转移阵地，保存军力，以利再战。蒋对之或不予采纳，或采纳后又临时变卦，反复摇摆，举棋不定，最后造成了 11 月间一场仓促实行、混乱失序、损失惨重的大撤退。对此，时任大本营作战部作战组负责人的刘斐后来无不痛惜地指出："上海会战后期没有贯彻持久消耗战略精神，没有适时调整战线保存部队有生力量，不应该在敌海陆空军便于协同作战的长江三角洲胶着太久，且幻想依靠九国公约，把战略作了政略的牺牲品，致自陷于被动。"①陈诚于 1938 年 2 月在武昌回顾上海之战时也说，淞沪会战最大的教训在于"战略殉于政略"，"这次战争战略受政略影响极大，乃是国家的不幸，并不是国家的错误。因为我国本身准备不足，要希望人家援助的关系"②，此说自有其道理，值得治史者重视，但"不是国家的错误"的论断，明显是在为尊者讳。

最后，对于淞沪战场左右两翼毗邻杭州湾和长江口的凸形边沿疏于防范，是一个带有战略性的错误。淞沪战场的地理环境，决定了如何粉碎从海上大规模入侵的敌军登陆战是一个关系全局的重大问题。日本上海派遣军八、九月在淞沪战场左翼的长江南岸登陆得逞，已突出地显示了不可忽视日军从两翼登陆，实行大迂回的危险性。当时，第十五集团军主力和第九集团军一部迅速投入抗登陆作战，是积极的不失时机之举措。可是，在日军最易于登陆和实施战役展开，从上海西南方面对淞沪战场形成迂回包围之势，而且进而可以退出苏浙皖边境，从侧面包围南京的杭州湾北岸，却未引起蒋介石和南京统帅机关的重视。不可否认，蒋介石也曾数次电令右翼作战军总司令张发奎注意加强杭州湾沿岸防务，在这里也部署过 2 个师多的部队。但在单纯防御格局下，整个淞沪战场兵力分散，战线过长，顾此失彼；加之为配合九国公约国家布鲁塞尔会议的召开，要坚持苏州河南岸作战，把驻守杭州湾北岸的部队大都调往浦东。日军第十军在金山卫及其东西一带一举登陆成功，与上海派遣军形成南北合围之势，对淞沪战场的

① 刘斐：《抗战初期的南京保卫战》，全国政协文史资料委员会编：《文史资料选辑》，第 12 辑，中华书局 1981 年版，第 3 页。

② 《陈诚关于七七事变后上海南京作战的回忆》，国民政府军令部战史编纂委员会档，(二十五)2864。

中国军队造成致命威胁。当然,以当时中日两军在战场上的整体实力对比,中国军队即使有十余个师的兵力部署在杭州湾北岸,要击败第十军的登陆也是不可能的。但是,如果有必要的兵力部署,至少可以延缓敌之攻势,歼击消耗敌一部分兵力,给敌以相当打击,借以我方利用时机调集部队,部署后方阵线,而从沪西苏州河南岸到嘉定至浏河的正面战线也不致迅速解体。对于这一失误,后来蒋介石自我反省说:“由大场撤退至苏州河南岸以后,易朱绍良,以张发奎为指挥官,使金山卫、乍浦一带,负责无人。而且不注重侧背之重要,只注意浦东之兵力不足,调金山大部移防浦东,乃使敌军乘虚直入,此余战略最大之失败也。”①

蒋介石是在中国近代历史上具有特别重要的地位和影响的一个历史人物,他与淞沪会战的关系更是非同寻常。在日本帝国主义发动全面侵华战争,中华民族面临生死存亡的关头,他毅然作出举行淞沪之战的决策,檄调中央军主力和大部分地方实力派部队,举全国之力对日抗战。作为这场大规模会战的最高决策者、指挥者和组织者,他作出过不少正确的决断、号令和部署,对淞沪会战的进程以积极的正面的影响,作出了别人不可替代的贡献。但也无可否认,他在领导这场会战的过程中,犯有严重的失误,以致造成本来可以避免的严重损失。而其错误绝非偶然,有它的深刻的政治上、军事上和体制上的原由,不仅有其对内对外基本政策上的背景,有军事战略和作战指导上的背景,而且还有其个人的军事思想和指挥作风上的原因。探究其正反两方面的作用及其深层背景,有助于后人从中吸取经验和教训。

淞沪会战中的蒋介石是多面的、复杂的,具有两面性的基本特征;然而,积极抗战一面是主要的。尽管他有严重失误,但作为淞沪会战的最高决策者、组织者和指挥者,在抗日战争史上自应有其不可抹杀的历史地位。

(本文原载《军事历史研究》,2014 年第 3 期)

① 《蒋介石日记》(手稿本),1937 年 11 月 20 日。

陈诚与淞沪会战

杨维真

一、前　　言

1937年8月13日，淞沪会战爆发，陈诚时任庐山军官训练团副团长（军事委员会委员长蒋中正兼团长），正在牯岭主持暑期训练团事宜。当天蒋来电催促赴京，委员长侍从室第一处主任钱大钧、内政部长黄绍竑亦相继敦促，陈诚乃于次日下山，15日抵南京。抵京后，蒋中正即委以三事：（一）拟定战斗序列；（二）往上海视察防务；（三）往华北襄组大本营。[①]陈诚奉命后，即与江西省主席熊式辉于16日晚自京动身，同车赴沪，准备视察上海防务，遂就此涉入淞沪会战的战事中。本文旨在勾勒陈诚参与淞沪会战的经过，借以明了其在淞沪会战中之角色。

二、建议扩大沪战

自1937年7月7日中日战事爆发后，16日，负责中国方面作战的日本海军第三舰队司令官长谷川清中将向日本海军军令部报告，战争局限于华北，将有利于中国兵力集中，造成日方作战困难，为制中国死命，建议须以控制上海、南京为要。[②]因此，日本乃决定分兵上海，由北、东两面夹攻中国。而中国当局为防止日军沿平汉铁路南下武汉，将中国一分为二，然后顺江而下，袭蒙古亡南宋的故伎，也有意凭借江南交错水网，使日本机械化部队无法发挥其战力，吸引日军主力于

① 何智霖编辑：《陈诚先生回忆录——六十自述》，台北：国史馆，2012年4月初版，页62。

② 杨天石：《蒋介石与一九三七年的淞沪、南京之战》，自著：《找寻真实的蒋介石——蒋介石日记解读》，香港：三联书店2008年，页226—227。

淞沪一带进行会战,以引起国际关注。[①]上海是中国最重要的工商业城市,距首都南京不过三百公里。1932年5月签订的《中日淞沪停战协议》,规定中国在上海只能由"保安队"维持秩序,而日军则可在上海公共租界及吴淞、江湾、闸北等地驻兵。为防止日军自上海入侵,中国政府自1934年起密令修筑上海周边工事,在吴县、常熟之间构筑主阵地——吴福线,在江阴、无锡之间构筑后方阵地——锡澄线,同时在乍浦与嘉兴之间兴建乍嘉线,以与吴福线相连。其后,又在上海近郊龙华、徐家汇、江湾、大场等地构筑包围攻击阵地,并拟有《扫荡上海日军据点计划》,以因应未来中日战事所需。[②]

及至卢沟桥事变发生,蒋中正为加强上海防务,乃任命张治中为京沪警备司令,并将所部化妆为保安队,入驻上海各要地。1937年7月30日,张治中向蒋中正提出,一旦上海状况异常,似宜立于主动地位,首先向日本发动攻击。蒋同意张的提议,复电称:"应由我先发制敌,但时机应待命令。"[③]8月11日,蒋中正得悉日本海军第三舰队集中上海,决定封锁吴淞口,并命张治中将所属中央军最精锐的两个德式装备师——第八十七、八十八师,推进至上海包围攻击线,准备扫荡上海日军,拔除其据点。13日,上海淞沪战役爆发,中国军队以优势兵力进攻日军各据点,但因缺乏重武器,无法攻破以钢筋、水泥构筑的日军据点。15日,日本内阁会议决定增兵上海,正式下动员令;蒋中正也有意扩大沪战,后来中日各自动员大量军队投入淞沪战场,双方兵马合计超过一百万人(日方约二十五万人,中方约七十五万人)。[④]

8月17日早,陈诚与熊式辉抵上海京沪警备司令部会晤张治中,商议战守事宜,尤将重点置于扫荡日租界。[⑤]其情据陈诚日后回忆:"治中主一面着重宣传,一面分军为左右翼,进击留沪之敌人。余(陈诚自称)认为非计之得。当增兵改攻汇山码头,向敌中央突破,截成两段。然后向两方扫荡,使敌在上海无立足地。"[⑥]对于张治中在沪表现,陈诚颇不以为然,称"当八一三沪战初启,张文白(治中)在沪,胆小如鼠,一闻炮声,手足均不能动弹。"[⑦]18日,陈诚与熊式辉返京复命,熊

---

① 参见李君山:《上海南京保卫战》,台北:麦田出版社,1997年。

②③ 杨天石:《蒋介石与一九三七年的淞沪、南京之战》,页226。

④ 杨天石:《蒋介石与一九三七年的淞沪、南京之战》,页228—234。

⑤ 《沪战发生月余幸将士用命终能予敌以痛击》(1937年9月27日),何智霖、高明芳、周美华编辑:《陈诚先生书信集——家书》(下),台北:国史馆,2006年7月初版,页444。

⑥ 何智霖编辑:《陈诚先生回忆录——六十自述》,页62。

⑦ 附录:《沪从笔记》,何智霖编辑:《陈诚先生回忆录——六十自述》,页140。

式辉极言沪上将领及部队之不能战。陈诚则谓:“沪上官兵之不能战诚然!但此时非能战不能战,问题是在当战不当战。若不战而亡,孰若战而图存?”①当时政府中人颇多反对与日开战,如军政部长何应钦常将中日军备数字两两对照,举以示人,以证中方毫无准备,不能抗战。陈诚一再申言,“抗战二字意义,是出于不得已,人来犯我,我不得已起而抵抗。”②且“人将问我,因何不事准备?何时开始准备?敌人是否允许我从容准备?且此乃敌人挑战,非我求战。若以军备言,则昔日总理(孙文)何所凭,以推翻满清?国民革命军何所凭,举员北伐?”③至此,蒋中正遂排拒和议,决心抗战到底。

和战之议既定,陈诚乃向蒋中正建议扩大沪战。陈诚称:

> 如敌在平绥路上,攻下南口,进占山西,挥军沿平汉路而南,交通既便,战车坦克可纵横驰骋于冀豫平源,直取武汉,则于敌有百利,于我有百害。如能扩大淞沪战场使敌不得不转移兵力,取道海疆,逆江而上,则我少后顾之忧,沿江一带能守则守,当退则从容而退。故在战略上,应诱敌由东到西,不宜使之由北而南。④

此议与蒋对战局之规划不谋而合,中央遂决心扩大战局。8 月 20 日,有鉴于中日战事日趋扩大,中国政府颁布《战争指导方案》及《作战指导计划》,提出以既定举全国力量从事“持久消耗战”的国防方针,为对日作战基本主旨。⑤本此原则,军事委员会将全国划分为五个战区:1.第一战区:冀省及鲁北,司令长官蒋中正兼,后由程潜接任;2.第二战区:晋察绥,司令长官阎锡山;3.第三战区:苏南(长江以南)及浙江,司令长官冯玉祥,后由顾祝同接任;4.第四战区:闽粤,司令长官何应钦;5.第五战区:苏北(长江以北)及鲁省,司令长官蒋中正兼,后由李宗仁接任。战区的设置,使所属军队能够相对集中,灵活调配使用,由于战区任务相对固定,参战官兵得以发挥主观能动性,制定可行的作战计划,对抗战军事有重要意义。在中日战争中,战区虽因战局变化时有调整,作战区域与司令长官也迭有变动,

---

① 何智霖编辑:《陈诚先生回忆录——六十自述》,页 62。

② 附录:《沪从笔记》,何智霖编辑:《陈诚先生回忆录——六十自述》,页 139。

③ 何智霖编辑:《陈诚先生回忆录——六十自述》,页 62—63。

④ 何智霖编辑:《陈诚先生回忆录——六十自述》,页 63。

⑤ 蒋永敬:《对日八年抗战之经过》,张玉法主编:《中国现代史论集》,第 9 辑,台北:联经出版公司,1982 年,页 46。另见军事科学院军事历史研究部编:《中国抗日战争史》,中卷,页 23—24。

但作为一种主要作战机构却一直被保存下来。①此后，东战场与北战场同时并举，中日战争已演为全面大战。

三、参与淞沪战局

1937年8月20日，当军事委员会划分全国战区，将淞沪战局划入第三战区的同时，陈诚亦被任命为第三战区前敌总指挥，并于21日再次赴沪接替张治中指挥战事，自此开始参与沪战，肩负淞沪作战之重任，并调其嫡系第十八军增援上海。沪战第一阶段系攻势阶段，自8月13日战事初起，国军攻击精神至为旺盛，主动攻击日军阵地，每一要点之争夺均经反复冲杀，双方伤亡惨重。22日，日军大举增援来沪，向长江沿岸及吴淞口附近登陆，协同长江日本海军五十余艘军舰及空军猛烈轰击，战况颇为惨烈；中国守军分向迎战，前仆后继，各部伤亡甚大。9月1日，中央调整上海战斗序列，将守军分为中央及左、右二翼，由朱绍良任中央军总指挥，张发奎为右翼军总指挥，陈诚则奉委第十五集团军总司令（兼第四预备军副司令长官），负责指挥左翼军作战。4日，陈诚函第二战区司令长官阎锡山，说明近日沪战情况："此间自倭寇挑衅以来，抗战已逾两旬，敌仗其海空军之优势，我军则以不畏牺牲之革命精神以克服之，并用各种方法，以避敌飞机大炮之损害，竭力求与敌步兵接近肉搏，故经两旬之血战，我虽有相当之牺牲，而敌之损失，实亦不下于我。刻仍在沪市租界沿黄浦江经宝山至浏河口之线对峙中，敌迄不得发展也。"②

9月6日，宝山失陷，沿江日军于是联成一气，并沿宝刘公路直取杨行，国军退守刘行，沪战进入第二阶段，也就是守势阶段。陈诚乃于9月14日亲赴刘行，视察前线。陈诚分析形势对守军不利，建议中枢主动放弃刘行，转移阵地。电文曰："杨行被占，我军攻势已败，今刘行又岌岌可危。欲长期抗战，应步步为营，相机转移阵地，保存兵力逐次抵抗。"③惟因蒋中正为争取国际同情，仍命死守刘行。为此，陈诚于9月27日致函其妻谭祥，称：

我自抵京后，即奉老先生（原称老头子，陈夫人改为老先生）谕，赴沪与

---

① 张意文主编：《中国抗日战争史（1931—1945）》，南京：南京大学出版社，2001年，页305—306。

② 《函阎锡山略陈沪战近况》（1937年9月4日），何智霖：《陈诚先生书信集——与友人书》（上），台北：国史馆，2009年3月初版，页120。

③ 何智霖编辑：《陈诚先生回忆录——六十自述》，页63。

文白商扫荡日租界。前月十六晚自京动身，十七早至文白司令部，决定计划。可惜因时间太促，不及充分准备，即开始进攻，致不能成功。待我第二次赴沪，(二十一日)，而敌援军于二十二早上陆，自然不能不应付上陆之敌，而陷于被动。同时，我亦被留在前方负责矣。事前毫无准备，临时抱佛脚，未有不败之理。幸将士用命，苦战月余，终能予敌以痛击，使其屡次进攻均遭顿挫也。但敌我牺牲之大，实均出乎意料，而十八军四个师之伤亡，已在壹万伍千名左右。现阵比较稳固，敌当不易逞也。①

9月30日，陆桥、万桥附近均被日军突入，守军全线溃退，牵动刘行。陈诚当即以电话报告三战区司令长官顾祝同，请示蒋中正，力陈部队不堪再战，如无生力军加入，应转移阵地，调整军队，继续抵抗。10月1日晚，奉命将主力由刘行撤至杨家宅等处，日军跟踪猛攻，激战一星期，敌始挫败，转犯蕴藻浜中央军阵地，第八师奋起迎战，全师伤亡殆尽。8日，陈诚函妻谭祥称：

连日战事较急，幸均已稳定下来。昨第八师正面被敌突破，即令第一军赶上堵击，现已无问题。查敌因上海战事急切不能解决，而国际舆论转变对彼不利，故连日攻击甚为紧张，想于双十节前攻下大场，但以现在情形，当可打破其计划……前方士兵实太苦，每日不得一饱，每晚不能安睡，且至现在尚未发卫生衣，然均无怨言，而不顾一切为国牺牲，实可爱可佩。我虽屡请速发，然政府未预先准备，亦无法也。②

足见当日战况之激烈，以及国军官兵作战之艰辛。10月23日，国军退守大场等处，日军向两侧突进，第二十三师不战而溃。26日，国军被迫退守苏州河南岸，沪战进入第三阶段，也就是逐步退却阶段。

四、掩护大军撤退

沪战进入第三阶段后，战事以苏州河攻防为重点。当苏州河激战正殷之际，

---

① 《沪战发生月余幸将士用命终能予敌以痛击》(1937年9月27日)，何智霖、高明芳、周美华编辑：《陈诚先生书信集——家书》(下)，台北：国史馆，2006年7月初版，页443—444。

② 《国际舆论转变对敌不利故攻坚甚急》(1937年10月8日)，何智霖、高明芳、周美华编辑：《陈诚先生书信集——家书》(下)，台北：国史馆，2006年7月初版，页445—446。

中央军总指挥朱绍良调赴西北,中央军与右翼军合并,由右翼军总指挥张发奎统一指挥;陈诚仍任左翼军总指挥,协同右翼进行沪战。适右翼军部队换防,立足未稳,日军乘机攻击,侵入苏州河南岸;陈诚急调左翼军部队支援反攻,战况激烈。①11月1日,以第三战区司令长官顾祝同建议,陈诚奉委三战区前敌总司令,全权负责淞沪战事。②4日,正当国军与渡过苏州河的日军苦战之际,另部增援日军于杭州湾之全公亭、金山嘴登陆,从侧背威胁上海国军。蒋中正以电话征询应付意见,陈诚主张"杭州湾方面,已有应急处置。主要问题,还在苏州河部队,应速转进于武进一带之国防线中,缩短阵地"③节节抵抗。蒋中正以沪战为国际观瞻所系,迟疑未决。陈诚因"时机已迫,请其考虑三十分钟。介公(蒋)旋电嘱,照余(陈诚)计划进行。余即准备回苏州部署。介公忽变计,命再支持三日。"④延至11月8日,始下令转进,但命令已不能下达,部队秩序大乱,右翼军全线崩溃。

当时陈诚率前敌总司令部人员坐镇昆山,并在此安揖流亡、收容溃兵。陈诚先命总部人员取水路往宜兴,独与少数官佐坐镇昆山宝塔内,所部军、师长后退过境,均一一授以命令,并由身旁官佐亲自传递。如命第一军军长胡宗南往真茹,收集溃兵;第八十八师师长孙元良据守昆山铁桥,掩护撤退部队等。⑤三天后,陈诚待国军崩溃之势稍定,左翼军全军而退后,始雇舟夜航,途中一度迷航,幸获渔夫引导,终于天明抵苏州,结束沪上鏖战,即将展开另一阶段的战斗岁月。⑥

五、结　　语

关于淞沪会战,后来陈诚曾有若干评述,认为其至少达成下列重要成就:"淞沪战场扩大,相持约三月之久,吸引敌军二十万以上,转变敌人沿平汉路南下之原定计划,诱致北战场之敌,转入东战场,使之由东而西,在战略上可谓成功。我方牺牲虽大,敌人亦已付出相当代价。……世界各友邦,亦因此对我有相当认识。……盖上海一隅之抵抗,实促进全国一致,共赴国难。边省部队,皆出而应战,形成统一之局。"⑦不过,此役却也暴露了中国在军备、战略上的缺失:"惟江防海防,无力固圉,使敌得抵隙乘虚,随之捣我侧背。在苏州河激战正殷之时,又临

---

①③⑤　何智霖编辑:《陈诚先生回忆录——六十自述》,页64。

②④⑥　附录:《沪从笔记》,何智霖编辑:《陈诚先生回忆录——六十自述》,页140。

⑦　何智霖编辑:《陈诚先生回忆录——六十自述》,页64—65。

阵易将，我部队颇欠节制。更因图博取国际之同情，求虚誉而影响战略，不能适时转移阵地，待部队溃乱，始被迫撤退，致遭无谓之损失为可惜耳。”[①]这些都是很有见地的看法。

纵观陈诚在淞沪会战中的作为，不论是沪战初起策定和战，力主扩大战事；或是后来担任左翼军总指挥、第三战区前敌总司令时，指挥所部与敌鏖战；乃至于最后撤退阶段坐镇昆山，临危不乱，处置得宜，终使所部全军退出战场后，始撤离昆山，展现高超的指挥官素质和水平，其表现应值得肯定。

（本文原载“淞沪抗战纪念馆改扩建暨淞沪抗战战史研讨会”《会议手册》，2014年8月）

① 何智霖编辑：《陈诚先生回忆录——六十自述》，页65。

从陈诚档案看淞沪会战初期局势

邓一帆

1937 年 8 月 13 日在上海爆发的八一三淞沪抗战，是继七七事变后中国进入全面抗战的历史发端。在这场战役中双方投入兵力近百万，海陆空军陆续登场，前后历时三个月，其规模之大、时间之长、作战情况之复杂、战斗之悲壮惨烈，在中国乃至世界反法西斯史上都十分罕见，是第二次世界大战和中国近代历史上具有十分重要的历史地位和不可磨灭的深远影响的一次重要战役。本文结合第三战区前敌总指挥兼第十五集团军总司令陈诚的战时电文、回忆录及相关史料，对淞沪会战的背景、战事的发起、会战初期国际国内形势等进行分析和评述，陈述一些个人的意见和看法，初浅之见，疏漏必多有不当之处，敬请各位史学界前辈和专家批评指正。

一、 日军的战争挑衅与国民政府的“先发制敌”

(一) 日军的侵略企图与挑衅行为

1. 日军的战前部署

8 月 10 日，汉口郭忏一天内三次发急电给陈诚：“密查此间日舰侨民既已全部撤退。”“在汉之日侨日舰均退，其租界之军事设施亦经解除。”“残留汉口日租界之领事馆人员与警察共百余人真未下旗，全部回国。”撤侨是战争的一个重要信号，其实早在 7 月 28 日上午，汉口的日本侨民就已经开始紧急撤退，接着长江沿岸各地日侨也昼夜向上海转移，8 月 6 日，日本海军又命令在沪日侨全部撤到上海日占领区，8 月 13 日至 19 日，集中在上海的日侨除留下 1 万多人外，其余全部撤回日本。国民党军事委员会国际问题研究所认为“如上海发生事变，导致全面战争，其散处于长江沿岸各地日侨，总数达二万九千二百三十人之多，现地派兵保护既不可能，势非在大举行动之前，将各地侨民全部撤退不可。”①这一判断被迅速上报蒋介石，事实证明这一判断非常正确。

上海是中国最重要的经济、文化中心，最大的国际贸易港口，同时亦是拱卫首都南京的门户，具有十分重要的战略地位。日本的强硬派认为：“攻占上海后再进攻南京，可使中国军队和国民丧失战斗意志。”②因此一直把上海列为侵华战争计划中首批占领的重要目标，1932 年发动了一·二八淞沪战役，1935 年又将入侵上海的设想列入年度作战计划中，1937 年日军年度对华作战计划中，陆军同意海军“必要时得向上海出兵”建议，并上奏天皇。1937 年 7 月 7 日，日本发动全面侵华战争后，日军参谋本部、陆军省与海军军令司令部、海军省共同作出了向上海增兵，伺机进攻上海的决定③；7 月 11 日，日本第三舰队司令长官长谷川清中将率旗舰“出云号”驶入黄浦江，随后其他日舰也陆续抵沪，集结于吴淞口外④；7 月中旬，日军驻沪海军特别陆战队在虹口、杨树浦等据点构筑工事，日夜演习准备作战；7 月 28 日，日军军令部下达了准备进攻上海的命令；29 日，日本联合舰队司令长官永野修身发布“第一号作战命令”，由第一舰队主力驶往上海，配合第三舰队在长江和上海一带作战。8 月 4 日，长谷川清根据东京海军军令部指示制定了《关于上海登陆作战计划》，8 日长谷川清正式下达了作战部署的指令。上海作为日本侵华战争中一个非同寻常的战略目标，战事已迫在眉睫。

2. 日军挑起虹桥机场事件引爆战事

七七事变后，上海的局势日趋紧张，为了防止日本突然袭击上海，国民政府紧急增兵布防，加强上海防务。8 月初，蒋介石接受京沪警备司令张治中建议，派正规军第二师补充旅第二团换上保安队服装，秘密进驻虹桥机场等战略要地，以充实上海兵力。此事不久即被日本海军陆战队发现，8 月 9 日南京石祖黄给陈诚的电文中说：“(1)佳日(即 9 日)酉时，上海有日军官一中尉、兵三四名坐一小汽车到虹桥机场沿线，向我警察卫兵开枪射击数十发，我卫兵还击，击毙日中尉一、兵一，其他逃走。我方死警察一名，日海军武官称如何办法，须请示。要求我报

① 顾高地：《我所知道的八一三战役片断》，政协上海文史资料委员会：《抗战风云录》下，第 85 页。

② 日本防卫处防卫研究所战史室编：《中国事变陆军作战史》(第一卷第二分册)，中国社会科学院近代史研究所民国史研究室编译，北京：中华书局 1979 年版。

③ 余子道、张云著：《八一三淞沪抗战》，上海人民出版社 2000 年版，第 12 页。

④ 《申报》1937 年 7 月 12 日。

纸不发表。(2)日航空母舰一只泊长江南口外。”在中日双方剑拔弩张之际,日军非法进入中国地域,强行闯入中国军用机场,并将航空母舰停泊在长江南口外,陈诚在他发表于陆军第五十八军偕行社丛刊的《淞沪抗日见闻录》中认为:这是“敌企图攻略南京,迫我政府屈服,乃在上海制造虹桥机场事件,借端启衅,……而达成其占领上海目的。”

从8月9日晚上至12日,上海市政府和淞沪警备司令部的代表与日本驻沪总领事馆和海军陆战队司令部的代表进行外交交涉和谈判。8月12日南京石祖黄给陈诚的电文中说:“日本对上海虹桥事件有扩大企图,其提出要求:(1)上海保安队须完全撤退或解除武装。(2)撤除上海附近一切军事设备,确遵淞沪协议。”日方的无理要求被国民政府拒绝,谈判无果,而日方“自虹桥事件发生后……兵舰集中,吴淞口中外者有二十余艘,且有六艘已通过吴淞炮台进港,舰上大炮均已去衣,又日飞机六架,于是日晨飞杭州笕桥一带侦察,大有欲藉虹桥事件而扩大军事行动之势。”(陈诚,《淞沪抗日见闻录》)并且在中日双方还在进行谈判的同时,日本东京军部就作出了调遣陆军部队赴上海作战的决策。“虹桥机场事件”为日本实施其全面侵华的计划,进攻上海找到了借口,迅速引发了八一三战役。

(二)南京最高统帅部主动发起淞沪会战

1. 国民政府防卫淞沪的构想与部署

一·二八事变的教训,使南京国民政府非常重视京沪地区,日军在上海的活动,给京沪地区以极大的威胁,国民政府预料到战事不可避免,从1935年起投入巨资构筑京沪杭防御工事,建成上海至杭州、吴江至福山、无锡至澄江的国防线,1936年制定《国防计划大纲草案》,将京沪地区划定为国防区之一,1937年2月,制定《民国二十六年度作战计划(甲)》,提出:“开战之初,应首先用全力占领上海,无论如何,必须扑灭在上海之敌军,……以巩固首都。”①七七卢沟桥事变后,张治中任京沪警备司令,于7月30日提出淞沪战事中国应“先发制敌”的建议,获蒋介石首肯。

8月7日,南京召开国防会议,“京中阳日国防会议已定战争最后决心,对于委座主张,全体一致拥护,团结赴难,精神非常浓厚。”(陈诚电文档案:8月8日南京余汉谋电)国民政府正式确定了“抗战到底,全面抗战”与“采取持久消耗战略”

---

① 《民国档案》,1987年第4期,第43页。

的抗战国策和基本战略方针①，并调遣部队在上海附近紧急集结待命。在 9 日至 12 日的陈诚电文档案中有多份内容为部队向上海推进的电文，如：8 月 9 日第四军总指挥刘建绪从衡县发电文："蔽署所辖部队如 55D、45D、62D、63D、16D 等奉军委会电令开赴杭嘉方面待命。"8 月 12 日南京赵志垚发电文："我 87、88 师已集结真茹，56 师现在龙华，98 师昨亦东开。"同日南京何部长发电文："我军因日军陆战队麇集，沪上情势紧急，乃将驻苏、沪、锡各师于本晨推进真茹、大场、江湾、浏河各地，已将部队展开。"陈诚在《淞沪抗日见闻录》中也回忆说："我在沪驻军张治中部（即第九集团军所属有：第三十六师、第八十七师、第八十八师、独立第二十旅、淞沪警备总团等部队），为应付事变计八月十一日起陆续集结。"此时，大战已一触即发。

2. "先发制敌"揭开淞沪战幕

8 月 13 日，南京石祖黄、赵志垚给陈诚的电文中说："沪今晨九时一刻，陆战队向闸北冲来，经我军还击，即退去，故未扩大。"同日，石祖黄又急电"本日下午六时，敌复对我市中心区开始攻击，坦克车亦出动，其兵舰向我市中心区炮击甚多，现仍炮击中，以现情况观察，我应协同空军速取攻势，请电委座，促成决心。"震惊中外的八一三战役终于在日军的挑起之下打响。

为保卫淞沪重地，争取战争主动权，赶在日本上海派遣军抵沪之前消灭驻沪日军，蒋介石按照既定的"先发制敌"的作战方案，于 8 月 13 日夜正式发出开战命令，围攻驻上海的日军，主动开辟华东抗日第二战场。8 月 14 日南京何部长给陈诚的电文中说："(1)本日拂晓，我军对上海杨树浦及虹口公园一带之敌实行围攻，现已占领八字桥，又持志大学、沪江大学各要点准备对敌根据地实施扫荡。(2)本日上午九时，丰田纱厂之敌亦被迫撤退。(3)我空军对敌轰炸，将崇明附近一敌舰命中，受伤甚重，其吴淞江口敌舰十余舰均被轰炸，狼狈逃去。(4)汇山码头、公大纱厂及日陆战队司令部均被炸轰，到处起火，现正燃烧中。"陈诚亦在《淞沪抗日见闻录》中写道："斯时，日军在沪者有海军陆战队及驻沪陆军共约万余人，我张部为制敌机先，采取攻势作战，以重点指向汇山码头，实行中央突破，将敌军截为两断，然后席卷而扫荡之，但敌据既设之坚固工事，顽强抵抗，以待后援。"在战争的初期，中国军队取得了攻击的先机，中国空军也首次出击，日军被打得措手不及。

① 《国防联席会议记录》(1937 年 8 月 7 日)，参谋本部速记，中国第二历史档案馆藏。

八一三淞沪战役的爆发标志着中国对日全面抗战局面的正式形成，这是国民党和国民政府走上抗战之路的带有决定性意义的重要一幕，从此，中国"纵使战到一兵一枪，亦绝不终止抗战！"

二、国际社会对淞沪会战的态度

（一）各国政府及国际组织对淞沪会战持"中立"立场

上海是一个列强在华利益高度集中的国际大都市，在国际关系中具有独特的地位和作用，蒋介石在日军的挑衅之下，主动在上海发起攻势，其中一个很重要的原因是希望借此役推动中日问题国际化，团结友国，孤立日本，争取国际干预调停中日之战，实现以战略促政略的目的。国民政府为此积极开展相关外交活动，并在 8 月 14 日的《自卫抗战声明》中呼吁"凡我友邦既与吾人以同情，又必能在其郑重签订之国际条约下，各尽其所负之义务也。"①但国民政府的努力，在当时并没有收到明显的效果。

陈诚电文档案中有两份这样的电文：8 月 9 日南京石祖黄发电说："意外相密告，中日开战，意守中立，在华意籍顾问仍效力。俄军事及务部方面曾派华籍人员潜赴中国各地侦察实况及我抗战决心。"13 日石祖黄又发电："沪代总领事（挪威）向我市及日驻沪总领提议请将有威胁上海治安可能部队设法撤退，以免战祸。"正如电文中所反映的那样，为维护本国在华利益，各国政府纷纷保持"中立"，对日本的侵略行径采取了姑息妥协态度，最具实力且在亚太地区有着诸多利害关系的美国也持"一、避免卷入；二、保护（在华）美国公民的生命、财产和其他权力"②的消极观望态度。

当时正在召开的、被国民政府寄予厚望的国联大会和《九国公约》会议也只是在口头声称同情中国抗战事业，会议通过的决议没有任何具体援华的措施，更没有按中国所希望的那样对日本进行国际制裁。这种表面"中立"、实则袒护日本侵略的做法，使国民政府求助于欧洲列强和国际组织调停战争的愿望基本落空了。只有与中国在对日关系上有着共同利害关系的苏联政府在权衡利弊后，对淞沪抗战给予了支持和帮助，1937 年 8 月 21 日中苏签署了《中苏互不侵犯条

---

① 《国民政府自卫抗战声明书》，复旦大学历史系编：《中国近代对外关系史资料选辑》下卷第 2 分册，上海人民出版社 1977 年版，第 13—14 页。

② 〔美〕《美国国务卿赫尔致驻日大使格鲁电》（1937 年 9 月 2 日），《战争与和平》，第 377—380 页。

约》后，苏联给中国提供了大批军用物资和贷款，并向中国派遣军事顾问和技术人员，成为中国抗战初期对中国支持最多、最早向中国表示友好的国家。

（二）世界各国人民及国际舆论的同情与支持

尽管各国政府及国际组织对日本侵略中国并未提出任何实质性的解决方案，但在八一三战役中，中国人民为民族解放所表现出的坚定决心和英雄气概，赢得了世界各国人民的巨大同情和赞扬，改变了国际社会对中国抗战能力和抗战前途的认识，大大提高了中国的国际地位。世界各地爱好和平的人民反对日本侵略的情绪高涨，各国民众纷纷以发表宣言、抵制日货、游行示威、捐款捐物等各种形式，反对日本侵华暴行，支持中国人民抗战。美国华盛顿邮报8月20日批评道："日本不惜冒道德上的唾骂，牺牲其国家的前途，以求其穷凶黩武之欲者。"英国伦敦路透社11月28日发表社论，对于"此次上海作战中国部队之英勇智谋表示最大敬意"。法国的左派日报指出："中国的抗战也是为了世界的和平。"在沪的很多国际友人更是直接参与了援助淞沪战役的活动，在陈诚电文档案中就有这样的记录："8月24日，嘉兴张发奎电，据美国人密报敌援军现企图于乍浦、温州各处登陆。"一些爱好和平、伸张正义的国际友人以实际行动支持中国抗战。

战争的扩大和抗日热潮的高涨使各国政府逐渐意识到中国抗战对于维护远东和平和它们自身在远东利益的重要意义，中国人民展示出的抗战决心与抗战实力也使国际社会刮目相看。英、美、法等国政府的态度开始发生转变，国际形势朝着有利于中国抗战的方向发展。10月6日，美国政府发表声明，正式宣布日本为侵略国及破坏"九国公约"与"凯洛格非战公约"，各国迅速响应美国立场，这极大地鼓舞了中国军民的斗志，给日本侵略者以沉重打击，为以后的国际援华行动打下了基础。国际社会从此逐步形成一种"遏制日本扩张的最佳途径是使东京的军队在中国被牵制住"[①]的新认识，世界反法西斯战争的格局也由此发生了重大变化。

三、全民抗战新局面的形成

（一）以国共两党合作为基础的抗日民族统一战线的建立

在陈诚电文档案中存有8月12日南京赵志垚的特急电："朱德、叶剑英、周

① 〔美〕道克尔·谢勒：《二十世纪的美国与中国》，三联书店1985年版。

恩来均已来京。"这是中国近代史上一个深刻而伟大的转折点。8月9日,朱德、叶剑英、周恩来受国民党的邀请,由中共中央委派赴南京参加国防会议,准备同国民党谈判解决国共合作有关事项。自西安事变和平解决,蒋介石被迫接受停止内战、联共抗日等6项条件后,国共两党进行的谈判已经几易地点,均无实质性进展。淞沪会战爆发后,在民族危机空前严重的情况下,国共双方搁置多年的积怨与党争、政争,从民族大义出发,求大同存小异,互相作出了积极的让步和妥协,共同促成了中国历史上具有深远影响的第二次国共合作:8月18日,蒋介石同意红军改编为国民革命军第八路军,任命朱德、彭德怀为正副指挥;9月22日,国民党中央通讯社全文发表了《中国共产党中央为宣布国共两党合作成立的宣言》;次日蒋介石发表了《对中国共产党宣言之谈话》,事实上承认了中国共产党的合法地位,实现了对内和平统一,对外抗日御侮,完成了从国内战争到抗日民族战争的最后转变。"这在中国革命史上开辟了一个新纪元,这将给予中国革命以广大的深刻的影响,将对于打倒日本帝国主义发生决定的作用。"①

淞沪会战期间,中共中央先后选派张爱萍、余立金等4名军事干部到沪,负责开辟上海郊县的抗日武装斗争,并成立以共产党员为核心的苏浙行动委员会别纵队第一支队第三大队,直接参加了淞沪抗战。②中共上海党组织根据中央指示,确定扩大救亡运动、组织救亡团体,与"抓住中层,联系下层,推动上层"的策略,积极派人参加国民党领导的上海各界抗敌后援会的抗日活动,推动创建国共双方共同参与的统一战线性质的上海市文化界救亡协会和《救亡日报》,并组建战地服务团、救护队、难民委员会等,有力地推动了上海全民抗日热潮的形成。

在国共两党和各方的共同努力下,一个以国共合作为基础,全国各族人民、各民主党派、各爱国军队、各阶层爱国人士以及海外华侨参加的抗日民族统一战线正式形成,"这一局面使长期受外敌压迫的民族抬起头来了,分裂的国家政权统一起来了,对立的党派携手合作了,互相斗争的军队变成了统一的国民革命军了,国家政治制度走向民主化了,穷苦的民众大批地起来参加民族解放运动。"③千千万万的中华儿女同仇敌忾、万众一心,冒着敌人的炮火共赴国难,中国的抗日民族战争推进到一个雄伟壮丽的全面抗战新阶段,战争的格局也由原来的局

① 《毛泽东选集》第2卷,人民出版社1991年版,第364页。
② 余子道、张云著:《八一三淞沪抗战》,上海人民出版社2000年版,第301页。
③ 中共扩大的六届六中全会政治决议案,1938年11月。

部抗战发展为全民族的全面抗战，出现了相互依存又相互独立的以国民党军队为主体的正面战场和以共产党军队为主体的敌后战场，国共两党分别担负着不同的战略任务，在两个战场上英勇作战、相互配合，最终赢得了中国近代百年来抵御外来侵略史上的第一次全面胜利。

（二）中国军队的英勇抗战

8月14日，中国发表自卫抗战声明，严正表示："中国决不放弃领土之任何部分，遇有侵略，唯有实行天赋之自卫权以应之。"战事开始后，蒋介石接受陈诚"扩大淞沪战事，诱敌至淞沪作战，以达成二十五年预定之战略"①的建议，"任命陈诚为第三战区前敌总指挥"。（陈诚电文档案：8月18日南京委座电）战争不断升级，中日双方均倾全力作战。国民党内部一些原本存有深刻矛盾的地方军事集团，亦因国难当头而摒弃前嫌，团结起来并肩作战，中央军、川军、桂军、粤军、湘军、黔军、鄂军以及东北军、西北军等几乎全国的军队，皆抱定牺牲一切的决心，以高昂的战斗姿态从四面八方赶赴淞沪前线抗日御侮，涌现出如沈崇海驾机撞击敌舰、姚子青营誓死保卫宝山城、谢晋元团八百壮士坚守四行仓库、罗店东林寺血肉磨坊等许多可歌可泣的英雄事迹。陈诚后来回忆说："西北、西南在此之前，多少还保有一点割据的局面，真正全面统一的抗战，实自淞沪会战始。在军事的统一前提之下，才形成了全国政治的统一。后来四川成了中国的堪察加，重庆成了长期抗战的司令台，自陕西秦岭终南山脉，转向豫西、鄂西、湘西连成一气，成为抗战的最后防御线，运用自如，如指臂膀之相使，这也是淞沪会战打出来的成绩。"②

面对武器装备远优于己方的日军，中国军队表现出来的战斗力远远超出了世人所料，"在敌军陆海空联合火力极其猛烈的状况之下，犹能奋不顾身，英勇迈进，并且有许多带伤服务，死生以之，虽因伤亡过大之部队，不得不撤退，但撤退部队，士气不衰，于短时期内，稍加整理，即可重上前线，因此敌人牺牲惨重，虽胜犹败，得不偿失，且速战速决计划，被我粉碎，侵略之野心，大受挫阻，而我则最后胜利之基础于此奠定。"（陈诚，《淞沪抗日见闻录》）77年后的今天，我们依然能透过那些泛黄的电文，感受到爱国将士们为保家卫国不惜抛头颅、洒热血的热情和勇气。8月11日，汉口郭忏特急电："据德总顾问视察前线回称……我前方部队

---

① 《陈诚回忆录》，东方出版社2009年版，第34页。

② 陈诚：《陈诚回忆录——抗日战争》，东方出版社2009年版，第43页。

士气可战，惜高级将领如万福麟等不甚振奋。”8月22日常熟霍揆彰电中称：“56师及保安团部队均移至白茆口以东，……士气异常旺盛。”8月23日，昆山彭善电文中称：“本师共约伤亡员兵三四百名，但士气甚旺。”8月25日太仓罗军长电文中称：“夏彭李师师旅团长指示攻击要领，士气甚盛。”等等。中国军队的浴血奋战也赢得了国际社会尊重和认可，英国作家尤脱莱在《日本在华的赌博》中由衷地赞叹道：“1937年夏，外国一般的见解都认为中国决不能抵抗日本的武力，抗战简直是发疯，战争一定很快就结束，而日本获全胜。上海的英勇抵抗证明了这一次日本不能轻易获胜。中国已经兴起了一种精神，使他的士兵以必死的英勇与占有无上优势的敌人作战，只配备步枪和机关枪的部队，却阻遏了拥有最新式武器的日军达4个月之久，多年来认为中国人是不善战斗和易于被恫吓的英国人也惊异于士兵的英勇善战和坚毅不拔了。”

淞沪会战虽然最后以中国军队的失败和上海的沦陷而告终，但抗日官兵们以“闻义赴难，朝命夕至，其在前线以血肉之躯，筑成环堑，有死无退，阵地化为灰烬，军心仍坚如铁石”①的勇气和献身精神点燃了中国人民扭转乾坤、浴火重生的信心，给猖狂一时的日本侵略者以迎头痛击，粉碎了日本“三个月灭亡中国”的狂妄计划，使其从此陷入中国全面、持久抗战的泥潭之中无法自拔，他们的革命精神和英勇业绩永远是中华民族解放斗争史上光辉的篇章。

（三）民众抗日热潮的高涨

军民团结一致抗日，是八一三淞沪抗战的一大特征。在中华民族面临生死存亡的重要关头，上海出现了前所未有过的抗日爱国斗争热潮，上海人民几乎是人人动员，家家参与，有钱出钱，有力出力，以不同形式投身于救亡图存，有力地支持淞沪会战。在陈诚电文档案中记录了这样一件事：8月23日，嘉兴张发奎电：“现有中国打捞公司承办水底工程工人：王遐年、陆？孩、张忠臣、屠兔子、沈金来、小金山、李常、顾常胜、沈有才等9名来团，声称技能能沉水中三小时，并能携带水雷，炸爆敌舰，愿为国努力，可否准予工作？……该工人等自愿为国工作深堪嘉，暂予收留外，现军队中因无水雷等材料，该工人等技能难予使用。”这次行动虽然没有成功，但他们潜水炸日舰的想法却在战争中得到实现：在八一三战役期间，中国海军特工人员多次携带水雷泅水潜入日军阵地炸毁日军码头和日舰，上海著名民族资本家刘鸿生的弟弟刘吉生和宋子良等也曾出资，聘选6名潜

① 国民政府自上海撤退之声明，1937年11月13日。

水夫携带水雷两次潜入日军舰“出云号”下，炸死日军士兵 4 人，炸伤 8 人，给日军以沉重打击。

八一三淞沪会战期间，在抗日民族统一战线的旗帜下，上海各界民众纷纷组建抗日救国义勇军和各种战地服务团，捐钱捐物，救治受伤官兵，甚至直接上前线参战。英人出版的《字林西报》说“华军上自司令下至士卒，皆坚决抗敌，中国男女平民之尽劳于国家奋斗，此在中国，亦属创见。”①这是整个民族觉醒和民族凝聚力空前上升的一大表现。从七七事变到淞沪战役结束，上海抗日救亡团体约有 180 个，遍及社会工、农、商、妇、青、宗教、教育等几乎各行各业，参加的民众数量之多、范围之广为以往上海人民运动中所未有过；大批的工人离开日本企业，掀起反日罢工斗争；青年学生与童子军积极加入抗日救亡行列，组建义勇军和救护队赴前线抗日，在后方开展募捐、宣传、难民救济、交通运输等服务；妇女界发动 40 万人在 1 个月内赶制出 20 万件棉背心和棉手套，精心制作装有食品、药品和日用品的慰劳袋 70 万只送给前线士兵；工商界踊跃捐献财物，并尽全力配合政府将工厂内迁，共迁出民营工厂 150 多家，保存了民族工业的实力，为大后方工业的建设和长期抗战打下了基础；佛教界成立僧侣救护队，救护负伤将士和难民近万人；文化界创作了大批抗日歌曲、戏剧和文学作品，组建了 13 个救亡演剧队进行宣传演出，形成了独具特色的抗战文化，为唤起民众抗日救国作出了积极贡献……

上海各界人士抗日救亡运动的蓬勃开展，有力地配合了抗日前线官兵的作战，极大地鼓舞和激励了全国人民抗日斗志，全国各地救亡协会和救国团体纷纷以发表声明、举行游行、捐款捐物等方式支持上海军民的英勇抗战，一些地区还组织战地服务团和义勇军来沪支持抗战；海外侨胞也对国内的抗战给予了精神、人力和物力上的大力支持，到 10 月底，就共捐款 1 990 万元②，还有大批的华侨回国从戎，亲临前线杀敌卫国，充分体现了民族和人民利益高于一切的爱国主义精神。从那时起，大江南北，长城内外，全体中华儿女冒着敌人的炮火共赴国难，决心“拼民族的生命，求我们最后的胜利”③。更广泛、更深入的全民族团结御侮的新局面由此席卷全国！

---

① 《字林西报》社论：《崇扬我抗战精神》，《申报》第二张 1937 年 9 月 4 日。

② 《立报》1937 年 11 月 2 日。

③ 蒋介石：《对于卢沟桥事件之严正表示》，1937 年 7 月 17 日。

四、结束语

历史是最好的教科书，也是最好的清醒剂。陈诚档案真实地反映了当年战争的残酷和惊心动魄，如实记录了在抗日民族统一战线的旗帜下，各派爱国抗日力量以极大的热情和献身精神投身于淞沪抗战的英勇悲壮的史实，为揭露日本军国主义的残暴罪行提供了大量确凿可信的历史证据，具有十分重要的史料价值。透过这些历史档案回顾与总结淞沪会战，我们可以深刻地感受到贯穿于始终的爱国主义精神所具有的巨大凝聚力和向心力，真切地体会到民族团结所焕发出的强大力量。在日本顽固右翼势力日益猖獗、国际形势日趋复杂的今天，弘扬以团结统一、自强不息为核心的爱国主义精神，以史为鉴，居安思危，对促进祖国统一、民族复兴、世界和平无疑具有十分重要而积极的现实意义。我们相信，当亿万中华儿女携手，将爱国热情化为强国行动时，中华民族将会以更加自强自立的昂扬姿态屹立于世界民族之林。

（《海峡两岸纪念陈诚逝世五十周年学术研讨会》
入选论文，2015 年 3 月 15 日）

陈诚在淞沪会战中的历史地位

余子道

抗日战争初期的淞沪会战，是中国八年全国抗战的伟大序幕，是世界反法西斯战争的第一个大规模战役，在中国抗日战争和第二次世界大战中产生了深远的影响，占有重要的历史地位。淞沪会战是在以国共合作为基础的抗日民族统一战线的旗帜下，由蒋介石为首的南京国民政府领导、组织和指挥下发动和进行的。陈诚将军是这场会战的主要决策者、组织者和指挥者之一。他自始至终亲临前线，参与了战役的各个阶段；他率先提出和参与策定"扩大沪战"的战略决策；他直接统率和指挥第十五集团军和左翼作战军担负淞沪主战场的作战；他先后担任第三战区前敌总指挥和总司令，参与策定和指挥淞沪战场上几乎一切重要的作战计划、作战部署和作战行动；他在淞沪会战结束后，就这场会战的经验教训做过全面的探讨和总结，为后人留下了十分珍贵的军事思想历史遗产。毫无疑问，陈诚对于淞沪会战可谓贡献卓著，厥功甚伟，有其不可磨灭的重要的历史地位。

一、 率先提出和参与策定"扩大沪战"的战略决策

陈诚对淞沪会战的首要贡献，是他基于战前对于抗日军事战略的研究和作战计划的构想。早在八一三事变之初，陈诚率先向蒋介石提出了"扩大沪战"的战略性建议，并且参与南京最高统帅机关策定"扩大沪战"、举行淞沪会战的战略决策。陈诚的这一建议，高瞻远瞩，盱衡全局，富有战略意义，对于淞沪会战的进程产生了重大的影响。

1937 年 7 月，日本军国主义挑起七七事变，由此开始了全面侵华战争。中国军民奋起抗击，全国全面抗战从七七抗战揭开序幕。7 月 17 日，国民政府军事委

员会委员长、行政院院长蒋介石在庐山发表谈话，代表中国政府向中外宣布准备抗战的方针与决心。当时，虽然并未完全放弃将卢沟桥事变作为地方性局部事件而寻求解决的希望和努力，但南京政府内外政策的基点已经转移于举全国之力对日抗战。“庐山谈话，乃明示牺牲关头已到，人无分男女，地无分南北，全面抗战到底之决心。”①7月28日和30日，北平和天津先后被日军攻占，中日大战不可避免之势已定。8月7日，在南京召开国防会议和党政联席会议，以最高决策的层面作出了对日抗战的国策，“会议决定积极备战并抗战。”②8月13日，日军在上海挑起八一三事变，南京最高统帅部鉴于上海和沪宁杭地区在政治、经济、军事、外交和国际关系等各方面独特的重要地位，乃决定实行“先发制敌”的策略，主动开辟淞沪战场，指令京沪警备司令张治中率第九集团军进军上海，对驻沪日军发起进攻。

从七七事变到八一三事变爆发前后一个时期，中日双方的用兵重点是在北方的河北、山西、察哈尔等省境内，而以河北战场为重中之重，直至八一三战争开始前后，华北战场始终是抗日战争的主战场。日本华北驻屯军和进入华北的关东军以及尔后组成的华北方面军，是当时日本进攻中国的基本军事力量。在淞沪战场，八一三开战之初，日军参战的是驻沪海军陆战队和海军第三舰队的水面舰艇和航空部队。直到8月23日日本上海派遣军开始登陆上海，日本陆军才初始进入淞沪战场参战。中国方面，开战之初亦置军事重点于华北战场。据军政部长何应钦1937年8月7日在国防会议上的报告，当时“全国军队列入抗战序列者，第一线约一百个师，……使用于河北省者，共约五十个师”③，这已占了全国第一线部队的一半。如果把使用于山西和察哈尔的部队合计在内，投入于华北战场的兵力，则占到了第一线部队的大部分。武器弹药的配备也以华北为主，“军政部……依作战之要求，分设了弹药总库若干及分库若干，约计在长江及黄河以北囤积三分之二，江南囤积三分之一。”④空军主力当时也准备部署于华北战场，

---

① 郝伯村：《解读蒋公八年抗战日记（一九三七——一九四五）》（上），台北远见天下文化出版公司2013年版，第122页。

② 王世杰：《王世杰日记》（手稿本），第1册，1937年8月7日，台湾中央研究院近代史研究所1990年印行，第84—85页。

③ 《何应钦关于中央军事准备的报告稿》（1937年8月7日），中国第二历史档案馆编：《抗日战争正面战场》（上），江苏古籍出版社1986年版，第261、262页。

④ 《何应钦关于中央军事准备的报告稿》（1937年8月7日），《抗日战争正面战场》（上），第261、262页。

何应钦在上述报告中说道:"中央空军,亦已全部准备出动,并已与阎(锡山)主任商定,以太原为根据地。"①国民政府统帅机关的上述兵力部署和战略重点的选择,取决于九一八事变以来中日两国业已形成的战略态势,也与中、日、苏三国在东北亚地区构成的战略格局相关。

淞沪会战在其初期,是在以华北战场为全国主战场的大背景下发动和展开的。然而在这场会战的过程中,对日作战的主战场却逐步地由华北战场转移到淞沪战场(当时称东战场)。在淞沪会战进行了两个多月以后,全国抗战的主战场遂最后转移到了华东。这一变化,主要是因中日双方作战的客观形势使然,同时也是由蒋介石的战略企图、作战指导思想和外交战略所决定,而陈诚向蒋介石提出"扩大沪战"的建议,在其中起了关键性的作用。

早在全国抗战开始前,陈诚就十分关注抗日战争战略问题的研究和国防建设的思考。陈诚是国民党新一代杰出的军事家和政治家,深受蒋介石的信任和倚重,而每每被赋予处理重要的军事和政治问题。正如郝伯村解读蒋介石 1937 年 8 月 4 日日记所言,"蒋公军事第一助手原为何应钦,而今日所记,军事能代研究者,此辞修也。"②早在 1934 年 5 月,军事委员会在江西庐山举办陆军军官训练团,蒋介石自兼团长,陈诚出任副团长,"全国各地陆军高级军官都轮流调到庐山接受这种精神训练,讲授范围也由于日军侵略企图,而转移至抗日战略战术。"③1935 年 3 月,陈诚被蒋介石任命为军委会武昌行营陆军整理处处长,负责主持分期整理全国陆军事宜。1936 年 10 月,陈诚奉蒋介石之命赴山西,协同阎锡山对绥远抗日国防军事进行部署。同年 12 月,陈诚奉派为军政部常务次长。在这之前,陈诚曾就抗日军事战略问题在河南洛阳与蒋介石一道进行研究和策划,获有共识。对此,陈诚后来回忆说:1936 年 10 月,"我奉委员长电召,由庐山随节进驻洛阳策划抗日大计。持久战、消耗战,以空间换取时间等基本决策,即均于此时策定。至于如何制敌而不为敌所制问题,亦曾初步议及。即敌军入寇,利于由北向南打,而我方为保持西北、西南基地,利在上海作战,诱敌自东而西仰攻。"④这一抗日战略构想,实为十个月之后八一三抗战之初,陈诚提出"扩大沪战",牵制

① 《何应钦关于中央军事准备的报告稿》(1937 年 8 月 7 日),《抗日战争正面战场》(上),第 261、262 页。

② 郝伯村:《解读蒋公八年抗战日记(一九三七——一九四五)》(上),第 131 页。

③ 吴相湘:《陈诚遗爱鲲海》,《民国百人传》,第 2 册,台北传记文学出版社 1988 年版,第 191 页。

④ 陈诚:《陈诚回忆录——抗日战争》,东方出版社 2010 年版,第 21—22 页。

日军在华北进攻的战略性建议的蓝图。

七七事变爆发前，陈诚正在庐山以暑期军官训练团教育长主持团务。8月12日，最高国防会议和党政联席会议推蒋介石为陆海空军大元帅，以军事委员会为抗战最高统帅部。8月13日，淞沪抗战揭开战幕。8月15日，陈诚应蒋介石之召，自庐山返回南京。蒋介石于次日当面指令陈诚以三项紧急任务："赴上海视察张治中部作战，并协助之"；"速厘定(全国抗日部队)战斗序列"；同时注意研究河北战况。翌日，陈诚会同熊式辉(江西省政府主席，旋为南京大本营第二部部长)赴上海视察。这时，淞沪前线由张治中指挥的第九集团军正在奋勇进攻日本驻沪海军陆战队的虹口和杨树浦根据地，进入上海及周边一带的第一线部队，"计有八十七师、八十八师、九十八师、五十六师、五十七师及独立第二旅等部队，连日并已逐次占领敌根据地外围各要地"①。中国军队当时投入淞沪战场作战的陆军正规部队共为5个师、1个旅、3个炮兵团，另有上海保安总团和警察总队，这些兵力本来以为在空军的协同下足以歼灭驻沪日本海军陆战队，但是显然还不具备进行一场大规模战役的条件。

陈诚与熊式辉于8月20日晚返回南京复命。据陈诚的回忆："熊天翼于途中说：'我们应商定如何一致报告委员长？'我说：'各就所见报告，可使委员长多得一份参考数据，似可不必一致。'"其实，这时陈诚已有在上海扩大第二战场的意图，还在8月7日，他在致蒋介石的电报中就已提出："职以为只有抱积极战之目的，全面战之方针，始可得万一之和平。"②回南京后，"熊的报告是：'不能打。'我的报告是：'不是能不能打的问题，而是要不要打的问题。'委员长要我加以说明，我接着说：'敌对南口在所必攻，同时亦以我所必守，是则华北战事扩大，已无可避免。敌如在华北得手，必将利用其快速部队，沿平汉路南犯，直趋武汉；如武汉不守，则中国战场纵断为二，于我大为不利。不如扩大淞沪战事，诱敌至淞沪作战，以达成二十五年所预定之战略。'委员长说：'打！打！一定打！'我趁此机会建议：'若打，需向上海增兵。'随后就发表我为第三战区前敌总指挥兼第十五集团军总司令，增调部队，赴沪参战。"③

板荡识英雄，国难思良将。陈诚向蒋介石提出的建议，既显示出他坚定明确

---

① 《何应钦在国防最高会议之报告》(1937年8月17日)，《抗日战争正面战场》(上)，第341页。

② 陈诚：《战时机构指挥战略等问题贡陈所见》(1937年8月7日)，《陈诚先生书信集——与蒋中正先生往来函电》(上)，台北国史馆。

③ 陈诚：《陈诚回忆录——抗日战争》，第38页。

的抗战立场，又体现了他高瞻远瞩的战略胆识。在中国民族抗战的序幕正在徐徐开启的历史关头，陈诚的态度与某些抗战悲观主义者不同，更与那些对日妥协派之间泾渭分明。他是一个旗帜鲜明的抗战派，正如他自己记述赴淞沪前线时的心情——“从九一八事变起，我誓愿为抗日战争效命，至此乃得如愿以偿。”①陈诚的建议为蒋介石所采纳，有力地支持和促使后者确立扩大淞沪之战、以牵制日军在华北的进攻的作战指导思想；从而使得南京最高统帅部进一步确立在淞沪开辟第二战场的决策，为尔后使中日战争的主战场从华北转移至华东开辟了道路，也为淞沪战役后来发展为一场震惊中外的大规模会战在指导方针上奠定了基础。

二、 直接统率左翼作战军担负淞沪主战场作战

从 1937 年 8 月 17 日赴上海前线视察战况，到同年 12 月初指挥左翼作战军西撤至以宣城为中心的苏浙皖边境，陈诚历经淞沪会战的全过程，是淞沪战场上负责指导全局的主要决策者、组织者和指挥者之一。会战期间，陈诚具有四个身份：第十五集团军总司令（1937 年 11 月 3 日起由罗卓英继任）、第三战区前敌总指挥、左翼作战军总司令（11 月 4 日起由薛岳继任）、第三战区前敌总司令。8 月 18 日，蒋介石致电参谋总长程潜：“兹任命陈诚为第三战区前敌总指挥。”②8 月 24 日，陈诚为有利于淞沪战场的全盘指挥，协调各方，处理好人事关系，在苏州长官部致电蒋介石，建议“请任顾（祝同）主任为第三战区副司令长官，统一指挥”。③蒋介石于次日任命顾祝同以副司令长官之职。陈诚和顾祝同秉承蒋介石的指令，共同负责淞沪战场中国军队全盘作战的组织和指挥；以体制而言，顾祝同为第一位负责者。但是与顾祝同有所不同，陈诚除了参与全盘作战指挥以外，还兼任第十五集团军和左翼作战军总司令的职务，直接负责指挥淞沪左翼战场的作战。

淞沪战场上的中国军队，在统一的战斗体制和作战指挥之下，划分为三个作战区域，分别以三大作战军负担作战任务。在上海市区东北方向、黄浦江以西、长江以南、蕴藻浜以北，浏河、嘉定、南翔、彭浦一线东西的地域为左翼战场。黄

① 陈诚：《陈诚回忆录——抗日战争》，第 38 页。
② 《蒋介石致程潜密电》（1937 年 8 月 18 日），《抗日战争正面战场》（上），第 289 页。
③ 《第十五集团军淞沪战役阵中日记》（一），第 8 页，见陈诚档案。

浦江以西、蕴藻浜以南、沪太公路以东，闸北、江湾、庙行、五角场、新市区一线以北地域为中央战场。杭州湾以北、黄浦江以东、苏嘉铁路以东地域为右翼战场。左、中、右三大作战军，分别由陈诚、张治中(1937 年 9 月 21 日后由朱绍良继任)、张发奎担任总司令。这三大作战军的格局，是在 1937 年 8 月下旬陈诚指挥第十五集团军在江苏宝山县境进行抗登陆作战开始正式形成的。八一三开战之初，张治中指挥第九集团军进攻上海市区日军，中央作战军首先揭开了淞沪会战的序幕。同时，张发奎统率的第八集团军展开于杭州湾以北、沪杭线一带，但尚未直接开战。至 8 月 23 日，日本上海派遣军首先以两个师团在宝山东西一带长江沿岸实施登陆，十五集团军当即进行反击。由此开始，淞沪会战的重心由市区的虹口、杨树浦转到长江南岸宝山境内，主作战军的地位和角色也发生易位，由中央作战军转换为左翼作战军。从 8 月下旬长江沿岸抗登陆作战到 10 月中旬，左翼战场始终是淞沪会战的主战场，左翼作战军担负了全战场最重要的作战。10 月间，以大场为中心的十月会战，则是由陈诚为首的左翼军和由朱绍良为首的中央作战军联合进行的。10 月 26 日大场失守，中央作战军与左翼作战军部分主力转移到上海市区以西的苏州河南岸，中央战场从此不复存在，中央作战军在体制上也就随之被撤销了。11 月 4 日，根据南京最高统帅部的命令，淞沪战场中国军队实行调整重组，组成左右两大作战军，薛岳任新的左翼作战军总司令，张发奎任新的右翼作战军总司令。

从 8 月下旬到 10 月下旬的近两个月作战，陈诚直接指挥的左翼战场是淞沪会战的主战场。这首先是因为这里是中国军队抗击日军登陆的桥头堡和前沿阵地带。日本侵沪部队是从经由海上输送进入长江口内，其登陆场在 11 月以前一直选择在左翼战场，其时陆续登陆的五个半师团，除了少部分在张华浜和虬江码头上陆之外，基本上都从左翼地带登陆，能不能击败登陆之敌乃是当时左右战局形势的关键。其次，左翼战场是当时中日双方重兵集结之所在。日军方面，至 10 月上旬已投入淞沪战场的地面部队，有第三、第九、第十一、第十三、第一零一师团等共 5 个师团，另有 15 个步兵大队、重炮兵 1 个旅团及其他特种部队。其中除了第一零一师团等部使用于中央战场外，绝大部分主力师团都投入于左翼战场。第三，从淞沪战场的全盘态势而言，左翼战场是当时足以影响全局的枢纽。中国军队控制了左翼战场，就能保障沪京铁道和长江沿岸的交通安全，就能掩护中央作战军继续对虹口、杨树浦之敌的围攻态势，也才可能支撑中国军队苏州河以北的防御体系于不倒。由此可见，陈诚指挥的左翼战线对淞沪会战的成败是至关重要的。

左翼作战军是淞沪战场上一个规模最大、最具实力的作战集团,其主力是以第十八军为基干部队的第十五集团军。陈诚与第十八军有着深远的历史渊源,他长期倾注心血建设和统率这支部队,曾先后兼任该军两个主力师的师长:1928年至1931年任第十一师师长、1931年至1932年任第十四师师长。他在1931年至1935年担任十八军军长长达5年之久。全国抗战开始时,虽然军长一职已由罗卓英继任,然而他在这支部队的政治地位与人脉关系不仅依然存在且并未丝毫削弱。八一三战争打响后,以第十八军为基础,组成第十五集团军。8月下旬至9月上旬,十五集团军所辖部队有第十一、第十四、第六十七、第九十八、第五十一、第五十二、第五十六、第一、第七十八、第三十二等共10个师。①这时,左翼作战军又称江岸防守军,即以十五集团军组成,陈诚为总司令。9月21日,按照南京最高统帅部的命令,第三战区司令长官由蒋介石兼任,副司令长官仍由顾祝同继任。“左翼军以第十九、第十五集团军编成之”,“第十九集团军总司令薛岳、副总司令吴奇伟。第十五集团军总司令陈诚兼,副司令罗卓英。”②左翼战线的战争规模空前扩大,部队组成也由原先的一个集团军扩编为两个集团军,至10月初已达23个师、一个教导旅,以及两个炮兵团、一个炮兵营,高射炮和战防炮各两个连。这时,第十五集团军辖有第十一、第六十七、第十四、第九十八、第五十六、第五十一、第五十八、第四十四、第六十师;第十九集团军辖有第一五九、第一六零、第八、第十六、第十三、第六、第三十二、第一、第七十八、第五十九、第九十、第十五、第七十七师等部③。

陈诚自始至终都亲临前线,直接指挥左翼军作战。1937年8月22日晚开始,日军第十一师团和第三师团分别在宝山川沙口、石洞口和吴淞张华浜登陆。陈诚当夜于南翔总部指挥第十八军进行阻击,命令“在吴福线的第十一师及在杨行、宝山方面的第九十八师转向狮子林、川沙口方向之敌攻击;更以在昆山、吴县附近集结的第六十七师用汽车输送向罗店挺进;并急调正向常熟、福山前进的第十四师向太仓、罗店方向前进,以求会歼登陆的日军”④,由此揭开了淞沪战场抗

---

① 《顾祝同致蒋介石密电》(1937年9月9日),《抗日战争正面战场》(上),第307—308页。

② 《蒋介石致冯玉祥等密电》(1937年9月21日)、《蒋介石致顾祝同等密电》(1937年9月21日),《抗日战争正面战场》(上),第312—313页。

③ 《第十五集团军淞沪战役阵中日记》(一),1937年10月1日,《陈诚副总统文物》,台北国史馆藏,008-010204-06001-021号。

④ 《陈诚关于七七事变后上海南京作战的回忆资料》,中国第二历史档案馆藏,国民政府军令部战史会档,(25)2864。

登陆作战的序幕。

同年8月下旬至9月上旬，陈诚指挥第十五集团军在吴淞、宝山、月浦、杨行4点之间，构成一个菱形防御地带，抗击上陆的日军主力前进和陆上根据地的形成，而罗店至刘行一线则是上述防御地带藉以依托的基轴。以十八军为主力部队，以攻夺罗店为中心，敌我双方展开了惨烈的搏击。中国军队先后四次反攻罗店，前赴后继，奋勇进击，震惊中外，罗店被新闻界称为“血肉磨坊”。宝山城保卫战英勇惨烈，壮烈无比。9月中旬至10月初，十五集团军继续进行杨行—刘行—蕴藻浜一带的阻击战。9月14日，陈诚由昆山前赴刘行，直接在前线进行指挥。18日，陈诚以左翼军总司令向全军发布训令，号召官兵奋勇杀敌、持久不懈，并将全军划分为三个作战区：第一作战区以胡宗南、王东原为正副指挥官，第二作战区以罗卓英、霍揆彰为正副指挥官，第三作战区以刘和鼎、俞济时为正副指挥官。接着，进行了陆福桥亘罗店附近的防御战斗、罗店以南的防御战斗、陆宅附近的战斗。

这时，淞沪战场进入阵地战高潮阶段，陈诚指挥左翼作战军进行前所未有的对日阵地战。继9月上、中旬杨行至刘行阻击战之后，9月中旬至10月上旬又进行刘行—蕴藻浜阻击战。“9月17日起，敌我在北站—庙行—刘行—罗店西南—浏河之线，两翼依托租界及江滨，开始互相争夺之阵地战。”①中国军队步步抗击，寸土必争，在日军压倒优势的火力之下，冒死拼杀，付出极大伤亡，第五十七师、十五师、七十七师等部损伤尤为严重。10月1日晚，陈诚下令“我军转移主力，撤至由杨家宅、塘桥站沿蕴藻浜南岸经陈家行—广福—罗店西南侧—施相公庙—曹王庙亘双草墩之线。”②从10月初至月中，左翼军举行了东林寺战斗、龚家桥附近战斗、杨泾河东岸战斗、浏河方面战斗、广福浏河间突击战，以及杨泾河畔战斗等历次激战。

接着而起的是以保卫大场为中心的十月会战，是淞沪会战阵地战的最高潮。陈诚参与这场决战高潮的决策和指挥，左翼作战军与中央作战军协同举行这场大规模战斗。期间，10月20日前后，在陈诚主导之下，以广西部队第二十一集团军为主力，左翼军之第六十六军和第九十八师等部参加的，在蕴藻浜以南、南翔以东进行了一场大规模反击战。这是淞沪会战中唯一一次由我方主动发起的大

① 《第三战区淞沪会战经过概要》(1937年8—12月)，国民政府军令部战史会档，(25)3201。

② 《陈诚关于七七事变后上海南京作战的回忆资料》，军令部战史会档，(25)2864。

规模反击战，虽然由于力量对比悬殊而并未获胜，但仍不失其积极意义。

大场之战以中国军队战败而告终。10 月 26 日晚，中央作战军转移至沪西苏州河以南江桥镇、北新泾、小南翔一带，阻击南下的日军。左翼军仍防守南翔—广福—罗店西南—施相公庙—双草墩—浏河之线。11 月初，薛岳继陈诚担任左翼军总司令，这时辖有第十五、第十九、第二十一等三个集团军，依然是淞沪战场上一支实力最为强大的一个方面军。11 月 5 日开始，日军第十军在杭州湾北岸金山卫一带登陆。11 月 10 日，左翼军奉命撤离淞沪战场，向吴福线阵地转移。“转进中，……初奉令沿沪锡公路转进，占领常福段国防线既设阵地。在敌西进中，继奉令沿无锡、宜兴、广德向宣城、宁国附近地区转进，阻敌南犯。”①11 月 25 日，陈诚进驻安徽宣城，最后结束了领导和指挥淞沪会战的历史进程。

三、 从前敌总指挥到前敌总司令：总揽战场作战的指挥

在淞沪会战期间，陈诚所担任的重要职务，除了担任第十五集团军总司令和左翼作战军总司令以外，最重要的当是他先后担任第三战区前敌总指挥和前敌总司令之职。这总指挥、总司令之职，就军事体制和一般的指挥系统而言，是处在中央统帅部和第三战区司令长官部之下的、淞沪战场前线全军的最高指挥长官。但在实际上，它却并非居于第三战区司令长官之下，而在会战进程中，逐步发展成为秉承南京最高统帅部的旨意，代表第三战区司令长官部总揽战场作战指挥全局的指挥官。

陈诚是在 1937 年 8 月 18 日被任命为第三战区前敌总指挥的。蒋介石当面与他谈定是在 8 月 20 日，这天，“先生（陈诚）偕熊（式辉）返京复命，力主扩大淞沪之战，……（与蒋介石）议定后，即派先生为第三战区前敌总指挥。”②蒋介石这一决定可以被认为既体现了扩大淞沪战争的决心，又反映了他对陈诚的高度信任；但是当时对前敌总指挥的职责与权限未有明确的规定。蒋介石很可能是有鉴于正在筹建的第三战区司令长官部负责人的实际情况，而作出设立前敌总指挥一职的。事实上，在这之前，南京政府已作出任命军事委员会副委员长冯玉祥

---

① 《第十五、十九集团军关于东战场沪常及苏皖转进诸战役的战斗详报》(1937 年 11 月—12 月)，军令部战史会档，(25)3228。

② 吴锡泽编著：《陈辞修先生年谱初稿》，台湾《传记文学》，第 26 卷第 5 期。

为第三战区司令长官的决定。可是，冯玉祥为原西北军首领，已脱离军界多年，其早先统率过的部队都在华北战场，淞沪战场上的主力部队又都系黄埔系将领带领的中央军，于冯而言既毫无历史渊源，又不便指挥。南京最高统帅部在 8 月 18 日《关于原定作战计划紧急处置事项的记录》中，按照蒋介石的意见确定："为补救第三战区指挥敏活起见，拟设置前敌总指挥。"①两天后，陈诚即受命担任此职。

在陈诚受命任前敌总指挥之时，第三战区司令长官部尚无副司令长官。8 月 24 日，陈诚在苏州电呈蒋介石，建议由顾祝同出任第三战区副司令长官。顾与陈同为受蒋介石信任的黄埔系高级将领，后者比前者在指挥才能上更为高超，而前者在资历上则超过后者。顾祝同于 8 月 25 日被任命为副司令长官后，即在南翔建立副司令长官部，全面负责淞沪战场部队组织、调遣和用兵、作战事宜，陈诚着重作战计划的谋划和战役作战的指挥。随着战争规模的日益扩大和参战部队的大量增加，前方作战指挥的任务愈来愈重，前方指挥机关的权限也就一步步扩大和提升了。正如陈诚在后来的回忆中所说："上海战事，日益扩大，至十月初，余实负全局指挥之责。"不久，"我奉命改任第三战区前敌总司令，负有沪战全局指挥之责。"②11 月 1 日，以第三战区副司令长官顾祝同的建议，南京军事委员会正式任命陈诚为第三战区前敌总司令，全权负责淞沪战场作战指挥。③

陈诚临危受命，在淞沪战局处于前所未有的险境之际出任前敌总司令。这时，顾祝同的司令长官部已从吴县向武进转移，陈诚的总司令部则坚守在昆山，贴近前线指挥。前敌总司令部的具体任务和职责是什么？它与战区司令长官的关系和分工又是怎样？顾祝同 1937 年 11 月 20 日致电蒋介石，根据此前的实际情况和已有经验，提出了"规定长官司令部与前敌总司令部之职权"的 9 项原则。④以下将有关规定作一说明，从这里可以从体制上明确认识前敌总司令的职责范围与权限，足以了解陈诚所负责任之艰巨。

（1）前敌总司令部按照战区长官司令部根据大本营之意旨所决定的战区作战宣传、指导要领及基础兵团的配置规定，策定关于各时期的会战计划，并负责指导战斗实行之责；

① 《关于原定作战计划紧急处置事项的记录》(1937 年 8 月 18 日)，军令部战史会档，(25)1779。

② 陈诚：《陈诚回忆录——抗日战争》，第 39 页。

③ 《扈从笔记》，何智霖编：《陈诚先生回忆录——六十自述》，台北国史馆 2012 年版，第 64 页。

④ 《顾祝同致蒋介石密电》(1937 年 11 月 20 日)，《抗日战争正面战场》(上)，第 333 页。

(2) 各个集团军以上的司令部及战区直属部队，对于战况及部队位置等情报，须分报长官司令部及前敌总司令部，但请示作战行动事项，由前敌总司令部负责批复；

(3) 战区长官司令部除控制必要的战略预备部队之外，其他各部队的作战行动，概由前敌总司令以命令行之；

(4) 关于战地部队教育、后方阵地构筑、战区行政事务、部队补充和整理、兵站的设定与后勤供应、后方卫生机构设置与伤病官兵的管治等，归战区长官司令部负责办理。

综观淞沪会战的全过程，作为第三战区前敌总指挥和前敌总司令，陈诚的作用主要在于总揽战场作战指挥的全局，会同顾祝同负责策定和指挥各次重要战役的作战行动，并负责指导各集团军的作战。具体而言，似可归纳为以下三个方面。

一是站在战场全局的高度，全面观察战场形势的发展变化，提出战场作战的具体作战方针和作战计划。早在八一三开战之初，陈诚赴上海视察第九集团军市区攻围战之时，根据战场实况，提出了集中我军在前方的兵力，重点进攻黄浦江江岸的汇山码头，“将敌方阵地中央突破，再向两方席卷而扫荡”的作战方针。[①]8月下旬，日本上海派遣军两个师团在宝山川沙口至吴淞张华浜一带登陆后不久，陈诚当即制定了《第三战区淞沪浏嘉宝附近围攻计划》，确定“于淞沪附近构筑坚固阵地，围攻虹口、杨树浦及张华浜之敌；并于狮子林、月浦、杨行、盛桥、浏河之线，构筑坚固阵地，围攻川沙口上陆之敌而歼灭之”的作战方针。[②]10月4日又向蒋介石提呈《第三战区中央军左翼军方面攻击计划概要》，提出“我军应乘敌攻击之顿挫，乘机积极转取攻势”的作战方针，并对第九、第十五、第十九集团军和第一军的作战作出全面部署。[③]此种作战计划随着战场形势的阶段性变化而相继提出，直到11月中旬全军西撤，始终如一。

二是主导重要战役和重大作战行动的谋划、策定和指挥。淞沪会战过程中，几乎所有重要战役和重大作战行动的谋划和策定，陈诚是一个举足轻重的中心

---

① 陈诚:《陈诚回忆录——抗日战争》，第38页。

② 《第三战区淞沪浏嘉宝附近围攻计划》(1937年8月)，秦孝仪编:《中华民国重要史料初编——对日抗战时期》，第2编，台湾中国国民党中央党史会1981年版，第186—188页。

③ 陈诚:《第三战区中央军左翼军方面攻击计划概要》(1937年10月4日)，国民政府军令部战史会档，(25)3188。

人物。他上通最高统帅蒋介石以及副参谋总长白崇禧、作战部部长黄绍竑等人；在第三战区他协同顾祝同，沟通各集团军主要将领张治中、朱绍良、张发奎、薛岳、罗卓英、胡宗南、廖磊、刘建绪等人。他汇集各方面的情报、信息和意见，提出决策性主张和建议，在获得顾祝同的认同和蒋介石的批准后加以组织实施，其总司令部也就真正成为前方的指挥中心。以10月20日开始的中央和左翼两大作战集团合力进行的南翔以东、蕴藻浜以南的大规模反击战为例，可以说，这个重大作战行动完全是以陈诚为总的策划和主导之下进行的。早在10月11日，陈诚已就广西部队第二十一集团军如何使用，以及我军转移攻势的方针同蒋介石进行商讨，向蒋介石提出反击战的三个方案，以供选择。①后来蒋采纳其中以突击蕴藻浜南岸敌军为重点的第二种方案，陈诚又以薛岳为这次反击战的第一线总指挥官，而他自己则在全局上进行领导和协调。

三是关注会战进程中的重要问题，向蒋介石和最高统帅部提出建议。作为前敌总指挥和总司令，陈诚视野宏远，瞻前顾后，全局在胸，每每于战局发展的关键时机，都向蒋介石提出具有真知灼见的主张和建议。尽管这些直达顶峰的建议并不都受最高当局采纳，然而过后的历史却证明其不失先见之明。如9月中旬陈诚指挥刘行前线作战，有鉴于抗登陆的态势和已有的教训，于9月24日向蒋介石提出“为要长期抗战，须转移阵地，逐次抵抗”的建议，认为“我之目的为持久战，若损失太大，则难达持久之目的”，“故宜乘此时机，讲求整个调整办法”②。又如11月5日开始日本第十军在杭州湾北岸登陆，当时蒋介石由电话询问陈诚如何处置，陈答以“须调整战线”③。显然，陈诚的建议是正确的。再如，在南京保卫战前夕，蒋介石在南京就京城的守与撤问题当面向陈诚征询意见，陈明确提出“我不主张守南京”的意见。④淞沪抗战发展历程以事实证明，陈诚的许多主张和建议颇具战略眼光，不失为富有远见卓识的高明之见。

综观陈诚在淞沪会战中的地位和作为，他无愧于伟大的全民族抗战赋予的历史重任。不论是沪战揭幕时参与策定和战大局，促成最高统帅部确立扩大沪战以牵制日军在华北进攻的作战指导方针；或是担任左翼作战军总司令，直接指挥淞沪主战场的对日作战；乃至于以第三战区前敌总指挥进而担任前敌总司令，总揽淞沪战场全军作战指挥的全局，谋划重要作战计划，连通上下各层指挥机

① 《第十五集团军淞沪战役阵中日记》(上)，1937年10月11日，陈诚档案。
② 《第十五集团军淞沪战役阵中日记》(上)，1937年9月24日，陈诚档案。
③④ 《陈诚关于七七事变后上海南京作战的回忆资料》，军令部战史会档，(25)3203。

关，协调各路部队与敌鏖战；以及最后全军西撤过程中，坐镇临近前线的江苏昆山，临危不乱，从容处置，指挥若定，处处展现出陈诚坚定的爱国立场，高昂的民族精神，宏远的战略胆识和高超的指挥艺术。

（《海峡两岸纪念陈诚逝世五十周年学术研讨会》
入选论文，2015 年 3 月 15 日）

检讨与评价

论八一三淞沪抗战失利之原因

苏智良

当日军准备进攻上海、发动全面侵华战争之际，中国政府决定集中主力，组织淞沪战役，这无疑是正确的。但是，中日双方战力对比决定，中国方面应该广泛发动人民抗战，在战役初期攻击敌人，争取主动，俟阻击战达到一定程度，敌军大量增援后，依恃既设阵地，层层抵抗，以歼灭敌之有生力量，然后放弃京沪，后撤内地，寻机打击日军。

但初期优势的华军，并未把握逐次抵抗的最佳时机，也没掌握战役的主动权。是役华军伤亡失踪近30万人，枪炮弹药损失无数，海军损失舰艇25艘，期间各种军用飞机损毁87架。上海工厂有3 000家遇毁，损失8亿元以上，全市各类物资、机构总损失达30亿元。

八一三淞沪抗战，最终以中国军队的溃退而宣告结束，那么，该战役失利的原因是什么呢？

一

政治方面的原因是国民党政府执行了片面抗战的路线。

国民党的抗日是被迫的，李宗仁曾说："如中央此次仍无心抗战，而欲采取投降一途，则不特全国军民不能同意，恐怕蒋先生的嫡系部队也将自动实行抗战。"[①]被迫抗日的中国国民党，惧怕人民起来抗日会摆脱他们的束缚和控制，惧怕人民的民

① 《李宗仁回忆录》，下册，中国人民政治协商会议广西壮族自治区委员会文史资料研究委员会1980年，南宁，第691页。

主抗战会危及他们的独裁统治，更惧怕抗战的胜利会成为中国人民革命的胜利。因此他们把抗战仅仅看成是政府和军队的事情，处处限制人民参加，阻碍民众与军队的结合；也不改革政府机构，容纳各党派人士，使之成为全民族的国防政府。因此，国民党的抗战带有片面性，其表现之一是阻碍和限制上海人民的抗日救国运动。

抗战爆发后，在中共地下组织领导下，上海人民抱与日寇决一死战的信念，组织大批抗日团体，掀起轰轰烈烈的抗日运动。无数的民众活跃在前线和后方，发挥着很大的作用。这一点，连国民党参战将领也十分感慨，他们要求政府组织群众协助作战。98 师师长曾建议："大量发动难民，派少数官兵指导，在适当地点构筑多数阵地，为此部队既可休养训练，难民亦有归缩(宿)。"①但是国民政府关心的是控制上海人民的救亡活动。上海各界抗敌后援会成立后，国民党千方百计全面控制该后援会。上海许多工人踊跃参加别动队，希望能为国效力，但经办的军统人员在骗取军饷后，就将部分队伍解散了，中共上海负责人刘长胜指出："上海工人以及广大群众所积极参加的抗战，被'应战'的国民党弄糟了。"②国民党更害怕人民武装起来。10 月，行政院在《人民武装团体条例》中规定：人民武装团体之设置与运用均由师团管区司令部负责，其战时服务须受当地政府指挥③。对于共产党的抗日活动，国民党更是倍加注意，处处限制。8 月 13 日夜，蒋介石一面"毅然进入全面抗战"，一面在日记中写道："共党思乘对外战争之机会，发动其阴谋，当设法防制之。"④上海地下党、八路军驻沪办事处的抗日活动均受到国民党特务的监视。

国民政府一面号召保卫淞沪，另一方面却限制人民的抗日活动，于是出现种种离奇现象。一些团体要求到乡村抗日，却遭到市政府的挡驾。许多进步青年对国军伤兵进行爱国政治教育，特务机关知道后，极度不满⑤。由于国民党的限制，前方工作人员急缺，后方要求参战的人员过剩；前方工事战壕无人修筑，后方几十万难民靠救济度日；前方的将士忍饥受渴，后方堆积如山的慰问品在霉烂变质。由于当局的无能和不发动民众，使汉奸间谍活动猖獗，严重影响了华军的情绪和战役的进展⑥。

---

①③ 《十六军团罗卓英部淞沪会战阵中日记》，10 月份，中国第二历史档案馆藏。

② 刘长胜：《上海工人与抗战》，载《真理杂志》，1944 年 9 月。

④ 〔日〕古屋奎二：《蒋总统秘录》，第 11 册，台北中央日报译印 1977 年版，第 112 页。

⑤ 吴大琨：《从难民救济工作到军人服务工作》，载《时事类编》第 7 期。

⑥ 如 8 月 25 日，第 11 师向月浦狮子林日军攻击，"汉奸遍布，我白日行动受敌空军威胁与侦察，而夜间信号弹，汉奸更随我部队左右前后发射，故我军行动已全被敌明了。""汉奸不时于夜间向我驻地用小枪射击，经数日之激烈战斗，官兵疲劳已极。"(《淞沪会战作战日记》)，中国第二历史档案馆藏。

国民党片面抗战，不准人民抗日的另一表现，是限制上海工厂的内迁。在各厂纷纷要求内迁时，国民党不但不给予充分的帮助和鼓励，相反多方限制，既不发放内迁经费，又不提供运输工具和放行证明。上海时有工厂 5 500 家，结果仅迁出 148 家，占 2.7%。以后上海落入敌手，转而成为日军侵华的战争基地，这一得一失，国民党政府是无法推卸其罪责的。

淞沪作战，对中国军队有利因素之一是能得到上海人民的直接支助。然而，在与民族大敌相搏时，南京政府自断手足，削弱力量，使长处不得发挥，严重地挫伤了淞沪前线军民的抗日积极性。有位美国记者说："我来到上海，所诧异的是号称民族解放的伟大战争，只有军队活跃，看不见民众和军队打成一片、兴奋努力的现象。"爱国民主人士也愤怒谴责国民党："上海有许多团体和青年，要到内地去做宣传工作，竟得不到允许，领不到通行证而停留在上海，彷徨怨恨。"①共产党当时就指出：国民党"不要人民群众参加的单纯政府的片面抗战路线，是一定要失败的。"②战役结束后不久，陈诚也承认："军事与政治原是不可分离的东西，但这次作战以及作战期中，我政治上的缺陷实在太多。"③

国民党抗日片面性还表现在，即使是政府和军队的抗日活动，也是妥协、敷衍和草率行事的。

抗战爆发前，国民党受《淞沪停战协定》的约束，不可能在淞沪地区放开手脚，积极备战，只能"偷偷摸摸"地做些准备。蒋介石三令五申构筑工事要隐蔽，不可让日方察觉；所筑工事缺陷很大，300 个机枪掩体，能用的只有三分之一。号称"东方马其诺防线"的苏福、苏嘉和锡澄国防线，质量亦十分低劣。在苏福线第一期工程验收报告中写着：钢筋混凝土大都欠佳，接缝不平，通风管堵塞，电线管漏装，避毒木门不能关闭，机枪掩体渗水。更有甚者，庙行一带的小炮工事射击孔竟开错方向。这些拙劣的工事，导致华军在是役中伤亡极大。

七七事变后，上海形势危急，而国民党尚没有痛下抗战决心，在长江、黄浦江事先布雷，或在吴淞口建立阻塞线，以防止日舰内窜，或在战场附近直接登陆。军事委员会虽有设想④，但没有实行。由于没有在长江口布雷沉船，也没有在沿海各地充分设防，因而最终未能阻止敌援军的大举登陆。后勤准备也很不健全。

① 胡子婴：《防止汉奸与组织民众》，载《抗战言论集》，第二辑。

② 《毛泽东选集》，一卷本，人民出版社 1969 年版，第 377 页。

③ 陈诚：《1938 年 2 月 28 日在武昌的讲演》。

④ 虞奇：《抗日战争简史》，上册，黎明文化事业公司 1985 年版，第 135 页。

淞沪水乡，当局认为可以利用河湖水面阻滞敌军机械化部队，但没有准备大量船只，结果撤退时华军自己却为水路所阻。另外，战前，淞沪地区只有警察和保安团，当局不敢派遣正规军布防。由于工事与士兵分离，开战后士兵多不熟悉工事体系，无法充分利用，何应钦也承认："部队多未进入国防工事位置，对工事之利用，因未演练娴熟，而未能发挥其效能，到第一期作战，未能达到预定的期望，此不能不引为遗憾者也。"①

国民党既不能知己，也不能知彼。战前，有关部门虽对淞沪日军有所侦查，但日军的工事体系、结构、火力配备所知不详，尤其对重点工事调查不细。如对日海军陆战队司令部的调查极为一般，因而当久攻不克时，便束手无策。如果战前能侦察清楚，明白一般火力不能摧毁，就可调集重炮轰击，或改变主攻方向。

八一三战起，第三战区司令长官冯玉祥拟组织侦察队，深入敌后，为此请蒋介石拨发经费，但遭拒绝。淞沪交通便利，战初华军仅数万之旅，给养供应当是易事。但8月16日开战仅4天，第9集团军已向各界吁请支援粮食、汽油等②。负伤士兵由于卫生机关不力，多没及时收容或护理，四野横卧，哀声遍传。中日双方尸体无人掩埋，以致腐烂发臭。蒋介石也承认："各部队之救护工作亦极不完善，近二日来死伤士兵多无人救护，此与士气影响甚大。""罗店退下之伤兵，苦无救护，横卧马路两旁，为状至惨。"③

军队如此，地方政府也如此。各级官吏平日鱼肉乡民，战时不能承担责任。战前，军委会拨款责成江苏省政府修路，但省政府"一路未筑"④。"每遇危急，地方官吏率先逃亡，敌军由狮子林方面登陆后，县长专员，闻风先逃者，相继发生。"⑤锡澄国防线平时无军队守卫，工事钥匙均由当地保甲长收管，华军后撤时，这些保甲长不待军队到达便卷席而逃，华军仓促退至，没有钥匙与向导，华军无法布防，不得不再次后撤。

国民党被迫抗战后，感到自己无力抵御日军的进攻，因此期望通过"战"来实现"和"。蒋介石组织如此规模的淞沪战役，充满了军事冒险性和政治投机性。

战前，国民政府估计中日开战将"惹起俄日或美日俄，甚至中俄英美联合对

---

① 《何上将抗战期间军事报告》，上册，台北文星书店1962年版，第69页。
② 杨纪：《沪战纪实》，第19页。
③ 《淞沪会战叶肇文电》，中国第二历史档案馆藏。
④ 《军委会侍从室淞沪战场情报部署文电》，中国第二历史档案馆藏。
⑤ 《上海方面作战经验报告》，中国第二历史档案馆藏。

日战，则敌将以陆空军主力应付俄军，海军主力应付英美，对我者只有一部兵力而已”①。战争爆发后并没出现这种一厢情愿的局面，但蒋介石仍认为：“现在局势，只有英美两国努力从中设法，或可变为和缓，而东亚和平亦可维持。”②所以，蒋介石在沪战中的指导思想就是“战略服从政略”，即力促英美干涉中日战争，达到停战目的。为此，蒋认定“上海是必争之地，应不惜一切牺牲来确保这一地区”③。

沪战期间，蒋介石夫妇频繁接见西方记者，要求国际社会干涉中日战争。同时，国民党还幻想苏联出兵，说什么“只要打三个月，国际局势一定变化；苏联一定出兵，战争就可解决”④。这就是国民党的“持久抗战，促进国际共同制裁日本”的方针。其实，蒋的“持久抗战”，不过是在战役上多支撑点时间，以待外国对日本的干涉，实现“光荣的和平”。这一企图打乱了淞沪战役的原定计划，前线的兵力增减、战线进退等均为实现这一政略而运转。

8 月 26 日，英使被日机炸伤，蒋认为此事“或于全部战局之胜负有关也”⑤。两天后并无动静，蒋有点心冷：“此次战事本无幸胜之理。”⑥逐加快敦促欧美干涉的步伐。30 日，向国联提出要求制裁日本的声明。9 月 21 日，蒋对法国记者说：“本人热烈期望国际此次能切实执行其在国联会章下应有之义务，对日本作有效之制裁。”⑦10 月 6 日，国联通过决议，建议召开九国公约签字国会议来讨论中日冲突问题。

这时淞沪华军败象初露，应适时后撤，节节抵抗。早在 9 月初，张发奎和张治中就“主张对上海作战使用兵力的最高量，应作一个精密的数字计算，并建议如果超过这个限度，仍不能压制正面的敌人时，则我们的战略应变为持久消耗战”⑧，他们表示愿率军在吴福线坚守三个月。以后，白崇禧、李宗仁也提出类似的主张，但均为蒋介石拒绝。蒋坚持认为：“我如在沪持久作战，将会引起国际的干涉。”⑨10 月 16 日，收到出席九国公约会议通知书，蒋介石再度兴奋，对将领们

---

① 《1937 年作战计划》，中国第二历史档案馆藏。
② 〔日〕古屋奎二：《蒋总统秘录》，第 11 册，台北中央日报社 1978 年版，第 68 页。
③⑧ 张发奎：《八一三淞沪战役回忆》。
④ 《毛泽东选集》，一卷本，第 432 页。
⑤ 〔日〕古屋奎二：《蒋总统秘录》，第 11 册，第 72 页。
⑥ 〔日〕古屋奎二：《蒋总统秘录》，第 11 册，第 50 页。
⑦ 《中国全面抗战大事记》，9 月份，第 45 页。
⑨ 程思远：《政坛回忆》，广西人民出版社 1983 年版，第 105 页。

说:“这次会议对国家的命运关系甚大。”①再次将国家命运放在极不可靠的九国会议上。为对该会和国际社会施加影响,他责成陈诚在上海组织全力反击,这就是 10 月 21 日的反击战;但由于日军早有准备,攻击失利,华军反而退至苏州河沿线。

国民党政府不能冷静分析国际形势,为扩大影响,10 月 26 日撤退时,蒋介石仍企图命令一个主力师在闸北硬拼②。此后,日军突破防线,华军已难以支撑,蒋非但迟迟不发撤退令,还命令 26、18 军反攻,结果攻击部队多有去无回。

11 月 4 日,九国公约会议在布鲁塞尔开幕,日本却拒绝参加,由于英美态度软弱,预示会议不可能有任何强硬措施。随后,日军在金山登陆,如此刻能迅速后撤,仍能挽救,白崇禧曾三次请蒋介石下令撤退,但蒋仍延宕观望,坚决不允许。8 日,还命令“苏州河南岸原线无论如何困难,必须固守三天”③。直至华军大乱溃散,蒋才下撤退令,耽搁了宝贵的三、四天,使部队在百里溃走中,损失近 10 万人,退至南京的每个师只剩下 2 000—3 000 人。部队退至南京,新败之余不能战,12 月 13 日,南京也落入敌手。

可以说,蒋介石的“战略服从政略”、投机冒险的算计,打乱了整个战役的部署,葬送了华军逐次后退、寻机歼敌的机会,同时还造成了京沪失守后,主力伤亡殆尽,新兵尚未练就的军事危机局面。对此,蒋不得不承认:“杭州湾登陆为统帅职责所在,实不能辞其责。”④作为淞沪前线总指挥的陈诚也曾说:“这次战略受政略的影响很大,乃是国家的不幸。”⑤

国民党进行淞沪之战,同时带有极大的妥协性。日本准备攻击上海时,国民党认为是到了非打不可的地步了,但这种“战”是希望给日本一个信号,表明中国有一定的实力,能够抵挡一阵;这种“战”如能侥幸取胜,则就有了与日本讨价还价的资本,这就是“以战求和”,用“战”来作为与日本“和”的筹码。由于国民党不依靠人民抗战,因而看不到胜利的希望所在;依赖英美调停又没有结果,所以不惜与日本侵略者勾搭、进行和平妥协的秘密谈判。早在七七事变后不久,中国外交部官员高宗武已在香港与日方接触。10 月初,英使将日本和谈条件转达给南

---

① 程思远:《政坛回忆》,第 105 页。

② 10 月 26 日,蒋初令 88 师坚守闸北,后经部下竭力请求,才同意由谢晋元率一营留在闸北(张柏亭:《八一三淞沪会战回忆》)。

③ 《淞沪会战张发奎文电》,中国第二历史档案馆藏。

④ 转引自北师大历史系:《中国现近史》,下册,第 59 页。

⑤ 陈诚:《1938 年 2 月 28 日在武昌的讲演》。

京政府。25 日，国防会议决定："停战或短期停战于我物质上均较有利，故在有利条件下，自可接受。"①时日本政府也决定谋略与军事并重，通过德国驻华大使陶德曼进行接触。11 月 5 日，陶德曼将日方七项条件面交蒋介石，虽然日方条件苛刻，但蒋认为："如此尚不算是亡国条件。"②似有接受之意。以后南京沦陷，日本要价提高，更由于全国人民的强烈反对，蒋怕"内乱益甚"而没有接受③。抗日不坚决，时刻准备与日本妥协，边打边谈，这个片面抗战路线的另一个基本特征，在淞沪战役期间就已充分地体现出来了。

二

如果说政治上国民党政府坚持片面抗战路线，是淞沪战役失利的根本原因，那么，军事上单纯防御的阵地战、战役指挥失误以及中国军队制度的落后腐败，是该役失利的重要原因。

第一，拙劣的战术——单纯的阵地战。

1937 年 8 月间，华军为歼灭日军，鼓舞士气，争取时间战略转移和争取国际社会的同情，进行一定时间的阵地战以保卫京沪，是必要的。以后日援军到达，华军伤亡较重，此时应改变战术，适时后撤，寻机歼敌，但中国统帅部却将几十个师摆在一线，打阵地战，处于被动挨打的地位。蒋介石曾说，对日作战要"以战术补正武器之不足，以战略补正战术之缺点"④。事实上这种消极防御的阵地战，反而使武器不足的缺陷更明显地暴露，遂使华军损失更巨。而且华军处处设防，处处薄弱，日军利用优势实行中央突破(如初期攻罗店，中期占陈家行，后期突破周家宅)，同时发挥机械化部队的灵活性，采取迂回战术，从杭州湾登陆，威胁华军侧背，迫使守军仓促撤退。

同时，华军也没有实行游击战，以己之长，攻敌之短。当 9 月双方相持于蕴藻浜时，日军后方已达二三十公里，共有分属于十九个师团的陆军及海军和炮兵、骑兵等。当时，有部队派便衣队在敌后袭击，收效甚宏，陈诚曾肯定道："敌在

① 转引自荣孟源：《蒋家王朝》，中国青年出版社 1980 年版，第 166 页。

② 复旦大学历史系中国近代史教研室编：《中国近代对外关系史资料选辑》下卷，第 2 分册，上海人民出版社 1977 年版，第 55 页。

③ 〔日〕古屋奎二：《蒋总统秘录》，第 11 册，第 98 页。

④ 虞奇：《抗日战争简史》，上册，第 156 页。

我国境作战,对于我便衣队之袭击极感痛苦。"①虽明令推广,但没能引起各级指挥官的重视。战役期间,毛泽东曾以八路军夜袭阳明堡为例,告诫国民党改变战术,但国民党置若罔闻。国民党官修史书自吹在战争初期实行了"游击战配合阵地战"②。事实上,正是由于没有采用游击战术,更没有将游击战提高到战略地位来认识,没有游击战、运动战和阵地战相配合,才导致了华军在正面战场的失利。

国民党的消极防御战术曾受到各方人士的批评。军事评论家羊枣指出:"华军最重要的失策就是采取了与日军相同的战略战术,即所谓阵地战的战略","终究是得不偿失"③。国民党的这种战法也引起官兵的愤懑。9 月,第 98 师师长夏楚中致电罗卓英,报告该师三周之内伤亡三千人,"已无力再支撑","恐贻误全局"④,要求改变战术。但最高当局不懂得在敌强我弱的力量对比下,要守住上海是不可能的,他们口称"持久抗战",实际上倾全力于一役,以实现外国干涉的政略,仍是一种"速决战"。正如周恩来所说,国民党"是幻想速胜,他们觉得只要打几个胜仗,就可以引起国际的干涉。……就是英美在上海干涉。所以,他们就打阵地战,把一二百万军队都调到上海,拿去拼,牺牲极大"⑤。亲历此役的黄维也指出:"八一三抗战时我军最大的失策,是战略战术上采取单纯防御,以分散的兵力,扼守点和线,始终处于被动挨打的地位。"⑥试想,中国方面如能灵活作战,不计较一城一地之得失,主动撤后,诱敌深入,在运动中歼敌,华军不仅不会遭受如此惨重的伤亡,而且首都南京也不会这么快就陷落。这样,将会对整个抗战产生更大更积极的影响。

第二,国民党军队指挥机构职责不清,各级指挥官军事修养较差,指挥失当。

说指挥官,不能不首先提到蒋介石,他身为全国最高统帅,却要独揽淞沪之战的指挥权。李宗仁回忆说,该役的"作战计划,全以他一人的意志为依归,旁人简直没有置喙的余地"⑦。前期,第三战区司令长官冯玉祥竟无所事事,在战役往来文电中,冯所颁命令十分稀见。张治中身为京沪警备司令兼 9 集团军司令,8

① 《淞沪会战作战日记》,中国第二历史档案馆藏。
② 蒋纬国:《抗日御侮》,第 5 册,台北黎明文化事业公司 1978 年版,第 292 页。
③ 羊枣:《两年来的中日军事》,载《译报周刊》,第 2 卷,第 10 期。
④ 《十八军阵中日记及罗店十日战记》,9 月份,中国第二历史档案馆藏。
⑤ 《周恩来选集》,人民出版社 1981 年版,第 196 页。
⑥ 上海《文史资料选辑》,1980 年第 4 期。
⑦ 《李宗仁回忆录》,下册,第 695 页。

月 13 日，蒋介石命令："在上海围攻期间，上海附近军队的指挥权归第 9 集团军。"[①]但部队的进退调遣，均由蒋直接下令，张根本不知内幕。当蒋兼任战区司令后，"淞沪战事之每次主要行动，均由蒋委员长亲自筹划和指挥"[②]。各级指挥官形同虚设，重大决策连陈诚也不能问津，苏州河防线危急之时，他也不能决定进退，只能跑到张发奎处，相互叹息而已。

临阵易将，自古为兵家所忌，然而，蒋在是役中即患此病。10 月 30 日，日军欲居大场西进，包围中央作战军。值此关键时刻，蒋突然将该作战军总司令朱绍良调任甘肃省主席，该处防务由张发奎继之。张发奎自开战以来，防守杭州湾北湾区域，该区位置重要，张去后，浦东防务由正在从杭州向淞沪推进的第 10 集团军刘建绪部接替，结果日军乘我换防之际，轻而易举地在金山卫登陆，然后进逼松江，迫使守军后退，一举击溃华军。

战役中，蒋介石时常过问前方基层部队的行动，有时竟以委员长之尊，直接指挥一营一连作战。一次，张发奎要调遣浦东的一个炮兵连，发现该连不翼而飞，连总指挥陈诚也不知去向，查来查去，才知是蒋介石把它调开了。这类事在该役中绝非仅见。由于蒋介石不能迅速掌握战场情况，只能任主观意图行事，因此判断既不正确，主张又不坚定，朝令暮改，致使部下无所适从。

国民党军队内，不少指挥官腐败无能，作战不力，使关键性战斗频频失利。如大场守军第 18 师，内部派系林立，拒不从命，致使阵地失守，牵动全局，该师师长愤而自刎。陈诚等三令五申，指挥官须亲赴前线，"如有躲匿后方者，定以军法严办"[③]。但许多人仍敷衍了事，如炮兵 16 团观测员等奉派到前线，观察炮兵发射情况，以校正射程。但这些观测员却贪生怕死，躲在后方谎报数据，致使第 6、15 师相继有官兵在自己的炮弹下丧身。

战术修养低劣，可谓不少国民党将领之通病。他们甚至不能正确使用炮兵，有一炮兵营被分割成以每门炮为单位，配属步兵作战；每门炮仅五人，全靠人力牵引，伤一炮兵则该炮即失去作战能力。有些军官不懂火炮的性能和作用，强令炮兵打头阵。战车防御炮是打坦克的最佳武器，淞沪战场仅配属一个营，该营三个连分属三个步兵师，各级军官闻其射击精确，便纷纷令战防炮兵冲锋在前，轰击敌建筑物与掩体，为步兵开路，以致炮弹消耗殆尽，遭遇敌坦克时，却无弹可

---

① 蒋纬国：《抗日御侮》，第 5 册，第 20 页。

② 李守孔：《八年对日抗战真相》，台北中正书局 1977 年版，第 22 页。

③ 《十六军团罗卓英部淞沪会战阵中日记》，10 月份，中国第二历史档案馆藏。

发。在兵力调配上,亦指挥紊乱,调度失当。如第10集团军有三个师又三个独立旅,据守战略上并非重的浙东地区,基本没有参战,因而浪费了兵力。而十分重要的杭州湾北岸,只有第8集团军的三个师又一个旅。浦东的金山卫,为登陆理想地点,开战第二天,张发奎便致电统帅部:"淞沪相持间,敌舰又威胁杭州湾,因之本区部署海重于陆,现有兵力确感不敷,请增调有力部队。"以后,他多次请求"迅速增师"①。但都没引起最高层的重视,致被日军乘虚登陆,导致全局崩溃。再有,掌握强大的预备队及后续兵团,是战役指挥者左右战局的重要手段,但在这次战役中,华军始终没有控制强大的预备队,因此战况突变时,便无法应付。

淞沪战役中,华军指挥系统层次繁多,第三战区司令部下辖(三个)作战军下辖(二个)集团军,集团军下有军团、军、师、旅、团,由于不通信息,各级指挥部所下命令内容各异,使部队无所适从。各级司令部机构庞大,非战斗人员剧增,因而减弱了战斗力。另外,指挥官更易之际,离职的指挥官多将全部指挥人员带走,新任军官重搭班子,对战场情况一概不知,因而无法对瞬息万变的战场作出正确的判断,把握住良机。

国民党军队非但层次过多,且指挥官的职责多不明确。两个主要指挥机关战区司令长官部与淞沪前线总司令部之间,职责长期不明,导致战役指挥上的异常混乱。直到11月20日,司令长官部才得到蒋介石的允许,明确双方的职责②。但已为时过晚了。

第三,国民党军队制度十分落后腐败,依靠这样一支军队是很难击败日本侵略者的。

军内矛盾重重,首先表现在官兵关系上。官兵之间是雇佣关系,军官克扣粮饷,任意打骂,不把士兵当人看待,因此,士兵们多不愿从命,甚至借机逃亡。军内矛盾又表现在中央军与地方部队的关系方面。中央军装备精良,待遇优厚,开战后,一些中央军的师编制立即扩编为军;减员后,补充迅速。而地方部队多器械窳劣,给养奇缺,补充机会少,受中央军歧视,在战斗中怕实力削弱后,取消编制。因此双方联合作战时,畛域渐深,常常各顾自己,友军危急听之任之。10月11日,蒋介石致电前线说:"我阵地守备每划分为数个地区,当敌攻甲地区时,我乙丙地区虽不为敌所动,然仍多死守,不予出击,支援友军协同作战。"③特别是阵

① 《淞沪会战张发奎文电》,中国第二历史档案馆藏。
② 《淞沪会战顾祝同文电》,中国第二历史档案馆藏。
③ 《上海方面作战经验报告》,中国第二历史档案馆藏。

地结合部，每为日军部队所突破。陈诚也指出："部队接合部为战术上最大之弱点，我军近日失利多由于部队接合部被敌突破。"①为此曾采取措施，但亦无实效。有些军官痛心地指出："贻误战局，莫此为甚。"②

国民党部队多缺乏现代化战争的经验和常识。特别是一些地方部队，对这样绵延数十里、百万兵员对抗、海陆空立体的大兵团作战，完全没有经验，轰炸机、坦克、高射炮、装甲车等，仅为初见，心理上已处劣势。由于缺乏防空知识，第6师在广福镇附近，屡次遭敌机狂轰，"人枪并毁"，仅六天，只剩战斗人员1 600人③。在作战中，一些部队也不能分辨烟幕弹与毒气弹，10月21日，有支部队突破敌军防线，正向前攻击，敌发射烟幕弹，即误以为毒气弹，一传十，十传百，在风声鹤唳中仓促退回，遂使一场反击战付之东流。

华军作战技术落后，攻击时，沿用内战时密集队形冲锋的战术，而日军拥有强大的火力，结果"我冲锋队全连或全营消灭"。在阵地构筑上，多线式防御，甚至连警戒阵地与主阵地也不区别。这样，一处被突破，即全线崩溃。许多部队"惰于工事"，士兵不愿挖掘战壕和构筑堡垒，"苟且偷安，敷衍了事"。

纪律松弛，骚扰百姓，为国民党军难改之陋习。在是役中，战地人民为民族战争作出巨大的牺牲，还时常受到部队的侵凌。粮食被搜刮，船车工具被拉走，商贩被抢劫一空，这些暴行使得民众畏其如畏虎，对自己的军队也坚壁清野。到溃退时，华军军纪益发不可收拾，溃兵乘混乱之际，掳掠农民钱财，强拉民伕。拦截苏州河中的难民船，将整船百姓驱赶上岸，争先逃命。11月8日，63师海宁撤退时，竟准备炸海塘之堤，要使得江南七郡生灵涂炭。这使得由于上海失守而出现的人心惶惶的局势更加混乱和恶劣。后来蒋介石也承认说，我"决不料我们的军纪，会败坏到这步田地！在北方作战的情形，只听得说，在上海作战的实况，我亲眼看见，……弄得人民怕我们的军队，怨恨我们军队"④。

国民党军队编制不全，装备奇缺，补充制度落后，这些都影响了部队的战斗力。

地方部队编制混乱，人员少，武器装备也不足，遭遇敌坦克时，便无法应付。另一缺陷是通讯设备不足，部队的基本设备是无线电和电话，初期，有些部队使

① 《十六军团罗卓英部淞沪会战阵中日记》，10月份，中国第二历史档案馆藏。
② 《陕西师管区司令彭戢光淞沪抗战回忆录》，中国第二历史档案馆藏。
③ 《淞沪会战顾祝同文电》，中国第二历史档案馆藏。
④ 国民党国防部史政编译局编译：《抗战史料丛编初辑》，第2册，史政局1974年版，第14页。

用无线电通讯,被敌军破译,蒋介石、陈诚多次责令不得使用无线电,只准使用电话。而各级指挥部多在乡村,一旦电线被炸或其他原因使电话不通,便失去联络,甚至发生因联络不善而互相开战。8 月 20 日,华军坦克在华德路活动,因欠联络而遭到自己步兵的攻击,因为步兵以为是敌方坦克。五天后,驻扎新镇的第 11 师与第 67 师夜间调动,因缺乏联系,双方误以为是遭遇敌军偷袭,而发生激战,直至天明才知是误会,但已伤亡无数。10 月 1 日,第 66 军正在北王宅、九龙庵与敌激战,后方桥梁竟被第 13 师炸毁,士兵失去退路,无心恋战。此外,华军武器不仅种类少、数量缺,而且质量差。因武器制作低劣而发生的伤亡时有所闻。这些不仅减弱了战斗力,也打击了官兵的士气。

国民党军队补充制度很不健全。补充全赖后方拨补或就地招募。由于国民党片面抗战,战役中在淞沪招募极少(整个江苏省 1937 年征募壮丁仅 18 422 人),淞沪激战,参战部队伤亡大,军政部令后方保安团队或正规军运送补充。这样补充的士兵数量不足,溃退前,华军伤亡达 20 万左右,而补充士兵仅数万人(据统计,1937 年 8 月至 12 月,第三战区共补充士兵 242 981 人,其中大部分在南京整补),因而兵员严重缺乏。补充者又缺乏战斗训练,有些竟连枪也没摸过,而且由于受敌机的限制,增补只能晚间进行,第二天即开赴作战,故新兵与官长、战友均不相认,毫无感情,作战不听指挥,结果“每次新补之兵,多数游散,作用甚少”①。地方部队则由于乡土、语言、习惯的关系,给补充带来困难,如川军第 20 军,到沪一周已伤亡过半,因没有四川新兵,两师只能合编成一师,因而削弱了兵力。在战斗中,连排长伤亡很大,补充多是士兵,致使下级军官奇缺,由于士兵教育和训练水平差,缺乏下级军官指导,便不能独立作战。由于种种缺陷,使得华军战斗力大大下降。

毛泽东同志在批评国民党片面抗战的同时,曾辩证地指出:“我们赞助一切反对日本帝国主义进攻的抗战,即使是片面的抗战。因为它比不抵抗主义进一步,因为它是带着革命性的,因为它也是为着保卫祖国而战。”②八一三淞沪抗战正是这样一个在片面抗战路线指导下进行的,“带着革命性”的,“为着保卫祖国而战”的战役。我们既要批评国民党的片面抗战路线,又应历史地肯定它对抗击日本侵略、捍卫民族独立所起过的积极作用;既要谴责国民党由于落后低能而带

---

① 《陕西师管区司令彭戢光淞沪抗战回忆录》,中国第二历史档案馆藏。

② 《毛泽东选集》,一卷本,第 377 页。

来的军事大溃败，又应肯定组织这样的大规模战役在一定历史条件下是必要的；既要贬斥蒋介石及国民党一些指挥官的动摇和无能，又要褒扬数十万为民族生存而战的中国官兵，尤其是难以确切统计的成千上万长埋于淞沪之滨的英魂，他们和八路军、新四军的无数烈士一样，都是中华民族的优秀子孙，都值得后人永远怀念。

（本文原载《档案与历史》，1986 年第 1 期）

八一三淞沪战役起因辨正

马振犊

八一三淞沪战役是抗战初期一次著名的反击日本侵略之役，历时三月余，中日双方投入了主要兵力，使中日战争的主战场从华北移向华中，其结果直接影响了抗战全局。长期以来，关于这一战役的起因与作用一直存在着两种不同的观点，简言之，即是关于战役的发动者是中方还是日方的争论。由于事关对于国民党政府在抗日初期对日方针政策的估价，弄清这一重要问题将有助于正确全面地研究抗日战争的历史。

一

八一三淞沪战役的起点是1937年8月9日发生的上海“虹桥机场事件”。为了阐明八一三战役的起因，有必要回顾一下8月9日以前中日双方的军事态势及在上海地区的战备情况。

长江中下游地区，为我国政治、经济重心所在，以经济中心上海与政治中心南京相连接的宁沪地区是中国当时的心腹要地。因此，上海便成为我国的东大门及保卫首都的屏障，在战略上具有重要的地位。由于这一原因以及地理上接近日本，上海一向被日本军阀视为侵略中国的入口要道，成为中日矛盾冲突的敏感地带。1932年一·二八战役时，日军就曾经攻击上海迫使国民党政府迁都洛阳，借以巩固其在东北的侵略利益，接着又逼迫国民党政府签订了妥协让步的《上海停战协定》，借此日军得以在上海地区驻扎大批海军陆战队，修筑了大量战备设施。上海从此成为中日战争又一个潜在的爆发点。

1937年7月7日日本发动全面侵华战争后，日本政府与军方确立了吞并华北、彻底击败中国军队、逼降中国政府以实现灭华的最终目标。7月29日，日军参谋本部制定了《中央统帅部对华作战计划》，规定首先占领平津地区完成华北作战，同时准备一部分兵力，预备在"迫不得已"时对青岛及上海发动进攻。

对于中国的东南地区，日本帝国主义虽然垂涎已久，但是由于当时战事集中在华北，在开战之时，日方并无在上海作战的具体计划，只不过考虑到了在青岛与上海两地派兵保护日侨的可能。所以在《对华作战计划》中写明"在情况不得已"时才对青、沪作战，而所下达的"兵力编制及任务"，也只限于在平津及青岛附近的布置，尚未计划向上海派遣正规陆军。①7月9日，日军参谋本部在其《处理华北时局要领》的命令中明确规定："即使抗日行动波及华中华南，陆军仍以不出兵为原则。"②日方之所以如此计划，不外乎出于以下的原因：第一，遵循集中全力吞并华北的战略方针。日军准备以"行使必要的实力来收拾事态"，通过逼降中国政府实现"全面地打开重建日华关系新局面"的目的。这说明他们此时尚无武力消灭国民党政府的具体部署。第二，对日苏发生军事冲突的严格防备。"参谋本部曾预想到在中国事变中对苏作战的问题"，"判断本年11月左右将面临对苏危机"。因此，日军不便过久地拖延与扩大对华作战，而只希望以"必要的力量在10月底以前完成对华作战计划"。日方甚至规定"以上作战不能达到目的时，即使当时的形势有所变化，也要停止陆上兵力之积极作战……将必要的部队调到满洲及华北待机，整顿对俄作战的准备"③。出于这种考虑，中日战争开始后，日方在华中华南地区首先采取的措施便是撤退侨民之类。由于驻防区域及掩护侨民撤退，日本海军在我国沿海地区及长江中下游异常活跃起来，并以青岛及上海两地为据点，开始参与侵华战争。

根据一·二八后的"停战协定"，上海地区驻有日本海军陆战队三千余人，他们以虹口陆战队本部为中心构筑了八十余处阵地，并进行了储存战备物资与集中海军舰只、陆战队兵力的工作。7月，华北战争爆发时，以长江方面为"警备区域"的日本海军第三舰队长谷川清司令官正在台湾指挥演习，闻讯后即赶赴上海。7月11日，他在上海召集了"特别警备会议"，根据日本海军省在7月8日下达的紧急训令，讨论海军"保护日侨问题"。会议决定驻华海军分成三组特务舰队。上海方面由长谷川清亲自指挥。7月16日，长谷川清向日本海军军令部提

---

① 《日本帝国主义对外侵略史料选编(1931—1945)》，第240页。

② 日本防卫厅战史室：《中国事变陆军作战史》第1卷，第156页，转引自《汪精卫集团投敌》一书。

③ 《中国事变陆军作战史》第1卷第2分册，第30页。

出报告，认为有必要在上海、南京一带发动战争，全力消灭中国海空军，同时派遣陆军五个师团攻占上海与南京，将中国政府置于死地，以尽快结束战事。“如果局限战域，则有利于敌方兵力之集中，深恐将使我方作战困难。为制中国于死命，须以控制上海、南京为最要着”①。8月4日长谷川清又一次请求东京增兵上海，但得到的答复是“要谨慎行事”，“待继续观察形势再作考虑”。8月7日上午，日海相米内光政向陆相杉山元送交了准备提交内阁的《请紧急派遣陆军进驻青岛、上海案》，但内阁并没有讨论这一提议。②直至8月上旬末，日方的作战方针仍然是“陆军仅派至华北，为保护日侨可动用海军，勿须陆军出兵上海”③。直至“虹桥机场事件”前夕，我们尚未发现日本最高军政当局有在上海开战的计划及下达明确的作战命令。然而，日本海军由于急于加入对华战争，其领导机关与下属舰队不顾一切地开始了在华中、华南的备战。上海地区因地理与历史的原因，是其备战的重点区域。对于日本海军在上海的备战，日本政府与陆军方面并没有表示出积极态度，驻上海的日军只有少量海军陆战队而没有正规陆军，因此日方没有在上海大战的准备。直至8月中旬上海战事全面爆发后，日方才匆忙从各地抽调陆军增援上海。④

以上便是8月9日以前日方在上海地区的备战情况。由此，我们只能得出结论说，日方此时还没有具备对上海地区发动全面进攻的必要条件。

但是，中国方面的情形就不同了。自一·二八事变以后，国民党政府即意识到日军如再由上海入侵，将轻易威胁国都南京，故而对宁沪杭腹地的防御计划给予了相当重视。出于自身防卫的需要，自1931年起，国民党政府开始在这一地区构筑国防战备设施。经过数年的努力，花费了一百几十万元的资财，修成了三道国防作战线。第一是上海至杭州国防线，第二是吴江至福山国防工事（苏福线），第三是无锡至澄江（江阴）国防工事（锡澄线）。到1937年，全部工程已基本完成。毫无疑义，这些备战工作的目的是为了对付日寇的侵略。1935年秋，中国最高军事当局着手制定了完整的《国防作战计划》，其主要目的是阻止日寇扩大侵华战争。这份计划由军事委员会铨叙厅厅长林蔚主持制定，其总方针规定：

---

① 二史馆藏：《中国现代史大事月表》1937年7—9月本。

② 《中国事变陆军作战史》第1卷第2分册，第1页。

③ 日本防卫厅编：《日本大本营陆军部》第一部第四章。

④ 据重光葵《昭和的动乱》一书载：“对于中国的作战计划，自从1932年第一次上海战役以来，海军认为上海及华中扬子江流域应为对华作战的重点，陆军省不赞成，以为中国不是日本的对手，只要动用驻在华北的少数部队便可。”这说明了日本陆海军在侵华途径上存在分歧。

"为保全国土的完整,维持民族生存起见,应拒止敌人于沿海岸及平津张以北之地区,作韧强之抗战。随战争之推移相机转移攻势,将敌人歼灭之"。它将察哈尔、河北、绥远、山西、山东、江苏、浙江、福建及广东九省划为抗战区,其中又进一步划为 6 个防卫区。规定"各防卫区如遇敌人袭击应尽力抵抗以保国土","在开战初期各区应按预定计划在统一指挥下尽力拒止敌人登陆或侵入内地。"计划还具体规定:在郑州、开封、徐州、海州和宁沪杭一带设置防御。郑汴徐海地区由刘峙负责,宁沪杭地区由唐生智负责,并在中央军事委员会内设一执行部主持其事。宁沪杭地区内又设三个分区。南京分区(南京至镇江)由南京警备司令谷正伦负责;沪杭分区(浙东沿海至黄浦江以东)由张发奎主持,在嘉兴设立苏浙边区司令部;"京沪"分区(自无锡、江阴至上海)由张治中指挥,并计划以湖南全省、安徽南部、江西北部驻军为京沪杭地区后援部队。《国防作战计划》规定:在江浙方面,"驻江南部队应集结于京沪线及首都附近,一面任淞沪方面之增援,并相机扑灭上海之敌势力,一面防止长江内敌舰之侵扰以维护首都,……海州、吴淞、乍浦、澉浦、镇江、海门、温州等地各配置海岸守备部队以防止敌之登陆"①。仅就这一计划具体内容来看,很显然,中国方面对于防御日军侵略是有比较全面的设想的。

中国方面在宁沪杭地区的备战工作并没有仅仅停留于纸面。1936 年张治中向国民党最高当局建议,划分全国为若干防区,以宁沪为核心着手准备抗日工作。他的建议被采纳,根据对日作战实际需要,陆续分设了四大地区。宁沪杭一带为京沪警备区,由张治中任警备司令(八一三后改为第三战区,以冯玉祥、顾祝同为正副司令),其所属有张治中的第九集团军,驻苏州河以北沿黄浦江地区,张发奎的第八集团军驻苏州河南与浦东地区。张治中上任后,积极着手对日抗战准备工作。他在陆军军官学校内设立了一个"高级教官室",以军校教育处长徐权为首,专门主持制订"京沪分区"防御计划及实施,以后又扩充组织,为严格保密起见迁往苏州留园办公,改名为"军校野营办事处",其内部分设政治、军事两个组,陆续对沪宁间各重要地区进行了具体调查,对防御作战的兵力部署、指挥系统、防线设置、兵员补充、后勤供应,甚至发动民众、舆论准备等多方面的问题进行了研究设计。根据综合分析,他们认为:日本发动侵华战争,上海必然是战场之一,我们不能重演九一八和一·二八被动挨打的教训,应在敌方发动战事以前,主动出击进攻,彻底摧毁日军在沪军事据点,然后封锁海岸,确保宁沪安全。

---

① 《国防作战计划》,中国第二历史档案馆藏国民党军事委员会档案。

他们的这一战略、设想得到了最高当局的同意。除此以外，张治中还主持了一些实际备战工作，曾组织五个师的演习，模拟阻击日军登陆。1936年底又组织军事参谋人员到苏州、常熟、太仓、浏河、吴淞一带进行考察与布置，同时进行了一些组训民众工作，宁沪铁路沿线各火车站也奉命进行了军运准备。按照《一·二八停战协定》，安亭—太仓—七丫口一线以东地区不许中方军队驻扎，因而上海只驻有我方一个保安总团(约二个步兵团)的兵力。为防备不测，张治中提议派一加强旅伪装成保安队进驻上海虹桥地区，并得以实现。京沪警备司令部又与上海市合作，在市区设置了防御工事，阻止日军由黄浦江登陆。七七事变后，张治中又提出立即封锁长江水道，围歼长江上游日舰，但这一计划被国民党行政院秘书黄浚密告日方，使日舰得以迅速逃脱，并将汉口日海军陆战队转运上海，加强了日军驻沪兵力。①种种事实表明，国民党政府在宁沪杭地区进行了抵抗日本侵略的先期准备。对于国民党军政当局的这些工作，应实事求是地给予评价和肯定。

这里应当指出的是，1937年以前国民党的抗战准备是极不充分的。在反共政策没有改变以前，国民党当局是以反共为主、抗日为辅的，所进行的抗战准备只是有限的防卫措施。直至西安事变以后，国共达成了第二次合作，国民党才改变其立场转向抗日。到全国抗战爆发，国民党当局原先所进行的抗战准备才发挥了较大作用，才可能有抗日的主动表现。

华北战事开始后，国民党最高当局立即召开各部会署负责人及军事首脑会议商讨对策，在进行外交交涉并允诺让步的同时，又命令军队保卫国土抵抗侵略。7月19日蒋介石在庐山发表谈话，强调“卢沟桥事变的推演，是关系中国国家整个生存问题”，公开表明了抗战决心。8月6日国民党政府召开了第一次最高国防会议，决定了对日作战方针“以长期抗战为原则”②。中国统帅部认为：华北是一大平原，有利于日军机械化部队及大兵团活动，并距日方东北补给基地较近，附近又有冀东等地伪组织活动，所以形势于我不利。如果全面开战，我方应充分利用在淞沪间既设国防工事，在此投入重兵用以牵制敌人兵力，保卫政治、经济中心，同时还可能使日军触犯列强在华利益引起国际干预。③一旦上海开战，

① 余湛邦：《抗日战争中的张治中将军》，载《团结报》1984年8月。又见《八一三淞沪战役纪略》，载《上海文史资料选辑》1980年第五辑。

② 《卢沟桥事变发生后统帅部重要会议记录》，二史馆藏，国防部史政局及战史编纂委员会档案。

③ 这一时期英国在华投资的72%，美国在华资产的64%都集中于上海。国民党当局认为在上海开战必将导致英美出面干预，造成停战结果。

应争取迅速歼灭上海日军，封锁海洋；如战事不利，则可退守苏福国防线打持久战，借以待机调停战事，阻止日军侵略。8 月 7 日，各地军事将领云集南京商讨作战计划。

中国方面对于淞沪地区抗日的准备与计划，造成了中方发动八一三战役的客观条件。

二

正当华北战事愈演愈烈之时，日本当局唆使在华的军队、浪人到处寻衅闹事，制造冲突纠纷。七、八月间，在上海连续发生了日本海军陆战队队员宫崎贞雄"失踪"及"虹桥机场"事件，一时成为新的冲突焦点。特别是在"宫崎事件"被中方妥善应付后，"虹桥事件"的处理便成为能否维持上海和平的关键。

1937 年 8 月 9 日，驻上海的日本海军陆战队第一中队长大山勇夫与一等水兵斋滕要藏驾车冲击我虹桥机场，被我方机场保安队击毙。这就是所谓的"虹桥机场事件"。由此，中日双方大举增兵上海，开始了直接冲突。"虹桥事件"是八一三事变的起点。在此期间内，日方开始向上海增兵，"司令长官决心增强海军兵力，命令在佐世保待机的部队进入上海"①。日本驻沪海军陆战队的兵力从原来的三千余人猛增为一万二千余人，从长江开入黄浦江的日舰亦达 29 只。中国政府也于同时下令调遣京沪警备司令张治中所部之八十七、八十八两师部队向上海市区推进，并迅速设立了作战指挥部，在江湾—吴淞间布置了防线。上海形势急剧恶化。8 月 11 日下午，日本驻沪总领事冈本季正赴上海市政府访市长俞鸿钧，交涉"虹桥事件"。冈本首先质问中国政府对事件的态度，其次提出两点要求：(一)将上海保安队撤退；(二)将保安队已筑工事悉数拆除。中国方面对此无理要求坚决予以拒绝。俞鸿钧回答冈本：中国政府必将此事照外交方式解决，但日方尚在交涉之际即大举增兵上海，这是赤裸裸的威胁。然而，"我方抱定方针非威胁可改变"。冈本威吓无效只好退出，次日下午，有各国代表参加的"淞沪停战协定委员会"在租界工部局召开会议，俞鸿钧在会上痛斥日方要求中国撤军之荒谬，他声明："惟我国军队在本国领土行动有绝对自由之权，此则未容他人置喙"，并提出以日方先撤兵为让步条件。冈本对此不能回答，会议乃以无结果而

① 《中国事变陆军作战史》第 1 卷第 2 分册，第 2 页。

告终。①

"虹桥事件"是由日军挑起的。中国保安队击毙在中国领土上横行的日军完全是正义的。在这次事件中,中方一改过去妥协退让方针,自始至终采取强硬立场,对日方的挑衅行为及无理要求予以坚决的回击。

"虹桥事件"为淞沪战役点燃了导火线,但就8月9日至月底大战全面展开这段时间内的情况分析,中日虽都决心在上海一战,然双方的作战计划与准备工作却大有不同。

事变发生后,日本军政当局开始重视上海方面的局势。"海军中央部研究了解决大山事件的方案,决定了向中国方面提出要求事项,在采取外交措施的同时,和第三舰队进行了联络,要求慎重行事。尽管事态的最后解决只能诉诸武力,但在陆军派兵的情况下,攻击开始的时间也须在动员后的20天,因此当前要尽可能不使事态迅速恶化。""在10日的阁议上……再次确认了就地保护上海侨民的方针,答应准备派遣陆军部队。"②日方利用外交谈判拖延时间,从各地调派了三个师团的陆军赶运上海。日军参谋本部此时的观点是:"上海方面已超出单纯的保护侨民目的以外,具有给中国方面以沉重打击的意义。"③因此,其在6月20日制定的《作战计划大纲》中规定:"以上海派遣军(以五个师团为基干)击败上海周围之敌,而后以一个军(大概以三个师团为基干)确保上海周围的重要阵地线,切断上海、南京间的联系并谋求占领地区的稳定。"④这表明,日军在战役开始时只计划攻占上海而没有在华中大战的具体部署和准备。即使在开战以后,日军参谋本部第六百号命令仍规定:"华中方面军的作战地区大概定为联结苏州、嘉兴线以东","意在预期方面军主力不超过该线"⑤。曾任中国战场高级指挥官的今本熊男的回忆也说明日方在初期并无使华东成为主战场的计划⑥,日军在华中作战的决心是逐步确定的。

然而,中国方面在"虹桥事件"发生后即决定了开战措施与大战计划。事件发生后,在对日采取强硬外交的同时,国民党最高当局宣布从此进入对日抗战,命令参加庐山会议的将领回到各部队,开始全面抗日部署。8月11日晚,国民党

① 二史馆藏:《抗战史料丛稿》第十种《战纪》,"上海之战"第3册。
② 《中国事变陆军作战史》第1卷第2分册,第2页。
③ 《中国事变陆军作战史》第1卷第2分册,第20页。
④ 《中国事变陆军作战史》第1卷第2分册,第30页。
⑤ 《中国事变陆军作战史》第1卷第2分册,第94页。
⑥ 参见蒋纬国:《蒋委员长如何战胜日本》,第21页。

政府军事委员会命令:“张司令官治中率八十七、八十八师于今晚向预定之围攻线挺进,准备对淞沪围攻。”8月13日深夜,蒋介石下令张治中发动总攻击,决定将第五十六师主力、第五十七师的一部及独立第二十旅向前推进,采取逼向南下在长江方面作战的敌之侧面的有利态势。①中国军队源源不断开赴上海战场。张治中所率领的参加过一·二八战役的部队士气高昂,进入南翔指挥所的一些士兵甚至拒绝下车,要求一直开赴前线参战。中日双方剑拔弩张。到8月13日上午九时许,中国军队在部分日军士兵首先越过对峙线的情况下,奉命发起全面攻势,揭开了淞沪百日大战的序幕。8月14日中国政府发表《自卫抗战声明书》,宣布“实行天赋之自卫权”。

8月18日,蒋介石派陈诚、熊式辉赴沪视察战况,20日返回南京。陈诚向蒋汇报说:敌对南口在所必攻,同时亦为我所必守,是则华北战事扩大已无可避免,故敌如在华北得势,必将利用其快速装备沿平汉路南下直扑武汉,于我不利,不如扩大沪事以牵制之。蒋对此表示:“一定打。”陈诚又说:“若打,须向上海增兵。”蒋即派陈诚为第15集团军总司令率部赴沪增援②,至此,淞沪大战再次升级。8月20日国民党政府军事委员会将全国划分为南北五个战场,下达了如下作战方针:“国军一部集中华北持久抵抗,特别注意确保山西之天然堡垒。国军主力集中华东,攻击上海之敌,力保淞沪要地巩固首都。另以最少限度兵力守备华南各港口。”③这就是国民党抗日初期战略设想的基本原则。从这里我们可以看出,国民党军发动上海抗战是有目的、有计划的,而且早已做了必要的准备。

上海战事开始后,由于中国军队未能及时攻克虹口日军据点,贻误了战机,使日本援军得以登陆,双方激烈混战。日军20万人凭借强大的火力与优势的装备,海陆空配合作战,中国方面投入40余万兵力,由蒋介石亲自指挥,双方反复冲杀互相包围,猛烈的战斗使双方伤亡惨重,中国参战官兵表现了高度的献身救国精神,与日军拼死搏斗,使日军寸步难进,付出了惨重代价,战事持续胶着。但中方由于装备落后,供给不足,也遭受了极大损失,特别是由于中方最高决策者

---

① 《中国事变陆军作战史》第1卷第2分册,第16页。二史馆藏《淞沪会战张发奎文电》亦载:8月12日张给蒋介石、何应钦发电称:“文白兄方面,似已决心主动。”何在来电上批复:“可。已令保安队即开淞江,归张文白指导共同作战。”

② 二史馆藏国民政府军事委员会战史会档案:《陈诚私人回忆资料》。

③ 虞奇:《抗日战争简史》上册,第135页。

的指挥错误，动摇不定反复无常，幻想国际力量的干涉，导致军事指挥上朝令夕改，失去了一次次夺取胜利及有组织按计划退守苏福线的机会，使我军逐步陷于被动。最后，当日军大量增兵并从杭州湾迂回包围上海之时，我军连续放弃了两道国防工事而溃退下来，坚持了三个月之久的淞沪抗日之役归于失败。11 月 9 日上海失守，而日军则不断“扩大作战”，突破了“制令线”限制，最终使得中方战略计划归于破产。

三

根据以上论述，我们可以明确以下几点。

第一，八一三战役是中国发动的。中方在战事开始时处于主动地位，这一点完全可从中方的作战准备、战略计划以及日方参战经过诸种事实中得到证实。第二，中方战斗的结果没有达到预期的目的，反由主动变为被动。日本方面虽然战前在上海没有充分准备，还没有形成在上海进行大战的计划，但在开战后随着战事扩大而倾全力参战，上海方面逐步成为其“主战场”。它逐步增至 75 个师的兵力，并利用在上海周围的胜利准备新的攻势，以攻击南京和其他地区。日本政府内阁的决策也相应地由在上海附近以击退敌人胜利结束战局升级为“放弃不扩大方针”，最后成为“不以国民政府为对手”。由于不断“扩大作战”的需要，日军从本土、台湾、朝鲜、东北抽调了大批援军参战，甚至从华北战场抽出了主力部队，并投入了伪满军队①。日本政府初期规定的“十月底前结束战事”的时限及“不得越过苏州—嘉兴线以东”的底限也随之废除了，最后日军直趋南京。所以说，上海战役的结果是日方从中方手中夺取了战争主动权，变得更为主动。第三，国民党政府发动上海抗战的目的，依事前的计划，在战术上是以积极的攻势清除日军驻沪部队，封锁海洋，保卫宁沪安全。据史料判断，也有吸引华北日军分兵南下的意图，最后在客观上也达成了这一目的。②国民党发动上海抗日的战略目的是要向日本及英美各国显示自己的力量，希望以此迫使日寇放弃灭华企

---

① 据《中国事变陆军作战史》第 1 卷第 2 分册载：此期从华北战场调往上海的日军部队有第六、第十八、第一一四等各师团。

② 此期日军在华北与上海两个战场兵力情况变化如下：8 月，华北为 9 个师团，上海为 2 个师团，9 月，华北为 8 个师团，上海为 5 个师团；9 月 5 日日军统帅部决定抽调华北兵力南下，“把主作战转移到上海方面”，华北日军减为 7 个师团，上海日军则增为 9 个师团。

图，同时争取英美的干涉调解，达成妥协停战阻止日本灭华的政治目的。“中枢除积极准备发动全面抗战外，仍秉不求战而应战之一贯主张，准备彻底牺牲。若寇方能停止侵略恢复七月八日前之状态，则犹可（原文如此）最后一线希望。”①这说明，上海与华北的抵抗，都是为了恢复七七事变前不战不和的局面。第四，八一三战役的结果，使日本对华战争陷入持久作战，粉碎其“速战速决”的迷梦。这正是八一三战役的作用与意义所在。当然国民党政府虽然出于政治及军事上的需要而主动在上海对日作战，表现出了一定的抗日积极性，但没有驱逐日本侵略者收复全部国土的远大计划，抗日决心尚缺乏坚定性与彻底性。

（本文原载《近代史研究》，1986 年第 6 期）

① 二史馆藏《抗战史料丛稿》第十种《战纪》，“上海之战”第 3 册。

评国民党开辟淞沪战场之得失

王树荫

目前,史学界论述淞沪会战的文章不少,论者在颂扬国民党军队英勇抗战的光辉业绩时,却忽视了从战略防御方向的角度考察国民党开辟淞沪战场的得失。国民党方面极力标榜其抗战初期将防御重点置于华东的战略行动,认为"这主动攻势的一战,使敌人完全追随了我军行动,使敌人丧失了主宰战场的先机"①。而历史事实恰恰相反,这一战略防御方向的选择,导致华北、华东相继沦陷,日军从东、北两面合击中原,抗战初期的国民党战场陷入了极为被动的局面。由此我认为,国民党开辟东战场,是战略防御方向的一大失策,得不偿失。

一

1937 年 7 月,日本帝国主义发动"卢沟桥事变",开始了全面侵华战争。当时日军的直接战略目标是夺取华北,作为尔后南攻北进的战略基地。为配合华北战场,日军决定在上海、青岛等地进行牵制性作战。7 月 29 日,日参谋本部制定的《对华作战大纲》规定:中国驻屯军必须"占领平津地区,并策划持久占领","作战地区大概限定于保定、独流镇一线以北。根据情况,以一部分兵力在青岛、上海附近作战"②。

占领平津后,日军的作战方针稍有更改,但以华北为主、华东为辅的总战略没有改变。8 月 5 日,日参谋本部决定:"帝国务须迅速对河北省内的中国军队以

① 张凤岐:《中国国民党奋斗史》,第 62 页。

② 《中国事变陆军作战史》第 1 卷第 1 分册,第 201—202 页。

及中国的空军主力给予打击，随后占据华北要地，以期根本解决华北问题”，“在（华北）会战期间，对青（岛）、沪等地侨民的保护由海军担任；除非情况万不得已，不派遣陆军部队”。“为收到更大的会战效果，要采取策略诱使华北各军阀、南京政府以及上海财界等发生动摇”，“使南京政府在失败感下不得已而屈服，并由此造成结束战局的机会，此点最为要策”①。同时，规定华北日军作战的“制令线”在石家庄、沧州一线。7日，日军修正第二期作战计划，决定在保定、沧州附近与中国军队主力会战，时间估计在9月下旬或10月上旬，作战界限规定在石家庄、德州一线以北。9月25日，日军中央统帅部再次指示华北方面军，“作战地区（不包括航空），大概定为连接石家庄—石德一线以北”②。

综上，可以看出日军占领平津后战略方针的要点：日军的军事战略是“速战速决”，试图通过给中国军队“有力一击”，使中国丧失抗战意志，从而赢得有利于日方的“和平结局”，日军的战略目标是强占华北，当时尚无沿平汉线长驱直下武汉腹地的战略构想，日本进兵上海，为着双重目的，一是牵制华东的国民党军队，以利其在华北战场取胜，二是在中国的政略、战略要地开战，破坏中国的政治、经济中心，压迫国民党政府屈服，承认日军侵占华北这一现实。

为贯彻上述战略计划，日本在华北编组了华北方面军和察哈尔派遣兵团，投入8个师团又6个旅团的强大兵力，沿津浦路、平汉路、平绥路攻击前进。在上海方面，日军原有海军陆战队五千人，“虹桥事件”发生后，又组成了上海派遣军，辖两个师团，开赴上海作战。

平津失守，迫使国民党蒋介石处于非战不可的境地。8月6日，国民党政府在南京召开国防会议，制定“全面抗战，采取持久消耗战略”的抗战方针③。会议判定日军的战略目标是夺取华北，因此对华北防务作了部署，决定在平汉、津浦两路北段地区设置三道防线，准备用阵地战阻击敌军。

“虹桥事件”发生以后，上海局势骤然紧张。国民党出于种种政治、军事考虑，决定将淞沪作为战略防御重点。当天，蒋介石宣布对日抗战，并开始调兵遣将，增强淞沪方面的防卫力量。11日，京沪警备司令张治中奉命率领第87、88师开赴上海，远在西安的第36师也受命向上海挺进。同时，国民党把准备用于奇袭天津、丰台等地敌陆空军基地的天津、南宛两个空军支队调往华东，又将先

---

① 《中国事变陆军作战史》第1卷第1分册，第211页。
② 《中国事变陆军作战史》第1卷第2分册，第47页。
③ 吴相湘：《第二次中日战争史》（上），第383页。

头部队已抵达郑州的增援华北战场的第18军转调淞沪前线。

八一三淞沪抗战爆发，标志国民党把防御重点放在华东的战略行动开始实施。19日，陈诚赴沪视察，20日返京。他向蒋介石建议："日军如在华北得手，必将利用其快速部队沿平汉路直趋武汉，武汉一旦失守，则中国将东西纵断为二。故不如扩大淞沪战场，诱敌至东战场。"①蒋介石采纳了陈诚的意见。8月28日，国民党政府军事委员会颁布的作战指导方针决定："国军一部集中华北，重叠配备，多线设防，特注意固守平绥东段要地，最后确保山西、山东，力求争取时间，牵制消耗敌人。以主力集中华东，迅速扫荡淞沪敌海军根据地，阻止后继敌人之登陆，或乘机歼灭之。并以最小限兵力守备华南沿海各要地。"②

可见，与日本的战略计划相反，国民党蒋介石把华北作为消耗性区域，牵制消耗敌人；在华东集中中央军主力，试图一举击垮当面之敌，赢得局部胜利，造成结束战局的时机。在这样的战略指导下，国民党几十万精锐部队陆续开进淞沪战场。8月13日，张发奎率第八集团军由浙江到达浦东。15日，第61师、第11师、第1军等部相继抵沪增援。至此，参加淞沪会战的国民党军队多达三、四十个师。③

二

将抗战初期防御重点置于华东，与其说是国民党采取的军事战略行动，不如说是政治策略手段。发动淞沪抗战的政治意图大大超出军事上的考虑。探讨这些原因，有助于更好地评价国民党开辟东战场的功过是非。

国民党方面解释开辟淞沪战场的军事原因是：如果日军在华北得势，必然会长驱直入武汉腹地，分割中国为东西战场。这样，中国沿海的重要物资就无法西运，整个中国战场将由此变得"支离破碎"④。为吸引华北日军主力，"打破敌人的战略，使他们不能按照预定计划，集中力量侵略我们华北"⑤，华北"只能视为消耗

① 李云汉：《对日抗战的持久战略》，见浙江省中国国民党历史研究组编印：《抗日战争时期国民党战场史料选编》(一)，第247页。

② 蒋纬国：《抗日御侮》，第3卷，第80页。

③ 《"八一三"上海抗战大事记》，见《上海社会科学》1982年第9期。

④ 张凤岐：《中国国民党奋斗史》，第62页。

⑤ 张其昀主编：《先总统蒋公全集》，第1087页。

性的地域”,“中国的主要军事力且必须保留在长江流域的城市决战”[①]。另外,“就全国地形言,如当时在黄河流域与敌作战,殊不若在长江流域,利用湖沼山地,较有利也”[②]。

以上是国民党将战略防御重心置于华东的重要原因,但不是主要原因。大量历史资料表明,国民党在淞沪调集重兵与日决战,主要是由以下原因决定的。

第一,企图由此挑起欧美列强干涉,达到尽快结束战争之目的。上海是英美在华投资和其他各种利益的集中之地。十九路军一·二八淞沪抗战时,英美法等国曾出面调停,订立《淞沪停战协定》。“虹桥事件”发生后,英美等国深为忧虑,多次发出和平呼吁。8 月 11 日,英、美、法、意四国驻华大使,在南京联合发表通告,要求中日双方不要将战祸危及上海。因此国民党试图故伎重演。它深信列强“必能在其郑重签订之国际条约下各尽其所负之义务”[③],“在上海和敌人用主力火拼一番,不特可以转变西人一向轻华之心,且可能引起欧美国家居间调停,甚或武装干涉”[④]。这就是国民党决定在上海与敌激战的真意所在。

由淞沪会战的进程同样可以清楚地看出国民党依赖列强解决中日战事的指导思想。淞沪战起,规模日益扩大,欧美诸国却抱定“中立主义”不再前进一步。9 月初,前线将领张发奎、张治中都建议对淞沪战场的用兵数量作一精密计算,避免与敌密集作战,而应采取持久消耗战略。但蒋介石仍坚持认为,在沪持久作战,总“会引起国际的干涉”[⑤]。于是,国民党一面继续增调部队,扩大战争规模,一面大声疾呼,“美国对中国战争熟视无睹,令人不胜惊异”,“中国已为美国而战,美国不应中立”[⑥]。10 月下旬,上海战场行将全线崩溃,但蒋介石还是寄厚望于即将召开的九国公约会议,命令部队拼死苦撑两个星期,等待同情和援助中国的佳音。结果,国民党军队一败不可收拾,一月之间日寇又占南京。国民党将领白崇禧在 1938 年 3 月说:“用军事来迁就外交”是造成淞沪惨败的重要原因。[⑦]

第二,等待苏联出兵。蒋介石认为:日军发动“卢沟桥事变”的“唯一目的,就是在攫取平津作根据地,俾其主力于长城一带,来对付其另一强敌的苏俄。对于

---

① 黄显光:《蒋总统传》,第 277 页。

② 陈诚:《八年抗战经过概要》,第 7 页。

③ 《国民政府自卫抗战声明书》,1937 年 8 月 14 日。《李宗仁回忆录》,第 702 页。

④ 《李宗仁回忆录》,第 702 页。

⑤ 程思远:《政坛回忆》,第 105 页。

⑥ 转引自中国人民大学党史系编:《中共党史专题讲义》(三),第 106 页。

⑦ 《白崇禧将军最近言论选辑》,第 18 页。

我们，他的初意是想用不战而屈的政略”①。国民党1937年度作战计划也判定，中日开战将“惹起俄日或美日俄，甚至中俄英美联合对日作战，则敌将以陆空军主力应付俄军，以海军主力应付英美，对我者只有一部分兵力而已”②。因此，国民党当然无需动用全力去华北与日军决一死战。当时，这种观望等待的论调在国民党内十分盛行。诚然，日军占领华北，无疑将对苏联形成极大威胁，日本陆军中也确实存在一股强大的“北进”势力。日苏两国间的尖锐矛盾和军事对抗日益加剧，双方剑拔弩张，大有一触即发之势。然而，当时日本仍无实力两面作战，不得不对苏保持防御态势，苏联为自身利益计，虽与中国签订了互不侵犯条约，并给中国大量武器、物资方面的援助，但却无意出兵同日本直接开战。显然，依靠苏联出兵制止日军侵占华北是不现实的。但是，国民党蒋介石幻想，苏联终究不会听任日本占领与其有着重要战略关系的华北。他们估计，“只要打上三个月，国际局势一定变化，苏联一定出兵，战争就可解决。”③因此，国民党把主战场放在华东，而将华北视为消耗性区域，且把华北战场的重点放在平绥路，规定第一战区“对当面之敌实行柔性攻击”，协助第二战区在平绥线方面作战，以保证“中苏联络之生命线”的畅通。④中日战争的进程大出国民党之所料，等待苏联出兵的设想未能实现。蒋介石便亲自致电斯大林，请求苏联出兵，并要求签订军事协定，遭到斯大林拒绝。

第三，为了维护四大家族的政治、经济利益。国民党政府是四大家族的御用工具，蒋介石不过是假借中央名义的大军阀而已。国民党蒋介石制定军事战略，颁发作战命令，无不从维护四大家族的私利、保存中央军的实力出发。在华北，蒋介石的统治权是有限的，华北的政治、经济大权掌握在阎锡山、冯玉祥等地方军阀手中。相反，江浙则是蒋介石起家之地，是其独裁统治得以维持的战略基地。上海是南京政府首都的海上门户，又是当时中国的经济中心，上海海关的关税收入约占全国关税收入的一半。守卫上海、确保华东对维系蒋氏集团的统治地位具有至关重大的意义，蒋介石当然不会使用中央军主力去争夺华北，而置华东于不顾。

国民党蒋介石为确保沪宁政治、经济中心，早在1935年底就开始在华东构

① 张其昀主编：《先总统蒋公全集》，第1072页。

② 转引自苏智良：《八一三淞沪抗战失利之原因》，见《档案与历史》1986年第1期。

③ 毛泽东：《论持久战》。

④ 蒋纬国：《抗日御侮》第3卷，第101页。

筑防御设施，到抗战前夕，筑成了三道坚固防线，即从长江下游的福山经苏州到杭州湾乍甫的“兴登堡防线”、锡澄线和以茅山为中心的南京外围防线。可是，对华北的国防工事，国民党政府名义上是拨款限令地方修造，实际上却不闻不问。黄河以北，根本没有新建抵抗日军侵略的防御阵地。显然，国民党蒋介石将中央军主力使用于华东，是想利用华东坚固的防御工事，取得战果，扩大影响，减少牺牲，保存实力，可谓一箭双雕。

另外，中央军主力不去华北作战，亦有难言之隐。受中日诸项华北协定所迫，中央军不得不屡次南撤，而且华北历来为地方系军队的地盘，中央势力很难插足。七七事变发生后，宋哲元还与日军周旋，试图在日本与国民党中央之外寻找独立生存的空隙，为取悦日军，电请蒋介石命令北上增援的孙连仲等部停止前进。

三

国民党战略防御方向选择的失误，是造成抗战初期正面战场丧师失地、被动挨打的重要原因。

首先，国民党将战略防御重点置于华东是无的放矢，措置失当。当时日军的侵略重点在华北，中日战争的全局和重心也在华北，只有在华北击溃日军，才能破坏敌人的整个侵略计划，起到扭转战局的战略作用。中国共产党曾经告诫国民党当局，“华北抗战能持久，日寇将无法实现其全部阴谋”①，建议将战场重心放在华北。但是，国民党不是采取积极的手段，派主力去华北作战，大量消耗敌人，阻止日军进攻，达到保卫华北、屏障中原的目的，而是开辟淞沪战场，试图以此挑起列强干涉，保护京沪要地，解救华北之危。结果，不但没有击中日军的要害，反而迎合了日军侵吞华北的战略意图。

其次，国民党调集重兵，开辟东战场，非但没能缓解华北之危，反倒中了日军的“引诱”、“牵制”之计，致使中国精锐军队损失惨重。国民党本来幻想用开辟东战场吸引华北日军主力，减轻华北方面的压力，结果适得其反。国民党军队主力云集淞沪不设防地带，便于日军聚而歼之，河北战场兵力空虚，致使平汉、津浦两线迅速溃败，给山西战事带来严重影响，日军得以从晋东、晋北合击太原。由津

---

① 《周恩来选集》(上)，第 84 页。

浦、平汉路移向晋东方面作战的日军整整有8个师团,约6万余人。娘子关失守对忻口阵地最后崩溃影响极大,太原失守,标志国民党军队为主体的华北正规战彻底失败。国民党方面认为,上海之战调动了华北日军。事实是:日军于10月20日下令编组第10军,才从华北抽调两个师团及国崎支队去上海。此时,河北全境已经沦陷,山西局势岌岌可危,日军强占华北的目标已初步实现。而且,日军增兵上海,是由其破坏中国的战略、政略要地,歼灭中国军队主力,达成速战速决的战略方针决定的。正如日陆军部作战部长下村所说:上海方面"作战的着眼点不是救援上海的危急,而是出于和上海派遣军面前多达75个师的敌军主力交战将其击破这样的积极想法"①。战争的结果表明,正是国民党把主战场放在华东,将华北作为牵制方面的战略计划,才导致防守不力失华北、兵多为患遭重创的惨痛结局。

再次,把战略防御重点置于华东,致使国民党丧失了战争的主动权,陷入了日军从东、北两面合击中原的被动局面。台湾国民党战史研究者认为,淞沪一战,"迫使敌人将'由北而南'历史上有利的作战轴线(如元朝对南宋,满清对明朝的作战),改变成'由东而西'不利的仰攻态势"②,国民党由此掌握了战争的主动权。这一观点是站不住脚的。淞沪会战并未诱使华北日军放弃南下企图,将进攻的路线由南下转为单一的西上,相反,却使敌人南北战场相互策应,取得了合击中原的有利态势。而且,溯长江西攻,对具有现代化海空军的日军而言,亦并非不利。上海、南京沦陷,对武汉腹地来说,犹如唇亡齿寒,威胁极大。国民党政府不得不制定保卫大武汉的战争计划。当时,日海军确曾主张立即攻占安庆,胁迫武汉,陆军省也表示支持。日本政府发表了"不以国民政府为对手"的强硬声明,更主张"迅速攻占汉口、广州"③。但是,由于日本顾虑"苏联的动向",忧虑对苏作战准备之不足④,不得不抽调华中方面军一部加强华北、满蒙的力量,这才迟缓了西攻武汉的时间。

徐州会战后,日军着手进攻武汉,日本统帅部最初"计划以一个军沿京汉线南下,一个军沿扬子江进攻",后来"改变计划决定以主力军沿淮河进攻大别山北面地区,以一个军沿扬子江西进"⑤。面对日军的两路进攻,蒋介石不顾人民生命

---

① 《中国事变陆军作战史》第1卷第2分册,第84页。
② 张凤岐:《中国国民党奋斗史》,第62页。
③④ 《中国事变陆军作战史》第1卷第2分册,第153页。
⑤ 《中国事变陆军作战史》第2卷第1分册,第110—111页。

财产的严重损失，命令部队炸开花园口黄河大堤，造成河水泛滥。此举迫使日军再次改变作战计划，决定主力溯江攻占武汉，一部越大别山向南助攻。日军虽然三次更改作战计划，但只是主攻方向有所变动。日军由于占据武汉以东长江下游地区，始终处于合击武汉的有利态势。相反，国民党因为失去华东防线，武汉门户洞开。虽然在武汉会战中，国民党的军事战略战术是抗战初期最好的，但是面对日军的多线进攻，只得分兵把守，穷于应付，陷入了被动挨打的窘境。具有讽刺意味的是，攻占武汉的日军，正是沿着国民党所谓不利的仰攻路线进攻的第11军。

至于华北日军未能沿平汉线长驱直下武汉，亦非国民党华东战场的诱敌之功。就战争地形而言，山西是中原腹地的天然屏障，华北日军南下武汉必须先占潼关，保障其右翼，但欲取潼关，由洛阳西攻较难，沿汾河南进较易，平汉、同蒲之敌只能在攻占临汾、风陵渡之后，才能达到目的，敌占武胜关、攻取武汉之兵力，“主要当从津浦路转来”①。因此，华北日军在没有占领山西以前，南取武汉是不可能的。敌陷石家庄后转兵山西，甚至在占领河南安阳后仍不敢继续南下，原因就在于此。可见，坚持华北抗战，坚持山西抗战，对保卫武汉意义甚大。正是由于八路军和阎锡山、卫立煌所部坚持山西抗战，发动游击战争，才使日军穷于应付华北“平定作战”，而不能过黄河一步。对此，国民党方面也承认不讳：第二战区“不但不撤至黄河西岸，且于38年2月至10月，发动全面游击与反击，战火遍及晋绥两省，牵制日军约达四个师团兵力，并使平汉路方面之日军始终未能越过黄河，对徐州会战及尔后的武汉会战协力甚大。”②

最后，就军事地理而言，国民党把军队主力投入淞沪地区与敌决战，更是失策。上海东临大海，北枕长江，便利的海洋交通是日军发挥海陆空军联合作战威力的有利场所。而且，上海是中国的经济中心，南京是国民党政府的首都，在这样的政略要地与日军进行大规模作战，实为兵家所忌。当时的军事评论家就曾指出：“以淞沪地形言，我方该地本无险可守，且无坚固工事可以凭借，外国军事家在‘八一三’大战开始时，早就不赞成这种冒险战争。”③李宗仁事后评论道：“我们极不应以全国兵力的精华在淞沪三角地带作孤注一掷。”④相反，华北地形于我

① 《毛泽东军事文选》，第112页。
② 蒋纬国：《抗日御侮》第3卷，第110页。
③ 瘦生：《对于敌我作战得失之检讨》，见《军事杂志》第109期。
④ 《李宗仁回忆录》，第702页。

有利，且无后顾之忧，山西全境、冀察西部、热冀边地，都是山地，极便于我军活动。尽管国民党军队主力很少调往华北，华北正面战场仍坚持了4个月，开展了声势浩大的游击战争，迫使日军始终不能沿平汉线过黄河南攻武汉。而国民党投入重兵的华东战场，却未能阻止日军进攻，上海、南京、杭州等要地全部沦陷。试想，如果国民党能充分利用华北广阔领土和有利地形，将主战场放在华北，并借黄河天险阻击日军，那么是可以消耗更多敌人、保守更大空间和争取更长时间的，整个初期战场的局面将有所改观。

开辟淞沪战场是抗战初期国民党军事战略的一大错误，但几十万国民党军队在东战场苦战4个月所起的客观作用应当得到肯定。第一，淞沪抗战歼灭了日军部分有生力量，打破了敌人速战速决的战略计划，迫使日本陷入了中日战争的泥潭而不能自拔；第二，上海、南京失守，国际干涉无望，破灭了国民党蒋介石尽快结束战争的幻想，国民党从此真正开始布置持久战，作好与日本长期战争的准备；第三，淞沪战场的坚持，使得华东地区大批工商企业、学校得以内迁，为尔后的持久抗战提供了良好的物质基础；第四，京沪要地的抗战，无遗地暴露了日寇凶狠残暴的法西斯本性，极大地激发了中国人民的抗战精神，也赢得了国际友人的普遍同情。另外，华东战场的开辟，对于八路军深入华北敌后，迅速开辟敌后战场也起了一定作用。

（本文原载《教学与研究》，1987年第1期）

论抗战初期正面战场作战重心之转移

——与台湾学者讨论发动淞沪会战的战略意图问题

余子道

八一三淞沪会战，是抗日战争开始以来第一个大规模战役，也是八年抗战中屈指可数的重大战役之一。这次会战，中日双方先后投入近百万兵力，历时近四个月，其规模之巨大，参战兵员数量之众多，作战情况之复杂，战役过程之持久，在抗日战争史以至中国近代史上都是极为罕见的。这场大规模会战对于中国的战略防御和整个战局的发展，产生了巨大而深远的影响，在抗日战争的发展进程中具有战略上的重要地位和作用。按照忠于历史、遵循科学的原则，评析淞沪会战的战略意义及其与全国军事战略格局之间的关系，是抗日战史研究中不可或缺的课题。台湾军事史和民国史学界一些著名学者，若干年来对这一问题发表了不少论著，尤其是提出了关于淞沪会战与中国军队作战方向问题的颇为引人瞩目的论点，也使我们产生了很大的兴趣。作者试图就这些问题作一论析，并求教于台湾同行。

一

淞沪会战在正面战场战略格局中的地位与影响是怎样的，它对中日两军作战方向的调整和改变发生过什么作用？台湾军事史和民国史界对这一问题的理解和回答显然是有变化的。70年代初期，台湾著名近代史学者吴相湘教授的《第二次中日战争史》，对于淞沪会战的军事战略意义有过这样的论述："从纯军事观点来看：日军拥有便利的海洋交通，容易发挥陆海空军的联合威力。中国的后方交通不便，军队集中很为迟缓，在上海和日军施行阵地战似不得计。但从全国地形来看：如果当时在黄河流域与日军作战，还不如在长江流域利用湖沼山地作战比较有利。中国军队在上海和日军激战三个月，使得在华的日军不能任意行动，他们还从华北抽调了两个半师团来上海作战，造成中国军队在华北的有利形势，尤其使山西有了准备的时间。这是战略上的成功。”①台湾著名史学家张其昀教授在吴相湘之前，在他的《党史概要》一书中，亦持此一论断。②

但是，从70年代后期以来，台湾军事史和民国史学界发表的为数众多的论著中，提出了一种与上述看法不同的新的论点，而且广为流行。他们认为，八一三事变爆发后不久，以蒋介石为首的国民政府最高统帅部即决策扩大淞沪战役的规模，把中日战争的作战重点主动地由华北战场转移到华东战场，引诱日军改变作战方向，从“由北向南”改变为“由东向西”，这个决策的制定和实施，是抗战初期“战略之最大成功”，是“抗战制胜的决定性战略作为”，从而奠定了抗日战争胜利的基础。

首先对上述问题提出论断，并进行了系统论析的，是曾任台湾三军参谋大学校长，大型抗日战史《抗日御侮》一书总主编的蒋纬国将军。③1978年4月，他在《抗日御侮》绪论中写道：蒋介石“在野战战略指导上，当战争爆发之初，即诱导日军作战指向错误方向：八一三淞沪集中国军精锐，采取攻势，迫使日军追随国军行动，改变其作战线由北向南方向为由东向西方向。因此中国获得换取时间之空间，从容地将华东华中人力物力，撤迁西南，在大后方建立持久抵抗战力。此一野战战略指导，打破日军‘速决战略’，使中国抗日战争，持久到了与第二次世界大战结合，中国乃由独立奋战，演进与同盟国联合抗日，遂造成必胜之势”④。在抗日战争时期参与最高统帅部决策的何应钦将军，在为《抗日御侮》一书所作的序言中，也提出了他在以往的抗日战史中从未表述过的论断，说南京统帅部在八一三事变爆发后，即“以大军对淞沪日军采取攻势，不惜牺牲，迫使日军将主力作战由华北移于华东方面。因此，日军将其原可由北平南下汉口最有利的作战

---

① 吴相湘：《第二次中日战争史》上册，台湾综合月刊社1973年版，第392页。

② 张其昀：《党史概要》（又名《近八十年中国革命史》），台湾中央文物供应社1979年版，第1153页。

③ 这一说法在台湾最早出现于1966年10月“国防部史政局”编印的《领袖军事上的丰功伟业》一书，时任台湾“参谋总长”的蔡玉玺在该书序文中提出：蒋介石“洞察”日军以精锐部队沿平汉线南下直捣武汉的企图，乃主动举行淞沪会战，吸引敌军主力，从而迫使日军改换作战正面，从“由北而南”改为“由东而西”。但是，这一说法在台湾史学界的广为流行，则是70年代中期开始的，《抗日御侮》一书是这一说法的主要代表作。

④ 蒋纬国：《〈抗日御侮〉绪论》，《抗日御侮》第1卷，台湾黎明文化事业公司1978年版，第3页。

线，改采由上海西向汉口最不利的作战线，使国军获得一年又两个月时间。中国以此十四个月时间，将华东、华中凡可供应建设抗战基地——民国二十四年选定之民族复兴根据地之人力物力，概行西迁。中国凭借抗战基地持续不绝之供应，做到力能'持久'，遂将日本'速决'企图打破。日本既不能'速决'，因而导致与中国政治、经济有密切关系之国家支援中国。于是，抗日战争胜利之基地，确切莫定"①。

虽然，无论是蒋纬国或是何应钦都没有举出任何足以置信的史实，来佐证蒋介石和南京统帅部在何时何处，是怎样作出诱使日军改变"由北向南"为"由东向西"作战方向的决策，但却高度评价这一战略决策的意义。蒋纬国反复称颂说：这是"战略指导上的杰作"，"这一杰作，打破了日本'速战速决'的企图，造成了中国持久抗战的条件，奠定了最后胜利的基础"②。台湾著名军事学家徐培根将军也对此作过高度的评价，认为蒋介石在八一三事变之初，已"窥破"日军"由华北进攻华中与华南"的"诡计"，乃决策"以主力军猛攻上海之日军"，从而迫使日军"转移其作战重点于长江方面，遂将其原定由北向南之战略，改为由东向西之进攻"。他还认为，南京统帅部棋高一着，主动引诱，"使日军陷于泥沼，八年而不能自拔。所以此一改，实为中日两方面胜败之转折点，亦为总统蒋公最高之战略运筹"③。

在台湾史学界，有不少学者赞同蒋纬国等人的论点，其中最具代表性的是吴相湘教授的文章。他在《中国对日的总体战略》一文中，修改了《第二次中日战争史》一书对淞沪会战战略意义的评价，着重论述了中国统帅机关"诱使日军作战正面由南下转变成西上"的问题。他说：在七七事变和八一三事变以后，如果"日军利用其快速部队沿平汉铁路直趋汉口，并出洛阳堵塞潼关，则中国势将被东西纵断为二，长江下游军队民众及物资设备都无法西运。西北、西南大后方建立工作也徒劳无用，持久抵抗战略自然也不能实现"。他认为，蒋介石在当时就洞察这一危险性，决定举行淞沪会战，"诱使日军主力使用于华东而不在华北"④。他称崇这一决策说："蒋委员长诱使日军主攻方向由'自北南下'改变成'自东西上'

---

① 何应钦：《序〈抗日御侮〉》，《抗日御侮》第1卷，台湾黎明文化事业公司1978年版，第4—5页。

② 蒋纬国：《八年抗战胜于开战之先》，《蒋委员长如何战胜日本》，台海黎明文化事业公司1979年版，第19页。

③ 徐培根：《序〈抗日御侮〉》，《抗日御侮》第1卷，台湾黎明文化事业公司1978年版，第57页。

④ 吴相湘：《中国对日的总体战略》，香港《明报月刊》，第127期。

的战略终于成功。中国从此再不必忧虑有被日军东西纵断为两部分的危险，一切可按 1935 年 7 月的'持久作战'计划了。"[①]李云汉教授的《对日抗战的持久战略》一文，也完全肯定了南京统帅部诱使日军改变作战方向的决策，认为这一决策乃是贯彻抗日持久战略的关键。1987 年 7 月，在台北举行的"抗战建国五十周年学术研讨会"上，不少学者更是认为淞沪会战最重大的战略意义，在于"改变日军作战线方向"，这是抗战"初期战略上之最大成功"[②]。

综上所述，台湾军事史和民国史界不少学者对于淞沪会战的新论点可以归结为以下几点：(一)举行淞沪会战是蒋介石为首的统帅部主动地、有计划地引诱日军改变作战方向的战略决策；(二)淞沪会战的发动，使日本被迫增兵上海，日军不能不按照南京政府的意志把作战重心由华北移到华东；(三)淞沪会战和华东战场的开辟，诱使日军的作战方向从"由北向南"改变为"由东向西"，从而造成了中国军队的有利战略态势，为实现"持久战略"奠定了基础；(四)南京统帅部的上述决策是抗战初期战略指导上的最大成功，对抗日战争的胜利具有决定性的意义。作者以为很有必要在揭示有关史实真相的基础上，对这些论断进行实事求是的探讨。

二

八一三事变爆发后，国民政府以极大的决心毅然举行淞沪会战，其战略意图是什么？在这个战略意图中是否包含了诱使日军改变作战方向的军事战略企图？南京统帅部在当时是否已经作出了引诱日军改变作战方向的决策？这些都是研究淞沪会战的战略意义首先需要解决的问题。

南京统帅部发动和举行淞沪会战，其作战决策基于政治、军事、经济、外交等等诸方面的因素，是抗战初期一个影响全局的重大的战略举措，其战略意图主要有以下几个方面。

一是为了保护上海地区经济政治利益的需要。上海是国民政府统治下全国经济中心之所在，政府的财政税收、经济命脉和江浙资产阶级的经济利益，以及西方英美列强的在华利益都集聚于此。在南京当局看来，如上海失守，其后果远远超过失去晋、绥、冀、察等地，因而势在必保。正如陈诚所说："上海乃我经济重

---

① 吴相湘：《抗战八年的重要会战》，香港《明报月刊》，第 139 期。

② 参见《近代中国》第 60 期，台湾《近代中国》杂志社，1987 年版。

心，中外观瞻所系，故我不惜任何牺牲，予以强韧作战，双方作战重心，乃由华北移至华中。”①吴相湘在《第二次中日战争史》中也指出了这一点：“八一三战争开始的时候，中国军队毅然调集主力作战，是要保卫金融经济重心，上海又是中外观瞻所系，所在不惜牺牲。”②

二是为了拱卫首都南京和守卫长江。上海地处宁沪杭三角地区之东沿，上海——南京战役方向是一个整体。上海在当时是世界上第五个也是中国最大的军港，它不仅是进入江浙皖赣地区的海上门户，而且是溯长江进入我国内地的水路咽喉。南京统帅部是完全明白这个重要性的。大本营在八月二十日颁发的《第三战区作战指导计划》，就指明了上海作战的战略企图是：“该战区应以扫荡上海敌军根据地，并粉碎在沿江沿海登陆取包围行动之敌，以达成巩固首都及经济策源地，为作战指导之基本原则。”③

三是为争取国际干预，广征与国，孤立日本，借以造成和平解决的契机。上海既是中国经济中心，又是一个国际都市，世界各大国尤其是英、美、法、德、意等列强的权益在此错综复杂，盘根错节。南京当局正是有鉴于此，深知上海战事扩大，将直接损害英、美、法列强在华利益，必将震惊世界，引起列强关注，从而极有可能导致美、英、法等国的插手干预，调停中日之战。即使日军不接受调停，也可借以扩大日本与西方列强的矛盾，使中国在外交上立于主动地位。

四是在军事战略上分散敌军的兵力，迟滞敌军的进攻，以利于逐步实施“持久消耗”战略。七七事变爆发后，中国军队在平津一带奋起抗战，首先开辟了华北战场。当时战局的重心是在华北，日军企图以速战速决的方针，首先解决华北，造成既成事实，逼迫中国政府就范。淞沪抗战的发动，是为了在华东开辟第二战场，分散敌军的兵力，牵制敌军在华北的进攻，迟滞敌之攻势，从而使敌兵力分散，疲于两面作战，而我国则可争取更多的时间，转入全国抗战轨道，部署持久抗战。蒋介石在淞沪会战结束后也说过：“我们这次为什么要在上海作战呢？就是要打破敌人的战略，使他们不能按照预定计划，集中兵力侵略我们华北。”④

显然，南京统帅部开辟和扩大淞沪战役是受上述几个因素制约和决定的。

---

① 陈诚：《八年抗战经过概要》，《抗日战争时期国民党战场史料选编》，第 7 页。

② 吴相湘：《第二次中日战争史》上册，台湾综合月刊社 1973 年版，第 392 页。

③ 南京大本营训令第四号：《第三战区作战指导计划》，《抗日战争正面战场》上册，江苏古籍出版社 1987 年版，第 6 页。

④ 转引张其昀：《党史概要》(《近八十年中国革命史》)，第 3 册，台湾中央文物供应社 1979 年版，第 869 页。

南京当局之所以以比华北战场高得多的积极性和使用多得多的兵力，来举行这场会战，其真正原因就在于此，而不是什么引诱日军改变作战方向的战略意图。这些基本因素也就是指导淞沪会战的战略目的和企图。

那么，在淞沪会战期间南京统帅部是不是如台湾学者所说的那样，已经形成了引诱日军改变作战方向的战略企图呢？就目前已经披露的台湾方面的书刊来说，无论是蒋纬国、徐培根将军，或是吴相湘、李云汉教授，在他们的有关论著中谁也没有提供过任何确凿可信的史料，足以说明蒋介石和南京统帅部在当时就已作出了诱使日军改变作战方向的决策。蒋介石本人，以及当年在南京最高统帅部中地位仅次于蒋介石，又始终参与最高决策的何应钦将军和副总参谋长白崇禧将军，在他们的全部有关抗日战争的论著中，也从未披露过这一事关全局的重大决策形成的史实材料。至今，台湾方面也没有公布过任何一件说明这一决策形成过程的档案材料，足以令人置信。

正因为如此，国外一些研究中日战争史的学者，虽然赞同蒋纬国在《抗日御侮》和《蒋委员长如何战胜日本》等论著中对这一问题所持的结论，但却也存有疑问——改变日军作战方向"由北向南"为"由东向西"，是当时作出的战略决策呢，还是在抗日战争结束后，总结战争时人为地所追加的一种概括？日本学者今井骏教授就表示了这一疑问。他写道："对照中日战争的实际经过，我认为(蒋)纬国所介绍的蒋(介石)的野战战略的构想(按：指诱使日军改变作战方向的决策)非常合理，有说服力"，但在同时，他不无怀疑地提出："遗憾的是，纬国所说的蒋介石8月7日的命令，以及8月20日国民党政府军事委员会的同样主旨的决定等原始资料，无论是在中国(大陆)还是在台湾，均未公开发表。因此，严格地说，蒋(介石)是最初就持有这样的构想走向抗战，还是只不过是已得结果的合理化？对于这一点尚有探讨之余地。"①对于蒋介石在八一三事变时就已作出改变日军作战方向决策的真实性表示怀疑，这不是没有道理的。其实，今井骏提到的南京政府8月7日和8月20日的决定和命令，其档案在大陆已经披露，其中并无把作战重心南移华东、迫使日军改变作战方向的任何计划和意图。②

---

① 〔日〕今井骏：《对日抗战与蒋介石》，《中国国民政府史研究》，日本汲古书院1986年版，第365—366页。

② 8月7日决定，是指1937年8月7日南京国防会议正式作出进行全面抗战的决定。8月20日命令，是指同月20日国民政府大本营颁发的《国军作战指导计》《第三战区作战指导计划》和《国军战争指导方案》三个训令。上述材料均载中国第二历史档案馆编纂的《抗日战争正面战场》一书。

事实上，南京统帅部当时并无主动诱使日军改变作战方向的意图，更从未提出体现这个战略意图的作战计划。作为最高统帅部参谋机关的大本营第一(作战)部，负有拟订作战计划的职责。据作战部一部分负责人的回忆，在当时研究敌我双方基本情况和战略方针时，作战部认为“举行淞沪会战不仅是必要的，而且有很大的价值”，他们的根据是以下六项：“首先，上海抗战激发全国人民的斗志，有利于全国总动员；其次，上海是一个国际都市，上海抗战可以扩大帝国主义国家之间的矛盾；第三，上海是国际观瞻所在，在这里进行坚强的作战，可以正国际间对中国的视听；第四，打乱敌人的作战计划，争取了主动；第五，上海是我国工商业中心，群众觉悟程度高，群众运动的影响可以振奋全国；第六，可以掩护沿海各省工业、物资向远后方撤退。”“因为有上面这些原因，对上海一战，大本营作战组是主张适当地硬拼的。”①在上述六项目标中，并无提到改变日军作战方向这一点，可见当时在大本营作战部并无此种战略意图。

同样，在大本营制定的作战方针和计划中，也完全没有提出此项目标。1937年8月20日大本营以蒋介石名义发布的《国军作战指导计划》，分析了敌军的战略企图和作战方向，规定了全国各个战区的作战指导要领。它指出：全国主战场在华北地区，平汉路北段和津浦路北段以及平绥路东段，为主战场之正面，平绥路晋察绥边界及山西方向为主战场之侧背，至于淞沪战场的作战目标，在于“对于侵入淞沪之敌，应迅速将其扫荡，以确保京沪政治经济重心”②。同日颁发的《国军战争指导方案》，规定了8月至10月底各战区的作战任务，对于第三战区的要求是：“迅将目下侵入淞沪之敌，陆海军及其空军陆上根据地，扫荡扑灭，以准备敌军再来时之应战，同时对于浙江沿海敌可能登陆之地区，迅速构成据点式之阵地，阻止敌人登陆，或乘机歼灭之。”③后来，在同年9月2日大本营发布的《淞沪抗战第二期作战指导计划》中，也并未提出转移作战重心，迫使日军改变作战方向的指导方针。由此可见，所谓南京统帅部8月间作出“主动引诱”日军，使之从“由北而南”到“由东而西”的决策之说，是缺乏根据的，因而是不足为信的。

---

① 唯真：《抗战初期的南京保卫战》，《文史资料选辑》第12辑，中华书局1960年版，第2—3页。

② 大本营《国军作战指导计划》(1937年8月20日)，《抗日战争正面战场》，江苏古籍出版社1987年版，第5页。

③ 大本营《国军作战指导计划》(1937年8月20日)，《抗日战争正面战场》，第12页。

三

淞沪会战发展到中期，确实把中日两军的大部分主力军吸引到了这一战场。从此，中日战争的作战重心一度从华北转移到华东，也就是说，华东战场成为当时全国的主战场，那么，战争的这一格局是怎样形成的呢？它是不是如台湾不少学者所说的那样，是实行引诱日军改变作战方向决策的结果？主战场的转移，对抗日战争进程的影响又是怎样的呢？

台湾学者的不少论著都认为，淞沪战场发展成为主战场，从中国方面来说，是从8月20日蒋介石与陈诚谈话所产生的扩大沪战的决策开始的。李云汉教授的文章在记述了陈诚关于扩大沪战的建议后，写道："到八月二十日晚间，淞沪战役遂告扩大。从此双方均檄调大批军队增援淞沪战场。"[①]他们所依据的，是陈诚在抗战结束后提供国防部参谋总长办公室的《回忆资料》。这是一份陈诚的口述记录稿。中国第二历史档案馆前几年公布了《陈诚私人回忆资料》，现将有关内容转录于下：

> "八一三"事变发后二日——八月十五日，陈（指陈诚，下同）于牯（牯岭）接奉领袖（指蒋介石，下同）及钱慕尹（指钱大钧，时任侍从室第一处主任）等电话，召陈赴京，策定抗战计划与战斗序列。遂于十七日离牯，十八日抵京。……于十九日偕熊天翼（指熊式辉，时任江西省政府主席）赴沪视察，二十日返京。……返京后，领袖询问视察情形，熊云："不能打。"又问陈，陈云："非能打不能打之问题，而是打不打的问题。"领袖问："何意？"陈云："敌对南口，在所必攻，同时亦为我所必守，是则华北战事扩大已无可避免。敌如在华北得势，必将利用其快速装备沿平汉路南下直趋武汉，于我不利。不如扩大淞沪战事以牵制之。"领袖遂云："一定打。"陈又云："若打，须向上海增兵。"遂发表陈为第十五集团军总司令，并增调部队赴沪参战，而整个中日战争亦即由此揭开。[②]

① 李云汉：《对日抗战的持久战略》，台湾《中国论坛》第6卷第7期。
② 《陈诚私人回忆资料》，《民国档案》1987年第1期。

陈诚为黄埔系高级将领，为蒋介石所宠信，其扩大沪战的建议对蒋加强淞沪抗战的部署起了积极作用。他提出的预防日军沿平汉线南下武汉的主张，富有战略眼光，不失为高明之见。但蒋、陈此谈话不仅从未提出改变日军"由北向南"为"由东向西"的问题，就是把淞沪战场扩展为全国主战场的问题也未作构想。陈诚的建议，一方面确认"华北战事扩大已无可避免"，另一方面主张"扩大淞沪战事以牵制之"；显然，其主要意图是以扩大沪战，牵制日军在华北的攻势。这一作战构想，是在以华北为主战场的前提下，扩大淞沪之战，其中包含着发展淞沪战场为主战场的可能性；但这与把沪战扩展为主战场的决策，还不能混为一谈。

事实上，无论是蒋介石还是陈诚，在8月间都还没有把淞沪战场作为全国主战场的作战指导思想。8月11日，蒋介石批准京沪警备司令张治中"先发制敌"的建议，命令第八十七、第八十八和第三十六师挺进上海，进攻上海日军，其时的作战目标是"扫荡上海敌基地，阻止敌军登陆，确保淞沪要地，巩固首都"①。8月13日，组成张治中第九集团军和张发奎第八集团军，18日，又组成陈诚第十五集团军，以三个集团军使用于淞沪战场。但是，直至同月20日，南京统帅部还未视淞沪战场为主战场，这在同一天发布的大本营《国军战争指导方案》中有明确的规定，其中写道："为统帅指挥之便利计，将全军区分为四(个)战区，主战场之正面在第一战区，主战场之侧背在第二战区。"②这时，统帅部把河北境内之平汉路方面和津浦路北段作为主战场之正面，山西和平绥线方面作为主战场之侧背；淞沪战场亦为重要战场，但尚未列为主战场。

从战局发展的情况来看，也是如此。八一三事变爆发时，日军在平津地区的兵力共有3.5个师团，在南口、张家口地区的部队有1个师团、4个独立混成旅团和两个支队，总计在华北战场的日军兵力约10余万人。8月24日，日本参谋本部决定组建华北方面军，继续增兵，至同月底，华北方面参战兵力共有8个半师团，17万余人。在淞沪战场，开战之初，战争规模并不大，日军共有海军陆战队和海军部队近1万人。8月5日，日本陆军省和参谋本部决定组建上海派遣军。23日，日军两个师团在上海近郊登陆，至8月底，淞沪战场日军总兵力约5万人。当时，日军全部常备兵团共有17个师团，分组5个战略集团。到9月初，共分布为：关东军4个师团，驻我国东北；朝鲜军1个师团，驻守朝鲜半岛，华北方面军6

① 何应钦：《日军反华八年抗战史》，台湾国防部史政局1982年版，第13页。
② 大本营《国军战争指导方案》，《抗日战争正面战场》上册，第12页。

个师团，在华北战场；上海派遣军两个师团，在淞沪战场；国内常设军4个师团，驻守日本。其用兵重点置于华北，是显而易见的。

中国军队的部署，在8月底以前仍以华北为作战重点，这从同年8月底全国各战区兵力配置情况可以得到确证。当时，第一战区以平汉路北段和津浦路北段为作战方向，共辖25个步兵师、两个步兵旅、两个骑兵师及部分特种兵。第二战区以晋绥方面为作战方向，共辖28个步兵师、3个骑兵师、7个步兵旅及部分特种兵。以上第一、第二战区的兵力，全部使用于河北、山西、绥远、察哈尔、河南、山东等省，总计为53个步兵师、5个骑兵师、9个步兵旅，约占当时全国第一线总兵力一百个师的百分之六十多。在华东战场，根据第三战区8月20日的部署，直接参加淞沪战场作战的有步兵5个半师、1个旅，警备部队约两个师，炮兵4个团及其他特种兵。此外，江南守备区有步兵3个师、炮兵1个团，浙东守备区有步兵5个师、4个旅。总计第三战区兵力约为步兵20个师、6个旅，炮兵6个团及部分特种兵，而在淞沪直接参战的还不到8个师。但是，此种情况在8月下旬开始有了变化。8月21日，第十五集团军正式组成，下辖第十八、第三十九、第七十四军，第六师和炮兵第十六团等部，进入上海北郊长江沿岸地带与浏河以东地区作战。这表明，蒋介石、陈诚"扩大淞沪战事""以牵制之"的意图已开始付诸实施，也预示着淞沪战场发展为主战场的趋势。

淞沪之战规模的急剧扩大和全国作战重点南移华东战场，发生在9月中旬到10月中旬的近30天内。战局的这个重大变化，以战争的客观发展趋势而论，乃是淞沪之战自身的地位和性质所决定的。由于上海在政治、经济、军事、交通、中外关系等方面具有极端重要作用，既为敌所必攻，也为我所必守，既然在开战后30天内不分胜负，战争规模必然继续扩大，不到一定限度是绝不会终止的。从作战双方的实力和战争指导而论：日本方面由于国力和兵力不足，主观上又过低估计中国抗战力量，迷信于九一八以来多次作战一击取胜的经验，对淞沪之战采取了逐次增兵的方针，中国方面由于统帅机关为了保卫上海以及沪杭宁长江三角地区，企图以沪战配合其在国际上的举措，也为了牵制敌在华北的攻势，对淞沪之战不惜一再增兵，甚至孤注一掷。这就形成了敌我双方轮番增兵、反复增兵的趋势，使用兵力和作战规模越来越大，终于上升成为全国的主战场。

日本继8月16日第一次向上海增兵海军陆战队4个大队，在8月23日第二次增兵陆军两个师团，9月11日第三次向上海增兵3个师团又1个旅团。从9月下旬至10月上旬，日本又将华北方面的两个师团大部、东北方面的1个师团、国内新动员的1个师团调归上海派遣军指挥。于是，日军在上海方面的兵力，增加到9个多师团，10月上旬其总兵力已超过20万人；而华北方面的兵力则下降为7个多师团。这样，日军“将主作战场转移到华中”①。

中国方面从9月中旬开始，才以前所未有的规模扩大了淞沪战役的兵力部署。9月2日，南京大本营发出《淞沪抗战第二期指导计划》，决定以陈诚集团为江岸防守军，张治中（后为朱绍良）集团为上海围攻军，张发奎集团为浦东防守军，担负淞沪战场之作战。至同月中旬，到达淞沪前线的中国军队约为50个师和5个炮兵团以及其他特种部队。

淞沪之战自最初10天中国军队未能攻歼日军虹口、杨树浦基地而陷于被动。日军两个师团登陆长江沿岸后，虽经陈诚集团猛烈反击，但未能击退敌军，到9月中下旬战局日益恶化。国民政府这时已面临敌军攻占上海、进窥南京、夺取沪宁杭地区的严重战局，于是为挽回形势之逆转，乃决心再次增兵淞沪。同时，9月13日起，国际联盟召开全会，10月6日通过咨委会第二报告书，宣称日本为侵略国，并决定在布鲁塞尔召开“九国公约”国家会议。国际上的这些动向，使蒋介石等人一直抱有的“国际干涉”之期望上升，从而大大地促进了最高统帅部加强淞沪战场、守住上海的决心，以待国际局势的变化。于是，南京大本营重建第三战区司令长官部，9月21日起由蒋介石自兼司令长官，以顾祝同为副司令长官。10月初开始，又调集刘建绪第十集团军、薛岳第十九集团军、廖磊第二十一集团军进入淞沪战场。中国军队参加淞沪会战的部队，共计达28个军，又8个师、5个独立旅、3个暂编旅，以及炮兵等特种部队，陆军主力达75个师，中央军参战的占其总数五分之三以上。蒋介石以全国总兵力的三分之一多的部队投入淞沪战场。10月会战是规模巨大的，空前激烈的，达到了淞沪会战之最高潮。

剖析淞沪战役的客观进程，可以得到以下几点结论。（一）淞沪会战的规模是逐步扩大的。中国在8月下旬、9月中下旬尤其在10月上中旬几次集中增兵，到10月间，这里才真正成为中日双方的主战场。李云汉教授引《陈诚传记》记述：“八月二十日晚间，淞沪战役遂告扩大。从此双方均檄调大批军队增援淞沪战役”，认为这时作战重心已转到淞沪地区，并不完全符合史实。吴相湘教授所

① 〔日〕防卫厅战史室：《大本营陆军部》，中文摘译本，四川人民出版社1987年版，上册，第374—375页。

说蒋介石在八月六日国防会议上就已“策定”“国军主力集中华东，攻击上海之敌”的作战指导原则①，也难令人置信。(二)南京统帅部之所以决心扩大沪战，一再大量增兵，是由于受到中日矛盾和国内外诸种因素的推动，主要的动因是为了对付当面之敌，保卫沪宁杭心脏地区，牵制敌军在华北的进攻，则是第二位的动因。至于所谓主动地、有计划地引诱日军从“由北向南”改为“由东向西”的决策和作战指导方针，事实上并不存在。在会战过程中，双方轮番增兵，战役规模日益扩大。所以，淞沪会战发展到10月间这样的巨大规模，是南京统帅部始料所不及的，并非如台湾有的史学家所说那样，是蒋介石有先见之明，在开战之初早已“高瞻远瞩”地“运筹帷幄”，做好了“着眼深远”的战略“指导规划”。这一情况，从当年淞沪会战后期何应钦在南京统帅部汇报会上的一次谈话中，可以找到答案。他如此分析说：“沪战胶着，双方无限制增兵。我(国)为确保江南腹地，又不能不以精锐部队与敌周旋。因之，我(军)战略重点无形中已转移于江南。此时(华)北正面只有采取守势作战，逐次抵抗，与敌持久。”②何虽然是单纯从军事上分析问题，但却道出了此中真秘，特别是其中“战略重点无形中已转移于江南”一语，可谓道出了战局发展的实质。(三)淞沪会战确实是在一个时期内吸引了侵华日军的大部分主力，把全国作战重心移到了沪宁杭地区。日军陆续增援淞沪战场的兵力，不仅有原在本土待命、准备使用于华北的部队，有驻在我国东北的部队，而且更有自华北现地战场抽调的部队。敌军在南北两线作战，势必兵力分散，攻势滞缓。如果敌军集中全部主力于华北，则有可能沿平汉线深入华中腹地，攻略武汉三镇，横断长江；也可能从山西渡过黄河，深入陕甘，进窥四川，这对我国持久抗战都是不利的。淞沪之战，牵制了华北战场的敌军，转移了敌之主力攻势，这是毋庸置疑的。这多少也是出于蒋介石意料之外的。正如军事史专家郭汝瑰将军指出的：“蒋介石打算扫荡上海日本海军陆战队，赶日军下海，以保江南半壁，出乎意料地把日军侵吞华北、饮马长江的战略目标转移了，减轻了山西方面和平汉路方面的压力，日军到黄河边就不再向前。如果日军力量不分散，主力沿平汉路直打汉口，国民政府就无法西迁了。”③

---

① 吴相湘：《中国对日的总体战略》，香港《明报月刊》，第127期。

② 《何应钦在大本营召集的作战汇报会上的讲话》，中国第二历史档案馆藏，国民政府军令部战史会档案。

③ 郭汝瑰：《第十四师杀敌见闻》，《八一三淞沪抗战》，中国文史出版社1987年版，第251页。

四

淞沪会战造成了全国战略重点的转移——从北战场移到了东战场。这一变化，从中国方面的战略指导去作剖析，应当承认是既有成功的一面，又有失误的一面的，并非如台湾一些学者所称颂的，是“战略指导上的杰作”，“着眼深远的战略优势作为”。

其实，在八一三事变爆发前后，对于中国抗战初期的主战场应置于什么方向的问题，在国共两党之间，在南京最高统帅部，都曾经作过慎重的研究，作过正确的构想。中共中央在七七事变后不久，为了促使国民政府军事当局制订全国抗战的战略方针，正确指导对日作战，即提出了《确立全国抗战之战略计划及作战原则案》。其中对日军的战略企图作了精辟的分析，指出：“其战略部署，将集中兵力以华北为主要战场，背靠东北和平津向南发展进攻，首先夺取华北，以一部兵力由冀察西进夺取绥远、宁夏，切断中苏联系，以一部兵力封锁沿海，夺取沿海各工业城市，威胁甚至夺取首都南京。”①“提案”提出全国战略方针和作战原则七项，强调“作战的基本原则是运动战，应在决定的地点，适当的时机，集中绝对优势兵力与兵器，实行决然的突击，避免持久的阵地的消耗战”，“在必要的战略要点或政治经济中心，设立坚强之工事，并配置足够的兵力，以钳制敌人”②。8月7日，国民政府在南京召开国防会议，中共中央代表周恩来、朱德、叶剑英在11日的会议上，就中共关于全国抗战的战略方针和作战原则作了阐述，指出：全国抗战在战略上要实行持久防御，在战术上应采取攻势，当前主要战场在华北方面，华北的第一、第二战区须培养独立持久的能力，并由阵地战转为平原与山地之广大运动战，同时在敌之翼侧和后方组织民众开展游击战，扰乱敌人，破坏敌人之交通运输，牵制和消灭敌人。周恩来在讲话中分析了全国战略重点方向说：“敌之主要者为吞并整个华北，他处则扰乱及武装挑衅，但仍以华北问题为中心”，因此“主战场在华北方面，……他方面如上海敌有武装威胁之可能，即福建方面及青岛、海州皆有夺我海口之可能，惟主战场仍在华北。”③朱德也强调“第一第二战区为主战区”，“最大活动方面仍为第二战区，此区可用大兵策动于敌之后方。”④

①② 《中国人民解放军战史》，第2卷，军事科学出版社1987年版，第24—25页。

③④ 《何应钦筹划军事有关会议的记录和文件》，国民政府军令部战史会档案。

显然，中共方面战略方针建议的基点，是坚持持久战，以运动战为主，把战略重点置于华北战场。

这时，国共两党对于主要作战方向的意见是一致的。8月20日，南京大本营发出的《国军作战指导计划》中关于主战场的规定，与周恩来、朱德的建议是大体吻合的。该计划判断日军攻击重点在黄河以北，“将以有力之一部先进占平绥各要点（张家口、南口等处），尔后或深入山西，以威胁我第一战区之侧背，或转进于正定、保定方面，以直接协力于其在平津部队之攻击”。同时指出：“敌国为牵制我国军兵力之转用，及从政略上威胁我国军根据地起见，将以一部攻我淞沪，窥视我首都。”①对于日军以少量兵力进犯胶东、徐海，和以海空军扰袭闽粤的可能性，该计划也作了恰当的估量。据此，这个计划确定“主战场之正面在第一战区，主战场之侧背在第二战区”，并对全国各战区的作战方案作出了适当的部署。

中国共产党方面和国民党内有战略眼光的军事家，都主张当时应把全国战略重点置于华北。这不仅是因为敌军在大陆上的出发点和进攻的重点是在华北，还由于华北有极为广阔的山地和平原，四面包围着平绥、平汉、津浦、正太、同蒲等战略大动脉，特别是其西部地区的山西具有特别重要的战略地位。华北许多地区既便于大兵团的运动和作战，又适宜于人民游击部队广泛活动，有许多理想的战场。当时如果置重兵于华北，利用晋察山地和豫北、冀南一带之天然屏障，实行运动防御和战役攻势，亦可对沿平汉、津浦线南下的日军构成严重威胁。再以我国军队的素质和武器装备而论，在华北选择有利地域实行运动战，远比在上海附近狭小地带对敌军进行阵地战有利得多。更为重要的是，华北有八路军和游击战争的有力配合。叶剑英在淞沪战役期间曾向南京军事当局指出，“我（军）之重点在上海，虽胜利不能转移全战局，如在平绥线置重点，则可转移全战局而破坏敌人整个计划。”②这一见解高屋建瓴，对正确认识战略重点方向很有价值，与周恩来、朱德在国防会议上的战略建议是一脉相承的。

当然，淞沪之战自有其战略意义。由于上海在军事、经济、政治和对外关系上占有极为重要的地位，当日军发动全面侵华战争的情况下，主动地有计划地发起和进行这场会战，是完全必要的。保卫上海，拱卫南京，守卫长江，是民族抗战大局的需要，理所当然地获得中共、各抗日党派团体和全国民众的热烈拥护和全

---

① 大本营训令第2号，《国军作战指导计划》，《抗日战争正面战场》上册，第3—4页。

② 《何应钦筹划军事有关会议的记录和文件》，国民政府军令部战史会档案。

力支援。但是，从战略上着眼，淞沪之战的目的，应当一方面在于消耗敌人，牵制华北之敌，另一方面在于争取时间，便于掩护长江流域以至全国进入持久抗战轨道，也就是说，这是争取时间的问题，而不是死守的问题。到了战役的发展确实于我不利，而放弃则反为有利之时，应以主动放弃地方、保护兵力为原则。为此，在战略指导上不仅必须避免以过多的军力和时间争一地一城之得失，更应避免被敌强迫进行大的不利决战。

可是，蒋介石等人由于被一时的利害关系和某些现象所迷惑，又过多地寄希望于国际干预，在战略指导上恰恰违反了“持久消耗”战略和“避免不利决战”的原则。在淞沪战场集中了过多的部队，全国军事力量之精华几乎悉数调集沪滨，孤注一掷地进行并无把握的战役决战。而且，战役时间迁延过长、胶着太久，兵力消耗过多，对中国坚持持久战是很不利的。在 9 月底、10 月初，李宗仁、白崇禧、陈诚、刘斐、张发奎等都曾提出建议，主张淞沪会战应当适可而止，及时从上海近郊向吴（县）福（山）线既设阵地转移，以便更好地打击敌人和保护自己的战斗力。对此，蒋介石始而采纳，未久又为了配合“九国公约”国家日内瓦会议，决定继续死守，以致前方部队遭到不应有的严重损失。上海陷落后，大本营作战组组长刘斐当面向蒋提出：“上海会战后期没有贯彻持久消耗战略精神，没有适时调整战线保存部队有生力量，不应在敌海陆空军便于协同作战的长江三角洲胶着太久，且依靠九国公约，把战略作了政略的牺牲品，致自陷于被动。”①这一指责是正确的。如果蒋介石在淞沪会战后期，不改变及时主动撤退的命令，适时保全实力，主动转移到吴福线上，就能利用前几年构筑的永久国防工事，阻滞敌之攻势，消耗敌人。即使尔后从吴福线后退时，也可充分利用澄（江阴）锡（无锡）线国防工事及镇江以西山地，继续抵抗，而南京也不至于后来如此迅速地失陷。对此，李宗仁后来也作过尖锐的批评：“检讨京沪会战的得失，我们不能不承认我们的最高统帅犯了战略上的严重错误。我们极不应以全国兵力的精华在淞沪三角地带作孤注的一掷。”②

淞沪会战时，在上海北郊长江、黄浦江沿岸之狭小地带，同敌军进行旷日持久的阵地抗击战，也不能不说是蒋介石和统帅部作战指导上的失误，正如白崇禧在回忆这次会战时指出的：“上海地狭薄海，敌人陆、海、空联合作战，极易发挥威

① 唯真：《抗战初期的南京保卫战》，《文史资料选辑》第 12 辑，第 5 页。
② 《李宗仁回忆录》下册，广西政协文史资料委员会 1980 年版，第 702 页。

力，我军反攻因而未能奏效。”①上海市区和郊区接近海岸，向内是一片地势平坦、河网交错的狭小地区。上海市区又驻有日军，占有海空军绝对优势的日军，便于在此实施登陆，又可收陆海空军联合作战之效，这也是对中国作战不利的。上海左边濒临长江口，右边靠杭州湾，形成一个“凸”形边境，对于日军的优势兵力而言，有凸形边境可资利用，就可以从上海的两翼实施登陆，进行战略包围，容易迂迴成功。而且，中国军队的武器装备和组织训练远远不如日军，炮兵和坦克更不能同敌军相比，制空权和制海权又尽操于敌军之手。在这种情况下，中国军队不宜在淞沪地区与日军进行旷日持久的大规模会战，尤其不应当在上海北郊狭小的江滨平地上与敌军进行阵地抗击战，以致几十个师主力部队遭到惨重损失。历史教训是，如果蒋介石和南京统帅部在战略和战役指导上不犯严重错误，淞沪会战的结局会是另一种情形。

那么，淞沪战场成为主战场的结果，是不是把日军进攻的作战方向改变为由东向西了呢？应当承认，从八一三沪战开始到南京陷落将近半年时间内，日军攻占上海后由东向西进击达三百几十公里，前出安徽芜湖。但到当年 12 月中，日军并不再西进了。至 1938 年一二月间，日军重新调整部署，加强华北战场的兵力。华北日军由 7 个师团增加到 11 个半师团，华东日军则由 11 个师团减少到 6 个半师团。当时，日军在中国战场上两大战略集团(不含关东军)的态势是：长江以南的华中方面军占领了上海、杭州、南京、芜湖这四点之间的地区，黄河以北的华北方面军则占领了包头、太原、安阳、德州四点之间的地区，前出西自包头以东、东至济南以北的黄河右岸。日军下一步的战略企图，并不在于加强华中方面军，溯江而上西攻武汉，而是要打通同蒲、津浦两线，攻夺临汾、徐州两点，控制济南、开封、郑州、洛阳这个战略上最富机动的地区。然后，或南下武汉，夺占华中；或西窥潼关，进犯西北。至于在华东，正如李宗仁指出的，“在战略上说，京沪战事一旦结束，津浦线必然是敌人攻击的次一目标，……因敌人在京沪线得手之后，必定要打通津浦线以清除右侧面的威胁，然后才可西进”②，否则，是难以溯江西攻武汉的。正是在上述战略态势之下，日军于 1938 年二三月间发起晋南之战，攻占了临汾，同时在津浦线南北对进，发动鲁南战役。接着，又在 5 月间举行徐州会战，先后攻占徐州和开封。在这以后，日军才把攻略武汉的行动提上日

① 《白崇禧先生访问记录》上册，台湾中央研究院近代史所 1982 年版，第 139 页。
② 《李宗仁回忆录》下册，第 707 页。

程。可见，淞沪会战并未就此改变日军之主要作战方向。

当然，对淞沪会战的意义是绝不应低估的。淞沪抗战振奋了中华民族争取独立、反对侵略的伟大民族精神，汇成了全国抗日救亡运动空前高涨的热潮。淞沪会战给了日本速战速决战略以沉重一击，使日本陆军和海军遭到七七开战以来从未有过的打击和损失。淞沪会战迫使日军迭次增派援兵，把二三十万兵力吸引于长江三角地带，从而减轻了其他战场的压力，对全国抗战是一个强有力的支持。淞沪抗战也为沿海工业内迁、物资设备和企事业机关的转移、保存经济实力赢得了时间。中国广大官兵浴血奋战，几十万人在同日本侵略者的拼搏中为国捐躯，他们的英勇业绩永远是中华民族解放斗争史上光辉的篇章。蒋介石和南京统帅部指导淞沪会战的历史功绩，自当在抗日战争历史上占有它应得的地位。今天，为了对历史负责，在探讨民族抗战的血的教训时，对于抗日战争战略问题和作战指导上的成功和失误，都应按历史的本来面目去作出评析。实事求是地总结反侵略战争的历史经验，对于海峡两岸的中华同胞都是有益的。

（本文原载《抗日战争研究》，1992 年第 3 期）

八一三淞沪抗战意义论析

陈祖怀

1937年8月13日爆发的淞沪抗战，是继七七抗战后中国进入全面抗战的历史发端。近年来，开始有人提出：此役粉碎了日寇速战速决的战略预想；予敌以严重杀伤，鼓舞了全国人民的抗日热情；为沿海工业内迁赢得了宝贵时间等等。斯言诚是，然笔者以为还有更为重要的一点：此役对中日抗战大格局的形成和双方战略、策略及其走向发生了举足轻重的影响。本文就此发一浅见，供学界同仁批评。

一

自田中奏折出笼，日本侵华方针便基本确立。至1928年春"济南惨案"，日军的侵略野心已趋于不可遏制的狂热状态。对日本的祸心，中国一般社会舆论早有相当分析，伴随着战云的临近，在1936年前后形成高峰。据1937年6月，上海准备书局所出《政府抗战准备》(沈思编)一书分析："我们的敌人最怕我们统一，最怕我们向建设现代国家的路上迈进"，故而急迫地采用"种种诳言美名，施出帝国主义的丑恶手段，用武力把我们中国的宝藏东北夺去。"继之"热河失守，上海繁华之地被毁，察北六县被占，冀东伪组织之出现，均先后明白指示敌人野心方炽，非达到田中内阁奏折之目的不止。"(见该书第三页"绪论")"国际危险，日深一日，帝国主义者疯狂的备战，扩军的狂潮从地球的各地卷起。第二次世界大战的爆发，已不是会否发生的问题，而是究将在何时何地爆发的问题了。"世界已分成为侵略与和平两大阵营，"前者以德意日等法西斯国家为主脑，后者以美苏法等国为重要成员"。"侵略者所扮演的把戏，对我们是有害无益。德国的希特勒，意国的墨索里尼，我们且不管，而东邻日本军阀所给予我中华民族的惨痛创伤，我们是不会忘记的。”（同上书）我们要有所准备，我们已有所准备。

日本决心侵华，中国准备抗战，在三十年代，已成双方彼此明白并展开紧张竞争的公开国策。

中国如何想呢？因忙于国内问题，当时的中国政府一如既往地谋求国际和平，采用种种努力，并抓紧培养国力，根本的期许，是欲以自身实力的日益强大而消弭此场战祸于无形。

日本如何想呢？从1929—1932年空前萧条的资本主义世界经济危机中挣扎出来的日本战争狂人，已迫不及待地急欲发动侵华战火。驻华日军的挑衅行为日渐加剧，“我们已准备好啦”的战争叫嚣在日本朝野上下急骤紧密。

日本侵华如箭在弦上，已无可避免。如何进行战争和如何进行自卫，已成为日中两国朝思暮想的深刻情结。

从军事角度言，日本侵华大体有两条线路：一条是从日本已实际占领的中国领土东北出发，攻占平津，然后沿京广线直插华南，将中国的沿海有生力量分割于京广线以东逐一围歼。另一条是从上海日租界出发，溯江攻击前进，以期迅速攻占中国国民政府的首都南京，在政治上先声夺人，而后插入中国腹地。当然，沿珠江切入也是一条线路，然珠江流域地域狭隘，偏居岭南，又受南岭山脉重重阻扼，兵力难以展开，对中国影响不大，故不符合日方战略需求。为三个月解决中国问题，必须做到将中国军队的主力分割包围于易于展开火力的平原低缓地区，一旦中国军队退入西部交通落后的险峻山区，战争便将陷于胶着状态，故日本侵华线路，必须也只能是从华北楔入直插南端，不然，无法达成“速战速决”的战略预想。

中国的抗战战略，自蒋百里等军事专家的反复讨论，至七七事变前，持久抗战战略，已基本为国民党最高中枢所接受。据当时的统计，中国绝大部分人力物力处于京广线以东地区。1936年，我国30人以上使用机器生产的工矿企业，沿海地区及沿江大城市占90%以上，内地只占不到7%；全国一万元资金以上的注册厂家共3 535家，60%集中于上海、天津、无锡、武汉等几个城市。中国正面战场的主力部队，也大多分布在京广线以东地区。现代战争除却是军力的较量，更为长久的是双方经济力的较量。如任日军自北而南，中国大部分人力物力被毁于一旦，则中国的抗战将出现极为危险的局面。如果日军沿长江溯攻，虽然国民政府首都南京会迅即裸露在日军锋锐之下，极可能出现首都陷落的不利政治局面。但中国只要敢于不拘于一城一地之得失，依托长江两岸的山地逐一展开抵抗，以空间换取时间，将东部中国宝贵的人力物力财力尽力向大后方转移，同时逐一予日军以有效消耗，则中国持久抗战的战略构想就较易形成。毛泽东在1938年5月正式发表的《论持久战》，精辟阐述了抗日持久战略及中国必胜、日本必败的原理，国民党最高当局曾令高级将领人手一册，这说明了他们对此书的高度重视并产生了共鸣。

中日双方的各自战略已大体清楚。如何执行呢？

日寇首先在北方动手，发动卢沟桥事变，并不顾中国一再提出的和平呼吁和容让政策，悍然继续向我华北腹地插进，逐次占领我廊坊、北包、杨村、落岱、通县、团河，至7月底，占领我北平、天津。我二十九军副军长佟麟阁、一三二师师长赵登禹捐躯沙场，战火已烧红我华夏北方半壁天空。日本的战车已经启动，其战略行为开始实施。当此之际，只要在中国领土之上，我军向日寇发动的任何军事行动，都已无可非议地属于正当自卫措施，所以，淞沪战役谁先打响第一枪已无关宏旨。战端既首开于日方，中国自不必再效什么宋襄公之仁。保家卫国，决胜至上。

就军事法则言，交战双方焦心竭虑投入力与智的较量，诡计千重、旨归一途，那就是如何尽量将战争轨迹纳入己方的预谋。既然日方已动手在先，又继而侵占我平津重镇，沿京广线自北往南的危险已属千钧一发。如何利用日方各部队之间的矛盾，如何利用日方最高统帅哪怕是在巨利面前瞬间的举棋不定，如何利用日寇的狂妄自大和对中国人民抵抗决心估计的不足，在适当时机以某种适当的方式，将日方侵华锋芒引入我方的妙算，对中国而言已是生死攸关的大事。

二

8月9日，日本士兵无故向我上海虹桥机场守军挑衅，遭到反击后又于11日进一步扩大事端，并于13日上午9时，以租界为依托，向我闸北守军发动突然进攻，淞沪战役爆发。这是事实。另一事实是，平津沦陷后，国民党中央军委即于八月上旬命令京沪警备司令张治中率部秘密向吴县、常熟、无锡一带集结；11日，又奉（蒋介石）命向上海推进，令所部第八十七师进入上海城区江湾、吴淞一线，第八十八师进入北站、江湾之间，炮兵第八团及第十团一营进入大场、真如阵地，海军也完成江阴布防。可说，八一三淞沪抗战爆发前，我方已完成战役展开。如果说，日军士兵在虹桥机场的挑衅只是其侵略的贯伎，那么，中国军队在淞沪地区的展开，除华北的正常布防外，是独一无二的主动措施。恰又符合中国总战略的构想，我们能说它只是“纯属巧合”吗？

13 日战事发生后，14 日，张治中即下达总攻击令，“本军以彻底扫荡敌军之目的，……于空军轰炸后在炮火掩护下勇猛攻击，进占其根据地，压迫敌至苏州河及黄浦江而歼灭之。”①主动性的、横扫敌军之气概溢于言表。细读此电文，至少可有两点发现：1.在原先不驻扎中国军队的淞沪地区突然出现了占优势的中国军队；2.该军决心全歼或至少重创驻沪日军。我们要问的是：全歼或重创了驻沪日军之后，中国是否便完成了抗战任务呢？回答显然是否定的，那么，此次军事行动的目的最多只能是切切实实地打痛日军。是否再可设问：以当时日本军人狂妄不可一世的心态、劲头，被中国打痛之后会有何种反应呢？如若中方再顺着这种反应，不断地增加兵力，扭住日本人死打，又会出现何种形势、何种结果呢？而历史事实证明中方正遵循了这一策略，这便是将日军侵华的主要战略方向与兵员投入从北方引至东方。这也是巧合？

史载，7 月 17 日，日本驻沪海军第三舰队司令长谷川清向日本海军军令部报告：“为制中国于死命，须以控制上海、南京为最要者。”然报告未能得到日方最高首领的批复。8 月 21 日，日军参谋本部奏闻于天皇，攻掠上海，可使中国“丧失经济中心的机能”。“在适当的时机，果断地实行对中国沿海的封锁，以威胁中国国民及军队的生存，并切断对外经济活动。”②前后两则报闻，表明日本在上海方向的军事行动，至少在 7 月 17 日，还仅仅只是海军一隅的偏师之见，尚未引起最高长官的重视。八一三淞沪战役爆发之后，中国不断投入精兵强将发动总攻，激战整整一个星期。直至 8 月 21 日，上海战场开始为日方首脑所重视，并开始作为战略突破点进行考虑，然“在适当的时机……”一语，又不可掩饰地透露出日方最高决策层尚未完全确定的举棋不定的犹豫心态。

中国在淞沪战场不断投入精锐部队，蒋介石嫡系王牌的中央军已大部分调赴淞沪战场，同时云贵川湘部队也源源不断向上海地区进发，很快，总兵员投入达 70 多万。据《白崇禧回忆录》称，1937 年中，国民党陆军现役兵力总共才 180 万，除去华北的布防，约总数的 40％投入了淞沪战场，且多为野战精锐之师，所以

---

① 《张治中致蒋介石、何应钦密电》，1937 年 8 月 14 日，国民政府军令部战史会档案，中国第二历史档案馆藏，转引自中国第二历史档案馆编：《抗日战争正面战场》上册，第 287 页。

② 日本防卫厅防卫研究所战史室编：《中国事变陆军作战史》第 1 卷第 2 分册，第 19 页。

有人称它为“倾国之战”。日军方面，原有驻沪海军陆战队三千余人及海军第三舰队。8月13日，淞沪战役爆发之日，日又增兵二千余人，舰只32艘(8月12日，日军参谋本部决定向上海增兵，以第三师团、第十一师团(缺一部)为基干组成上海派遣军，23日抵达上海)，并不作主战场看待。由于中国军队的顽强抵抗，日本上海派遣军伤亡惨重，8月底，被迫向东京本部求援。9月6日，日陆军参谋长上奏天皇：“决定增派第九、第十三、第一〇一师团及台湾守备队(重藤支队)到上海。”①又从华北方面军抽调十个步兵大队及工兵、炮兵各一部增援上海日军。由于中国军队英勇反击，日军进展缓慢，死伤累累。为扭转淞沪战局，维护皇军的体面，10月20日，日本统帅部又从华北抽调第六、第十八、第一一四师团、国崎支队、独立山炮第二联队，野战重炮兵第六旅团和第一、第二后备步兵团，组成第十军，在杭州湾北部登陆，侧应日本之上海派遣军。10月30日，日本统帅部再增调第十六师团加入上海派遣军系列，同时，海空军也分别加强了华东方面的作战力量。11月7日，日军参谋本部将上海派遣军和第十军编组为华中方面军，以松井石根大将为司令官。至此，日本方面投入淞沪战场之兵力已达两军九个师团，20万人以上。可以说，到11月上旬，就兵员投入言，上海已成为日军侵华第一战场。不过，此时日本参谋本部对华中方面军的战略目标仍仅规定为：“挫伤敌之战斗意志，获得结束战局的机会与目的，与海军协同消灭上海附近的敌人。”并确定：“华中方面军作战地域为联结苏州—嘉兴一线以东。”②

按原定作战计划，中国军队主力应于10月底主动撤出淞沪战场，转移至吴江—福山一线阵地，另以精锐占领江阴—无锡—海盐一线，从事休整，伺机反击。撤退令已经下达，但实际情况是：两天后，蒋介石又撤销撤退令，要求淞沪诸军再坚守三日。然阵脚已动，各军间出现混乱，日军乘机进击，引起了国民党军队的淞沪大溃退。19日，日本华中方面军进抵苏州—嘉兴一线。为尽力扩大战果，并冀图西向一举攻克南京，松井石根继续纵兵西进。20日，日本参谋本部对华中方面军决定向南京追击的报告感到震惊，但旋即表示同意，并于24日，正式废除华中方面军原作战区域之限定，放手让其溯江西上。

淞沪战役的成败得失暂作别论，有一点事实已不需怀疑，即日寇侵华战略重心，已毫无疑义地从华北转移到了上海方向！

---

① 日本防卫厅防卫研究所战史室编：《中国事变陆军作战史》第1卷第2分册，第28页。

② 日本防卫厅防卫研究所战史室编：《中国事变陆军作战史》第1卷第2分册，第94页。

三

军事是政治的延续,又反作用于政治。如若我们把淞沪战役仅仅看作是一场军事行动,那我们并未完成历史学赋予我们的职责。除却军事上影响,可以说八一三淞沪战役作为中国全面抗战的开始,所引发及标志的中国国内政略的调整,作用不亚于军事上的意义。它和七七事变一起成为中国现代史上的一个分界点,此前是中国十年内战,其后是中国人民的全民族抗战,中国政局由此而发生巨大的变化。

淞沪战役前十年,国民党蒋介石奉行"攘外必先安内"的反动政策。在此政策指导下,国民政府消极抗日,积极反共。一方面将中国推入了内战的灾难,同时又为日寇侵华、吞食中国提供了最佳良机。国土连失,《何梅协定》《秦土协定》接踵。它虽然引起了国民党内部的分裂,并在 1933 年 5 月、10 月,1936 年 6 月,先后发生了冯玉祥、方振武、吉鸿昌组织抗日同盟军奋起抗日;李济深、蒋光鼐、蔡廷锴、陈铭枢等发动福建事变,通电停止内战,抗日反蒋;陈济棠及两广将领崛起南埵,进兵湖南,要求南京政府实行抗日政策等事件,然而这一切都未能根本改变国民党中枢"攘外必先安内"的反动政策。

从国民党内党的决策过程看,也是如此。如 1936 年 7 月 10 日,国民党举行五届二中全会,议决组织国防会议,整理全国国防,讨论国防方针及各有关国防的重要问题,大会宣言云:"中国目前形势,非以决死之心求生存,则不能得安全之保障,非举国一致整齐之步骤谋挽救,则将无逃于各个击破之危机。""苟国家既处此非常之势,吾人对内唯有以最大之容忍与苦心,藉求全国国民之团结,对外则绝不承认任何侵害领土主权之事实,亦决不签订任何侵害领土主权协定。遇有领土主权被侵害之事实,如用尽政治方法而无效,危及国家民族根本生存时,则必示以最后牺牲之决心,决无丝毫犹豫之余地。"此次全会虽然标志着南京政府抗日决心的下达,但纵观全部过程,大会的主要方面仍放在要求国民党内各派信任中央、"巩固中枢"方面。

1937 年 2 月中旬,国民党举行五届三中全会,在对日方针上确定,如让步"超过忍耐之限度",便只有"出于抗战"之一途。亲日派首领汪精卫提交大会坚持"剿共"方针的政治决议草案,遭到了与会大多数人的反对。但会议对中共致国民党五届三中全会提出五项国策、四项保证不理不睬,反而通过了《关于根绝赤祸之决议案》,仍表现了南京政府对外妥协对内镇压政策的顽固迷恋。

七七事变之后十天,蒋介石在庐山发表讲话,说:“我们既是一个弱国,如果临到最后关头,便只有拼全民族的生命,以求国家生存。那时节,再不容许我们中途妥协。”“我们只有牺牲到底,抗战到底。”然蒋对七七事变之后日寇在我北方的攻掠,仍强调“不扩大”方针,亲自邀请英、美、法、德等国大使出面调停①,以维护国民党旧政策的延续。直至八一三淞沪战役,抗日战争全面展开,日本战争机器的全面发动,迫使南京政府全力投入,消极抗日、积极反共的旧政策再也无法依旧延续下去,为尽可能多地调动和利用中国社会所有抗日力量,“攘外必先安内”的反动政策才最终被南京政府暂时放弃,第二次国共合作也才能迅速正式形成。如无八一三淞沪战役为标志的全面抗战的爆发,很难相信会有第二次国共合作的顺利实现。

从“攘外必先安内”——晚清以来统治者一直实行的反动方针——到国共合作、全民抗战局面的出现,是中国近现代史上的一次重大历史性转折。前此一百年,以鸦片战争为开端,帝国主义列强的屡次侵华,遭到的都只是中国政府或地方势力的片面抗战,历次抗击无一不归于失败,直接后果是外患一天天深入,国权一次次沦丧,给中华民族带来了巨大的灾难。唯有八一三淞沪抗战之后,中国出现了全民族团结御侮的政治局面,这在百多年来中华民族的反侵略史上是罕见的。全面抗战为中华民族坚持八年艰苦卓绝的长期抗战并争取最后胜利,提供了最根本的保证和基石。国民党南京政府在八一三淞沪抗战政略上所表现的义无反顾的精神,表明了南京政府抗日决心的最终确立,这一方面沉重打击了国民党内的亲日派势力,同时又使中国朝野民主力量得到了空前加强。第二次国共合作的实现,使中国共产党从“非法”变为合法,从此,可以公开在全国人民面前宣传自己的政治主张,启发民众的觉悟,为开辟抗日根据地,进行抗日武装斗争,培养革命的基干力量,争取抗日战争的胜利,取得了极为宝贵的时间和空间。

综合上述,八一三淞沪战役在战略、政略上发生的历史作用,我们当可十分清晰地看出此役在中国现代史上所占的分量。

历史的发展错综复杂,就历史时间上的某一点言,人们所从事的活动都无可避免地带有一定的历史局限与盲目性,所以,审视与评析任何历史事件的历史意义,都不必看作是当事人纯主观的追求和功过罪绩,何况是时时刻刻充满了非人

---

① 《中日外交史料丛编(四)——卢沟桥事变前后的中国外交关系》,第203页。

力所能控制的军事行动?毫无疑义,客观的事情终须客观地评价,许多事情的历史意义,往往需要经过若干年的实践后,才逐渐被后人领悟。淞沪战役也是如此。当然,共同认识中华民族的历史,也是海峡两岸最终能走到一起来的重要方面。唯一长存的是中华民族的不屈气概。淞沪战役70万将士的英勇拼杀和30万死难将士的生命之花所结出的历史硕果,将千秋万代留存在中华民族子孙的心中。无数的忠魂化为华夏祥和之气,激励我们为实现中国的全面现代化而奋勇前进。

(本文原载《史林》,1993年第1期)

八一三事变才是时局转折点

白　杰

我国史学界一向认为，西安事变的和平解决，对国共两党的再次合作和团结抗日，起了重大的推动作用，因此成为由国内战争走向抗日民族战争的时局转折点。

史家面前无定论，事实胜于雄辩。根据实事求是、论从史出的原则，分析西安事变后到八一三事变前的历史，我不能苟同上述观点。本文拟就所谓"时局转折点"的问题，用众所周知的确凿事实，谈谈笔者的看法。

一、 西安事变后局势的恶化

西安事变和平解决后，局势并未好转，反而急剧恶化。

1. 红军西路军全军覆没。西安事变后，蒋介石假惺惺地派代表与共产党谈判，暗中却指使马步芳、马步青部向红军西路军进攻。中共代表周恩来在谈判中一再要求蒋介石下令制止二马的围攻，但无济于事。西路军将士四面受敌，连月血战，人、弹有耗无补，奋力歼敌2万5千人之后，1937年3月兵败祁连山。全军2万1千8百余人，只有李先念、程世才率4百余人抵达新疆，其余大都牺牲、被俘、失散，几乎全军覆没，这在我军历史上是绝无仅有的。西路军2万2千人接近当时红军总数的一半，他们全军覆没后，红军只剩2万5千人了。这样一支经过长征磨难后幸存下来的红军主力尽失，无疑是共产党的惨痛损失，是中国人民的重要损失，是中国抗日力量的严重损失，更是西安事变后局势恶化的重要标志。与此同时，国民党军对共产党领导的南方各省游击队的清剿也正在进行。这些事实起码能证明：西安事变后，内战没有停止，和平没有实现。

2. 三位一体联盟被拆散。西安事变时,西北地区的东北军、西北军和红军结成逼蒋抗日的三位一体秘密联盟,三方互通情报,张学良和杨虎城对红军时有接济,西北的形势较好,陕甘宁苏区平安无事。西安事变后,蒋介石背信弃义,扣押三位一体的核心人物张学良将军,使东北军群龙无首陷于混乱,同时对东北军和西北军进行军事压迫和金钱收买。他指派40个师的兵力分五路进逼西安,还指派一些特务对张、杨所部将领收买策反。在蒋介石惯用的威逼利诱面前,东北军、西北军的某些将领软弱动摇,终于引起三位一体的主力——东北军的内乱,结果导致一批将领率部公开投蒋。1937年1月30日,王以哲、何柱国两将军违反东北军全体意志,置渭南会议决议于不顾,公然与潼关中央军联络,同意东北军东撤的方案,下令撤兵。2月2日,东北军一些官兵得知王、何二人放弃营救张学良将军,极力讨好蒋介石之后,爆发了杀死王以哲的"二二事件"。2月3日,缪澄流军长、刘多荃师长率所部东北军从渭南前线撤退,并请南京中央军进驻。刘多荃派105师团长康鸿泰,逼走团副王甲昌,扣押中共特派员邹鲁风。2月5日,刘多荃命105师驻西安的第二团团长葛晏春枪杀该师旅长高福源于西安。又抓捕奉命枪毙王以哲的特务团连长于文俊,剖腹挖心,祭王以哲。东北军面临瓦解。

东北军炮8旅旅长黄永安、骑兵10师师长檀自新、106师师长沈克公开声明投蒋。檀自新还将杨虎城之母孙一莲、警备第三旅旅长孙友仁及蒲城民团司令韩世本等扣留,并将民团的武装缴了械。

西北军42师师长冯钦哉、49旅旅长王劲哉、警备第2旅4团团长沈玺亭、6团团长唐得楹等人脱离西北军,投靠蒋介石。冯钦哉部竟引中央军开进潼关。

2月8日,中央军宋希濂的36师和平进入西安并接替城防;2月9日,顾祝同即以西安行营主任的身份进驻西安;3月间,东北军东调河南、安徽、江苏等地,西北军北调三原。随后,杨虎城将军被逼出国,蒋军重兵包围苏区,红军被强兵压迫在极不利于生存和发展的贫困之地。三位一体的逼蒋抗日联盟被拆散,东北军、西北军被瓦解,红军重陷围困,局势急剧恶化,中共一面加紧抗日呼吁和对国民党的谈判,一面又在酝酿新的战略转移。

3. 国民政府继续坚持反共独裁战略。1937年2月10日,国民党五届三中全会召开前夕,中共发表了《致国民党三中全会电》,向国民党当局提出五项要求:(1)停止一切内战,集中国力,一致对外;(2)保障言论、集会、结社之自由,释放一切政治犯;(3)召集各党各派各界各军的代表会议集中全国人才,共同救国;(4)迅速完成对日抗战之一切准备工作;(5)改善人民的生活。电文还明确表示:

如果国民党能将此五项要求定为国策，保证实行，中国共产党为达到团结全国一致抗日的目的，愿作出如下四项保证：(1)在全国范围内，停止执行推翻国民党政府之武装暴动方针；(2)工农政府改名为中华民国特区政府，红军改名为国民革命军，直接受南京中央政府与军事委员会之指导；(3)在特区政府区域内，实施普选的彻底民主制度；(4)停止没收地主土地之政策，坚持执行抗日民族统一战线之共同纲领。

国民党当局不顾国家安危，依然坚持反共政策。国民党五届三中全会通过的《宣言》虽然承认和平统一"为全国共守之信条。此后惟当依据和平统一之原则，以适应国防，且以奠长治久安之局"，但同时又说，中国共产党"破坏国民革命，以暴动手段危害民国，无论用任何方式，必以自力使赤祸根绝于中国"①。会议还专门通过了旨在对付共产党的《关于根绝赤祸之决议案》，声称"赤祸必须根绝"，提出以下处理与共产党关系的"最低限度之办法：第一，一国之军队，必须统一编制，统一号令，方能收指臂之效，断无一国家可许主义绝不相容之军队同时并存者，故须彻底取消所谓'红军'，以及其他假借名目之武力。第二，政权统一，为国家统一之必要条件。世界任何国家断不许一国之内，有两种政权之存在者，故须彻底取消所谓'苏维埃政府'及其他一切破坏统一之组织。第三，赤化宣传与以救国救民为职志之三民主义绝对不能相容，即与吾国人民生命与社会生活亦相端相背，故须根本停止其赤化宣传。第四，阶级斗争以一阶级利益为本位，其方法将整个社会分成种种对立之阶级，而使之相杀相仇，故必出于夺取民众与武装暴动之手段，而社会因以不宁，民居为之荡析，故须根本停止其阶级斗争"②。这就是国民党当局对共产党所提之五项要求和四项保证的回答。

从国民党五届三中全会的主要内容来看，西安事变和平解决并未改变国民党奉为衣钵的反共国策，尤其是蒋介石看到红军已从富饶的南方各根据地退却到狭小贫瘠的陕甘苏区，力量大不如前时，更欲一举根除多年的心腹之患。为此，蒋介石命马步芳、马步青匪徒消灭了位于河西走廊的红军西路军，拆散了张杨共的三位一体联盟，重兵包围苏区。准备在适当时机向被围困的红军发动进攻，达到聚歼目的。

反共与独裁密切相关。蒋介石政府顽固坚持其传统的对外妥协、对内用兵、

① 《中国现代史》上册，北京师范大学出版社 1983 年版，第 439 页。

② 《中华民国史纲》，河南人民出版社 1985 年版，第 463 页。

对民压迫的反动政策，拒不释放因主张抗日而被捕的救国会君子和广大政治犯，继续压制民众的抗日言行。

很多党史、现代史教科书说，国民党的五届三中全会，虽然还没有从根本上放弃反共立场，但提出的谈判条件，与共产党致国民党三中全会电的要求在原则上却是接近的，因此，实际上，国民党五届三中全会接受了国共两党合作抗日的政策，国共合作的抗日民族统一战线初步形成。

我不同意这种违反史实、自欺欺人的说法。国民党五届三中全会有关文件提出的与共产党谈判的条件是“彻底取消所谓‘红军’，彻底取消所谓‘苏维埃政府’”的“根绝赤祸”，与共产党所提出的四项保证之精神不啻天壤之别。共产党要通过改编，保存实力；国民党企图借改编之名，行控制、消灭之实；双方的谈判条件根本不存在什么原则上的接近，这可从西安事变后半年多艰难的谈判历程得到证实。况且国民党的“根绝赤祸”，不只是一种宣传，而且在付诸实施。红军西路军在国民党五届三中全会后被“国军马部”消灭，就是血写的事实。难道西路军3月的惨败能证明国民党五届三中全会“和平统一”的诚意，难道张杨共三位一体被拆散能证明抗日民族统一战线的初步形成吗？后人研究历史，叙述历史，千万不要忘记实事求是，论从史出。放弃独立思考的人云亦云是要不得的。

历史充分证明，由于蒋介石的背信弃义和打击报复，西安事变的和平解决不但没有成为国内战争走向抗日战争的转折点，而且时局还在恶化。

二、八一三事变才是时局转折点

既然西安事变的和平解决并非时局转折点，那么，是否还有时局转折点呢？有的，就是八一三事变。

1937年8月13日，驻沪日军以租界为依托，突向闸北进攻，八一三事变爆发。侵略者将战火烧到国民党政治的心脏，迫使蒋介石走上动员全国一切力量抵抗侵略之路，遂使时局朝着有利于共产党的方向迅速转变。

1. 国共合作成功。西安事变后，中共派出谈判代表，先后四次在西安、杭州、庐山、南京等地就国共合作共同抗日等问题同国民党当局进行谈判。由于国民党坚持其“根绝赤祸”的立场，在实质性问题上拒不让步，因此，直到八一三事变前，终未达成双方都能接受的协议。国民党当权派显然还在犹豫观望，不肯就此与血战十年的对手和解妥协。1937年8月12日，中共代表同国民党代表就发表

《中共中央为公布国共合作宣言》和改编红军问题在南京举行第五次谈判。国民党要求删掉《宣言》中的三项基本政治主张，只留四项保证，共产党拒绝这种修改；关于红军改编，共产党反对由国民党委派政治部主任，坚持设正副总指挥，国民党则不肯让步，在谈判僵持不下时，日军突然发动对上海的进攻。淞沪战役开始后，以蒋介石为首的国民党顽固派看出中日之间的全面战争无法避免，动员包括红军在内的全国武装力量对日作战刻不容缓，于是，国共谈判长期拖延不决的状况随之急转直下地得到改变。八一三事变 5 天后的 8 月 18 日，蒋介石同意红军改编为国民革命军第八路军，任命朱德、彭德怀为正副总指挥(22 日正式发表)。僵持已久的红军改编后的指挥和人事问题终于获得解决。9 月中下旬，国共两党举行第六次谈判，继续商讨宣言发表等事项。此时上海战事紧张，蒋介石只好放弃了上次谈判中提出的删改要求，双方达成协议，22 日，中央通讯社发表了早在 7 月 15 日就由周恩来在庐山交给蒋介石的《中共中央为公布国共合作宣言》。9 月 23 日，蒋介石发表了实际上承认中共合法地位的谈话。至此，国共第二次合作宣告成立，抗日民族统一战线形成了。10 月 2 日，根据国共两党协议，国民政府军委会宣布，将南方八省十三个地区的红军游击队改编为国民革命军陆军新编第四军，叶挺、项英被任命为正副军长。

经过前后半年多艰难曲折的谈判，在八一三事变的促动下，第二次国共合作终于实现，中国出现了全民族抗战的新局面。

2. 释放政治犯和中苏缔约。蒋介石在平、津失陷之后，释放了关押 8 个多月的救国七君子，但对广大政治犯仍不肯开释。8 月 15 日，日机开始轰炸南京，国民党准备放弃首都，于是援用资产阶级国家战时疏散监犯的规定，释放了一些政治犯，如 8 月 18 日将关押在“首都反省院”的中共党员夏之栩、熊天荆、王根英三人释放，随后，陶铸、钱瑛等也分批获释出狱；陈独秀于 8 月 25 日被释，彭述之、郑超麟等人也在 8 月下旬出狱。9 月 4 日，国民政府修改了《危害民国紧急治罪法》，从太原、南京等地监狱中释放了一批共产党员和进步人士，并下令撤销了对一些共产党员和进步人士的通缉令，很多中华优秀儿女重返斗争前线，大量人才得以为抗日出力。国民党还先后批准中共在西安、太原、上海、南京、武汉、长沙、桂林、重庆、兰州、迪化、洛阳、贵阳、竹沟、平江等地设立八路军、新四军办事处，同意在国统区出版《新华日报》《群众》等报刊。此外，国民政府还允许人民有一定的抗日自由权，如准许组织抗日救国团体等。

中苏缔约获取外援。1932 年 12 月 12 日中苏复交以后，双方关系有所恢复。

由于英美对中国求援的要求表示冷淡,使国民党只好求助于苏联。1935 年初,国民政府令尚滞留在渝的驻苏大使颜惠庆返回莫斯科,以示对苏政策的转变。同年 10 月,中苏文化友好协会成立。接着,国民政府又向苏联提出缔结互不侵犯条约和秘密军事协定的建议,并派陈果夫前往莫斯科商谈苏联援助事宜。与此同时,蒋介石、孔祥熙分别会见苏联驻华大使鲍格莫洛夫,提出要通过新疆获取苏联军援。1935 年 11 月 15 日苏联副外长斯托莫尼亚科夫电鲍格莫洛夫转告中国政府:苏联政府同意卖给中国军用品。12 月 24 日,鲍格莫洛夫又受命通知蒋政府:苏联政府准备同中国方面就缔结双边协定问题进行具体讨论。而此时,国民政府却止步不前了,蓄意拖延关于缔结协定的谈判。究其原因,主要是国民党怕影响同日本的关系,它既想同苏联结盟,以抗衡日本;又不想立即正式结盟,以免导致日苏关系紧张进而刺激日本,加深中日矛盾,因而采取的策略是在中、日、苏三角关系中搞平衡。日本进兵上海打破了蒋介石的幻想。国民党当局加紧同苏联驻华大使会晤,请求签订中苏信用贷款和互助协定。双方经过多次谈判,在 1937 年 8 月 21 日签订《中苏互不侵犯条约》,中国开始从苏联获得大批贷款、武器和其他军用物资。苏联政府先后向中国提供三笔共 2.5 亿美元从苏联购买飞机、大炮等军火物资的易货贷款,派遣 3 000 名军事顾问、军事技术专家以及数百名空军志愿飞行员来中国,帮助抗击日本侵略者,苏联的援助对中国前期的抗日是一个极大的支持。

3. 共产党和八路军、新四军迅速发展壮大。以国共合作为核心的抗日民族统一战线建立后,中国开始一致对外,抗日救亡浪潮席卷全国,这种御侮的局面使原先严重阻碍我党我军发展的主要因素消失了。共产党不失时机地积极吸收党员,努力扩大武装,建立根据地,短期内便获得了前所未有的大发展。

从抗战爆发到 1940 年 7 月,三年时间,中共党员从 4 万激增至 80 万,中共在沦陷区和国民党统治区的也有了相当的恢复和发展,先后建立了南满、北满、吉东省委和广东、云南、浙江、贵州、江苏等省委以及川康、川东、川南、温州等特委。中国共产党的组织迅速遍布全国各地,影响与日俱增,声誉卓著。

共产党领导的八路军、新四军深入敌后广大农村,如鱼入水、如鸟入林,三年间,就从 3 万人发展到 50 万人;根据地由陕甘宁扩展到遍布华北、华中、华南约 1 亿人口的广大地区,先后收复了 150 座县城,抗击着 60%的侵华日军和 90%的伪军。

土地革命战争时期,共产党和红军曾在 1933 年均达到 30 万人的规模,随后便直线下降。抗战三年,共产党和红军的大发展,一举超越十年内战和建党 16 年取得的成果,这一伟大的胜利不仅奠定了抗战胜利的基础,也为日后埋葬蒋家王朝创造了条件。根据这一史实,完全有理由认为:伟大的全民族抗战使共产党和红军起死回生、由小到大;完全有理由说,是抗日战争挽救了红军,挽救了党。

八一三事变激起全国抗战,一致对外使共产党和红军获得了大发展的"天机",因此,八一三事变才是共产党和红军转危为安、由小到大的转折点。

三、 时局转折点为什么不是七七事变

西安事变时,蒋介石以"领袖人格"作担保,同意张学良、杨虎城和中共提出的下列六项条件:(1)改组国民党和国民政府。肃清亲日派,容纳抗日分子;(2)释放上海被捕的爱国领袖,释放一切政治犯,保证人民的自由权利;(3)停止剿共,联合红军抗日;(4)召集各党各派各界各军救国会议,决定抗日救亡方针;(5)与同情中国抗日的国家建立合作关系;(6)其他具体的救国办法。但蒋介石回到南京,竟背信弃义地审判扣押张学良,拒不履行六项条件,而且丧心病狂地对东北军和西北军打击报复,分化瓦解。显然,"西安事变"后的时局是否好转,取决于西安事变达成协议之履行。通过分析西安事变后到八一三事变前的历史,我们可以看出,该协议不但没有付诸实施,而且以蒋介石为首的南京政府对积极要求抗日的东北军、西北军和红军极尽打击消灭之能事,这种情形,如何能够得出"西安事变的和平解决成为时局转折点"的结论?八一三事变后,国民党当局被迫全力反侵略,这才能立即改弦更张,西安事变达成之协议才变成现实。我们把八一三事变后的重大变化同西安事变达成的六条协议对比一下,能够看出二者的一致性,能够明白西安事变不是时局转折点,八一三事变才是时局转折点的关键所在。

也许有人会问:时局转折点为什么不是七七事变而是八一三事变呢?

笔者之所以认为八一三事变是时局转折点,是因为八一三事变后才出现了中国全面抗战的形势,也因此才有了国共合作等一系列重大变化。虽然七七事变距八一三事变只有 37 天,而且我们都把它作为抗战爆发的起点,但时局的明显转折在卢沟桥事变后还未呈现。这是因为日本对华北的进攻还没有打痛和逼急以江浙一带作为统治中心的国民党当局,国民政府仍不肯放弃反共国策,仍指望日本不进一步扩大战争,对苟且偏安仍抱有幻想。只有日军悍然把战火烧到

上海，日本企图灭亡中国的野心暴露无遗时，蒋介石集团才能抛弃幻想，下决心同共产党合作，发动全国，一致对外。除释放上海救国会七君子之外，其余重大变化或西安事变之协议的履行，都是在八一三事变后才有的事。

笔者在研究这一课题之初，是把七七事变看作时局转折点的，但是史实促使我认定，把八一三事变作为时局转折点更符合历史的本来面目。若说七七事变是时局转折点也未尝不可，因为第一，七七事变是八一三事变的前兆；第二，七七事变作为时局转折点总比把西安事变作为时局转折点符合历史真相，但八一三事变作为时局转换的枢纽更准确。

长期以来，人们以讹传讹，对西安事变的和平解决作了不切实的评价，把八一三事变后才出现的以一系列重大变化为内容的转折说成西安事变和平解决的历史意义，这种不符合历史真相的结论，应当本着对历史、先烈和后代负责的精神尽快纠正过来。

附带声明，笔者否定“西安事变的和平解决成为时局转折点”之说，并不否定张杨两将军丹心照日月的兵谏之举，西安事变是符合民心的伟大壮举，只是事变解决得过于匆忙乃至草率，更由于发动事变的核心人物张学良将军轻率陪蒋返宁铸成大错，终使事变未能按照发动者的预想变成由内战到外战的转折点。

（本文原载《山西大学学报》（哲学社会科学版），1994 年第 1 期）

开辟淞沪战场有无"引敌南下"战略意图

马振犊

国民政府发动淞沪会战是否有计划地诱敌南下,改变日军进攻中国的路线(从由北往南变为由东向西)? 关于这一问题,在大陆学者与台湾学者之间存在着观点分歧。余子道先生在《抗日战争研究》1992 年第 3 期发表的《论抗战初期正面战场作战重心之转移》一文中对此作出了否定的结论。他认为:"引敌南下",改变日军侵华路线是"出乎蒋介石意料之外的",是战后"总结战争时人为地所追加的一种概括"。他的最有力的论证是:至今仍没有披露过"任何一种说明这一决策形成过程的档案材料,足以令人置信"。余先生的论证具有相当的说服力。但是,根据现有的资料为线索进行考察,完全排除国民政府在发动淞沪会战过程中具有某种程度的"引敌南下"的战略意图,也不一定妥当。

早在卢沟桥事变初起时,国民政府及其最高统帅蒋介石即在淞沪一带加紧备战部署。八一三淞沪战役是中国军队主动发起的战略攻势,其目的就是牵制日军在华北战场的兵力,避免日军迅速沿平汉路南下,造成对中国不利的情况。8 月 18 日,蒋介石派陈诚、熊式辉赴沪视察战况。陈、熊二人于 20 日返回南京,向蒋介石汇报。陈诚说:"敌对南口在所必攻,同时亦为我所必守,是则华北战事扩大已无可避免,故敌如在华北得势,必将利用其快速装备沿平汉路南下直扑武汉,于我不利,不如扩大沪事以牵制之。"蒋对此表示:"一定打!"陈诚又说:"若打,须向上海增兵。"蒋即派陈诚为第十五集团军总司令,率部赴沪增援。①

据载,蒋介石在战争爆发前就曾明确指出:"这一仗打起来,上海、南京都不能守,我之所以要打,是因为我在日本读书的老师,如今都身担大任,日本人对中

① 国民政府军事委员会战史会档案《陈诚私人回忆资料》,中国第二历史档案馆馆藏。

国的战略战史的研究，有时比中国人还深刻。现在我们与日本人打仗，不怕从南方打也不怕从北方打，最担心的是日本人由卢沟桥入山西再经汉中入四川，这是当年忽必烈灭亡南宋的战略。如果日本人到西南，从云南、贵州到广西一抄，我们即便保守南京、上海，这个仗也打不下来。现在唯一的办法是在上海作战，引导他沿江西上，届时他就败了。”①蒋介石的这一分析，比陈诚更深远一些，但其中“引敌南下”的战略意图，两人则是一致的。又据当年在抗战初期参与军机的徐永昌在日记中所载：1937 年 10 月 16 日，蒋介石约见徐永昌会商军情，他曾谈到自己对于北方日军渡黄河南下的担心。徐氏在日记中写道：“余以为只要上海不失，山西能坚固一半，海州方面不出事(恐敌攻上海不下急而由海州上陆威胁我徐州，则心腹受敌矣)。蒋先生以为海州决无事。又一二战区兵力不足。”“蒋先生以为，敌如越黄河南下，斯真不[得]了。”②这足证蒋氏集中兵力在上海与日军作战是有充分设计的，是避免日军主力从河南、山西渡黄河南下的战略谋算。

8 月 20 日，国民政府军事委员会下达的作战令也证实，淞沪战役发动之初，国民政府已决心集中我国陆军主力在华东战场与敌一拼。当时规定的作战指导方针为：“国军一部集中华北持久抵抗，特别注意确保山西之天然堡垒；国军主力集中华东，攻击上海之敌，力保淞沪要地，巩固首都，另以最少限兵力守备华南各港口。”③这项指令发布后，长江以南我军停止北调，纷纷向淞沪战场增援，中央军及各地方军陆续开抵淞沪地区。8 月底，在陇海线东部机动待命的胡宗南部第一军以及由汉口向保定输送，先头部队已抵达郑州的第十八军，均奉命转赴华东战场，这就形成了在淞沪汇集重兵展开大战的态势。

八一三以后，在我军猛烈攻击之下，日军统帅部被迫不断向上海战场增兵救援，从其本土、朝鲜、台湾、东北等地抽调了部队，最后竟抽调了正在华北战场上作战的部队南下增援淞沪日军。9 月 5 日，日军统帅部决定，“把主作战转移到上海方面”。此时日军在我国南北战场上的作战师团比例数已由 8 月间的 2∶9 改变为 9∶7④，我方在事实上已达到了“引敌主力南下”的战略目的。

---

① 蒋纬国：《中日战争之战略评析》，载《中华民国建国史讨论集》第 4 册，台北国民党党史会 1985 年版。

② 中央研究院近代史研究所编《徐永昌日记》第 4 册(民国廿六年一月到廿七年十二月)，台北 1991 年影印版。

③ 虞奇：《抗日战争简史》(上)，台北黎明文化事业股份有限公司 1977 年版，第 135 页。

④ 据日本防卫厅战史室《中国事变陆军作战史》第 1 卷第 2 分册，中华书局 1981 年版，第 20—30 页。

由于日军发动全面侵华战争首先是从华北开始的，故而8月20日，我军大本营颁布的《国军作战指导计划》中尚称“主战场之正面在第一(战)区，主战场侧背在第二(战)区”。但随着战事的迅速发展，主战场很快便转到了华东，这显然是我方统帅部执行“引敌南下”的战略决策起到了作用。

当然，我这里所引证的上述种种资料，只是为分析研究国民政府及蒋介石指导发动淞沪战役的战略意图寻找一些线索。除此而外，目前我们确未发现其他更直接更有力的档案资料。但是，既然这是最高统帅部的秘密军事谋略决策，没有留下公开的文字资料，也许会是保守军事机密的缘故。

联系到全面抗战开始前，国民政府蒋介石有关对日战备的战略构想和战略部署，引敌沿长江西进，中国军队逐步自东向西撤退，以西南西北为持久抗战之根据地，这种设计与淞沪战役引敌南下西进，在战略思想上是一脉相通的。蒋介石认为：“强国之国防，重边疆，取攻势；弱国之国防，重核心，取守势。”①因此，他主张我国的抗战，应在防御性战略守势原则下进行国防准备，“中国同日本作战，即无所谓决战”②。当时，蒋介石左右的中外军事专家亦曾不约而同地建议过“向西”后退以求持久抗日的主张。例如，我国著名军事理论家蒋百里，就曾分析未来的抗日战争不仅是一场全面战争，而且是一场十年八年的长期战争。在战争初期，中国军队会在日军猛攻之下守不住沿海地区而后退，所以应以湖南一带的内陆省份为我国抗战之后方基地。虽然中国可能失去上海、南京等大城市，但这并不意味着抗战的失败。“中国因为是农业国家，国力中心不在都会，敌人封锁了与内地隔绝的上海，只是一个死港，点缀着几所新式房子的南京，只是几所房子而已，它们与中国的抵抗力量，完全没有影响。”③“我们对于敌人制胜的方法就是事事与之相反，就是他利于速战，我却用持久之方针来使他疲弊，他的武力中心放在第一线，我们却放在第二线，而且在腹地内深深地藏着，使他一时有力没用处。”④

蒋介石的另一位高参，德籍军事总顾问法肯豪森，也提出过类似的建议。1935年8月20日，他就中国未来抗日战略问题专门向蒋呈送了一份《关于应付

① 张其昀：《党史概要》第1册，台北中央文物供应社1979年版，第675页。

② 见《敌乎？友乎？》一文，载《中华民国重要史料初编——对日抗战时期》绪编(三)，台北1981年版，第618页。

③ 陶菊隐：《蒋百里先生传》，中华书局1984年版，第184页。

④ 《蒋百里先生全集》第4册，台北传记文学出版社1971年版，第152—153页。

时局对策之建议》。他在这份建议书中写道:"对海正面有重大意义者,首推长江,敌苟能控制中国最重要之中心点至武汉一带,则中国之防力已失一重要之根据……于是直至内地,中国截分为二。"如果开战后"固守南京、南昌","此种作战方式足使沿海诸省迅速陷落,于此陆军所必需战具迅即告罄,无大宗接济来源,川省若未设法工业化,能自造必要用品,处此种情况必无战胜希望,而不啻陷中国于灭亡"。"终至四川为最后防地,富庶而因地理关系特形安全之省份①,宜设法筹备使作最后预备队,自有重大意义。""因南北两大干路更重要者为长江","故必华方寸土不肯轻弃,仿二十一、二年淞沪及古北口等处成例,方能引起长江流域有利益关系之列强取积极态度"。对于北方战场"最后战线为黄河,宜作有计划之人工泛滥增厚其防御力"②。法肯豪森明确建议蒋介石以长江一线为未来抗战之主战场,希望以此来延续抵抗而引起国际干涉,不得已时则放弃东南沿海退保四川,作为抗日最后基地。他还进一步提出,在四川这个"造兵工业最良地方","由重庆经贵阳修筑通往昆明之铁路,使能经滇越路得向外国联络,有重要意义"③。

蒋百里与法肯豪森有关抗日战略地理设计之建议,对蒋介石产生了重要影响,蒋氏在抗战准备过程中欣然采纳了蒋百里与法氏将抗战军力"深藏腹地"、"经营四川根据地"以及"以长江为抗战主线"等战略主张,"制造黄泛以增加防御力"的意见,后来也在战争中予以采纳实施。由此可见,向西退却以防敌将中国南北一截为二,阻止敌由华北西进后迅速南下等策略,早就盘旋于蒋介石的脑际了。

1935年,蒋介石选择四川及西南作为未来抗日基地,派遣了以贺国光、康泽为首的"参谋团"、"军事委员会别动队"数千人的庞大干部队伍入川,把握了川省政治要害。蒋氏还亲自飞渝,建立"军事委员会委员长重庆行营",进行直接控制,这一切便奠定了"建立抗战后方基地"之基础。7月4日,蒋介石明确宣布了他对于未来抗战战略路线之设想:"对倭应以长江以南与平汉路以西地区为主要阵线,以洛阳、襄阳、荆州、宜昌、常德为最后阵线,而以四川、贵州、陕西三省为核心,甘肃、云南为后方。"④这就是他"以南方为主线"、"以西南为后方"的抗战战略方针。

---

① 此处档案原稿旁有圈阅者写"最后根据地"字样。

②③ 《民国档案》,1991年第2期,第24—27页。

④ 张其昀:《党史概要》第2册,第1014页。

根据这一战略方针，国民政府还下决心在长江流域建立国防设施准备。1935年起，蒋介石下令在长江中游的武汉重镇筹建“国防作战中心”；在东南对日前哨重地宁沪杭地区则大力修建国防工事，到1937年，全部工程已基本完成。1936年后，国民政府又采纳了张治中等人的建议，秘密开始了以宁沪为核心的全面战备工作，为此特别成立了“京沪警备区”，以张治中为司令，制定了详细的作战、训练、通讯、后勤、运输、宣传乃至民众训练等全面工作计划并立即付诸实施，取得了实际的成效。他们甚至计划，一旦开战，立即以精兵攻击上海日租界及日本驻军营地，将之一举歼灭，而后封锁海岸，拒止日军登陆，同时封锁长江水道，与武汉方面联合作战，消灭长江内日本军舰，达成先发制人的目的。①为此，蒋介石将其最先整训完毕的全部以德式武器装备起来的国防军第八十七、八十八两师精锐部队调给张治中统率。与此同时，国民政府还大力做好开发西南及抗战基地建设的先期准备。这些事实均表明，国民政府确实早就准备以长江一线为未来抗日战争之主战场。

1936年7月，蒋介石在接见即将回国的英籍财政顾问李滋罗斯爵士时说：“对日抗战是绝对不能避免的，由于中国力量尚不足击退日本的进攻，我将尽量使之拖延。但当战争来临时，我将在临海地区做可能的最强烈的抵抗，然后逐渐向内陆撤退，继续抵抗。最后，我们将在西部某省，可能是四川，维持一个自由中国，以等待英美的参战，共同抵抗侵略。”②这是蒋氏对未来抗战战略设计的最直接的说明。

在侧重长江一线备战的同时，国民政府对北方地区的防务也作出了详细的规划与设计，在北方重镇平、津、张以及太原、开封、郑州、洛阳等地都部署了国防设施。不过重点在南而不在北，国防工事全都修筑于黄河以南以及新建交通干线战略通道大都在长江以南流域。

军事后勤通讯补给方面的安排，也把重点放在长江流域。国民政府在其《民国廿六年度作战计划(甲案)》中，曾指定在全国范围内设立主要兵站7所，其中4所在江淮流域(汉口、南昌、南京、徐州)，3所在黄河一线(太原、郑州、西安)；主要野战医院5所，南方4所(武昌、汉口、南昌、南京)，北方1所(西安)。至战争爆发，建成军需总库6所，用以分别供给南北各战场之我军军需，其中南方4所(武

---

① 见《张治中回忆录》，文史资料出版社1985年版；史说：《八一三淞沪战役纪略》，上海《文史资料选辑》，第32辑。

② 蒋纬国：《中日战争战略评析》，前引书，第10页。

昌、南昌、南京、蚌埠),北方 2 所(信阳、华阴);野战军备仓库 15 所,其中核心库两所,分别位于南昌、武昌;在全军弹药贮存方面,长江北岸各地共存储约 6 000 万发,而南方仅南京、武昌两地,贮存量已达 1.4 亿发之多。[①]这些数据再次证明国民政府早就部署以长江一线为未来抗日战争的主战场。

以上种种事实,均旁证了国民政府淞沪之役引敌南下的战略谋算是完全可能成立的。

余子道先生文章中还强调,八一三之役的结果并未能改变日军侵华路线,其依据是:八一三后日军依然按照其既定计划,在 1938 年 1 月至 2 月间,重新调兵华北,欲打通同蒲、津浦两线,占领豫鲁间战略要区,然后再南攻武汉或北攻潼关。他并引李宗仁将军的论述为证,说明日军只有先打通津浦线,而后才能西进。

我认为,日军在八一三以后打通津浦线之作战,并不表明日军又要从北线西进。日军攻占南京后,确曾调兵北上,但所谓淞沪战役改变日军作战路线,是指改变其由北西进然后南下的路线,并不是说自上海之战后,日军便完全放弃其他战线的攻势而专攻长江。日军攻打津浦线不能说明其恢复由北线西进之战略。况且打通津浦线之战是先由其华中方面军发动的,只因在淮河一线遭到了我军猛烈抵抗,不能前进,这才转令其华北方面军主力第二军等部从山西战场掉头,发起南下之役。[②]可见,日军这时仍然是以南线为重点而以北线为辅助的,不能因日军攻打津浦线而证明淞沪之战未能引敌南下。其后,我军在鲁南台儿庄等地的成功作战,迫使日本华北方面军主力不断南下增援,最后竟倾全力于徐海之间,这恰恰造成了日军主力向南线集结的事实。李宗仁将军在其回忆录中的原文是这样写的:“敌人在京沪线得手之后必定要打通津浦以清除其右侧面的威胁,然后才可以西进。”[③]这段叙述也正好说明,日军打通津浦线的作战是为了更顺利地从南线西进。台儿庄之役后我第五战区主力成功突围,撤向华中地区。为防止日军主力再次北调,沿北线西进而造成南下攻击武汉的不利局面,国民政府按既定方针于 1938 年 6 月初炸开黄河花园口大堤制造黄泛,在战略地理上成功地断绝了日军沿北线西进之通道,使北线日军之攻势完全停止。北线日军为避免灭顶之灾,动用了海空军力量帮助陆军后撤。[④]这样便消除了日军攻占潼关

---

① 《民国廿六年度作战计划》(甲案),中国第二历史档案馆馆藏档案,七八七,1509。

②③ 《李宗仁回忆录》(下),广西区政协 1980 年版,第 707 页。

④ 〔日〕防卫厅防卫研究所战史室:《中国事变陆军作战史》第 2 卷第 1 册,中华书局“中华民国史资料丛稿”,第 81 页。

南下武汉、西进西安从而威胁我川陕抗日根据地的致命隐患。这一“迫敌南下”之举措，可视为我军“引敌南下”战略的进一步补充与完善。此后日军进攻武汉，只能循沿江西进的路线。

综上所述，尽管现在没有直接的证明资料，但从我们现已掌握的资料线索来看，似不能完全否定国民政府发动淞沪战役，具有引敌南下，迫使日军变由北南进为由东西进的战略意图。联系抗战准备阶段，我方在长江一线部署防卫，加强西南抗日后方基地建设，筹谋与日开战后逐步西撤之事实，倒使人相信，国民政府在发动八一三淞沪战役时，具有引敌南下的战略意图，是完全可能的。

（本文原载《抗日战争研究》，1994 年第 2 期）

淞沪战役的战略企图和作战方针论析

——兼答马振犊先生

余子道

八一三淞沪战役是抗日战争初期的一次重大会战，其规模之巨大、时间之持久，在八年抗战中实属罕见，值得治史者作过细的研究。蒋介石和国民政府最高统帅部举行淞沪战役的战略企图和作战方针是怎样的？淞沪战役开始时，南京统帅部是否已经做出了把全国对日作战重心从华北南移，以淞沪战场作为全国主战场的决策？当时蒋介石是否提出了诱使日军作战方向从“由北向南”改变为“由东向西”的战略指导方针？这些问题是研究淞沪战役时首先需要回答的。我在本刊 1992 年第 3 期曾提出一篇文章，对上述问题作出一些粗浅的论述，并对台湾同行们的某些观点提出商榷的意见，以期引起两岸史学同行们的讨论，加深对这一史事的研究。令人高兴的是，最近南京马振犊先生在本刊著文，对拙作提出不同的看法，这将有助于淞沪战役研究的深化，是值得欢迎的。

一

蒋介石和南京政府统帅部举行淞沪战役的战略企图和目的是什么？这是研究淞沪战役所需要揭示的一个重要问题。马先生的文章所提出的中心问题就是“开辟淞沪战场有无‘引敌南下’的战略意图”，其结论是：“国民政府发动淞沪战役，具有引敌南下，迫使日军变由北南进为由东西进的战略意图”，并且认为蒋介石关于淞沪战役的上述战略意图，是与抗战前两年间做出的以西南为未来抗日后方基地的战略构想“一脉相通的”。因而，在马先生看来，“蒋氏集中兵力在上海与日军作战是有充分设计的，是避免日军主力从河南、山西渡黄河南下的战略谋算”。[①]我以为,上述论断是值得商榷的。

蒋介石和南京统帅部举行淞沪战役有其战略意图和目的,这是毫无问题的。但是我以为它并非像马先生所说的那样是改变日军的作战方向为“由北而南”到“由东向西”,也不认为蒋介石举行淞沪战役的战略企图与其以西南为抗战基地的构想之间,有什么直接的联系。

对于淞沪战役的战略意图和目的,这是需要从军事、政治、对外关系以及经济等诸方面进行考察的。只有对这个意图和目的之复杂内容作具体分析,才能揭示其真实面目。而且,分析这个意图和目的不能是“一锤定音”,只有从发展变动中才可把握其实质。

从总体上说,淞沪战役期间在最高统帅部——大本营担任作战组组长的刘斐等人的忆述材料,比较全面地反映了统帅部的意图和目的:“上海一战,对整个抗日战争不仅是必要的,而且有很大的价值。首先,上海抗战激发了全国人民的斗志,有利于全国总动员;其次,上海是一个国际市场,上海抗战可以扩大帝国主义国家间的矛盾;第三,上海是国际观瞻所在,在这里进行坚强的作战,可以正国际间对中国的视听;第四,打乱了敌人的作战计划,争取了主动;第五,上海是我国工商业中心,群众觉悟程度高,群众运动的影响可以振奋全国;第六,可掩护沿海各省工业、物资向远后方撤退。因为有上面这些原因,对上海一战,大本营作战组是主张适当地硬拼的。”[②]刘斐等人的亲历忆述,真实地反映了举行淞沪战役的目的,此种战略企图在当时大本营中是占着主导地位的。

就淞沪之战具体的战役目的来说,在前期是“以扫荡上海敌军根据地,并粉碎在沿江沿海登陆取包围行动之敌,以达成巩固首都及经济策源地(上海),为作战指导之基本原则”[③];在中期是以“保持经济重心,巩固首都”,对登陆之敌“限制其发展”,“打破其包围企图”,加以“各个击破”为作战目的[④];在后期则是以“打破敌由杭州湾方面包围我军之企图,并巩固首都”为作战目的[⑤]。

在探讨蒋介石和南京统帅部关于淞沪战役的战略意图和目的时,有两个问

---

① 马振犊:《开辟淞沪战场有无“引敌南下”战略意图?》,《抗日战争研究》1994年第2期。

② 唯真:《抗战初期的南京保卫战》,《文史资料选辑》第12辑,中华书局1960年版,第2—3页。

③ 大本营训令第四号《第三战区作战指导计划》(1937年8月20日),中国第二历史档案馆编:《抗日战争正面战场》,上册,江苏古籍出版社1987年版,第6页。

④ 大本营训令仁全字第三号《淞沪抗战第二期作战指导计划》(1937年9月6日),《抗日战争正面战场》,上册,第300页。

⑤ 《淞沪抗战第三期作战计划》(1937年11月16日),《抗日战争正面战场》,上册,第331页。

题是需要特别注意的。第一以淞沪之战来吸引日军的相当部分的主力部队于淞沪战场，这是该战役的战略企图和目的的一个重要方面。这也就是为了"打乱敌人的作战计划，争取主动"。淞沪战役开始前后，蒋介石与南京统帅部对战局的大体判断是：日本在侵华战争中，将以速战速决为原则，其战略部署，将集中兵力以华北为主要战场，背靠东北和平津向南发展进攻，首先夺取华北；以一部兵力由冀察西进夺取绥远，切断中苏联系，并深入山西控制华北屏障；以一部兵力封锁沿海，夺取上海、青岛、海州等沿海重要城市，威胁甚至夺取首都南京。①鉴于在华北作战，日军凭借东北四省为基地，又有关东军和天津驻屯军两支在大陆盘踞已久的部队，并可使用机械化部队在华北发挥其优势，形势于中国军队不利，因此统帅部企图以扩大沪战来吸引敌军一部分主力。

淞沪战役在发动时和它的前期，南京统帅部一方面确认华北战场为全国的主战场，另一方面则企图通过在上海开辟第二战场，以吸引敌军。其主要目的在于牵制日军在华北的进攻，有利于减轻华北我军所受压力，并得以调整部署和进行抵抗，同时也包含有在江南作战在兵力集结、交通运输、后勤供应、作战地势等方面比在华北，于我方较为有利的考虑。

蒋介石在淞沪战役结束后不久召开的开封军事会议上说："我们此次为什么要在上海作战呢？就是要打破敌人的战略，使他们不能按照预定计划、集中兵力侵略我们华北。"②这是他对淞沪战役作战意图的一次表白。淞沪战役期间担任大本营第一部（作战部）部长的黄绍竑，在其回忆录中谈到蒋介石对淞沪战役的决策时，也证实了这一点。他写道：八一三事变爆发，"最高统帅的决策，是要以主动的姿态，先把上海敌军根据地摧毁，然后再主动的向华北作战，即使不能将敌人根据地铲除，亦须吸引其兵力到这方面，以扰乱其既定计划。"③

显然，从蒋介石和黄绍竑在战后的总结和回忆中可以证实，淞沪之战确有吸引敌军兵力、牵制敌军在华北的进攻，打乱其预定计划的意图和目的。但是，说当时蒋介石已经设定了改变日军作战方向"由北而南"为"由东向西"的"战略谋算"，并作出了相应的决策，这只能说是马先生的一种推测，并无任何事实根据。

---

① 参见大本营训令第二号《国军作战指导计划》（1937年8月20日），《抗日战争正面战场》，上册，第3—4页。

② 蒋介石：《抗战检讨与必胜要诀》（1938年1月11日），《中华民国重要史料初编·对日抗战时期》（二）作战经过，第一册，国民党中央党史会1981年版，第65页。

③ 黄绍竑：《五十回忆》，中册，台湾龙文出版社1989年版，第403页。

第二,以淞沪战役促美、英、苏等大国出面干涉中日战事,促成国际方面进行和平调停,这也是蒋介石的战略意图的一个重要方面。这就是所谓"以战略促政略"的策略。淞沪战争爆发后几天,在蒋介石、汪精卫、冯玉祥、龙云等人一次谈话时,汪问蒋道:"这次中日战争发生在北方,怎么上海也打起来了?如此岂不成了两个战场,我们的兵力够使用吗?"蒋答道:"在北方打仗,国际上是不大注意的;上海是一个国际市场,在上海打仗,就容易引起国际注意。"①在沪战进行期间,蒋氏夫妇频频发出要求国际方面干预中日战争的呼声。8月31日,蒋介石对路透社记者谈话:"国际间对于现时中日两国不宣而战之战争,有干涉之必要",并宣称"此种国际干涉,非完全为中国,实为谋国际整个之安全"。中国不仅在外交上有所动作,而且对九国公约国家布鲁塞尔会议寄予很大的希望。蒋介石为了以"打"来"促"成国际干预,否定了不少高级将领提出的沪战应当贯彻"持久消耗"原则、适可而止的建议。在9月间的松江军事会议上,张发奎等主张沪战应采取"持久消耗"战略,"以逐次抵抗消耗敌人兵力而保存国军实力,以利以后之长期作战"。但蒋介石、宋美龄等却认为,"国军如能在上海多保卫一二个月,将可引起国际方面的干涉和支援,因而应不惜牺牲,尽力固守上海"。②周恩来后来在中共"七大"的发言中,谈到蒋介石抗战初期的战略方针时指出:"(蒋介石)他们觉得,只要打几个胜仗,就可以引起国际的干涉。最大的希望是苏联出兵,次之就是英美在上海干涉。所以他们就打阵地战,把一二百万军队都调到上海,拿去拼,牺牲极大。"③可以说,以上海的军事行动促使国际方面进行干涉,蒋介石的这一意图是贯彻于沪战的始终的。

二

关于蒋介石是否有过改变日军的作战方向为由"从北而南"到"由东向西"的战略意图和决策,马先生的文章作了肯定的回答,但没有举出任何一个史实以资佐证,所以他的结论难以令人置信。

我们从至今已见的当时大本营和军委会发布的命令和指示中,从蒋介石本

---

① 龙云:《抗战前后我的几点回忆》,《文史资料选辑》第17辑,第54页。

② 《张发奎将军抗日战争回忆记》,(非卖品),1981年版,第13页。

③ 周恩来:《论统一战线》,《周恩来选集》,上卷,人民出版社1980年版,第196—197页,其中"一二百万军队"是当时未经精确统计的一种说法。

人的讲话和著述中，从何应钦、冯玉祥、陈诚、白崇禧、顾祝同、张治中、张发奎、薛岳等参与指挥淞沪战役的主要将领的回忆材料中，从当时大本营主管战略计划和作战命令的作战部门负责人员的回忆中，都未见到在当时有过什么诱使日军改变“由北向南”为“由东向西”的战略意图和决策。台湾的一些研究民国史的作者，虽然一再著文，声称早在1937年8月蒋介石就已提出了上述决策①，但他们并未举出任何一条无可争议的史料，以致他们的结论难以令人置信。

当然，据马先生的解释，在当时，“既然这是最高统帅部的秘密军事谋略决策，没有留下公开的文字资料，也许会是保守军事机密的缘故”。但是，马先生的这个假设，恐怕也是难以站得住的，因为在战后，保守军事机密的必要性已不存在的情况下，那些当年参与军事机密的主要将领都未说过有这样的一个重大决策。

抗日战争结束后，当年参与八一三淞沪战役最高军事决策的陈诚，在其所著《八年抗战经过概要》一书中，对淞沪战役作了全面的回顾和总结。这份材料有助于人们了解当年南京最高统帅部举行淞沪战役的战略意图，辩明当时是否提出过诱使日军改变“由北而南”的作战方向为“由东向西”的决策。为了便于说明问题，先将陈诚的论述转录如下：

> 我以装备关系，不能在华北平原行决战，因此在华北方面，沿津浦、平汉、平绥、同蒲各铁道交通要点，行纵深配备，多线设防，以主力毅然使用于淞沪方面，因上海乃我经济重心，中外观瞻所系，故我不惜任何牺牲，予以强韧作战，双方作战重心，乃由华北移至华中；相持三月以上，使我长江下游工厂物资，得以内运，国际观感，亦为之一新，所获政略上之成效尤伟。此役强韧之作战，大出敌作战指导预想之外。以战略观点言，敌拥有便利之海洋交通，易于发挥陆海空军联合之威力，我则后方交通未辟，集中迟缓，本难发挥优势，而欲与敌在上海行阵地战，似非得计；然就全国地形言，如当时在黄河流域与敌作战，殊不若在长江流域，利用湖沼山地，较为有利也。由此战役

① 蒋纬国在《八年抗战是怎样打胜的》一文中，说蒋介石在1937年8月7日作出了国军主力集中华东，“迫使日军转变其作战线为沿长江自东向西”的决定；在《抗日御侮》第三卷中，又说在8月20日作出了“国军主力集中华东”的决定。吴相湘的《第二次中日战争史》中也说是在8月20日作出了“国军主力集中华东，攻击上海之敌”的决定。蒋永敬在《对日八年抗战之经过》一文中，说蒋介石在8月6日的国防会议上宣布“国军主力集中华东，攻击上海之敌”。但是上述论著都没有说明其依据的原始材料是什么。

演成之结果，使敌被我诱引，不得不逐次被动增援，而形成上海敌我主力三个月之激战，使在华之敌军，不能任意行动，造成我华北有利之形势，尤其使山西之我军，有准备之余裕，结果在山西之敌军，始终不能西越黄河一步，此实为我战略上最大之成功。①

从陈诚在1946年以参谋总长的身份所做的上述回顾和总结，我们可以判明，南京最高统帅部调动大军举行淞沪战役的意图，主要有以下三项：(一)从政略上说，上海不仅是中国最大的都市，而且也是一个国际大都市，乃“中外观瞻所系”，而“国际观感”尤为重要，当然更包含着以上海之战来引发西方列强的干预这一目的在内；因此，最高统帅部乃决定“不惜任何牺牲，予以强韧作战”。(二)从经济上说，“上海乃我经济重心”，聚集于上海的国民政府的经济和财政方面的利益，无论如何是需要保护的；而且上海和江浙一带的工厂、物资也需要在对日作战的掩护之下，向内地转移。这也是“我不惜任何牺牲，予以强韧作战”的一个目的。(三)从军事战略上说，中国军队在长江流域对日作战，比之在黄河流域较为有利，因为，中国军队“以装备关系，不能在华北平原(对日)行决战”，而且“就全国地形言，如当时在黄河流域与敌作战，殊不若在长江流域，利用湖沼山地，较为有利也”。陈诚对淞沪战役战略意图的记述，与当时大本营作战组组长刘斐等人的回忆基本上是一致的。

从陈诚的回顾和总结中，人们没有见到当时南京最高统帅部作出过诱使日军的作战方向从“由北向南”改变为“由东向西”的决策。从陈诚的书中，人们倒可以明白无疑地看到全国作战重心南移的由来。在当时最高统帅部看来，由于“上海乃我经济重心”，由于上海为“中外观瞻所系”，由于“在长江流域，利用湖沼山地，(作战)较为有利”，“故我不惜任何牺牲，予以强韧作战，双方作战重心，乃由华北移到华中”。这就比较全面地揭示了全国作战重心南移华东的原由和背景。在这里，蒋介石当时具有引诱日军主力到长江流域来作战的意图；但是所谓改变日军作战方向为“由东向西”的决策，却并未提出过。至华东日军一度出现由上海向西仰攻的态势，那是战局演变的一种结果，并非是蒋介石在事先设计的“战略谋算”的体现。同样地，随着淞沪战局的推移，吸引侵华日军主力到淞沪战场，打乱了它的进攻计划，使日军始终不能西越黄河，这也是战局演变的“结

① 陈诚：《八年抗战经过概要》(非卖品)，第9—10页。

果”。正如陈诚的总结所说:“由此战役演成之结果,使敌被我诱引不得不逐次被动增援……造成我华北有利之形势……结果在山西之敌军,始终不能西越黄河一步。”

在马先生的文章中,以相当多的篇幅叙述了德国军事顾问法肯豪森以及蒋百里将军等关于四川和西南为抗战后方基地的建议,以及蒋介石“以西南为后方”的抗日战略构想,以此作为证明蒋氏举行淞沪战役,确有“引敌南下西进”,改变日军作战方向的意图和决策。但是,问题的关键是,以四川和西南为抗日后方基地的战略构想与当时把淞沪战场作为全国主战场,并由此把日军诱至“由东向西”,这两者之间有无必然的联系?马先生文章对此并无论证,而只是作了一种推测。是不是有了以四川和西南为抗战基地的设想,就一定会作出以淞沪战场为全国主战场,引诱日军改变其作战方向为“由东向西”的决策?至今并无任何论据能够对此作出肯定的回答。所以,马先生想以四川和西南为抗战基地的构想,来证明当时蒋介石作出过“引敌南下西进”的决策,是没有说服力的。

以一般战略原则而言,如果真正要实施以西南诸省为后方基地的持久战略,那就必须避免过早地与敌进行决战,主动地诱敌深入,待机反击。如此,则不应在淞沪地区进行旷日持久的阵地防御战,实行消极防御,举行没有胜利把握的决战,以致使中国军队伤亡三十余万人之多。蒋百里将军是主张以西南作为抗日后方基地的,但他并不赞成把我国军事主力置于第一线与敌军硬拼的。早在抗战前,他就撰文指出:对于“近邻富于侵略性的国家”(指日本),“我们……制胜的唯一方法:就是事事与之相反,就是他利于速战,我则用持久之方法来使他疲弊。他的武力中心放在第一线,我们则放在第二线,而且在腹地内深深地藏着,使他一时有力无用处。”①按照这一战略观点,是决不会主张在上海这样处于第一线前沿的地方,集中全国主力进行长时间的大规模的战役持久战的。

事实上,在八一三事变爆发后不久,蒋百里即向蒋介石提出了关于沪宁、平津、山东等地区对日作战方针的建议:“现在战局扩大,各方情势不同,就大势而言之:沪宁方面,敌人不利于使用大部陆军,我方应取速决主义,不宜多控制预备队于后方,使敌能得以少数兵力,牵制我大部兵力。平津方面,敌人仍将集中优势兵力,我方应取持久主义,兵力应有纵长之配置。山东方面,敌人所以尚未发

---

① 《蒋百里先生全集》,第四辑,台湾传记文学出版社1971年版,第152—159页。

动者，大约因平津方面未有南下企图之故，则此时正宜竭力构筑阵地。”①这一建议，主张我国用兵重点应置于华北方面，实行“纵长配置”；至于淞沪战线，则主张实行战役战斗上的速决战，即所谓“速决主义”，而避免被敌人牵制我大部兵力。看来，蒋介石并未采纳蒋百里的建议。

在当时担任最高统帅部副参谋总长的白崇禧，完全了解蒋介石以四川和西南为抗日后方基地的设想，但他并不认为集中全军主力于淞沪战场作战是适当的。在回顾淞沪会战时，他曾说道，“如果‘八一三’上海保卫战，我军为向国人交待，只作轻微抵抗，将主力撤至南京，深沟高垒，由沉着之将领指挥，敌人的海空军不能放肆，如此以守上海之精神守南京，虽南京终久必失，但抗战效果一定较大，敌人之损失也更大。”②

三

马先生的文章认为，蒋介石在发起淞沪战役时，就已经确定了把全国作战重心由华北南移华东，将淞沪战场开辟为对日作战主战场的决策，甚至断定这是在事先已“充分设计”好了的战略计划。我以为事实并非如此。事实上，蒋介石把淞沪战场作为全国战场，调集重兵举行大规模会战的决心，是在八一三抗战开始后在内外各种因素的作用之下，逐步形成的。

八一三战争爆发时，蒋介石虽然批准京沪警备司令官张治中“先发制敌”的建议，下令对上海日本驻军进行围歼，但他并无一个在淞沪地区举行一场大战役的计划，也未组建一个足以适应指挥一场大战役的领率机关。他的策略可以说是走一步看一步，作战指导方针具有相当的不确定性。

当时，作为最高统帅部的大本营，在 8 月 20 日正式颁发的全国抗战指导计划中，明确规定全国作战的主战场在华北，而不是在华东的上海。在《国军战争指导方案》、《国军作战指导计划》以及《第三战区作战指导计划》等文件中，正式规定：全国“主战场之正面在第一战区，主战场之侧背在第二战区”③。在这稍前，何应钦代表军委会于 8 月 7 日向国防最高会议所作的“中央之军事准备”的报告

---

① 蒋百里：《对日战局判断》，《蒋百里先生全集》，第 1 辑，第 7 页。

② 《白崇禧回忆录》，解放军出版社 1987 年版，第 120 页。

③ 大本营训令第一号《国军战争指导方案》（1937 年 8 月 20 日），《抗日战争正面战场》，上册，第 12 页。

中，宣布全军部署的重心是在华北。其中指出：“全国军队列入抗战序列者约一百个师，预备军约八十个师，……依照序列，使用于河北省，共约五十师。”全国的武器弹药，“依作战之要求，分设弹药总库若干及分库若干，约计在长江及黄河以北，囤积三分之二，江南囤积三分之一”。“至中央空军，亦已全部准备出动……以太原为根据地。”①由此可见，在八一三抗战爆发前后的一个时期，南京统帅部决无以淞沪战场为全国主战场的决策，因此，说当时最高统帅部已作出“把全国作战重心由华北引向华东”，“全国军队主力集中淞沪战场”的决策，是没有根据的。

不过，我们应当注意到马先生文章中举出了用来直接佐证蒋介石和南京统帅部作出上述决策的两件史料：一件是1937年8月20日陈诚向蒋介石提出并为蒋氏所接受的建议，另一件据说是南京军事委员会8月20日发出的关于作战方针的命令。这两件史料是马先生文章中仅有的用来直接说明其结论的根据。但这两件史料能不能证明其结论是正确的呢？在我看来，回答是否定的。以下，我想就马先生所举的两件主要史料作些分析。

淞沪抗战爆发后，蒋介石于8月18日派陈诚和熊式辉赴上海视察战况。陈、熊于20日返回南京向蒋介石作汇报，陈向蒋建议说：“敌对南口在所必攻，同时亦为我所必守，是则华北战事扩大已无可避免，故敌如在华北得势，必将利用其快速装备沿平汉路南下直扑武汉，于我不利，不如扩大沪事以牵制之。”蒋对此表示：“一定打！”陈又说：“若打，须向上海增兵。”蒋即调任陈诚为第十五集团军总司令，率部开赴上海增援。②陈诚是参与蒋介石最高军事决策的国民党主要高级将领之一，他的上述回忆材料对于研究淞沪战役所具价值自不可低估，但是我们必须采取分析的态度。台湾的一些学者都把陈诚的上述记述材料作为立论的依据，认为蒋介石接受陈诚的上述建议时，就作出了全国军队主力集中华东，把淞沪战场作为全国主战场，以改变日军作战方向的决策。马先生的文章也持同样的看法。

但是，从陈诚的记述材料中引出上述结论，未必是妥当的，甚至是对陈诚记述材料的臆断。显然，陈诚的建议之基本点在于：日军如在华北得势，必将沿平汉路南下直攻武汉，针对战局这一发展的可能态势，我方应当“扩大沪事以牵制

① 《何应钦关于中央军事准备报告稿》(1937年8月7日)，《抗日战争正面战场》，上册，第261—262页。

② 《陈诚私人回忆资料》，军事委员会战史会档案，中国第二历史档案馆藏。

之”。这个建议并未提出要把全国军队主力调集到上海地区，也未谈到要把淞沪战场作为全国主战场，而只是要求“扩大”淞沪战役的规模，以“牵制”日军在华北的进攻。众所周知，以一般军事原则而论，战略全局中的“牵制”方向，是与主要作战方向相对而言的。陈诚的建议，对于淞沪战场的地位与作用是使用“牵制”一词，显然是以华北战场为主战场作为前提的。也就是说，以当时陈诚的主张而言，淞沪战场对于华北战场的关系，还是处于“牵制”的地位。蒋介石接受陈诚的建议，确立了扩大沪战，以牵制日军在华北进攻的作战指导思想；但是从陈诚的建议中，无论怎样也看不到有全国军队主力集中上海、把淞沪战场作为全国主战场的主张，这是很清楚的。至于说，后来全国军队主力集中于淞沪，这里成为全国作战重心，那是在诸种因素作用下战局演变的结果，这与蒋介石接受陈诚的建议有一定的关系，但不能说蒋、陈在 8 月 20 日就已作出了这样的决策。因此，我以为对陈诚建议的本意，应当作实事求是的论断，而不应随心所欲地加以臆断而言过其实。

马先生文章特别提到，在 1937 年 8 月 20 日国民政府军委会下达过关于作战方针的命令，以作为其立论的一大根据。他写道：“8 月 20 日国民政府军事委员会下达的作战令”，“规定的作战指导方针为：‘国军一部集中华北，持久抵抗，特别注意确保山西之天然堡垒；国军主力集中华东，攻击上海之敌，力保淞沪要地，巩固首都，另以最少限兵力守备华南各港口。’这项指令发布后，长江以南我军停止北调，纷纷向淞沪战场增援，中央军及各地方军陆续开抵淞沪地区。”①如果南京军委会确实如像马先生所说的那样在 8 月 20 日下达了上述作战方针的命令，马先生的论断倒是有根有据的。然而，事情并非如此，因为当时南京军委会并未发布过这样的命令。马先生用来作为立论依据的，是一件以讹传讹的史料。

马先生引用的所谓军委会 8 月 20 日作战方针命令，乃是转引台湾作者虞奇所著《抗日战争简史》一书②，而虞奇并未在其书中说明这一命令的原始材料，系出自何处。在虞奇的著作发表之前，吴相湘所著《第二次中日战争史》书中③，在这以后蒋纬国主编的《抗日御侮》第三卷中④，也有完全相同或基本相同的说法。但是，目前根据已有的材料查明，无论是虞奇、蒋纬国或是吴相湘，他们著作中所说的 8 月 20 日作战方针命令的内容之最初的出处，乃是何应钦的《八年抗战》一

① 马振犊：《开辟淞沪战场有无“引敌南下”战略意图?》，《抗日战争研究》1994 年第 2 期。
② 虞奇：《抗日战争简史》，上册，台湾黎明文化公司 1977 年版，第 135 页。
③ 吴相湘：《第二次中日战争史》，上册，台湾综合月刊社 1973 年版，第 388 页。
④ 蒋纬国主编：《抗日御侮》，第三卷，台湾黎明文化公司 1978 年版，第 101 页。

书。何应钦在1946年4月发表《八年抗战之经过》一书，其中并无关于作战指导方针的内容。1955年9月，何应钦在台湾将《八年抗战之经过》加上增补，增写了“战争之指导方针”的章节，更改书名为《八年抗战》重新出版。在这本书中，何应钦把七七事变至武汉失守这个时期的作战指导方针表述为：“以国军一部集中华北，于平绥、平汉、津浦沿线各要点，重兵配备，多线设防，逐次抵抗，特注意确保山西之天然堡垒；国军主力集中华东，攻击上海之敌，力保淞沪要地，掩护首都”等等。①台湾一些作者所说的8月20日军委会下达的作战指导方针，都是从上述《八年抗战》一书中有关内容直接引述和演绎而来。但必须指出的是，何应钦这里所说的作战指导方针，是他根据“七七”至武汉失守这个时期战局发展的基本趋势，在抗战结束十年后的1955年所作的一种概括和总结。何应钦的书中，绝未说过在1937年8月20日发布过上述作战方针命令。以后台湾一些作者却把何应钦1955年所作的关于作战方针的概述，说成是在1937年8月20日已经发布了的作战方针，这不能不说是严重的失实；在方法上是以结果演绎原因，导致其结论与历史事实相背离。马先生信以为真，从虞奇的书上直接引来，作为自己立论的重要依据，其结论自然也就难以成立了。

而且，中国第二历史档案馆根据国民政府的正式档案编印的，南京大本营1937年8月20日以蒋介石的名义发布的一系列关于战略计划和作战方针的命令，都明白无疑地规定全国主战场在华北，这是无可否认的。如果像虞奇书中所说的那样，那岂非南京军委会又在同一天、在同一问题上，发布了与大本营命令相反的另一种方针——全国主战场在华东，试问有这种可能吗？

四

淞沪战役从开始一直到形成为一场大规模会战，是一个相对较长的过程，它是从小规模战役逐渐演变成了大规模会战的。这应该是我们观察淞沪战役的一个基本出发点。海内外有一些论者认为，淞沪战役从一开始就是一场大会战。他们的看法是，蒋介石在1937年8月的决定一经作出，从此淞沪之战就成为一场大规模的战役。蒋纬国将军在其专论中写道：蒋介石在8月7日作出了“集中主力于华东，对上海之敌采取攻势，以迫使日军转变其作战线为沿长江自东向

① 何应钦：《日军侵华八年抗战史》，台湾国防部史政局1982年版，第13页。

西”的决策后，“自 8 月 13 日起，国军在空军支援之下，先后投入七十个师及七个旅猛攻淞沪之敌”，主战场随后就“由华北移到华中”①。马振犊先生也认为，南京军委会 8 月 20 日的作战“指令发布后，长江以南我军停止北调，纷纷向淞沪战场增援，中央军及各地方军陆续开抵淞沪地区。8 月底，在陇海线东部机动待命的胡宗南部第一军以及由汉口向保定输送，先头部队已抵达郑州的第十八军，均奉命转赴华东战场，这就形成了在淞沪汇集重兵展开大战的态势”。海外的有些研究抗日战争史的学者也有相似的看法，有的甚至认为在淞沪之战开始之前，国民政府已调集了几十万部队进入淞沪地区，一开始就是有计划地要打一场大规模战役。例如美国的齐锡生教授这样写道：“中国政府在 1937 年‘八一三’前夕，集结了数十万军队，其中包括由德国军事顾问团协助训练的所有精锐，全数投入淞沪战场。”②

然而，笔者却以为，淞沪战役的规模并不是在开战之前或开战之初就已设定了的，事实上它是由一场规模较小的战役逐步发展成为一场大规模会战的，其战役作战企图也有一个逐步形成的过程。中日双方经过逐次增兵、轮番增援，作战规模日益扩大，最后演变成为一场大规模会战，这是八一三淞沪战役的一个显著特点。可以说，淞沪战役最后发展成为如此巨大规模的会战，这是敌我双方统帅部最初都未预计到的。

蒋介石最初批准的淞沪作战的计划是一个规模不大的战役计划。1937 年 7 月底，京沪警备司令官张治中鉴于上海战事决不能免，于 30 日向南京统帅部提出我军“宜立于主动地位，首先发动”③，即采取“先发制敌”的方针，蒋介石同意这一建议。8 月 11 日，蒋介石下令张治中部向上海围攻线开进，准备发起淞沪之战。这时，由最高统帅部命令规定：由张治中指挥直接参加上海围攻作战的部队，只有第八十七、八十八两个师和两个多炮兵团；另外在龙华、虹桥、吴淞以及南翔、浏河、浒浦等地担任警戒的也只有一个师、两个旅和上海警察总队与保安总团。④张治中就是使用两个师和两个多炮兵团发起上海围攻战的，这可以说是淞沪战役的起始阶段的规模。

淞沪战役开始时的作战企图和目标，也不若以后那样广大，而是以围歼上海市

---

① 蒋纬国：《八年抗战是怎样打胜的》，《中华民国重要史料初编·对日抗战时期》，(二)《作战经过》，第一册，第 546 页。

② 齐锡生：《抗战中的军事》，丘宏达主编：《抗战胜利的代价》，台湾联经出版公司 1986 年版，第 7 页。

③ 《张治中回忆录》，上册，文史资料出版社 1985 年版，第 117 页。

④ 《张治中致蒋介石、何应钦电》(1937 年 8 月 13 日)，《抗日战争正面战场》，上册，第 286—287 页。

区(虹口和杨树浦)之敌,守备海岸,阻敌登陆为作战目标。这样的战役企图,在当时看来是适当的。正如张发奎指出的:“战争初期,我军以巩固首都及保有经济策源地上海之目的,迅速围歼上海市区之敌,并打破其沿海登陆之企图,允属至当。”①这就是淞沪之战开始时的战役规模和作战企图。由此可见,说淞沪之战一开始就是投入了数十万部队参战的一个大战役,甚至认为发起沪战时已“充分设计”好了把敌军主力吸引于淞沪战场的“战略谋算”,是与历史事实不符的。

当然,随着日本进攻的不断扩大,全国抗战潮流的高涨,国共两党合作的形成,南京统帅部对全国全盘战局构想的日益发展,蒋介石逐步提升了淞沪战役的地位,一步步扩大其规模,战略企图也日趋明晰和扩展。8 月 18 日前后,南京统帅部获悉日本陆军二至三个师团增援上海。18 日蒋介石任命陈诚为第三战区前敌总指援,并决定正在浦口至苏州间待命的第十八军进入淞沪战场。20 日、蒋介石接受陈诚的扩大沪战以牵制华北日军进攻的建议,并于同日颁发《第三战区作战计划》,正式提出淞沪战役“以扫荡上海敌军根据地,并粉碎在沿江沿海登陆取包围行动之敌,以达成巩固首都及经济策源地,为作战指导之基本原则”。②8 月 21 日,蒋介石任命陈诚兼第十五集团军总司令。此前,张治中统率的京沪警备军改编为第九集团军,继续担任围攻上海市区之敌;张发奎统率的苏浙边区部队改编为第八集团军,守备杭州湾北岸,并扫荡浦东之敌。8 月 23 日,日军第十一师团和第三师团开始在川沙口和吴淞登陆,陈诚指挥第十五集团军担任攻击登陆之敌。至此,战局已从虹口、杨树浦扩大到吴淞、宝山、罗店一带,遂真正演变为“淞沪”战役。8 月 25 日,蒋介石调任顾祝同为第三战区副司令长官,秉承蒋的旨意统一指挥淞沪战役。③这时,中国参战部队已扩展到三个集团军以及空军和炮兵的主力,一场大战役的局面已初步出现。

淞沪战役的第二次大规模增兵是在 9 月中旬前后形成的。日本参谋本部鉴于在 8 月下旬至 9 月间调派了陆军两个师团又一个支队进入淞沪战场,但攻势进展不大,战局呈现胶着状态,乃决定再次调派三个师团、一个旅团和空军一个团前来参战。这些部队在 9 月中旬起分批在上海登陆。至 9 月 20 日前后,日军除在上海附近的海军部队外,在长江和黄浦江沿岸集结有陆军五个师团,另十五

---

① 《张发奎将军抗日战争回忆记》,第 13 页。

② 《第三战区作战指导计划》(1937 年 8 月 20 日),《抗日战争正面战场》,上册,第 6 页。

③ 第三战区司令长官为冯玉祥,他于 8 月 15 日抵苏州,设司令长官部,但不负实际指挥之责,由顾祝同另设副司令长官部,负责统一指挥。

个大队，共约 12 万人，拥有战车两百余辆、飞机两百余架、火炮三百余门。日军各兵种协同作战的条件已趋形成，大规模会战的各种条件日益成熟。

同时，中国军队这一期间在上海北郊对登陆之敌血战两旬，虽阻滞了敌之攻势，但仍未击退敌之进攻，至 9 月中旬，后撤潘泾河阵地，转入阵地防御战。9 月 12 日，第九集团军退守北站—江湾—庙行—顾家宅之线，同月 17 日，第十五集团军退守双草墩—罗店西南—庙行—大场之线。淞沪战局的严重形势和国内外的种种储况，促使蒋介石和南京统帅部以新的更大的规模举行淞沪之战。9 月 21 日，南京统帅部改组第三战区领率机关，由蒋介石自兼战区司令长官，顾祝同和陈诚分别继任副司令长官和前敌总指挥。参战部队组成右翼集团、中央集团、左翼集团三个方面的作战军，左翼集团辖第十五集团军和第十九集团军，中央集团辖第九集团军和第十八、第六十一师等，右翼集团辖第八集团军和第十集团军，总兵力约为五十余个师和五个炮兵团。

自 9 月 17 日起，敌我在北站—庙行—刘行—罗店西南—浏河之线，开始互相争夺之阵地战，至同月底我军后退蕴藻浜南岸—陈行—广福—浏河之线，接着敌向蕴藻浜南岸大举进攻，攻势直指大场。至 10 月 25 日大场陷落，我军中央集团和左翼集团于 10 月底向苏州河南岸后退。在这期间，敌我双方继续增派部队，战役规模进一步扩大。至 10 月上旬，日军的兵力已增加到近 20 万人。中国方面，蒋介石在 10 月间又继续增调第二十一集团军、第十一军团、第二十三集团军、第二十五军团等部队。至 10 月底、11 月初，我方在淞沪战场的兵力增加到七十三个师上下。10 月会战是一场规模巨大的会战，终于形成为淞沪战役的高潮。

淞沪战役真正演变成为全国的主战场和作战重心，是在 10 月间。对此，蒋纬国主编的《抗日御侮》和日本防卫厅战史室主编的《大本营陆军部》都持一致的看法，认为在 10 月间，作战重心才转移到淞沪战场。这个论断是符合事实的。《抗日御侮》一书写道："至 10 月（日本）已对淞沪地区投入七个师团的兵力，战况进展仍不理想。此时日本大本营陆军作战部部长极盼在上海方面能获得所望之战果，乃决定将主作战由华北转移至华中。其大本营遂将在中国东北待命之第十八师团及华北方面军之第六、第十六师团及国内之第一一四师团，后备步兵两个联队，均准备使用于上海方面。"①《大本营陆军部》一书记述，10 月 20 日，日本

① 蒋纬国主编：《抗日御侮》，第三卷，台湾黎明文化公司 1987 年版，第 167 页。

大本营以“临参命”第119号下达组成第十军增派上海的命令，“这样，华中方面兵力为两个军的九个师团，华北方面为两个军的七个师团。主战场显然转移到华中，敌我的主力形成对峙。”①马先生在文章中说：日本统帅部在9月5日已决定把主作战由华北转移到上海方面，此时，“我方在事实上已达到了‘引敌主力南下’的战略目的。”这一说法与历史事实并不相符。

蒋介石对淞沪战役的指挥违反了“持久消耗”的战略原则。在战争发展的过程中，前线的一部分高级将领和南京统帅部内一些高级幕僚长官，都提出过积极的建议，要求贯彻持久消耗战略方针，避免旷日持久的阵地防御和战役决战，应当适可而止，逐次转移战线。先是张发奎和张治中，后来又有白崇禧和刘斐，都向蒋介石提出不同意见；李宗仁也向蒋氏进言，但都遭到拒绝。张发奎回忆道：“最高统帅部否定了这个建议，他（蒋介石）的意见以为上海是军事必争之地，应不惜一切来确保这个地区。”②

蒋介石由于出于政治上的考虑，寄希望于几个大国干预中日战事，在军事上又实行单纯防御的方针，在淞沪战役的中期和后期没有贯彻“持久消耗”的原则，没有适时调整部署，保存有生力量，而是在敌陆海空军便于协同作战、重兵器极易发挥威力的上海近郊一片平原地带，进行旷日持久的阵地防御战，与敌军拼消耗，以致遭到本来可以避免的惨重损失。正如美国的中华民国史专家易劳逸教授所指出的：“蒋介石的战略是建立在‘以空间换时间’的原则基础之上的……有时，例如在上海，他并未坚持以空间换时间的原则。”③陈诚在淞沪战役结束后不久谈到此战的经验教训时也指出，“这次战略受政略的影响很大，乃是国家的不幸”④。

因此，在评价蒋介石在淞沪战役中的作用时，既不应抹煞他决策和指挥淞沪之战对于民族抗战所作出的重大贡献，也不应对其在战略和战役指挥上的严重失误避而不谈。我们所需要的是对其在这一史事上的功过，作出实事求是的全面评析。

（本文原载《抗日战争研究》，1995年第2期）

---

① 日本防卫厅战史室：《大本营陆军部》，中文摘译本，上册，四川人民出版社1987年版，第376页。

② 《张发奎将军抗日战争回忆记》，第7页。

③ 〔美〕易劳逸：《中日战争期间的国民党中国》，《剑桥中华民国史》下卷，上海人民出版社1992年版，第604页。

④ 陈诚：《1938年2月28日在武昌的讲演》。

八一三淞沪战役战略地位再论证

孙才顺

近年来，史学界就淞沪战役的战略地位及作用问题展开了讨论。时值淞沪战役 60 周年，本文拟从日本的世界战略与侵华战略研究的角度，对淞沪战役的战略地位再次作一分析，以志纪念。

一

以 1927 年东方会议为标志，日本继承和发展了明治以来的大陆扩张政策，确立了分离满蒙、征服中国、称霸世界的总战略。在这一总战略中，“分离满蒙”是第一步。用解决满蒙问题的强硬派森格的话说，“满洲和蒙古，无论从历史上、经济上还是国防上，就日本而言，是大陆上的生命线。因此，日本应首先确保满蒙，然后推向中国”①。然而，“确保满蒙”首先遇到的一个威胁就是苏联。以前该地即为日俄争夺的焦点，现时苏联仍控制着北满和外蒙，尤其 20 年代末以来，“苏联实行五年计划迅速地扩张武力，从三面包围满洲”②。而且，按照这一战略推进，“必定与美国发生正面冲突”③。因此，苏美是日本推行世界战略的主要障碍，日本迟早“势将与苏俄作战”④，也“不得不与美一战”⑤。但是，由于战略目标的庞大与综合国力不足之间的矛盾尖锐，以及日本统治集团内部的分歧，使其无法提

① 山浦贯一：《森格》，东京 1940 年，第 599—600 页。
② 重光葵：《日本侵华内幕》，解放军出版社 1987 年版，第 62 页。
③ 转引自沈予：《关于〈田中奏折〉若干问题的再探讨》，载《历史研究》1995 年第 2 期。
④ 《中国时事月报》，1929 年 12 月号。
⑤ 秦孝仪主编：《中华民国重要史料初编》——对日抗战时期，绪编(一)，台北 1981 年版，第 56 页。

出一个整体的实施方案,而且只能采取渐进的扩张方式,并不断调整战略部署。

九一八事变标志着日本既定的世界战略开始实施。日本关东军迅速攻占满洲,建立了伪满洲国;同时,积极鼓吹反苏战争。苏联对此异常关心,预料日本将以满洲为基地入侵其滨海地区及西伯利亚,遂急速进行防御设施的建设。因此,日本陆军"明确地以苏联为假想敌国"①,认为苏联对日本"威胁最大",主张军事谋略的目标"应限定在苏联一国"②。1933 年,日本陆军制定的《帝国国策》叫嚷,要消除苏联威胁,必要时歼灭远东苏军。③1936 年,日参谋本部拟定的《国防国策大纲》明确提出:"首先倾注全力迫使苏联屈服","消除北方威胁之后,再以实力积极推行我国对南洋及中国之国策"④。同年 6 月,在修订的《国防方针》中规定,"陆军以苏联远东兵力为目标"⑤。实际上,"这次修订把苏联又列入'第一目标',只不过把既成事实变为明文规定而已"⑥。虽然由于日本海军为与"陆军保持着均势"而积极要求南进,与陆军的北进政策相对立,表现在同年 8 月制订的《国策基准》中,陆海军妥协而确定南北并进的政策,但此时日本战争政策的主要方向是北进。

首先,《国策基准》明确规定,北进政策的基本点是"消除北方苏联的威胁"。为此,规定"陆军军备,应以对抗苏联在远东所能使用的兵力为目标……使其能在开战伊始,立即对苏联远东兵力予以痛击"。而对于南进政策,则规定"力图避免刺激其他国家,逐步以和平手段扩张我国势力"⑦。显然,在该文件中,南进与北进是不平衡的。

其次,1936 年 8 月,日参谋本部制订《对苏战争指导计划大纲》,规定战争目的是"为了确立东亚和平,排除苏联对日满两国的武力威胁"⑧。日本军部的计划说得更清楚:首先倾注全力制服苏联,进而驱逐英国在东亚之势力,苏英既败,不难迫使中国与日本"协同",准备"必将到来之对美大战"⑨。与此相适应,日本陆军省向内阁提出的《重要产业五年计划纲要》所规定的 1937—1945 年战争物资

---

① 重光葵前引书,第 81 页。
② 林三郎:《关东军与苏联远东军》,吉林人民出版社 1979 年版,第 41 页。
③ 信夫清三郎:《日本外交史》,商务印书馆 1974 年版,第 405 页。
④ 信夫清三郎:《日本外交史》,商务印书馆 1974 年版,第 406 页。
⑤ 林三郎:《关东军与苏联远东军》,吉林人民出版社 1979 年版,第 406 页。
⑥ 林三郎:《关东军与苏联远东军》,吉林人民出版社 1979 年版,第 46 页。
⑦ 重光葵前引书,第 84 页。
⑧ 《现代史资料 8 · 日中战争 1》,美铃书房 1976 年版,第 689—690 页。
⑨ 《日本军国主义侵华资料长编》(上),四川人民出版社 1987 年版,第 281—282 页。

生产，也是以完成对苏战备为目标的。

第三，表现在外交上。日本著名史学家信夫清三郎在评述此间广田内阁的外交时说，他“始终把反苏反共政策作为重点”。①到1936年8月，日本政府相继抛出的《处理华北纲要》《帝国的外交方针》等一系列文件，企图控制华北，目的也在对苏备战。因为在日本看来，要对苏作战，“只靠满洲的资源无论如何是不够的”，“绝对需要开发华北资源”②；尤其在军事上，华北具有巩固“满洲国”后方“第一线”的重要战略地位，长城以外的沙漠草原是机动部队很好的使用场所，苏联的势力极易进入华北夹击“满洲国”③。而且日本认为，历史上俄国横跨东亚又被封闭于北方，自彼得大帝时代以来，为寻求港口，或向东或向西反复地扩张，因东进而酿成日俄战争，因西进而有了第一次世界大战。苏联也没能改变俄国本质性的政策，今后其实行东进或西进是根据欧洲的形势如何而定的。因此日本积极响应德国，于1936年11月25日与德国签订了《反共产国际协定》。该协定就其实质而言，是一个针对苏联的军事协定，是为“进一步进行暴力扩张的一个准备步骤”④。

上述可见，日本为了实现其世界战略，处心积虑地准备侵苏战争，消除其称霸东亚的第一个障碍，表明其战争政策的主要方向首先是北进。正如战后远东国际军事法庭宣判的那样：在此期间，日本“战略上始终是以准备进攻苏联为目标的，它的作战计划也是始终以对苏作战为主体的”⑤。

日本要北进击败其强敌苏联，首先，必须要控制华北，因此日军政当局非常重视华北自治，并早已紧锣密鼓地开展起来，同时积极完成对苏军备。但是，这两个方面的“工作”进展都不顺利：在东北，由于受到我爱国军民的顽强抵抗，日本“关东军迫于讨伐，致使本来目的——整备对苏战略体制，始终也未取得进展”⑥；在华北，也遇到了蒋介石较为强硬的抗拒姿态，⑦尤其西安事变后，中国出现了举国一致的抗日形势。于是，日本当局由策划华北自治转而酝酿对华“一击”，即要以武力夺取华北，迫使南京政府屈从日本的侵略要求，而后毫无顾忌地转向北进。1937年6月9日，日本关东军在《关于对苏对华战略的意见书》中提

---

① 信夫清三郎前引书，第408页。

②③ 重光葵前引书，第64页。

④ 斯米尔诺夫、扎伊采夫：《东京审判》，军事译文出版社1987年版，第157页。

⑤ 拉金斯基、罗森布立特：《日本首要战犯的国际审判》，世界知识出版社1955年版，第278页。

⑥ 信夫清三郎前引书，第400页。

⑦ 《国民政府行政院档案》，转引自《民国档案》1990年第2期。

出："从准备对苏作战的观点来观察目前中国的形势，我们相信，如为我武力所许，首先对南京政权加以一击，除去我背后的威胁，此最为上策"①。7月7日，日本中国驻屯军即挑起了卢沟桥事件。当事件的消息传至东京后，日本当局内部就如何处理事件出现了"扩大派"和"不扩大派"的意见分歧。9日，日本临时内阁会议决定采取"不扩大方针"。同日，日参谋本部制订了《华北时局处理要领》，确定"将事件限定在平津地区，迅速确保该地区的方针"②，初步提出了攫取平津地区的军事目标。这是日本政府在多次《处理华北纲要》等文件中提出的控制华北的第一步。日参谋本部的这份文件与日本政府临时内阁会议的决定密切配合，相互补充，目标所指均为华北。③然而，由于国民政府把平津二市视为"最后关头的境界"④，决心不再退让，奋力抵抗。于是，7月11日，日军令部与参谋本部签署了《关于华北作战的陆海军协定》，规定陆海军协同，给驻扎在平津地区的中国第29军"一击"⑤。17日，日参谋本部制订《在华北行使兵力时对华战争指导纲要》，计划第一期作战约用两个月，"讨伐第29军"，解决华北问题。若遇国民党中央军抵抗，即进行第二期作战，先击溃增援华北的国民党中央军，接着"在进一步军事行动的同时，经济及谋略方策并用，促使蒋政权倒台，诱导可实现日满华提携的政权产生，以一举解决日华问题"。计划要求用三四个月完成该作战行动。"对华一击"未达目标时，进行第三期作战，以一年以上的时间完成对河北省北部及上海与苏州河之间地域的军事占领，并以海军封锁海面，迫使中国屈服。⑥

这是七七事变后日本侵华的一个指导性计划，其首要目标就是夺取华北。根据这一计划，日本陆军总参谋部在国内派遣军未到的情况下便指令中国驻屯军，以现有部队讨伐中国驻平津军队，发动了平津战役。同时，日参谋本部制订了《中央统帅部对华作战计划》，对17日纲要中的第一期作战作了具体规定，目标就是击溃平津地区的中国军队，并占领该地区。但是，由于担心其北进战略受到影响，计划强调要以最低限度的兵力占领平津，并严加警戒苏联，根据形势逐

① 秦郁彦：《日中战争史》，河出书房社1961年版，第333页。

② 日本防卫厅防卫研修所战史室：《战时丛书86·中国事变陆军作战1》，朝云新闻社1975年版，第156页。

③ 参见熊沛彪：《对日本侵华战争全面发动的再认识》，载《世界历史》1993年第2期。

④ 《蒋介石1937年7月7日庐山讲话》，《中国现代史资料选辑》第五册，中国人民大学出版社1989年版，第27页。

⑤ 《现代史资料9·日中战争2》，美铃书房1976年版，第5页。

⑥ 《现代史资料9·日中战争2》，美铃书房1976年版，第17—18页。

步动员必要的兵力派到满洲。①当时，骄狂的日本军方依恃其军事力量，在战略上极度藐视中国，认为中国绝不会有抗战的决心和意志。他们原来打算："我们只要加派军队拿下北平，其余地方就会不战而降。"②因此，日军攻陷平津后，于8月6—7日抛出了《日中国交全盘调整纲要案》和《日华停战条件》。然而，此时南京政府正在积极部署抗战，日本的条件当即遭到拒绝，日军遂决定进行第二期作战即华北会战，企图以武力相配合，迫使南京政府就范，尽快结束"事变"。

二

日本海军历来要求南进，认为"一旦日中冲突，只出兵华北尚欠充分，必须出兵上海"③。驻上海的日本第三舰队司令官长谷川清更明确地指出，要想以武力打开日中关系的现状，仅惩罚华北的第29军是不够的，要求"欲制中国于死命，以制上海，南京为最要"④。而日本陆军则重视北进，认为对中国的用兵应将重点置于华北，对华中、华南陆军应尽量避免派兵。⑤七七事变后，日本陆海军在作战计划中也决定，以平津地区为主要作战地区。在决定进行华北会战前后，日本海军曾强烈要求在上海派遣陆军，发动战争。然而，日本最高统治集团实际上采用了陆军的方案，对上海方面决定："除非万不得已，不派遣陆军部队"，如果上海发生战斗，只有海军担任。⑥对华北方面，则企图实施对中国军队的"决战"。8月初，日军确定的作战目标是："首先向保定、沧州一线前进。主决战方面定为沿平汉线地区。决战时间预定在9月下旬或10月上旬。"⑦其战略任务规定为：除确保已占领的平津地区，要"以挫败敌之战斗意志，获取结束战局的时机为目的，迅速击灭河北中部之敌"⑧。显然，这是对7月17日纲要第二期作战的具体规定。说明日军企图以局部化的战争，速战速决，实现其侵华目的。其行动就是进行华北会战。因为在日军看来，"日华间的一般形势，已表现出全面战争状态；但实际

① 《现代史资料9·日中战争2》，美铃书房1976年版，第25页。
② 约翰·亨特·博伊尔：《通敌内幕》，商务印书馆1978年版，第70页。
③ 重光葵前引书，第83页。
④ 《现代史资料9·日中战争2》，美铃书房1976年版，第186页。
⑤ 《日本军国主义侵华资料长编》上册，第268—269页。
⑥ 《中国事变陆军作战史》第1卷第1分册，中华书局1979年版，第210—212页。
⑦ 《中国事变陆军作战史》第1卷第1分册，中华书局1979年版，第216页。
⑧ 《战史丛书·大本营陆军部》(1)，朝云新闻社1974年版，第473页。

战区还是到日军给予冲击的地方为止。因此,非但不因我军进入石家庄、沧州一线,而诱敌向全面战争扩大;相反可以期望由此一击而避免全面战争"①。

然而,"出乎日本意料之外的"②,是华北会战在南口打响的次日即13日,中国军队主动出击,先发制敌,打响了淞沪战役。南京政府毅然以主力使用于淞沪方面,③把原定使用于北正面的空军全部力量也转用于沪杭地区。④"扩大沪事",以期打乱日军部署和作战计划。

如前所述,本来日军打算通过华北会战造成逼降中方结束战争的机会,防止进入胶着状态,同时极力避免对华中及华南使用兵力。⑤而且,也没有在华东与中国军队大规模作战的计划,尽管在八一三事变发生后,日本政府于8月15日气急败坏地发表声明,宣称要采取"断然措施",并下令编组上海派遣军,17日又决定放弃"不扩大方针",但必须指出,在上海会战初期,日本仍将军事行动的重点置于华北,认为从北进考虑,将重点置于华北,在对苏作战时易调转驰援;从外交上考虑,担心大规模进攻上海会引起英美等国干涉。⑥因此,直到9月,日军再次确定的主决战方面仍为平汉线地区。在9月初,日军下达的作战目标是:"方面军在现在正进行的河北省中部会战中,给敌人以决定性的打击后,即乘敌人的劣势迅速进入山西省内、河南北部、山东省内追击敌人,并伺机指向徐州方面作战,占据战略上特别是政略上的要点,挫伤南京政府的抗战意志。"⑦显然,日军是要利用冀、鲁、豫一带平原坦荡,交通便利,便于日军机械化部队协同展开的有利条件,企图在此扬己之长,打击中国军队主力,屈服中国的抗战意志,同时虑及北进。正如9月20日日军参谋本部上奏天皇的陆军作战计划所说的:"对华作战方针:大致应以10月上旬为期,……并使之屈服。"即使没有实现使中国"屈服"的目的,也应根据"当时的形势,中止陆上的积极作战,以其他各种手段挫折敌之持久战意志,同时节约直接对华作战兵力,将所需部队转至满洲待机,完成对苏战备"。而且该作战计划规定,制订该计划的基础是"以能随时实行基于对俄年

---

① 《中国事变陆军作战史》第1卷第1分册,中华书局1979年版,第212页。

② 《黄绍竑回忆录》,广西人民出版社1991年版,第339页。

③ 8月12日,蒋介石主持国防最高会议确定的作战指导原则:"国军一部集中华北持久抵抗,特别注意确保山西之天然堡垒,国军主力集中华东,攻击上海之敌,力保吴淞要地,巩固首都。另以最少限度兵力守备华南各港"。转引自严如平、郑则民《蒋介石传稿》,中华书局1992年版,第314页。

④ 高晓星、时平:《民国空军的航迹》,海潮出版社1992年版,第254页。

⑤ 《中国事变陆军作战史》第1卷第1分册,中华书局1979年版,第177—178页。

⑥ 《现代史资料9·日中战争2》,第37—38页。

⑦ 《中国事变陆军作战史》第1卷第1分册,中华书局1979年版,第59页。

度作战计划的作战,特别是第一期作战”①。

但是,整个战局的发展并不是以日本的意志为转移的。中国政府按照既定的抗日国防军事战略计划,②在打响淞沪战役后,大本营于20日颁发《国军战争指导方案》,确定华北为主战场,以迎击日军的“主决战”;同时,军事委员会颁布《国军战斗序列及作战指导方针》,确定在华北“牵制消耗敌人”,以华东作为主力出击点,以期迫使日军分散力量,引诱其到对我有利的长江流域作战,最终实现国民政府预定的以长江为战略中心,沿长江节节抵抗的国防计划。因此,8月下旬以来,中国调集更多的主力部队投入沪战,予日军以重创。9月间,日军在沪战的伤亡为华北战场的二倍,因而惊呼该方向陷入“苦战”,要求尽快“打开上海方面的悲惨战况”③。在此情况下,日军不得不继续大规模增兵上海。10月5日,“决定从华北调用兵力,把主作战转移到上海方面”④。12日,又决定编成华中方面军,规定其任务为“应与海军协力,以顿挫敌之战争意志,取得结束战争局势之契机为目的,扫灭上海附近之敌”⑤。20日,日本大本营以“临参命”第119号下达组成第十军增派上海的命令,“这样,华中方面兵力为两个军的九个师团,华北方面为两个军的七个师团”⑥。至此,日军在华北华东两个方向上的进攻相比较,不仅兵力上,明确的主作战方向以及所承担的实现结束战争的战略任务方面,都发生了根本性变化。

上述日军主作战方向的变化,表明了日军努力想争取主动,寄希望于在淞沪地区与中国军队主力决战,消灭中国军队主力,以屈服中国抗战意志,从而达成其战争目标,结束战局。正如日参谋本部次长多田骏所认为“像第一次上海事变那样,如果就此导致停战最为理想”⑦。因此,11月5日,日本通过陶德曼提出了停战条件。但是,日本的停战条件最终遭到了中国的拒绝。中国统帅部鉴于淞沪战况难以好转,乃于11月8日晚命令各部转移,淞沪陷落。然而,日军占领淞沪并没有实现速战速决,使中国屈服的目的。相反,起初日军极力避免的战争长期化则成为必然的趋势,出动大军一举压服中国“以确保对苏战争时后方安全”的如意算盘,也事实上完全落空。淞沪战役后,日本陆海军相率西犯南京。中国

---

① 日本防卫厅防卫研修所战史室前引书,第301页。

② 笔者认为:早在1935年中国国民政府的抗日国防军事战略计划即已初步确定。

③ 日本防卫厅防卫研修所战史室前引书,第297页。

④ 《中国事变陆军作战史》第1卷第2分册,第22页。

⑤ 《战史丛书·大本营陆军部》(1),第493页。

⑥ 日本防卫厅战史室:《大本营陆军部》,中文摘译本,上册,四川人民出版社1987年版,第376页。

⑦ 《日本军国主义侵华资料长编》上册,第387页。

政府则决定迁都重庆，以四川为抗战大后方，继续进行持久抵抗。

三

综上所述，淞沪战役的适时进行和展开，对日本的世界战略和侵华战略产生了重要影响。可以说完全打乱了日本侵华的军事部署和作战计划，挫败了其局部化的速战速决战略，从此日军开始陷入中国"泥潭"而不能自拔；同时，极大遏制了日本的北进战略，成为日本"陆军和海军得以相率南进而不断扩大战事"的转折起点。①无怪乎曾任日本外相的重光葵哀叹：卢沟桥事变后，"上海竟然真燃起战火，实在是不幸之至"。②

至于近年来史学界讨论的日军侵华初期主要作战方向的改变问题，由上述日本世界战略和侵华战略的调整演变看，已尽显然。而且，日本的这种调整演变，完全是由于淞沪战役的适时进行和展开而被迫的。对此，有人认为：既然溯长江西进武汉为日本既定战略，沿平汉线南下案实际上是不成立的，当然也就谈不上改变日军作战方向问题。③持此论者过多地强调了"既定计划"，而没有具体分析日军在七七事变后至淞沪陷落时的实战战略，其观点是值得商榷的。本世纪 30 年代，日本发动全面侵华战争，其战争战略是建立在中日两国综合国力强弱相差悬殊基础上的局部化的速战速决。鉴于淞沪一带"（中国）构筑了坚固的阵地网，因此考虑到作战规模将会扩大时限定在这一狭小地区，对我战略态势显然不利"④，同时从准备对苏作战出发，实行此种战略的行动就是进行华北决战。事实上也是如此。在实际的侵华战略和军事行动中，直到淞沪战役中期，日军确实表现为自北而南的主要进攻方向，在 8 月初、9 月初一再计划沿平汉线地区为主作战方面。假如没有淞沪之战中国的主动进攻和全力苦战，让日军按计划实现 9 月初下达的作战目标，则东起徐海，西至豫、晋，对中国东南构成扇形压力，中国沿长江一线失去凭恃，日军可从多方向出击，既可腰斩长江，切断中国东西通路；又可以行蒋介石最担心的越黄河南下。⑤两种情势都将致中国于覆亡的危

---

① 重光葵前引书，第 138 页。

② 重光葵前引书，第 129 页。

③ 徐勇：《日本侵华既定战略进攻方向考察》，载《抗日战争研究》1996 年第 3 期。

④ 《中国事变陆军作战史》第 1 卷第 2 分册，第 93 页。

⑤ 据《徐永昌日记》载，蒋介石在与徐永昌谈话时曾透露："蒋先生以为敌如越黄河南下，斯真不了。"见《徐永昌日记》第 4 册，台北中央研究院 1990 年版，第 148—149 页。

险境地。正是由于淞沪之战，迫使日军由原拟在华北实现的“结束战局”的战略任务，改为主攻上海，由华东日军来完成。日军这一主作战方向的改变，当然是由于日本军方的骄狂，认为中国不堪一击。从另一面看则正是由于中国在上海开辟战场，利用早已构筑的密集工事，有利于实行消耗战术，稳固防守，使骄狂的日军在此陷入“苦战”而使然。

在本文的最后还要说明的是，改变日军作战方向从“由北而南”转为“由东向西”，正是由此开始的。换句话说，就是国民政府按照既定的抗日国防计划，在上海开辟战场，开始实施“持久消耗战略”。从这个角度讲，蒋介石当时不仅具有引诱日军主力到长江流域来的意图，而且确为他的战略谋算。因为，在 1935—1936 年蒋即已经确定了“向西南求发展，建立后方战略基地，以京沪作为主要前哨防卫阵地，以长江作为战略中心，沿长江节节抵抗”的国防军事战略计划。而且蒋本人在战前 1936 年 7 月会见即将离任的财政顾问、英人李滋罗斯爵士时，①在战时的 8 月 20 日，②在战役结束后的 1938 年 11 月 25 日南岳军事会议进行总结时，③都明确表达了这一战略构想和计划。可以说，由淞沪战役开始实施的中国抗日国防军事战略计划与日军被迫进行的战略演变相辅相成，最终决定了两军的胜负。当然对于这一课题全面的论析，不是本文所能穷尽的，这里也不再展开论述。

（本文原载《民国档案》，1997 年第 2 期）

---

① 蒋介石对李滋罗斯说：“对日抗战是不可避免的。由于中国力量尚不足以击退日本的进攻，我将尽量使之拖延。但当战争来临时，我将在临海地区做可能的最强烈抵抗，然后逐步向内陆撤退，继续抵抗。……”参见韩信夫：《国民政府抗战的战略思想论纲》，载《军事史林》1989 年第 4 期。

② 8 月 20 日，蒋介石对陈诚、熊斌说：“敌人侵华，早已处心积虑，熟读了中国战史，对中国历代兴亡之道无不了然。今天我最担心的是敌人如由河北打到山西，渡过黄河，由陕西南下四川，而进攻云南、贵州，这是效法元朝忽必烈亡宋之路，再由西南向东席卷，到那时纵使保有沿海各省，敌人可用海军封锁海口，形成数面包围夹攻，我们还有生路吗？为彻底摧毁敌人的这一奸计，我们唯一的办法，就是要在上海开辟战场，迫使他们力量分散，在沿海各省陷入泥沼而不能自拔。至于我们的军力不妨逐渐西移，迁都重庆，诱敌西上……”见王俯民：《蒋介石评传》第 738 页，中国广播电视出版社。

③ 1938 年 1 月 11 日，蒋介石总结说：“我们此次为什么要在上海作战呢？就是要打破敌人的战略，使他们不能按照预定计划，集中兵力侵略我们华北。”参见《抗战检讨与必胜要诀》。他另在 1938 年 11 月 25 日的《第一次南岳军事会议开会训词》中也说过类似的话。

变被动为主动:八一三抗战的爆发

廖大伟

八一三淞沪抗战,是中国对外战争史上规模最大、最最悲壮惨烈的一场战役。六十年来,八一三淞沪抗战的研究取得了一定的成果,但仍有不少方面有待开拓,有些问题还需重新深入考察,关键在于破除陈见,挖掘和依据可靠的史料,做到实事求是。八一三战前中日双方对上海和战问题是如何考虑的,八一三淞沪开战究竟谁为主动,蒋介石当时又是怎样的心态,本文拟就这些问题试作探讨。

一、 重点备战,防患未然

九一八事变后,日本军国主义并不满足对东北的实际占领,它要继续侵吞华北,以便作为侵略全中国和征服全世界的"圣战基地"。

对于日本进一步侵略中国的野心,蒋介石早有警惕,并做了相应的抗战准备。1934 年红军主力长征后,南京国民政府便"将重点置于对日备战,依靠德国军事顾问的指导和输入新式武器,企图使军队近代化"。其国防开支,"从 1929 年的四亿三千四百余万日元,增长到 1936 年的九亿九千余万日元"。①1935 年秋,蒋介石密令军事委员会铨叙厅厅长林蔚拟定一个"国防计划",主要内容是在全国各战略要点构筑防御工事,"以首都为中心,逐次向国境线推进"。②在具体实

① 日本防卫厅防卫研究所战史室著:《中国事变陆军作战史》第 1 卷第 1 分册,中华书局 1979 年中译本,第 94 页。

② 何应钦:《对五届三中全会军事报告》,《何上将抗战期间军事报告》上册,台北文星书店 1962 年版,第 6 页。

施计划过程中，上海外围，京(南京)沪杭一带，始终作为重点。至1937年2月，基本完成吴福线(苏州至福山)、锡澄线(无锡至江阴)、乍嘉线(乍浦至嘉兴)等防御阵地，其中淞沪线因受《淞沪停战协定》限制，进展缓慢。1936年，南京国民政府为准备对日作战，将全国划分成江浙、山东、冀察、河南、广东、福建、广西七大国防区，其中江浙区京沪警备分区着中央陆军军官学校教育长张治中兼任负责。同年11月，张即以第36师、第87师、第88师迅速推进至上海外围警戒待命，同时征集车辆船舶，"囤积必需粮秣"，命令淞沪警备司令部绘制驻沪日军据点和全市交通详图，在市区要口暗筑工事，"并秘密设计扩充上海保安总团"。①

王敬久第87师、孙元良第88师由原国民政府警卫军改编组成，半德式装备，受过德国军事顾问的训练。参加一·二八淞沪抗战时，即属第5军军长张治中指挥，而第36师后由这两个师分出组成。第36师、第87师、第88师系蒋介石之精锐，时称教导师，蒋介石如此配备，可见他对上海的重视绝非一般。

将上海作为备战重点，只是以防万一，也是吸取一·二八淞沪抗战时因防御缺陷而被迫迁都洛阳的教训。蒋介石其实"不愿在上海轻易发生战事"②。1.上海为国家经济命脉所系。被誉为东方巴黎的上海，人口密集，市场繁荣，是中国最大的工业基地、金融中心和国际贸易港，一旦开战，势必遭到破坏，影响国计民生。2.上海关系首都的安危。上海地处东海之滨，扼守长江口，距南京仅180公里，如果失陷，则南京门户洞开，敌既可沿沪宁线进逼，又可溯长江北犯。3."我军集中不易"。受《淞沪停战协定》限制，我军大致在安亭以东不得驻防，仅有少量保安队和警察维持治安，欲大规模调兵集结于上海，恐怕引起国际干涉。4.蒋介石本人与上海关系密切。上海是蒋最早的发祥地，上海资本家尤其是江浙财团，长期以来一直是蒋的主要赞助者，上海开战，将直接影响以蒋介石为首的四大家族的利益。综上所述，除非被迫无奈，万不得已，蒋介石不会自伐肺腑，"自损资源"。

但是，单方面的和平意愿并不能阻止战争的降临。当强盗翻墙入室谋财害命的时候，再仁慈孱弱的主人也会作出顽强的抗争。

二、既然战不可免，不如先发制敌

全面侵华是日本的既定国策，夺占上海自是"预定的步骤"。日本1935年年

---

① 《张治中回忆录》上册，文史资料出版社1985年版，第115页。

② 《张治中回忆录》上册，文史资料出版社1985年版，第116页。

度作战计划，其中就有入侵上海的设想：以3个师团为基干，“协同海军，在上海附近扬子江下游地区登陆，占领上海附近”①。

七七卢沟桥事变爆发后，上海的局势日趋紧张。日本“陆军在北方制造事件，在上海的海军也必然要挑起某些事端”②。7月11日，日本第3舰队司令长谷川清中将率旗舰“出云号”驶入黄浦江，随之其他日舰也陆续抵沪，集吴淞口外。③7月中旬，日军迭以汽车载运武装官兵，向江湾一带侦察示威，并制造水兵宫崎所谓失踪一案。④与此同时，驻沪海军陆战队“将各通衢哨所的兵力增加，各屋顶架设高射炮，各要点构筑工事，对市中心区及南翔方面试设炮位，日夜继续演习”⑤。

7月28日上午，汉口日本侨民突然紧急撤退，接着长江沿岸各地日侨昼夜向上海转移。原来日本驻南京领事馆于7月27日晚获得情报，中国最高当局正计划在江阴方面封锁长江航道。未久查明，此绝密情报“系国民党行政院简任秘书黄浚所泄露”⑥。黄浚字哲维，号秋岳，福建侯官（今福州）人，以诗人名于时，考证晚清史事颇有“卓见”⑦，著有《花随人圣庵摭忆》。黄被日方收买多年，案发后与其子黄晟同以间谍罪被处决，年47岁。⑧

日本撤侨，虽事出有因，但本身却是一个重要信号，它表明日本将于上海采取军事行动。“如上海发生事变，导致全面战争，其散处于长江沿岸各地日侨，总数达二万九千二百三十人之多，现地派兵保护既不可能，势非在大举行动之前，将各地侨民全部撤退不可”⑨。军事委员会国际问题研究所将此分析判断，迅速上报蒋介石。事实证明这一判断极其正确。7月29日、30日，日军进占平津。在扩大华北战事的同时，日本中央统帅部已正式将上海列入作战计划。⑩战争的

---

① 《中国事变陆军作战史》第1卷第1分册，第91页。

② 〔日〕重光葵著，齐福霖等译：《日本侵华内幕》，解放军出版社1987年版，第130页。

③ 《申报》1937年7月12日；《大公报》1937年7月13日。

④ 何应钦：《日本侵华八年抗战史》，台北黎明文化事业公司1983年版，第44页。

⑤ 《张治中回忆录》上册，第116页。

⑥ 顾高地：《我所知道的八一三战役片断》，政协上海文史资料委员会：《抗战风云录》下，上海人民出版社1985年版，第84页。

⑦ 黄浚：《花随人圣庵摭忆》补编，上海古籍书店1983年版，第7页。

⑧ 中央社南京8月26日电，中国第二历史档案馆：《中华民国史史料长编》第42卷，南京大学出版社，第149页。

⑨ 顾高地：《我所知道的八一三战役片断》，政协上海文史资料委员会：《抗战风云录》下，第85页。

⑩ 《中央统帅部对华作战计划》（1937年7月29日），复旦大学历史系：《日本帝国主义对外侵略史料选编》，上海人民出版社1975年版，第238页。

红球已高高挂起。既然上海一战势不可免，与其坐等挨打，不如主动出击。7月30日，张治中致电蒋介石等，建议“立于主动地位，首先发动，较为有利”①。南京方面迅即复电赞同：“应由我先发制敌。”②

8月11日，蒋介石获悉日本佐世保机动部队已增援抵沪，当晚作了紧急部署：1.张治中率领第87师、第88师即向预定围攻线挺进，准备对淞沪之敌实施攻击；2.蚌埠刘尚志第56师星夜开赴苏州归张治中指挥；3.已在苏、锡之炮兵等8团（15公分口径重榴弹炮团，团长邵存诚）及炮兵等10团（10公分口径加农炮团，团长彭孟缉）第1营归张治中指挥。③为保证围攻部队两翼安全，继令江浙区司令张发奎率沪杭沿线阮肇昌等57师进军浦东，李松山第55师及钟松独立第20旅进赴上海南郊，第56师和杨步飞第61师进入上海北郊。“中央决心围攻上海”，开辟淞沪战场。

8月12日，南京国民政府决定以军事委员会为抗战最高统帅部，并遵国民党中央执行委员会第20次常委会决议，特任蒋介石为陆海空军大元帅，统率全国。当天，蒋介石主持召开最高国防会议，策定全国作战指导原则：“国军一部集中华北持久抵抗，特别注意山西之天然堡垒；主力则集中华东，攻击上海之敌，力保吴淞要地，巩固首都；另以最少限度兵力守备华南各港。”④

此时，淞沪围攻部队均已“输送进行完毕”，分别到达指定位置：第87师一部进占吴淞，一部控制罗店、浏河，主力进驻江湾；第88师进至闸北、江湾一线；炮兵第10团第1营和炮兵第8团进入真如、大场阵地；独立第20旅与第56师分别集结于南翔、太仓待命。⑤

截至8月13日，“淞沪一带日舰共三十二艘”⑥，多种口径大炮约40门，坦克、装甲车各20余辆，⑦作战兵力有驻沪海军陆战队及汉口撤沪陆战队约3 000人，在乡军人3 700人，舰载机动兵约1 600余人，⑧加上各舰已登陆增援部队

---

① 《张治中致蒋介石等密电》(1937年7月30日)，中国第二历史档案馆《抗日战争正战场》上，江苏古籍出版社1987年版，第259页。

② 《张治中回忆录》上册，第117页。

③ 《上海作战日记》(1937年8月11日)，中国第二历史档案馆《抗日战争正战场》上，江苏古籍出版社1987年版，第263页。

④ 宋瑞珂：《八一三淞沪抗战纪要》，《抗日风云录》下，第38页。

⑤ 《张治中致蒋介石、何应钦密电》(1937年8月12日)，《抗日战争正面战场》上，第264—265页。

⑥ 《张治中致蒋介石、何应钦密电》(1937年8月13日)，同上，第266页。

⑦ 《张治中致蒋介石、何应钦密电》(1937年8月9日)，同上，第251页。

⑧ 宋瑞珂：《八一三淞沪抗战纪要》，《抗日风云录》下，第87页。

2 100 人，①合计 1 万余人。中国围攻部队计 3 个步兵师，1 个步兵旅及炮兵团、营各 1，加上原在上海地区的保安总团和警察总队，总兵力不下 5 万人，各种口径大炮约有 300 余门。就地面部队而言，中国军队明显占有优势。

按张治中计划，围攻部队将于 13 日拂晓发起攻击，“本想以一个扫荡的态势，乘敌措手不及之时，一举将敌主力击溃，把上海一次整个拿下”②。可是 12 日晚蒋介石突然来电，要求暂停行动，“等候命令并须避免小部队之冲突”③。原来上海领事团为免在沪开战，已正式出面调停，当天下午召开了淞沪停战共同委员会紧急全体会议。中国代表考虑到国际影响，最终表示：“如日方不向我攻击，当决不向其攻击。”日方代表冈本亦作“同样表示”④。然而第二天，枪声便打破了各自的承诺，八一三事变终于发生。

三、 被动中的主动：八一三事变的爆发

关于谁先射击，中日各执一词，迄今仍无定议。国民党中央通讯社当日曾作报道：日军今晨“二、三时，曾屡向我防地开枪寻衅，我军均未还击”。“晨九时，敌陆战队一小队，突由天通庵及横浜路越淞沪铁路冲入宝山路，向我西宝兴路保安队扫射，我为自己计，遂起应虞”。“下午四时，日军又向我阵地进犯，剧战已开始”。⑤当日张治中致最高统帅部的报告及部队现地作战日记等，也有大致相同的记载。⑥然而，日本的记述完全相反。据《中国事变陆军作战史》：“13 日 10 时半许，在商务印书馆附近的中国军队突然向陆战队阵地射击，曾一度予以反击，而不久也就平静下来。但是，当天傍晚八字桥附近的中国军队开始炮击后，双方终于进入了交战状态。”⑦究竟何方率先射击？究竟哪一枪算是八一三淞沪事变的开端？时至今日，实难辨定。当时双方均着力抢占有利地形，不断将警戒线向前推进，形成阵地分散交错、两军近距，因此局部小冲突多处发生，枪声时有所

---

① 《张治中致蒋介石、何应钦密电》(1937 年 8 月 13 日)，《抗日战争正面战场》上，第 266 页。

② 《张治中回忆录》，同上，第 121—122 页。

③ 《蒋介石复张治中密电稿》(1937 年 8 月 12 日)，《抗日战争正面战场》上，第 265 页。

④ 《俞鸿钧致何应钦密电》(1937 年 8 月 12 日)，同上，第 256 页。

⑤ 《中华民国史史料长编》第 42 卷，第 62 页。

⑥ 《张治中致蒋介石、何应钦密电》(1937 年 8 月 13 日)、《上海作战日记》(1937 年 8 月 13 日)，《抗日战争正面战场》上，第 335—336 页。

⑦ 《中国事变陆军作战史》第 1 卷第 2 分册，第 4 页。

闻。率先射击，双方均有可能，情形紧张，在所难免。但可以肯定，这绝非故意挑战。日军大批援兵未到，在明显处于劣势状态下有意开枪挑起战端，显然有悖常情。我军围攻部队已奉命避免冲突，故意违令似乎也不可能。有关历史资料，并不一定反映真情，假使我围攻部队基层官兵率先射击，当也不会据实上报，致受军罚。因此，八一三事变的发生，是必然中的偶然，由势难避免的零星冲突而引发。

八一三淞沪开战，我们是被动的，也是主动的，确切地说是被动中的主动。从实际态势来看，诚如当时主管全国作战命令和计划的军委会第1部部长黄绍竑所言："'八·一三'事变的发生，是出乎日本意料的，也可以说日本是被动的，而我国是主动的。"①承认这一点，丝毫无损我八一三淞沪抗战的正义性。日军既向华北腹地大举进犯，又于上海增兵滋事，我变被动为主动，先发制敌，理应不分南北。上海《立报》当时曾刊文指出："现在和平已经绝望了，牺牲已到最后关头了，——我们固然不愿挑衅，但敌人既着着压迫，在战略上我们就绝对不能再拘泥于'守'与'抗'，以重蹈淞沪战役及长城战役的覆辙！……我们决不能永远做被动者！我们要明白作战的地点是在我们的领土上，愈挺进则所受的损失愈少！"②

8月13日，双方进入交战状态，但"正式的开战是在八月十四日"③。这一天，中国空军奉命出击，对敌陆上据点和江中军舰施行反复轰炸，同时，南京国民政府发表《自卫抗战声明》，宣布"实行天赋之自卫权"，抗击侵略者，④而围攻部队是在当天下午5时，"于空军轰炸后"才正式发起进攻的。⑤

大战的血幕既已拉开，蒋介石遂决定全军主力向华东集中。13日晚，电令调防西安的宋希濂第36师"火速开赴上海参战"，沿途一切车辆通通让路；⑥又令正由武汉增援华北的罗卓英第18军的第11师、第14师、第67师"转向苏州输送"⑦。至8月17日，"我军到达前线者，计有八十七师、八十八师、九十五师、五十

---

① 《黄绍竑回忆录》，广西人民出版社1991年版，第339页。

② 上海社会科学院历史研究所：《"八一三"抗战史料选编》，上海人民出版社1986年版，第11页。

③ 《张治中回忆录》上册，第122页。

④ 《中国近代对外关系史资料选辑》下卷第2分册，第14页。

⑤ 《张治中致蒋介石、何应钦密电》(1937年8月14日)，《抗日战争正面战场》上，第287页。

⑥ 宋希濂：《血战淞沪》，《八一三淞沪抗战》，中国文史出版社1987年版，第170页。

⑦ 《上海作战日记》(1937年8月13日)，《抗日战争正面战场》上，第337页。

六师、十四师、五十七师及独立第二十旅等部队"①，而更多的兵力正在增援途中。

四、开战淞沪的战略意图

蒋介石既然决定开战淞沪，主动出击，必有其战略意图。首先，集中优势兵力，"以扫荡上海敌根据地之目的，实行攻势作战"②，保护经济命脉，巩固首都，同时激励国人斗志，以新国际观感。对此，陈诚曾有论述："因上海乃我经济重心，中外观瞻所系，故我不惜任何牺牲，予以强韧作战，……所获政略上之成就尤伟。"③其次，以淞沪之战吸引日军，减轻华北我军的压力，打乱日军的作战计划，争取主动。蒋介石在淞沪会战结束后曾就此问题作过回答，他说："我们此次为什么要在上海作战呢？就是要打破敌人的战略，使他们不能按照预定计划，集中兵力侵略我们华北。"④第三，"以战略促政略"，以淞沪会战牵连各国在沪利益，促使美、英、苏等大国或国际组织干涉调停，从而达到总体解决中日争端问题，达到保障现有主权和行政领土完整的和平目的。蒋介石在淞沪会战初期答记者问时说：中国现在"所从事的战争，不仅是中国自己的战争，而应是一切委托其生命于条约的神圣和不可侵犯的国家的战争，尤其是那般在中国有广大的商业利益，而眼下利益正在被破坏，代表正在被驱逐的国家的战争。"上海是国际贸易港，"海口的破坏于任何国家无益"⑤。南京国民政府希望并且认为美、英、苏等大国"必能在其郑重签订之国际条约下各尽其所负之义务"⑥，因此，"在上海和敌人用全力火拼一番，不特转变西人一向轻华之心，且可能引起欧美国家居间调停，甚或武装干涉"⑦。第四，与其在华北平原与日军交战，"不若在长江流域，利用湖沼山地，较为有利"⑧。如敌在华北得势，必利用快速装备沿平汉线南下直趋武汉，如此我华东主力部队只能背海作战，东南人力、物力难免尽落敌手，蒋介石对

---

① 《何应钦在国防最高会议之报告》(1937 年 8 月 17 日)，《抗日战争正面战场》上，第 339 页。

② 何应钦：《对临时全国代表大会军事报告》，《何上将抗战期间军事报告》上册，第 80 页。

③ 陈诚：《八年抗战经过概要》(非卖品)，第 9 页。

④ 蒋介石：《抗战检讨与必胜要诀》(1938 年 1 月 11 日)，《中国民国重要史料初编・对日抗战时期》(二)作战经过，第 1 册，台湾国民党中央党史会 1981 年版，第 65 页。

⑤ 《上海抗战全史》，引《世界反法西斯战争中国战场史料长编》上，四川大学出版社 1985 年版，第 248—249 页。

⑥ 《国民政府自卫抗战声明书》(1937 年 8 月 14 日)。

⑦ 《李宗仁回忆录》下册，政协广西文史资料委员会 1980 年版，第 702 页。

⑧ 陈诚：《八年抗战经过概要》，第 10 页。

此极为担忧。[1]而作战淞沪，狭窄的地带则能使日军不易大兵团集结展开，沟渠纵横的地形和租界的因素，更使其机动化及立体作战能力难以充分发挥。第五，如扫荡不能如期完成，则利用相持阶段，“使我长江下游工厂物资，得以内运”[2]，然后退守既设国防阵地，作长期防御作战。

1937年8月20日，蒋介石签发了《大本营颁国家战争指导方案训令》令字第一号，将全国分为五大战区。第一战区：司令长官蒋介石（兼），作战地域为冀省及鲁北；第二战区：司令长官阎锡山，作战地域为晋察绥；第三战区：司令长官冯玉祥，作战地域为苏南及浙江；第四战区：司令长官何应钦，作战地域为闽粤；第五战区：司令长官蒋介石（兼），作战地域为苏北及鲁省。为配合第三战区淞沪战场，蒋介石命令海、空军优先支援。海军的任务“以闭塞吴淞口，击灭在吴淞口以内之敌舰，并绝对防制其通过江阴以西为主”；“空军应集中主力协同陆军，先歼灭淞沪之敌（以敌舰及炮兵为主目标）”。他要求第三战区，“迅将目下侵入淞沪之敌，陆海军及其空军陆上根据地，扫荡扑灭，以准备敌军再来时之应付，同时对于浙江沿海敌可登陆之地区，迅速构成据点式之阵地，阻止敌人登陆，或乘机歼灭之”[3]。

此时，第三战区共有19个师26个旅及众多炮兵、装甲等部队，[4]总兵力约达30万人。淞沪围攻区由第9集团军总司令张治中指挥，所属部队有36师、56师、87师、88师、98师，教导总队之一部、第20旅、军政部学兵队、淞沪警备部、重炮兵第10团、炮兵第3团、炮兵第8团、炮兵第16团、重迫击炮2个营、战车防御炮3个连、战车营、太湖联防部队。长江南岸守备区由54军军长霍揆新担任指挥，长江北岸守备区由111师师长常恩多担任指挥，杭州湾北岸守备区由第8集团军总司令张发奎担任指挥，浙东守备区由第10集团军总司令刘建绪担任指挥。

蒋介石希冀以绝对优势兵力，于开战之初即能“扑灭在上海地区之敌军”，“尔后直接沿江海岸阻止敌之登陆”。可是实际战况并不理想，围攻态势虽然形成，进展却十分缓慢。“因每一通路，皆为敌军坚固障碍物阻塞，并以战车为活动

---

① 《徐永昌日记》第4册，台北中央研究院1990年版，第148—149页。

② 陈诚：《八年抗战经过概要》，第9页。

③ 《大本营颁国军战争指导方案》令字第一号（1937年8月20日），《抗日战争正面战场》上，第12—13页。

④ 《大本营颁第三战区作战指导计划训令稿》令字第四号（1937年8月20日），《抗日战争正面战场》上，第7—8页。

堡垒，终至不得不对各点目标施行强攻”。炮兵射击，也因目标坚固，“未得预期成果”①。8 月 18 日，蒋介石因不满意淞沪战场的进展，特派军政次长陈诚“为第三战区前敌总指挥”②，希望统一指挥，打开局面，扩大战果，迅速克敌制胜。21 日，第 36 师一度攻至日军重要据点汇山码头，但终因攻坚乏力，只得无功而返。其他各部同样也无重大突破。

战至 8 月 23 日，陆上之敌不仅未被“扫荡扑灭”，而且其援兵正源源不断地赶到，开始在江岸实施强行登陆。战情骤然严峻，攻防瞬间发生转换，这大大出乎南京方面的意料。而此时欧美等国仍抱着局外中立的态度，外交努力同样令人沮丧。开战以来，蒋介石一再向美、英等国呼吁斡旋，寄望“国联”制裁日本。8 月 17 日，英国提出上海中立化建议，因“美国实际上没有同意”，日本拒绝接受，而不了了之。美国驻法大使蒲立德代表美国政府表示：“各国在无足够兵力的情况下，无法对日本施加多大的压力。”③

战况不利，外交无望，显然，蒋介石最初的战略意图未能实现，从而陷入两难境地。

八一三淞沪抗战是七七华北抗战的继续，是中国全面抗战的又一个主要标志。如果说七七华北抗战是被迫应战的话，那么八一三淞沪抗战则是主动开战，这是两者之间的一大区别。蒋介石不惜以精锐之师在最精华的上海先发制敌，乃是为了全局利益，争取全国战略之主动，同时推动中国问题进一步国际化。承认八一三淞沪开战我为主动，不仅丝毫无损于我国抗击外来侵略的正义性，相反更能证明和充分体现中华民族不畏强暴、宁可玉碎的伟大气概。

（本文原载《史林》，1997 年第 4 期）

① 《张治中致蒋介石、何应钦密电》(1937 年 8 月 17 日)，《抗日战争正面战场》上，第 342 页。

② 《蒋介石致程潜密电》(1937 年 8 月 18 日)，《抗日战争正面战场》上，第 289 页。

③ 中国社会科学院近代史研究所译：《顾维钧回忆录》第 2 分册，中华书局 1985 年版，第 457—458 页。

平心静论八一三

马振犊

有关1937年中国军队发起八一三淞沪战役战略意图及其作用问题之讨论，沸沸扬扬已经进行了数年之久，关键的分歧在于中方发动此役有无“引敌南下”的战略意图之争。辩论双方引据同样的一些史料但观点各异，主要表现为：1.对现有史料的理解分析不同；2.对某些关键史料可靠性的认识有分歧；3.对有关档案史料缺乏的原因理解各异。当然只要我们本着实事求是的科学态度与知错必改从善如流的作风，这些分歧完全是可以通过相互交流共同探讨而渐趋一致的。鉴于对此问题的讨论已充分地展开，其史实背景也已有了清楚的介绍，本文中不拟重复叙述，只想就八一三淞沪战役中的几个热点问题，阐述个人的一些新的见解如后，欲使之最大限度地符合有关历史的真相，从而对有关八一三淞沪战役的起因及其意义的评价之争论，有一个比较完满的结束。是否能达成这一目的，敬请各位专家学者不吝赐教。

一、关于八一三战役我方军事战略目的的再认定

中方主动发起八一三淞沪战役，自然有其军事、政治、外交等多方面的目的。但就军事战略目的而言，我方在上海作战的战略意图究竟为何？作为否定“引敌南下”论的代表性作品《淞沪战役的战略企图和作战方针论析》[①]一文论述说：“淞沪之战确有吸引敌军兵力、牵制敌军在华北的进攻，打乱其预定计划的意图和目的。但是说当时蒋介石已经设定了改变日军作战方向……的战略谋算……

① 载《抗日战争研究》1995年第2期，第26—44页。

并无任何事实根据。”①此种观点似有结论过早之嫌。就该文中所引据的史料看，蒋介石曾在1938年1月11日的开封军事会议上说：“我们此次为什么要在上海作战呢？就是要打破敌人的战略，使他们不能按照预定计划集中兵力侵略我们的华北。”②对此，我们不禁要问，所谓“要打破敌人的战略，使他们不能按照预定计划集中兵力侵略我们的华北”其实际的含义是什么？难道仅仅是限于“吸引”、“牵制敌军吗”？退一步言，“吸引”敌军转攻上海是手段呢还是目的？前文的观点认为是手段，也就是说，上海作战的目的是为了配合华北战场的抗战。但我们根据开战前几年南京国民政府在长江流域经营国防准备的多种设想与努力及蒋介石的军事顾问蒋百里、德国军事顾问团长法肯豪森（Falken-hausen）明确提议“以长江流域为未来抗日战争之主战场”，联系蒋介石当时尚未有效控制华北地区的历史背景等多种原因综合分析③，我们依然可以认为，中方要“打破敌人的战略”，必须就要“引敌南下”，它本身就是一种战略目的，而不是为了实现其他目的服务的一种手段。否则中方为何要早早地把最精锐的德式装备的部队部署在华东？

二、 中方建立西南抗日基地的准备与“引敌南下”战略的关系

持否定论的文章认为，中方建立西南抗日基地的准备与“引敌南下”战略间并无直接的关系，“至今并无任何论据能够对此作出肯定的回答……想以四川和西南为抗战基地的构想来证明蒋介石作出过引敌南下西进的决策，是没有说服力的”。对此，我们只要再回顾一下蒋纬国的一段回忆便可有结论。

蒋纬国在《中日战争之战略评析》一书中曾记载到，八一三战役开始前，蒋介石明确地说过：“这一战打起来，上海、南京都不能守。我之所以要打是因为我在日本读书时的老师，如今都身担大任，日本人对中国战略战史的研究有时比中国人还深刻。现在我们与日本人打仗，不怕从南方打也不怕从北方打，最担心的是日本人由卢沟桥入山西再经汉中入四川，这是当年忽必烈灭亡南宋的战略。如

① 《抗日战争研究》1995年第2期，第29页。

② 蒋介石：《抗战检讨与必胜要诀》，载《蒋委员长训词选辑》第2册，第554页，中国第二历史档案馆藏。

③ 请参见拙著《开辟淞沪战场有无“引敌南下”战略意图》，载《抗日战争研究》1994年第2期。

果日本人到西南，从云南、贵州到广西一抄，我们即便保守南京、上海，这个仗也打不下来。现在唯一的办法是在上海作战，引导他沿江西上，届时他就败了。”[①]由此分析，中方上海作战与建立“四川基地”之间有无必然的联系不是一目了然之事吗？

三、中方“引敌南下”转移战略重心是主导还是被迫

解决这一问题的关键就是对1937年8月20日国民政府军事委员会下达的“国军一部集中华北持久抵抗……主力集中华东，攻击上海之敌”一纸作战指导计划的真伪考定问题。

前引论文曾指出军委会“8・20”华东作战指导计划“是一件以讹传讹的史料”，并以此为据指责有关的台湾学者作伪，导致这份史料“严重的失实，在方法上是以结果演绎原因，导致其结论与历史事实相背离”。[②]这一观点，遂成为持否定论者的观点支柱。

对上述看法，史学界早有质疑，认为其结论过于武断。经查考，该件史料出自台湾“国防部史政局”所编印的《抗日战史：全战争经过概要（三）》第255页。该指导计划全文如下：“国军以一部集中华北，重叠配备，多线设防，特注意固守平绥路东段要地，最后确保山东、山西，力求争取时间，牵制消耗敌人。以主力集中华东，迅速扫荡淞沪敌海军根据地，阻止后续敌军之登陆，或乘机歼灭之，并以最小限兵力守备华南沿海各要地。”至此，我们至少可以明白：1.这段史料不是“何应钦1955年所作的……一种概述”，更不是台湾学者们的“以讹传讹”；2.同时我们也认为，在大陆保存的民国档案中现在尚未发现这件史料的原稿及副本，但这并不是确认其存在与否的唯一根据；3.这件档案来自台湾的史料书，具体保存在何处，未见公布。

除此之外，需要解决的另一个相关的问题就是，“8・20”华东作战指导计划与同一天中方大本营所下达的关于华北战场的另两份作战命令《国军作战指导计划》《战争指导方案》在内容上是否有矛盾的问题。

前引文认为在这两份“华北作战命令”中曾明确指出当时的“主战场在第一

① 《中华民国建国史讨论集》第4册，台北，国民党中央党史会1985年版。

② 余子道：《淞沪战役的战略企图和作战方针论析》，载《抗日战争研究》1995年第2期，第39页。

战区”，我方在第一、第二战区总的作战指导方针是坚守平绥路、南口、万全等地，使之“始终为国军保有”，以达成“平津方面之敌绝不敢冒险南下”①的战略目的。这样一来，便与同日中方军委会下达的“华东作战指导计划”内容相左，因此可以反证后者的不真实。其实不然，只要我们细加分析便可明了，这几份作战方案并不是相互矛盾互不相容的，而是各有所指各为所用的。

由于当时日军是在华北发动的战争，我方首先要对付华北日军的进攻而不可能弃之不顾，因此当时中方的抗战主战场客观上也只能在华北，但这并不是意味着我方不会另有所图，对华北我军的作战指导方针只是即时性针对性的，我们可以视之为华北战场我方的应战方案。细细分析这两份文件，我们倒可发现，我方指挥当局在当时作为主战场的第一战区，采取的是较为被动的应战政策，在主战场侧背的第二战区，则采取了较为积极的固守抵抗方针。前文中所谓的要使“敌决不敢冒险南下”的命令，则指的是蒋介石所讲的日军在占领华北后沿平汉线或津浦线自北向南的南下，而不是指被我沪战牵引空海运到华东战场的南下。对于这一点，当时中方的前线主将之一的陈诚，有下面精彩的说明：

“我以装备关系，不能在华北平原决战，因此在华北方面……行纵深配备，多线设防，以主力毅然使用于淞沪方面……不惜任何牺牲，予以强韧作战，双方作战重心乃由华北移至华中……所获政略上之成效尤伟。”“此役强韧之作战大出敌作战指导预想之外……就全国地形言，如当时在黄河流域与敌作战，殊不若在长江流域利用湖沼山地较为有利也，由此战役演成之结果，使敌被我诱引，不得不逐次被动增援，使在华之敌军，不能任意行动，造成我华北有利之形势，尤其使山西之我军有准备之余裕，结果在山西之敌军，始终不能西越黄河一步。此实为我战略上最大之成功。”②陈诚的这段说明再次证明了“引敌南下”是我方主动的战略设计，而体现这一设计的便是那份军委会“8·20”华东作战指导计划。

仅从作战指挥方针上来看，与在北方的决策相比，南京当局似乎更积极致力于淞沪第三战区的作战指导。尽管在本战区“作战指导方针”中并未明书以“引敌南下”，改变其战略路线为目的，但在实际上是贯彻实施了这一方针。“对于侵入淞沪之敌，应迅速将其扫荡，以确保京沪政治经济重心”③，“迅速围歼上海市附

① 中国第二历史档案馆编：《抗日战争正面战场》（上），《国军作战指导计划》（1937年8月20日），江苏古籍出版社1987年版，第4—5页。

② 陈诚：《八年抗战经过概要》，第9—10页，中国第二历史档案馆馆藏。

③ 《抗日战争正面战场》（上），《国军作战指导计划》第5页。

近之敌人，并打破其沿海沿江登陆之企图”。①同时，在8月20日中方下达的几份作战令中都明确规定，全部海空军力量投入上海战场，协同陆军即将发动的攻击作战。②

以上事实说明，中方在“8·20”时，对北方采取的是应战抵抗；对淞沪采取的是出击制敌。

南京国民政府要在长江一线摆开对日战场的设想并非一时的仓促决定。早在七七事变发生后的7月30日晚，军政部长何应钦在南京主持了军事长官会报第20次会议，通过了8项决议，其中就包括了：对上海日本海军陆战队之应付计划；对汉口日租界之扫荡计划；长江中下游各要塞之阻塞及对日舰之扫荡计划③等等，这些决议充分说明了当局在长江一线开战的战略意图，它与南京政府多年来在宁沪间修筑三道国防战线、制定歼灭汉口日租界计划、经营武汉国防中心以及在西南筹建“最后根据地”的设想是一脉相承的。

8月11日下午，在何应钦主持的另一次会议上，与会的中国共产党军事将领发表了他们对我方抗战战略的看法。尽管当时中共的军队都在北方战场，但朱德说：“第一、第二战区为主战区，兵力已有相当多，但仍须准备兵力于该两战区，因敌必不以大兵在他方策动也。故在长江上海占先制，以各个击破敌人，以各方面之胜利而巩固主战场之胜利。”④叶剑英也发表了讲话，他不赞成在上海大打，认为“我之重点在上海，虽胜利不能转移全局，如在平绥线置重点则可转移全战局，而破坏敌人整个计划”⑤。朱德、叶剑英的这番话，可从侧面与反面证明，当时在会议上确实讨论了在上海开战“引敌南下”的战略计划。

在这种情况下，加上战前已经制定好的“一旦开战三战区即以全力先围攻上海之敌，以屏障首都”的作战计划⑥，南京政府于8月11日下令京沪警备司令张治中率第八十七、八十八师等精锐部队，开始总攻上海日军据点，打响了八一三淞沪战役。

这次战役的战术目标是围歼淞沪日军，而后封锁海岸拒止日军登陆；其所宣示的战略目标是“巩固首都及保有经济策源地”。尽管我们从多方资料中可以考

---

① 台湾“国防部史政局”：《抗日战史》淞沪会战(一)，第9页，“我军作战指导”。

② 《抗日战争正面战场》(上)，《国军作战指导计划》，第13页。

③ 《卢沟桥事件第20次会报》，载《民国档案》1995年第2期，第14页。

④ 《8月11日下午四时谈话会》，载《民国档案》1995年第2期，第21页。

⑤ 《8月11日下午四时谈话会》，载《民国档案》1995年第2期，第22页。

⑥ 《抗日战争正面战场》(上)，《国军作战指导计划》，第6页。

察出八一三战役的战略目标绝不止于此，但从现有档案史料出发，我们可以认为在1937年8月中旬时，中方尚没有宣示出明确的"引敌南下"的战略计划，但无论如何，八一三战役在开始阶段就是有其战略意图的，并不是"走一步看一步"，更不能说其"作战指导方针具有相当的不确定性"①。

战事开始后不到一周，蒋介石派陈诚赴淞沪视察，于是就有了以前多次引用过的陈诚向蒋建议"扩大沪战"以避免"敌如在华北得势，必将利用其快速装备沿平汉路南下，直扑武汉，于我不利"的情况，和蒋介石"一定打"的决策。②尽管我们现在对陈诚的建议本身存在着见仁见智的差别，但不可否认的是陈诚建议的含义就是引敌主力南下，破坏其"自北而南"的侵略计划，而不仅仅是为了牵制日军在华北的进攻。③其后，陈诚便奉命率十五集团军赴沪增援④，上海战事便逐步扩大成为中日的主战场。

8月20日蒋介石的决策及当日军委会下达的作战指导计划向我们展示了这样一个事实，到8月20日后，中方已经有了明确的在上海扩大战事"引敌南下"的决定及其实际行动。其目的是为了使日军主力从华北转移到淞沪，在客观上造成其只能沿长江"由东向西"进攻的结果。对于这一点，蒋介石没有说，但他做了。从"8·13"到"8·20"，短短的一周时间内，中方作出了在上海大打的决定与布置，如果没有战前的充分思想准备，如此迅速果断的决策是极难想象和解释的。

果然，在中方的激战之下，到8月底，上海日军陷入了困境，日军参谋本部鉴于日军在淞沪战场的伤亡数已达华北战场的两倍。且"打开上海方面的悲惨状况"陷入"苦战"，于是决定向上海大举增兵，加派3个师团1个旅团及空军来沪参战。9月中旬，日军在沪兵力已达陆军5个师团15个大队12万人。9月6日，我方"大本营情报"载："当初东京计划，决以第三舰队在华南各海口为牵制动作，待华北军事发展，后以陆战队屡战屡败，南口相持不下，乃不得不变更战略，侧重沪战……敌前日续到援军2个师团，昨日多加入作战，双方死伤均巨，明日尚有2个师团到沪，主力战必在8日午前。"⑤11日，军委会第一作战组又获情报："日军参谋本部对华战略有所变更，因我方在上海一带兵力雄厚，不易得手，拟在大批

① 《抗日战争研究》1995年第2期，第35页。

②④ 《陈诚私人回忆资料》，载《民国档案》1987年第1期，第14页。

③ 《抗日战争研究》1995年第2期，第37页。

⑤ 《抗日战争正面战场》(上)，《国军作战指导计划》，第271、273页。

援军开沪后下总攻击令。”[①]这说明日方在9月中旬已将侵华战略做了变更，将淞沪作为其侵华战争的主战场。

对于淞沪主战场的具体形成日期是9月还是10月中旬的问题，我以为不必过分计较，其关键是淞沪最终成为了中日的主战场，时间的早晚并不影响对我方战略设计的评价。

四、“引敌南下”战略的相关史料再证明

曾有观点认为，沪战“引敌南下”战略不成立的主要理由之一就是缺少当时决策者及参与军机人士的个人记录及其回忆资料，但实际上仅就蒋介石而言，便有比较完整的系统资料说明他的这一思想的存在与形成过程。

1934年4月底，蒋介石在庐山与来华访问的德军名将塞克特(Seeckt)讨论中国对日国防战略时，有过以下一段论述。蒋介石主张对日国防重点区域应在长江流域而不在华北。他对塞将军说，一旦中日开战，他准备在必要时放弃华北而集中全部力量保卫长江流域，所以“抗日之发动必须在江西剿共之后”，“蒋对华北感到悲观，他说自己未能控制住黄河以北地区，而北方军无用，不同于南方军队，陇海线以北的人对政治不感兴趣，他们甚至不知道日本人是敌人”，所以，“为了替代北方防守，蒋说要不惜代价建设强化据点”，“他决定只有16%的军事预算可用于华北，因而那里只能选择战略要点构筑国防工事”，“他又表示从政治上来看，长江以南远比长江以北地区重要，况且华北的地方实力派军队没有任何军事价值”[②]。

1935年7月，蒋介石又一次明确提出：“对日应以长江以南与平汉线以西地区为主要阵线，以洛阳、襄阳、荆州、宜昌、常德为最后阵线，而以四川、贵州、陕西三省为核心，以甘肃、云南为后方。”[③]

1936年7月，蒋介石在接见即将离任的英籍财政顾问李滋罗斯时对他说：“对日抗战是不可避免的，由于中国的力量尚不足以击退日本的进攻，我将尽量使之拖延，当战争来临时，我将在临海地区做可能的最强烈的抵抗，然后逐步向内陆撤退，继续抵抗，最后将在西部某省，可能是四川，继续维持一个自由中国，

---

① 《抗日战争正面战场》(上)，《国军作战指导计划》，第273页。

② 德国联邦军事档案馆藏：《塞克特与蒋介石会谈记录》(1934年5月4日)No：02-4415，p.207。

③ 张其昀：《中华民国史纲》第4卷，台北，中华文化出版事业委员会1954年版，第211页。

以待英美的参战，共同抵抗侵略者。”①

其后，蒋介石又在中日开战之初，有过本文前引之“现在我们与日本人打仗……唯一的办法是在上海作战，引导他沿江西上，届时他就败了”这一段论证。

八一三战役结束后，蒋介石在1938年11月5日“第一次南岳军事会议”的训词中说：“在去年平津失陷的时候，我们不能将全国所有的部队调到华北去与敌人争一城一池的得失，而要将我们主力部队，作机动的使用，节节抵抗，逐步消耗敌人，一定先要诱他到长江流域来……孙子兵法上说：‘凡先处于战地而待敌者逸，后处战地而趋战者劳，故善战者致人而不致于人。’我们能诱敌深入……完全是以逸待劳步步致敌而不为敌所致。”②

当时参与军机的中方军委会作战部部长黄绍竑也曾回忆到：“八一三事变的发生是出乎日本意料之外的，亦可以说日本是被动的，我国是主动的，最高统帅的决策，是要以主动的姿态，先把上海的敌军根据地摧毁……即使不能把敌人根据地铲除，亦须吸引其兵力到这方面，以搅乱其既定的计划。”③

以上所引证的蒋介石在战前战后的一系列的讲话及黄绍竑的回忆都可作为八一三战役之“引敌南下”战略意图的证据，至此所谓当年“参与军事机密的主要将领都未说过有这样的一个重大决策”④之说可视为并不符合实际。

五、 几点最后的结论

关于八一三战役“引敌南下”战略是否存在及如何评价的问题，我以为根据现有的资料及研究结果可得出以下几点结论。

（一）八一三战役是存在“引敌南下”、“改变日军侵华路线从由北向南到由东向西”的战略目的的，有许多史料可对此加以证实。如蒋介石、陈诚、法肯豪森等人的讲话及书面建议、报告；南京国民政府经营宁沪汉川国防线与国防基地的行为；设计湘赣“国防中心区”的计划；修筑“浙赣铁路线”；“图川”及建设西南大后方等等战略措施。如果根本否认了这一战略构想的存在，那么上述这些史实将

① 蒋纬国：《中日战争战略评析》，载《中华民国建国史讨论集》第4册，台湾，国民党中央党史会1985年版，第10页。

② 蒋介石：《第一次南岳军事会议开会训词》，载《蒋委员长训词选辑》第3册，第454—455页。

③ 《黄绍竑回忆录》，广西人民出版社1991年版，第339页。

④ 《抗日战争研究》1995年第2期，第31页。

无从得到合理的解释。

（二）七七事变后，日本军方的企图是在华北战场一举击溃或围歼中方主力，以达成速战速决逼降中国的目的。而中方则依据战前的设想，决心与日本开展持久战。实行这一战略的第一步就是主动发起八一三淞沪战役以打破日本的战略企图。因此，从全盘战局分析，中方不可能按照日方的意图，把主力开往华北去与日军决战。这一思想在七七之后我方对于华北战局的作战指导方针中已有明确的宣示。8 月前后的华北主战场是由日本侵略造成的客观存在，不是中方的选择；而 9 月以后的华东主战场才是中方的选择。试图用 8 月之前我方指挥华北主战场战事的文件来证明 9 月以后华东不是中日主战场，这从逻辑上来说也是不通的。八一三淞沪抗日之役是我方实施“持久抗战”战略的一个开始。

（三）依迄今为止所发现的史料考察与分析，从七七到八一三，中方具体的应战方法客观上来看应当说是存在着一个变化的过程的。由于战事的突然爆发及华北地方实力派对与日和谈存在着幻想，开战之后，中方一面应战，一面忙于协调内部，期望能够一致对外。南京中央召开最高军事长官会报，研讨对敌抵抗方针，会上各方将领提出了许多意见，会议记录也并不完全。许多极具价值的提案甚至没能记录，如有关将四川划入第一战区的提议便是如此。①在这种情况下，若以未见到正式文件为唯一的理由便轻率根本否定中方有“引敌南下”的战略思想，似觉过于草率武断。

（四）最后，我们在肯定“引敌南下”的战略设计的同时，必须申明的是，我个人从未说过“引敌南下”是蒋介石在战前就早已设计好了的作战计划。②我在《开辟淞沪战场有无“引敌南下”战略意图》一文中的原话是“这足证蒋氏集中兵力在上海与日军作战是有充分设计的”③，意即指八一三战役，是有充分设计的，而不是特指“引敌南下”。我认为，“引敌南下”一直是一种盘旋于蒋介石等人脑际的战略思想，而不是一项已经明确的可以公布示人的战略计划。由于开战后中方没能实现“赶敌下海封锁海岸”的预案，上海战事陷入胶着状态，此时因为中方最高领导层早已有了要把日军引来长江流域以己之长克敌之短的设想，故而自然

① 《8 月 11 日下午四时谈话会》，朱德讲话中“四川划入第一战区不相宜”等内容，载《民国档案》1995 年第 2 期，第 22 页。

② 《抗日战争研究》1995 年第 2 期，第 35 页。

③ 《抗日战争研究》1995 年第 2 期，第 214 页。

地便产生了陈诚的建议与蒋介石的大打决定。至此，沪战便具有了“引敌南下”的战略含义。“引敌南下”的目的绝不仅仅是为了使日军分兵以支援华北战场我军的作战，而直接是为了改变日军“自北向南”的侵华路线，其客观结果便是吸引日军主力到华东，使其进兵路线一变而成为“由东向西”。对于这一设计与结果，蒋介石等中方指挥者，说了也做了，只不过没有高度概括为前述“八个字”而已。

总而言之，八一三战役“引敌南下”改变日军侵华路线是中方的战略意图，但它只是一种在战前设想的并被后来战争实际所证明是正确的战略意识，而不是一份曾经公布过的作战方案。这就是我的最后的结论。

（本文原载《抗日战争研究》，2001 年第 1 期）

关于八一三淞沪抗战的几个认识问题

魏宏运

八一三淞沪抗战，在中国抗击日本战争史上占据着极重要的地位，承载着沉甸甸的历史，众多学者从不同角度，已撰写诸多文章书籍，我觉得还有些问题需要再评估再认识，这里提出以下几个问题：

一、所谓偶然论

八一三战争爆发时，有的报上讲，这是偶发的事件，虹口事件是不幸事件，这种表述是错误的。

侵占上海，是日本实现其灭亡中国的大陆政策的重要步骤，是预谋的。从九一八开始，未费吹灰之力，占领了辽宁、吉林、黑龙江，接着又陷热河，成立冀东22县伪政府，制造华北特殊化，侵占丰台，发起卢沟桥战争，侵略的铁蹄从未停止过。它抄袭占领东北和平津的故伎，制造事件，作为借口，然后调集兵力。所谓虹口事件就是日军精心策划出来的，于1937年8月9日，派其海军陆战队中尉大山勇夫率士兵斋藤要藏，乘车强行冲入机场，且开枪击杀守军士兵时景哲。守军开枪还击，击毙这两个进犯的敌军，这是正义的自卫行为，怎能称为"不幸事件"？论者常以此作为八一三的导火线，也是不恰当的，因为没有虹桥事件，也必然会发生其他事件。侵略成性的日军使用一切手段来发动战争，他们狂喊："支那是日本的生命线"，"支那是我们获得黄金的泉源"。无论从什么角度讲，都不能讲虹桥事件是偶发的，是八一三上海抗战的导火线。

二、士气不振说不能成立

有的学者讲,“抗日战争初期,无论是正面还是敌后战场,尽管浴血奋战,都是败多胜少,从淞沪战役、徐州战役,到南京、武汉、广州战役,大都如此,可以说中国人士气不振”①。这篇文章前半部的论述是正确的,但以中国人士气不振来论断抗战初期诸战役,是不恰当的。

这里,仅就淞沪战役讲,战争进行了三个月,中国军队勇敢而坚强,以血肉之长城,抗拒日军之炮火,所有官兵,视死如归,前面的倒下去,后面的就赶上去,与日军展开街垒战与肉搏战,个个奋勇当先。从八一三至九月上旬,日本陆军开到上海的已达7万人,内有最精锐的久留米师团(即以前日军教导师,日本各师团中之机械化部队皆源于该师);海军方面,日本大小军舰集中70余艘,舰上正炮与边炮合计近700门;空军有新式轰炸、侦察、战斗等机200架以上,以如此庞大精锐之武力,为陆海空联合进攻,实行中央突破,欲速战速决。但在虹口、浏河登陆未成,战争扩展到吴淞、蕴藻浜及张华浜等地,每到一地都遭到中国军队的痛击。日军登陆面日渐延长,如川洪、柳林、月浦均成为日军伺机冲入之地。9月2—3日,中国军队实行了猛烈的反攻,不少经历那场战争的中外人士,记录了那场战争进行的实况,留下了珍贵的历史,现引一部分。

战争进行一个月时,美国记者铁尔特曼冒着战火到罗店、吴淞两地华军阵地考察,写出了感人的记述,其文讲:“卫守邻近上海长四十里罗店、吴淞区战线之华军,遭遇机械化武力极重大之集合,而利用之者,复为以悍战闻名之日军,然仍不屈不挠,应付裕如,其英武与纪律,诚值得受最高之赞誉者也。”“今日抵抗日军前进之师团,纵其炮火力量,远逊于敌,亦决不退却。”“罗店境之战事,异常激烈,致余不能进抵华军在前线,余曾在某地点被迫委弃所乘之汽车。匿于沟内半小时之久,维时日军以开火炮轰击,外加尾弹,并偶杂重炮弹数枚,刘行区外附近一带,颇遭摧残。旋余往视吴淞阵线,见巨数华军安伏战壕,状甚愉快,盖顷方击退猛攻之敌军也。”②

罗店战斗中中国军队所表现的自信、英勇和视死如归的精神,是震撼中外

① 《中华读书报》,2009年6月24日,《〈这个时代还有没有敬畏? 我的团长我的团〉背后的文化观察》。

② 原载《字林西报》,1937年9月20日,见《申报》,1937年9月13日。

的。胡愈之在《保卫大上海》的专论中是这样描述的：

“吴淞、罗店、蕴藻浜、大场这几次战役战斗的猛烈，比之于欧战中马尔纳、松纳河诸役毫无逊色。可是就我军将士作战之勇敢与牺牲之壮烈来说，在欧战历史中都找不到先例。在欧战中无论哪一次著名的战役，双方的武器是对等的。在上海战争中，我们却以陆军，主要的是步兵队，来和敌人最精锐的陆空海三军搏击，鏖战两个半月的结果，敌军是进展了，但是进展所获得的阵地有多少呢？离开黄浦江北岸才不过十余公里而已。

虽然我们为了保卫一尺一寸的土地，往往牺牲数千数百的健儿，可是敌人也必须出同样的或者更大的代价，才能得到这一尺一寸的土地。”①

中央社随军记着亲身目睹 9 月 29—30 日罗店西南东林寺敌我双方的肉搏战，具体地记录了实战的状况：

“29 日拂晓敌人出动了大量的兵力，向东林寺猛烈进犯，一方面是敌人的火力非常猛烈，一方面是敌我的数量众寡悬殊，我们的阵地，先后被敌人突破，我们的守兵个个挂了彩，甚至一个个倒毙了。可是仅存的几十个战士，还留着最后的一滴血，最后的一颗子弹，死守着和敌人拼。”②

那时中外人士写下了不少称赞华军的文章，是我们考察上海战争有力的证据。如早在 9 月 15 日上海《字林西报》就以社论的形式写道：

“华军遏止日军前进之战事，其代价显然重大。华军在战斗中虽无炮队之辅助，而飞机在天空之视察力量，亦不充分，不足抵制日军之海军炮与水上飞机。但其部队与机关枪手鏖战至一月之久，其坚毅力亦大足令人钦佩矣。”③

11 月 3 日，战争已处于不利的情况下，一位曾参加过欧战的西方人士，到苏州河畔前线观察，得出的结论是：华军的英勇和沉重应战，在世界战争史上是无与伦比的，在西方是不可想象的：华军“军士战斗之勇，为欧西各国士兵所无，罗别根路附近两岸拼命断杀，日步兵恃坦克车及炮火掩护，屡次迫近，图在南岸得一立足点，并集坦克车多辆于北岸，以平射炮不断对中国工事轰击，以当时火力之猛，若使欧西军队当之，决难立足，但华军决不轻弃寸土，当猛轰之后，该地似不能复有生人存留，然当日军侵渡之际，仍遭机枪扫射数小时后即被迫退走，其坦克车初尚滞河畔，顾不及华军觅得准确炮程，立即还击，遂亦退却，双方损失彼

---

①② 《申报》，1937 年 10 月 27 日。
③ 《申报》，1937 年 9 月 16 日。

此均惨重。”①

所以引这些文章，在于说明华军在上海战争中受到了高度赞扬，无论在任何情况下，都没有畏缩、恐惧或逃避现象。士气不振说是绝对不符合事实的。一位日本人士中西均一，当时住在法租界八仙桥，这里邻接华军，又靠近大世界，是露飞路的起点，他直接目睹和感受到中国人的爱国思想的高涨，以《中国民族起来了》为题，写道：

“中国一般的热血青年，都愤恨日本人的行为，希望快点把上海化为战场，将日本人驱出上海，充满着欢迎战争的空气。大家都坚信中央已经完成了一切的准备。青年男女都兴奋高唱军歌。军歌中最流行的是《义勇军进行曲》，七、八岁的男孩女孩，也都高唱着：‘前进！前进！进。’这可看到中国人的坚决与紧张。不论认识或不认识的人，在街上碰到，都说：‘我要到前线去！’”②

这就是上海战争的历史现实。

三、上海战争是谁挑起的

八一三战争是谁首先发动的，这本来不是问题，日本军队在中国领土上开战？还问谁先开战？不过事实上存在两种观点。

一种说法是中方。黄绍竑《五十回忆》中讲：“八一三事变的发生，是出乎日本意料之外的，亦可以说日本是被动的，而我国是主动的。最高统帅之决策是要以主动的姿态，先把上海之敌军根据地摧毁，然后再主动的向华北作战，即使不能将敌人根据地铲除，亦须吸引其兵力到这方面，以扰乱其既定的计划。”③马仲廉也认为淞沪战役是中国军队首先发起的，主要根据是“8月11日下午9时，蒋介石命令张治中将所部（第87、88师）推进到上海附近。当日夜间，张部主力被秘密地用火车、汽车输送到吴淞、大场、南翔。张决定13日拂晓向位于虹口和杨树浦的日军据点攻击，但接到蒋介石不得进攻的电令而未能行动。”④

一种说法是日方。冯子超在《中国抗战史》中讲：“日本帝国主义之进攻上

① 《大公报》，1937年11月4日。
② 向愚编：《抗战文选》第2辑。
③ 黄绍竑：《五十回忆》，云风出版社1945年版，第336页。
④ 马仲廉：《论淞沪战役》，《军事史林》，1989年第3期，第42页。

海，不是偶然的挑衅，而是侵华的蓄意的继续。”8 月 13 日晨 3 时，“日军向我闸北横浜桥以东及青云桥一带守军开枪挑衅。”①这是符合事实的，从当时报刊记载，日军以上海公共租界为其军事根据地，恣意横行，不断挑衅，八一三前夜，战云已密布上海，日本从佐世保调来军舰载有大批军火和陆战队，日本的各种兵舰集结上海的已达 30 余艘，内有驱逐舰莲号、知床号、姆号、保津号、初春号、名取号、初云号、子日号、鬼怒号、若叶号，巡洋舰由良号，运输舰，还有航空母舰一艘。②12 日，日军前哨及便衣队已经开枪挑衅。长江中下游各口岸如长沙、宜昌、汉口、九江、芜湖的日军、日侨，由日军第 11 战队司令官宫本统帅炮舰、驱逐舰及汉口陆战队 300 名护卫，下撤至南京和上海。从这里就可以看出日本强盗，惯用贼喊捉贼手段以混淆视听，逃避其罪责。

担任京沪警备司令的张治中曾明确地讲，他的开战是对日军挑衅的回应和反击。他曾提出先发制敌计划，但又奉蒋介石之命，不要行动，等一等。张的通电如下：“13 日下午，暴日侵沪，舰队突以重炮轰击闸北，继以步兵越界，袭我保安总团防地，我保安队忍无可忍，起而应战。治中奉命统帅所部，星驰援应，保卫我先祖列宗筚路蓝缕辛苦经营之国土。”③

因奉命进攻的时间为 14 日下午，所以张在揭开八一三淞沪抗战的序幕中有下面这样的论述：“实际上八月十三日并未开战，不过是两军对垒，步哨上有些接触，而正式的开战是在八月十四日。”④

许多新闻记者是战争爆发的见证人，他们的笔下记述，13 日已进入战争状态：“日本陆战队约七八十人，由便衣队前导，于昨日(指 13 日)9 时 15 分，自北四川路日本小学开出，全副武装，自虹山路日横浜桥，以轻机关枪向我驻军横扫，图越淞沪铁道，冲往宝山路，我驻防警察及保安队，当予猛烈还击。日本内阁于同日 9 时 45 分开会议决，要采取严厉行动。战争遂扩展到上海其他地段，天通庵路连续冲突，日军于午刻派出大队，自江湾路日军司令部背后，越天通庵车站火车过道处，经同济路，向我天通庵路八字桥等处警戒线袭击，另有 10 余日兵由分水庙南进，过临平路桥，入临平路物华路一带，袭击该地警察局分驻所。到下午 3 时，闸北各处，如引翔乡、江湾路、八字桥、青云桥及横浜桥一带均爆发了战争。”

① 冯子超：《中国抗战史》，正气书局 1946 年版，第 41、44 页。
② 《申报》，1937 年 8 月 13 日。
③ 《张治中通电抗战到底》，《申报》，1937 年 8 月 15 日。
④ 《八一三淞沪抗战》，中国文史出版社 1987 年版，第 12—13 页。

因八字桥战事最为激烈，是一场恶战，史书均以八字桥为八一三战争的开端。有一首诗，题为《抗战行》，其前面几句表达了战争爆发的真实情景：

八月十三战局开，吴淞江上敌舰来。
舰载飞机与重炮，欲使繁市化劫灰。
宝山路上陆战队，首先发难酿祸胎。
我军奋勇呼杀贼，刀光弹影动风雷。
敌人见之心胆裂，手颤机枪擎不得。①

日军是战争的罪魁祸首，这是铁的事实。

四、 上海地区汉奸知多少

日本侵华恶毒手段之一是收买汉奸，扶植傀儡政权，它称中华民族的败类为其"合作者"。29 军军长宋哲元根据多年和日本打交道，得出深刻的教训："救中国只有中国人，亡中国也是中国人。"这句话在上海战争中也充分得到说明。

战争将人群分为两类，一类站在民族立场上，一类则成为日本亡华的工具。后者虽为少数，而为害极烈。老牌汉奸，人们早已恨之入骨，新生的汉奸，隐蔽于群众之中，难以即时被人识破。还有的人无知无觉地被敌人利用，危害了民族和国家的利益。

考察上海战争，日军抵沪时，屡次登陆，均未得逞。后来得到汉奸之助，突破了中国的防线，日军获得了立足点，其援军不断开来，战争形势因而逆转。

日军于 8 月 25 日以石洞口（即小川沙口）为孔道登陆成功了。石洞口江水距岸约三、四里，平时泊有渔船 140 余艘。渔民对江边水陆交通极为熟悉，他们的民族和国家观念淡薄，受当地汉奸的煽惑，由日方维持其生活，全部渔船资敌利用，乘潮水大汛，水岸相接时，沙船登陆方便，乘黑夜偷渡登岸，遂即向罗店镇进犯。该地为宝山县属首镇，距县城 12 里。双方在罗店展开激烈交锋，寸土必争。罗店失而复得数次。敌一部窜往浏河，另一部窜往宝山。从击毙之敌军官衣袋中，获得军用地图一纸，对于登岸之一带地势，绘述甚详。

---

① 《申报夕刊》，1937 年 10 月 8 日。

11月5日，日军由杭州湾北岸金山卫附近之全公桥、金丝娘桥、金山嘴、柘林等地登陆，袭击淞沪战场侧背，造成上海成为孤岛，也是得力于汉奸的帮助。当地首绅为敌通风报信，敌扣留、利用大小流船数百艘为其运输始能得逞。金山各地附敌者有数十人，伪维持会立即出现为敌作伥。

浦东大道伪市政府也成立了，其辖区包括闸北南市，计划将松江圈入。许多伪组织如大道市水巡总队、交通局、社会局、财政局、警察局拘留所、警察巡训所等人选都是日人安排的，一批无耻之徒，弹冠相庆。日人古川为汉奸造声势，组织起一个暗杀团，取名"正义团"，专门杀害抗日人士。

为了消灭中国文化和民族意识，日本双管齐下，一面让文化汉奸粉墨登场，汪伪的《中华日报》出现了，以唐良礼为首拟定了一个"黑名单"，将7名外国记者和8名中国记者列为驱逐或暗杀对象。陈公博女婿朱朴以《古今》杂志为阵地，为汪伪头目唱赞歌，造声势。一面镇压久负威望、根底深厚的不听其支配的报刊，杀害抗日和主张正义的人士。《大美晚报》《文汇报》《华美晚报》《上海时报》等报馆都遭到暴徒的袭击。《社会日报》社长蔡钧徒被暗杀后，其人头被挂在便道的电杆上，还贴上纸条："此系抗日结果，凡属抗日分子，当知其所警惕。"据报载，《大美晚报》前经理张似旭及现任该报英文版本埠编辑袁伦仁，9日晚均接到由所谓"正义团"发来的恐吓信：识时务者为俊杰，以后君之工作，必须谨慎，如再有反日情绪存于其中，则君将与蔡钧徒同其命运。13日，各报馆继续接到恐吓信："蔡钧徒结局如何，贵报岂不知之？务请改变作风，否则尚有意外事件发生。"面对如此毒辣残酷的屠杀手段，报人毫不畏惧，坚持报人的使命。《密勒氏评论报》主编鲍威尔是黑名单上的第一名外籍记者，遭暴徒以木柄手榴弹的袭击，幸未爆炸，逃过一劫。他在《炸弹与刺刀》的一文中，以自己亲历和目睹的情形，颂扬上海华籍报人宁死不屈的感人事迹："中国的报人还是不顾外国租界当时正处于日军的包围之中，他们自身随时随地有被害的危险，仍旧效忠于自己的政府。"如《华美晚报》社，9个报童和报社若干苦力被炸死，《大美晚报》编辑张君(Samuel H Chang)，在西籍记者颇有名气，在公共租界南京路的一家餐馆喝咖啡时遇难。在鲍氏之笔下，既揭露了日军的残暴，又展现出中国人的正直和坚强。下面这段文字是很有价值的记录：

"日伪在公共租界对新闻界的打击，并不局限于暗杀几个编辑和新闻撰稿人。他们占领了公共租界的虹口地区后，便控制了那里的中国邮政总局。继而立即对持有反对他们观点的报纸实行禁邮。可是尽管邮局里有日籍新闻检察官坐镇，但都吓不倒忠于自己祖国的那些中国邮政人员，他们常在晚上趁日本人外出吃饭、睡觉或酗酒时，打电话通知报纸发行经理立即送报，然后迅速在报纸上加盖伪造的印章，造成这些报纸业经日本人审查认可的假象。有件事可以看出这些邮政人员的巧妙手段。1941 年 12 月 6 日最后一期《密勒氏评论报》印好后，仅剩几个小时，日本人便要进入公共租界，在此紧张时刻，他们还是成功地把这最后一期报纸运出业已沦陷的上海，发往其他未被占领的广大中国地区。”①

日人的屠杀政策扩张到各个领域。1938 年 4 月 7 日沪江大学校长刘湛恩因拒绝附敌，遭到毒手，公共租界督探长陆连奎因调查工作，也遭到黄道分子杀害。

汉奸为虎作伥。上海战争有军事的，还有一条看不见的隐蔽的战线，就是捕杀汉奸。淞沪警备司令兼上海戒严司令杨虎早就发出通告，依法严惩汉奸，取得一定的成效。但只要日军存在，就有汉奸作恶。对汉奸的斗争是一长期的艰巨任务。明显的汉奸都没有逃脱掉，受到了惩处。举例来说，沪西大汉奸常玉清之徒洪仁宝，平时为日方招募工人，依赖日人势气，横行不法，市民为之侧目。战争开始后，这一巨奸终于落网；大汉奸周凤岐，与日伪勾结，率伪军为敌作伥，被日军视为华中领袖，计划命其担任华中日伪政权陆军部长，于 1938 年 3 月 7 日 1 时 3 刻在法租界被击毙。上海名律师俞希稷因附敌担任伪盐务局局长，其保镖王鸣垒出于义愤，将其主子杀死。一位青年因得知公共租界白克路湘人张祖文所开之太平印刷所，承印伪大道市府警察局调查户口表册，于 1938 年 3 月 11 日投掷手榴弹于这个印刷所。川沙、奉贤、南汇伪维持会主持人王丕显及日顾问 5 人在周浦举行会议时为一名董山棣者击毙。诸多担任伪职者，都被抗日分子刺死。这些都是自发的。

日本军国主义存在一日，汉奸就不会消灭。汉奸表面上是很得意的，但其内心是恐惧的，前途是黑暗的。1938 年 4 月 3 日南京路上出现了一张传单，反对伪组织，要求下令通缉汉奸，标题为《反对华中政府伪组织成立告民众书》，其结语谓：“全上海的市民们，我们应该准备用武力来消灭这群民族的丑类，誓死不和他们合作，不接受他们的伪政令，捣毁他们一切的计划，并要求国民党开除他们的党籍，和要求政府下令通缉，为了我们争取最后的胜利，为了全民族的生存，为了人类的和平与文化，我们应该用这些行动制裁这些汉奸和丑类，用团结和子弹来答复他们的成立。一切中华的战士们勇敢的执行罢，最后让我们举起拳头，共同

① 《鲍威尔对华回忆录》，上海知识出版社 1994 年版，第 344 页。

喊出反对汉奸‘华中政府’，拥护国民政府抗战到底，通缉出卖祖国的汉奸奴才，江浙人民武装起来，收复失地。”[①]这一传单实是一篇讨贼檄文，也是一颗扔在南京路上的重型炸弹，使汉奸胆战心惊，坐卧不安，尤其是那些具有国民党身份的汉奸。

五、 全面抗战始于淞沪抗战是确切的

全面抗战开始的时间，有的文章讲始于七七卢沟桥战争，有的讲始于八一三淞沪战争，表述不一。

从卢沟桥战事发生后的进程看，八一三之作为全面抗战的开端更符合历史事实，或者说从七七到八一三这段时间，经过全国人民的奋力和抗争，全面抗战的局面形成了。

怎样才叫全面抗战？时论讲得好：

“全面抗战是集中全国的人力、物力、财力而发动的抗战。

全面抗战是地无分南北，人无分老幼的剑及胜及的抗战。

全面抗战是在决心牺牲，抗战到底的意义下的抗战。

全面抗战是持久的有准备的抗战。”[②]

以这个尺度来衡量，七七抗战显然不是全面抗战。1935 年 11 月国民党五全大会，蒋介石讲“和平未至完全绝望，决不轻弃和平，牺牲未至最后关头，决不轻言牺牲”。这是南京政府对日的外交方针，目的是集中全力来消灭红军，这样可“使日本进得慢些，我们退得慢些”[③]。这一方针，使国土沦丧大半，卢沟桥战争爆发了，仍不觉悟。7 月 17 日，蒋介石庐山谈话还说“万一到了最后关头，吾人当然只有牺牲，只有抗战”。那么什么时候是最后关头呢？蒋说：“平津的存亡，就是中国最后的关头，因为平津一被占领，则华北全局必至瓦解，我们以后就没有一处可为华北国防锁匙的地区，更无时间以从事国防的建设了。日本如果决心占平津，则中国必全力对日本作战。”[④]平津沦陷是 1937 年 7 月 29 日和 30 日，蒋介石投入华北的中央军仅 4 个师，并没有全力以赴。

---

① 《申报》，1938 年 4 月 5 日。

② 克予：《展开我们的全面抗战》，《申报》，1937 年 8 月 1 日。

③ 汪精卫：《最后关头的意义》，《申报》，1937 年 8 月 1 日。

④ 黄绍竑：《五十回忆》，下册，第 336 页。

上海战争不一样了。胡愈之在《保卫大上海》一文中讲得非常明确:“在这次全国抗战中,上海显然居领导的地位。虽然在八一三以前,华北已有局部的抗战,可是真正的全国性的抗战,却是从八一三开始。敌人用陆海空全部武装进攻的,是上海。我国用最大的人力物力以防卫的也是上海。虽然我们的军队,在华北各处前线也显示了无比的英勇与壮烈的牺牲,但是为全世界目光所集中,而且具有左右整个战局的影响的,却无疑是我们保卫大上海的战争。”①

上海战争爆发后,在中共推动下,抗日民族统一战线实现了,各种力量都凝聚起来,团结御侮,红军已改称为八路军,朱德、彭德怀任总、副司令,随后又为第18集团军总、副司令。首战平型关获得大捷。报纸上还刊登朱德的照片,介绍八路军的作战。10月17日中央社记者以《今日的朱德》为题,详细地介绍朱德的朴实平凡和作战的特点;各省军阀和爱国将领如龙云、阎锡山、李任潮、李德邻、白健生、陈铭枢、刘湘、方振武等都到南京,和中共的朱德、周恩来、林祖涵、叶剑英等互相握起手来。蔡廷锴、邹鲁等也来到上海;沈钧儒、李公朴、章乃器、邹韬奋、王造时、沙千里、史良七君子因主张团结起来、抗日救国而被捕入狱八个月,也保释出来,在上海齐唱《义勇军进行曲》。这是中国近代史上最大的转变。抗日已压倒一切,一切都进入战时状态。中共在南方各省的游击队,也以新四军的名义进入对日战场,游击队遍布各战区,全国战局发生了根本的变化。

六、 上海战争的经验与教训

上海战争是中国人第一次组织起来,真正与国仇作战。三个月的战争结束,各方面对这次战事的评价较多。路透社访员,走访汉方领袖(可能是蒋介石),得到的答复是:“华北与京沪线的失败,虽皆视为不可免者,但实现较政府任何员之预料为早。华北失败之主因,由于政治者多,由于军事者少,中央政府对宋、阎、韩之军队,从不抱多大希望,此辈旧时代之军人领袖,皆玩‘骑墙’把戏,彼等对中央表示忠诚,而愿对日抗战,同时又对日方献媚。军兴之初,彼等皆袭陷于绝望之地位,既无组织,又无准备,致宋哲元被逐于冀省,刘汝明被逐于察省。今阎锡山亦失晋省地盘,韩复榘之不保于鲁,或可豫决。华北失败之另一原因,为营长以上之军官,除极少数外,皆不胜指挥之任,彼等未受新时代战争之训练,且泰半

① 《申报》,1937年10月27日。

富有资产,故不愿捐躯疆场。华北大战诸役,皆由中央军队为之。南口由汤恩伯与卫立煌之军队防守,忻口由郝梦龄与徐源泉之军队作战。旧日之东北军,殆为中国军队中之最劣者。彼等去年12月在西安起变时,高唱‘打回老家去’之口号,不意真正战事既尾,彼等不特不能尽责应战,且反累及他军亦不能战。万福麟之军队曾在固安叛变,致令日军得以侧击保定守军,刘多荃之军队(张学良部下之精锐)曾在德州叛变,致沧州守军被迫后退。刘军后又在苏州前线叛变,致京沪间之防线为之突破,殊为可息也。”该领袖又称:“此次华军精锐,损折奇重,尤以淞沪战线为最。”①从这段谈话中,可以看出,蒋介石把失败的责任都推给别人,他自己不承担任何责任。蒋是一位刚愎自用的人,为什么华北一些地方军缺乏战斗力,造成华北失败局面,根源应该是蒋介石“侈言抗日者杀勿赦”和歧视地方军造成的。他还对西安事变怀恨在心,对东北军“打回老家去”的口号也质疑起来。既然刘多荃有叛变行为,为什么还要安排在淞沪战线上的苏州阵地?苏州战线是他和罗卓英指挥的。根据淞沪会战中央地区部队之兵团总司令张发奎记述,“蒋介石11月9日下令部队撤退,京沪线上部队非常混乱,没有一个部队作过有组织的抵抗,亦没有一个部队稳定的占领过阵地拒止敌人,吴县、福山、锡澄两线的既设阵地均无兵力加以利用,任令敌人毫无阻碍而从容的跨进了这两道南京的门户。”②可见以刘多荃的附敌说明京沪线的溃退,理由不够充分。

当时其他人的论述,是真正的总结上海战争的经验和教训,是抗战最好的文存。下面举几个例子:

李宗仁认为蒋介石犯了战略性的错误,“不应以全国兵力的精华在淞沪三角地带作孤注的一掷”,“当我方败征已见时,应作有计划的撤退,实行节节抵抗。”而蒋介石却固执之极,不考虑客观情况,“终于溃不成军”③。

《申报》社评《1938年的春雷》,指出上海战争的错误在什么地方和错误的严重性,语言尖锐而深刻:

“抗战八月越,我们有多少牺牲?在‘英雄的’第一期抗战中,我们在战略上采取了挨打主义,在战术上流行的是‘硬拼主义’,在战斗上则普遍地流行着‘轻生主义’。淞沪的大熔炉,告诉全世界说:中国军人不怕死!但同时也告诉人家,

① 《申报》,1937年12月11日。

② 《张发奎将军北伐抗战纪实》,广东人民出版社1991年版,第101页。

③ 《李宗仁回忆录》(下),中国人民政治协商会议广西壮族自治区委员会文史资料委员会1980年版,第700—701页。

'中国军队不会打胜仗的'。那时我们不是在作战——按照真理而作战，而是在'赌气'。结果敌军被我扫掉数万人，但只促成江南平原，敌人歼灭战的几乎成功，这才叫泄气。……硬拼牺牲，在战略上则不断挨打，终于失败。"①

将这些评语和蒋介石的言论相对照，再和历史的实际相考察，就知道蒋介石的言论既不真实，又掩饰自己的错误，其他人的文章则给人更多的思考。

从对外战争的角度讲，上海战争和卢沟桥战事都是里程碑式的事件，是永远研究不完的课题。

（本文原载《民国档案》，2011 年第 3 期）

① 《申报》，1938 年 3 月 25 日。

淞沪会战爆发的原因

李怀宇

淞沪会战是抗日战争初期第一次大的会战，对于日后中日两国战略的实施及其变化产生了重要的影响。近年来，随着史学界对这一战役研究的不断深入，对于淞沪会战爆发的原因，各种见解纷至沓来，见仁见智，分歧较大。主要存在两种不同的见解，其中一种意见认为是日军挑起淞沪会战，目的在于迅速占领上海南京等一系列长江沿岸的大城市，以实现其三个月灭亡中国的目的。另一种意见认为，中国统帅部通过发动淞沪战役，转移日军的攻击目标，使其由原本的自北向南的攻击方向转变为自东向西，将日军主力由华北吸引到华东，使日军原定由北向南进攻方向改为由东向西沿长江仰攻，解除日军沿平汉线南下武汉，将中国东西部一分为二的威胁，避免日军一路南下，全歼国军主力。中国军队由此得以从容退入既定的西南根据地，赢得时间，实现持久抗战①。本文试从当时会战的部署情况，以及淞沪会战的影响方面，分析淞沪会战爆发的缘由，从历史的真实出发，还原那段烽火硝烟笼罩的历史时刻。

一、 淞沪会战中中日双方的动机

关于淞沪会战，当时的国民政府作战部长黄绍竑在其回忆录中认为："'八一三'事变的发生，是出乎日本意料之外的，亦可以说日本是被动的，而我国是主动的。最高统帅的决策，是要以主动的姿态，先把上海的敌军根据地摧毁，然后再主动的向华北作战，即使不能把敌人根据地铲除，亦须吸引其兵力到这方面，以

① 蒋纬国，抗日御侮[M]，台湾：黎明文化事业公司，1978。

搅乱其既定的计划。”①张洪涛所著，由团结出版社出版的《国殇》一书中的记录：“1937 年 8 月初……日军南下进攻的红色箭头太显眼，太醒目了……华北日军先山东、河南，后湖南、安徽，将直接插向南京政府的战略后方武汉。武汉若失，中国将被拦腰斩断，京沪杭一带国民党百万主力大军将处在日军东西夹击之下……”②二者都意在表明，日军的攻击态势是由北向南，沿平汉路一路南进，由于这一策略会把中国东部的国民党军队实施大包围，并一举歼灭，而正是由于淞沪会战，一举将日军主力从华北调到了上海，打破了日军原有的部署，使正面战场的国民党军队获得了宝贵的喘息机会，可以调整态势，逐步实施以空间换时间的措施，并最终保障了抗战的胜利。由台湾录制的大型抗战纪录片《一寸河山一寸血》中，采访蒋纬国的时候，蒋纬国所言，虽和《国殇》一书稍有出入，但差别不大，基本内容毫无区别。

这种观点，看似据实述评史事，实则谬不可言，很多地方根本无法自圆其说。1937 年，全面抗战爆发后，日军的攻击方向确实是从北向南，但是，当时的平汉路和粤汉路之间并没有铁路桥，长江上第一座铁路桥是新中国“一五”计划时期的武汉长江大桥。也就是说，日军就算沿着平汉路南下，在没有足够舰只的情况下，也不可能大举跨江而下，直取武汉、南京、长沙等地。第二，如果说，要在上海和日军决一死战，以当时在上海部署的军力是绝对做不到，也不可能对日军形成威胁的，那就只有从其他战场调动军队，奔赴上海。而这些驰援上海的军队如果北上，和日军尚有一战之力，北方未必沦陷得那么快，长江以北地区握在手中，倘若在长江沿岸地区实施坚壁清野——就像后来薛岳在长沙实施的战略一样，就算日军打到长江边，也是无可奈何，那么长江沿岸的武汉、南京、长沙，为什么就处于危险的境地？而在上海一战后，日军却可以溯江而上，通过海军源源不断的将军队运输向长江腹地，这才是导致南京、武汉等地出现危机的根源。

1937 年，中日两国的军备对比相当悬殊，“当时它（日本）现役员兵虽只有三十八万人，但合预备役及后补，却有二百万人，第一、第二补充兵约二百四十八万人；海军一百九十余万吨，飞机二千七百架。”“战事初起时：我国总兵力虽为一百七十余万人，但补充兵力仅约为五十万人；海军十一万吨，空军亦仅有战斗机三

---

① 黄绍竑，黄绍竑回忆录[M]，桂林：广西人民出版社，1991，第 339 页。

② 蒋纬国，抗日御侮[M]，台湾：黎明文化事业公司，1978，第 160—161 页。

百零五架。”①此时，日军正一路沿平汉路南下，试问，在两国如此悬殊的军事力量对比面前，蒋介石和国民政府的高级指挥员如何肯在上海再开辟一个新的战场。不仅如此，上海是蒋介石起家之地，既是当时中国最发达的城市，也是国民政府首都南京的要冲，二者户破堂危，唇亡齿寒，上海有失，南京必然岌岌可危，蒋介石无论如何也不愿冒这样的弥天大险在上海和日本人交战。问题又回到了原点，日军既然沿铁路南下不可能一举跨过长江，那么就必须依靠海军的力量，于是打通长江水道就成了必然，上海作为长江的入海口，成为日军进攻的首要目标就无可厚非。更何况上海之于中华民国，之于蒋介石本人，都有举足轻重的作用，可以说，日军进攻上海，的的确确是在执行他们三个月灭亡中国的战略。

“八月五日，日议会通过拨付华北事件费，六日，日政府突然下令撤退在汉侨民，七日，长江上游日舰全部集中上海，战争的红球已经挂了起来。”②从这段材料中明显可以看出，日军对淞沪会战的准备是充分的，并不是像一些观点所言，日本根本没有在上海开战的想法，正相反，日军此时就是有的放矢，所差的，无非就是一个时机和合适的借口罢了。

二、到底是谁挑起了淞沪会战

在淞沪会战爆发以前，上海的态势一直如弦上之矢，虹桥机场事件发生后，蒋介石曾发电报指示：“蒋介石接阅电文，知道日本人寻讯滋事（虹桥机场事件），又是在为日后挑起战端制造借口。遂于1937年8月11日作出决定：（一）令张治中率领第87、88两师于11日晚向预定之围攻线推进，准备对淞沪围攻。（二）令蚌埠之第56师星夜开赴苏州，由张治中指挥。（三）令海军阻塞江阴水道。”③

从蒋的这个命令不难看出，他当时调往淞沪战场的，只有在蚌埠的56师一个师，加上原本拱卫南京的87、88两个师，以及原本部署在上海的警备部队，总数不过寥寥数万，何谈大打二字，如果非要说在上海打一仗，我觉得这一仗的目的应该是这样：既然日本已经在北方全面挑起战争，那么上海作为长江的入海口，也是长江的第一道屏障，不能受到任何威胁，否则长江沿岸的诸多城市都要

① 上海社会科学院历史研究所，“八一三”抗战史料选编[M]，上海：上海人民出版社，1986，第24—25页。

② 曹聚仁，舒宗侨，中国抗战画史[M]，上海：联合画报社，1947，第88页。

③ 张洪涛，国殇[M]，北京：团结出版社，2005，第162页。

受到牵连，所以，打上海这一仗，目的是为了捍卫上海，变相的巩固南京的防御体系，而不是把上海变成一个大的战场。

“蒋介石为了避免南北两个方向作战，亦即防止日军在华东沿海进攻，分散和牵制中国军队北上决战的兵力。在卢沟桥事变发生时，他便决心以先发制人的手段，彻底消灭国民政府‘后院’之潜在威胁。”为此，蒋介石向华中守军发出命令：

以迅雷不及掩耳之手段，于规定同一时间内，将敌在我国华中地区以非法所强占之各据点实力扑灭之。

（一）国军于华北抗战初期，奇袭扫荡上海敌之实力，而后则确实占领之。

（二）上海当局应充实宪警之力量，俾能协助国军扫荡上海敌人之潜势力。①

单就蒋介石的这个命令来看，蒋介石在上海采取先发制人的态度这个问题不存在争议，但是他发动这次会战的目的却也昭然若揭，根本不是什么为了把战火引到上海，转移日军目的云云，而是要确实保护上海这个重要的港口和首都南京的安危的重要门户。这些不仅能从蒋介石的电报中看出来，从淞沪会战爆发时的国军的部署也能发现，兵法上说“夫未战而庙算胜者，得算多也，未战而庙算不胜者，得算少也，多算胜，少算不胜，而况于无算乎！”作为黄埔军校校长的蒋介石，不会连这么浅显的道理都不懂，在上海这么重要的地方，展开一场重要的会战，只简简单单的摆开三个师，而且 56 师尚在蚌埠。就算 87、88 师是南京的戍卫部队，是装备精良的德械师，却也不是日军的对手。

“8 月 20 日。蒋介石颁发命令……转瞬之间，张治中负责的淞沪战场，一下扩大为战区，并迅速增加兵力达三十万。”②

“九月上旬，将驻扎于大连的天谷支队、台湾的重藤支队增调上海；九月中旬，又向上海增派第三、第九、第十三、第一零一师团，以及野战重炮兵一个旅团，野战重炮兵一个连队，迫击炮兵一个大队和飞行团等部队。”③

“在上海的日本海军陆战队兵力在六千人以上……”④

综合这三条信息，不难发现，从八月十三日淞沪会战爆发开始，一直到九月上旬，接近一个月的时间，中国军队云集了几十万大军，而敌人不过区区六千，这

① 张洪涛，国殇[M]，北京：团结出版社，2005，第 3—4 页。
② 孙挺信，中日长江大决战[M]，成都：成都出版社，1991，第 7 页。
③ 孙挺信，中日长江大决战[M]，成都：成都出版社，1991，第 8 页。
④ 孙挺信，中日长江大决战[M]，成都：成都出版社，1991，第 4 页。

种导弹打蚊子的战斗，为什么持续了将近一个月的时间？不排除日军战斗力高，装备好等等因素，但这些都不是主导因素，真正的主导因素应该是，国民党成立第三战区时，战区下辖的三十万大军根本就是子虚乌有的！至少说，这三十万大军，没有全部用到淞沪战场对日的攻击作战当中。

当时国民党军队的部署是这样的："第三战区闻风而动，将全部兵力划分为：淞沪围攻军，指挥官第九集团军总司令张治中；长江南岸守备区，指挥官为第54军军长霍揆章；长江北岸守备区，指挥官为第111师师长常恩多；杭州湾北岸警备区，指挥官为第八集团军总司令张发奎上将；浙东守备区，指挥官为第十集团军总司令刘建绪将军。"①

细看看就明白了，所谓的三十万大军，被分割成了几部分，真正与日军作战的，只有张治中的部队，所以导致了对日军的久攻不下。而且，仔细分析一下可以发现，蒋介石的这个兵力部署，明显不是倾向于攻势，而是趋于守势，大部分兵力都用来防御，在长江沿岸和长江三角洲地区呈扇状排开，摆开一副等你来打的样子。

这说明，此时的蒋介石越发地不敢失去上海，一旦上海有失，南京必然不保，这可是极度危险的事情，虽然中国幅员辽阔，但是战争一开始，首都就落入敌手，这显然不像话！所以蒋介石不仅要在上海开战，还要战之能胜。就算不胜，至少也要保持战前的状态。这种担忧，从上海沦陷，淞沪会战失败之后，南京沦陷之快，就可以看得出来。

等到九月份，日军增兵四个师团之后，淞沪会战的形势急转直下，可以说胜负的天平已经倾斜向了日军一边。

"大批的日军在天皇和军部尚未真正摸清蒋介石意图的情况下，便被稀里糊涂的引向了上海……蒋介石眼见日军中计，止不住暗自窃笑，九月二十一日……此时，淞沪战场中方已经集结兵力达四十余万，几乎全部为中央军精锐部队。"②假如这几十万军队没有在上海同日军激战，而是转而向北方前进，在华北好好和日军打上几仗，就算不胜，日军也必元气大伤，所谓的三个月灭亡中国云云便也自然不攻自破，何必牺牲上国家的首都，而且上海一失，在中日海军那种必成比例的对比之下，日军从水旱两路直接取南京已成定局，之后武汉、长沙便直接暴

① 张洪涛，国殇[M]，北京：团结出版社，2005，第164页。

② 孙挺信，中日长江大决战[M]，成都：成都出版社，1991，第164—165页。

露在日军的战舰面前,这是什么蒋介石的高招,简直就是昏招!

再看看蒋介石自己在日记里写了什么,“八月三十一日,自二十三日倭寇在狮子林、小川沙镇与张华浜各处强袭登陆以后,我六十七师进攻川沙不利,罗店为敌占领,吴淞线又被突破,我军遂转入被动地位矣。”①

从现在已经公布出来的蒋介石日记来看,淞沪地区的作战,虽然规模极大,持续时间长,但是从会战开始到结束,蒋介石始终没有拿出一个完整而且行之有效的全盘计划。最初蒋介石希望以优势兵力消灭敌人的据点,这个是不存在任何疑问的,但是由于种种原因,始终没能完成这一战略目的,而后,他又命令部队由攻转守,扼守一九三二年第五军及第十九路军在一·二八战役之防线,逼近黄浦江西岸,此阵地被突破以后,他再命令部队扼守罗店、大场、蕴藻浜一线,距离原阵地不过五至十公里。但是他从未作敌方可能使用的兵力和进攻目标的深入考虑,也忽视日军在海军和空军方面的优势地位,更没有注意到本军防守期间之预计,从大反攻到全面防御,再到全线溃退,全无谨慎周密的计划可言。

把视线挪开,看看北方到底打得如何,再对蒋介石这一做法重新判断。1937年九月,太原会战爆发,一九三八年元月,徐州会战爆发,北方这两大会战均以国军战败告终,尤其是徐州会战,不仅战败,而且几十万国军被南下的日军追着屁股猛打,由于南京上海失陷,长江已经是日本人的长江,昔日的天险反倒成了几十万国军的天堑,导致无路可走的国军不得不掘开黄河花园口,黄泛成灾,致使百万人民流离失所。如果蒋介石不在上海和日本人开战,而是把几十万主力部队调往北方,在这两块战场上和日军拼一场,日军也不会像赶鸭子一样赶着几十万从徐州退下来的国军走投无路,更不会出现撤退到武汉依然腹背受敌的情况!

综合上述历史信息,不难得出结论,上海是中日两国必争之地,日本若能迅速夺取上海,便可以贯彻落实所谓的三个月灭亡中国的计划,中国若能固守上海,既可以拱卫首都,也能保证长江沿岸的各大城市。因此,蒋介石率先挑起淞沪会战,目的是清除盘踞在上海的日军,却没想到上海一战的规模越来越大,到后来根本无法收拾。

纵观整个抗战八年,中国人民在国共两党的领导下进行了顽强的斗争,最终

---

① 张秀章,蒋介石日记揭秘[M],北京:中国党史出版社,2010,第180页。

取得了胜利,国共两党在此期间都做出了重大的牺牲和贡献,这是值得肯定和赞扬的。但历史总归是客观的,不能为了夸耀蒋介石的军事才能,把淞沪会战说成是蒋介石一手导演的一出妙局,这是人为的对历史的歪曲。

（本文原载《绵阳师范学院学报》,2012 年第 9 期）

淞沪会战扩大原因探析

张冬梅　许　述

“虹桥机场事件”点燃了淞沪会战的大火，双方持续轮番增兵，使会战规模不断扩大，形成了中国八年抗战中规模最大、持续时间最长的战役之一，中国由此进入全面抗战时期。目前学术界主要集中探讨了中日双方的战略和南京政府开辟淞沪战场的得失问题，虽然也有部分学者论及淞沪会战规模扩大的原因，但基本是简笔带过，鲜有深入挖掘与系统论述。

一、基本性原因：沪宁地区举足轻重，是中日双方的必争之地

从政治上看，沪宁地区是中国的心脏地带。南京是国民政府所在地，上海则是守卫首都南京的门户，为此，双方必然为争夺京沪重地大打出手。南京政府参谋本部奉命于 1937 年 3 月修订完毕的《民国二十六年国防作战计划》即指出：“长江下游太湖附近之地区，为我国最重要之经济工业中心及首都所在地。敌今在上海已构成相当根据地，将以有力之部队在本方面登陆，协同海军而进攻，期挫折我国抵抗之意志。”①南京大本营在 1937 年制定的《国军作战指导计划》中也清醒地认识到：“敌国为牵制我国兵力之转用及从政略上威胁我国军根据地起见，将以一部攻我淞沪，窥视我首都。”②为应付这一严重局面，南京大本营决定采取主动，将“国军主力集中华东，攻击上海之敌，力保淞沪要地，掩护首都”。③而且

① 民国档案，1987(4)：40.

② 抗日战争正面战场(上)[M].南京：江苏古籍出版社，1997：4.

③ 何应钦.日军侵华八年抗战史(《八年抗战》之再版)[M].台北：台湾“国防部史政局”，1982：13.

南京大本营在三期淞沪会战作战计划中都一再强调要保卫和巩固首都南京。1937年8月20日的《第三战区作战指导计划》规定"以达成巩固首都"①作为作战指导的基本原则，9月6日的《淞沪抗战第二期作战指导计划》再次指出必须"巩固首都"，②11月16日的《第三战区第三期作战指导计划》又再次强调要"巩卫首都"。③日本方面特别是日益得势的强硬派则认为攻占上海后再进击南京将"使中国军队及国民丧失战斗意志"，④力主扩大会战规模和地域。

从经济上看，上海是中国的经济中心。上海是当时我国最大的工商业城市和进出口贸易港口，通往内地和国外的枢纽，也是南京政府财政和税收的重要源头。上海是以江浙财团为支柱的国民政府利益所在，蒋介石绝不会一言不发轻易舍弃上海。德籍总顾问法肯豪森在1937年8月29日给蒋介石的报告建议中也指陈了京沪地位的极端重要性，对蒋介石扩大会战的决心产生了重要影响。法肯豪森认为："敌之目标，为驱逐我军，远离沪上，截断我与政治、财政、经济策源中心之联络。且我方与上海之联络，军事上亦有莫大意义。故长期抵抗，宜永久依托上海"，"目前加入上海方面之部队，虽未能完全驱敌出境，然究能到处拒守，使敌不能前进。"⑤他进一步建议："战斗时间延长，宜努力使损害重大各师换防，充预备队，并速抽调生力军赴援。"⑥所以，战役前期，南京大本营就规定要以巩固"经济策源地，作为作战指导之基本原则"；⑦战役中期，再次强调必须以"保持经济重心"⑧为作战目的。曾亲历淞沪会战的陈诚在1946年回顾扩大沪战的原因时也指出："上海乃我经济重心，故我不惜任何牺牲，予以强韧作战。"⑨日本方面显然也充分认识到了上海地位的重要性：进攻上海，"使其丧失经济中心的机能"，断绝其财政源头，移为我用，使之无法持久，并"切断其对外联系"。⑩

从军事上看，淞沪地区对中日双方的作战都存在有利之处。正如陈诚所指

---

①⑤ 抗日战争正面战场(上)[M].南京：江苏古籍出版社，1997：6.

②⑥ 抗日战争正面战场(上)[M].南京：凤凰出版社，2002：375.

③ 抗日战争正面战场(上)[M].南京：凤凰出版社，2002：405.

④⑩ 日本防卫厅防卫研究所战史室编.中国事变陆军作战史(第1卷第2分册)[M].中国社会科学院近代史研究所民国史研究室编译.北京：中华书局，1979：18.

⑦ 秦孝仪.中华民国重要史料初编・抗日战争时期.第二编《作战经过》(二)[M].台北：中国国民党中央委员会党史委员会，1981：181.

⑧ 秦孝仪.中华民国重要史料初编・抗日战争时期.第二编《作战经过》(二)[M].台北：中国国民党中央委员会党史委员会，1981：183.

⑨ 陈诚.八年抗战经过概要(非卖品)[M]：9—10.

出的："就全国地形言，如当时在黄河流域与敌作战，殊不若在长江流域，利用湖沼山地，较为有利也。"①而且"在淞沪开辟华东战场，因有一·二八抗战经验，河流纵横、湖沼密布、地形复杂的江南，对日本机械化部队的运动不便"。②此外，淞沪一带"构筑了坚固的阵地网，因此，考虑到作战规模将会扩大时限定在这一狭小地区"，③国军在战略态势上能处于有利地位。可见，相较于华北战场，淞沪地区非常有利于国军作战。不仅如此，国军在淞沪作战，于指挥调度、交通运输、后勤供应、兵力集结、海空军支援等各方面都非常方便；而且蒋介石的精锐部队大部位于黄河、长江以南，西南、华南的兵员、物力对前线的补充和支援也十分有利。从日军方面看，由于其"拥有便利之海洋交通，易于发挥陆海空军联合之威力"，④由上海北向进攻，可与由华北南下日军形成南北夹攻的态势，使国军首尾无法相顾，而且由上海北上无任何天险屏障，可以直下中国首都南京，从而摧毁中国持续抗战的能力和意志，迫使南京政府屈服，更快地实现占领中国的战略目标。

二、政治性原因：南京政府希望通过在外国利益集中的上海与日军作战以争取国际干预，达到以战略促政略的目的

蒋介石意图通过在外国利益集中的上海与日军作战以引起外国干预，共同制日，以战略促政略的目标始终贯穿于淞沪会战的全过程，所以蒋在发起会战未达目的后，不惜一再扩大战役规模。

战役之初，当中国军队处于优势和进攻状态时，蒋介石曾三次下令停止进攻，都是因为他希望并相信英、美等国会为了自己在上海的利益加以干涉并制裁日本，而当这一结果没有出现时，他又以扩大战役规模的方式幻想实现他的这一政略。8月12日，张治中突然接到南京方面要求不得进攻的电话，他不得其解，急电向蒋请示："本军各部在本日黄昏前可输送展开完毕，可否于明日拂晓前开始攻击，我空军明晨能否同时行动？"蒋复电如下："希等候命令并须避免小部队

①④ 陈诚.八年抗战经过概要(非卖品)[M]：9—10.

② 刘凤翰.陆军与初期抗战.抗战胜利四十周年论文集(上)[C].台北：台湾黎明文化公司，1986：89.

③ 日本防卫厅防卫研究所战史室编.中国事变陆军作战史(第1卷第2分册)[M].中国社会科学院近代史研究所民国史研究室编译.北京：中华书局，1979：93.

之冲突为要。”[①]中国正规军进入上海的行动是秘密进行的，延时一久，必为日本侦知，从而丧失制敌先机。张治中自信以手中兵力发起突袭，足以迅速击灭上海日军或将其赶下海去，而南京政府也表示同意，此时却突下停战令，究竟为何？据张治中回忆：“上海外交团为避免在上海作战，建议南京政府，改上海为不设防城市——自由口岸。这一个建议文件，大概是11日发出，十二日到达外交部的，南京政府不免犹豫了一下，故忽然命令我不得进攻。”[②]此言不虚，“日本驻上海领事冈本季正得知我国部队进入上海后，于8月12日要求英、法、美、意大利4个中立国在上海的代表召开淞沪停战协定共同委员会”。[③]同日，南京政府接到英、美、法、意的通告，要求中日战祸不要波及上海，下午3时，淞沪停战协定共同委员会会议召开，除中日双方外，还有英、法、美、意四国代表参加。日本要求中国保安队（实为着保安服的中国正规军）撤退，中国要求日本将增加军舰撤回，商讨无果，会议解散。

13日，淞沪会战已经打响，张治中却在14日晚又接到密令：“今晚不可进攻。另候后命。”[④]因此，15、16日两天都只是做攻击准备，没有实质性的进攻行动。在战机稍纵即逝的关键时刻又一次下令暂停进攻，这在军事上无论如何是说不过去的，只能解释为南京政府有更高的政治诉求，换句话说，这里又一次体现了军事为政治服务的规律。据时任淞沪警备司令部参谋的刘劲持回忆：“上海外国使团建议上海改作不设防城市，又说要求停战两日，使虹口租界两边居民能够迁入安全区。”[⑤]蒋介石有求于列强，对其要求当然不能置之不理。

17日，第一批英国增防军由港抵沪，英侨开始撤退，同日，美国政府下令加利福尼亚海军开赴上海；18日，英国提出上海中立化的要求。蒋即认为这是英美将插手沪战的前奏，视为良机，第三次下令国军停止进攻。

显而易见，战役之初，当中国军队处于优势地位和进攻态势时，南京政府曾三次下令暂停进攻，都是因为希望并且相信英、美等会为了维护本国在上海的利益遏制日本的侵略势头。到战役后期，中国军队败迹已露，许多高级将领建议撤退，利用已经构筑的防线持久消耗日军，但蒋介石依然幻想国际干预而不肯下达

---

① 抗日战争正面战场（上）[M].南京：凤凰出版社，2002：341.

② 张治中回忆录（上）[M].北京：文史资料出版社，1985：122.

③ 王辅.日军侵华战争[M].沈阳：辽宁人民出版社，1990：578.

④ 张治中回忆录（上）[M].北京：文史资料出版社，1985：123.

⑤ 八一三淞沪抗战·原国民党抗日将领亲历记[M].北京：中国文史出版社，1987：44.

撤军命令。10月25日，大场被突破后，苏州河北岸阵地已经不可防守，西撤成为定局，蒋介石最初也同意按照原定计划撤退至吴福线进行抵抗，且已命令部队开始行动。但11月1日晚，蒋介石突然偕白崇禧、顾祝同到南翔附近一所小学内召开紧急军事会议，他首先讲了八一三以来作战概要和国际上的反应，并对前线官兵英勇战斗作了表扬鼓励，接着才切入正题："根据外交部意见，九国公约会议将于十一月三日在比利时首都布鲁塞尔举行，这次会议对我国命运关系甚大，要求各部队尽最大努力，在上海至少再坚持两个星期，以便在国际上获得同情与支持。"①于是守军只能继续坚守阵地，并与租界保持联系。

淞沪会战中，蒋介石在各种场合也毫不讳言要求英美等国和联合国干预沪战，制裁日本。会战初期，蒋介石在答记者问时就说：现在"所从事的战争，不仅是中国自己的战争，而应是一切委托其生命于条约的神圣和不可侵犯的国家的战争，尤其是那些在中国有广大的商业利益，而眼下利益正在被破坏，代表正在被驱逐的国家的战争"，上海"海口的破坏于任何国家无益"；南京政府希望且认为英、美、苏等大国"必能在其郑重签订之国际条约下各尽其所负之义务"，所以他认为"在上海和敌人用全力火拼一番，不特转变西人一向轻华之心，且可能引起欧美国家居间调停，甚或武装干涉。"②8月31日，蒋对路透社记者谈话时又说："国际间对于现时中日两国不宣而战之战争有联合干涉之必要"，而且"此种国际干涉，非但完全为中国，实为谋国际间整个之完全。假如各国认识明白现在进行中之侵略战争所予伊等之威胁，而预防其对全世界所发生之影响，不管用直接或间接的方法，他们都应当凭其最聪明之判断，谋所以避免之道。"③9月22日，蒋介石在南京为国联开会答巴黎晚报记者问时称："本人热烈期望国联此次能切实执行其在国联会章下应有之义务，对日本作有效之制裁。"④在明知九国公约成功无望的情况下，南京政府仍幻想英、法、苏等国介入制止日本。10月24日，外交部在向蒋介石呈致驻法大使顾维钧，驻英大使郭泰祺，驻意大使钱泰指示政府对九国公约会议决定方针电中要求他们对外国态度要和缓，力求将会议失败的原因归于日本，并指出应付会议的目的在于"使各国于会议失败

① 八一三淞沪抗战·原国民党抗日将领亲历记[M].北京：中国文史出版社，1987：98.

② 葛业文.淞沪抗战[M].北京：团结出版社，2005：166.

③ 八一三抗战史料选编.上海人民出版社，1986：617—618.

④ 秦孝仪.中华民国重要史料初编·抗日战争时期.第二编《作战经过》(二)[M].台北：中国国民党中央委员会党史委员会，1981：201.

后，对日本采取制裁办法”，同时“竭力设法，促使英、美赞成并鼓励苏联，以武力对日。”①另据龙云回忆，战争爆发后几天，蒋介石、汪精卫、冯玉祥、龙云等在一次宴会时，汪问蒋：“这次中日战争发生在北方，怎么上海也打起来了？如此岂不成了两个战场，我们的兵力够使用吗？”蒋回答说：“在北方打仗，国际上是不大注意的；上海是一个国际市场，在上海打仗，就容易引起国际注意。”②

蒋介石扩大沪战以争取国际干预的目的和南京大本营作战部的考虑达成了一致。第一作战部是南京最高统帅部的参谋机关，负责拟订作战计划，作战组组长刘斐认为：“上海是一个国际都市，上海抗战可以扩大帝国主义间的矛盾”，“上海是国际观瞻所在，在这里进行坚强的作战，可以正国际间对中国的视听。”③此外，还应该注意到这样一个事实：淞沪会战虽然整整打了三个多月，但中国从来没有正式对日宣战。南京政府1937年年度作战计划的甲乙两案都以日苏必有一战为前提，不同的只是日苏战争和日中战争孰前孰后的问题。南京政府清楚，仅以中国之力，对日本的侵略独木难支，所以迟迟不对日本正式宣战，而是力图把中日战争纳入世界战争的轨道。但是这个愿望在淞沪会战四年后才得以实现：迟至1941年太平洋战争爆发，美国对日宣战后，中国才正式对日宣战。事后看来，虽然蒋介石把中日问题国际化是其扩大会战一以贯之的目标，但由于对国际形势认识不清、判断不准，因此具有很大的冒险性。

三、 军事性原因：蒋介石意图通过扩大华东抗日第二战场，牵制华北日军

华北地区并非中央军传统的势力范围，中国地方军在此地的军事力量非常薄弱，南京政府若袖手旁观，必然造成日军长驱直入，沿着清军统一中国的路径征服中国，覆灭其统治，这当然是南京政府无法接受的。考虑到日军虽然强大，但兵力有限，南京政府遂决定扩大华东抗日第二战场，牵制日军在华北的侵略。

蒋介石决计扩大沪战，陈诚的建议起了关键作用。蒋介石把张治中安排负责淞沪原是为了应变，所以兵力比较薄弱。虹桥机场事件发生后，蒋介石得知日

---

① 秦孝仪.中华民国重要史料初编·抗日战争时期.第二编《作战经过》(二)[M].台北：中国国民党中央委员会党史委员会，1981：206—207.

② 龙云.抗战前后我的几点回忆.《文史资料选辑》第17辑[M].北京：中华书局，1961：54.

③ 唯真.抗战初期的南京保卫战.《文史资料选辑》第12辑[M].北京：中华书局，1961：2.

本第二舰队来沪，虽然决心围攻上海日军，但给张治中定下的作战目标却非常简单：“迅将目下侵入淞沪之敌，陆海军及其空军陆上根据地，扫荡扑灭，以准备敌军再来时之应付，同时对于浙江沿海敌可登陆之地区，迅速构成据点式之阵地，阻止敌人登陆或乘机歼灭之。”①然而，这一有限的作战目标也没有能够达到，日本却在增加援军。为了进一步了解上海战局，以决定是否扩大沪战，蒋介石于8月15日特将心腹陈诚召回南京，命其“赴上海视察张文白部作战，并协助之”。陈诚遂于19日到达上海，次日即返回南京向蒋介石报告，提出了扩大淞沪会战，配合华北作战的建议：“非能不能打之问题，而是打不打的问题”，并陈述了理由：“敌对南口，在所必攻，同时亦为我所必守，是则华北战事扩大已无可避免。敌如在华北得势，必将利用其快速装备沿平汉路南下直趋武汉，于我不利。不如扩大淞沪战事以牵制之。”蒋介石于是决定采纳他的意见，陈诚又提出：“若打，须向上海增兵。”②蒋介石即任命陈诚为第15集团军总司令，并增调部队赴沪参战。8月20日，南京政府军委会随即颁布了《作战指导计划》，决定中国军队“以一部集中华北，重叠配备，多线设防，特注意固守平绥路东段要塞，最后确保山西、山东，力求争取时间，牵制消耗敌人。以主力集中华东，迅速扫荡浙沪敌海军根据地，阻止后续敌军之登陆，或乘机歼灭之”。③

会战结束后，蒋介石和黄绍竑（时任大本营第一作战部部长）都解释了牵制日军华北作战是扩大沪战的重要原因。蒋介石说：“我们这次为什么要在上海作战呢？就是要打破敌人的战略，使他们不能按照预定计划，集中兵力侵略我们华北。”④黄绍竑回忆：“最高统帅部的决策，是要以主动的姿态，先把上海敌军根据地摧毁，然后再主动的向华北作战，即使不能将敌人根据地铲除，亦须吸引其兵力到这方面，以扰乱其既定计划。”⑤

从结果看，淞沪会战的确打乱了日军的战略计划，并迫使其从华北抽调了两个半师团转到上海作战，造成中国军队在华北的有利形势，尤其使山西抗战有了准备的时间。对此，陈诚认为：“由此战役演变之结果，使敌被我诱引，不得不逐次被动增援，而形成上海敌我主力三个月之激战，使在华之敌军，不能任意行动，

① 抗日战争正面战场（上）［M］.南京：江苏古籍出版社，1997：12.
② 陈诚私人回忆资料（上）［J］.《民国档案》，1987(1)：14.
③ 胡璞玉主编.抗日战争史之全战争经过概要（三）［M］.台北：台湾“国防部史政编译局”，1968：256.
④ 张其昀.党史概要（《近八十年中国革命史》）（第3册）［M］.台北：台湾中央文物供应社，1979：888.
⑤ 黄绍竑.五十回忆（中）［M］.台北：台湾龙文出版社，1989：403.

造成我华北有利之形势，尤其使山西之我军，有准备之余，结果在山西之敌军，始终不能西越黄河一步，此实为我战略上之最大之成功。”①日本方面也承认南京政府的这一策略在一定程度上取得了成功。进攻太原时，日方感到“几乎没有余力为太原作战增加兵力”。②因为“当时最不希望的向上海方面的出兵也不得已而出兵了，在这方面也没有能给敌人以重大打击；而且兵力逐渐被吸住，战力被消耗，走上了战区扩大、投入兵力增加的艰难路程”。③

四、 推动性原因：日本对中国的抵抗决心和能力估计不足，被迫逐次增兵

日本企图像征服朝鲜一样征服中国，因此，在侵华战略上，起初有意把对中国的进攻限制在一定范围内，妄图通过有限战争迫使中国屈服，以建立其北进的基地，解除进击苏联的后顾之忧。日益得势的日本陆军强硬派主张“中国的威胁应当以武力来消除，以便日本腾出手来对苏联作战”，为此，“应该首先打击南京政府，以消除我们后方的威胁”。④淞沪会战之前，南京政府在日本人眼里一直是软弱退让的形象，国军敢于在上海主动出击可以说已经大出其预料之外，开始只是想惩戒中国。另一方面以往日军对国军一般都是一击而胜，更没有想到中国会在上海投入如此多的兵力，作如此顽强的抵抗，但日本又不肯放弃迫使南京政府屈服的目标，从而逐次增兵，使会战规模不断扩大。

淞沪战役之初，上海日军只有海军约 1 万余人，因此其战役目标为保护侨民，坚守待援。8 月 15 日，日军参谋本部即命令编组上海派遣军，以松井石根为司令官，下辖第 3、第 11 两个师团，企图“与海军合作，扫灭上海附近之敌，占领上海及其北方地区之要线”。⑤这是日本第一次增兵，它幻想仅以两个师团之力击败上海的中国军队，迫使南京政府屈服，但在中国守军的坚决抵抗下，日军第 3、第 11 师团陷入苦战，伤亡惨重，难逞其志。

到 18 日，日本天皇见战局胶着，于是垂询：“战局渐趋扩大，上海事变严重，

---

① 陈诚.八年抗战经过概要(非卖品)[M]:9—10.

② 日本防卫厅防卫研究所战史室编.中国事变陆军作战史(第 1 卷第 2 分册)[M].中国社会科学院近代史研究所民国史研究室编译.北京:中华书局，1979:85.

③ 日本防卫厅防卫研究所战史室著.支那事变陆军作战(1)[M].东京:朝日新闻社，1975:502.

④ 八一三抗战史料选编.上海人民出版社，1986:15—16.

⑤ 南京战史编集委员会编.南京战史资料集[M].偕行社，1989:533.

青岛形势亦不稳，如此各方用兵，战局只会延长。有无办法在集中兵力重点打击给予大的打击下，以我之光明态度导向和平，迅速收拾时局。”①31日，松井石根也向日军参谋本部紧急要求增援5个师团的兵力到上海。9月7日，日军统帅部即决定向上海增调台湾旅团和第9、第13、第101三个师团及其配属部队。日军参谋本部在20日上奏的《作战计划大纲》中规定在10月上旬“以上海派遣军(五个师团为基干)击败上海周围之敌”，②并“务必给予沉重打击，造成使敌人屈服的形势”。③此时，日本对中国的抵抗决心和作战能力显然还没有足够的重视，这反映在其增援的军力上。增援部队中，第9师团虽属精锐部队，但台湾旅团原本是台湾的守备部队，装备和训练都一般，第13、第101师团则是特设师团，即由预备役和后备役组成，其战斗力大打折扣。时任日军参谋本部作战班成员的井本雄男回忆，在东京的“动员结束之日，我视察了在步兵第1联队营区举行的第101联队的军事装备检查。第一印象就是，这的确是一群上了年纪的老人。大家都是每一个家庭中的户主，是支撑着家庭的顶梁柱。多年几乎都没有训练过。即使在指挥官中，也几乎没有现役军人，因此我想目前恐怕不会有战斗力。”④结果，日军的作战效果仍不理想，作战目的仍未达到，参谋本部第一部长石原莞尔为此在9月27日引咎辞职。

10月1日，日本政府首相、外相、陆相、海相会议决定了《处理中国事变纲要》，设想“通过10月攻势完成对华北和上海的占领，然后与南京政府和谈，使其取消抗日容共政策”。⑤但华北华中(上海对中国而言是华东，对日本而言是华中)孰先孰后，孰重孰轻的问题没有解决。4日，已接任参谋本部第一部长的下定村召集本部人员研究：“是把华北方面的作战扩大、进行山东作战呢？还是适可而止把华北作战停止在一定地带，而把兵团调到上海方面？”⑥争论的结果，后一种意见占了上风。此时，还有两个原因促使日军第三次增兵，扩大沪战，以尽快结束上海战事，迫使南京政府屈服。一是日军参谋本部判断“苏联要发动对日攻势

① 日本防卫厅防卫研究所战史室著.齐福霖译.中国事变陆军作战史(第1卷第2分册)[M].北京：中华书局，1981：18.

② 陈之中，谭剑锋.抗日战争纪事[M].北京：解放军出版社，1990：18.

③ 日本防卫厅防卫研究所战史室编.中国事变陆军作战史(第1卷第2分册)[M].中国社会科学院近代史研究所民国史研究室编译.北京：中华书局，1979：31.

④ 井本雄男.作战日志所反映的支那事变[M].芙蓉书房，1978：153.

⑤ 陈之中，谭剑锋.抗日战争纪事[M].北京：解放军出版社，1990：20.

⑥ 日本防卫厅防卫研究所战史室著.齐福霖译.中国事变陆军作战史(第1卷第2分册)[M].北京：中华书局，1981：83.

的话，大概在11月、12月的晚秋初冬时期，担心在这对苏关系最危险的时期，出现(上海)战线胶着状态，将给苏联对日攻势的好机会，所以企图在这之前打开(上海)战局"，故而在10月6日上奏天皇的今后作战计划中称："如果在上海完全被我方控制之前北方有变，将发生令人极为忧虑之结果。因此，目前刻不容缓的紧急任务，是迅速结束上海战局。"①该计划当天即获得天皇批准；二是日军想解决中国军队主力，消灭中国持续抗战的能力，谋求结束中国战事，"不是救援上海的危急，而是出于和上海派遣军前多达75个师的敌军主力交战将其击破这样的积极想法，也是因为要迫使中国方面在经济上屈服，就要迅速切断上海和周围的联系"，即"攻击敌主力，谋求结束战争"。②因此，参谋本部开始拟订增兵方案并于10月上旬开展准备工作。此时，华北日军已占领了石家庄、德州等地，完成了预定作战计划，而上海日军却久攻大场不下，以致下定村在参谋本部会议上再次强调："上海方面就那样让它下去，无法取得结束战局的结果"，因此，要"在这方面积极地行动，获得所期的战果。"③很快，日本即组建了超过4个师团兵力的第十军，计划从杭州湾登陆后向东北方向作战，并从华北方面军抽调第16师团，准备在距上海西北约75公里的白茆口登陆后向东南方向推进，而上海派遣军则继续向西进攻，从而完成对上海国军的合围。日军此举虽然最终迫使国军撤出上海，但日本企图迫使南京政府屈服的目的终究未能达到。

(本文原载《理论界》，2013年9月)

---

①③ 日本防卫厅防卫研究所战史室著.齐福霖译.中国事变陆军作战史(第1卷第2分册)[M].北京：中华书局，1981：84.

② 日本防卫厅防卫研究所战史室著.齐福霖译.中国事变陆军作战史(第1卷第2分册)[M].北京：中华书局，1981：85.

淞沪战役在抗日战争中的历史定位

张玉法

一、前　　言

在民国历史上，上海、南京、杭州这个三角地带，发生过两次大的战争，一次在1937年八、九、十、十一、十二月间，日本于是年七月在北平地区发动侵华战争以后，沿津浦铁路南下、沿平绥铁路西北上，又在淞沪地区开辟战场；另一次在1949年四、五、六月间，时在国共战争期间，共军于淮海战役获胜后，渡过长江，进兵南京、上海、杭州。两次战争，国民党执政的中华民国政府皆败。京沪杭地区为民国的精华所在，是政治和经济中心，人文荟萃，物产丰富。北有长江阻隔，东有海上屏障。何以两次战争皆败，值得研究。1949年的战争不是今天所要讨论的，今天专来讨论中日战争初期的淞沪战役。

淞沪战役，主战场在淞沪，但与杭州、南京是一个战场。①其理由有三：一、七七事变爆发后，在庐山主持会议的蒋介石于次日即任命张治中为京沪警备司令，指挥第八十七、八十八师等部队，对上海备战。八月七日蒋介石在南京灵谷寺无梁殿召开最高国防会议，决定在上海主动对日军发动进攻，开辟淞沪战场，把日军主力从华北吸引到长江流域，并决定封锁江阴长江江面，截阻并俘获上游日舰（1900年中国为八国联军所败，次年订立和约，允许外国在租界及天津、北京间驻兵，并允许外国军舰在中国的河流航行），同时防备日舰从上海方面进攻南京②。二、淞沪战役于八月十三日爆发，八月十五日日机即两次空袭南京、杭州③。仅就

---

① 孙宅巍：《南京保卫战史》认为南京是一个独立的战场，见页334—335。

② 经盛红：《枷锁下的金陵》，页48，53。

③ 蒋中正：《困勉记》，页572。

空袭南京而论，兹列一简表如下①：

日　期	架　数	次　数	备　注
八月十五日	十六架	两次	被击落六架
八月十六日		五次	
八月十八日	十八架		
八月十九日		两次	
八月二十日		两次	
八月二十四		一次	
八月二十六日	十二架		被击落二架
八月二十七日		三次	此后二十日，日机全力支援淞沪战役，暂停轰炸南京
九月十六日	五十余架		
九月十九日	四十架	两次	被击落七架，中国空军损失两架
九月二十日	五十余架	两次	
九月二十一日	五十一架		
九月二十二日	六十五架	两次	
九月二十三日	六十余架	两次	
九月二十五日	九十六架	五次	
九月二十七日	二十架	两次	
十月二日		两次	被击落四架

十月十二日以后，日本对南京的空袭更加强化，上表不能尽列。据统计，到十二月三日为止，日机轰炸南京已有一百十一次②。其间，十一月五日日军在杭州湾金山卫登陆，向沪杭铁路线攻击，十一月九日蒋介石下令上海中国军队全线向南京方向撤退，此后沪杭京战场的中心即转向南京。其三、日军在杭州湾金山卫登陆成功，国军在上海的战场即告败退，南京陷落后，日军向杭州进攻，第三战区第十集团军刘建绪所属各部队不能敌，杭州于十二月二十五日陷落，国军退守钱塘江以南③。

事实上，日本在挑起淞沪战役之始，即定下以南京为攻取目标；国军自淞沪

① 经盛红：《枷锁下的金陵》，页 56—59，62—67，69，71—72；刘绍唐：《民国史事日志》第一册，页 566，569。

② 刘绍唐：《民国史事日志》第二册，页 574。

③ 刘凤翰：《陆军与初期抗战》，转引自《抗日战史论集》，页 230—231。

地区撤退后，日军即向南京进攻。主要因为南京为中国首都，占领南京对中国的民心士气会造成致命的打击。另一方面，如日军占领沪、杭、京地区，北可与自平津南下的日军夹击徐州，西可溯江而上威胁武汉。

二、 沪杭京战役前后的内外情势

日本在华北平津地区开辟战场后，又在华中沪杭京地区开辟第二战场；在沪杭京战役进行期间，华北战场继续作战。八月十日，日军在华北攻南口（长城之口），八月二十四日国军已自南口退守居庸关（长城之口）。九月十三日大同（山西省北部）失陷，时蒋介石希望如苏联援助中国物资、武器，能自内蒙古经大同南运；大同失陷，蒋甚感痛心。九月二十四日保定（在河北省中部）失陷，日军拟自保定进攻郑州，郑州当陇海铁路的要道，苏联如有援助，可自新疆经陇海铁路东运，蒋对日军拟占郑州（在河南省北部）亦甚为忧虑。因此，在沪杭京战役进行的同时，蒋尚需投下大量兵力，支撑华北战场。事实上，蒋于日本在华北发动战争之初，为保有苏联援助中国的通道，并引起英、美等国对日本侵华的关注，即考虑将主战场引至华中。八月七日日本驻汉口的海军及侨民撤走，长江各口岸的其他日舰到八月十一日亦全部撤走，显示日本将在长江下游开启战端，蒋即决定顺势将主战场引至淞沪地区，以引起英、美等国的关心。当时蒋已决定联共抗日，苏联对中国当能提供援助，将主战场引至淞沪地区，可避免使苏联援华的通道丧失。①

在平津战役和沪杭京战役先后爆发之际，中国的国际局势非常险恶；蒋介石在外交方面非常用心。自 1901 年辛丑条约以后，列强的势力满布中国，这些国家可以在天津、北京间及各大城市的租界驻兵，在长江及各内河行驶军舰，英、美、日等国在上海租界都有驻兵，也都有商业利益。抗日战争爆发时，苏联的势力在蒙古和新疆。蒋介石的政策是争取苏联援助，故对中共让步，但此一政策不为英国所喜。因为英国与日本关系良好。中日战争爆发之始，英国曾谋调解，到八月二十一日为日本拒绝。美国此时与日本关系亦好，蒋介石要求美国对日本禁运，美国不答应。苏联与日本的关系不睦，欲与中国订立互不侵犯条约，蒋初时颇有疑虑，怕苏联亦与日本订立互不侵犯条约，然后保持中立，此对中国不利。

---

① 蒋介石：《困勉记》，页 570，571，574，576，578。有关日期，另参考刘绍唐：《民国史事日志》第一册，页 565—569。

到八月九日，日本向中国提出共同防共等三原则，蒋即决定与苏联订立互不侵犯条约，使日本不再梦想与中国共同防苏防共；至八月三十日，蒋发表中苏互不侵犯条约。此际蒋为保有苏联自新疆援助中国的通道，已引导日本以华中为主战场；以华中为主战场的另一考虑为引敌深入长江流域，使英、苏着急，如是英、苏可能考虑参战，但英国不希望苏联参战。蒋介石也觉察到，日本的最后目标还是与苏联作战，如不能征服中国，则不敢与苏联作战。因此，苏联一时不能与日本开战，能争取的只有苏联的援助。蒋将战场南引所欲达到的目的，在沪京杭战役初期未能达到，直到十月十日左右，蒋发现苏联并不欲积极援助中国，与美国大使约翰的谈话也不愉快，曰："此人卑愚怯弱，不足与言。"十一月二日，九国公约会议在比京召开，中国派顾维钧参加，日本拒绝参加。至迟在十月二十三日，蒋即考虑对九国公约的方针：一、不与日本直接交涉，二、不与日本妥协，三、不拒绝各国调解。预计调解不成，能使各国对日本作经济制裁，并促使英、美允许苏联参战①。最后争取到的似乎只有苏联的援助，在十二月三、四日日机空袭南京时，中、苏两国战机即共同迎战②。

沪杭京战役进行时，除华北战场失利、争取外援不顺外，便是中国内部尚未能协调一致，有些将领的表现也令蒋失望。1937 年八月一日蒋与山东省主席韩复榘谈话，蒋深感韩态度傲慢，到是年十二月韩果然不战而退③。八月三日蒋还提到何应钦(军政部长兼第四战区司令长官，负责闽粤桂之抗战军事)怯懦可叹。当时蒋已决定抗战到底，但以国内问题重重，至十一月一日，蒋对长期抗战的前途甚表悲观，他对前途的忧虑包括各省军阀割据、中共不能合作、散兵游勇充斥、民心厌战、伪政权纷起、各国与日本妥协、日俄以中国为战场、财政竭蹶④。以上所举，当时及日后多陆续发生，颇影响抗日阵营的整合。蒋虽曾警告自己要设法防止，但多未生效。

三、 蒋介石直接指挥沪杭京战役

沪杭京战役不是偶发事件造成的，早在 1937 年六月日本在制定"对华作战

---

① 蒋介石：《困勉记》，页 569—571，573—574，578—582。

② 经盛红：《枷锁下的金陵》，页 94。

③ 十二月二十七日日军占领济南，韩复榘自济南一路南撤，泰安、大汶口、济宁相继沦陷，至 1938 年一月十一日蒋委员长以韩复榘不遵命令、擅自撤退，下令拿办。见刘绍唐《民国史事日志》第一册，页 577—581。

④ 蒋介石：《困勉记》，页 569—571，583。

计划”中，就决定在进攻华北的同时，即在上海、杭州、南京地区开辟战场。因此，七七事变爆发后，日军即在上海挑衅。八月九日因日兵二人擅闯虹桥机场，并打死中国守护机场的卫兵一人，国军还击，将此二人击杀，乃引发国军与日军的战争。战争开始时，中、日军队在上海地区者各不过万余人，由于战争扩大，双方均不断增兵，最后国军增至六、七十万人，日军增至近三十万人。其间，国民党中央临时常务委员会于八月十二日决议，以军事委员会成立抗战统帅部，以蒋介石为陆海空军大元帅，蒋介石于八月十五日将全国划为五个战区，沪杭京属于第三战区。可以看出国民政府决定全面抗战，即在此时。

沪京杭战役以淞沪地区为主战场，该战场属于第三战区，第三战区司令长官由蒋介石兼，蒋并亲自指挥沪京杭战役。战争的本身，此处无法详论。大体说来，战斗地区在苏州河以北，黄浦江以西，长江以南；战斗的要地，在长江南岸者，自西至东有浏河、狮子林、宝山、川沙，在黄浦江沿岸者，自北至南有吴淞、蕴藻浜、张华浜、上海市区、杨树浦、虹口；参战的重要将领有张治中、陈诚、宋希濂、罗卓英、朱绍良、黄维、胡宗南、薛岳、王耀武、张发奎、黄杰等。蒋介石决定在沪杭京地区与日本决战，动员的陆军虽较日本多一倍，但装备较日军相差太远；日军另有大小军舰七十余艘、炮位七百门、飞机二百架，超过中国远甚。虽然如此，国军与日军的缠斗非常惨烈，国军伤亡在二十万人以上，精锐之师丧失大半①；日军伤亡，截至十二月八日为止，亡二万零九百五十七人，伤七万七千二百六十九人②。日军投入战场的军队人数与伤亡比例与中国差不多。

在战争的过程中，蒋介石对诸将领的表现多不满意，如八月二十二日日军在狮子林、宝山、川沙登陆，蒋批评张治中（第九集团军总司令，战场总指挥）的布置与指挥如儿戏；八月二十九日蒋闻陈诚（第十五集团军总司令，前敌总指挥）自罗店（在吴淞之西、宝山西南）失利即回苏州，不在前线坐镇，甚为不满，乃即命白崇禧（副参谋总长，军事委员会常务委员）往前方视察；九月一日吴淞失守，前线指挥官未向蒋报告，蒋颇为痛心，当日有言曰：“此张治中指挥无能之故也，而何应钦任意委用，思之痛心！”③其后淞沪战争失利，苏州河以北守军于十月二十七日

---

① “国防部”史政编译局编：《抗战胜利四十周年论文集》，页157—158；冯子超：《中国抗战史》，页48。刘凤翰：《抗战史论集》页223谓，国军投入战场者七十五师，总兵力在六十万以上；日军投入总兵力二十七万人。

② 刘凤翰：《抗战史论集》，页230。

③ 蒋介石：《困勉记》，页573，574，575。有关日期另参考刘绍唐：《民国史事日志》第一册，页567—568。

撤至苏州河以南，留一团在四行仓库守闸北。四行仓库在苏州河以北，是一座五层楼的钢筋水泥建筑，原为第八十八师的司令部所在地，坚守四天即撤至苏州河南岸的英租界①。十一月五日日军在杭州湾北岸金山卫登陆，蒋介石指为第八集团军总司令张发奎(负责杭州湾以北及沪东之防御)的疏失，十一月八日蒋决定撤退苏州河南岸的守军。撤退之际，秩序不良，蒋又指张发奎不沉着、无经验。此际九国公约会议正在开会，蒋颇虑影响世界观瞻②。

由于前线将领的指挥能力不能受到蒋介石的信任，在淞沪战争进行期间，蒋曾先后四次去前方督战。第一次在八月二十五日，早晨到苏州，听取各方简报，晚间到安亭(在嘉定县治西南，为嘉定县的小镇)，召集前方各将领面授机宜之后返南京。第二次在九月十七日，因闻上海战况危急，乃往昆山督战，次日对前方阵地有所指示后回南京。第三次在十月十七日，乘火车到苏州，亲自督导第五路军(第五路军总司令为李宗仁，所率为桂军；李于八月二十八日被任命为第五战区司令长官③)加入战斗，并作出部署，当晚返南京。第四次在十月二十八日，先到苏州，晚间并在松江开军事会议，次日返南京④。十一月八日，国军自上海地区向西撤退后，蒋于十一月二十三日到常州，召集锡澄线(无锡至江阴，江阴简称澄)各军长，鼓励其用心防守，但至二十五日无锡即失陷，蒋指为司令官香翰屏(第九集团军副总司令、代总司令)、上官云相(第十一军团)偷生怕死。在上海战役及撤退中，蒋对各部队的批评，以对桂军最突出，一则谓桂军援上海，因桂军挫败影响整个战局；再则谓"此次撤退，川桂军皆溃不成军。"⑤杨森所部的川军，于十月八日自贵州南部北上，于十月二十三日投入战斗序列⑥，其作战情形不详；桂军在作战中则伤亡颇大，如第七军伤亡过半，死伤旅长庞汉祯、夏国璋、秦霖等六、七人，团长廖雄、谢鼎新等十多人⑦，可见沪战作战之惨烈。在国军一路从上海地区向西撤退的过程中，蒋介石从十一月十六日开始，即加强部署南京防务。十一月十九日苏州、嘉兴失守，二十日国民政府发表迁都重庆命令，使南京成为纯军事据点。十一月二十七日，蒋有言："南京孤城不能守，然不能不守也。"十二月一日日军又在乍浦登陆，二日江阴、镇江失守，当时南京外围战皆不利，蒋于七

① 上官百成：《八百壮士与谢晋元日记》，页 17—18，29。
② 蒋介石：《困勉记》，页 582，584。
③⑥ 刘绍唐：《民国史事日志》第一册，页 570—571。
④ 蒋介石：《困勉记》，页 574，577，581，583。
⑤ 蒋介石：《困勉记》，页 586—587。
⑦ 程思远：《白崇禧传》，页 202。

日晨飞离南京,十二日日军进入南京,南京防卫司令唐生智已渡江北上,撤往临淮关。当时国民党大老及高级将领主和者多,蒋仍拒绝与日本联合防共,坚持执行抗战方略①。

四、从局部战争到无限战争的转折点

1930年代前期中国内部政治纷争未解决,国家基础建设正展开,借德国顾问整训军队的工作未完成,国民政府不愿陷入中日战争的泥沼,故1931年九一八事变以后隐忍放弃东北,1932年长城战役以后隐忍放弃冀东、热、察,并在北平成立特殊的地方政权,与日本虚与委蛇。此种对日妥协政策,使中国民心士气大受打击,使国民政府声望极为低落。当时国民政府有主席,有五院,但对日和战决于军事委员会委员长蒋介石,因为他知道维持和平能使国家安心从事基础建设,中国军队整训到什么程度起而抗日才不至于一败涂地。

1937年七七事变是日本军部向中国施压,企图以华北自治的名义据华北为己有,开始时并未动用大兵团作战,希望与地方政府谈判,就地解决,国民政府不要插手,即是将中日冲突地方化。当七月十日中国外交部长王宠惠向日本驻华大使馆提出交涉时,日本使领人员不愿与国民政府为对手。七月下旬蒋即分别召见英、美、德、意、苏、法等国大使,要求各国单独或联合出面调解,即是将中日冲突问题国际化。七月二十九日蒋就平津局势发表谈话,绝不视平津之事为局部问题,听日本制造傀儡政权,唯有领导全国,为捍卫国家奋斗到底。七月三十一日,蒋发表《告全国将士书》,书中强调:"现在和平已经绝望,只有抗战到底。"八月七日蒋介石召开最高国防会议,决定中国全面抗战,并决议开辟淞沪战场,把日军主力由华北引到长江流域,到八月十二日国民政府即将全国划分为五个战区,准备全面抗战②。此为淞沪战役爆发前夕,蒋对抗日政策的决定。

虽然如此,蒋介石全面抗日的布局,到沪杭京战役期间才办理完成。实际上,中日两国将中日战争升高到全国的层次,中国的决策虽始于沪杭京战役爆发前夕,正式实行,像日本一样,都是始于沪杭京战役爆发之初。日本方面,七七事变是日本陆军在北平发动的,日本陆军一向主张向北方发展,经营满蒙,对付苏

---

① 蒋介石:《困勉记》,页585,591—592。
② 经盛红:《枷锁下的金陵》,页48,50,51,52,53,54。

联,故七七事变后,一面派兵南下,一面即进向内蒙古。另一方面,日本海军一向主张向南发展,占领华中、华南,对付英、美。1931年陆军制造沈阳事变后占领中国东北,次年海军即在上海发动一·二八事变,谋占领上海,后来因为国际调解,始与中国订立停战协议。日本占领中国东北,国际联盟曾谋干涉但无结果。1937年七月七日日本陆军即在华北制造事端,八月十三日海军即在上海制造事端,并获得陆军的支持。八月十四日日本陆军省制订《对时局处理纲要》,宣称要"彻底使用武力惩罚南京政府",不像在七七事变发生以后,日本尽量将事件地方化,不希望国民政府干涉。八月十五日,日本即关闭在南京的驻华大使馆及总领事馆,并撤退住在南京的侨民。八月十七日,日本内阁会议决定,放弃以前所采取的不扩大方针;同日,日本上海派遣军司令官松井石根在被日皇召见时表示:"别无他途,只有拿下南京,打垮蒋介石政权。"到十一月二十日,日本军事当局在天皇御殿上正式宣告成立大本营,以便统一对中国的战争①。

中国方面,国民政府于八月十四日发表《自卫抗战声明书》,严正宣布:"中国为日本无止境之侵略所逼迫,兹已不得不实行自卫,抵抗暴力!"同日,国民政府决定,停止中央政治委员会,改设国防最高会议,作为战时最高决策机关,以蒋介石为主席。八月十六日国防最高会议决议,由国民政府授权蒋介石为陆海军大元帅,统帅全国军队。其后在外交上,国民政府即将日本侵略中国问题,向国际组织控告,或委友邦调解。九月二十一日国联大会讨论中国政府就日本全面侵华提出的控告。九月二十七日,国联大会通过"谴责日本在华暴行案"。十月六日,国联大会邀请"九国公约"签字国,在最短期间开会讨论日本侵华问题,并表示对中国道义上的支持,希望各成员国通过各种途径,分别给中国以援助。十一月十五日九国公约会议通过谴责日本侵华的宣言。十一月二十四日九国公约会议闭幕,对如何惩治日本侵华及如何援助中国抵抗日本侵略未作实质的决定②。另一方面,中国为缓和日本的进攻,也接受德国驻华大使陶德曼(Trautman)的调解,但中国一直坚持"恢复卢沟桥战前之状态"。陶德曼第一次向蒋委员长转达日本和平条件在十一月五日,但不为蒋委员长所接受,陶德曼第一次调解失败。十二月二日,陶德曼再度向蒋委员长转达日本的和平条件,研议期间,南京于十二月十三日陷落,中国谈判的筹码尽失,十二月二十二日中国再度拒绝日本的和

---

① 经盛红:《枷锁下的金陵》,页55,56,57,76。

② 经盛红:《枷锁下的金陵》,页55,56,64,65,66,73,78。

平条件，到1938年一月十六日日本发表声明，今后对中国交涉，不以国民政府为对手，期待另在中国组织傀儡政权①。

五、沪杭京战役对国际反侵略及中国抗日大战略的影响

淞沪战争发生的时候，德国尚未发动侵略，欧俄及英、法等国没有战争威胁，日本在东亚尚未对太平洋上美国的属地和南亚地区英、法的属国加以攻击，美、英、法在远东也没有战争威胁，因此列强对日本进兵中国仅在道义上同情中国、指斥日本，比较关心中国的是苏联，因为日本早有计划进攻苏联。苏联为了鼓励中国继续抗日，不要屈服，曾向中国表示，如果日本攻击中国的首都南京，苏联就派军协助中国作战。这是蒋介石主张坚守南京的重要原因之一。事实证明，在南京情况紧急之际，苏联曾派空军与中国空军并肩攻击空袭南京的日机。

沪杭京战役是蒋介石亲自指挥的。蒋之选择在上海与日本决战，除希望减轻日军对西北国际交通线的压力外，主要的考虑是上海有英、美、法等国租界，有外人的商业和资产，西文报刊也多，在上海从事自卫战争可以引起世人的注意，特别是为维系东亚和平而组织的"九国公约"国家正要在比京开会，蒋也希望九国公约国能出面制止日本侵略中国。此一企图，在蒋介石的档中可以得到证明。此一目的虽然没有达到，但至少中国的自卫战争，能让世界各国有所认识。另一方面，当时所决定的抗日政策是持久战，是迟滞日军前进，日军在平津战场获胜后，沿津浦铁路和平汉铁路南下交通比较便利，把主战场引至沪杭京地区，可减低日军对徐州和郑州的压力，加上海军对长江航道的封锁，而东西之间，除长江航道和京沪铁路外，又很少其他交通线，对日本从南京向西进攻阻碍较多。这一方面的影响是事后发现的，有关资料，并未见蒋事先有这一方面的考虑。

沪杭京战役，中国投下六、七十万军队，中央军、西北军、粤军、滇军、川军、桂军都参战，海、空军总动员，战争结束前夕且有苏联少许空军助战，规模不可谓不大。然以国军内部不统一，政府高层主战主和不一（国防最高委员会副主席汪精卫及一些高级将领和党国元老主和），负责维持世界和平的国际联盟和九国公约国家多袖手旁观，中国在沪京杭地区对日作战终归失败。在此次战争迟滞日军的过程中及稍后，蒋介石对日后的抗日政策有了影响深远的决定，而抗日阵营也

---

① 刘绍唐：《民国史事日志》第一册，页572，574，576，581。

起了基本的变化。此处可以略举数点:一、平津地区的失陷和日军自平津地区南下,以及因为日军在杭州湾金山卫登陆向北夹击造成淞沪战场总撤退,在十一月十三日蒋介石考虑到最后基本防线在平汉、粤汉铁路以西,因此决定迁都重庆(于十一月二十日正式宣布),以实行长期抗战。二、由于沪杭京战役的挫败,国民党内部主和者渐多,十二月十六日蒋介石即觉察到:“精卫甚想以第三者出而组织以为掩护,……可叹!”日后到 1938 年十二月,汪精卫果然自重庆出走,与日本合作。三、蒋介石既在淞沪地区扩大对日战争,其团结全民抗战的意志益坚;为了团结全民,需广征民意,于十二月十九日,南京撤退的第七日,即与政府高级要员筹商组织民意机构。民意机构,原于 1937 年九月九日组织包括各党各派的国防参议会(成员包括中共代表周恩来,青年党代表曾琦、李璜、左舜生,国社党代表张君迈、江庸、张东议,国民党代表陈布雷、周佛海,社会贤达傅斯年等),后又于 1938 年四月一日决定结束国防参议会,组国民参政会。另一方面,也使联共抗日政策进入实行阶段。蒋在十二月二十一日提到,与周恩来商共党组织,中央决放宽共党,使之尽其所能,以利抗战,此后中共才有较多机会发展。四、沪杭京战役进行期间及南京沦陷以后,日本透过德国驻华大使陶德曼传达的议和条件愈来愈苛,包括中国政府放弃亲共抗日反满(满洲国)政策,而与日、满共同防共,这使蒋有理由拒绝内部屈意与日本议和的要求。虽然国民党大老于右任、居正等对蒋拒绝和议表示不满,十二月二十九日蒋仍向他们表示:“抗战方略,不可变更。”①

值得特别一提的,国军在上海、杭州、南京地区迟滞日军四个月之久。此后日军自长江下游向长江上游仰攻不易,进兵迟缓,使川、陕、湘、滇、黔等大后方,能作持久战的准备②。

六、从沪杭京战役看中国对抗日战争的有备和无备

自 1931 年九一八事变后,国民政府对日本约有六年妥协的时间,但对抗日战争并非全无准备,除加强基础建设和加速整训军队外,表现在京沪地区者,1932 年一月二十八日日军在上海发动战争,至五月五日经国际调解而停战。依

① 蒋介石:《困勉记》,页 585,590—592。

② 张宪文等著:《中华民国史》第三卷,页 31。

照停战协议，中国在上海市区不得驻兵。上海警备司令部以维持治安为由，成立一个保安队，辖两个团，因为装备不足，蒋介石指定八十八师（师长孙元良）以一个团化装为保安队，分批潜往上海，利用地方关系，在闸北、龙华、徐家汇、虹桥等地建筑工事，并经常派营级以上干部侦察日军在上海的军事基地，如日本海军陆战队司令部等①。第八十八师属于第九集团军，第九集团军司令官张治中以京沪警备总司令的名义，对京沪铁路沿线加以警备。在1935年冬天以后，国民政府即于吴江县（在吴县南）、常熟县、福山镇（长江南岸之小镇）间构筑阵地带，并在无锡、江阴间构筑预备阵地带（称为锡澄线，因江阴简称澄），另并加强江阴、镇江、南京城之作战工事②。

其后华北情势紧张，蒋介石即以"军校野营办事处"的名义，在苏州设指挥部，经常召集各部队长官和幕僚策划对淞沪方面的作战准备事宜③。不过，上海、南京间的两道阵地，在沪杭京战役进行期间并未发生作用。当自上海西撤的部队欲进入吴江、常熟、福山的阵地带时，一时因找不到钥匙，竟然无法进入。又蒋介石令唐生智守南京，目的在迟滞敌人，并无坚守到底之意；既末计划坚守到底，对撤退的后路及交通设备当有所准备，当唐生智率领下的部队撤至下关、欲渡江前往浦口时，竟无船只可以调用，使部队损失惨重④。

值得特别说明的，面对日本的侵略，蒋介石在外交上是有所准备的。当时维护世界和平的国际组织有国际联盟和"九国公约"，1931年九一八事变发生后有国际联盟出面调查，并判定日本为侵略者；1932年一·二八事变发生后有列国调解，达到停战的目的。1937年七、八月间日本先后在平津和淞沪发动侵略中国的战争，蒋介石也希望英、美、德、意等国能够出面调解，并希望苏联能够参战。德国驻华大使陶德曼的调解虽无结果，对日军的攻势当有延缓作用；冀望苏联参战虽落空，最后则争取到苏联的援助。

七、决定在沪杭京地区与日军决战的适宜性问题

沪杭京三角地带为国防要区，有利于国军防守。上海至南京和杭州分别有

① 上官百成：《八百壮士与谢晋元日记》，页12。
② 张玉法：《中华民国史稿》，页391；"国防部"史政编译局编：《中日战争史略》（二），页186。
③ 上官百成：《八百壮士与谢晋元日记》，页11。
④ 李君山：《南京保卫战国府的决策与执行过程》，《历史月刊》第九十期（1995年八月），页112。

京沪铁路和沪杭铁路，杭州至南京有公路京杭国道；沪、杭、京三地联络方便可以互相支持。该三角地区河道交错，不适合重武器作战，对日军不利。对国军不利的地方是该地区北侧有长江水道，东为东海海面，因为中国的海军很弱，日军容易在长江水道和东海海面运兵登陆。中国海军在阻塞长江航道上做了不少工作，仍未能防止日军在川沙县(在上海东北，靠长江边)和宝山县(在上海西北，靠长江边)登陆(吴淞在上海与宝山间)。长江口至钱塘江口更难防守，后来因为日军在杭州湾的金山卫登陆，与在狮子林、川沙登陆的日军夹击淞沪地区的国军，才迫使国军自淞沪地区全面向西撤退。上海、南京间原有两道国防工事，但以撤退匆忙，未能发生作用。

蒋介石之所以决定在此一地区与日军决战，约有三个原因：一、如前所述，将中日战争的主战场自华北地区引至长江流域，以减少日军对西北国际通道的压力。二、上海的工业产值占全国三分之二以上，贸易占全国一半以上，金融资产占全国四分之三以上，是中华民国的经济中心①；英、美、法等国在此有租界，这些国家的人民在此有大量资产、在此有大量的贸易利益。在此作战，能引起国际的重视。三、九国公约国预计于十一月三日在比京开会②，蒋介石希望借在淞沪地区的反日本侵略战争，让九国公约国了解日本侵华以及中国抵抗的实况，进一步能制裁日本对中国的侵略并援助中国，或出面调解。因此，蒋介石在沪杭京地区投下六、七十万精锐的兵力，并亲自指挥。

尽管蒋介石认为沪杭京地区应尽量防守，但部分高级将领对战局并不乐观，特别在上海撤守以后。当时不主张在南京再战的将领包括大本营作战部长刘斐、副参谋总长白崇禧、第四战区司令长官何应钦、第三战区前敌总指挥陈诚等。③

以白崇禧为例，当沪战开始时，白主张在沪只作轻微抵抗，将主力部队撤到南京，深沟高垒，死力防守；当蒋介石部署南京防务时，白又认为南京为孙中山陵寝所在地，不忍使其受战争破坏，应将南京宣布为不设防城市④。当时蒋介石想觅一高级将领指挥南京保卫战，蒋的嫡系高级将领意愿都不高。当时白崇禧不让桂系的部队进南京城，防守南京者几全为中央军，包括由八十八师改编的第七

① 张宪文等著:《中华民国史》第三卷，页 26。

② 经盛红:《枷锁下的金陵》，页 70。

③ 李君山:《南京保卫战国府的决策与执行过程》，《历史月刊》第九十一期，页 106—107。

④ 程思远:《白崇禧传》，页 202—203。

十二军，军长孙元良；由三十六军改编的第七十八军，军长宋希濂；另有桂永清的教导团[1]。唐生智以湘系老将出面指挥，很难调度蒋的嫡系部队，因此蒋在南京时对战争的指挥巨细靡遗，甚至如何调动火车列车以阻挡日军坦克的攻击都亲自下指令。防守南京的部队大部为自淞沪战场撤退下来的败军，单位虽多，员额不足，士气更为低落，失败是必然的。但蒋在沪杭京地区迟滞日军进攻四个月，无论在国际宣传上，还是在内部部署和整合上，都是有意义的。

八、结　　论

沪京杭战役是抗日战史中用兵最多、且使各派军队都能投入的一场战役，可以说是中华民族为生存而战的典型。在此之前，日本侵略中国，从东北到华北，是采取蚕食政策，在此期间及以后，中日两国都动员全国之力，进行决战。中国从姑息妥协到决定抗战到底是在这个时期，中国抗日战争能引动世界各反侵略国家的关注也是在这个时期。蒋介石能在这个时期致力于团结国人、并开始设法结合世界友邦，共同抵抗侵略，终能获取抗日战争的胜利。

（本文原载“上海淞沪抗战纪念馆陈列改造暨淞沪抗战史研讨会”《论文集》，2014 年 6 月）

① “国防部”史政编译局编：《抗日战史：淞沪会战（三）》，页 247。

淞沪会战在“持久抗战”中的战略意义

傅应川

一、前　　言

日本自明治维新之后，采取“开国进取”、“富国强兵”政策，即有侵华的图谋，自清甲午战争伊始，即步步进逼，迄九一八事变的发生，更显露其侵华野心①。之后又发动一·二八淞沪事件，致使国内的反日情绪高涨，冲突不断②。日方对事件的态度，一向以要求国府惩戒、赔偿、负责及扩大其在华权益。

当时蒋介石即看定日本行径，所行的是“不战而屈”的战略，亦即不真使用武力以征服，企图藉威胁分化，制造土匪汉奸等扰乱手段，达成其侵华之目的③。此举不但使日军基于武力的优越地位得以发挥，并可无度的攫取在华利益；又因不直接使用武力，而掩饰侵略、规避战争责任。日本人得寸进尺的做法，使我穷于应付逐渐无法容忍，并体认到：“一味的退让，日本外交当局之要求，范围亦必愈大，必须采取适当的抵抗。”④民国24(1935)年元月，德国顾问塞克特提出“中国国防行动准则”，我积极准备对日作战之工作，亦次第展开；而决定以四川为最后

---

① “国防部”史政编译局：《抗日战史—全战争经过概要(一)》，(台北：“国防部”史政编译局，“中华民国”71年10月再版)，页31。李顿报告书摘要：九一八事变后，国联派遣李顿调查团来远东调查，并于“民国”三十一年春十月间发表调查报告书，书中阐明：九一八事变不能认为日本合法之自卫手段，“满洲国”亦不能认为真正的及自然的独立运动所产生；日本侵占我东三省确立为事实。

② 日本防卫厅战史室编，“国防部”史政编译局译：《日军对华作战纪要》，第一册，《从卢沟桥事变到南京之役》(台北：史编局，民76年)，页42。

③ 蒋介石日记，民国24年8月20日及21日。《困勉记》(台北：“国史馆”，2011年12月初版)，卷上，页463。

④ 民国24年1月20日，德国总顾问法肯豪森(Alexander von Falkenhausen)对“时局对策”的建议。黄庆秋：《德国驻华军事顾问团工作纪要》，页56。

确保地，采持久消耗战略，决心抗战到底的方针，逐渐凝成共识[①]。

蒋委员长深知，唯有下定决心采取“持久抗战”，则不足以战胜顽敌日军，亦须务尽一切手段迫敌追随我意志，逐渐形成消耗战略的态势。

二、 蒋介石持久抗战的意涵

在“持久抗战”战略思想发展的先期，蒋介石亦无良策，深陷其苦，实行的是以拖待变的战略[②]。认为要战胜日军，必要有可胜的理论与想定为基础。从他的思想及作为来看，“持久抗战”的战略基础有二：其一，对日作战是国内最大的公约数，这是自九一八、一·二八以来即有的反日情绪，亦即民气可用[③]，这是“持久抗战”必备的战略条件；其次认识到，列强对日本逐渐显露称霸远东的野心，已有了戒心。一旦大战兴起，我将不致孤军奋战，增加抗战胜利的成功胜算。故“持久抗战”的战略，是面对众多敌人选择中，针对日本侵华而专门设计的一套战略。

（一）持久战的军事意义

“持久消耗”与“速决歼灭”，是两个截然不同的用兵思想。战争遂行中，敌对双方亟尽力量屈服对方；有种方式，克劳塞维茨谓之“使敌人疲劳”[④]；亦即孙子谓：“国之贫于师者远输，远输则百姓贫”；以致“力屈、财殚、虚于家”。这是消耗战之理论基础。

抗战前，我国力尚未从国内纷争之中恢复过来，面对优势日军，绝无战胜之理。但因我国地大物博，人口众多，是极富战争潜力的国家。虽然，消耗战诚为一种国家与国民必须付出惨痛代价的战略手段，但为了不再忍受日军无度需索，维护国家长远利益，确保民族永续生存计，全国军民必须奋起而战。蒋委员长深知，唯有下定决心采取“持久抗战”，则不足以战胜顽敌日军。然而，必须认知到战争是双方敌对行为，胜负非取决于单方行动的优劣。战胜日军，实行持久消耗战略，亦不是单方战略措施所能决定，亦须务尽一切手段迫敌追随我意志，创造必需的战略条件，逐渐形成消耗战略的态势，奠定抗战胜利的基础。

---

① “国防部”史政编译局所藏档案，《塞克特中国国防行动准则》，页 1。

②③ 秦孝仪主编：《总统蒋公思想言论总集》（台北：中国国民党中央党史委员会，1984 年 10 月 31 日初版），卷 14，页 653。

④ “国防部”史政编译局：《战争论》（台北：“国防部”史政编译局译，民国 80 年），页 24—25。

(二)“持久抗战”的战略规划

1. 蒋介石“持久战”思想的形成

从日记中观察,蒋对“持久战”的思想发轫,应始于1933年间日军进犯热河时,1月24日他写道:倭寇之目的敌,实在美、俄;如其果与我国大规模作战,则其无的放矢,虽胜必败,此为其最大弱点。吾唯有与之持久战斗耳!①

迄1935年,他指出:自从九一八,经过一·二八,以至于长城战役,中正苦心焦虑,都不能定出一个妥当的方案来执行抗日之战。……只有忍辱待时,巩固后方,埋头苦干,但后来终于定下了抗日战争的根本计划。就是决定于民国24年入川剿共之时,到川以后,我才觉得我们抗日之战一定有办法。因为对外作战,首先要有后方根据地,如果没有像四川那样地大物博人力众庶的区域作基础。……这才找到了真正可以持久抗战的后方②。

“根据地”或“基地”,是一切战力的泉源,在军事上有特殊的意义。蒋认为:“强国之国防,重边疆,取攻势;弱国之国防,重核心,取守势。”③1935年8月1日,蒋先生在其日记上写下此战略作为的程序:御侮之道,先定根据基础,次为设计,三为建设。……根据既得,应即力图巩固;巩固之道,唯在收拾人心、培养民力而已。④

2. 抗战根据地的选择

蒋先生在1933年至1935年的两年中,评估过陕西、甘肃、宁夏、四川、云南、贵州等地作为抗战根据地的选项,依蒋公开演讲及日记,确切地说:复兴民族的根据地,应是川、滇、黔三省的大范围。1935年6月30日日记中半年所感:“川、滇、黔得以统一,完全入于中央范围之中,国家地位与民族基础皆能因此巩固。”⑤又对根据地选择的着眼,认为不能以全国为范围;“只能在整个国家与民族利益之立场,择定条件最完备之区域,集中人力物力准备,一切使成为民族复兴之最坚实的根据地。”⑥

---

① 秦孝仪主编:《总统蒋公大事长篇初稿》(未发行本,民国67年10月31日),卷2,页259。

② 秦孝仪主编:《总统蒋公思想言论总集》(台北:中国国民党中央党史委员会,1984年10月31日初版),卷14,页653。

③ 蒋介石日记,民国24年8月20日及21日。《困勉记》(台北:“国史馆”,2011年12月初版),卷上,页458。

④ 秦孝仪主编:《总统蒋公大事长篇初稿》(未发行本,民国67年10月31日),卷3,页213。

⑤ 秦孝仪主编:《总统蒋公大事长篇初稿》(未发行本,民国67年10月31日),卷3,页207。

⑥ 秦孝仪主编:《总统蒋公思想言论总集》(台北:中国国民党中央党史委员会,1984年10月31日初版),卷10,页22。

选择川、滇、黔为根据地，端在物产丰富、农林发达、人力充沛、矿藏可供工业所需，此乃持久战的基本条件。合此三省一切条件皆已具备，蒋先生于1936年1月15、16两天，语带感性的口吻，道出他对根据地抱持的希望，他说：直到去年，……一面将不统一的川、滇、黔三省统一起来，奠定我们国家生命的根基，以为复兴民族最后之根据地。日本看到这种情形，非常不安，以为这三省如果统一起来，中国便有了复兴的根据地，从此不但三年亡不了中国，就是三十三年也打不了中国，这就是日本将来的致命伤。①

三、“持久抗战”的战略条件

1. 德国顾问对持久抗战的建议

民国26年中日战争已到爆发的临界点之时，德国顾问纷提意见，他们认为：“决心长期抗战，中途不能退缩。”法肯豪森认为：“民意即是造成抵抗意志，不容轻视，若领袖无此意志，则人民亦不肯出而抵抗。”②端纳则强调“除非下最大决心，支持两年之久，无论有何事变化，绝不反顾……，若以半热心理，弥缝手段而战，必徒劳无益”。

2. 作战线的转换对“持久抗战”的影响

战势的利顿除取决于战力外，形成有利的战略态势亦是决定性因素。我对日抗战，面临来自华北及华中两方面的敌军。按日军于昭和13年(1938，民国27)省部会议之记录：“汉口作战的方法(按：日军解决对华作战之目标—攻略后当可解决战争)，有南下平汉铁路及溯长江的两个方法，但两种均属兵力不足。”③由于我经营四川基地，由北向南或由东向西的作战线，将对“持久抗战”形成不同的战略态势。此一问题时任山西省主席的徐永昌，在民国24年10月15日的日记提到：蒋先生看定日本是用不战而屈中国之手段，所以抱定战而不屈的对策④。

---

① 秦孝仪主编：《总统蒋公思想言论总集》(台北：中国国民党中央党史委员会，1984年10月31日初版)，卷3，页266—273。

② 黄庆秋：《德国驻华军事顾问团工作纪要》，页57。

③ 日本防卫厅战史室编，“国防部”史政编译局译：《日军对华作战纪要》，第一册，《从卢沟桥事变到南京之役》(台北：史编局，民国76年)，页796。

④ 此语见于蒋日记，民国24年8月20日及21日。是日曾召开政治会议，应为研究日侵华步骤的结论。另出现在民国25年11月1日及民国26年7月16日之蒋日记，时为陈诚谓抗战决策的关键时刻。蒋记载此对日判断，在时序上前者较徐日记为早，而后者为迟。足证此言，蒋不但公开说过，且前后一贯相当坚持。

前时所以避战，是因为与敌成为南北对抗之形势，实不足与敌持久。自川黔剿共后，与敌为以东西对抗，自能长期难之，只要上下团结，决可求得独立生存，虽战败、到极点亦不屈服①。

徐的日记证实，讨论作战线问题，自民国 24 年即已开始。而其决策依陈诚回忆说："敌军入寇，利于由北向南打，而我方为保持西北、西南基地，利在上海作战，诱敌自东而西仰攻。关于战斗序列应依战事发展不断调整部署以期适合机宜。"②

民国 26 年 8 月淞沪会战初起，18 日陈诚与熊式辉奉命视察上海，回南京报告时仍有战、和两种不同意见，陈主战、熊主和。蒋委员长征询陈诚意见时，陈建议："敌对南口在所必得，同时亦为我所必守，是则华北战事扩大，已无可避免。敌如在华北得手，必将利用其快速部队，沿平汉路南犯，直趋武汉；如武汉不守，则中国战场纵断为二，于我大为不利。不如扩大淞沪战事，诱敌至淞沪作战，以达成我 25 年所预定之战略。"③

四、七七事变后中日双方的战略布局

（一）日军对华的军事因应

中日战争爆发前，日军基于中国的假想敌国，每年策定对华作战计划；但陆军则以美、俄国为主要假想敌国而做战争准备；对中国并未作重大的安排，只要分配陆海军的一部分应付即可。认为"国民政府无能、国家又未统一"，不可能引起全面性战争。故对华用兵的目的，旨在于维护日本的在华权益，保护日侨为主。④迄民国 26 年(昭和 12 年度)的对华作战计划，亦无重大修正。

民国 26 年 7 月 9 日，日本参谋本部在其"处理华北时局要领"中，指出日军应"尽量将事件限定于平津地方，迅速确保该地方以谋求安定"⑤。采取的即所谓的"不扩大方针"。然于 10 日上午，得知：国军沿平汉线逐次调兵北上；我政府极力

---

① 引自徐永昌日记，民国 24 年 10 月 15 日日记复印件。

② 《陈诚先生回忆录》，《抗日战争》(上)，页 23。

③ 《陈诚先生回忆录》，《抗日战争》(上)，页 53。

④ 日本防卫厅战史室编，"国防部"史政编译局译：《日军对华作战纪要》，第一册，《从卢沟桥事变到南京之役》(台北：史编局，民国 76 年)，页 376。

⑤ 日本防卫厅战史室编，"国防部"史政编译局译：《日军对华作战纪要》，第一册，《从卢沟桥事变到南京之役》(台北：史编局，民国 76 年)，页 212—213。

"鼓励国民之抗日意识,同时逐渐准备对日战争";"事态具有逐渐扩大恶化之处",日陆军中央方使决心转趋强硬,并拟增派中国驻屯军的兵力①。7月27日,日华北驻屯军在到达增援兵力的支持下,向我平津地区发动攻势(第一期作战),两地迅告失陷。日军在占领平津地区后,则在其周边行战略集中,待日本土师团到达后,发起其第二期作战。其目的在:"寻求侵入于河北省之中国野战军,予以击减"②,尽早解决华北局势。

(二)我抗战初期的战略指导

民国26年7月7日七七事变发生后,国府一反以往处理中日事件的态度,蒋委员长视此事件为中国的"存亡关头",并在其7月8日日记中说:"决心应战,此其时乎?"并下令调孙连仲部两个师,庞炳勋、高桂滋两部各一个师北上保定、石家庄,增援宋哲元的二十九军③。蒋增兵之意图,旨在打击日军扩张之企图,并谓"打破其何梅协议矣"。④12日及29日在庐山两次谈话会,凝聚抗战共识。17日在会中发表"对于卢沟桥事件之严正表示"的谈话(19日正式对外公开)。蒋委员长强调"全国应战以后之局势,就只有牺牲到底,无丝毫侥幸求免之理。如果战端一开,那就是地无分南北,人无分老幼,无论何人,皆有守土抗战之责,皆应抱定牺牲一切之决心"⑤。彻底抗战,寻求国家的延续。蒋坚定的抗战声明,不但视七七卢沟桥事变为一场战争,且为一场必须坚持到底的"持久抗战"。

蒋在发表抗战声明之当日,在其日记上写道:"倭寇使用不战而屈之惯技,暴露无遗,我必以战而不屈之决心待之。"⑥而此一理念,在民国24年抗战决策之时,即已逐渐形成⑦。

军事委员会于民国26年8月20日以"大本营训令第一号",颁布国军战争指

① 日本防卫厅战史室编,"国防部"史政编译局译:《日军对华作战纪要》,第一册,《从卢沟桥事变到南京之役》(台北:史编局,民国76年),页219。

② 在军事及用兵上,此语表示日军有决战意图,故意在捕捉我军主力在其预定攻势到达的沧州、保定之线之前击灭之。日本防卫厅战史室编,"国防部"史政编译局译印:《日军对华作战纪要》,第三册,《从卢沟桥事变到南京战役》(台北:史编局,民国76年),页331。

③ 蒋介石于七七事变发生后,研判日军可能行动,认为日军此时对我开战并不有利,应系针对华北的局部情势,可由宋哲元负责,并欲意借此冲突之机,要求日军退出丰台。蒋日记,民国26年7月8日。《困勉记》(台北:"国史馆",2011年12月初版),卷下,页559—560。

④ 蒋日记,民国26年7月8日。《困勉记》(台北:"国史馆",2011年12月初版),卷上,页560。

⑤ 蒋中正:《对于卢沟桥事件之严正表示》,秦孝仪主编:《总统蒋公思想言论总集》(台北:中国国民党中央党史委员会,1984年10月31日初版),卷14,页582—585。

⑥ 蒋日记,民国26年7月17日。《困勉记》(台北:"国史馆",2011年12月初版),卷下,页562。

⑦ 蒋日记,民国24年8月19日至21日。《困勉记》(台北:"国史馆",2011年12月初版),卷上,页463—464。

导方案、作战指导计划及第1(冀省及鲁北)、第2战区(晋、察、绥)、第3(江、浙)、第4战区(粤、闽)之作战计划①,大本营之作战指导"以达成持久战为基本之主旨","第1战区进迫该当面之敌,实行柔性之攻击,以吸引其主力,俾我第2、第3战区之作战得从容展布";第3战区"迅将目下侵入淞沪之敌陆海军及其空军陆上根据地,扫荡扑灭,……"②。依此作战指导方案,不但为"持久消耗"战略的战争指导定调,且明示华东为主战场,华北为支战场;而准备先于日军在沪发动攻势的意图致为明显。

五、 发动淞沪会战的战略涵义

蒋委员长发动淞沪会战的目的,旨在改变全盘的战略态势。其战略作为,影响是全面而长远的。依据董显光的回忆,蒋委员长在8月上旬,对全盘战略即有定见,他认为:"将战场选择在长江之线,并将主力集结于该处,是至当的现实性方案。""华北不容易维持补给线,所以虽尽力继续抗战,其结果仍可能落入日军的手里。"于是决定不增援大军至华北前线,计划保留主力,准备在长江流域各都市决战;若长江之线再被破坏时,即在内陆深处构筑第三,亦即最后抵抗线。但是,民众必须做长期间之痛苦忍耐,直至由本计划带来之胜利为止。③

8月初,我军主力向在沪日军发动攻势,当时日军深感意外。初期咸认应采所谓"不扩大方针","陆军的派兵,仅止于华北,上海、青岛方面由海军负责"。④15日下令上海派遣军(军司令官松井石根大将)至上海。下辖第3师团及第11师团;协助海军,扫荡击灭上海附近之中国军,保护日本侨民。⑤17日,始决议:"放

---

① 国防部史政编译局:《抗日战史—全战争经过概要(一)》,(台北:国防部史政编译局,民国71年10月再版),页81。

② 《国军战争指导方案及战斗计划》,史编局藏,档号:542·2—6015,油印原件。

③ 董显光:《蒋委员长》(日本外政学会出版,民国45年),引自日本防卫处战史室编,"国防部"史政编译局译印:《日军对华作战纪要》,第一册,《从卢沟桥事变到南京战役》(台北:史编局,民国76年),页376。

④ 董显光:《蒋委员长》(日本外政学会出版,民国45年),引自日本防卫处战史室编,"国防部"史政编译局译印:《日军对华作战纪要》,第一册,《从卢沟桥事变到南京战役》(台北:史编局,民国76年),页368。

⑤ 董显光:《蒋委员长》(日本外政学会出版,民国45年),引自日本防卫处战史室编,"国防部"史政编译局译印:《日军对华作战纪要》,第一册,《从卢沟桥事变到南京战役》(台北:史编局,民国76年),页377。

弃以往所采取之不扩大方针。”①惟当时，所谓陆军的派遣兵力只要两个师团即够的想法，并无确实的立论根据。陆海军的判断，均视其为与第一次上海事变相类似的程度②。

日军增援在沪兵力之后，战局并未改变。此际我第3战区亦不断增加兵力，致使双方伤亡大增，进展均甚艰困。日军被迫于9月11日，再度增兵，派出第9、13、101师团，投入上海方面，同时扩大上海派遣军的编组，并正式列入“战斗序列”③。时至10月初，华北战场态势已决，唯对沪作战仍无进展，呈现胶着。日军为打破此一僵局，于10月中旬以后，逐渐形成决策，抽调华北部分军力，除以16师团增加上海派遣军之外，另编成第10军，下辖第6、18、114师团及其他必要之支持部队，决定于10月末或11月初在杭州湾北方之金山卫登陆④。于是，华中方面变成两个军的九个师团，华北方面则变成两个军的七个师团，主作战明显地转移至华中⑤。战略态势全盘改变，形成为敌我主力在华中对决的态势。

日军因应我抗战初期的战略作为，几乎全在蒋委员长的预期与掌握之中，不断的追随我意志，逐步的陷入我预划的战略态势中。观察中日战争，日军对华作战指导，及尔后的战局演变，皆证明了蒋委员长的正确想法。

无论从战争的期程，或蒋委员长对抗日战争的全期发展，都认定自七七事变至武汉会战为第一期战役。此一划分除了在战略上另有特殊的意义外，对抗战而言，乃完成了持久抗战的全盘布局。在战略上，日军在武汉会战后，大军深入内陆，区域逐渐扩大，攻势部队随战线拉长，数量减少及持续战力削弱，达到了所谓的“攻势极限”。对国军而言，系完成抗日战争第一期战役，虽有伤亡，但主力

---

① 董显光：《蒋委员长》（日本外政学会出版，民国45年），引自日本防卫处战史室编，“国防部”史政编译局译印：《日军对华作战纪要》，第一册，《从卢沟桥事变到南京战役》（台北：史编局，民国76年），页374。

② 董显光：《蒋委员长》（日本外政学会出版，民国45年），引自日本防卫处战史室编，“国防部”史政编译局译印：《日军对华作战纪要》，第一册，《从卢沟桥事变到南京战役》（台北：史编局，民国76年），页379。

③ 战斗序列在军队指挥上，指挥官对其所属的部队，具有完整的指挥权责。而在此之前，上海派遣军属“编组”状况，除必要之作战指挥外（详情有另令规定），其他的指挥责任在其上级。董显光：《蒋委员长》（日本外政学会出版，民国45年），引自日本防卫处战史室编，“国防部”史政编译局译印：《日军对华作战纪要》，第一册，《从卢沟桥事变到南京战役》（台北：史编局，民国76年），页427。

④ 日参谋本部，“第十军作战要领集”，引自日本防卫厅战史室编，“国防部”史政编译局译印：《日军对华作战纪要》，第一册，《从卢沟桥事变到南京战役》（台北：史编局，民国76年），页564。

⑤ 日本防卫厅战史室编，“国防部”史政编译局译：《日军对华作战纪要》，第一册，《从卢沟桥事变到南京战役》（台北：史编局，民国76年），页552—559。

仍在，抗战的决心及意志并没有溃散，但却完成抗战最后胜利的战略布置。蒋委员长说：

要与敌寇战斗，如果不是在时间和空间上作久远的打算，确立一种正确的战略来妥善运用，就不能予敌人以层层的打击，来奠定我们最后胜利的基础。所以在第一期过程中，从军事上说：我们虽然失去了许多土地，死伤了许多同胞，就一时的进退看，表面上我们是失败了；但从整个长期的战局上说：在精神上，我们不但没有失败，而且是完全成功。

最重要的一件事，就是我们争取最后胜利，战略上一切布置的完成，亦就是已经依照我们预定的战略陷敌军于困敝失败莫能自拔的地位。这就是孙子所说的"致人而不致于人"的最高原则，今日我们已做到了。可以说：自开战以来，我们始终是站在主动地位，而使敌人始终处于被动地位，这就是我们最后胜利的基础。①

蒋的这段话，所谓完成最后胜利一切战略上的布置，即民国25年的战略方针，亦是蒋一贯的坚持。其核心计划在引导日军由南北向的作战线，转为东西向。武汉会战完成后，此一态势形成，抗战的结局已定。而整个的态势形成，全凭操持主动。

六、结　　语

蒋委员长为贯彻"持久抗战"的战略，谋求最后胜利，系经过长期的谋划。一方面隐忍日方的无度需索，又从战略理论中，筹谋抗战最后胜利的方案。概于民国24年决定其基本方针，民国25年有了具体方案。其计划之重点，在坚持"抗战到底"的决心；引导作战线由南北向，转为东西向；此种以"空间换取时间"的战略，于武汉会战结束时即完成持久抗战的整体战略布局。

淞沪会战在"持久抗战"中极富战略意义，国军将士为挽救国家民族的危亡浴血奋战，牺牲奉献的史迹永垂青史；在整个战略态势的形成中亦居于关键的地位。不但使日军因占领广大空间而削弱其攻势的持续力，而达到所谓的"攻势极限"；并迫使日军从其传统的速决歼灭的方针，走向长期方案，陷入"持久抗战"的

① 秦孝仪主编：《总统蒋公思想言论总集》(台北：中国国民党中央党史委员会，1984年10月31日初版)，卷15，页485。

泥淖之中，耗尽一切兵力及其国家资源。

蒋委员长窥破对日抗战的战略玄机，掌握主动主导战争之遂行，诱迫日军追随我意志，成功地改变了敌我双方的战略态势。而他坚定抗战到底的决心，亦唤起全民抗战意志，而终获最后胜利。

（本文原载“淞沪抗战纪念馆陈列改造暨淞沪抗战史学术研讨会”《论文集》，2014 年 6 月）

伟大的淞沪抗战,英勇的中华儿女

余子道

八一三抗战是七七抗战的继续和发展,然而,它具有与七七抗战所不同的独特历史地位和意义。八一三抗战极大地发展和推进了以七七抗战为开端的全国全面抗战的总体局面,成为从局部抗战转变到全面抗战的主要标志。

今年,是中国人民抗日战争暨世界反法西斯战争胜利70周年,也是八一三淞沪抗战78周年。78年前,中国军民在中国共产党倡导建立的以国共合作为基础的抗日民族统一战线的旗帜下,进行了气壮山河、英勇悲壮的淞沪抗战,成为中国全民族抗战的壮烈一幕,在世界的东方打响了世界反法西斯战争的第一场大规模战役。八一三淞沪抗战为中华民族独立和解放、为世界反法西斯战争胜利伟大事业,作出了彪炳史册的贡献。

一、从局部抗战转变到全面抗战的主要标志

中国人民抗日战争从1931年到1945年,历经14年艰苦卓绝的斗争,跨越了从局部抗战到全面抗战即全民族抗战的历史进程。1931年九一八事变是中国人民抗日战争的起点,而中国的抗战揭开了世界反法西斯战争的序幕。1937年7月,日本军国主义制造七七事变,发动全面侵华战争。中国人民在中国共产党创导的以国共合作为基础的抗日民族统一战线旗帜下,万众一心,众志成城,发动全国全面抗战。中国抗战从此从局部抗战开始转变到全面抗战。七七事变成为中国全民族抗战的开端,并由此开辟了世界反法西斯战争的东方主战场。

七七事变后,在华北发动大规模进攻的同时,日本政府和军部迫不及待地加

紧策划和准备，蓄意发动对上海的进攻。当时的上海，是远东最大的国际大都市，是中国最大的工业基地和联结世界的最大海港，是全国的贸易中心和金融中心，也是一个重要的文化中心。上海地处东海之滨，毗邻长江和杭州湾入海处，是中国最重要的军港之所在，是从西太平洋和东海进入长江，深入华东、华中腹地的咽喉和大门。上海又是美、英、法、德等各大国在华权益的集中地和互相争夺的焦点。上海在政治、军事、经济和国际关系等各方面具有独特的不可替代的重要地位，遂成为日本在全面侵华战争开始以后实行战略进攻的一大重点；同时，也决定了淞沪抗战有关中国抗战全局的重大战略意义。

1937 年 8 月 13 日，日本侵略军在上海闸北向中国守军发起进攻，中国军队奋起抗击，八一三淞沪会战由此爆发。日本侵略者的图谋，是由其海军和陆军联手，以重兵进攻和夺占沪(上海)宁(南京)杭(杭州)这个极富战略意义的长江三角洲地区，控制中国政府统治的心脏地带，进而进窥长江流域，给中国以致命一击，逼迫中国政府接受其城下之盟。国民政府出于对政治、经济、军事，特别是国际关系等各方面利害关系的考量和战略利益的需要，作出了进行淞沪会战的决策，并随即决定以淞沪为中心的东战场为全国对日作战的主战场。

在中国共产党和各个爱国党派的积极推动下，在强大的民众抗日救亡运动的支持和配合下，由国民政府军事委员会组织和指挥的淞沪会战，是全面抗战初期最重要的战役和最重大的事件。八一三抗战是七七抗战的继续和发展，然而，它具有与七七抗战所不同的独特历史地位和意义。八一三抗战极大地发展和推进了以七七抗战为开端的全国全面抗战的总体局面，成为从局部抗战转变到全面抗战的主要标志。首先，国民政府在八一三抗战时正式和明确地确立了在七七事变时还未曾有过的关于全国抗战的决策和部署。如果说，七七事变时，国民政府决策者还没有完全放弃对日媾和的幻想，仍想把事变限制在“地方事件”的范围内寻求获得解决，那么，在八一三事变的新形势下，国民政府决策者不得不改弦更张，决心接受中国共产党和广大民众的建议和呼声，终于确立了全国抗战的基本政策。八一三抗战成为全国战局转换的枢纽，从此，全国真正转入全面抗战的轨道。第二，抗日民族统一战线在八一三抗战期间正式形成。在此期间，国共两党合作抗日的谈判取得重大突破和进展，双方达成改编成立国民革命军第八路军和新编第四军等项协议。在淞沪会战进入高潮期间，国民党中央通讯社于 9 月 22 日发表了《中共中央为公布国共合作宣言》，蒋介石于次日发表实际上承认中共合法地位的谈话，由此宣告国共两党重新合作和抗日民族统一战线的正式形成。以国共合作为基础的抗日民族统一战线的建立，标志着举国一致的全国抗战阵线的全面确立和全民族抗战局面的真正开始实现。第三，淞沪会战继华北战场之后在华东开辟了抗日第二战场，并且在战局发展过程中一度成为全国对日作战的主战场。淞沪会战在沪宁杭地区进行，无论是在政治、经济、外交，或是在国际关系等各个方面，其在国内外的影响远非七七抗战可相提并论。淞沪会战在参战成分上，投入了国民党中央军的基本部队、空军和海军的全部主力，还动员了全国大部分地方实力派的军队参战，比华北抗战具有更大的广泛性和全国性。淞沪会战的战争规模在抗日战争的进程中是空前的，比华北战场任何一次战役更为巨大与持续。它从军事上体现全国全面抗战真正揭开战幕，开辟和引领了正面战场尔后的历次重大战役，具有开创性的意义，在历史上被称为八年全面抗战的序战。第四，与淞沪会战几乎同时登上抗日历史舞台的上海民众抗日救亡运动新高潮，是淞沪抗战的重要组成部分，是与军事战线相配合的另一个十分重要的抗日战线。以上海为中心汇成的一个空前规模的、声势浩大的抗日救亡运动，把自1935年冬以来的民众救亡斗争推到前所未有的新高潮。上海成为这一时期全国抗日救亡运动的中心，其作用与影响遍及全国，有力地推动了全国性抗日运动高潮的到来。

二、民族抗战与世界反法西斯战争重要一役

八一三淞沪会战是为保卫上海、拱卫南京、守卫长江，鼓舞和动员全国军民为打败日军的进攻而进行的一场民族自卫之战，也是为世界反法西斯斗争的大业而战。国民政府统率和指挥的陆、海、空军和前来增援的各省地方部队，云集淞沪，高扬民族抗战精神，以大无畏的英勇气概，抗击日本侵略者。上海和全国各界民众，各个爱国党派团体，以极大的热忱和勇气支援前线，齐心协力投身于淞沪抗战。在这场民族自卫战争中，千千万万军民民族精神之高昂，战斗意志之坚强，作战之英勇悲壮，在中国近代对外反侵略战争史上留下了光辉的一页。

淞沪会战是在以淞沪地区为中心的长江三角洲地域进行的一场规模巨大的抗日战役。淞沪会战战役规模之巨大，战场范围之辽阔，作战之持续，战斗之英勇惨烈，作战样式之多样，以及这一战役在国内外产生的影响之广泛与深远，在中国抗日战争历史进程中是极为罕见的。

淞沪会战在全面抗战战略防御阶段正面战场四大会战（淞沪、忻口、徐州、武

汉)中位列首位,打响时间最早,规模数一数二,陆海空立体作战的样式独一无二,全国从中央到地方的各派军事力量的参战部队最为广泛,是名副其实的抗日战争的第一个大规模战役。同样,以世界反法西斯战争的全局而言,在淞沪会战之前,1935 年至 1936 年阿比西尼亚(今埃塞俄比亚)人民进行了抗击意大利法西斯侵略的战争;1936 年至 1937 年西班牙人民进行了英勇的抵抗德国和意大利法西斯勾结佛朗哥集团发动的干涉战争。然而,分别在非洲和欧洲进行的这两场在西方最早打响的反抗法西斯的战争,其规模和影响远远不及随即发生在东方的淞沪会战。淞沪会战作为世界反法西斯战争东方主战场的第一个大规模战役的历史地位,是无可置疑的。

淞沪会战中日双方参战的兵员总数多达 100 万人上下。中国参战部队在 3 个多月战役期间先后投入的地面部队,折合为陆军师级单位,约为 85 个师,兵力总数达 75 万人以上。中国空军参战部队有 8 个战斗大队和 1 个暂编大队,海军参战的有 2 个舰队和 1 个练习舰队等部队。日本帝国政府和军部为实现其"速战速决"降服中国的战略目标,动员海、陆、空军相当大部分主力部队投入淞沪战争,并在一个时期里把对华作战的战略重心由华北战场转移到华东战场。日军参战部队总兵力在 25 万人以上。陆军部队先后组成上海派遣军和第十军两大作战集团,并于 11 月统一组成华中方面军,下辖有 9 个师团又 2 个支队(各相当于一个旅团)。日本海军部队参战的有第三舰队和第四舰队;空军分属陆军和海军,投入淞沪战场的有海军航空飞机 180 架,陆军航空飞机 210 架,共有作战飞机约 390 架。

淞沪会战主要是在当时中国的政治和经济中心所在地沪宁杭地区进行的,淞沪地区是会战的中心区。1937 年 10 月底以前,淞沪会战的主战场,是在苏州河以北,黄浦江以西,新泾及杨泾港以东,长江以南的地域。而淞沪会战整个战场范围则比淞沪地区远远为大。从会战的全过程而言,除上海市区(不含公开租界苏州河以南区域和法国租界)外,还遍及其时江苏省所属的宝山、嘉定、川沙、崇明、南汇、奉贤、金山、青浦、昆山、太仓、苏州、吴县、无锡、宜兴、江阴等县市,浙江省的平湖、嘉善、海盐、海宁、桐乡、崇德、嘉兴、余杭、长兴、吴兴、泗安、杭州等县市,安徽的广德等县,以及江浙两省沿海的一部分岛屿。在这个广阔地带,中国军民同仇敌忾,一致奋起,对猖狂进犯的日本侵略军展开大规模的抗击。淞沪会战中国军队以劣势装备对抗优势装备的日军,在完全没有制空权和制海权、几乎没有大炮和坦克等重型武器的条件下,以大无畏的精神抗击当时号称世界军事强国的日本陆海空军达3个多月、110余天之久。这一会战1937年8月13日在上海闸北揭开战幕,先后经过了上海市区攻围战(8月13日至22日)、长江南岸抗登陆作战(8月23日至9月12日)、蕴藻浜南北阵地阻击战(9月13日至10月26日)、苏州河南岸阻击战(10月27日至11月8日)、杭州湾北岸和太湖南北撤退战(11月9日至12月2日)等5个阶段的持续作战。11月12日中国军队退出上海市区南市,标志着上海市区及其周边地区会战的结束;同年12月2日,江阴保卫战的结束,宣告淞沪会战的终结。

参加这场会战的中国广大官兵和人民群众前赴后继,浴血奋战,为战胜日本侵略者而战斗不已。在一百多天的战斗中,涌现了一批批威武雄壮、可歌可泣、在当时就为国人广泛传颂的英烈人物和英勇悲壮的战斗事迹。第八十八师进攻日本海军陆战队司令部之战,三十六师进攻汇山码头之战,九十八师姚子青营宝山城保卫战,十一师、十四师、六十七师四次反攻罗店之战,十一师东林寺战斗,第一师五次反攻王家宅战斗,三十二师火烧场和小朱宅战斗,九十师反攻狄泾东岸之战,税警总团保卫唐桥站之战,一三四师和一三五师顿悟寺、陈家行保卫战,六十七军松江保卫战,第七军吴兴、长兴阻击战等,以及空军的八一四空战,阎海文跳伞身陷重围而临危不惧、杀身成仁,沈崇海驾机撞击敌舰与敌同归于尽,海军鱼雷快艇"史181"号江阴金鸡港袭击日舰战斗等,都在抗日战争史上谱写了熠熠生辉的篇章。淞沪会战后期,谢晋元率"八百壮士"进行气壮山河的四行仓库保卫战,固守孤楼4天4夜,与数倍于己的日军拼战,击退敌军十余次进攻,击毙敌人200余名,全国军民为之振奋,同情中国抗战的国际人士为之动容。英国驻沪军队司令史摩莱少将目击中国军人英勇无比的战斗情景,发出了寓意深长的惊叹:从来没有看见过比中国"敢死队"最后保卫闸北更伟大的事情了。淞沪会战这一百多个日日夜夜,是自卫与侵略之间的对决,是正义与邪恶之间的较量,也是光明与黑暗之间的生死搏斗。尽管中国军队最后归于战败而被迫西撤,但是他们在这场会战中铸造的英勇壮烈的抗战业绩、崇高的民族精神和为国献身的牺牲精神,是永垂不朽的。

三、 波澜壮阔的抗日救亡运动与战事交相呼应

八一三淞沪抗战是一场大规模的抗日武装斗争,同时也是一场波澜壮阔、声势浩大的民众抗日救亡运动。上海各界民众面对日本军国主义的大举进攻,义

无反顾地奋起抗战，团结在抗日民族统一战线的旗帜下，以各种方式动员和组织起来，开展广泛而持久的抗日活动，全力支援军队作战。民众抗日救亡运动的战线广泛和全面，组织救亡团体，团结动员民众，开展抗战宣传，捐输财物支援前线，进行战地服务，救护难民抚慰流亡等，是这个运动的主要内容。轰轰烈烈的民众救亡斗争与前线爱国将士的浴血奋战交相辉映，铸成了中华民族全面抗战历史中光辉夺目的篇章。

上海是中国现代产业和先进文化的中心，是中国工人阶级最集中的城市，又是中国共产党的诞生地，上海人民有着深厚的反帝爱国斗争的光荣传统。1932年一·二八淞沪抗战时的民众抗日斗争热潮，开启了上海抗日救亡运动的先河。1935年一二·九运动之后，上海民众抗日反帝斗争新高潮曙光再现，各界民众群起组织救国会，救国运动如火如荼，上海成为全国抗日救亡运动的大本营。七七事变和八一三事变揭开了上海抗日救亡运动新高潮的帷幕，在全国全面抗战的大背景下，伴随着淞沪会战的发动和展开，一场规模空前、比以往的救亡运动更具群众性、全面性、组织性和持久性的民众抗日运动，登上了上海抗战的历史舞台。

八一三抗战时的民众救亡运动，是在中国共产党创导建立、以国共合作为基础的抗日民族统一战线的旗帜下发动和进行的。中国共产党及其在上海的党组织，始终坚持中央关于抗日救亡运动的正确方针政策，以坚定彻底的爱国抗战立场、艰苦深入的群众工作和模范的抗战行动成为救亡运动中团结战斗的核心，引领和影响民众救亡运动向前发展，并与国民党当局和中间党派团体合作，共同把救亡运动推向前进。1937年5月，中共中央委派刘晓来上海整理和恢复党的组织。刘晓离延安赴上海前，毛泽东、张闻天、刘少奇都与他做了重要谈话，对党在上海的工作和民众运动的领导问题作出指示。七七事变爆发后，中共中央指示由刘晓、冯雪峰、王尧山组成三人团，作为上海党组织的领导核心。为适应抗日救亡运动新高潮的到来，三人团决定成立工人运动委员会和群众工作委员会，积极开展抗日救亡的群众运动。7月上旬周恩来在上海会见潘汉年和刘晓，并作了谈话。对党在上海的秘密工作和民众抗日救亡运动的恢复和发展，作出了重要指示。同年8月，原中共驻上海办事处改为八路军上海办事处，先后由李克农、潘汉年任主任。11月，中共江苏省委在上海成立，刘晓、刘长胜分任正、副书记。江苏省委根据中央指示，在工人、职员、文化、学生、妇女、难民等几大系统设立党的委员会，领导上海各界民众的抗日救亡斗争深入持久地向前发展。

在抗日民族统一战线的旗帜下，上海各阶层各行各业的爱国力量万众一心，迅速聚集，各种救亡团体如雨后春笋般地涌现。自七七事变爆发，至淞沪战役结束，上海各界民众的抗日救亡团体约有180个，组成了民众抗战的强大阵容。这是救亡运动新高潮的一个主要标志。救亡团体是民众救亡斗争的组织中心和活动中心，联系的群众极为广泛，从政府机关的公务人员到外商洋行职员，从产业工人到民族工商业者，从教师到学生，从艺人到报人，从城市贫民到乡间农民，从企事业职员到家庭妇女，从基督信徒到寺院僧侣，数量之多，范围之广，动员面之大，为上海人民革命运动中前所未有。这一切表明，八一三时期的救亡运动具有全民性的特征。

上海文化界的救亡团体，是众多救亡团体中最为活跃、最具影响力的组成部分。在中共三人团的指导和推动下，上海文化界由胡愈之、蔡元培、钱俊瑞等发起，在原文化界救国会的基础上组建救亡协会。1937年7月28日，全国最早的群众救亡协会——上海市文化界救亡协会宣告成立，蔡元培、潘公展、胡愈之、沈雁冰、钱俊瑞、张志让、巴金等83人出任理事。这是上海文化界抗日民族统一战线的救亡团体，共产党人在其中居于政治领导核心地位。文协成立后，文化界及与文化界有联系的救亡团体纷纷参加进来，成为团体会员。至8月底9月初，文协已成为上海文化界及有关的各个救亡团体的大本营。它拥有73个团体会员，5 000名以上的基本群众。以文协为中心，上海文化艺术界的救亡团体风起云涌，上海文艺界战时服务团、中国诗人协会、上海青年作家救亡宣传团、上海文艺界救亡协会、国民歌咏救亡协会、漫画家救亡协会等纷纷成立，开展各种抗日文化活动。与此同时，上海工界成立的工人救亡团体达到40余个，职业界成立了上海职业界救亡协会，教育界成立了上海教育界战时教育服务团。青年学生们组织了上海学生界救亡协会和青年救国服务社等团体。

声势浩大的抗日救亡宣传是上海救亡运动中最具影响力的组成部分，发挥着动员群众、引领社会舆论、团结教育军民、揭露和打击敌人的作用。在抗日民族统一战线的旗帜下，上海全市各方面宣传大军，以高昂的爱国激情和强大的力度开展抗日救亡宣传，其威力之盛，声势之大，在上海历史上从未有过。在新闻战线，国共合作主办的由郭沫若和夏衍主持的《救亡日报》、邹韬奋主编的《抗战》三日刊，由于其坚定正确的抗日爱国立场，旗帜鲜明的时事评论和生动活泼的新闻报道，成为救亡报刊的旗帜。茅盾、巴金主持的《呐喊》周刊，金仲华、沈兹九、张志让、郑振铎等主办的《战时联合旬刊》，艾思奇、施复亮等主持的《文化战线》旬刊，章乃器、夏征农、章汉夫等主持的《前线》三日刊，华君武主编的《救亡漫画》，柯灵主编的《民族呼声》周刊，职业界救亡协会主办的《救亡周刊》等大批刊物，都以新锐之势轻装上阵，成为抗日救亡宣传的生力军。《申报》《大公报》等历史悠久的大报，也旗帜鲜明地举起民族解放大旗，为抗日救亡鼓与呼。在文艺战线，话剧界救亡协会发动和组织上海电影、戏剧、曲艺各界演员，成立了13支演剧队，深入淞沪前线和大后方，演出《保卫大上海》《为自由和平而战》等剧目。音乐界由冼星海、何士德、沙梅、周巍峙等主持的国民歌咏救亡协会，广泛开展抗战歌咏宣传活动，《义勇军进行曲》《救亡进行曲》《大刀进行曲》《保卫中华民族》等歌曲响彻上海的大街小巷和公共场所，强烈地激励着广大民众为民族解放而战。在历时4个多月的持续推进的救亡宣传活动中，上海宣传战线还根据淞沪战局的发展，组织了几次集中性的大规模宣传活动，掀起全市性三次宣传高潮。9月中旬在九一八6周年纪念时，开展了精神国防运动宣传高潮。10月上旬发动了国防纪念日宣传高潮。10月下旬掀起了保卫大上海运动宣传高潮。第三次宣传高潮中，全市115个救亡团体参与发起，出动983个宣传队，近5 000人投入各项活动。这些集中性宣传活动，规模浩大，影响广泛，显示上海抗日救亡的声势。

四、 民族抗战精神产生世界性的积极影响

八一三淞沪抗战在中国近代反对外国侵略的战争史上是一次壮举，在第二次世界大战历史上也是一场重要战役，谱写了中华民族解放斗争史上灿烂的篇章。中国军队在这场会战中最终是被击败了，中国军民做出的牺牲和遭受的损失也极为严重。然而，淞沪抗战为民族独立和人民解放作出的重大贡献是不可抹杀的，它在中国抗日战争和世界反法西斯战争中重要的历史地位是永远不可磨灭的。

淞沪抗战给了不可一世地向着华东要地和长江战略地带疯狂进攻的日本侵略军以迎头痛击，狠狠地打击了它的嚣张气焰，消耗了其相当一部分有生力量和武器装备，毙伤日军9万余人，延缓了日本侵华战争的进程，打破了日本统帅机关“速战速决”的战略计划。

淞沪抗战迫使日本军部前后4次增调援兵，不得不将侵华战争的主战场从华北战场转移到华东战场，从而分散和牵制了日军兵力在华北的集中使用，减轻了华北战场中国军队所受的压力，并有利于保护中苏两国之间的陆上交通线，也迫使日本统帅机关改变进攻山东的计划，“暂时取消山东作战”，这一切对于正在

展开的全国抗日作战是一个切合时机的有力支援。

淞沪抗战强有力地促进了国共两党的合作和抗日民族统一战线的正式形成和发展,推动了全国抗日运动高潮的到来。淞沪抗战更是直接地促进了上海各界民众在抗日御侮、共赴国难的号召下广泛地团结和联合,汇合成上海抗日救亡运动空前的新高潮。在淞沪抗战血与火的洗礼中,聚集和锤炼了一支坚强有力的抗日爱国力量,为尔后上海"孤岛"抗日斗争,为上海人民支援华中抗日根据地和西南、西北大后方的抗日斗争,准备了条件,奠定了基础。

淞沪抗战极大地振奋了伟大的民族精神,鼓舞了全国人民打败侵略者、夺取抗战胜利的斗志,增强了民族自信心和自尊心。淞沪抗战以千千万万军民的鲜血和生命彰显了伟大而崇高的抗战精神——天下兴亡、匹夫有责的爱国情怀,视死如归、宁死不屈的民族气节,不畏强暴、血战到底的英雄气概,百折不挠、坚忍不拔的必胜信念。淞沪抗战成为一部活生生的爱国主义教科书和一座令人崇敬的座右铭,在民族解放斗争中发挥了强大的精神力量。

淞沪抗战为上海和华东沿海沿江地区工业的内迁,物资、设备和企业单位的转移,文化、教育、科技事业和人员向后撤退,赢得了时间和条件,有助于掩护长江下游地区的抗日爱国力量向中南和西南腹地转移,这对全国持久抗战的坚持起了重要作用。

淞沪抗战在国际上也产生了积极的影响,对于中国实行抗日外交战略,孤立日本,争取国际社会支持抗战,创造了一定的条件和环境。中国军民在这场震惊世界的大战役中表现出来的伟大民族精神、坚忍不拔的战斗意志和强大的战斗力,使世界各国刮目相看。淞沪会战有力地促使国际社会开始重新认识中国,获得了更多人对中国的同情和支持,以及对日本侵略行径的谴责。

伟大的淞沪抗战,英勇的中华儿女,铸就了民族解放斗争史上一座巍巍丰碑。今天,在纪念中国人民抗日战争胜利70周年的重要时刻,我们怀着无比崇敬的心情,向在淞沪抗战中英勇献身的英烈,以及一切为淞沪抗战作出贡献的人们,表示深切的缅怀和真挚的敬意。当今,中国人民比过去以往任何时期,都更接近实现中华民族伟大复兴中国梦的宏伟目标。站在新的历史起点上,我们重温淞沪抗战的历史,就是要铭记历史,缅怀先烈,珍爱和平,开创未来,为实现中华民族伟大复兴中国梦而努力奋斗!

(本文原载《解放日报》,2015年8月13日第8版)

日本战争暴行

八一三抗战中日寇暴行录

陆耀宗

一九三七年的八一三淞沪抗战已过去半个世纪了。在五十年前的这场战争中,上海究竟有多少同胞死于日寇之手,至今尚未有较具体的记述和较确切的数字,然而随后发生在南京的大屠杀却正是上海屠杀的继续和扩大。从以下有限的摘录中,我们多少能从中窥见这一惨痛的历史。

淞沪抗战一开始,虹口、杨浦即刻成为战场,因此在当时被称为公共租界东区的繁华街市,首被殃及,那里的居民,首先遭到日军的残杀。据当时报载,自沪战开始,上述地区的居民多数逃入苏州河以南租界,但有部分人因不忍舍弃财产,而留下看守。日军占据该地区后,即有计划地放火。他们将火油松香等引火物向沪东热闹地段的各市街里弄民房搬出;使大片建筑顿陷火海之中,如有从房屋内侥幸逃脱之人,又被日兵以刺刀洞穿。日军在东起公平路提篮桥,西至乍浦路这一区城内纵火达数日,当时烈焰腾空,浓烟相接,有数里之遥。经数昼夜的焚烧蔓延,沪东精华,尽付一炬。仅该处被焚房里就达一万四五千间以上,财产损失不可胜计。

有数百年历史的老城区南市,自中国军队撤退后,即被日寇四处放火。南市成片的建筑都被火海吞没,冲入云间的火焰一望无涯,而逃出火窟的人群,又被拦在路口的机枪尽数击倒。在日寇登陆的宝山、川沙、金山各处沿海几十里,几乎见不到完整的房屋,所有村庄集镇,都成了瓦砾堆,仅金山县山阳乡被焚房屋就有四千余间,烧死宰杀的猪牛无算,时值秋收季节,有五千三百亩水稻和棉花被烧成灰烬。

会战期间,日机还频繁地轰炸市内各工业区和郊县。据报道,十月六日清晨,仅北火车站周围,飞机投弹达三百枚之多,使得所有建筑尽成丘墟,唯一比较显眼的一座三层楼城堡式站屋，被炸得只剩一层。十月二十七日晨，沪西周家桥遭到十二架敌机轮番轰炸，使申新一厂、民生纱厂的建筑物被炸塌，厂内机械棉花生财焚烧殆尽，死伤工人二百余。附近有小菜场，正值买菜高峰，经轰炸后，当场死亡百余人。国民党上海市政府在江湾规划建设的市中心新建筑，也被炸得檐折梁断，往昔宏伟的市府大厦、博物馆、图书馆、市立医院、游泳池、航空大厦只剩下断垣残壁。上海仅有的两个重工业工厂也遭到重大损失，江南造船所竟空无一人。记者采访了从战火中驶入上海港的一艘外轮，写了篇题为《两所房屋、两个华人》的报道。该轮船员讲到，从吴淞入口，见吴淞全镇已被摧毁，从吴淞沿浦江行至军工路发电厂，只有两所房屋略为完好；沿江一带只见到两个中国人在江边捞摸，但两人被日兵发现后，即刻乱枪打死。凡是日寇所经之处，剩下的只是瓦砾和浓烟，还有死样的寂静。

日本侵略者的屠杀政策在八一三事变中已暴露无遗，翻开当时的报纸，每天都有日寇杀害我同胞的消息，种种残酷手段，令人发指。一位日本记者说："像上海……这样的大城市，要确切统计其在战乱中所受害人数的多少，与其说是困难的，倒不如说是不可能的。"这席话包含了多少的苦难和辛酸。

在战争初期的虹口，由于祸起仓促，有许多人未能及时逃脱而躲避在家，日军却挨户撬开门窗入内搜查，遇有居民，皆用刺刀砍杀。以吴淞路、元芳路等处被杀最多，虽妇孺老弱也难免毒手。与杨树浦水厂毗邻的厚生纱厂留有六七十人，被日军发现后，即用机枪扫射，工人欲翻墙逃入水厂，被日军投掷手榴弹，仅数分钟，两厂工人死六十余名。当淞沪抗战进入后期，日寇占据闸北，又在金山登陆，更是大肆烧杀奸淫，诸种暴行，惨绝人寰。十一月五日，日寇在金山卫海滩登陆后，佩红袖章的专司放火，戴白袖章的见人就杀。金山卫城南门口的朱海、南门二村，被日寇守住村口和道路，将搜出来的百姓掀入河中淹死，推入火中烧死，或被赶到城门口集体枪杀。卫城内外火光烛天，尸横遍地，无辜百姓死于非命。村民陈生堂祖孙四代，除一九岁孩子在外幸免，七十三岁老人、抱在怀中婴儿，九人全遭残杀。沈春泉一家十人被杀光绝户。杀人取乐，这是日寇的又一野兽心理。山阳乡的一位怀孕妇女拖了两岁的儿子从火海里逃出来，却又被日寇推入火中，连同肚里的小生命活活被烧死。农民朱家和等三人，躲避不及，被日寇抓住砍去四肢，再把肢体和身子挂在织布机上，然后放火连屋一起烧掉，听着他们的惨叫声，哈哈大笑。十月二十八日，日寇把一批受尽侮辱的妇女，送到麦根路车站附近，先把她们的衣服悉行剥去，然后用绳子一一捆绑，使其不能动弹，将火油浇灌全身后，投入火中焚烧，一时哭声震天，臭气飘溢数里。川沙罗泾地区，一次就被杀害数千人，当地几乎无家不祭，当地人民把这一天称为“总忌日”。

残暴的侵略军，除了杀人放火，还奸淫侮辱妇女同胞，其无耻疯狂程度，用丧尽天良亦难以表述。敌寇占据一地后即四处搜查，遇有未及躲避的青年男子，均被杀害，年轻女子，莫不遭受奸污，稍有拒绝，即被残杀。日军在金山登陆后，一个士兵闯进山阳乡一农民家中，要强奸其媳妇，二人奋起反抗，农民当场被刺死，媳妇人小力弱，被强奸后戳死在床上。塔港农民杨宝根，在日军登陆的第二天被枪弹击伤，无法动弹。其妻外出想搞点吃的，路上碰到几个日本兵，将她野蛮地轮奸后，又残酷地将竹片插入下部，她被残害得奄奄一息，用了最后一点力气爬到离家不远的河边离开了人间。杨宝根见妻不归，出去寻找，见到妻子的惨状后，吊死在河边的树上。漕泾有个叫阿巧的妇女，怀有七八个月的身孕，日寇入侵时，来不及逃跑，被八九个日兵拉住轮奸而死。某村当时有十多个妇女，被日军集中关在一间屋里，任意奸污玩弄，并规定如有人逃走就全部处死。这个村子其他房子全部烧掉，却留下了这间，并用刺刀在墙上刻了“放火严禁”。金山卫城外的一农妇被日兵发现躲避之处，被拖出砸昏后，遭到三个日本兵奸污，在以后相当一段时间里，她在家中被监禁着，每天有好几个日本兵对她奸污，使她连续遭受数十个强盗的糟蹋。真是诉不完的耻，写不尽的恨，国难家仇，罄竹难书。

居住在非战区租界的市民也难逃日寇的炸弹。八月二十三日下午一时许，在浙江路南京路口，发生了一起炸弹爆炸大惨案。这个地点行人摩肩接踵，车道纵横交错，而此时正是职工中午上下班最繁忙的时间。炸弹落在先施公司（今服装公司）三楼阳台上爆炸，该处周围数百米商店的橱窗玻璃尽被震碎，包括新落成的永安公司的巨型橱窗。无辜行人惨遭横祸，在奔逃的人群中，有流着殷红鲜血的人，在接二连三地倒下来，马路当中和人行道上到处躺着断肢折肱的尸体，有一辆由东向西的双层公共汽车，被炸毁在浙江路口，车中尸体纵横，没有发现一个活人在内。这次惨案死伤共达七百余人，当场罹难者为二百一十五人。据一位目击者描述，一个中年男子的背部有个茶杯大小的窟窿，红得发紫的血不断从那里涌出来，当他倒下时，正用手帕去掩着伤口，但这个动作只做到一半，呼吸已经停止了。一个穿白衣黑裤的妇人，右臂虽被炸去，却还在乱哭乱嚷地奔跑，等她听到别人说她炸断手臂时，仅仅回首一顾，便不声不响地倒下了。永安、先施两大公司及附近商店，财产损失更是严重。据调查，这颗炸弹是日机所投，因为日军得到情报说，有中国高级官员在东亚饭店开会，因而下此毒手，造成了这一巨大惨案。日本侵略者在军事进攻中屡遭挫折后，变本加厉的用恐怖的残杀来对待手无寸铁的平民。八月二十八日下午二时，数千难民聚集在上海南火车站，在酷热与饥渴煎熬下，焦急地候车准备回家乡，来躲避战争的灾祸。突然十二架日机飞临上空，扔下十几颗炸弹。站台、天桥、车房当场炸毁，而聚成人群的难民则再次遭难，死者倒卧于地，伤者转侧呼号，残肢断首，触目皆是。难民们吓呆了，几分钟后才稍稍恢复了神智，响起了震天的哭喊声。更惨的是母亲死了，孩子还要她哺乳；孩子死了，母亲还将他紧紧抱在怀里。这次轰炸造成六百余人的死亡。这些难民，由于战火摧毁了家园，好不容易从死亡中逃了出来，谁知在非战区的火车站又惨死在炸弹之下。当时评论认为："南市一带绝无军事设备，敌机竟横加轰炸，残杀平民，焚烧房屋，此种绝无理性有背人道的举动，实可谓向全人类挑战。"在三个月的战争中，当时的非战区究竟落下了多少炸弹根本无法统计，造成重大伤亡的，也远远不止上述两例。

侥幸逃脱战区的难民，又会有什么命运呢？八月三十日，在杨行汽车站候车准备离沪的难民伤兵二百余人，几乎全部炸死；九月八日，由沪驶京的难民列车在松江被炸，死三百人；十月二十四日，松江西车站被炸，百姓仓促避难，许多人蜂拥躲进一狭小地下室内，致使四十余人窒息而死，此次轰炸死二百多。其余在南翔、苏州、嘉兴炸车事件无日不有，死伤难民在数万以上。所以逃出了火线的难民，逃不过杨行、松江，逃过了松江，逃不过苏州、无锡，无辜的百姓，仍然逃不出日寇的毒手。

在八一三事变中，上海究竟损失了多少财产，被烧毁了多少房屋和被杀害了多少同胞，已无法精确表达。但有一点则是肯定的，历史记下了这一切，日本侵略者留在中国土地上无数的"杀人塘"、"万人坑"，将永远不会消失。摘录侵略者的血腥暴行，既是告慰被惨遭杀害的死难同胞，更希望用鲜血换来的历史教训提醒后人，永志不忘。

（此文参考以下资料：《孤岛见闻——抗战时期上海》《八一三抗战史料选编》《日本侵华史实》《日本侵略军在中国的暴行》《抗战丛书第二辑——沦陷后的上海》《倭寇残酷行为写真》《淞沪抗战史》《金山县志资料》《小川沙侵华日军登陆处碑》碑文、《申报》《新闻报》《救亡日报》《立报》等）

（本文原载《历史教学问题》，1988 年第 1 期）

南京大屠杀的预演

——八一三日军在上海暴行考略

孟彭兴

(一)

上海控长江咽喉，扼东海要冲，是联外系内的辐地，东南形胜之都会。其开埠以来中外投资与经营的中心格局，以及与首都南京辅车相依，唇亡齿寒的门户关系，因此对于日本帝国主义具有强大的经济吸引力和重要的军事战略意义。为了打开通往南京的门户，彻底征服国民党政府与排挤西方国家在华势力，并用"以战养战"来作为扩大其侵略的支撑点，日本制定了一个用十天占领上海，三周攻陷南京，三个月灭亡中国的侵华战争时间表。

当日本帝国主义在上海发动八一三战争遭到中国军民英勇顽强的抵抗时，它即以横施暴虐与恐怖，妄图以消灭中国军民有生力量来削弱抵抗，实现其早日赢得中国战场胜利的急切愿望。松井石根受命担任上海派遣军司令官之初，即作过如果中国人坚持民族主义和排日情绪，就必须付出代价的表示。那个管外交的广田弘毅也说对中国要"决心予以决定性的打击"。因为日本帝国主义十分强调它发动战争的"膺惩"性质，它的目的"与其说是为了占领土地，毋宁说是为了歼灭、破坏和杀戮中国军队"。①

八一三战事爆发，不愿做奴隶的中国军民合力奋起抗战，于是在纵深不足20公里的淞沪战场上，即出现了一场百余万兵力和成千上万的枪炮、战车、飞机，进行海陆空立体的、"血肉磨坊"式的战争。但战局的胶着状态阻遏了日本

① 张效林译：《远东国际军事法庭判决书》，五十年代出版社1953年版。

侵略者速战速决的战略意图。于是它又置国际公法于不顾，在淞沪地区的罗店、北周宅、蕴藻浜等处，多次施放毒气。[①]这场残酷战争使中国方面损兵折将20万员。然而，事实远不止于此。日军的“所有兵团有一个共同的倾向，都不把中国人当人看待”，一个叫前田的日本人在国际法庭作证说：“日本军国主义分子曾通过中学和大学来培养日本青年的侵略思想。”长期而系统的封建武士道与军事帝国主义教育，十分恶劣地侵蚀着日本军人的灵魂。原中国派遣军下士官山冈繁后来忏悔说“当时，我们对日本民族抱有一种根深蒂固的优越感，而对其他民族采取蔑视态度。还有一种残忍的武士道精神，把杀人当做英雄行为……若无其事地干下了惨无人道的行为”。[②]日本军队中普遍存在着的此种法西斯主义的精神结构，几乎使每个日本军人在灵魂深处潜伏着一种魔鬼般的兽性爆发力。他们一旦侵入中国大陆，就“认为中国人是猪猡，对他们怎么干都行”，[③]丝毫也不必担心会承受人类良知的责备。从日军随行摄影记者河野公辉揭露的在某师团司令部所见一份借口“不容许共产主义的暴虐，为粉碎共匪的猖獗活动，农民、工人自不待言，直至妇女儿童皆应杀戮之”的文件，到第十军司令官柳川在杭州湾登陆时发表的所谓中国“山川草木都是敌人”的演说，以及占领南京后担负警备工作的中岛今朝吾对陆军中央人事局长阿南说的“中国人不论多少，统统杀掉”的狂言，[④]不难看出，日本军国主义分子在侵华战争中所做的种种残忍和凶暴的罪行，乃是日本军国主义者进行长期法西斯教育的必然结果。

在八一三战争中，随着时间的推移，吴淞、杨树浦、虹口、闸北、宝山、金山、松江、川沙等处，凡日军经略之地，无不惨遭日军铁蹄的蹂躏。即使非战区的租界和难民区，亦屡被轰炸和炮击。一位目击者在八一三战争结束时出版的书中写道：“上海战事爆发了，三百多万的上海市民，陷入炮火的灰烬中！闸北击毁了！南市大火了！村落扫荡了！住在上海和浦东的市民，财产被毁了，性命也牺牲了！”[⑤]这一切，正是一个月之后南京大屠杀的预演。

---

① 匡幼衡：《倭寇残酷行为写真》，战争丛刊社1937年版，第43页。

② 山冈繁：《我的体验：控告侵略战争》，载《新评》杂志，1971年9月号。转引自〔日〕洞富雄：《南京大屠杀》，上海译文出版社1987年中文版。

③ 松本重治：《上海时代》(中册)，第209页，见《南京大屠杀》。

④ 《对杀戮现场作证的随军摄影记者》等。引同上。

⑤ 《倭寇残酷行为写真》，第33页。

(二)

八一三战事一爆发,日本组建的上海派遣军就穷凶极恶地使用舰炮、飞机等重武器到处狂轰滥炸,不仅在战区,而且非战区,都深受其害。

中国空军为打击日军嚣张气焰,曾多次飞临浦江空袭日军出云号指挥舰,并与日机激烈空战。上海"租界护符和'外商'牌照并不能确保企业安全",屡遭炮火、炸弹殃及,造成外滩、大世界、先施公司等人群密集闹市惨案多起,死伤中外无辜平民计 4 488 人。①8 月 23 日先施公司突遭日机轰炸,"当场死伤职工、顾客以及南京路上行人近千人",连"隔路相对的永安公司也未能幸免"。②目击者叙说当时凄惨情景:南京路与浙江路交叉点上的群众,慌乱地向四处奔逃,流着殷红的鲜血的人,接二连三地倒下来。"一个穿白衣黑裤的妇人,右臂虽被炸去,却还乱哭乱嚷的向西奔跑。"③是日,有日机三架又空袭了枫泾,炸死居民 40 多人。镇中的来凤茶馆、新长理发店、祥通小学等 30 多间房屋被毁。28 日下午 2 时左右,日军又出动十二架飞机投弹 20 余枚,对火车南站进行轰炸。当时的南站为我沪杭甬铁路之起点,始建于清末宣统元年(1909),位于今南市区南车站路东,车站前路后拐角处,占地 275 亩,建造费用达五万余金。据民国《上海县志》记载,该站始建时乘客流量为 111 万人次,翌年即增至 450 万人次,到 1922 年又增至 600 万人次,为当时上海铁路交通重要枢纽。日军对这毫无军事设施的民用铁路站进行轰炸,使南站候车处月台、牲畜台、天桥、水塔、机车房、货物堆栈等设施毁于一旦。正在候车的难民和其他旅客死伤枕藉,计六七百人。死者倒卧于地,伤者转侧呼号,残肢头颅,触目皆是,血流成渠,泥土尽赤,景象之惨,无以复加。当时著名摄影家王小亭先生还拍到一张题为《南站空袭下的儿童》现场照片,成了揭露日军凶残的铁证。这一天,敌机又横窜南市上空投下燃烧弹多枚,使该地区房屋柱折梁断,硝烟弥漫,横倒的电线杆与满地的破砖烂瓦碎玻璃,折肢残骸,狼藉不堪。31 日,日机又将杨行汽车站候车难民、伤兵 200 余人,悉数炸死。甚至连我伤兵医院亦不放过,真如东南医学院伤兵医院,被日机炸成一片废墟。

据《长宁区地名志》记载,"八·一三战争爆发,闸北、沪东、南市等地区炮火

① 《"八·一三"战争史料选编》,第 89 页,《1937 年上海公共租界工部局年报》。

② 《上海永安公司的产生、发展和改选》,上海人民出版社 1981 年版,第 147 页。

③ 见《救亡日报》1937 年 8 月 24 日。

炽烈，境内周家桥和陈家渡也屡遭敌机轰炸。北新泾古镇一度夷为废墟。"日机对北新泾镇进行轰炸是在9月5日晨7时许，其时正是农村集镇最为繁盛热闹之际，镇中茶馆、菜市人群稠密，日军出动飞机16架，投弹数十枚，使该处死伤最甚。当日10时许，又有两架日机窜至该镇，盘旋侦察后复投二弹，并在附近的陈家渡投掷数弹，将候渡难民40余众炸毙，一艘泊岸面粉船炸沉。周家桥附近之远东木厂及顺昌石粉厂亦同时遭炸。总计伤亡达400多人。许多难民为避轰炸躲在一废置石灰窑洞中，竟成了日机集体屠杀目标。8日，上海发出的难民列车在松江车站被日机追袭，死亡300余人。11月11日在川沙新陆和龚路二处，日机轰炸扫射难民船，"因此河中死尸累累"①，为日军追杀难民典型事例。当时就有人揭露说："其余在南翔、在苏州、在嘉兴炸车事件，无一日不有死伤的难民在数万以上。逃出了火线的难民，逃不过杨行、南站，逃过了南站的难民，逃不过松江、嘉兴，逃过了松江、嘉兴的，逃不过苏州、无锡。"②

战局的胶着状态和战争时间的延宕，使日本军部显得异常焦躁不安。日军因此对上海地区的轰炸与炮击日益频繁，空袭的范围也日趋扩大，青浦、宝山、川沙、奉贤等地都在不同程度上遭受损失。以奉贤为例，该县境内的奉城、南桥、萧塘、柘林、钱桥、四团等集镇，莫不惨遭日机空袭。《奉贤县志》中，记述民国26年(1937年)11月3日、4日日军飞机、舰炮两次轰炸奉城情形：被毁的房屋有县衙、孔庙、魁星阁、积谷仓、育婴堂、言子祠、节孝祠、先农坛、奉城小学、奉城初级小学以及茶园、点心店等大批商店、公房民房，累计百余处，炸死13人。接着，日机又炸塌南桥的积谷仓、西庙、沈家花园祠堂；在柘林镇留下百余处弹坑；炸毁了四团镇上的棉花厂；空袭了钱桥，致使屋毁人亡，仓中积粮5万公斤同时被焚毁。当日机轰炸和扫射萧塘时，"姜阿囡与其丈夫躲在杨姓家竹园内，姜被炸得血肉横飞，肠子挂在竹子上，其丈夫携着她的被炸断的手腕到处狂呼，顿成疯癫"。在11月7日晨，敌机数十架又轮番空袭轰炸金山朱泾。第二天，又有30多架敌机出现在南市上空，向地面投弹百余枚。泊位于浦江的日军舰炮以及浦东沿江长12里计四五十门大炮，集中向南市地区进行排炮轰射。

日本帝国主义侵略者在上海的狂轰滥炸，造成千百万难民背井离乡。据截止当年10月初的不完全统计，已达130万人。这些"'手无寸铁'的人们，如今得

① 《申报》，1937年11月12日。
② 匡幼衡：《倭寇残酷行为写真》。

以脱离‘虎口’，自然是喜出望外了。然而，白渡桥上的人，拥挤得如钱塘江的怒潮，奔腾澎湃地在寻找出路”。[①]上海租界因不属于战争范围，得以进入租界避难的，高峰期达到70多万，但还有半数以上的难胞不得进入。《救亡日报》记者记述道：徐家汇慈云桥，难民似蚁遍布，老吟小嚎，横躺地上垂首沉默。地上几天的大雨还留着泥浆，泥水浸湿难民身体。他们已经等了一个多星期了。在老北门附近的民国路上，拥满了二万多难民，扶老携幼，站立在街头，几乎连坐的地方都没有。他们在这儿站立了已将近两天两夜的时间，吃喝的问题自然是不能解决。敌机成天地在南市的上空盘旋着，嗡嗡的声音不绝于耳，不时地有炸弹的声音。[②]即使得以进入租界的绝大多数难胞，同样处于饥饿、寒冷、疾病的死亡线的威胁之下。男人、妇女、儿童聚集停车处或商店橱窗的前面，有些人坐在人行道的边上，蜷曲着，背着兰包袱或卷席。据说因痢疾和饥饿而死亡者每天达200多人。[③]早在8月15日，法租界公董局就已下令关闭铁门戒严了。这就使大批奔涌而至的难民群困在南市，集结于老北门附近的民国路(今人民路)。时上海各界人士竞相扶助，相继筹建收容救济团体。据1938年上半年的统计数字，此类团体有200个。然而“僧多粥少”，广大难胞仍然困苦不堪。南市难民区“每天非发二十万只(馒头)不可”。为了争抢一只馒头，往往发生斗殴，打得头破血流。《救亡日报》记者还看到那坐在角落里的可怜的临产妇人，嘶着嗓子嚷着：“先生，给我一个馒头！”她已无法去拿发给她的东西，她的裤子被鲜血染红了，一个紫红色皮肤的死婴儿，躺在她的身边，令人不忍卒睹。记者跨出难民区时，迎面又碰到有1 000多人的“已经饿了四天四夜，都是奄奄待毙的”难民群，“他们步子是那样地沉重，是一群怨魂，是一幅活活的流亡图”。[④]

中国军队撤离后，日军对难民更肆意蹂躏。先时，法国天主教神甫、上海国际红十字会副主席饶家驹事前与中日两方商定，同意划出南市难民区，前后设收容所130余个，收容难胞10多万众。[⑤]南市沦陷，日军即在周围设立警戒区，从而使之成了变相集中营。日军又违背前约，经常闯入难民区，殴辱与拘押管理人员，向中国警卫人员开枪射击，搜捕难民中壮丁5 000余人去服苦役。他们还经

---

① 《上海一日》，华美出版社1939年3月10日版。

② 《救亡日报》，1937年11月6日、13日。

③ 《沦亡区域同胞的惨状》，第一辑，上海抗战编辑社1938年版。

④ 《救亡日报》，1937年11月20日。

⑤ 见上海《密勒氏评论报》发行的《中国的抗战》第一集。

常耀武扬威地恐吓群众，阻挠难民救济工作。

日军不仅对划定为战时难民区的南市犯下滔天罪行，并且还蓄意摧毁我中华文化。上溯到一·二八沪战，其有计划地轰炸上海东方图书馆、商务印书馆等文化教育设施已露端倪，使我损失 1 600 多万，而至八一三战争则更有增无已。日军诡称沪江大学校舍内藏有中国军人以武器向日军攻击，于是把位于军工路的沪江大学校舍悉数轰毁。8 月 23 日以后又集中轰炸了同济大学校舍，估计损失在数百万以上。暨南大学是一所有众多华侨子弟在学的高等学府，堂皇的化学馆、大礼堂、女生宿舍和初中宿舍等都在敌人的大炮和炸弹的爆炸声中遭到毁灭。据上海社会局截至当年 10 月 15 日公布的调查结果表明，全市高等学府被毁损者有复旦、同济、暨南、沪江、大同、上海商学院、上海法学院、同德医学院、国立音专等 14 所，损失约计 6 523 159 元；中等学校被毁损者有新陆师范、复旦中学、爱国女中、吴淞中学、市北中学、东南女体师及附中、同德助产等 27 所，损失约计 2 199 954 元；小学有闸北区 8 所、引翔区 7 所、江湾区 9 所、吴淞区 9 所、市中心区 3 所、殷行区 8 所等 44 校，估计损失当在 259 129 元。国民党政府规划建设的上海新市区被日军破坏劫掠更甚。市政府大厦、博物馆、图书馆、体育场、航空协会和市立医院大楼等处，无不檐梁折摧，疮痍满目，损失不下 186 万元。商务印书馆旧址又再度被炸。鉴此，我国以蔡元培为首的 102 位著名教育界人士，曾联合发表声明，谴责日本帝国主义“每以军事必要为借口”，不管其“距军事区域非常辽远，且绝与军事无关”，总要“有计划、有系统”地蓄谋破坏，“实为对于文明之大威胁”。①

日本侵略战争的浩劫使上海从繁华的峰巅突然惨跌下来。统计出来的数字令人惊心，工厂企业遭毁损者达 9 998 家，其中虹口、杨浦损失率在 70%；闸北为 100%；南市为 30%；近郊四乡为 50%。在中国军队撤离上海最后一块阵地后，南市在日军暴虐下化为一片焦土，损失率即上升为 100%。总计损失当在 8 亿元以上。战前，民族工业中屈指可数的工厂有 5 000 余家，除百多家内迁，遭毁损者达 3 175 家。这样，上海的产业工人也从战前 30 万人以上急遽下降，仅存 27 000 人。

这些横遭日军飞机大炮洗劫的工厂商店，统统列入日军战利品清单，掠夺殆尽。日军占领虹口以后，组织“清扫班”，“打扫战场”。沦陷区内，除被炮火摧毁

① 《立报》，1937 年 11 月 6 日。

或被焚毁者外，凡侥幸尚存的，不管是机器设备，还是原材料、成品等，都被洗劫一空。例如福庆机器厂已全部被烧成一片平地外，只有仓库一所幸存，于是库内所有的钢板、熟铁、洋元、引擎等各种材料二百多吨，全被日军“清扫班”押着五六十个小工搬上好几辆卡车运走。①其余如大新铁厂、明昌机器厂等亦均遭此厄运。另外，大隆机器厂被日军霸占后交内外棉接管，改称内外铁厂，后又易名大陆铁厂，专为日军制造军火。四郊所有民族资本经营的铁工厂如老公茂、大中华、三北、鸿昌等，均为日清公司霸持，由日兵驻防管制，不准原产权人进入。又如纺织、卷烟等行业，向为日人垂涎，乘此“良机”一并劫管，故即使“开设在租界内的华商纱厂等业，虽未受炮火损失，但在日军警备地区（苏州河以北的租界内），亦大都被劫管”。②并凭藉其军事力量对上海卷烟实行统购、统销、统配办法，进行垄断。③此次战争同时造成贸易的锐减，惨跌 80%，估计损失当在 30 亿元以上。

（三）

日本的侵略，毁灭了上海民族工商业和中华民族走向繁荣文明发展的时机，同时严重危害上海人民的生命财产。日军占领后海盗式的烧杀奸掠暴行，简直达到了令人难以置信的程度。

日本帝国主义发动八一三战争的主要攻击目标是国民党南京政府，企图消除其“大东亚”美梦和争霸世界的“背后威胁”。为使中国在短时间内“完全丧失战斗意志”，取得彻底解决的战争效果，日军早就预谋要血洗当时中国首都南京城了。然而，“可怕的屠杀、掠夺和破坏，并非从日本军攻入南京时才开始的”，《远东国际军事法庭判决书》指出，“对都市或村庄居民实行屠杀……这就是日方所谓的‘膺惩’行为。这些行为在中日战争中一直未停过，其中最坏的例证，就是1937 年 12 月对南京居民的大屠杀”。④显然，在日军占领南京以前，它“早已对中国人民施加惨绝人寰的暴行”了。日本学者洞富雄在他的著作⑤中揭露说：“从上

① 《上海民族机器工业》，中华书局 1978 年版。

② 《恒丰纱厂的发生、发展与改造》，上海人民出版社 1958 年版。

③ 《上海市工商联史料》第 61 卷，第 9 页。

④ 张效林译：《远东国际军事法庭判决书》。五十年代出版社 1953 年中文版。

⑤ 〔日〕洞富雄：《南京大屠杀·“皇军”也在上海和南京之间进行破坏活动》，上海译文出版社 1989 年中文版。

海到南京，日本军在急起追击中，一路上有许多城市和村庄都同样遭受了毁灭性的战争祸害。受害者不仅仅是日本军路过之处或驻屯地”，他引用臼井胜美在《日中战争》一书中的话说，“方园达十公里至四十公里，所有农民房屋被火烧，他们的财产被掠夺，有的人被拉去当壮丁”。被绑架当壮丁为日军做苦力的同胞，往往有去无回，不是累死，就是被杀死。《金山县志》中载调查资料云：该县山阳大兴村盛火祥，被日军拉夫枪杀在倪家村卖盐路上；盛福根被日军拉夫不归，家人四出寻找，结果在金山嘴找到尸体，肚肠流满一地已生满蛆虫；跃进村王水金被日军强迫肩扛扶梯，站在河水中当做“人桥”，日军过河后又举枪把他打死了。有一个叫陈光秀的南京老人回忆当年日军血洗汤山镇许巷村时的情景揭露说：“还有一些从外地被日本兵抓来做苦力的人，事后被日本兵用刺刀将心肝五脏都挖了出来。”①简直难逃魔掌。

一个美国公民在他的《中国之毁灭》②中这样写道：“如果有人相信，日本军在这个国家里正在改善中国人的生活，要他们过幸福的生活，就叫他前往上海和南京一带走一趟，在那约两百英里的地方，可以让他看到令人难以置信的荒废和遭受破坏的情景。”日人小川平吉曾经在他的日记中透露出这样一个事实，他说：“从上海回来的松井七夫(松井石根之弟)那里，听到了新的情况：战地荒凉、掠夺和强奸、中国要人在建立新政权问题上困难重重等，许多情况是一般人，所不了解的。”原来这就是日本侵略军统帅松井石根所谓的“降魔的利剑现已出鞘，正将发挥它的神威”③咒语驱动的“膺惩”效应。此乃人类异化了的磨牙吮血的日本武士们的表演。他们被组装成一部杀人机器，践踏人性，犹如恶鬼般地凶残，制造着成批的冤魂。因此，美国著名作家埃德加·斯诺在他《为亚洲而战》中批判说：“在这个世界上的任何地方，也不会有人像日本军队那样将人格堕落的形象深刻、彻底而有组织地暴露出来。”当时斯诺受国际救济委员会委派，在上海和南京之间做了实地考察之后，终于得出了这一结论。他还认为，“在上海和南京之间的进击中，估计有三十万人为日军所杀害”。这一估计想必应该包含上海郊县居民的部分被害数。

对日本侵略军来说，他们在中国土地上作恶，发泄兽性，拆毁民居、家具作柴爿烤火，“甚至将大便屙在盐民家烧好的米饭和油甏内”，非但没有丝毫罪恶的感

① 《南京大屠杀史稿》。

② 《中国之毁灭》，见《密勒氏评论报》附录，1938年3月18日出版。

③ 杨寿林：《审判日军甲级战犯纪实》，见《抗日风云录》(下)第389页。

觉，反而当成寻欢作乐，以此作为获得满足的“快感”。他们像进行一项消遣运动，在心理上“与其说像听歌曲般的那样舒适感，莫如说更像工作完了以后在小酒馆里疯狂喧嚣的欢乐感”，所以他们“首先考虑的不单是屠杀，而是怎样屠杀才能使他们取乐”。[①]于是，把上海男女老少作泄欲对象的诸如枪击、刺杀、砍头、刀劈、破肚、水溺、火烧、挖心、割乳、捣割生殖器、摔掼打夯、铁丝穿锁骨的捆绑以及活埋等各种各样荼毒生灵的虐杀手段都被开发出来，并加以推广。

战争乍起，不少民众因枪声迫近不及逃避，只得蛰伏家中。日军进入虹口一带，三五成群任意打劫民家，残杀平民。更在江湾一带放火焚烧商店民房，对逃出的妇孺，一律杀死。一队占领了东汉璧礼路(今东汉阳路)的日军，借口搜索中国士兵，在永祥北里挨家挨户撬开门窗入内，遇有居民，虽妇孺老孕，皆用军刀枪刺砍杀，“一个男人不愿离开自己的房子，给日兵在大腿上刺了一刀”，[②]结果可想而知。其时，从周家嘴路起到元芳路(今商丘路)一带，火焰烛天，商店、民居都被一烧而光。8 月 21 日，一小队日兵发现厚生纱厂内躲藏着六七十个中国百姓，冲进去架起机枪扫射，还投入手榴弹。10 月 27 日，日军侵占闸北，随即大举纵火焚烧，夜以继日，烟云蔽天，绵延数里。恒丰路、共和路周围仅烧剩下一幢三层楼房的钢筋水泥骨架。根据当时的某些外籍经济专家的估算，闸北那场大火，“损失最少在二万万元以上”[③]。南市是上海的老城厢，历来繁华热闹，商店、民室鳞次栉比，人口密度极高，先经日机轰炸，继被日兵沿街沿巷放火，“激荡中的火势，就仿佛大海中被暴风雨掀起的波浪”，“无数个同胞的生命，葬送在火窟中了。”[④]灭绝人性的日军又封锁着路口，像捕食猎物的饥饿豺狼，“架两架机关枪”，对着从火口逃生的难民们扫射，“只要是被射中的，没有一个还跑得出来”。四五天不熄的大火，使华界最繁荣地区整个变成焦土，财产损失达“五万万元以上”，流离失所者达二三十万人。

日本侵略军以其特有的暴虐树立了它现代海盗式的武装形象，出现在侵华战争的历史舞台上。他们蓄意制造祸端，为非作歹，对上海人民和中国人民犯下了滔天罪行，仅奉贤一县即被烧杀不下 40 次。如萧塘地区的程何浜、梁港、陆家堂、张家堂、圈子里等 25 个自然村；钱桥地区的南张宅、何家埭、草场角、西张宅

---

① 〔日〕森山康平：《南京大屠杀与三光作战》，四川教育出版社 1984 年中文版。

② 《救亡日报》，1937 年 8 月 24 日。

③ 《立报》，1937 年 10 月 31 日。

④ 《救亡日报》，1937 年 11 月 17 日。

等自然村；邬桥北杨宅、镇西火神店、太平桥；胡桥迎龙庙、常兴庙；四团五墩涵水庙以及齐贤、青村、泰日、庄行、头桥等集镇和村庄，均遭不同程度的焚烧劫难。金汇全镇被日军用火油浇泼，烧得通红，彻夜不灭，焚毁房屋700余间。残酷的暴行往往继续到每次战斗后，行军途中、驻扎宿营之时，甚至沦陷之后仍在持续进行中。其恶行不仅为一般文明人所不能想象，而且连未开化的野蛮人都望尘莫及。《奉贤县志》资料记载说：在柘林地区，日军将海野村"房屋全部焚毁，一户盐民全家5口被活活烧死"。在奉城，"日军杀死打油工人茅石郎和农民张阿林，并将5名群众用铁丝穿肩，推入今奉城乡文化中心西南一小河浜活活淹死。在此小河浜内先后被残杀者达数十人，其中一次就达13人，至今犹称'杀人塘'"。"谊海乡贫农袁少英被活埋于院后"。在钱桥地区，"今竹筱村六小队王忠的父亲，在海滩放牛，竟被日军当做活靶打死"。在南桥的周围烧杀过程中，"72岁的罗引南（女）被日本兵剖胸挖心而亡"。"姚家行西汤家宅农民汤仁其被日兵枪伤，其妻怀孕在身被枪杀，胎足外露"。①可见其一斑。自然，这种残忍并非偶然，亦非止于一处。《金山县志》也有资料记载："倪家村姜连生、江阿大等八人，被押到小河塘边，江阿大被开膛剖肚，黄阿大被砍头，姜连生等被戳十余刀"。"朱泾乡引家库严生云，被日军捉到吕巷，绑在廊柱上，用烟头烫头和耳朵，用刺刀戳他的脸，并一再把严抛到河里取乐。最后把他拖到三星桥边一个小坟上，20名日兵排着队轮番把他当活靶子练枪刺，活活刺死"，②酷烈与残忍，实在令人不忍卒读。

日军对于已经解除武装，失去抵抗能力的中国士兵，无论战俘或伤员，一概更要斩尽杀绝。他们屡屡搜寻目标，轰炸我方撤离阵地的伤兵和伤兵医院，追踪空袭我红十字会战地救护队。八一三期间，上海佛教界人士组织了一支僧侣救护队，第一分队在分队长正道法师率领下出入江湾、闸北、大场前线抢救受伤战士不下万人。某夜，该队出发大场，摸索前进，闻我方伤兵呻吟声，即令担架员输送登车，被敌机侦悉，随即枪声大作。《倭寇残酷行为写真》则记录着我方被俘伤兵十余人在宝山罗店被"钉在壁上惨死"的事例。奉贤县志《日军暴行录》中也记载说，中国军队撤退后，有国民党某部连长李伯全，收集散兵游勇组织"县政府"和"奉南川县联合指挥部"，不久被日军缴械俘获，连同杂务陈阿林等在内计百人左右，其中广东、福建籍军人占60%，被用花包索捆绑串扎，押至姚家行，日军酒

① 《北桥地区日寇罪行录》，上海县志办1982年10月编印。

② 《奉贤县志》，上海人民出版社1987年版。

足饭饱后，以卡车灯光作照明，狂笑乱叫着将俘虏逐一刺杀，推入河中。时有南桥潘兰堂水果行的短工何阿木，出于好奇观看而被日兵招手排入队列，一并杀戮。①在上海县原北桥积谷仓，当时关押着一批被俘的国民党军队的士兵。约一个月后，日军强迫他们在积谷仓前的院子里挖一大坑，挖好后强逼他们跪在坑沿用机枪扫射，一次就杀了30多人。②日军又屡屡擅造口实屠杀无辜平民。如奉贤县程何浜农民陆根生，因妻临产未能逃避，另有曹火生、万小姑娘、陆福根、万德胜、侯银楼、陆阿关几个乡邻亦来他家躲藏，均被日军诬称“支那兵”予以捆绑，关进小屋屠杀，仅万德胜一人破窗泅水脱逃。在青村港，日军把逃难民众中“凡腰束皮带会立正的都被刺杀”，一次就达30余人。③

日本侵略者在宝山方面的屠杀情形同样十分惨烈。一对老年夫妇带着他们一个孙儿逃出宝山后对《救亡日报》记者心有余悸地述说自己的见闻：“宝山县不得了，遍地都是死尸……”。该县城莅临海滨，为江口重镇，日军沿长江岸登陆后，主要目标即宝山和罗店，倾其全力集结陆海空炮火猛攻，以沟通其沿海阵地。宝山城中国守军姚子青营与敌奋战，全部殉难。日军破城后，将不及逃走的居民四五百人尽数射杀。城内有一个姓王的小学教员，两目被挖去，又被日兵用火活活烧死。④接受采访的这对老人的儿媳是在遭到日兵强奸后被杀戮的。民国19年(1930年)仅宝山县城统计，有36 475户，共162 006人，然而经过八一三沪战至民国27年(1938年)仅存17 883户计59 811人，所剩居民仅为战前人口的36.9%。该县罗泾地区，在8月23日(农历七月十八日)午夜，日军自川沙河口登陆不到百天就在罗泾地区杀害无辜群众达2 444人，毁房10 908间。当地群众都把这一天作为“总忌日”。⑤

在苏州河沿线，日军屡遭挫折，进展维艰，于是不得不改变战略，企图在长江口的浏河一带登陆。可是仍未得逞，只得改在11月5日拂晓突袭杭州湾，分别于乍浦东北的金山卫、全公亭、曹泾镇三处登陆，而后奔袭松江，包抄我浦东驻军后路，威胁沪西前线抗日战局。

从金山卫登陆之日军，其一部组织两队，分缠红、白两色臂章，专司杀人放火

---

① 《金山县志》，上海人民出版社1980年版。

② 《姚家行大屠杀》，闻海堂等口述，徐志明等整理，载《奉贤县志资料》第5辑，1983年5月编印。

③ 《奉贤县志资料》，第48期“日军在程何浜的烧杀”；第39期“青村地区日军罪行录”。

④ 《救亡日报》，1937年8月21日。

⑤ 《宝山县要览》，宝山县志编纂委员会编，1987年12月。

之职,一路烧杀前进,血洗卫城。不论路上田间,凡视觉所及即放枪杀死,顿时把金山卫城及周围村庄投入烈火与血泊之中。现有《金山卫城南门侵华日军登陆处》碑记其事曰:

> “日军侵占卫城后,屠杀居民一千零十五人,焚毁房屋三千零五十九间,腥风血雨,惨绝人寰。”

据该县志办的有关调查材料[①]表明,这些群魔分兵北进血洗了首当其冲的朱海、南门两处:“侵略军把守住村口和道路,挨户敲门把老百姓赶了出来,有的被掀入河中活活淹死,有的被捆绑后推入火中活活烧死,有的被赶至城门脚下枪杀。”仅此两个小自然村,即有71人被杀,94间房屋被烧毁。日军在西门镇把居民鲍迪卿等12人拉去做苦力,而后把他们捆绑在一根绳索上拖到镇北用刀砍、枪刺残杀,推入泥坑。东门外的朱家和、沈友根和盛阿美三人,被日兵抓到同村胡阿四屋里,将他们的四肢砍掉,然后点火连人带屋一起焚烧。一个叫李泉宝的妇女躲在乱坟中也难幸免,犹有怀中7个月的婴儿伏尸吮乳。西门外西北村农民潘阿木,见日军烧房杀人,悲愤至极,乃奋作博浪飞椎,被日兵在头、腰、肩、腿数个部位连刺五刀,昏死在地。在城内十字街行走的熊阿大,被过路日军一刀劈在脸上,脸皮挂在头颈边,夜里苏醒后忍痛爬回家中,于次日晨又被日军拖至杀人塘活活戳死。诸如此类,不胜枚举。

除了疯狂地烧杀外,日军还肆无忌惮地强奸妇女,发泄其兽欲。诚如《崇明沦陷记》作者揭露:“由是桑间濮上,权作交合场所,甚至白昼宣淫,赤身裸体,恬不知耻。……一般女性鉴此暴行,都毁容乔装,匿于滨海浅岸间”,“朝出而暮返,栉风沐雨,苦不堪言”。妇女同胞在日本侵略者的铁蹄之下呻吟、挣扎,每一个事例,即是一摊辛酸悲切的血泪,构成一个恐怖的故事。1937年冬,在胡桥缺处某妇女遭到日军轮奸后投河自尽。在齐贤镇上,有一个妇女当场被日军轮奸致死。

凡是被日本兵遇见的,无论白天黑夜,也不管在什么场合,不问年龄老幼,无一能幸免其害的。金卫城北门外仓头村沈金祥的60多岁老母亲遭到日兵无耻的蹂躏。川沙杨桥、潘姚等处,日军奸淫摧残妇女10余人,其中年少的仅15岁。驻周家渡的日军宪兵分队,横行于白莲泾、大道站、荡里等地区,糟蹋过不少妇

---

① 《日军侵占金山卫》,金山县志办公室朱春生整理。

女,年龄最小的仅13岁。《奉贤县志资料》记载说:“3名日军在金汇何家渡口附近轮奸一名13岁少女,女孩呼救,其母惧怕自身遭害,亲耳所闻而不敢相救,此女因此夭亡。”整个盐场地区,当时被日军侮辱强奸的妇女不下四五十人。“有位年仅13岁姑娘,1937年被七八个鬼子轮奸,致使下身流血不止,不省人事……”。即使对怀孕妇女,日兵也绝不放过。在金山仓头村,他们强奸了孕妇董金宝后,将她连同3岁的儿子一并杀戮,抛入已有32具积尸的长鱼塘中;沙积村有个叫阿巧的妇女,怀孕已达8个月亦被他们轮奸致死。奸杀、奸后惨杀,以及性变态虐待狂的不可名状的侮辱,达到了令人眦裂发指的地步,例如:

> (崇明)“寿安寺某姓女,年方十二,发育未全,寇以刺刀刳其私,痛极而亡”。
>
> (金山)“塔港农民杨宝根……妻子陆阿月被日军轮奸,又遭竹片插入阴部而惨死”。“杨家村妇女裴引宝,被日军割去一只乳房后刺死”。

被辱妇女稍作抗拒,即加残害。川沙凌桥乡“顾某之妻被日寇追逐,越河三条,终被戳死于朱家宅附近”;“陈行村一妇女,遭日寇9人追逐污辱,她奋力反抗,日寇野蛮地将她的手指剁掉,在她后脑连捅三刀,活活杀死,尸体投入河中”;奉贤江海乡“张翁庙处有位妇女,因反抗日军暴行,被斩断左手四个指头和割掉乳房”。日本侵略军野性的放纵和人性的堕落,可谓已到无以复加的程度。当“5名日兵在胡桥法华镇北竟当着产妇丈夫的面进行轮奸”寻求刺激的时候,充分地暴露了他们人格和军纪的堕落!就在他们寻欢作乐以获取兽性“快感”的同时,又会不可避免地发生屠杀被害者家人事件。有资料表明:日本在金山登陆后,一个日兵闯进山阳乡一农民家中,要强奸他的媳妇。二人奋起反抗,农民当场被刺死,媳妇人小力弱,被强奸后,戳死在床上。除了分别强奸、轮奸外,日军甚至实施大规模的集体轮奸。如在金山海光村,他们把10多个妇女关在一个屋子里共同施暴,恣意猥亵强行奸污;在张堰镇东天主堂的密室中,他们对躲藏其内的20多名妇女集体奸淫,无一幸免。遭难妇女中,绝大多数没能逃脱被虐杀的命运,10月28日的屠杀是一个较为典型的事例。[①]是日,日军把一群受尽凌辱的妇女

---

① 上述资料见《奉贤县志》、《金山县志》及《上海市中共党史学会年会论文集(1988年5月)》第370页。

同胞押到麦根路(今淮安路)车站附近,虎狼一样的日本兵先剥光她们的衣裳,用绳索将她们一一捆扎起来,再把汽油浇泼在她们的身上,然后又把她们一个一个投入燃起的熊熊大火。绝望痛苦的哭声和惨叫声夹杂着狞笑狂叫声,震颤着焚烧胴体散发出焦臭味的污浊的空气,那是一个难以笔墨形容的凄惨世界!

(四)

八一三,历史赋予这个数字组合以特殊的含义,载入了中日战争的史册。它除了刻画着中华民族团结抗战的反侵略爱国主义的英勇不屈精神,同时也记录下日本侵略者非人的野蛮与凶残。一个日本记者在当时就这样写道:"像上海……这样的大城市,要确切统计其战乱中所受害人数的多少,与其说是困难的,倒不如说是不大可能的。"①

一个美国公民曾感叹道:上海至南京之间,"这些地区,在六个月前是世界上人口密度最高的地区,也是中国最繁荣的地区"。②可是如今变成什么模样?今井武夫在他的回忆录中写道:"从上海到松江这三十里路程的范围内,宛如一片沙漠。但见未经收割的熟稻,倒在田里发霉,焦黑的废墟,毁灭的村舍,点缀着沿途的景色。"③日本法西斯军队的暴行,在当时就遭到国际人士的痛责。一位西方侨民指出:"松江是沪松路上的一个繁荣的县城,现在却呈现着满目荒凉、极度破坏的景象。"他揭露说:"所看见的生物,只有野狗,因吃了死人肉,而不自然地臃肿起来","松江全城,本来可以容纳10万人左右的居民,我却只看见5个年老的中国人"。④可见日本军国主义者在南京大屠杀之前进行这次预演的悲惨程度。

在八一三战争过程中,10月20日,日本帝国主义又组建华中方面军司令部,辖上海派遣军和第十军。上海战争一结束,这支部队又长驱直入,进逼南京,沿途继续进行大屠杀的预演。日本侵略军方面也不得不承认,"皇军在占领各地,暴行掠夺,放火奸淫,及其非人道罪行,虽经训示,但迄今不但未能绝迹,且日渐普遍"。⑤一个月之后,终于制造了惨绝人寰的"南京大屠杀"。

---

① 引见《1988年上海市中共党史学会年会论文集》,第370页。

② 《中国之毁灭》,见1938年3月19日出版的《密勒氏评论报·附录》。

③ 《今井武夫回忆录》。

④ 田伯烈:《外人目睹中之日军暴行》,正中书局1938年版。

⑤ 浙东游击队1938年2月初截获之敌军《行军及扫荡计划》,见《近代史研究》,1983年第2期,第167页。

日本侵略军在对华战争中所施的种种暴行绝不是偶然事件，而是一种“严密意义上的战争犯罪”。溯自近代1894年以后的半个多世纪里，日本军国主义者屡次发动对中国的侵略战争，每次都使中国人民蒙受重大的人为灾难，充分暴露了它的狰狞面目。例如在甲午战争中，日本在旅顺的四天大屠杀。据史料记载，日军攻陷旅顺，缚数华人于一处，鸣枪肆击，复以利刃乱剁，直至被害者体无完肤而已，顿时街头巷尾，尸积如山，血流成渠，全市仅存居民36人。又如日军攻入威海，同样日夜烧杀抢劫，强奸妇女，甚至开棺戮尸。其种种罪恶，曾被当时美、英报刊斥为“蒙文明皮肤，具野蛮尸骨之怪兽”。其实，这是日本走上军国主义道路实施对外征服政策的必然结果，最终也为自己掘开了坟墓！

如今，那场战争已成了历史。中国人民以博大胸怀谅解了日本在侵华战争中的罪孽，并决心与日本人民一起，共同反对日本军国主义，制止罪恶的侵略战争重演。我们真诚地希望中日两国世世代代友好下去。而这种友好的基础和前提正是对以往的那段历史取得某种共识。中国人民永远不会忘记日本军国主义分子的丑恶形象及其在战争中制造的惨重罪孽。忘记历史的教训，不但是世界的灾难，也是日本的灾难。“前事不忘，后事之师”。这一富于哲理的中国成语，对于某些至今还不愿正视历史的人，仍是一个有益的提示。

（本文原载《史林》，1993年第7期）

八一三战争日本空军暴行

郑凤章

在历时3个月的八一三战争中，日本侵略者动用飞机400余架，从8月16日起至11月11日止，每日自朝迄暮，对上海市区、市郊县城及乡镇，滥施投弹轰炸不已，上海人民生命财产遭到最野蛮最严重的破坏、摧残和杀害。

摧毁工商业基地

闸北、南市，是上海华界两大工商业中心。在八一三日军入侵期间，日机每日少则几架，多则一百余架，对这两大工商业中心滥施轰炸，誉称上海华界工商业的精华付之一炬。据《闸北地名志》中记载，闸北有160家工厂，596家商店，全部被日机摧毁无余，变成一片砖砾废墟。当时《申报》报道：南市，东至十六铺、董家渡，西至日晖港，南至火车站，北至福佑路的工厂、商店几乎全被摧毁，损失殊重。

浦东、沪西，是上海华界大工业、大企业较集中地区，在八一三战争中。多遭日机轰炸，损失殊重。

浦东，中国酒精厂，9月13日下午3时许日机5架，飞往投掷炸弹20余枚，全厂被炸毁殆尽。同时，义泰兴煤栈南区亦落弹8枚，炸毁平房10余栋，工人平民受伤者20余人，当场炸毙者亦有10数人。其昌栈，是浦东最大企业之一，9月19日起屡遭日机轰炸，全栈变成一片废墟。张家浜电灯公司，10月17日下午1时许，被日机六架全部摧毁。华昌火柴厂，10月22日上午11时许，日机2架，连续投掷硫磺弹2枚，落于厂房当中，旋即燃起大火，全厂化为灰烬。张万兴船厂，10月30日下午1时30分，被日机2架投弹多枚，全厂被炸毁殆尽。（摘自《申

报》《中央日报》当日与次日报道）

沪西，中华面粉厂及附近一家铁工厂，10 月 5 日下午 4 时 15 分，遭日机数架滥施轰炸，房屋中弹起火，燃烧甚炽，历数小时始熄，全厂化为灰烬。大隆铁厂，10 月 12 日傍晚 5 时许，被日机 4 架投掷重磅炸弹一枚，半数以上厂房被日机 4 架投掷重量炸弹一枚，半数以上厂房被炸毁，并炸伤工人 4 人。民生纱厂，10 月 25 日，遭日机多次轰炸，损失甚巨。申新第一厂和民生纱厂两厂，10 月 27 日上午 9 时 30 分，被日机 12 架连续投掷炸弹 10 余枚，两厂之厂房、炉子间、棉花间均着弹燃起大火，内部机械、棉花生财均焚毁殆尽，仅存外廊屋宇数间，亦百孔千疮，破坏不堪，计两厂死伤男子工人 200 余人，断臂折腿，焦头烂额，呻吟于道旁，惨不忍睹。（摘自《申报》《中央日报》当日与次日报道）

此外，沪南龙章造纸厂。9 月 9 日上午 9 时许，被日机数架投掷重量炸弹 4 枚，厂房全被炸毁，并死伤工人平民百人左右。（摘自当日《申报》）

炸毁居民住宅

闸北。日军入侵前，不仅是一个繁华的工商业地区，而且是一个人口稠密、环境幽美的市民居住区，各式楼房、别墅遍布全区。在日军入侵后不到 3 个月的时间里，日机少则二三架，多则百余架，先后轰炸闸北 127 次，投掷炸弹、燃烧弹 2 780 余枚（按当时报纸报道数字综合）。据《闸北地名志》中记载：全部被炸毁的里坊弄 295 条，新村 2 个，自然村 16 个。部分被炸毁的里坊弄为数更多。幸存寥寥数栋，亦是弹痕累累，百孔千疮，极为冷落凄惨。市民无家可归者在 50 余万人之多。军民死伤惨重。当时普善山庄收尸，最高一日达 7 万具之多。

南市，位于上海市之东南部，城厢古老，人口稠密，文化古迹众多，是上海市的发祥地。在八一三战争中，日机从 8 月 19 日起至 11 月 11 日止，先后轰炸南市 69 次，投掷炸弹、燃烧弹 850 余枚（按当时报纸报道数字综合）。市民住宅被炸毁者不计其数，无辜市民死伤众多。如 11 月 11 日，大批日机，数度飞至南市各地滥施轰炸不已，先后投掷炸弹、燃烧弹不下百枚。西至日晖，东至十六铺、董家渡，南至火车站一带，到处是大火熊熊，浓烟滚滚，与浦东大火遥遥相对，延绵竟达数里不绝，直至深夜，大火仍在猛烈燃烧中。据悉，全市房屋几乎全部被焚毁殆尽，并有若干难民未及退出，多遭残杀身死，伤心惨目，莫此为甚。（摘自当日与次日《申报》与《中央日报》）

宝山，位于上海市北部，长江口南岸，明代设宝山千户所，清代置宝山县，县城历史悠久，人口众多。日机数十架，从8月31日起至9月7日止，连续8天8夜，对宝山县城滥施轰炸，先后投掷炸弹700余枚（按当时报纸报道数字综合）。炸弹爆裂燃起大火，昼夜不熄，城厢内外一片浓烟火海。宝山县城房屋几乎全部焚毁殆尽，变成一片焦土废墟。民众死伤不计其数，遍地尸体累累，不忍目睹。（摘自9月1日至8日之《申报》与《中央日报》）

松江，位于上海市之西南部，是一座历史悠久的古老县城。明代为全国33个大城市之一，到了清代，全城有街巷158条，牌坊169座，道光16年（1836年）城周9里3步。（摘自《松江县志》）。日机从9月8日起至11月8日止，少则二三架，多则十几架，先后滥施轰炸松江县城20余次，投掷炸弹440余枚（按当时报纸报道数字综合），人民生命财产遭到严重破坏和摧残。如10月29日上午9时许，日机12架，滥施轰炸松江县城，先后投掷炸弹200余枚。县城内外，到处是大火冲天，浓烟弥漫，一片火海。房屋炸坍约2 000余栋，死难人数不下数百人之多，全城一片砖砾，遍地尸体累累，被炸情形，令人下泪，诚未有之一次浩劫。（摘自当日与次日《申报》与《中央日报》）。《松江县志》中记载：八一三战争爆发后，由于连遭日机大肆轰炸，松江县城几成废墟，有些街巷也就此消失。

青浦，位于上海市西部，黄浦江上游，邻接江、浙两省，明朝置县，县城古老。11月8日《申报》报道："今日日机十架，竟日轰炸青浦，自清晨起至深夜未停。青浦城内投弹甚多，有数处起火。自午前10时半起，延烧至午后4时未熄，全城尽遭焚如。对往来车辆，则以机枪扫射，逃难者都遭残杀，伤亡遍地，厥状甚为惨烈。"

吴淞，位于上海市东北部，黄浦江口西岸，是上海港外口重镇，水上大门。日军为了炸开这一水上大门，从8月23日起至9月7日止派出飞机数十架，先后轰炸吴淞镇36次，投掷炸弹630余枚（按当时报纸报道综合）。吴淞镇所有房屋全部被炸毁无余，变成一片焦土废墟。居民死伤不计其数，遍地尸体枕藉，其状甚惨，不忍目睹。（按当时《申报》报道综合）

摧毁文化教育通讯医疗单位

按文化、教育等单位，在战时应受国际"战争法规和惯例"之特别保护。而凶残的日军飞机不顾国际公法，将其毁于一旦。

同济大学，是中国以土木、建筑为主的理工科大学。9 月 2 日，日机多架，竟日滥施轰炸不已，大礼堂、实习工厂、学生宿舍、理学院等项工程巨大之建筑，全部被炸毁殆尽。（摘自 9 月 3 日《申报》）

圣约翰大学，位于闸北虬江路，是美国基督教在中国创办的一所综合性大学。10 月 22 日下午 1 时许，遭日机数架，滥施轰炸约半小时之久，校内所有房屋及教学设备几乎全部被炸毁殆尽。（摘自 10 月 23 日《申报》及《闸北地名志》）

大夏大学，位于沪西真如镇附近。10 月 24 下午，遭日机 30 余架滥施轰炸，校舍及中学部教室全部被炸殆尽，变成一片砖砾。（摘自 10 月 25 日《申报》）

至于其他各类学校及普通中小学，上海市区及郊县镇被炸毁的为数更多，不胜枚举，仅闸北一地，就有中学 15 所，小学 20 余所，全部被日机炸毁。（原载《上海市学校概况》第 397 页）

国际无线电台，位于沪西真如镇。9 月 2 日下午 2 时及晚上 6 时许，日机数架，三度飞往滥施轰炸，所有房屋、设备全部被摧毁殆尽。（摘自 9 月 3 日《申报》《中央日报》）

东南医学伤兵医院，位于沪西真如镇。8 月 18 日清晨 6 时 30 分左右，遭日机 3 架轰炸。松江县立医院，10 月 29 日上午 9 时许，遭日机 12 架轰炸。该两院所有房屋、设备全部被炸毁殆尽，并有多人死伤。（摘自当日《申报》）

东方图书馆，位于闸北宝山路，是我国最大的文化机关，亦是远东闻名的图书馆，占地面积 200 方，是一座漂亮的钢骨水泥五层大厦。所藏珍贵书籍为数至多，足与马利逊文库相匹敌。八一三战争中，遭日机多次轰炸，大厦被夷为平地。（摘自《闸北地名志》）

炸毁车站码头机场桥梁

位于闸北地区的北火车站，麦根路车站（又称东站，今上海火车站所在地），是上海的陆上大门。在八一三日军入侵期间，日机先后轰炸 27 次（北火车站 19 次，麦根路车站 8 次），投掷炸弹 261 枚（北火车站 177 枚，麦根路车站 84 枚）。两车站内所有房屋、月台、货栈、行李房及设施全部被炸毁，铁轨多处被炸断，并死伤铁路职工多人。京沪、沪杭两铁路管理局大厦，最高一层被炸毁，炸弹爆裂燃起大火，燃烧甚烈，内储藏之行李票存根等物冲天飞出，同烟雾灰烬交织在一起，

满天飞扬，其他各层未重大损伤。（按当时报纸报道综合）

位于沪南之南火车站，8 月 28 日下午 2 时许，有日机 4 架，飞往滥施轰炸，车站票房被炸损，旱桥被炸毁，死伤百余人，并炸毁车站附近民房百余间。虹桥路南徐家汇车站，10 月 14 日下午 3 时 15 分，有日机 15 架，飞往滥施投弹轰炸不已。站北铁道上空车 4 辆被炸毁，铁轨被炸断炸损数处，死 7 人，伤 10 余人，并炸毁铁路附近民房 10 余栋。松江火车站，9 月 8 日至 10 月 21 日，连遭日机数架，滥施投弹轰炸 4 次，车站房屋、月台、货栈、天桥、水塔等全部被炸毁殆尽，并炸毁停放车站内汽车一辆，江边停泊汽轮一艘。（摘自当日与次日之《申报》与《中央日报》）

位于上海市西北郊南翔的锡沪汽车站，10 月 1 日下午 5 时左右，有日机 8 架，飞往滥施投弹轰炸不已，先后投掷炸弹 20 余枚，车站房屋全部被炸毁无余，变成一片砖砾，并有旅客、平民 40 余人惨遭炸毙，厥状惨极，不忍目睹。上松路汇桥汽车站。11 月 8 日清晨 4 时 30 分左右，有日机 10 余架，飞往滥施轰炸，先后投掷燃烧弹多枚，停泊在车站内之邮政车 1 辆、卡车 1 辆、轿车 1 辆均遭焚毁，并死旅客 1 人。（摘自当日与次日之《申报》）

上海虹桥飞机场和龙华飞机场。在日军入侵中，均遭日机多次滥施轰炸，但日机所投掷之炸弹多落机场空地和农田，故损失尚不严重。位于黄浦江上游，沪杭铁路大铁桥，9 月 1 日上午，有日机 3 架，飞往滥施轰炸，先后投掷重磅炸弹数枚，大桥被炸毁。当时《申报》与《中央日报》报道这一情形时说："大铁桥受损奇重，短时期难以修复。"沪西中山路 3 号桥，10 月 24 日下午 3 时许，日机 30 余架，飞往轰炸，大桥被拦腰炸断，死伤平民甚众，死者焦头烂额，伤者呻吟路旁，惨不忍睹。（摘自次日《申报》）

摧毁会馆教堂庙宇

日机不仅摧毁上海市及郊县乡镇工商业、文教事业、居民住宅、车站、码头、机场，而且还摧毁了与战争无关的会馆、教堂和庙宇。

闸北地区：中华基督教闸北堂，占地面积 1 531 平方米，是闸北最大的教堂。1932 年一·二八日军入侵，毁于日寇炮火，1936 年重建。八一三日军入侵，又遭日机多次轰炸，教堂全部被夷为平地。天后宫（又称天妃宫），占地面积 5 994 平方米，系典型的清代建筑，是知名度较高的庙宇之一。一·二八日军入侵，遭日机轰炸，损坏严重，后修复。八一三又遭日机多次轰炸，所有建筑几乎全部被摧毁，幸存东南角殿屋数间，亦是百孔千疮。太阳庙，创建于清光绪二十二年(1894年)。庙宇坐北朝南，面宽五大间，前后五大殿，是上海最大庙宇之一。八一三日军入侵，遭日机多次轰炸，庙中第一、二、三殿及观音殿一部分，全部被日机炸毁，变成一片砖砾。指江庙，前后两大殿，两侧厢房10余间，山门外有广场4亩多。日军入侵时，全部遭日机摧毁。世界佛教居士林，占地面2.6亩，主建筑为三层楼五开间，内设讲经堂、禅定室、舍利室、长生禄位室、莲位室。1923年至1936年，出版《居士林林刊》，发行全国及日本、东南亚各国，影响很大。居士林图书馆及阅经室藏经书7 000余卷。八一三日军入侵，全部遭日机炸毁，变成一片砖砾废墟。此外，尚有扬州公所、海昌公所，亦被日机炸毁无余。(摘自《闸北地名志》和当时《申报》所道)

沪南地区：龙华禅寺，是上海最大寺庙之一，历史悠久，常年香火不断。9月11日上午9时30分，遭日机5架滥施轰炸约半小时左右，先后投掷炸弹20余枚。禅寺大门全部被炸毁，寺中大雄宝殿被炸毁过半，屋面一角受弹击，殿中大佛3尊未损伤，惟两旁小佛及左庑五百尊罗汉，悉遭浩劫，庙前右首空屋及左角警察局派出所均遭波及，并殃及庙后民房10数栋，平民死伤约50余人。漕河庙，11月8日下午3时许，被日机6架，连续投掷重量炸弹2枚，均落庙宇正中，两声巨响，漕河庙顿时变成一堆砖砾。潮惠会馆、王家码头天主堂、教火会，11月10日下午2时40分至5时许，遭日机10余架滥施轰炸，房屋大部分被炸毁，损失严重。(摘自当日与次日《申报》)

浦东地区：天主教堂，10月23日下午1时许和24日清晨6时许，遭日机数架炸两次。先后投掷炸弹20余枚。天主教堂楼房3栋，平房45间，全部被炸毁无余，变成一片砖砾废墟，并有农民4人受伤。金家巷天主教堂，10月26日《申报》报道："金家巷天主堂，连日遭日机轰炸。该堂新旧礼堂、神父卧室，及男女生教室等，全部炸毁无余。"张家楼天主堂，10月27日上午8时45分，日机2架，飞往天主堂上空，盘旋窥察数分钟后，连续投掷炸弹4枚，2枚落于堂内，将校舍全部及礼堂一角完全炸毁。(摘自当日《申报》)

松江县城：美国设立之乐恩堂，10月29日上午9时零5分，遭日机12架轰炸，镜楼被震倒，变成一片砖砾。同时被炸毁的尚有萧王庙、普照寺、狱庙、谷水道院。(摘自当日《申报》)

残杀难民与市民

8月23日下午2时许，有日机1架，在公共租界南京路闹市区一带上空。盘旋飞行窥探良久，突然投下重量炸弹1枚，落在南京路，直坠先施公司三层楼阳台上，立即爆炸。轰然一声巨响，震天动地，遐迩咸闻。永安与先施两大公司及邻近之各商店大受损伤。管理红绿灯及指挥交通之巡捕，以及两大公司职员，顾客与来往之中外人士，被炸死炸伤者达700余人，厥状惨极，不忍目睹。（摘自当日《申报》）

8月25日清晨6时30分左右，日机数架，飞至浦东上空窥探，瞥见难民数批正在路上行走，即兽性发作，旋即低飞投弹轰炸或以机关枪向下扫射，难民们不及躲避，伤亡众多，仅洋泾一地就有20余人。（摘自当日《申报》）

9月3日上午10时零5分，有日机3架，在浦东上空，瞥见黄浦江边有肩运工人正在工作，旋即俯冲，以机关枪疯狂扫射，当场有9人伤亡。9月6日清晨7时15分，有日机9架，飞至比亚士路（今西湖路），突然投下重磅炸弹1枚。是时适有从北新泾镇向租界逃亡之难民百余人行经该处，有难民6人被当场炸死，受重伤2人，轻伤数千人。9月8日上午11时30分左右，有日机12架，正在松江火车站滥施轰炸之际，适有满载难民火车一列驶过，凶残之日机，旋即施行其灭绝人性，惨无人道之残暴兽行，致车站上血肉横飞、尸骸堆积，令人惨不忍睹。经调查，炸毙者至少300余人，伤者至少400余人。（摘自当日与次日《申报》与《中央日报》）

9月13日下午4时许，有日机6架，飞至沪西非军事区域虞姬墩之苏州河西一带上空，盘旋窥探。约在4时30分左右，有国际收容所及苏州同乡会，雇有公信运输公司小轮，拖滞民船9只，运送难民赴嘉定。另有协茂运输公司小轮，拖带民船12只，运送难民赴苏州。两公司小轮行经虞姬墩之苏州河西一带河面，突有日机2架，从虞姬墩方面飞来，对难民船连续投掷重磅炸弹2枚，于是公信、协茂两公司小轮所拖带之民船，分别解缆，难民惊惶失措，纷纷落入河中，顿时秩序大乱。是时，凶残之日机又连续投掷重磅炸弹2枚，致有3艘民船被击沉没，无辜难民惨遭灭顶之灾。炸毙难民尸身使河道几为壅塞，为数约在数百人以上。残酷情形，见者酸鼻。（按当时《申报》报道综合）

10月27日，从早上7时30分起至上午10时30分止，大批日机数度飞至沪西残酷轰炸逃难平民。惨遭其炸毙者,或被机关枪扫射击毙者当在500人以上。11月2日,沪西全天不断遭日机滥施轰炸,房屋被炸毁者不计其数,到处变为砖砾场。被炸死平民150余人,伤者数百人。11月8日中午12时左右,有日机6架,飞至南码头上空盘旋窥探,瞥见由浦东方面逃来大批难民,竟低飞以机关枪恣意扫射,当场被击毙者10余人,伤数十人。同时,有难民汽车6辆,自奉贤开出,行经闵行、漕泾镇,为日机用机关枪疯狂扫射,并掷下巨量硫磺弹,当场被击毙和受伤者众多。11月9日清晨6时50分,有日机2架,飞至浦东上空,发现洋泾镇上有一批难民,旋即低飞以机关枪扫射,难民躲避不及,当场被击毙者30余人。(根据当日与次日《申报》报道综合)

以上,仅是八一三战争中日本空军暴行,而在日军侵略上海3个月的过程中,以及日军占领上海后,实行最野蛮最残酷烧、杀、抢、奸政策,市民百姓遭受荼毒,更是罄竹难书,令人发指,这是日本侵略者欠下上海人民的一笔血债,时间虽已过去58年了,但上海人民是记忆犹新的。现在日本国内有些人妄想否认这一侵略罪行,是永远办不到的,全体中国人民和全世界人民,也是不会答应的。

(本文原载《上海党史研究》,1995年第S1期)

抗战时期日军对上海教育事业的破坏

庄志龄

抗战时期，上海地区经济文化事业损失惨重，而其中教育事业的损失及其后果尤为严重。战争所造成的物质损失尚可以用数字来统计，然而，日本侵略者对上海地区的占领、统治及其所推行的奴化政策，导致了教育事业的持续滑坡，这种损失则是巨大的、无形的，余波所及，贻害无穷。

一

日本侵略者在实行对华政治、经济、军事的全面侵略的同时，也不遗余力地破坏中国文化教育事业，其目的就是要摧毁中国的文化基础，瓦解中国人民的民族聚合力，麻痹中国人的心智，使之培养成奴性的服从的殖民心态，从而彻底征服中国。因此，伴随着每次军事行动而来的就是对战区及附近地区的文化教育事业的蓄意摧残。

三十年代的上海，随着经济的发展，人口的增加，学校教育事业亦不断扩大。据统计 1931 年，上海计有专科以上学校 22 所(不包括未立案的私立大学，如圣约翰大学等)，占全国的 21.3%，居全国各省市之冠。①中等学校 154 所，在校学生 31 942 人。上海每万人中，接受中等教育者即有 212.92 人，比率之高，位全国第一。②上海市各私立小学计有 792 所，学生 88 635 人，入学儿童占学龄儿童的

---

① 《第一次教育年鉴》丁编，第 41 页，此期上海高校实有 30 所。见《上海市教育局报告》，上海市档案馆馆藏，上海市教育局全宗。

② 《第一次教育年鉴》丁编，第 104 页，此期上海高校实有 30 所。见《上海市教育局报告》，上海市档案馆馆藏，上海市教育局全宗。

57.93%，位居全国第三。[1]上海地区教育事业的发达，由此可见一斑。

1932年1月28日，日军悍然制造事端，武装进攻上海，闸北、吴淞、江湾、真如等地相继沦为战区，一场空前的浩劫顷刻降临。

日本侵略者在进行军事侵略的同时，即开始实施其蓄谋已久的文化破坏计划。八一三事变的翌日，四架日本军用飞机轮番轰炸商务印书馆总厂附设尚公小学和东方图书馆。商务印书馆所存教科书及东方图书馆历年荟集的文化精华毁于一旦，损失之巨，痛人心腑。商务印书馆总厂及东方图书馆均非军事目标，日军如此地狂轰滥炸，其用心不言自明。位于战区及其附近地区的十数家大专院校及上百所中小学校，亦同样未能幸免于难。

二三十年代，位于苏州河北的闸北、江湾、吴淞与近郊地区，既无闹市喧嚣嘈杂之烦，又有乡村清幽僻静之胜，且地价较廉，同济大学、国立劳动大学、暨南大学、中央大学商学院、医学院、私立复旦大学、中国公学、上海法学院、持志学院、文化学院上海第二院、吴淞商船学校、江苏省立水产学校等在此择地建校。各校经多年经营，莫不设备完备，成绩卓然。事变爆发后，上述高校首被其难。同济大学在日军炮火的轰击下，校内建筑几无完整者。中大商学院、持志、上海法学院、艺术专科、中国公学、复旦等校房屋设备公私财物基本被毁。

截至7月20日止，全市计有17所高校罹受此祸，占立案高校总数的百分之八十。[2]经此一役，上海高校元气大伤。

位于战区的中小学校损失也相当严重。设于吴淞镇的市立吴淞中学，教室、图书馆全部被烧毁，办公室屋顶被掀去一角，仪器设备焚毁无遗。私立南洋高级中学亦全被毁。私立爱国女子中学宿舍及校董住宅被日军纵火焚烧，办公楼教室被日军占作司令部，图书文件荡然无存。这一时期，总计受灾中等学校31所，损失189万。[3]战区中公私立小学，以闸北区为多。闸北宝山路、虬江路、天通庵路、横浜路等处，房屋建筑，俱被付之一炬。各家小学，亦同遭劫难。即便侥幸存者，也是器物荡然，“仅存破屋而已”。[4]在这次战争中，计有市立小学41所、私立小学40所，共81所小学被毁。损失折款280余万。[5]一·二八抗战结束后，在各界人士的共同努力下，开始恢复与重建学校工作。至秋季新学年开学之际，大部

---

① 《第一次教育年鉴》丁编，第165页，此期上海高校实有30所。见《上海市教育局报告》，上海市档案馆馆藏，上海市教育局全宗。

②③④ 《上海市被灾学校清册》，上海市档案馆馆藏，上海市教育局全宗。

⑤ 《战区各校损失情况调查表》，上海市档案馆馆藏，上海市教育局全宗。

分学校恢复了正常的教学工作。在以后的几年里，抗日民主运动风起云涌，教育事业亦不断发展，至抗战全面爆发前，上海已有中小学校 1 176 所①，比三十年代初增加一成以上。上海作为全国文化教育中心，再次显示出其勃勃生机。

1937 年，日本挑起八一三事变之后，上海再度沦为炮火硝烟的战场。持续三个多月的八一三淞沪抗战无论从时间上还是从规模上都远远超过一·二八战役，除两租界以外，上海城区及大部分郊县均被战火延及，闸北、江湾、真如、杨树浦等地再度成为重灾区。在这场浩劫中，上海的教育事业又遭受一次空前的毁灭性的打击。

八一三沪战爆发后，日机首先狂轰滥炸位于真如的暨南大学及东南医学院，前者半毁，后者全毁。在中日双方鏖战之际，法学院、持志学院曾为双方激烈争夺阵地，凡次易手，校舍基本毁于战火。据上海市社会局调查，自 8 月 13 日，迄 10 月 15 日止，14 所高校损失 6 623 159 元。②详见表一。

表一

校　　名	被炸毁情况	损失估计
同济大学	全部被炸毁	1 864 018
暨南大学	局部被炸毁	
大同大学	局部被炸毁	10 000
沪江大学	校舍被日军占领	1 679 749
音乐大学	校舍被日军占领	171 632
上海商学院	校舍被日军占领	201 000
上海法学院	全部被毁	210 000
正风文学院	局部被毁	
同德医学院	大部被毁	150 000
持志学校	大部被毁	500 000
复旦大学	大部被毁	1 200 000
商船学校	全部被毁	406 760
东南医学院	全部被毁	230 000
市立体育专科	校舍被日军占领	
总　　计	十四校	6 623 159

① 据《第二次教育年鉴》第三编“初等教育”、第四编“中等教育”统计合计，见第 239、476 页。

② 上海《大公报》1937 年 7 月 17 日。

在10月中旬到11月上旬上海沦陷这段时间，教育事业的损失更加惨重。大夏大学在后撤至苏州河以南时，便成为军事争夺的焦点，“巍峨校舍，遂在侵略者飞机轰炸与炮弹烧毁之下，多半成为灰烬”。“全部损失，约达二百万元以上”。①至于中小学校所遭受的损失则更为剧烈。据战后统计，中等学校全部被毁的有29所，其中10所未能复校。此次遭受直接战争损失的学校共有271所。损失金额近二亿元。②详见表二。

表二

学校类别	校　数	损失金额(元)
市立中学	7	2 316 080
市立小学	79	19 128 549
私立中学	38	139 330 552
私立中小学	35	9 168 857
私立小学	112	20 522 573
合　　计	271	190 466 611

一·二八、八一三两次战役，使上海教育界蒙受了巨大的损失，数百所大中小学校遭受程度不同的破坏，有的几成废墟。八一三战役后，上海沦陷，在敌伪统治下，战区各校重建工作无从开展，许多受灾学校尤其是小学校被迫停办。曾经繁荣的上海教育事业，蒙此重创一度衰落，其损失难以用金钱来估算。

二

日军在军事上侵占我中华大片国土之后，又根据“以华制华”的原则，扶植利用汉奸政权，严密控制教育机构，极力推行殖民地奴化教育，企图以此达到长期奴役，统治中国的目的。

日伪对教育的“恢复”和“整顿”

教育是日伪进行文化战、思想战的重要阵地。上海伪“大道政府”成立伊始，即以“学校教育关系最大，不得不予以检查监督，以重要政”③为由。通令各级学

① 欧元怀:《抗战期间大夏大学的苦斗》,《教育杂志》第三十九编第四号。

② 《上海市教育局调查抗战财产损失清册》,上海市档案馆馆藏,上海市教育局全宗。

③ 《大道政府教育科关于私立学校办理登记呈》,《日伪上海市政府》,第796、797页。

校必须向大道政府办理登记，否则“严予取缔封闭”。①着手实施其对教育事业的“整顿”。

上海沦陷后，大中学校大多迁入租界，日伪当局暂时无法染指，遂将“整顿”的重点放在初等教育方面。大道政府先计划分期筹设市立学校，“以期教育普及，养成美德，而树立新中国本位教育之始基”。②并由教育科在浦东设立大道第一小学，作“示范”。随后又颁布《上海市私立小学校暂行登记办法》《各校职教员注意事项》等，从小学教育组织机构、教育方针、课程设置、教材内容各个方面对战后初复的小学教育实施全面的控制。《私立小学校登记暂行办法》中规定：“本市私立小学校须经本政府教育科之许可方准设立”，“私立小学之组织、课程及其他一切事项均应依照本政府教育方针用所颁教育法令办理”。“私立小学办理不善或违背法令时，本府教育科得撤销其登记或解散之”。③在教材选用方面，伪教育科竟然取消原小学所有国文课本，规定男生低年级用《百家姓》、中年级用《千字文》、高年级用《三字经》，女生低、中、高年级一律用《女儿经》④。如此倒行逆施、愚害儿童的教育措施，比之北洋军阀时代的“尊孔读经”亦有过之而无不及。

1938 年 3 月，伪中华民国维新政府成立，以“排除抗战教育，促进亲日思想”⑤为其教育宗旨，企图把各级学校变成实施“中日亲善”、“共谋东亚和平”、“共存共荣”等奴化教育机构。为此，伪政府规定小学校长必须“抱东亚和平主张”、“服膺大道精神”。⑥如“违背东亚和平宗旨及大道精神或中华民国教育方针”⑦者，将受到严厉的惩治。

为贯彻亲日奴化教育宗旨，伪上海督办公署专门成立了教材编审委员会对原有的中小学教科书进行严格的审查修订，删除所有有关抗日、反日的内容，改之以亲日、媚日的文字。如初级小学用第八册中《五四运动》、高级小学用第一册中的《救国》、第四册中的《上海商人互助协会致某某军电》等课文，都被删掉。⑧就是连一般小学生必备的历史地理知识也不准教授。

---

① 《大道政府教育科关于私立学校办理登记呈》，《日伪上海市政府》，第 796、797 页。
② 《大道政府布告》，《日伪上海市政府》，第 797 页。
③ 《上海市私立小学校登记暂行办法》，《日伪上海市政府》，第 797 页。
④ 《各校职教员注意事项》，《日伪上海市政府》，第 801 页。
⑤ 《第二次教育年鉴》第十五编，第 1631 页。
⑥⑦ 《督办上海市政公署市立小学校长任免暂行规则》，《日伪上海市政府》，第 801 页。
⑧ 《督办公署教育科关于采用教科书情形呈》，《日伪上海市政府》，第 811 页。

与此同时，日伪对教师队伍进行了严厉控制。大道政府曾密令侦缉队严密监视教职人员，“发现形迹可疑或有反动倾向者”，立即查办。①并规定，所有任职教师必须进行“志愿”登记，表示“愿在大道主义下推行现代教育”。“愿竭其精神，厉行中日亲善并推广文化事业”，“愿受主管行政人员督促及指导”②等等。采取“思想测验”方式，来“规范”小学教员思想，“取缔思想不纯正之教员”。③测验的题目有“树立东亚和平，现在该做什么工作?”“容共抗日与反共亲日两者孰利”?“在新政府统治下应灌输何种中心思想”?④等等。教员的答案若不符合“标准”，即被判为思想“异端者”，取消教师资格。

“接管”租界学校，全面推行奴化教育

日伪在“整顿”占领区教育的同时，又把魔爪伸向“孤岛”各大中小学校。1938 年 7 月，日伪势力侵占江海关后，即胁迫租界各学校进行登记，企图全面伪化学校教育事业。租界各校师生奋而抵制。到 9 月底，已有 100 多所学校表示反对登记，敌伪企图把奴化教育推向租界的阴谋未能马上得逞。

太平洋战争爆发后，日军进占上海公共租界。伪上海市教育局拟定了《整理特区教育意见书》，要求将租界内原市立中小学划归伪教育局管辖，以“齐一步调，严防反动”。尽管当时租界名义尚存，但为了全面推行奴化教育，驻沪日军仍让伪市府“接管”了上海租界学校，就此开始对租界教育事业实施全面的法西斯统治。

伪市府首先成立了“上海特别市教育委员会”，伪市长陈公博自任委员长，伪教育局长林炯庵等为委员，具体负责实施对租界教育的“整理”。伪教育委员会又组织成立了“上海特别市教育会”，该会以“力谋教职之纯洁化”为宗旨，任务是“树立大亚洲主义之教育”及“教职员培养训练”⑤等。该会成立后，即强令租界各中小学校及社会教育机关参加，凡不肯附逆的学校，即被勒令停办。

在汪伪政权成立之前，各沦陷区的大中小学教科书，早经日军强令修改，删除了所有“不适当”的内容，而代之以奴化教育内容。但租界各级学校大多依然沿用商务、中华、世界等书局出版的含有抗日内容的教科书，只有少数学校迫于

① 《大道政府教育科关于监视办学人员呈》，《日伪上海市政府》，第 798 页。

② 《志愿教师登记办法》，《日伪上海市政府》，第 818 页。

③④ 《市教育局关于举行小学教员思想测验呈》，《日伪上海市政府》，第 828、829 页。

⑤ 《上海特别市教育会章程》，《日伪上海市政府》，第 943 页。

日军淫威，换用了部分伪“国定”课本。[①]日军在侵占租界后。马上强行查封了商务、中华、世界、开明、大东等五大书店所存的各级教科书及一切存书。据统计，此次被日军没收的中小学教科书总计 2 864 种，16 829 424 册，其他书刊 2 130 种，2 357 366 册，总量达 1 900 余万册。[②]日本宪兵队还颁布《取缔书刊条例》，规定：凡宣传共产或有抗日言论的刊物，一律列为禁书，不许发售；凡写有“东三省”字样的历史、地理教科书及图表，亦一律列为禁书。[③]强迫沦陷区民众，尤其是中小学生学习日语，是日本侵略者在占领区推行奴化统治的重要手段。1940 年 7 月，日方授意伪教育部规定：“日语一科为高级中学必修科目，……初中日语教材即为初中必修科唯一教材。”[④]傀儡组织“接管”租界学校后，即强令各校设置日语课为主课，同时由日本兴亚院等处派遣大批“中国通”到各校担任日语教员或督学。为防备学生暗中抵制日语，还通令各校，凡日语课考试不及格者，不予毕业。

泯灭青年学生的民族意识。1942 年，日伪发动了所谓的“新民国运动”，并制定《恢复上海各级学校学生国民教育办法》，对中小学生实行思想“训育”，用汪伪集团的“和平、反共、建国”纲领来“训练”青年学生，使之“对共产偏激思想能明了其谬误之处，对和平建国意义能彻底了解，对抗战误国能深切了解，对邻邦人士能敬爱尊重”等等。[⑤]同时，还规定专科以上学校必须开设“党义课”，向学生灌输用“和平建国”等卖国理论重新解释过的“三民主义”。不难看出，所谓的“新国民运动”及“思想训育”都是完全的思想奴化教育。

此外日本侵略者还阴谋控制上海的高等教育事业。日本使馆曾抛出一份《上海高等教育学校处理计划案》，主要内容是：(一)以中日合办的上海大学为唯一之国立大学；(二)设立上海市立男子、女子师范学校；(三)将圣约翰、南洋(原交通大学)、大夏、光华、复旦诸私立大学统一合并，不准采用英美人教授；(四)未予申请立案之其他专门学校，一律取缔。[⑥]对于日方的这一“计划”，伪外交部除对第二、第四条稍作补充外，全部“照准”。按照这一方案。原在租界坚持数年不做日伪附庸的各独立大学将被统一合并，置于日伪势力的控制之下，英美籍的教授

---

① 伪维新政府教育部初编国语教科书一套，该教科书与汪伪政府教育部所编教科书均称“国定”教科书，以别于各书局版教科书。

②③ 《五家书局由宪兵队查禁图书记录》，上海市档案馆馆藏。

④ 《教育部训令》训字第 2226 号。上海市档案馆馆藏，日伪上海特别市教育局全宗。

⑤ 《市立第四中学实行中学训育方针报告》，上海市档案馆馆藏，日伪上海特别市教育局全宗。

⑥ 《上海高等教育学校处理计划案》，《日伪上海市政府》，第 937 页。

将被逐出校园，上海高等教育机构亦将被纳入奴化教育的体系之中。但在上海各高校师生的坚决抵制下，日伪亦无计可施，“整理”上海高校的计划最终不了了之。然而，在鹰犬环伺的情况下，上海各级高校亦步履维艰，苦苦支撑。

三

在日本侵略者的殖民统治下，上海的教育事业日益萎缩，陷于一种呆滞困顿的境地，这首先表现在学校数量的锐减。八一三的炮火使战区的数百所大中小学校遭到破坏。其中大中学虽多迁到租界复校，而绝大部分小学却根本无从复校。在日军进占租界以及随之而来的对租界学校的“整顿”中，一些大中学校出于民族义愤，不愿做亡国奴，纷纷停办或内迁。当时宣布停课或停办的高校，有暨南大学、东吴、之江、上海法学院、政法学院、沪江大学商学院以及新华艺专、东亚体专等校，停办的中学有南方、怀久等十余所。①

在险恶的环境下，一些学校改易名称，对外称“书院”、“学社”，表示非正式学校，以此来避免向日伪登记。如沪江大学易名为“沪江书院”，理商学院改称“格致理商学社”，还有的高校改称补习学校。这些改换名称的学校虽然可以暂时避免登记，但学校日后在招生、教学等各方面均受到很大限制。

据统计，市立各级学校较之战前有了明显的减少。详见表三。

表三

		校数	学生数	教职员数	学级数	常年费用数
初级中学	民国三十年度	113	41 387	1 144	765	约 1 725 600 元
	民国二十五年度	321	62 151	1 720	1 130	1 166 097 元
中等学校	民国三十年度	4	965	86	23	约 201 936 元
	民国二十五年度	5	1 712	129	39	182 277
师范学校	民国三十年度	1	45	9	1	约 25 542 元
	民国二十五年度	1	256	40	9	55 812 元

从此表可以看出，民国三十学年度各级市立学校无论在学校及学级数量、学生及教职员人数方面都比战前二十五年度有所减少。尽管租界内私立学校的畸

① 《上海学校概况调查表》1942 年 2 月，上海市档案馆馆藏，日伪上海特别市教育局全宗。

形发展使上海学校的总量未见减少,甚至有所增加,①但在办学条件、办学规模及教育质量等方面均已今非昔比。

其次,在校学生大量失学。由于日本侵略者穷凶极恶的掠夺,物价飞涨,上海的物价指数大幅度上升,各校的学杂费也大幅度上升。1943 年伪教育局规定的学杂收费最高额,高中 320 元、初中 270 元、小学 190 元。②但实际中学学费已高达 3 500 元,大学学费涨至 8 000 元,③致使大批学生,因交不起学费,面临失学的威胁。

据统计,1942 年下半年,上海市除租界地区外,失学儿童已占适龄儿童数的 61.9%,总数达 21 万之多,比战前高 20%。大中学生的失学率也不断提高。1941 年,市立四所中学退学的学生有 141 人,占四校学生总数 16%。其中因家境清寒退学的占 56.8%。④

第三,在职教师遭到迫害与流失。日伪曾游说著名爱国教育家,沪江大学校长刘湛恩出任伪教育部长,刘严词拒绝后即惨遭杀害。上海女大校长吴志骞、上海中学校长聂海帆也因为不愿意同流合污而先后惨遭毒手。1939 年 9 月,上海各级学校校长同时接到日伪特务的恫吓信,威胁如坚持抗日教育,将遭吴、聂同样下场。上海全面沦陷后,一些教师为了保持民族气节,不做"顺民",不当日伪奴化教育的工具,纷纷辞去教职。

1942 年,上海市中学教师最高工资为 310 元,普通小学教师最高工资为 148 元。⑤而同期黑市米价已至每石 600 元,到 1942 年底,黑市米价已突破千元大关。⑥广大教师度日维艰,尤其是小学教师,生活更加困苦。迫于生计,只有多方兼课,以补贴家用。而一般中小学及补习学校兼课费很低,每月不过 10 元,最高的也只有 72 元,⑦这点收入对于飞速上涨的物价无异杯水车薪。因此,有些教师便另谋他业,从而导致了教师队伍的流失及整体水准的下降。1942 年,中学教职员中有 20.7%是中学毕业者,而小学教员 47.6%⑧是中学毕业生。这些充分表明上海教育事业处在日益困顿与质量下降状态。

日本侵华时期,是上海教育发展史上最黑暗的一页。战争使上海教育事业

---

① 据许晚成《上海学校调查录》(1940 年龙文书店版)统计,1940 年上海计有各类学校 1 465 所,超过战前学校。

② 《市教育委员会 1942 年度工作报告》,《日伪上海市政府》,第 974 页。

③ 《抗日战争时期上海学生运动史》,第 94 页。

④⑤⑦⑧ 《上海市特别教育统计》二十九、三十年度合刊,上海市档案馆馆藏。

⑥ 《上海史》,第 849—850 页。

蒙受了数亿元的巨大损失。而战争所造成的教育事业的断档、成千上万的学生的失学与流亡，其损失无论如何是无法用数字来统计的。战后，在日伪统治下，上海教育被逐步纳入殖民教育体系，质量严重滑坡，日伪所推行的奴化教育，对青少年一代的毒害更是不可低估。

（本文原载《上海党史研究》，1995年第12期）

二战期间日军在金山的暴行

朱敏彦　马学新　李洪珍

1937年八一三淞沪战争爆发后，日军遭到中国军队的顽强抵抗，正面进攻上海的阴谋计划未能得逞，于是在11月5日拂晓，趁大雾涨潮之机，在金山卫东西长约7.5公里的海岸线偷袭登陆，8日攻陷金山全境。从此，金山成了日军暴行的发泄地。

一、日军登陆金山卫时的暴行

11月5日，日军在金山卫偷袭登陆上岸后，就对该地区实施了"三光政策"。

日军登陆后，分兵北犯，沿途烧杀。金山卫朱海、南门两村首当其冲。老百姓被日军挨户赶出家门，有的被掀入河中，活活地淹死；有的被推入火中，活活地烧死。仅这两村被杀害的无辜百姓就有71人。其中，村民陈生堂祖孙四代9口人，除一个9岁小孩幸免于难外，全遭残杀。村民沈春泉一家10口竟被斩杀殆尽，无一存活。在西门镇，鲍迪卿、王阿美等12人被捆在一根绳上，用刺刀砍杀后，推入泥坑。黄弄村盐民黄赖被打死在家，一个月后家人逃难回来，尸体已腐烂不堪。东门外向阳村农民朱家和、沈友根、盛阿美3人被砍去四肢后，又被放火烧死在房屋内；妇女李泉宝怀抱7个月婴儿躲在坟堆里，发现后被打死。无人看管的婴儿被发现时，正伏在母亲尸体上吮奶。北门外仑头村村民奚斗树夫妇和儿子遭到残杀后，尸体被扔进鱼塘；沈金祥和老母亲被刺刀捅死；怀抱3岁小孩的孕妇董金宝被奸污后，连同小孩一起被杀死在水塘内。当时，被抛入这口塘内的尸体达32具之多，血水染红了水塘。日军在登陆后的3天时间里，残杀金山卫无辜百姓竟达 1 015 人，烧毁房屋 3 059 间。①

漕泾镇塔港增丰村是日军第一个偷袭登陆的地点。大批日军蜂拥而至，村民遭受空前劫难。全村 101 户，被杀 52 人，老至 75 岁，小至吃奶婴儿都未幸免，有 7 人被拉夫下落不明；房子被烧 1 023 间，耕牛被杀 54 头，稻堆被烧掉 322 个。杨根宝一家 10 口全部罹难，大儿子被拉夫一去不回，妻子陆阿月被轮奸后，又遭竹片插入阴部而惨死。见此惨无人道情景，杨根宝痛不欲生，吊死在树上。陈阿生未及逃跑，被枪杀在防空洞里，他妻子抱着吃奶的女婴，与 7 个妇女屏气俯伏在河滩上，女婴突然在母亲怀里啼哭，为了大家的安全，心如刀割的母亲眼睁睁地看着亲生孩子在水中活活淹死！彭木根的大儿子彭永生被杀害在杨公庙旁海塘上；3 天后，3 名日军因找不到妇女，乱刺乱捣，彭木根当场倒在血泊之中；小儿子阿五眼见父亲和哥哥被杀，拿起铁搭与敌人拼命，被日军从背后一刀刺死；陈勤云的母亲和林阿友的母亲在日军烧房时被推入大火中活活烧死。沙积村有位叫阿巧的妇女，怀着 8 个月的身孕，被日军轮奸而死。②另一位村民吴正连当时年仅 7 岁，日军进村时父亲拖着他逃跑，母亲怀抱 3 岁的弟弟、手拉 10 岁的姐姐跟在后面。恰好被河对岸的日兵看到，就开始对他们扫射，姐弟中弹，子弹还穿进了母亲的肩头，吴正连的堂兄密泉也被子弹打断腿骨。他父亲把密泉背回家养伤，不料日军又来强拉他父亲去扛子弹，他父亲不从，当场被枪杀，密泉被活活烧死。孕妇周兴宝带着 2 个孩子，被日兵枪伤右脚，忍痛挨饿，到第 5 天死去，2 个孩子又被枪杀在屋檐下。张天根被绑在树上两天两夜，日军用枪托敲、皮鞋踢，最后被枪杀。陈勤云、林阿友两人的母亲在日军烧房时被推入大火中活活烧死。③

山阳镇也是日军登陆后遭劫之地。倪家村孕妇姜杏多带着 2 岁的孩子，卧病在床，被活活烧死。杨家村妇女裴引宝，被割去一只乳房后刺死；她儿子戚祖根也被戳死；3 岁的孙子戚阿照，被日军劈开头颅，祖孙三代被惨杀。向阳村戚金余家躲着 7 个人，被当场刺死 5 人，2 人被刺重伤；戚仁宝家躲着 5 个人，被刺死 3 人。卫东村万阿连、万四金、万小根弟兄 3 人，被面壁反绑，当做活靶子射杀。倪家村姜连生、江阿火等 8 人，被押到小河塘边，江阿火被开膛剖肚，黄阿大被砍

---

①② 上海市金山县志编纂委员会编：《金山县志》第 28 编第 2 章第 3 节“日军侵略罪行”，上海人民出版社 1990 年版。

③ 《上海军事志》编纂委员会编：《上海军事志》附录“侵沪日军暴行”，上海社会科学院出版社 1994 年版。

头，姜连生等被戳10余刀，鲜血染红塘水。这个水塘后来就被称为“杀人塘”。渔民赵泉根，被开膛剖肚惨死在场上。东方村周寿根等9人，被全部杀死。海光村有一条“杀人沟”，就是在十月初八那天，被日军接连杀死11人推在沟里得名。老农民刘同生被杀，房屋被烧，老妻无依无靠，精神失常，淹死在河里。大兴村盛火祥被拉夫枪杀在倪家村卖盐路上；盛福根被拉夫不归，家人四处找寻，结果在金山嘴找到尸体，肚肠流满一地，已生满蛆虫。跃进村王水金被强迫肩扛扶梯，站在河中，当做“人桥”，日军过河后又举枪把他打死。该镇被日军残杀351人，被拉夫下落不明58人，被烧房屋1 146户、4 269间，烧掉牛车棚445个，被杀耕牛708头、猪1 441头，大量的稻谷和棉花被烧成灰烬。①

日军在进入张堰镇前先派飞机投下6枚炸弹，50多人死于非命。随后日军进入张堰镇浦南医院，当即打死3名病员，接着把东街小桥到新北街、南河弄一带的房屋付之一炬，整个张堰镇一片火海。而后就到处抓人杀人，有10名筑路工人路过秦山，被日军抓住，连同孔家阙茶馆老板朱阿大，被杀害在塘桥西北的小石桥。焦家桥裁缝沈菊生、沈桃泉弟兄，被拉去摇船，船到松隐，两兄弟被反绑，惨遭杀害。鼎茂米行职工胡呈样、蔡文云、沈金虎等3人，见日军已走，进镇探望，刚走到店门，被正在强奸妇女的日军发现用枪打死，尸体被踢入张泾河中。该镇死于日军屠刀下的无辜百姓达220人之多。②

11月6日凌晨，日军从朱行方向侵入亭林镇，一进东街，就大肆烧杀掳掠，东街、南街的商店、民房烧毁殆尽，沿公路两侧的民房、车棚、稻堆尽付一炬。亭林镇西街朱晚成在乡间安顿好妻小后，返镇接后母下乡避难，走到竹行桥遇上日军，被一刀劈伤倒地，血流不止丧命。教师沈其睿宁死不屈，在日军刺刀下壮烈牺牲。镇上被害者有50多人，被拉夫者无一生还。除镇上外，四乡被焚农房352家、1 378间，被奸污妇女195人，被杀害百姓152人，被拉夫未归37人，抢去耕牛340头，猪690头，羊103头，鸡1 839羽等，人民损失之惨重，无法详计。③

朱泾镇沦陷后，日军杀人放火，奸淫劫掠，兼旬不绝。1937年11月7日晨，日机数十架，轮番投弹轰炸朱泾。接着，日军冲进市镇，放火焚烧，火随风势，全

①③ 上海市金山县志编纂委员会编:《金山县志》第28编第2章第3节“日军侵略罪行”，上海人民出版社1990年版。

② 上海市金山县志编纂委员会编:《金山县志》第28编第2章第3节“日军侵略罪行”，上海人民出版社1990年版。《上海军事志》编纂委员会编:《上海军事志》附录“侵沪日军暴行”，上海社会科学院出版社1994年版。

镇顿成火海，历三昼夜不熄。全镇东西长3里，原有1 300户、居民6 500人，房屋3 370多幢，经劫难后，上塘街东起仓桥、西至杨家桥，下塘街东自顾家桥、西至新木桥，2 460余幢房屋尽成瓦砾。有78位隐匿于家中的居民惨遭屠杀。严生云被日军捉到吕巷，绑在廊柱上，用香烟头烫头和耳朵，用刺刀戳他的脸，并一再把严抛到河里取乐。最后把他拖到三星桥边一个小坟上，20名日军排着队轮番把他当活靶子练枪刺，活活刺死。①

11月8日，日军在飞机掩护下，杀进枫泾镇，屠杀无辜百姓110余人。9日，3名日军到张家村姜家宅，看见村民张伯庆后，就用刀砍其后脑，而后冲进村里，见人就杀。姜木火被活活烧死、妻子被奸污。村民张云顺患病在床，日军冲进卧室，一刀将他砍死在床上。张云山的妻子正在旱地捉菜虫，被日军拉到场上，当胸一刀，张妻来不及呼叫就倒在血泊之中。瞎子赵海正在烧菜，日军拦腰一刀，立刻毙命。4个从镇上逃难来的人，躲在里屋，也被杀死。张余奎躲在家里，日军向他一刀砍去，恰巧一个姑娘在门前逃过，日军拔腿去追姑娘，张余奎虽免一死，但头颈被砍伤，头一直歪着。这天惨遭杀害的19人，张余奎死里逃生，因此人称张家村被杀18个半。②

日军在金山卫一带登陆后，不仅杀人、放火、掳掠，而且禽兽般的见到妇女不问老少就强奸、轮奸。塔港增丰村日军进村的当天就有30多个妇女被奸污。据对山阳的倪家、卫家、杨家、海光4村不完全统计，一天被奸污妇女达121人之多。海光村某农民，眼见日军要强奸他13岁的童养媳，他奋起反抗，被当场戳死。另有10多个妇女被关在屋里，日军任意强奸，还用刺刀逼着这些妇女赤身裸体在场上跑，日军在旁拍手狞笑。在张堰镇，日军发现躲在镇东天主堂密室内的20余名妇女后，大肆蹂躏。亭林四乡被奸污妇女多达195人。南街少女顾彩芬被奸污后，还惨遭杀害。③

二、日军在金山沦陷时的暴行

1938年3月3日，日军从枫泾出发，分三路直扑钱家草。从火旺村、一字圩、

①② 上海市金山县志编纂委员会编：《金山县志》第28编第2章第3节“日军侵略罪行”，上海人民出版社1990年版。

③ 《上海军事志》编纂委员会编：《上海军事志》附录“侵沪日军暴行”，上海社会科学院出版社1994年版。

赵家浜、钱家草抓来农民60多人，押到钱家草的东港桥头，先拉出两人，用刺刀戳死，推入土坑。龚炳夫老人目睹惨景，大吼一声："乡亲们，拼啊！"率先冲出重围，奔向小河，刚爬上河岸，就被日军开枪打死。在一阵骚乱中，日军头目连声号叫，用机枪扫射、刺刀乱戳，41人顷刻毙命。尸体被推入土坑，盖上稻草，浇上煤油，点火焚尸。有些还未断气的，浑身是火，从坑中跳起来，又遭日军用刺刀乱戳，无一幸免。日军临走还把全村洗劫一空，到处放火，钱家草村顿成一片火海。日军又用刺刀逼着23名农民，替他们扛着抢来的粮食和家畜，窜回枫泾镇。这23名农民被关押在姚姓高墙里，当年参加过农民协会的李福堂、李桂庭与大家商议，想法逃出去。日军突然闯来，把他们用绳子串扎起来，押到枫泾南栅登寿公所。他们隐约看见日军正在挖坑，陆琴全、王永祥悄悄磨断麻绳，躲进一排棺材下面，另外21人被拖到坑边，全部被刺刀戳死。陆、王二人等到天蒙蒙亮，才逃出虎口。这一次灾难，使钱家草村的35名妇女失去了丈夫，家家悲愤凄凉，成为远近闻名的"寡妇村"。①

1938年3月，一名日兵窜到松隐乡九丰村，欲奸污孕妇王菊宝，王坚决不从，该日本兵恼羞成怒，竟开枪将她杀害，子弹从背后射入，死者俯伏床沿，血流盈被。4月12日凌晨，因上一晚游击队打死几名日军，上百名日军借口报复，冲进松隐疯狂烧杀，不仅火烧松隐西镇繁华地段和附近村庄(今新农乡光华村1、2、3队)，还把未及逃避的几十名老百姓，用刺刀在锁骨捅洞，再用铁丝三五个穿成一串，推入火堆活活烧死。当时有一船户全家7口和不少外地民工也被日军活活烧死。21日，日军疯狂地火烧后岗镇，归途又放火焚烧松隐东街。松隐镇几乎被烧毁殆尽。②

1938年10月16日晨，日军从朱泾窜到廊下"扫荡"，洗劫商店货物和居民财产，后来又把中堂桥以东150多间房屋和居民新建的简易房屋付之一炬。1939年5月6日，从朱泾、平湖出发的200余日兵，在山塘小镇大肆烧杀后，向廊下进发，沿途又烧杀抢掠，从邱家村至廊下镇(4公里)，一路浓烟蔽日，几千村民无家可归。③

1941年6月6日，日军在金山、平湖交界处进行残酷的"扫荡"，在磨子桥一带集体屠杀了136人。7日，窜入钱圩乡的刘堰、横召一带，再沿白泾河到李家廊

---

①②③ 上海市金山县志编纂委员会编:《金山县志》第28编第2章第3节"日军侵略罪行"，上海人民出版社1990年版。

下，沿途又抓住 28 人。押到李家廊下后，先拉出 7 人，逼他们到河东田里挖坑，又把妇女、小孩赶到场地上，不准走动一步。坑挖好后，日军把 28 人排列好，逐个拉去杀害，每拉走一人，就传来日军的“呀！呀！”号叫声和被害者的惨叫声。青年韩阿梅暗暗把绳子解开，日军把他拖到坑边时，只见坑里被害者横七竖八，有的手足还在颤动，有的还在呻吟，血腥扑鼻，惨不忍睹。他侧过脸，双手悄悄从绳索中抽出，当日军端起枪刺向他冲过来时，他趁势一拖，把那日兵拖进坑里，然后乘势一跃，跳下河浜。等到担任警戒的日军醒悟过来，韩阿梅已消失在田野里。韩阿梅后来参加了新四军先遣支队。其余 27 条人命，成了日军欠下的又一笔血债。①

总起来看，在登陆金山卫的几天内，日军暴行简直到了令人发指、难以想象、无法理解的地步，其破坏之大、伤害之深，都是中国人民不能轻易原谅和宽恕的。而在金山沦陷时期，日军主要是维护其统治，但暴行依然非常恶劣。究其原因，可能有心理因素、文化因素、人性因素等。但无论如何，日本政府都不能回避这段历史，更不能否认这段历史，而应该正视这段历史，深刻反省剖析本民族的责任和问题。这样，既是对本民族负责，也是对金山人民、对中国人民的安慰。

（本文原载《中国及太平洋抗战与战俘问题研究——中国及太平洋抗战与战俘问题国际学术研讨会文集》，2008 年 10 月）

① 上海市金山县志编纂委员会编：《金山县志》第 28 编第 2 章第 3 节“日军侵略罪行”，上海人民出版社 1990 年版。

八一三战火对上海棉纺织业的破坏

经先静

八一三淞沪抗战时期，上海作为中国最大的工商业城市，遭受的损失极其惨重。以往的研究者主要从揭露日军罪行的角度出发，关注八一三战火对华资棉纺织业所造成的严重破坏，然而忽视了中日双方交战自然也使上海的日资棉纺织业有所损毁。本文通过分析八一三抗战时期上海棉纺织业中华资与日资的损失情况，结合战前二者的发展状况，以期客观考察这一历史时期上海棉纺织业的总体损失状况。

一、战前上海棉纺织业的发展概况

上海是近代中国纺织工业最发达的地区，其中棉纺织业尤为发达。1889 年中国第一家动力机器棉纺织厂上海机器织布局成立，标志着近代棉纺织业的诞生。棉纺织业虽然起步略晚，但发展极为迅速，很快成为纺织工业中的骨干。第一次世界大战为民族棉纺织业的发展带来了良好的机遇，华商兴起了建厂、扩厂的高潮。上海凭借其优越的地理位置、充沛的资本实力、良好的工业发展环境，逐渐成为中国棉纺织业的中心。从 20 年代起，在市场的激烈竞争中，华资棉纺织业先后形成了一批民族资本企业集团，其中影响深远的有申新系统、永安系统、大生系统、恒丰系统等。到 1922 年，上海棉纺织业的纱锭已达 175 万枚，占全国纱锭总数的 76.4%，华资棉纺锭计 77 万枚，日资为 72 万枚，英资为 26 万枚[①]。值得注意的是，一战后日本积极扩大在华棉纺业的投资，发展速度极快，势

① 施颐馨.上海纺织工业志[M].上海社科院出版社，1998.第 4 页。

力超过老牌的英国，一跃成为在华棉纺织业外资之首，也是华资最强有力的竞争对手。从1914年至1924年，日本新建棉纺厂33家，同期华商自建工厂虽有53家，但规模均不如日资棉纺厂①。到1930年，上海棉纺织业已经拥有228万枚纱锭，成为经济实力最强的一个工业部门，其中日资棉纺厂的纱锭为115万枚，占全市纱锭总数的一半以上②。

30年代中期，受世界经济危机以及政局动荡、税赋过重等多种因素的影响，棉纺织业进入低谷时期。华商工厂多减工、停工，出租、出售也比较频繁。尽管华资企业经营困难，但整个行业还是在不断调整中曲折前进。日资则由于资本雄厚、经营管理较合理、采取跌价倾销等因素，仍然保持了较高的赢利率，一定程度上缓解了整个行业萧条以及国内抵制日货所带来的冲击。

1936年全国棉花大丰收，为棉纺工业提供了充足的原料。在此刺激下，上海棉纺织业摆脱了以往棉贵纱贱的不利因素，逐渐开始复苏。一时之间，“往年停工者既纷纷复工，原有开工者亦莫不计划增锭”③。抗战爆发前，上海共有中外棉纺厂65家，占当时全国棉纺厂总数的43.9%，纱锭总数占全国总数的52.3%，织机占全国的51.4%④。从表1可以看出，华资棉纺织业经过数年的苦心发展，规模设备已约占全市的2/5；日资企业虽然数量上与华资相差无几，但规模大，实力雄厚，占据全市棉纺织业的半壁江山，是民族资本的最主要的竞争对手；英资棉纺织业所占比重较少，仅有怡和纱厂、杨树浦纱厂、公益纱厂、纶昌纺织染厂四家，八一三期间工厂损失轻微，故不再详述。

表1 1937年战前上海棉纺织业工厂一览表⑤

经营者	工厂数	纱锭(枚)	布机(台)	纱锭占总比例	织机占总比例
华商	31	1 114 408	8 754	41.80%	29.1%
日商	30	1 331 412	17 283	49.90%	57.4%
英商	4	221 336	4 021	8.30%	13.3%
总计	65	2 667 156	30 058	100%	100%

由于抗战全面爆发前，日资在上海棉纺织业中占据着至关重要的地位，全面

---

① 虞京海.日本在上海棉纺织业.档案与史学，1995(2)。

② 施颐馨.上海纺织工业志[M].上海社科院出版社，1998.第4页。

③ 事变后之上海工业[M].金城银行上海总行编印，1939.第4页。

④⑤ 中国纺织业概况(1943)[E].上海档案馆藏.S30-1-7。

考察八一三期间上海棉纺织业的损失状况，就不得不考虑到日资棉纺厂的受损状况。

二、华资棉纺织业的损失状况

上海棉纺织业损失最严重的为华资工厂，其次是日资，损失最为轻微的是英资。战争对华商棉纺织工厂所造成的破坏集中表现为两个方面，一方面为日军炮火轰炸所带来的直接巨大损失，另一方面表现为日军强制占领华商工厂，将其改为临时军用驻地或强占后委托日商管理经营。

由于华资工厂多集中在沪东、沪西一带，地处战区，因而受到了空前的破坏，损失了总生产能力的2/3，纱锭130万余枚，织机1.3万余台①。仅有九家工厂(申新二九两厂、新裕一二两厂、统益、永安第三、鸿章、大同及勤丰)地处租界，在列强的保护伞下相对安全，只是在战事激烈期内暂时停工，损失较小。当然租界内也并非绝对安全，以永安三厂为例，该厂仍有十余人死于空袭，部分物资受损②。

在日军占领区的24家华商棉纺厂损毁大半，约占当时织机总数的89%③。华商损毁最为严重的有申新一厂、申新八厂、永安二厂、永安四厂、天生、民生、宝兴等七厂。这些厂原有纱锭27.55万枚、线锭3.81万枚、织机3 102台，分别占据全市华商棉纺厂总数的24.8%、31%及35.3%④。战火中民生厂房全部被毁，宝兴厂全部被炸毁，恒丰、中计曾为炮弹击中，机器和原料受损。永安二厂、四厂损失惨重，被毁设备、物资损失达853万元⑤。申新纺织公司所属各厂中，第八厂损失最严重，几乎已经全部被毁。其次损失严重的为第一厂、第六厂。第五厂、第七厂破坏较轻，但是原料物资被大火焚毁不少。1937年10月27日，日军在申八上空投下大约19枚炸弹，“连用机关枪向有人之处乱扫，致使350多人受伤、70多人死亡”。申新一厂在轰炸中死伤400多人，“北工场、布厂的半部、办公室、工人宿舍、饭厅、货栈、物料间等亦几被炸毁”。申新六厂护厂人员多人殉难。申新

① 谭熙鸿.十年来之中国经济[A].近代中国史料丛刊(续辑)第83册[M].文海出版社，1981.第79页。

② 中国近代纺织史(下)[M].中国纺织出版社，1997。

③ 申报，1938-10-12。

④ 黄逸峰.中国民族资产阶级[A].江苏古籍出版社，1990.第460页。

⑤ 上海纺织局.永安纺织印染公司[M].中华书局，1964.第241页。

八厂当时设备先进,产品足与日纱相匹敌。丰田集团指使日本浪人将轰炸后的残余纺机彻底捣毁。战乱中,各厂原料、成品被大量劫收。仅申新七厂被抢走2.4万担棉花、棉纱422件、棉布2 600匹、棉毯2.7万条,以及大量半成品、下脚料,价值660万元。据申新公司估计,战时直接损失折合美金411万元①。

此外,损失轻微的有崇信、永安一厂、大丰、恒大、纬通、振泰、美丰等,上述华商工厂多已为日军强占,总计有12家,资本达2 200余万元,锭数455 136枚,占战前华商总锭数约40.8%②。其中永安一厂和大华被日军占领后改为"日军野战病院",所有机器、厂房以及储存的原料、半成品等损失严重。纬通纱厂也被日军占驻,新仓库所存放的棉花、纱布、染化料等被日军劫③。

表2　上海华资棉纺厂开工概况(八一三之后)④

开工状况	厂数	纱锭(枚)	线锭(枚)
继续开工	10	374 344	47 320
日军占领	16	676 616	67 386
受损失严重未开工	3	6 740	7 960
未占领未开工	1	11 588	—
日资收买	1	5 120	—
总计(战前统计)	31	1 114 408	122 666

从表2也可看出,八一三战事结束后,能继续开工的华商工厂仅为战前的1/3。总之,华资棉纺织业损失空前惨重,大约损失了战前的2/3,应是比较客观的说法⑤。

三、日资棉纺织业的损失状况

八一三淞沪会战时,日军以一些日资纱厂为作战据点,交战中双方炮火毁坏了不少设备。同时中国军队在交战时也占领了一些日资纱厂,撤退时也毁坏了一部分日资纱厂的设备。因此,日资在上海的棉纺织业,除一部分在租界内借助

① 荣家企业史料(下)[M].上海人民出版社,1980.第4页。

② 沪战以来上海工业损失[N].银行周报,1939-10-31。

③ 上海纺织局.永安纺织印染公司[M].中华书局,1964.第239页。

④ 中国棉纺统计史料[M].上海棉纺织工业筹备会,1950.第61页。

⑤ 王菊.近代上海棉纺业辉煌[M].上海社科出版社,2004.第3页。

国际关系的掩护暂免损失外，其他工厂也在战火中遭受到不同程度的毁坏。

根据大日本纺织联合会统计，当时日资在沪纱厂大约损失其纱锭总数的16.8%和布机总数的25%①。有学者折算，日商完全损失纱锭约20万枚，线锭2.6万枚，织机3 600台，分别占战前日商在上海纱锭和织机数的15%与20%②。又据表3统计数字，结合战前日资棉纺织业相关数据，据估计纱锭损失约为战前的17%，线锭损失约为战前的12%，织机损失约为战前的25%。

表3 上海日资纱厂设备损失估计(1937年底)③

厂 名	纱锭(枚)	线锭(枚)	布机(台)
日本纺织株式会社	—	400	1
日华纺织株式会社	74 480	14 920	1 493
上海纺织株式会社	5 248	—	697
东华纺织株式会社	—	3 600	—
丰田纺织株式会社	147 208	2 200	2 150
裕丰纺织株式会社	800	—	—
总 计	227 556	40 920	4 341

在日军防区以外的丰田纺织厂和日华纺织厂损失最大，许多厂房设备几乎完全毁灭。日华纺织会社的浦东一厂、二厂几乎全部被毁，位于吴淞的八厂也被炸毁了一部分，损失估计约为3 000万日元。另外，上海纺织会社的第一、第四以及第五厂，公大的第一、第二两厂，以及东华、裕丰和大康三个会社损失也比较严重。其他日资工厂损失较为轻微④。

总体上，与华资工厂相比，日资棉纺织业损失有限，战后的生产设备重建速度也很快。至1938年12月，所有日资棉纺织工厂已经接近全部复工，而且棉纱和棉布的产量都超过了华商棉纺厂。值得注意的是，日军占领华商棉纺厂后，多委托日商管理经营。据不完全统计，共有申新一厂八厂、纬通合记纱厂、振泰、美丰等14家华商工厂由日商管理经营⑤。同时战争期间，物资紧缺，纺织品市场庞大，所以日资棉纺织业恢复很快，且有新的发展。

虽然棉纺织业的损失缺乏准确而又可靠的数字统计，但仍能为我们大致描

①③ 吴永福.日本在华纺织业投资[J].经济建设，1943(7)。

② 杜恂诚.日本在中国投资[M].上海社科出版社，1986.第199页。

④⑤ 事变后之上海工业[M].金城银行上海总行编印，1939.第5页。

绘出上海整体棉纺织业的受损状况。纵观上海棉纺织业，八一三期间华资棉纺织业损失惨重，近三分之二的工厂在战火中被毁或者被日军强占；然而占据半壁江山的日资棉纺织业损失相对有限，仅有少部分厂房及机器设备被损毁。根据上述数字估计，上海棉纺织业损失纱锭为战前36.2%，布机损失为战前33.7%。上海棉纺织业虽然整体上损失严重，但也有大部分工厂物资保存了下来，这为孤岛时期行业的繁荣奠定了一定的物质基础。

（本文原载《兰台世界》，2010年第23期）

八一三淞沪抗战和日本侵略暴行

唐培吉

一、上海是抗日战争的战略要地

(一) 上海是敌我双方必争的战略要地

上海成为抗日战争中的战略要地,不仅仅有其军事因素,而且有其政治、经济与文化因素。因为上海是当时中国经济、文化中心,是政治的副中心,它是中国最富有的地方,不仅拥有大量的物质财富,而且有着丰富的文化财富;它是当时中国首都南京的屏障,拱卫着首都;它是中国中部交通运输的枢纽,能连接全国各大地区与城镇;它还是个国际大都市,谁占有它,都会产生巨大的国际影响。因此,一旦发生战争,上海便成为敌我双方必争的战略要地。日本军国主义一直把上海列为侵华战争中首批占领的重要目标,侵占了上海即能掠夺到丰富的财力、物力、人力,为其扩大侵略战争打下"以战养战"的基础;又能以上海为基地,向长江三角洲和长江流域伸展其侵略魔爪;更幻想侵占上海后能威逼南京,迫使中国政府签订城下之盟,达到其霸占中国的野心。所以,日本在挑起九一八事变后即发动一·二八淞沪战争,在发动七七事变后又立刻发起八一三淞沪战争,在太平洋战争爆发的当天,就迅速占领上海所有租界,历史充分证明日本侵略上海的战略意图。

(二) 八一三淞沪抗战及其战略意义

八一三淞沪抗战是一次空前规模的大战役,日本以松井石根上将为司令官,率九个师团外加海空军共计 25 万以上的兵力发动侵略战争,中国以蒋介石为总指挥率约 75 万兵力进行对抗,双方共百万大军进行了 100 多天的激烈交战,是大兵团、陆海空立体作战的战略性战役,是中国抗战以来规模最大的一次战役,是当时抗日战争的主战场之一,亦是世界反法西斯战争东方战场第一次大战役。这是中国抗日战争史上集中兵力最多、战役时间最长、战况惨烈最甚、战争损失最重、国内外影响最大的抗战。在敌强我弱的态势下,面对武器装备优良的日军,中国军队毫无畏惧,英勇杀敌,经历了多次的反复争夺战,其悲壮惨烈的场面无以复加,出现了许多威武雄壮、可歌可泣的动人战斗。如进攻汇山码头之战,二六四旅旅长黄兴梅将军殉职;八一四至八一七空战中,第四航空大队在大队长高志航率领下,以 3∶0 取得首战胜利;飞行员阎海文座机被击中跳伞陷入敌军,在击毙 5 个敌人后,英勇牺牲;沈崇海在座机被击中后架机俯冲炸沉敌巡洋舰时壮烈牺牲;在江阴海战中,我“史 102 号”快艇冒险偷袭日旗舰“出云”号;“永健”舰面对敌机轰炸,坚持斗争,最后舰上官兵全部壮烈牺牲;海军特工人员携浮动水雷冒险潜泅到日军舰队实施爆炸,罗店争夺战中团长李维藩、营长张培雨、旅长蔡炳炎等身先士卒,冲锋杀敌而先后英勇殉国;宝山保卫战中以营长姚子青率全营官兵从城外打到城内、一屋一室地进行巷战,最后全营官兵壮烈牺牲;蕴藻浜反击战,五一〇旅旅长庞汉祯、五一一旅旅长秦霖牺牲,谢鼎新团全团壮烈战死;在大场守卫战中第十八师师长朱镇华将军,怀着与阵地共存亡的悲愤心情,举枪自杀;中校团副谢晋元率八百壮士(实 420 人)死守四行仓库,激战四天四夜,完成阻击任务。这都是足以载入史册而永垂不朽的!

与此同时,上海各界人民全力以赴的支持前线,亦是十分感人。与一·二八淞沪抗战不同,此时,国共已经合作抗日。上海市政府组织了上海市抗敌后援会,统筹全市支持抗战的各方面工作,中共上海党组织积极派人参加。中共上海办事处与八路军上海办事处领导人潘汉年与中共上海“三人团”(刘晓、冯雪峰、王尧山)同国民党商谈,通过上海各界救亡协会,把各界人士组织起来进行支持前线各项工作。一是进行救亡宣传,创办了《救亡日报》《抗战》《呐喊》等报刊,组织了演讲队、演剧队、歌咏队,采用漫画、木刻、摄影等形式,运用电台、剧院、会馆、舞台等传媒平台,使上海每一个角落、每一个家庭都能听到、看到抗日救亡的宣传,还向国际社会进行宣传。二是组织各种战地服务团队,如运输队、救护队、担架队、慰问队等直接到前线服务。应当时前敌总指挥陈诚提出的要求,中共派出以钱亦石为大队长的战地服务队到第八集团军张发奎部,袁志彬为队长的战地服务队到第十五集团军陈诚部,胡瑞英为队长的妇女战地服务队到第十八军罗卓英部。其他有特色的支持,如叶进明率领的拥有一、二十辆汽车的煤业救护队,园明法师率领的僧侣救护队,郭剑平带领的黄包车运输队、香港战时服务团等等。共产党还动员500多工人参战,发动工人在一个月内赶制500枚水雷与800枚地雷,并积极组成了以共产党员为核心的苏浙行动委员会别动纵队第一支队第三大队共500人直接参加了战争,在华漕镇一带与敌军激战两天两夜,以伤亡一百多人的代价,守住了阵地。三是募捐慰劳,各界人士非常踊跃地捐献钱财,到9月10日已募集150多万元,认购救国公债1 900余万元,海外侨胞捐献360万元,连国际人士亦捐献,如旅沪德商捐助17 510元。上海各界40万妇女在一个月内紧急缝制出20万件棉背心与棉手套,70万只慰问袋,给前线官兵。四是难民工作。由于日本侵略者的狂轰滥炸,上海有达130万难民,因冻饿而死的每天有100多人,赈救难民工作刻不容缓。上海市政府属下的上海市救济会先后设立了126处难民收容所,收容难民10.5万余人,遣送难民11.3万人;上海慈善团体联合救灾会(慈联会)设立40余处收容所,收容难民50多万;由国际友人发起组织的上海国际救济会,设立130余个收容所,收容难民10万人以上;还有各地同乡会、各宗教界纷纷设立收容所上百所,收容难民数十万。共产党十分重视难民工作,中央特派张爱萍等,专门成立中共上海难民委员会,除了解决难民的生活困难,还兴办识字班、文化班等进行抗日救国的宣传教育,培养出许多有用之才,其中有200余人加入中国共产党,1 000多人被输送到皖南新四军,近2 000人被输送到淞沪、苏南、苏中等游击区或根据地。

人民抗日救亡运动推动了八一三沪抗战的爆发,八一三淞沪抗战促进了以上海为中心的人民抗日救亡运动兴起的第二次高潮,这就是历史的辩证法。

八一三战役虽然以失败告终,但仍不失其重要意义。第一,它促进了蒋介石国民党最后下了国共合作共同抗日的决心,实现了向全面抗战的转变。第二,它坚持了3个多月的抗战,沉重地打击了日本侵略军嚣张的气焰,大大消耗了日本侵略者的人力、物力、财力,彻底打破了日本侵华的"速战速决"的计划。第三,它吸引了大量的敌军,减轻了华北战场的压力,对全国抗战是个有力的支持,亦打乱了日本原来的侵华部署。第四,它为上海和东南地区的工业内迁、物资转移和各种机构与人才的撤出,赢得了时间。第五,它成为反法西斯世界大战中著名的重要战役,显示了中国军民抵抗侵略的能量和凝聚力,使世界各国和人民对中国刮目相看,提高了中国的国际地位。第六,上海军民团结一致进行了百日大会战,唱响了伟大的爱国主义精神的一曲悲歌,极大地振奋了全国人民捍卫民族独立的爱国主义精神,从此中国人民真正地觉醒了,她将形成使敌人陷于灭顶之灾的人民战争的汪洋大海,朝着民族解放的道路迅跑!

二、日本侵略者在上海的暴行

(一) 日本从上海开始大屠杀

八一三抗战开始后，日本侵略者就疯狂地对上海实施野蛮轰炸，把闸北区繁荣的工商业街道和居民住宅炸成一片废墟，恒丰路、共和新路一带只剩下一幢三层楼水泥房空壳，连远离战场的北新泾亦被炸成废墟，并在闹市区南京路浙江路口投弹，炸死700人以上。它对南市区进行了5天的大烧杀，工厂、企业、商店、民房约80%被烧毁。它还对逃离上海的难民滥施轰炸，日本飞机在南市火车站炸死难民七八百人，在杨行汽车站炸死200余难民，在松江火车站炸死300多难民，伤者更多。日本在侵略战争中不择手段地实施暴行，妄图以武力恐怖迫使中国军民屈服，达到其占领的目的。当日本侵略者遭到上海军民的英勇抵抗而一时不能达到其侵略目的后，它的法西斯本性即歇斯底里发作，一旦占领上海地区便开始了大屠杀。日本军队从两路登陆，一路从金山湾，一路从宝山。从金山湾登陆的日军，一路纵火烧杀三天三夜，直杀到松江，原有10万人的松江县城只剩下5个老人和一群吃了尸肉的肥狗。

(二) 日军在宝山吴淞的暴行

宝山吴淞是以黄浦江出口吴淞口得名，上海水路出入口，是上海的咽喉，特建吴淞炮台防卫祖国的东大门，原上海第一条营业性的铁路淞沪铁路的起点就是吴淞炮台湾，故宝山吴淞在政治上、军事上和交通上都具有十分重要的地位。一·二八、八一三两次淞沪战争都在宝山吴淞进行过激烈战斗，宝山吴淞地区遭到日本侵略军的极大破坏，手无寸铁的百姓遭到残酷的屠杀。

八一三淞沪抗战爆发后，自8月23日起，日机数十架在吴淞镇一带轰炸36次，投弹630余枚；24日下午到翌晨又投弹100余枚，使全镇成为一片废墟。据当时宝山区公署统计，蕴藻浜以北，战前有房屋5 265间，被日军炸毁4 685间，占原有房屋总数的88.98%。日军从小川沙登陆后一路烧杀淫掠，宝山全县仅被日军枪击、刺杀、火烧、砍头、剖腹、活埋的群众，就有11 233人之多；加上因日本侵略战争所造成的瘟疫与饥饿而死亡的，其总数有23 000名同胞无辜死于日本侵略者之手，占全县战前人口的19.27%。更无耻地奸淫妇女，据不完全统计宝山境内遭日军残暴强奸的妇女达1 600余人，且大多惨遭杀害。日军侵占宝山后，还在宝山城厢、吴淞镇、五角场、江湾镇和杨行镇等地开设“慰安所”，实行残暴的性奴役。同时毁坏文化古迹,如城厢的孔庙、江湾的孙中山奉安纪念碑、一·二八忠烈墓、五卅殉难烈士墓、庙行的无名英雄纪念墓、广福顿悟寺、月浦净信寺、罗南东林寺、罗店的罗浮园等等,都被日本侵略者所毁。

日本侵略者在侵占上海后,华中派遣军司令松井石根即命令日本军队开始大屠杀,其派遣军南路指挥官柳川就赤裸裸地说:支那境内山川草木都是敌人,不论是妇女儿童,凡中国人一概都杀,房屋全部放火焚烧。其中路指挥官司香宫鸠彦则颁布"杀尽华军俘虏"之密令。其北路指挥官中岛在国内就有"野兽屠夫"的诨名,其部下级军官向进敏明和野田毅(即野田岩)在八一三淞沪战争中即约定开展杀人比赛,到 12 月 10 日,这两个刽子手已破"百人斩"纪录,分别杀害了 105 名和 106 名中国人。日本法西斯从上海开始一直杀到南京,据一个外国人审慎的估计:长江三角洲这次战争的结果至少有三十万中国平民牺牲了生命,其中相当大的部分人是被极为残酷地摧残致死的(《外人目睹中之日军暴行》第 90 页)。日本人本多胜一著的《南京之道》(朝日新闻出版社 1987 年出版)中亦有一定的记载。到了南京,日本法西斯进行更大规模的南京大屠杀。

三、日本侵华暴行的法西斯本质和军国主义根源

为什么日本在侵华战争中如此野蛮残暴地烧杀淫掠?这是由其法西斯本质决定的。日本发动的是侵略战争,是不得民心的,是遭到中国军民的愤怒抵抗的,因比,它只有通过残酷的屠杀,妄图"摧毁中国人民的抵抗意志",迫使他们"接受日本的统治"。另外,对日本士兵来说,要鼓励他们杀人,以加强精神训练,可以"麻痹他们的良知,强化他们的侵略行为",让战士发狂,"不发狂就达不到侵略目的"。这就是日本法西斯的理论与方法,指导其官兵的法西斯行为。

日本法西斯的本质是其长期灌输武士道精神与积极推行军国主义的必然结果。武士道精神是日本封建社会形成的一种思想观念,它崇尚武力,要求武士忠勇、节义、坚忍,培养成为封建统治的仆役,通俗地说就是提倡以杀伐征战,征服对手为光荣,为了战胜对手,则应坚忍不拔,搞阴谋,施诡计,不择手段,如果不成功便成仁,就剖腹自杀。日本的明治维新是在改革派武士的支持下,推翻了封建政权,建立起来的资产阶级政府。在这样的历史背景下,明治维新后,一面发展资本主义,一面推行军国主义。改革派武士领袖吉田松荫就袒裸其野心:现在要加紧进行军备,一旦军舰大炮稍微充实,便可乘隙夺取堪察加、鄂霍次克海,晓谕

琉球——责难朝鲜——北则割据满洲之地，南则占有台湾、吕宋诸岛，然后挫败美国，制服欧洲，就将无往而不胜。其他政治人物亦纷纷宣扬“国之兴废，在于兵力”。于是睦仁天皇发表的“宸翰”即公然宣告：“继承列祖列宗的伟业，安抚尔等亿兆，开拓万里波涛，布国威于四方。”提出“富国强兵”的口号，从经济、政治、军事、文化全面推行军国主义。

经济上，发展与战备密切相关的，如冶金、机械、电力、化工、交通、电讯等行业，既是平时民用工业，战时即是战备工业。在政治上，强化专政，镇压人民的进步或反战活动，日本是个警察国家，平均每一个半村庄就有一个警察派出所。在军事上，由军人控制内阁，参谋本部凌驾于内阁之上，直属天皇领导，积极扩军备战，不断发动对外侵略。在文化教育上，加强学校的军训，灌输武士道精神与对外侵略思想，培养狂热的军国主义分子，为发动战争作准备。列宁说得好：现代军国主义是资本主义发展的结果。

积极推行军国主义的有这样几个代表人物，吉田松荫与天皇睦仁是推行军国主义的始作俑者，山县有朋是把军国主义矛头指向中国的理论与政策的制定者，田中义一是拟定侵略中国的策划者，东条英机是发动全面侵华战争的执行者。

日本军国主义扩张的矛头指向谁？是西方的俄美还是东方的中国？狂热的军国主义分子山县有朋花了整整40年时间和精力，竭力策划和制定侵略中国的理论与政策。1879年，他任参谋本部部长起即多次派人进入中国刺探情报，编成《领邦兵备略》，并写了奏折给天皇，主张以打败中国为扩军的主要目标。1887年，日本参谋本部拟定了《征讨清国策》，写着：折其四肢，伤其身体，使它不能活动；战后将山东、浙江、舟山群岛、澎湖列岛、台湾、沿扬子江两岸，全部归并日本，其余分裂为东北、江南、华北、青藏、内外蒙、甘肃、准噶尔等小国，分别属于日本。五年为期，做好准备，抓住时机，发动进攻。1890年，他出任首相时发表施政演说，提出中国大陆是日本的生命线的侵略理论，胡说国家独立之道有二，一曰捍卫主权线，不容他人侵犯；二曰防护利益线，不失自己的有利形势。何谓主权线？国家之疆域是也。何谓利益线？即同我主权线密切相关之邻近区域是也。他公然把中国之东北、台湾、朝鲜划入其利益线内。他的这套侵略中国的谬论，竟然得到国会议员的热烈鼓掌而通过。从此，侵略中国的“大陆政策”就经过法律程序而成为日本的基本国策。1894年甲午战争中，他因入侵中国东北有功，获元帅称号，再度出任首相。1904年日俄战争中，他任参谋总长兼兵站总监，再次入侵中国。1918 年,已经 80 岁的山县有朋还向新上任的首相寺内正一提出建议书,强调“未来我国权利之扩张方向应为中国”。事实果然如此,请看:

1872 年,日本并吞琉球,强迫琉球王称是日本的琉球藩王。

1874 年,日本侵略台湾,在台湾人民反抗下被迫退出,却强要中国清政府的 50 万两银赔款。

1875 年,日本向朝鲜发起挑衅,强迫朝鲜签订不平等条约,要朝鲜不承认是中国的属国。

1894—1895 年,日本发动侵华的甲午战争,清政府被迫签订《马关条约》,割让台湾,失去朝鲜,赔款 2 亿 3 千万银两。

1900 年,日本积极参加八国联军的侵华战争,强迫清政府签订《辛丑条约》,赔款 4 亿 5 千万银两,并获得在北京的驻军权。

1904—1905 年,日本为与俄国争夺中国,发动了日俄战争。俄国战败后,日俄多次签约,把中国的东北南部与蒙古东部归为日本的势力范围。

1914—1919 年,第一次世界大战期间,日本企图利诱想做皇帝的袁世凯签订使中国成为殖民地的“二十一条”,战后巴黎和会上日本强蛮将德国在中国胶东半岛与山东的权益与势力范围占为己有,不顾中国的抗议。

这就是日本军国主义在近代史上侵略中国的笔笔罪行,岂容翻案!

1927 年 4 月,田中义一任首相,5 月就出兵山东,阻拦中国国民革命军北伐;6 月即召开“东方会议”,专门商讨对华国策。东方会议决定:要从以经济侵略为主、逐步蚕食中国的“币原微笑外交”方针,改变为以武力迅速征服中国的“田中武力”方针。他在向天皇密奏中说:“惟欲征服支那,必先征服满蒙,如欲征服世界,必先征服支那。”果然,1931 年日本发动九一八事变,侵占东北;1937 年发动七七事变,发动全面对华侵略战争;1941 年,又发动了太平洋战争;这不是照着田中奏折一步步地在做吗?日本在 20 世纪 30 年代发动的侵华战争,已在 20 年代的“东方会议”作出了决策,只要准备就绪,时机成熟,即挑起事端,发动侵略战争。所以,日本发动七七事变和八一三淞沪战争,是冰冻三尺非一日之寒,是蓄谋已久的,是推行军国主义的必然结果。

东条英机之父东条英教曾参加过甲午战争,他继承父志,积极鼓吹侵略中国。1931 年他参与策划九一八事变,因侵占东北有功,晋升为关东军宪兵司令官与参谋长,控制伪满洲国,血腥镇压东北人民抗日斗争。1937 年,他成为日本军内“统制派”首领,上书军部,力主全面侵略中国,接着策划七七事变,并亲率“东条兵团”侵入张家口、大同等地，大肆烧杀淫掠，竟然叫喊什么：占有中国的女子，便能滋长占有中国的雄心，必须更多地占有中国女子。1938年调东京任陆军省次长，后又任陆军大臣。1941年任首相，他不仅加强对中国正面战场的进攻和对中国敌后战场的“扫荡”，而且发动了太平洋战争，妄图称霸世界。战后东京审判处以绞刑。

军国主义的发展过程大致分为三个阶段，自1868年明治维新到1894年发动甲午战争前夕，是军国主义形成到初步发展阶段；从1894年甲午战争到1941年“大政翼赞”法西斯体制建立，是军国主义发展到高峰时期；从1942年起军国主义开始走下坡路，至1945年日本政府无条件投降，宣告军国主义的破产。日本进行的法西斯侵略战争，是非正义的，它的法西斯暴行是由其军国主义本质决定的，这就遭到中国人民和世界各国人民的反抗，人心背向是决定胜负的根本原因，所以日本战败亦是必然结果。多行不义必自毙。

（本文原载“淞沪抗战纪念馆改扩建暨淞沪抗战战史研讨会”《会议手册》，2014年8月）

研 究 述 评

八一三淞沪会战研究述评

王　喆

八一三淞沪会战是抗日战争爆发以后中日双方进行的第一次大规模战役。在此次会战中，双方先后投入近百万兵力，历时近四个月，其规模之大、时间之长、作战情况之复杂，在整个抗日战争史上都是屈指可数的。这次会战揭开了中国全面抗战的帷幕，它对于中日两国的战略部署及整个战局的演变都产生了巨大的影响。

一、研究概况

鉴于此战役的重要性，无论是大陆学者，还是台湾学者、海外学者都对此次战役中的战略问题进行了深入的研究，并提出了各自的看法。

对于淞沪战役中中日双方战略问题的研究较深入的是台湾学者，因为一方面他们有机会接触到各种当时的档案史料，另一方面当年参加淞沪会战的将领仍有一部分健在并居住在台湾。台湾学者对于此次战役中的战略指导主要持肯定观点，具体表现为：一是认为淞沪会战在战略上是成功的，虽然日军占据了优越的地理条件，但此战役从全国范围来看，中国军队在长江流域作战要优越于在黄河流域作战。同时淞沪会战吸引了华北的日军，牵制了日军的行动，有力地配合了华北战场上国军的作战，这种观点在70年代比较流行，主要代表作是台湾学者吴相湘的《第二次中日战争史》和张其昀的《党史概要》。二是认为八一三事变爆发不久，以蒋介石为首的国民政府即决定扩大淞沪会战规模，把作战重点主动地转移到华东战场，引诱日军改变作战方向，这个决策是战略上的成功，奠定了抗战胜利的基础。这一观点最早出现在1966年10月由台湾“国防部史政局”

编印的《领袖军事上的丰功伟业》一书。但真正在台湾学界广泛的流行是在70年代中后期,其主要代表作是蒋纬国主编的《抗日御侮》。吴相湘的《中国对日的总体战略》《抗战八年的重要会战》,以及李云汉的《对日抗战的持久战略》,也都对此观点表示赞同。

大陆学者则由于缺乏第一手的历史资料,因此在80年代中期以前对此问题的研究还不够深入,其基本观点是:淞沪会战打破了日军速战速决的战略,鼓舞了人民的抗日热情,为沿海沿江的工业内迁,以及经济实力的保存赢得了时间;但此战在战略指导上犯有错误,主要表现为中国军队不应与日军进行大规模的决战。近年来,随着许多档案史料的整理公布,以及许多当事人回忆录的出版,特别是台湾史学界的观点、史料的引入,大陆学者对此问题的研究也开始走向深入。如王树荫的《评国民党开辟淞沪战场之得失》,余子道的《论抗战初期正面战场的作战重心之转移》,马振犊的《开辟淞沪战场有无"引敌南下"战略意图》,黄道炫的《淞沪战役的战略问题》等十余篇文章对淞沪战役中的战略问题进行了探讨。在这些文章中,除了支持或反对台湾学者的观点外,还出现了第三种观点,即认为夸张地估计中国统帅部门的先见之明,认为其一开始就有诱敌改变进攻方向的分兵战略,稍失严谨;但看不到中国统帅部战前的充分准备,低估其总体战略上的良苦用心,也是有欠客观的。总之,这些探讨都大大加深了淞沪会战中战略问题的研究。

二、 日军战略与淞沪会战

1. 关于日军作战方向的选择与淞沪会战爆发之间的关系

无论是大陆还是台湾,绝大部分学者认为日军在战争初期根本的战略思想是以强大的兵力打击中国,速战速决,迫使中国投降,日军主要作战方向选择在华北、平津地区。那么华北主战场的开辟与沪战的爆发又有什么关系呢?

一种观点认为,这是日本既定侵华计划的结果。早在20年代,日本军部制定的对苏、对华作战计划中就已明确提出日本军队要沿京汉线南下。日军将主要作战方向选在华北,同时又在淞沪地区挑起战端,溯长江西进武汉是日军既定战略进攻方向,因此日军需要在淞沪地区挑起战争①。

① 徐勇:《日本侵华既定战略进攻方向考察》,《抗日战争研究》1996年第3期。

另一种观点认为,七七事变后日军作战计划是以平津地区为主要作战地区,希望通过局部战争速战速决。对于上海方面,并无与中国军队大规模作战的计划。而在上海挑起战争的直接原因是日军在华北的军事行动未能顺利达到目的,故希望通过上海开战,破坏中国的政治、经济中心,威胁南京,以利于华北作战①。

还有一种观点认为,日军在"抢占中心城市和主要交通线,摧毁中国军民的抗战意志"的思想指导下,认为进攻上海的政治意义远大于军事意义②。

2. 关于日军进攻战略是否存在"由北向南"的进攻轴线问题

这一问题是评估国民政府应战方略的基本点。一种观点认为,存在这样一条进攻的轴线。持此观点者主要为台湾学者。如蒋纬国在《抗日御侮》中称淞沪会战使日军"作战线由北向南方向为由东向西方向"③。台湾学者吴相湘、李云汉也认为日军存在自北南下的主攻方向④。由此观点出发,大多数台湾学者认为"就原定计划而言,(日本)决不能将其兵力用在长江流域"。

另一种观点认为,日军的进攻轴线是由西向东。武汉是日军对华作战构想中的进攻远点,长江为其深入并侵害大陆内地的基本通道,溯长江西进武汉为日军既定战略进攻方向。日军把沿平汉线南下作主攻方向,则是在南京会战和武汉会战之间提出的。日军在战争初期之所以将主战场首指华北,而没有沿江西进,是因为日军对中国抵抗意识和能力估计过低,是和日军以征服中国为最高目的相关联的⑤。

3. 关于淞沪会战中日军战略方针演变及战术运用

一种观点认为,日本军部最早决定在上海发动侵略战争的计划是日参谋本部于1937年7月29日制定的。而战略方针直至8月16日石原莞尔在《上海派遣军作战要点案》中才提出,但仍以华北为主战场⑥。

另一种观点认为,淞沪会战爆发后,日本陆海军方面曾就如何指导战争全局提出过不同的方案:军部主张以上海为重点,进行短期决战,而参谋部主张以华北为重点,进行长期战争,后经陆海军省协调,21日才将两种方案调和,但实际上

---

① 程晓:《抗日战争初期中国和日本的战略与淞沪会战》,《中共党史研究》1995年第6期。
② 曲家源:《也谈日本侵华战争的战略问题》,《世界历史》1995年第4期。
③ 蒋纬国:《抗日御侮》,台湾黎明文化产业公司出版。
④ 吴相湘:《抗战八年的重要会战》,《明报月刊》(香港)第139期。
⑤ 徐勇:《日本侵华既定战略进攻方向考察》,《抗日战争研究》1996年第3期。
⑥ 褚家渊:《论中日双方在淞沪战役中的战略》,《社会科学》1995年第7期。

是鼓励速战速决①。

在战术运用问题的研究上，有学者认为，战争前期日军出于狂妄心态。采用了伤亡数极大的“逐次增兵”的战术。这是战术运用上的失误，导致了淞沪战役初期，日军始终不能进一步入侵。后由于日派遣军进展缓慢，下村定代替了石原莞尔的作战部长职位，并于 10 月 12 日制定了新的战略方针：杭州湾登陆，采取侧背迂回、前后夹击的战术②。

对日军作战方向的选择与淞沪关系的探讨是评价以蒋介石为首的国民党政府在淞沪战役中战略得失的前提条件。台湾学者以日军将主要作战方向选择在华北，存在一条由北向南的进攻轴线为依据，说明国民政府在淞沪战役中的战略改变了日军的作战方向，从而得出国民政府在淞沪战役中战略上是成功的结论。而对此持不同意见的学者其主要依据是没有明确的档案史料可以证明日军存在这样一条进攻轴线。笔者认为，研究日军在战争初期同时在两个方向上开辟战场这一问题时，必须充分考虑到日本政府内部各部的对立性，以及由此所产生的在政策和行动上的不统一性。日本侵华期间，始终在策划侵华战争的核心部门工作的日高级参谋堀场一雄就曾指出“陆海军的对立为最甚，军部与政府的对立，政府内部的各省的对立，在军内军政部和统帅部的对立，在统帅部内作战当局和战争指导当局的对立等皆是。不可能指望得到国策的综合、政略战略的统一。”③日军在当时情况下无意开辟淞沪战场，淞沪战役规模和范围的扩大是一个过程。对于进攻轴线问题，笔者认为日军在华北屯集重兵并不能说明日军就存在由北向南的进攻轴线，“进攻轴线”的提法具有使国民政府屈服投降的目的，而日军在华屯集重兵的主要目的是要将华北变成进攻苏联的基地，至于是否就一定是在这个方向上进攻国民政府并使之屈服还值得商榷。

三、 中国军队的战略与淞沪会战

1. 关于国民党在淞沪会战中的总体战略与战略企图

大部分学者认为，抗战初期以蒋介石为首的国民政府所采取的是持久战略，采取“拖”的战术，但这一总体战略与淞沪会战中的战略指导与战略企图有何关

① 季良志、史会来：《七七事变后日本侵华战略的变化》，《北京档案史料》1996 年第 3 期。

② 褚家渊：《论中日双方在淞沪战役中的战略》，《社会科学》1995 年第 7 期。

③ 堀场一雄：《日本对华战争指导史》，军事科学出版社 1988 年版。

系呢？有的学者认为，蒋介石在抗战中所执行的总体战略是建立在以空间换时间基础上的持久战略，但蒋在淞沪会战中并没有执行这一总体战略方针，而是采用了一种单纯的防御战略，而这一战略与总体战略却是相互转化的：淞沪战役前3个月是总体战略向淞沪战略转化；日本在杭州湾登陆后，蒋介石下令撤军，则是淞沪战略向总体战略转化①。

另一种观点认为国民政府开辟淞沪战场，其战略企图是：(1)保护上海地区经济政治利益；(2)守卫首都南京和守卫长江；(3)争取国际干预，孤立日本；(4)分散敌军兵力，迟滞敌军进攻②。

还有一种观点认为，国民政府主动出击上海的因素是：(1)蒋介石对日战略构想中长江流域及川黔陕的重要地位，对沪宁汉沿江一线进行了特别部署，因此对在这一带作战抱有较大希望；(2)战争初期，华北战场存在诸多不利因素，为避免在华北决战，又要消弭日军南下武汉的危险，只有在中国实力较强的地带开辟新战场，争取主动；(3)在上海开辟战场，有诸多便利因素③。

2. 关于国民党有无改变日军进攻方向的战略意图

台湾大多数学者认为，淞沪会战是蒋介石为首的最高统帅部主动地、有计划地引诱日军改变作战方向的战略决策。大陆学者马振犊也支持这种观点，其证据是抗战前国民政府的对日作战的战略构想和部署中，有引诱敌沿长江西进，中日军队以西南西北为持久抗战之根据地的设计，这种设计与引敌南下西进，在战略上是相通的④。

另一种观点认为，南京统帅部并无主动诱使日军改变作战方向的意图。而使日军一度出现由上海向西仰攻的态势，是战局演变的结果，并非蒋介石事先设计。

还有一种观点认为，所谓引诱日军改变战略决策，是后人追加概括出来的，并且还没有任何档案史料可证明。同时蒋介石以四川为后方的战略构想与诱敌"由东向西"进攻并无必然联系。蒋若真有此种战略意图，就应该避免在淞沪战场与日军决战，但他的做法却与此相反⑤。

---

① 褚家渊：《论中日双方在淞沪战役中的战略》，《社会科学》1995年第7期。

② 余子道：《论抗战初期正面战场作战重心之转移》，《抗日战争研究》1992年第3期。

③ 黄道炫：《淞沪战役的战略问题》，《抗日战争研究》1995年第2期。

④ 马振犊：《开辟淞沪战场有无"引敌南下"战略意图》，《抗日战争研究》1994年第2期。

⑤ 余子道：《淞沪战役的战略企图和作战方针论析》，《抗日战争研究》1995年第2期。

再有一种观点认为，在战前以及战初，国民政府都没有想到要改变日军作战方向，只是在8月20日陈诚与蒋介石谈话后，蒋才确定了此方针①。

又有一种观点认为，不管日军有无南下意图，中国一方都是按自己的思路去分析日军进攻方向。蒋介石固然担心日本南下的方案，但他的最基本判断是日军将以上海、南京和长江为主攻方向，因此做出了必要的防御部署，这样也就不存在诱敌南下西进的战略企图了②。

3. 关于淞沪战场演变成主战场的问题

关于战争初期作战重心及主战场的南移是不是国民党实行的诱敌结果的问题：一种观点认为，淞沪战场发展为主战场从中国方面来说是8月20日陈诚与蒋谈话产生的扩大沪战决策的结果③。

另一种观点认为，蒋介石把淞沪战场作为主战场是淞沪会战爆发后内外因素作用下逐步形成的。而8月20日陈诚与蒋的谈话，他们都还没有把淞沪战场作为全国主战场的指导思想，其中陈诚建议扩大沪战的主要意图是牵制日军在华北的攻势，是在以华北为主战场的前提下扩大沪战的④。有人还认为，淞沪战场发展为主战场是一个过程，其观点包括：(1)淞沪战役规模是逐步扩大的；(2)蒋最初批准的战役计划是小规模的战役，由于敌我双方轮番增兵，使兵力和作战规模越来越大，最终成为主战场；(3)淞沪战役确实在一个时期内吸引了侵华日军大部。但这是出乎蒋的意料⑤。

还有一种观点认为，战争初起时中日双方都没准备在淞沪地区进行大规模的作战，只是双方为了争夺主动，不断增兵，才使淞沪战场演变成主战场⑥。

关于淞沪战场成为主战场的时间问题：一种观点认为，淞沪战场是在8月下旬逐渐发展为主战场的⑦。

另一种观点认为，淞沪战场直到10月份前一直居次要地位，只是在日军大量增兵后才发展成为主战场的⑧。

还有一种观点认为，国民党决定在上海出动主力和上海发展为主战场是有

---

① 孟彭兴：《蒋介石与上海抗战决策研究》，《军事历史研究》1994年第7期。

② 徐勇：《日本侵华既定战略进攻方向考察》，《抗日战争研究》1996年第3期。

③ 李云汉：《对日抗战的持久战略》，《中国论坛》(台湾)第6卷第7期。

④⑤ 余子道：《论抗战初期正面战场作战重心之转移》，《抗日战争研究》1992年第3期。

⑥ 余子道：《淞沪战役的战略企图和作战方针论析》，《抗日战争研究》1995年第2期。

⑦ 马仲廉：《论淞沪战场》，《军事史林》1989年第3期。

⑧ 王树荫：《论国民党开辟淞沪战场之得失》，《教学与研究》1987年第3期。

一个时间间隔的。在8、9月份国民党仍以华北为战场，但却在华东集中出动中国军队主力，这包含着华东发展成为主战场的可能，而其最终形成是在双方不断增兵情况下，直到10月份才成为主战场的①。

4. 关于淞沪战役是否改变了日军作战方向

台湾一些学者认为，淞沪会战的爆发和华东战场的开辟，诱使日军的作战方向从“由北向南”变为“由东向西”。大陆学者马振犊也支持这种观点，并认为日军改变作战方向后，并不意味着就放弃了其他作战战线，因此日军在1938年又发动了对津浦线的进攻；另一方面国民党在鲁南台儿庄等地的作战，以及1938年6月炸开黄河花园口大堤，在战略上成功地切断了日军沿北线西进的通道，压迫日军在南线集结，这一迫敌南下的举措，可视为我军引敌南下的补充②。

另一观点认为，淞沪会战并没有改变日军作战方向，日军仍于1938年发动了晋南、鲁西之战和对津浦线的攻击。在攻占徐州和开封后，才把溯江西攻武汉提到议事日程③。

5. 关于国民党军队在淞沪会战中的战略得失

一种观点认为，南京统帅部在淞沪会战中的决策是抗战初期战略指导上的最大成功。抗战爆发后，若日军沿平汉线直趋汉口，并出洛阳堵塞潼关，则中国东西分为两半，那么长江下游的物资无法西运，西南大后方的建立也不能开展，持久战略就不能实现。而蒋介石诱使敌改变进攻路线，中国就不再有被东西切断为两部分的危险了。因此沪战对抗日战争的胜利具有决定性的意义④。

另一种观点认为，淞沪会战中的战略指导存在错误的一面。从战略上着眼淞沪之战，应当一方面消耗敌人，牵制华北之敌，另一方面争取时间，以掩护长江流域进入持久抗战轨道。而蒋介石在战略指导上则违反了持久消耗战略和避免不利决战的原则，没有主动撤退，适时保存实力，导致中国军队的重大损失⑤。同时，蒋介石过多地寄希望于国际干预，使战略受政略影响，导致国民党军队没有及时撤出战场，造成军队伤亡惨重⑥。此外，在淞沪会战中，中国军队的防御是单纯的消极防御，战略指导思想上没有发动广大人民群众来保卫国家，战术上未

---

① 黄道炫：《淞沪战役的战略问题》，《抗日战争研究》1995年第2期。

② 马振犊：《开辟淞沪战场有无“引敌南下”战略意图》，《抗日战争研究》1994年第2期。

③⑤ 余子道：《论抗战初期正面战场作战重心之转移》，《抗日战争研究》1992年第3期。

④ 吴相湘：《对日的总体战略》，《明报月刊》（香港）第127期。

⑥ 孟彭兴：《蒋介石与上海抗战决策研究》，《军事历史研究》1994年第7期。

用人海防御战，这些都是应予否定的①。还有的学者认为，淞沪战场在当时不具备转换时局的意义，应以华北战场为重心，国民党将淞沪战场作为主战场是错误的。

对于中国军队在淞沪会战中战略的评价，笔者认为单纯从蒋介石国民政府在战前的战略构想和战略部署来认定国民政府早就有诱敌与之在淞沪交战进而改变日军作战部署，这有失客观。淞沪之战由小变大，其本身是个动态过程，无论是中日双方的决策，还是战场规模和范围的形成都是一个不断发展的过程，这也是我们研究和评价淞沪会战的一个基本出发点。

（本文原载《学术月刊》，2001 年第 4 期）

① 褚家渊：《论中日双方在淞沪战役中的战略》，《社会科学》1995 年第 7 期。

八一三淞沪战役研究述评

张　云

八一三淞沪战役是中国抗战史上一个里程碑式的标志。关于这场战役的研究历来是学界极度关注的重要课题。笔者根据现有资料，对这场战役的研究状况做一梳理，以就教于学术界同行。本文原则上以1970年代末作为起点，且以大陆学界的研究成果为主体。从宏观层面分析，这一研究一直没有间断过，并在1995年、2005年纪念抗日战争暨世界反法西斯战争胜利50、60周年时，分别召开颇具规模、层次较高的全国性、省（市）级学术研讨会，各类论著大量问世，推动和形成了两次研究高潮。以研究成果而言，大部头论著包括中国军事科学院编纂的《中国抗日战争史》3卷本（解放军出版社1990年版），李新、陈铁健主编的《从内战到抗战》（上海人民出版社2001年版），唐培吉主编的《上海抗日战争史丛书》（上海人民出版社2000年版），这套丛书也包括余子道、张云所著的《八一三淞沪抗战》（上海人民出版社2000年版）等。此外，上海社会科学院历史研究所编辑出版的《八一三抗战史料选编》（上海人民出版社1986年版）和中国文史出版社1986年出版的《八一三淞沪抗战——原国民党将领抗日战争亲历记》以及淞沪抗战纪念馆编纂出版的《口述淞沪抗战》（上海人民出版社2007年版、2008年版、2013年版）等史料选编、回忆录及口述史料等，为深入研究这场战役提供了第一手资料。从研究的内容分析，尽管各有侧重，但大抵上包括战役基本情况、战略指导和战术运用、相关问题研究及历史评价等4个方面。

一、战况梳理

八一三淞沪战役是第二次中日战争史上从局部战争转变到全面抗战的一场

标志性会战，学界从不同维度出发，对这次战役的起因、发展阶段、参战部队及伤亡人数等基本情况进行了认真的考量和历史的复原。

关于战役起因　这场战役是由谁首先发起的？起因究竟是什么？有没有直接的导火线？这是研究过程中劈面遇到的一个问题。一种观点认为，这场战役是日本发动全面侵华战争的一个重要环节，是由日本海军首先挑起的；卢沟桥事变爆发前后，日本驻沪海军加紧进行战争准备，频频挑起事端，意在制造发动战争的借口；虹桥机场事件可比喻为“冒烟的导火线”。①

另一种观点虽然认为侵占上海是日本实现其灭亡中国大陆政策的重要步骤，是有预谋的。但不认为虹桥机场事件导火线，“因为没有虹桥事件，也必然会发生其他事件。”②

第三种观点认为，虹桥事件点燃八一三淞沪战役的导火线，但强调这场战役是由国民党统帅部主动发起的。这种观点除在台湾学界广为流行外，大陆一些学者也予以认同。如马振犊提出，八一三淞沪战役前日方“还没有具备对上海地区发动全面进攻的必要条件”，而中国方面对于防御日军侵略有了“比较全面的设想”，“造成了中方发动八一三战役的客观条件”，在虹桥事件发生后，中方“即决定了开战措施与大战计划”，进而断言“国民党军发动上海抗战是有目的、有计划的，而且早已做了必要的准备”，“八一三战役是中国发动的”。③

关于发展阶段　对这场战役的起讫时间和阶段划分，学界也存在不同看法。有的学者认为：这场大规模的会战，是以 1937 年 8 月 13 日中日双方军队在上海闸北首次交战而开始，以同年 12 月 2 日江苏江阴要塞陷落而落下帷幕，历时 110 天，经过战役进攻、战役相持、战役防守和战役退却四个阶段，即第一阶段为 8 月 13 日至 22 日的上海围攻战，第二阶段为 8 月 23 日至 9 月 11 日的长江沿岸抗登陆作战，第三阶段为 9 月 12 日至 11 月 11 日的阵地防御战，第四阶段为 11 月上旬至 12 月 2 日的大规模战略退却阶段。④

另有学者将这场战役同样划分为四个阶段，但在具体时段划分和表述上却有很大差别，认为这场战役从 1937 年 8 月 13 日发动到 11 月 12 日中国军队完全撤出上海为止，历时 3 月整，分为四个阶段：第一阶段为 8 月 13 日至 22 日中日双

---

① 余子道、张云著：《八一三淞沪抗战》，上海人民出版社 2000 年版，第 66 页。
② 魏宏运：《关于八一三淞沪抗战的几个认识问题》，《民国档案》2011 年第 11 期。
③ 马振犊：《“八一三”淞沪战役起因辨证》，《近代史研究》1986 年第 12 期。
④ 余子道、张云著：《八一三淞沪抗战》，上海人民出版社 2000 年版，第 2 页。

方军队在闸北和江湾地区展开的争夺战；第二阶段为8月23日至9月底，日本大批援军开到上海，攻占吴淞口和沿江防线，中国军队从进攻转为防御；第三阶段为10月初至31日中国军队在防御战中从苏州河以北地区和南岸向西撤退；第四阶段为11月1日至12日中国军队全线大撤退。[①]

还有一种观点，虽认为战役历时3个月，但在具体阶段划分上提出，应按日军三次大规模增兵所出现的战局变化情况，分为闸北市街战、江岸登陆与反登陆作战、蕴藻浜南岸阵地战和杭州湾北部作战等四个阶段。[②]

关于参战部队及伤亡人数 学界广泛认为，八一三淞沪战役爆发后，不仅国民党中央军主力悉数投入，而且各地方军事力量如湘军、桂军、粤军、鄂系、川系、皖系、黔系，以及东北军、西北军等，纷纷奔赴淞沪前线，奋勇参战。上海淞沪抗战纪念馆为深化这方面研究做出了突出的史料贡献，该馆编纂了《川军与淞沪抗战》（上海人民出版社2009年版）、《湘军与淞沪抗战》（上海人民出版社2010年版）、《桂军与淞沪抗战》（上海人民出版社2011年版）、《黔军与淞沪抗战》（上海人民出版社2013年版）、《东北军与淞沪抗战》（上海人民出版社2014年版）等著作，填补了关于各参战部队的一个资料空白。

至于具体参战部队的番号、部别数和人数等方面研究，学界观点不尽一致。有学者认为，中方参战部队共73个师又11个旅。[③]也有学者认为，在3个多月的时间里先后投入的中国地面部队，有78个师、7个独立旅、3个暂编旅、财政部税警总团、中央军校教导总队、炮兵7个团、宪兵1个团，以及上海市保安总团、上海市警察总队、江苏省保安司令部4个团，兵力总数在75万人以上。中国空军参战部队为第2～9大队等8个大队和1个暂编大队。中国海军参战部队为第1、第2舰队和1个练习舰队、1个鱼雷快艇大队和江阴等要塞的部队。[④]而日军参战部队，有学者认为，总兵力在25万人以上。其中陆军部队共出动了9个师团又2个支队（各相当于1个旅团），海军部队参战的有第3和第4舰队；由于日本空军分属于海军和陆军部，兵力包括空军有海军航空飞机180架、陆上飞机210架，共有作战飞机约390架。[⑤]

---

① 木森：《血洒淞沪——一九三七年"八·一三"淞沪抗战纪实》，《福建党史月刊》1995年第8期。

② 周銮书、廖信春：《试论"八·一三"淞沪抗战——纪念抗战胜利四十周年》，《江西师范大学学报》1985年第4期。

③ 张建基：《八一三淞沪抗战中国军队参战部队考》，《军事历史研究》2006年第1期。

④ 余子道、张云著：《八一三淞沪抗战》，上海人民出版社2000年版，第408页。

⑤ 余子道、张云著：《八一三淞沪抗战》，上海人民出版社2000年版，第409页。

关于中日双方军队的伤亡人数，更是说法不一，具体数字出入较大。有学者认为，这场战役中，中国军队伤亡数为30万3千5百人，日军则是伤31 257人，阵亡9 115人；[①]也有学者认为，日军在这场大战中，日军战死19 360人，战伤79 057人，伤亡人数共计98 417名。而中国军队伤亡数虽迄今尚无定数，但认为以30万人上下之说，较为接近实际情况。[②]

另外，也有学者对《八一三淞沪抗战——原国民党将领抗日战争亲历记》一书中有关《八一三淞沪会战中国军队指挥系统表》提出补订，对于谁任陆军56师师长？指出淞沪战役期间是刘尚志而不是刘和鼎；谁任陆军第62师师长？指出淞沪战役期间是陶柳而不是陶广；并考订出东北军第49军参加了淞沪战役及李觉、吴克任等将领的军职身份[③]等等，为深入研究这场战役的参战部队提供了新的依据。

二、 战略指导与战术运用

中日双方对八一三淞沪战役的战略指导和战术运用，是本课题研究的一个热点，也是一个难点。在这方面，大陆与台湾学界存在着较大分歧。

关于蒋介石及其南京统帅部对淞沪战役的总体战略意图 有学者认为，蒋介石与南京统帅部发动和举行淞沪战役，其作战决策基于政治、军事、经济、外交等诸方面的因素，是抗战初期一个影响全局的重大战略举措，其战略意图主要包括：一是为了保护上海地区经济政治利益不受侵占；二是为了拱卫首都南京和守卫长江；三是为争取国际干预，广征与国，孤立日本，借以营造和平调停的契机；四是在军事战略上为了以淞沪之战牵制日军在华北的进攻，吸引敌军部分主力南下，以分散敌军攻势，迟滞敌军进攻，利于逐步实施“持久消耗”战略。[④]

也有学者认为，蒋介石开战淞沪的战略意图：一是集中优势兵力，“以扫荡上海敌根据地之目的，实行攻势作战”，保护经济命脉，巩固首都，同时激励国人斗志，以新国际观感；二是以淞沪之战吸引日军，减轻华北我军压力，打乱日军的作

---

① 滕昕云：《淞沪会战守势时期作战之评析》，2014年6月“上海淞沪抗战纪念馆陈列改造暨淞沪抗战史学术研讨会”入选论文（未刊）。

② 余子道、张云著：《八一三淞沪抗战》，上海人民出版社2000年版，第410页。

③ 张建基：《对〈八一三淞沪会战中国军队指挥系统表〉的补正》，《抗日战争研究》2001年第9期。

④ 余子道、张云著：《八一三淞沪抗战》，上海人民出版社2000年版，第82—83页。

战计划，争取主动；三是“以战略促政略”，以淞沪会战牵连各国在华利益，促使美、英、苏等大国或国际组织干涉调停，从而达到总体解决中日争端问题，达到保障现有主权和行政领土完整的和平目的；四是与其在华北平原与日军交战，“不若在长江流域，利用湖沼山地，较为有利。”①

另一种观点认为中国统帅部决定主动出击上海，包含着多重考量：一是以上海为出击点，可占先机之利；二是从全局战略来看，在上海发动主攻，还可以吸引华北敌军主力，迟滞敌人在华北的进攻，以华东攻势支援劣势中的华北战场；三是上海的地理位置及地形也促使中国军队对日军发动进攻；四是从政略上考虑，就国际关系言，上海是国际都会，在此作战易于引起各国干预和同情，对争取国际舆论帮助有一定意义。②与前述观点大同小异。

还有一种观点，则着重从军事战略上加以阐述，认为蒋介石在抗战中所执行的总体战略是建立在以空间换时间基础上的持久战略，但蒋在淞沪战役中并没有执行这一总体战略方针，而是采用了一种单纯的防御战略，而这一战略与总体战略却是相互转化的：淞沪战役前 3 个月是总体战略向淞沪战略转化；日本在杭州湾登陆后，蒋介石下令撤军，则是淞沪战略向总体战略转化。③

关于淞沪战役导致抗战初期中日作战重心和主战场的南移 由于淞沪战役规模逐步扩大，双方投入兵力越来越巨，导致了抗战初期作战重心及主战场的南移。这种战略态势，是不是蒋介石和中国统帅部实行诱敌的结果？台湾学界普遍认为进行淞沪会战是蒋介石和中国统帅部主动地、有计划地引诱日军改变作战方向的战略决策，使“日军不能不按照南京政府的意志把作战重心由华北移到华东”，且认为淞沪战场发展为主战场从中国方面来说是 8 月 20 日陈诚与蒋介石的谈话所产生的扩大淞沪战役决策的结果。④大陆也有学者认为虽然日军发动全面侵华战争首先是从华北开始的，国民党大本营也将华北视为“主战场之正面”，但随着战事的迅速发展，主战场很快便转到了华东，这显然是中国统帅部“战略决策起了作用”。⑤

大陆学界的主流观点则认为，蒋介石把淞沪战场作为主战场是淞沪会战爆

---

① 廖大伟：《变被动为主动：八一三抗战的爆发》，《史林》1997 年第 11 期。
② 黄道炫：《淞沪战役的战略问题》，《抗日战争研究》1995 年第 6 期。
③ 褚家渊：《论中日双方在淞沪战役中的战略》，《社会科学》1995 年第 7 期。
④ 李云汉：《对日抗战的持久战略》，台湾《中国论坛》1978 年第 6 卷第 7 期。
⑤ 马振犊：《开辟淞沪战场有无“引敌南下”战略意图？》，《抗日战争研究》1994 年第 6 期。

发后受到中日民族矛盾和国内外诸因素推动而逐步形成的。无论是蒋介石还是陈诚，在8月间都还没有形成把淞沪战场作为全国主战场的作战指导思想。此外，淞沪战场发展为主战场有一个过程：一是淞沪战役的规模是逐步扩大的；二是蒋介石最初批准的战役计划是小规模的，由于敌我双方轮番增兵、反复增兵的态势，使兵力和作战规模越来越大，最终上升为全国的主战场；三是淞沪战役在一个时期内吸引了侵华日军大部，“这多少也是出于蒋介石意料之外”。①

关于淞沪战场成为主战场的时间问题也有不同看法。一种观点认为，淞沪战场是在8月下旬逐步发展为主战场的。②另一种观点认为淞沪战场直到10月份前一直处于次要地位，只是在双方大量增兵后才发展成为主战场。③还有一种观点认为，迟至10月初，中国在淞沪战场投入的兵力才全面超过华北战场达到70个师左右，而此时日军投入淞沪战场的总兵力也达到9个多师团20余万人，也超过了华北战场兵力，“这样，淞沪战场无可置疑地成为中日双方的主战场。”④

关于淞沪战役的中方战略意图是否改变日军的作战方向　与上述讨论的问题相关联，淞沪战役的爆发和华东战场的开辟，是否也是蒋介石中国统帅部企图诱使日本的作战方向从“由南向北”变为“由东向西”而有意为之的一种战略预谋？这是海峡两岸学界关于淞沪战役战略意图争论的一个焦点，观点分歧很大，乃至得出截然相反的结论。

台湾学界1970年代以来广为流行一种观点：八一三事变爆发后不久，以蒋介石为首的国民政府最高统帅部即决策扩大淞沪战役的规模，把中日战争作战重点主动地由华北战场转移到华东战场，引诱日军改变作战方向，从“由南向北”变为“由东向西”；这个决策的制定和实施，是抗战初期“战略之最大成功”，是“抗战制胜的决定性战略作为”，从而奠定了抗日战争胜利的基础。⑤

支持这一观点的大陆学者马振犊也认为，国民政府发动淞沪战役，具有引敌南下，迫使日军变由北南进为由东西进的战略意图，并且认为蒋介石关于淞沪战

---

① 余子道：《论抗战初期正面战场作战重心之转移——与台湾学者讨论发动淞沪会战的战略意图问题》，《抗日战争研究》1992年第9期。

② 马仲廉：《论淞沪战场》，《军事史林》1989年第3期。

③ 王树荫：《评国民党开辟淞沪战场之得失》，《教学与研究》1987年第1期。

④ 黄道炫：《淞沪战役的战略问题》，《抗日战争研究》1995年第6期。

⑤ 代表作为蒋纬国主编的《抗日御侮》（台北：台湾黎明文化产业公司，1978年）、吴相湘的《第二次中日战争史》（上下）（台北：综合月刊社1972—1973年版）、《中国对日的总体战略及若干重要会战》（台北：商务印书馆1978年版）、蒋永敬的《中国对日抗战史》（台北：正中书局1991年版）以及李云汉的《对日抗战的持久战略》（台湾《中国论坛》1978年第6卷第7期）等论著。

役的上述战略意图，是与抗战前两年间作出的以西南为未来抗日后方基地的战略构想是“一脉相承的”。进而断言：“蒋氏集中兵力在上海与日军作战是有充分设计的，是避免日军主力从河南、山西渡黄河南下的战略谋算。”①

针对马振犊的论点，余子道提出质疑认为，所谓南京最高统帅部和蒋介石这种“战略谋算”的说法，是后人追加概括出来的，既没有任何档案史料作依据，又与客观史实不符，因而只是一种推断而已。同时诱敌“由东向西”的进攻与蒋介石两年前设想的以西南为未来抗日后方基地的战略构想并无必然联系。强调如果真有这样的战略意图，就应该避免在淞沪战场与日军决战，但蒋的做法却与此相反。②另有学者提出，不管日军有无南下意图，中国一方都是按照自己的战略意图做准备的。蒋介石固然担心日本南下的方案，但他最基本的判断是日军将以上海、南京和长江为主攻方向，因此进行了必要的战略防御部署，这样也就不存在诱敌西进的战略意图了。③

关于中国军队大规模的战略退却，有学者认为此次行动不仅一再迟延、丧失先机，而且处在全无准备的情况之下，处处显得被动应付，毫无主动权可言，因此这是一个严重失误，同时也造成了相当严重的后果。④

关于淞沪战役日军的战略意图及战术运用　无论台湾还是大陆，学者们基本上持这样一种观点，即战争初期日本的战略指导在于以强大的兵力，持速战速决的作战方针，意在摧毁中国的抗战意志，迫使中国政府投降，并将华北、平津地区作为主要作战方向。然而，在日军为何在上海挑起战端以及是否存在“由南向北”之进攻轴线等具体问题上，两岸学者则存在不同看法。

台湾学者普遍认为存在这样一条进攻轴线。他们认为淞沪会战使日军“作战线由北向南方向为由东向西方向”，由此观点出发，台湾学界认为，日本“就原定计划而言，决不能将其兵力用在长江流域”，由于中国军事当局的诱导，才使日本最终改变其原定的战略攻势方向，使中国军队由此得以沿长江节节抵抗，从容退入既定的西南根据地，赢得时间，实现持久抗战。⑤

大陆有学者认为，进攻华北及攻略上海是日本既定的侵华计划。早在1920

---

① 马振犊：《开辟淞沪战场有无“引敌南下”战略意图?》，《抗日战争研究》1994年第6期。

② 余子道：《淞沪战役的战略企图和作战方针论析——兼答马振犊先生》，《抗日战争研究》1995年第6期。

③ 徐勇：《日本侵华既定战略进攻方向考察》，《抗日战争研究》1996年第3期。

④ 余子道、张云著：《八一三淞沪抗战》，上海人民出版社2000年版，第374—385页。

⑤ 参见蒋纬国：《抗日御侮》，吴相湘：《中国对日的总体战略》，香港《明报月刊》第27期。

年代日本军部制定的对华作战计划中就已明确提出日本军队要沿京汉线南下，而溯长江西进武汉也是日军既定的战略进攻方向。因此断言：日军在战争之初的进攻轴线就是由东向西，战争初期日军之所以将主战场首先放在华北，而没有沿江西进，是因为日军对于中国抵抗意识和作战能力估计过低，是和日军以征服中国为最高目的相关联的。[①]另有学者认为，日军在华北屯集重兵并不能说明日军就存在由北向南的进攻轴线，“进攻轴线”的提法具有使国民政府屈服投降的目的，而日军在华北屯集重兵的主要目的是要将华北变成进攻苏联的基地，至于是否就一定是在这个方向上进攻国民政府并使之屈服还值得商榷。[②]

三、相关问题研究

在对八一三淞沪战役本身进行研究的同时，学界围绕民众支援、日军暴行及与一·二八淞沪战役比较等相关问题展开研究，在对大量文献档案资料解读的基础上，通过史论结合的研究方法，提出了很有见地的观点，取得了丰硕的研究成果。

关于民众支援　作为一场反侵略作战，除军队在淞沪前线浴血奋战外，包括中国人民在内的世界各国人民的支援、特别是上海人民的抗日救亡运动，构成了八一三抗战进程中的另一个场景。在这方面，大陆学界特别是上海学界取得了较为显著的成果。其阐述和研究的内容，大抵包括抗日救亡运动的掀起、民众的支前参战、难民工作的开展、世界各国人民的同情和援助等方面。其代表作有《上海人民抗日救亡运动》[③]《试析上海“八·一三”抗日救亡运动的历史特点》[④]《八一三时期中共上海地下党领导的抗日救亡运动》[⑤]《上海客籍团体的抗日救国活动》《时代的号角　民众的向导——上海抗战进步文化运动浅析》《抗日救亡运动中的上海宗教界》[⑥]《上海市民日记中的“八·一三淞沪抗战”》[⑦]《震惊大世界

① 徐勇：《日本侵华既定战略进攻方向考察》，《抗日战争研究》1996年第3期。

② 王喆：《“八一三”淞沪会战研究述评》，《学术月刊》2001年第4期。

③ 《上海人民抗日救亡运动》，上海：上海人民出版社，2000年。

④ 郑灿辉、吴景平：《试析上海“八·一三”抗日救亡运动的历史特点》，《上海师范大学学报（哲学社会科学版）》1986年第4期。

⑤ 张义渔：《八一三时期中共上海地下党领导的抗日救亡运动》，《上海党史研究》1995年第8期。

⑥ 郭绪印：《上海客籍团体的抗日救国活动》，谢黎萍：《时代的号角　民众的向导——上海抗战进步文化运动浅析》，罗伟虹：《抗日救亡运动中的上海宗教界》，《上海党史研究》1995年第12期。

⑦ 曹锦荣：《上海市民日记中的“八·一三淞沪抗战”》，《军事历史》2000年第3期。

难民夜闯上海滩——“八一三”淞沪抗战收容难民的一幕》①《“八一三”抗战期间上海难民的社会救济与遣送》②等。

关于日军暴行 八一三淞沪战役爆发后，日本侵略军大施暴行，上海学界通过大量的调查研究，用真人实事和严肃的法律证据，揭露和控诉侵略者的滔天罪孽和暴戾兽性。八一三淞沪战役期间，仅宝山区被日军杀害的有名有姓的遇难者就达 7 450 人之多，其中老人和儿童占 68%。战役期间，日军所到之处，焚烧房屋和集镇，奸淫妇女、掠夺财物、毁坏文化古迹，乃至违背人道主义，公然施放毒气，犯下的罪行令人发指。这方面的研究代表作有《日军在上海的罪行与统治》③《泣血吴淞口——侵华日军在上海宝山地区的暴行》(上、下册)④以及《日本侵沪暴行种种》⑤《“八·一三”抗战中日寇暴行录》⑥《南京大屠杀的预演——“八·一三”日军在上海暴行考略》⑦《抗战时期日军对上海教育事业的破坏》⑧《日本侵华对中国现代化建设的破坏——以上海闸北为例》⑨《淞沪会战日寇残酷施毒》⑩《日本的“文化侵略”与中国出版业的命运——以商务印书馆为例》⑪《二战期间日军在金山的暴行》⑫等。

关于与一·二八淞沪战役比较研究 八一三淞沪战役和一·二八淞沪战役有着许多相似之处，而又各具不同的历史特点；它们之间存在着深刻的历史联系，但却不是历史的重演。有学者对此做了深入的比较研究，认为两次淞沪战役主要包含两个相互联系的组成部分，即中国军队进行抗战和人民群众开展救亡

---

① 赵朴初：《震惊大世界　难民夜闯上海滩——“八一三”淞沪抗战收容难民的一幕》，《法音》1985 年第 6 期。

② 刘金如、李圣菊：《“八一三”抗战期间上海难民的社会救济与遣送》，《安徽史学》2008 年第 7 期。

③ 《日军在上海的罪行与统治》，上海：上海人民出版社 2000 年版。

④ 上海市宝山区史志办公室编：《泣血吴淞口——侵华日军在上海宝山地区的暴行》(上、下册)，上海：上海社会科学出版社 2000 年版。

⑤ 唐培吉：《日本侵沪暴行种种》，《第二届近百年中日关系史国际研讨会论文集》(国际会议)，中华书局 1993 年版。

⑥ 陆耀宗：《“八·一三”抗战中日寇暴行录》，《历史教学问题》1988 年第 1 期。

⑦ 孟彭兴：《南京大屠杀的预演——“八·一三”日军在上海暴行考略》，《史林》1993 年第 7 期。

⑧ 庄志龄：《抗战时期日军对上海教育事业的破坏》，《上海党史研究》1995 年第 12 期。

⑨ 蔡亮、苏智良：《日本侵华对中国现代化建设的破坏——以上海闸北为例》，《民国档案》2006 年第 11 期。

⑩ 朱明学：《淞沪会战日寇残酷施毒》，《民防苑》2004 年第 1 期。

⑪ 郭太风：《日本的“文化侵略”与中国出版业的命运——以商务印书馆为例》，《史林》2004 年第 12 期。

⑫ 朱敏彦、马学新、李洪珍：《二战期间日军在金山的暴行》，《中国及太平洋抗战与战俘问题研究——中国及太平洋抗战与战俘问题国际学术研讨会文集》，辽宁人民出版社 2009 年版。

运动，而前者则是抗战的主体；无论是一·二八或是八一三，南京国民政府都是淞沪战役的组织者和指挥者，它所采取的方针政策，同淞沪战役的命运息息相关，这就是它们存在的共同特征。但由于客观条件和主观指导的不同，两个战役之间存在很大差异，它们的战略企图、作战方针、战役规模、战役过程等均大相径庭。一是两次战役的规模、大小悬殊，第一次淞沪战役就其规模而言，是一次中小型的战役，第二次淞沪战役则是一场大规模的会战。二是时间和发展历程的不同，第一次淞沪战役历时39天，第二次却长达3个月另19天；第一次经历了敌之进攻与我之防御阶段及我之退却与敌之追击阶段，而第二次则经历了上海围攻战、长江沿岸抗登陆作战、阵地防御战和战略退却等4个阶段。三是战略意图和作战目的的不同，第一次国民政府的战略意图和作战目的是消极的和有限的，而第二次则是积极的和广大的，是立足于对日全面抗战的战略目标之上的。这方面的代表作包括《从局部抗战到全面抗战：两次淞沪抗战之比较研究》《两次淞沪抗战军事得失之比较》①《一·二八和八一三淞沪抗战比较研究》②等。

四、历史评价

能不能对八一三淞沪战役的历史意义和重要地位进行准确的、符合历史实际的科学评价，能不能对其经验教训进行客观的总结和公正的考量，是衡量研究成果和研究水平的重要标尺。这方面，学界同仁从多种维度出发，做了全方位的审视和评述，取得了不少研究成果。

有的学者对八一三淞沪战役的历史意义、历史功绩和深远影响做了归纳，认为：第一，淞沪战役给了不可一世的、向着华东要地疯狂进攻的日本侵略军以迎头痛击，狠狠地打击了它的嚣张气焰，消耗了相当一部分日军的有生力量和武器装备，延缓了日军侵华战争的进程，打破了日本统帅机关“速战速决”战略的美梦。第二，淞沪战役迫使日本前后4次增兵，使其不得不从华北战场和本土抽调兵力，从而分散和牵制了敌军兵力，减轻了华北战场中国军队所受的压力，也迫使日本统帅机关改变进攻山东的计划，这一切对全国抗战是一个有力支援。第

---

① 余子道：《从局部抗战到全面抗战：两次淞沪抗战之比较研究》，朱华：《两次淞沪抗战军事得失之比较》，《上海党史研究》1995年第12期。

② 汤梓军：《一·二八和八·一三淞沪抗战比较研究》，《深圳大学学报（人文社会科学版）》2005年第10期。

三，淞沪战役为上海和华东沿海地区工业的内迁，物资、设备和企业机构的转移，文化、教育、科学事业单位和人员向后方撤退，赢得了时间，有助于掩护长江下游地区的抗日力量向中南和西南腹地转移，对全国持久抗战起了重要作用。第四，淞沪战役强有力地动员起千千万万民众进入伟大的民族解放的战场，推进了国共合作和抗日民族统一战线的发展。第五，淞沪战役大大地振奋了中国人民争取民族独立、反抗外来侵略的爱国主义精神，鼓舞了全国人民的斗志，增强了民族自信心和自尊心。第六，淞沪战役在国际上也产生了积极影响，增进了世界各国对中国的认识，获得更多的同情和支持。①这方面的代表论著有《上海抗战史通论》②《八·一三淞沪抗战意义论析》③《八一三事变才是时局转折点》④《论“八一三”上海抗战效应》⑤《试论八一三淞沪抗战对第二次国共合作的影响》《两次淞沪抗战在全国抗战中的地位作用》⑥《抗日战争与上海》⑦等。

至于经验教训，学界主要是从军事层面上去探讨其成败得失的。有学者认为，在八一三淞沪战役中，中国军队导演了不少威武雄壮、可歌可泣、在当时就为国人广泛传颂的出色战斗。但从战略与战役层面而言，中国军队几乎在所有重大作战行动中都未取得过一次带有整体性的胜利，也从未进行过一次战役上外线的速决的进攻的歼灭战，战果与损失相比，“实是相距太为悬殊”。其最后失败，除总体上处于敌强我弱这一客观因素之外，还有诸多的主观因素，包括军队的军事素质欠佳、武器装备落后、战前准备不足，尤其是军事指挥上实行了“单纯防御的军事战略”，极不适当地把大规模的阵地战置于作战的主要地位，实行的是战役和战斗上的持久作战、内线作战和防御作战，在敌军海陆空联合作战优势最易发挥的地域，旷日持久地与敌拼消耗，以致完全丧失战场上的主动权。并进而指出这场作战，还不是一场真正的人民战争，把思考问题的维度提升到了历史和政略的高度。⑧

如上所述，学术界目前对八一三淞沪战役的研究取得了丰硕成果。但是无

---

①⑧ 余子道、张云著：《八一三淞沪抗战》。

② 唐培吉、朱敏彦主编：《上海抗战史通论》，上海：上海人民出版社2000年版。

③ 陈祖怀：《八·一三淞沪抗战意义论析》，《史林》1993年第4期。

④ 白杰：《八一三事变才是时局转折点》，《山西大学学报(哲学社会科学版)》1994年第2期。

⑤ 孟彭兴：《论“八一三”上海抗战效应》，《史林》1990年第7期。

⑥ 张忆军：《试论八一三淞沪抗战对第二次国共合作的影响》，金立人：《两次淞沪抗战在全国抗战中的地位作用》，《上海党史研究》1995年第12期。

⑦ 唐培吉：《抗日战争与上海》，《同济大学学报(人文·社会科学版)》1995年第12期。

论在研究的深度和广度，还是研究的层次上，都还有进一步发展的空间，都还有继续深化的领域。观其荦荦大端，笔者认为有必要从以下几方面加以推进和提升：

一是拓展研究视野 研究视野的开拓与否，直接关联着研究者的研究思路以及研究成果的深度、高度和广度。就目前研究现状分析，对这场战役研究多着重于战争层面或军事层面，包括研究战争过程、研究战略指导（主要是军事战略）和战术运用、研究对战争所引起的后果在战略和军事层面上的反映及其后果的评论等等。下一步，我们应当在整体史观的指导下，拓宽思路，不仅以军事学、军事历史学，也应从哲学、政治学、经济学、社会学等相关学科的研究视角和研究方法，来厘定这场战役的内涵和外延，并在此基础上开展全方位、多层次的研究和考量。

二是深化史料挖掘 各种文献档案乃至实物史料是历史研究的基石。而史料内容的多和少、史料价值的高和低，向来是能否顺利开展研究工作的前提条件，也是评判研究成果优劣的主要标尺。只有深入挖掘、全面占有并综合使用第一手史料，才可能取得更具实质性的研究进展。目前，以八一三淞沪战役为专题的史料书籍，除台湾“国防部”史政局编纂的《淞沪会战》之外，大陆方面编纂主要为《八一三抗战史料选编》《八一三淞沪抗战——原国民党将领抗日战争亲历记》以及《口述淞沪抗战》(1)(2)(3)①。笔者认为，学界对这场战役史料的收集整理工作是远远不够的。不要说日本方面的大量文献档案资料、当事人回忆录等还没有被系统地翻译过来，对上海之外不少地方的相关史料，特别是文献档案和影像图片等也还没有着力加以收集整理，这样的状况应尽快加以改善。

三是加强学术交流与学术争鸣 学术交流和学术争鸣是促进和发展学术研究的助推器。从1970年代末以来，有关学者围绕八一三淞沪战役的主题，曾经先后召开过国内、国际学术研讨会，取得了显著成果。近年来海峡两岸，包括香港、澳门等地学者，在上海等地不断召开学术研讨会，互通学术信息，交流研究成果，对有些重点和难点问题，进行争论、辩驳，更是促进了学术的交流和研究的深化。实际上，历史发展过程中出现过许多人和事，如果没有学术交流和学术争鸣，那就不可能达到对历史问题研究的深化，更谈不上对历史真相的复原和对历

---

① 淞沪抗战纪念馆：《口述淞沪抗战》(1)(2)(3)，上海：上海人民出版社2007年版、2008年版、2013年版。

史规律的探究。笔者认为,必须把国内的学术交流、海峡两岸的学术交流、国际间的学术交流进一步制度化、规范化。当然,学术交流的前提是学术争鸣的自由,智者见智、仁者见仁,既要允许不同观点的存在,更要允许不同观点的争论,这是繁荣学术研究的不二法门,也是推进八一三淞沪战役研究的必要途径。

四是提速数据库建设 用现代化手段研究历史,向着大数据方向努力发展,使历史研究更加科学化,是当代史学研究工作者也是八一三淞沪战役研究工作者的神圣职责和时代使命。有学者认为:大数据具有速率(数据移动迅速)、体量(数据规模庞大)、多样性(非结构化和结构化的各种信息)和价值密度(大量相关信息及深度复杂分析)等特征,为我们提供了前所未有的可以量化的维度。特别是在历史研究领域,大数据成百倍、成千倍地扩大了历史资料的范围,除传统文献与实物资料外,人类存留的所有纸质的、音像的资料,几乎都可被利用来复原历史的本来面貌。[①]笔者对此持认同的观点,并认为,研究淞沪战役,包括研究一·二八和八一三战役,乃至研究整个上海抗战史,在拓宽研究领域的同时,也应有效地拓展研究方法,以建立淞沪战役大数据库,进一步提升淞沪战役研究的深度和广度。

总之,认真梳理淞沪战役的研究成果,并在理论层面上做些思考,这不仅仅是学术问题。更重要的是,通过学术研究,旨在为进一步推动和促进海峡两岸和平发展的现实需求提供历史的借鉴,这无疑是海峡两岸学者共同遵循的原则立场和为之追求的理想境界。

(本文原载《军事历史研究》,2014 年第 3 期)

① 姜义华:《大数据催生历史学一场革命》(未刊),2014 年 5 月香港中文大学举办“20 世纪中国近代人物研究与数据库建设研究”第二届学术研讨会入选论文并作大会发言(未刊)。

1937年淞沪战役研究在台湾

李君山

一、战役之进行

1937年的中日淞沪之役，系由中国方面主动选择发起。缘因1932年5月5日为解决一·二八事变而签订的中日《淞沪停战协议》，其第2条曾明文规定："中国军队在本协议所涉及区域内之常态恢复，未经决定办法以前，留驻其现在地位。"而协议"附件"第1号内也列明"现在地位"为由安亭镇正南苏州河岸起，向北沿镇东至望仙桥；由此向北至沙头东4公里，再向西北至长江边的浒浦口。

若依此规定，华军并不能进入上海市区。根据当时担任张治中(1890—1969)淞沪警备司令部作战科长的史说(1910—1994)回忆：七七事变后，国民政府军事委员会委员长蒋介石(1887—1975)原本还想保持上海这个港口与国际间的联系，遂命张治中不得在上海生事。张面见蒋，也提及了一·二八的停战协议，指出上海市区只有1个保安总团，建议抽调陆军，换上保安团服装，进驻虹桥机场。此议得到蒋的首肯，散会时，反对的军政部长何应钦(1890—1987)还拍了拍张的肩膀说："文白，这是要闹出事来的啊！"①

接着，8月9日，虹桥机场果然发生大山勇夫枪杀事件。11日，蒋即下令张部向上海市区挺进，出现在敌人面前。12日以后，冲突已起。13日，华军正式进攻闸北，成为八一三淞沪战役的序幕。此后过程大概可分为4个阶段：

(一) 市区争夺战时期(8月13日—8月21日)，淞沪警备司令部所辖87师、

① 中国人民政治协商会议全国委员会文史资料研究委员会，《八·一三淞沪抗战：原国民党将领抗日战争亲历记》(北京：中国文史出版社，1987年10月，1版1刷)，页90。

88师、36师，全力进攻租界，试图消灭日本海军陆战队。

（二）反登陆作战时期（8月22日—9月11日），由于日军援兵在北郊小川沙口与浏河口登陆，8月22日起，陈诚（1898—1965）所部投入从事反登陆作战。战场重心北移，市区争夺稍歇。

（三）阵地战时期（9月12日—10月25日），9月12日起，由于日军数量愈增，华军改采守势。右（南）翼依托上海租界，沿江湾—刘行—罗店—浏河之线，实施坚强抵抗。尔后逐次变换阵地，至苏州河南岸—走马塘—大场—广福—蕴藻浜之线，中、日两军伤亡皆大。10月21日起，乃以新到前线的桂军，发起蕴藻浜、大场的反攻作战，仍无法扭转颓势。

（四）撤守沪西时期（10月26日—11月8日），10月26日，由于反攻不利、大场失守，华军被迫撤出市区，退守沪西和苏州河南岸，以待《九国公约》会员国布鲁塞尔大会的结果。不料，11月5日，日军由浙江金山卫一带登陆，拊华军之背，企图抄袭松江、青浦、安亭，截断京沪、沪杭两铁路交通。8日夜，华军始向嘉兴、苏州一带撤退，淞沪战役宣告结束。①

二、诱敌东来之说

淞沪战役的牺牲无疑是重大的。在抗战胜利初期出版的战史中，记者曹聚仁（1900—1972）就曾经用"敌人的说法"表示："不过我们所付的代价太大了，把全国的军队精华送入这一'磨房'，于敌军有利地势中消耗掉。照敌人的说法，他们已吸引了我们的野战军主力，歼灭于淞沪战线了。"②于是如何将这场牺牲合理化，就变成沪战后，国府统帅部亟于解释的所在。"诱敌东来"之说，就是其一。

如果按照"事发"的时间，"诱敌东来"的主张，似为陈诚所提出。1937年8月18日，陈奉蒋命，偕熊式辉（1893—1974）赴上海视察，协助张治中部作战。20日返京，蒋先问熊视察情形，熊云："不能打。"又问陈，陈云："非能打、不能打之问题；而是打不打的问题。"蒋问何意？陈云：一旦察哈尔南口之战爆发，华北战事扩大即无可免；"敌如在华北得势，必将利用其快速装备，沿平汉路南下，直赴武汉，于我不利，不如扩大沪战事以牵制之。"据说蒋回答："一定打。"陈乃云："若

① 顾祝同，《墨三九十自述》（台北：国防部史政局，1981年12月，初版），页172。

② 曹聚仁、舒宗侨，《中国抗战画史》（上海：联合画报社，1947年，初版），页95。

打，须向上海增兵。”遂发表陈为第15集团军总司令，率部赴援。①

或许和这段对话所给予的“灵感”有关，到了南京失守后，1938年1月11日，蒋在开封召集第一、第五两战区团长以上讲《抗战检讨与必胜要诀》时，就开始凸显“诱敌东来”的战略价值：

至于敌人的作战计划如何呢？……他预定的作战目标，就是想占据永定到察、绥一带的防线。在这条阵线以北，坚筑对俄阵地，积极向西伯利亚采取攻势。后来我们发动全面长期抗战，使他……就不得不被动的伸张到黄河北岸。……并且自从我们上海战争发动以后，按照他原定计划，绝对不能将他的兵力用在扬子江流域的，但是他现在亦不得不增加他十师以上的兵力到长江来了。……我们此次为什么要在上海作战呢？就是要打破敌人的战略，使他们不能按照预定计划，集中兵力侵略我们华北。②

值得注意的是这段话里，策应苏联作战的含意甚明。但事隔10个月后，武汉失守，苏联犹未出兵，11月25日蒋在第一次南岳军事会议上讲话，就不再言及世界大战、策应苏联等相关想法，而是强调沿着长江，逐步消耗敌人之得计：

如果我们在去年卢沟桥事件发生，敌人侵占我们平津的时候，……而拿我们全部军队使用在平津一带，与敌人争一日之短长，那我们的主力或许早就被敌人消灭，中华民国也许早就有灭亡的危险！……我们不能将全国所有的部队调到华北去与敌人争一城一地的得失；而要将我们主力部队作机动的使用，节节抵抗、逐步消耗敌人，一定先要引诱他到长江流域来。③

结果又过了28年，在蒋晚年，军方为之出版《领袖军事上的丰功伟业》一书，已将淞沪战役视为“领袖转移南北作战轴线的辉煌结果”。其序中首先重申持久消耗、扩散战场、粉碎敌人“速战速决”企图的最高战略。接着指出历史上元朝对南宋的作战、满清对明朝的作战，都是沿着由北而南的“有利作战轴线”，才能够顺利入主。因此1937年平津失守以后，8月初旬：

假如这个时候，平汉线的决战不幸失败，敌人即可长驱南下，直捣武汉腹地，剖分中国为东西战场，留着中国沿海的重要物资、分割了中国奋起应战的战列部

---

① 陈诚，《陈诚私人回忆资料》(上)，《民国档案》(南京：中国第二历史档案馆)1987：1，页14。

② 蒋介石，《抗战检讨与必胜要诀》(上)(1938年1月11日在开封对第一、第五两战区官长讲)，收入中国国民党中央委员会党史委员会编，《中华民国重要史料初编——对日抗战时期》第2编“作战经过”(台北：该会印行，1981年9月，初版)，页64—65。

③ 蒋介石，《第一次南岳军事会议开会训词》(1938年11月25日)，收入中国国民党中央委员会党史委员会编，《先总统蒋公思想言论总集》(台北：该会印行，1984年，1版)，卷15“演讲”，页485—486。

队，整个抗战的全局，将会因此支离破碎，丧失了持久消耗的凭借。

"领袖"洞察了这可虑的危机，毅然的、先机的掌握了察南、山西的险阻，占领了侧面阵地，确保山西的天然堡垒，迫使日军不得不将向南的作战正面，改为向西进攻，使太原会战延缓了第二年的武汉会战。另一方面，把主力50多个师集中到华东，利用湖沼复杂的地形，对国际观瞻所系的政略要区——淞沪，主动发起猛烈的攻势：

这改换作战正面的大会战，……使敌人完全追随了我军的行动，丧失了主宰战场的先机。……掩护了沿海学校工厂物资的西迁，和千千万万忠贞同胞的撤运，保留了指挥作战的动能，造成了战局持久的契机。

结论遂肯定淞沪会战的牺牲，是有代价的：

这数不尽的令人鼓舞的情形，都是领袖转移南北作战轴线的辉煌结果。这绝不是一般兵家所认为"违反节约战争原则"的看法，这是着眼深远的战略优势作为！①

三、争取西迁时间

由前所述，可以略窥淞沪战役在解释上"历史积累"的现象，尤其是所谓作战轴线的翻转云云，出现得很晚，而非抗战期间之固有说法。另一同样是经过积累的，是争取沿海学校、工厂、物资西迁时间的政策目的。当初主持上海工厂搬迁的林继庸（1896—1985），在回顾这段往事时，就曾经总结感叹说："往事不堪回首，假若当时有准备、有计划，能有一个机关，以公平的统制，分配运输工具，及主发通行凭证，则对于我们的工作必可增加许多便利，物资抢救出来的数量，也必可大大的增加。"②

这段话的弦外之音，自然是国府当时缺乏整体的规划。上海工厂内迁之议，起自林继庸，1937年7月28日，其于国府总动员设计委员会"机器和化学工业组"会议上，即席提议。结果现场就议论纷纷，有些人以为上海这方面战争就要开始了，内迁恐怕不易推动；也有些人以为上海各厂凑合起来，设备也抵不过一家国营的兵工厂，实不值得搬迁。③林赶赴南京，要求国府资源委员会补助。8月

① 胡璞玉编，《领袖军事上的丰功伟业》（台北：国防部史政局，1966年，初版），"序"。

② 张朋园、林泉访问，郭廷以、张朋园校阅，《林继庸先生访问纪录》（台北：中央研究院近代史研究所，1983年1月，初版），页34、39。

③ 张朋园、林泉访问，郭廷以、张朋园校阅，《林继庸先生访问纪录》（台北：中央研究院近代史研究所，1983年1月，初版），页27。

10日行政院第324次会议始通过该案，预定财政部拨款56万元，指定工厂开始着手。①

资委会遂组织“上海工厂迁移监督委员会”，由林担任主委。然而其后局面变化太快，状况百出。首先，行政院原案系指定6类工厂：①机器工厂，包括翻砂、打铁、冲压、电器及各种五金，范围为机器2 000部；②大鑫钢铁工厂，原料2 000吨及炼钢炉3只；③“中国炼气公司”氧气制造机械之半数；④大中华橡胶厂；⑤康元制罐厂；⑥民营化学工业社等。②此招来批评，谓政府只注意大型厂，大厂除迁移费外，还许以各种贷款；中小厂则只津贴一些迁移费，所有拆卸运输及后方安置，均须厂方自理。③

其次，经费并未准时到位。行政院允拨的迁移费56万元，财政部仅于9月8日拨到15万元。林继庸只好自掏腰包，后由资委会归垫。④所以27日起，“上海工厂迁移监督委员会”即宣布减低津贴迁移费；乃至不给津贴，只发给迁移通行证。许多因战火蔓延，而愿意内迁的中小厂，鉴于资金短缺，亦无法实现了。⑤

所以官方的统计，截至12月1日为止，经“上海工厂迁移监督委员会”补助迁移费，或予以便利援助，由上海迁到武汉之工厂，凡123家；迁移之机器材料约12 000吨、工人约1 500人。最多者为五金机器厂、电工厂、化学厂、造船厂、文化印刷厂及制药厂。少数纺织及轻工业厂，因不在原案之内，仅发给报关单，准其免税、免验，及予以运输上之便利，并未补助迁移费。⑥然而若对照1937年9月底止的国府实业部登记，合乎《工厂法》的规定，拥有50位工人、10匹马力以上的工厂，在上海即有1 279家。⑦则沪战牺牲所争取的余裕，仅换得不到十分之一的工厂内迁，其效果实难令人满意。

四、文献回顾

台湾有关淞沪战役的历史记述，早年实际颇受限制，原因殆在：(一)该役为

---

① 前“迁桂工厂联合会”负责人陈炳勋回忆(1961年4月)。收入上海市工商行政管理局、上海市第一机电工业局机器工业史料组编，《上海民族机器工业》(北京：中华书局，1979年8月，2版2刷)，页665—666。

② 中国第二历史档案馆辑，《上海迁移工厂案节略》，《民国档案》(南京：该馆印行)1987：2，页37。

③⑤ 陈炳勋回忆(1961年4月)，《上海民族机器工业》，页667。

④ 中国第二历史档案馆辑，《迁移工厂案经过概要》，《民国档案》(南京：该馆印行)1987：3，页28。

⑥ 《上海迁移工厂案节略》，《民国档案》1987：2，页36。

⑦ 张朋园、林泉访问，郭廷以、张朋园校阅，《林继庸先生访问纪录》(台北：中央研究院近代史研究所，1983年1月，初版)，页23。

蒋介石干纲独断、亲自指挥,功过评论缺乏空间;(二)抗战作为民族精神教育的重要教材,其牺牲的代价和获致的成果,也多不容怀疑;(三)1970年代台湾在国际上的孤立感和危机感,塑造出"靠人打仗要失败"的时代氛围。于是从淞沪战役到整个抗战,"苦撑待变"的外交思考统统必须隐藏,"独立抗战"变成了一以贯之的历史解释;(四)"军事史"在总体上,就不受历史学界的青睐,而被划归军事院校或军事从业人员的书写范围,主题上难见新意;(五)淞沪战役相关史料、史迹、亲历者,在台存留甚少。

台湾最早有关淞沪战役的出版品,多为军方战史或宣传品,如国防部史政局所编《抗日战史》"淞沪会战"(1—3册)(台北:该局印行,1962年6月);胡璞玉编,《领袖军事上的丰功伟业》(台北:国防部史政局,1967年12月,再版);乃至黄庆秋编,《德国驻华军事顾问团工作纪要》(台北:国防部史政局,1969年1月,初版)也有涉及。比较特殊的,是早逝的政要、将领纪念集,如"陈故副总统治丧委员会"编,《陈故副总统纪念集》(台北:该会印行,1965);罗卓英(1896—1961)的《作战·训练余话》,收入"罗卓英将军纪念编辑委员会"编《罗卓英将军纪念集》(台北:该会印行,1971),都有淞沪战役的相关追忆。至于信史写作最攸关的史料公布,当数"中华民国外交问题研究会"(即"中华民国开国文献编纂委员会")编的《中日外交史料丛编》,其中第4册"卢沟桥事变前后的中日外交关系"(台北:该会印行,1966年7月)收录了大量外交部在上海交涉时的档案。

到1970年代,随着《传记文学》之类写作风气渐开,回忆录、访问纪录乃成战史记述的重要来源。例如张柏亭,《八·一三淞沪会战回忆》(《传记文学》41:2);曾振,《抗战初期上海作战记事》(《战史汇刊》第5期,台北:中华学术院中华战史研究协会,1973年12月);冷欣,《从参加抗战到目睹日军投降》(台北:传记文学出版社,1967年9月,初版);李品仙,《李品仙回忆录》(台北:中外图书出版社,1975年6月,初版);孙元良,《亿万光年中的一瞬——孙元良回忆录》(台北:作者自刊,1975年10月,3版);钮先铭,《还俗记》(台北:中外图书出版社,1978年7月,增订再版);于凭远、罗冷梅编纂,叶霞翟校订,《民国胡上将宗南年谱》(台北:台湾商务印书馆,1980年7月,初版);顾祝同,《墨三九十自述》(台北:国防部史政局,1981年12月)等;胡英杰,《老兵独白》(台北:作者自刊,1982)。至于战史的书写,则有黎东方,《淞沪会战》(上、下)(《传记文学》41:2—3);蒋纬国(1916—1997)连续发表《八年抗战是怎样打胜的》(《中央月刊》7:9(台北:1975年7月))和《八年抗战是怎样打胜的——抗日战争关键性会战》(《中央月刊》8:6

(台北:1976 年 4 月))两篇文章;并修撰《国民革命战史》第 3 部“抗日御侮”(5)(台北:黎明文化事业公司,1978 年 8 月,初版),力倡“诱敌东来”的说法,令此说开始受到注意。

值得一提的,系 1976 年台湾电影界拍了 1 部政策大片“八百壮士”,让淞沪战役和谢晋元(1905—1941)、女童军杨惠敏(1915—1992)的故事,搬上了大屏幕。包括上官百成编,《八百壮士与谢晋元日记》(台北:华欣文化事业中心,1976 年 7 月,初版);杨惠敏,《八百壮士与我》(佛之光杂志出版 1 社,1979 年 7 月,未著版次地点)也相继出版。

80 年代以后,随着政治上的解严,史学研究更趋于开放。中央研究院近代史研究所始将在 1960 年代所做的一系列口述历史、访问纪录出版,例如郭廷以、张朋园校阅,《林继庸先生访问纪录》(台北:中央研究院近代史研究所,1983 年 1 月,初版);贾延诗等访问、纪录,《白崇禧先生访问纪录》(台北:中央研究院近代史研究所,1984,初版);陈存恭访问,郭廷以校阅,《徐启明先生访问纪录》(台北:中央研究院近代史研究所,1983 年 5 月,初版);陈寿恒等编,《薛岳将军与国民革命》(台北:中央研究院近代史研究所,1988 年 12 月,初版);张朋园、林泉、张俊宏访问,张俊巨集纪录,《于达先生访问纪录》(台北:中央研究院近代史研究所,1989 年 7 月,初版);黄嘉谟、陈存恭访问,陈存恭纪录,《劳声寰先生访问纪录》(台北:中央研究院近代史研究所,1988 年 9 月,初版)等。此外,如王东原,《浮生简述》(台北:传记文学出版社,1987 年 10 月,初版);沈怡,《沈怡自述》(台北:传记文学出版社,1985 年 6 月,初版);阮毅成,《八十忆述》(台北:作者自刊,1984 年 11 月,初版)等,都属淞沪战役亲历者的回忆或口访。

史料的开放和出版,更是史学研究的必要基础。在当时中国国民党中央委员会党史委员会主任委员秦孝仪(1921—2007)的主持下,《中华民国重要史料初编——对日抗战时期》“绪编”、第 2 编“作战经过”(台北:该会印行,1981 年 9 月,初版);《先总统蒋公思想言论总集》(台北:该会印行,1984 年,1 版)得以陆续出版。国防部史政编译局也将日本防卫厅“防卫研修所战史室”编撰各书译出,成为《日军对华作战纪要》丛书。个中林石江译,《日军对华作战纪要——初期陆军作战》(一)“从卢沟桥事变到南京战役”(台北:国防部史政编译局,1987 年,6 月)也有淞沪战役相关记述。

学术上的成果,包括军事史、外交史方面,有蒋永敬,《抗战初期的外交与国联及德使之调停》,《中国历史学会史学集刊》第 5 期(台北:中国历史学会,1973

年)；鲍家麟，《列强对中国抗战的态度》，《国立台湾大学历史学系学报》第6期(台北：国立台湾大学历史学系，1979年12月)；张水木，《德国对中国抗日战争之调停》，《抗战建国史研讨会论文集》(上)(台北：中研院近史所，1985年12月)；李云汉，《卢沟桥事变》(台北：东大图书公司，1987年9月，初版)；李君山，《上海南京保卫战》(台北：麦田出版公司，1997年12月，初版)；蒋永敬，《抗战史论》(台北：东大图书公司，1995)；黄自进，《蒋介石与日本：一部近代中日关系史的缩影》(台北：中央研究院近代史研究所，2012)等。黄书运用蒋介石日记等材料，将淞沪战役与蒋"日苏先战"策略相联结，是属沪战的又一新解释。

(本文原载"上海淞沪抗战纪念馆陈列改造暨淞沪抗战史研讨会"《论文集》，2014年6月)

《当代学者论淞沪抗战》后记

本书收录了关于一·二八淞沪抗战和八一三淞沪抗战研究的 125 篇文章。文章的作者有很多是国内专门从事抗日战争研究的大家，也有一些是年轻有为的后辈学者。因为时间仓促，又需要进行大量认真的收集、整理、校对，工作量十分繁杂庞大，有的文章发表时间也已经相对久远，有些作者单位发生了变更，无法一一联系上，敬请谅解。

在本书的编撰出版过程中，得到了复旦大学余子道教授、南京政治学院上海校区张云教授的具体指导，得到了上海党史界诸多专家的支持和帮助，我的爱人田鲲做了大量的打印、校对工作，在此一并表示感谢。

由于编者的学术水平及能力所限，书中错误在所难免，敬请批评赐教。

相信这套书籍的出版，能够使淞沪抗战的研究成果进一步发扬光大。

图书在版编目（CIP）数据

当代学者论淞沪抗战：全3册／魏延秋选编．—上海：上海科学技术文献出版社，2017
（上海抗战与世界反法西斯战争研究丛书）
ISBN 978-7-5439-7461-6

Ⅰ．①当… Ⅱ．①魏… Ⅲ．①一·二八事变—史料 Ⅳ．①K264.310.6

中国版本图书馆CIP数据核字(2017)第145047号

责任编辑：张 树 杨凯茹
封面设计：周 婧

丛书名：上海抗战与世界反法西斯战争研究丛书
书 名：当代学者论淞沪抗战（全3册）
魏延秋 选编
出版发行：上海科学技术文献出版社
地 址：上海市长乐路746号
邮政编码：200040
经 销：全国新华书店
印 刷：常熟市人民印刷有限公司
开 本：720×1000 1/16
印 张：86.5
字 数：1 458 000
版 次：2017年8月第1版 2017年8月第1次印刷
书 号：ISBN 978-7-5439-7461-6
定 价：290.00元
http://www.sstlp.com